长江三峡工程文物保护项目报告

乙种第十五号

巴东旧县坪

下

国务院三峡工程建设委员会办公室　国家文物局　编著

科学出版社

Reports on the Cultural Relics Conservation
in the Three Gorges Dam Project
B(site report) Vol.15

TGCR

The Jiuxianping Site in Badong, Hubei

II

State Council Three Gorges Project Construction Committee Executive Office
&
State Administration of Cultural Heritage People's Republic of China

Science Press

第三节　小　　结

一、遗物、遗迹的分期与年代

（一）遗物的年代与分期

1. 遗物的分组与分期

遗址发现以下几组层位关系：

（官署区）⑤→F8Ⅳ→⑥→F8Ⅲ→⑦→F8Ⅱ→⑧→F8Ⅰ、（官署区）⑤→F3→F8Ⅲ、（商业区）⑤→F2Ⅲ→⑥→F2Ⅱ→⑦→F2Ⅰ、（宗庙区）②→F1Ⅲ→③→F1Ⅱ。

依据探方的地层与遗迹的层位关系，旧县坪遗址宋代遗存可以分为五组，这五组的典型单位及其器物的型式组合情况如下（图六〇〇；表二八）：

第一组器物组合：

瓷器：Aa型花口碗，敞口圈足盏，C型侈口圈足盏，直口盏，E型Ⅰ式钵，C型罐，A型执壶，E型盒盖；

釉陶器：碗，A型Ⅰ式、B型、C型Ⅰ式敛口钵、C型Ⅰ式、D型Ⅰ式罐，F型盆，Bb型、C型Ⅰ式双系罐，B型圆唇灯盏；

陶器：A型杯，A型器盖。

第二组器物组合：

瓷器：A型Ⅰ式、A型Ⅱ式、B型Ⅰ式、B型Ⅱ式墩式碗，Ab型、Ac型、Ae型、Ag型Ⅰ式、Ah型花口碗，Aa型、Ab型、Ac型斗笠碗，Aa型、Ab型、Ac型Ⅰ式、Ba型Ⅰ式、Bb型、Bc型撇口碗，A型直口碗，C型Ⅰ式、C型Ⅱ式、Da型、Db型侈口碗，D型敞口碗，Ba型、Bc型、Gc型Ⅰ式、H型、Ⅰ型Ⅰ式碟，A型、B型侈口圈足盏，B型、C型侈口平底盏，Ⅰ式盆，B型、C型执壶，F型器盖，器座，Ⅰ式洗，C型盒盖；

釉陶器：侈口钵，刻槽钵，A型、B型、C型盏，盘，B型、C型盆，C型、D型、E型器盖，A型Ⅰ式、B型Ⅰ式执壶，A型Ⅰ式双系罐，A型瓶，C型Ⅰ式瓮，Aa型、Ab型、B型灯，A型砂锅；

陶器：A型、B型三足钵，B型杯，A型盆，D型器盖，水浇，A型灯盘。

第三组器物组合：

瓷器：B型Ⅲ式墩式碗，Ad型、Af型、Ag型Ⅱ式花口碗，Ad型、Ba型、Bc型斗笠碗，Ac型Ⅱ式、Bd型、Be型撇口碗，B型Ⅰ式直口碗，A型、C型Ⅲ式、F型、J型侈口碗，Ad型Ⅰ式、Ad型Ⅱ式、Ae型、C型盘，A型、Bb型、F型、Ga型、Gb型、Gc型Ⅱ式、Ⅰ型Ⅱ式、Ⅰ型Ⅲ式、J型、Ma型Ⅰ式、Mb型碟，A型、C型敞口平底盏，A型侈口平底盏，Da型、Db型杯，Aa型、Ab型、Ac型、Ad型、Ae型Ⅰ式、Ba型、Bb型、E型Ⅱ式钵，盏托，Ab型、Ad型、B型、D型、E型器盖，B型盒身，Ⅱ式洗，座炉；

器类 期别	墩式瓷碗		花口瓷碗	
	A型	B型	Aa型	Ab型
第一期			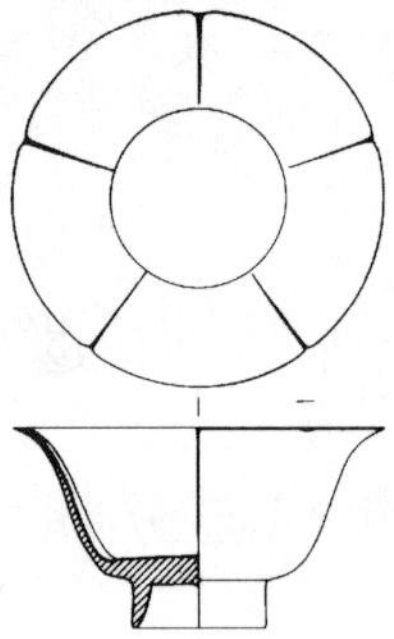 （西）F78Ⅰ:1	
第二期	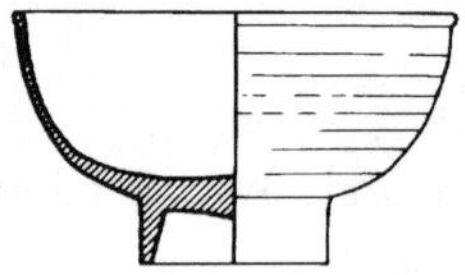 Ⅰ式（（西）L2Ⅰ:13） 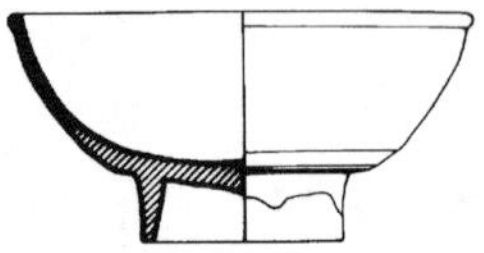 Ⅱ式（（西Ⅰ）T2714⑤:11）	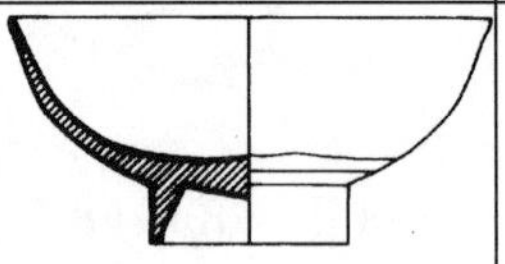 Ⅰ式（（西Ⅰ）T3113⑤:14） 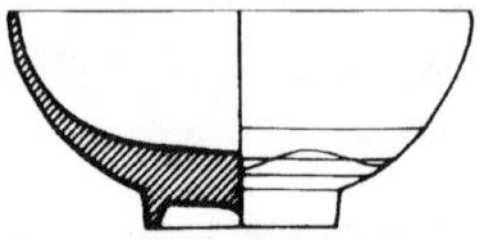 Ⅱ式（（西）F54:2）		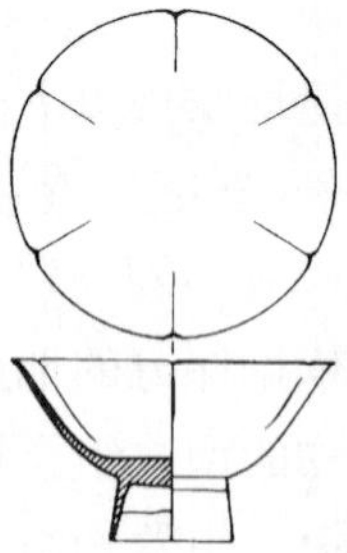 （西Ⅰ）T2420 ③:3
第三期		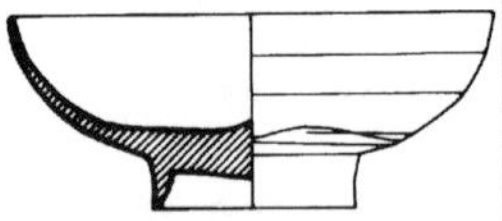 Ⅲ式（（西）F13Ⅰ:2）		
第四期				
第五期				

图六〇〇　巴东旧县坪遗址出土宋代器物分期图（一）

器类 期别	花口瓷碗			
	Ac型	Ad型	Ae型	Af型
第一期				
第二期	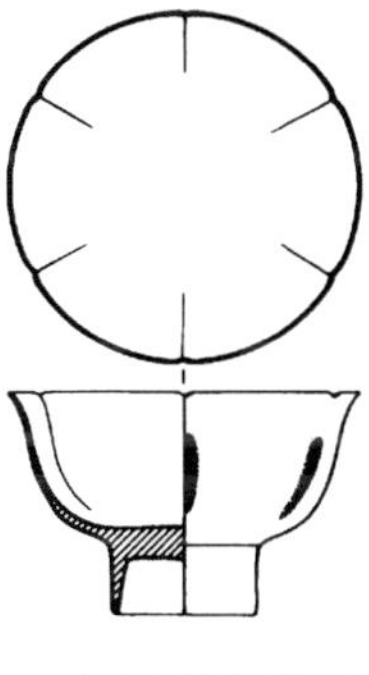 （西Ⅰ）T1916⑤:15		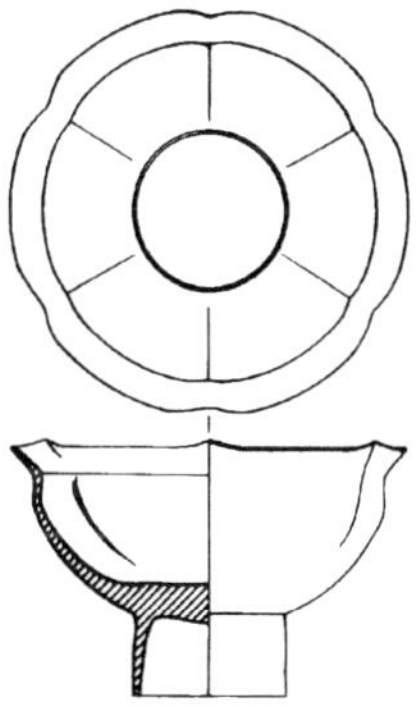 （西Ⅰ）T1306⑦:6	
第三期		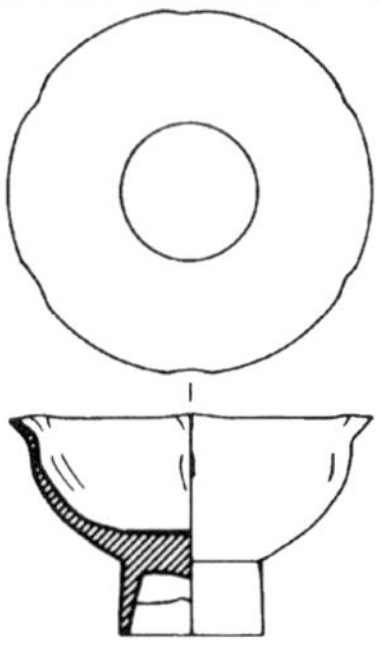 （西Ⅰ）T2013⑤:9		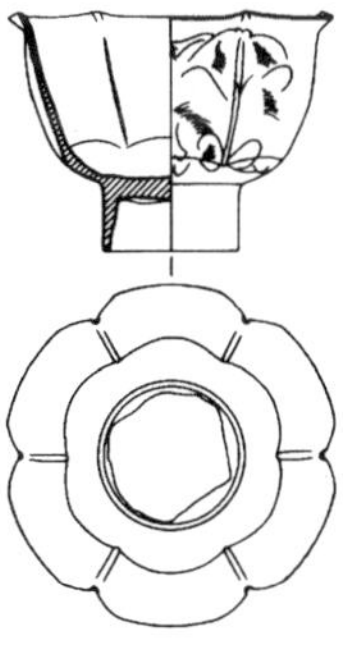 （西）H75:3
第四期				
第五期				

图六〇〇　巴东旧县坪遗址出土宋代器物分期图（二）

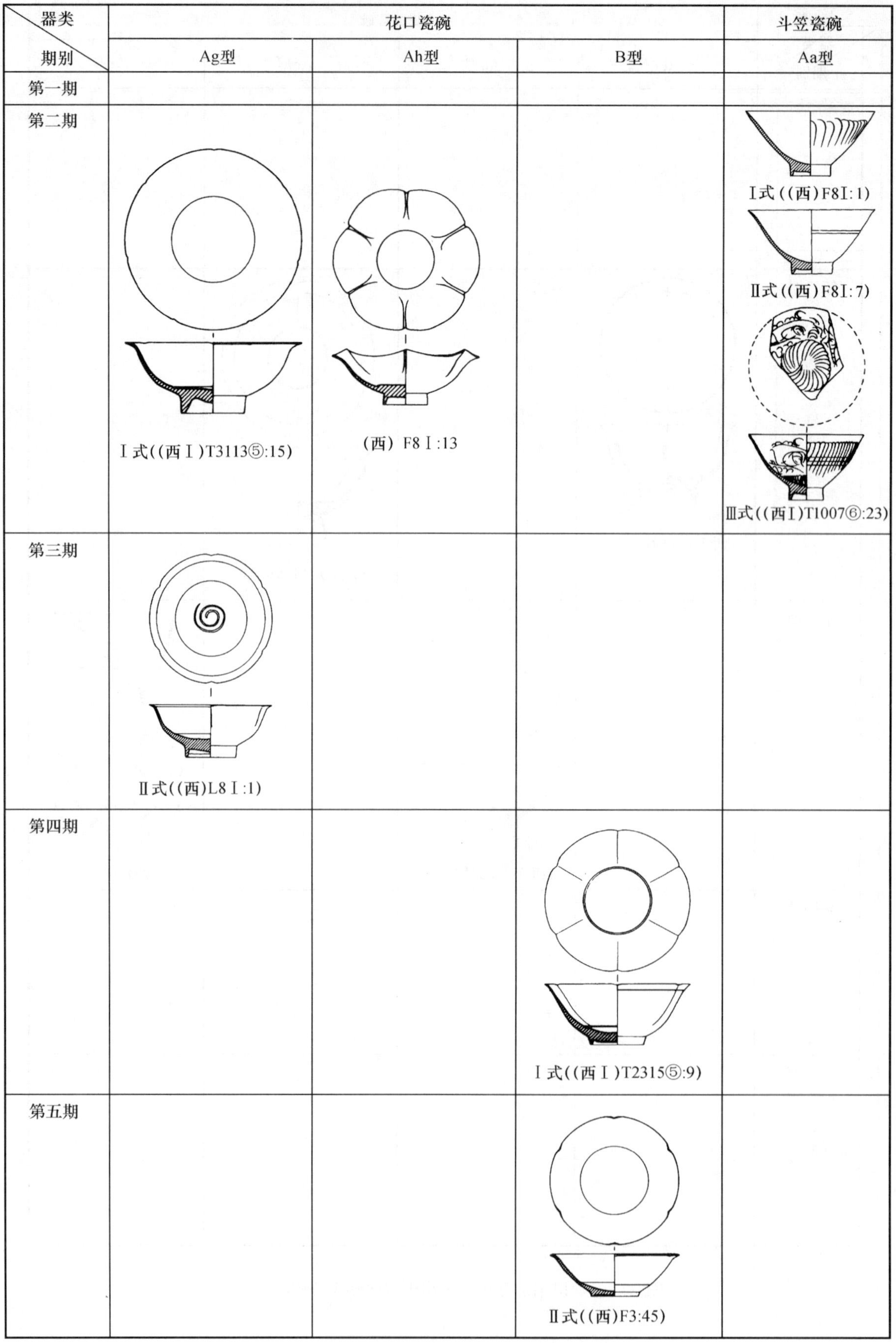

图六〇〇　巴东旧县坪遗址出土宋代器物分期图（三）

器类 / 期别	斗笠瓷碗			
	Ab型	Ac型	Ad型	Ba型
第一期				
第二期	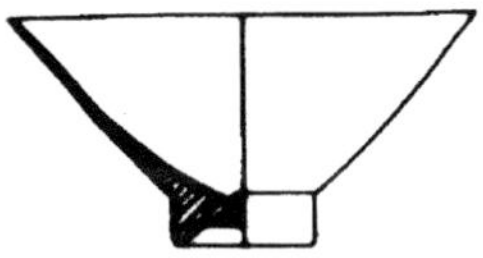 Ⅰ式((东)F31:1) 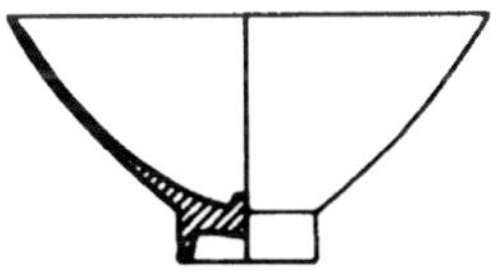 Ⅱ式((西)L2Ⅰ:8)	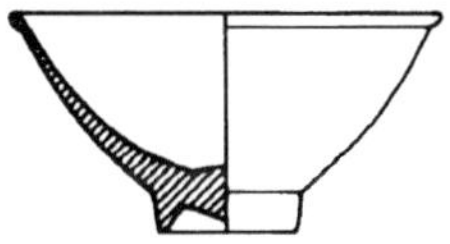 Ⅰ式((西)F12Ⅰ:1) 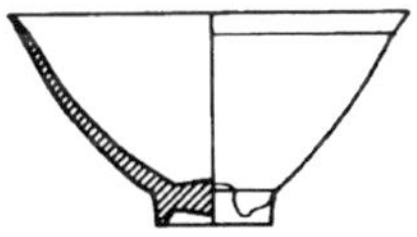 Ⅱ式((西)L4Ⅰ:4)		
第三期			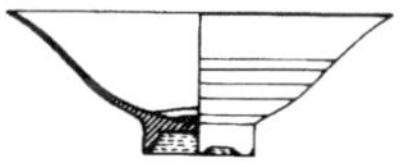 (西Ⅰ)T3021⑤:3	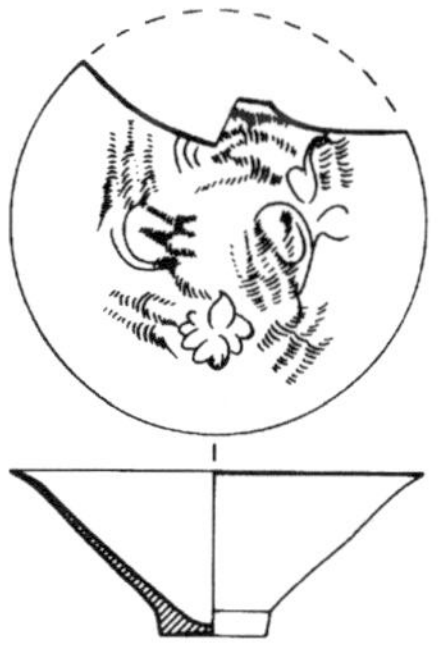 (西)H82:1
第四期				
第五期				

图六〇〇　巴东旧县坪遗址出土宋代器物分期图（四）

器类 期别	斗笠瓷碗			
	Bb型	Bc型	C型	D型
第一期				
第二期				
第三期		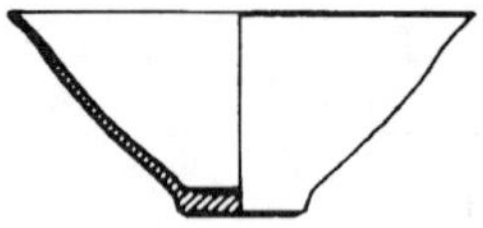 （西） G5:9		
第四期			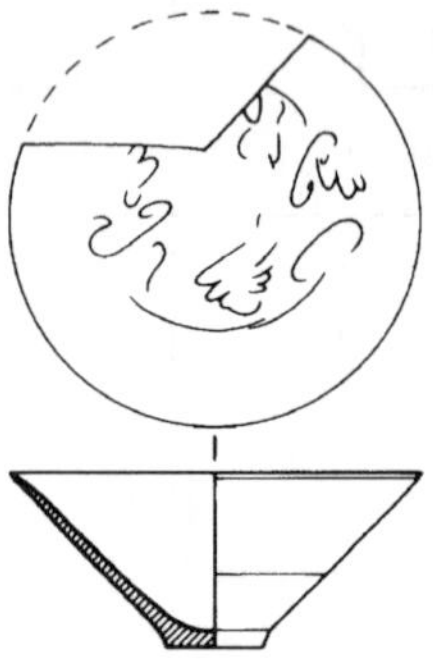 Ⅰ式((西Ⅰ)T3517⑤:36) 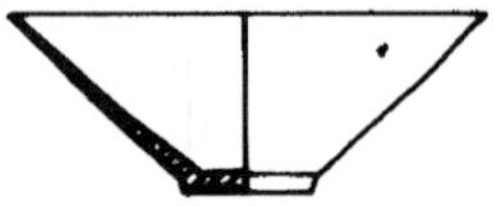 Ⅱ式((西)L4Ⅱ:4)	
第五期	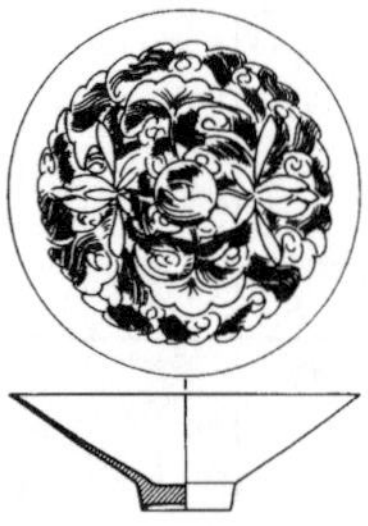 (西)F46Ⅱ:2			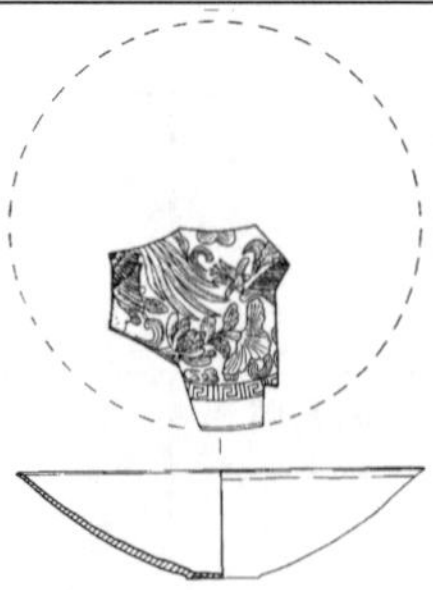 (西Ⅰ)T3517⑤:3

图六〇〇　巴东旧县坪遗址出土宋代器物分期图（五）

器类 期别	撇口瓷碗			
	Aa型	Ab型	Ac型	Ba型
第一期				
第二期	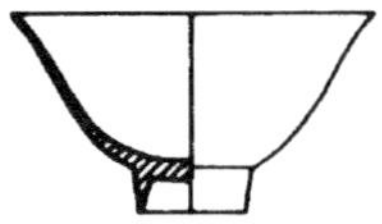 Ⅰ式((西Ⅰ)T1007⑥:19) 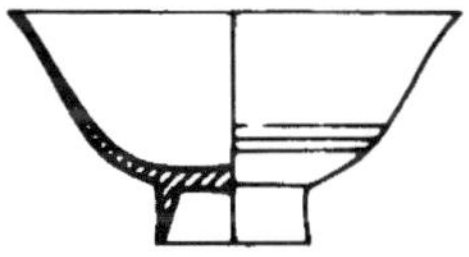 Ⅱ式((西Ⅰ)T1006④:7)	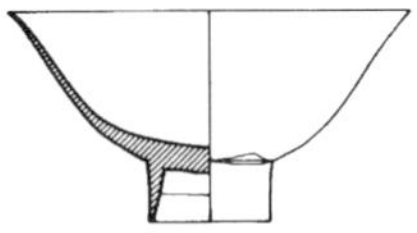 (西)L2Ⅰ:22	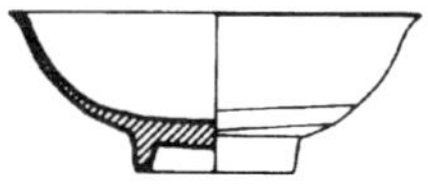 Ⅰ式((西)L2Ⅰ:18)	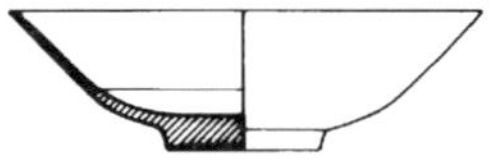 Ⅰ式((西Ⅰ)T2614⑤:13)
第三期			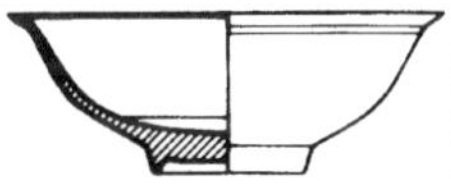 Ⅱ式((东Ⅰ)2822④:1)	
第四期				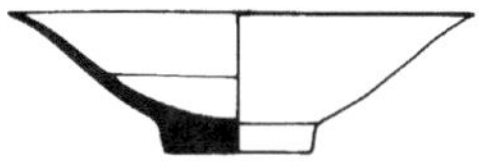 Ⅱ式((西Ⅰ)T3021⑤:2)
第五期				

图六〇〇 巴东旧县坪遗址出土宋代器物分期图（六）

器类 期别	撇口瓷碗			
	Bb型	Bc型	Bd型	Be型
第一期				
第二期	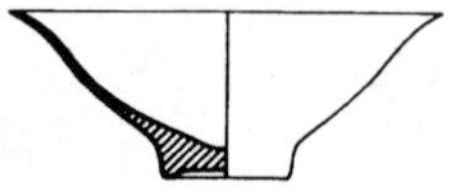 (西)L2Ⅰ:20	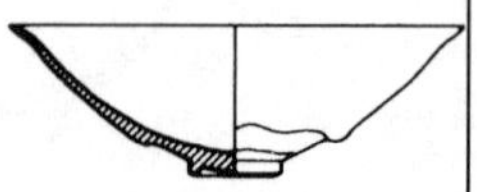 (东Ⅰ)T2715④:2		
第三期			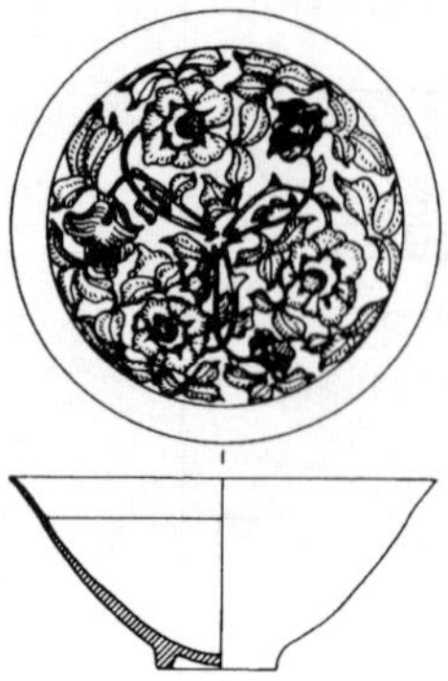 (西)F23:3	 (西)F24Ⅰ:5
第四期				
第五期				

图六〇〇　巴东旧县坪遗址出土宋代器物分期图（七）

器类 / 期别	直口瓷碗		侈口瓷碗	
	A型	B型	A型	B型
第一期				
第二期	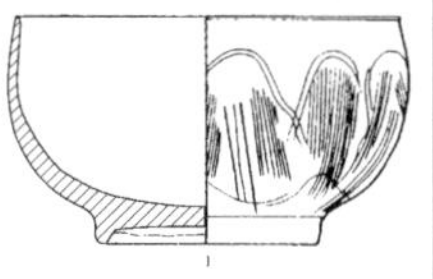 (东Ⅰ)T2821④:1			
第三期		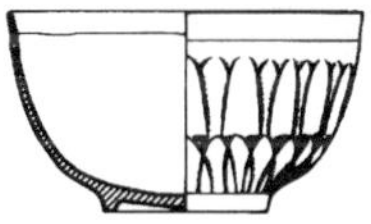 Ⅰ式((西)F94:10)	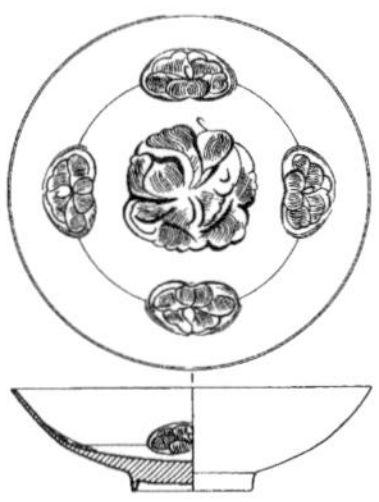 (西)F8Ⅱ:23	
第四期		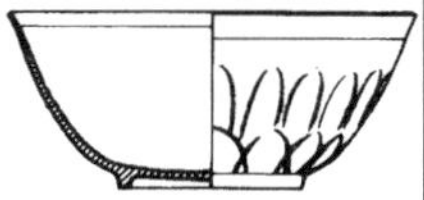 Ⅱ式((西)F8Ⅲ:3)		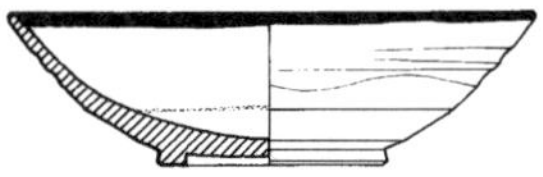 Ⅰ式((西Ⅰ)T0902⑤:10)
第五期				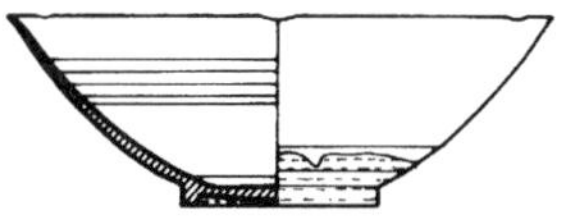 Ⅱ式((西)F3:31)

图六〇〇 巴东旧县坪遗址出土宋代器物分期图（八）

器类 期别	侈口瓷碗			
	C型	Da型	Db型	Ea型
第一期				
第二期	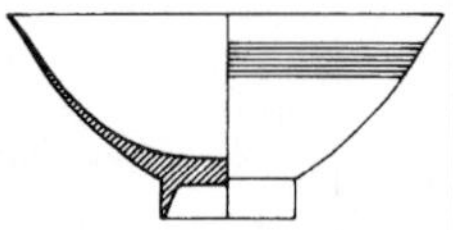 Ⅰ式((西)F8Ⅰ:53) 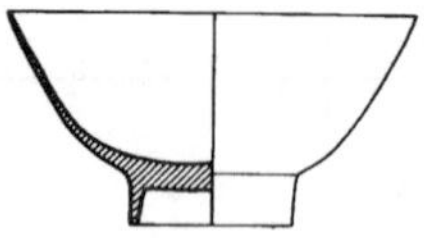 Ⅱ式((西Ⅰ)T1916⑤:13)	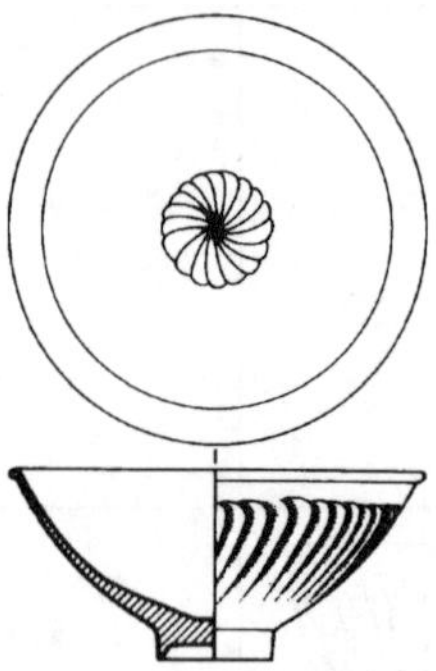 Ⅰ式((西)F8Ⅰ:5) 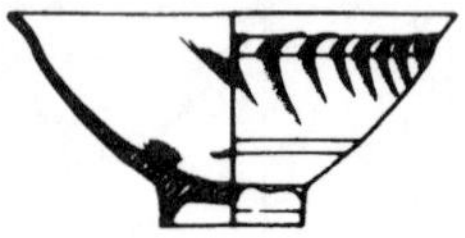 Ⅱ式((东Ⅰ)T3616④:2)	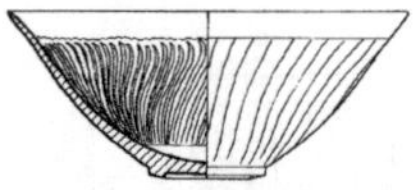 (西Ⅰ)T1006⑦:26	
第三期	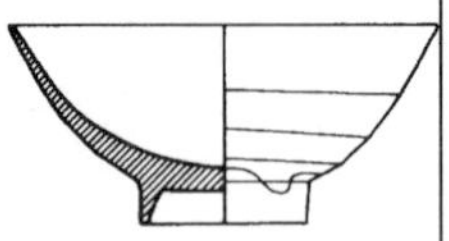 Ⅲ式((西Ⅰ)T2714⑤:13)			
第四期				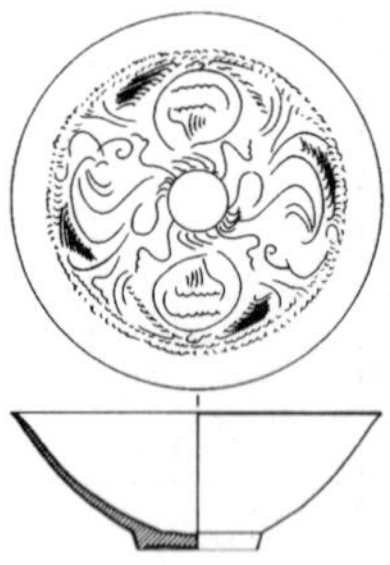 (西)F8Ⅲ:34
第五期				

图六〇〇　巴东旧县坪遗址出土宋代器物分期图（九）

器类 期别	侈口瓷碗			
	Eb型	Ec型	Ed型	F型
第一期				
第二期				
第三期				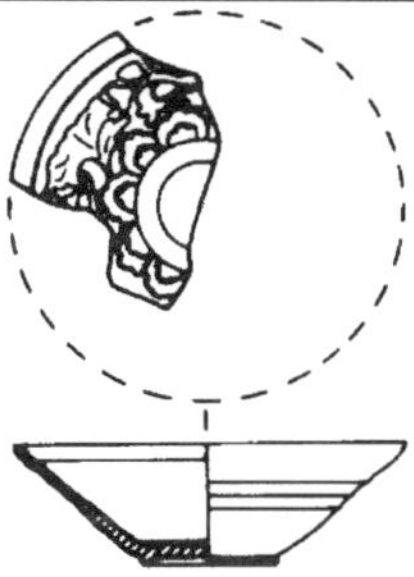 (西)F18Ⅰ:1
第四期	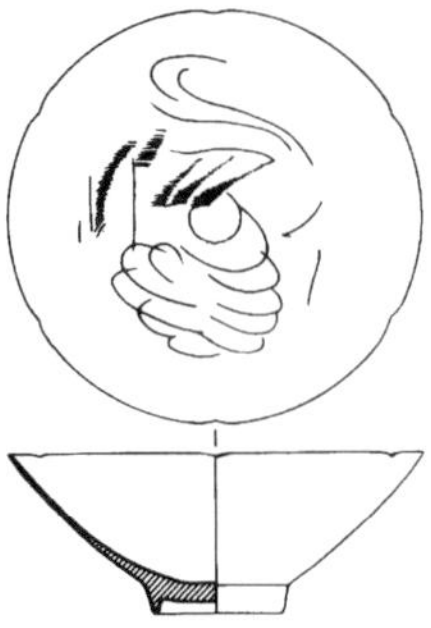 Ⅰ式((西)F8Ⅲ:18)  Ⅱ式((西)J1:1)		 (西)F8Ⅲ:11	
第五期		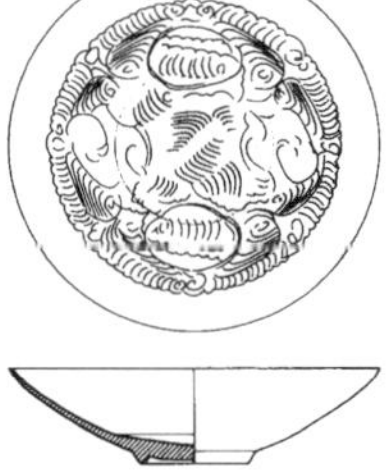 (西)F3:52		

图六〇〇　巴东旧县坪遗址出土宋代器物分期图（一〇）

器类 / 期别	侈口瓷碗			
	Ga型	Gb型	Gc型	Gd型
第一期				
第二期				
第三期				
第四期	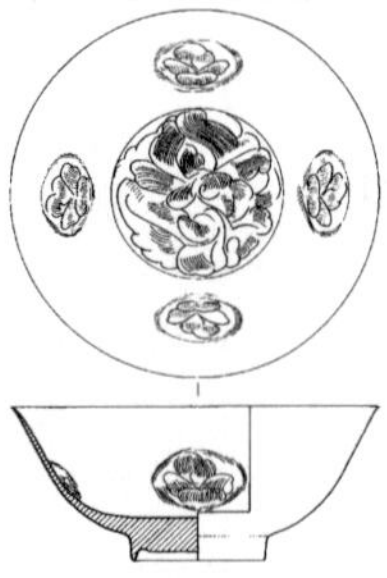 (西)F32:4	 (西)F8Ⅲ:53	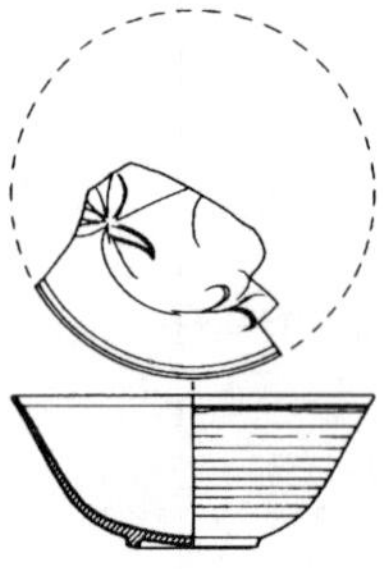 (西)F14Ⅰ:7	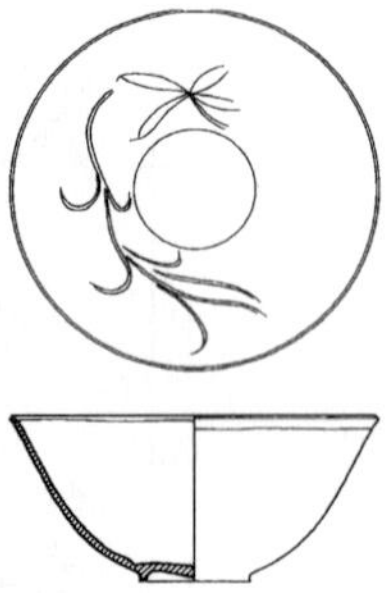 (西Ⅰ)T3618⑤:1
第五期				

图六〇〇　巴东旧县坪遗址出土宋代器物分期图（一一）

器类 期别	侈口瓷碗			
	H型	I型	J型	K型
第一期				
第二期				
第三期			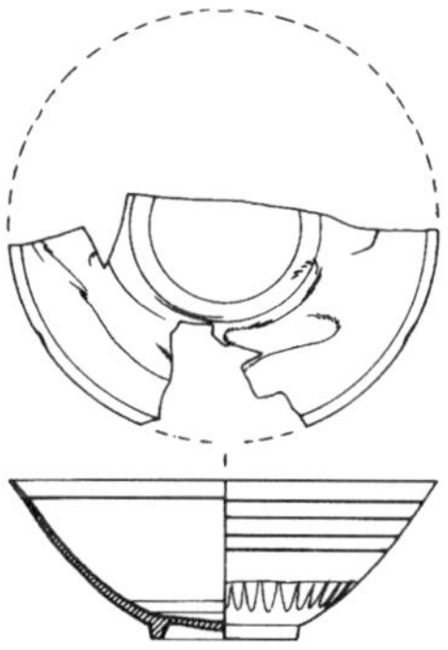 (西)F94:5	
第四期	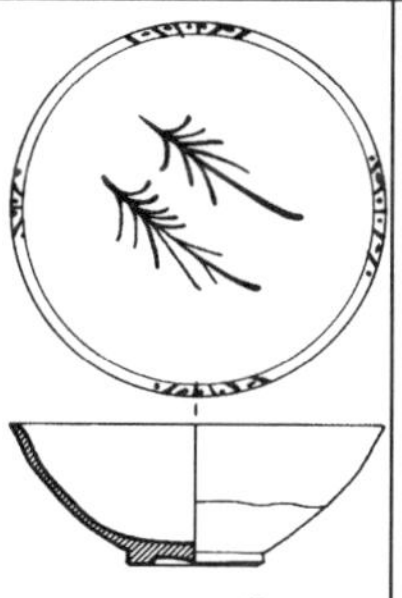 (西Ⅰ)T0408④:13	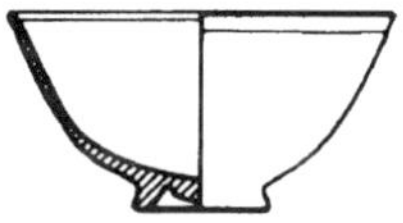 (西)H57:8		 Ⅰ式((西)F8Ⅲ:27) 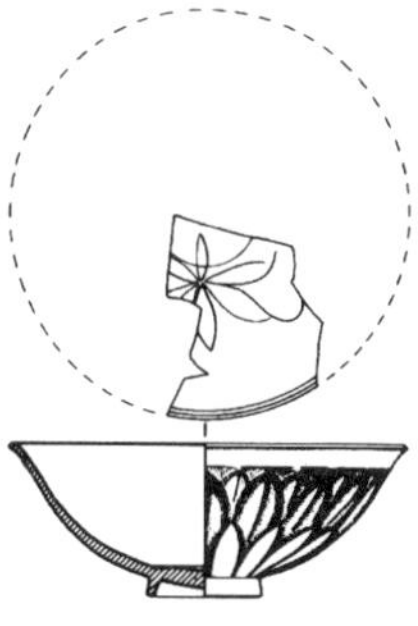 Ⅱ式((西)H57:10)
第五期				

图六〇〇　巴东旧县坪遗址出土宋代器物分期图（一二）

器类 期别	敞口瓷碗			
	A型	B型	C型	D型
第一期				
第二期				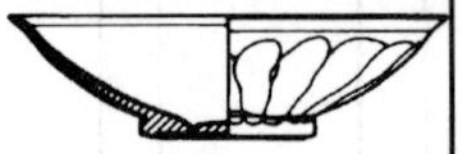 (西)F1Ⅱ:6
第三期				
第四期				
第五期	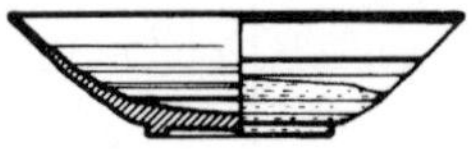 Ⅰ式((西)F3:18) 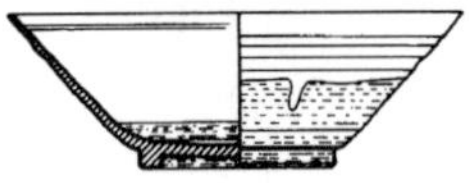 Ⅱ式((西)L18Ⅱ:5)	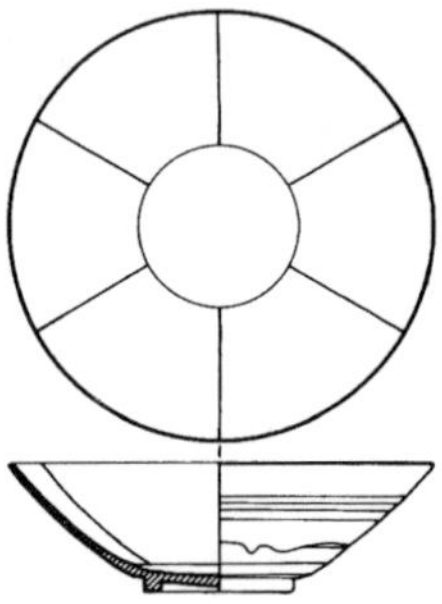 Ⅰ式((西)F3:47) 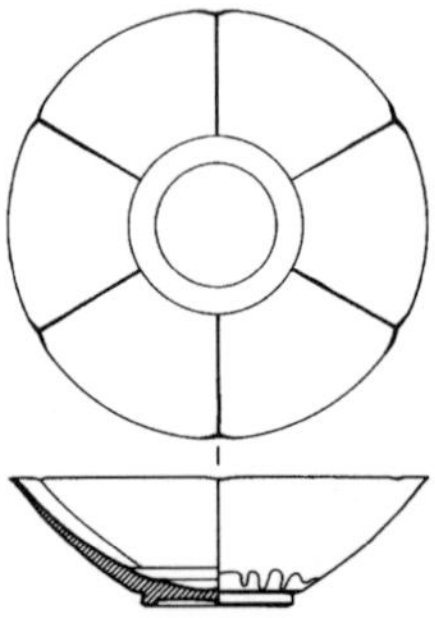 Ⅱ式((西)F3:46)	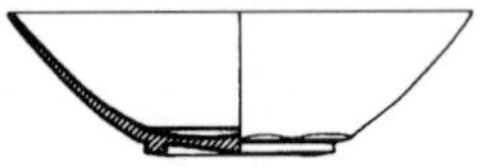 (西)L17Ⅱ:1	

图六〇〇　巴东旧县坪遗址出土宋代器物分期图（一三）

器类 期别	瓷盘			
	Aa型	Ab型	Ac型	Ad型
第一期				
第二期				
第三期				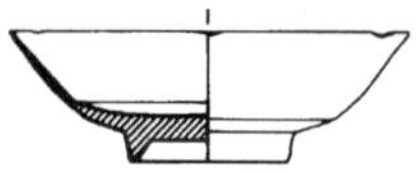 Ⅰ式((西)F13Ⅰ:4) 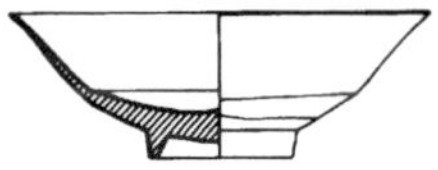 Ⅱ式((东Ⅰ)T2510④:6)
第四期		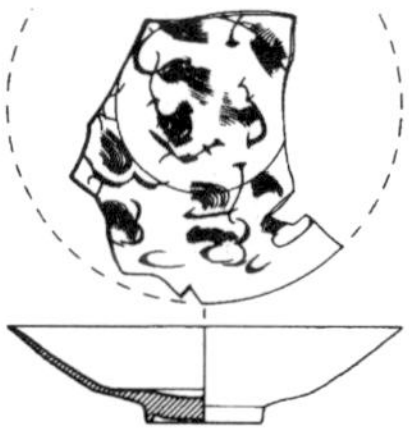 Ⅰ式((西)L2Ⅲ:4)		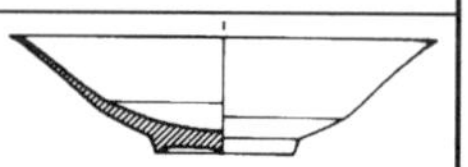 Ⅲ式((西)L17Ⅰ:8)
第五期	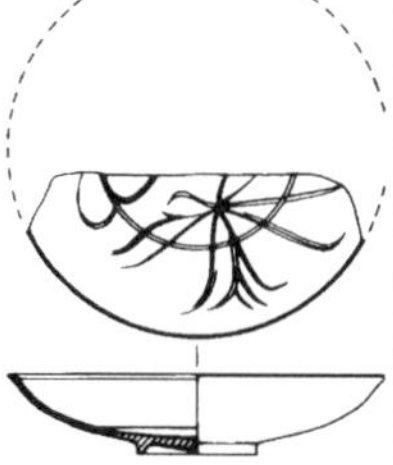 (西)L2Ⅳ:5	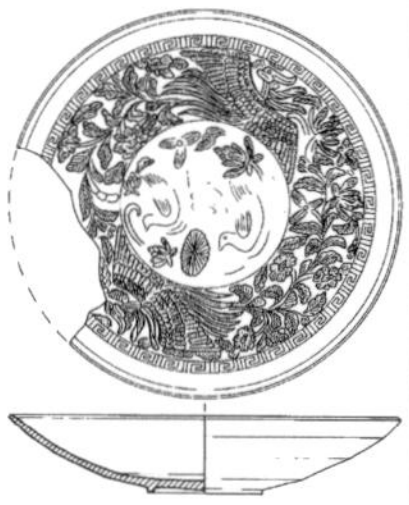 Ⅱ式((西)F3:49)	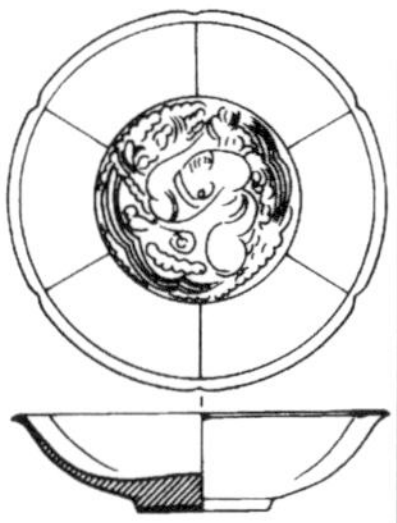 Ⅰ式((西Ⅰ)T1106⑤:2) 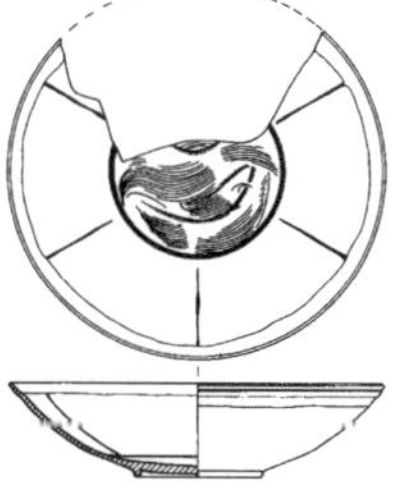 Ⅱ式((西Ⅰ)T3520 ⑤:11)	 Ⅳ式((西)F3:48)

图六〇〇　巴东旧县坪遗址出土宋代器物分期图（一四）

器类 期别	瓷盘		瓷碟	
			A型	Ba型
第一期				
第二期				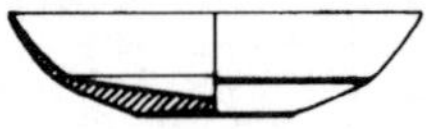 Ⅰ式((西)F8Ⅰ:33) 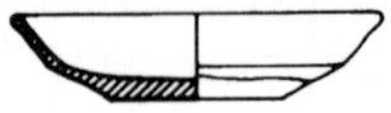 Ⅱ式((西ⅠA)T1713③:3)
第三期	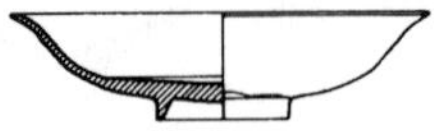 Ae 型((西)F8Ⅱ:20)	 Ca 型((西ⅠB)T0814④:2) 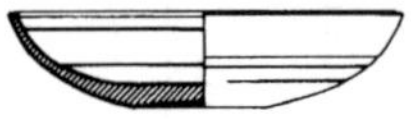 Cb 型((西)H63:3)	 Ⅰ式((西)F8Ⅱ:4) 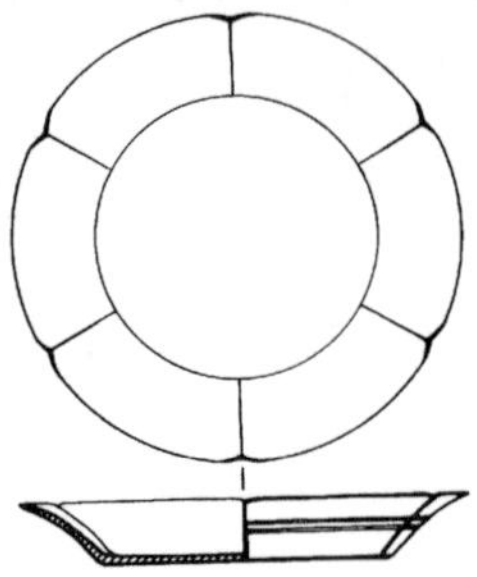 Ⅱ 式((西)F8Ⅱ:25)	
第四期				
第五期	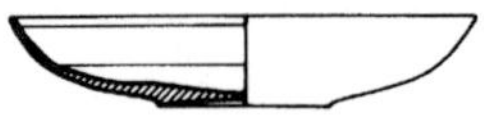 B 型((西Ⅰ)T3418⑤:11)			

图六〇〇　巴东旧县坪遗址出土宋代器物分期图（一五）

器类 期别	瓷碟			
	Bb型	Bc型	C型	D型
第一期				
第二期		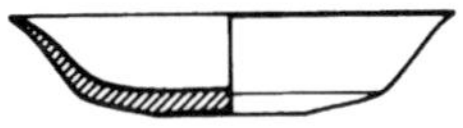 Ⅰ式((西Ⅰ)T2016⑤:11) 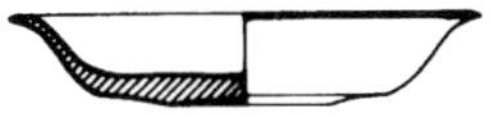 Ⅱ式((西)L9Ⅰ:2)		
第三期	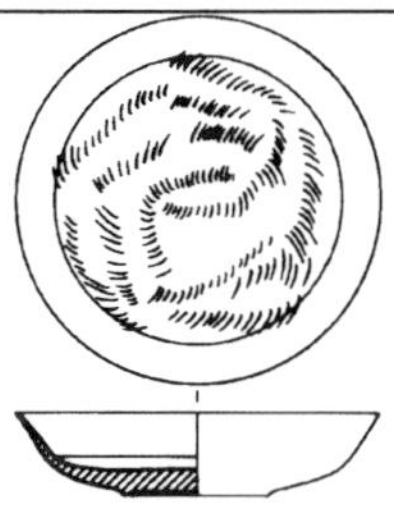 (西)F94:12			
第四期			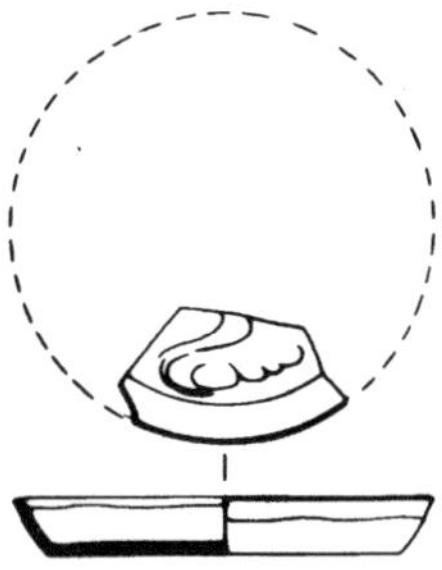 (西)L4Ⅱ:2	 (西)L17Ⅰ:12
第五期				

图六〇〇 巴东旧县坪遗址出土宋代器物分期图（一六）

器类 / 期别	瓷碟			
	E型	F型	Ga型	Gb型
第一期				
第二期				
第三期		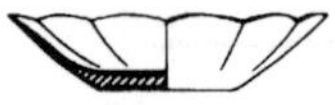 Ⅰ式((西)H75:1) 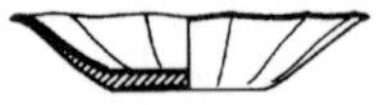 Ⅱ式((西)F13Ⅰ:1)	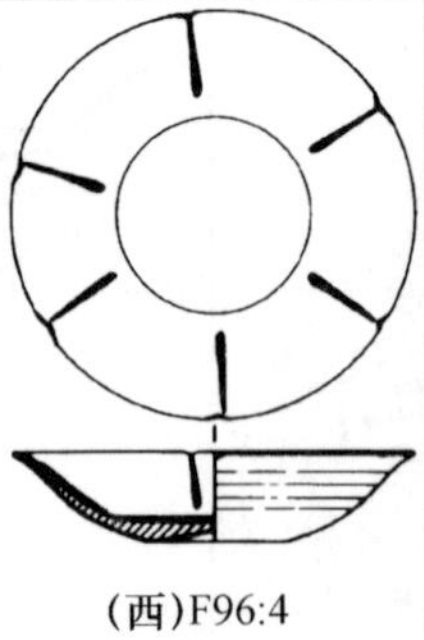 (西)F96:4	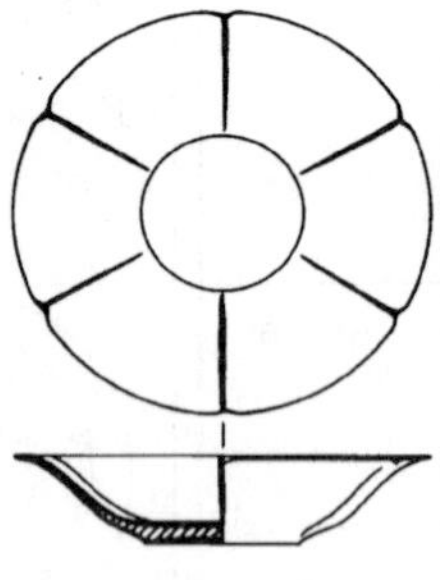 (西)F52:2
第四期	 Ⅰ式((西)L18Ⅰ:2) 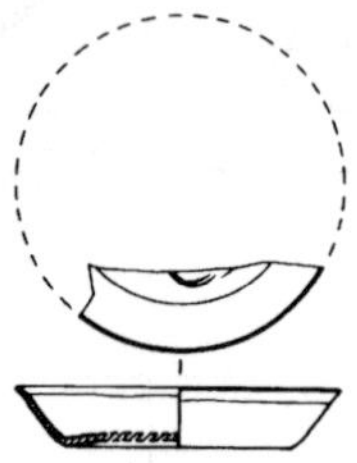 Ⅱ式((西)F3:13)			
第五期	 Ⅲ式((西)F3:56)			

图六〇〇　巴东旧县坪遗址出土宋代器物分期图（一七）

器类 \ 期别	瓷碟			
	Gc型	Ha型	Hb型	Hc型
第一期				
第二期	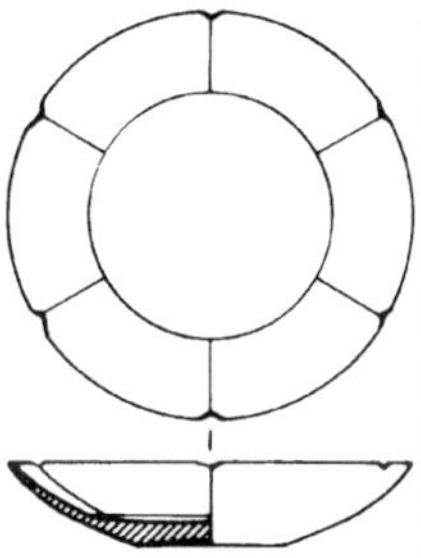 Ⅰ式((西Ⅰ)T1913⑤:8)	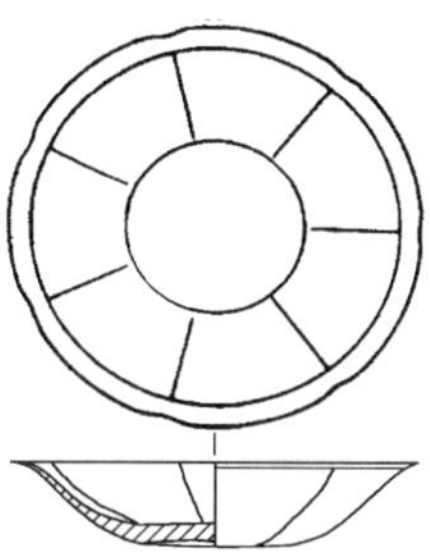 (西)L1Ⅰ:2	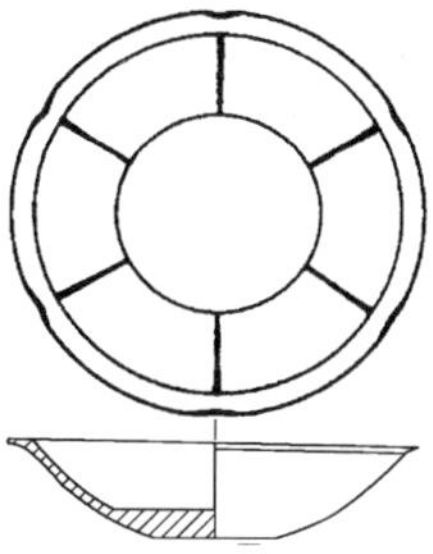 Ⅰ式((西Ⅰ)T2714⑤:12) 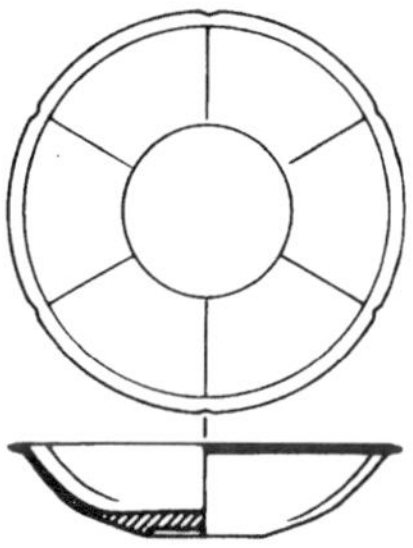 Ⅱ式((西)F2Ⅰ:11)	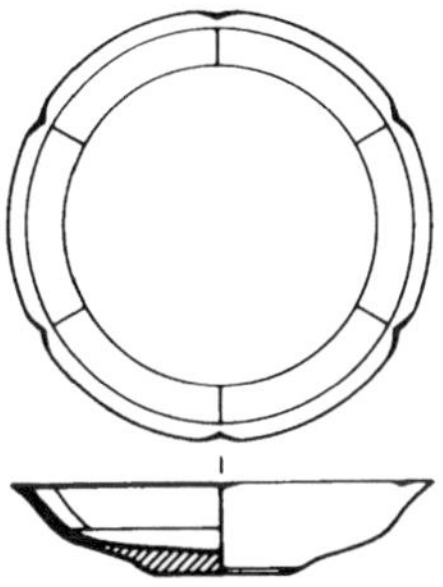 Ⅰ式((西)F8Ⅰ:40) 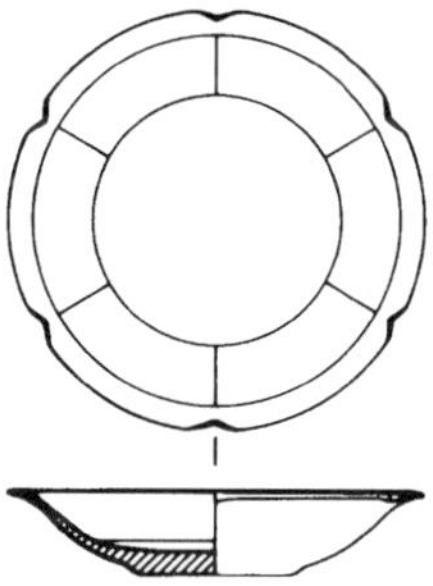 Ⅱ式((西)F8Ⅰ:42) 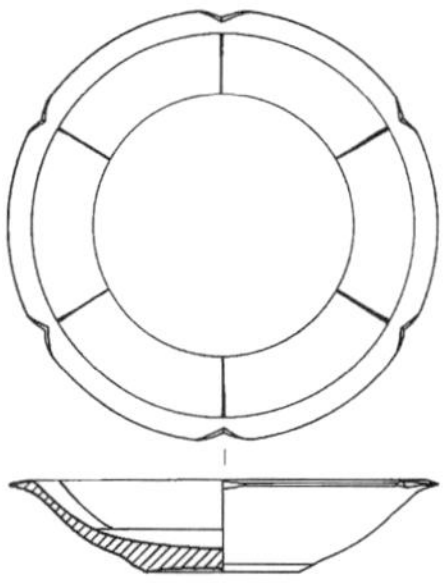 Ⅲ式((西)F93:5)
第三期	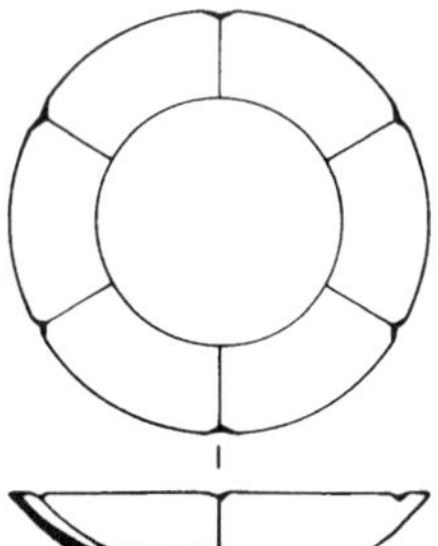 Ⅱ式((西)H31:1)			
第四期				
第五期				

图六〇〇　巴东旧县坪遗址出土宋代器物分期图（一八）

器类 / 期别	瓷碟			
	I型	J型	K型	La型
第一期				
第二期	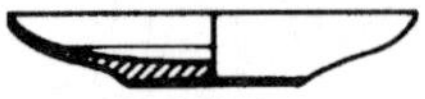 Ⅰ式((西)F8Ⅰ:28)			
第三期	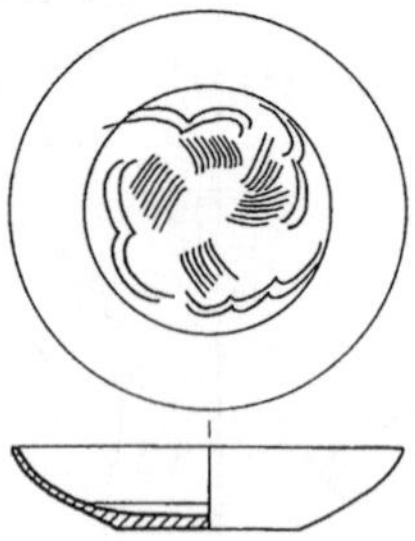 Ⅱ式((西)F52:1) 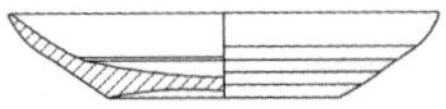 Ⅲ式((西)F66:3)	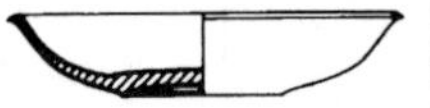 (西)F85:1		
第四期			 (西)L17Ⅰ:1	
第五期				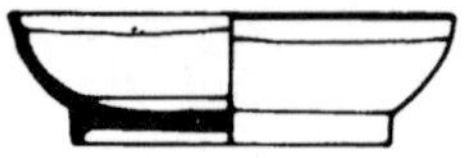 Ⅰ式((西)F53:1) 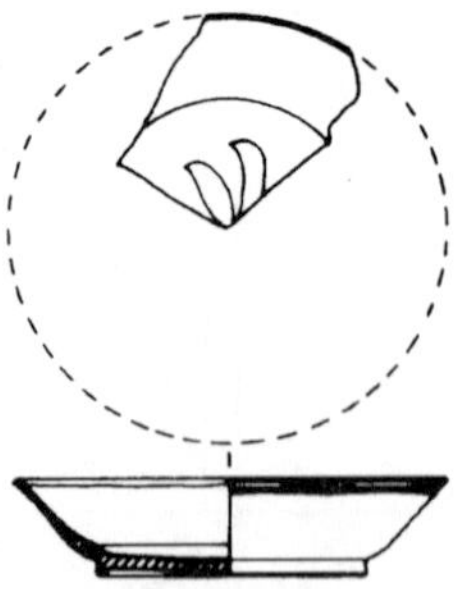 Ⅱ式((西)L1Ⅳ:6)  Ⅲ式((东)L1Ⅳ:2)

图六〇〇　巴东旧县坪遗址出土宋代器物分期图（一九）

器类 期别	瓷碟			敞口平底瓷盏
	Lb型	Ma型	Mb型	A型
第一期				
第二期				
第三期		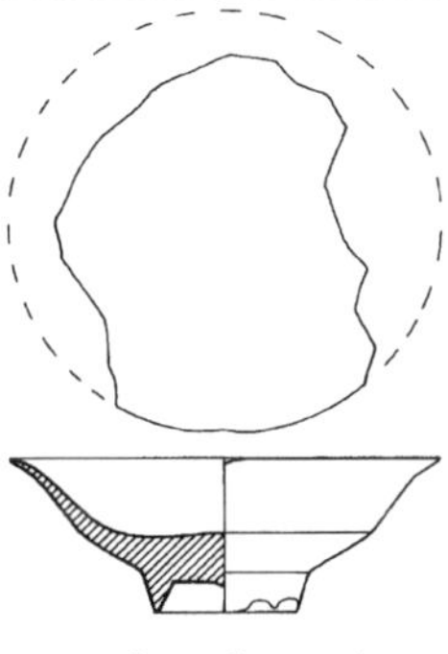 Ⅰ式((西)F58:3)	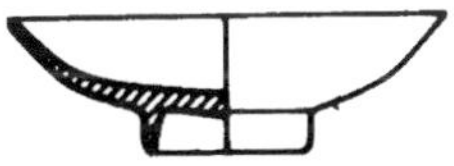 (西)L2Ⅱ:1	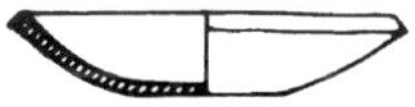 (西)F95:1
第四期	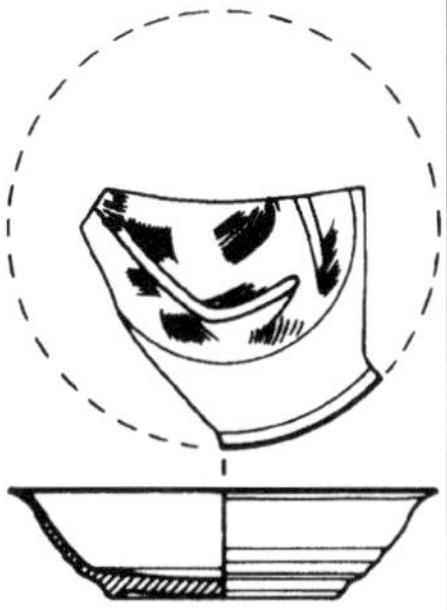 (西)F8Ⅲ:60	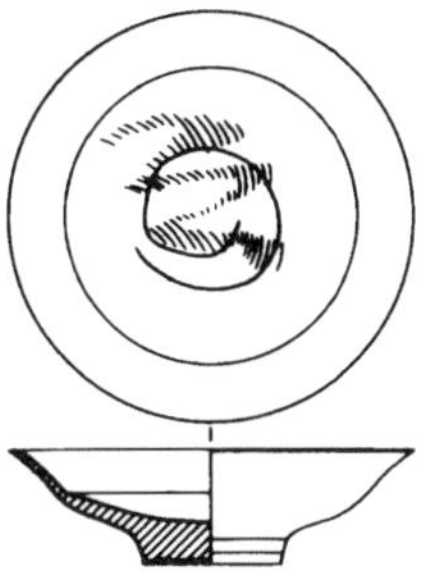 Ⅱ式((西Ⅰ)T3520⑤:23)		
第五期				

图六〇〇 巴东旧县坪遗址出土宋代器物分期图（二〇）

器类 期别	敞口平底瓷盏			敞口圈足瓷盏
	B型	Ca型	Cb型	
第一期				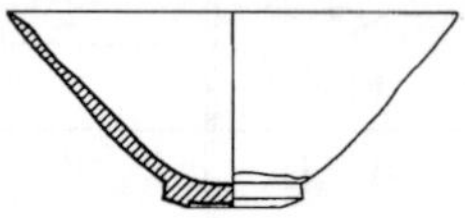 (西)L6Ⅰ:2
第二期				
第三期		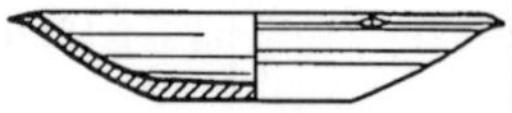 (西)F94:3	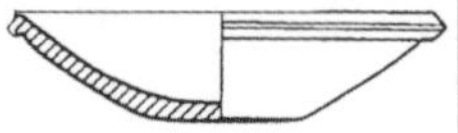 (西)F96:1	
第四期	 (西)F8Ⅲ:75			
第五期				

图六〇〇　巴东旧县坪遗址出土宋代器物分期图（二一）

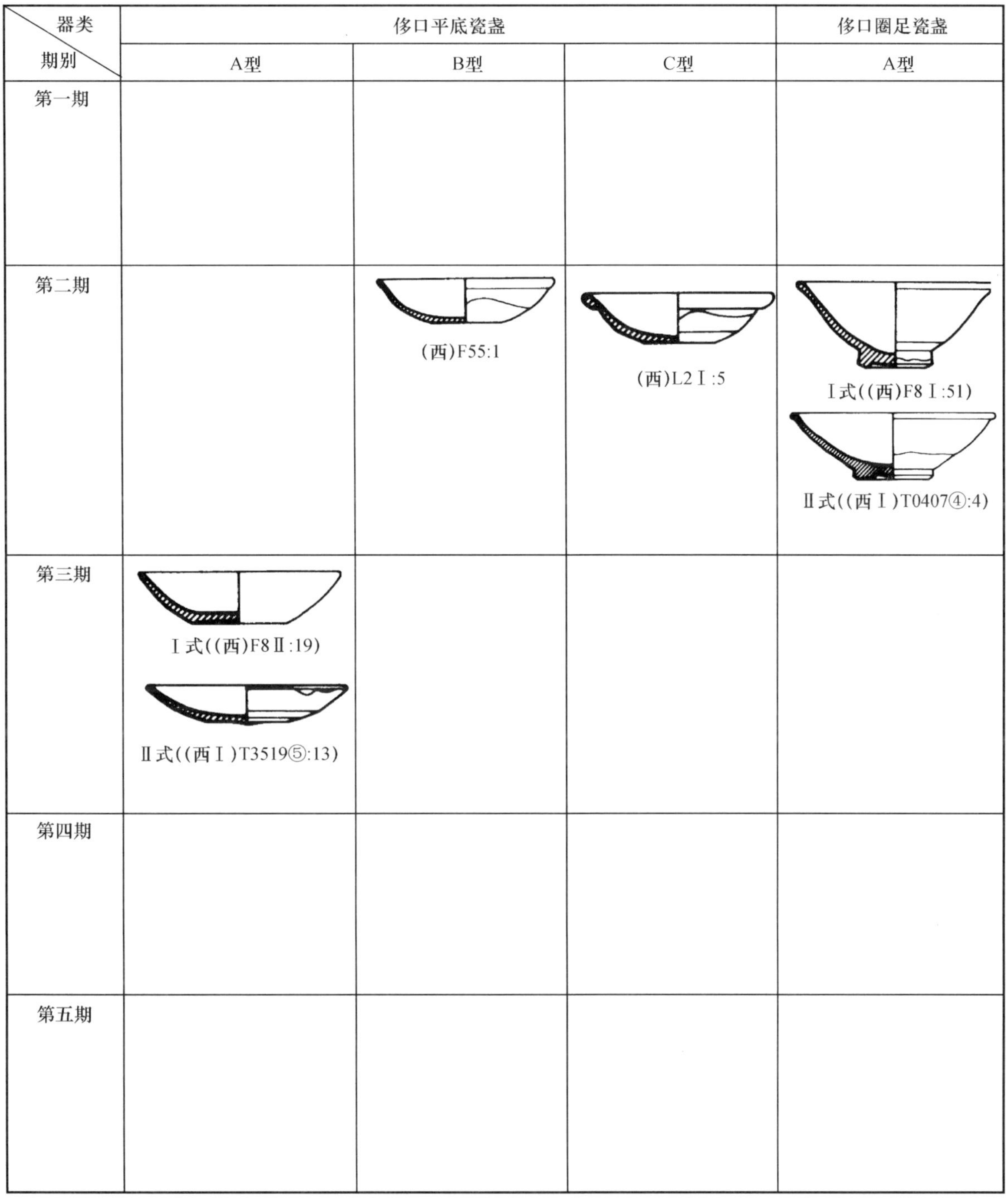

图六〇〇　巴东旧县坪遗址出土宋代器物分期图（二二）

器类 期别	侈口圈足瓷盏		侈口饼足瓷盏	敛口瓷盏
	B型	C型		A型
第一期		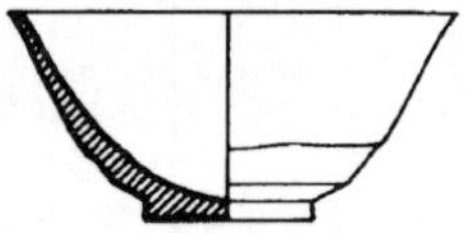 Ⅰ式((西)G6:28) 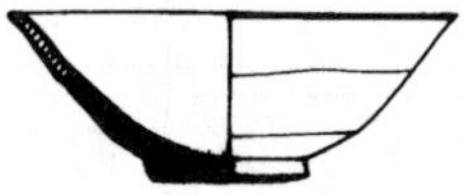 Ⅱ式((西)H82:5)		
第二期	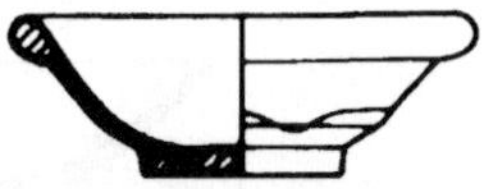 Ⅰ式((西)F8Ⅰ:10) 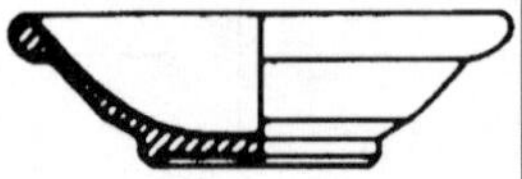 Ⅱ式((西) L2Ⅰ:17)			
第三期				
第四期				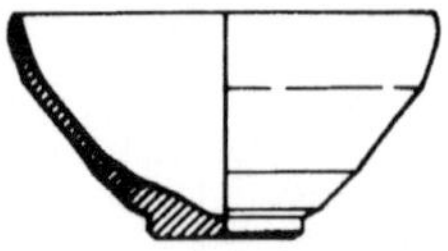 Ⅰ式((西)H37:1) 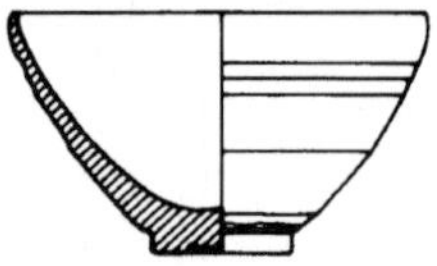 Ⅱ式((西)L4Ⅱ:6)
第五期			 (西)F3:6	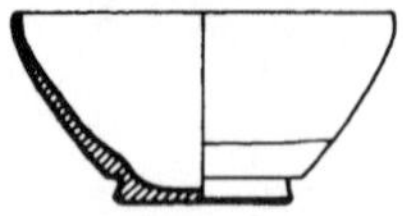 Ⅲ式((西Ⅲ)T0304②:1)

图六〇〇　巴东旧县坪遗址出土宋代器物分期图（二三）

器类 / 期别	敛口瓷盏	束颈瓷盏		凸棱瓷盏
	B型	A型	B型	Aa型
第一期				
第二期				
第三期				
第四期	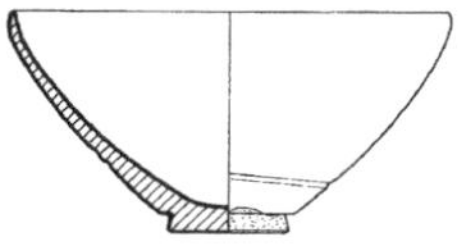 Ⅰ式((西Ⅰ)T3517⑤:47)	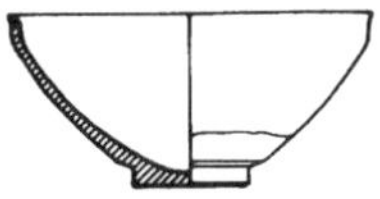 Ⅰ式((西Ⅰ)T2813⑤:3)	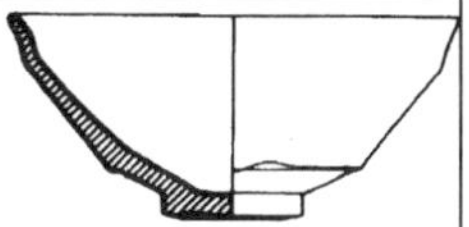 Ⅰ式((西)F8Ⅲ:37)	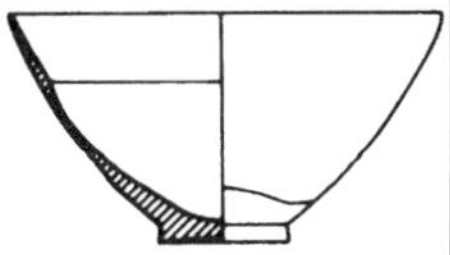 (西Ⅰ)T0902⑤:11
第五期	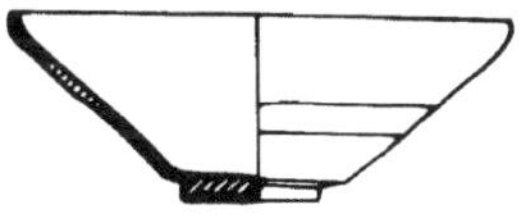 Ⅱ式((西)F14Ⅱ:8)	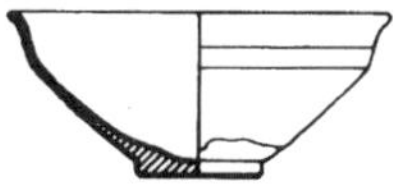 Ⅱ式((西)F3:8)	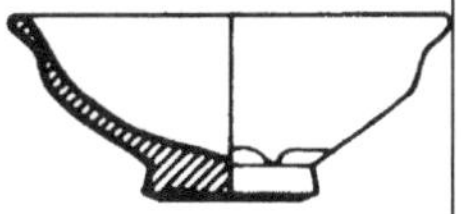 Ⅱ式((西)F8Ⅳ:16)	

图六〇〇　巴东旧县坪遗址出土宋代器物分期图（二四）

器类 期别	凸棱瓷盏			
	Ab型	Ba型	Bb型	Bc型
第一期				
第二期				
第三期				
第四期	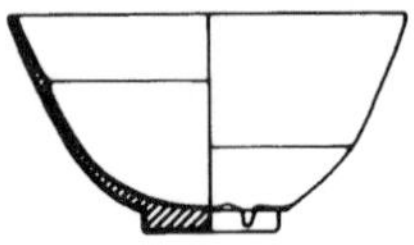 (西)F8Ⅲ:42	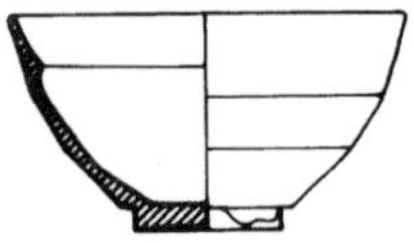 Ⅰ式((西)F8Ⅲ:28)	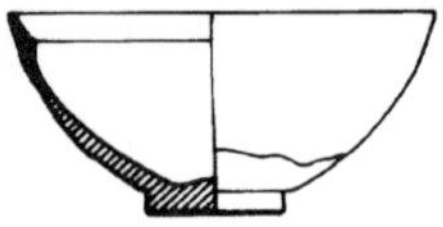 (西)F2Ⅱ:5	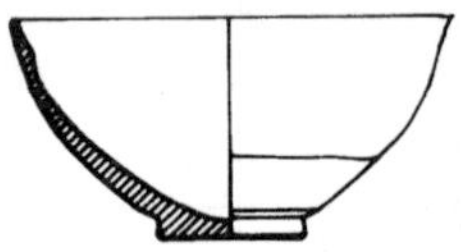 Ⅰ式((西)F8Ⅲ:70) 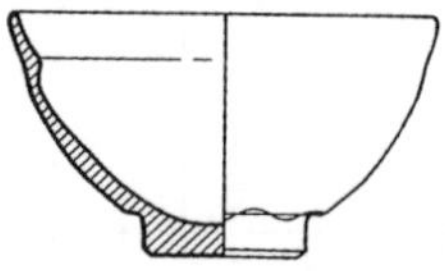 Ⅱ式((西)F8Ⅲ:38)
第五期		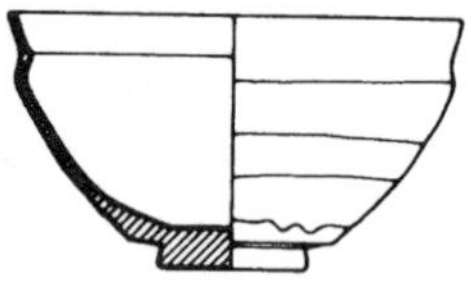 Ⅱ式((东Ⅰ)T2917④:16)		 Ⅲ式((西)L2Ⅳ:3)

图六〇〇　巴东旧县坪遗址出土宋代器物分期图（二五）

器类／期别	直口瓷盏	瓷钵		
		Aa型	Ab型	Ac型
第一期	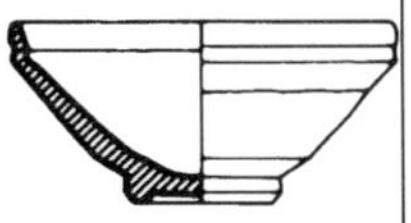 (西Ⅰ)T1004⑦:5			
第二期				
第三期		 (西Ⅰ)T3516⑤:5	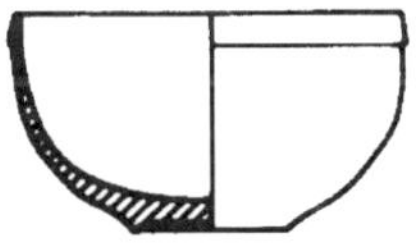 (西)F2Ⅰ:1	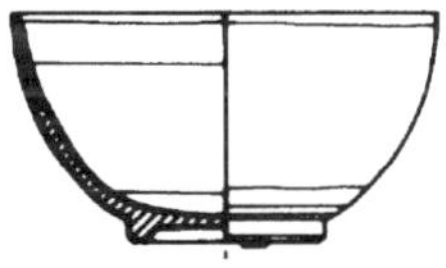 (西)F94:7
第四期				
第五期				

图六〇〇　巴东旧县坪遗址出土宋代器物分期图（二六）

器类 / 期别	瓷钵			
	Ad型	Ae型	Ba型	Bb型
第一期				
第二期				
第三期	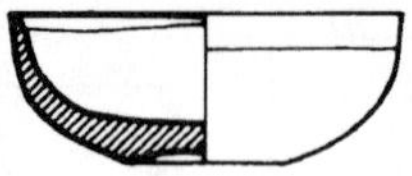 (东)F20:1	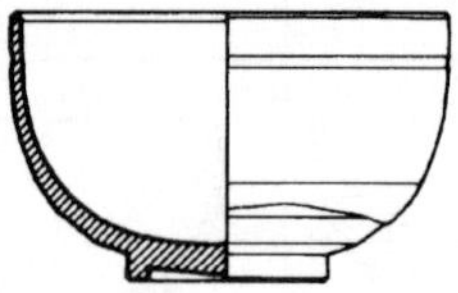 Ⅰ式((西)F94:8)	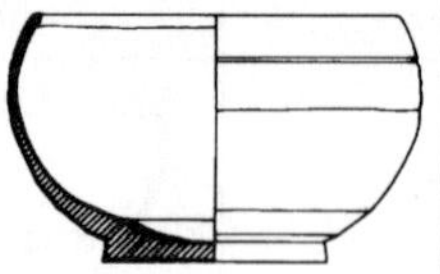 (西)F24Ⅰ:1	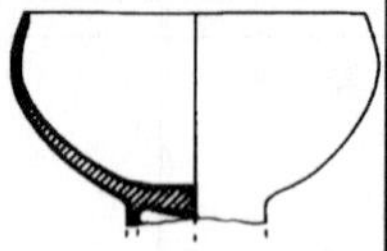 (西)F67:3
第四期		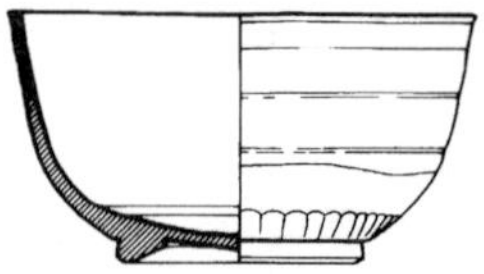 Ⅱ式((西Ⅰ)T3519⑤:34)		
第五期				

图六〇〇　巴东旧县坪遗址出土宋代器物分期图（二七）

器类 / 期别	瓷钵			
	C型	Da型	Db型	Dc型
第一期				
第二期				
第三期				
第四期	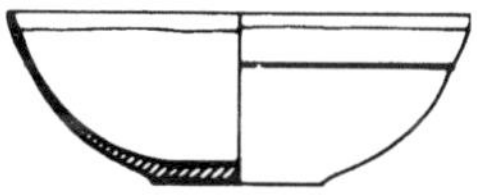 Ⅰ式((西Ⅰ)T3520⑤:9)	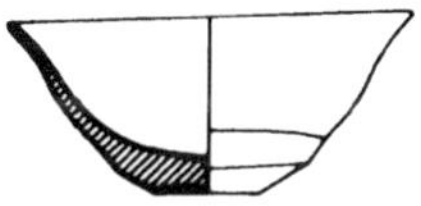 (西Ⅰ)T1811⑤:30		
第五期	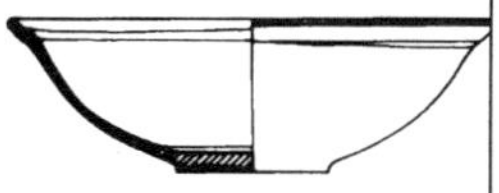 Ⅱ式((西)H27:1)		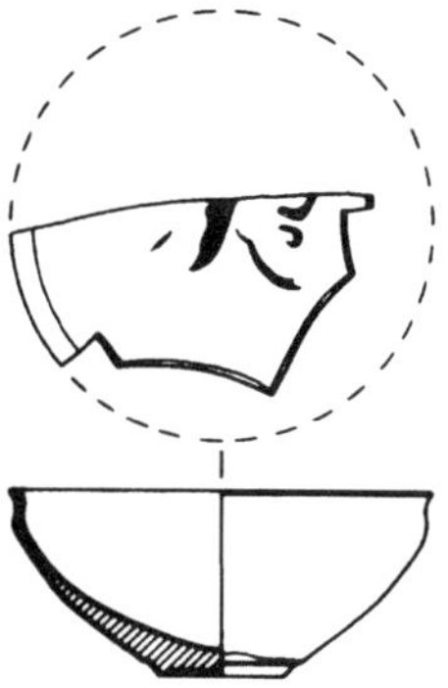 Ⅰ式((西Ⅰ)T3519⑤:2) 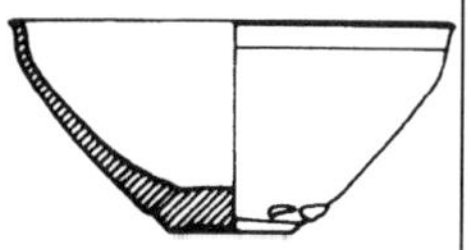 Ⅱ式((西Ⅰ)T3418⑤:1)	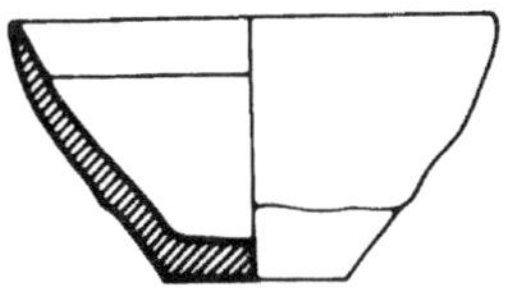 (西)H51:6

图六〇〇　巴东旧县坪遗址出土宋代器物分期图（二八）

器类 期别	瓷钵		瓷杯	
	Dd型	E型	A型	B型
第一期		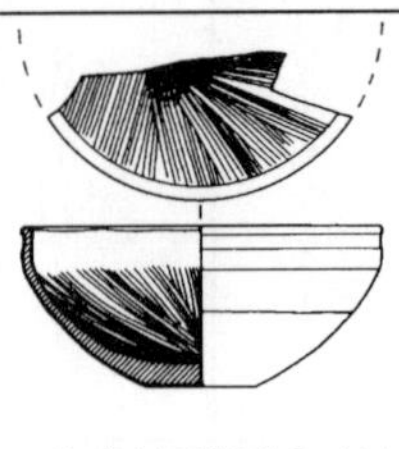 Ⅰ式((西)F8Ⅰ:11)		
第二期				
第三期		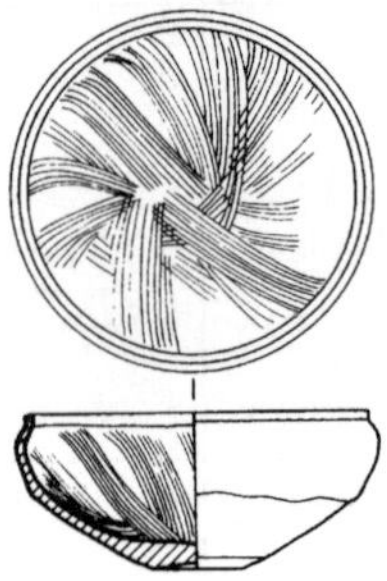 Ⅱ式((西)F24Ⅰ:2)		
第四期				
第五期	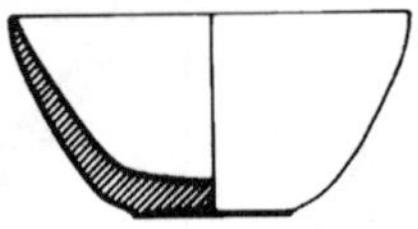 (西Ⅰ)T3520⑤:15	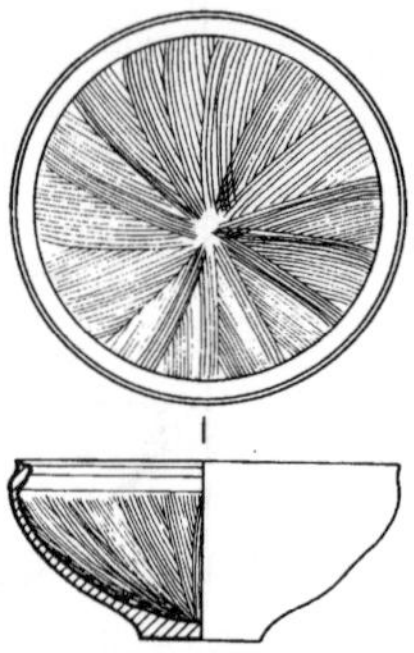 Ⅲ式((西Ⅰ)T3519⑤:19)	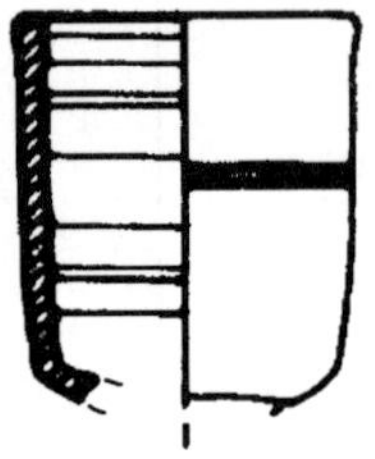 Ⅰ式((西)L1Ⅳ:9) 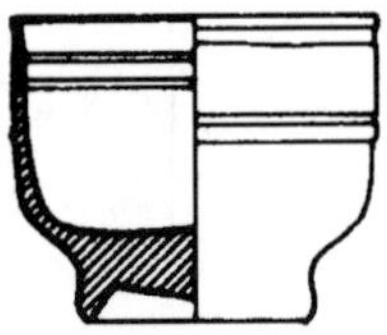 Ⅱ式((西Ⅰ)T3519⑤:8)	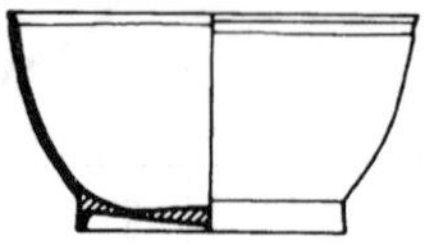 (西Ⅰ)T3416⑤:2

图六〇〇　巴东旧县坪遗址出土宋代器物分期图（二九）

器类 期别	瓷杯			瓷盆
	C型	Da型	Db型	
第一期				
第二期				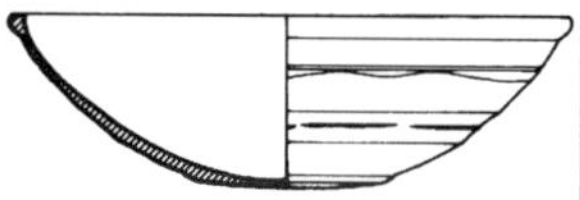 Ⅰ式((西Ⅰ)T2415⑤:6)
第三期		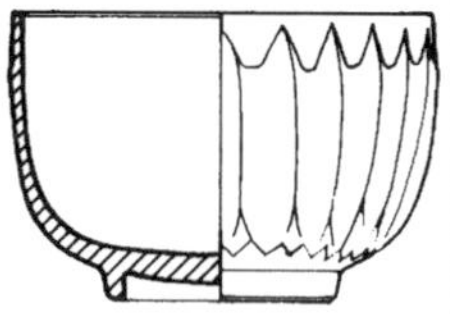 (西)F94:18	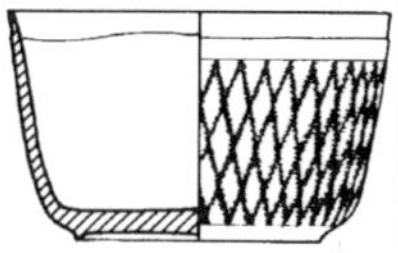 (西Ⅰ)T1916⑤:3	
第四期				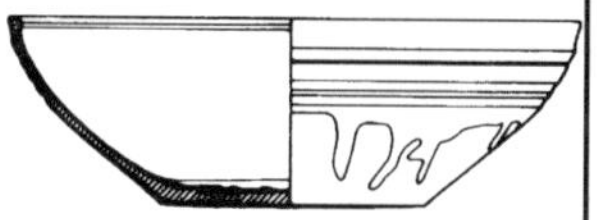 Ⅱ式((西Ⅰ)T3215⑤:4)
第五期	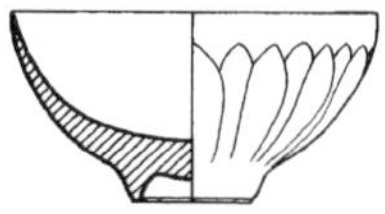 (西)F14Ⅱ:6			

图六〇〇　巴东旧县坪遗址出土宋代器物分期图（三〇）

器类 期别	瓷罐			
	A型	B型	C型	D型
第一期			 (东Ⅰ)T2918④:33	
第二期				
第三期				
第四期	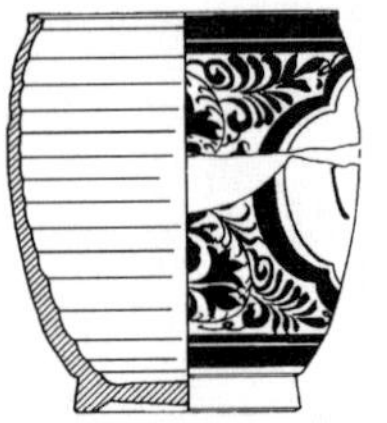 (西)F8Ⅲ:65	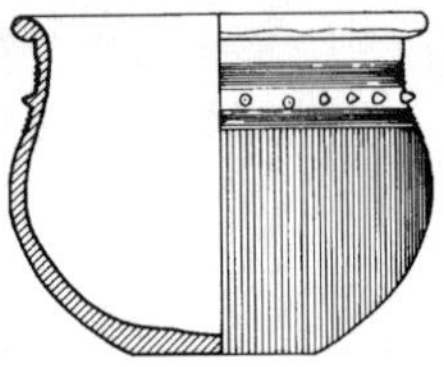 (西)F8Ⅲ:64		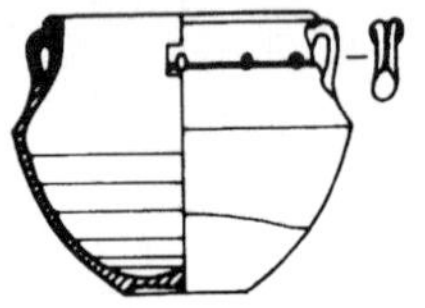 (西)F8Ⅲ:14
第五期				

图六〇〇　巴东旧县坪遗址出土宋代器物分期图（三一）

器类 期别	瓷执壶			瓷瓶
	A型	B型	C型	A型
第一期	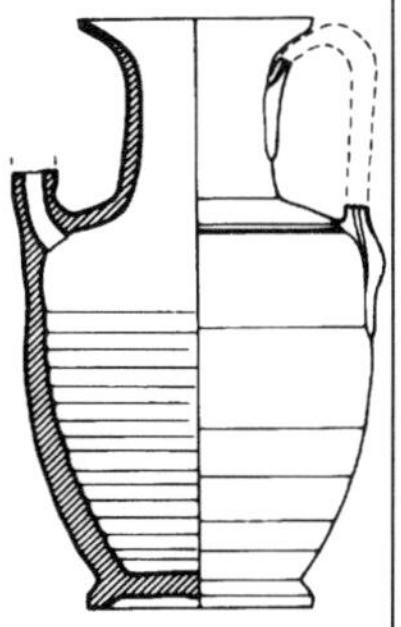 (西Ⅰ)T1916⑤:12			
第二期		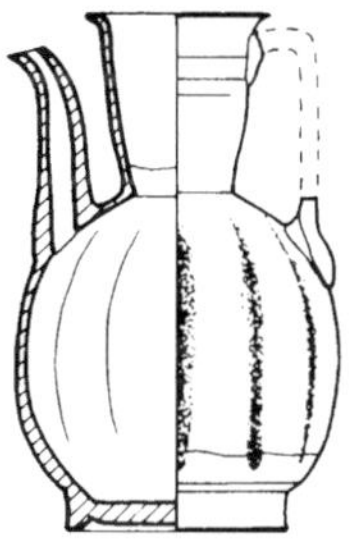 (东Ⅰ)T2813④:3	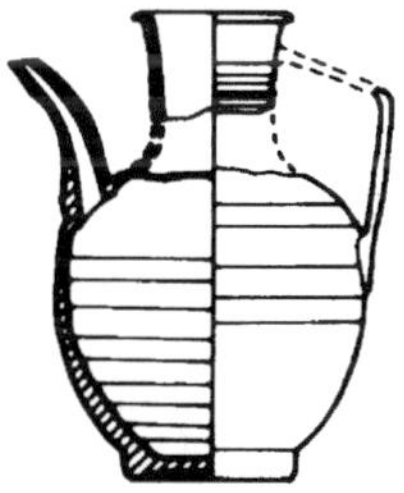 (东Ⅰ)T1002④:7	
第三期				
第四期				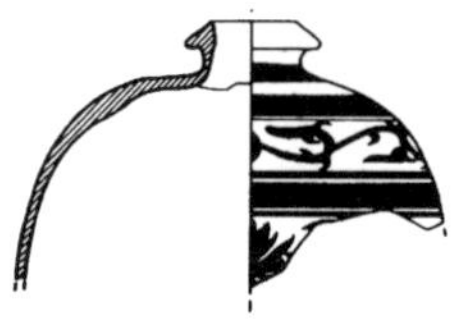 (东)L6Ⅲ:1
第五期				

图六〇〇　巴东旧县坪遗址出土宋代器物分期图（三二）

器类 期别	瓷瓶	瓷盏托	瓷尊	瓷器座
	B型			
第一期				
第二期				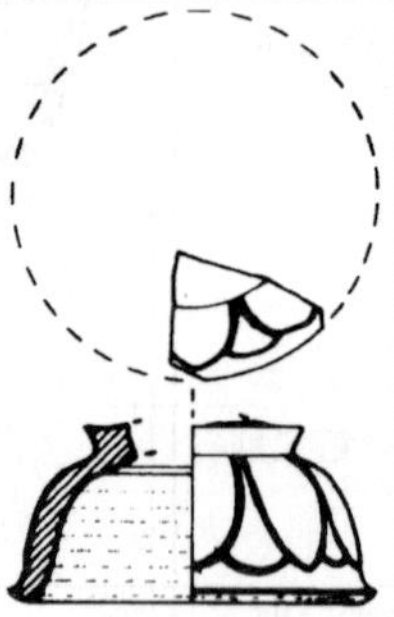 (西)H7:1
第三期		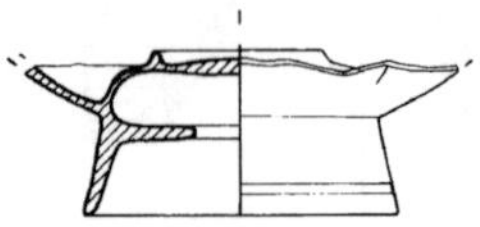 (东Ⅰ)T2112④:2		
第四期				
第五期	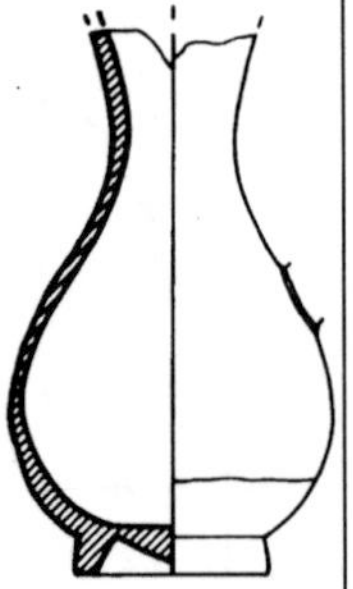 (西)L4Ⅲ:2		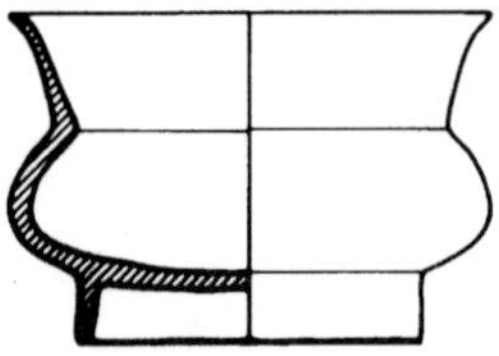 (西)F14Ⅱ:5	

图六〇〇　巴东旧县坪遗址出土宋代器物分期图（三三）

器类 期别	瓷器盖			
	Aa型	Ab型	Ac型	Ad型
第一期				
第二期				
第三期		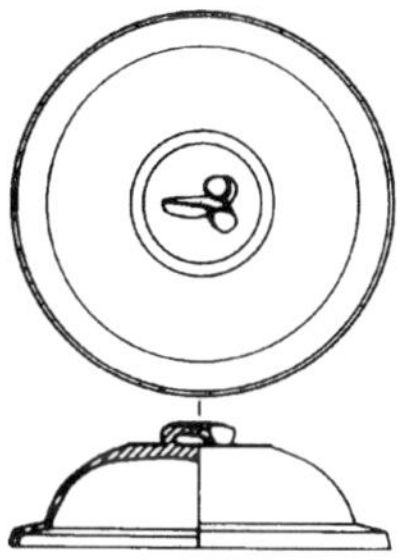 (西)F2Ⅰ:4		 (西)F8Ⅱ:24
第四期	 (西)F8Ⅲ:7		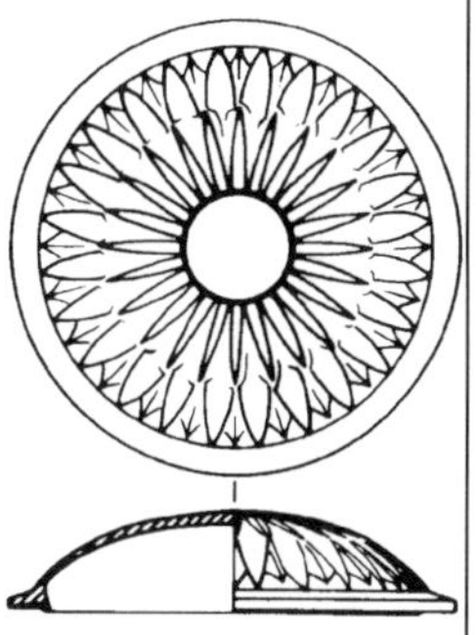 (西ⅡB)T4118④:1	
第五期				

图六〇〇　巴东旧县坪遗址出土宋代器物分期图（三四）

器类 期别	瓷器盖			
	Ae型	Af型	B型	C型
第一期				
第二期				
第三期			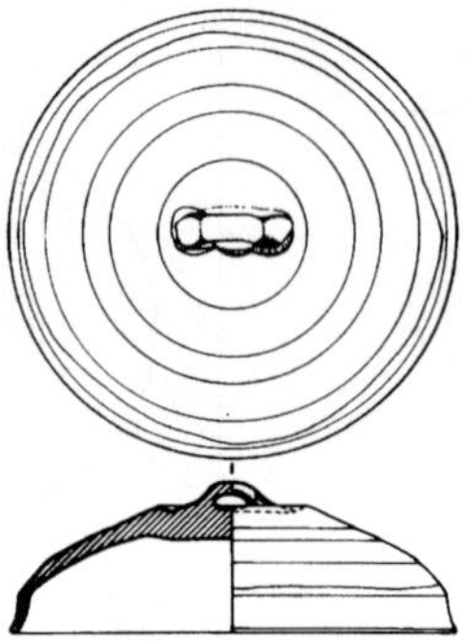 (西)F2Ⅰ:5	
第四期	 (西)L1Ⅲ:2	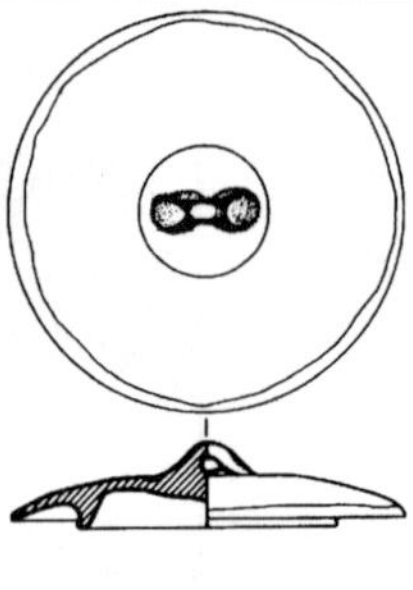 (西)F8Ⅲ:51		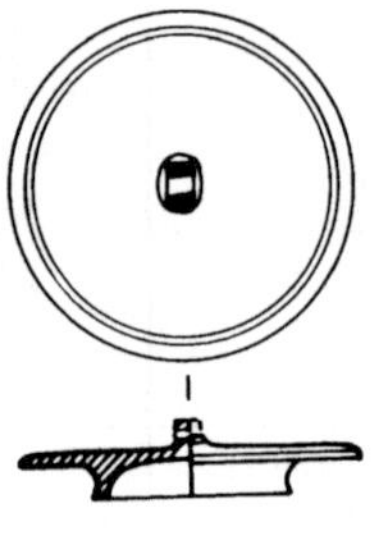 (西)F8Ⅲ:50
第五期				

图六〇〇　巴东旧县坪遗址出土宋代器物分期图（三五）

器类 期别	瓷器盖			瓷洗
	D型	E型	F型	
第一期				
第二期			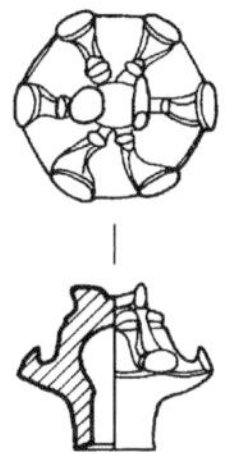 （西Ⅰ）T0409②:1	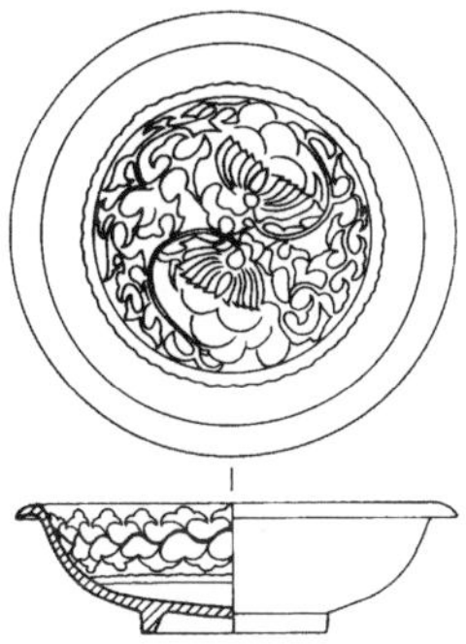 Ⅰ式（（西）L2Ⅰ:1）
第三期	 （西）F67:1	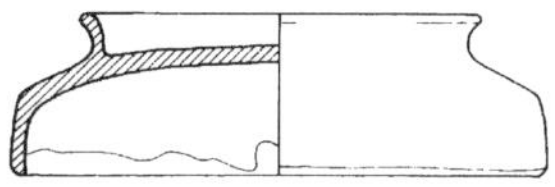 采集:9		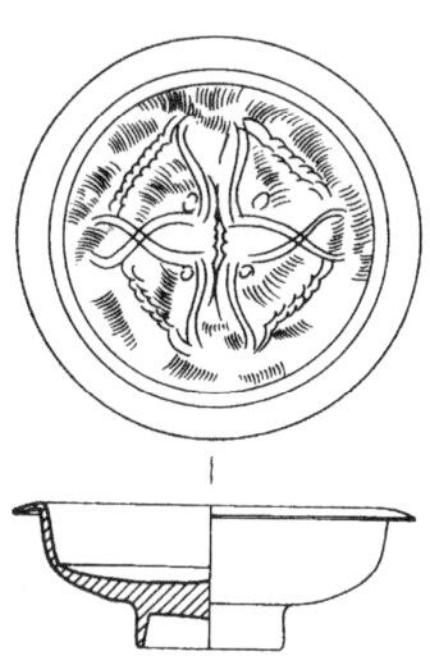 Ⅱ式（（西ⅢA）T1504③:1）
第四期				
第五期				

图六〇〇　巴东旧县坪遗址出土宋代器物分期图（三六）

期别＼器类	瓷三足炉			瓷有座炉
	A型	B型	C型	
第一期				
第二期				
第三期				 (西)F8Ⅱ:8
第四期	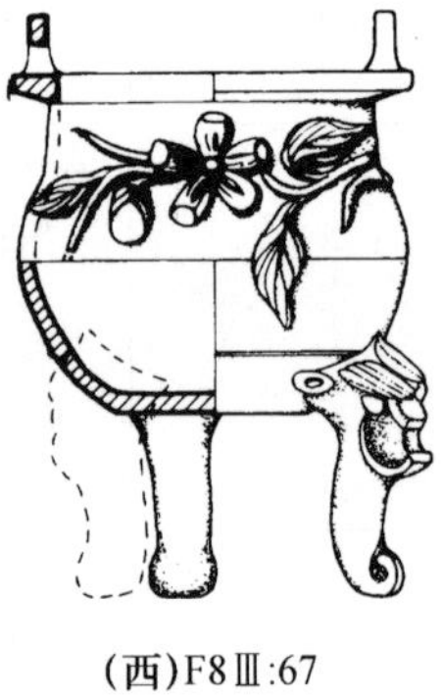 (西)F8Ⅲ:67	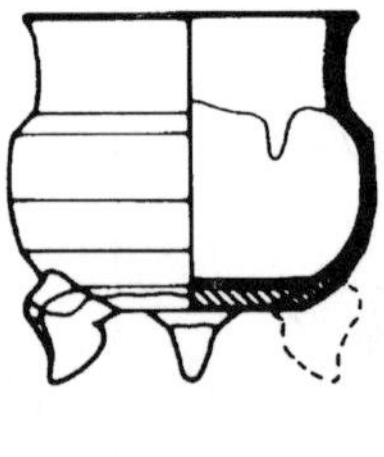 (东Ⅰ)T2917④:21	 (西)F42:1	
第五期				

图六〇〇　巴东旧县坪遗址出土宋代器物分期图（三七）

器类 期别	瓷灯盏			
	A型	B型	C型	D型
第一期				
第二期				
第三期				
第四期	 Ⅰ式((西)L1Ⅲ:4) 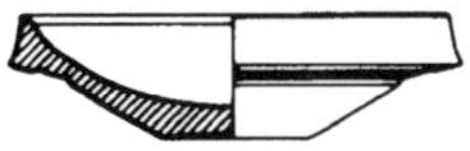 Ⅱ式((西)L2Ⅲ:7)	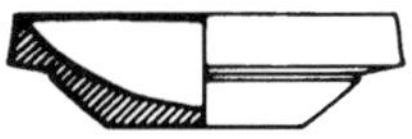 (西)F2Ⅱ:9	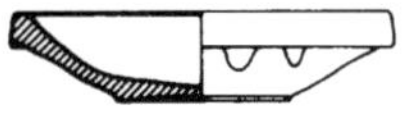 (西)F8Ⅲ:81	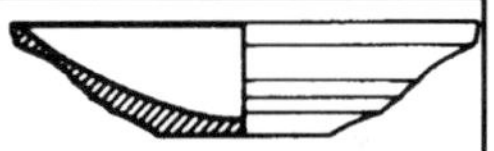 (西Ⅰ)T0208④:3
第五期				

图六〇〇　巴东旧县坪遗址出土宋代器物分期图（三八）

器类 期别	瓷盒盖				
	A型	B型	C型	D型	E型
第一期					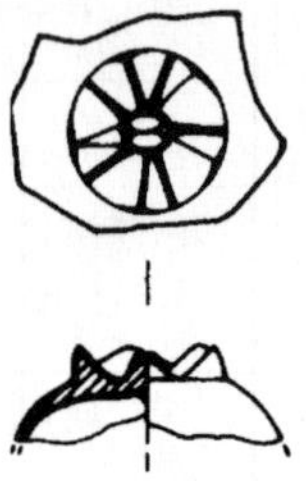 (西Ⅰ)T1706⑦:2
第二期			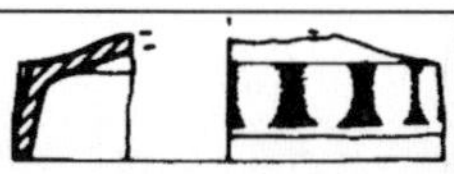 (西) F8Ⅰ:15		
第三期					
第四期	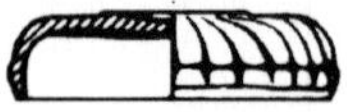 Aa 型((西)F3:20)  Ab 型((西)F18Ⅱ:1) 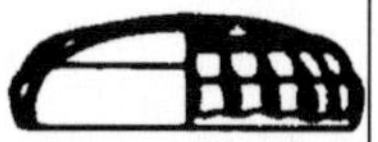 Ac 型((西)F8Ⅲ:62)	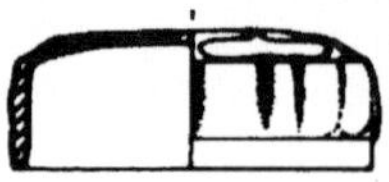 (西)F8Ⅲ:78		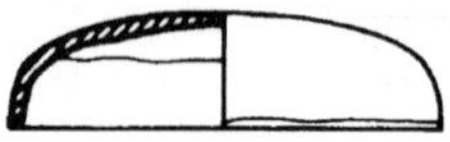 Da 型((西)F8Ⅲ:56) 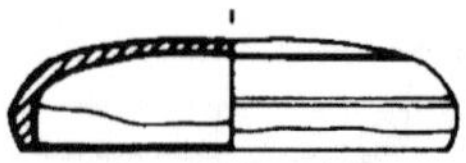 Db 型((西Ⅰ)T2920⑤:5)	
第五期					

图六〇〇　巴东旧县坪遗址出土宋代器物分期图（三九）

器类 / 期别	瓷盒身				
	A型	B型	C型	D型	E型
第一期					
第二期					
第三期		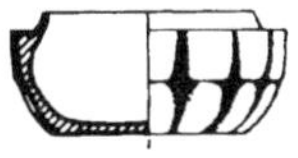 (西Ⅰ)T3315⑤:4			
第四期			 (西Ⅰ)T3021⑤:4	 (西)H87:1	 (西)L17Ⅰ:11
第五期	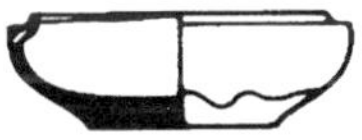 (西Ⅰ)T0801②:3				

图六〇〇 巴东旧县坪遗址出土宋代器物分期图（四〇）

器类 / 期别	瓷砚滴		瓷鸟食罐	
	A型	B型	A型	B型
第一期				
第二期				
第三期				
第四期			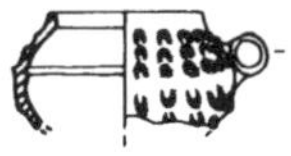 (西)F8Ⅲ:63	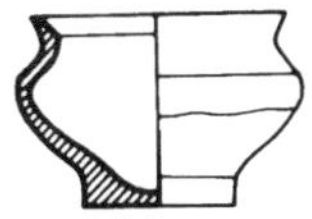 (西)F8Ⅲ:5
第五期	 (西)F48:5	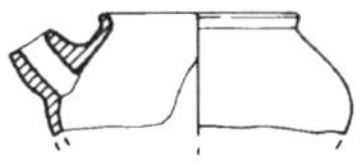 (西)F8Ⅳ:6		

图六〇〇 巴东旧县坪遗址出土宋代器物分期图（四一）

器类 期别	釉陶碗	釉陶敛口钵		
		A型	B型	C型
第一期	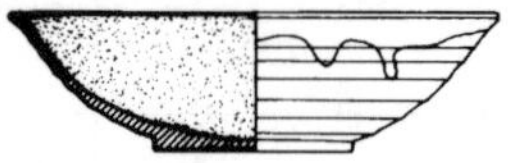 Ⅰ式((西)F8Ⅰ:50) 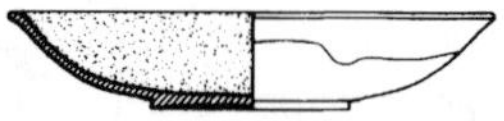 Ⅱ式((西Ⅰ)T3519⑤:38)	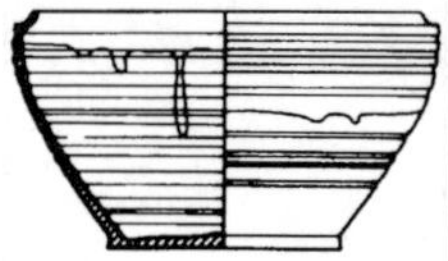 Ⅰ式((西Ⅰ)T1007⑦:25)	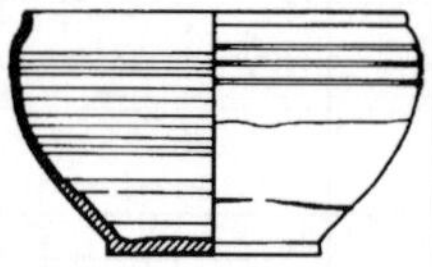 Ⅰ式((西Ⅰ)T2615⑤:1) 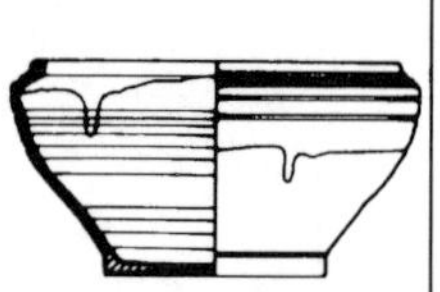 Ⅱ式((西)F8Ⅰ:14)	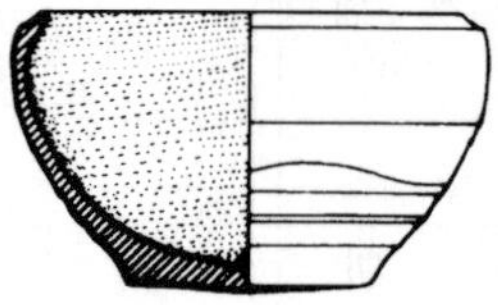 Ⅰ式((东Ⅰ)T2815④:4)
第二期				
第三期		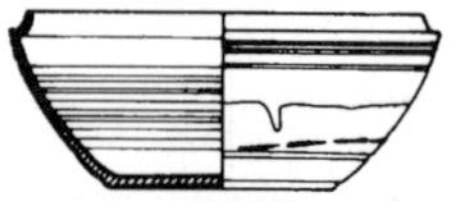 Ⅱ式((西)F8Ⅱ:7)		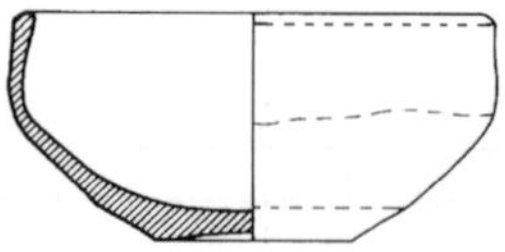 Ⅱ式((西)F94:17)
第四期				
第五期				

图六〇〇　巴东旧县坪遗址出土宋代器物分期图（四二）

器类 期别	釉陶敛口钵		釉陶刻槽钵	釉陶侈口钵
	D型	E型		
第一期				
第二期			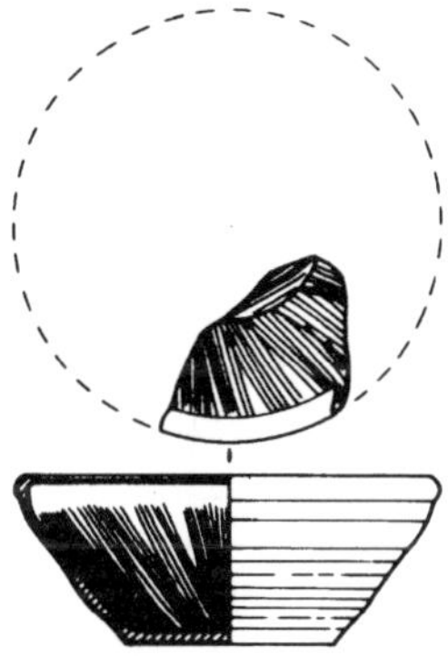 (西)F93:1	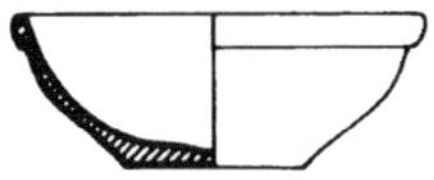 (西)F1Ⅱ:1
第三期	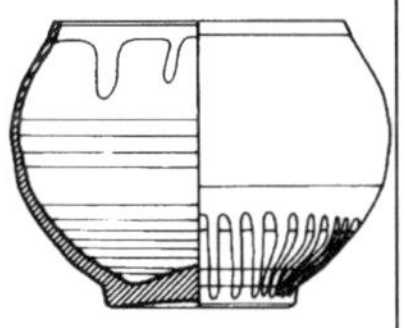 (西)H82:3	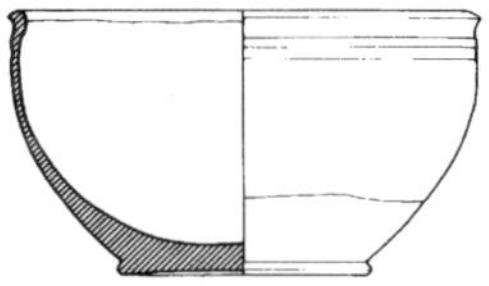 (西)L2Ⅱ:10		
第四期				
第五期				

图六〇〇 巴东旧县坪遗址出土宋代器物分期图（四三）

器类 / 期别	釉陶带耳钵	釉陶杯		釉陶盘
		A型	B型	
第一期				
第二期				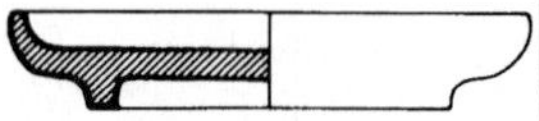 (西)F1Ⅱ:12
第三期	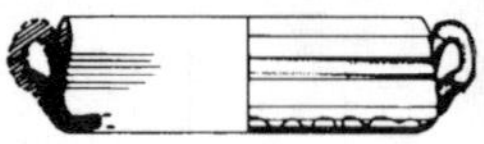 (西Ⅰ)T4017⑤:1		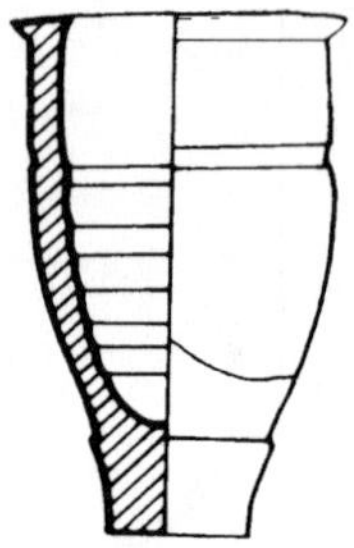 (西)F8Ⅱ:17	
第四期		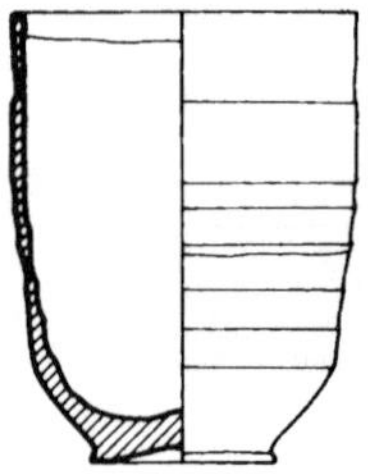 (西Ⅰ)T3221⑤:3		
第五期				

图六〇〇　巴东旧县坪遗址出土宋代器物分期图（四四）

器类 期别	釉陶碟	釉陶盆		
		A型	B型	C型
第一期				
第二期			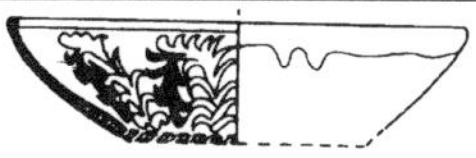 Ⅰ式((西)L2Ⅰ:3) 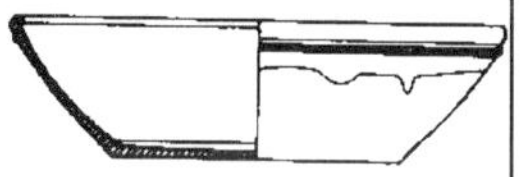 Ⅱ式((西)F12Ⅰ:2) 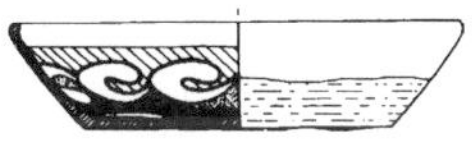 Ⅲ式((西Ⅰ)T1106⑦:7)	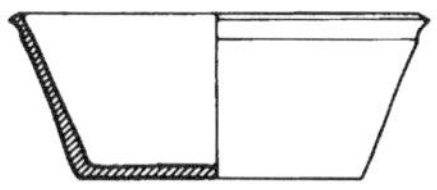 (西Ⅰ)T1106⑦:6
第三期				
第四期	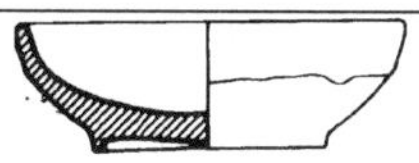 (西)H82:7			
第五期		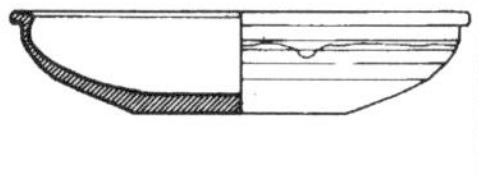 Ⅰ式((西Ⅰ)T3517⑤:23)  Ⅱ式((西)L1Ⅳ:7) 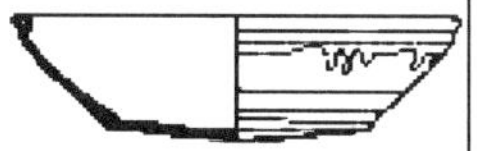 Ⅲ式((西)L7Ⅳ:1)		

图六〇〇　巴东旧县坪遗址出土宋代器物分期图（四五）

器类 期别	釉陶盆			釉陶瓶
	D型	E型	F型	A型
第一期			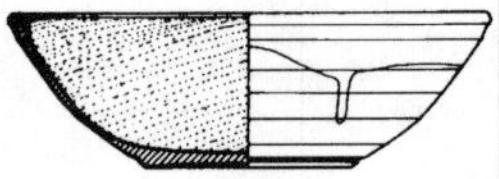 (西)F3:22	
第二期				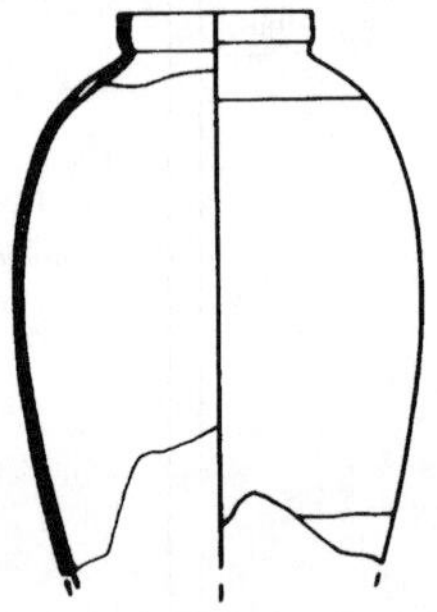 (东Ⅰ)T2510④:8
第三期	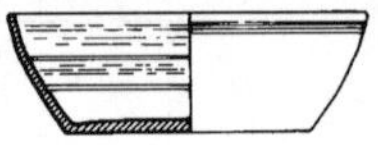 (西)F21:1			
第四期		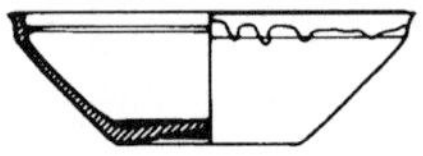 (西)L17Ⅰ:5		
第五期				

图六〇〇　巴东旧县坪遗址出土宋代器物分期图（四六）

器类 期别	釉陶瓶			釉陶单把罐
	B型	C型	D型	
第一期				
第二期				
第三期	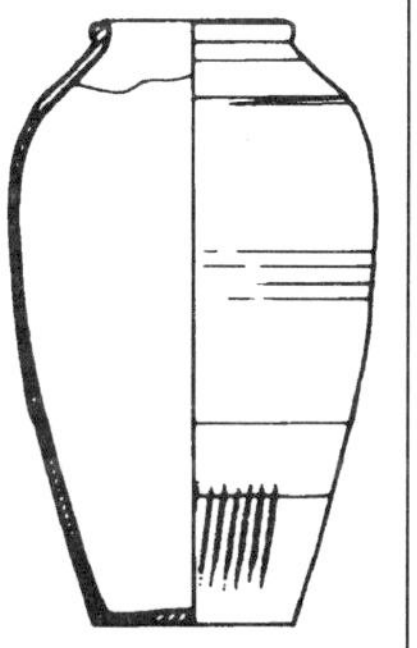 (西)F8Ⅱ:10		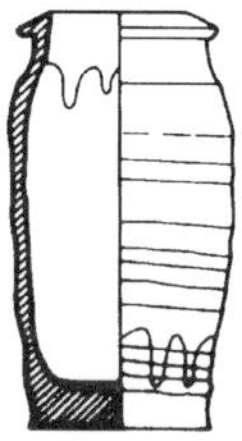 (西Ⅰ)T3519⑤:30	
第四期		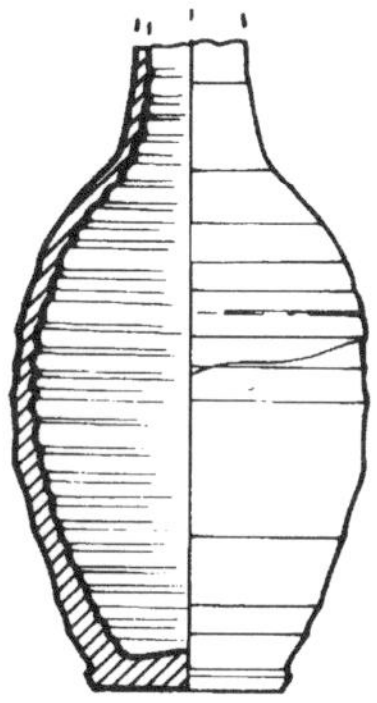 (西ⅡB)T5212④:1		
第五期				 (西)L2Ⅳ:2

图六〇〇 巴东旧县坪遗址出土宋代器物分期图（四七）

器类 期别	釉陶双系罐			
	A型	Ba型	Bb型	C型
第一期			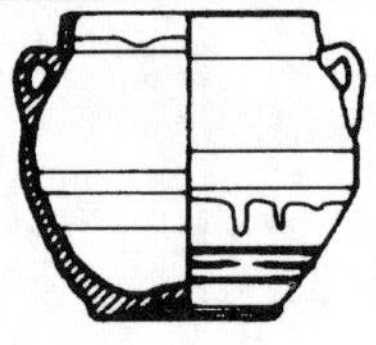 (东Ⅰ)T3716④:10	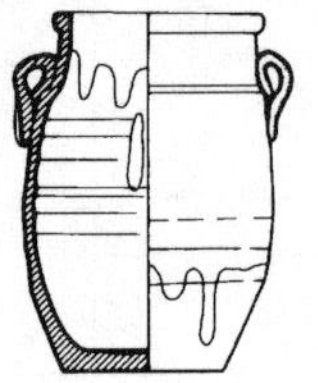 Ⅰ式((西)F3:34)
第二期	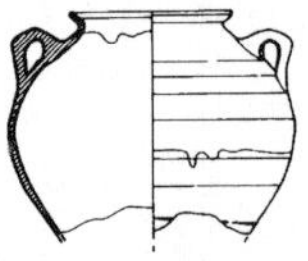 Ⅰ式((西)F93:4)			
第三期	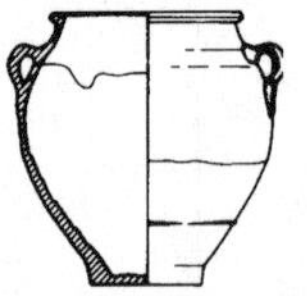 Ⅱ式((西)F8Ⅱ:39)  Ⅲ式((西)F52:5)			
第四期				 Ⅱ式((西)F46Ⅰ:4)  Ⅲ式((西)F8Ⅲ:79)
第五期		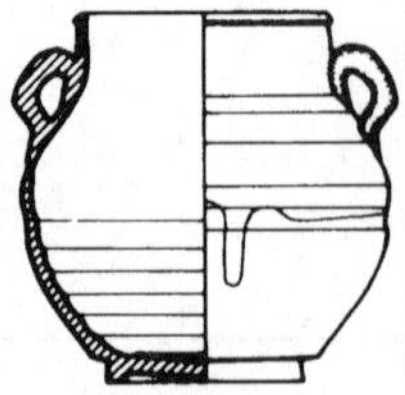 (西)F3:33		

图六〇〇　巴东旧县坪遗址出土宋代器物分期图（四八）

器类 期别	釉陶双系罐	釉陶四系罐	釉陶罐	
	D型		A型	B型
第一期				
第二期				
第三期		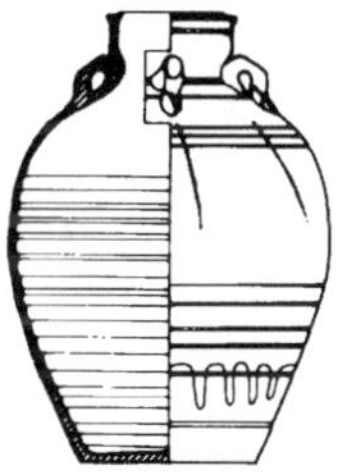 Ⅰ式((西)L2Ⅱ:9)	 (西Ⅰ)T4019⑤:2	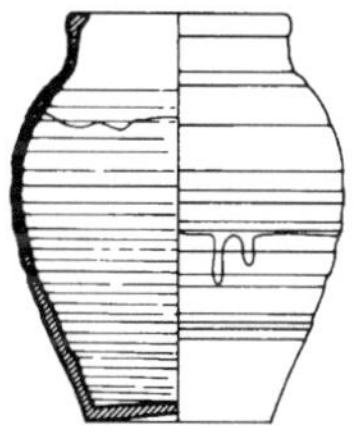 (西Ⅰ)T3516⑤:1
第四期	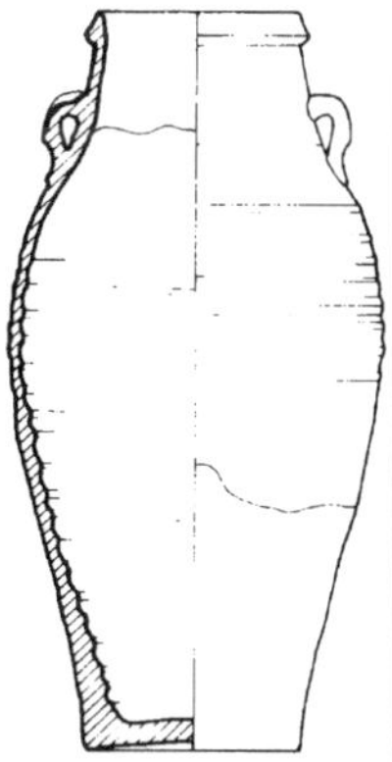 Ⅰ式((西Ⅰ)T3516⑤:4)	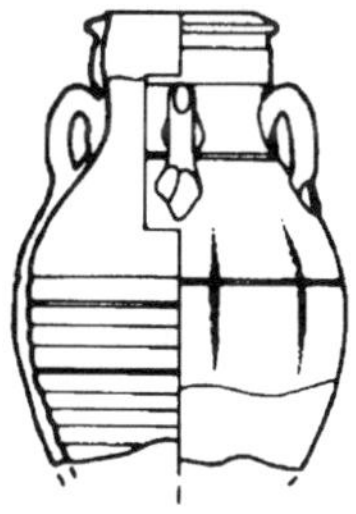 Ⅱ式((西)F8Ⅲ:6)		
第五期	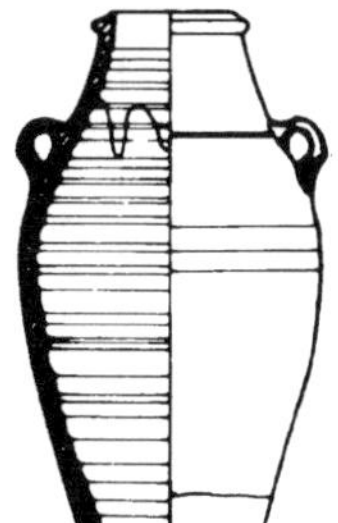 Ⅱ式((西Ⅰ)T3517⑤:1)			

图六〇〇　巴东旧县坪遗址出土宋代器物分期图（四九）

器类 期别	釉陶罐		釉陶执壶	
	C型	D型	A型	B型
第一期	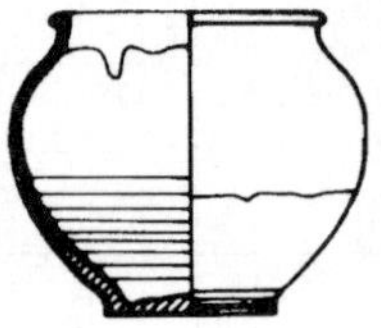 Ⅰ式((西)F1Ⅱ:2)	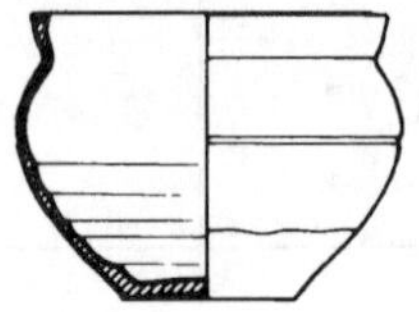 Ⅰ式((西)F59:2)		
第二期			 Ⅰ式((西)F8Ⅰ:12)	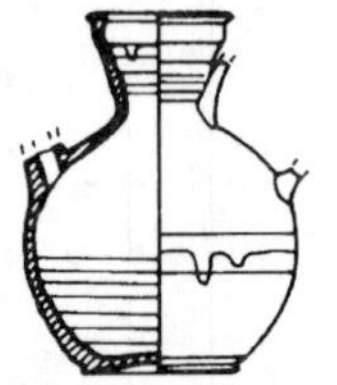 Ⅰ式((西Ⅰ)T3519⑤:4)
第三期	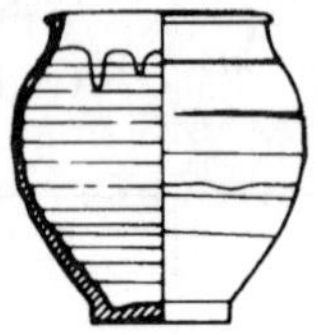 Ⅱ式((西)F94:2)	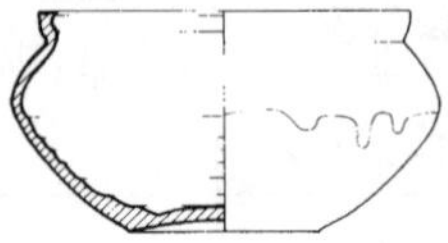 Ⅱ式((西)F94:14)		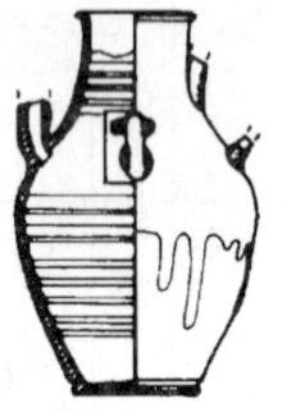 Ⅱ式((西Ⅰ)T3517⑤:87)
第四期				
第五期			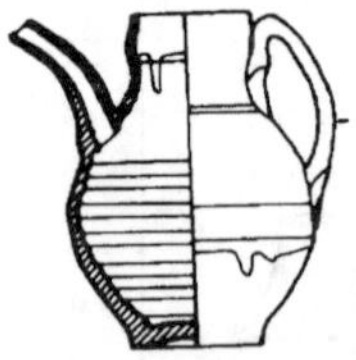 Ⅱ式((西)F3:4) 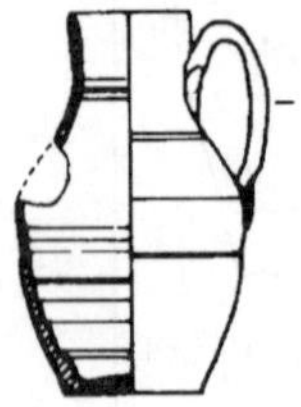 Ⅲ式((西)F87:2)	

图六〇〇　巴东旧县坪遗址出土宋代器物分期图（五〇）

器类 期别	釉陶瓮			釉陶灯
	A型	B型	C型	Aa型
第一期				
第二期			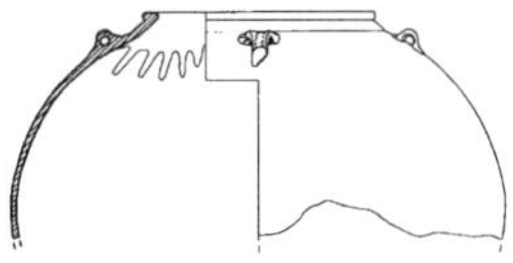 Ⅰ式((西)F8Ⅰ:36)	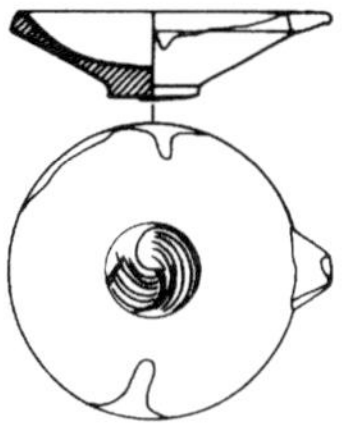 (西ⅠB)T0413④:2
第三期	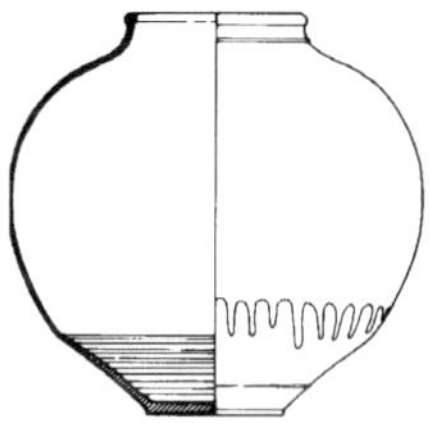 (西)F2Ⅰ:3	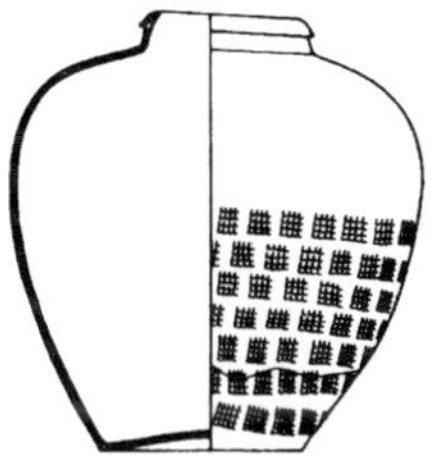 (西)G2:2		
第四期				
第五期			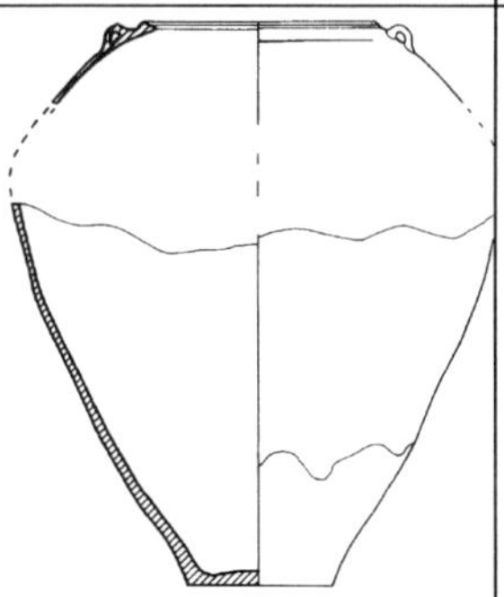 Ⅱ式((西)F3:61)	

图六〇〇　巴东旧县坪遗址出土宋代器物分期图（五一）

器类 期别	釉陶灯		釉陶盏	
	Ab型	B型	A型	B型
第一期				
第二期	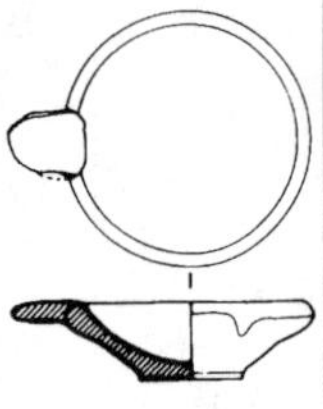 (西)F8Ⅰ:27	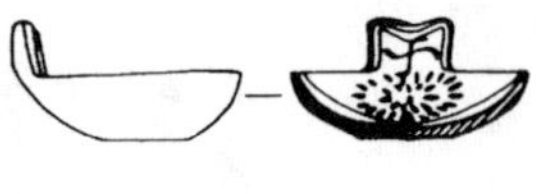 (西)G2:5	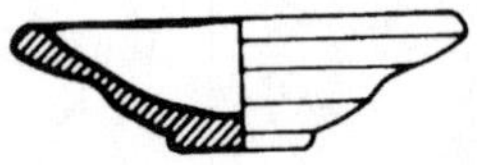 (西Ⅰ)T0208④:4	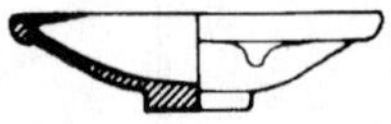 Ⅰ式((西)F26Ⅰ:2) 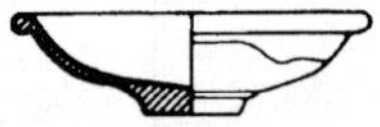 Ⅱ式((西Ⅰ)T1916⑤:5)
第三期				
第四期				
第五期				

图六〇〇　巴东旧县坪遗址出土宋代器物分期图（五二）

器类 / 期别	釉陶盏		釉陶腰沿灯盏	
	C型	D型	Aa型	Ab型
第一期				
第二期	 (西)F8Ⅰ:39			
第三期		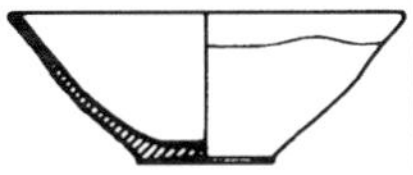 (西)F25:3		
第四期			 Ⅰ式((西)H57:7) 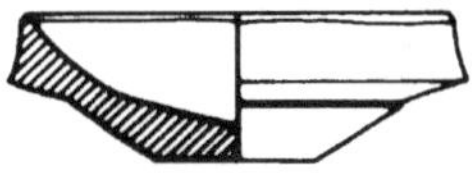 Ⅱ式((西Ⅰ)T3314⑤:5)	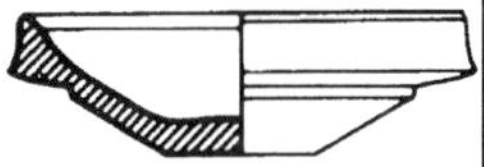 (西)F8Ⅲ:12
第五期				

图六〇〇　巴东旧县坪遗址出土宋代器物分期图（五三）

器类 / 期别	釉陶腰沿灯盏			
	Ba型	Bb型	Bc型	Bd型
第一期				
第二期				
第三期				
第四期	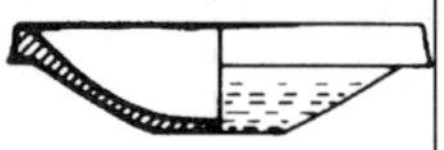 Ⅰ式((西Ⅰ)T3520⑤:8)	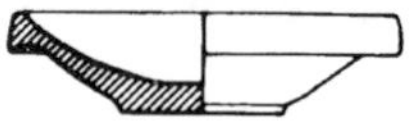 (西Ⅳ)T0901⑥:17	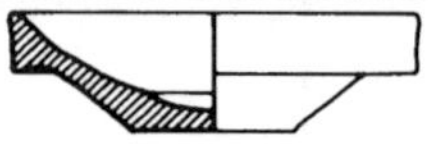 Ⅰ式((西)L4Ⅱ:10) 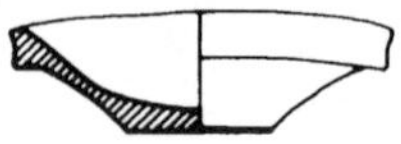 Ⅱ式((西Ⅰ)T0313③:2)	
第五期	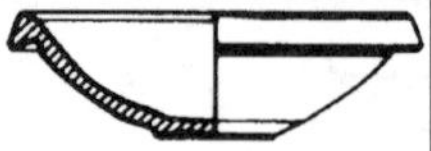 Ⅱ式((西Ⅰ)T1603④:3)			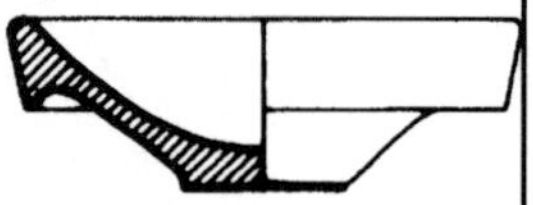 Ⅰ式((西ⅢA)T1504③:2) 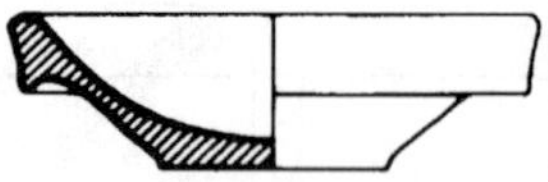 Ⅱ式((西)F51:4) 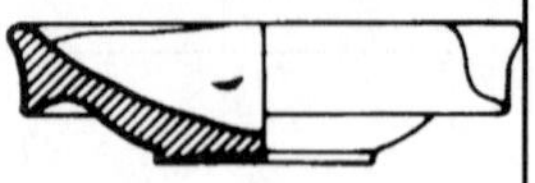 Ⅲ式((西Ⅰ)T3117⑤:1)

图六〇〇　巴东旧县坪遗址出土宋代器物分期图（五四）

器类 期别	釉陶方唇灯盏	釉陶圆唇灯盏		
		A型	B型	C型
第一期			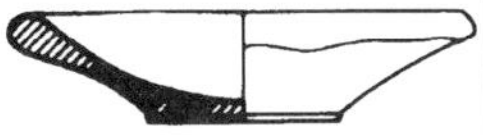 Ⅰ式((西Ⅰ)T3613⑤:5) 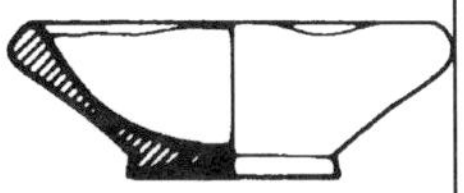 Ⅱ式((东Ⅰ)T3716④:6)	
第二期				
第三期	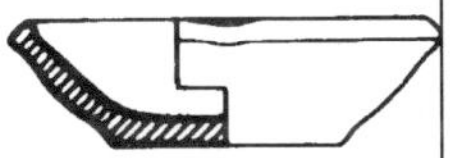 Ⅰ式((西)F52:4)			
第四期	 Ⅱ式((西Ⅰ)T1409⑤:3) 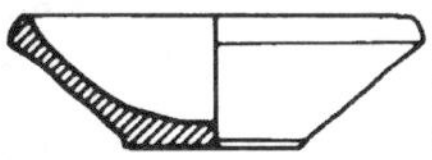 Ⅲ式((西)H51:5)	 Ⅰ式((西)F8Ⅲ:31) 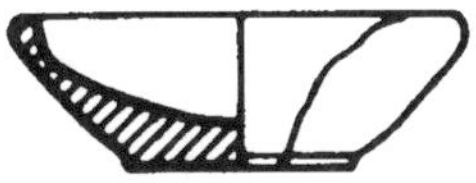 Ⅱ式((西Ⅰ)T3517⑤:8)		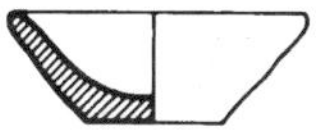 Ⅰ式((西)F48:6)  Ⅱ式((东Ⅰ)T2916④:2)
第五期	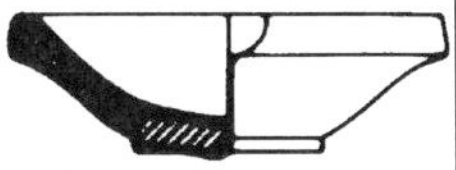 Ⅳ式((西Ⅰ)T2315⑤:7)			

图六〇〇　巴东旧县坪遗址出土宋代器物分期图（五五）

器类 期别	釉陶圆唇灯盏		釉陶尖圆唇灯盏	釉陶刻槽盏
	D型	E型		
第一期				
第二期				
第三期	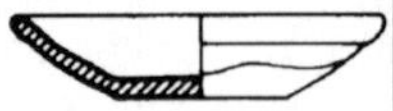 Ⅰ式((东)F12Ⅱ:1) 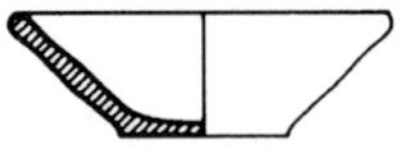 Ⅱ式((西)F8Ⅱ:13)		 Ⅰ式((西)F8Ⅱ:18) 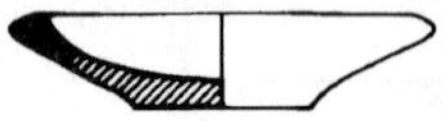 Ⅱ式((西)G2:4)	
第四期		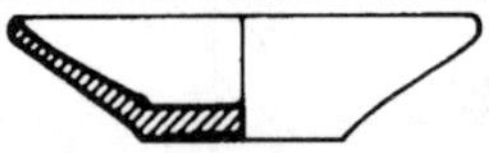 Ⅰ式((西Ⅰ)T3420⑤:4) 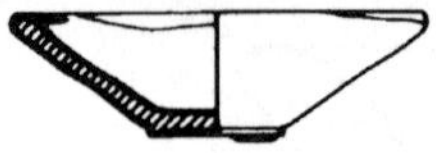 Ⅱ式((西)F8Ⅲ:74)		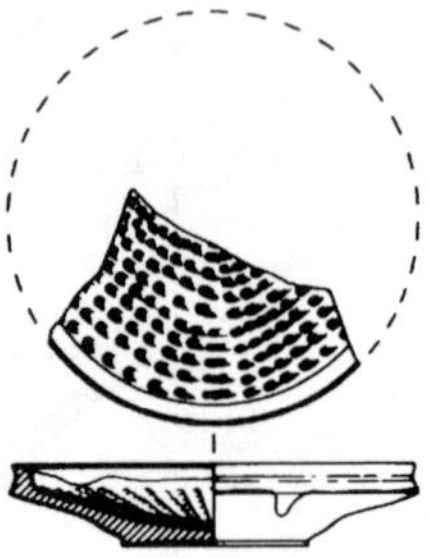 (西)F32:10
第五期				

图六〇〇　巴东旧县坪遗址出土宋代器物分期图（五六）

器类 期别	釉陶器盖			
	A型	B型	C型	D型
第一期				
第二期			 (西Ⅰ)T3520⑤:3	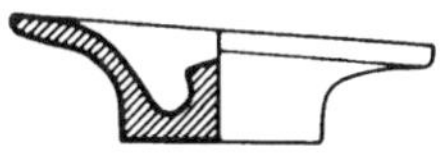 (西Ⅰ)T0808④:1
第三期	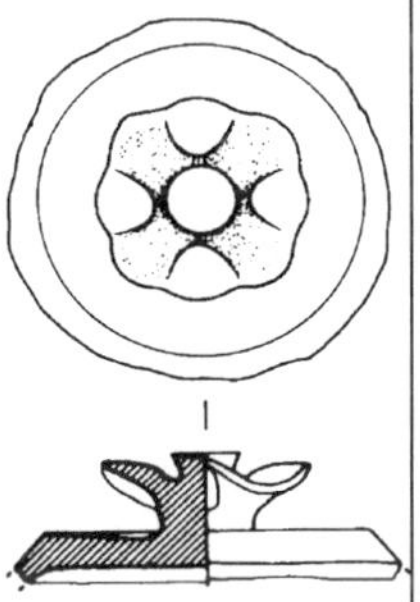 (西)F8Ⅱ:48	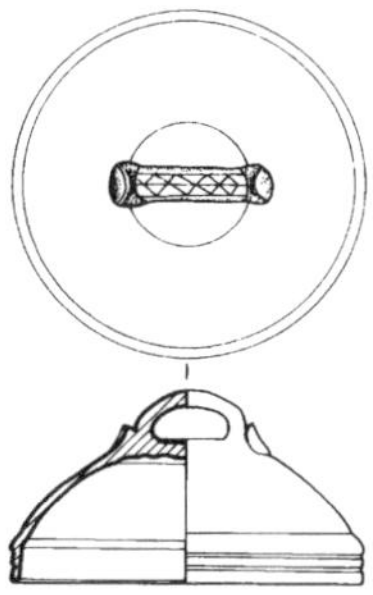 (西Ⅰ)T1006⑦:22		
第四期				
第五期				

图六〇〇　巴东旧县坪遗址出土宋代器物分期图（五七）

器类 期别	釉陶器盖	釉陶砂锅		釉陶炉
	E型	A型	B型	
第一期				
第二期	 (西)F12Ⅰ:4	 (西)L9Ⅰ:1		
第三期				
第四期			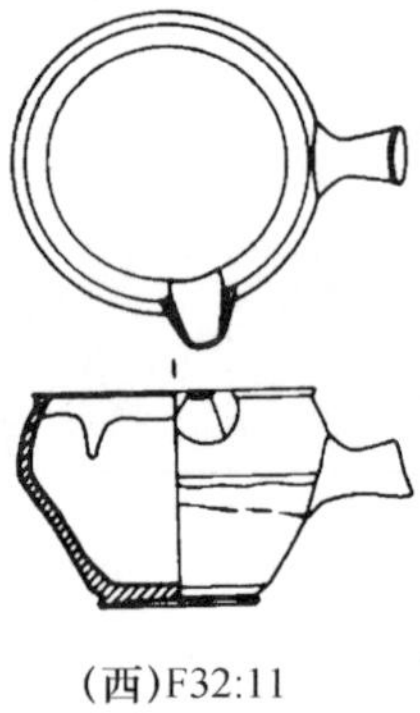 (西)F32:11	 (东)F16:1
第五期				

图六〇〇　巴东旧县坪遗址出土宋代器物分期图（五八）

器类 期别	釉陶鸟食罐				
	A型	B型	C型	D型	E型
第一期					
第二期					
第三期	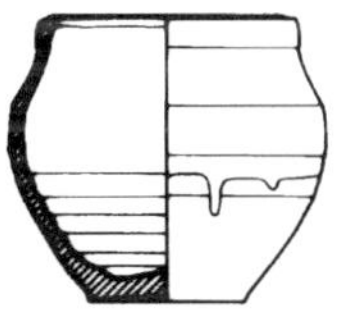 (西)F24Ⅰ:6			 Ⅰ式((西Ⅰ)T3118 ⑤:14) 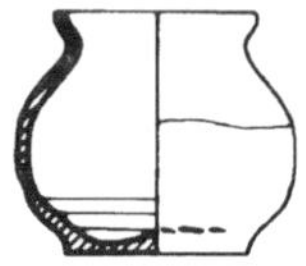 Ⅱ式((西)F66:2)	 (西)F8 Ⅱ:16
第四期		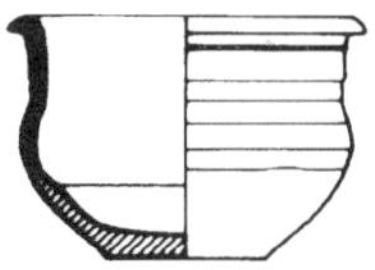 (西)F46Ⅰ:1	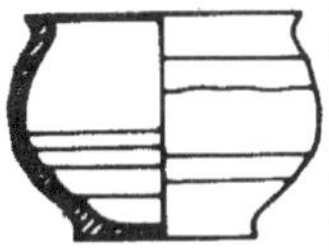 Ⅰ式((西)F2Ⅱ:3) 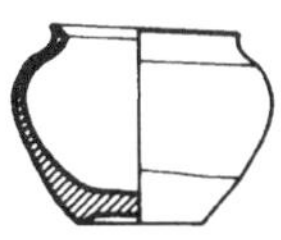 Ⅱ式((西)F8Ⅲ:22)		
第五期					

图六〇〇 巴东旧县坪遗址出土宋代器物分期图（五九）

器类 期别	陶三足钵		陶盆	陶杯
	A型	B型		
第一期				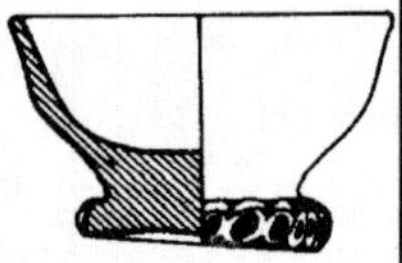 A 型((西)F8Ⅰ:4)
第二期	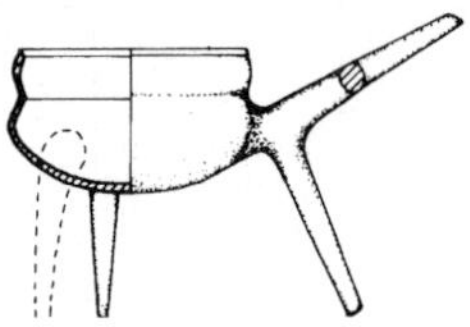 (西)F12Ⅰ:3	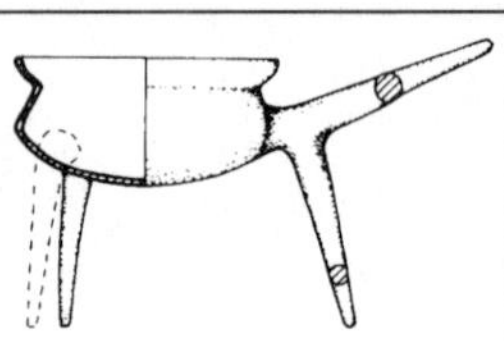 Ⅰ式((西)L2Ⅰ:2) 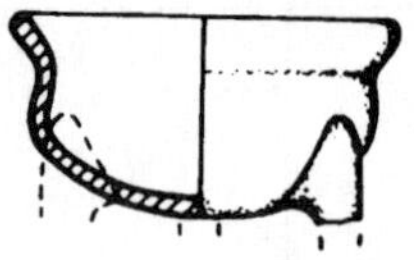 Ⅱ式((西Ⅰ)T1103⑦:1)	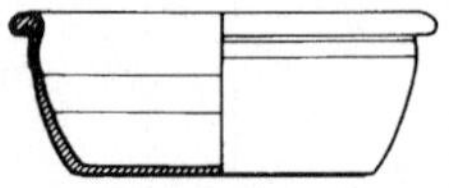 A 型((西)L2Ⅰ:21)	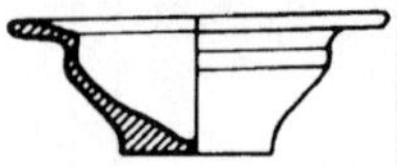 B 型((西Ⅰ)T1916⑤:16)
第三期			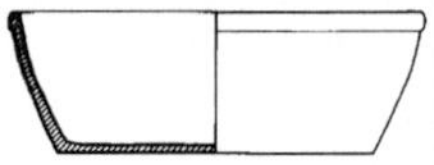 B 型((西)F94:6)	
第四期			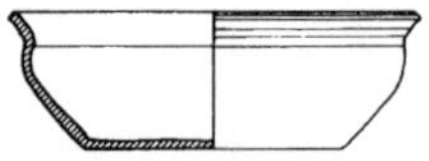 C 型((西)F8Ⅲ:21)	
第五期				

图六〇〇　巴东旧县坪遗址出土宋代器物分期图（六〇）

器类 期别	陶器盖			
	A型	B型	C型	D型
第一期	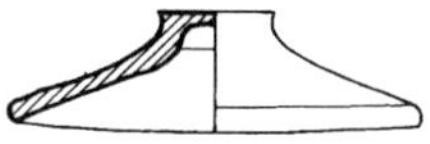 (西)F8Ⅰ:9			
第二期				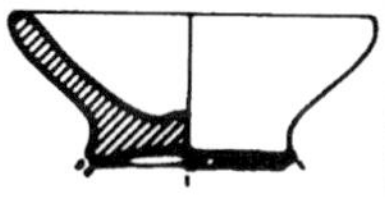 (西)F57:7
第三期		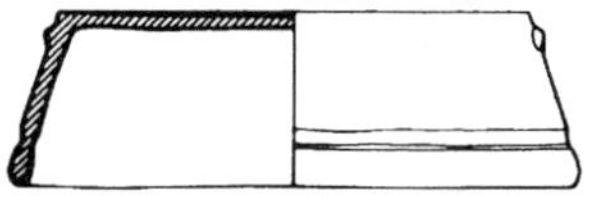 (西)F2Ⅰ:18	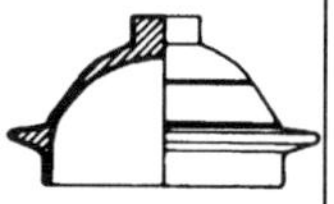 (西)L1Ⅱ:1	
第四期				
第五期				

图六〇〇　巴东旧县坪遗址出土宋代器物分期图（六一）

器类 / 期别	陶缸	陶盘	陶三足炉	陶水浇	陶三足器
第一期					
第二期				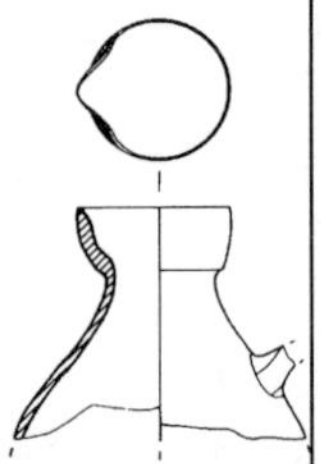 (西Ⅰ)T0407④:17	
第三期		 (东)H5:1			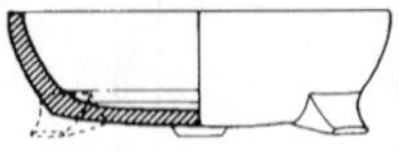 (西)F6Ⅰ:4
第四期	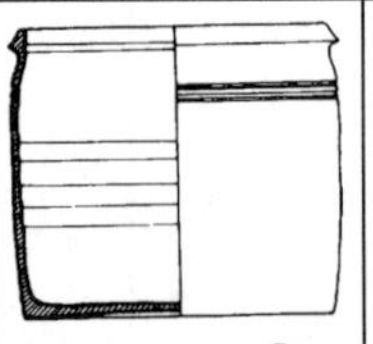 (西Ⅰ)T0807④:2				
第五期			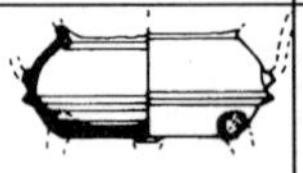 (西Ⅰ)T2720⑤:3		

图六〇〇　巴东旧县坪遗址出土宋代器物分期图（六二）

器类 期别	陶灯盘	陶灯盏			
		A型	B型	C型	D型
第一期					
第二期	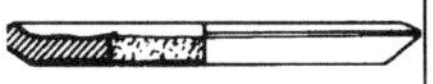 A 型((西)F8Ⅰ:38)				
第三期	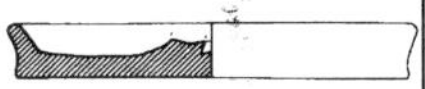 B 型((西)L2Ⅱ:11)	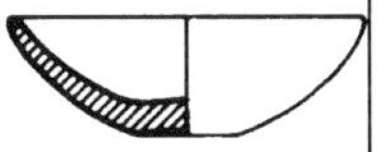 (西)L6Ⅱ:1			
第四期			 (西)F8Ⅲ:80	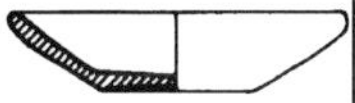 (西)L6Ⅲ:1	
第五期					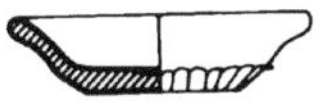 (西Ⅰ)T3218⑤:3

图六〇〇　巴东旧县坪遗址出土宋代器物分期图（六三）

器类 期别	陶瓦当				
	Aa型	Ab型	Ac型	Ad型	Ae型
第一期、第二期	 (西)F59:5	 Ⅰ式((西)F80:2)	 (西)F8Ⅰ:43)	 Ⅰ式((西Ⅳ)T0804④:1)  Ⅱ式((西)L2Ⅰ:23)	 Ⅰ式((东Ⅰ)T2410④:4)
第三期					
第四期		 Ⅱ式((西)F1Ⅲ:7)			 Ⅱ式((西)F1Ⅲ:8)
第五期					

图六〇〇　巴东旧县坪遗址出土宋代器物分期图（六四）

器类 期别	陶瓦当				
	Af型	Ag型	Ba型	Bb型	Bc型
第一期、第二期				 (西)F80:4	 Ⅰ式((西)F8Ⅰ:54)
第三期	 (西)L1Ⅱ:4	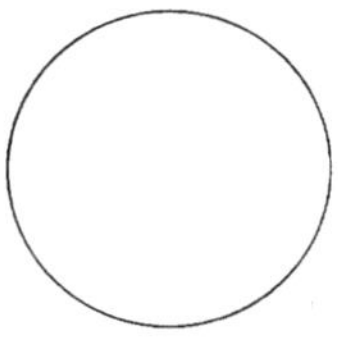 (东)F17:2	 (西)L1Ⅱ:6		 Ⅱ式(采集:15)  Ⅲ式((西Ⅰ)T0207④:5)
第四期					
第五期					

图六〇〇 巴东旧县坪遗址出土宋代器物分期图(六五)

器类 / 期别	陶滴水		
	A型	B型	C型
第一期、第二期	 (东Ⅰ)T2707④:1		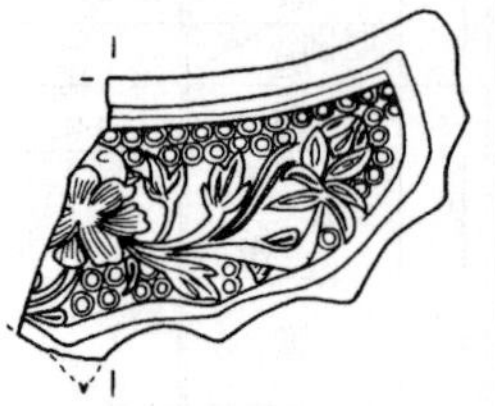 (西)F8Ⅰ:44
第三期		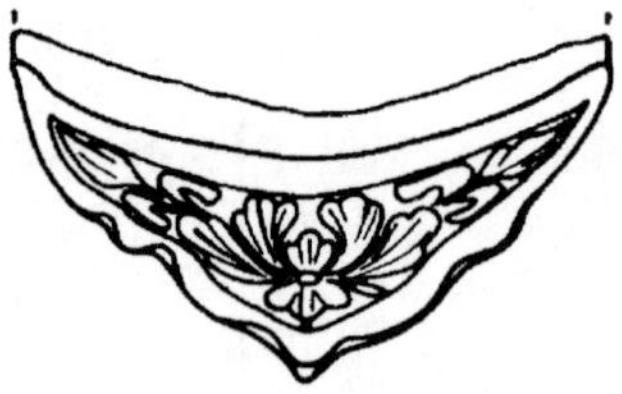 Ⅱ式((西)F2Ⅰ:9)	
第四期			
第五期			

图六〇〇　巴东旧县坪遗址出土宋代器物分期图（六六）

表二八　巴东旧县坪遗址宋代遗存典型单位器物型式组合序列表

组别	单位	瓷器：碗：墩式	碗：花口	碗：斗笠	碗：撇口	碗：直口	碗：侈口	碗：敞口	盘	碟	盏：敞口	盏：侈口	盏：敛口	盏：束颈	盏：凸棱	钵	杯	罐	瓶、尊、洗	器盖	炉、盒	灯盏
第一组、第二组	F8Ⅰ	AⅡ	Ah	Aa、AbⅡ、Ac	AaⅡ、AcⅠ、Bb、Bc		CⅠ、DaⅠ			Ba、HcⅠ、HcⅡ、ⅠⅠ、		平底B、C，圈足AⅠ、BⅠ				EⅠ				盒盖C		
	（东）F27	AⅡ										平底B、C										
	F12Ⅰ			Ac			CⅢ															
	F57			AcⅡ						HcⅡ、HcⅢ、ⅠⅠ		圈足CⅡ										
	F93	BⅡ			Bb					HcⅢ												
	G6									HcⅠ、HcⅡ		圈足CⅡ										
	L1Ⅰ			AcⅡ	Bc					Ha、HcⅡ		平底C										
	L2Ⅰ	AⅠ	Aa、Ae	AaⅡ、AbⅡ	Ab、AcⅠ、Bb		DaⅡ			ⅠⅠ、		平底B、C，圈足BⅡ							洗Ⅰ			
	L4Ⅰ			AbⅡ、AcⅡ			F															
	L9Ⅰ	AⅡ		AbⅡ						BcⅡ		圈足CⅡ										
第三组	L2Ⅱ			Ba			F			FⅡ、Mb									Ab			
	F2Ⅰ	AⅠ、AⅡ		AaⅡ、AcⅠ、AcⅡ			CⅠ、F			HbⅡ					Ab				Ab、B			
	F96									FⅠ、Ga、GcⅡ、ⅠⅡ	平底Cb											
	F1Ⅱ						F	D														
	F13Ⅰ	BⅡ							AdⅠ	FⅡ												
	F8Ⅱ			Ad、Ba			A、F	D	AdⅠ、Ae	AⅠ、AⅡ、Bb、FⅠ、FⅡ、GcⅡ、ⅠⅡ		平底AⅠ								Ab、Ad	座炉	
	F94			Ba		BⅠ	J			Bb	平底Ca				Ac、AeⅠ	Da						
	F6Ⅰ			Ba																盒身B		
	F67						A、J			FⅡ					Bb				D			
	F24Ⅰ				Be										Ba、EⅡ							

续表

组别	单位	瓷器																				
		碗							盘	碟	盏					钵	杯	罐	瓶、尊、洗	器盖	炉、盒	灯盏
		墩式	花口	斗笠	撇口	直口	侈口	敞口			敞口	侈口	敛口	束颈	凸棱							
第四组	F8Ⅲ				BaⅡ	BⅡ	BⅠ、Ea、Eb、Ed、Gb、H、KⅠ			D、EⅠ、Lb	平底B	圈足AⅠ	AⅠ、AⅡ	BⅠ	Ab、BaⅠ、BcⅠ、BcⅡ			A、B、D		Aa、Af、C	三足炉A	AⅠ、B、C
	F2Ⅱ							D							Bb、BcⅠ							B
	F1Ⅲ														BaⅠ、BcⅠ							
	F22	BⅡ、BⅢ		Ba						Ⅰ型Ⅱ												
	F46Ⅰ						H															
	F14Ⅰ						Gc			EⅠ					BcⅠ							
	F32						EbⅡ、Ga							BⅠ								
	H57						I、KⅡ			EⅠ、IⅢ												
	L2Ⅲ						EbⅠ		AbⅠ				AⅠ							Ac		AⅡ
	L1Ⅲ						Ga						AⅠ			Da				Ae		AⅠ
	L17Ⅰ						EbⅡ		AdⅢ	C、D、K			AⅡ							Ac	盒身E	
第五组	F6Ⅱ						BⅡ															
	F46Ⅱ			Bb																		
	F14Ⅱ			D				AⅡ、BⅠ	AdⅣ	LaⅠ			BⅡ				C		尊			
	F8Ⅳ						BⅡ、Ec	AⅡ、BⅠ	Aa			BⅡ	BⅡ									
	F3		BⅡ				BⅡ、Ec	A、B	AbⅡ、AcⅡ、AdⅣ	EⅡ、EⅢ、La		平底B、圈足CⅡ、饼足	AⅠ、BⅡ	AⅡ	BcⅡ						盒盖Aa	
	H51						BⅠ	AⅠ、BⅠ		EⅠ		平底B				Dc						
	L17Ⅱ							AⅡ、C														
	L1Ⅳ									LaⅡ					BcⅡ		AⅠ					
	L2Ⅳ						BⅡ	AⅡ	Aa						BcⅢ							

续表

组别	单位	釉陶器																				
		碗	钵			盆	杯盘	瓶	罐				执壶	瓮	灯	盏	灯盏				器盖	刻槽盏、砂锅
			敛口	侈口	刻槽				单耳	双系	四系	罐					腰沿	方唇	圆唇	尖圆唇		
第一组、第二组	F8Ⅰ	Ⅰ	BⅡ									CⅠ	AⅠ	CⅠ	Ab、B	C			BⅠ			
	(东)F27																					
	F12Ⅰ					BⅡ															E	
	F57																					
	F93				√					AⅠ									BⅠ			
	G6																					
	L1Ⅰ															C						
	L2Ⅰ					BⅠ																
	L4Ⅰ																					
	L9Ⅰ																		C			砂锅A
第三组	L2Ⅱ		E								Ⅰ								DⅠ			
	F2Ⅰ													A				Ⅰ		Ⅰ		
	F96																					
	F1Ⅱ		√				盘					CⅠ							DⅠ			
	F13Ⅰ																			Ⅰ		
	F8Ⅱ		AⅡ				杯B	B		AⅡ								Ⅰ	DⅡ	Ⅰ、Ⅱ	A	
	F94		CⅡ									CⅡ、DⅡ							DⅠ			
	F6Ⅰ																					
	F67																					
	F24Ⅰ																		DⅠ			

续表

质地/类别/单位/组别		釉陶器																				
		碗	钵			盆	杯盘	瓶	罐				执壶	瓮	灯	盏	灯盏				器盖	刻槽盏、砂锅
组别	单位		敛口	侈口	刻槽				单把	双系	四系	罐					腰沿	方唇	圆唇	尖圆唇		
第四组	F8Ⅲ									CⅢ	Ⅱ						Ab、BaⅠ		AⅠ、E			刻槽盏√
	F2Ⅱ																BcⅠ					刻槽盏√
	F1Ⅲ																					
	F22																			DⅡ		
	F46Ⅰ									CⅡ							Ab					
	F14Ⅰ																Bb	Ⅱ	EⅡ			
	F32																	Ⅱ				刻槽盏√;砂锅B
	H57																AaⅠ、Ab、BaⅠ	Ⅱ				
	L2Ⅲ																BaⅠ		EⅠ			
	L1Ⅲ																AaⅠ					
	L17Ⅰ					E													AⅠ			
第五组	F6Ⅱ																					
	F46Ⅱ					AⅡ																
	F14Ⅱ																					
	F8Ⅳ																	Ⅳ				
	F3					F				Ba、CⅠ			AⅡ	CⅡ			BaⅠ		BⅡ			
	H51																	Ⅲ				
	L17Ⅱ																	Ⅳ				
	L1Ⅳ					AⅡ																
	L2Ⅳ								√								BdⅡ					

注:未注明发掘区的遗迹单位均位于西区。

釉陶器：D 型盏，B 型杯，A 型Ⅱ式、C 型Ⅱ式、D 型、E 型敛口钵，带耳钵，A 型、B 型器盖，Ⅰ式方唇灯盏，尖圆唇灯盏，D 型圆唇灯盏，A 型Ⅱ式、A 型Ⅲ式双系罐，Ⅰ式四系罐，A 型、B 型、C 型Ⅱ式、D 型Ⅱ式罐，B 型Ⅱ式执壶，D 型盆，B 型、D 型瓶，A 型、B 型瓮，A 型、D 型、E 型鸟食罐，铃；

陶器：B 型盆，B 型、C 型器盖，盘，三足器，B 型灯盘，A 型灯盏。

第四组器物组合：

瓷器：B 型Ⅰ式花口碗、Ba 型Ⅱ式撇口碗，C 型斗笠碗，B 型Ⅱ式直口碗，B 型Ⅰ式、Ea 型、Eb 型、Ed 型、G 型、H 型、I 型、K 型侈口碗，Ab 型Ⅰ式、Ad 型Ⅲ式盘，C 型、D 型、E 型Ⅰ式、E 型Ⅱ式、K 型、Lb 型、Ma 型Ⅱ式碟，B 型敞口平底盏，A 型Ⅰ式、A 型Ⅱ式、B 型Ⅰ式敛口盏，A 型Ⅰ式、B 型Ⅰ式束颈盏，Aa 型、Ab 型、Ba 型Ⅰ式、Bb 型、Bc 型Ⅰ式、Bc 型Ⅱ式凸棱盏，Ae 型Ⅱ式、C 型Ⅰ式、Da 型钵，Ⅱ式盆，A 型、B 型、D 型罐，A 型瓶，A 型、B 型、C 型、D 型灯盏，C 型、D 型、E 型盒身，Aa 型、Ab 型、Ac 型、Da 型、Db 型盒盖，Aa 型、Ac 型、Ae 型、Af 型、C 型器盖，A 型、B 型鸟食罐，腰鼓，A 型、B 型、C 型三足炉；

釉陶器：碟，A 型杯，E 型盆，C 型Ⅱ式、C 型Ⅲ式、D 型Ⅰ式双系罐，Ⅱ式四系罐，Aa 型、Ab 型、Ba 型Ⅰ式、Bb 型、Bc 型腰沿灯盏，Ⅱ式、Ⅲ式方唇灯盏，A 型、C 型、E 型圆唇灯盏，刻槽盏，B 型、C 型鸟食罐，C 型瓶，炉；

陶器：C 型盆，缸，B 型、C 型灯盏。

第五组器物组合：

瓷器：B 型Ⅱ式花口碗，Bb 型、D 型斗笠碗，B 型Ⅱ式、Ec 型侈口碗，A 型、B 型、C 型敞口碗，Aa 型、Ab 型Ⅱ式、Ac 型、Ad 型Ⅳ式、B 型盘，E 型Ⅲ式、La 型碟，侈口饼足盏，A 型Ⅲ式、B 型Ⅱ式敛口盏，A 型Ⅱ式、B 型Ⅱ式束颈盏，Ba 型Ⅱ式、Bc 型Ⅲ式凸棱盏，C 型Ⅱ式、Db 型、Dc 型、Dd 型、E 型Ⅲ式钵，A 型、B 型、C 型杯，B 型瓶，尊，A 型盒身，A 型、B 型砚滴；

釉陶器：单把罐，Ba 型、D 型Ⅱ式双系罐，Ba 型Ⅱ式、Bd 型腰沿灯盏，A 型Ⅱ式、A 型Ⅲ式执壶，A 型盆，C 型Ⅱ式瓮，Ⅳ式方唇灯盏；

陶器：三足炉，D 型灯盏。

上述五组器物代表了巴东旧县坪遗址宋代遗物具有相对年代意义的五期器物组合，对应关系为：

第一组⟷第一期

第二组⟷第二期

第三组⟷第三期

第四组⟷第四期

第五组⟷第五期

其相对年代从早到晚依次为第一期、第二期、第三期、第四期、第五期。

2. 遗物的年代

第一期出土器物中，瓷器 Aa 型花口碗与秭归庙坪宋墓Ⅰ式盏（M85:3）相似[①]；E 型盒盖与德安乾兴元年薛氏墓影青石榴形粉盒相似[②]；釉陶敛口钵 B 型与九江太平兴国八年墓青瓷钵相似[③]；

① 湖北省文物事业管理局、湖北省三峡工程移民局：《秭归庙坪》，科学出版社，2003 年。

② 周迪人：《德安县几件馆藏文物》，《江西文物》1990 年第 3 期。

③ 江西省文物工作队、乐安县博物馆：《江西九江市、乐安县发现宋墓》，《考古》1984 年第 8 期。

Bb 型双系罐与九江太平兴国八年墓釉陶小罐、宋太宗元德李后陵瓷罐（M1∶59）相似①；C 型Ⅰ式双系罐与成都市保和乡东桂村宋墓 A 型四耳罐相似②；B 型Ⅱ式圆唇灯盏与成都双流绿水康城小区Ⅰ式盏（M18∶2）相似③；C 型Ⅰ式罐与沙市宋墓陶罐（M1∶1）相似④。

综合以上比对材料，可推定第一期的年代为北宋早期（宋太祖建隆元年至宋真宗乾兴元年，公元 960 ~ 1022 年）。

第二期出土器物中，瓷器墩式碗 A 型Ⅱ式与秭归庙坪 Bb 型Ⅰ式碗（M78∶3）相似⑤，花口碗 Ae 型与秭归庙坪 A 型Ⅱ式瓷碗（M101∶4）相似⑥、Ah 型与无锡开源路 M2 影青碟相似⑦，斗笠碗 Ab 型与义县清河门清宁三年辽墓瓷盏相似⑧、Ac 型与淮安市元丰七年田政墓青白釉斗笠碗相似⑨，撇口碗 Aa 型Ⅱ式与沂水宋墓Ⅲ式瓷碗相似⑩、Bb 型与秭归庙坪 Ba 型Ⅱ式碗（M101∶5）相似⑪、Bc 型与罗州城 Bb 型Ⅱ式瓷盏相似⑫，侈口碗 Da 型与黄陂铁门坎宋墓 C 型瓷碗（M3∶1）相似⑬、Db 型与耀州窑 Ec 型Ⅰ式青瓷碗相似⑭，侈口圈足瓷盏 B 型Ⅰ式与景德镇湖田窑 Aa 型Ⅰ式青白釉灯盏相似⑮，敞口碗 D 型与秭归庙坪 A 型Ⅲ式碗（M40∶1）相似⑯，碟 Ba 型Ⅱ式与江夏段岭庙宋墓青白瓷碟（M∶1、5）相似⑰，Ba 型、Bc 型中“酱红釉”器物为北宋中期⑱，Ha 型与镇江熙宁四年章岷墓瓷碟相似⑲、Hc 型与宁城咸雍八年萧府君墓影青花瓣瓷盏（NYM1∶20）相似⑳，盒盖 C 型与耀州窑 C 型Ⅱ式青釉盒盖相似㉑，器盖 F 型与景德镇湖田窑Ⅰ、K 型青白釉壶瓶盖相似㉒，器座与景德镇湖田窑 E 型青白釉器座相似㉓，执壶 B 型与柏泉宋墓出土执壶相似㉔、C 型与德安景佑四年蔡清墓影

---

① 江西省文物工作队、乐安县博物馆：《江西九江市、乐安县发现宋墓》，《考古》1984 年第 8 期；河南省文物研究所、巩县文物保管所：《宋太宗元德李后陵发掘报告》，《华夏考古》1988 年第 3 期。

② 成都市文物考古研究所：《成都市保和乡东桂村宋墓发掘简报》，《成都考古发现》（2002），科学出版社，2004 年。

③ 成都市文物考古研究所、双流县文物管理所：《成都市双流县华阳镇绿水康城小区发现一批砖室墓》，《成都考古发现》（2003），科学出版社，2005 年。

④ 沙市市博物馆：《沙市西郊荆沙村一座宋墓的清理》，《江汉考古》1992 年第 3 期。

⑤ 湖北省文物事业管理局、湖北省三峡工程移民局：《秭归庙坪》，科学出版社，2003 年。

⑥ 湖北省文物事业管理局、湖北省三峡工程移民局：《秭归庙坪》，科学出版社，2003 年。

⑦ 朱江：《江苏南部宋墓记略》，《考古》1959 年第 6 期。

⑧ 李文信：《义县清河门辽墓发掘报告》，《考古学报》1954 年总八期。

⑨ 张柏：《中国出土瓷器全集·江西卷》，科学出版社，2008 年。

⑩ 沂水县文物管理站：《山东沂水宋墓》，《考古》1985 年第 2 期。

⑪ 湖北省文物事业管理局、湖北省三峡工程移民局：《秭归庙坪》，科学出版社，2003 年。

⑫ 黄冈市博物馆、湖北省文物总店：《蕲春罗州城》，科学出版社，2007 年。

⑬ 武汉大学考古专业、武汉市文物工作队、黄陂县文化馆：《湖北黄陂铁门坎遗址宋墓》，《考古》1995 年第 11 期。

⑭ 陕西省考古研究所、耀州窑博物馆：《宋代耀州窑址》，文物出版社，1998 年。

⑮ 江西省文物考古研究所、景德镇民窑博物馆：《景德镇湖田窑址》，文物出版社，2007 年。

⑯ 湖北省文物事业管理局、湖北省三峡工程移民局：《秭归庙坪》，科学出版社，2003 年。

⑰ 武汉市博物馆、江夏文物管理所：《武汉市江夏区段岭庙宋墓发掘简报》，《江汉考古》2000 年第 4 期。

⑱ 申献友：《谈定窑红瓷》，《文物春秋》2000 年第 4 期。

⑲ 镇江博物馆：《镇江市南郊北宋章岷墓》，《文物》1977 年第 3 期。

⑳ 内蒙古文物考古研究所、赤峰市博物馆：《宁城县岳家仗子辽萧府君墓清理记》，《内蒙古文物考古文集》（第一辑），中国大百科全书出版社，1994 年。

㉑ 陕西省考古研究所、耀州窑博物馆：《宋代耀州窑址》，文物出版社，1998 年。

㉒ 江西省文物考古研究所、景德镇民窑博物馆：《景德镇湖田窑址》，文物出版社，2007 年。

㉓ 江西省文物考古研究所、景德镇民窑博物馆：《景德镇湖田窑址》，文物出版社，2007 年。

㉔ 武汉市文物管理处：《武汉市东西湖区柏泉北宋墓发掘简报》，《江汉考古》1983 年第 1 期。

青执壶相似①，洗Ⅰ式与耀州窑青釉B型Ⅲ式洗相似②；釉陶盆Bb型Ⅱ式与成都绿水康城小区瓷盆（M33:5）相似③，器盖C型与观台磁州窑V型白釉器盖相似④，双系罐C型Ⅱ式与成都东桂村M1瓷罐（M1:30）相似⑤，瓶A型与罗州城Ⅰ式釉陶韩瓶相似⑥，砂锅A型与南平市西芹镇宋墓Ⅱ式釉陶匜相似⑦；陶盆A型与密县嘉祐八年冯京墓陶盆（标本:39）相似⑧。

综合以上比对材料，可推定第二期的年代为北宋中期（宋仁宗天圣元年至宋神宗元丰八年，公元1023～1085年）。

第三期出土器物中，花口碗Ad型与舒城宋墓Ⅱ式瓷碗（M1:12）相似⑨、Ag型Ⅱ式与英山茅竹湾政和四年宋墓D型Ⅱ式碗（YM:20）相似⑩，斗笠碗Ba型与湖北庙坪宋墓Ⅱ式瓷盏（M34:1）相似⑪，Bc型与耀州窑青瓷盏D型Ⅲ式相似⑫，撇口碗Ac型Ⅱ式与金溪大观三年孙大郎墓青白釉盏相似⑬，直口碗B型Ⅰ式与景德镇湖田窑A型Ⅰ式青白釉芒口深腹碗相似⑭，侈口碗A型与英山茅竹湾政和四年宋墓B型瓷碗（YM:29）相似⑮、F型与英山土台湾宋墓瓷碗相似⑯，盘Ae型与婺源宣和二年汪路墓瓷碟相似⑰，碟A型与林州政和二年刘朝宗墓白釉花口碟（M3:6）相似⑱、F型Ⅰ式与彭泽元祐五年易氏夫人墓影青葵口碟相似⑲、Ⅱ式与易县净觉寺地宫出土影青瓷盘（HYTD1:24）相似⑳、Ga型与易县净觉寺地宫出土影青瓷碟（HYTD1:35）相似㉑、Gc型与英山茅竹湾政和四年宋墓瓷碟（YM:2）相似㉒、Ⅰ型Ⅱ式与江西瑞昌梅家垅宣和六年何毅墓青白瓷碟（M2:3）相似㉓，杯Db型与麻城政和三年宋墓影清瓷缸相似㉔，钵Ab型与莲花山元祐元年宋墓瓷

---

① 彭适凡、唐昌朴：《江西发现几座北宋纪年墓》，《文物》1980年第5期。

② 陕西省考古研究所、耀州窑博物馆：《宋代耀州窑址》，文物出版社，1998年。

③ 成都市文物考古研究所、双流县文物管理所：《成都市双流县华阳镇绿水康城小区发现一批砖室墓》，《成都考古发现》（2003），科学出版社，2005年。

④ 北京大学考古学系、河北省文物研究所、邯郸地区文物保管所：《观台磁州窑址》，文物出版社，1999年。

⑤ 成都市文物考古研究所：《成都市保和乡东桂村宋墓发掘报告》，《成都考古发现》（2002），科学出版社，2004年。

⑥ 黄冈市博物馆、湖北省文物总店：《蕲春罗州城》，科学出版社，2007年。

⑦ 南平市博物馆：《福建南平市西芹镇宋墓》，《考古》1991年第8期。

⑧ 河南省文物研究所、密县文物保管所：《密县五虎庙北宋冯京夫妇合葬墓》，《中原文物》1987年第4期。

⑨ 舒城县文物管理所：《安徽舒城县三里村宋墓的清理》，《考古》2005年第1期。

⑩ 黄冈地区博物馆、英山县博物馆、文化馆：《英山县茅竹湾宋墓发掘》，《江汉考古》1988年第1期。

⑪ 湖北省文物事业管理局、湖北省三峡工程移民局：《秭归庙坪》，科学出版社，2003年。

⑫ 陕西省考古研究所、耀州窑博物馆：《宋代耀州窑址》，文物出版社，1998年。

⑬ 陈定荣：《江西金溪宋孙大郎墓》，《文物》1990年第9期。

⑭ 江西省文物考古研究所、景德镇民窑博物馆：《景德镇湖田窑址》，文物出版社，2007年。

⑮ 黄冈地区博物馆、英山县博物馆、文化馆：《英山县茅竹湾宋墓发掘》，《江汉考古》1988年第1期。

⑯ 黄冈地区博物馆、英山县博物馆：《湖北英山三座宋墓的发掘》，《考古》1993年第1期。

⑰ 刘涛：《宋辽金纪年瓷器》，文物出版社，2004年。

⑱ 张增午、李银录：《河南林州市北宋墓出土陶瓷器考略》，《中国古陶瓷研究》（第八辑），2002年。

⑲ 刘礼纯：《江西瑞昌县发现七座宋代纪年墓》，《考古》1992年第4期。

⑳ 河北省文物管理处：《河北易县净觉寺舍利塔地宫清理记》，《文物》1986年第9期。

㉑ 河北省文物管理处：《河北易县净觉寺舍利塔地宫清理记》，《文物》1986年第9期。

㉒ 黄冈地区博物馆、英山县博物馆、文化馆：《英山县茅竹湾宋墓发掘》，《江汉考古》1988年第1期。

㉓ 刘礼纯：《江西瑞昌县发现七座宋代纪年墓》，《考古》1992年第4期。

㉔ 王善才、陈恒树：《湖北麻城北宋石室墓清理简报》，《考古》1965年第1期。

杯相似①、Ac 型与赤峰朝克图东山辽墓 M3 影青深腹碗相似②、Ba 型与合肥政和八年马绍庭夫妇合葬墓盂相似③，盏托与景德镇湖田窑 Ad 型青白釉盏托④、德兴流口元祐七年北宋墓影清瓷盏托相似⑤，器盖 D 型与景德镇湖田窑 Db 型青白釉壶瓶盖相似⑥、E 型与磁州窑 X 型白釉器盖相似⑦，盒身 B 型与合肥政和八年马绍庭夫妇合葬墓菊瓣纹粉盒相似⑧，座炉与北宋皇陵永定禅院遗址炉（DST20③:20）、无为大观三年胡士宗夫妇合葬墓瓷炉相似⑨；釉陶灯盏圆唇 D 型Ⅰ式与成都金沙堰村 M1 瓷碟（M1:1）相似⑩，瓶 B 型与曲阳政和七年墓酱釉瓶相似⑪；陶器灯盏 A 型与英山土台湾宋墓釉陶钵相似⑫。

综合以上比对材料，可推定第三期的年代为北宋晚期（宋哲宗元祐元年至宋钦宗靖康二年，公元 1086～1126 年）。

第四期出土器物中，瓷器花口碗 B 型Ⅰ式与宜黄嘉泰元年墓青白釉花口碗相似⑬，撇口碗 Ba 型Ⅱ式与景德镇湖田窑 B 型Ⅲ式青白釉圈足盘相似⑭，斗笠碗 C 型Ⅱ式与武汉卓刀泉嘉定二年墓影青双凤纹瓷碗相似⑮，侈口碗 H 型与二仙桥绍兴二十二年 M1 Ⅰ式碗（M1:28）相似⑯，钵 Db 型与南京南郊绍兴十五年宋墓黑釉瓷盏（M16:9）相似⑰，敛口盏 AⅠ与涂山窑 B 型Ⅰ式盏相似⑱、B 型与金凤窑一期典型器物薄胎斜直腹敛口盏相似⑲，束颈盏 A 型Ⅰ式与涂山窑 A 型Ⅰ式盏相似⑳，凸棱盏 Ab 型与金凤窑一期典型器物厚胎斜弧腹敞口盏相似㉑，罐 A 型与新干淳熙十年曾照远墓白瓷褐花奔鹿图盖罐相似㉒、B 型与清江乾道年间杨氏墓褐釉乳钉杯相似㉓，瓶 A 型与观台磁州窑 XⅢ型 4 式

---

① 江西省文物工作队、铅山县文化馆：《江西铅山县莲花山宋墓》，《考古》1984 年第 11 期。

② 赤峰市博物馆、阿鲁科尔沁旗文管所：《赤峰阿旗罕苏木辽墓清理简报》，《内蒙古文物考古》1998 年第 1 期。

③ 彭国维：《合肥北宋马绍庭夫妻合葬墓》，《文物》1991 年第 3 期。

④ 江西省文物考古研究所、景德镇民窑博物馆：《景德镇湖田窑址》，文物出版社，2007 年。

⑤ 孙以刚：《江西德兴流口北宋墓》，《南方文物》1994 年第 3 期。

⑥ 江西省文物考古研究所、景德镇民窑博物馆：《景德镇湖田窑址》，文物出版社，2007 年。

⑦ 北京大学考古学系、河北省文物研究所、邯郸地区文物保管所：《观台磁州窑址》，文物出版社，1999 年。

⑧ 彭国维：《合肥北宋马绍庭夫妻合葬墓》，《文物》1991 年第 3 期。

⑨ 河南省文物考古所：《北宋皇陵》，中州古籍出版社，1997 年；巢湖地区文物管理所：《安徽省无为县发现宋代石室墓》，《文物》1987 年第 8 期。

⑩ 成都市文物考古研究所：《成都市西郊金沙堰村唐宋墓葬发掘简报》，《成都考古发现》（2001），科学出版社，2003 年。

⑪ 保定地区文物管理所、曲阳县文物保管所：《河北曲阳南平罗北宋政和七年墓清理简报》，《文物》1988 年第 11 期。

⑫ 黄冈地区博物馆、英山县博物馆：《湖北英山三座宋墓的发掘》，《考古》1993 年第 1 期。

⑬ 刘涛：《宋辽金纪年瓷器》，文物出版社，2004 年。

⑭ 江西省文物考古研究所、景德镇民窑博物馆：《景德镇湖田窑址》，文物出版社，2007 年。

⑮ 湖北省文管委：《武昌卓刀泉两座南宋墓葬的清理》，《考古》1964 年第 5 期。

⑯ 成都市文物考古研究所、成都市文物考古工作队：《成都市二仙桥南宋墓发掘简报》，《考古》2004 年第 5 期。

⑰ 南京市博物院、南京市雨花区文管会：《南京南郊宋墓》，《文物》2001 年第 8 期。

⑱ 李大地：《重庆涂山窑的分期》，《四川文物》2007 年第 6 期。

⑲ 成都市文物考古工作队、成都市文物考古研究所：《都江堰市金凤窑发掘简报》，《文物》2001 年第 2 期。

⑳ 重庆市文物考古所：《重庆涂山窑》，科学出版社，2007 年。

㉑ 成都市文物考古工作队、成都市文物考古研究所：《都江堰市金凤窑发掘简报》，《文物》2001 年第 2 期。

㉒ 杨后礼：《介绍几件吉州窑彩绘瓷器》，《文物》1982 年第 12 期。

㉓ 刘涛：《宋辽金纪年瓷器》，文物出版社，2004 年。

白釉瓶相似①，盒盖A型与淳熙五年盒、南平市南山镇M1盒（M1:2）相似②，盒身E型与诸暨嘉定戊辰年董康嗣夫妇墓影青瓷粉盒相似③，器盖C型与景德镇湖田窑H型青白釉罐盖相似④，鸟食罐A型与景德镇湖田窑Cc型青白釉鸟食罐盖相似⑤、B型与南平市南山镇M1盂（M1:5）相似⑥，腰鼓与广西永福窑田岭窑腰鼓相似⑦；釉陶圆唇灯盏A型Ⅰ式与樟树彭家山M1盏相似⑧，双系罐D型Ⅰ式与江西瑞昌大路口庆元五年墓釉陶罐（M3:1）相似⑨。

综合以上比对材料，可推定第四期的年代为南宋早期（宋高宗建炎元年至宋宁宗嘉定十七年，公元1127～1224年）。

第五期出土器物中，瓷器斗笠碗D型与吉水宝祐二年墓白釉印花瓷盏相似⑩，侈口碗A型、B型Ⅱ式内底带有涩圈，涩圈烧制方法在南方地区普及较晚，应在南宋金元时期⑪，盘Aa型与景德镇湖田窑A型Ⅱ式青白釉芒口浅腹碗相似⑫、Ab型Ⅱ式与景德镇湖田窑Ba型青白釉芒口圈足盘相似⑬、Ac型Ⅱ式与景德镇湖田窑A型Ⅰ式青白釉芒口浅腹碗相似⑭，钵Dc型与鹰潭宝祐癸丑年宋墓茶盏相似⑮，碟La型与景德镇湖田窑Aa型青白釉芒口圈足盘相似⑯、Ma型Ⅰ式与景德镇湖田窑Ba型Ⅳ式青白釉仰烧碟相似⑰，杯A型Ⅱ式与绍兴缪家桥宋井影青高足杯（J1:26）相似⑱、C型与衢州市咸淳十年宋墓莲瓣纹碗相似⑲，瓶B型与金凤窑二期典型器物黑釉胆形瓶相似⑳，凸棱盏Ba型Ⅱ式与金凤窑二期典型器物厚胎束口盏相似㉑，束颈盏A型Ⅰ式与吉水宝祐二年宋墓瓷盏相似㉒、Ⅱ式与涂山窑A型Ⅱ式盏相似㉓，盒身A型与清江景定四年墓出土青白瓷粉盒相似㉔，砚滴A型与景德镇湖田窑青白釉袋形砚滴Ⅱ式相似㉕、B型与清江景定元年韩氏墓壶相似㉖，尊与武进村前墓

① 北京大学考古学系、河北省文物研究所、邯郸地区文物保管所：《观台磁州窑址》，文物出版社，1999年。

② 范凤妹：《江西出土的宋代瓷盒》，《江西历史文物》1986年第1期；张文崟：《福建南平市南山镇发现一座宋墓》，《考古》2004年第11期。

③ 方志良：《浙江诸暨南宋董康嗣夫妇墓》，《文物》1988年第11期。

④ 江西省文物考古研究所、景德镇民窑博物馆：《景德镇湖田窑址》，文物出版社，2007年。

⑤ 江西省文物考古研究所、景德镇民窑博物馆：《景德镇湖田窑址》，文物出版社，2007年。

⑥ 张文崟：《福建南平市南山镇发现一座宋墓》，《考古》2004年第11期。

⑦ 张柏：《中国出土瓷器全集·广西卷》，科学出版社，2008年。

⑧ 江西省文物考古研究所、江西省樟树市博物馆：《江西樟树乔麦山、彭家山古墓清理简报》，《南方文物》2001年第1期。

⑨ 刘礼纯：《江西瑞昌县发现七座宋代纪年墓》，《考古》1992年第1期。

⑩ 陈定荣：《江西吉水纪年宋墓出土文物》，《文物》1987年第2期。

⑪ 刘涛：《宋辽金纪年瓷器》，文物出版社，2004年。

⑫ 江西省文物考古研究所、景德镇民窑博物馆：《景德镇湖田窑址》，文物出版社，2007年。

⑬ 江西省文物考古研究所、景德镇民窑博物馆：《景德镇湖田窑址》，文物出版社，2007年。

⑭ 江西省文物考古研究所、景德镇民窑博物馆：《景德镇湖田窑址》，文物出版社，2007年。

⑮ 曲利平：《鹰潭宋代纪年墓葬》，《南方文物》1996年第4期。

⑯ 江西省文物考古研究所、景德镇民窑博物馆：《景德镇湖田窑址》，文物出版社，2007年。

⑰ 江西省文物考古研究所、景德镇民窑博物馆：《景德镇湖田窑址》，文物出版社，2007年。

⑱ 绍兴县文物管理委员会：《浙江绍兴缪家桥宋井发掘简报》，《考古》1964年第11期。

⑲ 衢州市文管会：《浙江衢州市南宋墓出土器物》，《考古》1983年第11期。

⑳ 成都市文物考古工作队、成都市文物考古研究所：《都江堰市金凤窑发掘简报》，《文物》2001年第2期。

㉑ 成都市文物考古工作队、成都市文物考古研究所：《都江堰市金凤窑发掘简报》，《文物》2001年第2期。

㉒ 陈定荣：《江西吉水纪年宋墓出土文物》，《文物》1987年第2期。

㉓ 重庆市文物考古所：《重庆涂山窑》，科学出版社，2007年。

㉔ 黄冬梅：《清江南宋纪年墓出土的瓷器》，《南方文物》1987年第1期。

㉕ 江西省文物考古研究所、景德镇民窑博物馆：《景德镇湖田窑址》，文物出版社，2007年。

㉖ 刘涛：《宋辽金纪年瓷器》，文物出版社，2004年。

M5 明器尊相似①；釉陶双系罐 D 型Ⅱ式与傅家坡宋墓瓶（M1∶13）相似②，腰沿盏 Ba 型Ⅱ式与双流绿水康城小区Ⅱ式盏（M16 中∶2）相似③；铁剪刀与樟树市何家村宋墓剪刀（M2∶7）相似④。

综合以上比对材料，可推定第五期的年代为南宋晚期（宋理宗宝庆元年至宋帝昺祥兴二年，公元 1225～1279 年）。

（二）遗迹的分期与年代

旧县坪遗址宋代遗迹的分期主要是从以下几个层面来进行的，首先考虑的是层位（包括地层和遗迹单位）叠压关系（参见表一）；其次，根据本节前述的遗物的年代与分期，将所分出的五期遗物置于其所在遗迹单位中，形成二者之间的相互对应关系；再次是依据遗迹的平面布局、建筑之间的相互关系、各层面遗迹建筑风格、建造工艺的异同，并结合前面两方面的分析，最终得出了旧县坪遗址宋代遗迹分为四期的结论。现将遗迹的分期与年代和遗物的分期与年代统一列表如下（表二九）：

通过上表可以看出，宋代遗迹分为四期，其年代分别为北宋早中期、北宋晚期、南宋早期、南宋中晚期。宋代遗迹第一期的年代对应宋代遗物的第一、二期；宋代遗迹第二期的年代对应宋代遗物的第三期；宋代遗迹第三期的年代包含了宋代遗物第四期前段；宋代遗迹年代第四期的年代对应宋代遗物第四期后段、第五期。

二、遗物的特征

由于遗址宋代遗物较为丰富，以下部分将依质地从造型、装饰等方面展开描述，总结时代特征，并探究产生这种现象的原因。

（一）瓷器

1. 胎釉特点

关于宋代瓷器胎骨，在第二节开始的部分已有简略描述，下面将对其釉色进行扩展。

釉将瓷器与陶器分离，也成了瓷器表面的一种装饰，在一定程度上决定瓷器的美观程度。依釉面具体呈色的不同，釉色大体上可分为青釉、黑釉、酱釉、绿釉、蓝釉、黄釉、红釉等。遗址所见既有单一颜色釉器物，如青白釉碗、碟，黑釉盏，绿釉盆，酱紫釉碟，给人以简洁清新、自然纯朴的美感；也有鲜艳的钧窑窑变釉色器物，给人以神奇斑斓的色彩美；也有从单调的黑釉瓷加工产生的木叶纹盏、玳瑁盏等，给人以丰富的内涵美；还有釉上、釉下彩绘瓷，给人以立体的层次美。

青瓷是一种传统颜色瓷，发展到宋代，因地区差异产生了不同的青瓷窑口，遗址所见有汝窑的天青、龙泉窑的梅子青、耀州窑的橄榄青等。

---

① 陈晶、陈丽华：《江苏武进村前南宋墓清理纪要》，《考古》1986 年第 3 期。

② 湖北省博物馆：《武昌傅家坡宋墓发掘简报》，《江汉考古》1988 年第 3 期。

③ 成都市文物考古研究所、双流县文物管理所：《成都市双流县华阳镇绿水康城小区发现一批砖室墓》，《成都考古发现》（2003），科学出版社，2005 年。

④ 江西省文物考古研究所、江西樟树市博物馆：《江西樟树市太平街何家村南宋墓发掘简报》，《南方文物》2008 年第 2 期。

表二九　巴东旧县坪遗址宋代遗迹、遗物分期对照表

遗物		遗迹		绝对年代
期别	器物组合	期别	遗迹单位	
一	瓷器花口碗 Aε 型，敞口圈足盏，侈口圈足盏 C 型，直口盏，钵 E 型Ⅰ式，罐 C 型，执壶 A 型，盒盖 E 型；釉陶器碗，敛口钵 A 型Ⅰ式，B 型，C 型Ⅰ式，罐 C 型Ⅰ式、D 型Ⅰ式，盆 F 型，双系罐 Bb 型、C 型Ⅰ式，灯盏圆唇 B 型；陶器杯 A 型，器盖 A 型	一	（东）L1Ⅰ、（东）L4Ⅰ、（西）L1Ⅰ、（西）L2Ⅰ、（西）L6Ⅰ、（西）L7Ⅰ、（西）L9Ⅰ、（西）L21Ⅰ、（西）F8Ⅰ、（西）F90、（西）F93、（西）F59、（西）F55、（西）F57、（西）F12Ⅰ、（西）F26Ⅰ、（西）F69、（西）F80、（西）F71、（西）F78Ⅰ、（东）F2、（东）F6、（东）F11、（东）F12Ⅰ、（东）F27、（东）F31、（东）F40、（西）F2Ⅰ、（西）F4、（西）F12Ⅱ、（西）F27、（西）F34、（西）F68、（西）F47、（西）F74、（西）75、（西）F78Ⅱ、（西）F79、（东）F12Ⅱ、（东）F13、（东）F14、（东）F15、（东）F17、（东）F18、（东）F19、（东）F20、（东）F21、（东）F22、（东）F23、（东）F30、（东）F32、（东）F33、（东）F34、（西）F70、（东）G7、（东）G16、（西）G4、（西）G5、（西）G6、（西）G7、（西）G32、（西）G25Ⅰ、（西）G26Ⅰ、（西）G34Ⅰ、（西）G35、（西）G38、（西）G39Ⅰ、（西）G40、（西）G41、（西）G48、（西）H19、（西）H7	公元 960～1022 年
二	瓷器墩式碗 A 型Ⅰ式、Ⅱ式、B 型Ⅰ式、Ⅱ式，花口碗 Ab 型、Ac 型、Ae 型、Ag 型Ⅰ式、Ah 型，斗笠碗 Aa 型、Ab 型、Ac 型，撇口碗 Aa 型、Ab 型、Ac 型Ⅰ式、Ba 型Ⅰ式、Bb 型、Bc 型，直口碗 A 型，侈口碗 C 型Ⅰ式、C 型Ⅱ式、Da 型、Db 型，敞口碗 D 型，碟 Ba 型、Bc 型、Gc 型Ⅰ式、H 型、I 型Ⅰ式，敞口圈足盏 B 型，侈口圈足盏 A 型、B 型，侈口平底盏 B 型、C 型，盆Ⅰ式，执壶 B 型、C 型，器盖 F 型，器座，洗Ⅰ式，盒盖 C 型；釉陶器侈口钵，刻槽钵，盏 A 型、B 型、C 型，盘，盆 B 型、C 型，器盖 C 型、D 型、E 型，执壶 A 型Ⅰ式、B 型Ⅰ式，双系罐 A 型Ⅰ式，瓶 A 型，瓮 C 型Ⅰ式，灯 A 型、B 型，砂锅 A 型；陶器三足钵，杯 B 型，盆 A 型，器盖 D 型，水浇，灯盘 A 型			公元 1023～1085 年
三	瓷器墩式碗 B 型Ⅲ式，花口碗 Ad 型、Af 型、Ag 型Ⅱ式，斗笠碗 Ad 型、Ba 型、Bc 型，撇口碗 Ac 型Ⅱ式、Bd 型、Be 型，直口碗 B 型Ⅰ式，侈口碗 A 型、C 型Ⅲ式、F 型、J 型，盘 Ad 型Ⅰ式、Ad 型Ⅱ式、Ae 型、C 型，碟 A 型、Bb 型、F 型、Ga 型、Gb 型、Gc 型Ⅱ式、I 型Ⅱ式、I 型Ⅲ式、J 型、Ma 型Ⅰ式、Mb 型，敞口平底盏 A 型、C 型，侈口平底盏 A 型，杯 D 型，钵 Aa 型、Ab 型、Ac 型、Ad 型、Ae 型Ⅰ式、B 型、E 型Ⅱ式，盏托，器盖 Ab 型、Ad 型、B 型、D 型、E 型，盒身 B 型，洗Ⅱ式，座炉；釉陶器盏 D 型，杯 B 型，敛口钵 A 型Ⅱ式、C 型Ⅱ式、D 型、E 型，带耳钵，器盖 A 型、B 型，灯盏方唇Ⅰ式，尖圆唇，圆唇 D 型，双系罐 A 型Ⅱ式、Ⅲ式，四系罐Ⅰ式，罐 A 型、B 型、C 型Ⅱ式、D 型Ⅱ式，执壶 B 型Ⅱ式，盆 D 型，瓶 B 型、D 型，瓮 A 型、B 型，鸟食罐 A 型、D 型、E 型，铃；陶器盆 B 型，器盖 B 型、C 型，盘，三足器，灯盘 B 型，灯盏 A 型	二	（东）L1Ⅱ、（东）L2、（东）L3Ⅰ、（东）L4Ⅱ、（东）L5、（东）L6Ⅰ、（东）L7、（东）L8、（东）L9、（东）F3、（东）F4、（东）F5、（东）F8、（东）F36、（东）F37、（东）F38、（东）F39、（东）F41、（东）F43、（东）F44、（西）L1Ⅱ、（西）L2Ⅱ、（西）L3Ⅰ、（西）L4Ⅰ、（西）L5Ⅰ、（西）L6Ⅱ、（西）L7Ⅱ、（西）L8Ⅰ、（西）L9Ⅱ、（西）L10Ⅰ、（西）L11Ⅰ、（西）L12、（西）L13Ⅰ、（西）L14、（西）L15Ⅰ、（西）L16、（西）L20、（西）L21Ⅱ、（西）L22、（西）F8Ⅱ、（西）F22、（西）F25、（西）F23、（西）F21、（西）F24Ⅰ、（西）F94、（西）F95、（西）F96、（西）F20、（西）F85、（西）F66、（西）F6Ⅰ、（西）F16、（西）F18Ⅰ、（西）F13Ⅰ、（西）F52、（西）F54、（西）F58、（西）F67、（西）F1Ⅱ、（西）F2Ⅰ、（西）F4、（西）F12Ⅱ、（西）F27、（西）F34、（西）F43、（西）F68、（西）F47、（西）F74、（西）F75、（西）F78Ⅱ、（西）F79、（西）F36、（西）F37、（西）F39、（西）F40、（西）F60、（西）F63、（西）F64、（西）F65、（西）F81、（西）F82、（西）F89、（西）F28、（西）F29、（西）F91、（西）F92、（西）F31、（西）F61、（西）C9、（西）C10、（西）C11、（西）C12、（西）C13、（西）C14、（西）C15、（西）C16、（东）G2、（东）G10Ⅰ、（东）G13、（东）G14、（西）SJ3、（西）G2、（西）G8、（西）G10、（西）G20、（西）G24、（西）G25Ⅱ、（西）G26Ⅱ、（西）G28、（西）G29、（西）G30、（西）G31、（西）G36、（西）G39Ⅱ、（西）G34Ⅱ、（西）G42、（西）G46、（西）H31、（西）H48、（西）H63、（西）H64、（西）H88、（东）H5、（西）H3、（西）H4、（西）H75	公元 1086～1126 年

续表

<table>
<tr><th colspan="2">遗物</th><th colspan="2">遗迹</th><th rowspan="2">绝对年代</th></tr>
<tr><th>期别</th><th>器物组合</th><th>期别</th><th>遗迹单位</th></tr>
<tr><td rowspan="2">四</td><td rowspan="2">瓷器花口碗B型Ⅰ式，撇口碗Ba型Ⅱ式，斗笠碗C型，直口碗B型Ⅱ式，侈口碗B型Ⅰ式、Ea型、Eb型、Ed型、G型、H型、I型、K型，盘Ab型Ⅰ式、Ad型Ⅲ式，碟C型、D型、E型Ⅰ式、Ⅱ式、K型、Lb型、Ma型Ⅱ式，敞口平底盏B型，敛口盏A型Ⅰ式、Ⅱ式、B型Ⅰ式，束颈盏A型Ⅰ式、B型Ⅰ式，凸棱盏Aa型、Ab型、Ba型Ⅰ式、Bb型、Bc型Ⅰ式、Ⅱ式，钵Ae型Ⅱ式、C型Ⅰ式、Da型，盆Ⅱ式，罐A型、B型、D型，瓶A型，灯盏，盒身C型、D型、E型，盒盖A型、D型，器盖Aa型、Ac型、Ae型、Af型、C型，鸟食罐A型、B型，腰鼓，三足炉；釉陶器碟，杯A型，盆E型，双系罐C型Ⅱ式、Ⅲ式，D型Ⅰ式，四系罐Ⅱ式，灯盏腰沿盏Aa型、Ab型、Ba型Ⅰ式、Bb型、Bc型，方唇Ⅱ式、Ⅲ式，圆唇A型、C型、E型，刻槽盏，炉，鸟食罐B型、C型，瓶C型；陶器盆C型，缸，灯盏B型、C型</td><td>三</td><td>（东）L1Ⅲ、（东）L3Ⅱ、（东）L4Ⅲ、（东）L6Ⅱ、（西）L1Ⅲ、（西）L2Ⅲ、（西）L4Ⅱ、（西）L5Ⅱ、（西）L6Ⅲ、（西）L7Ⅲ、（西）L8Ⅱ、（西）L9Ⅲ、（西）L10Ⅱ、（西）L17Ⅰ、（西）L18Ⅰ、（西）L23Ⅰ、（西）F8Ⅲ、（西）F14Ⅰ、（西）F5、（西）F13Ⅱ、（西）F18Ⅱ、（西）F32、（西）F42、（西）F44、（西）F45、（西）F49、（西）F56、（西）F72、（西）F73、（西）F1Ⅲ、（西）F2Ⅱ、（西）F12Ⅲ、（西）F46Ⅰ、（西）F77、（东）F10、（东）F16、（东）F35、（东）F42、（西）F35、（西）F38、（西）F41、（西）C1、（西）C2、（西）C3、（西）C4、（西）C5、（西）C6、（西）C7、（西）C8、（东）G10Ⅱ、（东）G11、（西）SJ2、（西）G9、（西）G12、（西）G14、（西）G15、（西）G16、（西）G21、（西）G27、（西）G33、（西）G43、（西）G47（西）H69、（西）H2、（西）H37、（西）H44、（西）H46、（西）H90、（西）H8、（西）H9、（西）H15、（西）H47、（西）H68（西）H87</td><td>公元1127~1169年</td></tr>
<tr><td rowspan="2">四</td><td rowspan="2">（东）L1Ⅳ、（东）L4Ⅳ、（东）L6Ⅲ、（西）L1Ⅳ、（西）L2Ⅳ、（西）L3Ⅲ、（西）L4Ⅲ、（西）L5Ⅲ、（西）L6Ⅳ、（西）L7Ⅳ、（西）L8Ⅲ、（西）L9Ⅳ、（西）L10Ⅲ、（西）L11Ⅱ、（西）L13Ⅱ、（西）L15Ⅱ、（西）L17Ⅱ、（西）L18Ⅱ、（西）L19、（西）L23Ⅱ、（西）F8Ⅳ、（西）F10、（西）F9、（西）F97、（西）F86、（西）F50、（西）F33、（西）F19、（西）F83、（西）F24Ⅱ、（西）F3、（西）F14Ⅱ、（西）F6Ⅱ、（西）F15、（西）F17、（西）F48、（西）F51、（西）F53、（西）F84、（西）F2Ⅲ、（西）F26Ⅱ、（西）F88、（西）F46Ⅱ、（西）F76、（东）F1、（东）F7、（东）F9、（东）F26、（东）F29、（西）J1、（西）SJ1、（西）G11、（西）G13、（西）G17、（西）G18、（西）G19、（西）G22、（西）G44、（西）G45、（西）H5、（西）H36、（西）H40、（西）H45、（西）H6、（西）H20、（西）H30、（西）H32、（西）H39、（西）H41、（西）H43、（西）H82、（西）H100、（西）H101、（东）H7、（西）H27、（西）H51、（西）H53</td><td>公元1170~1226年</td></tr>
<tr><td>五</td><td>瓷器花口碗B型Ⅱ式，斗笠碗Bb型、D型，侈口碗B型Ⅱ式、Ec型，敞口碗A型、B型、C型，盘Aa型、Ab型Ⅱ式、Ac型、Ad型Ⅳ式、B型，碟E型Ⅲ式、La型，侈口饼足盏，敛口盏A型Ⅲ式、B型Ⅱ式，束颈盏A型Ⅱ式、B型Ⅱ式，突棱盏Ba型Ⅱ式、Bc型Ⅲ式，钵C型Ⅱ式、Db型、Dc型、Dd型、E型Ⅲ式，杯A型、B型、C型，瓶B型，尊，盒身A型，砚滴A型、B型；釉陶器单把罐，双系罐Ba型、D型Ⅱ式，腰沿盏Ba型Ⅱ式、Bd型，执壶A型Ⅱ式、Ⅲ式，盆A型，瓮C型Ⅱ式，方唇灯盏Ⅳ式；陶器三足炉，灯盏D型</td><td>公元1227~1278年</td></tr>
</table>

青白瓷，俗称“影青”，是指釉色介于青白二者之间，青中有白和白中显青的瓷器的专门称谓①；是宋代创烧的一种瓷器，也是旧县坪遗址瓷器中最为常见的一种釉色。青白釉瓷器数量丰富，器形齐全，制作精美，无论是致密细腻的胎质，还是明澈淡雅的釉色，或是形象生动的纹饰，都是当时的精品，无愧于“假玉器”的美称。

定窑红瓷，又称“红定”，是宋代定窑釉色品种之一。关于定窑红瓷的文献记载，有宋周辉的《清波杂志》、宋邵伯温的《闻见录》、元蒋祈的《陶记》和明曹昭的《格古要论》等②。“紫定色紫”说法不准确，定窑遗址未发现紫定作品，有的是酱釉，呈酱色。酱釉呈色剂是铁，而紫色的呈色剂应是锰，我国瓷器用锰金属要晚到明代③。定窑酱釉瓷器发现的实物资料有故宫博物院20世纪50年代在曲阳涧磁村定窑遗址采集数片酱红色瓷片（采集者认为为“红定”）④、辽宁阜新车新屯大康元年萧德温墓瓷片（发掘者认为为定窑“红瓷器”）⑤、江苏镇江熙宁四年章岷墓出土酱釉瓶（发掘者认为为“紫定”）⑥、江苏金坛市茅麓镇石马坟M3出土酱釉瓶（发掘者认为为“紫定”）⑦。其中，定窑是北宋五大官窑之一，是生产精美酱釉瓷器的重要窑口；萧德温是辽左金吾卫上将军；章岷是北宋仁宗朝江州通判，英宗朝官至光禄卿；金坛石马坟M3墓主人为王琎家族成员。旧县坪遗址发现的四件定窑酱釉瓷器，均出土在官署区，与以上酱红釉瓷器的使用者在身份地位方面具有一致性，一定程度上印证了明代曹昭《格古要论》中关于“紫定价高于白定”的记载。

黑瓷在宋代的发展，与当时社会斗茶风气的流行息息相关。宋蔡襄《茶录》中有“茶色白，宜黑盏”⑧记载，在统治阶层与文人阶层的推动下，黑瓷盏有了较快的发展。于是，在茶叶产地、经济发达的地区，都出现了一批烧制黑釉茶盏的窑厂，如福建建窑、四川金凤窑、重庆涂山窑等，也有一些窑厂兼烧黑釉瓷，如陕西耀州窑等。敛口盏、凸棱盏、束颈盏等是常见的黑釉瓷茶具，也有少量的黑釉碗、罐、瓶。

2. 装饰技法

装饰技法是指瓷器装饰所采用的方法和技艺，瓷胎与釉是进行装饰的主要载体。宋代制瓷工匠继承隋唐时期传统制瓷工艺，结合当时的社会风尚、审美情趣，发展和创造了许多精湛的装饰手法和技巧。根据装饰部位的不同，大致可以分为胎装饰、釉装饰以及造型装饰法几类⑨。

（1）胎装饰即通过直接在瓷器胎体上进行加工以表现一定装饰效果的一种手法，包括划花、刻花、模印、堆塑等。

划花系用有弹性的尖状工具在器物胚体上划出线条纹饰的手法，有单线条和并列多线条两种表现技巧，其特征是简练流畅。遗址较为常见的划花装饰为并列多线条类型，即梳篦纹，多装饰在碗、碟类器物内壁及底部；另外也有一些单线条的云气纹、水波纹以及刻槽钵内壁的放射性纹样。需要说明的是，珍珠地划花是一种创造性的加工手法，它是在线刻花纹的空白处，用管状工具戳印珍珠

---

① 冯先铭：《我国宋元时期的青白瓷》，《故宫博物院院刊》1979年第3期。

② 参考彭善国：《定州红瓷浅议》，《文物春秋》2001年第1期。

③ 冯先铭：《新中国陶瓷考古的主要收获》，《文物》1965年第9期。

④ 陈万里、冯先铭：《故宫博物院十年来对古窑址的调查》，《故宫博物院院刊》1960年第2期。

⑤ 李文信：《辽瓷简述》，《文物参考资料》1958年第2期。

⑥ 镇江博物馆：《镇江市南郊北宋章岷墓》，《文物》1977年第3期。

⑦ 金坛市博物馆：《金坛市茅麓镇石马坟北宋墓的发掘》，《东南文化》2006年第6期。

⑧ 方健：《中国茶书全集校证》选刊（之二），《农业考古》2002年第2期。

⑨ 参考王莉英：《宋瓷的装饰艺术》，《故宫博物院院刊》1991年第3期；胡习珍：《试论宋代瓷器的装饰艺术》，重庆师范大学硕士学位论文，2007年；陕西省考古研究所、耀州窑博物馆：《宋代耀州窑址》，文物出版社，1998年。

状小圆圈，它们紧密连接，使画面显得紧凑茂密，起到突出主题图案的作用。

刻花系用刀具在器物胚体上刻出花纹线条的手法，其特征是层次感强，宋瓷中以耀州窑刻花手法最为精美。遗址中所见刻花装饰有器物内壁的莲瓣纹、草叶纹、团菊纹、莲荷纹、萱草纹、水草纹、朵花、婴戏图等，以及器物外腹部的仰莲纹（杯、直腹碗、侈口碗）、折扇纹（斗笠碗、侈口碗）、指甲纹（鸟食罐）等。

印花系用刻有装饰花纹的印模在胚体上拍印或压印花纹的手法，其特征是布局细腻严谨、层次分明，线条清晰有序，具有浮雕的效果。遗址中所见印花装饰有斗笠碗、盘、碟内壁及器盖顶部的回纹、莲荷纹、莲实纹、折枝花、游鱼戏水、凤穿牡丹纹等，以及器物外腹部的网格纹、珍珠地纹、莲瓣纹。

堆塑系用与胚体相同的泥料做成各种装饰图案以浮雕状堆贴于器皿之上的手法，其特征是形象生动，具有浮雕、圆雕效果。遗址中堆塑装饰的精品是鼎炉。该件器物仿照青铜鼎的造型，长方形竖耳，圆鼓腹，兽足，足较高；灰白胎，青白釉，腹部堆贴一束花，加褐彩。

（2）釉装饰即通过釉色或彩绘来展现瓷器艺术品位的装饰方法，包括结晶釉法、窑变釉法、彩绘釉法等。

在陶瓷器烧制过程中，由于釉内结晶物质熔融后处于饱和状态，经过缓慢的冷却，釉层中出现大小不等、形状各异的晶体，形成美丽的花纹，这就是结晶釉法，以兔毫釉、油滴釉、玳瑁斑釉、鹧鸪斑釉、窑变釉等黑釉品种为贵。遗址中可见木叶纹、玳瑁釉、兔毫、鹧鸪斑釉、琥珀纹等几种表现手法。

瓷器在窑内烧成时，由于窑内含有多种成色元素，经氧化或还原作用，出窑后，釉面色彩斑斓，呈现意想不到的釉色效果。由于其出现出于偶然，形态特别，人们不知其原理，只知经过窑内焙烧过程变化而得，故称之为“窑变”①。遗址发现的窑变器物有钧窑玫瑰紫釉钵，灰白胎较粗糙，下腹为天蓝釉，口沿有玫瑰紫釉。

彩绘装饰即用毛笔蘸特制的材料在瓷器的胎体、化妆土或釉面上绘制（包括点、染、涂、绘）图案、纹饰和画面的工艺手法。彩绘装饰将我国制瓷工艺和传统绘画艺术结合起来，极具表现力，生动形象、简单易操作。遗址所见彩绘装饰器物有釉下彩绘，如A型瓷瓶，H型侈口碗。A型瓷瓶，灰白胎，绿釉，黑彩绘草叶纹；H型侈口碗，白釉下绘绿彩兰花纹或是青釉下绘黑彩草叶纹、几何纹。釉上彩绘是宋代的首创，亦称“宋加彩”；釉上彩绘装饰瓷器有腰鼓，灰白胎，褐釉上加黄彩。点彩装饰器物有鼎炉，灰白胎，青白釉，贴花装饰上加褐彩，如同花卉的枝叶，点睛之笔，贴切自然，生机盎然。

（3）造型装饰即器物本身就是一种创造性的装饰，包括写实性仿自然形类器形，如墩子形、斗笠形、瓜棱形、石榴形、葵口形的碗、盒、碟、罐等；也包括仿青铜器的鬲炉、鼎炉、樽炉、尊等。

3. 纹饰题材

器物纹饰具有装饰功能、审美价值，是器物制作工艺水平的直接反映，也是特定时期人们思想意识、心理结构、价值取向等观念的综合反映。遗址装饰纹样题材丰富，主题有植物类、动物类、人物故事类、山石流云水波类、几何纹样类、边饰类、文字类等（图六〇一～图六〇九）。植物类纹饰有牡丹花纹、莲荷纹、菊花纹、朵花纹、萱草纹、忍冬纹、水草纹、卷草纹。动物类纹饰有凤纹、鱼纹、鹅纹。婴戏纹是遗址最为常见的人物故事类纹饰。山石流云水波类纹饰以水波纹常见，多与鱼纹、婴孩纹、莲荷纹等共同出现；遗址也发现有少量卷云纹。几何纹样较为常见的有篦划纹、柳斗纹、回纹。文字类纹饰发现在象棋、印章、碗内底等器物，有刻划、彩绘之分。

器物纹饰多以组合形式出现，构成繁复、华丽的组合纹样，如凤穿牡丹纹、游鱼戏水纹、荷塘

① 冯先铭：《中国古陶瓷图典》，文物出版社，1998年。

游鱼纹、婴孩戏水纹、婴孩攀枝纹等。

4. 构图方式

构图方式即纹饰图案在器物上的布局形式。宋代工匠们以器物造型为基础，参考器物的实用性，合理地安排画面，力求造型、功用、装饰形成完美整体。通过观察，我们可以将宋代瓷器的装饰结构分为以下几种类型：

第一，平面式构图，纹样装饰在器物的内底或顶部等较平坦的部位，整体看来，纹样布局在一个圆形框架内。纹饰内容较简单，有折枝花、花叶纹、莲实纹、篦点纹、篦地花叶纹、双鱼戏水纹；采用这种构图方式的器形有 Da 型侈口碗、F 型侈口碗、Ⅰ型侈口碗、K 型Ⅰ式侈口碗、Ac 型盘、Ad 型盘、Bb 型碟、C 型碟、D 型碟、Ⅰ型碟、L 型碟、Ma 型碟、A 型盒、B 型盒、C 型盒、Db 型盒、Ⅱ式洗（图六一〇，1、2）。

第二，立体式构图，纹样装饰在器物的内壁，如果将器物的纹样展开，可以发现纹样布局在一个环形内，与上述构图方式互补，仅在器物的内壁进行装饰，对坦底部位留有空白。纹饰内容有花叶纹、菊瓣纹、莲瓣纹、水波莲荷纹；采用这种构图方式的器形有 Af 型花口碗、F 型侈口碗、Db 型侈口碗、Ea 型侈口碗、Aa 型斗笠碗、Bb 型斗笠碗、D 型斗笠碗、Ac 型器盖、Ae 型器盖（图六一〇，3、4）。

第三，立体式构图，纹样装饰在器物的内壁及底。根据纹样内容，可以分为两类：一类是纹样多为一个整体，如花叶纹、萱草纹、菊瓣纹、团花纹、水波莲荷纹、婴戏图、凤穿牡丹纹等，装饰在 Da 型侈口碗、Eb 型侈口碗、Ec 型侈口碗、F 型侈口碗、G 型侈口碗、Aa 型斗笠碗、Ba 型斗笠碗、Bb 型斗笠碗、D 型斗笠碗、Aa 型盘、Ab 型Ⅰ式、Ae 型Ⅲ式盘（图六一一，1）。另一类是内壁纹样与底部纹样有主次之分，有的还以弦纹相隔，碟类器物以底部的为主体、内壁上的为辅助纹饰，碗类器物与之相反。如 Aa 型斗笠碗内壁装饰有折扇纹，内底为团菊纹；Ac 型钵内壁装饰有莲花纹，内底为莲实纹、荷叶纹；Ab 型Ⅱ式盘内壁装饰有凤穿牡丹纹，内底为荷塘游鹅纹；E 型碟内底为荷塘游鱼纹，内壁为回纹边饰等；Ⅰ式洗内底装饰缠枝菊纹，内壁为缠枝忍冬纹（图六一一，2）。

第四，立体式构图，纹样装饰在器物的外壁，根据器形的不同，可以分为两类。一类是器形为斜直腹，展开后纹样布局在一个环带内，如 D 型侈口碗、B 型Ⅱ式直口碗、D 型敞口碗、Aa 型斗笠碗、C 型杯、A 型瓶外壁装饰的莲瓣纹、折扇纹、彩绘纹饰（图六一一，3）。另一类是筒形腹的器物，其纹样被布局在一个长条形内，如 A 型直口碗、B 型Ⅰ式直口碗、腰鼓、A 型罐。在这种构图类型中，有两件器物是值得注意的，A 型瓶的口沿下至肩部纹饰，采用分段法，颈部为一圈黑色彩绘，其下依次为一圈竹叶纹、一圈黑色彩绘、一圈卷草纹、一圈黑色彩绘相隔，绘折枝花纹；A 型罐腹部采用开光装饰法，腹部四曲开光内绘有草叶纹，开光外为卷草纹地（图六一一，4）。

5. 窑口分析

宋代制瓷手工业有很大的发展，根据 1949 年至 1980 年的考古调查发现，古代瓷窑遗址分布于我国 19 个省、市、自治区的 170 个县，其中分布有宋窑的达到 130 个县，1000 多处，占总数的 75%①。由于商品经济的发展、产业竞争加剧，各地名窑在烧造技术、装饰技法、釉色变化上，都形成各自的独特风格并为其他民窑所效仿，从而形成不同的瓷窑体系。可分为定窑系、耀州窑系、磁州窑系、钧窑系、龙泉青瓷系、景德镇青白瓷系、官窑系、建窑系八大窑系②。各窑系产品，经过商品流通，销至国内外市场，在同一地区便可以看到不同风格的瓷器。

① 中国硅酸盐学会：《中国陶瓷史》，文物出版社，1982 年。

② 杨根：《宋代的八大窑系》，《北京大学百年国学文粹·考古卷》，北京大学出版社，1998 年。

1

2

3

4

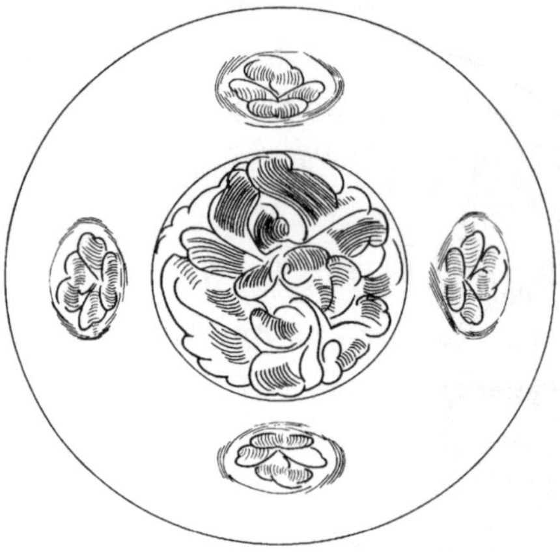

5

6

7

图六〇一　宋代瓷器植物类纹饰

1、2、4. 缠枝牡丹纹（（西）F8Ⅳ:2、（西）F8Ⅳ:8、（西）F23:3）　3. 蝶戏牡丹纹（（西Ⅰ）T2515⑤:2）　5. 牡丹、朵花纹（（西）F32:4）　6. 简化牡丹纹（（西Ⅰ）T3518⑤:3）　7. 凤穿牡丹纹（（西）F3:48）

图六〇二　宋代瓷器植物类纹饰

1. 覆莲纹（（西ⅡB）T4118④:1）　2. 仰莲纹（（西）F8Ⅲ:27）　3. 莲瓣纹（（西）L1Ⅲ:2）　4. 莲荷纹（（西）F94:7）　5. 水波莲荷纹（（西）F46Ⅱ:2）　6. 莲实纹（（西）F8Ⅲ:78）

图六〇三　宋代瓷器植物类纹饰

1、2. 游鱼戏莲荷纹（（西）L18Ⅰ:1、（西Ⅰ）T3620⑤:5）　3. 莲荷纹、游鱼纹（（西）F3:56）
4. 变形莲瓣纹（（东Ⅰ）T2821④:1）　5. 团菊纹（（西）F8Ⅰ:5）　6. 菊瓣纹（（西）F3:20）

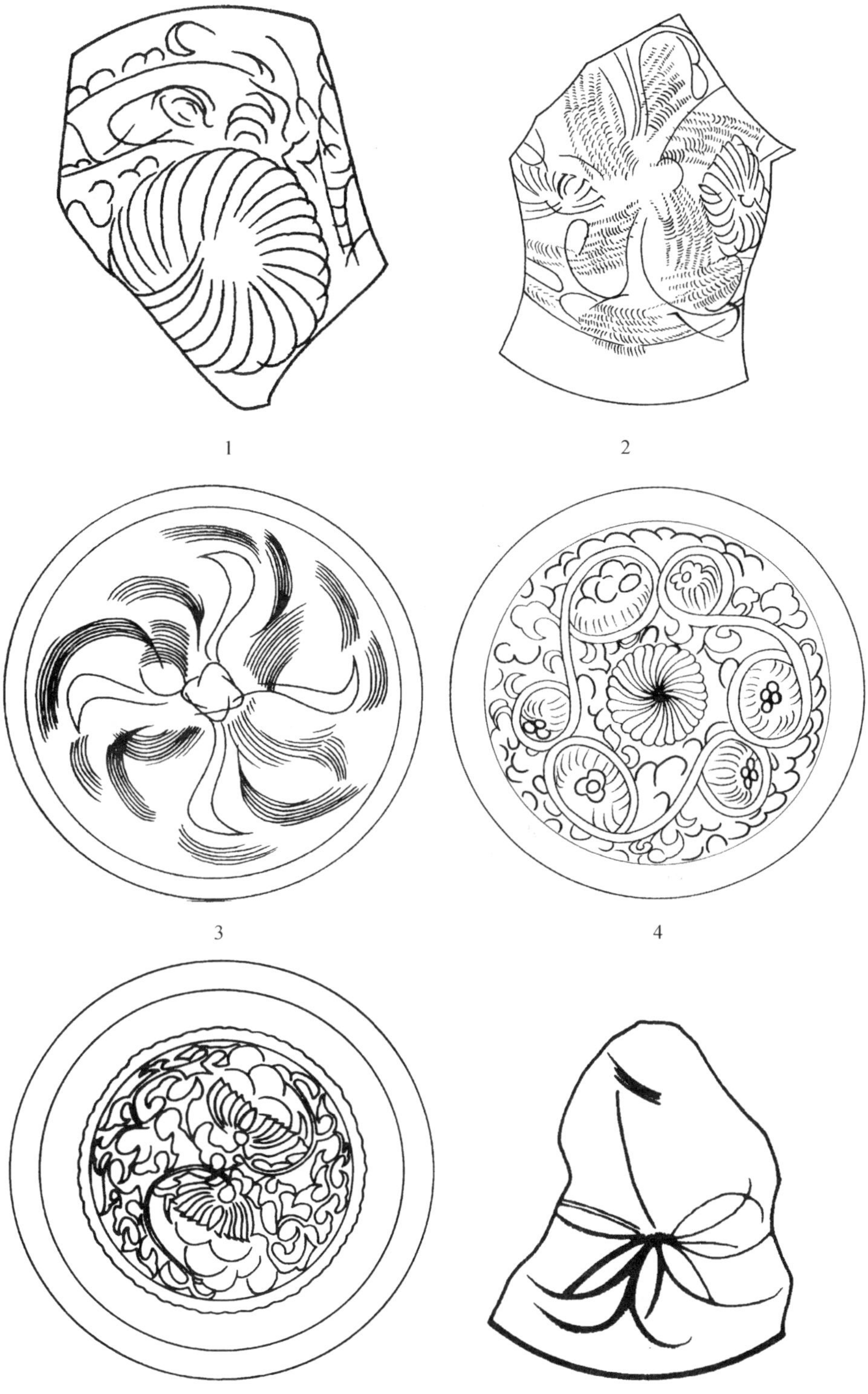

图六〇四　宋代瓷器植物类纹饰

1. 菊纹（（西Ⅰ）T1007⑥：23）　2. 篦地菊纹（（西）L2Ⅱ：3）　3. 菊瓣纹（（西Ⅰ）T1916⑤：10）　4、5. 缠枝菊纹（（西）F24Ⅰ：5、（西）L2Ⅰ：1）　6. 萱草纹（（西）F8Ⅲ：54）

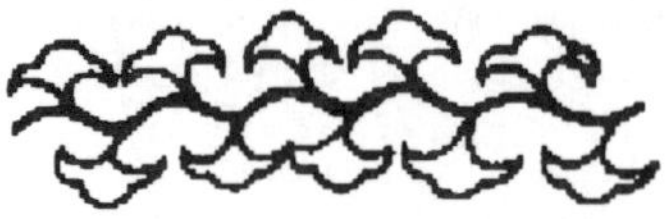

1

2

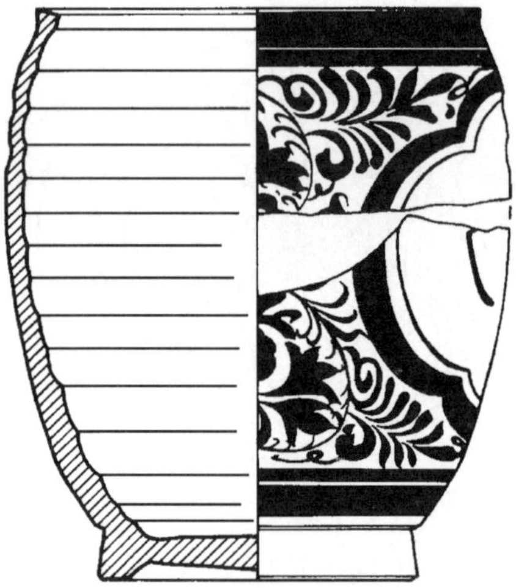

3

4

5

图六〇五　宋代瓷器植物类纹饰

1. 忍冬纹（（西）L2Ⅰ:1）　2. 水草纹（（西）G6:32）　3. 缠枝花叶纹（（西）F8Ⅲ:65）　4. 草叶纹（（西Ⅰ）T0408④:13）　5. 兰花纹（（西）F8Ⅲ:4）

图六〇六　宋代瓷器植物类纹饰

1. 树叶纹、朵花纹（（西）F8Ⅲ:62）　2、3. 萱草纹（（西）J1:1、（西）L1Ⅲ:1）　4. 草叶纹（（东）L6Ⅲ:1）
5. 折枝梅花（（西）F8Ⅲ:67）　6. 梅花纹（（西Ⅰ）T3517⑤:44）

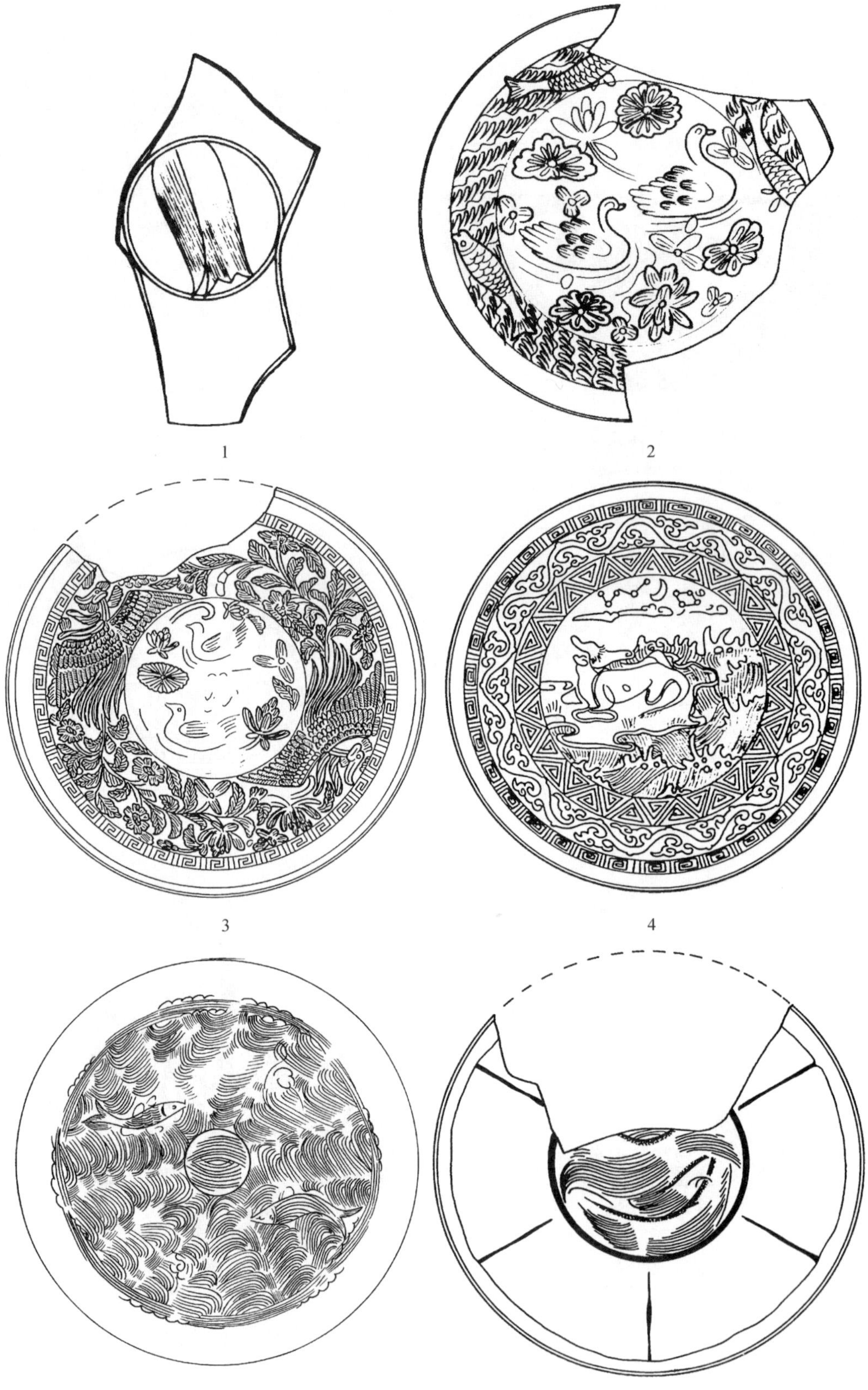

图六〇七　宋代瓷器植物类、动物类纹饰

1. 百合花纹（（西）F2Ⅰ:7）　2. 游鱼纹、池塘游鹅纹（（西）F3:54）　3. 凤穿牡丹纹、池塘游鹅纹（（西）F3:49）　4. 海马纹（（西）L17Ⅰ:12）　5、6. 游鱼戏水纹（（西）L9Ⅳ:1、(西Ⅰ) T3520⑤:11）

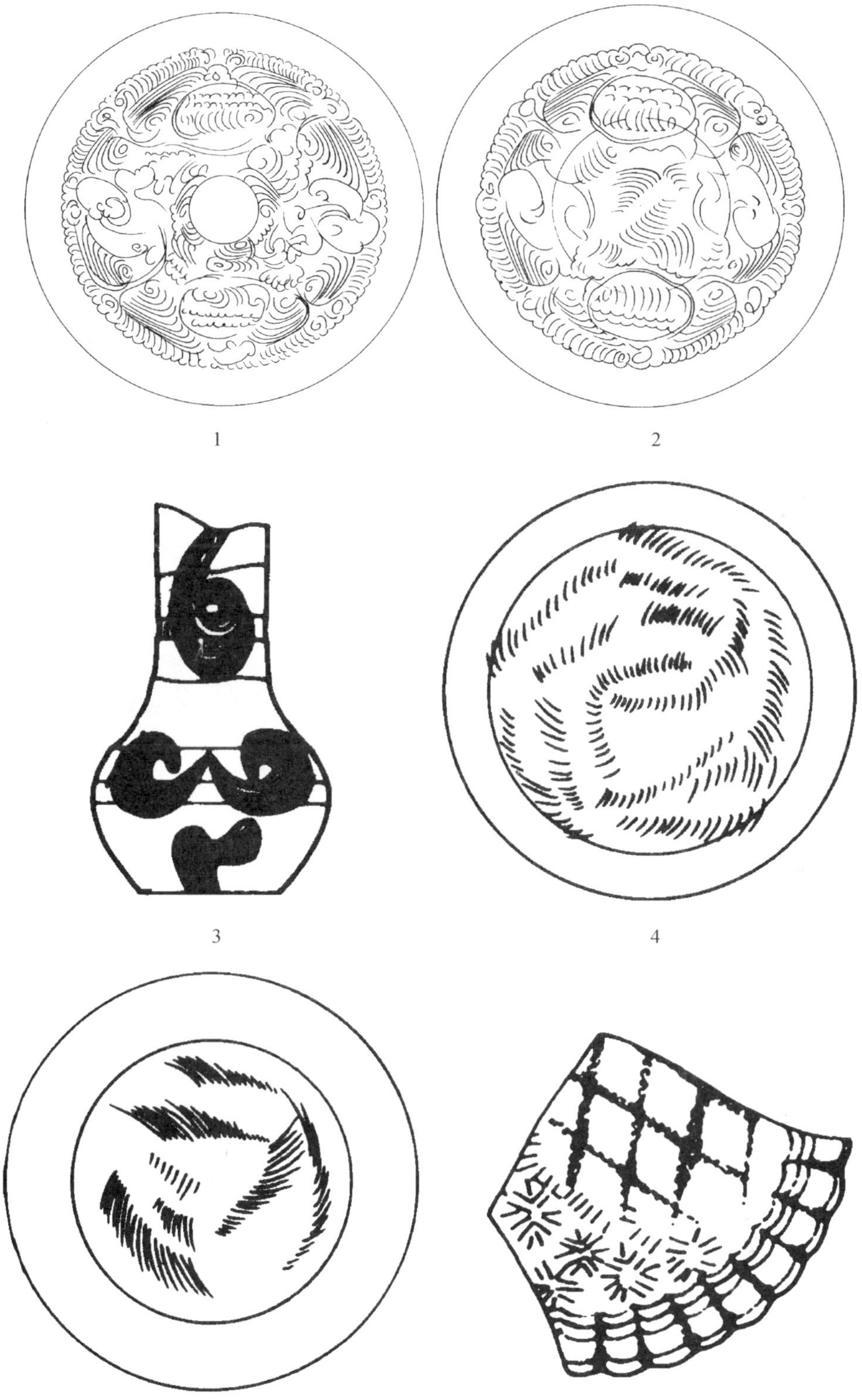

图六〇八　宋代瓷器人物故事类、山石流云水波类、几何类纹饰

1、2. 婴孩戏水图（（西Ⅰ）T3517⑤:31、（西）F3:50）　3. 卷云纹（（西）F8Ⅲ:66）　4. 篦点纹（（西）F94:12）
5. 篦划纹（（西Ⅰ）T3519⑤:10）　6. 网格纹（（西）F18Ⅱ:1）

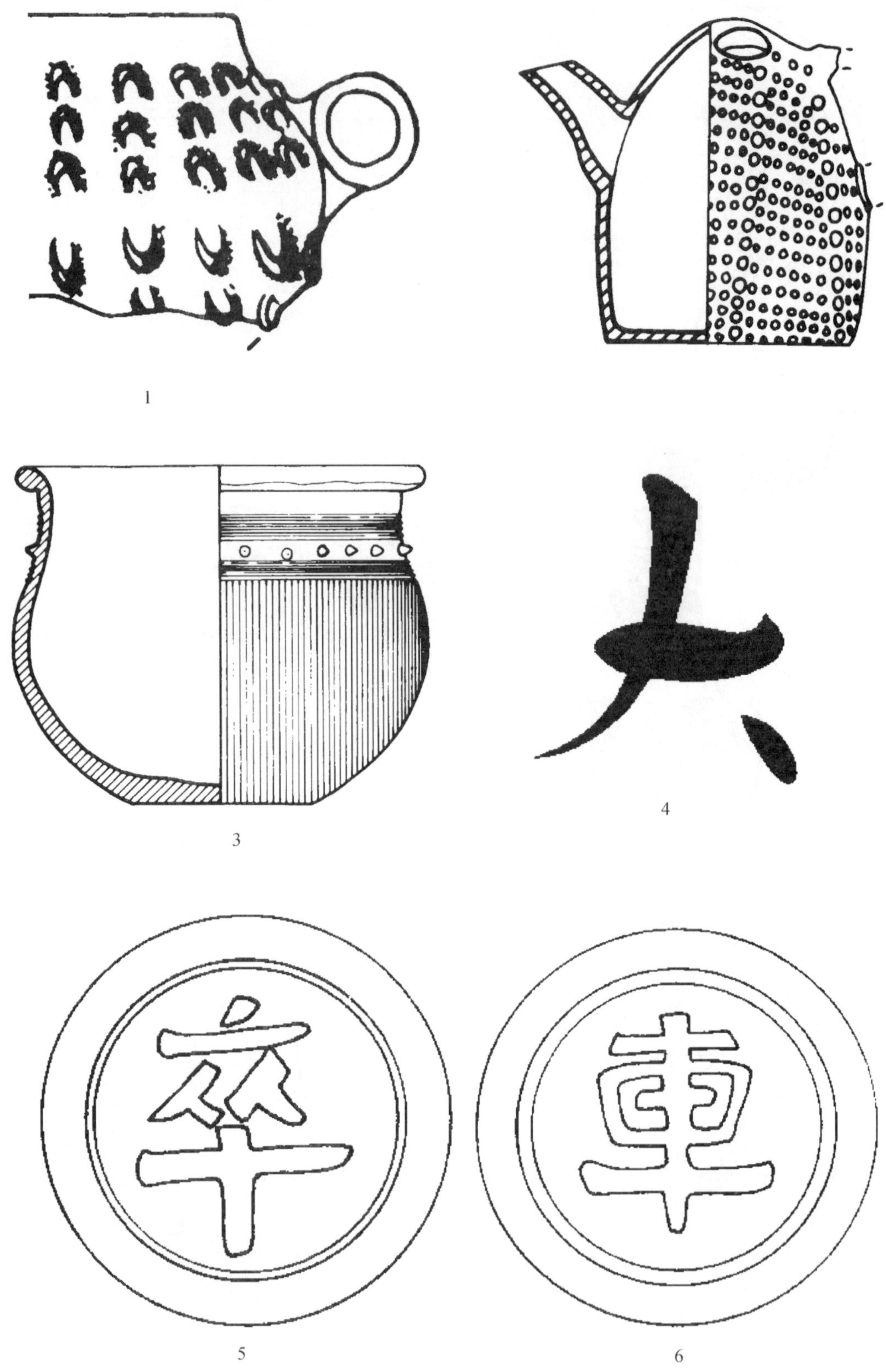

图六〇九　宋代瓷器几何类、文字类纹饰

1. 指甲纹（（西）F8Ⅲ:63）　2. 珍珠纹（（西）F48:5）　3. 柳斗纹（（西）F8Ⅲ:64）　4. 彩绘文字（（西Ⅰ）T3215⑤:5）　5、6. 象棋文字（（西）F2Ⅰ:20、（西）F2Ⅰ:19）

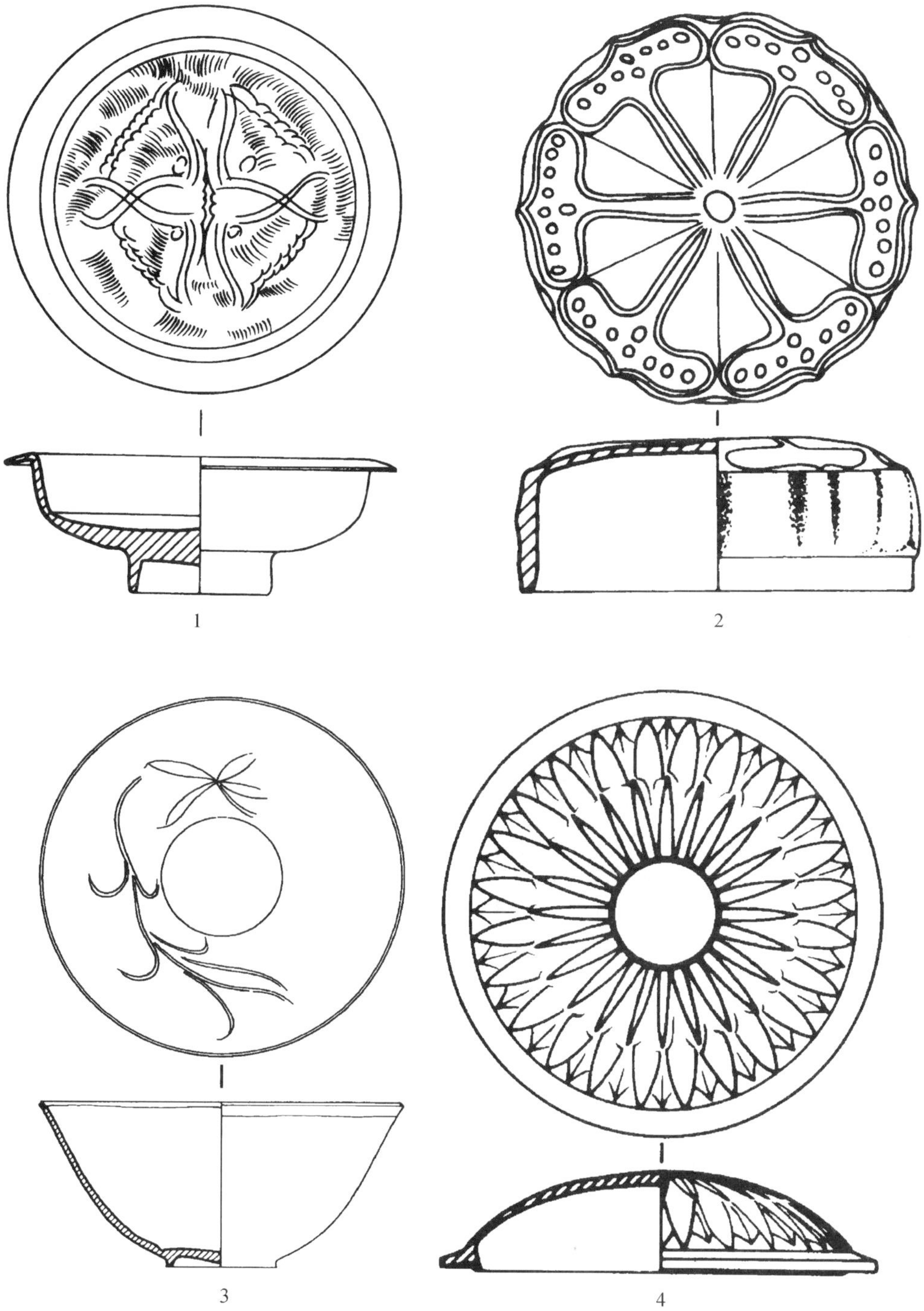

图六一〇　宋代瓷器纹饰构图方式
1、2. 平面式构图　3、4. 立体式构图

图六一一　宋代瓷器纹饰立体式构图方式

巴东旧县坪遗址作为当时的县城治所所在地，是巴东地区的政治、经济、文化、商业中心。我们可以看到，在这里汇集了来自全国各地的瓷窑产品，这既是巴东旧县坪当时文化交流、商业贸易往来发达的见证，也是遗址等级较高的表现。

（1）旧县坪遗址景德镇窑①类型瓷器

遗址所见景德镇湖田窑器物从数量、器类、装饰手法方面分析，最为丰富。器形有碗、盘、碟、盏、器盖、盏托、盒、砚滴、鸟食罐、鼎炉等，瓷胎多为灰白色，质地坚硬致密；釉色以青白釉为主，光泽度高。装饰方面，或采用刻花、印花方法在碗、碟类器物内壁装饰婴戏图、凤穿牡丹纹、游鱼戏水纹等；或在器物外腹装饰以仰莲纹；或是写实性造型法，创造出石榴形盒盖、菊瓣形盒等器形。

这与蒋祈《陶记》中“江、湖、川、广器尚青白，出于镇之者也”② 的描述吻合，说明景德镇

① 江西省文物考古研究所、景德镇民窑博物馆：《景德镇湖田窑址》，文物出版社，2007 年。

② 白焜：《宋·蒋祈＜陶记＞校注》，《景德镇陶瓷·陶记研究专刊》，1981 年。

的青白瓷产品在以上区域的商品竞争中，博得了人们的喜爱，拥有较大的市场。

（2）旧县坪遗址湖泗窑①类型瓷器

遗址所见湖泗窑器物有瓜棱形执壶、折腹平底碟、敞口碗、侈口碗 Da 型、墩式碗。器物多灰白胎，釉色有白釉、青白釉、青釉。纹饰以素面为多，也有少数瓷器刻划仰莲纹、花叶纹、折扇纹。

（3）旧县坪遗址定窑②类型瓷器

遗址所见定窑的典型器物有白釉、花口盘、印花斗笠碗及酱红釉碟。宋代定窑瓷器装饰方面以繁缛细腻的印花工艺取胜，构图严密，线条工整，加上白色釉层的装饰，给人以恬静充实、优雅瑰丽的美感。

（4）旧县坪遗址耀州窑③类型瓷器

遗址所见耀州窑的典型器物有青釉洗，缠枝菊花纹碗，以灰白胎为主，橄榄绿青釉，器物内壁刻划繁复的缠枝菊纹饰。

（5）旧县坪遗址龙泉窑④类型瓷器

遗址所见龙泉窑器物有碗、杯、尊，以白胎、灰白胎为主，梅子青釉较厚，碗与杯的外腹壁刻划仰莲瓣纹。

（6）旧县坪遗址金凤窑、涂山窑类型⑤瓷器

遗址所见金凤窑、涂山窑器物大多为黑釉瓷，有敛口盏、凸棱盏、束颈盏、腰沿盏、胆式瓶，形制规整。

（7）旧县坪遗址吉州窑⑥类型瓷器

遗址所见吉州窑的典型器物有木叶纹黑釉盏、白地褐彩开光布局纹饰的罐、褐釉乳钉柳斗纹罐。

（8）旧县坪遗址磁州窑⑦类型瓷器

遗址所见磁州窑的典型器物有绿釉黑彩小口瓶、绿釉盆等。

（9）旧县坪遗址钧窑⑧类型瓷器

遗址所见钧窑的典型器物有天蓝釉碗、窑变钵。产品制作不精，胎釉结合度低，有脱釉现象。

（10）旧县坪遗址广西永福窑⑨类型瓷器

遗址所见永福窑的典型器物有褐釉彩绘腰鼓，无论是其筒形细长腰接圆口球形腔、直口喇叭形腔的造型，釉上加彩的装饰手法，还是卷云纹的纹饰，都与永福窑产品十分接近。

---

① 湖北省博物馆、鄂城县博物馆、武昌县文化馆：《湖北鄂城、武昌的两处古瓷窑址调查》，《考古学集刊》（1），中国社会科学出版社，1981 年；湖北省文物考古研究所：《武昌青山瓷窑遗址发掘简报》，《江汉考古》1991 年第 4 期；武汉市文物处文物普查队：《武汉市武昌县湖泗窑址的初步调查》，《中国古代窑址调查发掘报告集》，文物出版社，1984 年。

② 河北省文化局文物工作队：《河北曲阳县涧磁村定窑遗址调查与试掘》，《考古》1965 年第 8 期；铁源：《宋辽陶瓷鉴定》，华龄出版社，2003 年。

③ 陕西省考古研究所、耀州窑博物馆：《宋代耀州窑址》，文物出版社，1998 年。

④ 浙江省文物考古研究所：《龙泉东区窑址发掘报告》，文物出版社，2005 年。

⑤ 成都市文物考古工作队、成都市文物考古研究所.《都江堰市金凤窑发掘简报》，《文物》2001 年第 2 期；重庆市文物考古所：《重庆涂山窑》，科学出版社，2007 年。

⑥ 铁源：《宋辽陶瓷鉴定》，华龄出版社，2003 年。

⑦ 北京大学考古学系、河北省文物研究所、邯郸地区文物保管所：《观台磁州窑址》，文物出版社，1999 年。

⑧ 铁源：《宋辽陶瓷鉴定》，华龄出版社，2003 年。

⑨ 广西壮族自治区文物工作队：《广西永福窑田岭宋代窑址发掘简报》，《中国古代窑址发掘报告集》，文物出版社，1984 年。

（二）釉陶器

釉陶器的概况如第二节开始部分所言，另有两点需要特别提出。

1. 大量照明用具的发现

釉陶照明用具有灯、灯盏，形制多样。从口沿部位来看，有方唇、圆唇、尖圆唇、腰沿之分，且存在有无柄的区别，其中以腰沿盏、带柄灯最有特色。根据已报道的考古材料①可以发现，腰沿盏是峡江地区一种常见的器物。推测它们可能是宗教文化用具，与宗教的盛行相关，为邛崃窑产品②。

2. 三彩器物的发现

宋三彩是指宋金时期生产的低温彩色釉陶制品③。据已有研究表明④，南方地区的宋代三彩器以俑类三彩明器为主，北方地区以生活用具为主。

在遗址中，出土的三彩器以作为生活用具的盆为主，有卷沿、敛口之分，采用色彩有红、绿、黄、褐等。至于这批三彩盆的产地，仍需进一步研究工作论证。

遗址琉璃质地的遗物发现较少，器类有炉、瓦当、脊饰。

琉璃炉（（东）F16:1），上为花口深腹贴塑双层莲花瓣纹炉体，中间有出檐，下为圆柱形圈足，炉座残，圈足部分贴塑一条盘龙以及波涛纹。红褐胎，莲瓣、出檐施绿釉，第一层莲瓣间隔饰以黄釉，圈足部分施褐釉，贴塑部分施黄、绿釉。这种器物在山东省淄博市博山区也有出土⑤，推测为淄博市博山大街窑生产⑥。

据以往的考古发现可知，琉璃质地的建筑材料多发现在内蒙古、北京、河北、陕西、宁夏、西藏等地宋辽金时期的宫殿遗址与寺庙遗址⑦。在旧县坪遗址，发现有数件琉璃质建筑材料，其中一件为花卉纹黄釉瓦当；另有一件黄、绿釉兽首，均发现在（西）F1，遗址的庙宇区，这与上述地区建筑材料的出土情况吻合，也说明旧县坪遗址的等级较高。

（三）陶器

陶器的概况如第二节开始部分所言，另值得我们注意的是，遗址揭露了大面积的建筑遗迹，出土了大量的建筑材料，包括板瓦、筒瓦、瓦当、滴水，它们具有鲜明的时代特征。

形制方面，瓦、滴水类器物个体较小、瓦当当面较为平坦；胎质多为泥质灰陶；纹饰以素面为

---

① 重庆市文物考古所：《重庆涂山窑》，科学出版社，2007 年；国务院三峡工程建设委员会办公室、国家文物局：《巴东罗坪》，科学出版社，2006 年；国务院三峡工程建设委员会办公室、国家文物局：《巴东楠木园》，科学出版社，2006 年；四川省文物考古研究所、南充市嘉陵区文物管理所、南充市高坪区文物管理所：《南充市嘉陵区木老乡韩家坟宋墓清理简报》，《四川文物》2004 年第 2 期。

② 张天琚：《唐宋邛窑各色“锅盔碟”灯盏小考》，《收藏界》总第 51 期。

③ 汪庆正：《简明陶瓷词典》，上海辞书出版社，1989 年。

④ 孙新民：《综论宋三彩》，《中原文物》1998 年第 3 期。

⑤ 张柏：《中国出土瓷器全集 · 江西卷》，科学出版社，2008 年。

⑥ 淄博市博物馆：《淄博市博山大街窑址》，《文物》1987 年第 9 期。

⑦ 申云艳：《中国古代瓦当研究》，文物出版社，2006 年。

主，背部饰以麻布纹，瓦当纹饰以兽面纹最为常见、花卉纹次之，不见唐代流行的莲花纹瓦当。

使用方面，注重建筑构件之间细节方面的一致性①，如纹饰方面，遗址发现了花卉纹的椭圆形瓦当与花卉纹滴水，应是配套使用的。

另外，遗址的瓦当还具有一定的地方特色。

第一，形制上，大部分当面满饰纹饰，没有边郭留白；椭圆形瓦当也有较多发现，还发现有少量近似三角形的瓦当。

第二，纹饰上，圆形瓦当与宋代其他地区的瓦当纹饰主题类似，以兽面纹、花卉纹为主，但具体来分析，具有自身的特色，纹饰种类亦有所增减。在遗址中，看不到龙纹、莲瓣莲花纹瓦当；新出现了一种方吻似狮首的兽面纹瓦当。

椭圆形瓦当在其他地区不见②，当为一种新出的形制；纹饰以花卉纹、兽首纹为主。

近似三角形的瓦当在河北磁州窑、内蒙古赤峰敖汉旗③有出土，但其纹饰却不同于二者的花卉纹、兽面纹，而是一种在六朝较为常见的人面纹④，这在一定程度上反映出遗址文化具有继承性、创新性、交融性的特点。

（四）石器

遗址出土的石器中砚台数量最多。从外形看，有双联砚、带足砚、子口砚等几种。它们的最大特征是砚底部为实体，不同于宋代流行的“抄手砚”，无抄手槽。

双联砚在其他地区不多见，也是一种比较新的器形。它们的具体功用有待进一步的研究。

（五）时代风格

第一期遗物发现较少。出土有青釉瓷、白釉瓷、黑釉瓷、釉陶器；器形有碗、盏、罐、盆、盒盖、灯盏。各典型器类的造型特征叙述如下：

碗类有灰白胎白釉的花口高圈足碗、内壁有瓷砂的砖红胎青釉釉陶碗。盏类器物有砖红胎青釉直口盏、灰白胎黑釉侈口圆唇圈足盏。钵类器物为红褐胎、青黄釉，敛口、深鼓腹，分饼足与平底两类。罐类器物有砖红胎青釉瓜棱罐、釉陶双系饼足罐。执壶为长腹、喇叭口、足墙外撇。灯盏有灰褐胎的圆唇釉陶灯盏。盆为砖红胎青釉，内壁附有瓷砂。上述内壁附有瓷砂的碗、盆，推测其为研磨器。

总体看来，第一期器物不丰富，青瓷器、釉陶器占有较大比重，黑釉瓷、白釉瓷次之；器形较厚重。器物有两种风格，一类制作精致，胎质细腻，釉色均匀；一类制作粗略，胎体厚重。

第二期遗物发现较为丰富。出土有青白釉瓷、白釉瓷、黑釉瓷、青釉瓷、酱红釉、釉陶器、陶器；器形有碗、碟、盏、灯、盆、器盖、器座、洗、瓶、执壶、水浇、砂锅、瓦当等。各典型器类的造型特征叙述如下：

这一期的碗类大多都是广口小底、高圈足，给人以清秀的感觉；也有垂腹、高圈足，给人以挺

---

① 申云艳：《中国古代瓦当研究》，文物出版社，2006年。

② 申云艳：《中国古代瓦当研究》，文物出版社，2006年。

③ 北京大学考古学系、河北省文物研究所、邯郸地区文物保管所：《观台磁州窑址》，文物出版社，1999年；邵国田：《赤峰敖汉旗出土元代纪年瓦当范》，《文物》1987年第7期。

④ 贺云翔：《六朝瓦当与六朝都城》，文物出版社，2005年。

拔、稳重的感觉。具体来讲，有墩式碗、花口碗、斗笠碗、撇口碗、侈口碗，尖唇、高圈足、内壁刻划纹饰是其特色。碟类器物有小平底曲腹碟、折沿平底碟、撇口平底碟，多素面无纹。盏类器物有厚圆唇平底、圆唇平底、厚圆唇圈足三种。执壶有瓜棱形腹、球形腹，器形较为圆润饱满。

青白瓷的出现是第二期遗物的一个显著特征，而且器类比较齐全。花口器物的大量出现是第二期遗物的另一个特色，如高圈足的花口碗，内壁出筋、口沿有缺口的平底碟。定窑酱红釉器物的出现也是本期的特色，这与第二期的特殊历史地位相关。

本期器物纹饰较简单，因器形不同而存在差异。大部分碗类器物素面无纹，也有刻划在斗笠碗、侈口碗、碟内壁的水草纹、云气纹、团菊纹和刻划在碗外腹壁上的折扇纹；以及模印在洗内壁及底的缠枝忍冬纹、缠枝菊纹。瓦当、滴水的纹饰以挑犄式兽面纹、联珠纹为主。

瓷器窑口有江西景德镇窑、湖北湖泗窑、河北定窑、陕西耀州窑。

第三期遗物较第二期遗物有所减少。出土有青白瓷、白釉瓷、青瓷、釉陶器；器形有碗、碟、盆、钵、盏、盒、炉、瓶、器盖、盏托、灯盏、瓦当等。各典型器类的造型特征叙述如下：

碗类有墩式碗、侈口碗、花口碗、直口碗，圈足变矮是其发展趋势。盘类器物有折腹盘。碟类器物有大平底撇口碟、葵口碟、花口碟、折沿碟。盏类器物有方唇平底盏。钵有直口深腹式与敛口圆鼓腹式。器盖有覆盆式瓷罐盖、边缘带管状系的瓷壶盖、穹隆顶式陶罐盖。盒为瓜棱形盒身。釉陶灯盏分曲腹大平底、斜直腹大平底灯盏。

本期新出器物有瓜棱形盒、芒口青白瓷、琉璃釉莲瓣炉、三彩斜直腹敛口盆。器物纹饰简约，如在侈口碗、花口碗内壁、曲腹碟内底刻划的花叶纹，敞口碗外腹壁刻划的仰莲纹，碟类器物口沿有缺口内腹壁相应处有“出筋”及葵口装饰。瓦当、滴水的纹饰以花卉纹、人面纹常见。

瓷器窑口有江西景德镇湖田窑、河北定窑、陕西耀州窑。

第四期遗物较为丰富。出土有青白瓷、白瓷、黑瓷、釉陶器、石器；器形有碗、碟、盏、罐、器盖、盒、鸟食罐、腰鼓、腰沿盏、瓶、盆、砚台等。各典型器类的造型特征叙述如下：

碗类器物有侈口碗、撇口碗、斗笠碗，为矮圈足，新出现一种深垂腹的侈口碗。碟类器物有弧壁平底碟、折腹圈足碟。盏类器物有敛口盏、束颈盏、凸棱盏，内底多为下凹，深腹，也有内底折平的敛口盏。钵多为侈口。罐类器物有筒形腹罐、卷沿罐、折腹罐。器盖有伞状带子口、平顶式带子口的瓷罐盖。盒类器物多数是菊瓣形，盒盖盖壁较直，盖顶有平、隆两种，盒身有平底、饼足之别。炉有鼎式、鬲式、樽式等仿古造型。釉陶灯盏有薄胎弧腹平底腰沿盏、薄胎斜直腹平底腰沿盏、薄胎斜直腹饼足腰沿盏、厚胎斜直腹壁平底腰沿盏。

彩绘瓷、菊瓣纹盒有较多发现，器物纹饰变得繁复，大量黑釉瓷盏出现是第四期遗物的显著特征。彩绘瓷器有釉上加彩、釉下彩绘、点褐彩，还采用了分段与开光两种构图方式。器物纹饰有单枝萱草纹、莲瓣纹、草叶纹、篦地菊瓣纹、指甲纹、柳斗纹，以及较为繁复的婴孩戏水纹、婴孩戏莲荷纹、莲池游鱼纹等。瓦当的纹饰有所简化，以兽面纹常见。

瓷器窑口有江西景德镇湖田窑、四川金凤窑、重庆涂山窑、江西吉州窑、广西永福窑。

第五期遗物有所减少。出土青白瓷、黑瓷、青瓷、釉陶器；器形有碗、盘、碟、钵、杯、砚滴、尊、盒、瓶、刻槽钵、瓶、执壶等。各典型器类的造型特征叙述如下：

碗类器物有敞口碗、斗笠碗、花口碗，器物腹壁较直，圈足变浅，或为饼足。盘类器物有弧腹圈足盘、折腹圈足盘。碟类器物有弧腹内凹底碟、圈足碟。盏类器物有束颈、敛口、凸棱几类，内底以弧平为主。钵类器物有束颈钵、刻槽钵。杯类器物有直腹矮圈足杯、侈口弧腹杯、深腹粗矮圈足芒口杯几类。盒为素面圈足。

繁缛细腻的模印纹饰大量出现及砂圈揩烧法的普及是本期遗物的显著特征，是陶瓷业生产扩大化的后果。模印手法较多地应用于瓷器装饰上，如凤穿牡丹纹、莲荷游鱼纹、双鱼戏水纹、珍珠纹，这些纹饰多以回纹作为边饰；也有刻划的婴戏图、莲瓣纹。砂圈摞烧法至迟从金中期开始，便逐步在定窑等北方窑场得到普及，南宋以来南方窑场也普遍采用。由此而来，器物内底便产生了涩圈，使用此种烧制方法的以斜直腹敞口碗为大宗。

瓷器窑口有江西景德镇湖田窑、河北定窑、浙江龙泉窑、四川金凤窑、重庆涂山窑。

（六）成因探析

如上叙述，可以看出旧县坪遗址器物种类丰富、造型繁复多样、装饰工艺精美高超、装饰题材丰富多彩，呈现出百花齐放的盛况。究其原因，这与巴东旧县坪遗址所处的地理环境、政治经济背景密切相关。

第一，两宋社会相对稳定，商品经济发达，手工业生产水平较高。

北宋的统一结束了唐末五代十国时期的群雄割据、战乱频仍的局面，除却北宋初年及靖康、绍兴之际的战争外，两宋社会相对安定，为经济的持续发展提供了良好的环境。在稳定的社会背景下，生产技术进步，手工业生产发展，商业、海外贸易达到了空前的程度。

以制瓷业为例，该领域中出现了“五大名窑、八大窑系”争奇斗艳，官窑、民窑交相辉映、相得益彰的局面，迎来了我国古代陶瓷发展史上的第二个高峰。这是宋代经济、政治、文化、社会各种因素交互影响的结果①。

另一方面，朱琰在《陶说》序言中说：“以陶觏政”，即陶瓷本身是时代的产物，能够反映时代的气息和风尚②。集实用性、观赏性、文雅性于一体的瓷器，传递着旧县坪遗址居民的生活习俗、思想意识。

广口细高圈足的侈口碗、撇口碗，墩式碗，斜直腹壁的斗笠碗，花口形碗、碟，瓜棱形执壶、罐等富有审美情趣的生活用具，不同于唐代器物的雍容饱满，而日趋俏丽、轻盈、挺秀，这与两宋时期崇尚理学、儒学古典美学的精神，含蓄、淡泊、质朴的文化风格是相关的。

仿古造型的器物反映出宋人尚古的思潮，正如《饮流斋说瓷》“宋代制瓷……体制端重雅洁，犹有三代鼎彝之遗意焉”③ 所云。

宋徽宗《大观茶论》有“天下之士励志清白，竟为闲暇修索之玩，莫不碎玉锵金，啜英咀华，较筐箧之精，争鉴裁之别”④ 的记载。遗址中束颈盏、凸棱盏、敛口盏、盏托、研磨盏等器具的大量发现，足以折射出宋代此地饮茶风气的盛行。

遗址也出土了丰富的文化娱乐用具，如盒、鸟食罐、棋具等，说明旧县坪宋代居民的生活较为充实、多彩。

第二，遗址地理位置优越。

巴东县位于长江三峡境内，县境呈一南北向狭长条形，长江、清江东流，分别于南、北横贯县境，两江将全县划分为三段，北为大巴山盘踞，中有巫山山脉延伸，南有武陵山峙立，组成西高东底、南北起伏、地势崎岖的山地地貌。一方面，遗址位于东西南北交汇点，水陆交通便利，是联系四川盆地、陕南、长江中下游的枢纽，也是东西南北向贸易往来的据点；另一方面，遗址地处三峡，

① 颜惠崇：《宋代陶瓷业兴盛的原因》，《南昌大学学报（社会科学版）》1994 年第 2 期。

② （日）小山富士夫著，刘志国译：《论宋瓷》，《陶瓷研究与职业教育》1983 年第 3 期。

③ （清）许之衡著，叶喆民译：《饮流斋说瓷》，紫禁城出版社，2005 年。

④ 方健：《中国茶书全集校证》选刊（之一），《农业考古》1999 年第 4 期。

远离北宋末期战火的干扰，为社会的持续发展提供了良好的环境保证。

第三，这是由遗址的性质决定的。

旧县坪遗址是当时巴东县的治所，与此相匹配的不仅有规模恢宏、制作考究、设施齐备的官署区建筑群，还有大量精美的生活用瓷、文化娱乐用瓷，其胎质、造型、装饰均为上乘，如定窑酱红釉瓷碟、景德镇青白釉碗、碟、印章、砚滴、鸟食罐等。在商业区，为了盈利、招徕生意，发现有来自当时各大窑口的餐具、茶具、酒具。在庙宇区，我们发现有琉璃釉的建筑材料。在居民区，出土的瓷器为普通的日用生活瓷器。这是巴东旧县坪遗址宋代遗物的一个分布特征，即器物的器类、多寡、精劣，与其所在功能区、使用者的身份相关。

三、遗迹性质的界定

旧县坪遗址宋代遗迹的数量众多，类别复杂，因为是县治所在地，所以其主要以建筑遗迹为主，从功能上可分为官署、祠祀、酒肆、民居以及与之相关的仓储、井窖、道路、灰坑等，现选择其中具有代表性的遗迹试分析如下。

（一）官府建筑遗址

1. （西）F8

（西）F8位于官署区内，考古发掘揭示出该建筑群在建成以后，历经多次改建和重建，其中重建就发生过三次，按本报告的编写体例，将其始建和重建后的建筑遗址划分为四期，依据层位上的叠压，从上到下依次为（西）F8Ⅳ（四期）、（西）F8Ⅲ（三期）、（西）F8Ⅱ（二期）、（西）F8Ⅰ（一期），又根据出土遗物，确定四期建筑的年代分别为：

（西）F8Ⅰ（一期）：北宋早中期

（西）F8Ⅱ（二期）：北宋晚期

（西）F8Ⅲ（三期）：南宋早期

（西）F8Ⅳ（四期）：南宋中晚期

这四期建筑在规模和布局上略有变化，但其同处一地，等级相近，因此认定这四期建筑应该是同一性质的建筑在不同时期改建或重建后的遗迹。

有关（西）F8的性质，有如下线索可供参考。其一，从建筑规模看。（西）F8的每一期建筑，都是一组功能齐全、设施完善的建筑群，并且分别是四期遗迹中最大的建筑遗址，（西）F8四期建筑中，一、二期的建筑面积在2000平方米左右，第四期的建筑面积是（西）F8四期建筑中最小的，也接近600平方米。其二，从建筑等级看。（西）F8第一期的建筑保存最完整，其中的1号遗迹（（西）F8Ⅰ-1），是这组建筑群里的主建筑（厅堂）。该建筑坐北朝南，东西面宽38.5米，面阔9间，进深10.8米，东南二面有廊道，东廊宽1.2米，南廊宽3米，总面积548平方米。中国古代对于建筑的规模和结构都有严格的等级规定，这种规定在唐宋时期已趋完善，一般来说，面阔三间，即非平民居址，间数越多，等级越高①，（西）F8第一期的1号遗迹面阔达到9间，是宋代巴东县

① 《唐六典》卷二十三记：“凡宫室之制，自天子至于士庶，各有等差。天子之宫殿皆施重栱藻井，王公、诸臣三品以上九架，五品以上七架、并厅夏两头，六品以下五架。其门舍，三品以上五架三间，五品以上三间两夏，六品以下及庶人一间两夏。五品以上得制鸡头门。若官修者，左校署为之，私家自修者制度准此。”

治里等级最高的建筑。特别要提及的是在（西）F8 第一期南墙正中，编号为（西）F8Ⅰ-5 的应该是这座建筑大门性质的遗迹，其间为一条烧制成的坡道，坡面模制云气纹（图版六四，2）。这条坡道上有建筑保护，出入建筑的门道在其两侧，显然这条带有云气纹的坡道并排是供人们出入行走，而是一种象征礼仪的建筑。其和我们常见的丹陛有很多相似之处，这又足以证明（西）F8 应该是一座重要的官府建筑。其三，从建筑布局看。（西）F8 一期建筑的布局同隋唐时期巴东县的官署建筑（东）F28 极其相似，主房在北，前有院落，院落东西各有一座编号为（西）F8Ⅰ-3、（西）F8Ⅰ-6 的小型建筑，应该也属于东西亭间之类的建筑，最南面立正门。其四，（西）F8 四期建筑中都出土有大量的瓦当、脊兽、鸱吻，也是其为官方建筑的标志物之一。其五，寇准曾作《巴东书事》诗一首，诗中云："众木侵山径，寒江逼县门"①，可见当时的县衙署的大门临江，这和我们发现的（西）F8 的大门地理位置相同。综上所述，可以得出（西）F8 是宋代巴东县治内最大、最重要的官府建筑，也应该就是县治衙署建筑。宋代巴东县衙署从遗址的东区搬到了西区，衙署一期建筑的布局和处在遗址东区的隋唐时期巴东县的官署建筑一脉相承，衙署一期建筑始建于北宋早期，沿用到北宋中期。此后，北宋晚期、南宋早期及南宋中期（始建年代，废弃年代在南宋晚期），均在同一地点重建衙署。从建筑的规模、布局来看，二期为繁荣期，一期稍逊，三期范围开始缩小，四期急剧衰落。值得注意的是，（西）F8 的四期建筑和旧县坪遗址作为宋代的巴东县治四次迁徙的年代基本吻合②。

2.（西）F3

（西）F3 位于官署区内，第四期衙署建筑（（西）F8Ⅳ）的东南部，两进五间，东西设廊，部分砖铺地面，明显也是一座官府建筑，其建筑特点和杭州南宋临安府衙署遗址内发现的诵读书院遗址在布局和建筑风格上比较接近③，可能也是县学府一类的建筑。只是临安府和巴东县地位相差甚远，一为临安府学，另一个只是一个下县的县学，故此地学府的规模较小而已。

（二）庙宇建筑遗址

1.（西）F1Ⅱ

（西）F1Ⅱ建筑在隋唐庙宇建筑（西）F1Ⅰ的上部，是由数座单体建筑物依对称均齐的布局原则构成的一个建筑群。属于旧县坪第二期遗迹，我们认为应该是一座祠祀建筑，有如下理由：

第一，（西）F1Ⅱ与隋唐庙宇建筑（西）F1Ⅰ同处一地，建筑面积大致相同。第二，从建筑布局来看，（西）F1Ⅱ可分为两进，北边为殿堂，中间建有砖台，是殿堂内的核心建筑。而这一砖台又恰好直接建在隋唐庙宇建筑（西）F1Ⅰ内的供台（塔基）之上，因此，我们认定其可能是一处供台。南面残存有三间大小相近的长方形房基，供生活起居之用，这应该是一座祠祀遗址的结构布局。第三，（西）F1Ⅱ的坍塌堆积中，除大量的素面板瓦、筒瓦外，还出土有众多陶质瓦当、滴水、脊饰、鸱吻等高规格的建筑材料，特别重要的是还发现了一批黄、绿、红褐色的琉璃瓦当、筒瓦残片以及绿色的琉璃脊饰。中国建筑等级和内容的表现手段以屋顶的色彩最重要，黄色（尤其是明黄）琉璃瓦屋顶最尊贵，为帝王和帝王特准的建筑所专用，宫殿内的建筑，除极个别特殊要求的以外，

① （宋）寇准：《忠愍集》卷中《巴东书事》，（台北）商务印书馆影印文渊阁四库全书本，1986 年。

② 参见本报告附录一。

③ 杭州市文物考古所：《杭州南宋临安府衙署遗址》，《文物》2002 年第 10 期。

不论大小，一律用黄琉璃瓦。宫殿以下，坛庙、王府、寺观按等级用黄绿混合（剪边）、绿色、绿灰混合；民居等级最低，只能用灰色陶瓦。（西）F1Ⅱ发现的琉璃瓦当、瓦，以黄、绿色为多，主要应用于剪边，宋代巴东县只是峡区内的一下县，不见有王府一类的记载，即便是衙署建筑也没有发现用琉璃建材，因此（西）F1Ⅱ只能是坛庙或寺观一类的建筑。又因（西）F1Ⅱ始建于北宋晚期，其内并没有发现与佛教、道教有关的遗物，因此它是寺观的可能性不大。参阅有关文献中对宋代巴东县（旧县坪处）的记载，（西）F1Ⅱ最有可能是"寇公祠"。寇准初入仕道，任巴东县令四年，"公为是邑时年方逾冠，有爱在民，世呼为'寇巴东'"①。宋代巴东县治内有寇莱公祠，"初因寇准入相后'有社稷功'，邑人立祠祀之"②。在以后的志书，巴东县内的寇莱公祠正是归属在坛庙类建筑里③，也就是我们所说的祠祀建筑。

2.（西）F1Ⅲ

（西）F1Ⅲ与（西）F1Ⅱ同处一地，上下叠压，规模相当，出土遗物相同，其性质也相同，仍然是"寇公祠"遗址，只是建筑年代上不同，（西）F1Ⅱ、（西）F1Ⅲ应该是同一性质的建筑两次建造后的结果。宋人王十朋在乾道二年（公元1166年）曾为重修的"寇公祠"题记④，稍后，乾道六年（公元1170年），陆游访巴东时也提到这座重修的"寇公祠"⑤。由这些文献记载可知，重修"寇公祠"的时间是在公元1166年左右，并一直沿用到南宋晚期。上述时间段也就是（西）F1Ⅲ始建与使用时间。

至此，我们可以对（西）F1这座建筑的修建过程和性质做一番归纳，（西）F1Ⅰ是隋唐时期的佛教庙宇建筑，（西）F1Ⅱ是北宋时期将隋唐时期的佛教庙宇建筑改建成"寇公祠"，由佛寺改为祠祀在其他地方已有先例，宋人郑铨《寇莱公祠堂记》记载南宋成都府就有"改前日之佛宫为莱公之祠"之举⑥。（西）F1Ⅱ在南宋时期遭废弃后又重建，（西）F1Ⅲ就是重建后的"寇公祠"。考古发现可补文献记载之不足，其一，"寇公祠"的始建年代在北宋晚期；其二，王十朋题记、陆游记载的"寇公祠"是在原"寇公祠"的基础上修建的。由上述得知，尽管（西）F1跨越了不同的时代，历经了两次重建，但地点相同、规模相近、性质相似，据此，将其列入同一建筑的三期。

3.（西）F91

（西）F91位于遗址西居民区的西部边缘地带，地处偏僻，远离城中心，但规格大，两进五间，面积近200平方米，后进不分间，正中筑一圆形石台，处于建筑的核心地位，应是与祭祀有关的遗迹。其性质特别，考虑到宋代将隋唐时期的佛教庙宇建筑改建成"寇公祠"，此建筑规格高，结构、布局特殊，有可能是宋代新建的寺观一类的遗址。

（三）仓储建筑遗迹

宋代仓储区的分布范围与隋唐五代时期仓储区基本一致，是在早期（隋唐五代时期）建筑的基

① （宋）王十朋：《梅溪集》卷中《寇忠愍公祠记》，（台北）商务印书馆影印文渊阁四库全书本，1986年。
② 参见万历《湖广总志》卷四二《坛庙·荆州府·巴东县》"寇莱公祠"条，第195册，第309页。
③ 参见万历《湖广总志》卷四二《坛庙·荆州府·巴东县》"寇莱公祠"条，第195册，第309页。
④ 杭州市文物考古所：《杭州南宋临安府衙署遗址》，《文物》2002年第10期。
⑤ 参见（宋）陆游：《陆游集·渭南文集》卷四七《入蜀记第五》，中华书局点校本，1976年，第2457页。
⑥ 参见（宋）郑铨：《全蜀艺文志》卷三十七中《寇莱公祠堂记》，（台北）商务印书馆影印文渊阁四库全书本，1986年。

础上重新修筑的，其早期的仓窖形制和隋唐五代时期的仓窖基本一致，一脉相承。据此我们得知宋代的仓储仍集中在这里，同样形成了一个有围墙环绕、独立封闭的仓储区。（西）C11位于东南角，面积大于其他仓房，结构也不相同。是一座以石材为主的带有廊道的地面建筑，廊道正好对着仓储区域。室内的地面是用石块铺设的，应是仓储区域的看守用的房屋。参照有关研究资料判断，这里应该是宋代州县都设立的常平仓①。

与隋唐五代时期相比，宋代巴东县的仓储建设有了明显变化。一是形制上，逐渐从半地穴式仓窖型转变为地上仓屋型，这一转变和中原地区储粮方式的转变基本是同步的②。宋代第二期的仓储遗迹仍为仓窖，形状为长方形、近似方形或不规则长方形，未见圆形仓窖，但已开始有了地上仓屋。第三期遗迹中，仓窖已全部为仓屋所取代。

二是建筑方法上，防潮设计更合理有效。以第二期遗迹的（西）C11为例，窖底四周开浚了排水沟，中部则有一条南北向的排水沟，北高南低，南端又较北端深、宽，可顺势将渗入窖内的雨水导向周围的排水沟，保持窖内干燥。遗迹显示，修筑第三期仓房时，采用了抬高仓房基础的做法，即以石块为基础，或采取立柱式基础，二者皆有助于预防地表的潮湿。

三是仓储的占地面积扩大，超出了前朝的仓储区，这与宋代荆湖北路其他地区的仓储发展同步。如南宋乾道年间（公元1165～1173年），江陵知府张孝祥在江陵主持增修了荆南万盈仓，时“撤旧屋而新之，合为屋一百五十盈（楹）”③。上述可见，入宋，巴东县的仓储建设有了较大发展，这是与北宋中叶以来南方经济显著发展的背景分不开的。南渡后，由于时局变化，荆湖北路成为宋金战争的前线，屯驻重兵，而“诸道之饷者受给无所”④，仓储建设颇为紧迫，于是有了上述荆南万盈仓的扩建，巴东县仓在该阶段亦获得了发展。同时，宋代本区交通重心由过去南北向的荆襄一线向东西向的江陵、鄂州一线转移，以东西向的水路交通为主导⑤，为巴东县这类沿江而置的县级仓储的发展提供了条件。

（四）商业建筑遗址

宋代商业建筑遗址主要集中在本报告第二章第一节所划分的商业区内，另有一部分在商业区外县治主要大街的两侧。之所以定其为商业性质的建筑主要有如下理由：

第一，从建筑布局来看，东汉晚期以后，中国古代城市已经形成了比较成熟、固定的规划格式，就商业区而言，一般都是在专门安排的市里，并有严格的管理制度。晚唐以后，城市机能发生重大改变，突出的表现就是工商业的发展，原有的商业区被破坏，大量的店铺出现在城市主要大街的两侧，成为新型城市的标志⑥。本报告所涉及的商业建筑遗址，基本都分布在宋代巴东县治内（西）L1、（西）L2、（西）L4这三条大街的两侧。

第二，商业建筑有其自身的特点。如位于商业区内最大的一座建筑（西）F2，其正好处在（西）L1、（西）L4两条大街的夹角处，因为考古发现它是同一性质建筑的三次建设，故编号为

① 参见余扶危、叶万松《我国古代地下储粮之研究》（下），《农业考古》1983年第2期。

② 参见余扶危、叶万松《我国古代地下储粮之研究》（下），《农业考古》1983年第2期。

③ （宋）张孝祥：《于湖居士文集》卷一四《荆南重建万盈仓记》，上海古籍出版社点校本，1980年，第142页。

④ （宋）张孝祥：《于湖居士文集》卷一四《荆南重建万盈仓记》，上海古籍出版社点校本，1980年，第142页。

⑤ 参见杨果、陈曦：《宋代江汉平原水陆交通的发展及其对经济开发的影响》，《武汉大学学报（人文科学版）》2003年第3期。

⑥ 参阅齐东方：《隋唐考古》，文物出版社，2002年，第24页。

（西）F2Ⅰ、（西）F2Ⅱ、（西）F2Ⅲ，分属于宋代第二、三、四期遗迹。（西）F2Ⅰ房屋平面呈长方形，面阔13.8、进深6.6米，面积91平方米。西南部发现长1.75、宽1.5米方形灶台1个，用石块与砖块垒砌而成，灶膛堆满灰烬，旁边还保存一较大的釉陶瓮，半埋入地下，似是作为水缸用的。（西）F2Ⅱ叠压在（西）F2Ⅰ之上，二者的规模、形状、结构都相近；在（西）F2Ⅱ西南部，发现有灶台两个，也系用石块垒砌成。两灶膛内均有灰烬堆积。在此地段，发现这种带多座灶台的建筑，应该属于酒肆餐饮一类的建筑。另外，在衙署建筑（西）F8的正前，（西）L2这条大街的南侧，第二期遗迹中，有一排排列整齐、面积在10～20平方米的房屋建筑（编号为：（西）F21、（西）F22、（西）F23、（西）F24Ⅰ、（西）F25）。因这组建筑与（西）F8Ⅱ（衙署）正南门隔街相对，地段特殊，但因面积较小，恐非人们居住之地，应该属于店铺一类的建筑。

第三，有些商业建筑内的出土遗物也带有特殊性，如前所述的（西）F2，其三期建筑的地表都发现有大量细碎的兽骨，似为人们食后的残渣。另外在（西）F2的三期建筑与其西侧L4大街之间的空地处，也发现大量人们食后的兽骨残渣及较多的可修复的陶瓷器，这也是我们推测（西）F2属于酒肆餐饮一类的建筑的又一条重要的证据。

四、巴东旧县坪宋巴东县治的布局与建筑特点

（一）巴东旧县坪宋巴东县治与巴东城

巴东旧县坪遗址在宋代曾数度为巴东县治所在地。寇准任巴东县令时曾作有《春望书事》诗，诗中有“因情每日向吟台，纵目山城景象开”句①，人们便往往将巴东县治和巴东城联想在一起。在考古发掘过程中，我们十分留意观察宋巴东县治是否有城垣遗迹，尽管进行了全面揭示，但始终没有发现宋代城垣迹象。通过对遗址的发掘以及对遗址周边地势的踏勘，我们意识到，巴东旧县坪遗址北靠高山，南临长江，对县治已经形成了天然屏障，修筑城垣的意义并不大。另根据《大清一统志》卷二百七十三宜昌府巴东县条载：“（巴东县）旧无城，南依巴山，背大江，自然之城堑。”虽然此处指的不是旧县坪之宋巴东县治②，但和旧县坪之宋巴东县治的情形十分相似。据此得知，巴东旧县坪宋巴东县治（包括隋唐巴东县），实际上并没有修筑城垣，但这并不妨碍称其为县城。这种情况也是山区城市的普遍特点，巴东旧县坪遗址发现的宋代巴东县治遗址，为这种古代山区城市提供了典型实例。

（二）巴东旧县坪宋巴东县治的布局

1. 规划严谨，符合规律

巴东旧县坪宋巴东县治历经两宋，尽管有四期遗迹，但从规划布局的角度来看，四期遗迹中同类遗迹的分布范围却基本重合。可以说，它们是按照同一模式来营建的，也就是说，巴东旧县坪宋巴东县治是经过统一规划的，其间的改建也是严格遵循这一统一规划的原则进行的。目前，研究宋代城市布局的学者为数不少，但研究范围多放在我们熟知的都城和大的府州治城上，对地方城市，特别是对大量的中、小城市布局的研究，相对还比较薄弱，是否有一套相应的营建制度，尚无定论。

---

① （宋）寇准：《忠愍集》卷中《春望书事》，（台北）商务印书馆影印文渊阁四库全书本，1986年。

② 旧县坪遗址在江北，《一统志》记载的是江南，或是宋代，或是明清时的巴东县治。另参见本报告附录一。

有学者指出，“可以比较确定的是中国地方城市的构成，并没有所谓的‘制度’，但存在着某些‘规律’”①。综合分析各方面的材料，可以看出，巴东旧县坪宋巴东县治规划的“模式”与中国地方城市的“规律”，直至都城的布局，都有很多相似的因素。例如，从总体看，衙署建筑位于遗址北部中心，是全城的核心，不仅本身是独立的建筑群，在区域上也由街道将衙署以及与衙署相关的建筑与其他功能区分开。这和我们熟悉的三国以来，历朝都城里面宫城、皇城的布局相似。也和南宋临安府治的布局相近②。巴东旧县坪宋巴东县遵循北宫南市的布局、商业建筑基本都分布在官署建筑的南部，是唐宋城市布局的普遍规律。另外从具体的建筑看，也有很多同时期城市建筑共同的特点，如学府、寺观、坛庙都是仅次于官署建筑的重要建筑；唐宋时期的粮仓“都自成完整的体系。除用以储粮的粮窖外，还有保护粮仓安全的仓城，仓城四周有城墙，城内驻有重兵。此外，并设置专供运粮使用的漕渠、道路和专门管理粮仓的管理区”③。这和宋巴东县治内发现的粮仓的布局完全相同。街道是研究城市布局的主要依据，宋巴东县治内的大道，以东西向的横街为主，其中，位于官署建筑南部的横街（（西）L2）是全城的主干道。这也是宋代城市街道典型风格。从上举各例看，宋巴东县治不仅规划严谨，其主体布局，也符合唐宋城市的时代风格。

2. 因地制宜，布局合理

巴东旧县坪宋巴东县治，地处山脚江畔，空间狭小，受客观条件的限制，规划时可供选择的余地不大。因此，在总体时代风格不变的前提下，根据其地的客观条件，做出了一些因地制宜的改革。这些改革具体体现在下面几个方面：

第一，在中国城市布局中，官署建筑处在全城的核心部位，一般地势都比较高。但旧县坪宋巴东县治官署建筑却选择了一处地势虽平坦，但海拔相对偏低的地方，这种选择既有空间因素，更多的是出于古代的风水观念。这里北、东、西三面高，地势形似一圆圈靠背椅的坐面。按照古代的风水观念，这是一处“却月形”或曰为“覆舟形”、“新月形”地。《艺文类聚·相冢书》曰：“青乌子称，山望之如却月形，或曰覆舟，葬之出富贵。”《太平御览》卷五百六十引《图墓书》记：“夫欲依山葬者，如新月形，龙腹中，葬冢之所。共山连延，百里不绝……亦出公卿。”文献记载的虽是对墓地的选择，但中国古代有“事死如生”的传统，墓地和居址是有密切关联的，实际例证表现出，旧县坪宋巴东县治官署建筑正是遵循这一传统风水观念来营建的。

第二，尽管衙署建筑位于全城的核心部位，但和中国传统的“前朝后寝”布局不同，衙署建筑所在地由于南北间距较小，不可能将办公区和生活起居地前后排列，只能是东西排列，衙署在西，处在遗址的中部核心地位，公务人员的生活起居地在东，处于衙署的附属地位。这种改变和“前朝后寝”的布局思路并不相悖。

第三，唐宋城市的仓储区，一般都紧临官署区内或者是设在官署区内，但宋巴东县治仓储区与官署区上有一段距离。究其原因，一是因为官署区及附近地区已没有设置仓储区的空间；更重要的是，现在宋巴东县治仓储区的地点，地势高、土壤条件好，是遗址范围内唯一适合地下储粮的地方。突出地表现了宋巴东县在选择仓储区时的合理性、科学性。

第四，宋巴东县治内的居民区和一般城市将居民区置于城区南部不同，它是位于城区的东、西两端，尽管是受制于地理条件，但从布局的角度来看，东、西两端的居民区客观上对位于县治中部的政治、经济、文化、商业区起到了拱卫作用，增强了县治的防卫体系。

---

① 阎亚宁：《中国地方城市形态研究的新思维》，《重庆建筑大学学报（社会科学版）》2001年第2期。

② 参见（宋）潜说友等辑：《咸淳临安志》中“府志总图”，江苏古籍刻印社，1986年。

③ 余扶危、叶万松：《我国古代地下储粮之研究》（下），《农业考古》1983年第2期。

五、宋巴东县治建筑遗迹的风格

巴东旧县坪遗址宋代的建筑风格，总的特点是依江顺溪，充分利用其地理环境，依地形高低错落的不同来规划房屋建筑的建筑类型和建筑风格。通过我们对考古揭示出的宋代不同建筑遗址的分析，可以将其建筑物分为以下几种类型：

（一）平地建筑

旧县坪遗址上的平地建筑，多是利用当地地形特点，就地平整后起建，房屋前后一般设有排水沟，房屋内的地面稍高于外围。四壁是立柱式，柱下一般用石块或砖作为柱础，如商业区内的（西）F2、（西）F77、官署区的（西）F6、（西）F15、（西）F21、（西）F22、（西）F23等；部分建筑采用挖柱洞立柱的建筑方式，如（东）F32。总体来看，早期建筑多使用砖块或钻凿规整的柱础石，晚期多使用自然石块。

（二）包边垒台建筑

包边垒台建筑，首先是对建筑所在地形进行修整，填土抬高整平地面，再用砖或石块包砌台边。和柱础石一样，早期建筑多使用砖块或钻凿规整的石块包砌台边；晚期则多使用自然石块。这类建筑一般台面高于周边地面在0.5米以上，属于高台建筑，多为官府建筑和较大型的建筑，如（西）F8、（东）F16等。

（三）吊脚楼建筑

在沿江城市建筑中，因地形逼仄，平地不多，吊脚楼建筑成为较为常见的一类建筑。就其结构而言，吊角楼多依山就势而建，可称为半干栏式建筑，这种房屋最大的优点就是利用了山区的地形，不管是高坎还是坡地，只要能树立柱子，就能形成房屋。它们最基本的特点是房屋的一边建在实地上，其余三边皆悬空，支撑用木柱，所落地面和上述实地地面平齐，因此房屋往往分为上下两层，实地上和吊角部分的上面住人，吊角部分的下部有柱无壁，用来喂养牲畜、堆放杂务，因此，这部分的地面一般都没有经过修整，或成斜坡状，或为乱石堆积。在宋巴东县治建筑中，（西）F4、（西）F12、（西）F13、（西）F66、（西）F74、（西）F76、（西）F79、（西）F84、（西）F91、（东）F33等都属于吊脚楼建筑遗址。如西区的（西）F12的东边一间属于吊脚楼，而西间则在平台地上；（西）F13是南侧为吊脚楼，北侧为平台地建筑遗迹。吊脚楼是峡江地区以及今天的土家族、苗族、侗族地区最常见、最具民族风格的房屋建筑形式。

综上所述，巴东旧县坪遗址宋代巴东县治的布局与建筑既有浓郁的地方特点，又有鲜明的时代风格，是宋代峡江山城的典范。

下　编

墓　葬　篇

第一章 墓葬概况

旧县坪遗址墓葬区主要位于遗址东、西两区的边缘地带，和遗址一样，也可以分为东、西两区，由于墓葬区的发掘任务由其他单位承担，本报告只涉及遗址范围内所发掘的23座墓葬（图六一二；表三〇）。

旧县坪遗址东区发现墓葬2座，编号为（东）M1、（东）M2；西区西部发现墓葬21座，编号为（西）M1～（西）M21。其中（西）M13、（西）M14为近现代墓葬，本报告没有收入。

这批墓葬中，汉代墓葬2座，六朝墓葬1座，宋代墓葬2座，明代墓葬16座。

表三〇 巴东旧县坪遗址墓葬统计表 （单位：厘米）

墓号	方向（°）	结构	墓室规格					随葬品	时代	所在探方
			口		底		深			
			长	宽	长	宽				
（东）M1	90	长方形土坑竖穴墓	250	80～96	240	76～86	400	铁刀1、陶钵1	东汉中晚期	（东Ⅰ）T1907、（东Ⅰ）T1807
（东）M2	0	长方形土坑竖穴墓	172	74～106	162	76～80	153	陶盆1、筒瓦1	东汉中晚期	（东Ⅰ）T2204
（西）M1	0	单室砖室墓	273	122	220	83～88	73	板瓦3、银头饰1、银耳环2、银簪1、釉陶罐1、瓷碗2、瓷碟1、买地券（墓志）1、棺钉19、棺饰4、铜钱72	明代中期	（西IB）T0312
（西）M2	0	双室砖室墓	290	270	290	270	70	板瓦6、釉陶罐1、金耳环2、银簪1、银头饰1、银耳环2、铜环饰7、铜钱60、棺钉26、铁器1	明代晚期	（西ⅠB）T0214
（西）M3	5	有石砌护墙的土坑墓	272	100	230	75	235	板瓦3、买地券（墓志）1、瓷碗2、釉陶罐1、铜钱24	明代中期	（西ⅠB）T0417
（西）M4	340	无石砌护墙的土坑墓	150	66	250	66	26	钱币4	明代晚期	（西Ⅰ）T3221
（西）M5	0	长方形土坑竖穴墓	240	106	240	106	70	铜簪1、瓷盏2、瓷碗3、瓷瓶1、铜钱7	南宋	（西Ⅰ）T2920
（西）M6	5	无石砌护墙的土坑墓	245	88	245	88	107	瓷碟1、瓷碗1、釉陶罐1、银耳环1、铜饰件1、买地券（墓志）1	明代中期	（西Ⅰ）T2420

续表

墓号	方向（°）	结构	墓室规格					随葬品	时代	所在探方
			口		底		深			
			长	宽	长	宽				
（西）M7	0	石室墓	230	100	230	100	90	买地券（墓志）1、釉陶罐1	明代中期	（西Ⅰ）T3121
（西）M8	0	有石砌护墙的土坑墓	205	95	200	90	120	釉陶罐1、瓷碗1、砖1	明代中期	（西Ⅰ）T2620
（西）M9	0	无石砌护墙的土坑墓	210	88	210	88	130	板瓦1、釉陶罐1、瓷碗1、银耳环1、铜簪1	明代中期	（西Ⅰ）T2219
（西）M10	5	无石砌护墙的土坑墓	235	70	230	66	35	板瓦3、铜簪1、铜钱1、釉陶罐1、青花瓷碗1、铜牌1	明代中期	（西Ⅰ）T2520
（西）M11	33	有石砌护墙的土坑墓	260	68～84	210	68～84	94	瓷碗2、釉陶罐1	明代中期	（西Ⅰ）T2420
（西）M12	170	双室砖室墓	940	290	940	290	150	银指环2、鎏金铜耳坠1、鎏金铜泡钉1、鎏金铜棺饰1、钱币1506、玉格铁剑1、骨饰1	六朝	（西ⅡB）T1319、（西ⅡB）T1320、（西ⅡB）T1321
（西）M15	55	长方形土坑竖穴墓	220	70	220	70	20	釉陶罐1、瓷碗1、铜钱1	北宋中晚期	（西ⅡB）T7409
（西）M16	15	无石砌护墙的土坑墓	210	60	210	60	16	无	明代	（西ⅡB）T1120
（西）M17	10	无石砌护墙的土坑墓	186	70	186	70	10	无	明代	（西ⅡB）T1120
（西）M18	5	无石砌护墙的土坑墓	206	70	190	50	40	无	明代	（西ⅡB）T1020
（西）M19	5	无石砌护墙的土坑墓	210	70	210	70	16	无	明代	（西ⅡB）T0920
（西）M20	10	无石砌护墙的土坑墓	200	60	194	54	30	无	明代	（西ⅡB）T0820
（西）M21	325	无石砌护墙的土坑墓	188	56	188	56	34	无	明代	（西Ⅰ）T2510

第二章　汉代墓葬

汉代墓葬共发现2座，编号为（东）M1、（东）M2，均为长方形土坑深竖穴墓。分别介绍如下。

第一节　墓葬形制

一、（东）M1

（东）M1位于遗址东区中部的（东Ⅰ）T1907、（东Ⅰ）T1807，开口于夯土城墙下，打破生土层；墓口距地表深0.28～0.6米。

（一）墓葬结构

1. 墓圹

（东）M1墓口平面呈长方形，方向90°。墓口长2.5、东端宽0.8、西端宽0.96米。四壁垂直略内收，无脚窝。墓底长2.4、东端宽0.76、西端宽0.86米。墓底距墓口深3.6～4米（图六一三）。

2. 腰坑

墓底中部有一椭圆状腰坑，斜壁，平底，腰坑最大直径0.64、深0.14米。

3. 墓内堆积状况

墓坑中的填土，可分为三层。

第1层：细沙层，土质松软，包含有较少的石块，并出土有少量的瓦片、砖块等遗物；深1、厚1米。

第2层：浅褐色土层，土质较硬，包含有较多的红烧土、炭灰、石块等，出土有素面灰瓦片、灰砖块、陶甑残片等遗物；深1～3、厚2米。

第3层：黄褐色土层，土质较硬，杂有细沙、炭灰、红烧土等，并出土有素面灰瓦片、陶甑残片等；深3～4、厚0.6～1米（图版一七一，1）。

（二）葬具与葬式

墓内葬具已朽，不可辨识。墓内人骨已朽。

（三）随葬品位置与摆放方式

墓内出土随葬品2件。

铁刀1件，置于墓圹西端之南侧；陶钵1件，置于墓圹东端之北侧（图版一七一，2）。

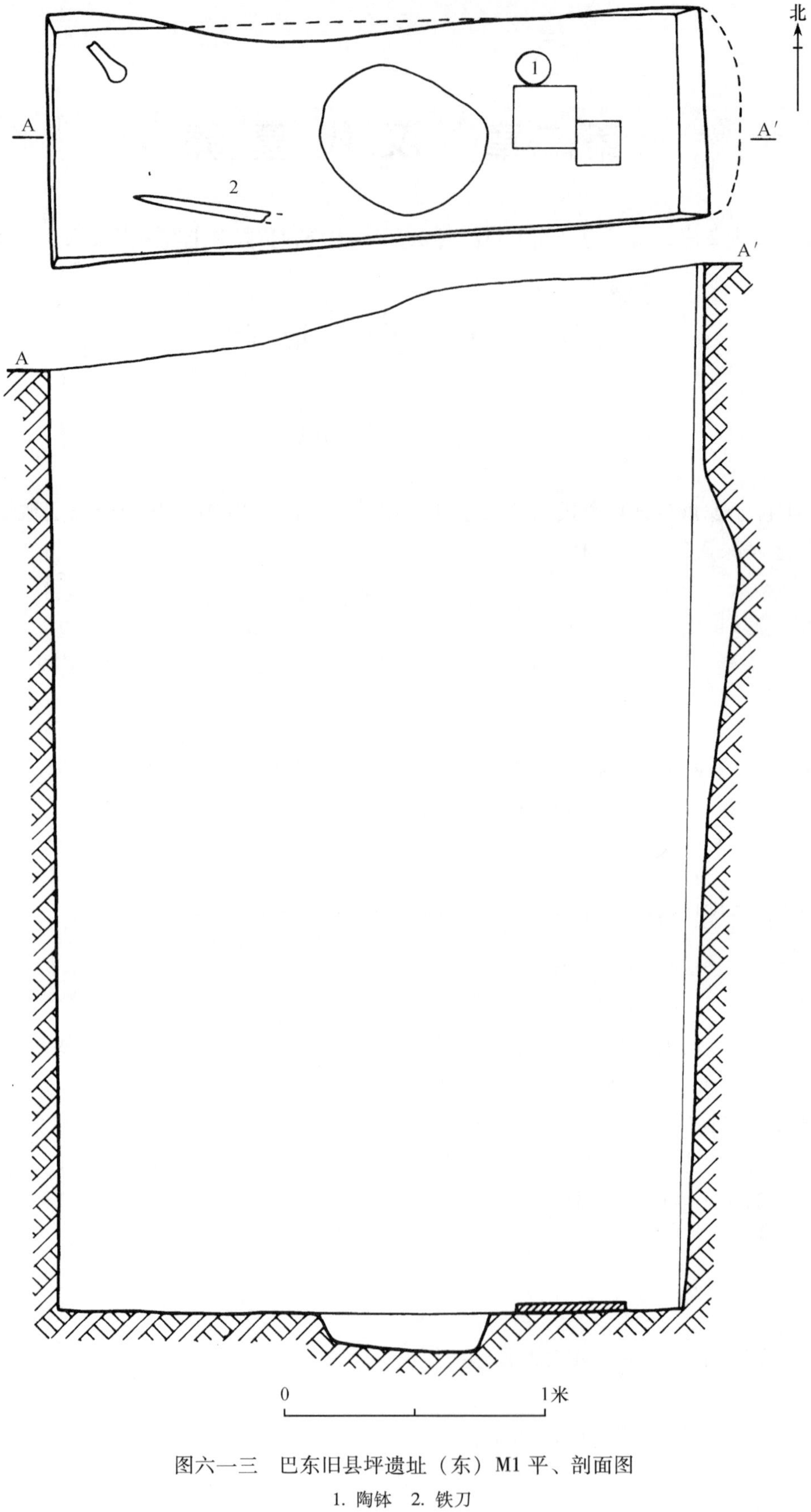

图六一三　巴东旧县坪遗址（东）M1 平、剖面图
1. 陶钵　2. 铁刀

二、（东）M2

（东）M2位于遗址东区中部（东Ⅰ）T2204北部，开口于夯土城墙下，打破生土层；墓口距地表深2.1米（图六一四）。

图六一四　巴东旧县坪遗址（东）M2平、剖面图
1. 陶盆　2. 筒瓦　A. 蚌壳　B. 兽骨

（一）墓葬结构

1. 墓圹

墓口平面为长方形，方向0°。墓口长1.72、北端宽0.74、南端宽1.06米。斜壁，不甚规则。墓底长1.62、北端宽0.76、南端宽0.8米。墓底距墓口深1.32～1.53米。墓底经人工平整，无其他现象。

2. 墓内堆积状况

墓坑中的填土，可分为两层。

第1层：灰褐土层，深1.25、厚0.25米；土质疏松，含有粗沙石粒，出土有较多的绳纹瓦片，尤以筒瓦居多。

第2层：灰黄沙土层，极疏松，较纯净，含有较多的木炭、龟板、贝壳等（图版一七二，1）。

（二）葬具与葬式

墓内葬具已朽，不可辨识。墓内人骨已朽。

（三）随葬品位置与摆放方式

墓内出土随葬品2件。

陶盆1件，筒瓦1件，均置于墓圹西侧。

第二节　出土遗物

一、陶　　器

钵　1件。

标本（东）M1∶1，敛口，圆唇，深弧腹，平底略内凹；泥质灰陶，夹细砂，胎较厚，内外腹壁施过釉，已全部脱落；外腹壁划一倒“长”字；口径13.8、底径6、高7厘米（图六一五，1；图版一七二，2）。

盆　1件。

标本（东）M2∶1，泥质灰陶，折沿方唇，沿面宽大，上刻划四篆字；器身上腹较直，下腹斜收，凹圜底。口径31.8、底径16、高7.8厘米（图六一五，2；图版一七二，3）。

筒瓦　1件。

标本（东）M2∶2，灰陶、截面呈圆弧形，表面饰绳纹，瓦舌与瓦面分两次做成，然后连接成型，表饰绳纹。长50厘米。

二、铁　　器

刀　1件。

标本（东）M1:2，直背，直刃，刃末端上弧至背，刀柄残缺。残长52.4、宽3.6、背厚0.8厘米（图六一五，3）。

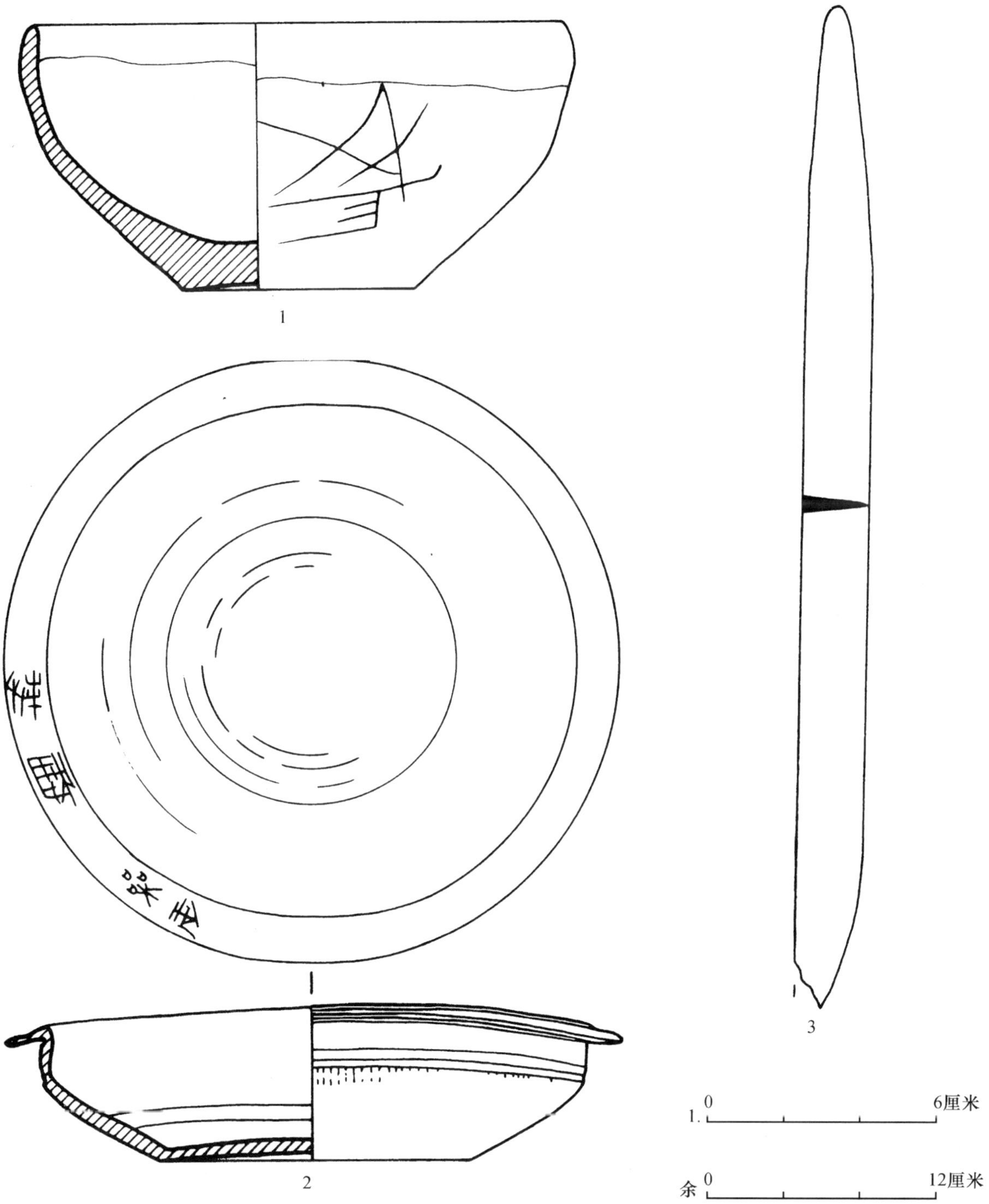

图六一五　巴东旧县坪遗址汉代墓葬出土器物

1. 陶钵（（东）M1:1）　2. 陶盆（（东）M2:1）　3. 铁刀（（东）M1:2）

第三节　分期与年代

埋藏较深是峡江地区汉墓比较常见的特征之一；如巫山麦沱汉墓群的 18 座汉墓中，墓葬深度超过 5 米的有 3 座，超过 4 米的有 7 座，超过 2 米的有 14 座；巫山麦沱汉墓群主要为东汉时期墓葬①。

（东）M2 所出的绳纹筒瓦（东）M2∶2 体饰粗绳纹、瓦舌与瓦面分段连接成型的做法与峡江地区汉代筒瓦的时代风格、造型工艺一致，巴东白羊坪遗址 H1 内所出的汉代筒瓦即属此例②。（东）M2∶1 整体形态与奉节赵家湾东汉中期的 M6∶31 比较接近③，亦与云阳马沱墓地出土的 D 型盆形制相似④。（东）M1∶2 与巫山瓦岗槽 M2 所出两件陶钵（M2∶8、M2∶10）极为相似，时代当同为东汉中晚期⑤。

据此判断，（东）M1、（东）M2 应均为东汉中晚期墓葬。

---

① 湖南省文物考古研究所、巫山县文物管理所：《巫山麦沱汉墓群发掘报告》，《重庆库区考古报告集》（1997 卷），科学出版社，2001 年。

② 恩施自治州博物馆：《巴东白羊坪遗址发掘简报》，《湖北库区考古报告集》（第一卷），科学出版社，2003 年。

③ 武汉大学考古系、重庆市文物局：《奉节赵家湾墓地发掘报告》，《重庆库区考古报告集》（2001 卷），科学出版社，2007 年。

④ 郑州市文物考古研究所等：《云阳马沱墓地 2001 年度发掘报告》，《重庆库区考古报告集》（2001 卷），科学出版社，2007 年。

⑤ 南京博物院考古研究所、巫山县文物管理所：《巫山瓦岗槽汉代墓地发掘报告》，《重庆库区考古报告集》（1997 卷），科学出版社，2001 年。

第三章　六朝墓葬

六朝时期的墓葬仅发现一座，编号为（西）M12。该墓葬分布于（西ⅡB）T1319、（西ⅡB）T1320、（西ⅡB）T1321三个探方内，开口于4层下。

第一节　墓葬形制

墓葬为砖室墓，平面呈凸字形，方向170°。墓口长9.4、宽2.9米。分为甬道、墓室两部分（图六一六；图版一七三，3）。

一、墓葬结构

（一）甬道

甬道长2.9、宽1.4米，呈斜坡状。两侧用石块垒砌，甬道口处有封门墙一道。封门墙由平砖垒砌而成，现已倒塌，从倒塌现状观察，可看出残存26层，复原残高1.5米。顶部无存。

（二）墓室

墓室长6.4、宽2.6米。分为前后两部分，前低后高，形成石二层台状，二者之间用三层规整的条石垒砌间隔。前部长3.3、宽2.6、高2米；后部长3.1、宽2.6、高1.14米。墓室的两部分均用石块和菱形“回”字纹砖混筑而成，下部由两至四排石块垒砌，石块朝向墓室内侧一边经人工凿钻平整。上部用菱形“回”字纹花纹砖平铺错缝叠压砌成。菱形“回”字纹砖分为两种：一种长30、宽15、厚10厘米，砖侧面模印有四组菱形“回”字纹；另一种长32、宽16、厚5厘米，砖侧面模印有三组菱形“回”字纹，菱形“回”纹中间各模印有一组柿蒂纹（图六一七）。

券顶保存较好，券顶中心两排平砖纵向接砌，并凸出券顶，两侧侧砖竖立，榫卯连接起券。券顶北端，平砖顺砌有挡土墙一道，挡土墙残宽3.1、残高0.64米。

墓室铺地砖保存完好，前后两部分均为平砖两横两纵仿席纹铺就。

二、葬具与葬式

（一）葬具

葬具已朽。仅在墓室后部西边发现较多的红色漆皮和棺椁腐朽后的痕迹。

（二）葬式

人骨保存较差，在墓室后部西边棺痕西南角发现一头骨。另在后室东北，发现人骨一堆。前室

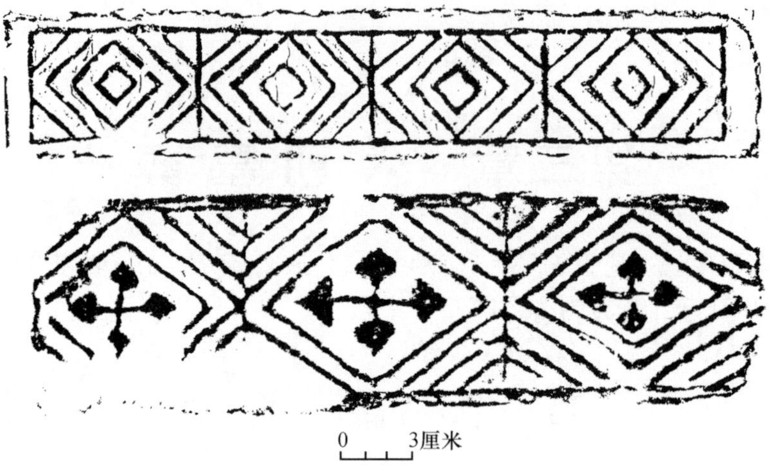

图六一七　巴东旧县坪遗址（西）M12 墓砖纹饰

西部，发现头骨一具及部分肢骨（图版一七三，1、2）；另有一些散乱的人骨，均散见于墓室各处。经观察，（西）M12 内至少有 5 具骨架个体。

三、随葬品位置与放置方式

（西）M12 内随葬品以铜钱为主，主要放置在墓室后部西边腐朽后的棺痕范围内，分为两层摆放。上层呈“山”字状整齐摆放于棺底草木灰层上，“山”字底下一横用了 30 枚，中间一笔用了 27 枚，两侧的一笔各用了 12 枚，共计 81 枚（彩版三〇，1）。下层钱币平铺于底层，东西横向并排 19 枚，南北向 75 枚，共计 1425 枚（彩版三〇，2）。两层钱币合计有 1506 枚。

另有铁剑 1 件，摆放于墓室后部西边腐朽后的棺痕钱币的东侧。

（西）M12 墓内还出土银器、鎏金铜器、铁器、骨器一批，包括银指环 2 件，鎏金铜耳坠 1 件，鎏金铜泡钉 1 件，鎏金铜棺饰 1 件，玉格铁剑 1 件，骨饰 1 件。

第二节　出 土 遗 物

一、银　　器

指环　2 件。

标本（西）M12∶5，圆环形，截面略呈“O”形。直径 2.2、截径 0.35 厘米（图六一八，2；图版一七四，2）。

标本（西）M12∶6，圆环形，截面呈梭形。直径 2、截径 0.3 厘米（图六一八，3；图版一七四，1）。

二、鎏 金 铜 器

鎏金铜耳坠　1 件。

标本（西）M12∶7，平面近心形，一面鎏金。残长 1.3、宽 1、厚 0.1 厘米（图六一八，4）。

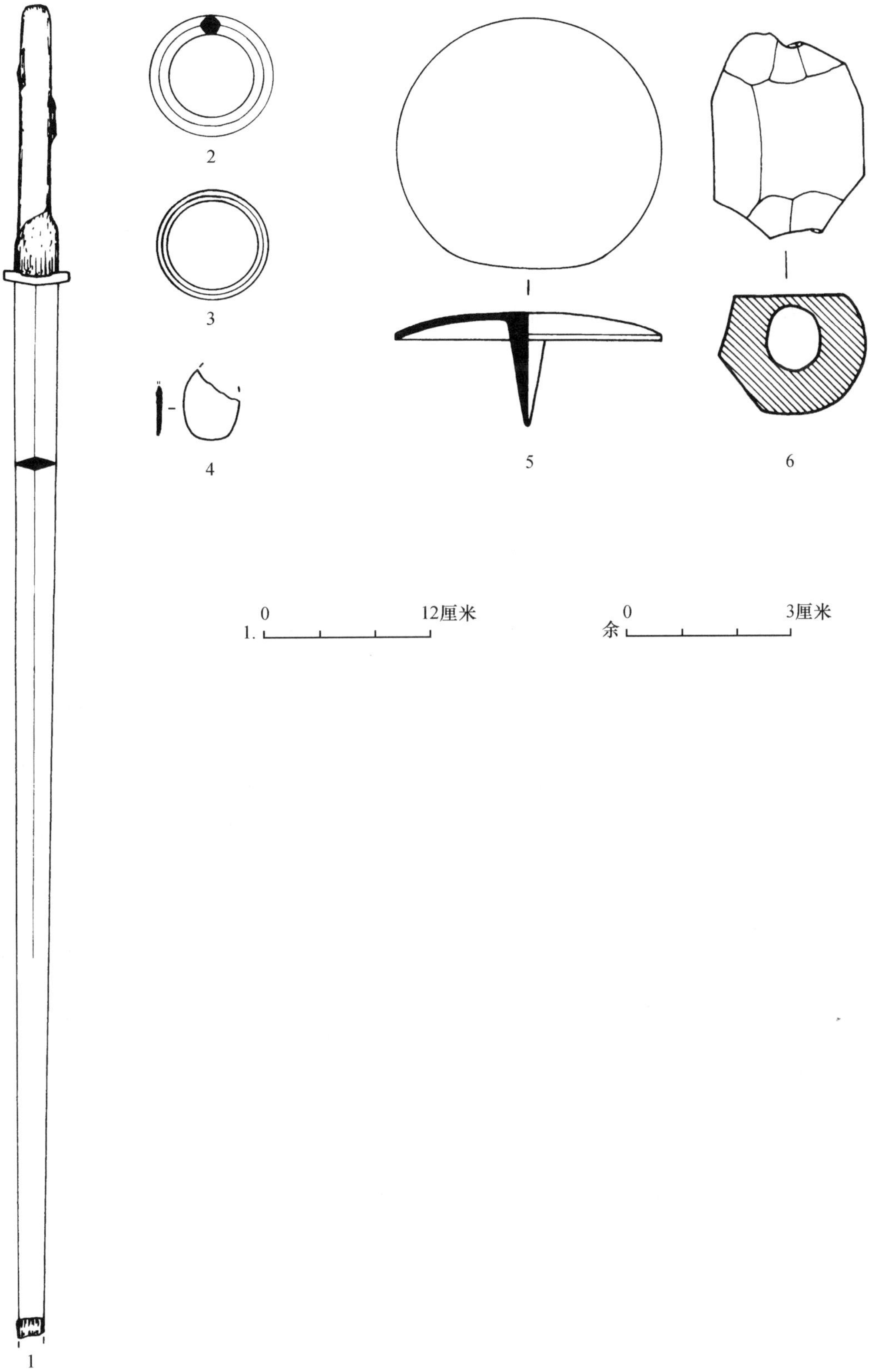

图六一八　巴东旧县坪遗址（西）M12出土器物

1. 玉格铁剑（（西）M12:2）　2、3. 银指环（（西）M12:5、（西）M12:6）　4. 鎏金铜耳坠（（西）M12:7）　5. 鎏金铜泡钉（（西）M12:8）　6. 骨饰件（（西）M12:4）

鎏金铜泡钉　1件。

标本（西）M12∶8，平面呈“T”字形，圆形帽，弧顶，鎏金，下接一锥形钉。残长2.1、直径4.8厘米（图六一八，5）。

鎏金铜棺饰　1件。

标本（西）M12∶3，底部为圆帽形，中间有一孔，铆接一钩。直径3.9厘米（图版一七四，3）。

三、铜　器

（西）M12内出土钱币1506枚，大部分钱币面文已经朽不可辨。字迹清晰可辨识文字形态的仅有382枚，均为“五铢”。

根据钱文特征不同，可以分为四式。

Ⅰ式：58枚。

标本（西）M12∶1-4，“五”字较窄，交笔略曲，与上下两横相交外放，上下两横略出头。“铢”字略短，“金”旁三角形头；“朱”旁上部方折。直径2.4、穿边长1.1厘米（图六一九，1）。

Ⅱ式：284枚。“铢”字上部圆折。分二亚式。

Ⅱa式：102枚。

标本（西）M12∶1-59，“五”字交笔略曲，与上下两横相交外放，上下两横不出头。直径2.5、穿边长1厘米（图六一九，2）。

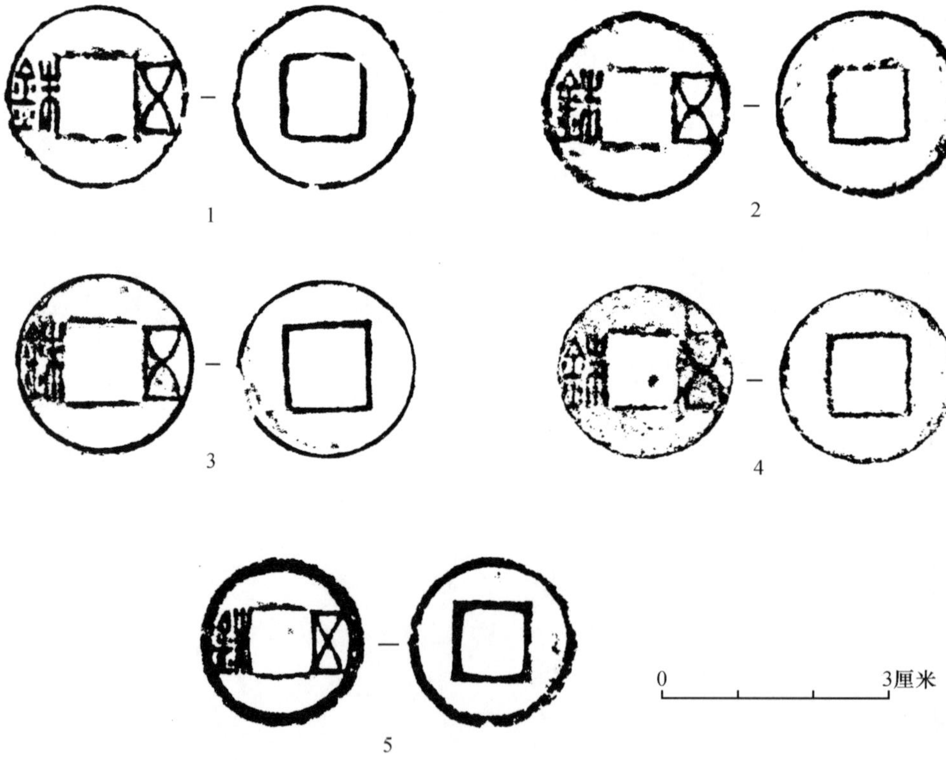

图六一九　巴东旧县坪遗址（西）M12出土铜钱拓片

1. Ⅰ式铜钱（（西）M12∶1-4）　2. Ⅱa式铜钱（（西）M12∶1-59）　3. Ⅱb式铜钱（（西）M12∶1-161）　4. Ⅲ式铜钱（（西）M12∶1-342）　5. Ⅳ式铜钱（（西）M12∶1-374）

Ⅱb式：182枚。

标本（西）M12∶1-161，“五”字交笔弯曲，与上下两横相交呈内收状，上下两横出头。直径2.4、穿边长1.1厘米（图六一九，3）。

Ⅲ式：30枚。剪轮五铢。

标本（西）M12∶1-342，直径2.3、穿边长1.05厘米（图六一九，4）。

Ⅳ式：10枚。

标本（西）M12∶3-374，宽郭，“五”字左侧一直竖，“铢”字“朱”旁右侧两竖略弧；背穿略呈四决文特征。直径2.2、穿边长0.8厘米（图六一九，5）。

四、铁　器

玉格铁剑　1件。

标本（西）M12∶2，剑身修长，截面呈棱形，两侧刃，扁平茎，茎与身之间镶三角玉格，茎上包木成柄。残长96.8、刃宽1.8～3.2、脊厚0.8厘米（图六一八，1）。

五、骨　器

饰件　1件。

标本（西）M12∶4，圆管状，中空，一侧削平，两端呈斜边形。长3.8、直径2.8厘米（图六一八，6；图版一七四，4）。

第三节　分期与年代

从墓葬形制来看，（西）M12在券顶用砖上使用了榫卯结构，即“咬土砖”的做法是六朝时期小型砖室墓所采用的一种加固方法①；墓壁的下半部分先用石块进行砌筑，然后再在其上用砖增砌的方法与巴东黎家沱遗址乙区M11如出一辙，这种做法“在其他地区少见，可能是一种地方特点”②。

（西）M12大量使用了菱形“回”字纹砖，这同样多见于三峡地区六朝时期墓葬。如巴东黎家沱遗址六朝墓葬乙区M11所用A型壁砖（原简报图二三，5）③、巴东黎家沱遗址六朝墓葬D区M1∶1菱形纹壁砖（原简报图一四，2）④、巴东茅子寨湾汉末至晋初墓葬M6墓砖（原报告图二五，1）⑤、巴东老屋场六朝墓葬M3所用“泰和四年胡氏造”铭文砖及同出纹饰砖（原报告M3∶13、

---

① 蒋赞初：《长江中游六朝墓葬的分期和断代——附论出土的青瓷器》，《中国考古学会第三次年会论文集》，文物出版社，1981年。

② 山东大学考古系：《巴东黎家沱遗址发掘简报》，《湖北库区考古报告集》（第一卷），科学出版社，2003年。

③ 山东大学考古系：《巴东黎家沱遗址发掘简报》，《湖北库区考古报告集》（第一卷），科学出版社，2003年。

④ 中山大学人类学系、巴东县博物馆：《巴东黎家沱遗址2000年度发掘简报》，《湖北库区考古报告集》（第一卷），科学出版社，2003年。

⑤ 厦门大学历史系考古教研室：《巴东茅子寨湾遗址发掘报告》，《湖北库区考古报告集》（第一卷），科学出版社，2003年。

M3∶16、M3∶17)[①] 均与此相似。

Ⅰ式铜钱应属于西汉晚期[②]，Ⅱ式铜钱应属于东汉明、章两帝时期，Ⅲ式铜钱应属于东汉中期至六朝[③]，Ⅳ式铜钱应属于西魏时期[④]，这些钱币的分期确定了（西）M12 的年代上限。

据以上推测，（西）M12 应属于六朝晚期，其年代应不早于西魏文帝大统六年（公元 540 年）。

① 黑龙江省文物考古研究所：《巴东老屋场墓群发掘报告》，《湖北库区考古报告集》（第一卷），科学出版社，2003 年。

② 本报告钱币鉴定工作由武汉大学考古与博物馆学系徐承泰先生完成。

③ 巫山秀峰一中 M14∶12-1、M14∶12-2、M14∶12-3 与此式铜钱类似，M14 出有“永元十三年”的纪年铭文砖，表明该墓的确切年代当不早于东汉和帝永元十三年，即公元 101 年。见河南省文物考古研究所等：《巫山秀峰一中战国、两汉墓地发掘报告》，《重庆库区考古报告集》（2000 卷），科学出版社，2007 年。

④ 据《北史》卷五《西魏文帝纪》，西魏文帝曾在大统六年（公元 540 年）和十二年（公元 546 年）两次铸造过五铢钱。

第四章　宋代墓葬

旧县坪遗址是宋代巴东县治所在地，发现宋代墓葬2座，编号为（西）M5、（西）M15。均为较窄的土坑竖穴墓葬。

第一节　墓葬形制

一、（西）M5

（西）M5位于（西Ⅰ）T2920中部，开口于4层下，打破5层。墓口距地表深0.4米。

（一）墓葬结构

1. 墓圹

墓口平面呈长方形，方向0°。墓口长2.4、宽1.06米。直壁，口底同大，平底。墓口至墓底深0.7米（图六二〇）。

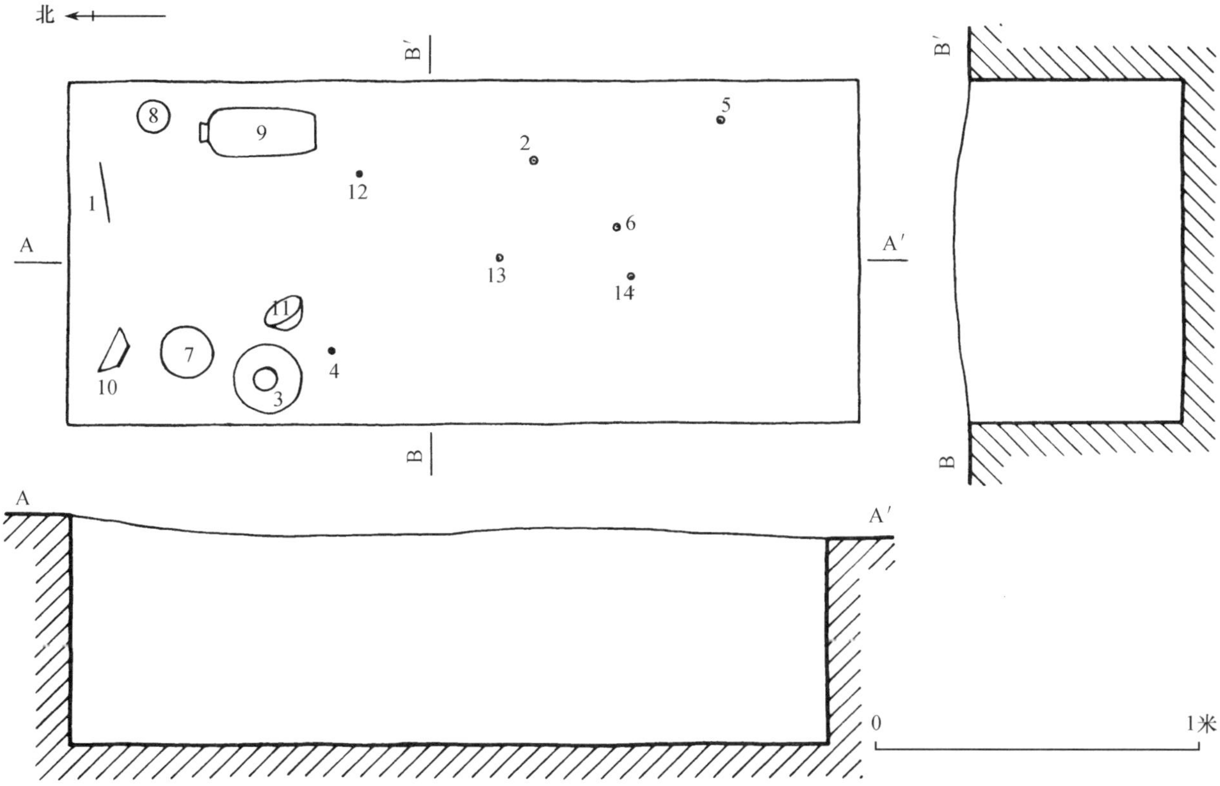

图六二〇　巴东旧县坪遗址（西）M5平、剖面图

1. 铜簪　2、4～6、12～14. 铜钱　3、7、10. 瓷碗　8、11. 瓷盏　9. 瓷瓶

2. 墓内堆积状况

墓坑内填土为红褐色土，较松散，杂有较少的小石头。

（二）葬具与葬式

1. 葬具

墓内葬具已朽，不可辨识。

2. 葬式

墓内人骨已朽。

（三）随葬品位置与摆放方式

随葬品置于墓圹北部的东西两边，计有铜簪1件、瓷盏2件、瓷碗3件、瓷瓶1件、铜钱7枚。

二、（西）M15

（西）M15位于（西ⅡB）T7409西北部，开口于4层下，打破5层。

（一）墓葬结构

1. 墓圹

墓口平面呈长方形，方向55°。墓口长2.2、宽0.7、墓底距墓口深0.2米。直壁。

墓底用石板铺垫，但现仅存墓底西南部的铺地石板，其范围长0.68～1、宽0.7米（图六二一）。

2. 墓内堆积状况

墓坑内填土为灰黄色斑点土，较松散，杂有较少的小石头。

（二）葬具与葬式

1. 葬具

墓内葬具已朽，不可辨识。

2. 葬式

墓内人骨已朽。

（三）随葬品位置与摆放方式

墓内出土随葬品3件，釉陶罐、瓷碗、铜钱残片各1件，均被置于墓圹东北端。

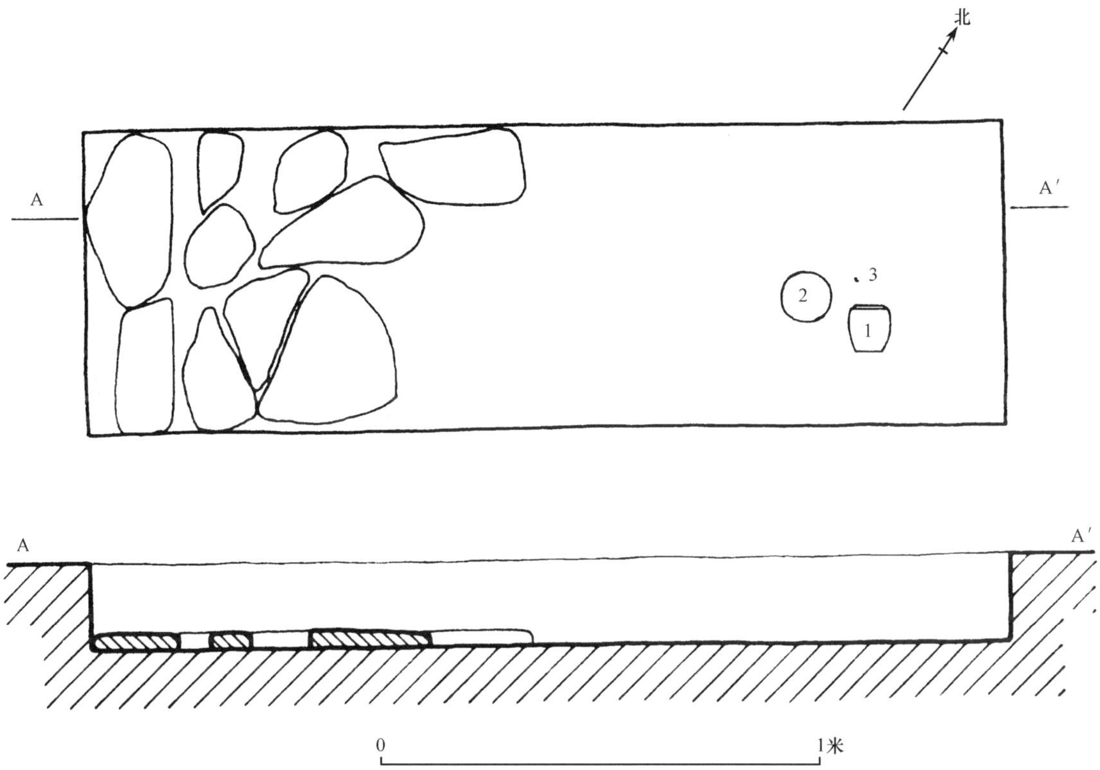

图六二一 巴东旧县坪遗址（西）M15平、剖面图
1. 釉陶罐 2. 瓷碗 3. 铜钱

第二节 出土遗物

一、釉陶器

罐 1件。

标本（西）M15∶1，子母口，弧腹斜收，小平底。黄褐胎，肩部施褐釉，下部不施釉。口径7.6、腹径10.8、底径6.6、高11.2厘米（图六二二，1；图版一七五，5）。

二、瓷器

瓶 1件。

标本（西）M5∶9，敞口，重唇，丰肩，直腹，下腹斜收成平底，圈足矮小；体态较为瘦长，遍饰弦纹。灰胎，施青褐色釉。口径4.8、腹径16、足径10.4、高35厘米（图六二二，2；图版一七五，3）。

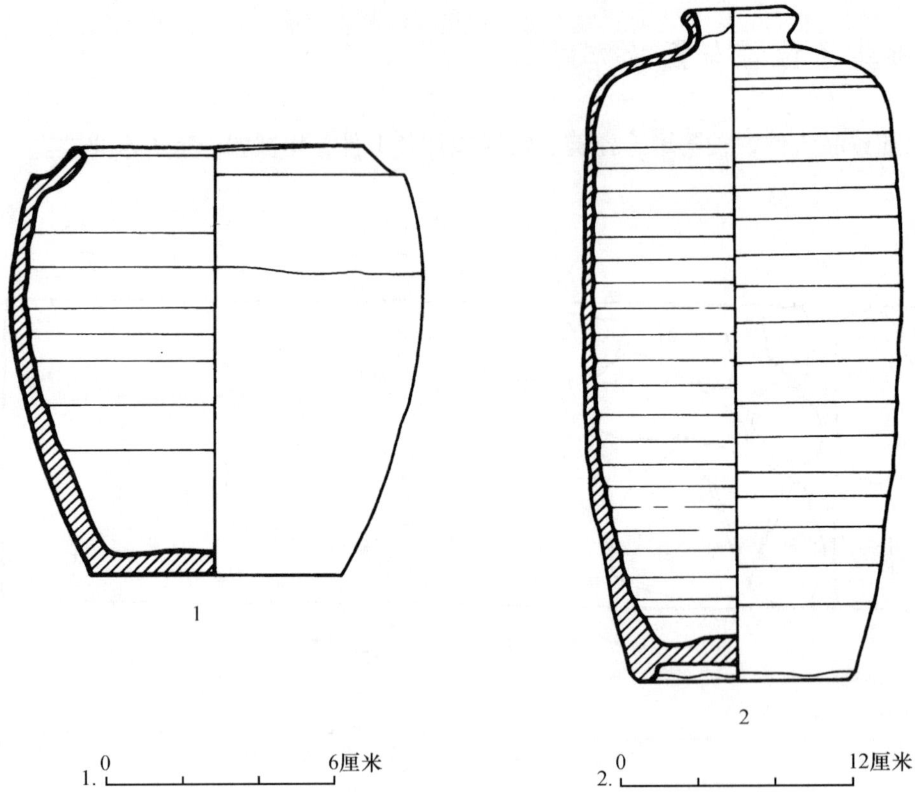

图六二二　巴东旧县坪遗址宋代墓葬出土器物

1. 釉陶罐（(西) M15∶1）　2. 瓷瓶（(西) M5∶9）

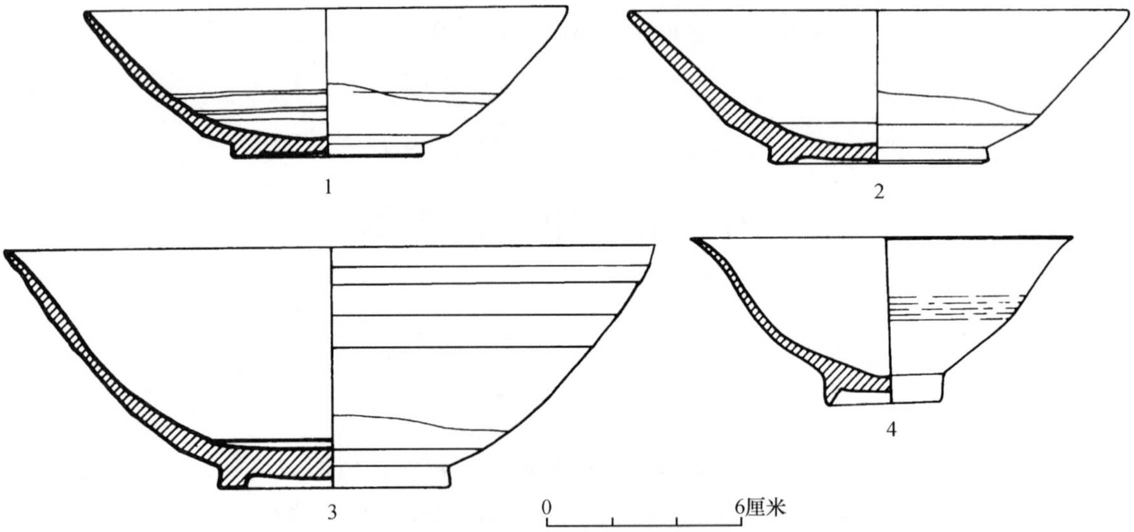

图六二三　巴东旧县坪遗址宋代墓葬出土瓷碗

1、2. A 型碗（(西) M5∶10、(西) M5∶7）　3. B 型碗（(西) M5∶3）　4. C 型碗（(西) M15∶2）

碗　4件。依据足部、口沿等形态差异，可以分为三型。

A型　2件。敞口碗。敞口，实足或近实足碗。

标本（西）M5:10，大敞口，圆唇，腹斜直收，内圜底，外接矮圈足。器表施青釉，外下腹及足无釉，内壁有几周螺旋形浅槽，黄灰胎较厚。口径15.3、足径6.2、高4.6厘米（图六二三，1；图版一七五，2）。

标本（西）M5:7，敞口，圆唇，弧腹较浅，圜底，小圈足较为矮粗。灰黄胎较厚，施黑釉，外下腹及足无釉。口径15.6、足径6.8、高4.8厘米（图六二三，2；图版一七五，1）。

B型　1件。侈口碗。

标本（西）M5:3，口沿微侈，弧壁，矮圈足较宽外撇，平底略凹。体施青白釉，釉下施灰白色化妆土，灰黄胎。口径20.7、足径7.4、高7.6厘米（图六二三，3）。

C型　1件。撇口碗。

标本（西）M15:2，侈口，尖唇，弧腹，平底，圈足较高。通体施白釉，素面，白胎。口径11.9、足径3.6、高5.2厘米（图六二三，4；图版一七五，4）。

盏　2件。根据足部形态差异可以分为二式。

Ⅰ式：1件。实足盏。

标本（西）M5:8，敞口，圆唇，弧壁，实足。通体施黑褐色釉，灰白胎甚厚。口径10、足径4、高4.7厘米（图六二四，1）。

Ⅱ式：1件。圈足盏。

标本（西）M5:11，敞口，圆唇，弧腹较深，小圈足，凹圜底。通体施黑褐色釉，灰白胎较厚。口径12、足径4.8、高5.4厘米（图六二四，2）。

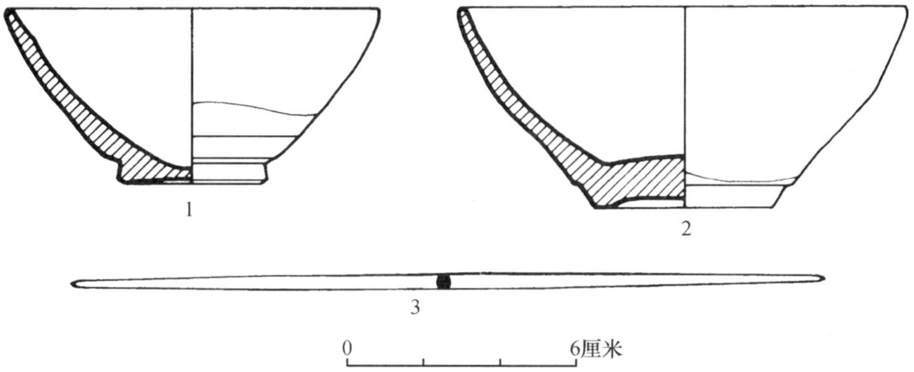

图六二四　巴东旧县坪遗址宋代墓葬出土器物

1. Ⅰ式瓷盏（（西）M5:8）　2. Ⅱ式瓷盏（（西）M5:11）　3. 铜簪（（西）M5:1）

三、铜　器

钱币　8枚。钱币面文已朽，不可辨识。

铜簪　1件。

标本（西）M5:1，长圆柱体，中间粗两端尖。长19.8、截径0.2~0.4厘米（图六二四，3）。

第三节　分期与年代

B 型碗（西）M15:2 与秭归下尾子宋代夫妇合葬砖室墓所出之黑釉瓷碗 M2:02 器形类似①，亦见于秭归望江墓群 M21:3、秭归窑湾 A 型Ⅲ式碗（窑湾 M31:2 等器）②、秭归台子湾Ⅱ区 M1:1③、兴山县平邑口 M2④，发掘者认为该式瓷碗“与庙坪 M40、M42 出土的碗形制相近，时代为北宋中晚期”。该型碗亦见于旧县坪遗址（西Ⅰ）T2512⑤、（西Ⅰ）T2014④、（西）L2Ⅰ、（西）F8Ⅰ等北宋中期的单位中（参见图三二三）。

C 型碗造型与重庆奉节鱼复浦遗址出土的 A 型影青瓷碗类似，当同属于宋代⑤。该型碗亦见于旧县坪遗址（西）F3、（西）F8Ⅳ、（西）F97 等南宋晚期单位（参见图三三〇）。

罐（西）M15:1 的口沿、底部形态与秭归台子湾Ⅱ区宋代 M1:25（该件器物仅残存口沿及底部）类似；另与奉节宝塔坪Ⅰ M1014:1 极似⑥；应属宋代。其典型器物组合关系及年代推测如下表所示（表三一）：

表三一　巴东旧县坪遗址宋代墓葬出土器物分期表

分期	年代推测	碗			盏	罐	瓶
		A 型	B 型	C 型			
第一期	北宋中晚期			（西）M15:2		√	
第二期	南宋	（西）M5:10 （西）M5:7	（西）M5:3		Ⅰ式（（西）M5:8） Ⅱ式（（西）M5:11）		√

根据上述分期，可以将宋代墓葬分为二期。

第一期：北宋中晚期。以 C 型碗为典型器物。（西）M15 当纳入此期。

第二期：南宋。A 型碗、B 型碗均为南宋时期遗物。（西）M5 应属此期。

---

① 宜昌博物馆、秭归屈原纪念馆：《秭归下尾子遗址发掘简报》，《湖北库区考古报告集》（第一卷），科学出版社，2003 年。

② 咸宁市博物馆：《秭归窑湾墓地发掘简报》，《湖北库区考古报告集》（第三卷），科学出版社，2006 年。

③ 原简报中将该件器物名为“白瓷杯”，见于：南京大学历史学系考古教研室：《秭归台子湾遗址发掘简报》，《湖北库区考古报告集》（第一卷），科学出版社，2003 年。

④ 咸宁县博物馆：《兴山县平邑口墓葬发掘简报》，《湖北库区考古报告集》（第四卷），科学出版社，2007 年。

⑤ 中国历史博物馆等：《奉节鱼复浦遗址 2001 年发掘报告》，《重庆库区考古报告集》（2001 卷），科学出版社，2007 年。

⑥ 发掘者认为该墓群均为唐宋明清时期墓葬，但是没有讨论Ⅰ M1014:1（原报告称之为“大钵”）及该墓葬的确切年代，殊为可惜；此墓同出有铁钱 13 枚。见吉林大学边疆考古研究中心等：《奉节宝塔坪 2001 年唐宋明清墓发掘报告》，《重庆库区考古报告集》（2001 卷），科学出版社，2007 年。

第五章　明代墓葬

旧县坪遗址明代墓葬共发现16座，编号分别为（西）M1、（西）M2、（西）M3、（西）M4、（西）M6、（西）M7、（西）M8、（西）M9、（西）M10、（西）M11、（西）M16、（西）M17、（西）M18、（西）M19、（西）M20、（西）M21。

明代墓葬除（西）M1、（西）M2、（西）M3分布在仓储台地的后缘外，其他的均在（西）F8大院之后的沿山脚下一线上，这些墓葬多数叠压在宋代（西）F8等房屋遗迹之上。从这些墓葬的分布来看，当是在旧县坪遗址作为县治废弃多年以后，又来此居住的人们在此生产与生活，死后就近埋葬而形成的明代墓葬区。

第一节　墓葬形制

明代16座墓葬，形制多样，计有单室与双室的砖室墓、石室墓、土坑墓三类。现分别介绍如下：

一、砖　室　墓

砖室墓共2座，包括（西）M1、（西）M2。其中，根据墓室多少又可以分为单室和双室两种。

（一）单室砖室墓

单室砖室墓1座，编号为（西）M1。位于（西ⅠB）T0312中部，开口于3层下。

1. 墓葬结构

（1）墓圹

墓口平面呈长方形，方向0°。墓口长2.73、宽1.22米。斜壁。墓底长2.2、南宽0.88、北宽0.83米。墓底距墓口深0.73米。

填土为细腻的红褐色夹沙土。

（2）墓室

该墓墓室保存完好，八层方砖错缝平铺垒砌墓室，并用石灰砂浆填充缝隙。墓壁经石灰粉刷。

从边墙的第九块砖开始起券，用瓦片等遗物填塞券顶砖之间的缝隙（图六二五；图版一七六，1）。券顶砖分为两种，其一规格是28×17－9厘米，另一种规格是28×16－5厘米，墓壁用砖为前一种。

墓室东壁、西壁各设凸字形壁龛一个。两壁龛形制相同，其龛口截面上、下分别长0.11、0.16、通高0.28、深0.18米。墓室北壁设有长方形壁龛一个，其龛口截面长0.36、宽0.28、深0.18米。

墓室底部没有铺地砖，但有石灰铺垫。

2. 葬具与葬式

（1）葬具

（西）M1葬具已朽，仅残存棺钉19件。

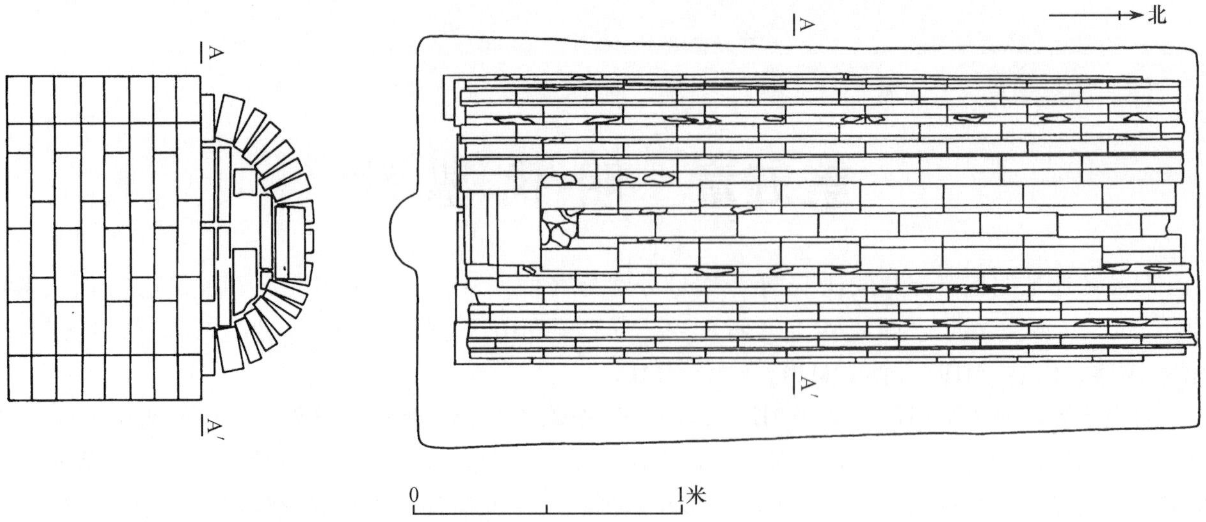

图六二五　巴东旧县坪遗址（西）M1（外观）平面图

（2）葬式

人骨保存较好，可辨为一具骨架个体，为仰身直肢葬。

3. 随葬品位置与放置方式

墓内骨架头骨下枕有瓦片3块。另出土随葬品12件：银头饰1件，银耳环2件，银簪1件，釉陶罐1件，瓷碗2件，买地券（墓志）1件，棺钉19件（记1件），棺饰4件（记1件），铜钱72枚（记1件），瓷碟1件（图六二六；图版一七六，2）。

棺钉与棺饰散落在墓室四周，银簪放于头骨左侧，银头饰散见于头骨附近，瓷碗分别放置于西侧壁龛与头龛内，买地券（墓志）置于头龛与头骨之间，釉陶罐置于东侧壁龛内，瓷碟发现于墓室西侧头龛下方。

（二）双室砖室墓

双室砖室墓1座，编号为（西）M2。位于（西ⅠB）T0214，开口于1层下。

1. 墓葬结构

（西）M2墓口平面略呈方形，方向0°；墓口平面长2.9、宽2.7米。直壁。墓室分东、西两室，墓室上部及墓顶均被破坏（图六二七；图版一七七，1）。

（1）东室

东室东壁垮塌严重，其他三壁亦有不同程度的变形；其平面呈南北向长方形，长2.1、南端宽1.4、北端宽1.6米；墓底距墓口残高0.25～0.88米。

东室北、东、南三壁均为单砖错缝平砌筑成，东壁残高仅0.69米。

东室南端砌有封门砖，为单砖错缝平砌筑成，残高0.54、残宽0.5米。

墓葬用砖规格分为28×15－5厘米、30×15－5厘米两种。

东室墓底仅经平整，没有铺地砖。

（2）西室

西室南、北两壁均遭严重破坏；其平面呈南北向长方形，长2.13、南端宽0.97、北端宽1.1、墓底距墓口残高0.56～0.7米。

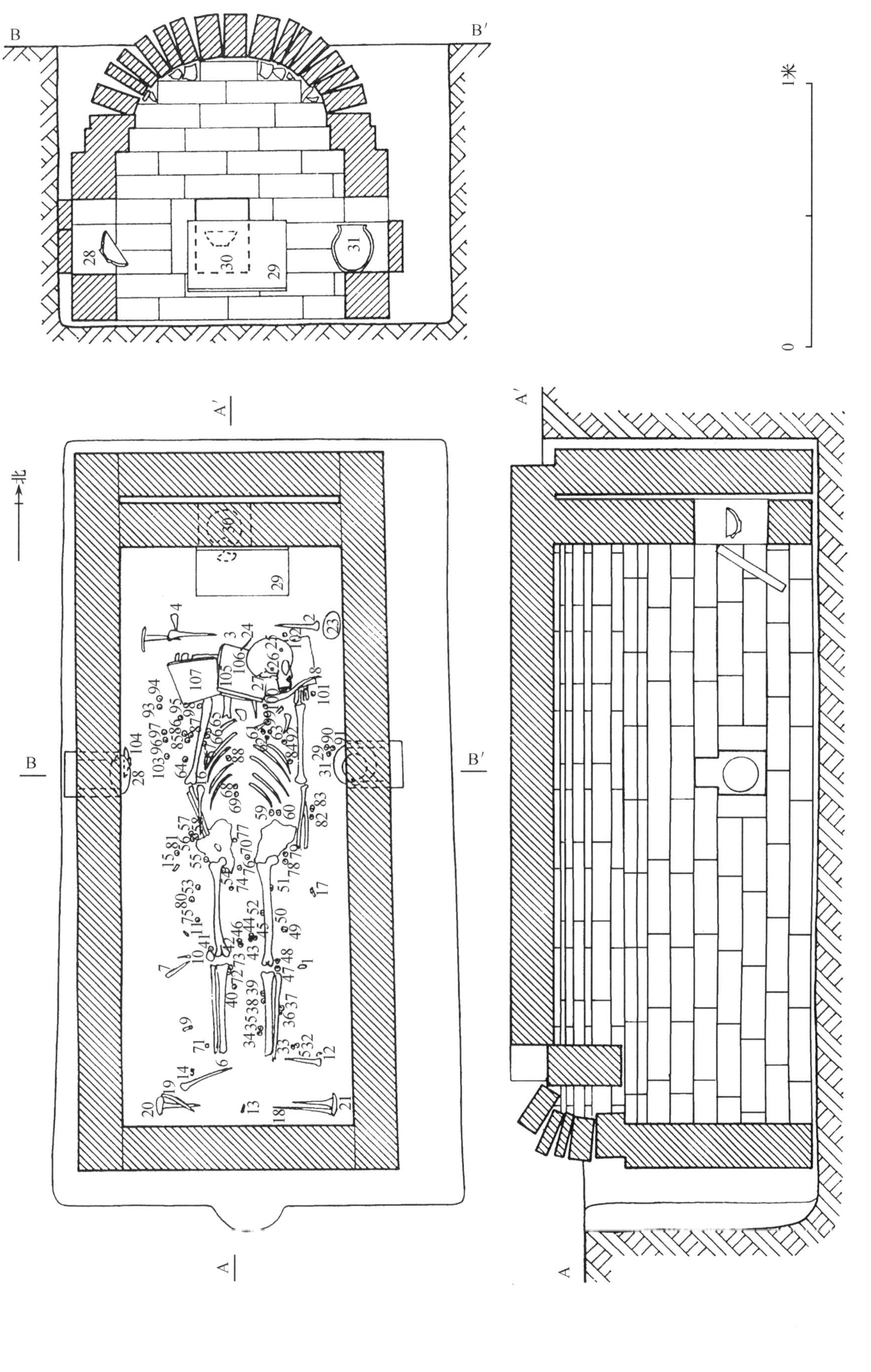

图六二六 巴东旧县坪遗址（西）M1平、剖面图

1～19. 棺钉 20～23. 棺饰 24. 银簪 25、26. 银耳环 27. 银头饰 28、30. 瓷碗 29. 买地券 31. 釉陶罐 32～103. 铜钱 104. 瓷碟 105～107. 陶板瓦

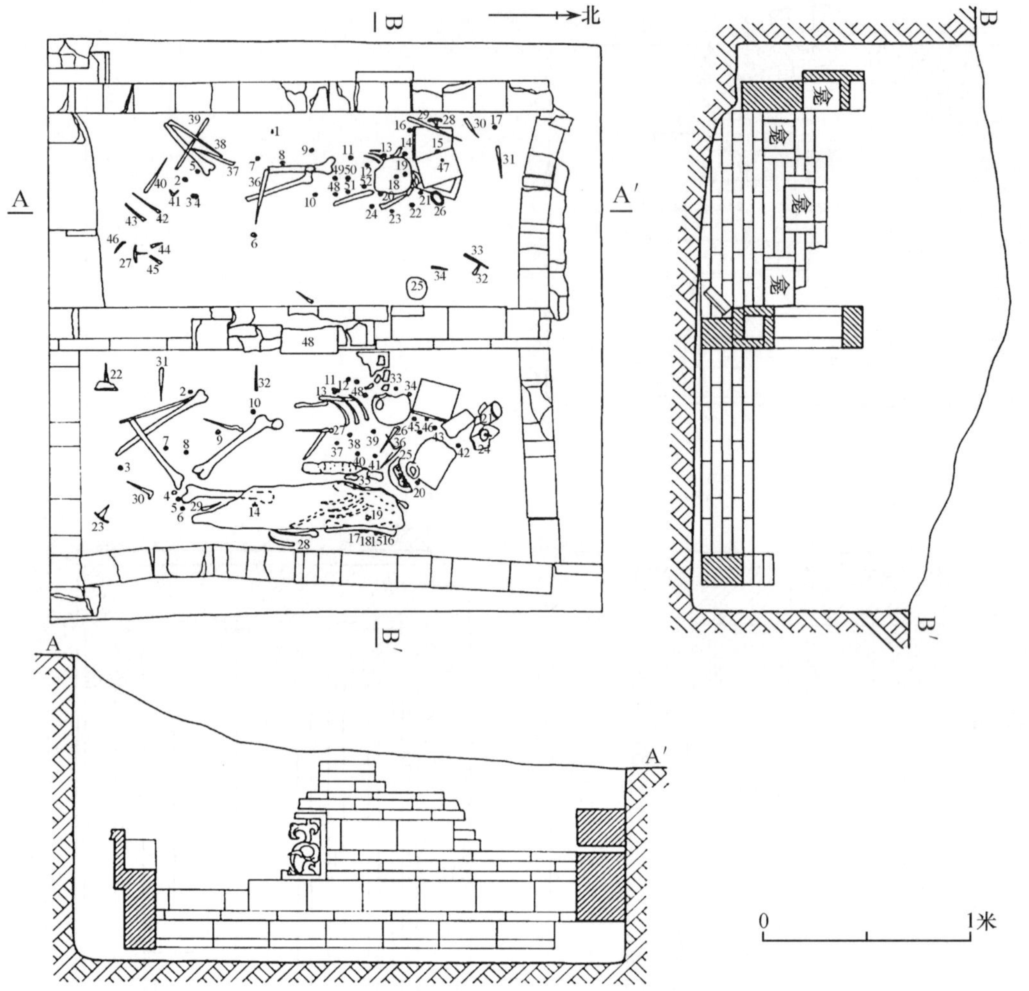

图六二七　巴东旧县坪遗址（西）M2 平、剖面图

东室：1. 银头饰　2～20、37～49. 铜钱　21. 釉陶罐　22～24. 铜环饰　25～32. 棺钉　33、34. 金耳环　35. 铁器　36. 银簪
西室：1、47. 银耳环　2～24、48～52. 铜钱　25～28. 铜环饰　29～46. 棺钉　48. 陶窗花

西室北、东、西三壁均为单砖错缝平砌筑成，南壁破坏严重，情况不明。根据西室北、西壁的情况推测，该墓各壁之外侧应有方砖或石板侧砌筑成的护壁。

西室内设有壁龛四个，其中北壁三个，西壁一个。壁龛立面均呈长方形，口宽 18 厘米、高 16 厘米左右不等。

（3）隔墙

东、西室之间砌有隔墙。隔墙由西、中、东三道墙并砌而成，中墙为单砖平砌筑成，东、西侧墙为单砖侧砌，紧紧贴住中墙。隔墙残宽 0.46～0.54、残高 0.88 米。

隔墙北侧镶嵌陶制窗花，编号为（西）M2 西室:48。窗花边框内为透雕麒麟与卷云纹，全长 32.8、宽 21.2、厚 2.7 厘米（图六二八；图版一七七，2）。

2. 葬具与葬式

（1）葬具

葬具朽不可辨，墓室内残存棺钉数件。

图六二八　巴东旧县坪遗址（西）M2 隔墙窗花细部

（2）葬式

墓内人骨保存较完整，东、西室内各有骨架个体 1 个，且均为仰身直肢葬式。

西室内骨架摆放较为零乱，尤其是胫骨与腓骨、上肢骨与头骨之间错位严重，推测为二次葬。

3. 随葬品位置与放置方式

东、西室内骨架下各枕有板瓦 3 块。墓内还出土其他随葬品共 21 件。

其中，东室北部出土釉陶罐 1 件，骨架头部下出土金耳环 1 对（记 2 件），银簪 1 件，银头饰 1 件，铜环饰 3 件，钱币 32 枚（记 1 件），棺钉 8 枚（记 1 件），铁器 1 件。

西室内仅出土发现银耳环 2 件，铜环饰 4 件，钱币 28 枚（记 1 件），棺钉 18 枚（记 1 件），钱币主要分布于骨架之下。

二、石　室　墓

石室墓 1 座，编号为（西）M7。位于（西Ⅰ）T3121 东部，部分伸入东隔梁。墓葬开口于（西Ⅰ）T3121 第 3 层下，打破 4 层。

（一）墓葬结构

（西）M7 墓坑较深，墓底一直深挖到红砂岩的山崖中，在土坑墓圹的外围用圈石围护。墓口平面为长方形，方向 0°。墓口长 2.3、宽 1、墓口距墓底深 0.9 米。直壁。墓内仅见少许黄色淤泥层。

墓室整体用石块垒成，墓顶用石板盖顶。盖顶石板共五块，长 1.4 ~ 1.54、宽 0.4 ~ 0.6、厚 0.05 ~ 0.1 米（图六二九；图版一七八，1、2）。

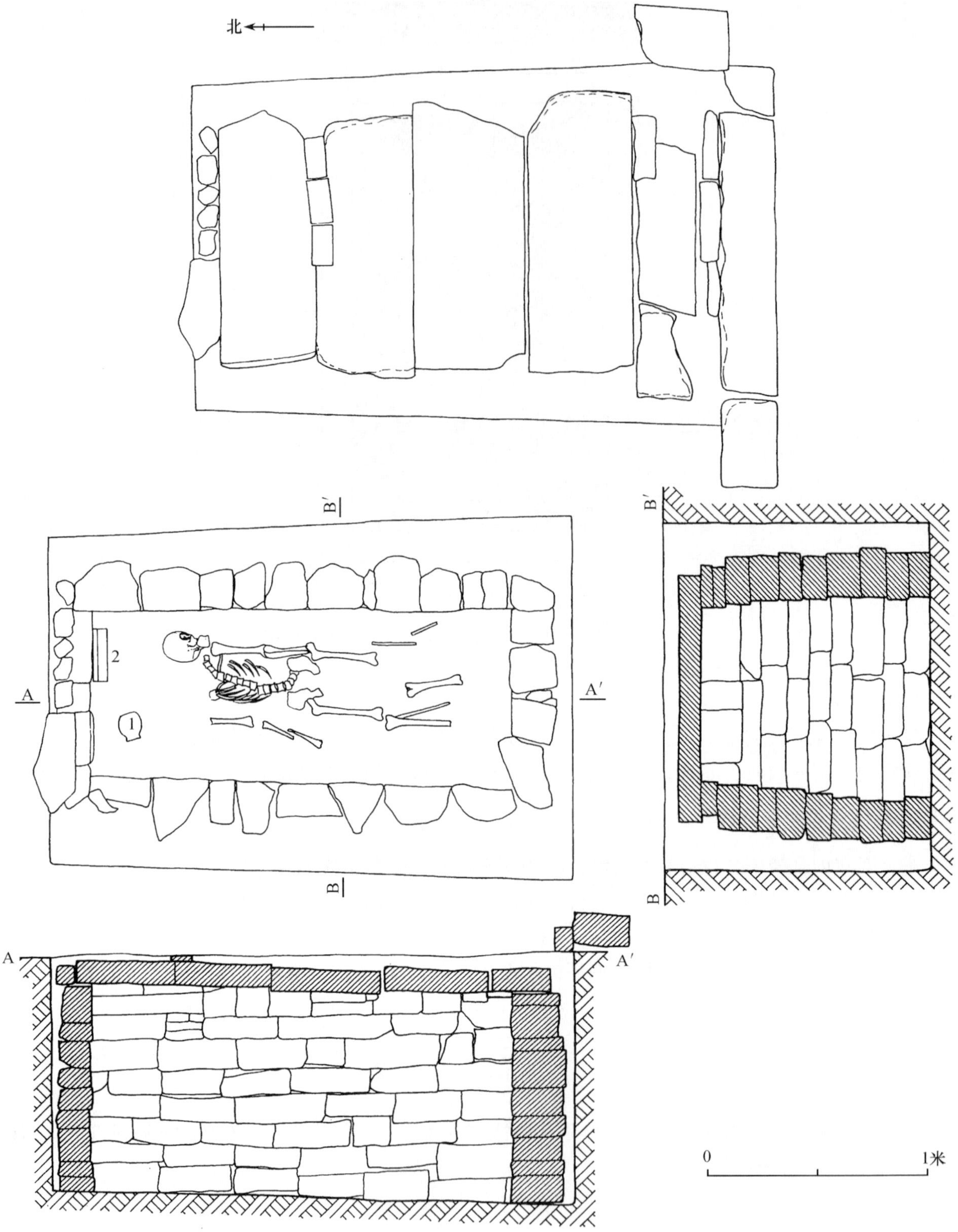

图六二九　巴东旧县坪遗址（西）M7 顶视图、平、剖面图

1. 釉陶罐　2. 买地券（墓志）

（二）葬具与葬式

1. 葬具

葬具已不存，仅见棺钉。

2. 葬式

墓内人骨保存较差，但可辨为一个个体，葬式为仰身直肢葬。

（三）随葬品位置与放置方式

墓内发现随葬品 2 件，买地券（墓志）1 件，釉陶罐 1 件。
买地券放置于墓底北端西侧，釉陶罐置于墓主头部偏东。

三、土 圹 墓

共 13 座，包括（西）M3、（西）M4、（西）M6、（西）M8、（西）M9、（西）M10、（西）M11、（西）M16、（西）M17、（西）M18、（西）M19、（西）M20、（西）M21。按照圹外有无石砌护墙可以分为两类。下面分别介绍。

（一）无石砌护墙的土坑墓

10 座，包括（西）M4、（西）M6、（西）M9、（西）M10、（西）M16、（西）M17、（西）M18、（西）M19、（西）M20、（西）M21。其中（西）M6、（西）M9、（西）M10 出有陶瓷器等随葬品，（西）M4 只出有 4 枚铜钱，其余墓葬均无随葬品。

1. （西）M6

（西）M6 位于（西Ⅰ）T2420 南部，开口于 3 层下，打破 4 层；墓口距地表深 0. 34 米。
（1）墓葬结构
墓口平面呈长方形，方向 5°。墓口长 2. 45、宽 0. 88 米；直壁；墓口距墓底残深 1. 07 米（图六三〇）。
墓室北端设头龛一个，高出墓底 0. 6、龛高 0. 38、宽 0. 3、深 0. 32 米。
（2）葬具与葬式
葬具仅剩下半部四壁围板，可辨为单棺。据此推测棺长 2. 06、宽 0. 52、残高 0. 22、底部铺有一层草木灰。
人骨保存较好，为仰身直肢葬。
（3）随葬品位置与摆放方式
随葬品共有 6 件：釉陶罐 1 件，瓷碗、碟各 1 件，银耳环 1 件，铜饰件 1 件，买地券（墓志）1 件。
瓷碗平置于陶罐口上，瓷碟置于瓷碗内，三者成套放置于头龛内；银耳环放置于头骨西侧；买地券（墓志）置于头部棺板外。

2. （西）M9

（西）M9 位于（西Ⅰ）T2219 南部，开口于 3 层下，打破 4 层；墓口距地表深 0. 95 米。

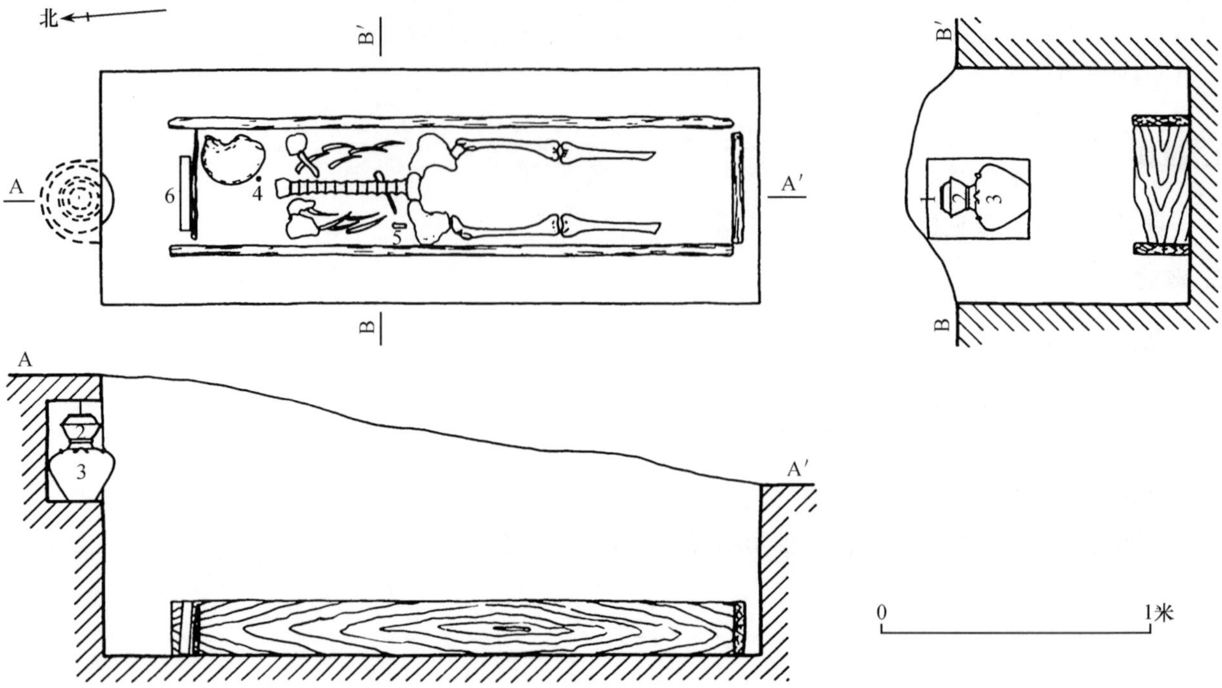

图六三〇　巴东旧县坪遗址（西）M6 平、剖面图
1. 瓷碟　2. 瓷碗　3. 釉陶罐　4. 银耳环　5. 铜饰件　6. 买地券

（1）墓葬结构

墓口平面呈长方形，方向 0°。墓口长 2.1、宽 0.88 米；直壁；墓口距墓底残深 1.3 米（图六三一）。

（2）葬具与葬式

葬具已腐朽无存。

人骨放置凌乱，推测其为屈肢葬。

（3）随葬品位置与摆放方式

墓内骨架头骨下枕有板瓦一块，并出土其他随葬品 4 件：釉陶罐 1 件，瓷碗 1 件，银耳环 1 件，铜簪 1 件。

3.（西）M10

（西）M10 位于（西Ⅰ）T2520 东部，开口于 3 层下，打破 4 层；墓口距地表深 0.95 米。

（1）墓葬结构

墓口平面呈长方形，方向 5°。墓口长 2.35、宽 0.7 米；墓底长 2.3、宽 0.66 米；墓底距墓口残深 0.35 米（图六三二；图版一七八，3）。

斜壁。墓底经人工修整，无其他现象。

墓室北端设头龛一个，高出墓底 0.25 米，龛高 0.32、宽 0.3、深 0.3 米。

（2）葬具与葬式

葬具仅剩板灰痕迹，可辨为单棺。据此推测棺长 2.1、北宽 0.58、南宽 0.4、残高 0.2 米。

人骨保存较好，可辨为一成年女性个体，为仰身直肢葬。

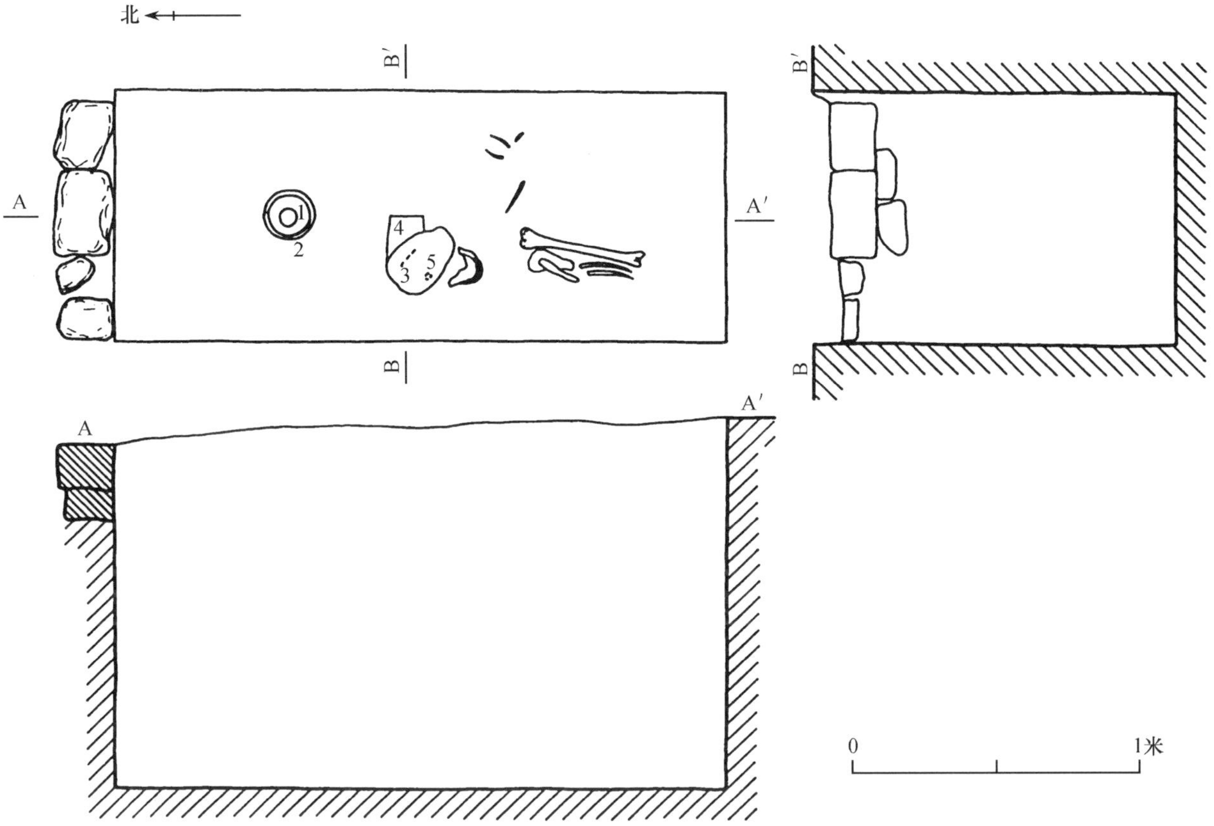

图六三一　巴东旧县坪遗址（西）M9平、剖面图

1. 瓷碗　2. 釉陶罐　3. 铜簪　4. 瓦　5. 银耳环

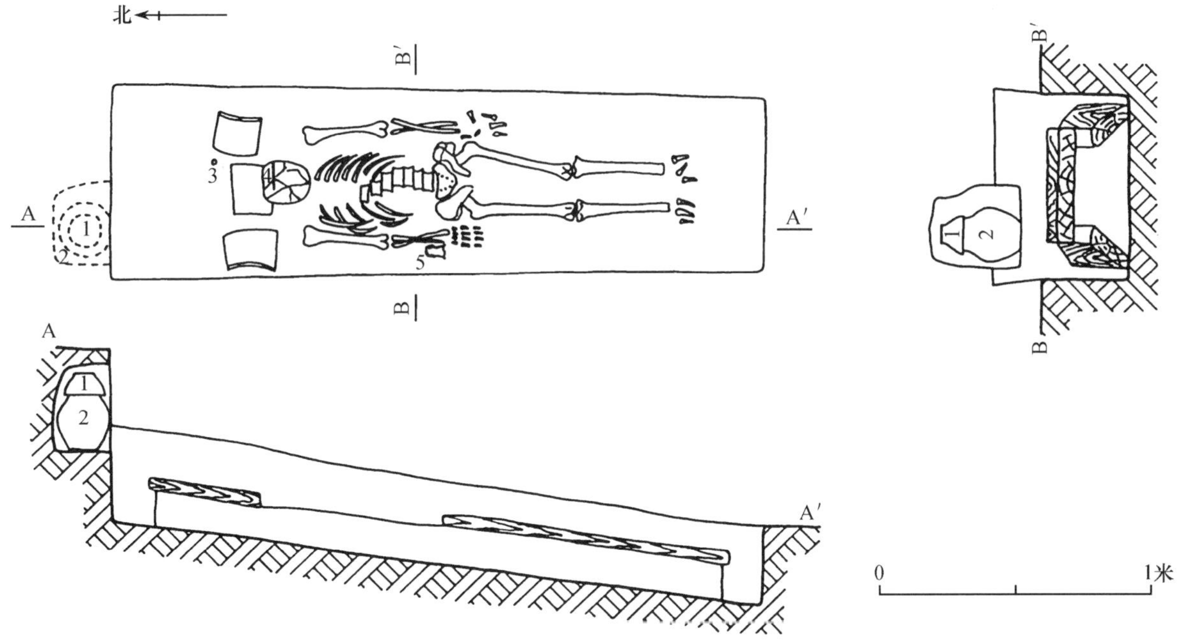

图六三二　巴东旧县坪遗址（西）M10平、剖面图

1. 瓷碗　2. 釉陶罐　3. 铜钱　4. 铜簪　5. 铜牌

（3）随葬品位置与摆放方式

墓内骨架头骨下枕有板瓦 3 块，并出土其他随葬品 5 件，铜簪 1 件，铜钱 1 枚，釉陶罐 1 件、青花瓷碗 1 件、铜牌 1。

青花瓷碗倒扣于釉陶罐上，二者成套放置于头龛内；铜簪和铜钱散布于头骨附近。

（二）有石砌护墙的土坑墓

3 座，包括（西）M3、（西）M8、（西）M11。

1. （西）M3

（西）M3 位于（西ⅠB）T0417 中部，开口于 3 层下，打破红色砂岩及黄色生土层。墓口距地表深87～125 厘米。

（1）墓葬结构

墓上有封土堆，残高 0.5～1.28、南北最大径为 4.4、东西最大径为 3.8 米（图六三三；图版一七九，1）。

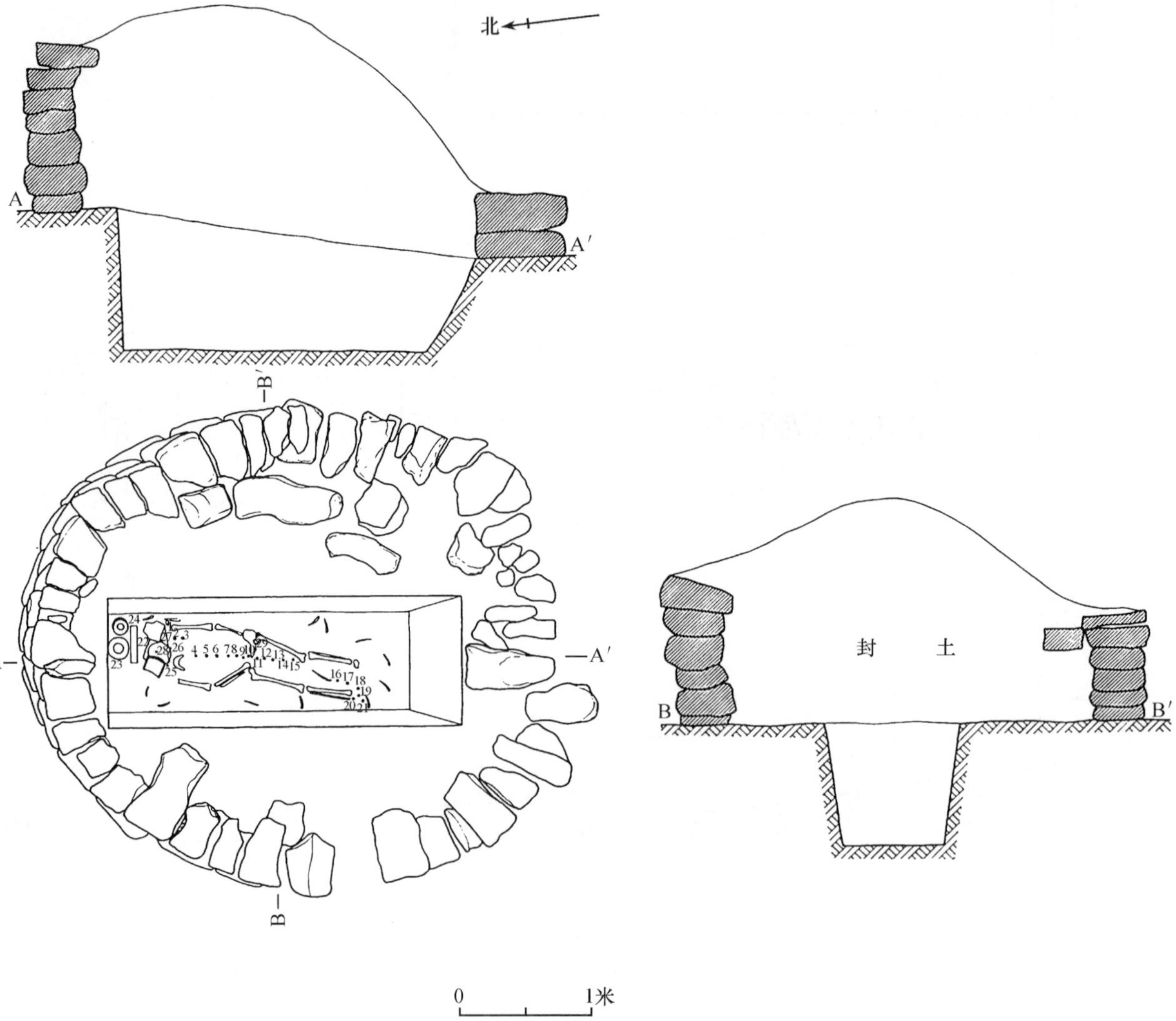

图六三三　巴东旧县坪遗址（西）M3 平、剖面图

1～21、26～28. 铜钱　22. 墓志　23. 釉陶罐　24、25. 瓷碗

墓口平面呈椭圆形，方向5°。外圈石砌护墓墙体南北最大径4.1、东西最大径3.8米；墓口平面长2.72、宽1米。斜壁。墓底长2.3、宽0.75、墓底距墓口深1.57～2.35米（图版一七九，2）。

填土为灰红黄色花土，是灰黑色黏土、红色沙土、黄色黏土的混合体，夹杂部分红烧土颗粒、砾石等，土质较硬。填土中出土有较多的布纹瓦片。

（2）葬具与葬式

葬具仅存板灰痕迹，应为单棺。

人骨保存较好，可见头骨、下颌骨、臂骨及下肢骨；为仰身直肢葬式。

人骨头部下枕四块青灰色瓦片，瓦片表面素面，背饰布纹。长20、宽17～20、厚1.5厘米。

（3）随葬品位置与摆放方式

墓内骨架头骨下枕有板瓦3块，并出土其他随葬品5件。

其中墓室北端的头龛内放置买地券（墓志）1件，瓷碗2件，釉陶罐1件。

钱币主要分布于人体之下，略呈“S”形；可辨有“洪武通宝”、“元丰通宝”、“祥符通宝”、“皇宋通宝”等，共24枚（计1件）。

2. （西）M8

（西）M8位于（西Ⅰ）T2620中部偏北，开口于3层下，打破4层；墓口距地表深0.8米。

（1）墓葬结构

墓圹外围曾用石块围砌成椭圆状护墓石墙，多已散乱；墓坑北侧用石块垒砌成高坎，超出墓坑口0.45、残高有0.8米（图六三四；图版一七九，3）。

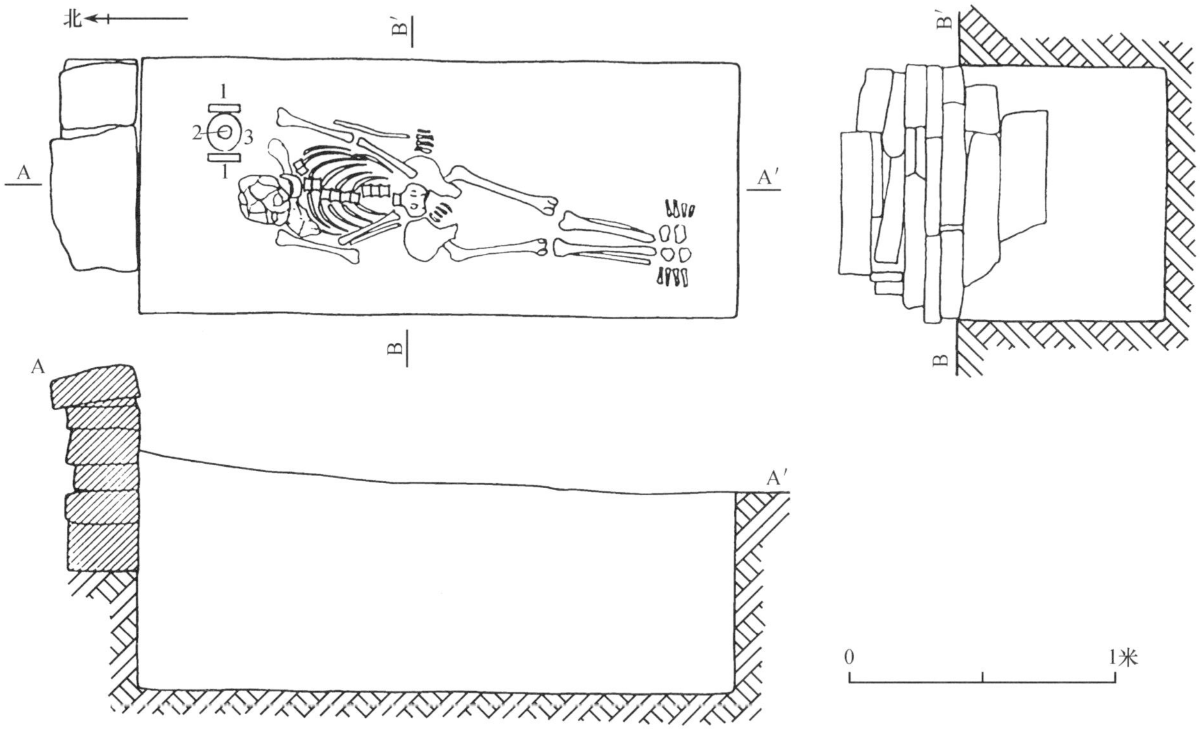

图六三四 巴东旧县坪遗址（西）M8平、剖面图

1. 砖 2. 瓷碗 3. 釉陶罐

墓口平面为长方形，方向0°。墓口长2.05、宽0.95米。斜壁。墓底长2、宽0.9米；墓底距墓口深1.2米。墓底建造于基岩之上，经过人工凿制平整。

墓内填土为花土，夹杂基岩石料。

（2）葬具与葬式

葬具不存，仅见铁质棺钉数件。

墓内人骨保存较好，为仰身直肢葬式。根据盆骨形态推测为成年男性。

（3）随葬品位置与放置方式

人骨下枕有灰砖1块，墓内另出土随葬品2件，分别为釉陶罐1件，瓷碗1件，瓷碗倒扣于釉陶罐口之上。

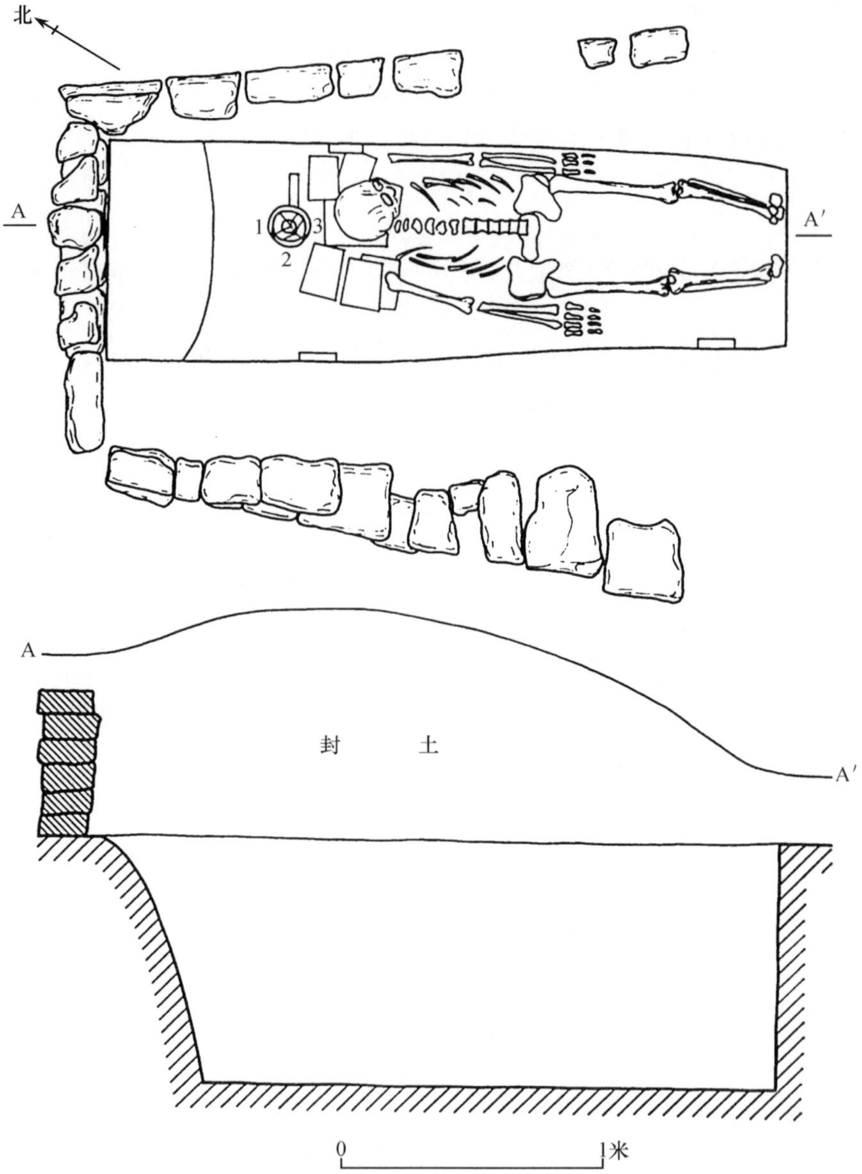

图六三五　巴东旧县坪遗址（西）M11平、剖面图
1、2. 瓷碗　3. 釉陶罐

3.（西）M11

（西）M11 位于（西Ⅰ）T2420 东部，开口于 3 层下，打破 4 层；墓口距地表深 0.66 米。

（1）墓葬结构

墓圹外围用石块围砌成护墓石墙，多已散乱。其平面大致呈梯形，西端较窄，宽 1.4、北壁残长 2.4、南壁残长约 2.2 米（图六三五）。

墓口平面为长方形，方向 33°。墓口长 2.6、宽 0.84 米。直壁。墓底长 2.6、宽 0.84 米；墓底距墓口深 0.94 米。

墓内填土为花土，夹杂基岩石料。

（2）葬具与葬式

葬具不存，仅见铁质棺钉数件。

墓内人骨保存较好，为仰身直肢葬式。根据盆骨形态推测为成年男性。

（3）随葬品位置与放置方式

墓内出土随葬品 3 件，分别为瓷碗 2 件，釉陶罐 1 件。两件瓷碗叠扣于釉陶罐之上。

第二节　出土遗物

旧县坪遗址明代墓葬中共出土各类遗物计 276 件（此处铜钱、棺钉、棺饰均按枚统计，含 15 件未在平面上标注的板瓦），质地包括金器、银器、铜器、瓷器、陶器等。其中，陶器包括板瓦、买地券（墓志）等；瓷器可见碟、碗等；铜器包括环饰、簪、饰件等；银器可见簪、头饰、耳环等。按质地分类分别介绍如下（表三二）。

表三二　巴东旧县坪遗址明代墓葬出土器物统计表　（单位：件）

器物 墓号	棺钉	棺饰	板瓦	砖	买地券	金耳环	银簪	银头饰	银耳环	铜簪	铜饰件	铜环饰	铜牌	铜钱	铁器	瓷碟	瓷碗	釉陶罐	总计
（西）M1	19	4	3		1		1	1	2					72		1	2	1	107
（西）M2	26		6			2	1	1	2			7		60	1			1	107
（西）M7					1													1	2
（西）M6					1				1		1					1	1	1	6
（西）M9			1						1	1							1	1	5
（西）M10			3							1			1	1			1	1	8
（西）M3			3		1									24			2	1	31
（西）M4														4					4
（西）M8				1													1	1	3
（西）M11																	2	1	3
小计	45	4	16	1	4	2	2	2	6	2	1	7	1	161	1	2	10	9	276

一、陶　器

板瓦　16件。

标本（西）M1∶105，背部饰布纹，正面素面，青灰色。全长22、小头宽17、大头宽20、弧拱高3.5、厚1厘米（图六三六，2）。

标本（西）M1∶106，背部饰布纹，正面素面，青灰色。全长20、小头宽16、大头宽19、弧拱高2.5、厚1厘米。

买地券（墓志）　4件。面文均已模糊，不可辨识。

标本（西）M1∶29，朱红色，刻划数条竖条纹。全长30.5、宽29、厚4.7厘米（图版一八三，2）。

标本（西）M3∶22，朱红色，素面。全长36、宽29.5、厚2厘米（图版一八三，1）。

标本（西）M6∶6，青灰色，素面。全长32、宽29、厚2.5厘米（图版一八三，3）。

标本（西）M7∶2，青灰色，刻划数条竖条纹。全长26、宽26、厚4.3厘米（图版一八三，4）。

二、釉　陶　器

罐　9件。分三型。

A型　1件。折肩四系罐。

标本（西）M6∶3，泥质红灰色陶，外施黑褐色釉。直口，卷沿，短颈，折肩，凹圜底；薄胎，体饰弦纹四道。口径6.3、腹径17.5、底径6.75、高11.1厘米（图六三六，1；图版一八〇，1）。

B型　4件。筒形罐，最大径在腹部。根据整体形态差异，可以分为二亚型。

Ba型　2件。饼状假圈足筒形罐。根据器形由矮、胖渐高、瘦的变化可以分为二式。

Ⅰ式：1件。体态矮胖。

标本（西）M8∶3，泥质灰红陶，除足底外，体施青褐色釉，制作粗糙。直口，厚圆唇，斜直颈较短，圆肩，鼓腹，饼状假圈足，内壁呈瓦棱状。口径9.2、腹径15、足径9.6、高15.2厘米（图六三六，3；图版一八〇，2）。

Ⅱ式：1件。体态较瘦高。

标本（西）M2东室∶21，泥质红灰陶，体施青褐色釉，足底不施。直口，卷沿，微鼓腹，圆饼式平底，通体饰弦纹，肩部刻划纹饰。口径9、腹径15.2、足径9.2、高13.2厘米（图六三六，4；图版一八〇，3）。

Bb型　2件。无圈足平底筒形罐。根据形态差异可以分为二式。高与最大腹径之比渐次增大，器形渐变瘦长。

Ⅰ式：1件。体态矮胖。

标本（西）M7∶1，泥质灰红陶，外腹上部施青釉。直口，厚圆唇外凸，斜直领，溜肩，鼓腹，平底，内外壁皆有螺旋状凹凸。口径7.6、腹径13.2、底径8.8、高14厘米（图六三六，5；图版一八〇，4）。

Ⅱ式：1件。体态较为瘦高。

标本（西）M11∶3，泥质红陶，釉已脱落。小直口，圆唇，直颈，溜肩，长鼓腹弧壁，平底，表饰瓦棱纹。口径10.6、腹径16.6、底径10、高22.2厘米（图六三六，6，图版一八〇，5）。

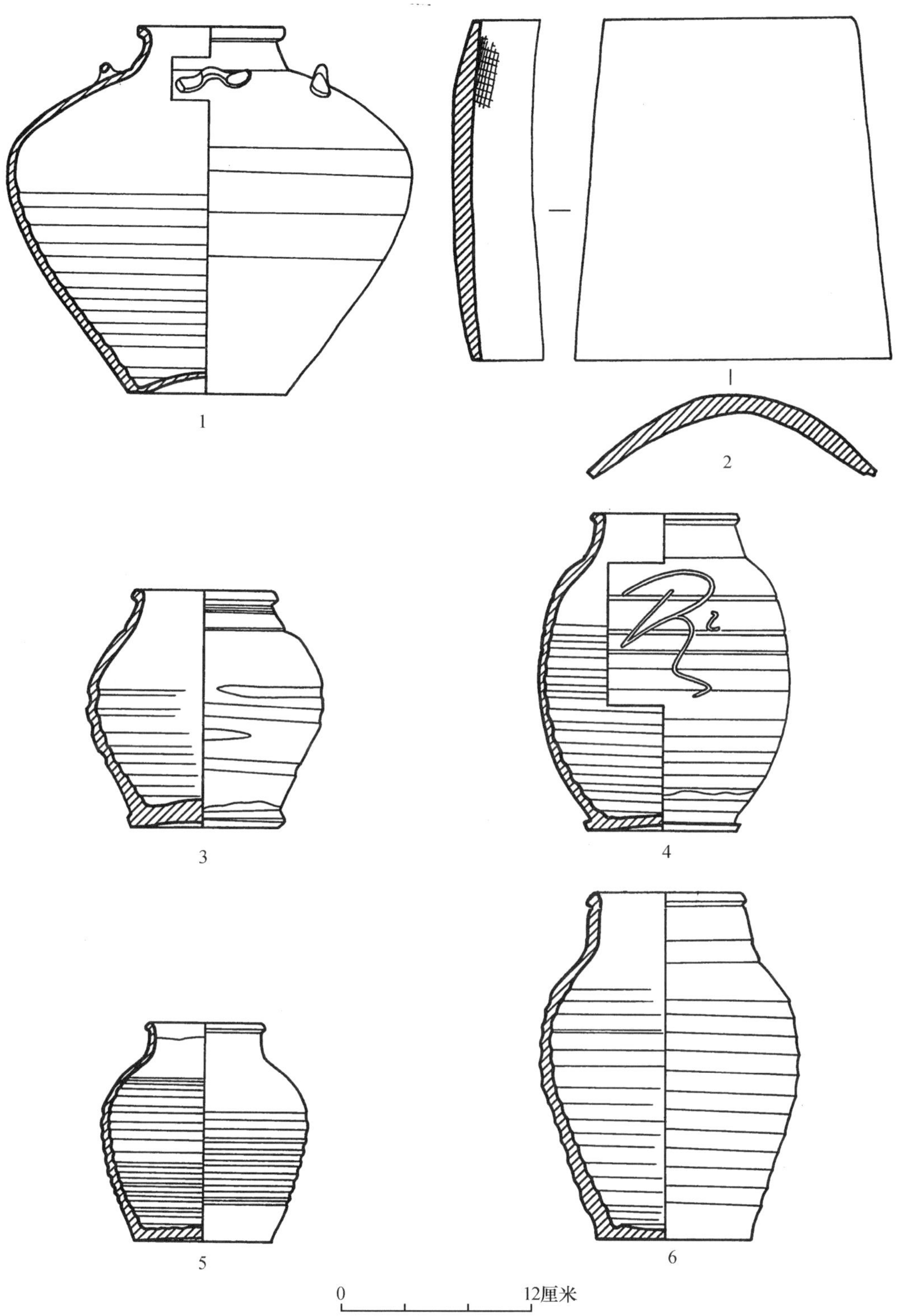

图六三六　巴东旧县坪遗址明代墓葬出土器物

1. A型釉陶罐（(西) M6:3）　2. 陶板瓦（(西) M1:105）　3. Ba型Ⅰ式釉陶罐（(西) M8:3）　4. Ba型Ⅱ式釉陶罐（(西) M2东室:21）　5. Bb型Ⅰ式釉陶罐（(西) M7:1）　6. Bb型Ⅱ式釉陶罐（(西) M11:3）

C 型　4 件。锥形罐。最大径在肩、底径远小于口径。根据整体形态可以分为二式。口径与底径之比渐次减小。

Ⅰ式：1 件。体态较高瘦，器身立面近似锥形，侈口。

标本（西）M10:2，泥质灰陶，外腹上部及内颈部略施黄褐釉。侈口，圆唇，束颈，卷沿，广肩，鼓腹，最大腹径偏上，下腹斜直急收成小平底，内外壁皆有螺旋形凹凸，内腹中部有一周接胎痕迹。口径 11.2、腹径 26.4、底径 7.2、高 28.2 厘米（图六三七，1；图版一八一，1）。

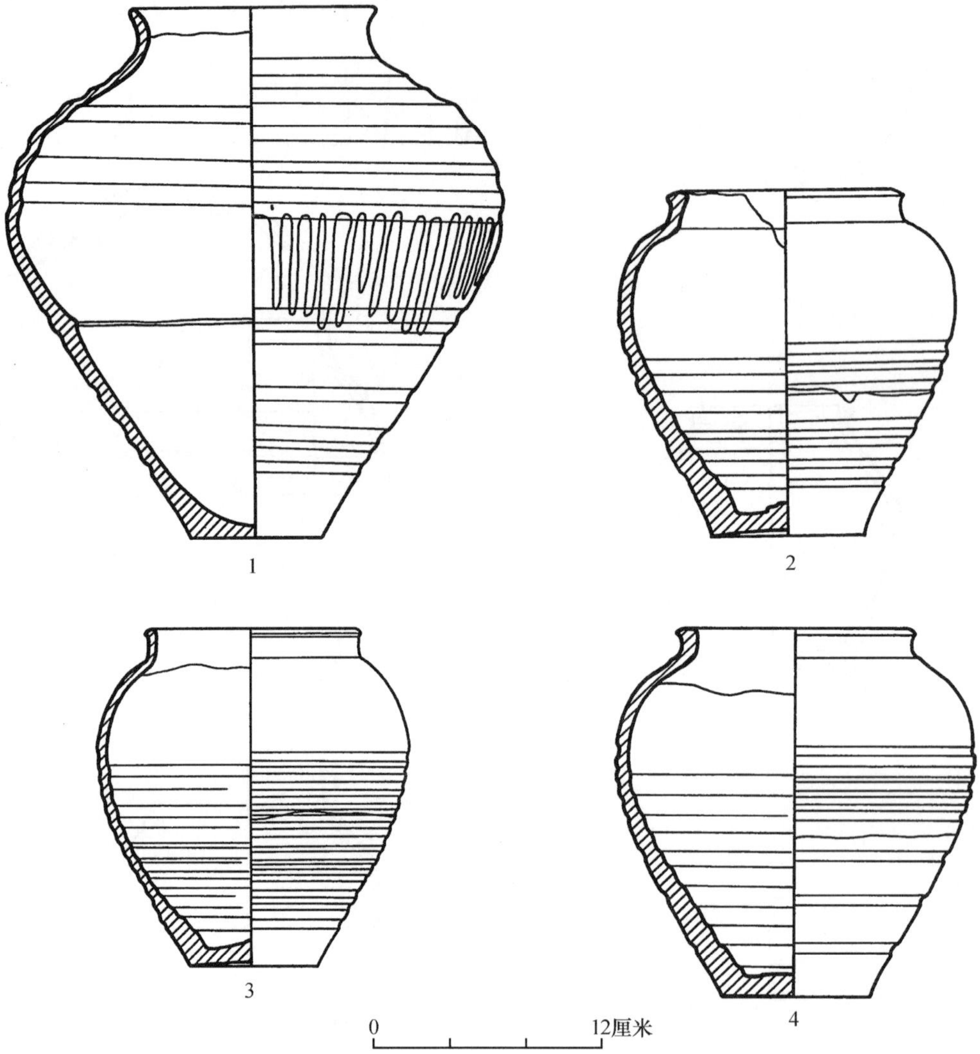

图六三七　巴东旧县坪遗址明代墓葬出土釉陶罐

1. C 型Ⅰ式（(西) M10:2）　2～4. C 型Ⅱ式（(西) M3:23、(西) M1:31、(西) M9:2）

Ⅱ式：3 件。体态较为矮胖，直口，平底。

标本（西）M3:23，泥质灰红陶，外腹中部以上略施褐色釉。直口，圆唇，短领微斜，耸肩，深鼓腹，最大腹径较高，下部斜收，近底略外曲，平底微凹，内外腹壁饰螺旋形凹凸。口径 12.4、腹径 17.6、底径 8、高 18.4 厘米（图六三七，2；图版一八一，2）。

标本（西）M1:31，泥质灰陶，外腹中部以上略施褐色釉。直口，方唇，弧腹，最大腹径较高，下部斜收，近底略外曲，平底。口径 12、腹径 17.1、底径 7.8、高 12.9 厘米（图六三七，3；图版一八一，3）。

标本（西）M9:2，泥质红陶，内外腹壁上部略施褐釉。直口，折沿，圆唇，短束颈，溜肩，深鼓腹，最大径在上腹部，小底。口径12.6、腹径18.8、底径7.8、高19.6厘米（图六三七，4；图版一八一，4）。

三、瓷　　器

碟　2件。可以分为二型。

A型　1件。撇口，素面碟。

标本（西）M1:104，通体施白釉，素面。撇口，弧腹，矮圈足内收。口径12、足径6.4、高2.4厘米（图六三八，2）。

B型　1件。敞口，青花瓷碟。

标本（西）M6:1，青花瓷，白胎，青白釉。敞口，尖唇，弧腹，平底，圈足内收。口径13.2、足径8、高2.6厘米（图六三八，3；彩版三一，1、3）。

碗　10件。根据口沿、腹部形态，可分为三型。

A型　1件。敞口，圆唇，腹壁斜直。

标本（西）M8:2，白胎，除圈足口及足内部外，皆施护胎釉一层，现外层釉已经脱落。敞口，圆唇，深腹斜直，圜底，圈足。沿下绘几何纹，腹部绘带纹、飘带纹，碗心饰带纹、流云纹。口径13.4、足径5.4、高6厘米（图六三八，1；图版一八二，1）。

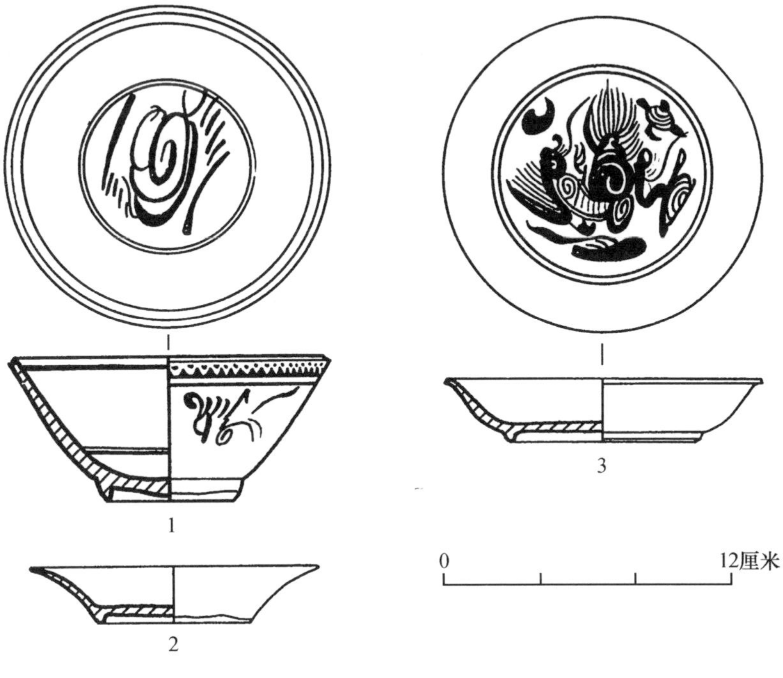

图六三八　巴东旧县坪遗址明代墓葬出土瓷碗、碟

1. A型碗（(西) M8:2）　2. A型碟（(西) M1:104）　3. B型碟（(西) M6:1）

B型　2件。敞口，腹壁内弧。根据圈足形态可以分为二式。

Ⅰ式：1件。圈足内收。

标本（西）M1:30，白胎，体施青白釉。敞口，尖唇，弧壁，较深腹，圜底，圈足略内收；体饰卷草纹、花卉纹；碗心饰两周同心圆，圈内饰有花卉纹。口径14.6、足径6、高5.8厘米（图六三九，1）。

Ⅱ式：1件。圈足直立。

标本（西）M11∶2，白胎，通体施白釉，内部釉色泛灰。敞口，圆唇，弧壁深腹，圈足直立，凹圜底。唇内外及足根处各饰带纹一周，碗心饰一周同心圆，圆圈内饰花卉纹。口径12.2、足径4.5、高5.5厘米（图六三九，2；图版一八二，2）。

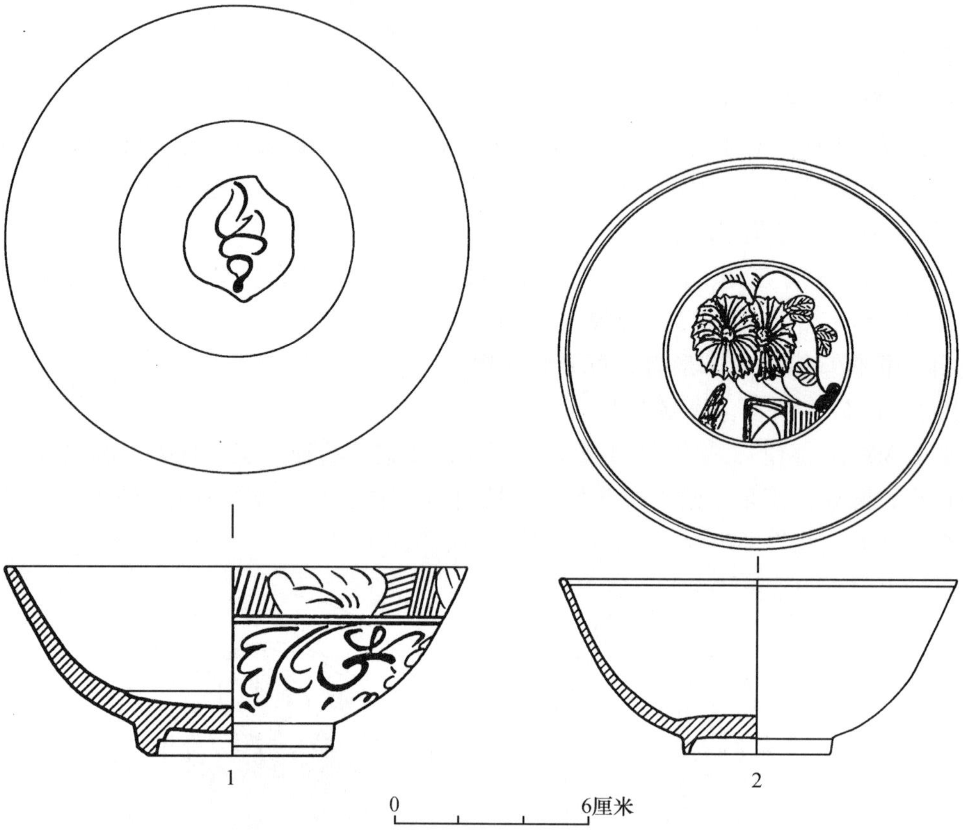

图六三九　巴东旧县坪遗址明代墓葬出土瓷碗

1. B型Ⅰ式（(西) M1∶30）　2. B型Ⅱ式（(西) M11∶2）

C型　7件。侈口，尖唇，腹壁内弧。根据足部形态、腹壁弧度可以分为二式。

Ⅰ式：1件。腹壁内弧较小，圈足内收。

标本（西）M10∶1，白胎，体施青白釉。侈口，尖唇，弧壁，平底，圈足较高、略内收。体外饰缠枝花卉纹、条带纹，内底饰条带纹。口径14.8、足径4.2、高6.6厘米（图六四〇，1）。

Ⅱ式：6件。腹壁内弧较甚，圈足直立。

标本（西）M11∶1，白胎较薄，通体施白釉。侈口，圆唇，深曲弧腹，圈足直立。素面，内壁上下各有一周圆圈。口径12.2、足径3.4、高5.2厘米（图六四〇，2；图版一八二，3）。

标本（西）M6∶2，白胎较薄，体施青白釉。侈口，尖唇，沿面上扬，弧腹，平底，圈足直立。口沿外饰带纹，带内填以飞鸟纹。口径15.36、足径5.76、高6.24厘米（图六四一）。

标本（西）M1∶28，白胎较薄，体施白釉。侈口，尖唇，折沿微扬，弧腹，平底，矮圈足直立。素面。口径14.8、足径6.1、高5.3厘米（图六四五；图版一八二，5）。

标本（西）M3∶24，白胎，体施白釉。口沿已经变形，圆唇，深弧腹，圈足直立。沿上下各饰两周青花带纹，内底部饰有二周青花带纹，中心饰有花草、人物、云纹，外腹壁饰山水人物图案。口径14.8、足径5.8、高5.4厘米（图六四二；彩版三一，4）。

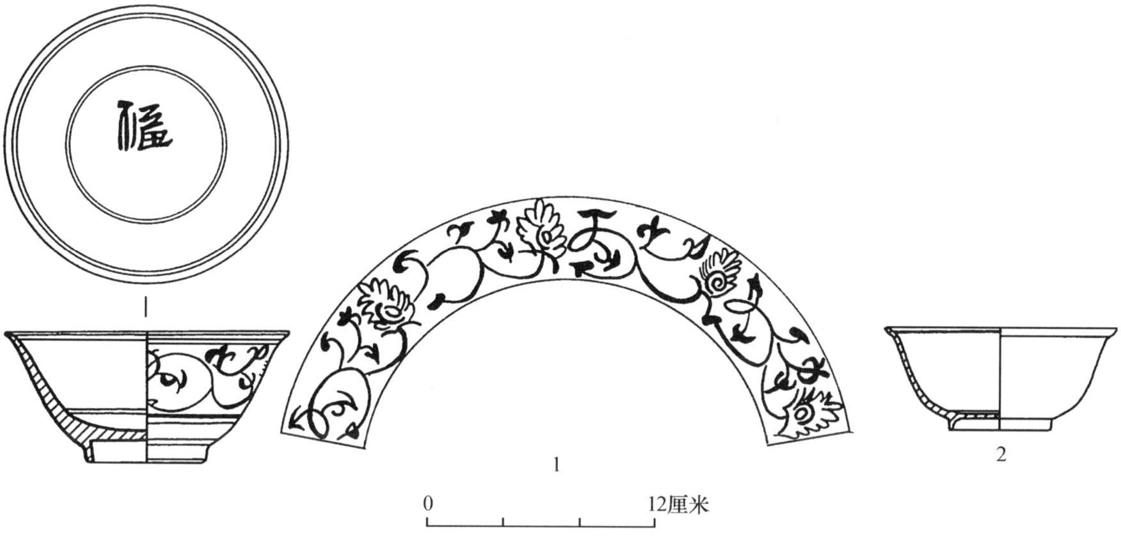

图六四〇　巴东旧县坪遗址明代墓葬出土瓷碗
1. C型Ⅰ式（(西) M10:1）　2. C型Ⅱ式（(西) M11:1）

标本（西）M9:1，白胎，体施白釉。口沿已经变形，圆唇，深弧腹，矮圈足直立。沿上下、内底各饰两周青花带纹，内底部饰有青花鱼鸟图案，外腹部饰有花草、云纹，外腹部下壁饰一周青花带纹，足饰两周青花带纹。口径15.2、足径5.8、高5.5厘米（图六四三；图版一八二，4）。

标本（西）M3:25，白胎，体施白釉。口沿已经变形，圆唇，深弧腹，矮圈足直立。沿上下各饰两周青花带纹，内底部饰有二周青花带纹，中心饰有花草、人物、云纹，外足及近足处饰有三周青花带纹，外腹壁饰山水人物图案，人物似为“八仙”中之四仙。口径15、足径6、高5.4厘米（图六四四；彩版三一，2；图版一八二，6）。

图六四一　巴东旧县坪遗址明代墓葬出土C型Ⅱ式瓷碗（(西) M6:2）

图六四二　巴东旧县坪遗址明代墓葬出土C型Ⅱ式瓷碗（(西) M3:24）

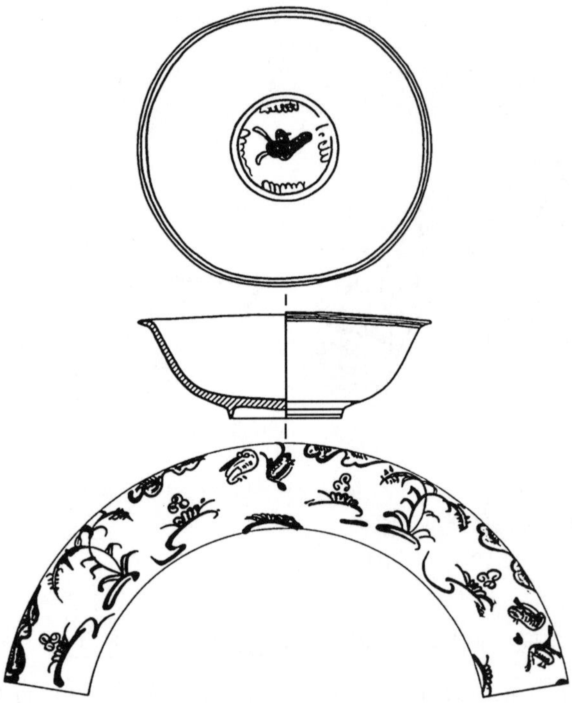

图六四三　巴东旧县坪遗址明代墓葬出土C型Ⅱ式瓷碗（(西) M9:1)

图六四四　巴东旧县坪遗址明代墓葬出土C型Ⅱ式瓷碗（(西) M3:25)

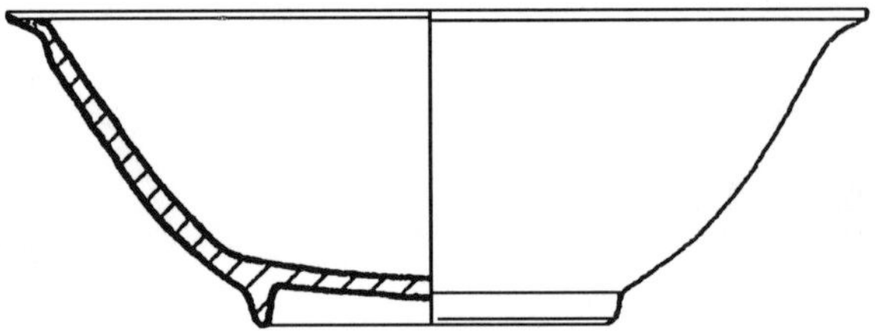

图六四五　巴东旧县坪遗址明代墓葬出土C型Ⅱ式瓷碗（(西) M1:28)

四、铜　　器

钱币　明代墓葬中，出土有大量钱币，总数达161枚，但部分钱币面文已经朽不可辨，可辨识者总计15件。

开元通宝　1枚。

标本（西）M2西室:4，“元”字上横变长，“通”字“甬”旁上部略变宽，“走”旁三点出现顿挫，“宝”字“贝”部两横变长，背穿上一直横。直径2.4、穿边长0.7厘米（图六四六，1）。

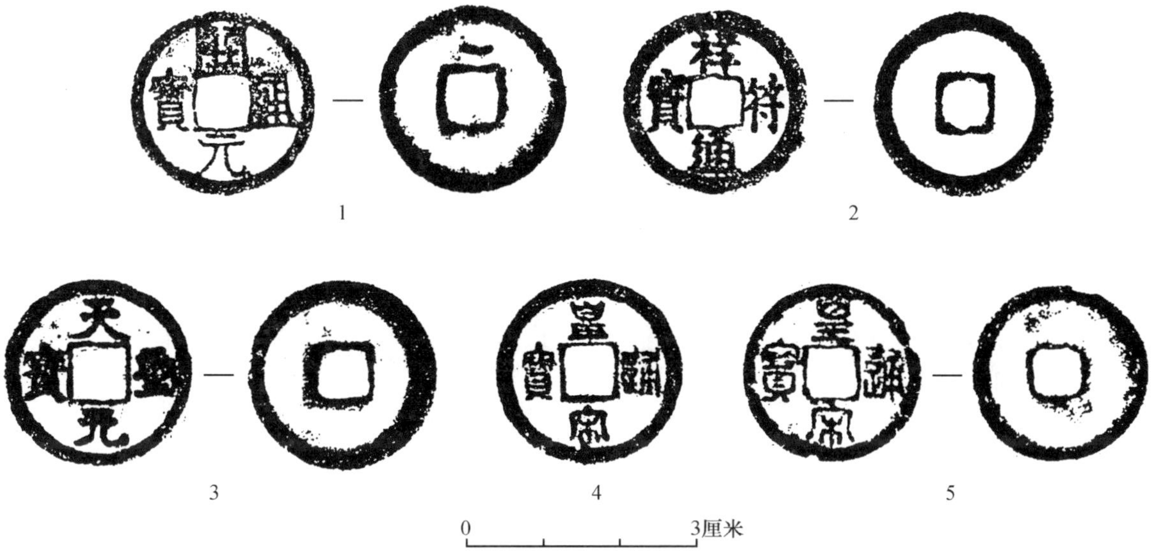

图六四六　巴东旧县坪遗址明代墓葬出土铜钱拓片

1. 开元通宝（（西）M2西室:4）　2. 祥符通宝（（西）M3:28）　3. 天圣元宝（（西）M3:5）　4、5. 皇宋通宝（（西）M3:1-1、（西）M3:1-2）

祥符通宝　1枚。

标本（西）M3:28，“通”字“走”旁行书写法，楷书旋读。直径2.4、穿边长0.7厘米（图六四六，2）。

天圣元宝　1枚。

标本（西）M3:5，楷书，旋读。直径2.5、穿边长0.8厘米（图六四六，3）。

皇宋通宝　2枚。窄郭，篆书。

标本（西）M3:1-1，郭略窄，小字，篆书，字与内外郭不相连。直径2.5、穿边长0.7厘米（图六四六，4）。

标本（西）M3:1-2，窄郭，篆书；直径2.4、穿边长0.7厘米（图六四六，5）。

熙宁元宝　1枚。

标本（西）M3:1-3，窄郭，楷书，旋读；直径2.3、穿边长0.8厘米（图六四七，1）。

熙宁重宝　1枚。

标本（西）M2东室:43，篆书，折二型。直径2.8、穿边长0.8厘米（图六四七，2）。

元丰通宝　3枚。外郭略窄，面文有行书与篆书之分。

标本（西）M2东室:3，行书。直径2.3、穿边长0.7厘米（图六四七，3）。

标本（西）M2西室:9，行书。直径2.5、穿边长0.8厘米（图六四七，4）。

标本（西）M3:1-4，外郭略窄，篆书。直径2.3、穿边长0.7厘米（图六四七，5）。

元祐通宝　2枚。面文有行书与篆书之分。

标本（西）M2东室:6，行书。直径2.5、穿边长0.7厘米（图六四七，6）。

标本（西）M3:14，篆书。直径2.4、穿边长0.7厘米（图六四七，7）。

绍圣元宝　1枚。

标本（西）M2东室:5，篆书，背穿上似有一偃月。直径2.4、穿边长0.7厘米（图六四七，8）。

洪武通宝　1枚。

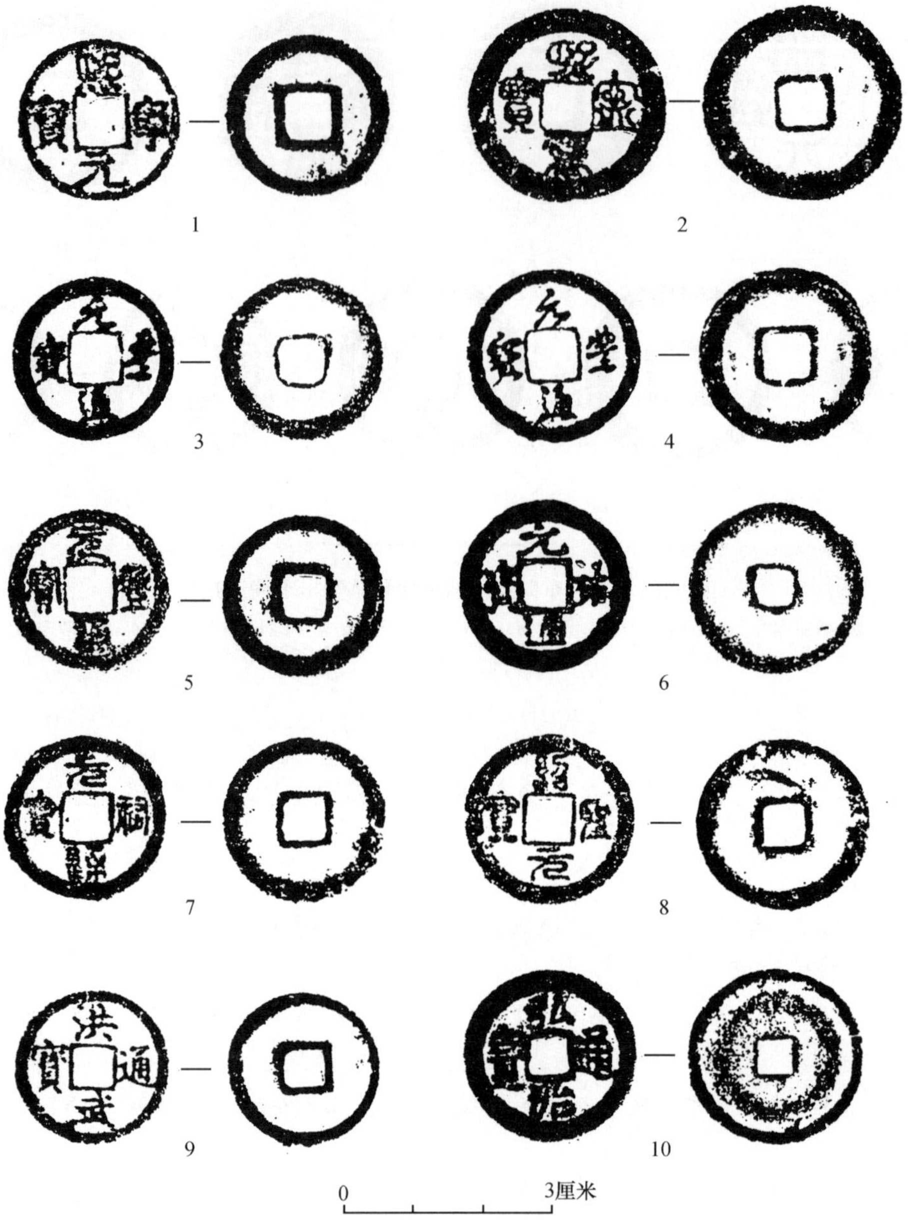

图六四七　巴东旧县坪遗址明代墓葬出土铜钱拓片

1. 熙宁元宝（（西）M3∶1-3）　2. 熙宁重宝（（西）M2 东室∶43）　3～5. 元丰通宝（（西）M2 东室∶3、（西）M2 西室∶9、（西）M3∶1-4）　6、7. 元祐通宝（M2 东室∶6、（西）M3∶14）　8. 绍圣元宝（（西）M2 东室∶5）　9. 洪武通宝（（西）M3∶4）　10. 弘治通宝（（西）M1∶32）

标本（西）M3∶4，光背。直径 2.2、穿边长 0.6 厘米（图六四七，9）。

弘治通宝　1 枚。

标本（西）M1∶32，直径 2.5、穿边长 0.6 厘米（图六四七，10）。

簪　2 件。

标本（西）M10∶4，菇形帽，饰旋涡纹，长锥形杆。帽径 1.3、长 11.8 厘米（图六四八，1；图版一八四，1）。

标本（西）M9∶3，圆形杆，首端较粗，渐收成尾尖，首端接一圆形勺，勺端略下撇。残长 13 厘米（图六四八，7；图版一八四，2）。

饰件 1件。

标本（西）M6:5，平面呈“圭”形，侧面呈“V”形。长4.8、宽1.6~1.9厘米（图六四八，3）。

环饰 7件。均出自（西）M2，圆圈形，尺寸相同。

标本（西）M2西室:28，直径0.8厘米。

牌 1件。

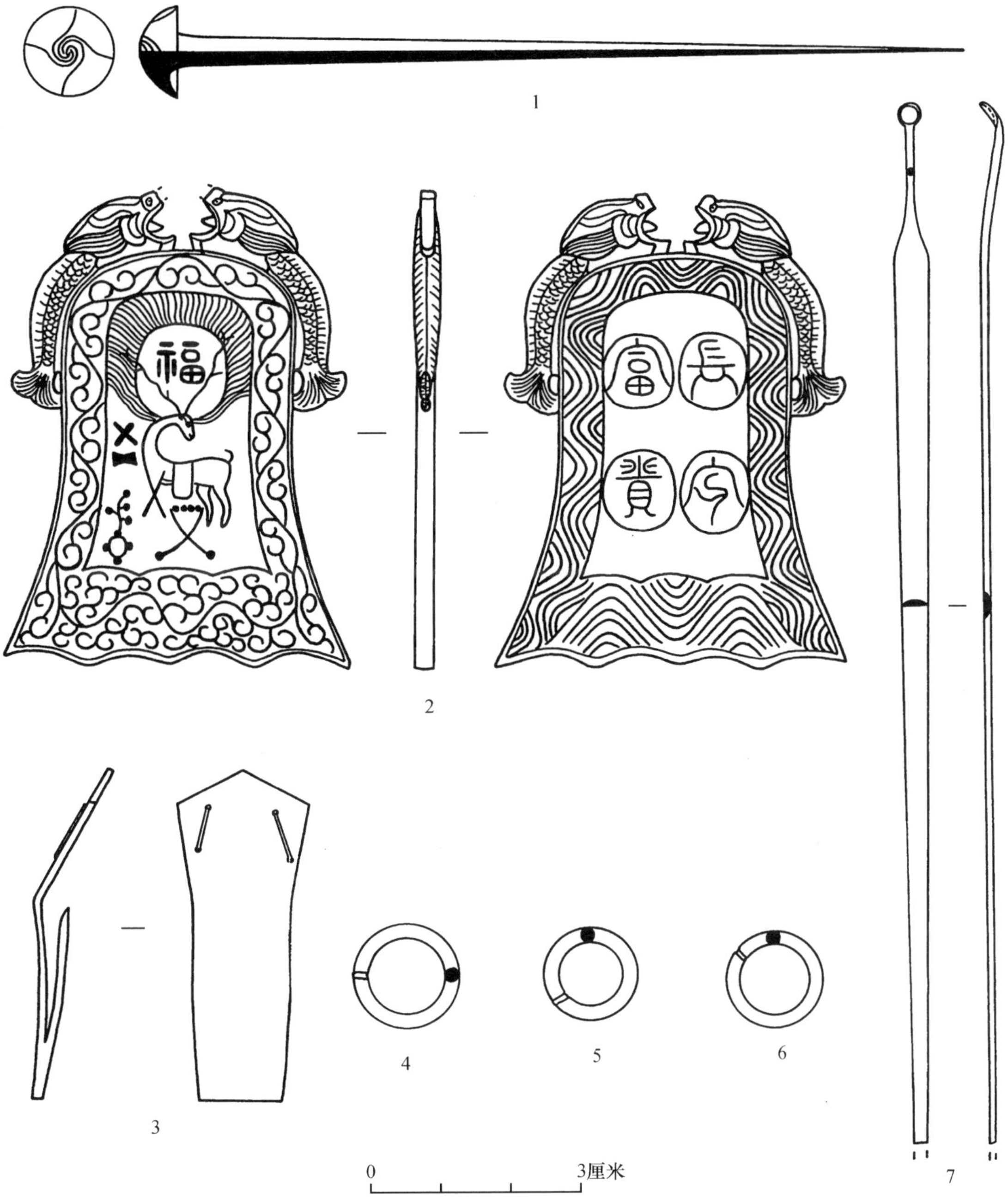

图六四八 巴东旧县坪遗址明代墓葬出土铜、银器

1、7. 铜簪（（西）M10:4、（西）M9:3） 2. 铜牌（（西）M10:5） 3. 饰件（（西）M6:5） 4、6. 银耳环（（西）M9:5、（西）M6:4-2） 5. 金耳环（（西）M2东室:33）

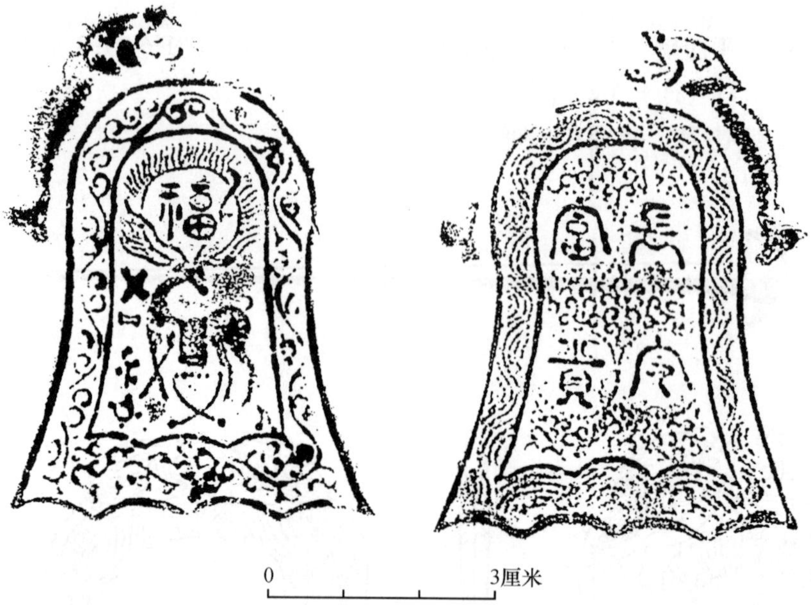

图六四九　巴东旧县坪遗址明代墓葬出土铜牌（（西）M10∶5）拓片

标本（西）M10∶5，“风”字形，“风”字两肩部各有一条鱼，牌两面皆铸纹饰，一面外饰缠枝纹，内有一鹿，头顶“福”字，另外一面饰水波纹，内有“长命富贵”四字，字间饰缠枝叶纹。长7厘米、宽5厘米（图六四八，2；图六四九；彩版三二，2、3）。

五、银　　器

头饰　2件

标本（西）M1∶27，圆环形，外围有一圈联珠纹，中心有纹饰，已不清晰。直径2.5厘米（图版一八四，4）。

标本M2东室∶1，圆环形。直径1.2厘米。

簪　2件

标本（西）M1∶24，长扁形，正面平背面弧，上端窄下端宽，宽端内收成细圆柱体，末端接一圆形勺，勺端略下撇。残长12.7厘米（彩版三二，4）。

标本（西）M2东室∶36，圆形杆，削成八面，首端较粗，渐收成尾尖，首端接一圆形勺，勺端略下撇。残长13.1厘米（彩版三二，5）。

耳环　6件。

标本（西）M9∶5，圆环形。直径1.3厘米（图六四八，4）。

标本（西）M6∶4-1，圆环形。直径1.7厘米（图版一八四，3）。

标本（西）M6∶4-2，圆环形。直径1.4、截径0.2厘米（图六四八，6）。

标本（西）M1∶25，圆环形。直径1.4厘米（图版一八四，6）。

标本（西）M1∶26，圆环形。直径1.4厘米（图版一八四，5）。

六、金　　器

耳环　2件。

标本（西）M2东室:33、标本（西）M2东室:34，形制相同。圆环形。直径1.5厘米、环径0.2厘米（图六四八，5；彩版三二，1）。

七、铁　　器

1件。（西）M2东室:35，朽不可辨。

第三节　分期与年代

这批墓葬部分保存完好，墓葬形制多见于三峡地区明代墓葬。（西）M2这种双室砖石墓所体现出来的双砖并行砌墙等风俗可见于巴东县杜公祠墓地明代墓葬Ⅰ区M2①，以（西）M1为代表的头枕瓦片的现象亦可见于巴东县杜公祠墓地Ⅱ区M2等。

部分墓葬随葬品组合比较齐全，这些随葬品以瓷碗、碟、盘，陶罐等为主。

各墓葬中出土的随葬品组合关系如（表三三）所示。

以上随葬品组合可以被归纳为五组：

第一组：Bb型Ⅰ式罐。

第二组：C型Ⅰ式碗、C型Ⅰ式罐。

第三组：A型碗、Ba型Ⅰ式罐。

第四组：B型Ⅰ式碗、C型Ⅱ式碗、A型碟、B型碟、A型罐、C型Ⅱ式罐。

第五组：B型Ⅱ式碗、C型Ⅱ式碗、Bb型Ⅱ式罐。

第六组：Ba型Ⅱ式罐。

表三三　巴东旧县坪遗址明代墓葬主要随葬品型式统计表

型式 / 墓号	瓷碟		瓷碗			釉陶罐			
	A型	B型	A型	B型	C型	A型	B型		C型
							Ba	Bb	
（西）M7								Ⅰ	
（西）M10					Ⅰ				Ⅰ
（西）M8			√				Ⅰ		
（西）M1	√			Ⅰ	Ⅱ				Ⅱ
（西）M9					Ⅱ				Ⅱ
（西）M6		√			Ⅱ	√			
（西）M3					Ⅱ				Ⅱ
（西）M11				Ⅱ	Ⅱ			Ⅱ	
（西）M2							Ⅱ		

① 武汉市文物考古研究所：《巴东县杜公祠墓地2005年发掘简报》，《湖北库区考古报告集》（第四卷），科学出版社，2007年。

根据这些随葬品组合，可以将上述墓葬分为五组：

第一组：（西）M7。

第二组：（西）M10。

第三组：（西）M8。

第四组：（西）M1、（西）M3、（西）M6、（西）M9。

第五组：（西）M11。

第六组：（西）M2。

近年来，峡江地区不断出土的新材料——尤其是秭归庙坪出土的近二十座明墓，多有确切纪年依据，且为学界认可——为这批墓葬的分期断代提供了较好的条件。

（1）第一组墓葬

M7 仅出土 Bb 型Ⅰ式罐一件，墓志一件，这与其他各组墓葬随葬品组合基本一致，形制上与庙坪 M27:1 接近。庙坪 M27 见“嘉靖四十三年”契砖，时代当在明代中期，约“嘉靖四十三年”前后。

（2）第二组墓葬

该组墓葬中所出 C 型Ⅰ式碗与秭归庙坪 M11:1-2 相似，圈足较矮，腹壁较直，外壁饰草叶纹，内饰条带纹，两者时代应相近。庙坪 M11 出土有契砖一方（M11:3），上有朱书契文“嘉靖四年”年号，据此推测，秭归庙坪 M11、巴东旧县坪（西）M10 均应为明代中期，当在“嘉靖四年”前后。

（3）第三组墓葬

该组墓葬中所出 A 型碗与巴东罗坪明代中期 B 型Ⅲb 式碗相似①，Ba 型Ⅰ式罐与秭归庙坪 M56:3（出土嘉靖□□年铭文契砖）相似。

因此，第三组墓葬的时代应为明代中期。

（4）第四组墓葬

该组墓葬所出器物中，B 型Ⅰ式碗与巴东罗坪 A 型Ⅱa 式青花瓷碗相似，亦与秭归庙坪 M56:2②相似，被认为属于明代中期。C 型Ⅱ式碗与巴东茅寨子湾遗址 H16:12 相似③，亦与巴东罗坪 B 型Ⅱa 式青花瓷碗相似，被认为是罗坪遗址第二期，即明代中期。

A 型碟可见于巴东罗坪 T0804④、CT2112②、CT2011②、CT0906②等单位，被认为是罗坪遗址第二期，即明代中期；亦与秭归庙坪 M56:1、M41:2 相似，被认为是秭归庙坪明代一期一段的典型器物，应属明“嘉靖四年”前后。B 型碟可见于巴东罗坪 CT2012②、CT1709②等单位，被认为是巴东罗坪遗址第二期，定为明代中期。

C 型Ⅱ式罐与秭归庙坪 M19:4、M41:1 相似，应同属于明代中期（嘉靖四年前后），亦与奉节宝塔坪所出明代Ⅰ M4011:2 相似。

综上，第四组墓葬应为明代中期，可能属于嘉靖时期。

（5）第五组墓葬

B 型Ⅱ式碗（（西）M11:2）与巴东罗坪 CT1408②:1 相似，原报告中 CT1408②:1“碗底有二周同心圆，圆圈内行书‘大明年造’四字”，应属明代；C 型Ⅱ式碗与该遗址第五组墓葬中所出碗相

① 国务院三峡工程建设委员会办公室、国家文物局：《巴东罗坪》，科学出版社，2006 年。

② 秭归庙坪 M56 纪年为明嘉靖四年前后。见湖北省文物事业管理局、湖北省三峡工程移民局：《秭归庙坪》，科学出版社，2003 年。

③ 厦门大学历史系考古教研室：《巴东茅寨子湾遗址发掘简报》，《湖北库区考古报告集》（第一卷），科学出版社，2003 年。

似，应同属明代中期。

Bb 型Ⅱ式罐与奉节宝塔坪明代ⅠM4015:3 类似①，亦属明代。

（6）第六组墓葬

Ba 型Ⅱ式罐与秭归庙坪 M32:3（出土万历十三年铭文契砖）相似，应为明代后期遗物。该式罐亦与秭归何家坪遗址 M2:3 相似②，该式罐同样见于秭归望江彭家老屋墓群 M1，此墓出土墓志一方，载：墓主徐氏，生于嘉靖年间，享寿五十岁③，据此推测该墓葬的年代应在嘉靖年间以后数十年，与秭归庙坪 M32 年代大致相当。

综合以上分析，旧县坪遗址发现的明代墓葬可以分为两期。

第一期：明代中期，可能为明世宗嘉靖年间（公元 1522～1566 年）。

包括上述之第一组至第五组墓葬。

典型器物包括 Bb 型Ⅰ式罐、C 型Ⅰ式碗、C 型Ⅰ式罐、A 型碗、Ba 型Ⅰ式罐、B 型Ⅰ式碗、B 型Ⅱ式碗、C 型Ⅱ式碗、A 型碟、B 型碟、A 型罐、C 型Ⅱ式罐、Bb 型Ⅱ式罐（表三四）。

（西）M1、（西）M3、（西）M6、（西）M7、（西）M8、（西）M9、（西）M10、（西）M11 等墓葬应属此期。

第二期：明代后期，可能为明神宗万历年间（公元 1573～1620 年）。

包括上述之第六组墓葬。

以 Ba 型Ⅱ式罐为典型器物。

（西）M2 应属于这一期；另外，（西）M4 出土“崇祯通宝”，其年代上限也应为明代晚期。

表三四　巴东旧县坪遗址明代墓葬出土器物型式分期简表

型式 / 分期	瓷碟		瓷碗			釉陶罐			
	A 型	B 型	A 型	B 型	C 型	A 型	B 型		C 型
							Ba	Bb	
第一期	√	√	√	Ⅰ、Ⅱ	Ⅰ、Ⅱ	√	Ⅰ	Ⅰ、Ⅱ	Ⅰ、Ⅱ
第二期							Ⅱ		

此外，（西）M16、（西）M17、（西）M18、（西）M19、（西）M20、（西）M21 因无随葬品出土，故不参与以上分期讨论，但根据墓葬形制、棺椁形制及人骨保存状况等推测，均应系明代墓葬。

① 吉林大学边疆考古研究中心等：《奉节宝塔坪 2001 年唐宋明清墓发掘报告》，《重庆库区考古报告集》（2001 卷），科学出版社，2007 年。

② 湖北省文物考古研究所：《秭归何家坪遗址发掘简报》，《湖北库区考古报告集》（第一卷），科学出版社，2003 年。

③ 咸宁市博物馆：《秭归望江彭家老屋墓群发掘简报》，《湖北库区考古报告集》（第三卷），科学出版社，2003 年。

第六章 结 语

旧县坪遗址墓葬区内零星发现的21座墓葬分别属于汉代、六朝、北宋中晚期、南宋、明代，它们是旧县坪遗址大规模居民点尚未形成以前和城市被废弃以后分别形成的，各墓葬之间的布局没有经过统一规划。

然而，这些墓葬均表现出浓郁的时代特色和峡江地区独特的墓葬传统，它们与周边其他遗址一道填补了这一地区的某些资料空白，具有极大的历史价值。

一、墓葬特点

（一）墓圹特点

此次发掘的汉代墓葬（东）M1墓底距墓口深360～400厘米，即使破坏严重的（东）M2亦深132～153厘米，其墓圹深度均远超过其他时期墓葬。这一现象在巴东老屋场汉代墓葬M1与其他时期墓葬中同见。

六朝墓葬亦具有自身风格，如墓室建造较窄，使用“咬土砖”加固墓壁等，这在巴东老屋场、巴东黎家沱等地墓葬中屡见不鲜。菱形“回”字纹砖还见于近年发掘的重庆万州上河坝①、松岭包②、龙宝陈家坝③等东汉砖墓，反映出晋墓对汉墓传统的因袭④。

（二）墓室结构特点

旧县坪遗址墓葬区内发现的墓葬在墓室结构上表现出因地制宜的特点。峡江地区地理上呈现出多山多石、地质灾害较多的特点，尤其是泥石流等山区易发灾害。本次清理的明代墓葬中，有一类带有石砌护墙的土坑竖穴墓值得特别关注，它实际上反映出当时居民对当地环境的适应性。

（三）随葬品特点

六朝时期的（西）M12随葬了1506枚铜钱，主要放置在墓室后部西边腐朽后的棺痕范围内。其中，上层呈“山”字状整齐摆放于棺底草木灰层上，“山”字底下一横用了30枚，中间一笔用了

---

① 青海省文物考古研究所、万州区文物管理所：《万州上河坝墓地发掘简报》，《重庆库区考古报告集》（1997卷），科学出版社，2001年。

② 青海省文物考古研究所、万州区文物管理所：《万州松岭包墓地发掘报告》，《重庆库区考古报告集》（1997卷），科学出版社，2001年。

③ 青海省文物考古研究所、万州区文物管理所：《万州龙宝陈家坝东汉墓发掘报告》，《重庆库区考古报告集》（1997卷），科学出版社，2001年。

④ 黑龙江省文物考古研究所：《巴东老屋场墓群发掘报告》，《湖北库区考古报告集》（第一卷），科学出版社，2003年。

27 枚，两侧的一笔各用了 12 枚，共计 81 枚；下层钱币平铺于底层，东西横向并排 19 枚，南北向 75 枚。这样的摆放方式极少见，这种摆放方式所代表的意义也有待于进一步探讨。

明代墓葬呈现出墓志铭齐全，瓦片作枕，随葬品比较固定，主要为罐、碗组合等特点。（西）M1 以白灰粉饰墓底、（西）M3 等墓葬人头骨下枕藉瓦片的现象均主要见于明代墓葬，如重庆奉节鱼复浦 M1①。

（四）葬俗特点

此次发掘的墓葬（西）M12 内出土的骨架至少分属五个个体，可能与“多人多次合葬一个墓室”的葬俗有关。这种葬俗为“三峡地区常见的借室埋葬”现象②，应是家族合葬墓的一种形式。

这种直接利用早期墓葬的墓圹埋入晚期墓葬的方式主要发现于三峡地区，六朝至唐宋时期比较流行，然而此前并未引起研究者足够重视，本次发掘为深入研究三峡地区这一特殊葬俗提供了新的实例。

二、历 史 意 义

旧县坪遗址是从隋到北宋年间的巴东县治所在地③，是峡江地区比较重要的一处古代县治遗址，但是，在城区范围内，没有发现大规模墓葬，此次发现的墓葬则主要是在遗址作为县治废弃之后形成的。

汉代墓葬仅见 2 座，说明汉代以前没有形成较大规模的居民区。六朝墓葬仅分布在遗址的西区边缘地带。大量的唐代墓葬出现在遗址的东西两端，由于墓区的发掘工作主要是由湖北省文物考古研究所完成的，不在本报告发表之列。北宋时期已经出现少量墓葬，这一区域成为城镇居民区，经济有比较大的发展。北宋以来县城人口增长，墓葬区开始向东发展，在今龙堆包一带，“定居区与墓地之间仅以青龙嘴东部的冲沟为界”④。

明代时期，该地区作为县域行政中心的历史已然结束，但是形成了比较大的居民居住区，因此出现了大量的平民墓葬。

---

① 吉林大学考古学系、重庆市文化局：《重庆市奉节县鱼复浦遗址发掘报告》，《三峡考古之发现》（二），湖北科学技术出版社，2000 年。

② 武汉大学三峡考古队：《巴东县陈橡坪墓群发掘简报》，《湖北库区考古报告集》（第四卷），科学出版社，2007 年。

③ 王然、邓辉：《巴东旧县坪遗址发掘考证》，《江汉考古》2003 年第 2 期。

④ 湖北省文物考古研究所：《巴东龙堆包墓群发掘报告》，《湖北库区考古报告集》（第三卷），科学出版社，2003 年。

附录一　湖北巴东旧县坪遗址发掘考证

王　然[1]　邓　辉[2]

（1. 武汉大学科技考古研究中心　2. 武汉市文物考古研究所）

一、古巴东县沿革考

历史上何时开始设巴东县，有下列文献记载：

《隋书·地理志》巴东郡巴东县条："巴东，旧曰归乡，梁置信陵郡，后周郡废，县改为乐乡。开皇末，又改名焉。"

《旧唐书·地理志》巴东县条："（巴东县）汉巫县地，属南郡，周置乐乡县，隋改为巴东县。"

《舆地广记》云："宋有归乡县，后周天和三年置乐乡县，隋开皇十八年改乐乡为巴东，以在巴水之东，故名。"

《太平寰宇记》卷一百四十八，山南道七，巴东县条："本汉巫县地，三国时属吴，后周天和三年于巴陵故城置乐乡县，隋开皇十八年设县为巴东县。在巴之东，因以为名。"

隋开皇末年巴东县的地理位置，《大清一统志》卷三百五十，宜昌府，巴东县条："巴东故城，在巴东县西北，大江北岸。……县志旧县县治在江北东瀼口迤西，其地有旧县溪。"

《中国历史地名辞典》载："巴东县，隋开皇末年置治所即今巴东县西北旧县。"

旧县坪，位于今巴东县东瀼口镇旧县坪村一组到焦家村五组之间，是一处规模较大的遗址。1984年发现，1994年经复查确定为三峡库区淹没区内重点发掘的遗址。2001～2003年，武汉大学和武汉市文物考古研究所联合组队对该遗址进行了大规模的考古发掘，发现规划整齐的北宋官府区、仓群区、居民区、商业区，从而证实了这里即是北宋巴东县治所在地。

关于巴东县的沿革，有关文献记载是从隋开皇十八年开始设县，至少一直延续到北宋年间，未曾变动过。我们找到北宋巴东县治址也就找到了从隋到北宋年间的巴东县治所在地。

至此，有关巴东县的沿革地点、文献记载与考古结果都能吻合，只是有关巴东县北宋以后的迁徙情况，文献记载没有明确的答案。

《大清一统志》宜昌府，巴东县，巴东故城条："宋寇准移今治，南渡后尝移江北，后复迁今治。"

南宋乾道六年（公元1170年）十月二十一日，陆游旅经巴东，在《入蜀记》中记："二十一日……晚泊巴东县，江山雄丽，大胜秭归，但井邑极于萧条，邑中才百余户，自令廨而下，皆茅茨，了无片瓦。……谒寇莱公祠堂，登秋风亭……登双柏堂、白云亭。……而（白云亭）址在县廨听事之后……为令者可以寝饭于亭中……"

以上两条文献记载给我们提供了如下信息：①巴东县址北宋寇准曾迁址于江南（即今县城所在地）；②南宋时在北宋巴东县治故址上，又曾作为巴东县治址。最不清楚的是南宋时旧县坪遗址作为县治的具体时间段。

北宋太宗太平兴国四～八年（公元980～983年），寇准任巴东县令四年，有爱在民，世呼为“寇巴东”、“寇青天”，曾于县内建寇公祠以祀之，后祠渐荒芜。

南宋乾道二年（公元1166年），巴东县尉在寇公祠原址上复建。据同治版《巴东县治》记载，寇公祠复建竣工后，正逢高宗时状元敷文阁侍制王十朋入蜀逗留巴东，为祠作记。在这篇题记中，明确提到：“过巴东旧治，访其祠则已废矣。”说明乾道二年巴东县治已不在旧县坪，到乾道六年（公元1170年）陆游到巴东县时，县治址又回到旧县坪，极有可能在乾道二年，在旧县坪修复了寇公祠后，县治随即又搬回。至于何时又搬走，直接的记载无处可寻，但成书大约在南宋理宗宝庆三年（公元1227年）的《舆地纪胜》中为我们提供了一条间接证据。《舆地纪胜》卷七十四，荆湖北路，归州，巴东县古迹条云：“巴山，县治所依也。”巴山在今巴东县城关南面，《大清一统志》云“巴山，在巴东县治南，一名金字山”，巴东县治紧靠巴山，这说明至迟在南宋宝庆三年（公元1227年），巴东县治又搬回到了江南今县城所在地。南宋时，旧县坪这次作为巴东县治地的开始时间只能是在南宋乾道二年（公元1166年）～宝庆三年（公元1227年）之间。在旧县坪遗址的考古发掘中，发现了南宋中期作为县衙的官府建筑群和其他的街道、房屋遗址，证实了这一结论。同时考古发现还完善了文献记载的不足：一是北宋中期以后，巴东县治曾有过一次大的改建，首先是在北宋早期衙署废弃后，北宋晚期在早期衙署的废墟上，重建了一座规模大致相当的衙署建筑，其使用年代可持续到北宋末期。其二，南宋早期又有过一次重建经历。这两次重建文献无涉。

通过对考古发现和文献记载的双重论证，对旧县坪遗址作为巴东县县治的历史沿革，可作一小结。隋开皇十八年设巴东县，治所在今旧县坪遗址，一直持续到北宋早期，才迁往江南今县城所在地；北宋晚至南宋早期曾两度来回迁徙；南宋中期再次迁回，至南宋晚期完全放弃。从此，巴东县治就一直处在江南今县城所在地了。

二、两宋时巴东县治兴废原因考

有关巴东县治迁址的原因，同治版《巴东县志》瑞应条记载寇准任巴东县令时，常到江南寺庙中下棋，每次僧人都事前设案、摆棋、沏茶，恭候其来临。寇准问何以预知其要来？僧人回答：每次寇准来，寺后都有白鹿预鸣，故预知。寇准以为瑞应，遂迁治于江南。摈弃迷信成分，巴东乃穷乡僻壤，寇公初入仕道，尚不至因一已私念而劳民伤财动土迁治。且这也解释不了县治为何数次迁徙。

通过近三年的考古发掘工作，我们在巴东旧县坪遗址上找到了一些相应的证据，证实导致该城反复迁徙，以及最终放弃，主要有以下几个方面的原因。

（1）长江洪水灾害。在考古发掘中，我们在遗址两宋堆积层中发现了多层洪水过后留下的淤沙。淤沙层下则是房屋建筑的坍塌堆积层，其下才是房屋建筑遗迹。这一堆积序列在遗址两宋层中曾反复出现过四次。这说明洪水曾使两宋建筑经历四次毁坏，三次重建。正是这洪水灾害，促使了县治的反复迁徙。

巴东旧县坪遗址的地理条件，是这一带比较好的地段，其海拔在95～150米，背山面水，地势较境内其他地方开阔平坦，适合人们集中居住。此处虽然地势较好，但也存在海拔偏低这一明显的缺陷，遗址的核心部位（官署区）海拔只有100米左右，每逢特大洪水，易被淹没。就我们发掘发现长江洪水淤沙层的分布来看，一是范围广；二是淤沙层达到的最高点约在海拔106米。而江水淤积沙层的堆积过程，尤以我们发掘的官署核心区域里表现得最为充分。为便于了解，现以（西Ⅰ）T2816、（西Ⅰ）T2817东壁剖面为例，将宋代官署区的地层堆积，以及地层与遗迹单位之间的关系介绍如下（图一）：

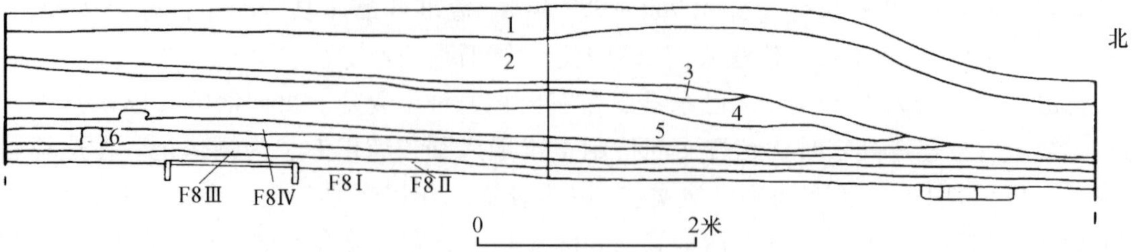

图一　巴东旧县坪遗址官署区（西Ⅰ）T2816、（西Ⅰ）T2817 东壁剖面图

第 1 层：厚 15 ~ 30 厘米。灰黑色土，土质疏松，颗粒小，夹杂少量石子和树根。耕土层。

第 2 层：深 15 ~ 30、厚 23 ~ 65 厘米。灰红色土，土质松散，颗粒大，夹杂少量草木灰，此层分布全方。出现代砖瓦陶瓷残片。属近现代层。

第 3 层：深 50 ~ 85、厚 12 ~ 34 厘米。红色沙子土，土质较松散，颗粒较大，夹有极少小石块。此层分布全方，出土物有陶片、明清青花瓷片、釉陶器残片，还出有白瓷片、青瓷片。明清文化层。

第 4 层：深 40 ~ 75、厚 0 ~ 10 厘米。灰黄色沙土，结构疏松，颗粒细腻，土质较纯。此层分布全方。应为长江涨水形成的淤沙层。

第 5 层：灰黑色土，深 90 ~ 110、厚 6 ~ 30 厘米。夹大量瓦片，瓦片大部分正面素面，内饰麻布纹。出土物有泥质灰陶片、青白、青、褐等釉色的瓷片。器形有罐、钵、碟、碗等。出土遗物与商业区 4、5 层出土的遗物相似，同属于南宋晚期。此层与下层建筑有关，应是房屋的坍塌堆积。

第 5 层下，发现一座房屋建筑遗迹，编号为（西）F8Ⅳ。该建筑中出土遗物大致同第 5 层所见遗物，并同商业区内的（西）F2Ⅲ、（西）L1Ⅳ出土的遗物相近，属同时期的南宋中、晚期建筑。

第 6 层：黄沙土，土质纯净、细腻，深 105 ~ 133、厚 8 ~ 15 厘米。无包含物。应为长江涨水形成的淤沙层。

第 6 层下，揭示出一处建筑遗迹，编号为（西）F8Ⅲ，该建筑内出土的遗物和商业区内的（西）F2Ⅱ、（西）L1Ⅲ，庙宇区内（西）F1Ⅲ等南宋建筑内出土的遗物相同，并出有建炎通宝钱。同属南宋早期建筑。

第 7 层：黄沙土，土质纯净、细腻，深 105 ~ 133、厚 8 ~ 15 厘米。无包含物。应为长江涨水形成的淤沙层。

第 7 层下，另揭示出一处建筑遗迹，编号为（西）F8Ⅱ。从出土遗物看，和商业区内的（西）F2Ⅰ、（西）L1Ⅱ，庙宇区内（西）F1Ⅱ等建筑内出土的遗物相同，并出有元祐通宝、绍圣元宝、元符通宝、圣宋元宝、崇宁重宝、大观通宝、政和通宝和宣和通宝钱，同属北宋晚期建筑。

第 8 层：黄沙土，土质纯净、细腻，深 105 ~ 133、厚 8 ~ 15 厘米。无包含物。应为长江涨水形成的淤沙层。

第 8 层下，发现（西）F8Ⅰ，所出遗物与商业区内的（西）L1Ⅰ出土的遗物相同并出有至道元宝、治平元宝、熙宁元宝、熙宁重宝、元丰通宝钱，应为北宋早、中期建筑。

（西）F8 是一座大型建筑群，是官署区内的核心建筑。为保存（西）F8Ⅰ外观的完整性，官署区内的所有探方发掘到与（西）F8Ⅰ同一层面时均停止继续向下发掘。

从上面所列举的 8 个地层关系中，明显可见的有四个层面属于洪水淤沙层：4、6、7、8 层。而这些淤沙层，在这一大片区域中，特别是（西）F8 这一带 3000 多平方米中，都可以看见它的堆积过程，这也就是我们认定有过多次洪水淹没的原因，而且这些沙层所形成的年代，全都在两宋时期。这就为我们了解与认识巴东旧县坪遗址特别是（西）F8 所处的年代问题提供了有力的证据。从而也为巴东在宋代为何忽左忽右的迁城提供了有说服力的答案。

（2）大雨、泥石流、滑坡体

考古发现显示，仅仅是长江的涨水并未完全造成旧县坪遗址作为宋代巴东县治的彻底废弃，而是不停的往返。因为长江的涨水导致遗址淹没并非频繁发生，且时间短，并可提前预防。而真正使他们彻底放弃该城的另一个最为直接并且让人不可预防的原因则是频繁的大雨及由大雨造成的泥石流和山体滑坡。

在我们发掘的西区 F3 一带，就明显地发现了大雨及泥石流所造成的严重危险与威胁。同时在城西侧的山城上，又有一条宽约 200 米的滑坡体的蠕动，由于其历史久远，后人无载。故而城池的迁徙问题，一直就成为一个让人猜不透的谜。我们之所以认定遗址上有这一突然降临的自然灾害，当然也是从发掘的过程中逐渐认识的。

在我们发掘的（西）F3 表面（（西）F3 在（西）F8 的东侧，也是旧县坪遗址宋代最晚一期的房屋建筑)，就有很厚的一层属于发生泥石流过程中所形成的砾石堆积层。该层厚 0.7 ~ 1.2 米。堆积特点是离溪沟越近就越厚、越远则越薄。同时还有石子层及冲积堆淤的红沙土层，而且水平层理明显，保留的面积大。在发掘之初，以为此层是自然的生土砾石层面，然而在不少地方，下面还暴露了较多的文化遗物，所以决定清理掉该层堆积，在清理了这层堆积之后，（西）F3 的基础地面及柱础皆完整地表现出来了，它是官署区一带的又一处重要建筑。使用了砖铺地面，规模较大、等级较高。这时我们才意识到砾石层及红色沙土层是在特大暴雨下所形成的泥石流堆积。它从旧县坪山沟溪流里直泻而下，冲毁了当时的房屋，并将其遗迹覆盖。

在城西侧的滑坡体，是我们在该城其他遗迹的调查中所逐渐认识的。

旧县坪遗址的东、西两端，是两大片墓葬区。这些墓葬与该城中的居民有着千丝万缕的联系。我们注意到，在城址东区，一出居民区不远就是墓葬区。而在西区的西居民区内还有一段特别难走的石隙路段，北连山体、南接江边，宽约 200 米。而这一路段怪石嶙峋，碎石遍布，没有早于明代以前的任何遗存，起初也是不得其解，随着发掘的深入，以及对洪水及泥石流原因的分析，这一不被认识的问题，也得到了初步的解释。它是在宋代城池最后毁弃之时，随着特大暴雨，产生大面积的山体滑坡，倾泻而下，形成了这一路段的奇特景观，原来此处的遗存也就随着山体滑坡而涌向江中。因而我们在离开这一滑坡体的两侧不论是陡坡还是台地，都有不同时代的遗存，唯此段中我们只见有明代以后的遗迹或墓葬。因此我们认定这一滑城体的时间也就是在宋代晚期，就是陆游来巴东以后的某年。另外，在遗址东居民区的北侧，也发现了大面积的山体滑坡，自北向南，呈扇形分布，直抵东居民区现存的北部边缘。

通过对上述大雨、泥石流、滑坡体三种自然灾害的分析，我们认为，这三种自然灾害加上不定期长江涨水，淹没遗址，多种因素综合在一起，促成巴东县治在宋代以后，其城池迁于江南，而不复迁江北。

三、六朝归乡、乐乡县、信陵郡址考

在旧县坪遗址的东区是一块面积约 10 万平方米的台地，台地南面临江，边缘是陡峭的山岩，而西部和西南角则是由遗址中部的溪沟冲刷出来的缓坡地，就在这片缓坡地上我们找到了一段长 210 米的夯筑城墙，墙基宽 20 ~ 25 米，最高处 8 余米，夯层厚 5 ~ 8 厘米。城门址位于西墙的中部。有一条长 11.5 米、宽 4 ~ 5 米、城度为 8°的道路由东向西穿越城墙，道路两侧有石垒的护墙，城墙内侧路旁有砖砌的房屋。这里的城墙具有山城特点：墙体充分利用自然地理形势，在遗址边缘地形不规整、城度较缓的地方，夯筑包山墙体；而在一些陡峭处利用陡坡和夯筑的墙体连成一体，共同形成城址的防护圈。从城外向内看，可见陡峭的山岩与墙体，而墙体顶部则和城内地面连成一块平地，今鄂西、川东一带保留不少这类山城遗址。

旧县坪遗址的城墙分别被隋、唐时的房屋、水沟叠压和打破，而墙体又叠压在东汉中晚期的墓葬之上，因此年代比较明确，应属六朝时期。

根据文献记载，六朝晚期巴东境分属信陵郡归乡县、乐乡县管辖，《隋书·地理志》曰："巴东，旧曰归乡，梁置信陵郡，后周郡废，县改为乐乡。开皇末，又改名焉。"

这几处郡县址的地点，其中比较清楚的是梁置的信陵郡址。《舆地纪胜》卷七十四，荆湖北路，归州巴东县，古迹，信陵城条曰："皇朝郡县志云：'在巴东县西十五里，后周为乐乡县，即此城是也。'"

《读史方舆纪要》云："信陵城，（巴东）县西十五里，梁置信陵郡于此，非孙吴故县也。又乐乡故城，《寰宇记》云：'在县东三里，后周改归乡为乐乡，盖治此。'"

两书关于信陵城的年代、方位、距离均相同，同时又没见其他记载与此相悖。因此，梁置信陵郡的准确位置应该是明确的，所云巴东县均指今巴东城关，但以今城关以西十五里按图索骥寻找信陵城，显然不妥，因古里一般要小于今里。所幸有关文献记载中对相关地点有明确里数可参照比定城址的位置。

《读史方舆纪要》卷七十八，湖广四，巴东县条云："东瀼溪，县西北十余里，又有西瀼溪，在县西二十里。"

《大清一统志》卷三百五十，宜昌府，古迹条载："东瀼溪，在巴东县西十里……又西瀼溪，在县西二十里。"

两书记载大致相同，即东瀼溪东距巴东县十里，而东瀼、西瀼两溪间距又是十里，按前引《舆地纪胜》及《读史方舆纪要》记载，信陵城在巴东县西十五里，也就是说，信陵城的位置，应该正好处在东瀼溪和西瀼溪两溪之间的正中处，这一位置恰好正是我们所发掘的旧县坪遗址所在地。我们已知旧县坪遗址是隋至两宋时巴东县治所在地，而信陵城也正好是在这里，这说明隋末的巴东县治和梁置的信陵郡址是在同一位置。

北周天和三年（公元568年）废信陵郡，改县为乐乡县，北周所设的乐乡县址和信陵郡址是否同在一地，史书记载矛盾甚多。

据《太平寰宇记》记载，北周天和三年于巴陵故城置乐乡县，在（巴东）县东三里有乐乡故城。此书取材的下限是北宋太平兴国八年（公元983年），寇准时任巴东县令，即便是寇准迁治，此书中所记的巴东县治，也应是在旧县坪。《读史方舆纪要》转引了《太平寰宇记》的记载，但删去了巴陵故城之说。《舆地纪胜》则云："乐乡城在巴东县东一百步，按隋地理志云，后周为乐乡县。"而在信陵城条中，又提出"信陵城，在巴东县西十五里，后周为乐乡县，即此城是也。"

对照上引文献，存在如下分歧：

(1) 均云在巴东县东，但《寰环记》说在县东三里，而《舆地纪胜》则说在县东一百步。

(2)《寰宇记》记载是在巴陵故城置乐乡城，而《舆地纪胜》则记载的是在信陵城置乐乡县。

首先，巴陵故城与梁、陈时归乡县、信陵郡，以及北周的乐乡县，根本就不在一块，彼此之间也没有渊源，加上《舆地纪胜》记载的是在信陵郡城置乐乡县，因此，疑《寰宇记》中巴陵故城当为信陵故城，"巴"、"信"一字之误。

其次，《舆地纪胜》记乐乡县在县东一百步，前面我们已谈到该书成书时，南宋巴东县已迁治今城关，如果乐乡县是在其东面，则和该书信陵城位置的记载不合，既然是乐乡县沿用信陵城，乐乡县就不可能在江南今城关之东；如果这“县东一百步”指的是旧治（旧县坪遗址）以东一百步，和我们考古发现完全吻合。旧县坪遗址分为东西二区，中间有一条大冲沟将两区分开。两宋时的巴东县治官府区是在遗址西区，而六朝的城址是在遗址东区，中间的一条大冲沟使两者相距一百步，正好成立。

其三，今城关本身就地域狭小，东面更是两岸陡峭，根本就容不下所谓的乐乡城。旧县坪遗址以东，龙咀包、李家湾、雷家坪、一直到东瀼口一带我们都做了系统的考古发掘，再也没有发现六朝城址，甚至也没有发现较具规模的六朝居民点。因此《寰宇记》所云县东三里的乐乡城得不到考古的支持。

综合上述文献考证及考古发现两方面的证据：我们发现《舆地纪胜》中记载的信陵郡和乐乡县城同处一城，此城在县东一百步。这样既理清了文献记载的纠缠，同时也为考古发现所证实。只不过需要强调的是，这“县东一百步”的“县”指的是旧县而非新县（今城关）。前考已说明旧县坪遗址在南宋时作为巴东县治最多不过50多年的时间，《舆地纪胜》成书时没有弄清楚新、旧县治的迁徙情况，把新、旧县治的地点混同是完全可能的。

至于归乡县，东晋时已设，但地点在秭归以东。《大清一统志》记载梁后废；但同书中又记载了梁置归乡县并置信陵郡，因此置归乡并非晋时归乡，《一统志》已怀疑梁时归乡另迁它地，但具体地点不详。

《大清一统志》卷三百五十，宜昌府，巴东县：“梁置归乡县并置信陵郡。”

《续史方舆纪要》卷十八，湖广四，巴东县条：“……晋渡江析置归乡县，宋齐因之，梁置信陵郡于此。”

从上引两条文献记载来看，梁置的归乡县和梁置的信陵郡址应在一地，前考已说明旧县坪遗址东区发现的城址是梁置的信陵郡地，因此，旧县坪遗址东区发现的城址也同时应是梁置归乡县的县址。由此可知，梁归乡县、信陵郡，北周乐乡县址都位于同一地点——旧县坪遗址的东区。此外，在考订了梁归乡县、信陵郡，北周乐乡县址的地望后，还有一些文献直接记载了此处筑城的确切年代，《周书·蛮传》里有关信陵筑城的记载：“信州，旧治白帝。胜更于刘备故宫城南，八阵之北，临江岸筑城，移置信州。又以巫县、信陵、秭归并峡中要险，于是筑城置防，以为襟带焉。”另外，《通典》卷一百八十七，边防三记载：“后周明帝时，蛮帅冉令贤，向五子王等反，攻陷白帝。武帝天和初，诏开府陆腾讨斩之，蛮众大溃，斩首万余级。腾乃积其骸骨于水逻城侧为京观。后蛮诞见者辄大哭，自此狼戾之心辍矣。信州旧治白帝，腾更于蜀先主故城南，八阵之北，临江岸筑城，移置信州。又以巫县、信陵、秭归（今云安、巴东二郡界）并是峡中要险，于是筑城置防，以为襟带焉。”综合两段文献中提及到信陵筑城，时间为“武帝天和初年”（公元566年）或之后不久，此时梁置的信陵郡尚未废，这里说的信陵筑城，应当指的就是我们发现的巴东旧县坪遗址上东区夯筑的城墙体，巴东旧县坪遗址上的夯筑城墙的始创当在“武帝天和初年”或之后不久，至此巴东的夯筑城墙时间已基本明确，最早不会超过公元566年。这同我们在旧县坪遗址东区发现的城址使用的年代完全吻合。

（原文发表在《江汉考古》2003年第2期。本报告收录时，有所修改。）

附录二　六朝至宋代巴东发展初探*

——以考古资料为中心

陈　曦

武汉大学历史学院

2002年全国十大考古新发现之一的“湖北巴东旧县坪遗址”，位于今湖北省巴东县东瀼口镇焦家湾村与旧县坪村交界处的长江北岸，是全省地质灾害最严重的地区之一。这里在刘宋时为归乡县治，梁置信陵郡；北周废信陵郡，改归乡县为乐乡县；隋开皇末年改称巴东，隶巴东郡；唐武德二年（公元619年）隶归州，北宋因之，属荆湖北路①。南宋以后，县治徙江南②，江北旧治渐废，旧治即本文所讨论的“巴东旧县坪遗址”（以下简称“旧县坪遗址”）。

“旧县坪遗址”总面积约29万平方米，包含有商周至明清各个时期的堆积，其中以六朝至北宋为遗址的繁荣期③。长期以来，由于传世文献阙略，人们对宋代及宋代之前的巴东县知之甚少，即使是对于巴东县所在的今湖北地区，亦由于资料所限，更深入的考察较为困难。“旧县坪遗址”的发掘，不仅在相当程度上弥补了六朝至北宋文献资料的缺憾，而且由于它完整地展现了一座北宋县治的布局，为进一步研究宋代今湖北地区的政治、经济制度以及社会生活提供了鲜活的资料。本文拟根据本次考古发掘资料，从县治布局、仓储建设、信仰变迁等方面探讨六朝至北宋间巴东县的发展，并以此管窥政府对这一“夷夏相半”④之地的管理与建设。

一、县 治 布 局

巴东县为人所注意，与北宋名相寇准曾担任巴东县令有关，寇准所云“远水无人渡，孤舟尽日

---

* 本文部分内容曾以《六朝至北宋巴东县城的初步研究》为题，发表于《江汉考古》2009年第2期，已发表内容今据最新整理数据有所修订。本文所考察的“巴东县”在六朝时又称归乡县、乐乡县，为便于讨论，在提法上暂将归乡县、乐乡县与隋朝至宋代的巴东县合称为巴东县，而且，宋代的巴东县治仅指其设于江北的时期。

① 《隋书》卷二十九《地理志上·巴东郡》“巴东”条，中华书局点校本，1973年，第825页；《舆地广记》卷二八《荆湖北路》“巴东县”条，四川大学出版社点校本，2003年，第809页。“湖北巴东旧县坪遗址”发掘亦证实了上述记载。

② 关于巴东县治在两宋间的迁徙情况，参见王然、邓辉：《湖北巴东旧县坪遗址发掘考证》，《江汉考古》2003年第4期，第54～58页。

③ “湖北巴东旧县坪遗址”发掘工作始于2001年春，受三峡工程一期蓄水的影响，止于2003年春。限于时间，本次发掘方案锁定在全面揭示北宋巴东县治上，兼及隋唐、六朝时期。

④ 《舆地纪胜》卷七四《荆湖北路·归州·风俗形胜》，中华书局“中国古代地理总志丛刊本”，1992年，第2461页。

横”①，在较长时间里影响着后人对这座“偏远”山城的看法。然而，旧县坪遗址的发掘却揭示出六朝至北宋时期巴东县的另一幕场景。

（一）六朝

遗址中，六朝晚期的城址位于东区，顺山势而建，利用北面的高山作为屏障，陡峭处则直接利用陡坎加上包砌石块，形成墙体，城墙与城门清晰可见，且颇为雄伟，城址面积约4万平方米。这一时期的城池修固当与讨蛮战事有关②。

（二）隋唐五代

遗迹逐渐增多，显示出巴东县治在六朝的基础上有较大发展，不仅规模粗具，而且功能分区明显，可分为官署区、仓储区、庙宇区等几大类。

官署区遗迹　官署区遗址为一座有围墙、带院落、排水设施完善、由若干座房屋组成的建筑群。其中，面积最大（约412平方米）、位于最北端的建筑仅西面遭到破坏，东、南、北三面保存较好，其他建筑及附属设施皆围绕它来设计营造，此当为县衙③。县衙主体筑在高台之上，台面绕以砖质回廊，回廊外侧为散水；院落的东、南、西、北方向，均有砖瓦修建的排水沟，以分泄屋顶和屋后的积水，其中，北沟修在后墙之外，可分流县衙以北的山水；东沟和西沟依北高南低的地势修建，积水可南向穿过院落直通长江；南沟则专门排泄院内积水。排水系统的精心设计符合巴东城背山面江、邑内山水频发的地理特点。

建筑群中有道路遗迹4处，其中一处为南北走向，位于院落正中部，北接县衙的南门台阶；另一处为东西走向，在前者的东侧。

仓储区遗迹　仓储区建于官署区西南、遗址西部中心区最高、最平的一块台地上，包括围墙、8座仓窖和1座房屋（详见本文第二部分）。

庙宇区遗迹　庙宇区位于仓储区以南的一块高台地上，更靠近长江。从出土遗物和建筑布局来看，庙宇始建于隋唐时期，延续使用至宋代，期间经历三次较大规模的维修，故可分为三期建筑，又以第一期即隋唐五代时期的遗迹保存得最多、最完好（详见本文第三部分）。

（三）宋代

南宋乾道六年（公元1170年），陆游曾描绘巴东县：“井邑极于萧条，邑中才百余户，自令廨而下皆茅茨，了无片瓦”④，后人常以此“萧条”之状推测北宋甚至宋代本地区的发展。

---

①（宋）寇准：《忠愍集》卷中《春日登楼怀归》，（台北）商务印书馆影印文渊阁四库全书本，1986年，第1085册，第675页。

② 如《北史》卷九十五《蛮传》云：“天和元年，诏开府陆腾督王亮、司马裔等讨之。腾水陆俱进，次于汤口，先遣喻之。而令贤方增浚城池，严设扞御，遣其长子西黎、次子南王领其支属，于江南险要之地，置立十城，远结涔阳蛮为其声援……信州旧居白帝，腾更于刘备故宫城南，八阵之北，临江岸筑城，移置信州。又以巫县、信陵、秭归并筑城置防，以为襟带焉。”中华书局点校本，1974年，第3152～3154页。

③“旧县坪遗址”发掘证实，本座位于隋唐时期官府衙署建筑群中最北端的建筑，为建筑群的核心部分，先于其他建筑营造，其方位与《宋元方志丛刊》（中华书局影印本1990年版）记载的部分县衙位于县治正北方向或北面的情形大体相同，故判断其为巴东县衙。

④（宋）陆游：《陆游集·渭南文集》卷四十七《入蜀记第五》，中华书局点校本，1976年，第2457页。

但遗址发掘却展现了相当完整的北宋县治布局：官署区位于一椅子形的山凹，中部为县衙；以县衙为中心，东为居住区，西为商业区、仓储区、庙宇区、居住区，东西两处墓葬区分在居民区两侧。本次发掘共发现房屋遗迹150座，其中官署区的核心建筑规模较大，布局严谨，总面积1600平方米；商业区有酒楼、商铺遗址；街道与巷道的布局很有规律，共有街巷遗迹72条，总长约2803米，其中东西向的主街4条，南北向的30条；排水给水沟56条；仓储遗迹18座，水井遗迹3口等。此外，还出土了大量文物，如25种北宋钱币；琳琅满目的瓷器；多种娱乐用品，包括石质与陶质的围棋子、象棋子、骰子等；丰富的建筑材料与装饰物，如人兽、兽面与花卉等图案的瓦当，以及陶质或琉璃的脊兽鸱吻等。

北宋巴东县治在建筑的规划与布局上与唐代一脉相承，讲究平稳对称，最突出的特点是在选址与选材上充分利用了当地自然资源。六朝时期，巴东在修建城池时即以北边的高山为屏障，于遗址西、南边缘地形不规整、坡度较缓的地方夯筑培土，外侧包砌石块，形成墙体，而在一些地形陡峭处则直接利用陡坎作为墙体，并以石垒砌，共同形成城址的保护圈。这种石块墙体一方面可以护坡，使坡内的地势抬高而变得平整；另一方面，可以比土质墙体更耐受山水侵蚀，且容易滤水，符合当地地势与地理条件的要求，与平原城址有着明显不同。

另一个特点体现在建筑方法上。夯筑城墙时采用了挖高填低的方式，围绕自然台地的边缘层层垒筑，使台地更加宽敞、平缓，可与墙体形成一个平台。旧县坪发掘的六朝城址即属此类山城，其遗址东区为一处海拔105～125米的平台，面积约10万平方米。这类山城在战事频仍的时代，不仅利于防御，而且易于控扼要冲。

完整的遗迹显示，县治在北宋后期曾两次修建，原因在于受到洪水侵袭。洪水毁坏房屋，形成大面积的坍塌堆积。虽然文献阙如，难以确知水患的详情，但此次发掘可以证实，北宋时峡江一带遭遇了至少两次较大级别的洪水，江北的巴东县城几乎被毁，这也是南宋以后巴东县治改建于江南的重要原因。

相似的遗迹还见于今鄂西恩施市。恩施古城，始建于宋代，现保留下来的城墙，虽然主要修建于明清时期，但其建造方法与巴东旧县坪遗址上的城墙遗迹基本相同。在恩施古城附近，还保留有另一座宋代山城（今柳州城，即宋旧州城），其城墙完全是依山、稍加垒筑而成，与巴东旧县坪的相似。可见，巴东旧县坪遗址上的城墙构筑方式，或可作为长江沿岸与周边山城建造的范例。

与隋唐时期相比，北宋巴东县治的规模明显扩大，主要表现在房屋与街道数量增多，公共设施愈加齐备，商业区新辟，以及娱乐场所出现，这与北宋初年“讼庭终日静”① 的安谧已大不相同。

二、仓储建设

隋唐五代时期的仓储区位于旧县坪遗址西部中心区的高台上，相关遗迹包括围墙、仓窖、房屋等，分布集中。宋代仓群在分布范围、道路规划等方面沿袭了隋唐时期的设计，但在遗迹保存上更为完整。

（一）隋唐五代

隋唐五代时期的8座仓窖均为半地穴式（表一），其中长方形4座，正方形2座，圆形1座，不规则形1座，这种形制上的多元化与目前已发掘的隋唐洛阳含嘉仓“无一不是圆形（椭圆形）的口大底小的缸形窖”的“完全单一化”有较大不同②。这种差异，是从本地地形出发、因地制宜的结

① （宋）寇准：《忠愍集》卷中《巴东县斋秋书》，第692页。

② 参见余扶危、叶万松《我国古代地下储粮之研究》（下），《农业考古》1983年第2期。

果。巴东旧县坪位于长江北岸一处地势平缓的台地，台地东北倚山；南面临江，为陡峭的山岩；西部与西南角为陡坎地，仓址选择了西部中心区最高、最平的一块台地，使其具备了通风向阳、安全保险、交通便利等条件，这从北宋遗址可见：仓储区地势北高南低，利于山水下泄长江；仓储区北面与山麓之间有一段距离，南为庙宇，具备了通风向阳的条件；仓储区之东南为商业区，区内有数条主干道分别通向官署区、居民区以及江边码头，交通十分便利。更为重要的是，仓储区所在高台为整个遗址中唯一一处土质细腻、含少量细沙的黄土地，这种土质不仅可满足半地穴式仓窖对土壤条件的较高要求，还便于修造，利于防潮，并相对牢固。因此，这是建造本仓储区时所做出的最合理规划。

与同期其他地区仓窖的形制明显不同，还可能是因为这 8 座仓窖继承了六朝以来的形制①，若此判断大致成立，则巴东的仓储修建至迟可上溯到六朝时期。

从结构上看，这些仓窖的壁、底修理得颇为平整，部分窖边和窖底还保留有柱础或柱洞；窖内留存有较厚的坍塌瓦砾堆积层，瓦砾经火烧后皆呈红色，这些遗存的瓦片当为盖窖顶时所用。建筑方法上，本仓群为先挖坑、修理成形后再立柱盖顶、修建烤炉等。仓窖在地面以上的建筑除了柱、顶外，尚未发现有墙壁的遗迹，这有两种可能，一是原始地表要远高于仓面地表，仓窖遭破坏后，墙壁遗迹和排水设施已荡然无存；另一种可能，则是墙壁使用了草木一类的建材，遭遇火灾（或废弃）后，因草木腐朽而无迹可寻。

表一　隋唐时期仓窖数据简表　（单位：米）

仓窖	形状	长	宽	直径	残深	出土器物
（西）C17	长方形	3.9	2.98		0.76	量钵 2，碗 4，板瓦 2，瓦当 1，灯盏 1
（西）C18	长方形	5.1	3.2		0.3	
（西）C19	长方形	3.4	2.3		0.2	
（西）C20	正方形	3.08			0.4	
（西）C21	正方形	1.85			0.34	
（西）C22	圆形			0.72	0.71	壶 1
（西）C23	长方形	4	3（残）		0.52	
（西）C24	不规则形	2.8	4.12		0.84	碗 1

资料来源："湖北巴东旧县坪遗址"考古发掘资料。

说明：长方形仓简称"长"，分别加以编号；正方形仓简称"正"，分别加以编号；圆形仓简称"圆"；不规则形仓简称"不规则"。

修建烤炉简单易行，以适应当地温暖多雨、湿热多雾的气候，可干燥窖内环境②与烘干储粮，如（西）C17 仓底中部偏西处修有烤炉，（西）C23 的火炉红烧面痕迹表明其内部亦有烤炉。

遗迹与出土文物还表明了仓储管理井然有序。仓储区内仅存一处房屋建筑遗迹，从其所处位置和建筑规格分析，当是一座官署建筑，应为仓储管理人员的办公场所。仓储区四周有石块砌成的围墙，不仅牢固、经济，更可防盗和便于管理。日常管理方面，（西）C17 内仓台近门道处发现一对量钵，同时，东仓台南部还有一对瓷碗，似亦作为量具使用。

总体上看，隋唐时期的仓窖在形制、建筑、选址、管理等方面均体现出了对当地自然条件的有效利用，以及对气候、降水、地形等不利因素的防护。从考古发掘来看，巴东旧县坪仅此一处仓址，

① 前引余扶危、叶万松《我国地下储粮之研究》（中）认为，圆形与长方形为春秋战国至南北朝时期仓窖的两种主要形状。

② 前引余扶危、叶万松《我国古代地下储粮之研究》（下）称，隋唐含嘉仓与常平仓的防潮措施之一即是"火烤窖底和壁的下部，使之成质地坚硬的红烧土"，巴东仓窖发现的火炉抑或有此作用。

当主要承担本县的常年受纳租税与给付职能①，因此，在仓储的类别上，该仓群当为县仓。

但是，这并不意味着六朝时的仓廪亦具有相同的职能。刘宋于此置归乡县，梁复置信陵郡②，皆与当时巴东一带的“蛮动”密切相关，如刘宋大明年间（公元457～464年），“巴东、建平、宜都、天门四郡蛮为寇……太宗、顺帝世尤甚，虽遣攻伐，终不能禁，荆州为之虚敝”③。六朝时巴东虽置县未久，但作为讨蛮要地，其保障军需的重要性不言而喻，于此修仓储粮亦属合理。六朝时的仓廪似以军事用途为主。

（二）宋代

与隋唐时期相比，宋代巴东县的仓储建设有了明显变化。一是形制上，逐渐从半地穴式仓窖转变为地上仓屋。宋代第二期的仓储遗迹仍为仓窖，形状为长方形、近似方形或不规则长方形，未见圆形仓窖。第三期遗迹中，仓窖已全部为仓屋所取代，这与同期荆湖北路其他地区的仓储修建情况一致。

二是仓储的占地面积扩大，超出了前朝的仓储区，与本区其他地区的仓储发展同步。上述两个变化可在乾道年间（公元1165～1173年）江陵知府张孝祥的《荆南重建万盈仓记》中得到反映：

按《荆州图经》，府仓在牙城西街北，今之仓者，乃在牙城之南街西，其迁废岁月，不可得而考也。

初，荆州平时，米、麦、麻、豆岁输于府者合十四万有奇，今财七之一。以其少也，故廪庾出纳，在官者不复甚经意，因陋就简，以至于今。十年来，荆州屯兵，诸道之饷者受给无所，于是因仓之余地，续续（创）为屋，横邪曲直，随地之宜。如积薪，如布算，或高或庳，上雨旁风，至栋桷委地，而犹藏谷。军士月给皆黑腐，以饲鸡豚，且不食。

余至官三月，既筑溃堤，间与僚吏周视官寺，盖无有不敝坏者，而仓为急，会朝廷赐以峡州所买之木，即檄统制官董江、节度判官赵谦、摄掌书记汪琳，撤旧屋而新之，合为屋一百五十盈（楹），揭之曰“万盈仓”。外峻墙垣，内谨扃钥，台门高广，听事深明，面势位置称其为大有司也。自湖之南北，江之东西，举无与吾仓为俪者。是役也，奔走程督，又有摄潜江巡检郭撝。凡用木九千枚，缗钱六千，米千斛……④

此外，在建筑方法上，防潮设计更合理有效。以第二期遗迹的（西）C11为例，窖底四周开浚了排水沟，中部则有一条南北向的排水沟，北高南低，南端又较北端深、宽，可顺势将渗入窖内的雨水导向周围的排水沟，保持窖内干燥。遗迹显示，修筑第三期仓房时，采用了抬高仓房基础的做法，即以石块为基础，或采取立柱式基础，二者皆有助于预防地表的潮湿。

上述可见，宋代巴东县的仓储建设有了较大发展，这是与北宋中叶以来南方经济显著发展的背景分不开的。南渡后，由于时局变化，荆湖北路成为宋金战争的前线，屯驻重兵，而“诸道之饷者

---

① 唐朝的县仓和州仓是唐朝地方受纳正租的仓廪，统称为正仓；正仓的给付职能包括出给官禄及递粮等基本职能，以及和籴、供饷、供公厨、赈济、出贷、出粜等其他职能。参见张弓《唐朝仓廪制度初探》第一章《正仓》，中华书局，1985年，第1、9～18页。

② （宋）欧阳忞：《舆地广记》卷二十八《荆湖北路》“巴东县”条，四川大学出版社点校本，2003年，第809页。

③ 《宋史》卷九十七《夷蛮传》，中华书局点校本，1974年，第2397页。

④ （宋）张孝祥：《于湖居士文集》卷十四《荆南重建万盈仓记》，上海古籍出版社点校本，1980年，第142页。

受给无所”①，仓储建设颇为紧迫，于是有了上述荆南万盈仓的扩建，巴东县仓在该阶段亦获得了发展。同时，宋代本区交通重心由过去南北向的荆襄一线向东西向的江陵、鄂州一线转移，以东西向的水路交通为主导②，为巴东县这类沿江而置的县级仓储的发展提供了条件。

三、信仰变迁

如前所述，在仓群遗址以南临江的台地上，是庙宇区遗址。庙宇自隋唐时期一直沿用至宋代，其中隋唐时期的庙宇面积最大，建造工艺最好，保存的遗迹亦最多，面积约369平方米。

隋唐时期的遗迹主要有庭院、供台、南北廊道、北部墙体、部分柱洞和活动面。其中，庭院位于庙宇的北部，分为东西两院，西院保存相对完整。经复原，西院东西长9.9、南北宽2.4米；东院的形状、大小应与西院相同，且东院内还可再分成东西两个小院。院落中有多处小巧精致、典雅美观的花坛。供台或为当年佛塔的塔基，是这座庙宇中的核心建筑，其余建筑均围绕它来设计与建造；区内发现一对对称的莲花插座，从其结构与所在位置分析，或为经柱的基座；靠近供台的地砖表面，有因踩踏或跪祭而形成的两个并列浅凹坑。庙宇的围墙仅剩一堵东西走向的北面整体墙，残长17.5米，厚实坚固，主要防止北面山水下泻对庙宇造成破坏。

从庙宇的设计、规模以及出土的供台、莲花插座、鎏金铜佛像、佛脚莲花座、石人牌、泥塑莲花瓣片与佛手、由于拜祭频繁而形成的浅凹坑形地砖等文物来看，这里是当时巴东民众的一个重要活动空间，祭祀活动较为常见，反映出佛教在当地的传播比较兴盛。

庙宇区位于官署区与仓储区之南，临江而建，其址颇为险峻。邻近仓储区的北面遗迹，由于地势较高，保存较好；南面的临江部分，则由于地势较低，破坏严重。南、北两部分的这种明显差异，反映了唐宋时期巴东旧县坪不仅面临着“寒江逼县门”③的威胁，而且的确经历了严重的洪水冲击，考古发掘证实了此点。旧县坪遗址海拔95～125米，是这一带地理条件较好的地段，然而，在两宋堆积层中，发现了多层洪水过后留下的淤沙，淤沙层达到的最高点海拔106米左右；淤沙层下为房屋建筑的坍塌堆积层，其下才是房屋建筑遗迹。这一堆积序列在遗址的两宋层中反复出现过四次，说明两宋间洪水曾四次毁坏县治建筑，这是县治迁往南岸的主要原因之一④。

遗迹显示，该庙宇沿用至宋代⑤，但由于未发现宋代的宗教遗物，因此，若庙宇存于宋代，其祠祀对象可能已发生变化，其中之一是向水神转变。

在宋代的今湖北沿江地区，临江修建庙宇较为常见。如在峡州号称“峡中最险”的新滩河段，南北两岸各修建了一座江渎庙⑥。江陵县，至迟在南宋乾道年间（公元1165～1173年），沙市以东3

---

① （宋）张孝祥:《于湖居士文集》卷十四《荆南重建万盈仓记》，上海古籍出版社点校本，1980年，第142页。

② 参见杨果、陈曦《宋代江汉平原水陆交通的发展及其对经济开发的影响》，《武汉大学学报》（人文科学版）2003年第3期。

③ （宋）寇准:《忠愍集》卷中《巴东书事》，第690页。

④ 参见王然、邓辉《湖北巴东旧县坪遗址发掘考证》，《江汉考古》2003年第4期，第54～58页。该研究还显示，由于巴东旧县坪处于地质灾害区，泥石流与滑坡危害严重，此为导致旧县坪最终迁址的关键原因。

⑤ 考古发现，隋唐至宋代庙宇区经历过三次大的修建，且使用功能上无大变化，然而，目前宋代的文献资料暂未见到相关记载，尚难确定该庙宇在宋代的具体情况，待考。

⑥ （宋）陆游:《陆游集·渭南文集》卷四十七《入蜀记第六》，第2455～2456页。

里建有江渎庙，陆游入峡前曾于此祭拜①；开禧年间（公元 1205～1207 年），江陵城西 30 里建临江寺②；咸淳年间（公元 1265～1274 年），郝穴建许仙观③，黄潭堤内则有永安寺④。监利县，雷毂庙与铁牛寺分别建于县东和县西的堤上或堤内⑤……上述庙宇里，神灵多样，但他们具有共同的职能，即作为水神佑护沿江险段与航行的安全。明清时期，本区长江两岸水神庙的数量更多，分布更广，水神崇拜的对象更加多元⑥。

旧县坪的这座庙宇亦不例外。宋代巴东县尚有一处观音寺，在“县江之右四十里”⑦，与本庙同在江北，却不临江。因此，本座规模较大、香火颇旺的庙宇建于仓群之前，或者说它比包括县衙在内的其他重要建筑都更靠近长江，其用意不言而喻。就庙宇与其他遗迹同时期存在的情形来看，自建成以来，庙宇就兼有“保护”仓储以至县治的职能。

此庙是否即宋人笔下的巴东寇莱公祠？巴东寇莱公祠，宋人记有新旧两处，一处是旧祠，初建于何时不详，但祠内“有莱公柏二株，在县庭，民以比甘棠”⑧，说明祠初在县衙内。南宋乾道二年（公元 1166 年）王十朋过巴东县时，祠已废弃⑨；乾道六年（公元 1170 年），在寇公祠异地重修后（详见下文），陆游“登双柏堂、白云亭，”仍见双柏堂下“旧有莱公所植柏，今已槁死”⑩，可见旧祠逐渐被人们所淡忘。

新祠于乾道二年由县令王宁孙重建。是年，王十朋途经荆湖北路，在公安县寇莱公祠见寇准塑像“凛然如坐廟堂時”，祠庙所在之处则有枯竹再生，而在巴东县，寇公祠竟已废弃，故王十朋有巴东祠“不似公安之叹”，于是令知县王宁孙“建祠塑像，宁孙即亭祠之”⑪。按：“亭”指秋风亭，“即亭祠之”表明重建之寇公祠在秋风亭所居范围之内，且二者皆靠近江边，陆游《入蜀记》可证：“谒寇莱公祠堂，登秋风亭，下临江山。”⑫ 秋风亭与新祠所在地点或与隋唐时期庙宇区相近，然而，宋代与其后的相关资料并未提及隋唐时期该处曾有庙宇遗存，亦未将寇莱公祠与宋代以前的庙宇相联系，这或与唐代的灭佛有关，又或与前述旧县治曾经遭遇过的剧烈环境变迁有关。据此进一步推测，北宋时隋唐庙宇区很可能早已坍塌，宋人已不识，寇准于此修建秋风亭，似与亭址为观景佳处

---

① （宋）陆游：《陆游集·渭南文集》卷四十七《入蜀记第五》，第 2449 页。

② 光绪《续修江陵县志》卷六十四《外志四·寺观》“临江寺”条，江苏古籍出版社影印光绪三年宾兴馆刻本，2001 年，第 616 页。

③ 嘉靖《湖广图经志书》卷六《荆州府·寺观·江陵》“许仙观”条，书目文献出版社影印日本尊经阁文库藏明嘉靖元年刻本，1990 年，第 525 页。

④ 光绪《续修江陵县志》卷六十四《外志四·寺观》“永安寺”条，第 617 页。

⑤ 乾隆《荆州府志》卷七《坛庙·监利县》“雷毂庙”条，乾隆二十二年刻本。同治《监利县志》卷二《营建志·坛庙》“铁牛寺”条，江苏古籍出版社影印同治十一年刻本，2001 年，第 62 页。

⑥ 关于宋元明清时期荆江两岸水神信仰的变迁，参见杨果、陈曦《经济开发与环境变迁研究——宋元明清时期的江汉平原》第五章《宋元江汉平原社会生活》，武汉大学出版社，2008 年，第 314～350 页。

⑦ 万历《湖广总志》卷四十五《寺观·荆州府·巴东县》“观音寺”条，四库全书存目丛书本，齐鲁书社影印福建省图书馆藏明万历刻本，1996 年，第 195 册，第 358 页。

⑧ （宋）祝穆撰，祝洙增订：《方舆胜览》卷五十八《归州·祠庙》“寇莱公祠”条，中华书局点校本，2003 年，第 1027 页。

⑨ （宋）王十朋：《梅溪后集》卷二十六《寇忠愍公巴东祠记》，（台北）商务印书馆影印文渊阁四库全书本，1986 年，第 1151 册，第 587 页。

⑩ （宋）陆游：《陆游集·渭南文集》卷四十七《入蜀记第六》，第 2457 页。

⑪ （宋）王十朋：《梅溪后集》卷二十六《寇忠愍公巴东祠记》，（台北）商务印书馆影印文渊阁四库全书本，1986 年，第 1151 册，第 587 页。

⑫ （宋）陆游：《陆游集·渭南文集》卷四十七《入蜀记第六》，第 2457 页。

有关，而王宁孙则以此为据，重建了寇公祠①。

明代，由于县治已迁往江南，邑人需渡江祭祷，颇以不便，遂于江南重建寇莱公祠。此时，寇准已被巴东人奉为保护全县的神灵。明人沈庆《重建寇莱公祠堂记》云："岁时致祭水旱疾疫，有祷辄应……邻境猛虎为害，独巴东无虞，父老因相感叹，进而请曰：'我公遗爱在人，迨今三百余岁，犹能捍卫是邦'……（公）生为名臣，殁为神灵，于以福国利民，此理之常，无足怪者。"②

四、结　　语

巴东所处之归州，地势"险固"，为"夔、归唇齿之邦，四川之门户"③，三国时为兵家必争之地，六朝时因讨伐叛蛮于巴东筑城据点。隋朝以后，巴东得到一定程度的开发；唐至北宋间，其经济、文化等方面的发展步伐加快，状况远好于南宋时期，"旧县坪遗址"考古发掘证明了这一推论。后人常以南宋《入蜀记》、《舆地纪胜》等相关记载来评判两宋归州以至荆湖北路的发展④，恐有失偏颇。作为唐宋时期的山区县城，巴东旧县坪遗址保存如此完整，在三峡地区尚属首见，在全国亦极为少见。该遗址的整体揭示，为研究六朝至唐宋时期县级城址、城市建筑史以及相关制度演变等方面，提供了一批重要资料。同时，仓群与庙宇区遗址的发现，不仅弥补了文献资料的阙如，还为考察隋唐至北宋、抑或六朝的仓廪制度在地方的施行情况，以及唐宋时期本区经济与社会的变迁提供了鲜活的实物性资料。

本研究尚处于起步阶段，本文仅仅从对六朝至北宋时期巴东城的复原入手，初步探讨城市布局、仓廪与信仰方面的发展，而自六朝至北宋，巴东这一偏远的"夷夏"相间之地以及其所在的今湖北地区，在政治、经济与文化方面是如何演变的，可随着对考古发掘材料的进一步思考做更深入的考察。

---

①　在寇公祠与隋唐庙宇区的相关问题上，非常感谢本院杨果老师与魏斌老师的指点，谨此致谢！此问题仍待进一步讨论，拟另文专述。

②　见雍正《湖广通志》卷一百十《艺文志·记》，雍正十一年刻本。

③　《舆地纪胜》卷七十四《荆湖北路·归州·风俗形胜》，第2460页。

④　如前引《入蜀记》称巴东"极于萧条"，《舆地纪胜》卷七十四《荆湖北路·归州·风俗形胜》亦称归州为湖楚之北十二郡中"最为硗瘠"之地。

附录三　旧县坪遗址出土瓷器的科学分析

李清临[1]　贺世伟[1]　姚政权[2]

（1. 武汉大学历史学院　2. 安徽省文物考古研究所）

一、前　　言

湖北巴东旧县坪遗址是2002年度全国十大考古新发现之一。该遗址出土了大量遗物，其中，瓷器是重要组成部分。旧县坪遗址出土的瓷器种类繁多，数量巨大，风格各异。就瓷釉颜色而言，有青釉瓷、黑釉瓷、白釉瓷、青白釉瓷、酱釉瓷等种类；就器物风格来说，则与耀州窑、涂山窑、吉州窑、临汝窑、湖田窑、龙泉窑、武昌窑、钧窑、磁州窑、邛崃窑等窑场制品的风格相近。由器物风格来判断，这些瓷器应来自不同窑口，系通过一定途径而来。因此，对这些瓷器进行科学分析，探讨其工艺与产地问题，不仅可以了解当时巴东乃至长江三峡地区的社会生产力与科技发展水平，还可反映出产品的传播路线，为相关课题如巴东及长江三峡地区与周边区域间的文化交流、贸易往来、交通运输等研究提供有价值的信息。本文即从旧县坪遗址选取了一些瓷器标本，对其工艺与产地问题进行了初步探讨。

二、样 品 情 况

本次分析所选的瓷器标本数量共计59件。从釉色和装饰来说，这些瓷器标本可分为青釉瓷、黑釉瓷、酱釉瓷、白釉瓷、青白釉瓷以及其他颜色釉瓷和彩绘瓷等几大类。从器物形制和风格来判断，这批瓷器标本的年代大致为北宋至南宋时期。样品的具体情况见附表一、附表二。

三、样 品 测 试

本次分析的项目包括胎釉的化学成分分析和显微结构分析两部分。

（一）化学成分分析

胎釉的化学成分分析工作在安徽省文物考古所科技考古实验室完成。

首先选择样品的器壁部分，用切磨机将一侧断面磨平，然后置于超声波仪中先后用酒精和去离子水清洗干净，待检。

分析仪器为美国EDAX International Inc. 公司生产的EAGLE-μ型能量色散型X射线荧光光谱仪（EDXRF）。侧窗铑（Rh）靶40WX光管，下照射式，掠射角65°，毛细管光学系统聚焦，照射在样品上的光斑直径（d）为40μm，样品受激产生的X射线荧光以60°出射角射出，经狭缝被Si（Li）探测器记录。采用Al-Cu合金的AlKα和CuKα峰标定能量刻度。样品室内样品架最大移动距离：左右方向X为105.00mm，前后方向Y为94.00mm，上下方向Z为95.00mm，最小移动为距离为0.01mm。光学显微镜放大倍数为10倍、100倍和200倍。先在10倍条件下，移动Z标，粗调焦距；之后在100倍条件下，移动Z标再次调节焦距，接近焦平面时，转为自动聚焦。测试条件为：X光管电压40kV，管电流600μA，死时间约30%，每点测量时间为5秒，真空光路。收谱和谱分析软件为仪器上配备的VISION32。对每个样品的测试，均在胎釉的不同部位分别测定三个数据，然后取平均值以减小误差。总共分析了Si、Al、Ca、K、Fe、Ti和Mn七种陶瓷中的常量元素。需说明的是，另外两个陶瓷中的常量元素Mg和Na的测试误差较大，故未检测。分析数据见附表三~附表六。

在所选的这一批瓷器样品中，有些青釉瓷和白釉瓷的胎釉之间有一层明显不同于胎釉、色泽较白的物质，但利用肉眼却无法准确判断这层白色物质究竟为了遮盖有颜色的胎体而在胎体之上人为施加的一层化妆土，还是在烧制过程中由于胎釉中的组分相互扩散、熔解和渗透而形成的反应层，或称为胎釉中间层。因此，需利用其他科学分析方法，对这一白色层状物进行分析，以确定其性质及形成原因。而上文提到的EAGLE－μ型EDXRF，即可满足这一分析需求。该EDXRF具有微区分析的功能，因此被称为“EDXRF探针”，其可以按照预先设定的分析线路，对某一材料表面进行连续的成分分析，即“线扫描”，以研究某一材料表面化学成分的连续变化情况。本次分析即利用此EDXRF探针，对11号青瓷和43号白瓷样品的断面进行了线扫描分析，以研究这两个样品胎釉之间白色物质的性质和成因。进行线扫描分析的11号和43号样品的前处理与前同。线扫描数据见附表七、附表八。

（二）显微结构分析

样品的显微结构分析在西北大学文博学院完成。所用偏光显微镜为上海长方光学仪器公司生产的XP－203Z型偏光显微镜。

在所有瓷器标本中，选取有代表性的1、3、7、8、11、12、13、17、19、21、22、26、27、31、40、43、46、49、53、54号20个样品，做显微结构观察。将样品清洗并干燥后，选择合适截面，首先用金刚石刀片切割成厚约5mm的薄片，粘贴到玻璃载片上，再经粗细不同的磨料抛光，制成厚约0.03mm的光薄片，置于偏光显微镜下进行观察。

四、分析分讨论

（一）化学成分分析

1. 青釉瓷

由数据表可见，旧县坪遗址出土青瓷的化学组成变化范围较大，这与其风格差异较大表现出了很好的一致性。就瓷胎的化学组成而言，这批青瓷中既有属于北方典型特征的低硅高铝质胎，也有为南方典型特征的高硅低铝质胎。而就瓷釉的化学组成特点来说，这批青瓷中大多数为钙釉，少数为钙碱釉。

选取相关的耀州窑、临汝窑、龙泉窑等窑口的北宋到南宋时期的青瓷胎釉的化学组成数据，与所分析的旧县坪遗址青瓷的化学组成数据一起，用社会科学专用多元统计分析软件SPSS，做因子分析，以判别这批青瓷的产地。结果见图一。

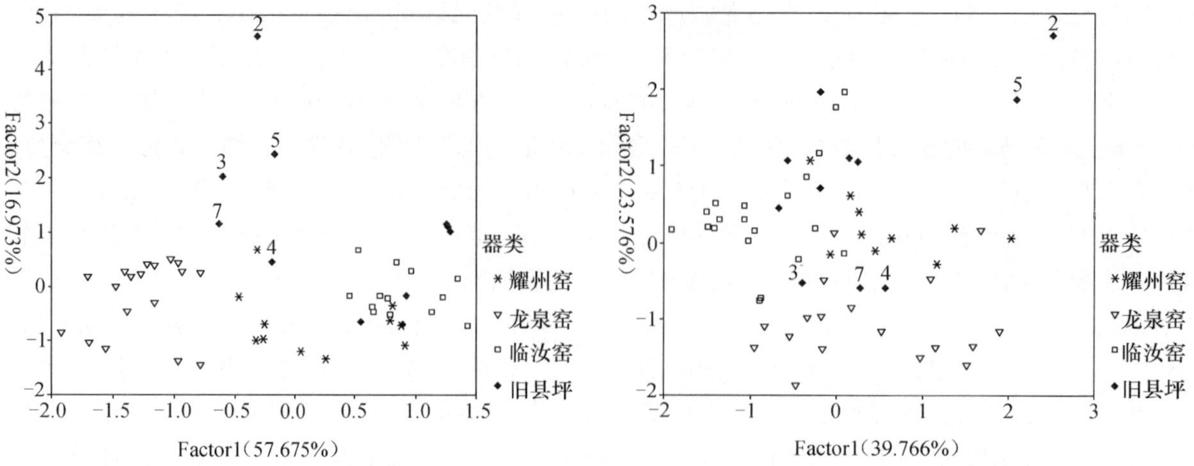

图一　旧县坪遗址青瓷与相关窑口青瓷胎（左）、釉（右）化学组成因子分析散点图

图一为所分析的这批旧县坪遗址出土青瓷与相关的耀州窑、临汝窑和龙泉窑青瓷胎釉化学组成数据的因子分析散点图，其中左图为瓷胎的散点图，右图为瓷釉的散点图。应说明的是，在本图及下面的图二～图四中所标注的旧县坪遗址瓷器样品的标号，并非这些样品在附表一、附表二中的序号，而是每个样品在其所属类别（青瓷、黑瓷、青白瓷或白瓷）中的序号，这是由因子分析所用的SPSS软件所决定的。

如图一所示，耀州窑、临汝窑和龙泉窑样品基本上都分布在不同的区域之中，但又略有交错，尤其是耀州窑和临汝窑样品。这是因为临汝窑青瓷本来就属于耀州窑青瓷风格制品，二者不但在器物形制和装饰风格上相近，在釉色、胎质上也有相当的相似性，因此在胎釉的化学组成上也就相近；表现在因子分析散点图中，就是临汝窑和耀州窑样品的分布区域有所交错。

从图一中可以看出，旧县坪遗址出土青瓷在总体上表现出很大的分散性，分布区域很大，与其他窑口样品的分布范围较为集中的情况有较大区别。这也充分反映了旧县坪遗址出土青瓷来源的多样性，与其在器形、釉色和装饰上的多样性表现出很好的一致性。另外，从图一中还可看出，大部分旧县坪青瓷分布在耀州窑、临汝窑和龙泉窑样品的分布区域之中，这说明旧县坪遗址与这三个窑口有着密切的联系。结合在器形、釉色和装饰上的相似性，可以认为，旧县坪遗址出土的青瓷中，大部分为耀州窑、临汝窑和龙泉窑制品，系通过一定途径运至旧县坪遗址。

此外需指出的是，从图一中还可看出，另有部分旧县坪青瓷分布在耀州窑、临汝窑和龙泉窑样品的分布区域之外，反映出这些样品具有明显不同于其他样品的化学组成。这一现象表明，除耀州窑、临汝窑和龙泉窑制品外，旧县坪遗址青瓷中还有来源于其他窑口的产品。但因研究资料的限制，目前尚无法从科学分析的角度对这些未知窑口做出判断。

2. 黑釉瓷

由数据表可见，与青瓷样品的情况相同，旧县坪遗址出土的这批黑瓷样品，其胎釉化学组成同样表现出了很大的分散性。就瓷胎的化学组成而言，这些黑瓷既有高硅低铝质胎，也有低硅高铝质胎；就瓷釉来说，其中既有钙釉，也有钙碱釉，甚至还有一个瓷釉样品属于碱钙釉的范畴。

选取相关的耀州窑、吉州窑、涂山窑、建窑等窑口的北宋到南宋时期的黑瓷胎釉的化学组成数据，与所分析的旧县坪遗址黑瓷胎釉的化学组成数据一起做因子分析，以判别这批旧县坪遗址出土黑瓷的产地。结果见图二。

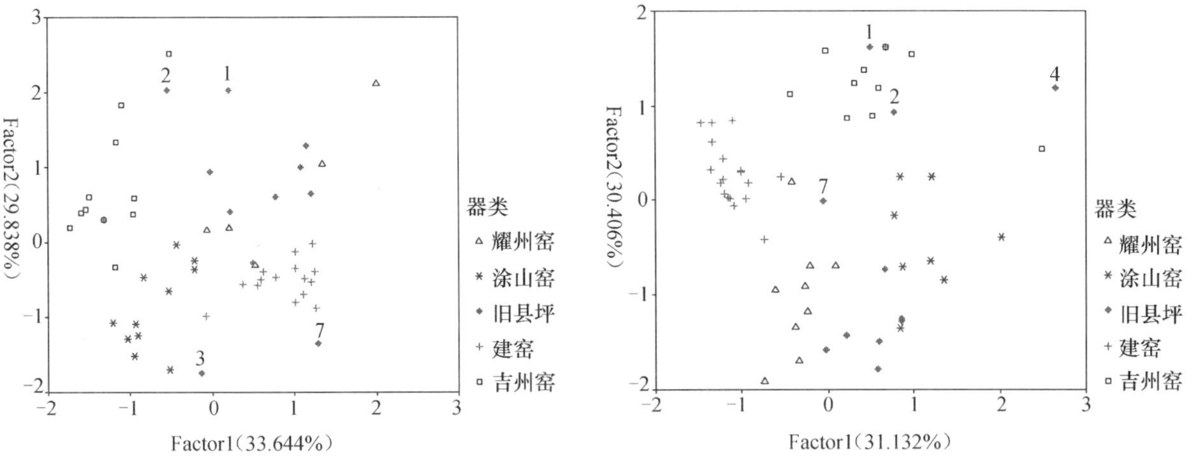

图二　旧县坪遗址黑瓷与相关窑口青瓷胎（左）、釉（右）化学组成因子分析散点图

图二为所分析的这批旧县坪遗址黑瓷与相关的耀州窑、涂山窑、吉州窑和建窑黑瓷胎釉化学组成数据的因子分析散点图，其中左图为瓷胎散点图，右图为瓷釉的散点图。如图所示，耀州窑、涂山窑、吉州窑和建窑样品分别处在几个不同的区域，几个区域间基本没有交叉。而所分析的旧县坪遗址出土的这批黑瓷样品，则分散在几个区域之中，说明旧县坪与这几个窑口均有着密切的联系。结合在器型、釉色和装饰上的相似性，可以认为，旧县坪遗址出土的黑瓷，应主要来自耀州窑、涂山窑、吉州窑和建窑等窑口，系通过一定途径输入旧县坪。

3. 青白釉瓷

从数据表可以看出，相比于青瓷、黑瓷来说，旧县坪遗址出土青白瓷的化学组成变化范围较小，瓷胎均为高硅低铝质胎，釉则全部为钙釉，不见钙碱釉和碱钙釉。

选取相关的湖田窑、武昌窑、繁昌窑的北宋到南宋时期的青白瓷胎釉的化学组成数据，与旧县坪遗址青白瓷胎釉的化学组成数据一起做因子分析，以判别这批旧县坪遗址青白瓷的产地。结果见图三。

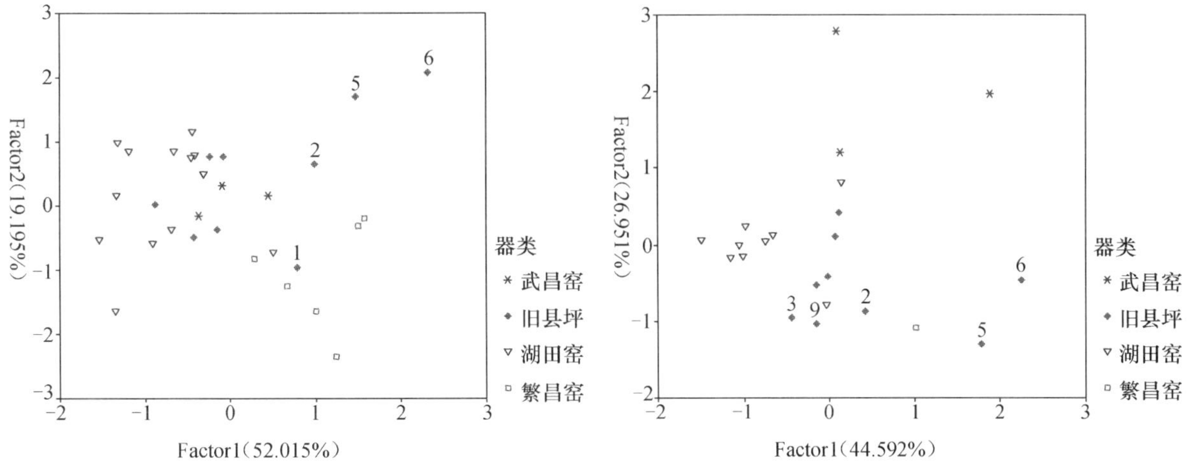

图三　旧县坪遗址青白瓷与相关窑口青白瓷胎（左）、釉（右）化学组成因子分析散点图

图三为所分析的这批旧县坪遗址青白瓷与相关的湖田窑、武昌窑和繁昌窑青白瓷胎釉化学组成数据的因子分析散点图，其中左图为瓷胎散点图，右图为瓷釉的散点图。需说明的是，繁昌窑青白瓷瓷釉的数据只有一个。如图所示，湖田窑、武昌窑和繁昌窑样品均分布在不同的区域内，各区域

间基本没有样品交叉，反映了这三个瓷窑烧制的青白瓷各自具有独特的原料配方，其胎釉的化学组成各有特点，彼此不同。旧县坪遗址出土青白瓷样品在图中的分布较为分散，且在两幅图中的分布态势有所不同。在胎的散点图（左上图）中，大部分旧县坪遗址青白瓷分布在湖田窑、武昌窑和繁昌窑样品所处区域之中，反映了旧县坪遗址与这几个窑口有着密切的联系。但在釉的散点图（右上图）中，旧县坪遗址青白瓷却没有样品分布在武昌窑样品所处区域之内，这与胎的散点图中的分布态势有一定差异。这一情况估计是本次分析过程中存在的误差所造成的。本次化学组成分析所用的能量色散 X 射线荧光光谱分析法为无损分析，即直接将 X 射线照射在瓷片的瓷釉和瓷胎上，通过分析从瓷釉和瓷胎中激发出的特征 X 射线光谱，获得瓷釉和瓷胎化学组成的信息。由于 X 射线本身具有一定的穿透性，而这些青白釉瓷的釉层均很薄，在分析釉层的时候，X 射线有可能穿透釉层达于其下的瓷胎，故所测得的瓷釉的化学组成可能受到了瓷胎的影响，因此误差较大，使得胎釉化学组成的因子分析结果不太一致。但总的来说，从图三所反映的情况来看，基本可以认定旧县坪遗址出土的青白瓷，应主要来自湖田窑、武昌窑和繁昌窑，另有少量来自其他未知窑口。

4. 白釉瓷

从数据表可见，旧县坪遗址出土的白瓷的化学组成非常复杂，变化范围很大，这与其器形风格差异较大保持着很好的一致性。就瓷胎的化学组成而言，其中既有属于北方典型特征的低硅高铝质胎，也有为南方典型特征的高硅低铝质胎。而就瓷釉的化学组成特点来说，其中兼有钙釉、钙碱釉和碱钙釉。

选取相关的景德镇窑、武昌窑、定窑和德化窑宋代至金代时期的白瓷胎釉化学组成数据，与本次分析的旧县坪遗址出土白瓷胎釉的化学组成数据一起做因子分析，以探讨旧县坪遗址出土白瓷的产地。结果见图四。

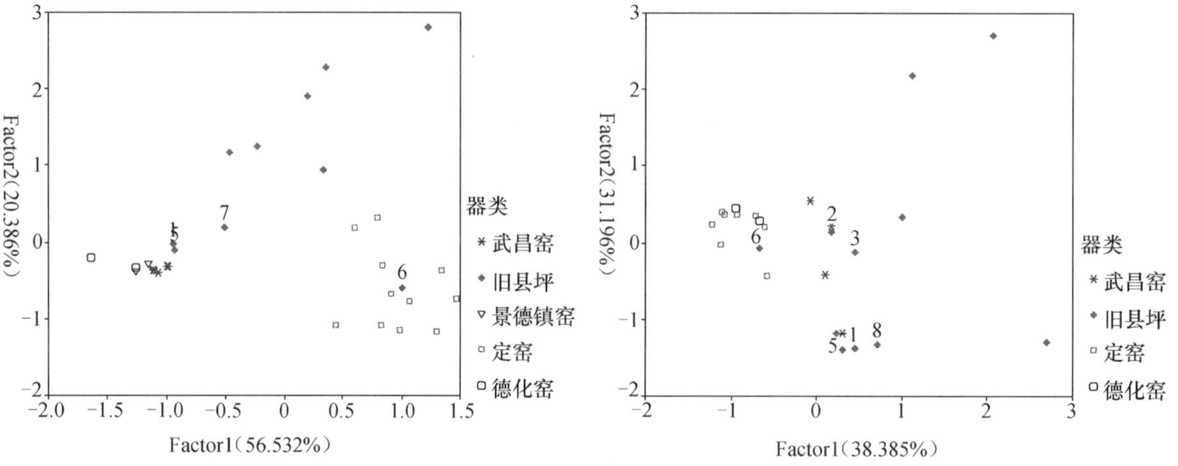

图四　旧县坪遗址青白瓷与相关窑口青白瓷胎（左）、釉（右）化学组成因子分析散点图

图四为所分析的这批旧县坪遗址白瓷与相关的景德镇窑、武昌窑、定窑和德化窑白瓷胎釉化学组成数据的因子分析散点图，其中左图为瓷胎散点图，右图为瓷釉的散点图。图四显示，有一个旧县坪遗址白瓷样品落入定窑白瓷样品所处区域之中，另有少量样品与武昌窑和景德镇窑样品所处区域接近。至于其他的旧县坪遗址白瓷，则分布在景德镇窑、武昌窑、定窑和德化窑所处区域之外，应来自其他一些窑口。限于研究资料，目前尚无法对这些窑口作出判断。

5. 其他

除上述青釉瓷、黑釉瓷、青白釉瓷和白釉瓷外，还分析了一些颜色釉瓷和彩绘瓷。经分析，一些颜色釉瓷的瓷釉为低温铅釉。在所分析的这些颜色釉瓷和彩绘瓷中，一些样品的风格及化学组成特点与磁州窑和钧窑制品相近，应来自磁州窑和钧窑。

6. 11 号青瓷样品的线扫描分析

选取在胎釉间有一白色层状物的 11 号青瓷样品，用切磨机切割出一个断面并磨平，从釉层经白色层状物至瓷胎中做线扫描分析。图五为放大 100 倍的 11 号样品的断面情况，位于图五中部的长线即为线扫描分析线。在样品断面上的扫描长度为 1. 28mm，从釉层经白色层状物至瓷胎中，共有测点 32 个，点与点之间部分重叠，故为连续扫描。线扫描数据见附表七。线扫描分析数据得到后，用 ORIGIN 软件对数据进行处理，绘出每个氧化物的含量随测点变化的趋势图，以作进一步的分析和讨论。结果见图六。

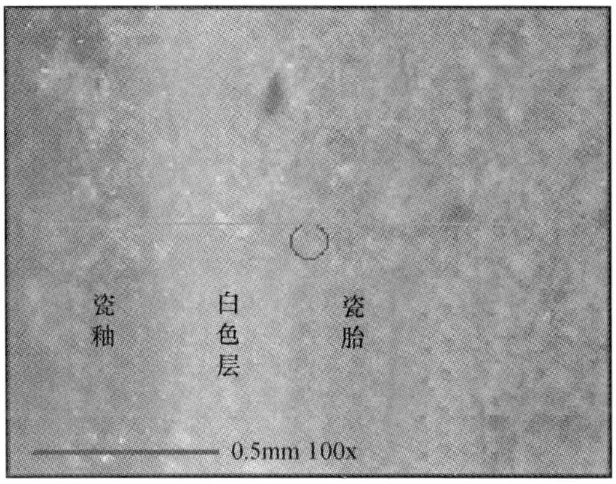

图五　11 号样品的断面及其上的线扫描测线

图六中由左至右为从样品的釉层开始、经白色层状物到瓷胎的线扫描方向。由图六可见，7 种氧化物均表现出一定的随测点前进而呈现出有规律变化的趋势，但各氧化物的变化趋势又各具特点。如 SiO_2，其前 7 个测点的含量维持在 70% 左右的高值；自第 8 个测点开始，其含量稳步下降；而大约在第 15 个测点之后，进入一个较为稳定的阶段。Al_2O_3的变化趋势与 SiO_2正相反，其前 7 个测点的含量较低，均在 15% 上下；自第 8 个测点始，其含量稳步上升；大约在第 15 个测点之后，进入一个较为稳定的阶段。从测点位置来看，出现显著变化的测点正位于釉层（约 0 ~ 0. 25mm）至白色层状物（约 0. 25 ~ 0. 5mm）和白色层状物至瓷胎（约 0. 50 ~ 1. 28mm）之间，而白色层状物的 SiO_2和 Al_2O_3组成正处于胎、釉的 SiO_2和 Al_2O_3组成之间。

助熔剂氧化物 CaO 的变化趋势也是在釉层到白色层状物间快速下降，到达瓷胎之后趋于稳定。瓷釉中的 CaO 含量在 7% 左右，而在白色层状物中是一个快速下降的过程，在瓷胎中的含量则基本一致，都在 1% 上下。另外一个助熔剂氧化物 K_2O 的变化趋势与 CaO 稍有不同。由图可见，K_2O 的变化趋势稍显凌乱，但大致上还是体现出了釉层中的 K_2O 含量高于胎中的 K_2O 含量，而白色层状物中的 K_2O 含量则介于胎釉之间的规律。

作为着色剂氧化物存在的 Fe_2O_3的变化趋势很有特点。由图六可见，胎和釉中的 Fe_2O_3含量都在 3% 左右，因此该青瓷样品的釉层和瓷胎都带有一定的颜色。但白色层状物中的 Fe_2O_3含量却明显较胎釉为低，多在 2% 左右，最低接近 1% ，与白瓷中的 Fe_2O_3水平相当，这就是这层位于胎釉之间的物质呈色为白色的原因。

另外两个着色剂氧化物 TiO_2和 MnO，同样表现出了其含量沿测点移动而呈现出有规律变化的趋势。

根据以上对各氧化物尤其是 SiO_2、Al_2O_3、CaO、K_2O、TiO_2和 MnO 线扫描数据的分析，可以总结出一个规律，就是无论瓷胎和瓷釉中各氧化物的含量孰高孰低，白色层状物中的此种氧化物的含量却总是位于瓷胎和瓷釉之间，显示了从瓷胎到瓷釉过渡的特点。因此，可以认为这个青瓷样品胎釉之间的白色层状物，是在烧制过程中由于胎釉中的组分相互扩散和渗透而形成的反应层，或称为

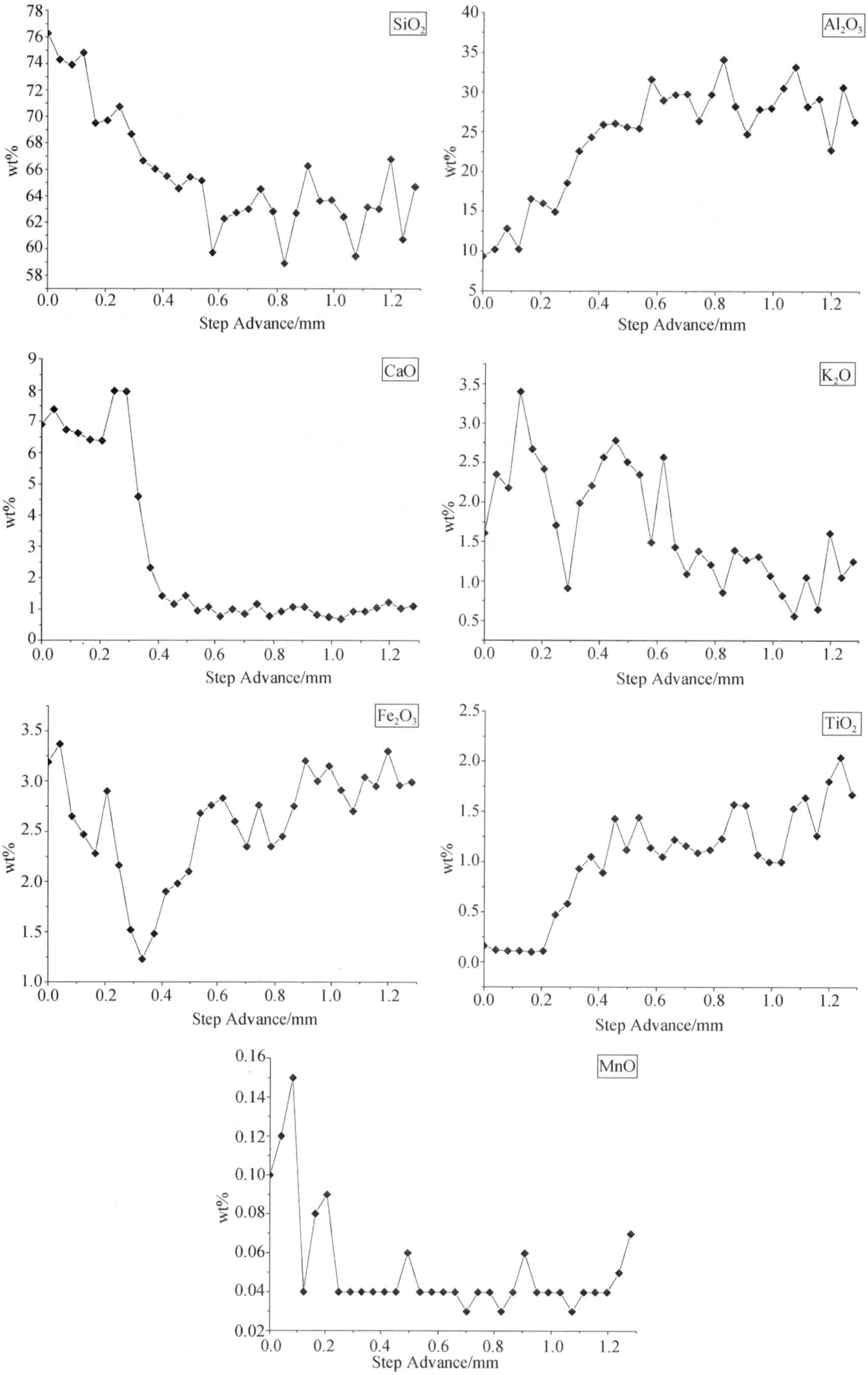

图六　旧县坪遗址出土青瓷样品断面的线扫描分析

胎釉中间层、过渡层，而非为了遮盖色泽较深或比较粗糙的胎体而人为施加的一层化妆土。而有研究表明，有些耀州窑和临汝窑青瓷胎釉间会形成反应层，反应层中有大量钙长石晶体。在钙长石晶体的形成过程中，会将铁元素排除在钙长石晶体结构之外，因此这层反应层的铁含量就很低，看起来为白色。这也就解释了为何本研究中，白色层状物中 Fe_2O_3 含量明显较胎釉为低，与其他氧化物的变化趋势不同的现象。

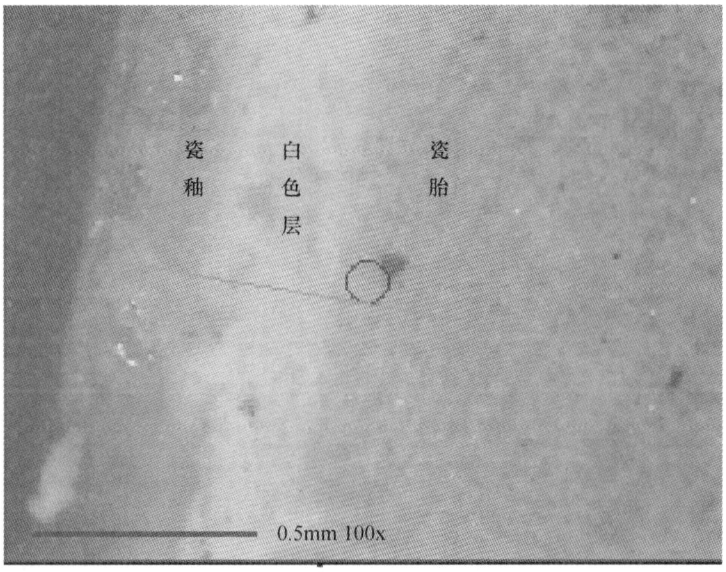

图七　43 号样品的断面及其上的线扫描测线

7. 43 号白瓷样品的线扫描分析

选取在胎釉间有一层白色物质的 43 号白瓷样品，做线扫描分析，样品和数据处理均如前述。样品的扫描长度为 1.2mm，共有测点 32 个。结果见图八。

由图八可见，7 种氧化物均表现出一定的随测点前进而呈现出有规律变化的趋势，但每种氧化物又各具特点。如 SiO_2，其含量沿测线前进先快速下降，之后有一段距离较为稳定，随后又上升并再次趋于稳定。Al_2O_3的变化趋势与 SiO_2正相反，其含量沿测线前进先快速上升，之后有一段距离较为稳定，随后又下降并最终趋于稳定。从测点位置来看，出现显著变化的测点正位于釉层（约 0 ~ 0.2mm）至白色层状物（约 0.2 ~ 0.5mm）和白色层状物至瓷胎（约 0.5 ~ 1.2mm）之间，显示了白色层状物的组成与瓷胎、瓷釉均有明显差异。另外需特别指出的是，SiO_2和 Al_2O_3的含量变化趋势图显示，白色层状物的 SiO_2含量很低，仅略高于 50%；但其 Al_2O_3含量却很高，高达 40% 左右。

助熔剂氧化物 CaO 的变化趋势是自釉层到白色层状物间快速下降，之后趋于稳定，瓷釉中的 CaO 含量在 14% 左右，而白色层状物和瓷胎中的含量基本都在 1% 上下。另一个助熔剂氧化物 K_2O 的变化趋势与 CaO 不同。由图可见，白色层状物中的 K_2O 明显高于相邻釉层和瓷胎中 K_2O 的含量。

作为着色剂氧化物存在的 Fe_2O_3含量的变化趋势也很有特点。釉层和白色层状物中的 Fe_2O_3含量都在 1% 以下，而瓷胎中的 Fe_2O_3含量则在 3% 左右，因此这个白瓷瓷胎的呈色不是白色。TiO_2也是一种着色剂氧化物，但其变化趋势与 Fe_2O_3却稍有不同，釉中的 TiO_2含量显著低于白色层状物和瓷胎的，且白色层状物中的 TiO_2含量又稍高于瓷胎中的。但由于 TiO_2的呈色作用比 Fe_2O_3要弱得多，所以尽管白色层状物中的 TiO_2含量较高，其颜色却仍然较白。MnO 的变化趋势与 SiO_2相似。

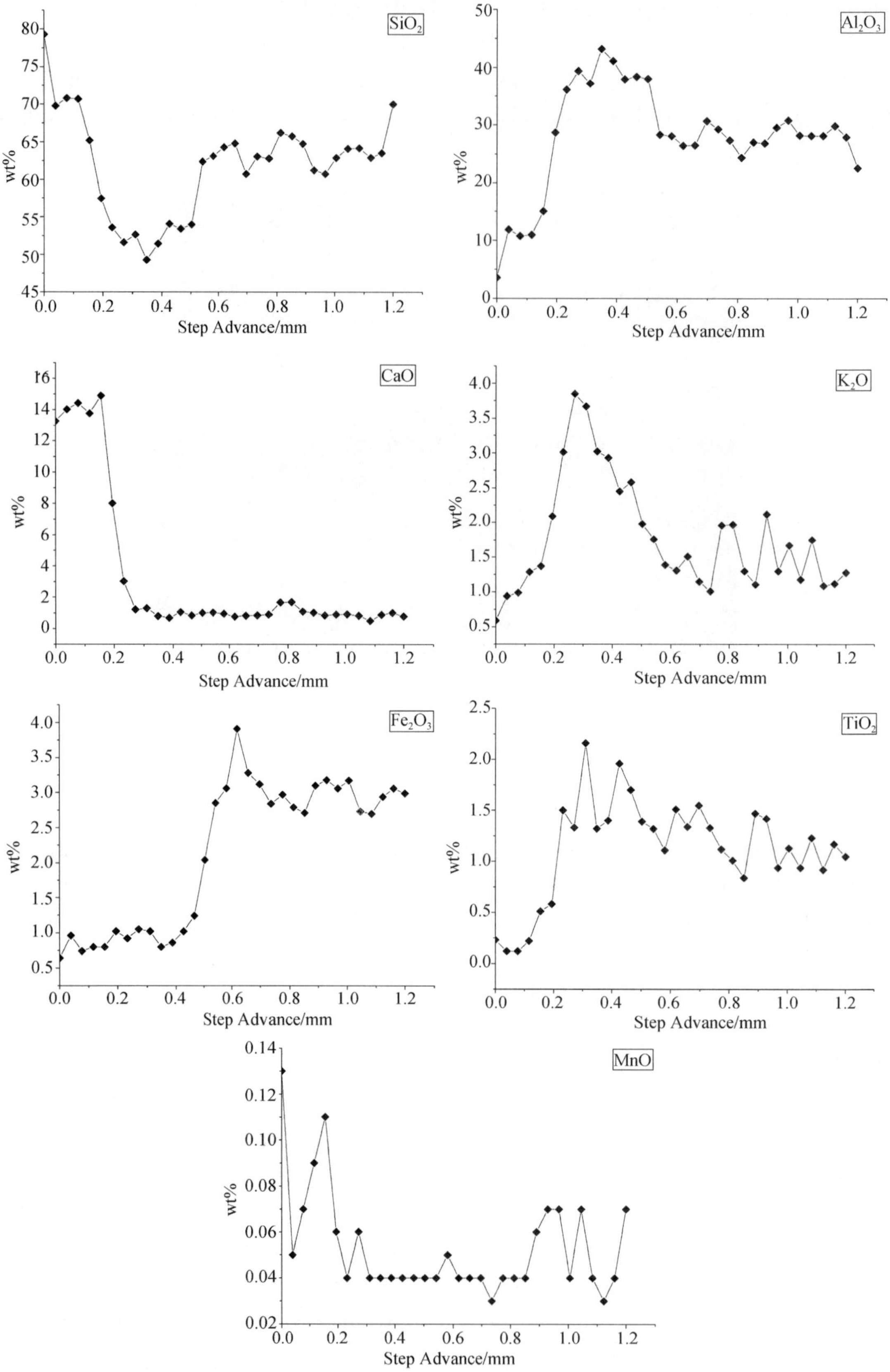

图八　旧县坪遗址出土白瓷样品断面的线扫描分析

综合上述对各氧化物含量变化趋势的分析，可以认为在胎釉之间的这一白色层状物是人为施加的化妆土，且其原料应为我国北方地区盛产的以高岭石为主要矿物组成的黏土。这种以高岭石为主要矿物组成的黏土，在各地被称为“坩土”、“坩子土”或“白坩土”，其化学组成的主要特点就是低硅高铝，其 SiO_2 含量较瓷石类黏土为低，Al_2O_3 含量却很高，多在40%左右。此外，这种黏土的另一个特点，就是其中的 Fe_2O_3 含量一般都很低，因此以这种黏土为原料烧制的瓷胎的颜色洁白。而将这种黏土制成泥浆，薄薄地施在质地较粗糙或颜色较深的瓷器坯体表面，可以用来掩盖坯体表面的颜色或粗糙表面，起到化妆的作用，因此被称作“化妆土”。而在施有化妆土的瓷坯上施透明釉，或在透明釉上或釉下绘以彩绘，可使透明釉及彩绘不受粗糙或颜色较深的瓷胎的影响，提高瓷器的外观质量。因此，化妆土工艺的采用，对瓷胎原料范围的扩大和瓷器质量的提高，都起到了积极的推动作用。

（二）显微结构分析

图九～图二八分别为各瓷器样品的显微结构照片。

由图九可见，1号样品的釉层清澈透明，几乎看不到未熔矿物颗粒和析晶的存在，但釉层中气泡较多。瓷胎的质地细腻，少见未熔矿物颗粒。

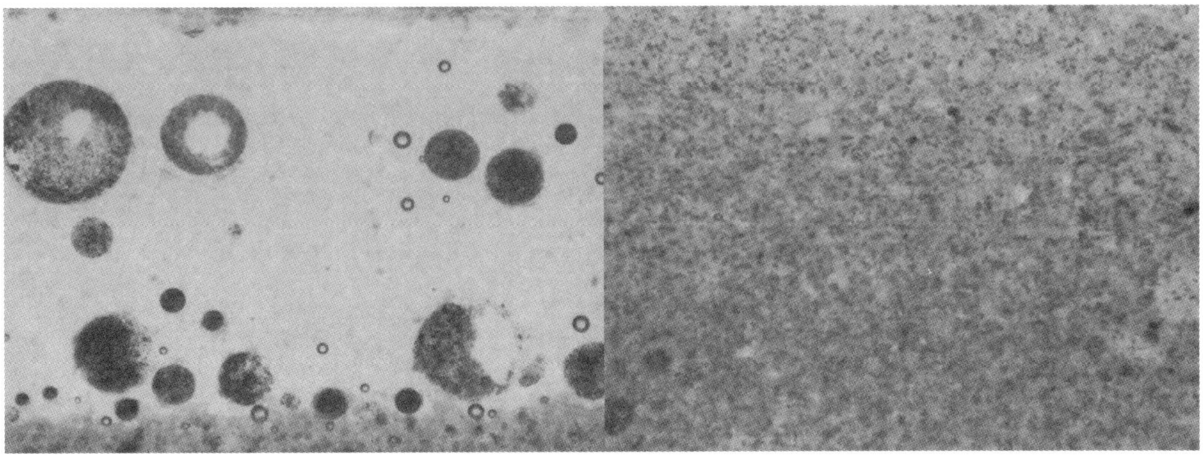

图九　1号样品的胎（右）、釉（左）显微结构照片（100X）

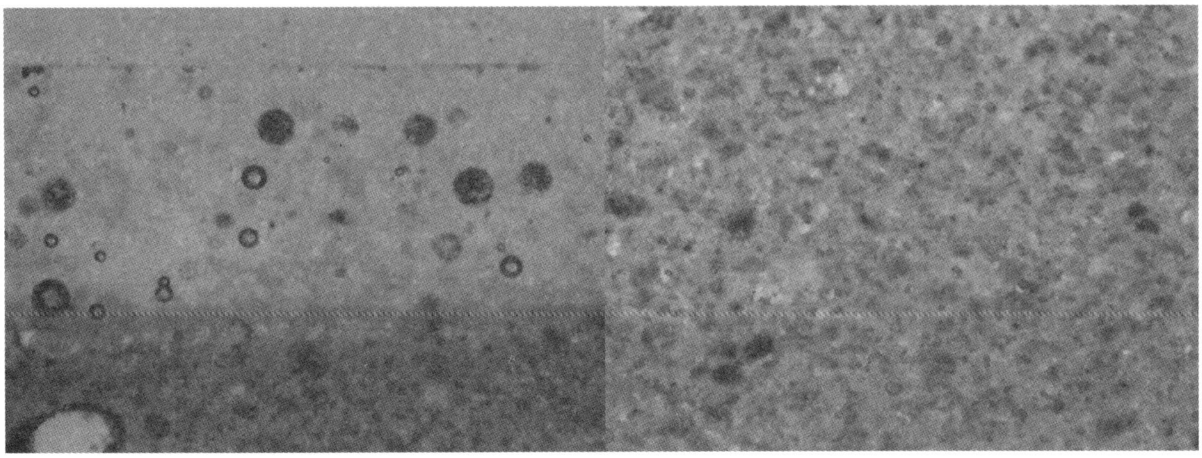

图一〇　3号样品的胎（右）、釉（左）显微结构照片（100X）

图一〇显示，3 号样品的釉层较为透明，其中分布着大量微小气泡，未见析晶。瓷胎质地较为细腻，少见未熔矿物颗粒。

图一一表明，7 号样品的釉层中分布着较多的微小气泡，以及少量未熔矿物颗粒。瓷胎的质地较为细腻，但未熔矿物颗粒较多。由显微结构来看，7 号样品的烧成温度不是很高，以致釉层和胎体中的均有较多的未熔矿物颗粒。

由图一二可见，8 号样品的釉层较为透明，有少量微小气泡。胎釉间有反应层。胎质较细腻，有少量未熔矿物颗粒。

图一三显示，11 号样品的釉层清澈透明，气泡、未熔矿物颗粒和析晶均很少。胎釉间有反应层。瓷胎的质地较粗，未熔矿物颗粒较多。

由图一四可见，12 号样品的釉层较为透明，基本不见气泡和未熔矿物颗粒。釉下个别地方有晶体析出。瓷胎质地粗糙，有大量未熔矿物颗粒。12 号样品为玳瑁斑黑釉瓷，黑釉可以遮盖色泽较深和质地粗糙的胎体，故胎体的原理处理不必过于精细。

13 号样品为一虎皮斑黑釉瓷，在黑色底釉上施有酱黄色面釉。由图一五可见，酱黄色面釉和黑色底釉均比较透明，有少量较大的气泡，黑色底釉中有少量晶体析出。胎体粗糙，有大量未熔矿物颗粒。

由图一六可见，17 号样品的釉层较为透明，有少量微小气泡。胎体粗糙，有大量未熔矿物颗粒。

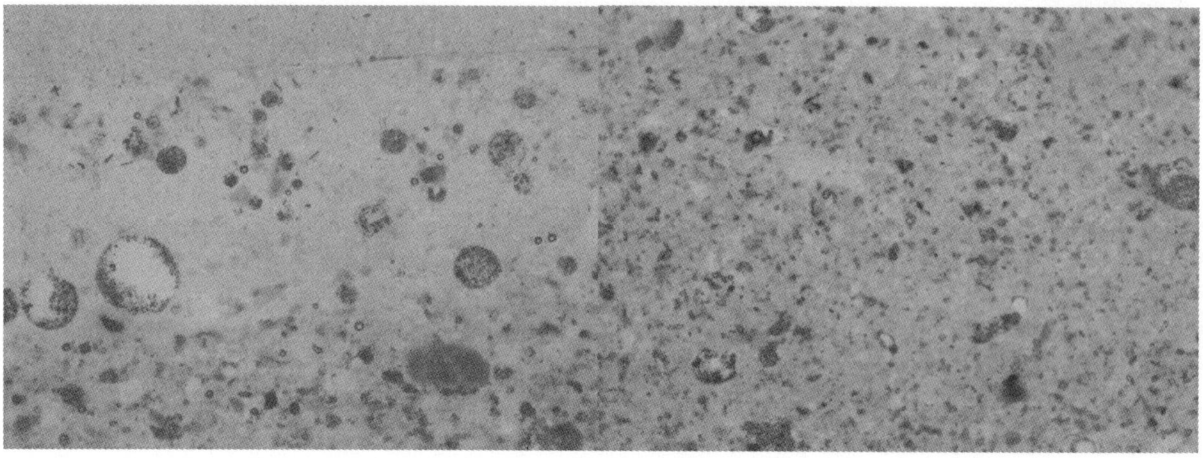

图一一　7 号样品的胎（右）、釉（左）显微结构照片（100X）

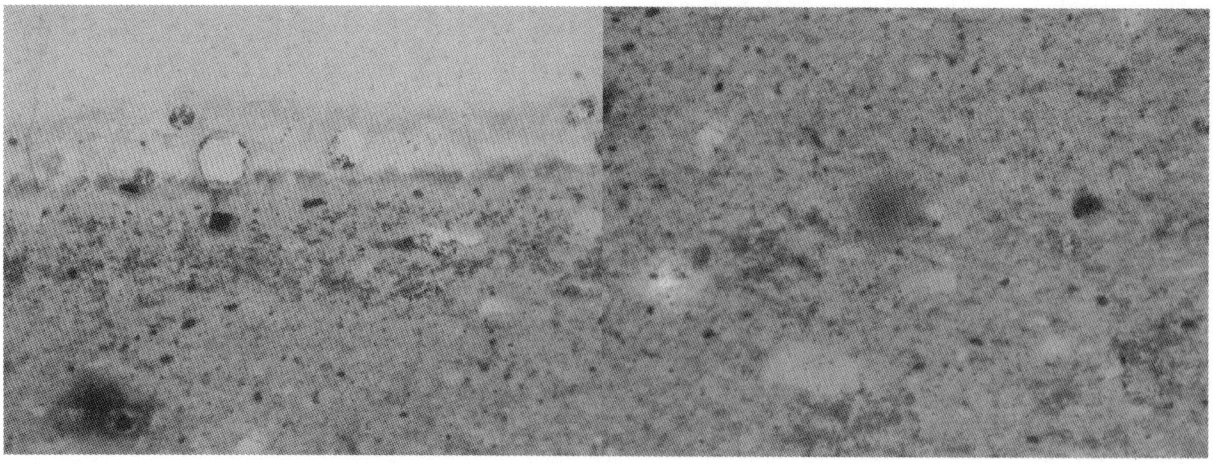

图一二　8 号样品的胎（右）、釉（左）显微结构照片（100X）

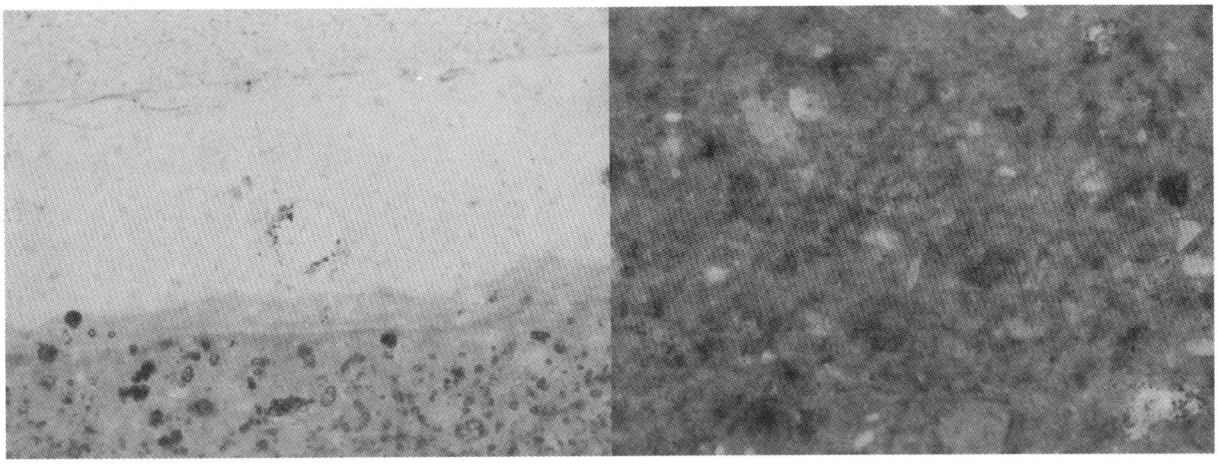

图一三　11 号样品的胎（右）、釉（左）显微结构照片（100X）

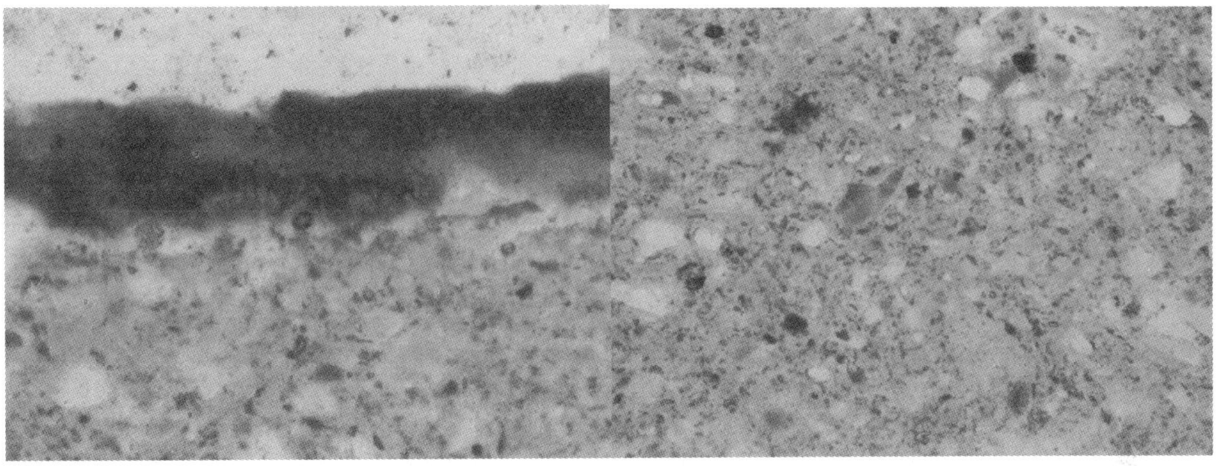

图一四　12 号样品的胎（右）、釉（左）显微结构照片（100X）

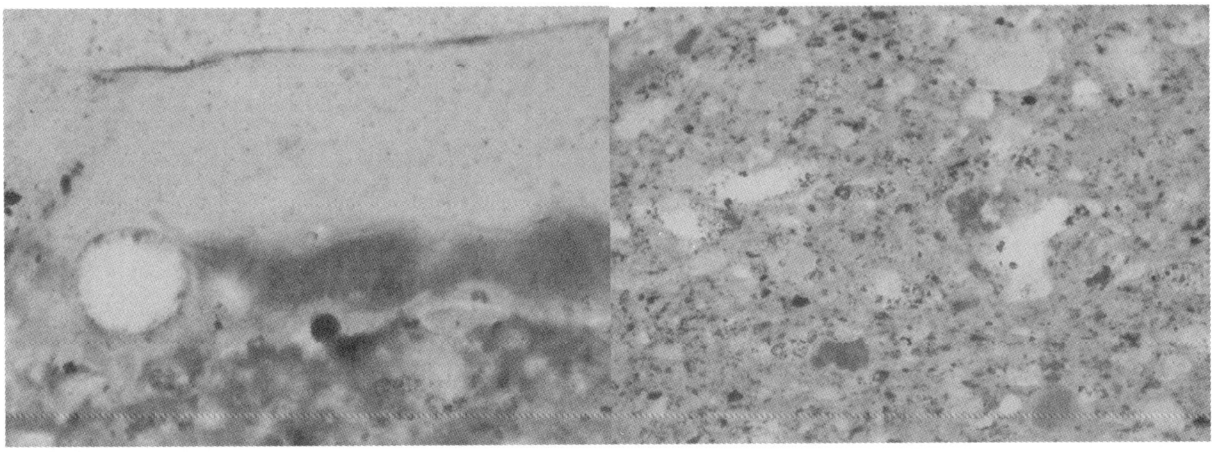

图一五　13 号样品的胎（右）、釉（左）显微结构照片（100X）

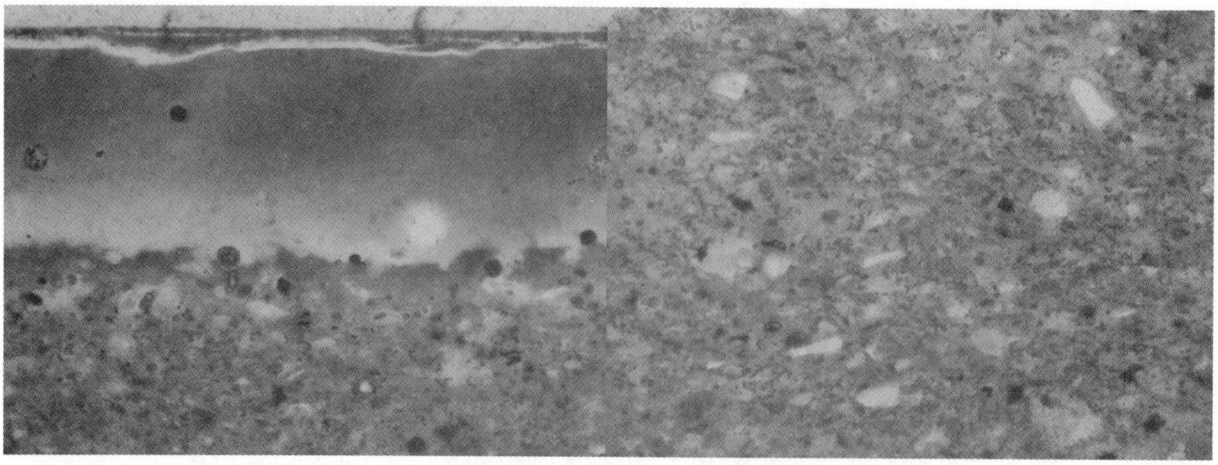

图一六　17 号样品的胎（右）、釉（左）显微结构照片（100X）

由图一七可见，19 号样品的釉层中分布着大量大小不等的气泡。胎质较粗糙，有少量未熔矿物颗粒。

图一八表明，21 号样品的釉层中分布着少量较大的气泡，以及少量未熔矿物颗粒。胎质粗糙，有大量未熔矿物颗粒。

由图一九可见，22 号样品的釉层中分布着较多的微小气泡，并有少量未熔矿物颗粒存在。胎质较粗糙，有少量未熔矿物颗粒。

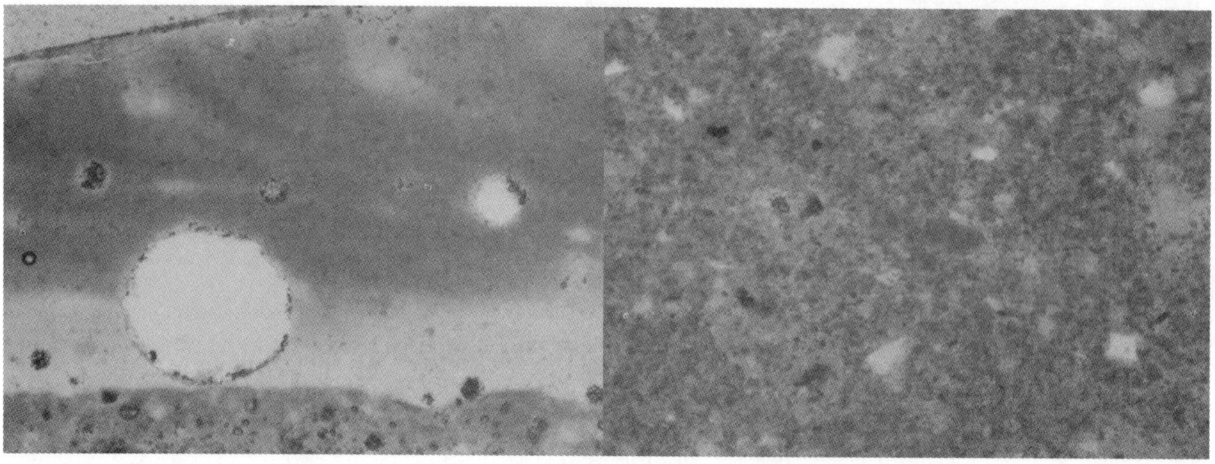

图一七　19 号样品的胎（右）、釉（左）显微结构照片（100X）

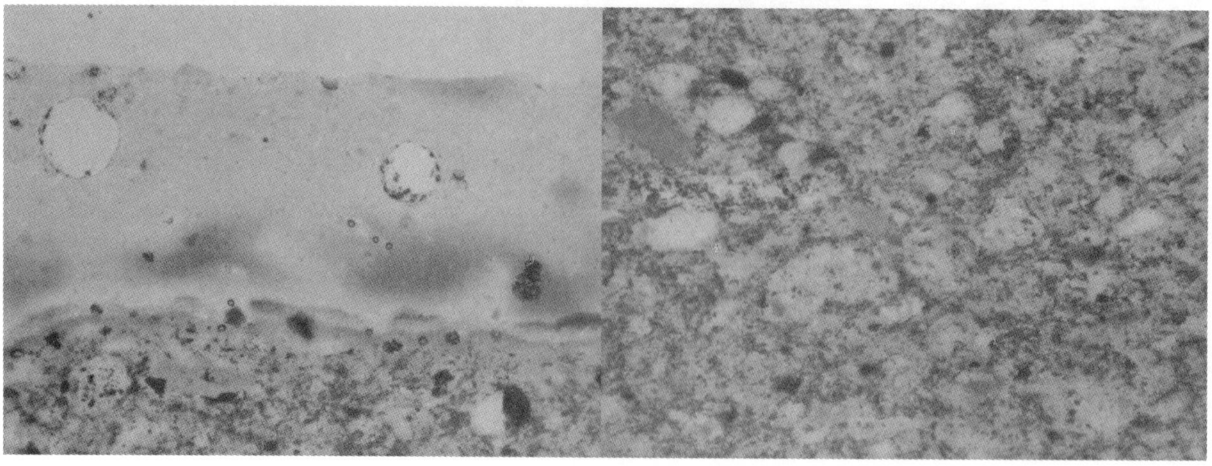

图一八　21 号样品的胎（右）、釉（左）显微结构照片（100X）

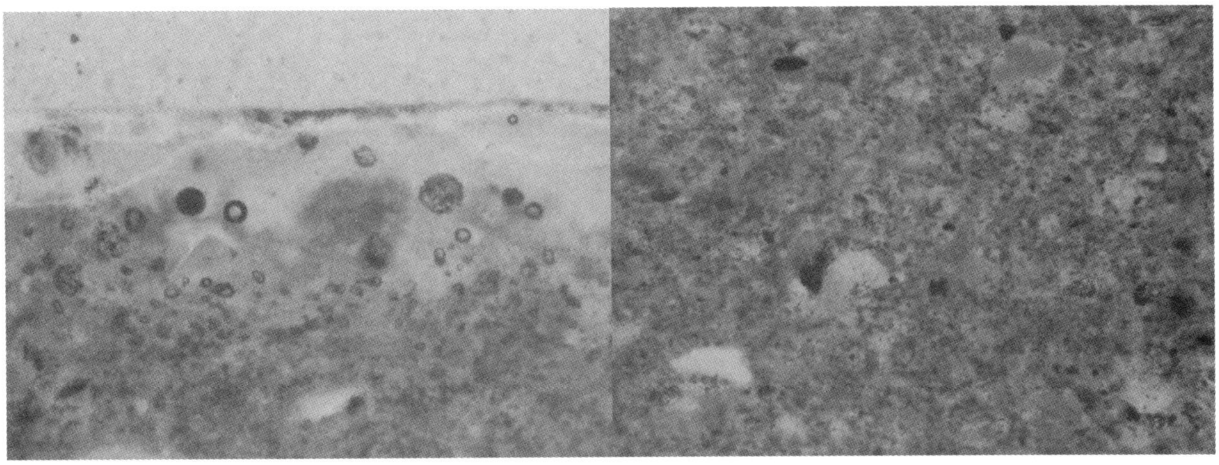

图一九　22号样品的胎（右）、釉（左）显微结构照片（100X）

由图二〇可见，26号样品的釉层较为透明，有少量气泡。胎釉间有化妆土。胎体质地粗糙，颜色很深，有大量未熔矿物颗粒。

图二一显示，27号样品的釉层清澈透明，几乎不见气泡、未熔矿物颗粒及析晶，但在胎釉交界处分布着大量微小气泡。胎质细腻，有少量未熔矿物颗粒。

由图二二可见，31号样品的釉层透明，分布少量气泡。胎质细腻，少见未熔矿物颗粒。

由图二三可见，40号样品的釉层透明，基本不见气泡。胎质细腻，有少量未熔矿物颗粒。

由图二四可见，43号样品的釉层透明，几乎不见气泡。胎釉间有化妆土，化妆土质地细腻。胎体质地比较粗糙，有较多的未熔矿物颗粒。

图二五表明，46号样品的釉层较为透明，有纹片，釉层中分布有少量微小气泡。釉下可见大量自胎体向釉层生长的针状析晶。胎体较粗糙，有较多的未熔矿物颗粒。

由图二六可见，49号样品的釉层透明，有大量微细纹片，少见气泡。胎釉间有化妆土，化妆土质地细腻。胎体质地较粗，少见未熔矿物颗粒。

由图二七可见，53号样品的釉层很薄，较为透明，釉下有黑彩，黑彩已向釉层中扩散。胎体粗糙，有大量未熔矿物颗粒。

由图二八可见，54号样品的釉层较为透明，但有较大气泡存在。胎体质地粗糙，有较大未熔矿物颗粒存在。

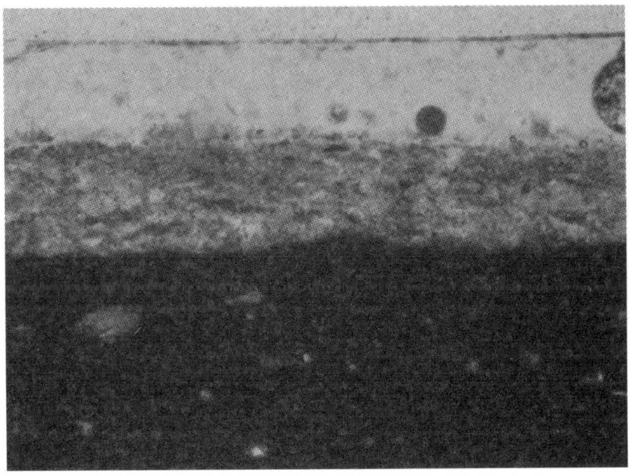

图二〇　26号样品的胎釉显微结构照片（100X）

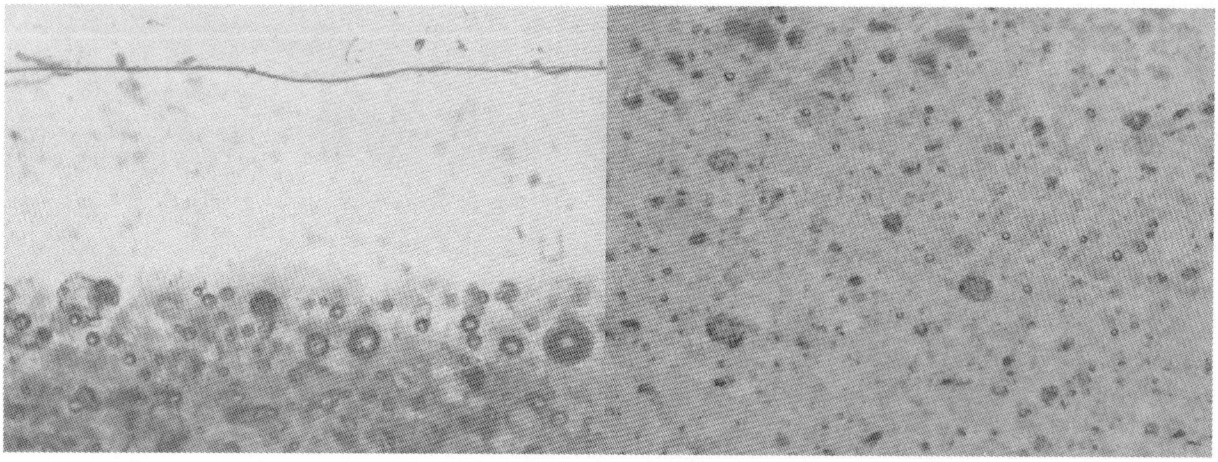

图二一　27 号样品的胎（右）、釉（左）显微结构照片（100X）

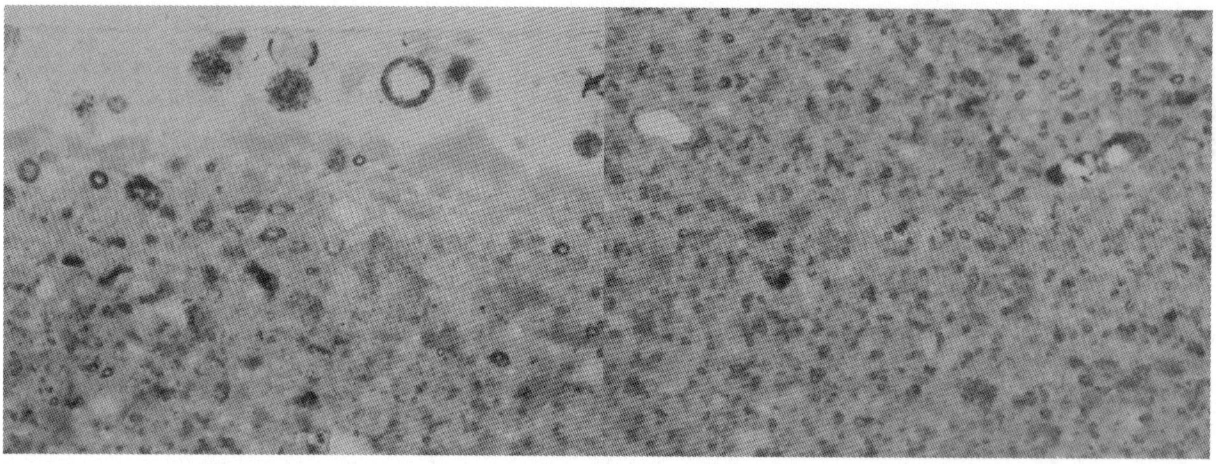

图二二　31 号样品的胎（右）、釉（左）显微结构照片（100X）

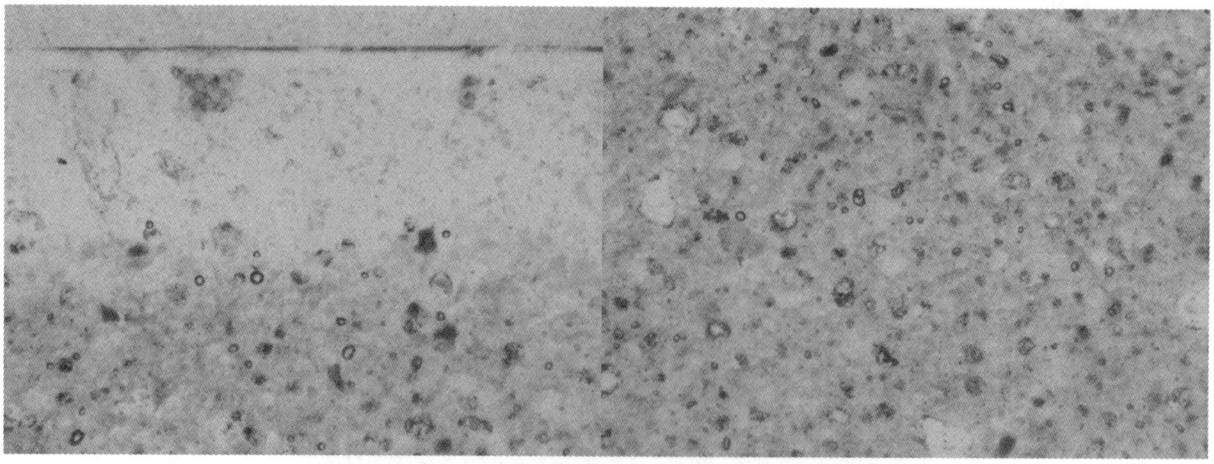

图二三　40 号样品的胎（右）、釉（左）显微结构照片（100X）

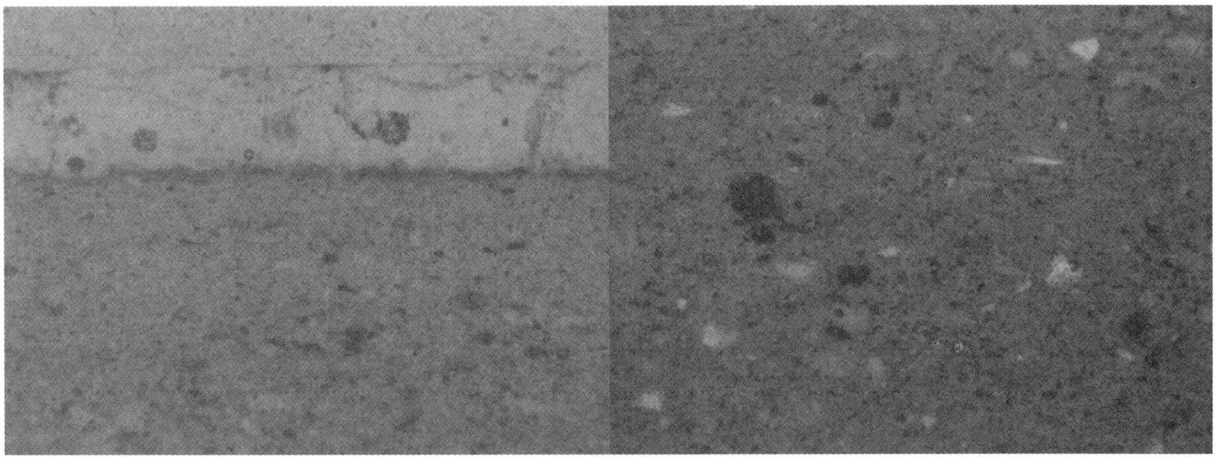

图二四　43 号样品的胎（右）、釉（左）显微结构照片（100X）

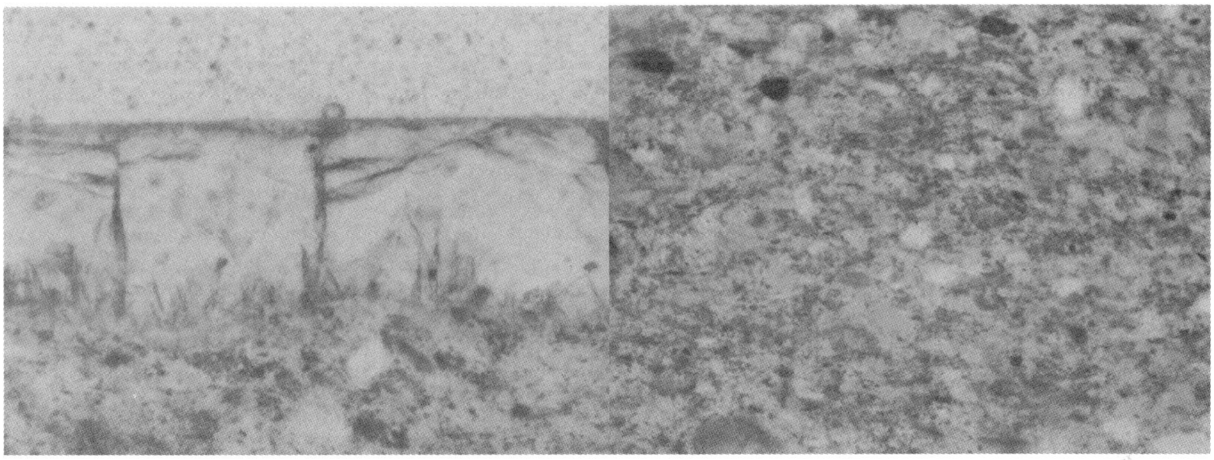

图二五　46 号样品的胎（右）、釉（左）显微结构照片（100X）

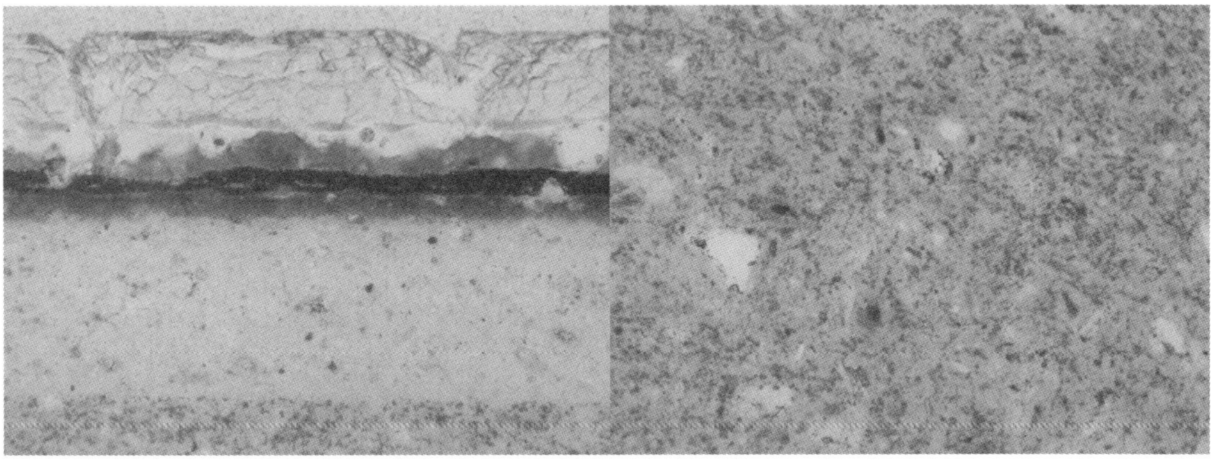

图二六　49 号样品的胎（右）、釉（左）显微结构照片（100X）

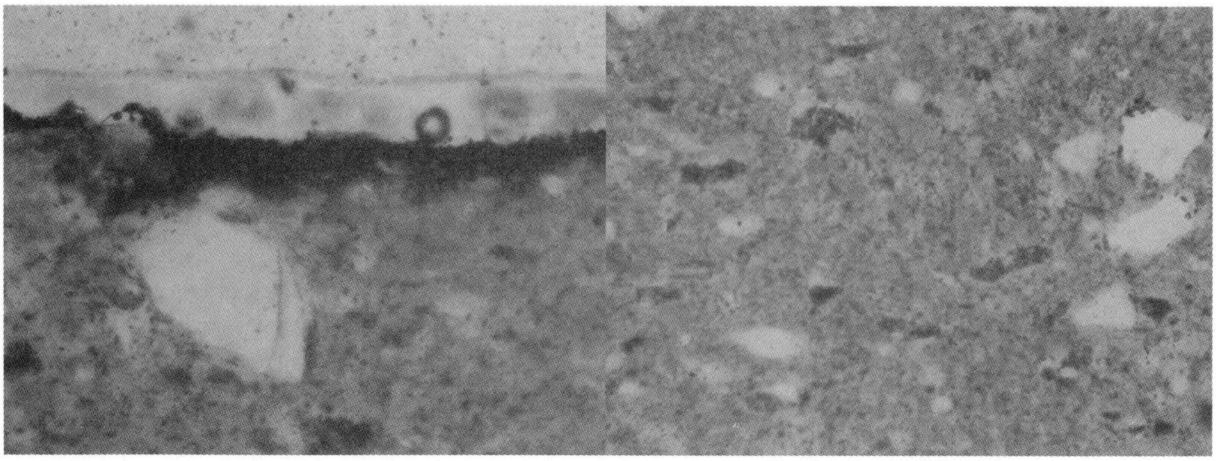

图二七　53 号样品的胎（右）、釉（左）显微结构照片（100X）

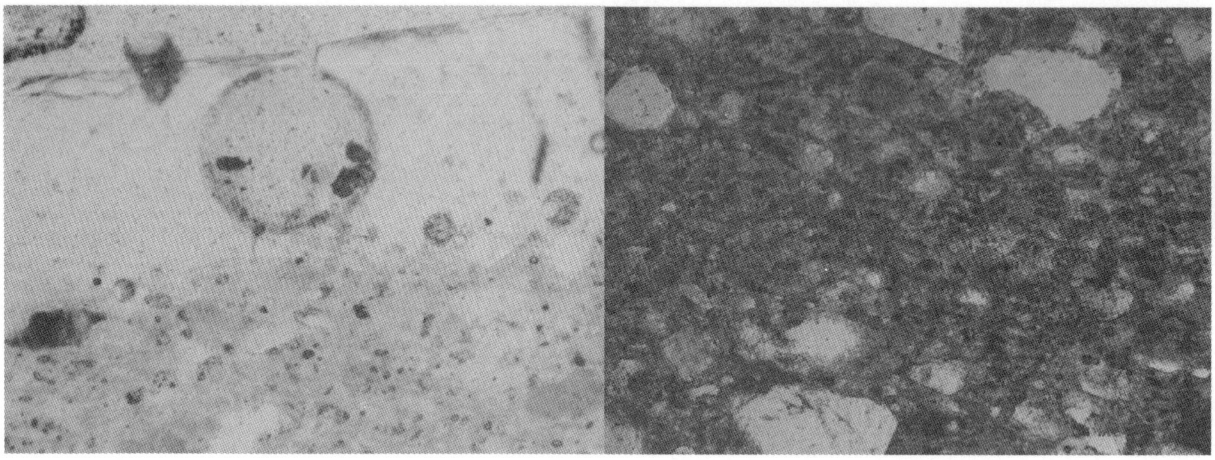

图二八　54 号样品的胎（右）、釉（左）显微结构照片（100X）

五、结　　论

利用能量色散 X 射线荧光光谱，对取自湖北巴东旧县坪遗址的一批时代为北宋至南宋时期的瓷器样品进行了胎釉化学组成的分析，并将此分析结果与相关窑口制品的胎釉化学组成数据进行了因子分析，以研究旧县坪遗址出土瓷器的化学组成特点，以及这些瓷器的来源。胎釉的化学组成分析显示，这批瓷器的化学组成非常复杂，在化学组成上兼有中国南方和北方瓷器的特点，表明了其来源的多样性。对胎釉化学组成数据的因子分析表明，旧县坪遗址瓷器主要来源于耀州窑、临汝窑、涂山窑、吉州窑、景德镇窑、武昌窑、繁昌窑、龙泉窑、建窑、定窑、磁州窑、钧窑等窑口，另有少量瓷器来自其他窑口，但因相关研究资料的欠缺，尚不能从科学分析的角度判断其来源。对旧县坪遗址出土瓷器的这一科学研究，充分说明了当旧县坪遗址使用之时，此地与其他地区联系广泛，交流频繁。

参 考 文 献

[1]　张福康:《中国古陶瓷的科学》,上海人民美术出版社,2000年,第54、57页。
[2]　李家治:《中国科学技术史·陶瓷卷》,科学出版社,1998年,第265、274页。
[3]　郭景康、承焕生、陈显求等:《从化学组成上区分宋代汝瓷与民窑钧瓷》,《陶瓷学报》1999年第20卷第3期,第153~157页。
[4]　承焕生、何文权、杨福家等:《宋代汝瓷研究》,《文物保护与考古科学》1999年第11卷第2期,第19~26页。
[5]　陈显求、陈士萍、黄瑞福等:《宋耀州兔毫盏》,《陶瓷学报》1996年第17卷第3期,第37~45页。
[6]　重庆市文物考古所:《重庆涂山窑》,科学出版社,2006年,第402~407页。
[7]　李家治:《中国科学技术史·陶瓷卷》,科学出版社,1998年,第240页。
[8]　李家治:《中国科学技术史·陶瓷卷》,科学出版社,1998年,第206~216页。
[9]　李家治:《中国科学技术史·陶瓷卷》,科学出版社,1998年,第327~328页。
[10]　陈尧成、陈虹、田海峰等:《武昌青山窑影青瓷的研究》,《江汉考古》1994年第4期,第92~96页。
[11]　杨玉璋、张居中:《从繁昌窑青白瓷制造看二元配方工艺的产生》,《考古与文物》2006年第2期,第89~92页。
[12]　张福康:《中国古陶瓷的科学》,上海人民美术出版社,2000年,第80页。
[13]　李家治:《中国科学技术史·陶瓷卷》,科学出版社,1998年,第152~154页。
[14]　李家治:《中国科学技术史·陶瓷卷》,科学出版社,1998年,第327~328页。
[15]　李家治:《中国科学技术史·陶瓷卷》,科学出版社,1998年,第355页。
[16]　陈尧成、陈虹、田海峰等:《武昌青山窑古代白瓷研究》,《中国陶瓷》1993年第3期,第54~60页。
[17]　李家治:《中国科学技术史·陶瓷卷》,科学出版社,1998年,第274、275页。
[18]　张福康:《中国古陶瓷的科学》,上海人民美术出版社,2000年,第55页。

附表一　旧县坪遗址出土瓷器登记表

类别	序号	原编号	外观情况
青釉瓷	1	（西Ⅰ）T1701③:4	胎白色；釉层较厚
	2	（西Ⅰ）T1007⑤:27	胎灰色；釉层有细密纹片
	3	（西Ⅰ）T3420⑤:7	胎灰白色，胎质较细；釉层较厚
	4	（西Ⅰ）T3620⑤:8	胎白略带灰色；釉层透明，青色很淡；有纹片
	5	（西Ⅰ）T2818⑤:3	胎浅灰色，胎质较粗；釉色偏绿
	6	（西Ⅰ）T2317⑤:5	胎灰白色，胎质细腻；釉层透明，有大量小气泡；外壁有刻划纹饰
	7	（西Ⅰ）T3420⑤:8	胎灰色；釉层较厚
	8	（西Ⅰ）T2516⑤:1	胎浅灰色，胎质稍粗；印花装饰；釉有纹片
	9	（西Ⅰ）T1107⑤:12	胎灰白色，胎质细腻；内壁印花，外壁刻划纹装饰；釉有大量小气泡
	10	（西Ⅰ）T2115⑤:4	胎浅灰色；内壁印花；釉纹片，有大量小气泡
	11	（西Ⅰ）T3113⑤:4	胎浅灰色；内壁印花；釉纹片，有大量小气泡
黑釉瓷	12	（西Ⅰ）T3416⑤:14	胎白色；内壁黑釉，外壁黑色底釉上淋洒有酱黄色面釉，形似玳瑁斑
	13	（西Ⅰ）T3519⑤:43	胎白色，胎质稍粗；黑色底釉，酱黄色面釉，形似虎皮斑
	14	（西Ⅰ）T2215⑤:1	胎深褐色；黑釉
	15	（西Ⅰ）T2614⑤:14	胎灰褐色；黑釉，纹片
	16	（西）F8Ⅳ:22	胎灰白色；釉黑色纯正，釉有鬃眼
	17	（西Ⅰ）T2113⑤:2	胎白色，烧结程度较好；釉呈铁锈色
	18	（西Ⅰ）T3220⑤:1	胎黑灰色；釉黑色纯正，釉中隐约有毫纹
	19	（西Ⅰ）T3614⑤:1	胎白色，胎质细腻，烧结程度甚好；釉层较厚，黑色纯正
	20	（西Ⅰ）T2214⑤:1	胎白色，胎质细腻，烧结程度甚好；釉层近口沿处呈铁锈色
	21	（西Ⅰ）T0401③:1	胎非常白，胎质细腻，烧结程度甚好；内壁施有细密纹片的白釉，外壁为有密集鬃眼的黑釉
	22	（西Ⅰ）T3013⑤:9	胎灰白色；外壁有白色脊状凸起棱条
酱釉瓷	23	（西Ⅰ）T3815⑤:1	胎白色；外壁施酱釉，内壁为白釉，白釉有纹片
	24	（西）F9:3	胎白色；外壁酱釉，釉有纹片，内壁无釉
	25	（西Ⅰ）T1916⑤:19	胎灰白色；釉层不透明
	26	（西Ⅰ）T1007⑥:38	胎红褐色；内壁施化妆土，上施酱釉，釉有纹片；外壁无釉，近口沿处有化妆土

附表二　旧县坪遗址出土瓷器登记表

类别	序号	原编号	外观情况
青白瓷	27	（西Ⅰ）T1915⑤:1	胎很白，胎质细腻，烧结程度好；内壁印花
	28	（西Ⅰ）T3419⑤:8	胎白色；外壁釉有大量细小气泡；内壁无釉
	29	（西Ⅰ）T3020⑤:1	胎很白，胎质细腻，烧结程度好；釉层略带乳浊感
	30	（西Ⅰ）T1007⑥:31	胎非常白，胎质细腻，烧结程度好
	31	（西Ⅰ）T3420③:1	胎灰白色；内壁无釉
	32	（西Ⅰ）T2917⑤:4	胎灰白色，烧结程度好；釉层较薄
	33	（西Ⅰ）T2712⑤:2	胎很白；釉有纹片
	34	（西Ⅰ）T3520⑤:24	胎非常白；釉层较薄
	35	（西Ⅰ）T2412⑤:1	胎很白色，胎质细腻，烧结程度好；釉层较薄
白釉瓷	36	（西）F2Ⅲ:4	胎白色；内壁釉有纹片
	37	（西Ⅰ）T2213⑤:6	胎白略带灰色；内壁无釉，外壁釉有纹片
	38	（西Ⅰ）T1607④:1	胎灰白色，烧结程度不好；釉层很薄
	39	（西）F1Ⅲ:8	生烧；胎黄白色
	40	（西Ⅰ）T2919⑤:1	胎白色；釉纹片
	41	（西Ⅰ）T1916⑤:20	胎很白，胎质细腻，烧结程度甚好
	42	（西Ⅰ）T3316⑤:5	胎白色；釉略带青灰色，内壁有印花
	43	（西Ⅰ）T3013⑤:10	胎黄白色；内外均有化妆土；釉有细密纹片
	44	（西Ⅰ）T3018⑤:15	胎白色；釉下有黑彩
	45	（西Ⅰ）T0708⑤:1	胎灰白色；釉青中偏黄，有细密纹片
颜色釉瓷	46	（西Ⅰ）T3320⑤:5	胎浅灰色；绿釉；内壁印花
	47	（西Ⅰ）T0406④:8	胎红褐色；釉绿色，有细密纹片
	48	（西）H20:1	胎灰白色，烧结程度不好；蓝釉，有细密纹片
	49	（东Ⅰ）T2814④:1	胎黄白色，胎质较粗，烧结程度不好；内壁无釉；外壁有化妆土，釉绿色，有细密纹片；釉下黑彩
	50	（西）F8Ⅳ:20	胎白色，烧结程度较好；内壁无釉，外壁施绿色、酱色釉
	51	（西Ⅱ）T0403②:2	胎灰褐色，胎质粗糙，烧结不好；绿釉，釉下有化妆土
	52	（西Ⅰ）T0407④:19	胎灰白色；乳白色釉；黑彩，但彩晕散至整个釉层，难辨其为釉上或釉下；釉层有γ形裂纹，但不同于普通纹片，似为缩釉
	53	（西Ⅰ）T3417⑤:21	胎灰白色，烧结程度较好；白釉，釉下有黑彩
	54	（西）F43:2	胎浅灰色；釉青中偏绿
	55	（西Ⅰ）T0307④:6	胎浅灰色；釉青中偏绿；外壁饰戳印圆形纹
	56	（西Ⅰ）T0507④:2	胎浅灰色；釉青中偏绿，纹片
	57	（西Ⅰ）T3519⑤:43	胎黄白色；内壁黑釉，外壁棕黑色釉，上不均匀分布蓝白色条纹
	58	（西）F1Ⅲ:11	胎浅灰色；釉为乳浊月白色，纹片
	59	（西）F8Ⅳ:21	胎灰色；釉为乳浊月白色，纹片；胎釉结合不好，釉易剥落

附表三　旧县坪遗址出土瓷器胎釉化学组成数据（wt%）

类别	序号	瓷胎						
		SiO_2	Al_2O_3	CaO	K_2O	Fe_2O_3	TiO_2	MnO
青瓷	1	65.37	27.51	0.66	1.93	1.74	1.41	0.04
	2	71.45	18.42	0.52	2.17	4.94	0.88	0.06
	3	66.35	23.02	0.44	4.55	3.49	0.42	0.06
	4	68.12	23.61	0.76	2.83	2.43	0.25	0.09
	5	73.52	17.30	0.68	1.68	3.57	1.05	0.06
	6	64.87	26.78	0.57	1.99	2.07	1.62	0.05
	7	72.11	19.30	0.47	2.61	2.82	0.48	0.05
	8	62.42	29.70	0.65	0.87	2.81	1.27	0.06
	9	68.53	23.38	0.82	1.95	1.73	1.28	0.04
	10	61.98	29.90	0.63	1.06	2.85	1.28	0.05
	11	64.68	26.92	1.10	1.15	2.75	1.33	0.05
黑瓷	12	59.93	28.64	0.46	5.90	1.67	1.31	0.05
	13	60.69	28.01	0.39	6.35	1.54	0.93	0.05
	14	70.29	17.59	0.46	1.68	6.51	1.07	0.06
	15	64.16	22.74	0.51	2.42	6.87	1.05	0.07
	16	62.70	26.89	1.12	1.63	4.21	1.24	0.06
	17	62.89	26.37	1.00	1.88	4.54	1.01	0.06
	18	63.72	18.93	0.49	1.81	11.49	1.29	0.10
	19	61.26	30.40	0.82	1.27	2.82	1.13	0.04
	20	61.69	28.70	0.82	1.63	3.64	1.16	0.07
	21	65.14	29.30	0.55	1.12	0.53	0.79	0.06
	22	64.82	25.10	0.79	2.52	3.30	1.02	0.07
黑瓷	23	64.12	29.31	0.39	1.90	1.37	0.57	0.05
	24	63.44	24.34	0.46	5.46	1.73	2.27	0.05
	25	49.37	40.55	1.09	2.20	4.20	0.44	0.07
	26	65.10	18.17	0.92	1.43	10.52	1.40	0.08
青白釉瓷	27	71.22	21.75	0.93	2.35	1.00	0.24	0.09
	28	71.59	21.37	0.54	2.21	1.43	0.18	0.10
	29	74.58	18.64	0.89	2.26	0.84	0.15	0.10
	30	73.54	19.15	0.91	2.74	0.80	0.21	0.06
	31	70.77	21.59	0.39	2.77	1.69	0.23	0.10
	32	68.57	22.08	0.64	3.45	2.57	0.30	0.10
	33	73.51	19.29	0.60	3.00	0.82	0.18	0.09
	34	75.61	16.96	0.92	2.93	0.76	0.18	0.12
	35	74.11	19.03	0.57	2.67	0.89	0.13	0.09

附表四　旧县坪遗址出土瓷器胎釉化学组成数据（wt%）

类别	序号	瓷胎						
		SiO_2	Al_2O_3	CaO	K_2O	Fe_2O_3	TiO_2	MnO
白釉瓷	36	76.20	16.81	0.87	2.48	0.83	0.19	0.10
	37	71.10	20.77	0.54	2.95	1.67	0.40	0.05
	38	69.39	22.40	0.40	3.03	1.60	0.64	0.05
	39	67.42	23.73	0.51	2.67	2.17	1.07	0.05
	40	74.50	18.21	0.80	2.97	0.80	0.16	0.10
	41	60.67	32.83	1.28	1.31	0.85	0.67	0.06
	42	72.05	20.81	0.94	2.38	1.15	0.21	0.07
	43	64.10	26.59	1.40	1.52	2.78	1.22	0.05
	44	57.10	31.56	0.43	6.40	1.27	0.96	0.05
	45	67.67	24.00	0.45	2.31	2.12	0.79	0.06
颜色釉瓷及彩绘瓷	46	65.11	24.58	0.44	4.74	1.35	1.28	0.05
	47	65.12	18.70	1.79	2.77	7.62	1.31	0.08
	48	52.97	37.74	1.59	1.03	2.73	1.79	0.04
	49	59.85	30.58	1.18	1.33	3.20	1.17	0.05
	50	69.01	21.91	1.20	3.92	1.20	0.25	0.08
	51	69.44	20.12	0.67	2.67	3.40	1.16	0.05
	52	70.33	19.27	0.91	3.90	2.63	0.33	0.11
	53	59.62	29.34	0.37	6.31	1.20	0.87	0.04
	54	77.57	14.97	0.51	1.88	1.78	0.59	0.06
	55	74.85	17.12	0.50	2.23	1.98	0.78	0.04
	56	66.89	22.56	0.48	3.52	3.06	0.97	0.06
	57	63.11	25.65	0.49	5.85	1.63	0.89	0.05
	58	72.73	19.22	0.46	2.01	1.89	0.96	0.06
	59	68.71	22.38	0.39	2.29	2.64	1.16	0.04

附表五　旧县坪遗址出土瓷器胎釉化学组成数据（wt%）

类别	序号	瓷胎									
		SiO_2	Al_2O_3	CaO	K_2O	Fe_2O_3	TiO_2	MnO	CuO	PbO	P_2O_5
青瓷	1	72. 41	14. 91	5. 35	3. 01	2. 09	0. 32	0. 07			
	2	65. 27	12. 40	14. 64	1. 25	3. 47	0. 77	0. 19			
	3	69. 16	14. 34	9. 55	3. 80	1. 02	0. 16	0. 08			
	4	66. 44	14. 65	12. 30	2. 80	1. 59	0. 18	0. 09			
	5	65. 28	8. 39	17. 09	1. 46	2. 04	0. 47	0. 24	1. 24		1. 63
	6	69. 89	13. 96	8. 46	2. 68	2. 44	0. 32	0. 09			
	7	67. 19	14. 34	11. 63	3. 19	1. 16	0. 21	0. 21			
	8	69. 60	14. 25	7. 16	4. 65	1. 72	0. 30	0. 10			
	9	70. 03	13. 60	9. 11	2. 40	2. 18	0. 32	0. 08			
	10	68. 82	14. 52	7. 90	4. 07	2. 00	0. 38	0. 11			
	11	70. 85	13. 48	6. 41	3. 22	3. 34	0. 33	0. 11			
黑瓷	12	61. 40	14. 13	11. 65	3. 32	6. 19	0. 83	0. 39			
	13	62. 48	14. 93	7. 30	5. 51	6. 09	0. 93	0. 59			
	14	65. 84	15. 12	4. 49	4. 17	7. 03	0. 91	0. 19			
	15	61. 30	9. 90	12. 57	1. 60	11. 17	1. 11	0. 38			
	16	69. 03	13. 38	4. 41	3. 95	5. 96	0. 88	0. 10			
	17	66. 95	17. 17	3. 77	2. 77	6. 01	0. 97	0. 12			
	18	64. 42	16. 35	3. 56	6. 13	6. 36	0. 65	0. 34			
	19	68. 26	15. 01	4. 00	2. 53	6. 78	0. 97	0. 11			
	20	67. 52	15. 88	4. 89	2. 54	5. 90	0. 95	0. 11			
	21	69. 10	13. 67	5. 53	2. 36	6. 03	0. 88	0. 09			
	22	68. 68	13. 37	5. 89	2. 76	5. 98	0. 95	0. 13			
酱釉瓷	23	68. 68	13. 37	5. 89	2. 76	5. 98	0. 95	0. 13			
	24	53. 72	7. 03	1. 58	0. 39	2. 63	0. 35	0. 08	0. 52	31. 88	
	25	67. 81	17. 12	3. 20	3. 59	5. 28	0. 60	0. 11			
	26	58. 31	10. 24	16. 76	1. 60	7. 59	0. 81	1. 04		0. 00	1. 88
青白釉瓷	27	66. 51	14. 98	13. 19	1. 41	1. 31	0. 19	0. 10			
	28	69. 29	13. 89	10. 93	2. 17	1. 06	0. 18	0. 11			
	29	68. 33	13. 80	13. 26	1. 00	1. 14	0. 15	0. 13			
	30	67. 81	14. 06	12. 82	1. 87	0. 97	0. 20	0. 07			
	31	71. 54	13. 46	7. 50	3. 68	1. 32	0. 18	0. 10			
	32	68. 66	14. 28	9. 36	2. 71	2. 26	0. 25	0. 14			
	33	65. 89	14. 51	13. 64	2. 33	1. 16	0. 19	0. 12			
	34	67. 73	13. 75	13. 02	1. 96	1. 12	0. 14	0. 17			
	35	68. 89	13. 69	12. 42	1. 43	1. 09	0. 16	0. 10			

附表六　旧县坪遗址出土瓷器胎釉化学组成数据（wt%）

类别	序号	瓷胎										
		部位	SiO_2	Al_2O_3	CaO	K_2O	Fe_2O_3	TiO_2	MnO	CuO	PbO	P_2O_5
白釉瓷	36		68.12	14.15	12.16	2.07	0.95	0.17	0.13			
	37		71.09	14.03	6.70	3.73	0.97	0.26	0.28			0.59
	38		71.84	12.52	7.89	2.59	1.59	0.23	0.21			0.69
	39		68.95	14.17	7.08	4.57	1.43	0.43	0.10			1.04
	40		68.43	14.30	12.02	2.02	0.73	0.18	0.11			
	41		71.93	16.91	5.97	1.49	0.79	0.24	0.08			
	42		69.86	13.85	11.17	1.62	0.93	0.19	0.08			
	43		68.50	13.47	12.28	2.08	0.97	0.28	0.13			
	44	瓷釉	69.54	15.98	1.82	7.29	1.89	0.56	0.10			1.14
		黑彩	69.12	15.19	1.59	6.84	3.74	0.59	0.11			1.07
	45		67.02	10.73	13.96	1.76	2.24	0.75	0.31			1.05
颜色釉瓷及彩绘瓷	46		50.52	7.78	1.29	0.15	0.66	0.28	0.11	1.93	32.86	2.48
	47		48.46	9.19	0.78	0.53	0.69	0.41	0.06	1.43	34.45	2.10
	48		80.17	3.54	0.95	9.60	0.45	0.14	0.06	2.51		
	49	釉	43.32	4.46	1.10	0.22	0.69	0.20	0.06	2.02	43.21	3.07
		黑彩	44.01	5.68	1.10	0.27	0.74	0.22	0.07	2.02	41.25	2.99
	50	绿釉	65.46	13.97	10.71	3.73	1.86	0.25	0.20	1.04		0.60
		褐釉	63.21	11.95	11.06	2.52	7.24	0.39	0.18	0.22		0.99
	51		44.36	6.52	0.51	0.16	0.16	0.21	0.07	1.25	41.95	3.11
	52	釉	69.49	13.76	11.27	2.06	1.07	0.19	0.06			
		黑斑	65.49	11.78	11.76	2.34	4.29	0.42	1.87			
颜色釉瓷及彩绘瓷	53	釉	70.63	15.37	1.87	7.42	1.18	0.61	0.13			0.53
		黑彩	64.62	14.89	1.72	7.08	7.91	0.76	0.14			0.78
	54		63.35	11.12	15.58	1.70	4.73	0.76	0.21			0.61
	55		55.66	12.82	21.30	2.44	3.35	0.69	0.19			1.70
	56		62.15	10.58	17.48	1.89	3.75	0.76	0.25			1.37
	57	内釉	63.41	12.80	6.07	5.62	7.50	0.83	0.46			1.44
		外釉	59.81	12.74	11.77	4.07	6.18	0.71	0.72			2.15
	58		68.53	7.56	15.78	1.85	1.37	0.64	0.39			1.87
	59		69.08	11.68	7.32	6.69	1.72	0.33	0.13			0.77

附表七　11 号青瓷样品断面的线扫描分析数据（wt%）

测点	SiO_2	Al_2O_3	CaO	K_2O	Fe_2O_3	TiO_2	MnO
1	76.28	9.36	6.90	1.61	3.19	0.16	0.10
2	74.30	10.20	7.39	2.35	3.37	0.12	0.12
3	73.91	12.80	6.73	2.18	2.65	0.11	0.15
4	74.82	10.24	6.62	3.40	2.47	0.11	0.04
5	69.50	16.59	6.41	2.67	2.28	0.10	0.08
6	69.70	16.01	6.38	2.42	2.90	0.11	0.09
7	70.73	14.93	7.98	1.71	2.16	0.47	0.04
8	68.66	18.60	7.96	0.91	1.52	0.58	0.04
9	66.65	22.58	4.60	1.99	1.23	0.93	0.04
10	66.04	24.33	2.32	2.21	1.48	1.05	0.04
11	65.48	25.92	1.42	2.57	1.90	0.89	0.04
12	64.57	26.06	1.16	2.78	1.98	1.43	0.04
13	65.43	25.63	1.43	2.51	2.10	1.12	0.06
14	65.16	25.44	0.95	2.35	2.68	1.44	0.04
15	59.71	31.65	1.07	1.49	2.76	1.14	0.04
16	62.27	28.99	0.77	2.57	2.83	1.05	0.04
17	62.72	29.71	1.00	1.43	2.60	1.22	0.04
18	62.98	29.79	0.85	1.09	2.35	1.16	0.03
19	64.52	26.40	1.16	1.38	2.76	1.09	0.04
20	62.80	29.74	0.78	1.21	2.35	1.12	0.04
21	58.89	34.13	0.93	0.86	2.45	1.23	0.03
22	62.68	28.24	1.07	1.39	2.75	1.57	0.04
23	66.27	24.76	1.07	1.27	3.20	1.56	0.06
24	63.62	27.88	0.82	1.31	3.00	1.07	0.04
25	63.68	28.02	0.75	1.07	3.15	1.00	0.04
26	62.41	30.57	0.69	0.82	2.91	1.00	0.04
27	59.43	33.20	0.93	0.56	2.70	1.53	0.03
28	63.14	28.22	0.93	1.05	3.04	1.64	0.04
29	63.01	29.17	1.05	0.65	2.95	1.26	0.04
30	66.78	22.76	1.22	1.61	3.30	1.80	0.04
31	60.72	30.66	1.03	1.05	2.96	2.04	0.05
32	64.71	26.29	1.10	1.25	2.99	1.67	0.07

附表八　43号白瓷样品断面的线扫描分析数据（wt%）

测点	SiO_2	Al_2O_3	CaO	K_2O	Fe_2O_3	TiO_2	MnO
1	79.30	3.55	13.27	0.59	0.64	0.23	0.13
2	69.78	11.86	14.03	0.94	0.96	0.12	0.05
3	70.81	10.77	14.43	0.99	0.74	0.12	0.07
4	70.70	10.95	13.77	1.29	0.80	0.22	0.09
5	65.19	15.05	14.90	1.37	0.80	0.51	0.11
6	57.47	28.69	8.01	2.09	1.02	0.58	0.06
7	53.58	36.13	3.02	3.01	0.92	1.50	0.04
8	51.61	39.40	1.22	3.85	1.05	1.33	0.06
9	52.63	37.21	1.31	3.67	1.02	2.16	0.04
10	49.28	43.20	0.80	3.02	0.80	1.32	0.04
11	51.45	41.10	0.69	2.93	0.86	1.40	0.04
12	54.07	37.96	1.06	2.45	1.02	1.96	0.04
13	53.43	38.37	0.84	2.58	1.24	1.70	0.04
14	53.99	38.02	1.01	1.98	2.04	1.39	0.04
15	62.38	28.33	1.03	1.76	2.85	1.32	0.04
16	63.12	28.09	0.95	1.39	3.06	1.11	0.05
17	64.28	26.44	0.77	1.31	3.91	1.51	0.04
18	64.81	26.49	0.83	1.51	3.28	1.34	0.04
19	60.74	30.69	0.85	1.15	3.12	1.55	0.04
20	63.07	29.26	0.91	1.01	2.84	1.33	0.03
21	62.80	27.35	1.68	1.96	2.97	1.12	0.04
22	66.21	24.37	1.70	1.97	2.79	1.01	0.04
23	65.76	27.02	1.09	1.30	2.71	0.84	0.04
24	64.75	26.85	1.03	1.11	3.10	1.47	0.06
25	61.23	29.55	0.85	2.12	3.18	1.42	0.07
26	60.74	30.81	0.91	1.30	3.06	0.94	0.07
27	62.88	28.20	0.92	1.67	3.17	1.13	0.04
28	64.10	28.14	0.83	1.18	2.73	0.94	0.07
29	64.16	28.15	0.50	1.75	2.70	1.23	0.04
30	62.91	29.85	0.89	1.09	2.94	0.92	0.03
31	63.53	27.92	1.02	1.12	3.06	1.17	0.04
32	70.03	22.56	0.79	1.28	2.99	1.05	0.07

Abstract

Located on the east of Rangkou Town, Badong County, Yichang City, Hubei Province, the Jiuxianping Site has been divided into two parts by a historical creek named Cixi（慈溪）, whose contemporary name is Caofang River. With a total excavation area of 200,000 square meters, the eastern part of the site now belongs to Jiuxianping Village, and the western part belongs to Jiaojiawan Village. Situated on a terrace northside of the Yangtze River, 3 kilometers from the Rangkou Town, Jiuxianping Site is facing the modern town of Badong, which is constructed on the opposite side of the Yangtze River. The central geographic coordinates of Jiuxianping Site are 31°03′26″ of north latitude and 110°21′31″ of east longitude, and the altitude of the site is from 100 to 150 meters.

First being discovered in an archaeological survey hosted by the Cultural Relic Workgroup of Enshi Region, Hubei Province in 1984, Jiuxianping Site was ascertained as a protected site of level A in 1994, after an archaeological callback conducted by the Archaeology and Museology Department of Wuhan University organized by the Leading Group of Preservation of Cultural Remains of the Three Gorges Project of National Bureau of Cultural Relic, Hubei Workstation. The first excavation of Jiuxianping Site was conducted by the Archaeology and Museology Department of Wuhan University in 2001 with an authority from the Office of The Three Gorges Project Hubei Bureau of Cultural Relic. In the later two years, Wuhan Institute of Cultural Relics and Archaeology carried an excavation project in Jiuxianping again collaborated with the Archaeology and Museology Department of Wuhan University. Thus, the site of Jiuxianping had been completely uncovered from 2001 to 2003 at the core part with a total excavation area of 27,500 square meters.

From the historical, natural, humanistic and military geographical point of view, Badong was located on the Wu Gorge as a critical fort holding the communication and transportation route between Er（鄂）and Yu（渝）area. Badong had been discovered several locations of ancient human activities with remains and relics since the Paleolithic Age. The number of sites in Badong was found to be boomed in the Neolithic Age, and some of sites developed into settlements of relatively large scale. According to records in the historical inscriptions, in the Xia and Shang period, Badong was controlled by the local group of Ba; In the Western Zhou period, it became the territory of ancient Kuizi State（古夔子国）; in the Qin and Han Dynasty, Badong belonged to Wu County（巫县）, being governed under Nan Jun（南郡）; during the Three States time, it was mainly dominated by Wu State（吴国）; from the Western Jin to the Liang Dynasty period, it belonged to Jianping Jun（建平郡）; in the Kaihuang 18 year of the Sui Dynasty, Badong was first set as Badong County（巴东县）, and Jiuxianping had been chosen to be the location of the Bureau Administration Office. The office was then moved southward in the Southern-Song period to where the modern county now stands. Since then, Jiuxianping Site shrank into a common residence of small scale from a local town.

The division of cultural layers of the site had been unified and adjusted. The specific process of our work had been listed as followed:

1. Stratums were independently divided according to the difference of soil's nature and color in each of

the unit.

2. There were several independent geographic zones in both two parts of the site. As the landform in every geographic zone was relatively flat, stratums were divided and unified at each of the geographic zone.

3. To those units where stratums could not connect with each other in different geographic zones outside of the two parts, we applied to chronology of artifacts that unearthed from different cultural layers, and resorted to the rule of uniform of the site composition. With serious analysis and analogy, we achieved the final uniform of cultural layers division of the whole site and demonstrate it in the form of a comparison table.

The whole site had been divided into five areas by function. They were the Bureau Administration Office Area, the Commerce Area, the Monastic Area, the Storage Area and the Residence Area.

Cultural remains of Jiuxianping Site covered deposits of many archaeological cultures dating from the Zhou Dynasties to Ming and Qing Dynasty period. Followed by the principles of objectiveness, comprehensiveness and rationalism, we organized this archaeological report by introducing the remains in chronological sequence, and the content is divided into two parts of site and tombs.

Part 1: Site

1. Eastern Zhou Period

The finds of remains from the Eastern Zhou period limited to ash pits and artifacts. The six ash pits could be divided into three shapes as ellipse, round and rectangular. Artifacts were categorized into daily appliances, tools, weapons, building materials, antlers and bones. The ceramics uncovered from this period could be divided into two archaeological cultures reflecting on various combinations: the typical Chu Cultural combination of li and dou, and the Ba Cultural combination of ding and fu. Li from the Chu Culture show typological traits of long pillar feet with shallow dent at the bottom and flat crotch, which were typical characteristics of the late Spring and Autumn to the middle Warring States period. Originating from different regions, these two distinctive archaeological cultures coexisted in the Eastern Zhou period, indicating the possible coexistence of the two groups, Chu and Ba. It was not until the Warring States period that these two archaeological cultures developed further contact with each other. As the archaeological culture of ding and fu was gradually assimilated by that of Li, the Chu Culture eventually dominated over the Ba Culture, and developed a new distinctive regional type of the Chu Culture as "Xiajiang Type". The oracle bones unearthed at the site possibly indicated a cultural custom of Ba people lived in the Xiajiang valley.

2. Han Dynasty Period

The remains from the Han period consisted of four kilns, one ash pit and one vault, along with a large number of artifacts in terms of daily appliances, tools, constructing materials, coins and lutes. Even though the remains from the Han period had a small distribution at the site, it provided a solid foundation for setting administration of county at the same place in the Six-Dynasties period, as deposits confirmed that a large handicraft workshop and a moderate scale residence had developed in the Han period.

3. Six-Dynasties Period

We discovered a walled enclosure with entrance from the Six Dynasties period remains. The remaining wall was constructed on the terrace, of "L" shape, with a total length of 210 meters, which could be part of the southern and western sides from a rectangular shape as a whole. The entrance was found to be at the south of the western wall. The road identified was a slope, from lower east (exterior) to higher west (interior) through the entrance. And the road surface was of a hardy layer of grey clay, built upon blocks with 0.08-0.1meter thickness. There was a rocky supporting wall at the western side of the road, whereas a 2-stair step laid by rocks stands at the eastern side of it.

Other remains included seven ash pits and abundant artifacts.

Ash pits could be classified in the shape of ellipse, round, and irregular.

Artifacts mainly consisted of celadon porcelain, a relatively small amount of pottery, bronze arrows and coins, grey bricks and antefix tiles.

The remains from the Six Dynasties period could be divided into four phases as the Sun Wu phase, the Western Jin phase, the Eastern Jin phase and the Southern Dynasty phase respectively.

4. Sui, Tang and Five Dynasties Period

Remains from this period were greatly enriched that a conspicuous functioning city arrangements had been regularized as the Bureau Administration Office area that were found at the eastern part, while the Monastic area and Storage area at the western part. House foundations could be divided into the official architecture remains, monastic architecture remains and other architecture remains. The official architecture F28 (eastern part), built on the foundation of the Six Dynasties period remains, was an enclosed community of construction consisting of houses, courtyard and a complete drainage system. The remains of a monastic architecture, F11 (western part) was located on the terrace of center of the western part, that included a consecration stage, porches, courtyards, the north wall, pillar holes and activity area.

Storage pits and barns were mainly distributed on a mesa to the north of the Monastic area, which suggested an independent area for storage.

Remains from Sui, Tang and Five Dynasties period also included seventeen ash pits, one ditch and numerous artifacts. The ash pits could be divided into the round, square, ellipse, and irregular ones respectively.

Artifacts included daily appliances, tools, religious objects, construction materials and coins. Celadon porcelain were of abundance, covering various products from the Yue Yao（越窑）, Hongzhou Yao（洪州窑）, Yuezhou Yao（岳州窑）, Changsha Yao（长沙窑）and Qionglai Yao（邛崃窑）.

Remains from this period could be divided into phases including the Sui Dynasty, Early Tang Dynasty, Middle Tang Dynasty, Late Tang Dynasty and Five Dynasties period respectively.

5. Song Dynasties Period

Remains from the Song Dynasties were of a great amount with distinctive characters as an urban center. Streets and functional sections were rationally arranged with a complete water supply and drainage system. Contrary to the Sui and Tang period, the center of the town moved into the western part with the Bureau Administration Office area (F8 Ⅰ-Ⅳ), the Commerce area (F2 Ⅰ-Ⅲ), the Storage area and the Monastic area (F1 Ⅱ-Ⅲ), etc, whereas the eastern part merely served as an important residence. This arrangement was set up at phase I and lasted to phase IV without modification until the city was abandoned.

Remains from this period included house foundations, street remains, storage remains, ditches, ash pits, wells and a large quantity of artifacts. There had been found one hundred and fifty-one house foundations, seventy-two streets remains, fifty-seven ditches, three wells, sixteen barns and forty-four ash pits. Based on the sequence of deposit of cultural layers, the remains could be divided into four phases as the early-middle of the Northern Song, late of the Northern Song, early of the Southern Song and middle-late of the Southern Song phase respectively.

Artifacts from this period were the most affluent, including objects made of porcelain, glazed pottery, pottery, stone, bronze, silvery, iron, bone, shell, jade and glass, which can also be divided into daily appliances, entertainment equipments, ornaments, tools, construction materials and coins by function. Porcelains sherds, the most abundant in quantity, included products coming from the Hutian Yao（湖田窑）, Qingshan Yao（青山窑）, Yaozhou Yao（耀州窑）, Ding Yao（定窑）, Longquan Yao（龙泉窑）, Tushan Yao（涂山窑）, Jinfeng Yao（金凤窑）, Jizhou Yao（吉州窑）, Cizhou Yao（磁州窑）, Jun Yao（钧窑）, Yongfu Yao（永福窑）, etc. Based on the typological analysis, the objects from this period could be divided into five phases as early of the Northern Song, middle of the Northern Song, late of the Northern Song, early of the Southern Song and late of the Southern Song phase respectively.

Part 2: Tombs

Tombs were found at both of the eastern and western parts of site, which could also be divided by the creek as landmark. Among the twenty-three tombs excavated in total, two of them were of the Han Dynasty period, one was from the Six Dynasties period, four were from the Song period and sixteen of the Ming Dynasty period. Tombs of Han period, M1 and M2, both were located on the eastern area, were rectangular earth pits with grave goods of iron knives, pottery of pen, and cylindrical tiles, dating to middle or late of the Eastern Han Dynasty period. The tomb of the Six Dynasties period, M12, found in the western area, was a rectangular burial of three chambers built of bricks, with grave goods of numerous Wuzhu coins（五铢钱）and a iron sword. Iron nails were also found in M12, which suggested the existence of a coffin carrying the death when it buried. Tombs from the Song dynasties, M5, M13, M14 and M15, found in the western area, were all burials of rectangular earth pits. Grave goods included guan pottery vessels, ping porcelain vessels, coins and ornaments. Tombs found of the Ming Dynasty were of various forms, including brick chamber burial with one or two chambers, stone chamber and earth pits ones. Grave goods included guan pottery vessels, die saucer of porcelain, bowl of porcelain, coins and ornaments, dating to middle and late of the Ming dynasty.

Basing on the three years' field work and six years' laboratory analysis, our understanding of Jiuxianping Site has gradually turned to be more systematically, thoroughly and profoundly. The main fruits of excavation of Jiuxianping Site collected are as followed:

1. The sequence of cultural remains of Jiuxianping Site has been realized.

The site served as a human residence area for so long a time that remains had been found from the Eastern Zhou, the Han Dynasty, the Six Dynasties, the Sui, Tang and Five Dynasties, the Song Dynasties, the Yuan, Ming to Qing Dynasty respectively.

The cultural nature of the Eastern Zhou period was almost of Chu culture in terms of large quantities of unearthed sandy pottery of li, yu, guan and dou in grey, accompanying with small amount of sandy pottery of fu, bo and ding in red.

Remains from the Han Dynasties were of a set of ash pits, several kilns in good condition and two earth-pit tombs in small scale.

Cultural remains from the Six Dynasties mainly distributed in the eastern part of site in terms of a walled enclosure, a gate, houses, roads and ash pits. Abundant artifacts of pottery and porcelain were also unearthed.

Remains from the Sui, Tang and Song Dynasties were the emphasis of our excavation. All sorts of relics found were so affluent that indicated the most prosperous time at Jiuxianping Site.

Remains from the Ming and Qing Dynasty indicated that Jiuxianping had been degenerated into a relatively small residence, where the administration office of county bureau had been moved away. Consequently, tombs were largely found from this period that sixteen of them had been cleared up in terms of earth pit, brick chamber and stone chamber burials. Grave goods included a wide range of land purchase certificates, jewelries of gold and silver, pottery and porcelain as well as coins.

2. Remains of a walled enclosure with gate, road and house remains from the Six Dynasties period were well preserved.

The wall and entrance remains from the Six Dynasties period were found during the excavation in 2003, which was located on the eastern part of the site. Such discoveries provided important archaeological evidence to solve a question long puzzled historians that where Guixiang Xian（归乡县）in the Liang Dynasty, and Yuexiang Xian（乐乡县）, Xinling Jun（信陵郡）in the Beizhou Dynasty located on respectively.

3. Remains from the Sui, Tang to the Song Dynasties were approved to be the Xian Bureau Office of Badong from its scale, arrangement and architectural style.

Remains from the Sui, Tang and Five Dynasties, period had not been completely unearthed as they were mainly under the cultural layer of the Song Dynasty. Though lacking a thorough understanding of remains from the Sui, Tang and Five Dynasties period, we discovered remains of the bureau office, storage and monastic architectures that belonged to this period. Based on the architectural structure, arrangement and artifacts unearthed, we suggested that F28 (in the east) was the Bureau Office of Badong County from the Sui, Tang and Five Dynasties period, and F1 (in the west) was the monastic architecture. The storage area lied on a terrace north to F1, where storage pits were found to be mustered backing to the bureau administration office with an excellent preservation condition of controlled sunshine-exposure and soil nature, as well as certain degree of wind resistance.

The architecture of the Song Dynasties period could be divided into two sectors: the Eastern Sector of Residence and the Western Sector with a compound of Bureau, Commerce, Monastery, Storage and Residence area.

F8 (west section), the core architecture of Bureau area, and where the administration office of the Song Dynasties was located at, exerted grandeur as well as intricacy comprising architectural parts of stairs, gate, enclosure wall, cloister, courtyard, wing-rooms and affiliated sector like pools and drainages. The whole constructions were of scientifically and perfectly arrangement.

The commerce area lied on the west part of Jiuxianping Site, where the architectural remains could be divided into two categories of flat buildings and Diaojiao Buidlings（吊脚楼）with a similarity of facing the streets.

Monastic and storage area from the Song Dynasties lied on almost the same place as that from the Sui, Tang and Five Dynasties period. However, we found a great number of building materials of colored glazed antefix tiles and roof ridge ornaments rather than religious relics. Thus, remains of F1 Ⅱ-Ⅲ were conferred as a memorial temple. Also, ground-built barns in the storage area appeared from the Song Dynasties period.

Basing upon the analysis of the remains from the Song Dynasties of Jiuxianping Site, we concluded that the construction and arrangement displayed from the territory of Badong County in the Song Dynasties served as norm of a mountain town alongside the Xia River that integrated distinctive regional trait with particular contemporaneous feature.

4. A large quantity of artifacts was unearthed from Jiuxianping Site.

As the excavation focused on the cultural remains of the Song Dynasties period, artifacts with characteristic mainly dated to the Song Dynasties, including:

(1) Abundance of architectural components in forms of animal sculptures as Chiwen (鸱吻) and other ornaments of roof ridge.

(2) Quantity of colorful antefix tiles with patterns in three types as flower, animal and human face. The flower pattern could be further divided into lotus, peony and chrysanthemum.

(3) Thousands of coins in a chronological sequence from different periods with a complete series of coins from the Northern Song Dynasty in particular.

(4) Varieties of porcelain.

Intact and repairable artifacts of pottery and porcelain from the Northern Song period unearthed were over two-thousand pieces with a majority of latter ones. Porcelain could be divided by colors into white, bluish white and brown etc. Celadon and tri-colored glazed pottery of Song were found in small amount, and the white and bluish white porcelain were of fine body that molded with elaborately decorative patterns. From the point of kiln, there were products of porcelain coming from the Yue Yao (越窑) in Jiang Zhe region, bluish white porcelain from the Jingdezhen Yao (景德镇窑) in Jiangxi, celadon from the Yaozhou Yao (耀州窑) in Shaanxi, hares-fur glaze porcelain from the Jian Yao (建窑) in Fujian, bluish white porcelain from the Husi Yao (湖泗窑) in Wuchang, brown porcelain from Sichuan, and porcelain from the Jun Yao (钧窑) in the north. From the view of artistic appearance, the porcelain were of novel sculpts as sunflower mouth, lotus petal mouth and ridged melon body. Ornamental skills include decorative cutting, incising, molding, stamping and enchasing, etc.

(5) Colorful cultural and entertainment appliances.

Ink stone was one of the most characteristic artifacts from Jiuxianping Site. They were all unearthed from the Bureau Office area of the Song period. In a form of rectangular, single or double body, same as Fengzi Yan (风姿砚) of the Tang period, these ink stones were elaborately made of stone, brick or chengni (澄泥) that ink mark could still be seen on some of them.

Artifacts of entertainment equipments included Chinese chess, chess piece and dice. Thousands of chess pieces of ceramic, stone and shell in black and white had been found.

Moreover, sets of miniature objects like funerary wares in terms of guan, bo, pen and ping of artifacts from the Song Dynasties period had been found. They were estimated to be used as vessels for feeding birds.

In sum, the excavation of town of Badong County in the Song period not only provided materials for the research on the architectural history of ancient Chinese city, it displayed a scene of peace and prosperity from a remote small town out of the Central Plains as well.

Jiuxianping Site was selected as one of the Ten Most Important National Archaeological Discoveries in China of 2002, which was the only archaeological excavation project that awarded such honor in the Three Gorges Hubei Reservoir Area.

后　　记

湖北巴东旧县坪遗址的考古工作始于2001年春，发掘三年，整理六载，时至今日，恍惚已近十年。诚如哲人所谓“逝者如斯夫”，令人不胜欷歔。而今《巴东旧县坪》付梓在即，亦足堪自慰。

2003年6月1日这一天，让我们至今难忘，随着三峡工程蓄水令下，江水一日陡涨丈余，站在旧县坪上，目睹遗址淹没，任凭江水浸踵，浮想联翩；一段尘封的历史在我们手下揭开，一幅辉煌的场景又在我们眼前沉入江底，喜乎！叹乎！难以言表。回顾考古学发展的历史，每一次大型水利工程都给考古事业发展带来革命性的突破，从埃及的阿斯旺坝建设到欧洲多瑙河的梯级水利开发，再到20世纪50年代中国黄河三门峡水利工程，都在考古学史上留下了浓墨重彩的一笔。举世闻名的三峡文物保护工程，定会给中国的考古事业掀开崭新的一页。

三峡工程给了旧县坪遗址考古发掘特别的机遇，遗址保存完好亦属天遂人意，各级领导、各相关部门的大力支持给遗址的发掘工作创造了良好的条件，真可谓天时、地利、人和三者俱备，促成旧县坪遗址的考古发掘取得了丰硕的成果，入选2002年度“中国十大考古新发现”。让我没齿难忘的是，中国考古学界的专家、前辈宿白、徐苹芳、张忠培、刘庆柱、徐光冀，国家文物局领导黄景略、宋新潮、关强、闫亚林等都曾对旧县坪遗址的考古发掘和报告的编写提出过指导性意见。特别是现任中国考古学会理事长的张忠培先生，多次亲临发掘工地，听取汇报，指导发掘，让我们终身受益。在考古发掘和报告编写过程中，我们还得到了湖北省文化厅前厅长蒋昌忠、副厅长胡美洲、现湖北省文化厅副厅长、湖北省文物局局长沈海宁、副巡视员吴宏堂、湖北省文物局三峡工程文物保护办公室主任王风竹，武汉大学历史学院、武汉大学科技考古研究中心、湖北省文物考古研究所、武汉市文物考古研究所、恩施土家族苗族自治州博物馆、宜昌博物馆、荆州博物馆、巴东县博物馆、宜城市博物馆等领导和单位的大力支持，对此，深表感谢！

本报告的编写由武汉大学王然统一策划，参加报告编写的人员和具体分工如下：

上编遗址篇第一至六章、第七章第三节遗迹性质部分、报告的后记由王然编写。

上编遗址篇第七章遗迹部分由邓辉、詹世清编写。

上编遗址篇第七章遗物部分由明朝方编写。

下编墓葬篇由祁慧编写。

报告的英文摘要由童萌翻译。

此外，武汉大学历史学院陈曦老师对报告中文献部分提供了很多参考意见。钱币考证引用了徐承泰老师的成果，陶瓷分析则由李清临、贺世伟老师领衔完成。微机资料的处理得到了湖北省邮电学校严建民、陈小常老师的帮助。武汉大学历史学院考古系的学生周利宁、宋海超、杜春磊、文平平、刘祥宇参加了资料的整理。

刘志云、肖友红、陈拥军承担了部分遗迹底图的绘制，其余部分的绘图和描图工作由詹世清完成。

报告图版中使用的照片，遗迹部分由熊跃泉、邓辉拍摄，遗物部分主要由金陵拍摄。拓片由谭宗菊、税世刚制作。图版资料的收集由刘莉完成。文物的修复由冯春兰承担。

全书由王然最后修改、定稿。

当报告杀青时，抚几掩卷，一缕晨曦已经抹上波光粼粼的东湖水面、郁郁葱葱的珞珈山麓，面前屏幕上的一个个方块定格成在巴东旧县坪遗址考古发掘、报告编写中一幕幕令人难忘的情景……再次对那些帮助、支持我们的人们，轻轻地道一声——谢谢！

编　者

(K−1428.0101)

ISBN 978-7-03-028247-7

1. 旧县坪遗址全景

2. 旧县坪遗址全景

巴东旧县坪遗址全景

1. 考古发掘现场

2. 考古发掘现场

巴东旧县坪遗址考古发掘现场

1. 东区

2. 西区

巴东旧县坪遗址东、西区地貌

1. 商业区

2. 庙宇区

巴东旧县坪遗址商业区、庙宇区

1. 仓储区

2. 官署区

巴东旧县坪遗址仓储区、官署区

1. 东居民区

2. 西居民区

巴东旧县坪遗址居民区

1. Aa型花口碗（（西）F78Ⅰ：1）

2. Aa型花口碗（（西）L2Ⅰ：24）

3. Aa型Ⅱ式斗笠碗（（西）L2Ⅰ：14）

4. Ba型斗笠碗（（西）F8Ⅱ：47）

5. Aa型Ⅱ式斗笠碗（（西）L2Ⅰ：14）俯视

6. Ba型斗笠碗（（西）F8Ⅱ：47）俯视

宋代瓷碗

1. Ba型（（西）H82：1）

2. Bb型（（西）L9Ⅳ：1）

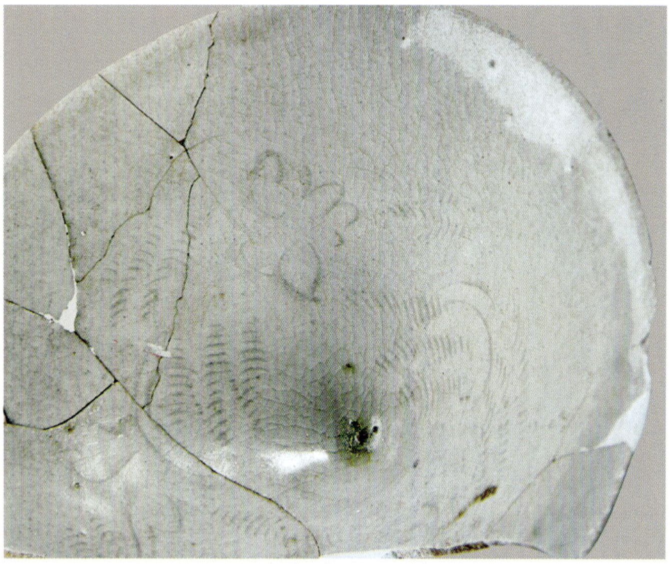

3. Ba型（（西）H82：1）俯视

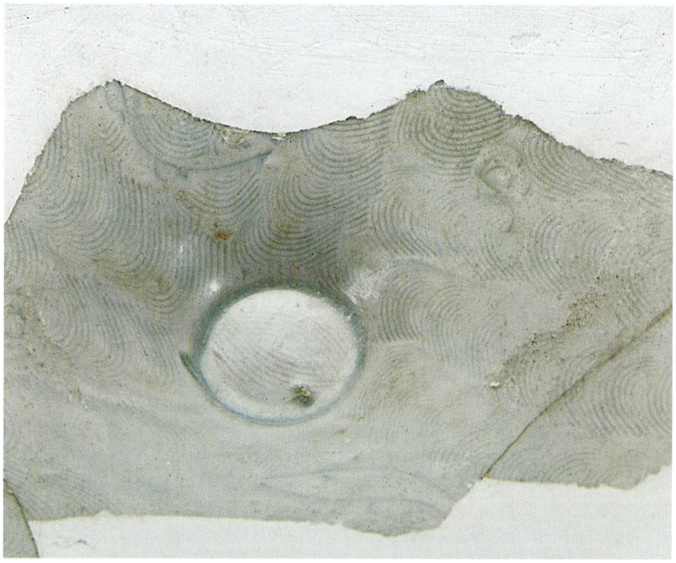

4. Bb型（（西）L9Ⅳ：1）俯视

5. Bb型（（西）F46Ⅱ：3）

6. Bb型（（西）F46Ⅱ：3）俯视

宋代斗笠瓷碗

1. Bb型斗笠碗（（西）F46Ⅱ：2）

2. Bb型斗笠碗（（西）F46Ⅱ：4）

3. Bb型斗笠碗（（西）F46Ⅱ：2）俯视

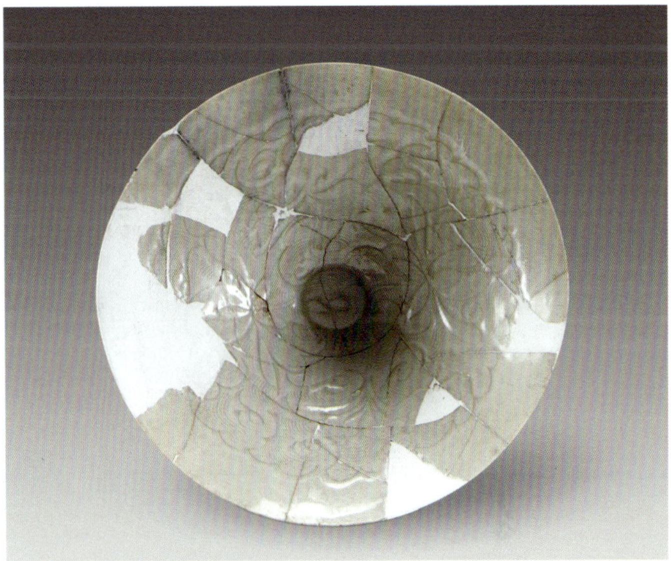

4. Bb型斗笠碗（（西）F46Ⅱ：4）俯视

5. Bc型撇口碗（（西Ⅰ）T2016⑤：18）

6. Bc型撇口碗（（西Ⅰ）T3520⑤：1）

宋代瓷碗

1. Bd型撇口碗（（西）F23：3）

2. Be型撇口碗（（西）F24 Ⅰ：5）

3. Bd型撇口碗（（西）F23：3）俯视

4. Be型撇口碗（（西）F24 Ⅰ：5）俯视

5. B型Ⅱ式直口碗（（西）F94：11）

6. B型Ⅱ式直口碗（（西）F94：15）

宋代瓷碗

1. B型Ⅰ式直口碗（（西）F94：16）

2. B型Ⅱ式直口碗（（西）F8Ⅲ：3）

3. F型侈口碗（（西）L4Ⅰ：6）

4. Da型Ⅱ式侈口碗（（西）F26Ⅰ：1）

5. F型侈口碗（（西）L4Ⅰ：6）俯视

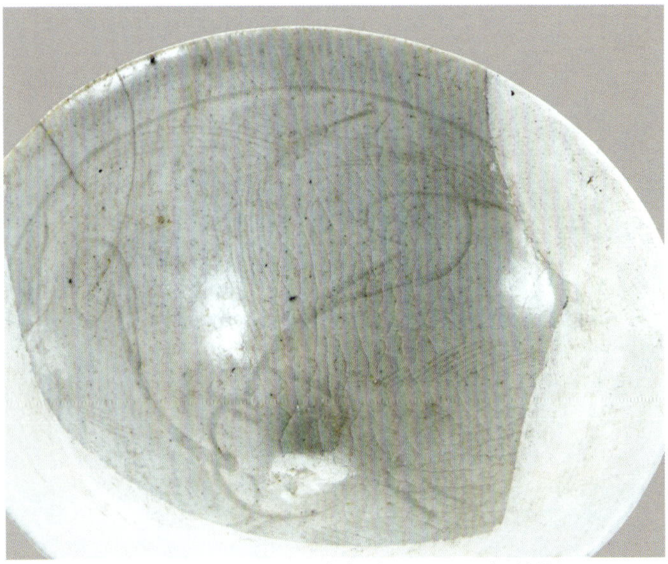

6. Da型Ⅱ式侈口碗（（西）F26Ⅰ：1）俯视

宋代瓷碗

1. Da型Ⅰ式（（西）F8Ⅰ：5）

2. Db型（（西Ⅰ）T1006⑦：26）

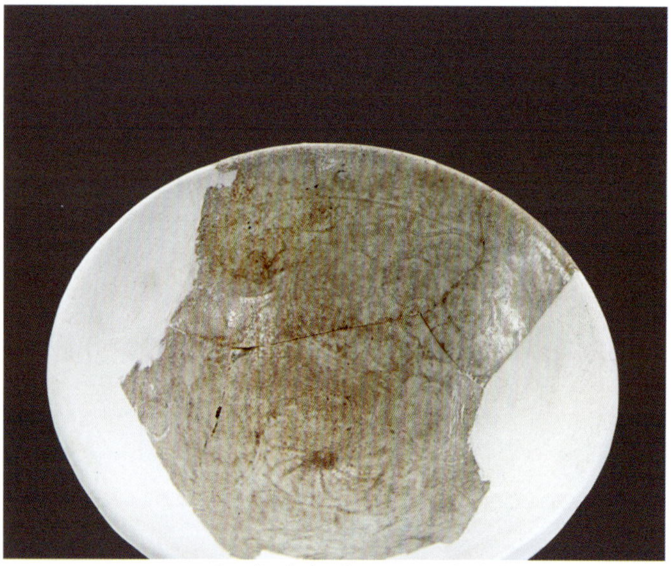

3. Da型Ⅰ式（（西）F8Ⅰ：5）俯视

4. Db型（（西Ⅰ）T1006⑦：26）俯视

5. Ea型（（西Ⅰ）T0707④：11）

6. Ea型（（西Ⅰ）T0707④：11）俯视

宋代侈口瓷碗

1. Ea型（（西Ⅰ）T0707④：10）

2. Ea型（（西Ⅰ）T3517⑤：31）

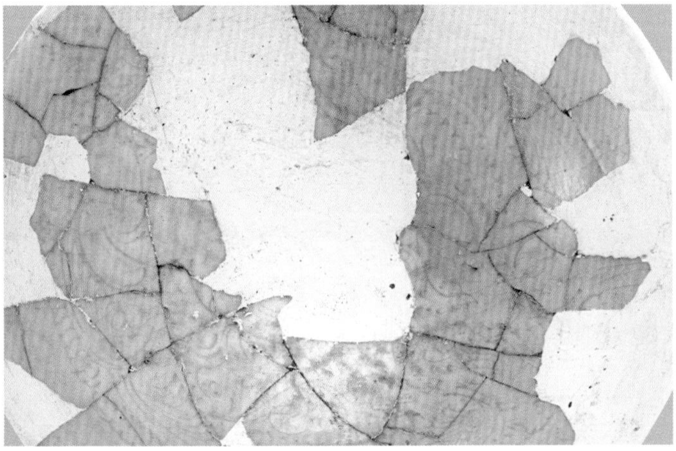

3. Ea型（（西Ⅰ）T0707④：10）俯视

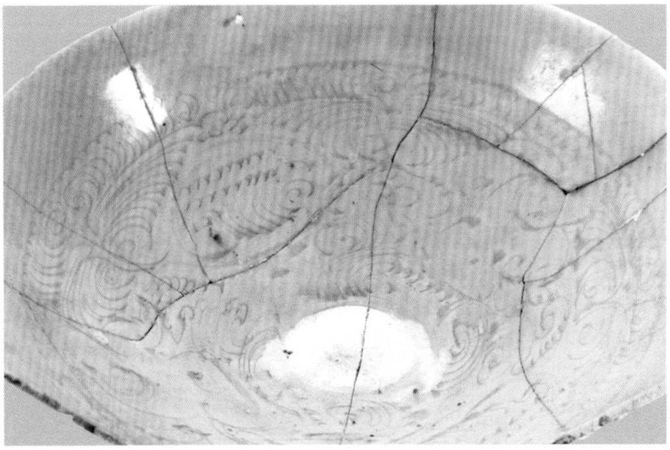

4. Ea型（（西Ⅰ）T3517⑤：31）俯视

5. Ea型（（西Ⅰ）T3517⑤：60）

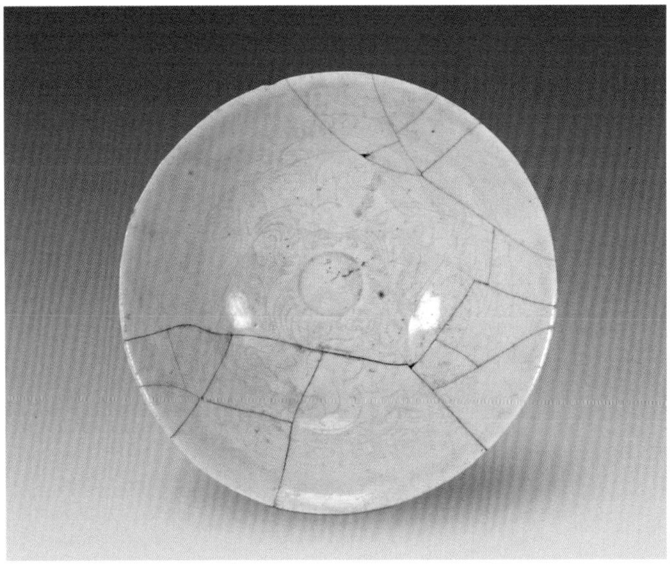

6. Ea型（（西Ⅰ）T3517⑤：60）俯视

宋代侈口瓷碗

1. Eb型Ⅰ式（（西）F8Ⅲ：18）

2. Eb型Ⅱ式（（西）F8Ⅲ：20）

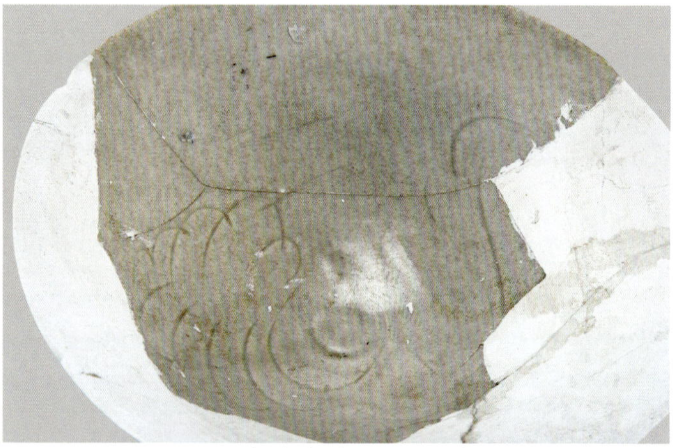

3. Eb型Ⅰ式（（西）F8Ⅲ：18）俯视

4. Eb型Ⅱ式（（西）F8Ⅲ：20）俯视

5. Eb型Ⅱ式（（西）J1：1）

6. Eb型Ⅱ式（（西）J1：1）俯视

宋代侈口瓷碗

1. Ec型（（西Ⅰ）T2718⑤：1）

2. Ec型（（西）F3：50）

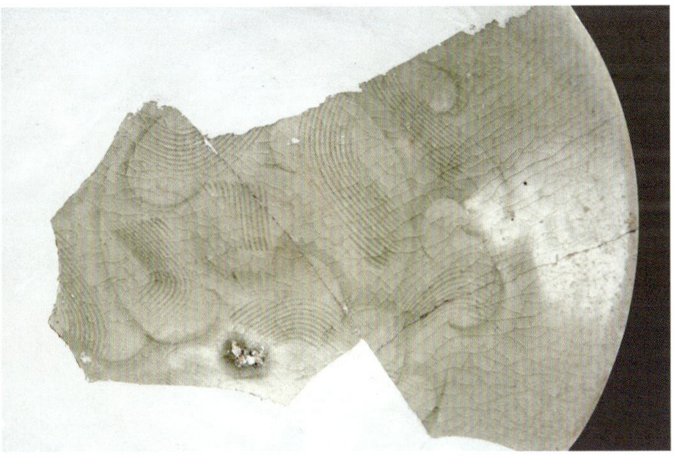

3. Ec型（（西Ⅰ）T2718⑤：1）俯视

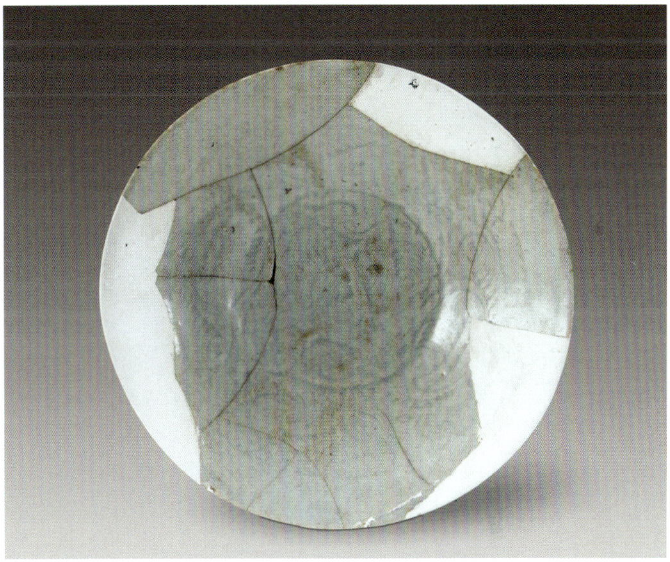

4. Ec型（（西）F3：50）俯视

5. Ga型（（西）L1Ⅲ：1）

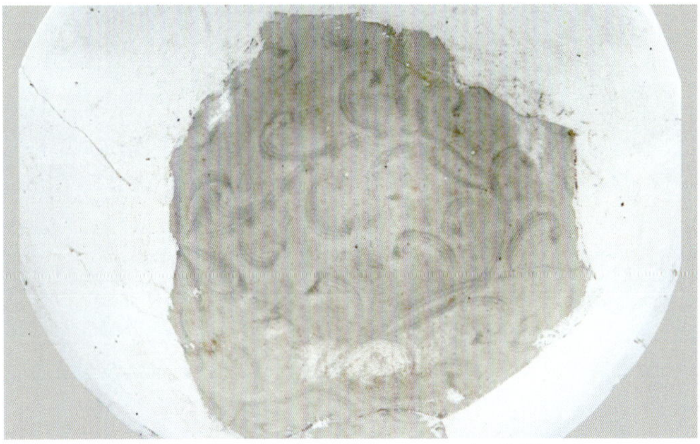

6. Ga型（（西）L1Ⅲ：1）俯视

宋代侈口瓷碗

1. H型侈口碗（（西）F8Ⅲ：4）

2. Aa型盘（（西）L2Ⅳ：5）

3. H型侈口碗（（西）F8Ⅲ：4）俯视

4. Aa型盘（（西）L2Ⅳ：5）俯视

5. Ab型Ⅱ式盘（（西）F3：49）

6. Ab型Ⅱ式盘（（西）F3：49）俯视

宋代瓷器

1. Ad型Ⅳ式盘（（西）F3：48）

2. D型碟（（西）L17Ⅰ：12）

3. Ad型Ⅳ式盘（（西）F3：48）俯视

4. D型碟（（西）L17Ⅰ：12）俯视

5. E型Ⅰ式碟（（东Ⅰ）T2918④：52）

6. E型Ⅰ式碟（（东Ⅰ）T2918④：52）俯视

1. E型Ⅲ式（（西）F3：56）

2. E型Ⅲ式（（西Ⅰ）T0204②：4）

3. E型Ⅲ式（（西）F3：56）俯视

4. E型Ⅲ式（（西Ⅰ）T0204②：4）俯视

5. E型Ⅲ式（（西Ⅰ）T3518⑤：3）

6. E型Ⅲ式（（西Ⅰ）T3518⑤：3）俯视

宋代瓷碟

1. E型Ⅲ式碟（（西）F3：54）

2. Ba型Ⅱ式凸棱盏（（东Ⅰ）T2917④：16）

3. E型Ⅲ式碟（（西）F3：54）俯视

4. Bb型凸棱盏（（西）F2Ⅱ：5）

5. Bc型Ⅰ式凸棱盏（（西Ⅰ）T3517⑤：84）

6. Bc型Ⅱ式凸棱盏（（东）L1Ⅲ：4）

宋代瓷器

1. Ac型钵（（西）F94：7）

2. C型Ⅰ式钵（（西Ⅰ）T3620⑤：7）

3. Ac型钵（（西）F94：7）俯视

4. C型Ⅱ式钵（（西）H27：1）

5. Da型杯（（西）F94：18）

6. Db型杯（（西Ⅰ）T1916⑤：3））

宋代瓷器

1. A型罐（（西）F8Ⅲ：65）

2. A型瓶（（东）L6Ⅲ：1）

3. B型瓶（（西）L4Ⅲ：2）

4. A型三足炉（（西）F8Ⅲ：67）

宋代瓷器

1. A型瓷执壶（（西Ⅰ）T1916⑤：12）

2. B型瓷执壶（（东Ⅰ）T2813④：3）

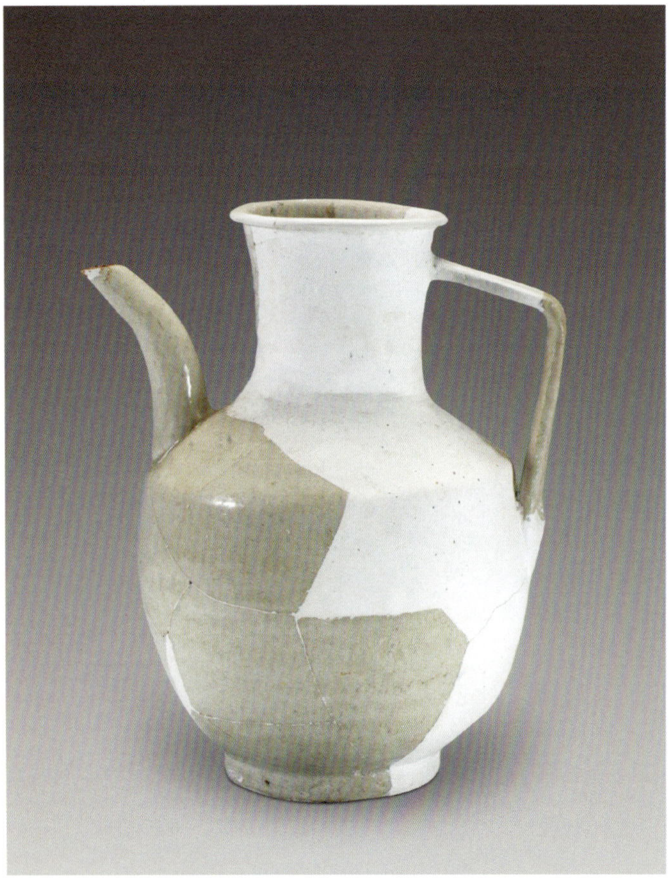

3. C型瓷执壶（（东Ⅰ）T1002④：7）

4. A型Ⅱ式釉陶执壶（（西）F3：4）

宋代器物

1.（西Ⅰ）T3018⑤：4

2.（西）F8Ⅰ：48

3.（西ⅠA）T0810④：1

4.（西Ⅰ）T3416⑤：4

5.（西Ⅰ）T3218⑤：4

6.（西Ⅱ）T0401②：1

宋代瓷片

1.（西Ⅰ）T3316⑤：3

2.（西）G6：34

3.（东Ⅰ）T2918④：26（外底）

4.（东Ⅰ）T2918④：26（内底）

5.（西Ⅰ）T3320⑤：4

6.（西）L1Ⅱ：7

宋代瓷片

1. B型三足瓷炉（（东Ⅰ）T2917④：21）

2. C型三足瓷炉（（西）F42：1）

3. B型Ⅰ式釉陶盆（（西）L2Ⅰ：3）

4. B型Ⅲ式釉陶盆（（西Ⅰ）T1106⑦：7）

宋代器物

1. 釉陶炉（（东）F16：1）

2. 釉陶炉（（东）F16：1）附件

3. 陶盘（（东）H5：1）

4. 陶盘（（东）H5：1）花纹细部

宋代器物

1. 瓷腰鼓（（西）F8Ⅲ：66）

2. B型瓷围棋子（（西）F22：6）

3. C型瓷围棋子（（西）F2Ⅰ：21）

4. C型瓷围棋子（（西）F96：7）

5. A型陶围棋子（（东Ⅰ）T3316④：1）

宋代器物

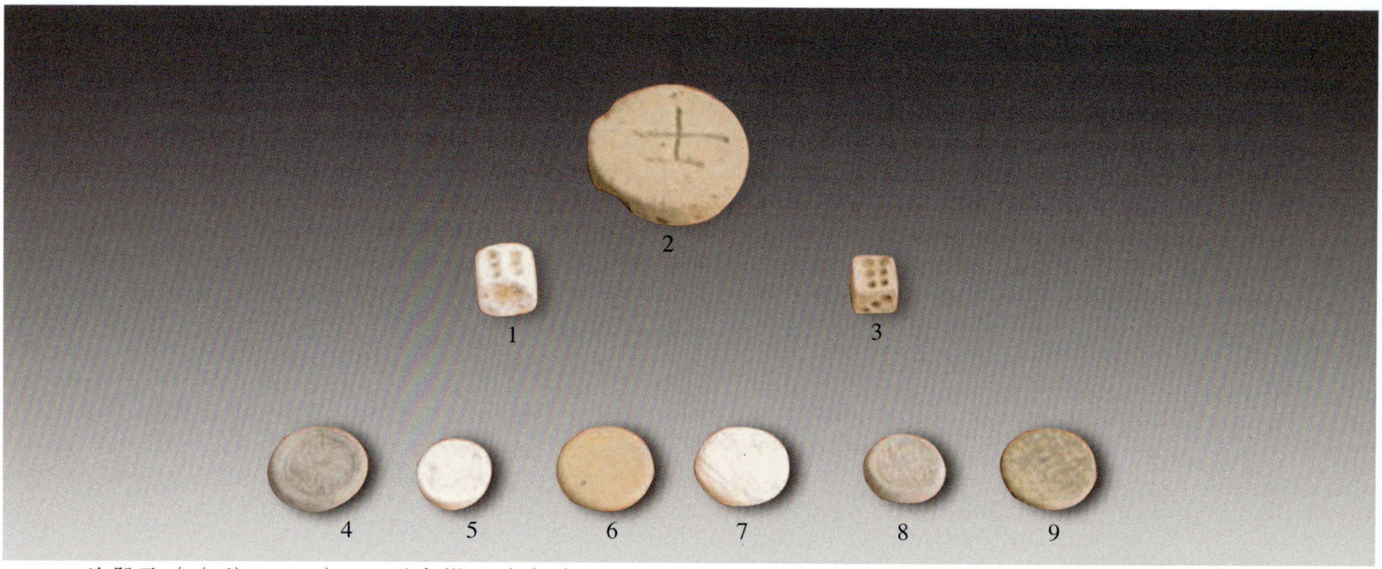

1. 瓷骰子（（西）G5：2） 2. 陶象棋子（（西）F66：4） 3. 骨骰子（（西）H63：2） 4. B型陶围棋子（（西Ⅰ）T2818⑤：2） 5. B型瓷围棋子（（西Ⅰ）T2411⑤：1） 6. B型石围棋子（（西）F3：63） 7. 蚌围棋子（（西Ⅰ）T3520⑤：14） 8. B型陶围棋子（（西Ⅰ）T2113⑤：1） 9. B型石围棋子（（西Ⅰ）T3516⑤：6）

10. 石印章（（西I）T2816⑤：1）

11. 石印章（（西I）T2816⑤：1）

12. 瓷印章（（西）F3：64）

13. 瓷印章（（西）F3：64）印文

宋代器物

1. A型陶围棋子（（西）G6：33）

2. A型陶围棋子（（西Ⅰ）T2216⑤：5）

3. B型石围棋子（（西）F2Ⅱ：10）

4. B型石围棋子（（西）F2Ⅱ：11）

5. B型石围棋子（（西Ⅰ）T3319⑤：1）

6. B型石围棋子（（西Ⅰ）T3314⑤：2）

7. B型石围棋子（（西Ⅰ）T2411⑤：1）

8. B型石围棋子（（西Ⅰ）T2315⑤：1）

宋代围棋子

1.（西）M12棺痕内上层铜钱

2.（西）M12棺痕内下层铜钱、铁剑、棺钉、泡钉

六朝墓葬（西）M12

1. B型碟（（西）M6：1）

2. C型Ⅱ式碗（（西）M3：25）

3. B型碟（（西）M6：1）俯视

4. C型Ⅱ式碗（（西）M3：24）

明代墓葬出土瓷器

彩版三二

1. 金耳环（（西）M2东室：33、（西）M2东室：34）

2. 铜牌（（西）M10：5）

3. 铜牌（（西）M10：5）

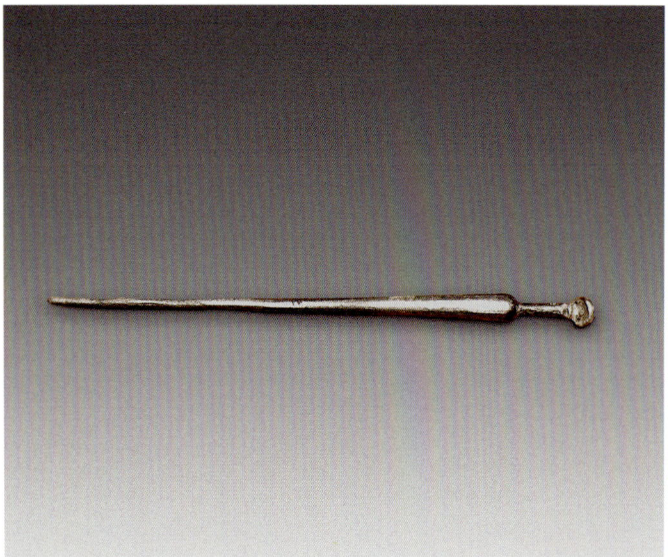

4. 银簪（（西）M1：24）

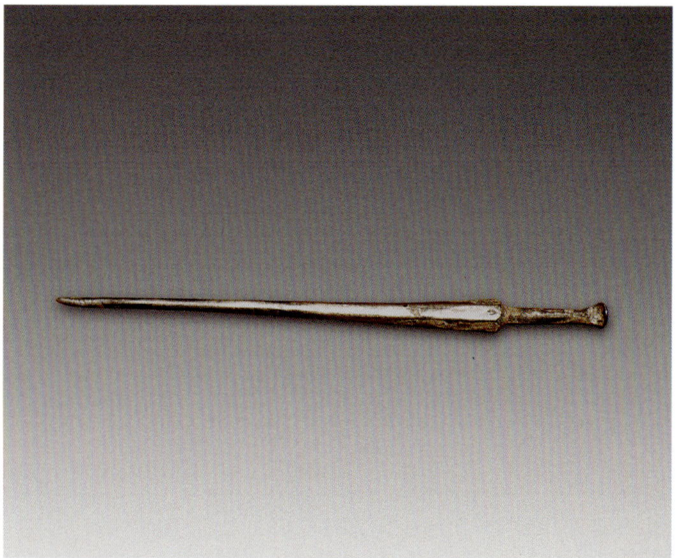

5. 银簪（（西）M2东室：36）

明代墓葬出土器物

1.（西）H24

2.（东）H6

东周灰坑（西）H24、（东）H6

图版二

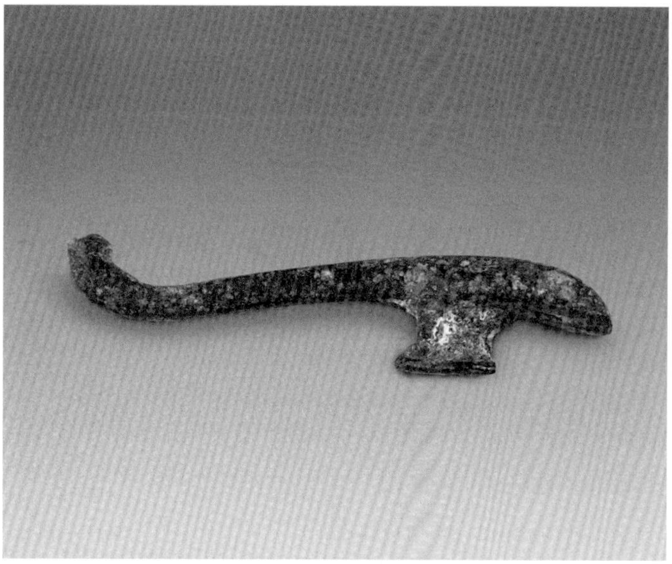

1. A型铜带钩（（东Ⅰ）T2112⑤：1）

2. B型铜带钩（（西Ⅰ）T1109⑤：4）

3. 铜戈（（东Ⅰ）T2714⑤：4）

4. A型铜矛（采集：1）

5. A型铜箭镞（（东Ⅰ）T2714④：1）

6. B型铜箭镞（（西Ⅰ）T1007⑤：14）

东周器物

1. 陶纺轮（（西Ⅰ）T0408③：12）

2. 陶纺轮（（西Ⅰ）T0407③：2）

3. 卜甲（（西Ⅰ）T1209④：4）

东周器物

1.（西）Y2

2.（西）Y4

汉代窑址（西）Y2、（西）Y4

1.（西）J4清理中

2.（西）J4清理后

汉代窖穴（西）J4

图版六

1. A型陶盆（（东Ⅰ）T2508⑤：8）

2. A型陶盆（（西）Y3：1）

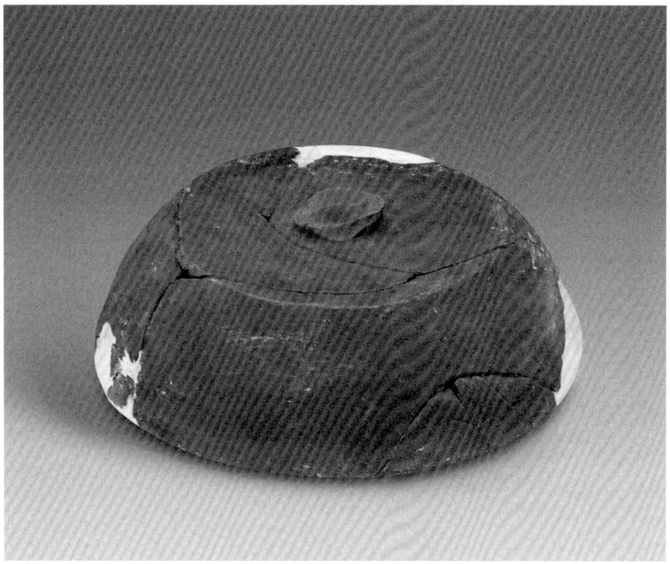

3. 陶器盖（（西Ⅰ）T2316⑤：5）

4. 陶匣钵（（西）H14：1）

5. A型瓦当（（西）H70：1）

6. 封泥（（西）J4：1）

汉代器物

1. 城门大道（西→东，由低向高）

2. 城门大道台阶（左侧两排石块）及层位关系（（东）F28（隋唐时期建筑）叠压台阶之上）

六朝城门大道

1. 六朝城墙（南段）剖面及层位关系

2. 六朝城墙的夯层与夯窝

六朝城墙剖面

1.（西）H34

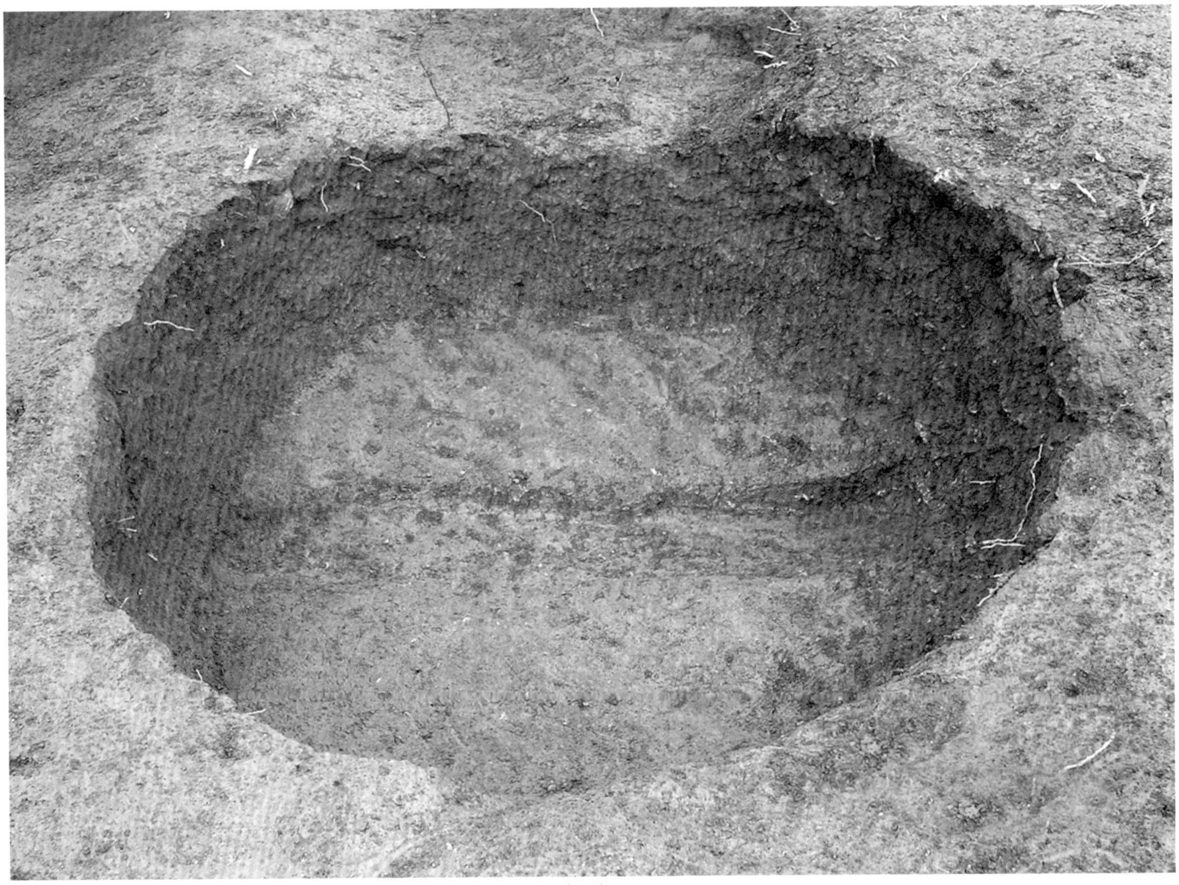

2.（西）H35

六朝灰坑（西）H34、（西）H35

1. I式（（西I）T0707②：1）

2. I式（采集：3）

3. I式（（西I）T3519⑤：37）

4. II式（（西I）T0808④：7）

5. III式（（西I）T1308⑦：8）

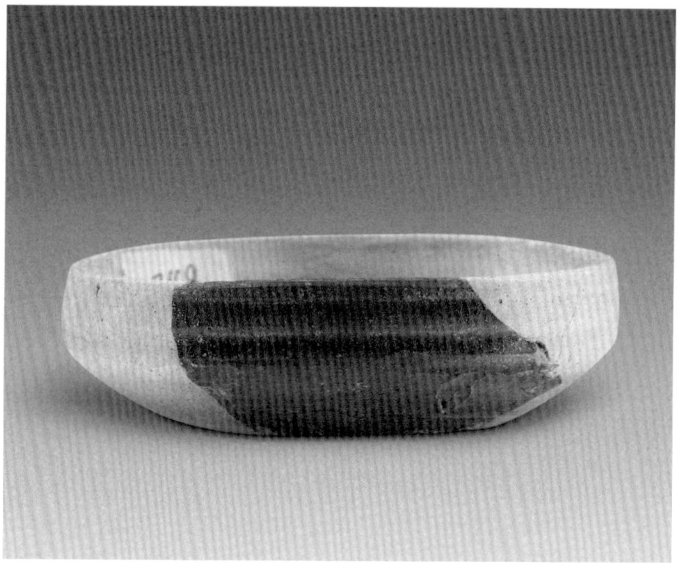
6. III式（（西I）T0707④：8）

六朝青瓷钵

1. Ⅲ式青瓷钵（（西Ⅰ）T1007⑤：8）

2. Ⅲ式青瓷钵（（西Ⅰ）T0809④：2）

3. Ⅱ式青瓷碗（（西）H16：2）

4. Ⅱ式青瓷碗（（西）H16：3）

5. 青瓷双耳罐（（西Ⅰ）T2515⑤：3）

6. 陶盒（（西Ⅰ）T0407④：3）

六朝器物

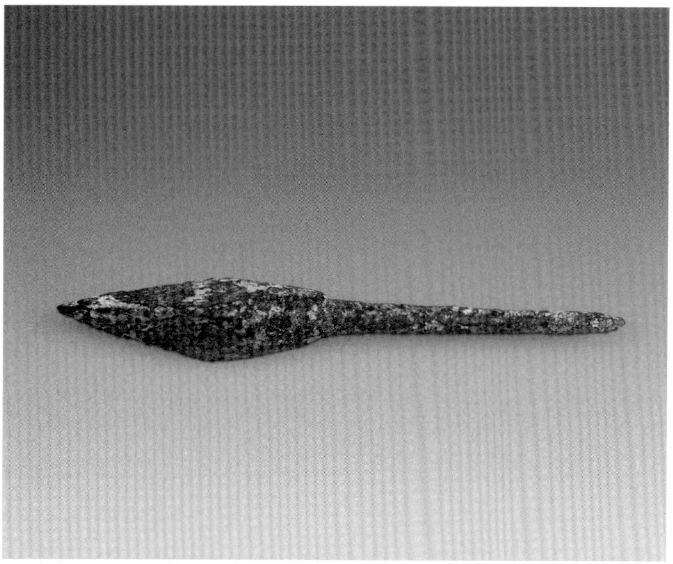
1. 铜箭镞（（东Ⅰ）T2411城墙夯土：1）

2. 铜箭镞（（西）H34：25）

3. Ⅱ式筒瓦（（东Ⅰ）T4116③：4）

4. Ⅲ式筒瓦（（东Ⅰ）T2412城墙夯土：3）

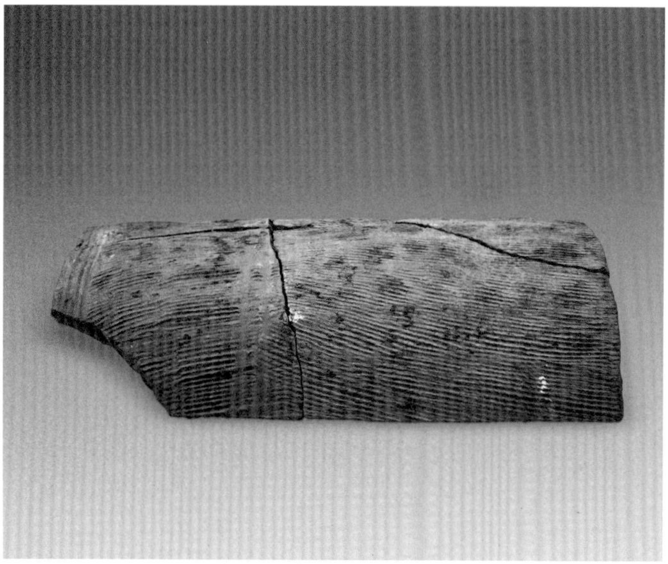
5. A型Ⅲ式板瓦（（东Ⅰ）T4116③：3）

6. B型板瓦（（东Ⅰ）T3504②：3）

六朝器物

隋唐五代（东）F28全景（南→北）

1.（东）F28-1（南→北）

2.（东）F28-1（东→西）

隋唐五代（东）F28-1（一号建筑）

1.（东）F28G1（东→西）

2.（东）F28G1（西→东）

隋唐五代（东）F28G1（北沟）

1.（东）F28-1门址（南→北）

2.（东）F28-1墙体、散水（西→东）

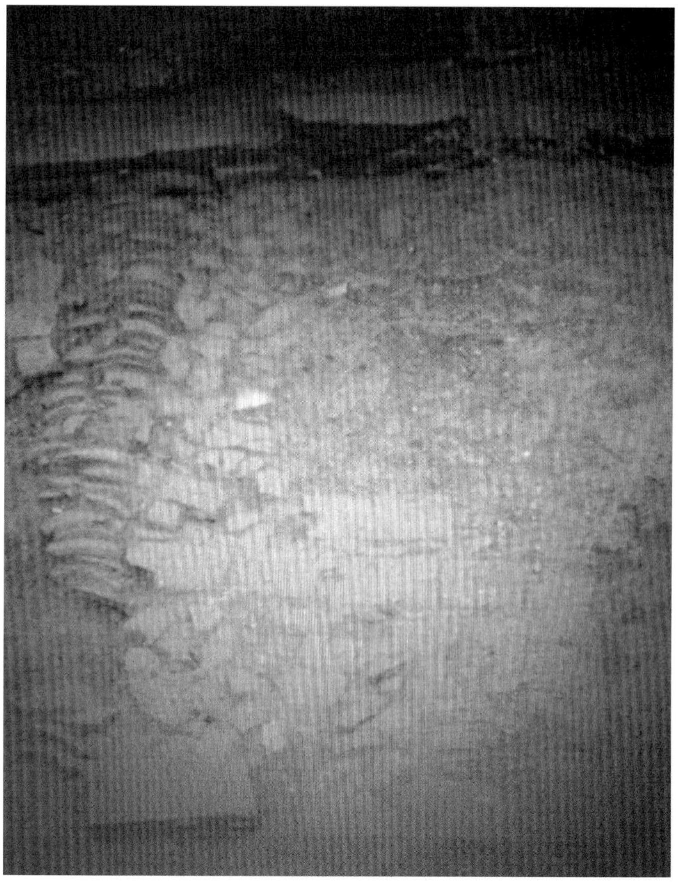

3.（东）F28NQ墙基、Z3（西→东）

1.（东）F28 XQ、Z1、Z2、G3、G4、F28-2

2.（东）F28 G2

3.（东）F28G4细部

1.（东）F28L1

2.（东）F28-1夯砌台边

3.（东）F28L2（右横排）

隋唐五代（东）F28

1.（西）F1Ⅰ（东北→西南）

2.（西）F1Ⅰ（北→南）

隋唐五代（西）F1Ⅰ全景

1.（西）F1 I 坍塌堆积

2.（西）F1 I 坍塌北墙体

隋唐五代（西）F1 I 坍塌堆积

1.（西）F1 I 北廊道

2.（西）F1 I 北墙体细部

隋唐五代（西）F1 I

1.（西）F1 I 供台（北→南）

2.（西）F1 I 供台（东北→西南）

隋唐五代（西）F1 I 供台

1.（西）F1 I 东庭院

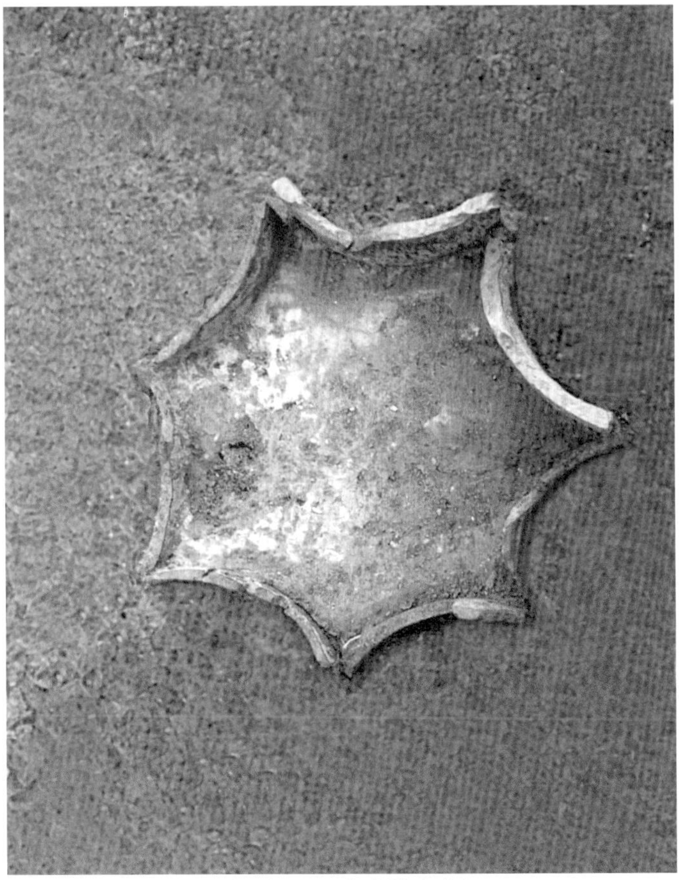

2.（西）F1 I 东庭院内花坛

3.（西）F1 I 供台西侧莲花插座

图版二四

1.（西）F1Ⅰ北墙砖

2.（西）F98脚印砖

3.（西）F98包土墙“张”字砖

4.（西）F98散水“张”字砖

隋唐五代（西）F1Ⅰ、（西）F98发现的砖

1.（西）F98全景（东→西）

2.（西）F98东北拐角包土墙、散水、柱础

图版二六

唐宋仓储遗址全景（北→南）

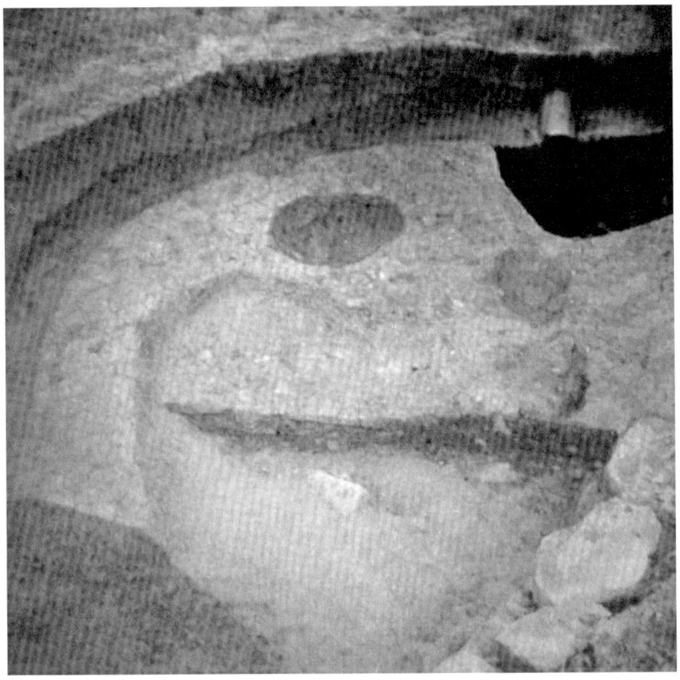

1.（西）C23

2.（西）C22

3.（西）C24

4.（西）F62

隋唐五代（西）C23、（西）C22、（西）C24、（西）F62

1.（西）C17（北→南）

2.（西）C17炉灶

3.（西）C17出土量具

隋唐五代（西）C17及出土量具

1.（西）H65

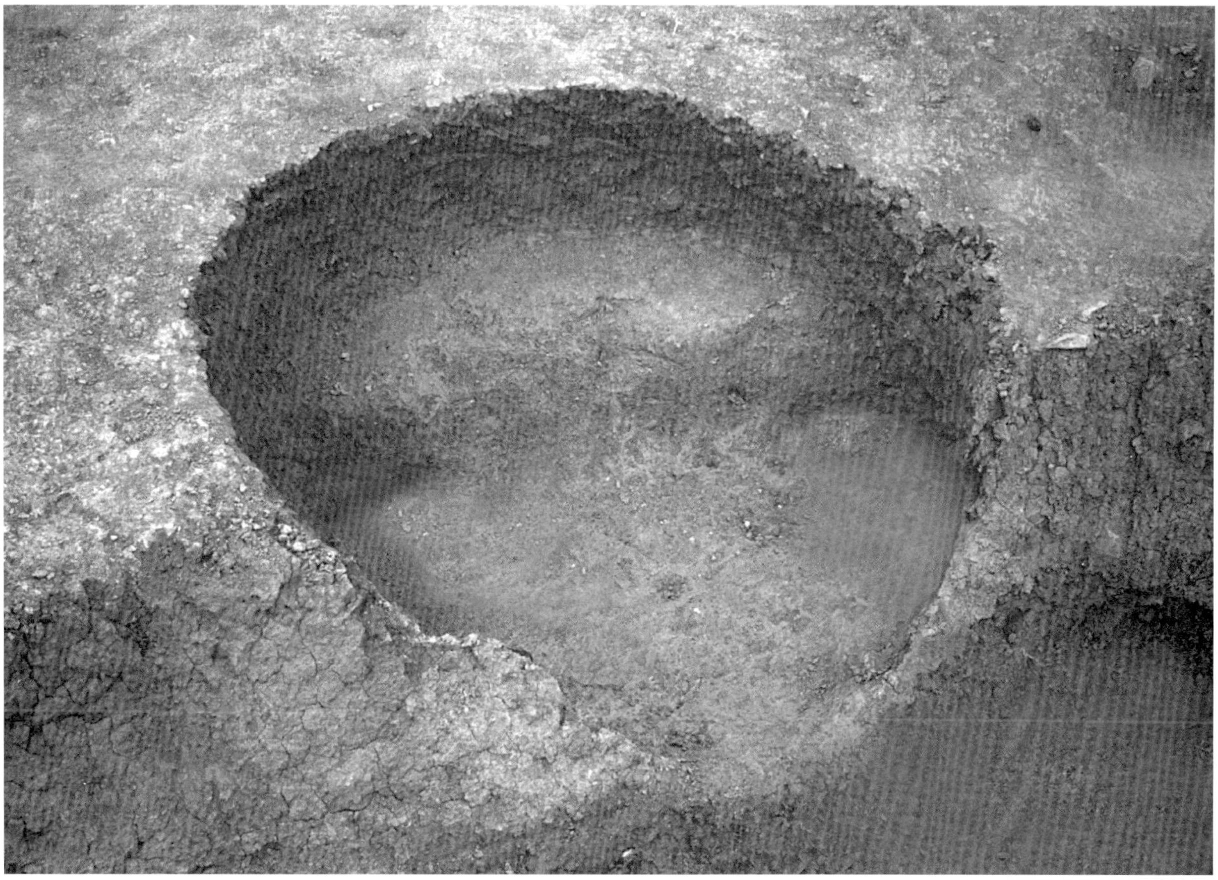
2.（西）H66

隋唐五代灰坑（西）H65、（西）H66

1. Aa型Ⅰ式（（西Ⅰ）T0506③：1）

2. Aa型Ⅱ式（（西）H14：2）

3. Aa型Ⅲ式（（西Ⅰ）T0207④：7）

4. Aa型Ⅴ式（（东Ⅰ）T3404⑤：1）

5. Ab型Ⅰ式（（西）G2：12）

6. Ab型Ⅱ式（（西Ⅰ）T1007⑦：42）

隋唐五代瓷碗

1. Ba型Ⅰ式（（西Ⅰ）T3218⑤：10）

2. Ba型Ⅱ式（（西Ⅰ）T2617⑤：3）

3. Ba型Ⅳ式（（东Ⅰ）T3404③：4）

4. Bb型Ⅲ式（（西Ⅰ）T3219⑤：1）

5. Bb型Ⅳ式（（西Ⅰ）T3318⑤：1）

6. Bc型Ⅰ式（（西Ⅰ）T3916⑤：3）

隋唐五代瓷碗

图版三二

1. Bc型Ⅱ式（（西）C17：9）

2. Bc型Ⅲ式（（西）C17：13）

3. Bc型Ⅳ式（（东Ⅰ）T2915⑤：24）

4. C型Ⅰ式（（西Ⅰ）T1712⑤：4）

5. C型Ⅲ式（（东Ⅰ）T3613⑤：2）

6. C型Ⅲ式（（东Ⅰ）T3317②：1）

隋唐五代瓷碗

1. C型Ⅳ式（（西） C24：2）

2. C型Ⅳ式（（东Ⅰ） T2918⑤：25）

3. Da型Ⅰ式（（西Ⅰ） T3620⑤：8）

4. Da型Ⅱ式（（西Ⅰ） T1207⑦：8）

5. Da型Ⅱ式（（西Ⅰ） T2315⑤：16）

6. Da型Ⅲ式（（西Ⅰ） T0109④：1）

隋唐五代瓷碗

1. Da型Ⅴ式（（东Ⅰ）T2817⑤：2）

2. Da型Ⅵ式（（西Ⅰ）T3316⑤：2）

3. Db型Ⅱ式（（西）H65：1）

4. Db型Ⅲ式（（东Ⅰ）T3404⑤：6）

5. Dc型Ⅰ式（（西）C17：1）

6. Dc型Ⅱ式（（西Ⅰ）T2315⑤：4）

隋唐五代瓷碗

1. E型Ⅰ式碗（（西Ⅰ）T0702②：1）

2. E型Ⅱ式碗（（东Ⅰ）T3416⑤：1）

3. E型Ⅲ式碗（（东Ⅰ）T3418⑤：7）

4. F型Ⅱ式碗（（西）C17：14）

5. Ⅲ式钵（（东Ⅰ）T2416⑤：3）

6. Ⅳ式钵（（东Ⅰ）T3417⑤：4）

1.Ⅴ式钵（（西Ⅰ）T3118⑤：3）

2.Aa型Ⅰ式盏（（西Ⅰ）T3118⑤：8）

3.Aa型Ⅰ式盏（（东Ⅰ）T3915⑤：4）

4.Aa型Ⅱ式盏（（西Ⅰ）T0503③：7）

5.Aa型Ⅲ式盏（（西ⅠA）T1612④：8）

6.Aa型Ⅲ式盏（（西Ⅰ）T2014⑤：3）

隋唐五代瓷器

1. Aa型Ⅳ式（（西Ⅰ）T0503⑤：1）

2. Aa型Ⅳ式（（西Ⅰ）T1105③：3）

3. Aa型Ⅳ式（（西）F1Ⅰ：7）

4. Aa型Ⅳ式（（西Ⅰ）T1915⑤：6）

5. Aa型Ⅳ式（（西Ⅰ）T1916⑤：6）

6. Aa型Ⅳ式（（西Ⅰ）T3417⑤：19）

隋唐五代瓷盏

图版三八

1. Ab型Ⅰ式（（西Ⅰ）T3414⑤：13）

2. Ab型Ⅰ式（（西Ⅰ）T1002②：1）

3. Ab型Ⅱ式（（西Ⅰ）T1209⑥：7）

4. Ab型Ⅱ式（（西Ⅰ）T3118⑤：19）

5. Ab型Ⅱ式（（西Ⅰ）T1601②：1）

6. Ab型Ⅲ式（（西Ⅰ）T1006④：11）

隋唐五代瓷盏

1. Ab型Ⅲ式（（西Ⅰ）T1006④：9）

2. Ab型Ⅲ式（（西Ⅰ）T3013⑤：8）

3. Ab型Ⅳ式（（东Ⅰ）T2508⑤：4）

4. B型Ⅰ式（（西Ⅰ）T1007⑦：51）

5. B型Ⅱ式（（西Ⅰ）T2517⑤：16）

6. B型Ⅱ式（（西ⅠA）T1713③：4）

隋唐五代瓷盏

1. B型Ⅲ式盏（（西Ⅰ）T3414⑤：20）

2. B型Ⅳ式盏（（西Ⅰ）T0707④：6）

3. B型Ⅳ式盏（（东Ⅰ）T2714⑤：20）

4. Ⅰ式粉盒身（（东Ⅰ）T2918⑤：19）

5. Ⅱ式粉盒身（（东Ⅰ）T3404③：9）

6. Ⅲ式粉盒身（（西Ⅰ）T2016⑤：17）

隋唐五代瓷器

1. A型瓷杯（（东Ⅰ）T3415②：1）

2. B型瓷杯（（西Ⅰ）T0716③：2）

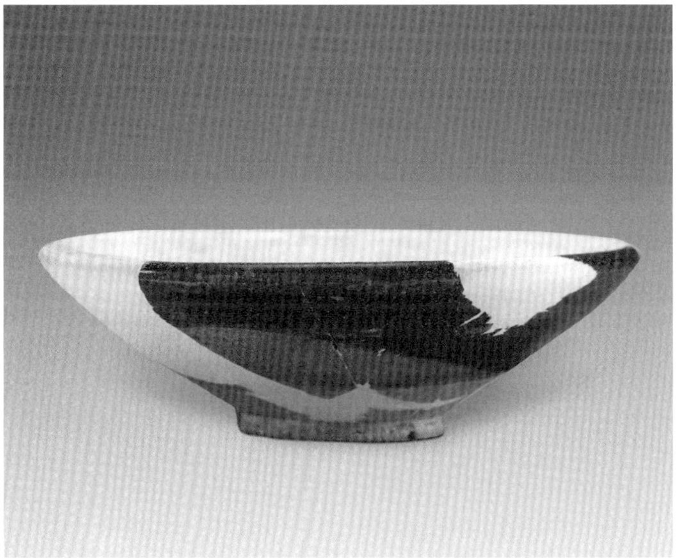

3. Ⅳ式瓷灯盏（（东Ⅰ）T2918⑤：45）

4. 釉陶碗（（东Ⅰ）T2703⑤：4）

5. 陶罐（（东Ⅰ）T2917⑤：19）

6. 陶盆（（东）F28：3）

隋唐五代器物

1. Ⅰ式双唇罐（（西Ⅰ）T3217⑤：3）

2. Ⅱ式双唇罐（（西Ⅰ）T3320⑤：3）

3. Ⅰ式盘口壶（（西Ⅰ）T2912⑤：3）

隋唐五代釉陶器

1. Ⅱ式釉陶盘口壶（（东Ⅰ）T2917⑤：9）

2. 釉陶壶（（西）C22：4）

3. 陶量钵（（西）C17：10）

4. 陶量钵（（西）C17：12）

隋唐五代器物

图版四四

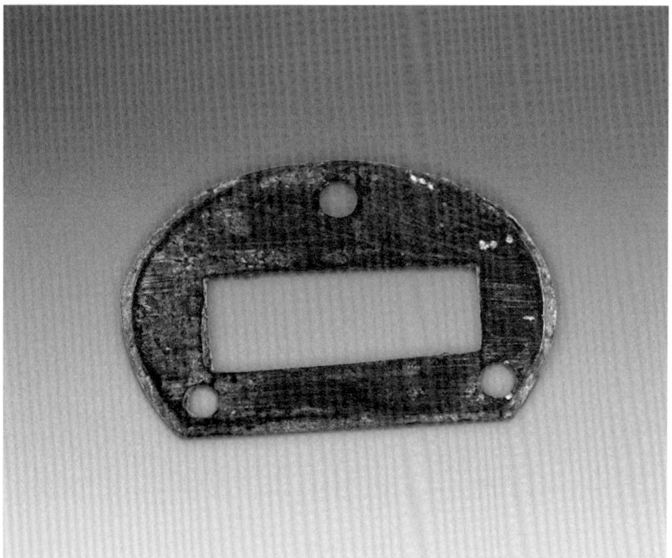

1. 铜带扣（（东Ⅰ）T3616⑤：5）

2. 铜坠饰（（东Ⅰ）T3314⑤：7）

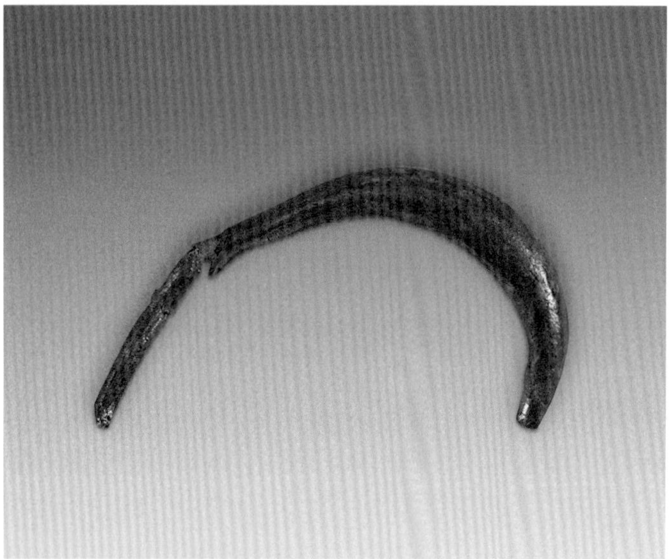

3. 银戒指（（东Ⅰ）T3316⑤：10）

4. 石砚（（东Ⅰ）T2918⑤：56）

5. Ⅰ式陶网坠（(东Ⅰ)T2918⑤：10）

1. 泥塑佛螺髻（（西）F1Ⅰ：1）

2. 泥塑手（（西）F1Ⅰ：3）

3. 泥塑莲瓣（（西）F1Ⅰ：2-1～5）

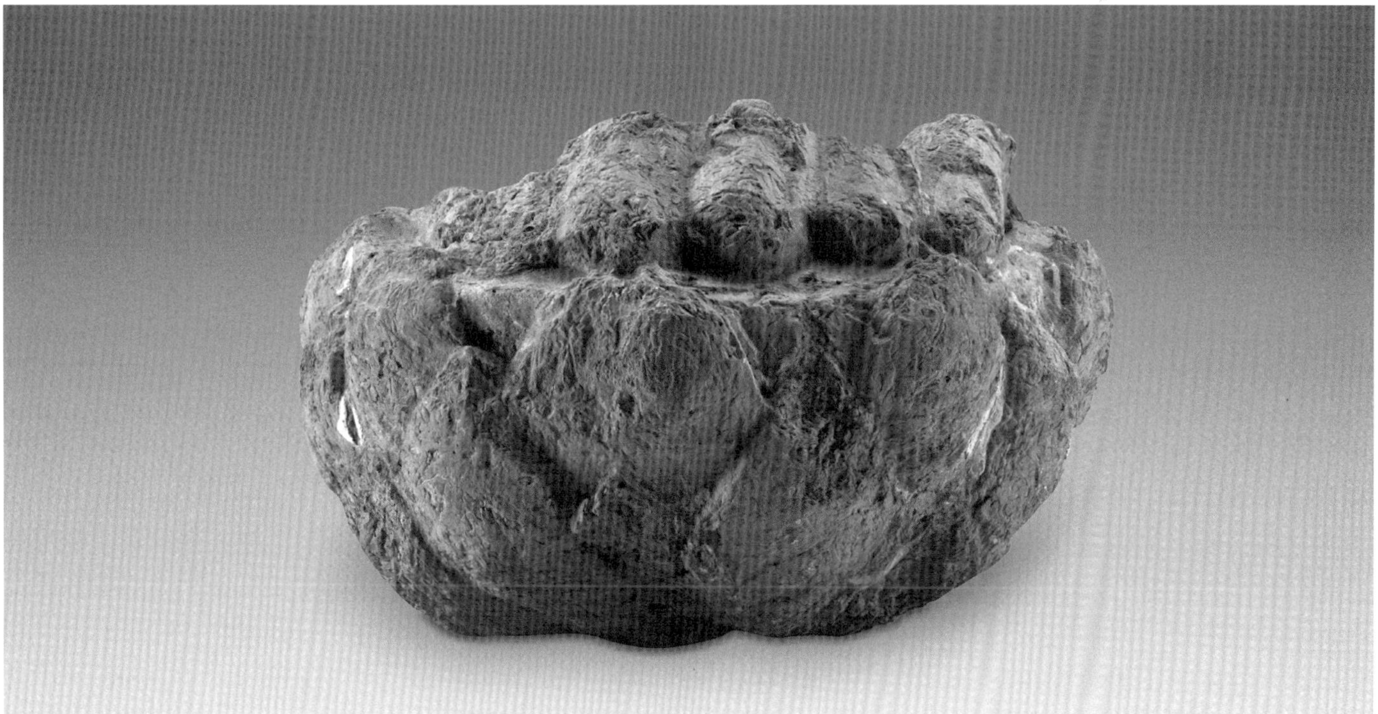

4. 泥塑带莲座脚（（西Ⅰ）T0206④：6）

图版四六

1. 石雕菩萨（（西）H67：3）

2. 石狮爪 （（西Ⅰ）T0204④：1）

3. 石狮爪（（西Ⅰ）T0507④：16）

1. 石人像牌（（西）F1Ⅰ：56）

2. 铜质鎏金佛像（（西）H66：1）

隋唐五代宗教遗物

1. A型莲花纹（（西）F1Ⅰ：6）

2. Ca型Ⅰ式莲花纹（（西）F1Ⅰ：31）

3. Ca型Ⅱ式莲花纹（（西）H73：2）

4. Ca型Ⅲ式莲花纹（（西Ⅰ）T0402④：32）

5. Cb型Ⅰ式莲花纹（（西Ⅰ）T0401②：1）

6. Ⅰ式乳钉纹（（西Ⅰ）T3517⑤：50）

隋唐五代瓦当

1. Ⅱ式乳钉纹（（西Ⅰ）T0207③：3）

2. Ⅱ式乳钉纹（（西）H67：4）

3. Ⅲ式乳钉纹（（西Ⅰ）T0207③：4）

4. Ⅰ式兽面纹（（西）C17：5）

5. Ⅱ式兽面纹（（西Ⅰ）T0508②：1）

6. 星形纹（（西Ⅰ）T0405④：10）

隋唐五代瓦当

1. A型Ⅰ式筒瓦（（西）H50：1）

2. A型Ⅱ式筒瓦（（东Ⅰ）T2510⑤：7）

3. A型Ⅲ式筒瓦（（东Ⅰ）T2917⑤：10）

4. A型Ⅰ式板瓦（（西Ⅰ）T1006⑤：27）

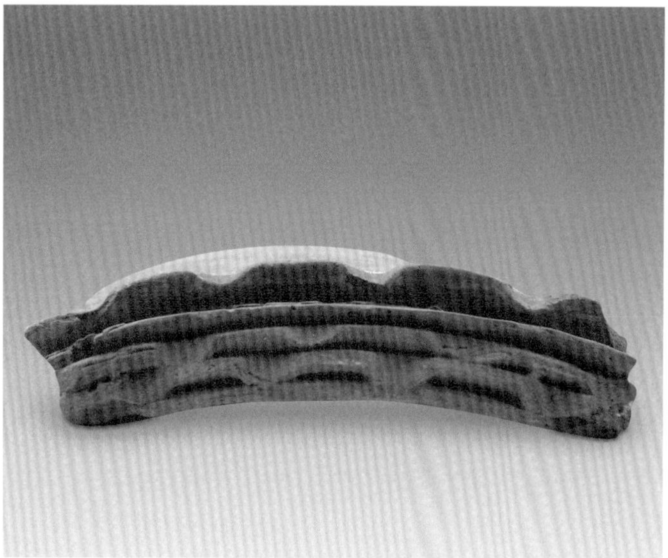
5. B型Ⅱ式板瓦（（西）F1Ⅰ：54）

6. B型Ⅲ式板瓦（（西）G2：9）

隋唐五代筒瓦、板瓦

1. 陶脊饰（（东Ⅰ）T2510⑤：10）

2. 陶脊饰（（西）F1Ⅰ：10）

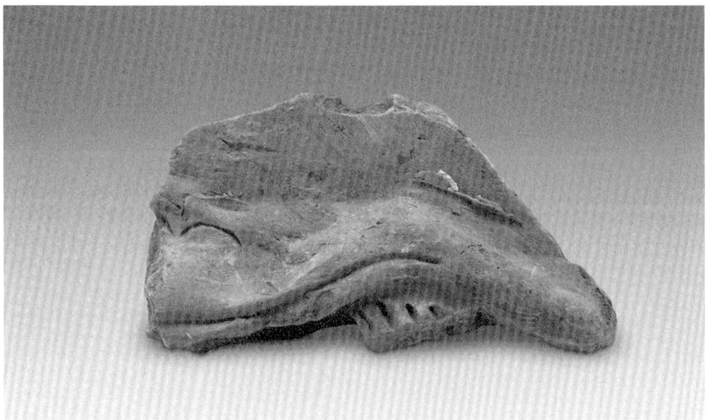
3. 陶脊饰（（西Ⅰ）T0403④：1）

4. 陶脊饰（（西）F98：1）

5. 陶脊饰（（西）F98：2）

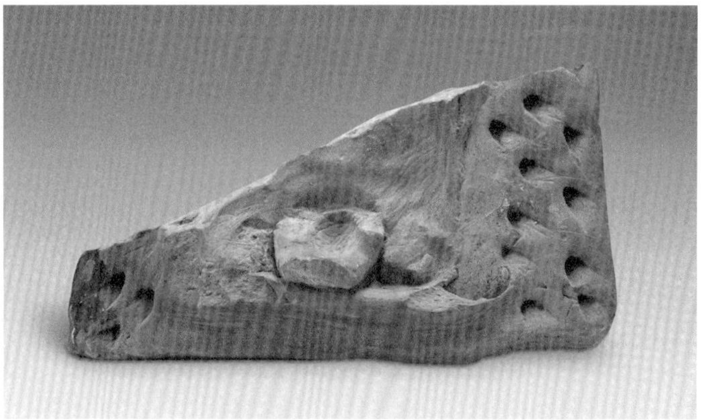
6. 陶脊饰（（东）H8：1）

7. 石柱础（（西Ⅰ）T0303④：15）

8. 石柱础（（西Ⅰ）T0307④：4）

隋唐五代陶脊饰、石柱础

宋代道路（东）L1中段俯瞰（西→东）

1.（东）L1东段（东→西）

2.（东）L1中段（东→西）

3.（东）L1中段（西→东）

宋代道路（东）L1

1.（东）L4（右，东→西）

2.（东）L6（上，北→南）

宋代道路（东）L4、（东）L6

1.（西）L1Ⅰ远景（西→东）

2.（西）L1Ⅰ与（西）L1Ⅱ、（西）L1Ⅲ、（西）L1Ⅳ的叠压状况（东→西）

3.（西）L1Ⅰ局部（东→西）

宋代道路（西）L1Ⅰ

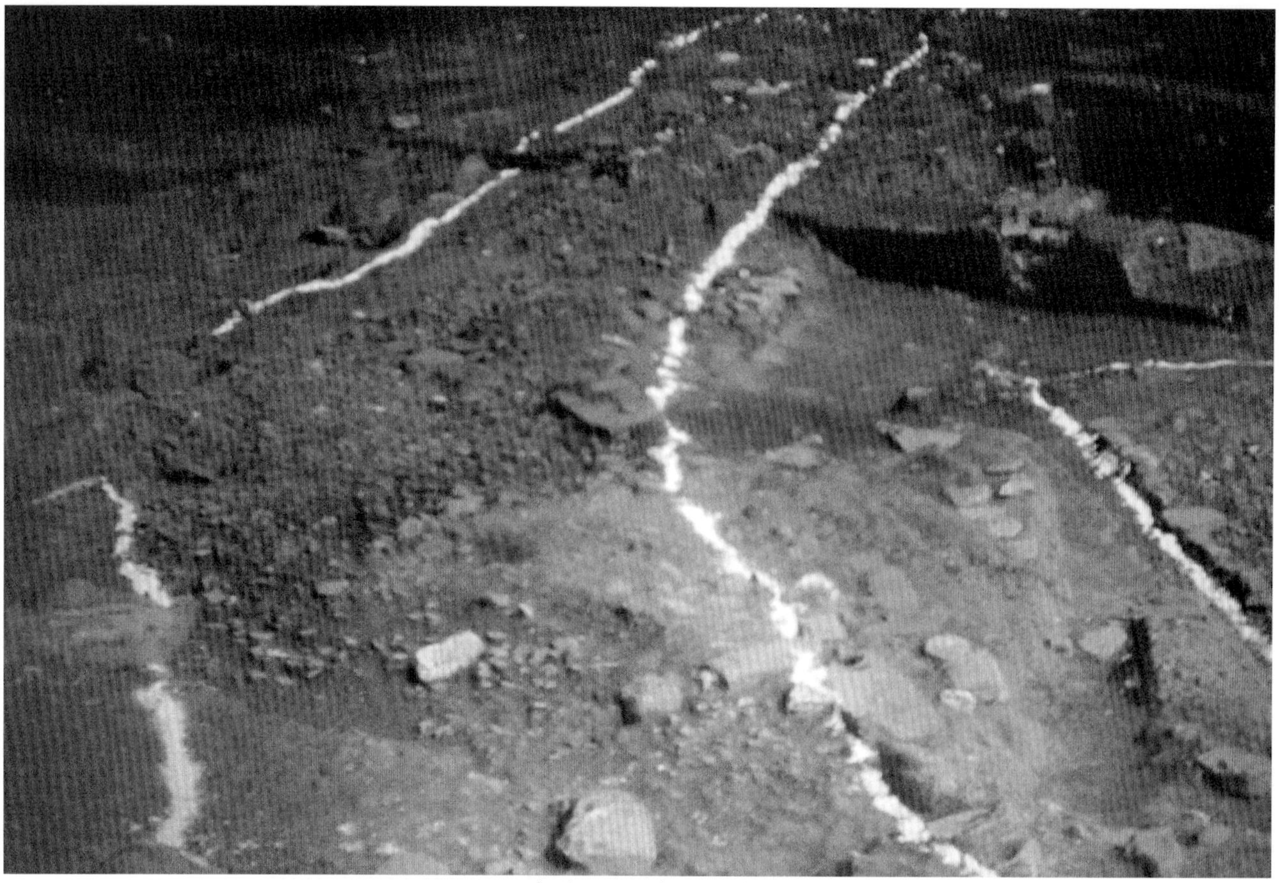
1.（西）L1Ⅳ（西→东）

2.（西）L1Ⅲ、（西）L1Ⅳ（东→西）

宋代道路（西）L1Ⅲ、（西）L1Ⅳ

1.（西）L2Ⅰ路面（南→北）

2.（西）L2Ⅰ路面（东→西）

宋代道路（西）L2Ⅰ路面

1.（西）L2Ⅱ（中）、（西）L9Ⅱ（左）、（西）G24（右）（西→东）

2.（西）L9Ⅰ北端（北→南）

宋代道路（西）L2Ⅱ、（西）L9Ⅰ、（西）L9Ⅱ

1.（西）L4北段（北→南）

2.（西）L5 I （东→西）

宋代道路（西）L4、（西）L5 I

1.（西）L16

2.（西）L6

宋代道路（西）L16、（西）L6

1.（西）L17Ⅰ、（西）L17Ⅱ

2.（西）L18Ⅰ、（西）L17Ⅱ

宋代道路（西）L17Ⅰ、（西）L17Ⅱ、（西）L18Ⅰ

1. 官署区建筑空中俯瞰

2. 官署区四期建筑坍塌堆积

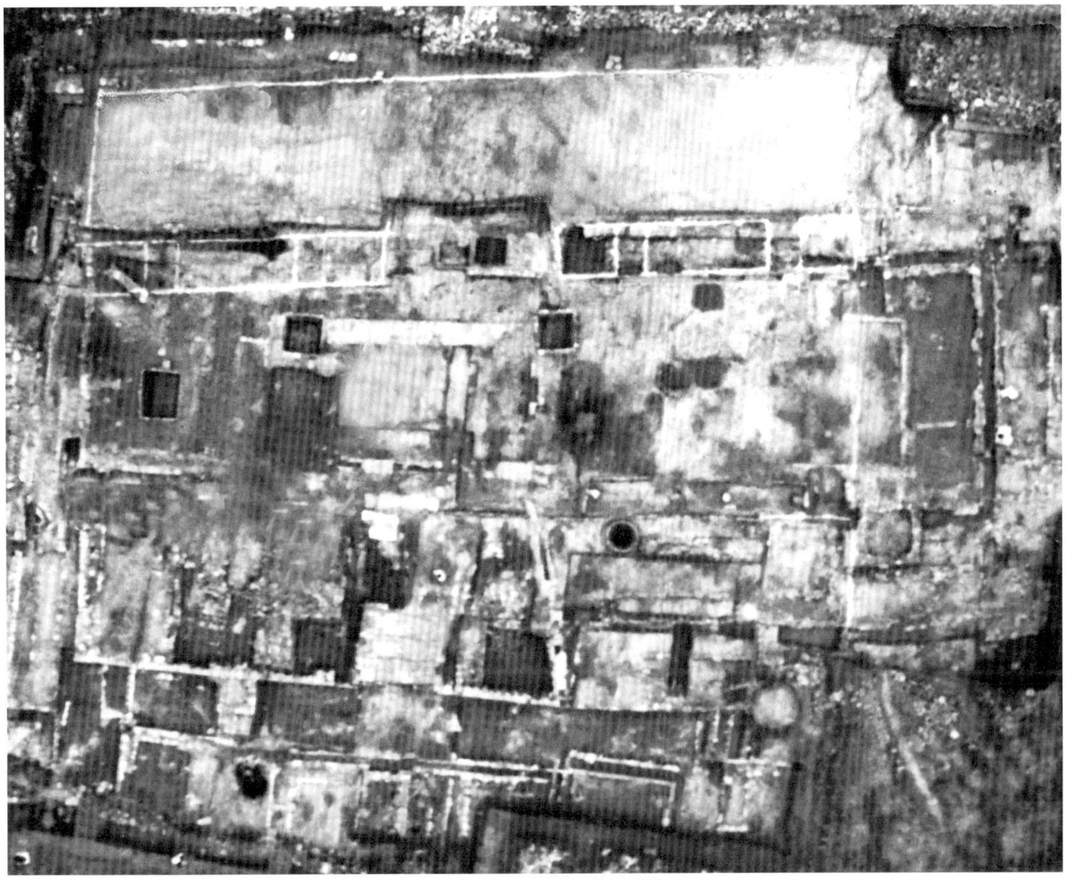

1.（西）F8 I 空中俯瞰

2.（西）F8 I （东→西）

宋代（西）F8 I

1.（西）F8 I 南围墙及（西）F8 I-5（中心大门）泥塑图案坡道

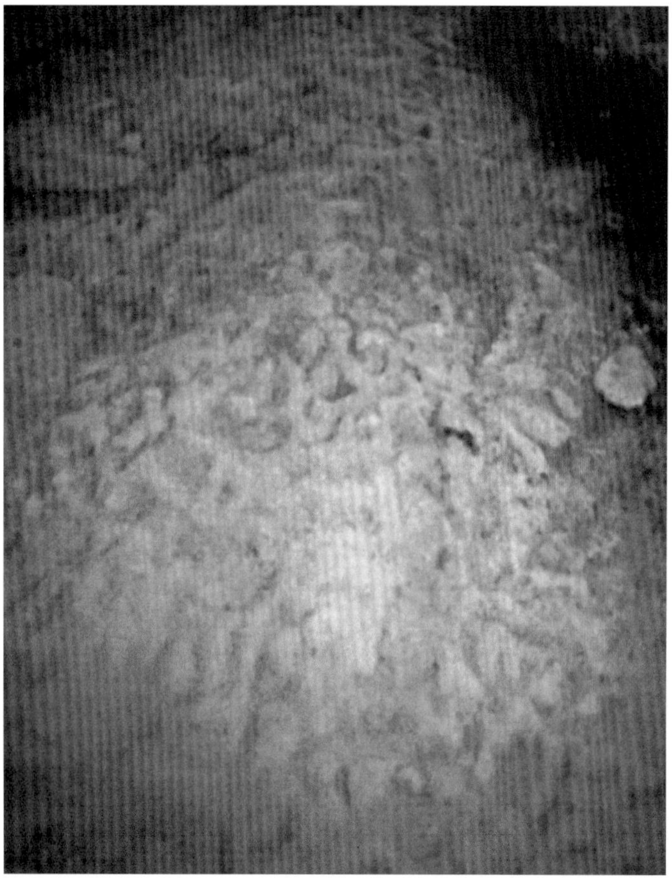

2. 泥塑图案坡道花纹细部（南→北）

宋代（西）F8 I 南围墙、泥塑图案坡道

1.（西）F8 I-TD2（南→北）

2.（西）F8 I-TD3（南→北）

宋代（西）F8 I 二、三号踏道

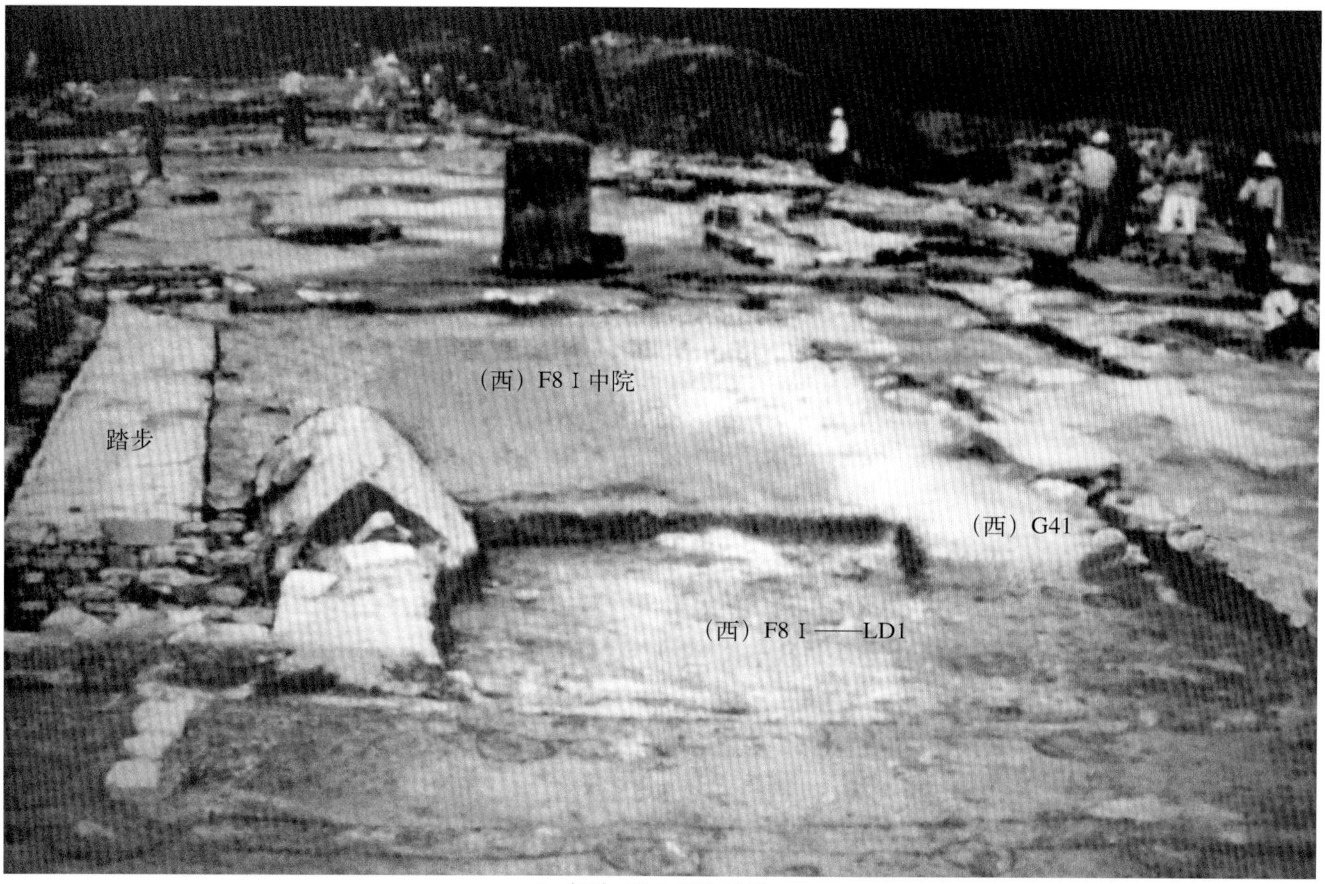

1.（西）F8 I 后院遗迹

2.（西）F8 I-LD2

宋代（西）F8 I 后院遗迹

1.（西）F8 Ⅰ-1（东→西）

2.（西）F8 Ⅰ-1门道西侧边墙

3.（西）F8 Ⅰ-1门道东侧边墙

宋代（西）F8 Ⅰ-1

1.（西）F8 I-1南廊东部（西→东）

2.（西）F8 I-TD7（西→东）

3.（西）F8 I-TD7（南→北）

1.（西）F8 I-TD5（南→北）

2.（西）F8 I-TD5（东→西）

宋代（西）F8 I-1东廊踏道

1.（西）F8Ⅰ坡道（下）与（西）F8Ⅱ坡道（上）

2.（西）F8Ⅰ-2

宋代（西）F8Ⅰ、（西）F8Ⅱ坡道与二号房屋

1.（西）F8Ⅱ围墙西南角、（西）L9Ⅱ（西南→东北）

2.（西）F8Ⅱ南围墙、（西）L2Ⅱ

宋代（西）F8Ⅱ围墙、（西）L2Ⅱ、（西）L9Ⅱ

1.（西）F8Ⅱ、（西）F8Ⅲ大门坡道（南→北）

2.（西）F8Ⅱ大门坡道（南→北）

宋代（西）F8Ⅱ、（西）F8Ⅲ大门坡道

1.（西）F8Ⅱ-3（北→南）

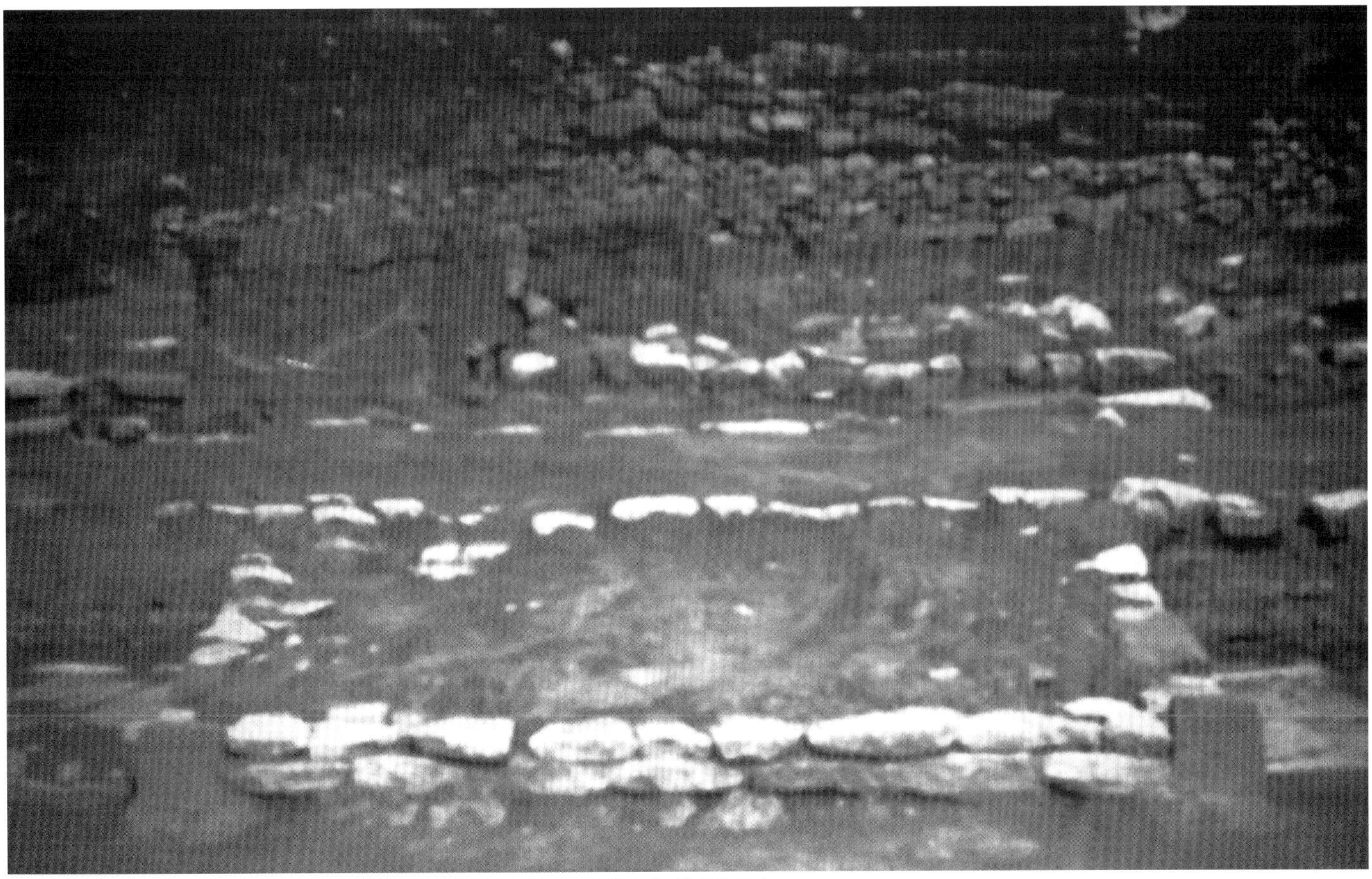

2.（西）F8Ⅱ-1

宋代（西）F8Ⅱ

1.（西）F8Ⅲ围墙西段（南→北）

2.（西）F8Ⅲ围墙西段、（西）F8Ⅲ-TD2（东南→西北）

宋代（西）F8Ⅲ围墙

1.（西）F8Ⅲ大门门址

2.（西）F8Ⅲ-TD2（南→北）

宋代（西）F8Ⅲ

1.（西）J3清理前

2.（西）J3清理中

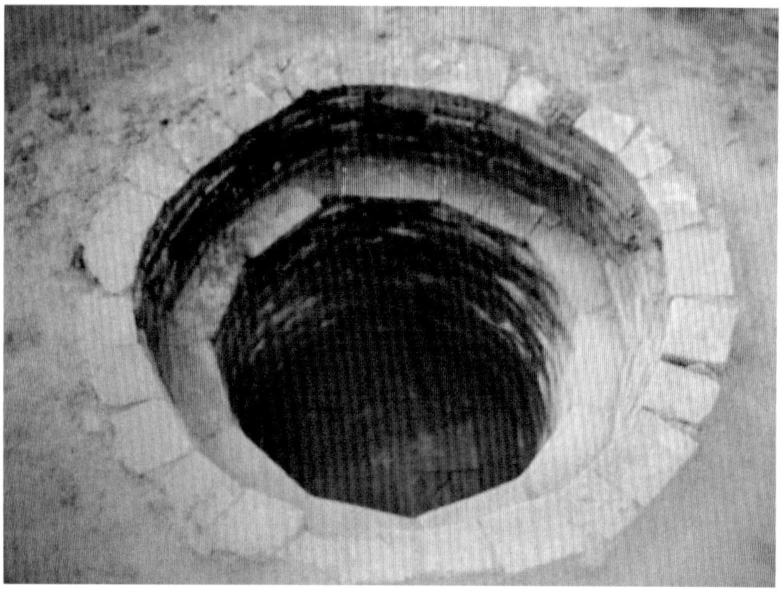

3.（西）J3清理后

宋代（西）J3

1.（西）F8Ⅲ-SC1

2.（西）F8Ⅲ-SC2

宋代（西）F8Ⅲ-SC1、（西）F8Ⅲ-SC2

1.（西）F9（西→东）

2.（西）F10（西南→东北）

宋代（西）F9、（西）F10

1.（西）F3（北→南）

2.（西）F3东廊（北→南）

3.（西）F3柱础、铺地砖

宋代（西）F3

1.（西）F1Ⅱ（北→南）

2.（西）F1Ⅱ供台（东→西）

3.（西）F1Ⅱ影壁（东→西）

1.（西）F2Ⅱ（西南→东北）

2.（西）F4（西南→东北）

宋代（西）F2Ⅱ、（西）F4

1.（东）F2（北→南）

2.（西）F91（东→西）

宋代（东）F2、（西）F91

1.（西）C11（西→东）

2.（西）C11（北→南）

宋代（西）C11

1.（西）G5（西→东）

2.（西）G6、（西）G32（西→东）

宋代（西）G5、（西）G6、（西）G32

1.（西）G2（西→东）

2.（西）G15（南→北）

3.（西）G20（西→东）

宋代（西）G2、（西）G15、（西）G20

1.（西）G8全景（南→北）

2.（西）G8出水口（南→北）

3.（西）G11（东→西）

4.（西）G17（东→西）

宋代（西）G8、（西）G11、（西）G17

1.A型Ⅰ式（（西）F2Ⅰ：17）

2.A型Ⅱ式（（西）F8Ⅰ：16）

3.A型Ⅱ式（（西）F2Ⅰ：10）

4.B型Ⅲ式（（西）F13Ⅰ：2）

5.B型Ⅲ式（（西）F22：1）

宋代墩式瓷碗

1. Ac型（（西Ⅰ）T1916⑤：15）

2. Ad型（（西Ⅰ）T2013⑤：9）

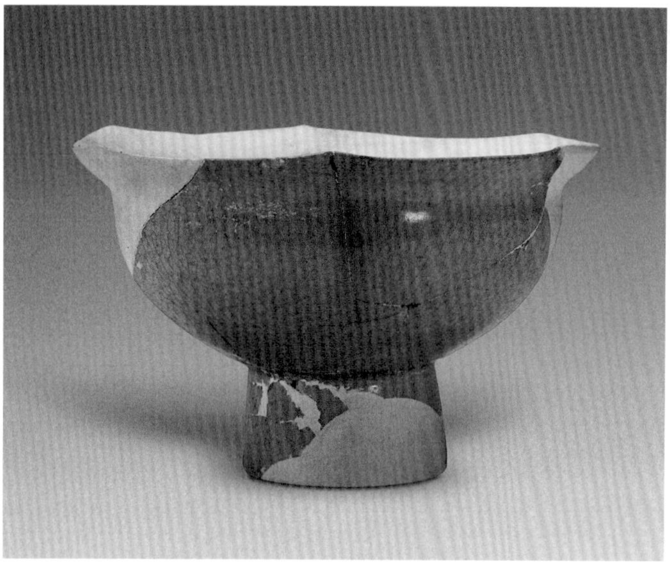
3. Ae型（（西Ⅰ）T1306⑦：6）

4. Ae型（（西）L2Ⅰ：4）

5. Ag型Ⅰ式（（西Ⅰ）T1916⑤：7）

6. Ag型Ⅱ式（（西）L8Ⅰ：1）

宋代花口瓷碗

1. Ah型花口碗（（西）F8Ⅰ：13）

2. B型Ⅱ式花口碗（（西Ⅰ）T2619⑤：1）

3. Aa型Ⅱ式斗笠碗（（西Ⅰ）T1007⑦：28）

4. Ab型Ⅰ式斗笠碗（（东Ⅰ）T3404④：3）

5. Ab型Ⅰ式斗笠碗（（东）F31：1）

6. Ab型Ⅱ式斗笠碗（（西）L4Ⅰ：52）

宋代瓷碗

1. Ac型Ⅱ式（（西）L4Ⅰ：4）

2. Ac型Ⅱ式（（西Ⅰ）T1007⑥：20）

3. Ba型（（西Ⅰ）T3316⑤：4）

4. Bb型（（西）F9：1）

宋代斗笠瓷碗

1. Bc型斗笠碗（（西）G5：9）

2. C型Ⅰ式斗笠碗（（西Ⅰ）T3517⑤：36）

3. C型Ⅱ式斗笠碗（（西Ⅰ）T3517⑤：20）

4. C型Ⅱ式斗笠碗（（西）L4Ⅱ：4）

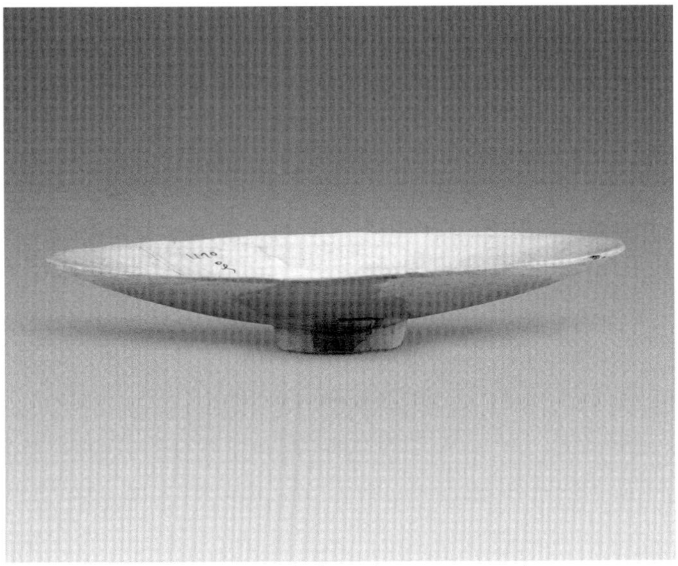

5. D型斗笠碗（（西Ⅰ）T2515⑤：2）

6. Aa型Ⅰ式撇口碗（（西Ⅰ）T1007⑥：18）

宋代瓷碗

图版九二

1. Aa型Ⅰ式（（西Ⅰ）T1007⑥：19）

2. Aa型Ⅱ式（（西Ⅰ）T1006④：7）

3. Aa型Ⅱ式（（西）F8Ⅰ：55）

4. Aa型Ⅱ式（（西）F8Ⅰ：41）

5. Ab型（（西Ⅰ）T3519⑤：7）

6. Ac型Ⅰ式（（西）L2Ⅰ：18）

宋代撇口瓷碗

1. Ba型Ⅰ式撇口碗（（东Ⅰ）T3512④：6）

2. Ba型Ⅱ式撇口碗（（西）F8Ⅲ：44）

3. A型直口碗（（东Ⅰ）T2821④：1）

4. C型Ⅱ式侈口碗（（西Ⅰ）T2614⑤：12）

5. C型Ⅱ式侈口碗（（西Ⅰ）T1916⑤：13）

6. Da型Ⅱ式侈口碗（（西Ⅰ）T1916⑤：10）

宋代瓷碗

图版九四

1. A型Ⅰ式（（西）F8Ⅱ：23）

2. B型Ⅰ式（（西）F8Ⅲ：16）

3. B型Ⅰ式（（西Ⅰ）T0406④：1）

4. B型Ⅰ式（（西）H51：2）

5. B型Ⅱ式（（西Ⅰ）T2619⑤：4）

6. B型Ⅱ式（（西）F97：1）

宋代侈口瓷碗

1. B型Ⅱ式（（西Ⅰ）T3017⑤：1）

2. B型Ⅱ式（（西）F3：43）

3. B型Ⅱ式（（东Ⅰ）T2917④：23）

4. C型Ⅰ式（（西）F2Ⅰ：12）

5. C型Ⅰ式（（西）F8Ⅰ：53）

6. C型Ⅰ式（（西Ⅰ）T2714⑤：15）

宋代侈口瓷碗

图版九六

1. Ea型（（西）F8Ⅲ：86）

2. Eb型Ⅱ式（（西）L17Ⅰ：9）

3. Ec型（（西）F3：52）

4. C型Ⅰ式（（西Ⅰ）T1007⑦：2）

5. F型（（西）F2Ⅰ：8）

6. F型（（西Ⅰ）T3516⑤：7）

宋代侈口瓷碗

1. Gb型侈口碗（（西）F8Ⅲ：53）

2. I型侈口碗（（西Ⅰ）T3520⑤：12）

3. J型侈口碗（（西）F67：5）

4. K型Ⅰ式侈口碗（（西）F8Ⅲ：27）

5. A型Ⅰ式敞口碗（（西）L18Ⅱ：3）

6. A型Ⅰ式敞口碗（（西）H51：1）

宋代瓷碗

1. A型Ⅱ式（（西）L18Ⅱ：6）

2. A型Ⅱ式（（西Ⅰ）T2917⑤：3）

3. A型Ⅱ式（（西）F8Ⅳ：13）

4. A型Ⅱ式（（东Ⅰ）T1304④：1）

5. A型Ⅱ式（（西）F8Ⅳ：7）

6. B型Ⅰ式（（西）F3：47）

宋代敞口瓷碗

1. B型Ⅰ式（（西）H51：4）

2. B型Ⅰ式（（西）F33：1）

3. B型Ⅱ式（（西）F51：1）

4. B型Ⅱ式（（西）F51：2）

5. B型Ⅱ式（（西）F3：46）

6. C型（（西Ⅰ）T2514⑤：10）

宋代敞口瓷碗

1. C型敞口碗（（西ⅠA）T1813③：3）

2. C型敞口碗（（西）L17Ⅱ：1）

3. D型敞口碗（（东）F44：1）

4. D型敞口碗（（西）F1Ⅱ：6）

5. Ab型Ⅰ式盘（（西）L2Ⅲ：4）

6. Ab型Ⅱ式盘（（西）F3：15）

宋代瓷器

1. Ac型Ⅱ式盘（（西Ⅰ）T3520⑤：11）

2. Ad型Ⅱ式盘（（东Ⅰ）T2510④：6）

3. Cb型盘（（西）H63：3）

4. Ba型Ⅰ式碟（（西）F8Ⅰ：33）

5. Ba型Ⅱ式碟（（西）F8Ⅰ：34）

宋代瓷器

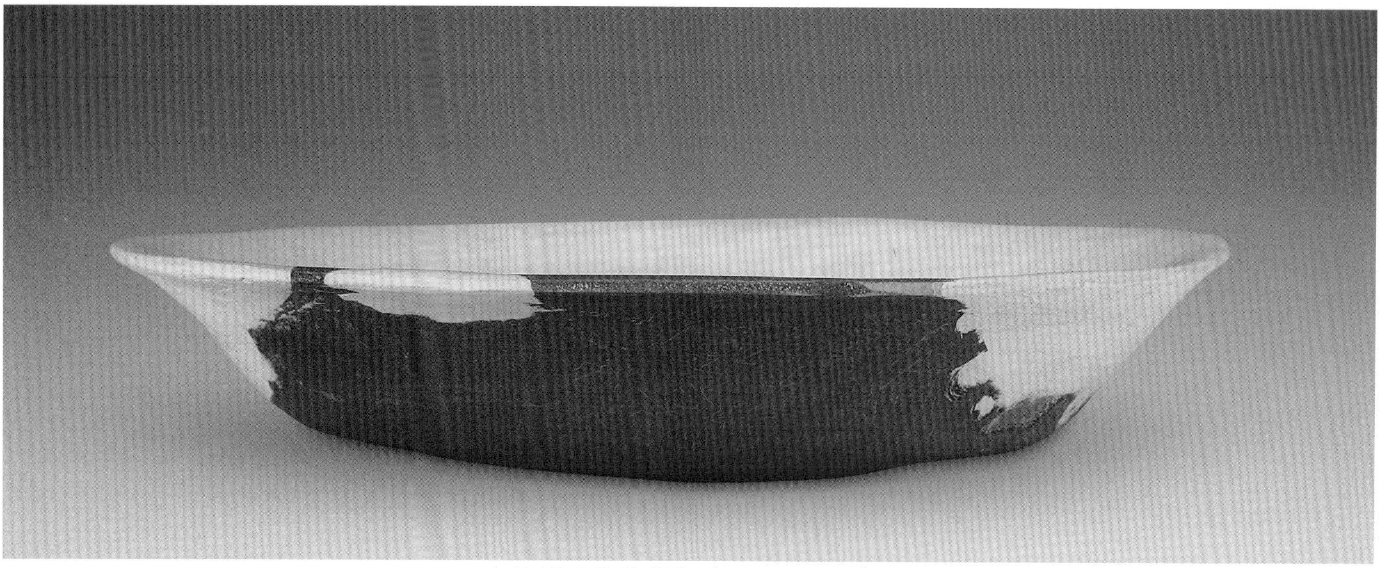

1. Bc型Ⅱ式（（西Ⅰ）T2216⑤：3）

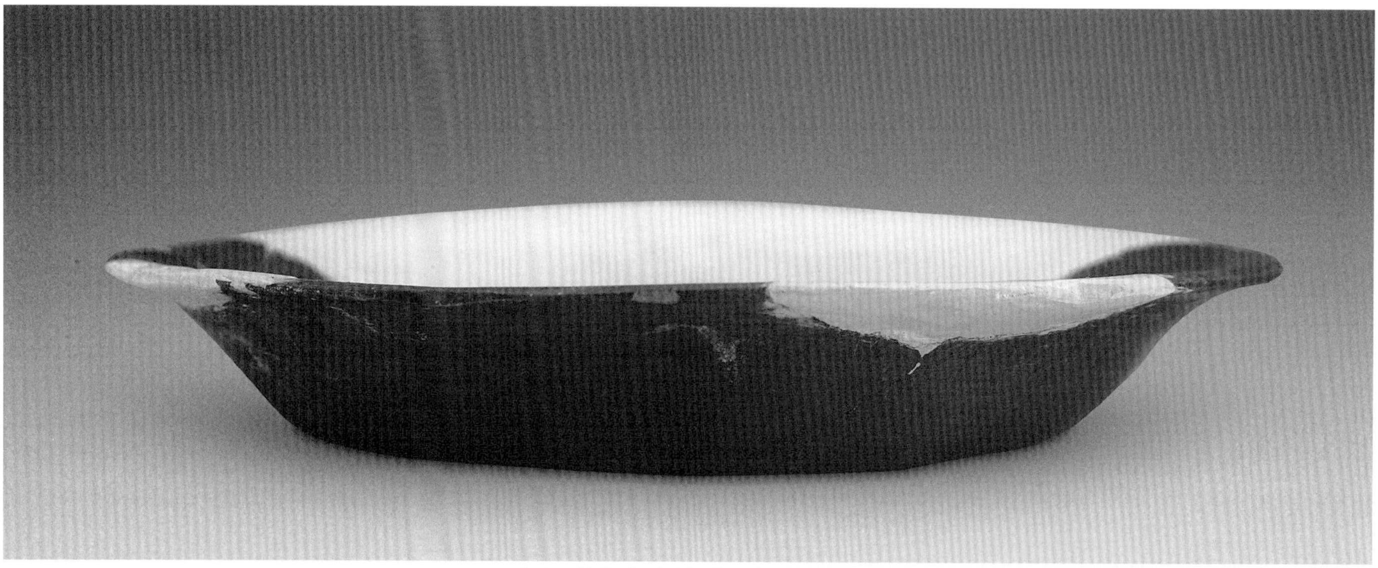

2. Bc型Ⅱ式（（西）L9Ⅰ：2）

3. Bc型Ⅱ式（（西Ⅰ）T2213⑤：1）

宋代瓷碟

1. Bb型（（西）F8Ⅱ：3）

2. Bb型（（西）F94：12）

3. D型（（东Ⅰ）T2916④：1）

4. E型Ⅰ式（（西）L18Ⅰ：1）

5. E型Ⅰ式（（西）L18Ⅰ：2）

6. E型Ⅰ式（（西Ⅰ）T3015⑤：1）

宋代瓷碟

图版一〇四

1. F型Ⅰ式（（西Ⅰ）T0901④：2）

2. F型Ⅱ式（（西）F13Ⅰ：1）

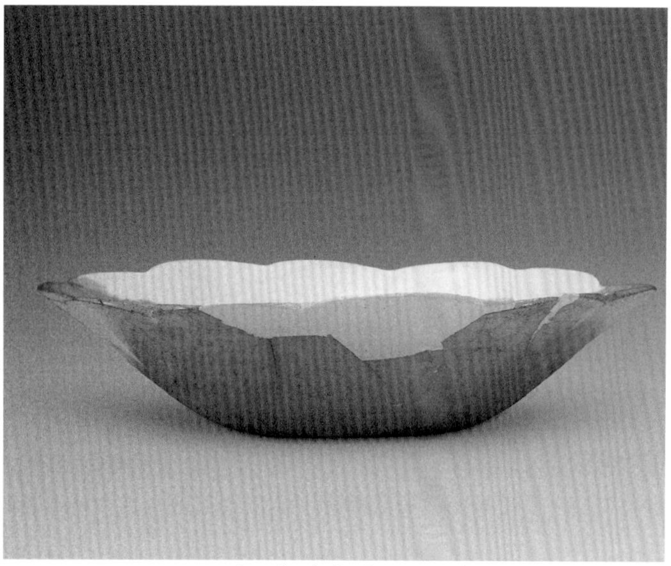

3. F型Ⅱ式（（西）F95：2）

4. Ga型（（西）F96：4）

5. Ga型（（西Ⅰ）T2514⑤：7）

6. Gc型Ⅰ式（（西Ⅰ）T1913⑤：8）

宋代瓷碟

1. Gc型Ⅱ式（（西）H31：1）

2. Hb型Ⅰ式（（西Ⅰ）T2714⑤：12）

3. Hb型Ⅱ式（（西Ⅰ）T1209⑦：6）

4. Hc型Ⅰ式（（西）G6：20）

5. Hc型Ⅱ式（（西）G6：1）

宋代瓷碟

1. Hc型Ⅲ式（（西）F93：5）

2. I型Ⅱ式（（西Ⅰ）T3615⑤：1）

3. K型（（西）L17Ⅰ：6）

4. La型Ⅰ式（（西）F53：1）

5. La型Ⅱ式（（西Ⅰ）T3418⑤：10）

6. La型Ⅲ式（（东）L1Ⅳ：2）

宋代瓷碟

1. La型Ⅲ式碟（（西Ⅰ）T3519⑤：6）

2. Lb型碟（（西）F8Ⅲ：60）

3. A型敞口平底盏（（东）F33：1）

4. A型敞口平底盏（（西）F95：1）

5. 敞口圈足盏（（西）L6Ⅰ：2）

6. B型侈口平底盏（（西Ⅰ）T2415⑤：3）

图版一〇八

1. B型侈口平底盏（（东Ⅰ）T2310④：2）

2. B型侈口平底盏（（西）L7Ⅰ：3）

3. B型侈口平底盏（（西Ⅳ）T0704⑦：1）

4. C型侈口平底盏（（西）F8Ⅰ：2）

5. C型侈口平底盏（（西ⅠA）T1612③：3）

6. B型Ⅰ式侈口圈足盏（（西Ⅰ）T0502③：2）

宋代瓷盏

1. C型Ⅰ式侈口圈足盏（（西）G6：22）

2. C型Ⅱ式侈口圈足盏（（西）H82：5）

3. C型Ⅱ式侈口圈足盏（（西）G6：17）

4. C型Ⅱ式侈口圈足盏（（西Ⅰ）T3520⑤：20）

5. 侈口饼足盏（（西）F3：6）

6. A型Ⅰ式敛口盏（（西）F8Ⅲ：24）

宋代瓷盏

图版一一〇

1. A型Ⅰ式（（西）H37：1）

2. A型Ⅰ式（（西Ⅰ）T0901⑤：8）

3. A型Ⅰ式（（西）L17Ⅰ：2）

4. A型Ⅰ式（（西）F41：1）

5. A型Ⅰ式（（西）F8Ⅲ：1）

6. A型Ⅱ式（（西）L4Ⅱ：7）

宋代敛口瓷盏

1. A型Ⅱ式（（西Ⅰ）T1003⑥：5）

2. A型Ⅱ式（（西）F8Ⅲ：35）

3. A型Ⅱ式（（东Ⅰ）T2702④：2）

4. A型Ⅱ式（（西Ⅰ）T1003⑦：6）

5. A型Ⅱ式（（西）L4Ⅱ：6）

6. A型Ⅲ式（（西）L4Ⅲ：3）

宋代敛口瓷盏

图版一一二

1. A型Ⅲ式（（西Ⅲ）T0304②：1）

2. A型Ⅲ式（（西Ⅰ）T3620③：2）

3. A型Ⅲ式（（西Ⅰ）T3519⑤：35）

4. B型Ⅱ式（（西）F14Ⅱ：8）

5. B型Ⅱ式（（西）F3：62）

6. B型Ⅱ式（（西）F14Ⅱ：7）

宋代敛口瓷盏

1. A型Ⅰ式束颈盏（（西Ⅰ）T2813⑤：3）

2. B型Ⅰ式束颈盏（（西）F8Ⅲ：88）

3. B型Ⅱ式束颈盏（（西Ⅰ）T1209⑥：3）

4. B型Ⅱ式束颈盏（（西）F8Ⅳ：16）

5. Ab型凸棱盏（（西）F8Ⅲ：42）

6. Ba型Ⅰ式凸棱盏（（西）F8Ⅲ：28）

宋代瓷盏

1. Ba型Ⅰ式（（东Ⅰ）T2917④：14）

2. Ba型Ⅰ式（（西）F1Ⅲ：1）

3. Ba型Ⅰ式（（西）L4Ⅱ：9）

4. Ba型Ⅱ式（（西Ⅰ）T3519⑤：5）

5. Ba型Ⅱ式（（东Ⅰ）T2917④：18）

宋代凸棱瓷盏

1. Bc型Ⅰ式（（西）F1Ⅲ：3）

2. Bc型Ⅰ式（（东Ⅰ）T2414④：2）

3. Bc型Ⅰ式（（西）F8Ⅲ：10）

4. Bc型Ⅰ式（（西）F2Ⅱ：12）

5. Bc型Ⅰ式（（西Ⅰ）T3517⑤：2）

6. Bc型Ⅰ式（（西）F14Ⅰ：8）

宋代凸棱瓷盏

1. Bc型Ⅱ式（（西ⅢA）T3104③：3）

2. Bc型Ⅱ式（（西）F8Ⅲ：39）

3. Bc型Ⅱ式（（西）L18Ⅱ：8）

4. Bc型Ⅱ式（（西）F3：57）

5. Bc型Ⅱ式（采集：8）

6. Bc型Ⅱ式（（西）L4Ⅲ：4）

宋代凸棱瓷盏

1. Bc型Ⅱ式凸棱盏（（西Ⅳ）T0901④：5）

2. Bc型Ⅱ式凸棱盏（（西）F3：58）

3. Bc型Ⅲ式凸棱盏（（西）L4Ⅲ：1）

4. Ad型钵（（西）F58：2）

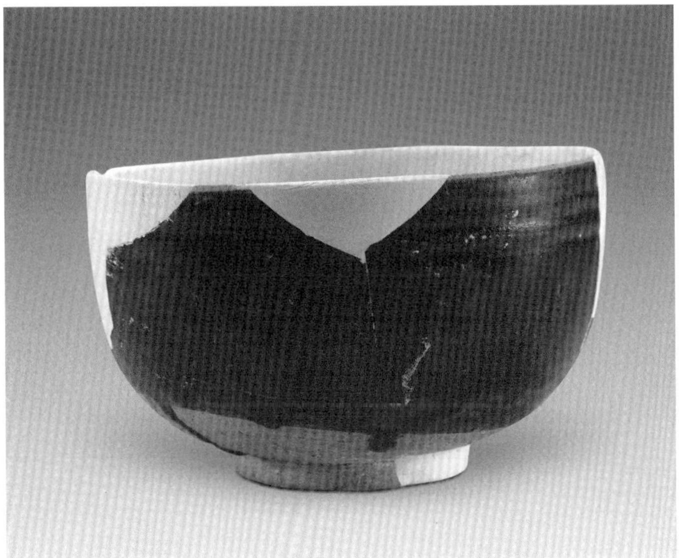

5. Ae型Ⅰ式钵（（西Ⅰ）T3515⑤：2）

6. Ae型Ⅰ式钵（（西）F94：8）

1. Ae型Ⅱ式（（西Ⅰ）T3519⑤：34）

2. Ba型（（西）F24Ⅰ：1）

3. Bb型（（西）F67：3）

4. C型Ⅰ式（（西Ⅰ）T3520⑤：9）

5. Da型（（西Ⅰ）T1711⑤：5）

6. Db型Ⅱ式（（西Ⅰ）T3418⑤：1）

宋代瓷钵

1. Db型Ⅱ式（（西Ⅰ）T3519⑤：11）

2. Db型Ⅱ式（（西ⅠA）T1813③：7）

3. Dc型（（西）H51：6）

4. Dd型（（西Ⅰ）T3520⑤：15）

5. E型Ⅰ式（（西）F8Ⅰ：11）

6. E型Ⅱ式（（西）F24Ⅰ：2）

宋代瓷钵

图版一二〇

1. E型Ⅲ式钵（（西Ⅰ）T3519⑤：19）

2. A型Ⅱ式杯（（西Ⅰ）T3519⑤：8）

3. B型杯（（西Ⅰ）T3417⑤：16）

4. B型杯（（西Ⅰ）T3416⑤：2）

5. C型杯（（西）F14Ⅱ：6）

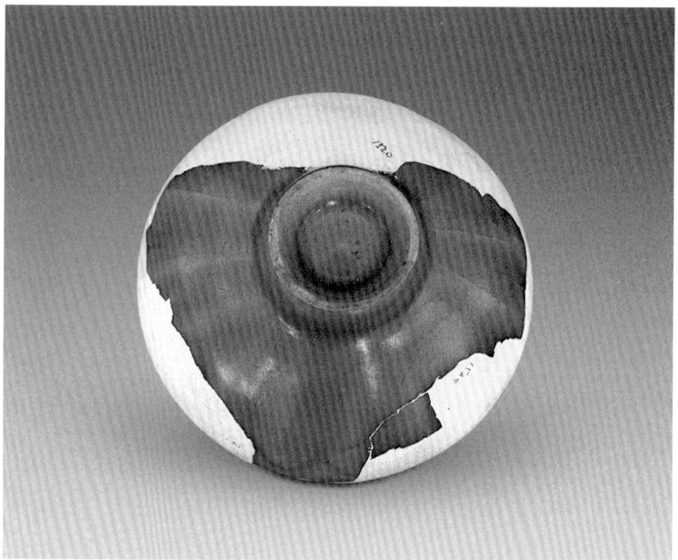

6. C型杯（（西）F14Ⅱ：6）底部

1. B型罐（（西）F8Ⅲ：64）

2. D型罐（（西）F8Ⅲ：14）

3. C型罐（（东Ⅰ）T2918④：33）

4. 尊（（西）F14Ⅱ：5）

宋代瓷器

图版一二二

1. Ab型（（西）F2Ⅰ：4）

2. Ab型（（西）F8Ⅱ：28）

3. Ac型（（西ⅡB）T4118④：1）

4. Ae型（（西）L1Ⅲ：2）

5. B型（（西）F2Ⅰ：5）

6. B型（（西Ⅰ）T1105⑦：6）

宋代瓷器盖

1. Ⅰ式（（西）L2Ⅰ：1）

2. Ⅱ式（（西ⅢA）T1504③：1）

3. Ⅱ式（（西Ⅰ）T1916⑤：8）

宋代瓷洗

1. A型Ⅰ式（（西）L1Ⅲ：4）

2. A型Ⅰ式（（西）F8Ⅲ：2）

3. A型Ⅱ式（（西Ⅰ）T1004⑥：2）

4. B型（（西）F2Ⅱ：9）

宋代瓷灯盏

1. 瓷片（（西）H20：2）

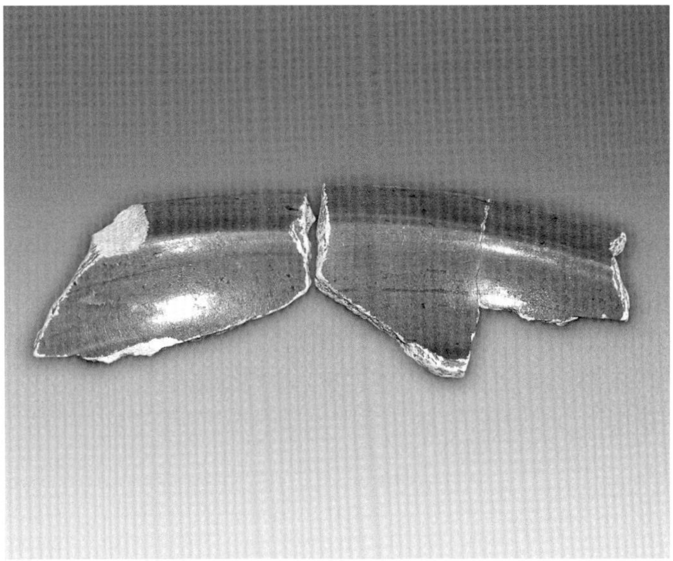
2. 瓷片（（西Ⅰ）T3017⑤：4）

3. A型Ⅰ式釉陶敛口钵（（西Ⅰ）T1007⑦：25）

4. A型Ⅱ式釉陶敛口钵（（西）F8Ⅱ：7）

5. B型Ⅰ式釉陶敛口钵（（西Ⅰ）T1007⑤：16）

6. B型Ⅰ式釉陶敛口钵（（西Ⅰ）T2615⑤：1）

宋代器物

图版一二六

1. B型Ⅱ式敛口钵（（西）F8Ⅰ：14）

2. C型Ⅰ式敛口钵（（东Ⅰ）T2815④：4）

3. C型Ⅱ式敛口钵（（西）F94：17）

4. D型敛口钵（（西）H82：3）

5. E型敛口钵（（西）L2Ⅱ：10）

6. 刻槽钵（（西Ⅰ）T2014⑤：4）

宋代釉陶器

1. 侈口钵（（西）F1Ⅱ：1）

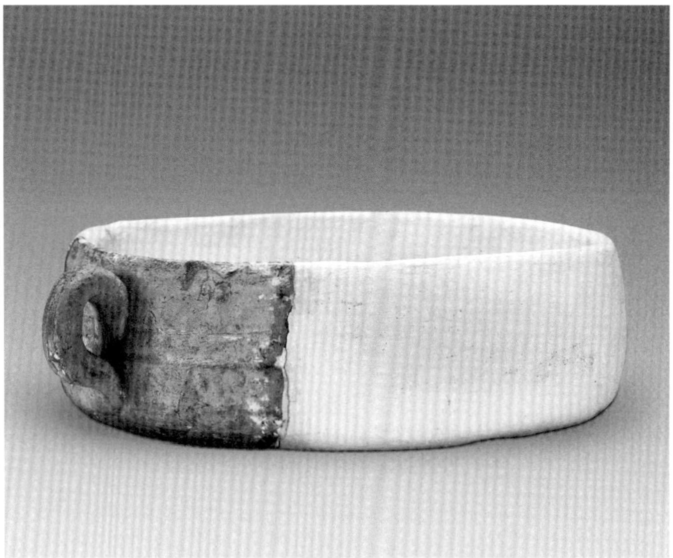

2. 带耳钵（（西Ⅰ）T4017⑤：1）

3. A型杯（（西Ⅰ）T3221⑤：3）

4. B型杯（（西）F8Ⅱ：17）

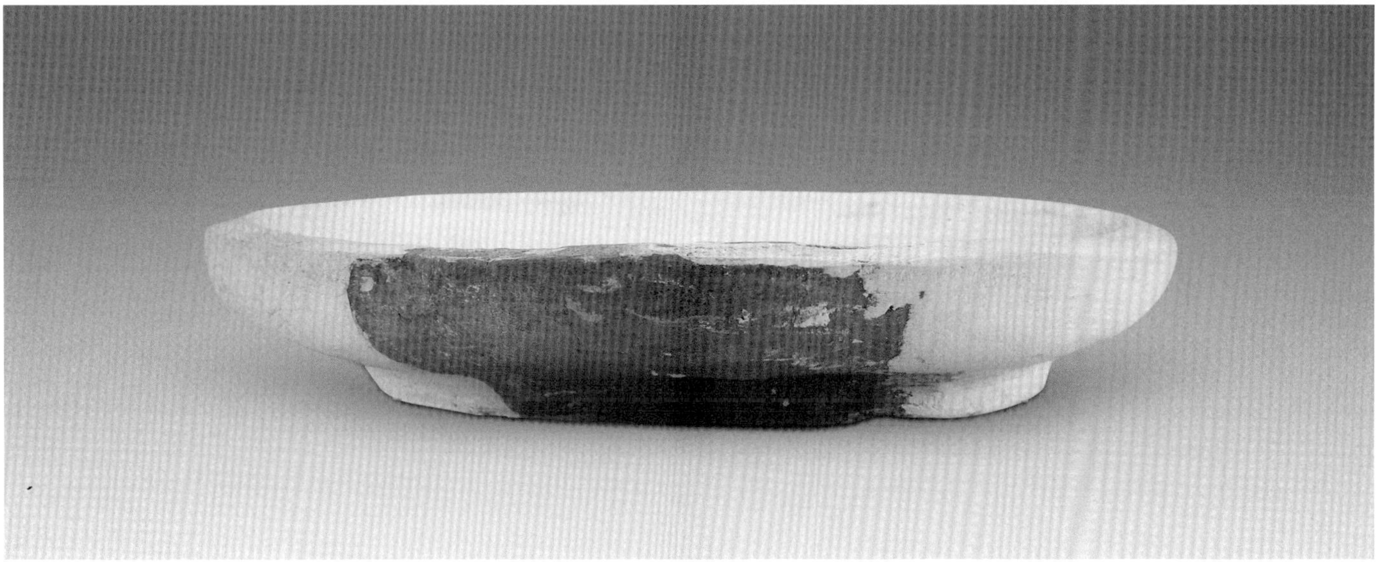

5. 盘（（西）F1Ⅱ：12）

宋代釉陶器

1. A型Ⅱ式（（西）F46Ⅱ：1）

2. A型Ⅱ式（（西Ⅰ）T3619⑤：3）

3. B型Ⅱ式（（西）F12Ⅰ：2）

4. B型Ⅲ式（（东Ⅰ）T2509④：1）

5. C型（（西Ⅰ）T1106⑦：6）

6. E型（（西）L17Ⅰ：5）

宋代釉陶盆

1. B型瓶（（西）F8Ⅱ：10）

2. D型瓶（（西Ⅰ）T3519⑤：30）

3. A型Ⅱ式双系罐（（西）F8Ⅱ：39）

4. A型Ⅲ式双系罐（（西）F52：5）

宋代釉陶器

1. Ba型（（西）F3：33）

2. Bb型（（东Ⅰ）T3716④：10）

3. C型Ⅰ式（（西）F3：34）

4. C型Ⅱ式（（西）F46Ⅰ：4）

宋代釉陶双系罐

1. C型Ⅲ式（（西）F8Ⅲ：79）

2. D型Ⅰ式（（西Ⅰ）T3516⑤：4）

3. D型Ⅱ式（（西Ⅰ）T3517⑤：1）

宋代釉陶双系罐

1. Ⅰ式四系罐（（西）L2Ⅱ：9）

2. Ⅱ式四系罐（（西）F8Ⅲ：17）

3. A型罐（（西Ⅰ）T4019⑤：2）

4. C型Ⅰ式罐（（西）F8Ⅰ：30）

宋代釉陶器

1. C型Ⅰ式（（西）F1Ⅱ：2）

2. D型Ⅰ式（（西）F59：2）

3. C型Ⅱ式（（西）F94：2）

宋代釉陶罐

图版一三四

1. A型Ⅰ式（（西）F8Ⅰ：12）

2. B型Ⅰ式（（西Ⅰ）T3519⑤：4）

3. A型Ⅲ式（（西）F87：2）

4. B型Ⅱ式（（西Ⅰ）T3517⑤：87）

宋代釉陶执壶

1. A型釉陶瓮（（西）F2Ⅰ：3）

2. B型釉陶瓮（（西）G2：2）

3. A型陶三足钵（（西）F12Ⅰ：3）

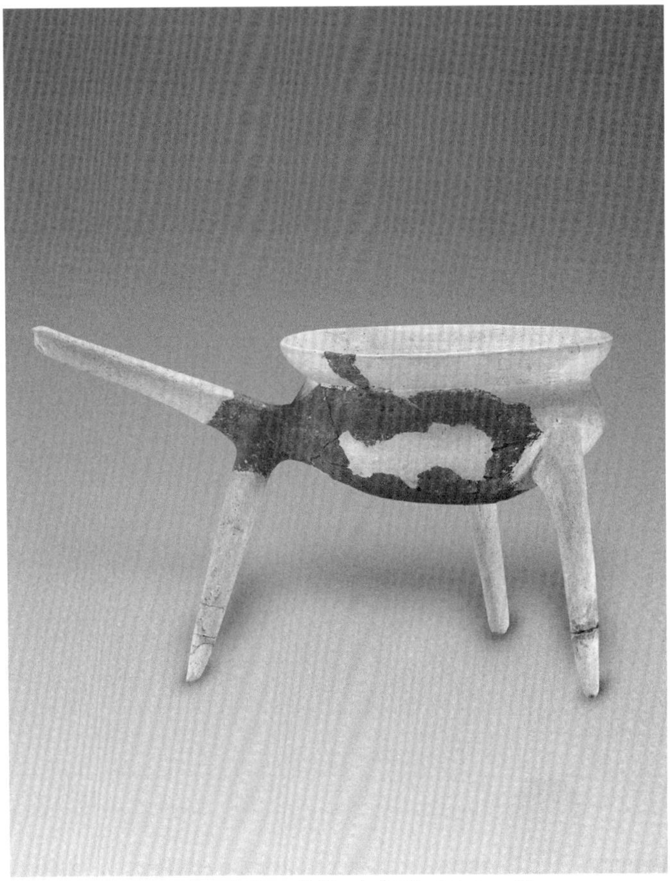

4. B型Ⅰ式陶三足钵（（西）L2Ⅰ：2）

宋代器物

1. Aa型灯（（西IB）T0413④：2）

2. B型灯（（西）G2：5）

3. B型灯（（西）F8Ⅰ：31）

4. B型Ⅰ式盏（（西）F26Ⅰ：2）

5. C型盏（（西）L1Ⅰ：3）

6. D型盏（（西）F25：3）

宋代釉陶器

1. Aa型Ⅱ式（（西Ⅰ）T1003⑥：2）

2. Aa型Ⅱ式（（西Ⅰ）T3314⑤：5）

3. Ba型Ⅰ式（（西）F3：1）

4. Ba型Ⅰ式（（西）H57：1）

5. Ba型Ⅰ式（（西Ⅰ）T1004⑥：17）

6. Ba型Ⅰ式（（西）F3：2）

宋代釉陶腰沿灯盏

1. Ba型Ⅰ式（（西Ⅰ）T3414⑤：18）

2. Ba型Ⅰ式（（西）F8Ⅲ：9）

3. Ba型Ⅰ式（（西）F3：3）

4. Ba型Ⅰ式（（西）F8Ⅲ：41）

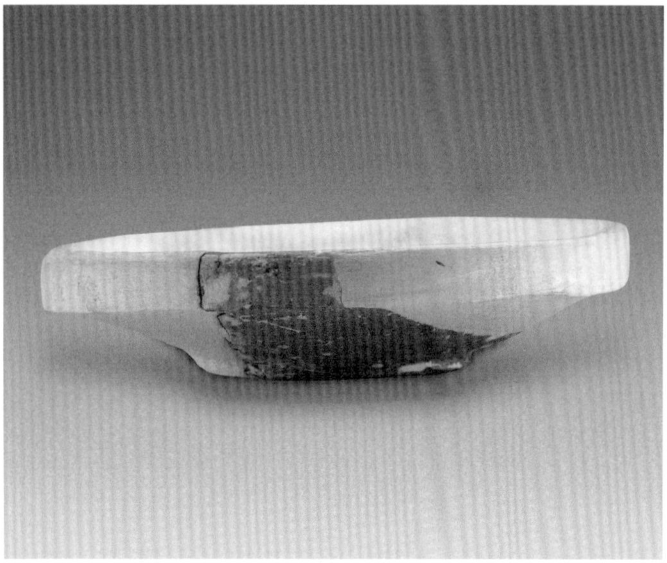

5. Bb型（（西Ⅰ）T3314⑤：4）

6. Bc型Ⅰ式（（西Ⅳ）T0801⑥：1）

宋代釉陶腰沿灯盏

1. Bc型Ⅰ式（（西Ⅳ）T0901⑥：3）

2. Bc型Ⅰ式（（西Ⅰ）T3414⑤：5）

3. Bc型Ⅰ式（（西）L4Ⅱ：10）

4. Bc型Ⅰ式（（西Ⅳ）T0901⑥：1）

5. Bc型Ⅰ式（（西）F2Ⅱ：2）

6. Bc型Ⅱ式（（西ⅠB）T0313③：2）

宋代釉陶腰沿灯盏

1. Bd型Ⅱ式腰沿灯盏（（西）L2Ⅳ：7）

2. Ⅰ式方唇灯盏（（西）F58：1）

3. Ⅰ式方唇灯盏（（西）F8Ⅱ：44）

4. Ⅱ式方唇灯盏（（西）F32：2）

5. Ⅱ式方唇灯盏（（西Ⅰ）T1409⑤：3）

6. Ⅲ式方唇灯盏（（西）H51：5）

宋代釉陶灯盏

1. Ⅳ式方唇灯盏（（西）L17Ⅱ：3）

2. Ⅳ式方唇灯盏（（西）F8Ⅳ：19）

3. Ⅳ式方唇灯盏（（西Ⅰ）T2416⑤：2）

4. A型Ⅰ式圆唇灯盏（（西Ⅰ）T0901⑤：10）

5. A型Ⅰ式圆唇灯盏（（西）F8Ⅲ：31）

6. A型Ⅰ式圆唇灯盏（（西）L17Ⅰ：4）

宋代釉陶灯盏

1. A型Ⅰ式（（西Ⅰ）T2213⑤：10）

2. A型Ⅰ式（（西）L18Ⅱ：2）

3. B型Ⅰ式（（西）F8Ⅰ：29）

4. B型Ⅰ式（（西Ⅰ）T0901④：15）

5. B型Ⅰ式（（西Ⅰ）T0108④：5）

6. C型Ⅰ式（（西）L9Ⅰ：6）

宋代釉陶圆唇灯盏

1. C型Ⅰ式圆唇灯盏（（西）F48：6）

2. D型Ⅰ式圆唇灯盏（（西）F54：1）

3. D型Ⅰ式圆唇灯盏（（西）F94：1）

4. E型Ⅰ式圆唇灯盏（（西Ⅰ）T1913⑤：4）

5. E型Ⅱ式圆唇灯盏（（西）L4Ⅱ：11）

6. Ⅰ式尖圆唇灯盏（（西）F13Ⅰ：3）

宋代釉陶灯盏

1. Ⅰ式尖圆唇灯盏（（西）F2Ⅰ：2）

2. Ⅱ式尖圆唇灯盏（（西）G2：4）

3. Ⅱ式尖圆唇灯盏（（西Ⅰ）T1208⑥：7）

4. Ⅱ式尖圆唇灯盏（（西）G2：15）

5. 刻槽盏（（西）F8Ⅲ：19）

6. 刻槽盏（（西）F2Ⅱ：4）

1. B型器盖（（西Ⅰ）T1006⑦：22）

2. C型器盖（（西Ⅰ）T3520⑤：3）

3. A型砂锅（（西）L9Ⅰ：1）

4. B型砂锅（（西）F32：3）

5. 碾槽（（西Ⅰ）T1007⑥：37）

宋代釉陶器

1. A型盆（（西）L2Ⅰ：21）

2. B型盆（（西）F94：6）

3. C型盆（（西Ⅰ）T2920⑤：7）

4. C型盆（（西）F8Ⅲ：21）

5. A型杯（（西）F8Ⅰ：4）

6. B型杯（（西Ⅰ）T1916⑤：16）

宋代陶器

1. A型器盖（（西）F8Ⅰ：9）

2. C型器盖（（西）L1Ⅱ：1）

3. 三足器（（西）F6Ⅰ：4）

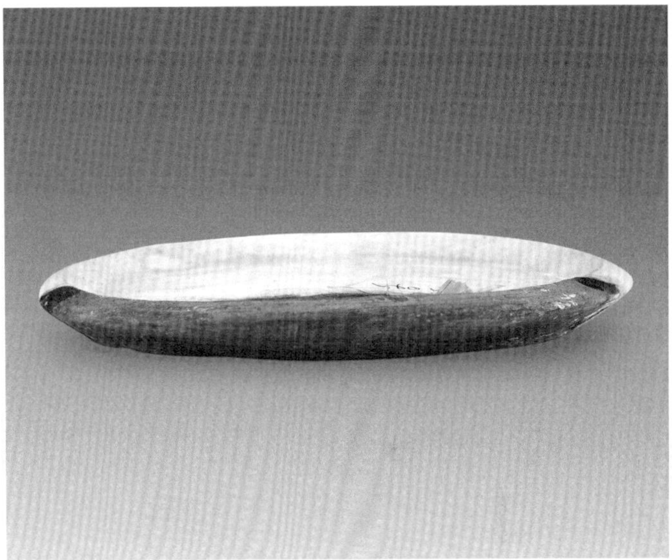

4. A型灯盘（（西）F8Ⅰ：38）

5. B型灯盘（（西）L2Ⅱ：11）

6. 缸（（西Ⅰ）T0807④：2）

宋代陶器

图版一四八

1. A型杵（（西Ⅰ）T1307⑤：1）

2. A型杵（（西Ⅰ）T2014⑤：6）

3. 臼（（西Ⅰ）T1711⑤：10）

4. 臼（（西）F90：2）

宋代石器

1. 磨上部分（（西Ⅰ）T3118⑤：1）

2. 磨下部分（（西）F80：1）

3. 磨下部分（（西）F10：1）

4. 碾槽（（西ⅠB）T0812④：1）

5. 筹码（（西）F25：2）

宋代石器

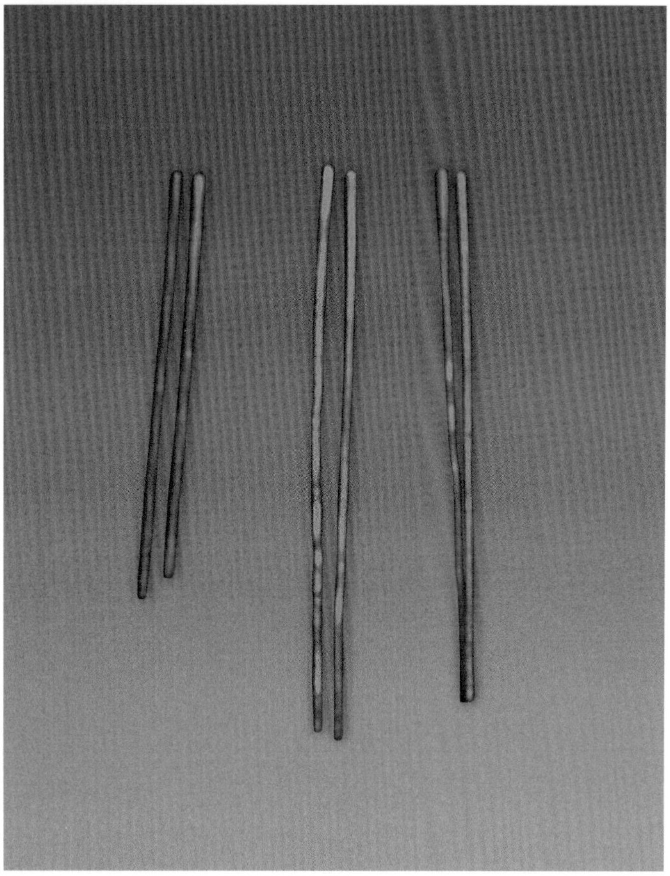

1. 箸（(西) G2:6、(西ⅠB) T0913④:2、(西) G6:4）

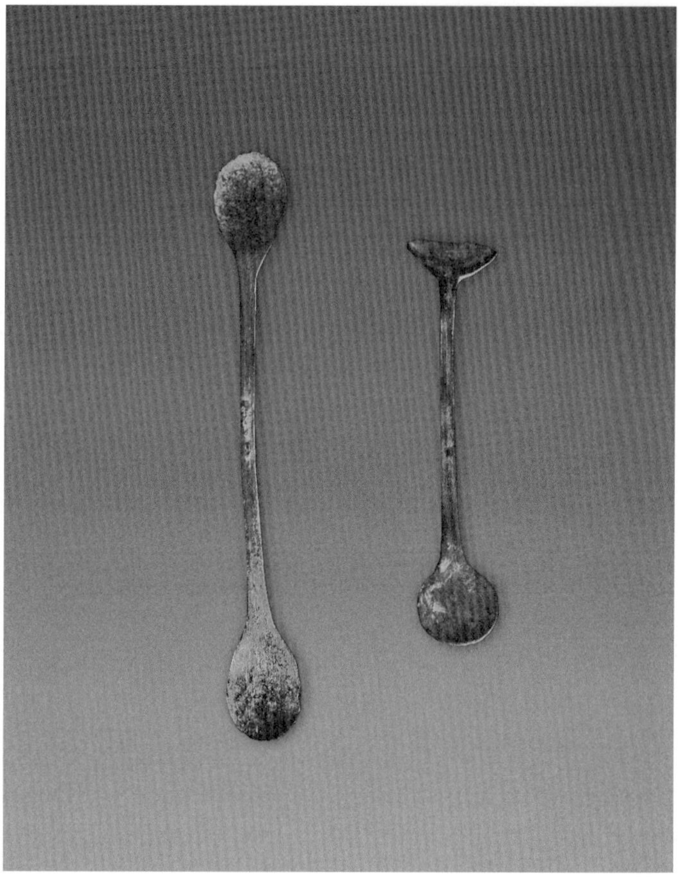

2. 勺（(西) G6:7、(东) F37:1）

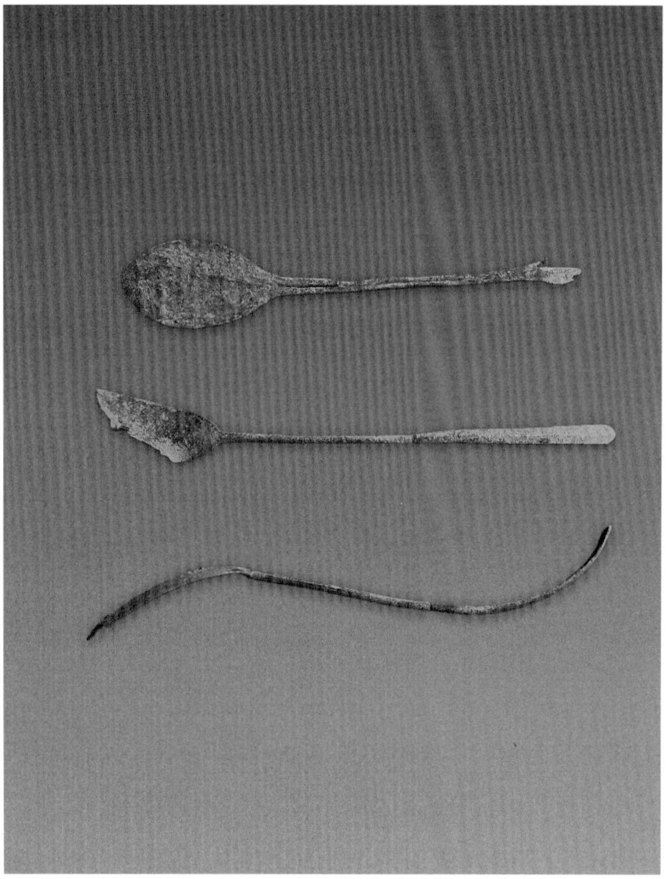

3. 匕（(西) G6:6、采集:11、(西) G6:8）

4. 秤盘（(西Ⅰ) T3518⑤:2）

宋代铜器

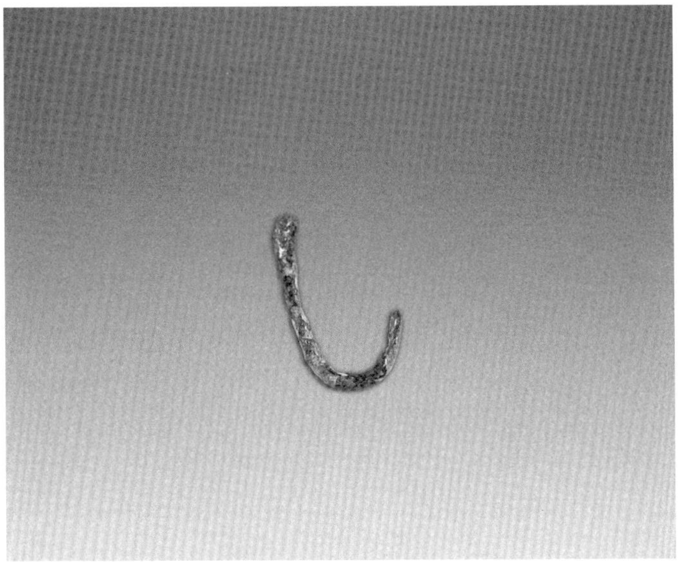

1. 鱼钩（（西Ⅰ）T2819⑤：1）

2. 杈（（东Ⅰ）T2011④：1）

3. A型钥匙（（西ⅠB）T1616④：1）

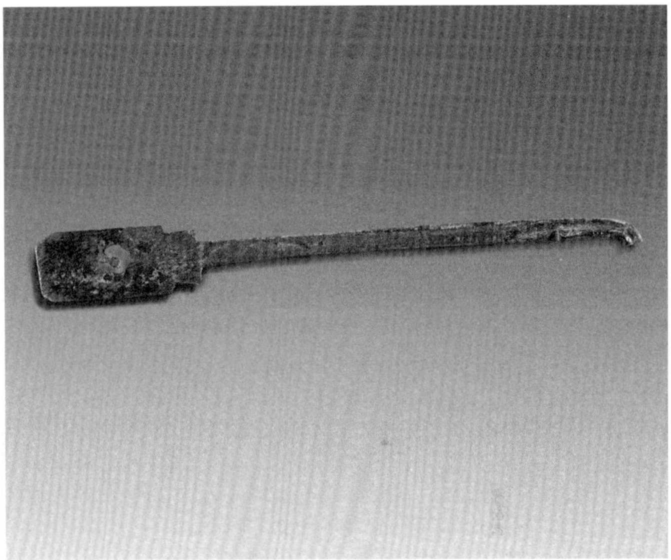

4. B型钥匙（（西）F43：1）

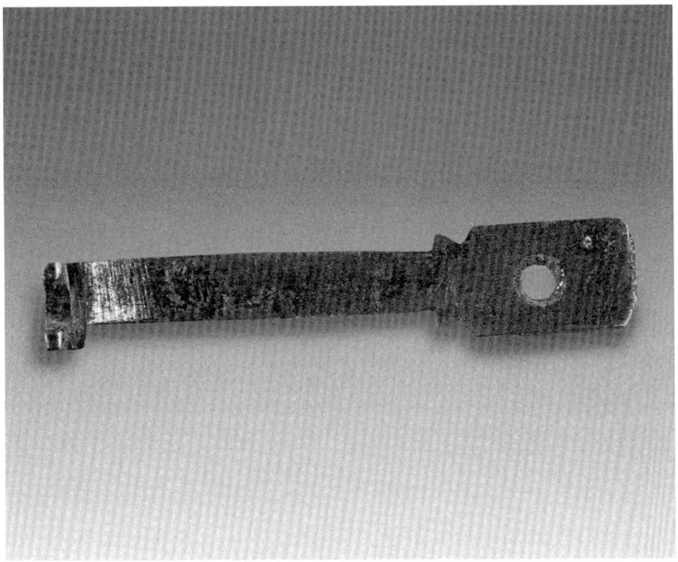

5. B型钥匙（（西）F2Ⅱ：6）

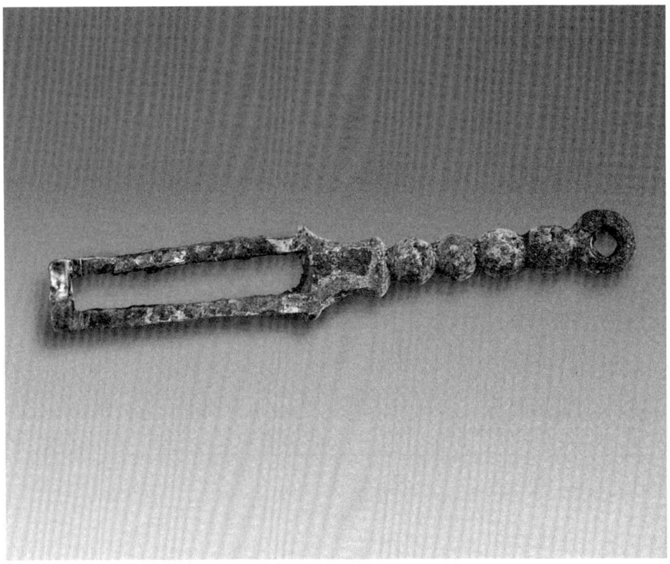

6. B型钥匙（（西Ⅰ）T1308⑥：6）

宋代铜器

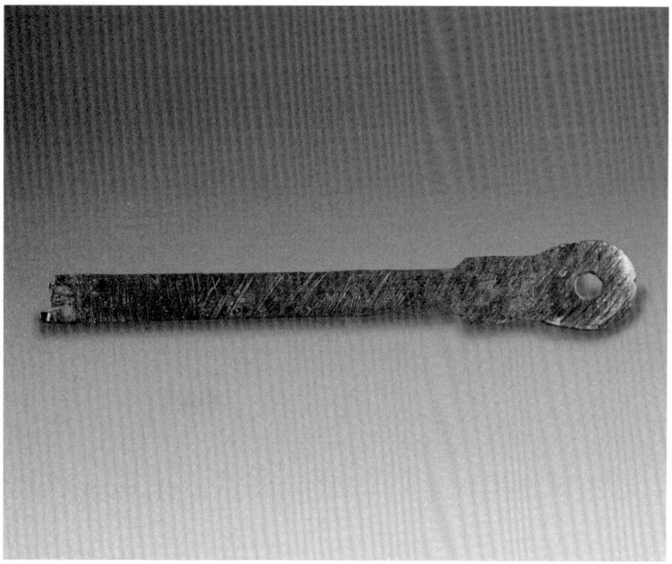
1. B型钥匙（（西ⅠB）T0915④：1）

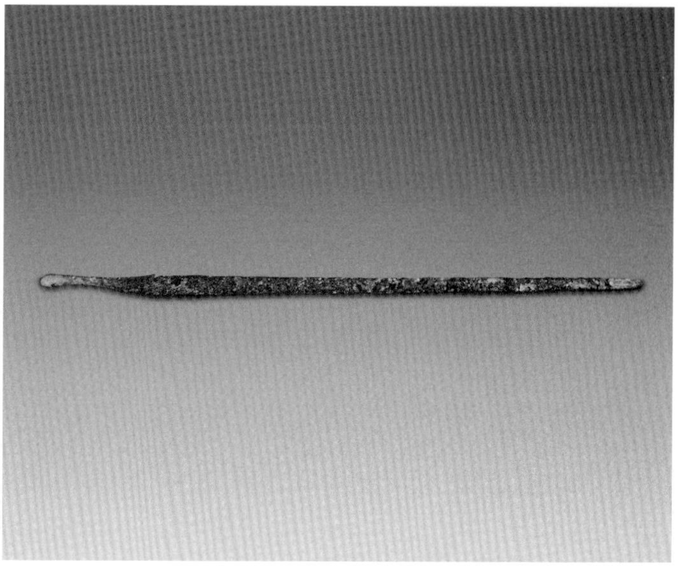
2. 挖耳勺（（西）G2：13）

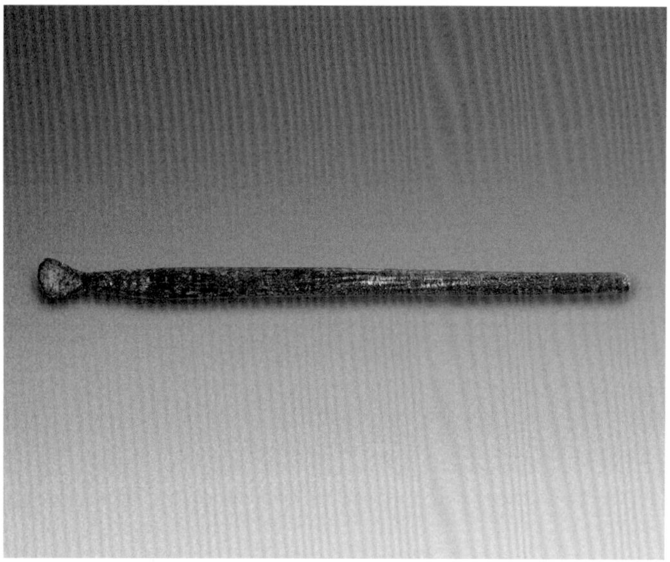
3. 挖耳勺（（东）F17：4）

4. 镊子（（西）F2Ⅱ：8）

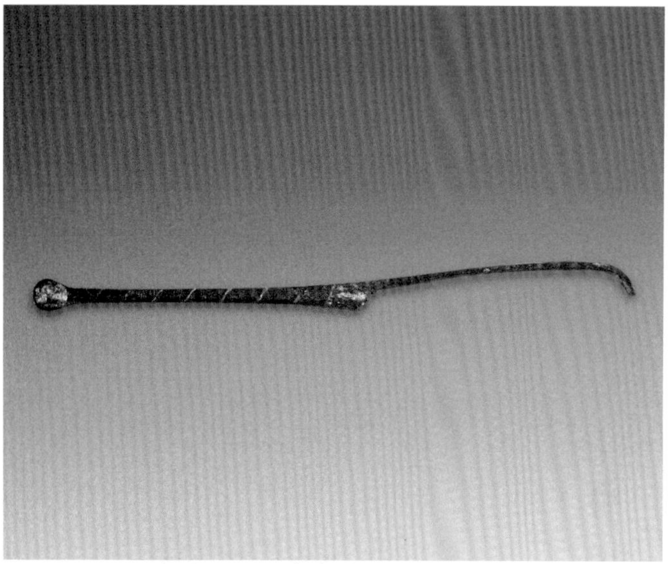
5. 复合型工具（（西）F8Ⅰ：52）

6. 复合型工具（（东）F20：2）

宋代铜器

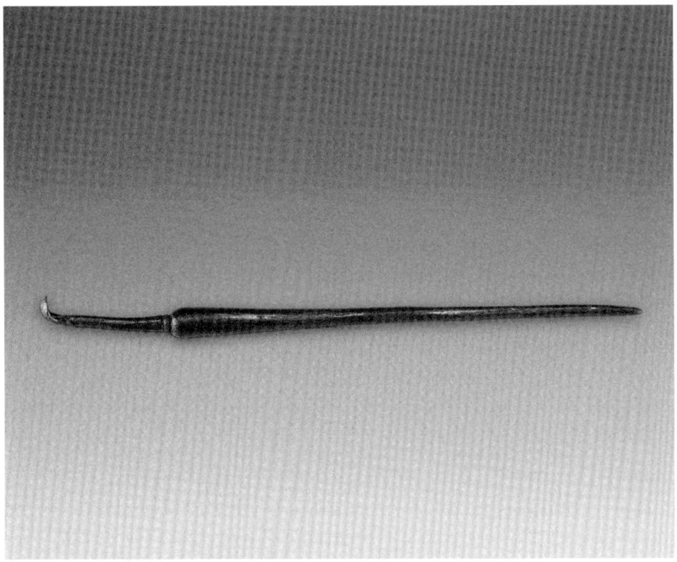

1. 银挖耳勺（（西）F96：6）

2. 骨号牌（（西）L8Ⅲ：1）

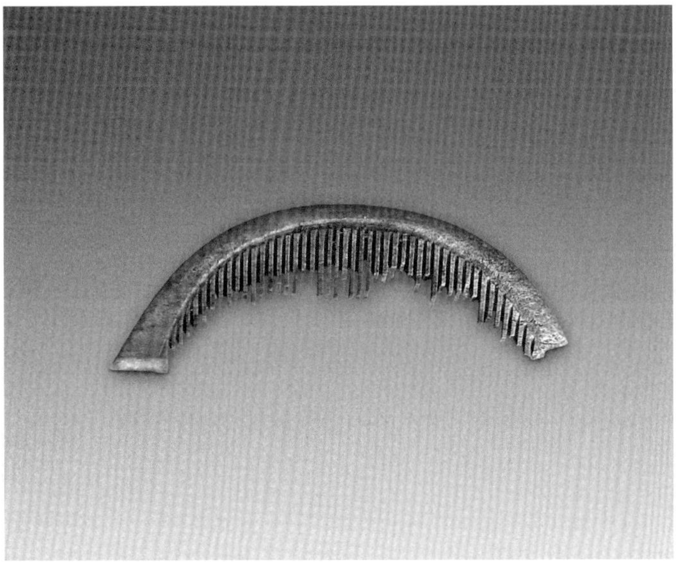

3. A型骨梳（（西）F1Ⅱ：13）

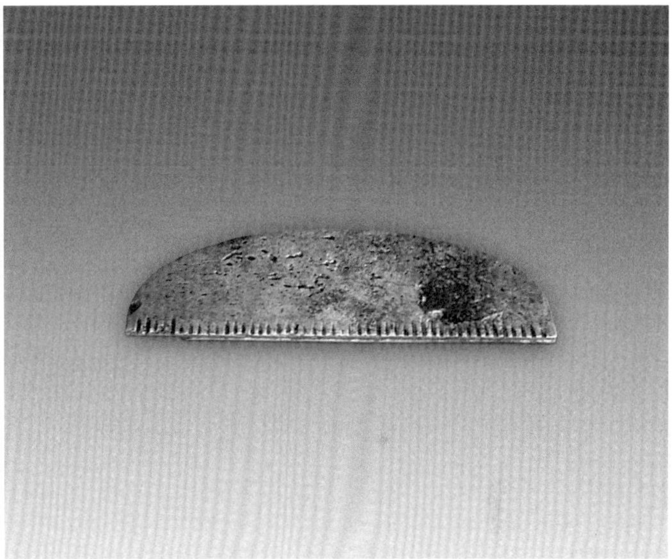

4. B型骨梳（（西Ⅰ）T3517⑤：73）

5. A型瓷鸟食罐（（西）L8Ⅱ：1）

6. B型瓷鸟食罐（（西）F8Ⅲ：5）

宋代器物

1. A型盒身（（西Ⅰ）T0801②：3）

2. B型盒身（（西）F6Ⅰ：1）

3. B型盒盖（（西）F8Ⅲ：78）

4. Da型盒盖（（西）F8Ⅲ：56）

5. 砚滴（（西）F48：5）

1. A型（（西）F24Ⅰ：6）

2. B型（（西）F46Ⅰ：1）

3. C型Ⅰ式（（西）F2Ⅱ：3）

4. C型Ⅱ式（（西）F8Ⅲ：22）

5. D型Ⅱ式（（西）F66：2）

6. E型（（西）F8Ⅱ：16）

宋代釉陶鸟食罐

1. 瓷弹珠（采集：12） 2. 釉陶弹珠（（东）F38：1）

3、4. 陶弹珠（（东Ⅰ）T3716④：2、（西Ⅰ）T2614⑤：6）

5~7. 石弹珠（（西Ⅰ）T1007⑤：15、（西Ⅰ）T3414⑤：1、（西Ⅰ）T2517⑤：13）

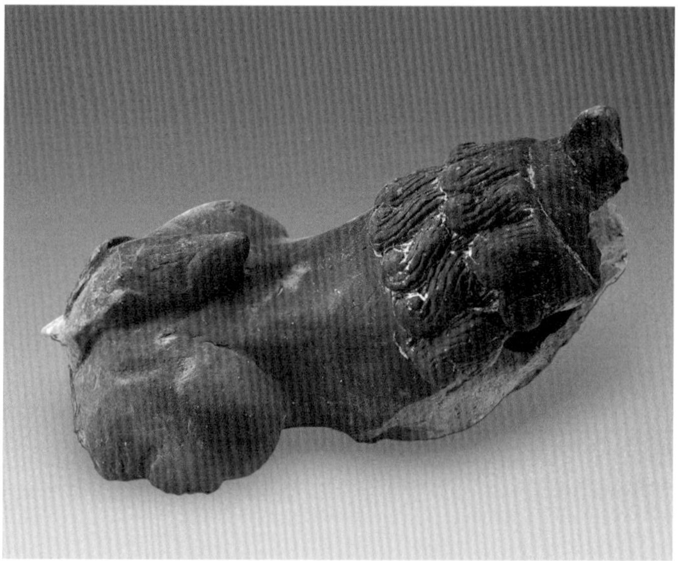

8. 陶动物塑像（（西Ⅰ）T3416⑤：3）

9. 铜铃（（东）G11：1）

10. Aa型石砚台（（西）F8Ⅲ：13）

1. Ab型（（西）F8Ⅱ：42）

2. Ab型（（西）L2Ⅲ：8）

3. Ab型（（东）F4：1）

4. Ab型（（西）L2Ⅲ：9）

5. Ac型（（东）L1Ⅱ：5）

6. C型（（西Ⅰ）T3816⑤：2）

宋代石砚台

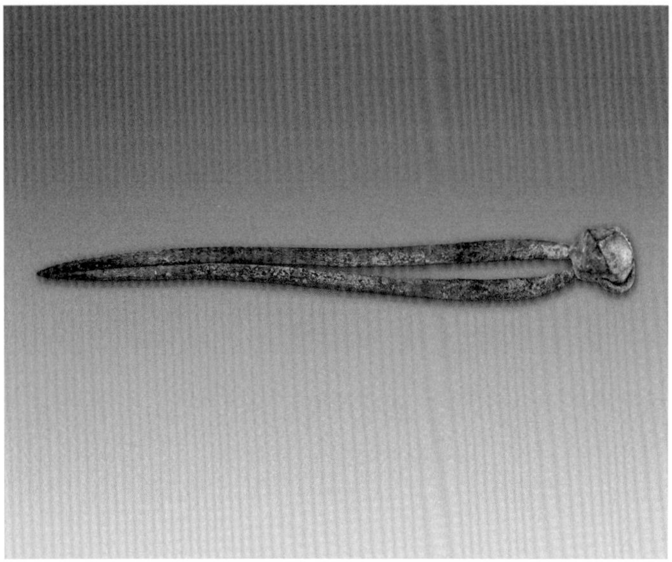
1. A型（（西）L1Ⅰ：5）

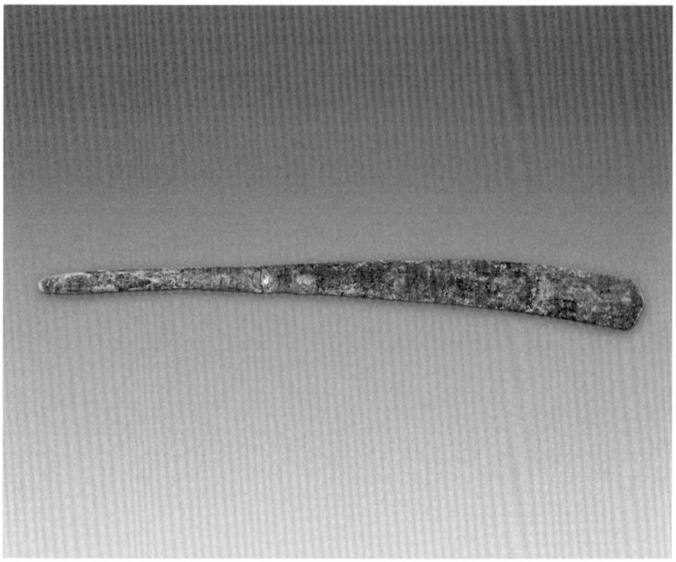
2. B型（（西）L2Ⅰ：15）

3. B型（（东Ⅰ）T3915④：2）

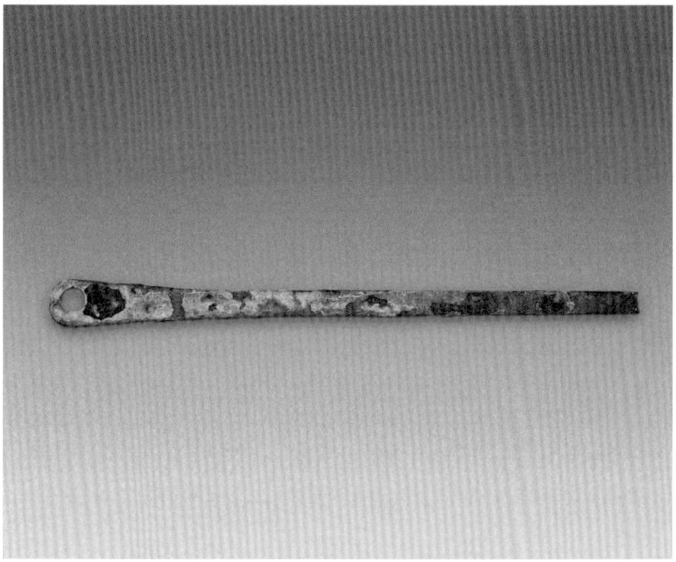
4. C型（（东Ⅰ）T3214④：3）

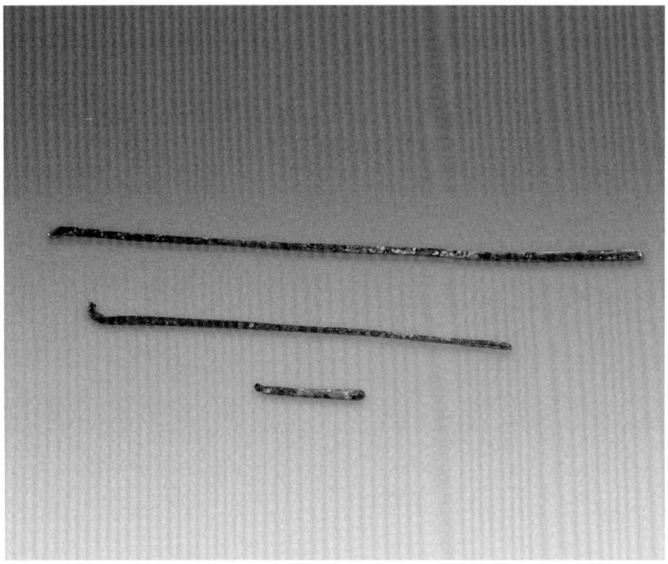
5. D型（（西Ⅰ）T3519⑤：20）

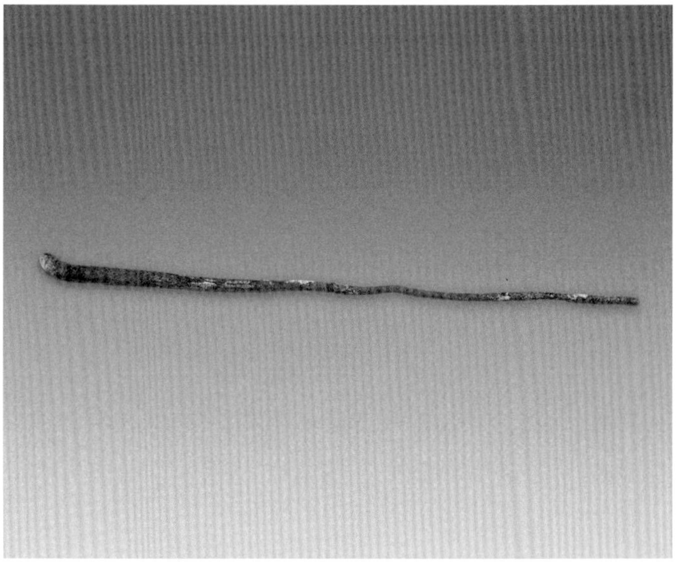
6. D型（（西Ⅰ）T3314⑤：1）

宋代铜簪

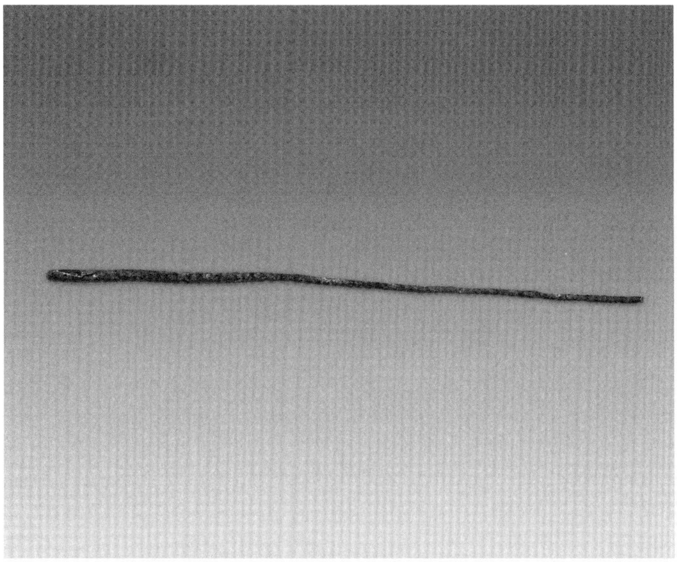
1. D型簪（（西Ⅰ）T2315⑤：6）

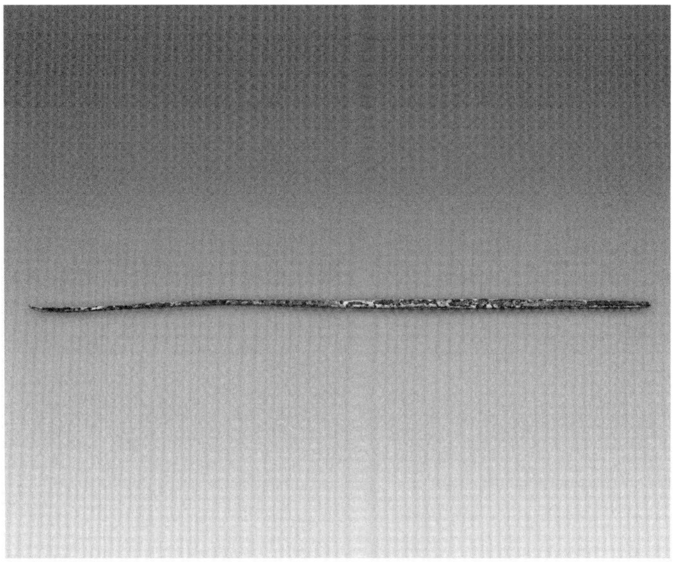
2. E型簪（（西Ⅰ）T3018⑤：3）

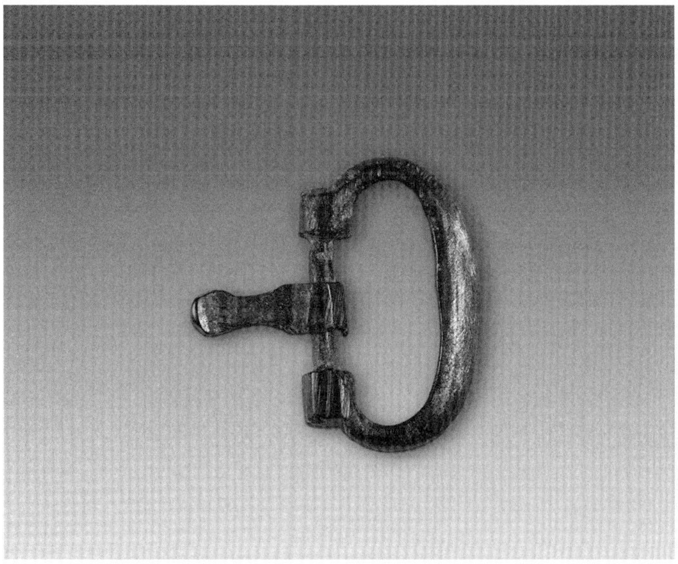
3. A型带扣（（西Ⅰ）T1106④：12）

4. B型带扣（（西Ⅰ）T0308④：1）

5. C型带扣（（西）F2Ⅱ：7）

6. C型带扣（（西Ⅰ）T1008⑤：4）

宋代铜器

1. 铜戒指（（西）G2：10）

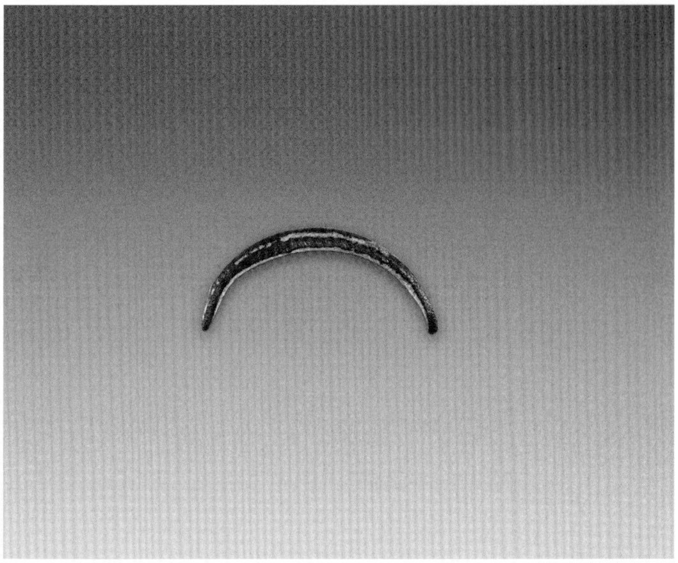

2. 铜戒指（（东Ⅰ）T3716④：3）

3. 铜坠饰（（西）F16：3）

4. A型银戒指（（东）L1Ⅰ：1）

5. B型银戒指（（西Ⅰ）T0408④：3）

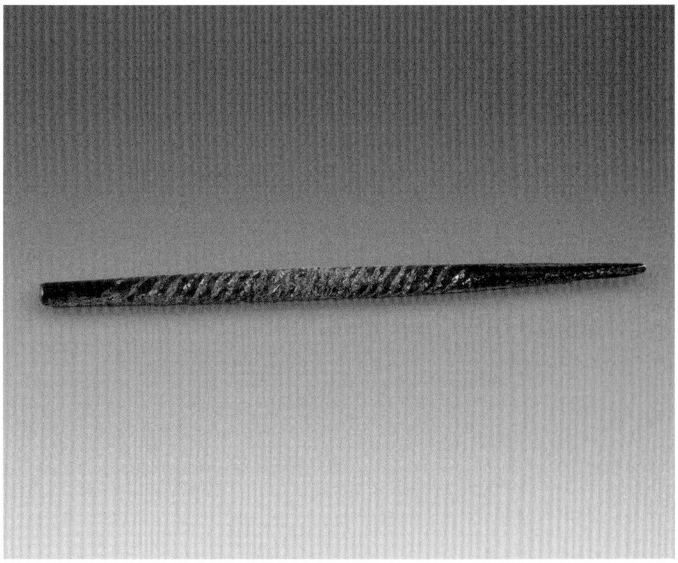

6. 银簪（（西）H57：12）

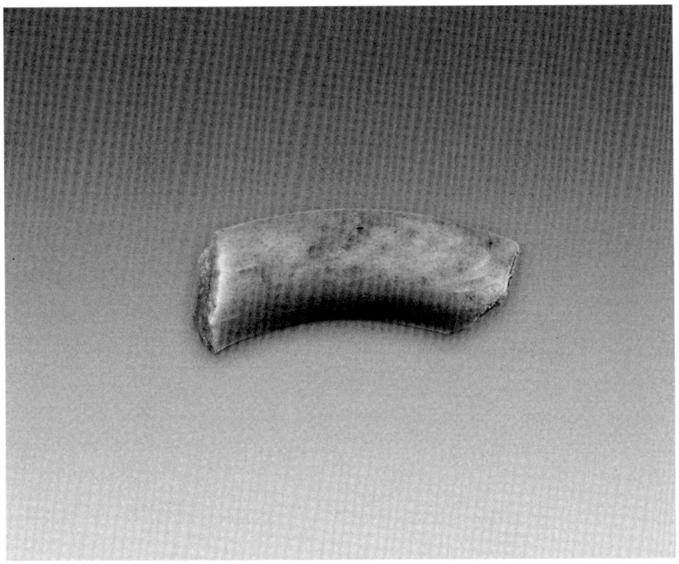
1. 玉镯（（西Ⅰ）T1002④：5）

2. B型石料（（西）F16：5）

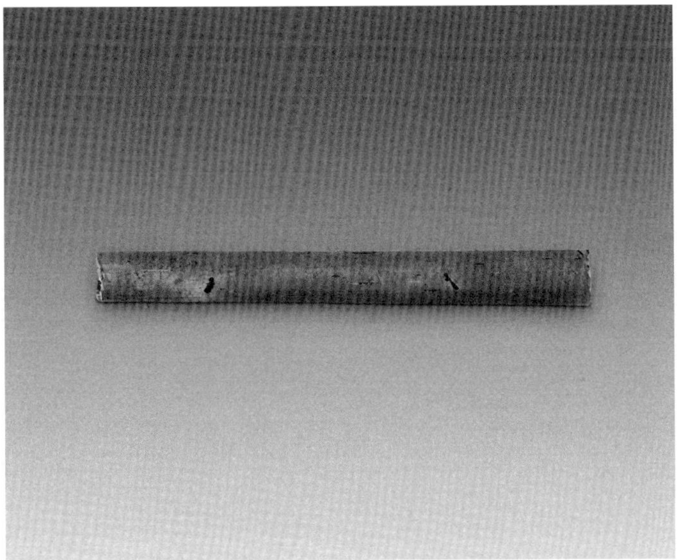
3. 料簪（（西Ⅰ）T3414⑤：11）

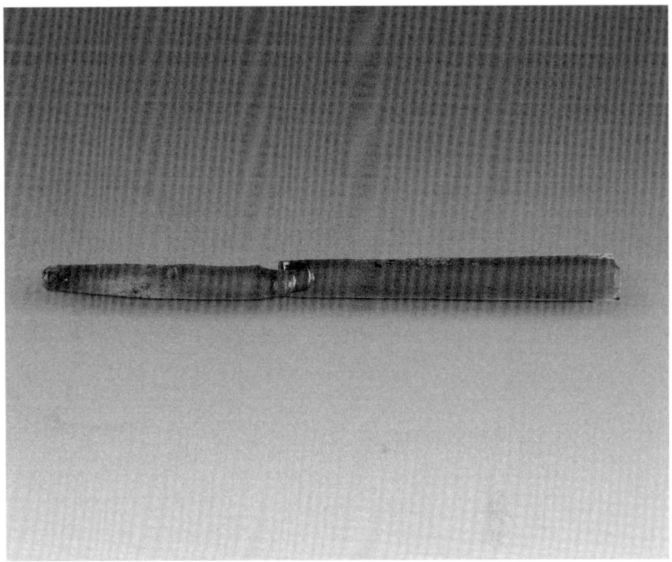
4. 料簪（（西Ⅰ）T0407④：18）

5. 料簪（（西Ⅰ）T3519⑤：41）

6. 料簪（（西Ⅰ）T3516⑤：9）

宋代器物

图版一六二

1. Ⅱ式板瓦（（西）H51：7）

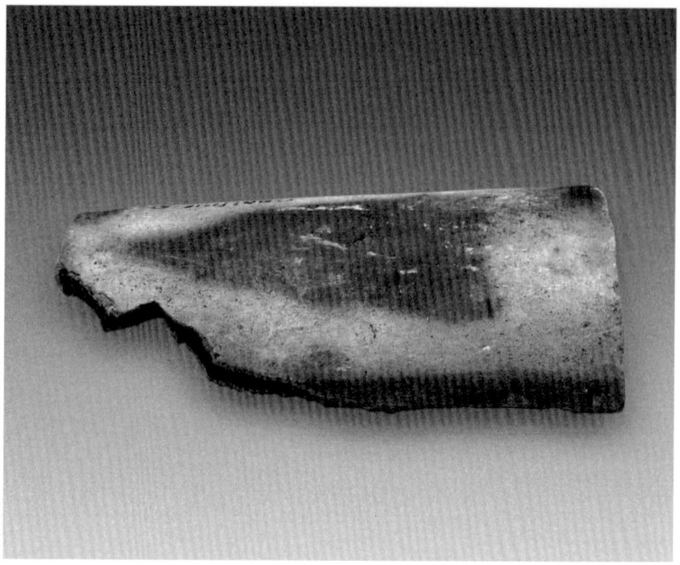
2. Ⅱ式板瓦（（西Ⅰ）T3018⑤：13）

3. Bb型筒瓦（（西）F4：1）

4. Bb型筒瓦（（西）F8Ⅱ：14）

5. Bb型筒瓦（（西ⅠB）T0412④：2）

宋代陶板瓦、筒瓦

1. Aa型（（西）F59：5）

2. Ac型（（西）F8Ⅰ：43）

3. Ad型Ⅰ式（（西Ⅳ）T0804④：1）

4. Ad型Ⅰ式（（西）F8Ⅰ：46）

5. Ad型Ⅱ式（（西）L2Ⅰ：23）

6. Ae型Ⅰ式（（东Ⅰ）T2410④：4）

宋代陶瓦当

1. Ae型Ⅱ式（（西）F1Ⅲ：8）

2. Af型（（西）L1Ⅱ：4）

3. Af型（（东）L1Ⅱ：4）

4. Af型（采集：13）

5. Ba型（（西）L1Ⅱ：6）

6. Ba型（（东）L6Ⅰ：1）

宋代陶瓦当

1. Bb型瓦当（（西）F80：4）

2. Bc型Ⅰ式瓦当（（西）F8Ⅰ：54）

3. Bc型Ⅱ式瓦当（采集：15）

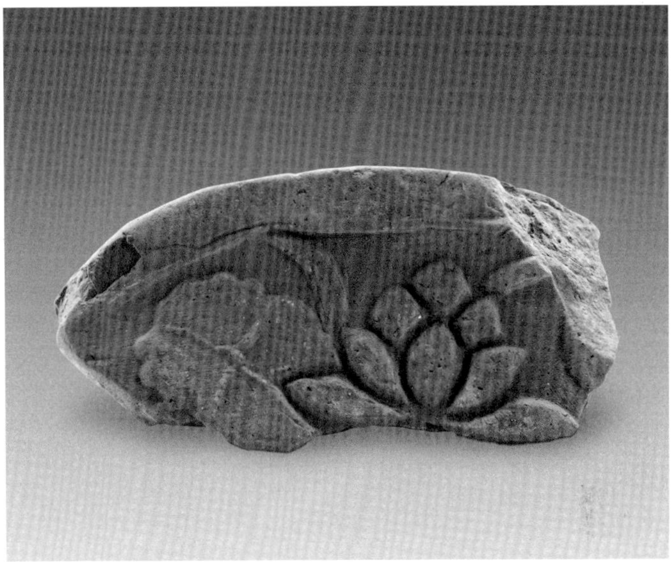
4. Bc型Ⅲ式瓦当（（西Ⅰ）T0206④：2）

5. A型滴水（（东Ⅰ）T2707④：1）

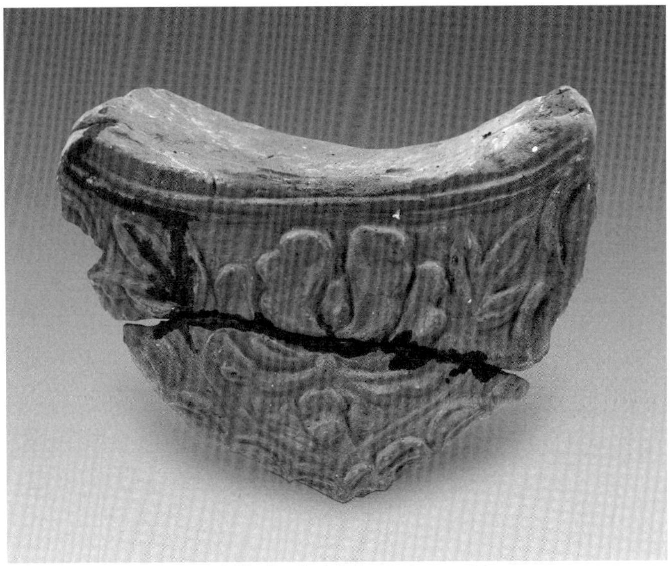
6. A型滴水（（东）G10Ⅰ：1）

宋代陶瓦当、滴水

图版一六六

1. A型滴水（（东）G10 I ：2）

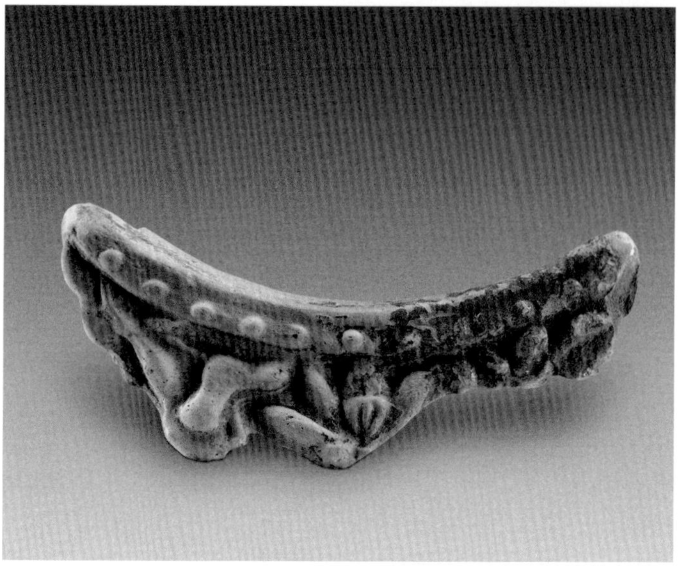
2. B型 I 式滴水（（西）F8 II ：50）

3. B型 II 式滴水（（西）F1 II ：11）

4. B型 II 式滴水（（西）F2 I ：9）

5. B型 II 式滴水（（西 I ）T3114⑤：1）

6. Ab型 II 式瓦当（（西）F1 III ：7）

宋代陶滴水、瓦当

1.（东）F17：1

2.（西Ⅰ）T2414⑤：4

3.（西ⅠB）T0413④：3

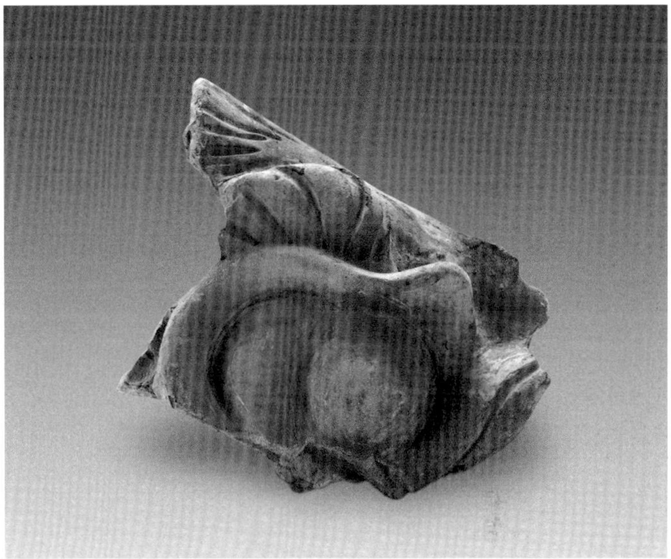

4.（西ⅠB）T0413④：4

5.（西Ⅰ）T2914⑤：8（正面）

6.（西Ⅰ）T2914⑤：8（侧面）

宋代陶建筑饰件

1.（西Ⅰ）T0307④：3

2.（西Ⅰ）T1410⑤：9

3.（西Ⅱ）T0409④：2

4.（西Ⅰ）T2914⑤：5

5.（西Ⅰ）T1916⑤：17（正面）

6.（西Ⅰ）T1916⑤：17（侧面）

宋代陶建筑饰件

1.（西Ⅰ）T0307④：5

2.（西）F9：2

3.（西）H5：2

4.（西）F8Ⅲ：89

5.（西）F8Ⅲ：90

宋代陶建筑饰件

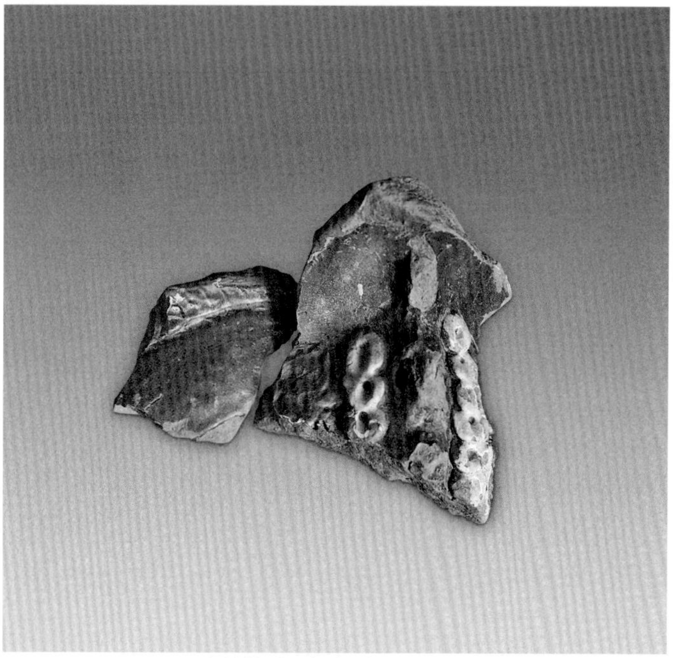
1. 建筑饰件（（西）F1Ⅲ：5）

2. 瓦当（（西）F1Ⅱ：7）

3. 瓦当（（西）F1Ⅲ：9）

4. 瓦当（（西）F1Ⅲ：10）

宋代琉璃建筑饰件、瓦当

1.（东）M1第3层填土中的包含物

2.（东）M1墓葬俯视

汉代墓葬（东）M1

图版一七二

1.（东）M2（西→东）

2. 陶钵（（东）M1∶1）

3. 陶盆（（东）M2∶1）

汉代墓葬及出土器物

1.（西）M12墓室前部西边头骨

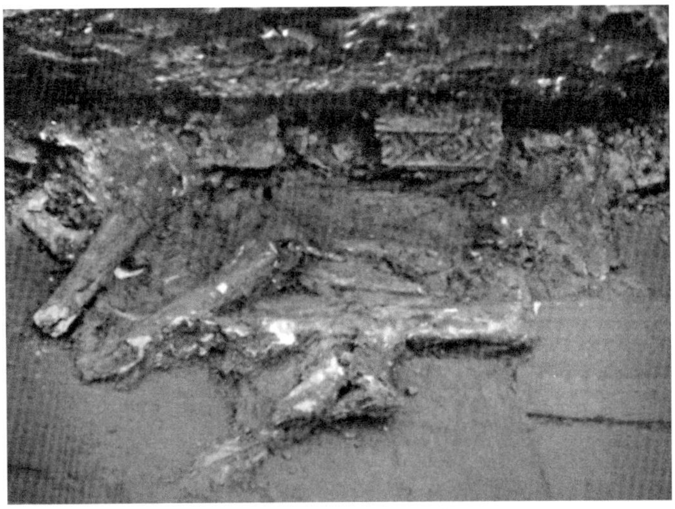

2.（西）M12墓室前部西边肢骨

3.（西）M12全景

1. 银指环（（西）M12 ：6）

2. 银指环（（西）M12 ：5）

3. 鎏金铜棺饰（（西）M12 : 3）

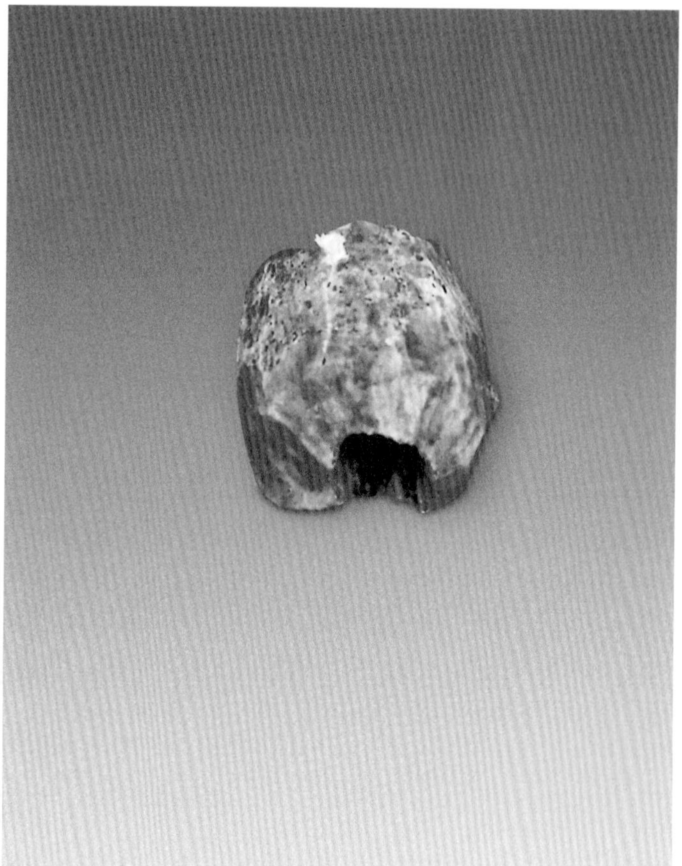

4. 骨饰件（（西）M12 ：4）

六朝墓葬（西）M12出土器物

1. A型瓷碗（（西）M5：7）

2. A型瓷碗（（西）M5：10）

3. 瓷瓶（（西）M5：9）

4. C型瓷碗 （（西）M15：2）

5. 釉陶罐（（西）M15：1）

宋代墓葬出土器物

1.（西）M1券顶

2.（西）M1骨架与随葬品

明代墓葬（西）M1

1.（西）M2全景（南→北）

2.（西）M2隔墙窗花

明代墓葬（西）M2

1.（西）M7墓顶盖石

2.（西）M7墓室内情况

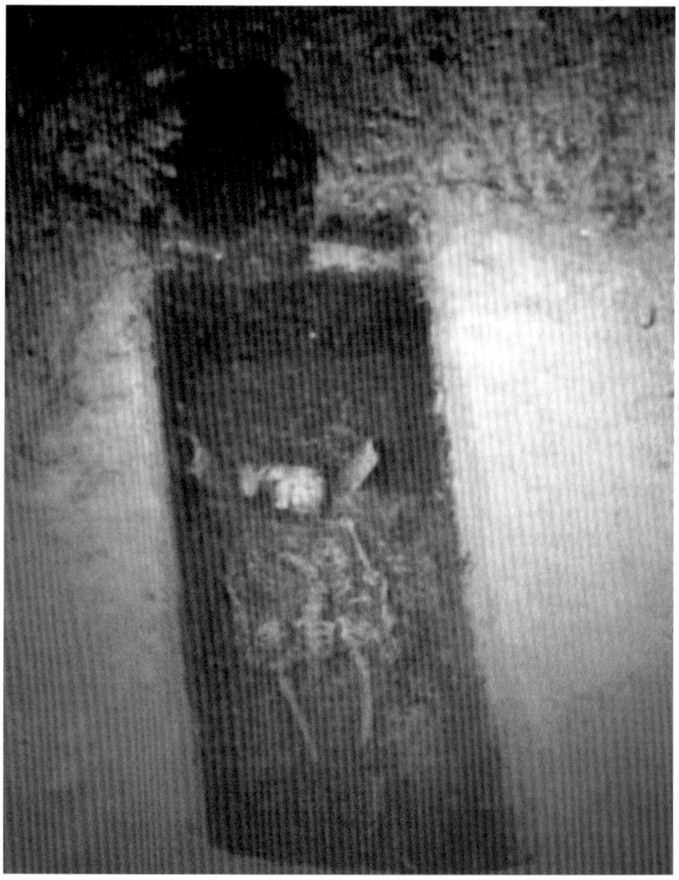

3.（西）M10

明代墓葬（西）M7、（西）M10

1.（西）M3封土围墙及墓圹

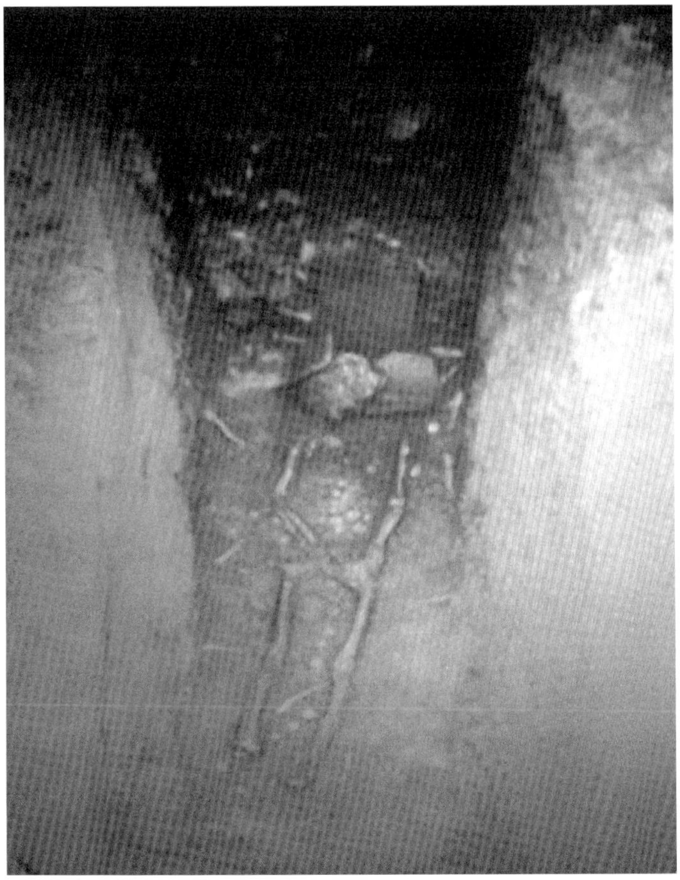

2.（西）M3墓室

3.（西）M8

明代墓葬（西）M3、（西）M8

1. A型（（西）M6：3）

2. Ba型Ⅰ式（（西）M8：3）

3. Ba型Ⅱ式（（西）M2东室：21）

4. Bb型Ⅰ式（（西）M7：1）

5. Bb型Ⅱ式（（西）M11：3）

明代墓葬出土釉陶罐

1. C型Ⅰ式（（西）M10：2）

2. C型Ⅱ式（（西）M3：23）

3. C型Ⅱ式（（西）M1：31）

4. C型Ⅱ式（（西）M9：2）

明代墓葬出土釉陶罐

1. A型（（西）M8：2）

2. B型Ⅱ式（（西）M11：2）

3. C型Ⅱ式（（西）M11：1）

4. C型Ⅱ式（（西）M9：1）

5. C型Ⅱ式（（西）M1：28）

6. C型Ⅱ式（（西）M3：25）俯视

明代墓葬出土瓷碗

1.（西）M3：22

2.（西）M1：29

3.（西）M6：6

4.（西）M7：2

明代墓葬出土陶买地券

图版一八四

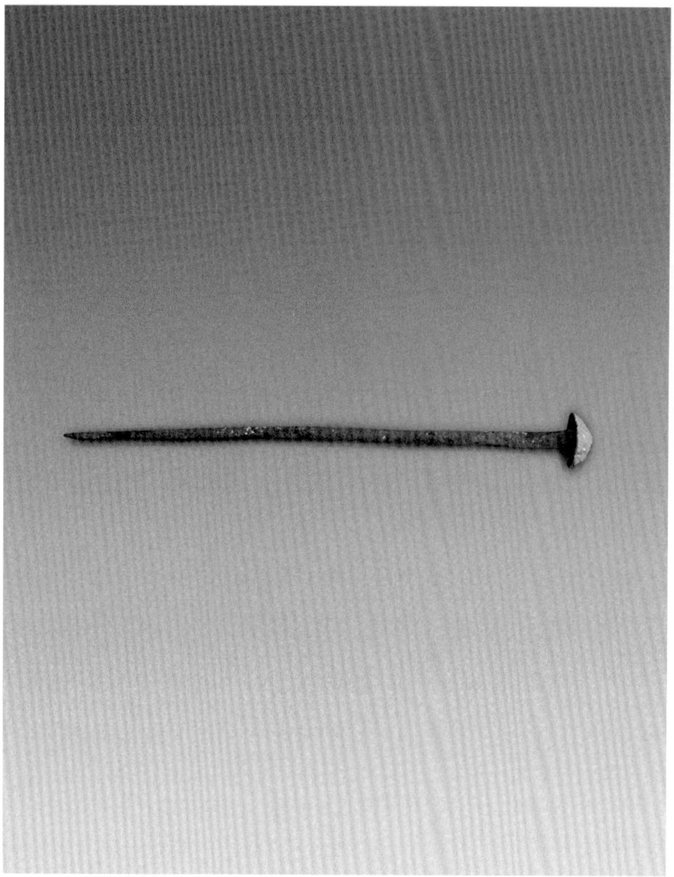

1. 铜簪（（西）M10：4）

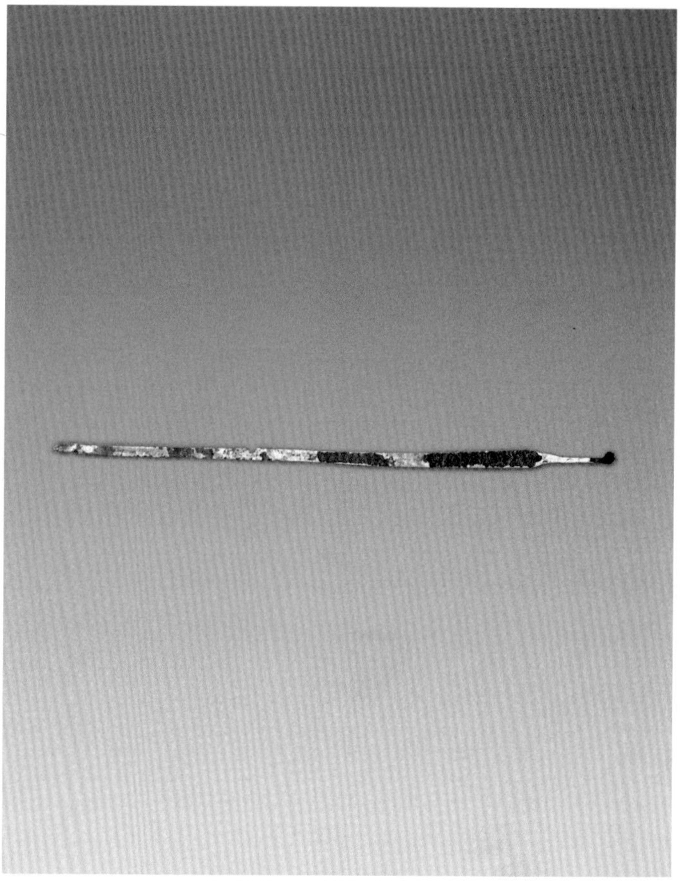

2. 铜簪（（西）M9：3）

3. 银耳环（（西）M6：4-1）

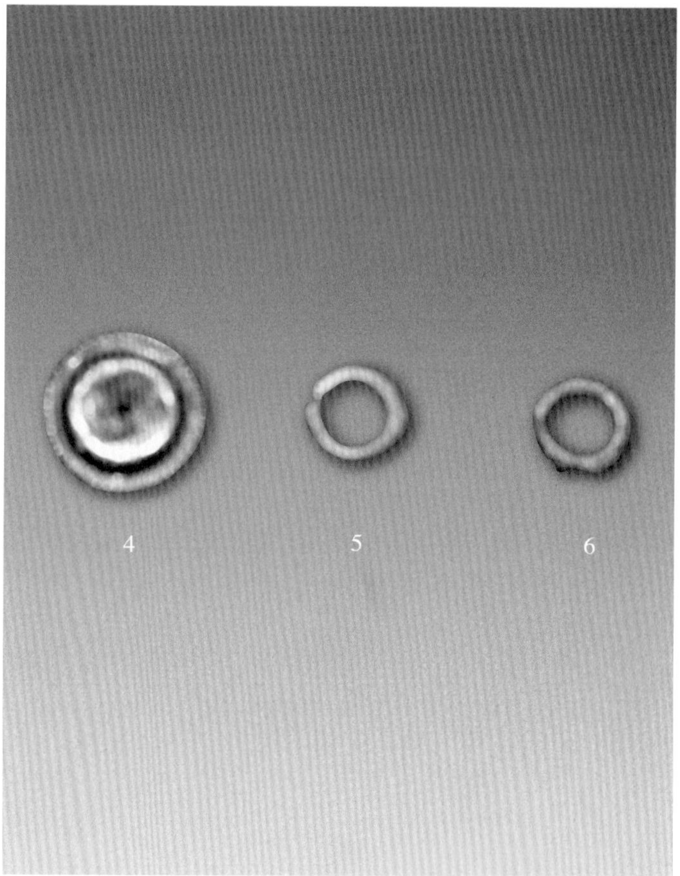

4. 银头饰（（西）M1：27） 5、6. 银耳环（（西）M1：26、（西）M1：25）

明代墓葬出土器物

2002年度“中国十大考古新发现”

长江三峡工程文物保护项目报告

乙种第十五号

巴东旧县坪

上

国务院三峡工程建设委员会办公室
国家文物局
编著

科学出版社

内 容 简 介

本书全面、系统地介绍了湖北省巴东旧县坪遗址 2001～2003 年的发掘成果，展示了巴东旧县坪遗址东周、两汉、六朝、隋唐五代、两宋、明清等时期的地层、遗迹、遗物等文化遗存的面貌，涉及考古学、历史学、城市史、建筑学等学科，理清了巴东旧县坪遗址的考古学文化发展脉络，找到了六朝梁归乡县、信陵郡、北周乐乡县都处在巴东旧县坪遗址的考古学证据，解决了这一长期困惑史学界的难题。尤为重要的是，完整地揭示出两宋巴东县治遗迹，其布局保存完好，出土遗物丰富，时代风格突出，为研究中国城市规划史、建筑史、宋代政治、经济、文化提供了丰富的考古学材料。

巴东旧县坪遗址由于考古成果学术意义重大，入选 2002 年度“中国十大考古新发现”。

本书可供从事考古学、历史学、城市建筑学、美学、陶瓷收藏及相关学科的科研、教学人员阅读、参考。

图书在版编目(CIP)数据

巴东旧县坪／国务院三峡工程建设委员会办公室，国家文物局编著．—北京：科学出版社，2010.7

（长江三峡工程文物保护项目报告．乙种；15）

ISBN 978-7-03-028247-7

Ⅰ．①巴…　Ⅱ．①国…②国…　Ⅲ．①文化遗址－发掘报告－巴东县
Ⅳ．①K878.05

中国版本图书馆 CIP 数据核字（2010）第 131189 号

责任编辑：闫向东　王光明／责任校对：邹慧卿

责任印制：赵德静／封面设计：黄华斌

科学出版社 出版
北京东黄城根北街 16 号
邮政编码：100717
http://www.sciencep.com

中国科学院印刷厂 印刷

科学出版社发行　各地新华书店经销

*

2010 年 7 月第　一　版　　开本：A4（880×1230）
2010 年 7 月第一次印刷　　印张：54 1/4　插页：120
印数：1—1 500　　字数：1 471 000

定价：800.00 元

（如有印装质量问题，我社负责调换〈科印〉）

Reports on the Cultural Relics Conservation
in the Three Gorges Dam Project
B(site report) Vol.15

TGCR

The Jiuxianping Site in Badong, Hubei

I

State Council Three Gorges Project Construction Committee Executive Office
&
State Administration of Cultural Heritage People's Republic of China

Science Press

长江三峡工程文物保护项目报告

湖北库区编委会

长江三峡工程文物保护项目报告

乙种第十五号

《巴东旧县坪》

主　编

王　然

副主编

邓　辉

项目承担单位

武汉大学考古与博物馆学系

武汉市文物考古研究所

目　　录

上编　遗　址　篇

下编　墓　葬　篇

插图目录

插 表 目 录

彩版目录

图 版目 录

上　编

遗　址　篇

第一章　绪　　论

第一节　地理环境与历史沿革

巴东县位于长江三峡境内，居湖北省恩施土家族苗族自治州东北部，县境东与秭归、长阳、兴山县接壤；南与五峰、鹤峰县比邻；西与建始及重庆市巫山县相倚；北接神农架林区，由县城顺江东下736公里抵省会武汉。县境地处于新华夏系一极隆起带的第三隆起带、长江中下游东西向构造带和淮阳三字型西翼反射弧等三构造体系的相汇处，彼此互相干扰，构成格局复杂。县境呈一南北向狭长条形，长江、清江东流，分别于南、北横贯县境，两江将全县划分为三段，北为大巴山盘踞，中有巫山山脉延伸，南有武陵山峙立，组成西高东低、南北起伏、地势崎岖的山地地貌。

旧县坪遗址隶属于巴东县东瀼口镇焦家湾村五组及旧县坪村一组，总面积达20万平方米以上（中心部分约10万平方米）。中部有一条历史上形成的大溪沟（南宋陆游《入蜀记》① 中记载的慈溪，现名为槽坊河），将遗址分隔为东西两部分，东部属旧县坪村一组，西部属焦家湾村五组（图一；彩版一）。

遗址地处长江北岸的江边二、三级台地上，与巴东新城隔江对峙。东距东瀼口约3公里，中心地理坐标北纬31°03′26″、东经110°21′31″，海拔为95～150米 。总面积约20万平方米。地表上东部民居密集，西部主要种植有柑橘树及其他农作物。

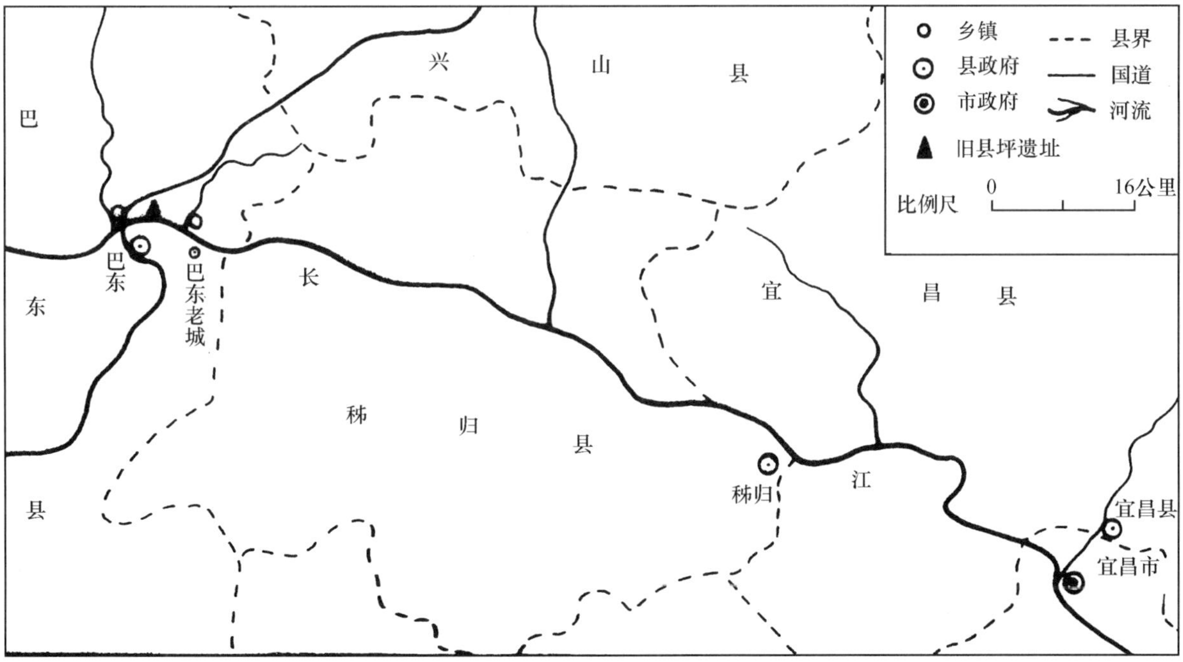

图一　巴东旧县坪遗址位置示意图

① 陆游：《入蜀记》，上海商务印书馆，1936年。

从历史自然、人文、军事地理的角度来看，巴东县扼守巫峡口，是鄂渝两地的必经之途、要塞之地。从旧石器时代开始，这里就发现了多处人类活动的遗迹与遗物。进入新石器时代以后，人类活动点大量增加，已经形成较大规模的聚落遗址①。据文献记载，夏商时期这里是巴人活动的地盘②；西周时，为古夔子国地；秦、汉时，属南郡巫县管辖；三国时期，大体属吴地；西晋至梁代为建平郡地③；隋开皇十八年设巴东县④，旧县坪遗址即为县治所在地⑤。历经隋唐、五代、两宋，南宋晚期迁往江南的今县城处。从此，旧县坪遗址只是一个普通的小居民点了⑥。

但文献对巴东县的沿革迁徙记载颇为矛盾，表现为：①隋建巴东之前，巴东境内曾于梁时建有归乡县。北周时又在此设乐乡县及信陵郡。或曰归乐乡、信陵郡、巴东县址都在同一地点，或曰不在一处，莫衷一是。②巴东县治何时迁徙江南今址。一曰在北宋初年寇准任县令时，一曰南宋时，又曾从江南迁徒旧县坪，未有下文。经我们对文献记载和考古发掘成果两方面考证，已经知道：六朝梁置的归乡县址、信陵郡址、北周的乐乡县址同在旧县坪遗址的东区；不管有多少疑问，至少从隋建巴东开始一直到北宋初年，旧县坪为巴东县治所在地是没有疑问的⑦。

北宋太宗年间，寇准任巴东县令，从此巴东县声名鹊起，成为中国历史上的文化名城。与寇准有关的一些遗迹如秋风亭、白云亭、双柏堂、寿宁寺、寇公祠等，屡见于文献记载。北宋以来，许多著名的政治家、文学家，如李纲、王安石、苏轼、苏辙、王十朋、陆游等，都曾到过巴东，留下大量的诗文⑧。特别是陆游所著《入蜀记》一文中详细地记载了他于南宋乾道六年（公元1170年）十月二十一日，旅经巴东所亲眼看到的巴东县治所在地的地理环境、人文景观⑨，这些诗文记载为旧县坪遗址的考古发掘与研究提供了重要的文献依据。

第二节　发掘经过与工作方法

一、发掘经过

旧县坪遗址于1984年经当年的湖北省恩施地区文物工作队调查发现，1994年为配合三峡工程库区淹没区地下文物保护的规划工作，国家文物局三峡工程文物保护领导小组湖北工作站组织武汉大学考古与博物馆学系对该遗址进行复查，确定其为A级遗址。

2001年受湖北省文物局三峡办委托，武汉大学考古与博物馆学系首先开始承担了旧县坪遗址的考古发掘工作。

第一次考古发掘从2001年3月开始，首先对遗址进行了测绘和勘探，面积达6万平方米，了解了遗址的分布范围、地层的堆积状况以及主要的文化内涵。同年完成了5500平方米的发掘工作。参

---

① 国务院三峡工程建设委员会办公室、国家文物局：《巴东楠木园》，科学出版社，2006年。

② 王然：《楚巴丹山、丹阳、丹水考》，《长江文化论集》（第一辑），湖北教育出版社，1995年。

③ 《巴东县志》卷一，建置，建置沿革，湖北科学技术出版社，1993年。

④ 《隋书》卷二十九第二十四，巴东郡，巴东县："巴东旧曰归乡，梁置信陵郡。后周郡废，县改曰乐乡。开皇末，又改名焉。有巫峡。"

⑤ 王然、邓辉：《巴东旧县坪发掘考证》，《江汉考古》2003年第2期。

⑥ 王然、邓辉：《巴东旧县坪发掘考证》，《江汉考古》2003年第2期。

⑦ 王然、邓辉：《巴东旧县坪发掘考证》，《江汉考古》2003年第2期。

⑧ 谭达智：《寇准》，中国文史出版社，1993年。

⑨ 陆游：《入蜀记》，上海商务印书馆，1936年。

加发掘工作的有武汉大学的王然、王克陵、徐承泰、熊跃泉老师，以及博士生丁兰、黄尚明，硕士生张继华、袁艳玲、张莉清、乐新珍和2000级本科生傅玥、周利宁、邵栋、高旭旌、蒋维、蒋白浪，98级本科生王铮。由王然担任领队。

通过此次发掘，得知旧县坪遗址包含了从周代到明清各个时期的文化堆积，特别是了解到了旧县坪遗址是一处多时期古代县城所在地，宋代废弃后，地表上已无太多的建筑，所以遗存保存情况好，尤其是宋代巴东县城遗迹保存十分完整，给我们大规模全面揭示提供了一个良好的契机，具有重大的学术研究价值，引起国家文物局、湖北省文物局三峡办的高度重视和大力支持。

受三峡工程时间影响，旧县坪遗址考古抢救发掘工作的时间特别紧、任务十分重。因此，从2002年初起，湖北省文物局三峡办安排武汉市文物考古研究所参加旧县坪遗址的考古发掘工作。2002～2003年，武汉大学同武汉市文物考古研究所联合组队，两年内对旧县坪遗址再次进行持续不间断的发掘。完成发掘面积20875平方米。此次发掘由武汉大学的王然和武汉市文物考古研究所的邓辉担任领队。参加人员有武汉大学考古与博物馆学系的部分师生和武汉市文物考古研究所刘森淼、陈艳、王浩以及各地县博物馆的一批业务骨干。

2003年秋，三峡一期蓄水工程完成，江水水位线达到135米，淹没了遗址的大部分。为了全面地揭示遗址的整体布局，根据湖北省文物局三峡办的安排，武汉大学考古与博物馆学系和武汉市文物考古研究所再度对旧县坪遗址135米水位线上遗址残存的部分进行抢救性发掘，发掘面积为2500平方米。

从2001年至2003年，我们对旧县坪遗址的主体部位进行了全面揭示，考古发掘的总面积达到28875平方米（图二，1；彩版二）。

二、工作思路及发掘方法

旧县坪遗址是在一个特殊的历史条件、特殊的保存状况下，所从事的一次我国为数不多的以全面揭示一座古代县城为主要目的的考古发掘工作。根据这一情况，考虑到三峡一期蓄水期时间紧的客观实际，我们在听取了国家文物局专家组的意见、并征得国家文物局及三峡办有关领导的意见之后，将发掘方案锁定在全面揭示宋代巴东县治这一课题上，其理由为：

（1）宋代巴东县治废弃后，其上再没有过更大的建设，遗址本身保存较好，加上三峡移民的特殊机遇，给我们全面揭示创造了条件。

（2）北宋初年，寇准任巴东县令三年，使巴东成为中国历史上的一座文化名城；其所建的“秋风亭”、“白云亭”以及随后为纪念他所建的“双柏堂”、“寇公祠”，名噪一时，是一处内涵丰富、典型的古代山城遗址。

（3）就目前考古现状看，隋唐、南宋的大型遗址发现较多，惟北宋遗址较少，特别是能完整揭示一座宋代县治规模的遗址，能弥补不少有关这一历史阶段研究中的缺环。

根据遗址的具体情况，经过多方商讨，慎重、科学地定下了全面揭示、分层揭示的总体指导思想，力求展示每一个时段的总体布局，并理清其发展脉络。

我们将遗址自然形成的东西两部分作为东、西两个发掘区（彩版三），在每区的西南角用GPS选定基点，采用象限布方法发掘。其中东区基点的地理坐标为北纬31°03′28″、东经110°21′35″，海拔114米；西区基点的地理坐标为北纬31°03′24″、东经110°21′28″，海拔115米。以磁北方向为正方向布方。三次发掘共布5米×5米的探方1155个（图二，1）。

由于旧县坪作为县治的时间下限是宋代，宋代的各类遗存保存相对完整，所以在发掘过程中，一般都是挖到宋代文化层，暴露出宋代的遗迹即停止下挖，部分没有宋代遗存或宋代遗存甚少的探方，才挖到生土为止。这样既保存了宋代巴东县的整体面貌又能了解到旧县坪遗址完整的文化堆积。

在处理单项遗迹单位时，既考虑到遗存的完整性，又要考虑到整体性。宋代遗存分为若干期，其间遗址的性质也发生了变化（由县治变为一般的居民区），我们以保持其作为县治的完整面貌为基本准则。旧县坪作为古代巴东县县治历经隋、唐、五代、两宋，在此之前，六朝时还曾是梁归乡县、信陵郡址以及北周乐乡县治所在地，其建筑也发生较多的变化。因此我们不能简单地停留在一个文化层面上，而是采取保重点建筑、留完整建筑、追寻各个时间的整体布局的方针。发掘工作收到了良好的效果。

第三节　资料整理与报告编写体例

巴东旧县坪遗址的资料整理从发掘伊始便同步进行，开始阶段主要是针对有关旧县坪遗址的地理环境、历史沿革、工作前史等文字资料，以及地图、卫星遥感照片资料的收集，并同时对每天发现的遗迹、遗物进行记录、登记、拼对、修复、绘图、制卡。2003 年底，室外田野考古工作结束，从 2004 年开始，全面进入室内整理以及报告的撰写工作，历时六年，于 2009 年完成了报告的初稿。

巴东旧县坪遗址包含了从周代到明清各个时期的文化堆积，在确定报告的编写体例时，我们遵循客观、全面、科学的原则，报告以遗存时代的先后序列为主线，分成遗址和墓葬两部分，尽可能完整地报道发掘内容。前面已说明，巴东旧县坪遗址的考古发掘是以全面揭示宋代巴东县城为主要目的，多数探方没有发掘到底，因此，本报告宋代的内容丰富详尽，早于宋代的遗存相对较少，而且有相当数量的早期遗物是混出于晚期单位中，对于这些晚期单位出土能确认的早期遗物，较为重要且较好的标本放在早期遗存中予以介绍。

遗址的东、西区分别采用象限布方法发掘。每一个探方的前面用括号标明其所在的区域和象限，象限用罗马数字Ⅰ、Ⅱ、Ⅲ、Ⅳ表示，如（西Ⅰ）T0101，括号内的西Ⅰ表明 T0101 是在西发掘区的第Ⅰ象限。

所有遗迹、遗物均按照文化部 1984 年颁布的《田野考古工作规程》中规定的代号按东、西区分别编号。遗迹单位中出土的遗物，只标明其所在区域、单位编号和器物编号，如（东）H6∶1，代表东区 H6 出土的 1 号器物；（西）H6∶1，代表西区 H6 出土的 1 号器物。地层中出土的器物，则标明了其所在区域、象限、探方、层位及器物编号，（西Ⅰ）T0101⑤∶1，说明是在西发掘区的第Ⅰ象限 T0101 探方内第 5 层出土的 1 号器物。

旧县坪遗址的房屋建筑遗迹比较特殊，多为砖石结构的硬建筑基址，建造和使用的时间较长，特别是庙宇区和官署区的建筑，历经多次维修甚至改建，但从建筑布局和出土遗物来看，其使用功能没有发生大的变化，因此，不同时间发生的维修、改建不再给新的房屋编号，而是在总房号的后面加上罗马数字来标明期别来代表不同的时间段。如（西）F1Ⅰ、（西）F1Ⅱ，还有更多期的，依次顺推。其次，重要建筑往往包括了若干座房屋建筑，形成一组建筑群，这样的建筑群在编号时统一只给一个总号（有期别的加上期别号），里面的每一座建筑用总号后面加上“-”再加上阿拉伯数字 1、2、3……来加以区分，如（西）F8Ⅰ-1，表示的是（西）F8 一期建筑群里面的一号建筑。关于房屋建筑遗迹的方向，一般以门向为准。对于那些破坏严重、门址无法确认的遗迹，则根据中国古代建筑传统进行判断，临街的一般以临街的一侧为其门向；不临街的房屋遗迹多为坐北朝南，也有少数坐西朝东或坐东朝西的，则视具体情况而定。

报告中出土器物的数量主要说明的是完整或已复原的器物，另外一些花纹、釉色、器形等方面具有典型意义的残片，也会在文中加以介绍。遗物中有数量庞大、成堆、成片出土的（主要是钱币），采用大、小号的方式编写，如（西Ⅰ）J1∶1-3，“∶”号前面为为遗迹单位的编号，“∶”号后面的 1 为这堆（片）器物的总号，符号－之后的 3 为其分号；由若干构建组成的复合器也采用类似的编号。

有关巴东旧县坪遗址的考古资料，一切以本报告发表的为准。

第二章　地层堆积与文化内涵

第一节　地层堆积

旧县坪遗址是以全面揭示一座古代县治为主要目的的考古发掘工作，从考古地层学的理论与方法的角度来看，整个遗址应统一划分地层比较适宜。但旧县坪遗址属典型的山城遗址，规划布局受自然地理的地形、地貌影响较大，如前所述，遗址中部的槽坊河已将遗址自然地划分为互不相连的两大区，即便在同一区内，由于起伏的山地地形以及后期自然（雨水冲刷、山体滑坡、泥石流等）和人为（农田改造、房屋和道路的修建）的破坏，诸多遗迹间有着较大的落差，包括一些陡坎，不可能按理想的方法统一划分地层。根据这一具体情况，我们对遗址的地层划分做了统一的安排和不断的调整，具体的工作是按如下步骤进行的：

（1）各探方按自身的土质、土色独立地划分本探方地层。

（2）两大区内都有一些相对独立的小块地理单元，形成各大区内的一些相对独立的小区，各小区内地势相对平缓，构成统一划分地层的条件，我们统一划分了地层。

（3）两大区间、各小区间以及在层位上无法相连的探方内的地层，按各探方各层内遗物年代的同一性、遗址规划布局的统一性，认真进行了分析类比，确定了各发掘区之间文化层位的相互对应关系，完成了整个遗址文化堆积层位的秩序（表一）。

表一　巴东旧县坪遗址各区地层关系对应表

<table>
<tr><th rowspan="2">区名</th><th rowspan="2">商业区</th><th rowspan="2">庙宇区</th><th rowspan="2">仓储区</th><th rowspan="2">官署区</th><th colspan="2">居民区（西）</th><th rowspan="2">居民区（东）</th><th rowspan="2">分期</th><th rowspan="2">年代</th></tr>
<tr><th>A</th><th>B</th></tr>
<tr><td rowspan="23">层
位</td><td>①②</td><td>①</td><td>①②</td><td>①②</td><td>①</td><td>①</td><td>①</td><td colspan="2">近现代</td></tr>
<tr><td>③</td><td></td><td>③</td><td>③</td><td>②</td><td>②③</td><td>②</td><td>明清时期</td><td>公元 1368 ~ 1911 年</td></tr>
<tr><td>④</td><td rowspan="2">②</td><td rowspan="2">④</td><td>④</td><td rowspan="2">③</td><td rowspan="2">④</td><td rowspan="2">③</td><td rowspan="3">南宋中晚期</td><td rowspan="3">公元 1170 ~ 1279 年</td></tr>
<tr><td>⑤</td><td>⑤</td></tr>
<tr><td>F2Ⅲ、L1Ⅳ</td><td></td><td></td><td>F8Ⅳ</td><td></td><td></td><td></td></tr>
<tr><td>⑥</td><td></td><td></td><td>⑥</td><td></td><td></td><td></td><td rowspan="2">南宋早期</td><td rowspan="2">公元 1127 ~ 1169 年</td></tr>
<tr><td>F2Ⅱ、L1Ⅲ</td><td>F1Ⅲ</td><td>H64</td><td>F8Ⅲ</td><td></td><td></td><td>F16</td></tr>
<tr><td>⑦</td><td>③</td><td></td><td>⑦</td><td></td><td></td><td>④</td><td rowspan="2">北宋晚期</td><td rowspan="2">公元 1086 ~ 1126 年</td></tr>
<tr><td>F2Ⅰ、L1Ⅱ</td><td>F1Ⅱ</td><td></td><td>F8Ⅱ</td><td>L16</td><td></td><td>F17</td></tr>
<tr><td rowspan="2">L1Ⅰ</td><td></td><td></td><td>⑧</td><td></td><td></td><td></td><td rowspan="2">北宋早中期</td><td rowspan="2">公元 960 ~ 1085 年</td></tr>
<tr><td></td><td></td><td>F8Ⅰ</td><td></td><td></td><td></td></tr>
<tr><td></td><td></td><td></td><td></td><td></td><td></td><td>⑤</td><td>五代</td><td>公元 907 ~ 959 年</td></tr>
<tr><td></td><td>④</td><td rowspan="2">C1</td><td></td><td></td><td></td><td rowspan="2">F28</td><td rowspan="2">隋唐时期</td><td rowspan="2">公元 581 ~ 907 年</td></tr>
<tr><td></td><td>F1Ⅰ</td><td></td><td></td><td></td></tr>
<tr><td></td><td></td><td></td><td></td><td></td><td></td><td>夯土城墙</td><td>六朝时期</td><td>公元 220 ~ 580 年</td></tr>
<tr><td></td><td></td><td></td><td></td><td></td><td>⑤</td><td></td><td rowspan="2">两汉时期</td><td rowspan="2">公元前 206 ~ 219 年</td></tr>
<tr><td></td><td></td><td></td><td></td><td></td><td>⑥</td><td></td></tr>
<tr><td></td><td></td><td></td><td></td><td></td><td>⑦</td><td></td><td rowspan="6">东周时期</td><td rowspan="6">公元前 770 ~
前 221 年</td></tr>
<tr><td></td><td></td><td></td><td></td><td></td><td>⑧</td><td></td></tr>
<tr><td></td><td></td><td></td><td></td><td></td><td>⑨</td><td></td></tr>
<tr><td></td><td></td><td></td><td></td><td></td><td>⑩</td><td></td></tr>
<tr><td></td><td></td><td></td><td></td><td></td><td>⑪</td><td></td></tr>
<tr><td></td><td></td><td></td><td></td><td></td><td>⑫</td><td></td></tr>
</table>

旧县坪遗址文化层堆积的划分还有两点需要说明：第一，旧县坪遗址的考古发掘以全面揭示宋代巴东县治遗迹为主要工作目的，因此，为方便对宋代巴东县治布局的整体研究，多数的探方只发掘到宋代文化层的重要遗迹后便停止继续向下发掘。部分宋代遗存较少、下面又暴露出早期重要遗迹的探方，我们才予以继续揭示，如隋唐时期的庙宇、六朝时期的夯土包山城墙、汉代的窑址、墓葬等。第二，我们发现，遗址两大区内那些相对独立的小块地理单元（小区），在宋代巴东县治、甚至在作为六朝乐乡、归乡县治、信陵郡治时的布局规划时都有一定的规律可循，从城市规划布局的功能角度来看，那些相对独立的小块地理单元，往往都和城市里面不同功能区分布的范围大致吻合，在考虑对这些小区编号时，没有采用常用的数字或英文字母，而是按照其不同的功能名称来加以区分，如官署区、商业区、庙宇区、仓储区、居民区等（图二，2），以利于将来研究方便使用。但六朝乐乡、归乡县治、信陵郡治、隋唐至宋代巴东县治的功能区，有些互相承袭，有些则不尽吻合，而宋代巴东县治的功能区则相对稳定、明朗，遗迹、遗物比较丰富，此次发掘又是以全面揭示宋代巴东县治遗迹为主要工作目的，因此，本报告所列各功能区统一按宋代巴东县治布局的功能区冠名。另外，各功能区范围的界定在各时期也不是绝对统一的，我们是以各小区内宋代主要的、标志性的建筑遗迹的性质作为冠名的标准。

一、商　业　区

商业区位于遗址西区中部，（西）L1 的南部，其中以（西）F2 的规模最大，根据其建筑结构、出土的遗迹、遗物判断，（西）F2 应该是一处酒肆遗址，故将其所在区域以商业区命名之（彩版四，1）。北部以（西）L1、（西）L7 为界，西部以（西）L4 为界，东临溪沟、南面江，该区域包括 119 个探方，其编号为：

（西Ⅰ）T0901、T1001、T1101、T1201、T1301、T1401、T1501、T1601、T1701、T0902、T1002、T1102、T1202、T1302、T1402、T1502、T1602、T1702、T1003、T1103、T1203、T1303、T1403、T1503、T1603、T1703、T1004、T1104、T1204、T1304、T1404、T1504、T1604、T1704、T1005、T1105、T1205、T1305、T1405、T1505、T1605、1705、T1006、T1106、T1206、T1306、T1406、T1506、T1606、T1706、T1806、T1906、T1007、T1107、T1207、T1307、T1407、T1507、T1607、T1707、T1807、T1907、T1008、T1108、T1208、T1308、T1408、T1508、T1608、T1708、T1808、T1908、T1009、T1109、T1209、T1309、T1409、T1509、T1609、T1709、T1809、T1909、T1310、T1410、T1510、T1610、T1710、T1810、T1910、T1511、T1611、T1711、T1811、T1911、T1612、T1712、T1812、T1912；

（西Ⅳ）T0801、T0901、T1001、T1101、T1201、T0802、T0902、T1002、T1102、T0603、T0703、T0803、T0903、T1003、T1103、T0604、T0704、T0804、T0904、T1004、T1104。

119 个探方的地层按统一地层的要求进行排列，根据地层从上到下的叠压关系，依次划分为 1、2、3、4、5、6、7 七个层位。

现以（西Ⅰ）T1107、（西Ⅰ）T1108 东壁为例，介绍地层堆积情况（图三）：

第 1 层：耕土层，深褐色，土质疏松，较黏，含有小红石子、木炭等。全方分布。厚 15 ~ 30 厘米。现代耕土层。

第 2 层：褐土，土质黏细，含较多红石子，并夹杂有木炭、烧土粒及黄土块等，分布在除（西Ⅰ）T1108 东隔梁东部及探方东南部以及（西Ⅰ）T1107 的大部分探方。距地表深 15 ~ 30、厚 0 ~ 20 厘米，含近现代陶瓷片及砖瓦。为近代堆积层。

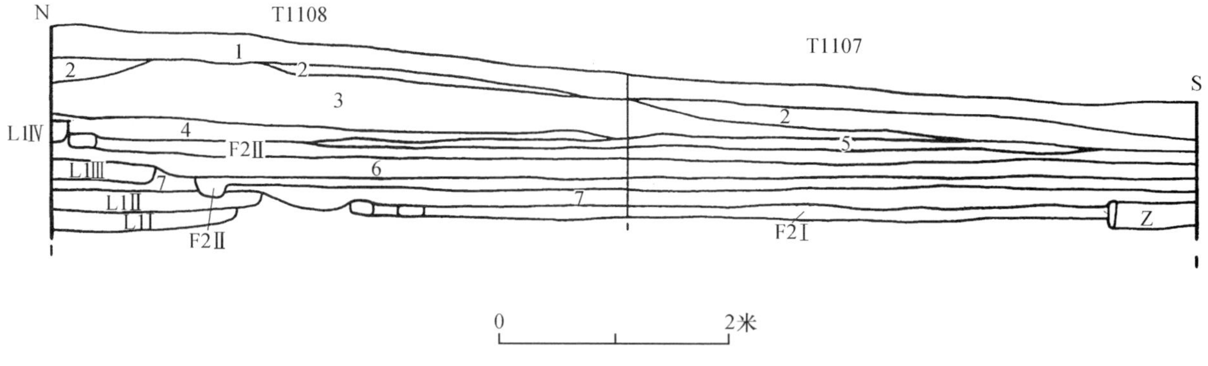

图三　巴东旧县坪遗址商业区（西Ⅰ）T1107、（西Ⅰ）T1108 东壁剖面图

第3层：红褐沙土，土质疏松，含较多细红沙，夹杂部分木炭、烧土粒、红石子等。分布于除（西Ⅰ）T1108 西北角外的探方大部。距地表深18～50、厚0～55 厘米。包含遗物以瓷片为主，有青花瓷片、白瓷片及黑褐、绿釉瓷片等，其次为陶片，有绳纹灰陶片、陶罐底、罐耳残片、瓮、盆口残片。属明清时堆积。

第4层：黑褐黏土，土质细腻，夹杂有红石子、木炭、烧土粒等。分布于除（西Ⅰ）T1108 北隔梁西北角、关键柱东北及东隔梁东部以外的探方大部，距地表深55～80、厚0～17 厘米。出土遗物以瓷片为主，有白瓷、青瓷、棕褐釉瓷、黑釉瓷片等，其次为少量陶片及瓦饰。为南宋中晚期堆积层。

第5层：黄土，土质细腻，较纯净，含少量红石子及烧土粒。分布于（西Ⅰ）T1108 探方南部以及（西Ⅰ）T1107 的西北部。距地表深37～80 、厚0～10 厘米。出土遗物以白瓷为主，有碗口、盘口残片，另有模印花纹的青瓷片、釉陶罐口残片、残器把、红陶片及模印菊花纹的瓦当残块等。仍属南宋中晚期堆积层。

叠压在5层下并列有两处遗迹，分别编号为（西）L1、（西）F2。（西）L1 在（西Ⅰ）T1108 的西北部，为瓦块堆积。瓦块外侧皆素面，内侧饰麻布纹，较碎且较零散。从工地发掘的最后结果来看，瓦块是被用来铺垫路基，实为一道路遗迹。（西）L1 东南侧有两行东北至西南向石块墙基，墙基东南为红烧土堆积，烧土呈碎石块状。墙基及烧土堆积被认定为房屋建筑遗迹，编号为（西）F2。由于（西）F2 建造和使用的时间较长，历经三次维修甚至改建，但从建筑布局和出土遗物来看，其使用功能没有发生变化，按前述遗迹编号原则，上述叠压在5 层下房屋建筑遗迹，编号为（西）F2Ⅲ，而道路遗迹则历经四次修筑，编号为（西）L1Ⅳ。

（西）F2Ⅲ、（西）L1Ⅳ出有青白、白、青等釉色的瓷器残片及绳纹和素面瓦片，骨残块等。根据出土遗物判断（西）F2Ⅲ、（西）L1Ⅳ均为南宋中晚期遗迹。

第6层：红褐土（或深褐土），局部夹杂较多烧土块、红石子、碎瓦块等。分布于（西Ⅰ）T1108 探方东南部，（西Ⅰ）T1107 探方的大部。距地表深50～105、厚10～35 厘米。包含物以瓷片为主，瓷片多为白瓷，有少量青瓷、青白瓷、黑瓷片等，另有部分釉陶盆口沿残片、红陶片及绳纹陶片、铁钉等，另外还出有建炎通宝残钱。为南宋早期文化层。由此可知，叠压在6 层之上宋代的地层和遗迹单位都不会早于南宋早期。

6 层下叠压着（西）F2Ⅱ、（西）L1Ⅲ。其出土遗物与6 层所出基本相同，应为南宋早期建筑。

第7层：黄褐土，土质细腻，较纯净，含部分细黄沙、烧土粒及木炭等。分布于（西Ⅰ）T1108、（西Ⅰ）T1107 探方的东部。距地表深75～140、厚10～27 厘米。出有白瓷碗口残片、壁形足的碗底残块、模印花纹的青瓷片、青瓷碗底及部分釉陶片及政和通宝钱，为北宋晚期文化层。

7层下叠压着（西）F2Ⅰ、（西）L1Ⅱ，出有白瓷片、模印花纹的青瓷片及部分釉陶片，同于7层所出。为北宋晚期建筑。

（西）L1Ⅱ之下叠压着（西）L1Ⅰ，出咸平元宝、景德元宝、天圣元宝钱。为北宋早中期遗迹。

二、庙　宇　区

庙宇区位于旧县坪遗址（西Ⅰ）区中部南边临江的一处高台上，东以（西）L4为界与宋代商业区毗邻，北接仓储区，西、南部为居民区。从有关文献记载以及遗迹和出土的铜、石佛像，陶塑佛手、佛脚等遗物来看，这里发现的主要建筑（西）F1应是旧县坪遗址隋唐至宋代的庙宇建筑所在地（彩版四，2）。

该区域包括了76个探方，编号为：

（西Ⅰ）T0101、T0201、T0301、T0401、T0501、T0601、T0701、T0801、T0102、T0202、T0302、T0402、T0502、T0602、T0702、T0802、T0103、T0203、T0303、T0403、T0503、T0603、T0703、T0803、T0903、T0104、T0204、T0304、T0404、T0504、T0604、T0704、T0804、T0904；

（西Ⅱ）T0101、T0201、T0301、T0401、T0501、T0102、T0202、T0302、T0402、T0502、T0103、T0203、T0303、T0104、T0204、T0304、T0305；

（西Ⅲ）T0201、T0301、T0401、T0102、T0202、T0302、T0103、T0303、T0503、T0603、T0304、T0504、T0604；

（西Ⅳ）T0301、T0401、T0501、T0601、T0701、T0302、T0402、T0502、T0602、T0702、T0103、T0203。

现以（西Ⅰ）T0402、（西Ⅰ）T0403西壁为例，描述该区域地层堆积状况（图四）：

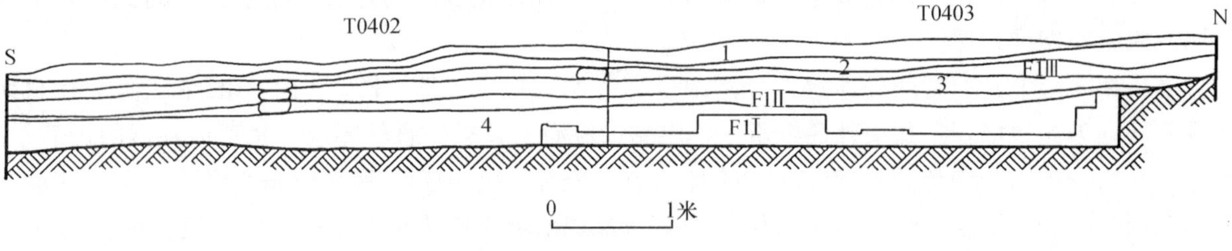

图四　巴东旧县坪遗址庙宇区（西Ⅰ）T0402、（西Ⅰ）T0403西壁剖面图

第1层：耕土层，褐色黏土，土质疏松，其中含有许多碎石块。全方分布。该层出土有施黄釉、绿釉的泥质红陶胎的琉璃瓦，泥质灰陶瓦当，泥质红陶瓦片，泥质灰陶瓦片，灰砖、现代砖瓦瓷片等。厚4～22.5厘米。现代耕土层。

第2层：红褐色黏土，土质坚硬，其中含有大量红色、灰色碎石块。分布于探方大部，距地表深4～9、厚0～20厘米。该层出土有施绿釉泥质红陶琉璃瓦、绳纹泥质灰瓦当，并出有青白、青、白、褐等釉色的瓷器残片，遗物特征和商业区4、5层相同。同属南宋中晚期堆积层。

2层下两探方发现有数排纵行相连的石块垒砌的墙基，为一房屋建筑遗址，编号为（西）F1。（西）F1可分三期，此处墙基为（西）F1Ⅲ，其出土遗物同商业区之（西）F2Ⅱ、（西）L1Ⅲ所出基本相同，应为同时期的南宋早期建筑。

第3层：废弃瓦片堆积层。全方分布，距地表深20～30、厚10～15厘米，其中还含有大量的红烧土颗粒。大量瓦片堆中有素面瓦、琉璃瓦、瓦当，还包含有众多的瓷器小件、残片、铜钱。此层出土遗物与商业区7层所出基本相同，应同为北宋晚期文化层。（此层为下层房屋的坍塌废弃堆积）

3层下两探方又发现有数排纵行相连、排列规律的石块垒砌的墙基，这些墙基部分与上述（西）F1Ⅲ的墙基直接叠压，编号为（西）F1Ⅱ。所出遗物同于商业区内的（西）F2Ⅰ、（西）L1Ⅱ内出土的遗物，都属于北宋晚期建筑。

第4层：灰褐色土，土质松软。全方分布，距地表深40～85、厚0～35厘米，包含物较多，有绳纹瓦片，陶质和琉璃的莲花纹瓦当、建筑构件，泥塑佛像的头、身、脚、手的残片，几何纹、卷草纹、钱纹砖，开元通宝钱，以及釉陶、青瓷的器物残片。属隋唐五代文化层。（此层亦为下层房屋的坍塌后的废弃堆积）

此层下发现有保存较好的砖结构房屋建筑遗址，从砖的尺寸以及纹饰看，此房屋建筑遗址也属隋唐时期。从建筑范围、布局、结构，以及出土遗物来分析，这座房屋建筑遗址同上述（西）F1Ⅲ、（西）F1Ⅱ同属一座庙宇建筑，按照前属房屋建筑遗址编号的原则，将这座房屋建筑遗址编号为（西）F1Ⅰ。（西）F1Ⅰ建在黄褐色的生土之上。

三、仓　储　区

仓储区位于庙宇区北部、商业区西部的一处相对独立的高台地上，其上主要是一处用围墙围绕的宋代的仓储遗迹和部分隋唐时期的仓储遗迹（彩版五，1）。宋代的仓储遗迹区包括62个探方，编号为：

（西Ⅰ）T0105、T0205、T0305、T0405、T0505、T0605、T0705、T0805、T0905、T0106、T0206、T0306、T0406、T0506、T0606、T0706、T0806、T0906、T0107、T0207、T0307、T0407、T0507、T0607、T0707、T0807、T0907、T0108、T0208、T0308、T0408、T0508、T0608、T0708、T0808、T0908、T0109、T0209、T0309、T0409、T0509、T0609、T0709、T0809、T0909、T0110、T0210、T0310、T0410、T0510、T0610、T0710、T0711、T0111、T0211、T0311、T0411、T0511、T0611；

（西Ⅱ）T0109、T0110、T0111。

现以（西Ⅰ）T0408、（西Ⅰ）T0409的东壁剖面为例，将宋代仓储区地层的堆积情况及相关遗迹介绍如下（图五）：

第1层：耕土层，褐色黏土，土质疏松，其中含有许多碎石块、草根。全方分布。厚7～35厘米。现代耕土层。

第2层：红褐色黏土，土质坚硬，其中含有大量红色，灰色碎石块。全方分布，距地表深7～35、厚10～25厘米。该层出土有近现代陶瓷片及砖瓦，以及施绿釉泥质红陶琉璃瓦、绳纹泥质灰陶

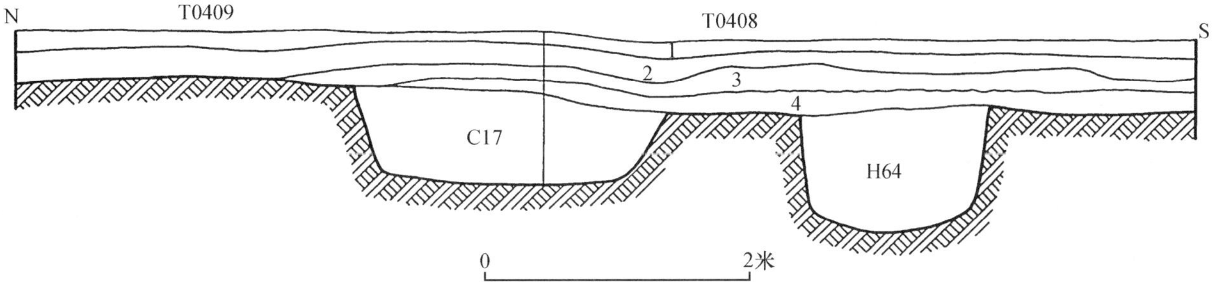

图五　巴东旧县坪遗址仓储区（西Ⅰ）T0408、（西Ⅰ）T0409东壁剖面图

瓦当，并出有青白、青、白、褐等釉色的瓷器残片。近现代堆积层。

第3层：黑褐色土，土质细腻，含少量红烧土斑点。距地表深20～40、厚0～20厘米。分布在（西Ⅰ）T0409的南部、T0408的全方。包含遗物以瓷片为主，有青花瓷片、白瓷片及黑褐、绿釉瓷片等，其次为釉陶器残片，还有陶器残片、砖瓦碎片。属明清时堆积。

第4层：废弃瓦片堆积层。距地表深40～50、厚0～15厘米。分布在（西Ⅰ）T0409的南部、T0408的全方。青色瓦片正面素面、背面有麻布纹，堆放密集，但多被烧成红色。瓦片堆积层中并出有青白、青、白、褐等釉色的瓷器残片。遗物特征和商业区4、5层相同。属南宋中晚期堆积层。

有一批东周灰坑、隋唐至宋代的仓窖遗迹开口于4层下，打破生土层。其中宋代的有16座，隋唐时期的有8座（参见图五二、图二五二、图二五四；表三、表二〇）。

四、官　署　区

宋代官署区位于遗址的中部，（西Ⅰ）区的东北部，北靠高山，东、南临溪沟（槽坊河），西以（西）L6为界，与西居民区连接。这里是遗址中最大一块相对平坦的区域。北、东、西三面高，所在地势形似一圆圈靠背椅的坐面。这里房屋建筑遗迹密集，特别是在这里发现了一组不断维修改建使用的规模宏大、布局规范、做工考究、浑然一体的大型建筑群，编号为（西）F8。这组建筑群应该是宋代官署区的核心建筑（彩版五，2）。该区域包括了304个探方，编号为：

（西Ⅰ）T1529、T1618、T1619、T1629、T1717、T1718、T1719、T1816、T1817、T1818、T1819、T1913、T1914、T1915、T1916、T1917、T1918、T1919、T2008、T2009、T2010、T2011、T2012、T2013、T2014、T2015、T2016、T2017、T2018、T2019、T2008、T2009、T2108、T2109、T2110、T2111、T2112、T2113、T2114、T2115、T2116、T2117、T2118、T2119、T2208、T2209、T2210、T2211、T2212、T2213、T2214、T2215、T2216、T2217、T2218、T2219、T2308、T2309、T2310、T2311、T2312、T2313、T2314、T2315、T2316、T2317、T2318、T2319、T2320、T2408、T2409、T2410、T2411、T2412、T2413、T2114、T2415、T2416、T2417、T2418、T2419、T2420、T2424、T2425、T2508、T2509、T2510、T2511、T2512、T2513、T2514、T2515、T2516、T2517、T2518、T2519、T2520、T2524、T2525、T2608、T2609、T2610、T2611、T2612、T2613、T2614、T2615、T2616、T2617、T2618、T2619、T2620、T2625、T2708、T2709、T2710、T2711、T2712、T2713、T2714、T2715、T2716、T2717、T2718、T2719、T2720、T2808、T2809、T2810、T2811、T2812、T2813、T2814、T2815、T2816、T2817、T2818、T2819、T2820、T2908、T2909、T2910、T2911、T2912、T2913、T2914、T2915、T2916、T2917、T2918、T2919、T2920、T2921、T3008、T3009、T3010、T3011、T3012、T3013、T3014、T3015、T3016、T3017、T3018、T3019、T3020、T3021、T3022、T3108、T3109、T3110、T3111、T3112、T3113、T3114、T3115、T3116、T3117、T3118、T3119、T3120、T3121、T3122、T3208、T3209、T3210、T3211、T3212、T3213、T3214、T3215、T3216、T3217、T3218、T3219、T3220、T3221、T3222、T3307、T3308、T3309、T3310、T3311、T3312、T3313、T3314、T3315、T3316、T3317、T3318、T3319、T3320、T3321、T3322、T3407、T3408、T3409、T3410、T3411、T3412、T3413、T3414、T3415、T3416、T3417、T3418、T3419、T3420、T3421、T3422、T3508、T3509、T3510、T3511、T3512、T3513、T3514、T3515、T3516、T3517、T3518、T3519、T3520、T3521、T3522、T3608、T3609、T3610、T3611、T3612、T3613、T3614、T3615、T3616、T3617、T3618、T3619、T3620、T3621、T3622、T3708、T3709、T3710、T3711、T3712、T3713、T3714、T3715、T3716、T3717、T3718、T3719、T3720、T3721、

T3722、T3808、T3809、T3810、T3811、T3812、T3813、T3814、T3815、T3816、T3817、T3818、T3819、T3910、T3911、T3912、T3913、T3914、T3915、T3916、T3917、T3918、T3919、T3921、T3922、T4014、T4016、T4017、T1018、T4019。

现以（西Ⅰ）T2816、（西Ⅰ）T2817东壁剖面为例，将宋代官署区的地层堆积，以及地层与遗迹单位之间的关系介绍如下（图六）：

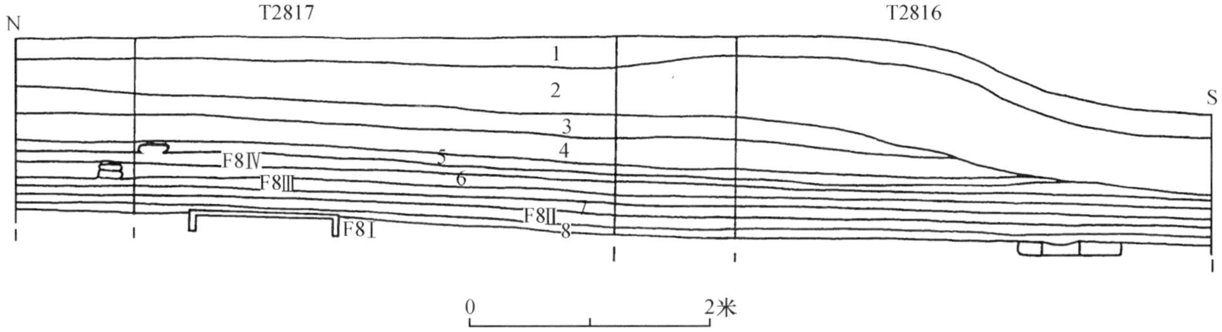

图六　巴东旧县坪遗址官署区（西Ⅰ）T2816、（西Ⅰ）T2817东壁剖面图

第1层：耕土层，灰黑色土，土质疏松，颗粒小，夹杂少量石子和树根。全方分布，厚15～27厘米。现代耕土层。

第2层：灰红色土，土质松散，颗粒大，夹杂少量草木灰。此层分布全方，距地表深15～27、厚23～68厘米。出现代砖瓦陶瓷残片。属近现代层。

第3层：红色沙子土，土质较松散，颗粒较大，夹有极少小石块。此层分布在（西Ⅰ）T2817全方、（西Ⅰ）T2816大部，距地表深40～89、厚0～22厘米。出土物有陶片、青花瓷片、釉陶器残片，还出有白瓷片、青瓷片。明清文化层。

第4层：灰黄色沙土，结构疏松，颗粒细腻，土质较纯。距地表深62～98、厚0～26厘米。此层分布在（西Ⅰ）T2817全方、（西Ⅰ）T2816大部分，应为长江涨水形成的淤沙层。

第5层：灰黑色土，距地表深85～115、厚0～10厘米。此层分布在（西Ⅰ）T2817全方、（西Ⅰ）T2816大部分。夹大量瓦片，瓦片大部分正面素面，内饰麻布纹。出土物有泥制灰陶片，青白、青、褐等釉色的瓷片。器形有罐、钵、碟、碗等。出土遗物与商业区4、5层出土的遗物相似，同属于南宋中晚期。此层与下层建筑有关，应是房屋的坍塌堆积。

5层下发现一座房屋建筑遗迹，编号为（西）F8Ⅵ。该建筑中出土遗物大致同于第5层所见遗物，并同商业区内的（西）F2Ⅲ、（西）L1Ⅳ出土的遗物相近，属同时期的南宋中晚期建筑。

第6层：黄沙土，土质纯净、细腻，距地表深72～130、厚7～15厘米。全方分布。无包含物。应为长江涨水形成的淤沙层。

6层下揭示出一处建筑遗迹，编号为（西）F8Ⅲ，该建筑内出土的遗物和商业区内的（西）F2Ⅱ、（西）L1Ⅲ，庙宇区内（西）F1Ⅲ等南宋建筑内出土的遗物相同，并出有建炎通宝钱，同属南宋早期建筑。

第7层：黄沙土，土质纯净、细腻，距地表深90～145、厚6～10厘米。全方分布。无包含物，应为长江涨水形成的淤沙层。

7层下另揭示出一处建筑遗迹，编号为（西）F8Ⅱ。从出土遗物看，和商业区内的（西）F2Ⅰ、（西）L1Ⅱ，庙宇区内（西）F1Ⅱ等建筑内出土的遗物相同，并出有元祐通宝、绍圣元宝、元符通宝、圣宋元宝、崇宁重宝、大观通宝、政和通宝和宣和通宝钱，同属北宋晚期建筑。

第8层：黄沙土，土质纯净、细腻，距地表深104～162、厚3～8厘米。全方分布。无包含物，应为长江涨水形成的淤沙层。

8层下发现（西）F8Ⅰ，所出遗物与商业区内的（西）L1Ⅰ内出土的遗物相同，并出有至道元宝、治平元宝、熙宁元宝、熙宁重宝、元丰通宝钱，应为北宋早中期建筑。

（西）F8是一座大型建筑群，是官署区内的核心建筑。为保存（西）F8Ⅰ外观的完整性，官署区内的所有探方发掘到与（西）F8Ⅰ同一层面时均停止继续向下发掘。

五、居　民　区

（一）东居民区

旧县坪遗址的东区是六朝归乡县、乐乡县、信陵郡、隋唐巴东县治的官署区，进入宋代，巴东县治的官署区西移至遗址的（西Ⅰ）区，这里成为宋代的居民区，按前述遗址地层分区的原则，我们将此地划归为东居民区（彩版六，1）。该区域包括东区所有的探方，共计307个。编号为：

（东Ⅰ）T0202、T0302、T0402、T0403、T0502、T0503、T0602、T0603、T0702、T0703、T0802、T0803、T0902、T0903、T0904、T1002、T1003、T1004、T1005、T1102、T1103、T1104、T1105、T1202、T1203、T1204、T1205、T1206、T1303、T1304、T1305、T1306、T1403、T1404、T1405、T1406、T1503、T1504、T1505、T1506、T1603、T1604、T1605、T1606、T1703、T1704、T1705、T1706、T1803、T1804、T1805、T1806、T1807、T1808、T1809、T1810、T1903、T1904、T1905、T1906、T1907、T1908、T1909、T1910、T1911、T2003、T2004、T2005、T2006、T2007、T2008、T2009、T2010、T2011、T2103、T2104、T2105、T2106、T2107、T2108、T2109、T2110、T2111、T2112、T2113、T2114、T2115、T2116、T2117、T2118、T2119、T2203、T2204、T2205、T2206、T2207、T2208、T2209、T2210、T2211、T2212、T2213、T2218、T2219、T2303、T2304、T2305、T2306、T2307、T2308、T2309、T2310、T2311、T2312、T2313、T2403、T2404、T2405、T2406、T2407、T2408、T2409、T2410、T2411、T2412、T2503、T2504、T2505、T2506、T2507、T2508、T2509、T2510、T2511、T2521、T2525、T2602、T2603、T2604、T2605、T2606、T2607、T2608、T2609、T2610、T2621、T2625、T2702、T2703、T2704、T2705、T2706、T2707、T2708、T2712、T2713、T2714、T2715、T2716、T2721、T2802、T2803、T2804、T2805、T2806、T2807、T2812、T2813、T2814、T2815、T2816、T2817、T2818、T2819、T2820、T2821、T2822、T2902、T2903、T2904、T2905、T2906、T2912、T2913、T2914、T2915、T2916、T2917、T2918、T2919、T2920、T2921、T3004、T3005、T3006、T3012、T3013、T3014、T3015、T3016、T3017、T3018、T3104、T3105、T3106、T3112、T3113、T3114、T3115、T3116、T3117、T3118、T3204、T3205、T3206、T3212、T3213、T3214、T3215、T3216、T3217、T3218、T3304、T3305、T3306、T3311、T3312、T3313、T3314、T3315、T3316、T3317、T3318、T3404、T3405、T3411、T3412、T3413、T3414、T3415、T3416、T3416、T3417、T3418、T3504、T3505、T3511、T3512、T3513、T3514、T3515、T3516、T3517、T3604、T3605、T3611、T3612、T3613、T3614、T3615、T3616、T3617、T3704、T3705、T3711、T3712、T3713、T3714、T3715、T3716、T3717、T3804、T3805、T3811、T3812、T3813、T3814、T3815、T3816、T3904、T3905、T3910、T3911、T3912、T3913、T3914、T3915、T3916、T4012、T4013、T4014、T4015、T4016、T4112、T4113、T4114、T4115、T4116、T4117、T4212、T4604、T4704、T5005、T5104、T5105、T7205、T7305。

现以（东Ⅰ）T2209、（东Ⅰ）T2210、（东Ⅰ）T2211东壁剖面为例，将东居民区的地层堆积，以及地层与遗迹单位之间的关系介绍如下（图七）：

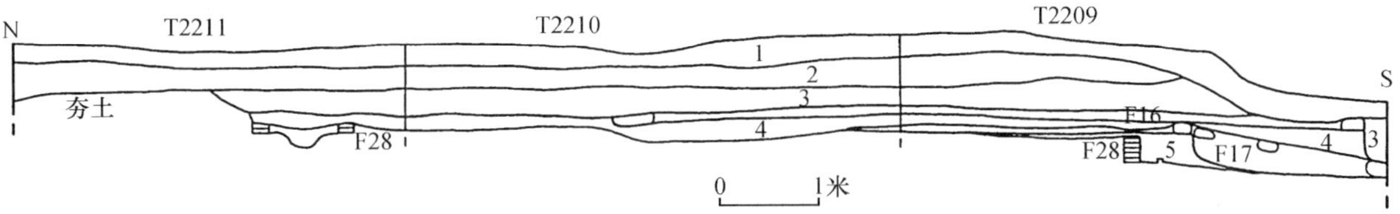

图七　巴东旧县坪遗址东居民区（东Ⅰ）T2209、（东Ⅰ）T2210、（东Ⅰ）T2211东壁剖面图

第1层：耕土层，深褐土色，土质疏松，夹杂有植物根茎。含粗砂石粒较多，覆盖全方，厚15～30厘米。出有较少的近代瓦片。现代耕土层。

第2层：灰褐土，土质松散，含粗砂石粒较多，分布于（东Ⅰ）T2211、（东Ⅰ）T2210全方及（东Ⅰ）T2209探方东北部。距地表深15～30、厚0～40厘米。出有素面瓦片以及青花瓷片，为明清文化层。

第3层：红褐土，土质较硬，含有较多的红砂石粒，分布于（东Ⅰ）T2211的南部、（东Ⅰ）T2210以及（东Ⅰ）T2209东北部。距地表深25～55、厚0～35厘米。发现遗物中，有青、白、褐、黑等釉色的瓷器残片、泥质灰陶罐片、素面瓦片。出土遗物与商业区4、5层遗物相似，属于南宋中晚期堆积层。

3层下有房屋建筑遗迹，编号为（东）F16，为南宋早期建筑。

第4层：灰褐色土，土质细腻、坚硬，含小石子、瓦片，青、白、褐、黑等釉色的瓷器残片。分布于（东Ⅰ）T2211的南部、（东Ⅰ）T2210以及（东Ⅰ）T2209东北部，距地表深35～105、厚0～25厘米，出土遗物与商业区7层遗物相似，同属于北宋晚期文化层。

4层下发现房屋遗迹，编号为（东）F17。出土遗物与官署区（西）F8Ⅱ内出土的遗物相同，为北宋晚期建筑。

第5层：黄褐土，土质较硬，含有较多的红烧土粒，距地表深50～90、厚20～50厘米。主要分布在（东Ⅰ）T2209的南部。该层出青瓷碗、罐、壶及釉陶双唇罐的残片。并出有开元通宝、光天元宝钱，为五代文化层。

在该层下又发掘出一座房址，编号为（东）F28。为隋唐时期的建筑。因该建筑较大，建筑用料精细，做工考究，排水沟、道路等设施完善，为保存（东）F28的完整性，停止向下发掘。

另在（东Ⅰ）T2211的北部、（东）F28叠压有一片东西向分布的深褐色土，经局部解剖，其内夹少量炭灰，土质十分板结，呈层状堆积，经夯实，夯层平整，剥离后清晰，夯窝明显，直径在8～10厘米，每层厚5～10厘米，结合其他探方同类夯土的走向、结构和分布范围综合分析，确定其为城址夯土墙体的组成部分，夯土内出有少量陶片、瓦、大平底青瓷碗等残片。应为六朝时期的遗迹。因本方夯土未发掘到底，其总厚度不详。

（二）西居民区

西居民区分布在遗址西区西北部，包括了除西区官署区、庙宇区、仓储区、商业区以外的所有探方，共计287个。由于该区范围广，地形复杂，落差大，无法统一地层，故又将该区分成A、B两个小区，以海拔115米为分界线（该处有一自然陡坎），115米以下编为A区、115米以上编为B区。例如（西ⅠA）T1103，说明该方位于西居民区的A区；（西ⅠB）T0815，说明该方位于西居民区的 B 区（彩版六，2）。

A 区　共计 98 个探方。编号为：

（西Ⅰ A）T0810、T0811、T0910、T0911、T1010、T1011、T1110、T1111、T1112、T1210、T1211、T1212、T1311、T1312、T1313、T1411、T412、T1413、T1512、T1513、T1514、T1613、T1614、T1713、T1714、T1715、T1813、T1814、T1815；

（西Ⅱ A）T0801、T0802、T0803、T0805、T0901、T0902、T0903、T0904、T1004、T1104、T1110、T1203、T1303、T1305、T1306、T1405、T1406、T1505、T1506、T1605、T1606、T1705、T2901、T2902、T3001；

（西Ⅲ A）T0801、T0901、T1102、T1103、T1104、T1202、T1203、T1204、T1302、T1303、T1304、T1402、T1403、T1404、T1501、T1502、T1503、T1504、T1602、T1603、T1604、T2406、T2507、T2607、T2702、T2803、T2903、T2904、T3003、T3004、T3005、T3104、T3105、T3106、T3204、T3205、T3206、T3705、T4109、T4209、T4309、T4408、T4508、T4707。

现以（西ⅢA）T1103 的西壁为例说明（图八）：

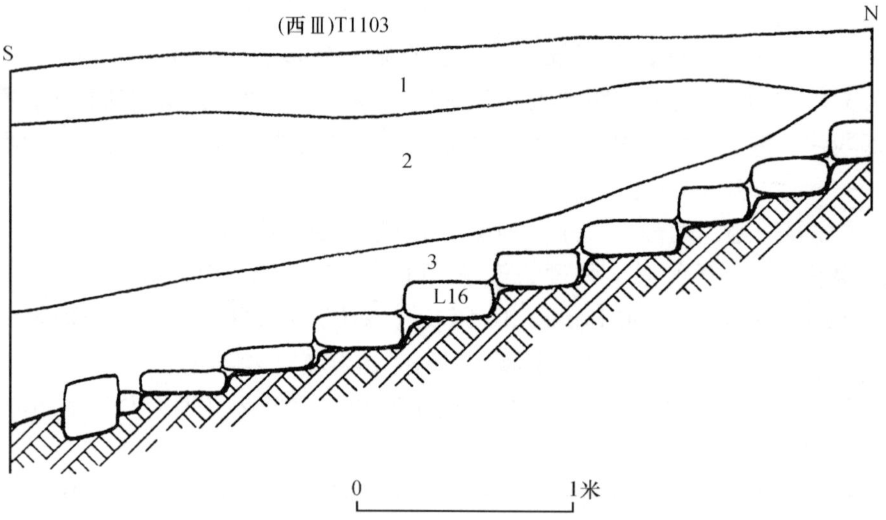

图八　巴东旧县坪遗址西居民区（西ⅢA）T1103 西壁剖面图

第 1 层：灰褐沙土层，分布整个探方，厚 15 ~ 30 厘米，属现代耕土层。

第 2 层：褐红色砂质土层，土质松软，分布在探方中南部，堆积呈斜坡状，南低北高，距地表深 15 ~ 135、厚 0 ~ 105 厘米。出有少量青花瓷片，为明清文化层。

第 3 层：浅黄色沙土，土质松软，分布于整个探方，距地表深 15 ~ 155、厚 0 ~ 35 厘米。遗物见有釉陶罐底、碗底、青白瓷碗底、瓷杯残片等。大量遗物与商业区 4、5 层出土的遗物相似，同属于南宋中晚期文化层。在 3 层下发现一石梯步遗迹，编号为（西）L16，属于北宋晚期的道路遗迹。

B 区　共计 189 个探方。编号为：

（西Ⅰ B）T0112、T0113、T0114、T0118、T0212、T0213、T0214、T0215、T0216、T0217、T0312、T0313、T0314、T0315、T0316、T0317、T0412、T0413、T0414、T0415、T0416、T0417、T0418、T0512、T0513、T0514、T0515、T0516、T0517、T0612、T0613、T0614、T0615、T0616、T0617、T0712、T0713、T0714、T0715、T0716、T0717、T0812、T0813、T0814、T0815、T0816、T0817、T0912、T0913、T0914、T0915、T0916、T0917、T1012、T1013、T1014、T1015、T1016、

T1017、T1113、T1114、T1115、T1116、T1117、T1213、T1214、T1215、T1216、T1217、T1314、T1315、T1316、T1317、T1414、T1415、T1416、T1417、T1418、T1515、T1516、T1517、T1518、T1615、T1616、T1617、T1716；

（西Ⅱ B）T0112、T0118、T0520、T0521、T0620、T0621、T0720、T0721、T0820、T0821、T0920、T0921、T1020、T1021、T1110、T1120、T1121、T1220、T1319、T1320、T1321、T1420、T1521、T1620、T2018、T2118、T2216、T2316、T2318、T2418、T2718、T2818、T3216、T3315、T3316、T3416、T3516、T3614、T3714、T4014、T4015、T4016、T4114、T4115、T4116、T4118、T4119、T4120、T4411、T4412、T4511、T4512、T4611、T4612、T4615、T4616、T4617、T4711、T4712、T4715、T4716、T4717、T4811、T4812、T4813、T4816、T4817、T4911、T4912、T4913、T5011、T5012、T5013、T5111、T5112、T5113、T5211、T5212、T5213、T5711、T5712、T5811、T5911、T6113、T6209、T6213、T6309、T6313、T6409、T6413、T6511、T6513、T6611、T6613、T6711、T6811、T6909、T7009、T7109、T7209、T7309、T7409、T7509。

现以（西ⅠB）T0815、（西ⅠB）T0816的西壁为例说明（图九）：

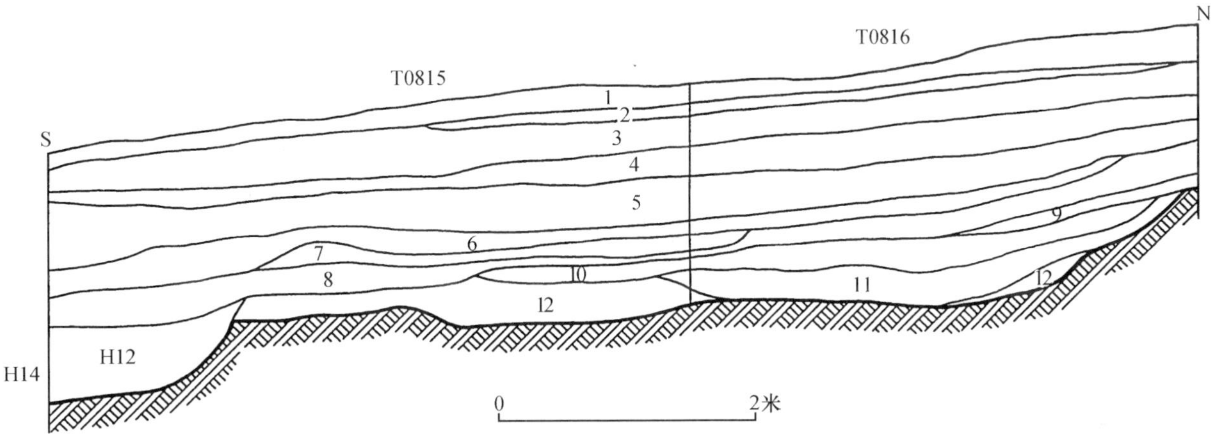

图九 巴东旧县坪遗址西居民区（西ⅠB）T0815、（西ⅠB）T0816西壁剖面图

第1层：灰褐色土，土质疏松，厚10～30厘米。分布全方。为耕土层。

第2层：灰黄黏土，结构紧密，分布于（西ⅠB）T0815的西北角、（西ⅠB）T0816的西部，距地表深10～30、厚0～1 2厘米。出土少量瓷片、瓦片。为明清时期文化层。

第3层：黄褐色沙土，含少量红色颗粒，土质松软，分布在（西ⅠB）T0815、（西ⅠB）T0816的西部，距地表深15～35、厚0～43厘米。出土少量的青花瓷片。为明清时期文化层。

第4层：红褐色沙土，土质松散，除（西ⅠB）T0815西南部一小块无分布外，余皆分布，距地表深32～60、厚8～30厘米。发现遗物中有青、白、褐、黑等釉色的瓷器残片、泥质灰陶罐片、素面瓦片。为宋代文化层。

第5层：黄褐色土，质密坚硬，分布于（西ⅠB）T0815西北部及（西ⅠB）T0816全方，距地表深40～82、厚17～55厘米。发现有绳纹灰陶的陶片、绳纹瓦片、卷云纹瓦当等。为汉代文化层。

第6层：灰黄色土，夹零星的红烧土颗粒、草木灰，土质松软，分布于（西ⅠB）T0815全方、（西ⅠB）T0816的西南部，距地表深85～115、厚0～30厘米。发现的遗物中有泥质灰陶的瓦片、陶器残片等。器类有绳纹筒瓦、板瓦片，有罐、盆等，纹饰有绳纹、附加堆纹等。为汉代文化层。

第7层：红褐土，土质松散，夹小碎石子，分布于（西ⅠB）T0815东北、（西ⅠB）T0816的东南部，距地表深 85 ~ 115、厚 0 ~ 30 厘米。发现的遗物中多为泥质灰陶，可辨识的有罐、钵、盆、豆、瓦等。为东周时期文化层。

第 8 层：黄褐色土，土质松散，夹红烧土、草木灰，分布于（西ⅠB）T0815、（西ⅠB）T0816 的西部，距地表深 90 ~ 138、厚 0 ~ 30 厘米。多为泥质灰陶，可辨识的有罐、鬲、盆、豆、瓦的残片等。为东周时期文化层。（西）H21 开口于本层下。

第 9 层：红褐色土，夹红沙子，分布于（西ⅠB）T0815 的东北、（西ⅠB）T0816 的西北部，距地表深 120 ~ 140、厚 0 ~ 10 厘米。出土物较少，多为泥质灰陶，可辨识的仅有瓦。为东周时期文化层。

第 10 层：黄褐色土，分布于（西ⅠB）T0815 的北部、（西ⅠB）T0816 的西南部，距地表深 135 ~ 150、厚 0 ~ 28 厘米。出土物极少，为泥质灰陶，可辨识的有罐的残片。为东周时期文化层。

第 11 层：灰褐色土，土质细腻紧密，夹有零星的草灰，分布于（西ⅠB）T0815 的东北部，（西ⅠB）T0816 的西南部，距地表深 130 ~ 165、厚 0 ~ 30 厘米。出土物多为泥质灰陶，可辨识的有罐、盆、瓦的残片。为东周时期文化层。

第 12 层：黄褐色土，夹草木灰，土质较软，分布于（西ⅠB）T0815 的大部分、T0816 的西部中间，深 135 ~ 200、厚 0 ~ 40 厘米。出土物较少，为泥质灰陶，可辨识的有豆、罐的残片。为东周时期文化层。

第二节　文化内涵及其分布范围

目前发掘整理的结果显示：旧县坪遗址包含了从东周到明清的各个时期的文化堆积。由于旧县坪遗址的考古发掘是以全面揭示宋代巴东县城为主要目的，加上受到三峡工程蓄水时间的限制，多数探方只发掘到宋代遗存后便停止了发掘。因此，对于早于宋代的各个时期的文化堆积揭示得并不完整。但我们可以从以下四个方面，大致了解到这些早于宋代的文化堆积的分布状况。

（1）通过全面勘探，了解各发掘点文化堆积分布状况，但绝大多数探方，由于宋代墙基倒塌的石块墙体密集分布，致使勘探完整堆积的目的难以实现。但还是有部分探方达到了此目的。

（2）部分探方由于宋代的遗存并不丰富，这部分探方一直发掘到了生土层，发现了一批早于宋代的各个时期的原生地层堆积和一批典型的遗迹单位，从而建立起了旧县坪遗址的文化发展序列。

（3）还有部分探方宋代的遗迹不是十分重要，下面又暴露出来了早期重要的遗迹，我们在做好各方面的资料收集后，对下面的早期遗迹也予以了重点揭示。

（4）有一批早于宋代的遗物混出于宋代遗存中，但我们可以从早于宋代的这些遗物的出土的丰富程度、分布密度，来作为我们判断下面是否有早期遗存、什么时期的遗存分布的依据。

通过以上四个方面的工作，使我们对于旧县坪遗址各个时期文化堆积的分布状况、丰富程度有了一个较好的了解。

遗址发现的东周和汉代的遗存，主要分布在西区的北部，这里接近现山脚处，地势高，坡度大，历年雨水冲击下来的淤积层较厚，远离唐宋时期的官署区，因此唐宋遗存较少，东周、汉代遗存较为丰富。

六朝时期的遗存主要分布在遗址的东区和西区中部偏南处，这两块地方正好是旧县坪遗址中地势较高、地面较平坦、土质较细腻的位置。在东区发现了保存较好的城址；在西区中部南部发现了一批六朝时期的遗迹，并出土了一批与这些重要遗迹年代相符的遗物。

隋唐时期的遗存与六朝遗存的分布大致相同。隋唐时期的巴东县衙署就位于遗址的东区西部；隋唐时期的仓储、庙宇建筑都在上述西区中部偏南处。

宋代是巴东旧县坪遗址的繁荣期，以遗址西部的官署区为中心，东西长900米、南北宽280米的范围内都保存有大量的宋代遗存，房屋基址密集分布，层层叠压，布局严谨，做工考究，向人们展现出了宋代巴东县城的繁荣场景。

进入明代以后，旧县坪遗址的规模骤然缩小，只有零星的居民点，规格低，保存差。一批明代的小墓均发现在遗址西区的近山麓边。

综上所述，我们可以得出下列结论：

（1）旧县坪遗址在东周时期已形成一处小规模的居民点，汉代并没有太大的发展。

（2）六朝时期，这里已形成重要的集镇，出土遗物相应增多。保存完好的城址的发现，证实了这里应该是六朝归乡县、信陵郡、北周乐乡县所在地。

（3）隋唐时期遗存分布范围更大，遗存更多。在东区城址的基础上，发现了高规格的官府建筑基址，这里应是隋唐时期的官府所在地。城市功能区分布已十分明确。

（4）宋代，旧县坪遗址进入鼎盛期，其发现的遗存之多，档次之高，实属宋代城市考古的一次重大发现。

（5）宋代以后，旧县坪遗址几近废弃，只是一个一般平民居住的小居民点。

第三章　东周时期

旧县坪遗址发现的东周遗存较少，除上述第二章第二节提及的发掘到东周原生地层、同时期遗迹单位的探方里出土有少量东周遗物外，其他遗物或出自晚期单位、或来自采集。

第一节　灰　　坑

东周灰坑共有6个，可分为椭圆形、不规则形、长方形三种。

1. 椭圆形

2座，编号为（西）H13、（西）H23。

（西）H13　位于（西Ⅰ）T0509北部，开口于4层下，打破生土层。坑口平面形状为椭圆形，弧壁，圜底。坑口距地表深0.5米，东西长径0.9、南北短径0.5米，坑口距坑底深0.41米。坑内填土为灰褐色，土质松软，内含红烧土、草木灰。出土少量的夹细砂灰色的绳纹罐、盂腹部的残陶片（图一〇）。

（西）H23　位于（西ⅠB）T0816北部，开口于7层下，打破8层。（西）H23平面形状为椭圆形，坑口东西长1.77、南北宽0.8、深0.45米，东北部坑壁较为陡直，其余均为平缓，坑底呈斜坡状。填土为红色土伴有少量黄色、灰色土，夹杂有少量草木灰，质紧密。出土陶片以泥质灰陶居多，纹饰主要为绳纹，可辨器形有瓦、豆、鬲足等（图一一）。

2. 不规则形

3座，编号为（西）H11、（西）H21、（西）H24。

（西）H11　位于（西Ⅰ）T0406西北部，开口于4层下，打破生土层。（西）H11平面形状不规则，西北两边都伸入隔梁中。坑口长1.86、宽1.5、坑深0.42米。斜壁，二层台阶状底。填土为灰黑土，土质较疏松，含较多细沙、草木灰。出土有泥质灰陶片、箭镞、兽骨等（图一二）。

（西）H21　位于（西ⅠB）T0714、（西ⅠB）T0814、（西ⅠB）T0715、（西ⅠB）T0815四方内，开口于8层下，打破12层。（西）H21平面形状不规则，坑口长4.76、宽1.6、坑深0.6米。弧壁，圜底。填土为灰黑土，土质较疏松，含草木灰。出土有泥质灰陶片、兽骨等（图一三）。

（西）H24　位于（西ⅠB）T0815南部，部分伸入到（西ⅠB）T0814的北隔梁下，开口于7层下，打破12层。坑口平面为不规则形，坑口长径0.96、短径0.74、坑深0.36米。灰坑东壁较直，西壁呈二级台阶状。填土为黄褐色沙质土，土质较疏松，含草木灰、红烧土颗粒。出土有较多的泥质灰陶绳纹片、还有少量的褐胎黑皮陶片。均为残片，可辨器形有豆、罐、盂、盆等。同时还出土石锛一件（图一四；图版一，1）。

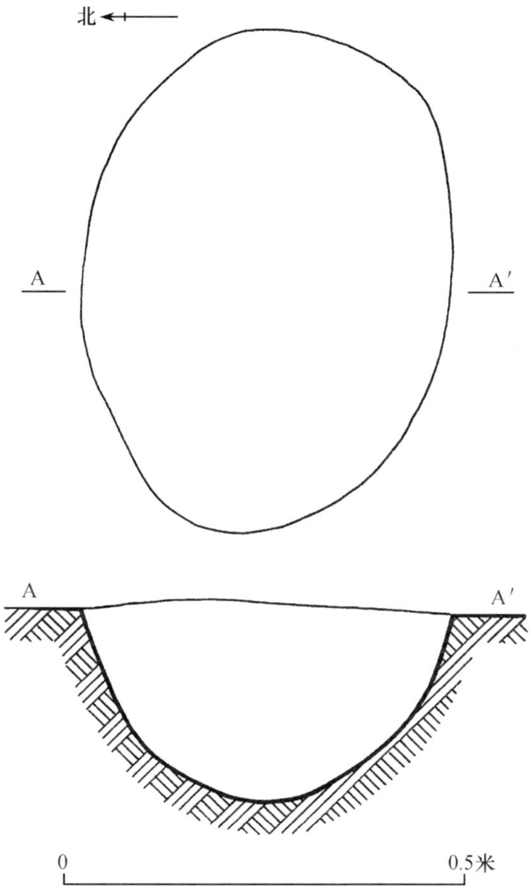

图一〇　巴东旧县坪遗址（西）H13平、剖面图

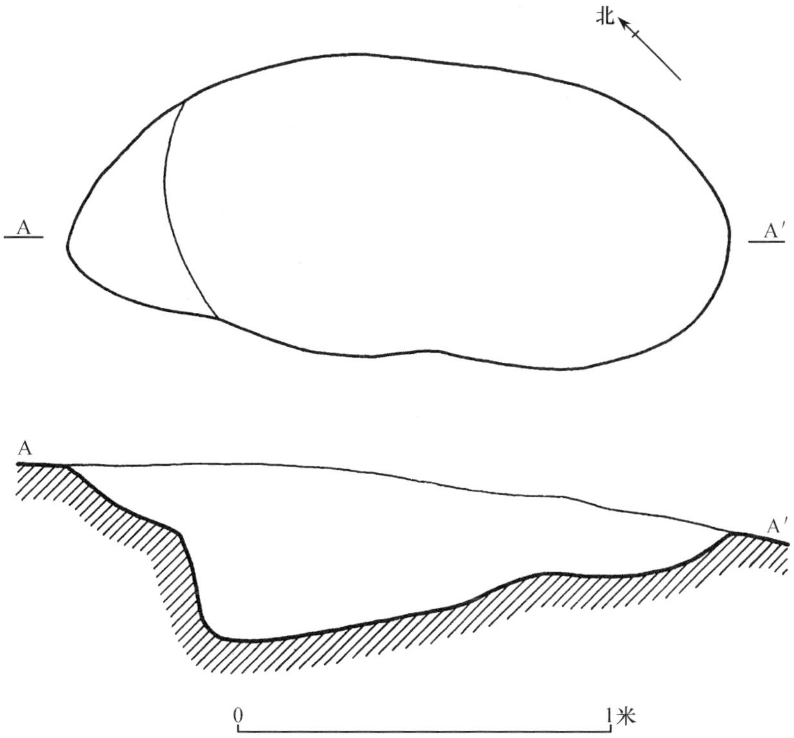

图一一　巴东旧县坪遗址（西）H23平、剖面图

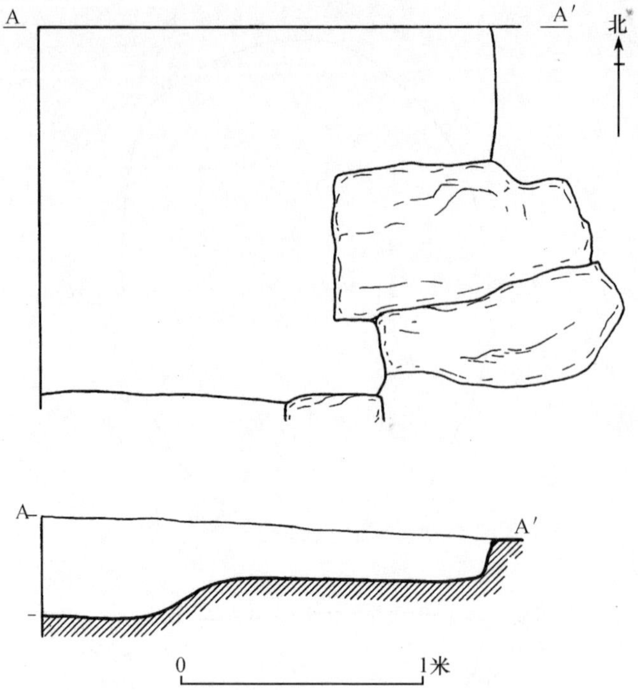

图一二　巴东旧县坪遗址（西）H11 平、剖面图

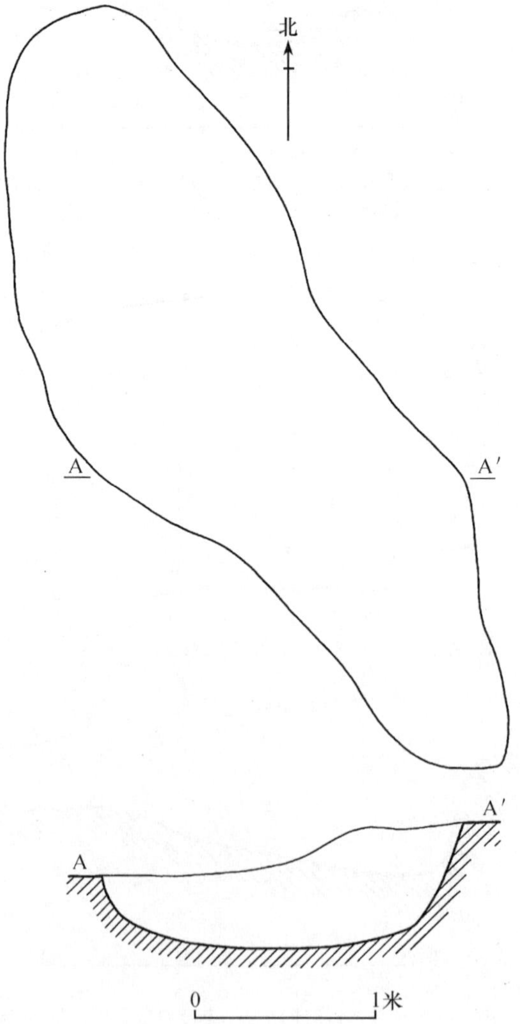

图一三　巴东旧县坪遗址（西）H21 平、剖面图

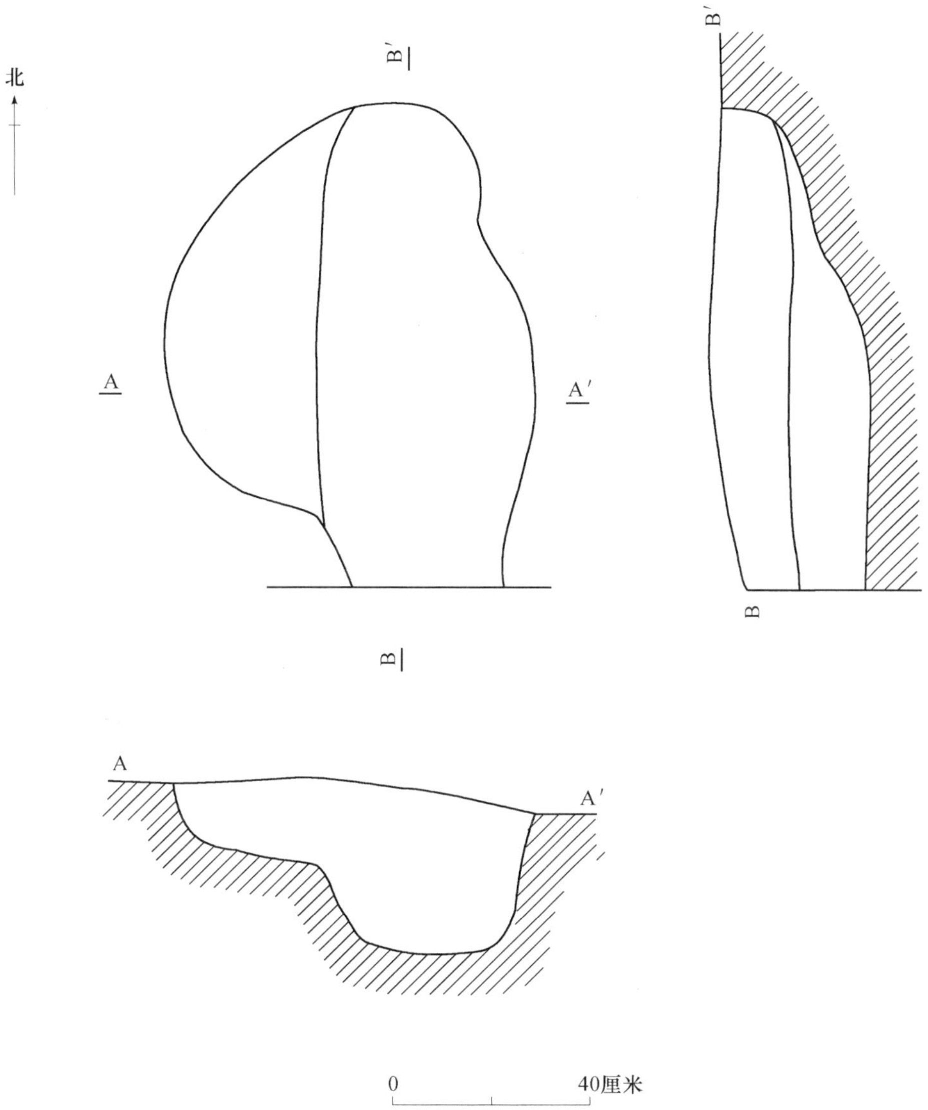

图一四　巴东旧县坪遗址（西）H24平、剖面图

3. 长方形

1座，编号为（东）H6。

（东）H6　位于（东Ⅰ）T4116中部，部分伸入探方北隔梁，开口于5层下，打破生土层。（东）H6的平面形状为长条形，南北长4.6、东西宽1.6、深0.65米。斜壁，平底，底部为规整的长方形。（东）H6填土为黄红花土，夹杂有石块和少量炭灰，土质适中。出土有较多的泥质绳纹灰陶板瓦、筒瓦，同时出土泥质灰陶豆柄、泥质灰陶绳纹罐、盂、夹砂红褐陶绳纹釜的残片、夹砂褐陶鼎足、鬲足、鹿角等（图一五；图版一，2）。

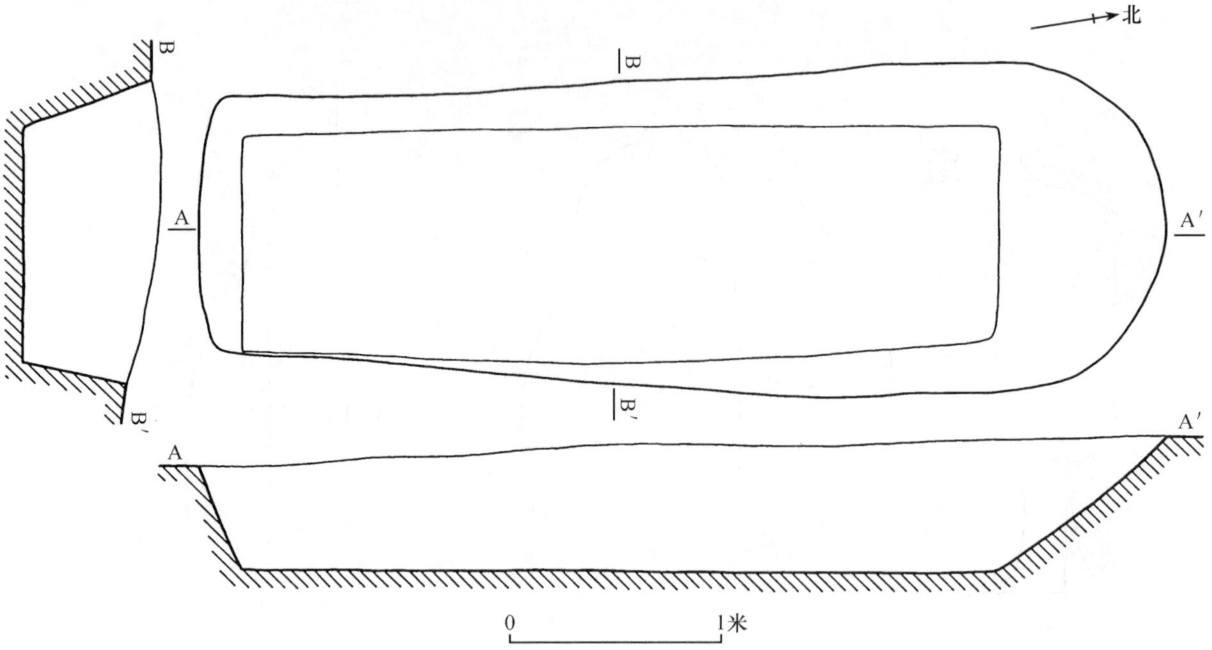

图一五　巴东旧县坪遗址（东）H6 平、剖面图

第二节　遗　　物

一、生活用具

（一）陶器

遗址所出陶器不多，均为残片，可辨器形的有鬲、鼎、豆、罐、釜、盂，瓦，符合标本条件的只有鬲、鼎、豆、瓦四类。

1. 鬲

鬲足　2 件。

标本（西）H23∶1，柱足残，饰绳纹。夹粗砂灰陶。残高 8.8 厘米（图一六，1）。

标本（东）H6∶3，柱足残，足窝小浅，饰绳纹。夹粗砂灰陶。残高 8.8 厘米（图一六，2）。

2. 鼎

鼎足　1 件。

标本（东）H6∶2，锥形足。夹粗砂红陶。残高 12.8 厘米（图一六，3）。

3. 豆

豆座　1 件。

标本（东）H6∶1，圆直柄，喇叭座，内空细浅。泥质灰陶。柄径 3.2、座径 9.6、残高 7 厘米（图一六，4）。

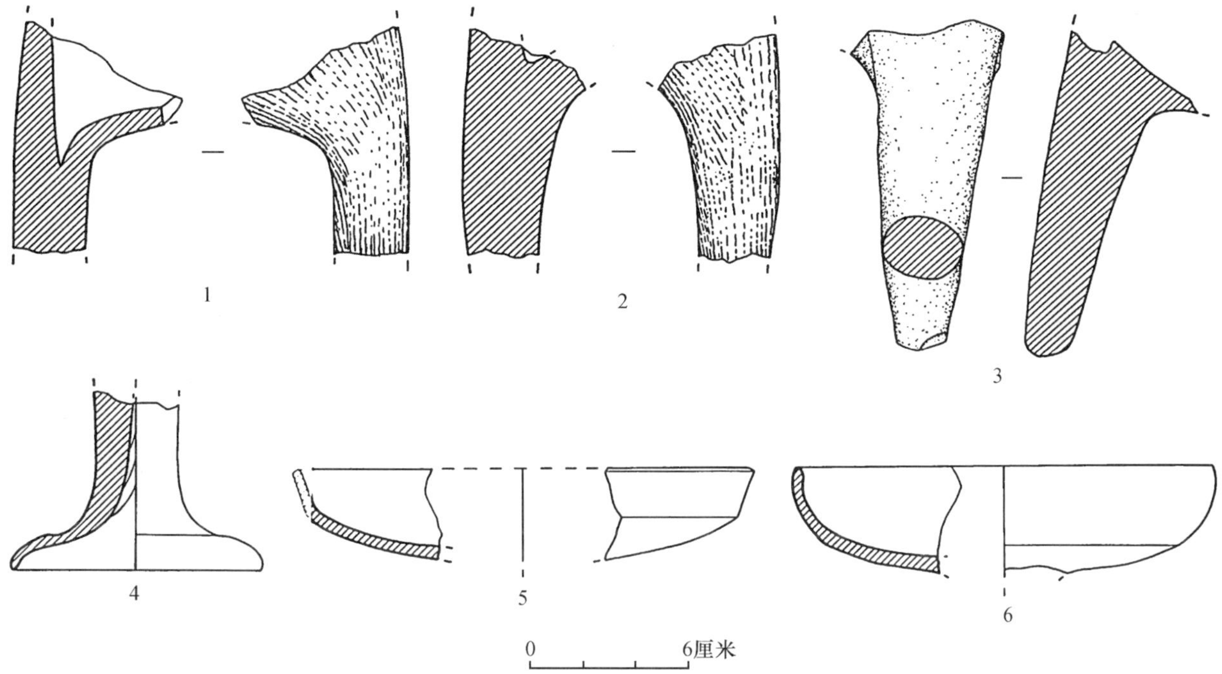

图一六　巴东旧县坪遗址出土东周陶生活用具

1、2. 鬲足（（西）H23∶1、（东）H6∶3）　3. 鼎足（（东）H6∶2）　4. 豆座（（东）H6∶1）　5. Ⅰ式豆盘（（东）H6∶4）　6. Ⅱ式豆盘（（西）H23∶2）

豆盘　2件。可分为二式。

Ⅰ式：1件。

标本（东）H6∶4，敞口方唇，浅折盘。泥质灰陶。口径18.8、残高3.5厘米（图一六，5）。

Ⅱ式：1件。

标本（西）H23∶2，口微敛，圆唇，浅弧盘，外壁有一折痕。泥质灰陶。口径16.2、残高3.8厘米（图一六，6）。

（二）铜器

带钩　2件。分二型。

A型　1件。

标本（东Ⅰ）T2112⑤∶1，琵琶形。钩首残，身前端细长，尾部宽扁呈琵琶形，尾下凸起一圆纽。长4.6厘米（图一七，1；图版二，1）。

B型　1件。

标本（西Ⅰ）T1109⑤∶4，鸟形。长条椭圆形颈，扁圆形鸟身，纽在尾下。长4.7厘米（图一七，2；图版二，2）。

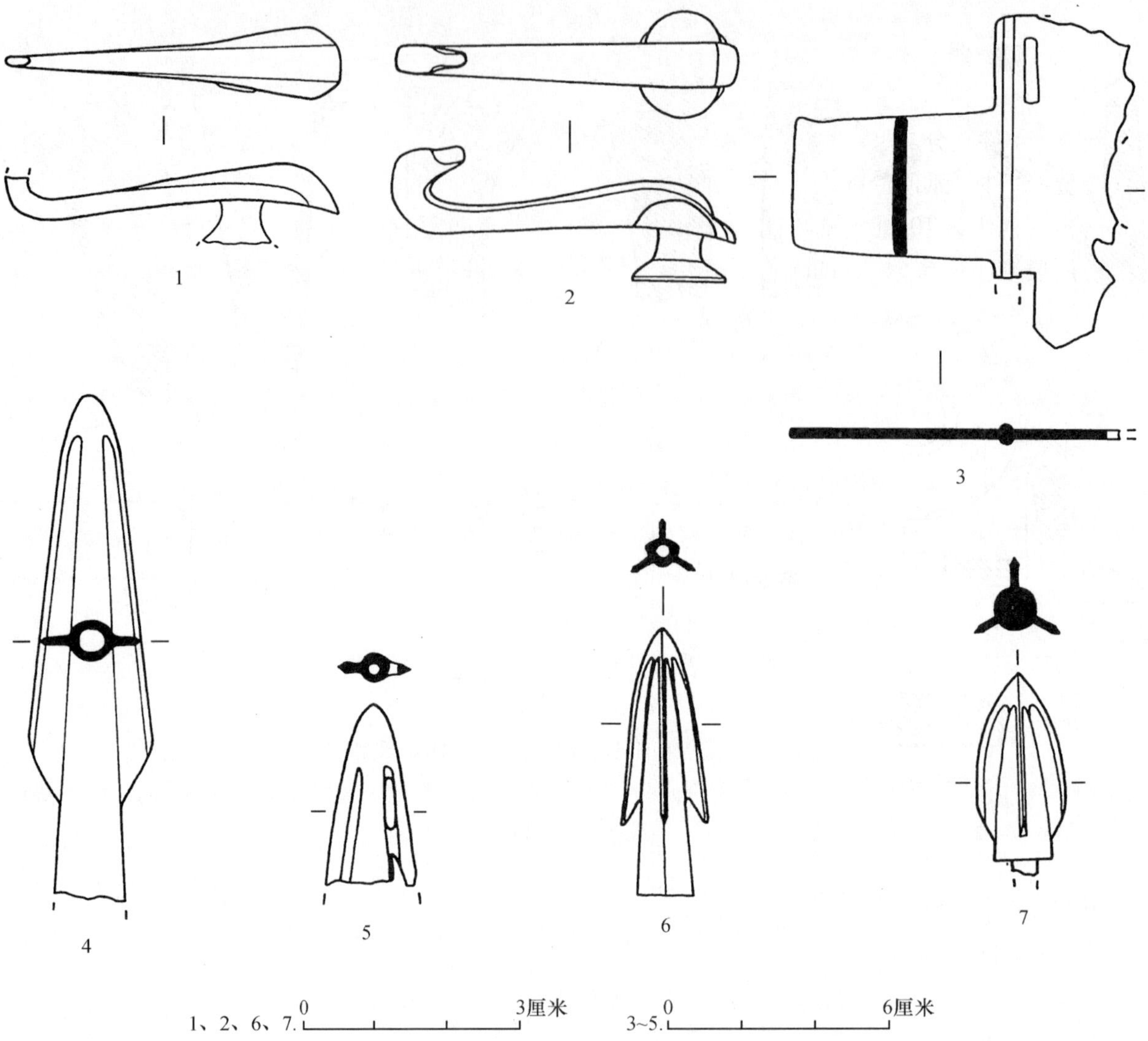

图一七　巴东旧县坪遗址出土东周青铜生活用具、兵器

1. A型铜带钩（（东Ⅰ）T2112⑤:1）　2. B型铜带钩（（西Ⅰ）T1109⑤:4）　3. 铜戈（（东Ⅰ）T2714⑤:4）　4. A型铜矛采集:1）　5. B型铜矛（（西Ⅰ）T0406④:7）　6. A型铜箭镞（（东Ⅰ）T2714④:1）　7. B型铜箭镞（（西Ⅰ）T1007⑤:14）

二、生产工具

（一）陶器

纺轮　3件。

标本（西Ⅰ）T0607③:8，圆饼形，中心有圆孔，直边，正面孔周围凸起。夹细砂灰陶。直径3.6、厚0.5、孔径1厘米（图一八，1）。

标本（西Ⅰ）T0408③:12，圆台体形，较厚，中心有一小孔。夹细砂灰陶。直径3.1、厚1.2、孔径0.5厘米（图一八，2；图版三，1）。

标本（西Ⅰ）T0407③:2，圆形，直边，两面皆平，截面长方形，一面中心钻有一圆窝，可能是钻孔未完成，应是制纺轮的半成品。夹细砂灰陶。直径3.4、厚0.9厘米（图一八，3；图版三，2）。

（二）石器

石斧　4件。分二型。

A型　3件。弧顶，直边，弧刃。

标本（西Ⅰ）T0608③:2，平面呈梯形，横截面呈弧背长方形，纵剖面呈折背形，通体磨光，刃有使用痕迹。长6.5、宽4.5、厚2厘米（图一八，4）。

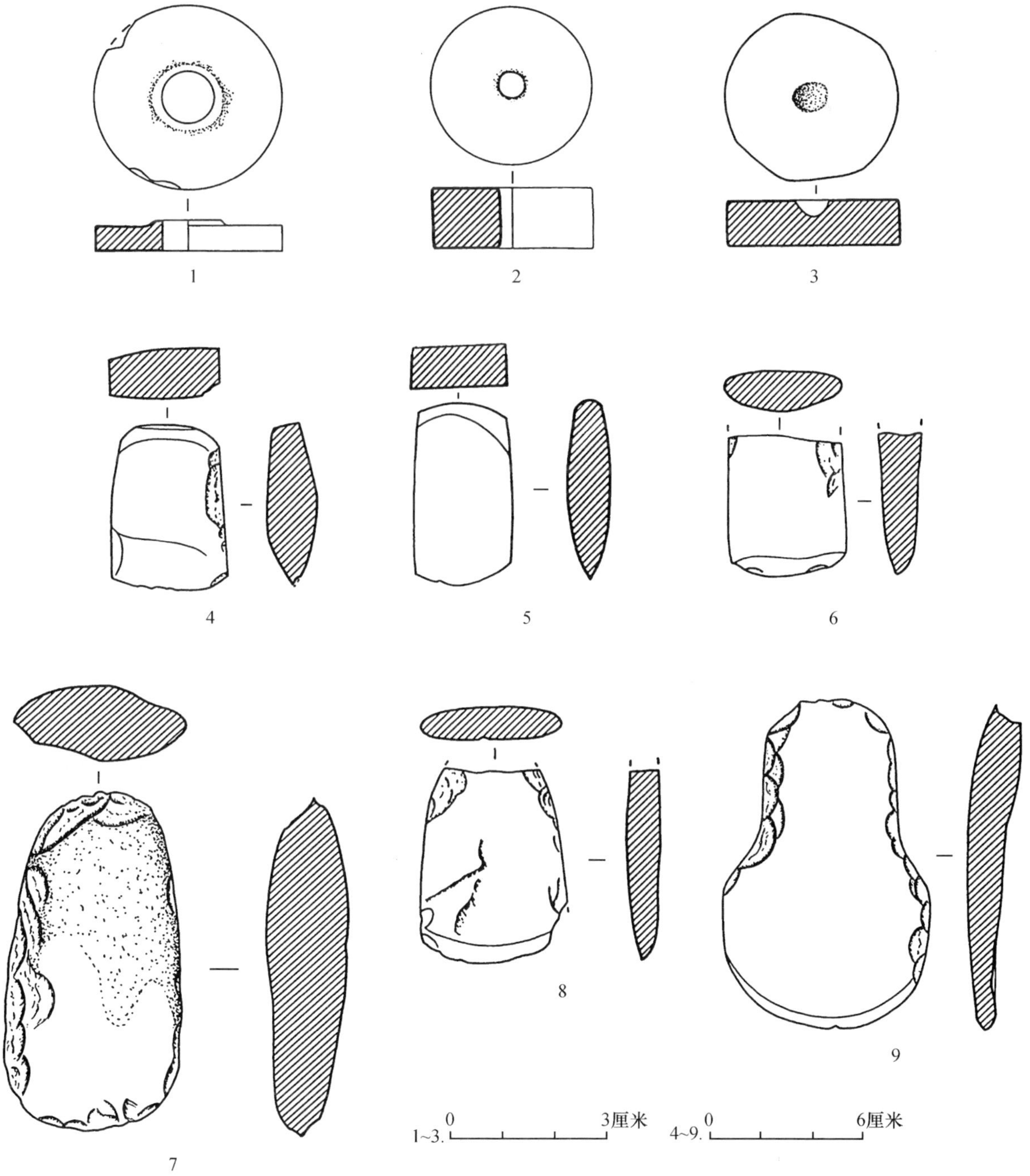

图一八　巴东旧县坪遗址出土东周陶、石生产工具

1～3. 陶纺轮（（西Ⅰ）T0607③:8、（西Ⅰ）T0408③:12、（西Ⅰ）T0407③:2）　4～6. A型石斧（（西Ⅰ）T0608③:2、（东Ⅰ）T3716⑤:9、（西）H73:1）　7. B型石斧（（西Ⅰ）T0604⑦:4）　8. 石锛（（西）H24:1）　9. 石锄（（西Ⅰ）T0607④:9）

标本（东Ⅰ）T3716⑤:9，平面呈长方形，刃略宽，中锋，边棱角分明。横截面呈长方形，纵剖面呈折椭圆形，通体磨光。顶宽3.4、刃宽3.7、厚1.7、长7.1厘米（图一八，5）。

标本（西）H73:1，平面呈长方形，上部残，弧刃，单侧锋，磨制。纵、横剖面均呈椭圆形。长5.6、宽4.6、厚1.7厘米（图一八，6）。

B型　1件。弧顶，弧边，弧刃。

标本（西Ⅰ）T0604⑦:4，平面近椭圆形。长13.3、宽6.7、厚3.2厘米（图一八，7）。

石锛　1件。

标本（西）H24:1，近椭圆形，通体磨光，体扁平。顶残，弧边，弧刃，单侧锋，边圆滑。长7.6、宽5.6、厚1.3厘米（图一八，8）。

石锄　1件。

标本（西Ⅰ）T0607④:9，采用打磨两种方法制成，弧顶，直柄，斜肩，圆弧刃，刃双面磨制较钝。器身一面磨，一面未磨。长12.9、宽8.1、厚1.8厘米（图一八，9）。

三、青铜兵器

全系青铜质地，模范浇铸。

（一）戈

1件。

标本（东Ⅰ）T2714⑤:4，仅存内部，直内，援部残存二长方形穿，身似有一圆孔。残长9、残宽9.2、厚0.3厘米（图一七，3；图版二，3）。

（二）矛

2件。分二型。

A型　1件。

标本采集:1，矛圆管形銎，略残，柳叶形刃。残长14.2、宽3.4厘米（图一七，4；图版二，4）。

B型　1件。

标本（西Ⅰ）T0406④:7，矛残存锋端，尖锋，翼形刃圆管形脊。残长5、残宽2.5厘米（图一七，5）。

（三）箭镞

2枚。分二型。

A型　1件。

标本（东Ⅰ）T2714④:1，身呈圆角三棱形，中空，三叶形翼有倒钩。长3.7厘米（图一七，6；图版二，5）。

B型　1件。

标本（西Ⅰ）T1007⑤:14，三叶形刃，身呈圆锥形，铤为细圆柱形，铤身分界明显。残长4.8、身长2.6厘米（图一七，7；图版二，6）。

四、建筑材料

板瓦　1件。

标本（西）H23∶3，平面呈长方形，已残，横断面呈弧形，外饰绳纹，内素面。夹细砂灰陶。残长24.4、残宽21.2、厚1.6厘米（图一九，1）。

五、其　　他

（一）鹿角

1根。

标本（东）H6∶5，根部向上分二枝，从分枝处锯断。长9.7、宽10厘米（图一九，2）。

（二）卜甲

1片。

标本（西Ⅰ）T1209④∶4，经过修整的龟腹甲上残留有5个圆行钻孔。圆孔直径为0.4～0.6厘米（图一九，3；图版三，3）。

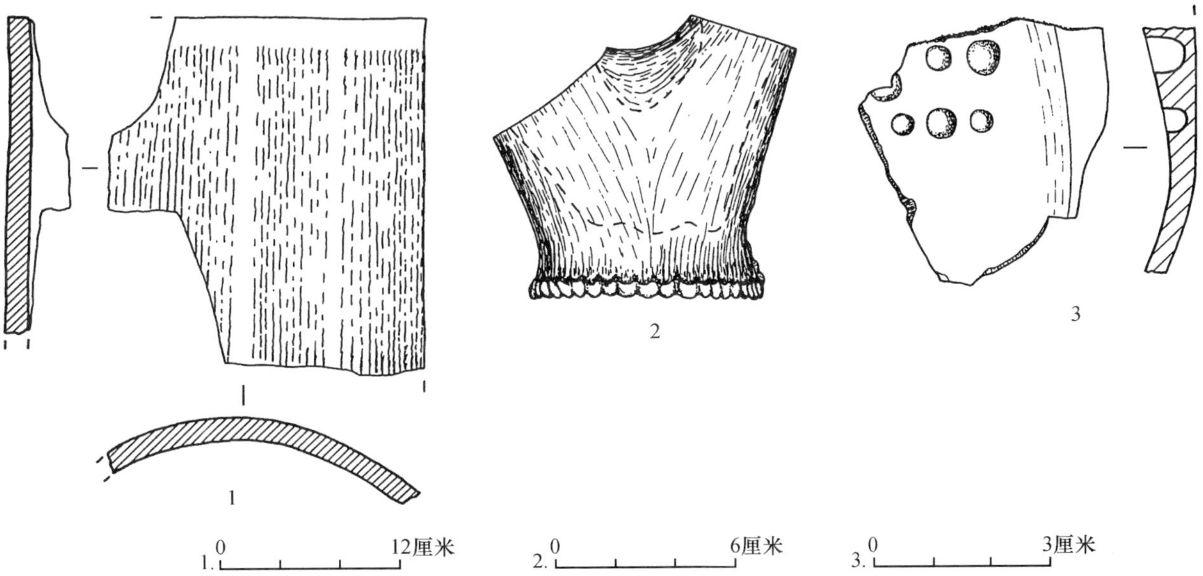

图一九　巴东旧县坪遗址出土东周遗物

1. 陶板瓦（（西）H23∶3）　2. 鹿角（（东）H6∶5）　3. 卜甲（（西Ⅰ）T1209④∶4）

第三节　小　　结

巴东旧县坪遗址已发掘的东周原生地层范围比较小，典型遗迹单位也不多，出土遗物相对零星，不具备根据遗址本身的地层叠压关系和典型遗迹中典型器物的组合关系来对遗址的东周遗物进行系统的分期工作。但遗物的特点比较突出，可根据其他地区同时期、同类遗物的横向比较来完成巴东旧县坪遗址东周遗物的研究工作。

首先，从陶器来看，巴东旧县坪遗址东周陶器可分为两类，一类以灰陶的鬲、豆为基本组合，代表了典型的楚文化特征，鬲为高柱足、平裆、足窝较浅，和湖北荆州的纪南城遗址①、潜江的龙湾遗址②、宜城的郭家岗遗址③等一系列典型的楚文化遗址中出土的东周陶鬲风格完全一致。豆座和宜城郭家岗 AⅢ式豆座相同④，Ⅰ、Ⅱ式豆盘和秭归柳林溪 Aa 型Ⅲ式、Aa 型Ⅱ式豆盘特征相似⑤。遗址出土的铜器也是东周时期楚系墓葬中常见的器物，其中 A 型铜矛、A 型箭镞同于曾侯乙墓Ⅱ式铜矛、Ⅰ式铜镞⑥，B 型箭镞、B 型铜带钩与湖北当阳岱家山东周 M130 出土的Ⅲ式镞、M130 出土的Ⅲ式带钩相同⑦。上述用以比较的器物的年代大致在春秋晚期到战国中期之间，因此巴东旧县坪遗址东周楚文化系列器物的年代也应在此范围之内。另一类器物以夹砂红褐陶鼎足为代表，属于峡区内与古代巴人关系密切，以鼎、釜为代表的另一支考古学文化。两支考古学文化起源于不同的地区，分属于不同的族体，同样是在东周时期，开始共存，直至战国以后，楚文化特征占据强势地位，与古代巴人关系密切，以鼎、釜为代表的考古学文化逐渐被楚文化融合，并形成了独具特色的战国时期楚文化的“峡江类型”⑧。

巴东旧县坪遗址发现的卜甲是在修整好的背面施圆钻，与陕西周原出土的卜甲的整治方法基本相同⑨，但是没有发现有凿、也没有发现有灼兆痕迹。张昌平先生认为，这类无灼兆痕迹的卜甲“可能因为在占卜前即已废弃或备以待用，真正的占卜本身就是通过灼呈现兆枝来判断凶吉，无灼的现象显然不是一种甲骨特点”⑩。此外，多数人认为圆钻是西周早中期卜骨的特征⑪，但论据中提到的湖北枝江郝家洼遗址、湖北宜都香炉石遗址出土的这类圆钻卜甲，其年代都可晚到东周时期⑫，而中原和襄樊地区两周时期流行的双联钻，在峡江及其周边地区商周时期并不多见⑬，圆钻可能代表了一种区域特征。中国古代“三王不同龟，四夷各异卜”⑭，由此推测，峡江地区这种施圆钻的甲骨，可能是生活在峡江一带的巴人的文化传统。

巴东旧县坪遗址出土一批东周时期的石器，这也是峡江地区东周时期遗址中的一种较为普遍的现象，秭归柳林溪⑮、官庄坪⑯、庙坪⑰等一系列遗址的东周遗存中，都包含有大量的石器，也就是说，在峡江地区的东周时期，石器仍是主要的生产工具，这一方面是因为该区域内石材丰富，取材加工方便，另一方面也反映出该地区生产力的发展水平，同其他发达地区相比，还处在一种相对落后的状态。

---

① 湖北省博物馆：《楚都纪南城的勘探与发掘》，《考古学报》1982 年第 3、4 期。

② 湖北省潜江博物馆、荆州博物馆：《潜江龙湾》，文物出版社，2005 年。

③ 武汉大学历史系考古教研室、湖北省宜城县博物馆：《湖北宜城郭家岗遗址发掘》，《考古学报》1997 年第 4 期。

④ 武汉大学历史系考古教研室、湖北省宜城县博物馆：《湖北宜城郭家岗遗址发掘》，《考古学报》1997 年第 4 期。

⑤ 国务院三峡工程建设委员会办公室、国家文物局：《秭归柳林溪》，科学出版社，2003 年。

⑥ 湖北省博物馆：《曾侯乙墓》，文物出版社，1989 年。

⑦ 湖北省宜昌博物馆：《当阳岱家山楚汉墓》，科学出版社，2006 年。

⑧ 王然：《夏、商、西周至春秋时期巴人遗存考》，《文物考古论集》，武汉大学出版社，1997 年。

⑨ 陕西周原考古队：《陕西岐山凤雏村发现周初甲骨文》，《文物》1979 年第 1 期；陕西周原考古队：《陕西扶风县西周甲骨发掘简报》，《文物》1981 年第 9 期。

⑩ 张昌平：《论湖北襄樊地区两周甲骨》，《考古与文物》1996 年第 5 期。

⑪ 黄道华：《枝江郝家洼遗址出土西周卜骨》，《江汉考古》1992 年第 3 期；蒋刚：《重庆、鄂西地区商周时期甲骨的类型学研究》，《江汉考古》2005 年第 4 期。

⑫ 王风竹：《三峡地区朝天嘴 B 区类型遗存类型分析》，吉林大学硕士学位论文，2004 年 4 月。

⑬ 蒋刚：《重庆、鄂西地区商周时期甲骨的类型学研究》，《江汉考古》2005 年第 4 期。

⑭ 《史记·龟策列传》，中华书局，1959 年。

⑮ 国务院三峡工程建设委员会办公室、国家文物局：《秭归柳林溪》，科学出版社，2003 年。

⑯ 国务院三峡工程建设委员会办公室、国家文物局：《秭归官庄坪》，科学出版社，2005 年。

⑰ 湖北省文物事业管理局、湖北省三峡工程移民局：《秭归庙坪》，科学出版社，2003 年。

第四章　两汉时期

第一节　遗　　迹

汉代的遗迹有陶窑、灰坑、窖穴三类。

一、陶　　窑

4座。编号为（西）Y1、（西）Y2、（西）Y3、（西）Y4，其中（西）Y2、（西）Y3、（西）Y4保存较好。

（一）（西）Y1

（西）Y1　位于（西Ⅰ）T0803、（西Ⅰ）T0903两个探方中，开口于2层下，打破生土层。破坏严重，仅残留燃烧室、窑床局部。

燃烧室　东部的燃烧室为洞穴式，平底，弧壁，拱顶。东部残，拱顶北部保存较好，东西残长0.6、南北宽1.1、高0.35米。底、壁、顶的面经火烤后，形成了厚0.05~0.1米的烧土层。

窑床　在燃烧室的西部，残存半圆形的烧土面，径长1.5米，床面平坦，高于燃烧室地面0.12米。

在燃烧室内和窑床上，堆积有大量已烧制变形的正面饰绳纹、背面饰麻布纹的泥质灰陶残瓦片（图二〇）。

（二）（西）Y2

（西）Y2　位于（西Ⅳ）T0701、（西Ⅳ）T0702、（西Ⅳ）T0601、（西Ⅳ）T0602四个探方中，开口于2层下，打破生土层。东西向，西部为操作坑，东部为窑室，方向266°。该陶窑属于地穴式，操作坑、窑门、燃烧室、窑床、烟道部分保存较为完整，窑顶不存（图二一；图版四，1）。

操作坑　位于整座陶窑的前部，平面呈不规则形，东西长1.94、南北宽2.2米。底部呈二级台阶状，坑底最深处距坑口0.8米。

窑门　位于操作坑和燃烧室之间，略呈“八”字形，宽0.9、残高0.75米。底部铺设有由石块垒砌的墙，分隔操作坑与燃烧室，墙宽0.1、残高0.05米。

燃烧室　平面呈马蹄形，底部平坦，与操作坑东部底平齐。东西长1.26、南北宽2.2、残高0.9米。

窑室　位于燃烧室后方，平面呈长方形，窑壁被毁，窑床东西长2.64、南北宽2.4、残高0.4米。东南边遭破坏，面平，高于燃烧室地面0.5米。

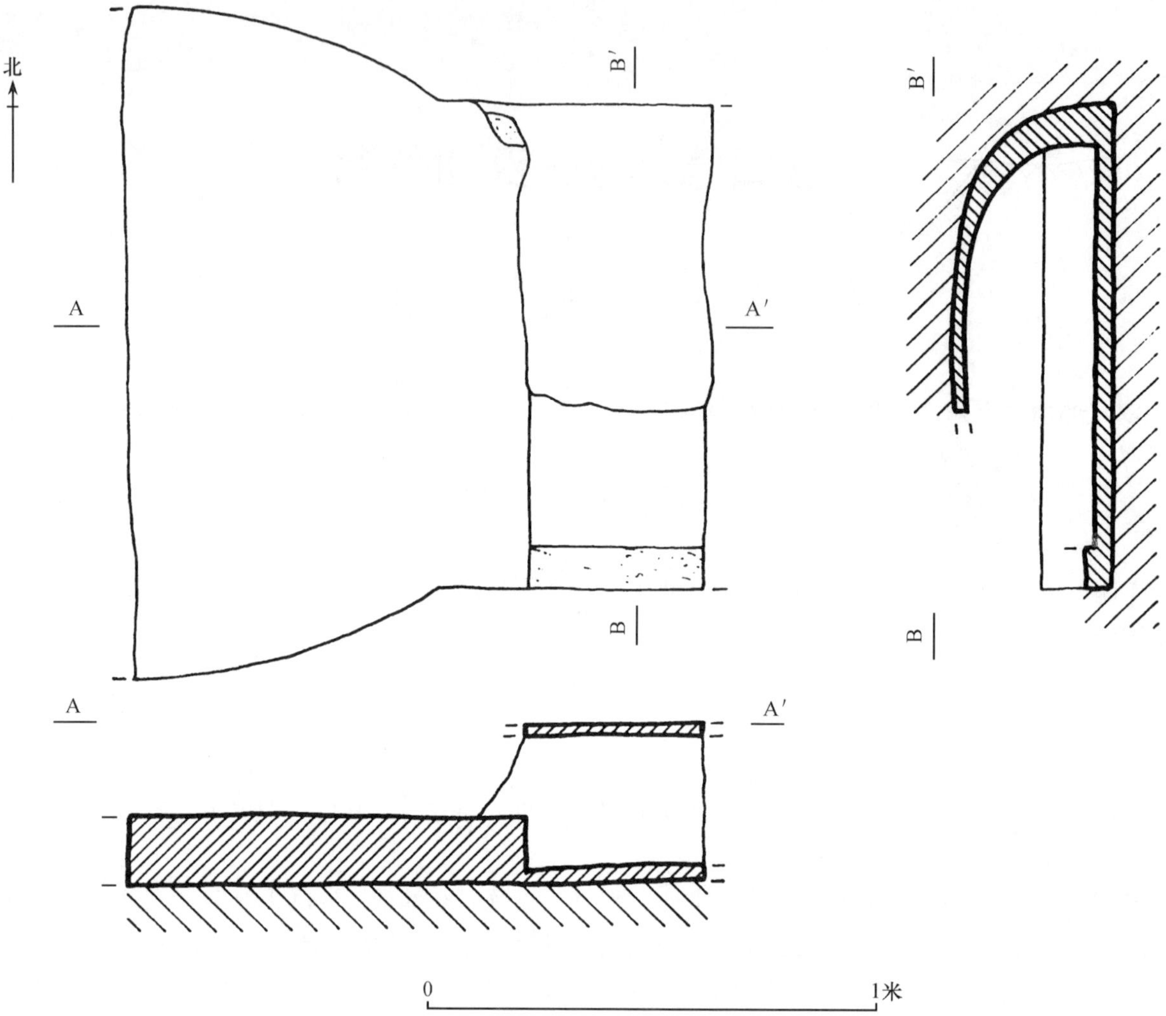

图二〇 巴东旧县坪遗址（西）Y1平、剖面图

燃烧室、窑床的地面和周壁已被烧烤成硬壳状，厚0.12米。

烟道 窑床的后壁北部保存有一较完整的向外凸出的烟道，烟道口距窑床北壁0.16米。长方形，东西长0.32、南北宽0.22、残高0.25米。

填土为灰褐色，土质松软，含较多的红烧土，出土的遗物有纺轮、瓦当、完整的筒瓦与板瓦等。

（三）（西）Y3

（西）Y3 位于（西ⅠB）T0513、（西ⅠB）T0514、（西ⅠB）T0612、（西ⅠB）T0613、（西ⅠB）T0614五个探方中，开口于4层下，打破5层。窑呈南北向地穴式，全长4.1、宽2.1米，方向160°。其结构由南向北分为操作坑、窑门、燃烧室、窑室及烟道几部分。大都保存比较完整（图二二）。

操作坑 位于整座陶窑的前部，由两坑组成。前坑较深，平面呈葫芦状，南北长1.68、东西宽1.38米，圜底，坑底至坑口最高处0.85米。后坑平面近圆形，直径1.94米，弧边，坑底平坦。坑内填土上层为红褐色黏土，下层为大量的灰烬，出土遗物有一件完整的盆和一些烧制变形的灰陶绳纹瓦片。

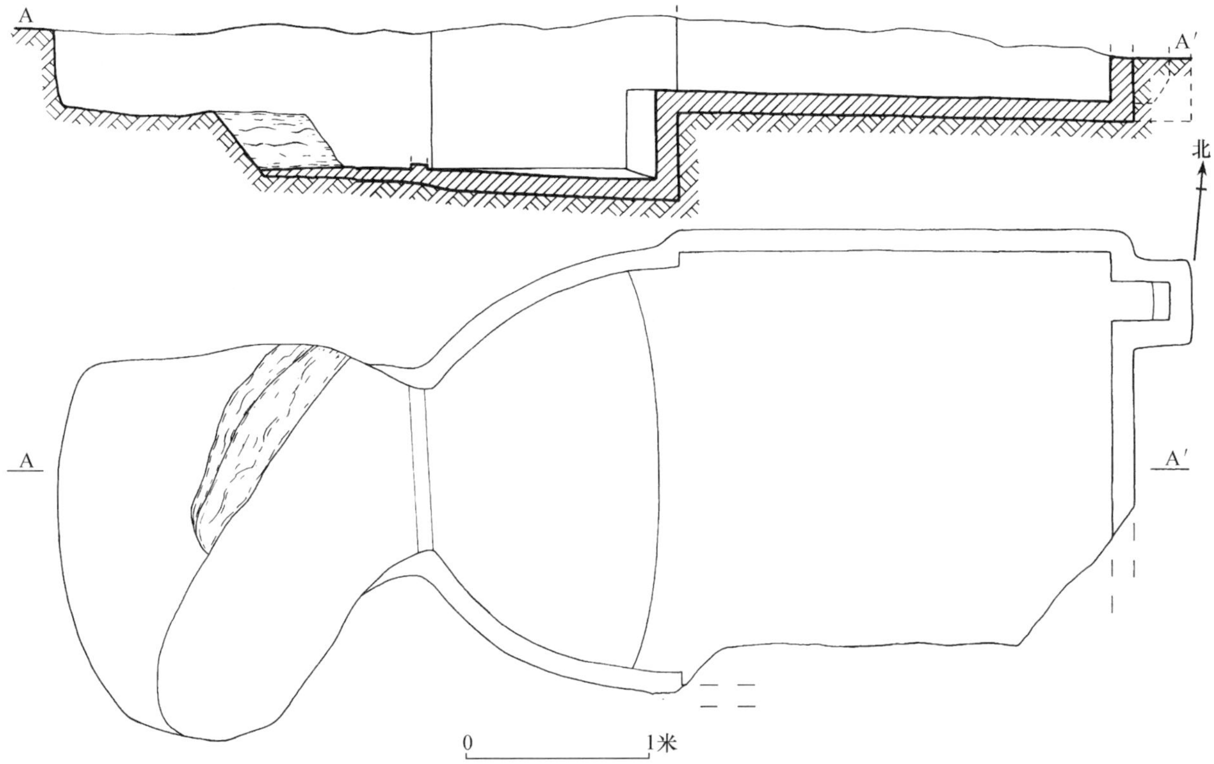

图二一　巴东旧县坪遗址（西）Y2平、剖面图

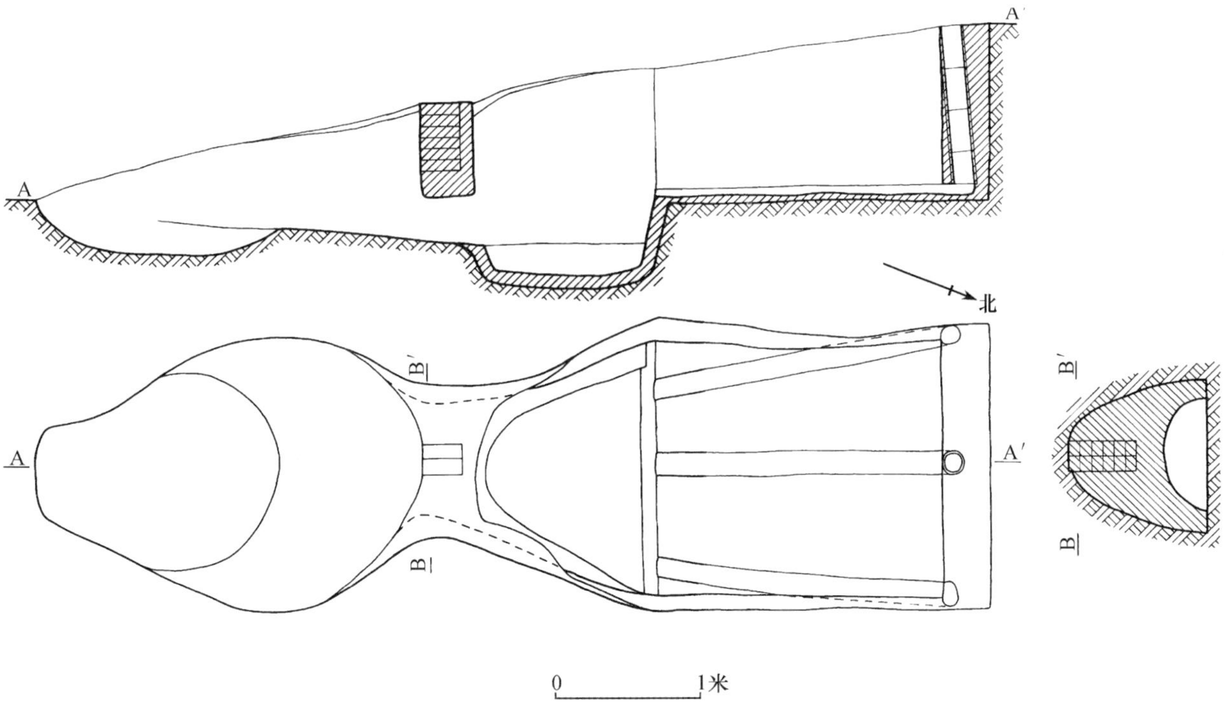

图二二　巴东旧县坪遗址（西）Y3平、剖面图

窑门　位于操作坑和燃烧室之间，是在生土中掏挖的洞式门，呈半圆形，底部平坦，拱形顶。宽0.78、高0.3米。顶外部垮塌后又用砖和泥加固过。

燃烧室　平面呈扇形，底部平坦，底长1.08、宽1.58米，东、西、南三边内收成弧顶，残高1.44米。室内填土和操作坑内的填土相同。

窑室　位于燃烧室后方，平面呈长方形，底长1.98、宽1.8米。窑壁保存较好，北壁最高，现存高度有1.1米，依次向南斜下，到连接燃烧室处为0.86米，室壁由下至上逐渐内收。窑顶不存，但室内填有大块顶部坍塌的青灰色烧土，可以看出窑室的顶部原为券顶。窑床面平坦，高于燃烧室底0.6米。有三条火道均衡分布其上，呈扇形，后延连接后壁的三座烟道。火道宽0.35~0.4、深0.1~0.15米。

窑门、燃烧室、窑床及烟道的边、顶均已形成坚硬的青灰色燃烧面，厚0.07~0.17米，后壁的烧土硬面厚达0.35米。

烟道　位于窑室后壁外，共有三条，圆形，上下贯通。东端烟囱的口径为0.13米，西端口径0.1~0.18米，中间的烟囱要大于东西两侧的烟囱，系用筒瓦纵向围成圆管形，口径为0.18、残高1.1米。三条烟道底部有孔，分别与三条火道相通。

（四）（西）Y4

（西）Y4　位于（西Ⅳ）T1101中部，开口于2层下，打破生土。整体平面形状如一枚钥匙，全长1.7米。呈东西向分布，自东向西依次由火道、窑室组成，窑顶已不在，仅有残存的窑室、火道的底部（图二三；图版四，2）。

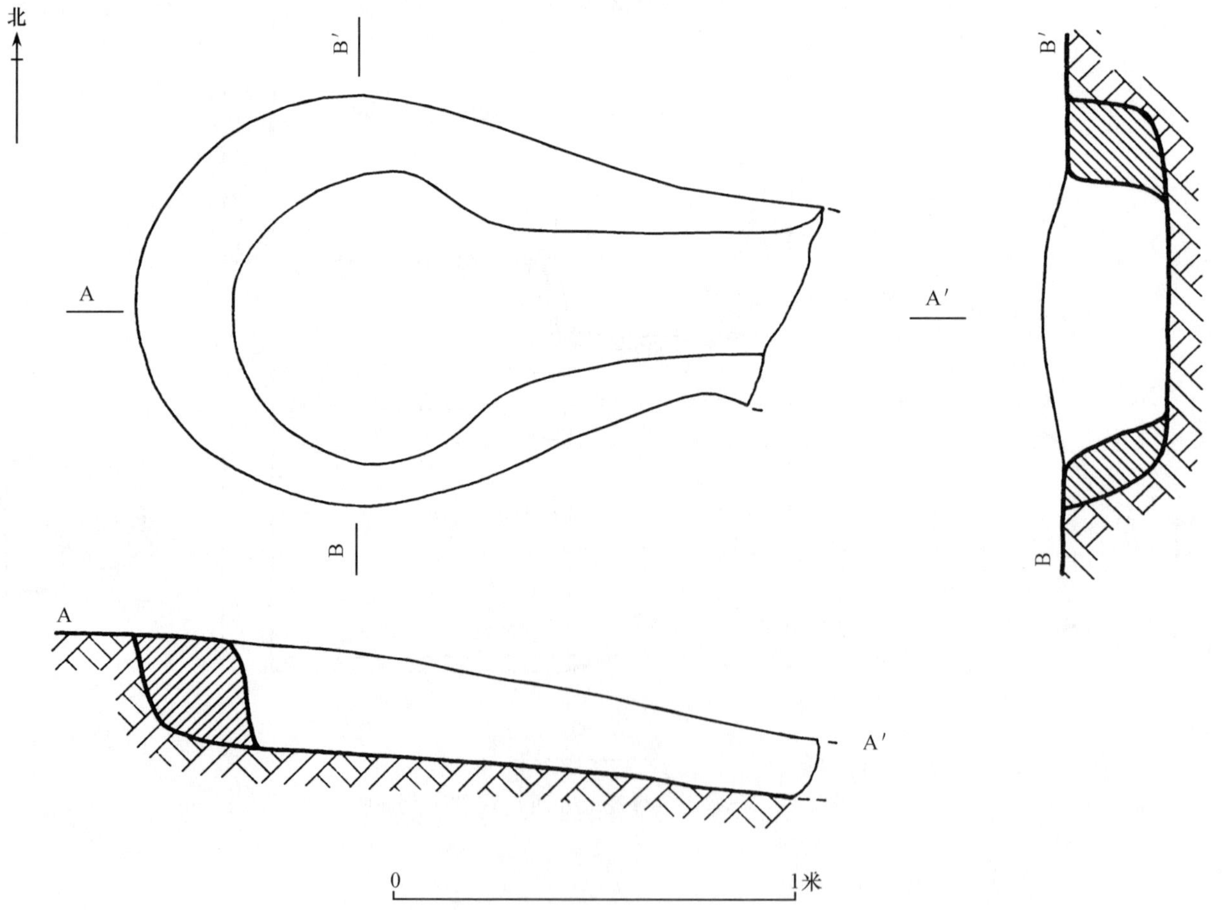

图二三　巴东旧县坪遗址（西）Y4平、剖面图

火道　位于陶窑的东部，火道东部已残，残存部分为长方形，长0.8、宽0.3米。在火道部分有一段烧结的黄褐色窑底面。

窑室　残存的窑室平面形状近圆形，窑室最宽处0.73、室高0.15～0.3米，保存有部分烧结的呈灰色的窑壁，窑周围有一小圈因长期被火烧熏红的红烧土。

窑室、火道底部都残留有灰烬层，内含较多的绳纹灰陶罐、盆、瓦残片。

二、灰　　坑

1座。编号为（西）H22。

（西）H22　位于（西ⅠB）T0915的西北部，开口于6层下，打破7层及生土层。灰坑平面呈方形，坑壁陡直，坑底较平，整个灰坑较为规整。坑口边长2.1、深0.6米。坑内主要堆积为黄褐色土，土质松软，内含少量草木灰、红烧土点、小石子。出土遗物以泥质灰陶为主，可辨识的有瓦、瓮口沿残片等（图二四）。

图二四　巴东旧县坪遗址（西）H22平、剖面图

三、窖　　穴

1座。编号为（西）J4。

（西）J4　位于（西Ⅰ）T2017北部中端，部分延伸到北隔梁下。（西）J4开口于6层下，打破生土层。窖口平面呈圆形，距地表约1米，由外土坑与内陶圈两部分组成。外坑上下等大，壁陡直，

平底，直径 1、残深 1.35 米。外坑挖好后，在其内放入陶圈，土坑与陶圈之间填黄褐色黏土。陶圈现存 3 节，呈圆筒形，夹砂灰陶，外饰斜中粗绳纹，内素面。每节直径 0.84、高 0.45、胎厚 0.02 米。窑内填土为红色黏土，含较多的小石块，包含物不丰富，多为泥质灰陶片，另有一件黄陶封泥（图二五；图版五）。

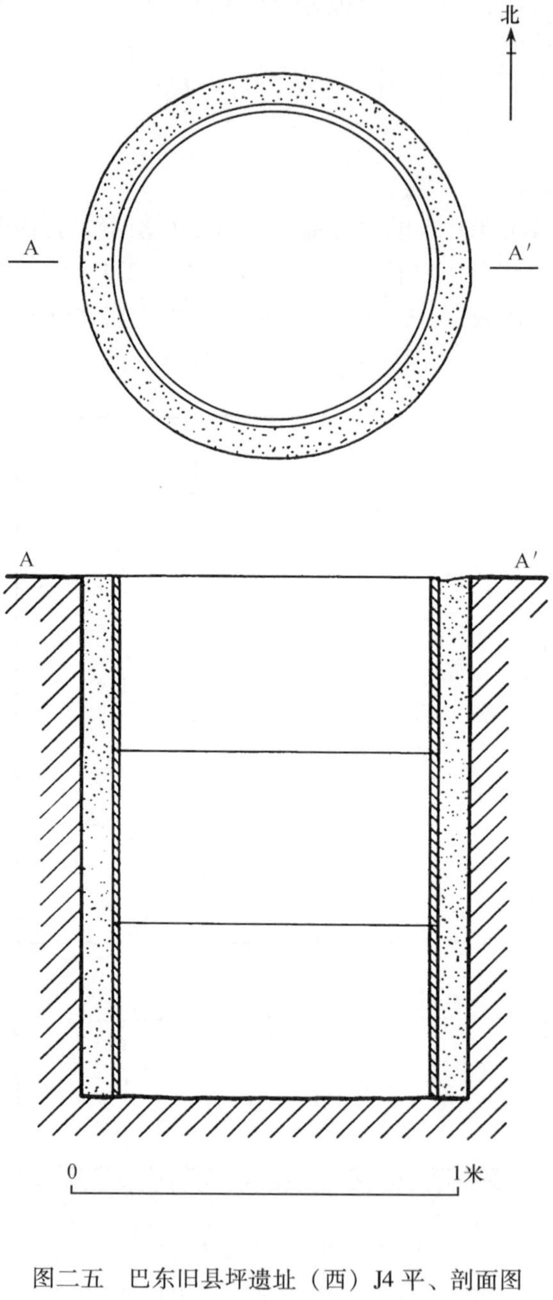

图二五　巴东旧县坪遗址（西）J4 平、剖面图

第二节　遗　　物

旧县坪遗址所出两汉遗物主要是陶器，此外还出土了一些钱币。可分为生活用具、生产工具、建筑材料、其他四类。

一、生活用具

（一）陶盆

3件。分为二型。

A型　敛口盆。2件。

标本（东Ⅰ）T2508⑤:8，口微敛，卷沿圆唇，矮束颈，肩部略鼓，深腹微斜收，大平底，肩下饰一周附加堆纹。泥质黄灰陶。口径53.4、底径29、高33.4厘米（图二六，1，图版六，1）。

标本（西）Y3:1，口微敛，卷沿尖唇，沿下有一道凸棱，短束颈，肩部饰二道凹弦纹。口径40、底径19.2、高21.2厘米（图二六，2，图版六，2）。

B型　敞口盆。1件。

标本（西Ⅰ）T1106⑤:5，敞口，圆唇，弧腹，平底。口径34、底径22、高10厘米（图二六，3）。

（二）陶器盖

1件。

标本（西Ⅰ）T2316⑤:5，覆钵形，敞口，圆唇，弧腹，平顶下凹，顶心饰圆形抓手。夹砂灰陶。盖径28.8、通高9.2厘米（图二六，4；图版六，3）。

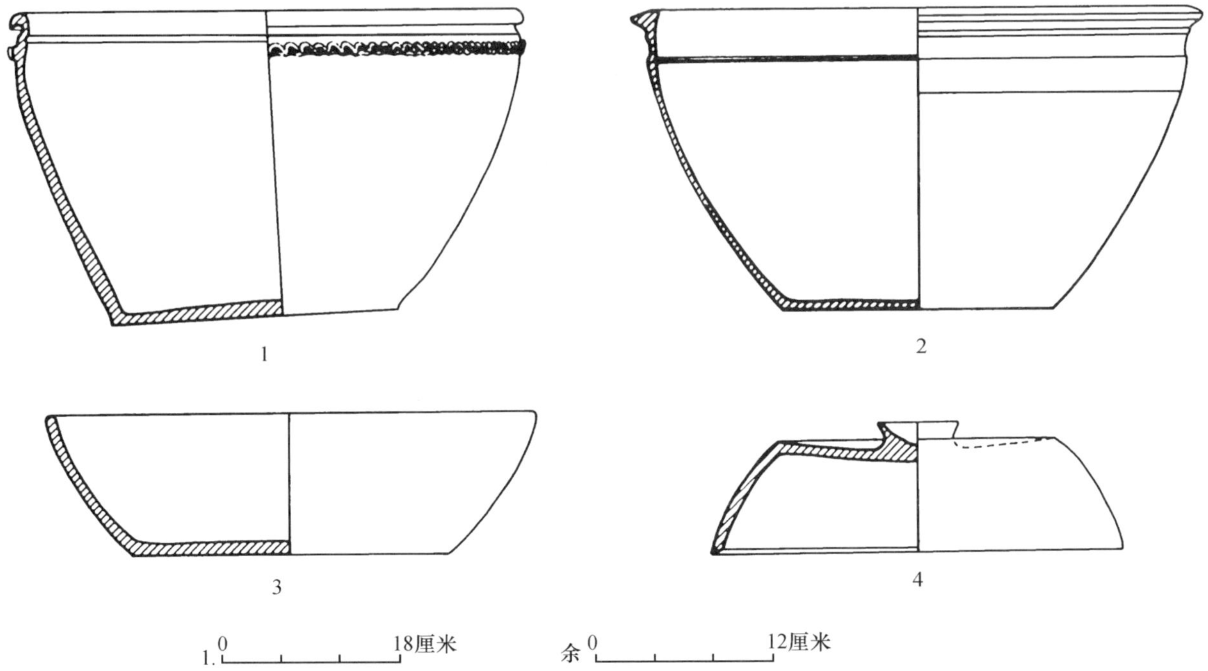

图二六　巴东旧县坪遗址出土汉代陶生活用具

1、2. A型盆（（东Ⅰ）T2508⑤:8、（西）Y3:1）　3. B型盆（（西Ⅰ）陶T1106⑤:5）　4. 器盖（（西Ⅰ）T2316⑤:5）

二、生 产 工 具

（一）陶纺轮

46 件。分为二型。

A 型　璧形，中心穿孔。1 件。

标本（东Ⅰ）T0703⑤:1，圆饼形，直边，中心圆孔，用残瓦片打磨而成，正面绳纹已磨平，背面麻布纹。夹细砂灰陶。直径 9、厚 1.4、孔径 1.1 厘米。（图二七，1）。

B 型　饼形，中心无孔。45 件。全用废弃的绳纹瓦片做原材料，打制成近圆形，有的边缘有磨制痕迹。

标本（西）Y2:1，圆形，用绳纹瓦片打磨而成，边不很规整，一面还残留有绳纹痕。应该属 A 型陶纺轮的半成品。夹细砂灰陶。直径 4.4、厚 1 厘米（图二七，2）。

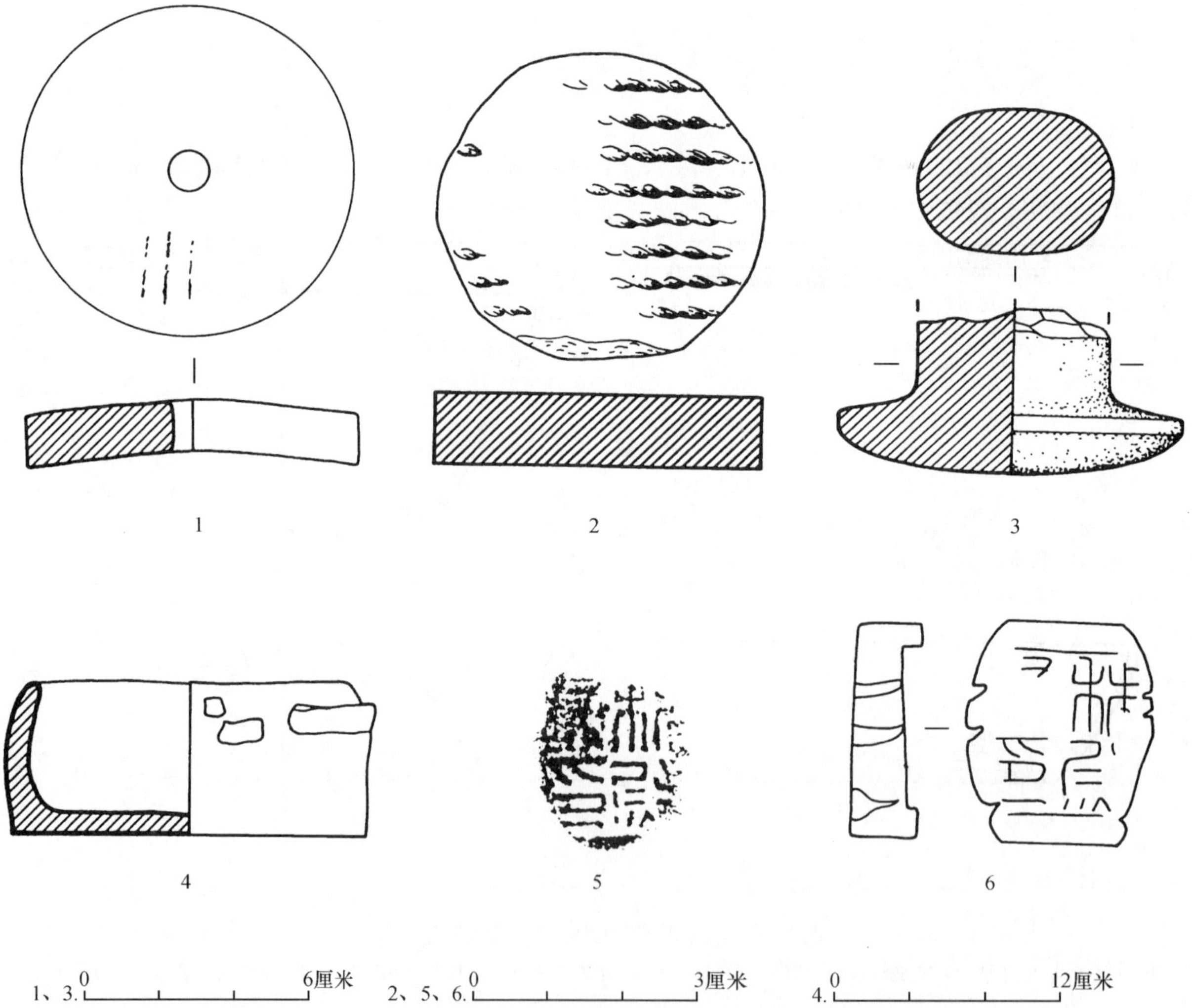

图二七　巴东旧县坪遗址出土汉代生活用具、生产工具、封泥

1. A 型陶纺轮（（东Ⅰ）T0703⑤:1）　2. B 型陶纺轮（（西）Y2:1）　3. 陶拍（采集:2）　4. 匣钵（（西）H14:1）　5、6. 封泥（（西）J4:1）

（二）陶拍

1 件。

标本采集:2，拍面呈圆饼形，面弧，扁圆柱柄形已残，整器呈蘑菇状。夹细砂灰陶。直径 9.2、柄径 4～5.2、残高 4.6 厘米（图二七，3）。

（三）匣钵

1 件。

标本（西）H14:1，直口微侈，圆唇，筒形腹，平底。外壁粘连有相同质地的残片。夹砂褐陶。口径 17.6、底径 19.2、胎厚 1.2～1.4、高 8.4 厘米（图二七，4；图版六，4）。

三、建筑材料

（一）筒瓦

1 件。

标本（西）Y2:2，半长筒形，中瓦舌，舌圆唇，舌与身分界明显，外饰中粗绳纹，多已抹平，内为麻布纹。边缘切割外半边整齐光滑，内半边不平，有舌的一端略窄，另一端外撇而略宽。泥质灰陶。长 42.8、宽 15.8～17、舌长 2.8、弧拱高 8.8、厚 1.2 厘米（图二八，1）。

（二）板瓦

1 件。

标本（西）Y2:3，平面呈正梯形，上端小，下端略大，横断面呈弧形，外饰绳纹多已抹平，内有麻布纹。夹细砂灰陶。长 34.8、上宽 21.2、下宽 24、弧拱高 4.9、厚 1.4～1.8 厘米（图二八，2）。

（三）瓦当

12 件。分二型。

A 型　“T”字形卷云纹。10 件。

标本（东Ⅰ）T2917⑤:11，当面圆形，饰卷云纹，“T”字柄为单柄，瓦身呈半圆形，身面饰粗绳纹，内壁有麻布纹。泥质灰陶。残长 16、当面直径 16 厘米（图二八，4）。

标本（西）H70:1，当面圆形，后面瓦身已残，宽缘凸起，纹饰分两区，外区饰四组“T”字形卷云纹，“T”字为双柄，内区饰方格纹。泥质灰陶。直径 16 厘米（图二八，3、8；图版六，5）。

标本（东Ⅰ）T2917⑤:27，凸起缘已残，当面纹饰同（西）H70:1。泥质灰陶。直径 15 厘米。

标本（西）H63:6，“T”字形卷云纹柄为单柄，内区纹饰已残。泥质灰陶。直径 17 厘米。

B 型　2 件。羊角形卷云纹，可分二亚型。

Ba 型　1 件。

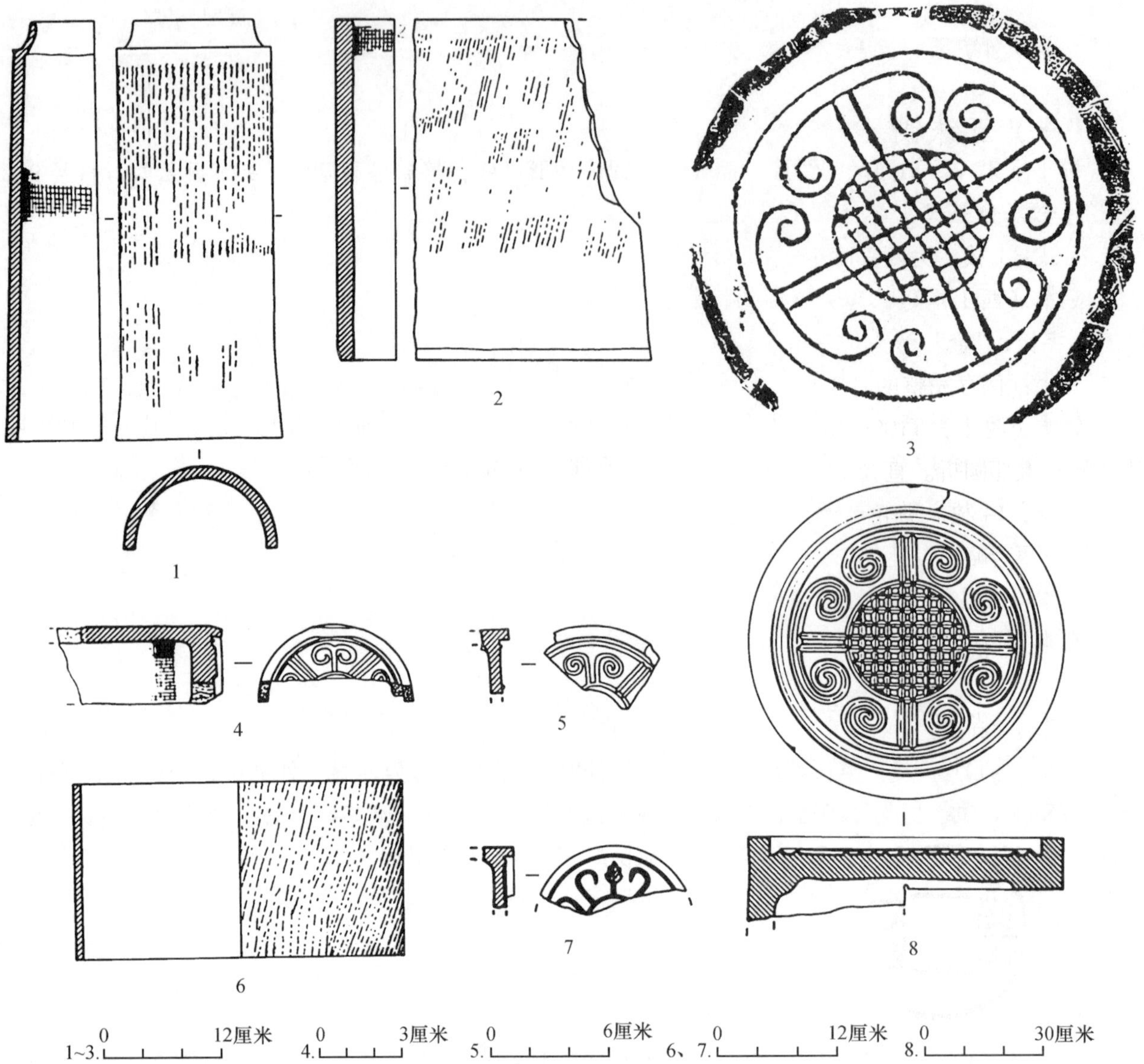

图二八　巴东旧县坪遗址出土汉代遗物

1. 筒瓦（（西）Y2:2）　2. 板瓦（（西）Y2:3）　3、4、8. A型瓦当（（西）H70:1、(东Ⅰ）T2917⑤:11、(西）H70:1）　5. Ba型瓦当（（西Ⅰ）T2915⑤:6）　6. 陶窖圈（（西）J4:2）　7. Bb型瓦当（（西Ⅰ）T0607④:10）

标本（西Ⅰ）T2915⑤:6，仅残存小块当面，纹饰分两区，外区用竖条分隔成四组双支反向并列的卷云纹。复原直径20厘米（图二八，5）。

Bb型　1件。

标本（西Ⅰ）T0607④:10，用树叶分隔卷云纹。复原直径16厘米（图二八，7）。

（四）陶窖圈

3件。均出自（西）J4。

标本（西）J4:2，呈圆筒形，夹砂灰陶，外饰斜中粗绳纹，内素面。直径84、高45、胎厚2厘米（图二八，6）。

四、钱　　币

（一）五铢钱

18 枚。分三式。

Ⅰ式：1 枚。为西汉昭帝五铢。

标本（西Ⅰ）T1007⑤:19，“五”字窄，交笔弯曲，与上下两横相交呈内收状，上下两横出头。“铢”字长，“金”旁头长三角形。直径 2.5、穿边长 1 厘米（图二九，1）。

Ⅱ式：保存完整的有 3 枚。为东汉明章时期五铢。

标本（西Ⅰ）T1006④:28，“五”字交笔弯曲，与上下两横相交呈内收状，上下两横出头。“铢”字上部圆折。直径 2.6、穿边长 1.05 厘米（图二九，2）。

Ⅲ式：14 枚。剪轮五铢。保存完整，字迹清晰的有 2 枚。“五”字宽大，交笔缓曲，“铢”字“朱”旁两竖略弧，上部方折。为东汉中期至六朝时期的五铢。

标本（西Ⅰ）T1309⑦:3，直径 2.1、穿边长 1 厘米（图二九，3）

标本（西Ⅰ）T0507④:1，直径 2.3、穿边长 1.1 厘米（图二九，4）

（二）货泉

1 枚。

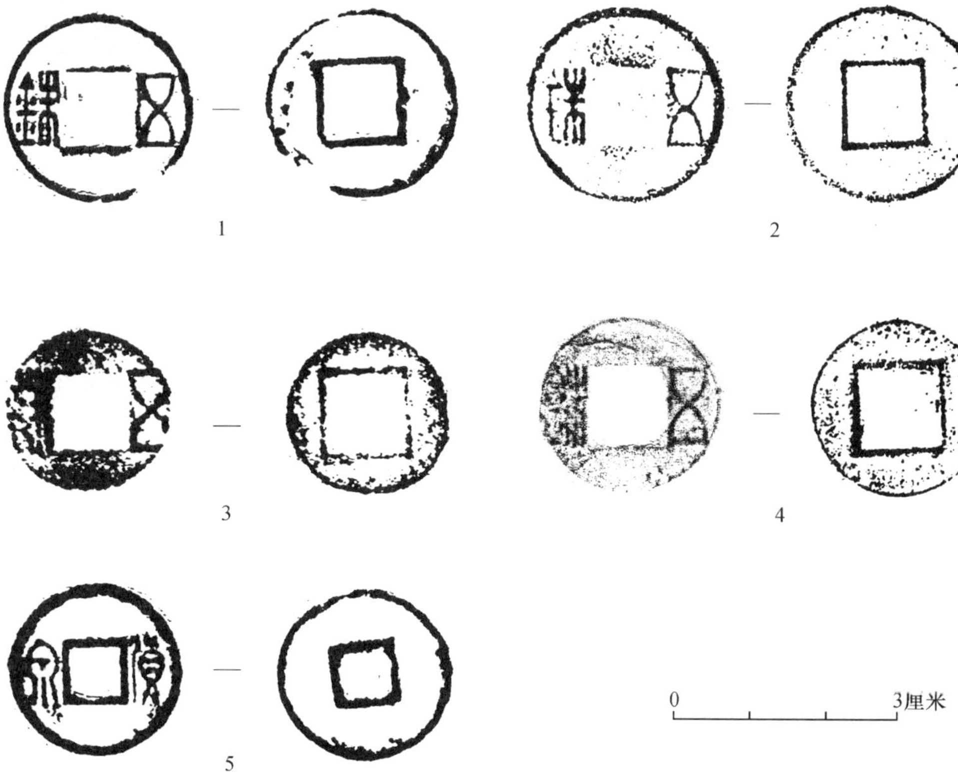

图二九　巴东旧县坪遗址出土汉代钱币拓片

1. Ⅰ式五铢（（西Ⅰ）T1007⑤:19）　2. Ⅱ式五铢（（西Ⅰ）T1006④:28）　3、4. Ⅲ式五铢（（西Ⅰ）T1309⑦:3、（西Ⅰ）T0507④:1）　5. 货泉（（西Ⅰ）T2713③:13）

标本（西Ⅰ）T2713③:13，面、内均有内外郭，其中面外郭较内外郭宽。直径2.3、穿边长0.7厘米。属于王莽至东汉初的货币（图二九，5）。

五、其　他

封泥　1方。

标本（西）J4:1，平面呈腰鼓形，上下两端平直，左右两侧弧边，两边缘各有三道系绳时留下的缺口，印面下凹，模印四篆字“□□□印”。泥质黄陶。高3、宽2.5、厚0.9厘米（图二七，5、6，图版六，6）。

第三节　小　结

旧县坪遗址绝大多数探方都没有发掘到汉代层面，因此所出遗迹、遗物不多，但是仍有一些重要的现象值得我们探讨。

遗址中发现汉代陶窑4座，其中（西）Y2、（西）Y3、（西）Y4三座保存较好，形制大致相同，都是一种马蹄形燃烧窑，长方形窑床，烟囱在后壁，属于汉代十分常见的一种陶窑形制。其中（西）Y2、（西）Y3两座保存较好，其形制与结构和洛阳地区休干所发现的编号为Y22的陶窑十分接近。洛阳地区休干所Y22的年代为西汉后期①，（西）Y2、（西）Y3的年代也应与此接近。

另外，窑内堆出土的其他的遗物也能证实窑址的年代。（西）Y1、（西）Y2、（西）Y3三座窑的填土堆积中出土较多的筒瓦、板瓦片，瓦片正面饰绳纹，纹路清晰，明显同六朝时期较为生硬的绳纹纹路有区别，在（西）Y2的边上（西）H14的填土中，出土较多同窑内堆积中相同的瓦片，并出有较多匣钵的残片和一件完整的匣钵，匣钵出现的年代一般较晚。综合上述因素，我们认为（西）Y2、（西）Y3的年代应该为东汉时期。

（西）Y4形制比较小，残瓦片同于（西）Y2、（西）Y3窑内堆积的瓦片，四座陶窑的年代也应相同。

除了东汉时期的遗迹、遗物外，也有一批西汉的遗迹与遗物。（西）J4位于山脚边，地势较高，尽管由陶井圈垒砌而成，但从其所处位置、深度以及圈内的包含物综合分析，其应该是属于冷藏一类的窖穴遗址。（西）J4所用陶井圈的形制、纹饰乃至尺寸都同蕲春罗州城J2:01号陶井圈完全相同②，同属于西汉时期。（西）J4中出土封泥一方，篆文，王国维认为封泥废除的时间在南北朝时期③，这方封泥同《封泥考略》中收藏的大批西汉时期的封泥的形制、字体、格式都十分接近④，应属西汉之物。

旧县坪遗址出土的遗物中，A型、Ba型卷云纹瓦当是战国至西汉时期常见的瓦当当面的花纹装饰⑤。

尽管旧县坪遗址揭示的两汉遗址的范围不大，但从发现的遗迹、遗物来看，两汉时期，这里已经有了一定规模的手工业作坊，形成了一个较具规模的居址，为六朝时期在此建县打下了坚实的基础。

---

① 叶万松、余扶危：《洛阳东周至唐宋时期的陶窑概论》，《景德镇陶瓷》（《中国古陶瓷研究专辑第二辑》），1984年。

② 黄冈市博物馆等：《蕲春罗州城》，科学出版社，2007年。

③ 王国维：《简牍检署考》，《王国维遗书》第9册，上海古籍书店，1983年。

④ （清）陈介祺、吴式芬：《封泥考略》，中国书店，1990年。

⑤ 徐锡台、楼宇栋、魏效祖：《周秦汉瓦当》，文物出版社，1988年。

第五章　六朝时期

第一节　遗　　迹

一、城　　址

旧县坪遗址发现的六朝城址位于遗址的东区，这里是一处海拔114～125米、地势平缓的台地，面积约4万平方米。台地东北边背靠高山；南部临江，是陡峭的山岩；而西部和西南角，则是由遗址中部的溪沟冲刷出来的陡坎地。平面形似一直角三角形。旧县坪遗址发现的六朝城址属于山城遗址，同平原城址有很大的不同。一是充分利用自然地理形势，北边利用高山作为屏障，遗址西、南边缘地形不规整，坡度较缓的地方夯筑培土，外侧包砌石块，形成墙体；而在一些陡峭处则直接利用陡坎加上包砌石块，形成墙体，共同形成城址的保护圈。二是山城从外向里看，可见陡峭雄伟的城墙体，其内墙体的顶部和城内形成一个平台，内看则为平地。旧县坪发现的六朝城址就属于这一类的山城。现已发现了城墙、城门遗迹（图三〇）。

（一）城墙

现存的城墙建筑在台地的南部和西部边缘。呈“L”形，长210米。分南墙、西墙两段介绍：

南墙较直，长99米。分两部分，西部为夯筑培土，外侧包砌石块的墙体 ，夯筑培土保存较好，东西长55米，南北宽10.1～15.6米，为了了解墙体的构筑情况我们在（东Ⅰ）T2703、（东Ⅰ）T2704、（东Ⅰ）T2705、（东Ⅰ）T2706四个探方对墙体做了南北向横向解剖，现以四方的东壁为例，介绍其堆积情况（图三一；图版八）。

第1层：深褐土色，土质疏松，夹杂有植物根茎。含粗沙石粒较多，覆盖四探方的全方，厚18～30厘米，出有较少的近代瓦片。耕土层。

第2层：灰褐土，土质松散，含粗沙石粒较多，分布于四探方的全方。深18～30、厚0～30厘米，出近代瓦片。近现代层。

第3层：红褐土，土质较硬，含有较多的红沙石粒，分布于（东Ⅰ）T2211的南部、（东Ⅰ）T2210以及（东Ⅰ）T2209探方东北部。深15～42、厚0～60厘米，出有素面瓦片以及青花瓷片，为明清文化层。

第4层：灰褐色土，土质细腻、坚硬，含小石子、瓦片，青、白、褐、黑等釉色的瓷器残片。深16～75、厚0～28厘米，为宋代文化层。

4层下发现（东）G8，（东）G8打破了夯筑培土。

第5层：黄褐土，土质较硬，含有较多的红烧土粒，主要分部于（东Ⅰ）T2703的南部，深16～60、厚0～40厘米。出土遗物主要为釉陶片、青瓷片等，为五代文化层。

5层下发现夯筑培土，夯筑培土南北宽6～15、最深处有1.65米。夯层明显，共分23层，每层

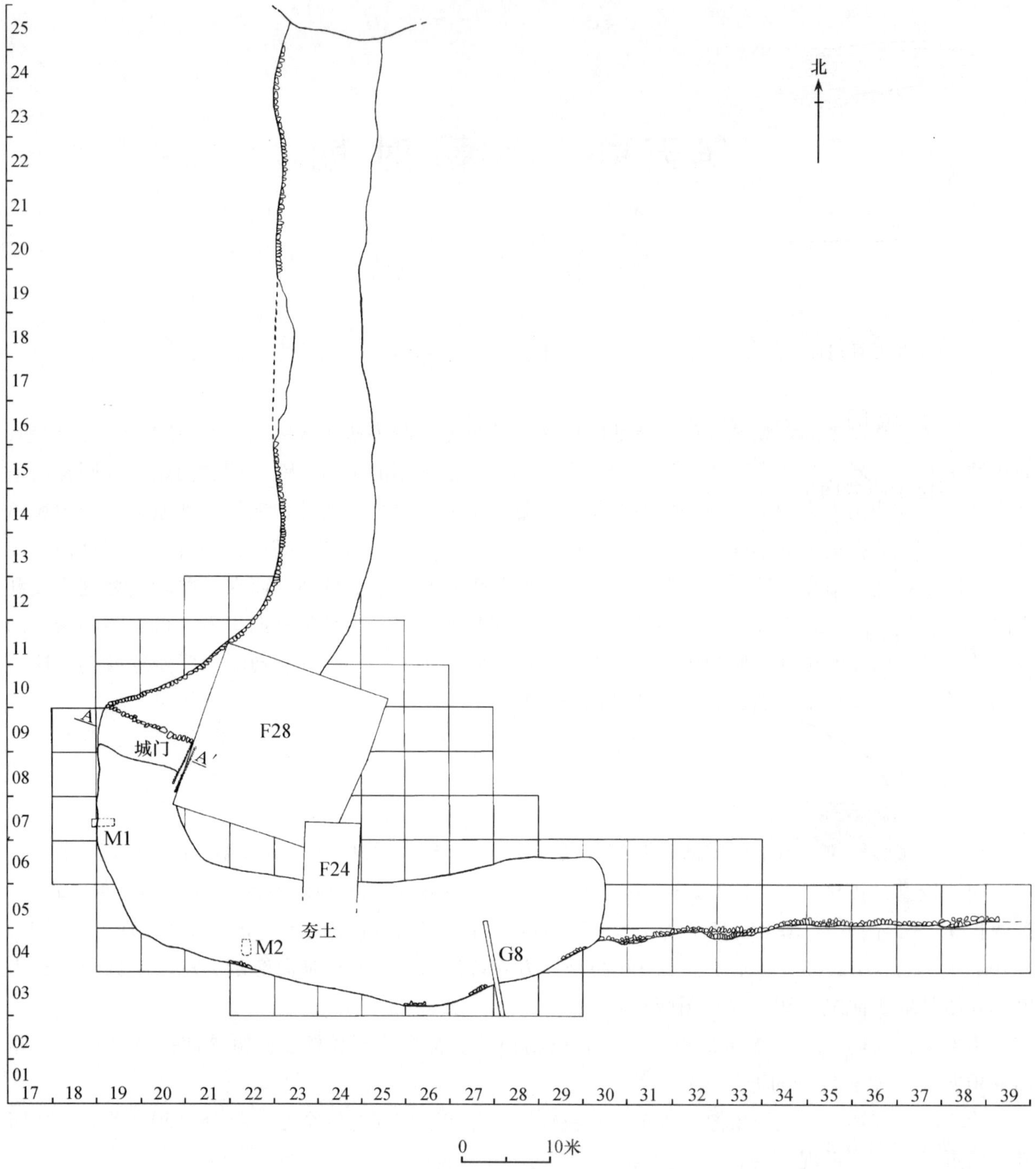

图三〇　巴东旧县坪遗址六朝城墙平面分布图

厚0.1～0.5米，以水平方式夯筑，层面之间有自然剥离的光滑面，夯窝明显。夯筑培土最外端（南端）残留有包砌夯筑培土墙边的石块。

墙体筑在生土之上。

南墙东部没有发现夯筑培土，是直接利用陡坎加上包砌石块，形成墙体，现存高度最高处有3米，这段墙体东端已毁，残长44米。南墙的两部分墙体通过包砌石块连成一体。

西墙北部较直，北接山脚，南部向西凸出，南北直线距离长105米。通过勘探发现，西墙宽8～11.7、高0.5～3.6米，其间有一豁口，为城门遗址。

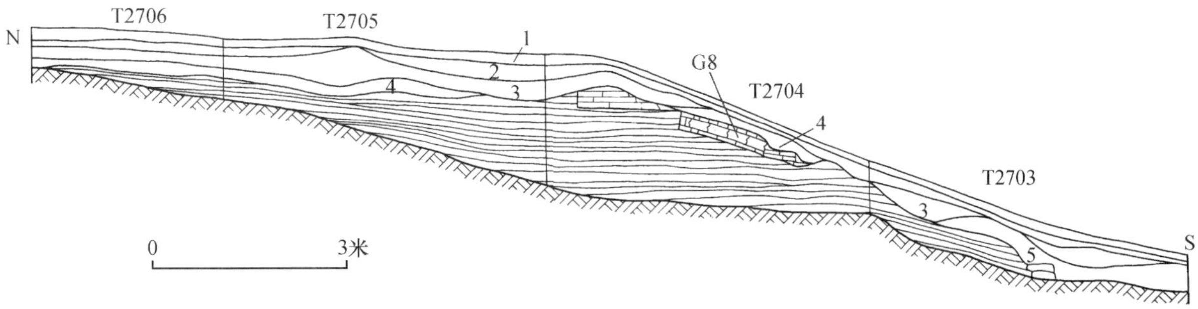

图三一　巴东旧县坪遗址六朝城墙南段（东Ⅰ）T2703、（东Ⅰ）T2704、（东Ⅰ）T2705、（东Ⅰ）T2706东壁剖面图

（二）城门

城门位于西墙南部，分布在（东Ⅰ）T1908、（东Ⅰ）T1909、（东Ⅰ）T1910、（东Ⅰ）T2008、（东Ⅰ）T2009、（东Ⅰ）T2108、（东Ⅰ）T2109七个探方内。城门路面为斜坡状，内高外低，水平长11.5、宽4～5米，坡度为8°，方向115°。由东向西穿越城墙，路面为一层坚硬的灰白色黏土，厚0.08～0.1米，其下铺垫大小不一的石块。道路西侧有石砌的护墙，城门路面的东端有二层石块砌成的台阶（图三二；图版七）。

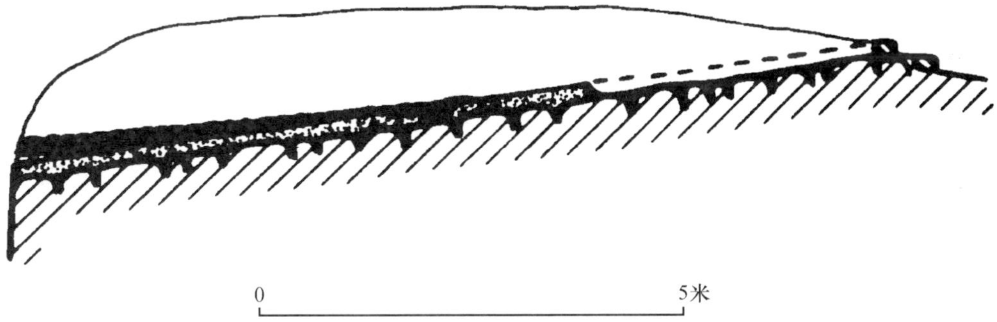

图三二　巴东旧县坪遗址六朝城墙城门道路纵剖面图

二、灰　　坑

六朝灰坑有6个，可分圆形、椭圆形、不规则形三种。

（一）圆形

3座。编号为（西）H16、（西）H34、（西）H35。

（西）H16　位于（西Ⅳ）T1001东北部和（西Ⅳ）T1002东南部，开口于2层下，打破生土层。平面形状为圆形，直壁，平底。直径2.04、坑口至坑底深0.4米。坑底中部有一直径为0.44、深0.13米的圆形小坑，内置石头。（西）H16填土为黑褐色，土质较为疏松，夹杂少量红烧土。出土有较多的瓦片、瓷片、陶片及兽骨。瓦片外部饰绳纹，内部饰麻布纹。瓷片均为青瓷，器形有盘口壶、碗。陶片为泥质灰陶，绳纹、素面兼有，可辨器形有豆、缸等（图三三）。

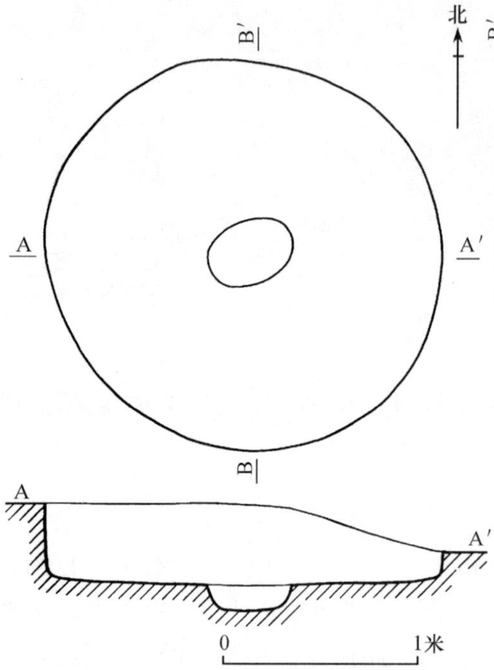

图三三　巴东旧县坪遗址（西）H16 平、剖面图

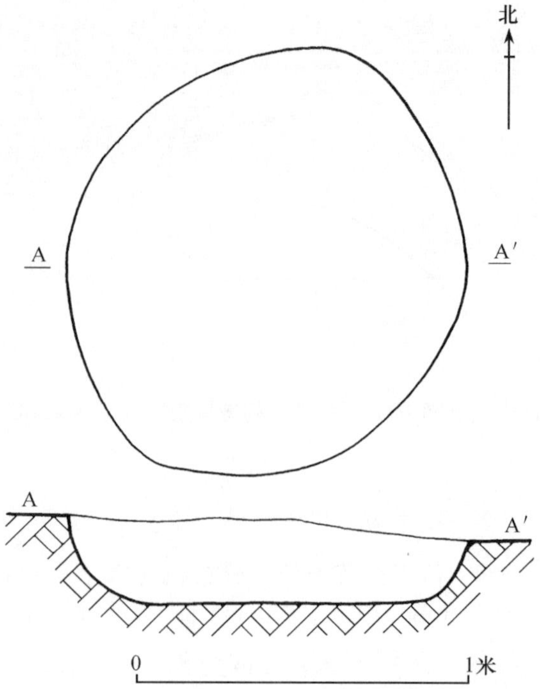

图三四　巴东旧县坪遗址（西）H34 平、剖面图

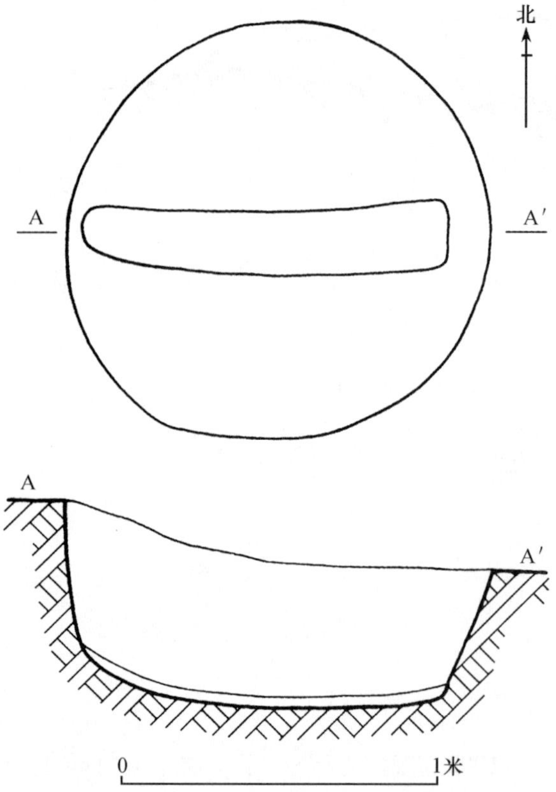

图三五　巴东旧县坪遗址（西）H35 平、剖面图

（西）H34　位于（西Ⅰ）T1003 内，开口于 2 层下，打破生土层。坑口平面近圆形，弧壁平底。坑口离地表深 0.5、口径 1.2、坑口至坑底 0.29、坑底径 1.05 米。填土为灰褐色、疏松，内含有草木灰、红烧块、兽骨。出土物有泥质陶片、瓷片、筒瓦，另外还有一枚铜箭镞（图三四；图版九，1）。

（西）H35　位于（西Ⅰ）T1002 内，开口于 2 层下，打破生土层。坑口平面为圆形，弧壁，圜底。坑口距地表深 0.35、口径 1.34、坑口至坑底深 0.66 米。坑壁整齐，坑底部有一长条形小槽，槽长 1.15、宽 0.22、深 0.03 米，槽底有垫木腐痕。（西）H35 的填土为灰褐色，坑的上部全部布满了板瓦片和筒瓦片，瓦片之下面露出有石块。石块中夹杂的土含红烧土、草木灰，出土的板瓦片和筒瓦片多能复原（图三五；图版九，2）。

（二）椭圆形

1 座。编号为（西）H2。

（西）H2　位于（西Ⅰ）T1002 的北部和（西Ⅰ）T1003 的南部，开口于 2 层下，打破生土层。平面形状为椭圆形，弧壁，圜底。南北径 2.58、东西径 3.37、深 0.4 米。填土为灰黑色，土质疏松，包含较多的红色石头，出土少量绳纹瓦片和小块的青瓷片（图三六）。

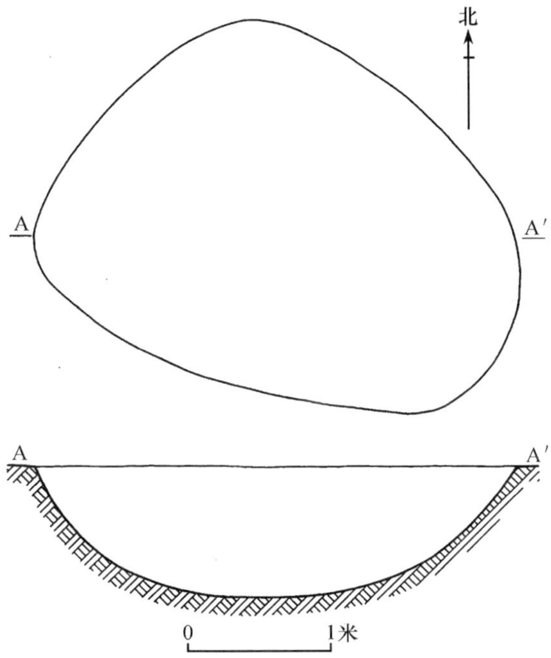

图三六　巴东旧县坪遗址（西）H2 平、剖面图

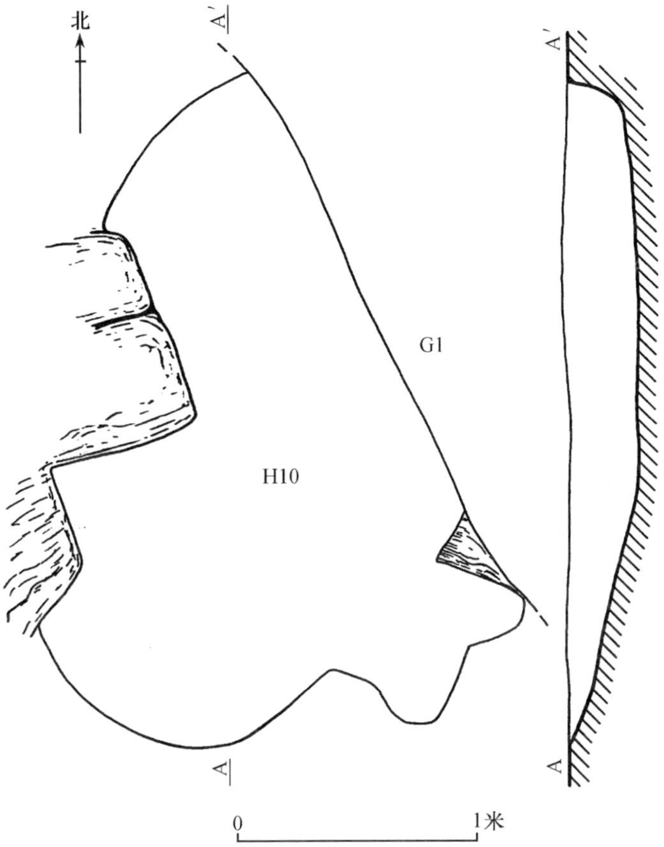

图三七　巴东旧县坪遗址（西）H10 平、剖面图

（三）不规则形

2 座。编号为（西）H10、（西）H33。

（西）H10　位于（西Ⅰ）T0406 东部，开口于3 层下，打破生土层。平面形状不规则，底不规则，西部为石块。东西 2、南北 2.78、深 0.43 米。填土为黑红杂土，土质疏松，含有大量草木灰和红烧土。出土遗物主要是泥质灰陶，少量红陶，纹饰以绳纹、素面为主，可辨器形有壶等（图三七）。

（西）H33　位于（西Ⅰ）T1103 内，开口于 2 层下，打破生土层。坑口平面近勺形，离地表约 0.35、坑口南北长 2.14、东西宽 1.54、坑口至坑底深0.3 米。弧壁，圜底。填土为灰色土，土质较松，内含红烧颗粒、草木灰，坑内出土有绳纹瓦片和青瓷碗底（图三八）。

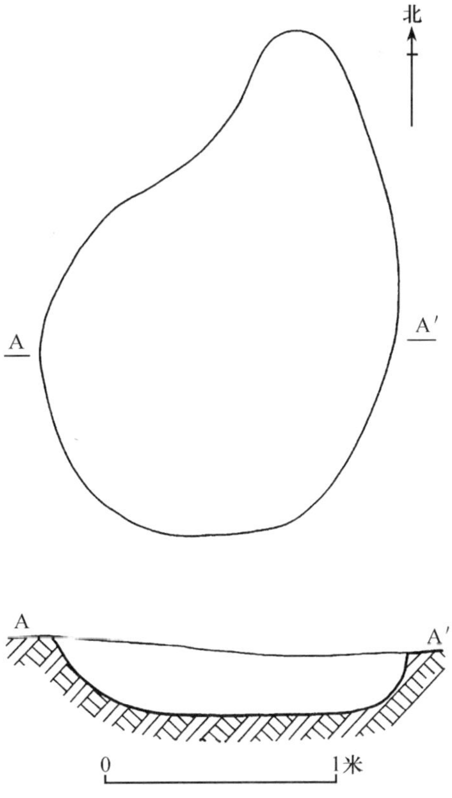

图三八　巴东旧县坪遗址（西）H33 平、剖面图

第二节　遗　　物

六朝器物以青瓷器为主，另外出土有少量陶器、铜器。陶器有生活用具以及砖瓦、瓦当等建筑材料，铜器有箭镞和钱币。

一、生 活 用 具

（一）青瓷器

器类简单，只有钵、碗、双耳罐三类。对于钵这类器物，很多有关六朝的发掘报告、研究文章中称为碗。本报告中对这类器物，凡无圈足的均称为钵，带圈足的（含假圈足）称之为碗。

钵　16 件。分为四式。

Ⅰ式：4 件。

标本（西Ⅰ）T0707②:1，敛口，圆唇，弧腹，大平底，内底中部略下凹。外口下有数周凹弦纹。施青釉已脱落，外下腹及底无釉露胎。灰胎。口径 13. 2、底径 9. 2、高 4. 8 厘米（图三九，1；图版一〇，1）。

标本采集:3，敛口，圆唇，弧腹，大平底，内底中部略下凹。外口下有数周凹弦纹。内底有一周支烧点。施青釉已脱落，外下腹及底无釉露胎。灰胎。口径 15. 6、底径 11、高 6. 5 厘米（图三九，2；图版一〇，2）。

标本（西Ⅰ）T0808④:8，直口，圆唇，深弧腹，下腹近底略外曲，大平底，内底中部略上凸，上腹微鼓。腹部饰两道弦纹。施青釉已脱落，外下腹及底无釉露胎。灰胎。口径 15. 8、底径 11、高 5. 9 厘米（图三九，3）。

标本（西Ⅰ）T3519⑤:37，直口，圆唇，深弧腹，下腹近底略外曲，大平底，内底中部略上凸，上腹微鼓。外口下有一周凹弦纹。施青釉已脱落，外下腹及底无釉露胎。灰胎。口径 15. 6、底径 11. 4、高 5. 7 厘米（图三九，4；图版一〇，3）。

Ⅱ式：5 件。

标本（西Ⅰ）T0808④:7，直口，圆唇，外壁唇下有一周凹弦纹，深弧腹，大平底。内部及外上腹施青釉开片，灰白胎较厚。口径 14. 6、底径 11. 6、高 5. 2 厘米（图三九，5；图版一〇，4）。

标本（西Ⅰ）T1007④:4，直口，圆唇，弧腹，大平底微内凹。外壁口沿上有两周凹弦纹。内壁及外上壁施青釉，釉已部分脱落，青灰色胎。口径 17. 8、底径 14、高 5. 8 厘米（图三九，6）。

标本（西Ⅰ）T0808④:5，直口，圆唇，外壁唇下有一周凹弦纹，深弧腹，大平底。内部及外上腹施青釉开片，灰白胎较厚。口径 16、底径 11、高 5. 7 厘米（图三九，7）。

标本（西Ⅰ）T0808④:6，直口，圆唇，外壁唇下有凹弦纹，深弧腹，大平底。内部及外上腹施青釉开片，灰白胎。口径 15. 8、底径 12、高 5. 8 厘米（图三九，8）。

标本（西Ⅰ）T0808④:4，直口，圆唇，深弧腹，外壁唇下有数周凹弦纹。施青黄釉开片，唇部经刀修露胎，灰白胎。口径 16. 8、底径 11、高 5. 9 厘米（图四〇，1）。

Ⅲ式：6 件。

标本（西Ⅰ）T1308⑦:8，直口，圆唇，浅腹，上腹直，上腹折收，大平底。外上腹有数周凹弦纹。

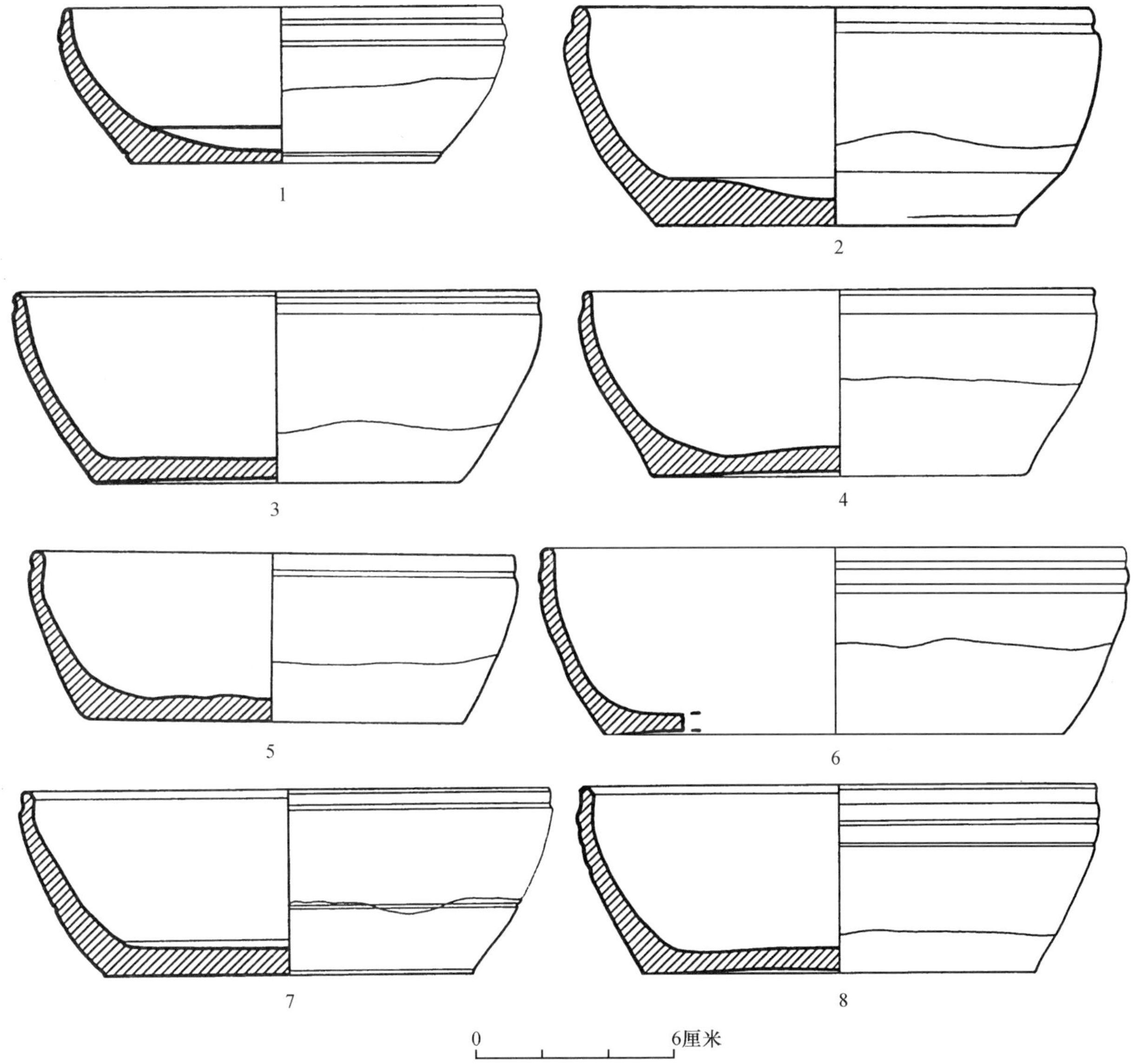

图三九　巴东旧县坪遗址出土六朝青瓷钵
1～4. Ⅰ式（（西Ⅰ）T0707②:1、采集:3、（西Ⅰ）T0808④:8、（西Ⅰ）T3519⑤:37）　5～8. Ⅱ式（（西Ⅰ）T0808④:7、（西Ⅰ）T1007④:4、（西Ⅰ）T0808④:5、（西Ⅰ）T0808④:6）

外上腹及内部施青釉，红褐胎较厚。口径12.8、底径9.6、高4.8厘米（图四〇，2；图版一〇，5）。

标本（西Ⅰ）T0707④:8，直口，方唇，浅腹，上腹直，上腹折收，大平底。外上腹有数周凹弦纹。唇部一周经刀修露胎呈铁口。外上腹及内部施青釉，灰白胎。口径10、底径7.2、高2.9厘米（图四〇，3；图版一〇，6）。

标本（西Ⅰ）T1007⑤:8，直口，方唇，浅腹，上腹直，上腹折收，大平底。外上腹有数周凹弦纹。外上腹及内部施青釉，灰白胎。口径10.8、底径6.4、高3厘米（图四〇，4；图版一一，1）。

标本（西Ⅰ）T1007⑦:56，直口，方唇，浅腹，上腹直，上腹折收，大平底。外上腹有数周凹弦纹。外上腹及内部施青釉，灰白胎。口径11、底径6.6、高3厘米（图四〇，5）。

标本（西Ⅰ）T0809④:2，直口，方唇，浅腹，上腹直，上腹折收，大平底。内壁腹底交界处饰一周凹弦纹。内壁及外上部饰青绿釉开片，灰白胎。口径11、底径5.6、高3.5厘米（图四〇，

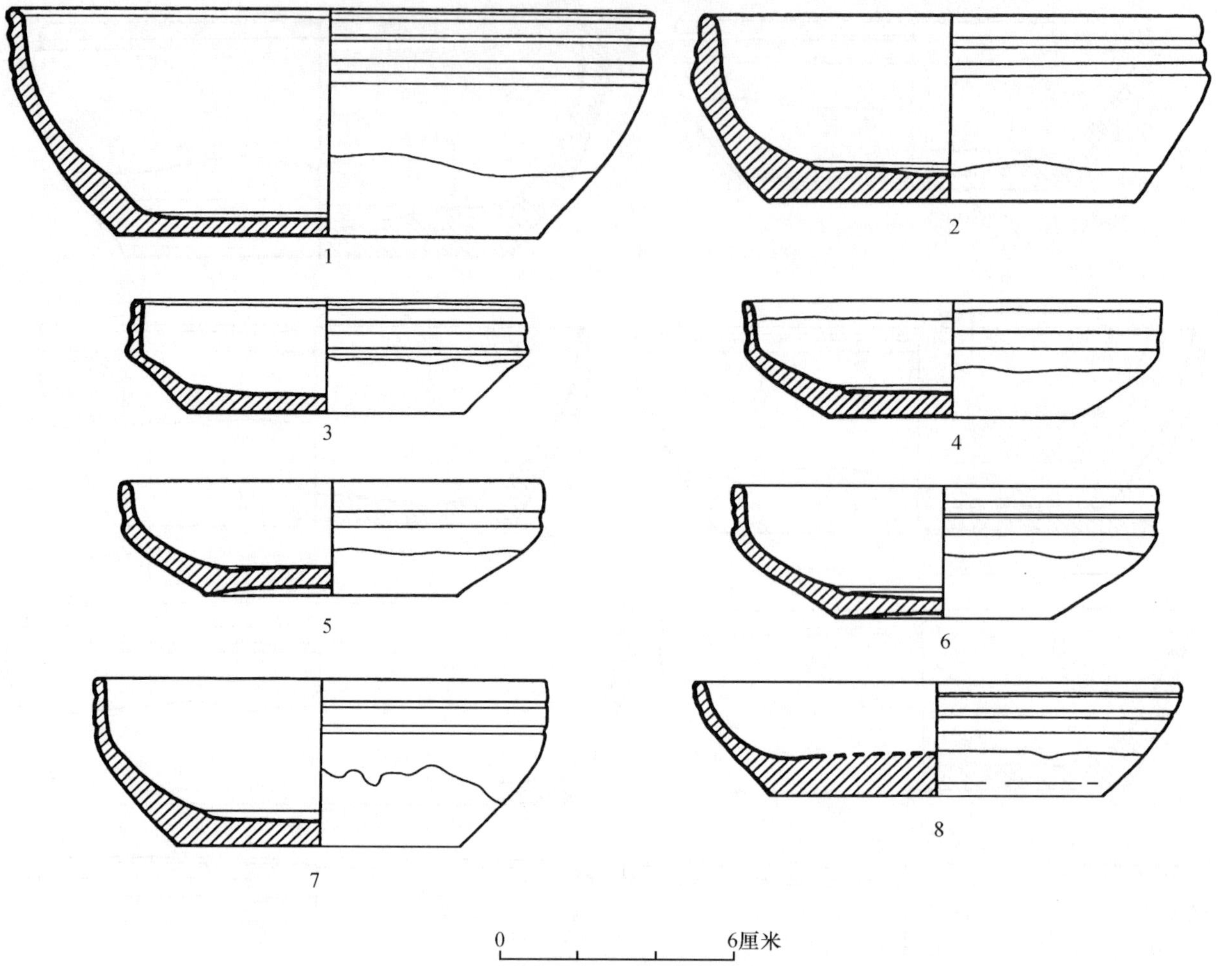

图四〇　巴东旧县坪遗址出土六朝青瓷钵

1. Ⅱ式（（西Ⅰ）T0808④:4）　2～7. Ⅲ式（（西Ⅰ）T1308⑦:8、（西Ⅰ）T0707④:8、（西Ⅰ）T1007⑤:8、（西Ⅰ）T1007⑦:56、（西Ⅰ）T0809④:2、（西）H72:1）　8. Ⅳ式（（东Ⅰ）T2312 城墙夯土:8）

6；图版一一，2）。

标本（西）H72:1，直口，方唇，浅腹，上腹直，上腹折收，大平底。外上腹有数周凹弦纹。外上腹及内部施青釉，灰白胎。口径 11.8、底径 7.4、高 4.2 厘米（图四〇，7）。

Ⅳ式：1 件。敞口，斜腹，平底。

标本（东Ⅰ）T2312 城墙夯土:8，侈口，圆唇，浅弧腹，大平底。施青釉已脱落，外下腹及底无釉露胎。灰胎。外上腹饰三周凹弦纹。口径 12.6、底径 8.6、高 3 厘米（图四〇，8）。

碗　4 件。分二式。

Ⅰ式：1 件。

标本（西Ⅰ）T2920⑤:11，敛口，尖唇，圆腹略鼓，矮饼形足。施青釉，外下腹及底无釉露胎。灰白胎。内底有垫石痕迹。口径 11.2、足径 6.6、高 4.5 厘米（图四一，1）。

Ⅱ式：3 件。

标本（西）H16:2，口微敛，尖唇，圆腹略鼓，下接大矮假圈足。内平底，内底凸起。略高腹底边。通体施青黄釉，灰白胎。口径 8.4、足径 5.7、高 3.7 厘米（图四一，2；图版一一，3）。

标本（西）H16:1，口微敛，尖唇，圆腹略鼓，内底下凹，外接大矮假圈足。口径 8.4、足径

6.2、高3.7厘米（图四一，3）。

标本（西）H16:3，口微敛，尖唇，圆腹略鼓，内底下凹较浅，外接大矮假圈足。口径8.4、足径5.6、高3.7厘米（图四一，4；图版一一，4）。

双耳罐　1件。

标本（西Ⅰ）T2515⑤:3，敞口，圆唇，束颈，扁鼓腹。下接大矮假圈足。内平底，外底内凹。肩部置对称的泥条横耳。通体施青釉。灰白胎。口径5.8、腹径8.2、足径6.1、高5.9厘米（图四一，5；图版一一，5）。

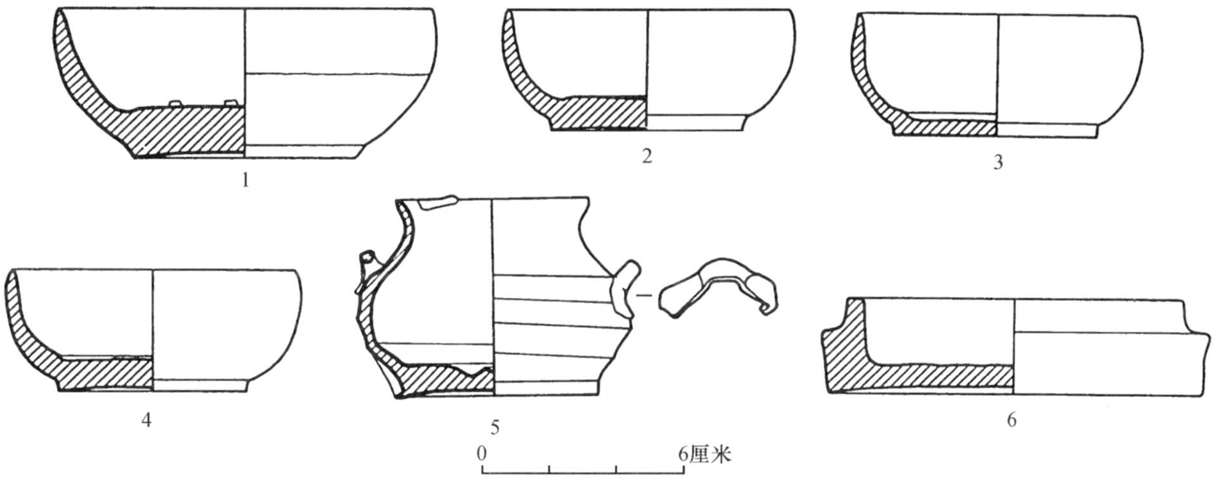

图四一　巴东旧县坪遗址出土六朝遗物

1. 青瓷Ⅰ式碗（（西Ⅰ）T2920⑤:11）　2～4. 青瓷Ⅱ式碗（（西）H16:2、（西）H16:1、（西）H16:3）　5. 青瓷双耳罐（（西Ⅰ）T2515⑤:3）　6. 陶盒（（西Ⅰ）T0407④:3）

（二）陶器

盒　1件。

标本（西Ⅰ）T0407④:3，圆形，子母口方唇，浅直筒形腹，大平底略内凹。制作粗糙，器壁凸凹不平，泥质黑陶。口径10、底径11.2、通高2.9厘米（图四一，6；图版一一，6）。

二、兵　　器

箭镞　2件。青铜铸造。身为圆截锥形，锋为三棱锥形，铤为细圆柱形，身与铤分界明显。

标本（东Ⅰ）T2411城墙夯土:1，身长2.5、通长5.5厘米（图四二，1；图版一二，1）。

标本（西）H34:25，身长3.3、全长4.5厘米（图四二，2；图版一二，2）。

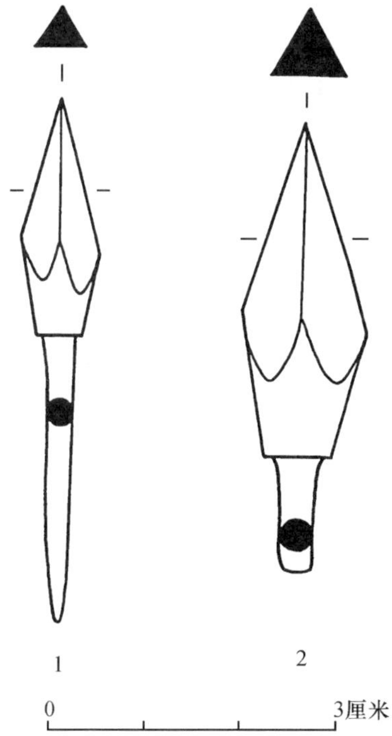

图四二　巴东旧县坪遗址出土六朝铜箭镞

1.（东Ⅰ）T2411城墙夯土:1　2.（西）H34:25

三、建筑材料

（一）筒瓦

12件。根据瓦面纹样的不同，分为三式。

Ⅰ式：8件。

标本（西）H35∶3，半长筒形，瘦长，瓦舌较长，圆唇，舌呈束腰形，舌身分界明显，外饰变形绳纹，呈篦条状，内面饰麻布纹。有舌的一端略窄，另一端外撇而略宽。泥质灰陶。长40.2、宽12.4～14、舌长5、弧拱高7.6、厚2厘米（图四三，1）。

Ⅱ式：3件。

标本（东Ⅰ）T4116③∶4，半筒形，短瓦舌，舌圆唇，舌身分界明显，外饰中粗绳纹，近端及中部各有一抹痕将绳纹间断，内有间断粗麻布纹。夹细砂灰陶。长45.2、宽12.6、舌长2.8、弧拱高7.2、厚1～1.4厘米（图四三，2；图版一二，3）。

Ⅲ式：1件。

标本（东Ⅰ）T2412城墙夯土∶3，半筒形，中长瓦舌，瓦舌圆唇束腰形，舌身分界明显，瓦面有明显的刮削痕。身正面近舌端饰较粗绳纹，下部素面，背面有麻布纹。夹砂灰陶。残长30、宽16、舌长4、弧拱高8、厚1.2厘米（图四三，3；图版一二，4）。

（二）板瓦

18件。分二型。

A型　单唇。17件。根据瓦的尺寸及瓦面纹样的不同，分为三式。

Ⅰ式：1件。

标本（西Ⅰ）T0409④∶8，平面近梯形，上端略宽，上端有唇微凸，横断面呈弧形，正面饰粗绳纹已被抹平，背面为麻布纹。夹细砂灰陶。长34、宽22～24、弧拱高5.6～6、厚5.6厘米（图四三，4）。

Ⅱ式：15件。

标本（西）H35∶1，瓦较大，平面呈长方形，横断面呈弧形，上部近边抹一凹槽似瓦舌。正面饰一种似篮纹的纹饰，背面有布纹。泥质灰陶。长40.4、宽32、弧拱高8.4、厚1.3～1.6厘米（图四三，5）。

标本（西）H35∶2，同（西）H35∶1，只是正面纹饰多已抹平，只留少部分。长39.6、宽34.8、弧拱高7.8、厚2～2.6厘米（图四三，6）。

Ⅲ式：1件。

标本（东Ⅰ）T4116③∶3，长方形，横断面呈弧形，外饰绳纹，上端近缘有四道弦纹，上腹饰两道较宽的凹弦纹，内素面，手制不平整。泥质黄陶。长48.8、宽30.4、弧拱高8、厚1.2～1.4厘米（图四三，7；图版一二，5）。

B型　重唇。1件。

标本（东Ⅰ）T3504②∶3，长方形，横断面呈弧形，宽沿凸起，圆唇，沿面刻叶脉纹，外饰粗绳纹。夹砂橙黄陶，较厚。长36.8、残宽25.8、厚2.4厘米（图四三，8；图版一二，6）。

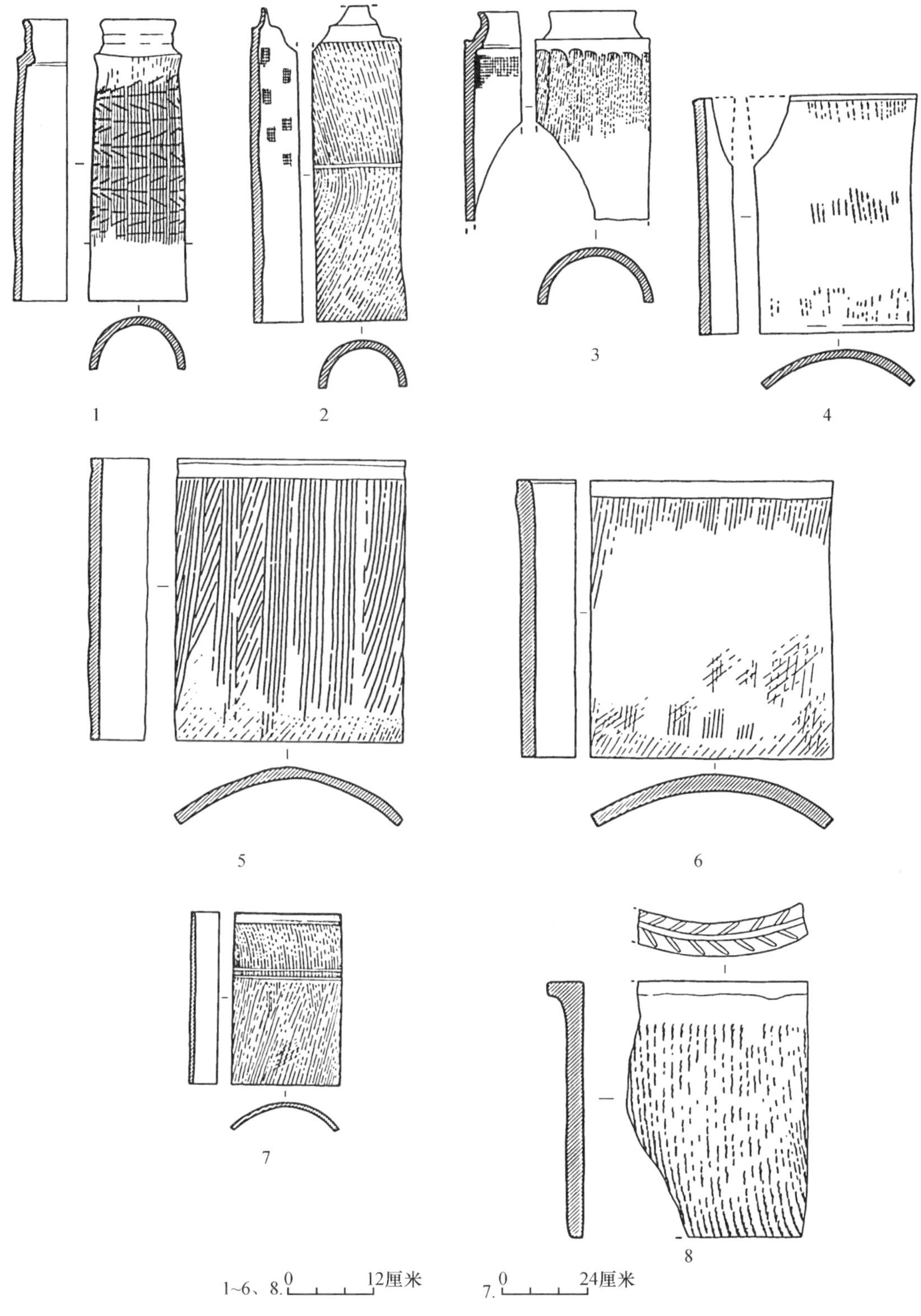

图四三　巴东旧县坪遗址出土六朝遗物

1. Ⅰ式筒瓦（（西）H35∶3）　2. Ⅱ式筒瓦（（东Ⅰ）T4116③∶4）　3. Ⅲ式筒瓦（（东Ⅰ）T2412 城墙夯土∶3）　4. A型Ⅰ式板瓦（（西Ⅰ）T0409④∶8）　5、6. A型Ⅱ式板瓦（（西）H35∶1、（西）H35∶2）　7. A型Ⅲ式板瓦（（东Ⅰ）T4116③∶3）　8. B型板瓦（（东Ⅰ）T3504②∶3）

图四四　巴东旧县坪遗址出土六朝遗物

1~3. A型瓦当（（东Ⅰ）T2212④:1、（东Ⅰ）T2212④:1、（西）G2:7）　4. B型瓦当（（西Ⅰ）T1309⑦:1）　5、6. A型砖（（东Ⅰ）T2111 城墙夯土:7、（东Ⅰ）T2111 城墙夯土:3）　7. B型砖（（东Ⅰ）T2111 城墙夯土:2）　8. C型砖（（东Ⅰ）T2111 城墙夯土:6）　9. D型砖（（东Ⅰ）T2111 城墙夯土:5）　10. E型砖（（东Ⅰ）T2111 城墙夯土:4）

（三）瓦当

7 件。根据纹饰的不同，可分二型。

A 型　卷云纹。2 件。

标本（东Ⅰ）T2212④:1，边框有两道凸棱，纹饰分为内、外两区，内区为“十”字纹，外区饰用双线等分成四组蘑菇状的卷云纹。直径 14 厘米（图四四，1、2）。

标本（西）G2:7，残存外区的一组蘑菇状的卷云纹，内区已残。复原直径 18.8 厘米（图四四，3）。

B 型　莲花纹。5 件。

标本（西Ⅰ）T1309⑦:1，边框饰卷草纹，外层纹饰边缘饰栅栏状纹，莲瓣平面为长条形，并用竖线隔开。直径 14 厘米（图四四，4）。

（四）砖

砖数量较多，多已残，均为泥质深灰陶，根据纹饰的不同，可分五型。

A 型　正反均素面，侧面饰菱形几何纹和草叶纹。

标本（东Ⅰ）T2111 城墙夯土:3，长 32、宽 17、厚 8 厘米（图四四，6）。

标本（东Ⅰ）T2111 城墙夯土:7，残长 19、宽 15、厚 6 厘米（图四四，5）。

B 型　正反均素面，侧面饰两组草叶纹。

标本（东Ⅰ）T2111 城墙夯土:2，长 32、宽 17、厚 7 厘米（图四四，7）。

C 型　单面饰粗绳纹，侧面饰“五”字形几何纹。

标本（东Ⅰ）T2111 城墙夯土:6，残长 17.4、宽 10、厚 4 厘米（图四四，8）。

D 型　单面饰绳纹，侧面饰波浪形几何纹。

标本（东Ⅰ）T2111 城墙夯土:5，残长 20.8、残宽 10.4、厚 4.5 厘米（图四四，9）。

E 型　单面压印竖条纹，横侧面饰菱形几何纹。

标本（东Ⅰ）T2111 城墙夯土:4，残长 12.6、宽 18.8、厚 6 厘米（图四四，10）。

第三节　小　　结

一、遗物的分期与年代

（一）分期

遗址中出土具备分期条件的器类不多，只有生活用具和建筑材料两类。生活用具中，只有碗和钵两种，但其时代特征明显，可分为四期。建筑材料类的遗物，根据其与生活用具类遗物的共存关系、层位关系、时代风格等各种因素，可归并到上述生活用具的四期中，从而形成遗物的整体分期。各期器物组合如下（图四六；表二）：

第一期：青瓷Ⅰ式钵；A 型Ⅰ式板瓦、A 型瓦当。

第二期：青瓷Ⅱ式钵；A 型Ⅰ式板瓦、A 型瓦当。

第三期：青瓷Ⅲ式钵、Ⅰ式碗；A 型Ⅰ式板瓦、A 型瓦当。

表二　巴东旧县坪遗址六朝遗物、遗迹分期对照表

期别	出土遗物	对应遗迹单位	年代	备注
一期	青瓷Ⅰ式钵；A型Ⅰ式板瓦、A型瓦当		孙吴时期	
二期	青瓷Ⅱ式钵；A型Ⅰ式板瓦、A型瓦当		西晋时期	
三期	青瓷Ⅲ式钵、Ⅰ式碗；A型Ⅰ式板瓦、A型瓦当	（西）H10	东晋时期	
四期	青瓷Ⅳ式钵、Ⅱ式碗、双耳罐；陶盒；Ⅰ、Ⅱ、Ⅲ式筒瓦、A型Ⅱ式板瓦、A型Ⅲ式板瓦、B型板瓦、B型瓦当	（西）H2 （西）H16 （西）H33 （西）H35 （西）H34 （东）夯土城墙	南朝时期	城墙为始建年代

第四期：青瓷Ⅳ式钵、Ⅱ式碗、双耳罐；陶盒；Ⅰ、Ⅱ、Ⅲ式筒瓦、A型Ⅱ式板瓦、A型Ⅲ式板瓦、B型板瓦、B型瓦当。

（二）年代

在上述器物组合中，Ⅰ式钵、Ⅱ式钵是长江流域吴、晋时期常见的一种器物，其区别在孙吴时期的钵一般为敛口，即本报告中的Ⅰ式钵①。而Ⅱ式钵的口部近直，为西晋时期的典型风格，据此，第一期、第二期的年代应分别是孙吴和西晋时期②。第三期的钵，口壁直，下腹折收，并伴出尖唇、圆腹、假圈足的碗。二者均为东晋时期的典型器物③。第四期的钵与侧面饰卷草纹、菱形方格纹，正面饰篾条状纹等六朝晚期的花纹砖同出自城墙的夯土中。另外，Ⅱ式碗和湖南益阳齐建元四年（公元482年）墓中出土的碗（编号益卫M01）相同④，因此第四期的年代可到南朝。

二、遗迹的分期、年代与性质

遗迹的分期与遗物的分期基本是同步的，二者的对应关系如表二所示。下面将对其中部分重要遗迹作一些重点分析。

（一）城址的年代、性质及建筑特点

1. 城址的年代

夯土城墙大部分被叠压在东居民区的5层之下，在城墙的西南角，（东）F28、（东）G8直接打破了夯土城墙。东居民区的5层属于五代文化层，（东）F28、（东）G8在东居民区被叠压在5层之下，属于隋代的建筑遗迹，因此，城址年代的下限不晚于隋代。另外，在（东Ⅰ）T1807、（东Ⅰ）T1907、（东Ⅰ）T2204三个探方的城墙夯土之下，分别发现了（东）M1、（东）M2两座东汉时期的墓葬，说明城址年代的上限不早于东汉。如此层位上的叠压关系，为我们限定夯土城墙的年代框架提供了初步证据。

---

① 蒋赞初：《长江中游六朝墓葬的分期和断代》，《中国考古学会第三次年会论文集》，文物出版社，1981年。
② 蒋赞初：《长江中游六朝墓葬的分期和断代》，《中国考古学会第三次年会论文集》，文物出版社，1981年。
③ 贺中香：《略论鄂城两晋青瓷》，《景德镇陶瓷》（《中国古陶瓷研究专辑第二辑》），1984年。
④ 高至喜：《略论湖南出土的青瓷》，《中国考古学会第三次年会论文集》，文物出版社，1981年。

另外，在城址的夯土层中，出土有卷云纹瓦当，饰几何纹、菱形方格纹、卷草纹的花纹砖，青瓷钵，青铜箭镞等一批遗物，其中侧面饰卷草纹、菱形方格纹、正面饰篾条状纹的花纹砖，青瓷钵这组遗物都属于六朝晚期的风格（图四五）。除此以外，夯土中没有发现更晚的遗物，这进一步说明城址的年代应该是六朝晚期。

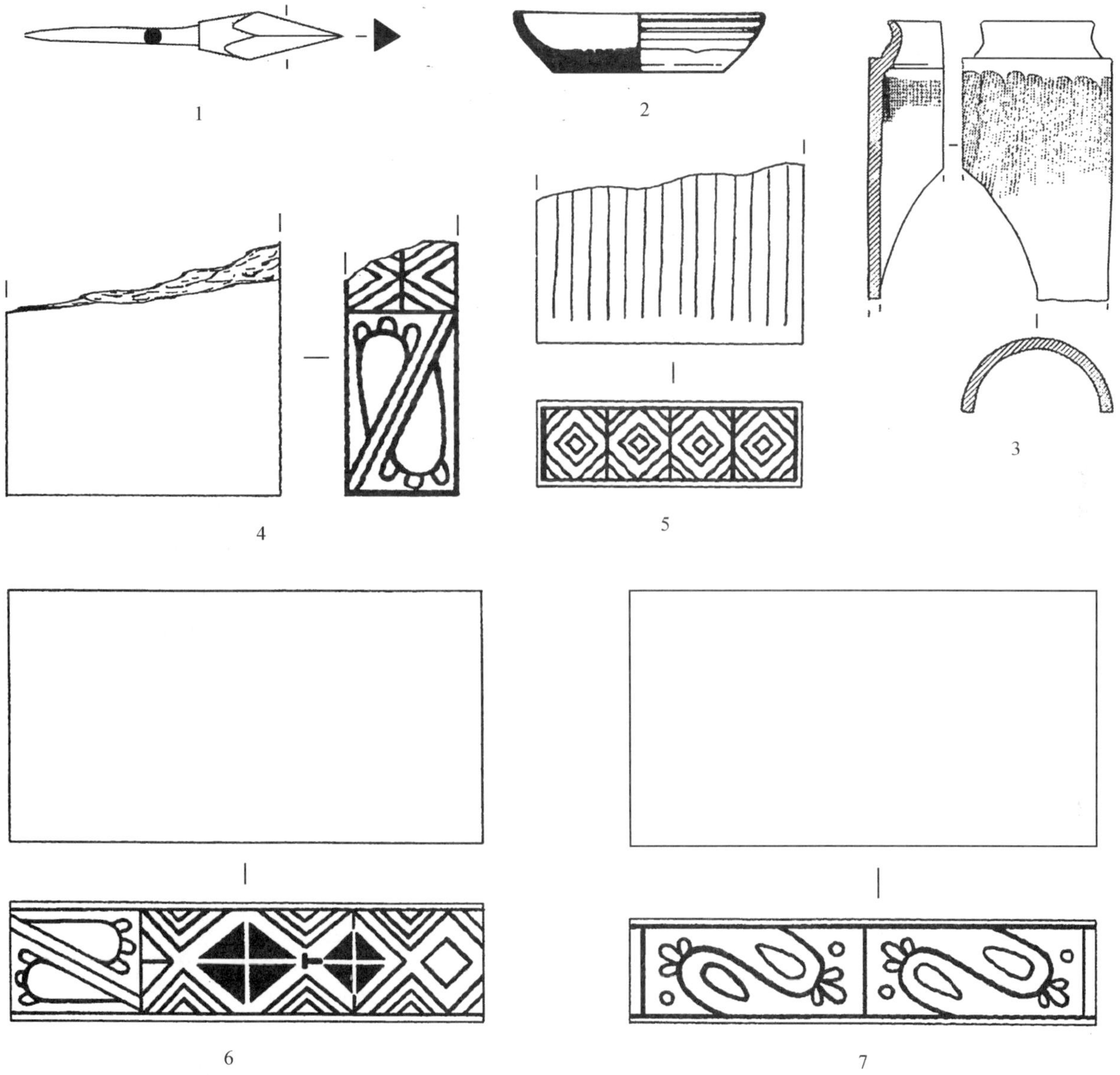

图四五　巴东旧县坪遗址六朝城墙夯土中出土的部分遗物

1. 箭镞（（东Ⅰ）T2411 城墙夯土:1）　2. 瓷钵（（东Ⅰ）T2312 城墙夯土:8）　3. 筒瓦（（东Ⅰ）T2412 城墙夯土:3）
4～7. 砖（（东Ⅰ） T2111 城墙夯土:7、（东Ⅰ） T2111 城墙夯土:4、（东Ⅰ） T2111 城墙夯土:3、（东Ⅰ） T2111 城墙夯土:2）

2. 城址的性质

根据我们对文献记载的考证，旧县坪遗址东区是六朝梁归乡县、信陵郡、北周乐乡县所在地，文献屡屡记载的信陵城就在这里。它是在北周武帝天和初年即后梁孝文帝天保五年（公元566年）由北周大将陆腾主持修建的①。这和我们前述的考古研究成果正好吻合。由此可知，旧县坪遗址所

① 王然、邓辉：《巴东旧县坪发掘考证》，《江汉考古》2003年第2期。

器类 / 期别	瓷钵	瓷碗	箭镞	瓷双耳罐、陶盒
一期	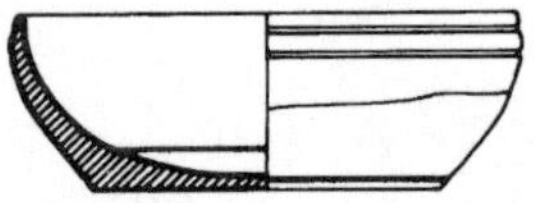 Ⅰ式((西Ⅰ)T0707②：1)			
二期	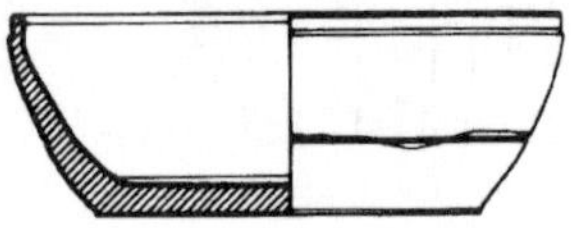 Ⅱ式((西Ⅰ)T0808④：5)		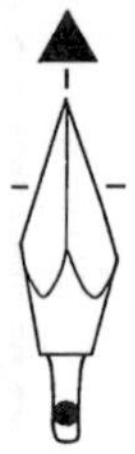 (西)H34：25	
三期	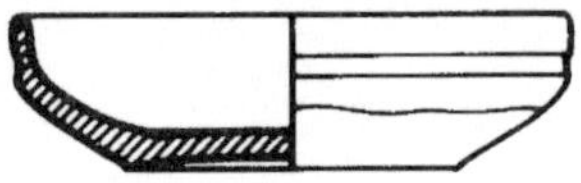 Ⅲ式((西Ⅰ)T1007⑦：56)	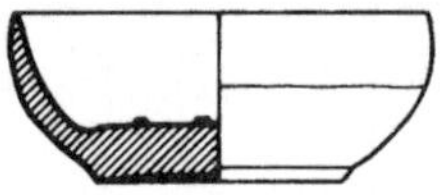 Ⅰ式((西Ⅰ)T2920⑤：11)		
四期	 Ⅳ式((东Ⅰ)T2312城墙夯土：8)	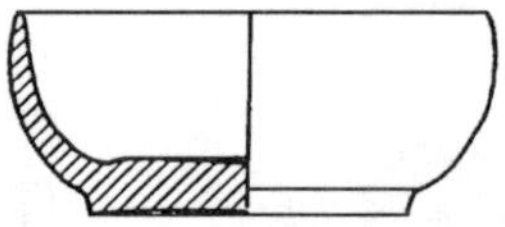 Ⅱ式((西)H16：2) 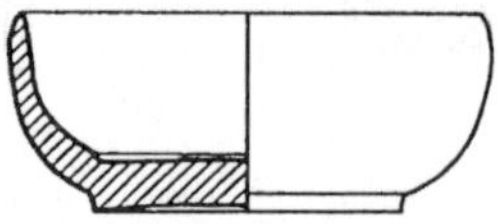 Ⅱ式((西)H16：3)	(东Ⅰ)T2411 城墙夯土：1	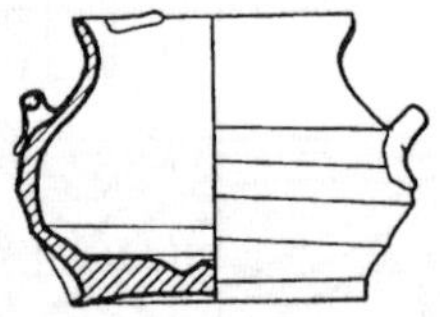 瓷双耳罐 ((西Ⅰ)T2515⑤：3) 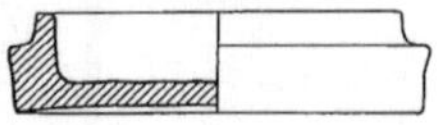 陶盒((西Ⅰ)T0407④：3)

图四六　巴东旧县坪遗址出土六朝遗物分期图（一）

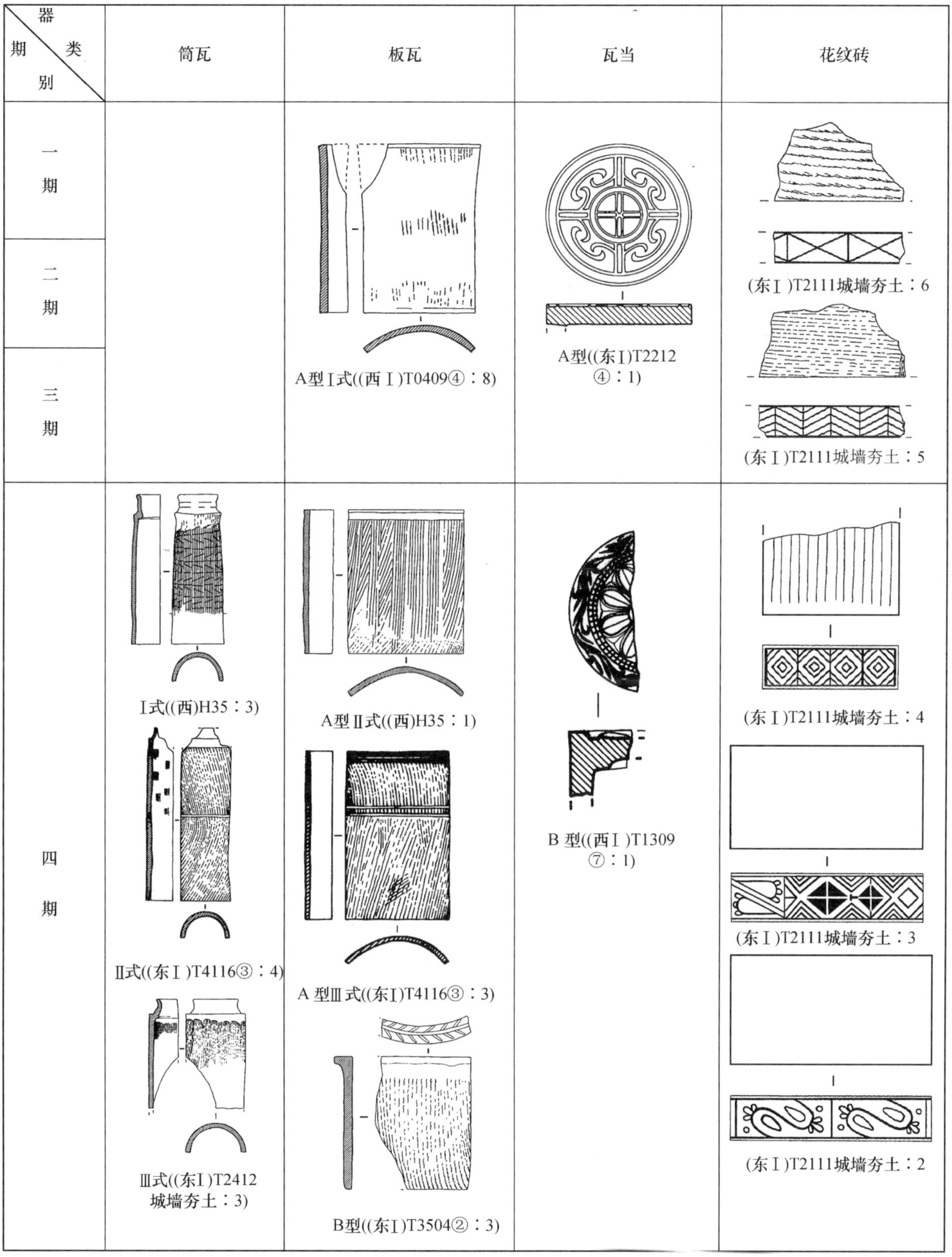

图四六　巴东旧县坪遗址出土六朝遗物分期图（二）

发现的城址是一处重要的郡县治规模的城址。

3. 城墙的建筑特点

旧县坪遗址发现的六朝城墙，属于典型的山区城镇建筑方式，即利用地形的特点灵活多样构筑城墙体。我们所发现的有用土夯筑和用石块相垒砌而成的部分。夯筑城墙带是在东区较宽敞的台地上，就城墙的夯土层而言，残存最多的地段总共有23层之多，经解剖，每层的厚度约有8～10厘米，其夯筑的过程是采用集束式捆绑较大的木棍而进行夯筑墙体的。而且棍筑的夯窝明显，直径在5～10厘米，约五六个夯窝为一组；夯层平整；剥离后清晰，而夯土来自于附近的高处，那时的人们是采用了挖高填低的方式，围绕着自然台地的边缘而层层夯筑，使台地变得更加宽敞而平缓。夯筑中，南侧所用的土方是台地高处所运来的那种黄色土质，其中还夹带着大量的小石子。西侧溪沟边的主要是红沙土；经过夯筑后的城墙上，另外建筑了不少的房屋于其上（未揭示）。这样形成了外看是城墙，内看无墙而又是城区的建筑特点。其城墙的走向平坦，一面为沿江岸边（南侧），一面依溪沟（西侧），其宽缓与平坦的地段也正是城墙体在台地自南向北拐弯的地方，这一带以夯筑为主。而在两端较陡峭的地方，则使用垒砌技术，使城墙顶面平整。石块墙体，一方面，它是作为护坡的墙体，使护坡内的地势抬高而平整，有利于对外防御；另一方面，如果在溪沟边使用夯筑方法，常流的泉水会使夯土不容易稳固，用石块垒筑，是地势与地理条件的要求，也容易滤水。这一垒筑的方法，实例见于今鄂西南的恩施古城，其也是始建于宋代，现今所保留下来的城墙体，虽然主要是明清时期的，但保留了宋代的建筑风格，其建造的方法，则完全形如这座巴东旧县坪遗址上的城墙遗迹的建造方式①。在恩施古城附近，还保留下来一座宋代山城（今柳州城，也就是宋时的旧州城），其城墙完全是依山而建成的，外看为城墙，内看则仅仅是一片平地，其大多地方就是依其地理的自然环境而稍加垒筑后而成为墙体的②。由此看来，巴东旧县坪遗址上的城墙构筑方式，当可作为长江沿岸以及周边的山区古代城镇建造中的典例。

（二）灰坑的建筑特点及其性质推断

旧县坪遗址六朝灰坑里面，除了不规则形的（西）H10以外，其余几座都比较特别，我们认为有可能是仓储遗迹，理由有如下几点：第一，这批灰坑都集中地分布在遗址商业区的南部，东临溪沟，南面长江，地势较高，阳光充足，土壤为黄色、细腻的沙质黏土，适合做半地穴建筑。第二，这批灰坑排列整齐，分为东西两排，东西、南北之间的间距基本为5米左右，分布极有规律。第三，构造比较特别，坑口大小在1.2～2米，多数坑壁直，坑底平，坑内多填有大量的瓦片，有的坑底中心有柱洞，如（西）H16，有的坑底中心有一字形沟槽，如（西）H35，在峡江地区内的湖北巴东楠木园遗址中曾发现过这类灰坑，余西云先生认为，这种有一字形沟槽圆形灰坑的年代为六朝时期，“此类遗迹可能是与商业储存、转运相关的仓”③，甚有道理，坑底中心的柱洞、一字形沟槽应是用于这些仓立柱盖顶。第四，这批灰坑的所在区域与后来此地隋唐时期的仓储区比邻，结构也颇有诸多相似之初。巧合的是，这批灰坑的年代为南朝时期，与旧县坪遗址开始设立归乡县、信陵郡的年代正好吻合。因此，我们做出的上述推断是应该成立的，这批灰坑的所在区域应该是南北朝时期归乡县、信陵郡在此设立的官府仓储区。

---

① 邓辉：《恩施古城的历史定位》，《武汉文博》2006年第2期。

② 邓辉：《土家族区域的考古文化》，中央民族大学出版社，1999年，第289页。

③ 国务院三峡工程建设委员会办公室、国家文物局：《巴东楠木园》，科学出版社，2006年。

第六章　隋唐五代时期

第一节　遗　　迹

旧县坪遗址隋唐时期的遗迹逐渐增多，并已明显地看出城市功能的分区，形成了固定的格局，如官府区在东区，庙宇区、仓储区在西区等。各类建筑也都是在整体规划布局的基础上建设的。现按遗迹的类别介绍如下：

一、房屋建筑遗迹

房屋按其使用功能分为官府建筑群遗迹、庙宇建筑遗迹、其他房屋建筑遗迹三类。

（一）官府建筑群遗迹

1. 官府建筑群的结构与布局

隋唐官府建筑遗迹位于遗址东区西部六朝城址之上，是一座有围墙、带院落、排水设施完善、由若干座房屋组成的建筑群，编号为（东）F28（图四七；图版一三）。（东）F28的分布范围共跨26个探方，叠压在东居民区5层下，打破六朝城址夯土（图四八）。该建筑群坐北朝南，方向（以门向为准）200°。现存南北长20.6、东西宽20米，面积约为412平方米。其南部有前伸的道路痕迹，但前伸部分已被破坏，布局已不清楚。

（1）房屋

（东）F28-1（一号建筑）

一号建筑位于建筑群最北端，是（东）F28这组建筑群里面最大的一座建筑。平面呈东西向的横长方形，其西部被破坏，东、南、北三面保存较好，以门道中心为中轴线，东西长19.2、南北宽9米。面积为172.8平方米（图版一四）。

建筑主体筑在高台上，东西长19.2、南北宽7.6米，高出前面院落地面0.3米，台面周边绕以宽0.65米用砖铺地的回廊，回廊铺地砖为横砖平铺，东回廊铺地砖保存较多，南部残留较少，北部、西部回廊铺地砖已不存在。回廊外侧用砖包边，内侧为砖砌的建筑墙体，墙体内侧空间东西长17.6、南北宽6米，现存地表为灰褐色黏土，含有一些青瓷碎片和小块的素面、绳纹瓦片，其上是否铺砖，已无痕迹可寻。一号建筑的门址在主体建筑的南部正中，南北长1.35、东西宽1.8米，用砖砌成三级台阶状，每级台阶的垂直级差为0.1米，最高处离地表0.3米（图版一六，1）。

散水处在回廊外侧包砖南边，台阶状门址的东、西两侧。多数地方已遭破坏，仅在东部尚存部分，由一排平砖纵向并列铺成，砖面北高南低，呈斜坡状，高差0.1米（图版一六，2）。

墁地在散水之南，墁地与散水间有一排侧立斜半插于地下的砖将其拦开，露出地表部分呈三角锯齿形。墁地纵向平铺三排砖，南边有一排横向平铺的砖包边，东西长17（不包括门址宽）、南北宽1.1米。

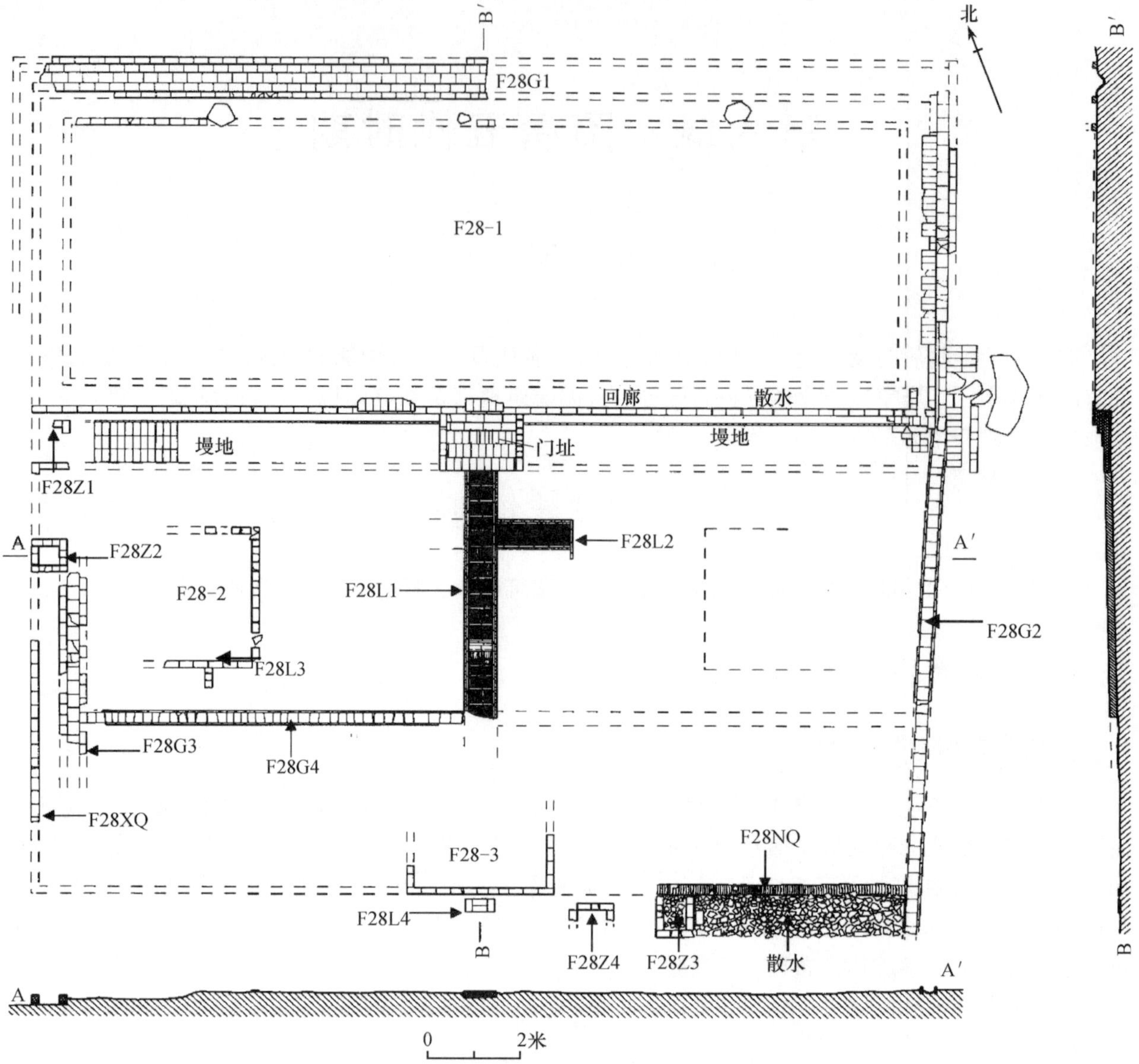

图四七　巴东旧县坪遗址（东）F28 平、剖面图

（东）F28-2（二号建筑）

二号建筑位于一号建筑的西南部，北距墁地南边 1.35 米，方形，西部残。房屋系用单砖垒砌，东墙长 3.35 米，南墙残长 2.05 米，北墙残长 1.17 米，砖体残墙最高离地表约保存有 0.05 米。从东部道路的走向结合中国古代建筑讲究平稳对称的传统分析，道路东部还应有一座类似的房屋。因涨水未能发掘。

（东）F28-3（三号建筑）

三号建筑位于（东）F28 的最南端中部，北部残。其建筑方式类似于二号建筑，南墙长 3.15 米，东墙残长 1.42 米，西墙残长 0.67 米。

（2）院落围墙、散水与砖柱

一号建筑的南部，为一处长方形的院落，院落的西部保留了一段墙体、两处砖柱，分别编号为（东）F28XQ（西墙）、（东）F28Z1（一号砖柱）、（东）F28Z2（二号砖柱）。

西墙墙体与一号建筑的西回廊外侧包砖平齐。残长 4.3 米，单砖错缝平砌，现存 7 层砖，高 0.35 米。

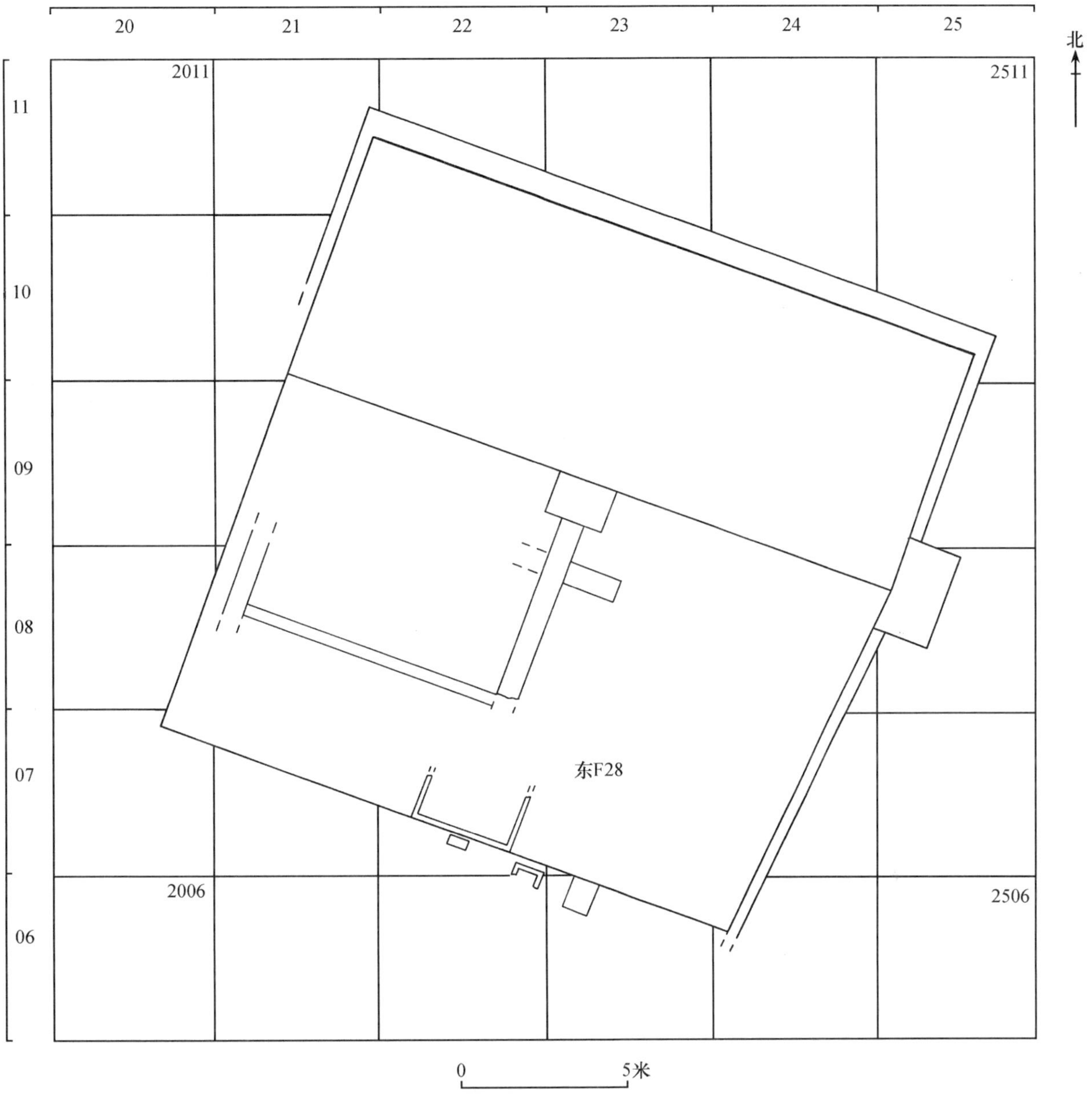

图四八　巴东旧县坪遗址（东）F28位置图

一号砖柱位于墁地西端，仅残存东北拐角的一层砖。

二号砖柱位于一号砖柱残体南部2.5米处，用单砖错缝平砌成正方形，边长0.8、高0.25米，内空填土。一号、二号砖柱推测应与（东）F28院落的西门建筑有关（图版一七，1）。南墙现残存一段用整齐叠放的瓦垒成的墙基，编号为（东）F28NQ（南墙），现存长5.2、宽0.25米，墙基外侧边与三号建筑的南墙正好对齐（图版一六，3）。

墙基的南部有散水，散水是用砸碎的瓦铺垫而成，经过夯实，表面平整，呈北高南低的斜坡状。东西宽4.5、南北长1米，坡度为5°（图版一六，3）。

墙基南部东侧，发现两残砖柱遗迹，分别编号为（东）F28Z3（三号砖柱）、（东）F28Z4（四号砖柱）。

三号砖柱位于墙基和散水的西端，呈凹字形，东、西、南三面单砖平砌，北接墙基，砖面与墙基面平齐，内空填与散水相似的瓦片。东西宽 0. 8、南北长 1 米（图版一六，3）。

四号砖柱东距三号砖柱 0. 9 米，方向一致，砌法相同，内空填土。其南部已毁，宽 0. 95、东面残长 0. 4、西面残长 0. 27 米。三号、四号砖柱推测应与（东）F28 院落的南门建筑有关。

（3）道路

（东）F28 院共发现道路遗迹四处，分别编号为（东）F28L1（一号路）、（东）F28L2（二号路）、（东）F28L3（三号路）、（东）F28L4（四号路）。

一号路呈南北走向，位于院落的正中部，北接一号建筑的南门台阶，南端残。现存长度 5. 85、宽 0. 7 米。东西两边采用侧砖包砌，两侧还各有一道斜砖半插入地下，砖角露出地面，形成三角锯齿花边装饰，中间直道上每隔 0. 32 米就有一排侧立横砖相隔，每两排横砖之间镶嵌两排直立的瓦片，排列整齐（图版一八，1）。

二号路呈东西走向，在一号路的东侧，残长 1. 56 米，两条道路垂直相交，建筑方式同于一号路，只是二号路的路面低于一号路的路面 0. 08 米（图版一八，3）。

三号路位于二号建筑的南墙外，仅剩一排南北走向的平砖，残长 0. 46 米。

四号路位于三号建筑南墙外正中处，由两排直砖和两排横砖平铺而成，宽 0. 64、残长 0. 32 米。

（4）排水沟

根据排水沟的布局和走向，分别编号为（东）F28G1（北沟）、（东）F28G2（东沟）、（东）F28G3（西沟）、（东）F28G4（南沟）。

G1（北沟）位于一号建筑的后墙外，属于一号建筑的后房檐排水沟。从纵剖面观察，沟体是由三片板瓦组成，呈凹字状，中间瓦面朝下，形成沟底，两侧瓦面朝上，形成护坡，两边有砖砌的沟壁，南边利用了一号建筑的北包墙砖，北边用平砖顺砌。沟瓦为顺接，素面布纹板瓦长 0. 32、宽 0. 21 ~ 0. 23、厚 0. 015 米。沟内空宽 0. 65、残长 9. 5 米（图版一五）。

G2（东沟）位于一号建筑的东墙外，属于一号建筑的东房檐排水沟并一直向南延伸到院落中部，残长 20 米，并有可能继续向南延伸到南墙外。沟底大部分位置是用板瓦顺接，内空宽 0. 25 米，在一号建筑的东墙南部外有一段是用筒瓦顺接。内空宽 0. 16 米，东沟壁的砌法以一号建筑的东南角为界分为南北两段，北段为一号建筑的东房檐排水沟，西边沟壁利用了一号建筑的西包墙砖，东边用平砖顺砌，南段沟壁的两边用并列竖砖紧贴瓦边。有些砖的侧面模印几何、卷草、叶脉等花纹。板瓦、筒瓦均为外素面，内饰布纹（图版一七，2）。

G3（西沟）位于院落西墙的东部，二号砖柱的南部。南北向，南北两端均已被毁，残长 4. 27 米。沟底用板瓦顺接，内空宽 0. 25 米，沟壁用平砖顺砌（图版一七，1）。

G4（南沟）位于院落的中部，东西向，东接一号路、西通西沟、北距二号建筑的南墙 1 米。长 8. 1 米，沟底由残砖平铺成，沟内空宽 0. 24 米，两侧为立砖做壁。其砖尺寸、花纹、建筑方法均同于东沟北段（图版一七，3）。

2. 官府衙署建筑群的营造方法与技术

通过考古发掘，我们了解到，（东）F28 这组官府衙署建筑群之下还有早期建筑，在修建（东）F28 之前，先平整土地，后开始规划建筑。其营造过程为：

（1）构筑台基

一号建筑是这组官府衙署建筑群中的核心建筑，其他建筑和建筑的附属设施都是围绕它来设计建造的，因此一号建筑是这组建筑群中最先开始营造的。根据其所建地的西北角是六朝时期的夯土城墙，地势高，东南是早期建筑所在处，地势低，建造中采用挖高填低的方式构筑一号建筑的高台基，于是一号建筑的西北部打破了六朝时期的夯土城墙。东南部为填充的土，较松散，为了保证台基的牢固，在其南边用纯净黄土夯砌台边，一则用以包台，二则正好形成一号建筑南回廊的基础，夯砌台边的宽0.5米。高台基筑好后，用砖包边（图版一八，2）。

（2）立柱建屋

用砖铺设回廊地面、砌建墙体、立柱接檐、盖顶。北回廊间发现两块柱础石，直径在0.6米左右，根据东侧第一块柱础石到东侧墙体之间的距离推算，其面阔应为五间，进深6.3米。直接叠压在一号建筑之上的东居民区5层中出土了不少建筑材料，有砖，长0.32、宽0.16米；板瓦、筒瓦，两类瓦凸面均素面抹光，凹面饰麻布纹，板瓦长0.32、宽0.24米，筒瓦长0.36、宽0.16米；莲花纹瓦当；各种脊兽、鸱吻等，应与一号建筑有关。推测一号建筑的建筑方式为砖铺地面台边，木柱梁框架结构，砖作补墙，瓦盖顶。

（3）埋沟铺路

在一号建筑的东、北、西三面，先挖沟槽，然后用砖瓦建成排水沟，用以接泄屋顶、屋后的积水，东西排水沟北高南低，向南穿过院落直通长江。南沟用以排院落内的积水，官府衙署建筑内发现的东、西、南、北四条排水沟，虽残缺不全，但从布局、走向、建筑风格来看，它们应该互相贯通，构成一个完善的排水系统。（东）F28L1（一号路）和（东）F28L2（二号路）是官府衙署建筑群内的主干道，二者呈十字垂直相交，高低错落，井然有序。

（4）围墙造门

院落的围墙尽管只剩西墙部分和南墙的部分墙基，从其走向和布局来看，围墙整体应该是方形，西墙段上的一、二号砖柱，应该是西侧门两边的门柱，西侧门宽2米。东墙不存，是否有东侧门，目前尚无法判断。南墙段上的三、四号砖柱，位于三号建筑的东部，而三号建筑正处在建筑群的中轴线上，南边与南墙平齐，面积不大，应该是门房一类的建筑，三、四号砖柱是在其东部，应该只是南门的东门柱，以建筑群的纵向中轴线对称南门，宽达7.5米，可分三条门道，两侧门较窄，宽仅0.9米，中间宽3.8米。南门应该是这组官府衙署建筑群的正门。

（二）庙宇建筑遗迹

旧县坪遗址西区中部南边较前突出的一块高台地上（即第二章第一节所列的庙宇区），发掘出一处重要的庙宇建筑遗迹，现存部分是以砖石结构的硬建筑基址为主，编号为（西）F1。（西）F1从隋唐时期开始建造，使用的时间较长，一直延续到宋代，其间历经了三次大的维修改建，因此可以分为三期建筑，但从建筑布局和出土遗物来看，其使用功能没有发生大的变化，同为庙宇建筑。按前述房屋遗迹编号原则，不同时间发生的维修、改建不再给新的房屋编号，而是在总房号的后面加上以罗马数字来标明期别。据此（西）F1的三期建筑分别编号为（西）F1Ⅰ、（西）F1Ⅱ、（西）F1Ⅲ。其中（西）F1Ⅰ是属于隋唐时期始造的，保存的遗迹最多、建筑面积最大、建造工艺最好的庙宇建筑，现介绍如下（图四九）。

1. 庙宇建筑（（西）F1Ⅰ）的结构与布局

（西）F1Ⅰ是庙宇区内最早的庙宇建筑。从地层堆积观察，其开口于庙宇区4层（此层为（西）F1Ⅰ坍塌后的废弃堆积，包含了（西）F1Ⅰ大量坍塌的瓦片、瓦当、建筑构件和整体倒塌的墙体（图版二〇，1）），直接建在生土之上。平面呈东西向的横长方形，坐北朝南，方向183°。现存南北长14.5、东西宽25.45米，面积约为369平方米。共跨23个探方（图五〇）。建筑遗迹北靠仓储区地势较高，保存较好；南临长江地势低，破坏严重。现残留的主要遗迹有供台、南北廊道、院落、北墙、部分柱洞和活动面（图版一九）。

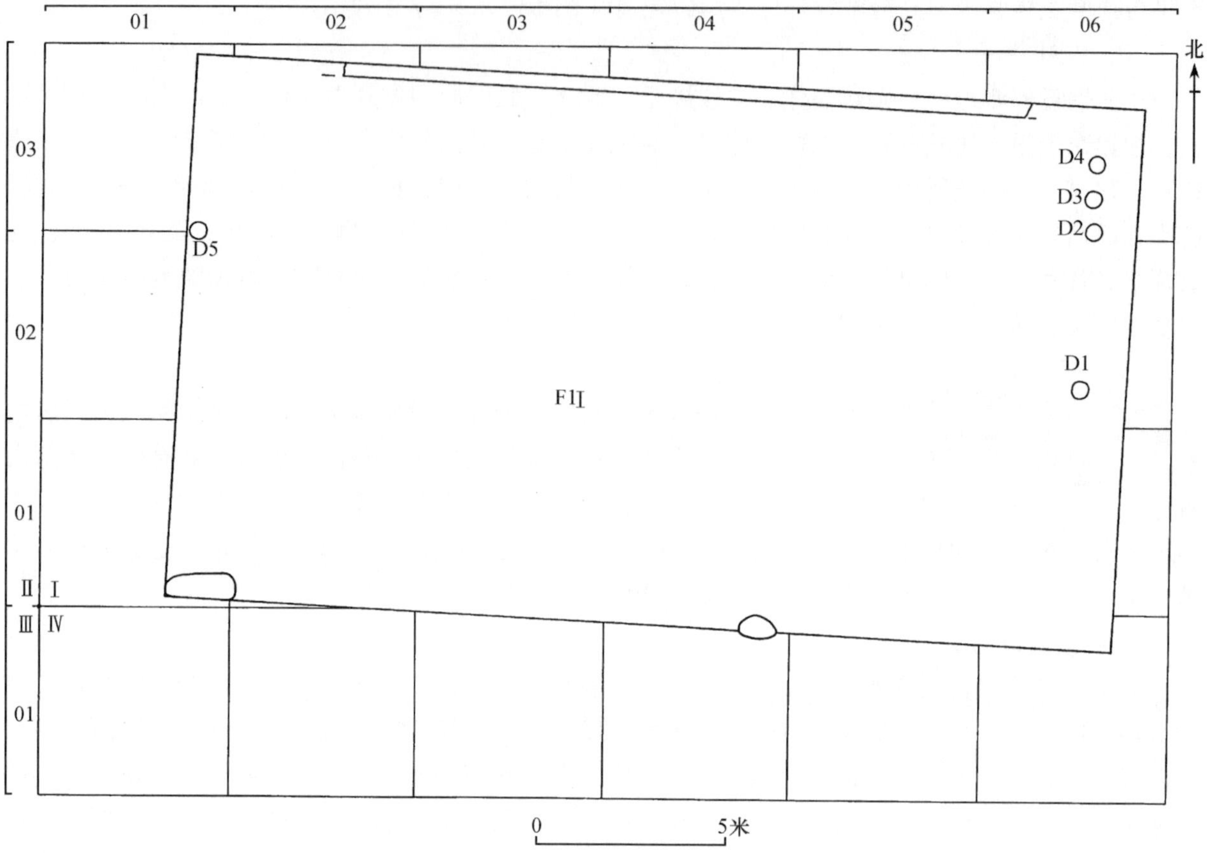

图五〇　巴东旧县坪遗址（西）F1Ⅰ位置图

（1）活动面

活动面是指在（西）F1Ⅰ内，除被砖建筑覆盖以外现裸露的区域，它是与建筑物活动密切相关的原生地表面，是在砖结构完成后填垫的。现发现的活动面是由一层内含碎小石子的灰白土铺垫成，与周围及上下层土壤完全不同，厚0.08～0.1米，质地坚硬，表面平坦，东西两面都有齐整的边缘，西南角还残留有规整的转角。（西）F1Ⅰ的面积和范围便是综合了墙体、柱洞和活动面等多种因素确定的（图版一九，2）。

（2）墙体

（西）F1Ⅰ砖筑的墙体目前只剩下东西走向北墙，位于（西）F1Ⅰ的最北边，北临隋唐至宋代的仓储区。北墙残长17.5米，用双排平砖错缝平砌，宽0.4米，现保留六层砖，残高0.35米，（西Ⅰ）T0403探方内现存墙体的南边保留了11层原始的倒塌墙体。据此，该墙现可看出保留了17层砖，复原的高度有0.9米（图版二〇，2），墙体外侧五层砖下与北侧的生土之间用残砖填充。五层砖上，墙体向北移动了0.08米，掩压住了上述墙体外侧五层砖下与北侧的生土之间的空隙。

东、西、南三面没发现砖砌的墙体，但分别发现了柱洞和柱础，（西）F1Ⅰ的东端和西端共发现了5个柱洞，东端中、北部有4个柱洞，南北分布在一条直线上，编号为（西）F1ⅠD1、（西）F1ⅠD2、（西）F1ⅠD3、（西）F1ⅠD4；西端中部靠北发现一个柱洞，编号为（西）F1ⅠD5。柱洞直径都在0.35米左右，深0.15～0.2米。南面发现了2块排列整齐的大石块，应该是南边的柱础石。

（3）廊道

现已发现南、北两条并行的廊道，并可根据部分遗迹划出东、西廊道。

北廊道　建造在生土之上，东西走向，紧靠北墙。东西残长22.5、南北宽0.95米，单层仿席纹铺地砖（图版二四，1）。北边被压在北墙之下，南边有一排横向平铺的砖包边，外侧还有一排侧立的砖并镶嵌于地下，成为廊沿线（图版二一）。

西廊道　在北廊道的西端廊沿线呈90°向南折拐，但折拐后仅剩一块砖，可能是西廊道的廊沿线，（西）F1ⅠD5应是西廊道外边的廊檐柱洞。

南廊道　位于（西）F1Ⅰ的中部偏北，与北廊道南北并行。南廊道的北廊沿线距北廊道的南廊沿线之间的距离为2.4米，中部有一供台将其分隔成东西两段。南廊道西段，东接供台，西部、南部残，现存长度6.65、宽1.05米。南廊道东段西接供台，东部、南部残，现存长度5.3、宽1.05米。东西两段廊道的结构相同，地面由两层砖铺成，下层有纵向平铺的砖东西依次排列成行。南廊道的东、西两部分均残留三排这样的底砖，底砖之上是用和北廊道构造相同砌法铺地、包边，设廊沿线。南廊道的廊沿线不同于北廊道，它是由两排侧立的砖构成。由于南廊道东西两段的南边均遭破坏，南廊沿线不存，实际宽度不详，但残存南廊道的东部，有一对南北对称的由嵌于地下侧立的砖做成的呈90°拐角，两处拐角南北之间的距离为1.8米。北拐角的南边与南廊道的北廊沿线成一条直线，高度相等，南廊道的宽度应该和两处拐角南北之间的距离相等。南廊道的西段长度应该以残存的西廊沿线向南延伸线为终点。（西）F1ⅠD2、（西）F1ⅠD3、（西）F1ⅠD4南北分布在一条直线上，和北廊道垂直相交，参照西廊道的情况，这4个柱洞可能是东廊道的内侧廊檐柱洞，南廊道东段向东延伸应以东廊道的内廊檐柱洞中心线为界。据此，南廊道的东、西两段的长宽正好相等。同为东西长9.9、南北宽1.8米。

东廊道　根据（西）F1ⅠD2、（西）F1ⅠD3、（西）F1ⅠD4的排列和活动面的东界，可得知东西廊道的结构、尺寸大致相当。墙体和廊道的用砖基本一样，均为青灰色，素面，长0.32、宽0.16、厚0.05米。

（4）供台（或为塔基）

供台位于北廊向南的中心处（图版二二），前（北）有东西长3.3、南北宽1.1米的踏道。踏道北接北廊道，后（南）接供台，平地铺砖。两侧有侧立的砖并排嵌于地下包边，踏道东西两端南距供台0.25米处，发现一对对称的莲花插座，通高0.16米。座基为长方形，长0.46、宽0.44米，上身圆形，直径0.3米，通体浮雕十六瓣覆状莲花纹。座顶开凿成长方孔状，中空，长0.14、宽0.13、深0.08米。另外在莲花瓣插座中，侧边斜上对着中孔，也凿有一较小的方孔，似是插座的附属支撑。这种莲花插座，从其结构以及所在位置来看，应该与临近的供台有关，推测可能是经柱（或经幢）的基座（图版二三，3）。踏道中央近供台处地面砖表面，有人为踏踩或是跪祭形成的并列的两个浅凹坑（砖面的下坠成为浅凹坑状）。

在踏道以南为供台，与踏道间用一排侧立的横砖分隔。供台四周用砖包边，中间填土形成台状，供台东西宽3.3米，供台东西两侧用四排平砖错缝平砌包边，高0.18米，北端使用专制的一端为斜面的砖垒砌成坡面，坡面内侧用侧立斜置的方砖卡边。供台北面包砖保存较好，用特制的方砖铺设成台阶状，砖边长0.32、厚0.06米。共存两排方砖，北边的第一排用一层方砖铺底，第二排用四层方砖垒砌，高出第一排0.18米，第一排铺底方砖中心用两块方砖砌成高于地表的斜坡，斜坡两边用侧立的砖包边，斜坡宽0.75、前凸出0.3米。两侧连接东西两端砖砌的坡面，坡面的低（北）端和供台铺底砖表面和踏步地表等高，高端（南）和供台的高度相同。供台中部破坏殆尽，南部尚存一段砖砌的台阶，长2.26、宽0.45米，共分三层，由南至北，依次形成由低到高的阶梯。供台内的填土残高0.2米，和活动面的土质相同，证明活动面和供台内的填土是用专门挑选的土，同时填建的（图版二二）。

（5）庭院

庭院位于建筑的北部，供台和南、北廊道之间，以供台为界，划分为东西两院，西院保存相对完整，以供台的西壁、南北廊道廊沿线以及北廊道廊沿线向南拐出廊沿线为界。西院的范围，东西长9.9、南北宽2.4米；东院以（西）F1ⅠD2、（西）F1ⅠD3、（西）F1ⅠD4的中心连线作为东院的东边；东西两院的形状、大小完全相同（图版二三，1）。两院的地面铺较坚硬的灰白色土，内夹有一些小碎石子，并在大致相同的位置各设一花坛，花坛用竖立的瓦半埋于地下围筑成，直径0.45米。东院花坛平面为七星形，西院为圆形，花坛内发现炭化的丛竹痕迹（图版二三，2）。

另外，在东院中部，有一段南北向垂直于南廊道的侧立的砖并排半嵌于地下，残长0.55米，表明东院内可能还可以分成东西两个小院，与东小院对应南廊道的南侧，还有另一庭院，仅残存西北角的部分廊沿线和活动面。

2. 庙宇建筑的营造方法与技术

（1）平整场地

在规划好建造（西）F1Ⅰ的部位后，针对（西）F1Ⅰ所在的高台地北高南低的地势，首先对场地进行了平整。具体方法是挖高填低，我们在北墙处可以观察到，北墙下的北廊道砖面低于北墙外（北）的生土面0.18米，生土面的南边被修整成与北墙墙体平行、整齐垂直的陡坎，并用碎砖填实北墙墙体与陡坎之间的空隙。

（2）铺设廊道

平整场地后，即开始铺设廊道。现已发现的廊道全用砖筑，表面铺以仿席纹铺地砖，两边用平铺的横砖和半埋入地下的侧立横砖砌成廊沿线。多条廊道错落有致，互相贯通，美观大方。

（3）接檐立柱

东西两边均发现有柱洞，且挖筑方式、直径、深度都大致相同，东边的四个柱洞成排连线，正处在东廊道的边线位置上，应该是东廊道的接檐柱的柱洞，证明廊道是有盖顶的。

（4）围墙设院

（西）F1Ⅰ现发现的北墙残长达17.5米，中间没有发现门址、柱础之类的遗迹，墙外也没发现散水、排水沟之类的设施，可见其是一堵整体墙，其厚实坚固、气魄宏大，足以再现当年的辉煌。按照山区历史和现实建筑的惯例，靠山，近高处的墙体多为后墙，都比较厚实坚固，主要用于防止山上、高处下泻的雨水对房屋造成破坏。（西）F1Ⅰ的北墙建造的如此规模宏大的原因也正是基于此理。进一步推测，北墙应是（西）F1Ⅰ的后墙，门应向南，（西）F1Ⅰ的南边的几个大石柱础应该是用于南面立擎檐柱的。惜南面破坏太甚，是否建有南门已无踪迹可寻。（西）F1Ⅰ内发现多座以廊道隔开的庭院，用专门挑选的土铺垫地表，经当年长期踩踏后，已形成坚硬的活动面。南北廊道之间东西两院中的花坛，是先挖一直径为0.55米的圆坑，再用瓦筑成不同形状的围边，后内外填土，种上丛竹，在院落中形成一座座小巧精致、典雅美观的花坛。

（5）构筑供台

供台是（西）F1Ⅰ这座隋唐庙宇建筑中的核心建筑，整个建筑都是围绕供台来设计建造的。其位置居中，地位突出，用特制的砖包边，内空填以专门挑选的和活动面相同的土，参考中国早期佛寺的布局特点，我们现称之为供台的很可能是一座当年佛塔的塔基。

（三）其他房屋建筑遗迹

（西）F98　建在遗址西区北部靠山坡处，现仅存房屋的东北部分，长16.66、宽3.65米。分布于（西ⅡB）T0820、（西ⅡB）T0920、（西ⅡB）T1020、（西ⅡB）T1120四个探方内，建筑在生土之上，叠压在宋代的（西）F92、（西）L5Ⅰ之下，由于其北靠高山，东面也没有发现门址，门应对南开，方向为180°，海拔136米。

（西）F98属于高台建筑，现存有台基、包土墙、散水、排水沟、柱础和柱洞等遗迹（图五一；图版二五）。

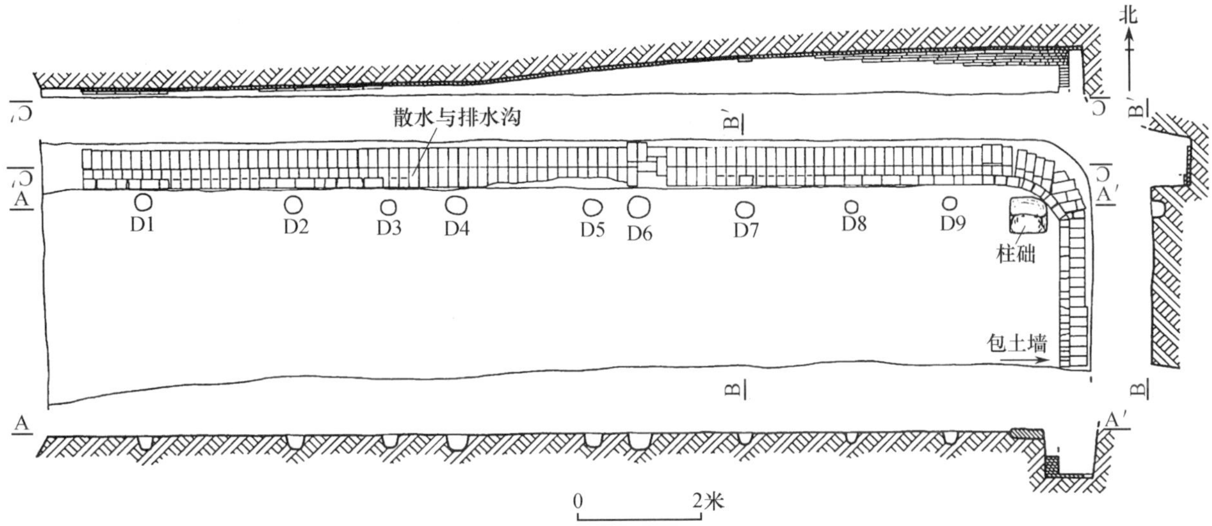

图五一　巴东旧县坪遗址（西）F98平、剖面图

1. 台基与包土墙

在规划好的房屋建筑周边的生土面上，挖筑沟槽，中间形成圆角方形的生土台基，台基西南部已被毁，残存的部分呈长条形，南北残长3.5、东西残宽16.5、残高0.75米。台基周边用砖包砌，形成包土墙，现仅有东北角及后（北）墙的部分保存较好。包土墙的砌法为单砖平铺错缝垒砌，转角砌成圆角，最高处保存了12层砖，高0.6米。

2. 散水与排水沟

在包土墙外利用构筑台基时挖筑的沟槽，围绕台基做成（西）F98房檐的排水沟，同台基与包土墙一样，房檐排水沟也仅保留下东、北段，沟上宽下窄，北段（后沟）较宽，西高东低，西端不存，残长16.5、上口宽0.9、底宽0.77、低于现台面0.1~0.75米。东沟较窄，南部被破坏，残长3、上口宽0.45、底宽0.35、低于现台面0.7~0.85米。东、北两沟在东北角呈圆角相通。包土墙下及沟底并列横铺两排平砖，这层砖既可以作为房屋的散水，也可以看做是排水沟的沟底。

包土墙、散水与排水沟所用的砖基本一样，青色素面，砖长0.32、宽0.16、厚0.05米。这批砖中，共发现有68块砖上带有模印成阳文篆体的“张”字（图版二四，3、4），有一砖面上还留有脚印痕迹（图版二四，2）。

3. 柱础和柱洞

台基的东北角发现方形柱础一块，边长0.6、高0.15~0.2米。柱洞分布在台基的北部边缘，距包土墙内侧边0.13~0.26米，呈东西向整齐排列，共发现9个，自西向东依次编号为（西）F98D1~（西）F98D9。

柱洞皆圆形，弧底。洞内填土多为红褐色土，有的夹杂烧土，有的填有小块砖瓦，有的里面还残留有木柱的腐痕。

D1　北距包土墙内侧0.1米。直径0.28、深0.23米。

D2　西距D1 2.15米，北距包土墙内侧0.13米。直径0.28、深0.25米。

D3　西距D2 1.25米，北距包土墙内侧0.2米。直径0.25、深0.22米。

D4　西距D3 0.8米，北距包土墙内侧0.15米。直径0.32、深0.27米。

D5　西距D4 1.87米，北距包土墙内侧0.21米。直径0.3、深0.21米。

D6　西距D5 0.4米，北距包土墙内侧0.16米。直径0.38、深0.27米。

D7　西距D6 1.37米，北距包土墙内侧0.26米。直径0.28、深0.2米。

D8　西距D7 1.5米，北距包土墙内侧0.25米。直径0.2、深0.18米。

D9　西距D8 1.4米，北距包土墙内侧0.2米。直径0.23、深0.2米。

二、仓储区建筑遗迹

（一）仓储区建筑的结构与布局

隋唐时期的仓窖位于庙宇区北部的高台上，集中分布，形成了一个独立的仓储区。分布范围和第二章第一节地层堆积中介绍的北宋仓储区大致相同，区内发现的与仓储有关的遗迹包括围墙、仓窖、房屋等（图五二；图版二六）。

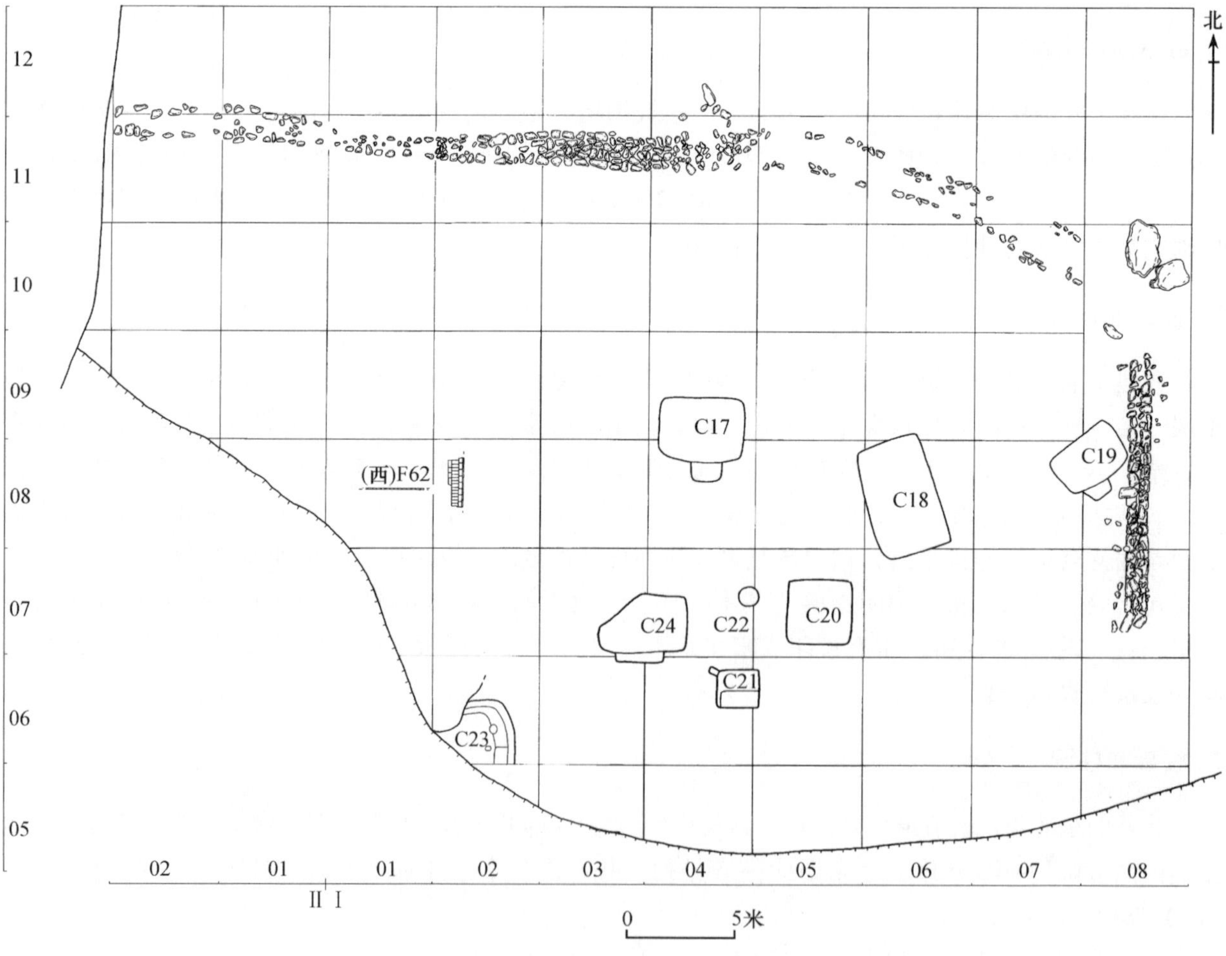

图五二　巴东旧县坪遗址隋、唐、五代仓储遗迹平面分布图

1. 围墙

隋唐时期仓储区的围墙残存东、北段，西、南边被毁。东面残长17.5、北面残长47米，两墙在东北角呈圆角相连，围墙全部用石块垒砌而成，现已完全坍塌，根据石块的堆积范围，可知围墙的宽度在0.5~0.8米之间。

2. 仓窖

仓窖有8座，分别编号为（西）C17、（西）C18、（西）C19、（西）C20、（西）C21、（西）C22、（西）C23、（西）C24。所发现的仓储遗迹都是半地穴式窖穴状，其内都有较厚的坍塌瓦砾堆积层，而瓦砾都经过火烧后呈红色。证明当年这些仓窖，其地面上还有建筑并都用瓦盖顶，后遭火灾坍塌。仓窖形状各具特点，有长方形、正方形、圆形和不规则形四种，表明其内所储藏物品的种类可能不同（表三）。

表三　巴东旧县坪遗址隋唐五代仓窖数据简表　（单位：米）

仓窖	形状	长	宽	直径	残深	出土器物
（西）C17	长方形	3.9	2.98		0.76	陶量钵2，板瓦2，瓦当1，瓷碗4，灯盏1
（西）C18	长方形	5.1	3.2		0.3	
（西）C19	长方形	3.4	2.3		0.2	
（西）C20	正方形	3.08			0.4	
（西）C21	正方形	1.85			0.34	
（西）C22	圆形			0.72	0.71	瓷壶1
（西）C23	长方形	4	3（残）		0.52	
（西）C24	不规则形	2.8	4.12		0.84	瓷碗1

（1）长方形

4座。编号（西）C17、（西）C18、（西）C19、（西）C23。

（西）C17　位于仓储区（西Ⅰ）T0408、（西Ⅰ）T0409两探方内，开口于4层下，方向180°（图五三；图版二八，1）。仓口平面呈长方形，东西长3.9、南北宽2.98、现存深0.76米。周边围以宽0.5、高0.42米的仓台，台面及仓壁较规整。仓底中部偏西有一烤炉，砖筑底座，其上炉塘系用泥土垒成，圆形，上小下大，口径0.54~0.6、残高0.35、炉壁厚0.08米左右，并经过烧烤，内壁已形成坚硬的红烧面、中空，内径0.38~0.44米，底部中心留有一个方形的小坑，边长0.15、深0.06米（图版二八，2）。南壁正中有一门道，呈二层台阶状，门道宽1.4、水平长0.92米，台阶级差0.12米，下层台阶的两侧各有一块柱础石。在仓台近门道处，发现排列整齐的磨光黑陶量钵一对，东仓台南部出土完整的瓷碗一双，似乎也是称量的工具（图五四；图版二八，3）。填土为灰褐色，土质疏松，出土的遗物有大量的红、黄色正面素面、背饰布纹板瓦、筒瓦片、残砖等，还有一些素面陶片、釉陶片、青瓷片等，完整或可辨识的有陶板瓦、筒瓦、瓦当、脊兽、网坠，青瓷碗、灯盏等。

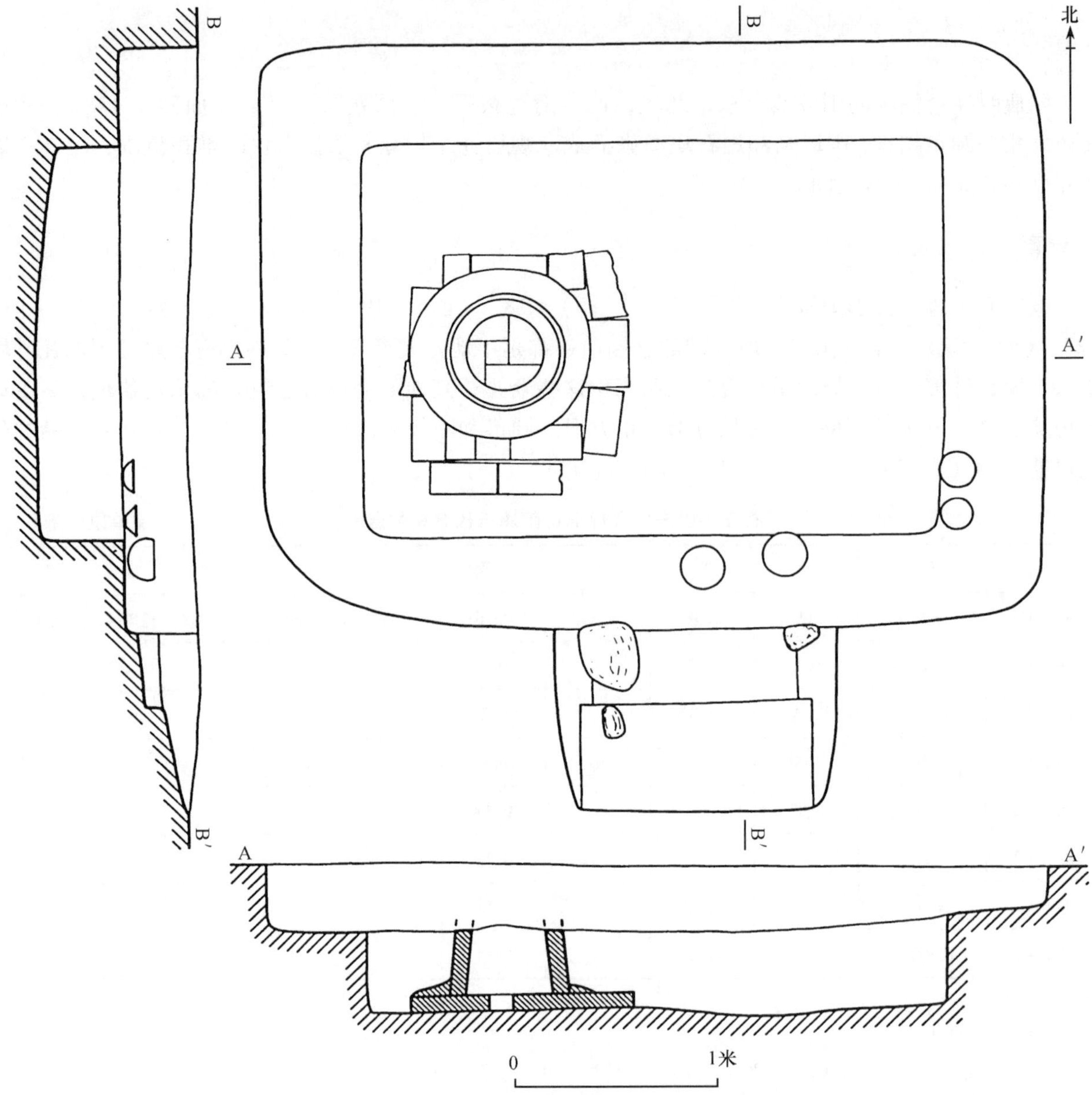

图五三　巴东旧县坪遗址（西）C17 平、剖面图

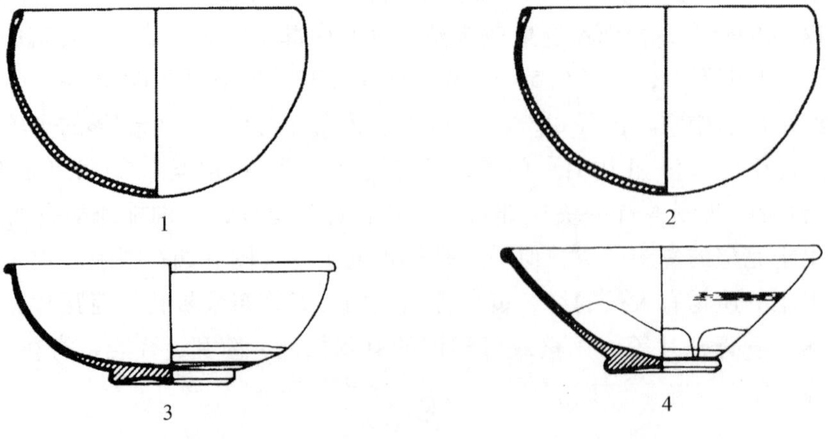

图五四　巴东旧县坪遗址（西）C17 出土的量具

1、2. 陶量钵（（西）C17∶10、（西）C17∶12）　3、4. 瓷碗（（西）C17∶9、（西）C17∶1）

（西）C18　位于仓储区（西Ⅰ）T0508、（西Ⅰ）T0607、（西Ⅰ）T0608、（西Ⅰ）T0609四探方内，开口于4层下，方向252°。仓口平面呈长方形，南北长5.1、东西宽3.2、残深0.3米。四壁较直，修整光滑，平底。仓内所堆积的全为瓦砾（图五五）。

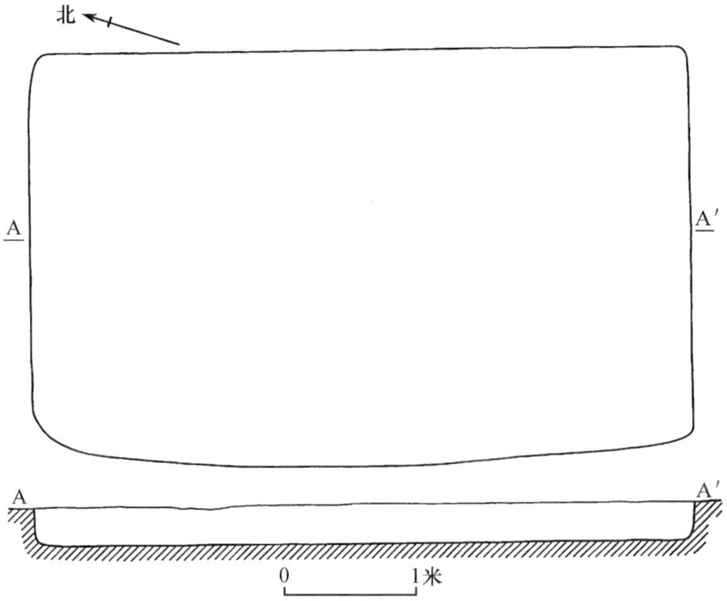

图五五　巴东旧县坪遗址（西）C18平、剖面图

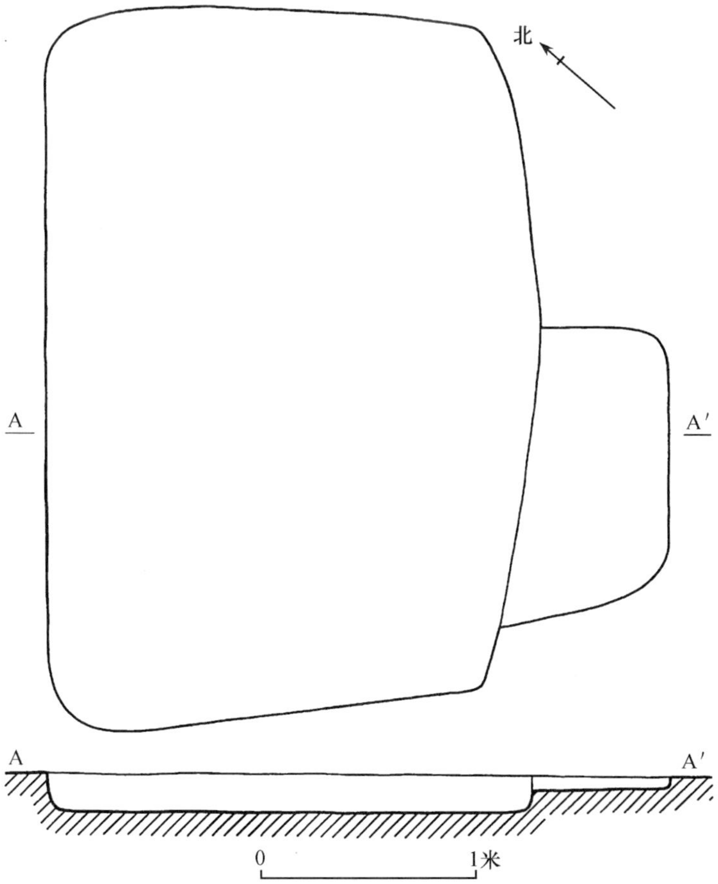

图五六　巴东旧县坪遗址（西）C19平、剖面图

（西）C19　位于仓储区（西Ⅰ）T0708、（西Ⅰ）T0709、（西Ⅰ）T0808、（西Ⅰ）T0809 四探方内，开口于4层下，方向133°。仓口平面呈长方形，长3.4、宽2.3、残深0.2米。东南方向有一门道，长1.4、宽0.7、低于现仓口0.07米。填土多为烧红的瓦片，及少量青瓷碗、钵的残片（图五六）。

（西）C23　位于仓储区（西Ⅰ）T0205、（西Ⅰ）T0206 两探方内，开口于4层下，方向180°。圆角长方形。因西南侧已被现代垒砌的梯田石坎破坏，仅剩东北角局部。南北残长4、东西残宽3米。建造特点与（西）C17 的建造有相似之处，都是在仓储内修筑火炉，现仅发现有椭圆形的火炉红烧面痕迹，直径0.3～0.45米。另在仓储的边壁下方修筑凹沟，凹沟剖面为半圆形，口宽0.4～0.7、深0.06米（图五七；图版二七，1）。

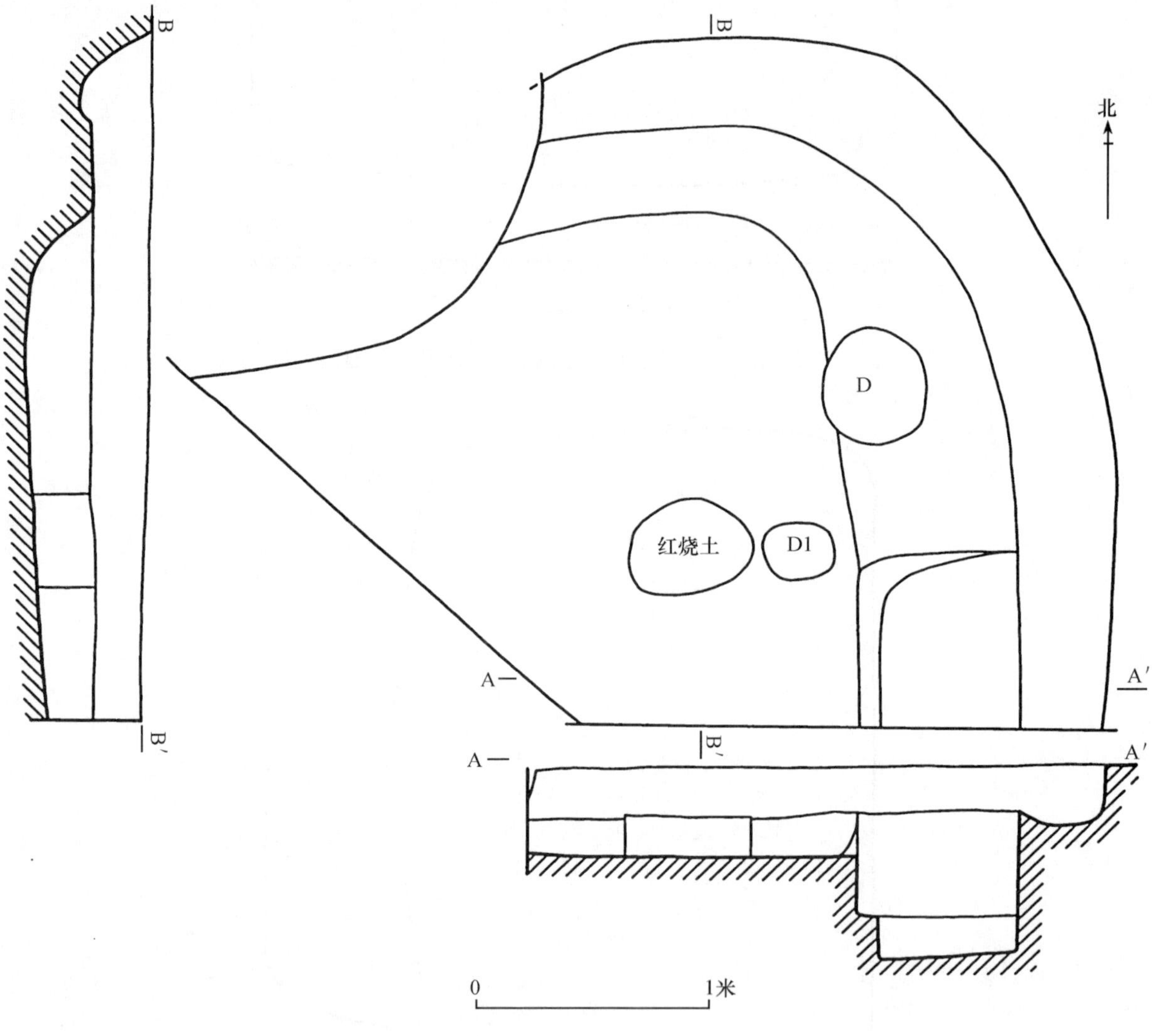

图五七　巴东旧县坪遗址（西）C23 平、剖面图

（2）正方形

2座。编号（西）C20、（西）C21。

（西）C20　位于仓储区（西Ⅰ）T0507 探方内，开口于4层下，方向180°。边长3.08、现存深0.4米。窖壁、底较规整。底部为基岩红粉石，较平整，填土为灰褐色，土质疏松，内含草木灰、红烧土颗粒。出土较多的灰色素面布纹瓦片、残砖、青瓷片，可辨器形有碗、缸等，另出有五铢钱

一枚（图五八）。

（西）C21　位于仓储区（西Ⅰ）T0406、（西Ⅰ）T0506探方内，开口于4层下，方向180°。边长1.85、现存深0.34米。其西北角向外延伸出一长条形浅槽。窖底南部另有一长方形坑，其坑底距窖口0.68米，制作规整。填土中出土较多瓦片、残砖、青瓷片（图五九）。

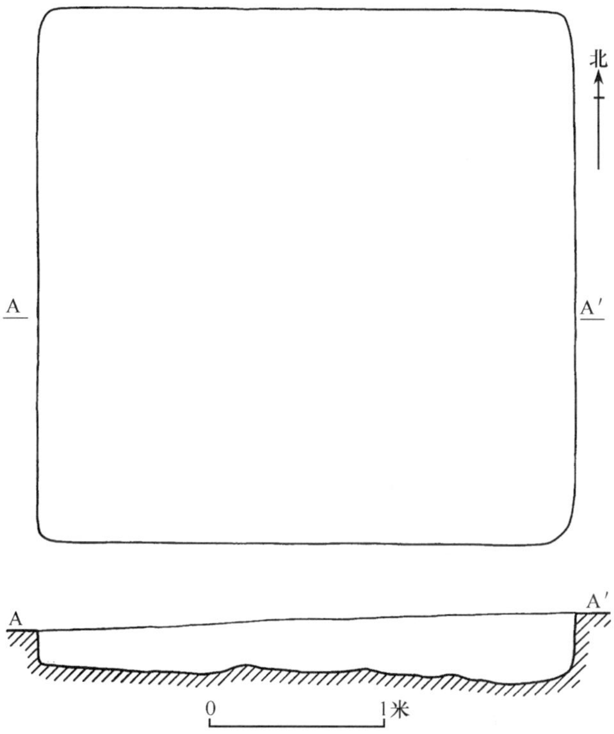

图五八　巴东旧县坪遗址（西）C20平、剖面图

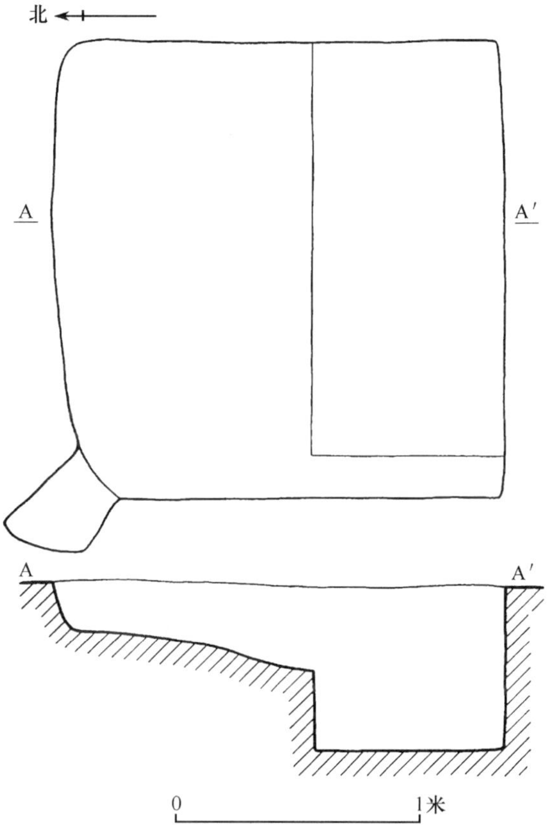

图五九　巴东旧县坪遗址（西）C21平、剖面图

（3）圆形

1座。编号（西）C22。

（西）C22　位于仓储区（西Ⅰ）T0407、（西Ⅰ）T0507两个探方内，被开口于4层下的（西）H65打破。其做法为：预先挖一直径为0.88米的圆形土坑，后埋下数级陶圈叠砌连成一体，现残存两级。直径0.72、残高0.6米，陶圈之下又继续挖了一个和陶圈口径相等、深0.11米的土坑，坑底南部还有一个小圆坑，直径0.16、深0.21米。填土中有较多陶圈碎片、砖块，窖底置放一完整的青瓷壶（图六〇；图版二七，2）。

（4）不规则形

1座。编号（西）C24。

（西）C24　位于仓储区（西Ⅰ）T0306、（西Ⅰ）T0307、（西Ⅰ）T0406、（西Ⅰ）T0407四个探方内，开口于4层下，平面略近长方形，唯东北角成斜边折拐，南北长2.8、东西宽4.12、深0.84米。南边中部有台阶状门道，长0.6、宽2.2米，台阶面距仓口0.36、距坑底深0.44米。填土中的包含物以瓦片为主，出土青瓷碗一件，另有少量陶罐、青瓷碗、壶的残片（图六一；图版二七，3）。

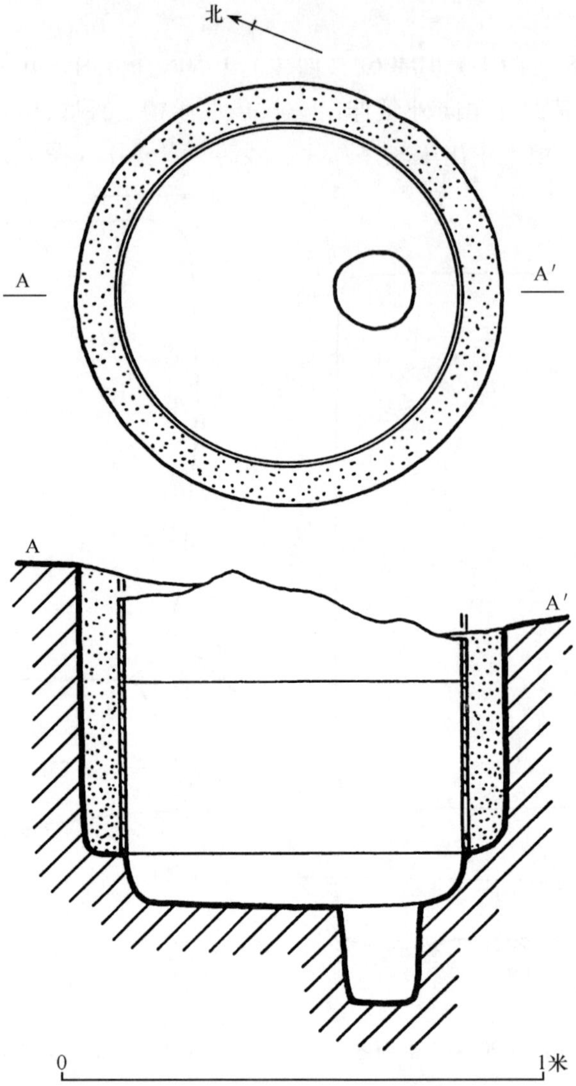

图六〇　巴东旧县坪遗址（西）C22 平、剖面图

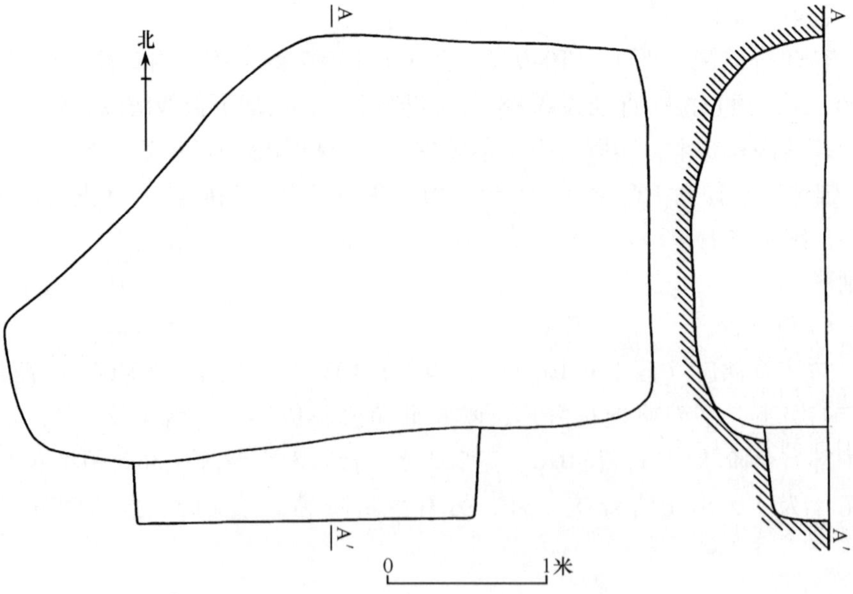

图六一　巴东旧县坪遗址（西）C24 平、剖面图

3. 房屋

1 座。编号（西）F62。

（西）F62 位于仓储区的西部，（西Ⅰ）T0108、（西Ⅰ）T0208 两个探方内，开口于4层下，属砖砌的建筑遗迹，惜破坏太甚，仅残留有一段砖砌的廊道，一段石垒的排水沟和一段由半埋入地表下侧立的砖线。廊道呈南北走向，南北残长 2.2、东西宽 0.8 米，中间一排东西向的横砖平铺，两侧各有一排南北向直砖平铺，东边由一排半埋入地表下侧立的砖筑成廊沿线。廊道西侧的砖线与廊沿线的筑法相同，南北向，残长 2.8 米。所有的建筑用砖规格相同，均为青灰色、素面，长 0.32、宽 0.16、厚 0.05 米（图六二；图版二七，4）。

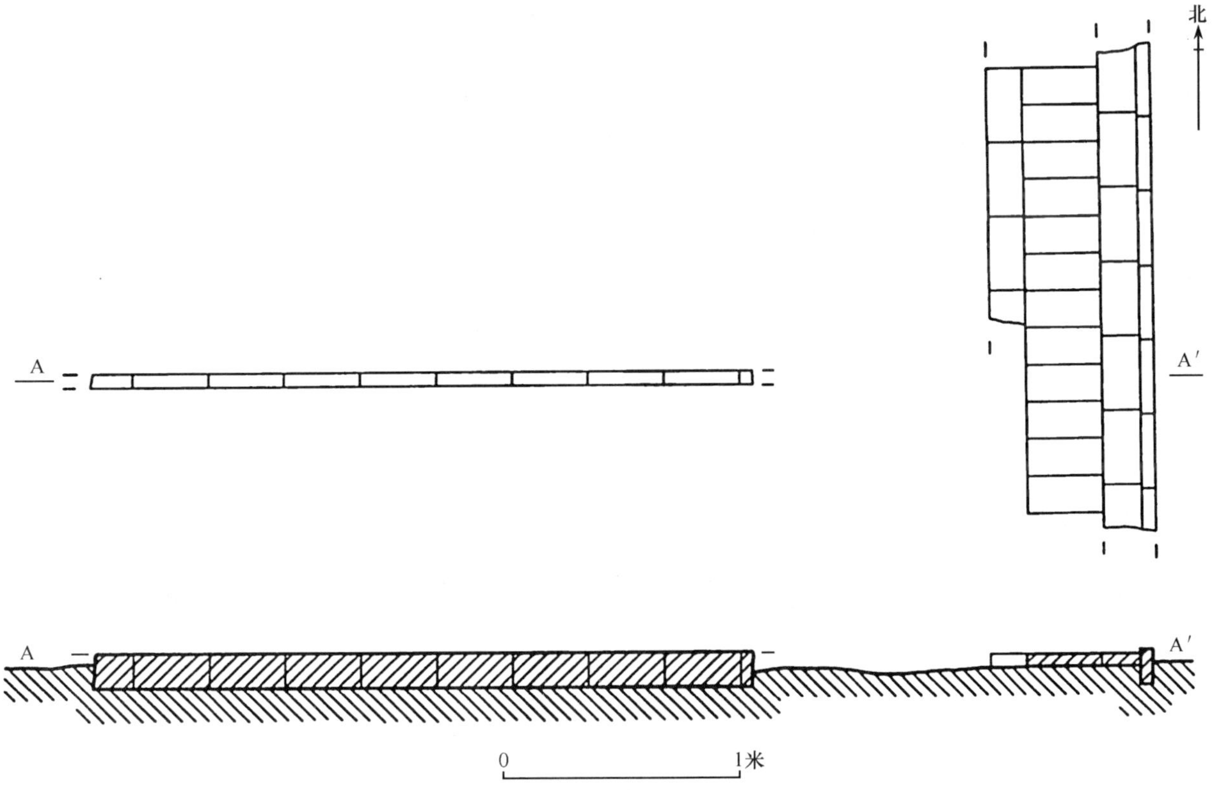

图六二 巴东旧县坪遗址（西）F62 平、剖面图

（二）仓储区建筑的营造方法与技术

1. 选择地势

选择仓址是建设仓储区最基础的一环，除建筑因素外，地理条件必须具备通风向阳、安全保险、干燥防潮、交通便利等客观要素。隋唐仓储区建筑在遗址西部中心区最高、最平的一块台地上，南为庙宇，北距山麓尚有一段距离，具备了通风向阳的条件。其南面是宋代的商业区，有数条主干道分别通向官府区、居民区以及江边的码头，因这块区域的发掘只到宋代为止，早于宋代的遗迹没有揭示，但已发掘的宋代的仓储区和隋唐时期的仓储区一脉相承，其道路规划也会大同小异，因此可以知道这里交通十分便利。最重要的是，现发现的仓窖都是半地穴式的，在南方地区，建造这种半地穴式的仓窖对土壤地质条件的要求特别高，仓储区所在高台是整个遗址中唯一的一处土质细腻、

含少量细沙的黄土地，其他地方均为红壤土、含大量的风化的碎石子。在这块黄土地上修建仓窖，既便于修造，又有利于防潮，同时还相对牢固。也就是说，现仓储区的区域，是隋唐时期的匠师们在旧县坪遗址中规划、建造仓窖时，所做出的最合理、最优化的选择。

2. 设置围墙

在仓储区四周设置围墙，重在防盗和管理。设置围墙时，就地取材，用大块较整齐的石块砌成墙基，其上再用大、小不一的天然石块垒砌成墙体，坚固扎实、美观大方、经济实惠。

3. 造屋建仓

仓窖是仓储区内的主要建筑，所有仓窖均为半地穴式，窖壁、底修理平整，窖内都有大量坍塌的瓦片，部分窖边和窖底还保留有柱础或柱洞。其建筑方法为先挖坑，后修理成形，再立柱盖顶。地面以上的建筑除了知道有柱、顶外，尚未发现墙壁痕迹，推测有两种可能，一种是原始的地表要远高于现仓面地表，遭破坏后，墙壁痕迹和排水设施已荡然无存；另一种可能则是墙壁使用的是草木之类的建材，遭遇火灾（或废弃后），因年代久远，草木腐朽已无迹可寻。

（西）F62是仓储区内发现的唯一的房屋建筑遗迹，推测有可能是当年仓储的管理者使用的房屋。

三、其他遗迹

（一）灰坑

隋唐五代灰坑共有17个，根据坑口形状分为圆形、方形、椭圆形、不规则形四种形制（表四）。

表四　巴东旧县坪遗址隋唐五代灰坑登记表

序号	编号	位置	层位关系	形状	尺寸（米）（长×宽－深）、（直径－深）
1	（西）H14	（西Ⅰ）T0601、（西Ⅳ）T0601	②→H14→生土	不规则形	2.49×2.34－1.1
2	（西）H54	（西Ⅰ）T2919	⑧→H54→生土	椭圆形	2.68×1.8－0.36
3	（西）H61	（西Ⅰ）T0607	④→H61→生土	圆形	2－0.15
4	（西）H65	（西Ⅰ）T0407、（西Ⅰ）T0507	④→H65→（西）C22	圆形	2－0.68
5	（西）H66	（西Ⅰ）T0307	④→H66→生土	圆形	1.4－0.64
6	（西）H67	（西Ⅰ）T0308	④→H67→生土	椭圆形	1.3×1－0.3
7	（西）H70	（西Ⅰ）T0708	④→H70→生土	椭圆形	2.18×1.26－0.26
8	（西）H71	（西Ⅰ）T0708	④→H71→生土	不规则形	1.15×1.05－0.22
9	（西）H72	（西Ⅰ）T0708	④→H72→生土	圆形	0.9－0.32
10	（西）H73	（西Ⅰ）T0608、（西Ⅰ）T0708	④→H73→生土	圆形	2.2－0.6
11	（西）H76	（西Ⅰ）T0407	④→H76→生土	不规则形	2.6×1.3－0.8
12	（西）H77	（西Ⅰ）T0306、（西Ⅰ）T0406	④→H77→生土	圆形	2.12－0.58
13	（西）H81	（西Ⅰ）T0306	④→H81→生土	椭圆形	1×0.64－0.2
14	（西）H84	（西Ⅰ）T0207	④→H84→生土	不规则形	1.05×0.66－0.14
15	（东）H3	（东Ⅰ）T2311	⑤→H3→城墙夯土	不规则形	1.6×0.6－0.6
16	（东）H4	（东Ⅰ）T2510	⑤→H4→生土	不规则形	1.2×0.9－0.75
17	（东）H8	（东Ⅰ）T2507	⑤→H8→生土	方形	1×1－0.25

1. 圆形

6个。编号为（西）H61、（西）H65、（西）H66、（西）H72、（西）H73、（西）H77。

（西）H61　位于遗址（西Ⅰ）T0607中部偏西，开口于4层下，打破生土层，坑口距地表深0.35～0.4米。坑口平面为圆形，最大径2、深0.15米。坑壁为直壁，底部平坦。坑内填土为灰褐色，土质细，含大量的灰色布纹筒瓦片、板瓦片、草木灰、红烧土等。出土的遗物有青瓷片若干，灰色素面布纹瓦片一块，带榫楔的青砖一块（图六三）。

（西）H65　位于遗址的（西Ⅰ）T0407东部和（西Ⅰ）T0507的西部，开口于4层下，打破（西）C22。坑口平面呈圆形，坑的开口离地表0.65～0.85米，坑口直径为2米，坑口至坑底深0.68米。坑内东南部壁为红褐色的基岩石，斜向延伸至坑底，并在基岩上人工凿成一踏步，其余地方坑壁为土壁较直，平底。坑内的填土为灰褐色土，土质较松，内含红烧土颗粒、草木灰、灰色素面瓦片、残砖、石块等。出土遗物有红陶片、灰陶片、青瓷片等，另出土有璧形足青瓷碗、兽面瓦当各一件（图六四；图版二九，1）。

（西）H66　位于遗址（西Ⅰ）T0307的中东部，开口于4层下，打破生土层。坑口平面为圆形，东南部被（西）C24打破。直壁，坑的底部较平。坑口距地表深0.65～0.7米，直径为1.4、深0.64米。坑的北部设一半圆形平台，平台高0.26、距坑口0.38米。填土为灰褐色，土质细腻，含大量的草木灰、红烧颗粒。出土遗物有灰色素面陶片、青瓷片、铜器等。可辨识的有素面布纹板瓦、筒瓦、瓦当、铜佛像、青瓷灯盏等（图六五；图版二九，2）。

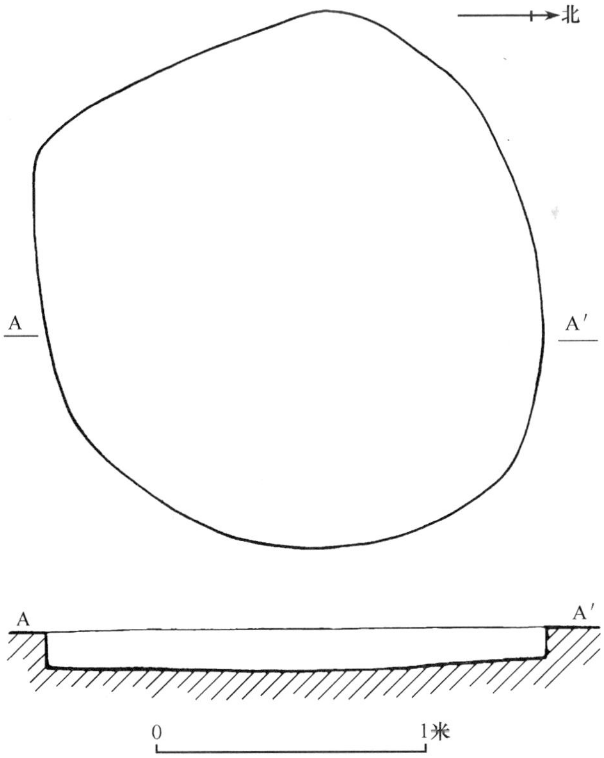

图六三　巴东旧县坪遗址（西）H61平、剖面图

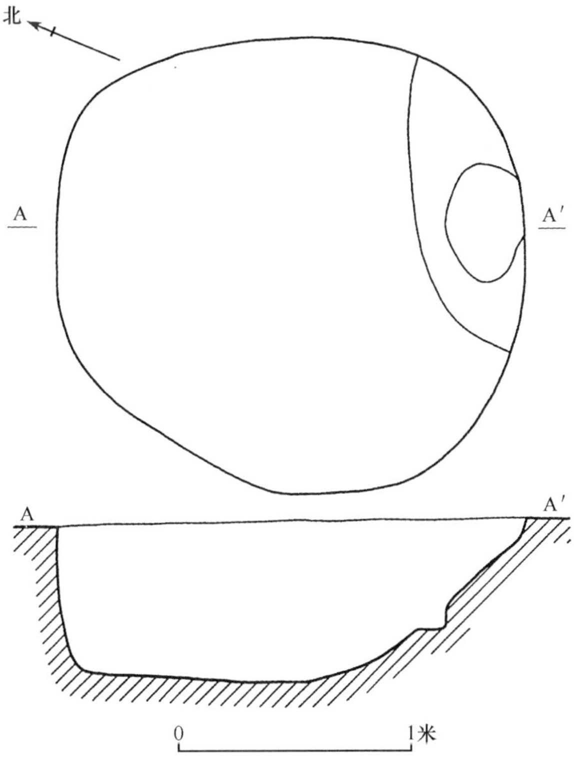

图六四　巴东旧县坪遗址（西）H65平、剖面图

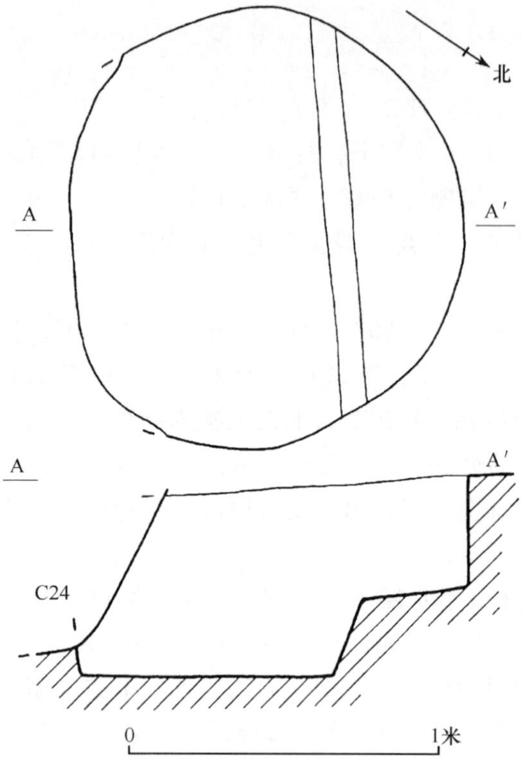

图六五　巴东旧县坪遗址（西）H66 平、剖面图

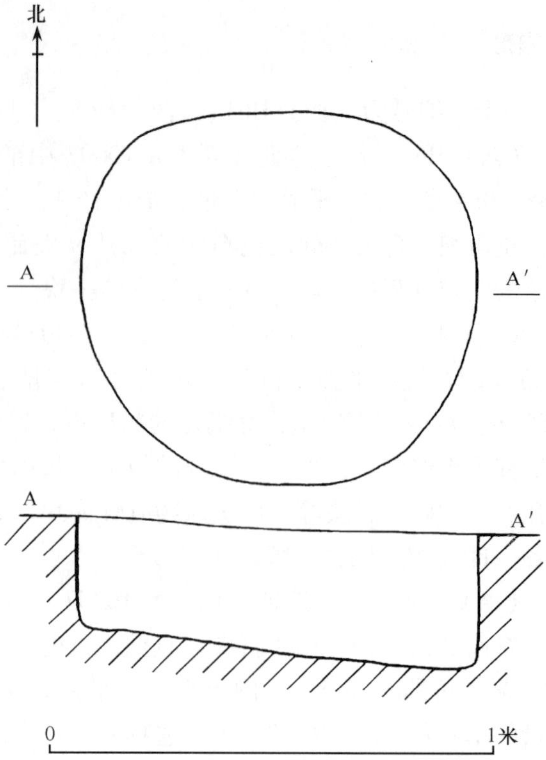

图六六　巴东旧县坪遗址（西）H72 平、剖面图

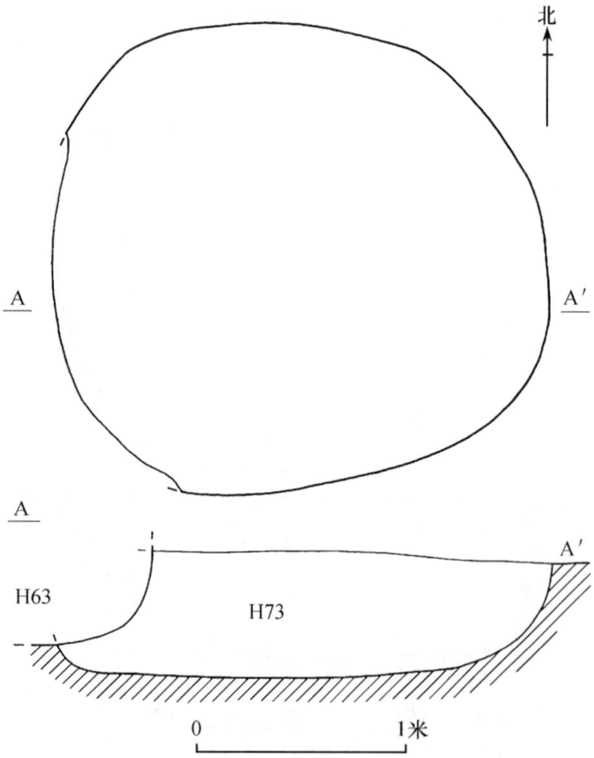

图六七　巴东旧县坪遗址（西）H73 平、剖面图

（西）H72　位于（西Ⅰ）T0708 东部，部分伸入东隔梁，开口于 4 层下，打破生土层。坑口平面形状为圆形，直壁，平底。直径 0.9、深 0.32 米。填土为灰褐色夹杂黄褐色，土质疏松，含有草木灰、红烧土、动物骨头。出土遗物有灰陶片、青瓷片、残莲花纹瓦当、残砖等（图六六）。

（西）H73　位于遗址（西Ⅰ）T0608 西部、（西Ⅰ）T0708 的中部，开口于 4 层下，打破生土层。坑口距地表深 0.5 ~ 0.6 米，平面为圆形，坑口直径 2.2、深 0.6 米。西部被（西）H63 打破。壁呈弧形，坑底部较平。坑内填土灰褐色，夹杂大量红褐色及灰色的素面布纹板瓦、筒瓦片。出土遗物有灰色素面陶片、青瓷片，另出土有石斧、瓦当等小件（图六七）。

（西）H77　位于遗址（西Ⅰ）T0306 东北和（西Ⅰ）T0406 西北部，开口于 4 层下，打破生土层。坑口平面为圆形，开口离地表 0.45 ~ 0.5 米，坑口南北径为 2.12、深 0.58 米。坑壁呈弧壁，底部东高西低。填土为灰褐色，土质细腻，内含草木灰、灰色的素面布纹瓦片、绳纹瓦片、石块等。出土的遗物有灰色素面陶片，可辨识的有盆口沿（图六八）。

2. 方形

1个。编号为（东）H8。

（东）H8　位于（东Ⅰ）T2507西南角，开口于5层下，打破生土层。坑口平面形状为方形，圜底。边长为1、深0.25米。填土为黑色，土质疏松，含有红烧土、木炭灰。出土素面板瓦、瓦当、釉陶片、泥质灰陶、兽骨、菱形花纹砖等（图六九）。

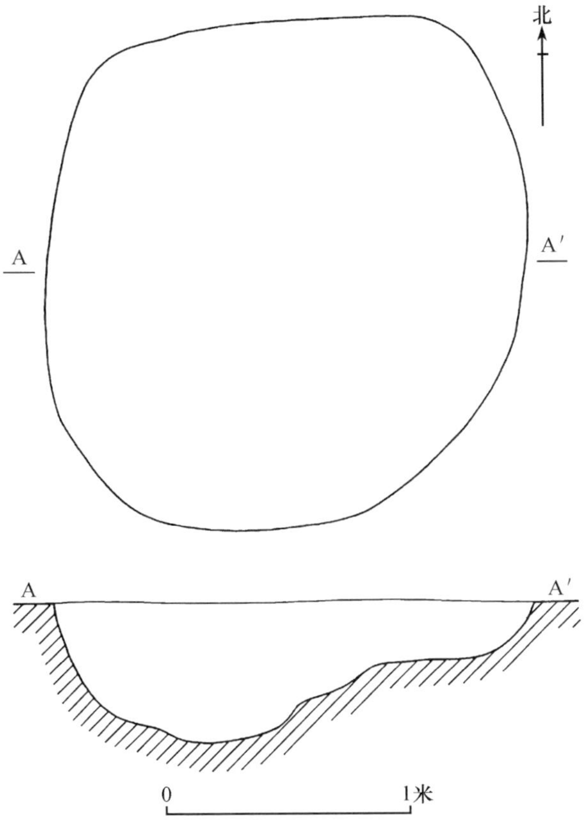

图六八　巴东旧县坪遗址（西）H77平、剖面图

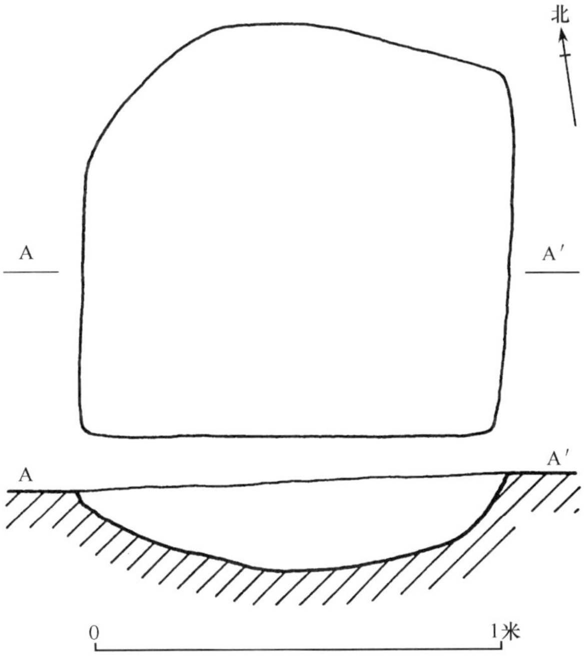

图六九　巴东旧县坪遗址（东）H8平、剖面图

3. 椭圆形

4个。编号为（西）H54、（西）H67、（西）H70、（西）H81。

（西）H70　位于遗址（西Ⅰ）T0708西南部，开口于4层下，打破生土层，坑口平面形状为椭圆形，圜底。东西径1.26、南北径2.18、深0.26米。填土为红褐色，土质疏松，内含草木灰、红烧土颗粒。出土的遗物有灰色素面陶片、灰色的绳纹陶片，可辨器形有盆、罐等，可辨识的有瓦当一件（图七〇）。

（西）H81　位于遗址（西Ⅰ）T0306西部，开口于4层下，打破生土层。坑口平面为椭圆形，开口离地表0.6～0.7米，坑口长为1、宽为0.64、深0.2米。坑壁呈弧壁，底部由西向东倾斜。填土为灰褐色土，内含草木灰、红烧颗粒、灰色瓦片。出土的遗物有灰色素面陶片，可辨识的有缸的残片（图七一）。

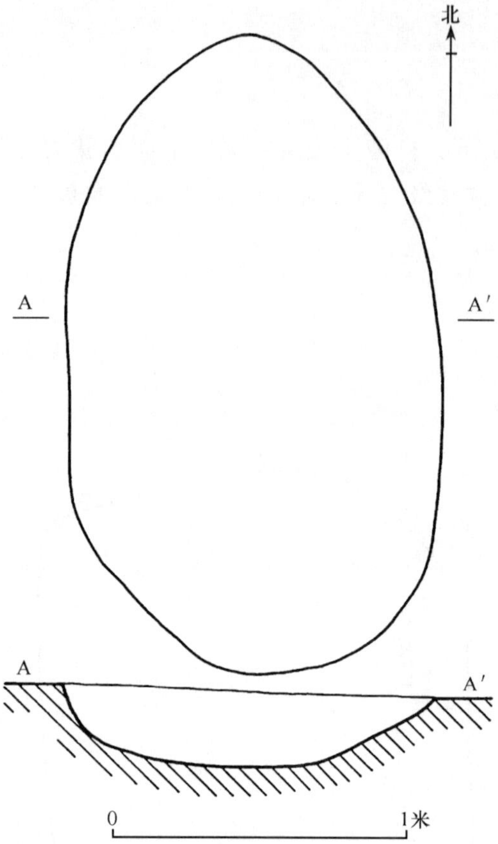

图七〇　巴东旧县坪遗址（西）H70 平、剖面图

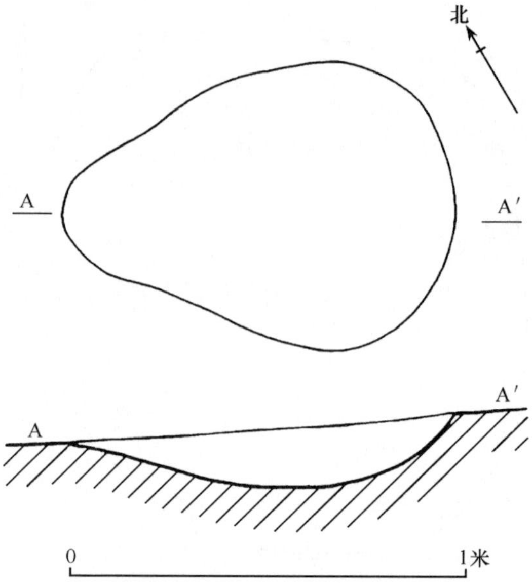

图七一　巴东旧县坪遗址（西）H81 平、剖面图

4. 不规则形

6 个。编号为（西）H14、（西）H71、（西）H76、（西）H84、（东）H3、（东）H4。

（西）H14　位于遗址（西Ⅰ）T0601、（西Ⅳ）T0601 两探方中，开口于 2 层下，打破生土层。坑口平面形状为不规则形，壁不规整，平底。坑口距地表深 0.28 ~ 0.32 米，南北长 2.49、东西宽 2.34、深 1.1 米。填土黑灰色，包含大量石块、细沙、草木灰和少量红烧土。出土的遗物主要是陶片、瓷片、石器等，有板瓦、筒瓦、莲花纹瓦当，几何形纹砖等。可辨识的有红陶碗 1、匣钵 2、青瓷碗 1 件，另有“开元通宝”2 枚（图七二）。

（西）H71　位于遗址（西Ⅰ）T0708 的西部，开口于 4 层下，打破生土层。坑口平面为不规则形，开口离地表 0.9 ~ 0.95 米，坑口南北长 1.15、东西宽 1.05、深 0.22 米。斜壁，圜底。填土为灰褐色，土质较松，内含红烧颗粒、草木灰、灰陶素面瓦片等。出土遗物有素面灰陶片（图七三）。

（西）H76　位于遗址（西Ⅰ）T0407 西部，开口于 4 层下，打破生土层。坑口平面为不规则形，坑口离地表深 0.65 ~ 0.8 米，坑口南北长 2.6、东西宽 1.3、深 0.8 米。坑壁呈弧壁，坑的底部由西北向东南倾斜。坑内填土为灰褐色，土质疏松，内含红烧颗粒、草木灰、石块和残砖等。出土遗物有少量的灰色素面布纹瓦片、青瓷片，另出土石器 1 件（图七四）。

（西）H84　位于遗址（西Ⅰ）T0207 中部，开口于 4 层下，打破生土层。坑口平面为不规则形，坑口离地表深 0.55 ~ 0.65 米，坑口南北长为 1.05、东西宽为 0.66、深 0.14 米。弧壁，圜底。填土为灰褐色，土质细腻，含大量的草木灰、红烧颗粒等。出土有少量的瓦片和青瓷片（图七五）。

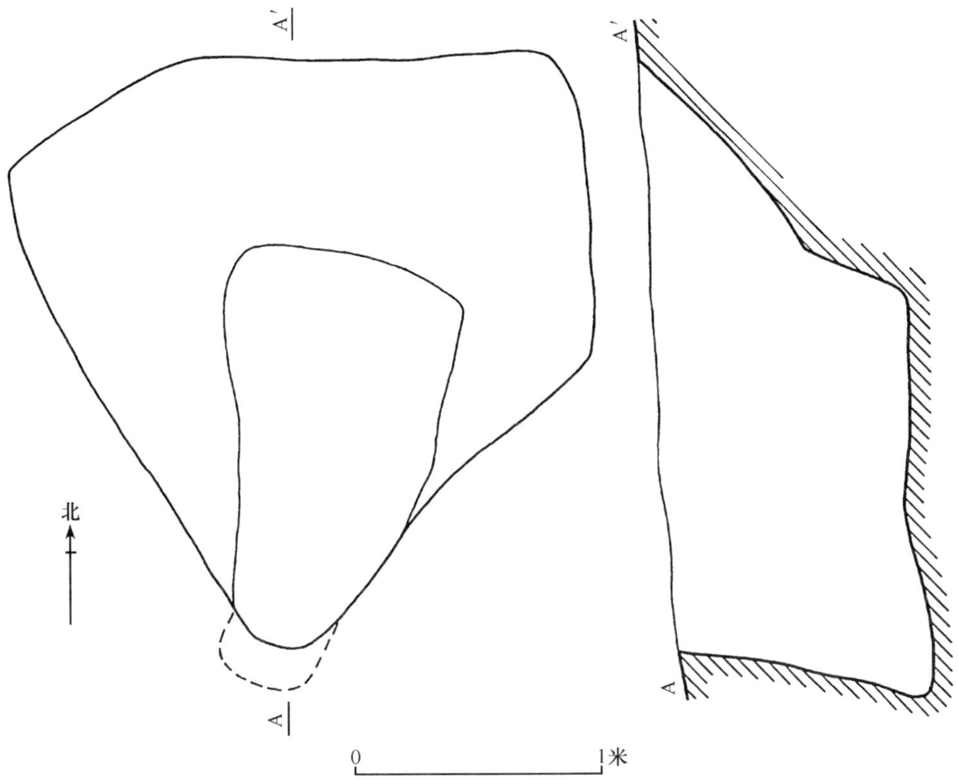

图七二　巴东旧县坪遗址（西）H14 平、剖面图

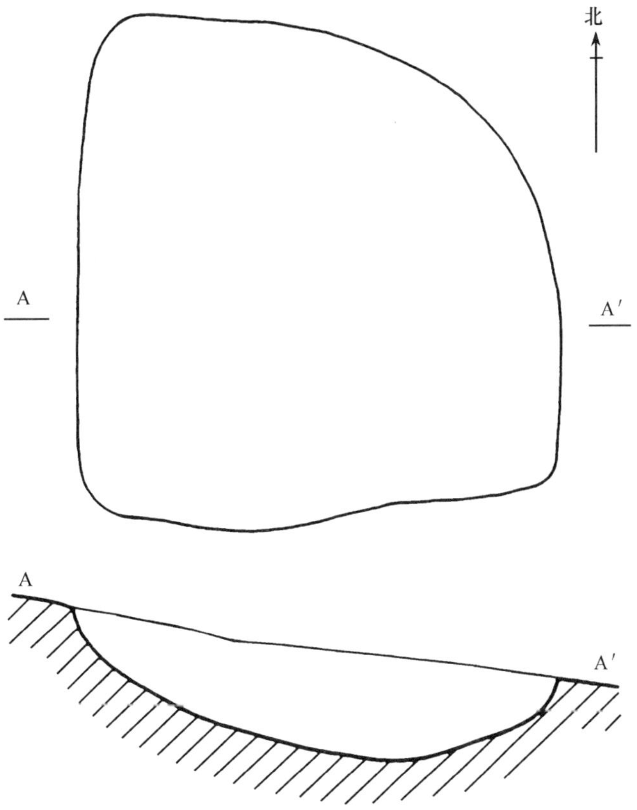

图七三　巴东旧县坪遗址（西）H71 平、剖面图

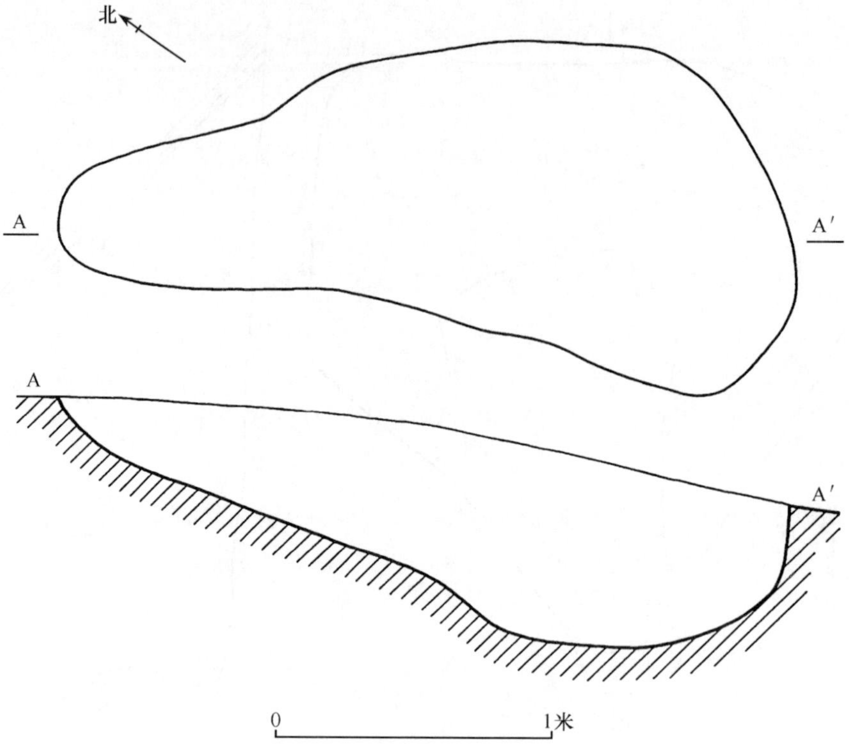

图七四　巴东旧县坪遗址（西）H76 平、剖面图

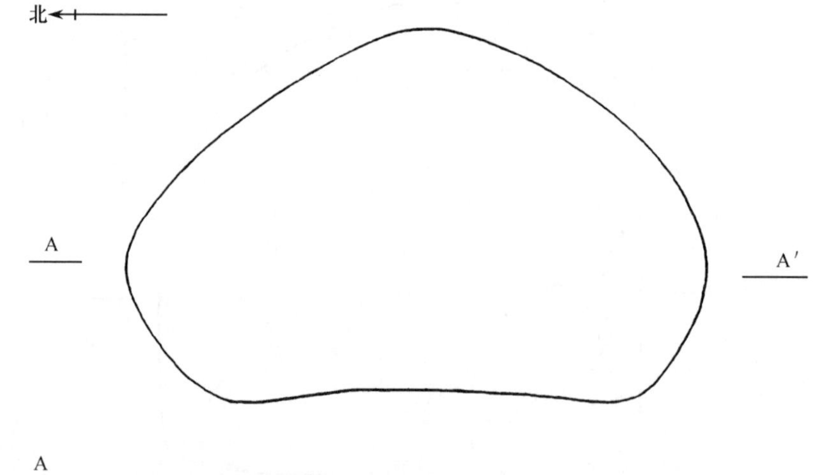

图七五　巴东旧县坪遗址（西）H84 平、剖面图

（二）沟渠

1条。编号为（东）G8。

（东）G8　位于遗址（东Ⅰ）T2704、（东Ⅰ）T2704两探方内，开口于4层下，打破六朝时期的城墙夯土。沟呈南北向，北高南低，砖砌。残长5.05、宽0.45～0.5米。沟底两排平砖相叠并排平铺，南部在底砖之上两边侧立直砖作为沟边，北部底砖之上两侧用带榫卯结构的平砖顺砌成沟边、并排横砖盖顶。沟北端由一块长0.6、宽0.4、厚0.4米的石块作为沟的起点（图七六）。

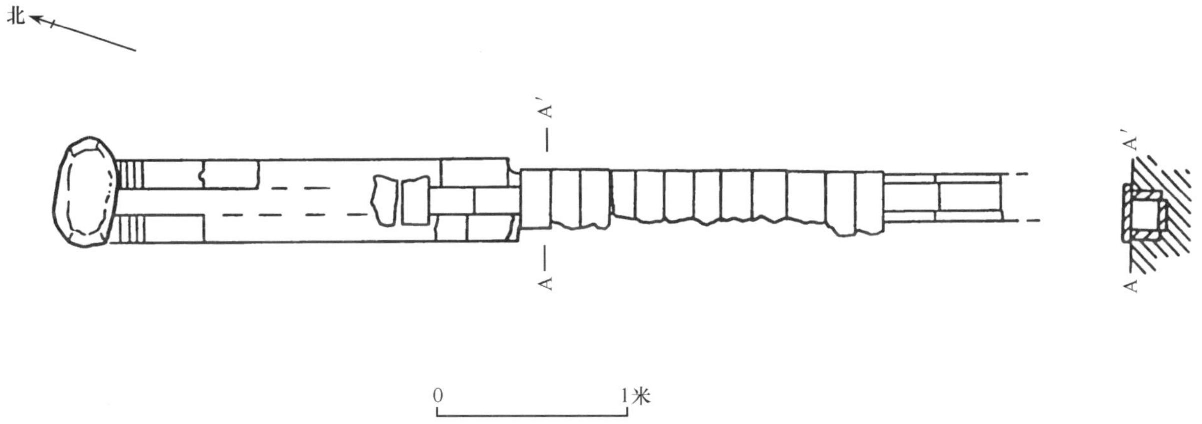

图七六　巴东旧县坪遗址（东）G8平、剖面图

第二节　遗　　物

隋唐遗物主要出土于遗址的仓储区、庙宇区以及东居民区内部分探方的地层、遗迹中，按器物的用途分为生活用具、生产工具、宗教遗物、建筑材料等几大类。现分别介绍如下：

一、生活用具

依器物质地，可分为瓷器、釉陶器、陶器、铜器、银器。

（一）瓷器

隋唐遗物中，瓷器的数量最多，共计有160件，器类有盘口壶、碗、钵、杯、双耳罐、灯盏、粉盒、器盖等。

盘口壶　2件。仅见残盘口，分为二式。

Ⅰ式：1件。

标本（东Ⅰ）T3417⑤:1，盘口外敞，弧壁，下沿呈尖状外凸。施青釉，灰白胎。口径18厘米（图七七，1）。

Ⅱ式：1件。

标本（东Ⅰ）T3417⑤:2，盘口外敞，斜壁。施青釉，灰白胎。口径16厘米（图七七，2）。

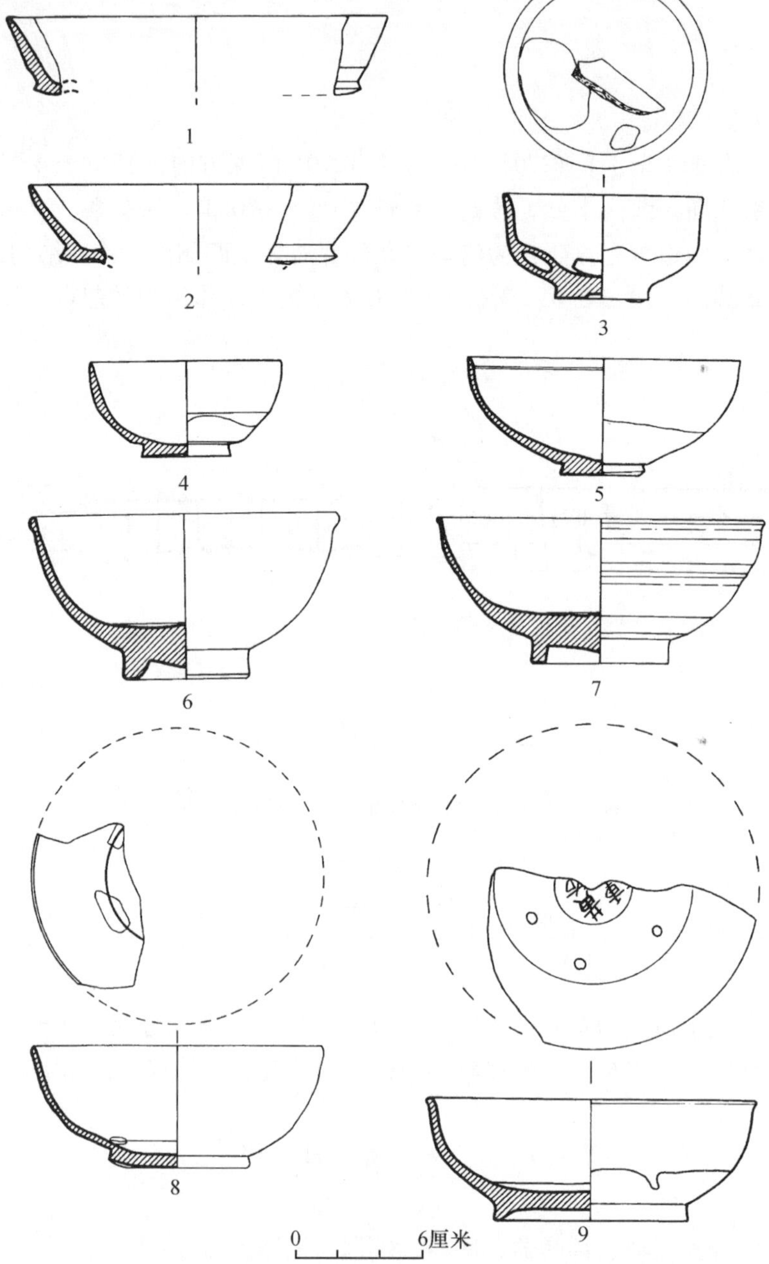

图七七　巴东旧县坪遗址出土隋唐五代瓷器

1. Ⅰ式盘口壶（（东Ⅰ）T3417⑤:1）　2. Ⅱ式盘口壶（（东Ⅰ）T3417⑤:2）　3. Aa 型Ⅰ式碗（（西Ⅰ）T0506③:1）　4. Aa 型Ⅱ式碗（（西）H14:2）　5. Aa 型Ⅲ式碗（（西Ⅰ）T0207④:7）　6. Aa 型Ⅳ式碗（（东Ⅰ）T3616⑤:3）　7. Aa 型Ⅴ式碗（（东Ⅰ）T3404⑤:1）　8. Ab 型Ⅰ式碗（（西）G2:12）　9. Ab 型Ⅱ式碗（（西Ⅰ）T1007⑦:42）

碗　51 件。可分六型。

A 型　7 件。直口碗，口腹较直。依据器腹的深浅不同，分为两亚型。

Aa 型　5 件。直口，深腹，口径与通高之比约为 2:1，分五式。

Ⅰ式：1 件。

标本（西Ⅰ）T0506③:1，圆唇，上腹较直，下腹弧收接假圈足底。内底粘连另一器口残片，外底心内凹。内壁及外上腹施青釉，灰白胎。口径 9.4、足径 4.4、高 5 厘米（图七七，3；图版三〇，1）。

Ⅱ式：1 件。

标本（西）H14∶2，圆唇，上腹较直下腹内收，内圜底，外折收接假圈足。施青黄釉，多已脱落，外下腹及足无釉，红褐胎。口径9.2、足径4.2、高4.6厘米（图七七，4；图版三〇，2）。

Ⅲ式：1件。

标本（西Ⅰ）T0207④∶7，尖唇，深弧腹，内底略下凹，外接假圈足。口沿内壁有一道凹槽，内底有叠烧痕迹。外上腹及内壁施青黄釉，已脱落，仅剩灰色护胎釉，红褐胎。口径12.7、足径4、高5.5厘米（图七七，5；图版三〇，3）。

Ⅳ式：1件。

标本（东Ⅰ）T3616⑤∶3，厚圆唇外凸，弧腹，圜底，中心略凸，下接圈足。足壁很厚，足内壁外弧。施青釉，内底及足内无釉，灰白胎较厚。口径14.8、足径6、高7.8厘米（图七七，6）。

Ⅴ式：1件。

标本（东Ⅰ）T3404⑤∶1，圆唇，内坦底，底心有三周凸棱，下接圈足，外底心有鸡心突。施白釉，灰白胎。外腹壁不光滑，有轮施的凹槽和削痕。口径15.4、足径6.4、高6.9厘米（图七七，7；图版三〇，4）。

Ab型　2件。直口，浅腹。口径与通高之比接近3∶1，分二式。

Ⅰ式：1件。

标本（西）G2∶12，侈口尖圆唇，弧腹，假圈足。施青黄釉，外釉不及底，脱釉严重，灰白胎，内底有支垫痕迹。口径14、足径6.8、高5.8厘米（图七七，8；图版三〇，5）。

Ⅱ式：1件。

标本（西Ⅰ）T1007⑦∶42，侈口圆唇，弧腹，大圈足较矮。施青黄釉，外下腹及足无釉，红胎。内底模印楷书文字，已残，残存三个字及三个支垫痕迹。口径15.2、足径9、高5.6厘米（图七七，9；图版三〇，6）。

B型　14件。敞口碗。依据口沿、腹部的不同，分三亚型。

Ba型　6件。敞口，圆唇，斜弧腹。分五式。

Ⅰ式：1件。

标本（西Ⅰ）T3218⑤∶10，敞口，圆唇，斜弧腹，矮圈足。施青釉，外下腹及足无釉，红褐胎。口径15、足径7.4、高5.4厘米（图七八，1；图版三一，1）。

Ⅱ式：1件。

标本（西Ⅰ）T2617⑤∶3，敞口，圆唇，上腹斜直，下腹弧收，矮圈足微外撇，内底压印有文字。施青黄釉，内底及足无釉，砖红胎。口径16.2、足径9.4、高6.5厘米（图七八，2；图版三一，2）。

Ⅲ式：2件。

标本（东Ⅰ）T3404③∶5，敞口，尖圆唇，斜弧腹较深，矮圈足微外撇。施青釉，外下腹及足无釉，砖红胎。口径16、足径8、高6.4厘米（图七八，3）。

标本（西Ⅰ）T2614⑤∶15，敞口，圆唇，斜弧腹较深，矮圈足微外撇。内底支垫痕迹。施青釉，内底及足无釉，砖红胎。口径16.4、足径8.2、高6.7厘米（图七八，4）。

Ⅳ式：1件。

标本（东Ⅰ）T3404③∶4，敞口，圆唇，腹斜收，璧形足，上腹饰几周浅凹弦纹。下腹部分有斜的刮削痕。施青釉，足及外下腹近足处无釉，灰白胎。口径14.4、足径5.6、高5.1厘米（图七八，5；图版三一，3）。

Ⅴ式：1件。

标本（西ⅠA）T1815③∶6，四出葵口，圆唇，斜直腹，中腹与葵口相应处压印呈瓜棱状，璧形

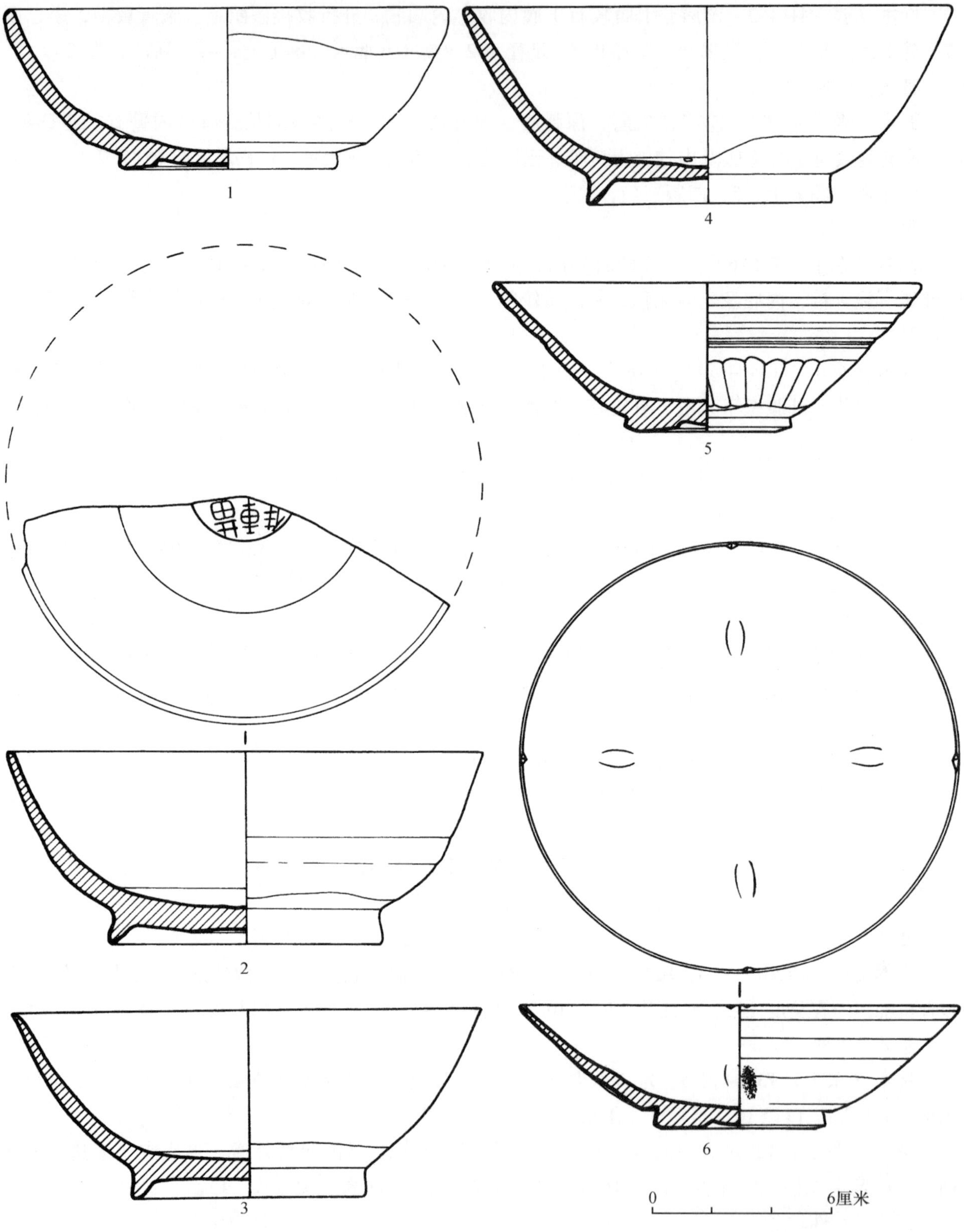

图七八　巴东旧县坪遗址出土隋唐五代瓷碗

1. Ba型Ⅰ式（（西Ⅰ）T3218⑤:10）　2. Ba型Ⅱ式（（西Ⅰ）T2617⑤:3）　3、4. Ba型Ⅲ式（（东Ⅰ）T3404③:5、（西Ⅰ）T2614⑤:15）　5. Ba型Ⅳ式（（东Ⅰ）T3404③:4）　6. Ba型Ⅴ式（（西ⅠA）T1815③:6）

足。下腹近足处有一周削痕，施青釉，外下腹及足无釉，红褐胎。口径14.8、足径5.8、高4.2厘米（图七八，6）。

Bb型　4件。敞口，圆唇，弧腹。分四式。

Ⅰ式：1件。

标本（西ⅠA）T1815③:8，璧形足。施青釉，下腹及足无釉，红褐胎。口径15、足径5.4、高5厘米（图七九，1）。

Ⅱ式：1件。

标本（西Ⅰ）T2516⑤:3，圆唇，上腹较直，下腹弧收，内圜底，矮圈足浅挖，足墙较直，外腹壁下部有一凸弦纹。内底有垫烧痕迹，施青釉，下腹及足无釉，红褐胎。口径16.2、足径7.1、高5.6厘米，烧制不规整（图七九，2）。

Ⅲ式：1件。

标本（西Ⅰ）T3219⑤:1，内底有垫烧痕迹，假圈足，足墙外撇。内外壁上部施青黄釉，下部

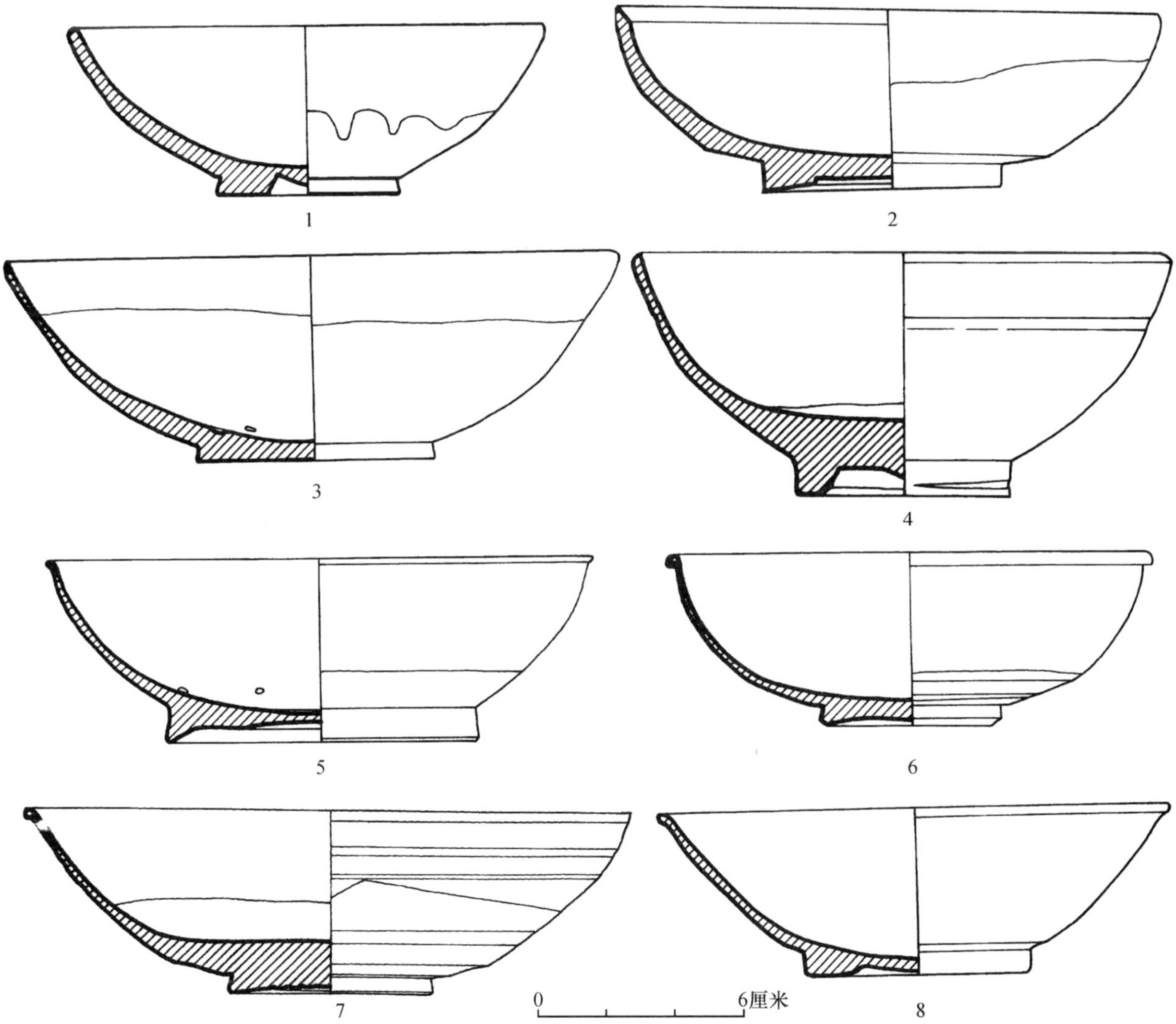

图七九　巴东旧县坪遗址出土隋唐五代瓷碗

1. Bb型Ⅰ式（（西ⅠA）T1815③:8）　2. Bb型Ⅱ式（（西Ⅰ）T2516⑤:3）　3. Bb型Ⅲ式（（西Ⅰ）T3219⑤:1）　4. Bb型Ⅳ式（（西Ⅰ）T3318⑤:1）　5. Bc型Ⅰ式（（西Ⅰ）T3916⑤:3）　6. Bc型Ⅱ式（（西）C17:9）　7. Bc型Ⅲ式（（西）C17:13）　8. Bc型Ⅳ式（（东Ⅰ）T2915⑤:24）

及足无釉，红褐胎。口径18、足径7、高6厘米（图七九，3；图版三一，4）

Ⅳ式：1件。

标本（西Ⅰ）T3318⑤:1，圆唇，内圜底，圈足，外底中部有鸡心突。施深灰绿色釉，红褐胎。口径15.6、足径6.4、高7.2厘米（图七九，4；图版三一，5）。

Bc型　4件。敞口，折沿。分四式。

Ⅰ式：1件。

标本（西Ⅰ）T3916⑤:3，敞口，圆唇外凸，圆弧腹，大圈足。施青黄釉，外釉不及底，脱釉严重，红褐胎。内底残有垫石痕迹。口径16、足径9.2、高5.4厘米（图七九，5；图版三一，6）。

Ⅱ式：1件。

标本（西）C17:9，敞口，圆唇外卷，浅弧腹，假圈足稍凹陷。施青白色釉，外下腹及底无釉，白胎。口径14.4、底径5.4、高5.1厘米（图七九，6；图版三二，1）。

Ⅲ式：1件。

标本（西）C17:13，大敞口，唇圆唇外凸，深腹，腹壁斜直内收，内凹圜底，外假圈足微内凹。内外上部施青黄釉，下部露胎，灰胎较厚。口径16.6、足径6、高6.6厘米（图七九，7；图版三二，2）。

Ⅳ式：1件。

标本（东Ⅰ）T2915⑤:24，圆唇外凸，斜直腹微弧，璧形圈足。白釉，足内无釉，灰白胎。口径15.2、足径6.8、高4.9厘米（图七九，8；图版三二，3）。

C型　9件。敛口碗。分五式。

Ⅰ式：1件。

标本（西Ⅰ）T1712⑤:4，圆唇，假圈足较窄。外壁口沿下部有一道弦纹。施青黄釉不及底，红褐胎。口径10.9、足径3.1、高3.5厘米（图八○，1；图版三二，4）。

Ⅱ式：1件。

标本（东Ⅰ）T3417②:5，口微敛，方唇，口下微鼓，弧腹略深，内底中心下凹，外假圈足。施青釉，外下腹及足无釉，内底有叠烧痕迹，红褐胎较厚。口径16.4、足径5.2、高6.2厘米（图八○，2）。

Ⅲ式：2件。

标本（东Ⅰ）T3613⑤:2，敛口，圆唇，口下微鼓，下腹斜直收，腹较深，圈足。器内外壁有轮旋痕，不规整，有点向一边倾。施青釉，外下腹及足无釉，灰胎。内有6个支垫遗痕。口径15.4、足径8、高5.6厘米（图八○，3；图版三二，5）。

标本（东Ⅰ）T3317②:1，口微敛，圆唇，斜腹，矮圈足较浅。内壁下部有垫石痕迹，内壁及外上部施青釉，褐胎。口径16、足径8、高5.5厘米（图八○，4；图版三二，6）。

Ⅳ式：2件。

标本（西）C24:2，假圈足微内凹，足墙较直。施青黄釉不及底，红褐胎。口径16、足径6.8、高5.2厘米（图八一，1；图版三三，1）。

标本（东Ⅰ）T2918⑤:25，敞口，圆唇，上腹微弧，下腹斜直收，小矮圈足。施青黄釉，内、外壁及圈足外侧施釉，足内无釉，灰白胎。口径15.2、足径5.6、高4.9厘米（图八一，2；图版三三，2）。

Ⅴ式：3件。

标本（东Ⅰ）T2918⑤:50，敛口，圆唇，弧腹，内坦底，玉璧足。施青黄釉不及底，红褐胎。口径11.6、足径3.6、高3.5厘米（图八一，3）。

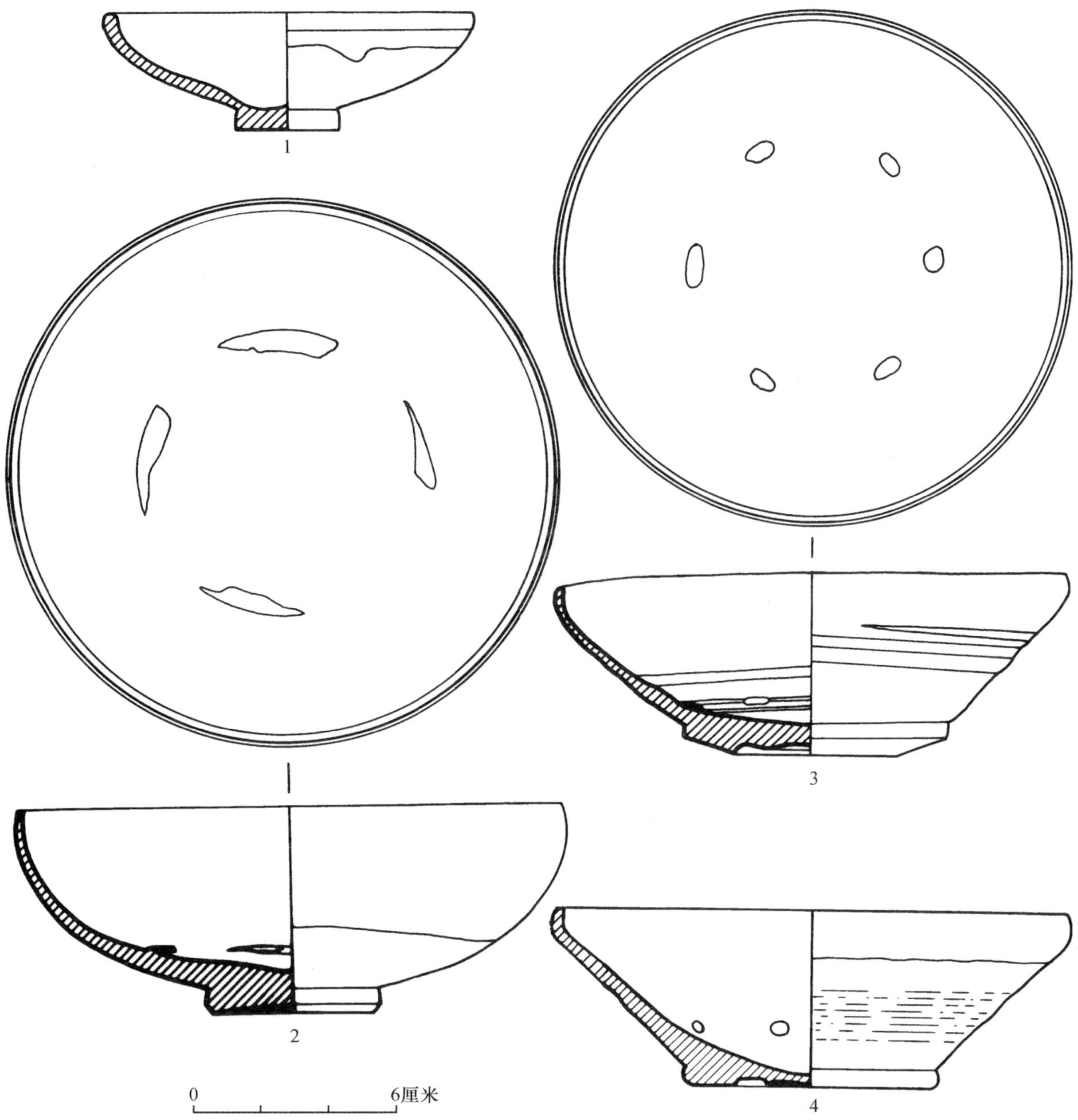

图八〇　巴东旧县坪遗址出土隋唐五代瓷碗

1. C型Ⅰ式（（西Ⅰ）T1712⑤:4）　2. C型Ⅱ式（（东Ⅰ）T3417②:5）　3、4. C型Ⅲ式（（东Ⅰ）T3613⑤:2、（东Ⅰ）T3317②:1）

标本（西Ⅰ）T1209⑥:8，厚圆唇，斜弧腹，璧形足。施青灰釉，外下腹及足无釉，灰白胎，口径14.8、足径5、高5.2厘米（图八一，4）。

标本（西Ⅰ）T2716⑤:2，圆唇，近敞口，浅弧腹，璧形足，上腹及内壁施青釉开片。下腹有削痕，饰有半周凹弦纹，深灰胎较厚。口径14.6、足径5、高4.8厘米（图八一，5）。

D型　15件。撇口，分三亚型。

Da型　7件。撇口，曲腹。分六式。

Ⅰ式：1件。

标本（西Ⅰ）T3620⑤:8，圆唇，深腹，上部略直，下腹急弧收，内底略凸起，外接圈足，下

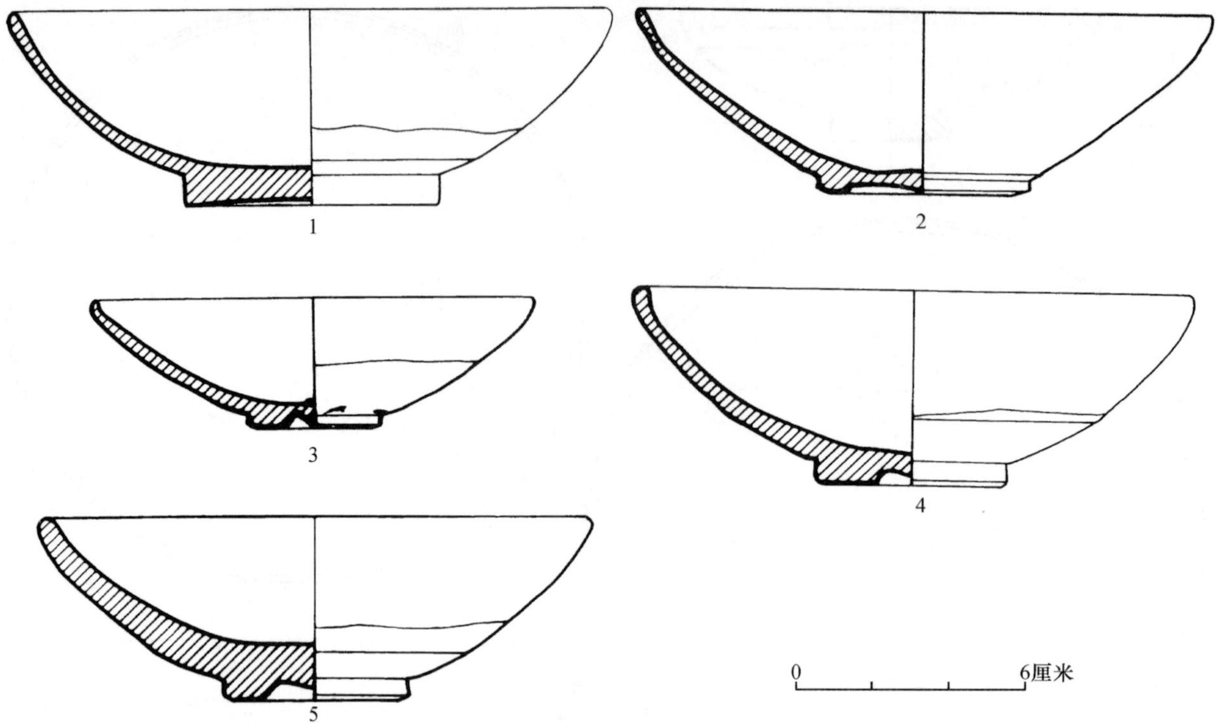

图八一　巴东旧县坪遗址出土隋唐五代瓷碗

1、2. C 型Ⅳ式（（西）C24∶2、（东Ⅰ）T2918⑤∶25）　3～5. C 型Ⅴ式（（东Ⅰ）T2918⑤∶50、（西Ⅰ）T1209⑥∶8、（西Ⅰ）T2716⑤∶2）

腹外壁胎有削痕。施青釉，圈足内无釉，青灰胎较厚。口径 16.6、足径 6.6、高 6.6 厘米（图八二，1；图版三三，3）。

Ⅱ式：2 件。

标本（西Ⅰ）T1207⑦∶8，圆唇，内大平底。砖红胎，青釉，外下腹及足无釉，开片，内底有垫石痕迹。口径 17.3、足径 8.5、高 6.5 厘米（图八二，2；图版三三，4）。

标本（西Ⅰ）T2315⑤∶16，圆唇，曲弧腹，内外底中部下凹，大圈足较矮。施青绿釉，外下腹近足处及足无釉，内有几个垫石遗痕，砖红胎较厚。口径 15.4、足径 8.4、高 6.4 厘米（图八二，3；图版三三，5）。

Ⅲ式：1 件。

标本（西Ⅰ）T0109④∶1，口微外翻，圆唇，深弧腹，假圈足。内外上部施青黄釉，下部露胎，釉多已脱落，灰白胎较厚。口径 18、足径 6.4、高 6 厘米（图八二，4；图版三三，6）。

Ⅳ式：1 件。

标本（西Ⅰ）T2517⑤∶6，圆唇，斜腹中部微弧，小圈足。施青黄釉，外下腹及足无釉，红褐胎。口径 10.8、足径 4、高 3.6 厘米（图八二，5）。

Ⅴ式：1 件。

标本（东Ⅰ）T2817⑤∶2，圆唇，腹较深，中腹较直，下腹弧收，内圜底，外假圈足。施青黄釉不及底，红褐胎。口径 13.2、足径 5.7、高 4.7 厘米（图八二，6；图版三四，1）。

Ⅵ式：1 件。

标本（西Ⅰ）T3316⑤∶2，圆唇，深弧腹，矮假圈足，足墙外撇。通体施有一层白色护胎釉，内部及外上部施褐釉，褐胎。口径 9.4、足径 3.6、高 3.9 厘米（图八二，7；图版三四，2）。

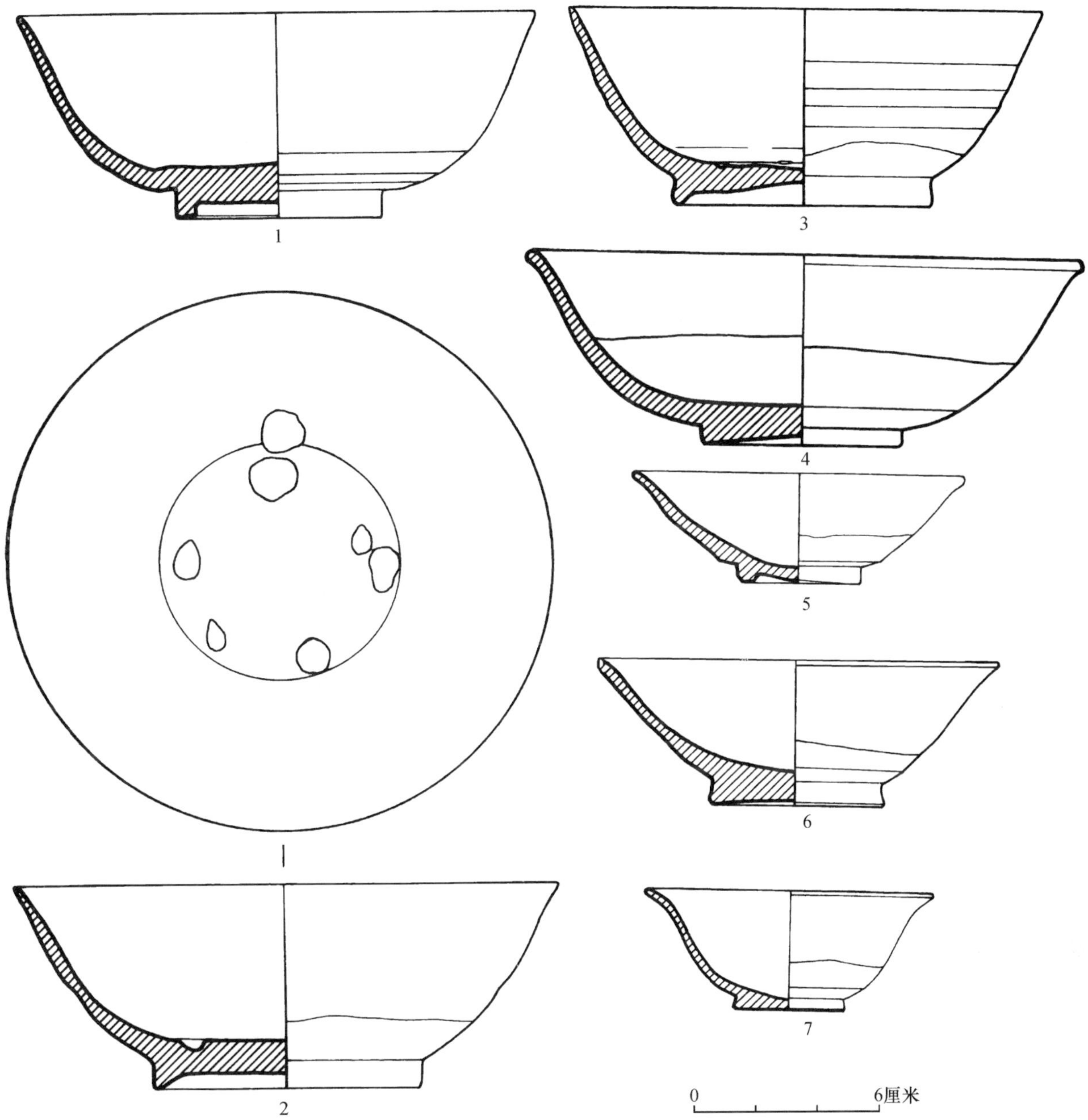

图八二　巴东旧县坪遗址出土隋唐五代瓷碗

1. Da型Ⅰ式（西Ⅰ）（T3620⑤:8）　2、3. Da型Ⅱ式（（西Ⅰ）T1207⑦:8、（西Ⅰ）T2315⑤:16）　4. Da型Ⅲ式（（西Ⅰ）T0109④:1）　5. Da型Ⅳ式（（西Ⅰ）T2517⑤:6）　6. Da型Ⅴ式（（东Ⅰ）T2817⑤:2）　7. Da型Ⅵ式（（西Ⅰ）T3316⑤:2）

Db型　6件。撇口，斜直腹。可分为四式。

Ⅰ式：1件。

标本（西Ⅰ）T1007⑤:11，圆唇，假圈足稍凹陷。施青黄釉，外下腹及足无釉，褐胎。口径13、足径6.4、高4.3厘米（图八三，1）。

Ⅱ式：2件。

标本（东Ⅰ）T2209④:1，圆唇，浅斜腹，矮壁形足。施青釉开碎片，足口面无釉，灰黄胎较厚。口径14.4、足径5.8、高4.4厘米（图八三，2）。

标本（西）H65:1，尖圆唇，璧形圈足。施青黄釉，外釉不及底，灰白胎。口径14.6、足径6、高 4.2 厘米（图八三，3；图版三四，3）。

Ⅲ式：2 件。

标本（西Ⅰ）T3618⑤:15，尖唇，深腹，内圜底，假圈足。口沿外部下有一弦纹。施青黄釉不及底，红褐胎。口径 12.8、足径 4.2、高 6 厘米（图八三，4）。

标本（东Ⅰ）T3404⑤:6，圆唇，浅腹，曲弧壁内弧底近平，外下接矮圈足。通体施青釉，灰白胎，圈足内残存有垫石痕迹。口径 16、足径 7.2、高 3.6 厘米（图八三，5；图版三四，4）。

Ⅳ式：1 件。

标本（东Ⅰ）T3316⑤:11，圆唇，斜腹略浅，璧形足，口及腹呈花瓣形，可能为四瓣。腹外凹内凸。内部及外上部施青釉开碎片，釉上施护胎釉，灰黄胎。口径 14、足径 6.2、高 4 厘米（图八三，6）。

Dc 型　2 件。撇口，折沿。分二式。

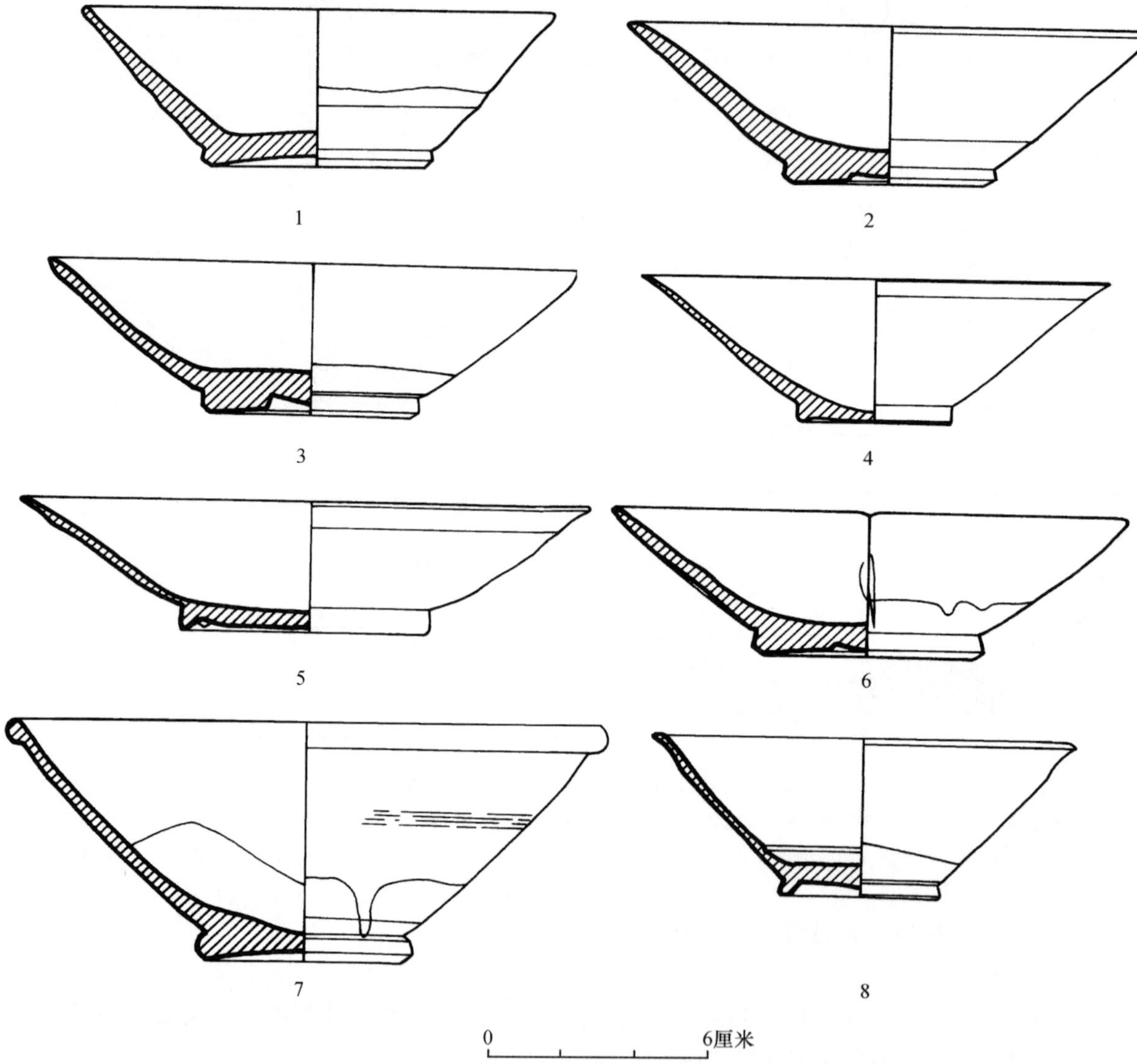

图八三　巴东旧县坪遗址出土隋唐五代瓷碗

1. Db 型Ⅰ式（（西Ⅰ）T1007⑤:11）　2、3. Db 型Ⅱ式（（东Ⅰ）T2209④:1、（西）H65:1）　4、5. Db 型Ⅲ式（（西Ⅰ）T3618⑤:15、（东Ⅰ）T3404⑤:6）　6. Db 型Ⅳ式（（东Ⅰ）T3316⑤:11）　7. Dc 型Ⅰ式（（西）C17:1）　8. Dc 型Ⅱ式（（西Ⅰ）T2315⑤:4）

Ⅰ式：1件。

标本（西）C17∶1，圆唇下勾，斜弧腹略浅，内平底，外假圈足微内凹。内外壁上部施青釉，下部露胎。内外壁不光滑有轮施痕迹，外下腹部有削痕。青灰胎较厚。口径18、足径6、高5.4厘米（图八三，7；图版三四，5）。

Ⅱ式：1件。

标本（西Ⅰ）T2315⑤∶4，尖圆唇，斜直腹，矮圈足略外撇。施青黄釉，外下腹及足无釉，红褐胎。内底与腹间有一周涩圈。口径11.6、足径4.4、高4.4厘米（图八三，8；图版三四，6）。

E型　4件。筒形腹，分三式。

Ⅰ式：1件。

标本（西Ⅰ）T0702②∶1，侈口，圆唇，腹壁上部较直，下部弧收，靠足处平削，假圈足稍凹陷。施青黄釉，内外均不及底，灰白胎。口径15.2、足径6.6、高8.4厘米（图八四，1；图版三五，1）。

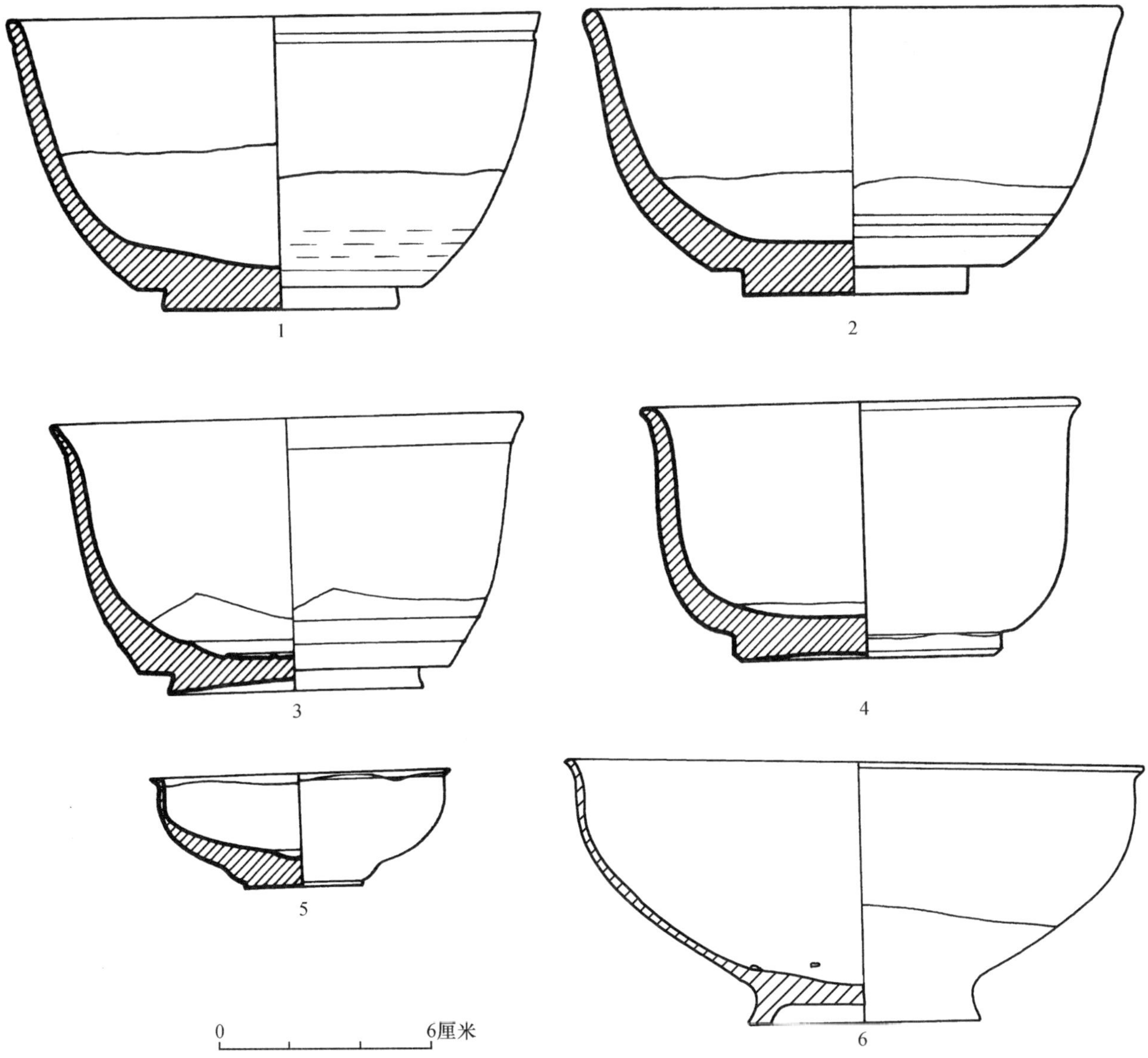

图八四　巴东旧县坪遗址出土隋唐五代瓷碗

1. E型Ⅰ式（（西Ⅰ）T0702②∶1）　2、3. E型Ⅱ式（西Ⅰ）T1003②∶1、（东Ⅰ）T3416⑤∶1）　4. E型Ⅲ式（（东Ⅰ）T3418⑤∶7）　5. F型Ⅰ式（（东Ⅰ）T2406③∶1）　6. F型Ⅱ式（（西）C17∶14）

Ⅱ式：2件。

标本（西Ⅰ）T1003②:1，侈口，圆唇，弧腹，靠足处平削，假圈足。施青黄釉，内外均不及底，灰白胎。口径15.2、足径6.4、高8厘米（图八四，2）。

标本（东Ⅰ）T3416⑤:1，侈口，圆唇，深筒形腹，下折收，假圈足略内凹。内全施一层护胎釉，上部施青釉，外上部施护釉和青釉，下部露胎。内底有离心螺旋纹，厚胎呈红褐色。口径13.4、足径7.2、高7.8厘米（图八四，3；图版三五，2）。

Ⅲ式：1件。

标本（东Ⅰ）T3418⑤:7，圆唇外撇，筒形腹下部圆收，假圈足，足心稍内凹。施青黄釉，内外均不及底，灰白胎。口径12.6、足径7.9、高7.4厘米（图八四，4；图版三五，3）。

F型　2件。异型碗。分二式。

Ⅰ式：1件。

标本（东Ⅰ）T2406③:1，折沿，尖唇，上腹直筒形，下腹弧收，假圈足。内底中心旋一椭圆小窝。褐胎，唇部施酱釉。口径8.6、足径3.4、高3.3厘米（图八四，5）。

Ⅱ式：1件。

标本（西）C17:14，圆唇外撇，深弧腹，小圈足外撇。施青釉，多已脱落，外下腹及足无釉，褐胎。内底有六支钉垫痕迹。口径16.6、足径6.8、高7.7厘米（图八四，6；图版三五，4）。

钵　9件。可分六式。

Ⅰ式：1件。

标本（东）F28:2，敛口，厚圆唇，浅弧腹，下腹弧曲成假圈足，足心稍内凹。施灰白釉，外下部无釉，灰白胎。口径15.4、足径5.6、高4厘米（图八五，1）。

Ⅱ式：2件。

标本（西Ⅰ）T1308⑤:1，口微敛，圆唇，弧腹，平底。施青黄釉，外下腹及底无釉，灰褐胎。口径10、底径5.2、高3.3厘米（图八五，2）。

标本（东Ⅰ）T2507③:3，敛口，厚圆唇，浅弧腹，平底。施青黄釉，内、外壁上部施釉，下部无釉，灰白胎。口径15.4、底径7.8、高4.8厘米（图八五，3）。

Ⅲ式：1件。

标本（东Ⅰ）T2416⑤:3，直口微敛，方唇，上腹较直，下腹斜收，大平底。内外上壁施青釉，下部露胎，砖红胎。内壁下部呈瓦棱状。口径16.4、底径8、高5.3厘米（图八五，4；图版三五，5）。

Ⅳ式：2件。

标本（东Ⅰ）T3417⑤:4，直口，圆唇，弧腹，下腹近底处微曲，平底。施青黄釉，内、外壁上部施釉，下部无釉，灰褐胎。口径10.8、底径4.8、高4.2厘米（图八五，5；图版三五，6）。

标本（东Ⅰ）T3417②:6，圆唇微撇，弧腹，近底处弧曲成平底。口下饰二周凹弦纹。施淡青釉，外下腹及底无釉，灰褐胎。口径10.2、底径3.8、高3.8厘米（图八五，6）。

Ⅴ式：2件。

标本（西）G2:18，直口，圆唇，上腹短直，下腹斜收，内底下凹，外假圈足。施青釉，足无釉，灰胎。口径8.4、足径3、高3.1厘米（图八五，7）。

标本（西Ⅰ）T3118⑤:3，直口，方唇，曲腹较浅，圜底，外假圈足。施青釉，外下腹及足无釉。唇部有一周削痕露胎，有叠烧痕迹，外底有一支垫痕，灰胎。口径8.2、足径3.2、高2.8厘米（图八五，8；图版三六，1）。

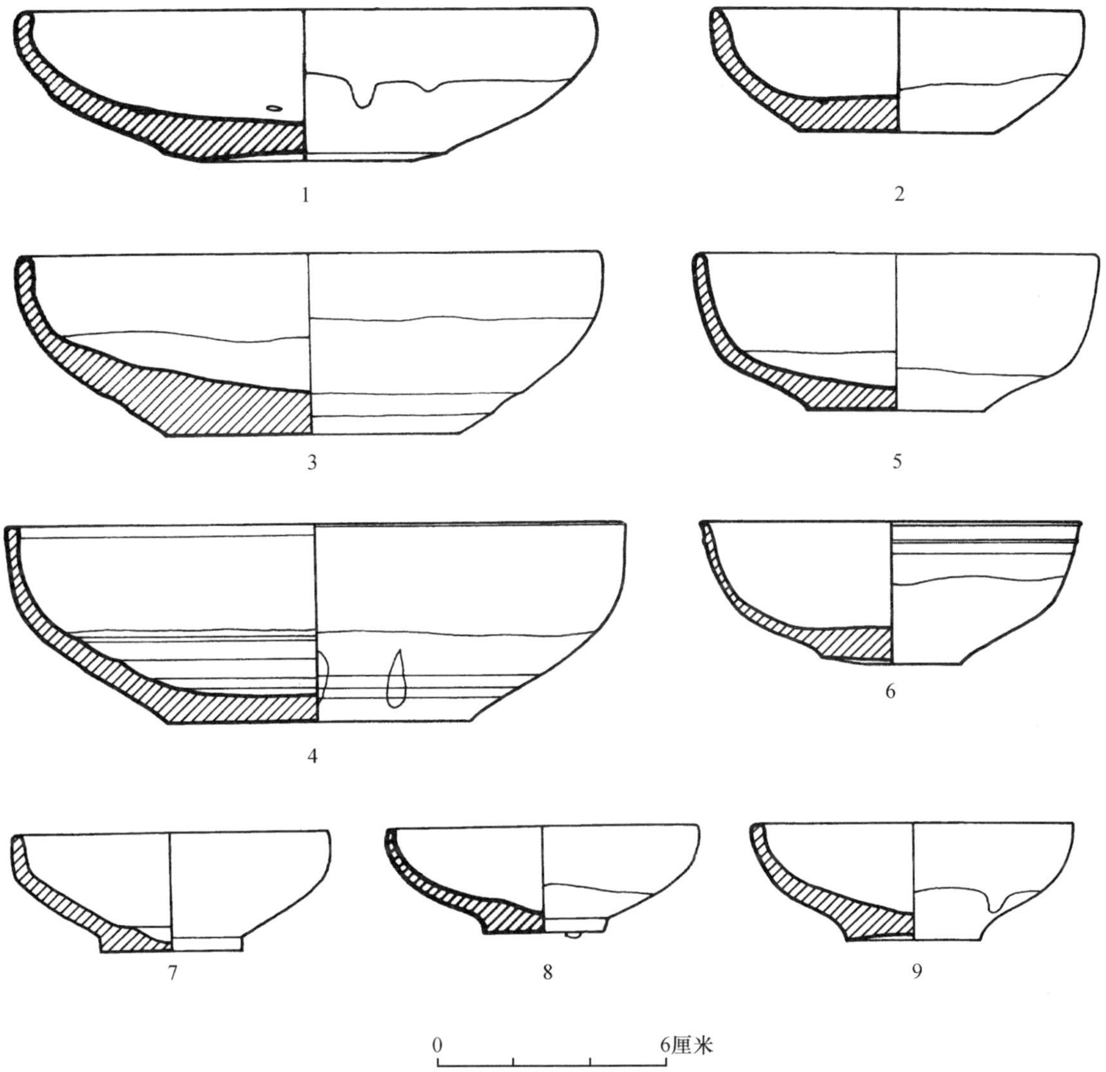

图八五　巴东旧县坪遗址出土隋唐五代瓷钵

1. Ⅰ式（（东）F28:2）　2、3. Ⅱ式（（西Ⅰ）T1308⑤:1、（东Ⅰ）T2507③:3）　4. Ⅲ式（（东Ⅰ）T2416⑤:3）　5、6. Ⅳ式（（东Ⅰ）T3417⑤:4、（东Ⅰ）T3417②:6）　7、8. Ⅴ式（（西）G2:18、（西Ⅰ）T3118⑤:3）　9. Ⅵ式（（西）G6:24）

Ⅵ式：1件。

标本（西）G6:24，直口，圆唇，曲腹，假圈足。施青黄釉，外下部无釉，红褐胎，内底有支垫痕迹。口径8.6、足径3.6、高3.1厘米（图八五，9）。

盏　78件。器型较小，口径8~10厘米，高在4厘米以下。分三型。

A型　63件。敞口，圆唇。依据口沿的不同，可分为二亚型。

Aa型　32件。根据腹部的变化，可分五式。

Ⅰ式：4件。圆弧腹。

标本（西Ⅰ）采集:4，圜底中心凸起，下接圈足，圈足极浅。施灰白釉开碎片，灰白胎。口径10、足径3.6、高3.7厘米（图八六，1）。

标本（西Ⅰ）T2617⑤:1，内圜底，外接矮假圈足。施青黄釉，外下腹及足无釉，灰胎。口径8.2、足径3.6、高2.7厘米（图八六，2）。

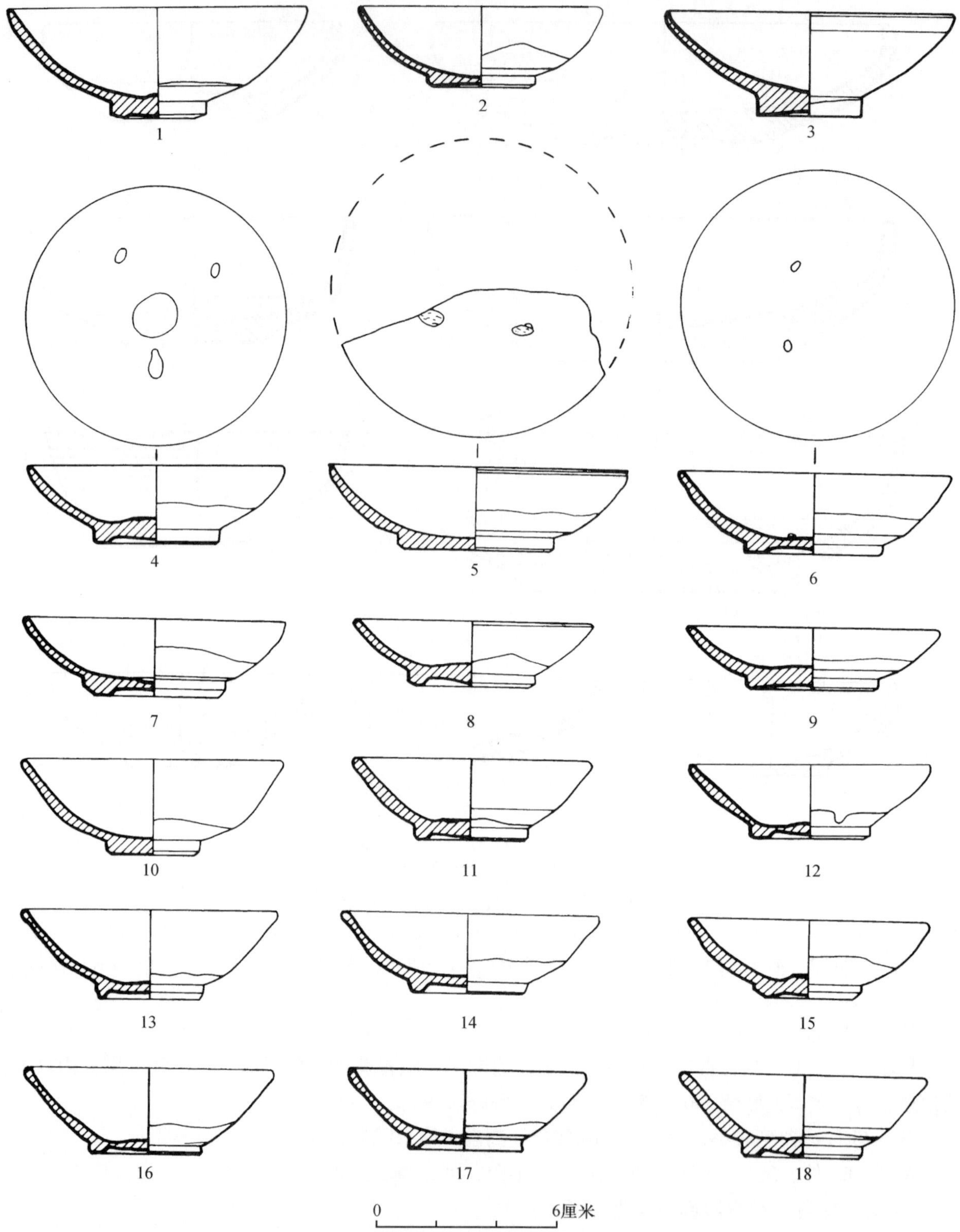

图八六　巴东旧县坪遗址出土隋唐五代 Aa 型瓷盏

1～4. Ⅰ式（（西Ⅰ）采集:4、（西Ⅰ）T2617⑤:1、（东Ⅰ）T3915⑤:4、（西Ⅰ）T3118⑤:8）　5～9. Ⅱ式（（西Ⅰ）T0503③:7、（西Ⅰ）T2715④:1、（西Ⅰ）T1207⑦:12、（西Ⅰ）T1007⑦:43、（西Ⅰ）T2715⑤:5）　10～18. Ⅲ式（（西Ⅰ）T2115⑤:1、（西ⅠA）T1612④:8、（西Ⅰ）T1701②:3、（东Ⅰ）T2508③:3、（西）F1Ⅰ:57、（西Ⅰ）T2816⑤:3、（西Ⅰ）T2614⑤:30、（西Ⅰ）T1712③:1、（西Ⅰ）T2014⑤:3）

标本（西Ⅰ）T3118⑤:8，内坦底，略上凸，矮圈足。施青黄釉，红褐色胎，内底有三个垫石痕迹。口径8.6、足径4.2、高2.6厘米（图八六，4；图版三六，2）。

标本（东Ⅰ）T3915⑤:4，细假圈足较高。灰胎，施青黄釉，足无釉。口径9.6、足径3.5、高3.5厘米（图八六，3；图版三六，3）。

Ⅱ式：5件。弧腹。

标本（西Ⅰ）T0503③:7，内平底，外大矮假圈足。施青釉，已脱落，内底残有支垫痕迹，褐胎。口径10、足径5.2、高2.8厘米（图八六，5；图版三六，4）。

标本（西Ⅰ）T2715④:1，内底中心略凸，下接矮圈足。施青釉，外下腹及足无釉。内底有支垫痕迹。砖红胎。口径10、足径4.6、高2.7厘米（图八六，6）。

标本（西Ⅰ）T1207⑦:12，内坦底，内底心中部下凹，外接圈足。施青黄釉，红褐胎。口径8.8、足径4.8、高2.6厘米（图八六，7）。

标本（西Ⅰ）T1007⑦:43，内坦底，底心凸起，外接圈足。青灰胎，青釉下有化妆土。口径8、足径4.2、高2.2厘米（图八六，8）。

标本（西Ⅰ）T2715⑤:5，内坦底，外接圈足。褐胎，青釉下施一层白色化妆土，足底无釉。口径8.4、足径4.4、高2.1厘米（图八六，9）。

Ⅲ式：9件。曲腹。

标本（西Ⅰ）T2115⑤:1，外接饼状假圈足。施青釉开片，外下腹及足无釉，内底有支垫痕迹，红褐胎。口径8.4、足径3.6、高3.2厘米（图八六，10）。

标本（西ⅠA）T1612④:8，内底中部有一不规则的小凹槽，外接圈足。施青黄釉，多已脱落，外下腹及足无釉，内底有四个垫石痕迹，红褐胎。口径8.2、足径3.6、高2.1厘米（图八六，11；图版三六，5）。

标本（西Ⅰ）T1701②:3，内底凸起，外底边缘有一凹槽，中心下凸，外接圈足。红褐胎，青釉，多已脱落，外下腹及足无釉。口径8、足径4、高2.5厘米（图八六，12）。

标本（东Ⅰ）T2508③:3，内坦底，外接圈足。施青黄釉，红褐胎。口径8.6、足径3.4、高3厘米（图八六，13）。

标本（西）F1Ⅰ:57，内坦底，矮圈足。施青黄釉，红褐胎。口径8.6、足径3.8、高2.7厘米（图八六，14）。

标本（西Ⅰ）T2816⑤:3，内底心凸起，矮圈足。青黄釉，下有化妆土，红褐胎。口径8、足径3.6、高2.6厘米（图八六，15）。

标本（西Ⅰ）T2614⑤:30，内底心略上凸，矮圈足。施青黄釉，红褐胎。口径8.4、足径3.6、高2.9厘米（图八六，16）。

标本（西Ⅰ）T1712③:1，内坦底，矮圈足。施青黄釉，红褐胎。口径8、足径3.9、高2.7厘米（图八六，17）。

标本（西Ⅰ）T2014⑤:3，内底微凸起，外接圈足。施青釉已脱落，外下腹及足无釉，经刀修，灰胎。口径8.2、足径4、高2.8厘米（图八六，18；图版三六，6）。

Ⅳ式：10件。折腹，下腹经刀修处理呈折收。

标本（西Ⅰ）T0503⑤:1，内坦底，假圈足。施双层釉，底施灰色护胎釉，外层为青黄色，已脱落。外下部及足无釉，内底残存一个支垫痕，砖红胎。口径9.6、足径4.8、高2.8厘米（图八七，1；图版三七，1）。

标本（西Ⅰ）T1105③:3，内底略高于腹底边，外假圈足。施双层釉，底釉为灰色，外层为青

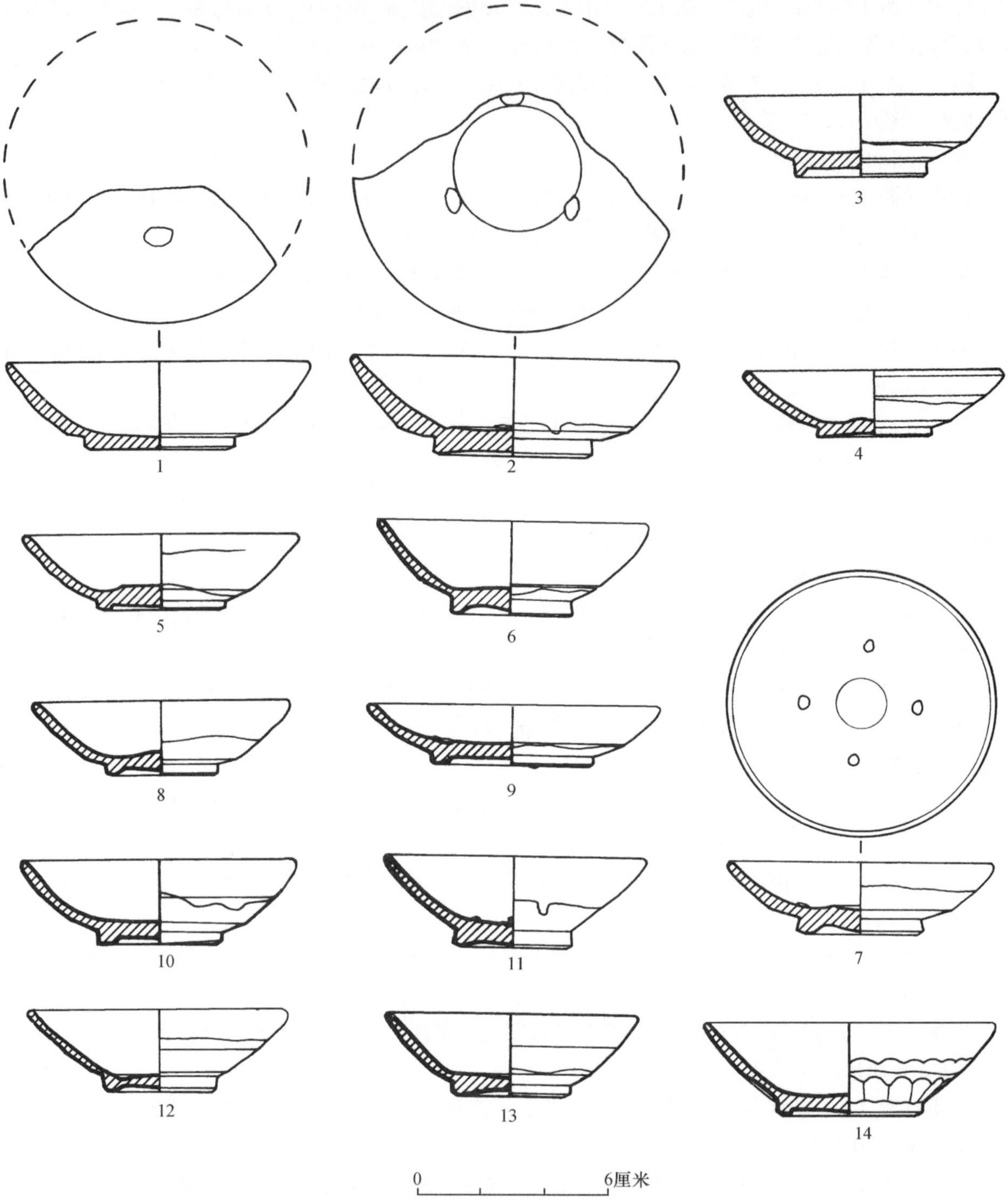

图八七　巴东旧县坪遗址出土隋唐五代 Aa 型瓷盏

1～10. Ⅳ式（（西Ⅰ）T0503⑤:1、（西Ⅰ）T1105③:3、（西）F1Ⅰ:7、（西Ⅰ）T1915⑤:6、（西Ⅰ）T1916⑤:6、（西Ⅰ）T2517⑤:12、（西Ⅰ）T3417⑤:19、（西Ⅰ）T2517⑤:14、（西Ⅰ）T2317⑤:3、（东Ⅰ）T2508②:1）　11～14. Ⅴ式（（西Ⅰ）T3715⑤:3、（西Ⅰ）T2714⑤:19、（西Ⅰ）T2912②:1、（东Ⅰ）T2508③:6）

黄色，已脱落，外下腹及足无釉，内底边缘有三个支垫痕，灰胎。口径10.4、足径5、高3.1厘米（图八七，2；图版三七，2）。

标本（西）F1Ⅰ:7，内底中心微凸，外接圈足。施青釉部分已脱落，外下腹及足无釉，褐胎。口径8.6、足径4.2、高2.6厘米（图八七，3；图版三七，3）。

标本（西Ⅰ）T1915⑤:6，内底凸起，外矮假圈足。施青釉已脱落，外下腹及足无釉，红胎。口径8.2、足径3.6、高2.1厘米（图八七，4；图版三七，4）。

标本（西Ⅰ）T1916⑤:6，内底凸起，外接圈足。青灰胎，青釉。下腹及底无釉，釉已脱落。口径8.8、足径4.1、高2.4厘米（图八七，5；图版三七，5）。

标本（西Ⅰ）T2517⑤:12，内平底，外接圈足。砖红胎，青黄釉。口径8.5、足径3.9、高3厘米（图八七，6）。

标本（西Ⅰ）T3417⑤:19，内底凹，外接圈足。砖红胎，青黄釉，釉有护胎釉，外下腹及足无釉。口径8.8、足径3.9、高2.4厘米（图八七，7；图版三七，6）。

标本（西Ⅰ）T2517⑤:14，内坦底，底心凸起，矮圈足。红褐胎，青黄釉，釉有护胎釉，外下腹及足无釉。口径8.2、足径3.6、高2.3厘米（图八七，8）。

标本（西Ⅰ）T2317⑤:3，足径较大，内底平坦，外接圈足。砖红胎，青黄釉。口径9.2、足径5.2、高1.9厘米（图八七，9）。

标本（东Ⅰ）T2508②:1，内平底，矮圈足。红褐胎，青黄釉，釉有护胎釉，外下腹及足无釉。口径8.8、足径4、高2.7厘米（图八七，10）。

Ⅴ式：4件。斜直腹。

标本（西Ⅰ）T3715⑤:3，内底中部有一不规则的小按凹窝，外下接矮圈足，圈足较浅。施青黄釉，多已脱落，外下腹及足无釉。内底有四个支垫痕，砖红胎。口径8.2、足径3.8、高2.9厘米（图八七，11）。

标本（西Ⅰ）T2714⑤:19，内底边缘有一凹槽，内底心略上凸，矮圈足。青黄釉，釉有护胎釉，外下腹及足无釉。口径8.4、足径3.6、高2.6厘米（图八七，12）。

标本（西Ⅰ）T2912②:1，内平底，假圈足，外底略内凹。施青黄釉，红褐胎。口径8、足径3.8、高2.6厘米（图八七，13）。

标本（东Ⅰ）T2508③:6，内平底，矮圈足。外腹壁下部有刮削痕迹。施青黄釉，红褐胎。口径9.2、足径4.6、高3厘米（图八七，14）。

Ab型　31件。敞口，翻唇。依据腹部的变化，可分为六式。

Ⅰ式：3件。圆弧腹。

标本（西Ⅰ）T3414⑤:13，内坦底，外接假圈足，有垫石痕迹。施青黄釉，红褐胎。口径9.4、足径4.4、高2.5厘米（图八八，1；图版三八，1）。

标本（西Ⅰ）T1002②:1，内底凸起，中心部分下凹，外矮圈足。施青黄釉，外下腹及足无釉，红褐胎。内底有三个垫石遗痕。口径8、足径4、高2.3厘米（图八八，2；图版三八，2）。

标本（西ⅠA）T1813②:5，内坦底，外矮圈足。施青黄釉，红褐胎。口径8.6、足径3.6、高3.2厘米（图八八，3）。

Ⅱ式：10件。弧腹。

标本（西Ⅰ）T1209⑥:7，内底凸起。褐胎，青釉，开片，外下腹及足无釉。口径8.8、足径3.4、高3厘米（图八八，4；图版三八，3）。

标本（西Ⅰ）T1007⑤:5，内坦底，外接假圈足。灰胎，青釉下有化妆土。口径9.2、足径4.4、高3.1厘米（图八八，5）。

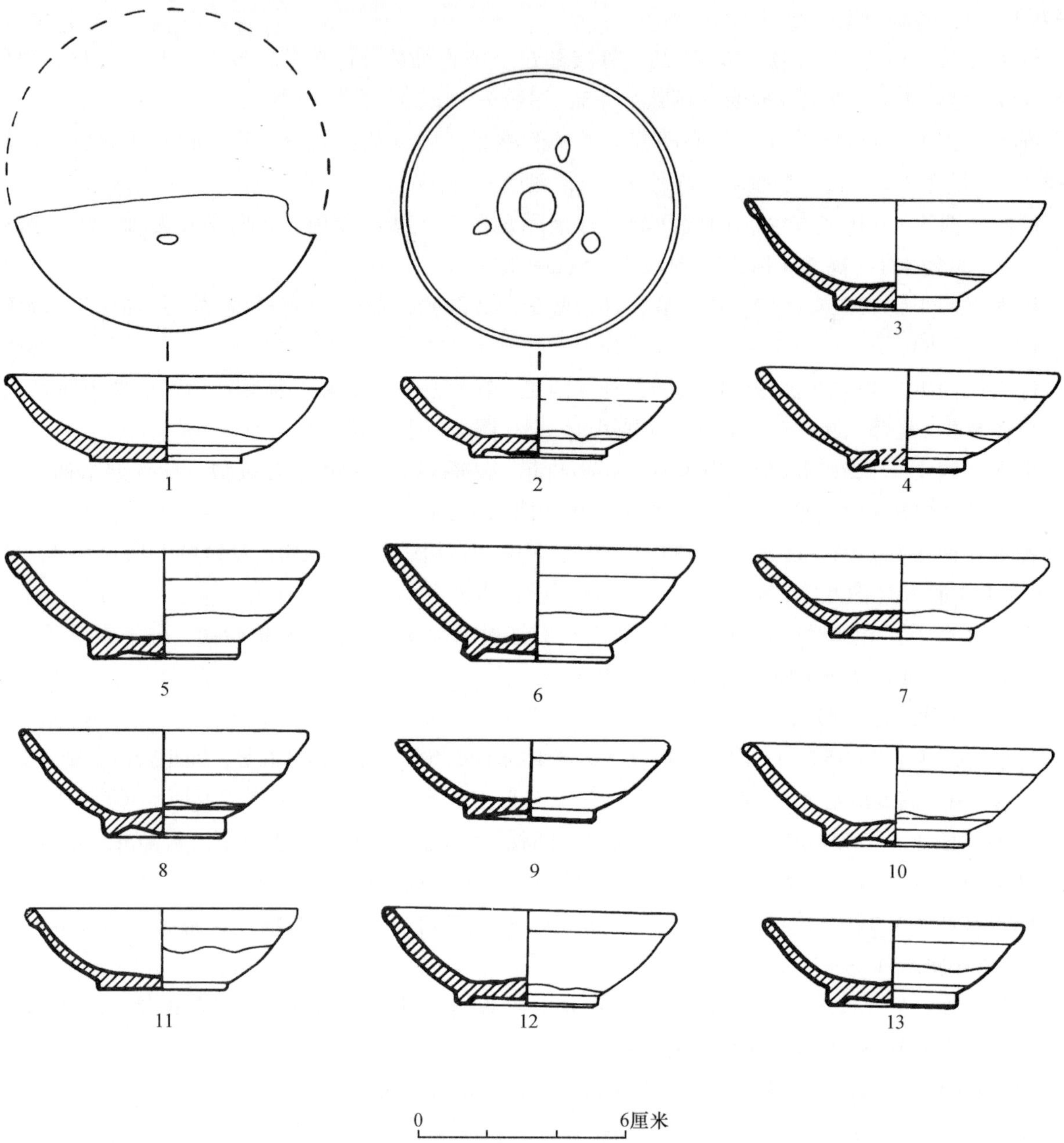

图八八　巴东旧县坪遗址出土隋唐五代 Ab 型瓷盏

1～3. Ⅰ式（（西Ⅰ）T3414⑤:13、（西Ⅰ）T1002②:1、（西ⅠA）T1813②:5）　4～13. Ⅱ式（（西Ⅰ）T1209⑥:7、（西Ⅰ）T1007⑤:5、（东Ⅰ）T2307②:1、（西Ⅰ）T3118⑤:19、（西Ⅰ）T1601②:1、（西Ⅰ）T1913⑤:12、（西Ⅰ）T1007⑦:30、（西Ⅰ）T3118⑤:20、（西Ⅰ）T2415⑤:4、（东）G8:1）

标本（东Ⅰ）T2307②:1，内底心凸起，外接圈足。施青黄釉，红褐胎。口径 9、足径 4.4、高 3.3 厘米（图八八，6）。

标本（西Ⅰ）T3118⑤:19，内底心有一凹圈，内底凸起，圈足内足墙外撇，外底中心下突。褐胎，青釉，外下腹及足无釉。口径 8.6、足径 4.2、高 2.4 厘米（图八八，7；图版三八，4）。

标本（西Ⅰ）T1601②:1，内底凸起，外接圈足，外底心有鸡心突。砖红胎，青釉，足无釉。口径 8.4、足径 3.6、高 3.1 厘米（图八八，8；图版三八，5）。

标本（西Ⅰ）T1913⑤:12，内平底，外底内凹，假圈足。施青黄釉，红褐胎。口径8、足径3.8、高2.4厘米（图八八，9）。

标本（西Ⅰ）T1007⑦:30，内坦底，中心凸起，矮圈足。施青黄釉，红褐胎。口径9、足径4.2、高2.9厘米（图八八，10）。

标本（西Ⅰ）T3118⑤:20，内坦底，假圈足。施青黄釉，红褐胎。口径8、足径3.8、高2.4厘米（图八八，11）。

标本（西Ⅰ）T2415⑤:4，内平底，底心凸起，外接圈足。黄胎，青釉下有化妆土。口径8.6、足径4.2、高2.8厘米（图八八，12）。

标本（东）G8:1，内坦底，矮圈足。施青黄釉，红褐胎。口径7.6、足径3.8、高2.5厘米（图八八，13）。

Ⅲ式：8件。曲腹。

标本（西Ⅰ）T1006④:11，内平底，内底边缘有一凹槽，矮圈足。施青黄釉，红褐胎。口径8.4、足径4、高2.8厘米（图八九，1；图版三八，6）。

标本（西Ⅰ）T3314⑤:6，内圜底，圈足。施青黄釉，红褐胎。口径9.4、足径3.4、高3.7厘米（图八九，2）。

标本（西Ⅰ）T1006④:9，内底心微凸，假圈足。施青黄釉，红褐胎。内底有垫石痕迹。口径8.6、足径3.6、高2.9厘米（图八九，3；图版三九，1）。

标本（东Ⅰ）T2508③:7，内坦底，假圈足。施青黄釉，红褐胎。口径9.2、足径3.8、高3.5厘米（图八九，4）。

标本（西Ⅰ）T1915③:1，内坦底，假圈足。外腹壁中部有一凸弦纹。施青黄釉，红褐胎。口径9.4、足径4、高3.5厘米（图八九，5）。

标本（西Ⅰ）T3013⑤:8，内坦底，假圈足。内壁及外上壁施青黄釉，釉下有一层灰白色化妆土，红褐胎。口径8.8、足径4、高3厘米（图八九，6；图版三九，2）。

标本（西Ⅰ）T1007⑤:17，内底心凸起，外底心有鸡心突，矮圈足。砖红胎，青釉下有化妆土。口径9、足径3.6、高3.4厘米（图八九，7）。

标本（西Ⅰ）T0405③:9，内底心略上凸，矮圈足。施青黄釉，红褐胎。口径9.2、足径4.2、高3.2厘米（图八九，8）。

Ⅳ式：7件。折腹。

标本（西Ⅰ）T2417⑤:8，内平底，矮圈足。施青黄釉，红褐胎。口径8.2、足径4、高2.3厘米（图八九，9）。

标本（西Ⅰ）T1007⑤:6，内底凸起，外底边缘有一凹槽，矮圈足。施青黄釉，红褐胎。口径8.8、足径3.2、高3厘米（图八九，10）。

标本（西Ⅰ）T1105③:2，内坦底，矮圈足。施青黄釉，红褐胎。口径9.2、足径4.4、高3厘米（图八九，11）。

标本（西Ⅰ）T3216⑤:1，内坦底，矮圈足。施青黄釉，唇部釉磨损，红褐胎。口径9.4、足径4.6、高3.7厘米（图八九，12）。

标本（西Ⅰ）T2614⑤:20，内底下凹，假圈足。红褐胎，青釉下有化妆土。口径9.2、足径4.4、高2.3厘米（图八九，13）。

标本（西Ⅰ）T2614⑤:8，内坦底，假圈足。灰胎，青釉下施灰色化妆土。口径9.2、足径4.4、高2.8厘米（图八九，14）。

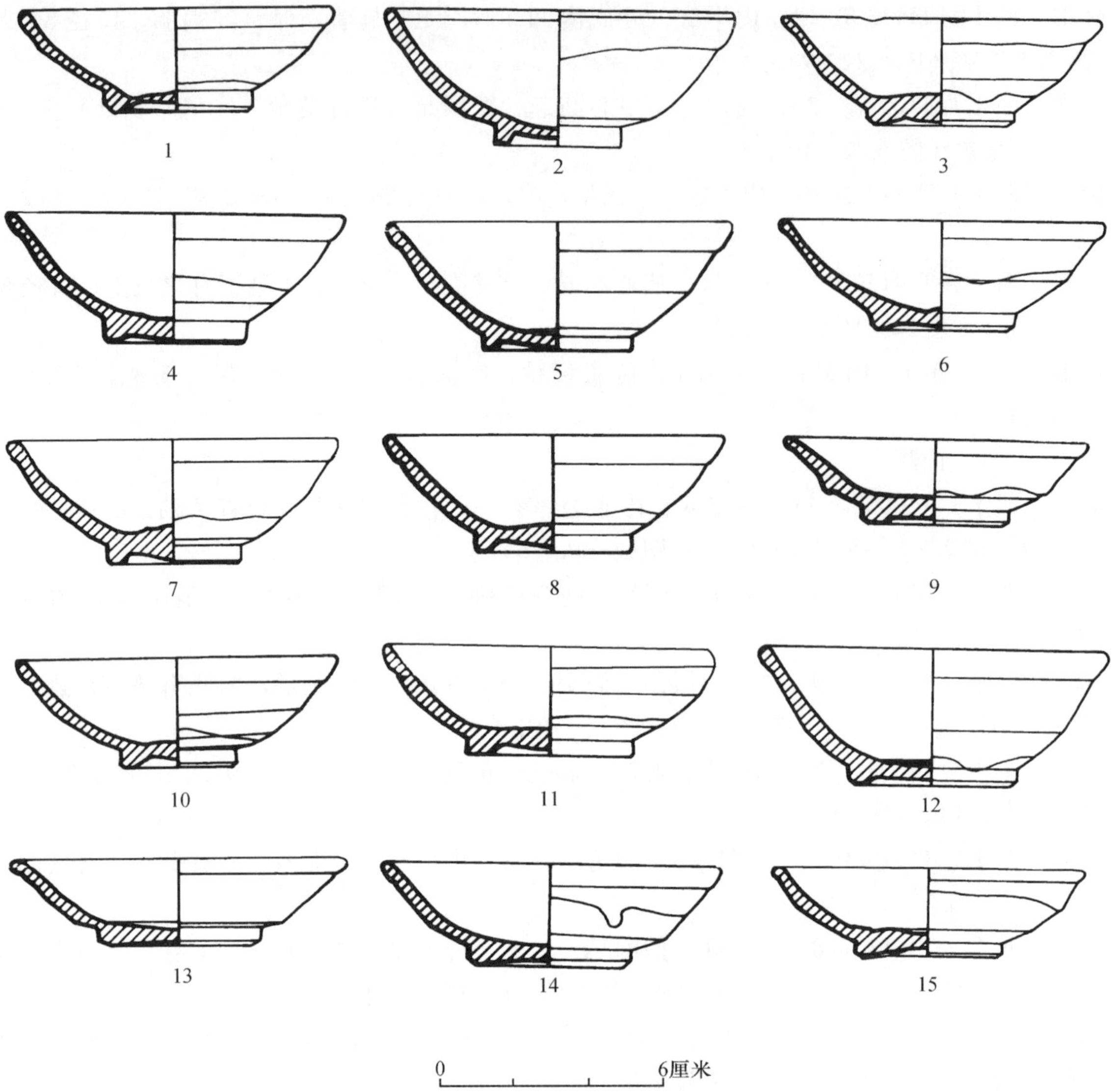

图八九　巴东旧县坪遗址出土隋唐五代 Ab 型瓷盏

1~8. Ⅲ式（（西Ⅰ）T1006④:11、（西Ⅰ）T3314⑤:6、（西Ⅰ）T1006④:9、（东Ⅰ）T2508③:7、（西Ⅰ）T1915③:1、（西Ⅰ）T3013⑤:8、（西Ⅰ）T1007⑤:17、（西Ⅰ）T0405③:9）　9~15. Ⅳ式（（西Ⅰ）T2417⑤:8、（西Ⅰ）T1007⑤:6、（西Ⅰ）T1105③:2、（西Ⅰ）T3216⑤:1、（西Ⅰ）T2614⑤:20、（西Ⅰ）T2614⑤:8、（东Ⅰ）T2508⑤:4）

标本（东Ⅰ）T2508⑤:4，内坦底，假圈足。灰褐胎，内壁及外壁近口部施青釉，开片，釉下施有一层化妆土。内外底各有三个垫石痕迹，内小外大。口径 8.4、足径 4、高 2.4 厘米（图八九，15；图版三九，3）。

Ⅴ式：2 件。斜直腹。

标本（西Ⅰ）T1812③:2，厚圆唇外凸，斜腹微弧，内底微上凸，外假圈足较矮。施双层釉，底釉为灰色护胎釉，外层为青黄釉，多已脱落，外下部及足无釉，下腹足根处经刀修。内底边缘有四个支垫痕。红褐胎。口径 10.2、足径 4.6、高 2.5 厘米（图九〇，1）。

标本（西Ⅰ）T2013⑤:4，圆唇微外凸，浅斜腹，内圜底，外假圈足较矮。施双层釉，底釉为灰色护胎釉，外施青黄釉，已脱落，外下部及足无釉，下腹足根处经刀修。内底边缘有四个支垫痕。红褐胎。口径 9.4、足径 4.6、高 2.3 厘米（图九〇，2）。

Ⅵ式：1 件。弧腹，花口。

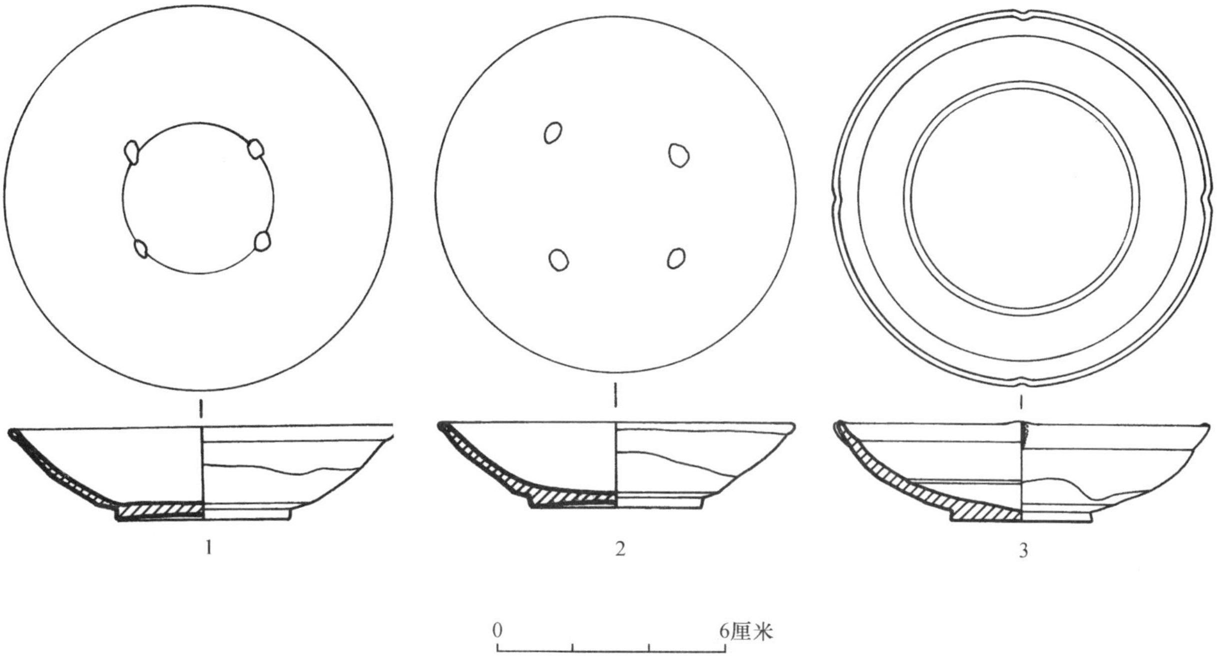

图九〇　巴东旧县坪遗址出土隋唐五代 Ab 型瓷盏
1、2. Ⅴ式（（西Ⅰ）T1812③:2、（西Ⅰ）T2013⑤:4）　3. Ⅵ式（（东Ⅰ）T2606⑤:1）

标本（东Ⅰ）T2606⑤:1，圆唇，口沿有四出缺口，浅弧腹，内圜底，假圈足。施青黄釉，红褐胎。口径 10、足径 3.8、高 2.6 厘米（图九〇，3）。

B 型　15 件。敛口，圆唇，假圈足。依据腹部的变化，可分为四式。

Ⅰ式：3 件。圆弧腹。

标本（西Ⅰ）T1007⑥:26，内坦底。施青釉，外下部及底无釉，褐胎。口径 10.4、足径 3.6、高 3.2 厘米（图九一，1）。

标本（东Ⅰ）T3716④:7，内底下凹。施青釉，外下部及足无釉，褐胎。口径 10.8、足径 4.4、高 3.1 厘米（图九一，2）。

标本（西Ⅰ）T1007⑦:51，内坦底。施青釉，外下部及底无釉，红褐胎。口径 10.6、足径 4、高 3.2 厘米（图九一，3；图版三九，4）。

Ⅱ式：4 件。弧腹。

标本（西Ⅰ）T2517⑤:16，内底下凹。褐胎，青黄釉多已脱落，釉下有黄色化妆土。口径 11、足径 4.4、高 3.4 厘米（图九一，4；图版三九，5）。

标本（西Ⅰ）T2617⑤:6，内底下凹。施青釉，外下部及足无釉，红褐胎。口径 10.8、足径 4.7、高 3 厘米（图九一，5）。

标本（西ⅠA）T1713③:4，内凹底，施青黄釉，外下腹及足无釉。唇有一周刀削痕露胎，唇上及外腹中部有叠烧痕迹。口径 11、足径 4.2、高 2.7 厘米（图九一，6；图版三九，6）。

标本（西Ⅰ）T3113⑤:9，内底略下凹。施青釉，外下部及足无釉，红褐胎。口径 10.4、足径 3.8、高 3 厘米（图九一，7）。

Ⅲ式：4 件。曲腹。

标本（西Ⅰ）T2115⑤:3，内底下凹。褐胎，青黄釉，外下腹及底无釉，多已脱落。口径 10.4、足径 4.2、高 3 厘米（图九一，8）。

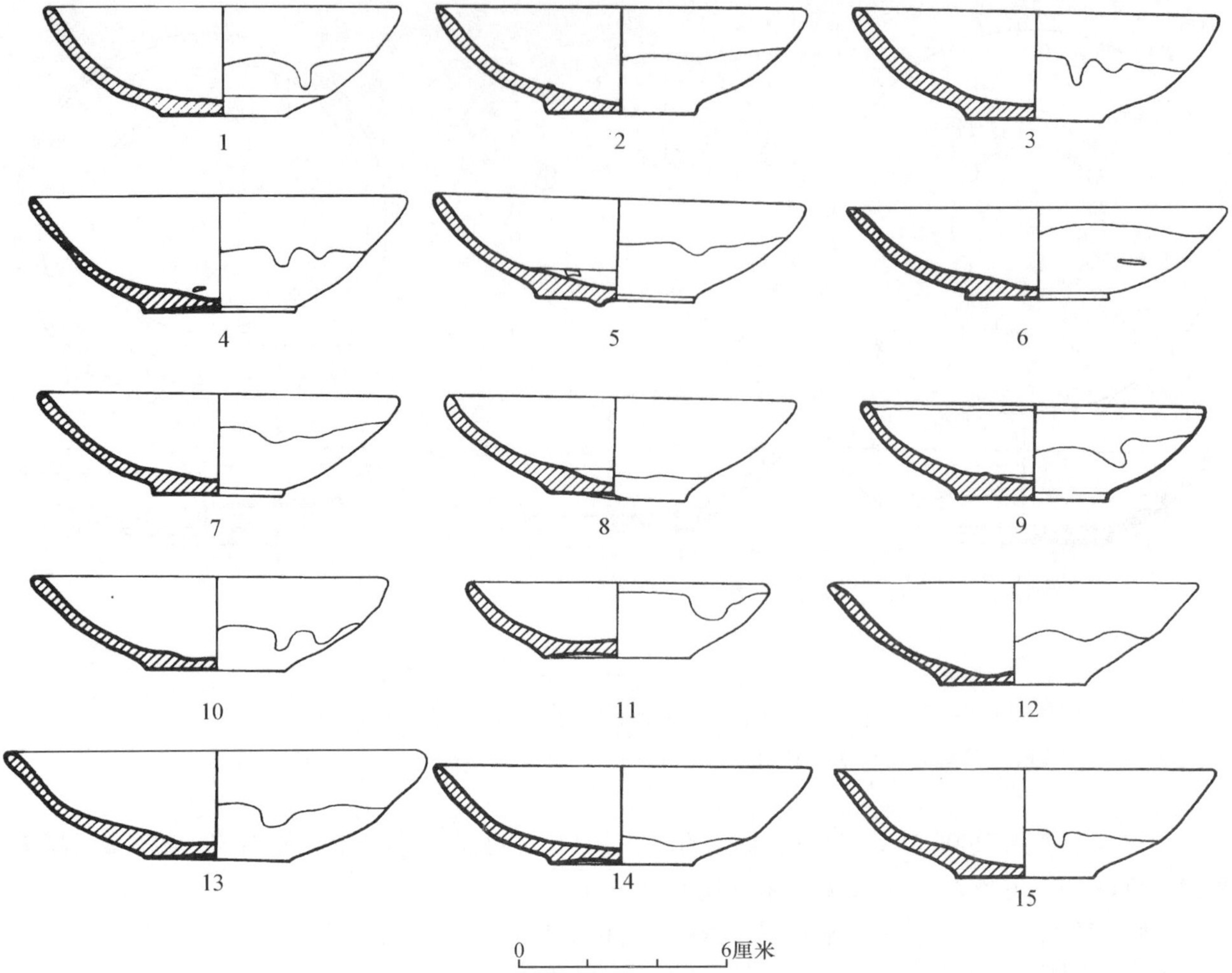

图九一　巴东旧县坪遗址出土隋唐五代B型瓷盏

1～3. Ⅰ式（（西Ⅰ）T1007⑥:26、（东Ⅰ）T3716④:7、（西Ⅰ）T1007⑦:51）　4～7. Ⅱ式（（西Ⅰ）T2517⑤:16、（西Ⅰ）T2617⑤:6、（西ⅠA）T1713③:4、（西Ⅰ）T3113⑤:9）　8～11. Ⅲ式（（西Ⅰ）T2115⑤:3、（西Ⅰ）T2420③:2、（西Ⅰ）T3414⑤:20、（西Ⅰ）T2115⑤:8）　12～15. Ⅳ式（（西Ⅰ）T0707④:6、（东Ⅰ）T2714⑤:20、（东Ⅰ）T2410③:1、（西Ⅰ）T1007⑥:27）

标本（西Ⅰ）T2420③:2，内坦底。施青釉，外下部及足无釉，红褐胎。口径10、足径4.4、高2.8厘米（图九一，9）。

标本（西Ⅰ）T3414⑤:20，内底略下凹。褐胎，青黄釉，外下腹及底无釉。口径10.6、足径4、高2.7厘米（图九一，10；图版四〇，1）。

标本（西Ⅰ）T2115⑤:8，褐胎，青釉。口径8.8、足径4.2、高2.2厘米（图九一，11）。

Ⅳ式：4件。折腹。

标本（西Ⅰ）T0707④:6，内底不平，底心凸起。褐胎，青釉，外下腹及底无釉。唇上有一周削痕露胎并有叠烧痕迹。口径10.8、足径4.2、高3厘米（图九一，12；图版四〇，2）。

标本（东Ⅰ）T2714⑤:20，内圜底。褐胎，青黄釉，外下腹及底无釉。口径12、足径4、高3.1厘米（图九一，13；图版四〇，3）。

标本（东Ⅰ）T2410③:1，内圜底。施青釉，足无釉，红褐胎。口径11、足径4.2、高2.9厘米（图九一，14）。

标本（西Ⅰ）T1007⑥:27，内圜底。施青釉，外下部近足处及足无釉，红褐胎。口径11、足径

4、高 3.2 厘米（图九一，15）。

盘　1 件。

标本（东Ⅰ）T2308⑤∶1，仅存盘底。青灰色釉，釉下用黄绿两彩绘出写实的荷莲图。底径 8.6 厘米。

双耳罐　5 件。分四式。

Ⅰ式：1 件。

标本（东）F28∶4，敛口，弧折沿上仰，方唇，斜颈溜肩，长鼓腹，下部残。施青釉，灰胎。口径 12.8、腹径 17.6、残高 14.6 厘米（图九二，1）。

Ⅱ式：1 件。

标本（东Ⅰ）T2308⑤∶3，直颈，卷沿，圆唇，溜肩，鼓腹，最大腹径在上腹部，下腹直，底残，肩颈交接处接泥条竖耳。内无釉，外施酱釉不及底，灰胎。口径 8.8、腹径 12.4、残高 12 厘米（图九二，2）。

Ⅲ式：2 件。

标本（东Ⅰ）T2918⑤∶34，残存底部，上腹弧，下腹直收成大平底，微内凹。内无釉，外施青黄釉不及底，釉下有褐彩点环绕的花瓣纹饰，中心施蓝彩，内壁呈瓦棱形。灰胎。底径 10.8、残高 10.8 厘米（图九二，3）。

标本（东Ⅰ）T2918⑤∶32，直口，圆唇，直领，圆肩，深直腹略鼓，腹呈瓜棱形，肩部贴塑花瓣形耳。施青黄釉，肩部有褐色点彩，内腹无釉，釉下施有白色护胎釉，灰胎。口径 13、残高 7 厘米（图九二，4）。

Ⅳ式：1 件。

标本（西Ⅰ）T3218⑤∶9，腹及底残。肩部置泥条耳。灰白胎，青釉。口径 5.6、腹径 9.2、残高 6 厘米（图九二，5）。

粉盒　4 件。由于盒盖、身出自不同的单位，属于不同的个体，故分别介绍。

粉盒盖　1 件。

标本（西Ⅰ）T2016⑤∶2，直筒形腹，弧顶，顶上有三个极小的纽。外部施白釉，内顶部施白釉，白胎。器形较小。直径 5、高 1.6 厘米（图九三，1）。

粉盒身　3 件。分为三式。

Ⅰ式：1 件。

标本（东Ⅰ）T2918⑤∶19，子母口，圆唇，折肩，直筒腹，底部折收，平底。除口部内外无釉外，余皆施青釉，白胎。口径 7.8、腹径 8.6、底径 4.8、高 4.4 厘米（图九三，2；图版四〇，4）。

Ⅱ式：1 件。

标本（东Ⅰ）T3404③∶9，子母口，圆唇，折肩，直筒形腹，上部略大于下部，近底处折收，平底。施青釉，口部内外、下腹及底无釉，灰白胎。口径 6.4、腹径 7.2、底径 4.8、高 4 厘米（图九三，3；图版四〇，5）。

Ⅲ式：1 件。

标本（西Ⅰ）T2016⑤∶17，子母口，圆唇，折肩，上腹筒形，下腹斜直收，浅凹平底。施青褐釉，多已脱落，下腹及底无釉露胎，灰胎。口径 4.4、肩径 5.2、底径 3.2、高 2.6 厘米（图九三，4；图版四〇，6）。

杯　2 件。分为二型。

A 型　1 件。

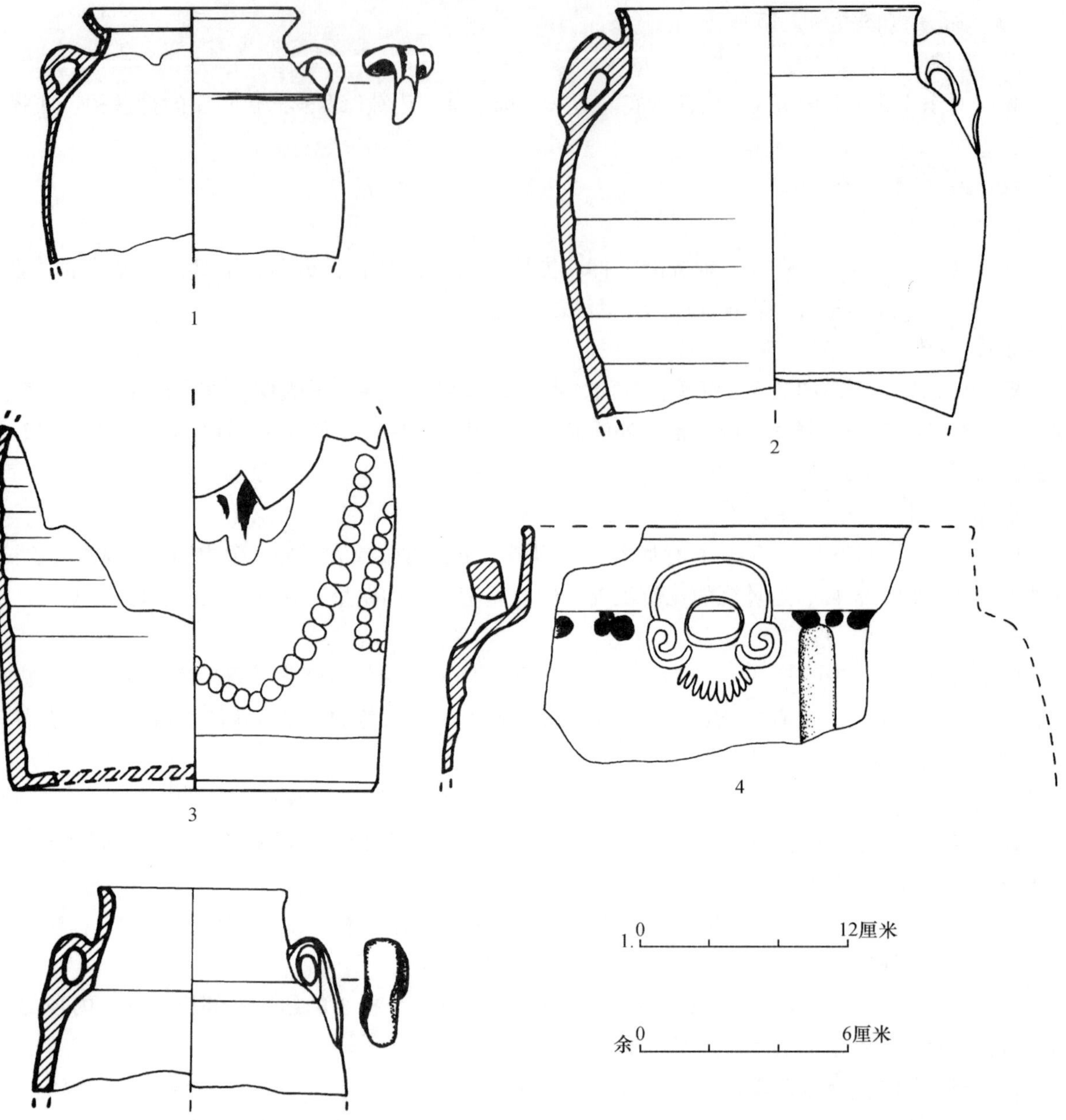

图九二　巴东旧县坪遗址出土隋唐双耳瓷罐

1. Ⅰ式（（东）F28:4）　2. Ⅱ式（（东Ⅰ）T2308⑤:3）　3、4. Ⅲ式（（东Ⅰ）T2918⑤:34、(东Ⅰ) T2918⑤:32）　5. Ⅳ式（（西Ⅰ）T3218⑤:9）

标本（东Ⅰ）T3415②:1，直口，圆唇，筒形腹，下腹弧，外平底微内凹。施青釉开片。器形制作不规整，向一边倾斜，一边高一边低。灰胎。口径8.4、底径3.6、高4.4厘米（图九三，5；图版四一，1）。

B型　1件。

标本（西Ⅰ）T0716③:2，侈口，圆唇，筒形腹较深，小假圈足外撇。下腹近底处及足无釉，余皆施青黄釉，多已脱落，灰胎。口径12、足径3.6、高9厘米（图九三，6；图版四一，2）。

灯盏　6件。分四式。

Ⅰ式：1件。

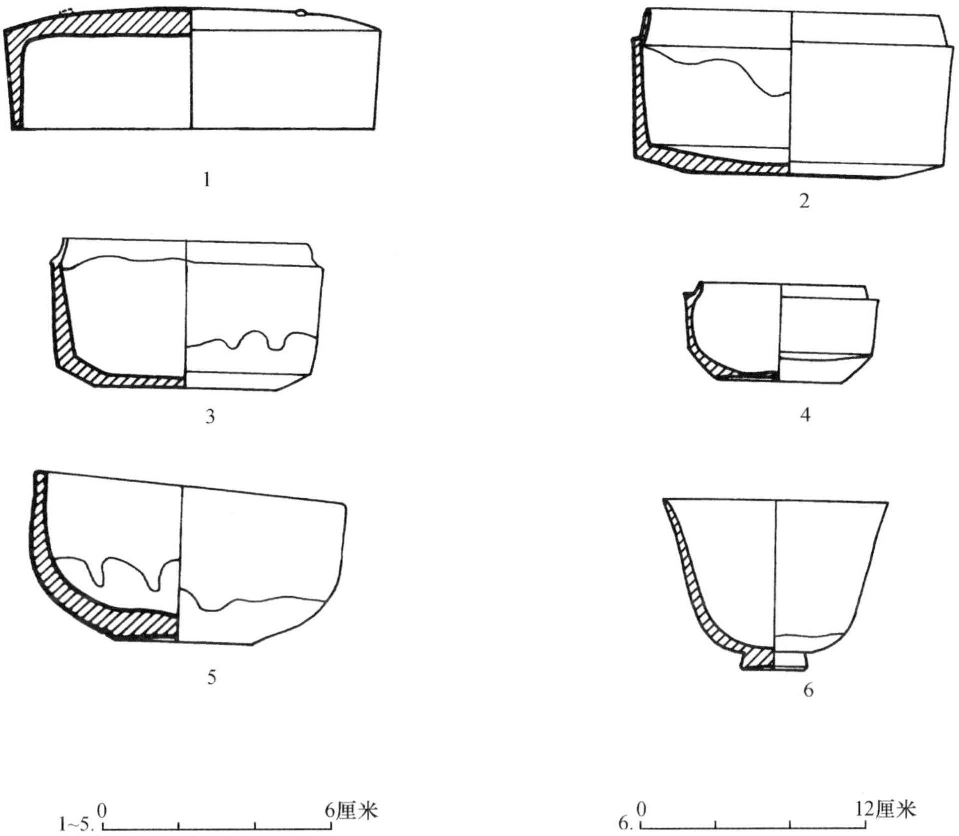

图九三　巴东旧县坪遗址出土隋唐五代瓷盒、杯
1. 粉盒盖（（西Ⅰ）T2016⑤:2）　2. Ⅰ式粉盒身（（东Ⅰ）T2918⑤:19）　3. Ⅱ式粉盒身（（东Ⅰ）T3404③:9）
4. Ⅲ式粉盒身（（西Ⅰ）T2016⑤:17）　5. A型杯（（东Ⅰ）T3415②:1）　6. B型杯（（西Ⅰ）T0716③:2）

标本（西ⅠA）T1815③:7，敞口微撇，圆唇，曲腹较深，平底，内壁一侧饰竖半环把手已残。施青黄釉，外下腹及底无釉露胎，褐胎。制作粗糙。口径9.4、底径5、盘高4.1厘米（图九四，1）。

Ⅱ式：3件。

标本（西）H66:2，敞口，圆唇，浅弧腹，矮假圈足。内壁一侧饰竖半环形纽，环孔较大，高出盘口。内壁及外上壁施青黄釉，外下壁及足无釉露胎，灰褐胎。口径12、足径4.3、盘高3.1、通高3.8厘米（图九四，2）。

标本（东Ⅰ）T2918⑤:79，敞口，圆唇微外撇，弧腹曲收成平底，内壁一侧饰竖半环把手已残。内壁及外上壁施青黄釉，外下部无釉露胎，褐胎。口径10.8、底径4.8、盘高3.8厘米（图九四，3）。

标本（东Ⅰ）T2713②:2，敞口，圆唇，弧腹，平底，内壁一侧饰竖半环把手已残。施青黄釉，外底无釉露胎，褐胎。口径12、底径5.6、盘高3.4厘米（图九四，4）。

Ⅲ式：1件。

标本（西）C17:11，侈口，圆唇，弧腹，假圈足，内壁一侧饰竖半环形纽。内壁及外上壁施青黄釉，外下壁及足无釉露胎，红褐胎。口径12.2、足径4.4、高4.3厘米（图九四，5）。

Ⅳ式：1件。

标本（东Ⅰ）T2918⑤:45，侈口，圆唇，浅弧腹，饼状假圈足，内壁一侧按有纽，纽孔未穿。施双层釉，底层为褐釉，外层为青釉，外下腹及足无釉，灰胎。口径10.8、足径3.8、高3.6厘米（图九四，6；图版四一，3）。

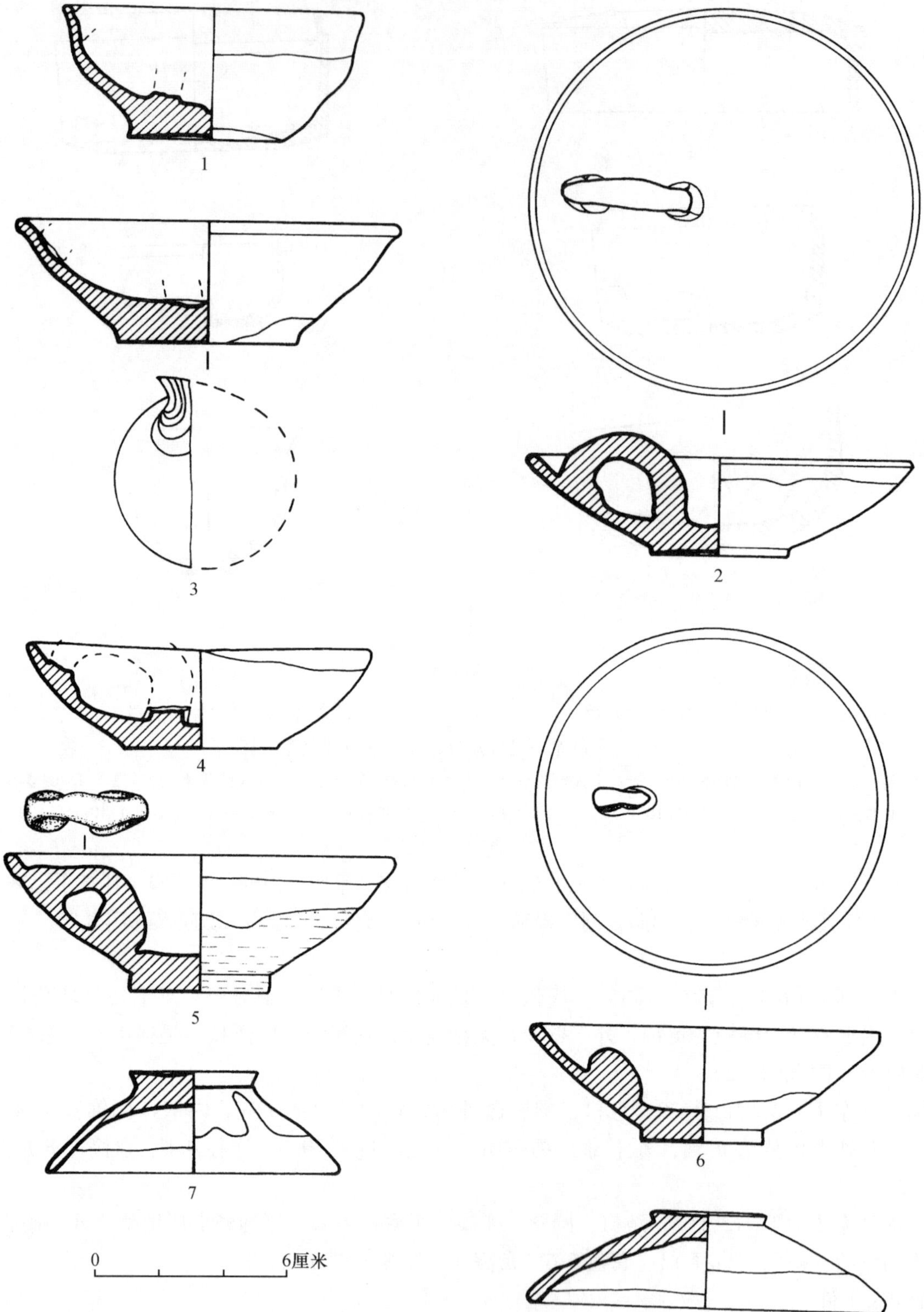

图九四　巴东旧县坪遗址出土隋唐瓷灯盏、器盖

1. Ⅰ式灯盏（（西ⅠA）T1815③:7）　2～4. Ⅱ式灯盏（（西）H66:2、（东Ⅰ）T2918⑤:79、（东Ⅰ）T2713 ②:2）
5. Ⅲ式灯盏（（西）C17:11）　6. Ⅳ式灯盏（（东Ⅰ）T2918⑤:45）　7. Ⅰ式器盖（（东Ⅰ）T2918⑤:57）
8. Ⅱ式器盖（（东Ⅰ）T2917⑤:3）

器盖　2件。覆碗式。依据腹部的深、浅不同，分为二式。

Ⅰ式：1件。

标本（东Ⅰ）T2918⑤:57，侈口，圆唇，弧腹较深，饼状圆纽。内部及外上部施一层护胎釉，口部内外施青釉开片，灰胎。口径9.2、纽径4、高3.2厘米（图九四，7）。

Ⅱ式：1件。

标本（东Ⅰ）T2917⑤:3，侈口，圆唇，浅弧腹，圆饼式纽较矮。口部内外施一周青釉，唇部有磨损痕，灰胎。口径11、纽径3.6、高3厘米（图九四，8）。

（二）釉陶器

7件。

双唇罐　3件。分为三式。

Ⅰ式：1件。

标本（西Ⅰ）T3217⑤:3，深腹瘦长，呈椭圆形，平底。内颈部及外上腹蘸黄釉，红褐胎，上有拉胎的凸凹痕。口径14、腹径15.2、底径9.6、高19.8厘米（图九五，1；图版四二，1）。

Ⅱ式：1件。

标本（西Ⅰ）T3320⑤:3，长鼓腹，最大腹径偏上，近底处外撇，平底略内凹。近颈处饰四个对称横桥形耳。内外上部施酱黄釉，下部露胎，褐胎。口径15.4、腹径19.4、底径11.4、高22厘米（图九五，2；图版四二，2）。

Ⅲ式：1件。

标本（东）F28:1，鼓腹，个体矮粗，下腹内收，近底处外撇，平底略内凹。肩饰四个对称的竖条形耳。上腹施酱黄釉，褐胎。口径15.2、腹径17.6、底径13.4、高18.6厘米（图九五，3）。

盘口壶　2件。分为二式。

Ⅰ式：1件。

标本（西Ⅰ）T2912⑤:3，盘口，圆唇，束颈被捏扁，圆肩，鼓腹，平底。从口到肩安有一把，已残。在肩部及盘口内施黄釉，把是施釉后安上的，褐胎。口径6、腹径10.4、底径5.6、高14厘米（图九五，4；图版四二，3）。

Ⅱ式：1件。

标本（东Ⅰ）T2917⑤:9，深盘口，细颈，鼓腹，矮假圈足。肩颈处有一把已残，把的对面已残破，应有一流。内口部及外上腹施褐釉。腹壁呈瓦棱形，褐胎。口径6.8、腹径14、足径8、高19.4厘米（图九五，5；图版四三，1）。

壶　1件。

标本（西）C22:4，碟形口，圆唇，束颈细高，圆鼓腹，底残。内颈部及外颈上腹施褐釉，上腹有半周叠烧痕迹，褐胎。口径7.6、腹径15.6、底径8.4、高24.6厘米（图九五，6；图版四三，2）。

碗　1件。

标本（东Ⅰ）T2703⑤:4，敞口，圆唇，斜腹内收，假圈足，素面。有施釉痕迹，釉已脱落，口及外上部有烧痕。夹细砂灰陶。口径9.4、足径6.8、高3.9厘米（图九五，7；图版四一，4）。

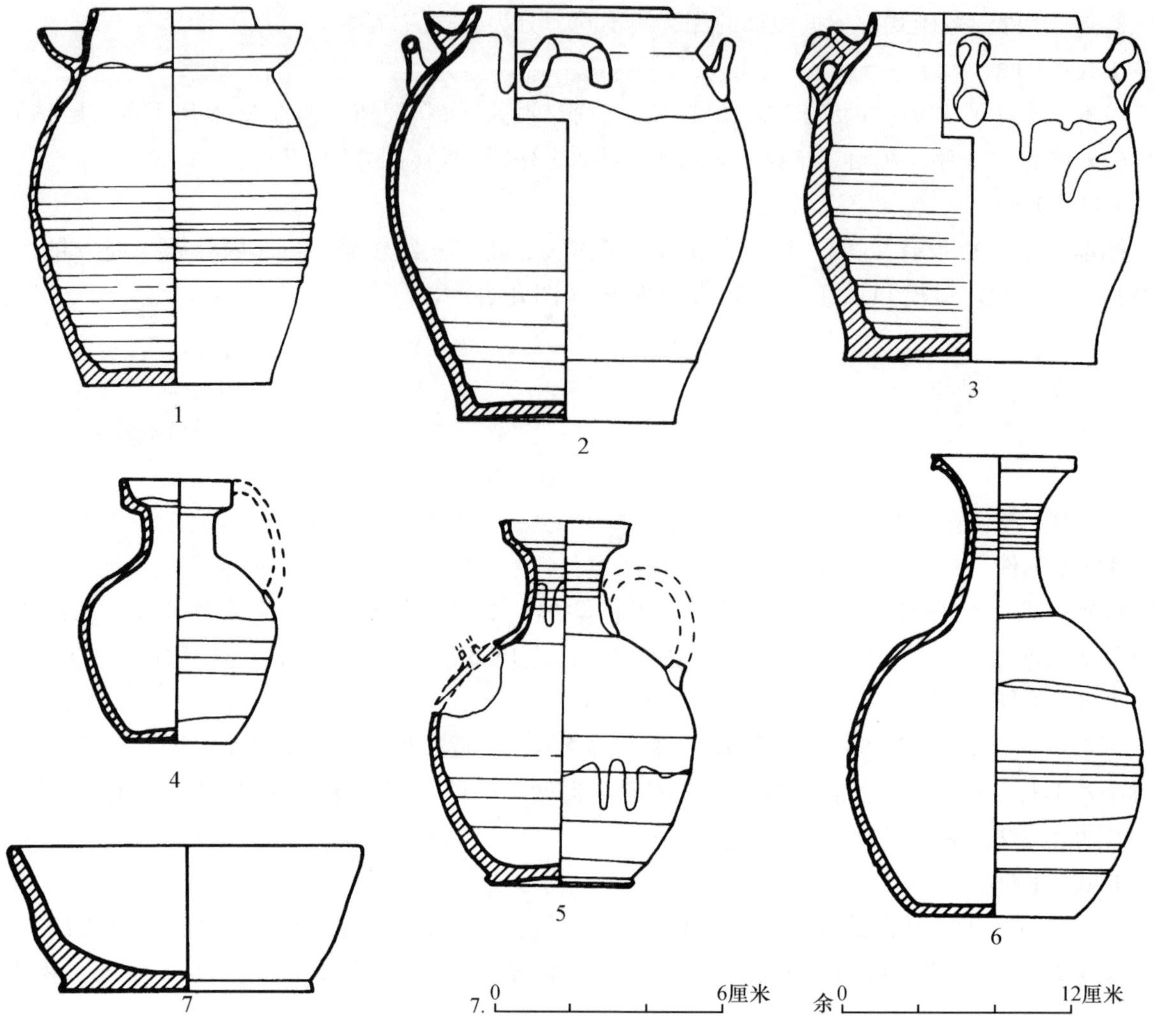

图九五　巴东旧县坪遗址出土隋唐五代釉陶器

1. Ⅰ式双唇罐（（西Ⅰ）T3217⑤:3）　2. Ⅱ式双唇罐（（西Ⅰ）T3320⑤:3）　3. Ⅲ式双唇罐（（东）F28:1）　4. Ⅰ式盘口壶（（西Ⅰ）T2912⑤:3）　5. Ⅱ式盘口壶（（东Ⅰ）T2917⑤:9）　6. 壶（（西）C22:4）　7. 碗（（东Ⅰ）T2703⑤:4）

（三）陶器

5件。

量钵　2件。形制、大小基本一致。敛口，圆唇，深圆腹，圜底。泥质磨光黑皮陶，外黑内灰。标本（西）C17:10，口径20.4、腹径22、高13.4厘米（图九六，1；图版四三，3）。标本（西）C17:12，口径19.6、腹径21.2、高13厘米（图九六，2；图版四三，4）。

罐　1件。

标本（东Ⅰ）T2917⑤:19，敞口，圆唇，束颈，扁圆腹，平底。泥质灰陶。口径20、腹径22.2、底径11.2、高10.8厘米（图九六，3；图版四一，5）。

盘　1件。

标本（东）H3:2，折沿略下倾，圆唇，上腹较直，下腹弧收，下腹以下皆残，外腹壁贴塑花叶纹。夹细砂灰陶，胎较厚。口径15.6、残高7.2厘米（图九六，4）。

盆　1件。

标本（东）F28:3，敛口，折沿下垂，方唇，斜腹，平底。素面。泥质灰陶。口径40.8、底径

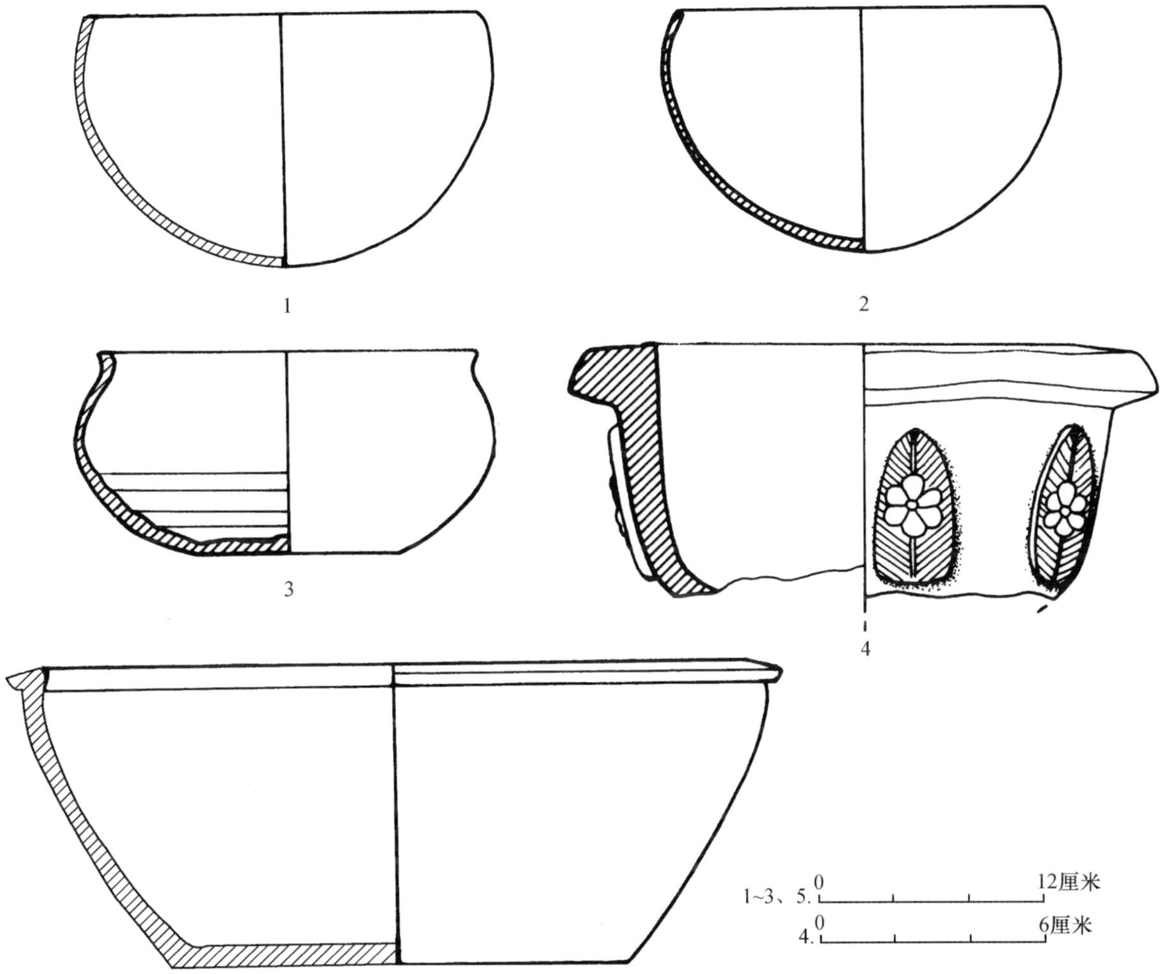

图九六　巴东旧县坪遗址出土隋唐五代陶器

1、2. 量钵（（西）C17:10、（西）C17:12）　3. 罐（（东Ⅰ）T2917⑤:19）　4. 盘（（东）H3:2）　5. 盆（（东）F28:3）

24、高16厘米（图九六，5；图版四一，6）。

（四）铜器

带扣　1件。

标本（东Ⅰ）T3616⑤:5，椭圆形，中间开一长方形孔。长2.4、宽1.5、厚0.1厘米（图九七，1；图版四四，1）。

坠饰　1件。

标本（东Ⅰ）T3314⑤:7，圆角长方框形。长1.2、宽0.8厘米（图九七，2；图版四四，2）。

（五）银器

戒指　1枚。

标本（东Ⅰ）T3316⑤:10，圆环形，截面圆形，戒面较其他部位粗，残。直径约2厘米（图九七，3；图版四四，3）。

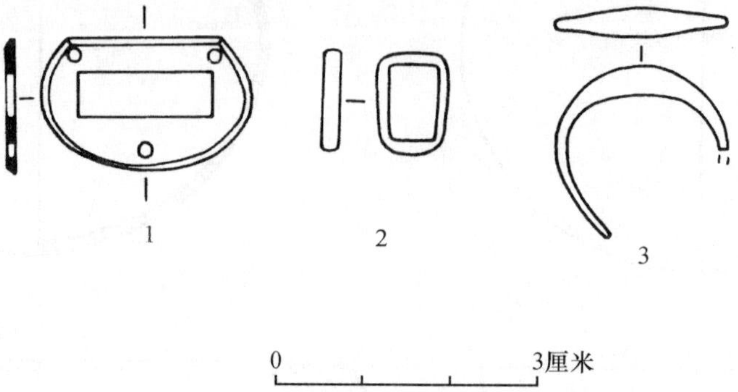

图九七　巴东旧县坪遗址出土隋唐五代铜、银器
1. 铜带扣（（东Ⅰ）T3616⑤:5）　2. 铜坠饰（（东Ⅰ）T3314⑤:7）　3. 银戒指（（东Ⅰ）T3316⑤:10）

二、生产工具

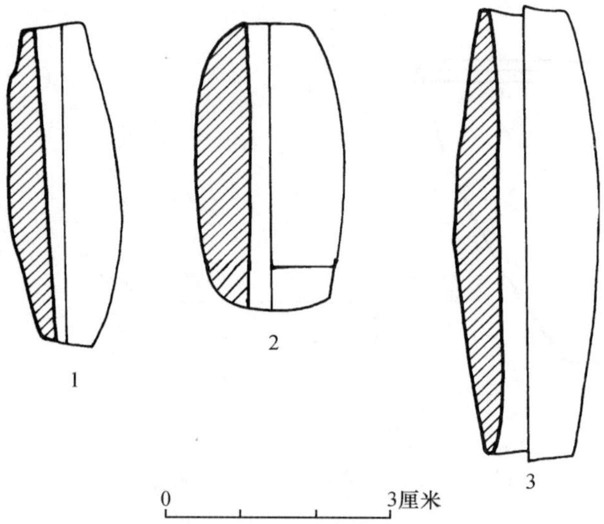

图九八　巴东旧县坪遗址出土隋唐五代网坠
1. Ⅰ式（（东Ⅰ）T2918⑤:10）　2. Ⅱ式（（东Ⅰ）T2404⑤:2）　3. Ⅲ式（（东Ⅰ）T2917⑤:8）

网坠　57 件。分三式。

Ⅰ式：49 件。瘦长椭圆体，中有一贯顶穿孔。出自（东Ⅰ）T2918 第 5 层，均为泥质灰胎黑皮陶。

标本（东Ⅰ）T2918⑤：10，长 4.3、直径 1.5、孔径 0.6 厘米（图九八，1；图版四四，5）。

Ⅱ式：7 件。器身较Ⅰ式粗短。

标本（东Ⅰ）T2404⑤：2，长 3.9、直径 2、孔径 0.6 厘米（图九八，2）。

Ⅲ式：1 件。

标本（东Ⅰ）T2917⑤：8，个体较大，泥质灰陶。长 6.1、直径 3、孔径 0.7 厘米（图九八，3）。

三、宗教遗物

（一）陶质

泥塑佛螺髻　1 件。

标本（西）F1Ⅰ:1，夹砂灰黄陶。高 3、宽 4 厘米（图九九，6；图版四五，1）。

泥塑手　1 件。

标本（西）F1Ⅰ:3，佛像（或菩萨）身上残下的手，呈双手合十。烧制。夹植物红陶胎，表面用一层厚 0.2 ~0.3 厘米的金黄色黏土涂抹，表层多已残。长 20.8、宽 13、厚 12 厘米（图九九，5；图版四五，2）。

泥塑莲瓣　5 件。

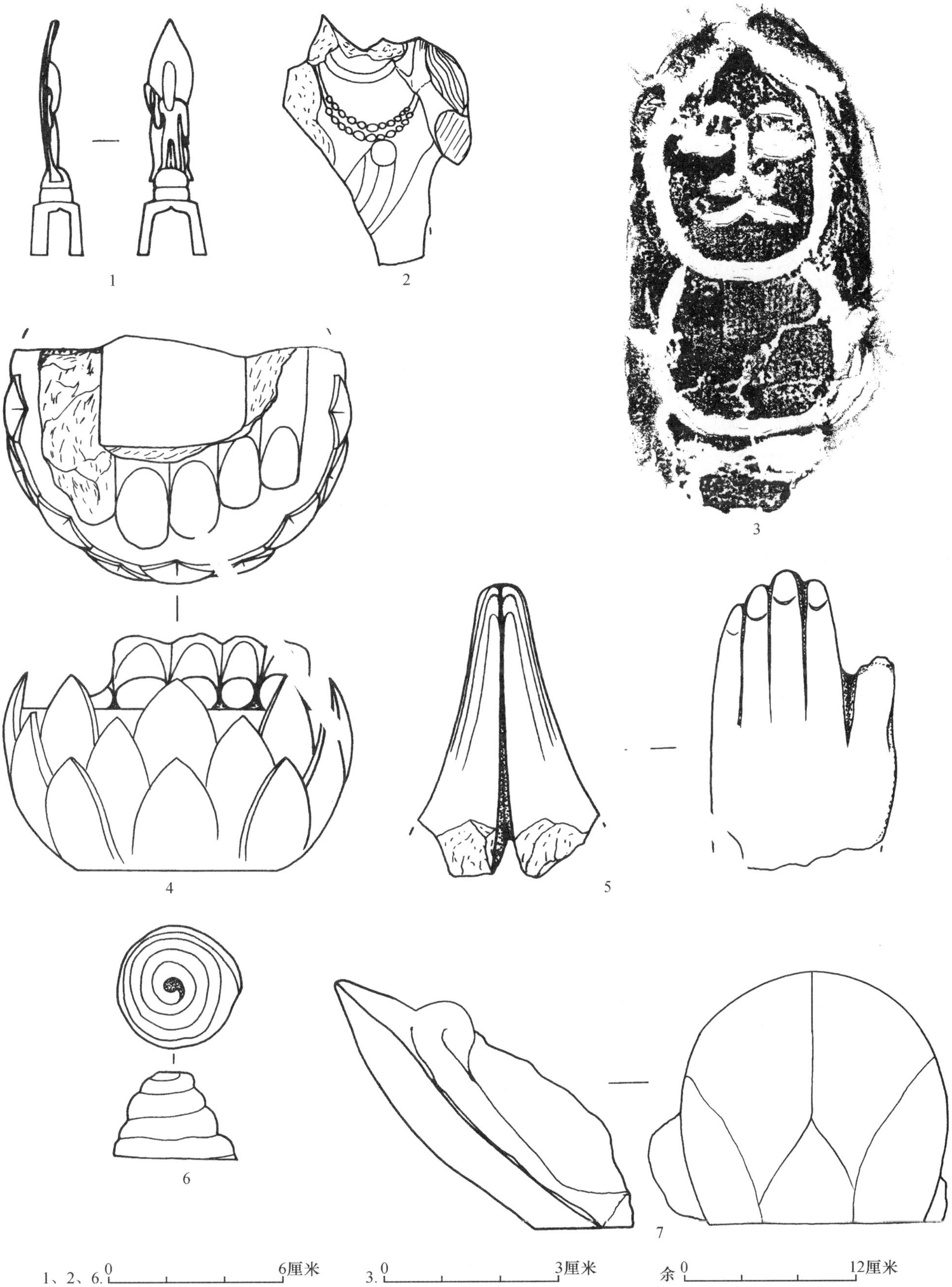

图九九　巴东旧县坪遗址出土隋唐宗教遗物

1. 鎏金铜佛像（（西）H66∶1）　2. 石菩萨（（西）H67∶3）　3. 石人像牌（（西）F1Ⅰ∶56）　4. 泥塑带莲座脚（（西Ⅰ）T0206④∶6）　5. 泥塑手（（西）F1Ⅰ∶3）　6. 泥塑佛螺髻（（西）F1Ⅰ∶1）　7. 泥塑莲瓣（（西）F1Ⅰ∶2-5）

标本（西）F1Ⅰ:2-5，莲花座上的莲花瓣片，夹细砂红陶，表层涂抹金黄色黏土。残高 17.6、宽 20.8 厘米（图九九，7；图版四五，3）。

泥塑带莲座脚　1 件。

标本（西Ⅰ）T0206④:6，佛像一足的座，上残存 4 个脚趾，圆形，身饰三重浮雕仰莲纹，夹植物红陶胎。表面用一层厚 0.2～0.3 厘米的金黄色黏土涂抹，表层多已残。直径约 24、残高约 16.4 厘米（图九九，4；图版四五，4）。

（二）石质

人像牌　1 件。

标本（西）F1Ⅰ:56，近椭圆形。上为圭形，下部圆弧，正面阴刻一盘坐的人像。质地为黄色片麻岩。长 9.7、宽 4.5、厚 1.6 厘米（图九九，3；图版四七，1）。

菩萨　1 件。

标本（西）H67:3，圆雕。残，无头，仅存上身左边部分，圆领，前胸挂璎珞，左手上举至肩。质地为青色石灰岩。残长 8.6、宽 6.4 厘米（图九九，2；图版四六，1）。

狮爪　2 件。

标本（西Ⅰ）T0204④:1，青色砂岩质地，圆雕。残高 0.28 米。仅见一条腿的下部和圆形中空基座的残部。基座径 0.28、高 0.1 米。爪部分为两节，上节为长方形，下节为尖锥形，爪部搭在基座的折角处（图版四六，2）。

标本（西Ⅰ）T0507④:16，褐色灰砂岩质地，圆雕。残高 0.25 米。仅见爪和爪下方形基座的残部。基座残长 0.24、宽 0.3、高 0.2 米。爪部分平放于基座上，四趾呈尖锥状（图版四六，3）。

（三）铜质

鎏金佛像　1 件。

标本（西）H66:1，四足方座，立佛，施无畏印，椭圆形，尖顶背光。高 8.2、宽 2.4 厘米（图九九，1；图版四七，2）。

四、建筑材料

（一）陶质

瓦当　59 件。夹细砂灰陶。纹饰均为浮雕，可分为莲花、乳钉、星形、兽面纹四类。

莲花纹　48 件。分三型。

A 型　复瓣宝相莲花纹。16 件。

标本（西）F1Ⅰ:6，瓦身呈半圆形，长瓦舌，瓦身正面素面，背饰麻布纹。下部接当头，圆形，饰半浮雕覆瓣宝相莲花纹，瓦当中心有一“十”字，外围三角状的莲瓣。外层为复瓣宝相莲花纹，较肥硕。平面窄边郭，边郭宽 1.2～1.4 厘米，瓦长 29.5、瓦当直径 12.6 厘米（图一〇〇，1；图一〇三，1；图版四八，1）。

B 型　单瓣莲蓬式莲花纹。2 件。当面花纹作莲蓬状，莲瓣皆为单瓣。根据莲瓣形状、布局不

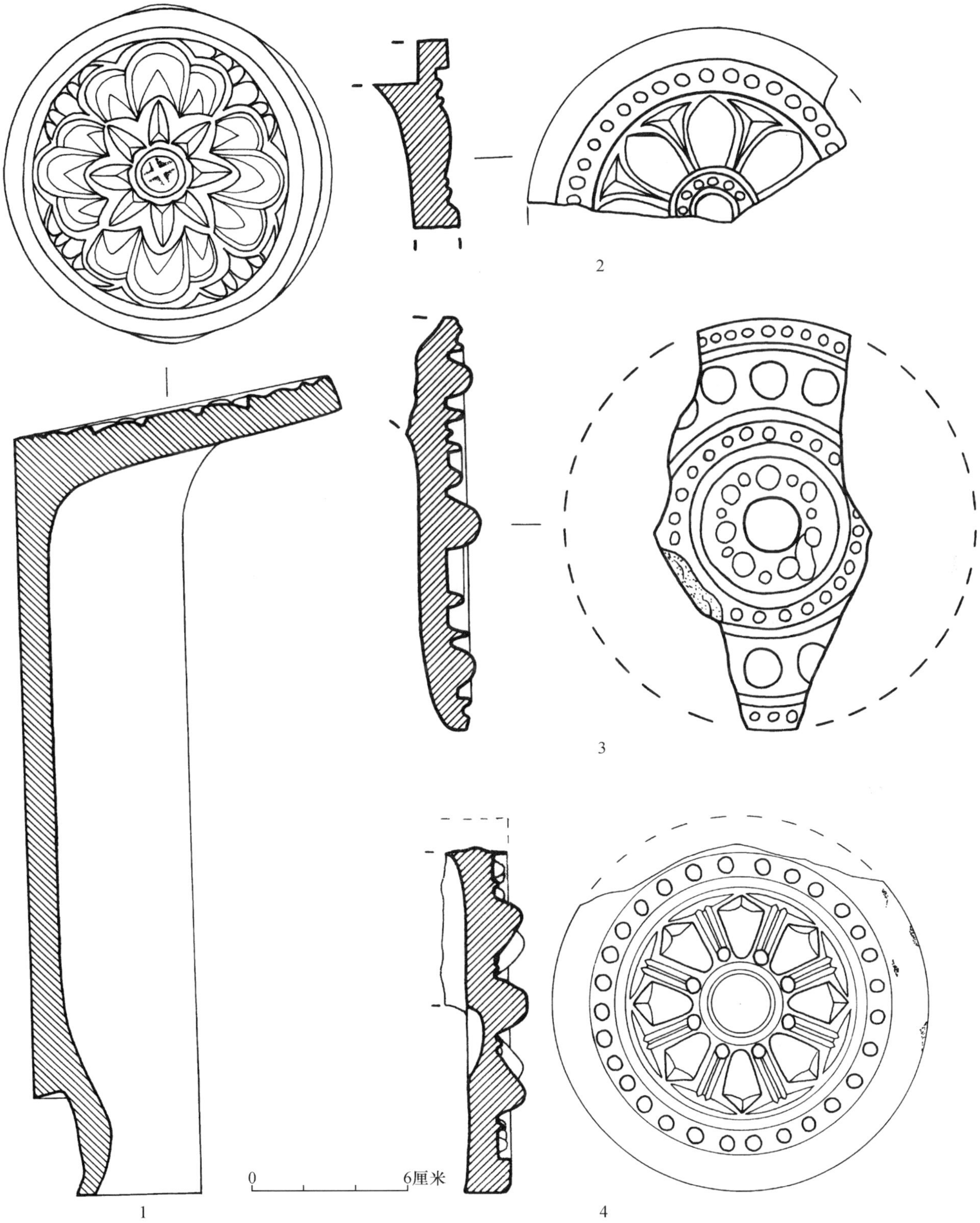

图一〇〇　巴东旧县坪遗址隋唐莲花纹瓦当

1. A型（（西）F1Ⅰ:6）　2. B型Ⅰ式（（西）F1Ⅰ:13）　3. B型Ⅱ式（（东Ⅰ）T2509⑤:2）　4. Ca型Ⅰ式（（西）F1Ⅰ:31）

同，分为二式。

Ⅰ式：1 件 。

标本（西）F1Ⅰ:13，内区莲实外有一圈凸棱。外区饰菱形单瓣莲花纹，莲瓣间夹饰有“T”字形装饰。边有一周联珠纹。边郭宽 1.4 、直径 14.4 厘米（图一〇〇，2）。

Ⅱ式：1 件。

标本（东Ⅰ）T2509⑤:2，以三周同心圆凸棱间隔，分成四区，内区为莲实纹，中区和边郭上各有一周联珠纹。外区饰一周圆形的莲瓣纹。边郭宽 1.4、直径 16 厘米（图一〇〇，3）。

C 型　单瓣宝珠式莲花纹。30 件。当面莲瓣皆为单瓣，中心饰宝珠纹。边郭宽 1.2 ~ 1.5 厘米。根据莲瓣间夹饰的花纹不同，分为二亚型。

Ca 型　21 件。莲瓣间夹饰有“T”字形装饰。根据莲瓣形状、布局不同，分为三式。

Ⅰ式：11 件。

标本（西）F1Ⅰ:31，高浮雕花纹，以同心圆凸棱间隔，分成三区，内区为宝珠纹，围以联珠纹一周，中区饰宝相莲花纹，花瓣为棱形，外区饰联珠纹。直径 14.6 厘米（ 图一〇〇，4；图版四八，2）。

Ⅱ式：8 件 。

标本（西）H73:2。中心的宝珠纹外无联珠纹环绕，棱形莲花瓣稍圆滑。直径 12.4 厘米（图一〇一，1；图一〇三，2；图版四八，3）。

Ⅲ式：2 件。

标本（西Ⅰ）T0402④:32，花纹布局类似Ⅱ式，唯莲花瓣为椭圆形。直径 16.4 厘米（图一〇一，2；图一〇三，3；图版四八，4）。

Cb 型　9 件。莲瓣间夹饰有圆珠形装饰。根据莲瓣形状、布局不同，分为二式。

Ⅰ式：8 件。

标本（西Ⅰ）T0401②:1，以同心圆凸棱间隔，分成三区，内区为棱形莲花纹，中、外区各饰一周联珠纹。直径 13.2 厘米（图一〇一，3；图一〇三，4；图版四八，5）。

标本（西Ⅰ）T0207③:2，直径 13.5 厘米。

Ⅱ式：1 件。

标本（西Ⅳ）T0604⑦:3，以同心圆凸棱间隔，分成两区，内区花瓣为长椭圆形，外区饰一周联珠纹。直径 12 厘米（图一〇一，4）。

乳钉纹　6 件。斜面，边郭较宽，多为 2.8 厘米，中间高，周边低。当面以乳钉图案为主要纹饰，为变形的莲花纹。依据其花纹布局的不同，分为三式。

Ⅰ式：1 件。

标本（西Ⅰ）T3517⑤:50，花纹以同心圆凸棱间隔，分成内外两区。内区为莲实纹，外区乳钉纹较小。直径 13.5 厘米（图一〇二，1；图版四八，6）。

Ⅱ式：4 件 。

标本（西Ⅰ）T0207③:3，内区的莲实纹变成了宝珠纹，外区乳钉纹外增加了一周联珠纹。直径 13.8 厘米（图一〇二，2；图一〇三，5；图版四九，1）。

标本（西）H67:4，直径 13 厘米（图版四九，2）。

Ⅲ式：1 件 。

标本（西Ⅰ）T0207③:4，与Ⅱ式相比，外区乳钉纹较大，内区为莲实纹，外区无联珠纹。直径 13.5 厘米（图一〇二，3；图版四九，3 ）。

星形纹　1 件。

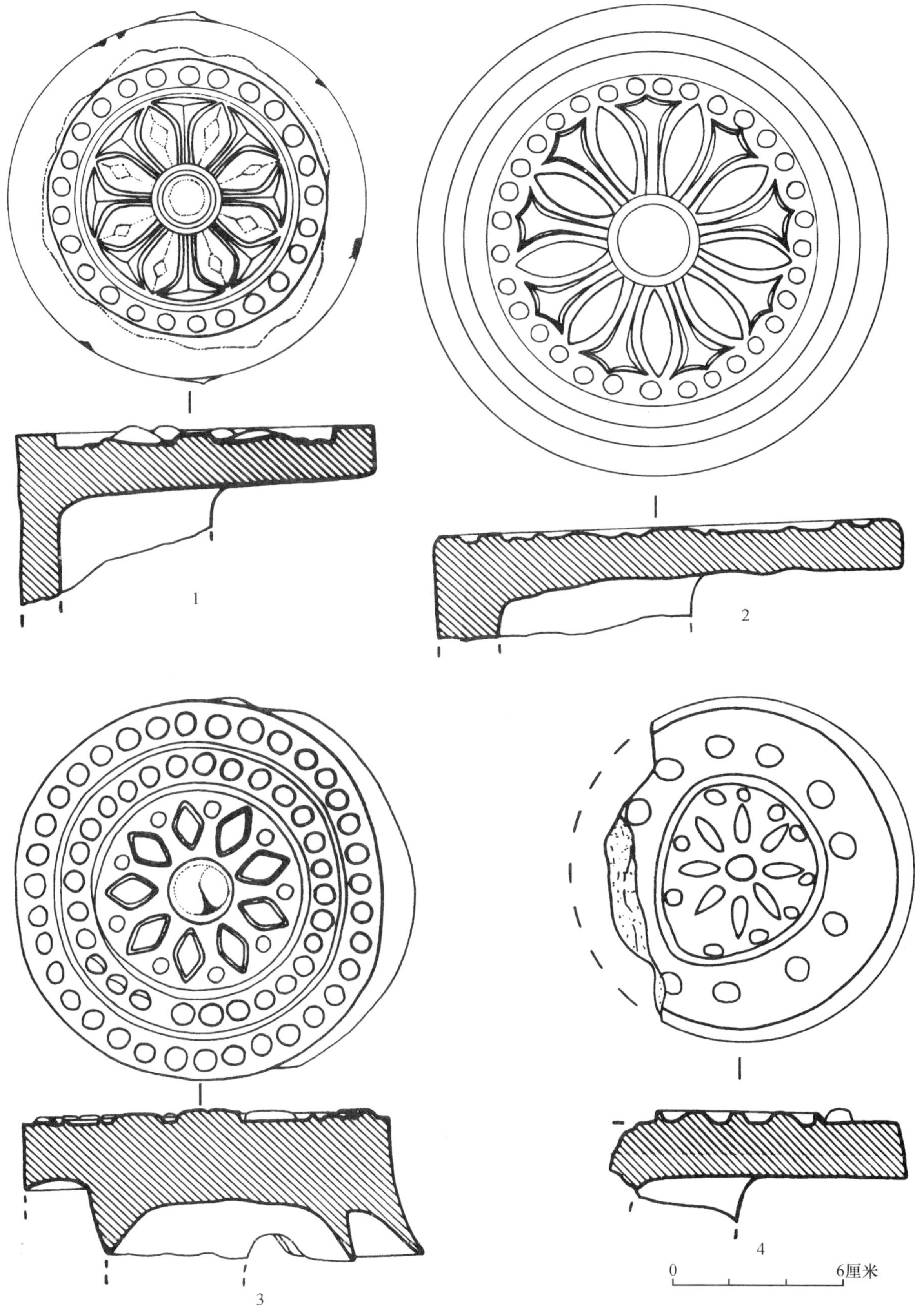

图一〇一　巴东旧县坪遗址隋唐莲花纹瓦当

1. Ca型Ⅱ式（（西）H73∶2）　2. Ca型Ⅲ式（（西Ⅰ）T0402④∶32）　3. Cb型Ⅰ式（（西Ⅰ）T0401②∶1）
4. Cb型Ⅱ式（（西Ⅳ）T0604⑦∶3）

标本（西Ⅰ）T0405④:10，以三周同心圆凸棱间隔，分成三区，内区呈车轮状，“辐条”间点缀圆点。中区、外区各饰一周圆点状星形纹。直径 11.6 厘米（图一〇二，4；图一〇三，8；图版四九，6）。

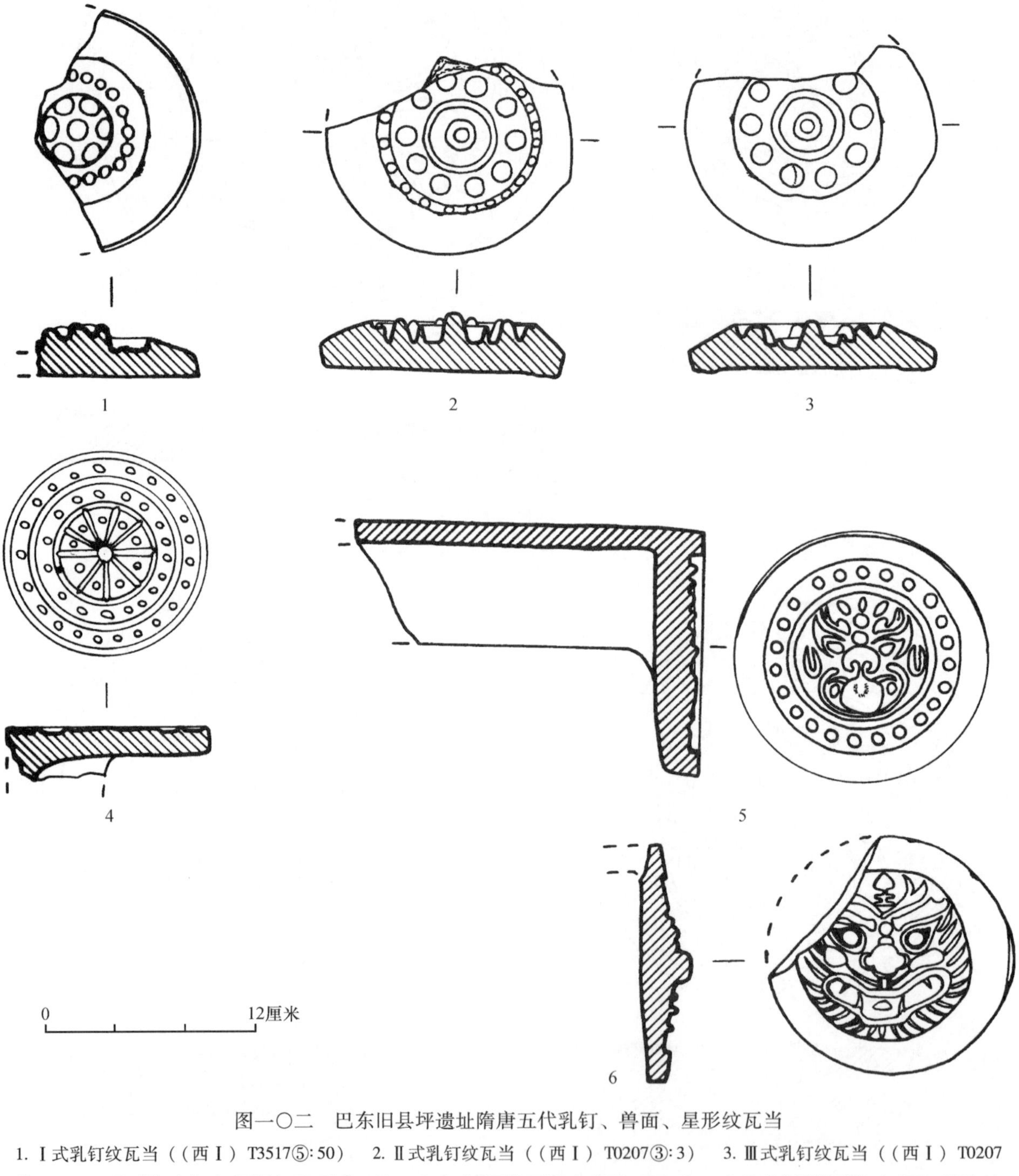

图一〇二　巴东旧县坪遗址隋唐五代乳钉、兽面、星形纹瓦当

1. Ⅰ式乳钉纹瓦当（（西Ⅰ）T3517⑤:50）　2. Ⅱ式乳钉纹瓦当（（西Ⅰ）T0207③:3）　3. Ⅲ式乳钉纹瓦当（（西Ⅰ）T0207③:4）　4. 星形纹瓦当（（西Ⅰ）T0405④:10）　5. Ⅰ式兽面纹瓦当（（西）C17:5）　6. Ⅱ式兽面纹瓦当（（西）H65:2）

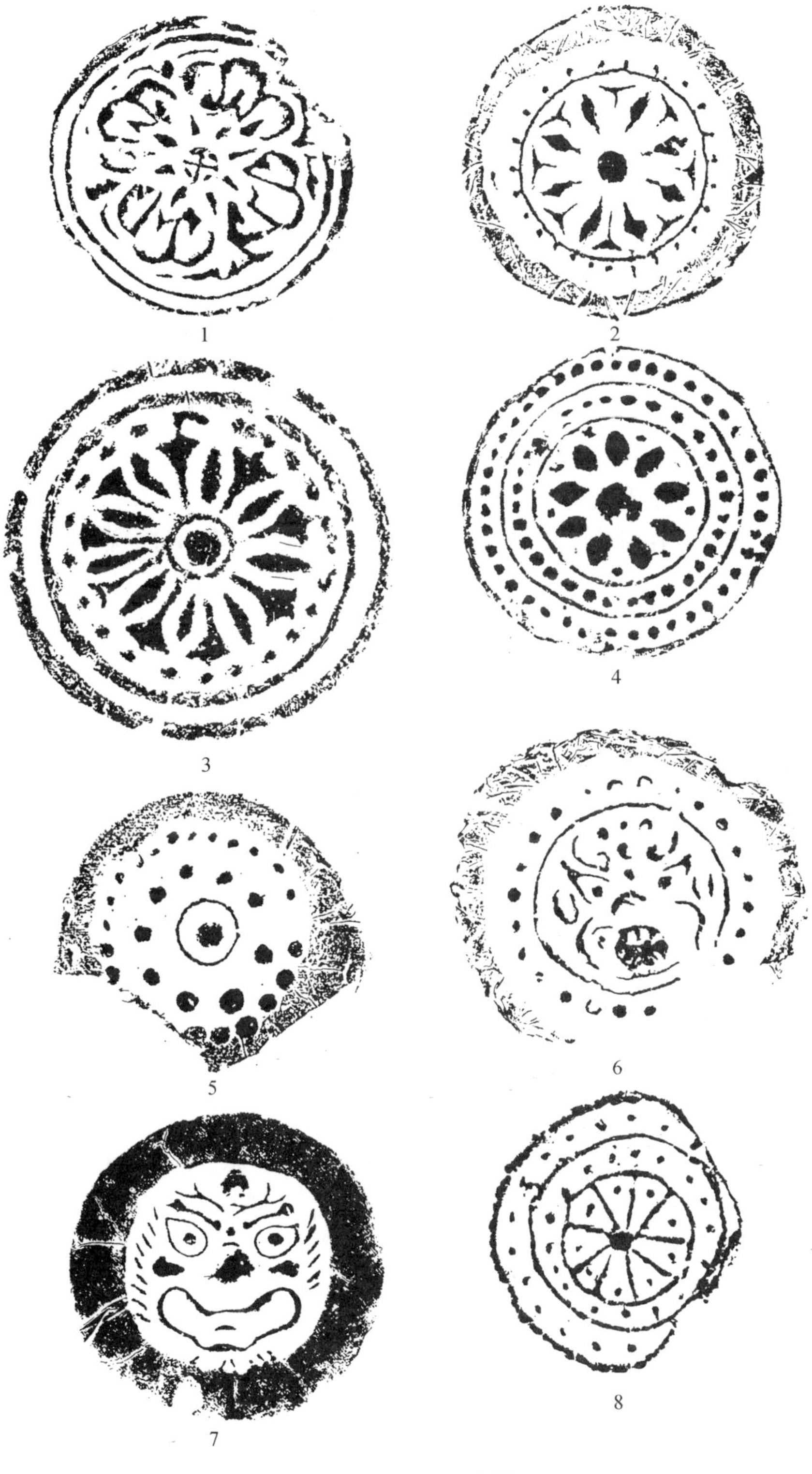

图一〇三　巴东旧县坪遗址出土隋唐五代瓦当拓片

1. A型莲花纹瓦当（（西）F1Ⅰ:6）　2. Ca型Ⅱ式莲花纹瓦当（（西）H73:2）　3. Ca型Ⅲ式莲花纹瓦当（（西Ⅰ）T0402④:32）　4. Cb型Ⅰ式莲花纹瓦当（（西Ⅰ））T0401②:1）　5. Ⅱ式乳钉纹瓦当（（西Ⅰ）T0207③:3）　6. Ⅰ式兽面纹瓦当（（西）C17:5）　7. Ⅱ式兽面纹瓦当（（西Ⅰ）T0508②:1）　8. 星形纹瓦当（（西Ⅰ）T0405④:10）

兽面纹　4 件。依据其花纹布局的不同，分为二式。

Ⅰ式：1 件。

标本（西）C17∶5，瓦身与当头面是分制后接上的，为半圆筒形，已残破，瓦身外素面，内有麻布纹。当面宽缘凸起，靠缘饰一周联珠纹，中心饰一半浮雕的兽面纹，瓦当正中堆塑兽面造像，额际犄角上挑，圆眼。泥质灰陶。瓦身残长 22、当面直径 14 厘米（图一〇二，5；图一〇三，6；图版四九，4）。

Ⅱ式：3 件。

标本（西）H65∶2，边框较宽，中间高，周边低，兽面额际正中饰宝珠纹，上有一“王”字，蒜头鼻，眼睛圆凸，多须，咧嘴獠牙。直径 13 厘米（图一〇二，6）。

标本（西Ⅰ）T0508②∶1，直径 13 厘米（图一〇三，7；图版四九，5）。

瓦　46 件。分筒瓦和板瓦两种。

筒瓦　24 件。根据瓦舌的有无，分二型。

A 型　有瓦舌。23 件。瓦身呈半长筒形，正面素面，背面有麻布纹。根据瓦身形状和制作工艺的不同，分为四式。

Ⅰ式：6 件。

标本（西）H50∶1，半长筒形，瓦舌较短，外敞，圆唇，内里舌身之间有一道凸棱将舌身分开，有舌的一端略收，从里往外切割。夹细砂灰陶。长 36.6、宽 14、舌长 4.4、弧拱高 7、厚 1.5 厘米（图一〇四，1；图版五〇，1）。

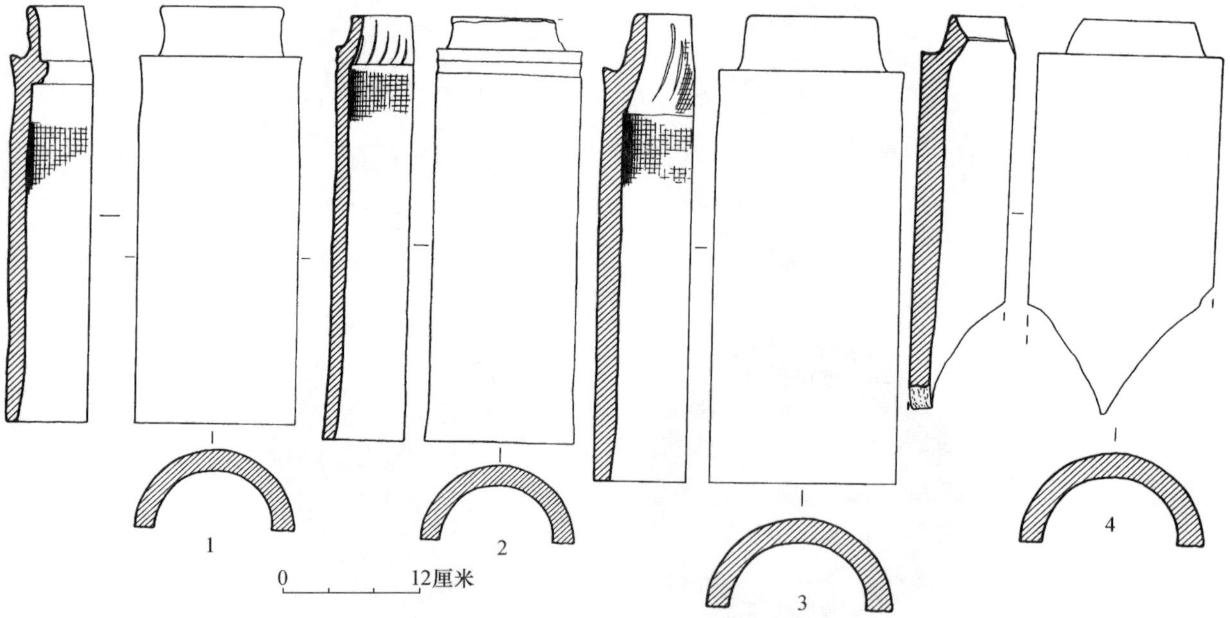

图一〇四　巴东旧县坪遗址出土隋唐五代筒瓦

1. A 型Ⅰ式（（西）H50∶1）　2. A 型Ⅱ式（（东Ⅰ）T2510⑤∶7）　3. A 型Ⅲ式（（东Ⅰ）T2917⑤∶10）　4. A 型Ⅳ式（（东Ⅰ）T4116②∶2）

Ⅱ式：4 件。

标本（东Ⅰ）T2510⑤∶7，短瓦舌内敛，瓦身外表近瓦舌处有二道弦纹装饰，舌身内里转折分界明显。夹细砂灰陶。长 37.2、宽 12.6、舌长 2.8、弧拱高 6.8、厚 1.2～1.4 厘米（图一〇四，2；图版五〇，2）。

Ⅲ式：8件。

标本（东Ⅰ）T2917⑤:10，长舌，方唇，舌身内里呈弧线连接，分界不明显。夹细砂灰陶。身长41、宽16、舌长4.8、弧拱高8、厚2厘米（图一〇四，3；图版五〇，3）。

Ⅳ式：5件。

标本（东Ⅰ）T4116②:2，瓦舌唇部内切成斜边，舌身内里呈弧线连接，分界不明显。夹砂灰陶较厚。残长34.8、宽16、舌长3、弧拱高8、厚1.8~2.4厘米（图一〇四，4）。

B型　无瓦舌。1件。

标本（西）C17:3，半长筒形，无瓦舌，上端略为内收，内外皆素面，瓦内粘有一层很厚的红烧草拌泥，可能是房子失火造成的。长33.6、宽18.6、弧拱高9.2、厚1.7~2.6厘米（图一〇五，1）。

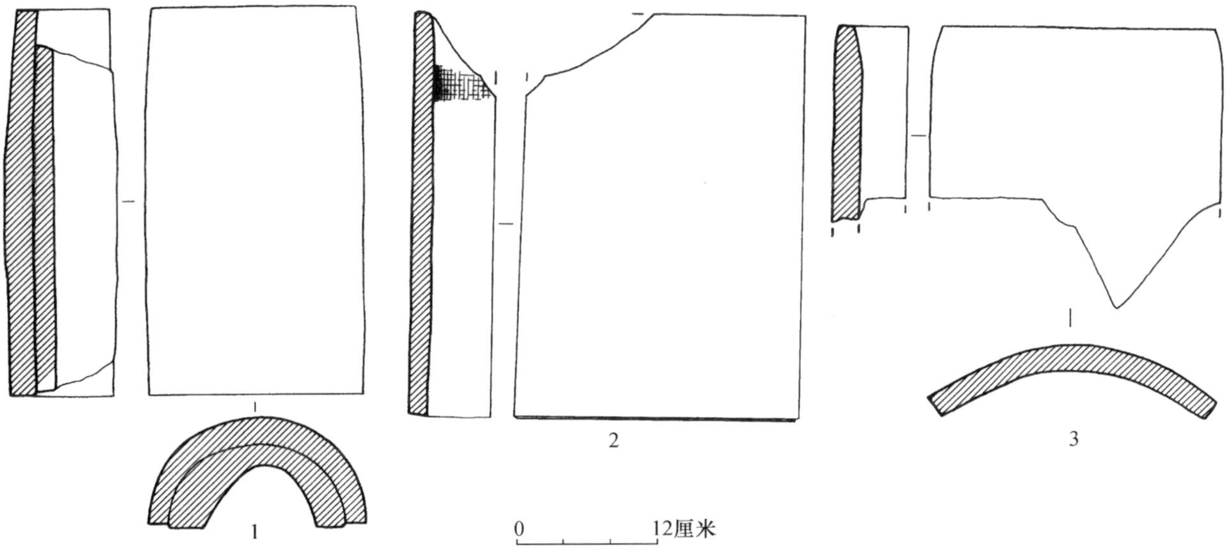

图一〇五　巴东旧县坪遗址出土隋唐五代筒、板瓦

1. B型筒瓦（（西）C17:3）　2. A型Ⅰ式板瓦（（西Ⅰ）T1006⑤:27）　3. A型Ⅱ式板瓦（（东Ⅰ）T2821④:5）

板瓦　22件。横断面呈弧形，瓦外身素面，内饰麻布纹。根据唇部的特征，可分二型。

A型　单唇瓦。13件。根据瓦身形状和制作工艺的不同，分为三式。

Ⅰ式：3件。平面呈长方形。

标本（西Ⅰ）T1006⑤:27，泥质灰陶。长35.2、下端宽24.4、弧拱高6.8、厚1.4~1.8厘米（图一〇五，2；图版五〇，4）。

Ⅱ式：4件。平面呈抹角长方形。

标本（东Ⅰ）T2821④:5，角部修成斜边，两头也内切成斜边。泥质灰陶。残长24.4、宽25、弧拱高6.4、厚2.4厘米（图一〇五，3）。

Ⅲ式：6件。平面呈上窄下宽的梯形。

标本（东Ⅰ）T2403③:1，夹砂灰陶。长38、上宽24.6、下宽27.4、弧拱高6、厚18~2.4厘米（图一〇六，1）。

标本（东Ⅰ）T2812④:1，横断面呈弧形较厚。两侧边切割不整齐（从里面向外面切）。夹砂灰陶。长39.7、上宽24、下宽27.2、弧拱高7.2、厚2.4厘米（图一〇六，2）。

B型　重唇瓦。9件。主要用于瓦檐处（亦有称其为沟滴或滴水），横断面呈弧形。瓦头端有唇凸起像器物折沿。根据唇面花纹的不同，分为三式。

Ⅰ式：3件。

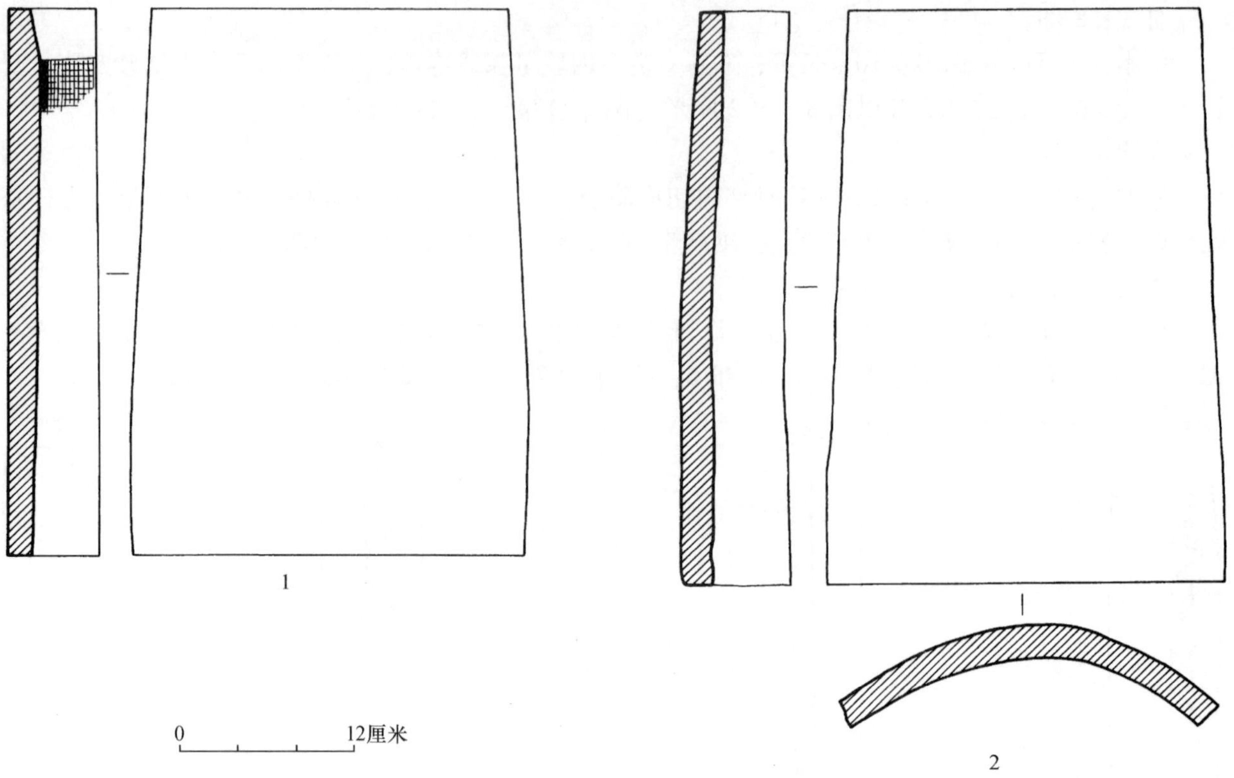

图一〇六　巴东旧县坪遗址出土隋唐五代 A 型Ⅲ式板瓦

1.（东Ⅰ）T2403③:1　2.（东Ⅰ）T2812④:1

标本（西）F1Ⅰ:17，残存一角。沿面有三道凹槽。夹细砂青灰陶。残长 12.4、残宽 14.8、厚 1.6 厘米（图一〇七，1）。

Ⅱ式：4 件。

标本（西）F1Ⅰ:54，残存一角，重唇并被按捏成花边形。泥质深灰陶。残长 24.4、残宽 14.8、厚 1.8 厘米（图一〇七，2；图版五〇，5）。

Ⅲ式：2 件。

标本（西）G2:9，仅残存一角，厚方唇凸起，唇面刻划叶脉纹。夹砂深灰陶。残长 16 、残宽 13.6、厚 2 厘米（图一〇七，3；图版五〇，6）。

井圈　1 件。

标本（西）C22:5，呈圆筒形，夹砂灰陶，外饰竖绳纹，内素面。壁一侧有一直径 5 厘米的小圆孔。直径 72、高 36、胎厚 2 厘米（图一一一，4）。

脊饰　包括鸱吻、望兽、垂兽等各种房顶屋脊上动物装饰，泥塑，主要以鱼龙等各种动物形象为主，因大多残损，无法确认其具体类别，现一并介绍如下：

标本（东Ⅰ）T2510⑤:10，动物头部残片，残存上颚及眼部，三角形眼较小，大眼帘外凸较甚，眼帘上刻涡纹。上颚残存四齿。夹砂灰陶。残宽 12、残高 8 厘米（图一〇八，1；图版五一，1）

标本（西）F1Ⅰ:10，为龙头的右边残片，仅存眼部，有角。夹细砂灰陶。残长 14.6、宽 14.4 厘米（图一〇八，2；图版五一，2）。

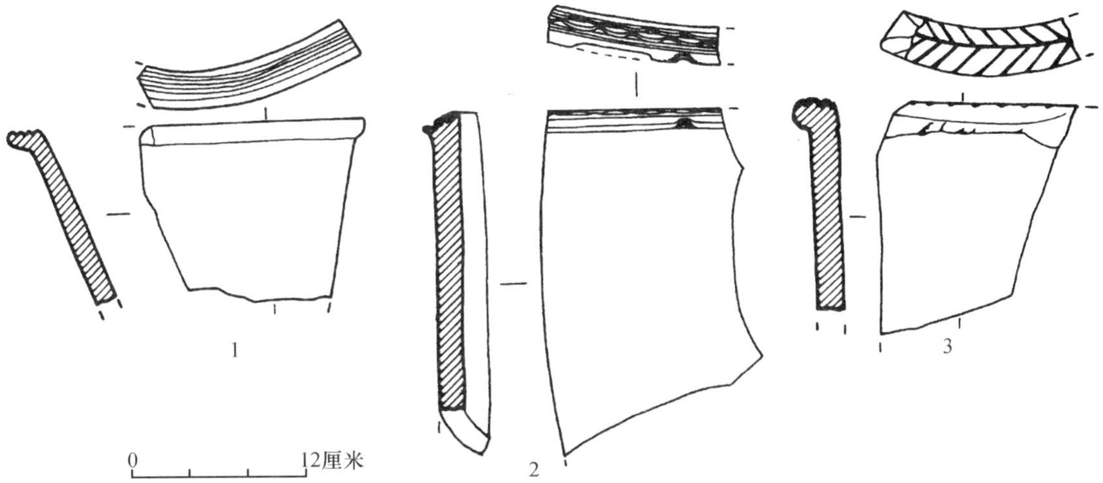

图一〇七　巴东旧县坪遗址出土隋唐五代板瓦

1. B型Ⅰ式（（西）F1Ⅰ:17）　2. B型Ⅱ式（（西）F1Ⅰ:54）　3. B型Ⅲ式（（西）G2:9）

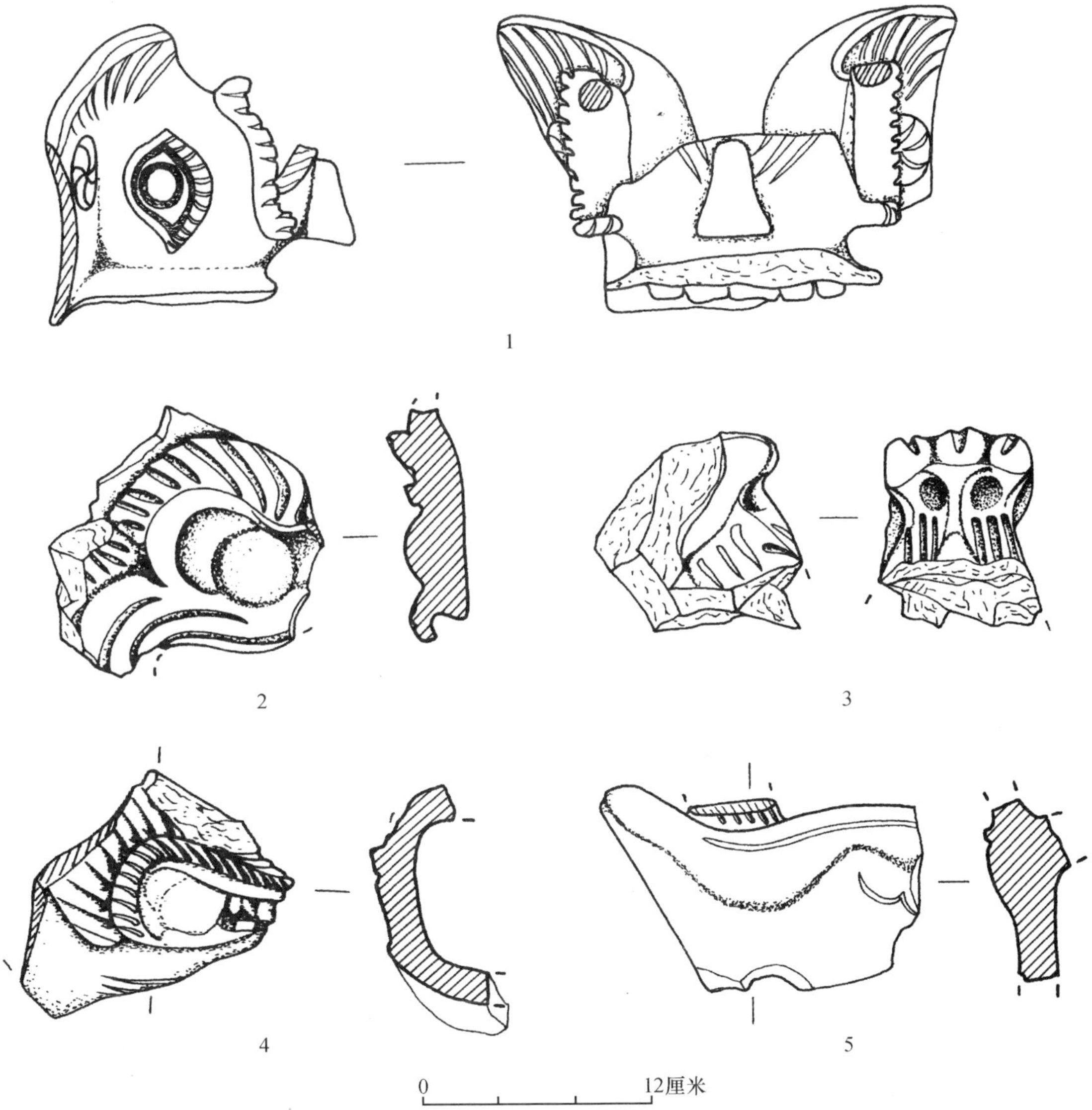

图一〇八　巴东旧县坪遗址出土隋唐五代脊饰

1.（东Ⅰ）T2510⑤:10　2.（西）F1Ⅰ:10　3.（西）F1Ⅰ:8　4.（西）F1Ⅰ:9　5.（西Ⅰ）T0403④:1

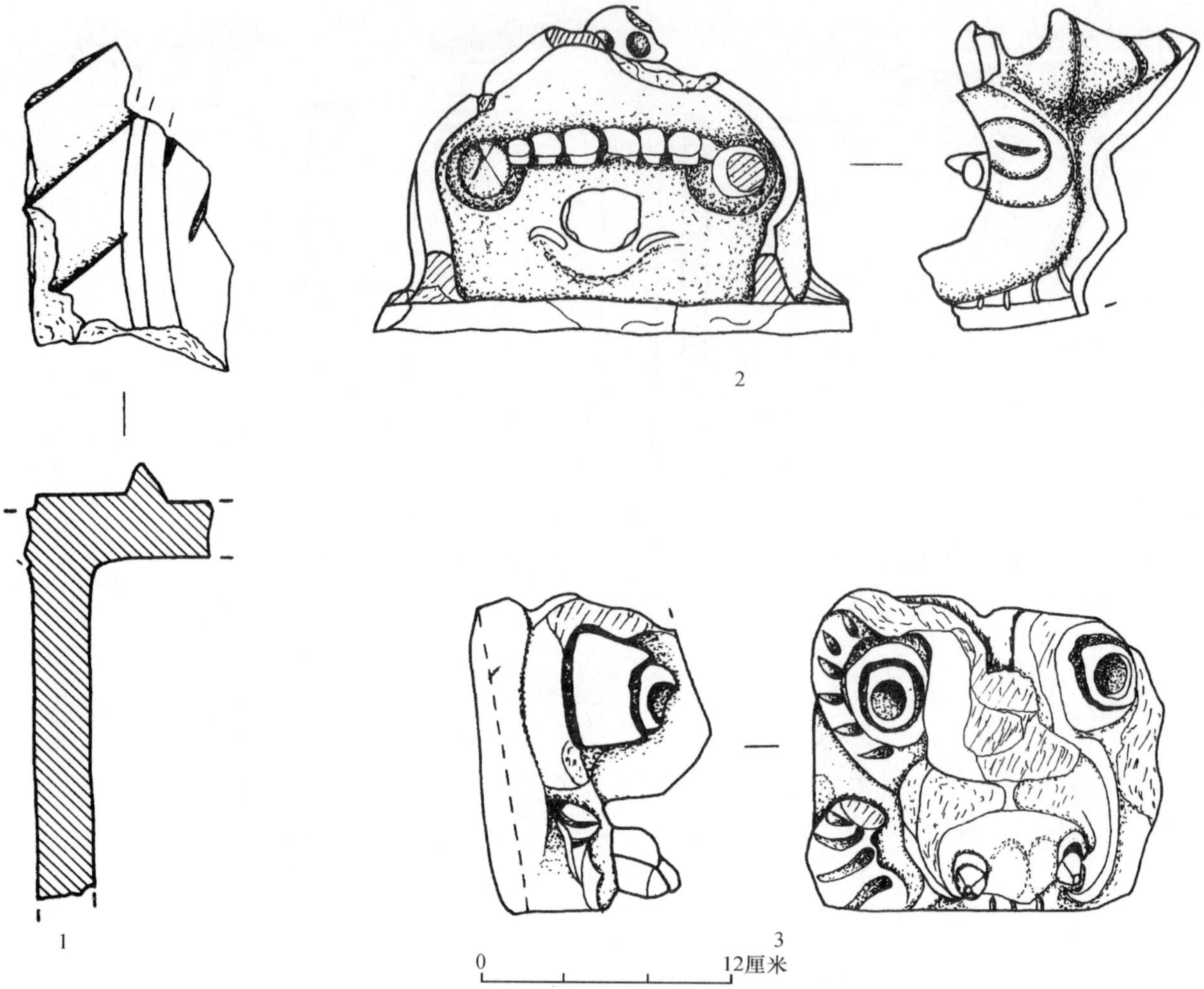

图一〇九　巴东旧县坪遗址出土隋唐五代脊饰
1.（西）H66:3　2.（东Ⅰ）T3014④:5　3.（西）F98:1

标本（西）F1Ⅰ:8，兽头部残片，眉骨凸起，眼窝深凹。泥质灰陶。残长10.8、宽8.8、高11厘米（图一〇八，3）。

标本（西）F1Ⅰ:9，动物吻部的右边残片，似鱼嘴。泥质灰陶。残长14、宽12厘米（图一〇八，4）。

标本（西Ⅰ）T0403④:1，动物头部残片，仅见角根的痕迹。泥质黄陶。残长17.2、宽11厘米（图一〇八，5；图版五一，3）。

标本（西）H66:3，瓦当形，当面向瓦身上延伸，饰瓦脊状纹。表面夹细砂灰陶，内胎为泥质灰陶。残长20、宽10厘米（图一〇九，1）。

标本（东Ⅰ）T3014④:5，残存吻部，大嘴小鼻，大眼。泥质灰陶。残长22.8、宽15.6、残高12厘米（图一〇九，2）。

标本（西）F98:1，为一兽头，双眼外鼓，眼珠为深圆洞，鼻子凸起，嘴较尖，有两枚獠牙伸出嘴角外，卷眉，卷须。泥质褐陶。残宽17.2、残高15.6厘米（图一〇九，3；图版五一，4）。

标本（西）F1Ⅰ:5，动物嘴部的一块残片。泥质灰陶。残长17.2、宽16厘米（图一一〇，1）。

标本（东）H3:1，残片，宽扁柄较短，上部已残，柄一面饰竖线纹和“十”字纹。泥质深灰陶。残宽12.6、残高4.8厘米（图一一〇，2）。

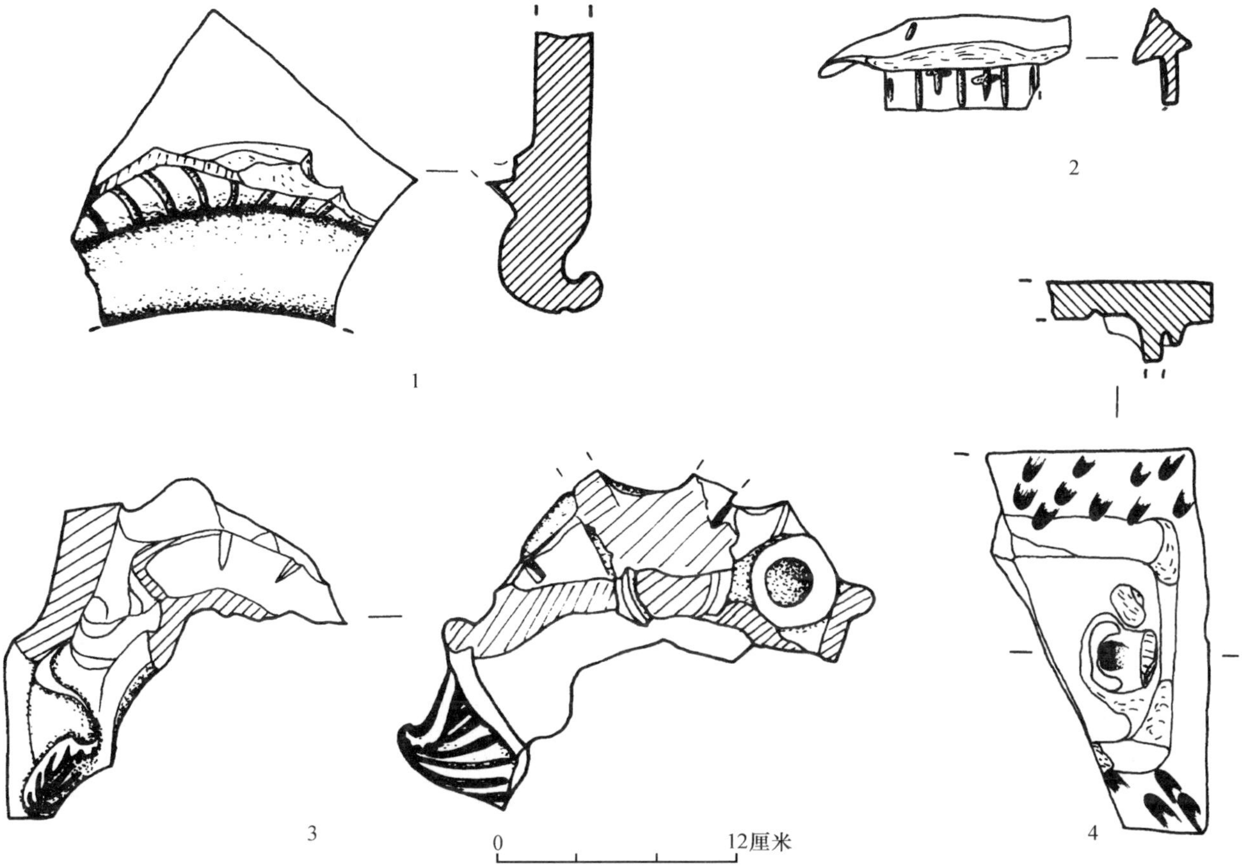

图一一〇　巴东旧县坪遗址出土隋唐五代脊饰
1.（西）F1Ⅰ:5　2.（东）H3:1　3.（西）F98:2　4.（东）H8:1

标本（西）F98:2，形制同（西）F98:1，仅见一眼完整，余皆残破不清。泥质褐陶。残宽24、残高17.2厘米（图一一〇，3；图版五一，5）。

标本（东）H8:1，底板呈长方形，中心凸起一周框，框内饰物，因残不清，框外戳有许多斜窝。泥质灰陶。长19.6、残宽11.4、残高4厘米（图一一〇，4；图版五一，6）。

（二）石质

柱础　3件。

标本（西Ⅰ）T0303④:15，圆形，上大下小，呈倒截锥体，周身饰浮雕的三层仰莲纹。顶中心凸起一矮梯形方台。方台及底中间各凿一圆窝，上窝直径4.8、深3.6厘米，下窝直径5.6、深4厘米。柱础上径28.8、下径19.2、高12厘米（图一一一，1；图版五一，7）。

标本（西Ⅰ）T0307④:4，圆形，上部大平顶，下部弧收，起一小平台，周身饰浮雕的仰莲纹，三层莲瓣，像一朵盛开的莲花。莲瓣宽肥。顶中心凿一直径为10.4、深为8.4厘米的圆窝，窝中心有一直径4厘米的圆形穿孔。直径32、高11.6厘米（图一一一，2；图版五一，8）。

标本采集:5，由座和身两部分组成，座呈方形，身凸起为圆鼓形，鼓肚一周饰半浮雕的单瓣覆莲，顶平。座及顶有凿痕。座边长24.4、身直径24.4、通高9.6厘米（图一一一，3）。

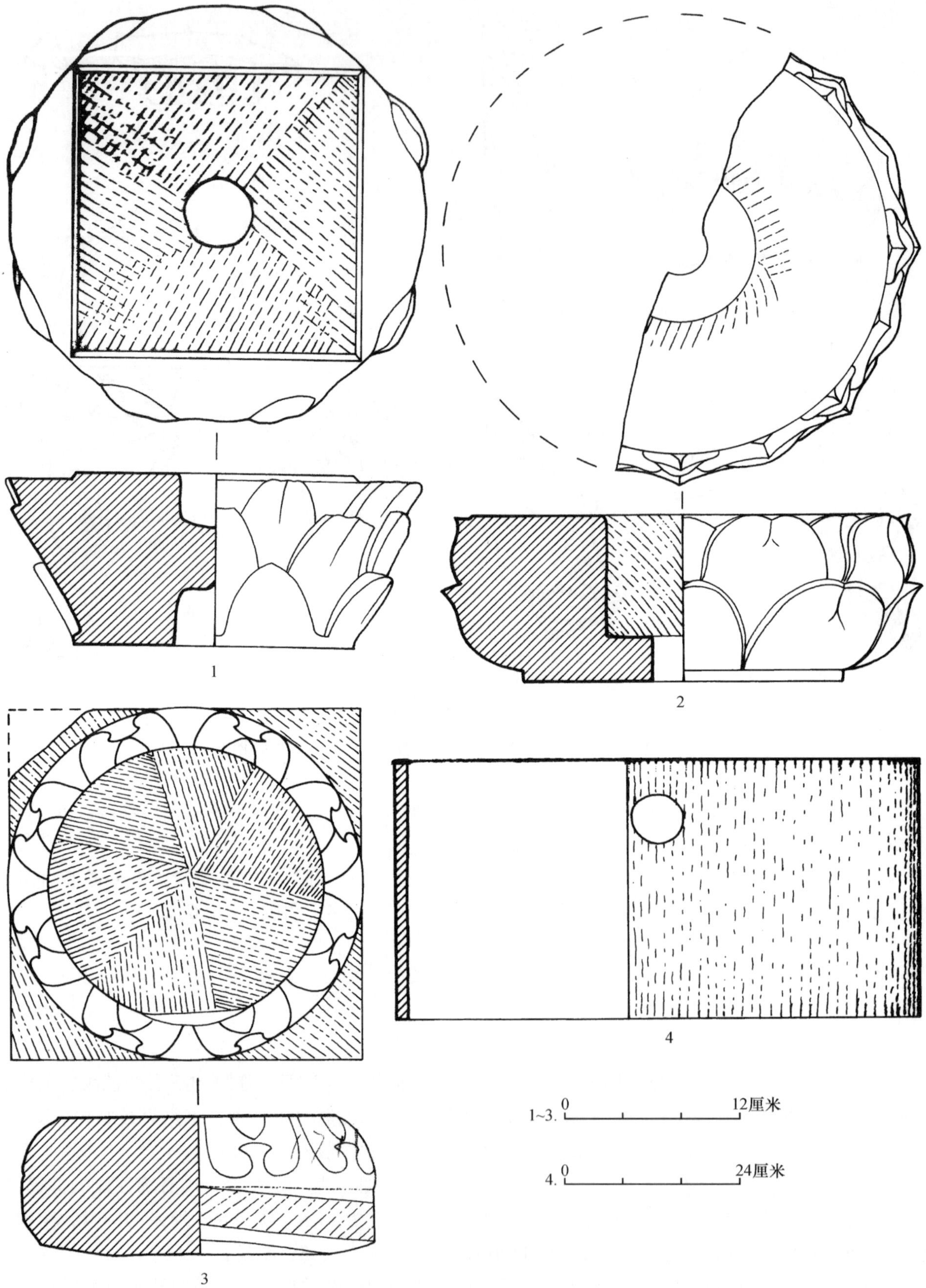

图一一一　巴东旧县坪遗址出土隋唐五代遗物

1 ~ 3. 石柱础（（西 I ）T0303④:15、（西 I ）T0307④:4、采集:5）　4. 陶井圈（（西）C22:5）

五、钱　币

（一）隋五铢

1枚。

标本（西ⅠB）T0916③:1，圆形方孔，正背两面均有外郭，背面起内郭，郭较宽，正面篆书“五铢”二字，“五”字交股两笔较直，穿右有一竖划与五字构成“区”字，“金”字头呈长三角形且略向内歪。直径2.3、穿边长0.9厘米（图一一二，1）。

（二）开元通宝

143枚。其中完整字迹清晰可辨的有109枚。圆形方孔，正背两面外郭较宽，内郭很窄，正面楷书“开元通宝”阳文四字，钱文对读。可分四式。

Ⅰ式：96枚。光背。“开”字间架匀称，“元”字上横短，“通”字“甬部”上部略窄而高，“走”旁三点不连，“宝”字“贝”部内两横短，与旁侧不连。为初唐武德年间铸造的钱币。

标本（西ⅢA）T1504③:4，直径2.4、穿边长0.7厘米（图一一二，2）。

标本（西Ⅰ）T1410①:1，直径2.3、穿边长0.65厘米（图一一二，3）。

标本（西Ⅰ）T1503⑦:2，直径2.3、穿边长0.65厘米（图一一二，4）。

标本（西ⅠA）T1815③:5，直径2.3、穿边长0.7厘米（图一一二，5）。

Ⅱ式：9枚。“元”字上横变长，“通”字“甬”旁上部略变宽，“走”旁三点出现顿挫，“宝”字“贝”部两横变长。为中唐时期铸造的钱币。

标本（西Ⅰ）T4019①:1，直径2.3、穿边长0.7厘米（图一一二，6）。

标本（西Ⅰ）T2817⑤:2，直径2.4、穿边长0.7厘米（图一一二，7）。

Ⅲ式：共3枚。背穿上单月痕。“元”字上横长，“通”字“甬”部上部宽扁，“走”部三点顿挫相连，“宝”字“贝”部两长横与两侧竖相连。为盛唐时期铸造的钱币。

标本（西Ⅰ）T2517⑤:1，直径2.4、穿边长0.7厘米（图一一二，8）。

标本（西Ⅰ）T0109④:2，直径2.5、穿边长0.7厘米（图一一二，9）。

标本（西Ⅰ）T0601②:6，直径2.4、穿边长0.7厘米（图一一二，10）。

Ⅳ式：1枚。钱文不如前期开元端庄，钱背铸“□”字，字因锈失不清。

标本（西Ⅰ）T0302①:2，直径2.3、穿边长0.7厘米。背似有纪地铭文，应为会昌开元通宝钱（图一一三，1）。

（三）乾封泉宝

1枚。

标本（西Ⅰ）T3915③:4，直径2.5、穿边长0.7厘米（图一一三，2）。隶书，旋读，光背，铜料精纯，铸工良好。乾封元年（公元666年）推出“乾封泉宝”，以一枚当开元通宝十枚行使。为唐高宗时铸造的钱币。

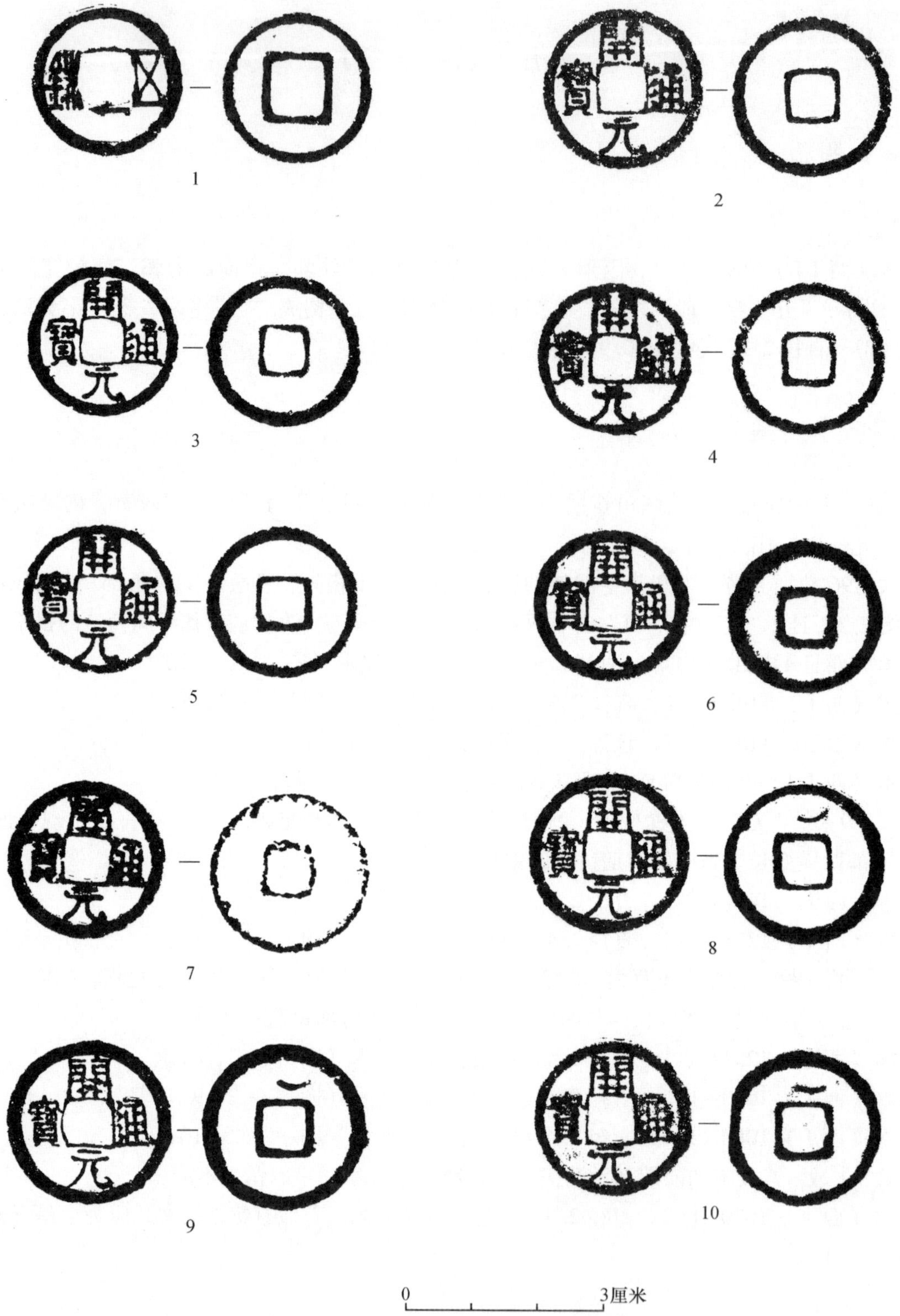

图一一二　巴东旧县坪遗址出土隋唐钱币

1. 隋五铢（（西ⅠB）T0916③:1）　2～5. Ⅰ式开元通宝（（西ⅢA）T1504③:4、（西Ⅰ）T1410①:1、（西Ⅰ）T1503⑦:2、（西ⅠA）T1815③:5）　6、7. Ⅱ式开元通宝（（西Ⅰ）T4019①:1、（西Ⅰ）T2817⑤:2）　8～10. Ⅲ式开元通宝（（西Ⅰ）T2517⑤:1、（西Ⅰ）T0109④:2、（西Ⅰ）T0601②:6）

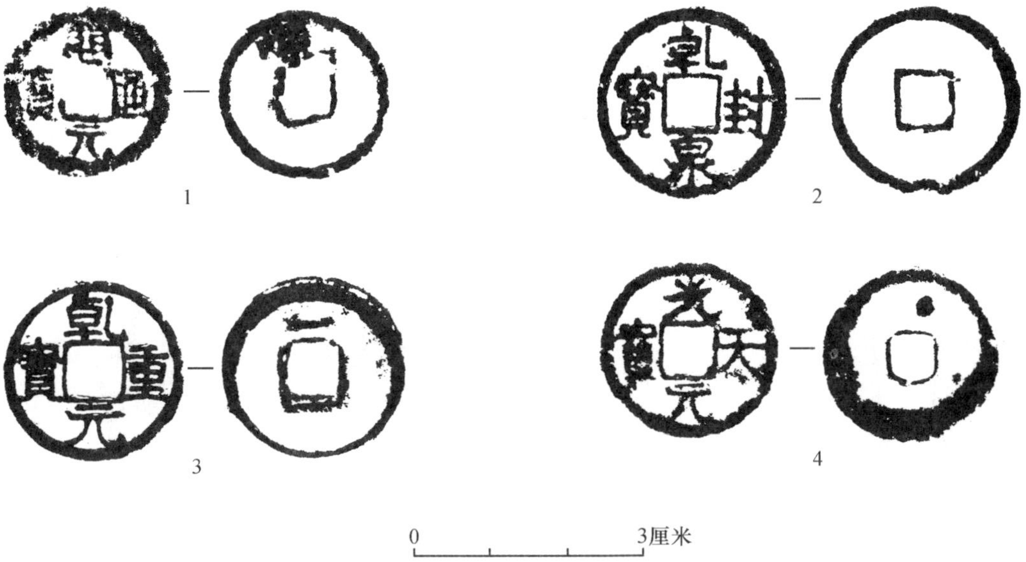

图一一三　巴东旧县坪遗址出土唐、五代钱币

1. Ⅳ式开元通宝（（西Ⅰ）T0302①:2）　2. 乾封泉宝（（西Ⅰ）T3915③:4）　3. 乾元重宝（（西ⅠA）T1813②:1）　4. 光天元宝（（东Ⅰ）T3616⑤:4）

（四）乾元重宝

1枚。

标本（西ⅠA）T1813②:1，直径2.4、穿边长0.7厘米。钱文隶书，对读，书法精妙。唐肃宗乾元元年七月，御史中丞奏请铸行“乾元重宝”，以乾元重宝一枚当开元通宝十枚（图一一三，3）。为唐肃宗时铸造的钱币。

（五）光天元宝

1枚。

标本（东Ⅰ）T3616⑤:4，隶书，旋读，背面穿上有一“星”纹。直径2.3、穿边长0.7厘米。十国前蜀钱币（图一一三，4）。

六、其　他

（一）石砚

1件。

标本（东Ⅰ）T2918⑤:56，青灰石制，“风”字形，后部残。口宽8.8、厚1.8、残长10.3厘米（图一一四，1；图版四四，4）。

（二）羚羊角

2件。

标本（东Ⅰ）T2918⑤:74，圆锥形角，内空，下连有头骨。长10.4厘米（图一一四，2）。

标本（东Ⅰ）T2918⑤:63，圆锥形有些弯曲，实心。长10.2厘米（图一一四，3）。

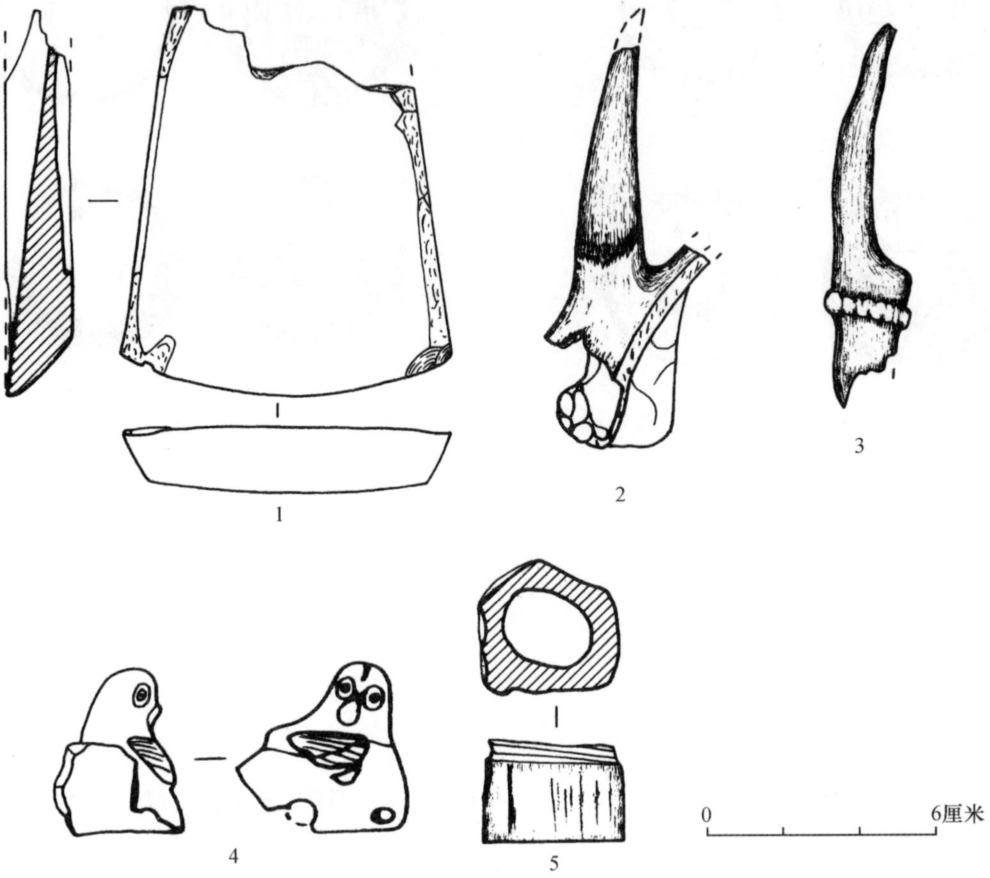

图一一四　巴东旧县坪遗址出土隋唐遗物

1. 石砚（（东Ⅰ）T2918⑤:56）　2、3. 羚羊角（（东Ⅰ）T2918⑤:74、（东Ⅰ）T2918⑤:63）　4. 青瓷埙（（东Ⅰ）T2918⑤:62）　5. 鹿角器（（东Ⅰ）T3512⑤:14）

（三）青瓷埙

1件。

标本（东Ⅰ）T2918⑤:62，鸟形，喙、爪及尾稍残。造型生动，头稍偏向一侧，双目圆睁，两肋刻划展翅，腹下贴塑双爪。内空，腹前及两侧各有圆孔，灰白胎。顶部施褐釉，上部施青黄釉，底部露胎。残宽4.6、残高4.5厘米（图一一四，4）。

（四）鹿角器

1件。

标本（东Ⅰ）T3512⑤:14，截取鹿角的一段，呈圆管状。长2.8、管径3.7厘米（图一一四，5）。

第三节　小　　结

隋唐五代时期，是巴东旧县坪遗址重要的一个发展阶段。隋开皇十八年，始设巴东县，地点就在旧县坪遗址。从此以后，县治所在的具体位置，虽时有变更，但一直都是在今巴东县境内，巴东县名延续下来，保留至今。在这样一种历史背景下，巴东旧县坪遗址发现了一批重要的隋唐五代时期的遗迹、遗物。

一、遗物、遗迹的分期与年代

（一）遗物的分期与年代

隋唐五代时期遗物分期的典型单位有庙宇区的4层、东居民区的5层、（西）F1Ⅰ、（西）H14、（西）C17、（西）C22、（东）F28。其中有叠压关系的有庙宇区的4层→（西）F1Ⅰ、东居民区的5层→（东）F28、（西）H65→（西）C22。依据其叠压关系和典型单位中典型器物的组合及其器物的演变关系可将隋唐五代时期遗物分为五组（表五），五组的组合情况如下：

第一组：瓷器：Ⅰ式盘口壶；Aa型Ⅰ式、Ab型Ⅰ式、Ba型Ⅰ式、Bb型Ⅰ式、C型Ⅰ式碗；Ⅰ式钵；Aa型Ⅰ式、Ab型Ⅰ式、B型Ⅰ式盏；Ⅰ式双耳罐；A型杯；Ⅰ式灯盏。釉陶壶。陶器：盘；盆；A型、B型Ⅰ式、Ca型Ⅰ式莲花纹瓦当；A型Ⅰ式筒瓦；A型Ⅰ式、B型Ⅰ式、B型Ⅱ式板瓦。典型单位有（西）C22、（东）H3。

第二组：瓷器：Ⅱ式盘口壶；Aa型Ⅱ式、Aa型Ⅲ式、Ba型Ⅱ式、Bb型Ⅱ式、Bc型Ⅰ式、C型Ⅱ式、Da型Ⅰ式、E型Ⅰ式以及F型Ⅰ式碗；Ⅱ式、Ⅲ式钵；Aa型Ⅱ式、Ab型Ⅱ式、B型Ⅱ式盏；Ⅰ式盒身、盒盖；Ⅱ式灯盏；Ⅰ式器盖。釉陶器：Ⅰ式双唇罐；Ⅰ式盘口壶。陶器：A型、B型Ⅰ式、Ca型Ⅰ式莲花纹瓦当；A型Ⅱ式筒瓦；A型Ⅰ式、B型Ⅰ式、B型Ⅱ式板瓦。典型单位有（西）H14。

第三组：瓷器：Aa型Ⅳ式、Ab型Ⅱ式、Ba型Ⅲ式、Bb型Ⅲ式、Bc型Ⅱ式、Bc型Ⅲ式、C型Ⅲ式、C型Ⅳ式、Da型Ⅱ式、Da型Ⅲ式、Dc型Ⅰ式、E型Ⅱ式以及F型Ⅱ式碗；Ⅵ式钵；Aa型Ⅲ式、Ab型Ⅲ式、B型Ⅲ式盏；Ⅱ式粉盒身；B型杯；Ⅲ式灯盏；Ⅱ式双耳罐。釉陶器：Ⅱ式双唇罐，Ⅱ式盘口壶。陶器：量钵；莲花纹B型Ⅱ式、Ca型Ⅱ式、Cb型Ⅰ式、乳钉纹Ⅰ式、兽面纹Ⅰ式瓦当；A型Ⅲ式、B型筒瓦；A型Ⅱ式、B型Ⅲ式板瓦。典型单位有（西）C17、（西）C24。

第四组：瓷器：Ba型Ⅳ式、C型Ⅳ式、Da型Ⅳ式、Db型Ⅰ式、Db型Ⅱ式、Dc型Ⅱ式、E型Ⅲ式碗；Ⅴ式钵；Aa型Ⅳ式、Ab型Ⅳ式、Ab型Ⅴ式、B型Ⅳ式盏；Ⅲ式双耳罐；Ⅲ式粉盒身；Ⅳ式灯盏；Ⅱ式器盖。釉陶器：Ⅲ式双唇罐。石砚。陶器：Ca型Ⅲ式、Cb型Ⅱ式莲花纹、Ⅱ式、Ⅲ式乳钉纹、Ⅱ式兽面纹以及星形纹瓦当；A型Ⅳ式筒瓦；A型Ⅲ式、B型Ⅲ式板瓦。典型单位有（西）H65。

第五组：瓷器：Aa型Ⅴ式、Ba型Ⅴ式、Bb型Ⅳ式、Bc型Ⅳ式、C型Ⅴ式、Da型Ⅴ式、Da型Ⅵ式、Db型Ⅲ式、Db型Ⅳ式碗；Ⅵ式钵；Aa型Ⅴ式、Ab型Ⅵ式盏；Ⅳ式双耳罐；兽面纹Ⅱ式瓦当；A型Ⅳ式筒瓦；A型Ⅲ式、B型Ⅲ式板瓦。

以上分组情况有两点需要说明：

其一，庙宇区的4层、东居民区的5层总体年代属于隋唐五代时期，但由于地层形成的年代相对较长，其中包含了上述若干组的遗物，也就是说，庙宇区的4层、东居民区的5层中出土的遗物有早、晚之分，在无法利用层位学将其甄别的情况下，我们不是按照一般的处理，以其最晚的遗物为标志，笼统把这些遗物划归到与最晚的遗物相应的某一具体的组别中，而是根据类型学的原理，参照有叠压关系的典型单位中典型器物的组合及其器物的演变序列，将其分解到不同的组别中，以避免造成分期上的混乱。同样，某些晚期单位出土的隋唐五代时期的遗物也照此处理，分别划归到相应的各组中。

表五　巴东旧县坪遗址隋唐五代遗物、遗迹分期对照表

<table>
<tr><th>期别</th><th>出土遗物</th><th colspan="3">对应遗迹单位</th><th>年代</th><th>备注</th></tr>
<tr><td>一期</td><td>瓷器：Ⅰ式盘口壶；Aa型Ⅰ式、Ab型Ⅰ式、Ba型Ⅰ式、Bb型Ⅰ式、C型Ⅰ式碗；Ⅰ式钵；Aa型Ⅰ式、Ab型Ⅰ式、B型Ⅰ式盏；Ⅰ式双耳罐；A型杯；Ⅰ式灯盏。釉陶壶。陶器：盘；盆；A型、B型Ⅰ式、Ca型Ⅰ式莲花纹瓦当；A型Ⅰ式筒瓦；A型Ⅰ式、B型Ⅰ式、B型Ⅱ式板瓦</td><td>（东）H3
（东）H4
（西）C22</td><td rowspan="5">（西）F1Ⅰ
（西）F62</td><td rowspan="5">（东）F28</td><td>隋代</td><td>（东）F28、（西）F1Ⅰ、（西）F62的始建年代</td></tr>
<tr><td>二期</td><td>瓷器：Ⅱ式盘口壶；Aa型Ⅱ式、Aa型Ⅲ式、Ba型Ⅱ式、Bb型Ⅱ式、Bc型Ⅰ式、C型Ⅱ式、Da型Ⅰ式、E型Ⅰ式以及F型Ⅰ式碗；Ⅱ、Ⅲ式钵；Aa型Ⅱ式、Ab型Ⅱ式、B型Ⅱ式盏；Ⅰ式粉盒身、盒盖；Ⅱ式灯盏；Ⅰ式器盖。釉陶器：Ⅰ式双唇罐；Ⅰ式盘口壶。陶器：A型、B型Ⅰ式、Ca型Ⅰ式莲花纹瓦当；A型Ⅱ式筒瓦；A型Ⅰ式、B型Ⅰ式、B型Ⅱ式板瓦</td><td>（西）H14
（西）H61
（西）H66
（西）H72
（西）H77
（东）G8</td><td>唐高祖~唐高宗年间</td><td></td></tr>
<tr><td>三期</td><td>瓷器：Aa型Ⅳ式、Ab型Ⅱ式、Ba型Ⅲ式、Bb型Ⅲ式、Bc型Ⅱ式、Bc型Ⅲ式、C型Ⅲ式、C型Ⅳ式、Da型Ⅱ式、Da型Ⅲ式、Dc型Ⅰ式、E型Ⅱ式以及F型Ⅱ式碗；Ⅳ式钵；Aa型Ⅲ式、Ab型Ⅲ式、B型Ⅲ式盏；Ⅱ式粉盒身；B型杯；Ⅲ式灯盏；Ⅱ式双耳罐。釉陶器：Ⅱ式双唇罐，Ⅱ式盘口壶。陶器：量钵；莲花纹B型Ⅱ式、Ca型Ⅱ式、Cb型Ⅰ式、乳钉纹Ⅰ式、兽面纹Ⅰ式瓦当；A型Ⅲ式、B型筒瓦；A型Ⅱ式、B型Ⅲ式板瓦</td><td>（东）H8
（西）H54
（西）H70
（西）H73
（西）H81
（西）C17
（西）C18
（西）C19
（西）C24</td><td>唐中宗~唐玄宗年间</td><td></td></tr>
<tr><td>四期</td><td>瓷器：Ba型Ⅳ式、C型Ⅳ式、Da型Ⅳ式、DbⅠ式、Db型Ⅱ式、Dc型Ⅱ式、E型Ⅲ式碗；Ⅴ式钵；Aa型Ⅳ式、Ab型Ⅳ式、Ab型Ⅴ式、B型Ⅳ盏；Ⅲ式双耳罐；Ⅲ式粉盒身；Ⅳ式灯盏；Ⅱ式器盖。釉陶器：Ⅲ式双唇罐。石砚。陶器：莲花纹Ca型Ⅲ式、Cb型Ⅱ式、乳钉纹Ⅱ式、Ⅲ式、兽面纹Ⅱ式以及星形纹瓦当；A型Ⅳ式筒瓦；A型Ⅲ式、B型Ⅲ式板瓦</td><td>（西）H 71
（西）H76
（西）H84
（西）H86
（西）F98
（西）C20
（西）C21
（西）C23
（西）H65
（西）H67</td><td>唐肃宗~唐哀帝年间</td><td>（西）F1Ⅰ、（西）F62的废弃年代</td></tr>
<tr><td>五期</td><td>瓷器：Aa型Ⅴ式、Ba型Ⅴ式、Bb型Ⅳ式、Bc型Ⅳ式、C型Ⅴ式、Da型Ⅴ式、Da型Ⅵ式、Db型Ⅲ式、Db型Ⅳ式碗；Ⅵ式钵；Aa型Ⅴ式、Ab型Ⅵ式盏；Ⅳ式双耳罐。陶器：兽面纹Ⅱ式瓦当；A型Ⅳ式筒瓦；A型Ⅲ式、B型Ⅲ式板瓦</td><td></td><td>五代时期</td><td>（东）F28的废弃年代</td></tr>
</table>

其二，上述五组中，不同的组别中出现了部分型式相同的器类，表明这些器类延续的时间较长，在特定的时间段内和另外一批不同型式的器类，形成了新的组合。

通过以上归纳，旧县坪遗址隋唐五代时期的五组遗物可以清晰地看出其发展演变规律。五组遗物分别代表了旧县坪遗址隋唐五代时期一至五期所呈现出的不同历史时期的典型器物的组合和持续发展的序列（图一一五）。在此前提下，通过横向比较，可推定出旧县坪遗址隋唐五代时期一至五期的绝对年代。

第一期：本期所出的青瓷器中，Ⅰ式盘口壶的盘口、C型Ⅰ式碗分别与湖南湘阴县隋大业六年墓出土的盘口壶的盘口、碗相同，釉陶壶的形制也同于该墓中出土的同类器①。Aa型Ⅰ式碗同武昌大业至隋末年间的M241:55器物相似②。Ab型Ⅰ式碗的风格与武汉市东湖岳家嘴隋墓M29:17器物相若③。Aa型Ⅰ式盏同长沙隋代M7:2器物的特征接近④。Ⅰ式钵和浙江江山隋大业三年墓出土的5号钵相似⑤。陶盆和湖北蕲春罗州城出土的隋至唐初的Ab型Ⅰ式陶盆（原报告编号H47:7）完全相同⑥。综合上述分析，我们第一期遗物的年代界定在隋代。

第二期：本期所出的青瓷器中，Ⅱ式盘口壶、Aa型Ⅱ式碗同湖北安陆唐开元年间杨氏墓发现的5号盘口壶、108号碗特征完全相同⑦。C型Ⅱ式、Bc型Ⅰ式碗分别和湖北蕲春罗州城出土的隋唐第一期遗存中的C型Ⅲ式风格接近⑧。E型Ⅰ式碗同于武昌初唐时期的M59:50器物⑨。Ⅰ式釉陶双唇罐个体瘦长、椭圆形腹也是武昌初唐墓葬中同类器物的风格⑩。Ⅱ式钵同浙江江山唐上元三年墓出土的同类器相同⑪。Ⅰ式釉陶盘口壶，带把和流，整体形态已脱离了隋代深盘口、高直颈的风格，应该属于初唐时期。根据以上对比，第二期遗物的年代可定在唐初的高祖到高宗年间。

第三期的典型单位中出土的组合比较全，在（西）C17出有Bc型Ⅱ式、Bc型Ⅲ式、Db型Ⅰ式以及F型Ⅱ式碗，陶量钵，兽面纹Ⅰ式瓦当，B型筒瓦等器物，其中Bc型Ⅲ式碗、F型Ⅱ式碗和湖南长沙咸嘉湖唐墓出土的C型Ⅱ式碗、B型Ⅱ式碗完全相同⑫。此外，Aa型Ⅲ式、Ab型Ⅱ式碗、E型Ⅱ式碗和武昌发现的盛唐时期的M270:6碗、M270:32碗、M270:36碗相若⑬，彼此之间的年代也应该接近。Da型Ⅲ式碗和湖北蕲春罗州城出土的盛唐时期的Aa型Ⅳ式碗（原报告编号G3②:3）相同⑭。Ⅳ式钵和和盛唐时期的浙江衢州M39出土的同类器相同⑮。B型杯和武昌发现的盛唐时期的M276:17杯风格一致⑯。Ⅱ式双耳罐与湖北郧县唐嗣圣元年李徽墓出土的双耳罐（原简报编号为65号器物）特征相同⑰。总体来看，第三期遗物的年代可定在唐中宗到唐玄宗年间。

---

① 湖南省博物馆：《湖南湘阴县隋大业六年墓》，《文物》1981年第4期。
② 湖北省文管会：《武汉市郊周家大湾241号隋墓清理简报》，《考古通讯》1957年第6期。
③ 武汉市文管会：《武汉市东湖岳家嘴隋墓发掘简报》，《考古》1983年第9期。
④ 湖南省博物馆：《长沙两晋南朝隋墓发掘报告》，《考古学报》1959年第3期。
⑤ 江山县文管会：《浙江江山隋唐墓清理简报》，《考古学集刊》（3），中国社会科学出版社，1983年。
⑥ 黄冈市博物馆等：《蕲春罗州城》，科学出版社，2007年。
⑦ 孝感地区博物馆等：《安陆王子山唐吴王妃杨氏墓》，《文物》1985年第2期。
⑧ 孝感地区博物馆等：《安陆王子山唐吴王妃杨氏墓》，《文物》1985年第2期。
⑨ 全锦云：《武昌隋唐墓葬出瓷器分析》，《景德镇陶瓷》（《中国古陶瓷研究专辑第二辑》），1984年。
⑩ 全锦云：《武昌隋唐墓葬出瓷器分析》，《景德镇陶瓷》（《中国古陶瓷研究专辑第二辑》），1984年。
⑪ 江山县文管会：《浙江江山隋唐墓清理简报》，《考古学集刊》（3），中国社会科学出版社，1983年。
⑫ 湖南省博物馆：《湖南长沙咸嘉湖唐墓发掘简报》，《考古》1980年第6期。
⑬ 全锦云：《武昌隋唐墓葬出瓷器分析》，《景德镇陶瓷》（《中国古陶瓷研究专辑第二辑》），1984年。
⑭ 黄冈市博物馆等：《蕲春罗州城》，科学出版社，2007年。
⑮ 衢州市文化馆：《浙江衢州市隋唐墓清理简报》，《考古》1985年第5期。
⑯ 全锦云：《武昌隋唐墓葬出瓷器分析》，《景德镇陶瓷》（《中国古陶瓷研究专辑第二辑》），1984年。
⑰ 湖北省博物馆等：《湖北郧县唐李徽、阎婉墓发掘简报》，《文物》1987年第8期。

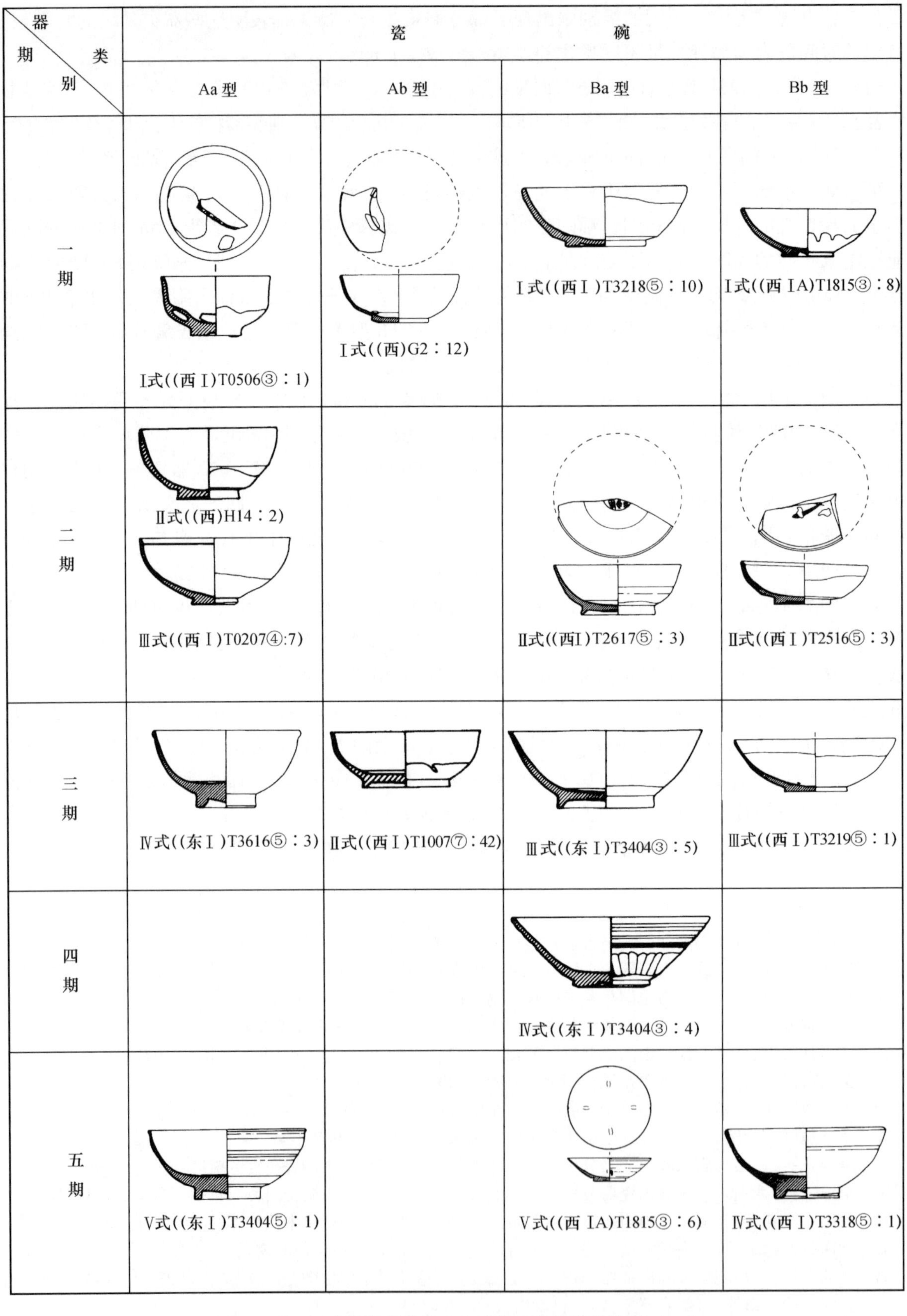

图一一五　巴东旧县坪遗址出土隋唐五代器物分期图（一）

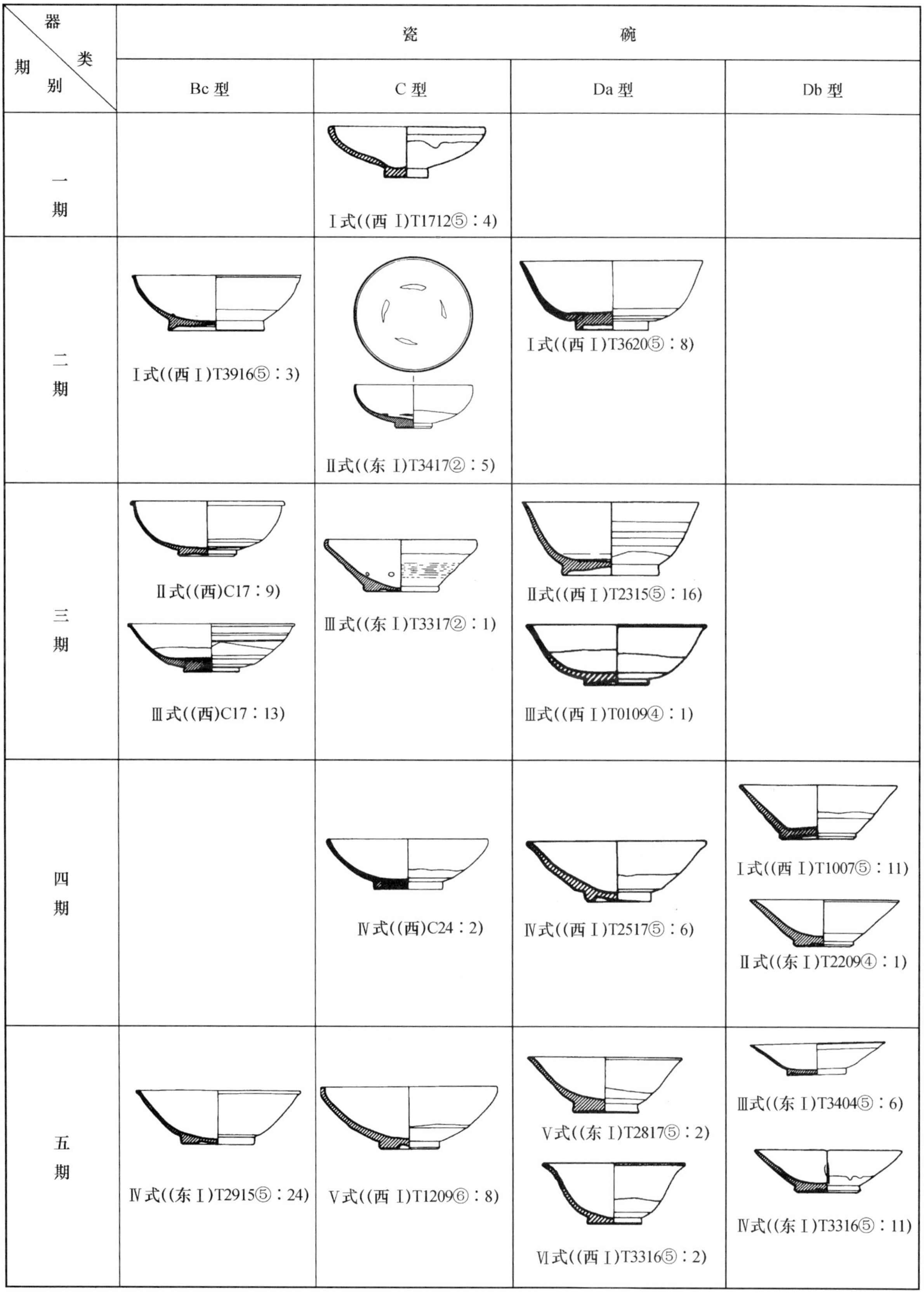

图一一五　巴东旧县坪遗址出土隋唐五代器物分期图（二）

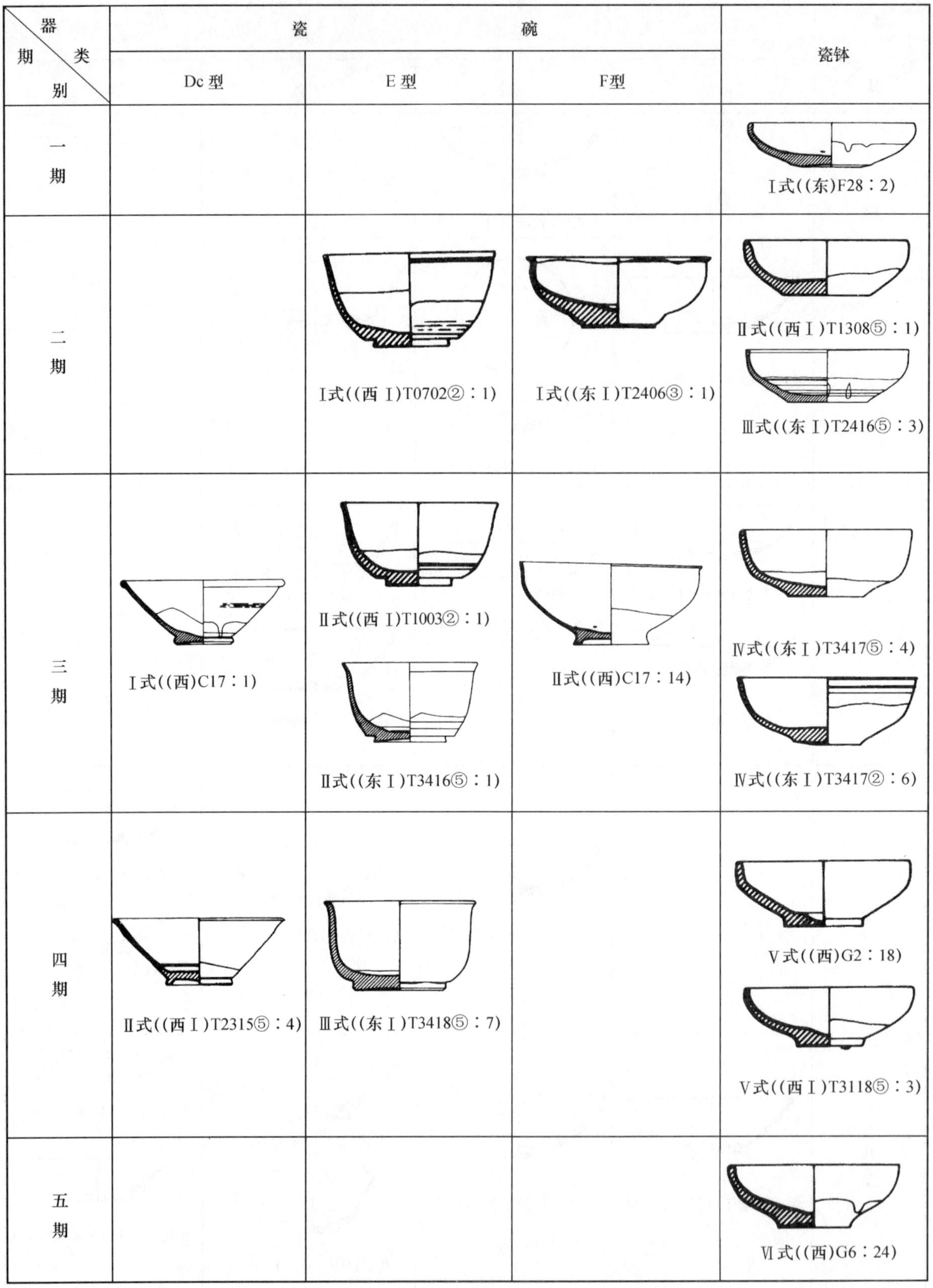

图一一五　巴东旧县坪遗址出土隋唐五代器物分期图（三）

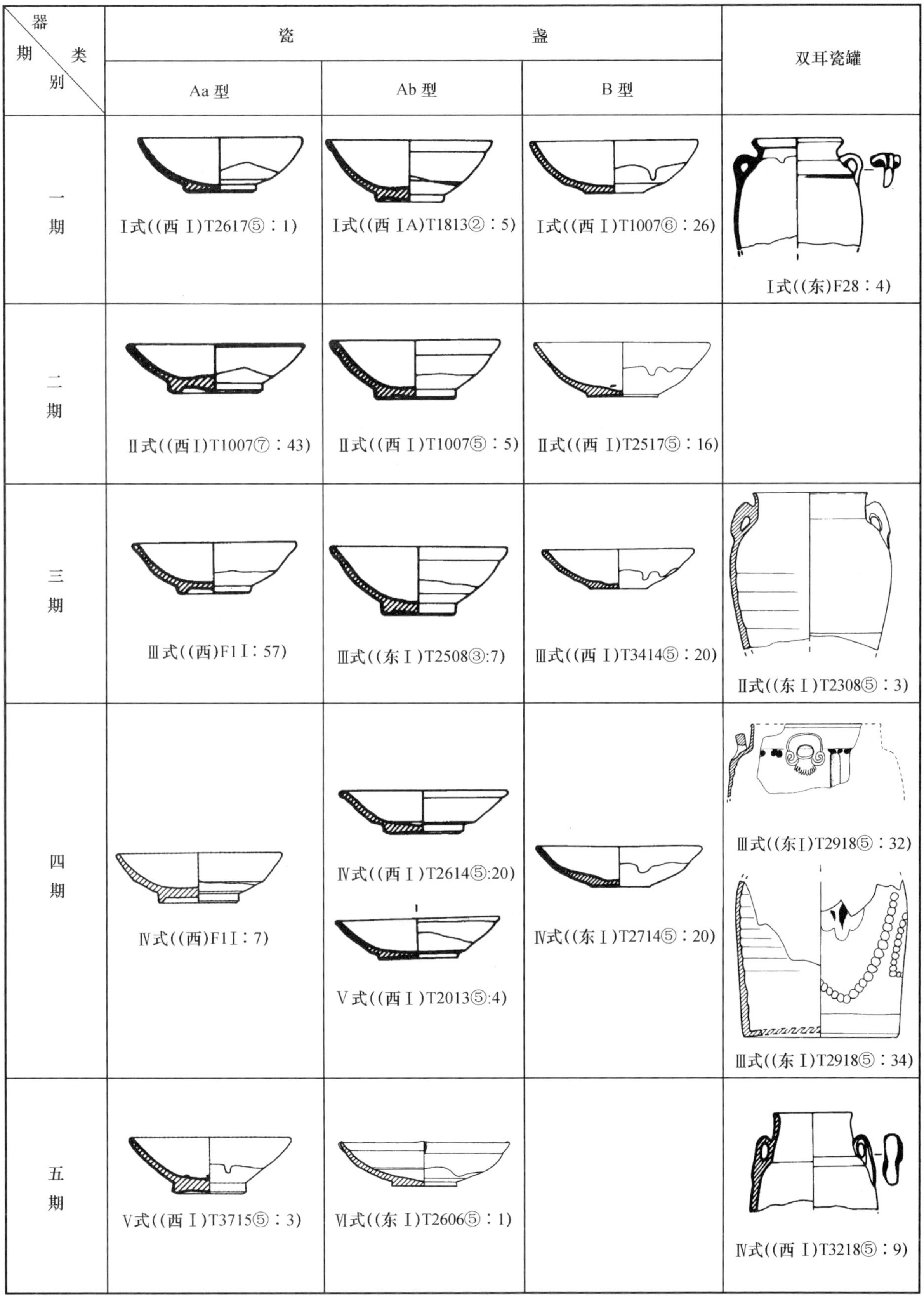

图一一五　巴东旧县坪遗址出土隋唐五代器物分期图（四）

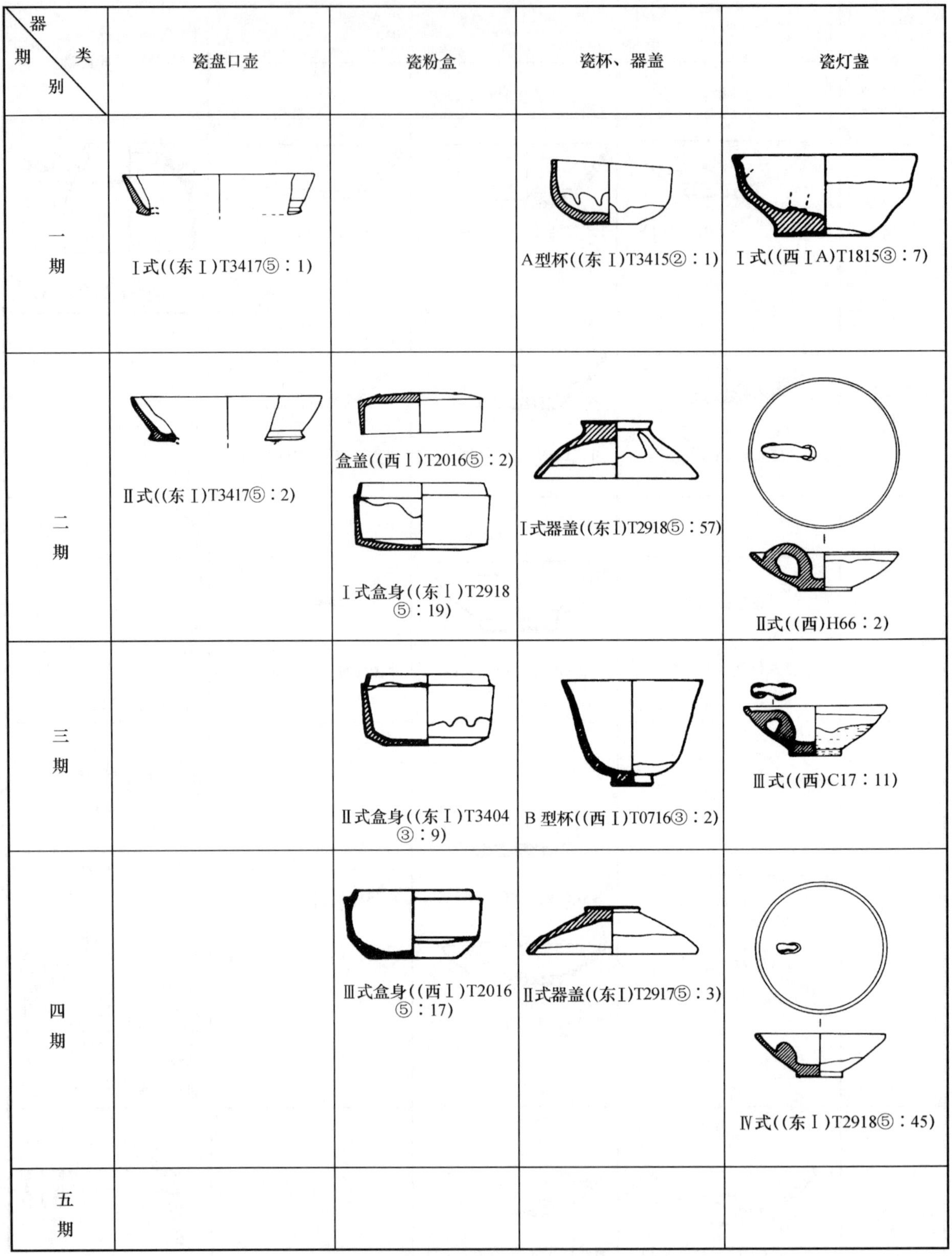

图一一五　巴东旧县坪遗址出土隋唐五代器物分期图（五）

器类 期别	釉陶双唇罐	釉陶盘口壶	釉陶壶
一期			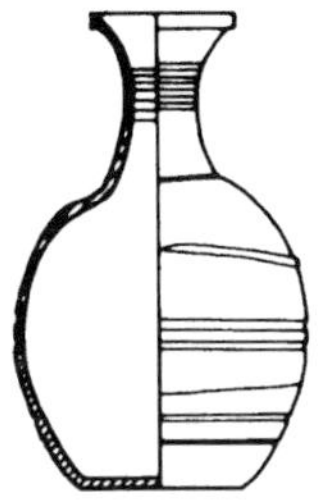 (西)C22∶4
二期	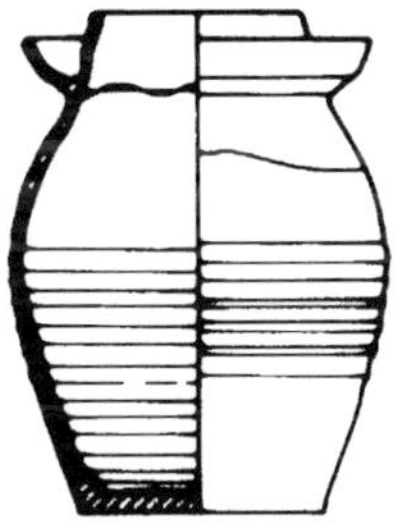 Ⅰ式((西Ⅰ)T3217⑤∶3)	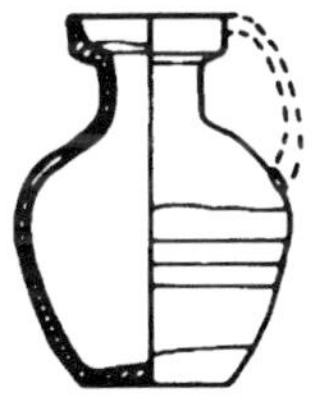 Ⅰ式((西Ⅰ)T2912⑤∶3)	
三期	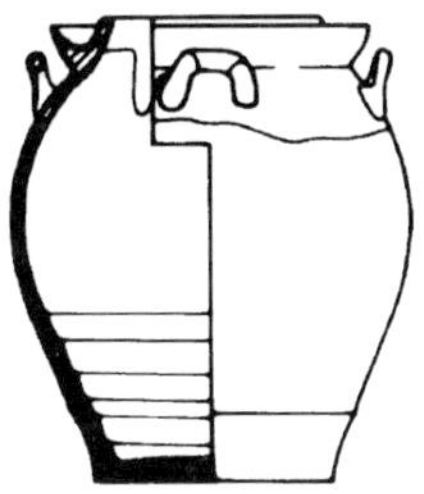 Ⅱ式((西Ⅰ)T3320⑤∶3)	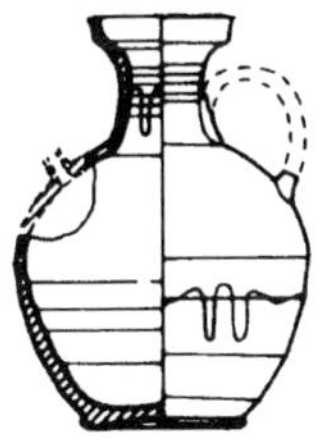 Ⅱ式((东Ⅰ)T2917⑤∶9)	
四期	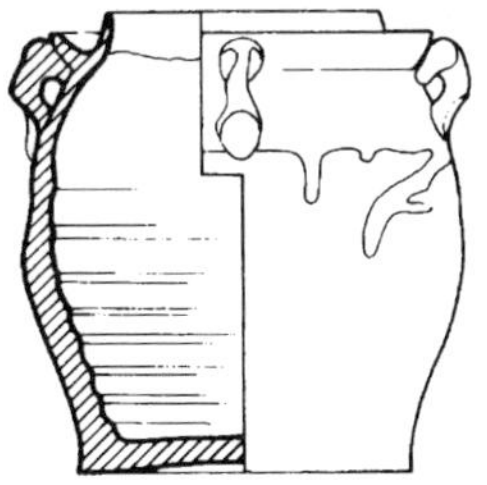 Ⅲ式((东)F28∶1)		
五期			

图一一五　巴东旧县坪遗址出土隋唐五代器物分期图（六）

器类 期别	陶量钵	陶盆	陶盘、石砚
一期		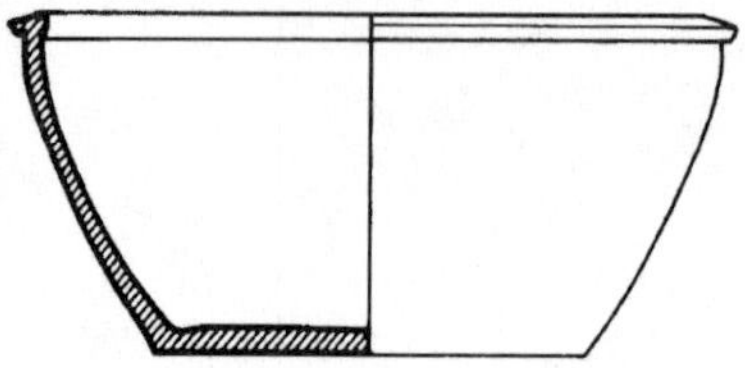 (东)F28：3	 陶盘((东)H3：2)
二期			
三期	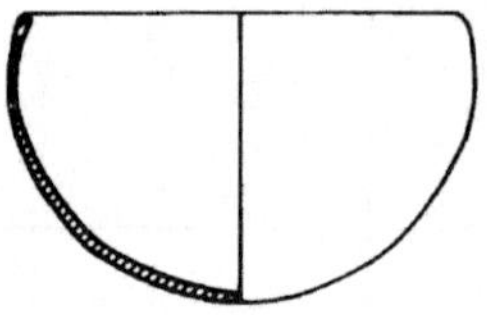 (西)C17:10		
四期			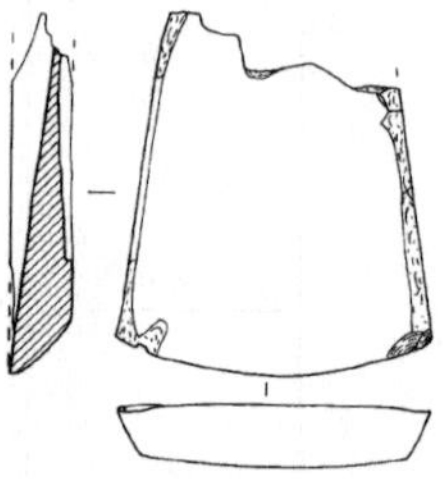 石砚((东Ⅰ)T2918⑤：56)
五期			

图一一五　巴东旧县坪遗址出土隋唐五代器物分期图（七）

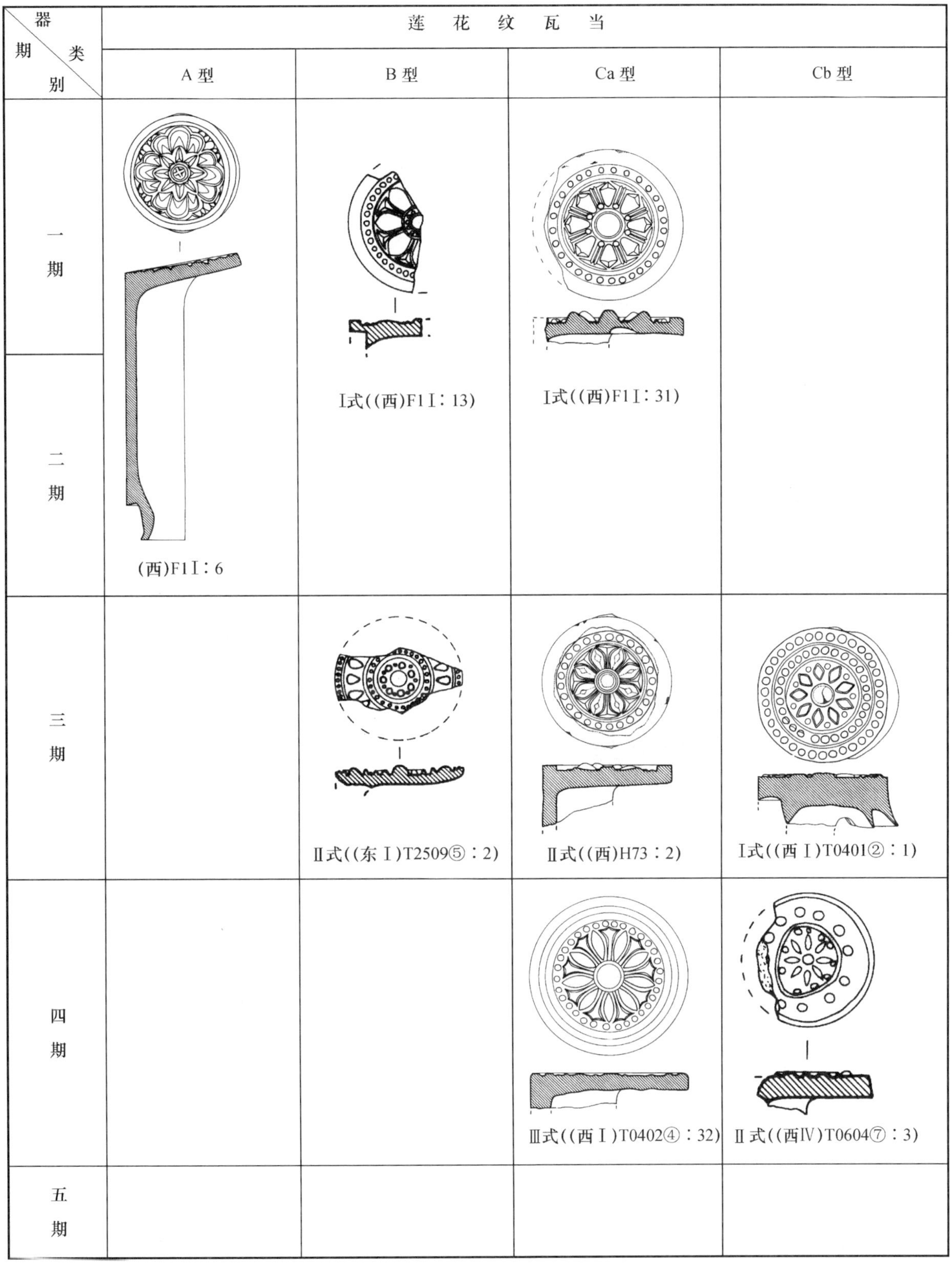

图一一五　巴东旧县坪遗址出土隋唐五代器物分期图（八）

期别 \ 器类	乳钉纹瓦当	兽面纹瓦当	星形纹瓦当
一期			
二期			
三期	 Ⅰ式((西Ⅰ)T3517⑤：50)	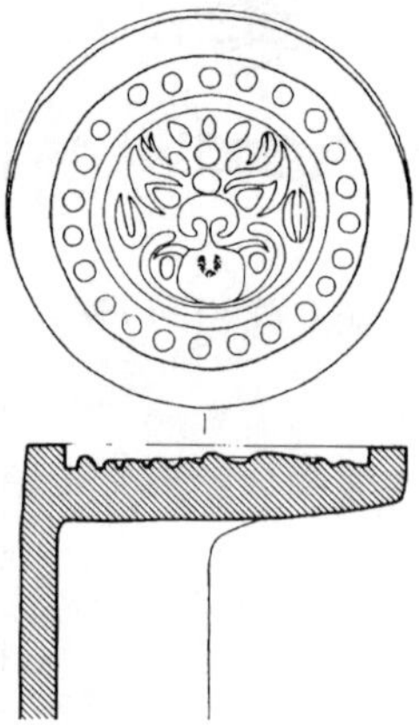 Ⅰ式((西)C17：5)	
四期	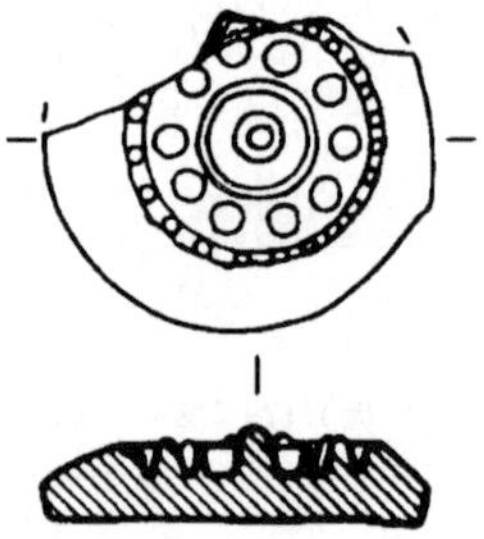 Ⅱ式((西Ⅰ)T0207③：3) 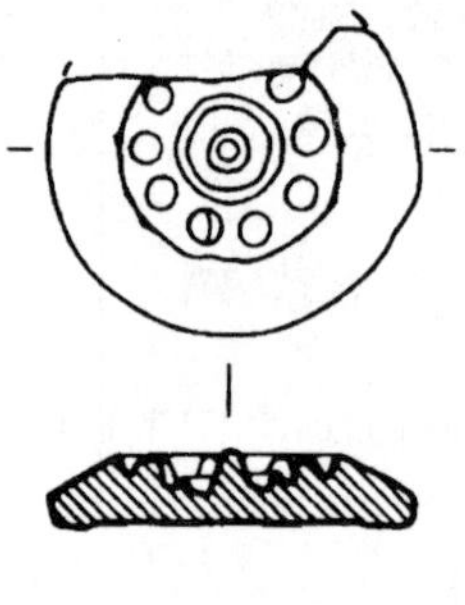 Ⅲ式((西Ⅰ)T0207③：4)	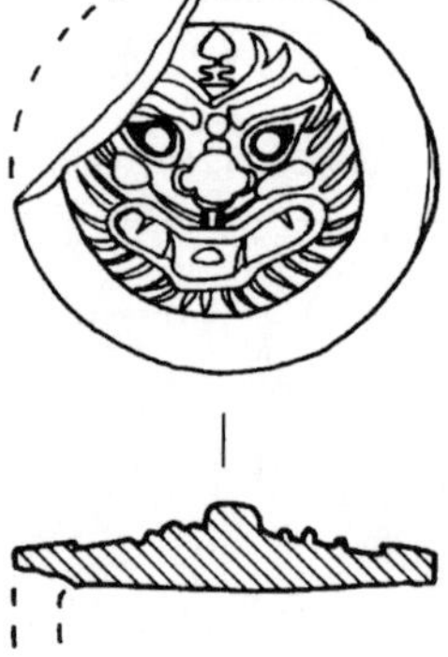 Ⅱ式((西)H65：2)	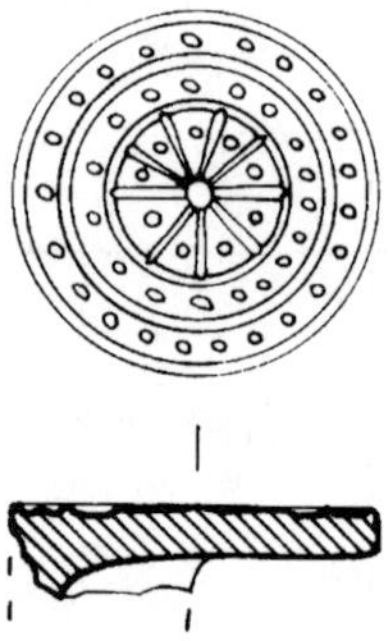 (西Ⅰ)T0405④：10
五期			

图一一五　巴东旧县坪遗址出土隋唐五代器物分期图（九）

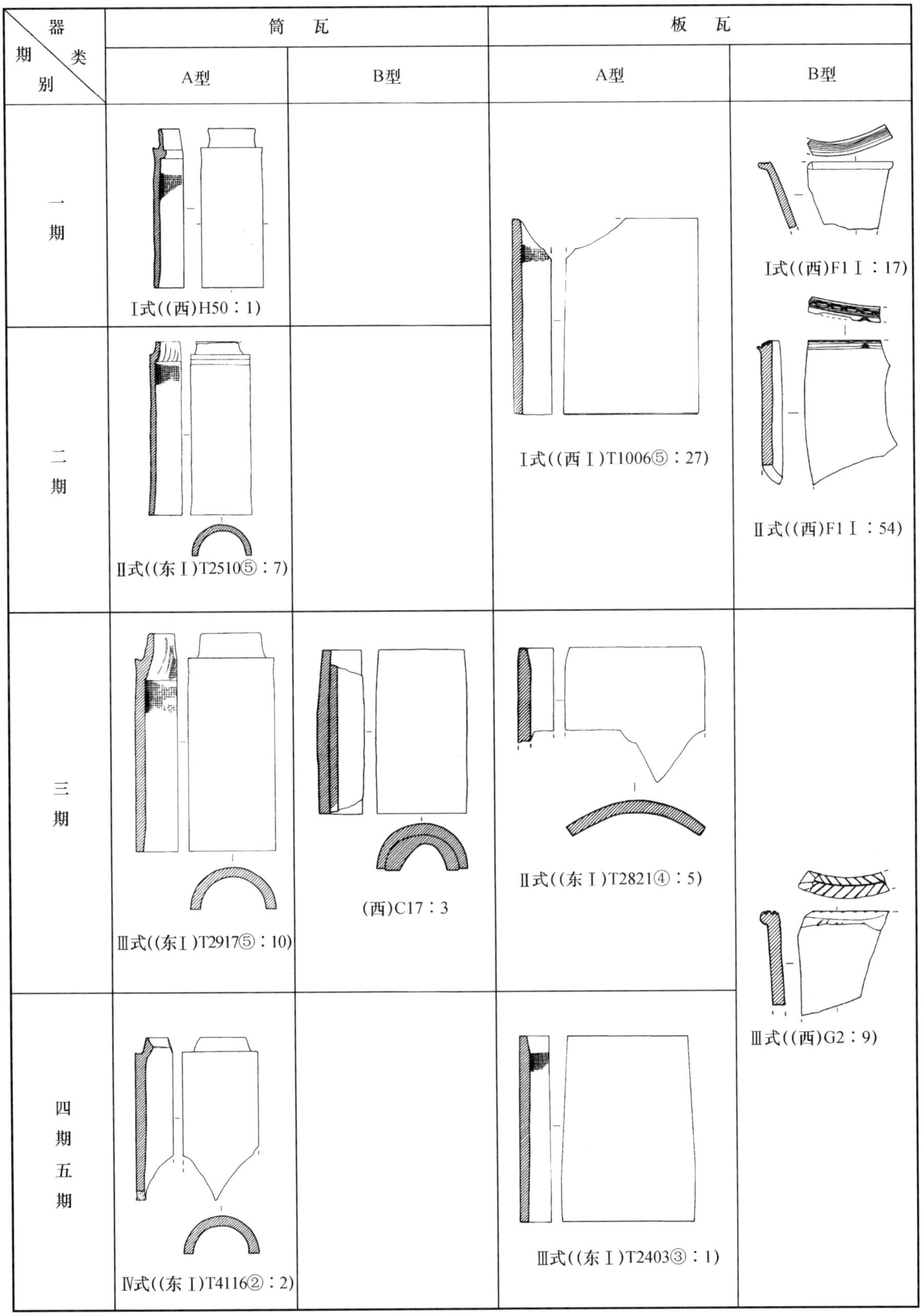

图一一五　巴东旧县坪遗址出土隋唐五代器物分期图（一〇）

第四期：Ba 型Ⅳ式碗同湖北蕲春罗州城出土的晚唐时期的釉陶 B 型Ⅱ式碗完全相同①。Ⅲ式双耳罐同湖南长沙唐太和六年王清墓发现的同类器形制相同②。Db 型Ⅰ式碗、Ⅳ式灯盏和湖北黄石新下陆晚唐 M1 出土的相同器物的造型一致③，其年代当在唐文宗到哀帝时期④。Db 型Ⅱ式、E 型Ⅲ式碗相似于湖南益阳县赫山庙唐宝应二年墓出土的同类器物（原简报编号分别为益阳 M30∶18、益阳 M30∶14）⑤。Ⅴ式钵同江苏扬州五台山唐光启二年卫氏墓发现的同类器形制相同⑥。Ⅲ式釉陶双唇罐和重庆云阳乔家院子遗址中出土的同类器完全相同⑦。另外，本期出土的“风”字砚也是晚唐时期的典型器物⑧。综合以上分析，第四期遗物的年代可定在唐肃宗至唐哀帝年间。

第五期：本期所出的青瓷器中，Ba 型Ⅴ式碗和五代时期的湖南 1958，长、地、五 M6 出土的 C 型碗风格近似⑨。Bc 型Ⅳ式、C 型Ⅴ式、Da 型Ⅵ式碗与湖北蕲春罗州城出土的五代时期的 Ab 型Ⅶ式、Aa 型Ⅸ式瓷碗，A 型Ⅳ式釉陶碗造型一致⑩。Db 型Ⅳ式花口碗与安徽青阳南唐 M1∶5 器物相同⑪。Ab 型Ⅵ式盏与江苏五代吴国大和五年墓中出土的同类器基本相同⑫。Ⅳ式双耳罐和与湖北蕲春罗州城出土的五代时期的 C 型Ⅶ式釉陶罐完全相同⑬。根据上述比较，第五期遗物的年代可定为五代时期。

（二）遗迹的分期与年代

旧县坪遗址遗迹的分期是在遗物分期的基础上进行的，由于部分遗迹单位出土遗物极少或根本没出，给遗迹的整体分期带来一定的困难，但隋唐时期的重要遗迹里面仍出有一批典型器物可供分期之用，没有遗物的遗迹或根据层位关系、或根据遗迹之间的布局进行，依据上述理由，旧县坪遗址遗迹与遗物之间的年代对应关系参见表五。

二、遗物的演变规律及其陶瓷工艺特点

旧县坪遗址隋唐遗物按器物的用途主要分为生活用具、生产工具、宗教遗物、建筑材料等几大类。生活用具的数量最多，在生活用具中，按质地又可分为瓷器、陶器、釉陶器、银器、铜器等多类，这些遗物，集中地反映了隋唐时期生活在旧县坪遗址这块土地上的人们的生产能力、生活水平和风俗习惯，透露出强烈的时代特征，足以弥补考古学研究中的一些缺环。

---

① 黄冈市博物馆等：《蕲春罗州城》，科学出版社，2007 年。
② 周世荣：《略谈长沙王清墓与出土瓷器的窑口问题》，《考古》1985 年第 7 期。
③ 黄石市博物馆：《黄石市新下陆一号唐墓》，《江汉考古》1984 年第 1 期。
④ 权奎山：《中国南方隋唐墓的分区分期》，《考古学报》1992 年第 2 期。
⑤ 益阳县文化馆：《湖南益阳县赫山庙唐墓》，《考古》1981 年第 4 期。
⑥ 吴炜：《江苏扬州五台山唐墓》，《考古》1964 年第 6 期。
⑦ 西北大学考古队：《重庆云阳乔家院子遗址唐宋时期遗存》，《江汉考古》2002 年第 3 期。
⑧ 全锦云：《武昌隋唐墓葬出瓷器分析》，《景德镇陶瓷》（《中国古陶瓷研究专辑第二辑》），1984 年。
⑨ 周世荣：《湖南古墓与古窑址》，岳麓书社，2004 年，第 330 页图 35。
⑩ 黄冈市博物馆等：《蕲春罗州城》，科学出版社，2007 年。
⑪ 青阳县文物管理所：《安徽青阳县发现一座南唐砖室墓》，《考古》1999 年第 6 期。
⑫ 江苏省文物管理委员会：《五代—吴大和五年墓清理记》，《文物参考资料》1957 年第 3 期。
⑬ 黄冈市博物馆等：《蕲春罗州城》，科学出版社，2007 年。

(一)各类器物的特点及其演变规律

在所有的遗物里，陶瓷的生活用具不仅数量多，而且最能反映各时期的时代风格，发展演变序列也最完整。

第一期：瓷碗类数量最多，形制多样，但总体时代风格明显，变化规律清晰。各型瓷碗的腹部普遍较深，腹壁或较直或圆弧，圈足普遍较后期偏小。瓷钵流行敛口、圆弧腹、宽平底。瓷盏可分为敞口圆唇（Aa型）、敞口翻唇（Ab型）、敛口几类，但共同的特征为圆弧腹，假圈足较宽。双耳瓷罐为盘口，矮束颈，圆肩，圆腹。青瓷盘口壶盘口深且外撇。瓷灯盏口直腹深，内纽粗高。

第二期：新出现瓷器有折沿碗（Bc型）、撇口曲腹碗（Da型）、筒形腹碗（E型），粉盒以及釉陶双唇罐、盘口壶等器类。瓷碗、钵、盏类器物的腹部和上期同类器相比，普遍由圆弧腹演变为斜弧腹。青瓷盘口壶盘口由外撇变为斜直。瓷粉盒盒身直，下部折腹处较矮。瓷灯盏器身变矮，内纽仍高出器口。釉陶双唇罐唇间沟漕深，器身瘦长，腹部呈椭圆形。釉陶盘口壶盘口直深，宽短直颈，圆肩，下腹斜收。

第三期：器类最多，又新出现的瓷器有撇口折沿碗（Dc型）、B型杯。瓷碗、钵、盏类器物盛行曲腹。钵由平底演变成弧壁假圈足。新出现的撇口折沿瓷碗（Dc型）斜弧壁近直。筒形腹碗（E型）腹底连接开始出现内切的作风。双耳瓷罐由盘口变为直口，器身最大径移至上腹。瓷粉盒盒身上大下小直收，下部折腹处较前期高。瓷灯盏圈足加高，内纽开始低于器口。釉陶双唇罐唇间沟漕渐浅，四耳横安肩部，器身最大径移至上腹，下腹曲收。釉陶盘口壶盘口变浅，束颈细长，圆鼓腹，下接假圈足。

第四期：器类开始减少，新出现的瓷器仅有撇口斜直腹碗（Dc型）一种。瓷碗、钵、盏类器物盛行折腹。腹底连接处盛行内切的作风。斜直腹、玉璧底碗开始多见。钵腹深，内底心下凹，假圈足直高。双耳瓷罐器身最大径移至肩部。瓷粉盒盒身下部折腹处进一步升高，接近器身三分之一处。瓷灯盏内纽进一步降低至器身二分之一处。釉陶双唇罐器身胖鼓，四耳由横安变为竖置。

第五期：器类开始骤减，仅存瓷碗、钵、盏、双耳罐四类，碗类器物的腹部明显变深，斜弧腹、斜直腹的风格突出，花口器常见。双耳瓷罐直口加高，器身瘦长。

(二)瓷器的胎釉、制造工艺及其窑口分析

隋唐时期是我国瓷器发展史上的一个重要的历史阶段，南方青瓷器的高度发展和北方白瓷器的异军突起是这一时期的主要特点。旧县坪遗址地处南方地区的长江上游，遗址中发现的主要是青瓷器，和同时期南方地区一些著名的青瓷窑址如浙江的越窑、江西的洪州窑、湖南的岳州窑、长沙窑、四川的邛崃窑等都有密切关系。

第一期：器类较少，主要有盘口壶、碗、钵、盏、双耳罐、杯、灯盏、壶等数种器物，每一类器物里面可分的型不多，除了碗可分为侈口深腹、侈口浅腹、敛口浅腹三型外，其余各类器物都没有另外分型。胎骨以青灰色为主，其次为棕红色、灰白色，少量的褐色和浅黄胎。釉色以青黄釉为主，次为青釉和褐釉，施釉方法一般采用蘸釉，器物内里满釉，器外半釉不及底。青黄釉分两种，一种釉层较薄，易脱落，釉光较暗，和四川等地发现的邛崃窑系的产品比较接近①；另一种釉层较

① 耿宝昌：《邛窑古陶瓷简论——考古发掘简报》，《邛窑古陶瓷研究》，中国科技大学出版社，2002年。

厚，有积釉、滴釉、釉泪现象，碗、钵内底有支钉痕，和江西洪州窑系的产品相似或相同[①]，应该属于洪州窑系的产品。施青釉的产品质量较好，灰白色胎，胎质细腻，豆青开片，釉面光洁，玻璃质感强，典型器物有盘口壶、碗、双耳罐、杯，其中标本Aa型Ⅰ式碗（（西Ⅰ）T0506③:1）内底还残留有叠烧时粘连的另一件器物的残片，可见其应该是使用匣钵套烧出来的。这类青釉器物应该是来自湖南岳州窑的产品[②]。

第二期：器类增多，特别是碗类，型别明显增加，新出现了粉盒、带纽形灯盏等器类。瓷器的胎、釉及制造工艺同上期相比，没有发生太大的变化。值得提出的是，本期新发现了一些白瓷片，可看出器类的有碗和粉盒，标本（西Ⅰ）T2016⑤:2为一粉盒盖，外表及内顶施纯净的白釉，无开片，白胎。粉盒是中原地区常见的器物，本期新发现的白瓷和中原地区邢窑的特征很相似[③]，应该属于北方窑系的产品。

第三期：器类最为丰富，型式最为多样，新增加的器类有B型盏、B型杯。瓷器的胎、釉及制造工艺同上期相比，发生了较大的变化。邛崃窑系的产品大量增加，以褐色、深褐色或棕红色瓷胎居多，由于邛窑的瓷器胎质是一种含铁量很高的黏土制成，所以器表在施釉前先上一层淡黄色化妆土衬底，然后施以青、青黄、褐釉。从第二期开始，各型碗出现下腹横向内切的作风，本期最为盛行。本期还流行一种青灰釉，主要施在碗类器物上，标本（西）C17:9，施青色釉，外下腹及底无釉，白胎。这类器物应该是长江下游越窑系列的产品。

第四期：本期的瓷器器类较上期有所减少，但新出现了一批长沙窑系的器物。胎骨以灰白为主，次为白色，釉下彩和贴花装饰是这批瓷器的典型特点，如标本（东Ⅰ）T2718⑤:32，是一件双耳罐的残片，直口圆唇，直领圆肩，深直腹略鼓，腹呈瓜棱形，施青黄釉，肩部贴塑花瓣形耳。并装饰有褐色点彩，内腹无釉，釉下施有白色护胎釉。标本（东Ⅰ）T2918⑤:34，为一双耳罐的底部残片，上腹弧，下腹直收成大平底，微内凹。灰白色胎，内无釉，外施青黄釉不及底，釉下有褐彩点环绕的花瓣纹饰，中心施蓝彩。标本（东Ⅰ）T2918⑤:34，标本（东Ⅰ）T2308⑤:1，为器物的底部残片，白色胎，内外均施青灰色釉，内底釉下用绿、黄二彩绘制荷莲图案。标本（东Ⅰ）T2918⑤:62，为一青瓷埙，鸟形，喙、爪及尾稍残。造型生动，头稍偏向一侧，双目圆睁，两肋刻划展翅，腹下贴塑双爪。内空，腹前及两侧各有圆孔。灰白胎，顶部施褐釉，上部施青黄釉，底部露胎。此类雕塑小品也是长沙窑的典型器物[④]。

第五期：器类明显减少，形式简化，以碗、盘、钵类器物为主。釉色仍以青黄色为主，胎色有浅灰、红褐、褐色，胎面釉下多施有一层灰白色的化妆土。应该主要还是邛崃窑系的产品。越窑系的瓷器较少，多施青釉，釉色分青绿和深灰绿，标本（西Ⅰ）T3318⑤:1，施深灰绿色釉，红褐胎，釉色生涩、黯淡无光。内底多有支钉烧痕。本期白釉瓷器逐渐增多，器物多满釉及底，釉层较薄，釉面光润，具有玻璃质感。标本（东Ⅰ）T3404⑤:1，这类白瓷器应该属于北方窑系的产品。另外，本期还出有一些黑釉的敞口、花口碗，和湖南长沙窑的同类器风格接近，应该属于长沙窑的晚期产品[⑤]。

---

① 江西省历史博物馆等：《江西丰城罗湖窑发掘简报》，《中国古代窑址调查发掘报告集》，文物出版社，1984年。

② 周世荣：《湖南唐宋窑址分期与陶瓷的主要特点》，《景德镇陶瓷》（《中国古陶瓷研究专辑第二辑》），1984年。

③ 中国硅酸学会主编：《中国陶瓷史》，文物出版社，1982年。

④ 肖湘：《浅谈唐代长沙铜官窑的釉下彩画和雕塑小品》，《景德镇陶瓷》（《中国古陶瓷研究专辑第二辑》），1984年。

⑤ 周世荣：《湖南唐宋窑址分期与陶瓷的主要特点》，《景德镇陶瓷》（《中国古陶瓷研究专辑第二辑》），1984年。

三、遗迹的性质及其特点

由于受到三峡工程工期限制和本次发掘设计的学术目标的需要，本次发掘尽管没有全面揭示隋唐五代时期巴东县治的所有遗迹，但对这一时期几处典型、重要、保存完好的遗迹，如（东）F28、（西）F1 Ⅰ以及位于西区的仓储等遗迹做了完整地发掘，为隋唐五代时期县治规模城市的布局、建筑形式和内容的研究提供了宝贵的实物资料。

（一）（东）F28的年代与性质

（东）F28是一处有围墙环绕的、独立的建筑群，现存建筑面积约为412平方米，是巴东旧县坪遗址隋唐五代时期最大的一处建筑。有关该建筑的年代与性质，我们有如下观点：

1.（东）F28的建筑和使用年代

（东）F28建筑在六朝晚期的夯土城墙以及城门大道之上，其建筑用的砖多为素面，少量的花纹砖，瓦全为素面，其砖、瓦的尺寸规格，属隋唐时期，其中（东）F28G4用的花纹砖上饰有忍冬纹，是南方地区隋代墓砖上常见的纹饰，据此推测（东）F28的始建年代应该在隋代。又根据叠压在（东）F28之上的东居民区5层中出土有一批五代时期的遗物，由此可见，（东）F28的废弃年代当不会晚于五代时期。

2.（东）F28的地望

隋开皇十八年设巴东县，治所在今旧县坪遗址，一直持续到北宋早期才迁往江南今县城所在地；北宋中期曾一度又迁回旧县坪，晚期又迁走；南宋早期后段再次迁回，至南宋晚期完全放弃。从此以后，巴东县治就一直处在江南今县城所在地了①。

隋开皇十八年设巴东县衙署所在地，古代文献中没有明确记载，但我们可以从有关巴东县历史沿革的古代文献中梳理出其大致的位置来。在隋开皇十八年设巴东县之前，梁归乡县、信陵郡，北周乐乡县址都位于同一地点——旧县坪遗址的东区②。而隋设巴东县址正是因袭了梁归乡县、信陵郡，北周乐乡县址③，据此推断隋开皇十八年后，初设巴东县衙署所在地应该和梁归乡县、信陵郡，北周乐乡县址同处一地，也是在旧县坪遗址东区，（东）F28也正是在这一区域内。

3.（东）F28的性质

（东）F28是一处有围墙环绕的、独立的建筑群，现存建筑面积约为412平方米，是巴东旧县坪遗址隋唐五代时期最大的一处建筑。其中（东）F28-1（一号建筑）是这组建筑群中的主体建筑，东西长19.2、南北宽9米，面积为172.8平方米。从建筑规格上看，面阔为五间以上（因柱础不规则，进深无法确定），前后出廊，大于扬州城内今文化宫处发现的唐代建筑遗址④。另叠压在其上的

---

① 王然、邓辉：《湖北巴东旧县坪遗址发掘考证》，《江汉考古》2003年第2期。

② 王然、邓辉：《湖北巴东旧县坪遗址发掘考证》，《江汉考古》2003年第2期。

③《隋书·地理志》巴东郡巴东县条：“巴东，旧日归乡，梁置信陵郡，后周郡废，县改为乐乡。开皇末，又改名焉。”

④ 王勤金：《江苏扬州市文化宫唐代建筑基址发掘简报》，《考古》1994年第5期。

5层中出土了不少脊饰等建筑装饰，应该与（东）F28-1有关，另从建筑格局来看，这组建筑有围墙环绕，主体建筑坐北朝南，南面的（东）F28-2（二号建筑）应该是东、西亭间中的西亭或阁间（东亭或阁间未发掘）。如此布局和唐长安城大明宫内的含元殿规格、等级上虽不能相提并论，但其布局和建筑风格却有很多相似之处①。含元殿是大明宫的正殿，朝会之地，是唐长安城大明宫内最重要的殿堂。以上材料证明，（东）F28也应该属于巴东旧县坪遗址隋唐五代时期最重要的一座官府建筑。

通过以上三点分析得知，（东）F28的始建年代在隋代，一直沿用到五代时期，是隋唐五代时期巴东县内最大、最重要的一处官府建筑。据此，我们认为这座建筑应该是始建于隋开皇年间巴东县的县衙署遗址。

（二）（西）F1 Ⅰ的年代与性质

1.（西）F1 Ⅰ的建筑和使用年代

有关（西）F1 Ⅰ的建筑和使用年代，可以从两个方面进行分析判断。首先，从层位关系来看，叠压在（西）F1 Ⅰ之上的庙宇区4层属于隋唐五代文化层，因此，此建筑的建筑和使用年代不会晚于隋唐五代时期；其次，从出土遗物的年代来看，通过本节第一部分对遗物的分期与年代的分析，已知（西）F1 Ⅰ内出土遗物年代包含了隋唐文化五期遗存中的一至四期。据此结论，可以判断出（西）F1 Ⅰ应该始建于隋代，并一直沿用到晚唐五代时期。

2.（西）F1 Ⅰ的性质

有关（西）F1 Ⅰ的性质，也可以从两个方面进行分析判断。首先，从建筑格局来看，它是以供台（或为塔基）为核心，周边绕以廊道和庭院，明显不具备居住功能，属于朝拜场所。其次，从出土遗物内容来看，（西）F1 Ⅰ内及其叠压在（西）F1 Ⅰ之上的庙宇区4层中，出土的遗物既有大量的莲花纹、兽面纹瓦当；还出土了一批与佛教有关的遗物，如泥塑佛螺髻、泥塑佛手、泥塑莲瓣、泥塑带莲座脚、石人像牌、石狮爪、莲花经柱（或经幢）插座等，根据以上两方面材料，基本可以确定（西）F1 Ⅰ的性质为佛教寺院遗址。

3.（西）F1 Ⅰ的布局特点

唐代的佛教寺院遗址已发现了一批，如京城内的西明寺②、青龙寺遗址③，地方上有重庆云阳县明月坝唐宋寺庙遗址等④。仅就平面布局而言，隋唐时期佛教寺院的平面布局大致分为两类；一类是以佛塔为中心的塔庙式，另一类是以佛殿为中心的佛殿式。青龙寺遗址为我们揭示了这两类寺庙遗址的演变过程。青龙寺遗址发掘了两处遗址，原报告结语部分提到："虽然只发掘了两处遗址，但从其早晚不同和重建的情况来看，对了解青龙寺的布局、形制也得到一些线索。如塔基为早期建筑，被废后未再重建。从在塔基的前面有'中门'，后面有殿（遗址）来看，这种以塔为主的前塔后殿的建筑布局，与隋代以前的寺院布局是一致的。在初唐以后，寺院的建筑形式有很大改变，

① 傅熹年：《唐长安大明宫含元殿原状的探讨》，《文物》1973年第7期。
② 中国社会科学院考古研究所西安唐城工作队：《唐长安西明寺遗址发掘简报》，《考古》1990年第1期。
③ 中国社会科学院考古研究所西安工作队：《唐青龙寺遗址发掘简报》，《考古》1974年第5期。
④ 四川大学历史文化学院等：《重庆市云阳县明月坝唐宋寺庙遗址发掘简报》，《文物》2006年第1期。

其主要建筑则是佛殿，而塔改在佛殿的后面或左右两侧，降为寺院的附属建筑。据此发掘的塔基，当属于青龙寺的早期建筑，也就是隋称‘灵感寺’时的建筑遗迹。……至于现存的晚期殿址的建筑时代，估计可能是在会昌五年（845年）毁佛后，在废毁的殿址上重建。”①

（西）F1Ⅰ是以供台（或为塔基）为主的寺院布局，前面我们已提到，本报告称之的“供台”，很可能就是一座塔基，由于其上部已被破坏，结构已不完整，文献中也没有搜索到此处有塔的记载，这里姑且以“供台”称之。不管是供台或者是塔基，它在（西）F1Ⅰ布局中的主体地位是不变的，是朝拜的主要对象也是肯定的。据此分析，再次证明了（西）F1Ⅰ始建于隋代，属于中国早期的佛教寺院遗址。

（三）仓窖的年代与特点

存储粮食是人们生活中最重要的活动之一，关于我国古代储粮方式，已有学者做了系统的研究②，中原地区主要是地穴式或半地穴式的储粮方式。“到了隋、唐、宋时期，就进入了它的完善阶段。……宋代以后，地下储粮日趋衰落，几乎全为地上储粮所取代：……我国封建社会鼎盛时期的隋、唐、宋诸朝，地下储粮不仅集以往地下储粮各阶段经验之大成，而且更有了进一步的改进和发展。这时期的地下储粮，不仅是空前的普遍，而且在粮窖结构、管理制度等许多方面都已具完善”③。查阅相关考古资料，现已发现的地穴式或半地穴式的储粮仓窖主要集中在中原地区，而根据古代文献记载，隋唐时期，南方地区的州县大都设置有粮仓④，但具体到粮仓的规模、布局、储粮方式、粮仓的形态等，却极少有实物例证。巴东旧县坪遗址上发现的粮仓，规模较大，布局清晰，部分粮仓保存完好，是隋唐时期南方地区县级粮仓珍贵的实物例证。

1. 仓窖的年代

巴东旧县坪遗址上发现的粮仓，现存8座，集中布局，围墙环绕。根据本节第一部分对遗物的分期与年代的分析，得知这8座粮仓的年代包含了隋唐五代文化五期遗存中的一至四期。其中，中、晚唐是其繁荣期（参见表三）。

2. 仓窖的特点

巴东旧县坪遗址上发现的粮仓，与同期的地下储粮相比⑤，呈现出一些特点。首先，形制多样。8座仓窖皆为半地穴式窖穴，这是当时主要的储粮方式之一；但8座仓窖中有4座长方形、2座正方形、1座圆形以及1座不规则形的情形，与洛阳地区发掘的隋唐粮窖“无一不是圆形（椭圆形）的口大底小的缸形窖”的“完全单一化”相当不同。其中可能的原因，一是洛阳发掘的皆为大型粮

---

① 中国社会科学院考古研究所西安工作队：《唐青龙寺遗址发掘简报》，《考古》1974年第5期。

② 余扶危、叶万松《我国地下储粮之研究》（中）、（下），《农业考古》1983年第1、2期。

③ 余扶危、叶万松《我国地下储粮之研究》（中）、（下），《农业考古》1983年第1、2期。

④ 张弓：《唐朝仓廪制度初探》，中华书局，1985年。

⑤ 据余扶危先生等研究，从春秋战国至南北朝，我国古代地下储粮的主要特征有：仓窖种类只有圆形（椭圆形）和长方形两种，圆形占多数，形式为地下式与半地下式两种，制窖工艺有了新的进步；粮窖容积较前明显增加，大、小粮窖的容积相差悬殊；粮仓管理机构较前更为系统等。隋、唐、宋时期，地下粮仓数量激增，窖容量再度增加，但除家用小型粮窖外，粮窖形制种类已单一化（均为圆形）；粮窖的制作方法更为科学；粮仓管理自成体系，制度严密，方法科学等。参见余扶危、叶万松《我国地下储粮之研究》（中）、（下），《农业考古》1983年第1、2期。

仓，这种口径超过10米、口大底小的窖“一方面可以扩大窖容量，另一方面可以更有效地防止窖壁塌落”①，而巴东的仓窖均为小型窖（参见表三），在形制上可以灵活变通。第二个原因，与仓群所在的地理位置有关。如前所述，巴东旧县坪位于长江北岸一处地势平缓的台地，台地东北倚山；南面临江，为陡峭的山岩；西部与西南角为陡坎地，西部中心区最高、最平的一块台地则为仓群遗址。仓群遗址的总面积虽然不大，却是因地制宜、灵活制窖的结果。第三个原因，或是继承了六朝以来的形制②，若此判断大致成立，则巴东的仓储修建至迟可上溯到六朝时期。

其次，制窖方法简洁实用。主要过程为挖坑、修理成形、立柱盖顶与修建烤炉等。仓窖内部，壁、底平整，壁或为砖砌，窖顶或为瓦覆，各窖留存有较厚的坍塌瓦砾堆积层残砖，部分窖内留有残砖，以及部分窖边和窖底保留有柱础或柱洞等情形，可以证实此种判断。窖内防潮方面，修建烤炉简单易行，如（西）C17仓底中部偏西处修有烤炉，（西）C23的火炉红烧面痕迹表明其内部亦有烤炉。与北方雨水较少、土质干燥不同，巴东气候温暖多雨、湿热多雾，因此，窖内环境的干燥与储粮的烘干皆有赖于烤炉。

再次，仓群选址合理。仓址宜具备通风向阳、安全保险、干燥防潮、交通便利等条件。隋唐仓储区建在遗址西部中心区最高与最平的台地上，地势北高南低，且距离山麓还有一定距离，不仅利于汛期山水下泄长江，还具备了通风向阳的条件。仓储区的东南为商业区，区内有数条主干道分别通向官署区、居民区以及江边码头，交通十分便利。更为重要的是，仓储区所在高台为整个遗址中唯一一处土质细腻、含少量细沙的黄土土质，这种土质不仅可满足南方地区半地穴式仓窖对土壤条件的较高要求，而且便于修造，利于防潮，并相对牢固。上述考量充分体现了仓储选址的合理性。

此外，仓储管理井然有序。仓储区外，四周设有石块砌成的围墙，不仅牢固、经济，更可防盗，便于管理。仓储区内，留存一处房屋建筑遗迹，从其所处位置和建筑规格分析，当是一座官署建筑，应为管理仓储的人员所使用。日常管理方面，（西）C17在仓台近门道处发现一对量钵，同时，东仓台南部还有一对瓷碗，似亦作为量具使用。

总体上看，隋唐时期的仓窖在形制、建筑、选址、管理等方面均体现出了对当地自然条件的有效利用，以及对气候、降水、地形等不利因素的防护。在仓储的类别上，当为县仓。县仓和州仓是唐朝地方受纳正租的仓廪，统称为正仓③。从考古发掘来看，巴东旧县坪仅此一处仓址，当主要承担本县的常年受纳租税与给付职能④。但是，这并不意味着六朝时的仓廪亦具有相同的职能。刘宋于此置归乡县，梁复置信陵郡⑤，皆与当时巴东一带的“蛮动”密切相关，如刘宋大明年间（457～464年），“巴东、建平、宜都、天门四郡蛮为寇……太宗、顺帝世尤甚，虽遣攻伐，终不能禁，荆州为之虚敝。”⑥ 六朝时巴东置县未久，但作为讨蛮要地，其保障军需的重要性不言而喻，因此，六朝时的仓廪似以军事用途为主。

巴东旧县坪的隋唐仓群遗址，是迄今为止难得的关于山区县城仓窖的实物性资料，不仅弥补了文献资料的阙如，还有助于深化隋唐时期地方仓廪建设的研究。虽然本研究尚处于起步阶段，但它无疑对研究中古时代长江中游的政治、军事格局的演变以及南方族群等问题提供了一条重要线索。

---

① 余扶危、叶万松《我国地下储粮之研究》（下），《农业考古》1983年第2期。

② 前引余扶危、叶万松《我国地下储粮之研究》（中）认为，圆形与长方形为春秋战国至南北朝时期仓窖的两种主要形状。

③ 张弓《唐朝仓廪制度初探》第一章《正仓》，中华书局，1985年，第1页。

④ 唐朝正仓的给付职能包括出给官禄及递粮等基本职能，以及和籴、供饷、供公厨、赈济、出贷、出粜等其他职能。参见张弓《唐朝仓廪制度初探》第一章《正仓》，第9～18页。

⑤ （宋）欧阳忞：《舆地广记》卷二八《荆湖北路》“巴东县”条，四川大学出版社，2003年，第809页。

⑥ 《宋书》卷九七《夷蛮传》，中华书局，1974年，第2397页。

第七章　两宋时期

第一节　遗　　迹

旧县坪遗址两宋时期遗迹十分丰富，城市的各功能区格局固定、街道分布合理、供排水设施完备。其格局较隋唐时期有所变化，此时，城市的中心由东区转移到西区，如官署区、商业区、仓储区、庙宇区均设在西区，而东区仅为一居民点。这一格局从北宋早期规划形成后，一直沿用，直至该城镇废弃。

在旧县坪遗址中，发掘清理的两宋时期的遗迹主要有房屋遗迹、街道遗迹、仓储遗迹、沟渠遗迹、灰坑遗迹、水井遗迹等。这些遗迹根据层位关系可分四期（图一一六），以下按类分期对各类遗迹予以叙述。

一、街　　巷

两宋时期的巴东县城位于长江北岸，北背高山，南面大江，是沿江修建的城市，其街道是由中部一条横贯东西的主干道将整个城区串联起来，再由六条上山、下江的纵向街道与之相交形成城区纵横街道的主框架，并将城内分为不同的功能小区。其他众多的小巷与主框架相连通往城区的各个角落，构成城区交通网。由于是山区城市，其道路不如平原地区规整，而是在总体规划原则不变的情况下，依地势变化蜿蜒而行，形成山区街道的特点：道路曲折，高低不一，梯步多。在旧县坪遗址中，我们共清理出街巷遗迹72条，其中东区18条，西区54条。因街巷较长，所跨区域多，而在不同区域内的开口层位也不同，为了便于了解，我们采用列表表述（表六），故其分布位置、层位关系在后文中就不再赘述。

表六　巴东旧县坪遗址宋代道路遗迹位置、层位关系及分期表

序号	编号	位置	层位关系	遗迹期别
1	（西）L1Ⅳ	官署区	⑤→（西）L1Ⅳ→⑥	第四期
		商业区	⑤→（西）L1Ⅳ→⑥	
		居民区（西A）	③→（西）L1Ⅳ→（西）L1Ⅲ	
2	（西）L2Ⅳ	官署区	⑤→（西）L2Ⅳ→⑥	第四期
3	（西）L3Ⅱ	官署区	⑤→（西）L3Ⅱ→⑥	第四期
4	（西）L4Ⅲ	商业区	④→（西）L4Ⅲ→⑥	第四期
		仓储区	③→（西）L4Ⅲ→（西）L4Ⅱ	
		庙宇区	②→（西）L4Ⅲ→（西）L4Ⅱ	
5	（西）L5Ⅲ	居民区（西A）	②→（西）L5Ⅲ→③	第四期
		居民区（西B）	③→（西）L5Ⅲ→（西）L5Ⅱ	
		仓储区	③→（西）L5Ⅲ→（西）L5Ⅱ	

续表

序号	编号	位置	层位关系	遗迹期别
6	（西）L6Ⅳ	官署区	⑤→（西）L6Ⅳ→（西）L6Ⅲ	第四期
		商业区	⑤→（西）L6Ⅳ→（西）L6Ⅲ	
		居民区（西A）	③→（西）L6Ⅳ→（西）L6Ⅲ	
		居民区（西B）	④→（西）L6Ⅳ→（西）L6Ⅲ	
7	（西）L7Ⅳ	居民区（西A）	③→（西）L7Ⅳ→（西）L7Ⅲ	第四期
		商业区	⑤→（西）L7Ⅳ→⑥	
8	（西）L8Ⅲ	官署区	⑤→（西）L8Ⅲ→（西）L8Ⅱ	第四期
9	（西）L9Ⅳ	官署区	⑤→（西）L9Ⅳ→（西）L9Ⅱ	第四期
10	（西）L10Ⅲ	官署区	⑤→（西）L10Ⅲ→（西）L10Ⅱ	第四期
11	（西）L11Ⅱ	官署区	⑤→（西）L11Ⅱ→（西）L11Ⅰ	第四期
12	（西）L13Ⅱ	官署区	⑤→（西）L13Ⅱ→（西）L13Ⅰ	第四期
13	（西）L15Ⅱ	官署区	⑤→（西）L15Ⅱ→（西）L15Ⅰ	第四期
14	（西）L17Ⅱ	官署区	⑤→（西）L17Ⅱ→（西）L17Ⅰ	第四期
15	（西）L18Ⅱ	官署区	⑤→（西）L18Ⅱ→（西）L18Ⅰ	第四期
16	（西）L19	官署区	⑤→（西）L19→⑥	第四期
17	（西）L23Ⅱ	官署区	⑤→（西）L23Ⅱ→（西）L23Ⅰ	第四期
18	（东）L1Ⅳ	居民区（东）	③→（东）L1Ⅳ→（东）L1Ⅲ	第四期
19	（东）L4Ⅳ	居民区（东）	③→（东）L4Ⅳ→（东）L4Ⅲ	第四期
20	（东）L6Ⅲ	居民区（东）	③→（东）L6Ⅲ→（东）L6Ⅱ	第四期
21	（西）L1Ⅲ	官署区	⑥→（西）L1Ⅲ→（西）L1Ⅱ	第三期
		商业区	⑥→（西）L1Ⅲ→⑦	
		居民区（西A）	（西）L1Ⅳ→（西）L1Ⅲ→（西）L1Ⅱ	
22	（西）L2Ⅲ	官署区	⑥→（西）L2Ⅲ→（西）L3Ⅰ	第三期
23	（西）L4Ⅱ	商业区	⑥→（西）L4Ⅱ→（西）L4Ⅰ	第三期
		仓储区	（西）L4Ⅲ→（西）L4Ⅱ→（西）L4Ⅰ	
		庙宇区	（西）L4Ⅲ→（西）L4Ⅱ→（西）L4Ⅰ	
24	（西）L5Ⅱ	居民区（西A）	③→（西）L5Ⅱ→（西）L5Ⅰ	第三期
		居民区（西B）	（西）L5Ⅲ→（西）L5Ⅱ→（西）L5Ⅰ	
		庙宇区	②→（西）L5Ⅱ→③	
25	（西）L6Ⅲ	官署区	⑥→（西）L6Ⅲ→（西）L6Ⅱ	第三期
		商业区	⑥→（西）L6Ⅲ→⑦→（西）L6Ⅱ	
		居民区（西A）	③→（西）L6Ⅲ→（西）L6Ⅱ	
		居民区（西B）	④→（西）L6Ⅲ→（西）L6Ⅱ	
26	（西）L7Ⅲ	居民区（西A）	③→（西）L7Ⅲ→（西）L7Ⅱ	第三期
		商业区	⑥→（西）L7Ⅲ→（西）L7Ⅱ	
27	（西）L8Ⅱ	官署区	⑥→（西）L8Ⅱ→（西）L8Ⅰ	第三期
28	（西）L9Ⅲ	官署区	⑥→（西）L9Ⅲ→（西）L9Ⅱ	第三期
29	（西）L10Ⅱ	官署区	⑥→（西）L10Ⅱ→（西）L10Ⅰ	第三期
30	（西）L17Ⅰ	官署区	⑥→（西）L17Ⅰ→（西）F94	第三期

续表

序号	编号	位置	层位关系	遗迹期别
31	（西）L18Ⅰ	官署区	⑥→（西）L18Ⅰ→（西）F94	第三期
32	（西）L23Ⅰ	官署区	⑥→（西）L23Ⅰ→（西）L7Ⅱ	第三期
33	（东）L1Ⅲ	居民区（东）	（东）L1Ⅳ→（东）L1Ⅲ→（东）L1Ⅱ	第三期
34	（东）L3Ⅱ	居民区（东）	③→（东）L3Ⅱ→（东）L3Ⅰ	第三期
35	（东）L4Ⅲ	居民区（东）	③→（东）L4Ⅲ→（东）L4Ⅱ	第三期
36	（东）L6Ⅱ	居民区（东）	③→（东）L6Ⅱ→（东）L6Ⅰ	第三期
37	（西）L1Ⅱ	官署区	（西）L1Ⅲ→（西）L1Ⅱ→（西）L1Ⅰ	第二期
		商业区	⑦→（西）L1Ⅱ→（西）L1Ⅰ	
		居民区（西A）	（西）L1Ⅲ→（西）L1Ⅱ→（西）L1Ⅰ	
38	（西）L2Ⅱ	官署区	（西）F8Ⅲ→（西）L2Ⅱ→（西）L2Ⅰ	第二期
39	（西）L3Ⅰ	官署区	（西）L2Ⅲ→（西）L3Ⅰ→⑧	第二期
40	（西）L4Ⅰ	商业区	（西）L4Ⅱ→（西）L4Ⅰ→生土	第二期
		仓储区	（西）L4Ⅱ→（西）L4Ⅰ→生土	
		庙宇区	（西）L4Ⅱ→（西）L4Ⅰ→生土	
41	（西）L5Ⅰ	居民区（西A）	（西）L5Ⅱ→（西）L5Ⅰ→生土	第二期
		居民区（西B）	（西）L5Ⅱ→（西）L5Ⅰ→⑤	
		仓储区	（西）L5Ⅱ→（西）L5Ⅰ→生土	
42	（西）L6Ⅱ	官署区	（西）L6Ⅲ→（西）L6Ⅱ→（西）L6Ⅰ	第二期
		商业区	（西）L6Ⅲ→（西）L6Ⅱ→（西）L6Ⅰ	
		居民区（西A）	（西）L6Ⅲ→（西）L6Ⅱ→（西）L6Ⅰ	
		居民区（西B）	（西）L6Ⅲ→（西）L6Ⅱ→（西）L6Ⅰ	
43	（西）L7Ⅱ	官署区	（西）L7Ⅲ、L23Ⅰ→（西）L7Ⅱ→（西）L7Ⅰ	第二期
		商业区	（西）L7Ⅲ→（西）L7Ⅱ→（西）L7Ⅰ	
		居民区（西A）	（西）L7Ⅲ→（西）L7Ⅱ→（西）L7Ⅰ	
44	（西）L8Ⅰ	官署区	（西）L8Ⅱ→（西）L8Ⅰ→（西）F57	第二期
45	（西）L9Ⅱ	官署区	（西）L9Ⅲ→（西）L9Ⅱ→（西）L9Ⅰ	第二期
46	（西）L10Ⅰ	官署区	（西）L10Ⅱ→（西）L10Ⅰ→（西）F57	第二期
47	（西）L11Ⅰ	官署区	（西）L11Ⅱ→（西）L11Ⅰ→⑧	第二期
48	（西）L12	官署区	⑦→（西）L12→（西）F59	第二期
49	（西）L13Ⅰ	官署区	（西）L13Ⅱ→（西）L13Ⅰ→（西）F59	第二期
50	（西）L14	官署区	⑦→（西）L14→（西）F59	第二期
51	（西）L15Ⅰ	官署区	（西）L15Ⅱ→（西）L15Ⅰ→⑧	第二期
52	（西）L16	居民区（西A）	③→（西）L16→生土	第二期
53	（西）L20	商业区	（西）F77→（西）L20→（西）F78Ⅰ	第二期
54	（西）L21Ⅱ	商业区	（西）L21Ⅰ→（西）L21Ⅱ→（西）F71	第二期
55	（西）L22	官署区	⑦→（西）L22→⑧	第二期
56	（东）L1Ⅱ	居民区（东）	（东）L1Ⅲ→（东）L1Ⅱ→（东）L1Ⅰ	第二期
57	（东）L2	居民区（东）	④→（东）L2→⑤	第二期
58	（东）L3Ⅰ	居民区（东）	（东）L3Ⅱ→（东）L3Ⅰ→⑤	第二期

续表

序号	编号	位置	层位关系	遗迹期别
59	（东）L4Ⅱ	居民区（东）	（东）L4Ⅲ→（东）L4Ⅱ→（东）L4Ⅰ	第二期
60	（东）L5	居民区（东）	④→（东）L5→⑤	第二期
61	（东）L6Ⅰ	居民区（东）	（东）L6Ⅱ→（东）L6Ⅰ→⑤	第二期
62	（东）L7	居民区（东）	④→（东）L7→⑤	第二期
63	（东）L8	居民区（东）	④→（东）L8→⑤	第二期
64	（东）L9	居民区（东）	④→（东）L9→⑤	第二期
65	（西）L1Ⅰ	官署区	（西）L1Ⅱ→（西）L1Ⅰ→未发掘	第一期
		商业区	（西）L1Ⅱ→（西）L1Ⅰ→未发掘	
		居民区（西A）	（西）L1Ⅱ→（西）L1Ⅰ→未发掘	
66	（西）L2Ⅰ	官署区	（西）L2Ⅱ→（西）L2Ⅰ→未发掘	第一期
67	（西）L6Ⅰ	官署区	（西）L6Ⅱ→（西）L6Ⅰ→未发掘	第一期
		商业区	（西）L6Ⅱ→（西）L6Ⅰ→未发掘	
		居民区（西A）	（西）L6Ⅱ→（西）L6Ⅰ→未发掘	
		居民区（西B）	（西）L6Ⅱ→（西）L6Ⅰ→未发掘	
68	（西）L7Ⅰ	居民区（西A）	（西）L7Ⅱ→（西）L7Ⅰ→未发掘	第一期
		商业区	（西）L7Ⅱ→（西）L7Ⅰ→未发掘	
69	（西）L9Ⅰ	官署区	（西）L9Ⅱ→（西）L9Ⅰ→未发掘	第一期
70	（西）L21Ⅰ	商业区	（西）L21Ⅱ→（西）L21Ⅰ→未发掘	第一期
71	（东）L1Ⅰ	居民区（东）	（东）L1Ⅱ→（东）L1Ⅰ→⑤	第一期
72	（东）L4Ⅰ	居民区（东）	（东）L4Ⅱ→（东）L4Ⅰ→⑤	第一期

（一）东、西区第一期街巷

本期街巷遗迹，共发现了8条，其中东区仅2条，西区6条。街巷多用石材铺筑，路面平整，美观牢固。该期是巴东旧县坪遗址发现的四期街巷中铺设最讲究的一期（图一一七；表七）。

东区第一期的道路，发现较少，仅有2条，编号为（东）L1Ⅰ、（东）L4Ⅰ。其中，（东）L1Ⅰ是东区里的核心大道之一，是本期建筑县治时新开辟的道路，其向西越过溪沟与西区的主街道连接。

西区第一期的道路，发现较多，其中有少部分由于其仅是某个房屋遗迹的通道，没有公用通道的作用，对于这样的巷道则没有作为单项道路遗迹编号，已编号的道路遗迹有6条，分别为：（西）L1Ⅰ、（西）L2Ⅰ、（西）L6Ⅰ、（西）L7Ⅰ、（西）L9Ⅰ、（西）L21Ⅰ。保留最完整的道路主要是处于商业区与西居民区A区之间地段的（西）L1Ⅰ。（西）L1Ⅰ呈曲尺形，其拐角处与（西）L2Ⅰ、（西）L6Ⅰ呈十字形交汇，构成西区第一期交通网的主干道，其他几条巷道分别与它们相连，通往城内的不同地区，形成西区第一期整体的城区交通网络。

表七　巴东旧县坪遗址宋代东、西区第一期道路统计表　（计量单位：米）

编号	总长度	宽度	路面铺设用料	走向	出土遗物
（东）L1Ⅰ	175	2～3	石块铺设	东→西	银戒指
（东）L4Ⅰ	18.5	2	石块铺设	南→北	
（西）L1Ⅰ	51	1.5～3	石块铺设	西→东→西南	瓷碗、碟、盏；瓦当；铜簪、钱；釉陶盏
（西）L2Ⅰ	112	2	黄沙土路面	西→东	瓷碗、碟、盏、洗；釉陶盆；陶三足钵、盆、瓦当；铜簪、钱
（西）L6Ⅰ	43	1.5	石子路面	南→北	瓷碟、盏
（西）L7Ⅰ	15	1.5～3	石子路面	东→西	瓷碗、盏
（西）L9Ⅰ	32	1.1～3	红褐色土路面	南→北	瓷碗、碟、盏；釉陶灯盏、砂锅
（西）L21Ⅰ	1.5	1.1	砖铺，路边石	西北→东南	

1. 东区大道

（东）L1Ⅰ　是东区一期街道遗迹中的主道（图一一七，东1；图版五二）。由于遭到晚期遗址的叠压或破坏，残存的遗迹不多，可分为西、中、东三段。西段分布在（东Ⅰ）T2118、（东Ⅰ）T2119、（东Ⅰ）T2218三个探方内，保存较差，残长11.5米。中段和东段的保存较清楚，中段西起（东Ⅰ）T2716，东止于（东Ⅰ）T3911，现在长度67.7米。由于（东）L1Ⅰ的东段被（东）L1Ⅱ叠压；而（东）L1Ⅱ保存又相当好，所以我们只观察到（东）L1Ⅰ的局部，其路面为石板铺设，两侧用片石侧立深嵌入地下做边，宽3米（图一一七；图版五三，2、3）。东段位于（东Ⅰ）T5104、（东Ⅰ）T5105、（东Ⅰ）T5015三个探方内，其路面被晚期破坏，但保留了侧立的石板边和部分石板路面（图版五三，1）。由上述（东）L1Ⅰ的建筑特点、道路的规模、走向得知，东、中、西三段道路应为同期的同一条路，复原长度175米。

2. 东区巷道

（东）L4Ⅰ　是从（东）L1Ⅰ分道向北的巷道，在（东）F12Ⅰ的东侧，仅仅残存与（东）L1Ⅰ交汇处的一段，残长18.5、宽2米。路边用石块垒砌，路面保存差，与（东）L1Ⅰ相交的道口呈弧形喇叭口状（图一一七，东2；图版五四，1）。

3. 西区大道

（1）（西）L1Ⅰ

（西）L1Ⅰ　是位于商业区与西居民区A区之间的一条东西向街道，是商业区与西居民区A区的分界线，北为西居民区A区，南为商业区，其西可至庙宇区、仓储区，东通官署区，是连接各功能区的重要枢纽（图一一七，西1；图版五五）。（西）L1Ⅰ总体呈东西走向，略呈曲尺形，西高东低，残长51、宽1.5～3米。东端应是始于溪沟边，朝西北而上，在（西Ⅰ）T1911、（西Ⅰ）T1912一带拐弯向西，并在此形成十字路口，（西）L2Ⅰ、（西）L6Ⅰ等在此处与其相交汇，分叉往东为（西）L2Ⅰ，往北直上的则为（西）L6Ⅰ。交汇的十字路口，较为宽敞，东北—西南向的宽度达6米。（西）L1Ⅰ南部接近溪沟的部分已不存。（西）L1Ⅰ以石板铺设路面，同时在道路的两侧，用薄片石块侧嵌于地下，用以保护路面石板的稳固，使其不被雨水冲刷破坏。部分路面已被破坏，保留有石板所铺设的路面有35米，路面所铺设的石灰石表面平整，镶嵌的地面经人们的长期踏踩，形成了光滑的石块表面。在路边南侧，有引水与排水的沟，编号为（西）G6，（西）G6 的沟体垒砌规整；它的西端与（西）G5 相连，（西）G5 是一条自北向南引流水的沟渠，并穿越（西）L1 Ⅰ（路面下为垒砌暗沟）后与（西）G6 相接，然后向东而下。

（西）L1 Ⅰ之上，还可见数条晚期的道路叠压其上，而晚期的所有街道路面都是在早期的路面上重新铺设的，晚期街道建筑时长、宽虽有所改变，但道路布局没有变化。

（2）（西）L2 Ⅰ

（西）L2 Ⅰ　是从（西）F8 Ⅰ门前经过的东西向大道，是官署区内的一条主街道（图一一七，西 2；图版五七）。东西向，其东始于溪沟边，与（东）L1 Ⅰ隔沟遥相对应；西连（西）L1 Ⅰ，长 112、宽 2 米。（西）F8 Ⅰ门前的一段保存较好，路边用修整后的石块排列，路面土质细腻，平坦，表面坚硬光滑。路南有一条沟渠，编号为（西）G35，是由西向东斜下的排水沟渠。路面表面上有一层江沙层堆积，最厚处的江沙层有 0.3 米。

4. 西区巷道

（1）（西）L6 Ⅰ

（西）L6 Ⅰ　位于官署区与居民区之间，为南北向的巷道，南接（西）L1 Ⅰ和（西）L2 Ⅰ，北沿山而上，在（西）F12 Ⅰ的房屋北侧与（西）L7 Ⅰ相交成“十”字路口。（西）L6 Ⅰ残长 43、宽 1.5 米，仅残留部分街边嵌石和路面下的铺石。从残存遗迹分析其建筑方法与（西）L1 Ⅰ相同（图一一七，西 3；图版六〇，2）。

（2）（西）L7 Ⅰ

（西）L7 Ⅰ　处在（西）F12 Ⅰ的房屋北侧，位于商业区与西居民 A 区之间，东西向。西与（西）L1 Ⅰ大街相通，东与（西）L6 Ⅰ相连接，并越过（西）L6 Ⅰ至（西）F57 门前。应是连接（西）L1 Ⅰ与（西）L6 Ⅰ的巷道。全长 15、宽 1.5 ~3 米，石子路面，保存较好（图一一七，西 4）。

（3）（西）L9 Ⅰ

（西）L9 Ⅰ是（西）F8 Ⅰ西侧的南北向巷道，北高南低，北端较南端宽敞，南接（西）L2 Ⅰ。（西）L9 Ⅰ残长 32、宽 1.1 ~3 米，巷道两边用石块垒砌，北端设有三级蹬道，路面由红色沙质土铺成（图一一七，西 5；图版五八，2）。

（4）（西）L21 Ⅰ

（西）L21 Ⅰ位于（西）F78 Ⅰ与（西）F71 之间，西北至东南向，北接（西）L1 Ⅰ的西端，南下与（西）L1 Ⅰ相通，残长 1.5、宽 1.1 米，巷道垒砌规整，用砖铺设梯步，两边则用石块相嵌，残存的梯步共六级，用七块砖并向铺成，但步高因破坏不详（图一一七，西 6）。

（二）东、西区第二期街巷

第二期街道与巷道的平面布局，是所发掘的宋代四期遗迹中最为丰富、保存最完善的一期。其城区中的整体分布特点，街巷的走向，以及与城外的交通等，都比较清晰地展现出来了。共计发现了 28 条街巷。其中东西向的（西）L1 Ⅱ、（西）L2 Ⅱ及（东）L1 Ⅱ隔沟呼应成为城区东西横向主干道，而纵向的（西）L4 Ⅰ、（西）L5 Ⅰ、（西）L6 Ⅱ及（东）L4 Ⅱ、（东）L6 Ⅰ与之相交，构成整个巴东县城区交通主框架，其他 20 条巷道与主干道相连，通向城区的各个角落，从而形成便利的城区交通网（图一一八；表八）。

表八　巴东旧县坪遗址宋代东、西区第二期道路统计表　　（计量单位：米）

编号	总长	宽	路面铺设用料	走向	出土遗物
（东）L1Ⅱ	176	1.5～3	石块铺设	东→西	瓦当、滴水、石砚台、铜钱
（东）L2	38	1.1～2.2	黑色土路面	南→北→西	
（东）L3Ⅰ	15	1.5～3.8	黄土路面	南→北	
（东）L4Ⅱ	25	0.8～3.4	土路面	南→北	
（东）L5	13	1.8	石块铺设	西北→东南	
（东）L6Ⅰ	54	1.5	石块铺设、有边石	南→北	瓦当
（东）L7	8.4	1.1	石块铺设	东→西	
（东）L8	2.5	1.5	土路有边石	南→北	
（东）L9	19	1.5	黄沙土路面	东→西	元祐通宝
（西）L1Ⅱ	57	3～5	瓦砾、红烧土	东南→西北→西南	瓷碗；陶器盖、瓦当
（西）L2Ⅱ	105	2～4	黄沙路面、路边石	东→西	瓷碗、碟、器盖；釉陶钵、罐、灯盏；陶灯盘
（西）L3Ⅰ	110	2	砾石路面	东→西	
（西）L4Ⅰ	54	1～3	土路有边石	北→南→西	瓷碗
（西）L5Ⅰ	180	1.2～2	灰褐色土路、瓦砾	东南→西北	瓷碗
（西）L6Ⅱ	41	2.5	石梯步、土路面	南→北	陶灯盏
（西）L7Ⅱ	29	1.5	瓦砾路面	东南→西北	瓷碗、碟
（西）L8Ⅰ	29	1.5～2	紫红沙土路面	东→西	瓷碗
（西）L9Ⅱ	30	1.2	土路面、有边石	南→北	
（西）L10Ⅰ	13	1.5	石梯、土路	南→北	
（西）L11Ⅰ	5.5	2.5	黄沙土路面	南→北	
（西）L12	5	2.5	黄沙土路面	南→北	
（西）L13Ⅰ	5	4.5	黄沙土路面	南→北	
（西）L14	3.7	2	石梯步、黄沙土路	南→北	
（西）L15Ⅰ	4	1.4	黄沙土路，有边石	南→北	釉陶灯盏
（西）L16	12	2	石梯步、土路	南→北	
（西）L20	4	1.2	石梯步	东南→西北	
（西）L21Ⅱ	3	1.3	砖梯巷道	东南→西北	
（西）L22	2	1.5	黄沙土面巷道	南→北	

东区第二期的街巷共发现了9条，分别编号为（东）L1Ⅱ、（东）L2、（东）L3Ⅰ、（东）L4Ⅱ、（东）L5、（东）L6Ⅰ、（东）L7、（东）L8、（东）L9。除（东）L1Ⅱ、（东）L4Ⅱ为原有道路外，余均是本期新发现的。东区第二期街巷仍是以石块为建筑材料，修筑得比较规整。

西区的第二期街道与巷道，相对东区保存较好。其房屋遗迹沿街巷布局也就更加清晰明了。第二期中的道路共计发现了19条，分别编号为（西）L1Ⅱ、（西）L2Ⅱ、（西）L3Ⅰ、（西）L4Ⅰ、（西）L5Ⅰ、（西）L6Ⅱ、（西）L7Ⅱ、（西）L8Ⅰ、（西）L9Ⅱ、（西）L10Ⅰ、（西）L11Ⅰ、（西）L12、（西）L13Ⅰ、（西）L14、（西）L15Ⅰ、（西）L16、（西）L20、（西）L21Ⅱ、（西）L22。较第一期更丰富，其主干道在第一期主干道的西部增加了向南的（西）L4Ⅰ和向北的（西）L5Ⅰ，其他巷道与主干道相连，通向城区的各个角落，从而形成更为发达的城区交通网（图一一八）。

1. 东区大道

（东）L1Ⅱ　其走向和早期的（东）L1Ⅰ基本一致，也可分为西、中、东三段，总长176、宽1.5~3米。（东）L1Ⅱ东段位于东区的东侧边缘地带的江岸边，即（东Ⅰ）T5104、（东Ⅰ）T5105之中，这段路残长为11、宽3米，两边用石块垒砌规整，并保留有向江边流去的排水沟，此处正好是（东）L1Ⅱ的拐弯处，往下直去江边，往上则拐向西北而上，前往城区。中段保存完整，位于遗址东区的最高处，在（东Ⅰ）T2118至（东Ⅰ）T3911之间，长101、宽1.5~3米。是先在路边用窄片石侧嵌于地下作边，然后在其内用石块平铺作路面，修筑规整（图一一八，东1；图版五三）。西段在（东）T2118、（东）T2119、（东）T2218三方内，残长11、宽2.5米。只残留少量路边石。

（东）L1Ⅱ中段的南北两侧，有多条巷道与其连通，北侧有（东）L2、（东）L3Ⅰ、（东）L4Ⅱ；南侧有（东）L5、（东）L6Ⅰ。

（东）L1Ⅱ道路两侧所发现的房屋遗迹，共有12处。街道北侧有：（东）F23、（东）F22、（东）F20、（东）F29、（东）F13、（东）F12Ⅱ，街道南侧有：（东）F37、（东）F33、（东）F30、（东）F34、（东）F4、（东）F36。

2. 东区巷道

（1）（东）L2

（东）L2　位于（东）L1Ⅱ北侧，在（东Ⅰ）T3812与（东Ⅰ）T3912中从（东）L1Ⅱ分出向北，经过（东）F23之后，西北拐与（东）L3Ⅰ相通。（东）L2长38、宽1.1~2.2米。路面为黑褐色土路面（图一一八，东5）。

（2）（东）L3Ⅰ

（东）L3Ⅰ　位于（东）L1Ⅱ的北侧，在（东Ⅰ）T3314中从（东）L1Ⅱ叉出向北，至（东）F21处向西拐。（东）L3Ⅰ长15、宽1.5~3.8米。巷道系用黄沙土堆垒成弧形路面（图一一八，东4）。

（东）L3Ⅰ西侧的建筑遗迹有（东）F20，北侧有（东）F21。

（3）（东）L4Ⅱ

（东）L4Ⅱ　位于（东）L1Ⅱ的北侧，其位置、走向与（东）L4Ⅰ基本一致，比早期的路保存得较为完整些。（东）L4Ⅱ是东区中略小于（东）L1Ⅱ的一条南北向主街道，它在（东Ⅰ）T2815处与（东）L1Ⅱ叉道向北去，至（东Ⅰ）T2919处向西拐。巷道长25、宽0.8~3.4米（图一一八，东2；图版五四，1）。

在（东）L4Ⅱ巷道的两侧有5处建筑遗迹。其东有（东）F13、（东）F39，北有（东）F14，西有（东）F12Ⅱ、（东）F41。其巷道东侧的房遗迹高出巷道1米，西侧房屋遗迹还稍低于巷道0.2米。（东）L4Ⅱ为土路面，边用石块镶嵌。路边有排水沟。

（4）（东）L5

（东）L5　位于（东）L1Ⅱ的南侧，（东）F36的西南侧，是一条短小斜巷；其西北接（东）L1Ⅱ，东南与（东）L6Ⅰ相通。巷道长13、宽1.8米，路面用石块铺垫，但大多已被破坏掉了（图一一八，东7）。

（5）（东）L6Ⅰ

（东）L6Ⅰ　是（东）L1Ⅱ南侧的一条南北向的主要街道，略小于（东）L1Ⅱ，长54、宽1.5米。其北在（东Ⅰ）T2815处与（东）L1Ⅱ交汇，越过（东）L1Ⅱ，和（东）L4Ⅱ相连。在（东

Ⅰ）T2408、（东Ⅰ）T2508处有一十字路口，有两条东西向的巷道与其相连接，其西为（东）L7向西而去，至（东）F17止；其东为（东）L9向东延伸。巷道长54、宽1.5米。（东）L6Ⅰ为石板路面，路边排列有整齐的石块（图一一八，东3；图版五四，2）。

（6）（东）L7

（东）L7　位于（东）L6Ⅰ的西侧，为一条东西向的小巷道。在（东Ⅰ）T2408处从（东）L6Ⅰ分道向西至（东）F17止。其东越过（东）L6Ⅰ与（东）L9相通。（东）L7长8.4、宽1.1米。用石板铺垫路面，大多保存下来（图一一八，东9）。

（7）（东）L8

（东）L8　位于东区南侧的江岸边缘地带的（东）F44西侧，保存较差，南北向，向下可至江边。（东）L8残长2.5、宽1.5米，其两侧系用石块垒砌边坎（图一一八，东6）。

（8）（东）L9

（东）L9　位于（东）L6Ⅰ的东侧，东西向。其是在（东Ⅰ）T2508处从（东）L6Ⅰ分道向东至（东）F43的一条小巷道，残长19、宽1.5米。向西越过（东）L6Ⅰ与（东）L7相通。路面为黄沙土路面，保存较差（图一一八，东8）。

3. 西区大道

（1）（西）L1Ⅱ

（西）L1Ⅱ　仍是西区交通中的主要道路，是连接官署区、庙宇区、仓储区、西居民区、商业区的重要枢纽；是在早期的路面上重新铺设的，道路布局的特点没有改变，只是略向南偏移一点。在（西Ⅰ）T1910、（西Ⅰ）T2010中，（西）L1Ⅱ向南折拐；并与（西）L2Ⅱ、（西）L3Ⅰ、（西）L6Ⅱ相汇。

（西）L1Ⅱ残长57、宽3～5米。总体是东低西高，街面系用大量的废弃瓦砾与红烧土填垫，所用的石板材料保存较少。

在（西）L1Ⅱ的两侧有房屋遗迹多处，南侧有（西）F2Ⅰ、（西）F43、（西）F68，北侧有（西）F81、（西）F82、（西）F89，叉道口处有（西）F12Ⅱ（图一一八，西1；图版五五，2）。

（2）（西）L2Ⅱ

（西）L2Ⅱ　是从（西）F8Ⅱ门前经过的东西向的大道，是官署区内的一条主街道，其位置、走向与（西）L2Ⅰ基本一致。西与（西）L1Ⅱ、（西）L6Ⅱ连接。东至溪沟边与（西）L3Ⅰ相交。过沟后应与（东）L1Ⅱ相通。（西）L2Ⅱ的总长度为105、宽在2～4米间。在（西）F8Ⅱ门前的地段里大街宽为4米，路面用黄沙土铺垫，表面平整光滑；石块砌建路边（图一一八，西2；图版五八，1）。

在（西）L2Ⅱ的北侧，房屋建筑以（西）F8Ⅱ为主，另有（西）F20、（西）F85、（西）F18Ⅰ、（西）F54、（西）F13Ⅰ；在（西）L2Ⅱ的南侧，有（西）F22、（西）F25、（西）、F23、（西）F21、（西）F24Ⅰ、（西）F66等。在（西）L2Ⅱ的北侧的巷道有（西）L9Ⅱ、（西）L10Ⅰ、（西）L22，在其南侧的有（西）L11Ⅰ、（西）L12、（西）L13Ⅰ、（西）L14、（西）L15Ⅰ。

（3）（西）L3Ⅰ

（西）L3Ⅰ　位于（西）L2Ⅱ的南边，其主体部分与（西）L2Ⅱ并行，两端与（西）L2Ⅱ相交，其西端交汇在与（西）L1Ⅱ相连的十字路口，东端交汇于溪沟边。是第二期始有的道路遗迹。其建造的原因可能是因（西）L2Ⅱ是（西）F8Ⅱ前的重要通道，一般平民不便在此往来，而（西）L3Ⅰ则是不需要去衙署办事的一般平民过往东西区域的主要通道。（西）L3Ⅰ残长110米，破坏严重，所发现较为完整的一段长18、宽2米，以小砾石层为路面，路边用石块加以规整。（西）L3Ⅰ

低于路北的建筑1.5米，高于路南地面3米（图一一八，西8）。

（西）L3Ⅰ仅北侧有遗迹保存，房址有（西）F22、（西）F25、（西）F23、（西）F21、（西）F24Ⅰ、（西）F66等，巷道有（西）L11Ⅰ、（西）L12、（西）L13Ⅰ、（西）L14、（西）L15Ⅰ。

（4）（西）L4Ⅰ

（西）L4Ⅰ　是前往庙宇区及西南居民区的主街道，是庙宇区、仓储区与商业区的分界线。南北向，残长54、残宽1～3米。路面多为土面，少部分地段铺有砾石或石块，用整齐的石块排列成路边。它始于（西）F2Ⅰ的北侧，即（西）L1Ⅱ、（西）L4Ⅰ、（西）L5Ⅰ三条路的分叉口，从此处向南而下，至庙宇区的东南角折向西，越过庙宇区前往西边的居民区（图一一八，西6；图版五九，1）。

（5）（西）L5Ⅰ

（西）L5Ⅰ　位于（西）F2Ⅰ的西北方向，是从（西）L4Ⅰ和（西）L1Ⅱ交汇处分叉向西北往后山坡行走的道路，分道处有石梯十多步（此处路西侧为仓储区的东北角围墙），然后斜向沿缓缓的山坡而上至城外山腰的居民区，至（西Ⅰ）T0118后，又越过一条小溪，至西北部海拔137米高坡上的（西）F92门前折向西而去。

（西）L5Ⅰ总长度180米，多已被破坏，实际保存的部分在靠近仓储区附近的一段，长74、宽1.2～2米，两侧用石块砌边，路面铺垫石块或砾石。而在（西）F92门前的一段则为灰褐色土路面，表面呈中心凸起的弧形，这一段路面长18、宽1.2米（图一一八，西7；图版五九，2）。

在（西）L5Ⅰ的道路两旁所发现的房屋遗迹不多，路北有（西）F28、（西）F92，路南有（西）F29。

4. 西区巷道

（1）（西）L6Ⅱ

（西）L6Ⅱ　仍是一条自南向北上山坡的道路，它在早期道路（西）L6Ⅰ之上重新修筑，其位置、走向与（西）L6Ⅰ基本一致。南与（西）L1Ⅱ、（西）L2Ⅱ、（西）L3Ⅰ相汇，在（西Ⅰ）T1813中与（西）L7Ⅱ相交处成“十”字路口。（西）L6Ⅱ残长41、宽2.5米。其上堆放大量石块，应是路基部分，路面已不存，但可见整齐的石块垒砌的路边（图一一八，西3；图版六〇，2）。

（2）（西）L7Ⅱ

（西）L7Ⅱ　是在早期道路（西）L7Ⅰ之上重新修筑的，其位置、走向与（西）L7Ⅰ基本一致。它属于东西向连接多条道路的巷道。主要部分是在（西）F12Ⅱ的北侧与（西）F60南侧之间，西端与（西）L1Ⅱ相连接，东与（西）L6Ⅱ相交成十字路口，其东越过（西）L6Ⅱ之后向东去10余米止。

（西）L7Ⅱ总长29、宽1.5米。其中西端17、东端10米，东与（西）L6Ⅱ相交的十字路口占2米。路面为瓦砾铺垫而成（图一一八，西4）。

（3）（西）L8Ⅰ

（西）L8Ⅰ　位于（西）F8Ⅱ西侧建筑群的北部，在（西）L6Ⅱ的东侧，是一条东西向的小巷，在（西Ⅰ）T1815处与（西）L6Ⅱ相交，向东去与（西）L9Ⅱ相接。（西）L8Ⅰ全长29、宽1.5～2米。紫红色沙土路面较平整。

在（西）L8Ⅰ的两侧，其南有（西）F58、（西）F16、（西）F52等，其北侧有（西）F67、（西）F6Ⅰ等（图一一八，西10）。

（4）（西）L9Ⅱ

（西）L9Ⅱ　是在早期的（西）L9Ⅰ之上重新修筑的，其位置、走向与（西）L9Ⅰ基本一致。位于（西）F8Ⅱ西侧。南北方向，北高南低。巷道南端与（西）L2Ⅱ相连通。（西）L9Ⅱ长30、宽1.2米。红沙土铺设路面，石块垒砌路边。巷道西侧有房址（西）F18Ⅰ、（西）F52、（西）F6Ⅰ，东侧有与（西）F8Ⅱ共用的自北而南的排水沟（西）G34Ⅱ（图一一八，西5；图版五八，1）。

（5）（西）L10Ⅰ

（西）L10Ⅰ　是（西）F8Ⅱ西侧建筑群内的小巷道，南北方向，介于（西）L2Ⅱ与（西）L8Ⅰ之间。它北接（西）L8Ⅰ，南抵（西）L2Ⅱ，北高南低。长13、宽1.5米。与（西）L8Ⅰ相接处有石梯步四级上下，每步梯高0.18、宽0.28米。（西）L10Ⅰ两侧房屋遗迹东有（西）F18Ⅰ、（西）F52，西有（西）F54、（西）F16等（图一一八，西11）。

（6）（西）L11Ⅰ

（西）L11Ⅰ　是（西）F8Ⅱ南侧建筑群中偏西部的短巷道。位于（西）F24Ⅰ与（西）F21之间，南北向，北高南低。北接（西）L2Ⅱ，南与（西）L3Ⅰ相接。残长5.5、宽2.5米，黄沙土路面（图一一八，西14）。

（7）（西）L12

（西）L12　是（西）F8Ⅱ南侧建筑群内的短巷道。位于（西）F23与（西）F21之间，南北向，北高南低。北接（西）L2Ⅱ，南与（西）L3Ⅰ相接。残长5、宽2.5米，黄沙土路面（图一一八，西15）。

（8）（西）L13Ⅰ

（西）L13Ⅰ　是（西）F8Ⅱ南侧建筑群内的短巷道。位于（西）F23与（西）F25之间，南北向，北高南低的斜坡状。北接（西）L2Ⅱ，南抵（西）L3Ⅰ。残长5、宽4.5米。路面为黄沙土面，较平整（图一一八，西12）。

（9）（西）L14

（西）L14　是（西）F8Ⅱ南侧建筑群内的短巷道。位于（西）F22与（西）F25之间，南北向，北高南低。北接（西）L2Ⅱ，南抵（西）L3Ⅰ。为梯步通道，用石块垒砌。巷残长3.7、宽2米。黄沙土路面（图一一八，西16）。

（10）（西）L15Ⅰ

（西）L15Ⅰ　是（西）F8Ⅱ南侧建筑群内的短巷道。位于（西）F22东侧，南北向。北接（西）L2Ⅱ，南抵（西）L3Ⅰ。巷道残长4、宽1.4米，巷道较窄，北高南低。巷道两侧用石块垒砌规整，黄沙土路面（图一一八，西13）。

（11）（西）L16

（西）L16　位于庙宇区西部的居民区内，在（西）F63的西北侧。（西）L16残长12、宽2米。其中在（西）F63的东侧的部分为梯步道路，用规整的石块垒砌，梯宽2米，每级步高0.18、宽0.32米，共发现了十三步（图一一八，西17；图版六〇，1）。

（12）（西）L20

（西）L20　是商业区内的小巷道，它与溪沟边的（西）L1Ⅱ大道连通上下，东南至西北走向。残存部分位于（西）F47与（西）F74之间，残长4、宽1.2米。巷道两侧用砂质石条垒砌规整，路面为梯步状（图一一八，西20）。

（13）（西）L21Ⅱ

（西）L21Ⅱ　是处在商业区内的蹬道，其残存部分位于（西）F78Ⅱ的西侧，为砖块铺设的踏道，残长 3、宽 1.3 米，梯步每级高 0.17 米，共发现了四步（图一一八，西 19）。

（14）（西）L22

（西）L22　是（西）L2Ⅱ靠近溪边的北侧小巷，位于（西）F20 与（西）F85 之间。巷残长 2、宽 1.5 米，黄沙土路面（图一一八，西 18）。

（三）东、西区第三期街巷

巴东旧县坪遗址东、西区第三期街巷的布局情况基本上是承袭了第二期街道布局，只有部分小巷道的废增发生了变化。如（西）L17Ⅰ、（西）L18Ⅰ是（西）F8Ⅲ的东侧新增巷道，而第二期的（西）L3Ⅱ、（西）L14、（西）L16、（西）L20、（西）L21Ⅱ、（西）L22、（东）L2 则在此期废弃（图一一九；表九）。但本期的建筑用材、修筑方法发生了变化，较早期的粗糙。石块主要用于垒砌路边，而路面则多用碎瓦、砾石及土铺。

东区第三期街道由于晚期的破坏，保存有限，仅发现街巷道路 4 条，分别编号为（东）L1Ⅲ、（东）L3Ⅱ、（东）L4Ⅲ、（东）L6Ⅱ，其他路段并不明显。

西区第三期道路共发现了 12 条，编号为（西）L1Ⅲ、（西）L2Ⅲ、（西）L4Ⅲ、（西）L5Ⅱ、（西）L6Ⅲ、（西）L7Ⅲ、（西）L8Ⅱ、（西）L9Ⅲ、（西）L10Ⅱ、（西）L17Ⅰ、（西）L18Ⅰ、（西）L23Ⅰ。

1. 东区大道

（东）L1Ⅲ　主要是在（东）L1Ⅱ之上重新铺设的，其位置、走向与（东）L1Ⅱ基本一致，长 174 米。重新铺设时，路边采用绿豆色的石料打凿成规整的条石，用以保护路边。因此，对早期的路面形成较大较多的破坏，这一时期的路面建筑，主要是用废墟中的瓦砾来铺垫路面。（东）L1Ⅲ保存比较完整的地段在（东Ⅰ）T2813 至（东Ⅰ）T3712 一带，残长 54、宽 2 米，瓦砾铺垫的路面厚 0.2～0.35 米。路两边用绿豆色的砂质条石来保护路面，并在两块条石缝间的外侧另用片石嵌住，用以保证路面的规整（图一一九，东 1；图版五三）。

2. 东区巷道

（1）（东）L3Ⅱ

（东）L3Ⅱ　是在（东）L3Ⅰ之上重新修筑的，其位置、走向与（东）L3Ⅰ基本一致。只是破坏严重，保存较差，残存的路段较短，位于与（东）L1Ⅲ相接处，残长 3、宽 2.2 米，土路面，厚 0.1 米（图一一九，东 4）。

（2）（东）L4Ⅲ

（东）L4Ⅲ　是在（东）L4Ⅱ之上重新铺建的，其位置、走向与（东）L4Ⅱ基本一致，只是保存的较早期为差，残长 2.3、宽 1.5 米，土路面中掺和少量瓦砾。南与（东）L1Ⅲ相接的道口呈喇叭状（图一一九，东 2）。

（3）（东）L6Ⅱ

（东）L6Ⅱ　也是在（东）L6Ⅰ之上修筑的，其位置、走向与（东）L6Ⅰ基本一致，只是破坏严重，残长 7、宽 2 米，路面用瓦砾铺垫。残存部分位于（东Ⅰ）T2814，在此与（东）L1Ⅲ、（东）L4Ⅲ相交汇呈“十”字形（图一一九，东 3）。

3. 西区大道

（1）（西）L1Ⅲ

（西）L1Ⅲ 叠压在（西）L1Ⅱ之上0.5米，路面走向与坡度与（西）L1Ⅱ相同，但较之第二期有所抬高及左右略有摆动。与（西）L1Ⅲ相连接的道路有（西）L2Ⅲ、（西）L4Ⅱ、（西）L5Ⅱ、（西）L6Ⅲ、（西）L7Ⅲ等。（西）L1Ⅲ残长55、宽3～4米。用瓦砾铺设路面，路的南边稍低，路边用较大的自然石块垒砌（图一一九，西1；图版五六，2）。

（2）（西）L2Ⅲ

由于（西）F8Ⅲ的南移，（西）L2Ⅲ也相应向南偏移了，叠压在（西）L3Ⅰ之上，仍是位于（西）F8Ⅲ前一条中心主道，走向与坡度与（西）L2Ⅱ相同，故仍将其作为（西）L2Ⅱ的沿袭，编为（西）L2Ⅲ。其西与（西）L1Ⅲ、（西）L6Ⅲ相连接，东至溪沟（越过溪沟与（东）L1Ⅲ相连），长108、宽2.5～3.8米。保存较差，残存部分主要在（西）F8Ⅲ前，残长54、宽3.8米，路面用瓦砾铺垫（图一一九，西8）。

（3）（西）L4Ⅱ

（西）L4Ⅱ 是在（西）L4Ⅰ之上重新修筑的，其位置、走向、坡度与（西）L4Ⅱ基本一致，其北在（西）F2Ⅱ的北侧与（西）L1Ⅲ、（西）L5Ⅱ相汇，仍是前往庙宇区及西南居民区的主要街道，但保存情况不如前期。残长35、宽2米，用瓦砾与沙土铺垫路面（图一一九，西6）。

（4）（西）L5Ⅱ

（西）L5Ⅱ 是在（西）L5Ⅰ的基础上，重新修缮而继续使用的，仍是往西北侧的高坡而上，是上城后山坡的主要通道。其东南在（西）F2Ⅱ的北侧与（西）L1Ⅲ、（西）L4Ⅱ相汇。破坏严重，多已不存，仅残存城区的一段。残长30、宽3米，路面用瓦砾铺垫（图一一九，西7）。

4. 西区巷道

（1）（西）L6Ⅲ

（西）L6Ⅲ 是在（西）L6Ⅱ的基础上重新铺筑垫一层红沙土路面形成的。其位置、走向、坡度与（西）L6Ⅱ基本一致，南接（西）L1Ⅲ、（西）L2Ⅲ，向北至（西Ⅰ）T1518结束，长43、宽2米。与（西）L6Ⅲ相连接的巷道西有（西）L7Ⅲ、东有（西）L23Ⅰ，它们与（西）L6Ⅲ相交汇成“十”字路口；在北部，东有（西）L8Ⅱ与其连接（图一一九，西3）。

（2）（西）L7Ⅲ

（西）L7Ⅲ 在本期收缩变短，是在（西）L6Ⅱ西侧部分的（西）L7Ⅱ之上铺筑的。而在（西）L6Ⅱ东侧部分的（西）L7Ⅱ，因其上巷道发生偏移，另行编号为（西）L23Ⅰ。（西）L7Ⅲ东与（西）L6Ⅲ相连，西与（西）L1Ⅲ相接。全长17、路面宽2米。红沙土路面，路边用石块垒砌。其路南有（西）F12Ⅲ（图一一九，西4）。

（3）（西）L8Ⅱ

（西）L8Ⅱ 是在（西）L8Ⅰ之上修整后继续沿用的巷道，但较早期的要短，西连接（西）L6Ⅲ，东至（西）L10Ⅱ止。保存较完整。长15、宽1.5米，路面为红沙土面（图一一九，西10）。

（4）（西）L9Ⅲ

（西）L9Ⅲ 为（西）F8Ⅲ西外侧南北向巷道，南低北高。是在（西）L9Ⅱ之上修筑的，但较早期的短，南接（西）L2Ⅲ，北至（西）F56。长37、宽1.6～2.5米。用瓦砾与红沙土铺垫路面（图一一九，西5）。

表九　巴东旧县坪遗址宋代东、西区第三期道路统计表　（计量单位：米）

编号	总长	宽	路面铺设用料	走向	出土遗物
（东）L1Ⅲ	174	2	瓦砾、路边石	东→西	瓷盏；釉陶灯盏
（东）L3Ⅱ	3	2.2	土路面	南→北	
（东）L4Ⅲ	2.3	1.5	瓦砾、土路面	南→北	
（东）L6Ⅱ	7	2	瓦砾路面	西南→东北	
（西）L1Ⅲ	55	3~4	瓦砾、路边石	东→西	瓷碗、钵、灯盏、器盖；釉陶灯盏
（西）L2Ⅲ	108	2.5~3.8	瓦砾路面	东→西	瓷碗、盘、盏、器盖、灯盏；釉陶灯盏；石砚
（西）L4Ⅱ	35	2	瓦砾、土路面	南→北	瓷碗、碟、盏；釉陶灯盏
（西）L5Ⅱ	30	3	瓦砾路面	西北→东南	
（西）L6Ⅲ	43	1.5~2	土路面	南→北	陶灯盏
（西）L7Ⅲ	17	2	土路有边石	东→西	
（西）L8Ⅱ	15	1.5	土路有边石	东→西	瓷鸟食罐
（西）L9Ⅲ	37	1.6~2.5	瓦砾、土路面	南→北	
（西）L10Ⅱ	15	1.2	土路面	南→北	
（西）L17Ⅰ	35	1.9	石块	南→北	瓷碗、盘、碟、盏、器盖、盒；釉陶灯盏、盆
（西）L18Ⅰ	10.5	1.8	石块	东→西	瓷碟，釉陶灯盏
（西）L23Ⅰ	11	1.5	土路面	东→西	

（5）（西）L10Ⅱ

（西）L10Ⅱ　是在（西）L10Ⅰ之上修整沿用的巷道，北与（西）L8Ⅱ相连，南与（西）L23Ⅰ相接。巷长15、宽1.2米，用红沙土、黄土铺垫路面。其东侧有（西）F56、（西）F32、（西）F18Ⅱ，西侧有（西）F42、（西）F49（图一一九，西11）。

（6）（西）L17Ⅰ

（西）L17Ⅰ　是（西）F8Ⅲ东侧的一条南北向巷道，其南与（西）L2Ⅲ相接，往北而上直抵（西）F8Ⅲ后的山坡上，其西有（西）L18Ⅰ进入（西）F8Ⅲ。（西）L17Ⅰ长35、宽1.9米，路的两侧砌石坎保护路面，较为规整，用夹沙石的土铺垫路面。在北部上山坡处，存有石梯步四步。（西）L17Ⅰ是第三期中新出现的一条巷道。东侧有（西）F14Ⅰ，西侧有（西）F8Ⅲ（图一一九，西12；图版六一，1）。

（7）（西）L18Ⅰ

（西）L18Ⅰ　是从（西）L17Ⅰ分出向西进入（西）F8Ⅲ的一条小巷。巷长10.5、宽1.8米。系用块石铺设路面。其北侧有水井（（西）F8Ⅲ-SJ2）的排水沟（（西）G27）（图一一九，西13；图版六一，2）。

（8）（西）L23Ⅰ

（西）L23Ⅰ　是第三期中新出现的一条东西向巷道，位于（西）F8Ⅲ西侧建筑群中，东连（西）L10Ⅱ，西通（西）L6Ⅲ。巷长11、宽1.5米，土路面保存较好。北侧有（西）F49，南侧有（西）F73（图一一九，西14）。

（四）东、西区第四期街巷

东、西区的第四期道路平面布局特点，基本上是承袭了第三期街道布局。最大的变化是（西）F8Ⅳ内收向北移，（西）L2也相应北移回到原（西）L2Ⅱ所处的位置上，使（西）L3得以恢复，从而有了（西）L3Ⅱ（图一二〇；表一〇）。在建造工艺及用料上，第四期更多地呈现出随意性强，做工、用料粗糙的特点，多用乱石、碎瓦砾铺垫路面，反映了县治的没落与衰败。

表一〇　巴东旧县坪遗址宋代东、西区第四期道路统计表　　（计量单位：米）

编号	总长	宽	路面铺设用料	走向	出土遗物
（东）L1Ⅳ	173	2.3～3.1	乱石、瓦砾	东→西	瓷碗
（东）L4Ⅳ	1.5	3		南→北	
（东）L6Ⅲ	1.5	2.3		西南→东北	绿釉彩绘瓷瓶
（西）L1Ⅳ	50	3～4.5	瓦砾、红沙土	东南→西北→西南	瓷碟、盏、杯；釉陶盆
（西）L2Ⅳ	100	2～4	石块、瓦砾	东→西	瓷碗、盘、盏；釉陶罐、灯盏
（西）L3Ⅱ	10	2.5	土面、路边石	东→西	
（西）L4Ⅲ	35	2.5	土面、路边石	南→北	瓷盏、瓶
（西）L5Ⅲ	31	2.3	瓦砾、乱石路面、路边石	西北→东南	
（西）L6Ⅳ	32	1.7～2.5	乱石路面	南→北	瓷碗
（西）L7Ⅳ	13	1.9	黑褐色土路面	东→西	釉陶盆
（西）L8Ⅲ	28	1.6	紫红沙土路面	东→西	骨号牌
（西）L9Ⅳ	25	1.6～2.3	石块、红沙土、瓦砾	南→北	瓷碗
（西）L10Ⅲ	18.3	1～2	红沙土路面	南→北	
（西）L11Ⅱ	6	2.3	土路面	南→北	
（西）L13Ⅱ	5.4	2.7	黄褐色沙土路面	南→北	
（西）L15Ⅱ	5.4	1.6	瓦砾、路边石	南→北	
（西）L17Ⅱ	34.6	1.6	乱石路面	南→北	瓷碗；釉陶灯盏
（西）L18Ⅱ	16.5	1.6	瓦砾路面	东→西	瓷碗、盏；釉陶灯盏
（西）L19	7.5	1.2～1.5	红沙土路面	南→北	
（西）L23Ⅱ	11.6	2.3	瓦砾、红烧土路面	东→西	

东区第四期的巷道，由于晚期人类活动的严重破坏，所存无几，仅有（东）L1Ⅳ及与其相交的（东）L4Ⅳ、（东）L6Ⅲ巷口保留部分，其他的已不明。

西区第四期共发现道路17条，分别为（西）L1Ⅳ、（西）L2Ⅳ、（西）L3Ⅱ、（西）L4Ⅲ、（西）L5Ⅲ、（西）L6Ⅳ、（西）L7Ⅳ、（西）L8Ⅲ、（西）L9Ⅳ、（西）L10Ⅲ、（西）L11Ⅱ、（西）L13Ⅱ、（西）L15Ⅱ、（西）L17Ⅱ、（西）L18Ⅱ、（西）L19、（西）L23Ⅱ。

1. 东区大道

（东）L1Ⅳ　主要是在（东）L1Ⅲ之上重新铺筑的，其位置、走向与（东）L1Ⅲ基本一致。残存的部分共计173米，宽2.3～3.1米，主要以瓦砾、乱石铺垫作为路面，路边也极不规整（图一二〇，东1；图版五三）。

2. 东区巷道

（1）（东）L4Ⅳ

（东）L4Ⅳ　位置、走向与（东）L4Ⅲ基本一致，仅存与（东）L1Ⅳ相交处的巷口部分，残长1.5、宽3米（图一二〇，东2）。

（2）（东）L6Ⅲ

（东）L6Ⅲ　位置、走向与（东）L6Ⅱ基本一致，仅存与（东）L1Ⅳ相交处的巷口部分，残长1.5、宽2.3米（图一二〇，东3）。

3. 西区大道

（1）（西）L1Ⅳ

（西）L1Ⅳ　仍是西区第四期联系各功能区的重要枢纽。是在早期的路面上重新铺筑的，其走向和（西）L1Ⅲ相同，但略有些向北侧扩大；路面的处理上，较之早期的随意。（西）L1Ⅳ西与（西）L4Ⅲ、（西）L5Ⅲ交汇成三岔路口，东与（西）L2Ⅳ、（西）L3Ⅱ、（西）L6Ⅳ相连成中心十字路口，其北有小巷（西）L7Ⅳ。其南半部分已残，残长50、宽3～4.5米。路面用瓦砾和红沙土混合填垫（图一二〇，西1；图版五六，1）。

（2）（西）L2Ⅳ

（西）L2Ⅳ　本期因（西）F8Ⅳ的收缩向北移，自官署区的西南角与（西）L1Ⅳ分道往东，从（西）F8Ⅳ前经过，它较之第三期的（西）L2Ⅲ，向北侧移动并垫高了0.7～1米，回到了第二期的（西）L2Ⅱ位置之上。其西与（西）L3Ⅱ、（西）L23Ⅱ相连接，东至溪沟（越过溪沟与（东）L1Ⅳ相连）。在（西）L2Ⅳ的北侧，有巷道（西）L9Ⅳ、（西）L10Ⅲ、（西）L17Ⅱ与之相接；南侧有小巷（西）L11Ⅱ、（西）L13Ⅱ、（西）L15Ⅱ与其相通。（西）L2Ⅳ残长100、宽2～4米。其中（西）F8Ⅳ前宽4米，在填垫层的表面用石块平铺路面和垒砌路边；其他地段则是以瓦砾铺垫路面为主。（西）L2Ⅳ的北侧有排水沟，编号为（西）G17，用石块垒砌规整，在（西）F8Ⅳ大院前中心处路面下有暗沟（西）G45穿过（西）L2Ⅳ与（西）G17相通。（西）G17承接（西）F8Ⅳ内来水，然后经暗沟（西）G45排向溪沟之中（图一二〇，西2）。

（3）（西）L3Ⅱ

（西）L3Ⅱ　是一条与（西）L2Ⅳ相并行而地势又低于（西）L2Ⅳ的东西向大道。是在（西）L2Ⅲ之上重新修筑的。其西与（西）L1Ⅳ、（西）L2Ⅳ、（西）L6Ⅳ相汇，因破坏严重，东部已不存。仅残存（西）F24Ⅱ房前的一段路面，残长10、宽2.5米。路边用石块垒砌（图一二〇，西8）。

（4）（西）L4Ⅲ

（西）L4Ⅲ　是在（西）L4Ⅱ之上重新修筑的，其位置、走向、坡度与（西）L4Ⅱ基本一致，但路面略变窄，仍是前往庙宇区及西南居民区的主要街道。（西）L4Ⅲ在（西）F2Ⅲ的北侧与（西）L1Ⅳ、（西）L5Ⅲ分道往南，至庙宇区的南部转向西而去。（西）L4Ⅲ保存较差，残长35、宽2.5米。路边用石块垒砌，路面大多被破坏不存（图一二〇，西6）。

（5）（西）L5Ⅲ

（西）L5Ⅲ　是在（西）L5Ⅱ的基础上重新修筑的，其位置、走向、坡度与（西）L5Ⅱ基本一致，其东南在（西）F2Ⅲ的北侧与（西）L1Ⅲ、（西）L4Ⅱ相汇，由此分道向西北山坡而去。破坏严重，残长31、宽2.3米。路边用石块垒砌，路面主要用瓦砾和乱石铺垫（图一二〇，西7）。

4. 西区巷道

（1）（西）L6Ⅳ

（西）L6Ⅳ　是在（西）L6Ⅲ的基础上重新修筑的，其位置、走向、坡度与（西）L6Ⅲ基本一致，是一条南北方向的街道，它南接（西）L1Ⅳ、（西）L3Ⅱ，北抵后山。在（西Ⅰ）T1912、（西Ⅰ）T2012、（西Ⅰ）T1913、（西Ⅰ）T2013处，与（西）L7Ⅳ、（西）L23Ⅱ形成“十”字路口。（西）L6Ⅳ残长32、宽1.7～2.5米，路面极不平整，是用乱石铺垫的。（西）L6Ⅳ与（西）L1Ⅳ相交处高于（西）L1Ⅳ2米多，从地形看，相接处原应有梯步上下相连，现已不存（图一二〇，西

3）。

（2）（西）L7Ⅳ

（西）L7Ⅳ　是在（西）L7Ⅲ之上重新修筑的，其西南与（西）L1Ⅳ相连，东与（西）L6Ⅳ相交，越过（西）L6Ⅳ与（西）L23Ⅱ相通。属于东西向的小叉巷，长13、宽1.9米。黑褐色土路面（图一二〇，西4）。

（3）（西）L8Ⅲ

（西）L8Ⅲ　是在（西）L8Ⅱ之上修整后继续沿用的巷道，但较早期的要长，西从（西）L6Ⅳ起，向东至（西）F6Ⅱ的西侧向北，绕过（西）F6Ⅱ向东与（西）L9Ⅳ相交。道路长28、宽1.6米。路面系用紫红色沙质土铺垫（图一二〇，西10）。

（4）（西）L9Ⅳ

（西）L9Ⅳ　是在（西）L9Ⅲ之上修筑的，但较早期的长、弯曲。位于（西）F8Ⅳ西侧，从（西）F8Ⅳ的西南至西北角，依房屋而蜿蜒着，其南与（西）L2Ⅳ相连接，北端与（西）L8Ⅲ相交汇。巷长25、宽1.6～2.3米。路面铺垫比较随意性，有石块、红沙土、废弃瓦砾等（图一二〇，西5）。

（5）（西）L10Ⅲ

（西）L10Ⅲ　是在（西）L10Ⅱ之上修整沿用的巷道，但较早期的弯曲，北与（西）L8Ⅲ相连，南与（西）L2Ⅳ、（西）L23Ⅱ相接，穿行于建筑群中。是南北向的小巷，北高南低。巷道长18.3、宽1～2米，红沙土路面较硬（图一二〇，西11）。

（6）（西）L11Ⅱ

（西）L11Ⅱ　是位于（西）F24Ⅱ与（西）F83之间的南北向的短巷道。南抵（西）L3Ⅱ，北与（西）L2Ⅳ相连。残长6、宽2.3米，土路面（图一二〇，西14）。

（7）（西）L13Ⅱ

（西）L13Ⅱ　位于（西）F19与（西）F83之间，南北向，在（西）L13Ⅰ之上重新修筑，北从（西）L2Ⅳ起，北高南低。该巷长5.4、宽2.7米。路下填垫着较厚的瓦砾层，路面为黄褐色沙土。巷中心的路面下方有暗沟（西）G45自北向南穿过（图一二〇，西12）。

（8）（西）L15Ⅱ

（西）L15Ⅱ　位于（西）F19与（西）F33之间，南北向，建在早期的（西）L15Ⅰ之上，北始于（西）L2Ⅳ，南止于（西）L3Ⅱ，北高南低。现存巷道长5.4、宽1.6米。瓦砾路面，巷边用石块垒砌，较规整（图一二〇，西13）。

（9）（西）L17Ⅱ

（西）L17Ⅱ　是在（西）L17Ⅰ的基础上重新铺筑而成的。其位置、走向、坡度与（西）L17Ⅰ基本一致，南接（西）L1Ⅳ，北至后山高坡，中部西侧有（西）L18Ⅱ通向（西）F8Ⅳ。（西）L17Ⅱ残长34.6、宽1.6米。路面系用乱石铺成，很不规整。北部山脚处还保留有梯步四级。（西）L17Ⅱ巷道的东侧有（西）F3、（西）F14Ⅱ；西为（西）F8Ⅳ（图一二〇，西15；图版六一）。

（10）（西）L18Ⅱ

（西）L18Ⅱ　是在（西）L18Ⅰ的基础上重新铺筑而成的。其位置、走向、坡度与（西）L18Ⅰ基本一致。是（西）F9、（西）F87门前的东向小巷，东始于（西）L17Ⅱ，向西止于（西）F8Ⅳ。巷长16.5、宽1.6米。路面系用瓦砾铺垫而成，较平整（图一二〇，西16）。

（11）（西）L19

（西）L19　是官署区内的一条南北向的巷道，南与（西）L2Ⅳ相连接，往北至（西）F8Ⅳ院内的水井（（西）F8Ⅳ-SJ1）处止，是一条新出现的小巷道。（西）L19 长 7.5、宽 1.2～1.5 米，北高南低，路面用红沙土铺垫，厚 0.12 米。巷西边有一条明沟，编号为（西）G19，是水井向外的排水沟（图一二〇，西 17）。

（12）（西）L23Ⅱ

（西）L23Ⅱ　是在（西）L23Ⅰ的基础上向南偏移后重新铺筑而成的。是东西向小巷道，其西越过（西）L6Ⅳ与（西）L7Ⅳ相通连，向东与（西）L2Ⅳ相接。（西）L23Ⅱ东西长 11.6、宽 2.3 米，路面用瓦砾与红烧土铺垫而成（图一二〇，西 18）。

（五）街巷的建造和布局特点

宋代巴东县治城区的布局自唐代就已形成雏形（如庙宇区、仓储区），宋代规范化。两宋时期的街道，布局与走向上在我们发掘的西区几乎没有多少大的改变，只是不定期的修补。在巴东旧县坪遗址上，经考古发掘所见城址中的大街小巷，主要以两宋时期的道路遗迹布局最为清晰；发掘所见的街道，则揭示了东西穿越城址的最主要的大街三条，与主街相接出入长江的主要有三个口岸，分布在东、中、西三个不同的地点。

东区主街道编号为（东）L1；西区主街道编号为（西）L1、（西）L2，两条道路互通。（西）L1 是江边起岸后的主道，它顺着溪沟向北，呈缓坡状向城区而上，在官署区与商业区分界时与（西）L2 连接，东经（西）F8，（西）L2 的东端已达遗址中部的溪沟，越过溪沟与（东）L1 连接。

城区内的这三条主街道是城址布局的基本框架。（东）L1、（西）L2、（西）L1 下通长江，上通商业区，另外还有（西）L4、（西）L5 与（西）L1 相连接，（西）L4 前往庙宇区；（西）L5 通往后山坡，是坡地上的居民到达城中心的主道。这几条道路互为连接，经过不同的区域，从东至西贯通整个城区，通过与其他道路的连接，形成了全城完整的道路交通网。

巷道，相对于大街而言，一则规模较小，二则是依其地形和房屋建筑，其特点是高低错落变化较大，踏道、梯步较多。这在东区最明显；而西区的巷道，则是依建筑的空间布局而穿越其间。

街道的建设，从早到晚都比较规整，建筑时用石块护住街道的两侧边，但街道路面，时间不同，铺设材料各异。早期多用石板铺设，晚期多用残瓦铺垫。

城中的道路建设，也是在不同时期建筑房屋时，同时做过修整的。在建造一次房屋时，一般也对道路进行一次大的维修，或是重新铺设。现存的道路明显可见有过多次修筑的过程，其间也还有局部的修补过程。从发掘中所了解的层位堆积来看，两宋时期的道路可分四期，与建筑遗迹的分期相同。

城区有三条道路将城区大街与处在长江边的三个口岸相连：其一是（东）L1，它自东城区东端的江边起始向西而上，至东区的最高台地，然后西下越过城址中的溪沟；与西区的 L2、L3 相连接，经（西）F8 南侧（大门前方）向西而去，直至（西）F8 的西南角与商业区交汇，与（西）L1 相对接。其二是（西）L1，它顺溪沟西侧通往长江岸边，是城区出入长江岸边最主要的大道。这条主道把城区中最主要的官署区、商业区、庙宇区等联系在一起。其三是西居民区中有通往江边去的（西）L4，主要是供居住在这一范围里的居民以及更高处居住的居民上下出入长江方便。

二、官署区建筑遗迹

两宋时期官署区位于遗址的中部，本次发掘的西Ⅰ区的东北部，北靠高山，东、南临溪沟（槽坊河）。这里是遗址中最大的一块相对平坦的区域。北、东、西三面高，所在地势形似一圆圈靠背椅的坐面。共发掘探方304个，面积7600平方米，发现房屋遗迹58座（图版六二）。

这一区域建筑遗迹密集，特别是在其东北部发现了一组不断维修改建使用的规模宏大、布局规范、做工考究、浑然一体的大型建筑院落式组群，编号为（西）F8。从发掘的层位关系分析，（西）F8曾经历过四次大的修筑改建，我们将其分为四期，分别以罗马数字Ⅰ、Ⅱ、Ⅲ、Ⅳ代表从早到晚的四期。（西）F8周围有众多的附属建筑群，特别是其西侧的一组建筑群，位于（西）F8与商业区、西居民区之间，应是一般官吏住房区。它将（西）F8与喧闹的商业区、居民区分隔开，保证了官署区的肃静。

现将这些房屋建筑及其与之相关的廊道、踏道、排水沟、水井等遗迹分期分类介绍如下。

（一）官署区第一期建筑遗迹

官署区第一期发现的房屋遗迹除（西）F8Ⅰ建筑群外，另有5座单体建筑，分别编号为（西）F55、（西）F57、（西）F59、（西）F90、（西）F93（表一一）。

表一一　巴东旧县坪遗址西区官署区第一期房屋遗迹登记表　（计量单位：米）

编号	方向	长	宽	建筑基础用材	房屋特点	出土遗物	备注
（西）F8Ⅰ－1	177°	38.5	10.8	砖、石础	前筑台有廊	瓷碗、碟、盏、钵、釉陶碗、罐、执壶、灯、灯盏、瓮；陶杯、器盖、盆、灯盏、瓦当、滴水、棋子；铜挖耳勺、钱	核心建筑
（西）F8Ⅰ－2		13.7	5.5	石块	平地建筑		东房
（西）F8Ⅰ－3		3.8	2.5	平地	有天井		东院落
（西）F8Ⅰ－4		13	4.5	砖、石、柱洞	平地建筑		东前房
（西）F8Ⅰ－5		7	5	础石	平地建筑		中心前房
（西）F8Ⅰ－6		2	1.9	石块	平地建筑		西房
（西）F8Ⅰ－7		5.7	5	石块	平地建筑		西房
（西）F90	175°	7.8	6	石块	生活区建筑	瓷碗；石臼	（西）F8Ⅰ东外房
（西）F93	174°	13.4	10	石块	平地建筑	瓷碗、碟；釉陶灯盏、刻槽钵	（西）F8Ⅰ东外房
以上为（西）F8内的建筑遗迹，下为关系紧密的建筑遗迹。							
（西）F59	350°	16.8	6.2	柱础式	平地建筑	瓷碟；釉陶罐；瓦当	（西）F8Ⅰ大街前
（西）F55	175°	7.5	8.6	石块	平地建筑	瓷盏	（西）F8Ⅰ院外西侧
（西）F57	187°	10	6.8	砖、石块	平地建筑	瓷碗、碟、盏；陶器盖；铜钱	（西）F8Ⅰ院外西侧

1.（西）F8第一期建筑遗迹（（西）F8Ⅰ）

（西）F8Ⅰ　开口于官署区的8层下，其上被（西）F8Ⅱ叠压，其下未发掘。东邻（西）F90、（西）F93，南面（西）L2Ⅰ，西临（西）L9Ⅰ，北靠大山。远观其建筑，当是层层叠叠，高低错落。平面呈长方形，方向177°。它东西面阔为56、南北进深有31米，台地的占地面积为1700多平方米，院落内是北高南低，呈两级台地，逐渐抬升，从南到北依次为门道、前院、中院、厅堂。其内有众多的房屋以及廊道、踏道、亭间、院落、水沟等遗迹，四周用围墙将这些遗迹围成一个整体，构成高大威严的大院（图一二一；图版六三）。

（1）围墙与门道（图版六四，1）

围墙　（西）F8Ⅰ的围墙位于（西）F8Ⅰ-1南面，将庭院部分环绕起来，系用石块垒砌。

东墙借用了（西）F8Ⅰ-2的东墙体；西墙体长18.3、宽0.4、高0.2～1.2米。南围墙保存最好，是单独用石块垒砌的围墙体，石块外又经泥浆涂抹。墙体残长45、宽0.2、残存高度1.2米。

门道　（西）F8Ⅰ的门道有五条，除去中间的门址（西）F8Ⅰ-5，另外四条踏道对称分布于东西两侧，从东到西依次编号为（西）F8Ⅰ-TD1、（西）F8Ⅰ-TD2、（西）F8Ⅰ-TD3、（西）F8Ⅰ-TD4。

（西）F8Ⅰ-5中心处是一有泥塑图案的坡道，呈斜坡状；其南部为平坦路面，延伸出围墙，与（西）L2Ⅰ相接（图版七〇，1）。泥塑坡道图案低于（西）F8Ⅰ-5的地面，平面呈喇叭口状，北窄南宽，北端宽1.6米，两拐角呈圆弧形，南端宽3、东西向长5.8米。南低北高，北端与（西）F8Ⅰ-5房屋的地面相平行，南端下凹深达1.2米，但图案中间微凸，高于前街（西）L2Ⅰ街面0.3米。泥塑图案表面呈半圆状凸凹形，这凸凹不平的印痕，有较粗大的凸面，也有较小的凹面，构成一幅“云气纹”图（图版六四，2）。图像的表面为一层红褐色硬壳，是烧烤所致，且其两侧的东、西壁也都被烧烤成红褐色的硬壳状，红烧土厚0.02～0.05米。说明图案经过烘烤处理。发掘时，在图案上有一层黑色的炭末。依此分析，图像的毁弃不用，似是当年因火灾将房屋毁坏，从而使图像被埋所致。

（西）F8Ⅰ-5位于前院的中心，似乎是用来遮挡（西）F8Ⅰ门前中心泥塑图案的建筑。平面呈长方形，房屋东西长7、南北宽5米（依础石计算），面积35平方米。（西）F8Ⅰ-5是一组立柱式的建筑，共计发现了础基石10块，础石间距东西向约2、南北向为2～2.5米。地面为黄沙土面，厚0.04～0.08米。

在周边还有排水设施等保护，表现了对泥塑图案保护的重视程度。在（西）F8Ⅰ-5的北端，有用石块垒砌规整的排水沟，编号为（西）G41。（西）G41的走向所表现的主要功能就是用于防范浸水破坏泥塑图案的，沟已残。在（西）F8Ⅰ-5北侧中心处的沟上盖有长方形条石一块，为绿色砂质石，打凿规整，长1.6、宽0.7、厚0.25米。石块的表面踏踩磨损严重。

（西）F8Ⅰ-TD1位于大院南墙东部，是大院东侧出入院落的踏道，东侧为（西）F8Ⅰ-4，北与（西）F8Ⅰ-TD3相通。长5.5、宽1.6米。用砖、石混建，其北部用砖平铺成斜坡状，南端为石梯步，仅残存二级，有幅子石。

（西）F8Ⅰ-TD2位于泥塑图案坡道中心门道的东侧，西距大门2.5米，东距（西）F8Ⅰ-TD1 1.6米。用石块构筑，南北长2.1、宽1.1米，残存梯步七级（图版六五，1）。

（西）F8Ⅰ-TD3位于泥塑图案坡道中心门道的西侧，东距大门2.5米，西距（西）F8Ⅰ-TD4 3米。用石块构筑，南北长2、宽1.1米，残存梯步三级，每级梯步宽0.3、步高0.15米（图版六五，2）。

（西）F8Ⅰ-TD4位于大院南墙西部，是大院西侧出入院落的踏道，西距（西）F8Ⅰ-7 1.3米。保存较差，整个梯道踏道宽1.4、残长2.7米。以石块垒砌，仅残存有三级石梯步，每级梯步宽0.27、步高0.17米。

（2）庭院

庭院分为前院与后院两部分。

前院　（西）F8Ⅰ的前院由（西）F8Ⅰ-4、（西）F8Ⅰ-7组成。

（西）F8Ⅰ-4是东院前侧靠南围墙的建筑，北侧为廊道（西）F8Ⅰ-LD3，平面呈长方形，房屋东西长13、南北宽4.5米，面积58.5平方米。该建筑的北墙基用砖垒砌与廊道分隔，砖墙残高

0.12 米；南侧用石块垒砌成高坎使室内平坦，石坎高 0.5 米。靠近砖墙边有距离大致相等的础石，共五块，间距 2.5 米；西端有柱洞 3 个，应是（西）F8Ⅰ-4 的承重柱。居住面为黄沙土面，厚 0.06～0.13米，下层还填垫了红沙土等杂土。在（西）F8Ⅰ-4 的西侧，有斜坡状砖石垒砌的踏道（西）F8Ⅰ-TD1，以进出（西）F8Ⅰ大院。

（西）F8Ⅰ-7 位于（西）F8Ⅰ大院内西南角，南墙下为（西）L2Ⅰ，房西靠大院西围墙，房东距（西）F8Ⅰ-TD4 1.3 米。平面呈长方形，门向东，南北长 5.7、东西宽 5 米，面积 28.5 平方米。以砖、石块为基础，墙基残高 1.2 米。（西）F8Ⅰ-7 的室内居住面为黄沙土，厚 0.06～0.13 米。

后院　（西）F8Ⅰ的后院南以（西）F8Ⅰ-LD3、（西）G41 为界，北以（西）F8Ⅰ-LD4 为边，（西）F8Ⅰ-LD2、（西）F8Ⅰ-LD1 又将中院分为东、中、西三部分。东院、中院、西院以及（西）F8Ⅰ-2、（西）F8Ⅰ-3、（西）F8Ⅰ-6 组成了（西）F8Ⅰ的后院（图版六六，1）。

东院东西长 14.5、南北宽 7.4 米，面积 107.3 平方米。院内填垫着褐红色沙土，厚 0.1～0.16 米，经长期的踏踩，表面较硬。

中院北通（西）F8Ⅰ-LD4，东连（西）F8Ⅰ-LD2，南为（西）G41 及（西）F8Ⅰ-5，西接（西）F8Ⅰ-LD1。东西长 12.4、南北宽 7 米，面积 86.8 平方米。黄沙土地面，厚 0.1～0.15 米。其北部有一条薄石片镶嵌的宽带状地面，平面呈倒“八”字形，北侧为（西）F8Ⅰ-LD4，南对院落空地。西端被破坏，东西向北侧残长 9.5、南侧长 8.5、宽 1.3 米。是先用薄石块侧嵌于地下围成边框，然后在框内用青灰色薄石板平铺而成。其表面有踩踏磨光痕迹，应为踏步。其西端被第三期的水池（（西）F8Ⅲ-SC2）打破。

西院平面呈长方形，东西长 11、南北宽 8 米，面积 88 平方米。地面为黄沙土地面经过平整，厚 0.1～0.15 米。

院落地面的表层，有一层厚 0.1 米的江沙层，应是房屋在废弃后所形成的自然堆积层，这层江沙在（西）F8Ⅰ内，或是院落以外的遗迹里也都有发现，应当是长江的特大洪水所形成的淤沙层。

（西）F8Ⅰ-2 位于东院的东侧，是（西）F8Ⅰ大院内的东偏房，平地建筑，该房屋面西背东，南北面阔为 13.7、东西进深为 5.5 米，面积 73.3 平方米。用石块作为房屋基础，残存基础高出室内地面有 0.05～0.12 米。居住面为褐色土面，厚 0.1～0.16 米，经过夯打平整，保存较好，其下有红沙土的垫土层。因保存不好，其分间不明。（西）F8Ⅰ-2 西侧北部设一门道，直通（西）F8Ⅰ-LD4，门宽 1 米。在（西）F8Ⅰ-2 的东侧也设一门道，门宽 1.2 米，门前有残存覆盖在（西）G39Ⅰ上的大石板，跨沟向东即进入（西）F93 中（图版七〇，2）。

（西）F8Ⅰ-3 位于东院的中心，为小型亭间建筑，用石块垒砌成长方形，东西长 3.8、南北宽 2.5 米，深度因破坏而成浅坑状，残深有 0.15 米。填土为灰黑土，较细腻。

（西）F8Ⅰ-6 位于西院的中心，为小型亭间建筑，用石块垒砌成近方形，东西长 2、南北宽 1.9 米，深 0.2 米。填土为灰黑土，较细腻。

（西）F8Ⅰ-LD1 为大院中心西侧的南北向廊道，廊东为中院，廊西为西院。廊道南北长 6.5、东西宽 1.7 米，面积 12.5 平方米。廊道内的地面为黄沙土地面，厚 0.06～0.13 米。其东、西两侧各有一道沟槽，西沟槽长 6.4、宽 0.22 米，发现柱洞 5 个，直径 0.2～0.25、深 0.15～0.25 米；东沟槽长 6.2、宽 0.2～0.28 米，发现柱洞 4 个，直径 0.25～0.3、深 0.15～0.25 米。两侧的柱洞基本对称，内填灰黑色土，较松软。

（西）F8Ⅰ-LD2 为大院中心东侧的南北向廊道，廊东为东院，廊西为中院。廊道南北长 7.7、东西宽 2 米，面积 15 平方米。（西）F8Ⅰ-LD2 东有沟槽，长 7.7、宽 0.2 米，槽内发现柱洞 3 个；西侧无沟槽，发现柱洞 8 个，分布在一条线上。柱洞直径 0.2～0.32、深 0.15～0.2 米。柱洞内的填土松软，均为黑色土。廊内地面为黄沙土面较杂，且硬度较高（图版六六，2）。

（西）F8Ⅰ-LD3 为东院前廊，其南与（西）F8Ⅰ-4 房屋并行，北为东院。廊道全长 19、宽 1 米。地面为黄沙土面。其北侧靠东院处有一条沟基槽，长 12.4、宽 0.2 米，西端与（西）F8Ⅰ-L12 的东沟基槽相连；北侧西端近（西）F8Ⅰ-5 处发现 4 个柱洞，直径 0.2～0.3、深 0.15～0.2 米，内填黑褐色土，松软。

根据建筑的对称原则分析，西侧对应的位于也应有一条廊道，因破坏严重而不存。

（西）F8Ⅰ-LD4 是大院内（西）F8Ⅰ-1 前的廊道遗迹，与（西）F8Ⅰ-1 的前廊并行，东西长 39.5、南北宽 2.5 米。其北侧中部北凸至（西）F8Ⅰ-1 的“八”字门道前；东、西分别由（西）G38、（西）G40 将其与（西）F8Ⅰ-1 分隔开。（西）F8Ⅰ-LD4 的地面稍高于东院的地面 0.1 米，其地面系用河砾石子铺垫，西部地面多已破坏不存。

（3）厅堂

（西）F8Ⅰ-1 位于大院北部台地上，北为（西）G26Ⅰ，西为（西）G34Ⅰ，是这组建筑群里面的最大的一座建筑。平面呈东西向的长方形，门向南开。房屋东西面阔 38.5、进深 10.8 米，东、南二面有廊道，其中东廊道宽 1.2 米，南（前）廊宽 3 米，总面积 548 平方米。

其北端是靠近紫红色砂岩山边，并修凿山体而扩展平台地基，南边则筑台，台边用砖砌包土墙，高出前面院落地面 0.8 米（图版六七，1）。

在（西）F8Ⅰ-1 后墙基础上，发现柱础石基坑 10 个，基坑长 1.1、宽 1、残存深 0～0.3 米。基坑是人工挖成方坑之后，在坑中铺填石块。其中心的两个间距为 8 米，东、西两侧的均为 2.5 米，依此将（西）F8Ⅰ-1 分为九间。室内居住面为黄土。

（西）F8Ⅰ-1 的南部中间设一“八”字形门道，前（南）宽 8.6、后（北）宽 7.4、长 3.7 米，原可能有上下出入大堂的踏道，已被破坏不存。门道将南（前）廊分为东、西两部分，东前廊长 14、宽 3 米，黄沙土地面（图版六八，1）；西前廊长 15、宽 3 米，因破坏严重，仅西部发现一小块小石子铺垫的地面。东、西前廊中各设砖砌踏道两条。东廊长 12、宽 1.2 米。廊外侧用青灰单砖包砌廊基（图版六七，2、3），砖外先施以泥浆抹底，再在泥浆外刷白灰面。发现时，砖的表面有一层泥浆层厚 0.5 厘米，泥浆中有草秸；粉刷的白灰面，厚 0.2 厘米。其中东侧边墙保存较好，残存 7 层砖，错缝平铺。发现的这一段墙体残高 0.3、长 0.6 米。

（西）F8Ⅰ-1 有踏道五条，位于廊道的南侧，自东向西分别编号为（西）F8Ⅰ-TD5、（西）F8Ⅰ-TD6、（西）F8Ⅰ-TD7、（西）F8Ⅰ-TD8、（西）F8Ⅰ-TD9。

（西）F8Ⅰ-TD5 位于（西）F8Ⅰ-1 的东廊道前，是（西）F8Ⅰ-1 东侧廊出入上下的梯步，残存长 1.5、宽 1.2 米，以石块垒砌，有幅子石，残留五级梯步，每级步宽 0.4、步高 0.2 米（图版六九）。

（西）F8Ⅰ-TD6 位于（西）F8Ⅰ-1 东前廊的东部，西距（西）F8Ⅰ-TD7 4.3 米，东距（西）F8Ⅰ-TD5 4.1 米。保存较差，用砖筑成，有幅子砖，梯通宽 1.5、梯步宽 1.2 米，残存两步，每级步高 0.17、宽 0.3～0.65 米。

（西）F8Ⅰ-TD7 位于（西）F8Ⅰ-1 东前廊的西部，西距“八字”大门的外角 2.8 米，东距（西）F8Ⅰ-TD6 4.3 米。保存较差，用砖筑成，通宽 1.5、步宽 1.2 米，有幅子砖，残留四级梯步，每级步高 0.17、步宽 0.3～0.65 米（图版六八，2、3）。

（西）F8Ⅰ-TD8、（西）F8Ⅰ-TD9 位于（西）F8Ⅰ-1 西前廊内，由于破坏严重，已不存，仅有痕迹可见，西前廓东部的编号为 F8Ⅰ-TD 8，残痕宽 1.5 米。西部的编号为（西）F8Ⅰ-TD9 的梯步长宽已不明。两者间距为 5 米。

（4）沟渠

（西）F8Ⅰ内外共发现沟渠七条，分别编号为（西）G34Ⅰ、（西）G26Ⅰ、（西）G38、（西）G39Ⅰ、（西）G40、（西）G41、（西）G48等（详见第一节供排水系统部分及表二二）。

2.（西）F8Ⅰ东侧建筑遗迹

在（西）F8Ⅰ的东侧，与（西）F8Ⅰ关系密切的建筑还有（西）F90、（西）F93等生活用房。

（1）（西）F90

（西）F90　位于（西Ⅰ）T3318、（西Ⅰ）T3418、（西Ⅰ）T3319、（西Ⅰ）T3419等探方内。开口于8层下，其下未发掘。建筑在（西）F8Ⅰ院外的东北角，与（西）F8Ⅰ-1并行，南与（西）F93相邻。平面呈不规则形，东部南侧多出一间，形如“曲尺形”，门向南，方向为175°。东西面阔7.8、南北进深西端4、东端6米，前凸的一间宽2.5、进深2米。总面积36.2平方米。石块基础，石块墙基高出居住面0.05～0.1米。室内地面为黄沙土居住面，保存面积不多，残厚0.05～0.08米。房前专门垒砌了高坎石台，房屋即处于这高坎上（高离前面的地面约0.6米）。房屋中心的门前为半地穴式上下台阶，台阶宽2、深1.3米，发现了三步台阶，步宽0.5、高0.2米，以出入坎下（西）F93中。另外在台阶的墙面上还粉刷了一层白灰面。该房屋与整个大院关系密切，似乎应属于大院中的配房（图一二二）。

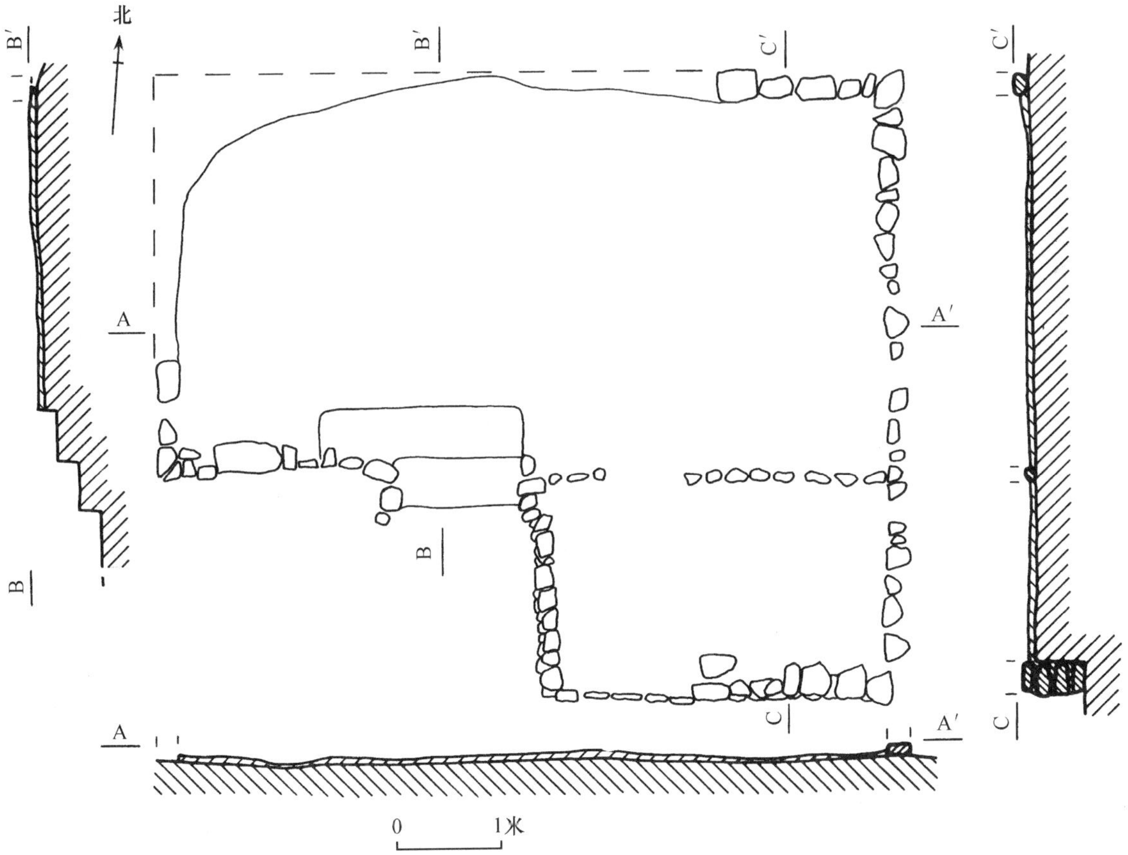

图一二二　巴东旧县坪遗址（西）F90平、剖面图

（2）（西）F93

（西）F93　分布在（西Ⅰ）T3416、（西Ⅰ）T3417、（西Ⅰ）T3516、（西Ⅰ）T3517、（西Ⅰ）T3616、（西Ⅰ）T3617、（西Ⅰ）T3418、（西Ⅰ）T3518、（西Ⅰ）T3618 等探方内。西隔（西）G39Ⅰ与（西）F8Ⅰ-2 相连，北邻（西）F90。（西）F93 保存较好，平面呈长方形，门朝南，方向174°。东西面宽 10、南北深 13.4 米，面积 134 平方米，由四部分组成。从建筑的组合来看，应是（西）F8Ⅰ的附属建筑（图一二一）。

①（西）F93-1 号建筑

（西）F93-1 号建筑位于（西）F93 的西部，呈南北向的长条形，似为廊道建筑，南北长 7、东西宽 3 米，面积 21 平方米。地面为红褐色土面，厚 0.08～0.15 米。其西与（西）F8Ⅰ-2 相连接，并在西侧有门道相互通，门道宽 1.2 米（另见（西）F8Ⅰ-2 描述）。其北上台阶通（西）F90 内。所发现的房墙基础在 0.05～0.1 米，保存较为完整。

②（西）F93-2 号建筑

（西）F93-2 号建筑位于（西）F93 的中东部，西侧为（西）F93-1，平面呈正方形，边长 7 米，面积 49 平方米。四周为石块基础，室内中心地带成深坑状的灰层堆积，深 0.8 米。因为三峡大坝蓄水，未能完整清理，即被淹没。

③（西）F93-3 号建筑

（西）F93-3 号建筑位于（西）F93 的南部，是整个建筑的前廊，南北长 2.4、东西宽 10 米，面积 24 平方米。中心设斜坡状门道，东西宽 2.87、南北进深 2.4 米，门道南低北高，石块砌边规整，坡内填瓦砾、红沙土、黄土的混合物。

④（西）F93-4 号建筑

（西）F93-4 号建筑位于（西）F93 的北部，呈长方形，东西向长 10、南北深 4 米，面积 40 平方米。相对平整，地面为黄沙土，保存较差，残厚 0～0.08 米。靠北的房檐沟明显，但因发掘时间问题，没有完整清理出来。

3.（西）F8Ⅰ西侧建筑遗迹

在（西）F8Ⅰ前侧与西侧，有（西）F59、（西）F55、（西）F57 等建筑遗迹。

（1）（西）F59

（西）F59　位于（西Ⅰ）T2712、（西Ⅰ）T2812、（西Ⅰ）T2912、（西Ⅰ）T3012、（西Ⅰ）T2713、（西Ⅰ）T2813、（西Ⅰ）T2913、（西Ⅰ）T3013 探方内，开口于 8 层下，被（西）F22、（西）F23、（西）F25 叠压，其下未发掘。北临（西）L2Ⅰ大街，隔街与（西）F8Ⅰ相望。平面呈长方形，以北墙为基准，门向北，方向 350°。东西为 16.8、南北 6.2 米，面积 104.2 平方米。位于（西）F8Ⅰ-5 泥塑图案坡道正对面。这一建筑可能与（西）F8Ⅰ大院建筑相配套使用，故作为其附属建筑一起描述。

（西）F59 墙基为石块基础，在临街的墙基发现一组础石呈直线有规律地分布着，间距 3～4 米。依其柱础判断，中心开间为 4 米，两侧开间各为 3～3.5 米。为五间式房屋。南北向的柱础间，有用薄片石镶嵌的残留遗迹，高出室内地面 0.06 米。室内的地面为黄沙土地面，厚 0.05～0.13 米，因晚期又在其上另行建造街道与房屋等，故地面保存较差（图一二三）。

（2）（西）F55

（西）F55　位于（西Ⅰ）T2313、（西Ⅰ）T2413、（西Ⅰ）T2314、（西Ⅰ）T2414 探方内。开口于 8 层下，其下未发掘。建筑在（西）F8Ⅰ的西侧，东临（西）L9Ⅰ巷道，南面为（西）L2Ⅰ大街，西北与

（西）F57相邻。平面近长方形，门向南，方向175°。东西面阔7.5、南北进深8.6米，面积64.5平方米。石块基础高出地面0.06～0.1米。可分两大间，东间宽2.8、西间宽4.7米。室内为黄沙土地面，厚0～0.11米。南外有廊，廊宽2米，廊西有一间小房，南北长2.75、东西宽2.5米。廊南（外）侧有1米高的垒砌石坎，系用石块叠加干垒。坎下即为东西向（西）L2I（图一二四）。

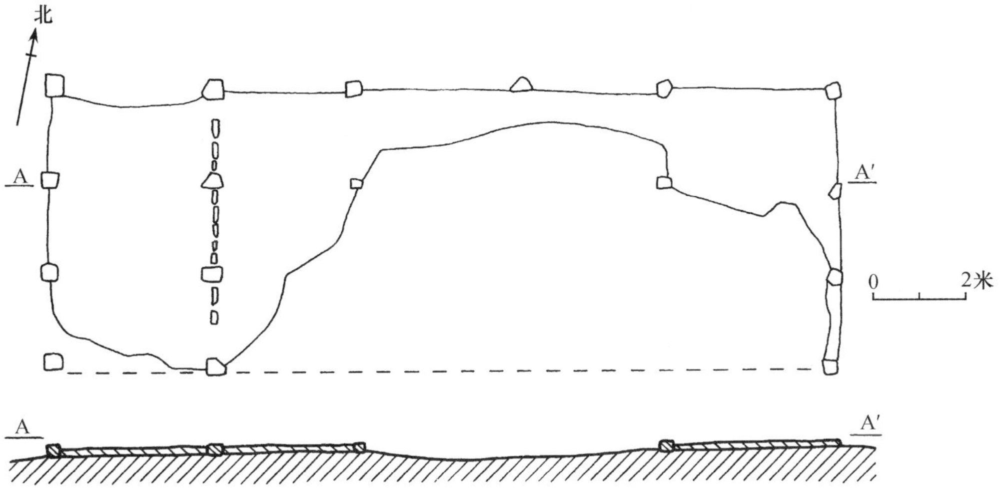

图一二三　巴东旧县坪遗址（西）F59平、剖面图

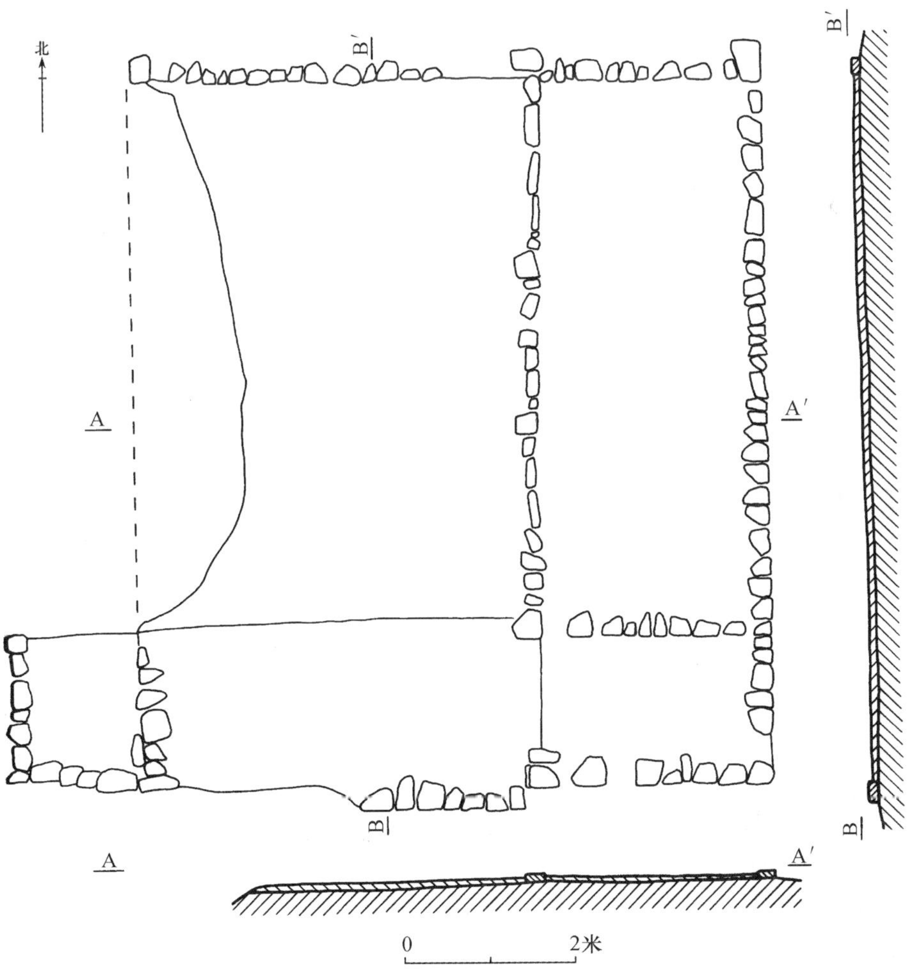

图一二四　巴东旧县坪遗址（西）F55平、剖面图

（3）（西）F57

（西）F57　位于（西Ⅰ）T2114、（西Ⅰ）T2214、（西Ⅰ）T2314、（西Ⅰ）T2115、（西Ⅰ）T2215、（西Ⅰ）T2315、（西Ⅰ）T2216、（西Ⅰ）T2316探方内，开口于8层下。被（西）F16、（西）F52叠压，其下未发掘；东南与（西）F55为邻。平面呈长方形，门向南，方向187°，东西面阔10、南北进深6.8米，面积68平方米。以石块为墙基，石块基础用材规整，高出室内地面约有0.06～0.1米。室内为黄沙土的居住面，厚0.05～0.13米。分间不明。南侧垒砌高坎，形成平地，高出南侧地面约有0.8米。正中间门道外凸0.8、宽2.2米，系用砖垒砌的四级梯步逐级而上（图一二五）。

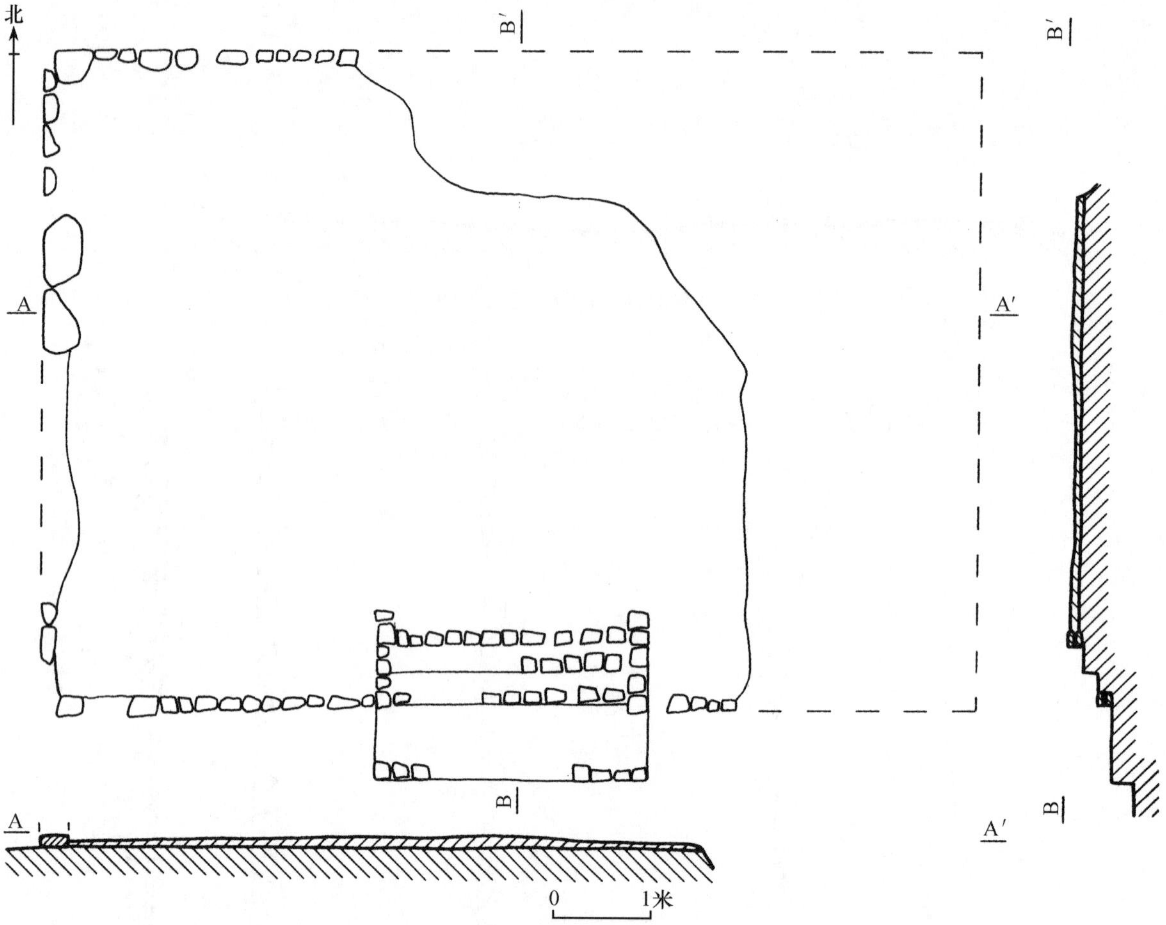

图一二五　巴东旧县坪遗址（西）F57平、剖面图

（二）官署区第二期建筑遗迹

官署区第二期的房屋遗迹非常丰富，共清理出房屋遗迹20座，分别编号为（西）F6Ⅰ、（西）F8Ⅱ、（西）F13Ⅰ、（西）F16、（西）F18Ⅰ、（西）F20、（西）F21、（西）F22、（西）F23、（西）F24Ⅰ、（西）F25、（西）F52、（西）F54、（西）F58、（西）F66、（西）F67、（西）F85、（西）F94、（西）F95、（西）F96（图一一八；表一二）。

表一二　巴东旧县坪遗址西区官署区第二期房屋遗迹登记表　（计量单位：米）

编号	方向	长	宽	建筑基础用材	建筑特点	出土遗物	备注
（西）F8 Ⅱ -1	171°	39.4	12.3	石块、柱础	前筑台有廊	瓷碗、盘、碟、盏、炉、器盖；釉陶钵、杯、罐、器盖、鸟食罐、瓶、灯盏；铜钱；陶灯盏、筒瓦、瓦当、脊饰；石砚台	核心建筑
（西）F8 Ⅱ -2		11	7.6	石块	平地建筑		院西建筑
（西）F8 Ⅱ -3		15.3	9.5	砖、石	院内东侧		前有廊
（西）F8 Ⅱ -4		10	4	石块	院落东侧房		长条状
（西）F8 Ⅱ -5		11	3.8	石块	东侧前房		长方形遗迹
（西）F8 Ⅱ -6		8.4	2.8	木结构（炭化）	两间式建筑		西侧房
（西）F8 Ⅱ -7		4	3.8	石块	平地建筑		西南角房
（西）F22	356°	5.3	3.5	石条	平地建筑	瓷碗、碟；釉陶灯盏；棋子	（西）F8Ⅱ前大街东南
（西）F25	357°	3	3.5	石块	平地建筑	瓷碗；釉陶盏；石筹码	（西）F8 Ⅱ 前
（西）F23	357°	3.5	3	石块	平地建筑	筒瓦；瓷碗	（西）F8 Ⅱ 前
（西）F21	358°	5.6	3.76	石块	筑台建筑	瓷碟；釉陶盆、灯盏	（西）F8Ⅱ前大街西南
（西）F24 Ⅰ	355°	5.5	3.3	石块	平地建筑	瓷碗、钵；釉陶钵、灯盏、鸟食罐	（西）F8 Ⅱ 前西南角
（西）F94	172°	17	17	石块	平地建筑	瓷碗、碟、钵、杯、盏；釉陶罐、钵、罐、灯盏；陶盆	（西）F8 Ⅱ 东侧房屋
（西）F95	178°	7.7	4.7	石块	平地建筑	瓷碟、盏	（西）F8 Ⅱ 东侧房屋
（西）F96	167°	10.2	5	柱础	平地建筑	瓷碟、盏；银挖耳勺；棋子	（西）F8Ⅱ东北侧房屋
（西）F20	175°	3.5	2.2	石块	平地建筑		溪沟边
（西）F85	165°	11.2	5.2	石块	吊脚楼与平地建筑	瓷碟	靠溪沟（西）L2Ⅱ北
（西）F66	158°	7.2	4.3	石块	吊脚楼建筑	瓷碟；釉陶鸟食罐；陶灯盏、棋子	靠溪沟（西）L2Ⅱ南
（西）F6 Ⅰ	173°	10	5	石块	前筑台建筑	瓷碗、盒；陶三足器	（西）F8 Ⅱ 西侧
（西）F16	82°	9	4.5	石块	平地建筑	瓷碟；釉陶灯盏；铜坠饰；石料	（西）F8 Ⅱ 西侧
（西）F18 Ⅰ	181°	8.2	5.5	石块	前筑台建筑	瓷碗	（西）F8 Ⅱ 西侧
（西）F13 Ⅰ	263°	5.3	4.5	石块	吊脚楼建筑	瓷碗、盘、碟；釉陶灯盏	（西）L1 Ⅱ、（西）L6 Ⅱ 交汇处
（西）F52	337°	8.6	3.2	石块	平地建筑	瓷碟；釉陶灯盏、罐	（西）F8 Ⅱ 西侧
（西）F54	175°	9	3	石块	平地建筑	瓷碗；釉陶灯盏	（西）F13 Ⅰ 西侧
（西）F58	263°	7.2	6	石块	平地建筑	瓷碟、钵；釉陶灯盏	（西）F8 Ⅱ 西侧
（西）F67	167°	7.8	4.5	石块	前筑台建筑	瓷碗、碟、钵、器盖；铜钱	（西）L8 Ⅰ 北侧

1.（西）F8 第二期建筑遗迹（（西）F8 Ⅱ）

（西）F8 Ⅱ　开口于 7 层下，其上叠压着（西）F8 Ⅲ，叠压打破 8 层及（西）F8 Ⅰ。是在（西）F8 Ⅰ 的基础之上拓展后重新修建的，首先是把院落的前端拓宽，对（西）F8 Ⅰ 的部分遗迹进行了覆盖填充，并在南部加砌了石坎墙，使院落的南墙变高变直。石坎墙高出（西）L2 Ⅱ 大街 0.5 米。而这时的生活服务区也在第一期的基础上进行了扩修或进一步加固。其平面近长方形，东墙中部有向东突出的部分。门向南，方向 171°，东西最长 44、南北宽 34 米，总面积 1400 多平方米。院落内仍是北高南低，呈两级台地，各类建筑遗迹依主次分建在两级台地上，主要有房屋、廊道、踏道、院落、水池、排水沟等（图一二六）。

（1）围墙与门道

（西）F8Ⅱ的围墙体较之于第一期的更为完整，院落墙体的范围明晰，位于（西）F8Ⅱ的南面，用石块垒砌（图版七一）。

东墙借用了（西）F8Ⅱ-4的东墙体，其东南角呈曲尺形，与南墙相接；西墙体长23.5、宽0.4、高0.2～1.2米。南墙保存较好，系用青灰色石块干垒砌成，长39.6、宽0.6、残高1米。

南围墙仅设门一处，编号为（西）F8Ⅱ-TD1（图版七二）。（西）F8Ⅱ-TD1位于正院南墙的中部，中心院落的南端，直通院外的（西）L2Ⅱ大街，为（西）F8Ⅱ的大门。门道南低北高，呈斜坡梯状，东西宽5、南北长3.4米，东、西两侧用石垒砌梯边，踏道分三级。每级梯步台面用薄石片平铺成斜坡状，其南北两侧用薄石块侧嵌于地下包边，用于固定平铺的石片。每步宽1.1、步高0.15米，每步梯面垂直高差0.2米。

（2）庭院

（西）F8Ⅱ的庭院被影壁分为前后两部分。

（西）F8Ⅱ前院内有（西）F8Ⅱ-5、（西）F8Ⅱ-6、（西）F8Ⅱ-7、影壁以及穿过大院的南北向暗沟（（西）G20），南北宽9米。

影壁位于前院的后部中央，残存有一条石块墙基，东西长4、宽0.5米。

（西）F8Ⅱ-5位于前院的东部，西为（西）G20。平地建筑，平面呈长方形，门向南。东西面阔11、南北进深3.8米，面积41.8平方米。以石块为基础，石墙基高出地面0.05～0.08米。室内为黄沙土居住面，厚0.12～0.18米，经夯筑与拍打，较硬。

（西）F8Ⅱ-6位于前院西侧北端，南邻（西）F8Ⅱ-7，西靠围墙，北为（西）G10平面呈长方形，门向南。其东西面阔8.4、南北进深2.8米，面积23.5平方米。残存房基全为木炭，木炭痕迹高出室内地面0.01～0.02米。分为两间，东间稍宽，为4.6米；西间稍小，为3.8米。室内地面黄沙土地面，厚0.16米，经过夯筑，平整，硬度高，保存较好，硬面的厚度在0.05米。西室靠近东南角有一圆形经火焰烧烤过的痕迹，直径1米。

（西）F8Ⅱ-7位于前院的西南角，南靠围墙，北邻（西）F8Ⅱ-6。长方形，门向东。其南北长4、东西宽3.8米，面积15.2平方米。以石块为基础，础石清晰，高出地面0.05～0.07米。共发现础石6块，四墙角各1块，东、西墙壁中部各1块，柱础石的边长0.3～0.4米。室内居住面为红沙土面，厚0.13米，较平整，经过拍打。

后院由（西）F8Ⅱ-LD1、（西）F8Ⅱ-LD2将其分为三部分，从东到西为（西）F8Ⅱ-4、（西）F8Ⅱ-3；中心院落；（西）F8Ⅱ-2。

中部的中心院落　南北长11.5、东西宽12.3米。黄沙土地面，厚0.16米。北到（西）F8Ⅱ-1的前廓，南临影壁。

（西）F8Ⅱ-4位于（西）F8Ⅱ-3的东侧，东隔（西）G39Ⅱ与生活区内的（西）F94为邻。南北长10、东西宽4米，面积40平方米。以石块为基础，其室内居住面为红褐沙土面，厚0.06～0.18米，保存较好。南外侧有廊道遗迹，南北宽1.8、东西残长1.8米。

（西）F8Ⅱ-3位于（西）F8Ⅱ-1的南侧东部，东靠（西）F8Ⅱ-4，西为（西）F8Ⅱ-LD2。平面呈长方形，门向南，东西长15.3、南北宽9.5米，面积145.4平方米。用砖、石混建，分为三间，门前设廊（图版七三，1）。

（西）F8 Ⅱ-3西间，宽3.4、深7.5米，面积26.5平方米。东、南二墙用砖垒砌，西、北二墙系石块垒砌，地面用红沙土铺垫，厚0.1～0.18米。

（西）F8Ⅱ-3的中部为中央明间，宽5、深7.5米，面积37.5平方米。除与西间的隔墙为砖墙外，余均为石块墙。居住面为黄沙土的地面，厚0.04～0.16米。在室内中部靠西墙处有残砖窖一个，编号为（西）J3，窖口径1.1米，破坏严重，仅存窖底部。

（西）F8Ⅱ-3的东间，东西宽6.9、南北进深7.5米，面积51.75平方米。除南墙的西端为砖墙外，余皆石墙。地面为黄沙土，厚0.06～0.15米。门前（南侧）中心有向外凸出的门道，南北长2、东西宽1.5米。可见（西）F8Ⅱ-3的东间既和（西）F8Ⅱ-3是一个整体，又可单独进出。

（西）F8Ⅱ-3的前廊位于其西间和中央明间的南边，西连西间外墙，东至东间门道止，东西长11、宽1.8米。廊中部有四块础石，东西向分布在一条线上，间距为3.5米，且中间的两础石间用石片侧嵌于其间地下，如门槛石。

（西）F8Ⅱ-2位于中心院落的西部，是背靠院落西围墙的建筑，东、南连（西）F8Ⅱ-LD1，北依（西）F8Ⅱ-1。平面呈长方形，南北长11、东西宽7.6米，面积83.6平方米。分为东、西两间，东间宽3.1、西间宽4.5米。室内居住面为红沙土面，厚0.15～0.2米。

（西）F8Ⅱ-LD1是中心院落的西廊，东连中心院落，西环（西）F8Ⅱ-2。平面呈曲尺形，环绕于（西）F8Ⅱ-2的北、东、南三侧。其南北向部分长11.5、宽2.2米，面积26.3平方米；东西向部分长7.8、宽1.4米，面积10.9平方米。两侧系用石块垒筑边坎。廊内地面为红沙土面，厚0.08～0.13米，稍低于（西）F8Ⅱ-2地面0.1米。

（西）F8Ⅱ-LD2是中心院落东侧的廊道，位于中心院落与（西）F8Ⅱ-3之间。南北长10.5、东西宽2米，面积21平方米。两侧系用石块垒砌廊边，边沿清晰。廊内地面为红、黄沙土混合地面，厚0.15米。

（3）厅堂

（西）F8Ⅱ-1　是院落内最大的建筑，应是该建筑群中的主体建筑，位于院落北部的台地上，北为（西）G26Ⅱ，西为（西）G34Ⅱ，东部因晚期破坏，情况不详。（西）F8Ⅱ-1高出庭院地面0.8米，属于高台式建筑。门向南，方向171°。平面呈长方形，东西长39.4、南北宽12.3米，总面积484.6平方米。

（西）F8Ⅱ-1以石块为墙基，东、南、北三面设廊道。其正房东西面阔为37.6、南北进深为9.4米，室内面积达353.4平方米。在南墙中发现柱础石12块，础石近方形，边长0.4～0.5米，依此（西）F8Ⅱ-1分为十一间房。其中西边第五间较大，宽5.3米，为中央明间即中心大堂。大堂西侧有房四间，从西向东依次宽4、3、3、3.5米；大堂东侧六间房，从西向东依次宽3、2.7、3、4、3、3米。其后（北）廊道全长39.4、宽1.3米，边缘用石块垒砌，廊北为东西向的排水沟，是房后檐沟，编号为（西）G26Ⅱ。其东廊道南北长9.4、宽1.8米，并与后廊道和前廊相连接。东廊道东侧前端残存3个柱洞，柱洞直径0.25～0.3、深0.25米，柱洞相距1.8米，系东廊外檐柱洞。前（南）廊道分东、西、中三部分，仅有中、东部分保存，西部分已不存。中前廊位于（西）F8Ⅱ-1前部中心处，长12.3、宽2.3米，稍低于大堂地面0.12米，较西部分宽。其（南侧）中心处设有前凸的斜坡状门道（图版七三，2），东西宽2.65、南北长1.5、南侧高出地面0.15米，靠廊处则有高出地面0.25米的石坎，门道系用石块垒砌，有幅子石。中前廊的东侧，发现一长方形砖窖，编号为（西）J2，砖窖的砌法为一斗一丁的垒砌，保存完整，东西长1.5、南北宽1.3、深0.45米，窖内出土了较多的宋代钱币。东前廊东西长17、南北宽1.5米，窄于中心宽廊，廊西与大堂地面大致相平，高于后院地面0.8米。

（西）F8Ⅱ-1发现踏道3处，位于南廊东侧，自东向西分别编号为（西）F8Ⅱ-TD2、（西）F8Ⅱ-TD3、（西）F8Ⅱ-TD4。

（西）F8Ⅱ-TD2位于（西）F8Ⅱ-1东廊前，是（西）F8Ⅱ-1东廊与前院的通道。石块垒砌，残留有幅子石。梯宽1.5米，残存四步，每步长1.2、宽0.29、高0.17米。

（西）F8 Ⅱ-TD3位于（西）F8 Ⅱ-1东前廊的东部，东距（西）F8 Ⅱ-TD2 3.2米，西与（西）F8Ⅱ-TD4相距6.2米。已残，残留有石块梯步的特点，残存有幅子石。梯宽1.6、长2.5米。

（西）F8 Ⅱ-TD4位于（西）F8 Ⅱ-1东前廊的西部，东距（西）F8 Ⅱ-TD3 6.2米。已残，残存幅子石等梯步的特点。梯宽1.5、长2.7米。

（4）沟渠

（西）F8Ⅱ大院内外共发现排水沟5条，分别编号为（西）G10、（西）G20、（西）G26Ⅱ、（西）G34Ⅱ、（西）G39Ⅱ（详见第一节供排水系统及表二三）。

2.（西）F8Ⅱ东侧建筑遗迹

（1）（西）F95

（西）F95　位于（西Ⅰ）T3219、（西Ⅰ）T3319、（西Ⅰ）T3419、（西Ⅰ）T3220、（西Ⅰ）T3320、（西Ⅰ）T3420等探方内，开口于7层下，叠压打破8层及（西）F90。西靠（西）F8Ⅱ，东邻（西）F96。应是（西）F8Ⅱ生活配房之一。平面呈长方形，以南墙为基准，方向178°。东西面阔7.7、南北进深4.7米，面积36.2平方米。以石块为基础，石块高出地面约有0.05～0.1米。分间不明。室内居住面为黄沙土地面，但已被严重破坏（图一二六）。

（2）（西）F94

（西）F94　位于（西Ⅰ）T3416、（西Ⅰ）T3516、（西Ⅰ）T3317、（西Ⅰ）T3417、（西Ⅰ）T3517、（西Ⅰ）T3617、（西Ⅰ）T3717、（西Ⅰ）T3318、（西Ⅰ）T3418、（西Ⅰ）T3419、（西Ⅰ）T3518、（西Ⅰ）T3519、（西Ⅰ）T3618、（西Ⅰ）T3619探方内。开口于7层下，叠压打破8层。西靠（西）F8Ⅱ-4，北邻（西）F95、（西）F96。平面呈方形，以南墙为基准，门向南，方向172°。东西面阔17、南北进深17米，面积289平方米。（西）F94与（西）F8Ⅱ关系密切，应属于衙署院落的生活区域。（西）F94从其遗迹的特征看，形似“回”字形建筑，墙体基础垒砌规整，整体建筑分间明显，可分为五间，“回”字形中间为中心建筑，四周为廊道（图一二六）。

（西）F94-1位于（西）F94东部，为东廊道。长方形，南北进深9.8、东西宽7米，面积68.6平方米。石块遗迹清楚，地面为黄沙土地面，厚0.08～0.15米。保存较好。

（西）F94-2位于（西）F94西部，为西廊道。长方形，南北长9.8、东西宽3.2米，面积31.36平方米。石块遗迹清楚，黄沙土地面，厚0.1米，大多保存下来。

（西）F94-3位于（西）F94南部，应是南廊道，凸形，东西长17、南北最宽6.3米，面积70.72平方米。

（西）F94-4位于（西）F94北部，为北廊道遗迹，东西长17、南北宽4米，面积68平方米。

（西）F94-5位于（西）F94中心地带，呈长方形的深坑状，南北长7.4、东西宽6.8米，深0.8米，面积50.32平方米。四周的石块墙体，高0.8米，石墙整齐。其内填土为黑色的灰烬土，比较松软，包含物十分丰富，出土了大量的陶瓷器皿。应是池塘类建筑。

（3）（西）F96

（西）F96　位于（西Ⅰ）T3419、（西Ⅰ）T3519、（西Ⅰ）T3619、（西Ⅰ）T3420、（西Ⅰ）T3520、（西Ⅰ）T3620探方中，开口于7层下，叠压打破8层。西接（西）F95，南邻（西）F94。属于平地建筑，平面呈长方形，门向南，方向167°。东西面阔10.2、南北进深5米，面积51平方米。石块墙基，西、南墙保存较好，南墙基有较大的自然状石块，共发现了七个，大小不等，但间距较均衡，大致2米间一个，应是用来作为柱础石的。室内发现两排纵向的墙础石，虽然不规整，但应是分间的间隔柱础石，将（西）F96分为三间，西间稍宽，约4米。分间所用的柱础石多已被破坏不存。房前有廊，廊宽1.5米，廊前石坎高0.3米，用石块干砌而成。室内地面为黄沙土面，厚0.08~0.16米，大多已经被破坏不存（图一二七）。

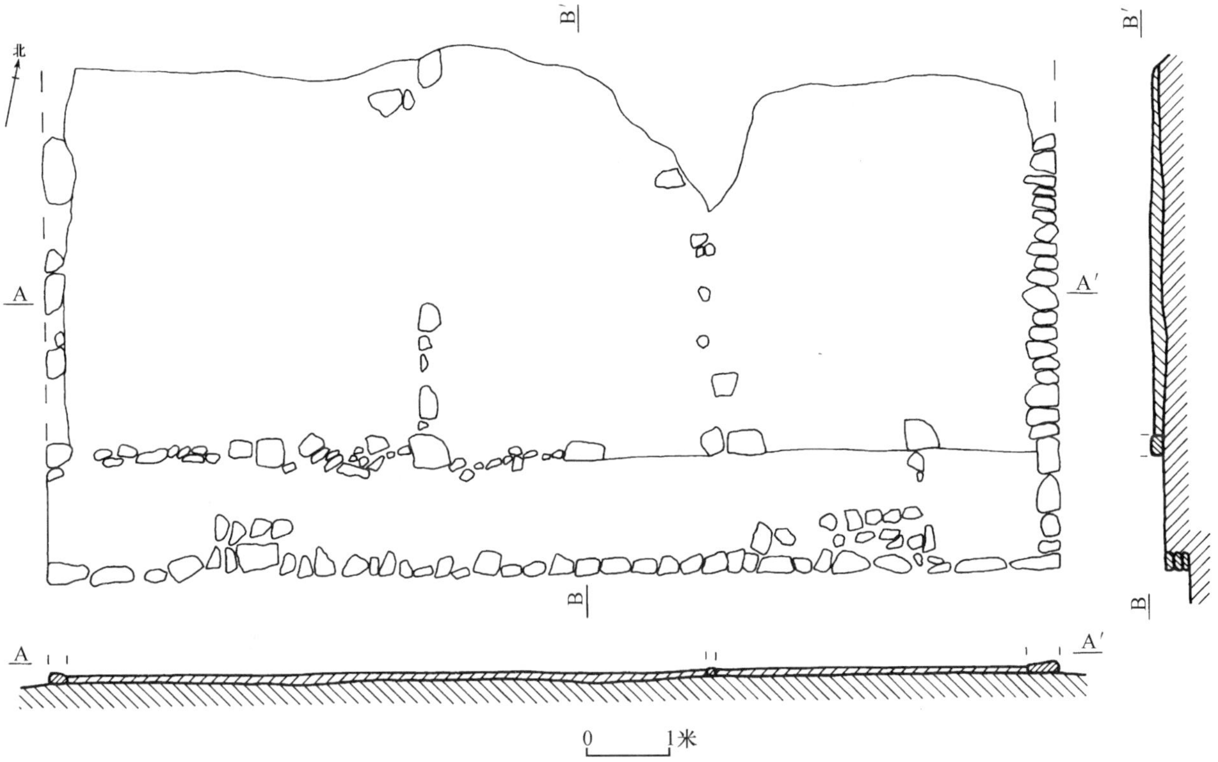

图一二七　巴东旧县坪遗址（西）F96平、剖面图

3.（西）F8Ⅱ南侧建筑遗迹

（1）（西）F22

（西）F22　位于（西Ⅰ）T3012、（西Ⅰ）T3112、（西Ⅰ）T3013、（西Ⅰ）T3113等探方内。开口于7层下，叠压打破8层。北临（西）L2Ⅱ大道，东为（西）L15Ⅰ，西隔（西）L14与（西）F25相望，南面（西）L3Ⅰ大道。保存差，南部已残，从残存情况分析，平面呈长方形，以北墙为基准，方向356°。东西面阔5.3、南北进深残存3.5米，残存面积19平方米。发现的残存墙基系用钻凿规整的绿色砂石作墙体基础，残存石墙高出地面0.10~0.35米。室内居住面为褐黄色沙土面，厚0.15米，大多保存。其东墙基础上发现方形柱础石块两块，凿钻规整，0.3米见方，相距1米。房东侧有檐沟，编号为（西）G42；西侧有排水沟（西）G20（图一二八）。

（2）（西）F25

（西）F25　分布在（西Ⅰ）T2912、（西）T2913探方内。开口于7层下，打破8层。北临（西）L2Ⅱ大道，东隔（西）L14与（西）F22相望，西为（西）L13Ⅰ，南临（西）L3Ⅰ大道。保存较差，南部已残，从残存情况分析，平面呈长方形，以北墙为基准，门向北，方向357°。其东西面阔宽3、南北进深残存3.5米，面积10.5平方米。石块基础，残存的房屋基础石块高出地面约有0.05~0.08米，室内地面为褐黄色土面，残厚0.05~0.12米。该房屋北侧有沟渠（西）G24（图一二九）。

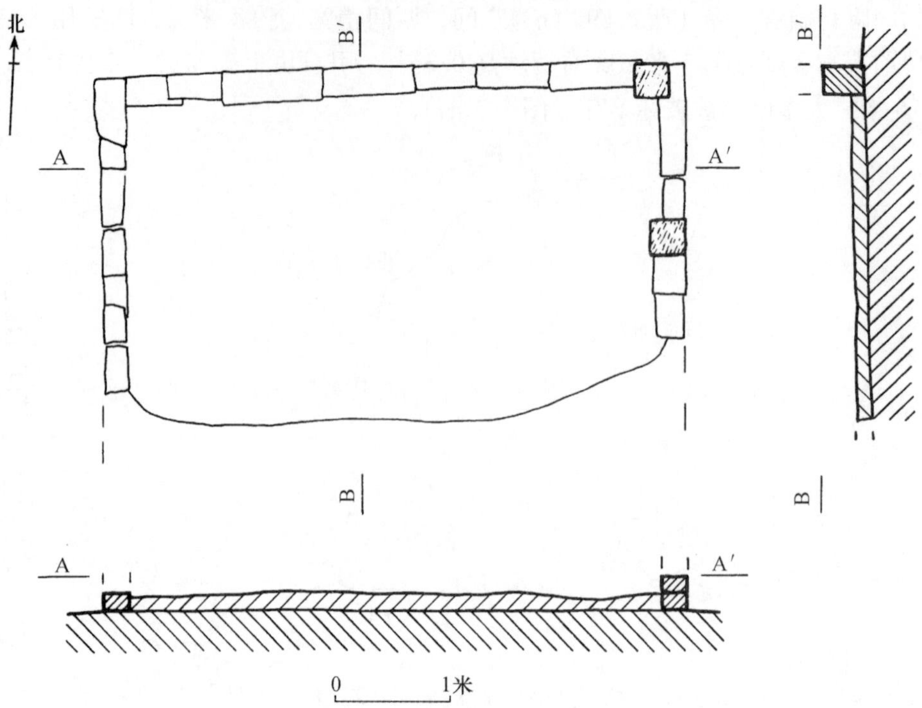

图一二八　巴东旧县坪遗址（西）F22 平、剖面图

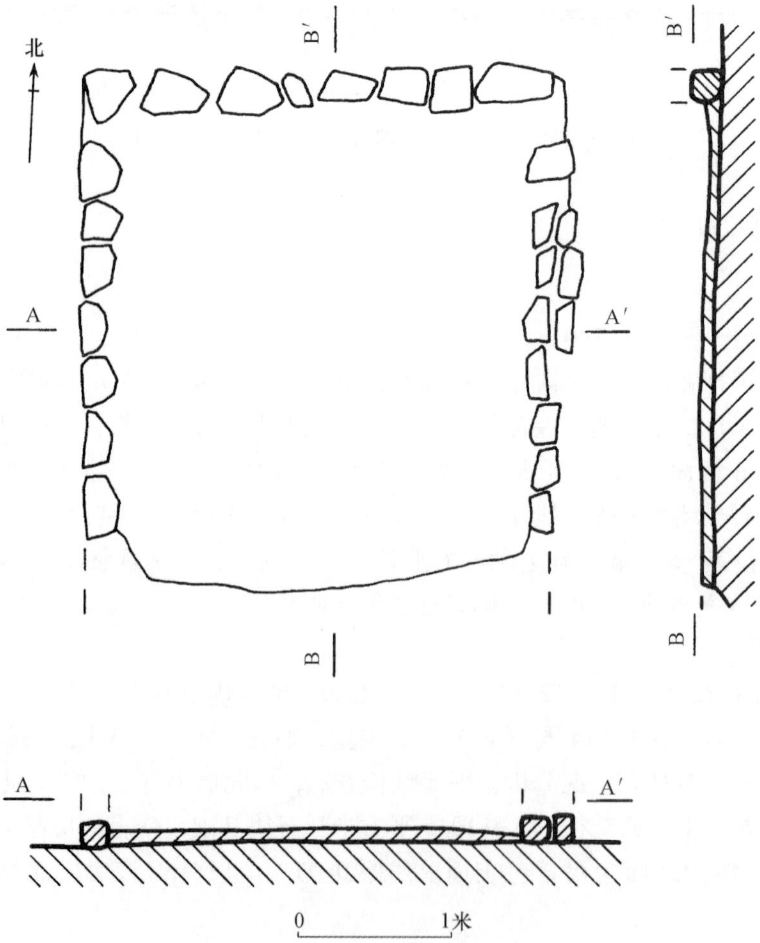

图一二九　巴东旧县坪遗址（西）F25 平、剖面图

（3）（西）F23

（西）F23　位于（西Ⅰ）T2712、（西Ⅰ）T2812、（西Ⅰ）T2713 等探方内。开口于 7 层下，叠压打破 8 层。北临（西）L2Ⅱ大道，东隔（西）L13Ⅰ与（西）F25 相望，西为（西）L12，南面（西）L3Ⅰ大道。保存差，南部已残，从残存情况分析，平面呈长方形，以北墙为基准，门向北，方向 357°。

房屋东西面阔 3.5、南北进深残存 3 米，面积 10.5 平方米。石块基础，房屋基础石块高出地面约 0.03 ~0.1 米。西北侧的两个础石间距离 1.5 米。室内居住面为褐黄色土面，厚 0.15 米，保存较好。房屋北侧有（西）G24 向东引水，经（西）F25 至（西）G20 中（图一三〇）。

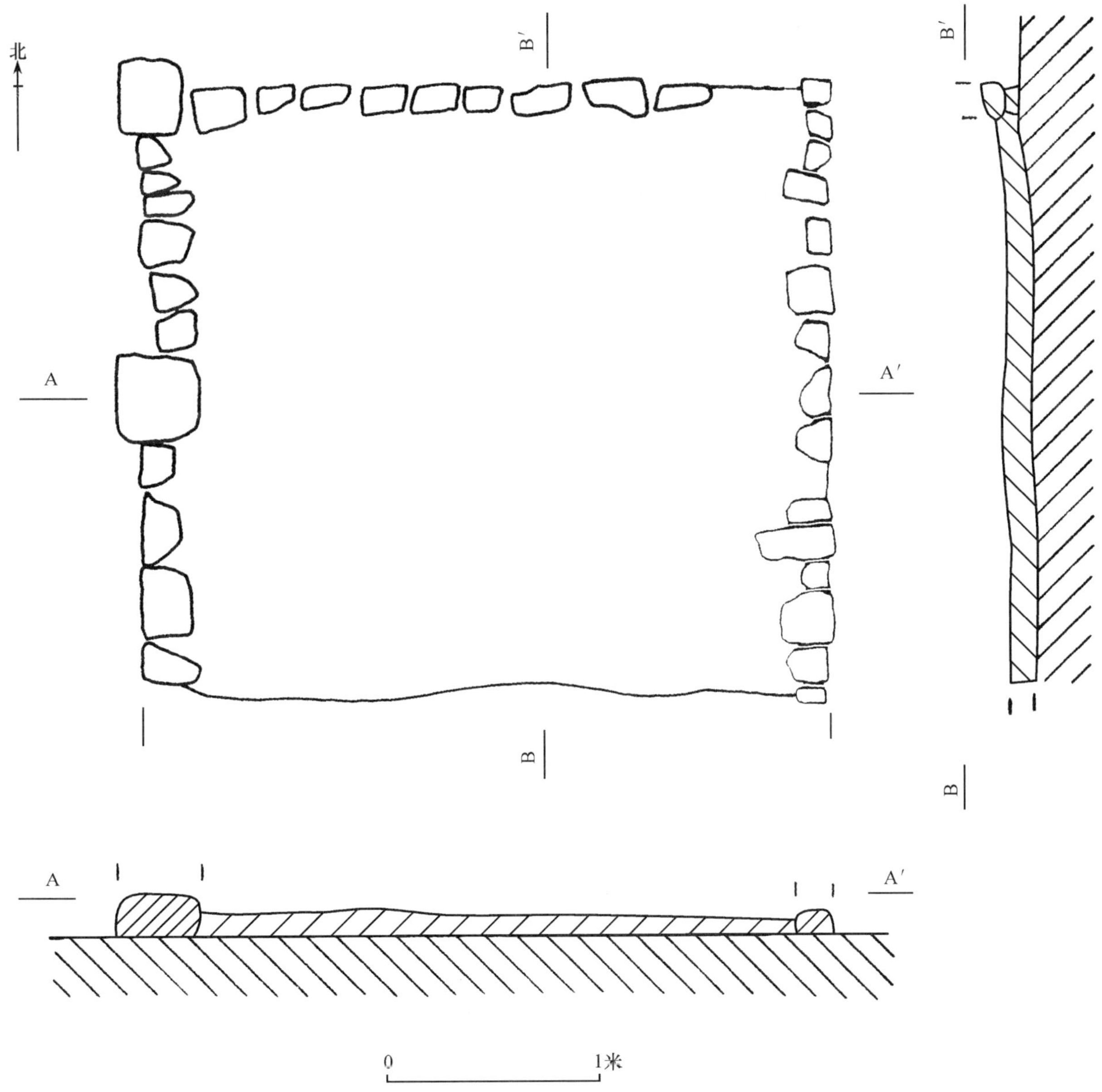

图一三〇　巴东旧县坪遗址（西）F23 平、剖面图

（4）（西）F21

（西）F21　分布在（西Ⅰ）T2512、（西Ⅰ）T2611、（西Ⅰ）T2612等探方内。开口于7层下，叠压打破8层。北临（西）L2Ⅱ大道，东隔（西）L12与（西）F23相望，西为（西）L11Ⅰ，南面（西）L3Ⅰ大道。保存差，南部已残，从残存情况分析，平面呈长方形，以北墙为基准，门向北，方向358°。东西面阔为5.6、南北进深残存3.76米，面积21.06平方米。属于筑台建筑，先用石块垒筑台基，使其与（西）F22、（西）F25、（西）F23大致处于同一高度的地面上。然后再在台基上建房，台基的西侧高（西）L11Ⅰ路面有0.6米。台基东西6.78米。房址以石块为基础，高出地面约有0.05~0.08米，房屋的墙基外侧有0.7米宽的廊道。在西北的房基上，共发现了三个柱础石，础石间相距离2.4米，西侧发现一块础石。础石凿钻规整，下方上圆，上部鼓形，圆形直径0.36、高0.06米，通高0.13米。室内居住面为褐黄色土面，厚0.05~0.08米，保存不好（图一三一）。

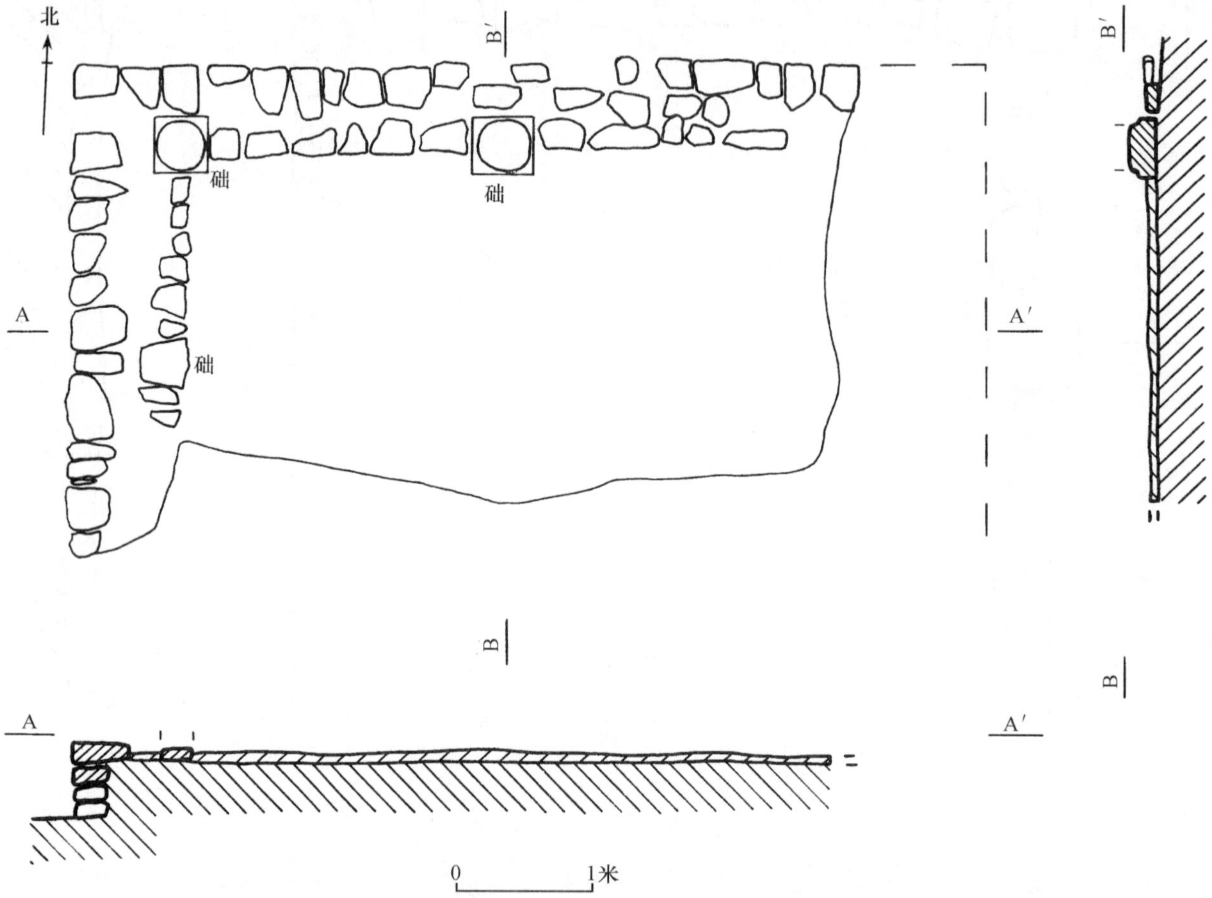

图一三一　巴东旧县坪遗址（西）F21平、剖面图

（5）（西）F24Ⅰ

（西）F24Ⅰ　位于（西Ⅰ）T2311、（西Ⅰ）T2411、（西Ⅰ）T2511、（西Ⅰ）T2312、（西Ⅰ）T2412、（西Ⅰ）T2512探方内。开口于7层下，叠压打破8层。北临（西）L2Ⅱ大道，东隔（西）L11Ⅰ与（西）F21相望，南面（西）L3Ⅰ大道。保存差，南部已残，从残存情况分析，平面呈长方形，以北墙为基准，门向北，方向为355°。东西面阔5.5、南北进深残存3.3米，面积17.5平方米。房基低于（西）F21约0.4米。石块墙基，石块基础高出地面约有0.05~0.08米。室内地面已破坏（图一三二）。

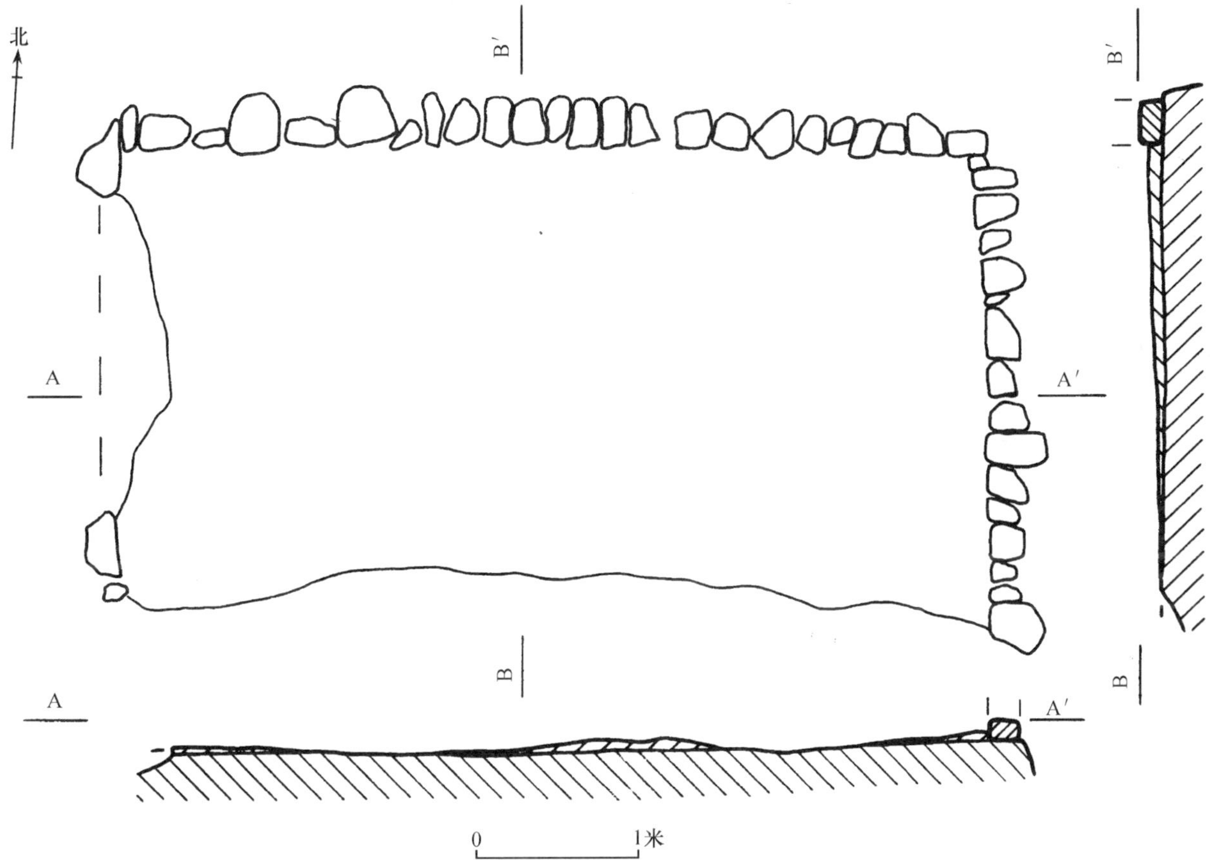

图一三二 巴东旧县坪遗址（西）F24Ⅰ平、剖面图

4.（西）F8Ⅱ西侧建筑遗迹

（1）（西）F20

（西）F20 位于（西Ⅰ）T4017、（西Ⅰ）T4018探方内。开口于7层下，叠压打破8层。南临（西）L2Ⅱ大道，西隔（西）L22与（西）F85相望，低于（西）F94约1米，东面溪沟。保存差，东、南部已残，从残存情况分析，平面呈长方形，以北墙为基准，门向南，方向为175°。东西面阔残长3.5、南北残宽2.2米，残存面积7.7平方米。该建筑主要保存有西北角的一段，以石块为墙基，石块基础高出室内地面0.03～0.1米，房屋西北角发现础石，从石墙基础的特点分析，房屋是采用木骨泥墙的方式建筑的。室内地面为褐红色沙土地面，厚0.05～0.09米，保存不好。房后有排水沟（西）G29，距离墙体0.25米，自西向东汇入溪沟里（图一三三）。

（2）（西）F85

（西）F85 位于（西Ⅰ）T3817、（西Ⅰ）T3917、（西Ⅰ）T3816、（西Ⅰ）T3916探方内。开口于7层下，叠压打破8层。南临（西）L2Ⅱ大道，东隔（西）L22与（西）F20相望。属于吊脚楼式的建筑，保存差，从残存情况分析，平面呈长方形，以南墙为基准，门向南，方向为165°。房屋东西面阔11.2、南北进深5.2米，面积58.6平方米。以石块为墙基，石块基础高出地面0.03～0.06米。室内居住面分为东西间，西间面阔5米，为红褐色沙土面，但大部均已破坏不存，其南有廊，廊残长4、宽0.5米。东间北部低于西间0.5米，南部低于靠北的残存地面1.5米，为吊脚部分，吊脚部分东西面阔6.2、进深2.5米。该房屋的东北角为人垒砌的高坎。就整个房屋而言，属吊脚楼与平地建筑相结合，并依地形组合成型（图一三四）。

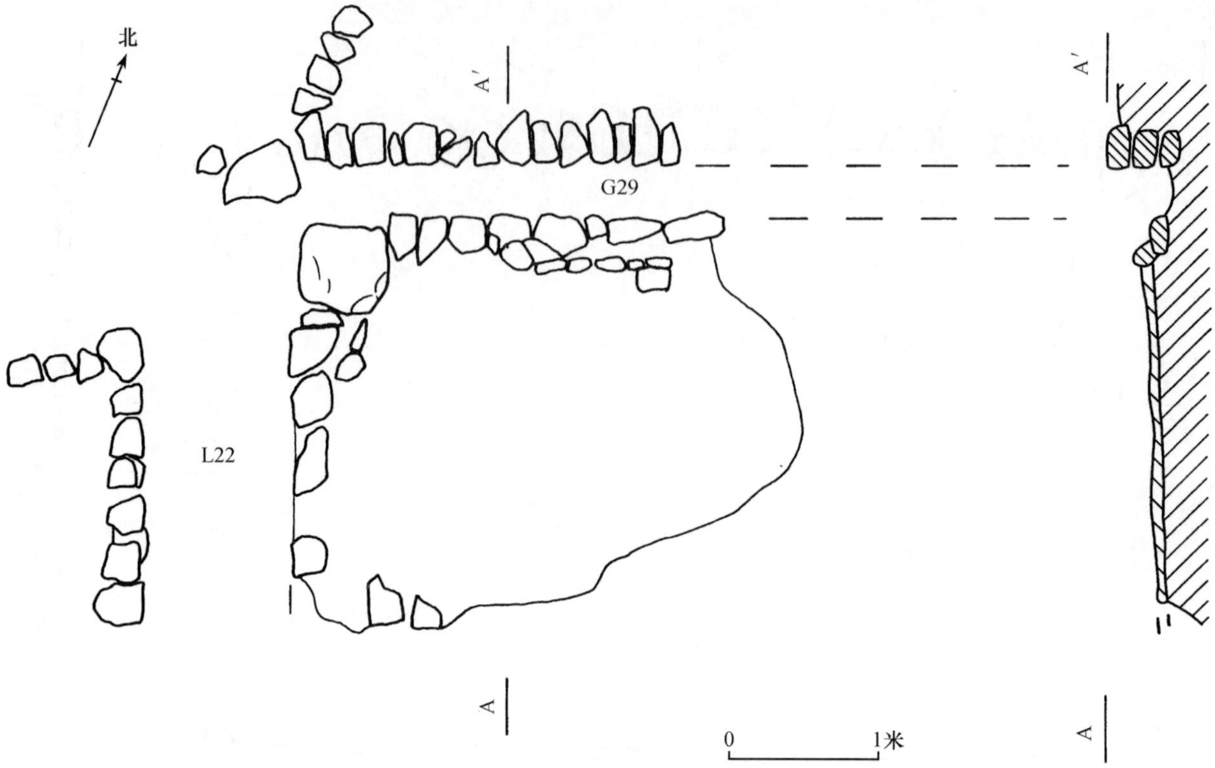

图一三三　巴东旧县坪遗址（西）F20 平、剖面图

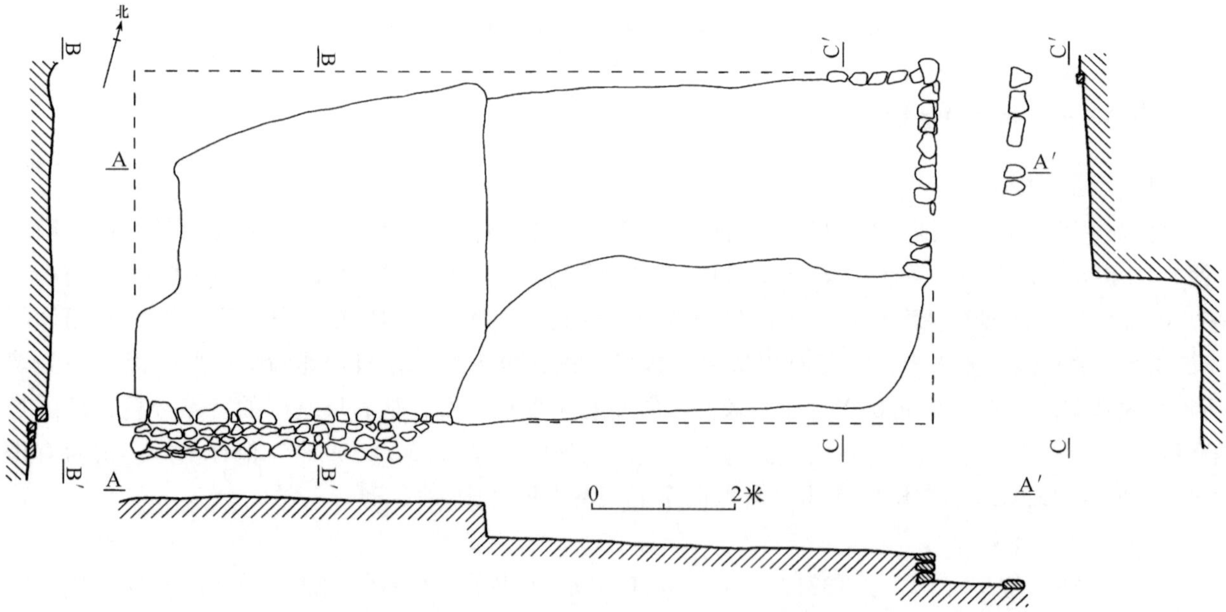

图一三四　巴东旧县坪遗址（西）F85 平、剖面图

（3）（西）F66

（西）F66　位于（西Ⅰ）T3814、（西Ⅰ）T3815、（西Ⅰ）T3915 等探方内。开口于 7 层下，叠压打破 8 层。北临（西）L2Ⅱ大道，东、南面（西）L3Ⅰ。平面呈长方形，以南墙为基准，门向南，方向 158°。东西面阔 7.2、南北进深 4.3 米，面积 31 平方米。属于上下两层的吊脚楼式的建筑，北部高出南部 1.8 米。下层门向南，面对东西向往来的（西）L3Ⅰ；上层门向北，面对（西）

L2Ⅱ。临街边的房屋基础石块较明确，南低北高，错落平行；下层靠近（西）L3Ⅰ的为褐红色的沙土地面，厚0.12～0.18米（图一三五）。

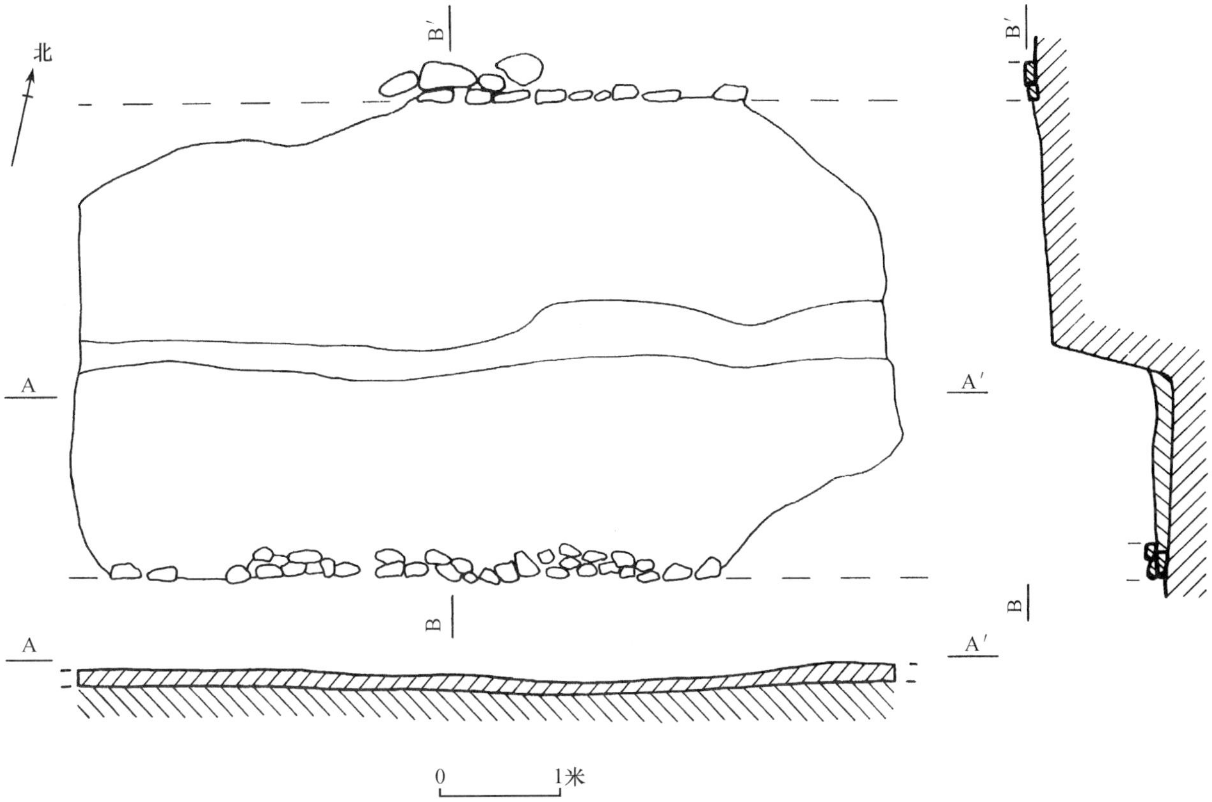

图一三五　巴东旧县坪遗址（西）F66平、剖面图

（4）（西）F6Ⅰ

（西）F6Ⅰ　位于（西Ⅰ）T2216、（西Ⅰ）T2316、（西Ⅰ）T2416、（西Ⅰ）T2217、（西Ⅰ）T2317、（西Ⅰ）T2417等探方内。开口于7层下，叠压打破8层。建在（西）F8Ⅱ大院的西侧外，东临（西）L9Ⅱ，南面（西）L8Ⅰ，西邻（西）F67。保存较好，平面呈长方形，门向南，方向为173°。东西面阔10、南北进深5米，面积50平方米。以石块为墙基基础，建筑规整，石块基础高出地面约0.05～0.1米。室内地面为褐红色沙土地面，较平整，厚0.1～0.16米。门前中心设斜坡状门道，东西宽2.5、南北长1米。其分间情况不明（图一三六）。

（5）（西）F16

（西）F16　分布在（西Ⅰ）T2114、（西Ⅰ）T2214、（西Ⅰ）T2115、（西Ⅰ）T2215等探方内。开口于7层下，叠压打破8层。北临（西）L8Ⅰ，东面（西）L10Ⅰ，西与（西）F58为邻。平地建筑，平面呈长方形，以西墙为基准，门向东，方向为82°。南北面阔9、东西进深4.5米，面积40.5平方米。以石块为墙基，石块基础高出地面0.05～0.1米。室内地面为褐黄沙土面，保存较好，是房屋建成后填垫的，经夯筑，平整且硬度高，厚0.08～0.16米。其分间、门道情况不明。出土加工过的长条砂质石块多块，其特点形如砚，应是制作砚台的半成品石料（图一三七）。

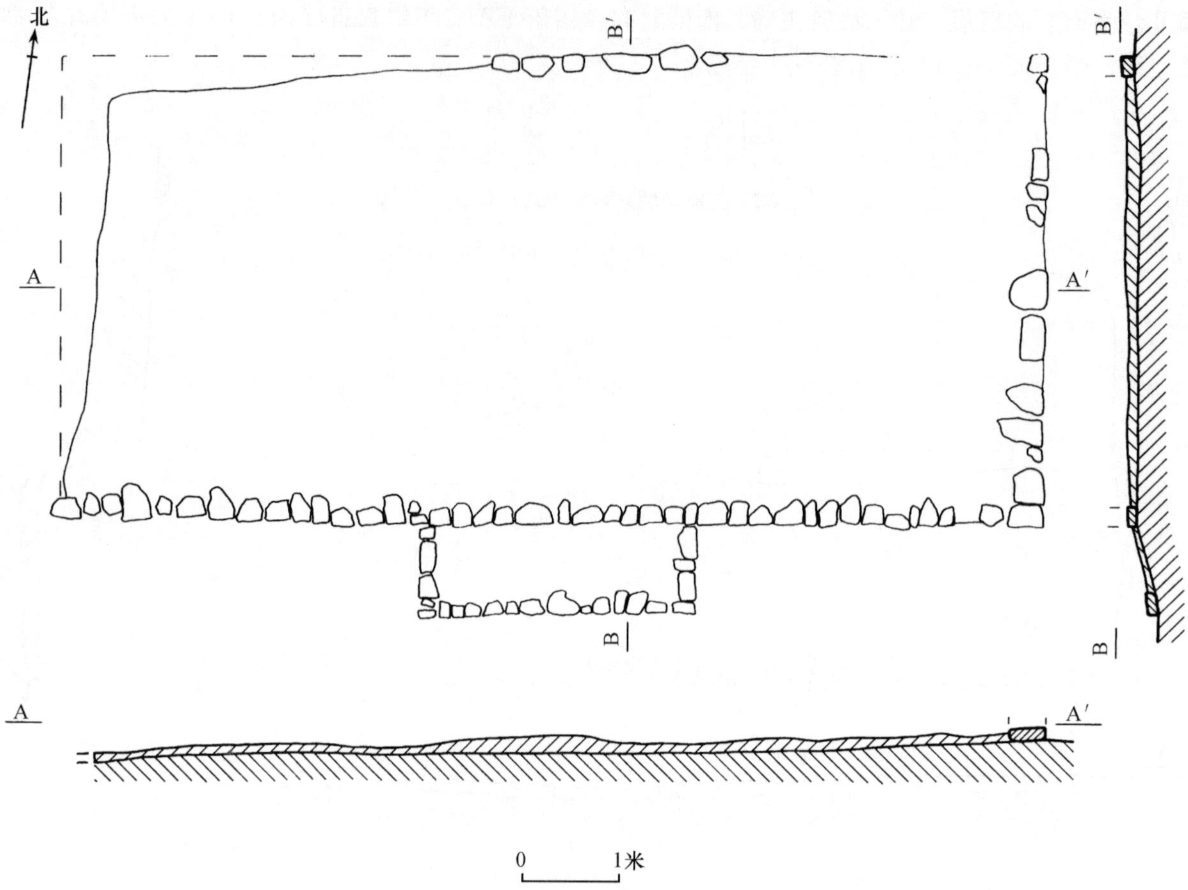

图一三六　巴东旧县坪遗址（西）F6Ⅰ平、剖面图

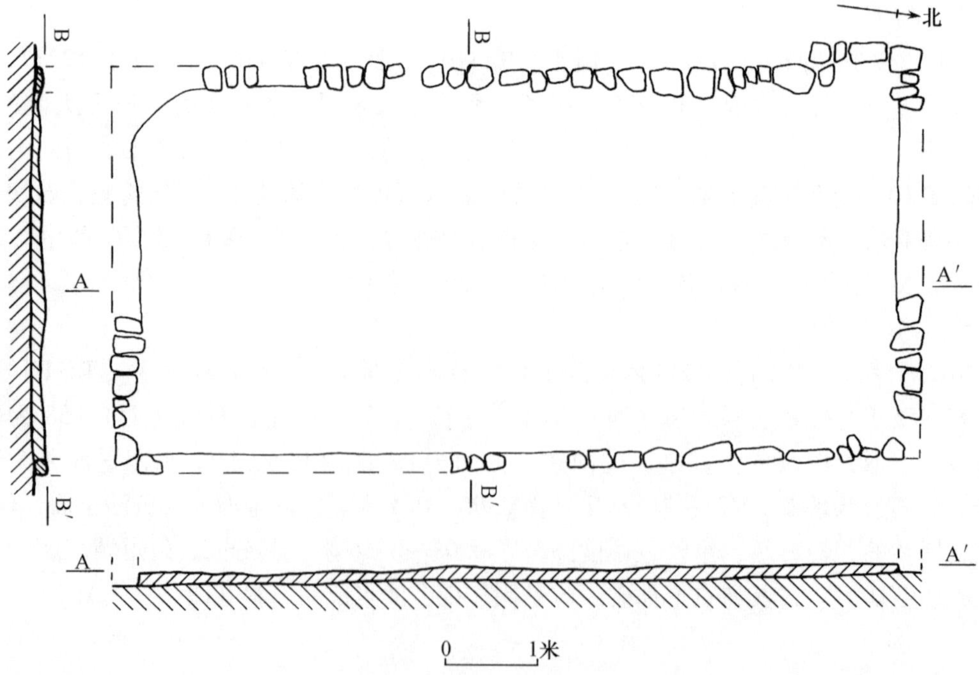

图一三七　巴东旧县坪遗址（西）F16平、剖面图

（6）（西）F18Ⅰ

（西）F18Ⅰ　分布在（西Ⅰ）T2213、（西Ⅰ）T2313、（西Ⅰ）T2413、（西Ⅰ）T2214、（西Ⅰ）T2314、（西Ⅰ）T2414探方内。开口于7层下，叠压打破8层。北临（西）L10Ⅰ，南面（西）L2Ⅱ大道，东隔（西）L9Ⅱ与（西）F8Ⅱ相望。保存较好，平面呈长方形，以南墙为基准，门向南，方向为181°。东西面阔8.2、南北进深5.5米，面积45平方米。以规整的石块为基础，高出地面有0.05～0.08米。其分间情况不明。室内地面褐黄色土面，是房屋建成后填垫平整的，保存差，残厚0.04～0.1米（图一三八）。

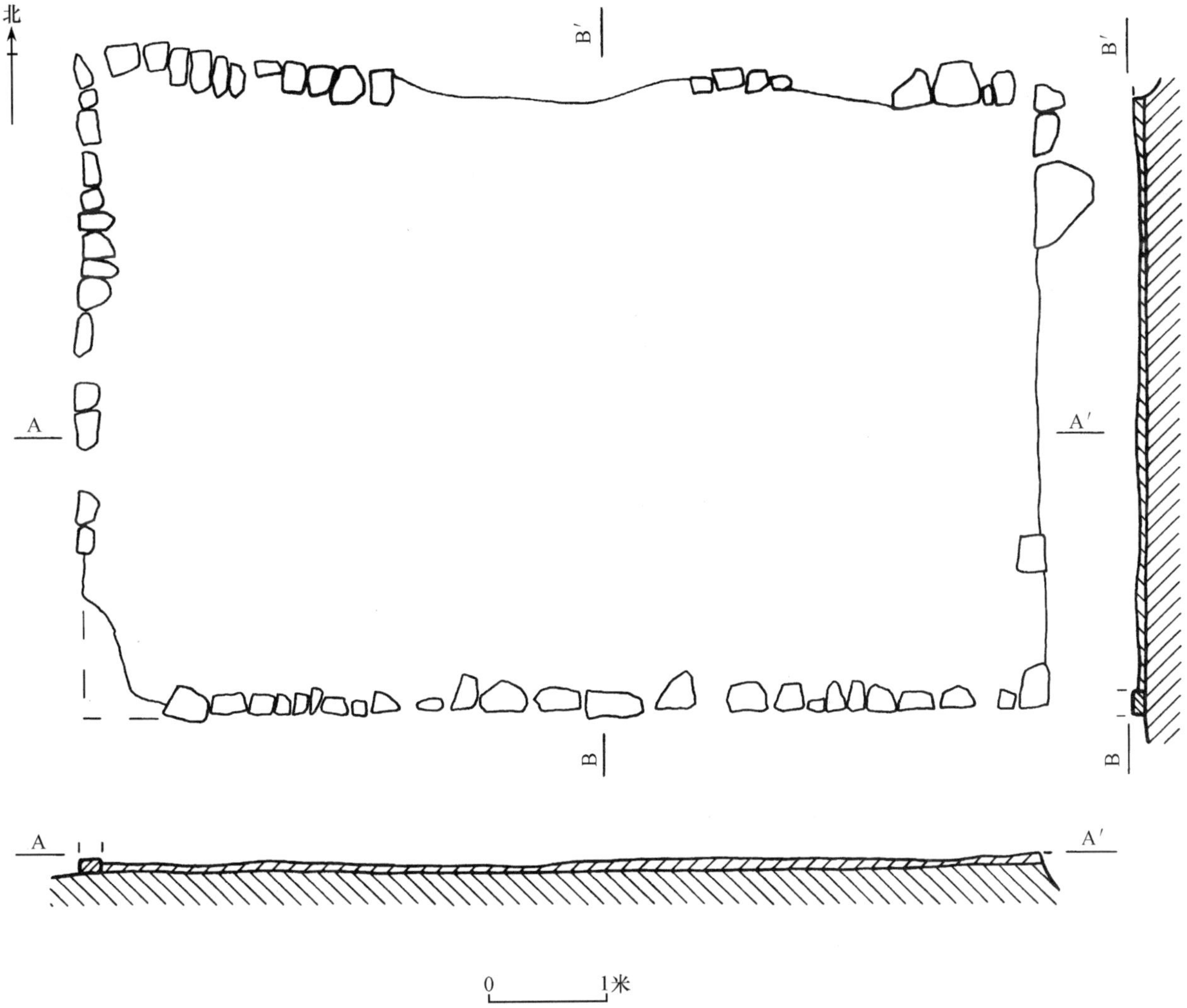

图一三八　巴东旧县坪遗址（西）F18Ⅰ平、剖面图

（7）（西）F13Ⅰ

（西）F13Ⅰ　分布在（西Ⅰ）T1912、（西Ⅰ）T2012、（西Ⅰ）T1913、（西Ⅰ）T2013探方内。开口于7层下，叠压打破8层。西临（西）L6Ⅱ，隔（西）L6Ⅱ和（西）F12Ⅱ相望，南面（西）L2Ⅱ，东与（西）F54为邻。属吊脚楼式建筑，保存较差，平面呈长方形，以西墙为基准，门向西，方向为263°。北侧在平整的台地上，南侧为吊脚楼的部分。北侧用石块作为墙壁的基础，高出地面0.05～0.12米，属于平地建房，东西进深5.3、南北面阔残存4.5米，面积23.8平方米，室内地面为红沙土经过平整；南侧吊脚楼的部分因地形被破坏而详情不明（图一三九）。

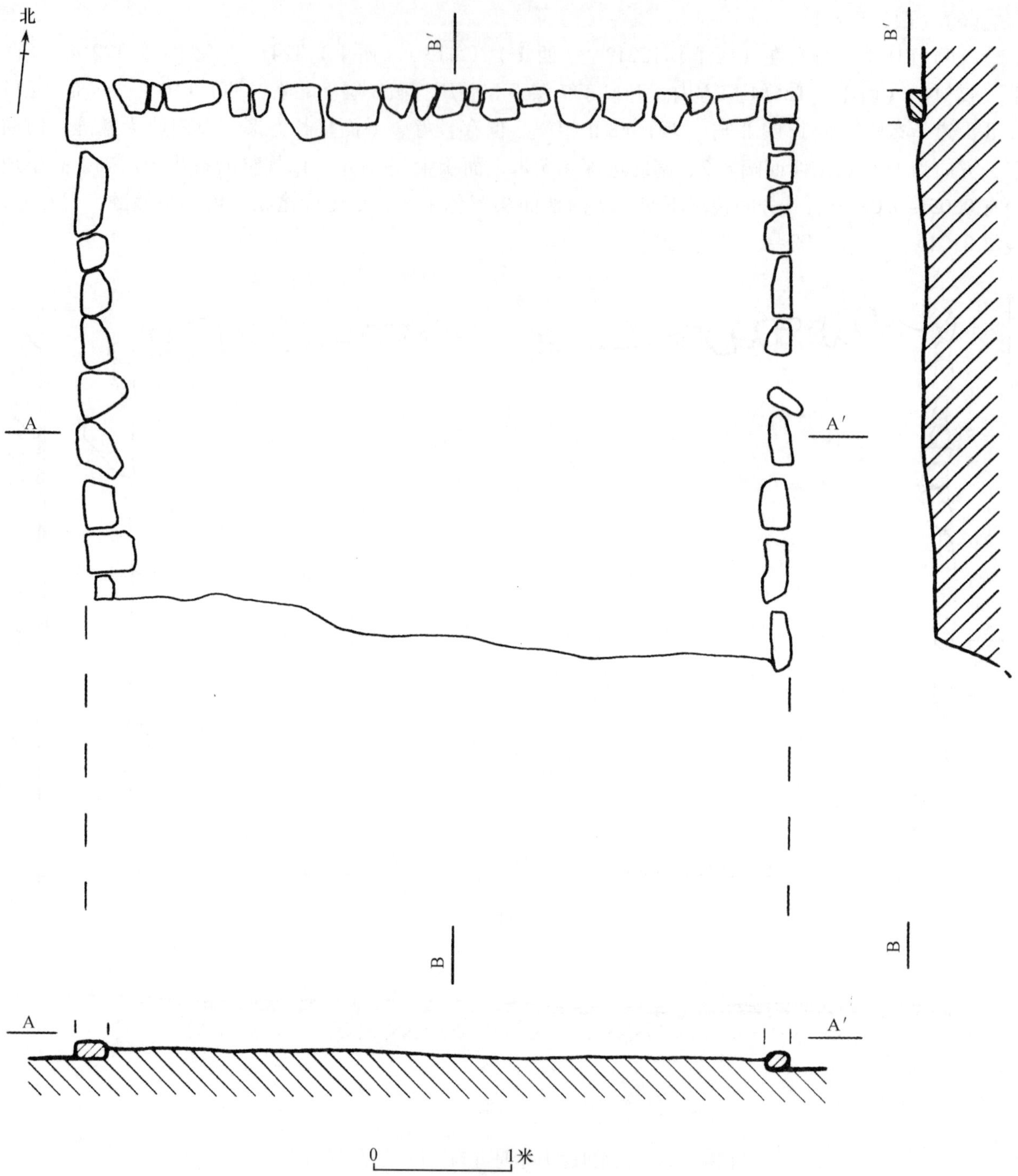

图一三九　巴东旧县坪遗址（西）F13Ⅰ平、剖面图

（8）（西）F52

（西）F52　分布在（西Ⅰ）T2215、（西Ⅰ）T2315、（西Ⅰ）T2415、（西Ⅰ）T2216、（西Ⅰ）T2316、（西Ⅰ）T2416 探方内。开口于7层下，叠压打破8层。北临（西）L8Ⅰ，西与（西）F16为邻，东隔（西）L9Ⅱ与（西）F8Ⅱ相望，南邻（西）F18Ⅰ。保存一般，平面呈长方形，以南墙为基准，门向北，方向为337°。东西面阔8.6、南北进深3.2米，面积27.5平方米。用石块为墙基础，较规整，高出地面0.05～0.08米。室内居住面为红褐色土面，厚0.08～0.15米，是房子建好后在房屋内填垫加筑的。其分间、门道情况不明（图一四〇）。

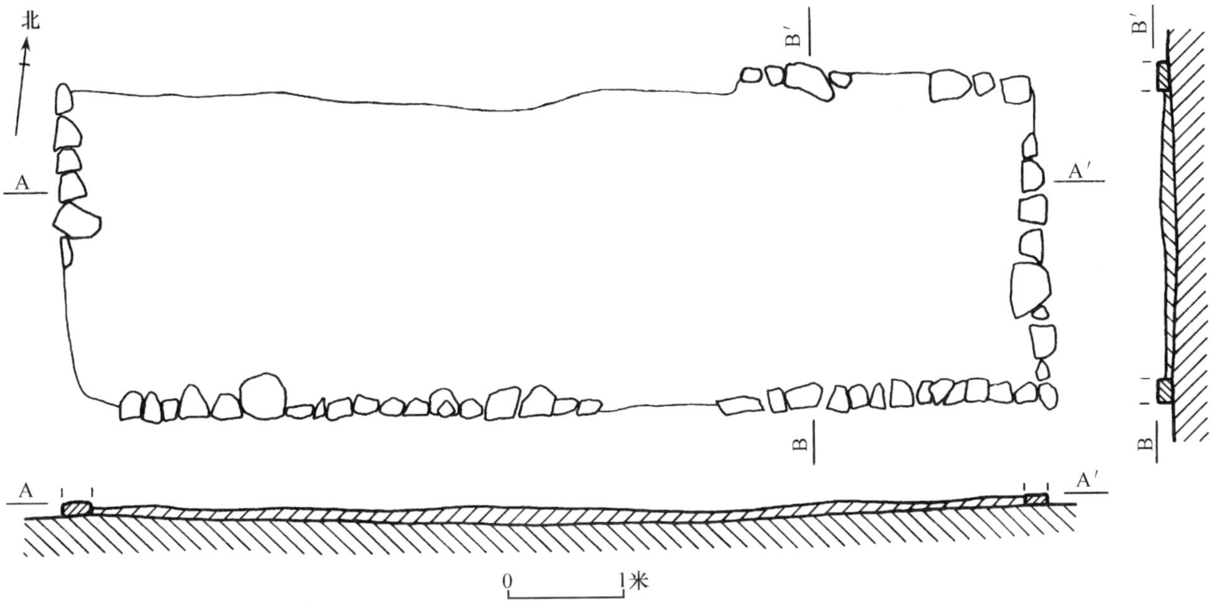

图一四〇　巴东旧县坪遗址（西）F52平、剖面图

（9）（西）F54

（西）F54　分布在（西Ⅰ）T2112、（西Ⅰ）T2212、（西Ⅰ）T2013、（西Ⅰ）T2113、（西Ⅰ）T2213探方内。开口于7层下，叠压打破8层。东面（西）L10Ⅰ，南临（西）L2Ⅱ大道，西邻（西）F13Ⅰ，东接（西）F18Ⅰ。平面呈长方形，以南墙为基准，门向南，方向175°。东西面阔9、南北进深3米，面积27平方米。石块垒砌墙基仅存东南角一段，高出室内地面0.03～0.12米。居住面为红褐色土面，属于建房后填垫新筑的，厚0.08～0.14米。其分间、门道情况不明（图一四一）。

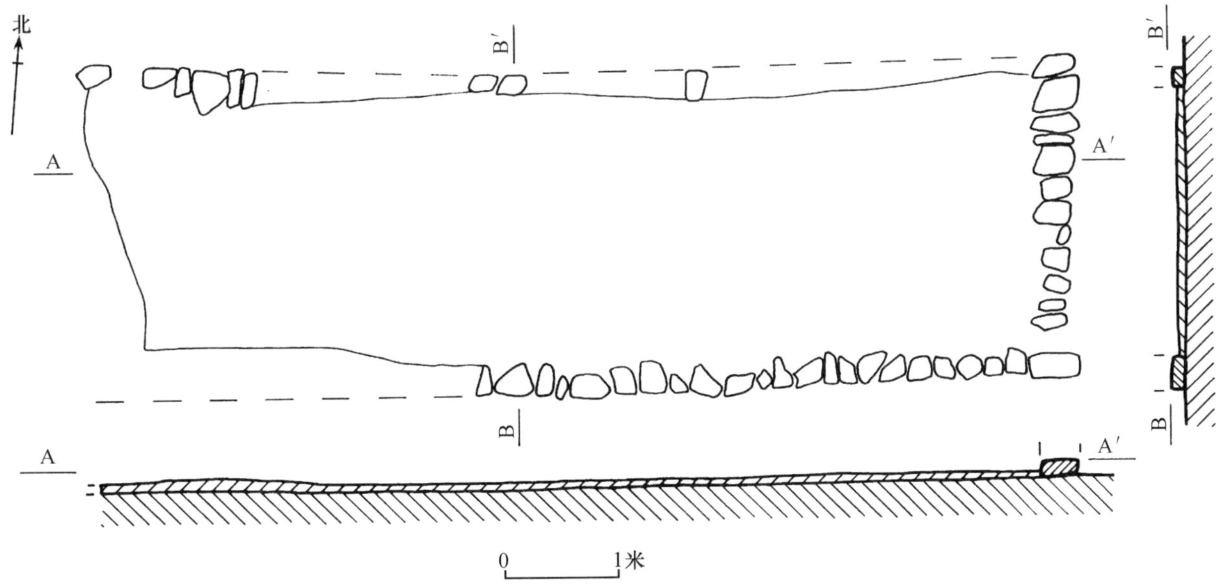

图一四一　巴东旧县坪遗址（西）F54平、剖面图

（10）（西）F58

（西）F58　分布在（西Ⅰ）T1914、（西Ⅰ）T2014、（西Ⅰ）T1915、（西Ⅰ）T2015等探方内。开口于7层下，叠压打破8层。东靠（西）F16，南邻（西）F13Ⅰ，西面（西）L6Ⅱ，北临（西）L8Ⅰ。保存较差，依残存情况分析，以西墙为基准，门向西，方向263°。南北面阔7.2、东西进深6

米，面积 43.2 平方米。石块墙基，基础高出地面约 0.05 ~ 0.07 米。室内居住面为黄褐色沙土面，厚0.04 ~ 0.1米，也是在房子建成后重新填筑的，保存较差。其分间及门道情况不明（图一四二）。

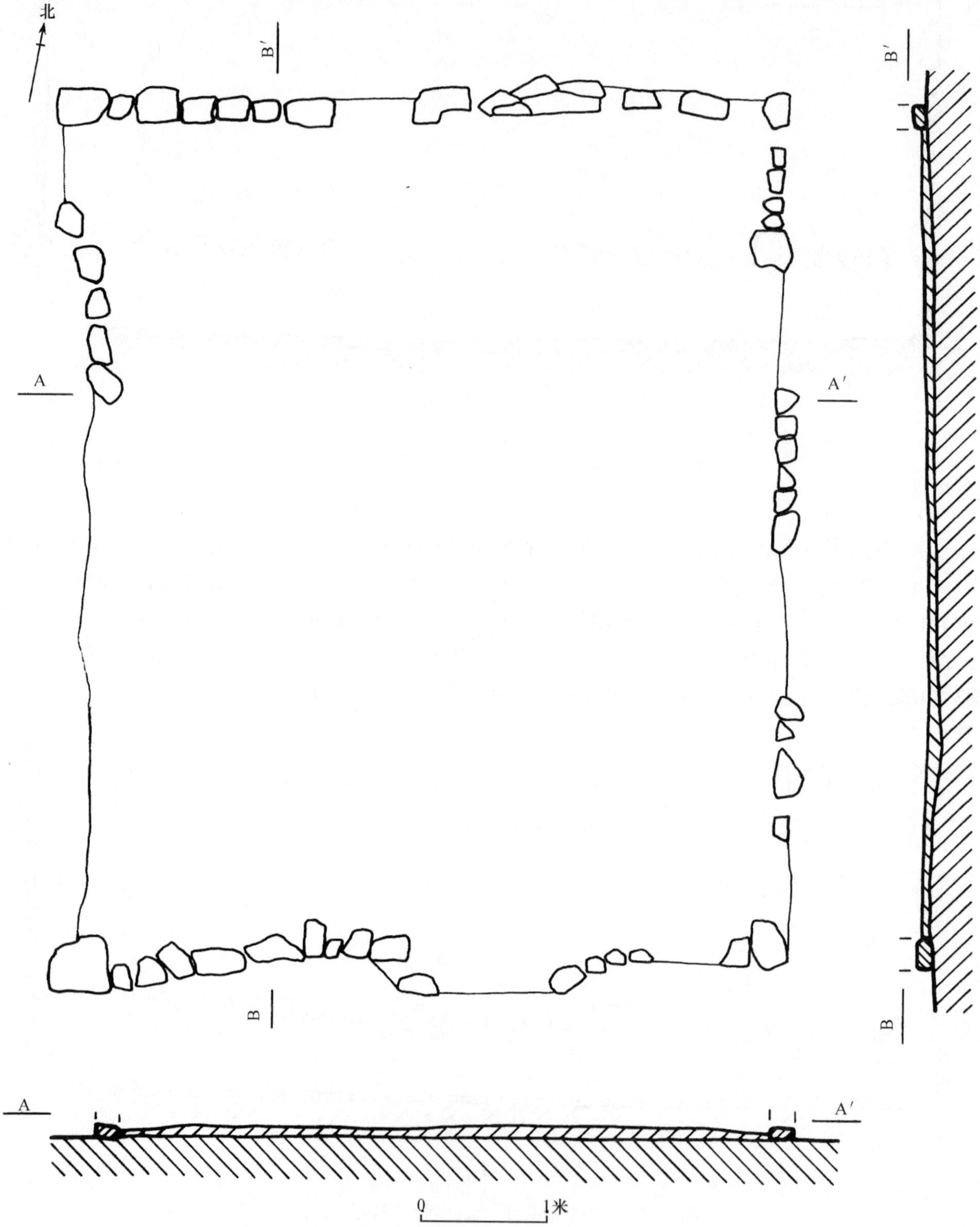

图一四二　巴东旧县坪遗址（西）F58 平、剖面图

（11）（西）F67

（西）F67 分布在（西Ⅰ）T2016、（西Ⅰ）T2116、（西Ⅰ）T2017、（西Ⅰ）T2117 等探方内。开口于7层下，叠压打破8层。东邻（西）F6Ⅰ，南面（西）L8Ⅰ。属于筑台式建筑，平面呈长方形，门向南，方向167°。房屋东西面阔7.8、南北进深4.5米，面积35.1平方米。石块基础较为规整，高出地面约0.05～0.1米。门前中心设门道，石块砌边，宽2.5、长0.7米，低于内房地面0.15米。室内西南侧有灶台，长0.9、宽0.7米，系用砖块垒筑成，发现时，灶内有不少灰烬堆积。室内地面为黄褐色沙土面，厚0.08～0.14米，系建好房屋后填垫平整的，保存较好。其分间情况不明（图一四三）。

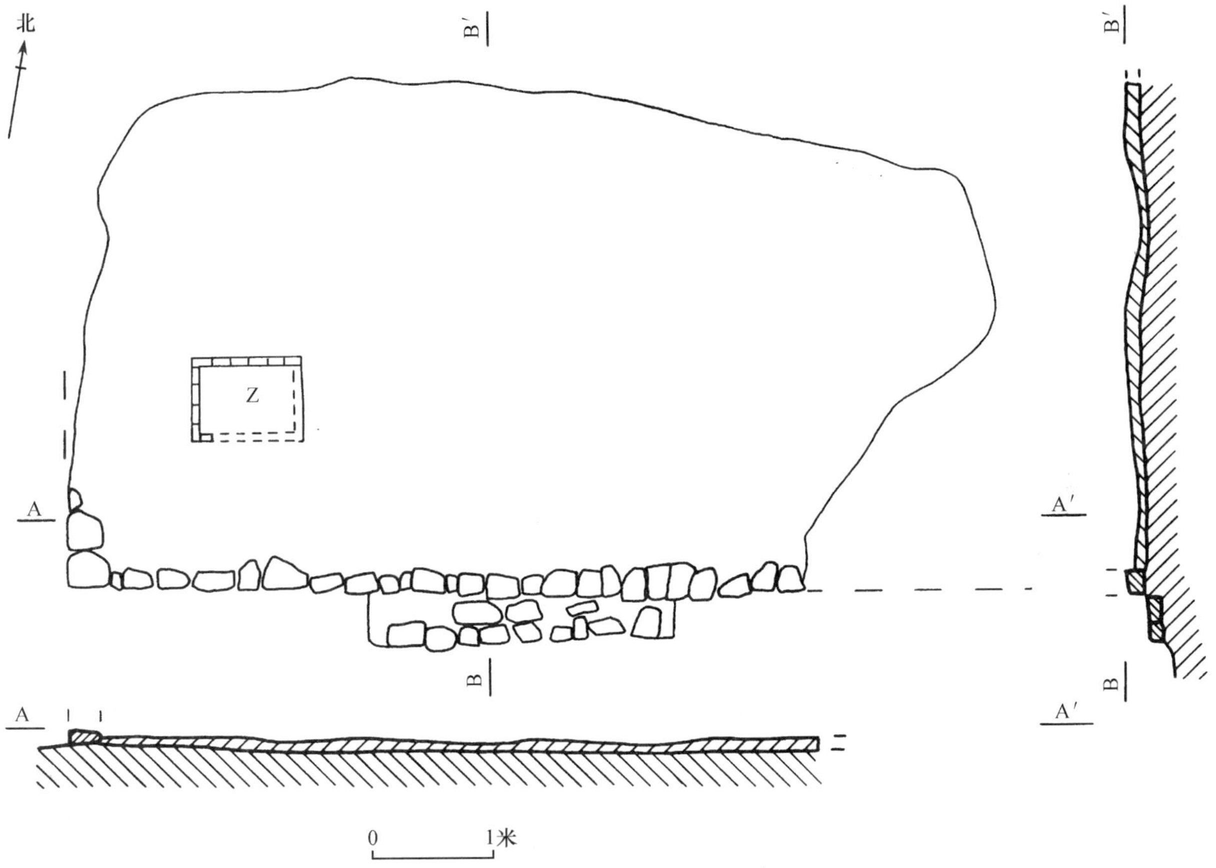

图一四三 巴东旧县坪遗址（西）F67平、剖面图

（三）官署区第三期建筑遗迹

官署区第三期房屋遗迹较第二期有所减少，共发现房屋建筑遗迹13座，分别编号为（西）F8Ⅲ、（西）F5、（西）F13Ⅱ、（西）F14Ⅰ、（西）F18Ⅱ、（西）F32、（西）F42、（西）F44、（西）F45、（西）F49、（西）F56、（西）F72、（西）F73（表一三）。

表一三　巴东旧县坪遗址西区官署区第三期房屋遗迹登记表　　（计量单位：米）

编号	方向	长	宽	建筑基础用材	建筑特点	出土遗物	备注
（西）F8Ⅲ－1	175°	36.8	7	石块	平地建筑	瓷碗、碟、盏、罐、腰鼓、器盖、鸟食罐、盒、灯盏、炉；釉陶灯盏、执壶、罐、鸟食罐、刻槽盏；陶盆、灯盏、鸟食罐、脊饰、板瓦；石砚台；铜钱	核心建筑
（西）F8Ⅲ－2		6	4.6	石块	平地建筑		西房
（西）F8Ⅲ－3		8.6	3.6	石块	平地建筑		西房
（西）F8Ⅲ－4		7.8	4.4	石块	平地建筑		西房
（西）F8Ⅲ－5		5	4.3	石块	平地建筑		西房
（西）F8Ⅲ－6		9.8	4.6	石块	平地建筑		西房
（西）F8Ⅲ－7		10	5.2	石块	平地建筑		大院西南角
（西）F8Ⅲ－8		7.8	4	石块	平地建筑		东侧配房
（西）F8Ⅲ－9		9	8.2	石块	平地建筑		东侧配房
（西）F8Ⅲ－10		10	5	石块	平地建筑		东侧配房
（西）F8Ⅲ－11		4.5	2.5	石块	平地建筑		东门房
（西）F8Ⅲ－12		4.8	2.5	石块	平地建筑		西门房
（西）F8Ⅲ－13		4.6	3.8	石块	平地建筑		东门房
（西）F14Ⅰ	170°	14	5.2	石块	平地建筑	瓷碗、碟、盏；釉陶灯盏	（西）F8Ⅲ院外东北侧
（西）F5	168°	8.6	4.2	石块	平地建筑		（西）F8Ⅲ院外西北侧
（西）F13Ⅱ	255°	3.5	3.5	石块	吊脚楼建筑		（西）F8Ⅲ院外西侧
（西）F18Ⅱ	180°	8.2	5	石块	平地建筑	瓷、盒；铜钱	（西）F8Ⅲ院外西侧
（西）F32	174°	6.5	3.3	石块	平地建筑	瓷碗、盏；釉陶灯盏、刻槽盏、砂锅；石砚台	（西）F8Ⅲ院外西侧
（西）F42	166°	7.2	2.8	石块	平地建筑	瓷盏、炉；陶灯盏	（西）F8Ⅲ院外西北侧
（西）F44	172°	6	3.7	石块	平地建筑		（西）F8Ⅲ西外侧
（西）F45	170°	8.1	3	石块	平地建筑		（西）L8Ⅱ、（西）L6Ⅲ交岔处
（西）F49	175°	3.5	3.3	石块	平地建筑		（西）F8Ⅲ西外侧
（西）F56	157°	10.7	6.5	石块	平地建筑	瓷碗	（西）F8Ⅲ西外侧为邻
（西）F72	252°	6.5	4.4	石块	吊脚楼建筑		（西）L6Ⅲ与（西）L10Ⅱ边
（西）F73	265°	7.2	4.5	石块	平地建筑	瓷器盖	（西）F8Ⅲ西外侧

1.（西）F8第三期建筑遗迹

（西）F8Ⅲ　开口于6层下，其上叠压着（西）F8Ⅳ，叠压打破7层及（西）F8Ⅱ。是在（西）F8Ⅱ的基础之上拓展后重新修建的，但其较（西）F8Ⅱ有所变化，其一是范围缩小了，东、西两侧内收，东侧内收较甚；其二是院落前移，由于后山坡常发生滑坡，为防止滑坡，则在院落的后面修建了挡土的高坎墙（高坎墙残存1米），使院落向南移，南侧前移部分进行填充并垒筑包台墙，使其地表高度与原台地相当，高出（西）L2Ⅲ大街0.5米。另外在其东侧新筑了一条巷道（西）L18Ⅰ。（西）F8Ⅲ近长方形，门向南，方向175°，东西长45.7、南北宽33米，总面积1500多平方米。院落内仍是北高南低，呈两级台地，各类建筑遗迹依主次分建在两级台地上，主要有房屋、庭院、廊道、踏道、水池、排水沟等（图一四四）。

（1）围墙与门道

（西）F8Ⅲ的院落墙体较之第二期的简单。西侧墙体借用了（西）F8Ⅲ-3、（西）F8Ⅲ-4、（西）F8Ⅲ-6的外墙；南墙东部及东墙已被破坏。南墙系用石块垒砌，残长38、宽0.3、残高0.5米（图版七四）。南墙残存三条出入的通道，其中正门一处，为中心门道。东西侧门各一，对称分布在正门左右，自东至西编号为（西）F8Ⅲ-TD1、（西）F8Ⅲ-TD2。

中心门道南接（西）L2Ⅲ，呈斜坡状，南北长2、东西宽4米，斜坡南北高差为1.05米。路基填垫瓦砾，厚0.3～0.4米，其上平铺石块为路面（图版七五，1）。

（西）F8Ⅲ-TD1南北长1.7、东西宽2.1米，以石块垒砌，发现的梯步5级，每级步宽0.35、步高0.17米。这些石梯步均被踏踩得十分光滑。另在梯步表面淤积着厚0.2～0.3米的江沙层，表明此处曾被长江洪水淹没过。

（西）F8Ⅲ-TD2共发现梯步5级，梯步石材用绿豆色砂质条石垒砌而成，自南向北攀升至（西）F8Ⅲ台面。踏道南北长1.8、东西宽2.2米，每级步宽0.35、步高0.18米（图版七五，2）。

（2）庭院

（西）F8Ⅲ的庭院以（西）F8Ⅲ-LD3、影壁为界，分为前后院两部分，（西）G15、（西）G14两条暗沟从庭院的东西侧自北向南贯穿而过。

前院南有（西）F8Ⅲ-11、（西）F8Ⅲ-12，东邻（西）F8Ⅲ-10，西靠（西）F8Ⅲ-6，南通大门。长方形，东西长15.5、南北宽7.8米。地面为较杂的红沙土面，厚0.15米，较为平整。院北中部为影壁建筑遗迹，遗迹基础长3.7、宽0.5米，石块砌成。影壁的东、西两侧为（西）F8Ⅲ-LD3，其东半部分保存稍好，廊内宽1.5、残长4.6米，西廊保存稍差，但仍然有廊的痕迹，残长3.6米，宽与东廊同。廊道也为红沙土面，厚0.08～0.15米，较为完好。

（西）F8Ⅲ-11位于大院中心门道东侧，南靠围墙，应是大院的东门房。长方形，其东西面阔4.5、南北进深2.5米，面积11.3平方米。南侧为垒砌高台式，高出前（西）L2Ⅲ大街1.2米。北侧与院落内地面平行，石块基础保存差，高出地面0.05～0.08米。室内居住面为红沙土面，厚度因未向下发掘而不明。

（西）F8Ⅲ-12位于大院中心门道西侧，南靠围墙，应是大院的西门房。长方形，房屋东西面阔4.8、南北进深2.5米，约12平方米。石块房屋基础保存一般，高出地面0.03～0.1米。居住面保存不好。

（西）F8Ⅲ-10位于前院的东侧，西邻（西）G15，北邻（西）F8Ⅲ-LD2。长方形，房屋东西面阔10、南北进深5米，面积50平方米。石块房屋基础，高出地面约有0.08～0.15米。室内西北近北墙壁处有一圆形砖窖，编号为（西）J1。室内的居住面为黄沙土面。

（西）F8Ⅲ-6位于前院的西侧，东临（西）G14，西靠西围墙，北邻（西）F8Ⅲ-4、（西）F8Ⅲ-5。保存较差，门向北，东西面阔9.8、南北4.6米，面积44平方米。以石块为房屋基础，基础高出地面0.07～0.1米。

后院东为（西）F8Ⅲ-LD2，南连影壁，西侧有（西）F8Ⅲ-LD1、（西）F8Ⅲ-5，北抵（西）F8Ⅲ-1前廊。其东北角和西北角各有一石块垒砌的方形水池，东侧编号为（西）F8Ⅲ-SC1、西侧编号为（西）F8Ⅲ-SC2。两水池南各有一条暗沟与水池相通，西沟编号为（西）G14、东沟编号为（西）G15，二沟分别沿院落的西、东边缘向南而下。院落平面呈长方形，东西长15.3、南北宽9米，面积137.7平方米。院落低于（西）F8Ⅲ-1的前廊0.6米，院内的地面较平整，为黄沙土地面，厚0.15米。

后院东侧有（西）F8Ⅲ-7、（西）F8Ⅲ-9。

（西）F8Ⅲ-9位于后院最东侧，西连（西）F8Ⅲ-7，北靠（西）L18Ⅰ。平面呈曲尺形，门向南，东西面阔9、南北进深为8.2米，西北角外凸部分长2、宽1.5米。石块基础保存较好，高出地面有0.05～0.15米。分为三间，居住面为灰褐色土面，较为平整，厚0.11～0.3米。门前有廊道。其西间较大，南北长7、宽5.6米，南墙中部有门道与前廊相通，门宽2米；东侧次间为偏房，较小，东西宽3.2、南北长7米；西北角小间为稍间，宽1.5、长2米。前廊道以石块铺设，南北宽1、东西残存6米，廊前有外凸的门道，宽1.6、残长1米。

（西）F8Ⅲ-7东与（西）F9Ⅲ-9为邻，西为（西）F8Ⅲ-LD2。长方形，房屋南北长10、东西宽5.2米，面积52平方米。石块基础，高出室内地面0.05～0.1米。室内居住面为较杂的红沙土面，厚0.06～0.13米，较平整。

后院西侧有（西）F8Ⅲ-2、（西）F8Ⅲ-3、（西）F8Ⅲ-4、（西）F8Ⅲ-5。

（西）F8Ⅲ-2位于后院西侧，北为（西）F8Ⅲ-1，东邻（西）F8Ⅲ-LD1，西、南接（西）F8Ⅲ-3。东西长6、南北宽4.6米，面积27.6平方米。石块房屋基础保存较好，高出地面有0.02～0.12米。红沙土的居住面较杂，厚0.15米。

（西）F8Ⅲ-3位于（西）F8Ⅲ-1的西端南侧，背靠西围墙，东与（西）F8Ⅲ-2、（西）F8Ⅲ-LD1相连，南接（西）F8Ⅲ-4。房屋呈“曲尺”状，其西半部分南北长8.6、东西宽3.6米；东半部分边长4米。房屋以石块为基础，高出地面0.05～0.1米。室内地面为较杂乱的红沙土面，较为平整。分间不明。

（西）F8Ⅲ-5位于（西）F8Ⅲ-4的东侧，东邻后院，北接（西）F8Ⅲ-LD1。东西宽4.3、南北为5米，面积21.5平方米。以石块为房屋基础，高出室内地面0.05～0.1米。室内居住面为较杂的黄土面，厚0.12米。属于单间式的遗迹。

（西）F8Ⅲ-4位于（西）F8Ⅲ-3的南侧，北墙与（西）F8Ⅲ-3共用，西靠西围墙，东邻（西）F8Ⅲ-5。东西长7.8、南北4.4米，面积34.2平方米。石块基础，高出地面0.04～0.1米。室内居住面为较杂的黄沙土面，残厚0.05～0.1米。

（西）F8Ⅲ-LD1位于（西）F8Ⅲ-1前廊的西侧，并与之相通，南为（西）F8Ⅲ-5，西与（西）F8Ⅲ-2、（西）F8Ⅲ-3相邻。长方形，南北长8.5、东西宽2.2米，面积18.7平方米。用石块垒筑，地面为黄土面，厚0.05～0.1米。

（西）F8Ⅲ-LD2位于后院的东侧，东与（西）F8Ⅲ-7为邻，北抵（西）F8Ⅲ-1，与（西）F8Ⅲ-1的前廊相通，南至（西）F8Ⅲ-10处折向东去。呈曲尺形，其西段南北向，南北长10、东西宽4.2米；东段为东西向，东西残长6.5、宽2米。多为石块垒砌。仅在东段近（西）F8Ⅲ-10北墙处发现了三个柱洞，柱洞直径0.25～0.3米，自东向西分别编为D1、D2、D3，D1、D2间距为3.5、D2、D3为3米。地面为较杂的红沙土面，厚0.08～0.15米，较为平整。

（3）厅堂

（西）F8Ⅲ-1位于（西）F8Ⅲ建筑群北部的台基上，台面高出庭院地面0.5米，是建筑群中最大的建筑，北端靠近山边的护坡墙。平面呈长方形，其东西面阔36.8、南北进深7米，共计有257.6平方米。以石块为基础，分间已不明确。居住面东西不同，室内的东边以黄土面为主，厚0.15米；西侧的室内地面经过稍加平整的红沙土为主，厚0.1～0.2米。（西）F8Ⅲ-1房前有内外两层廊道，中廊道位于（西）F8Ⅲ-1中东部，东西长25、南北宽2.1米，低于室内地面0.5米；前廊较短，位于中廊外侧的西部，处在（西）F8Ⅲ-1中心位置，长15.4、宽2.1米，地面与中廊平，高于庭院地面0.6米。廊道均为红沙土面，厚0.08～0.15米。前廊中心处设斜坡状门道，北高南低，向外（南）伸入后院中，东西宽2.8、南北长2米，门道南端的东西两角，立有两块十分规整的门槛石，打凿规整，深埋于地下，门槛石宽0.2、厚0.1米，斜坡门道下层填垫为瓦砾层，表面铺红沙土。

（西）F8Ⅲ-13位于（西）F8Ⅲ-1之后的护坡墙北台地上，建筑时曾垒筑了高台基，台地三面垒砌石坎，高出（西）F8 Ⅲ-1有1.5米，北侧为山坡边。遗迹东西残长4.6、南北宽3.8米，面积17.5平方米。石板铺垫地面，从建筑的风格与特点看，该建筑似是亭阁式建筑。

（西）F8Ⅲ-8位于（西）F8 Ⅲ-1东侧，西紧靠（西）F8Ⅲ-1东山墙，其东有一土井，南临（西）L18Ⅰ。长方形，房屋东西宽4、南北进深7.8米，面积31.2平方米。石块为房屋基础，高出室内地面0.03～0.09米。分间已不明，室内居住面为较杂的黄沙土面，厚0.05～0.1米，保存差。

（4）水井、水池、沟渠

①水井

在（西）F8Ⅲ-8的东南角有水井，系人工自北溪沟中引水而来的蓄水池，水井编号为（西）SJ2，北侧还残存有引水而来的土沟（西）G43，水井的南侧与巷道（西）L18Ⅰ为邻，东侧有（西）L17Ⅰ通向后山的巷道，其排水沟（西）G27向南穿过（西）L18Ⅰ道路，沟体系用石块垒砌而成。水井内的填土为淤泥土堆积，无文化遗物（详见本章供排水系统及表二四）。

②水池

两水池分别位于后院的东北角和西北角，方形，系用石块与石灰砂浆砌成，池底平石相嵌。水池有引水沟与排水沟相连接，均为暗沟，薄板石片作沟壁与沟底。东侧的水池编号为（西）F8Ⅲ-SC1，与其相通的排水沟编号为（西）G15；西侧水池编号为（西）F8Ⅲ-SC2，其排水沟编号为（西）G14。这两个水池应兼有防火的作用。

（西）F8Ⅲ-SC1位于后院的东北角，池口长1.9、宽1.8米；池底长1.6、宽1.5、深1.35米，池四壁用石块垒砌而成，壁微向外倾，池底用用石块平铺而成。其引水沟已残。向外排水沟为暗沟，编号为（西）G15。沟体保存较差，所见沟体残留的是用较大较薄的石片侧立砌成沟壁，平铺沟底，沟顶盖上较宽大的石块。向南而下流至院外（图一四五，1；图版七七，1）。

F8Ⅲ-SC2位于后院的西北角，距（西）F8Ⅲ-1门槛3.5米，水池口东西长1.9、南北宽1.8米；池底长1.7、宽1.6、池深1.4米。在池口的西北角，有引水沟（西）G12与其相接，引水入池。（西）G12也是暗沟，从（西）F8Ⅲ-1房屋的地下穿过。在井的西南角另有排水沟（西）G14向南而下排于大院之外，（西）G14也为暗沟。水池及沟的构筑方法与F8Ⅲ-SC1相同（图一四五，2；图版七七，2）。

③ 沟渠

（西）F8Ⅲ的沟渠有（西）G12、（西）G21、（西）G43、（西）G14、（西）G15、（西）G27（详见本章第一节供排水系统部分及表二四）。

（5）窖穴

（西）J1位于（西）F8Ⅲ-10室内，是用砖块垒砌的圆形窖穴。窖穴分上下层，上层口径大，直径1.6、深0.34米；下层口径小，直径1.2、深0.72米。窖壁用平砖错缝围垒而成，系用石灰砂浆作黏合剂，使窖壁无缝隙，而且牢固，窖底平铺方砖。发掘时，下层窖口部有一层木板的腐痕，据此分析，（西）J1系用厚木板封盖下口的，可能是用于储藏食物的冰窖（图一四六；图版七六）。

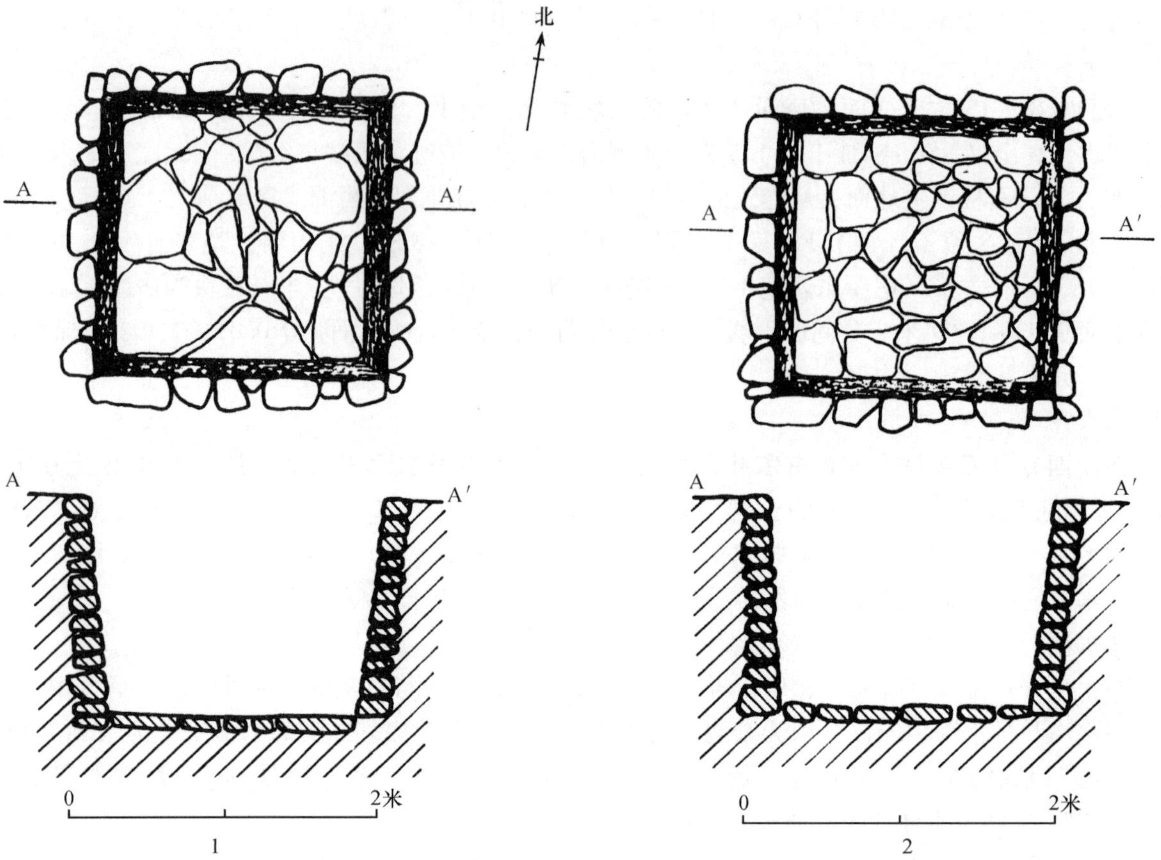

图一四五　巴东旧县坪遗址（西）F8Ⅲ-SC1、（西）F8Ⅲ-SC2 平、剖面图

1.（西）F8Ⅲ-SC1　2.（西）F8Ⅲ-SC2

2.（西）F8Ⅲ东侧建筑遗迹

（西）F14Ⅰ　分布在（西Ⅰ）T 3418、（西Ⅰ）T3518、（西Ⅰ）T3419、（西Ⅰ）T3519、（西Ⅰ）T3619、（西Ⅰ）T3719、（西Ⅰ）T3420、（西Ⅰ）T3520、（西Ⅰ）T3620、（西Ⅰ）T3720 等探方内。开口于6层下，叠压打破7层。西临（西）L17Ⅰ，隔路与（西）F8Ⅲ相邻。平面呈长方形，以南墙为基准，门向南，方向170°。东西面阔14、南北进深5.2米，面积73.8平方米。以石块为墙基础，高出地面0.05～0.12米。居住面为杂土面，是用灰烬、红烧土、碎瓦砾等混合后填垫平整的，厚0.1～0.2米。其分间及门道情况不明。（西）F14Ⅰ内包含物有碑石残片、瓷器残片、动物残骸等。可辨识的出土物有碗、碟、灯盏等（图一四七）。

3.（西）F8Ⅲ西侧建筑遗迹

在（西）F8Ⅲ的西侧，还有一些面积不大的单体建筑遗迹，主要有（西）F5、（西）F13Ⅱ、（西）F18Ⅱ、（西）F32、（西）F56、（西）F42、（西）F44、（西）F45、（西）F49、（西）F72、（西）F73 等。

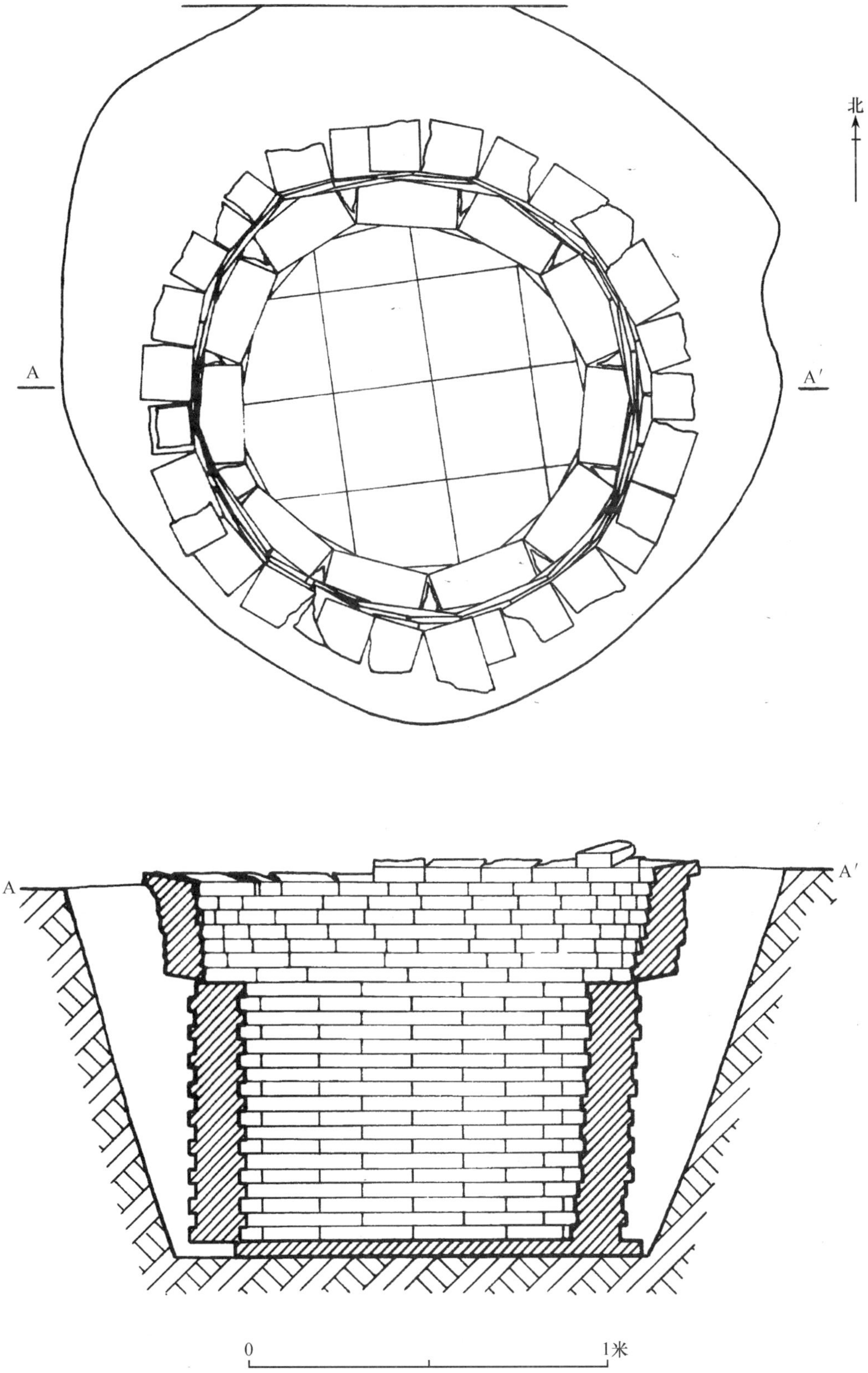

图一四六　巴东旧县坪遗址（西）J1 平、剖面图

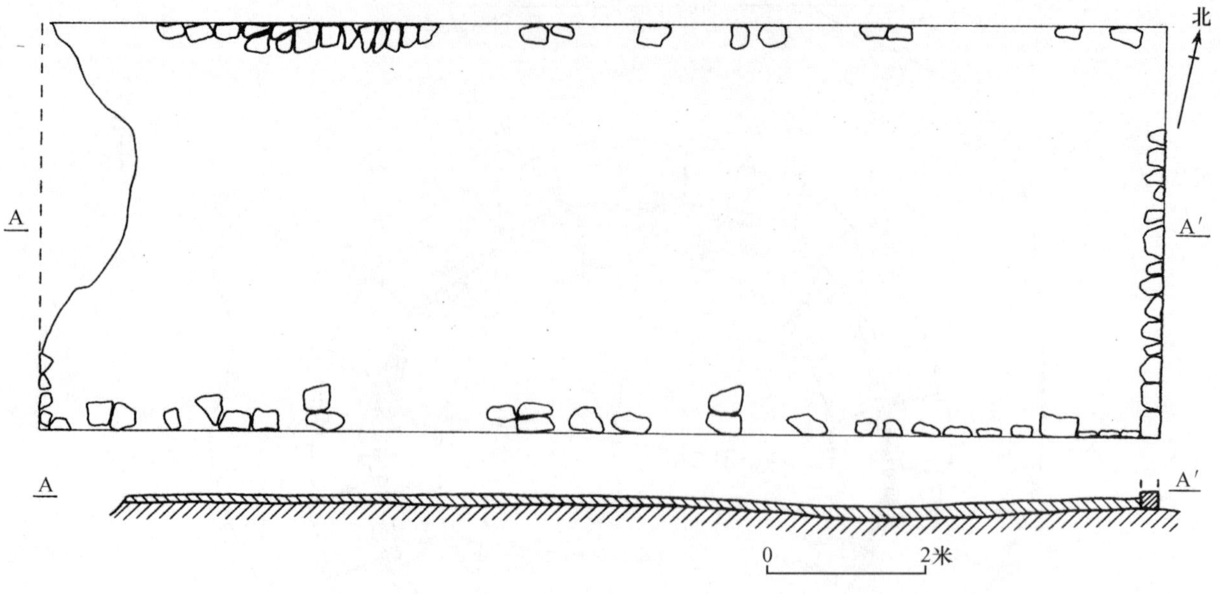

图一四七　巴东旧县坪遗址（西）F14Ⅰ平、剖面图

（1）（西）F5

（西）F5　位于（西Ⅰ）T2017、（西Ⅰ）T2117、（西Ⅰ）T2018、（西Ⅰ）T2118等探方内，开口于6层下，叠压打破7层。南临（西）L8Ⅱ，隔（西）L8Ⅱ与（西）F42相望，西邻（西）F45。平面呈长方形，以南墙为基准，门向南，方向168°。其东西面阔为8.6、南北进深4.2米。以石块为墙基，石块基础高出地面约0.03～0.1米。居住面为黄土面，其分间、门道及居住面的厚度情况不明（图一四八）。

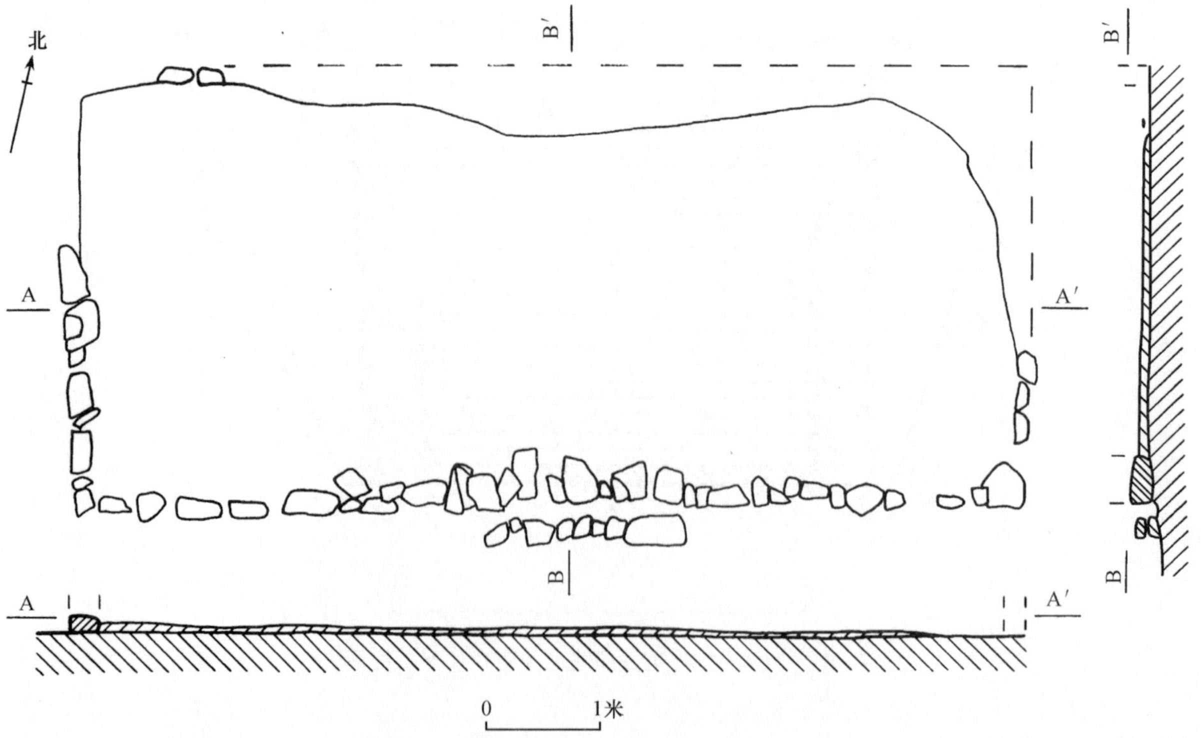

图一四八　巴东旧县坪遗址（西）F5平、剖面图

（2）（西）F13Ⅱ

（西）F13Ⅱ　位于（西Ⅰ）T1913、（西Ⅰ）T2012、（西Ⅰ）T2013、（西Ⅰ）T2014探方中，开口于6层下，叠压打破7层。东靠（西）F73，南临（西）L2Ⅲ，西隔（西）L6Ⅲ与（西）F12Ⅲ相望，北面（西）L23Ⅰ。属于吊脚楼形式的建筑，保存极差，仅存西北角部分，从残存情况分析，平面呈长方形，以西墙为基准，门向西，方向255°。其北部为平地建筑，东西残存3.5、南北残存3.5米，残存面积12.25平方米，石块基础，高出地面约0.05～0.12米；南侧为吊脚楼部分，已残，详情不明（图一四九）。

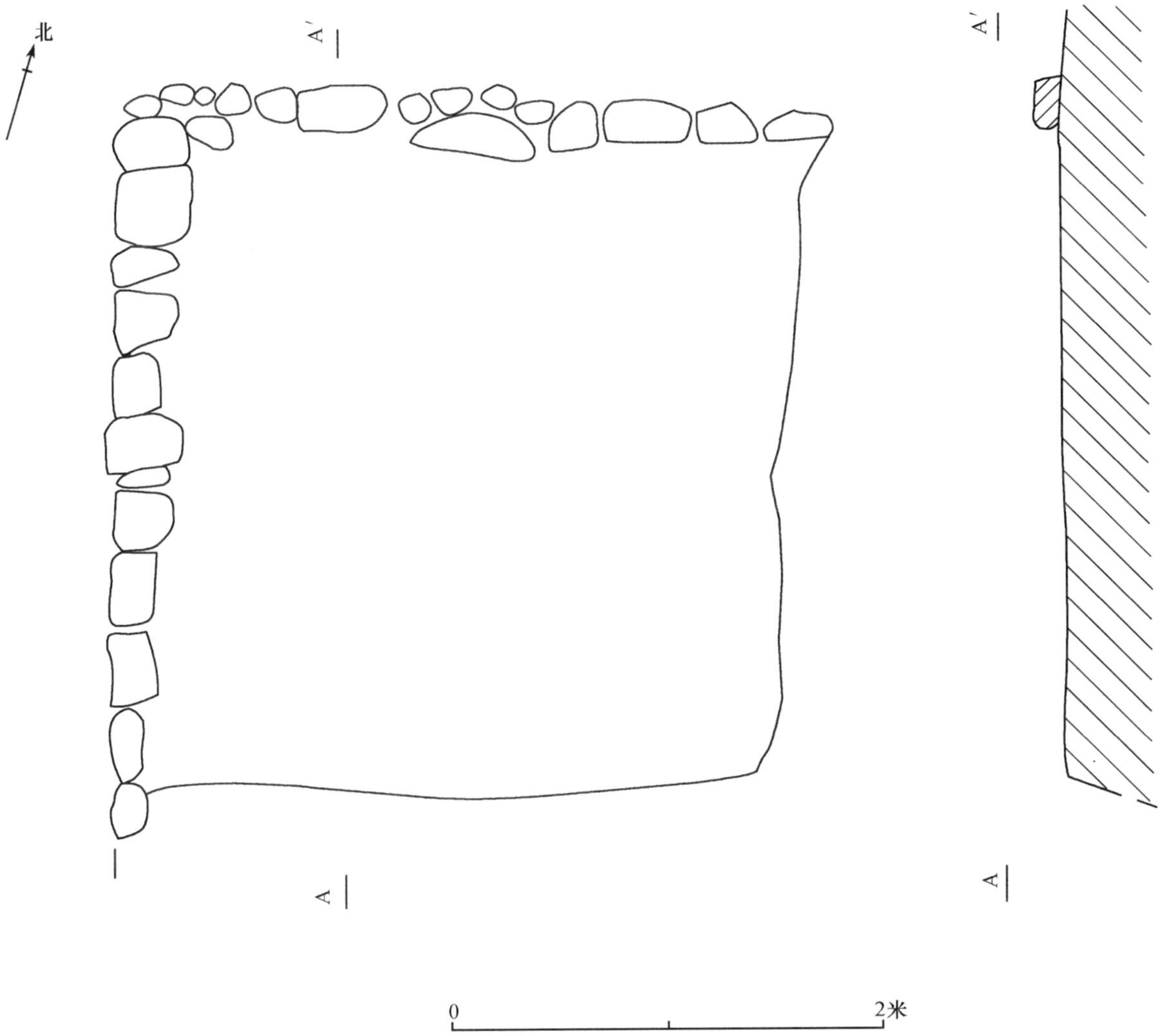

图一四九　巴东旧县坪遗址（西）F13Ⅱ平、剖面图

（3）（西）F18Ⅱ

（西）F18Ⅱ　位于（西Ⅰ）T2213、（西Ⅰ）T2214、（西Ⅰ）T2314、（西Ⅰ）T2414等探方内。开口于6层下，叠压打破7层。东隔（西）L9Ⅲ与（西）F8Ⅲ相望，西临（西）L10Ⅱ，北靠（西）F32。属于平地建筑，保存一般，平面呈长方形，以南墙为基准，门向南，方向180°。东西面阔为8.2、南北进深5米，面积41平方米。石块基础，高出地面约有0.05～0.1米。室内分间不明，居住面为黄土面，厚0.08～0.12米（图一五〇）。

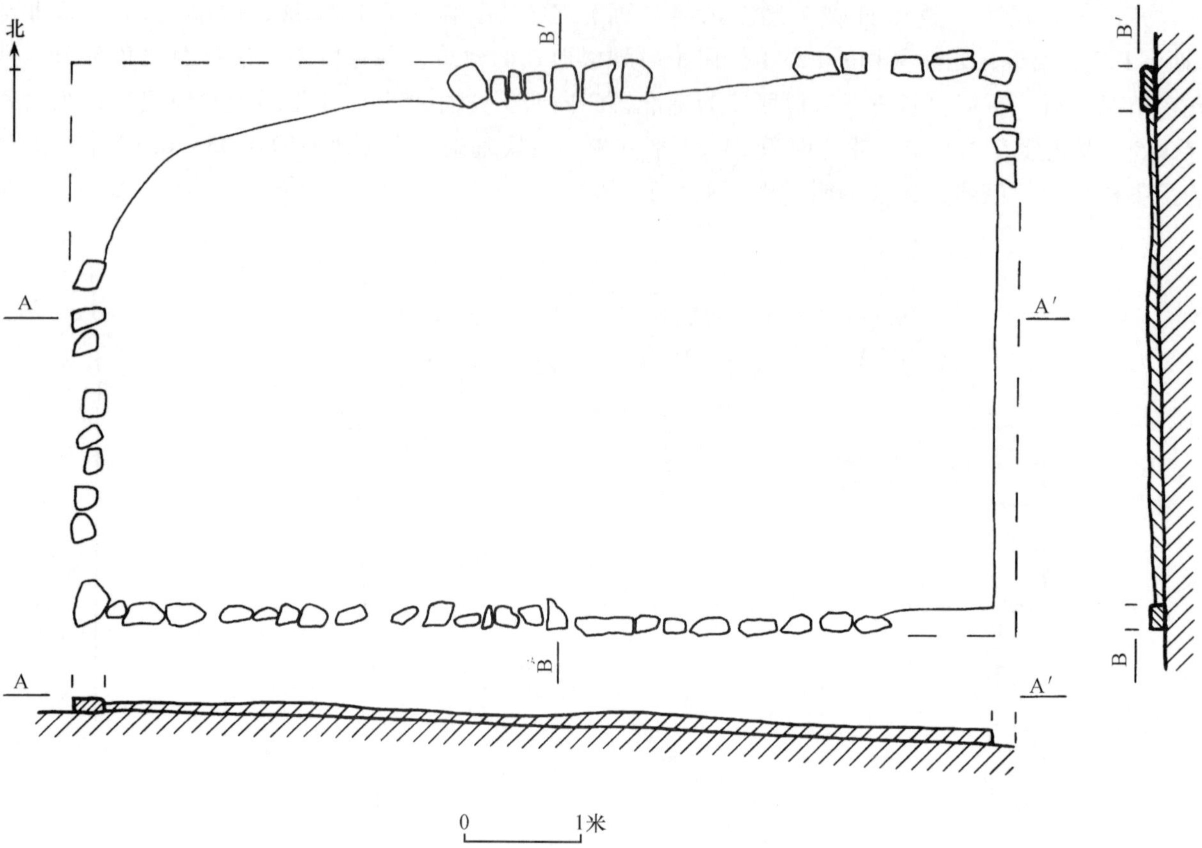

图一五〇　巴东旧县坪遗址（西）F18Ⅱ平、剖面图

（4）（西）F32

（西）F32　位于（西Ⅰ）T2215、（西Ⅰ）T2315、（西Ⅰ）T2415 等探方内。开口于 6 层下，叠压打破 7 层。东隔（西）L9Ⅲ与（西）F8Ⅲ相望，南邻（西）F18Ⅱ，西临（西）L10Ⅱ，北靠（西）F56。属于平地建筑，保存较差，从残存情况分析，平面呈长方形，以南墙为基准，门向南，方向 174°。东西面阔残存 6.5、南北进深 3.3 米，面积 21.5 平方米。以石块墙基，基础高出室内地面 0.05 ~0.1 米。室内分间不明，居住面为红沙土面，厚 0.08 ~0.12 米（图一五一）。

（5）（西）F42

（西）F42　位于（西Ⅰ）T1915、（西Ⅰ）T1916、（西Ⅰ）T2015、（西Ⅰ）T2016、（西Ⅰ）T2115、（西Ⅰ）T2116 等探方内，开口于 6 层下，叠压打破 7 层。东临（西）L10Ⅱ，南与（西）F49 相邻，西接（西）F44，北面（西）L8Ⅱ，房屋高出街面 0.1 米。属于平地建筑，保存较差，从残存情况分析，平面呈长方形，以南墙为基准，门向南，方向 166°。东西面阔残存 7.2、南北进深残存 2.8 米，面积 20 平方米。房屋以石块为墙基础，残存石块高出室内地面 0.04 ~0.1 米。室内分间已不明，居住面为红沙土面，大部分保存下来，厚0.1 ~0.15 米（图一五二）。

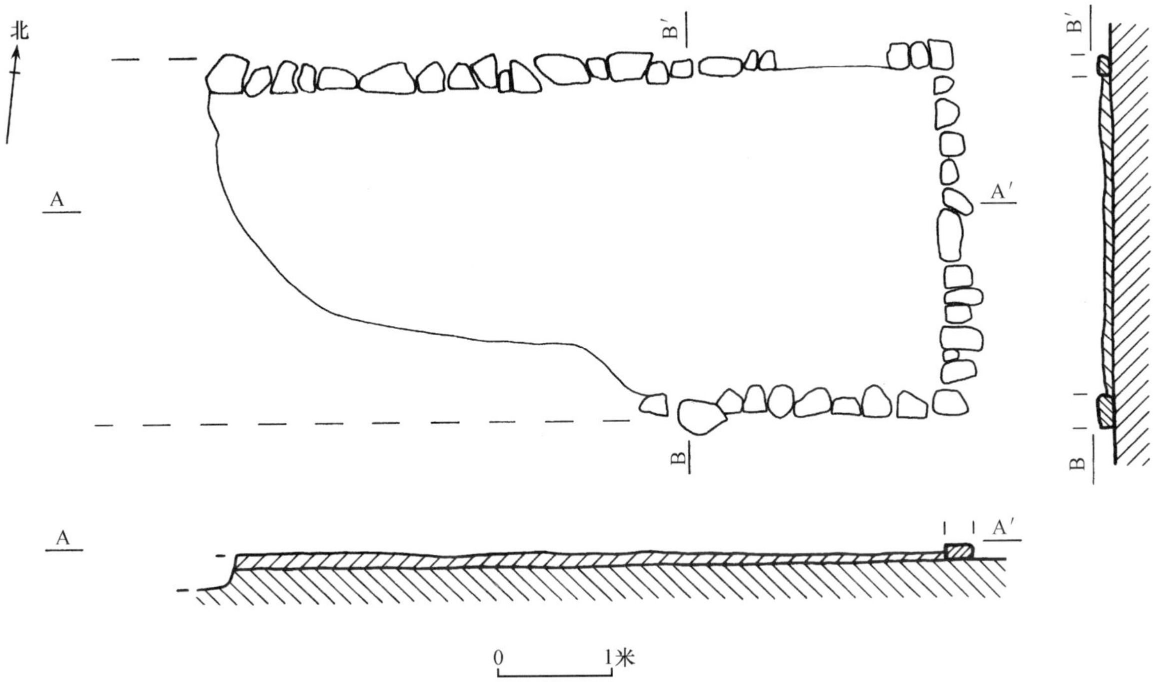

图一五一　巴东旧县坪遗址（西）F32 平、剖面图

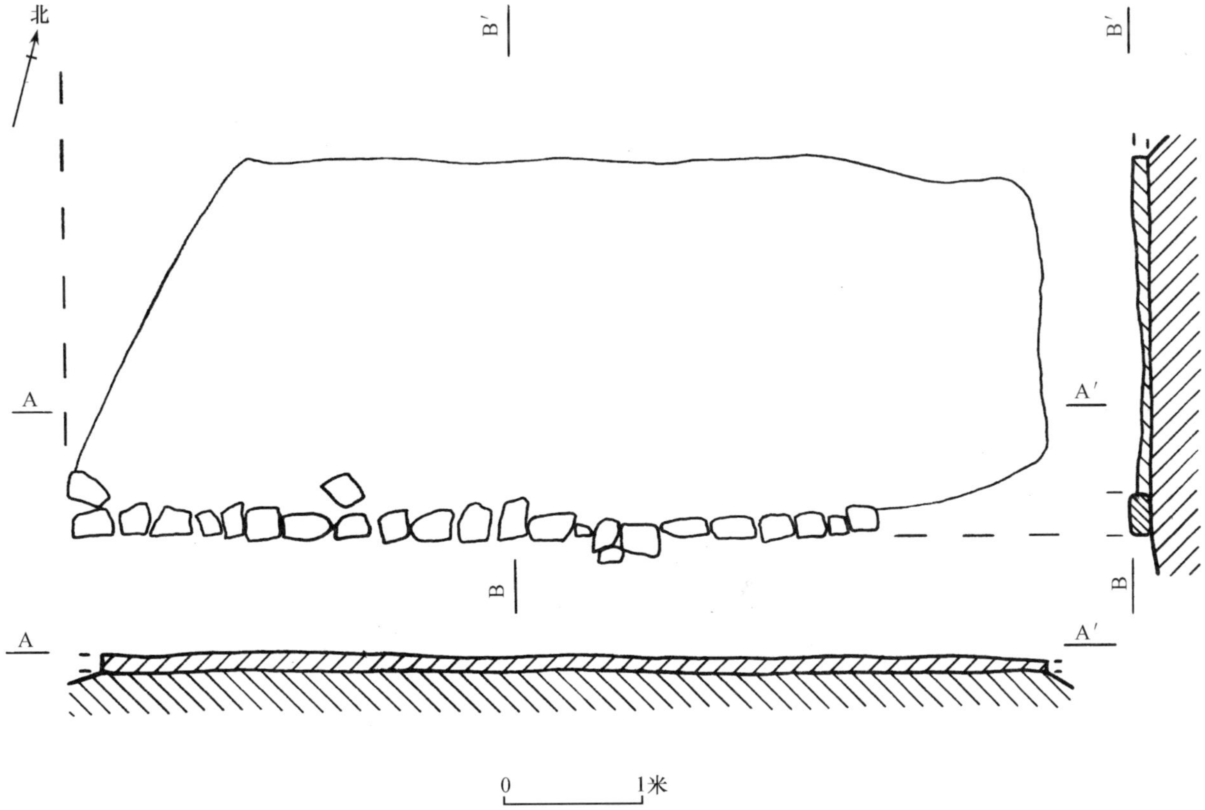

图一五二　巴东旧县坪遗址（西）F42 平、剖面图

（6）（西）F44

（西）F44　位于（西Ⅰ）T1815、（西Ⅰ）T1915、（西Ⅰ）T1816、（西Ⅰ）T1916等探方内。开口于第6层下，叠压打破7层。东靠（西）F42，南邻（西）F72，西临（西）L6Ⅲ，北面（西）L8Ⅱ，地面略高于街道路面0.1米。属于平地建筑，保存较差，从残存遗迹分析，平面呈长方形，以南墙为基准，门向南，方向172°。房屋东西面阔残存6、南北进深残存3.7米，残存面积22平方米。以石块为基础，残存石块高出地面0.03～0.12米。室内分间已不明，居住面可知为红沙土面，是在下层建筑遗迹之上重新填垫垒筑的（图一五三）。

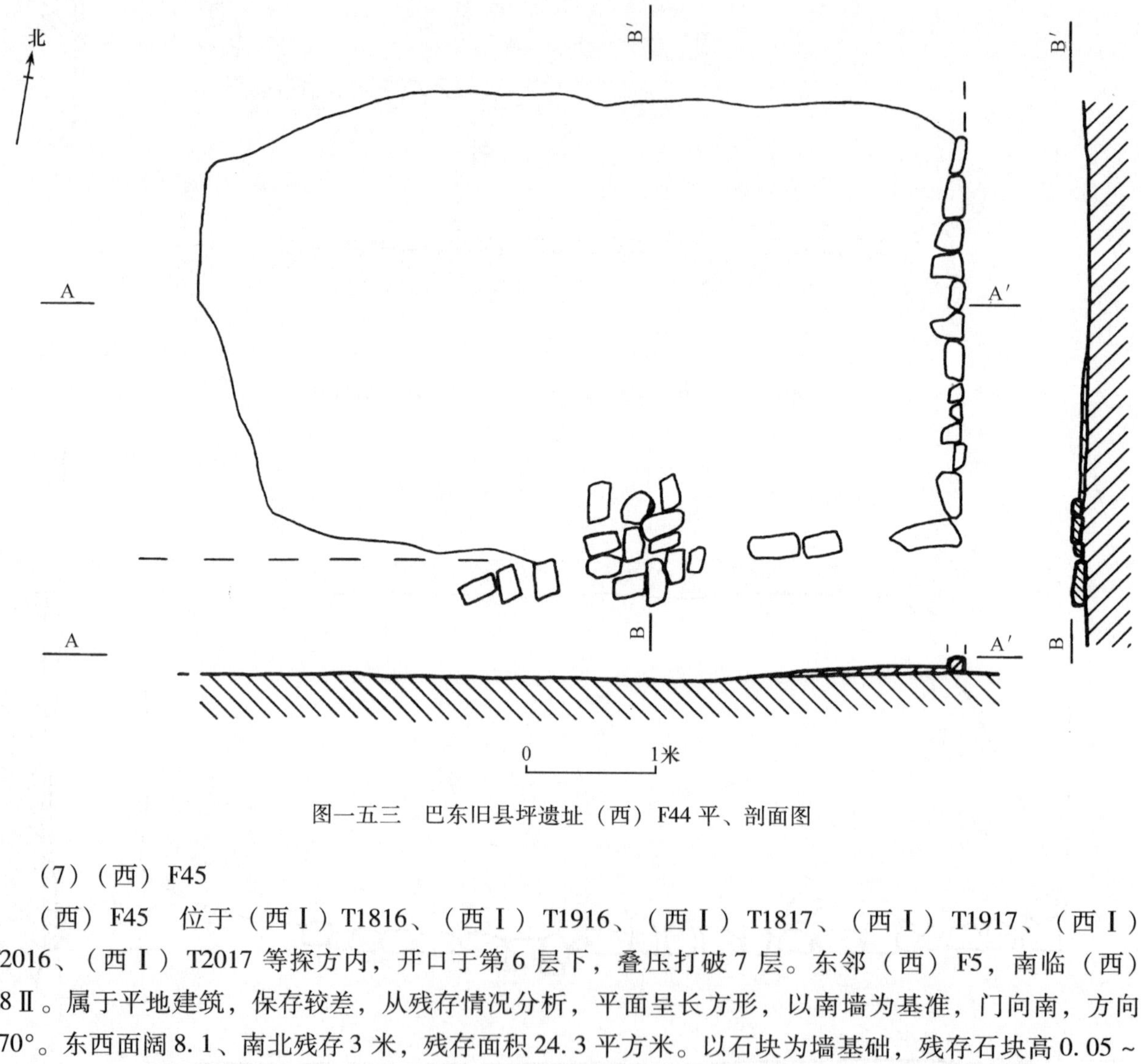

图一五三　巴东旧县坪遗址（西）F44平、剖面图

（7）（西）F45

（西）F45　位于（西Ⅰ）T1816、（西Ⅰ）T1916、（西Ⅰ）T1817、（西Ⅰ）T1917、（西Ⅰ）T2016、（西Ⅰ）T2017等探方内，开口于第6层下，叠压打破7层。东邻（西）F5，南临（西）L8Ⅱ。属于平地建筑，保存较差，从残存情况分析，平面呈长方形，以南墙为基准，门向南，方向170°。东西面阔8.1、南北残存3米，残存面积24.3平方米。以石块为墙基础，残存石块高0.05～0.12米。门道因破坏宽度不明。室内地面为红沙土地面，经过夯筑，较平整，厚0.12米。房后有檐沟，未另行编号，残长6、宽0.25米（图一一九，西23）。

（8）（西）F49

（西）F49　位于（西Ⅰ）T2014、（西Ⅰ）T2114、（西Ⅰ）T2015、（西Ⅰ）T2115等探方内，开口于第6层下，叠压打破7层。东临（西）L10Ⅱ，南隔（西）L23Ⅰ与（西）F73相望，西邻（西）F72，北靠（西）F42。属于平地建筑，保存较差，从残存情况分析，平面呈长方形，以南墙为基准，门向南，方向175°。东西面阔残存3.5、南北进深残存3.3米，残存面积11.6平方米。以石块为房屋基础，主要保存着西北角的墙基础，残墙高出室内地面 0.05 ~0.12 米。室内居住面为红沙土面，保存不好，残存厚 0.05 ~0.1 米（图一一九，西 21）。

（9）（西）F56

（西）F56　位于（西Ⅰ）T2216、（西Ⅰ）T2316、（西Ⅰ）T2416、（西Ⅰ）T2217、（西Ⅰ）T2317、（西Ⅰ）T2417 等探方内。开口于 6 层下，叠压打破 7 层。东紧靠（西）F8Ⅲ，南邻（西）F32，西临（西）L10Ⅱ。属于平地建筑，保存较差，平面呈长方形，以南墙为基准，门向南，方向 157°。东西面阔为 10.7、南北进深残存 6.5 米，残存面积 69.55 平方米。房屋以石块为墙基，石块基础高出地面 0.02 ~0.1 米。其室内的居住面为红沙土居住面，厚 0.12 ~0.18 米。发现有红烧土块，是木骨泥墙墙壁被火焰烧烤后所形成。不少的红烧土块中，宽度在 0.02 ~0.03 米的木棍与竹片的痕迹清晰可见（图一五四）。

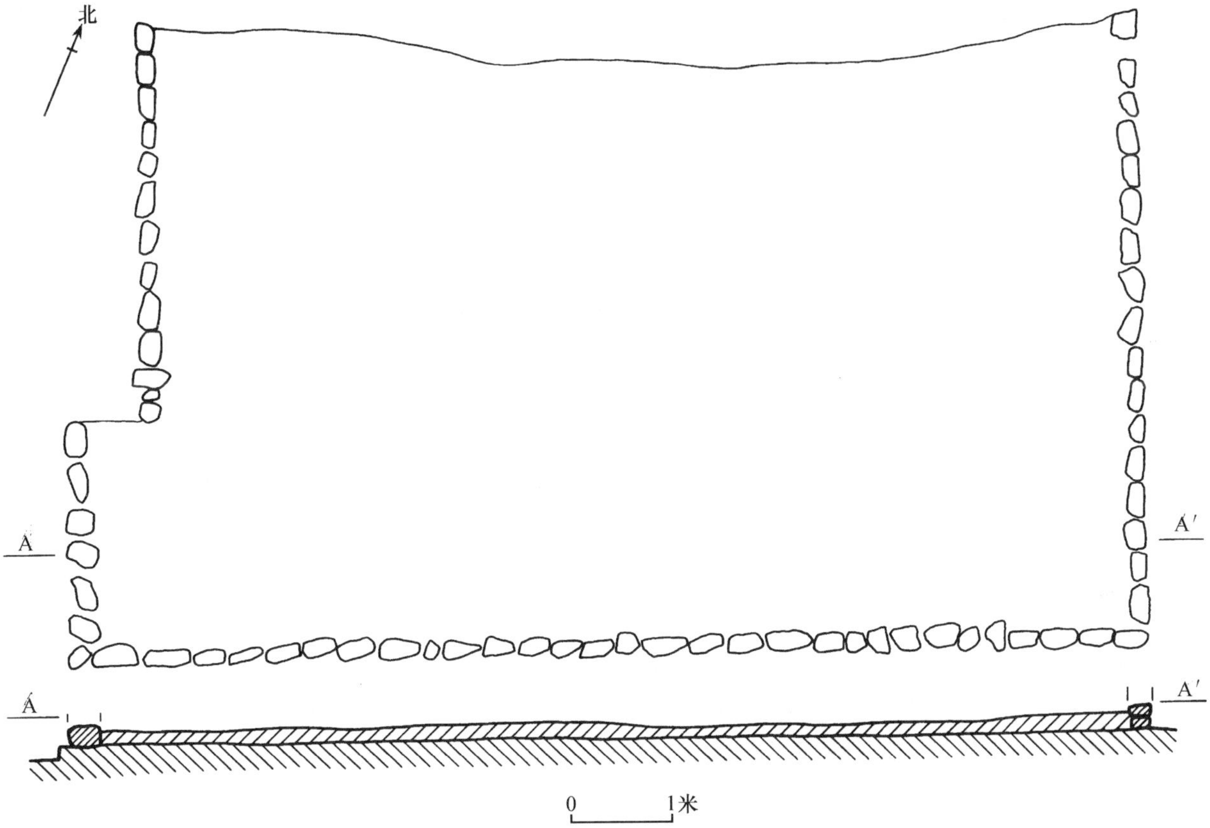

图一五四　巴东旧县坪遗址（西）F56 平、剖面图

（10）（西）F72

（西）F72　位于（西Ⅰ）T1914、（西Ⅰ）T2014、（西Ⅰ）T1915 等探方内。开口于 6 层下，叠压打破 7 层。东邻（西）F49，南与（西）F13Ⅱ相望，西临（西）L6Ⅲ，北与（西）F44、（西）F42 为邻。属于平地建筑，保存较差，从残存情况分析，平面呈长方形，以西墙为基准，门向西，方向 252°。南北面阔 6.5、东西向进深 4.4 米，面积 28.6 平方米。以石块为墙基，残存石块基础高出地面 0.03 ~0.1 米。室内居住面为红沙土面，厚 0.06 ~0.12 米（图一五五）。

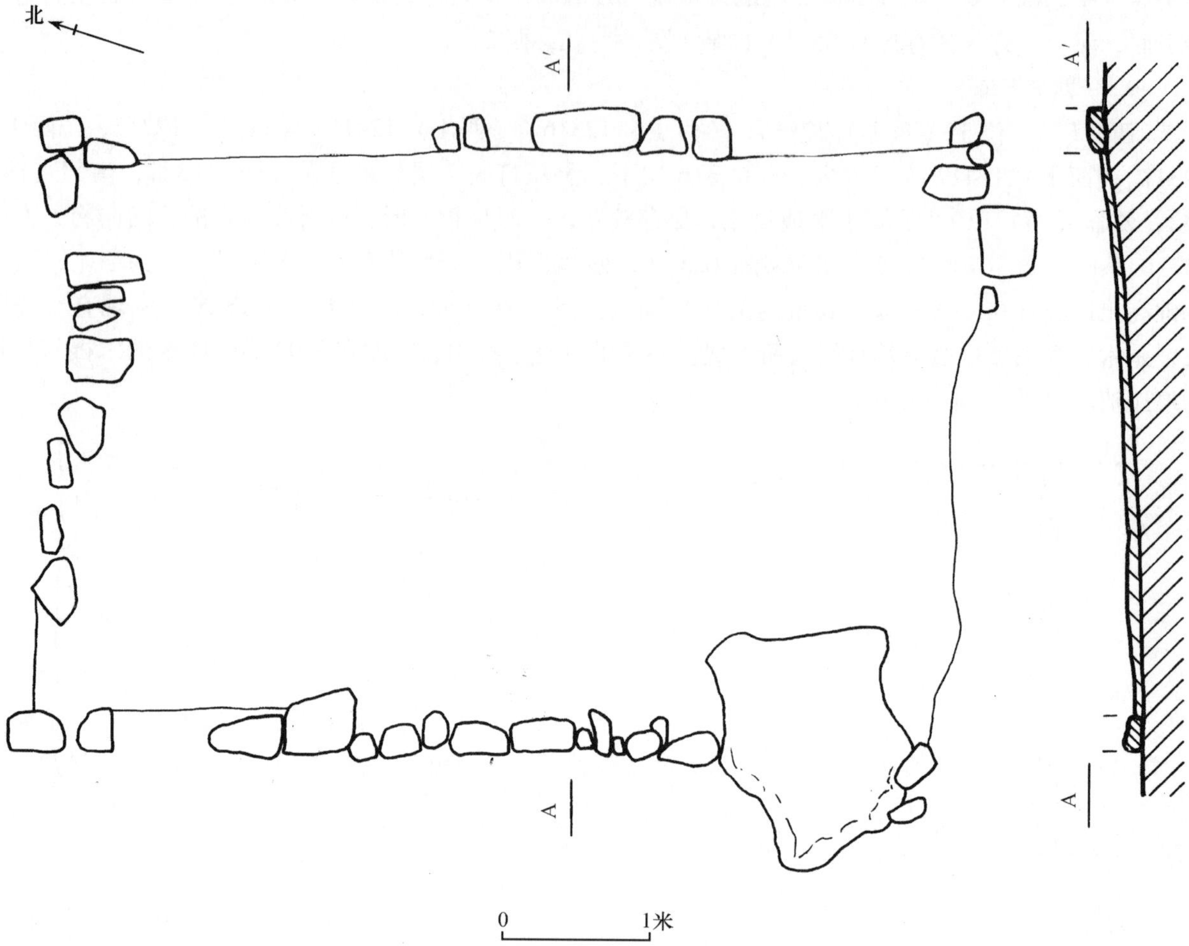

图一五五　巴东旧县坪遗址（西）F72 平、剖面图

（11）（西）F73

（西）F73　位于（西Ⅰ）T2112、（西Ⅰ）T2113、（西Ⅰ）T2212、（西Ⅰ）T2213 等探方内，开口于6层下，叠压打破7层。东隔（西）L9Ⅲ与（西）F8Ⅲ相望，南邻（西）L2Ⅲ，西临（西）F13Ⅱ，北靠（西）F49。属于平地建筑，保存一般，平面呈长方形，以西墙为基准，门向西，方向265°。房屋南北面阔7.2、东西进深4.5米，面积32.4平方米。以石块为墙基，石块基础高出室内地面有0.04～0.09米。分间已不明，居住面为黄褐色沙土面，厚0.06～0.13米。房前设廊，廊残长2.5、宽1.1、低于室内0.05米，用石块砌边（图一五六）。

（四）官署区第四期建筑遗迹

官署区第四期建筑遗迹仍是以（西）F8为主，在其周围另发现房址18座（表一四）。这些建筑是在早期建筑之上进行了地面平整后重建的。但这时的房屋遗迹较早期的建筑遗迹在用材用料上有着较大的差距，特别是石料上的随意性特别突出。这也是此阶段中整个建筑的共同特点，似乎是城镇经济不景气导致建筑的衰败。其上多有一层江沙层，近山的地方还有一层红色泥石层，应是长江洪水和泥石流形成的堆积。这可能也是该遗址废弃的重要原因之一。

表一四　巴东旧县坪遗址西区官署区第四期房屋遗迹登记表　　（计量单位：米）

编号	方向	长	宽	建筑基础用材	建筑特点	出土遗物	备注
（西）F8 Ⅳ-1	170°	27.6	9	石块	平地建筑	瓷碗、盘、盏、砚滴；釉陶灯盏	核心建筑
（西）F8 Ⅳ-2		9	5	石块	平地建筑		东侧配房
（西）F8 Ⅳ-3		9	4	石块	平地建筑		东侧配房
（西）F8 Ⅳ-4		9.6	5.5	石块	平地建筑		西侧配房
（西）F8 Ⅳ-5		4.5	4.5	石块	平地建筑		西侧配房
（西）F8 Ⅳ-6		4.2	3.5	石块	平地建筑		西侧配房
（西）F8 Ⅳ-7		4.8	4.6	石块	平地建筑		西侧配房
（西）F8 Ⅳ-8		1.5	1.2	石块	方井形		西后侧用途不明
（西）F8 Ⅳ-9		7	5.4	石块	平地建筑		西后侧房
（西）F8 Ⅳ-10		4.5	1.2	石块	平地建筑		西侧配房
（西）F8 Ⅳ-11		4.5	3.5	石块	平地建筑		西侧配房
（西）F8 Ⅳ-12		9	7	石块	平地建筑		东侧配房
（西）F10	175°	8.5	3.2	石块	平地建筑	石磨	临街，背（西）F8Ⅳ
（西）F9	172°	8	6.5	石块	平地建筑	瓷碗、脊饰	（西）F8Ⅳ东北
（西）F97	176°	8.3	3.7	石块	平地建筑	瓷碗	（西）F8Ⅳ的东南
（西）F86	176°	8.5	3.7	石块	平地建筑		临街，背（西）F8Ⅳ
（西）F50	176°	8.2	3.7	石块	平地建筑		临街，东为（西）F86
（西）F33	345°	6.5	3.5	石块	平地建筑	瓷碗	北临（西）L2Ⅳ
（西）F19	347°	11.6	3.5	石块	平地建筑	瓷碟；釉陶	北临（西）L2Ⅳ
（西）F83	343°	8	2.8	石块	平地建筑	瓷碗	北临（西）L2Ⅳ
（西）F24Ⅱ	5°	5	3.5	石块	平地建筑	瓷盏	北临（西）L2Ⅳ
（西）F3	168°	14.2	11.5	石块、砖	平地建筑	瓷碗、盘、碟、盏、盒、印章；釉陶罐、灯盏、执壶、盆、瓮；石砚台	柱础，分九间
（西）F14Ⅱ	164°	7.3	3.3	石块	平地建筑	瓷碗、盘、碟、盏、杯、尊；釉陶灯盏	（西）F3之后
（西）F6Ⅱ	173°	8.5	3.5	石块	平地建筑	瓷碗	有前廊，廊前有门道（西）F8Ⅳ西侧
（西）F15	80°	3.5	3.5	石块	平地建筑		形如“回”字
（西）F17	177°	8	4.8	石块	平地建筑		（西）F8Ⅳ西侧
（西）F48	186°	5.9	3	石块	平地建筑	瓷盏、砚滴；釉陶灯盏	与（西）F45隔（西）L6Ⅳ相对
（西）F51	175°	9	3.5	石块	平地建筑	瓷碗；釉陶灯盏；板瓦	在（西）F6前
（西）F53	167°	9.7	4.2	石块	平地建筑	瓷碟	东有（西）F17
（西）F84	184°	6	3	石块	平地建筑		

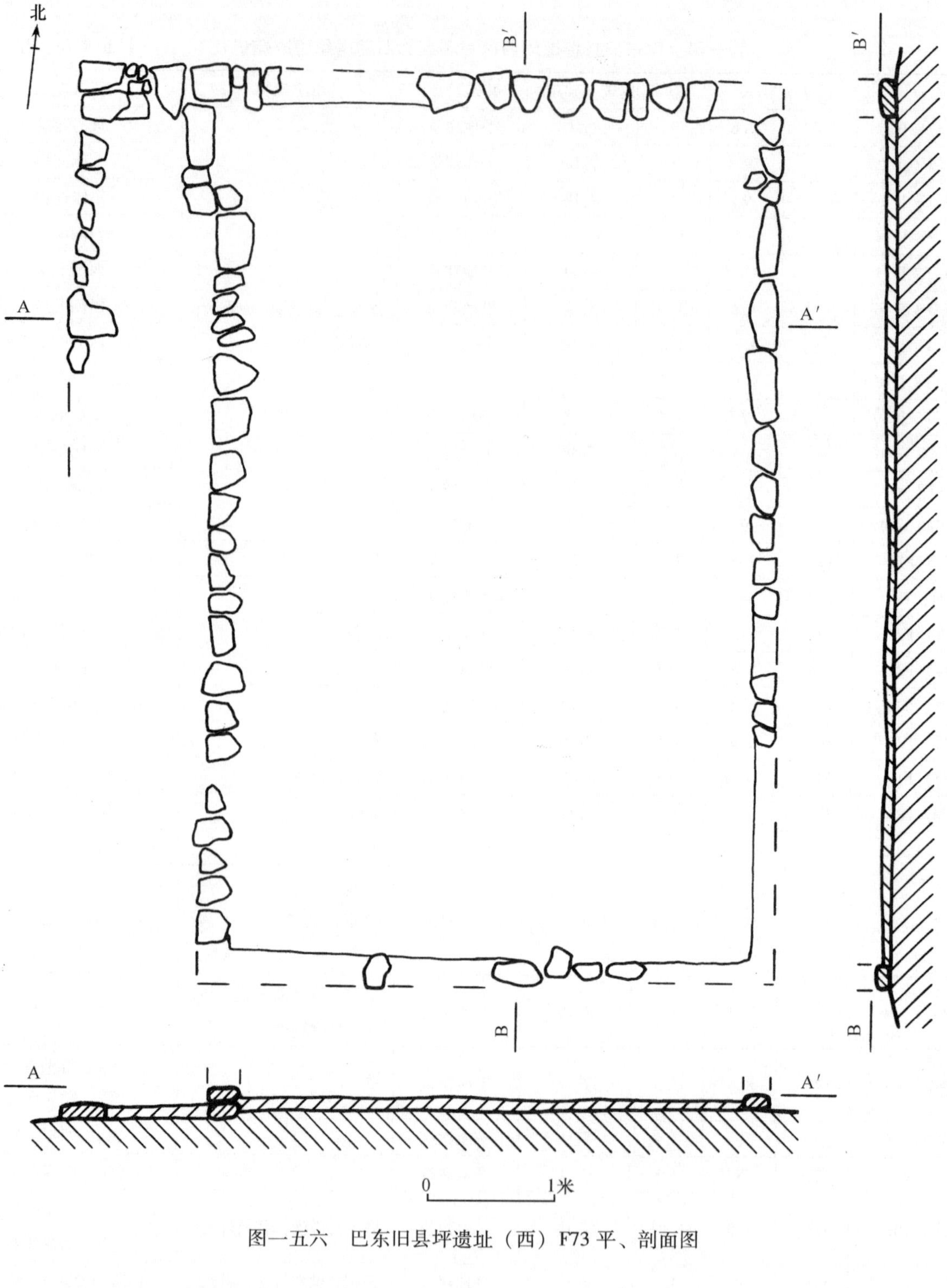

图一五六　巴东旧县坪遗址（西）F73平、剖面图

1.（西）F8第四期建筑遗迹

（西）F8Ⅳ　是在（西）F8Ⅲ之上进行地面平整后新建的，开口于5层下，打破叠压6层及（西）F8Ⅲ。方向170°。第四期建筑遗迹与早期相比，其一面积骤收，仅东西长45、南北宽13米，总面积近600平方米；其二是用料更加粗糙和随意；其三是已无完整的围墙建筑，整个建筑群处在一个平面上，布局不严谨，较乱。（西）F8Ⅳ内的遗迹主要有房屋、水井、水沟等（图一五七）。

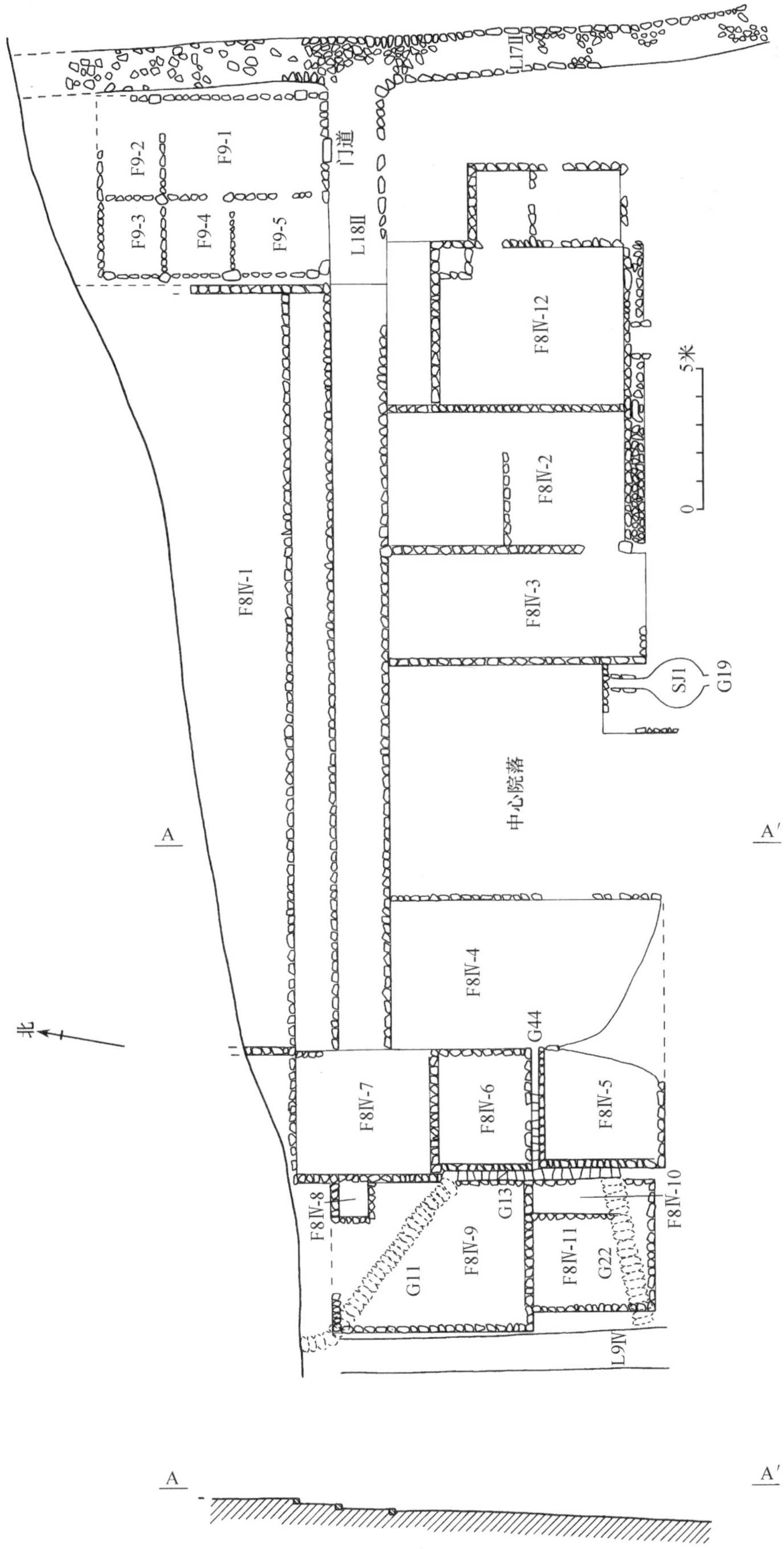

图一五七 巴东旧县坪遗址（西）F8Ⅳ平、剖面图

（1）围墙

（西）F8Ⅳ建筑群收缩变小，房屋建筑较紧凑，东西侧围墙完全由房屋的外墙组成，中心院落前无墙，整个院落呈半封闭状。

（2）庭院

（西）F8Ⅳ的庭院由中心院落及排列紧凑的房屋组成，从东到西编号为（西）F8Ⅳ-12、（西）F8Ⅳ-2、（西）F8Ⅳ-3、（西）F8Ⅳ-4、（西）F8Ⅳ-7、（西）F8Ⅳ-6、（西）F8Ⅳ-5、（西）F8Ⅳ-8、（西）F8Ⅳ-10、（西）F8Ⅳ-9、（西）F8Ⅳ-11。

中心院落位于（西）F8Ⅳ-1南侧中心位置，呈正方形，东西长9.5、南北宽8.5米，面积80.7平方米。院落内为红沙土面，厚0.15～0.2米。在其东南角，有一长圆形的水井，编号为（西）SJ1，西、北有石块砌的护墙，水井呈锅底状，长2、宽1.7、深0.8米，井内主要填充砾石与沙子。其北部的引水沟残存1米，编号为（西）G19；南有排水沟，编号为（西）G17。

中心院落的东侧有（西）F8Ⅳ-12、（西）F8Ⅳ-2、（西）F8Ⅳ-3。

（西）F8Ⅳ-12位于庭院的最东侧，西邻（西）F8Ⅳ-2，东为（西）L17Ⅱ。门向南。石块基础，残墙壁高出室内地面0.08～0.13米。分东西二间，西间较大为正房，东间较小为偏房。居住面为红沙土面，系建筑后填筑的，厚0.12米。

西间的正房东西面阔6、南北进深7米，面积42平方米。东隔墙北部有门道与偏房相通，门宽0.8米。其东北角有一边长1米的方形遗迹，用途不明。其南侧有前廊，长6、宽0.7米，前廓中部设一门道，门道宽1米。

东偏房南北长5.6、东西宽3米，分前后二房。前房，东西宽3、南北长3.4米。东侧有门，宽0.7米；北侧有门与后房相通，门宽0.6米。后房，东西宽3、南北长2.2米。

（西）F8Ⅳ-2位于（西）F8Ⅳ-1的东南前侧，东接（西）F8Ⅳ-12，西连（西）F8Ⅳ-3。长方形，南北长9、东西宽5米，面积45平方米。石块基础，分大小相等的南北两间，有门相通，门宽1.4米。红沙土居住面，厚0.10～0.12米。南侧有廊道，长5、宽0.7米，东与（西）F8Ⅳ-12的廊相连。

（西）F8Ⅳ-3东邻（西）F8Ⅳ-2，西面中心院落。长方形，南北长9、东西宽4米，面积36平方米。石块基础，红沙土居住面，厚0.08～0.15米。东墙设一门道与（西）F8Ⅳ-2的前间相通，门道宽1米。

中心院落的西侧有（西）F8Ⅳ-4、（西）F8Ⅳ-5、（西）F8Ⅳ-6、（西）F8Ⅳ-7、（西）F8Ⅳ-8、（西）F8Ⅳ-9、（西）F8Ⅳ-10。

（西）F8Ⅳ-4位于（西）F8Ⅳ-1西前侧，东面中心院落，西与（西）F8Ⅳ-5、（西）F8Ⅳ-6、（西）F8Ⅳ-7相邻。长方形，南北长9.6、东西宽5.5米，面积52.8平方米。石块基础。分间、居住面情况不明。

（西）F8Ⅳ-7位于（西）F8Ⅳ-1的西南侧，南连（西）F8Ⅳ-6，西接（西）F8Ⅳ-9。长方形，南北长4.8、东西宽4.6米，22平方米。石块基础，居住面为红沙土面，厚0.05～0.1米。

（西）F8Ⅳ-6位于（西）F8Ⅳ-7的南侧，东面（西）F8Ⅳ-4，西隔（西）G13与（西）F8Ⅳ-9相邻。长方形，东西长4.2、南北3.5米，面积14.7平方米。石块基础，居住面为红沙土面，厚0.06～0.12米。

（西）F8Ⅳ-5位于（西）F8Ⅳ-4的西南侧，西为（西）G13，北隔（西）G44与（西）F8Ⅳ-6相邻。正方形，边长4.5米，面积20.3平方米。石块基础，居住面为红沙土面，厚0.08～0.12米。

（西）F8Ⅳ-8位于（西）F8Ⅳ-9的东北角，东邻（西）F8Ⅳ-7。长方形，长1.5、宽1.2米。较小，用途不明。

（西）F8Ⅳ-10位于（西）F8Ⅳ-11的东侧，东隔（西）G13与（西）F8Ⅳ-5相邻。长方形，南北长4.5、东西宽1.2米，面积5.4平方米。其地面下有暗沟（西）G22自东向西穿过。（西）G22承接（西）G13的来水向西排出院外。

（西）F8Ⅳ-9位于庭院的西北角，东邻（西）F8Ⅳ-7、（西）F8Ⅳ-6，南接（西）F8Ⅳ-10、（西）F8Ⅳ-11。长方形，南北长7、东西宽5.4米，面积37.8平方米。石块基础，居住面为红褐色土，厚0.07～0.12米，保存较好。室内的地面下，有暗沟（西）G11自西北角向东南穿过，与（西）G13相连接；（西）G11是从（西）F8Ⅳ的西北侧引水至（西）G13的引水沟。

（西）F8Ⅳ-11位于庭院的西南角，东面（西）F8Ⅳ-10，北邻（西）F8Ⅳ-9。长方形，南北长4.5、东西宽3.5米，面积15.8平方米。石块基础，红褐色沙土居住面，厚0.1～0.12米。在其南居住面下，有暗沟（西）G22自东向西穿过。

（3）厅堂

（西）F8Ⅳ-1位于庭院的北部，是该建筑群中的厅堂，亦为主体建筑，东邻（西）F9，西接（西）F8Ⅳ-7。保存较差，北部被晚期人类的活动所破坏。从遗迹残存情况分析，平面呈长方形，东西面阔27.6、南北进深西端残存3.4、东端残存9米，残存面积171平方米。石块基础，室内为红沙土地面，厚0.1～0.18米。其分间不明。（西）F8Ⅳ-1的前（南）侧设廊，廊长27.6、宽1.5米，用石块砌边，红沙土地面，廓面低于室内地面0.2米。

（4）水井与沟渠

在（西）F8Ⅳ建筑群中除房屋建筑外，还有水井1口：（西）F8Ⅳ-SJ1；水沟6条：（西）G11、（西）G13、（西）G19、（西）G22、（西）G44（详见本章本节供排水系统部分，表二五）。

2. 官署区一带的单体建筑遗迹

另外在（西）F8Ⅳ建筑的附近或者与其相邻的范围中，还有其他的单体建筑遗迹，如（西）F3、（西）F6Ⅱ、（西）F9、（西）F10、（西）F14Ⅱ、（西）F15、（西）F17、（西）F24Ⅱ、（西）F48、（西）F50、（西）F51、（西）F53、（西）F86、（西）F33、（西）F19、（西）F83、（西）F84、（西）F97等（表一四），与（西）F8Ⅳ是近邻与其关系密切。现逐一介绍如下：

（1）（西）F9

（西）F9　分布在（西Ⅰ）T3219、（西Ⅰ）T3220、（西Ⅰ）T3221、（西Ⅰ）T3319、（西Ⅰ）T3320、（西Ⅰ）T3321探方内。开口于5层下，叠压打破6层，居住面上有大量石块，应是泥石流冲击形成。东临（西）L17Ⅱ，南对（西）L18Ⅱ，房屋地面高出（西）L18Ⅱ路面0.2米，西邻（西）F8Ⅳ-1。平面呈长方形，门向南，方向172°。东西面阔6.5、南北进深8米，面积52平方米。以石块为墙基，石块基础高出室内地面0.03～0.1米。（西）F9分为东西两大间。两大间中，东间又分为一大一小的前后二间，分别编为（西）F9-1、（西）F9-2；西间则分为三小间，分间拐角处的石础清晰，从北向南分别编为（西）F9-3、（西）F9-4、（西）F9-5。（西）F9-1为中央明间，在东前侧，东西宽3.5、南北5.6米，可能是该房屋的厅，其南墙设有一大块条石铺垫的门道，宽1米；（西）F9-2在（西）F9-1北侧，东西3.5、南北2.4米；（西）F9-3为西侧北间，东西3、南北2.4米；（西）F9-4为西侧中间，面积与（西）F9-3同；（西）F9-5为西侧南间，东西3、南北3米；各间有门道互通，门道宽0.7～1米。（西）F9居住面为褐黄色的沙土面，厚0.08～0.15米，保存较完整，部分叠压在第三期的水池上面，系水池被填埋后重新修建的房屋（图一五八；图版七八，1）。

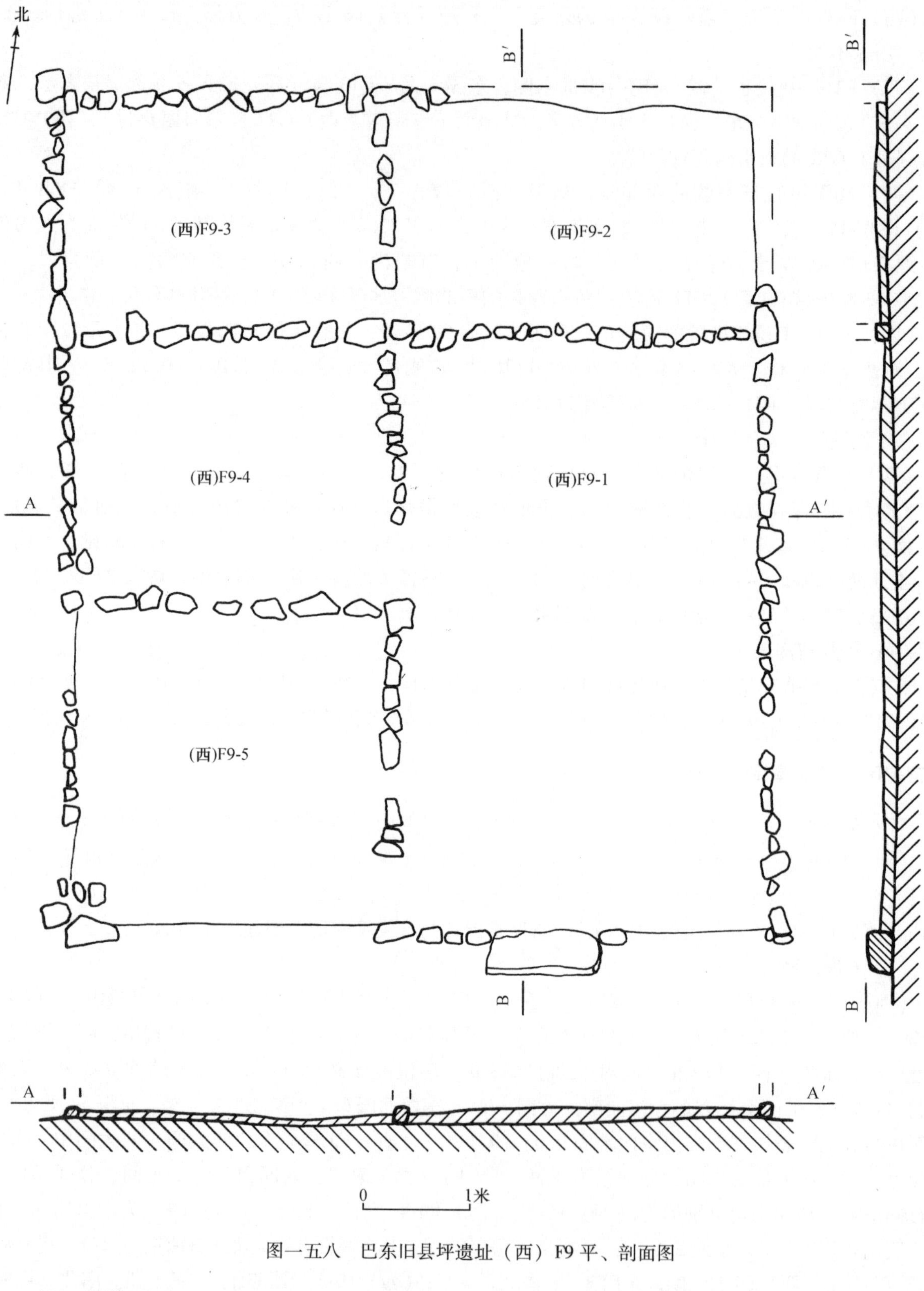

图一五八　巴东旧县坪遗址（西）F9平、剖面图

（2）（西）F97

（西）F97　分布在（西Ⅰ）T3215、（西Ⅰ）T3315、（西Ⅰ）T3415、（西Ⅰ）T3216、（西Ⅰ）T3316、（西Ⅰ）T3416探方内，开口于5层下，叠压打破6层。东临（西）L17Ⅱ，南面（西）L2Ⅳ，现存地面高出街面0.15米，西邻（西）F10。保存较差，平面呈长方形，以北墙为基准，门

向南，方向176°。东西面阔8.3、南北进深3.7米，面积29.6平方米。以石块为墙基，石块基础高出地面0.03～0.08米。室内居住面为红沙土面，厚0.05～0.1米（图一五九）。

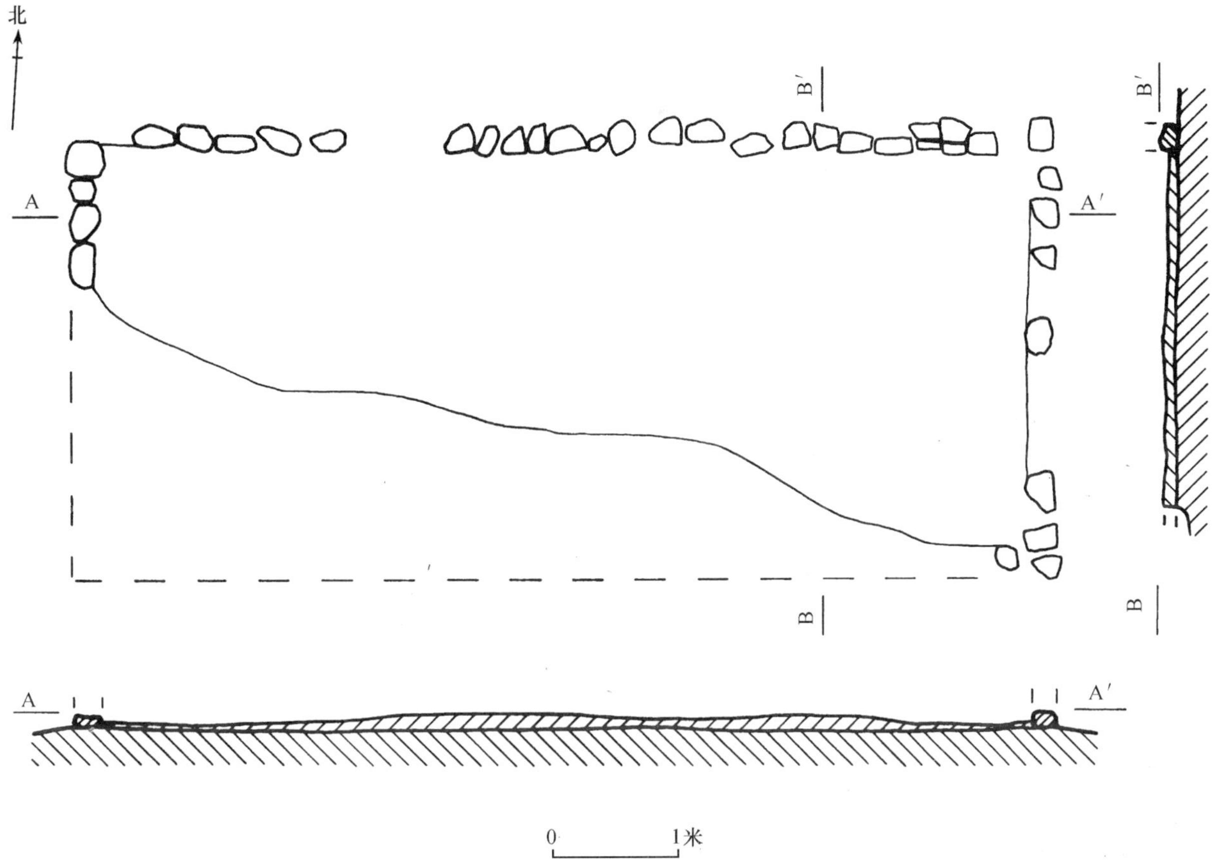

图一五九　巴东旧县坪遗址（西）F97平、剖面图

（3）（西）F10

（西）F10　分布在（西Ⅰ）T3015、（西Ⅰ）T3115、（西Ⅰ）T3215、（西Ⅰ）T3016、（西Ⅰ）T3116等探方内。开口于5层下，叠压打破6层。东邻（西）F97，南临（西）L2Ⅳ，高出街面0.15米，西为（西）L19。平面呈长方形，门向南，方向175°。房屋东西面阔8.5、南北进深3.2米，面积27.2平方米。以石块为墙基，所用石块比较随意、粗糙，高出室内地面0.05～0.2米。墙基中发现多块础石，房屋之间的拐角柱础石较大较清楚，分间明显，室内有二道南北向的隔墙，将其分为均等的三间。房屋前有廊，宽1.3米，边坎清楚，略低于室内有0.1米。室内的居住面为红沙土面，厚0.1～0.2米，保存较好（图一六〇；图版七八，2）。

（4）（西）F86

（西）F86　分布在（西Ⅰ）T2714、（西Ⅰ）T2715、（西Ⅰ）T2815、（西Ⅰ）T2915等探方内，开口于5层下，叠压打破6层。东为（西）G19，南临（西）L2Ⅳ，西邻（西）F50，北接（西）F8Ⅳ-5。保存较差，平面呈长方形，以南墙为基准，门向南，方向176°。东西面阔8.5、南北进深3.7米，面积32.9平方米。以石块为墙基，石块高出地面0.05～0.1米，所发现的居住面因破坏严重，仅仅可知为红沙土地面。其分间及门道情况不明（图一六一）。

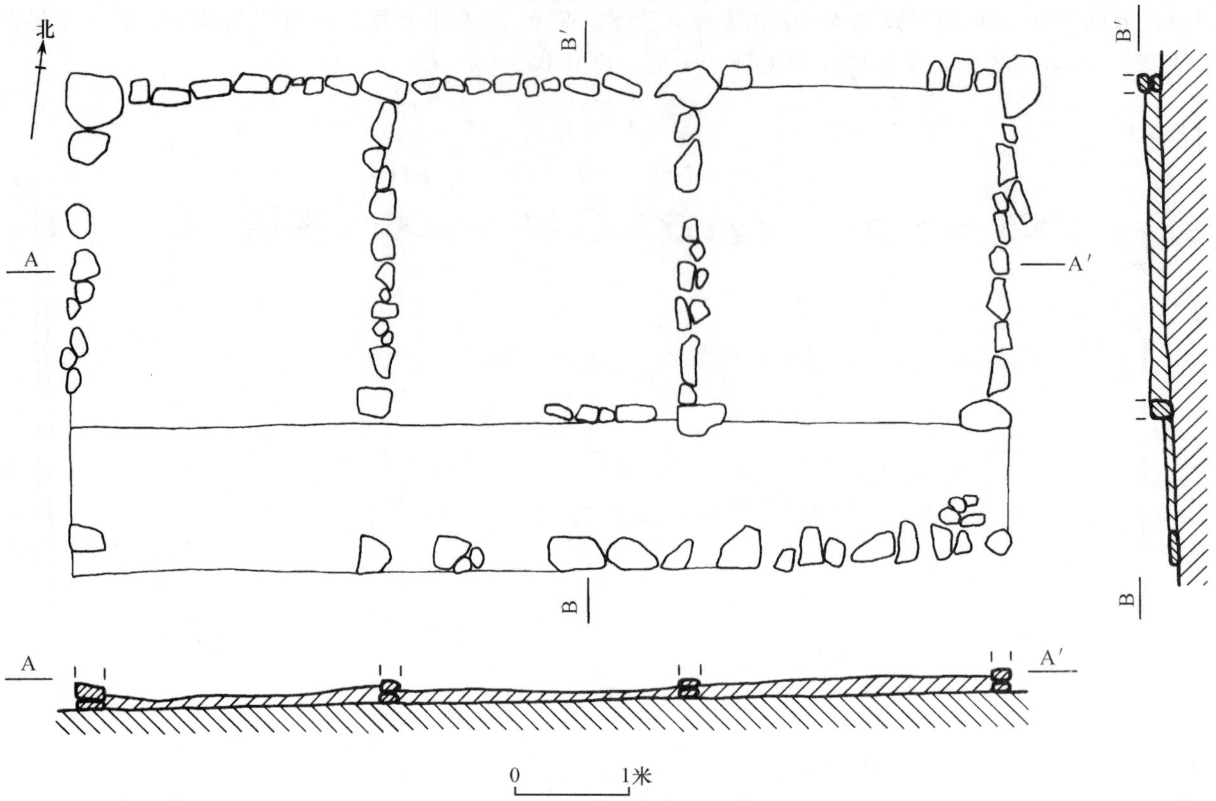

图一六〇　巴东旧县坪遗址（西）F10平、剖面图

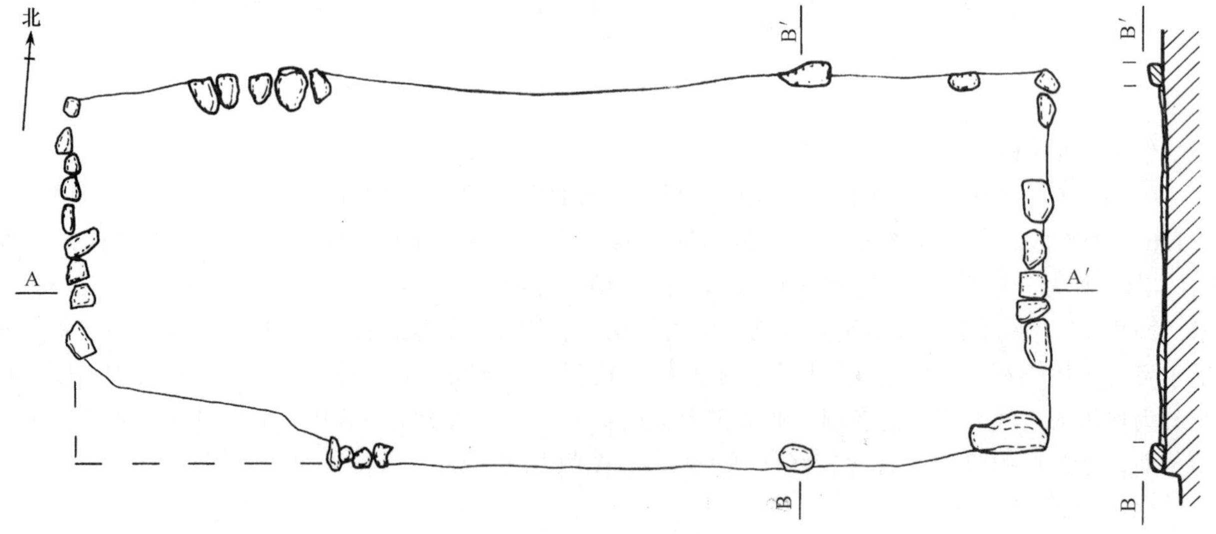

图一六一　巴东旧县坪遗址（西）F86平、剖面图

（5）（西）F50

（西）F50　分布在（西Ⅰ）T2513、（西Ⅰ）T2613、（西Ⅰ）T2514、（西Ⅰ）T2614、（西Ⅰ）T2714等探方内，开口于5层下，叠压打破6层。东邻（西）F86，南面（西）L2Ⅳ，高出街面0.15米，西临（西）L9Ⅳ，地面高出巷道路面有0.1米，北接（西）F8Ⅳ。保存较差，平面呈长方形，以南墙为基准，门向南，方向176°。东西面阔8.2、南北进深3.7米，面积30.3平方米。以石块为墙基，残存的石块基础高出地面0.05～0.1米。其室内居住面为红沙土地面，残存厚度0.05～0.08米。其分间及门道情况不明（图一六二）。

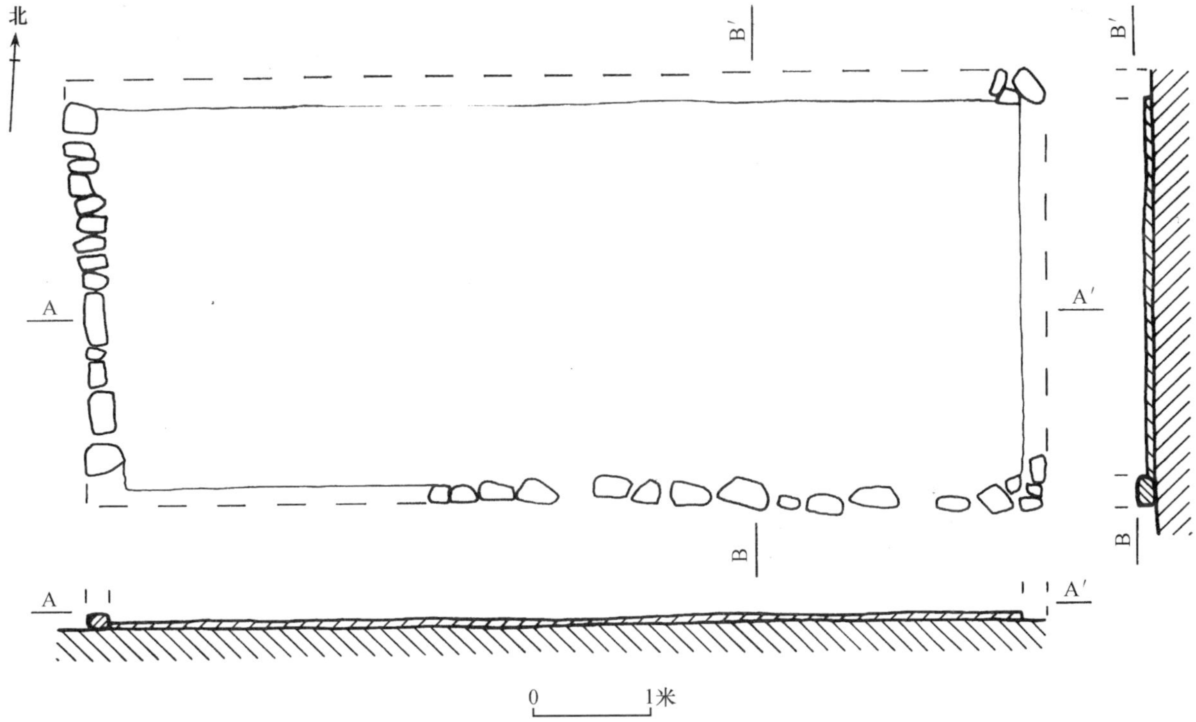

图一六二　巴东旧县坪遗址（西）F50平、剖面图

（6）（西）F33

（西）F33　分布在（西Ⅰ）T3113、（西Ⅰ）T3213、（西Ⅰ）T3214、（西Ⅰ）T3313、（西Ⅰ）T3314等探方内，开口于5层下，叠压打破6层。西隔（西）L15Ⅱ与（西）F19相望，北临（西）L2Ⅳ。保存较差，从残存的房屋遗迹分析，平面呈长方形，以北墙为基准，门向北，方向345°。房屋东西面阔残长6.5、进深3.5米，残存面积22.75平方米。以石块为墙基，主要保存有西北侧的部分墙基，石块基础高出地面0.05～0.1米。室内居住面为红沙土地面，厚0.03～0.09米。其分间及门道情况不明（图一六三）。

（7）（西）F19

（西）F19　分布在（西Ⅰ）T2912、（西Ⅰ）T3012、（西Ⅰ）T3112、（西Ⅰ）T2913、（西Ⅰ）T3013、（西Ⅰ）T3113等探方内，开口于5层下，叠压打破6层。东隔（西）L15Ⅱ与（西）F33相邻，西隔（西）L13Ⅱ与（西）F83相望，北临（西）L2Ⅳ，地面高出（西）L2Ⅳ街面约0.1米。保存较差，从残存的房屋遗迹分析，平面呈长方形，以北墙为基准，门向北，方向347°。房屋东西面阔11.6、南北进深残存3.5米，残存面积40.6平方米。以石块为墙基，仅残存北部墙基础，残墙基础高出室内地面0.03～0.12米，红沙土居住面，厚0.05～0.1米。其分间情况不明（图一六四）。

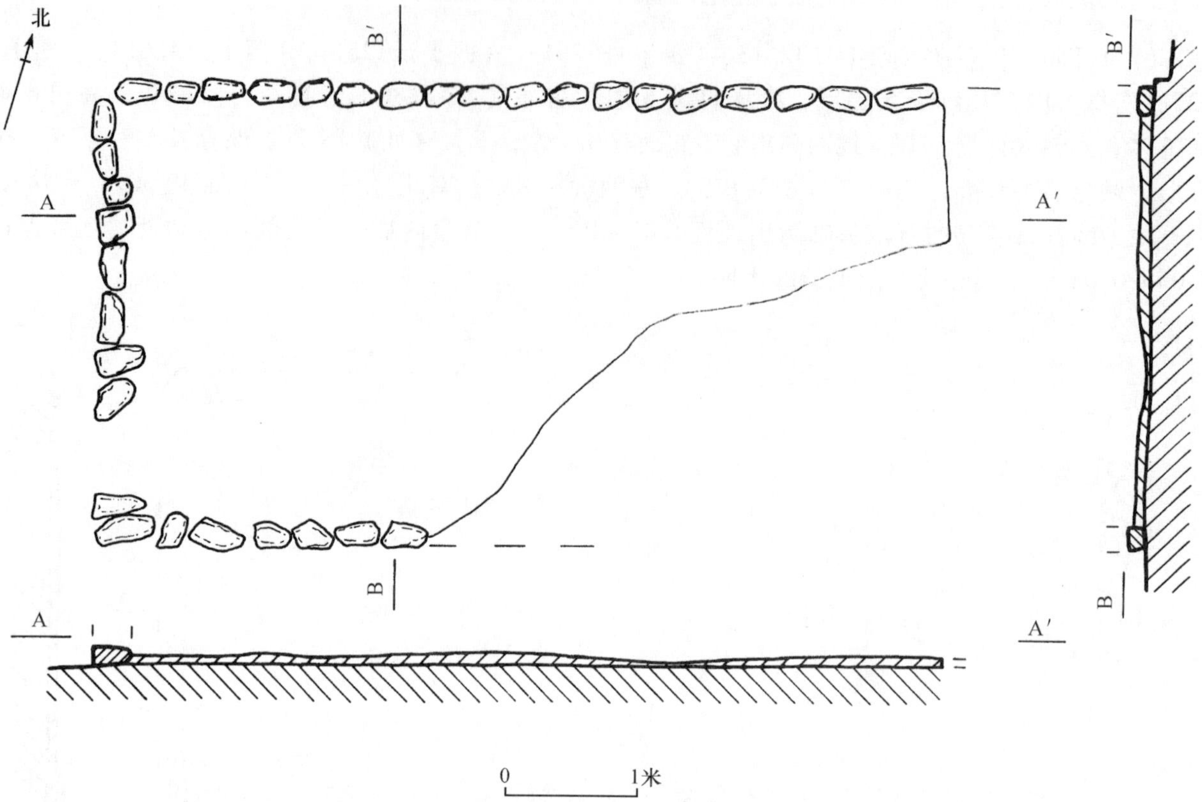

图一六三 巴东旧县坪遗址（西）F33 平、剖面图

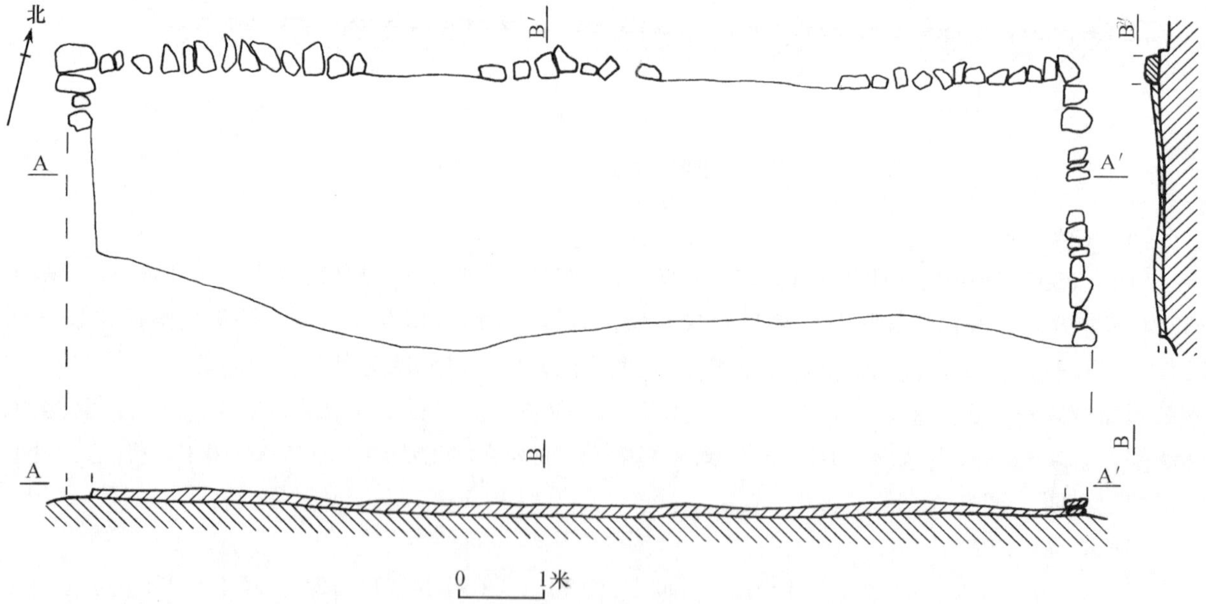

图一六四 巴东旧县坪遗址（西）F19 平、剖面图

（8）（西）F83

（西）F83 分布在（西Ⅰ）T2612、（西Ⅰ）T2613、（西Ⅰ）T2712、（西Ⅰ）T2713、（西Ⅰ）T2812、（西Ⅰ）T2813 等探方内，开口于5层下，叠压打破6层。东隔（西）L13Ⅱ与（西）F19相邻，南临（西）L3Ⅱ，西隔（西）L11Ⅱ与（西）F24Ⅱ相望，北临（西）L2Ⅳ，居住面低于

（西）L2Ⅳ街面约0.12米。保存较差，从残存的房屋遗迹分析，平面呈长方形，以北墙为基准，门向北，方向343°。东西面阔残存8、进深残存2.8米，残存面积22.4平方米。遗迹仅有东、北两墙保留有少量的石块基础石，残墙基石块高出室内地面0.05~0.1米。室内居住面为红沙土地面，残存厚0~0.1米。其分间、门道情况不明（图一六五）。

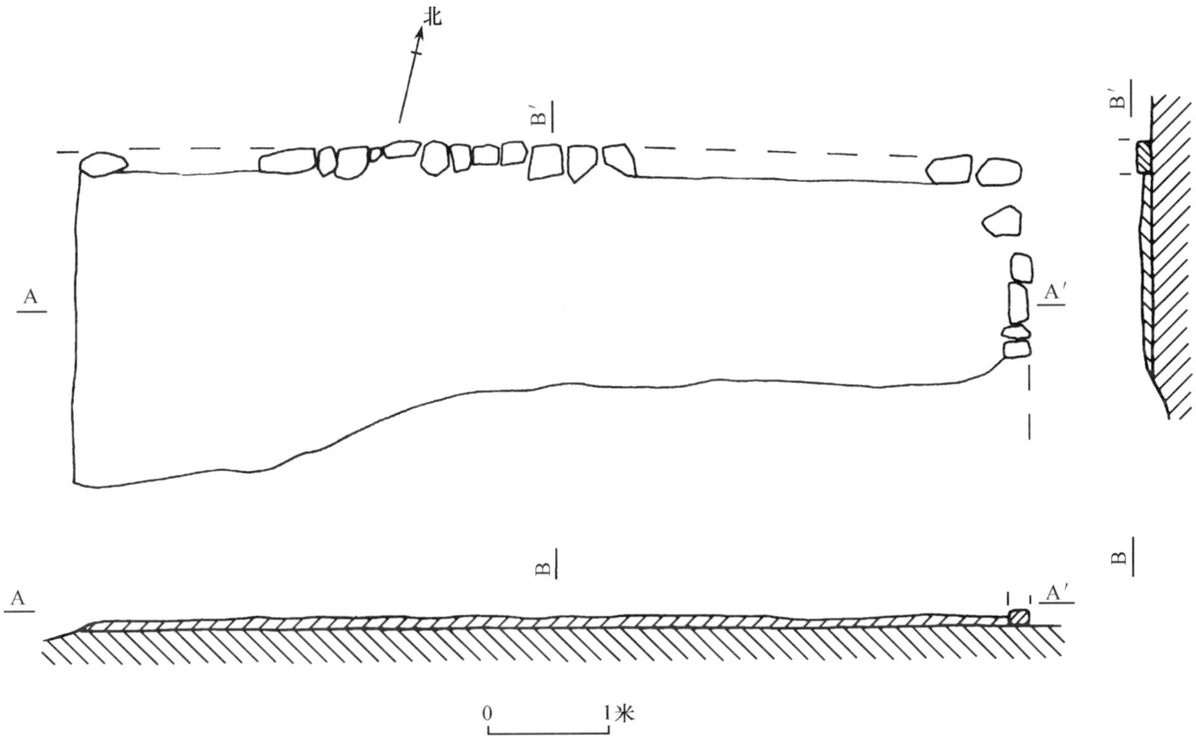

图一六五　巴东旧县坪遗址（西）F83平、剖面图

（9）（西）F24Ⅱ

（西）F24Ⅱ　分布在（西Ⅰ）T2312、（西Ⅰ）T2313、（西Ⅰ）T2412、（西Ⅰ）T2512、（西Ⅰ）T2513等探方内，开口于5层下，叠压打破6层。东隔（西）L11Ⅱ与（西）F83相对，南临（西）L3Ⅱ，西隔（西）L2Ⅳ与（西）F84相望，北临（西）L2Ⅳ。保存较差，从残存遗迹情况分析，平面呈长方形，以北墙为基准，门向北，方向5°。东西残存5、南北残存3.5米，残存面积17.5平方米。遗迹仅保存东北角部分，以石块为墙基，残墙基础高出室内地面0.05~0.13米，室内地面为红沙土地面，残存厚0~0.08米。其分间、门道情况不明（图一六六）。

（10）（西）F3

（西）F3　位于（西Ⅰ）T3516、（西Ⅰ）T3417、（西Ⅰ）T3517、（西Ⅰ）T3617、（西Ⅰ）T3717、（西Ⅰ）T3418、（西Ⅰ）T3518、（西Ⅰ）T3618、（西Ⅰ）T3718、（西Ⅰ）T3419、（西Ⅰ）T3519、（西Ⅰ）T3619、（西Ⅰ）T3719等探方中，开口于5层下，叠压在6层上，居住面之上有大量石块（图版七九）。南为（西）L2Ⅳ，西隔（西）L17Ⅱ与（西）F8Ⅳ相望，北与（西）F14Ⅱ相邻。保存较好，平面呈长方形，东西北三面保存较好，无门道痕迹，南面保存较差，推测门向南，方向168°。东西面阔14.2、南北进深11.5米，总面积165平方米。是以砖、石为基础的立柱式建筑，共发现立柱础石11个，中部5个，从东到西依次编号为ZC-1、ZC-2、ZC-3、ZC-4、ZC-5，后墙6个，从东到西依次编号为ZC-6、ZC-7、ZC-8、ZC-9、ZC-10、ZC-11。础石为方形，较低矮，系用外地所运来的绿色砂石而为之，钻凿规整，边长0.4、厚0.1米。依据础石分布情况分析，

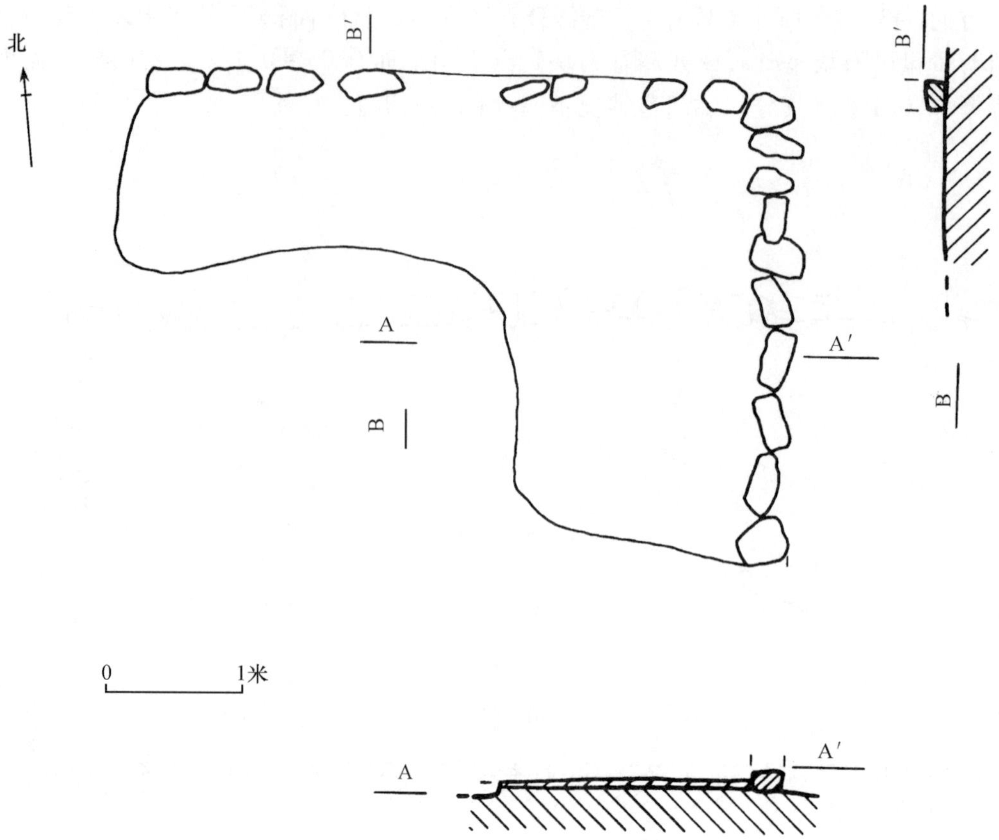

图一六六　巴东旧县坪遗址（西）F24Ⅱ平、剖面图

（西）F3 分为前后两进。前进深 5.4 米，分为 5 个开间，东间 2.8 米，中央明间 4.8 米，西侧二间均为 2.6 米。皆用砖铺设地面。后进深 4.3 米，共有五间房，均宽 2.5 米，仅有最西边一间为砖铺设地面，其他四间为黄沙土地面，经过夯筑拍打，表面较为平整。铺地砖均为方砖，错缝平铺，边长为 0.27、厚 0.05 米（图版七九，3）。整个房屋靠西侧前后的二间房要低于东侧其他房间 0.2 米，应为廊道建筑。（西）F3 的东廊（图版七九，2）宽 1.5 米，黄土铺地，低于室内 0.1 米，石块垒砌边，内侧立瓦做成花边；南侧因破坏，详情不明（图一六七）。

（西）F3 是本次发掘的第四期建筑遗迹中保存最好的建筑遗迹，而且规模较大，使用了凿钻规整的方形柱础石，且布局间距清晰，同时，还使用了方砖铺地。应属于官府建筑的重要组成部分。其内出土了铜称盘、完整的陶、瓷器皿、印章等。

（11）（西）F14Ⅱ

（西）F14Ⅱ　位于（西Ⅰ）T3419、（西Ⅰ）T3420、（西Ⅰ）T3520 等探方内，开口于 5 层下，叠压打破 6 层。南邻（西）F3，西隔（西）L17Ⅱ与（西）F9 相望。平面呈长方形，以南墙为基准，门向南，方向 164°。东西面阔 7.3、南北进深 3.3 米，面积 24.1 平方米。以石块为墙基，石块用料粗糙随意，分间不明。室内居住面为红沙土，保存不好，残存厚 0.06～0.1 米（图一六八）。

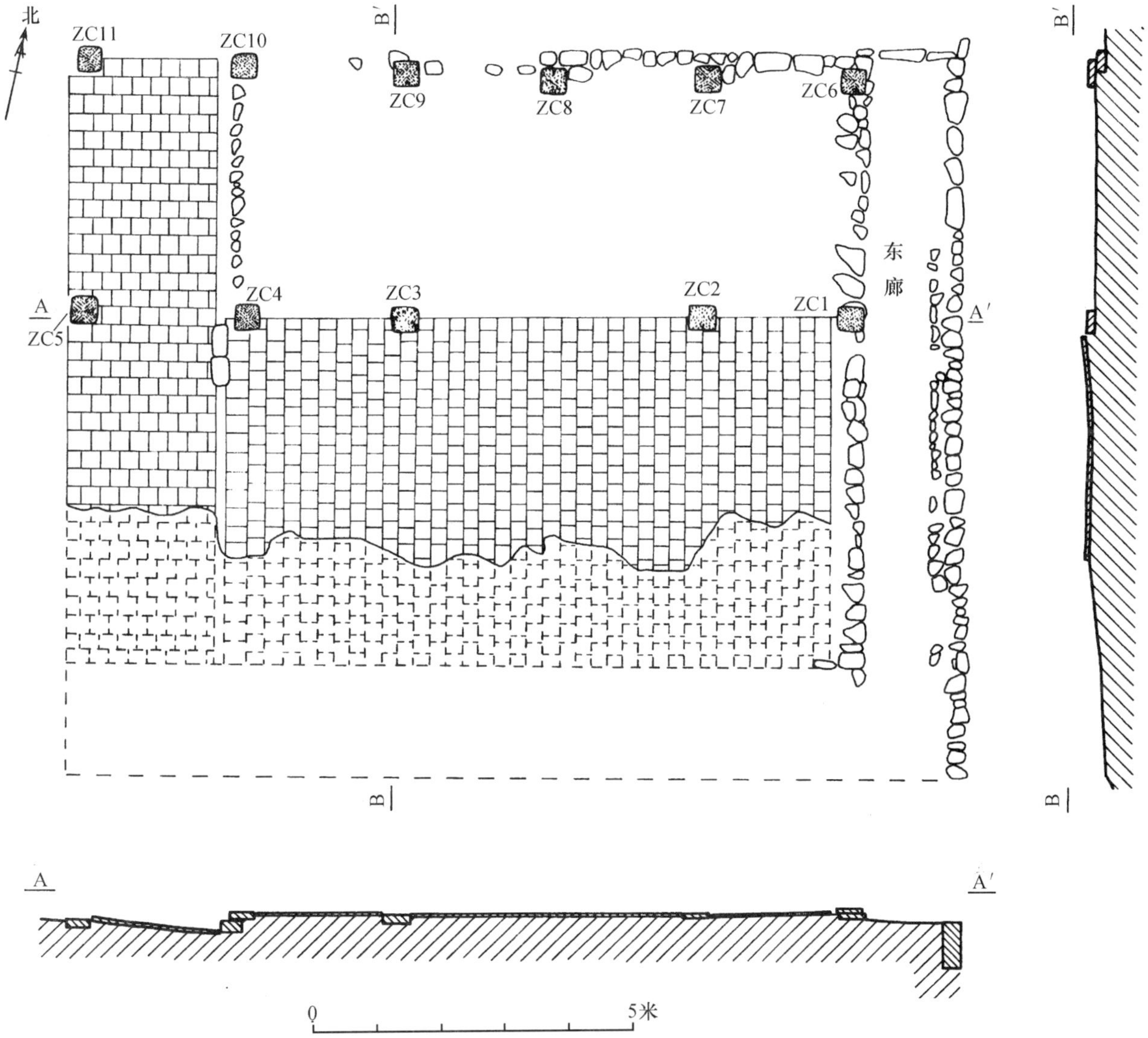

图一六七　巴东旧县坪遗址（西）F3平、剖面图

（12）（西）F6Ⅱ

（西）F6Ⅱ　分布在（西Ⅰ）T2216、（西Ⅰ）T2316、（西Ⅰ）T2117、（西Ⅰ）T2217、（西Ⅰ）T2317等探方内，开口于5层下，叠压打破6层。东隔（西）L9Ⅳ与（西）F8Ⅳ相邻，南邻（西）F51。平面呈长方形，门向南，方向为173°。房屋东西面阔8.5、南北进深3.5米，面积29.7平方米。以石块为墙基，墙基石块高0.05～0.08米。分间明显，室内发现二道隔墙，应分为三间，中央明间稍大，左右稍间略小。中央明间的宽度3.2、左右稍间2.6米。房前设廊，前廊长8.5、宽0.8米，石块砌边。廊前中心处设斜坡门道，东西宽1.2、南北长1.3米。室内的地面为红沙土地面，厚0.1米。发现的础石大小不一，表现了建筑房屋用料的草率（图一六九）。

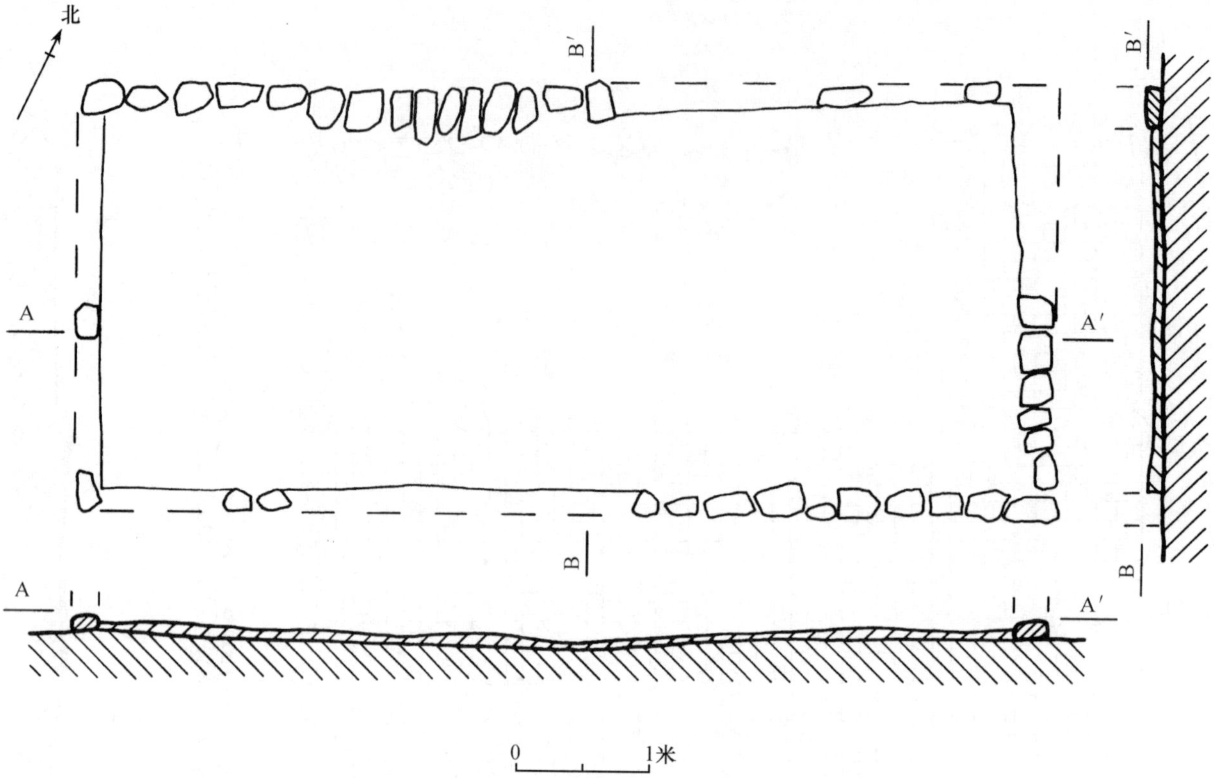

图一六八　巴东旧县坪遗址（西）F14Ⅱ平、剖面图

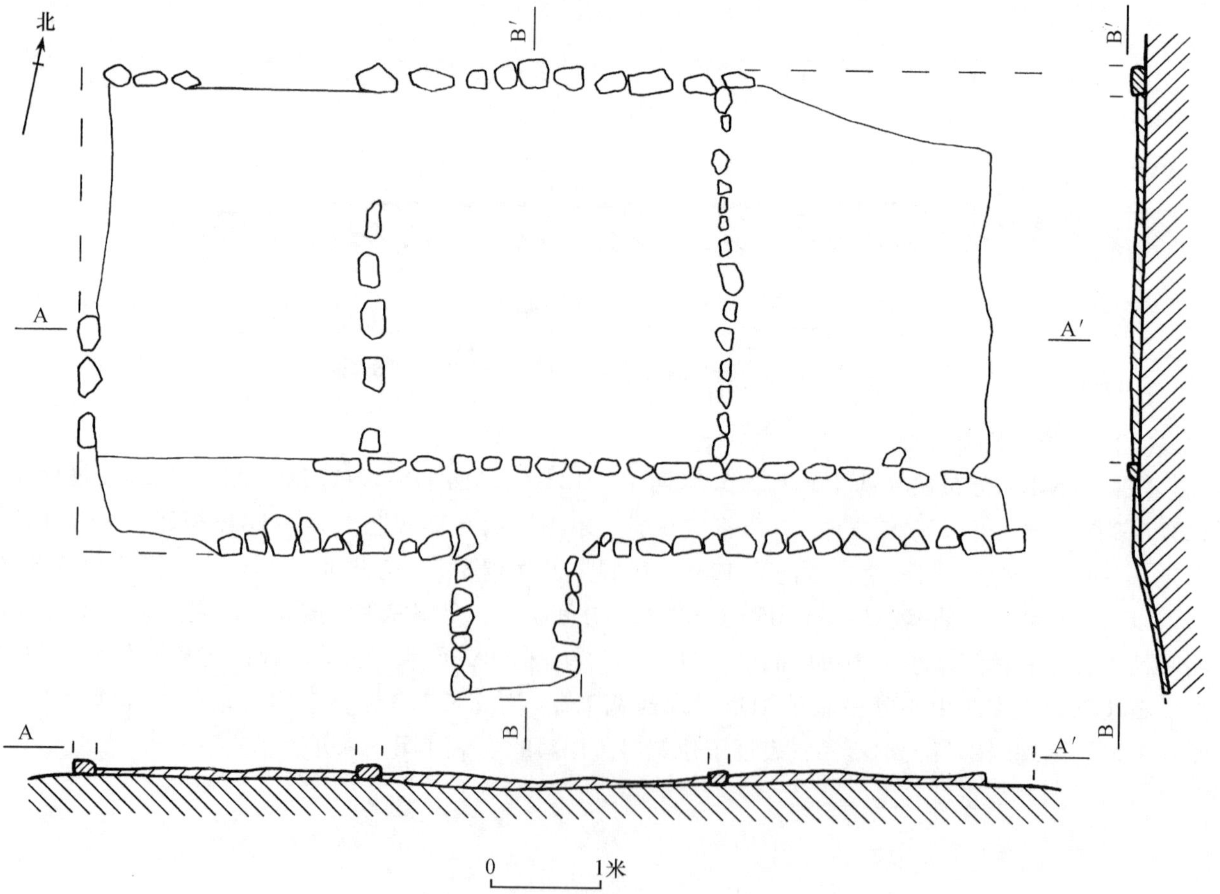

图一六九　巴东旧县坪遗址（西）F6Ⅱ平、剖面图

（13）（西）F15

（西）F15 分布在（西Ⅰ）T2013、（西Ⅰ）T2014等探方内，开口于5层下，叠压打破6层。东与（西）F53相邻，南临（西）L23Ⅱ，西面（西）L6Ⅳ，北邻（西）F48。平面呈“回”字形，门向东，方向为80°。外“口”边长3.5、内“口”边长1.5米，面积12.3平方米。房屋用石块垒砌，残存墙基石块高出室内地面0.1～0.25米。室内地面为红沙土地面，厚0.08～0.15米。发掘时，地面上另外还有一层江沙状堆积层，应是长江洪水所淤积的（图一七〇）。

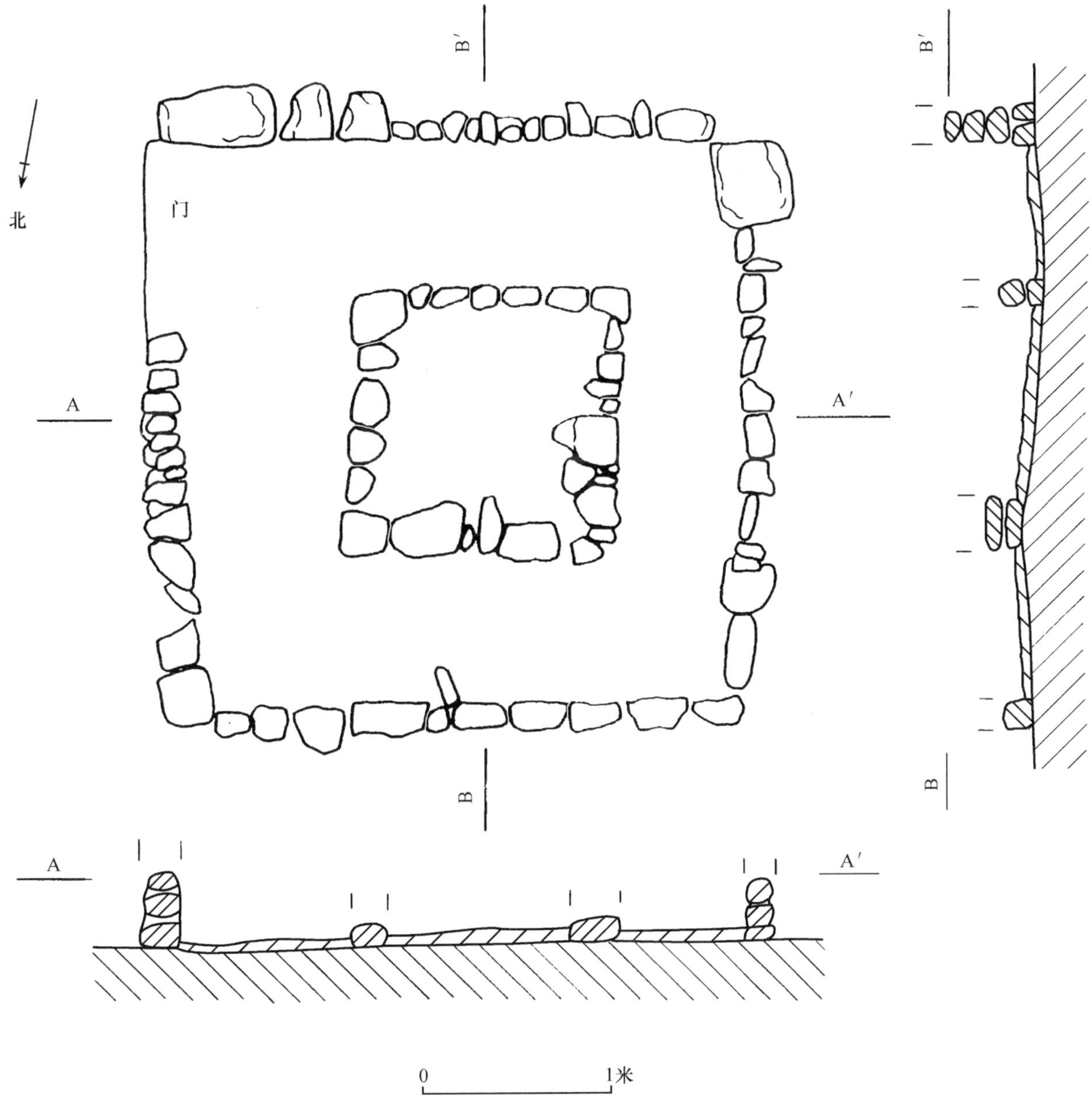

图一七〇 巴东旧县坪遗址（西）F15平、剖面图

（14）（西）F17

（西）F17 分布在（西Ⅰ）T2313、（西Ⅰ）T2314、（西Ⅰ）T2413、（西Ⅰ）T2414等探方内，开口于5层下，叠压打破6层。东隔（西）L9Ⅳ与（西）F50相邻，南临（西）L2Ⅳ，西邻（西）F53，北接（西）F51。平面呈长方形，以南墙为基准，门向南，方向177°。房屋东西面阔8、南北

进深4.8米，面积38.4平方米。以石块为墙基，残存石块基础高出地面0.03～0.06米。分间、门道情况不明。室内居住面为红沙土地面，厚0.05～0.08米，是建房后填垫的（图一七一）。

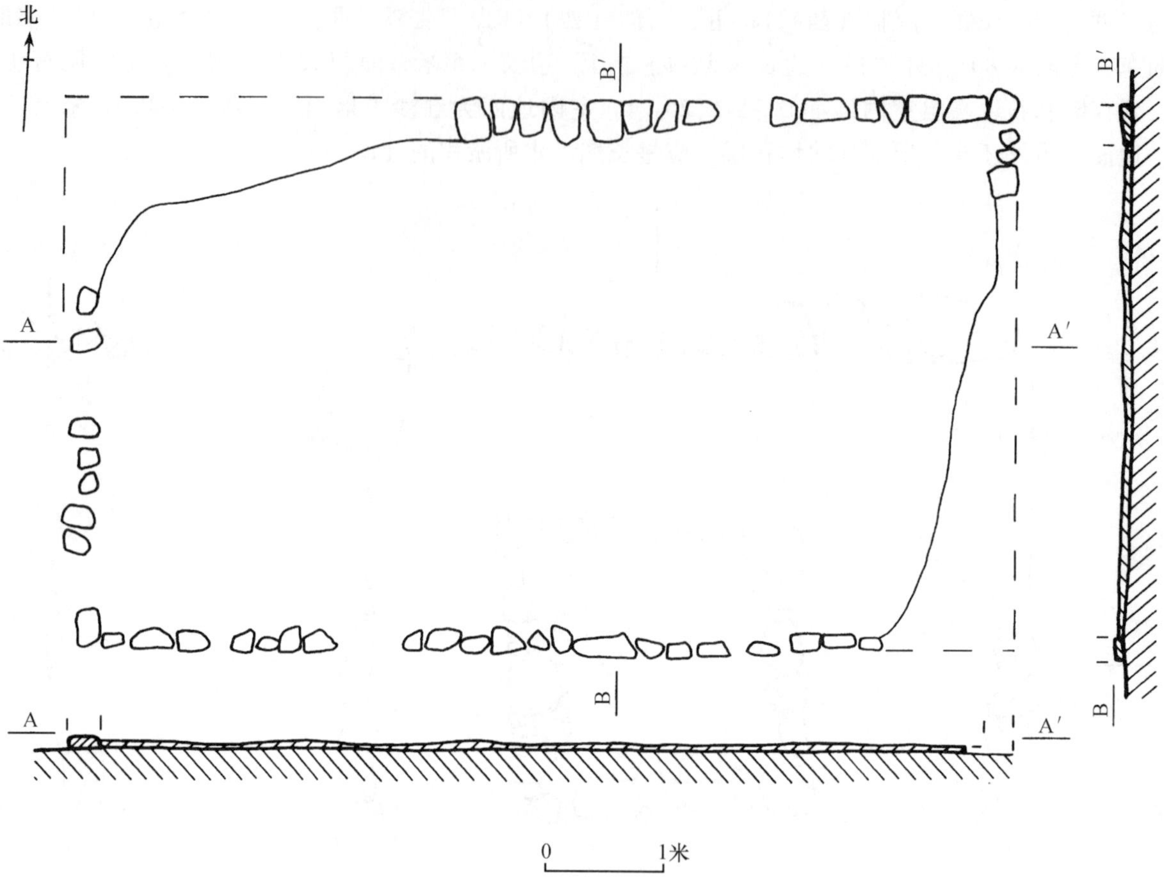

图一七一　巴东旧县坪遗址（西）F17平、剖面图

（15）（西）F48

（西）F48　分布在（西Ⅰ）T1914、（西Ⅰ）T1915、（西Ⅰ）T2014、（西Ⅰ）T2015、（西Ⅰ）T2115、（西Ⅰ）T2116等探方中，开口于5层下，叠压打破6层。东与（西）F51相邻，南靠（西）F53，西临（西）L6Ⅳ，北面（西）L8Ⅲ。保存较差，从残存遗迹情况分析，平面呈长方形，以南墙为基准，方向186°。东西面阔5.9、南北进深残存3米，残存面积17.7平方米。以石块为墙基，残存石块基础高0.04～0.08米。分间不明。室内居住面为红沙土地面，残厚0.06～0.12米（图一七二）。

（16）（西）F51

（西）F51　分布在（西Ⅰ）T2215、（西Ⅰ）T2315、（西Ⅰ）T2316、（西Ⅰ）T2415、（西Ⅰ）T2416等探方内，开口于5层下，叠压打破6层。东隔（西）L9Ⅳ与（西）F8Ⅳ相望，南靠（西）F17，西邻（西）F53，北接（西）F6Ⅱ。保存较差，从残存的房屋遗迹看，平面呈长方形，以南墙为基准，门向南，方向为175°。房屋东西面阔9、南北进深3.5米，面积31.5平方米。以石块为墙基，残存墙基高0.07～0.1米。因遭破坏，分间、门道等情况不明。室内地面为红沙土地面，系建房后平整的，厚0.1～0.15米（图一七三）。

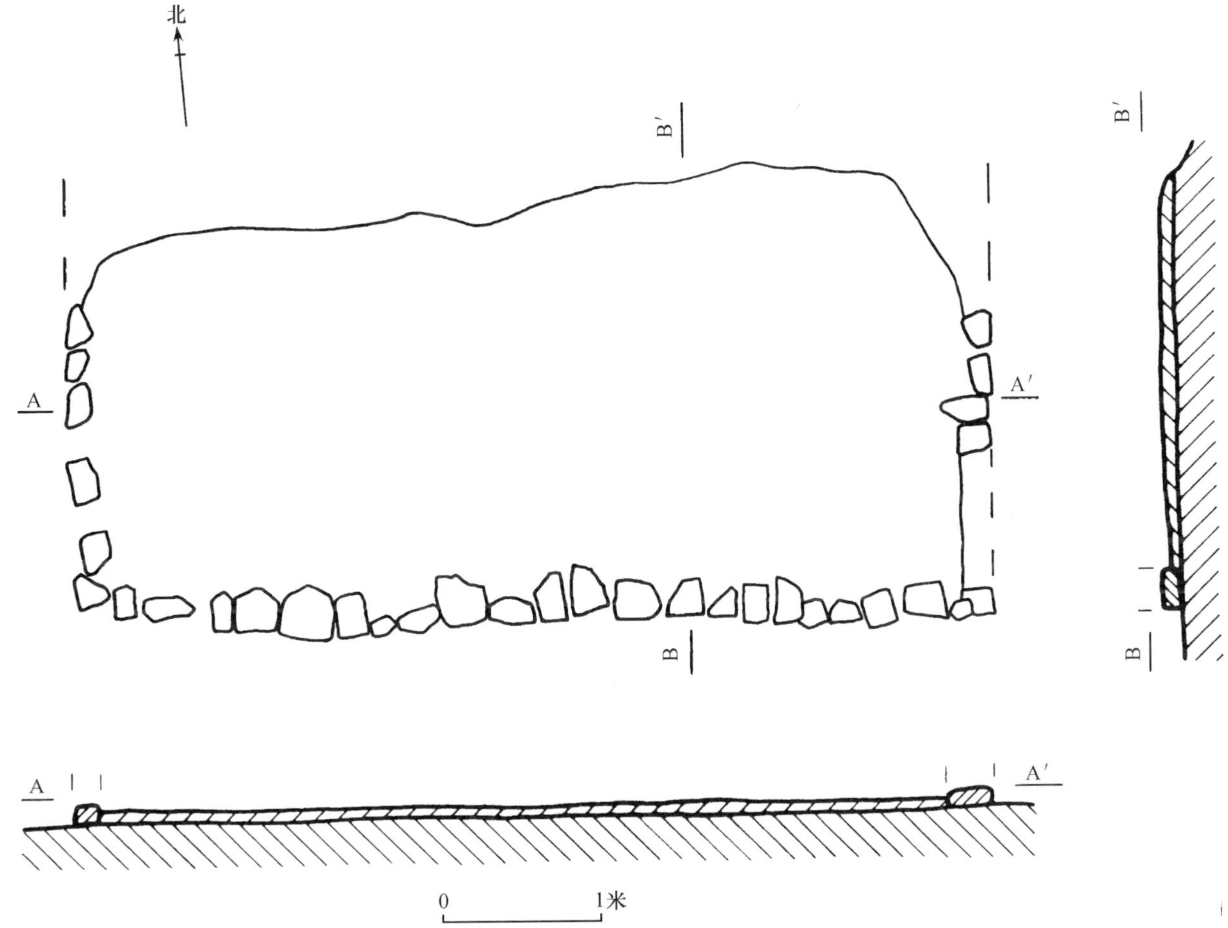

图一七二 巴东旧县坪遗址（西）F48平、剖面图

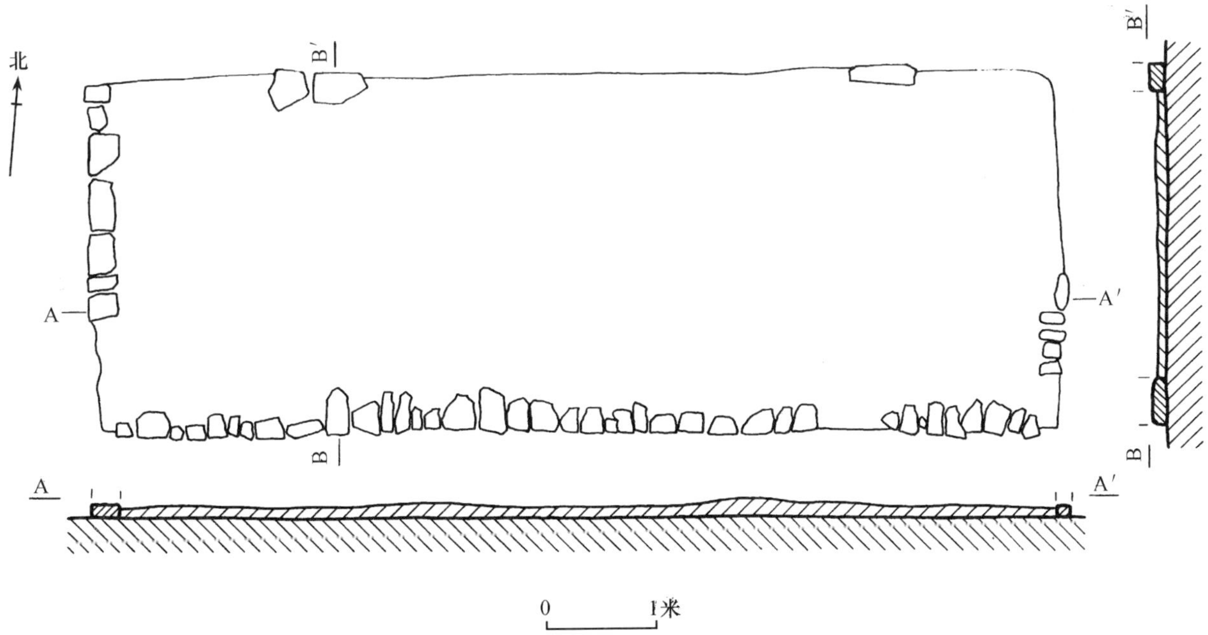

图一七三 巴东旧县坪遗址（西）F51平、剖面图

（17）（西）F53

（西）F53　分布在（西Ⅰ）T2114、（西Ⅰ）T2214等探方内，开口于5层下，叠压打破6层。东靠（西）F17，南临（西）L23Ⅱ，西邻（西）F15，北与（西）F48、（西）F51相邻。平面呈长方形，以南墙为基准，门向南，方向167°。房屋东西面阔9.7、南北进深4.2米，面积40.7平方米。以石块为墙基，其石块墙基础大部分保存下来，墙基高0.03～0.1米。分间、门道因破坏严重，情况不明。室内地面为红沙土地面，经夯筑，平整较硬，厚0.08～0.12米（图一七四）。

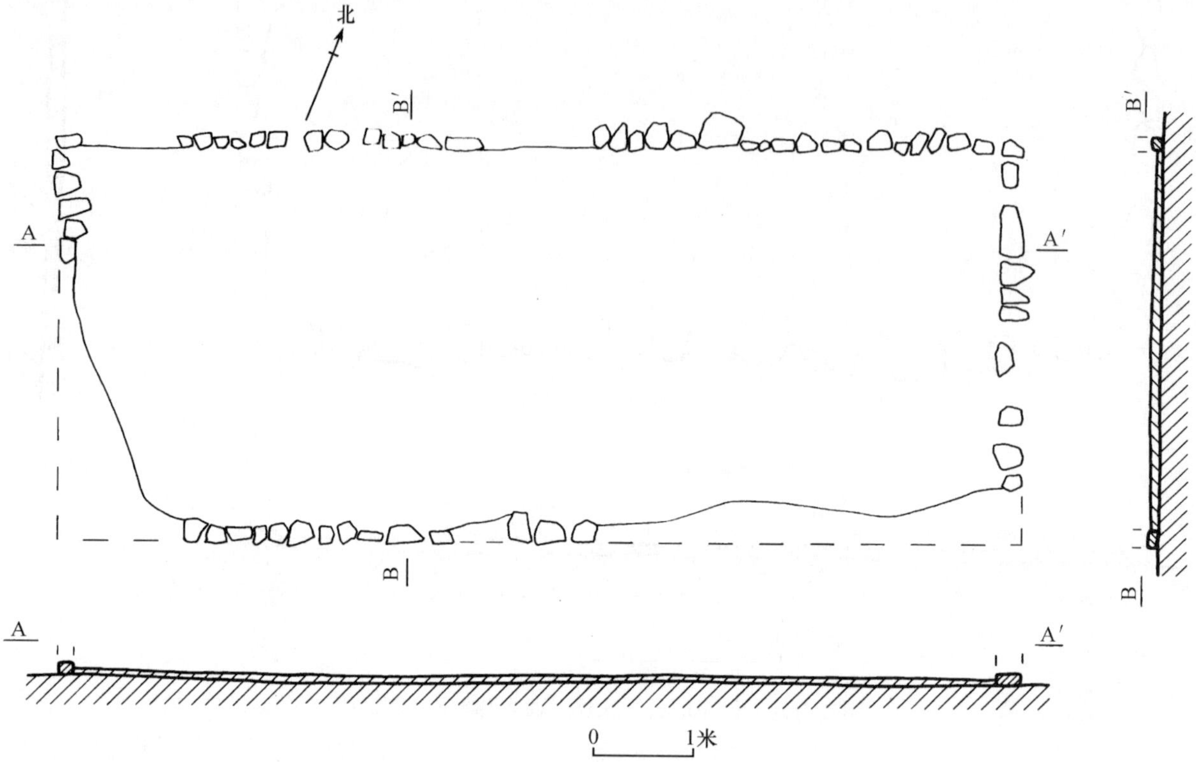

图一七四　巴东旧县坪遗址（西）F53平、剖面图

（18）（西）F84

（西）F84　分布在（西Ⅰ）T2112、（西Ⅰ）T2212等探方内，开口于5层下，叠压打破6层。东隔（西）L2Ⅳ与（西）F24Ⅱ相望，南临（西）L3Ⅱ，西靠（西）L6Ⅳ，北临（西）L2Ⅳ大街。保存较差，平面呈长方形，以南墙为基准，门向南，方向184°。房屋东西向面阔6、南北进深3米，面积18平方米。以石块为墙基，基石比较规整，石块基础高约0.05～0.08米。分间、门道因破坏，情况不明。居住面为红沙土面，残存厚0.05～0.1米，系建房后填垫平整的，保存差（图一二〇，西36）。

（五）官署区建筑的构筑特点

官府院落一带的四期建筑遗迹，特别是（西）F8的建造相互间所承袭使用的，在营造技术与方法上主要有以下几个特点：

1. 构筑台基

（西）F8前三期的建筑方式是先期构筑台基，由于这里的地形特点，北高南低，如果不加以垒筑台地，就没有像样的地形建筑如县衙这样的官署建筑的地方。从早期的房屋遗迹的特点来看，就是先挖去后山边的红沙土，向前填筑，使前面的地形抬高，并形成较大的院落，而院落前缘用石块垒砌护台墙体，墙体垒砌规整，形成高高的石坎墙。这些石坎墙，多次使用并加筑。第一期时加高与填垫是挖山脚下的沙土，第二期至第四期则是将早一期的毁弃的建筑垃圾处理为填充物，只是第四期的院落特点不明显，规模、用料等比前三期差，可能受到了南宋后期社会发展不稳定因素的影响所致。

2. 立柱建房

（西）F8 内的立柱建房，每一期都形成了自己的特点，如第一期的建筑过程中，所使用的砖瓦较多，石块柱础石也很有特点，打凿规整，特点清晰，有的建筑还用了打凿较规整的石材作为柱脚间的地脚枋；又如（西）F8Ⅰ-1 大堂前的地基特点，就是用砖块来包边，使台地规整，所立的石块柱石，都是用较大柱基坑，经过填埋平整后，其上立础石，然后立柱建房。这是主体建筑。而在院内，经过平整地面，其布局特点明确，对于相互互通的廊道等建筑遗迹，则采用挖柱洞的方式立柱，我们的发现中，就有不少的柱洞遗迹。所留下来的建筑遗物有不少的筒瓦与板瓦片，也还有瓦当等遗物。

第二期的房屋建筑过程，利用了第一期的建筑毁弃物作为填埋物而另行加筑加垫，如（西）F8Ⅱ-1 的前墙，是用了较大的石块来修筑地基的，修筑好地基后，其上的立柱特点与第一期有了很大的不同，这时是采用一般的石块来作为础石的，这在（西）F8 Ⅱ-1 建筑的前排比较完整地保留下来了。

第三期建筑遗迹，是在第二期的建筑遗迹之上将那毁弃的建筑物又一次作为了填充层的内容。这时的建筑方式，仍然是立柱式的建筑。另外，还在中心庭院内修建了消防水池一类的遗迹。

第四期的建筑特点，这时失去了早前的大院落的特点，而是将地形抬高，填垫了早前遗迹的前台地，这时院落的特点不是很明显，但建筑方式仍然是采用平地立柱的方式，而不少建筑遗迹的墙体，其木骨泥墙的特征还可见一斑（采用木骨泥墙的方式，一直是这里建筑墙体的特点，而且在所抹的墙体上，发现有泥土层与白灰面层的特点。不少被火烧过的红烧土就有木骨与竹节的痕迹），从我们所发现的房屋居住面的特点来看，都是在房屋立柱完成后，再对室内地面进行填筑与平整地面的。

3. 埋沟铺路

（西）F8 的四期建筑遗迹中，多有引水沟与排水沟，其地形是北高南低，而引水与排水都是自北向南。从发现的沟渠来看，引水有两处，一是北侧山坡的西侧，修有沟渠，沟体较规整（有用砖块砌成的残沟体），分析认为是当时的引水沟；另外，就是从溪涧中引水到（西）F8 一带。而所发现的沟体，有明沟与暗沟之分，沟体多用石块砌成，大多保存较好；如明沟的石块较大，易于稳固，而暗沟多是用大块的片石，进行镶嵌式砌法使沟体稳固，再行填埋包裹于地面之下。

建筑群中，每期都有天井式院落，但道路不明显，而从建筑遗迹的布局上看，似乎多是通过廊道来连接不同房间的。而进出不同的房间时，有廊间的梯步道路。第一期的（西）F8Ⅰ-1 和（西）F8Ⅱ-1 大型遗迹前，就有多处这样的梯步。

4. 围墙造门

（西）F8 一带的石砌围墙，从我们的发现来看，南围墙主要是抬高地形使建筑物高大，因此，南围墙多保存完好；而西侧的墙体，从我们发现的内容来分析，各期多是利用了西侧的房屋墙来作为西围墙；东侧因与生活服务区的用房相接，更东则是溪沟，由于邻近溪水洪流，易遭破坏，因此，已没有明显的墙体存在。

（西）F8 建筑群的大门各期均在南面正中，其中，第一期时还布置了泥塑图案，二、三期也是砖或石铺成的坡道，可见当时对官署区大门是相当重视的，表现出了官府建筑的壮观与威严。

三、庙宇区建筑遗迹

宋代庙宇区处在商业区的西部，北侧为仓储区，东侧有商业区，西侧为西居民 A 区。

宋代庙宇区内，仅有一座大型建筑，编号为（西）F1。该建筑遗迹从发掘情况了解到，（西）F1 先后历经三次改建，根据本报告的编写体例，依其层位叠压关系将（西）F1 分为三期，分别编为（西）F1Ⅰ、（西）F1Ⅱ、（西）F1Ⅲ。其中（西）F1Ⅰ属于隋唐时期的建筑遗迹，（西）F1Ⅱ属于宋代第二期，（西）F1Ⅲ属于宋代第三期。（西）F1Ⅰ已在第六章中予以介绍，在此再将宋代的两期建筑遗迹予以叙述。

（一）（西）F1Ⅱ

（西）F1Ⅱ　是在隋唐时期的（西）F1Ⅰ砖体建筑之上，填垫了大量的瓦砾堆积后又重新建筑的。位于（西Ⅰ）T0101、（西Ⅰ）T0201、（西Ⅰ）T0301、（西Ⅰ）T0401、（西Ⅰ）T0501、（西Ⅰ）T0601、（西Ⅰ）T0102、（西Ⅰ）T0202、（西Ⅰ）T0302、（西Ⅰ）T0402、（西Ⅰ）T0502、（西Ⅰ）T0602、（西Ⅰ）T0103、（西Ⅰ）T0203、（西Ⅰ）T0303、（西Ⅰ）T0403、（西Ⅰ）T0503、（西Ⅰ）T0603、（西Ⅰ）T0204、（西Ⅰ）T0304、（西Ⅰ）T0404；（西Ⅳ）T0201、（西Ⅳ）T0301、（西Ⅳ）T0401、（西Ⅳ）T0501、（西Ⅳ）T0601 探方中。开口于 3 层下，叠压打破 4 层。保存较差，平面呈长方形，门向南，方向 184°，残存遗迹东西长 19.5、南北进深 14.5 米，面积 275.5 平方米。现残留的主要遗迹有墙体、院落、供台、影壁、房址、排水沟（图一七五；图版八〇，1）。

1. 墙体

（西）F1Ⅱ的墙体目前只剩下东西走向北墙残存部分及西墙的一小段。北墙位于（西）F1Ⅱ的最北边，北靠仓储区。北墙残长 13.9、宽 0.25～0.35 米，用石块垒砌，残高 0.05 米。西墙残长 2.2、宽 0.25、残高 0.08 米（图版八〇，1）。

东、南二面没发现墙体。

2. 院落

院落位于（西）F1Ⅱ的北半部分，东西残长 19.5、南北进深 6.5 米。其东部有影壁，西部有排水沟，中部偏北设供台。

3. 供台

供台位于后院的中北部，保存不好，东西长 3、南北残存 1.25、高出地面 0.25 米，是在下层的砖台之上重新加垒的新台面，新的台面用砖侧立铺设成“人”字纹状，砖台四周用砖侧立顺砌两排包边。砖长 0.26、宽 0.085、厚 0.045 米（图版八〇，2）。

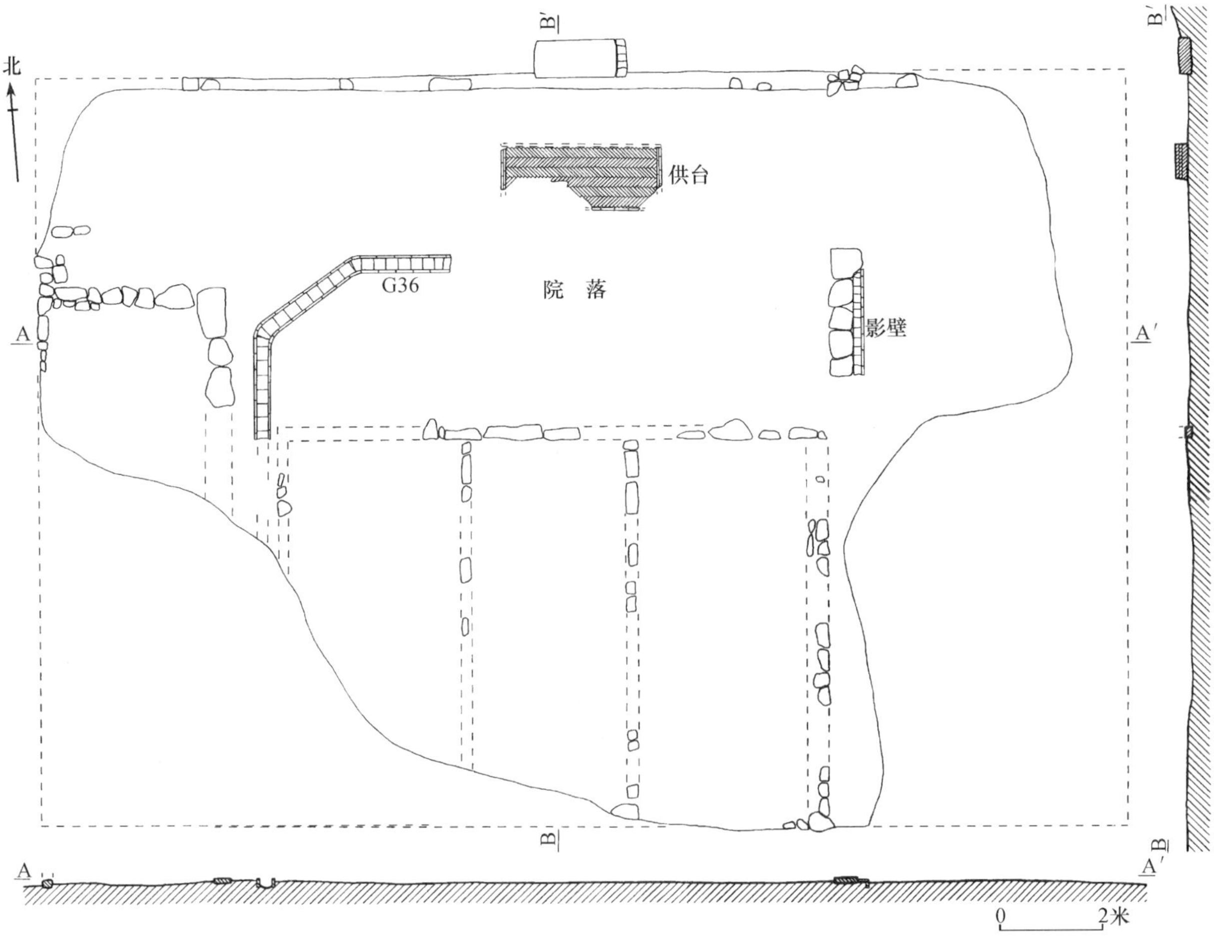

图一七五 巴东旧县坪遗址（西）F1Ⅱ平、剖面图

4. 影壁

影壁位于院落东南部。影壁基础残长2.5、宽0.65米。用砖、石混砌，西半部为石块基础；东半部为砖基础，并用侧砖镶嵌于地下包边（图版八〇，3）。

5. 排水沟

排水沟位于院落的西南部，编号为（西）G36（详见第一节沟渠部分）。

6. 房址

房屋建筑位于（西）F1Ⅱ的前部，东、西两边的已毁，仅存中间部分的三间，东西面阔10.6、南北进深7.5米，其中东、西两间宽3.5米，中间的一间宽3.2米。以石块为基础。

（二）（西）F1Ⅲ

（西）F1Ⅲ 为庙宇区内最晚的建筑遗迹，是在（西）F1Ⅱ之上重新构筑的，但其布局已发生变化。位于（西Ⅰ）T0101、（西Ⅰ）T0201、（西Ⅰ）T0301、（西Ⅰ）T0401、（西Ⅰ）T0501、（西Ⅰ）T0601、（西Ⅰ）T0102、（西Ⅰ）T0202、（西Ⅰ）T0302、（西Ⅰ）T0402、（西Ⅰ）T0502、（西Ⅰ）T0602、（西Ⅰ）T0103、（西Ⅰ）T0203、（西Ⅰ）T0303、（西Ⅰ）T0403、（西Ⅰ）T0503、（西Ⅰ）T0603；（西Ⅳ）T0201、（西Ⅳ）T0301、（西Ⅳ）T0401、（西Ⅳ）T0501、（西Ⅳ）T0601 探方

中。开口于2层下，打破3层及（西）F1Ⅱ。保存较差，平面呈长方形，门向南，方向182°。房屋整体东西长26.5、南北进深13米，面积达244.5平方米。以石块为基础，用料粗糙（图一七六）。

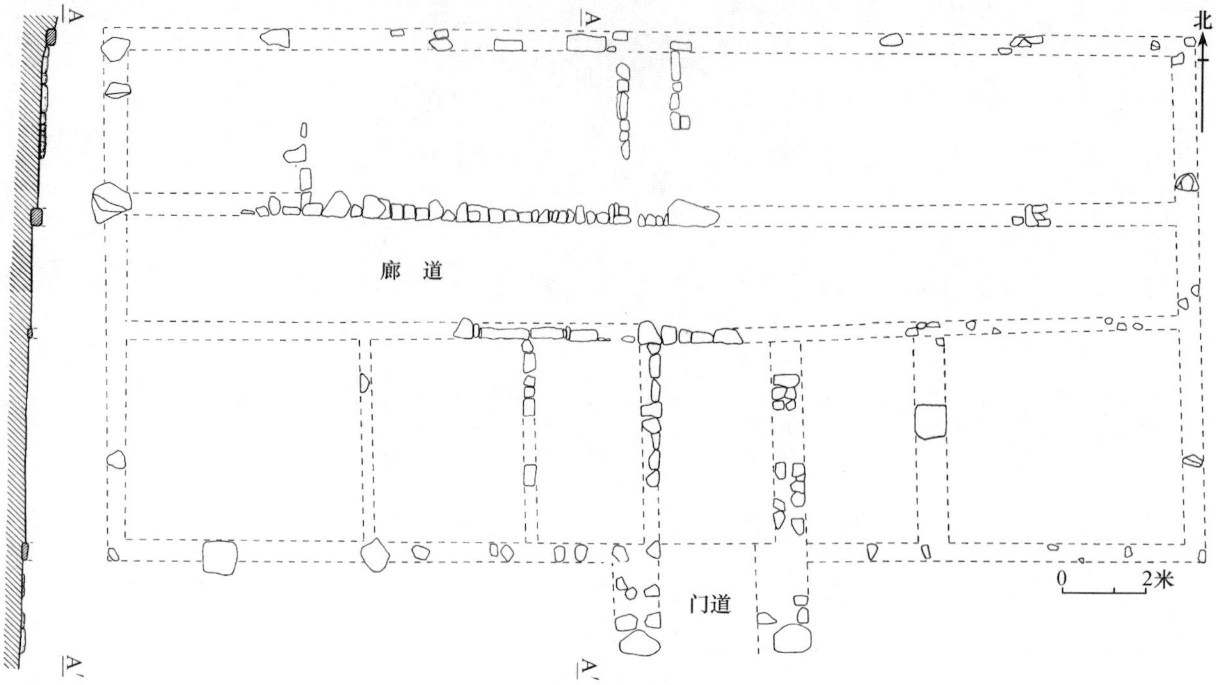

图一七六　巴东旧县坪遗址（西）F1Ⅲ平、剖面图

（西）F1Ⅲ分为前后两进，中有东西向长廊分隔，廊宽2.5米，廊的前后均为房屋建筑。廊前共有宽窄不一的房间六间，自西往东，分别宽5.7、3.6、2.5、2.6、2.6、5.6米，进深5.5米。南墙中部偏东有前凸的门道，向前凸出2、宽2.2米。

廊后房屋，其中部有通向室后的廊道，宽1.2米，在室内长3米。因破坏严重，其分间情况不明，仅西端的一间隔墙残存部分，东西宽4.5、进深为4.2米。

（三）庙宇区的建筑特点

首先，从地理位置来看，它是当时人们根据遗址的性质精心选择的一处地点。这里的地势稍高于其他地带，是南向江岸边前突的一块台地。地形犹如龟背，地理位置在整个遗址范围内比较突显。台地的前端，临江有巨大的乱石群堆，最大的巨石有上百吨，犹如龟首昂扬，向江中奔去。如若沿长江途经遗址，这处建筑遗址正好处在最突出的视线内，是宋代巴东县的标志性建筑之一。

其次，（西）F1建筑的特点仍然为平地建筑，是在早期（西）F1Ⅰ建筑遗迹的基础上，重新修筑的，隋唐时期的遗迹特点保存不多，但仍然有庭院、廊道，房屋多间，房址中有供台等；房屋主要用石块作为建筑基础，不见早期的以砖为主的特点。砖砌的供台表明了房屋遗迹的主要用途。

四、商业区建筑遗迹

巴东旧县坪遗址宋代的商业区主要在西发掘区的官署区与庙宇区之间，四期共清理出房屋遗迹27座。

（一）商业区第一期建筑遗迹

商业区第一期的房屋建筑遗迹，共发现6座，编号为（西）F12Ⅰ、（西）F26Ⅰ、（西）F69、

（西）F71、（西）F78Ⅰ、（西）F80。从所发现的遗迹看，第一期房屋建筑的特点是以砖为主要的建筑材料，用材讲究，建造规整（参见图一一七）。

（1）（西）F12Ⅰ

（西）F12Ⅰ　分布在（西Ⅰ）T1611、（西Ⅰ）T1711、（西Ⅰ）T1811、（西Ⅰ）T1911、（西Ⅰ）T1612、（西Ⅰ）T1712、（西Ⅰ）T1812、（西Ⅰ）T1912等探方内，叠压于（西）F12Ⅱ之下，其下未发掘。东临（西）L6Ⅰ，南隔（西）L1Ⅰ与（西）F69相望，西、北为（西）L7Ⅰ。平面呈长方形，门向南，方向为177°。东西面阔12.5、南北进深6.8米（包括檐沟，实际房屋为5米的进深），面积87.5平方米。分平地建筑和吊脚楼式建筑两部分（图一七七）。

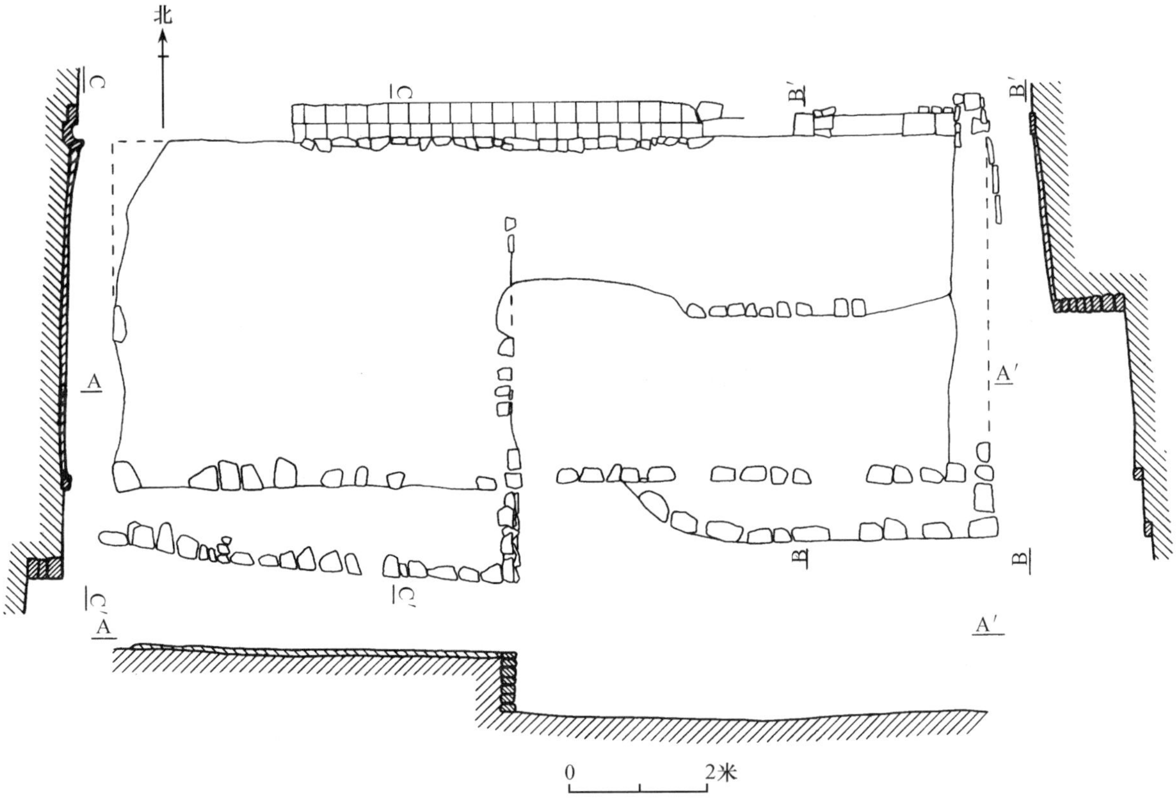

图一七七　巴东旧县坪遗址（西）F12Ⅰ平、剖面图

西北部是较平的台地，为平地建筑。系用砖、石块混合使用砌成房屋基础，高出地面约0.05～0.08米。其西间东西面阔5.7、南北进深5米，房前有廊，宽1.3米，系用石块垒砌成高台状，廊台下为（西）L1Ⅰ大街，高（至街面）2米；其东间位于吊脚楼部分的北边，东西面阔6.8、进深2.2米。室内居住面为黄褐色沙土地面，厚0.05～0.11米。

东南部为低洼地，应是吊脚楼式的建筑，其东西面阔6.8、进深2.5米，房前有廊，宽0.8米，低于室内0.15米。应分为上、下两层，下层面对（西）L1Ⅰ大街，上层应为楼板室面，与北间地面平行或略高。

北侧有房檐沟，系用砖砌成，沟体残长10.5、宽0.3、深0.1米。其沟底先铺设好砖块，然后另铺垫板瓦作沟底，其砖为方形，边长0.3、厚0.05米。

（2）（西）F26Ⅰ

（西）F26Ⅰ　位于（西Ⅰ）T1108、（西Ⅰ）T1208、（西Ⅰ）T1109、（西Ⅰ）T1209、（西Ⅰ）T1309、（西Ⅰ）T1310等探方内，叠压于（西）F2Ⅰ、（西）F43之下，其下未发掘。东与（西）F80为邻，北面

（西）L1Ⅰ大街。保存差，从残存遗迹情况分析，平面呈长方形，以北墙为基准，门朝北，方向340°。房屋东西面阔13.5、南北进深残存4米，残存面积54平方米。以石块为墙基，仅存北墙部分，其残存的石块遗迹高出地面0.28米。因破坏严重，其分间、门道及室内地面情况不明（图一七八）。

（3）（西）F69

（西）F69　分布在（西Ⅰ）T1610、（西Ⅰ）T1710、（西Ⅰ）T1810等探方内，叠压于（西）F68之下，其下未发掘。东临（西）L1Ⅰ大街，北隔（西）L1Ⅰ与（西）F12Ⅰ相望，西与（西）F80为邻。保存差，从残存遗迹情况分析，平面呈长方形，以北墙为基准，门朝北，方向356°。房屋东西面阔7、南北进深残存4.3米，残存面积30.7平方米。该建筑用石块垒砌墙基，仅有北侧临街道一侧的房屋基础保存下来，残存石基础高出地面0.05～0.1米。由于晚期的破坏，其分间及门道情况不明。居住面为黄褐色沙土地面，残厚0.03～0.06米（图一七九）。

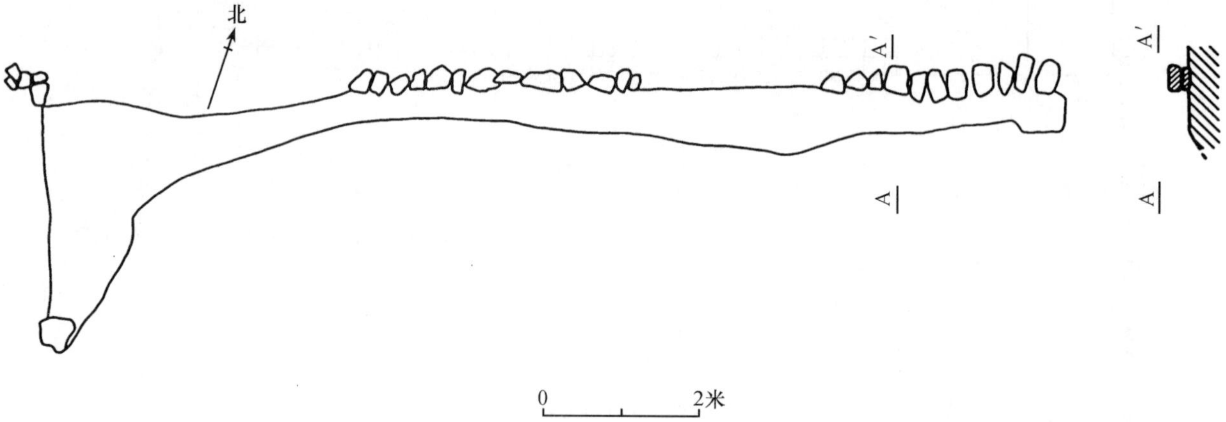

图一七八　巴东旧县坪遗址（西）F26Ⅰ平、剖面图

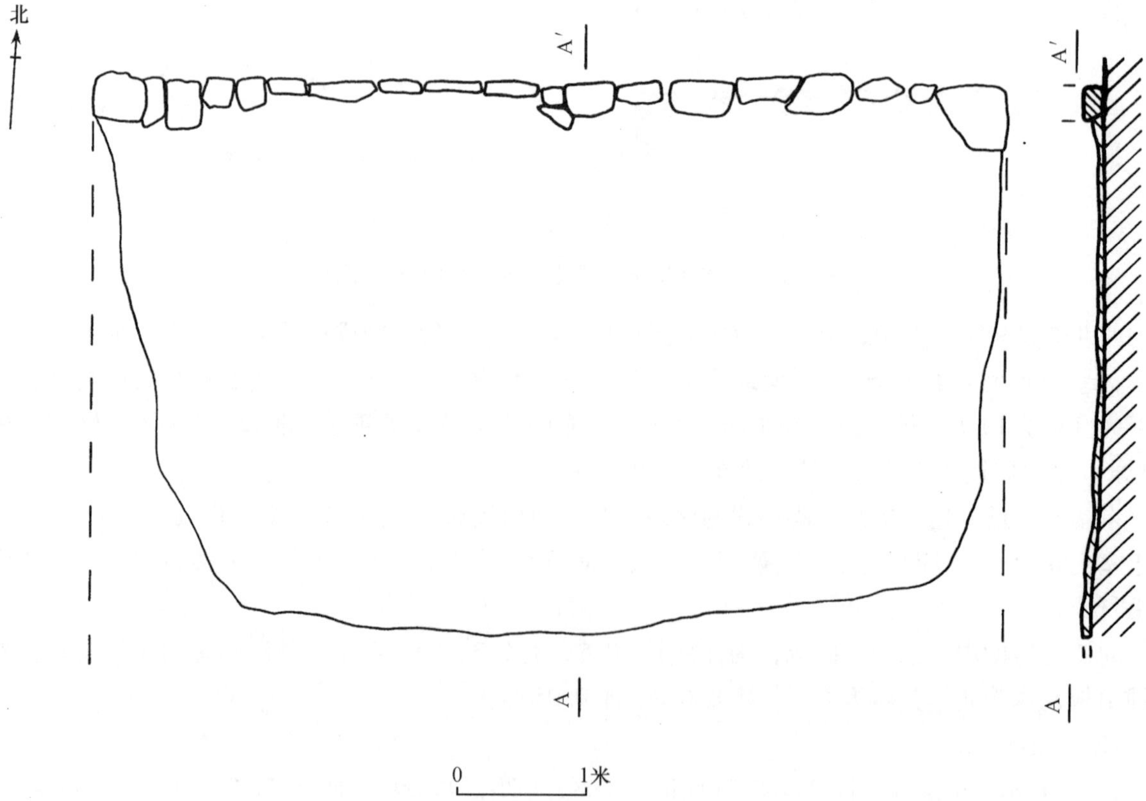

图一七九　巴东旧县坪遗址（西）F69平、剖面图

（4）（西）F80

（西）F80 位于（西Ⅰ）T1409、（西Ⅰ）T1410、（西Ⅰ）T1510、（西Ⅰ）T1610、（西Ⅰ）T1511等探方内，叠压于（西）F43之下，其下未发掘。东与（西）F69为邻，西靠（西）F26Ⅰ，北面（西）L1Ⅰ大街。保存差，从残存遗迹情况分析，平面呈长方形，以北墙为基准，门朝北，方向为340°。东西面阔为11、南北进深4.5米，面积49.5平方米。以石块为墙基，石块比较规整，高出地面约0.05~0.08米。由于破坏严重，其分间及门道情况不明。室内居住面为黄沙土地面（图一八〇）。

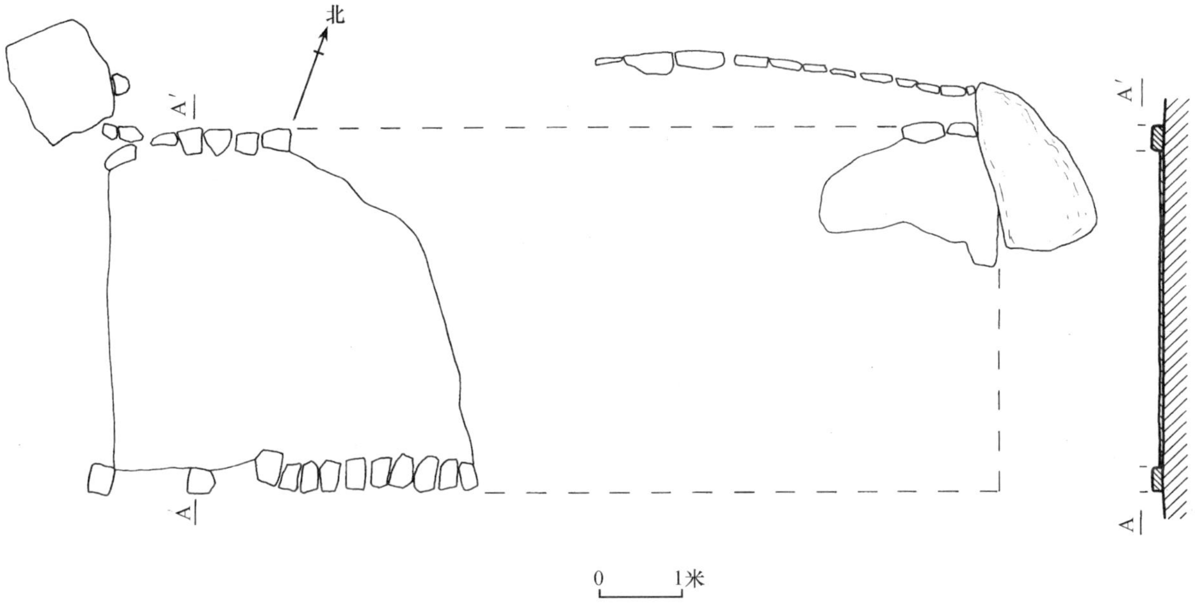

图一八〇 巴东旧县坪遗址（西）F80平、剖面图

（5）（西）F71

（西）F71 分布在（西Ⅰ）T1607、（西Ⅰ）T1508、（西Ⅰ）T1608、（西Ⅰ）T1509、（西Ⅰ）T1609等探方内，叠压于（西）F78Ⅱ之下，其下未发掘。东北隔（西）L21Ⅰ与（西）F78Ⅰ为邻。保存差，从残存遗迹情况分析，平面呈长方形，以东北墙为基准，门向东北，方向为45°。房墙基残长（在平地一端的基础）3.25、进深4米，残存面积13平方米。石块基础，残存的西北室的墙基础高出室内地面0.05米，屋内西北室为黄沙土地面，厚0.06~0.12米。房屋东南侧低于西北室0.7米，可能是吊脚楼式的建筑（因地面呈斜坡状），吊脚部分的基础仅有1.2米的宽度，房屋的上部可能占用了巷道（西）L21Ⅰ的部分空间，居住面可能是采用了木地板，与西室平行或稍高（图一八一）。

（6）（西）F78Ⅰ

（西）F78Ⅰ 分布在（西Ⅰ）T1708、（西Ⅰ）T1609、（西Ⅰ）T1709等探方内，叠压于（西）F78Ⅱ之下，其下未发掘。西南隔（西）L21Ⅰ与（西）F71为邻。保存差，从残存遗迹情况分析，平面呈长方形，门向东南，方向126°。房屋面阔残存6、东西进深5米，面积30平方米。以石块为基础，残存石块高出室内地面0.06米。房屋东侧似有廊道，但保存不好，长度与房址平齐，宽0.6米，低于室内0.3米。其室内居住面西北端为黄沙土地面，厚0.06~0.12米，属于房屋建筑后填垫平整的。其分间、门道情况不明（图一八二）。

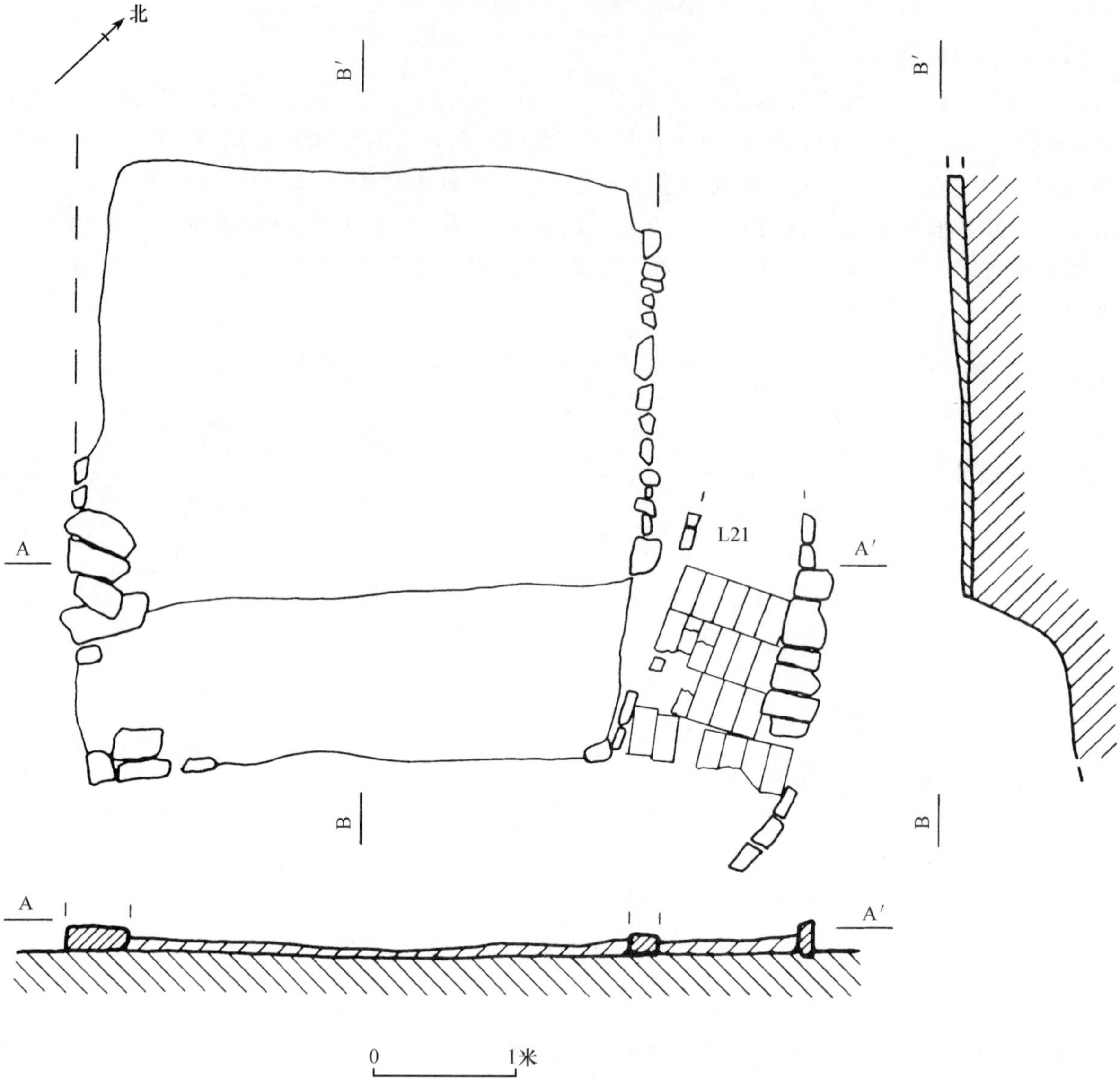

图一八一　巴东旧县坪遗址（西）F71 平、剖面图

（二）商业区第二期建筑遗迹

商业区第二期的房屋建筑遗迹，共发现了 12 座，编号为（西）F2Ⅰ、（西）F4、（西）F12Ⅱ、（西）F34、（西）F27、（西）F43、（西）F68、（西）F47、（西）F74、（西）F75、（西）F78Ⅱ、（西）F79。所发现遗迹的整体特点与第一期的一样，遗迹也依然以石块作建筑材料，建造规整，用料比较讲究，只是较第一期丰富，更为繁荣。

（1）（西）F2Ⅰ

（西）F2Ⅰ　分布在（西Ⅰ）T1006、（西Ⅰ）T1106、（西Ⅰ）T1206、（西Ⅰ）T1107、（西Ⅰ）T1207、（西Ⅰ）T1108、（西Ⅰ）T1208 等探方内，开口于 7 层下，其下未发掘。东南邻（西）F34，西临（西）L4Ⅰ，西北面（西）L1Ⅱ大街，低于（西）L1Ⅱ大街约有 0.3 米。保存较好，平面呈长方形，以北墙为基准，门朝东南，方向 127°。房屋面阔 13.8、进深 6.6 米，面积 91 平方米。属于临街的平地建筑，墙体以石块为基础，高出地面 0.05 ~ 0.12 米。房屋的东南角基础墙石及地面破坏较严重，已不存。在石块基础中发现多块柱础石，础石有大小二种。除东南角外，其他三角各有

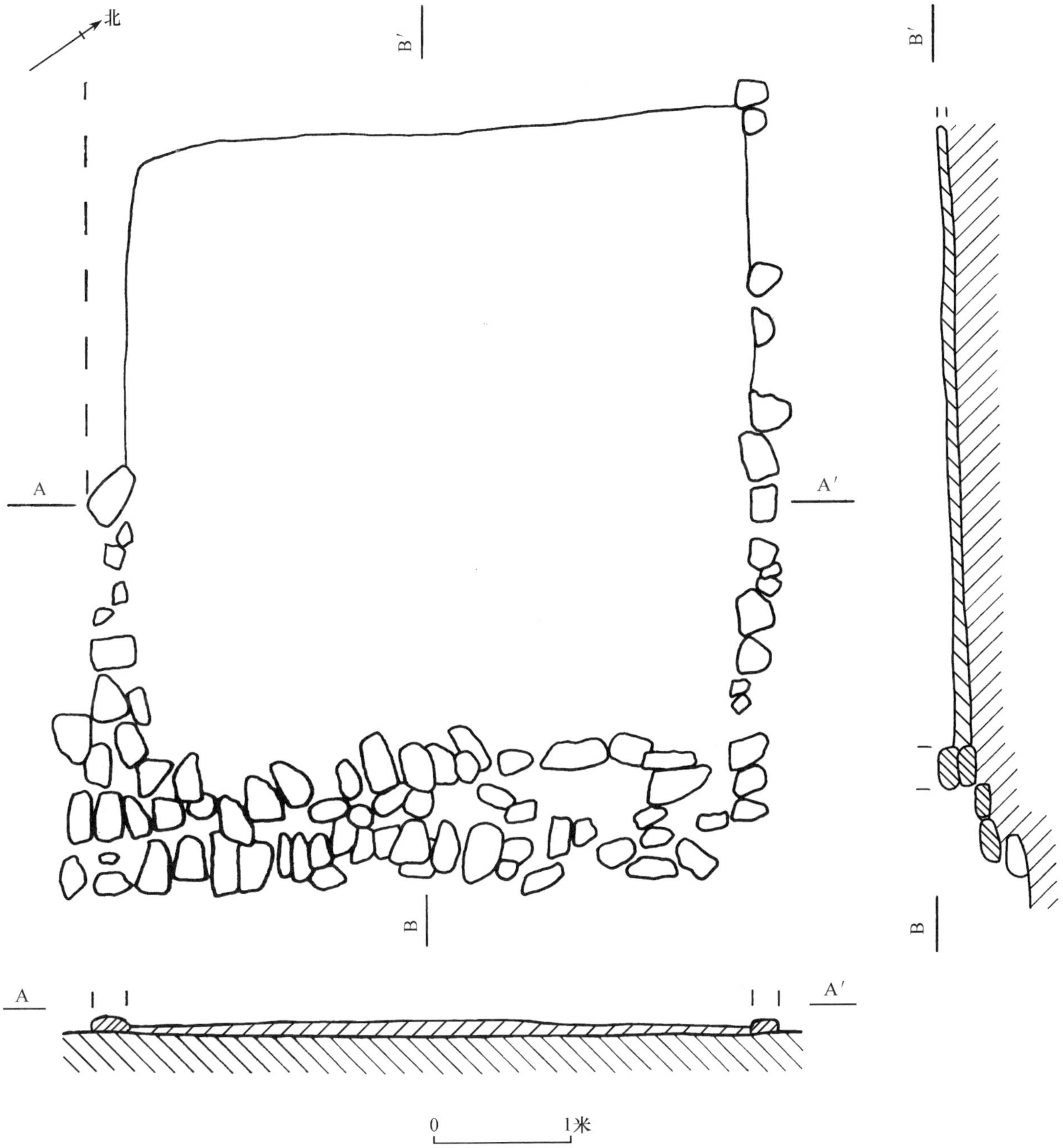

图一八二　巴东旧县坪遗址（西）F78Ⅰ平、剖面图

一块较大的础石，另在南侧墙基中发现6块，3大3小；在北侧墙基中发现6块，2大4小；在西侧墙基中发现3块，1大2小；在东侧墙基中发现3个础石，均为小块。间距为2.2米一个，依据础石情况分析，大础石是分间柈础石，小的是泥墙小柱础石，（西）F2Ⅰ应是立柱式的木骨泥墙建筑。依南侧所发现大柱础石来看，（西）F2Ⅰ应分为四间，其面阔自西向东分别为2.8、2.8、4.5、3.1米。室内的居住面为黄褐色沙土地面，厚0.08～0.12米。地面是建成后填垫的，经过夯筑与拍打，较平较硬。另在靠西的第二间房室内西南部发现长方形灶台1个，灶台用石块与砖块垒砌。灶台长1.75、宽1.5米，灶内为灰烬堆积。其灶台旁边还保存一较大的釉陶瓮，似是作为水缸用的（图一八三）。

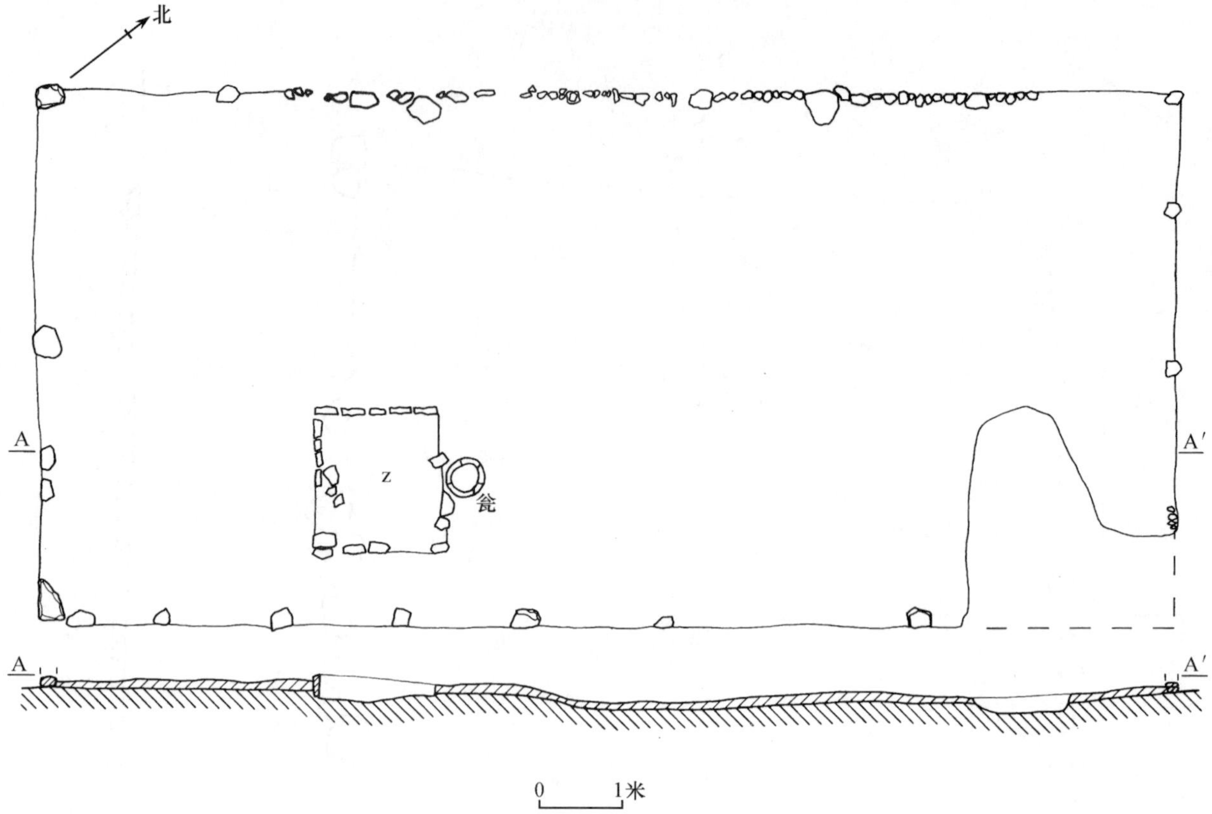

图一八三　巴东旧县坪遗址（西）F2Ⅰ平、剖面图

在（西）F2Ⅰ这一遗迹内，我们还发现了较多的钱币、陶瓷器皿、兽骨等；其中兽骨残骸是这一带中发现最多的，兽骨以猪骨为最丰富。这些遗骸的发现，使我们有理由推测，这里是以旅馆饮食业为主要的地带，是城区中人们往来的重要的商业贸易区，而（西）F2Ⅰ又是其中最重要的建筑物之一。

（2）（西）F4

（西）F4　位于（西Ⅳ）T0604、（西Ⅳ）T0704、（西Ⅳ）T0804、（西Ⅳ）T0605、（西Ⅳ）T0705、（西Ⅳ）T0805等探方内，开口于7层下，其下未发掘。北靠庙宇区，南面长江。保存一般，平面呈长方形，门向北，方向343°。房屋东西面阔7.8、南北进深4.2米，面积32.8平方米。房屋以石块为基础，高出地面0.1～0.12米。在北墙基中发现有较大的石块两块，应为柱础，直径0.5米。依此分析，（西）F4分为二间，东间东西宽4、进深4.2米；西间宽3.75、进深3.7米。东南角有门道，宽0.7米。其前墙基础向东西两侧前伸出1.5米。室内居住面为黄沙土，经平整。南墙基中发现了4块较小础石，大小不一，间距为1.8～2米，础石直径0.2米。础石平放，其间的石块皆侧嵌于地下，宽度仅0.06～0.1米，同时在房屋外侧坍塌堆积的红烧土块中，发现有竹片、小木棍的印痕。在其东南角有大量的瓦砾堆积，据此分析，（西）F4的墙壁应是木骨泥墙，瓦盖房顶。在房屋的北侧，有石块垒砌的高坎墙，高现存1.9米，应是房后保护墙。房外西侧有经过平整的房檐巷道，宽1.2米（图一八四；图版八一，2）。

另在发掘时，发现室内的居住面上有一层厚0.05～0.14米左右的江沙堆积，应是长江洪水所致。

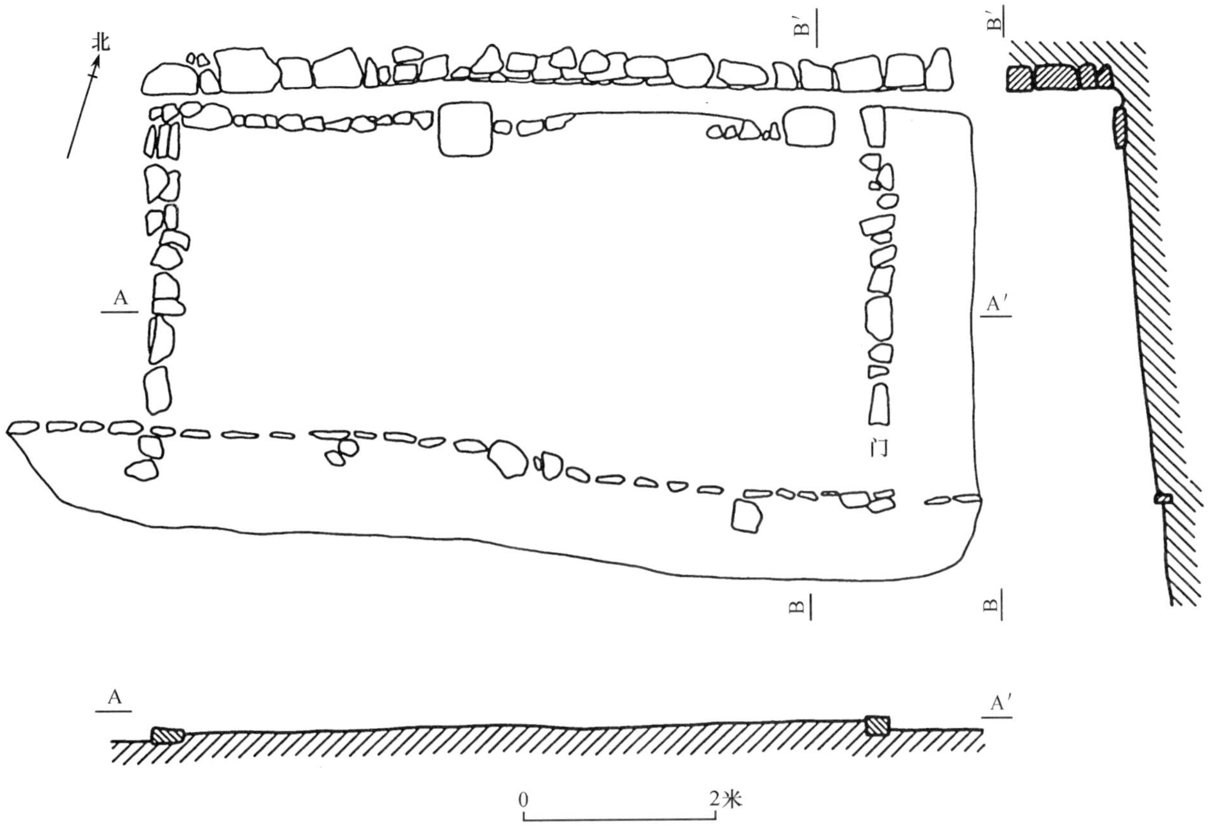

图一八四　巴东旧县坪遗址（西）F4平、剖面图

（3）（西）F12Ⅱ

（西）F12Ⅱ　位于（西Ⅰ）T1611、（西Ⅰ）T1711、（西Ⅰ）T1811、（西Ⅰ）T1911、（西Ⅰ）T1612、（西Ⅰ）T1712、（西Ⅰ）T1812、（西Ⅰ）T1912、（西Ⅰ）T1813探方中，被（西）F12Ⅲ叠压，叠压打破（西）F12Ⅰ。东临（西）L6Ⅱ，南面（西）L1Ⅱ，西、北为（西）L7Ⅱ。保存较差，从残存遗迹情况分析，平面呈长方形，门向南，方向176°。房屋东西面阔11.1、南北进深6.3米，面积70平方米。由平地建筑和吊脚楼两部分组成（图一八五）。

西北部为平地建筑，用石块垒砌，残存的基础墙高出地面0.05～0.13米。居住面西南侧为红沙土地面，厚0.06～0.13米，是房屋建筑后填垫的。其西北角有一水井，编号为（西）SJ3，水井的排水沟渠向西斜下与（西）L1Ⅱ大街的沟渠相通，编号为（西）G46（详见本章供排水系统）。

东南角为吊脚楼式的建筑，低于西北部1.2米。东西面阔3.5、南北进深2.5米。保存一般。分上下两层，下层面对（西）L1Ⅱ大街，上层应为楼板地面，与北间地面平行或略高。吊脚部分前有廊，长4、宽1、低于室内0.1米，廊道临街一侧系用较大的石块垒砌廊边，高出街面0.25米。

（4）（西）F34

（西）F34　分布在（西Ⅰ）T1205、（西Ⅰ）T1305、（西Ⅰ）T1206、（西Ⅰ）T1306、（西Ⅰ）T1307等探方内，开口于7层下，其下未发掘。西、北与（西）F2Ⅰ为邻。保存较差，从残存遗迹及地形情况分析，应为吊脚楼式的建筑，平面呈长方形，以北墙为基准，门向东南，方向为158°。其东西面阔5.5、南北残存1.3米，残存面积7.2平方米。以石块为墙基，仅存北墙部分，残存的石块墙高0.7米。因破坏严重，其分间、门道等情况不明（图一八六）。

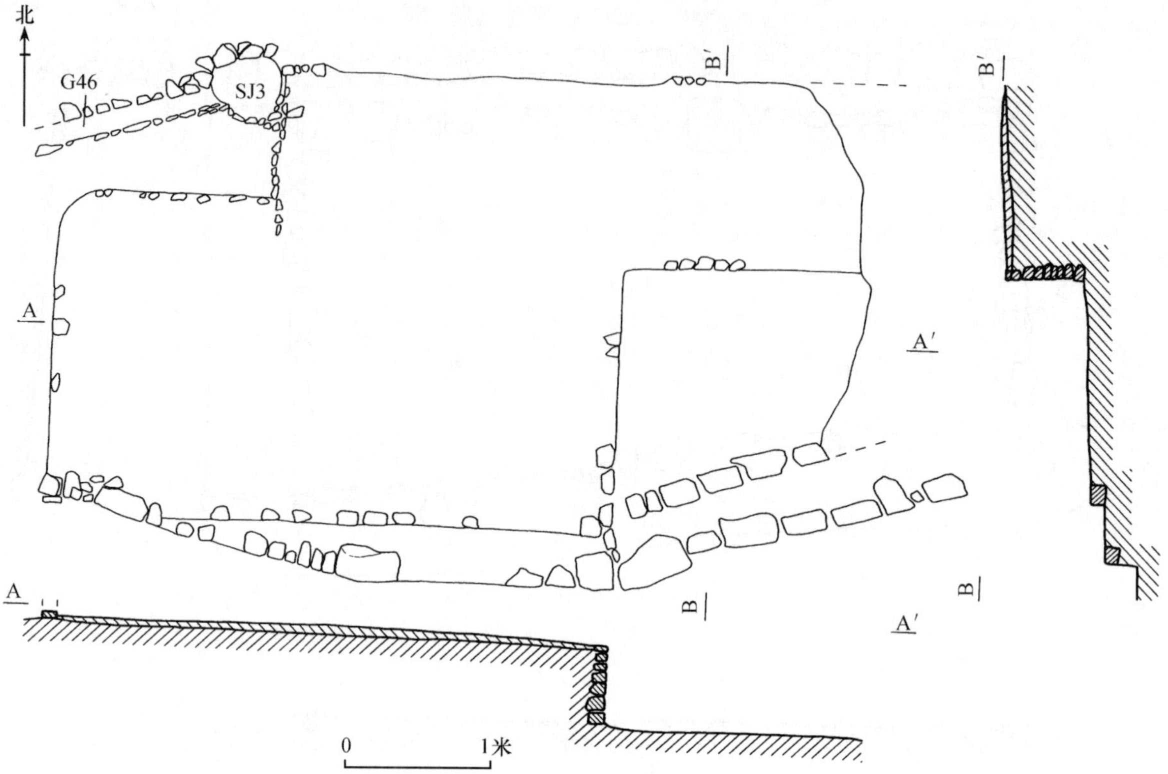

图一八五　巴东旧县坪遗址（西）F12Ⅱ平、剖面图

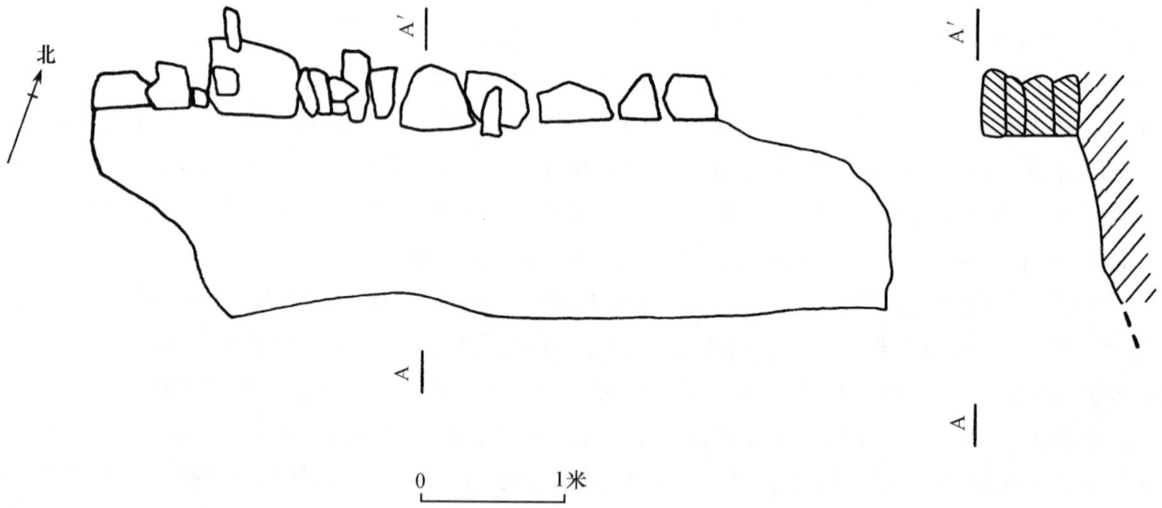

图一八六　巴东旧县坪遗址（西）F34 平、剖面图

（5）（西）F43

（西）F43　分布在（西Ⅰ）T1209、（西Ⅰ）T1309、（西Ⅰ）T1409、（西Ⅰ）T1310、（西Ⅰ）T1410 等探方内，开口于 7 层下，叠压打破（西）F26Ⅰ。西、北临（西）L1Ⅱ，西南与（西）F2Ⅰ相望。保存较差，从残存遗迹及地形情况分析，应为吊脚楼式的建筑，平面呈长方形，以北墙为基准，门向北，方向为 322°。东西面阔残存 6.1、南北进深残存 1.3 米，残存面积 7.9 平方米。临街的一面用较大的石块为基础，墙坎高 0.2 米。地面呈斜坡状，从地形上分析，应是临大街的吊脚楼建筑，因破坏严重，详情不明（图一八七）。

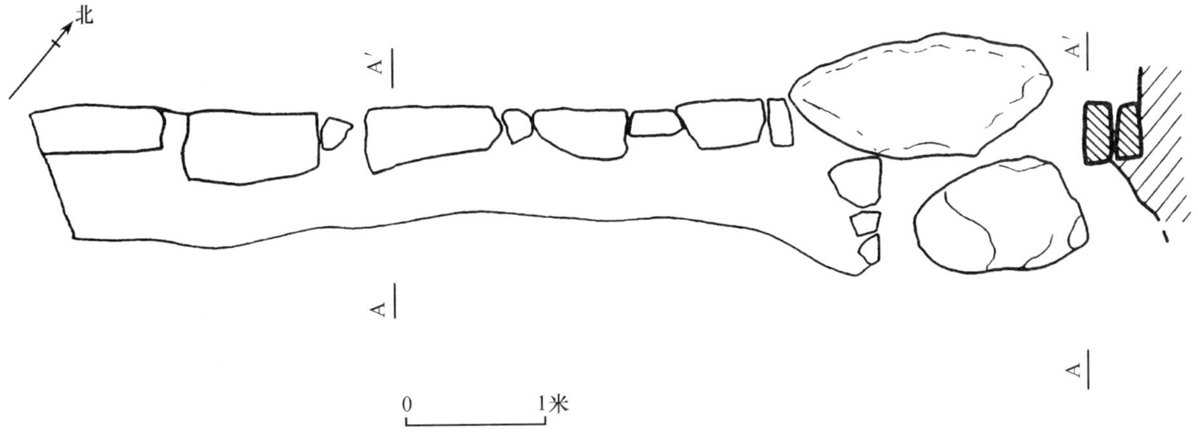

图一八七　巴东旧县坪遗址（西）F43平、剖面图

（6）（西）F68

（西）F68　分布在（西Ⅰ）T1809、（西Ⅰ）T1909、（西Ⅰ）T1810、（西Ⅰ）T1910等探方中，被（西）F46Ⅰ叠压，叠压打破（西）F69。东、北临（西）L1Ⅱ，西南与（西）F78Ⅱ相望。保存较差，平面呈五边形，正室为长方形，以北墙为基准，门向北，方向为35°。面阔残长5.4、进深3.9米，面积21平方米。房屋用石块垒砌，石块基础高出地面0.06～0.1米。室内居住面为黄沙土地面，属于建筑房屋后填垫的，残厚0.04～0.09米。在临街的正室墙基内发现有两个柱础石，为较大的自然石块，相距3米，依此判断（西）F68的正室可分为两间，另在正室北侧有一凸出的三角形石块垒砌的台坎，最宽处达1米，应是（西）F68的前廓（图一八八）。

（7）（西）F27

（西）F27　分布在（西Ⅰ）T1002、（西Ⅰ）T1003、（西Ⅰ）T1004、（西Ⅰ）T1005、（西Ⅰ）T1102、（西Ⅰ）T1103、（西Ⅰ）T1104等探方内（图一一八，西54），开口于7层下，其下未发掘。西临（西）L4Ⅰ，低于（西）L4Ⅰ路面0.65米。保存较差，从残存遗迹情况分析，应为吊脚楼式的建筑，平面呈长方形，以东墙为基准门向东，方向为100°。房屋南北面阔15、东西向进深7米，面积105平方米。以石块为墙基，石块比较规整，仅有西墙部分保存，石块基础高出地面0.15米。室内地面为黄沙土，残厚0.05～0.13米。不少地方还保留有红烧土地面，但多是残缺破损的地面。房屋后有一土沟，为（西）G2，自东北向西南而下，土沟宽0.6～0.95、深有0.15米。（西）F27面积较大，在中部还发现了柱子洞柱洞，柱洞的底部也保留有小石块，共发现三个，分布在一条线上，间距1.35米。

（8）（西）F47

（西）F47　分布在（西Ⅰ）T1606、（西Ⅰ）T1706、（西Ⅰ）T1707探方中，开口于7层下，其下未发掘。南邻（西）F74，西北靠（西）F78Ⅱ。保存较差，从残存遗迹情况分析，应为吊脚楼式的建筑，平面呈长方形，以西墙为基准，门向西北，方向为306°。南北向面阔8.6、东西向进深4米，面积34.4平方米，分间不明。房屋整体高度由西向东依次降低，可分为三部分。上层、中层为两块平台，为房屋的主体部分，其间由一道高1米的石坎隔开。上层平台面向西，方向为306°，残宽1.5米。中层平台面向东，宽2.6米，室内居住面为褐黄色的沙土面。下层为石块垒砌的坎，呈梯状，现存四道，坎高0.2～0.35米，长2.5～5米。发掘清理时发现地面有一层较厚的江沙堆积层（图一八九）。

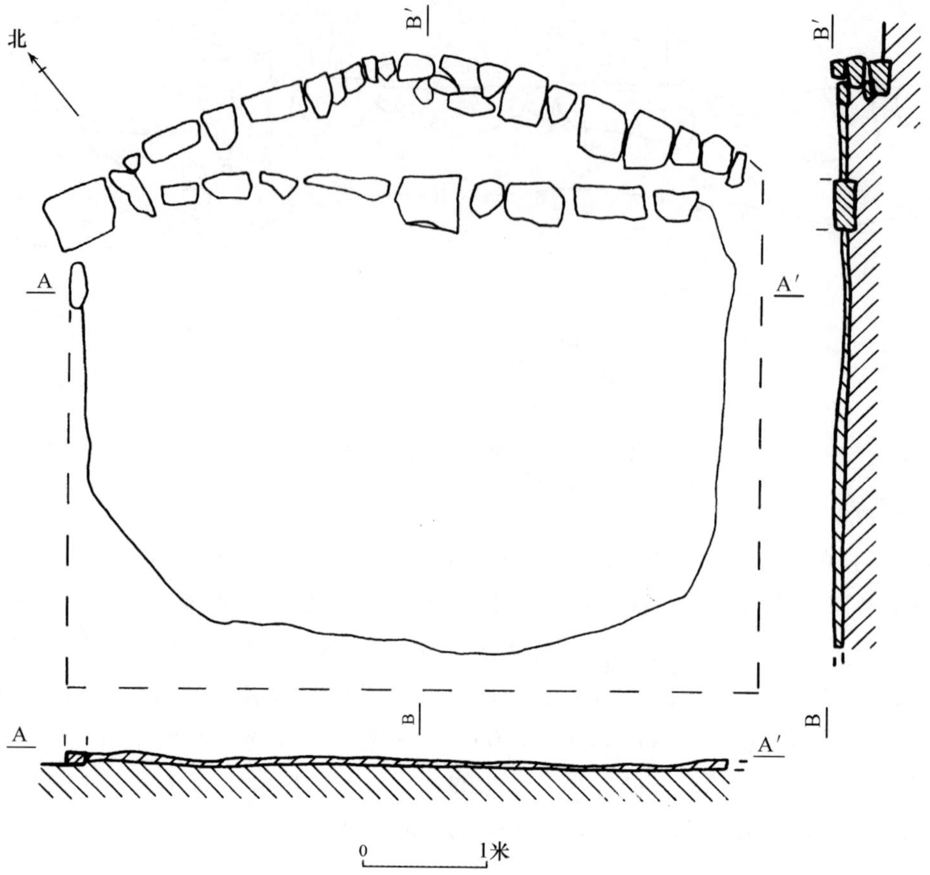

图一八八　巴东旧县坪遗址（西）F68 平、剖面图

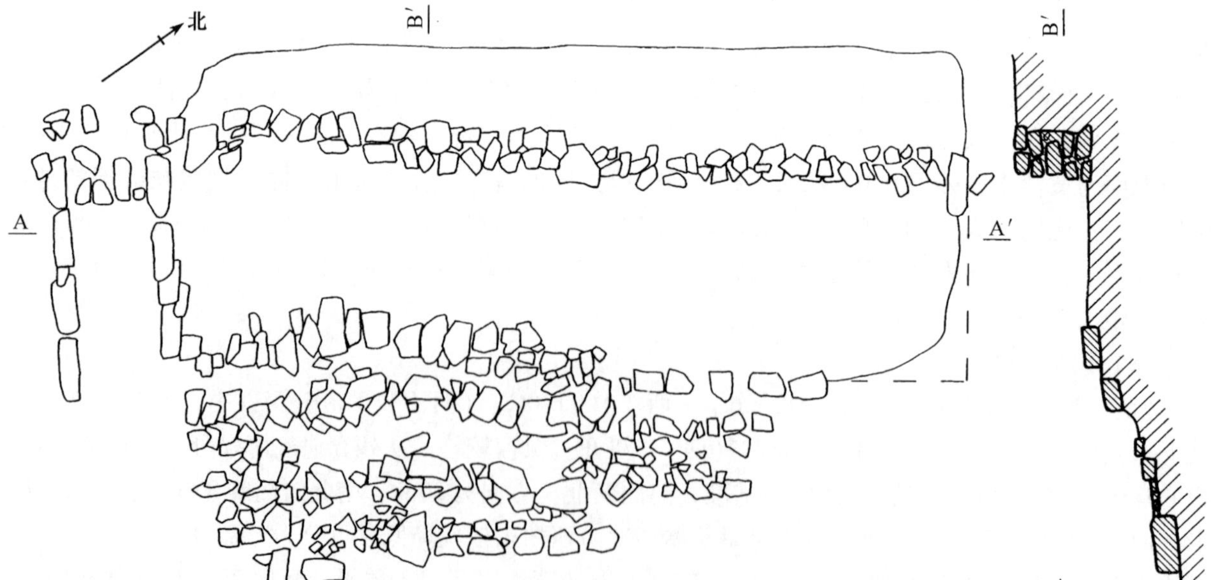

图一八九　巴东旧县坪遗址（西）F47 平、剖面图

(9)(西)F74

(西)F74 分布在(西Ⅰ)T1504、(西Ⅰ)T1605、(西Ⅰ)T1606探方中，开口于7层下，其下未发掘。东北与(西)F47相邻，西南靠(西)F75。属于吊脚楼式建筑，保存较差，从残存迹象分析，平面呈长方形，以西墙为基准，门向西北，方向305°。南北面阔9.8、东西进深4米，残存面积39.2平方米。(西)F74的地面西高东低，西部石块所垒砌的高坎残存有1.2米，坎上较平整，坎下为斜坡状地形。另在斜坡的东南角一线发现了柱洞四个，自西南向东北分别编为D1、D2、D3、D4，柱洞口径0.3、深0.3~0.35米，D1与D2距离1.6米，D2与D3距离2.3米，D3与D4距离2.1米。从遗迹的特点分析，是在坡地上立柱建筑房屋的。吊脚的部分处于较陡的斜坡状地面上，下层不宜人居住，人应是居住于楼上的，其居住面应属于木地板的楼面。因破坏严重，其分间、门道等情况不明(图一九〇)。

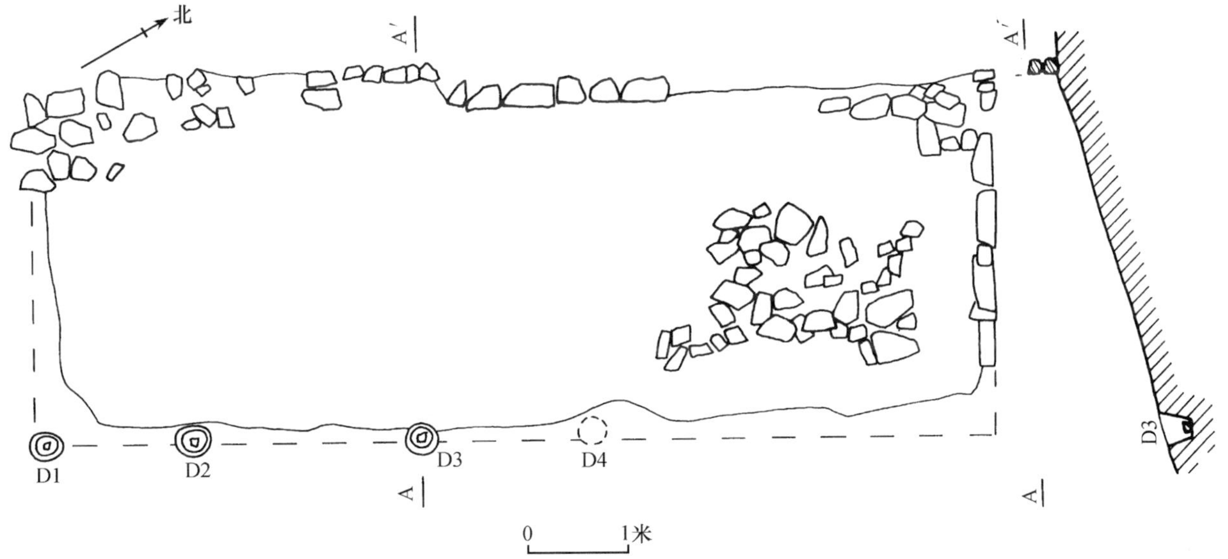

图一九〇 巴东旧县坪遗址(西)F74平、剖面图

(10)(西)F75

(西)F75 分布在(西Ⅰ)T1403、(西Ⅰ)T1503、(西Ⅰ)T1404、(西Ⅰ)T1504等探方中，开口于7层下，其下未发掘。西南隔(西)L21Ⅰ与(西)F71为邻，东北与(西)F74相邻，南接(西)F79。属于吊脚楼式建筑，保存较差，从残存迹象分析，平面呈长方形，以西墙为基准，门向西北，方向302°。南北面阔残存5.7、东西进深3.5米，残存面积19.9平方米。(西)F75位于坡地边缘，地面西高东低，以石块为基础，西边垒砌的石坎高1.3米，坎上较平整，坎下为斜坡地。应为吊脚楼式的房屋遗迹，只发现石块基础，没有发现柱洞。该房屋也应是以上层居住为主，以木地板为居住面(图一九一)。

(11)(西)F78Ⅱ

(西)F78Ⅱ 位于(西Ⅰ)T1608、(西Ⅰ)T1708、(西Ⅰ)T1609、(西Ⅰ)T1709等探方内，叠压于(西)F77之下，叠压打破(西)F78Ⅰ。东北与(西)F68相邻，东南接(西)F79。属于平地建筑，从遗迹情况分析，平面呈长方形，以东墙为基准，门向东南，方向为121°。南北长4、东西宽3.8米，面积15.2平方米。以石块为墙基，石块基础大多保存着，仅有西北角被破坏，石块基础高出室内地面0.05~0.1米。室内褐黄色土面保存差，残厚0.03~0.06米。房前(南)有廊，廊长8.5、宽1、低于室内0.2米。分间及门道情况不明(图一九二)。

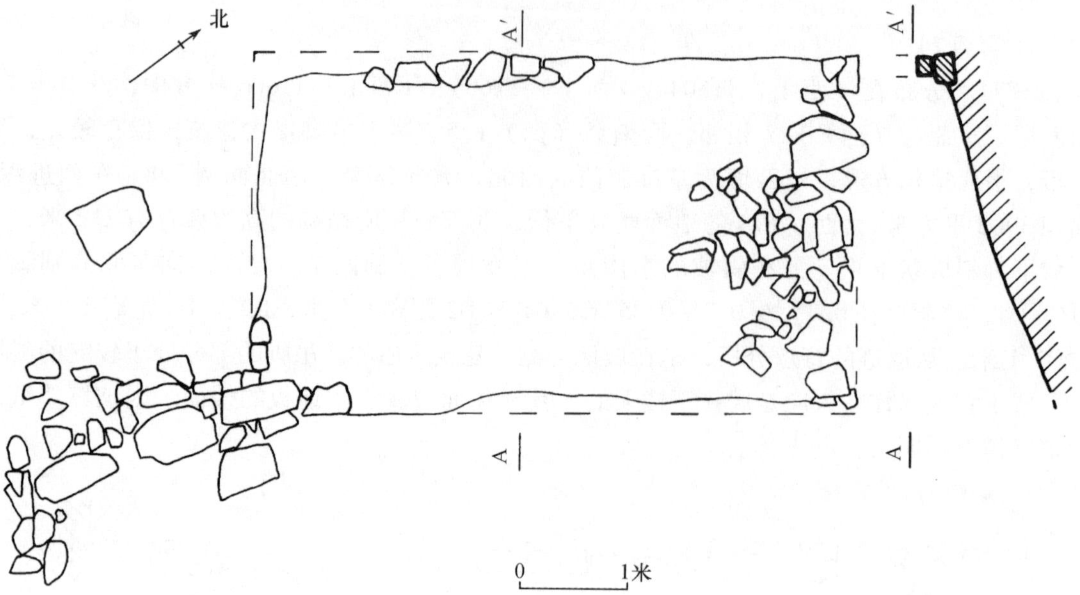

图一九一　巴东旧县坪遗址（西）F75 平、剖面图

图一九二　巴东旧县坪遗址（西）F78Ⅱ平、剖面图

（12）（西）F79

（西）F79　分布在（西Ⅰ）T1401、（西Ⅰ）T1402、（西Ⅰ）T1502、（西Ⅰ）T1403等探方内，开口于7层下，其下未发掘。北邻（西）F75，东临溪沟，南面长江。属于吊脚楼式建筑，保存较差，从残存迹象分析，平面呈长方形，以西墙为基准，门向西北，方向为313°。房屋南北面阔残存7、东西进深（水平计算）残存2.8米，残存面积19.6平方米。

（西）F79西高东低，仅有东北角的石块遗迹有所保存，石块遗迹为高坎状，其石坎上方（西侧）较为平整，东侧为斜坡状地面。（西）F79建在坡地上，应是吊脚楼式的建筑，室内居住面应属于木地板。分间及门道情况不明（图一九三）。

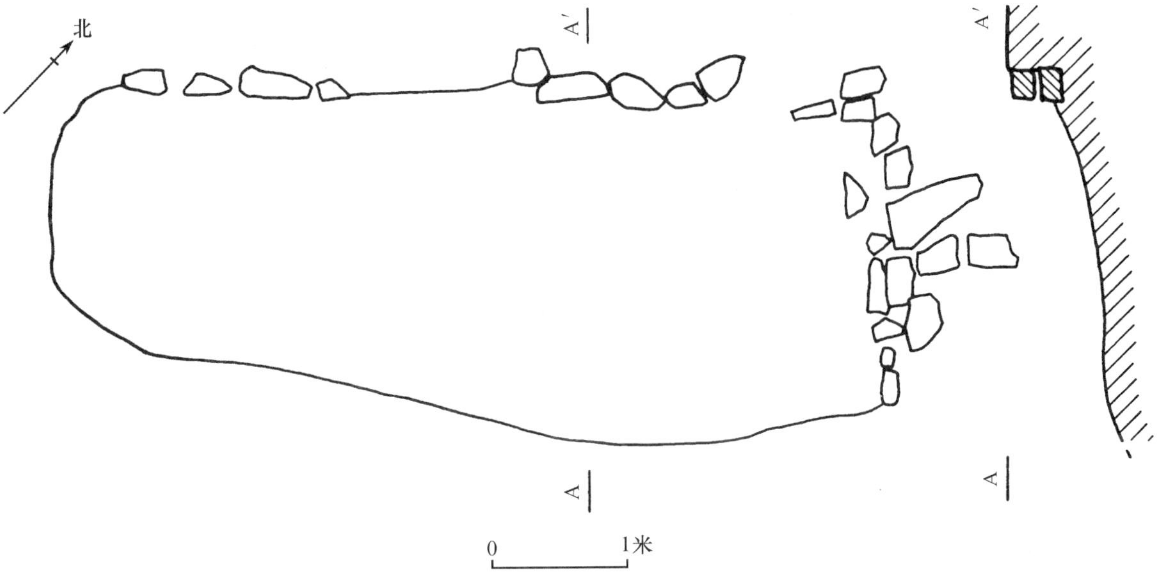

图一九三　巴东旧县坪遗址（西）F79平、剖面图

（三）商业区第三期建筑遗迹

商业区第三期的房屋建筑，整体上被破坏严重，其遗迹发现不多，仅有4座，编号为（西）F2Ⅱ、（西）F12Ⅲ、（西）F46Ⅰ、（西）F77。

（1）（西）F2Ⅱ

（西）F2Ⅱ　位于（西Ⅰ）T1006、（西Ⅰ）T1106、（西Ⅰ）T1007、（西Ⅰ）T1107、（西Ⅰ）T1207、（西Ⅰ）T1108、（西Ⅰ）T1208探方中，开口于6层下，打破7层，叠压在（西）F2Ⅰ之上。西临（西）L4Ⅱ，西北面（西）L1Ⅲ大街，房屋地面低于大街街面0.25米。保存较好，平面呈长方形，以北墙为基准，门向东南，方向134°。东北面阔12.7、西南进深7米，面积88.9平方米。以石块为基础，石块基础高出地面0.06～0.12米。在西北侧临街的墙基上，发现大小础石7个，大的础石间距，自西向东分别为2、3.6、4.5、3.6米，依此推断（西）F2Ⅱ分为5间房。另在间距为4.5米的大础石间，发现两个小础石，间距为1.5米。在西南侧基础发现础石3个，东北侧发现础石2个，间距均在2.1米（图一九四；图版八一，1）。

在西南室内，发现有灶台两个，编号为（西）F2Ⅱ-Z1、（西）F2Ⅱ-Z2。（西）F2Ⅱ-Z1靠近西南墙，长0.95、宽0.8、残高0.2米，系用石块垒砌成。（西）F2Ⅱ-Z2位于（西）F2Ⅱ-Z1的南部，长1.3、宽0.8、残高0.15米，也系用石块垒砌成。两灶膛内均有灰烬堆积。

室内的居住面为红褐色土面，厚0.08～0.16米，是房屋建成后填筑的。

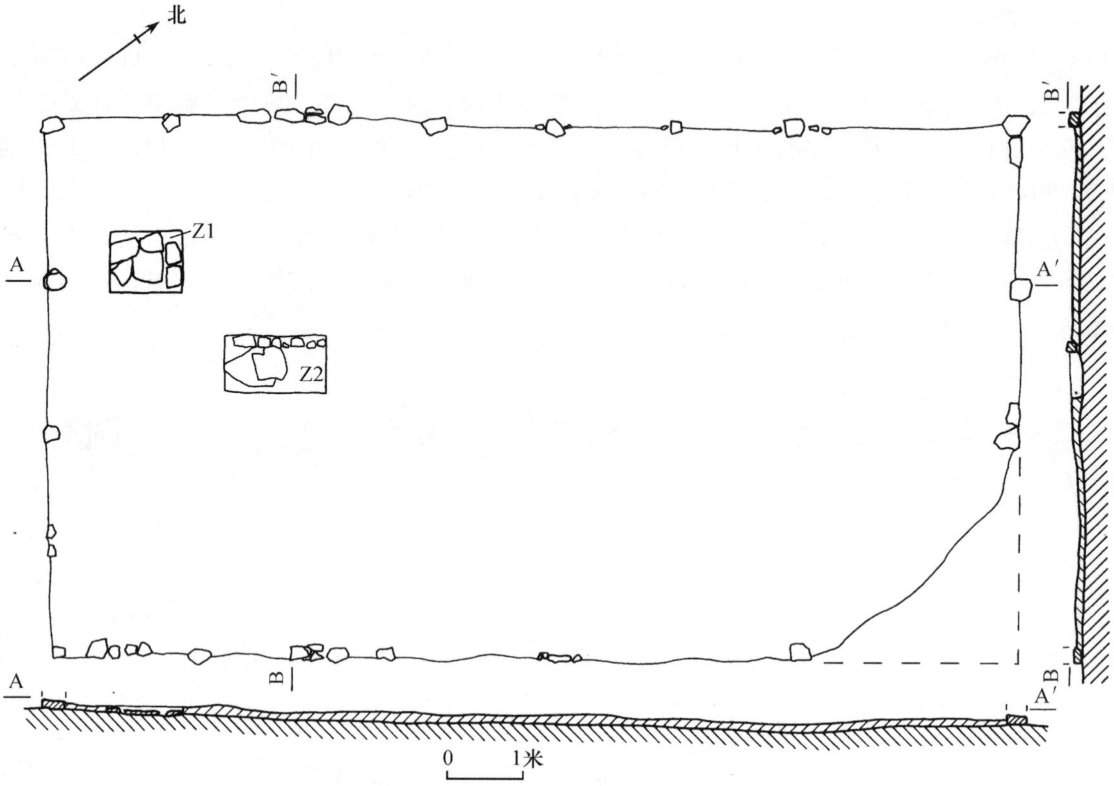

图一九四　巴东旧县坪遗址（西）F2Ⅱ平、剖面图

从发现的础石大小不一，且大小相间，分析认为大的础石为承重立木柱础石，小的础石为泥墙壁内木骨础石，据此推断（西）F2Ⅱ墙为立柱式的木骨泥墙。

（2）（西）F12Ⅲ

（西）F12Ⅲ　分布（西Ⅰ）T1711、（西Ⅰ）T1811、（西Ⅰ）T1911、（西Ⅰ）T1712、（西Ⅰ）T1812、（西Ⅰ）T1912探方中，开口于5层下，叠压打破（西）F12Ⅱ。东临（西）L6Ⅲ，南面（西）L1Ⅲ大街，西、北为（西）L7Ⅲ。保存较差，从残存遗迹情况分析，平面呈长方形，以南墙为基准，门向南，方向175°。东西面阔10.1、南北进深4.6米，面积46.5平方米。分平地建筑和吊脚楼两部分（图一九五）。

平地建筑位于西北侧，以石块为基础，高出室内地面0.1米，分东、西两部分。西间面阔7.1、南北进深4.6米；东间东西面阔3、南北进深2.6米。居住面为红褐色土地面，厚0.1～0.13米。

吊脚楼部分位于东南角，低于西北部1.5米。东西面阔3、南北进深2米。现存地表面对（西）L1Ⅲ大街，推测此处应为吊脚楼结构，上层应为楼板地面，与北间地面平行或略高。

（3）（西）F46Ⅰ

（西）F46Ⅰ　分布在（西Ⅰ）T1708、（西Ⅰ）T1808、（西Ⅰ）T1709、（西Ⅰ）T1809、（西Ⅰ）T1710、（西Ⅰ）T1810等探方内，开口于6层下，叠压打破（西）F68。东北临（西）L1Ⅲ大街，东南面对溪沟，西北邻（西）F77。属于平地建筑，保存较差，从残存遗迹情况分析，平面呈长方形，门向东南，方向134°。房址面阔残存4.5、进深残存4.5米，残存面积20.25平方米。以石块为墙基，石块基础高出室内地面0.05～0.12米。室内地面为红褐色沙土地面，厚0.15～0.08米。房前有廊，廊残长3.1、宽0.7、低于室内地面有0.15米（图一九六）。

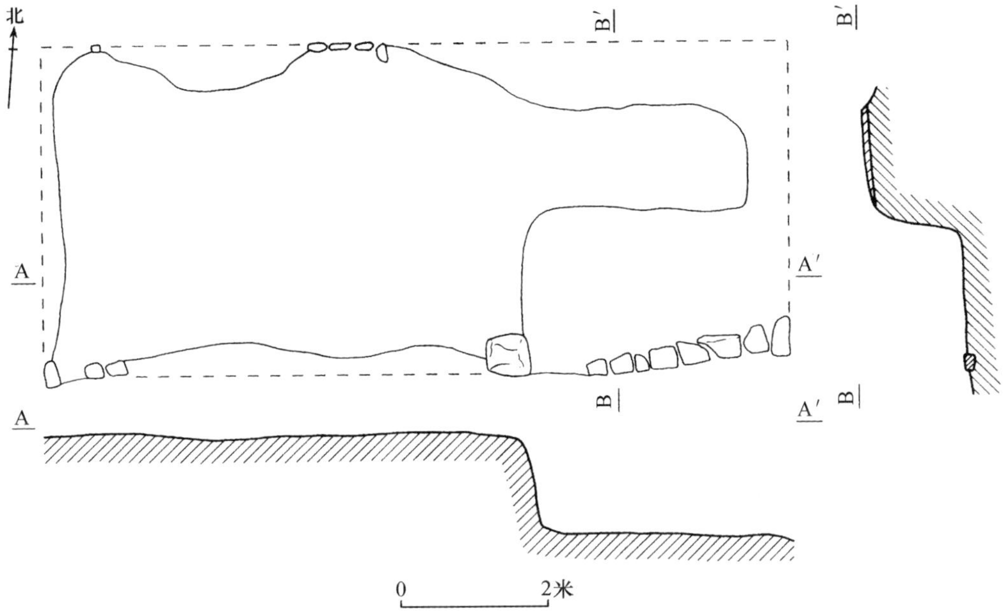

图一九五 巴东旧县坪遗址（西）F12Ⅲ平、剖面图

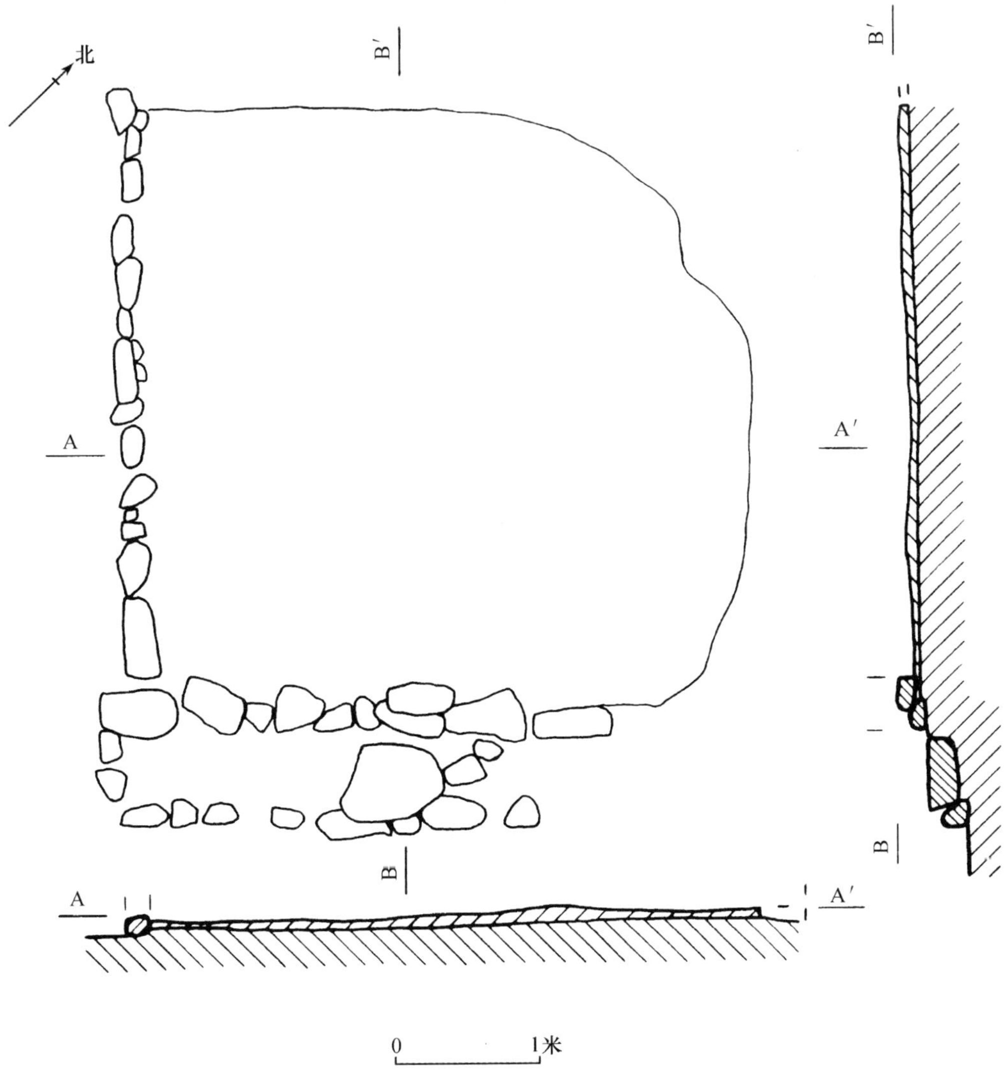

图一九六 巴东旧县坪遗址（西）F46Ⅰ平、剖面图

（4）（西）F77

（西）F77　分布在（西Ⅰ）T1507、（西Ⅰ）T1607、（西Ⅰ）T1707、（西Ⅰ）T1608、（西Ⅰ）T1708等探方内，开口于6层下，叠压打破（西）F78Ⅱ。东北与（西）F46Ⅰ相邻。属于吊脚楼式建筑，保存较差，从残存遗迹情况分析，平面呈长方形，以东南墙为基准，门向东南，方向为123°。南北面阔为6.5、东西进深4.5米，面积29.2平方米。分坎上、坎下两部分。

西北部为坎上平地，破坏严重，未见墙基。

东南部为坎下坡地，低于坎上平地1.8米，为吊脚楼底层部分。以石块为墙基，石块较规整，残高1米（图一九七）。

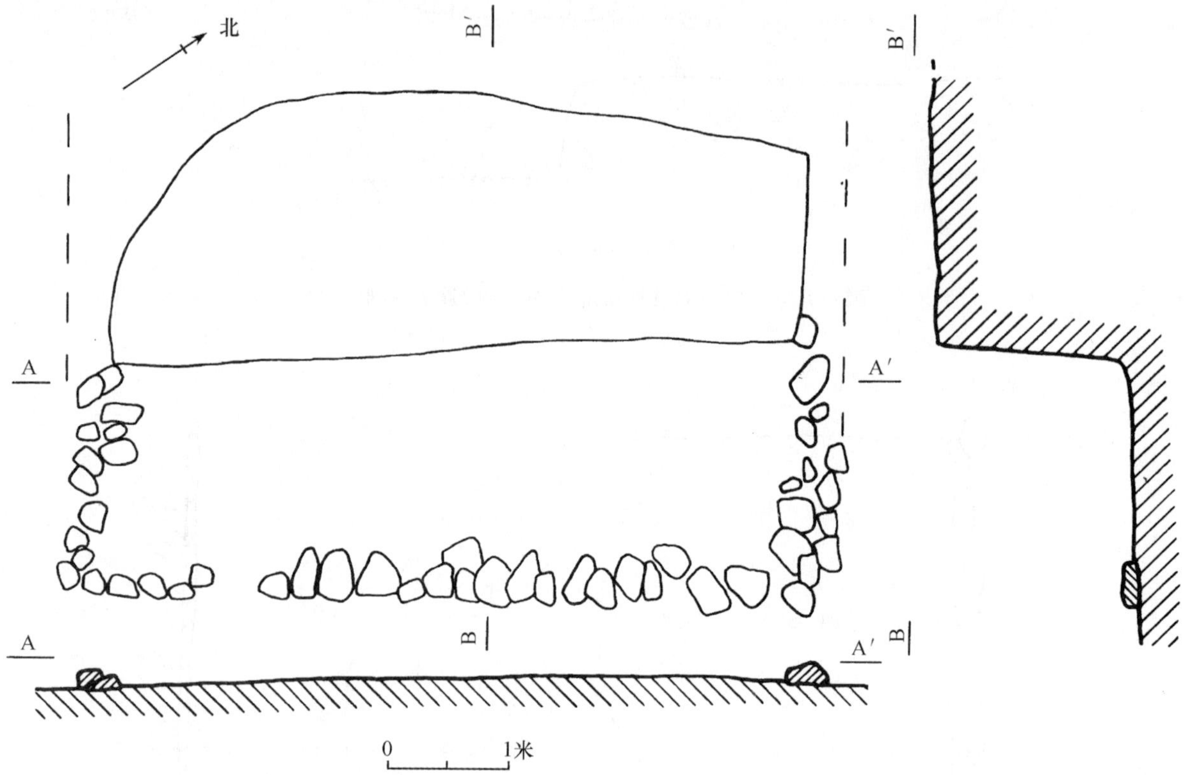

图一九七　巴东旧县坪遗址（西）F77平、剖面图

（四）商业区第四期建筑遗迹

商业区第四期的房屋建筑遗迹，仅发现5座房址，分别编号为（西）F2Ⅲ、（西）F26Ⅱ、（西）F88、（西）F46Ⅱ、（西）F76。均为平地建筑，其建筑用材，较早期的建筑遗迹要随意、粗糙，建筑比较简陋。反映了此时社会经济的萧条。

（1）（西）F2Ⅲ

（西）F2Ⅲ　位于（西Ⅰ）T1006、（西Ⅰ）T1007、（西Ⅰ）T1008、（西Ⅰ）T1106、（西Ⅰ）T1107、（西Ⅰ）T1108、（西Ⅰ）T1109、（西Ⅰ）T1207、（西Ⅰ）T1208、（西Ⅰ）T1209等探方中，开口于5层下，打破6层，是在（西）F2Ⅱ的基础上改建的。东邻（西）F26Ⅱ，西临（西）L4Ⅲ，西北面（西）L1Ⅳ大街，房屋地面低于大街街面约0.25米。保存较好，平面呈长方形，以北墙为基准，门向东南，方向125°。东西面阔13、西南进深8米。建在一个相对平整的宽台地上，属于平地建筑。以石块为墙基础，墙基石块高出室内地面0.05～0.12米。分间、门道等情况因破坏不明。室内地面为红沙土地面（图一九八）。

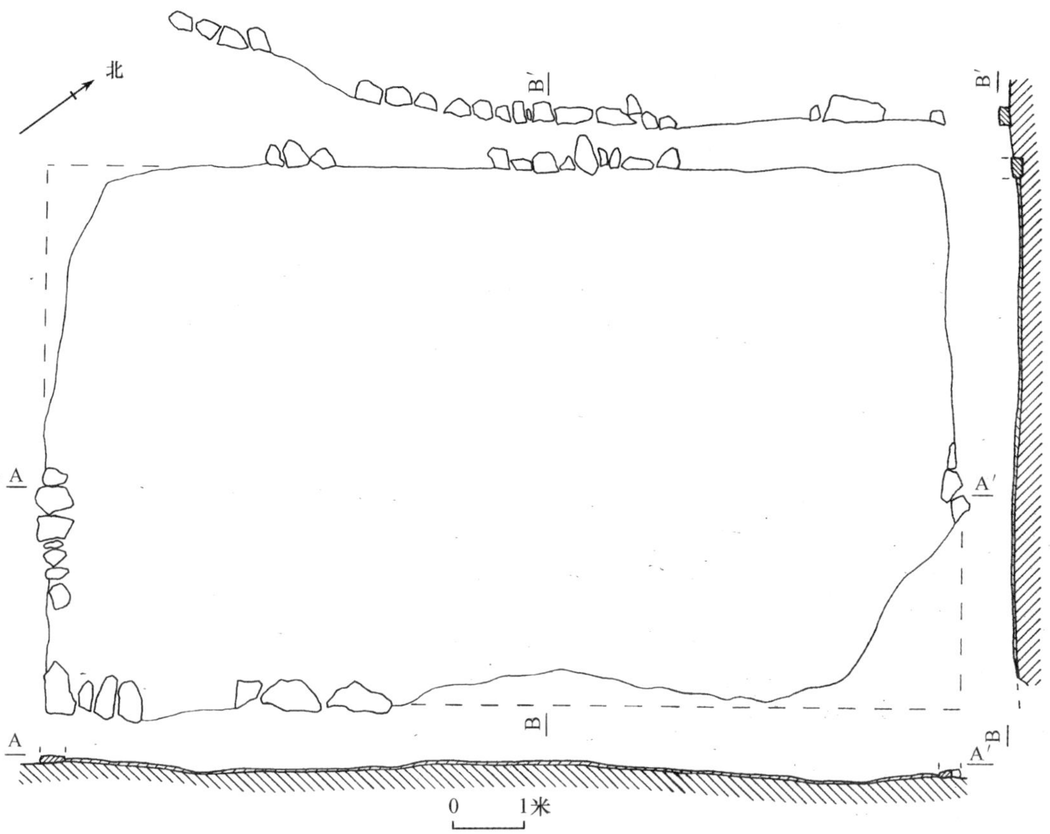

图一九八　巴东旧县坪遗址（西）F2Ⅲ平、剖面图

（2）（西）F26Ⅱ

（西）F26Ⅱ　分布在（西Ⅰ）T1208、（西Ⅰ）T1209、（西Ⅰ）T1308、（西Ⅰ）T1309、（西Ⅰ）T1310、（西Ⅰ）T1409等探方中，开口于5层下，打破6层。东望（西）F88，西南邻（西）F2Ⅲ，北面（西）L1Ⅳ大街，房屋稍低于大街0.05米。保存较差，从残存遗迹情况分析，平面呈长方形，以北墙为基准，门朝西北，方向310°。房屋东西面阔7.5、南北进深残存3米。以石块为墙基础，仅有北墙残留部分，残存石块基础高出室内约0.03～0.08米。分间、门道及室内居住面等因被全部破坏不存，已不明（图一九九）。

（3）（西）F88

（西）F88　分布在（西Ⅰ）T1509、（西Ⅰ）T1510、（西Ⅰ）T1610、（西Ⅰ）T1611等探方中，开口于5层下，打破6层。西南邻（西）F26Ⅱ，北面（西）L1Ⅳ大街。房屋稍低于大街0.05米。保存较差，从残存遗迹情况分析，平面呈长方形，以北墙为基准，门向西北，方向320°。东西面阔6.7、南北进深残存2米，残存面积13.4平方米。以石块为墙基础，残存石块基础高出室内地面0.05～0.13米。室内地面已不存，分间、门道情况不明（图一二〇，西39）。

（4）（西）F46Ⅱ

（西）F46Ⅱ　位于（西Ⅰ）T1709、（西Ⅰ）T1710、（西Ⅰ）T1809、（西Ⅰ）T1810探方中，开口于5层下，叠压打破6层及（西）F46Ⅰ。西北邻（西）F88，南望（西）F76，北临（西）L1Ⅳ大街。保存较差，从残存遗迹情况分析，平面呈长方形，门向东南，方向为134°。房屋东西面阔残存3.5、南北进深5米，残存面积17.5平方米。以石块为基础，石块墙基高出室内地面0.05～0.1米。房前设廊，廊残长2.3、宽0.6、低于室内0.12米。居住面为红沙土地面，厚0.03～0.08米，是建成后在室内填垫平整形成的（图二〇〇）。

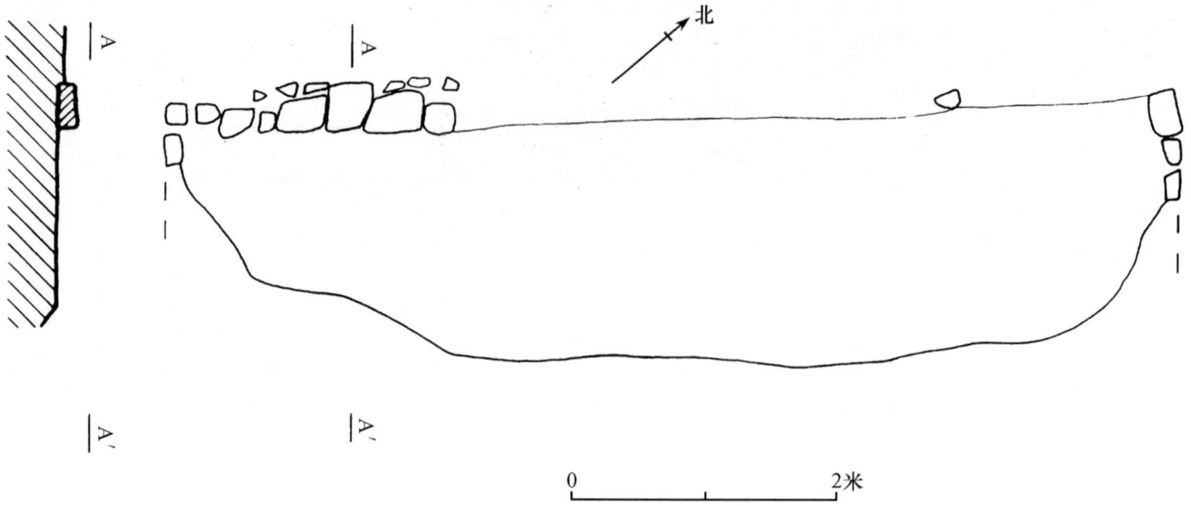

图一九九　巴东旧县坪遗址（西）F26Ⅱ平、剖面图

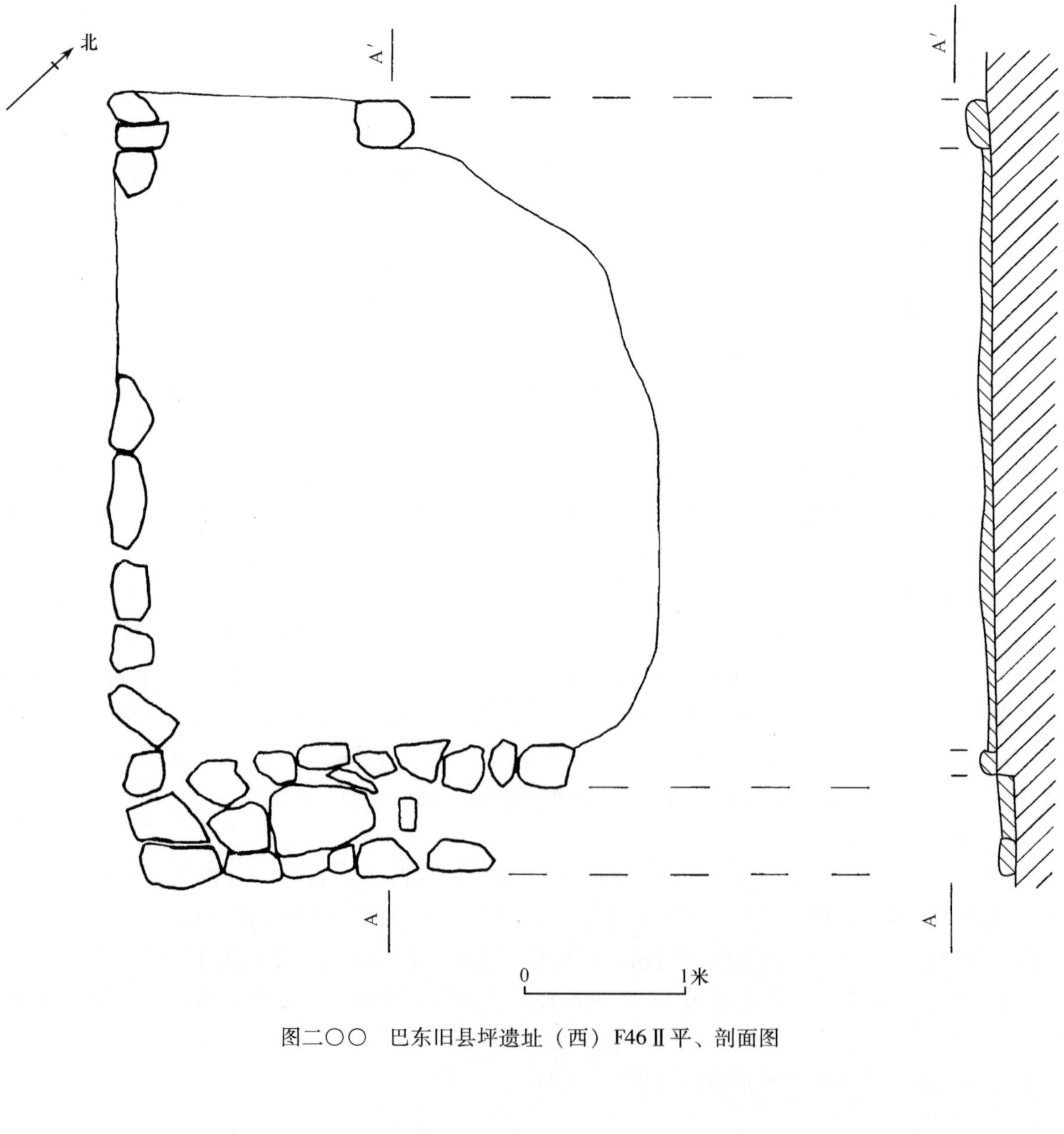

图二〇〇　巴东旧县坪遗址（西）F46Ⅱ平、剖面图

(5)(西)F76

(西)F76　分布在(西Ⅰ)T1506、(西Ⅰ)T1507、(西Ⅰ)T1606、(西Ⅰ)T1607等探方内，开口于5层下，打破6层。东北与(西)F46Ⅱ相望。属于平地建筑，保存差，从残存遗迹情况分析，平面呈长方形，门朝东南，方向为132°。房屋南北面阔残存6.3、东西进深3米，残存面积18.9平方米。以石块为基础，高出室内地面约0.03～0.12米。房前设廊，廊宽0.8米，低于室内0.15米，廊外的石坎高0.3米。其室内地面为红褐色沙土地面，残厚0.05～0.07米，系房屋建筑后填筑形成的(图二〇一)。

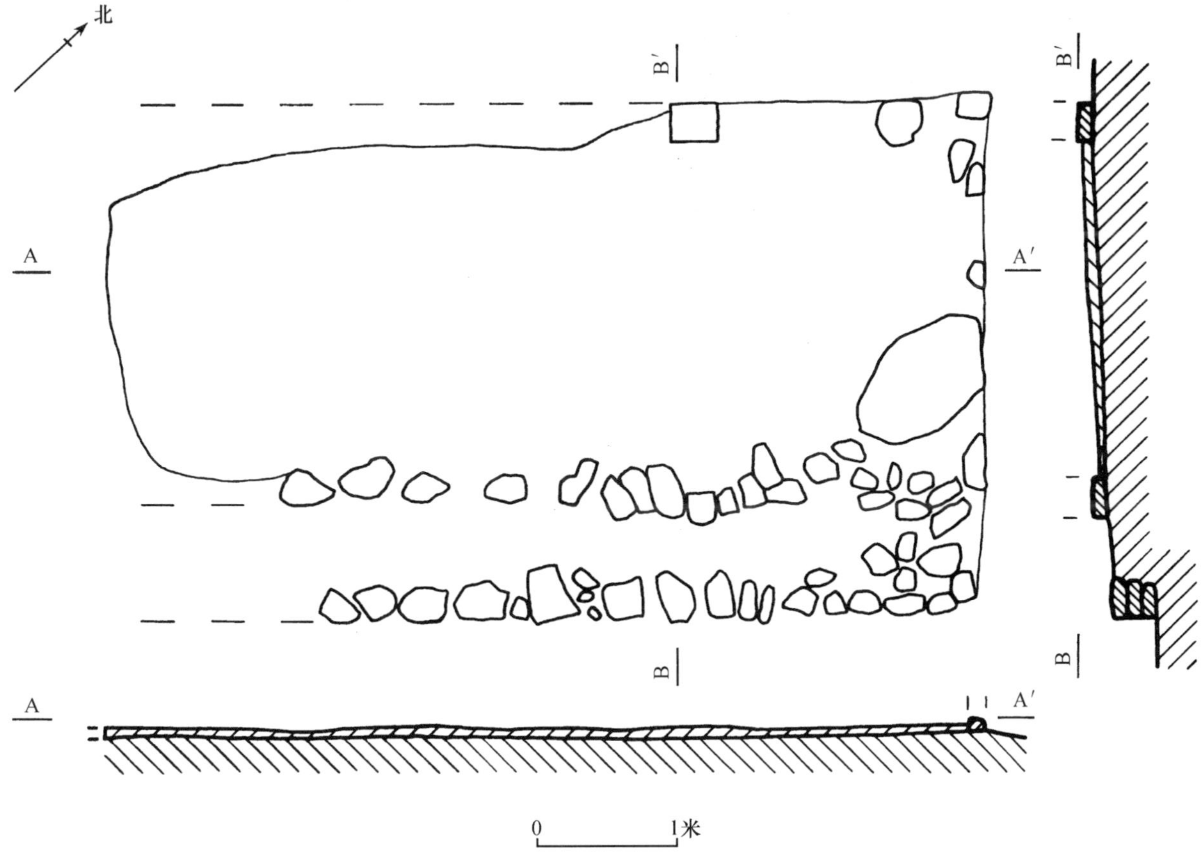

图二〇一　巴东旧县坪遗址(西)F76平、剖面图

(五) 商业区建筑的特点

经我们所发现的商业区的建筑遗迹，有平地的建筑遗迹、有吊脚楼式的建筑遗迹等(表一五)。通过遗迹特点的分析，临街道的建筑多有两层，如(西)F12、(西)F43、(西)F79等，都是临(西)L1的建筑遗迹，这些遗迹所保存的内容展现给我们的是临街面布局，遗迹临街并不宽，约为两间式；而靠后是高坎。另一类是街道外侧的建筑，临街一侧与街道平行，进房屋内即进楼上。这种建筑方式，是至今山区建房中多有的现象，像巴东县城在明清时期的大街两边，也是一边临山，临山边的建筑多在两层以上，外侧的近看多为平房，远看也都有两层以上的建筑。在街面上，房屋相连接，这种房址依街道一侧经商，上层多为生活居住，另一侧的上层经营，下层多作日常生活用房。如若人们行走在大街上，还以为这里是高楼林立，实乃是依地形特点而建筑的。

表一五　巴东旧县坪遗址宋代庙宇区、商业区各期房屋遗迹登记表　（计量单位：米）

编号	方向	长	宽	建筑基础用材	建筑特点	出土遗物	备注
（西）F1Ⅱ	184°	19. 5	14.5	石、砖	平地建筑	瓷碗；釉陶钵、盘、罐、灯盏、铃；陶筒瓦、脊饰、滴水；琉璃瓦当；骨梳	庙宇建筑
（西）F1Ⅲ	182°	26. 5	13	石	平地建筑	瓷盏；陶筒瓦、瓦当、脊饰；琉璃瓦当、脊饰	庙宇建筑
以上为庙宇区的建筑遗迹							
（西）F12Ⅰ	177°	12. 5	6. 8	石、砖	吊脚楼	瓷碗；釉陶盆、器盖；陶三足钵	南临街房屋
（西）F26Ⅰ	340°	13. 5	4	石	平地建筑	瓷碗；釉陶盏	北临街房屋
（西）F69	356°	7	4. 3	石	平地建筑		北临街房屋
（西）F80	340°	11	4. 5	石	平地建筑	石磨；瓦当	北临街房屋
（西）F71	45°	4	3. 25	砖、石	吊脚楼		（西）L2Ⅰ北侧建筑
（西）F78Ⅰ	126°	6	5	石	平地建筑	瓷碗	（西）L2Ⅰ北侧建筑
以上为商业区的第一期建筑遗迹							
（西）F2Ⅰ	127°	13. 8	6. 6	石	平地建筑	瓷碗、钵、碟、器盖；釉陶灯盏、瓮；陶器盖、滴水；棋子	北临街房屋
（西）F4	343°	7. 8	4. 2	石	吊脚楼	筒瓦	
（西）F12Ⅱ	176°	11. 1	6. 3	石	平地、吊脚楼建筑	瓷器盖	南临街房屋
（西）F27	100°	15	7	石	吊脚楼	瓷碟；陶器盖	西临街道
（西）F34	158°	5. 5	1. 3	石	吊脚楼		吊脚楼房屋
（西）F43	322°	6. 1	1. 3	石	平地、吊脚楼建筑	铜钥匙	北临街房屋
（西）F68	35°	5. 4	3. 9	石	平地建筑		东北临街房屋
（西）F47	306°	8. 6	4	石	吊脚楼		东下临（西）L1Ⅱ
（西）F74	305°	9. 8	4	石	吊脚楼		同上
（西）F75	302°	5. 7	3. 5	石	吊脚楼		同上
（西）F78Ⅱ	121°	4	3. 8	石	平地建筑		东前下方为溪沟
（西）F79	313°	7	2. 8	石	吊脚楼		东下临（西）L1Ⅱ
以上为商业区第二期建筑遗迹							
（西）F2Ⅱ	134°	12. 7	7	石	平地建筑	瓷碟、盏、灯盏；釉陶灯盏、刻槽盏、鸟食罐；铜钥匙、镊子、带扣；棋子	北临街房
（西）F12Ⅲ	175°	10. 1	4. 6	石	平地、吊脚楼建筑		南临街房屋
（西）F46Ⅰ	134°	4. 5	4. 5	石	平地建筑	瓷碗；釉陶罐、灯盏、鸟食罐	东前下方为溪沟
（西）F77	123°	6. 5	4. 5	石	平地、吊脚楼建筑	瓷器盖	吊脚楼群中的建筑
以上为商业区第三期建筑遗迹							
（西）F2Ⅲ	125°	13	8	石	平地建筑	石臼；脊饰	北临街房
（西）F26Ⅱ	310°	7. 5	3	石	平地建筑		北临街房屋
（西）F88	320°	6. 7	2	石	平地建筑		北临街房屋
（西）F46Ⅱ	134°	5	3. 5	石	平地建筑	瓷碗；釉陶盆	东北临街房子
（西）F76	132°	6. 3	3	石	平地建筑		东前下方为溪沟
以上为商业区第四期建筑遗迹							

五、居民区建筑遗迹

巴东旧县坪遗址的宋代居民区分为东区居民区与西居民区两个大区，由于地理环境的差异，东居民区和西居民区房屋建筑遗迹的分布明显不同。因宋代城市重心的转移，官署区等迁到了西区，此时东区主要为民居聚集点，这样一来，东居民区居民建房时，房址选择的限制少，条件宽松，可选范围广，所以东区的房屋遗迹多分布在条件较好的街道两旁，相对比较集中。而西区则因官署区、仓储区、庙宇区、商业区等重要功能区占据了所有较大的平坦台地，故西区居民只能分散居住在这些重要功能区西侧那些狭窄的小平地上，因此在西居民区发现的房屋遗迹比较分散，分布范围广。在东、西二区共清理出民居建筑遗迹61座，以平地建筑为大宗，少量为吊脚楼式建筑。

（一）东居民区建筑遗迹

东居民区四期共发现房屋遗迹42座，以第二期最为丰富，其他三期较少。均为平地建筑，主要以石、砖为基础。

1. 东居民区第一期建筑遗迹

东居民区第一期的房屋建筑遗迹，共发现了7座，分别编号为（东）F2、（东）F6、（东）F11、（东）F12Ⅰ、（东）F27、（东）F31、（东）F40，主要以砖瓦为建筑材料，建造比较规整（表一六）。

表一六　巴东旧县坪遗址宋代东居民区第一期房屋遗迹登记表　（计量单位：米）

编号	方向	长	宽	建筑基础用材	房屋特点	出土遗物	备注
（东）F2	273°	9.5	5.1	单砖体	平地建筑		有砖墙
（东）F6	101°	3.2	2	砖	平地建筑		单砖墙
（东）F11	90°	5.6	1.5	砖为主	平地建筑		巷内房
（东）F12Ⅰ	215°	6.5	5	石础	平地建筑		有石块残存
（东）F27	190°	10.5	6.8	砖	平地建筑	瓷碗、盏	仅存西南角
（东）F31	200°	8	2	砖	平地建筑	瓷碗	有门道
（东）F40	197°	6	3	石块	平地建筑		有石块残存

（1）（东）F2

（东）F2　分布在（东Ⅰ）T2404、（东Ⅰ）T2504、（东Ⅰ）T2405、（东Ⅰ）T2505、（东Ⅰ）T2406、（东Ⅰ）T2506等探方内，建筑在夯土台地上，开口于4层下，被（东）L6Ⅰ叠压，叠压打破5层。西邻（东）F6，北靠（东）F27。保存较差，从残存遗迹情况分析，平面呈长方形，以西墙为基准，门向西，方向273°。其南北面阔残存9.5、东西进深5.1米，面积48.5平方米。用砖块垒砌，残存砖墙的高度0.1～0.3米，为单砖顺砌，房内有一条隔墙，将（东）F2分为两大间，其室内地面为黄沙土地面，保存较差，残厚0～0.08米（图二〇二；图版八二，1）。

（2）（东）F6

（东）F6　分布在（东Ⅰ）T2305、（东Ⅰ）T2306 探方内，位于夯筑台地的东南边缘上，开口于4层下，叠压打破5层。东邻（东）F2，西北与（东）F31 相望。保存较差，从残存遗迹情况分析，平面呈长方形，以东墙为基准，门向南，方向101°。南北面阔残存2、东西进深3.2米，残存面积6.4平方米。以砖块为房屋墙基础，砖体残存高0.05～0.1米。室内地面褐色土面，厚0～0.05米。因保存较差，整体的大小、分间及门道等不明（图一一七，东8）。

（3）（东）F11

（东）F11　分布在（东Ⅰ）T2816、（东Ⅰ）T2916、（东Ⅰ）T2817、（东Ⅰ）T2917、（东Ⅰ）T2818、（东Ⅰ）T2918 等探方内，开口于4层下，被（东）F41 叠压，叠压打破5层。东临（东）L4Ⅰ，南与（东）F12Ⅰ为邻。保存较差，从残存遗迹情况分析，平面呈长方形，是在早期建筑的基础上又重新建筑的，以东墙为基准，门向东，方向为90°。其南北面阔残长5.6、东西进深残存1.5米。仅存东墙基础的一段，以砖、石块混砌墙体，残墙高出地面0.05～0.15米。因保存较差，其大小、分间、门道、居住面等情况已不明（图二〇三）。

（4）（东）F12Ⅰ

（东）F12Ⅰ　分布在（东Ⅰ）T2715、（东Ⅰ）T2815、（东Ⅰ）T2915、（东Ⅰ）T2716、（东Ⅰ）T2816 等探方内，开口于4层下，被（东）F12Ⅱ叠压，叠压打破5层。东临（东）L4Ⅰ，南面（东）L1Ⅰ，北邻（东）F 11，在（东）L1Ⅰ大街和（东）L4Ⅰ巷道连接处的西北角。保存较差，从残存遗迹情况分析，平面呈长方形，以西南墙为基准，门向西南，方向215°。房屋东西长6.5（依柱础石）、南北宽度残存5米，残存面积32.5平方米。以石块为墙基，高出室内地面0.03～0.13米。室内居住面为褐黄色地面，厚0.06～0.13米，经夯筑，较硬。房南高于（东）L1Ⅰ大街0.5～0.8米（图一一七，东5）。

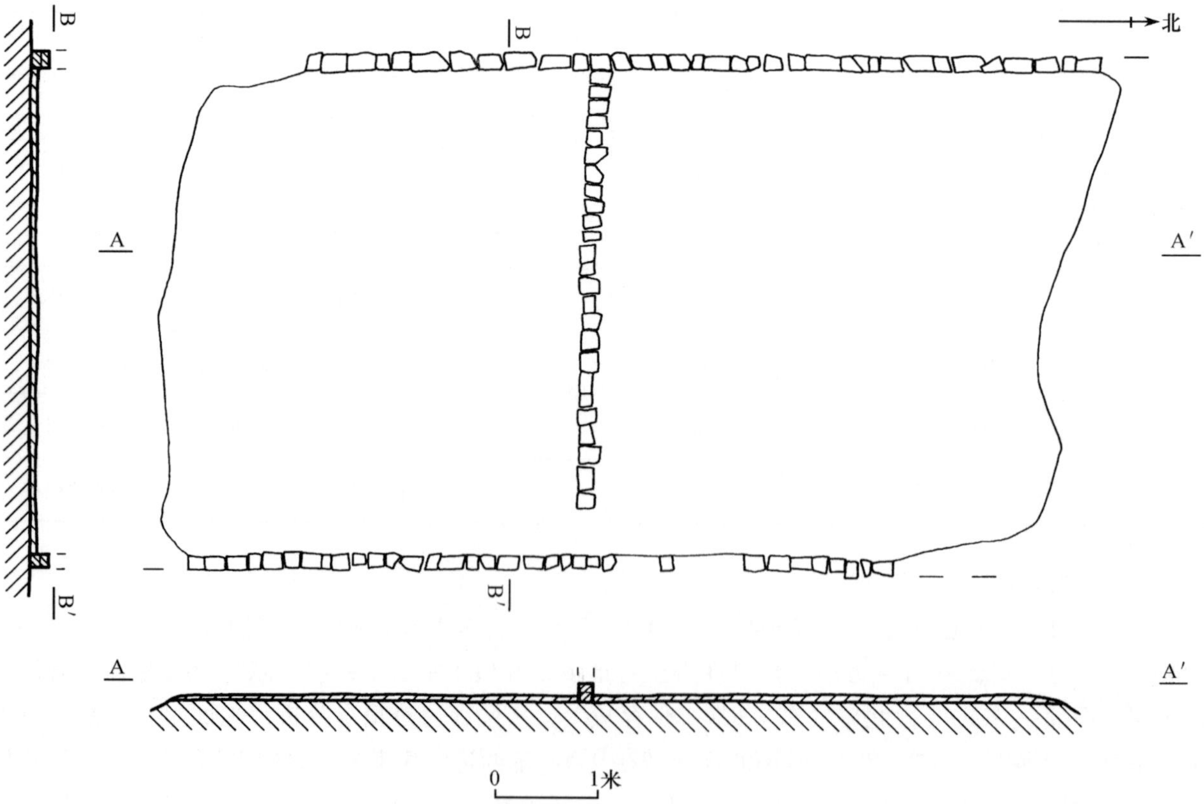

图二〇二　巴东旧县坪遗址（东）F2 平、剖面图

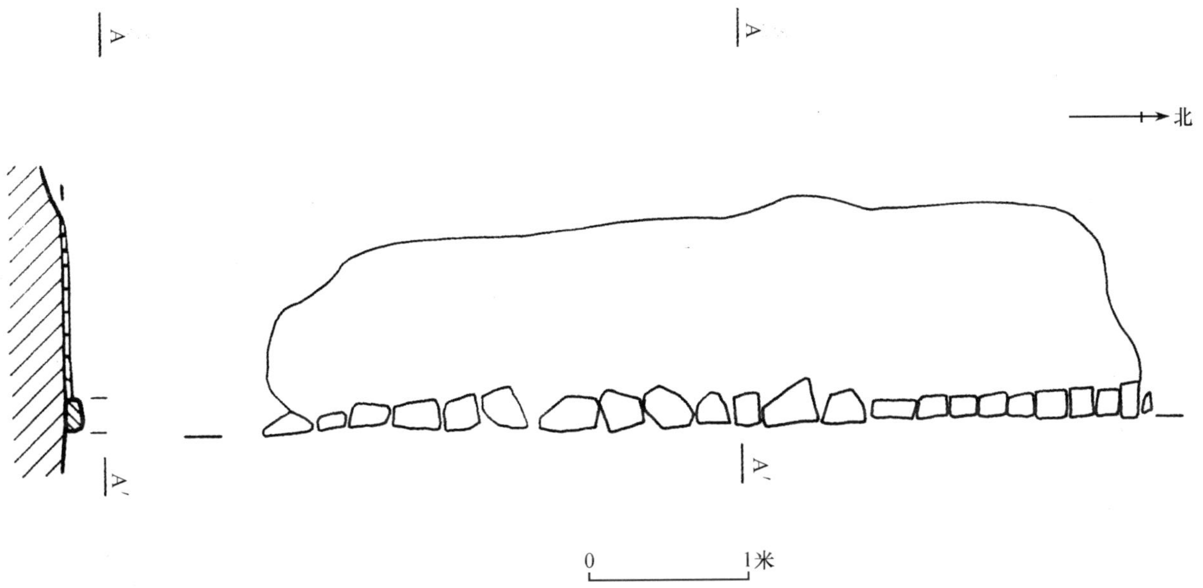

图二〇三　巴东旧县坪遗址（东）F11平、剖面图

（5）（东）F27

（东）F27　分布在（东Ⅰ）T2407、（东Ⅰ）T2507、（东Ⅰ）T2408、（东Ⅰ）T2508等探方内，开口于4层下，被（东）F15叠压，叠压打破5层。南邻（东）F2，西南与（东）F31相望。保存较差，从残存遗迹情况分析，平面呈长方形，以南墙为基准，门向南，方向190°。房屋东西面阔10.5、南北进深6.8米，面积71.4平方米。系用砖垒砌墙基，仅有南墙残存部分，残墙高0.1米。因破坏严重，其大小、分间、门道、居住面等情况已不明（图一一七，东6）。

（6）（东）F31

（东）F31　分布在（东Ⅰ）T2206、（东Ⅰ）T2306、（东Ⅰ）T2107、（东Ⅰ）T2207、（东Ⅰ）T2307、（东Ⅰ）T2108等探方内，建在夯筑台地的西侧边缘，开口于4层下，叠压打破5层。东北邻（东）F27，西南与（东）F6相望。保存较差，从残存遗迹情况分析，平面呈长方形，以南墙为基准，门向西南，方向200°。砖砌墙体，墙体为单砖顺砌，残高0.06～0.11米。仅发现北墙基础的一段，残长约8、残宽2米，因（东）F31保存极差，其大小、分间、门道、居住面等已不明（图一一七，东9）。

（7）（东）F40

（东）F40　分布在（东Ⅰ）T3116、（东Ⅰ）T3216、（东Ⅰ）T3117、（东Ⅰ）T3217等探方内，开口于4层下，被（东）F3叠压，叠压打破5层。南距（东）L1Ⅰ约11米，西去（东）L4Ⅰ约7.8米，是靠近北侧山坡的一处单门独户的遗迹。保存较差，从残存遗迹情况分析，平面呈长方形，以南墙为基准，门向南，方向197°。东西面阔残存6、南北进深3米，残存面积18平方米。其建筑用石块垒砌，仅发现了西南侧墙基础的一段，高出地面0.05～0.1米。砌法讲究而规整，但因保存极差，其大小、分间、门道、居住面等已不明（图一一七，东3）。

2. 东居民区第二期建筑遗迹

第二期的房屋建筑遗迹，是四期中最为丰富的一期，而且相对集中。多是平地建筑，房基主要以石块为建筑材料，从遗迹中所残留的大量瓦片遗物分析，此时房屋多用瓦盖顶。发现的房屋遗迹共26座，分别编号为（东）F3、（东）F4、（东）F5、（东）F8、（东）F12Ⅱ、（东）F13、（东）

F14、(东) F15、(东) F17、(东) F18、(东) F19、(东) F20、(东) F21、(东) F22、(东) F23、(东) F30、(东) F32、(东) F33、(东) F34、(东) F36、(东) F37、(东) F38、(东) F39、(东) F41、(东) F43、(东) F44。下面分别予以介绍（表一七）。

表一七　巴东旧县坪遗址宋代东居民区第二期房屋遗迹登记表　　（计量单位：米）

编号	方向	长（米）	宽（米）	建筑基础用材	房屋特点	出土遗物	备注
（东）F3	168°	6.7	5.2	石块	平地建筑		巷内房
（东）F4	20°	8.5	5. 2	石块	平地建筑	石砚台	临街房
（东）F5	12°	7.5	3.1	石块	平地建筑		巷内房
（东）F8	178°	9.2	5.6	石块	平地建筑		面江房
（东）F12Ⅱ	208°	6	4.5	石块、石础	平地建筑	釉陶灯盏	临街房
（东）F13	274°	10	4.5	石块	平地建筑		临街夹巷
（东）F14	190°	7.6	3.7	石块	平地建筑		巷内房
（东）F15	18°	5	2.5	石块	平地建筑	围棋子	巷内房
（东）F17	200°	9.5	5	石块	平地建筑	铜挖耳勺；陶脊饰、瓦当	中心门道
（东）F18	288°	5.3	3	石块	平地建筑		巷内房
（东）F19	180°	5.1	3.5	石块	平地建筑		面江房
（东）F20	80°	8.5	3.7	石块	平地建筑	瓷钵；铜复合型工具	临街房
（东）F21	225°	6	3	石块	平地建筑		巷内房
（东）F22	200°	7	1.7	石块	平地建筑		临街房
（东）F23	196°	6	1.6	石块	平地建筑		临街房
（东）F30	0°	6.2	3	石块	平地建筑		临街房
（东）F32	200°	3.9	1.8	柱洞	平地建筑		面江房
（东）F33	8°	5.5	2.5	石块	平地、吊脚楼建筑	瓷盏	临街房
（东）F34	7°	4	3.5	石块	平地建筑		临街房
（东）F36	18°	5.2	4.2	石块	平地建筑		岔街中心
（东）F37	15°	7.5	4	石块	平地建筑	铜匕	临街房
（东）F38	185°	7.5	4	石块	平建建筑	釉陶弹珠	巷内房
（东）F39	280°	9	2	石块	平地建筑	瓷盏；釉陶灯盏	巷内房
（东）F41	100°	10	5.2	石块	平地建筑		巷内房
（东）F43	176°	8.1	3	石块	垒坎建房		临江房
（东）F44	183°	2.7	2.5	石块	平地建筑	瓷碗	临江房

（1）（东）F3

（东）F3　分布在（东Ⅰ）T3117、（东Ⅰ）T3217、（东Ⅰ）T3217、（东Ⅰ）T3218 探方内，开口于4层下，叠压打破（东）F40。在（东）L3Ⅰ巷道的最北端，东邻（东）F21，西靠（东）F39。保存较差，从残存遗迹情况分析，平面呈长方形，以北壁为准，门向东南，方向168°。东西面阔6.7、南北进深5.2米，面积34.8平方米。以石块为基础，仅保存有少量的墙基石块，残存石块高出室内地面0.05~0.12米。残存的室内地面为黄沙土面，厚0~0.1米。房西侧有廊，廊宽1.1、低于室内约0.1米，长与房宽同。因保存不好，其分间及门道等情况不明（图二〇四）。

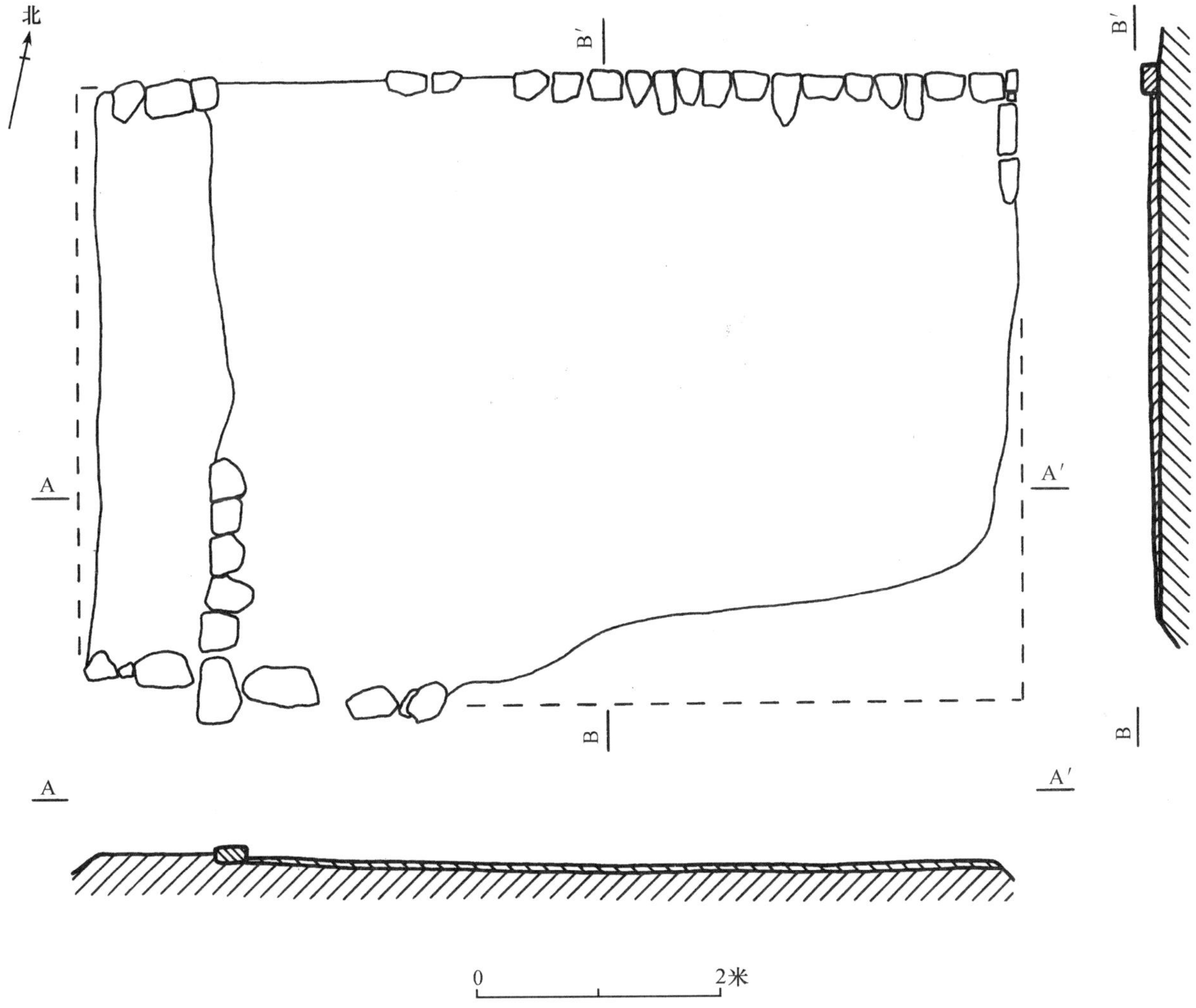

图二〇四　巴东旧县坪遗址（东）F3平、剖面图

（2）（东）F4

（东）F4　分布在（东Ⅰ）T2813、（东Ⅰ）T2814、（东Ⅰ）T2913、（东Ⅰ）T2914 探方内，开口于4层下，被（东）L1Ⅲ叠压，叠压打破5层。东邻（东）F34，西靠（东）L6Ⅰ，北临（东）L1Ⅱ。在（东）L1Ⅱ大街和（东）L6Ⅰ巷道连接处的东南角。保存较差，从残存遗迹情况分析，平面呈长方形，以北墙为基准，门向东北，方向20°。其房屋东西面阔8.5、南北进深5.2米，面积44.2平方米。以石块为基础，残存墙基石块高出室内地面0.12~0.18米。残存的室内地面为红沙土面，厚0.02~0.06米，是建筑房屋后填垫的。另在房外临街边处用大石块垒砌台边，房两侧高出（东）L1Ⅱ街面西有0.7、东有0.2米，高出（东）L6Ⅰ街面有0.9米。因保存不好，其分间及门道等情况不明（图一一八，东27）。

（3）（东）F5

（东）F5　分布在（东Ⅰ）T3714、（东Ⅰ）T3615、（东Ⅰ）T3715、（东Ⅰ）T3815、（东Ⅰ）T3616、（东Ⅰ）T3716 等探方内，开口于 4 层下，叠压打破 5 层。位于北侧靠山的高台地上，南邻（东）F22，东、北临（东）L2。保存较差，从残存遗迹情况分析，平面呈长方形，以北墙为基准，门向北，方向 12°。房屋东西面阔 7.5、南北进深残存 3.1 米，残存面积 23.2 平方米。以石块为基础，残存墙基石块高出室内地面 0.05 ~ 0.1 米。室内分间已不明，居住地面为褐黄色沙土面，厚 0 ~ 0.11米，是建筑房屋后填筑的（图二〇五）。

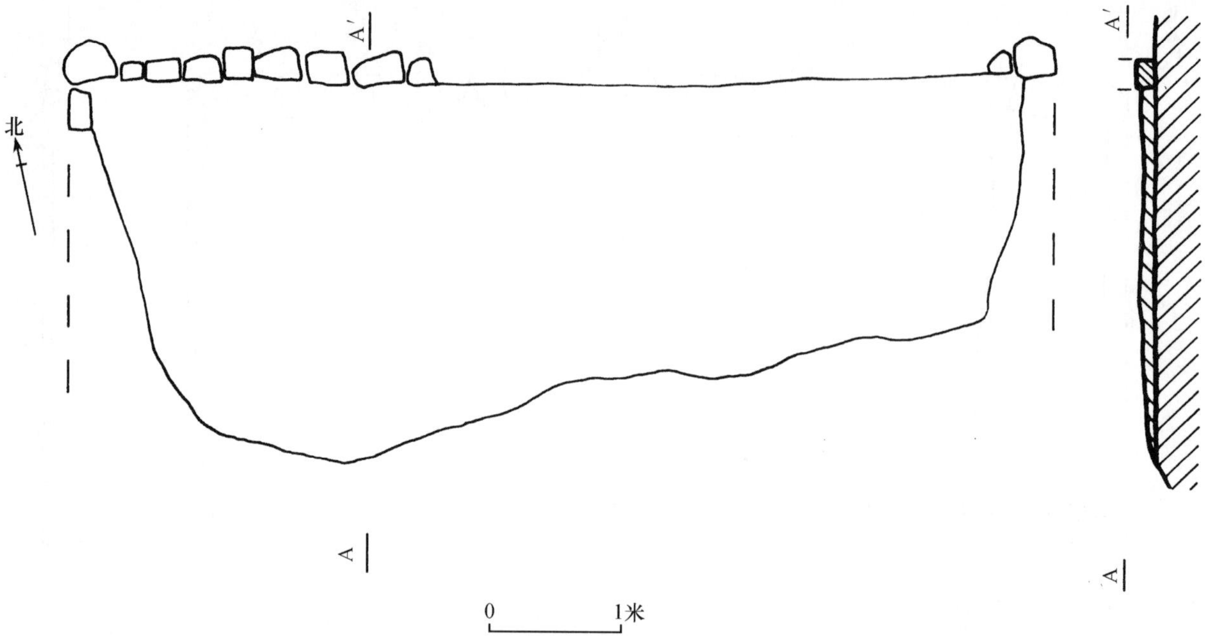

图二〇五　巴东旧县坪遗址（东）F5 平、剖面图

（4）（东）F8

（东）F8　分布在（东Ⅰ）T2606、（东Ⅰ）T2507、（东Ⅰ）T2607、（东Ⅰ）T2707、（东Ⅰ）T2508 等探方内，开口于 4 层下，叠压打破（东）F27。南面长江，西隔（东）L6Ⅰ与（东）F15 相望，北临（东）L9，在（东）L9 和（东）L6Ⅰ巷道交汇处的东南角。保存较差，从残存遗迹情况分析，平面呈长方形，以南墙为基准，门向南，方向 178°。房屋东西面阔 9.2、南北进深 5.6 米，面积 51.5 平方米。以石块为墙基，墙基高出室内地面 0.08 ~ 0.12 米。室内地面为黄沙土地面，厚 0.09 ~ 0.16 米，经过拍打，较平整。因保存不好，其分间及门道等情况不明（图二〇六）。

（5）（东）F12Ⅱ

（东）F12Ⅱ　位于（东Ⅰ）T2715、（东Ⅰ）T2815、（东Ⅰ）T2716、（东Ⅰ）T2816、（东Ⅰ）T2916、（东Ⅰ）T2717 探方中，开口于 4 层下，叠压打破（东）F12Ⅰ。在（东）L1Ⅱ大街和（东）L4Ⅱ巷道交汇处的西北角，东面（东）L4Ⅱ，南临（东）L1Ⅱ，东邻（东）F41。保存较差，从残存遗迹情况分析，平面呈长方形，门向西南，方向为 208°。房屋东西面阔残存 4.5、南北进深 6 米，残存面积 27 平方米。所保存的房屋基础系用石块而为，高出室内地面 0.03 ~ 0.1 米。室内地面为红褐色土面，厚 0 ~ 0.08 米。房屋东侧有自北而南下的排水沟，编号为（东）G2，系房屋与巷道间的排水沟（图二〇七）。

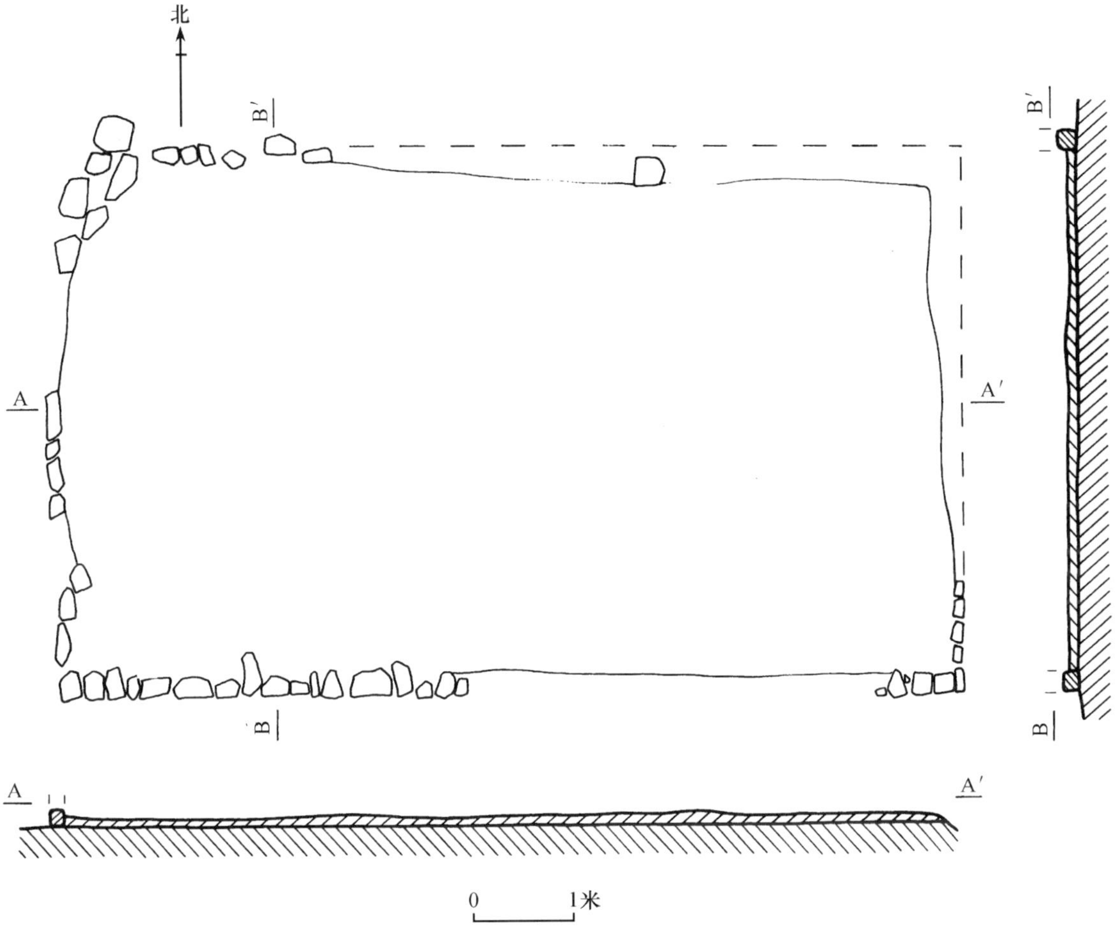

图二〇六　巴东旧县坪遗址（东）F8 平、剖面图

（6）（东）F13

（东）F13　分布在（东Ⅰ）T3014、（东Ⅰ）T2915、（东Ⅰ）T3015、（东Ⅰ）T2916、（东Ⅰ）T3016、（东Ⅰ）T2917 等探方内，开口于4层下，被（东）L4Ⅲ叠压，叠压打破（东）L4Ⅰ。东邻（东）F29，南靠（东）L1Ⅱ，西临（东）L4Ⅱ，在（东）L1Ⅱ大街和（东）L4Ⅱ巷道交汇处的东北角。建筑遗迹要高出西部的（东）F12Ⅱ的居住面1.5米，高出（东）L4Ⅱ巷道街面0.8米。保存较差，从残存遗迹情况分析，平面呈长方形，以西墙为基准，门向西，方向为274°。房屋南北面阔残存10、东西进深残存4.5米，残存面积45平方米。以基础为石块，石块较大，残存的石块高出地面0.1～0.16米。室内居住面为褐红色土面，厚0～0.12米。因破坏严重，仅知其形，其分间及门道等情况不明（图二〇八）。

（7）（东）F14

（东）F14　分布在（东Ⅰ）T2819、（东Ⅰ）T2919、（东Ⅰ）T2820、（东Ⅰ）T2920 等探方内，开口于4层下，叠压打破5层。在（东）L4Ⅱ巷道的最北端，南面（东）L4Ⅱ，街面低于房屋遗迹0.95米，隔（东）L4Ⅱ与（东）F41相望，北靠山体。保存较差，从残存遗迹情况分析，平面呈长方形，以南墙为基准，门向南，方向190°。房屋东西面阔残存7.6、南北进深残存3.7米，残存面积28平方米。以石块为基础，但保存较少，残存石块高出其室内居住面0.04～0.11米。室内红褐色居住面被严重破坏，已几乎不存。因保存不好，其分间及门道等情况不明（图二〇九）。

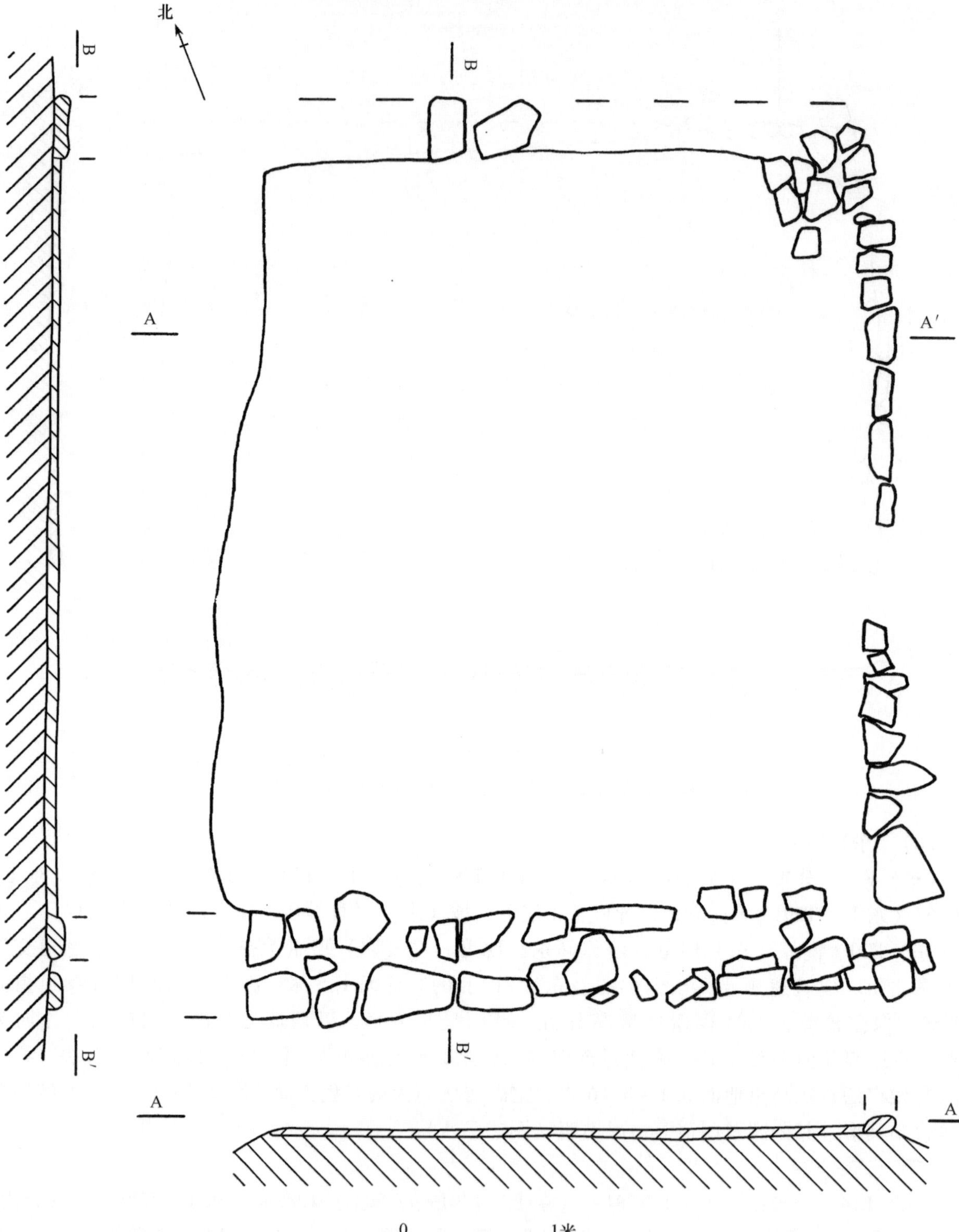

图二〇七　巴东旧县坪遗址（东）F12Ⅱ平、剖面图

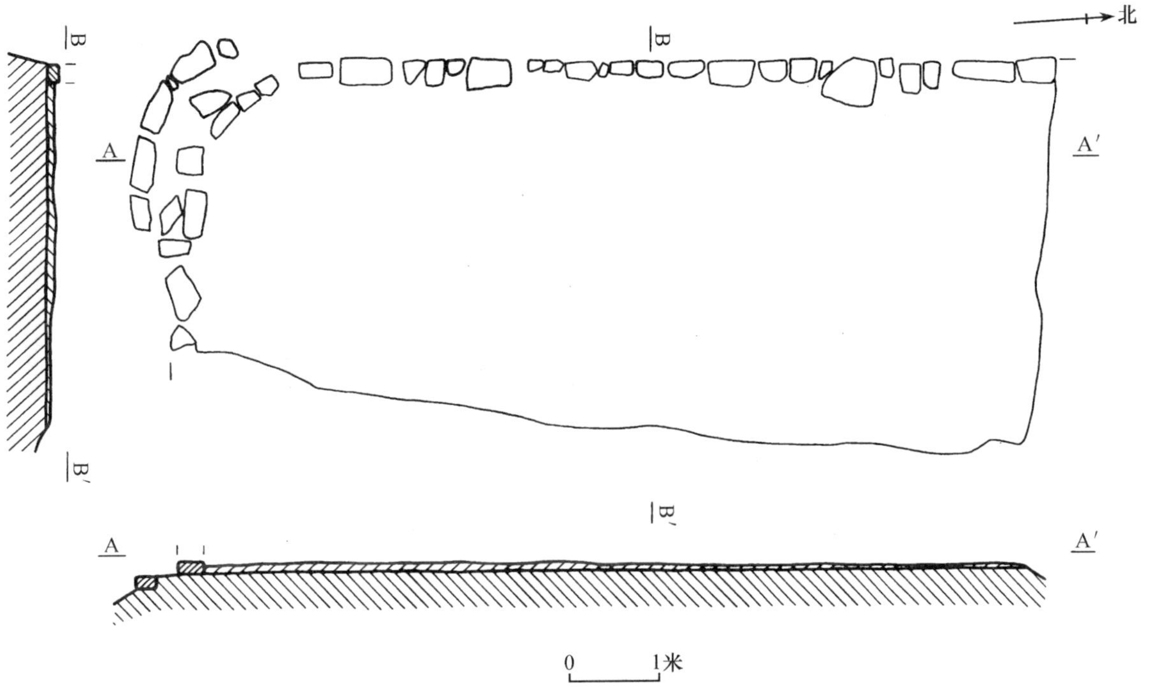

图二〇八 巴东旧县坪遗址（东）F13平、剖面图

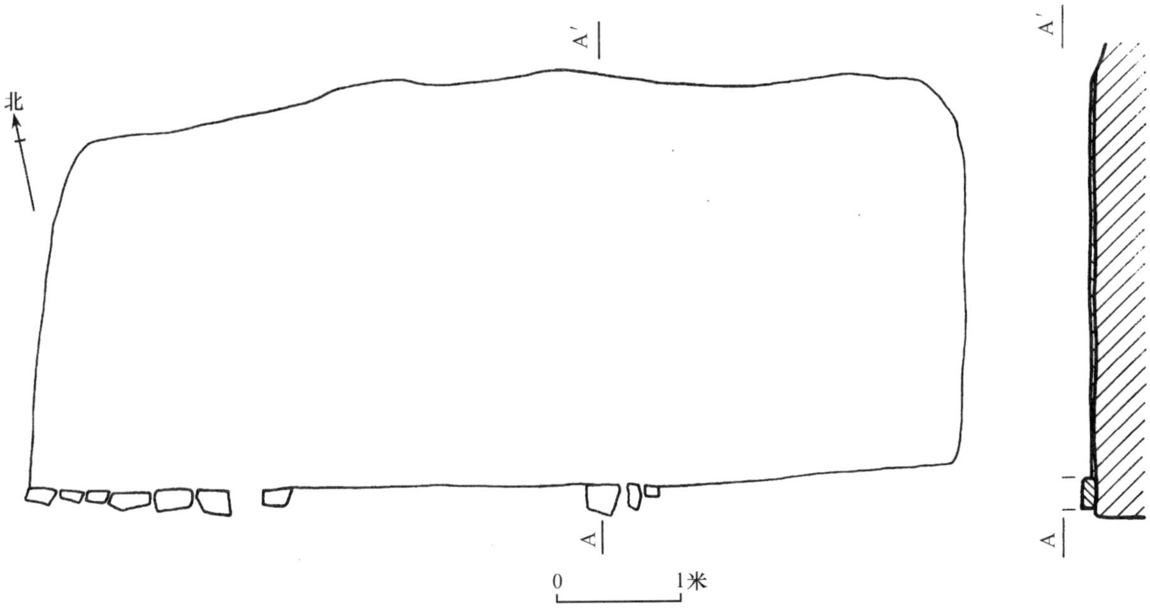

图二〇九 巴东旧县坪遗址（东）F14平、剖面图

（8）（东）F15

（东）F15 分布在（东Ⅰ）T2307、（东Ⅰ）T2407、（东Ⅰ）T2308、（东Ⅰ）T2408等探方内，开口于4层下，叠压打破5层。东隔（东）L6Ⅰ与（东）F8相邻，北临（东）L7，在（东）L7和（东）L6Ⅰ巷道交汇处的西南角。保存较差，从残存遗迹情况分析，平面呈长方形，以北墙为基准，门向北，方向为18°。残存遗迹东西面阔5、南北进深残存2.5米，残存面积12.5平方米。用石块垒砌，残存墙基高出室内地面0.05～0.1米。东西两端的墙角础石明确，较大。居住面为红褐色土，厚0～0.1米。破坏严重，其大小、分间及门道情况不明（图二一〇）。

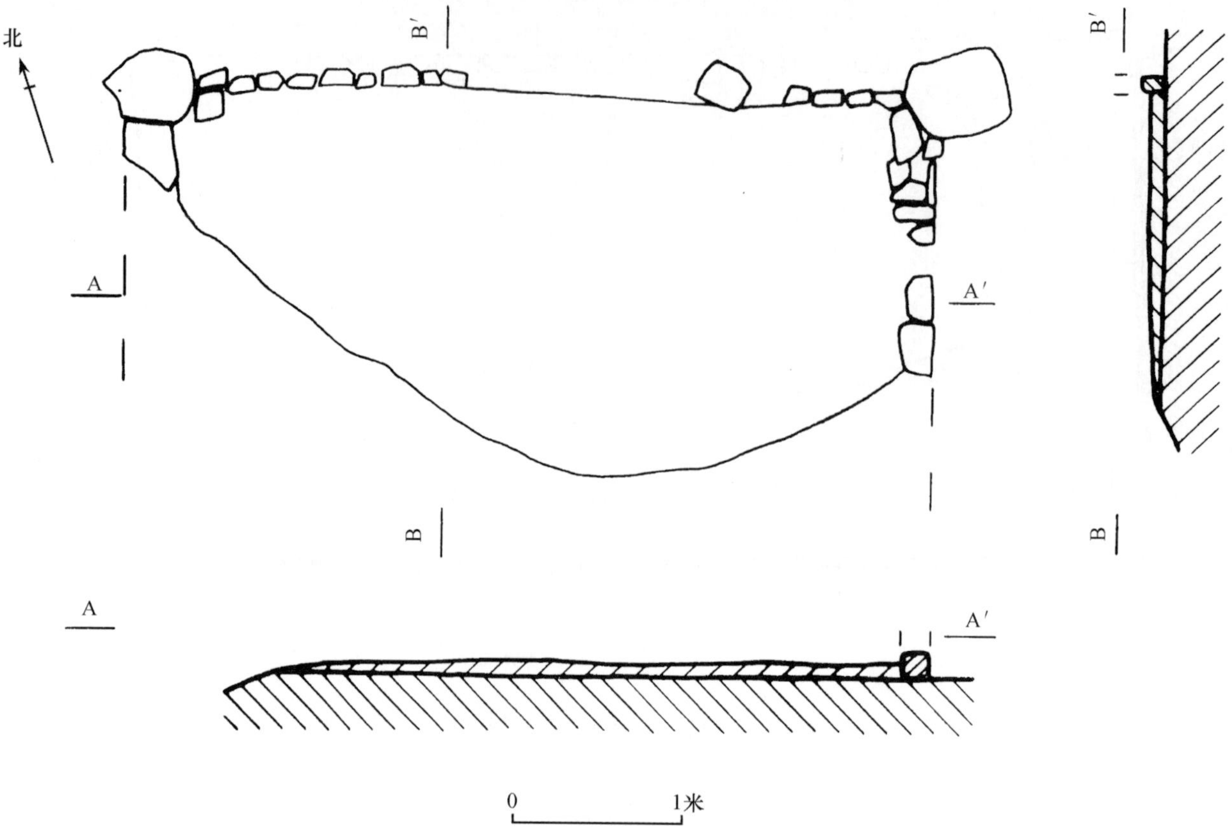

图二一〇　巴东旧县坪遗址（东）F15 平、剖面图

（9）（东）F17

（东）F17　分布在（东Ⅰ）T2109、（东Ⅰ）T2209、（东Ⅰ）T2309、（东Ⅰ）T2409、（东Ⅰ）T2210、（东Ⅰ）T2310 等探方内，开口于 4 层下，叠压打破 5 层及（东）F28。东隔（东）L6Ⅰ与（东）F18 相望，东南隔（东）L7 与（东）F15 相邻，南临（东）L7。保存较差，从残存遗迹情况分析，平面呈长方形，门向南，方向为 200°。建筑前曾填筑前部的台基，房屋台地高出前院约有 0.5 米。依据其房前的门道复原，东西面阔 9.5、南北进深 5 米，面积 47.5 平方米。遗迹用石块垒砌，高出室内地面有 0.06 ~ 0.12 米。室内地面为褐黄色沙土面，厚 0 ~ 0.12 米，经夯筑，较硬，有被火烧烤的痕迹。房前中心设外凸的斜坡状门道，用石块垒砌成，宽 1.9、长 2 米，门道南低于居住面 0.18 米（图二一一）。

（10）（东）F18

（东）F18　分布在（东Ⅰ）T2508、（东Ⅰ）T2608、（东Ⅰ）T2509、（东Ⅰ）T2609、（东Ⅰ）T2510、（东Ⅰ）T2610 等探方内，开口于 4 层下，叠压打破 5 层。在（东）L9 大街和（东）L6Ⅰ巷道交汇处的东北角，南隔（东）L9 与（东）F8 相望，西临（东）L6Ⅰ。保存较差，从残存遗迹情况分析，平面呈长方形，以西墙为基准，门向西，方向为 288°。南北面阔残存 5.3、东西进深 3 米，残存面积 15.9 平方米。以石块为墙基，残留的石块高出室内地面 0.02 ~ 0.11 米。室内的地面为红沙土面，厚 0 ~ 0.1 米，系房屋建成后填筑的。保存差，其大小、分间及门道情况不明（图二一二）。

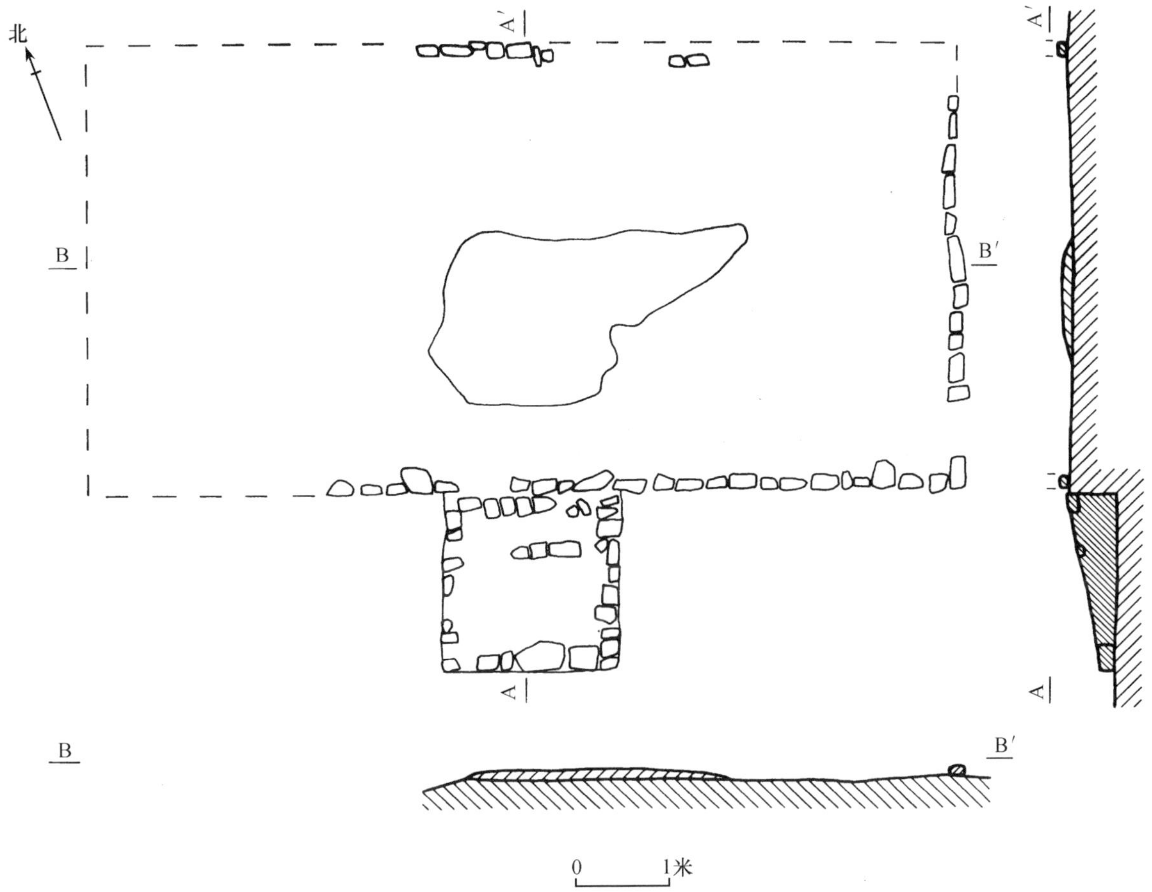

图二一一　巴东旧县坪遗址（东）F17平、剖面图

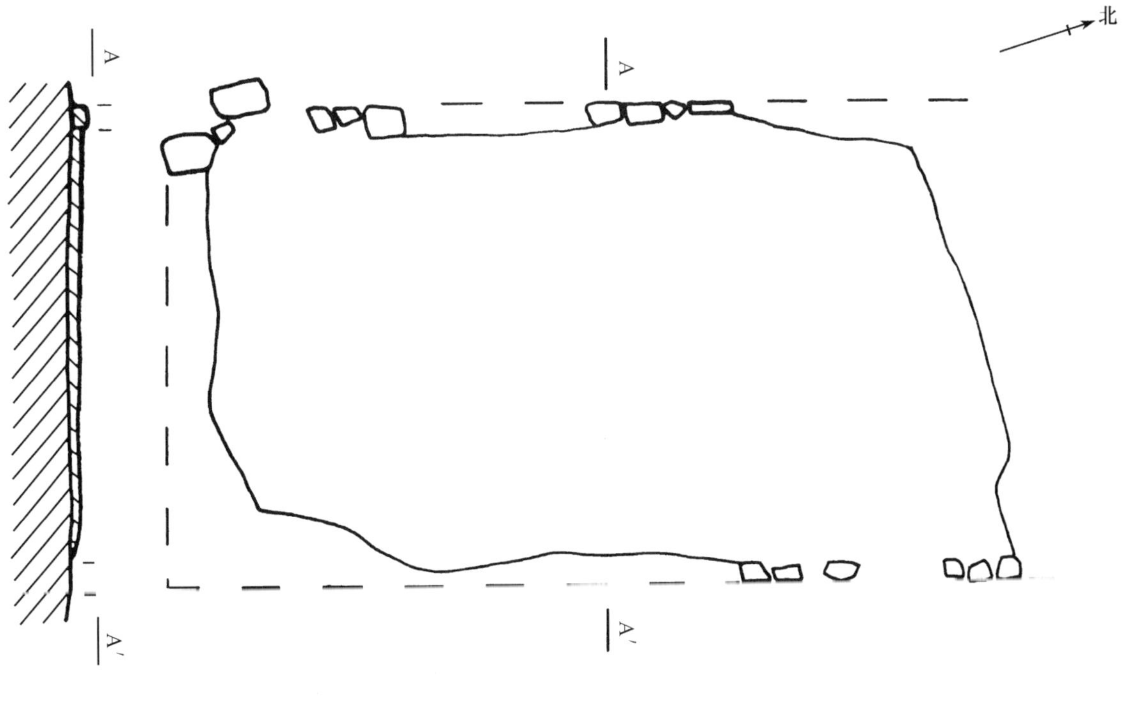

图二一二　巴东旧县坪遗址（东）F18平、剖面图

（11）（东）F19

（东）F19　分布在（东Ⅰ）T3204、（东Ⅰ）T3304、（东Ⅰ）T3404、（东Ⅰ）T3205、（东Ⅰ）T3305、（东Ⅰ）T3405等探方内，开口于4层下，叠压打破5层。东邻（东）F44，北临（东）L9。保存较差，从残存遗迹情况分析，平面呈长方形，以南墙为基准，门向南，方向为180°。东西面阔残存5.1、南北进深3.5米，残存面积17.9平方米。用石块垒砌基础，比较规整，仅保存西南转角和北墙西端部分基础，高出其地面0.05～0.15米。室内地面为黄沙土面，厚0～0.06米。破坏严重，其大小、分间及门道情况不明（图二一三）。

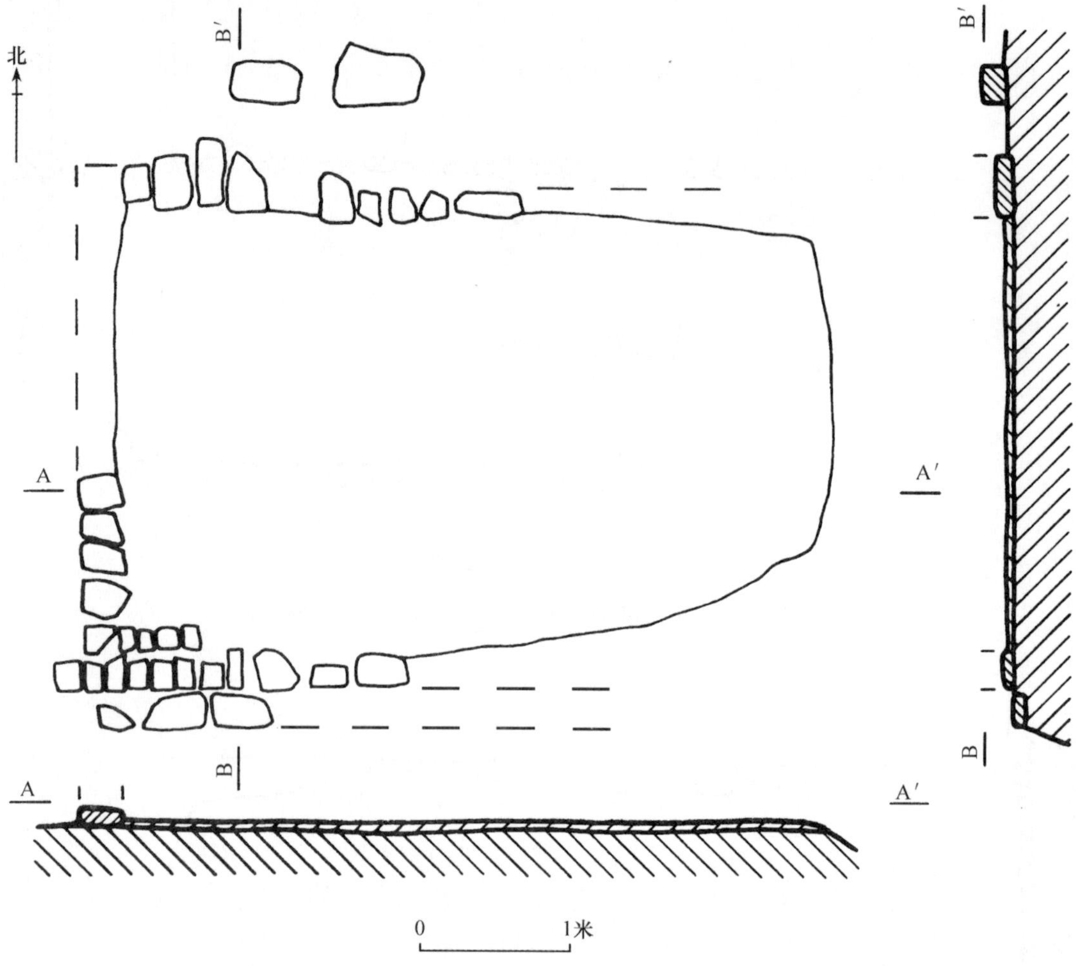

图二一三　巴东旧县坪遗址（东）F19平、剖面图

（12）（东）F20

（东）F20　分布在（东Ⅰ）T3214、（东Ⅰ）T3314、（东Ⅰ）T3215、（东Ⅰ）T3315、（东Ⅰ）T3216、（东Ⅰ）T3316等探方内，开口于4层下，叠压打破（东）F40。位于（东）L1Ⅱ和（东）L3Ⅰ交汇口的西北侧，东临（东）L3Ⅰ巷道，南隔（东）L1Ⅱ大街与（东）F30相对，西邻（东）F29。平面呈长方形，以东墙为基准，门向东，方向为80°。南北面阔残存8.5、东西进深残存3.7米，残存面积30.6平方米。以石块为墙基，仅存东墙部分墙基，残存墙基高出室内地面0.03～0.12米。室内居住面为红沙土面，厚0.03～0.09米，系房屋建成后填筑的。保存不好，其大小、分间及门道情况不明（图二一四）。

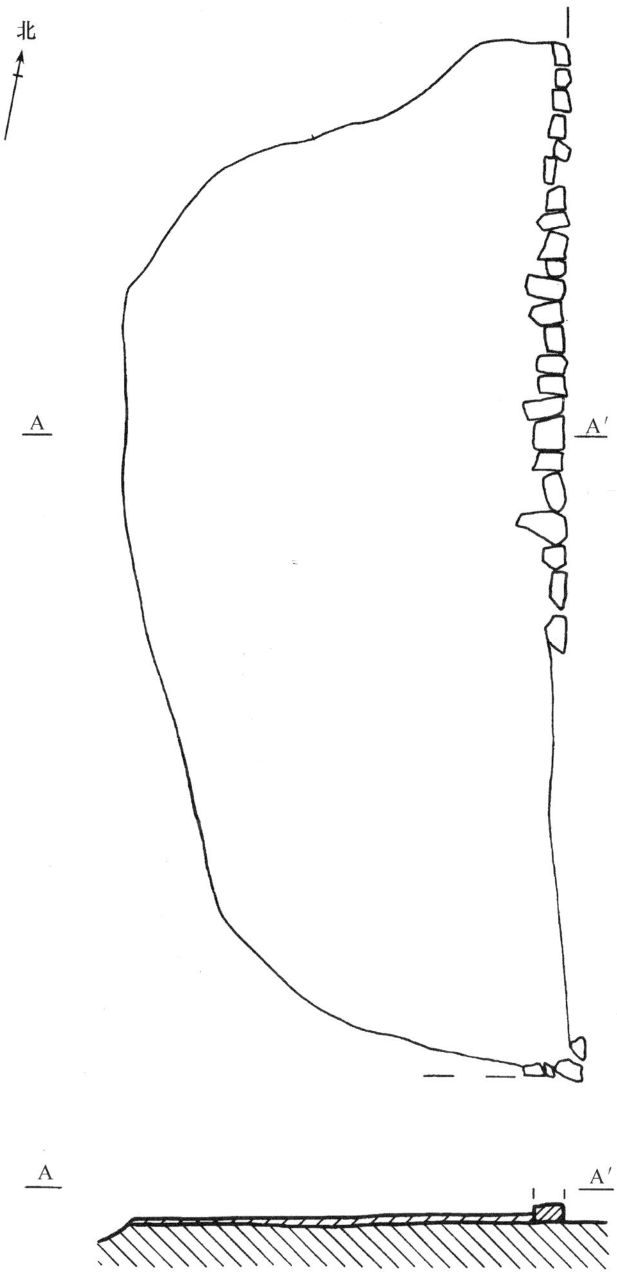

图二一四　巴东旧县坪遗址（东）F20平、剖面图

（13）（东）F21

（东）F21　分布在（东Ⅰ）T3317、（东Ⅰ）T3417、（东Ⅰ）T3318、（东Ⅰ）T3418等探方内，开口于4层下，叠压打破5层。在（东）L2和（东）L3Ⅰ巷道交汇处的西北角，东南靠（东）L2，西南临（东）L3Ⅰ，西邻（东）F3，北为山体。保存较差，从残存遗迹情况分析，平面呈长方形，以西南墙为基准，门向西南，方向225°。东西面阔残存6、南北进深3米，残存面积18平方米。以石块为基础，残存墙基高出室内地面0.06～0.1米。室内居住面为褐黄色沙土面，厚0.02～0.07米。整个遗迹保存差，其大小、分间及门道情况不明（图二一五）。

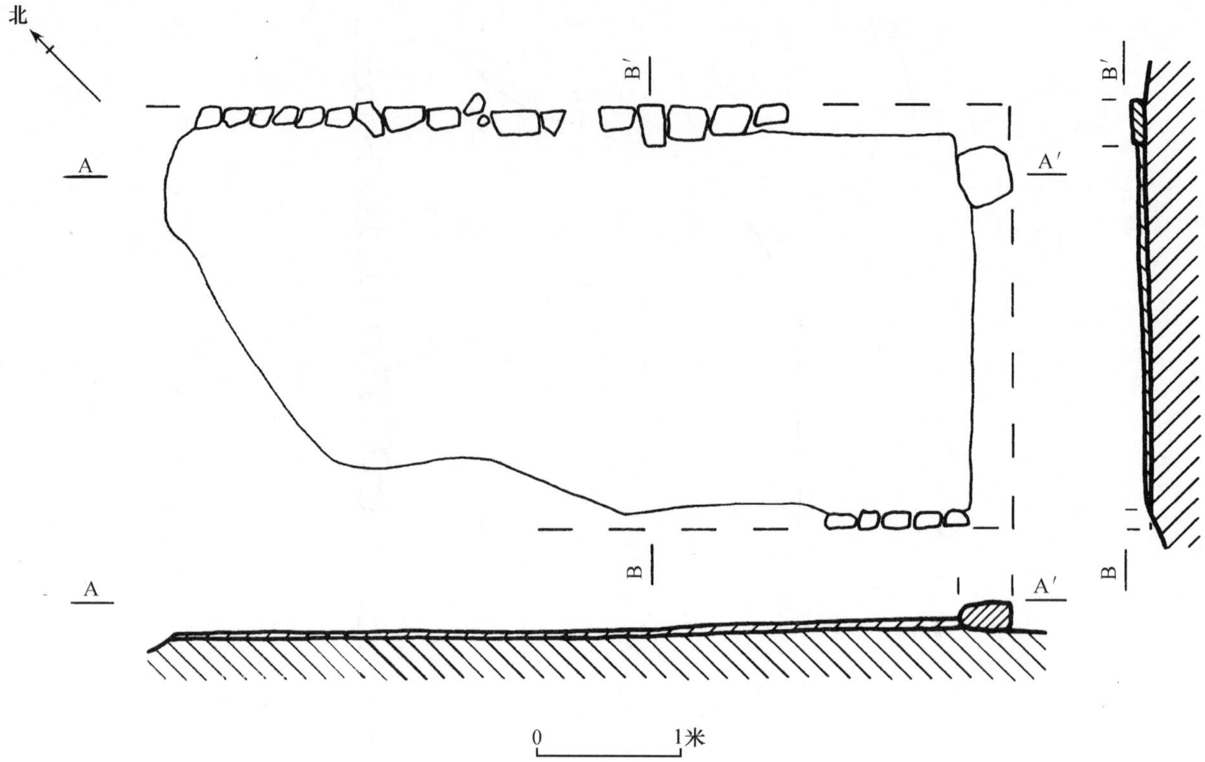

图二一五　巴东旧县坪遗址（东）F21 平、剖面图

（14）（东）F22

（东）F22　分布在（东Ⅰ）T3513、（东Ⅰ）T3613、（东Ⅰ）T3713、（东Ⅰ）T3514、（东Ⅰ）T3614、（东Ⅰ）T3714 探方内，开口于 4 层下，叠压打破 5 层。东邻（东）F23，西望（东）L3Ⅰ，南临（东）L1Ⅱ。保存较差，从残存遗迹情况分析，平面呈长方形，以南墙为基准，门向西南，方向 200°。房屋东西面阔残存 7、南北进深残存 1.7 米。以石块为墙基，残存墙基高出室内地面 0.05～0.1 米。室内居住面为褐红色沙土地面，厚 0～0.07 米。保存不好，其大小、分间及门道情况不明（图二一六）。

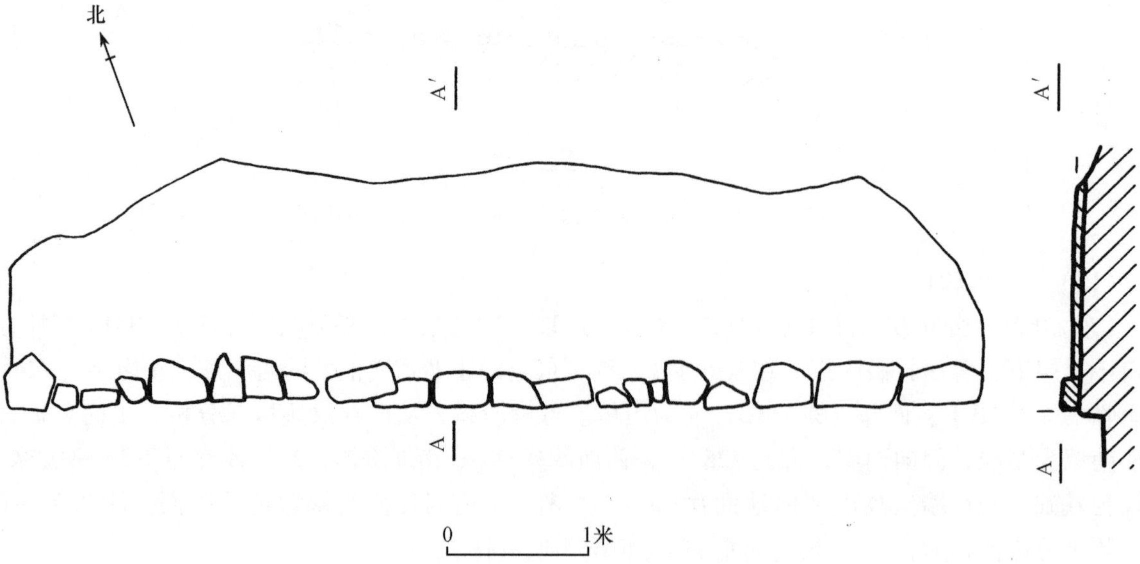

图二一六　巴东旧县坪遗址（东）F22 平、剖面图

（15）（东）F23

（东）F23　分布在（东Ⅰ）T3812、（东Ⅰ）T3713、（东Ⅰ）T3813、（东Ⅰ）T3714等探方内，开口于4层下，叠压打破5层。在（东）L1Ⅱ大街和（东）L2巷道交汇处的西北角，东靠（东）L2，南临（东）L1Ⅱ，房屋高于大街0.1米，西邻（东）F22。保存较差，从残存遗迹情况分析，平面呈长方形，以南墙为基准，门向南，方向为196°。东西面阔残存6、南北进深残存1.6米。以石块为基础，残存墙基高出室内地面0.05～0.08米，室内居住面为红沙土面，厚0～0.05米。保存较差，其大小、分间及门道情况不明（图二一七）。

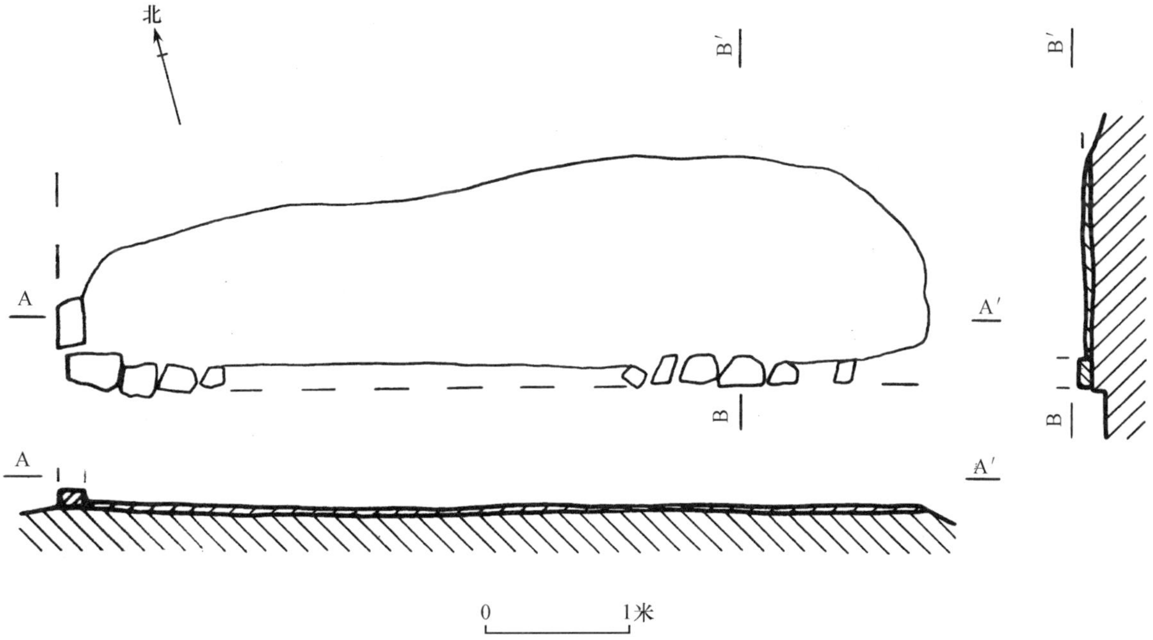

图二一七　巴东旧县坪遗址（东）F23平、剖面图

（16）（东）F30

（东）F30　分布在（东Ⅰ）T3113、（东Ⅰ）T3213等探方内，开口于4层下，被（东）L1Ⅲ叠压，叠压打破5层。东邻（东）F33，西靠（东）F34，北临（东）L1Ⅱ，高于街面0.2米，隔（东）L1Ⅱ与（东）F20相对。保存较差，从残存遗迹情况分析，平面呈长方形，以北墙为基准，门向北，方向为0°。东西面阔残存6.2、南北进深残存3米，残存面积18.6平方米。以石块为基础，残存石块高出地面0.05～0.12米。室内居住面保存差，残厚0～0.05米。因保存较差，其大小、分间及门道情况不明（图二一八）。

（17）（东）F32

（东）F32　分布在（东Ⅰ）T2005、（东Ⅰ）T2105等探方内，开口于4层下，叠压打破5层。在东区台地西南侧边缘，东邻（东）F2，南面长江。属于立柱式建筑，保存较差，从残存遗迹情况分析，平面呈长方形，以南墙为基准，门向西南，方向200°。东西面阔残存3.9、南北进深1.8米，残存面积7.02平方米。房屋遗迹共发现柱洞八个，南、北墙基各四个，间距1.25米，均为圆形，柱洞口径0.15～0.25、深0.2～0.3米。室内地面为紫红色沙土地面，厚0.08～0.13米。保存较差，其大小、分间及门道情况不明（图二一九）。

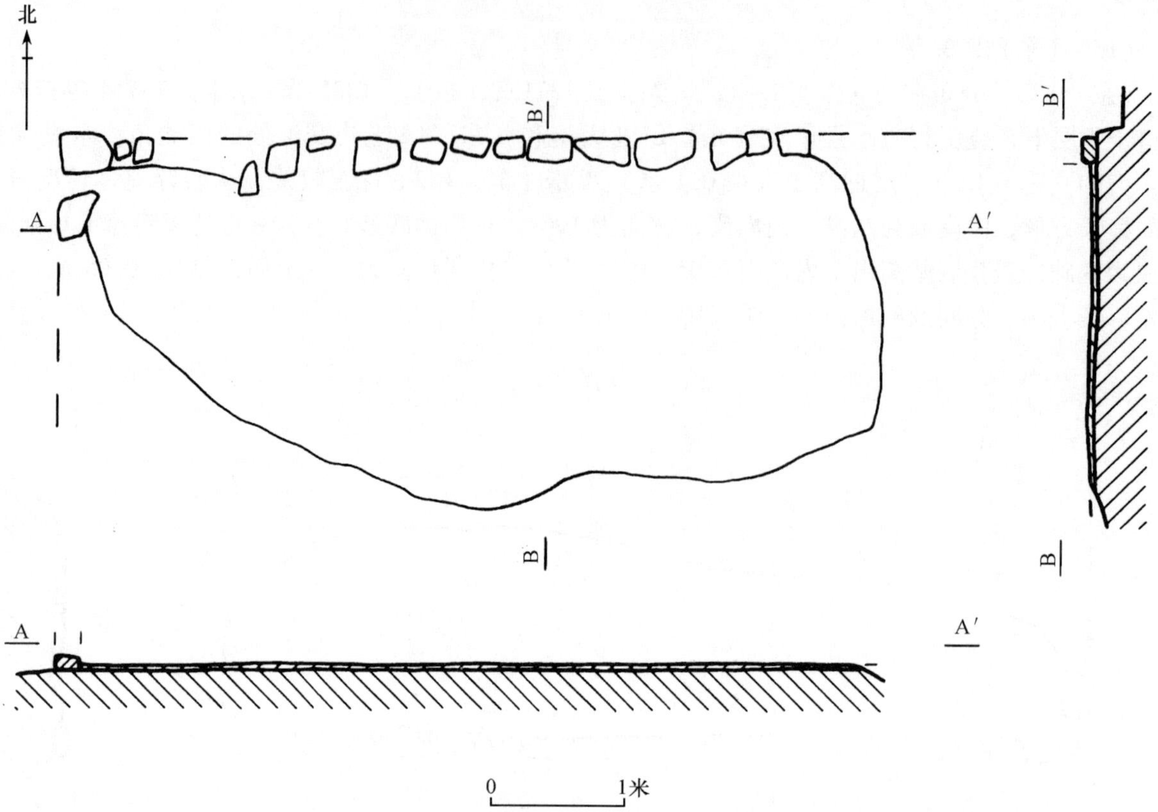

图二一八　巴东旧县坪遗址（东）F30 平、剖面图

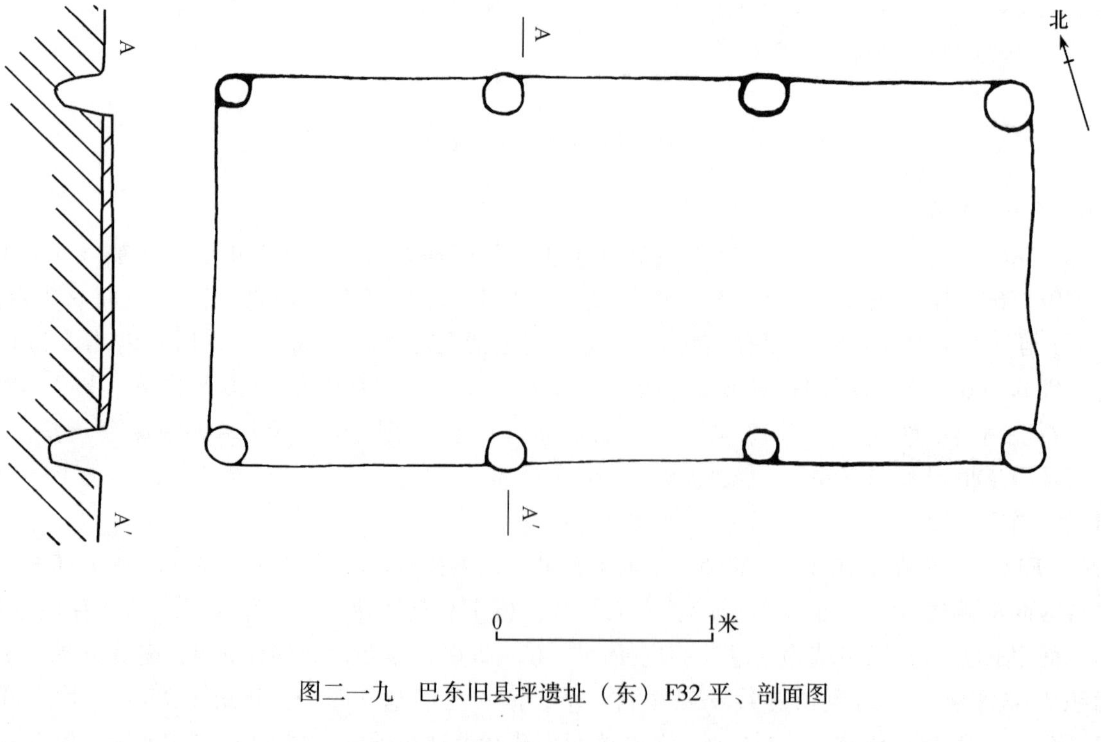

图二一九　巴东旧县坪遗址（东）F32 平、剖面图

(18)（东）F33

（东）F33　分布在（东Ⅰ）T3312、（东Ⅰ）T3412、（东Ⅰ）T3512、（东Ⅰ）T3313、（东Ⅰ）T3413、（东Ⅰ）T3513 等探方内，开口于 4 层下，被（东）L1Ⅲ叠压，叠压打破 5 层。东邻（东）F37，西靠（东）F30，北临（东）L1Ⅱ。保存较差，从残存遗迹情况分析，平面呈长方形，属于一半为吊脚楼式的建筑遗迹，以北墙为基准，门向北，方向为 8°。石块基础，高出地面约有 0.05～0.08 米。（东）F33 分东、西两室，东室在坎上，高于西室 1.8 米，东西面阔 5.5、南北进深残存 2.5 米，残存面积 13.8 平方米；西室为吊脚楼部分，面阔残存 2、进深残存 2 米。室内地面为褐红色土面，厚 0.04～0.08 米。保存较差，其大小、门道情况不明（图二二〇）。

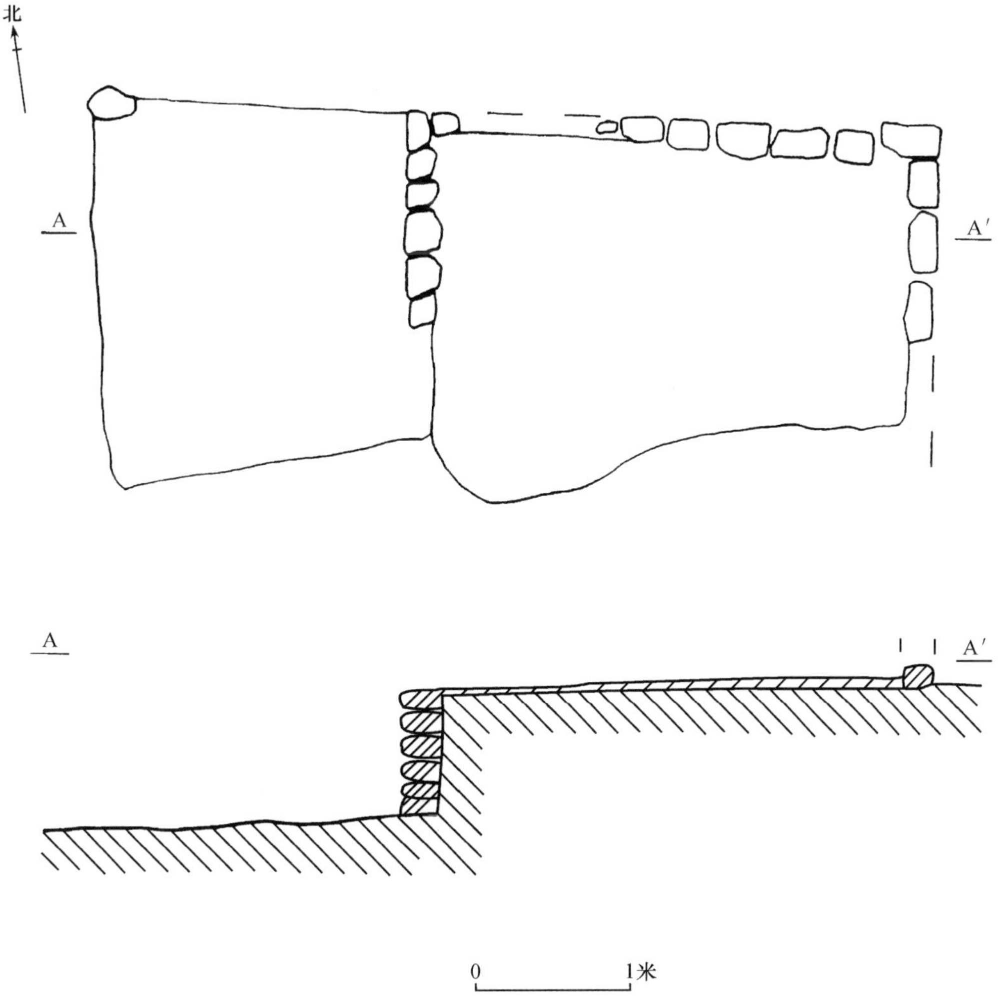

图二二〇　巴东旧县坪遗址（东）F33 平、剖面图

(19)（东）F34

（东）F34　分布在（东Ⅰ）T3013、（东Ⅰ）T3113、（东Ⅰ）T3014 等探方内，开口于 4 层下，被（东）L1Ⅲ叠压，叠压打破 5 层。东邻（东）F30，西靠（东）F4，北临（东）L1Ⅱ，高出大街 0.25 米。保存较差，仅存西半部分，东部已毁。从残存遗迹情况分析，平面呈长方形，以北墙为基准，门向北，方向为 7°。房屋东西面阔残存 3.5、南北进深 4 米，残存面积 14 平方米。以石块为基础，残存的石块墙基高出室内地面 0.03～0.08 米。室内地面为红色沙土面，厚 0～0.04 米。保存较差，其大小、分间及门道情况不明（图二二一）。

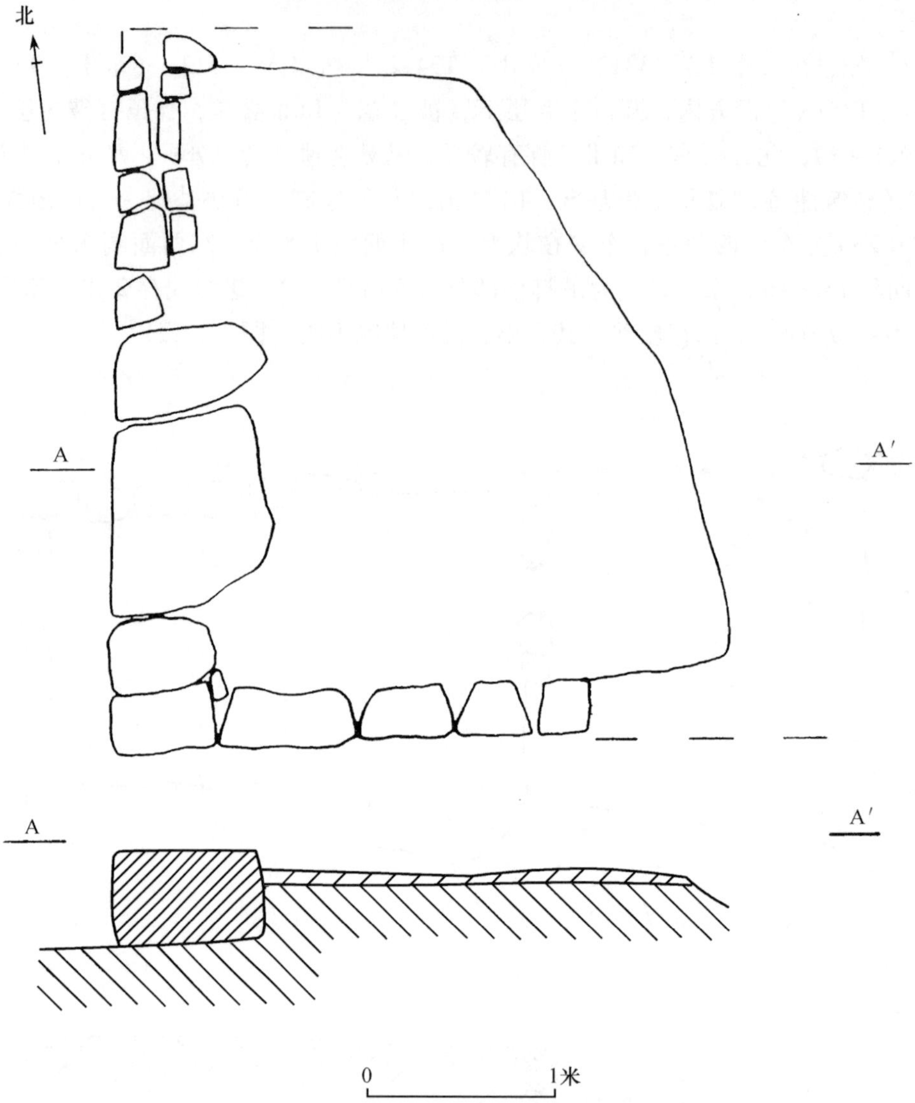

图二二一　巴东旧县坪遗址（东）F34平、剖面图

（20）（东）F36

（东）F36　分布在（东Ⅰ）T2714、（东Ⅰ）T2814、（东Ⅰ）T2715等探方内，开口于4层下，被（东）L1Ⅲ叠压，叠压打破（东）L1Ⅰ。在（东）L1Ⅱ、（东）L5Ⅰ、（东）L6Ⅰ三条路交汇的夹角地带，东隔（东）L6Ⅰ与（东）F4相邻，西南临（东）L5Ⅰ，北面（东）L1Ⅱ。房屋高出（东）L1Ⅱ大街0.1～0.2米，高出（东）L5Ⅰ巷道有0.06～0.15米。保存较差，西部已毁，仅存东半部分，从残存街面遗迹情况分析，平面呈长方形，以街面北墙为基准，门向北，方向为18°。房屋东西面阔残存5.2、南北进深4.2米，残存面积21.8平方米。以石块为墙基，石块墙基高出地面0.05～0.09米。室内地面为红色沙土面，厚0.06～0.1米。保存较差，其大小、分间及门道情况不明（图二二二）。

（21）（东）F37

（东）F37　分布在（东Ⅰ）T3511、（东Ⅰ）T3611、（东Ⅰ）T3512、（东Ⅰ）T3612、（东Ⅰ）T3513等探方内，开口于4层下，被（东）L1Ⅲ叠压，叠压打破5层。西邻（东）F33，北临（东）L1Ⅱ，与（东）F23隔（东）L1Ⅱ相望，高出大街街面0.2～0.5米。保存较差，仅存北半部分，从残存遗迹情况分析，平面呈长方形，以北墙为基准，门向北，方向15°。房屋东西面阔7.5、南北

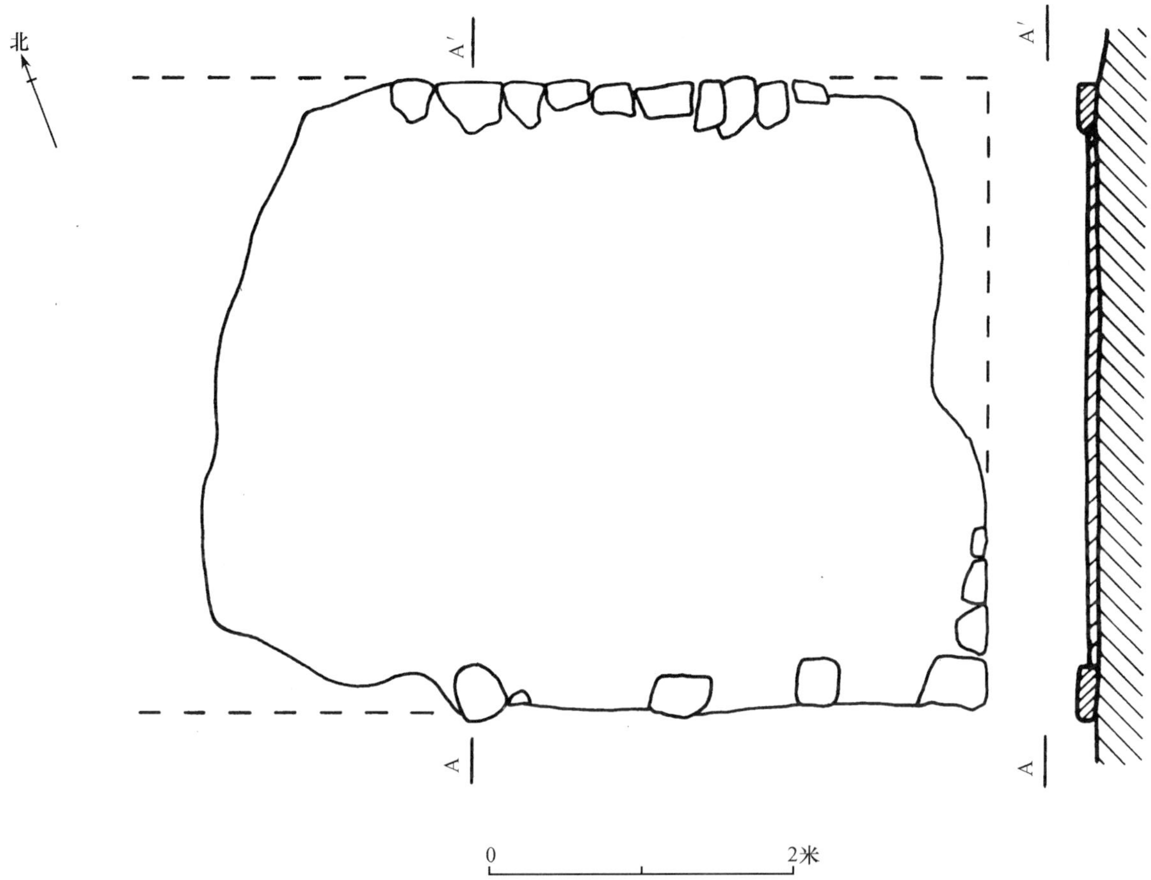

图二二二 巴东旧县坪遗址（东）F36平、剖面图

进深残存4米，残存面积30平方米。遗迹用石块为基础，高出地面0.05～0.1米。室内地面为红色沙土地面，厚0～0.06米，建房后填筑的。保存极差，其大小、分间及门道情况不明（图二二三）。

（22）（东）F38

（东）F38 分布在（东Ⅰ）T3517、（东Ⅰ）T3617、（东Ⅰ）T3717等探方内，开口于4层下，叠压打破5层。在最北侧的山脚下，南临（东）L2，高于巷道街面0.25米，隔（东）L2与（东）F5相望，西邻（东）F21。保存较差，从残存遗迹情况分析，平面呈长方形，以南墙为基准，门向南，方向185°。房屋东西面阔7.5、南北进深残存4米，残存面积30平方米。以石块为基础，残存基础高出地面0.03～0.08米。室内地面为黄褐色沙土地面，厚0.05～0.1米，系房屋建筑后填筑的。其大小、分间及门道情况不明（图二二四）。

（23）（东）F39

（东）F39 分布在（东Ⅰ）T2917、（东Ⅰ）T3017、（东Ⅰ）T2918、（东Ⅰ）T3018、（东Ⅰ）T2919等探方内，开口于4层下，叠压打破（东）L4Ⅰ。东靠（东）F3，南邻（东）F13，西临（东）L4Ⅱ，隔（东）L4Ⅱ与（东）F41相望，高出巷道街面0.9米。保存较差，从残存遗迹情况分析，平面呈长方形，以西墙为基准，门向西，方向为280°。房屋南北面阔残存9、东西进深残存2米，残存面积18平方米。房屋以石块为基础，仅有西墙残存部分，高出室内地面0.05～0.12米。室内地面为红色沙土面，厚0～0.06米。保存较差，其大小、分间及门道情况不明（图二二五）。

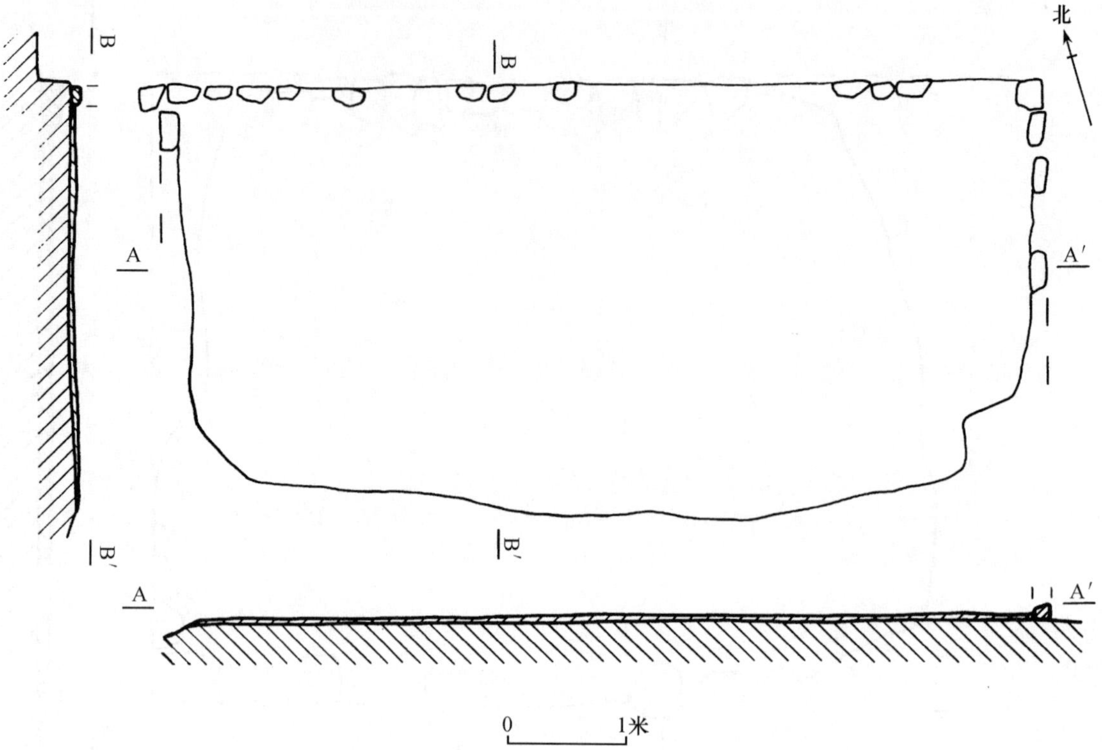

图二二三　巴东旧县坪遗址（东）F37平、剖面图

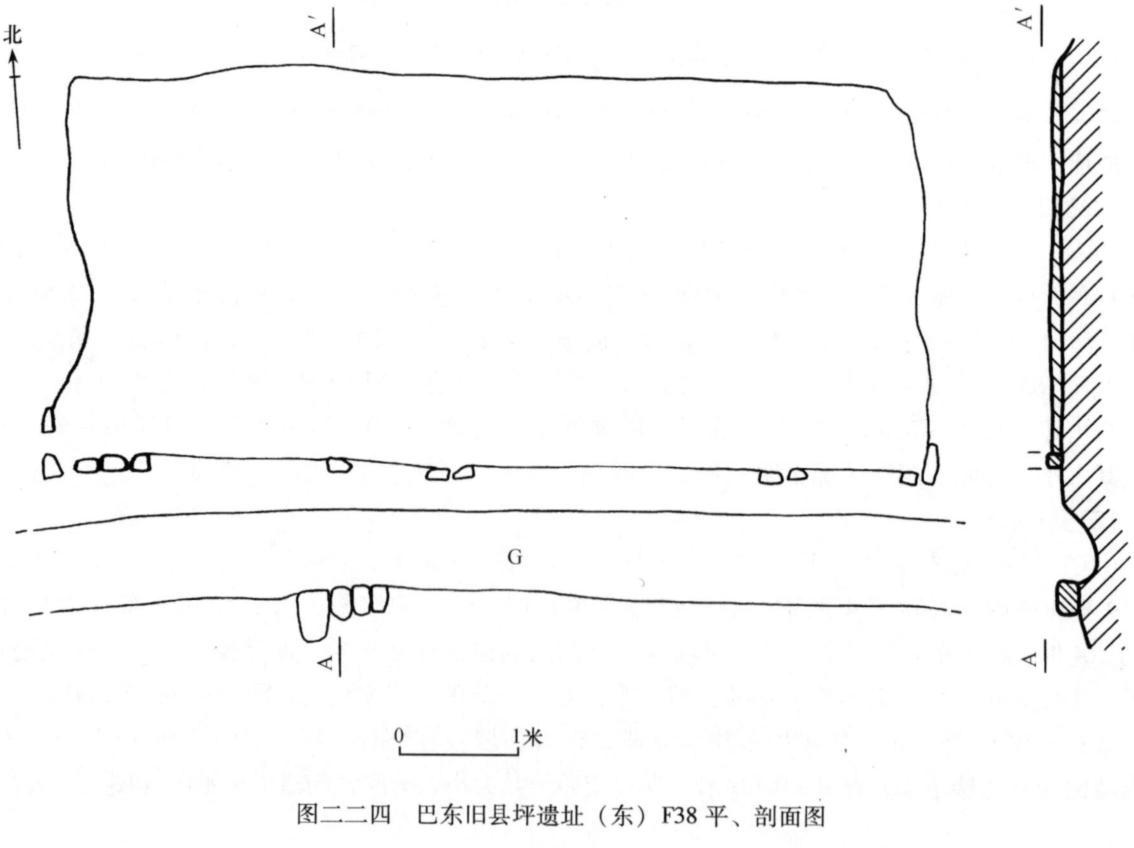

图二二四　巴东旧县坪遗址（东）F38平、剖面图

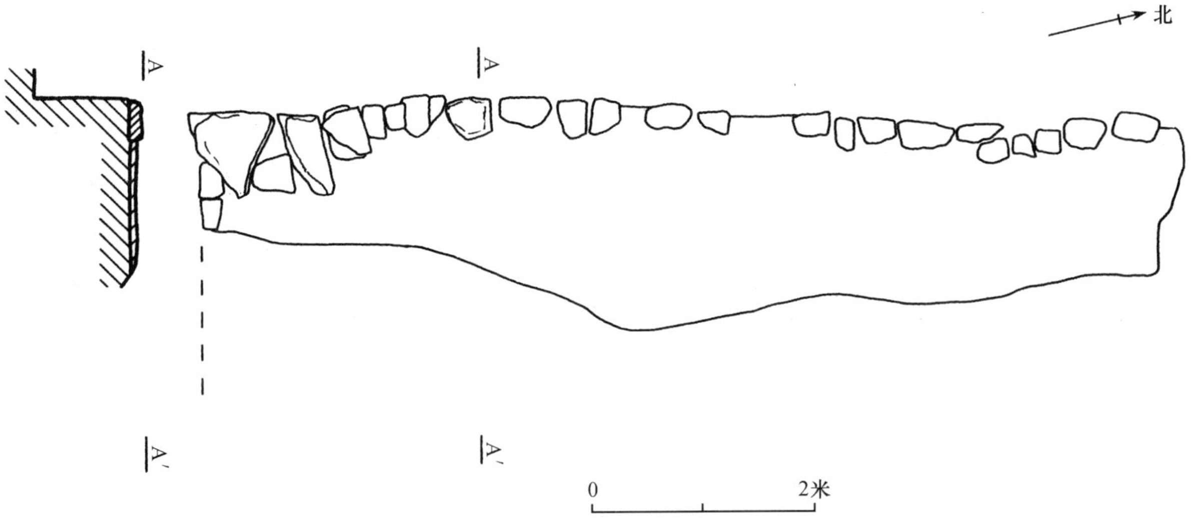

图二二五 巴东旧县坪遗址（东）F39平、剖面图

(24)（东）F41

（东）F41 分布在（东Ⅰ）T2816、（东Ⅰ）T2916、（东Ⅰ）T2817、（东Ⅰ）T2917、（东Ⅰ）T2818、（东Ⅰ）T2918、（东Ⅰ）T2819、（东Ⅰ）T2919等探方内，开口于4层下，叠压打破（东）F11及5层。东临（东）L4Ⅱ，低于（东）L4Ⅱ有0.6米，与（东）F39隔（东）L4Ⅱ相对，南邻（东）F12Ⅱ。保存较差，从残存遗迹情况分析，平面呈长方形，门向东，方向为100°。其东西长10、南北宽残存5.2米，残存面积52平方米。房屋以石块为基础，石块基础高出室内地面0.05～0.12米。室内地面为褐红色沙土地面，保存差，厚0.02～0.08米。房前有台阶式梯步一级，宽0.3米。因残，其大小、分间及门道情况不明（图二二六）。

(25)（东）F43

（东）F43 分布在（东Ⅰ）T3405、（东Ⅰ）T3505、（东Ⅰ）T3605等探方内，开口于4层下，叠压打破5层。建在台地东侧边缘的陡坎上缘，南邻（东）F44，高出石坎下方的（东）F44的地面1.5米，其门道台阶正对（东）L8，西南接（东）F19。保存较差，从残存遗迹情况分析，平面呈长方形，门向南，方向为176°。房屋东西面阔残存8.1、进深残存3米，残存面积24.3平方米。房屋为石块基础，仅存前墙基础，高出地面0.04～0.1米。房前有门道，门道属于台阶式，东西宽3.2、南北长1.3米，共分四级台阶，每级台阶的高度在0.15～0.2米。室内地面为灰黄色土地面，厚0.06～0.1米，是建房后填垫的。因保存较差，其大小、分间情况不明（图二二七）。

(26)（东）F44

（东）F44 分布在（东Ⅰ）T3504、（东Ⅰ）T3604等探方内，开口于4层下，叠压打破5层。建在台地东侧的陡坎地带下缘，南面长江，西隔（东）L8与（东）F19为邻，北望高坎上的（东）F43。保存较差，从残存遗迹情况分析，平面呈长方形，以南墙为基准，门向南，方向为183°。房屋东西仅存2.5、南北残存2.7米。以石块为基础，残存石块基础高出地面0.05～0.08米。室内地面应为灰黄色沙土地面，厚0.06～0.09米。保存较差，其大小、分间及门道情况不明（图一一八，东16）。

3. 东居民区第三期建筑遗迹

第三期建筑遗迹，发现的不多，仅有（东）F10、（东）F16、（东）F35、（东）F42四座。均为平地建筑，除（东）F10以砖为基础外，余皆以石块为基础（表一八）。

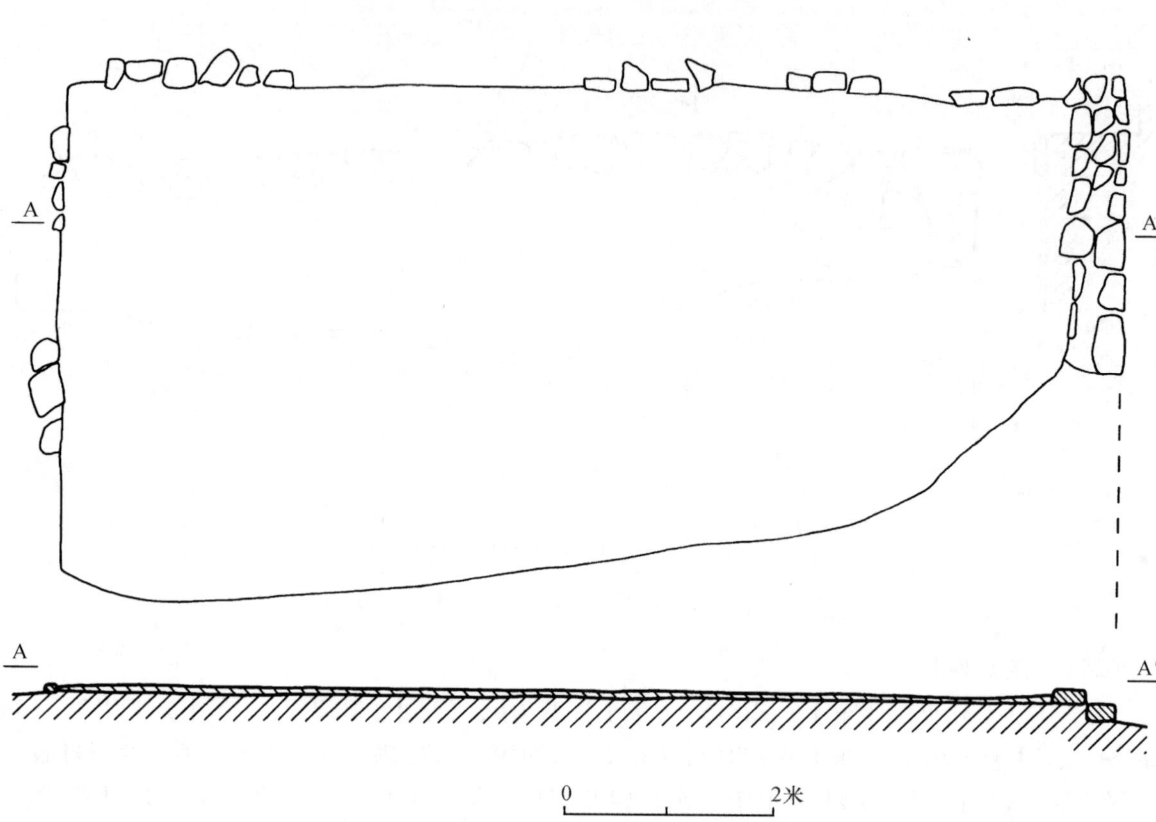

图二二六　巴东旧县坪遗址（东）F41 平、剖面图

图二二七　巴东旧县坪遗址（东）F43 平、剖面图

表一八　巴东旧县坪遗址宋代东居民区第三、四期房屋遗迹登记表　（计量单位：米）

编号	方向	长（米）	宽（米）	建筑基础用材	房屋特点	出土遗物	备注
（东）F10	190°	9	2.5	砖块	平地建筑		巷内房
（东）F16	199°	16.8	7.2	石块	平地建筑	琉璃熏炉	有门道
（东）F35	20°	6.9	2.7	石块	平地建筑		临街房
（东）F42	184°	9	3	石块	平地建筑		巷内房
其上为三期							
（东）F1	176°	9.8	7.7	土坯墙房屋	平地建筑		面江房
（东）F7	195°	9.3	5.5	石块	平地建筑		巷内房
（东）F9	198°	9.5	4	石块	平地建筑		巷内房
（东）F26	288°	5.3	4.2	石块	平地建筑		巷内房
（东）F29	183°	8.6	2	石块	平地建筑		临街房
其上为四期							

（1）（东）F10

（东）F10　分布在（东Ⅰ）T1810、（东Ⅰ）T1910等探方内，开口于3层下，打破4层。在台地西侧边缘上，东邻（东）F16，南望（东）F42，西面溪沟。保存较差，从残存遗迹情况分析，平面呈长方形，以南墙为基准，门向南，方向190°。东西面阔残存9、南北进深残存2.5米。破坏严重，仅有西北角保存，以砖作墙基，高出地面0.05米。居住面为黄褐色沙土地面（图一一九，东8）。

（2）（东）F16

（东）F16　分布在（东Ⅰ）T2309、（东Ⅰ）T2010、（东Ⅰ）T2110、（东Ⅰ）T2210、（东Ⅰ）T2310、（东Ⅰ）T2011、（东Ⅰ）T2111、（东Ⅰ）T2211、（东Ⅰ）T2311探方内，处在早期的夯筑台地上，开口于3层下，被（东）F7打破，打破4层及（东）F17。南望（东）F42，西邻（东）F10。保存较好，从残存遗迹情况分析，平面呈长方形，门向南，方向为199°。房屋东西面阔16.8、南北进深7.2米，面积121平方米。建筑前曾填筑前部的台基，房基高出前院地面0.5米。用石块垒砌墙基，墙基高出地面0.05~0.12米。分间不明。房前中心处设斜坡状门道，门道东西宽2、南北长1.6、南端高出院落0.15米。门道两侧用石块垒砌，台阶面呈斜坡状。前端用规整的长方形砂质石块深埋于地下，加固门道，石宽0.2、厚0.1米。室内的居住面为褐红色的沙土面，厚0.06~0.16米，属于建筑后填筑的。室内出土一件莲花纹的琉璃熏炉（图二二八）。

（3）（东）F35

（东）F35　分布在（东Ⅰ）T3113、（东Ⅰ）T3213等探方内，开口于3层下，叠压打破（东）F34。北临（东）L1Ⅲ大街。保存极差，从残存遗迹情况分析，平面呈长方形，以北墙为基准，门向东北，方向20°。东西向面阔残存6.9、南北进深残存2.7米，残存面积18.6平方米。用石块为基础，仅存北墙临街道的一部分，高出地面0.05~0.1米。室内地面为红色沙土面，厚0.02~0.07米。因破坏严重，其大小、分间及门道情况不明（图二二九）。

（4）（东）F42

（东）F42　分布在（东Ⅰ）T1908、（东Ⅰ）T2008、（东Ⅰ）T1909探方内，开口于3层下，叠压打破4层。北与（东）F10、（东）F16为邻。保存较差，从残存遗迹情况分析，平面呈长方形，以南墙为基准，门向南，方向为184°。房屋东西面阔9、南北进深残存3米，残存面积27平方米。以石块为基础，高出室内地面0.05~0.12米。分三间，每间面阔3米。室内居住面为红褐色沙土面，厚0.08~0.12米，属于建筑后填筑的（图一一九，东7）。

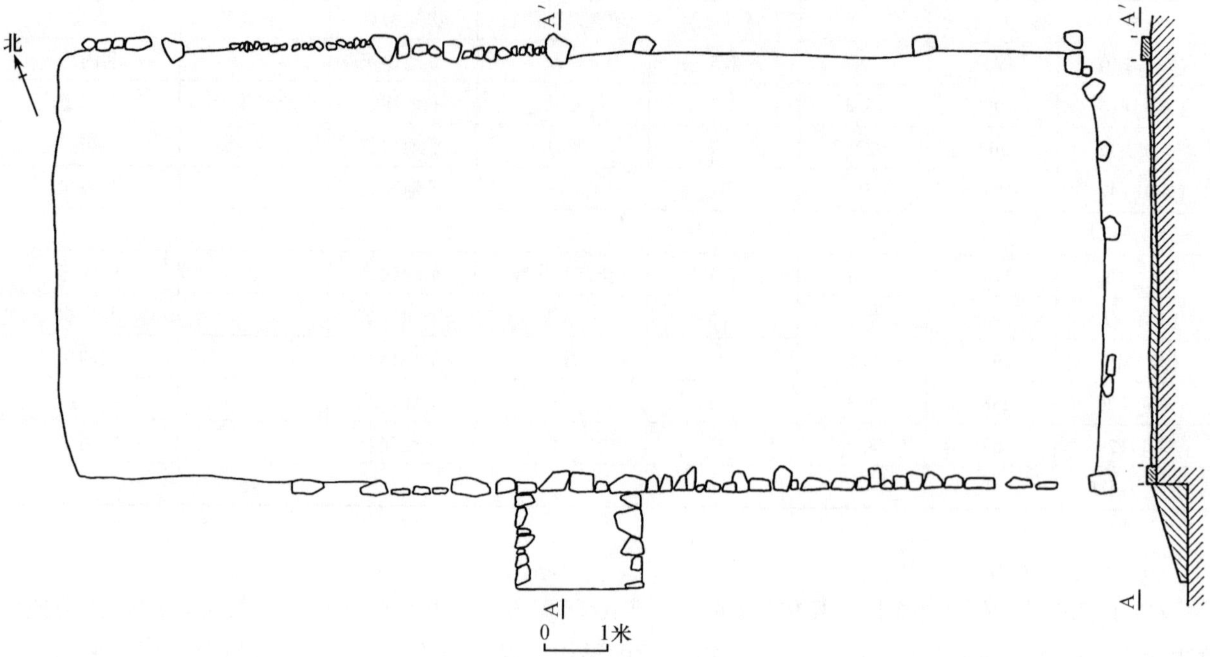

图二二八　巴东旧县坪遗址（东）F16平、剖面图

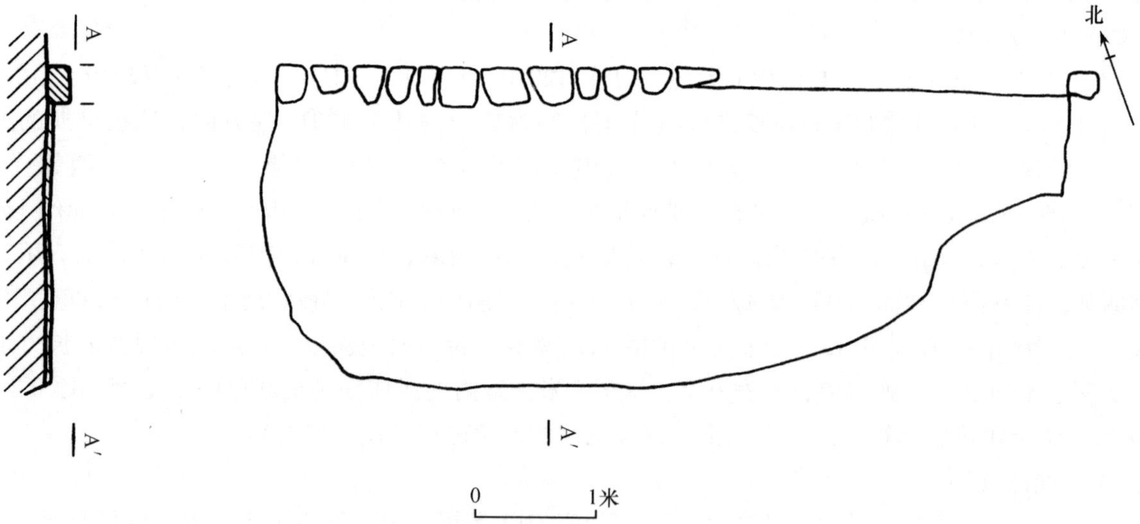

图二二九　巴东旧县坪遗址（东）F35平、剖面图

4. 东居民区第四期建筑遗迹

东区第四期建筑遗迹，因晚期的破坏，保存的不多，仅发现了5座，分别编号为（东）F1、（东）F7、（东）F9、（东）F26、（东）F29。其中（东）F1是以夯土墙为基础，是该遗址发现的唯一一座以夯土墙为基础的房屋；余均以石块为基础。

(1)(东)F1

(东)F1 处在东区西南部。分布在(东Ⅰ)T0702、(东Ⅰ)T0802、(东Ⅰ)T0902、(东Ⅰ)T0703、(东Ⅰ)T0803、(东Ⅰ)T0903探方内，开口于3层下，打破4层。平面呈长方形，以南墙为基准，门向南，方向176°。夯土墙基，东西面阔9.8、南北进深7.7米，面积75.5平方米。墙基是先挖沟槽，再用土夯筑墙体。墙基沟宽0.45、深0.2米。室内的居住面为褐黄色沙土面，厚0.12~0.16米，属于建筑后填筑的，经过夯筑与拍打，表面较为平整(图二三〇)。

图二三〇 巴东旧县坪遗址(东)F1平、剖面图

(2)(东)F7

(东)F7 分布在(东Ⅰ)T2109、(东Ⅰ)T2010、(东Ⅰ)T2110、(东Ⅰ)T2210、(东Ⅰ)T2011、(东Ⅰ)T2111等探方内，开口于3层下，打破4层。东南与(东)F26相邻。保存较差，平面呈长方形，以南墙为基准，门向南，方向195°。东西面阔残存9.3、南北进深5.5米，残存面积51.2平方米。以石块为墙基，残存基础石块高出地面0.06~0.12米。分间及门道情况不明。室内地面为红色沙土面，厚0.05~0.08米(图二三一)。

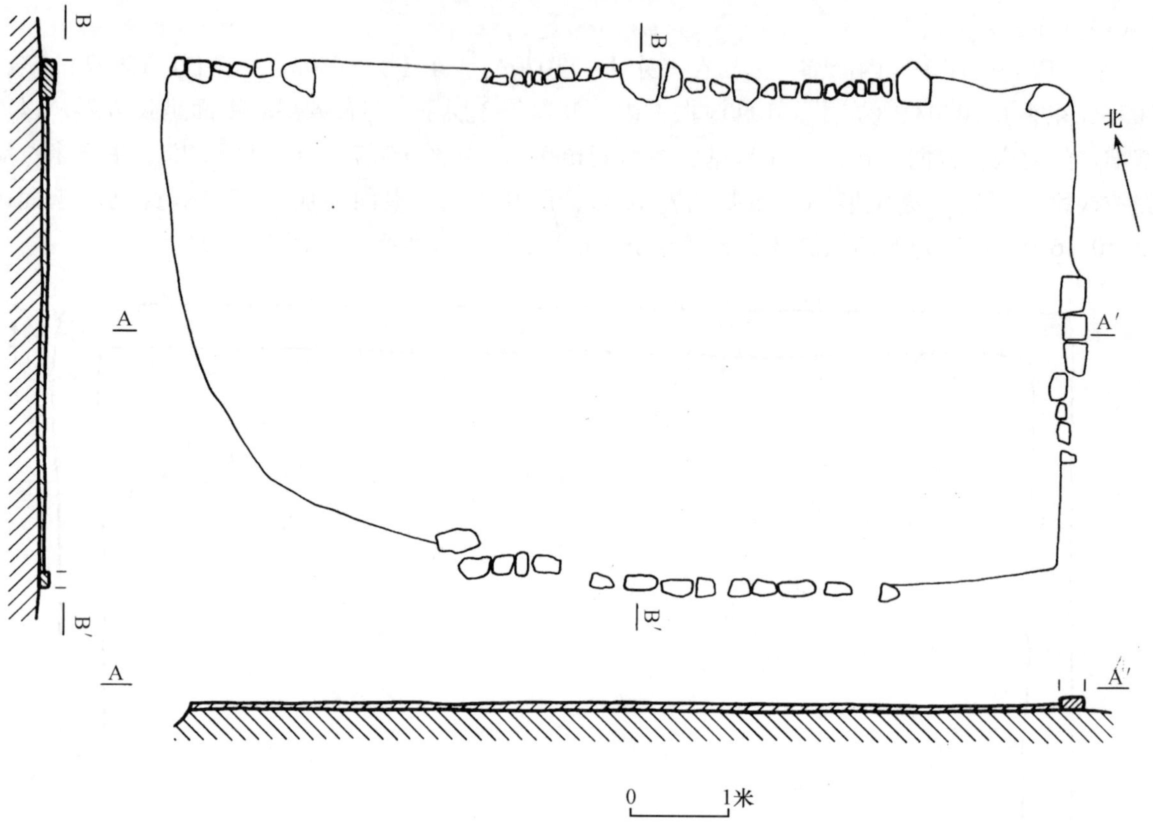

图二三一　巴东旧县坪遗址（东）F7 平、剖面图

（3）（东）F9

（东）F9　分布在（东Ⅰ）T2506、（东Ⅰ）T2307、（东Ⅰ）T2407、（东Ⅰ）T2507、（东Ⅰ）T2308、（东Ⅰ）T2408 等探方内，开口于 3 层下，打破 4 层。西北与（东）F26 相邻。保存较差，从残存遗迹情况分析，平面呈长方形，以南墙为基准，门向南，方向 198°。东西面阔残存 9.5、南北进深残存 4 米，残存面积 38 平方米。以石块为墙基，仅存北墙基础及室内近北墙的部分居住面，石块较大，高出室内地面 0.06 ~0.1 米。残存室内地面为红褐色沙土地面，厚 0.05 ~0.09 米，发掘中发现居住面上有经过大火烧过的痕迹，故（东）F9 可能是因火灾而废弃的（图二三二）。

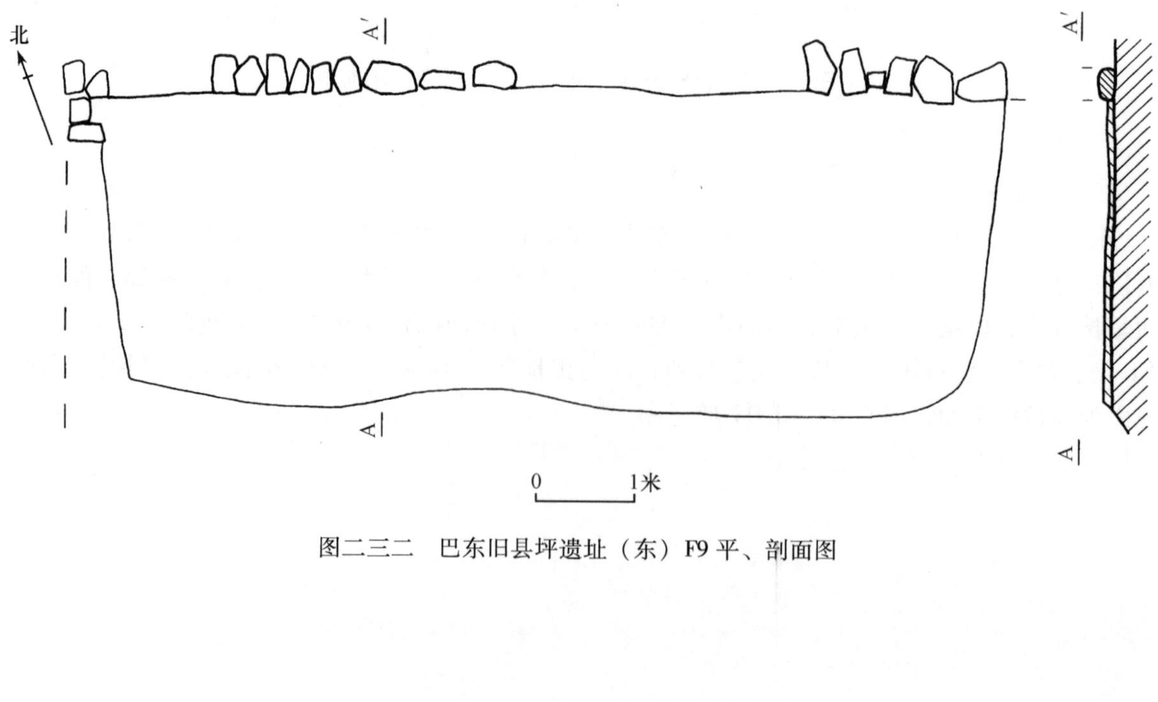

图二三二　巴东旧县坪遗址（东）F9 平、剖面图

(4)(东) F26

(东) F26 分布在(东Ⅰ) T2208、(东Ⅰ) T2308、(东Ⅰ) T2209、(东Ⅰ) T2309、(东Ⅰ) T2310 等探方内，开口于 3 层下，打破 4 层及(东) F16。西北与(东) F7 相邻，东南接(东) F9。保存较差，从残存遗迹情况分析，平面呈长方形，以西墙为基准，门向西，方向为 288°。南北面阔残存 5.3、东西进深 4.2 米，面积 22.3 平方米。系用石块作为基础，残存石块基础高出地面 0.05 ~0.12 米。室内居住面为红沙土地面，厚 0.03 ~0.07 米（图二三三）。

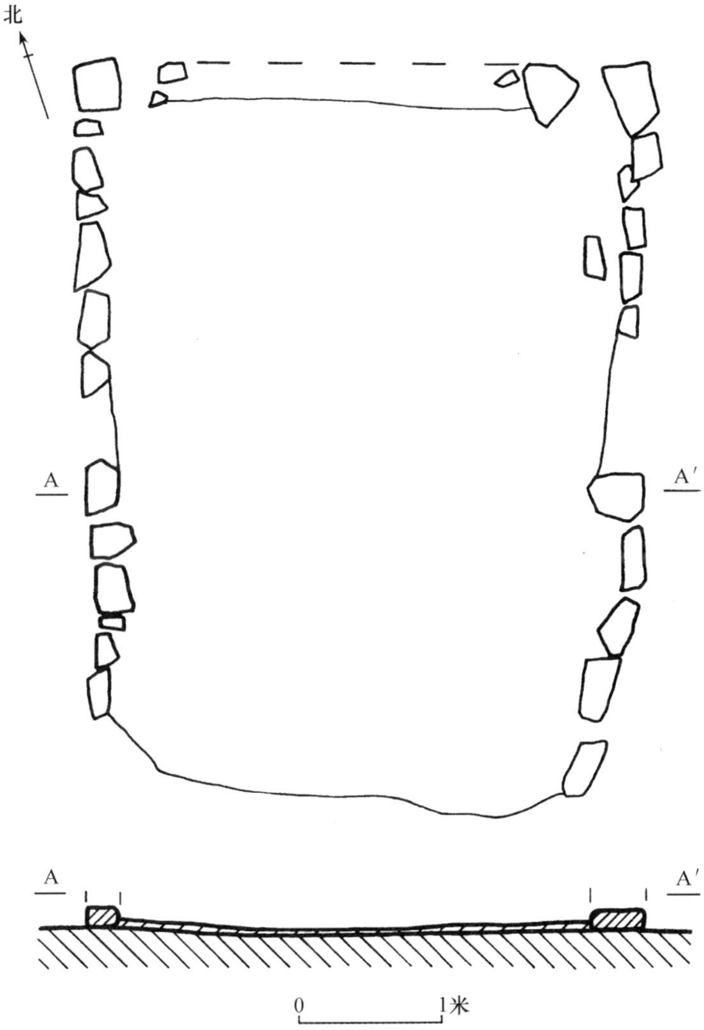

图二三三 巴东旧县坪遗址（东）F26 平、剖面图

(5)(东) F29

(东) F29 分布在(东Ⅰ) T3114、(东Ⅰ) T3214、(东Ⅰ) T3115、(东Ⅰ) T3215 等探方内，开口于 3 层下，打破4 层。南临(东) L1Ⅳ大街。保存较差，从残存遗迹情况分析，平面呈长方形，以南墙为基准，门向南，方向为 183°。东西面阔残存 8.6、南北进深残存 2 米，残存面积 17.2 平方米。房屋以石块为基础，墙基石块仅南墙保留部分。室内地面为红沙土地面，厚 0.04 ~0.08 米（图二三四）。

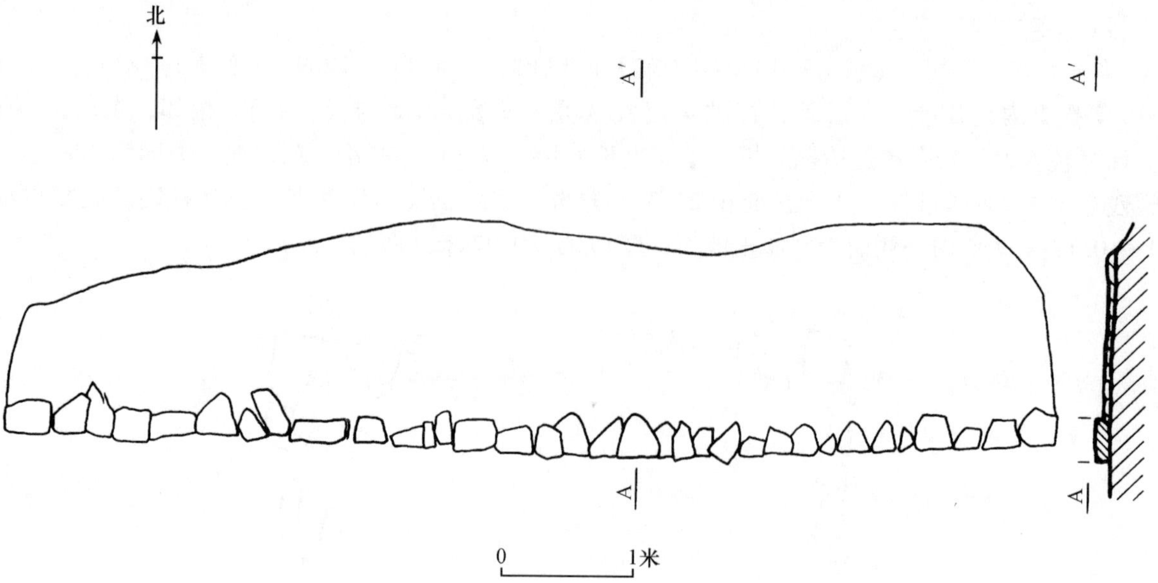

图二三四　巴东旧县坪遗址（东）F29 平、剖面图

（二）西居民区建筑遗迹

西居民区由于居住比较散，分布范围广，加之发掘面积有限，所发现的房屋遗迹较东区少。共清理房屋遗迹 19 座，第二期最丰富，而第四期一座也未发现。以平地建筑为主，少量吊脚楼式建筑，均以石块为基础（表一九）。

表一九　巴东旧县坪遗址宋代西居民区房屋遗迹登记表　　（计量单位：米）

编号	方向	长	宽	建筑基础用材	建筑特点	出土遗物	期别
（西）F70	162°	9	4.5	石	平地建筑		一期
（西）F36	162°	5.7	5.7	石	吊脚楼		二期
（西）F37	178°	10.3	4.5	石	平地建筑		二期
（西）F39	195°	8.6	4.6	石	平地建筑		二期
（西）F40	175°	3.5	3	石	平地建筑		二期
（西）F60	163°	8	3.5	石	前筑台建筑		二期
（西）F63	180°	5.2	4.6	石	平地建筑		二期
（西）F64	164°	8.5	3.5	石	平地建筑		二期
（西）F65	226°	7.5	2.2	石	平地建筑		二期
（西）F81	152°	9.4	4.2	石	平地建筑	石碾槽	二期
（西）F82	153°	4.6	4	石	平地建筑		二期
（西）F89	138°	4.6	2.4	石	平地建筑	铜钱	二期
（西）F28	146°	6.5	4.2	石	平地建筑		二期
（西）F29	180°	8	5	石	平地建筑		二期
（西）F91	180°	19	10	石	平地建筑		二期
（西）F92	185°	12	4.5	石	吊脚楼		二期
（西）F41	160°	13.8	1.5	石	平地建筑	瓷盏	三期
（西）F35	158°	6.5	2.5	石	平地建筑		三期
（西）F38	180°	7.5	4	石	平地建筑		三期

1. 西居民区第一期建筑遗迹

本期由于晚期人类活动的破坏，建筑遗迹保存极差，仅发现1座，编号为（西）F70。

（西）F70　分布在（西ⅢA）T1203、（西ⅢA）T1303、（西ⅢA）T1403、（西ⅢA）T1204、（西ⅢA）T1304、（西ⅢA）T1404等探方内，被（西）F36叠压，其下未发掘。保存较差，从残存遗迹情况分析，平面呈长方形，门向南，方向162°。东西面阔残存9、南北进深4.5米，残存面积40.5平方米。以石块为墙基，用料讲究，建造规整，残存石块高出地面0.05～0.13米。室内居住面为红沙土地面，残厚0.04～0.1米。房前有廊，宽1.2米，廊面低于室内地面0.2米，廊的外坎高0.45米（图二三五）。

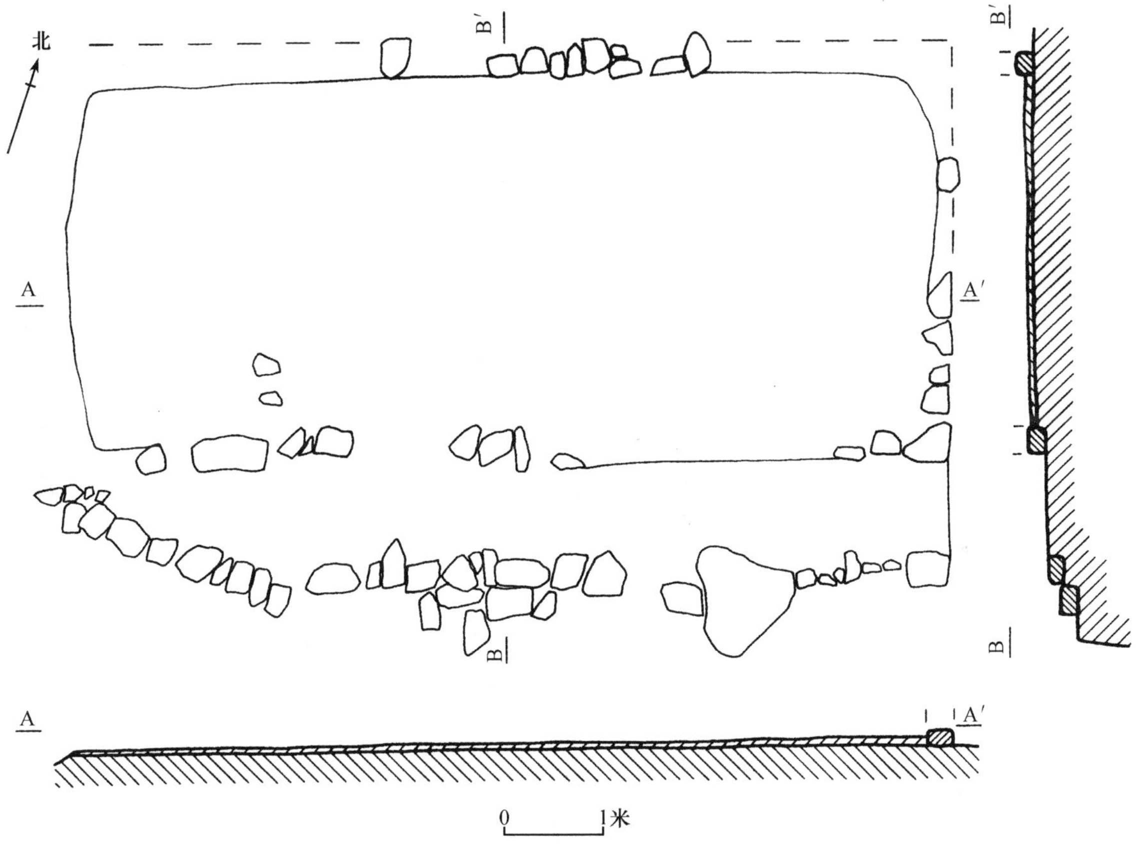

图二三五　巴东旧县坪遗址（西）F70平、剖面图

2. 西居民区第二期建筑遗迹

西居民区第二期建筑遗迹相对较为丰富，共发现清理了15座，分别编号为（西）F28、（西）F29、（西）F36、（西）F37、（西）F39、（西）F40、（西）F60、（西）F63、（西）F64、（西）F65、（西）F81、（西）F82、（西）F89、（西）F91、（西）F92。其中（西）F36、（西）F92为吊脚楼式建筑，余皆为平地建筑，均以石块为基础。

（1）（西）F36

（西）F36　分布在（西ⅢA）T1203、（西ⅢA）T1303、（西ⅢA）T1403、（西ⅢA）T1204、（西ⅢA）T1304、（西ⅢA）T1404等探方内，开口于4层下，叠压打破（西）F70。东临（西）L16，西邻（西）F37、（西）F64。保存较差，从残存遗迹情况分析，平面呈长方形，以南墙为基准，门向南，方向162°。东西面阔5.7、南北进深5.7米，面积32.5平方米。用较规整的石块为基础，残存基础石块高出地面0.04～0.11米。分为南北二间，北间进深3.2米，室内为红沙土居住地面，厚0.04～0.08米；南室低于北室地面1米，石块遗迹呈坡状，保存很差，应是吊脚楼的下层，东西面阔5.7、进深为2.5米，面积14.3平方米（图二三六）。

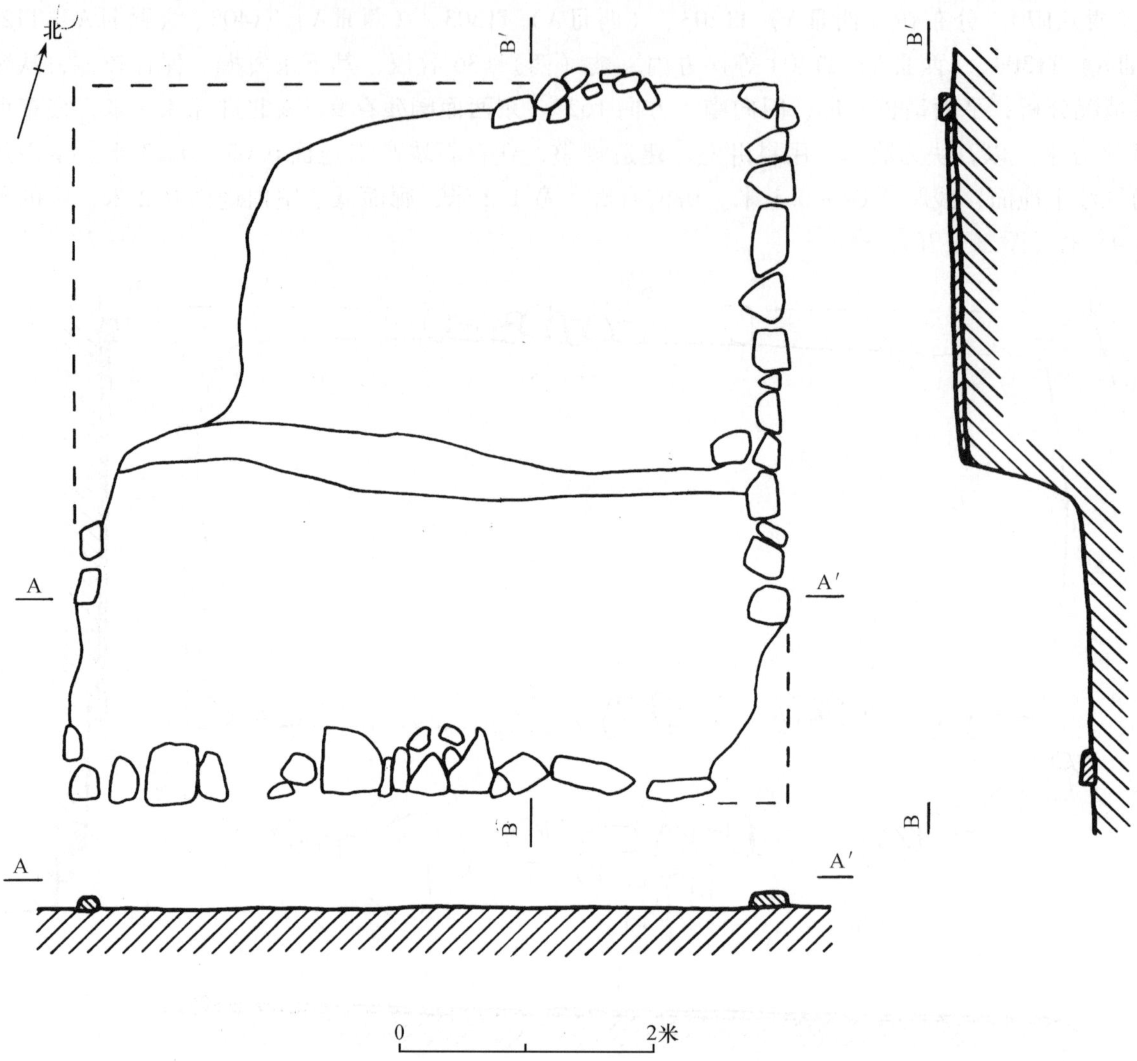

图二三六　巴东旧县坪遗址（西）F36平、剖面图

（2）（西）F37

（西）F37　分布在（西ⅢA）T1503、（西ⅢA）T1504、（西ⅢA）T1604等探方内，开口于3层下，其下未发掘。东邻（西）F36，北靠（西）F64。保存一般，从残存遗迹情况分析，平面呈长方形，门向南，方向178°。东西面阔10.3、南北进深4.5米，面积46.4平方米。用较规整的石块为基础，石块基础高出地面0.05～0.09米。室内为红沙土地面，是建房后填筑的，厚0.04～0.08米。分间不明。房前有廊，宽1米，廊低于室内地面0.15米（图二三七）。

（3）（西）F39

（西）F39　分布在（西ⅡA）T0201、（西ⅡA）T0301、（西ⅡA）T0401及（西ⅢA）T0201、（西ⅢA）T0301、（西ⅢA）T0401等探方内。开口于3层下，其下未发掘。东距（西）F1Ⅱ约15米。从残存遗迹情况分析，平面呈长方形，以南墙为基准，门向南，方向195°。房屋东西面阔残存8.6、南北进深4.6米，残存面积39.6平方米。石块基础，残存墙基高出室内地面0.08～0.12米。东北墙外残存有排水沟。室内地面为红沙土地面，保存差，残厚0.03～0.06米。因破坏严重，其分间、门道等情况不明（图二三八）。

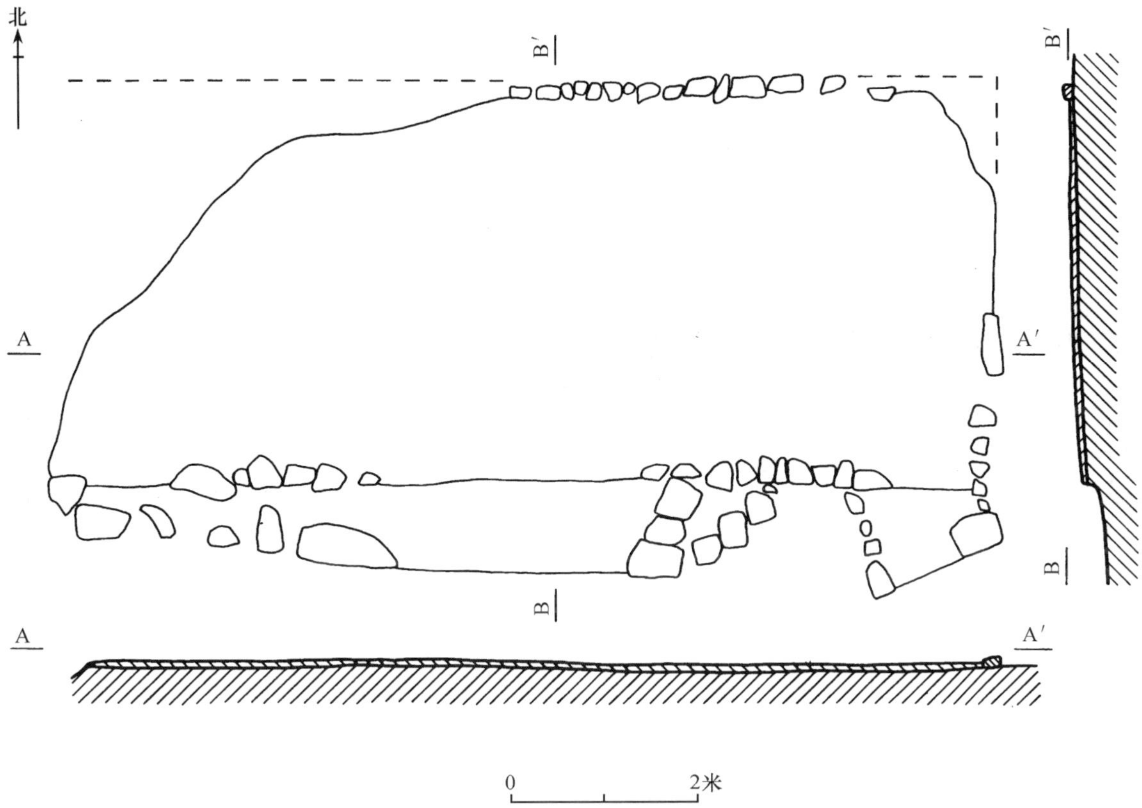

图二三七　巴东旧县坪遗址（西）F37 平、剖面图

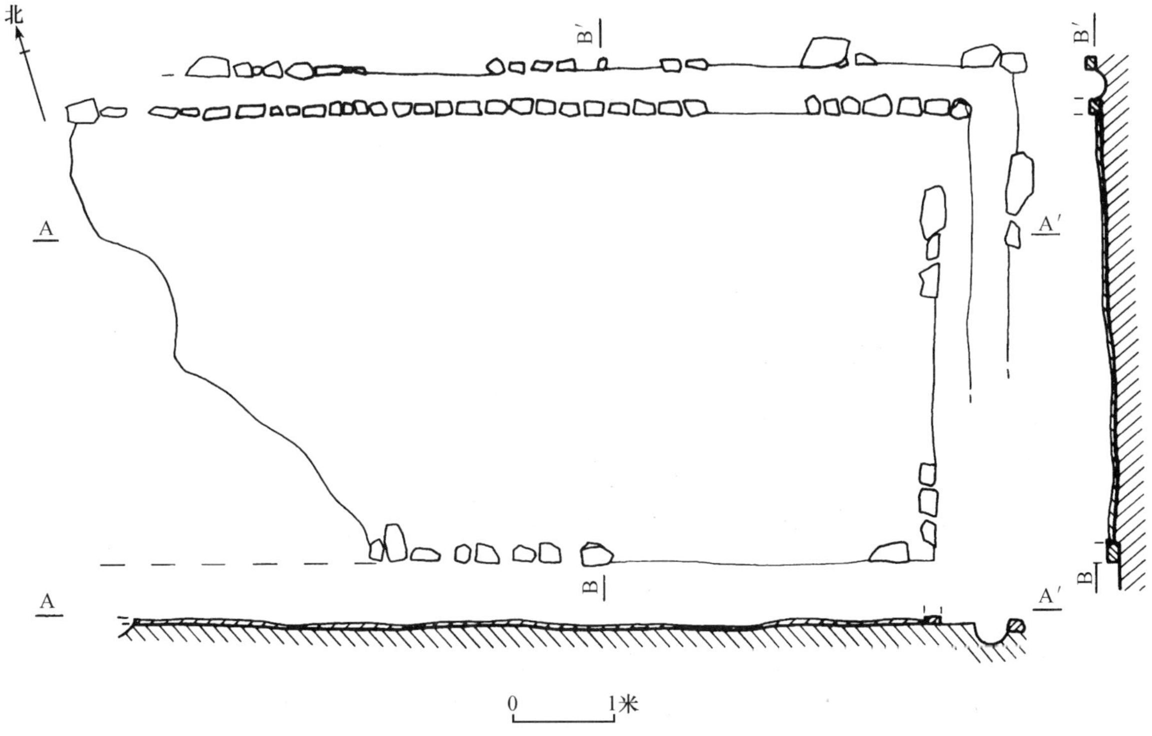

图二三八　巴东旧县坪遗址（西）F39 平、剖面图

（4）（西）F40

（西）F40　分布在（西ⅡA）T0902、（西ⅡA）T0803、（西ⅡA）T0903 等探方内，处在较高的坡地上，开口于3层下，其下未发掘。保存极差，从残存遗迹情况分析，平面呈长方形。以南墙为基准，门向南，方向175°。东西面阔残存3、南北进深3.5米。石块基础，残存墙基高出室内地面0.03～0.06米。室内地面为黄褐色沙土地面，厚0.02～0.05米。因保存极差，其大小、分间、门道等情况不明（图二三九）。

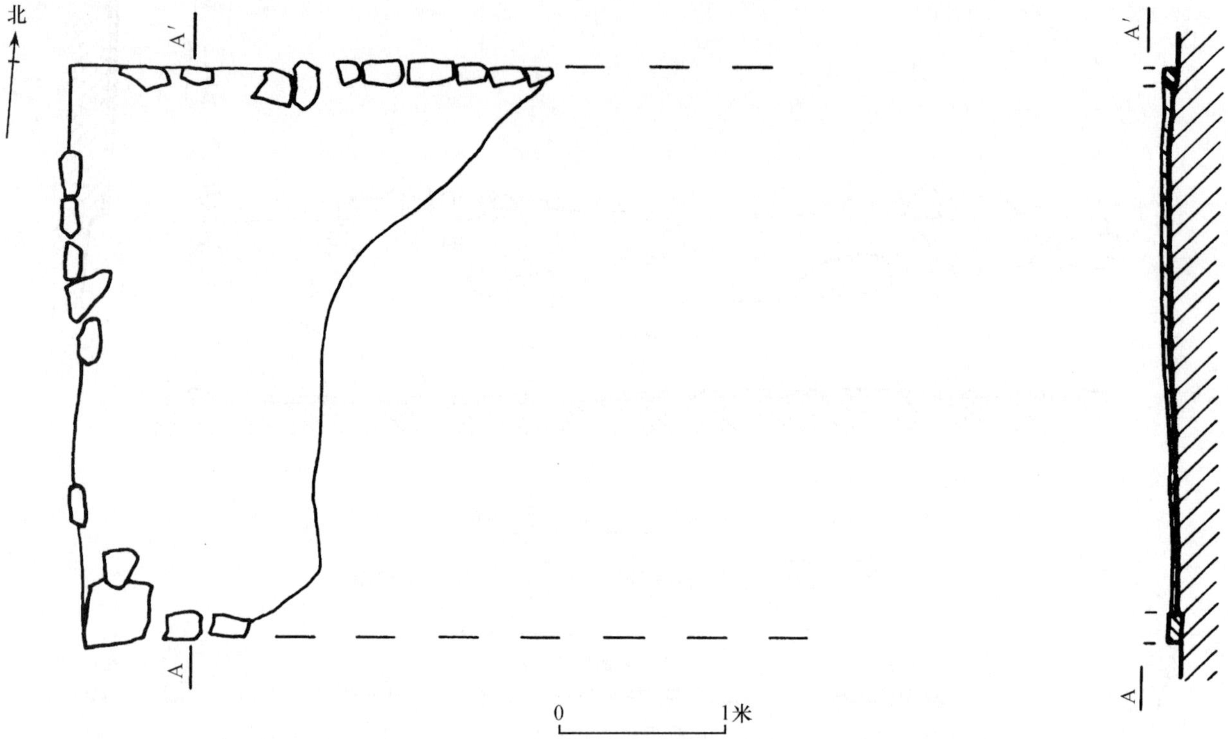

图二三九　巴东旧县坪遗址（西）F40平、剖面图

（5）（西）F60

（西）F60　分布在（西ⅠA）T1713、（西ⅠA）T1813、（西ⅠA）T1614、（西ⅠA）T1714、（西ⅠA）T1814 等探方内，开口于3层下，其下未发掘。东临（西）L6Ⅱ，南面（西）L7Ⅱ。属于高台式建筑，保存较差，从残存情况分析，平面呈长方形，以南墙为基准，门向南，方向163°。房屋东西面阔残存8、南北进深残存3.5米，残存面积28平方米。房基以石块为基础，高出地面0.03～0.08米。房前系用较大的石块垒砌高坎，高出房前道路路面0.8～1米，因保存不好，其分间、居住面及门道等情况已不明。其内有较多的瓦砾堆积，夹杂着较多的红烧土块，应系用瓦盖顶的房屋。可能是因火灾而毁坏的（图二四〇）。

（6）（西）F63

（西）F63　分布在（西ⅢA）T1104 等探方内，开口于3层下，其下未发掘。西北与（西）F36相邻。保存较差，从残存情况分析，平面呈长方形，以北墙为基准，方向180°。房屋东西面阔残存4.6、南北残存5.2米。残存面积23.9平方米。以石块为基础，石块基础高出地面0.05～0.1米。室内居住面为红沙土地面，厚0.04～0.09米。因保存不好，其大小、分间、门道等情况不明（图二四一）。

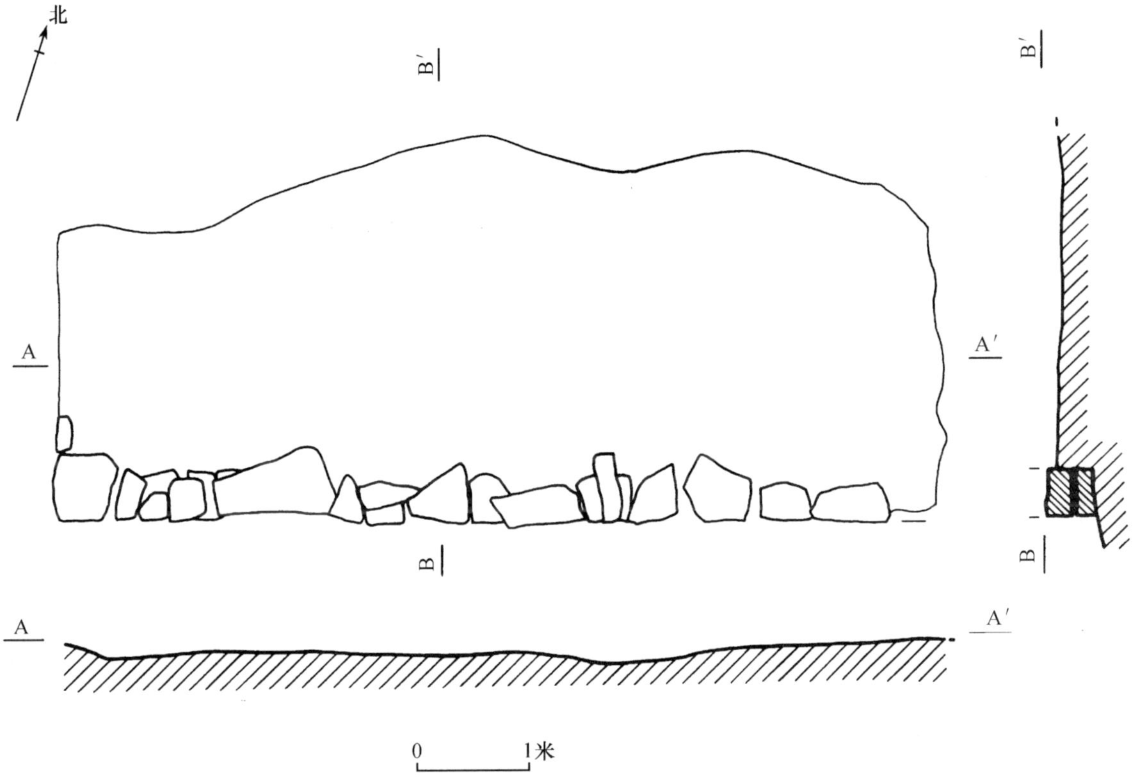

图二四〇　巴东旧县坪遗址（西）F60平、剖面图

（7）（西）F64

（西）F64　分布在（西ⅢA）T1402、（西ⅢA）T1502、（西ⅢA）T1602、（西ⅢA）T1403、（西ⅢA）T1503、（西ⅢA）T1603探方内，开口于3层下，其下未发掘。南与（西）F37相邻。保存较差，从残存情况分析，平面呈长方形，门向南，方向164°。以石块为墙基，残存石块高出室内地面0.07～0.12米。房屋东西面阔8.5、南北进深残存3.5米，残存面积29.75平方米。室内居住面为黄沙土，残厚0.02～0.07米，房前有廊，残长7.7、宽0.7、低于室内地面0.1米。保存差，其大小、分间、门道等情况不明（图二四二）。

（8）（西）F65

（西）F65　分布在（西ⅢA）T0503、（西ⅢA）T0504、（西ⅢA）T0603、（西ⅢA）T0604等探方内，开口于3层下，其下未发掘。保存较差，从残存情况分析，平面呈长方形，以北墙为基准，门向南，方向为226°。以石块为墙基，残存石块高出室内地面0.08～0.13米。其房屋东西面阔残存7.5、南北进深残存2.2米，残存面积16.5平方米。室内地面为红褐色沙土地面，残厚0.02～0.06米。房后（北）有石块垒砌的高坎残存1.2米。因保存较差，其大小、分间、门道等情况不明（图二四三）。

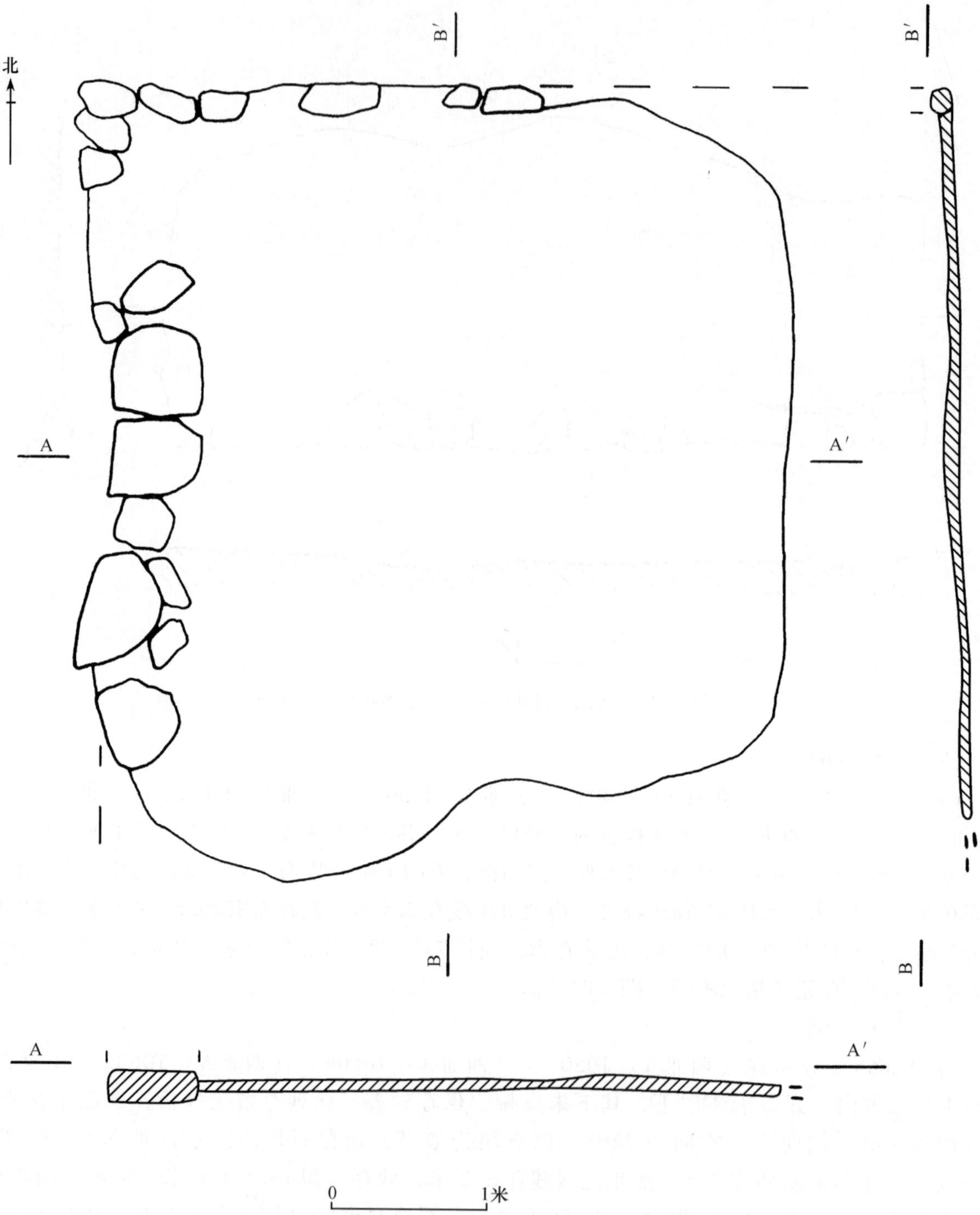

图二四一　巴东旧县坪遗址（西）F63 平、剖面图

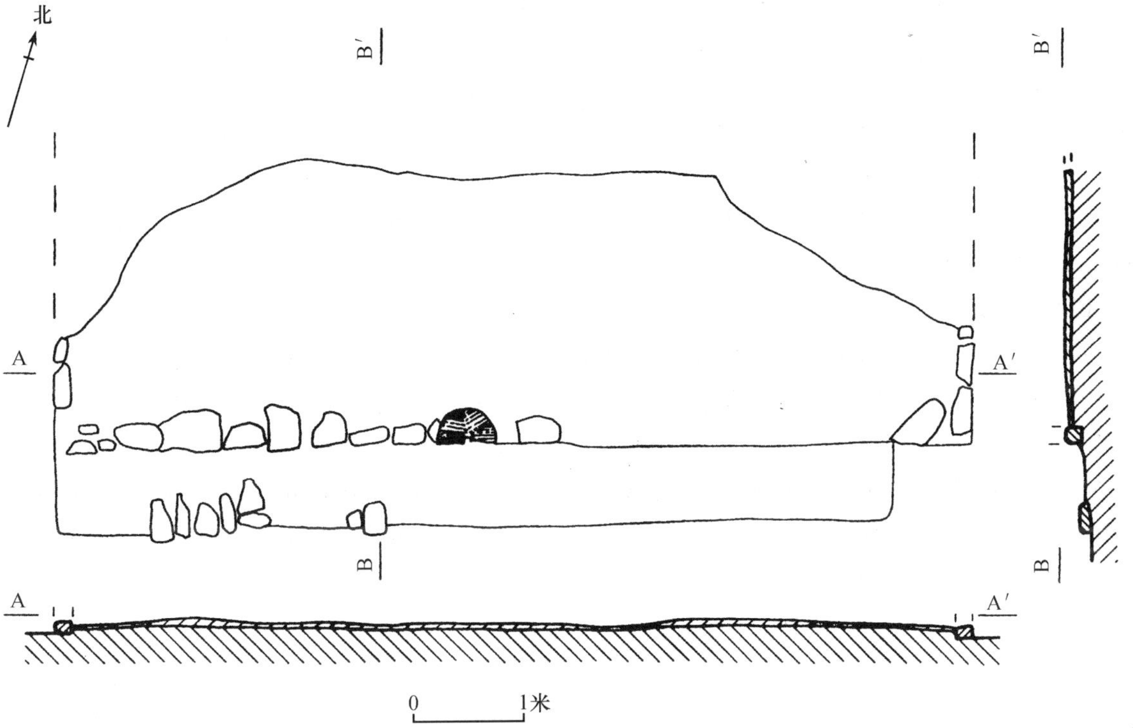

图二四二　巴东旧县坪遗址（西）F64平、剖面图

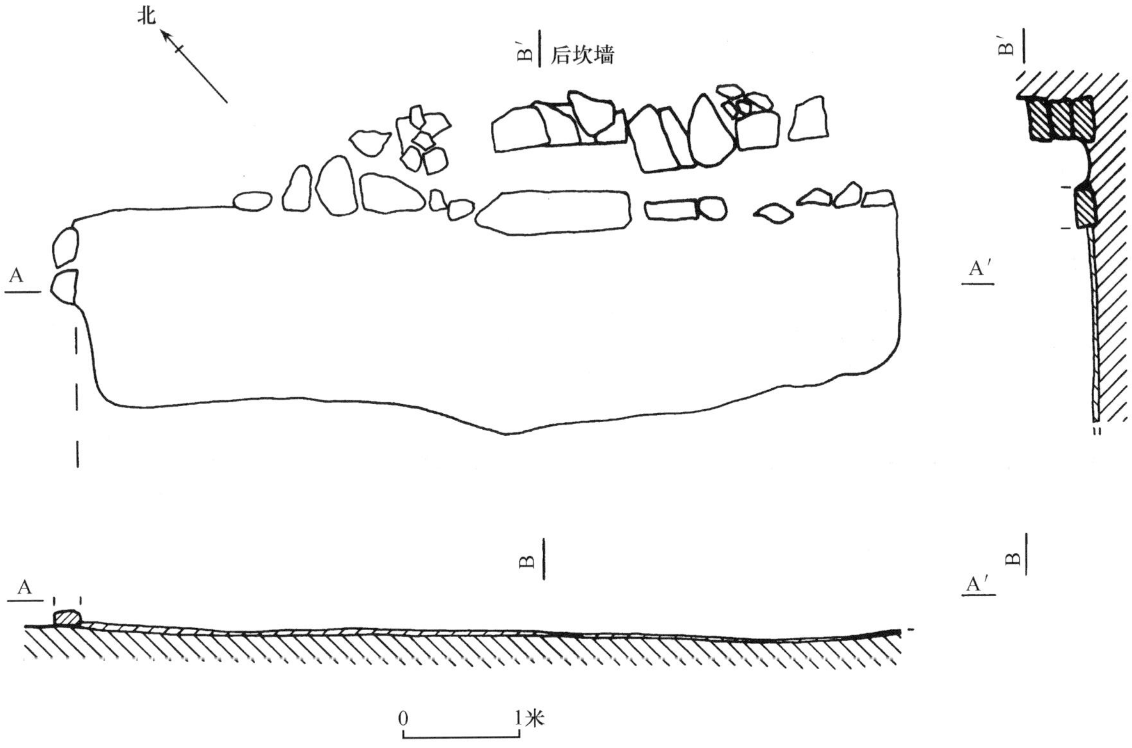

图二四三　巴东旧县坪遗址（西）F65平、剖面图

（9）（西）F81

（西）F81　分布在（西ⅠA）T1311、（西ⅠA）T1411、（西ⅠA）T1511、（西ⅠA）T1312、（西ⅠA）T1412、（西ⅠA）T1512 等探方内，开口于 3 层下，被（西）L1Ⅲ叠压，其下叠压（西）L1Ⅰ。南临（西）L1Ⅱ大街，高于街道路面 0.25 米，西邻（西）F82。保存较差，从残存情况分析，平面呈长方形，以南墙为基准，门向南，方向为 152°。东西面阔 9.4、南北进深残存 4.2 米，残存面积 39.4 平方米。以石块为基础，残存石块高出地面 0.05 米。室内为红沙土地面，保存不好，残厚 0.03～0.08 米。其后为高坎（图二四四）。

（10）（西）F82

（西）F82　分布在（西ⅠA）T1210、（西ⅠA）T1310、（西ⅠA）T1211、（西ⅠA）T1311 等探方内，开口于 3 层下，被（西）L1Ⅲ叠压，其下叠压（西）L1Ⅰ。东邻（西）F81，南临（西）L1Ⅱ大街，高于街道 0.15 米，西与（西）F89 相望。保存较差，从残存情况分析，平面呈长方形，以南墙为基准，门朝南，方向为 153°。房屋东西面阔 4、南北进深残存 4.6 米，残存面积 18.4 平方米。用石块为基础，高出地面 0.05 米。室内地面为红沙土地面，系房屋建好后填垫的，厚 0.06～0.12 米。石块基础多已被破坏。北背高坡（图二四五）。

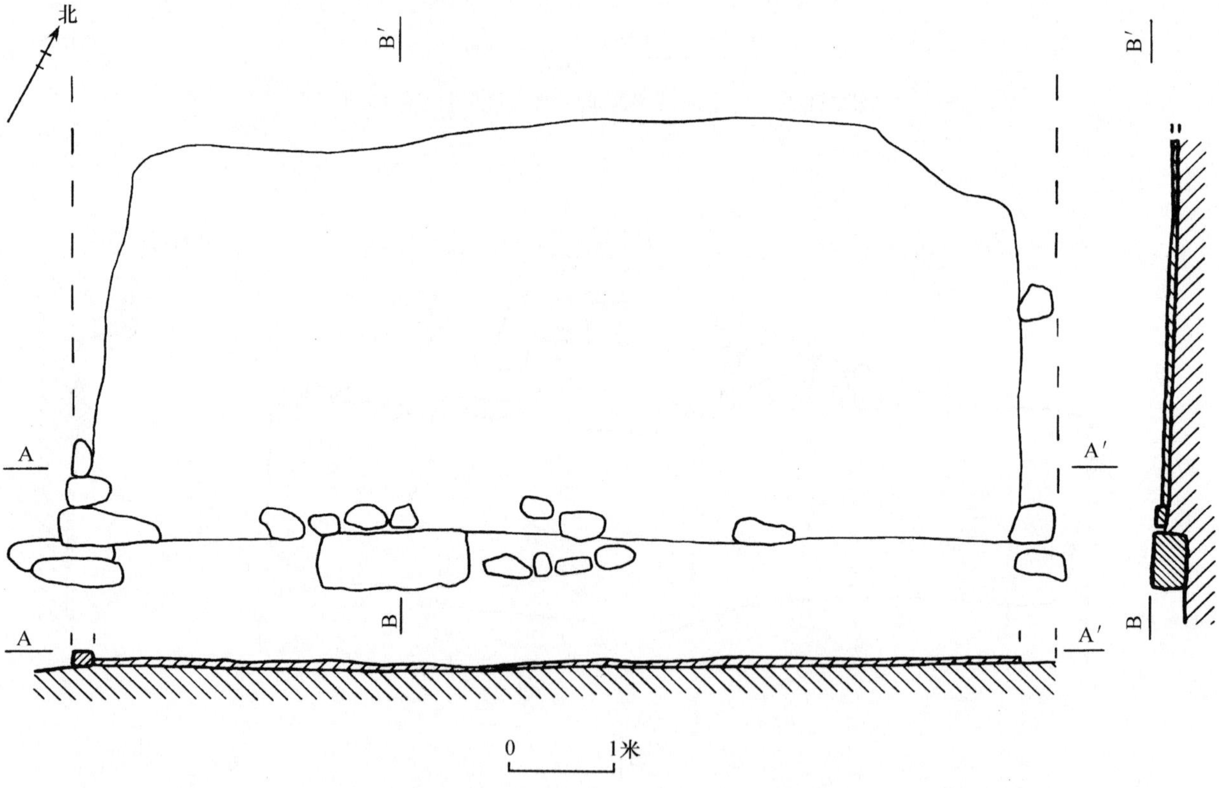

图二四四　巴东旧县坪遗址（西）F81 平、剖面图

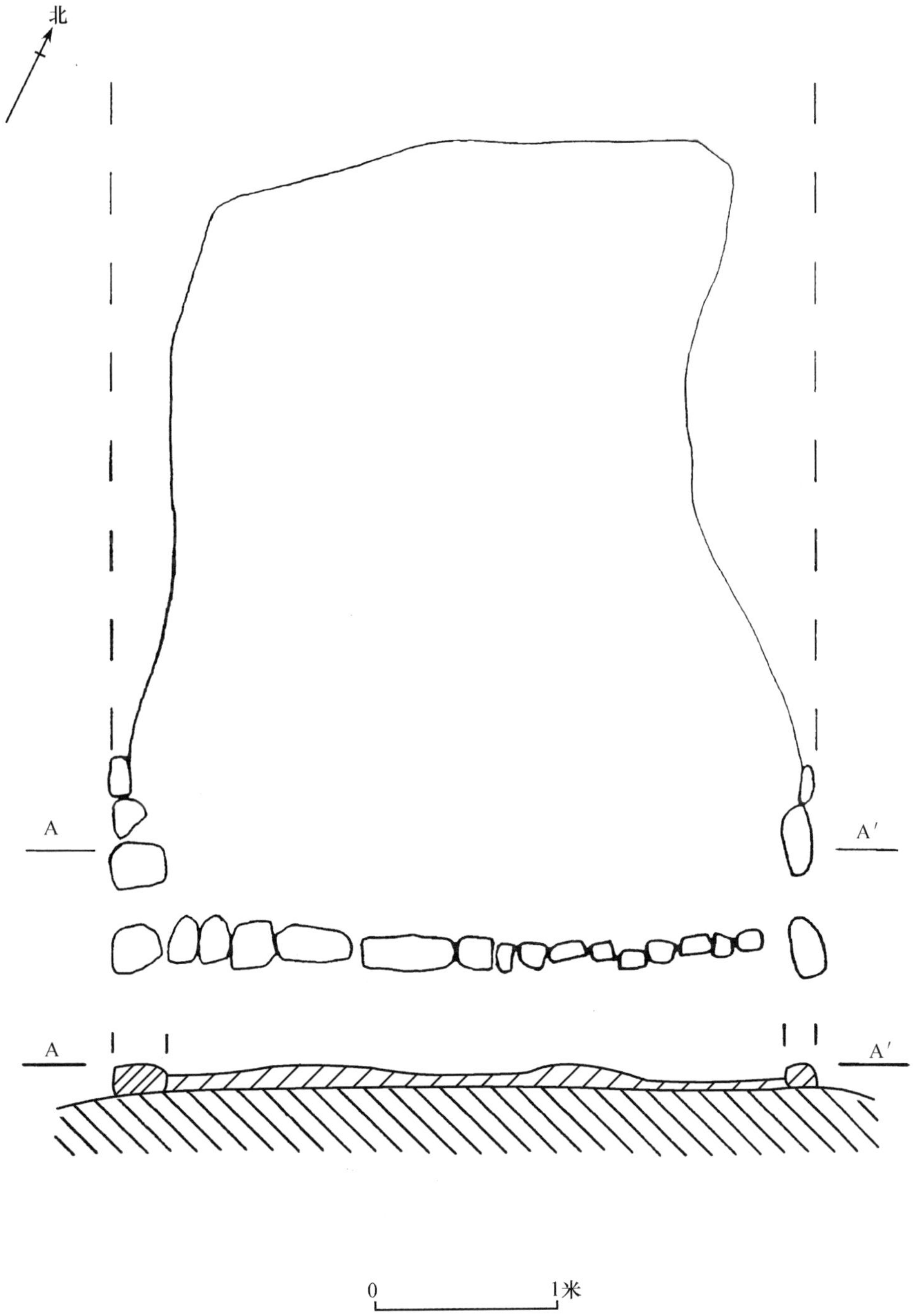

图二四五　巴东旧县坪遗址（西）F82平、剖面图

（11）（西）F89

（西）F89　分布在（西ⅠA）T1009、（西ⅠA）T1010、（西ⅠA）T1110等探方内，开口于3层下，被（西）L1Ⅲ叠压，其下叠压（西）L1Ⅰ。东邻（西）F82，南临（西）L1Ⅱ大街，高于街道0.2米，隔（西）L1Ⅱ大街与（西）F2Ⅰ相望，西靠（西）L5Ⅰ。保存较差，从残存情况分析，平面呈长方形，以东南墙为基准，门向东南，方向138°。房屋东西面阔残存4.6、进深残存2.4米，残存面积11平方米。用石块为基础，主要保存临街一侧的部分基础石块，残存的石块遗迹高出地面0.08米。房后为陡坡高坎（图二四六）。

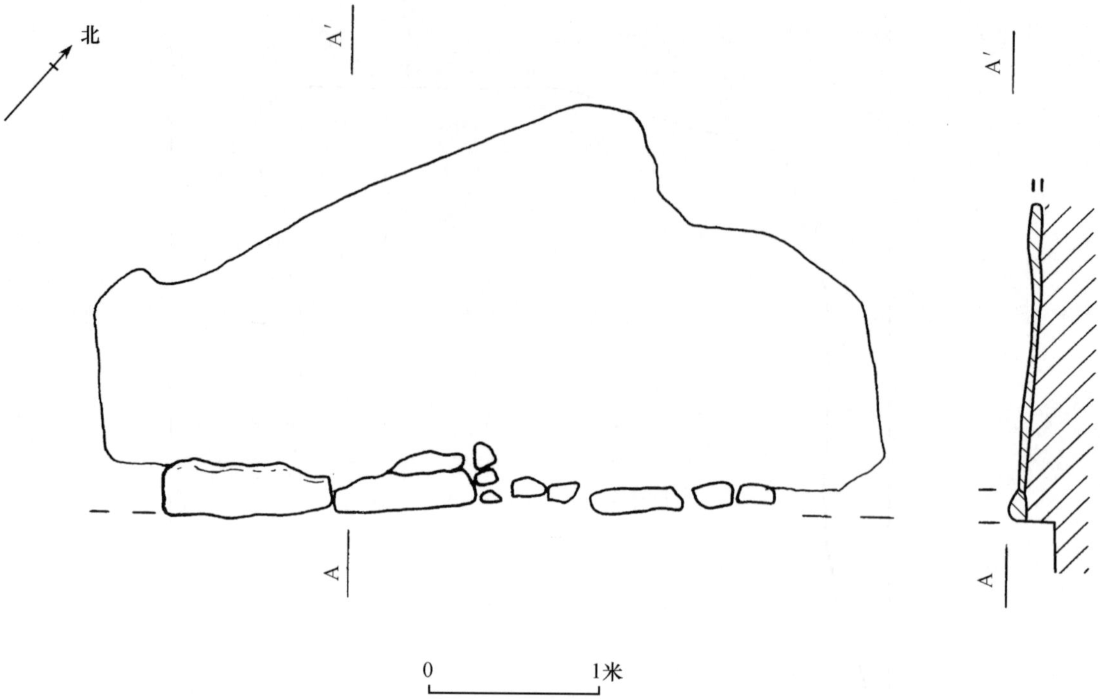

图二四六　巴东旧县坪遗址（西）F89 平、剖面图

（12）（西）F28

（西）F28　分布在（西ⅠB）T0416、（西ⅠB）T0516、（西ⅠB）T0417、（西ⅠB）T0517、（西ⅠB）T0617 等探方内，开口于4 层下，打破5 层。建在上山道路（西）L5Ⅰ的北侧高坡上，西南隔（西）L5Ⅰ与（西）F29 相望。保存较差，从残存情况分析，平面呈长方形，以南墙为基准，门朝西南，方向为146°。房屋东西面阔残存6.5、南北进深4.2 米，残存面积27.3 平方米。以石块为基础，残存的墙体高出室内地面0.05～0.3 米。室内居住面为红褐色沙土地面。保存差，其大小、分间、门道等情况不明（图二四七）。

（13）（西）F29

（西）F29　分布在（西ⅠB）T0114、（西ⅠB）T0214、（西ⅠB）T0314 等探方内，开口于4 层下，被明墓（西）M2 打破，打破5 层。位于仓储区的北边，东北隔（西）L5Ⅰ与（西）F28 相望。保存较差，从残存情况分析，平面呈长方形，门向南，方向180°。其房屋东西面阔残存8、南北进深残存5 米，残存面积40 平方米。以石块为基础，仅有前（南）墙及前廊的少部分保存，墙体高出室内地面0.05～0.1 米。其室内中心居住面大部分被明代的砖室墓葬所破坏。残存部分为红沙土地面。前有廊，用石块铺设，宽1 米，廊边用石块垒坎，高0.4 米（图二四八）。

（14）（西）F91

（西）F91　位于（西ⅡB）T4811、（西ⅡB）T4911、（西ⅡB）T5011、（西ⅡB）T5111、（西ⅡB）T5211、（西ⅡB）T4812、（西ⅡB）T4912、（西ⅡB）T5012、（西ⅡB）T5112、（西ⅡB）T5212、（西ⅡB）T4813、（西ⅡB）T4913、（西ⅡB）T5013、（西ⅡB）T5113、（西ⅡB）T5213 探方中，开口于4 层下，打破5 层。以南墙为基准，门朝南，方向180°。建在城西距城区较远的山坡上，从其所处的位置看，应属于城郊村落的房屋遗迹，距离最近的建筑（西）F92 也有350 多米的

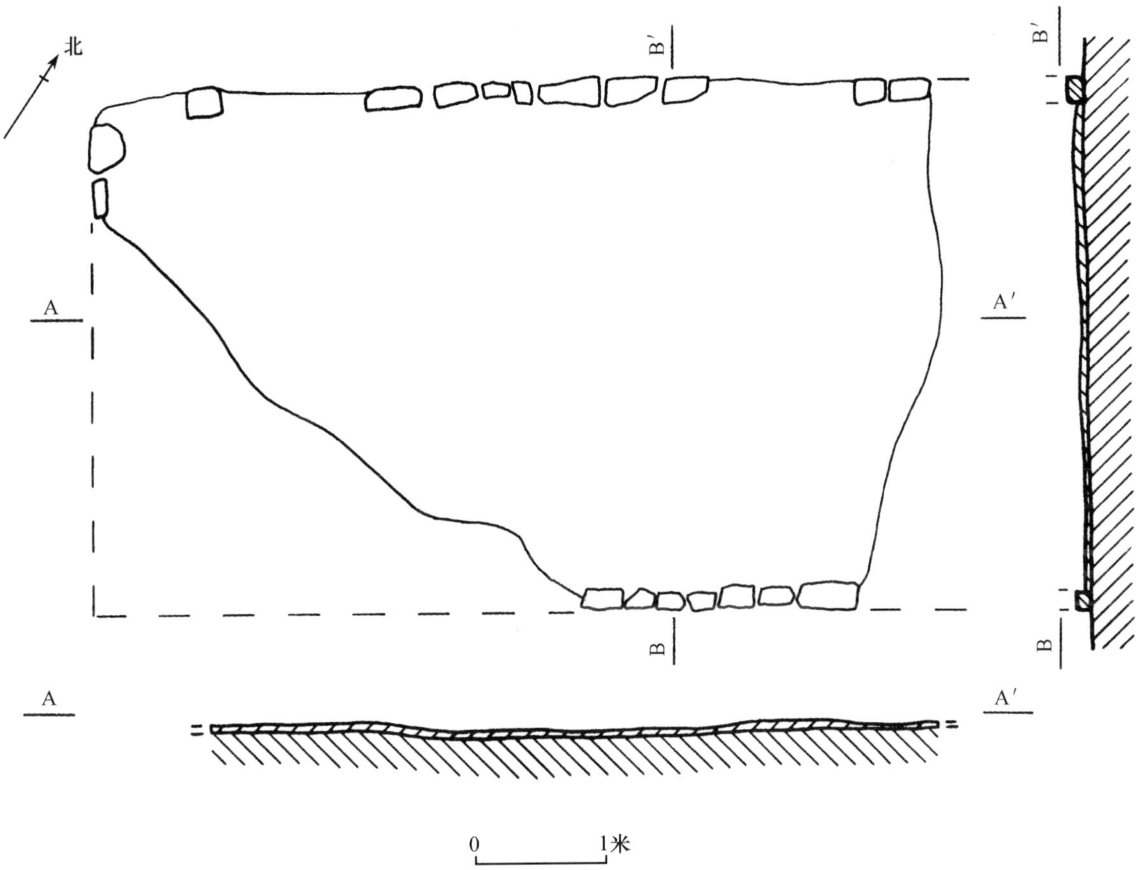

图二四七　巴东旧县坪遗址（西）F28 平、剖面图

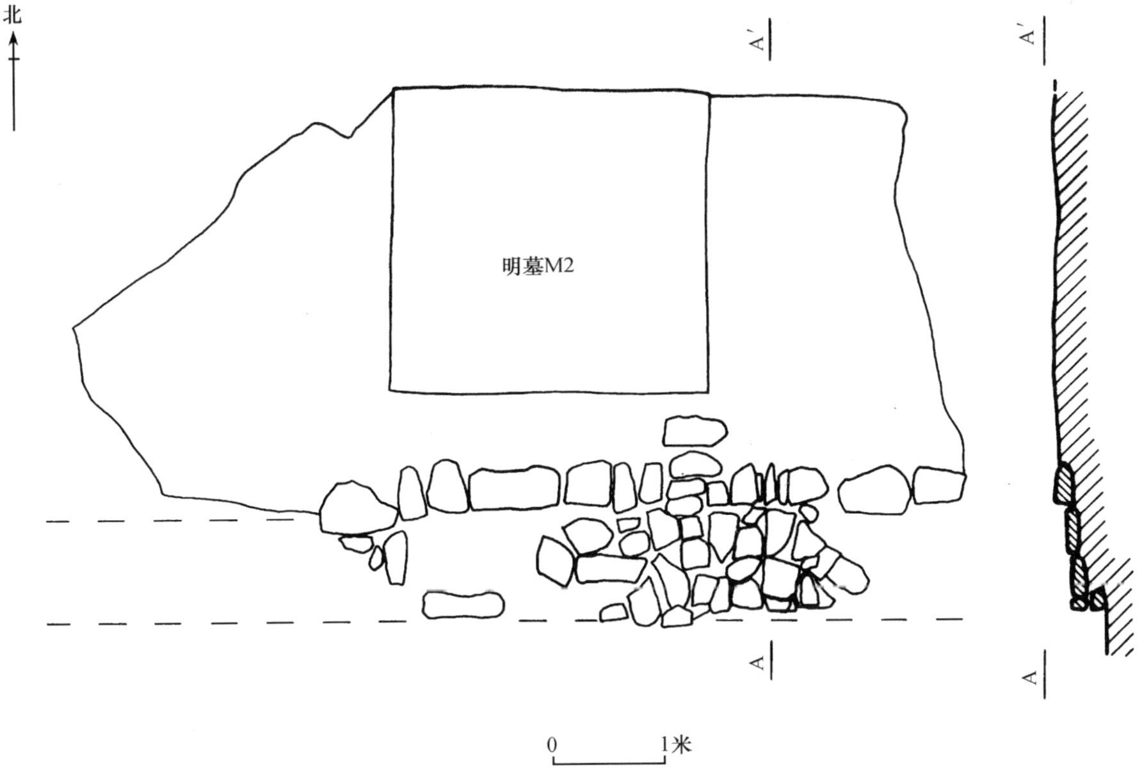

图二四八　巴东旧县坪遗址（西）F29 平、剖面图

直线距离，其居住点的海拔与（西）F92 差不多，海拔 136 米。这里的地势较为平坦，房屋的建筑面积较大，房屋东西面阔 19、南北进深 10 米，面积 190 平方米。用石块作为房基，残存墙基石块高出室内地面 0.05 ~ 0.18 米，发现柱础石。室内居住面为红褐色沙土地面，厚 0.06 ~ 0.13 米，大部分保存了下来。房屋可分为前后两进，前排可分为 5 小间，每间面阔 4.5、进深 5 米；后进为大的通间，通间面阔 19、进深 5 米，面积 95 平方米。在后间中心处，有用石块铺设成圆形的遗迹，其直径 2.3 米（图二四九；图版八二，2）。

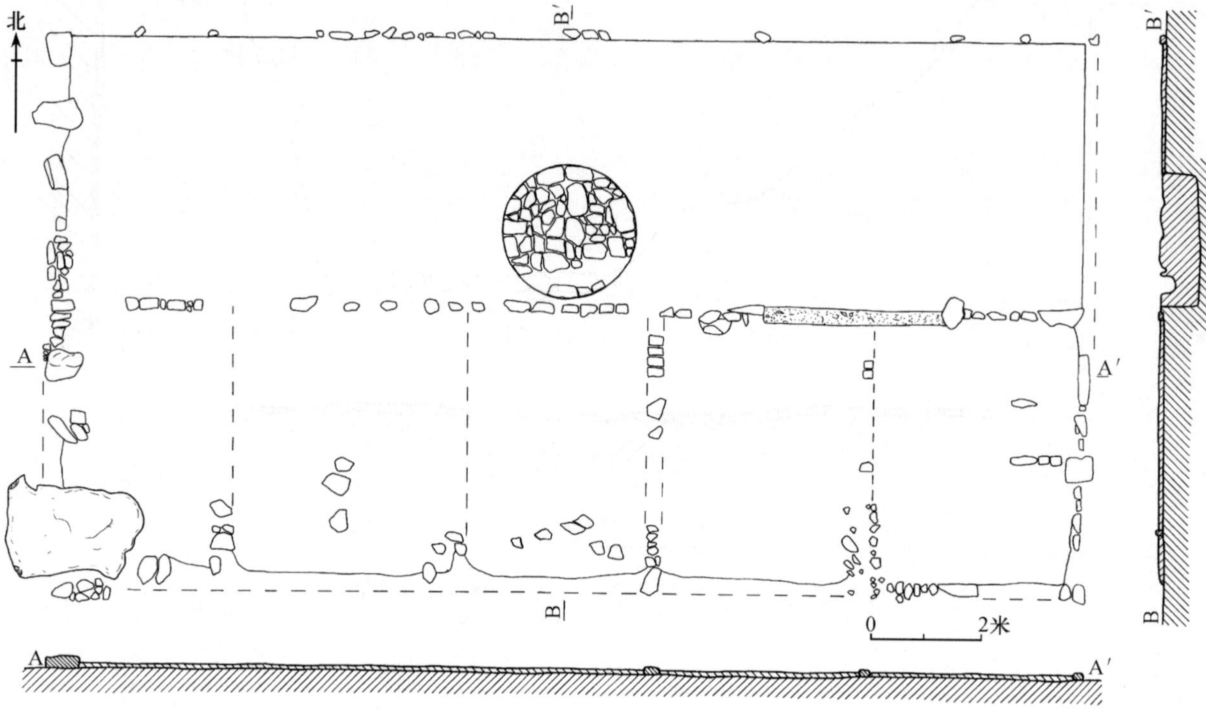

图二四九　巴东旧县坪遗址（西）F91 平、剖面图

（15）（西）F92

（西）F92　分布在（西ⅡB）T0720、（西ⅡB）T0820、（西ⅡB）T0920、（西ⅡB）T0721、（西ⅡB）T0821、（西ⅡB）T0921 探方中，在高坡上，开口于 4 层下，打破 5 层及（西）F98。南临（西）L5Ⅰ。以南墙为基准，门朝南，方向为 185°。属于西区北侧高坡上的建筑遗址。门前有进出城区的大道（西）L5Ⅰ经过，高出城区 30 多米。距离（西）F29 约有 60 米的直线距离，地理位置高出（西）F29 有 20 米。

（西）F92 属于吊脚楼式的建筑，可能为两层建筑，房屋遗迹东西面阔 12、南北进深（加上吊脚部分）4.5 米。其前（南）临大道部分较平坦，宽约 2 米，属于吊脚楼部分。吊脚楼内后坎利用红砂岩体的人工截面，低凹的地带则另用巨石或较大的石块垒砌高坎，高 2 米。其后部进深 2.5 米，为红沙土地面。

（西）F92 房后石砌高坎，高出建筑基址 1.2 米（图二五〇）。

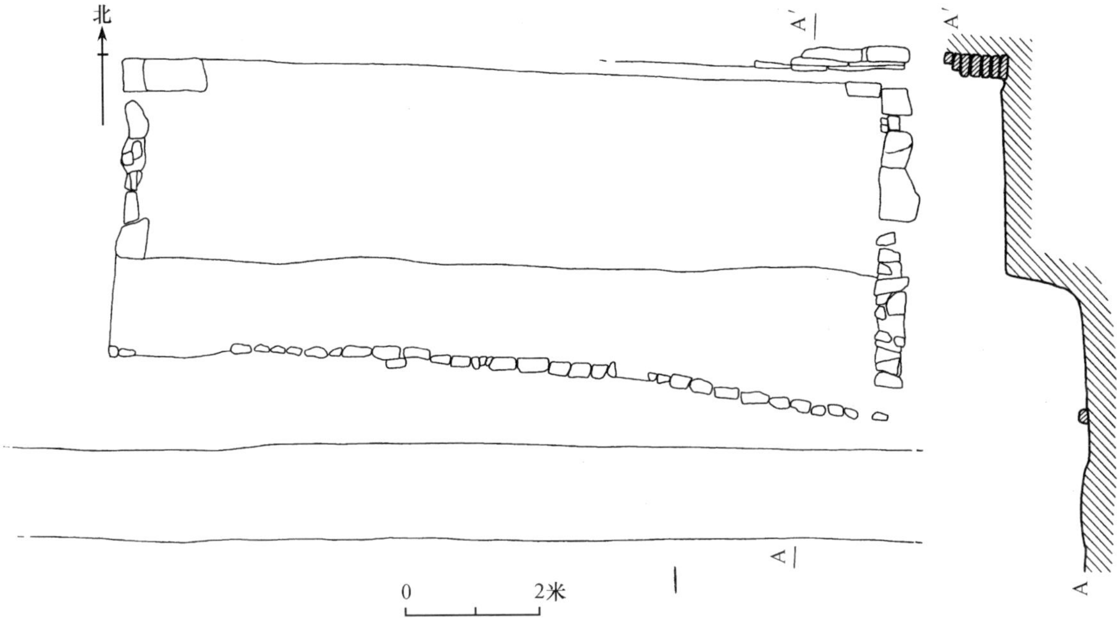

图二五〇 巴东旧县坪遗址（西）F92平、剖面图

3. 西居民区第三期建筑遗迹

第三期建筑遗迹，保存不多，共发现3座，编号为（西）F35、（西）F38、（西）F41。均为平地建筑，以石块为基础。

（1）（西）F35

（西）F35 分布在（西ⅢA）T1202、（西ⅢA）T1302、（西ⅢA）T1203、（西ⅢA）T1303探方内，开口于3层下，打破生土。西邻（西）F38。保存较差，从残存情况分析，平面呈长方形，以南墙为基准，门向东南，方向158°。屋东西面阔残存6.5、南北进深2.5米，残存面积16.25平方米。以石块为墙基，仅有东南角保存，高出室内地面0.06～0.1米。室内居住面为红褐色沙土地面。因破坏严重，其大小、分间、门道等情况不明（图一一九，西48）。

（2）（西）F38

（西）F38 分布在（西ⅢA）T1402、（西ⅢA）T1502、（西ⅢA）T1602、（西ⅢA）T1403、（西ⅢA）T1503、（西ⅢA）T1603等探方内，开口于3层下，打破生土。东邻（西）F35。保存较差，从残存情况分析，平面呈长方形，以南墙为基准，门向南，方向180°。房屋东西面阔残存7.5、南北进深4米，残存面积30平方米，以石块为墙基，其石块遗迹仅有西南角落及南墙基础保存了一部分，高出室内地面0.05～0.1米。其室内地面为红砂土地面，残厚0.03～0.05米。保存差，其大小、分间、门道等情况不明（图一一九，西49）。

（3）（西）F41

（西）F41 分布在（西ⅢA）T2903、（西ⅢA）T2904、（西ⅢA）T3004、（西ⅢA）T3104、（西ⅢA）T3204、（西ⅢA）T3005、（西ⅢA）T3105、（西ⅢA）T3205等探方内，开口于3层下，打破生土。保存较差，从残存情况分析，平面呈长方形，门向东南，方向160°。东西面阔13.8、南北进深已残，仅存1.5米，以石块为墙基，仅后墙基础保存完整，高出室内地面0.06～0.13米。室内的居住面为红沙土地面，厚0.06～0.1米。墙后有檐沟，距离房址0.3米。编号为（西）G47，长15.5、宽0.5、深0.15米，西高东低。在房屋的北角，还发现了成堆的素瓦片、花卉纹瓦当、筒瓦、滴水等。筒瓦长26.5、瓦舌长2.5厘米。滴水长29、宽18厘米（图二五一）。

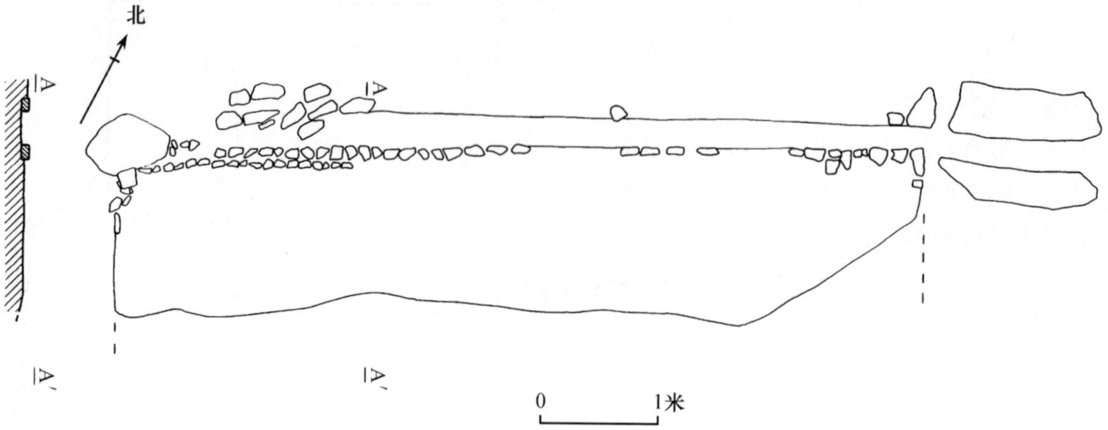

图二五一　巴东旧县坪遗址（西）F41平、剖面图

（三）居民区建筑的特点

居民区的建筑遗迹，以东西两端为集中的区域，整体布局不似平原地区的里坊那样整齐统一，但风格突出，旧县坪遗址居民区建筑的最大特点是：因形就势，形成大集中、小分散的布局格局；建筑错落有致、风格多样化。

居民区的房址遗迹相对较小，面积一般在30～50平方米，多以单间为主。《宋史》卷一五四《舆服志六》记载："宰相以下治事之所曰省、曰台、曰部、曰寺、曰监、曰院；在外监司、州郡曰衙。……私居，执政、亲王曰府，余官曰宅，庶民曰家。诸道府公门得施戟，若私门则爵位穹显经恩赐者，许之。……凡公宇，栋施瓦兽，门设梐枑。诸州正牙门及城门，并施鸱尾，不得施拒鹊。六品以上宅舍，许作乌头门。父祖舍宅有者，子孙许仍之。凡民庶家，不得施重栱，藻井及五色文采为饰，仍不得四铺飞檐。庶人舍屋，许五架，门一间两厦而已。"① 这是明确规定的等级制度。而巴东旧县坪遗址上的民居建筑遗址，就基本上是在庶人舍屋规范内。唯西居民区内的（西）F91较为特殊，不应该划入一般民居的范围。

宋代居民区的房屋遗址早晚变化明显，早期建筑遗迹相对用材要好，大多数的建筑使用瓦盖顶，而建筑基础的石材也多来自于外地运输且基本都经过修整；晚期的遗迹里少见瓦片，而且建筑物的基础石材十分粗糙。早期地面多用黄土填垫，而晚期的建筑则多是使用遗址后山风化的赭红色砂岩土为地面。

木骨泥墙是旧县坪遗址发现的两宋时期居民区建筑普遍使用的墙壁建造方式，这种篱笆或木骨墙，是先立承重木柱，再用木棍或是竹片编成篱笆，然后在篱笆的两侧抹上泥层，讲究的又在泥层上另粉刷一层白石灰面，以使室内光亮，遗址居址中发现大量的这种木骨泥墙的残块。

在室内，如东区的F38一带，发现了较多的打鱼所用的网坠、纺轮等工具；在西区的F43的上层，发现有裁缝所用的剪刀等。在城区里，发掘面积达28875平方米，但都没有发现生产工具中的锄头、镰刀等铁质工具。这表明，城区里面的居民，主要是从事手工业和商业工作的，部分居民从

① 《宋史》，中华书局点校本，1974年。

事捕捞业。从居民区居址中出土的这些遗物也可看出宋代巴东县城市化已经达到了比较高的程度。

六、仓储区建筑遗迹

仓储区位于庙宇区北部的台地上，是西区最高、最平的台地，也是巴东旧县坪遗址中唯一的一块黄土地，整个台地的面积约有2000平方米。宋代仓储区的分布范围与隋唐时期仓储区基本一致，是在早期（隋唐时期）的基础上重新修筑的，并进行过多次重建，其围墙仍是沿用隋唐时期的建筑。宋代共发现仓储遗迹18座，其中第二期10座，第三期8座，第一、四期未发现（表二〇）。

表二〇　巴东旧县坪遗址宋代仓储区遗迹统计表

序号	编号	位置	层位关系	遗迹期别
1	（西）C1	（西Ⅰ）T0506、（西Ⅰ）T0507	④→（西）C1→生土	第三期
2	（西）C2	（西Ⅰ）T0607	④→（西）C2→生土	第三期
3	（西）C3	（西Ⅰ）T0307	④→（西）C3→生土	第三期
4	（西）C4	（西Ⅰ）T0407、（西Ⅰ）T0408	④→（西）C4→生土	第三期
5	（西）C5	（西Ⅰ）T0508、（西Ⅰ）T0608、（西Ⅰ）T0509	④→（西）C5→生土	第三期
6	（西）C6	（西Ⅰ）T0608、（西Ⅰ）T0708、（西Ⅰ）T0609、（西Ⅰ）T0709	④→（西）C6→生土	第三期
7	（西）C7	（西Ⅰ）T0208、（西Ⅰ）T0308	④→（西）C7→生土	第三期
8	（西）C8	（西Ⅰ）T0308、（西Ⅰ）T0408、（西Ⅰ）T0409	④→（西）C8→生土	第三期
9	（西）C9	（西Ⅰ）T0507	④→（西）C9→生土	第二期
10	（西）C10	（西Ⅰ）T0607、（西Ⅰ）T0707、（西Ⅰ）T0608、（西Ⅰ）T0708	④→（西）C10→生土	第二期
11	（西）C11	（西Ⅰ）T0707、（西Ⅰ）T0807、（西Ⅰ）T0708、（西Ⅰ）T0808	④→（西）C11→生土	第二期
12	（西）C12	（西Ⅰ）T0608、（西Ⅰ）T0708、（西Ⅰ）T0609、（西Ⅰ）T0709	④→（西）C12→生土	第二期
13	（西）C13	（西Ⅰ）T0508、（西Ⅰ）T0509	④→（西）C13→生土	第二期
14	（西）C14	（西Ⅰ）T0308、（西Ⅰ）T0408、（西Ⅰ）T0309、（西Ⅰ）T0409	④→（西）C14→生土	第二期
15	（西）C15	（西Ⅰ）T0206、（西Ⅰ）T0207	④→（西）C15→生土	第二期
16	（西）C16	（西Ⅰ）T0708、（西Ⅰ）T0808、（西Ⅰ）T0709、（西Ⅰ）T0809	④→（西）C16→生土	第二期
17	（西）F31	（西Ⅰ）T0707、（西Ⅰ）T0706、（西Ⅰ）T0807、（西Ⅰ）T0806	④→（西）F31→生土	第二期
18	（西）F61	（西Ⅰ）T0208	④→（西）F61→生土	第二期

（一）第二期仓储遗迹

第二期仓储群共有仓窖遗迹8座，分别编号为（西）C9、（西）C10、（西）C11、（西）C12、（西）C13、（西）C14、（西）C15、（西）C16，均为近长方形的半地穴式建筑。另发现房屋遗迹2座，分别编号为（西）F31、（西）F61（图二五二）。

1. 仓窖

（1）（西）C9

（西）C9　位于（西Ⅰ）T0507探方中，开口于4层下，打破生土层。近方形，长3、宽2.8、残深0.13米，直壁，平底。坑内堆积以瓦砾为主（图二五二）。

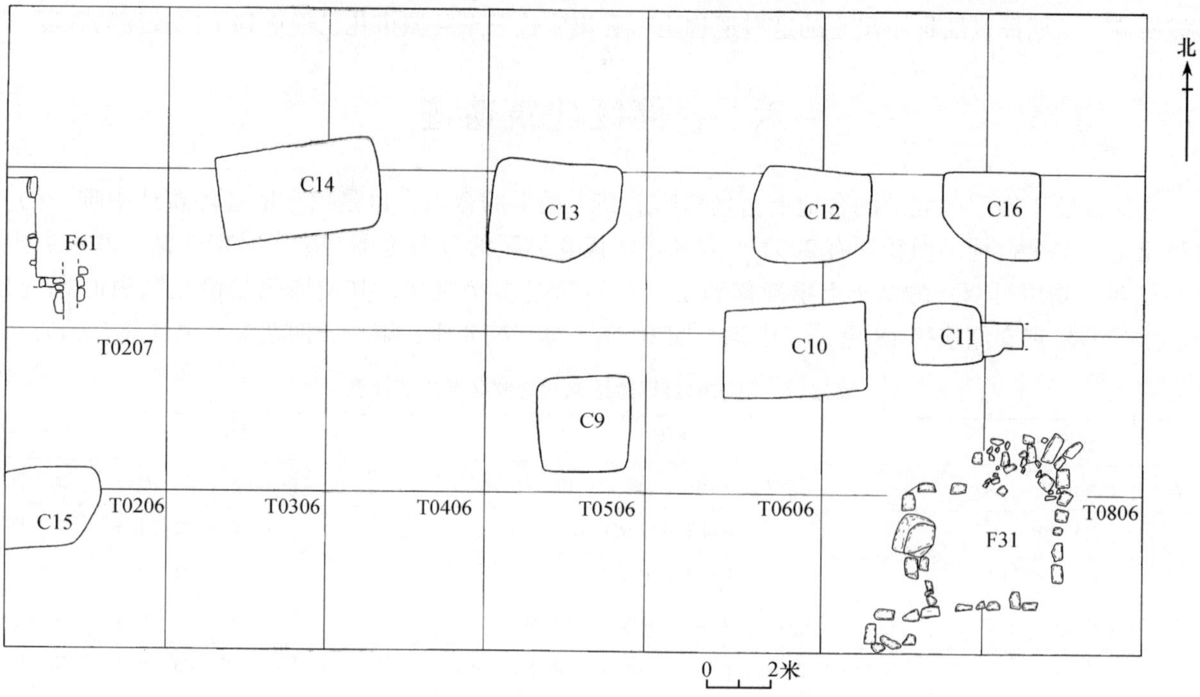

图二五二　巴东旧县坪遗址第二期仓储遗迹分布图

（2）（西）C10

（西）C10　位于（西Ⅰ）T0607、（西Ⅰ）T0707、（西Ⅰ）T0608、（西Ⅰ）T0708 探方中，开口于4层下，打破生土层。长方形，长4.5、宽2.8、坑残深0.12米，直壁，底较平整。坑内堆积以瓦砾为主，含有红烧土块（图二五二）。

（3）（西）C11

（西）C11　位于（西Ⅰ）T0707、（西Ⅰ）T0807、（西Ⅰ）T0708、（西Ⅰ）T0808 探方中，开口于4层下，打破生土层。长方形，长2.14、宽1.85、深0.82米。东部设门道，残长1.2、宽1.04、深0.4米。斜直壁，底部较平整。坑底设“日”字形排水沟，其中南沟较宽深，宽0.26、深0.2米；南北向的中沟次之，宽0.2、深0.08米；东、西、北三沟较浅，宽0.1、深0.05米。东、西、北三沟的水经中沟排向南沟中。坑底东、西两边近南沟处各有一柱洞，直径0.2（西）、0.26（东）、深0.24米。坑内以瓦砾堆积为主（图二五三；图版八三）。

（4）（西）C12

（西）C12　位于（西Ⅰ）T0608、（西Ⅰ）T0708、（西Ⅰ）T0609、（西Ⅰ）T0709 探方中，开口于4层下，打破生土层。长方形，长3.6、宽3、残深0.05～0.18米，直壁，底呈斜坡状，东高西低。坑内以瓦砾堆积为主，夹有红烧土颗粒（图二五二）。

（5）（西）C13

（西）C13　位于（西Ⅰ）T0508、（西Ⅰ）T0509 探方中，开口于4层下，打破生土层。不规则长方形，长4、宽3、残深0.13米，直壁，底部较为平整。坑内以瓦砾堆积为主（图二五二）。

（6）（西）C14

（西）C14　位于（西Ⅰ）T0308、（西Ⅰ）T0408、（西Ⅰ）T0309、（西Ⅰ）T0409 探方中，开口于4层下，打破生土层。不规则长方形，长5、宽2.8、残深0.14米。直壁，底部较平整。坑内以瓦砾堆积为主（图二五二）。

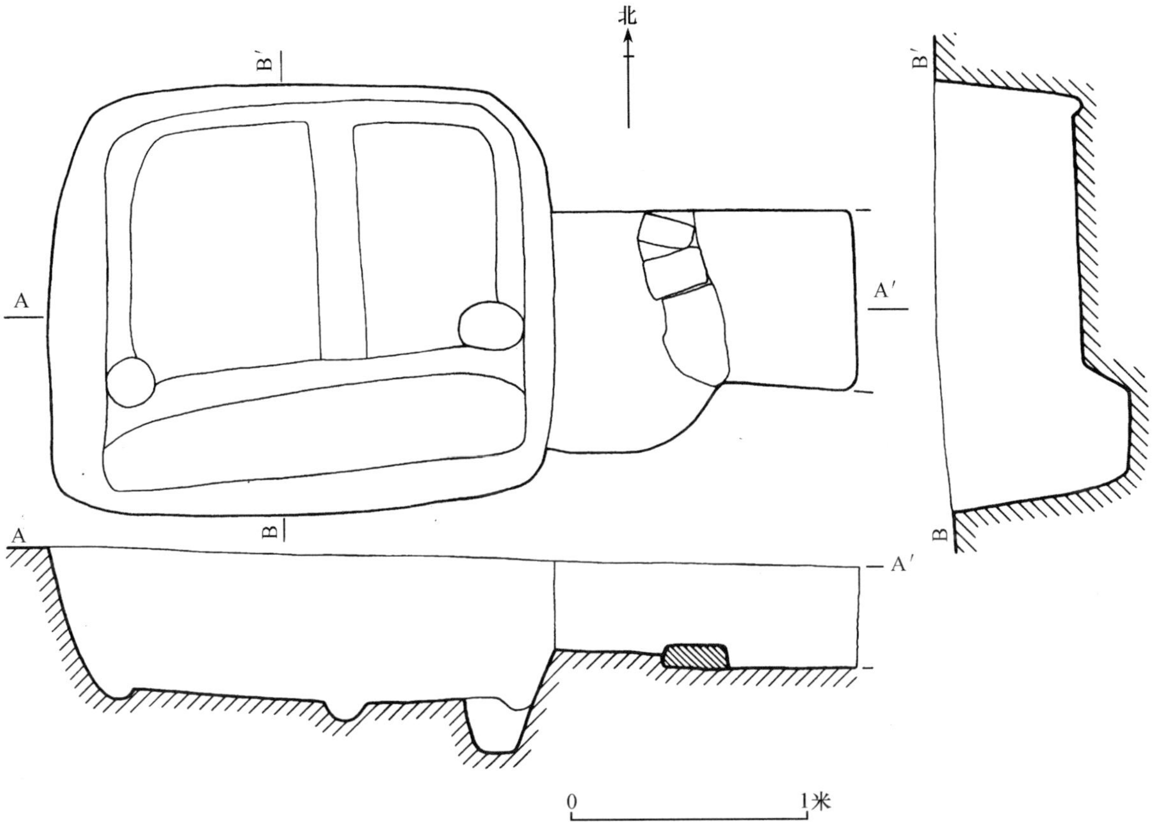

图二五三　巴东旧县坪遗址（西）C11平、剖面图

(7)（西）C15

（西）C15　位于（西Ⅰ）T0206、（西Ⅰ）T0207探方中，开口于4层下，打破生土层。不规则长方形，长4、宽2.6、残深0.12米。直壁，底部较平整，坑内以瓦砾堆积为主（图二五二）。

(8)（西）C16

（西）C16　位于（西Ⅰ）T0708、（西Ⅰ）T0808、（西Ⅰ）T0709、（西Ⅰ）T0809探方中，开口于4层下，打破生土层。不规则长方形，长3、宽2.8、残深0.1米。直壁，底部较平。坑内以瓦砾堆积为主（图二五二）。

2. 仓房建筑

(1)（西）F31

（西）F31　分布在（西Ⅰ）T0706、（西Ⅰ）T0806、（西Ⅰ）T0707、（西Ⅰ）T0807探方内，开口于4层下，打破生土层。位于仓储台地的东南角，平面呈长方形，以北墙为基准，门向北，方向2°。房屋东西长5、南北宽4米，面积20平方米。以绿色条石为基础，高出室内石块地面0.2米。从残存的遗迹看，房屋的西北两侧有宽1米的廊，高出仓储区的地面0.45米，低于室内0.1米，廊道正好对着仓储区域。室内的地面是用石块铺设的，但因破坏严重，保存极差，应是仓储区域的看守房屋（图二五二）。

(2)（西）F61

（西）F61　分布在（西Ⅰ）T0208等探方内，开口于4层下，打破生土。位于仓储区的中心地带，正方向。破坏严重，仅残存东北角房基础，以石块为基础，残存石块高出地面0.05～0.15米。因残存部分较少，其大小、分间、门道、地面等情况不明（图二五二）。

（二）第三期仓储遗迹

第二期仓储遗迹共发现 8 座，分别编号为（西）C1、（西）C2、（西）C3、（西）C4、（西）C5、（西）C6、（西）C7、（西）C8，均为地上建筑，分为石块基础建筑和立柱建筑两种（图二五四）。

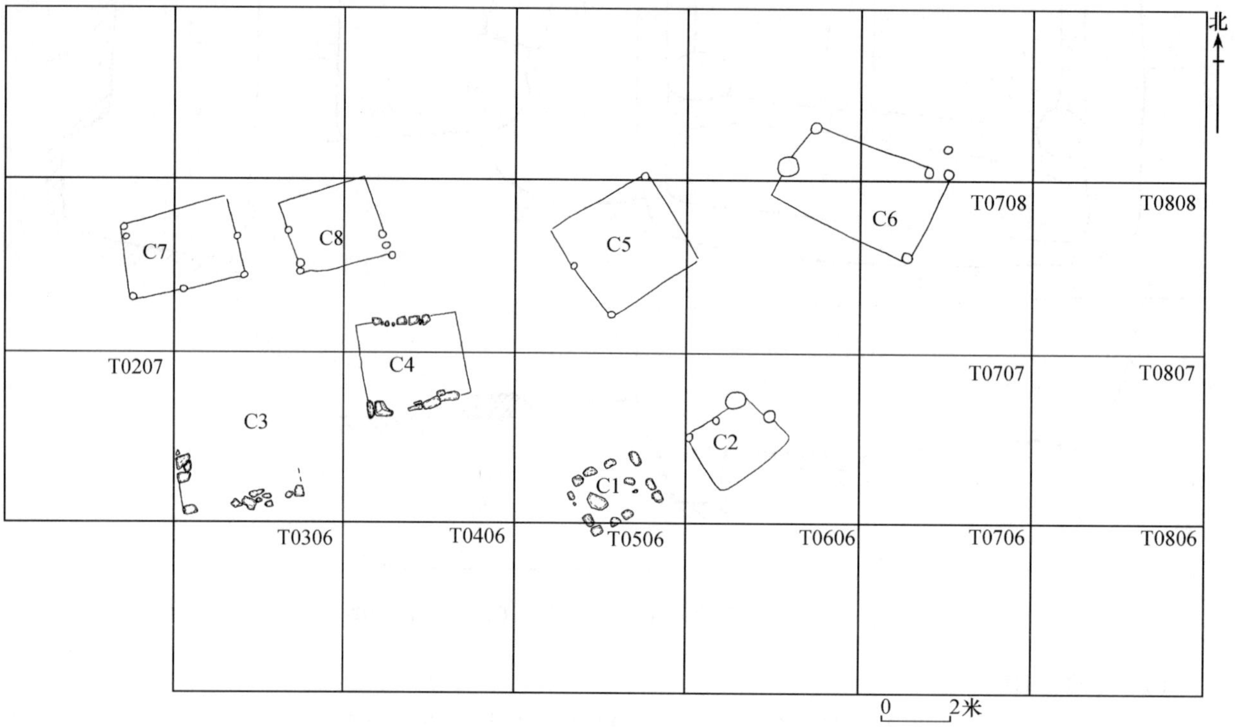

图二五四　巴东旧县坪遗址第三期仓储遗迹分布图

1. 石基仓房

（1）（西）C1

（西）C1　位于（西Ⅰ）T0506、（西Ⅰ）T0507 探方中，开口于 4 层下，打破生土层。为石块基础遗迹，平面呈长方形，长 2.3、宽 1.9 米。残存有石块垒砌的墙基（图二五四）。

（2）（西）C3

（西）C3　位于（西Ⅰ）T0307 探方中，开口于 4 层下，打破生土层。平面呈长方形，长 3.5、残宽 1.9 米，面积 6.7 平方米。以石块为基础（图二五四）。

（3）（西）C4

（西）C4　位于（西Ⅰ）T0407、（西Ⅰ）T0408 探方中，开口于 4 层下，打破生土层。平面呈长方形，长 3、宽 2.8 米，面积 8.4 平方米。以石块为基础（图二五四）。

2. 立柱仓房

（1）（西）C2

（西）C2　位于（西Ⅰ）T0607 探方中，开口于 4 层下，打破生土层。平面呈长方形，长 2.5、宽 2 米，面积 5 平方米。发现柱洞 4 个，柱洞直径 0.2 ~ 0.5、深 0.15 ~ 0.25 米（图二五四）。

（2）（西）C5

（西）C5　位于（西Ⅰ）T0508、（西Ⅰ）T0608、（西Ⅰ）T0509探方中，开口于4层下，打破生土层。为立柱式的建筑遗迹，平面呈长方形，长3.3、宽3.1米，面积10.2平方米。发现柱洞3个，柱洞直径0.2、深0.15～0.2米（图二五四）。

（3）（西）C6

（西）C6　位于（西Ⅰ）T0608、（西Ⅰ）T0708、（西Ⅰ）T0609、（西Ⅰ）T0709探方中，开口于4层下，打破生土层。为立柱式的建筑遗迹，平面呈长方形，长4.4、宽2.8米，面积12.3平方米。发现柱洞6个，柱洞直径0.25～0.6、深0.16～0.25米（图二五四）。

（4）（西）C7

（西）C7　位于（西Ⅰ）T0208、（西Ⅰ）T0308探方中，开口于4层下，打破生土层。立柱式的建筑，平面呈长方形，长3.5、宽2.4米。发现了较为丰富的柱洞遗迹，共计6个，柱洞直径0.2、深0.12～0.18米（图二五四）。

（5）（西）C8

（西）C8　位于（西Ⅰ）T0308、（西Ⅰ）T0408、（西Ⅰ）T0409探方中，开口于4层下，打破生土层。立柱式建筑，平面呈长方形，长2.7、宽2.4米，面积6.5平方米。共发现柱洞6个，柱洞直径0.2～0.25、深0.13～0.22米（图二五四）。

（三）仓储区的建筑特点

两宋时期的仓储遗址，每一座仓都是单体独立，有规律地集中部署在一块相对独立的地理单元内，用围墙环绕，形成独立的仓储区。其中的仓储，就建筑结构而言，可分为两类，一类是延续隋唐时期的建筑风格，仍是方形或长方形半地穴式仓窖型，一类是建筑于地表之上的仓房型。半地穴式仓窖的建筑方式和隋唐时期的同类仓窖相同，分为地下、地上两部分，地下部分是先挖坑，再修整仓底和仓面，然后再在地面上立柱盖顶，考古发现半地穴式仓窖内基本都有大量的瓦片堆积，表明这类仓窖是用瓦盖顶的。仓房有两种做法，一种是有石块垒砌墙基，一种是无。根据民族学的资料，这两种仓房，都是将仓房的地面抬高，上铺木板，成为吊脚式木板仓房。墙基这种单体的木板仓房，在明清以来的土家族地区（包括巴东县）一直沿用。

七、供、排水设施

供、排水设施是城市生活建设的重要设施，是反映城市生活环境好坏的一个重要因素。在巴东旧县坪遗址中，发现了大量的引水与排水沟渠，这些沟渠修筑规整，相互贯通，构成一个完整的城区供排水网络。四期共发现沟渠56条，其中东区8条；西区48条，有明沟、暗沟两种。其分布的疏密与功能区的设置有关。东区因只是一个居民点，没有发现引水沟渠，且排水沟也仅发现了8条；西区设置的功能区较多，引、排水沟分布较密集，尤其是（西）F8一带更甚。另因沟渠与街巷一样较长，所跨区域多，而在不同区域内的开口层位也不同，故其分布位置、层位关系也采用列表表述（表二一），在文中就不再累叙。

表二一　巴东旧县坪遗址宋代沟渠遗迹位置、层位、分期统计表

序号	编号	位置	层位	期别	备注
1	（西）G11	官署区	⑤→（西）G11→⑥	四期	（西）F8Ⅳ内暗沟
2	（西）G13	官署区	⑤→（西）G13→⑥	四期	（西）F8Ⅳ西侧供、排水沟
3	（西）G17	官署区	⑤→（西）G17→⑥	四期	（西）L2Ⅳ北侧沟
4	（西）G18	官署区	⑤→（西）G18→⑥	四期	（西）F8Ⅳ前暗沟
5	（西）G19	官署区	⑤→（西）G19→⑥	四期	（西）F8Ⅳ南部排水沟
6	（西）G22	官署区	⑤→（西）G22→⑥	四期	（西）F8Ⅳ西排水暗沟
7	（西）G44	官署区	⑤→（西）G44→⑥	四期	（西）F8Ⅳ内排水沟
8	（西）G45	官署区	⑤→（西）G45→⑥	四期	（西）L2Ⅳ南暗沟
9	（西）G9	官署区	⑥→（西）G9→⑦	三期	（西）L2Ⅲ路南沟
10	（西）G12	官署区	⑥→（西）G12→⑦	三期	（西）F8-SC2 引水沟
11	（西）G14	官署区	⑥→（西）G14→⑦	三期	（西）F8-SC2 排水沟
12	（西）G15	官署区	⑥→（西）G15→⑦	三期	（西）F8—SC 排水沟后檐沟
13	（西）G16	官署区	⑥→（西）G16→⑦	三期	（西）F45 后檐沟
14	（西）G21	官署区	⑥→（西）G21→⑦	三期	（西）F8Ⅲ大院西排水沟
15	（西）G27	官署区	⑥→（西）G27→⑦	三期	（西）F8Ⅲ东侧排水沟
16	（西）G33	官署区	⑥→（西）G33→⑦	三期	（西）F5 前檐沟
17	（西）G43	官署区	⑥→（西）G43→⑦	三期	（西）F8Ⅲ东北角沟
18	（西）G47	居民区（西 A）	③→（西）G47→生土	三期	（西）F41 的后檐沟
19	（西）G2	商业区	⑦→（西）G2→未掘	二期	（西）L4Ⅰ东侧土沟
20	（西）G8	官署区	⑦→（西）G8→⑧	二期	穿过（西）F6Ⅰ、（西）F52、（西）F18Ⅰ地下沟
21	（西）G10	官署区	⑦→（西）G10→⑧	二期	（西）F8Ⅱ西外
22	（西）G20	官署区	⑦→（西）G20→⑧	二期	（西）F8Ⅱ院内东侧
23	（西）G24	官署区	⑦→（西）G24→⑧	二期	（西）L2Ⅱ南侧沟
24	（西）G25Ⅱ	官署区	⑦→（西）G25Ⅱ→⑧	二期	（西）F8Ⅱ院落西北角
25	（西）G26Ⅱ	官署区	⑦→（西）G26Ⅱ→⑧	二期	（西）F8Ⅱ房檐沟
26	（西）G28	官署区	⑦→（西）G28→⑧	二期	（西）L2Ⅱ南侧沟
27	（西）G29	官署区	⑦→（西）G29→⑧	二期	（西）F20 房檐沟
28	（西）G30	官署区	⑦→（西）G30→⑧	二期	承接（西）G8 引水沟
29	（西）G31	官署区	⑦→（西）G31→⑧	二期	（西）L8Ⅰ南侧沟

续表

序号	编号	位置	层位	期别	备注
30	（西）G34Ⅱ	官署区	⑦→（西）G34Ⅱ→⑧	二期	（西）F8Ⅱ西院外沟
31	（西）G36	庙宇区（（西）F1内）	③→（西）G36→④	二期	（西）F1Ⅱ内瓦片沟
32	（西）G39Ⅱ	官署区	⑦→（西）G39Ⅱ→⑧	二期	（西）F8Ⅱ东外侧沟
33	（西）G42	官署区	⑦→（西）G42→⑧	二期	（西）F22房檐排水沟
34	（西）G46	商业区	⑦→（西）G46→（东）G5	二期	（西）F12Ⅱ西侧排水沟
35	（西）G4	商业区	（西）F12Ⅱ→（西）G4→未掘	一期	（西）F12Ⅰ东侧沟
36	（西）G5	商业区	（西）F12Ⅱ→（西）G5→未掘	一期	（西）F12Ⅰ西侧沟
37	（西）G6	商业区	（西）L1Ⅱ→（西）G6→未掘	一期	（西）L1Ⅰ南侧沟
38	（西）G7	商业区	（西）F12Ⅱ→（西）G7→未掘	一期	（西）F12Ⅰ后檐沟
39	（西）G32	商业区	⑧→（西）G32→未掘	一期	（西）L1Ⅰ街面沟
40	（西）G25Ⅰ	官署区	⑧→（西）G25Ⅰ→未掘	一期	（西）F8Ⅰ西侧引水沟
41	（西）G26Ⅰ	官署区	⑧→（西）G26Ⅰ→生土	一期	（西）F8Ⅰ后檐沟
42	（西）G34Ⅰ	官署区	⑧→（西）G34Ⅰ→未掘	一期	（西）F8Ⅰ西院外沟
43	（西）G35	官署区	⑧→（西）G35→未掘	一期	（西）L2Ⅰ路南沟
44	（西）G38	官署区	⑧→（西）G38→未掘	一期	（西）F8Ⅰ-1东前檐沟
45	（西）G39Ⅰ	官署区	⑧→（西）G39Ⅰ→未掘	一期	（西）F8Ⅰ东侧沟
46	（西）G40	官署区	⑧→（西）G40→未掘	一期	（西）F8Ⅰ-1西前檐沟
47	（西）G41	官署区	⑧→（西）G41→未掘	一期	泥塑图案北侧沟
48	（西）G48	官署区	⑧→（西）G48→未掘	一期	泥塑图案西侧沟
49	（东）G10Ⅱ	东居民区	④→（东）G10Ⅱ→（东）F12Ⅰ	三期	（东）L1Ⅲ北侧沟
50	（东）G11	东居民区	③→（东）G11→④	三期	（东）L1Ⅲ南侧沟
51	（东）G2	东居民区	④→（东）G2→（东）F12Ⅰ	二期	（东）L4Ⅱ西侧沟
52	（东）G10Ⅰ	东居民区	（东）G10Ⅱ→（东）G10Ⅰ→⑤	二期	（东）L1Ⅱ北侧沟
53	（东）G13	东居民区	④→（东）G13→（东）L1Ⅰ	二期	（东）L1Ⅱ东侧沟
54	（东）G14	东居民区	④→（东）G14→（东）L1Ⅰ	二期	（东）L1Ⅱ西侧沟
55	（东）G7	东居民区	（东）L6Ⅰ→（东）G7→⑤	一期	（东）F27房前沟
56	（东）G16	东居民区	④→（东）G16→⑤	一期	（东）L1Ⅰ南侧沟

（一）东区排水沟渠

东区没有发现专用于引水的沟渠。据当地村民讲，原居住于此的居民一直是从西北山坡上泉眼水井处担水生活，泉眼位置不高，海拔在110米，泉水不太大，但是四季不干涸。但因水源量小，要从此引水至其他地点，则有一定的困难。据此分析，宋代东区居民也可能是靠担水生活。

东区的排水设施，因破坏严重，保存较差，发现不多，主要为一至三期的部分水沟，共计8条，第四期的已全毁，未发现。

1. 东区第一期排水沟渠

第一期排水沟渠，发现2条，编号为（东）G7、（东）G16。

（1）（东）G7

（东）G7　位于（东）F27房前（南侧），沟渠系用石块垒砌，自东向西流，保存较差，残长8、宽0.25、深0.1米。其遗迹的特点当属于排水沟渠（图一一七，东10）。

（2）（东）G16

（东）G16　位于（东）L1Ⅰ南侧街边，沟体用石块砌成，规整，自东向西流。保存较差，多已残，仅西端的一段保存较好，残长6、宽0.4、深0.25米（图一一七，东11）。

2. 东区第二期排水沟渠

东区第二期的排水设施多已破坏，发现不多，主要分布在街道的两侧，共4条，分别编号为（东）G2、（东）G10Ⅰ、（东）G13、（东）G14。

（1）（东）G2

（东）G2　位于（东）L4Ⅱ巷道的西侧，沟东为巷道（东）L4Ⅱ，沟西为（东）F12Ⅱ。系用石块垒砌而成，自北向南排水，保存一般，全长14、宽0.3、深0.2米（图一一八，东39）。

（2）（东）G10Ⅰ

（东）G10Ⅰ　位于（东）L1Ⅱ大街北侧，用石块垒砌，顺大街自东向西而下，保存较差，仅在（东）L1Ⅱ与（东）L4Ⅱ相连接处一段残存，残长7、宽0.4、深0.2米（图一一八，东40）。

（3）（东）G13

（东）G13　位于（东）L1Ⅱ东段去江边道路的东侧，与（东）G14隔街并行，沟体顺大街自西北向东南蜿蜒而下。沟体系用石块垒砌而成，保存较差，残存部分长11、宽0.3、深0.1～0.25米（图一一八，东37）。

（4）（东）G14

（东）G14　位于（东）L1Ⅱ大街东段去江边道路的西侧，隔大街与（东）G13并行。沟体系用石块筑成，保存较差，残存部分长6、宽0.25、深0.2米（图一一八，东38）。

3. 东区第三期排水沟渠

东区第三期排水沟渠多已不存，仅在（东）L1Ⅲ大街两侧发现2条，编号为（东）G10Ⅱ、（东）G11。

（1）（东）G10Ⅱ

（东）G10Ⅱ　位于（东）L1Ⅲ大街中段的北侧，沟体两壁用石块垒砌，较规整，沟底未铺垫。长30、宽0.3米，深0.3～0.45米（图一一九，东9）。

（2）（东）G11

（东）G11　位于（东）L1Ⅲ大街中段南侧，与（东）G10Ⅱ隔（东）L1Ⅲ大街并行。用石块垒砌沟壁，沟底无铺垫。残存长28、宽0.4～0.6、深0.3米（图一一九，东10）。

（二）西区供水与排水沟渠

西区的引水与排水设施比较完善，分布密集，引水沟与排水沟相互联通，构成一个完备的供排水系统。其引水的水源主要来自两个方向，一是自东北侧溪沟中引水至官署区，主要是供（西）F8衙署院落使用；另一方向是自西北侧的山上引水而来，主要是供官署区以外其他区域的生活用水。其排水多是向南排入溪沟或长江。四期共发现沟渠48条，部分沟渠历经多次维修使用，有明沟、暗沟两种形式。

1. 西区第一期供、排水沟渠

西区第一期引水与排水沟渠发现较多，以排水沟为主，共有14条，多分布在（西）F8Ⅰ大院一带。分明沟、暗沟两种形制，以砖、石块为建筑材料，建造比较讲究，垒砌规整。

（1）（西）G4

（西）G4 位于（西）F12Ⅰ东侧，是自北向南的引水与排水沟。沟体为砖石混砌，保存较差，残长4.9、宽0.3~0.4、深0.2米（图一一七，西26；图二五五）。

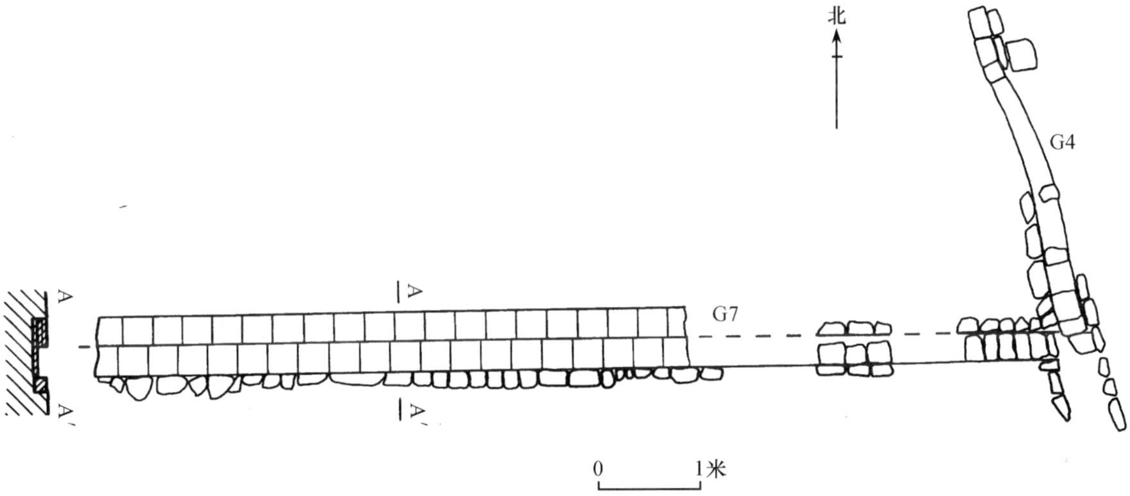

图二五五 巴东旧县坪遗址（西）G4、（西）G7平、剖面图

（2）（西）G5

（西）G5 位于（西）F12Ⅰ的西侧，水由北向南流，横向穿越（西）L1Ⅰ大街后与（西）G6相汇，兼有引水与排水两种功能。（西）G5系用砖块修筑，用砖和石块盖顶。沟长10、深0.3、宽0.3米。所使用的砖块为大方砖，边长0.32米（图一一七，西29；图二五六；图版八四，1）。

（3）（西）G6

（西）G6 位于（西）L1Ⅰ大街的南侧，是承接（西）G5的沟渠，向东南而下。沟渠为石块垒砌成，长17、宽0.35、深0.3~0.7米。沟内发现了比较丰富的陶瓷器皿等遗物（图一一七，西28；图版八四，2）。

（4）（西）G7

（西）G7 位于（西）F12Ⅰ的北侧，沟东端与（西）G4相接。系用砖构筑沟底与沟壁，西高东低状，全长11、宽0.3、深0.1米。是（西）F12Ⅰ的房檐沟（图一一七，西27）。

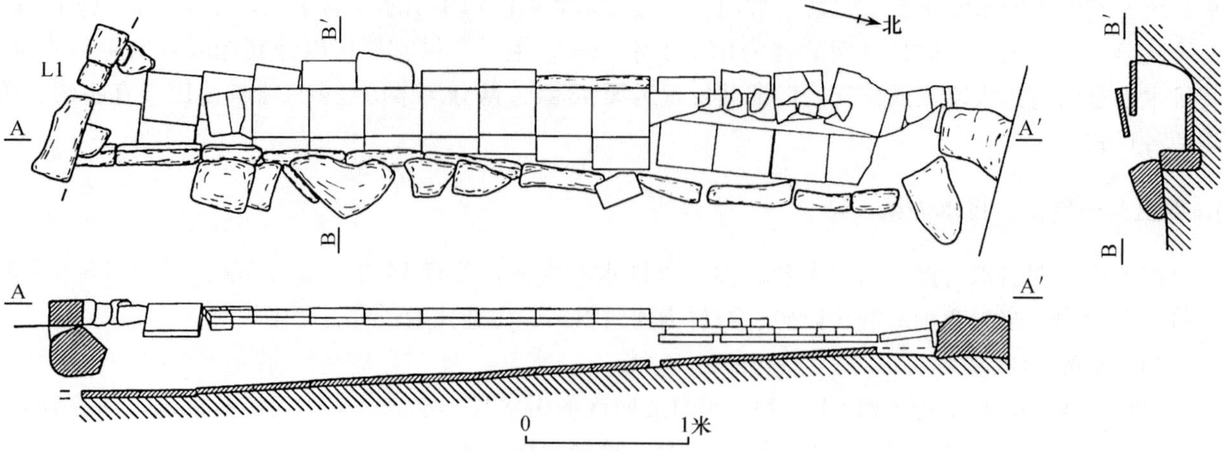

图二五六　巴东旧县坪遗址（西）G5 平、剖面图

（5）（西）G32

（西）G32　位于（西）L1Ⅰ大街南段近“十”字路口处，自西向东穿过（西）L1Ⅰ的街面。用片石镶嵌规整，西南高东北低，西南侧沟口与（西）G6 相接，明显系从（西）G6 中引水经大街表面向东北而去。沟长残存 3、宽 0.2、深 0.1 米。（西）G32 的特征与第一期（西）G5 和（西）G6 的相似，其不仅是排水设施，也还是引水设施，否则就不会在大街的表面修筑（西）G32 这样的引水水渠。依此分析，溪沟边也应有房屋建筑，否则就不会从街面上开沟渠引水而去。但因沟边早已被溪流破坏，不见有房屋建筑的遗迹存在（图一一七，西 25；图版八四，2）。

（6）（西）G25Ⅰ

（西）G25Ⅰ　位于（西）F8Ⅰ西侧，是自西北侧的山坡上引水的沟渠，沟用砖与石块混砌而成。沟残存不多，残长 7、宽 0.65、深 0.3 米（图一一七，西 24；图一二一，G25Ⅰ）。

（7）（西）G26Ⅰ

（西）G26Ⅰ　位于（西）F8Ⅰ-1 北侧及东侧，是（西）F8Ⅰ-1 的房檐排水沟。房北侧保存较好，是在紫红色砂岩的岩体上挖凿而成的，残长 43、宽 0.3～0.5、深 0.2 米；房东侧已残（图一一七，西 22；图一二一，G26Ⅰ）。

（8）（西）G34Ⅰ

（西）G34Ⅰ　位于（西）F8Ⅰ西侧外，北端与（西）F8Ⅰ-1 后的（西）G26Ⅰ相连接，沿（西）F8Ⅰ的西围墙自北向南而下。系用石块垒砌而成的明沟，长 33、宽 0.4～0.8、深 0.3～0.5 米（图一一七，西 23；图一二一，G34Ⅰ）。是以排水为主的沟渠。

（9）（西）G35

（西）G35　位于（西）L2Ⅰ的南侧，沟用较规整的石灰石构筑沟底与沟边，沟水自西向东流。沟体已残，其残存部分长 8.6、宽 0.3、深 0.2 米。沟内填满了江沙（图一一七，西 20；图二五七；图版五七，2）。

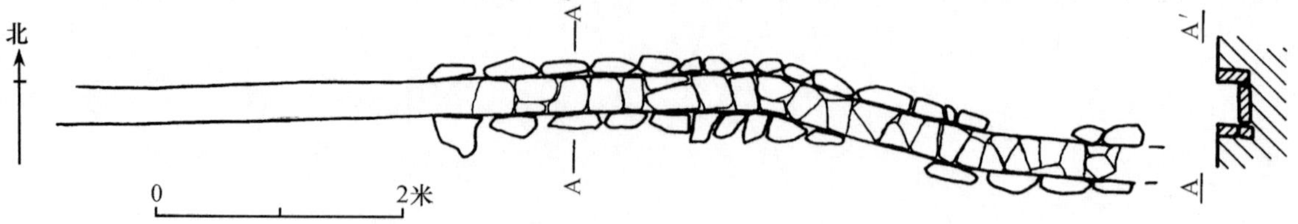

图二五七　巴东旧县坪遗址（西）G35 平、剖面图

（10）（西）G38

（西）G38　位于（西）F8 Ⅰ-1 东前侧，是（西）F8 Ⅰ-1 前的东檐沟，东与（西）G39 Ⅰ 相接。用绿色砂石构筑而成，较规整。全长 19.5、宽 0.23、深 0.15 米（图一二一，G38）。

（11）（西）G39 Ⅰ

（西）G39 Ⅰ　位于衙署大院东侧的（西）F8 Ⅰ-2 墙外，西与（西）G38 相连。呈"7"字状绕过（西）F8 Ⅰ-2 的北墙及东墙后而南下，沟体保存较好，系用石块垒成，长 21.5、宽 0.6、深 0.3～0.45米。沟东为（西）F93（图一一七，西 21；图一二一，G39 Ⅰ）。

（12）（西）G40

（西）G40　位于（西）F8Ⅰ-1 西前侧，与（西）G38 相对称，是（西）F8Ⅰ-1 前的西檐沟。保存较差，仅存几块沟壁石块，但沟体土槽痕迹仍存，长 19、宽 0.2～0.4、深 0.1 米（图一二一，G40）。

（13）（西）G41

（西）G41　位于（西）F8 Ⅰ 中院的南端，（西）F8Ⅰ-5 的北侧。石块垒砌，保存较差，沟残长 6.3、宽 0.25、深 0.15 米。其位于（西）F8Ⅰ-5 北端中心处盖有一块长方形的砂石（图一二一，G41）。

（14）（西）G48

（西）G48　位于（西）F8 Ⅰ 大门的西侧。沟体西侧利用（西）F8 Ⅰ-TD3 的大院外凸高坎坎边为壁，东侧另外镶嵌侧石为东壁，沟底未铺垫。长 1.05、最宽处 0.5、深 0.15 米（图一一七，西 30；图一二一，G48）。

2. 西区第二期供、排水沟渠

西区第二期发现的引水与排水遗迹较丰富，共有水井 1 口、水沟 16 条，沟分明沟、暗沟两种形制。多集中在（西）F8 Ⅱ 大院一带，也相应保存较好。

（1）（西）SJ3

（西）SJ3　位于（西）F12 Ⅱ 的西北侧，为饮水水井，水井的周围用石块垒砌成圆形，直径 1.2、深 0.3 米。引水的暗沟是从（西）L7 Ⅱ 路面下穿过至（西）SJ3 中，已残，情况不明。井的西南侧有一排水沟，编号为（西）G46（图一一八，西 91）。

（2）（西）G2

（西）G2　位于（西）L4 Ⅰ 的东侧，沟东为（西）F27。土沟，全长 17.5 米，沟体宽窄不一，宽度在 0.6～1.2 米，深 0.25～0.6 米。它既是房檐沟，也是路边排水沟（图一一八，西 90；图二五八；图版八五，1）。

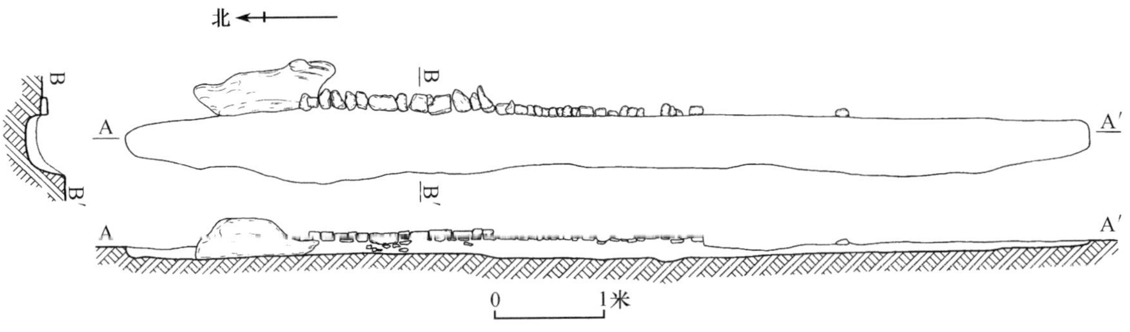

图二五八　巴东旧县坪遗址（西）G2 平、剖面图

（3）（西）G8

（西）G8　位于（西）F8 Ⅱ 外西侧的建筑群中，为引水的暗沟，北高南低，自（西）F6 Ⅰ 房后

引水，向南从（西）F6Ⅰ、（西）F52、（西）F18Ⅰ的地面之下穿过，在（西）F18Ⅰ房前与（西）G30相接，接口处（西）G30稍低于（西）G8。沟体的北段用砖砌成，南段用石块铺设，沟上覆盖石板，长26.5、宽上段0.2、下段0.3、深0.15～0.2米（图一一八，西86；图版八六，1、2）。

（4）（西）G10

（西）G10　位于（西）F8Ⅱ西部，是用石块垒砌规整的沟渠，自东向西而下，已残，残长2.5、宽0.2、深、0.12米。是（西）F8Ⅱ大院向西的排水沟渠（图一二六，G10）。

（5）（西）G20

（西）G20　位于（西）F8Ⅱ中院的东南部，是（西）F8Ⅱ大院向外的排水沟，为暗沟形式。（西）G20出大院后，穿过（西）L2Ⅱ与（西）G24相汇于（西）F22的西北角。沟体用石块铺底和砌筑沟壁，并用较大石块盖顶。长17、宽0.4、深0.15～0.7米（图一二六，G20；图二五九；图版八五，3）。

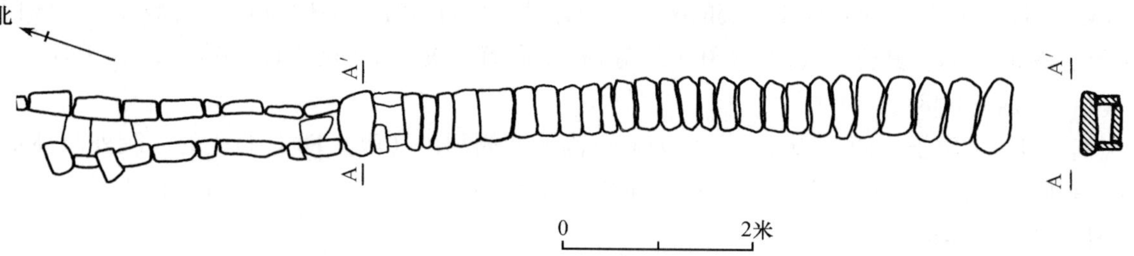

图二五九　巴东旧县坪遗址（西）G20平、剖面图

（6）（西）G24

（西）G24　位于（西）F8Ⅱ大门前的（西）L2Ⅱ大街的南侧，沟西有建筑（西）F23、（西）F25。（西）G24沟底西高东低，西端起于（西）F23的西北侧，向东经（西）L13Ⅰ、（西）F25、（西）L14，至（西）F22西侧与（西）G20相汇。用砖、石混筑，沟体残长14.5、宽0.3、深0.15～0.25米。其位于（西）L13北侧部分用砖块平铺沟底，长4.2米，余均用石块构筑（图一一八，西83；图二六〇；图版五八，1）。

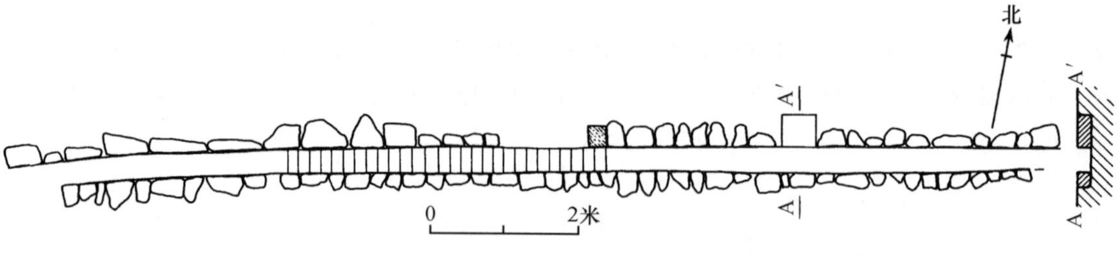

图二六〇　巴东旧县坪遗址（西）G24平、剖面图

（7）（西）G25Ⅱ

（西）G25Ⅱ　是（西）F8Ⅱ西北角自山上引水的明渠，至（西）F8Ⅱ-1的西侧时，与（西）G26Ⅱ相接。沟用石块垒砌，残长3.2、宽0.4、深0.3米（图一一八，西85）。

（8）（西）G26Ⅱ

（西）G26Ⅱ　位于（西）F8Ⅱ-1的东、北侧，为（西）F8Ⅱ-1房檐排水沟，北段向西与（西）G34Ⅱ相连，东段南下注入（西）G39Ⅱ，东段已残。是在第一期之上用石块加筑的，沟残长39.4、宽0.45、深0.25米（图一一八，西81；图一二六，G26Ⅱ）。

（9）（西）G28

（西）G28　位于（西）F8Ⅱ东南侧的（西）L2Ⅱ南边，西高东低，沿（西）L2Ⅱ的街边向东而下。系用石块铺设沟底并垒砌沟边。保存较差，整体已不明。沟残长7.5、宽0.6、深0.35米。从走向上分析，（西）G28应兼有承接大院东部排水的功能（图一一八，西80）。

（10）（西）G29

（西）G29　位于（西）F20的房后，是（西）F20的房檐沟，自西向东流。用石块垒砌，西端与房屋相平齐，东端已残，残长2.6、宽0.3～0.34、深0.2米（图一一八，西78）。

（11）（西）G30

（西）G30　是承接（西）G8引水的水渠，同属于暗沟引水，（西）G30在接口处，明显低于（西）G8沟底，接水后，自东北而向西南，沟体用石块垒砌，盖顶石块较大。沟体残长2.5、宽0.2、深0.18米（图一一八，西87）。

（12）（西）G31

（西）G31　位于（西）L8Ⅰ巷道南侧，沿巷道边向东排水。用石块垒砌，保存较差，残长6.8、宽0.25～0.4、深0.1米（图一一八，西88）。

（13）（西）G36

（西）G36　位于（西）F1Ⅱ院内，系用砖、瓦构筑，沟的两侧用砖侧立顺砌为壁，沟底用瓦铺垫，呈北高南低状。沟自东向西，然后折向南流。沟残长7.5、宽0.24、深0.15米（图一七五，G36）。

（14）（西）G39Ⅱ

（西）G39Ⅱ　位于（西）F8Ⅱ东外侧，是大院东侧的排水沟渠。（西）G39Ⅱ是在（西）G39Ⅰ之上填垫后重新垒筑而成的，呈曲尺形，从（西）F8Ⅱ-4的北、东两侧绕过。沟体北高南低，长23.5、宽0.5、深0.25米（图一一八，西79；图一二六，G39Ⅱ；图二六一）。

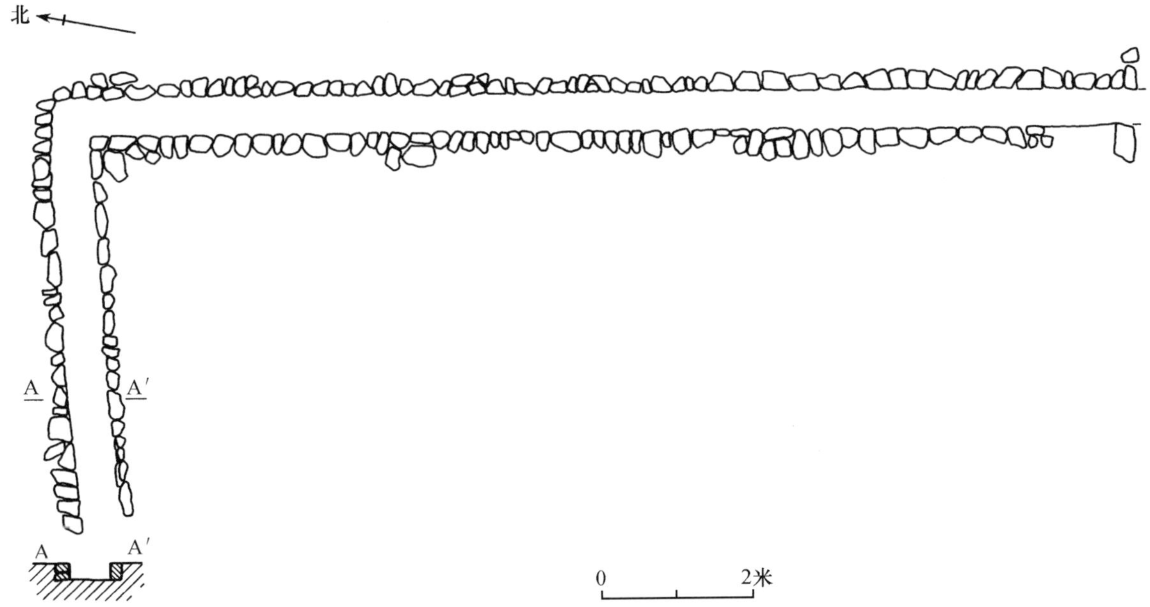

图二六一　巴东旧县坪遗址（西）G39Ⅱ平、剖面图

（15）（西）G34Ⅱ

（西）G34Ⅱ　位于（西）F8Ⅱ西围墙外，自北向南顺围墙壁而下。是利用下层的沟体又重新加垒而成的，用石块垒砌，沟体全长26.5、宽0.45～0.75、深0.25～0.4米（图一一八，西84；图一二六，G34Ⅱ）。

（16）（西）G42

（西）G42　位于（西）F22的东侧，应是其房檐排水沟。沟渠自北而南流，石块垒砌，全长4、宽0.4、深0.2米（图一一八，西82）。

（17）（西）G46

（西）G46　位于（西）F12Ⅱ的西侧，是（西）SJ3向西南的排水沟。水井位于（西）F12Ⅱ西北角，（西）G46自井向西南而下。沟边用石块垒砌，保存较差，残长3.5、宽0.25、深0.2米（图一一八，西89）。

3. 西区第三期供、排水沟渠

西区第三期的引水与排水遗迹发现的较第二期略少，共计水井1口、水沟10条，沟分明沟、暗沟两种形制。仍是主要集中在（西）F8Ⅲ一带。

（1）（西）SJ2

（西）SJ2　位于（西）F8Ⅲ-9的东侧，南临（西）L18Ⅰ，为饮水水井，从溪沟经（西）G43引水而至（西）SJ2中。水井为土井，锅底状，长5、宽4、深0.6米。北为引水沟（西）G43，南有排水沟（西）G27。井内的填土为淤泥土堆积，无文化遗物（图一一九，西46）。

（2）（西）G9

（西）G9　位于（西）L2Ⅲ的南侧，石块铺设沟底与垒砌沟边，自西向东而后转向南流。保存较差，残长3.4、宽0.2、深0.15米（图一一九，西42）。

（3）（西）G12

（西）G12　位于（西）F8Ⅲ内西北部，为暗沟，是自院外西北角经（西）F8Ⅲ-1向东南引水至院内（西）F8Ⅲ-SC2的引水沟。沟体用薄板石铺设垒砌并盖顶。沟残长8.4、宽0.3、深0.15～0.2米（图一四四，G12）。

（4）（西）G14

（西）G14　位于（西）F8Ⅲ中心院落的西侧，是（西）F8Ⅲ-SC2向南往外排水的暗沟。用片石构筑，沟体略有残缺，长13、宽0.4、深0.2米（图一四四，G14）。

（5）（西）G15

（西）G15　位于（西）F8Ⅲ中心院落的东侧，是（西）F8Ⅲ-SC1向南往外排水的暗沟。自（西）F8Ⅲ-SC1始，向南流至（西）F8Ⅲ-TD1下排出院外。保存较差，用片石构筑，沟残长23、宽0.25、深0.15米（图一四四，G15；图版八五，2）。

（6）（西）G16

（西）G16　位于（西）F45的房屋后，是其房檐沟，东西向。以石块垒砌，残长5.6、宽0.3～0.52、深0.12米（图一一九，西44）。

（7）（西）G21

（西）G21　位于（西）F8Ⅲ大院西侧，从走向分析，南北向，应是沿着大院内向院外西围墙向南的排水沟。保存较差，残长13、宽0.37、深0.15米（图一四四，G21）。

（8）（西）G27

（西）G27　位于（西）F8Ⅲ外东北角，是此处（西）SJ2向外的排水沟，向北越过水井与（西）G43相通。石块垒砌的明沟，沟自北向南截断（西）L18Ⅰ路面而下。沟南已残，残长1.6、宽0.3、深0.25米（图一一九，西41；图一四四，G27）。

（9）（西）G33

（西）G33　位于（西）F5的房前，是（西）F5的前檐沟，沟南为巷道（西）L8Ⅱ。以石块垒砌，东西长3、宽0.25、深0.15米（图一一九，西43）。

（10）（西）G43

（西）G43　位于（西）F8Ⅲ外东北角，是（西）SJ2自北侧溪沟中引水而来的引水沟渠，向南过水井与（西）G27相通。沟体为土沟，已残，残长9.5、宽0.35、深0.15～0.2米（图一一九，西40；图一四四，G43）。

（11）（西）G47

（西）G47　位于（西）F41房后，属于房后的檐沟。为土沟，西高东低，长15.5、宽0.5、深0.15米。沟内填灰黑土（图一一九，西45）。

4. 西区第四期供、排水沟渠

西区第四期的引水与排水遗迹，保存情况与第三期差不多，共有水井1口、水沟8条，沟分明沟、暗沟两种形制。仍然是集中在（西）F8Ⅳ一带，也相应保存得较好。

（1）（西）SJ1

（西）SJ1　位于（西）F8Ⅳ中心院落的东南角，东北与（西）F8Ⅳ-3相邻。水井为土井，口呈椭圆形，长径2、短径1.7、深0.8米。外围西、北两面用石块垒砌曲尺形护墙，东边借用（西）F8Ⅳ-3的西墙，形成三面有墙一边（南边）无墙的开放型。井北的引水沟已不存，详情不明，其南的排水沟保存较好，编号为（西）G19（图一二〇，西24；图一五七，SJ1）。

（2）（西）G11

（西）G11　位于（西）F8Ⅳ-9室内地下，是一条自（西）F8Ⅳ西北角向东南引水至（西）F8Ⅳ院内的暗沟，在（西）F8Ⅳ-9的东墙外将水注入明沟（西）G13中。沟系用块石垒砌并盖顶，构砌规整，长7.5、宽0.3、深0.15米（图一五七，G11；图版八六，3）。

（3）（西）G13

（西）G13　位于（西）F8Ⅳ内的西部，沟东为（西）F8Ⅳ-6、（西）F8Ⅳ-5，西为（西）F8Ⅳ-10、（西）F8Ⅳ-9。沟渠用石块铺筑，沟体完整，其沟北承接（西）G11的来水，向南在（西）F8Ⅳ-10处将水注入（西）G22。另外在其中部东侧有（西）G44与其相连。（西）G13全长6.8、宽0.5、深0.1米。是条兼有供、排水两种功能的沟渠（图一五七，G13）。

（4）（西）G17

（西）G17　位于（西）L2Ⅳ大街北侧，沿街边构筑。用石块铺设沟底及垒砌沟边。保存较差，东西两端已残，残长24、宽0.35、深0.15～0.3米。沟底东西两端稍高，中间低，最低处北有暗沟（西）G18排水其内，南则有暗沟（西）G45承接其水向南排泄。另在其北侧的东部还有（西）G19与之相连排水其内（图一二〇，西44；图版八六，4）。

（5）（西）G18

（西）G18　位于（西）G17的北侧，东与（西）G19相距6米，南过沟与（西）G45相连。系用石块垒砌的暗沟，自北向南流，保存较差，残长2.7、宽0.5、深0.25米（图一二〇，西45）。

（6）（西）G19

（西）G19　位于（西）L19巷道的西侧，北始于（西）SJ1，沿（西）L19西边南下至（西）G17止。全长9.5、宽0.3～0.4、深0.2米。系用石块铺设的明沟，沟边垒砌石块规整，保存完整（图一二〇，西43；图一五七，G19）。

（7）（西）G22

（西）G22　位于（西）F8Ⅳ-10、（西）F8Ⅳ-11室内南部的地面下，东接（西）G13，向西经（西）F8Ⅳ-11排出（西）F8Ⅳ院外。系用石块垒砌的暗沟，东高西低，保存较好，全长5.5、宽0.25、深0.15米（图一五七，G22）。

（8）（西）G44

（西）G44　是（西）F8Ⅳ西侧院内的东西方向的排水沟渠，沟体的西侧与（西）G13相连接互通。沟为用石块垒砌的明沟，全长4.5、宽0.25、、深、0.15米（图一五七，G44）。

（9）（西）G45

（西）G45　位于（西）F8Ⅳ前的（西）L2Ⅳ路面下，北从（西）G17向南穿过（西）L2Ⅳ而下。系用较大的石块垒砌的暗沟，保存较差，南端已残，残长6、宽0.2、深0.35米（图一二〇，西46）。

（三）沟渠的砌筑特点

在整个遗址中所发现的供、排水沟，从早到晚，各有特点（表二二～表二五）。早期的沟体多使用砖、石块，如（西）F12Ⅰ西侧的（西）G5、（西）F8Ⅰ西侧的（西）G25Ⅰ等用砖、石块混合砌成；（西）F8Ⅰ的前檐沟（西）G38、（西）G40用较大、较规整的砂石块修筑。但是从第二期开始，则改用石灰石块进行修筑，直到城镇的废弃。砌筑的方式上，有石块的平砌并用石灰砂浆作为黏结材料，如（西）L1Ⅰ右侧的（西）G6沟体就是这样筑成的。另有为了引水到某个地点，采用较薄的片石进行镶嵌拼装，石块长宽在35厘米，厚6～8厘米，先挖土沟，然后安装好片石，上面另用片石盖，形成暗沟体。如（西）F8Ⅲ内的（西）G12、（西）G14等就是用暗沟的形式将水引至（西）F8Ⅲ内的消防水池中，同时，还用暗沟体把多余的水引向院落外，使池中的水保持清洁。这表明在重要的建筑中，有了防火的意识。晚期的暗沟体多用较大的石块，如（西）G11，盖沟的石块也大小厚薄不一，没有早期阶段的规整。引水与排水沟的构筑通常是石块平行叠加，砌成沟体。

在修成的引水沟上，多有分水口存在，如与（西）G6相接的（西）G32就是在大街面上的相接；又有（西）G8这一南北向的引水沟，在它的下方就有（西）G30接口引水。而分水口的引水一侧，接口要稍低于上沟体，多期的引水沟的分水口都表现了这个特点。有的引水沟前，还保留了水井遗迹，如第三期的（西）G43的前端就有（西）SJ2遗迹。

表二二　巴东旧县坪遗址宋代东、西区第一期沟渠统计表　（计量单位：米）

编号	长	宽	深	走向	垒砌材料	出土遗物	备注
（东）G7	8	0.25	0.1	东向西	石块砌边		残断不少
（东）G16	6	0.4	0.25	东向西	石块砌边		
以上为东区沟渠							
（西）G4	4.9	0.3～0.4	0.2	北向南	砖石		供、排水沟
（西）G5	10	0.3	0.3	北向南	方砖	瓷碗、盏、骰子	供、排水沟
（西）G6	17	0.35	0.3～0.7	西向东南	石块砌边	瓷碟、盏；釉陶瓮、灯；铜箸、勺、匕；陶弹珠	排水沟
（西）G7	11	0.3	0.1	西向东	砖		房檐沟
（西）G25Ⅰ	7	0.65	0.3	北向南	石块、砖砌	铜钱	引水沟
（西）G26Ⅰ	43	0.3～0.5	0.2	东西向	土沟		房檐沟
（西）G32	3	0.2	0.1	西南向东	石块砌边		供、排水沟
（西）G34Ⅰ	33	0.4～0.8	0.3～0.5	北向南	石块砌边		排水沟
（西）G35	8.6	0.3	0.2	西向东	石块砌成		供、排水沟
（西）G38	19.5	0.23	0.15	西向东	石条砌成		（西）F8Ⅰ房檐沟
（西）G39Ⅰ	21.5	0.6	0.3～0.45	北向南	石块垒砌		排水沟
（西）G40	19	0.2～0.4	0.1	东向西	石块垒砌		（西）F8Ⅰ房檐沟
（西）G41	6.3	0.25	0.15	东西向	石块垒砌		暗沟排水
（西）G48	1.05	0.5	0.15	南北向	石块嵌边		排水沟
以上为西区沟渠							

表二三　巴东旧县坪遗址宋代东、西区第二期沟渠统计表　（计量单位：米）

编号	长	宽	深	走向	垒砌材料	出土遗物	备注
（东）G2	14	0.3	0.2	北向南	石块		
（东）G10Ⅰ	7	0.4	0.2	东向西	石块	滴水	街边沟
（东）G13	11	0.3	0.1～0.25	北向南	石块		街边沟
（东）G14	6	0.25	0.2	北向南	石块		街边沟
上为东区的排水沟							
（西）G2	17.5	0.6～1.2	0.25～0.6	北向南	土沟	釉陶灯、瓮、灯盏；铜箸、挖耳勺、戒指	路边排水沟
（西）G8	26.5	0.2～0.3	0.15～0.2	北向南	砖石		暗沟引水

续表

编号	长	宽	深	走向	垒砌材料	出土遗物	备注
（西）G10	2.5	0.2	0.12	东向西	石块		排水沟
（西）G20	17	0.4	0.15～0.7	北向南	石块		暗沟排水
（西）G24	14.5	0.3	0.15～0.25	西向东	砖石		（西）F8Ⅱ前沟
（西）G25Ⅱ	3.2	0.4	0.3	北向南	石块	铜钱	引水沟
（西）G26Ⅱ	39.4	0.45	0.25	东西向	石块		房檐沟
（西）G28	7.5	0.6	0.35	西向东	石块		排水沟
（西）G29	2.6	0.3～0.34	0.2	西向东	石块		房檐沟
（西）G30	2.5	0.2	0.18	北向南	石块		暗沟引水
（西）G31	6.8	0.25～0.4	0.1	西向东	石块		排水沟
（西）G34Ⅱ	26.5	0.45～0.75	0.25～0.4	北向南	石块		排水沟
（西）G36	7.5	0.24	0.15	北向南	砖、瓦		排水沟
（西）G39Ⅱ	23.5	0.5	0.25	北向南	石块		排水沟
（西）G42	4	0.4	0.2	北向南	石块		房檐沟
（西）G46	3.5	0.25	0.2	东向西	石块		排水沟

表二四　巴东旧县坪遗址宋代东、西区第三期沟渠统计表　（计量单位：米）

编号	长	宽	深	走向	垒砌材料	出土遗物	备注
（东）G10Ⅱ	30	0.3	0.3～0.45	东向西	石块砌边		街边沟
（东）G11	28	0.4～0.6	0.3	东向西	石块砌边	铜铃	有残断
上为东区的排水沟							
（西）G9	3.4	0.2	0.15	自西东向再南	石块砌沟		排水沟
（西）G12	8.4	0.3	0.15～0.2	西向东南	薄石砌沟		暗沟引水
（西）G14	13	0.4	0.2	北向南	薄石砌沟		暗沟排水
（西）G15	23	0.25	0.15	北向南	薄石砌沟		暗沟排水
（西）G16	5.6	0.3～0.52	0.12	东西向	石块砌沟		房檐沟
（西）G21	13	0.37	0.15	北向南	石块砌沟		排水沟
（西）G27	1.6	0.3	0.25	北向南	石块砌沟		井外排水沟
（西）G33	3	0.25	0.15	东西向	石块砌沟		房檐沟
（西）G43	9.5	0.35	0.15～0.2	北向南	土沟		井前引水沟
（西）G47	15.5	0.5	0.15	西向东	土沟		（西）F41后檐沟

表二五 巴东旧县坪遗址宋代西区第四期沟渠统计表 （计量单位：米）

编号	长	宽	深	走向	垒砌材料	出土遗物	备注
（西）G11	7.5	0.3	0.15	西向东	石块砌沟		供、排水沟
（西）G13	6.8	0.5	0.1	北向南	石块砌沟		供、排水沟
（西）G17	24	0.35	0.15～0.3	东西向	石块砌沟		街边沟
（西）G18	2.7	0.5	0.25	北向南	石块砌沟		暗沟排水
（西）G19	9.5	0.3～0.4	0.2	北向南	石块砌沟		排水沟
（西）G22	5.5	0.25	0.15	东向西	石块砌沟		暗沟排水
（西）G44	4.5	0.25	0.15	东向西	石块砌沟		排水沟
（西）G45	6	0.2	0.35	北向南	石块砌沟		暗沟排水

八、灰　　坑

巴东旧县坪遗址共发现灰坑44座，根据层位关系和出土遗物分析，可分四期（表二六），现分期予以叙述。

表二六 巴东旧县坪遗址宋代灰坑遗迹统计表

序号	编号	位置	地层关系	遗迹期别	形状	出土遗物
1	（西）H5	庙宇区：（西Ⅰ）T0202 南壁偏西	②→H5→（西）F1Ⅲ	四期	圆形	陶脊饰
2	（西）H6	庙宇区：（西Ⅰ）T0602 东南角	②→H6→（西）F1Ⅲ	四期	椭圆形	
3	（西）H20	商业区：（西Ⅰ）T1004 东北、（西Ⅰ）T1104 西北角	⑤→H20→⑥	四期	椭圆形	
4	（西）H27	商业区：（西Ⅰ）T1107	⑤→H27→⑥	四期	不规则形	瓷钵
5	（西）H30	商业区：（西Ⅰ）T1104	⑤→H30→⑥	四期	椭圆形	
6	（西）H32	商业区：（西Ⅰ）T1005、（西Ⅰ）T1006	⑤→H32→⑥	四期	椭圆形	
7	（西）H36	商业区：（西Ⅰ）T1712 西北	④→H36→⑥	四期	圆形	
8	（西）H39	官署区：（西Ⅰ）T3113 南部	⑤→H39→⑥	四期	椭圆形	

续表

序号	编号	位置	地层关系	遗迹期别	形状	出土遗物
9	（西）H40	官署区：（西Ⅰ）T3113	⑤→H40→⑥	四期	圆形	
10	（西）H41	官署区：（西Ⅰ）T2713 西南部	⑤→H41→⑥	四期	椭圆形	
11	（西）H45	官署区：（西Ⅰ）T2813、（西Ⅰ）T2713	⑤→H45→⑥	四期	圆形	
12	（西）H42	官署区：（西Ⅰ）T2715 南部	⑤→H42→⑥	四期	不规则形	
13	（西）H43	官署区：（西Ⅰ）T2714 北部	⑤→H43→⑥	四期	椭圆形	
14	（西）H51	官署区：（西Ⅰ）T3119、（西Ⅰ）T3120	⑤→H51→⑥	四期	不规则形	瓷碗、钵；釉陶灯盏；板瓦
15	（西）H53	官署区：（西Ⅰ）T2919 西南角	⑤→H53→⑥	四期	不规则形	
16	（西）H82	官署区：（西Ⅰ）T2516 的东部	⑤→H82→⑥	四期	椭圆形	瓷碗、盏；釉陶钵、碟
17	（西）H100	官署区：（西Ⅰ）T2515	⑤→H100→⑥	四期	椭圆形	铜钱
18	（西）H101	官署区：（西Ⅰ）T2712	⑤→H101→⑥	四期	椭圆形	
19	（东）H7	居民区：（东Ⅰ）T2707、（东Ⅰ）T2807	③→H7→④	四期	椭圆形	
20	（西）H9	仓储区：（西Ⅰ）T0406	④→H9→生土	三期	不规则形	
21	（西）H15	商业区：（西Ⅰ）T0901 东北	⑥→H15→⑦	三期	不规则形	
22	（西）H44	商业区：（西Ⅰ）T1002、（西Ⅰ）T1102	⑥→H44→⑦	三期	椭圆形	
23	（西）H46	商业区：（西Ⅰ）T1003	⑥→H46→（西）H47→⑦	三期	椭圆形	铜钱
24	（西）H47	商业区：（西Ⅰ）T1002、（西Ⅰ）T1102、（西Ⅰ）T1003、（西Ⅰ）T1103	⑥→（西）H46→H47→⑦	三期	不规则形	
25	（西）H68	仓储区：（西Ⅰ）T0208 的东部	④→H68→生土	三期	不规则形	
26	（西）H90	庙宇区：（西Ⅳ）T0103	②→H90→③	三期	椭圆形	
27	（西）H2	庙宇区：（西Ⅰ）T0701 西壁中部	②→H2→（西）H8→③	三期	椭圆形	
28	（西）H8	庙宇区：（西Ⅰ）T0701	②→（西）H2→H8→③	三期	不规则形	
29	（西）H17	居民区：（西ⅠB）T0813	④→H17→⑤	三期	不规则形	
30	（西）H37	居民区：（西ⅠA）T1913 北部	③→H37→出土	三期	椭圆形	瓷盏
31	（西）H57	官署区：（西Ⅰ）T3222	⑥→H57→⑦	三期	不规则形	瓷碗、碟、盏、釉陶灯盏；银簪、钱
32	（西）H69	仓储区：（西Ⅰ）T0708	④→H69→生土	三期	圆形	

续表

序号	编号	位置	地层关系	遗迹期别	形状	出土遗物
33	（西）H87	居民区：（西ⅢA）T0301、（西ⅡA）T0301	③→H87→生土	三期	不规则形	瓷盒
34	（西）H3	庙宇区：（西Ⅰ）T0702 东南角	③→H3→黄沙土	二期	不规则形	
35	（西）H4	庙宇区：（西Ⅰ）T0702 西南角	③→H4→黄沙土	二期	不规则形	瓷钵
36	（西）H31	商业区：（西Ⅰ）T1104	②→H31→生土	二期	椭圆形	瓷碟
37	（西）H48	庙宇区：（西Ⅰ）T0602、（西Ⅰ）T0702、（西Ⅰ）T0603	③→H48→④	二期	椭圆形	
38	（西）H64	仓储区：（西Ⅰ）T0408、（西Ⅰ）T0508	④→H64→生土	二期	椭圆形	
39	（西）H63	仓储区：（西Ⅰ）T0608	④→H63→（西）H73	二期	椭圆形	瓷盘、瓦当、骰子
40	（西）H75	仓储区：（西Ⅰ）T0607（西Ⅰ）T0707	④→H75→生土	二期	不规则形	瓷碗、碟
41	（西）H88	居民区：（西ⅢA）T0201、（西ⅢA）T0301	③→H88→黄生土	二期	椭圆形	
42	（东）H5	居民区：（东Ⅰ）T2309、（东Ⅰ）T2310	④→H5→⑤	二期	椭圆形	陶盘
43	（西）H19	商业区：（西Ⅰ）T1005	⑦→（西）G2→H19→生土	一期	椭圆形	
44	（西）H7	庙宇区：（西Ⅰ）T0903 西南角	③→H7→（西）Y1→生土	一期	不规则形	瓷器座；釉陶灯

（一）第一期灰坑

第一期灰坑发现2座，编号为（西）H7、（西）H19。现以（西）H19为例，进行叙述。

（西）H19　位于遗址（西Ⅰ）T1005北部中间，开口于7层下，坑口距地表0.7米，打破生土，东部被（西）G2打破。平面呈椭圆形，坑口长径为1.44、短径残长0.64、深0.48米。填土为黄褐色黏土，土质较紧密，其中夹有少量的木炭灰和红烧土颗粒。出土物多为泥质红陶、灰陶素面瓦片，另有少量的青瓷片（图二六二）。

（二）第二期灰坑

第二期灰坑共发现9座，根据坑口形状分为椭圆形、不规则形两种形制。

1. 椭圆形

6座，分别编号为（西）H31、（西）H48、（西）H63、（西）H64、（西）H88、（东）H5。现以（西）H31、（西）H48、（西）H63、（西）H88、（东）H5为例予以叙述。

（1）（西）H31

（西）H31　位于（西Ⅰ）T1104南壁东南角，开口于2层下，坑口距地表0.35米，打破生土。坑口平面为椭圆形，南北长1.56、东西宽1.26、深0.92米，弧壁，圜底。填土为灰褐色土，土质松散，内含草木灰、红烧土、动物骨骼。出土遗物有陶片、白瓷片。其中，可辨识的有瓦、瓷碟（图二六三）。

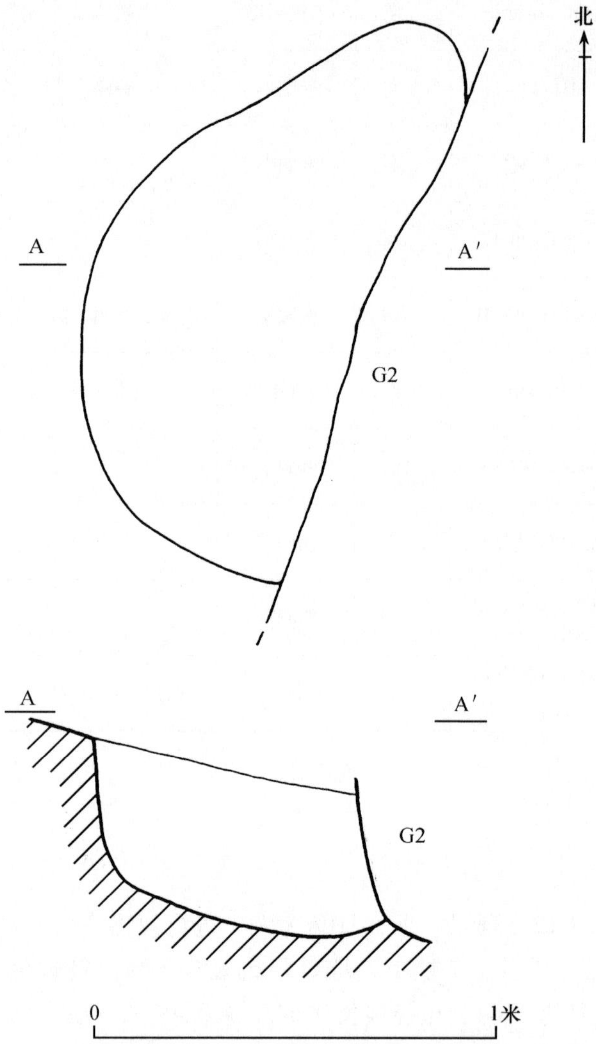

图二六二　巴东旧县坪遗址（西）H19平、剖面图

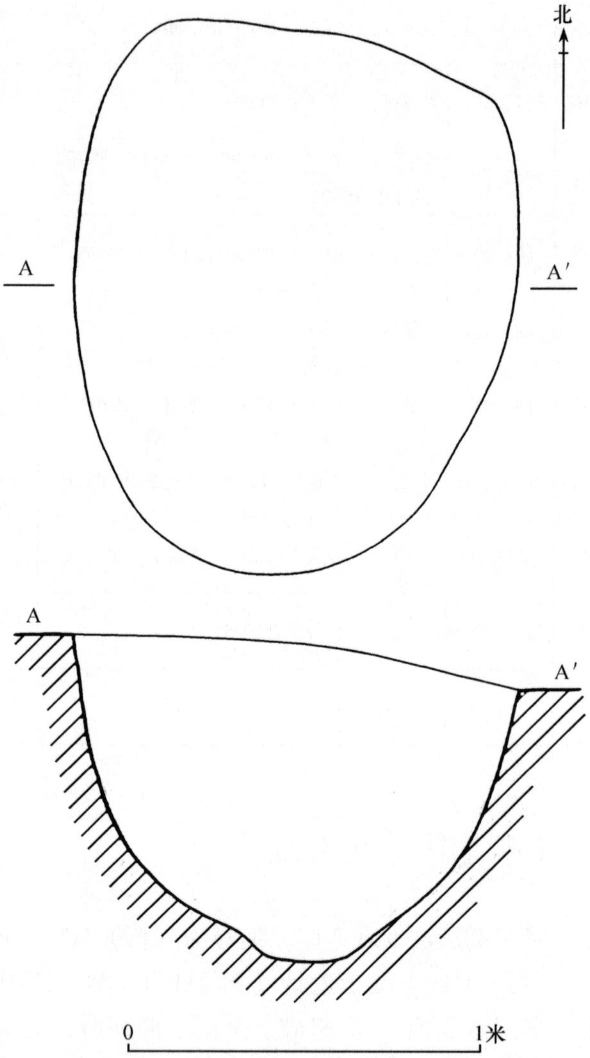

图二六三　巴东旧县坪遗址（西）H31平、剖面图

（2）（西）H48

（西）H48　位于（西Ⅰ）T0602东北角，东延伸到（西Ⅰ）T0702西北角，北延伸到（西Ⅰ）T0603东南角，开口于3层下，坑口距地表深0.18～0.25米，打破4层。坑口平面为椭圆形，长径2.36、短径1.9、深0.7米，坑壁斜直，坑底较平。坑内填土主要是大小石块，含零星红烧土。包含物有砖、瓦等。砖均为素面；瓦多为外素面内布纹，少量绳纹（图二六四）。

（3）（西）H63

（西）H63　位于（西Ⅰ）T0608探方中，开口于4层下，坑口距地表深0.45～0.55米，打破（西）H73的西部，打破生土。坑口平面呈椭圆形，南北长径3.15、东西短径2.3、深0.5米，斜壁，平底。坑内填土为灰褐色土，土质细腻，含大量的草木灰、红烧土颗粒。出土的遗物有素面灰陶片、釉陶片、青瓷片、白瓷片、骨器等。可辨识的有陶瓦当、瓷盘、骨骰子等（图二六五）。

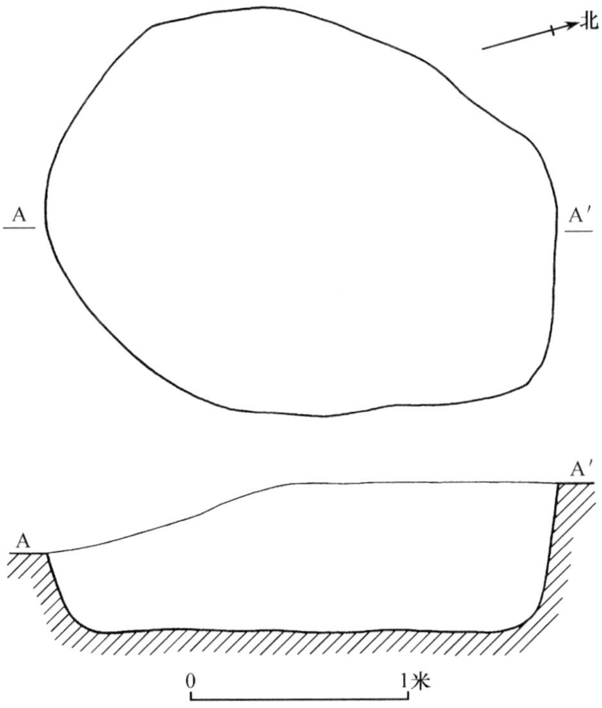

图二六四　巴东旧县坪遗址（西）H48平、剖面图

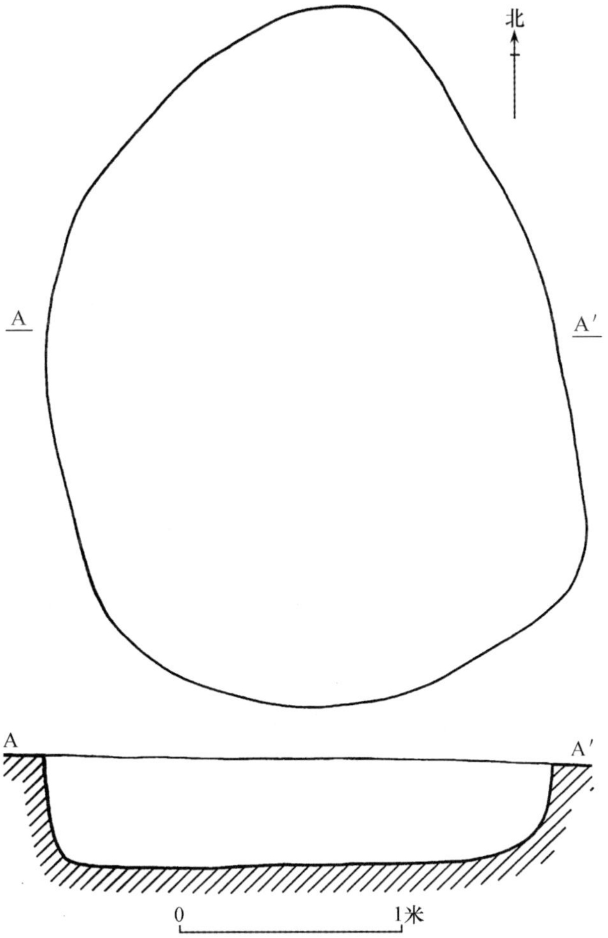

图二六五　巴东旧县坪遗址（西）H63平、剖面图

（4）（西）H88

（西）H88　位于（西ⅢA）T0201西部与（西ⅢA）T0301东部，开口于3层下，坑口距地表深为0.2米，打破生土。坑口平面为椭圆形，东西长径3.05、南北短径2.52、深0.66米。直壁，平底。填土为灰褐色土，内含草木灰、红烧土颗粒等，其中在坑的西北部红烧土颗粒含量较多，其他部位分布适中。出土有较多的泥质灰陶片、釉陶片、白瓷片等，可辨识的有灰陶盆口沿、瓦等（图二六六）。

（5）（东）H5

（东）H5　位于（东Ⅰ）T2309北部、（东Ⅰ）T2310南部，开口于4层下，坑口距地表深1.2米，打破5层。坑口平面呈椭圆形，南北长径1.1、东西短径1、深0.4米。斜弧壁，平底。填土为浅灰色土，较疏松，内含有红烧土颗粒。出土遗物有灰陶布纹瓦片、陶圈足、陶盘等（图二六七）。

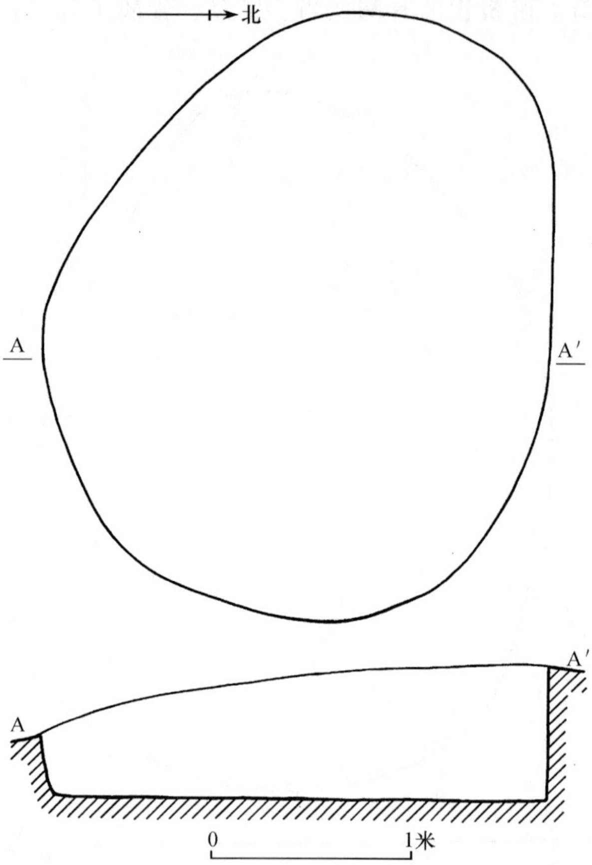

图二六六　巴东旧县坪遗址（西）H88平、剖面图

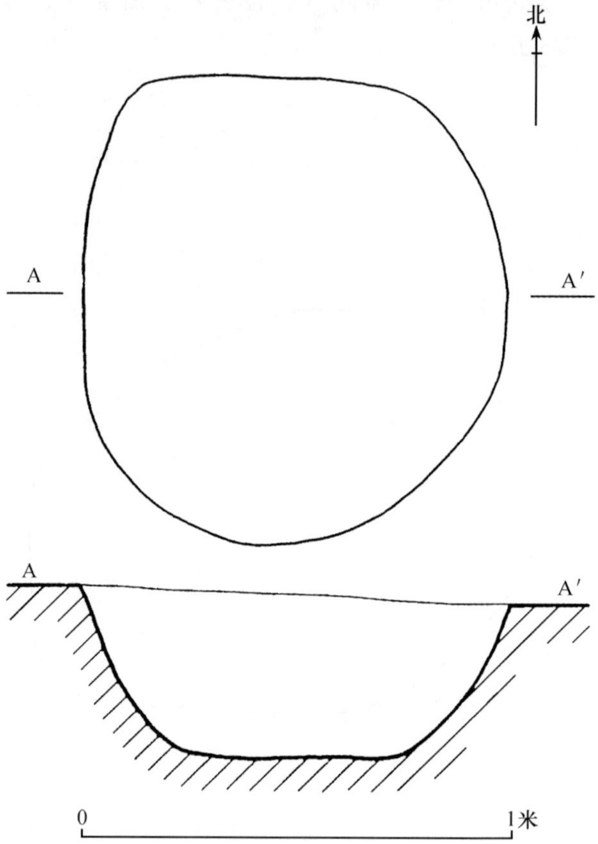

图二六七　巴东旧县坪遗址（东）H5平、剖面图

2. 不规则形

3座，分别编号为（西）H3、（西）H4、（西）H75。现以（西）H75为例予以叙述。

（西）H75　位于（西Ⅰ）T0607、（西Ⅰ）T0707两探方内，开口于4层下，坑口距地表0.45~0.6米，打破生土层。坑口平面为不规则形，南北长径1.3、东西短径1.2、深0.62米，壁呈弧形，坑的底部较平。填土为褐色土，含红烧土颗粒、石块。包含物有陶片、白瓷片、黑瓷片、残砖等，可辨器形有碗、碟（图二六八）。

（三）第三期灰坑

第三期灰坑共发现14座，根据坑口形状分为圆形、椭圆形、不规则形三种形制。

1. 圆形

1座，编号为（西）H69。

（西）H69　位于（西Ⅰ）T0708中，开口于4层下，坑口距地表0.97～1.00米，打破生土层。坑口平面为圆形，直径0.72、深0.38米，壁呈弧形，底微弧。坑内填土为红褐色土，土质较松，内含草木灰、红烧土颗粒。出土的遗物以陶片为主，可辨识的有灰陶绳纹瓦片、布纹瓦片等（图二六九）。

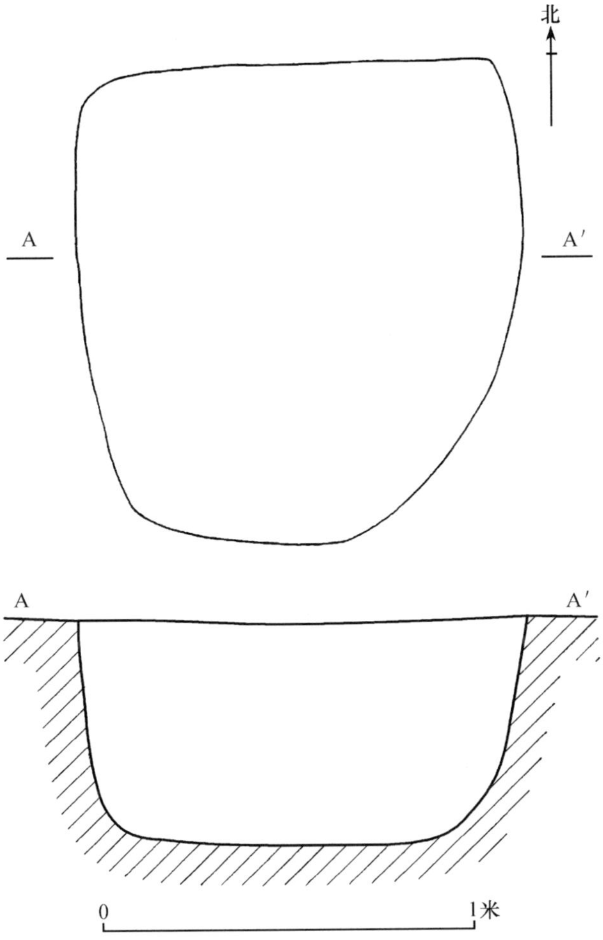

图二六八　巴东旧县坪遗址（西）H75平、剖面图

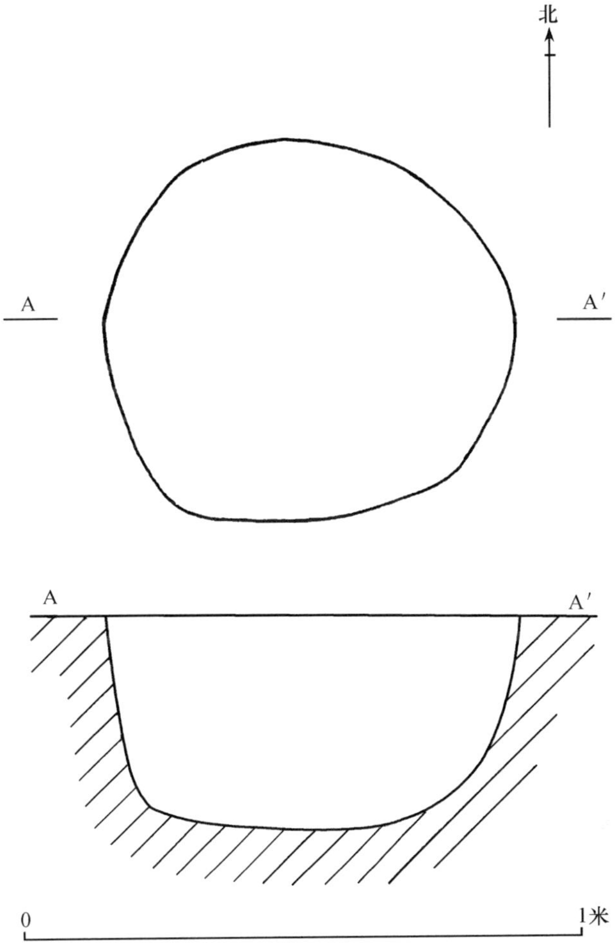

图二六九　巴东旧县坪遗址（西）H69平、剖面图

2. 椭圆形

5座，编号为（西）H2、（西）H37、（西）H44、（西）H46、（西）H90。现以（西）H37、（西）H44、（西）H46、（西）H90为例予以叙述。

（1）（西）H37

（西）H37　位于（西IA）T1913北部，开口于3层下，坑口距地表深0.5～0.55米，打破生土层。坑口平面近似椭圆形，南北长径1.1、东西短径0.88、深0.3米，坑壁较规整，弧底。填土为灰褐色，含有红烧土、较粗的褐红色沙子。出土遗物有灰陶片、白瓷片、影青瓷片、瓷盏等（图二七〇）。

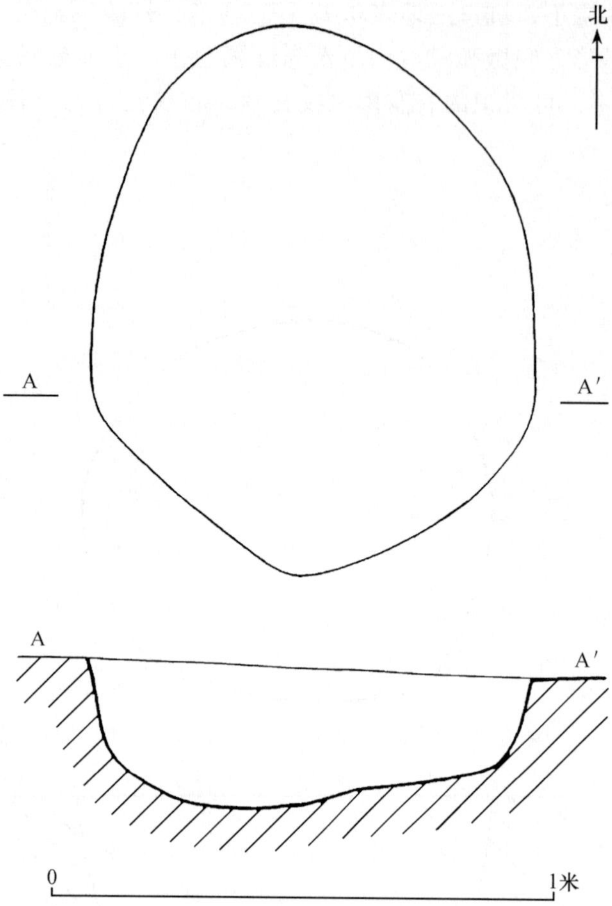

图二七〇　巴东旧县坪遗址（西）H37 平、剖面图

（2）（西）H44

（西）H44　位于（西Ⅰ）T1002 东隔梁中部，向东延伸至（西Ⅰ）T1102 中，开口于6 层下，坑口距地表深0.53 米，打破7 层。坑口平面呈椭圆形，东西长1.96、南北宽0.84、深0.52 米，坑壁斜直，坑底不平。填土为灰褐色，土质松散，夹杂少量草木灰及白石灰颗粒。出土物有大量的灰陶片及少量白瓷片。可辨识的有瓷碗、陶缸、瓦（图二七一）。

（3）（西）H46

（西）H46　位于（西Ⅰ）T1003 东隔梁偏南，开口于6 层下，坑口距地表深0.4 米，打破灰坑（西）H47 及7 层。坑口平面略呈椭圆形，口大底小，弧壁，底呈斜坡状。坑口南北长1.22、宽1.02、深0.6 米。填土为红褐色土，土质松散，夹杂少量红烧土、白石灰颗粒及草木灰。出土物较多，有大量的灰陶及红陶片及少量白瓷片。瓷片器形为碗，陶片器形为瓦、器耳，均不能修复。另出有铜钱1 枚，为“咸平元宝”（图二七二）。

（4）（西）H90

（西）H90　位于（西Ⅳ）T0103 北部，北部延伸至北隔梁中，开口于2 层之下，坑口距地表深0.2 ~0.25 米，打破3 层。坑口平面呈椭圆形，直壁，平底。坑口东西长1.92、南北宽1.76、深0.42 米。填土为灰色土，土质极为疏松，夹有少量的粗沙石粒，含木炭屑较多。出土有少量陶、瓷片等（图二七三）。

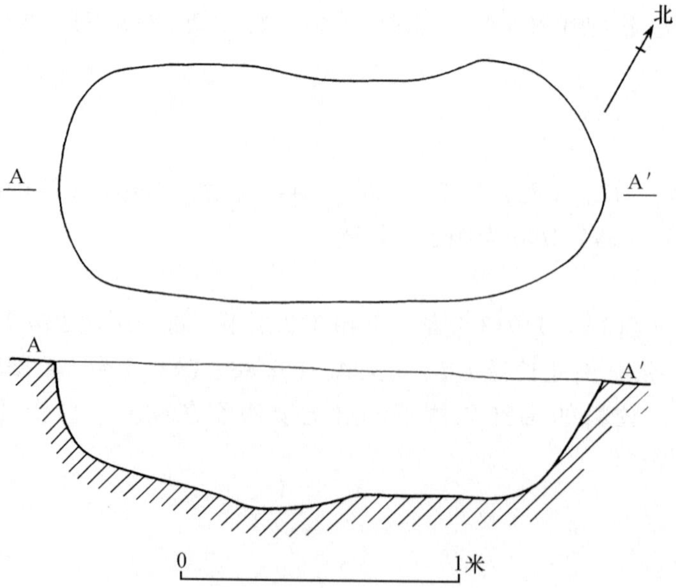

图二七一　巴东旧县坪遗址（西）H44 平、剖面图

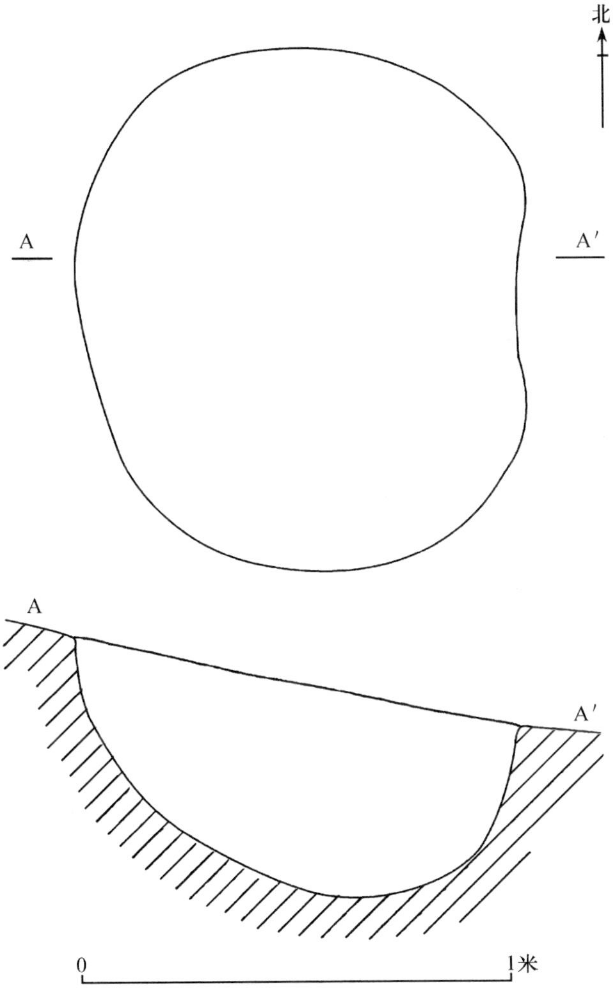

图二七二　巴东旧县坪遗址（西）H46平、剖面图

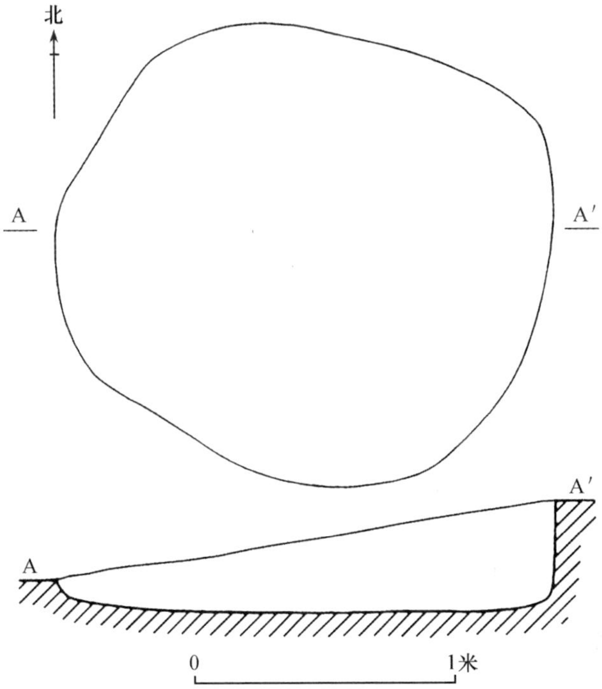

图二七三　巴东旧县坪遗址（西）H90平、剖面图

3. 不规则形

8座，分别编号为（西）H8、（西）H9、（西）H15、（西）H17、（西）H47、（西）H57、（西）H68、（西）H87。现以（西）H8、（西）H9、（西）H47、（西）H68、（西）H87为例予以叙述。

（1）（西）H8

（西）H8　位于（西Ⅰ）T0701中，开口于2层下，坑口距地表深0.2～0.6米，打破3层，西部被（西）H2打破。坑口形状为不规则形，弧壁，坡底，长2.52、宽1.24、深0.4米。坑内填土为灰黄色土，含有红石子和木炭。出土物主要为砖、瓦片。瓦片大多数为灰陶，外素面内布纹，种类有板瓦、筒瓦。砖有菱形纹砖和素面砖等（图二七四）。

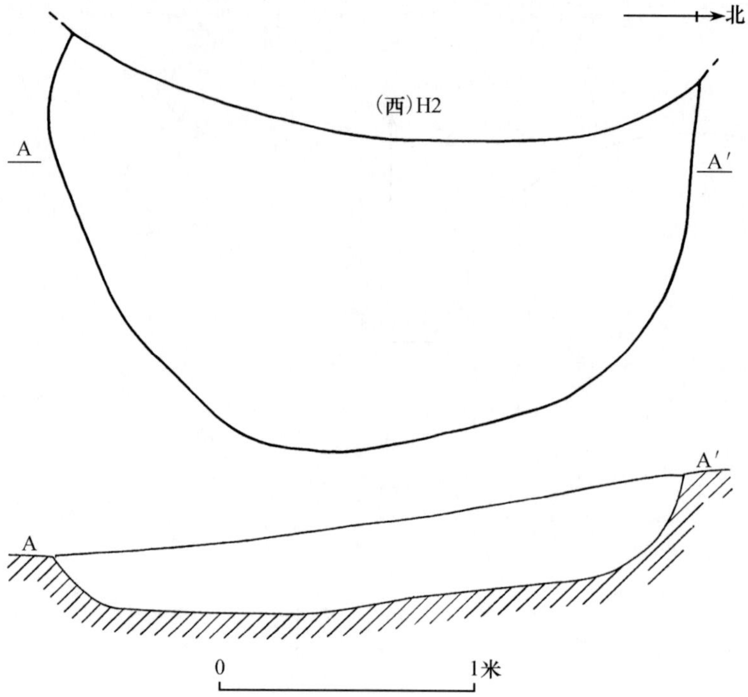

图二七四　巴东旧县坪遗址（西）H8 平、剖面图

（2）（西）H9

（西）H9　位于（西Ⅰ）T0406 中，开口于 4 层下，坑口至地表深 0.55～0.62 米，打破生土层。坑口形状近长方形，长 1.48、宽 0.84、深 0.1 米，弧壁，平底。填土为红沙土，夹有少量红烧土。出土有灰陶器耳、砖块等，砖两端和一侧饰菱形纹（图二七五）。

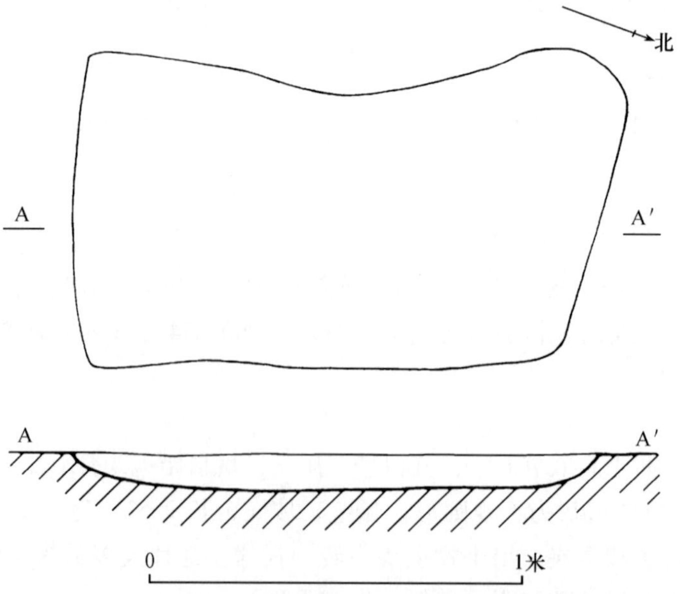

图二七五　巴东旧县坪遗址（西）H9 平、剖面图

（3）（西）H47

（西）H47　位于（西Ⅰ）T1002 北隔梁中，向东延伸至（西Ⅰ）T1102 北隔梁北角，向北延伸至（西Ⅰ）T1003、（西Ⅰ）T1103 东南部，开口于 6 层下，坑口距地表深 0.3～0.4 米，打 7 层，被

（西）H46 打破。坑口平面呈不规则形，口大底小，坑壁及底均不规整。坑口最长处 3.78、最宽处 1.48、深 0.58 米。填土为灰褐色土，土质松散，夹杂大量白石灰、少量红烧土颗粒及石块。出土物较多，大部分为外素面内布纹的灰色瓦片，少量素面瓦片、白瓷片及陶片（图二七六）。

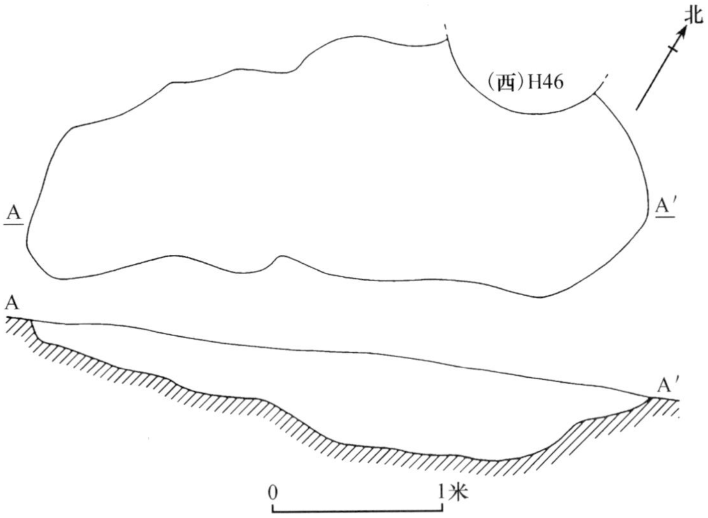

图二七六　巴东旧县坪遗址（西）H47 平、剖面图

（4）（西）H68

（西）H68　位于（西Ⅰ）T0208 的东部，开口于 4 层下，坑口离地表 0.65 ~ 0.7 米，打破生土层。坑口平面形状为不规则形，坑口东西长 1.52、南北 1.26、深 0.18 米。弧壁，底部由西向东倾斜。填土为褐色土，土质细腻，内含小石块等。出土遗物有青瓷片、陶片、釉陶片、灰陶瓦片等（图二七七）。

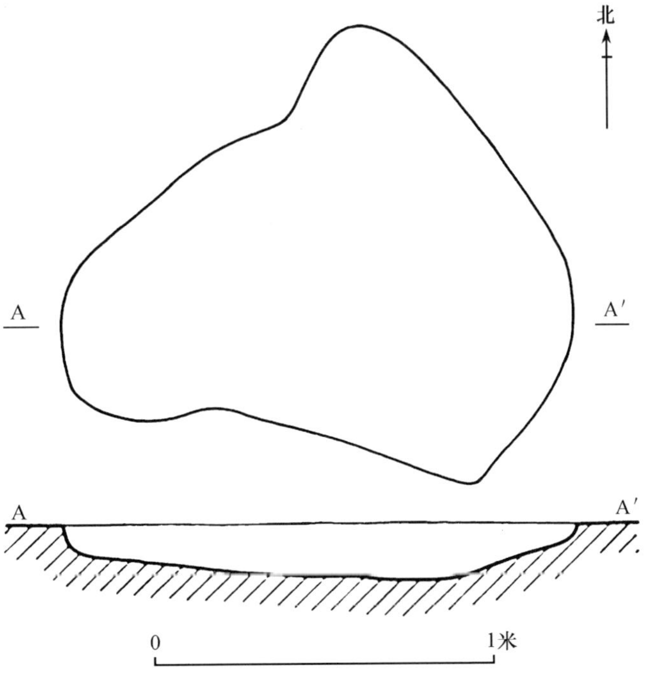

图二七七　巴东旧县坪遗址（西）H68 平、剖面图

（5）（西）H87

（西）H87　位于（西ⅢA）T0301 中，北部延伸到北隔梁中及（西ⅡA）T0301 的南部，开口于 3 层下，坑口距地表深 0.15 ~ 0.5 米，打破生土层。坑口平面呈不规则形，长 3.96、宽 2.22、深 1.04 米，坑东、南、西壁较陡，北面坑壁坡度较缓，坑底较平，南部略高于北部。该坑填土分为三层：

第 1 层：灰褐土，分布全坑，土质疏松，含有粗沙石粒、木炭屑、红烧土等，厚 0.1 ~ 0.2 米。出土少量瓦片。

第 2 层：灰色土，分布于全坑，土质疏松，夹有较少的粗沙石粒，包含有较多的红烧土、木炭屑等，厚 0.13 ~ 0.55、距坑口深 0.1 ~ 0.7 米。出土有较多的瓦片及少量瓷片，可辨器形有筒瓦、瓷盒。

第 3 层：黄褐土，分布于坑的底层，土质较硬，夹有较少的粗沙石粒、红烧土，厚 0 ~ 0.16 米，距地表深 0.21 ~ 0.8 米。出土少量瓦片（图二七八）。

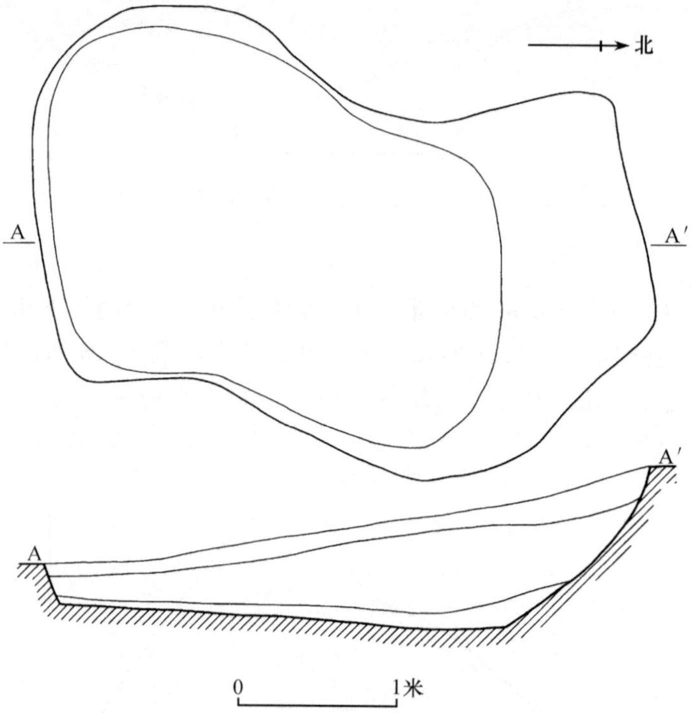

图二七八　巴东旧县坪遗址（西）H87 平、剖面图

（四）第四期灰坑

第四期灰坑共发现 19 座，根据坑口形状分为圆形、椭圆形、不规则形三种形制。

1. 圆形

4 座，分别编号为（西）H5、（西）H36、（西）H40、（西）H45。现以（西）H40、（西）H45 为例予以介绍。

（1）（西）H40

（西）H40　位于（西Ⅰ）T3113 中部，开口于 5 层下，坑口离地表深 0.45 ~ 0.5 米，打破 6 层。坑口平面为圆形，直径为 0.56、深 0.42 米，直壁，平底。填土为灰褐色，土质松散，含有少量的红烧土块和颗粒，坑内出土遗物有白瓷片、瓦片等（图二七九）。

（2）（西）H45

（西）H45　位于（西Ⅰ）T2813 的西边，部分延伸到（西Ⅰ）T2713 的东隔梁下，开口于 5 层下，坑口距地表深 0.7 米，打破 6 层。坑口平面形状呈圆形，坑壁较陡斜直，弧底。坑口直径 0.56、深 0.4 米。填土为灰黑土，内夹红烧土，包含物有白瓷片、石器、铜片等（图二八〇）。

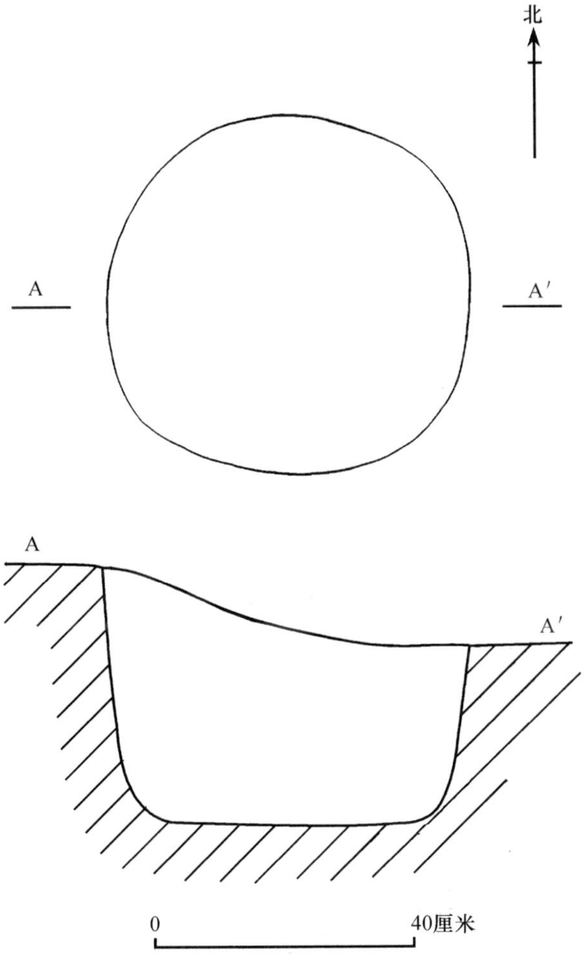

图二七九　巴东旧县坪遗址（西）H40 平、剖面图

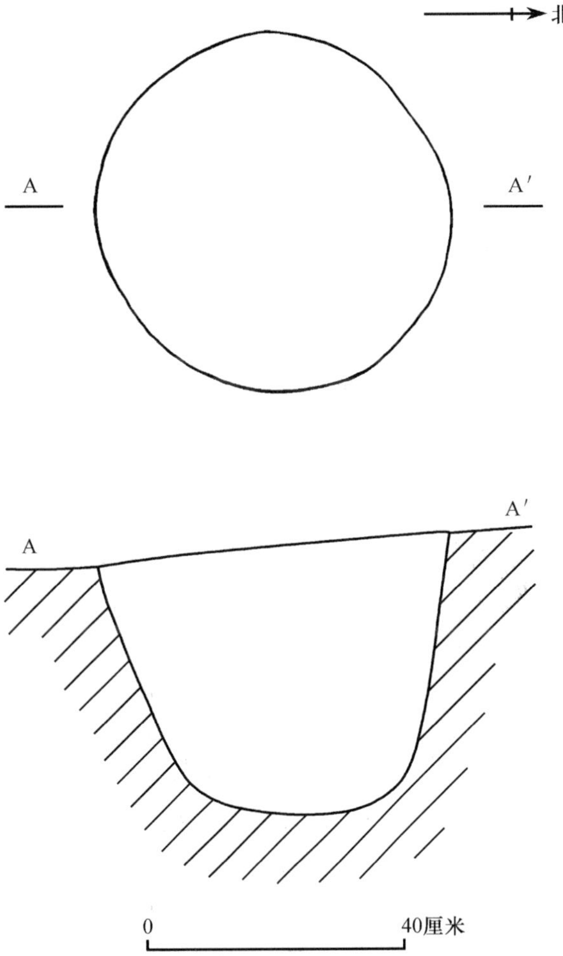

图二八〇　巴东旧县坪遗址（西）H45 平、剖面图

2. 椭圆形

11 座，分别编号为（西）H6、（西）H20、（西）H30、（西）H32、（西）H39、（西）H41、（西）H43、（西）H82、（西）H100、（西）H101、（东）H7。

（1）（西）H6

（西）H6　位于（西Ⅰ）T0602 东南角，开口于 2 层下，打破（西）F1Ⅲ。坑口形状为椭圆形，坑口长 1.88、宽 1.22、深 0.18 米。弧壁，坑底较平。填土为黑褐色沙土，较疏松，含少量草木灰、红烧土。出土有牛下颌骨、猪骨及青瓷片、灰陶瓮口沿、红胎黄釉陶片、方格纹灰陶片、绳纹红陶片、外素面内布纹瓦片等（图二八一）。

（2）（西）H20

（西）H20　位于（西Ⅰ）T1004东北和（西Ⅰ）T1104西北角，开口于5层下，坑口离地表为0.5米，打破6层，北部被晚期墓打破。坑口平面呈椭圆形，南北残长2.06、东西宽2.04、深0.28米。坑呈平底锅状。填土为灰褐色，土质疏松，含草木灰、红烧土、石块和残砖。出土物有瓦片、瓷片等，可辨识的有铜钱、黄釉碗底等（图二八二）。

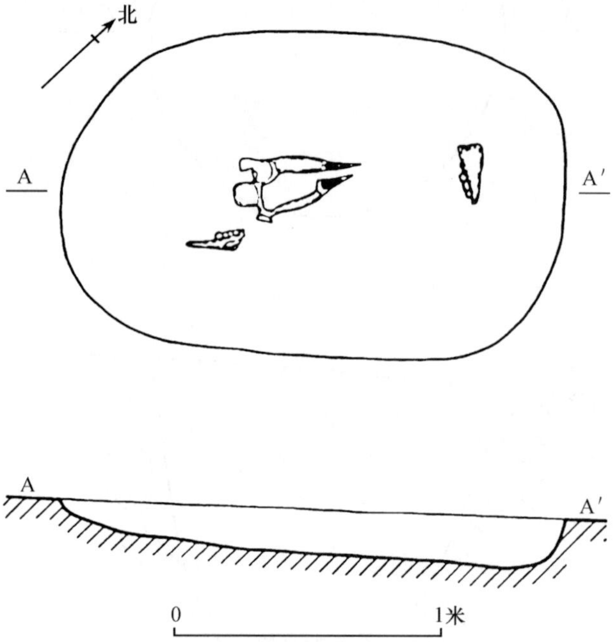

图二八一　巴东旧县坪遗址（西）H6平、剖面图

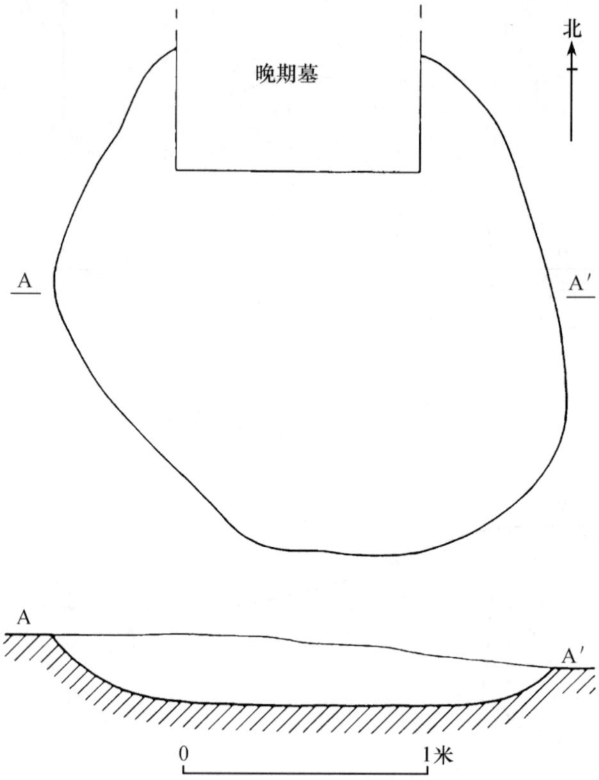

图二八二　巴东旧县坪遗址（西）H20平、剖面图

（3）（西）H30

（西）H30　位于（西Ⅰ）T1104北隔梁东部，开口于5层下，坑口距地表0.35米，打破6层。坑口平面为椭圆形，南北长1.16、东西宽1、深0.4米，坑壁斜直，平底。填土为红褐色，土质松散，夹杂少量红烧土颗粒、草木灰。出土遗物有素面瓦片、白瓷片等（图二八三）。

（4）（西）H32

（西）H32　位于（西Ⅰ）T1005北隔梁中部，部分向北延伸到（西Ⅰ）T1006内，开口于5层下，坑口至地表深0.63米，打破6层，西北部被（西）H49打破。坑口平面为椭圆形，长径残存0.8、短径1.06、深0.44米，坑壁规整，呈缓坡状，底较平坦。填土为红褐色的黏土，含碎石子。出土遗物仅有少量的泥质灰陶布纹瓦片（图二八四）。

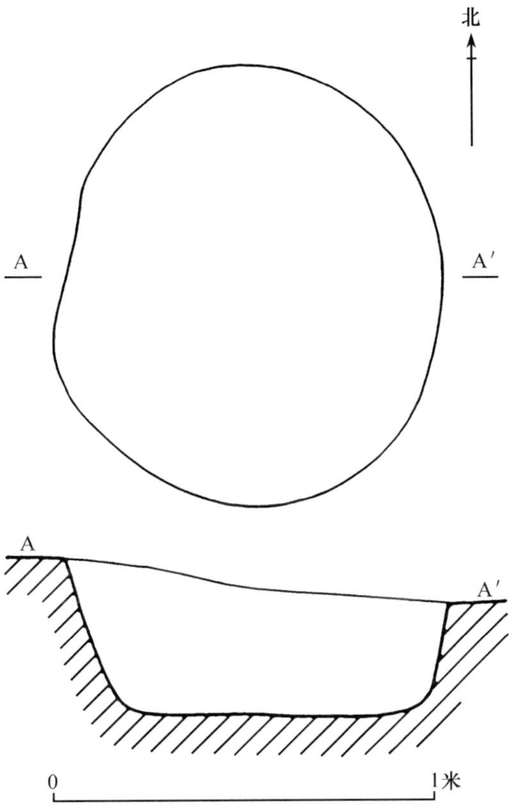

图二八三 巴东旧县坪遗址（西）H30平、剖面图

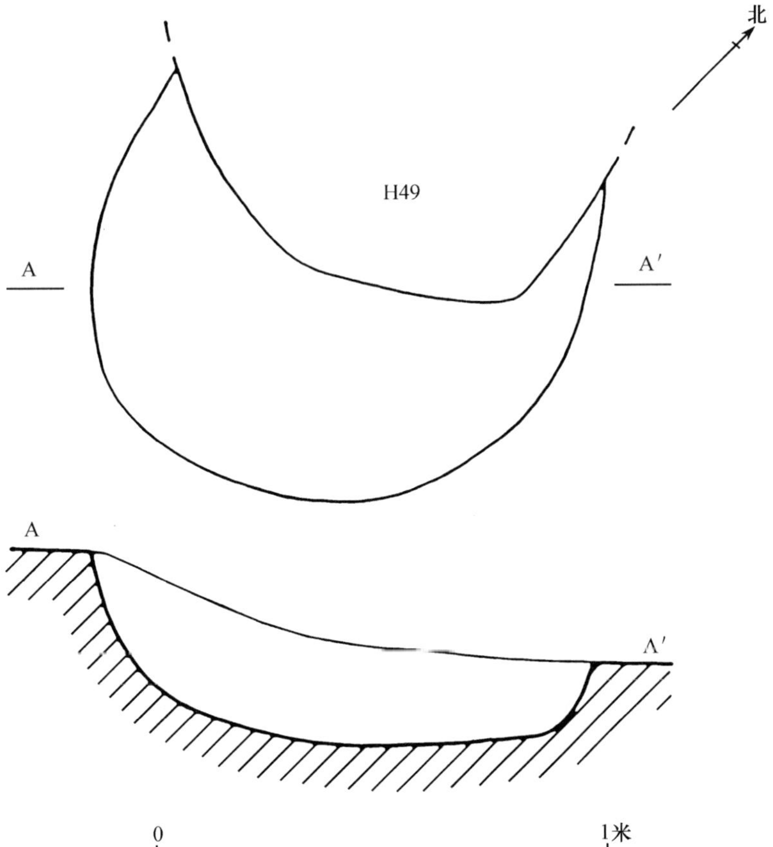

图二八四 巴东旧县坪遗址（西）H32平、剖面图

（5）（西）H41

（西）H41　位于（西Ⅰ）T2713西南部，开口于5层下，坑口距地表深0.37～0.57米，打破6层。坑口平面形状呈椭圆形，南北长径1.44、东西短径1、深0.74米，坑壁较直，稍向内斜收，平底。填土为红色沙土，土质疏松，含少量木炭、红烧土粒等。出土遗物以白瓷、黑瓷片为主，少量陶片，可辨识的有罐口、盆口残片、碗底、建筑脊饰等（图二八五）。

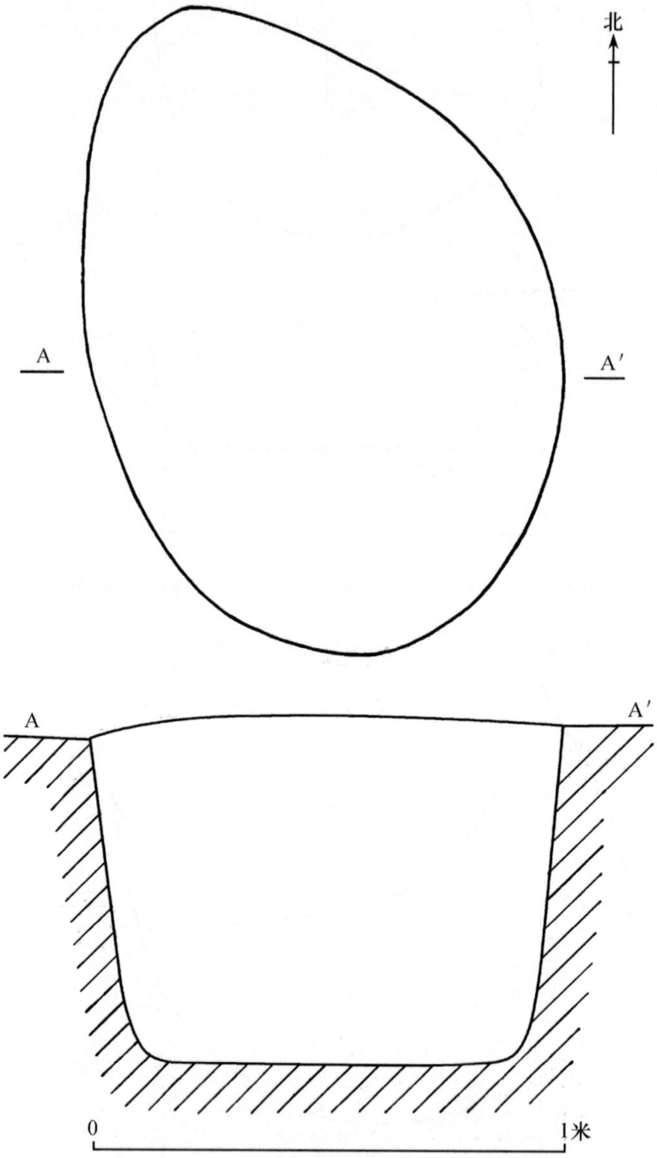

图二八五　巴东旧县坪遗址（西）H41平、剖面图

（6）（西）H100

（西）H100　位于（西Ⅰ）T2515的东南角及东隔梁下，开口于5层下，坑口距地表深0.55米，打破6层。坑口平面略呈椭圆形，斜直壁，坑底平坦。坑口直径为1、坑底长0.78、宽0.64、深0.36米。填土为红色土，质松散，含少量红烧土、草木灰、白灰面颗粒，出土遗物多为灰陶瓦残片，另出一枚钱币，为“治平元宝”（图二八六）。

（7）（西）H101

（西）H101　位于（西Ⅰ）T2712 北部，开口于 5 层下，坑口距地表深 1.4 米，打破 6 层。坑口平面为椭圆形，斜壁，平底。坑口南北长 1.34、东西宽 1.22、深 1.36 米。填土为灰黑土，土质疏松，内含少量草木灰、沙子。出土遗物有泥质灰陶布纹瓦片、泥质灰陶瓦当、白瓷片、青瓷片等（图二八七）。

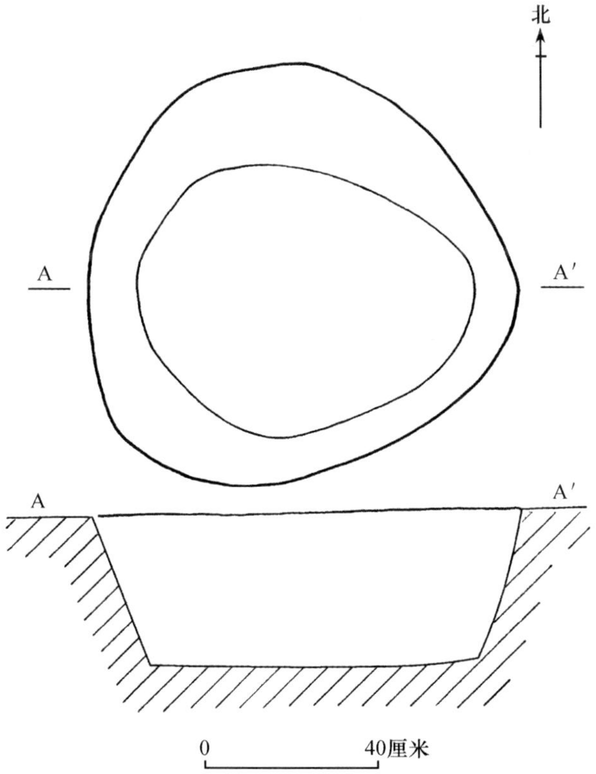

图二八六　巴东旧县坪遗址（西）H100 平、剖面图

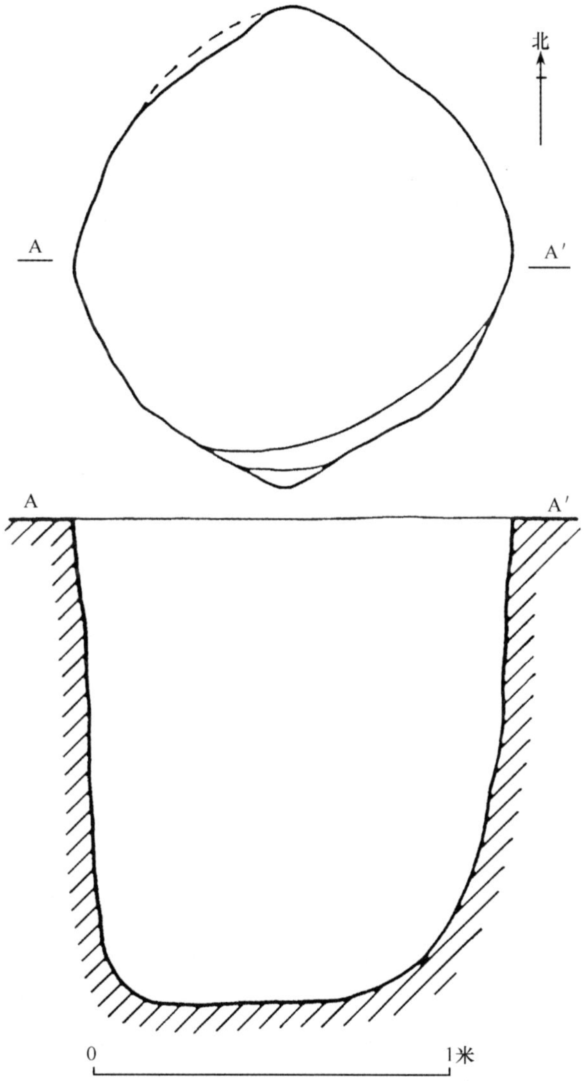

图二八七　巴东旧县坪遗址（西）H101 平、剖面图

（8）（东）H7

（东）H7　位于（东Ⅰ）T2707 的东部和（东Ⅰ）T2807 的西部，开口于 3 层下，坑口距地表深 0.95 米，打破 4 层。坑口平面形状为椭圆形，南北长 1.28、东西宽 1.1、深 0.48 米。坑壁不规则，圜底。填土为红黄色，土质疏松，含有大量的草木灰和少量的红烧土颗粒。出土遗物有灰陶片、瓷片、砖块、石头等，另出土大量兽骨，可辨器形有瓷碗、瓷罐、瓷钵等（图二八八）。

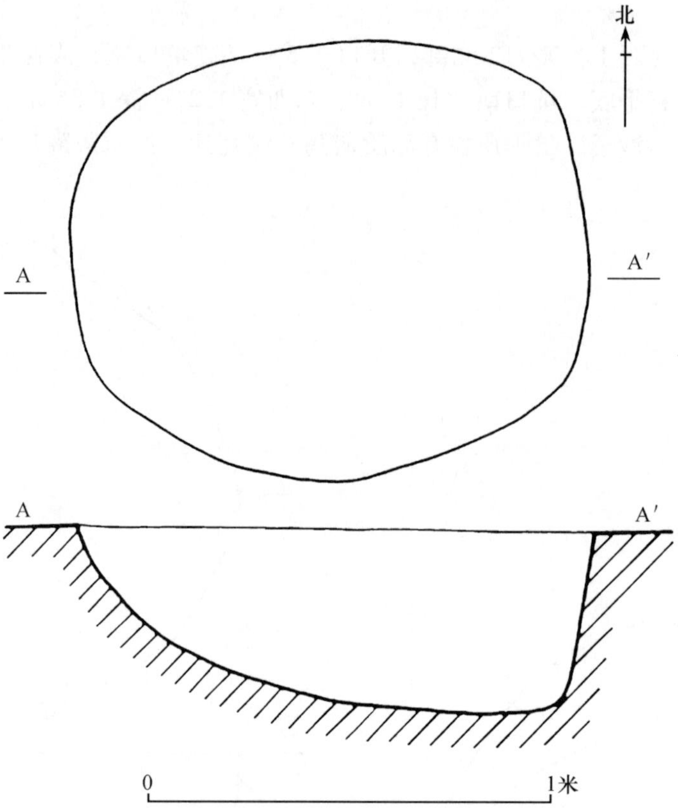

图二八八　巴东旧县坪遗址（东）H7 平、剖面图

3. 不规则形

4 座，（西）H27、（西）H42、（西）H51、（西）H53。现以（西）H51、（西）H53 为例予以介绍。

（1）（西）H51

（西）H51　位于（西Ⅰ）T3119 的北部及（西Ⅰ）T3120 的南部，开口于 5 层下，坑口距地表 0. 35 米，打破 6 层。坑口平面为不规则形，东西长 3. 84、南北长 3. 84、深 1. 1 米。坑底部高低不平，坑西部有一小台阶状平台。坑内为一次堆积，为深褐土，夹石块、红烧土、炭灰。含较多泥质灰陶素面瓦片，同时，出有白瓷片、釉陶片、青瓷片、泥质灰陶片。可辨识的有碗口沿及碗底残片，泥质灰陶缸口沿残片。另出有较完整的小件 6 件：分别是瓷碗 3 件、瓷钵 1 件、瓦 1 件、釉陶灯盏 1 件（图二八九）。

（2）（西）H53

（西）H53　位于（西Ⅰ）T2919 西南角，开口于 5 层下，坑口离地表深 0. 75 米，打破 6 层。坑口平面为不规则形，南北长 1. 24、东西宽 1. 14、深 0. 34 米。坑壁微弧，底部较平。填土为灰褐色，土质疏松，内含草木灰、红烧土颗粒。出土物有素面布纹瓦片、残砖块、白瓷器盖残片（图二九〇）。

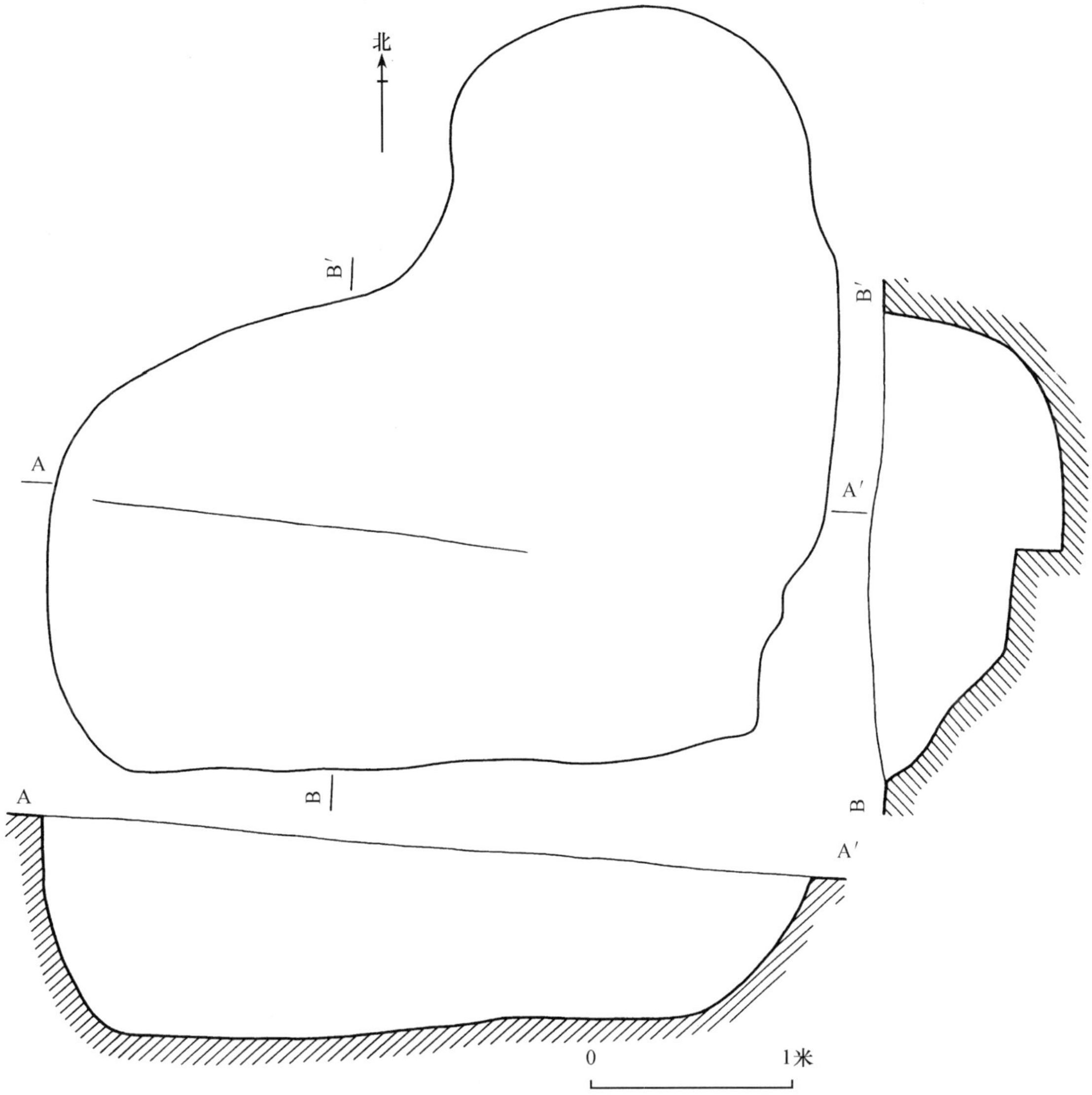

图二八九　巴东旧县坪遗址（西）H51 平、剖面图

第二节　遗　物

宋代遗物主要出土于遗址的官署区、宗庙区、商业区及民居区的探方地层、遗迹中，共计 1496 件。从质地上看有瓷器、釉陶器、陶器、石器、铜器、银器、铁器、骨器、蚌器、玉器、料器、玻璃器几类；按器物的用途分为生活用具、文化娱乐用具、装饰用品、生产工具、建筑材料等，另有钱币 210 枚（表二七）。

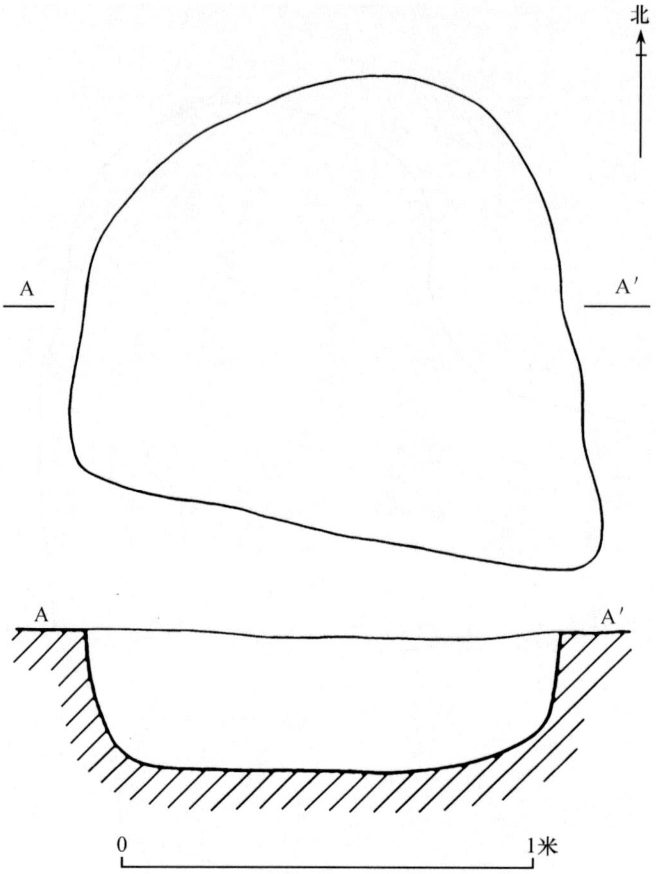

图二九〇　巴东旧县坪遗址（西）H53 平、剖面图

表二七　巴东旧县坪遗址宋代遗物统计表　（单位：件）

质地＼功用	生活用具	生产工具	文娱用具	装饰用品	建筑材料	钱币	合计
瓷器	710	/	45	/	/	/	755
釉陶器	238	/	9	/	8	/	255
陶器	28	6	14	/	113	/	161
石器	21	4	30	/	2	/	57
铜器	23	/	1	15	/	210	249
银器	1	/	/	3	/	/	4
铁器	1	/	/	/	/	/	1
玉器	/	/	/	3	/	/	3
蚌器	/	/	1	/	/	/	1
骨器	3	/	1	/	/	/	4
料器	/	/	/	5	/	/	5
玻璃器	/	/	/	1	/	/	1
小计	1025	10	101	27	123	210	1496

遗物以瓷器为大宗，占遗址宋代遗物总数的50.47%，有生活用具、文化娱乐用具。胎骨以灰白胎为主，白胎次之，还有一些灰褐胎、红褐胎。釉色以青白釉为主，白釉、黑釉次之，还有部分青釉、酱红釉、绿釉。大部分器物釉层表面都有裂纹、开片，一些青、黑釉瓷盏釉下还有一层白色化妆土。瓷器以素面为多，仅193件器物装饰有纹饰（弦纹除外）。装饰手法有刻划花、模印、堆塑、窑变、彩绘等。纹饰题材有植物类、动物类、人物故事类、山石流云水波类、几何纹样类、边饰类、文字类等。装烧方法有仰烧、覆烧，如支钉垫烧、垫饼垫烧、砂圈摞烧等。

釉陶器占遗物总数的17.05%，有生活用具、文化娱乐用具、建筑材料。胎骨以红褐胎为主，褐胎次之，另有少许灰白胎。釉色以青釉、褐釉为主，青白釉、灰白釉次之。器物内壁多满釉，外壁上部施釉，胎釉结合不牢固，釉多已脱落。釉下多有化妆土。以素面无纹为主，较为常见的纹饰为弦纹。装烧以支钉支撑的仰烧为主。

陶器占遗物总数的10.09%，有生活用具、文化娱乐用具、生产工具、建筑材料；质地以泥质灰陶为主，夹细砂灰陶次之，少量黑陶、褐陶。生活用具多素面，弦纹次之；建筑材料中的板瓦、筒瓦器表为素面、背有麻布纹；瓦当多饰浅浮雕的兽面纹，花卉纹次之，也有少数人面纹、素面纹；滴水以浅浮雕的花卉纹为主，周边多有联珠纹与之相伴。

石器占遗物总数的3.81%，有生活用具、生产工具、文化娱乐用具、建筑材料，多用当地的灰砂岩制作而成。

铜器、银器、铁器、骨器、蚌器、玉器、料器、玻璃器出土较少，有生活用具、文化娱乐用具、饰品、钱币。

现依据功用分类介绍如下：

一、生活用具

依器物质地，可分为瓷器、釉陶器、陶器、石器、铜器、银器、铁器、骨器。

（一）瓷器

宋代遗物中，瓷器数量丰富，种类齐全，造型多样。器类有碗、盘、碟、盏、钵、杯、盆、罐、执壶、瓶、盏托、尊、器座、器盖、洗、炉、灯盏等。其中部分瓷片，造型、釉色均具代表性，但因残破严重无法进行类型学分析，故附于后文介绍。

1. 碗

318件。可以分为墩式碗、花口碗、斗笠碗、撇口碗、直口碗、侈口碗、敞口碗七类。

（1）墩式碗

19件。整体形状敦实，腹壁外弧鼓，圈足，足墙内壁斜削。按口部特征分二型。

A型　10件。唇口，弧腹，内底较平。可分二式。

Ⅰ式：2件。垂腹，高圈足，外壁有刮削痕迹。

标本（西）L2Ⅰ:13，灰白胎，青釉，圈足内无釉。口径14.8、足径6.2、高8.3厘米（图二九一，1）。

标本（西）F2Ⅰ:17，灰白胎，青釉，圈足内无釉。口径14.4、足径6.4、高8厘米（图二九一，2；图版八七，1）。

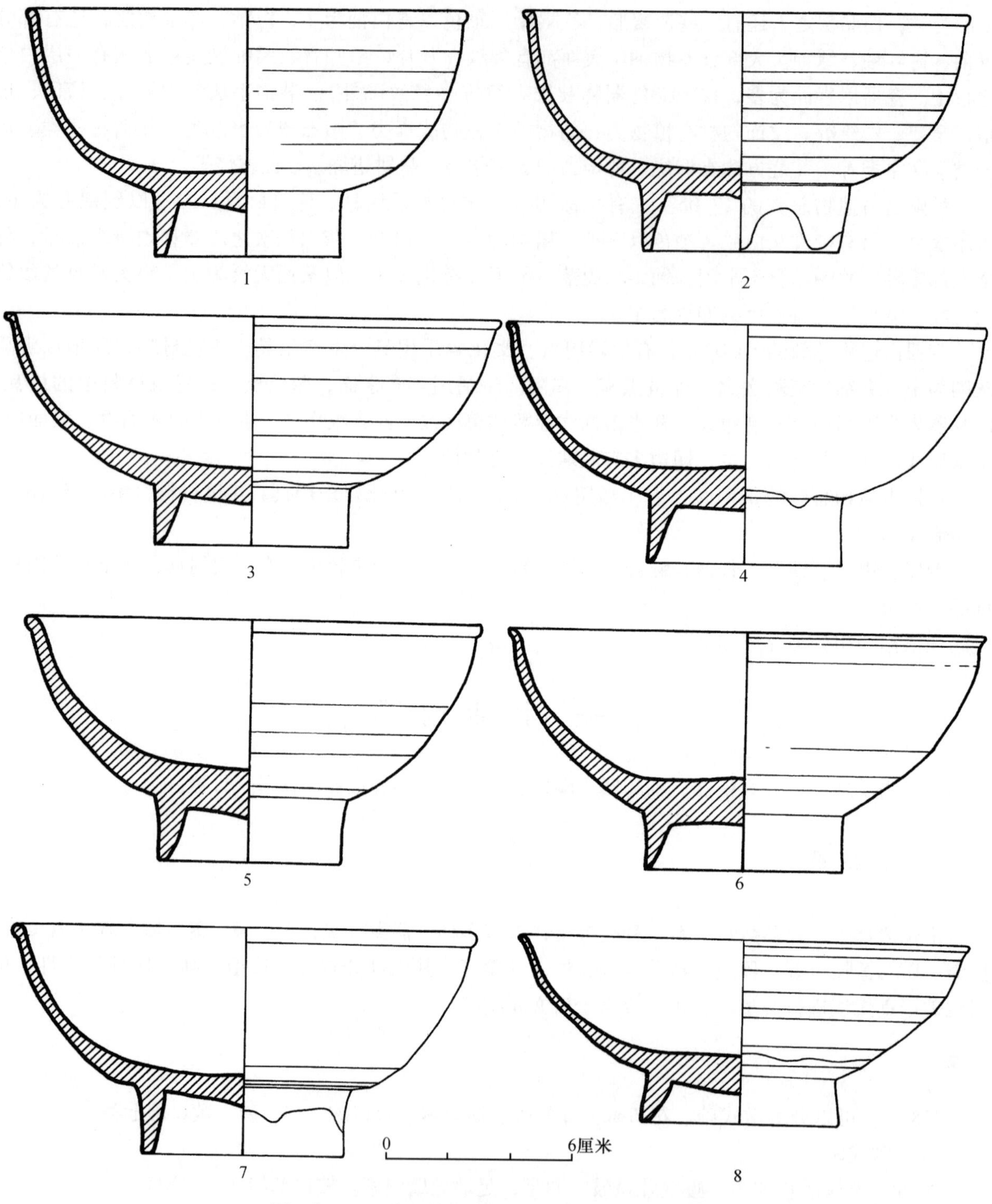

图二九一　巴东旧县坪遗址出土宋代A型墩式瓷碗

1、2. Ⅰ式（（西）L2Ⅰ:13、（西）F2Ⅰ:17）　3～8. Ⅱ式（（西Ⅰ）T3113⑤:7、（西）F8Ⅰ:16、（西）F2Ⅰ:10、（西Ⅰ）T3215⑤:12、（西Ⅰ）T2714⑤:11、（西）L9Ⅰ:5）

Ⅱ式：8件。腹部略外鼓，高圈足。

标本（西Ⅰ）T3113⑤:7，灰白胎，青白釉，圈足内无釉。口径16.6、足径6.6、高7.7厘米（图二九一，3）。

标本（西）F8Ⅰ:16，灰白胎，青白釉，圈足无釉。口径16、足径6.4、高8厘米（图二九一，4；图版八七，2）。

标本（西）F2Ⅰ:10，白胎，青釉，开片，圈足内无釉。口径15.2、足径6、高7.8厘米（图二九一，5；图版八七，3）。

标本（西Ⅰ）T3215⑤:12，灰白胎，白釉，开片，圈足内无釉。口径15.6、足径6.6、高8厘米（图二九一，6）。

标本（西Ⅰ）T2714⑤:11，灰胎，青白釉，圈足无釉。口径15.6、足径6.8、高7.6厘米（图二九一，7）。

标本（西）L9Ⅰ:5，灰白胎，青白釉，开片，圈足内无釉。口径15、足径6.6、高6.2厘米（图二九一，8）。

标本（东）F27:3，内底有垫石痕迹。灰胎，青白釉，足部无釉。口径15.6、足径6、高7.2厘米（图二九二，1）。

标本（西Ⅰ）T3215⑤:5，内壁近底用褐色书写一“大”字。外底心略下凸。灰胎较厚，青白釉，外下腹及足无釉。口径14.4、足径5.1、高7.6厘米（图二九二，2）。

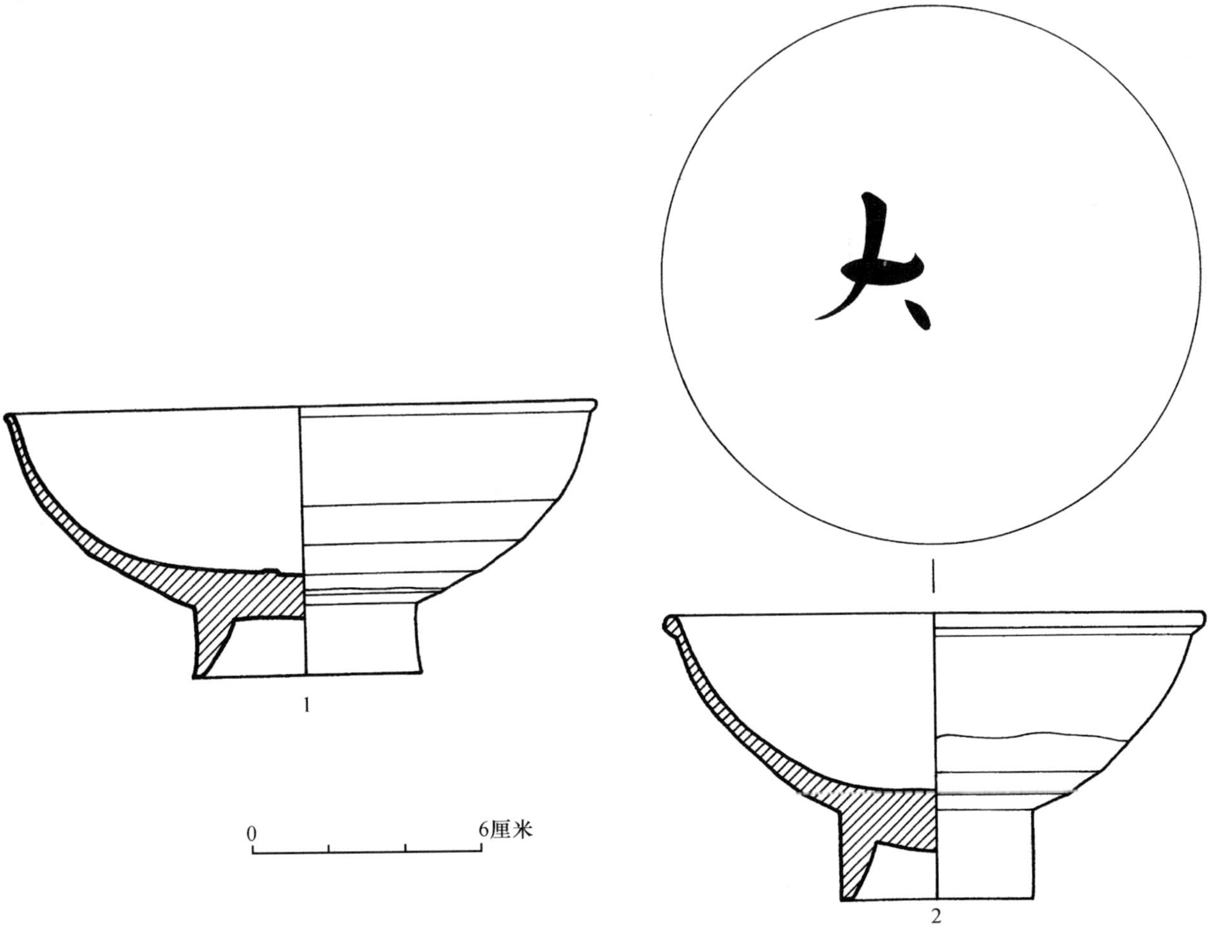

图二九二　巴东旧县坪遗址出土宋代A型Ⅱ式墩式瓷碗

1.（东）F27:3　2.（西Ⅰ）T3215⑤:5

B 型　9 件。弧腹，圈足。灰白胎，多数为青釉，足部无釉。可以分为三式。

Ⅰ式：3 件。垂腹，高圈足。

标本（西Ⅰ）T3113⑤:14，圆唇，内坦底。釉不纯，气泡多。口径 14.6、足径 6、高 6.9 厘米（图二九三，1）。

标本（西Ⅰ）T1007⑥:21，圆唇，内坦底。上腹部饰两道凹弦纹。开片。口径 15.8、足径 6.2、高 7.6 厘米（图二九三，2）。

标本（东Ⅰ）T2510④:4，圆唇，内坦底。口径 14.4、足径 6.4、高 7 厘米（图二九三，3）。

Ⅱ式：4 件。腹部略外鼓，高圈足。

标本（西）F22:4，圆唇，内底略下凹。外腹壁下部有两道凸弦纹。口径 14.6、足径 6.2、高 6.2 厘米（图二九三，4）。

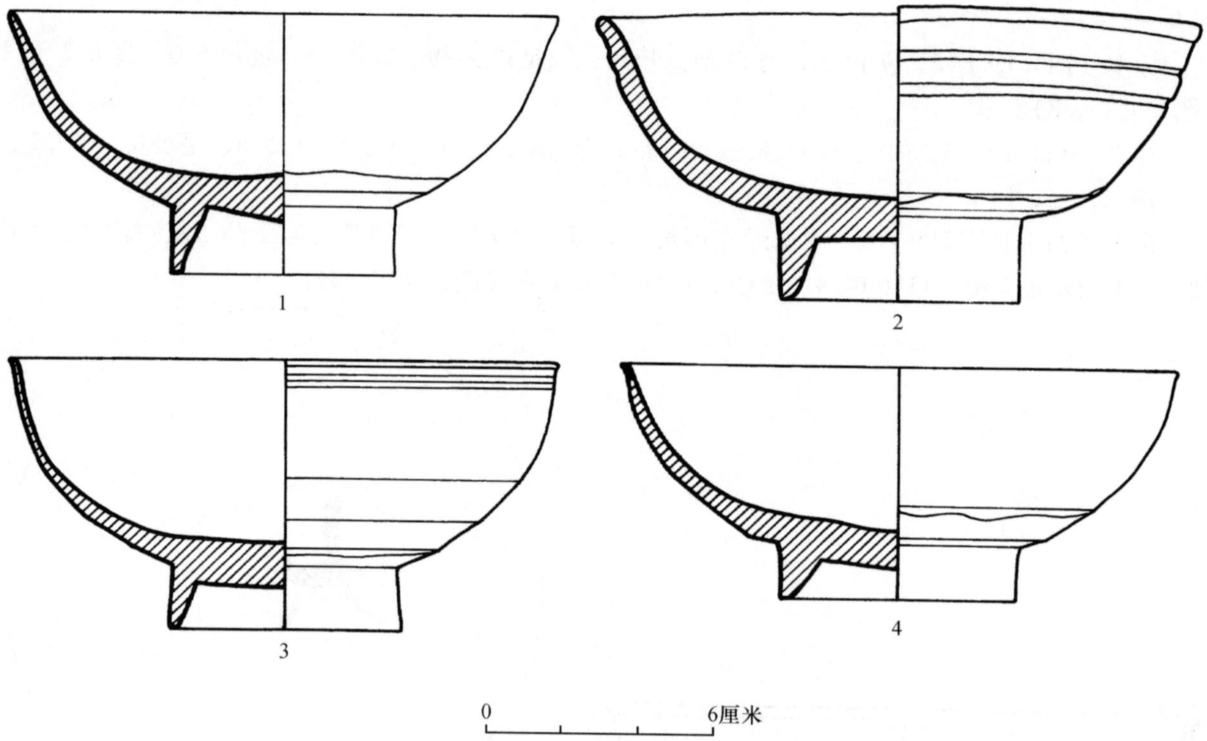

图二九三　巴东旧县坪遗址出土宋代 B 型墩式瓷碗

1～3. Ⅰ式（（西Ⅰ）T3113⑤:14、（西Ⅰ）T1007⑥:21、（东Ⅰ）T2510④:4）　4. Ⅱ式（（西）F22:4）

标本（西）F93:6，圆唇，内坦底。口径 14.8、足径 5.6、高 6.6 厘米（图二九四，1）。

标本（西）F54:2，圆唇，内坦底。外腹壁下部有三道凸弦纹，外底中部有鸡心突。釉下有化妆土。口径 14、足径 5.8、高 6.3 厘米（图二九四，2）。

标本（西）F54:4，圆唇，内坦底。外腹壁有四道凸弦纹。口径 14.4、足径 6.4、高 5.7 厘米（图二九四，3）。

Ⅲ式：2 件。浅弧腹，中高圈足。

标本（西）F13Ⅰ:2，圆唇，内坦底，底心中部有脐突。外腹壁有三道弦纹。釉已脱落。口径 15、足径 6.2、高 6 厘米（图二九四，4；图版八七，4）。

标本（西）F22:1，圆唇，内圜底。口径 14.5、足径 6.2、高 6 厘米（图二九四，5；图版八七，5）。

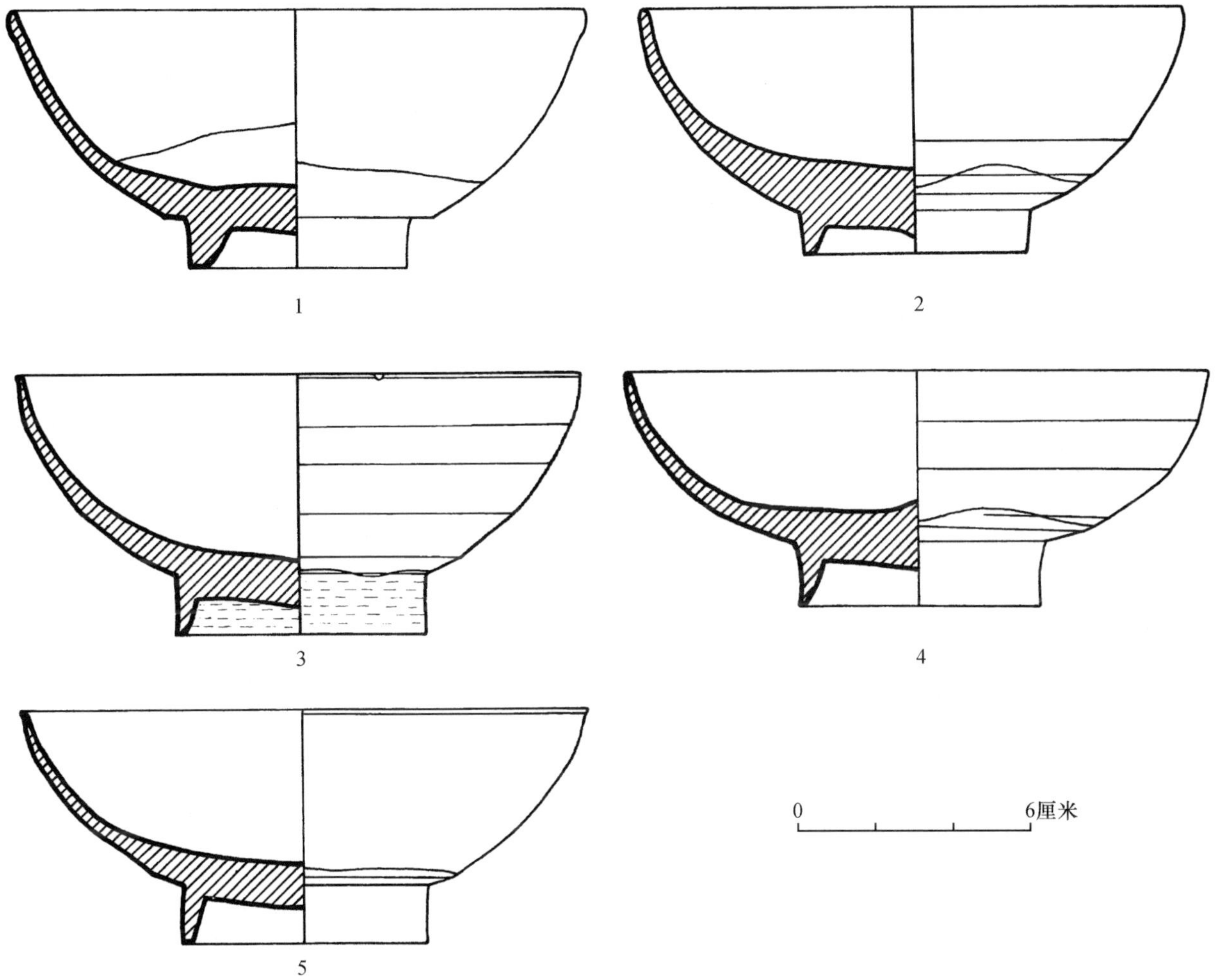

图二九四　巴东旧县坪遗址出土宋代B型墩式瓷碗

1～3. Ⅱ式（（西）F93∶6、（西）F54∶2、（西）F54∶4）　4、5. Ⅲ式（（西）F13Ⅰ∶2、（西）F22∶1）

（2）花口碗

17件。口沿呈花瓣状。可以分为二型。

A型　14件。高圈足，足墙内壁斜削。可以分为八个亚型。

Aa型　2件。唇沿外撇，垂腹。

标本（西）F78Ⅰ∶1，尖唇，高圈足略外撇。口沿有五出缺口，内壁对应处出阳筋。内底宽平。灰白胎，白釉，开片。口径13.2、足径4.8、高7厘米（图二九五，1；彩版七，1）。

标本（西）L2Ⅰ∶24，圆唇，高圈足，足墙外撇。口沿有五出缺口，内壁对应处出筋。内底宽平。灰白胎，白釉，足部无釉。口径12、足径5.2、高6.8厘米（图二九五，2；彩版七，2）。

Ab型　1件。敞口，深腹，腹壁斜直。

标本（西Ⅰ）T2420③∶3，尖唇，内底宽平，口沿有六个小缺口，内壁对应处出阳筋，外腹压印凹槽，高圈足外撇。白胎，白釉，开片。口径12.6、足径4.8、高7厘米（图二九六，1）。

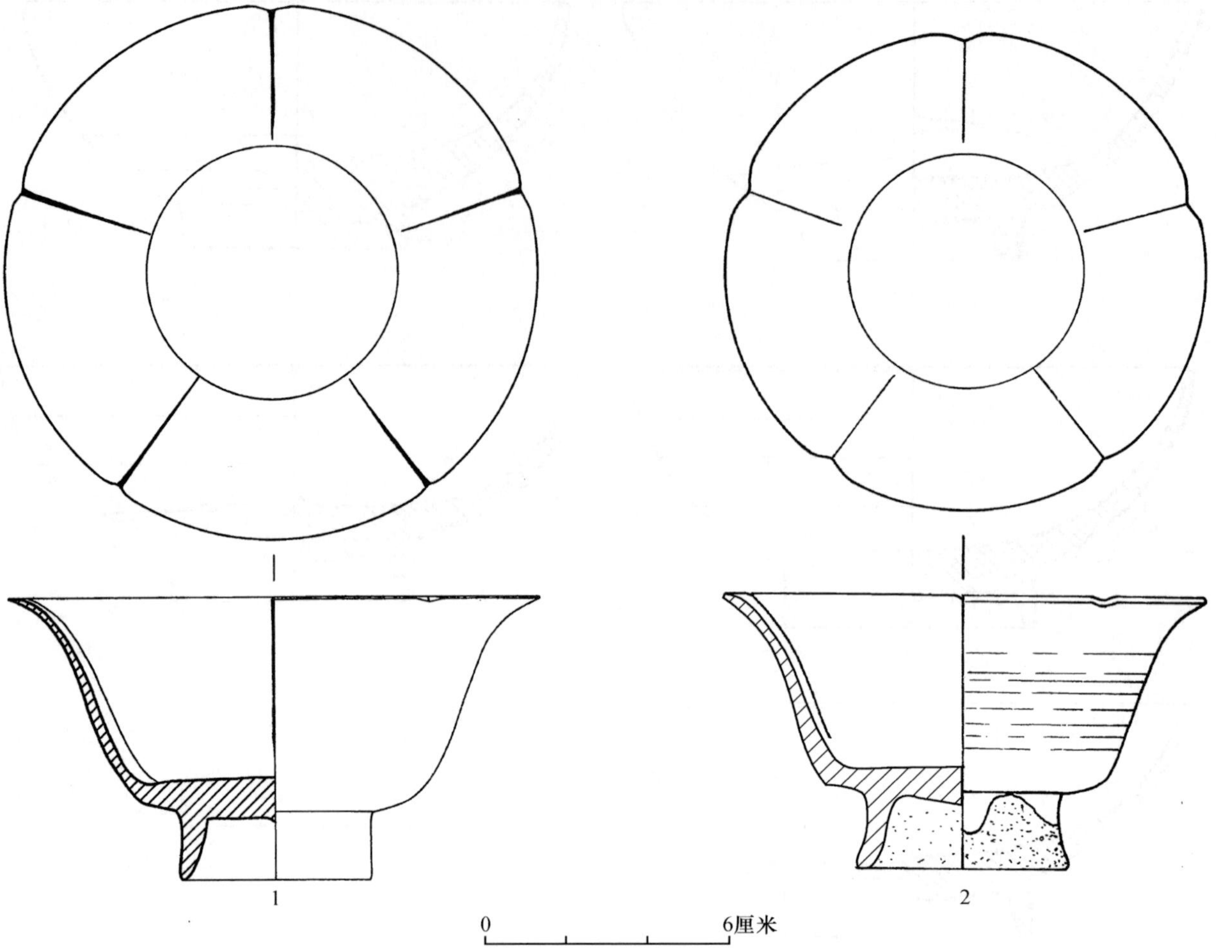

图二九五　巴东旧县坪遗址出土宋代 Aa 型花口瓷碗

1.（西）F78Ⅰ:1　2.（西）L2Ⅰ:24

Ac 型　2 件。侈口，尖唇，深弧腹。内壁出阳筋，外腹有压印凹痕，口及腹呈六瓣葵花形。

标本（西Ⅰ）T1916⑤:15，白胎，白釉，开片，圈足内无釉。口径 11.6、足径 4.6、高 7.3 厘米（图二九六，2；图版八八，1）。

标本（西Ⅰ）T1006④:8，内底有离心螺纹。灰白胎，白釉，圈足内无釉。口径 10、足径 3.6、高 5.7 厘米（图二九六，3）。

Ad 型　1 件。撇口。

标本（西Ⅰ）T2013⑤:9，六出花口，六瓣瓜棱形腹。白胎，青白釉，开片。口径 10.6、足径 4.2、高 6.5 厘米（图二九六，4；图版八八，2）。

Ae 型　2 件。折沿较宽，尖唇，深弧腹，内底宽平。上腹及口呈六瓣花形。

标本（西Ⅰ）T1306⑦:6，白胎，青白釉，开片，足内无釉。口径 11.8、足径 4.5、高 7.4 厘米（图二九七，1；图版八八，3）。

标本（西）L2Ⅰ:4，足残。白胎，青白釉，开片，足内无釉。口径 11.6、残足径 4.4、残高 5.8 厘米（图二九七，2；图版八八，4）。

Af 型　1 件。折沿，尖唇。

标本（西）H75:3，六出花口，六瓣瓜棱形腹，外腹壁刻草叶纹及梳篦纹。白胎，白釉，开片。口径 13.4、足径 5.4、高 9.4 厘米（图二九七，3）。

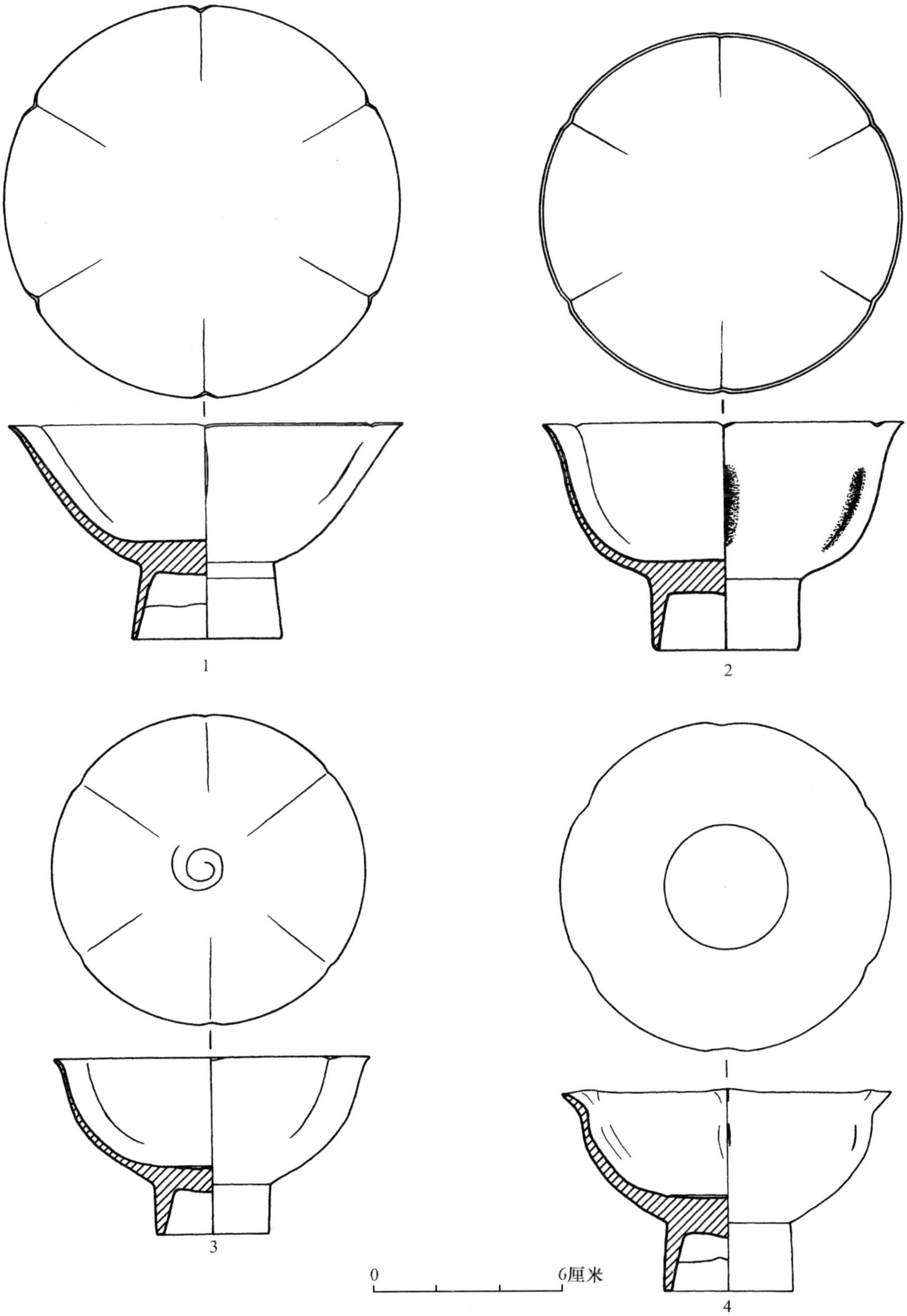

图二九六　巴东旧县坪遗址出土宋代A型花口瓷碗

1. Ab型（（西Ⅰ）T2420③:3）　2、3. Ac型（（西Ⅰ）T1916⑤:15、（西Ⅰ）T1006④:8）　4. Ad型（（西Ⅰ）T2013⑤:9）

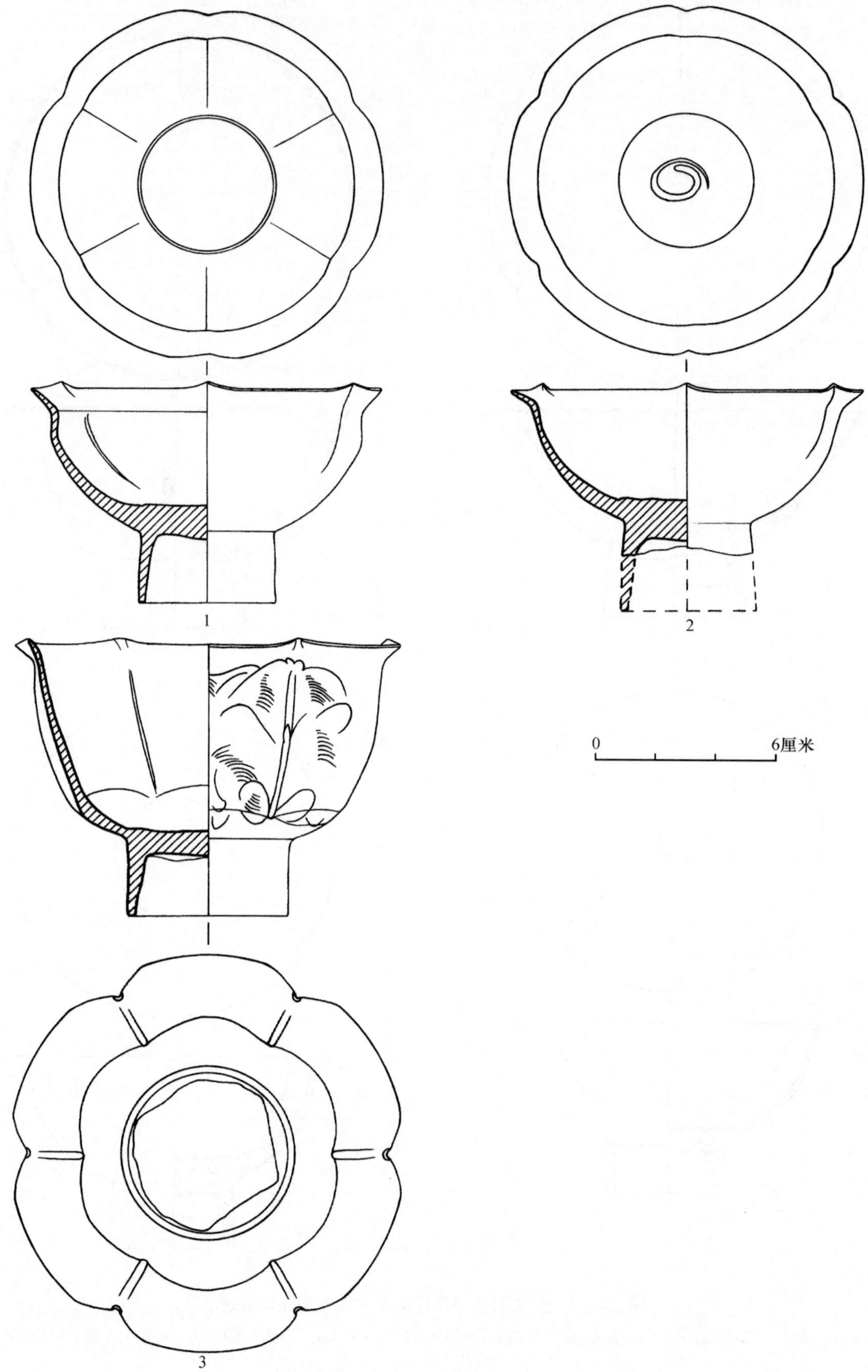

图二九七　巴东旧县坪遗址出土宋代A型花口瓷碗

1、2. Ae型（（西Ⅰ）T1306⑦:6、（西）L2Ⅰ:4）　3. Af型（（西）H75:3）

Ag 型　4 件。圈足较矮，撇口。可以分为二式。

Ⅰ式：3 件。

标本（西Ⅰ）T2013⑤:7，尖唇，口沿有六出缺口，大底心，圜底。灰白胎，青白釉，开片，圈足内无釉。口径 12.4、足径 5.2、高 5.5 厘米（图二九八，1）。

标本（西Ⅰ）T1916⑤:7，尖唇，深腹。内底胎有螺纹痕，整器呈葵花形，大底心，坦底。灰白胎，青白釉，开片，圈足内露胎。口径 12.6、足径 5、高 5.4 厘米（图二九八，2；图版八八，5）。

标本（西Ⅰ）T3113⑤:15，尖唇，口沿有七出缺口，大底心，坦底。灰白胎，青白釉，开片，圈足内无釉。口径 12.4、足径 4.4、高 4.8 厘米（图二九八，3）。

Ⅱ式：1 件。折沿。

标本（西）L8Ⅰ:1，尖唇，口沿有六出缺口，大底心，坦底。内底心有盘筑痕。白胎，青白釉，开片，圈足内下部无釉。口径 13、足径 5.2、高 5.3 厘米（图二九八，4；图版八八，6）。

Ah 型　1 件。圈足较矮，口及腹呈荷叶形。

标本（西）F8Ⅰ:13，侈口，尖圆唇，曲弧腹略浅，内平底。灰白胎，白釉。口径 10、足径 3.1、高 3.7 厘米（图二九九，1；图版八九，1）。

B 型　3 件。口沿有六出缺口，大底心，矮圈足，足墙内收。可以分为二式。

Ⅰ式：1 件。尖唇，曲腹，内圜底，外底心边缘有一凹弦纹。

标本（西Ⅰ）T2315⑤:9，灰白胎，青白釉，圈足内无釉。口径 12、足径 4.4、高 5.1 厘米（图二九九，2）。

Ⅱ式：2 件。圆唇，斜腹，内底下凹，圈足较浅。外腹壁下部有一凸弦纹。

标本（西）F3:45，灰白胎，青白釉，圈足内无釉。口径 12.4、足径 4.6、高 4.1 厘米（图二九九，3）。

标本（西Ⅰ）T2619⑤:1，灰白胎，青釉，圈足内无釉。口径 11、足径 4.6、高 3.2 厘米（图二九九，4；图版八九，2）。

（3）斗笠碗

66 件。腹壁斜直，器形似倒置的斗笠。可以分为四型。

A 型　32 件。圈足，足底露胎。可分四亚型。

Aa 型　7 件。敞口，尖唇，深腹，内圜底，圈足浅挖。外腹壁多饰折扇纹。可以分为三式。

Ⅰ式：1 件。斜直腹。

标本（西）F8Ⅰ:1，白胎，青白釉，开片。口径 12.2、足径 3.8、高 6.1 厘米（图三〇〇，1）。

Ⅱ式：5 件。曲腹。

标本（西）F8Ⅰ:7，外腹壁中部有两道凸弦纹。灰白胎，青白釉，开片。口径 10.8、足径 3.6、高 5.9 厘米（图三〇〇，2）。

标本（西）L7Ⅰ:4，灰白胎，青白釉，开片。口径 11.7、足径 3.5、高 6.1 厘米（图三〇〇，3）。

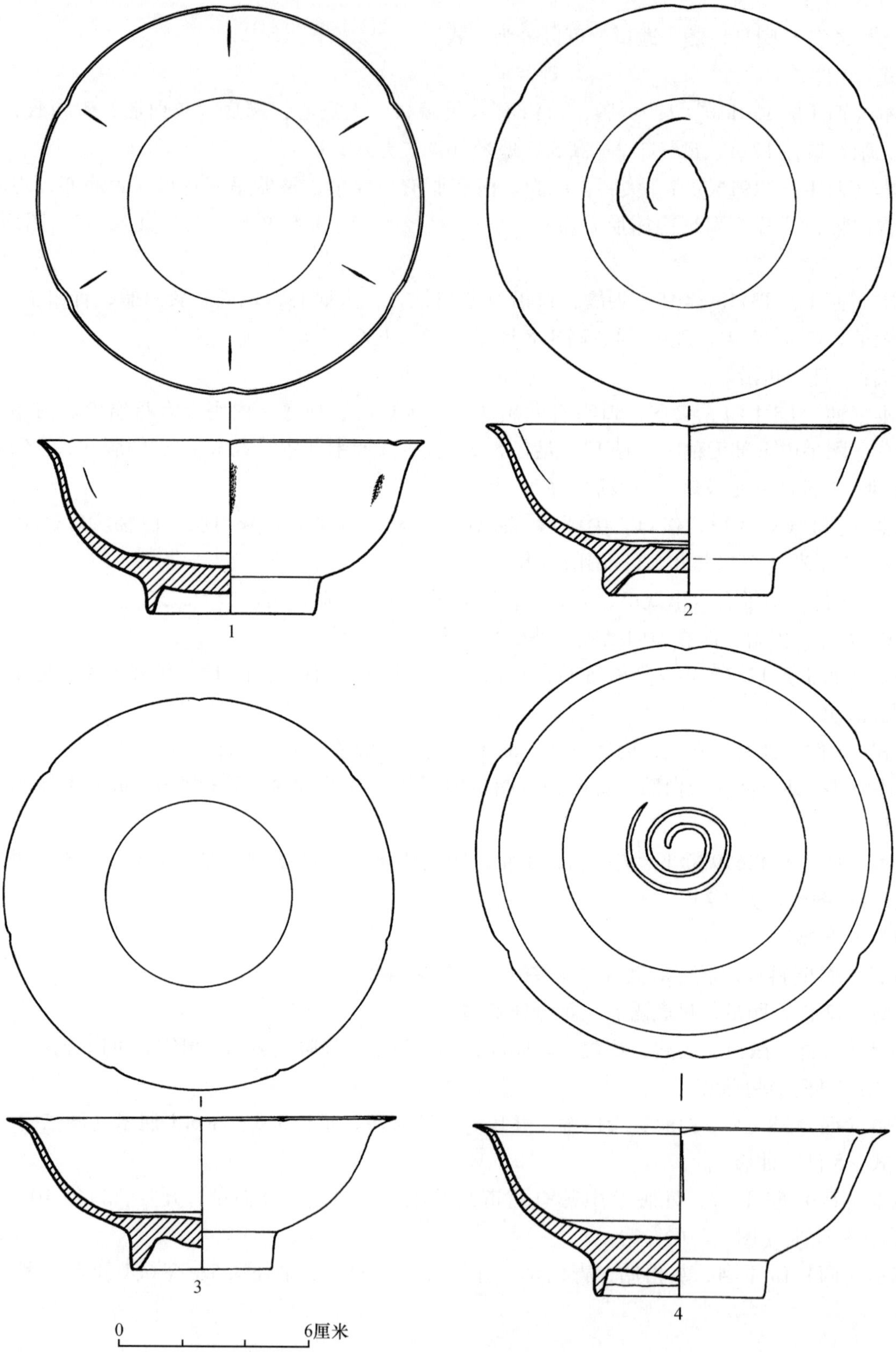

图二九八　巴东旧县坪遗址出土宋代 A 型花口瓷碗

1～3. Ag 型Ⅰ式（（西Ⅰ）T2013⑤:7、（西Ⅰ）T1916⑤：7、（西Ⅰ）T3113⑤:15）　4. Ag 型Ⅱ式（（西）L8Ⅰ:1）

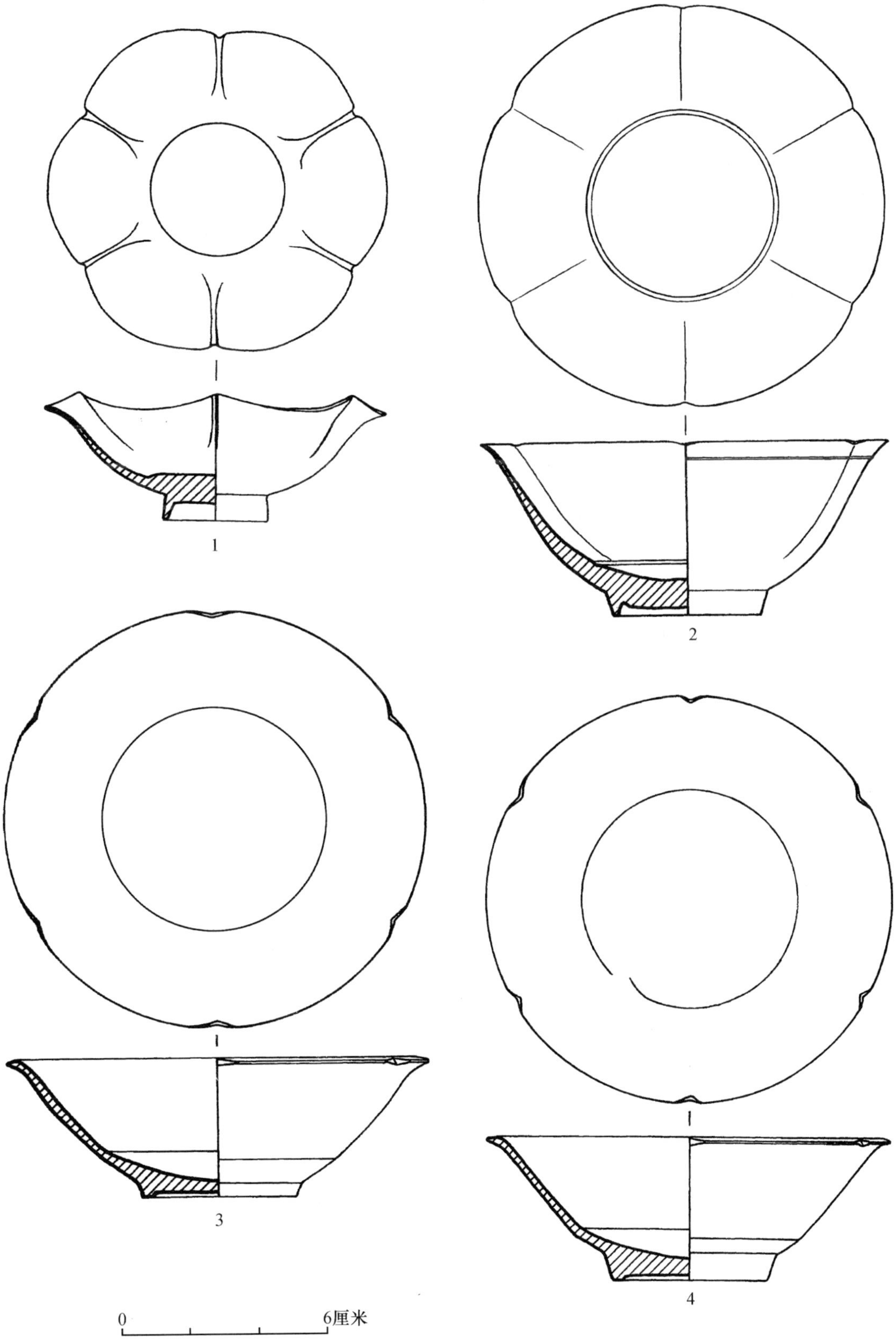

图二九九　巴东旧县坪遗址出土宋代花口瓷碗

1. Ah型（（西）F8Ⅰ:13）　2. B型Ⅰ式（（西Ⅰ）T2315⑤:9）　3、4. B型Ⅱ式（（西）F3:45、(西Ⅰ）T2619⑤:1）

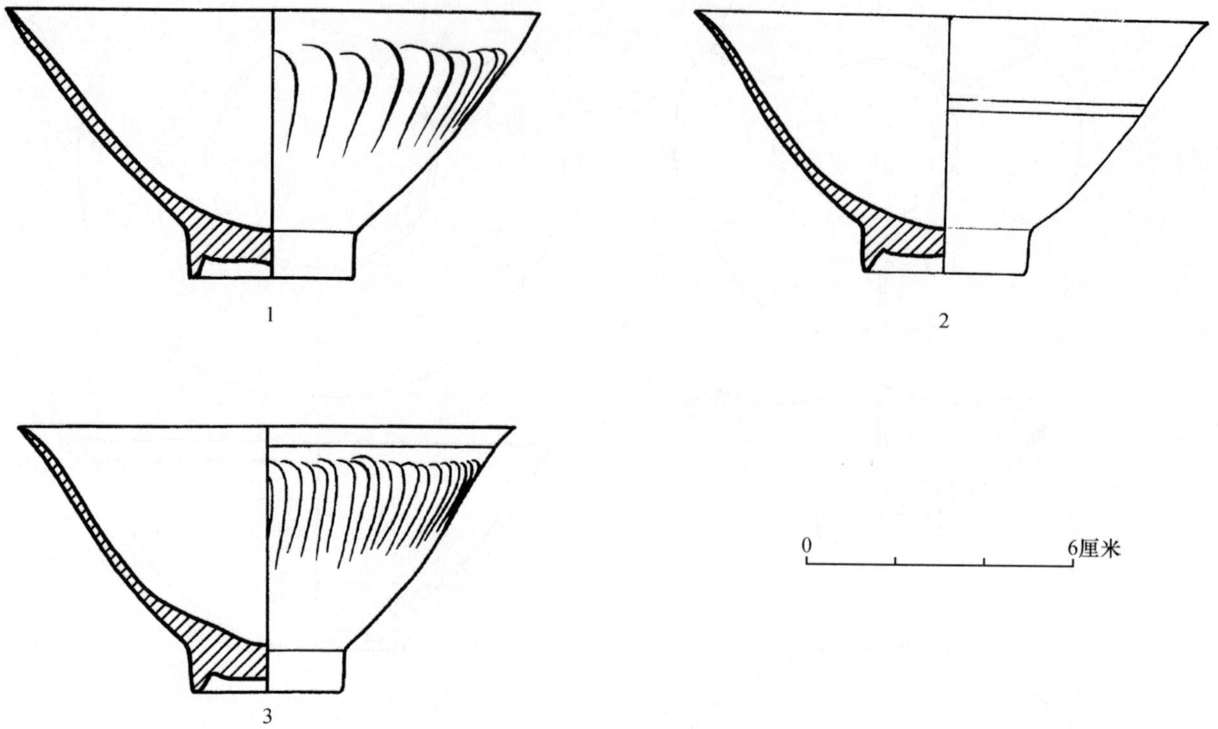

图三〇〇　巴东旧县坪遗址出土宋代 Aa 型斗笠瓷碗

1. Ⅰ式（（西）F8Ⅰ:1）　2、3. Ⅱ式（（西）F8Ⅰ:7、（西）L7Ⅰ:4）

标本（西Ⅰ）T1007⑦:28，内壁刻划简化团菊纹、云气纹。白胎，青白釉。口径 11.2、足径 3.2、高 6 厘米（图三〇一，1；图版八九，3）。

标本（西）L2Ⅰ:14，内底心刻划团菊纹，内壁刻划云气纹、水波纹。白胎，青白釉，开片。口径 9.6、足径 3、高 6 厘米（图三〇一，2；彩版七，3、5）。

标本（西）F2Ⅰ:16，内底刻划团菊纹，内壁刻划云气纹。灰白胎，青白釉，开片。口径 10.6、足径 3、高 5.9 厘米（图三〇一，3）。

Ⅲ式：1 件。弧腹。

标本（西Ⅰ）T1007⑥:23，内底心刻划团菊纹，内壁刻划简化菊纹。灰白胎，青白釉，开片。口径 11.3、足径 3、高 5.8 厘米（图三〇一，4）。

Ab 型　11 件。敞口，尖唇，深腹，内底有脐突，高圈足。可以分为二式。

Ⅰ式：2 件。腹壁斜直。

标本（东Ⅰ）T3404④:3，灰白胎，白釉，开片。口径 10、足径 3、高 5 厘米（图三〇二，1；图版八九，4）。

标本（东）F31:1，灰白胎，白釉。口径 10、足径 3、高 5 厘米（图三〇二，2；图版八九，5）。

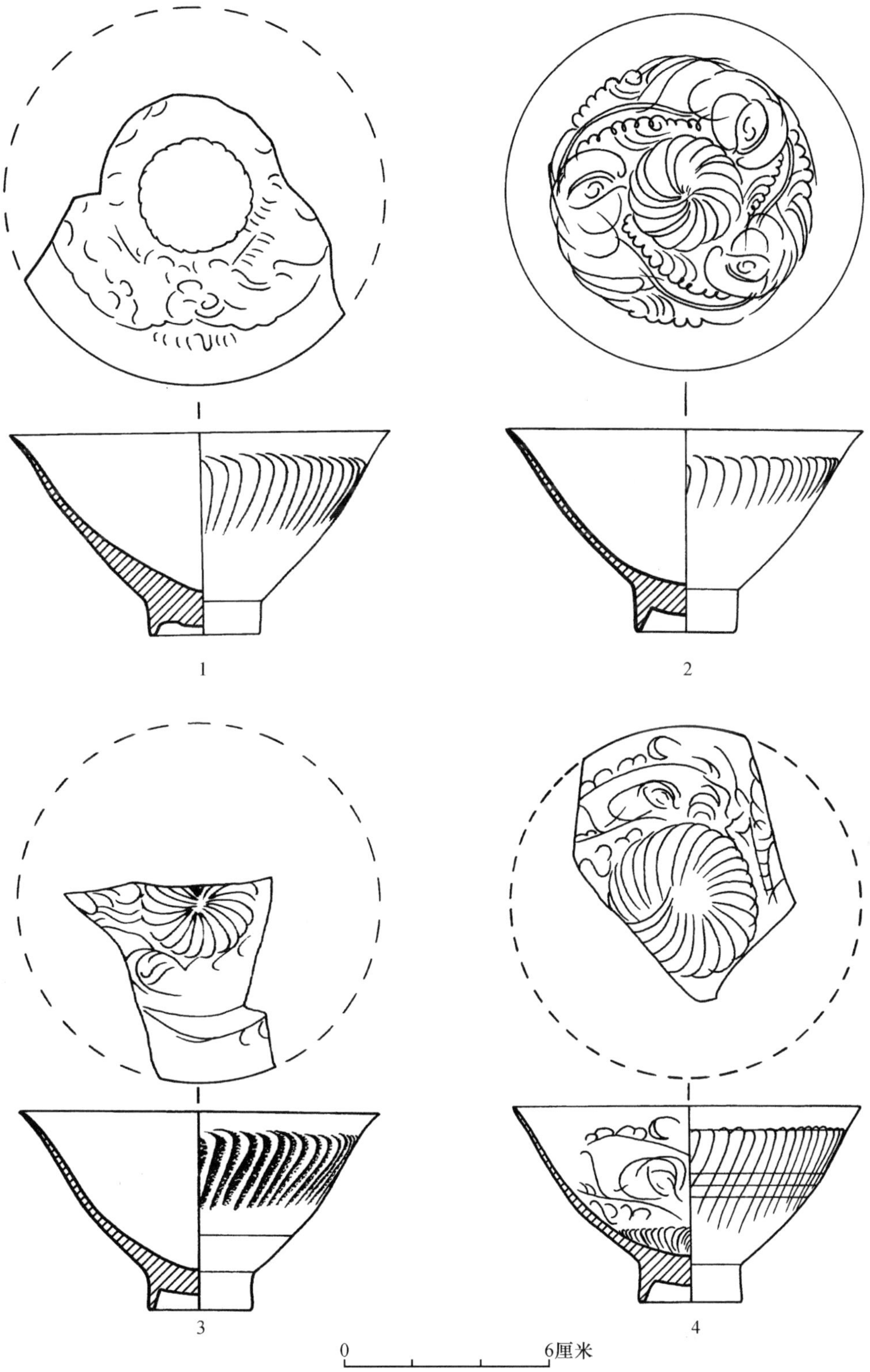

图三〇一 巴东旧县坪遗址出土宋代Aa型斗笠瓷碗

1～3. Ⅱ式（（西Ⅰ）T1007⑦:28、（西）L2Ⅰ:14、（西）F2Ⅰ:16 4. Ⅲ式（（西Ⅰ）T1007⑥:23）

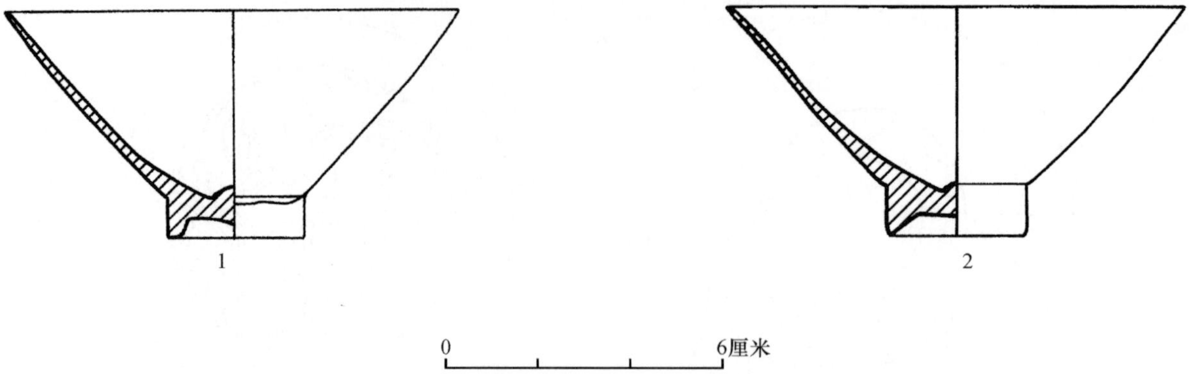

图三〇二　巴东旧县坪遗址出土宋代 Ab 型Ⅰ式斗笠瓷碗
1.（东Ⅰ）T3404④:3　2.（东）F31:1

Ⅱ式：9 件。腹壁微弧。

标本（西）L4Ⅰ:52，白胎，青白釉，开片。口径 10.4、足径 3.2、高 5.6 厘米（图三〇三，1；图版八九，6）。

标本（西）L4Ⅰ:1，外腹壁中部有三道凸弦纹。半透明胎，白釉。口径 10.4、足径 3.2、高 5.6 厘米（图三〇三，2）。

标本（西）F8Ⅰ:19，灰白胎，青白釉。口径 9.8、足径 3、高 5.6 厘米（图三〇三，3）。

标本（西）L2Ⅰ:8，白胎极薄，白釉。口径 9.8、足径 2.8、高 5 厘米（图三〇三，4）。

标本（西）L2Ⅰ:7，白胎较薄，白釉，足无釉。口径 10.4、足径 3.2、高 5.4 厘米（图三〇三，5）。

标本（西）L4Ⅰ：55，白胎，青白釉。口径 10.4、足径 3.2、高 5.7 厘米（图三〇三，6）。

标本（西Ⅰ）T1007⑤:12，灰白胎，青白釉，开片。口径 10.4、足径 3、高 5.5 厘米（图三〇三，7）。

标本（西）L4Ⅰ:3，灰白胎，青白釉。口径 9.8、足径 3、高 5.4 厘米（图三〇三，8）。

标本（西）L9Ⅰ:4，灰白胎，青白釉，开片。口径 10.6、足径 3、高 5.1 厘米（图三〇三，9）。

Ac 型　12 件。敞口，口沿下有一凹弦纹，深腹，腹壁微弧，内底心边缘有一凹槽，外底心有鸡心突。可以分为二式。

Ⅰ式：2 件。圆唇。

标本（西）F2Ⅰ:15，内底心凸起。灰白胎，青白釉，开片。口径 10.8、足径 3.2、高 5.4 厘米（图三〇四，1）。

标本（西）F12Ⅰ:1，内底心凸起。白胎，青白釉，开片。口径 10.4、足径 3.4、高 5.4 厘米（图三〇四，2）。

Ⅱ式：10 件。尖唇。

标本（西）L4Ⅰ:4，内底心凸起。灰白胎较薄，白釉。口径 11.2、足径 3.2、高 6 厘米（图三〇五，1；图版九〇，1）。

标本（西Ⅰ）T1007⑥:20，内平底。灰白胎较薄，白釉。口径 11.4、足径 3.4、高 6.3 厘米（图三〇五，2；图版九〇，2）。

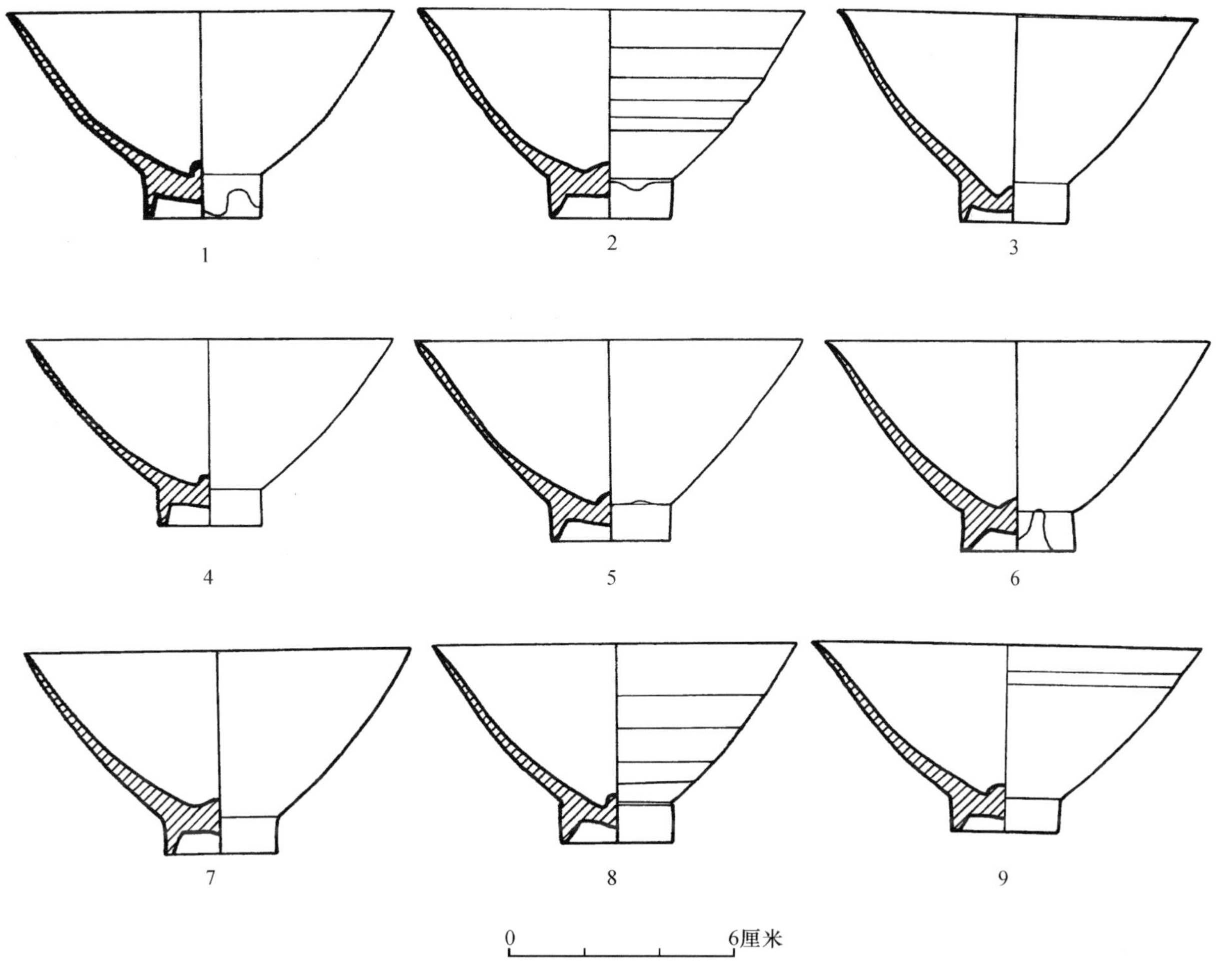

图三〇三　巴东旧县坪遗址出土宋代 Ab 型Ⅱ式斗笠瓷碗
1.（西）L4Ⅰ:52　2.（西）L4Ⅰ:1　3.（西）F8Ⅰ:19　4.（西）L2Ⅰ:8　5.（西）L2Ⅰ:7　6.（西）L4Ⅰ:55　7.（西Ⅰ）T1007⑤:12　8.（西）L4Ⅰ:3　9.（西）L9Ⅰ:4

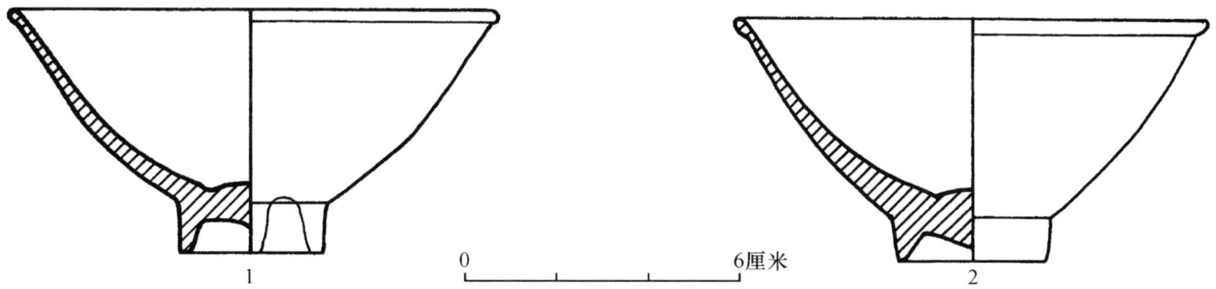

图三〇四　巴东旧县坪遗址出土宋代 Ac 型Ⅰ式斗笠瓷碗
1.（西）F2Ⅰ:15　2.（西）F12Ⅰ:1

标本（西Ⅰ）T1007⑥:22，内底心凸起。灰白胎较薄，青白釉。口径 11.4、足径 3.4、高 6.2 厘米（图三〇五，3）。

标本（西）F2Ⅰ:13，内平底。白胎较薄，白釉。口径 11.2、足径 3.4、高 6 厘米（图三〇五，4）。

标本（西）F2Ⅰ:14，内平底。白胎，白釉。口径 10.6、足径 3.4、高 6.4 厘米（图三〇五，5）。

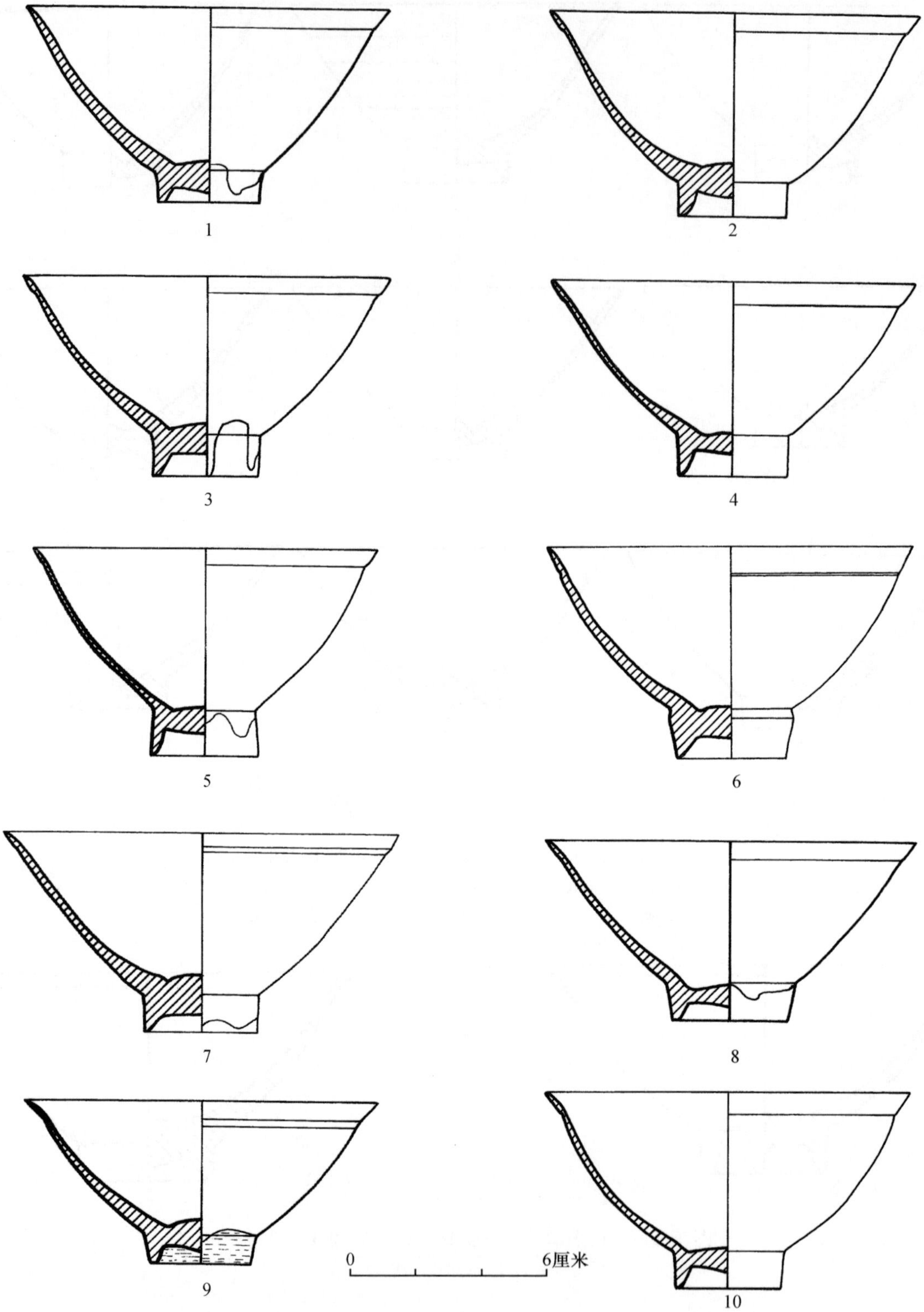

图三〇五　巴东旧县坪遗址出土宋代 Ac 型Ⅱ式斗笠瓷碗

1.（西）L4Ⅰ:4　2.（西Ⅰ）T1007⑥:20　3.（西Ⅰ）T1007⑥:22　4.（西）F2Ⅰ:13　5.（西）F2Ⅰ:14　6.（西）L4Ⅰ:2　7.（西）F57:3　8.（东Ⅰ）T3404④:8　9.（西）F8Ⅰ:8　10.（西）L1Ⅰ:22

标本（西）L4Ⅰ:2，内平底。灰白胎较薄，白釉。口径11.2、足径3.4、高6.6厘米（图三〇五，6）。

标本（西）F57:3，内底心凸起。灰白胎较薄，青白釉。口径12.2、足径3.6、高6.2厘米（图三〇五，7）。

标本（东Ⅰ）T3404④:8，内平底。灰白胎较薄，青白釉。口径11.4、足径3.6、高5.6厘米（图三〇五，8）。

标本（西）F8Ⅰ:8，内底心凸起。灰白胎较薄，青白釉。口径11、足径3.2、高5.1厘米（图三〇五，9）。

标本（西）L1Ⅰ:22，内底心凸起。灰白胎，白釉。口径11.2、足径3.2、高6.1厘米（图三〇五，10）。

Ad型　2件。侈口，尖唇，浅弧腹，高圈足。

标本（西Ⅰ）T3021⑤:3，口微撇，内底有盘筑的螺旋痕，外下腹壁呈瓦棱状。白胎较薄，白釉。口径16、足径4.6、高5.9厘米（图三〇六，1）。

标本（西）F8Ⅱ:1，内底略下凹，外腹壁有数道凹弦纹。白胎，白釉。口径15.6、足径4.4、高6.2厘米（图三〇六，2）。

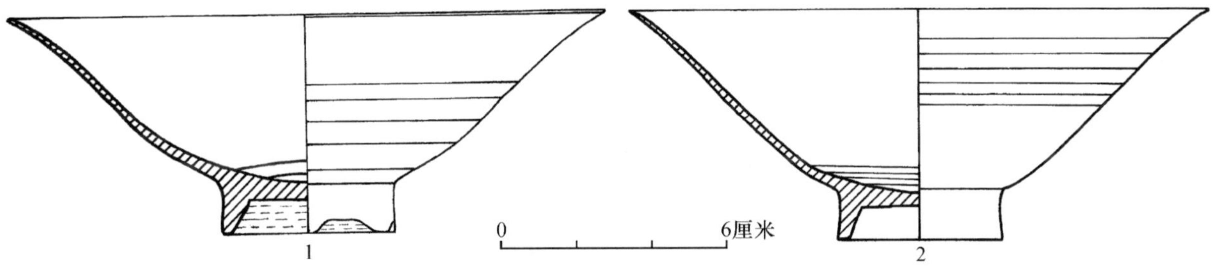

图三〇六　巴东旧县坪遗址出土宋代Ad型斗笠瓷碗

1.（西Ⅰ）T3021⑤:3　2.（西）F8Ⅱ:1

B型　22件。敞口，斜直腹，足底露胎。器形较矮。可以分为三亚型。

Ba型　14件。尖唇，内底下凹，饼足或圈足浅挖，足墙内收。

标本（西）F94:4，饼足。外腹壁近足处有刮削痕迹。灰白胎，青白釉。口径12.8、足径3、高4.7厘米（图三〇七，1）。

标本（西）F6Ⅰ:3，饼足。灰白胎，青白釉，内壁部分釉开片。口径14、足径3.6、高4.9厘米（图三〇七，2）。

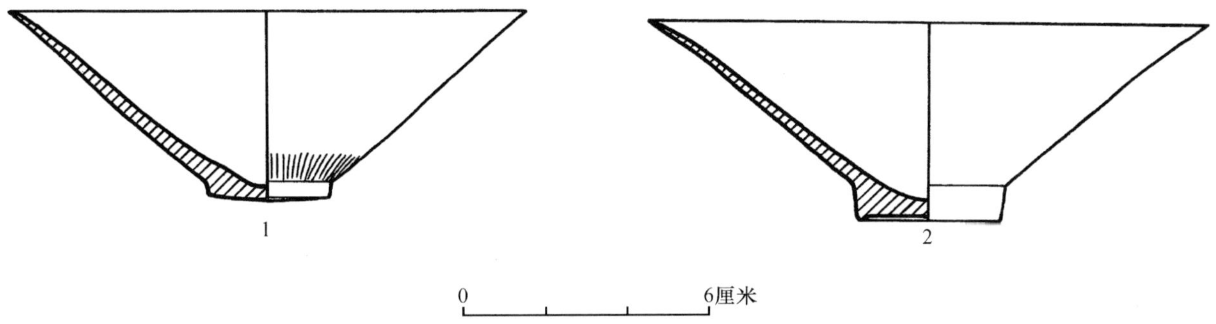

图三〇七　巴东旧县坪遗址出土宋代Ba型斗笠瓷碗

1.（西）F94:4　2.（西）F6Ⅰ:3

标本（西）L5Ⅰ:1，饼足。内壁刻云气纹及篦点纹。灰白胎，青白釉，内壁部分釉开片。口径13.8、足径3.2、高5.4厘米（图三〇八，1）。

标本（西）L7Ⅱ:2，饼足。内壁刻划篦地菊瓣纹。灰白胎，青白釉，内壁部分釉开片。口径13.8、足径3.8、高5.6厘米（图三〇八，2）。

标本（西）F8Ⅱ:47，饼足。内壁及底刻划篦地菊瓣纹。白胎，青白釉。口径14.2、足径3、高5.8厘米（图三〇八：3；彩版七，4、6）。

标本（西）L2Ⅱ:3，饼足。内壁及底刻划篦地菊瓣纹。灰白胎，青白釉。口径14.2、足径3.6、高4.8厘米（图三〇八，4）。

标本（西）F22:3，饼足。内壁及底刻划篦地菊瓣纹。灰白胎，青白釉。口径14、足径3.2、高5.3厘米（图三〇九，1）。

标本（西）F8Ⅱ:22，饼足。内壁及底刻划篦地菊瓣纹。灰白胎，青白釉。口径13.6、足径3.4、高5.8厘米（图三〇九，2）。

标本（西）F54:3，饼足。内壁及底刻划篦地菊瓣纹。灰白胎，青白釉。口径13.6、足径3.8、高4.8厘米（图三〇九，3）。

标本（西）L1Ⅱ:5，饼足。内壁及底刻划篦地菊瓣纹。灰白胎，青白釉。口径14.2、足径3.4、高5.8厘米（图三〇九，4）。

标本（西Ⅰ）T3316⑤:4，饼足。内壁及底刻划花草纹。白胎，青白釉。口径14.2、足径3.4、高5.3厘米（图三一〇，1；图版九〇，3）。

标本（西Ⅰ）T3013⑤:2，饼足。内壁及底刻划篦地菊瓣纹。灰白胎，青白釉。口径13.6、足径3.4、高5.2厘米（图三一〇，2）。

标本（西）H82:1，饼足。内壁及底刻划花草纹及篦点纹。灰白胎，青白釉。口径13.6、足径3.6、高5.3厘米（图三一〇，3；彩版八，1、3）。

标本（西）F94:13，饼足。内壁刻划云气纹及篦点纹。灰白胎较薄，青白釉，开片。口径13.4、足径3、高5.6厘米（图三一〇，4）。

Bb型　7件。尖唇，内平底，圈足浅挖。内外底边缘均有一凹槽。

标本（西）L9Ⅳ:2，内壁及底刻划折枝萱草纹。灰白胎，青白釉。口径18.2、足径4.8、高6厘米（图三一一，1）。

标本（东）L1Ⅳ:3，内壁刻划花草纹。灰白胎，青白釉。口径17.8. 足径5.2、高6.1厘米（图三一一，2）。

标本（西）F9:1，内圜底。灰白胎，白釉，足心无釉，开片。口径14、足径3.6、高5厘米（图三一一，3；图版九〇，4）。

标本（西）L9Ⅳ:1，内壁及底刻划游鱼戏水纹。白胎，青白釉。口径18、足径4.8、高6.3厘米（图三一二，1；彩版八，2、4）。

标本（西）F46Ⅱ:3，内壁刻划水波纹、莲荷纹。灰白胎，青白釉。口径17.6、足径4.4、高5.7厘米（图三一二，2；彩版八，5、6）。

标本（西）F46Ⅱ:2，内壁刻划水波纹、莲荷纹。灰白胎，青白釉。口径18.2、足径4.6、高5.8厘米（图三一二，3；彩版九，1、3）。

标本（西）F46Ⅱ:4，内壁刻划水波纹、莲荷纹。灰白胎，青白釉。口径18.4、足径4.4、高6厘米（图三一二，4；彩版九，2、4）。

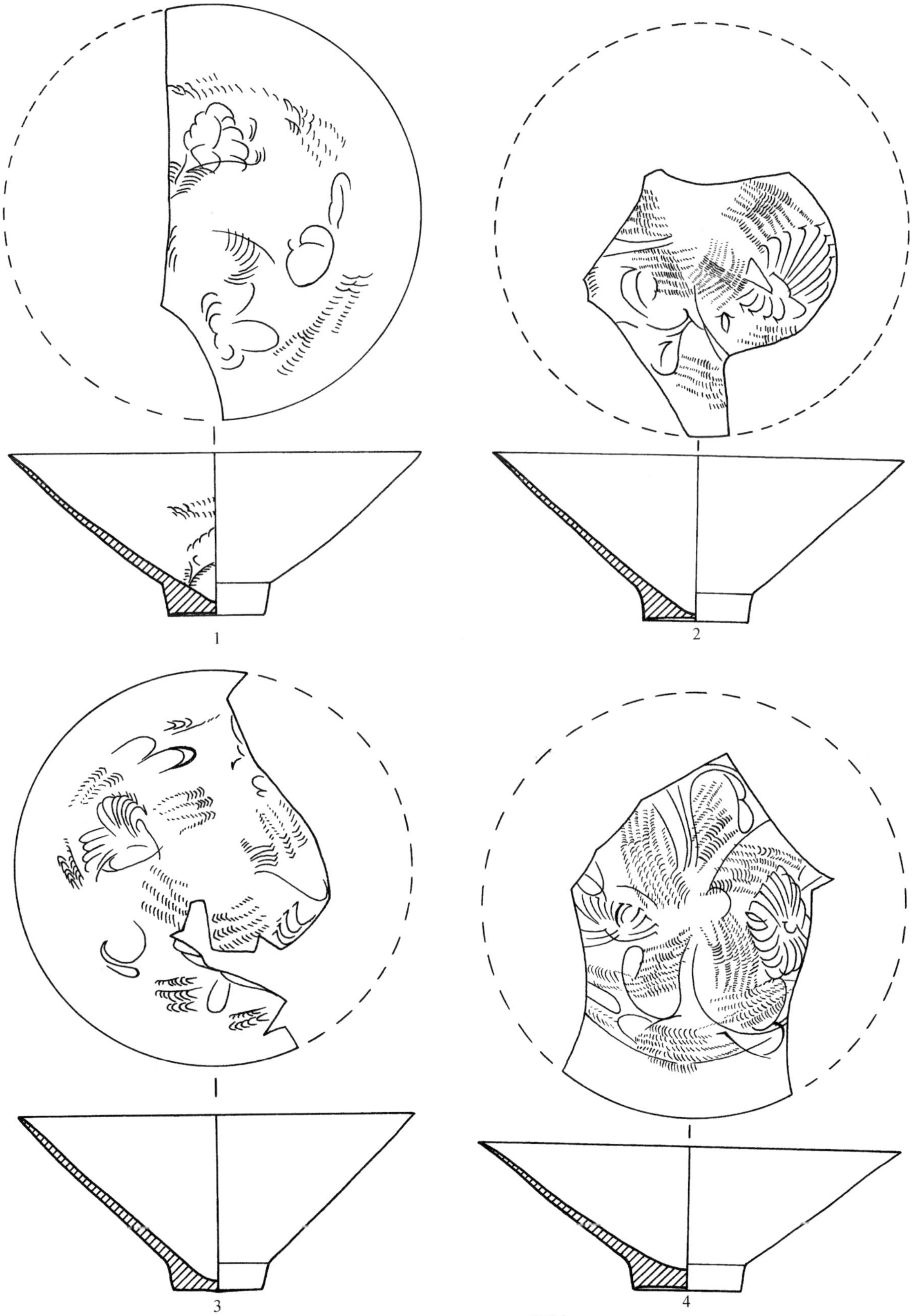

图三〇八　巴东旧县坪遗址出土宋代 Ba 型斗笠瓷碗

1.（西）L5Ⅰ:1　2.（西）L7Ⅱ:2　3.（西）F8Ⅱ:47　4.（西）L2Ⅱ:3

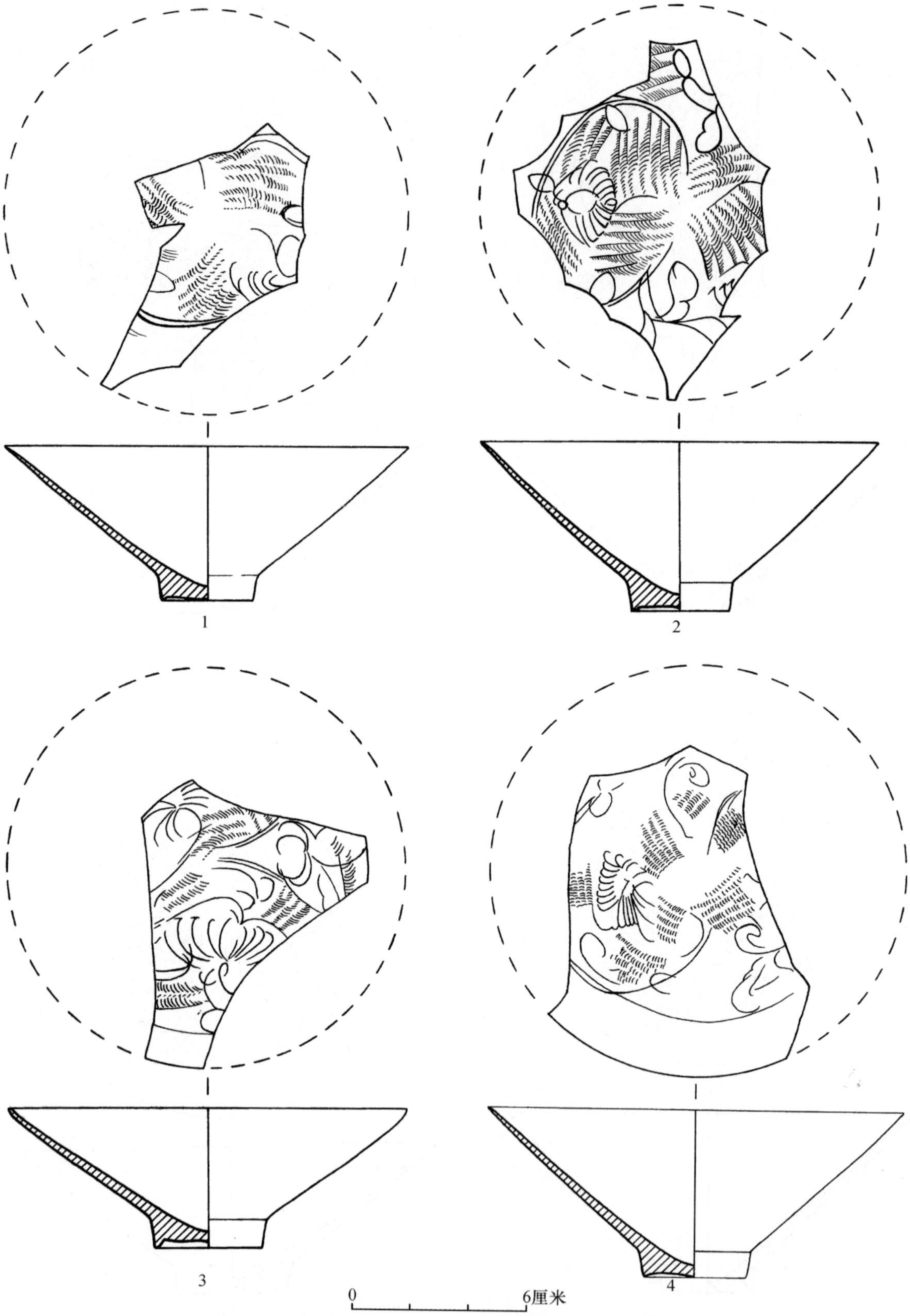

图三〇九　巴东旧县坪遗址出土宋代 Ba 型斗笠瓷碗

1.（西）F22∶3　2.（西）F8Ⅱ∶22　3.（西）F54∶3　4.（西）L1Ⅱ∶5

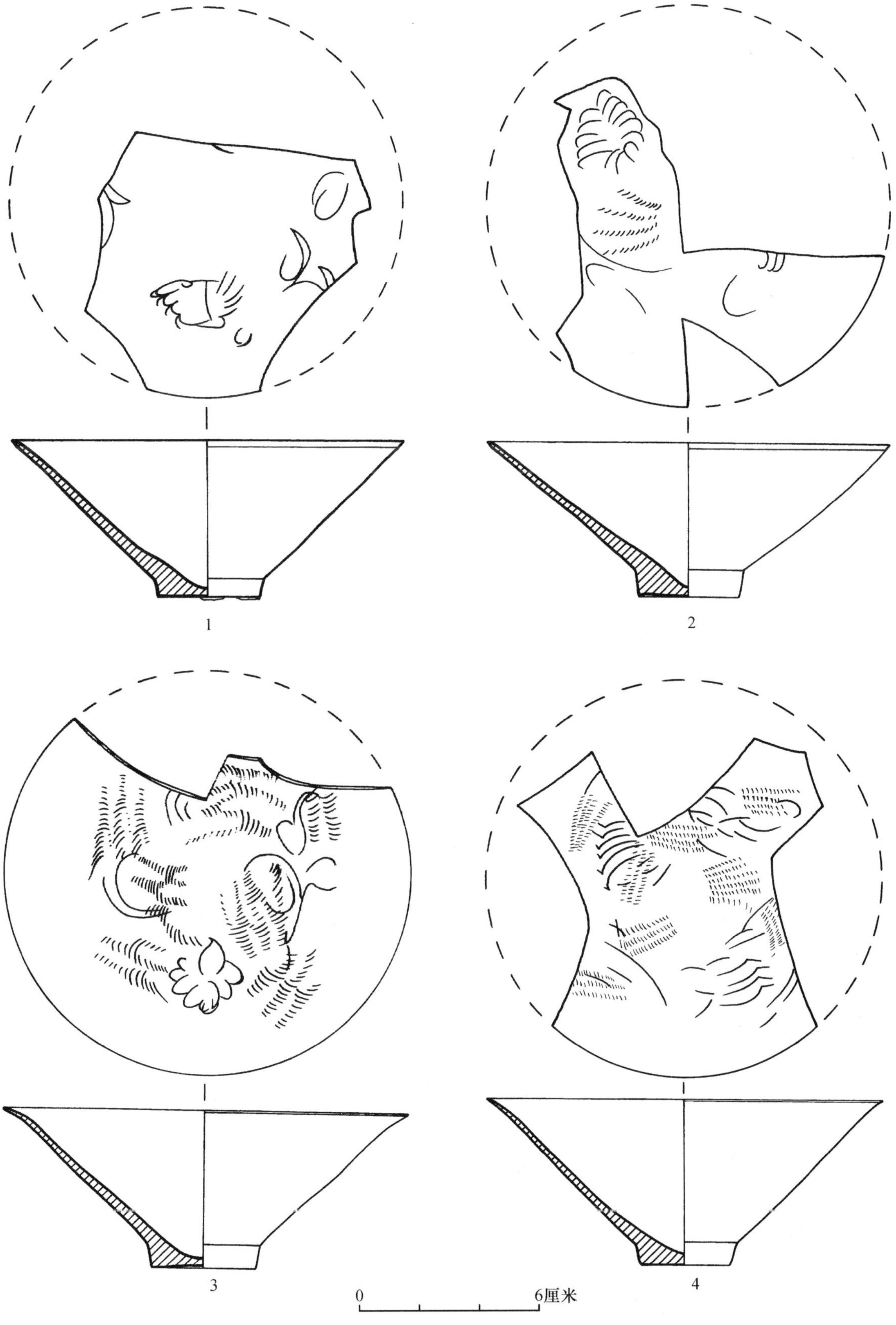

图三一〇 巴东旧县坪遗址出土宋代Ba型斗笠瓷碗

1.（西Ⅰ）T3316⑤:4 2.（西Ⅰ）T3013⑤:2 3.（西）H82:1 4.（西）F94:13

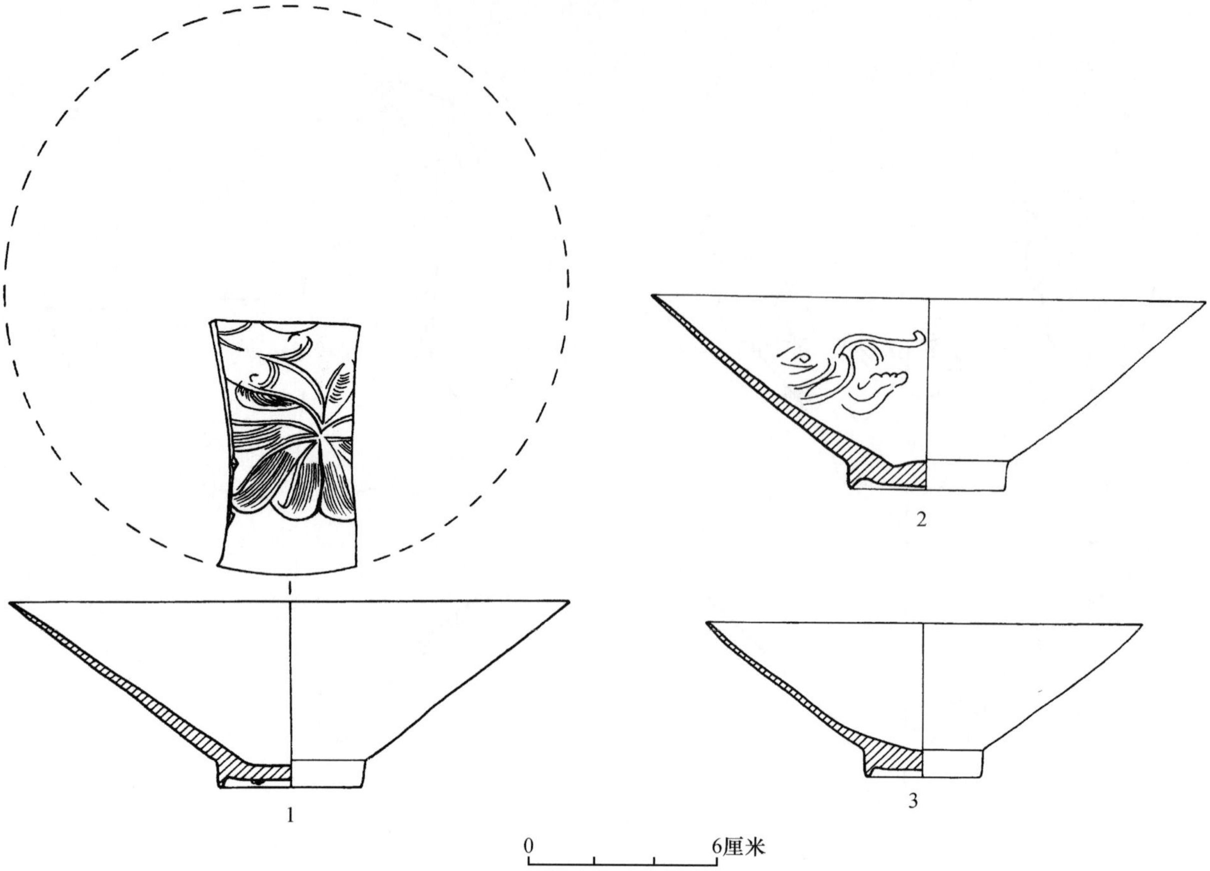

图三一一　巴东旧县坪遗址出土宋代 Bb 型斗笠瓷碗
1.（西）L9Ⅳ:2　2.（东）L1Ⅳ:3　3.（西）F9:1

Bc 型　1 件。圈足浅挖，直腹壁略曲，深腹。

标本（西）G5:9，圆唇，内底折平，圈足浅挖。灰白胎，青釉。口径 11.5、足径 3.2、高 5.2 厘米（图三一三；图版九一，1）。

C 型　8 件。敞口，尖唇，斜直腹，内平底，饼足或圈足浅挖，足墙内收。可以分为二式。

Ⅰ式：1 件。器形较高。

标本（西Ⅰ）T3517⑤:36，饼足。内底刻划云气纹。白胎，青白釉。口径 13.2、足径 3.2、高 5.6 厘米（图三一四，1；图版九一，2）。

Ⅱ式：7 件。器形较矮。

标本（西）L4Ⅱ:3，饼足。口沿有六出缺口，内腹壁对应处出筋。白胎，青白釉。口径 12.4、足径 3.2、高 4.6 厘米（图三一四，2）。

标本（西Ⅰ）T3517⑤:21，饼足。白胎，青白釉。口径 14、足径 3.2、高 4.7 厘米（图三一四，3）。

标本（西）L4Ⅱ:4，饼足。白胎，青白釉。口径 16、足径 4.4、高 6.2 厘米（图三一四，4；图版九一，4）。

标本（西Ⅰ）T3517⑤:24，饼足。内壁模印回纹一周，下为莲荷纹。白胎，青白釉。口径 14.2、足径 3.7、高 4.2 厘米（图三一四，5）。

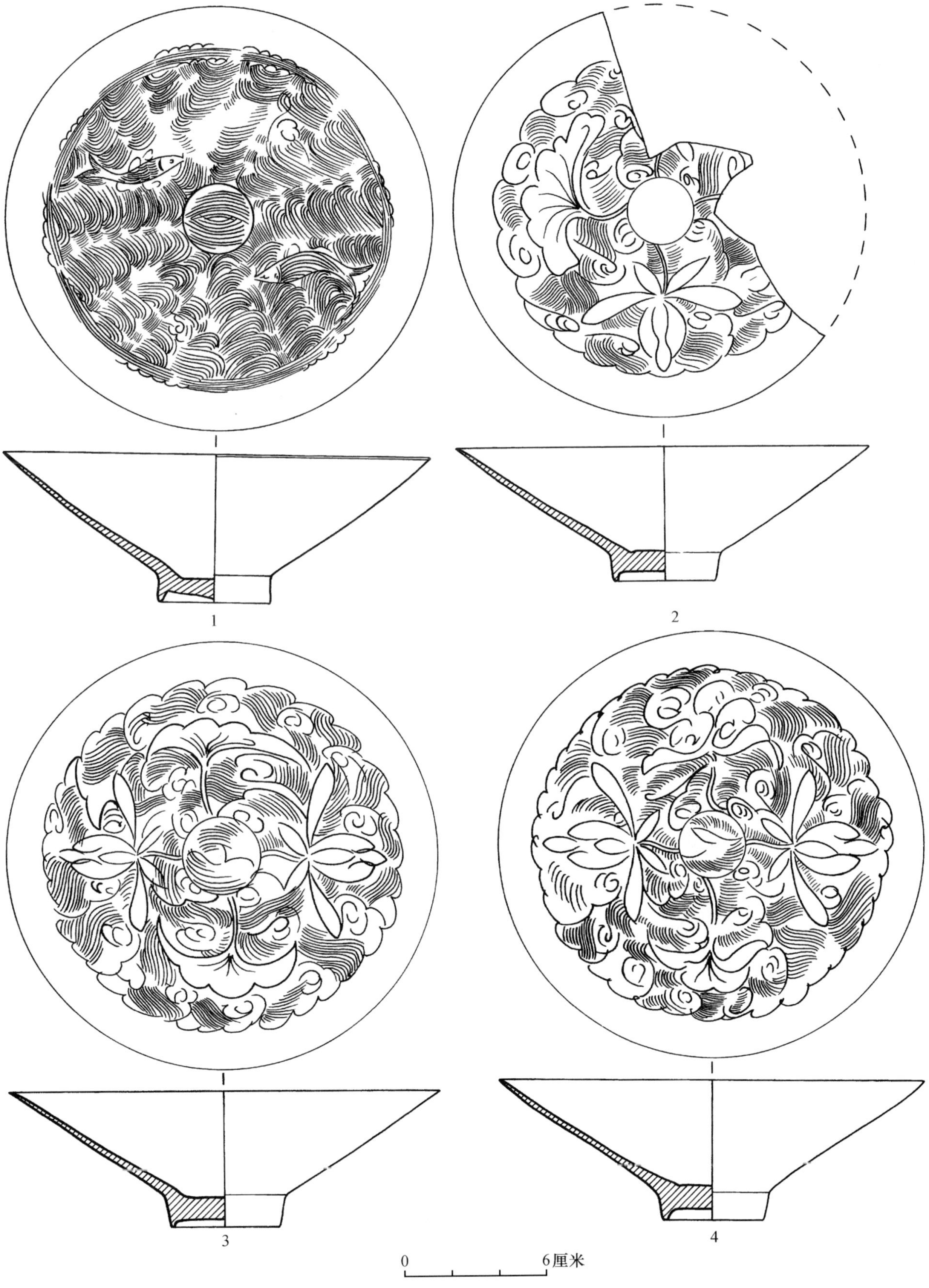

图三一二　巴东旧县坪遗址出土宋代 Bb 型斗笠瓷碗

1.（西）L9Ⅳ:1　2.（西）F46Ⅱ:3　3.（西）F46Ⅱ:2　4.（西）F46Ⅱ:4

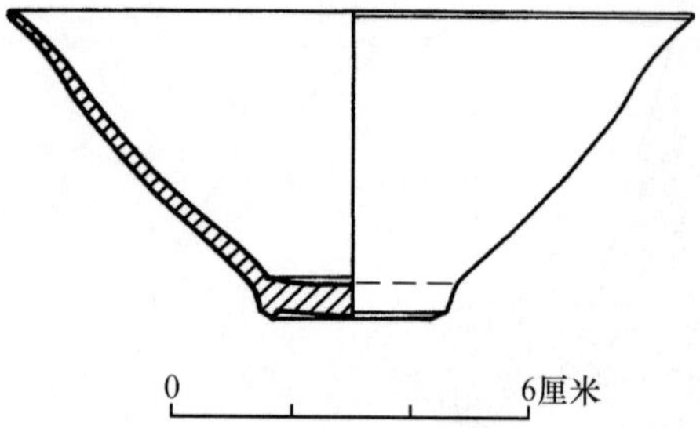

图三一三　巴东旧县坪遗址出土宋代 Bc 型斗笠瓷碗（（西）G5:9）

标本（西Ⅰ）T3517⑤:20，饼足。白胎，青白釉。口径 17.2、足径 3.6、高 5.6 厘米（图三一五，1；图版九一，3）。

标本（西Ⅰ）T3517⑤:26，饼足。白胎，青白釉，外底无釉。口径 17.6、足径 3.6、高 6 厘米（图三一五，2）。

标本（西Ⅰ）T3517⑤:25，饼足。口沿为花口。白胎，青白釉。口径 12.2、足径 3.2、高 4.6 厘米（图三一五，3）。

D 型　4 件。其他。

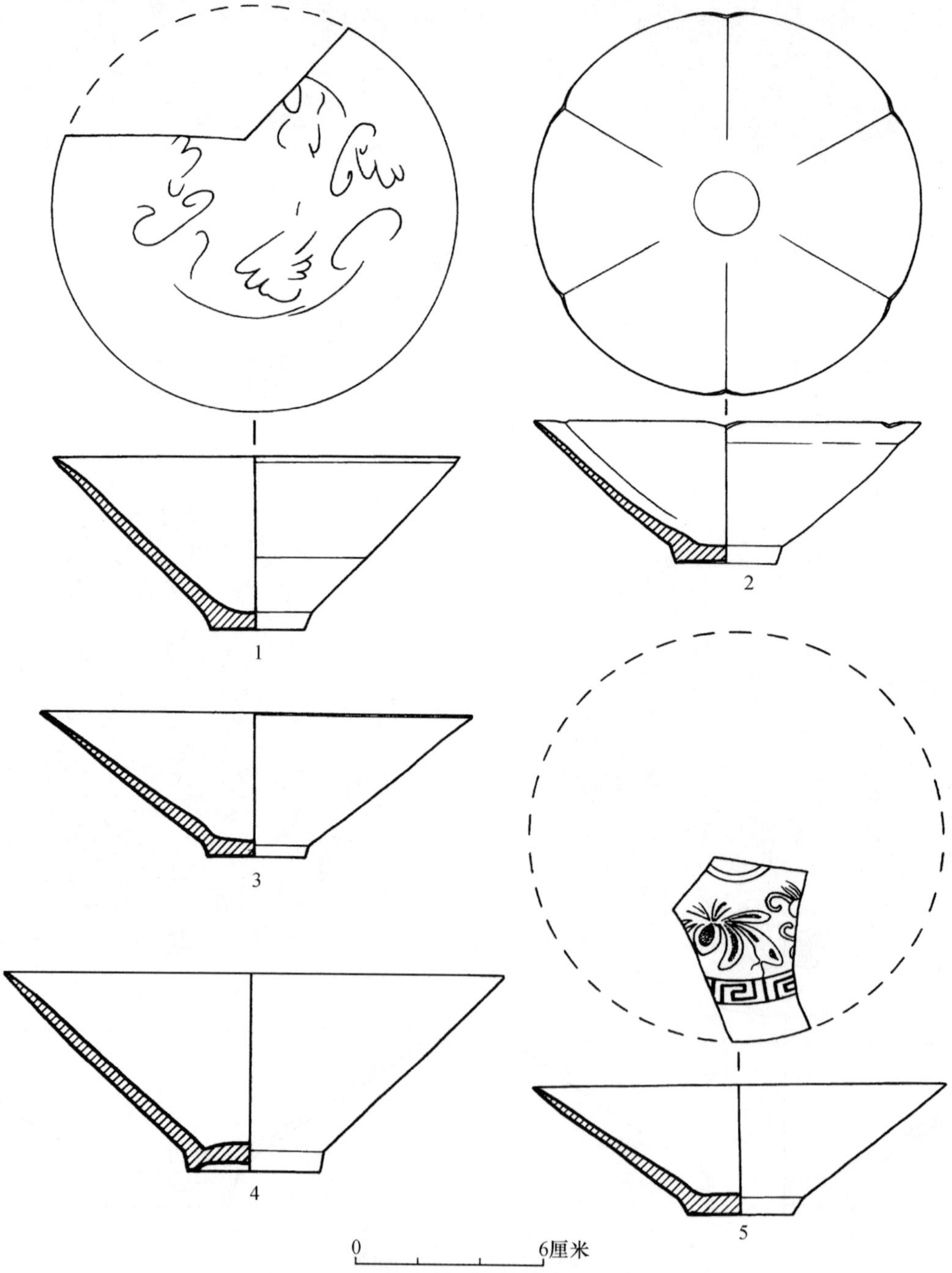

图三一四　巴东旧县坪遗址出土宋代 C 型斗笠瓷碗

1. Ⅰ式（（西Ⅰ）T3517⑤:36）　2～5. Ⅱ式（（西）L4Ⅱ:3、（西Ⅰ）T3517⑤:21、（西）L4Ⅱ:4、（西Ⅰ）T3517⑤:24）

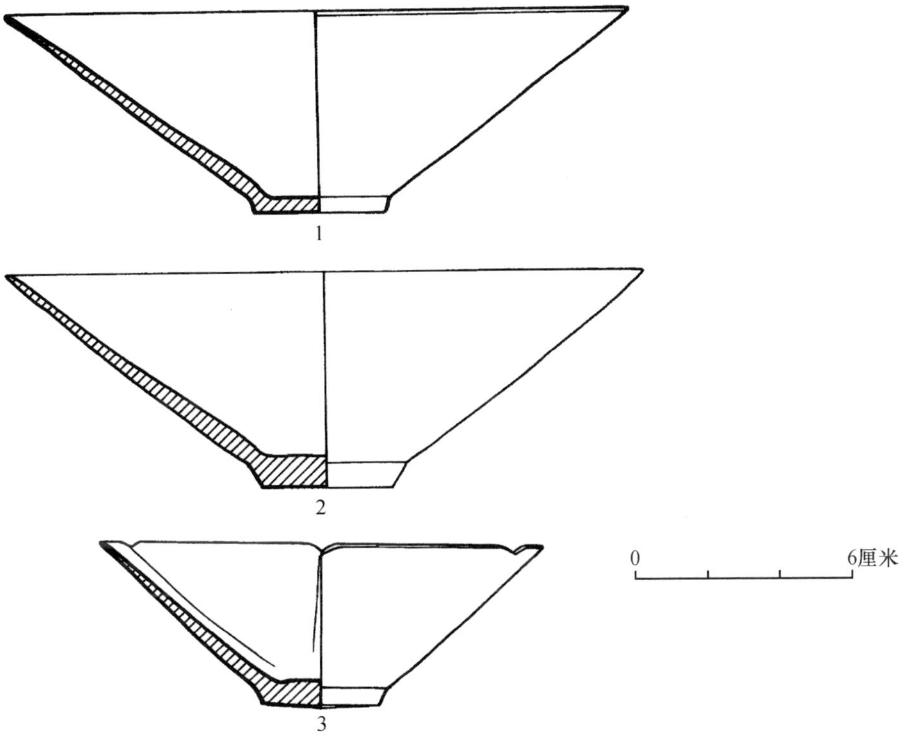

图三一五　巴东旧县坪遗址出土宋代C型Ⅱ式斗笠瓷碗
1.（西Ⅰ）T3517⑤:20　2.（西Ⅰ）T3517⑤:26　3.（西Ⅰ）T3517⑤:25

标本（西）F8Ⅳ:12，侈口，方唇，腹壁斜直微弧，深腹，内平底，内外底边缘均有一凹槽，矮小圈足，外底中心凸起，足墙外撇。内壁刻划折枝荷叶纹。白胎，白釉，芒口。口径15.5、足径2.9、高5.1厘米（图三一六，1）。

标本（西）F8Ⅳ:2，侈口，圆唇，腹壁斜直，内平底，矮小圈足，外底中心略凸起，足墙较直。内壁模印一周回纹，下为缠枝牡丹纹，内底心模印莲瓣纹。白胎，白釉，芒口。口径15.6、足径3.2、高4.3厘米（图三一六，2）。

标本（西Ⅰ）T2515⑤:2，大敞口，方唇，斜直腹，内平底，细圈足。内壁模印蝶戏牡丹花纹。白胎，白釉，芒口。胎质细腻，制作精美，釉泽光亮。口径17.6、足径4.8、高4.5厘米（图三一七，1；图版九一，5）。

标本（西Ⅰ）T3517⑤:3，大敞口，方唇，弧腹，内圜底，细矮圈足。内壁模印一周回纹纹，下部及底模印凤穿莲荷纹。白胎较厚，白釉，芒口，开片。口径16.2、足径2.8、高4.3厘米（图三一七，2）。

（4）撇口碗

37件。唇沿外撇，弧腹。可以分为二型。

A型　12件。中高圈足。可以分为三个亚型。

Aa型　7件。深腹，高圈足。可以分为二式。

Ⅰ式：2件。尖唇，深弧腹，内圜底。

标本（西Ⅰ）T1007⑥:18，白胎较薄，白釉。口径16、足径4.8、高8.9厘米（图三一八，1；图版九一，6）。

标本（西Ⅰ）T1007⑥:19，灰白胎较薄，白釉。口径16、足径5.6、高9.6厘米（图三一八，2；图版九二，1）。

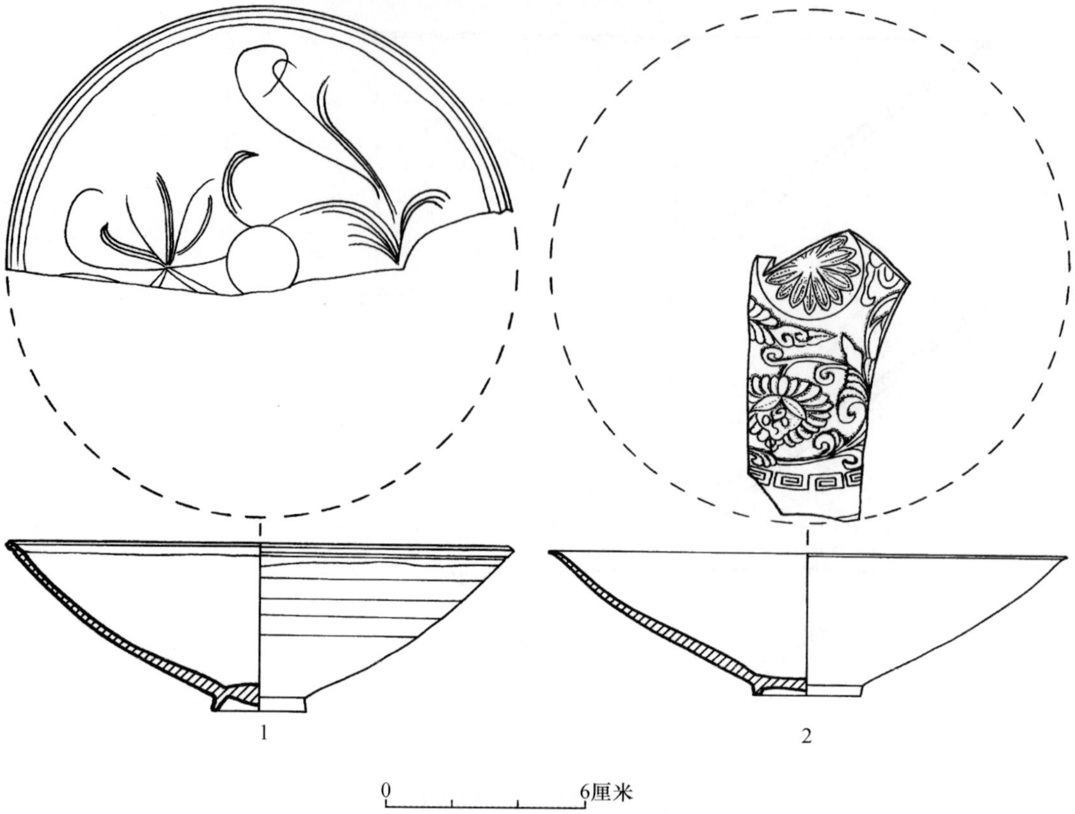

图三一六　巴东旧县坪遗址出土宋代D型斗笠瓷碗

1.（西）F8Ⅳ:12　2.（西）F8Ⅳ:2

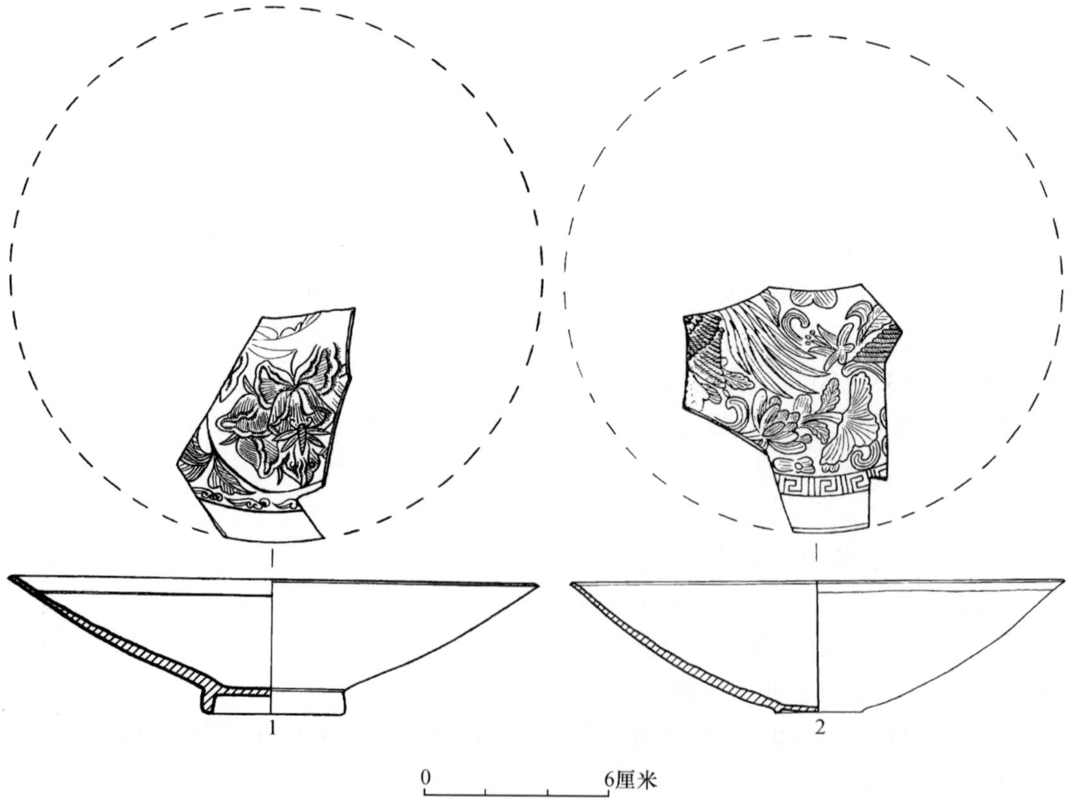

图三一七　巴东旧县坪遗址出土宋代D型斗笠瓷碗

1.（西Ⅰ）T2515⑤:2　2.（西Ⅰ）T3517⑤:3

Ⅱ式：5 件。尖唇，撇口明显，垂腹。

标本（西Ⅰ）T1006④:7，灰白胎，青白釉。口径16.4、足径5.6、高8.4厘米（图三一九，1；图版九二，2）。

标本（西Ⅰ）T1006④:10，灰白胎较薄，青釉，足内无釉。口径16、足径5.8、高8.8厘米（图三一九，2）。

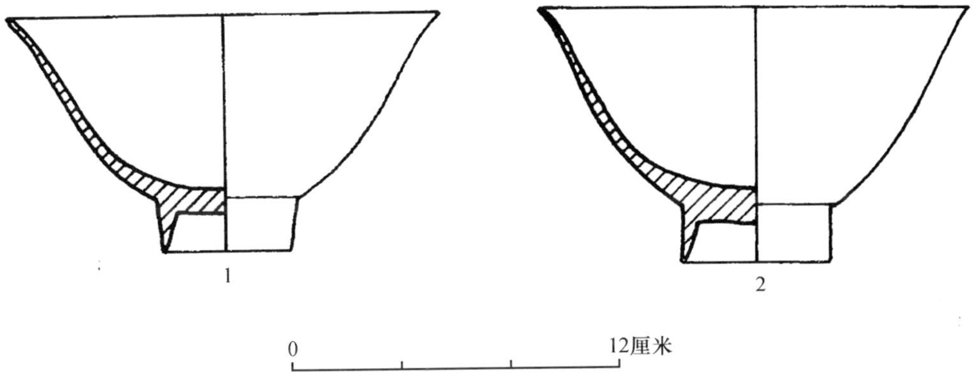

图三一八　巴东旧县坪遗址出土宋代Aa型Ⅰ式撇口瓷碗

1.（西Ⅰ）T1007⑥:18　2.（西Ⅰ）T1007⑥:19

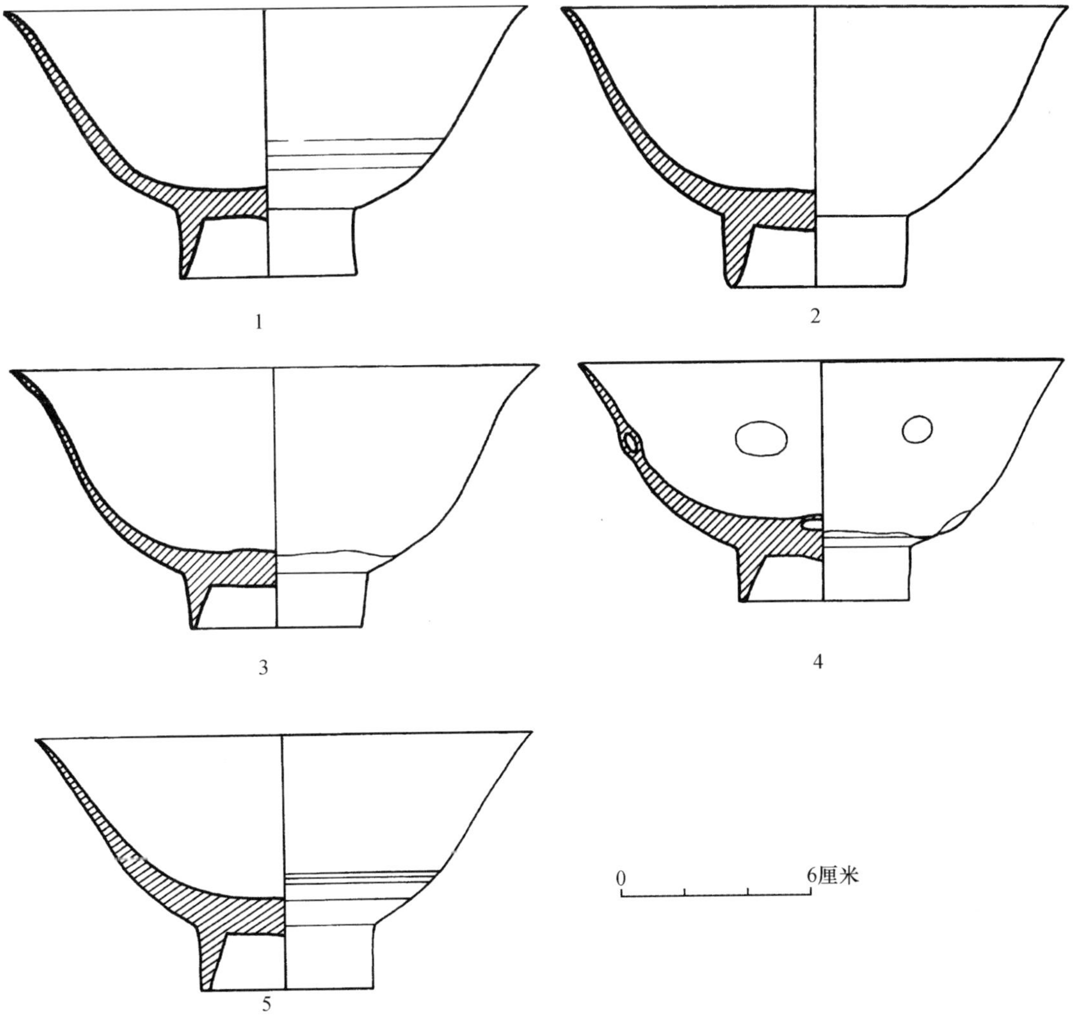

图三一九　巴东旧县坪遗址出土宋代Aa型Ⅱ式撇口瓷碗

1.（西Ⅰ）T1006④:7　2.（西Ⅰ）T1006④:10　3.（西）F8Ⅰ:55　4.（西）F8Ⅰ:49　5.（西）F8Ⅰ:41

标本（西）F8Ⅰ:55，灰白胎，白釉，足内无釉。口径16.6、足径5.4、高8.2厘米（图三一九，3；图版九二，3）。

标本（西）F8Ⅰ:49，白胎，青白釉，足内无釉。口径15.4、足径5.4、高7.6厘米（图三一九，4）。

标本（西）F8Ⅰ:41，白胎，青白釉。口径15.6、足径5.4、高8厘米（图三一九，5；图版九二，4）。

Ab型　2件。高圈足，浅腹。

标本（西）L2Ⅰ:22，尖唇，内圜底。灰白胎，白釉，开片，足部无釉。口径17.8、足径5.4、高9.2厘米（图三二〇，1）。

标本（西Ⅰ）T3519⑤:7，尖唇，内圜底。白胎，白釉，内壁及外壁近口处开片。口径16.9、足径4.9、高8.1厘米（图三二〇，2；图版九二，5）。

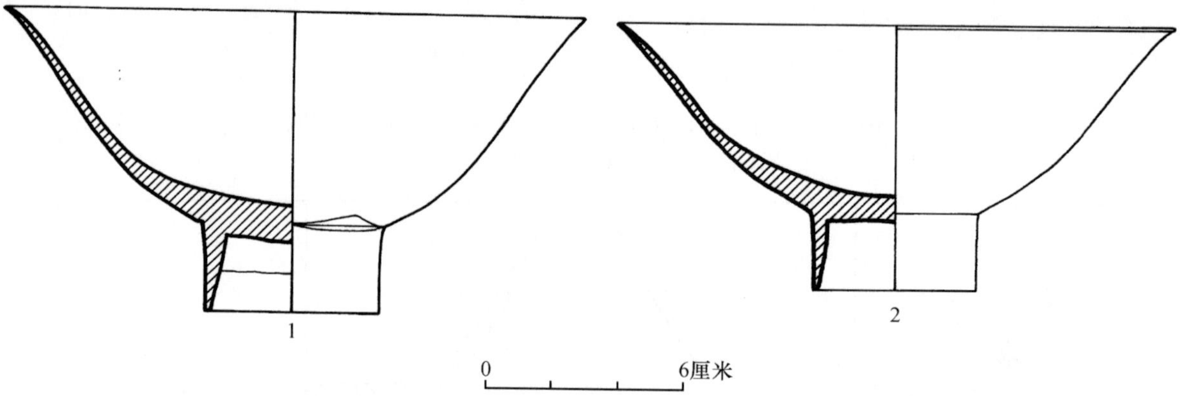

图三二〇　巴东旧县坪遗址出土宋代Ab型撇口瓷碗

1.（西）L2Ⅰ:22　2.（西Ⅰ）T3519⑤:7

Ac型　3件。浅弧腹，圈足较矮，足墙内收。可以分为二式。

Ⅰ式：2件。

标本（西）L2Ⅰ:18，圆唇，内平底，中高圈足。灰胎，青釉，下腹及足内无釉。口径12、足径4.6、高4.6厘米（图三二一，1；图版九二，6）。

标本（西）F8Ⅰ:32，尖圆唇，内底微凸，中高圈足。灰白胎较薄，青白釉，圈足内无釉。口径12、足径4、高4.8厘米（图三二一，2）。

Ⅱ式：1件。撇口明显，折沿，圈足浅挖。

标本（东Ⅰ）T2822④:1，圆唇，垂腹，内圜底。灰白胎，青白釉，圈足内无釉。口径12.8、足径4.6、高4.7厘米（图三二一，3）。

B型　25件。斜直腹微弧，矮圈足。可以分为五亚型。

Ba型　5件。内腹壁下部有一凸弦纹，内圜底。可以分为二式。

Ⅰ式：2件。器形较高。

标本（东Ⅰ）T3512④:6，圆唇。灰白胎，青釉，足内无釉。口径16.8、足径5.2、高5.6厘米（图三二二，1；图版九三，1）。

标本（西Ⅰ）T2614⑤:13，圆唇，内腹壁下部有一凸弦纹，内圜底。灰白胎，青白釉，足内无釉。口径16、足径5.2、高4.6厘米（图三二二，3）。

Ⅱ式：3件。器形较矮，腹壁较直。

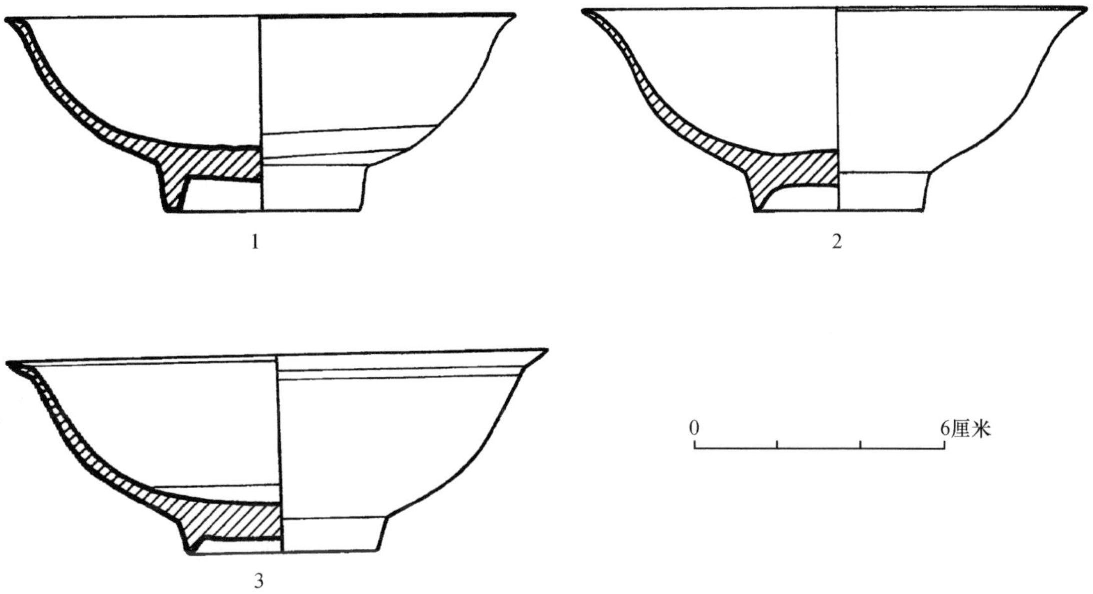

图三二一　巴东旧县坪遗址出土宋代 Ac 型撇口瓷碗

1、2. Ⅰ式（（西）L2Ⅰ:18、（西）F8Ⅰ:32）　3. Ⅱ式（（东Ⅰ）T2822④：1）

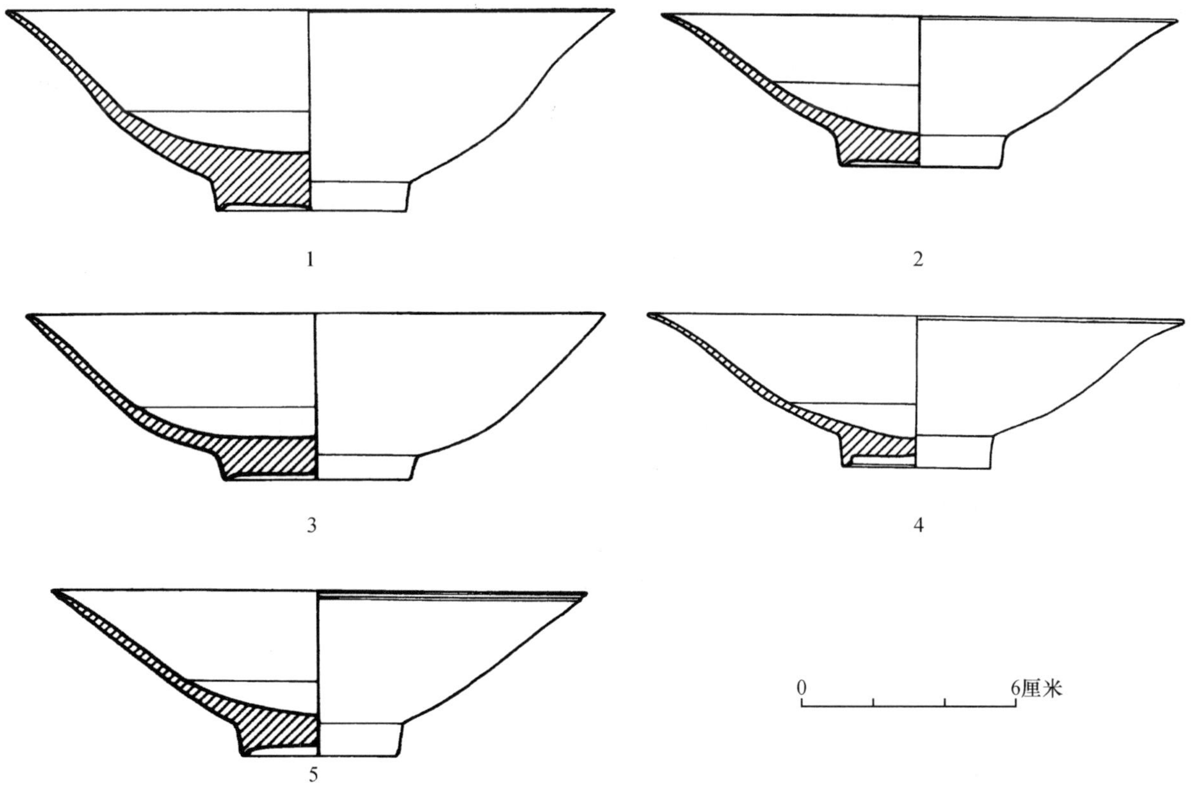

图三二二　巴东旧县坪遗址出土宋代 Ba 型撇口瓷碗

1、3. Ⅰ式（（东Ⅰ）T3512④:6、（西Ⅰ）T2614⑤:13）　2、4、5. Ⅱ式（（西Ⅰ）T3021⑤:2、（西）F8Ⅲ:44、（西Ⅰ）T2920⑤:3）

标本（西Ⅰ）T3021⑤:2，尖唇。白胎，青白釉。口径14.4、足径4.6、高4.3厘米（图三二二，2）。

标本（西）F8Ⅲ:44，尖唇。灰白胎，青白釉，足内无釉。口径15、足径4.2、高4.2厘米（图三二二，4；图版九三，2）。

标本（西Ⅰ）T2920⑤:3，尖唇。灰白胎，青白釉，足内无釉。口径14.8、足径4.2、高4.6厘米（图三二二，5）。

Bb型　10件。曲腹，内圜底，尖唇，矮圈足，外底心边缘有一凹槽。

标本（西Ⅰ）T2014⑤:2，灰白胎较薄，白釉，足内无釉。口径11.8、足径3.2、高4.4厘米（图三二三，1）。

标本（西Ⅰ）T2512⑤:5，白胎，青白釉，开片。口径11.6、足径3.6、高5.1厘米（图三二三，2）。

标本（西）L2Ⅰ:19，白胎，青白釉。口径11.4、足径3.4、高4.3厘米（图三二三，3）。

标本（西）F8Ⅰ:37，白胎，青白釉。口径11.2、足径3.4、高4.5厘米（图三二三，4）。

标本（西）F93:3，白胎，青白釉，开片，足内无釉。口径11.8、足径3.4、高4.3厘米（图三二三，5）。

标本（西）F8Ⅰ:35，白胎，青白釉。口径11.4、足径3.2、高4.3厘米（图三二三，6）。

标本（西）L2Ⅰ:16，白胎，青白釉。口径11.6、足径3.2、高4.3厘米（图三二三，7）。

标本（西）L2Ⅰ:20，白胎，青白釉。口径11.6、足径3.4、高4.4厘米（图三二三，8）。

标本（西）F8Ⅰ:47，圆唇，内平底。灰白胎，白釉，足内无釉。口径12、足径3.8、高4.6厘米（图三二三，9）。

标本（西Ⅰ）T2512⑤:15，灰白胎，青白釉，开片，足内无釉。口径11.8、足径3.2、高4厘米（图三二三，10）。

Bc型　8件。圆唇，小圈足，内圜底。胎较厚。

标本（西ⅠB）T1418④:3，灰白胎，黑釉，外下腹及足无釉。口径14.8、足径3.4、高5.2厘米（图三二四，1）。

标本（东Ⅰ）T2715④:2，灰白胎，黑釉，外下腹及足无釉。口径14.6、足径3、高4.8厘米（图三二四，2）。

标本（西Ⅰ）T2016⑤:18，白胎，黑釉，口沿部位施酱红釉，足部无釉。口径13.8、足径3.4、高5厘米（图三二四，3；彩版九，5）。

标本（西）L1Ⅰ:1，灰白胎，黑釉，足部无釉。口径13.6、足径3.4、高5.2厘米（图三二四，4）。

标本（西Ⅰ）T2016⑤:20，灰白胎，黑釉足部无釉。口径14、足径2.6、高5厘米（图三二四，5）。

标本（西Ⅰ）T3520⑤:1，白胎，黑釉。口径12.8、足径3.6、高4.8厘米（图三二四，6；彩版九，6）。

标本（西）F8Ⅰ:17，灰白胎，黑釉。口径12.8、足径3.4、高4.4厘米（图三二四，7）。

标本（西Ⅰ）T2013⑤:6，灰白胎，黑釉，足部无釉。口径12、足径4.8、高5.1厘米（图三二四，8）。

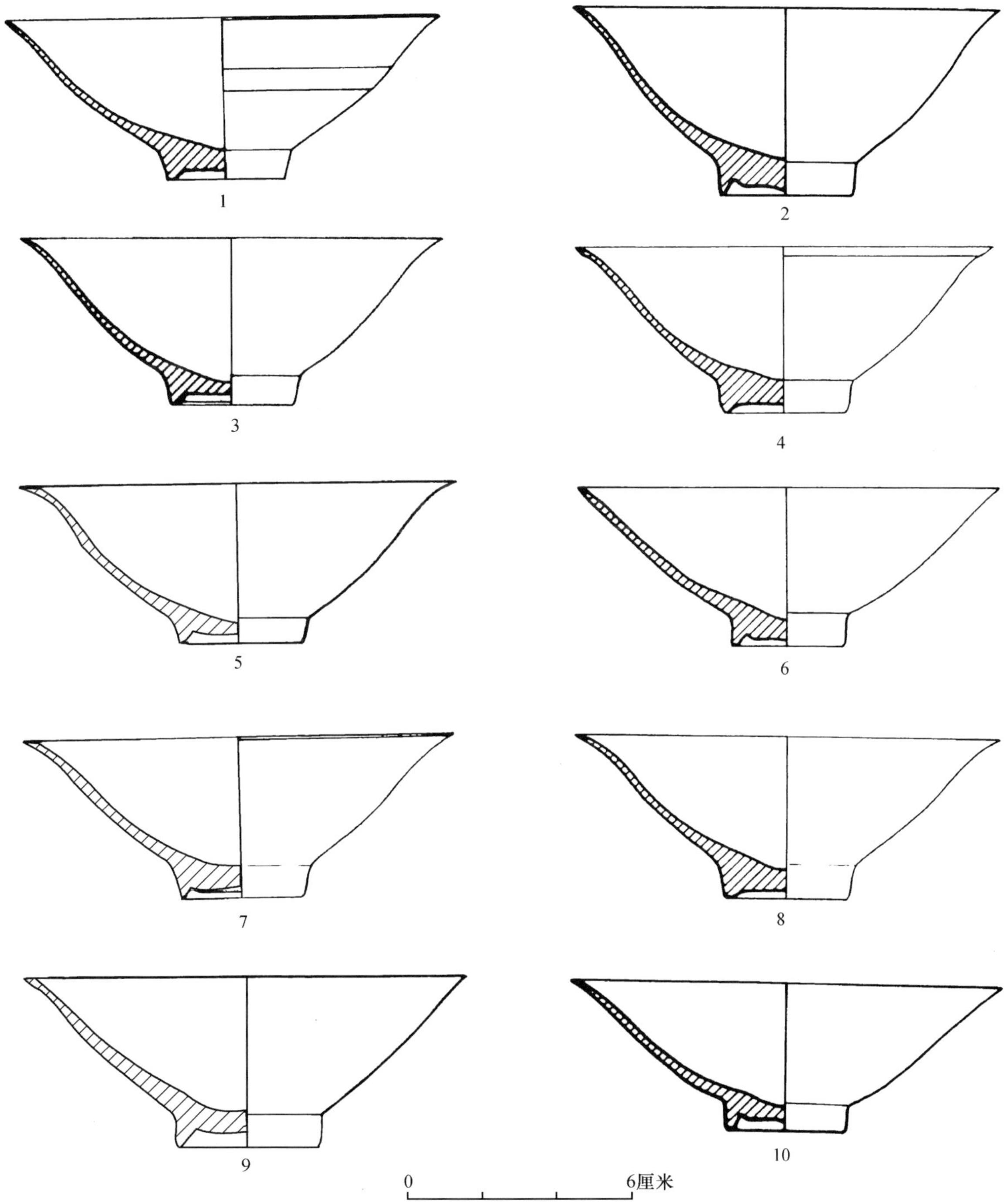

图三二三　巴东旧县坪遗址出土宋代 Bb 型撇口瓷碗

1.（西Ⅰ）T2014⑤:2　2.（西Ⅰ）T2512⑤:5　3.（西）L2Ⅰ:19　4.（西）F8Ⅰ:37　5.（西）F93:3　6.（西）F8Ⅰ:35　7.（西）L2Ⅰ:16　8.（西）L2Ⅰ:20　9.（西）F8Ⅰ:47　10.（西Ⅰ）T2512⑤:15

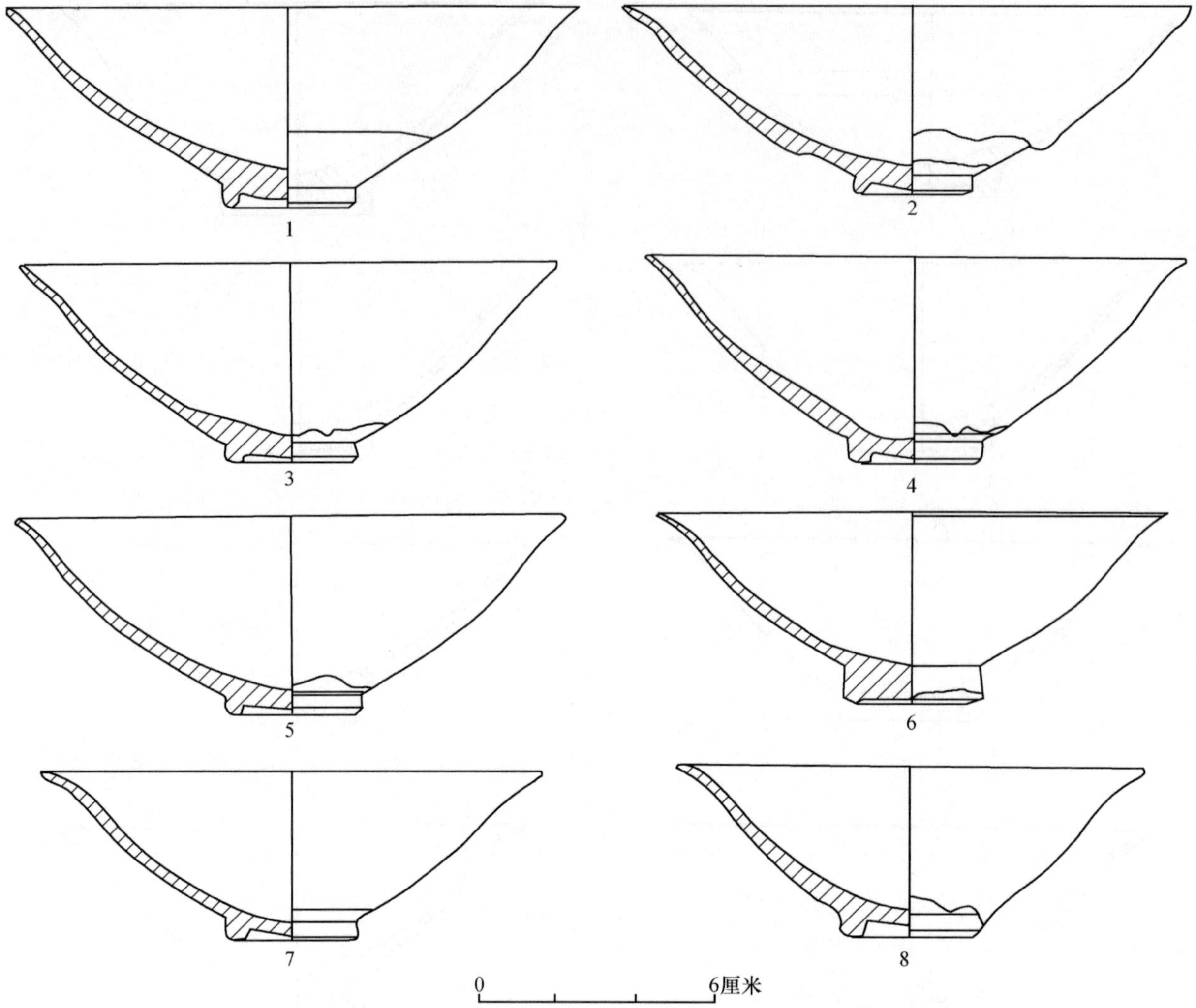

图三二四　巴东旧县坪遗址出土宋代 Bc 型撇口瓷碗

1.（西 IB）T1418④:3　2.（东Ⅰ）T2715④:2　3.（西Ⅰ）T2016⑤:18　4.（西）L1Ⅰ:1　5.（西Ⅰ）T2016⑤:20　6.（西Ⅰ）T3520⑤:1　7.（西）F8Ⅰ:17　8.（西Ⅰ）T2013⑤:6

Bd 型　1 件。尖唇，弧腹，内圜底，矮圈足，外底心下凸。

标本（西）F23:3，内壁及底模印三组缠枝牡丹纹。灰白胎，碧绿色青釉，足口无釉，厚釉，开片。口径 17.2、足径 4.8、高 7.6 厘米（图三二五，1；彩版一〇，1、3）。

Be 型　1 件。圆唇，弧腹，内圜底，矮圈足。

标本（西）F24Ⅰ:5，内底模印团菊纹，内壁模印缠枝菊花纹。灰褐胎，青釉。口径 20、足径 5.6、高 7.6 厘米（图三二五，2；彩版一〇，2、4）。

（5）直口碗

7 件。深腹，腹壁较直。可以分为二型。

A 型　1 件。敛口。

标本（东Ⅰ）T2821④:1，圆唇，鼓腹，矮圈足，平底。外腹壁刻划变形莲瓣纹。灰白胎，青釉。口径 10.2、足径 6、高 6 厘米（图三二六，1；图版九三，3）。

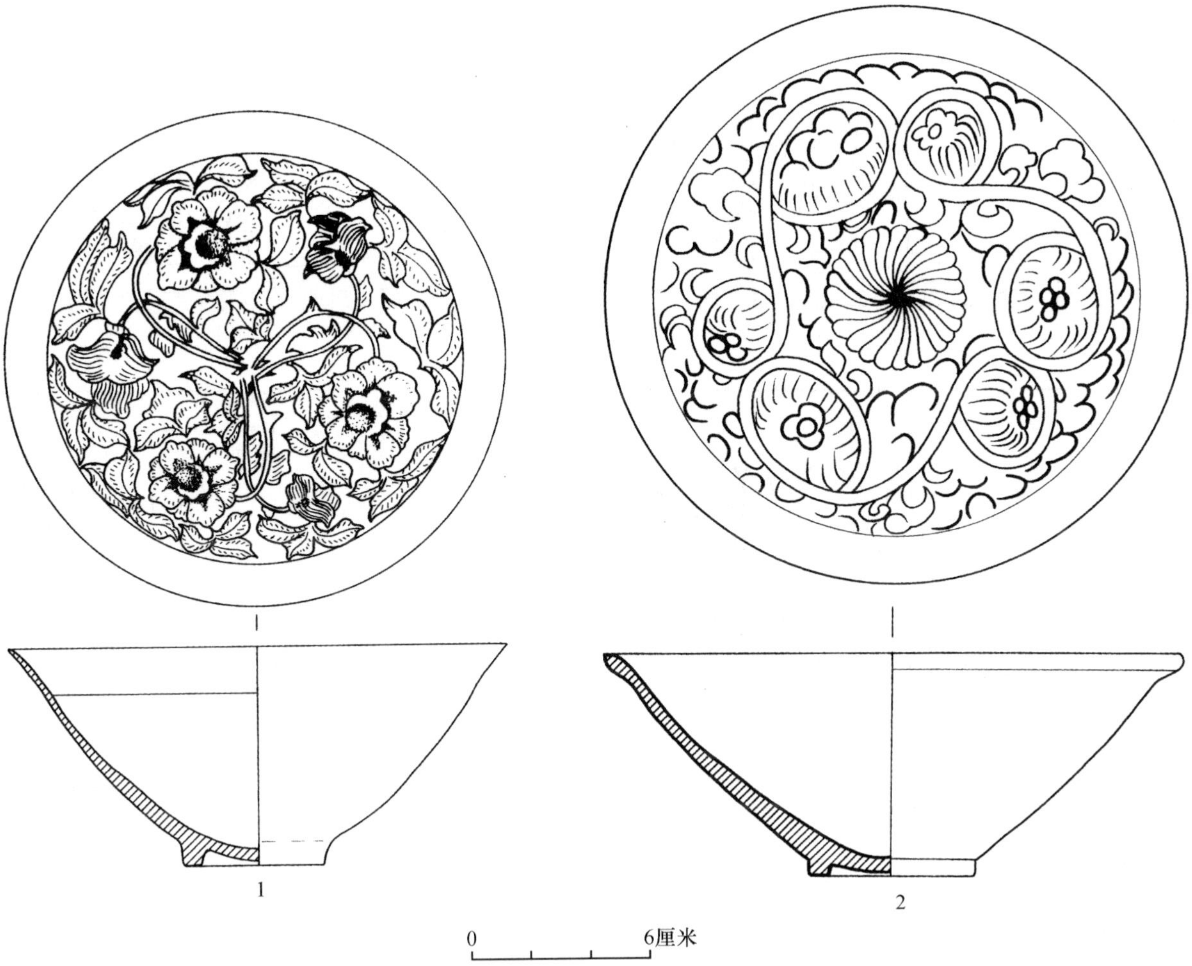

图三二五 巴东旧县坪遗址出土宋代B型撇口瓷碗

1. Bd型（（西）F23:3） 2. Be型（（西）F24Ⅰ:5）

B型 6件。侈口，深腹，内坦底，矮圈足。芒口。可以分为二式。

Ⅰ式：5件。口微侈，方唇。外腹壁刻划仰莲纹。

标本（西）F94:9，外壁刻划三层仰莲纹。灰白胎，青白釉。口径13.2、足径6、高7.4厘米（图三二六，2）。

标本（西）F94:10，外壁刻划两层仰莲纹。灰白胎，青白釉。口径13.2、足径6、高7.5厘米（图三二六，3）。

标本（西）F94:11，外壁刻划三层仰莲纹。灰白胎，青白釉。口径13.4、足径6、高7.5厘米（图三二六，4；彩版一〇，5）。

标本（西）F94:15，外壁刻划三层仰莲纹。灰白胎，青白釉。口径13.2、足径5.8、高7.4厘米（图三二六，5；彩版一〇，6）。

标本（西）F94:16，外壁刻划三层仰莲纹。白胎，青白釉。口径13.4、足径6.4、高7.5厘米（图三二六，6；彩版一一，1）。

Ⅱ式：1件。敞口，方唇。

标本（西）F8Ⅲ:3，下腹斜收。外腹壁刻划两层仰莲纹。灰白胎，青白釉。口径15.1、足径6.8、高6.8厘米（图三二六，7；彩版一一，2）。

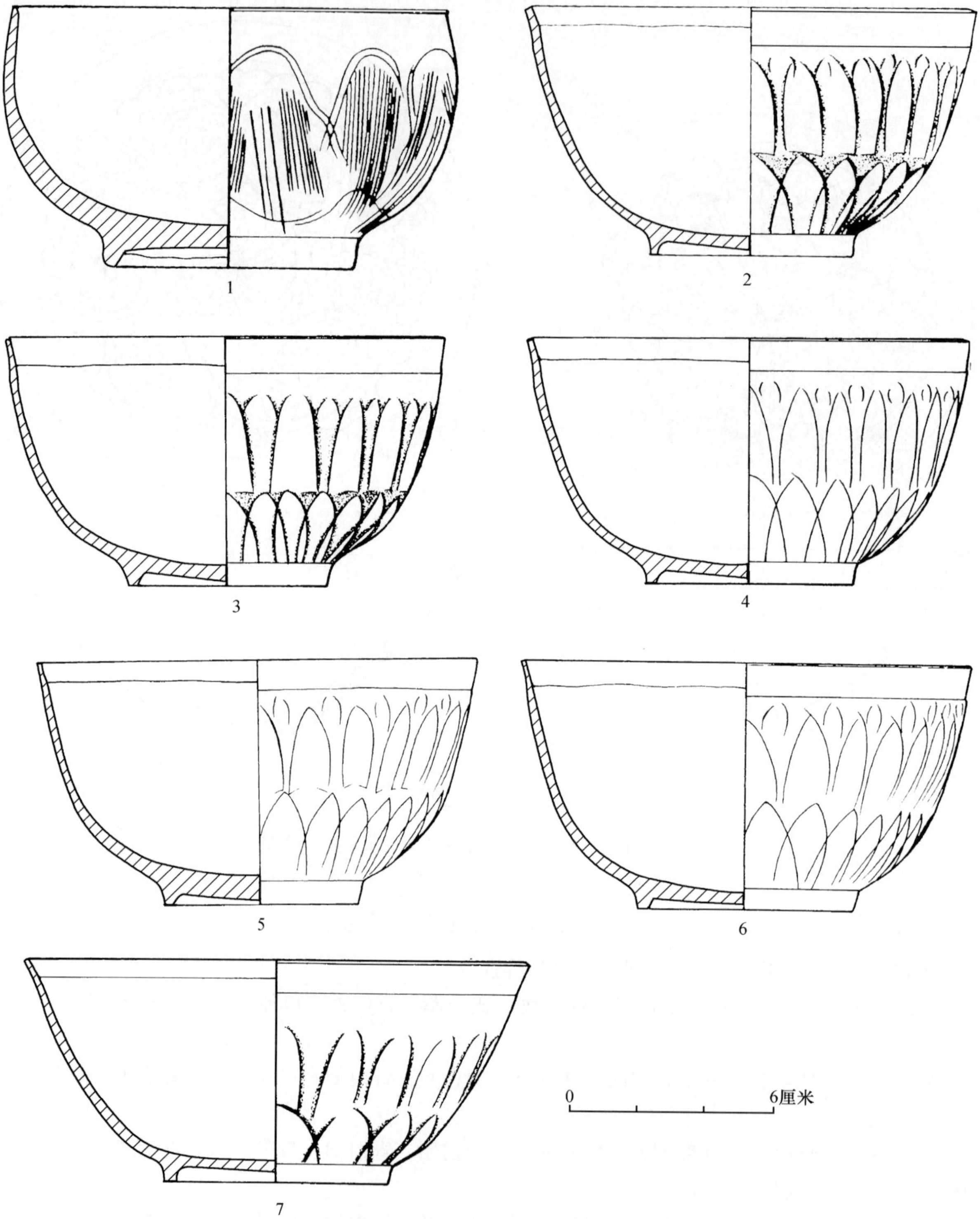

图三二六　巴东旧县坪遗址出土宋代直口瓷碗

1. A型（（东Ⅰ）T2821④:1）　2～6. B型Ⅰ式（（西）F94:9、（西）F94:10、（西）F94:11、（西）F94:15、（西）F94:16）
7. B型Ⅱ式（（西）F8Ⅲ:3）

（6）侈口碗

119件。数量最多。弧腹。可以分为十一型。

A型　3件。侈口，圆唇，浅弧腹，矮圈足，足墙略内收。

标本（西）F8Ⅱ∶23，内腹壁下部有一凹圈，内底弧平略下凹。内底刻划一牡丹花，内壁刻划四开光朵花。灰白胎，青白釉。口径16.4、足径5.4、高4.8厘米（图三二七，1；图版九四，1）。

标本（西）F67∶4，内腹壁下部有一凹圈，内底弧平。灰白胎，白釉。口径15.4、足径5.2、高4.2厘米（图三二七，2）。

标本（西）F25∶1，口沿有六出小缺口，内底弧平，足墙尖薄。灰白胎，白釉。口径19.6、足径5.1、高5.7厘米（图三二七，3）。

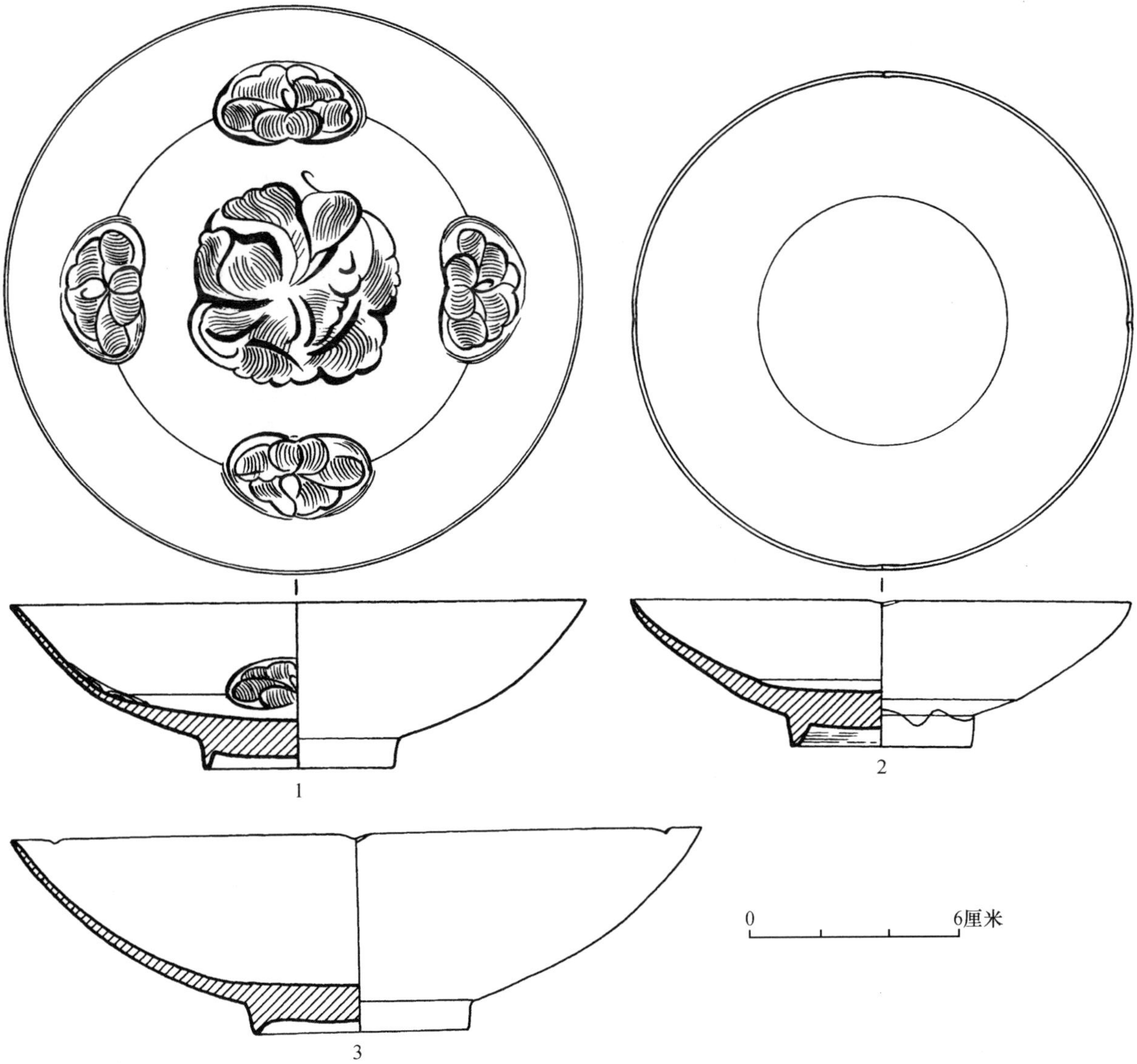

图三二七　巴东旧县坪遗址出土宋代A型侈口瓷碗
1.（西）F8Ⅱ∶23　2.（西）F67∶4　3.（西）F25∶1

B型　36件。侈口，斜直腹微弧，矮圈足，足墙方正，施釉不到底。可以分为二式。

Ⅰ式：8件。器形较矮。

标本（西Ⅰ）T3520⑤∶22，圆唇，内坦底。灰黄胎，白釉，唇部施一周褐釉，外下腹及足无釉。口径14.2、足径6.2、高4.1厘米（图三二八，1）。

标本（西）F8Ⅲ∶16，圆唇，内坦底。外腹壁有几道凹弦纹（不太规整）。白胎，白釉，唇部内外施一周酱釉边，外下腹及足无釉。口径13.6、足径5.8、高3.9厘米（图三二八，2；图版九四，2）。

标本（西）F8Ⅲ:45，圆唇，内圜底，外腹壁呈瓦棱状。灰白胎，白釉，唇部施一周褐釉，外下腹及足无釉。口径13.2、足径5.2、高4厘米（图三二八，3）。

标本（西Ⅰ）T0902⑤:10，圆唇，内圜底。外腹壁上部有两道凸弦纹，下部有刀修痕。灰黄胎，白色护胎釉，内部及外上部施青白釉，唇部施一周褐釉，外下腹及足无釉。口径14、足径6.2、高4.2厘米（图三二八，4）。

标本（西Ⅰ）T0406④:1，圆唇，内圜底。灰褐胎，白釉，足部无釉，腹部施有白色化妆土，外下腹及足无釉。口径15.8、足径6.2、高3.5厘米（图三二八，5；图版九四，3）。

标本（西）F8Ⅲ:47，圆唇，内底略下凹。灰黄胎，白釉，足底无釉，内壁及外上腹釉下有白色化妆土，唇部内外各施一周黑釉，外下腹及足无釉。口径14.4、足径6、高4厘米（图三二八，6）。

标本（西Ⅰ）T3520⑤:7，圆唇，内坦底，内腹壁下部有一凸棱。灰黄胎较厚，青黄釉，外下腹及足无釉。口径17.4、足径6、高4.9厘米（图三二八，7）。

标本（西）H51:2，圆唇，内圜底。外腹壁中部有数道凸弦纹。灰白胎，白釉，外下腹及足无釉。口径16.2、足径7、高4.1厘米（图三二八，8；图版九四，4）。

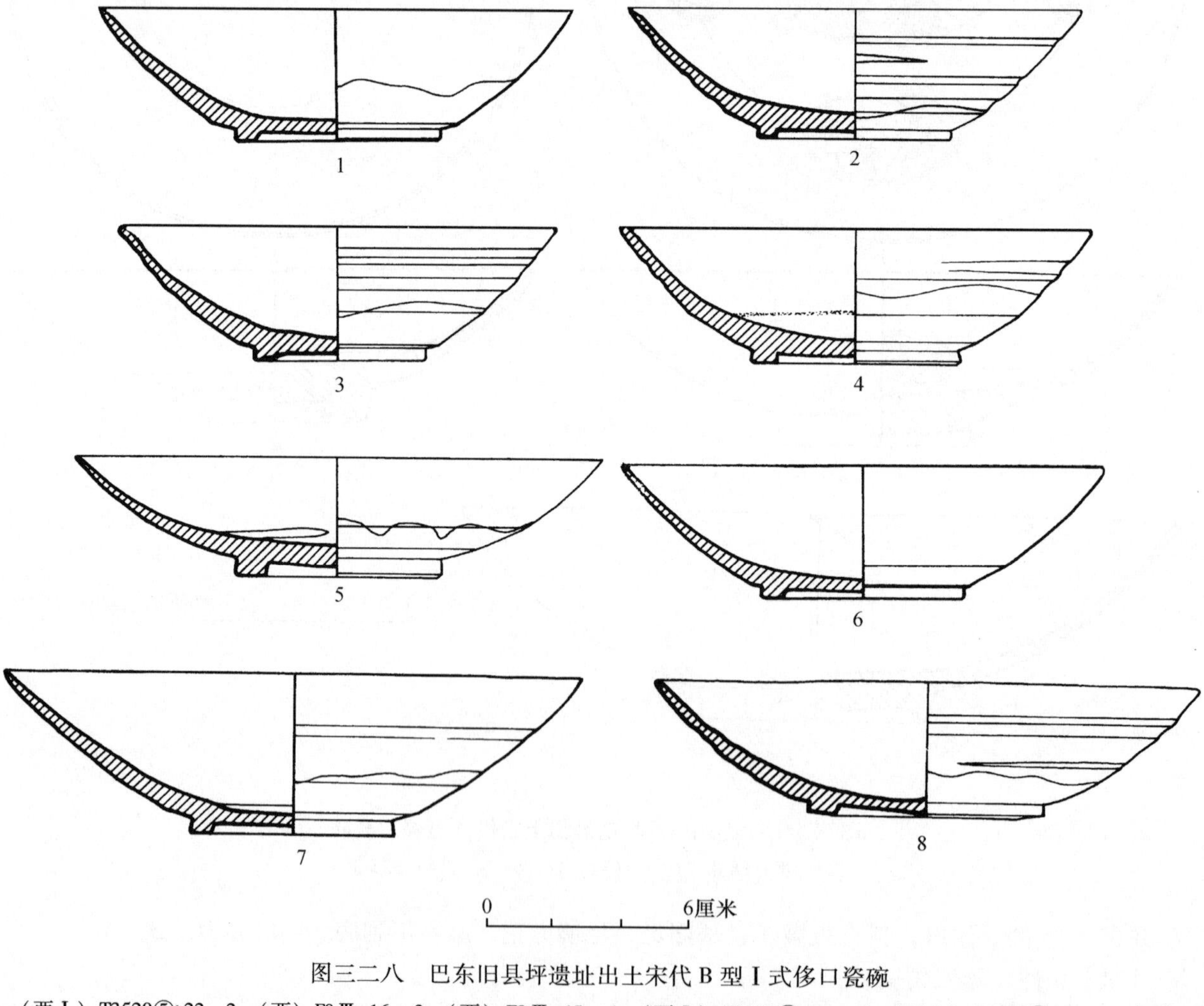

图三二八　巴东旧县坪遗址出土宋代B型Ⅰ式侈口瓷碗

1.（西Ⅰ）T3520⑤:22　2.（西）F8Ⅲ:16　3.（西）F8Ⅲ:45　4.（西Ⅰ）T0902⑤:10　5.（西Ⅰ）T0406④:1　6.（西）F8Ⅲ:47　7.（西Ⅰ）T3520⑤:7　8.（西）H51:2

Ⅱ式：28件。器形较高。

标本（西）F3∶41，圆唇，内圜底。灰白胎，青白釉，外下腹及足无釉。口径16.6、足径6.4、高6.1厘米（图三二九，1）。

标本（西Ⅰ）T2619⑤∶4，圆唇，内圜底，内壁腹下部有一道凹弦纹，外底心下凸。灰白胎，青釉，外下腹及足无釉。口径16.6、足径6.2、高6.3厘米（图三二九，2；图版九四，5）。

标本（西Ⅰ）T1104④∶6，圆唇，内圜底。灰黄胎，青白釉，外下腹及足无釉。口径18.2、足径6.8、高6.6厘米（图三二九，3）。

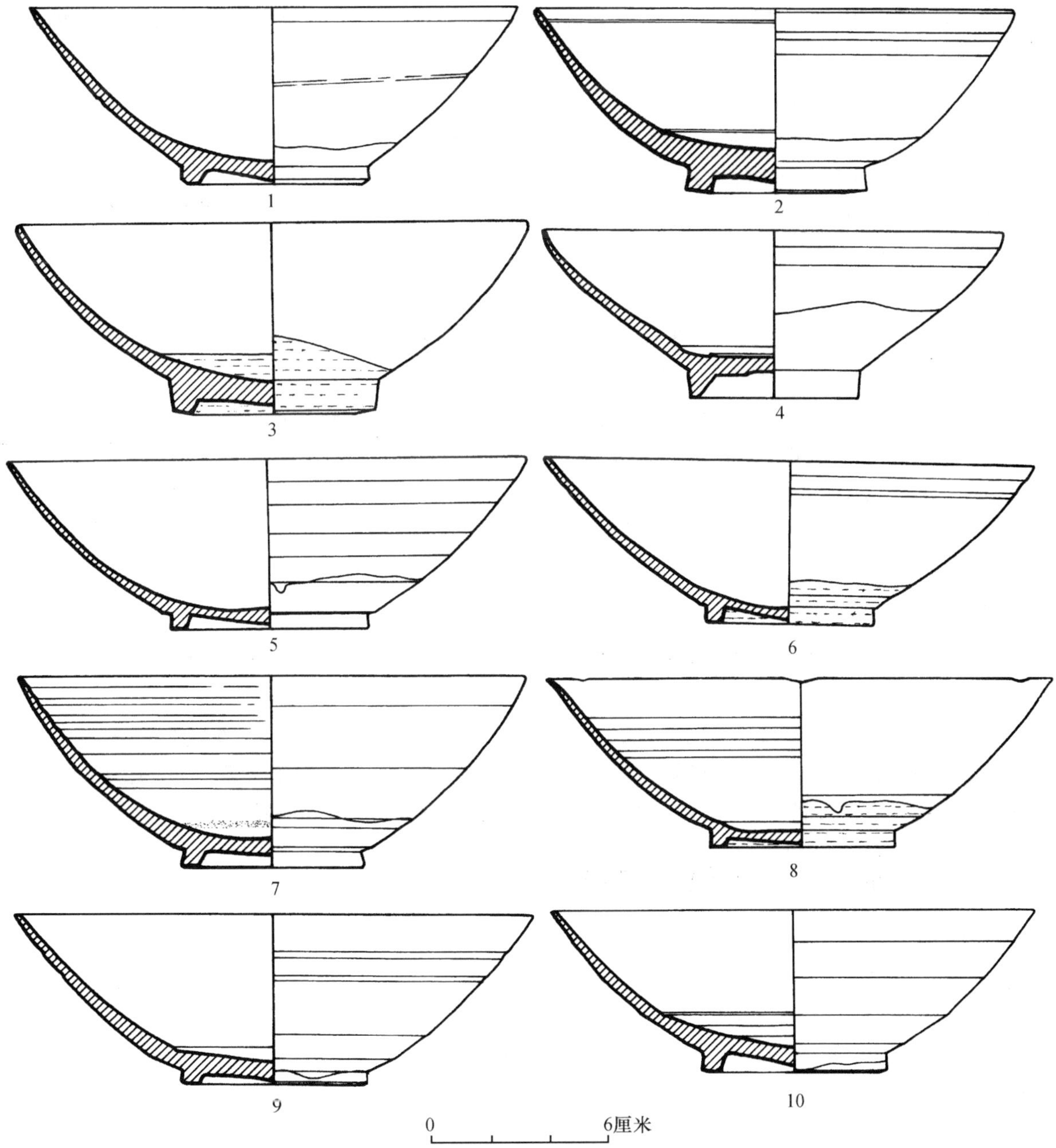

图三二九　巴东旧县坪遗址出土宋代B型Ⅱ式侈口瓷碗

1.（西）F3∶41　2.（西Ⅰ）T2619⑤∶4　3.（西Ⅰ）T1104④∶6　4.（西）F3∶60　5.（西）F3∶27　6.（西）F3∶30　7.（西Ⅰ）T3417⑤∶17　8.（西）F3∶31　9.（西）F3∶40　10.（西）F6Ⅱ∶1

标本（西）F3∶60，侈口，圆唇，弧腹，下接圈足。白胎，白釉，内底外周有一周宽凹圈无釉露胎，外下腹及足无釉。口径15.8、足径5.8、高5.8厘米（图三二九，4）。

标本（西）F3∶27，圆唇，内弧底，中心凸起，外底中心有脐突。外腹壁呈瓦棱状。灰黄胎，内部及外上部施白釉，釉下施白色化妆土，外下腹及足无釉。内底有一周叠烧痕。口径17.6、足径6.7、高5.9厘米（图三二九，5）。

标本（西）F3∶30，圆唇，内坦底，外底心下凸。灰黄胎，青白釉，外下腹及足无釉。口径16.8、足径5.8、高5.8厘米（图三二九，6）。

标本（西Ⅰ）T3417⑤∶17，方唇，深弧腹，内壁呈瓦棱状，足墙外撇。灰黄胎，青白釉，外下腹及足无釉。口径17.2、足径6.2、高6.6厘米（图三二九，7）。

标本（西）F3∶31，圆唇，口沿为花口。内坦底，外底心下凸。灰黄胎，青白釉，外下腹及足无釉。口径17.4、足径6.4、高5.8厘米（图三二九，8）。

标本（西）F3∶40，圆唇，内底略下凹，内腹壁下部有一凸棱。灰黄胎，青白釉，足部无釉。口径17.6、足径6.4、高5.9厘米（图三二九，9）。

标本（西）F6Ⅱ∶1，圆唇，内底下凹，外底心中部下凸。内腹壁下部有三道凹槽。外腹壁有四道凸弦纹。灰黄胎，青白釉，足部无釉。口径16.6、足径6.4、高5.6厘米（图三二九，10）。

标本（西）F8Ⅳ∶5，圆唇，内平底。外腹壁下部有数道凸棱。灰黄胎，青白釉，外下腹及足无釉。口径20.4、足径6.6、高6.2厘米（图三三〇，1）。

标本（西）F3∶28，圆唇，内底心凸起，外底心下凸。外腹壁有数道凸弦纹。灰黄胎，青白釉，外下腹及足无釉。口径20.6、足径8.4、高6.7厘米（图三三〇，2）。

标本（西）F8Ⅳ∶10，圆唇，内圜底。灰黄胎，青白釉，外下腹及足无釉。口径19.6、足径6.8、高6.8厘米（图三三〇，3）。

标本（西）F97∶1，圆唇，内坦底，外底心下凸。灰白胎，青白釉，开碎片。口径19.6、足径6.8、高6.8厘米（图三三〇，4；图版九四，6）。

标本（西Ⅰ）T3417⑤∶13，尖圆唇，内圜底，外底心略下凸。外腹壁中上部有三周凹槽。灰黄胎，青白釉，外下腹及足无釉。口径17.4、足径6.4、高6.2厘米（图三三〇，5）。

标本（西）L2Ⅳ∶4，圆唇，内平底，底心凸起，内底边缘有一凹槽，外底心有鸡心突。灰黄胎，青釉，开碎片，外下腹及足无釉。口径19.4、足径7.4、高6.7厘米（图三三一，1）。

标本（东Ⅰ）T2818④∶1，圆唇，内底略下凹，内腹壁下部有一凸棱，内底边缘有一凸棱。灰黄胎，青白釉，外下腹及足无釉。口径17.6、足径7.6、高5.5厘米（图三三一，2）。

标本（西Ⅰ）T3017⑤∶1，圆唇，内平底，外底心下凸。灰白胎，黑褐釉，内底心边缘、外下腹及足无釉。口径17、足径6.6、高5.6厘米（图三三一，3；图版九五，1）。

标本（西）F8Ⅳ∶14，圆唇，内坦底，内腹壁下部有一凸棱。灰黄胎，青白釉下有灰白色化妆土，外下腹及足无釉。口径17.2、足径7.4、高5.5厘米（图三三一，4）。

标本（西）F83∶1，圆唇，内平底，内底心边缘有一凸棱。外腹壁中部有一圈凹槽。灰胎，青白釉，足部无釉。口径20、足径6.4、高5.4厘米（图三三一，5）。

标本（西Ⅰ）T3218⑤∶2，圆唇，内坦底，内腹壁下部有一凸弦纹。灰黄胎，青白釉，外下腹及足无釉。口径19.2、足径6.4、高5.7厘米（图三三二，1）。

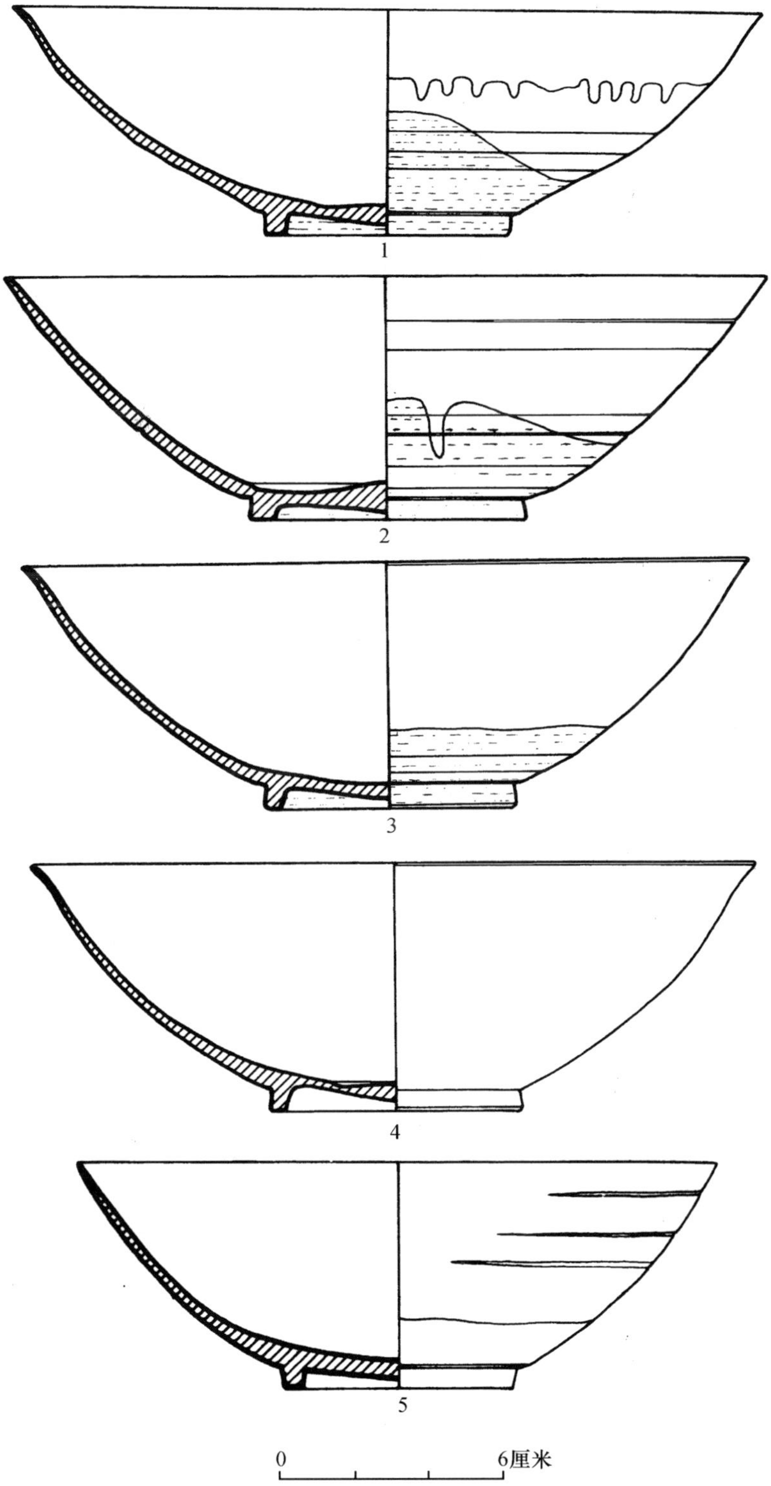

图三三〇　巴东旧县坪遗址出土宋代B型Ⅱ式侈口瓷碗

1.（西）F8Ⅳ:5　2.（西）F3:28　3.（西）F8Ⅳ:10　4.（西）F97:1　5.（西Ⅰ）T3417⑤:13

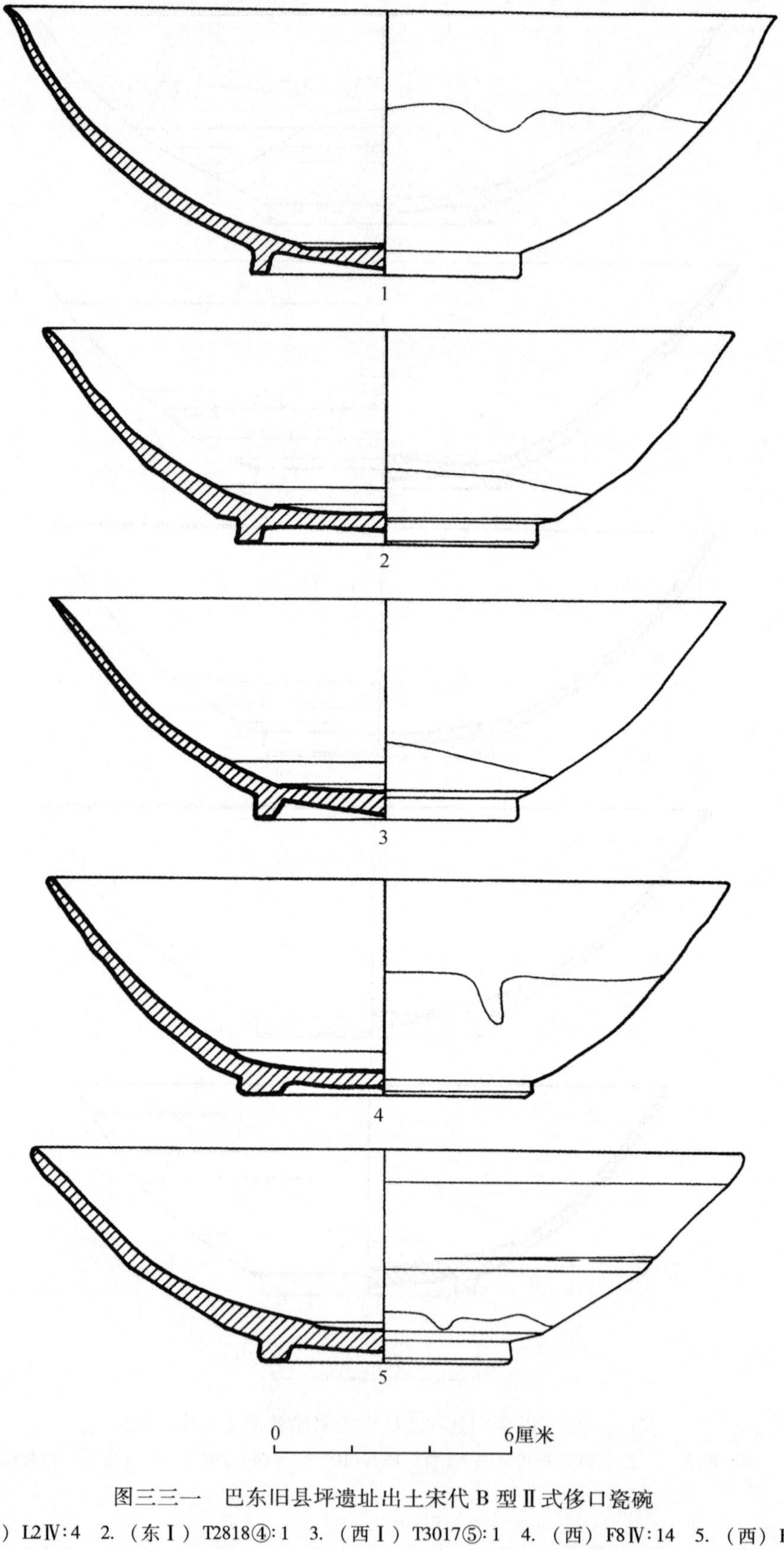

图三三一　巴东旧县坪遗址出土宋代 B 型Ⅱ式侈口瓷碗

1. （西）L2Ⅳ:4　2. （东Ⅰ）T2818④:1　3. （西Ⅰ）T3017⑤:1　4. （西）F8Ⅳ:14　5. （西）F83:1

标本（西）F3:43，圆唇，内圜底。灰白胎，青白釉，下腹及足无釉，上腹施白色化妆土，外下腹及足无釉。口径 17.2、足径 6、高 5.9 厘米（图三三二，2；图版九五，2）。

标本（西）F3:37，圆唇，内坦底，内腹壁下部有一凸棱，外底心下凸。外腹壁有数道凸弦纹。灰黄胎，青白釉，外下腹及足无釉。口径17.2、足径6.8、高5.6厘米（图三三二，3）。

标本（东Ⅰ）T2917④:23，圆唇，内平底，外底心下凸。灰黄胎，白釉，外下腹及足无釉。口径19.2、足径6.4、高6.3厘米（图三三二，4；图版九五，3）。

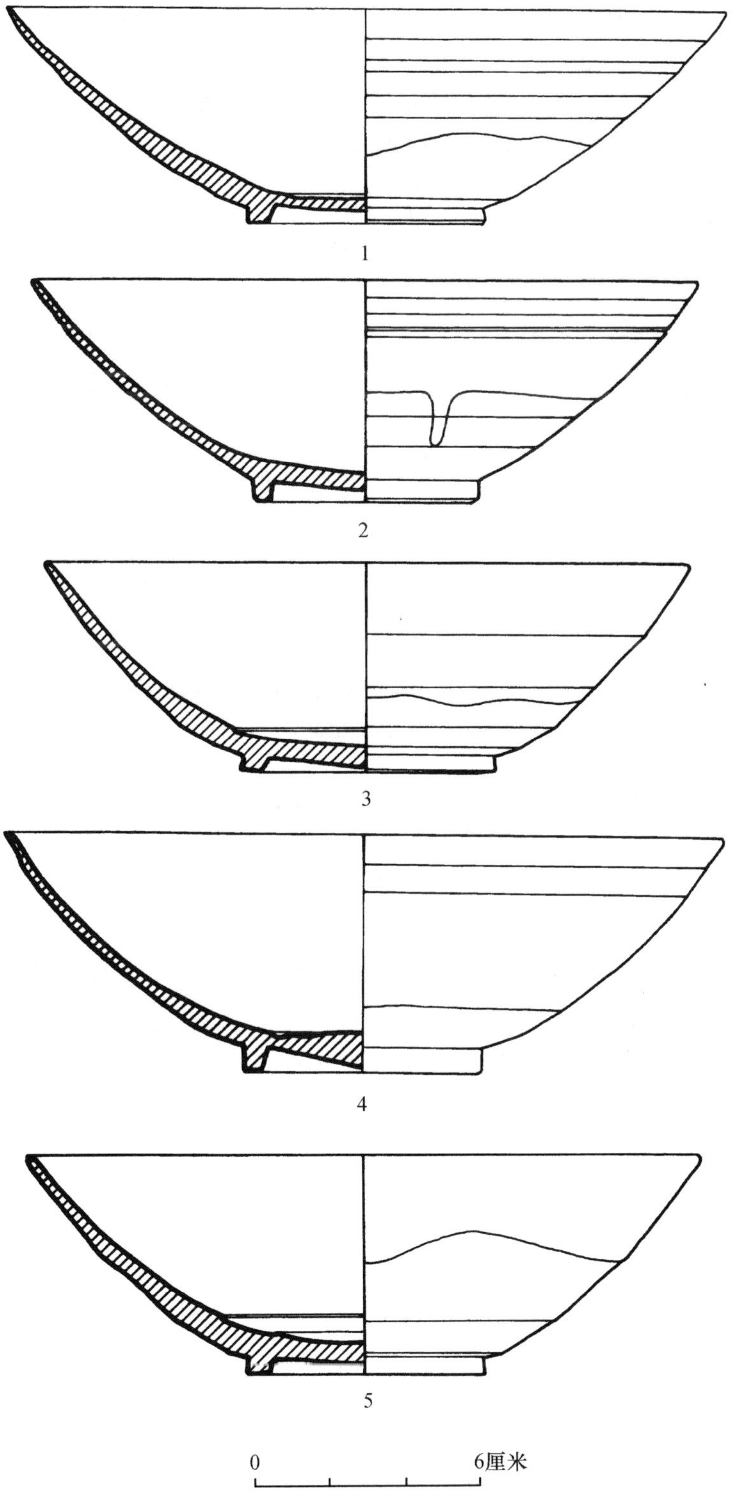

图三三二　巴东旧县坪遗址出土宋代B型Ⅱ式侈口瓷碗

1.（西Ⅰ）T3218⑤:2　2.（西）F3:43　3.（西）F3:37　4.（东Ⅰ）T2917④:23　5.（西Ⅰ）T3018⑤:8

标本（西Ⅰ）T3018⑤:8，圆唇，内圜底，内腹壁下部有一凸棱，内底边缘有一凸棱。灰黄胎，酱黑釉，外下腹及足无釉。口径18、足径6.4、高5.8厘米（图三三二，5）。

标本（西Ⅰ）T0901⑤:6，圆唇，内圜底。外腹壁下部有两道凸弦纹。灰胎，青釉，外下腹及足无釉。口径19.2、足径7.2、高6厘米（图三三三，1）。

标本（西）L2Ⅳ:6，圆唇，内小平底，内底边缘有一凸棱，矮圈足，外底心有鸡心突。黄褐胎，白釉，外下腹及足无釉。口径19.6、足径6.6、高6.8厘米（图三三三，2）。

标本（西）L18Ⅱ:9，圆唇，内圜底，外腹壁下部近足处有一周细密的线条。白胎，青白釉，外下腹及足无釉。口径18、足径6.8、高5.3厘米（图三三三，3）。

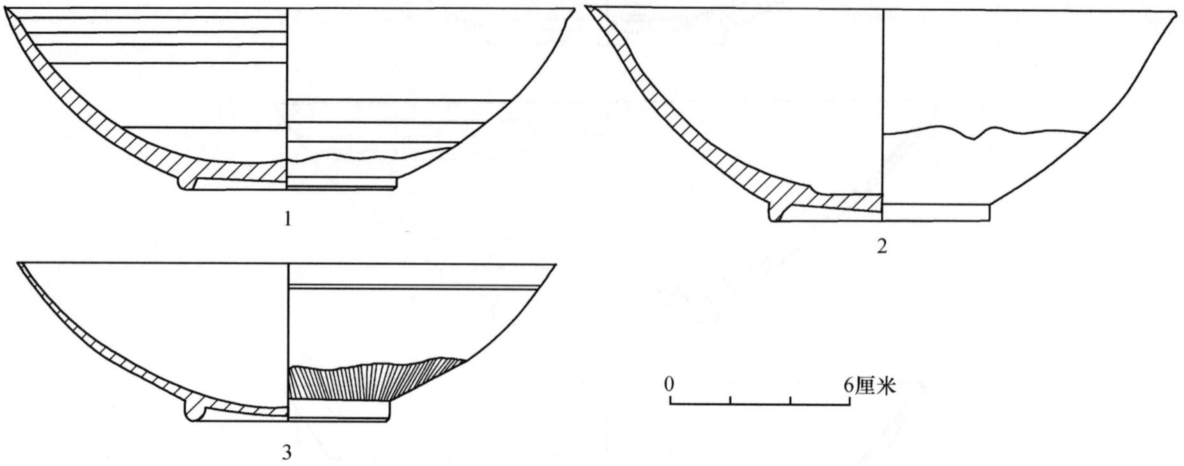

图三三三　巴东旧县坪遗址出土宋代B型Ⅱ式侈口瓷碗

1.（西Ⅰ）T0901⑤:6　2.（西）L2Ⅳ:6　3.（西）L18Ⅱ:9

C型　15件。深腹，高圈足，足墙内壁斜削。可以分为三式。

Ⅰ式：9件。内圜底。

标本（西Ⅰ）T1007⑦:57，尖唇。灰白胎较薄，白釉，开片。口径16、足径5.2、高8.6厘米（图三三四，1）。

标本（西Ⅰ）T1007⑦:2，尖唇。灰白胎较薄，白釉，开片。口径16、足径4.8、高8.9厘米（图三三四，2；图版九六，4）。

标本（西Ⅰ）T1006⑦:28，尖唇。灰白胎较薄，白釉，开片。口径15.2、足径6.2、高8.2厘米（图三三四，3）。

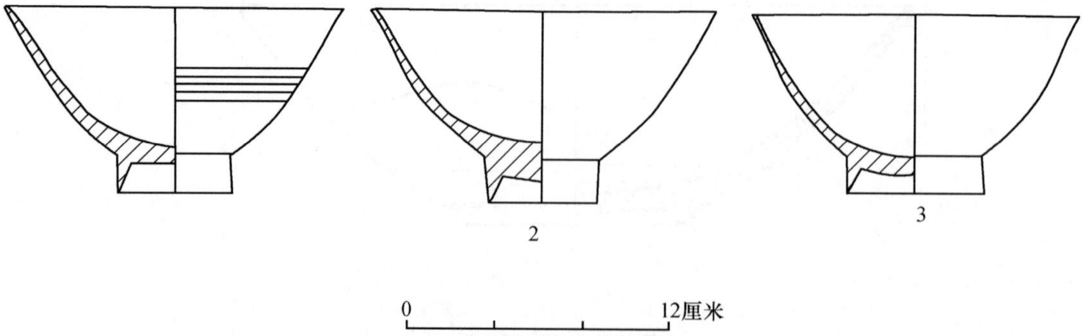

图三三四　巴东旧县坪遗址出土宋代C型Ⅰ式侈口瓷碗

1.（西Ⅰ）T1007⑦:57　2.（西Ⅰ）T1007⑦:2　3.（西Ⅰ）T1006⑦:28

标本（西）F2Ⅰ:12，尖圆唇，足墙较直。外腹壁下部有两道细凹弦纹。白胎半透明，青白釉，圈足内无釉，开片。口径15.2、足径5、高8.4厘米（图三三五，1；图版九五，4）。

标本（西）L7Ⅰ:2，尖唇。白胎，白釉，开碎片。口径14.6、足径4.6、高6.9厘米（图三三五，2）。

标本（西Ⅰ）T3319⑤:5，尖唇。灰白胎，白釉。口径15.5、足径5.4、高8.4厘米（图三三五，3）。

标本（西）F8Ⅰ:53，圆唇。外腹壁上部饰数道弦纹。灰白胎，青白釉，足心无釉。口径15.6、足径4.8、高7.3厘米（图三三五，4；图版九五，5）。

标本（西Ⅰ）T2714⑤:15，圆唇。灰白胎，青白釉，开片。口径15.8、足径5.4、高8.4厘米（图三三五，5；图版九五，6）。

标本（西）F90:1，圆唇。灰白胎，青白釉，开片，足无釉。口径15.6、足径5.4、高8.2厘米（图三三五，6）。

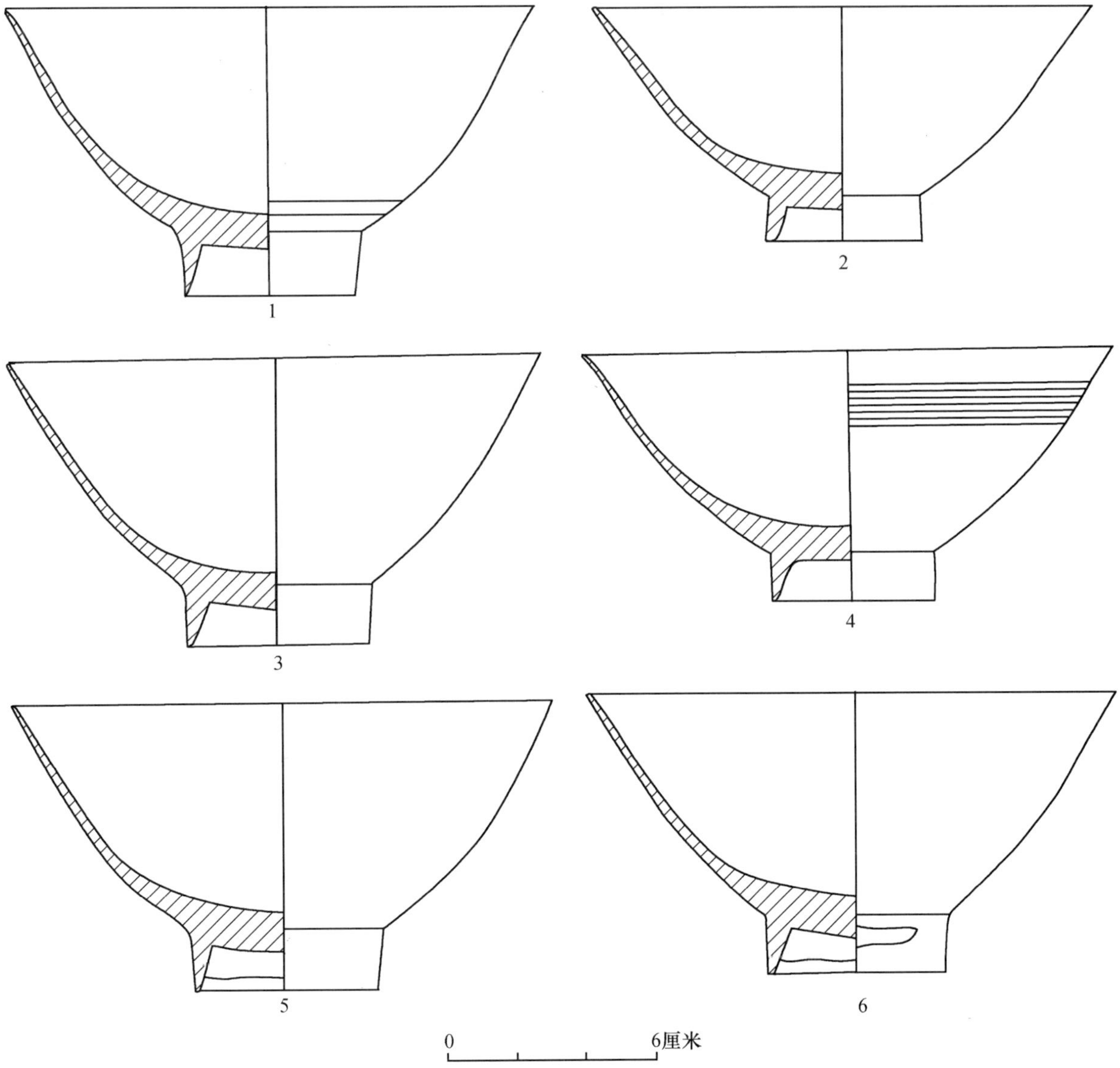

图三三五　巴东旧县坪遗址出土宋代C型Ⅰ式侈口瓷碗

1.（西）F2Ⅰ:12　2.（西）L7Ⅰ:2　3.（西Ⅰ）T3319⑤:5　4.（西）F8Ⅰ:53　5.（西Ⅰ）T2714⑤:15　6.（西）F90:1

Ⅱ式：3 件。垂腹，内坦底。

标本（西Ⅰ）T2614⑤:12，尖唇，足墙较直。灰白胎，青白釉。口径 15.4、足径 5.8、高 7.6 厘米（图三三六，1；图版九三，4）。

标本（西Ⅰ）T1916⑤:13，圆唇。灰白胎，青白釉，足内无釉。口径 15.2、足径 6、高 7.8 厘米（图三三六，2；图版九三，5）。

标本（西Ⅰ）T2714⑤:10，圆唇，足墙较直。灰白胎，青白釉。口径 16.2、足径 5.4、高 8.3 厘米（图三三六，3）。

Ⅲ式：3 件。垂腹，内坦底，器形较矮。

标本（西Ⅰ）T0902④:1，尖圆唇，外底中部下凸，足墙外撇。外腹中部有数道凸弦纹。灰胎，唇内外施一周青釉，余皆施青白釉，外下腹及足无釉。口径 10.2、足径 4.2、高 5.1 厘米（图三三六，4）。

标本（西）F12Ⅰ:5，圆唇，足墙较直。外腹中部有两道凸弦纹。灰胎，青白釉，足部无釉。口径 14、足径 5.2、高 5.6 厘米（图三三六，5）。

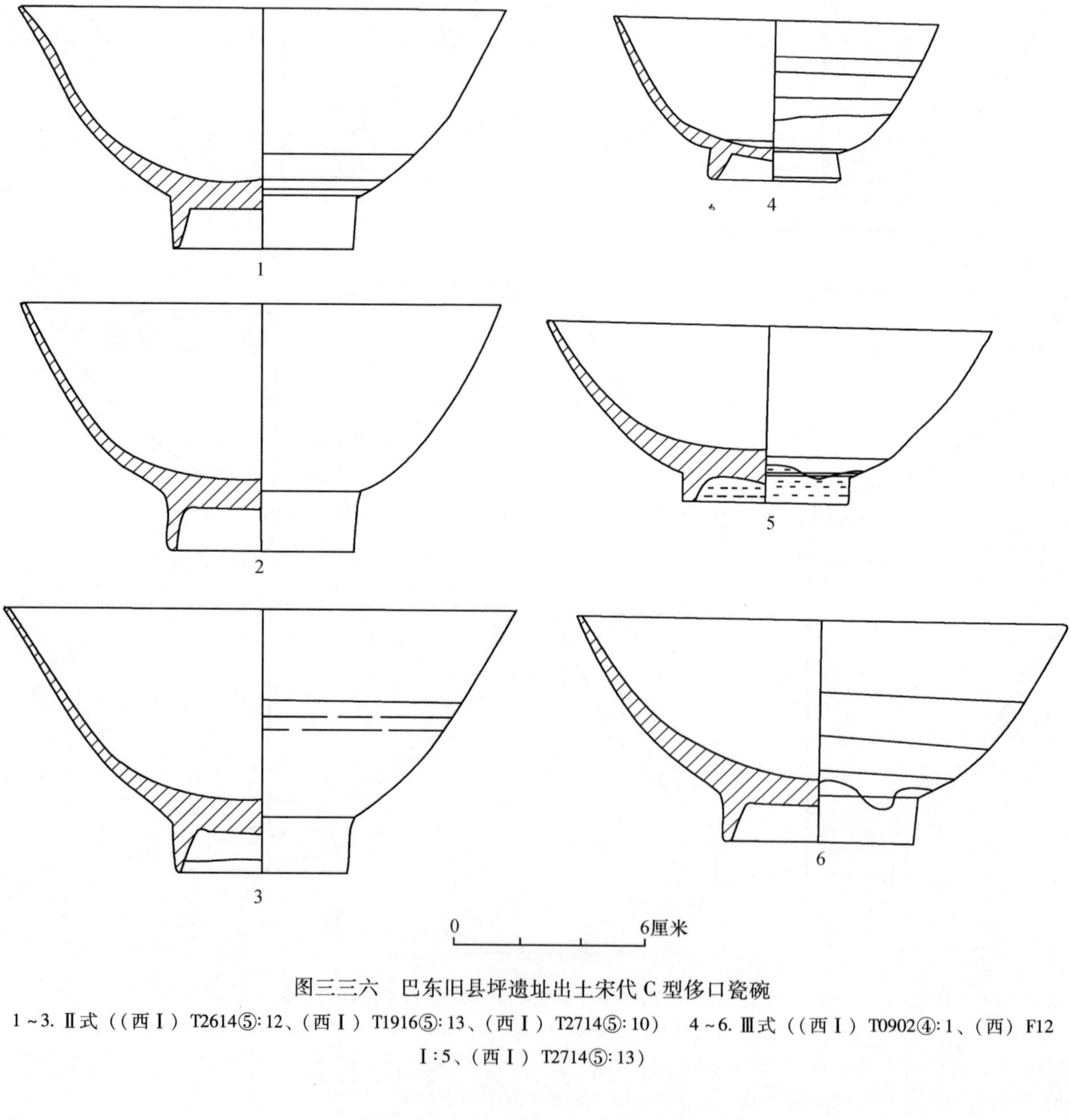

图三三六　巴东旧县坪遗址出土宋代 C 型侈口瓷碗

1～3. Ⅱ式（（西Ⅰ）T2614⑤:12、（西Ⅰ）T1916⑤:13、（西Ⅰ）T2714⑤:10）　4～6. Ⅲ式（（西Ⅰ）T0902④:1、（西）F12Ⅰ:5、（西Ⅰ）T2714⑤:13）

标本（西Ⅰ）T2714⑤:13，圆唇，足墙较直。外腹壁中部有两道凸弦纹。灰胎，青白釉，开片，足部无釉。釉不纯，气孔多。口径15.4、足径6、高7厘米（图三三六，6）。

D型　7件。器形较小。内圜底，腹壁斜直微弧，深腹。外腹壁饰以折扇纹。可以分为二亚型。

Da型　6件。中高圈足。可以分为二式。

Ⅰ式：1件。圆唇。

标本（西）F8Ⅰ:5，内底刻划团菊纹。灰白胎，白釉，圈足无釉露胎。口径12.6、足径3.4、高5.6厘米（图三三七，1；彩版一二，1、3）。

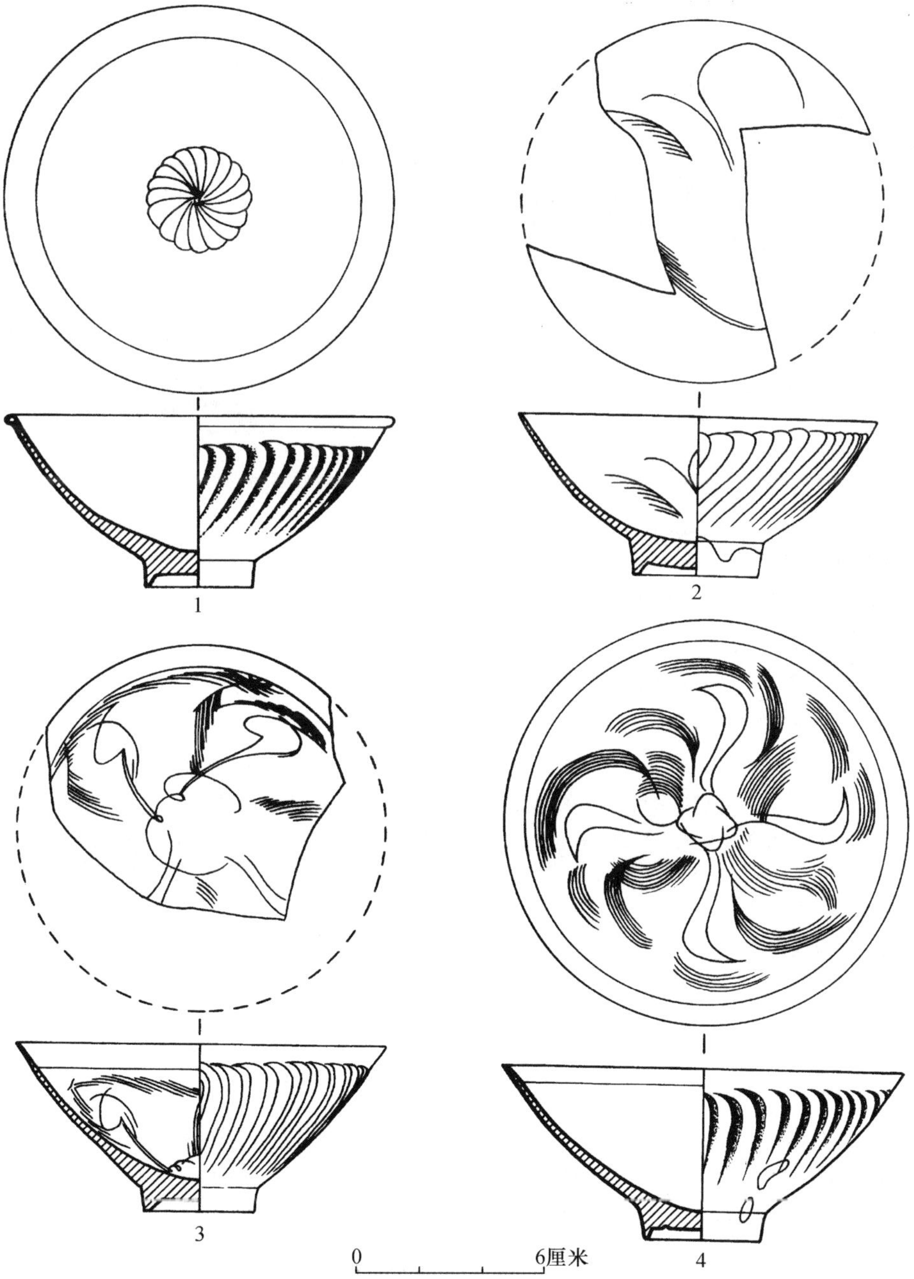

图三三七　巴东旧县坪遗址出土宋代Da型侈口瓷碗

1. Ⅰ式（(西）F8Ⅰ:5）　2~4. Ⅱ式（(西Ⅰ）T1006⑦:19、(西）F26Ⅰ:1、(西Ⅰ）T1916⑤:10）

Ⅱ式：5 件。尖唇。

标本（西Ⅰ）T1006⑦:19，白胎，白釉，圈足无釉露胎。内壁及底刻划菊纹。口径 11.8、足径 4.2、高 5.4 厘米（图三三七，2）。

标本（西）F26Ⅰ:1，内壁及底刻划菊纹。白胎，青白釉。口径 12、足径 3.6、高 5.5 厘米（图三三七，3；彩版一一，4、6）。

标本（西Ⅰ）T1916⑤:10，外底近边缘有一凹弦纹，内壁及底刻划菊纹。白胎，青白釉，圈足无釉露胎。口径 13.2、足径 3.8、高 5.6 厘米（图三三七，4；图版九三，6）。

标本（东Ⅰ）T3616④:2，口微撇，圆唇。灰白胎，青白釉。口径 11.8、足径 3.8、高 5.6 厘米（图三三八，1）。

标本（西）L2Ⅰ:10，尖唇，内坦底。灰白胎较薄，除圈足外余皆施青白釉。口径 11.6、足径 3.6、高 5.8 厘米（图三三八，2）。

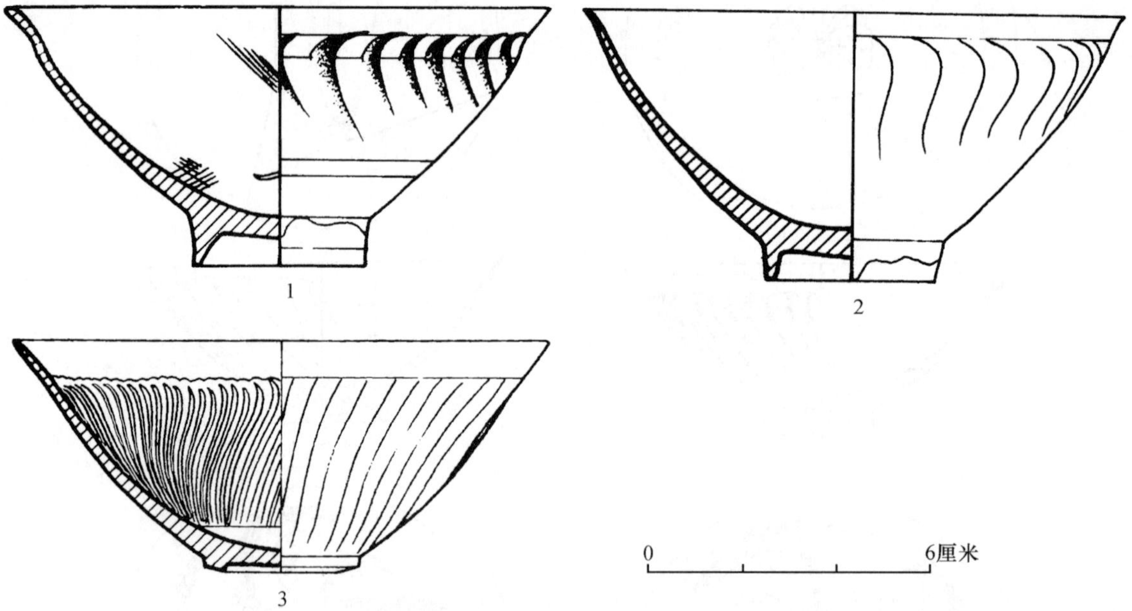

图三三八　巴东旧县坪遗址出土宋代 D 型侈口瓷碗

1、2. Da 型Ⅱ式（（东Ⅰ）T3616④:2、（西）L2Ⅰ:10）　3. Db 型（（西Ⅰ）T1006⑦:26）

Db 型　1 件。矮圈足。

标本（西Ⅰ）T1006⑦:26，圆唇，深腹，内圜底，矮圈足。外腹壁模印折扇纹，内腹壁模印细密的菊瓣纹。灰白胎，青釉，圈足内无釉。口径 11.6、足径 3.4、高 5 厘米（图三三八，3；彩版一二，2、4）。

E 型　31 件。尖唇，弧腹，中高圈足浅挖，足墙内收。内壁多有纹饰。可以分为四亚型。

Ea 型　11 件。小底心，平底，底心无纹饰。器形较高。内壁多刻划婴戏图。

标本（西Ⅰ）T0707④:11，内壁刻划婴孩戏莲荷纹。白胎，青白釉，圈足内无釉。口径 20.8、足径 5.8、高 7.6 厘米（图三三九，1；彩版一二，5、6）。

标本（西Ⅰ）T0707④:12，内壁刻划婴孩戏莲荷纹。白胎，青白釉，圈足内无釉。口径 20.8、足径 6.4、高 8.2 厘米（图三三九，2）。

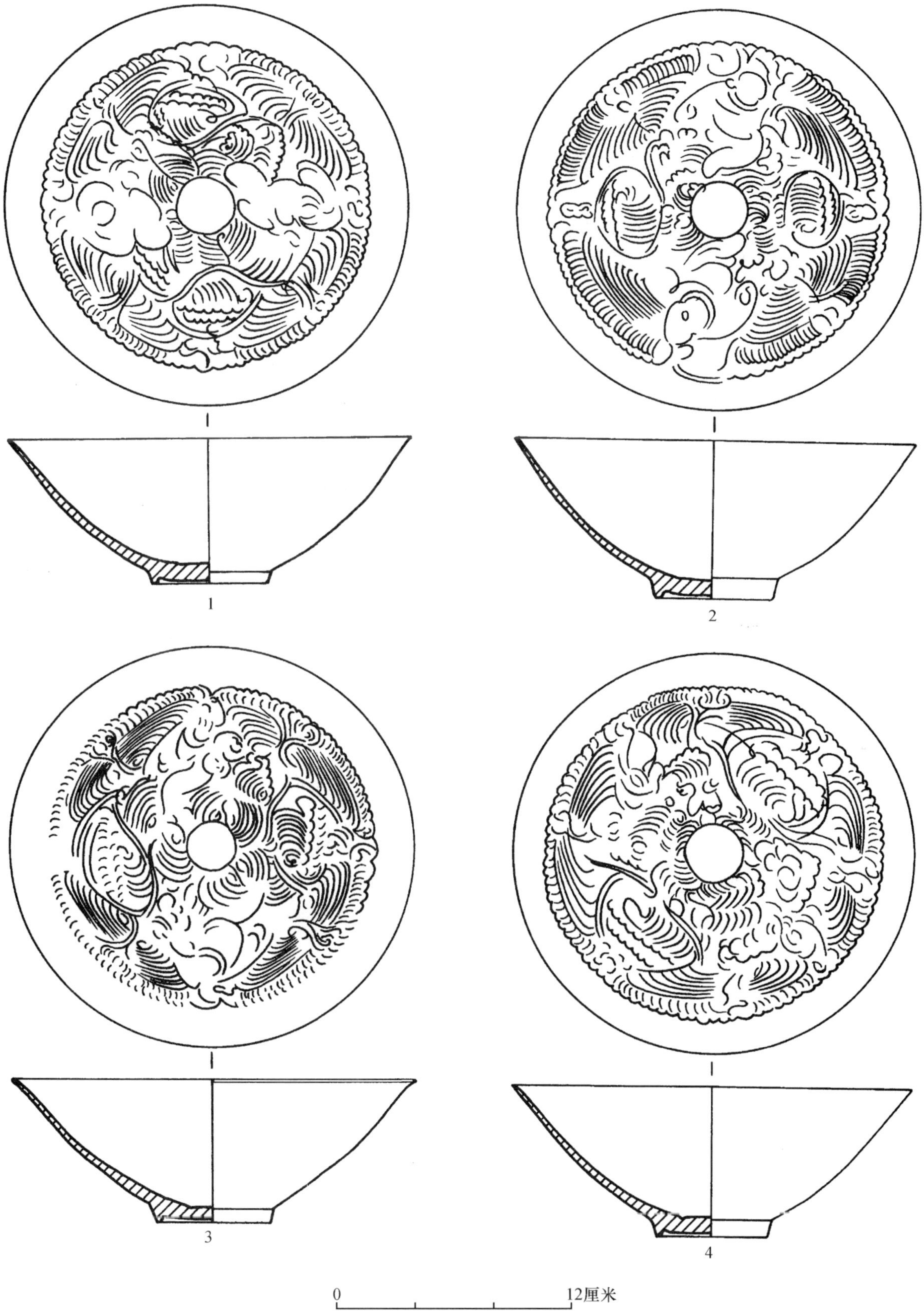

图三三九　巴东旧县坪遗址出土宋代Ea型侈口瓷碗

1.（西Ⅰ）T0707④:11　2.（西Ⅰ）T0707④:12.　3.（西Ⅰ）T0707④:9　4.（西Ⅰ）T0707④:10

标本（西Ⅰ）T0707④:9，内壁刻划婴孩戏莲荷纹。白胎，青白釉，圈足内无釉。口径20.8、足径6、高7.4厘米（图三三九，3）。

标本（西Ⅰ）T0707④:10，内壁刻划婴孩戏莲荷纹。白胎，青白釉，圈足内无釉。口径20.8、足径6、高7.8厘米（图三三九，4；彩版一三，1、3）。

标本（西）F8Ⅲ:86，内壁刻划卷云纹，外壁中部划两道凹弦纹。灰白胎，青白釉，开片，圈足内无釉。口径19、足径6、高7厘米（图三四〇，1；图版九六，1）。

标本（西）F8Ⅲ:34，内壁刻划婴孩戏莲荷纹。白胎，青白釉，足内无釉，开片。口径19.4、足径6.2、高7.1厘米（图三四〇，2）。

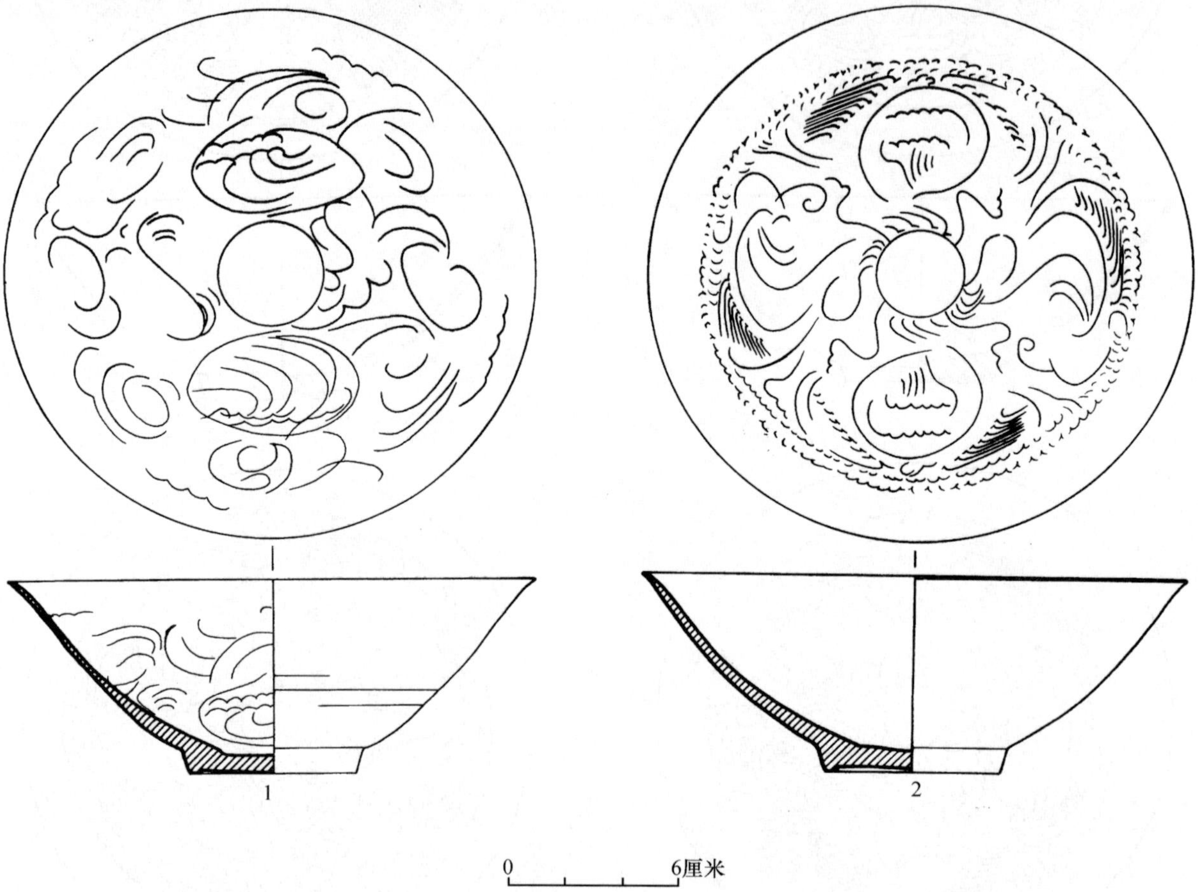

图三四〇　巴东旧县坪遗址出土宋代Ea型侈口瓷碗

1.（西）F8Ⅲ:86　2.（西）F8Ⅲ:34

标本（西Ⅰ）T3517⑤:31，内壁刻划婴孩戏莲荷纹。白胎，青白釉，圈足内无釉。外底有垫烧痕。口径20、足径6、高7.4厘米（图三四一，1；彩版一三，2、4）。

标本（西）F56:3，内壁刻划婴孩戏莲荷纹。白胎，青白釉，圈足内无釉。口径20.7、足径5.8、高7.7厘米（图三四一，2）。

标本（西Ⅰ）T3517⑤:65，内壁刻划婴孩戏莲荷纹。白胎较薄，青白釉，圈足内无釉。外底有垫烧痕。口径20.4、足径5.4、高7.4厘米（图三四二，1）。

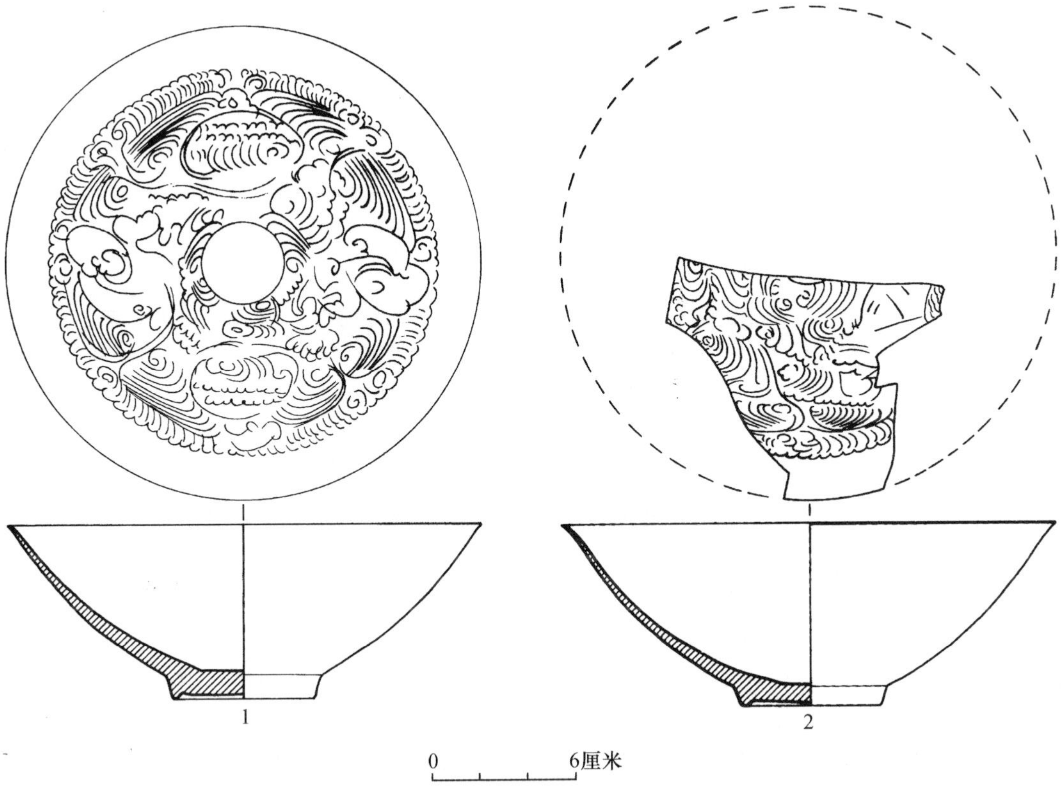

图三四一　巴东旧县坪遗址出土宋代 Ea 型侈口瓷碗

1.（西Ⅰ）T3517⑤:31　2.（西）F56:3

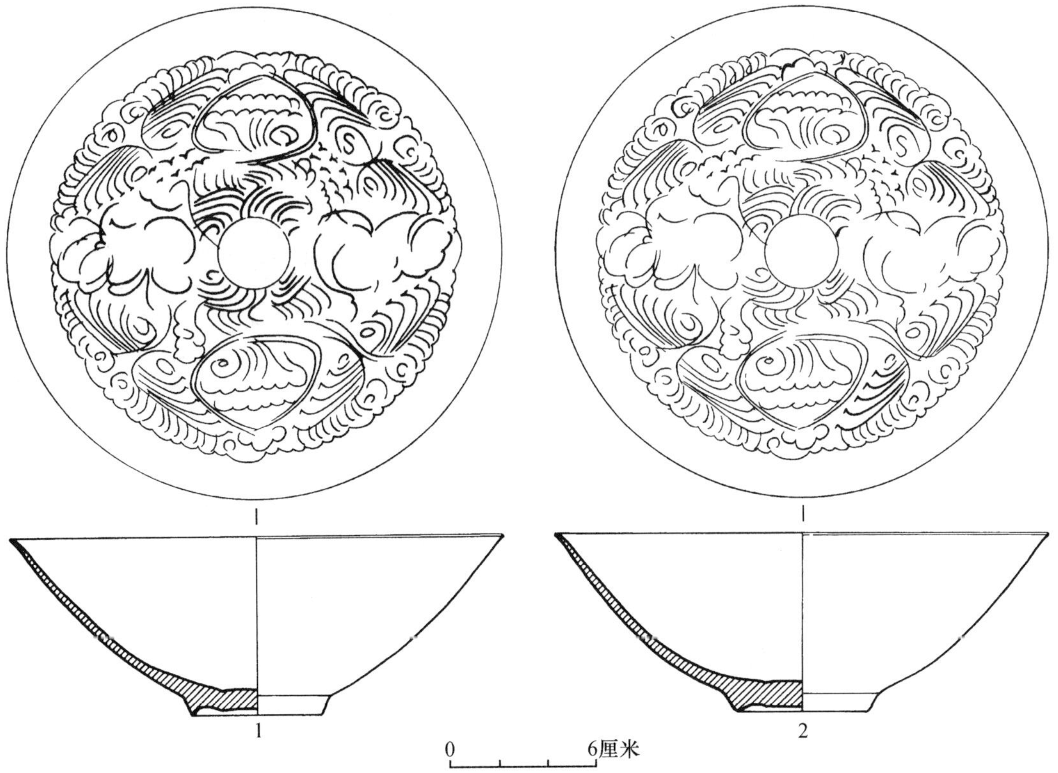

图三四二　巴东旧县坪遗址出土宋代 Ea 型侈口瓷碗

1.（西Ⅰ）T3517⑤:65　2.（西Ⅰ）T3517⑤:60

标本（西Ⅰ）T3517⑤:60，内壁刻划婴孩戏莲荷纹。白胎，青白釉，圈足内无釉。外底有垫烧痕。口径20.4、足径5.4、高7.4厘米（图三四二，2；彩版一三，5、6）。

标本（西）F8Ⅲ:30，灰白胎，青白釉，圈足内无釉。口径18.8、足径6.2、高6.8厘米（图三四三）。

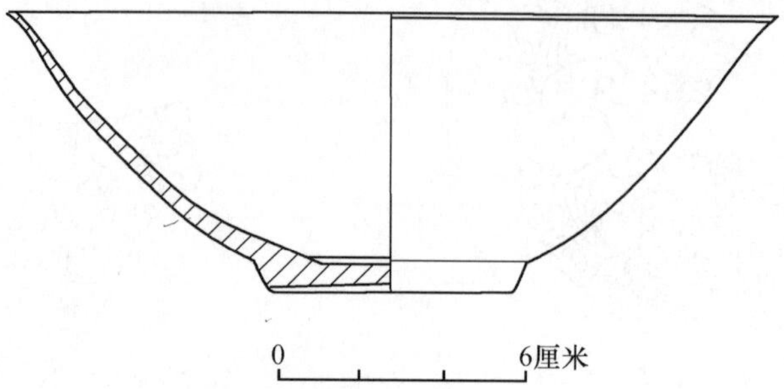

图三四三　巴东旧县坪遗址出土宋代Ea型侈口瓷碗（（西）F8Ⅲ:30）

Eb型　9件。内圜底。可以分为二式。

Ⅰ式：2件。器形较高，圈足较深。

标本（西）L2Ⅲ:3，内底刻划简化菊瓣纹、云气纹。灰白胎，青白釉，开片，圈足内无釉。口径17.6、足径5.2、高6.6厘米（图三四四，1）。

标本（西）F8Ⅲ:18，内底刻划云气纹、梳篦纹。灰白胎，青白釉，开片，圈足内无釉。口径17.6、足径5.6、高6.8厘米（图三四四，2；彩版一四，1、3）。

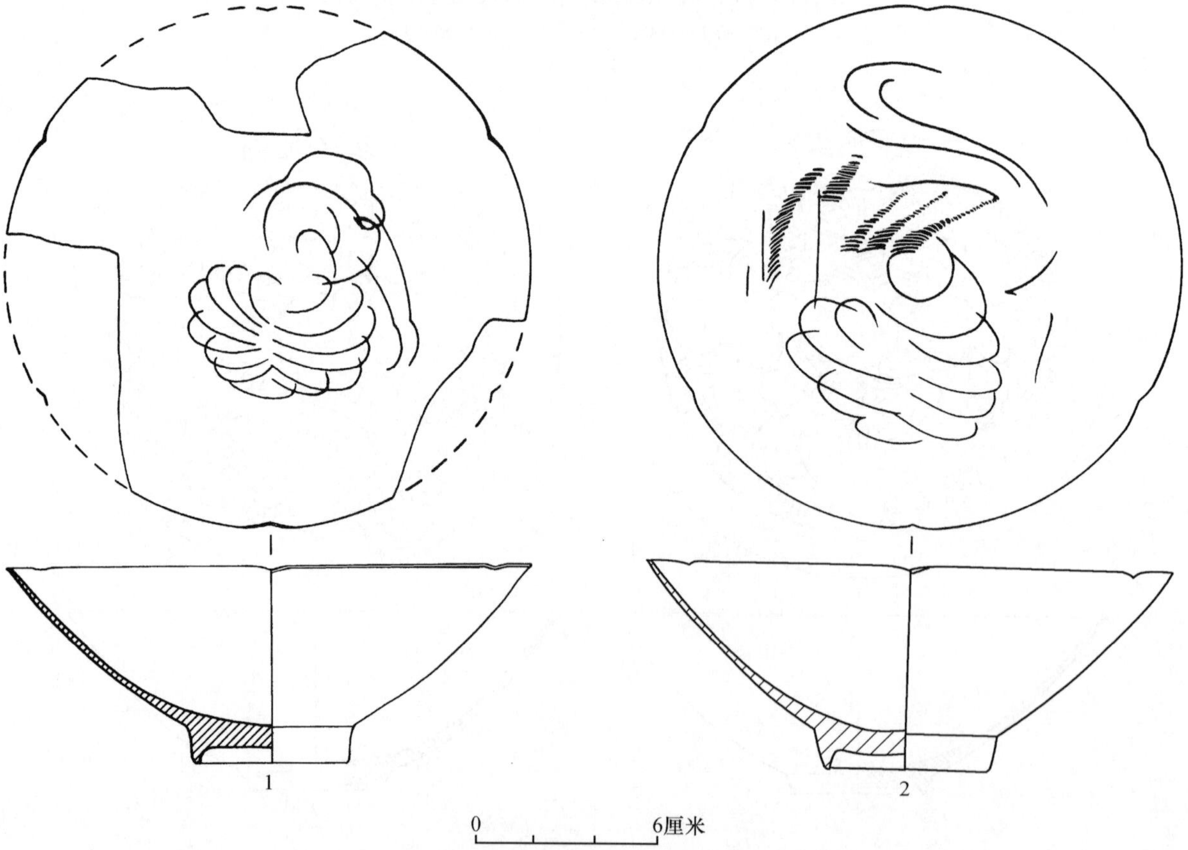

图三四四　巴东旧县坪遗址出土宋代Eb型Ⅰ式侈口瓷碗

1.（西）L2Ⅲ:3　2.（西）F8Ⅲ:18

Ⅱ式：7件。器形较矮，圈足浅挖，矮圈足。

标本（西）F8Ⅲ:20，内壁及底刻划婴孩攀花纹。白胎，青白釉，外底无釉。口径19.2、足径5.6、高5.6厘米（图三四五，1；彩版一四，2、4）。

标本（西）J1:1，口沿呈六瓣花形，内壁及底刻划折枝萱草纹。白胎，青白釉，外底无釉。口径19.4、足径5.5、高5.5厘米（图三四五，2；彩版一四，5、6）。

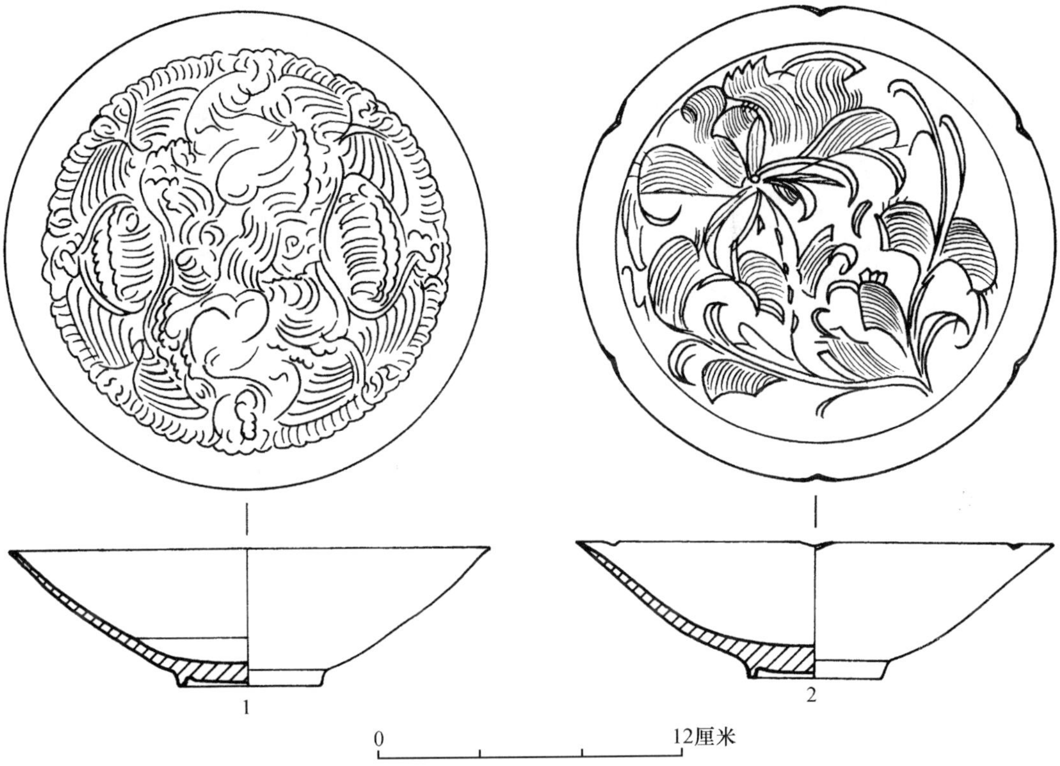

图三四五　巴东旧县坪遗址出土宋代Eb型Ⅱ式侈口瓷碗

1.（西）F8Ⅲ:20　2.（西）J1:1

标本（西）F32:1，内壁及底模印折枝萱草纹。白胎，白釉，圈足内无釉。口径19.4、足径5.8、高5.8厘米（图三四六，1）。

标本（西）L17Ⅰ:9，口沿有六出缺口，内壁及内底刻划花叶纹。白胎，青白釉。口径18.4、足径5.2、高4.8厘米（图三四六，2；图版九六，2）。

标本（西）L4Ⅱ:8，内壁及底刻划草叶纹。白胎，青白釉，外底无釉。口径17.6、足径5.2、高5.1厘米（图三四七，1）。

标本（西Ⅰ）T3517⑤:5，口沿呈六出葵花状，内壁刻花叶纹。白胎，青白釉，开片，足内无釉。口径18.4、足径5.8、高5.3厘米（图三四七，2）。

标本（西Ⅰ）T3517⑤:30，口呈六出花口，内壁及底刻划草叶纹及梳篦纹。白胎，青白釉，开片，足内无釉。口径18.4、足径5.6、高4.6厘米（图三四八）。

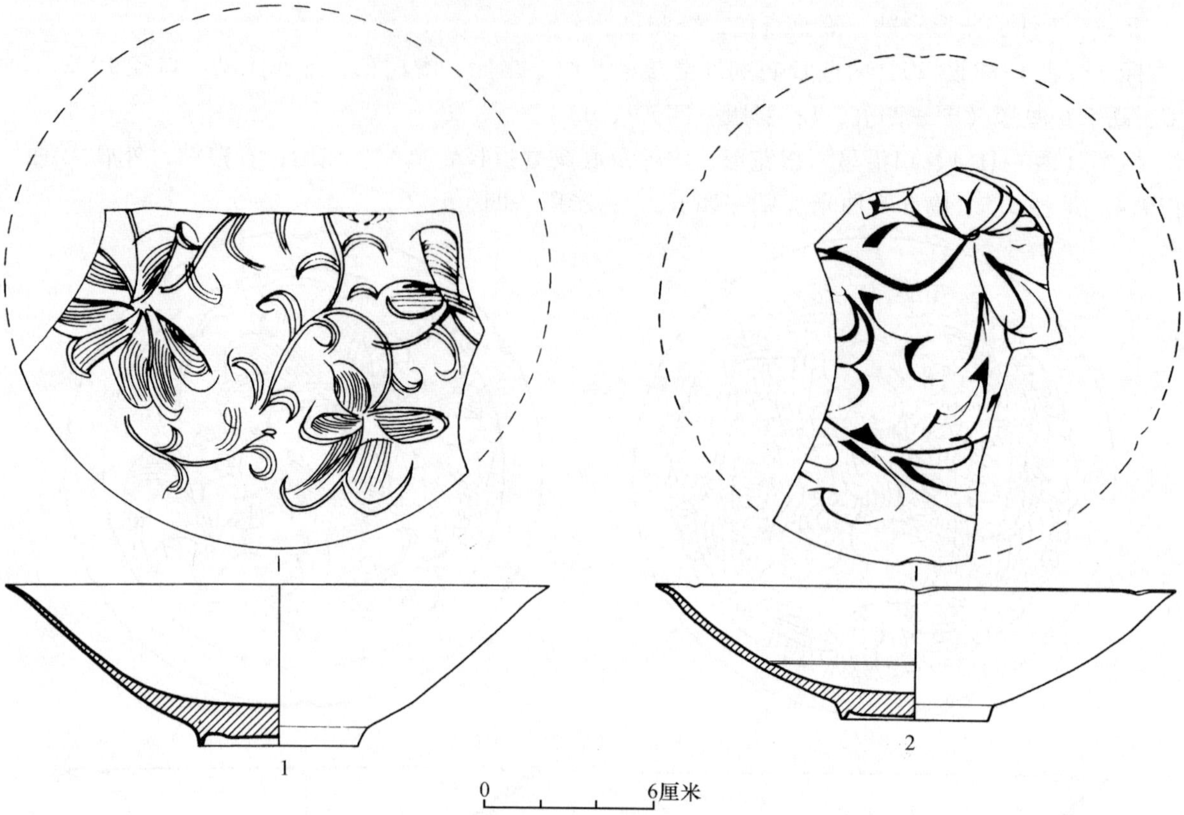

图三四六　巴东旧县坪遗址出土宋代 Eb 型Ⅱ式侈口瓷碗

1. （西）F32∶1　2. （西）L17Ⅰ∶9

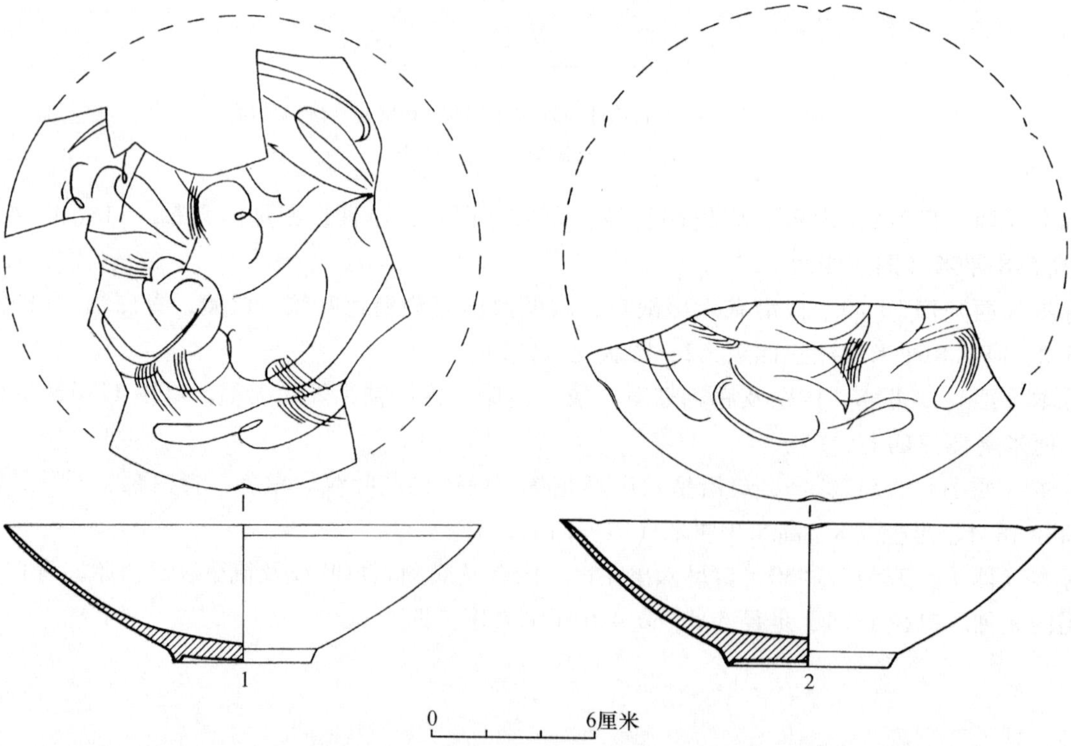

图三四七　巴东旧县坪遗址出土宋代 Eb 型Ⅱ式侈口瓷碗

1. （西）L4Ⅱ∶8　2. （西Ⅰ）T3517⑤∶5

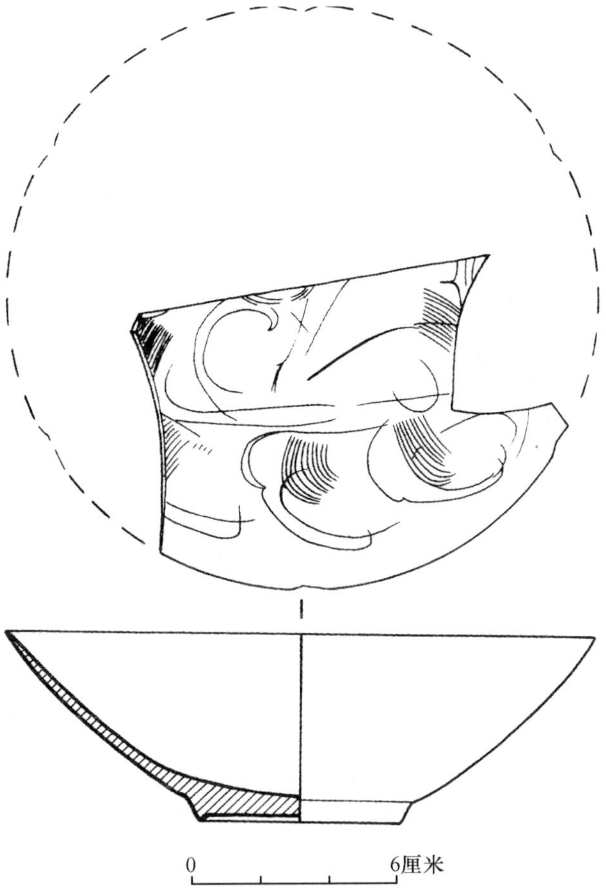

图三四八　巴东旧县坪遗址出土宋代Eb型Ⅱ式侈口瓷碗（（西Ⅰ）T3517⑤:30）

Ec型　9件。底心较大，内圜底，器形较矮。

标本（西）F3:32，口沿有六出缺口，内壁及底刻划草叶纹及梳篦纹。白胎，青白釉，开片，足内无釉。口径18.4、足径5.6、高4.6厘米（图三四九，1）。

标本（西）F8Ⅳ:4，口沿有六出缺口，内底略下凹，内刻划花叶纹。白胎，青白釉，开片。口径17.8、足径5.6、高4.8厘米（图三四九，2）。

标本（西）F3:52，白胎，足外底无釉，余皆施青白釉。内壁刻划草叶云纹。口径20、足径5.8、高5.2厘米（图三五〇，1；图版九六，3）。

标本（西Ⅰ）T2718⑤:1，内壁刻划印云气纹。灰白胎，青白釉，开片。口径16.5、足径4.8、高5厘米（图三五〇，2；彩版一五，1、3）。

标本（西）F87:1，内壁刻划花叶纹及梳篦纹。白胎，青白釉。口径16.4、足径5.2、高4.9厘米（图三五一，1）。

标本（西）F83:2，外壁饰覆莲纹，内壁刻划花叶纹及梳篦纹。灰胎，青白釉，开片，足内无釉。口径15.6、足径5、高4.9厘米（图三五一，2）。

标本（西）F3:50，白胎，青白釉，足底无釉。内壁刻划草叶云纹。口径19.8、足径5.4、高5.6厘米（图三五二，1；彩版一五，2、4）。

标本（西）F3:51，白胎，青白釉，足底无釉。内壁刻划草叶云纹。口径19.4、足径5.4、高5.1厘米（图三五二，2）。

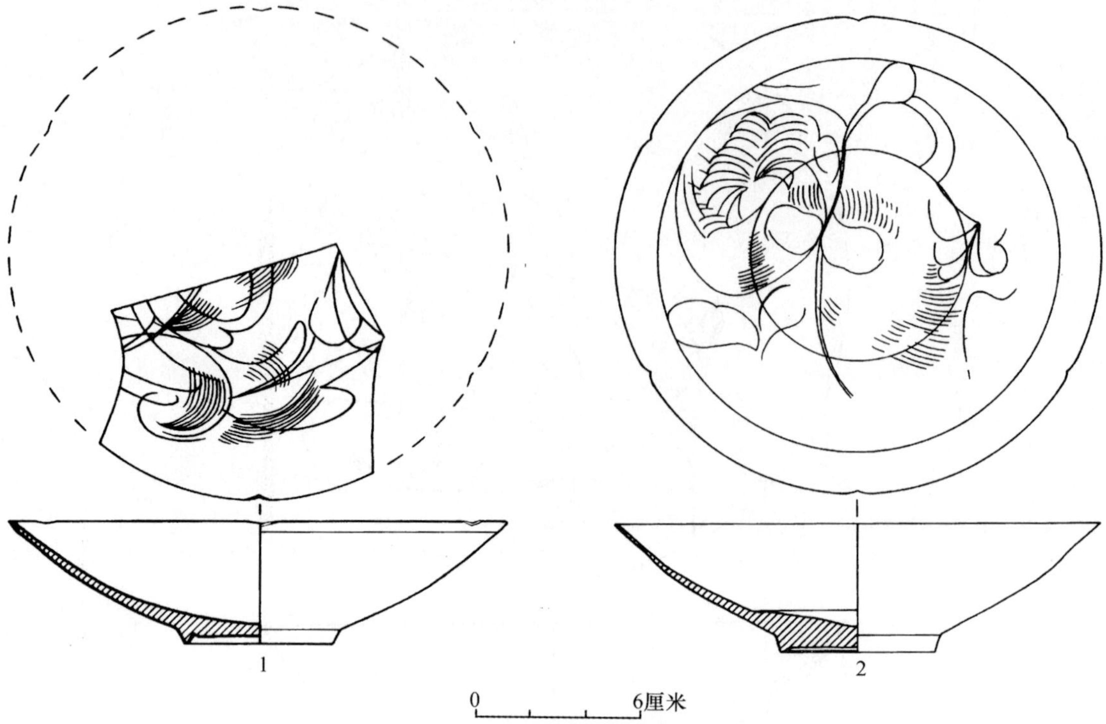

图三四九　巴东旧县坪遗址出土宋代 Ec 型侈口瓷碗

1.（西）F3∶32　2.（西）F8Ⅳ∶4

图三五〇　巴东旧县坪遗址出土宋代 Ec 型侈口瓷碗

1.（西）F3∶52　2.（西Ⅰ）T2718⑤∶1

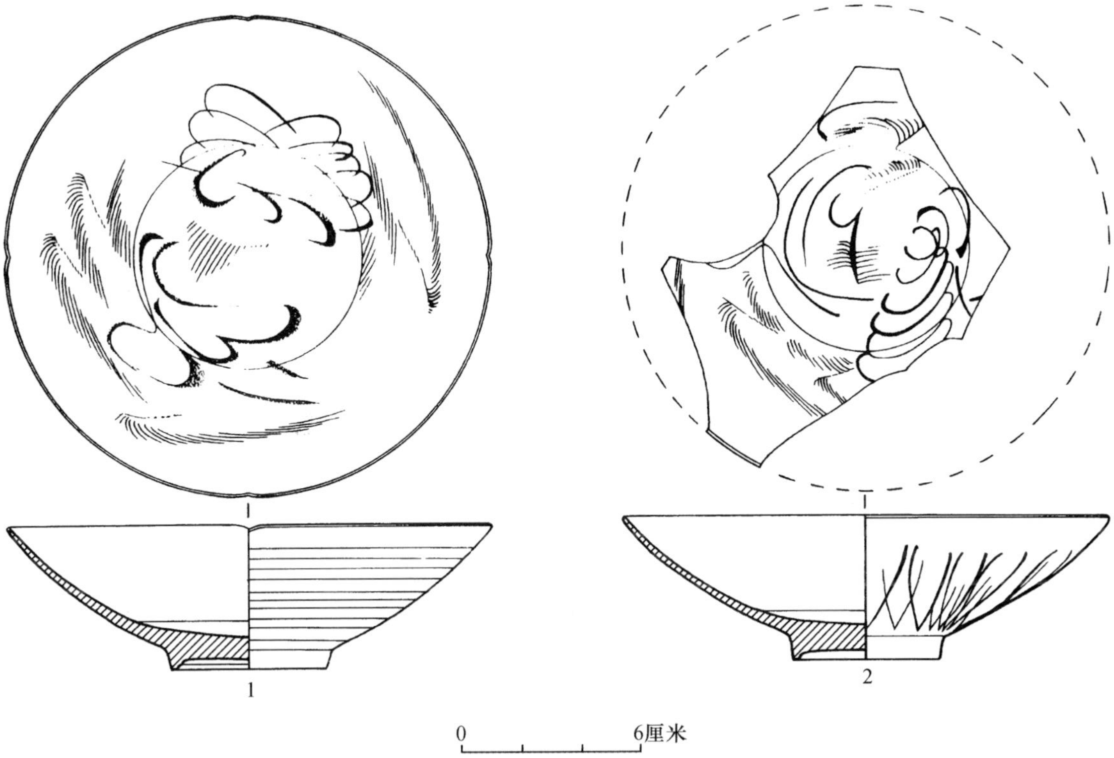

图三五一　巴东旧县坪遗址出土宋代 Ec 型侈口瓷碗
1.（西）F87:1　2.（西）F83:2

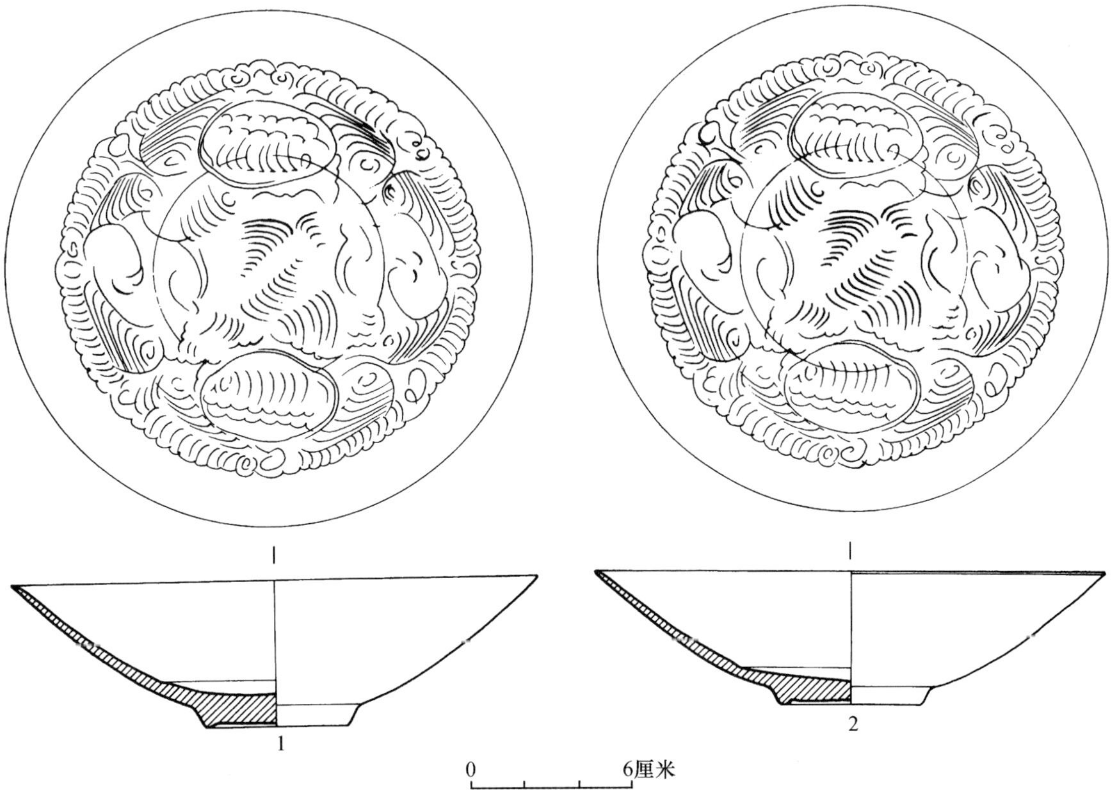

图三五二　巴东旧县坪遗址出土宋代 Ec 型侈口瓷碗
1.（西）F3:50　2.（西）F3:51

标本（西）F19:1，白胎，白釉，外底无釉。口径19、足径5.8、高6厘米（图三五三）。

Ed型　2件。底心较大，平底，内外底心边缘均有一凹槽。

标本（西Ⅰ）T2913⑤:3，白胎，白釉。口径21.4、足径6.8、高8.2厘米（图三五四，1）。

标本（西）F8Ⅲ:11，内壁及底刻划花草纹。白胎，青白釉，外底无釉。口径17.6、足径5.2、高5.6厘米（图三五四，2）。

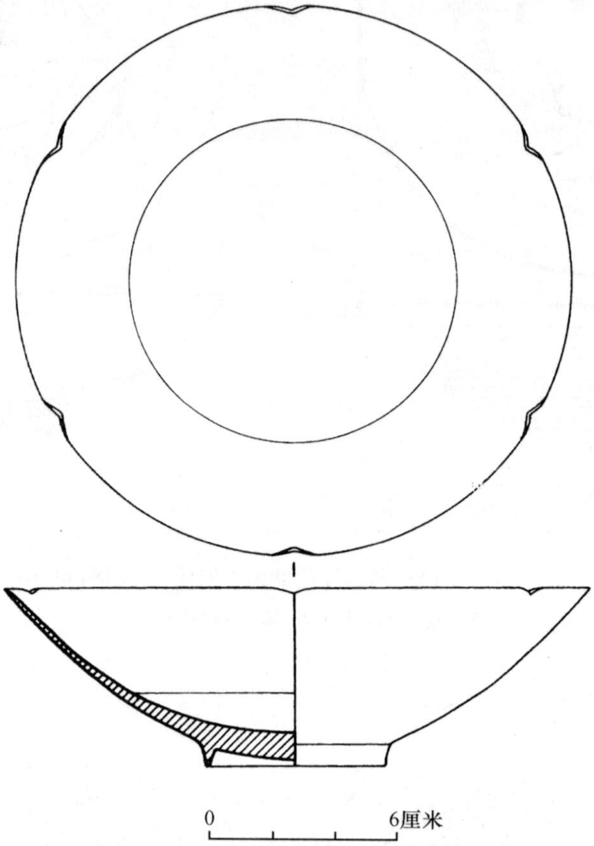

图三五三　巴东旧县坪遗址出土宋代Ec型侈口瓷碗（(西) F19:1）

F型　8件。侈口微撇，深腹斜直收，大底心，圈足浅挖，足墙内收。

标本（西）L4Ⅰ:6，尖唇，口呈葵花形，内平底。内壁及底刻划花草纹。灰白胎，青白釉，圈足内露胎。口径18.4、足径6、高6.4厘米（图三五五，1；彩版一一，3、5）。

标本（西）L2Ⅱ:2，尖唇，内圜底。内壁刻划简化花草纹。灰白胎，青白釉，圈足内无釉。口径18、足径6、高5.6厘米（图三五五，2）。

标本（西）F18Ⅰ:1，圆唇，内壁口沿下有一凸弦纹，内平底略上凸，内底边缘有一凹槽。内壁及底刻划花卉纹。白胎，青白釉，足内无釉。口径19.4、足径7.4、高6.2厘米（图三五五，3）。

标本（西）F1Ⅱ:3，尖唇，口沿有缺口，内凹底。内腹壁刻划草叶纹。灰白胎，青白釉，圈足内无釉。口径17.6、足径6、高5.9厘米（图三五五，4）。

标本（西）F2Ⅰ:8，圆唇，葵口，内底心有一凹圈，内底弧平。内壁及底刻划草叶纹。白胎，青白釉。口径19.4、足径6、高6.4厘米（图三五六，1；图版九六，5）。

标本（西）F8Ⅱ:15，圆唇，中腹略鼓，内凹底。内壁篦划海水纹。白胎，青白釉，足内无釉。口径18.4、足径5.6、高6.8厘米（图三五六，2）。

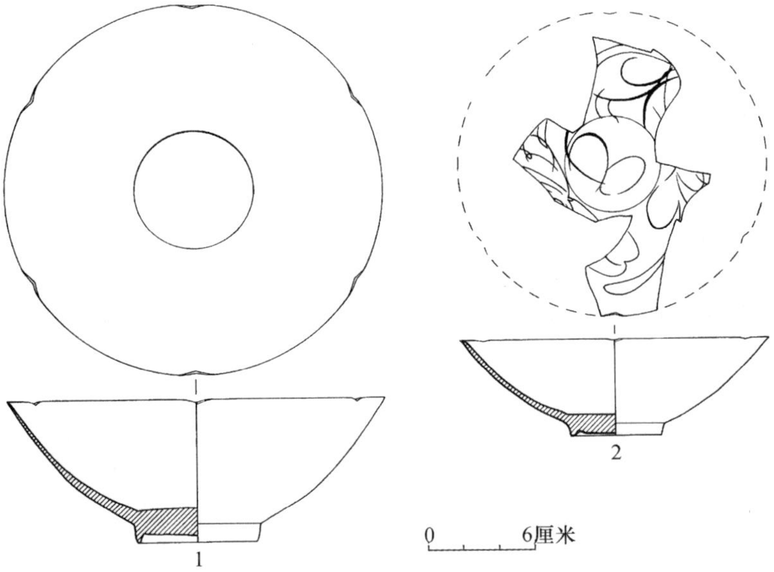

图三五四 巴东旧县坪遗址出土宋代 Ed 型侈口瓷碗

1.（西Ⅰ）T2913⑤:3 2.（西）F8Ⅲ:11

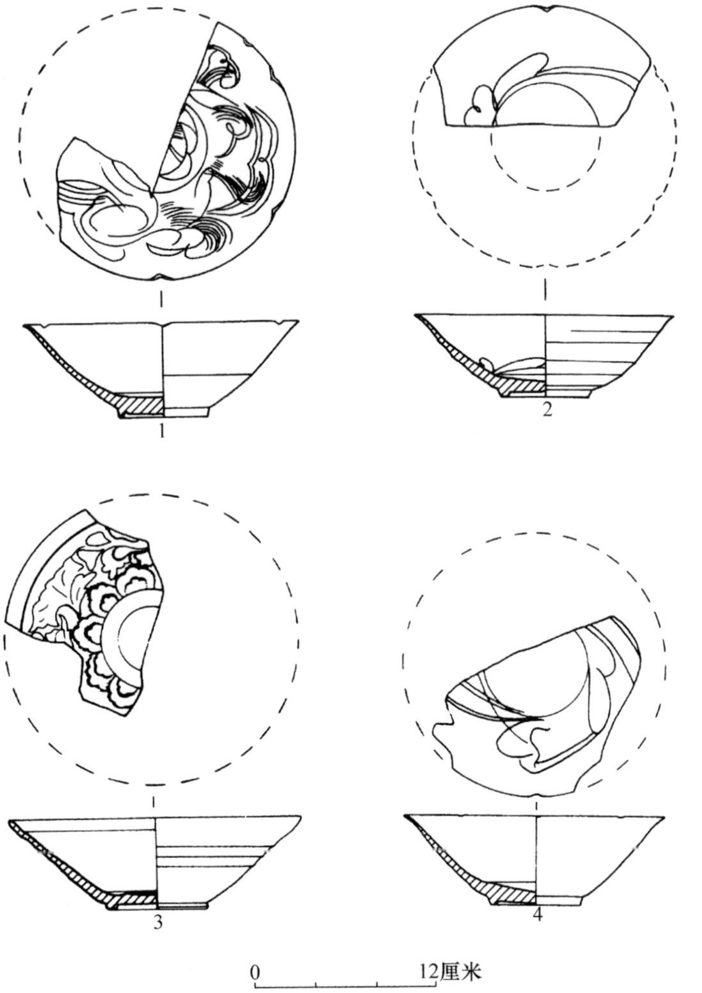

图三五五 巴东旧县坪遗址出土宋代 F 型侈口瓷碗

1.（西）L4Ⅰ:6 2.（西）L2Ⅱ:2 3.（西）F18Ⅰ:1 4.（西）F1Ⅱ:3

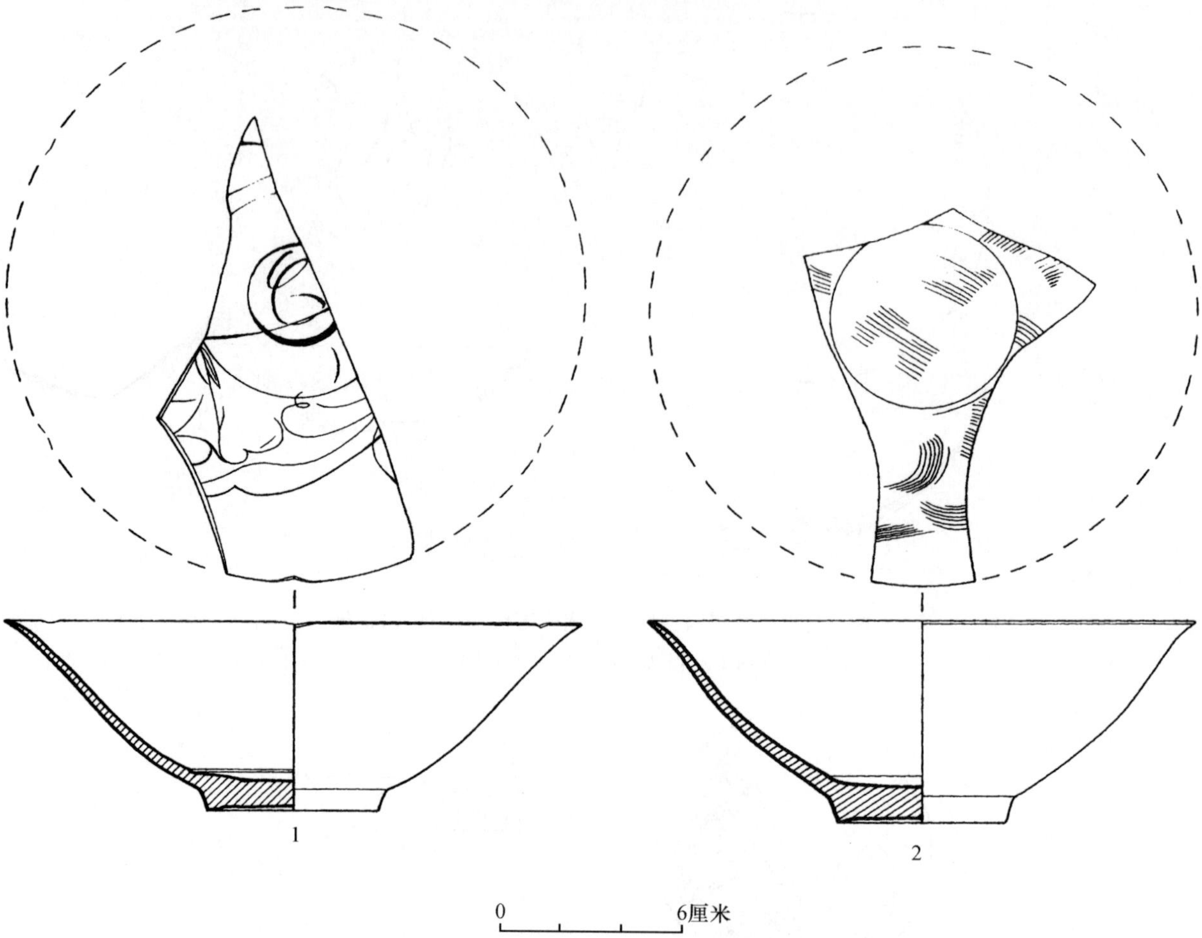

图三五六　巴东旧县坪遗址出土宋代 F 型侈口瓷碗

1.（西）F2Ⅰ:8　2.（西）F8Ⅱ:15

标本（西Ⅰ）T3516⑤:7，圆唇，内底心有一凹圈，平底。外壁口沿下有数道弦纹。内壁刻划草叶纹。灰白胎，上腹施白釉，中腹施青釉，下腹及足无釉。口径 17、足径 5.2、高 6 厘米（图三五七，1；图版九六，6）。

标本（西）F2Ⅰ:7，圆唇，内圜底，饼足内凹。外腹壁有数道凸弦纹，内底心刻划百合花纹。白胎，青白釉，足内无釉。口径 16.6、足径 5.2、高 6.7 厘米（图三五七，2）。

G 型　6 件。侈口微撇，弧壁，垂腹，内坦底，圈足。可以分为四亚型。

Ga 型　2 件。圆唇，圈足浅挖，足墙较直。

标本（西）F32:4，外底边缘有一道凹弦纹。内壁印四开光团花纹，内底印一大朵牡丹花。白胎，青白釉，足内无釉。口径 17.2、足径 6.2、高 7.3 厘米（图三五八，1）。

标本（西）L1Ⅲ:1，外底心下凸。内壁及地模印有折枝花草纹。灰白胎，青白釉。口径 17.2、足径 6.2、高 7 厘米（图三五八，2；彩版一五，5、6）。

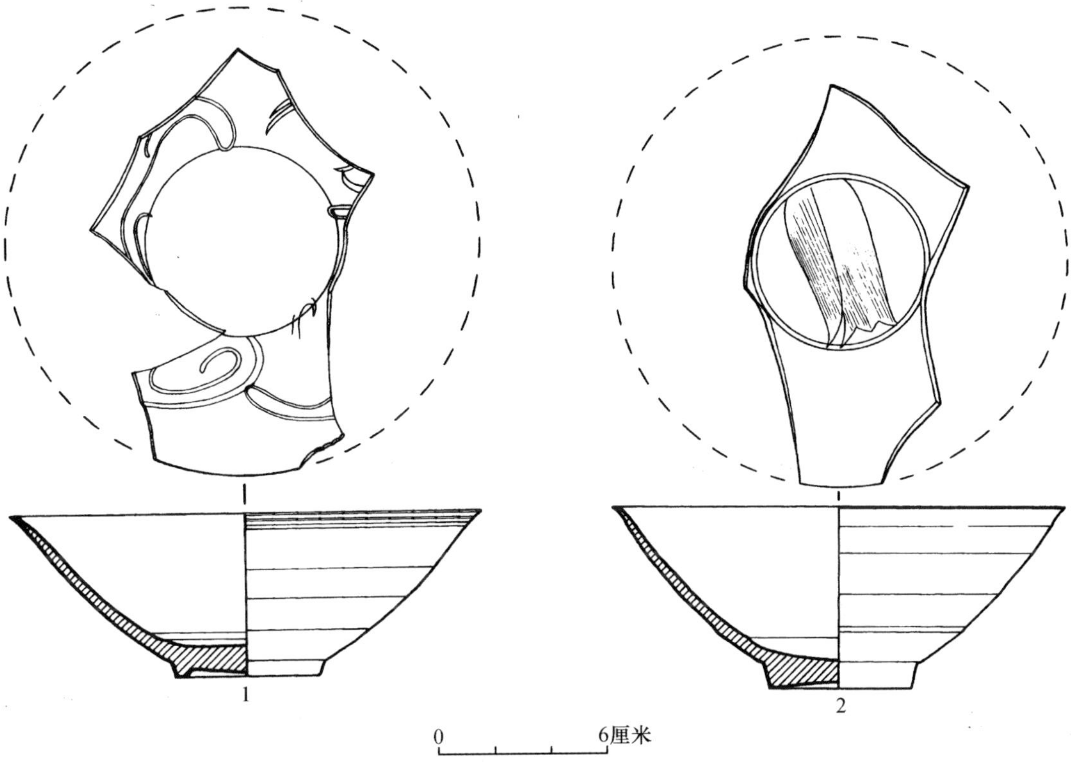

图三五七　巴东旧县坪遗址出土宋代F型侈口瓷碗

1.（西Ⅰ）T3516⑤:7　2.（西）F2Ⅰ:7

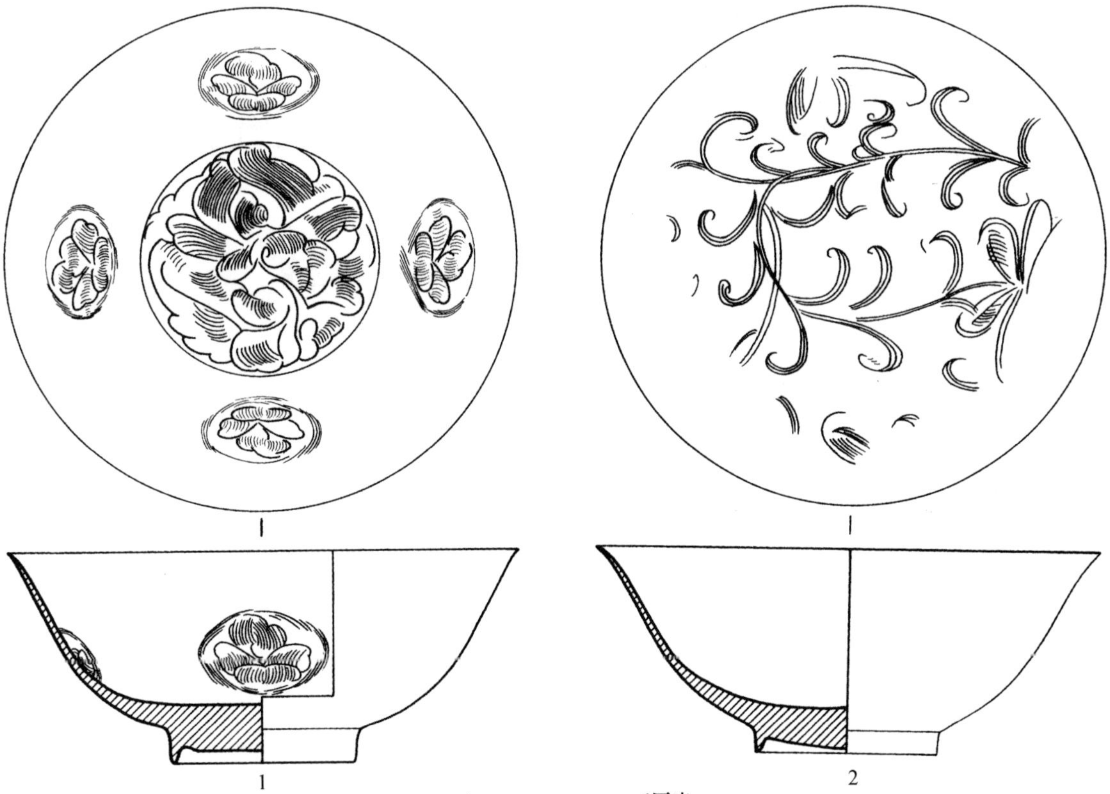

图三五八　巴东旧县坪遗址出土宋代Ga型侈口瓷碗

1.（西）F32:4　2.（西）L1Ⅲ:1

Gb 型　2 件。方唇，圈足足墙外撇。内壁及底模印萱草纹，外腹壁模印两层仰莲瓣纹。

标本（西）F8Ⅲ:54，外侧口沿下部有一凹槽，圈足宽矮。白胎，青白釉。口径 15.6、足径 5.4、高 7.5 厘米（图三五九，1）。

标本（西）F8Ⅲ:53，圈足瘦高。灰白胎，白釉，开片，芒口。口径 15、足径 4.4、高 6.8 厘米（图三五九，2；图版九七，1）。

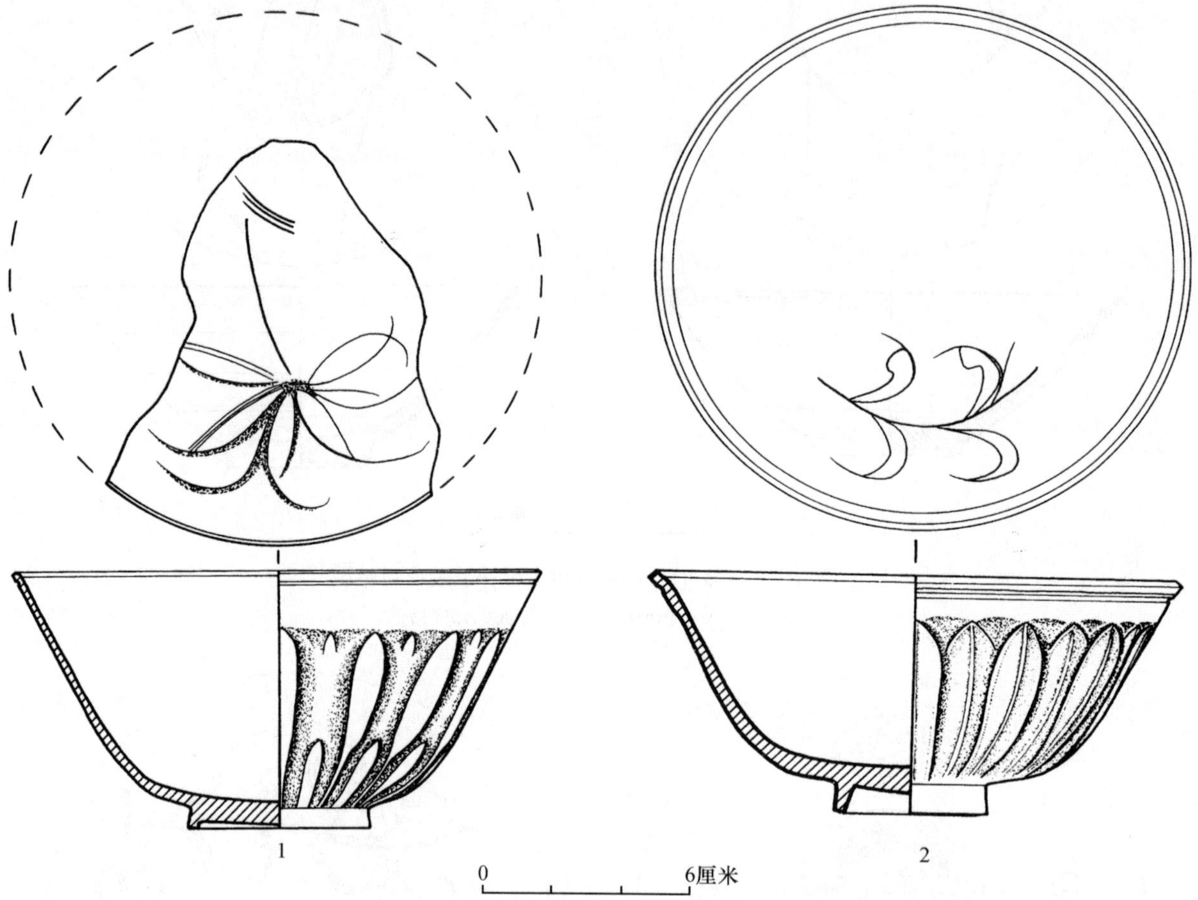

图三五九　巴东旧县坪遗址出土宋代 Gb 型侈口瓷碗
1.（西）F8Ⅲ:54　2.（西）F8Ⅲ:53

Gc 型　1 件。方唇，内圜底，外底心中心下凸。

标本（西）F14Ⅰ:7，口外下饰一道细凹弦纹，外腹壁呈瓦棱状。内壁及底刻花叶纹。灰白胎，青白釉，芒口，开片。口径 15.6、足径 5.6、高 6.5 厘米（图三六〇，1）。

Gd 型　1 件。方唇，内平底，外底鸡心突。

标本（西Ⅰ）T3618⑤:1，内平底，内底边缘有一道凹弦纹，外底有鸡心突。内壁刻划折枝萱草纹。灰白胎较薄，青白釉，釉泛黄，芒口，开片。口径 16、足径 4.8、高 7.4 厘米（图三六〇，2）。

H 型　4 件。侈口，圆唇，弧腹，内圜底，矮圈足。

标本（西Ⅰ）T0408④:13，灰胎，双层釉，底釉为白色护胎釉，外青釉，外下腹及足无釉，有旋削痕迹。在护胎釉上绘黑彩纹饰，唇上绘四组几何纹，内底绘两株草叶纹。口径 15.8、足径 5.8、高 5.9 厘米（图三六一，1）。

标本（西）F8Ⅲ:4，内壁及底饰绿彩兰花纹。灰胎，双层釉，底釉为白色护胎釉，外青釉，外下腹及足无釉。口径 17、足径 5.8、高 6.4 厘米（图三六一，2；彩版一六，1、3）。

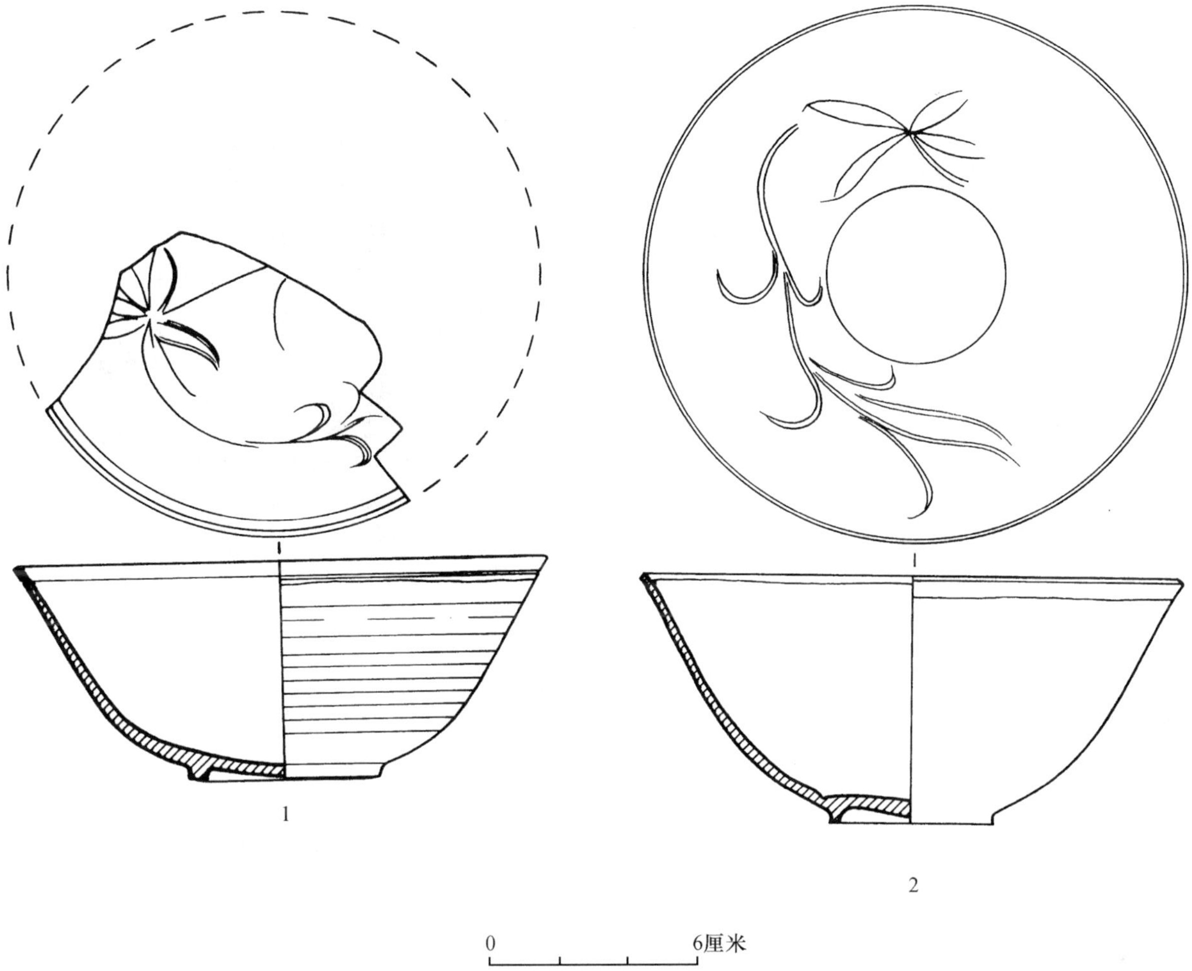

图三六〇　巴东旧县坪遗址出土宋代G型侈口瓷碗
1. Gc型（（西）F14Ⅰ:7）　2. Gd型（（西Ⅰ）T3618⑤:1）

标本（西）F46Ⅰ:3，足墙外撇。灰白胎，白釉，外下腹及足无釉。口径17.6、足径7.2、高7厘米（图三六二，1）。

标本（西）F8Ⅲ:82，内底有垫石痕迹。灰白胎，白釉，外下腹及足无釉。口径15.8、足径5.8、高5.9厘米（图三六二，2）。

Ⅰ型　5件。方唇，深弧腹，内圜底，圈足，足墙外撇，外底下突。外口沿下部有一道凹弦纹。

标本（西Ⅰ）T3517⑤:44，内底模印一折枝花。白胎，青白釉，芒口。口径10.4、足径3.9、高4.6厘米（图三六三，1）。

标本（西Ⅰ）T3520⑤:12，内底模印一折枝花。灰白胎，青白釉，芒口，圈足内无釉。口径10.2、足径3.5、高5厘米（图三六三，2；图版九七，2）。

标本（西）H57:8，外底边缘有一凹槽。灰白胎，青白釉，芒口，圈足内无釉。口径9.6、足径3.4、高5厘米（图三六三，3）。

标本（西）F56:2，灰白胎，青白釉，芒口，圈足内无釉。口径10.2、足径3.4、高5厘米（图三六三，4）。

标本（西Ⅰ）T3420⑤:2，灰白胎，青白釉，芒口，圈足内无釉。口径10.6、足径4.2、高5厘米（图三六三，5）。

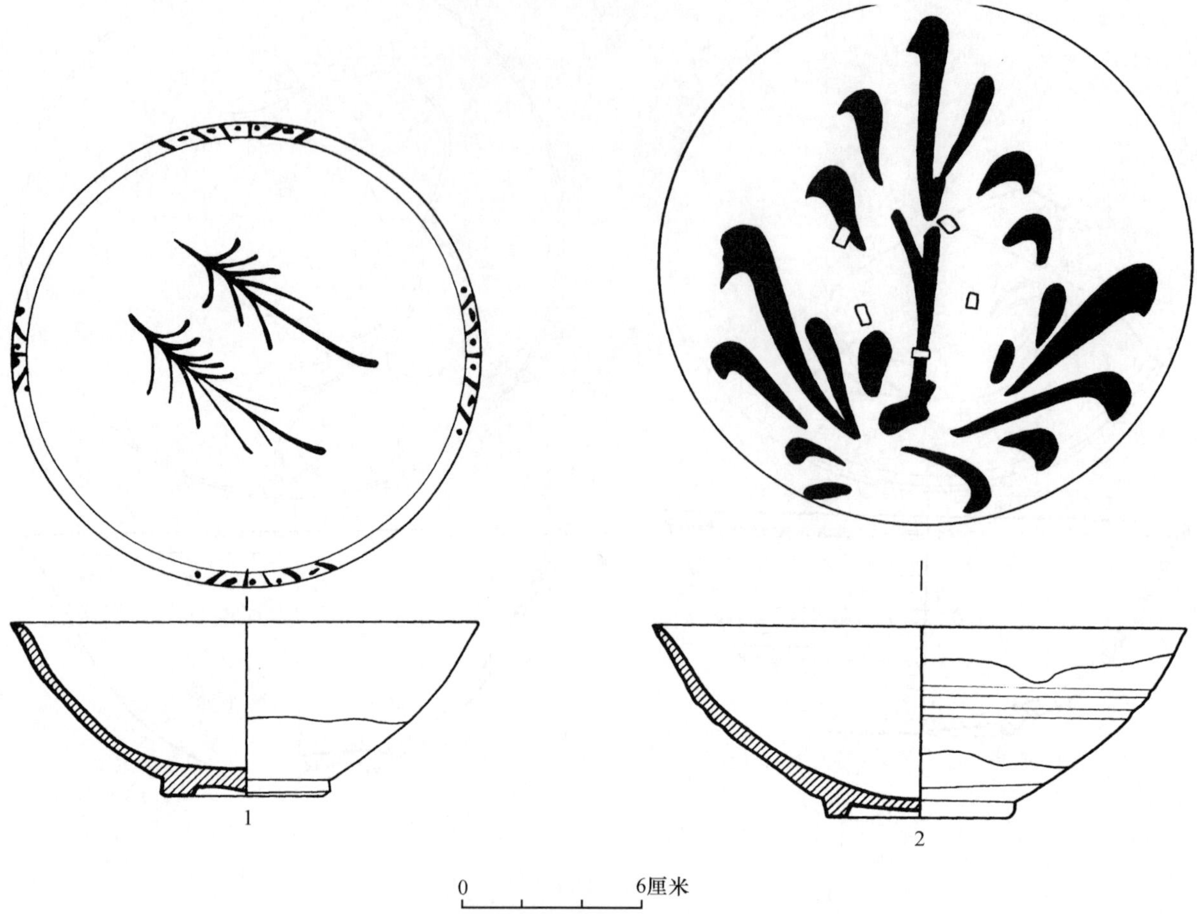

图三六一　巴东旧县坪遗址出土宋代 H 型侈口瓷碗

1.（西Ⅰ）T0408④:13　2.（西）F8Ⅲ:4

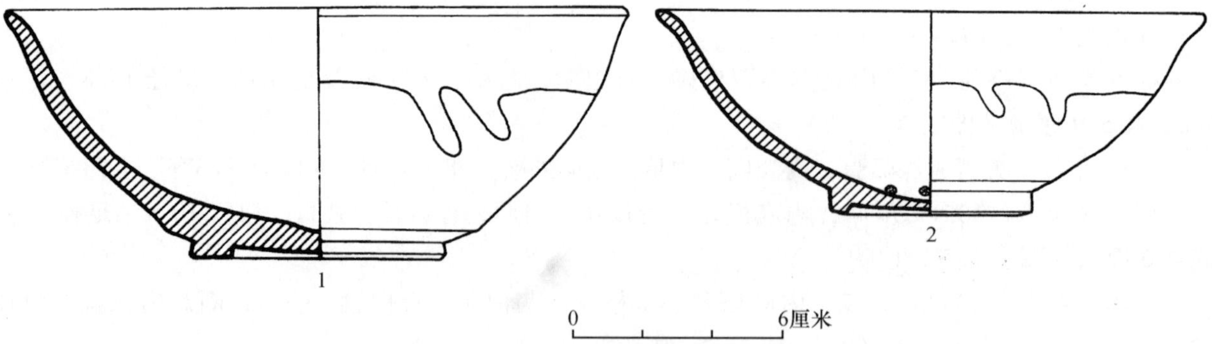

图三六二　巴东旧县坪遗址出土宋代 H 型侈口瓷碗

1.（西）F46Ⅰ:3　2.（西）F8Ⅲ:82

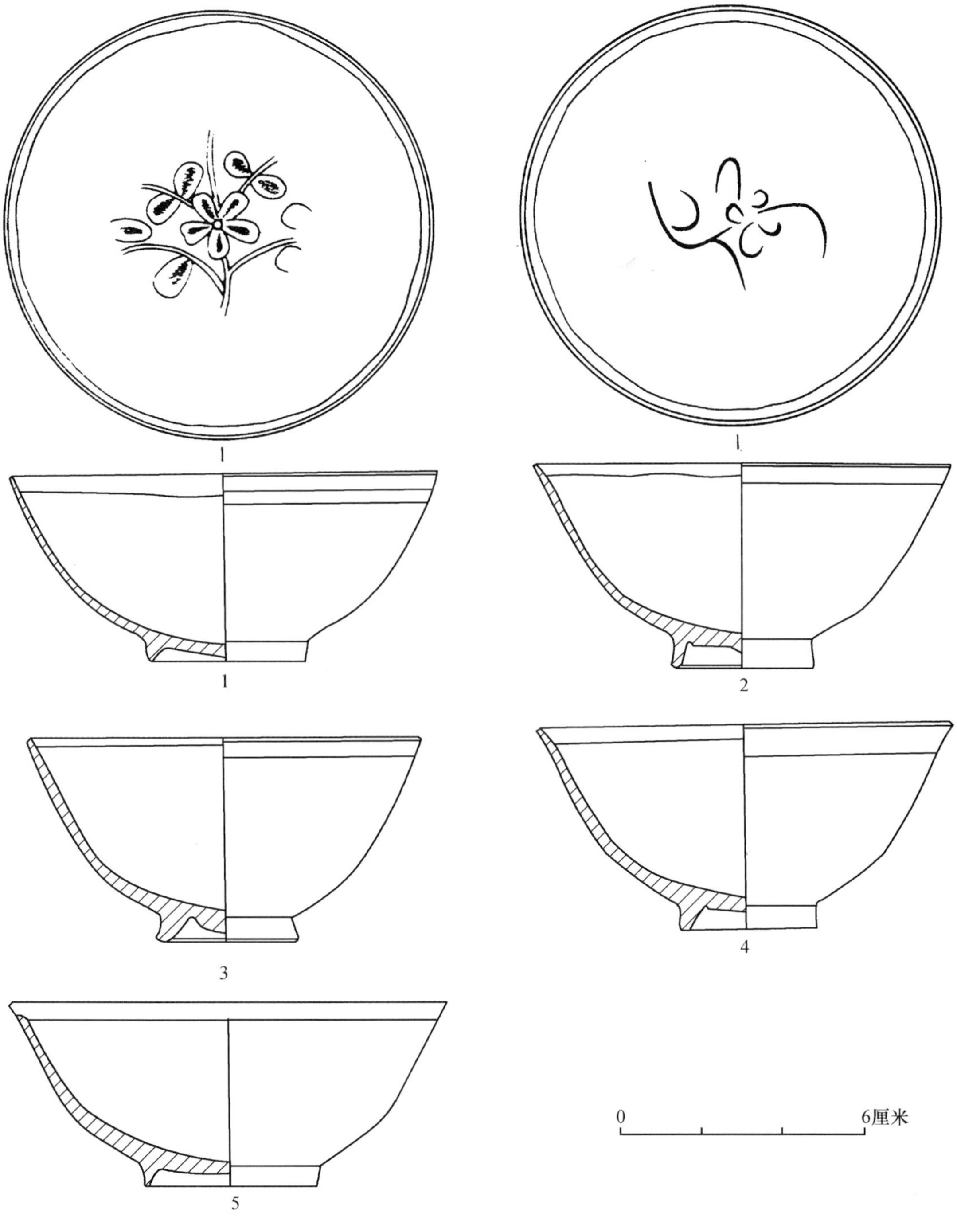

图三六三　巴东旧县坪遗址出土宋代Ⅰ型侈口瓷碗

1.（西Ⅰ）T3517⑤:44　2.（西Ⅰ）T3520⑤:12　3.（西）H57:8　4.（西）F56:2　5.（西Ⅰ）T3420⑤:2

J型　2件。侈口，深腹，腹壁较直，内腹壁下部有一凹圈，内圜底，矮圈足。

标本（西）F67:5，尖唇，口沿推测有六出小缺口，大底心，圈足足墙较直，外底中心略下凹。内腹壁口沿处有一道凹弦纹，外腹壁有六道凹弦纹。内壁刻划云气纹。灰白胎，青釉，外下腹及足无釉。口径19.8、足径7、高7厘米（图三六四，1；图版九七，3）。

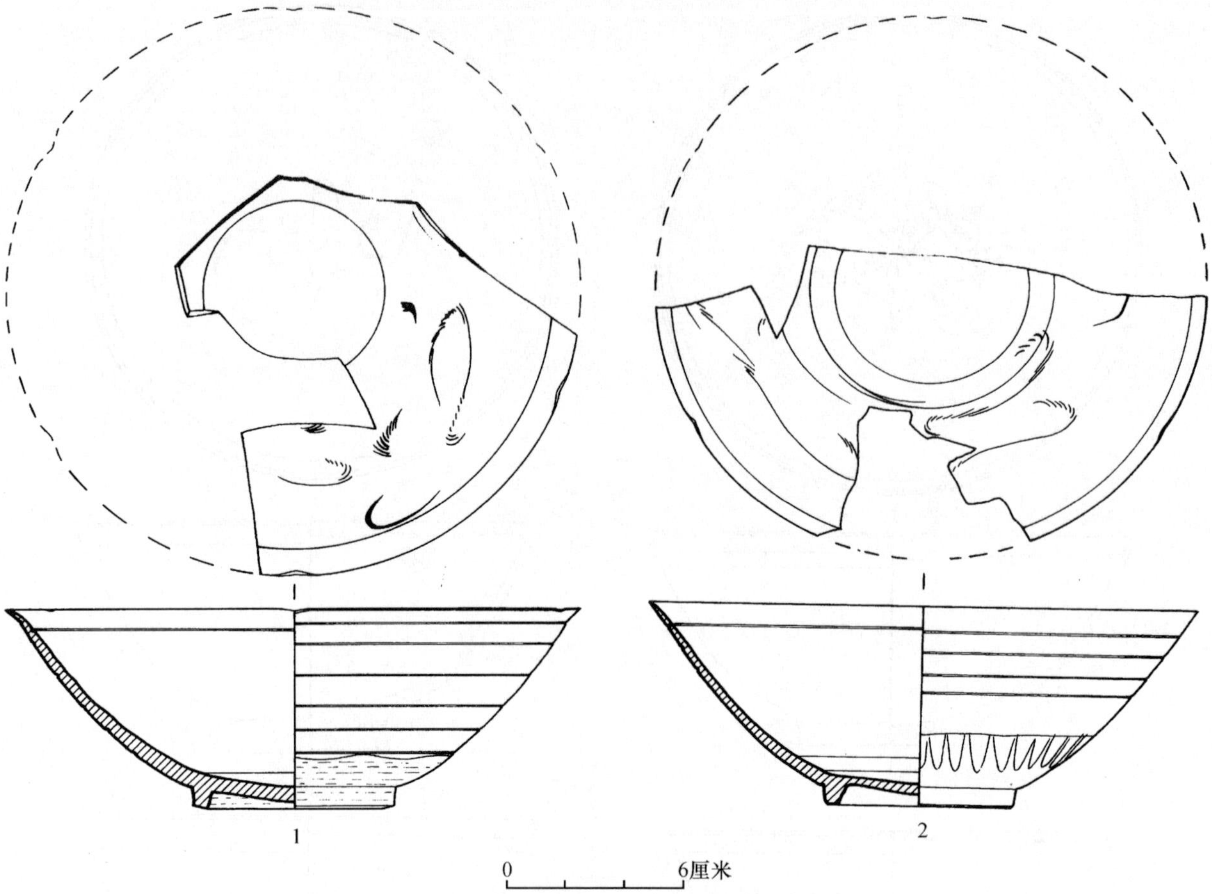

图三六四　巴东旧县坪遗址出土宋代J型侈口瓷碗
1.（西）F67∶5　2.（西）F94∶5

标本（西）F94∶5，尖唇，口沿推测有六出小缺口，大底心。内壁刻划梳篦纹。灰胎，青白釉。口径18.8、足径7.4、高7厘米（图三六四，2）。

K型　2件。侈口微撇，方唇，矮圈足。外腹壁模印莲瓣纹，内底刻划折枝萱草纹。可以分为二式。

Ⅰ式：1件。器形较矮。

标本（西）F8Ⅲ∶27，内壁口沿处有一凹槽，曲弧腹较浅，内圜底，外底中心略下凹凸。外腹壁模印两层莲瓣纹。白胎，灰白釉，芒口。口径16.8、足径5.2、高4.4厘米（图三六五，1；图版九七，4）。

Ⅱ式：1件。器形较高。

标本（西）H57∶10，内底较平。外腹壁模印三层莲瓣纹。白胎，灰白釉，芒口。口径18、足径5.2、高7厘米（图三六五，2）。

（7）敞口碗

55件。可以分为四型。

A型　40件。器形较大。内底多有涩圈。敞口，斜直腹壁，矮圈足，施釉不到底。可以分为二式。

图三六五　巴东旧县坪遗址出土宋代K型侈口瓷碗
1. Ⅰ式（（西）F8Ⅲ:27）　2. Ⅱ式（（西）H57:10）

Ⅰ式：8件。器形较矮。

标本（西）L18Ⅱ:4，圆唇，内平底，内底边缘有一周涩圈。灰黄胎较薄，青白釉下有化妆土，外下腹及足无釉。口径13.1、足径3.9、高4.1厘米（图三六六，1）。

标本（西Ⅰ）T3519⑤:23，圆唇，内圜底。灰黄胎，青白釉下有化妆土，唇部及外壁口下各绘黑彩间断横线一周，外下腹及足无釉。口径13.6、足径5.4、高4.2厘米（图三六六，2）。

标本（西Ⅰ）T3620⑤:6，圆唇，内平底，内底边缘有一凸棱。灰白胎，青白釉，外下腹及足无釉，内底外一周无釉，外下腹及足无釉。口径17、足径7.4、高4.7厘米（图三六六，3）。

标本（西）F3:9，圆唇，内平底，内底边缘有一周涩圈。灰黄胎，白釉，外下腹及足无釉。口径 17、足径 6、高 4.8 厘米（图三六六，4）。

标本（西）F3∶18，圆唇，内坦底。内外腹壁中下部有数道涩圈。灰黄胎，白釉，唇部施一周褐釉，外下腹及足无釉。口径 14.6、足径 6、高 5 厘米（图三六六，5）。

标本（西Ⅰ）T2720⑤∶1，圆唇，内坦底，内底边缘有一周涩圈，外底心略下凸。灰胎，黑釉，足部无釉。口径 14、足径 6.4、高 4.2 厘米（图三六六，6）。

标本（西）L18Ⅱ∶3，圆唇，内平底，外底心下凸。灰黄胎，白釉下有化妆土，外下腹及足无釉。口径 13.2、足径 4.4、高 4.3 厘米（图三六六，7；图版九七，5）。

标本（西）H51∶1，圆唇，内坦底，内底边缘有一周涩圈。灰黄胎，白釉，外下腹及足无釉。口径 13.6、足径 6.2、高 4.1 厘米（图三六六，8；图版九七，6）。

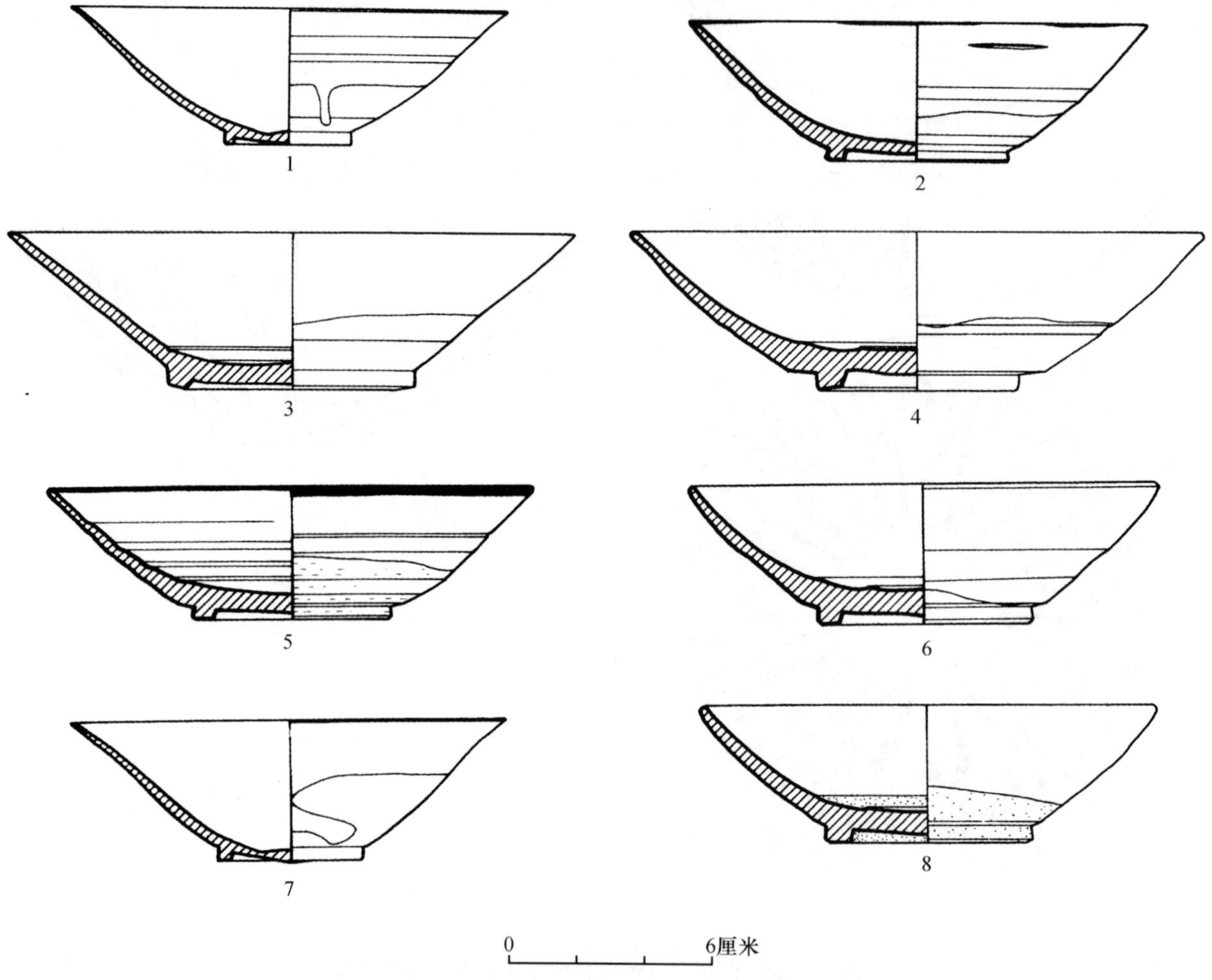

图三六六　巴东旧县坪遗址出土宋代 A 型Ⅰ式敞口瓷碗

1.（西）L18Ⅱ∶4　2.（西Ⅰ）T3519⑤∶23　3.（西Ⅰ）T3620⑤∶6　4.（西）F3∶9　5.（西）F3∶18　6.（西Ⅰ）T2720⑤∶1　7.（西）L18Ⅱ∶3　8.（西）H51∶1

Ⅱ式：32 件。器形较高。

标本（西）F3∶39，圆唇，内底略下凹，内腹壁下部有一凸棱，外腹壁有数道凸弦纹。灰黄胎，青白釉，外下腹及足无釉。口径 17.6、足径 6.8、高 6.2 厘米（图三六七，1）。

标本（西）L18Ⅱ∶5，圆唇，内平底，内腹壁上部有两道凸弦纹，外腹壁上部有数道凹槽。内底边缘有一周涩圈。灰黄胎，青白釉，外下腹及足无釉。口径 17.2、足径 7.6、高 5.9 厘米（图三六七，2）。

标本（西）L18Ⅱ:6，圆唇，内平底，内腹壁下部有两道凸弦纹。灰胎，褐釉，外下腹及足无釉。口径16.8、足径6.8、高6厘米（图三六七，3；图版九八，1）。

标本（西）F3:42，圆唇，内平底，内腹壁下部有一凸棱，外腹壁有数道凸弦纹。灰黄胎，内部及外上腹施青釉，釉下有白色化妆土，外下腹及足无釉。口径17.2、足径6.8、高5.9厘米（图三六七，4）。

标本（西）F3:38，圆唇，内底略下凹。内外腹壁上部呈瓦棱状。内底边缘有一周涩圈。灰黄胎，青白釉，外下腹及足无釉。口径17.6、足径8、高6厘米（图三六七，5）。

标本（西）F3:11，圆唇，内底略下凹。内底边缘有一周涩圈。灰黄胎，青白釉，外下腹及足无釉，外下腹及足无釉。口径19.2、足径7.2、高6.5厘米（图三六七，6）。

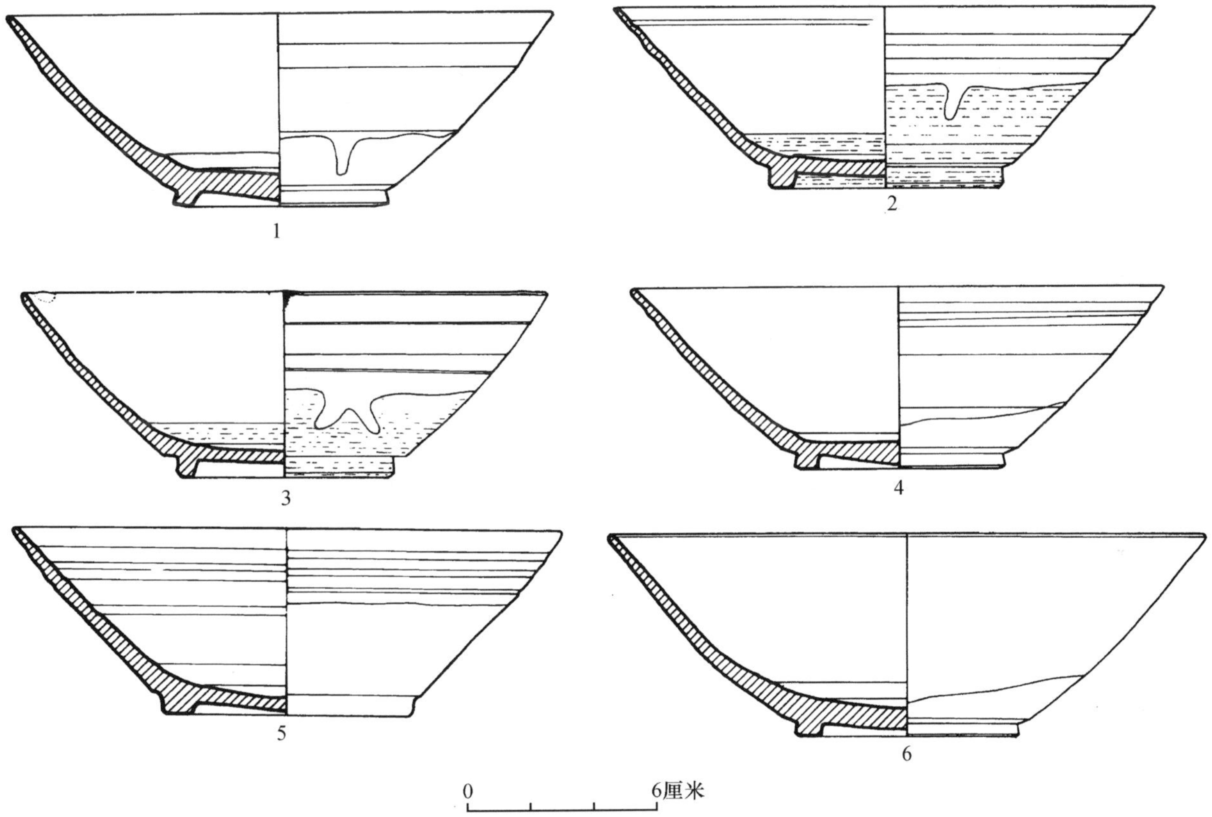

图三六七　巴东旧县坪遗址出土宋代A型Ⅱ式敞口瓷碗

1.（西）F3:39　2.（西）L18Ⅱ:5　3.（西）L18Ⅱ:6　4.（西）F3:42　5.（西）F3:38　6.（西）F3:11

标本（西Ⅰ）T2917⑤:3，圆唇，内底下凹，内底边缘有一周涩圈。灰褐胎，青褐釉，外下腹及足无釉。口径18、足径6.6、高5.8厘米（图三六八，1；图版九八，2）。

标本（西Ⅰ）T2416⑤:5，圆唇，内坦底，内腹壁下部有一凸棱，内底边缘有一周涩圈。褐胎，青褐釉，外下腹及足无釉。口径16、足径6.2、高5.2厘米（图三六八，2）。

标本（西）F8Ⅳ:13，圆唇，内腹壁下部有一凸棱，内平底，内底心边缘有一凹槽，外底心下凸。灰白胎，黑釉，外下腹及足无釉。口径17.1、足径6.7、高5.6厘米（图三六八，3；图九八，3）。

标本（东Ⅰ）T1304④:1，圆唇，内底中心略凸。砖红胎，酱釉，外下腹及足内底外周一圈无釉。口径18、足径7.8、高5.6厘米（图三六八，4；图版九八，4）。

标本（西）L18Ⅱ:7，圆唇，口沿有六出缺口，内圜底，内底外周有一涩圈。褐胎，青白釉，外下腹及足无釉。口径17.2、足径6.2、高5.1厘米（图三六八，5）。

标本（西）F8Ⅳ:11，圆唇，内平底，边缘有一周涩圈。灰胎，青白釉，外下腹及足无釉。口径15.8、足径6.4、高5.4厘米（图三六八，6）。

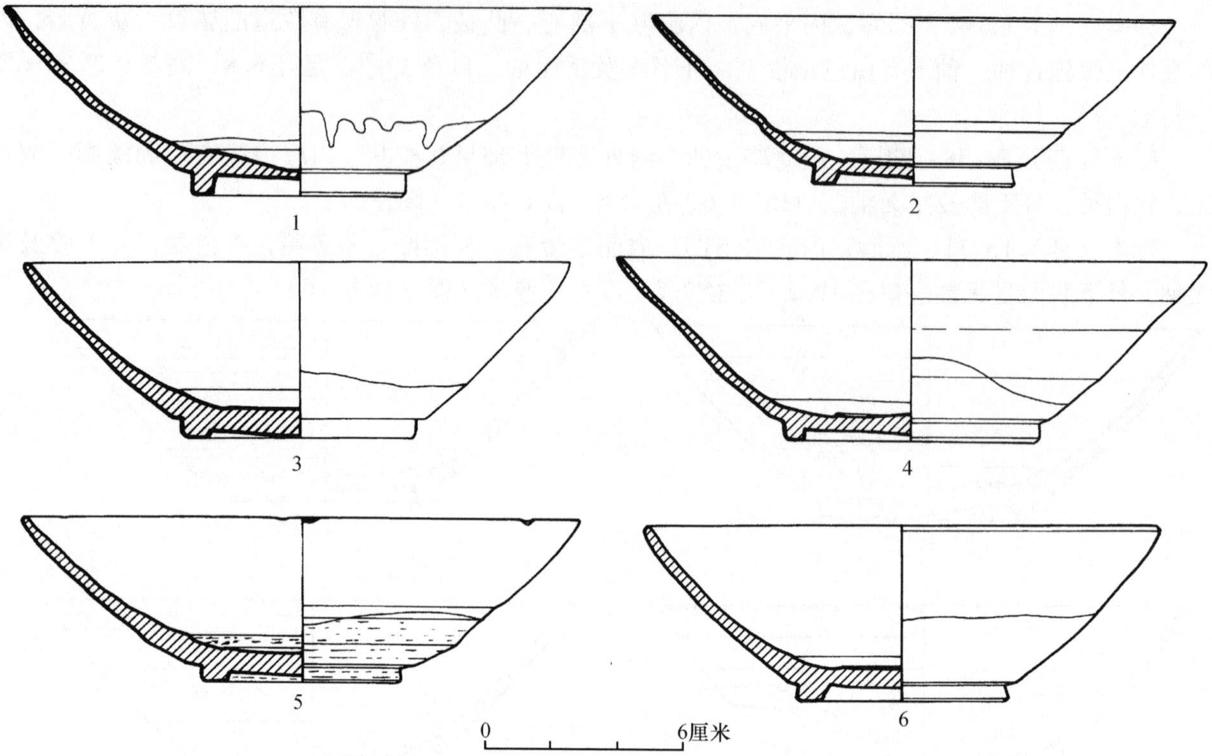

图三六八　巴东旧县坪遗址出土宋代A型Ⅱ式敞口瓷碗

1.（西Ⅰ）T2917⑤:3　2.（西Ⅰ）T2416⑤:5　3.（西）F8Ⅳ:13　4.（东Ⅰ）T1304④:1　5.（西）L18Ⅱ:7　6.（西）F8Ⅳ:11

标本（西）F8Ⅳ:9，圆唇，内平底，外底心下凸。外腹壁有数道凸弦纹。灰黄胎，青白釉，釉下有白色化妆土，外下腹及足无釉。口径18、足径7.6、高5.4厘米（图三六九，1）。

标本（西Ⅰ）T3416⑤:13，圆唇，内平底，内腹壁下部有一凸弦纹，外底心中部下凸。灰白胎，青白釉，外腹近足及足无釉。口径17.8、足径7、高5.3厘米（图三六九，2）。

标本（西）F3:25，圆唇，内平底略下凹。内外腹壁有数道凸弦纹。灰黄胎，青白釉，釉下有白色化妆土，外下腹及足无釉。口径18.2、足径6.2、高5.6厘米（图三六九，3）。

标本（西Ⅰ）T2619⑤:2，圆唇，内平底，内腹壁下部有一道凸棱。灰黄胎，青白釉下有白色化妆土，开片，部分釉已脱落，外下腹及足无釉。口径17.6、足径7.2、高5.2厘米（图三六九，4）。

标本（西）L17Ⅱ:2，方唇，内平底。内底边缘有一周涩圈。灰黄胎，青白釉，釉下有白色化妆土，外下腹及足无釉。口径17.8、足径7.1、高5.5厘米（图三六九，5）。

标本（西）F3:24，圆唇，内坦底，内腹壁下部有一凸棱，外底心下凸。外腹壁有数道凸弦纹。灰黄胎，青白釉，釉下有白色化妆土，外下腹及足无釉。口径17.4、足径7.7、高5.6厘米（图三六九，6）。

标本（西）F3:29，圆唇，内平底。外腹壁有数道凸弦纹。灰黄胎，青白釉，釉下有白色化妆土，外下腹及足无釉。口径17.8、足径7.2、高5.4厘米（图三六九，7）。

标本（西Ⅰ）T1603④:1，圆唇，内底下凹，内腹壁下部有一道凸弦纹，外底心中部下凸。灰白胎，青白釉，外下腹及足无釉。口径16.2、足径6、高5.6厘米（图三六九，8）。

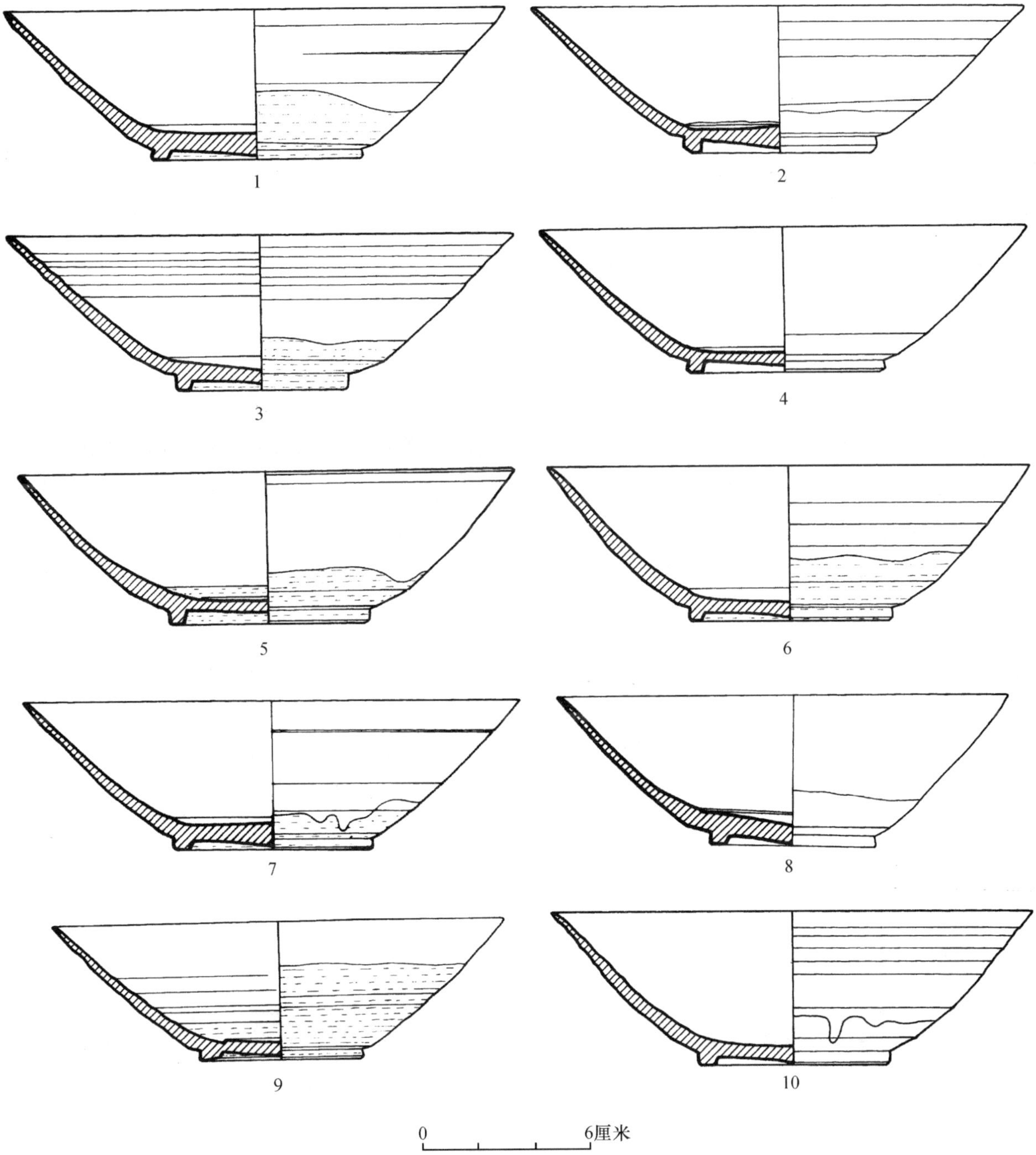

图三六九 巴东旧县坪遗址出土宋代A型Ⅱ式敞口瓷碗

1.（西）F8Ⅳ:9 2.（西Ⅰ）T3416⑤:13 3.（西）F3:25 4.（西Ⅰ）T2619⑤:2 5.（西）L17Ⅱ:2 6.（西）F3:24 7.（西）F3:29 8.（西Ⅰ）T1603④:1 9.（西Ⅰ）T2416⑤:1 10.（西）F3:44

标本（西Ⅰ）T2416⑤:1，圆唇，内底心下凹，内底边缘凸起。内底边缘有一周涩圈。内腹壁下部有数道凸棱。灰黄胎，青白釉，釉下有白色化妆土，外下腹及足无釉。口径16.2、足径5.8、高5厘米（图三六九，9）。

标本（西）F3:44，圆唇，内坦底，外底心下凸。内外腹壁呈瓦棱状。灰黄胎，内部及外上腹施青白釉，釉下有白色化妆土，外下腹及足无釉。口径17.4、足径7、高5.6厘米（图三六九，10）。

标本采集:6，圆唇，内平底。灰黄胎，青白釉，釉下有白色化妆土，外下腹及足无釉。口径

19、足径 7、高 5.8 厘米（图三七〇，1）。

标本（西）L6Ⅳ:1，圆唇，内底略下凹，内底有涩圈。灰黄胎，青白釉，釉下有白色化妆土，外下腹及足无釉。口径 17、足径 6.4、高 5.7 厘米（图三七〇，2）。

标本（西）F3:26，圆唇，内坦底，外底心下凸。灰黄胎，青白釉，釉下有白色化妆土，外下腹及足无釉。口径 16.8、足径 6.8、高 5 厘米（图三七〇，3）。

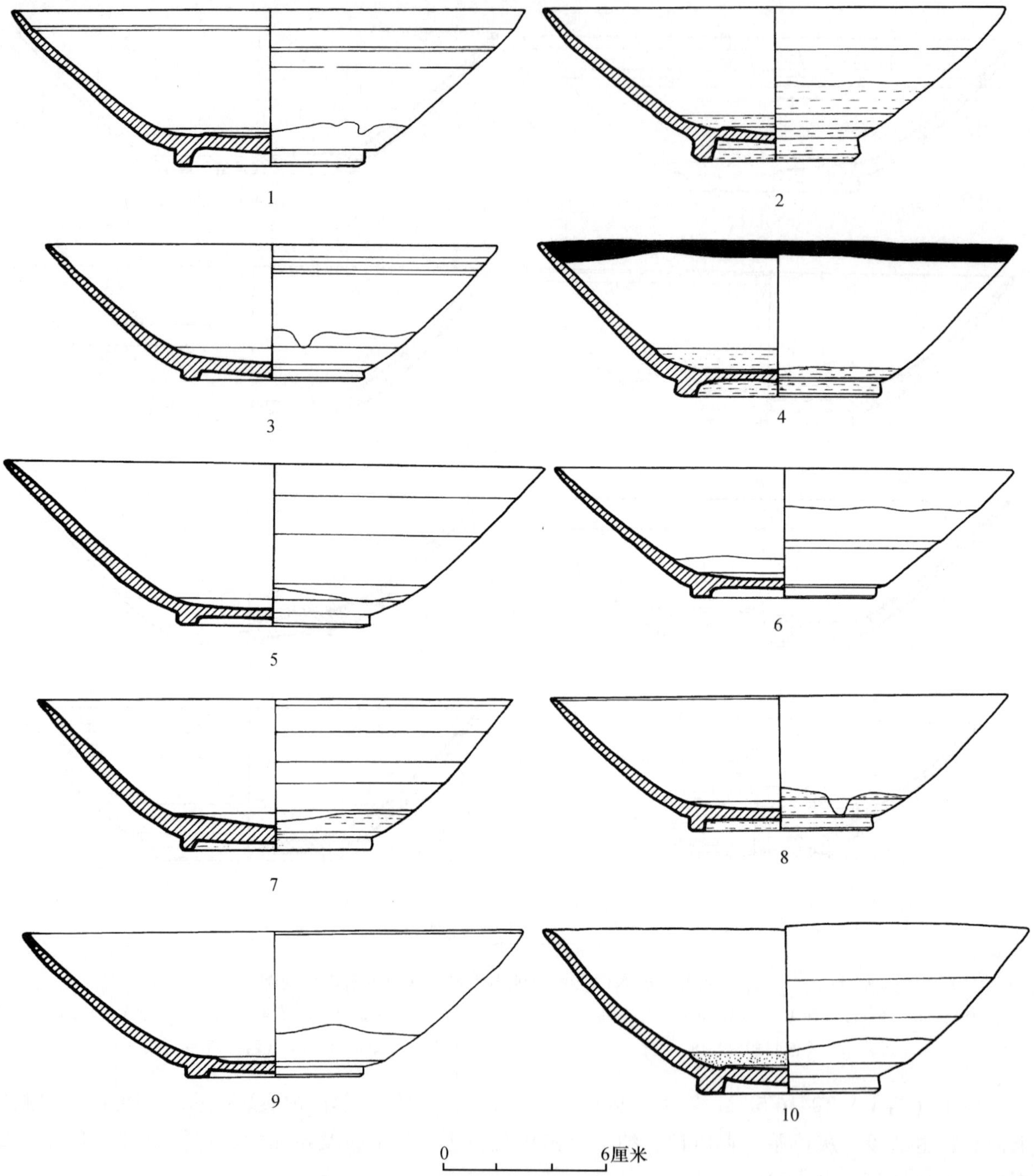

图三七〇　巴东旧县坪遗址出土宋代 A 型Ⅱ式敞口瓷碗

1. 采集:6　2.（西）L6Ⅳ:1　3.（西）F3:26　4.（西）F14Ⅱ:3　5.（西）L2Ⅳ:1　6.（西）F8Ⅳ:1　7.（西Ⅰ）T3417⑤:7　8.（西）F3:23　9.（西Ⅰ）T2720⑤:2　10.（西）F8Ⅳ:7

标本（西）F14Ⅱ:3，圆唇，内平底，内底有涩圈。灰黄胎，青白釉，口部施一周褐釉，釉下有白色化妆土，外下腹及足无釉。口径19.6、足径7.6、高5.8厘米（图三七〇，4）。

标本（西）L2Ⅳ:1，圆唇，内坦底，内腹壁下部有一凸棱。灰黄胎较厚，青白釉下有化妆土，外下腹及足无釉。口径20、足径7.2、高6厘米（图三七〇，5）。

标本（西）F8Ⅳ:1，圆唇，内平底，略下凹，内底边缘有一周涩圈。褐胎，黑釉，外中下腹及足无釉。口径16.8、足径6.8、高4.8厘米（图三七〇，6）。

标本（西Ⅰ）T3417⑤:7，圆唇，内底下凹。灰黄胎，青白釉，釉下有白色化妆土，外下腹及足无釉。口径17.6、足径7.2、高5.6厘米（图三七〇，7）。

标本（西）F3:23，圆唇，内坦底。灰黄胎，青白釉，釉下有白色化妆土，外下腹及足无釉。口径16.8、足径6.8、高5厘米（图三七〇，8）。

标本（西Ⅰ）T2720⑤:2，圆唇，内平底，内底心边缘有一凸棱。灰褐胎，青白釉，外下腹及足无釉。口径18.6、足径6.6、高5.4厘米（图三七〇，9）。

标本（西）F8Ⅳ:7，圆唇，内平底，内底边缘有一周涩圈。灰白胎，黑釉，外下腹及足无釉。内部有一周覆烧痕迹。口径17.6、足径6.6、高6厘米（图三七〇，10；图版九八，5）。

B型　9件。敞口，矮圈足，六出或五出花口，内腹壁出筋。可以分为二式。

Ⅰ式：6件。

标本（西）F3:47，方唇，内底心有一凹圈，有垫砂痕。灰白胎，外下腹及足无釉，余皆施青白釉，开片，釉上施白色化妆土。口径18.2、足径6.4、高5.5厘米（图三七一，1；图版九八，6）。

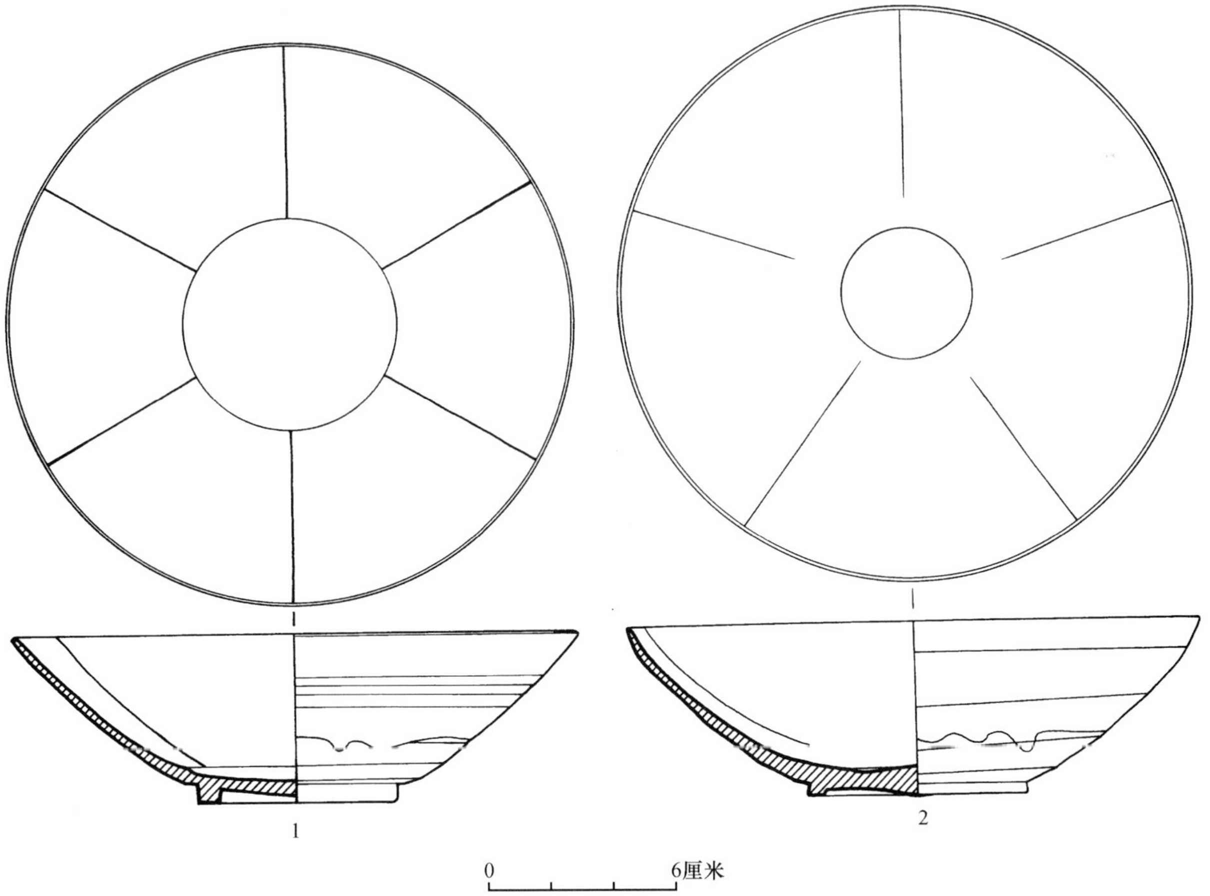

图三七一　巴东旧县坪遗址出土宋代B型Ⅰ式敞口瓷碗

1.（西）F3:47　2.（西）H51:4

标本（西）H51∶4，圆唇，内底中心微凸，外底中部凸起略超过圈足口。内底有一周覆烧痕迹，整器制作不规则。灰褐胎，青白釉，下有一层白色护胎釉，外下腹及足无釉。口径18.6、足径7.2、高5.6厘米（图三七一，2；图版九九，1）。

标本（西）F14Ⅱ∶1，圆唇，内底心有一凹圈。灰胎，青白釉，外下腹及足无釉。口径16.8、足径6.6、高5.2厘米（图三七二，1）。

标本（西Ⅰ）T2416⑤∶6，圆唇，内坦底。灰胎，青白釉，外下腹及足无釉。口径17.2、足径6.8、高4.8厘米（图三七二，2）。

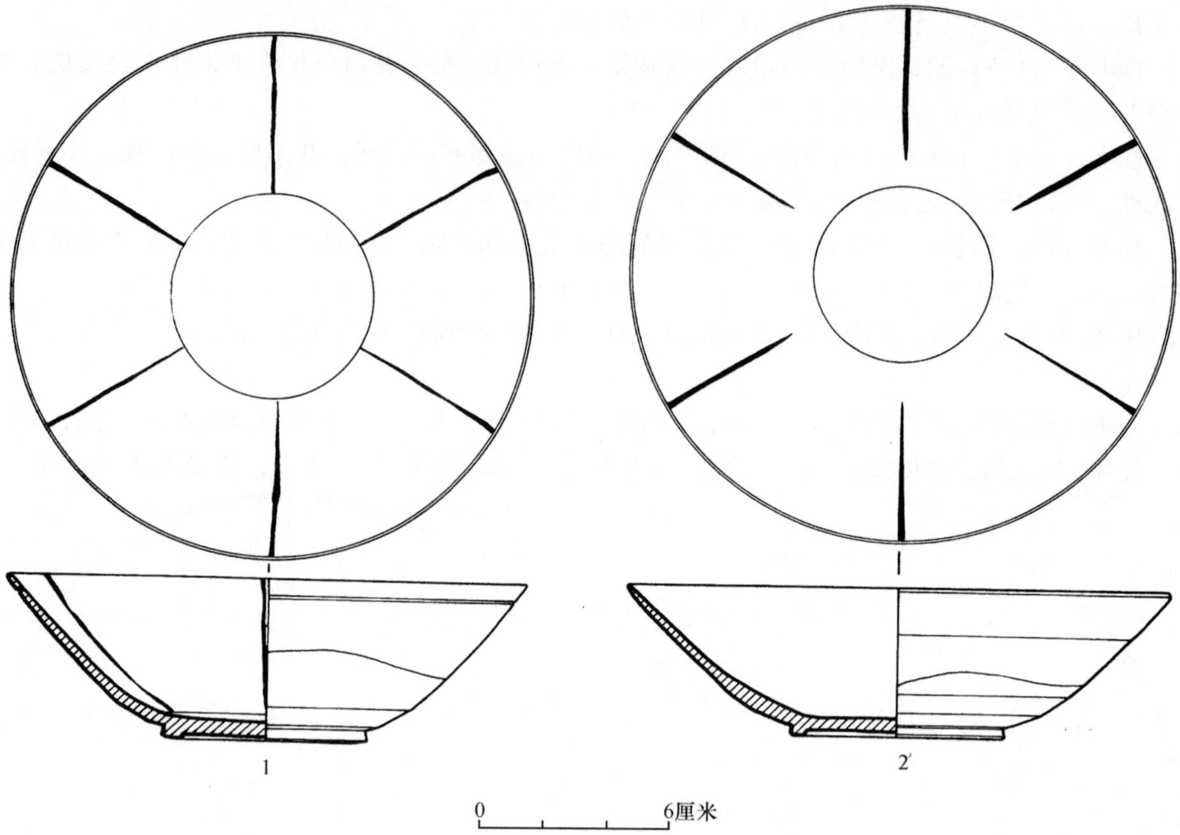

图三七二　巴东旧县坪遗址出土宋代B型Ⅰ式敞口瓷碗
1.（西）F14Ⅱ∶1　2.（西Ⅰ）T2416⑤∶6

标本（西）F8Ⅳ∶17，侈口，圆唇，斜直腹，内底下凹，内腹壁下部有一凸棱。灰胎，青白釉，外下腹及足无釉。口径15.6、足径6.4、高4.4厘米（图三七三）。

标本（西）F33∶1，方唇，小底心，内底心边缘有一凸棱。外腹中部有数道凸弦纹，近底有刀削痕迹。灰白胎，青白釉，外下腹及圈足内无釉，内底有覆烧痕迹。口径18.6、足径6.6、高5.8厘米（图三七四，1；图版九九，2）。

Ⅱ式：3件。内底心有涩圈。

标本（西）F51∶1，圆唇，内腹壁呈瓦棱状。内底心较小，凸起，圈足足墙外撇。褐胎，黑釉，下腹及足无釉。口径17.2、足径6.8、高6.4厘米（图三七四，2；图版九九，3）。

标本（西）F51∶2，圆唇，内平底，足墙外撇。褐胎，黑釉，外下腹及足无釉。口径18、足径6.2、高6.2厘米（图三七五，1；图版九九，4）。

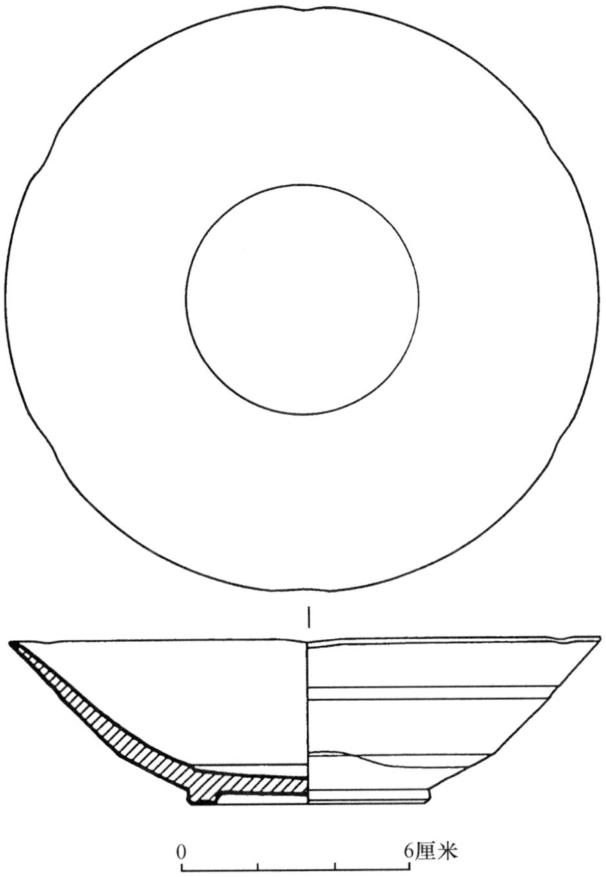

图三七三　巴东旧县坪遗址出土宋代B型Ⅰ式敞口瓷碗（（西）F8Ⅳ:17）

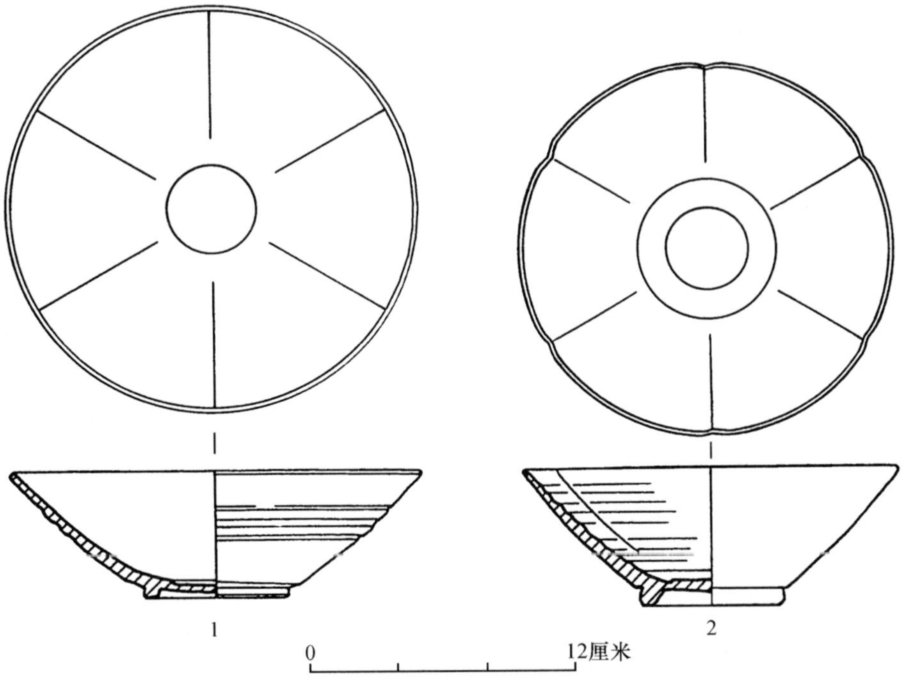

图三七四　巴东旧县坪遗址出土宋代B型敞口瓷碗

1. Ⅰ式（（西）F33:1）　2. Ⅱ式（（西）F51:1）

标本（西）F3∶46，圆唇。灰白胎，褐釉，外下腹及足无釉。口径18.8、足径6.8、高5.7厘米（图三七五，2；图版九九，5）。

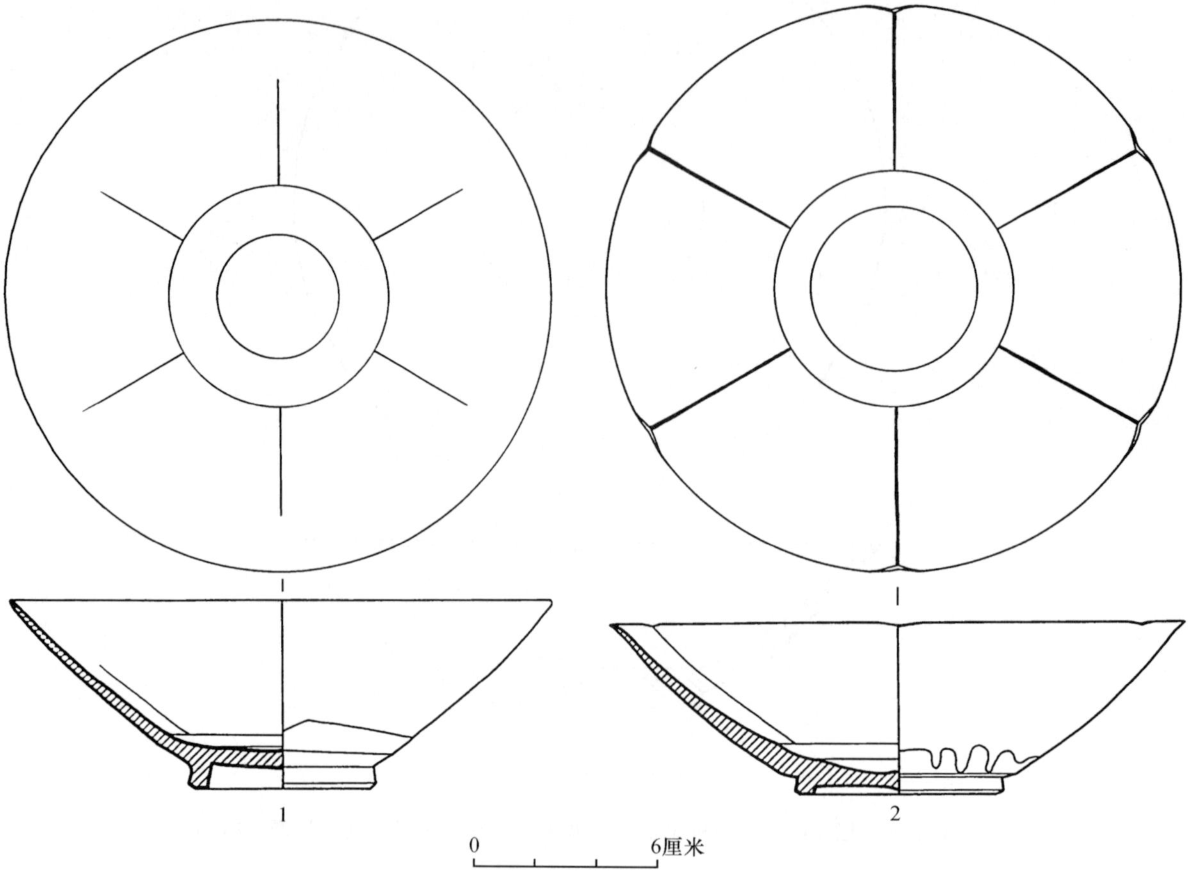

图三七五　巴东旧县坪遗址出土宋代B型Ⅱ式敞口瓷碗
1.（西）F51∶2　2.（西）F3∶46

C型　3件。深腹，足墙方正，外底经过斜削。

标本（西Ⅰ）T2514⑤∶10，圆唇，内坦底。内底有垫石痕迹。灰胎，白釉，外下腹及足无釉。口径19.8、足径8、高6.8厘米（图三七六，1；图版九九，6）。

标本（西ⅠA）T1813③∶3，圆唇，内底下凹，内腹壁下部有一道凹弦纹，足墙外撇。外腹壁下部有两道凸弦纹。灰褐胎，白釉，釉下有白色化妆土，外下腹及足无釉。口径20、足径8、高7.1厘米（图三七六，2；图版一〇〇，1）。

标本（西）L17Ⅱ∶1，圆唇，内腹壁下部有一道凸弦纹，内坦底，内底心略凸起，外底心下凸。灰白胎，青白釉，足部无釉。口径17.6、足径7.2、高5.4厘米（图三七六，3；图版一〇〇，2）。

D型　3件。敞口微撇，圆唇，斜壁，腹较浅，矮圈足，外壁饰仰莲瓣纹。

标本（东）F44∶1，内坦底。灰白胎，青白釉，足及外下腹近足处无釉，开片。口径12.8、足径4.8、高4.2厘米（图三七七，1；图版一〇〇，3）。

标本（西）F1Ⅱ∶6，内底边缘有一道凹弦纹。灰白胎，白釉，足及外下腹近足处无釉，开片。口径13、足径5.2、高3.7厘米（图三七七，2；图版一〇〇，4）。

标本（西）F8Ⅱ∶29，内底呈圆饼形凸起。灰白胎，白釉，足口及足内无釉，开片。口径12.8、足径5、高3.6厘米（图三七七，3）。

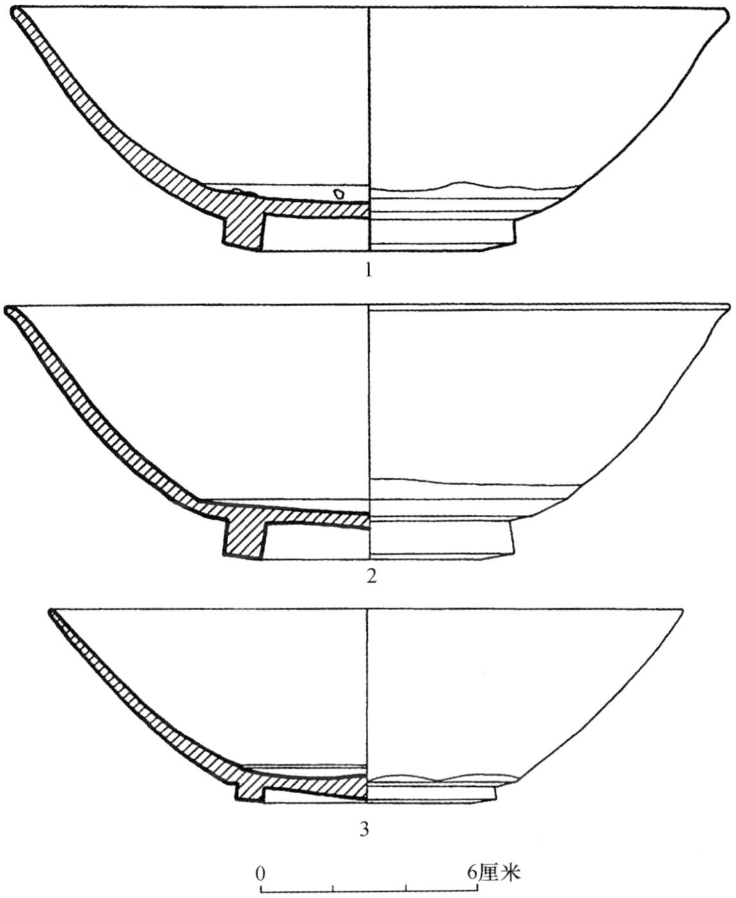

图三七六　巴东旧县坪遗址出土宋代C型敞口瓷碗

1.（西Ⅰ）T2514⑤:10　2.（西ⅠA）T1813③:3　3.（西）L17Ⅱ:1

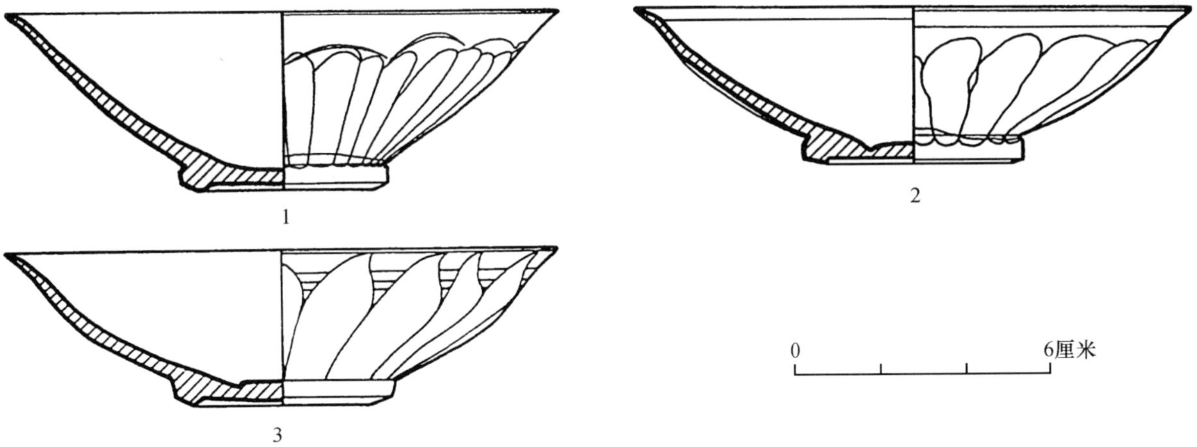

图三七七　巴东旧县坪遗址出土宋代D型敞口瓷碗

1.（东）F44:1　2.（西）F1Ⅱ:6　3.（西）F8Ⅱ:29

2. 盘

21件。分为圈足盘、饼足盘、平底盘三型。口径多在14厘米以上。

A型　18件。圈足盘，可分为五亚型。

Aa型　2件。侈口，浅弧腹，内圜底，中高圈足。

标本（西）L2Ⅳ:5，方唇，内腹壁下部有一道凹弦纹，圈足足墙微束，外底心下突。内壁及底刻划花叶纹。白胎较薄，青白釉，芒口，开片。口径15.2、足径4.8、高3.2厘米（图三七八，1；彩版一六，2、4）。

标本（西）F8Ⅳ:8，侈口，圆唇，挖足过肩，足墙微外撇。内壁及底刻划缠枝牡丹纹。灰白胎，青白釉。口径14.2、足径4.8、高3.2厘米（图三七八，2）。

Ab型　3件。方唇，弧腹，矮圈足，内底心有一凹圈，外底心略下突。可以分为二式。

Ⅰ式：1件。敞口，矮圈足。

标本（西）L2Ⅲ:4，外足底边缘有一道凹弦纹，内壁及底刻划云气纹。灰白胎，青白釉。口径18、足径5.2、高4.4厘米（图三七九；图版一〇〇，5）。

Ⅱ式：2件。侈口，极矮圈足。内底模印荷塘游鹅纹，内壁口沿一圈回纹下印凤穿牡丹纹，外壁有数道弦纹。

标本（西）F3:49，灰白胎，青白釉，芒口。口径18.4、足径5.4、高3.7厘米（图三八〇；彩版一六，5、6）。

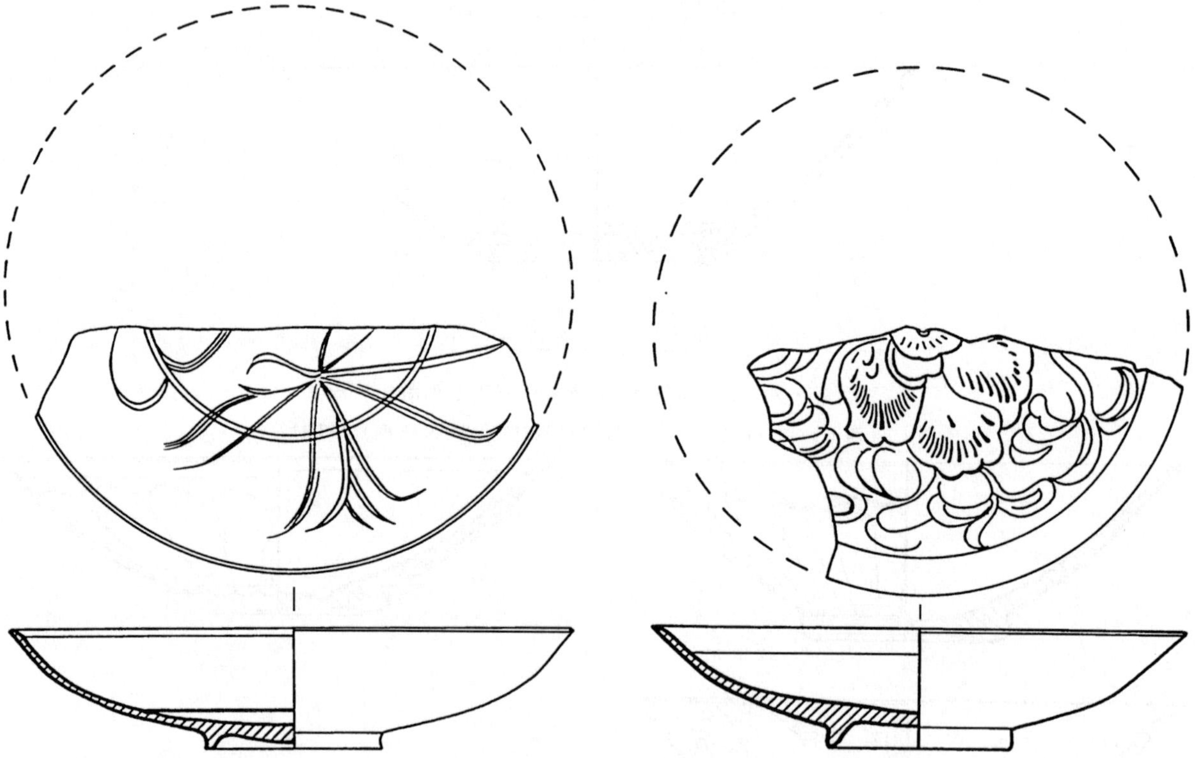

图三七八　巴东旧县坪遗址出土宋代Aa型瓷盘

1.（西）L2Ⅳ:5　2.（西）F8Ⅳ:8

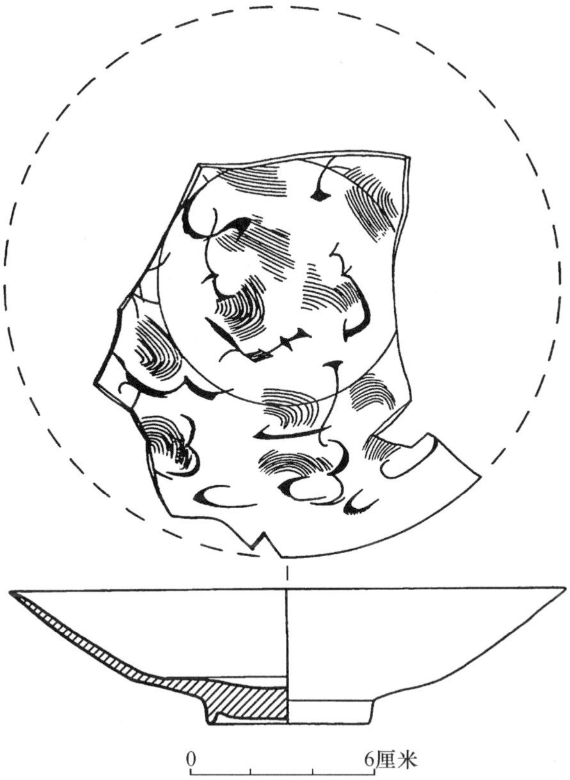

图三七九　巴东旧县坪遗址出土宋代
Ab型Ⅰ式瓷盘（(西) L2Ⅲ:4）

图三八〇　巴东旧县坪遗址出土宋代
Ab型Ⅱ式瓷盘（(西) F3:49）

标本（西）F3:15，灰白胎，白釉，芒口。口径18.4、足径5.8、高3.7厘米（图三八一；图版一〇〇，6）。

Ac型　5件。侈口，浅弧腹，内壁出阳筋六道，大底心，圈足较浅。内底多刻划纹饰。可以分为二式。

Ⅰ式：1件。折沿下垂，口沿有六处缺口，圈足较浅。

标本（西Ⅰ）T1106⑤:2，尖唇，内底微上凸。整器呈六瓣莲花形，内底模印水波纹。白胎半透明，除外底无釉，余皆施白釉。口径14.4、足径5、高3.8厘米（图三八二）。

Ⅱ式：4件。方唇，内圜底，外口沿下有两周凹槽。内底心刻划双鱼戏水纹。

标本（西Ⅰ）T3519⑤:3，白胎，白釉，芒口。口径18、足径6.2、高4.2厘米（图三八三，1）。

标本（西Ⅰ）T3618⑤:4，白胎，青白釉，芒口。口径17.2、足径5.6、高4.2厘米（图三八三，2）。

标本（西Ⅰ）T3520⑤:11，白胎，青白釉，芒口。口径17.6、足径6、高4.4厘米（图三八三，3；图版一〇一，1）。

标本（西）F3:16，白胎，青白釉，芒口。口径17.4、足径5.8、高3.9厘米（图三八三，4）。

Ad型　7件。敞口，圆唇，下腹内折，可以分为四式。

Ⅰ式：2件。口沿有缺口，大平底，圈足较高，足墙内壁斜削。

标本（西）F13Ⅰ:4，侈口，圆唇，口呈花瓣形。白胎，白釉，开片，圈足内无釉。口径13.6、足径5.4、高4.3厘米（图三八四，1）。

图三八一　巴东旧县坪遗址出土宋代
Ab 型Ⅱ式瓷盘（（西）F3:15）

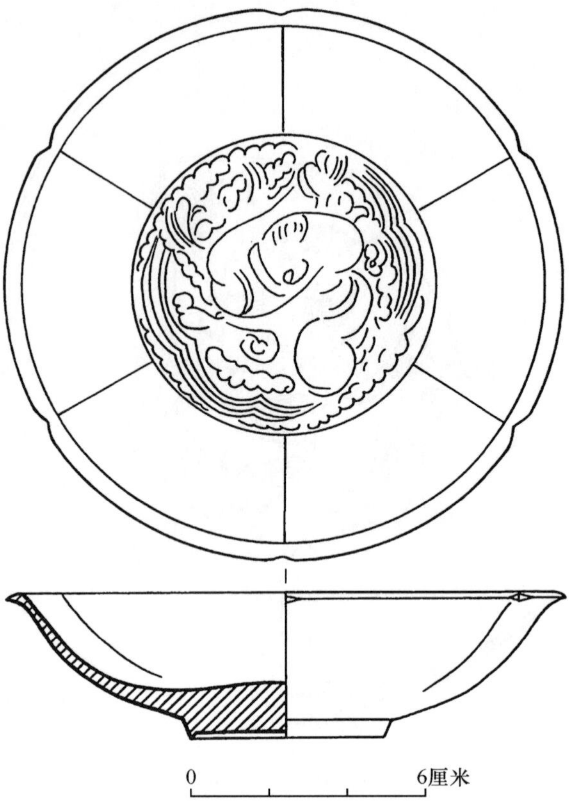

图三八二　巴东旧县坪遗址出土宋代
Ac 型Ⅰ式瓷盘（（西Ⅰ）T1106⑤:2）

标本（西）F8Ⅱ:26，侈口，圆唇，推测为六出花口，外底有鸡心突。白胎，青釉，开片，足内上部无釉。口径 13.8、足径 5.4、高 4.3 厘米（图三八四，2）。

Ⅱ式：1 件。高圈足，足墙内壁斜削。

标本（东Ⅰ）T2510④:6，侈口，圆唇，内腹壁下部有一突棱，内底弧平，外底中心下突。灰白胎，青白釉。口径 14.6、足径 5、高 4.7 厘米（图三八五，1；图版一〇一，2）。

Ⅲ式：1 件。圈足浅挖，足墙内收。

标本（西）L17Ⅰ:8，内圜底，内腹壁下部有一道凹圈，外底中部有鸡心突。内壁刻划草叶纹。灰胎，青白釉，足内无釉，釉色偏绿。口径 16.4、足径 5.4、高 4.5 厘米（图三八五，2）。

Ⅳ式：3 件。口沿部有六出小缺口，内平底，外底心略凸，圈足较矮。内壁及底模印双凤穿牡丹纹。

标本（西）F3:48，灰胎，青白釉，釉下施化妆土，外下腹及足无釉。内底有垫烧痕。口径 17、足径 5.4、高 3.7 厘米（图三八六；彩版一七，1、3）。

标本（西）F14Ⅱ:2，灰胎，青白釉，釉下施化妆土，外下腹及足无釉。口径 17.1、足径 5.6、高 3.8 厘米（图三八七）。

标本（西）F3:14，灰胎，青白釉，釉下施化妆土，外下腹及足无釉。口径 17.1、足径 5.4、高 4 厘米（图三八八）。

Ae 型　1 件，撇口，圆唇，浅腹，大底心，中高圈足，圈足内部斜削，足墙较直。

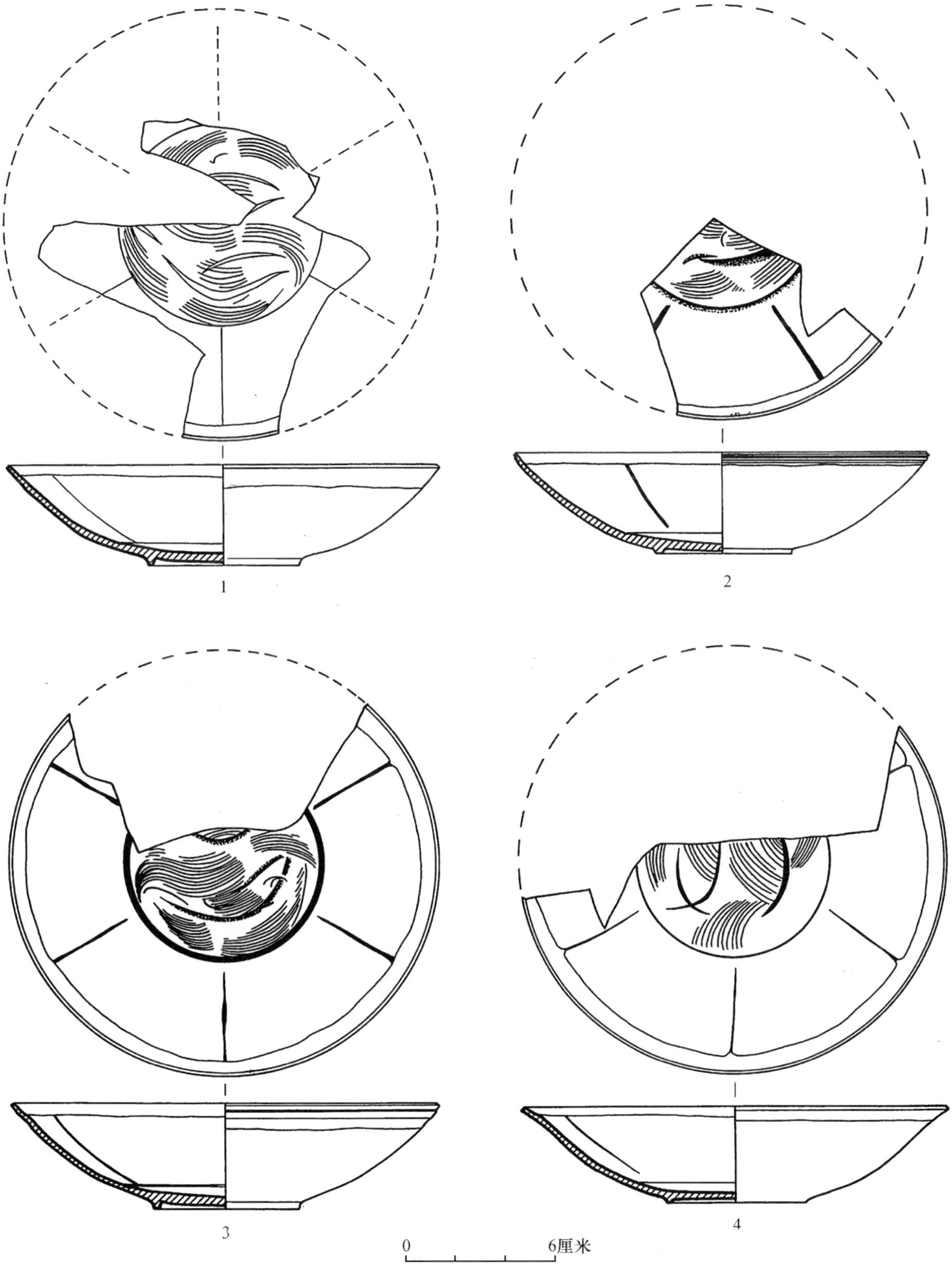

图三八三　巴东旧县坪遗址出土宋代Ac型Ⅱ式瓷盘

1.（西Ⅰ）T3519⑤:3　2.（西Ⅰ）T3618⑤:4　3.（西Ⅰ）T3520⑤:11　4.（西）F3:16

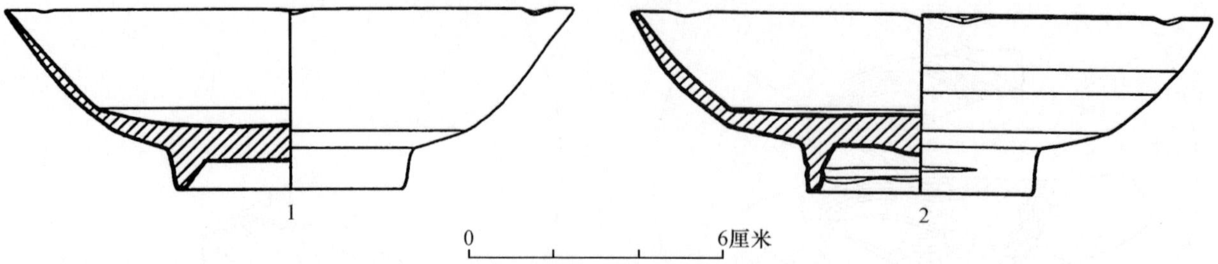

图三八四　巴东旧县坪遗址出土宋代 Ad 型Ⅰ式瓷盘

1.（西）F13Ⅰ:4　2.（西）F8Ⅱ:26

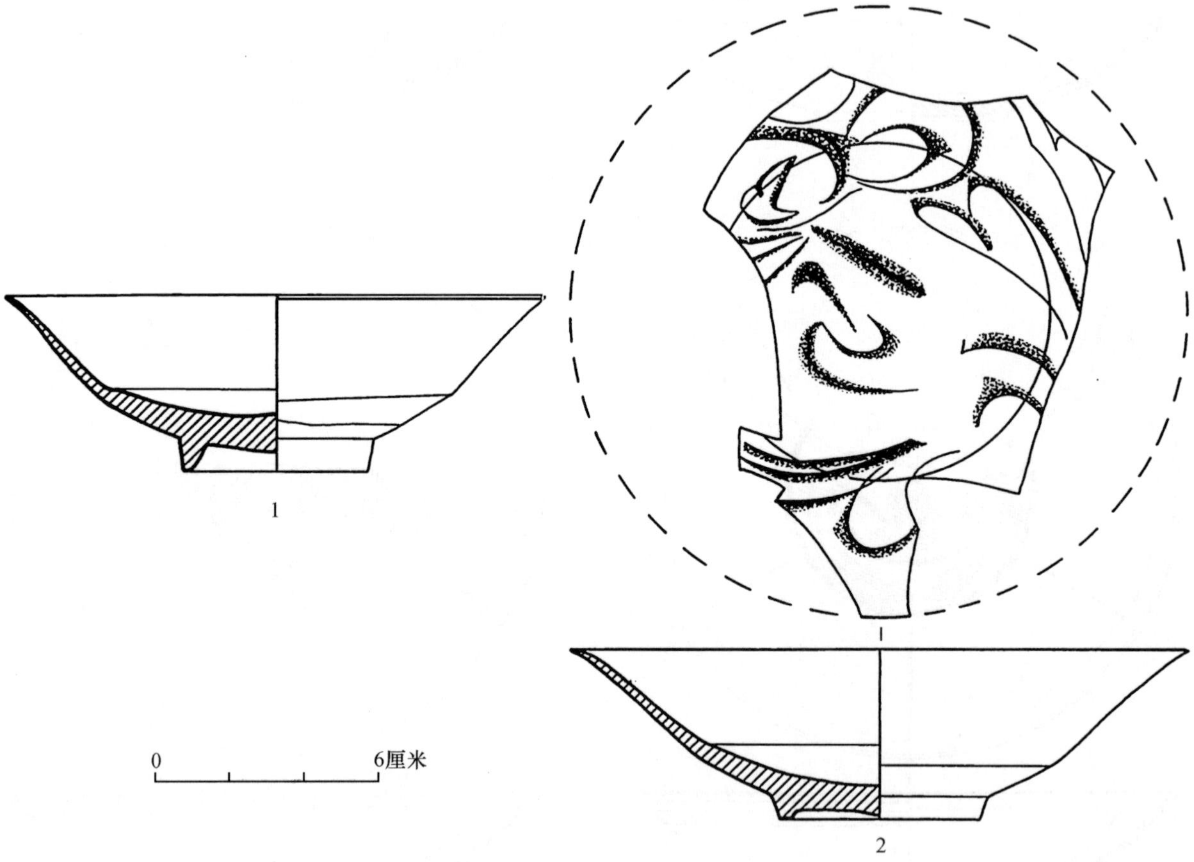

图三八五　巴东旧县坪遗址出土宋代 Ad 型瓷盘

1. Ⅱ式（（东Ⅰ）T2510④:6）　2. Ⅲ式（（西）L17Ⅰ:8）

图三八六　巴东旧县坪遗址出土宋代
Ad 型Ⅳ式瓷盘（（西）F3:48）

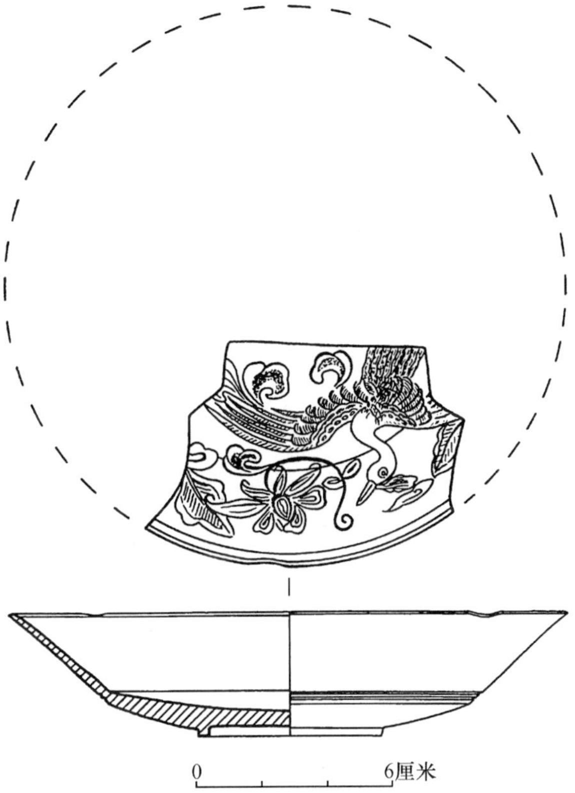

图三八七　巴东旧县坪遗址出土宋代
Ad 型Ⅳ式瓷盘（（西）F14Ⅱ:2）

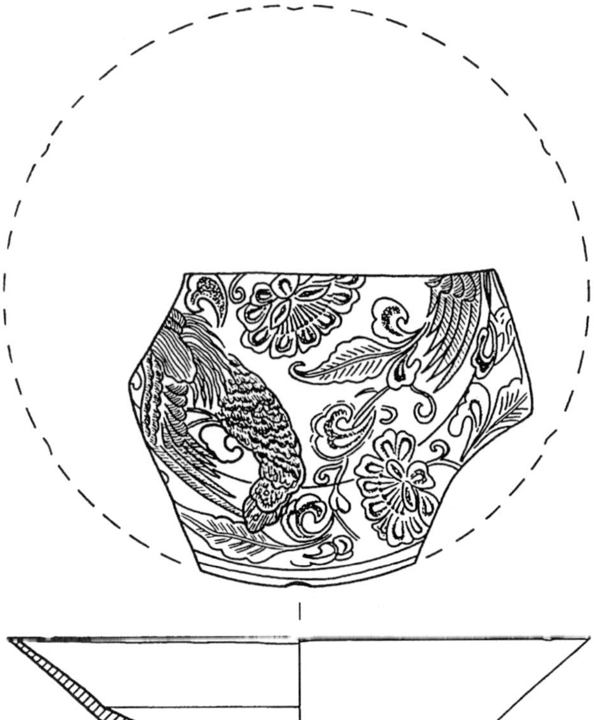

图三八八　巴东旧县坪遗址出土宋代 Ad 型Ⅳ式瓷盘（（西）F3:14）

标本（西）F8Ⅱ:20，内底心略下凹。灰胎，灰白釉，釉质细腻光滑，足内无釉。口径17.2、足径5.4、高4.4厘米（图三八九，1）。

B型　1件。饼足盘，浅腹。

标本（西Ⅰ）T3418⑤:11，侈口，圆唇，弧腹，内腹壁中部有一折棱，饼足内凹，内底有叠烧痕。灰白胎，除足底无釉，余皆施白釉，开碎片。口径15.6、足径5.8、高3厘米（图三八九，2）。

C型　2件。平底盘，可以分为二亚型。

Ca型　1件。卷沿，浅直腹。大平底。

标本（西ⅠB）T0814④:2，卷沿下勾，方唇，矮束颈，浅直腹，内底向上凸起，外大平底。灰白胎较厚，青白釉，底部无釉，多已脱落。口径13.2、底径11.8、高1.7厘米（图三八九，3）。

Cb型　1件。弧腹。

标本（西）H63:3，侈口，双唇，浅弧腹，平底，外底微内凹。内壁口部、中腹各有一道凸弦纹，外腹壁中部有三道凹弦纹。灰白胎，白釉。口径16.4、底径6、高4厘米（图三八九，4；图版一〇一，3）。

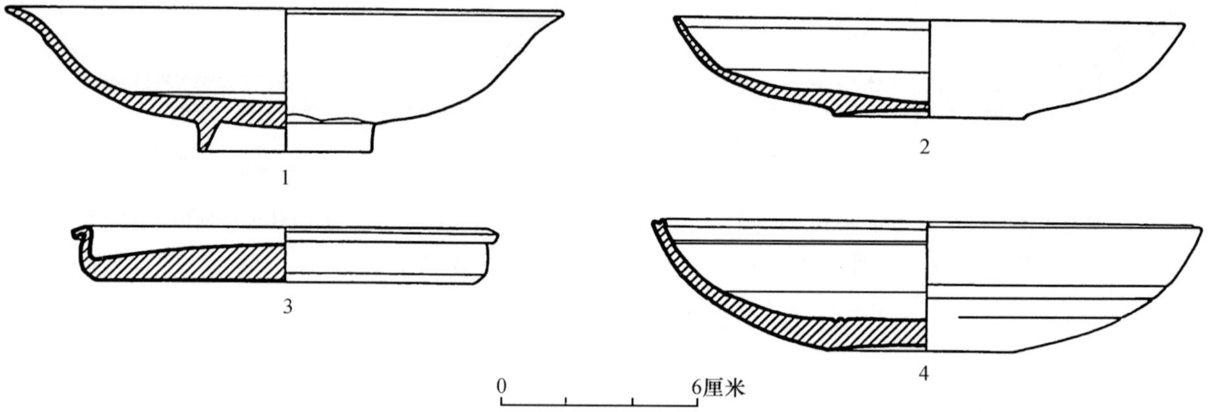

图三八九　巴东旧县坪遗址出土宋代瓷盘

1. Ae型（（西）F8Ⅱ:20）　2. B型（（西Ⅰ）T3418⑤:11）　3. Ca型（（西ⅠB）T0814④:2）　4. Cb型（（西）H63:3）

3. 碟

130件。可以分为十三型。口径在14厘米以下。

A型　4件。撇口，口沿有缺口，斜直腹，大平底。可以分为二式。

Ⅰ式：2件。腹较浅。

标本（西）F8Ⅱ:4，尖唇，外底略内凹。白胎，白釉。口径12.4、底径7.4、高1.5厘米（图三九〇，1）。

标本（西）F16:2，圆唇。灰白胎，白釉。口径8、底径5.2、高1.3厘米（图三九〇，2）。

Ⅱ式：2件。腹较深。

标本（西Ⅰ）T3419⑤:7，圆唇。口沿有六出小缺口，对应的内壁出筋。白胎，白釉。口径14.8、底径9、高2.6厘米（图三九〇，3）。

标本（西）F8Ⅱ:25，尖唇。口沿有六出小缺口，对应的内壁出筋。白胎，白釉。口径15.6、底径10、高2.2厘米（图三九〇，4）。

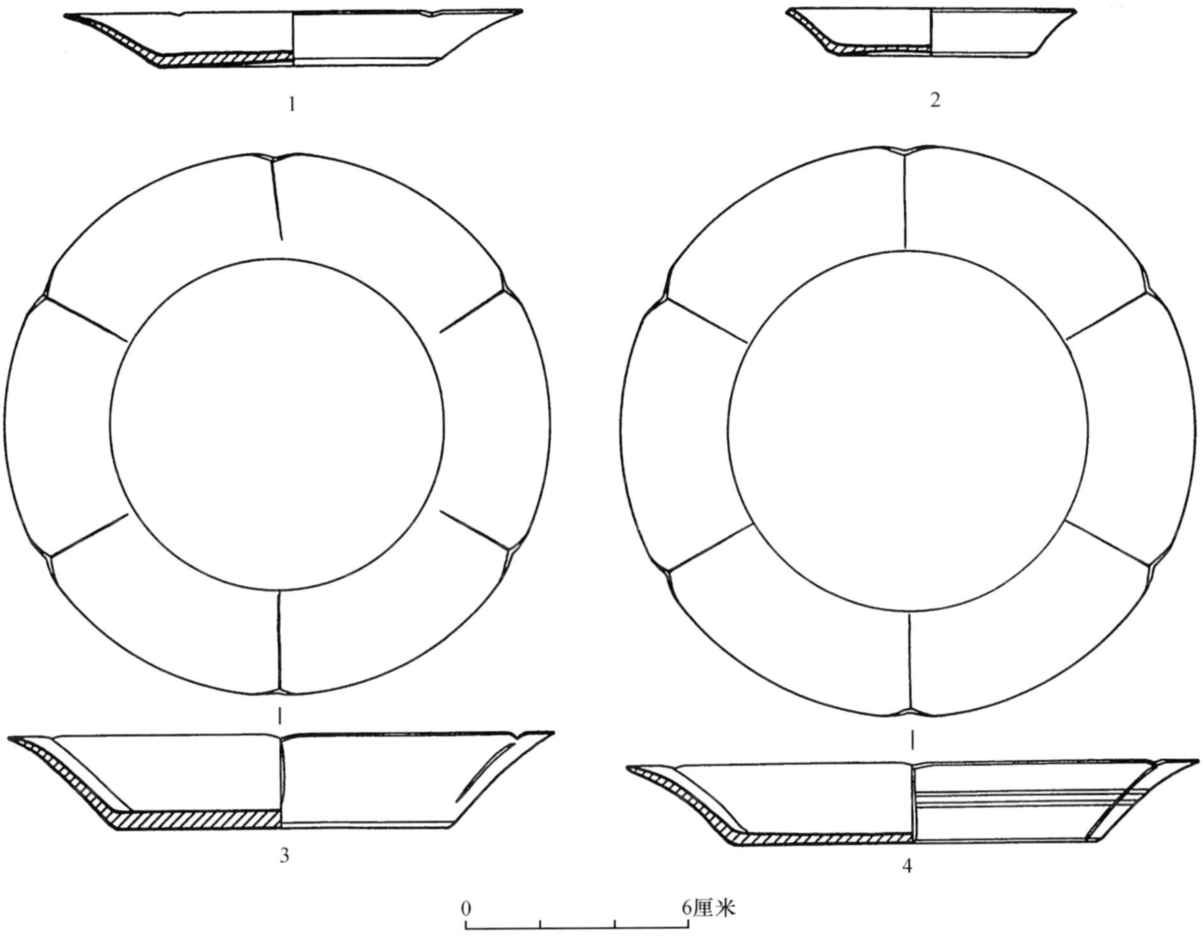

图三九○　巴东旧县坪遗址出土宋代A型瓷碟

1、2. Ⅰ式（（西）F8Ⅱ:4、（西）F16:2）　3、4. Ⅱ式（（西Ⅰ）T3419⑤:7、（西）F8Ⅱ:25）

B型　10件。腹壁内折，上腹较直，下腹曲折。可以分为三亚型。

Ba型　4件。敞口，内底边缘与腹壁相交处有一圈凹弦纹，平底。可以分为二式。

Ⅰ式：1件。器腹较高，内凹底。

标本（西）F8Ⅰ:33，敞口，圆唇，内腹壁下部有一突棱。灰白胎，白釉，外底无釉。口径11、底径4、高2.8厘米（图三九一，1；图版一○一，4）。

Ⅱ式：3件。器腹较浅，内平底。

标本（西ⅠA）T1713③:3，敞口，圆唇。灰胎，白釉，下腹及底露胎。口径9.6、底径4.4、高2.3厘米（图三九一，2）。

标本（西Ⅰ）T4016⑤:2，敞口，圆唇。青灰胎，青釉，底及外腹壁近底处无釉。口径9.4、底径3.8、高2.1厘米（图三九一，3）。

标本（西）F8Ⅰ:34，敞口，圆唇，内底略下凹。灰胎，酱红釉。口径10.4、底径4.8、高2.2厘米（图三九一，4；图版一○一，5）。

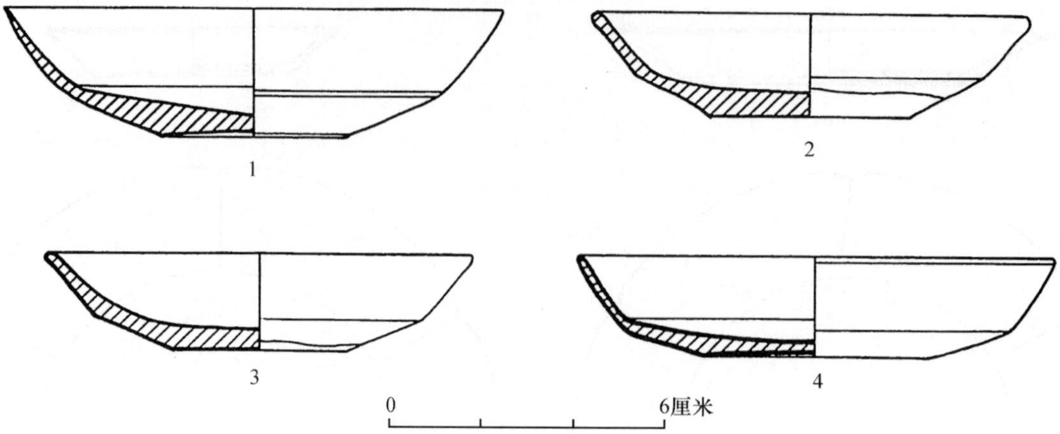

图三九一　巴东旧县坪遗址出土宋代 Ba 型瓷碟

1. Ⅰ式（（西）F8Ⅰ:33）　2～4. Ⅱ式（（西ⅠA）T1713③:3、（西Ⅰ）T4016⑤:2、（西）F8Ⅰ:34）

Bb 型　2 件。器形较高，侈口，内腹壁下部有一道凸弦纹，外饼足。

标本（西）F8Ⅱ:3，尖唇，内圜底。灰胎，青白釉，外底无釉。口径 11.2、足径 5.4、高 3.1 厘米（图三九二，1；图版一〇三，1）。

标本（西）F94:12，圆唇，内底弧平，底胎较厚。内底刻划梳篦纹。灰白胎，青白釉，开片，外底无釉。口径 10.4、足径 4、高 2.4 厘米（图三九二，2；图版一〇三，2）。

Bc 型　4 件。撇口，卧足。口沿有六出缺口。可以分为二式。

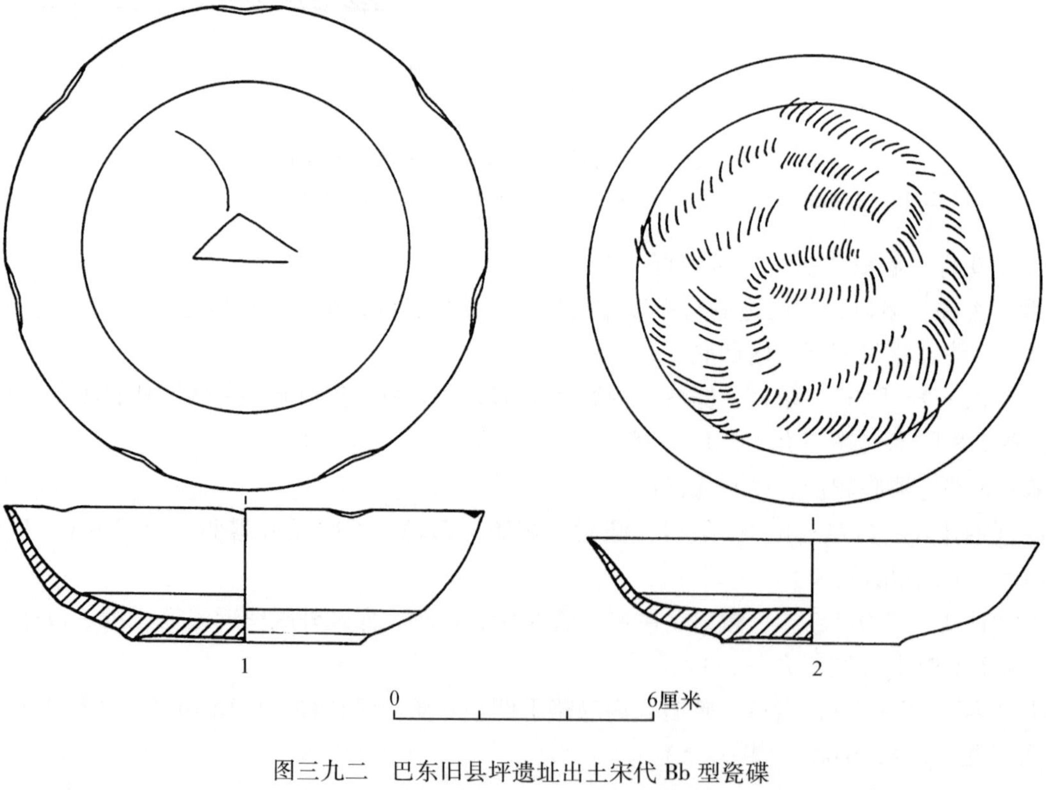

图三九二　巴东旧县坪遗址出土宋代 Bb 型瓷碟

1.（西）F8Ⅱ:3　2.（西）F94:12

Ⅰ式：1件。口微撇，腹较深。

标本（西Ⅰ）T2016⑤:11，圆唇。灰白胎，酱红釉，底无釉。口径11.6、足径4、高2.6厘米（图三九三，1）。

Ⅱ式：3件。口沿外撇明显。

标本（西Ⅰ）T2216⑤:3，尖唇。白胎，双层釉，底釉为黑色，外层为酱红色，外底无釉。口

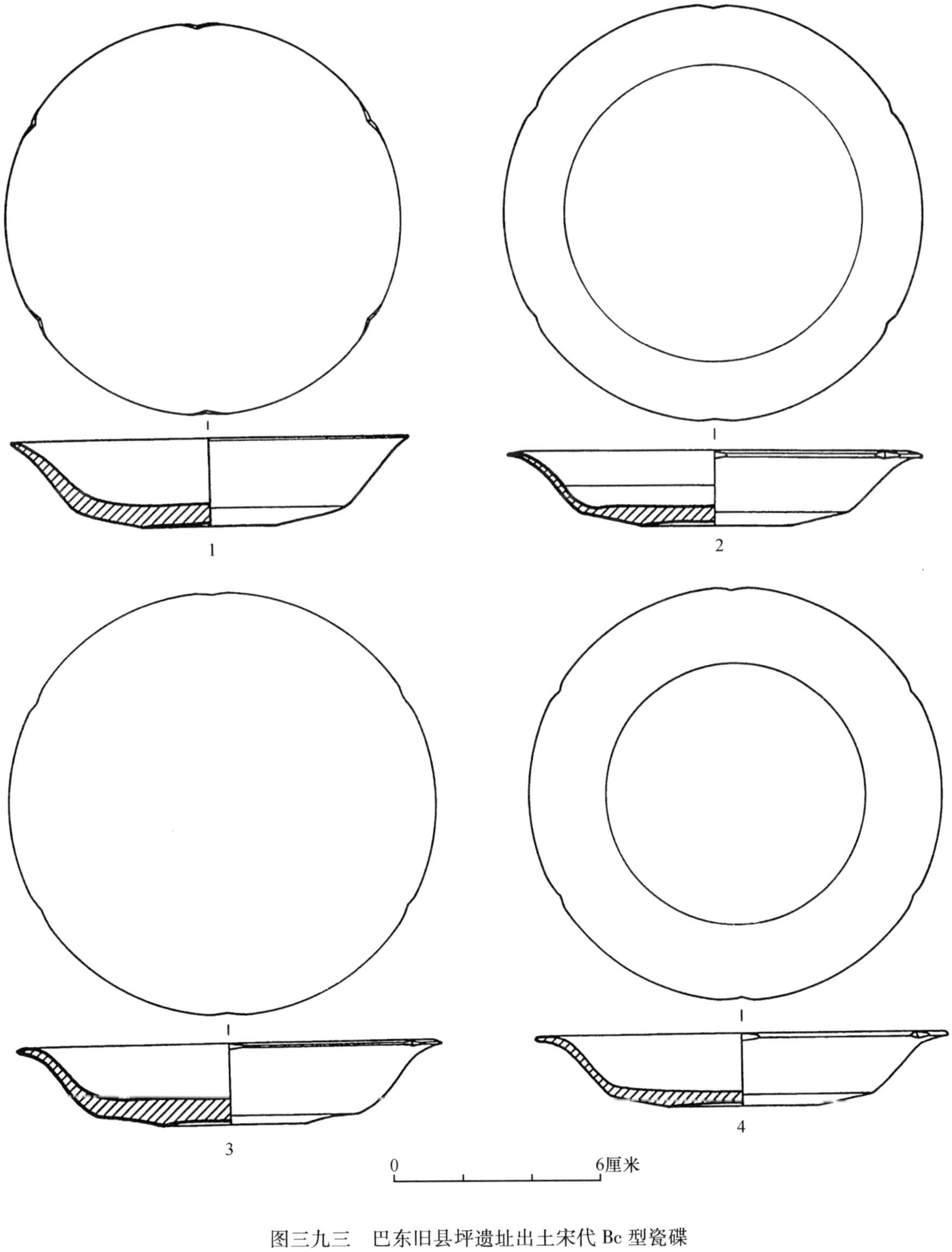

图三九三 巴东旧县坪遗址出土宋代Bc型瓷碟

1. Ⅰ式（（西Ⅰ）T2016⑤:11） 2～4. Ⅱ式（（西Ⅰ）T2216⑤:3、（西）L9Ⅰ:2、（西Ⅰ）T2213⑤:1）

径 12.2、足径 4.4、高 2.2 厘米（图三九三，2；图版一〇二，1）。

标本（西）L9Ⅰ:2，灰白胎，酱红釉，底无釉。口径 12.2、足径 4.4、高 2.2 厘米（图三九三，3；图版一〇二，2）。

标本（西Ⅰ）T2213⑤:1，圆唇。灰白胎，酱红釉，底无釉。口径 12、足径 4.6、高 2.1 厘米（图三九三，4；图版一〇二，3）。

C 型　3 件，敞口，腹壁较直，浅腹，大平底。

标本（西）L4Ⅱ:2，方唇。内底刻划云气纹。白胎，青白釉，芒口。口径 11.1、底径 8.2、高 1.6 厘米（图三九四，1）。

标本（西）L17Ⅰ:7，底残。方唇。白胎，青白釉，芒口。口径 12.2、底径 10、高 1.8 厘米（图三九四，2）。

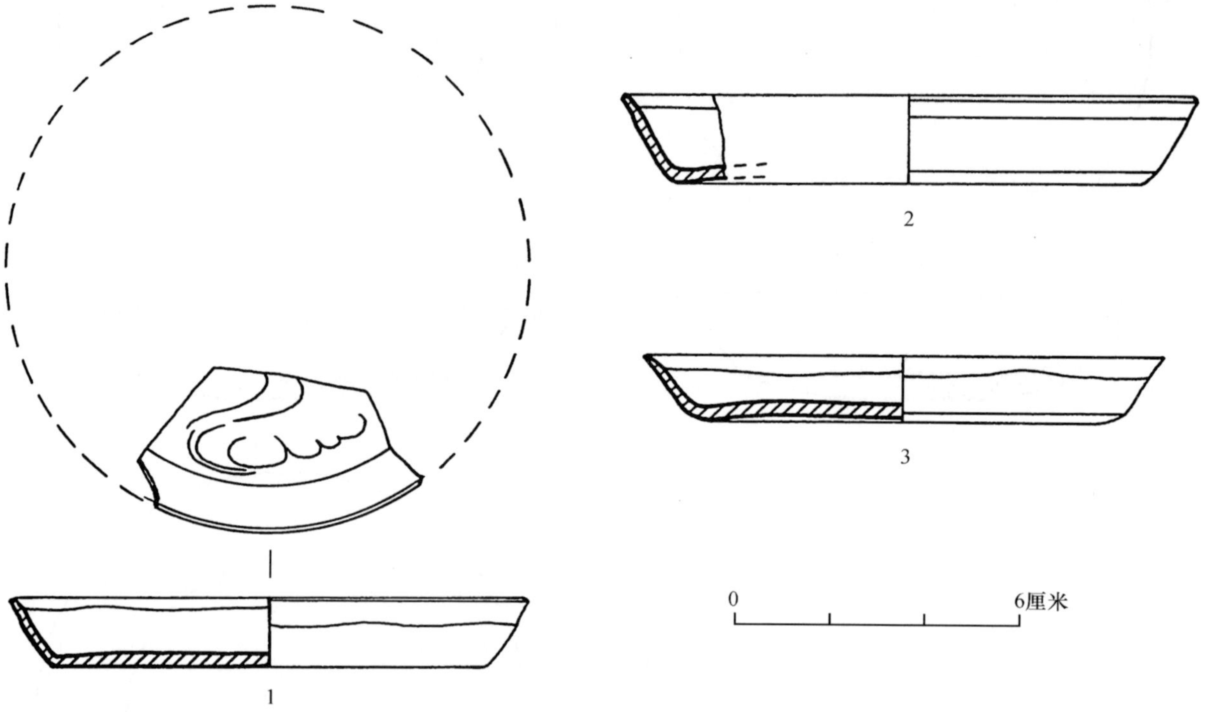

图三九四　巴东旧县坪遗址出土宋代 C 型瓷碟

1.（西）L4Ⅱ:2　2.（西）L17Ⅰ:7　3.（东Ⅰ）T3716④:5

标本（东Ⅰ）T3716④:5，尖唇。白胎，青白釉，芒口。口径 11、底径 8.4、高 1.4 厘米（图三九四，3）。

D 型　7 件。侈口，圆唇或方唇，弧壁，浅腹，大平底。

标本（西）L17Ⅰ:12，方唇，卧足。内底模印星象、海马、山水纹，内壁一周印回纹，下印一周云气纹，再下为一周三角回纹。白胎，白釉，开片，外底无釉。口径 14.4、足径 9.2、高 2.6 厘米（图三九五，1；彩版一七，2、4）。

标本（西）F8Ⅲ:25，内底刻划花叶纹。白胎，青白釉，芒口。口径 10.4、底径 7.6、高 2.2 厘米（图三九五，2）。

图三九五　巴东旧县坪遗址出土宋代D型瓷碟

1.（西）L17Ⅰ:12　2.（西）F8Ⅲ:25　3.（西Ⅰ）T2420⑤:1　4.（西）F8Ⅲ:55　5.（西）F2Ⅱ:1

标本（西Ⅰ）T2420⑤:1，内底刻划花叶纹。白胎，青白釉，芒口。口径10.9、底径8.2、高2厘米（图三九五，3）。

标本（西）F8Ⅲ:55，矮卧足。内底刻划花叶纹。白胎，青白釉，芒口。口径12、足径8.6、高2厘米（图三九五，4）。

标本（西）F2Ⅱ:1，灰白胎，白釉，芒口。口径9.6、底径7.6、高1.7厘米（图三九五，5）。

标本（西）L4Ⅱ:1，方唇。内底刻划萱草纹。白胎，青白釉，芒口。口径11、底径9.2、高1.4厘米（图三九六，1）。

标本（东Ⅰ）T2916④:1，圆唇。内壁刻划花叶纹。白胎，青白釉，芒口，开片。口径10、底径7.3、高1.6厘米（图三九六，2；图版一〇三，3）。

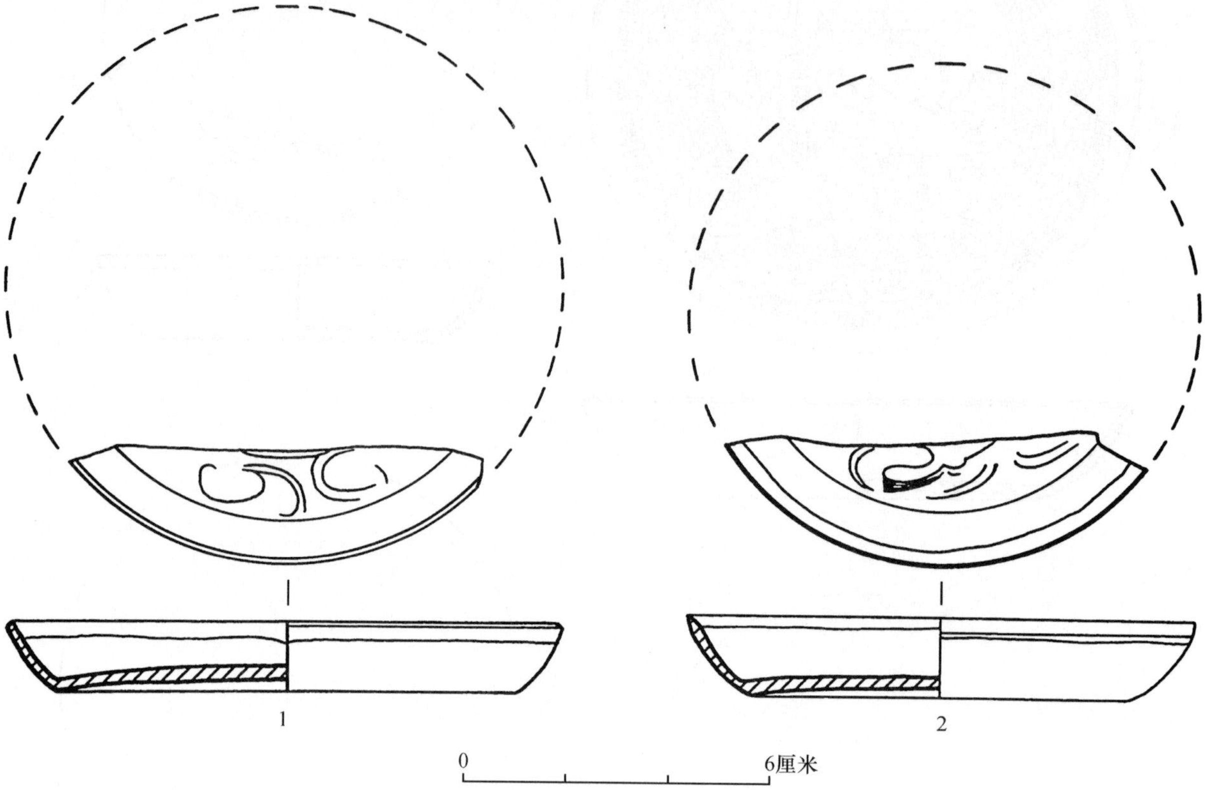

图三九六　巴东旧县坪遗址出土宋代D型瓷碟

1.（西）L4Ⅱ:1　2.（东Ⅰ）T2916④:1

E型　19件。腹壁斜直，方唇。内壁及底多模印繁复的纹饰。可以分为三式。

Ⅰ式：12件。敞口。外平底。

标本（东Ⅰ）T2918④:52，内壁下印一周回纹，再印游鱼戏水纹，内底印荷塘游鱼纹。灰白胎，青白釉，芒口。口径15、底径9.1、高2.7厘米（图三九七，1；彩版一七，5、6）。

标本（西）H57:3，内壁模印一周回纹，内底模印游鱼戏水纹。白胎，青白釉，芒口。口径10.8、底径7.2、高1.8厘米（图三九七，2）。

标本（西）L18Ⅰ:1，内下腹模印回纹一周，内底模印游鱼戏莲纹。灰白胎，青白釉，芒口。口径14、底径8.8、高2.7厘米（图三九七，3；图版一〇三，4）。

标本（西）L18Ⅰ:2，内下腹模印回纹一周，内底模印游鱼戏水纹。灰白胎，青白釉，芒口。口径14.2、底径9.6、高2.8厘米（图三九七，4；图版一〇三，5）。

标本（西）F8Ⅲ:52，内壁模印一周回纹，下为一周莲荷纹，内底模印游鱼戏莲纹。白胎，青白釉，芒口。口径14、底径8、高2.7厘米（图三九八，1）。

标本（西）F8Ⅲ:68，内底刻划花叶纹。白胎，青白釉，芒口。口径13.6、底径9.2、高2.7厘米（图三九八，2）。

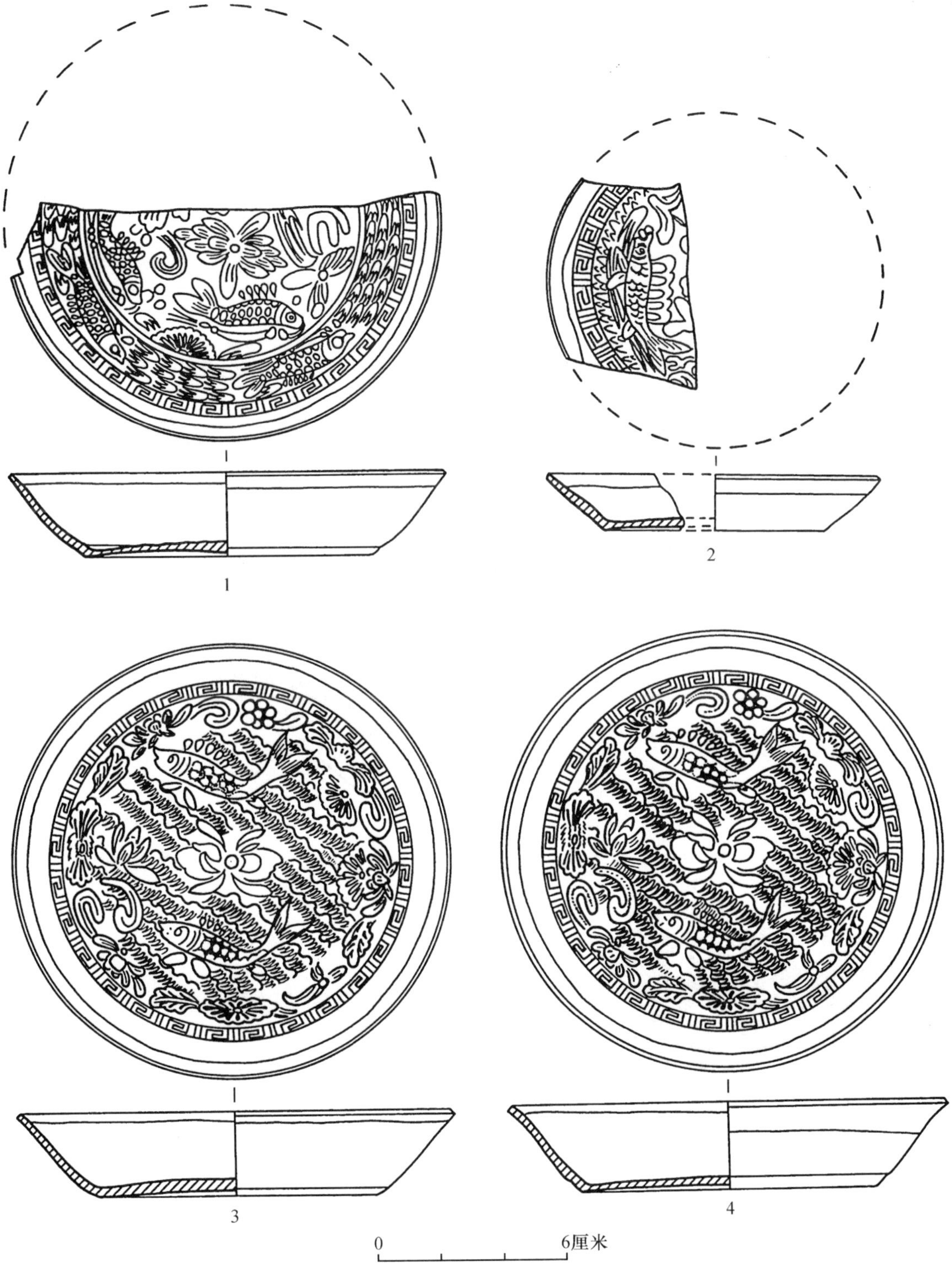

图三九七　巴东旧县坪遗址出土宋代E型Ⅰ式瓷碟

1.（东Ⅰ）T2918④:52　2.（西）H57:3　3.（西）L18Ⅰ:1　4.（西）L18Ⅰ:2

图三九八　巴东旧县坪遗址出土宋代E型Ⅰ式瓷碟

1.（西）F8Ⅲ∶52　2.（西）F8Ⅲ∶68　3.（西）F8Ⅲ∶23　4.（西Ⅰ）T3015⑤∶1

标本（西）F8Ⅲ:23，内壁模印一周回纹，下为一周莲荷纹，内底模印游鱼戏莲纹。白胎，青白釉，芒口。口径14、底径9.4、高2.7厘米（图三九八，3）。

标本（西Ⅰ）T3015⑤:1，内壁及内底模印有纹饰，不甚清晰。灰白胎，青白釉，芒口。口径14、底径9.2、高2.3厘米（图三九八，4；图版一〇三，6）。

标本（西）F14Ⅰ:5，内壁模印一周回纹，下为一周莲荷纹，内底模印纹饰，不甚清晰。白胎，青白釉，芒口。口径14、底径9、高2.3厘米（图三九九，1）。

标本（西Ⅰ）T3520⑤:6，内壁刻划回纹，下为三层仰莲纹，底部因磨损严重，纹饰不清。灰白胎，青釉，芒口。口径14.6、底径9.2、高2.7厘米（图三九九，2）。

标本（西Ⅰ）T3620⑤:3，外底中部向下凸起。内壁模印一周回纹，下为一周莲荷纹，内底模印游鱼戏莲纹。白胎，青白釉，芒口。口径13.6、底径9、高2.8厘米（图三九九，3）。

标本（西Ⅰ）T3620⑤:5，外底中部向下凸起。内壁模印一周回纹，下为一周莲荷纹，内底模印游鱼戏莲纹。白胎，青白釉，芒口。口径13.8、底径9、高2.5厘米（图三九九，4）。

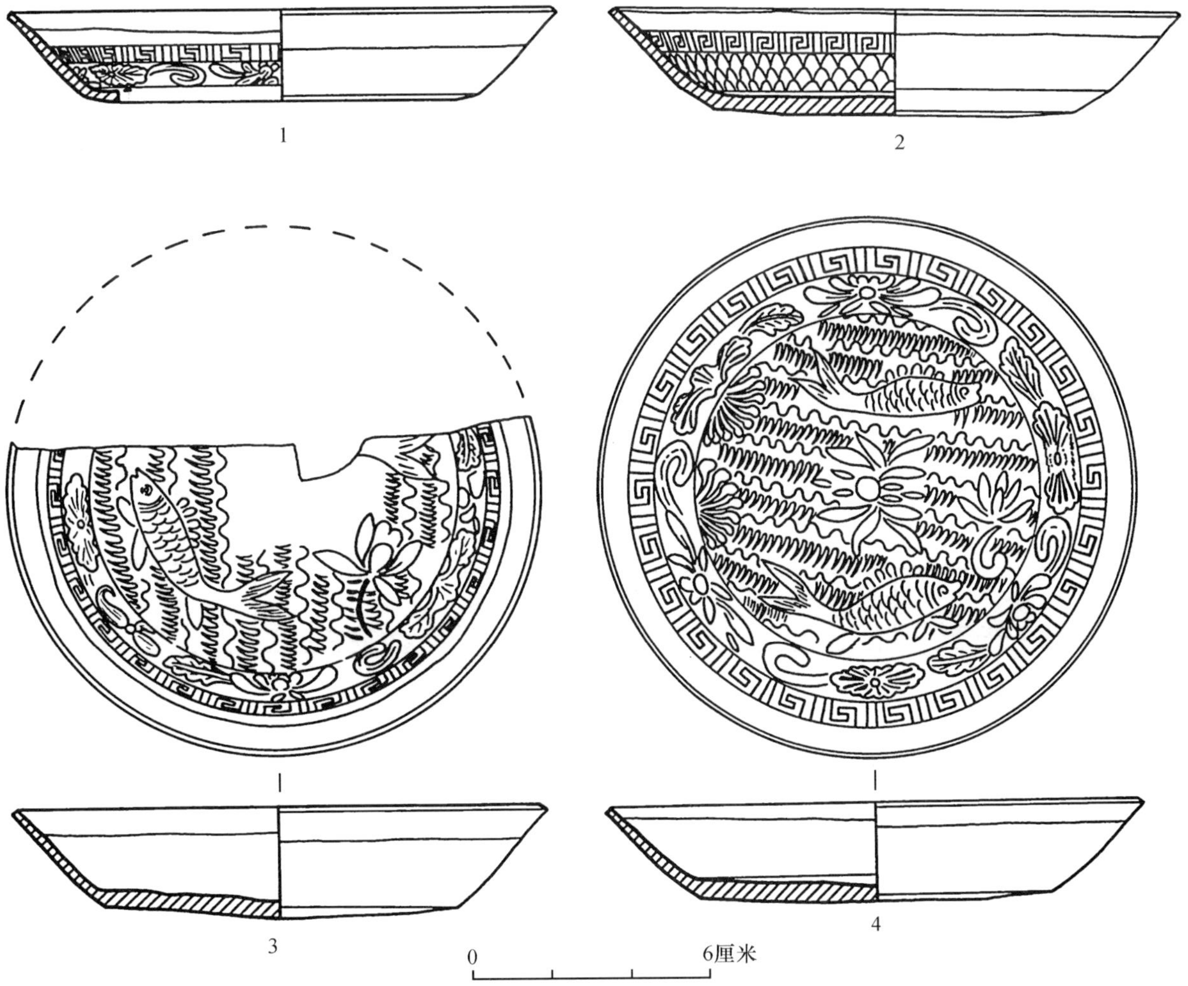

图三九九　巴东旧县坪遗址出土宋代E型Ⅰ式瓷碟

1.（西）F14Ⅰ:5　2.（西Ⅰ）T3520⑤:6　3.（西Ⅰ）T3620⑤:3　4.（西Ⅰ）T3620⑤:5

Ⅱ式：2件。敞口。外底内凹。

标本（西）L18Ⅰ:4，内底刻划游鱼戏水纹。白胎，青白釉，芒口。口径14.6、底径10、高2.1厘米（图四〇〇，1）。

标本（西）F3:13，内底刻划花叶纹。白胎，青白釉，芒口。口径13.2、底径9、高2.4厘米（图四〇〇，2）。

Ⅲ式：5件。侈口，腹壁微弧，底内凹。

标本（西）F3:56，内壁模印游鱼戏水纹，三条鱼同向游弋，内底模印莲荷纹。灰白胎较薄，青白釉，芒口。口径13.4、底径8.6、高2.8厘米（图四〇一，1；彩版一八，1、3）。

标本（西Ⅰ）T0204②:4，内壁口沿下模印一周回纹，再为一圈由莲荷纹、蓼花、菰草组成的边饰，内底模印荷塘水禽纹，有鱼、鹤纹。灰白胎，青白釉，芒口。口径15.2、底径9.6、高2.4厘米（图四〇一，2；彩版一八，2、4）。

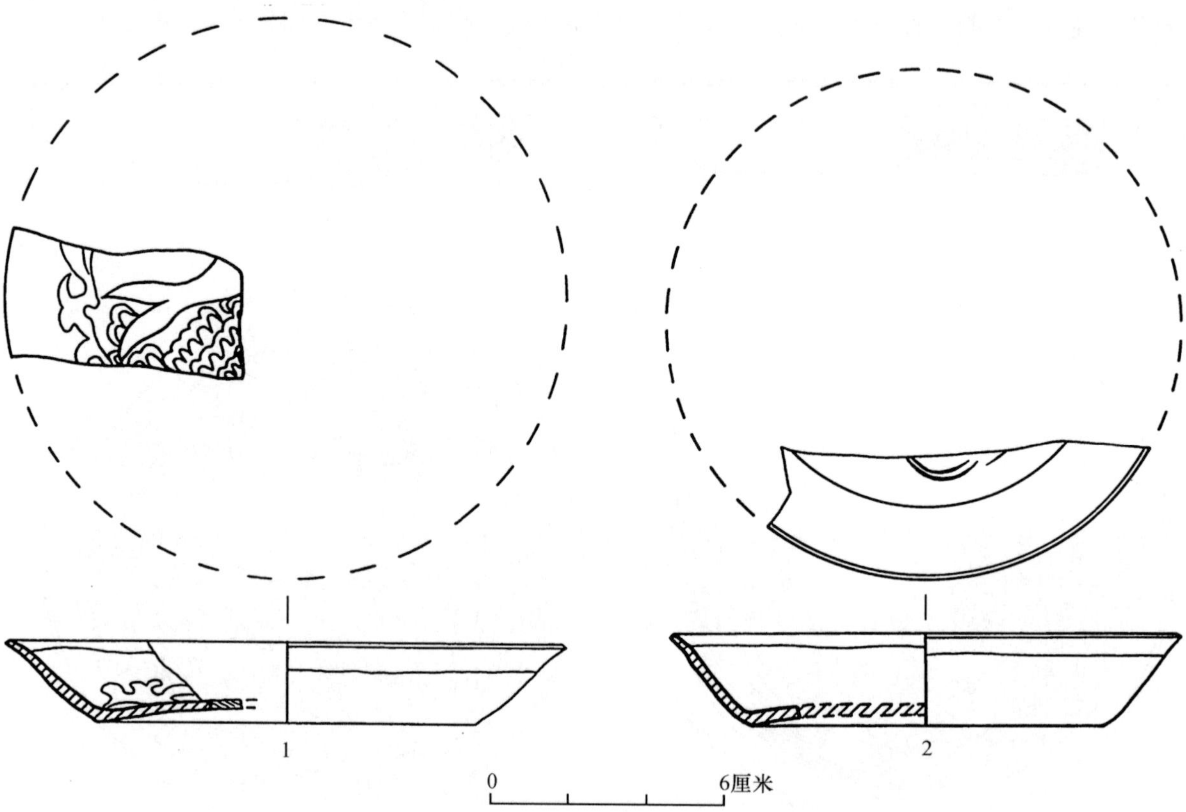

图四〇〇　巴东旧县坪遗址出土宋代E型Ⅱ式瓷碟

1.（西）L18Ⅰ:4　2.（西）F3:13

标本（西Ⅰ）T3518⑤:3，内底模印简化牡丹纹。灰白胎，青白釉，芒口。口径13.4、底径9.8、高2.5厘米（图四〇一，3；彩版一八，5、6）。

标本（西）F3:53，内壁模印游鱼戏水，三条鱼同向游弋，内底为莲荷纹。白胎较薄，青白釉，芒口。口径14、底径8.8、高2.6厘米（图四〇一，4）。

图四〇一　巴东旧县坪遗址出土宋代E型Ⅲ式瓷碟

1.（西）F3∶56　2.（西Ⅰ）T0204②∶4　3.（西Ⅰ）T3518⑤∶3　4.（西）F3∶53

标本（西）F3∶54，内壁模印游鱼戏水，四条鱼同向游弋，内底为荷塘游鹅纹。灰白胎较薄，青白釉，芒口。口径13.6、底径8.6、高2.5厘米（图四〇二；彩版一九，1、3）。

F型 12件。平底，底胎较厚，器形呈十二出葵花形，内腹壁有凸起的瓣骨，外壁相应处内凹。可以分为二式。

图四〇二 巴东旧县坪遗址出土宋代E型Ⅲ式瓷碟（（西）F3∶54）

Ⅰ式：4件。侈口，浅弧腹。

标本（西Ⅰ）T0901④∶2，尖圆唇。白胎，青白釉，外底凹无釉。口径11.2、底径4.4、高2.3厘米（图四〇三，1；图版一〇四，1）。

标本（西）F96∶3，圆唇。白胎，青白釉。口径11.4、底径5.2、高2.1厘米（图四〇三，2）。

标本（西）H75∶1，尖唇，内平底。白胎，白釉，开片，底无釉。口径10.4、底径4.2、高2.4厘米（图四〇三，3）。

标本（西）F8Ⅱ∶5，尖唇，外底略内凹。白胎，青白釉。口径10.6、底径4.6、高2.2厘米（图四〇三，4）。

图四〇三　巴东旧县坪遗址出土宋代F型Ⅰ式瓷碟
1.（西Ⅰ）T0901④:2　2.（西）F96:3　3.（西）H75:1　4.（西）F8Ⅱ:5

Ⅱ式：8 件。撇口，器形略高。

标本（西）L2Ⅱ:4，圆唇。白胎，白釉。口径 11.2、底径 5、高 2.2 厘米（图四〇四，1）。

标本（西）F8Ⅱ:21，圆唇，内底略下凹，外底似卧足。白胎，青白釉。口径 10、底径 3.8、高 2.1 厘米（图四〇四，2）。

标本（西）F67:2，尖唇，内底略下凹。白胎，白釉，施釉不及底，开片。口径 10.2、底径 3.8、高 2.6 厘米（图四〇四，3）。

图四〇四　巴东旧县坪遗址出土宋代 F 型Ⅱ式瓷碟

1.（西）L2Ⅱ:4　2.（西）F8Ⅱ:21　3.（西）F67:2　4.（西）F13Ⅰ:1

标本（西）F13Ⅰ:1，尖唇，内平底。白胎，青白釉，开片。口径10.8、底径4.6、高2.3厘米（图四〇四，4；图版一〇四，2）。

标本采集:7，尖圆唇，曲弧腹较浅，底内凹似卧足。灰白胎，青白釉，外底无釉。口径11.2、底径4.4、高2.2厘米（图四〇五，1）。

标本（西）F95:2，圆唇，内平底。白胎，青白釉，外底无釉。口径10.6、底径4、高2.4厘米（图四〇五，2；图版一〇四，3）。

图四〇五　巴东旧县坪遗址出土宋代F型Ⅱ式瓷碟

1. 采集:7　2.（西）F95:2　3.（西）F8Ⅱ:12　4.（西）F8Ⅱ:40

标本（西）F8Ⅱ:12，圆唇，内平底。白胎，青白釉。口径 10.8、底径 4、高 2.5 厘米（图四〇五，3）。

标本（西）F8Ⅱ:40，圆唇，内平底。白胎，青白釉，开片，外底无釉。口径 10.2、底径 4.2、高 2.5 厘米（图四〇五，4）。

G 型　13 件。腹呈六花瓣形，口沿有六出缺口，内壁对应处有瓣骨凸起，尖唇。可以分为三个亚型。

Ga 型　2 件。撇口，平底内凹。

标本（西）F96:4，内平底。灰白胎，青白釉，足内无釉。口径 11.2、底径 4、高 2.4 厘米（图四〇六，1；图版一〇四，4）。

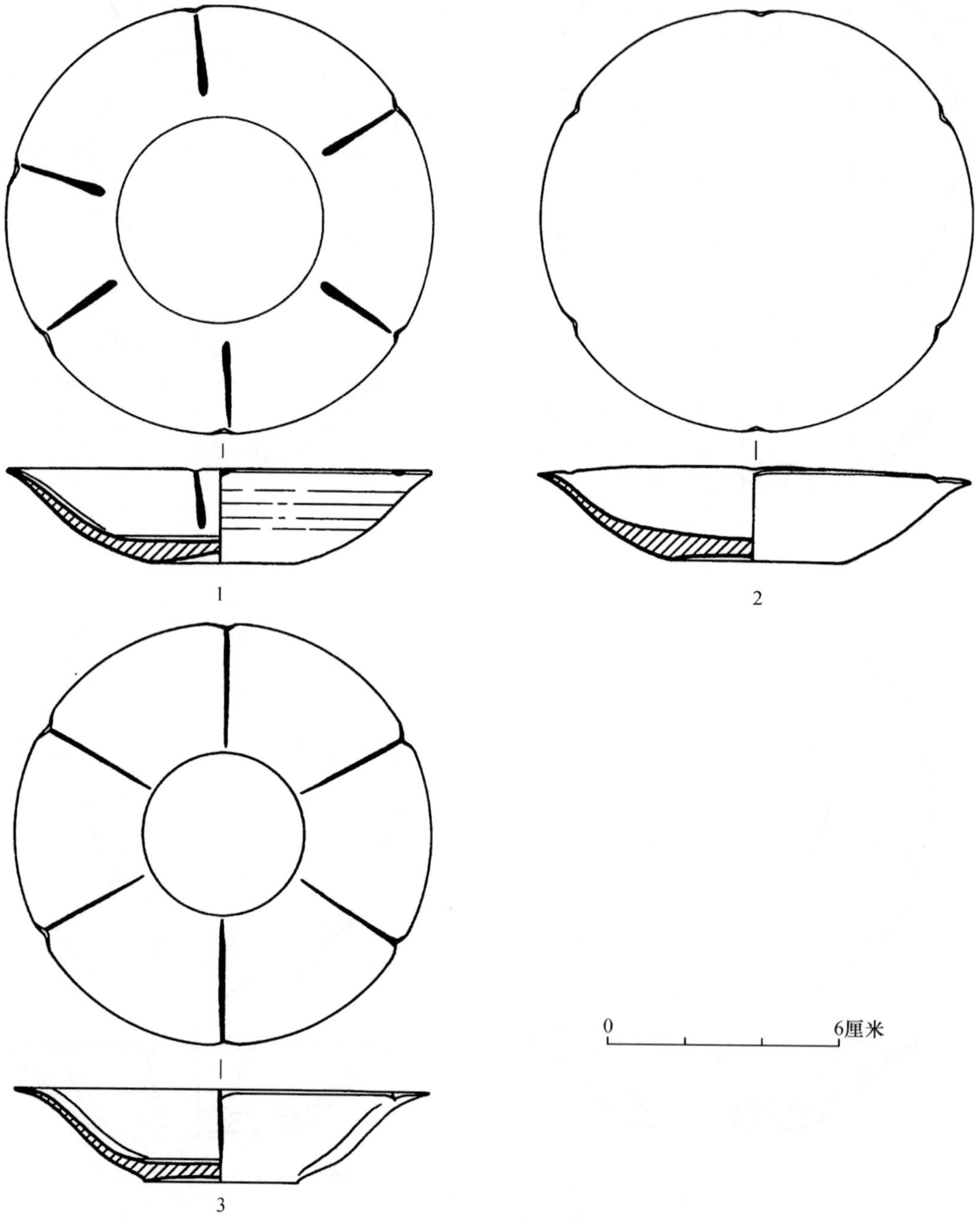

图四〇六　巴东旧县坪遗址出土宋代 G 型瓷碟

1、2. Ga 型（（西）F96:4、（西Ⅰ）T2514⑤:7）　3. Gb 型（（西）F52:2）

标本（西Ⅰ）T2514⑤:7，内坦底。灰白胎，青白釉，开片。口径11.2、底径4.6、高3.5厘米（图四〇六，2；图版一〇四，5）。

Gb型　1件。撇口，圈足。

标本（西）F52:2，内底边缘有一道凹弦纹，外底微内凹。白胎，青白釉。口径11、足径4.1、高2.4厘米（图四〇六，3）。

Gc型　10件。侈口，弧腹，平底。可以分为二式。

Ⅰ式：2件。曲腹，内圜底，外底较小，略内凹。

标本（西Ⅰ）T1913⑤:8，白胎，白釉。口径11.5、底径4、高2.4厘米（图四〇七，1；图版一〇四，6）。

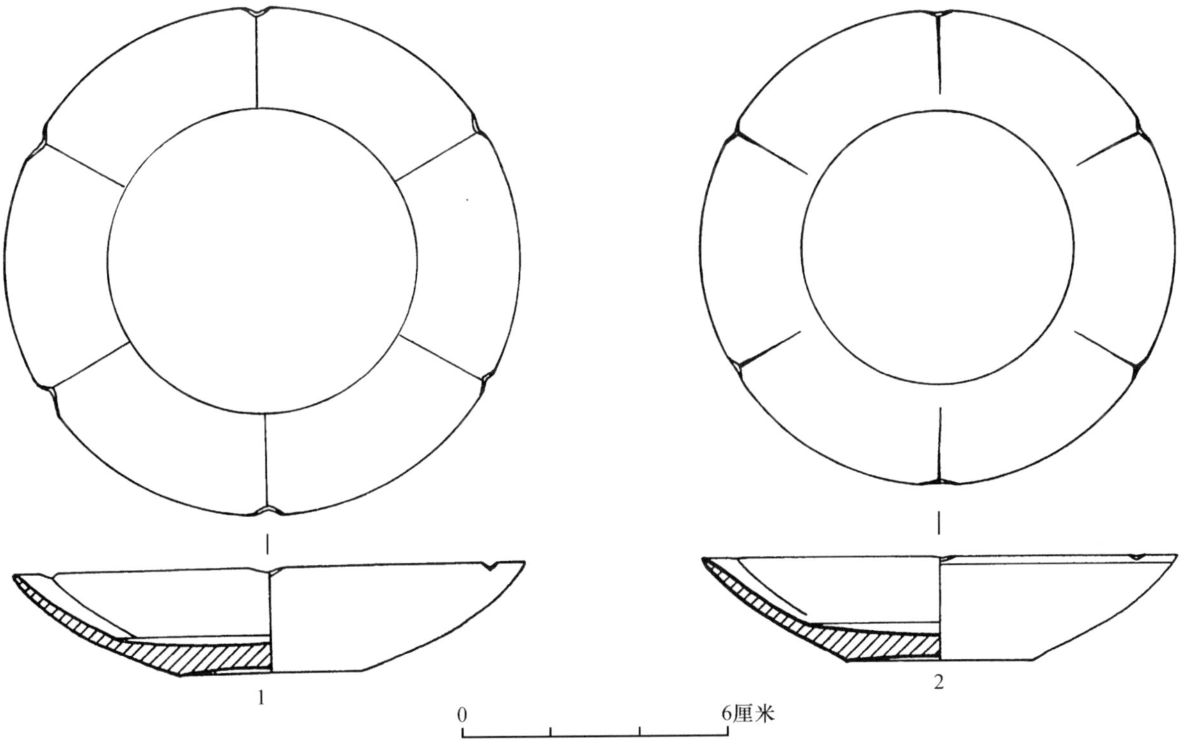

图四〇七　巴东旧县坪遗址出土宋代Gc型Ⅰ式瓷碟
1.（西Ⅰ）T1913⑤:8　2.（西）F59:1

标本（西）F59:1，白胎，白釉。口径10.8、底径4.4、高2.4厘米（图四〇七，2）。

Ⅱ式：8件。斜直腹弧收，内大平底，外底内凹。

标本（西）H31:1，白胎，青白釉。口径10.6、底径4.4、高2.1厘米（图四〇八，1；图版一〇五，1）。

标本（西）L7Ⅱ:1，白胎，青白釉。口径11、底径4.6、高2.6厘米（图四〇八，2）。

标本（西）F27:1，灰胎，青釉，外底无釉。口径10.4、底径4.4、高2.6厘米（图四〇八，3）。

标本（西）F8Ⅱ:9，灰白胎较薄，白釉，开片，外底无釉。口径10.8、底径4.4、高2.3厘米（图四〇八，4）。

标本（西）F8Ⅱ:11，白胎，青白釉。口径10.2、底径4.2、高2.5厘米（图四〇九，1）。

标本（西）F21:2，白胎，青白釉。口径10.8、底径4.6、高2.3厘米（图四〇九，2）。

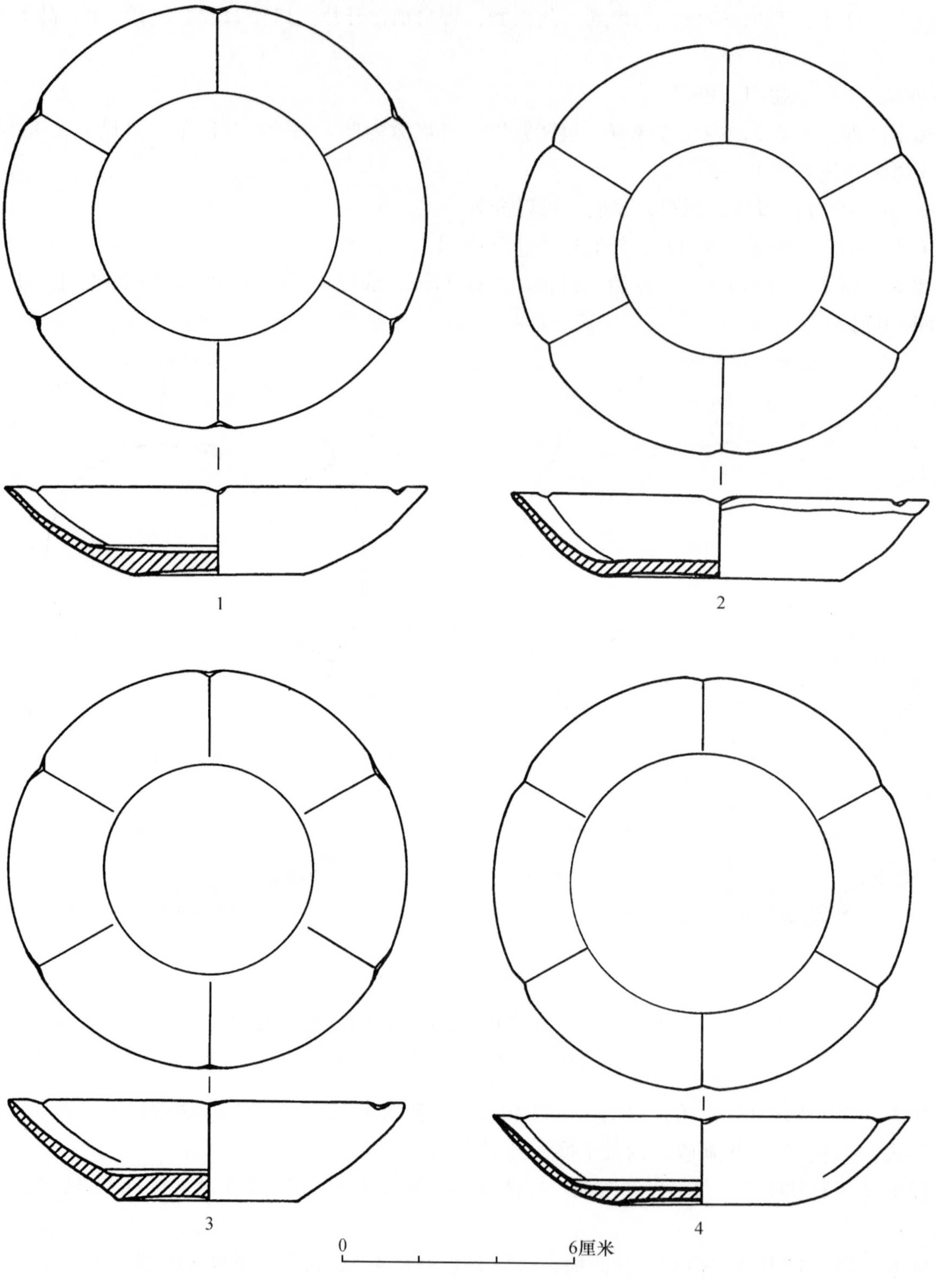

图四〇八　巴东旧县坪遗址出土宋代Gc型Ⅱ式瓷碟

1.（西）H31∶1　2.（西）L7Ⅱ∶1　3.（西）F27∶1　4.（西）F8Ⅱ∶9

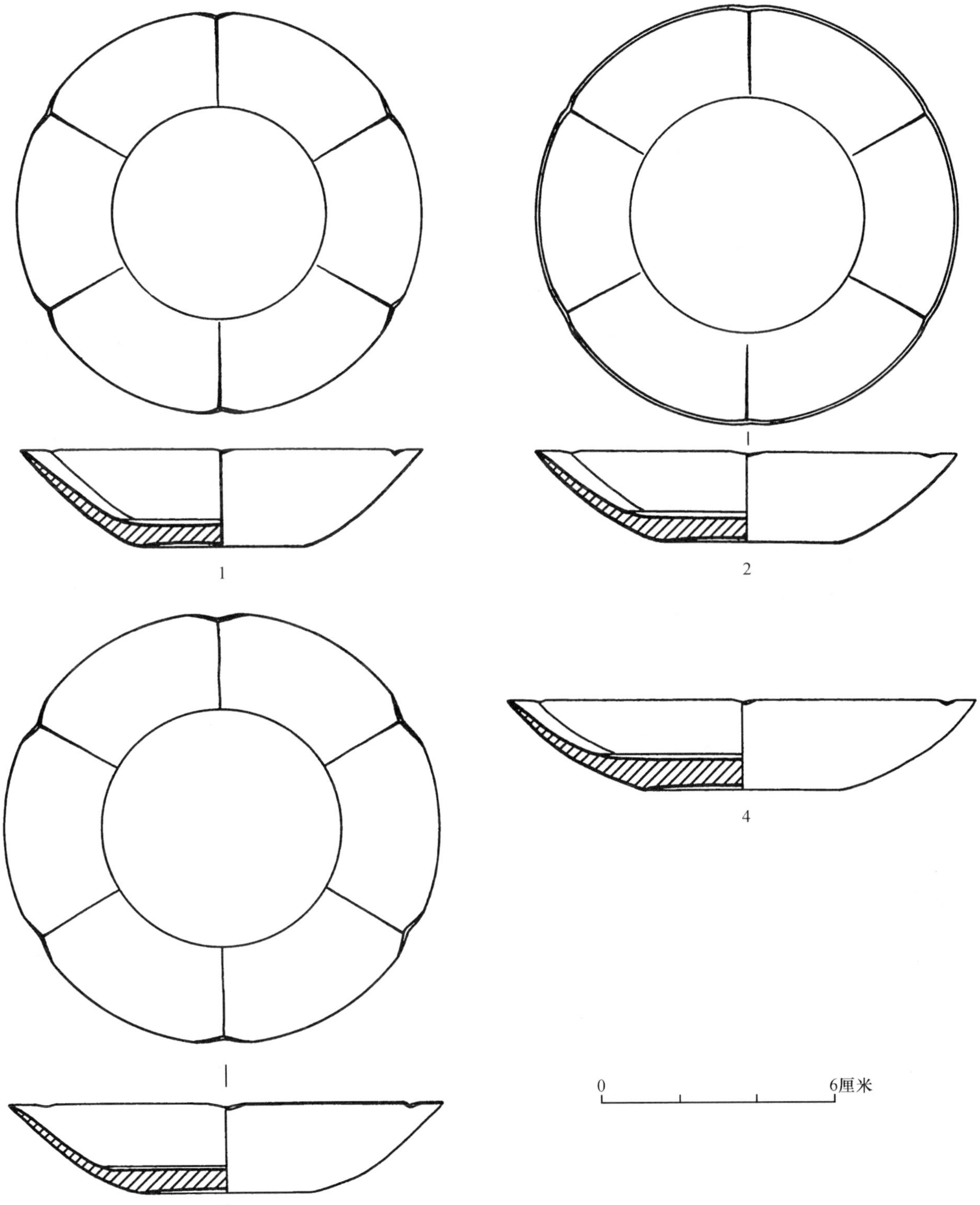

图四〇九 巴东旧县坪遗址出土宋代Gc型Ⅱ式瓷碟

1.（西）F8Ⅱ:11 2.（西）F21:2 3.（西）F96:5 4.（西）F95:3

标本（西）F96:5，白胎，青白釉。口径11、底径4.4、高2.3厘米（图四〇九，3）。

标本（西）F95:3，白胎，青白釉。口径12、底径5.2、高2.4厘米（图四〇九，4）。

H型 20件。六出折沿花口碟。可以分为三亚型。

Ha 型　1 件。平折沿，弧腹，内小底心，圈足。

标本（西）L1Ⅰ:2，尖唇，内平底。器形为七瓣葵花形，折沿上有七出缺口，内壁对应处有阳筋，外壁相应处内凹。灰白胎，白釉，开片，外底无釉。口径 10.6、足径 3.8、高 2.4 厘米（图四一〇，1）。

图四一〇　巴东旧县坪遗址出土宋代 H 型瓷碟

1. Ha 型（（西）L1Ⅰ:2）　2. Hb 型Ⅰ式（（西Ⅰ）T2714⑤:12）　3、4. Hb 型Ⅱ式（（西Ⅰ）T1209⑦:6、（西Ⅰ）T1006⑦:23）

Hb 型 6 件。弧腹，内小平底。可以分为二式。

Ⅰ式：1 件。平折沿，平底。

标本（西Ⅰ）T2714⑤:12，圆唇，内平底。灰白胎，青白釉，开片，外底无釉。口径 10.6、底径 3.1、高 2.5 厘米（图四一〇，2；图版一〇五，2）。

Ⅱ式：5 件。沿面下斜。外壁相应处内凹。

标本（西Ⅰ）T1209⑦:6，圆唇，内底上凸，外平底。灰白胎，青白釉，外底无釉。口径 12.8、底径 3.7、高 2.5 厘米（图四一〇，3；图版一〇五，3）。

标本（西Ⅰ）T1006⑦:23，圆唇，平底。白胎，青白釉。口径 10.8、底径 3.4、高 2.3 厘米（图四一〇，4）。

标本（西）F2Ⅰ:11，尖唇，内底略凸起，卧足。白胎半透明，白釉，外底露胎。口径 10.4、足径 3、高 2.4 厘米（图四一一，1）。

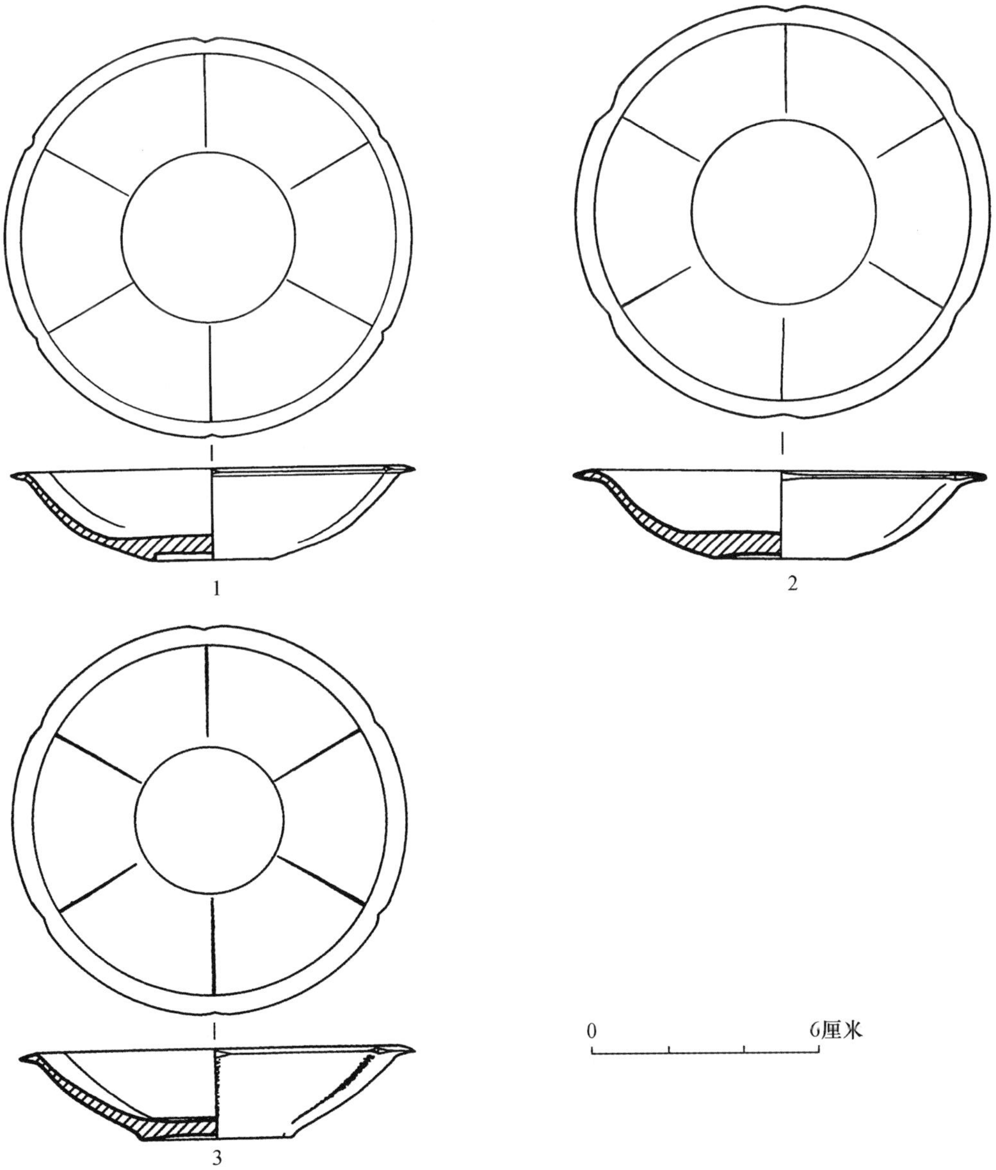

图四一一 巴东旧县坪遗址出土宋代 Hb 型Ⅱ式瓷碟

1.（西）F2Ⅰ:11 2.（西Ⅰ）T2317⑤:2 3.（西Ⅰ）T3113⑤:16

标本（西Ⅰ）T2317⑤:2，圆唇，内平底，外底内凹。白胎，青白釉。口径10.8、足径3.6、高3厘米（图四一一，2）。

标本（西Ⅰ）T3113⑤:16，尖唇，内圜底，外底略内凹。白胎，青白釉。口径10.4、足径3.9、高2.4厘米（图四一一，3）。

Hc型　13件。弧腹曲收，内大底心，饼足。可以分为三式。

Ⅰ式：6件。仰折沿，内腹壁下部有一突棱。

标本（西）F8Ⅰ:40，圆唇，内平底略下凹。白胎，青白釉。口径11.2、足径3.6、高2.4厘米（图四一二，1）。

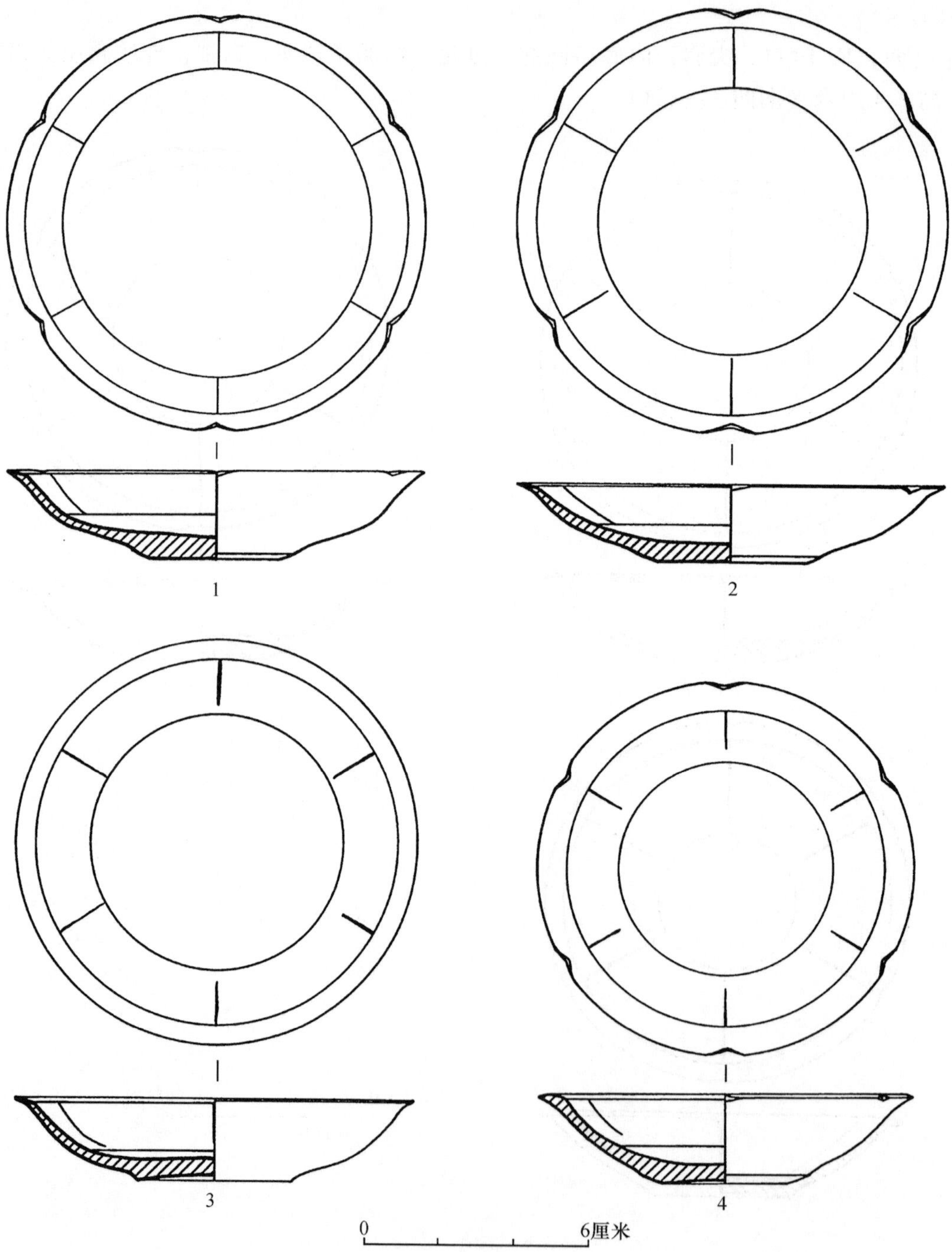

图四一二　巴东旧县坪遗址出土宋代Hc型Ⅰ式瓷碟

1.（西）F8Ⅰ:40　2.（西）G6:20　3.（西）G6:15　4.（西Ⅰ）T2015⑤:4

标本（西）G6:20，圆唇，内坦底。白胎，青白釉。口径11.7、足径4.2、高2.1厘米（图四一二，2；图版一〇五，4）。

标本（西）G6:15，圆唇，内底宽平，外底略内凹。白胎，青白釉。口径10.8、足径4.2、高2.2厘米（图四一二，3）。

标本（西Ⅰ）T2015⑤:4，圆唇，内坦底。白胎，青白釉。口径10、足径3.6、高2.4厘米（图四一二，4）。

标本（西Ⅰ）T1107⑦:12，尖唇，内坦底，内底中心略上凸，外底微内凹。灰白胎，白釉，外底无釉。口径9.4、足径3.4、高2.4厘米（图四一三，1）。

标本（西Ⅰ）T3519⑤:17，圆唇，内底下凹。灰白胎，青白釉，外底无釉。口径9.8、足径3.6、高1.2厘米（图四一三，2）。

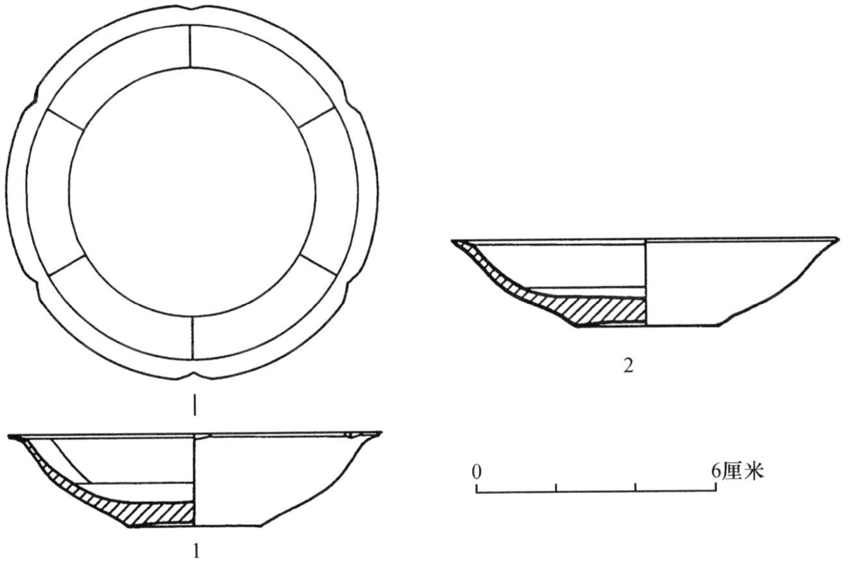

图四一三　巴东旧县坪遗址出土宋代Hc型Ⅰ式瓷碟
1.（西Ⅰ）T1107⑦:12　2.（西Ⅰ）T3519⑤:17

Ⅱ式：4件。平折沿。

标本（西）G6:1，尖唇，内坦底。灰白胎，烟灰釉，外底无釉，开片，釉面有白色不规则纹路。口径11、足径4、高2.3厘米（图四一四，1；图版一〇五，5）。

标本（西）F57:8，圆唇，内坦底。白胎，青白釉，开片，外底无釉。口径11.4、足径4.4、高2.2厘米（图四一四，2）。

标本（西）F8Ⅰ:42，圆唇，内坦底。白胎，青白釉。口径11、足径4、高2.3厘米（图四一四，3）。

标本（西）L1Ⅰ:6，圆唇，内坦底，外平底。白胎，青白釉。口径11、足径3.8、高2.4厘米（图四一四，4）。

Ⅲ式：3件。沿面下斜，斜腹弧收。

标本（西）F93:5，尖唇，内坦底。灰白胎，青白釉，釉面磨损严重。口径11.2、足径4、高2.4厘米（图四一五，1；图版一〇六，1）。

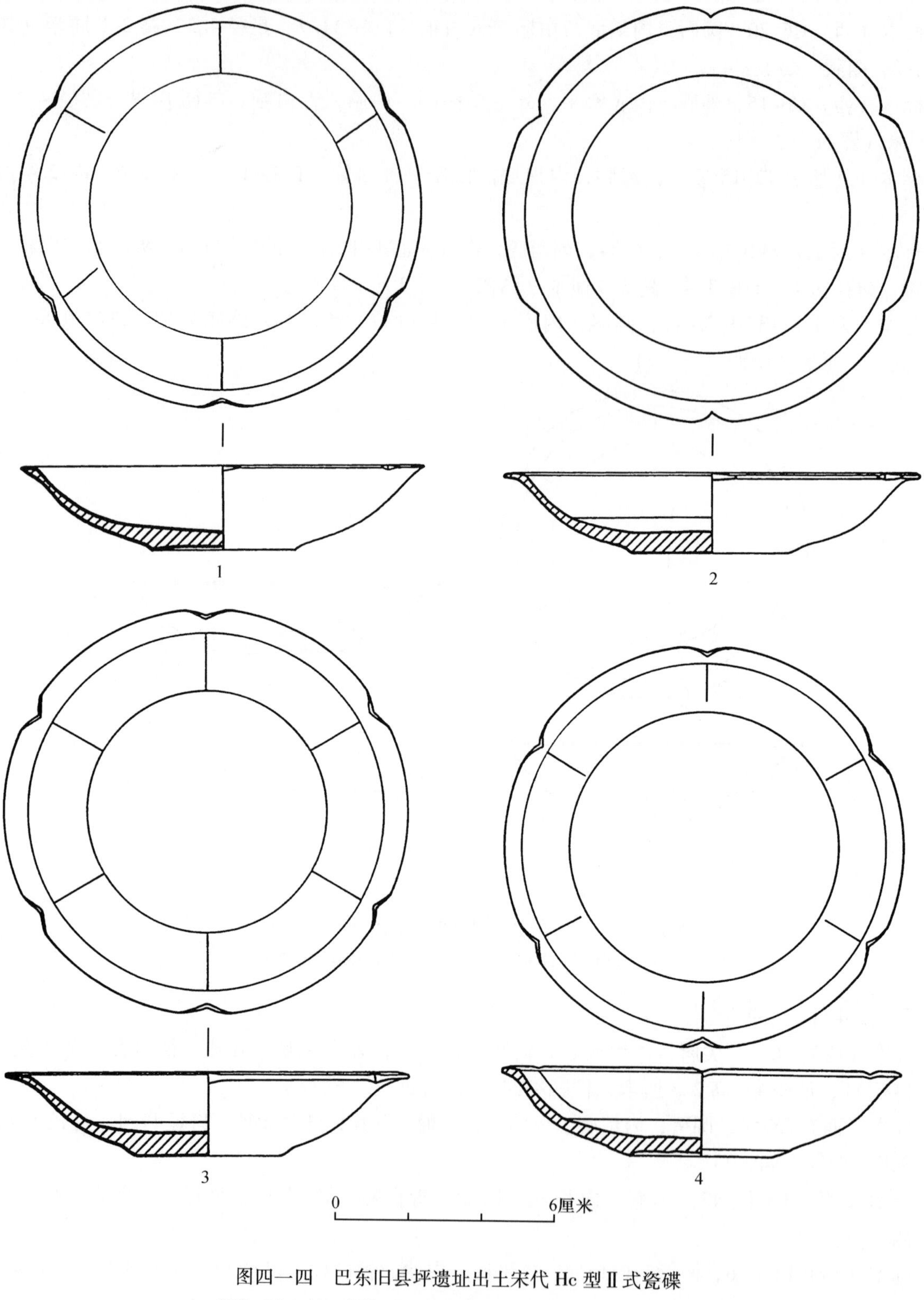

图四一四　巴东旧县坪遗址出土宋代 Hc 型Ⅱ式瓷碟

1.（西）G6∶1　2.（西）F57∶8　3.（西）F8Ⅰ∶42　4.（西）L1Ⅰ∶6

标本（西Ⅰ）T3320⑤:2，圆唇，内坦底。白胎，白釉。口径11.2、足径4、高2.5厘米（图四一五，2）。

标本（西）F57:9，圆唇，内坦底。施白釉，白胎。口径8.8、足径3、高1.7厘米（图四一五，3）。

Ⅰ型　24件。曲腹碟。侈口，浅弧腹曲收。内底心有一凹圈。可以分为三式。

Ⅰ式：12件。曲腹明显，饼足。

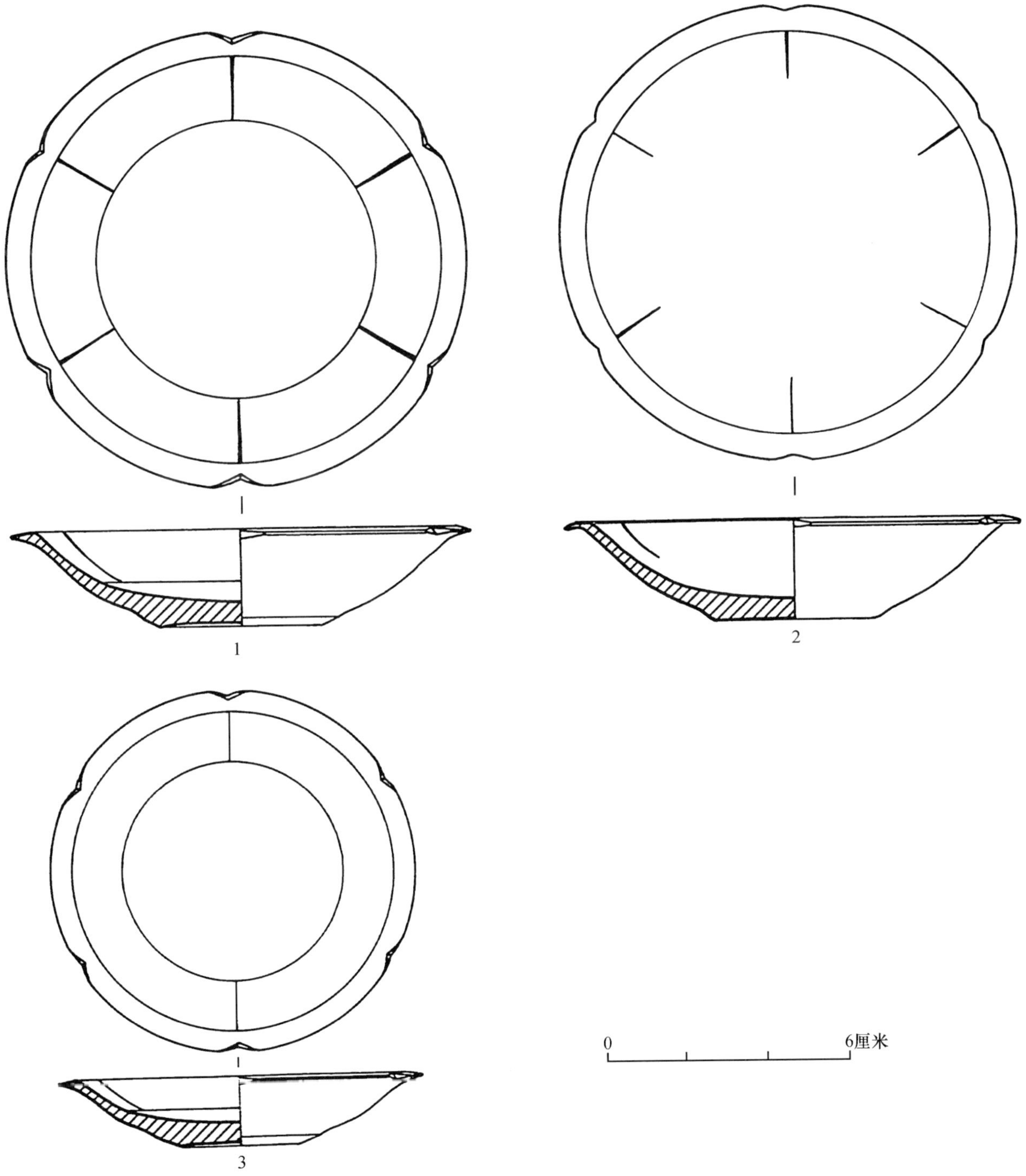

图四一五　巴东旧县坪遗址出土宋代Hc型Ⅲ式瓷碟

1.（西）F93:5　2.（西Ⅰ）T3320⑤:2　3.（西）F57:9

标本（西）F57∶5，圆唇，内坦底，外底微内凹。内底刻划水草纹。灰白胎，青白釉，外底无釉。口径8.8、足径3.6、高1.8厘米（图四一六，1）。

标本（西）F8Ⅰ∶28，圆唇，内坦底。内底刻划水草纹。白胎，青白釉，外底无釉。口径8.8、足径3.6、高1.5厘米（图四一六，2）。

标本（西Ⅰ）T2014⑤∶5，圆唇，内圜底。灰白胎，青白釉，外底无釉。口径11.2、足径4.2、高2.4厘米（图四一六，3）。

标本（西）F57∶2，尖圆唇，内圜底。灰褐胎，青白釉，外底无釉。口径11、足径3.8、高2.6厘米（图四一六，4）。

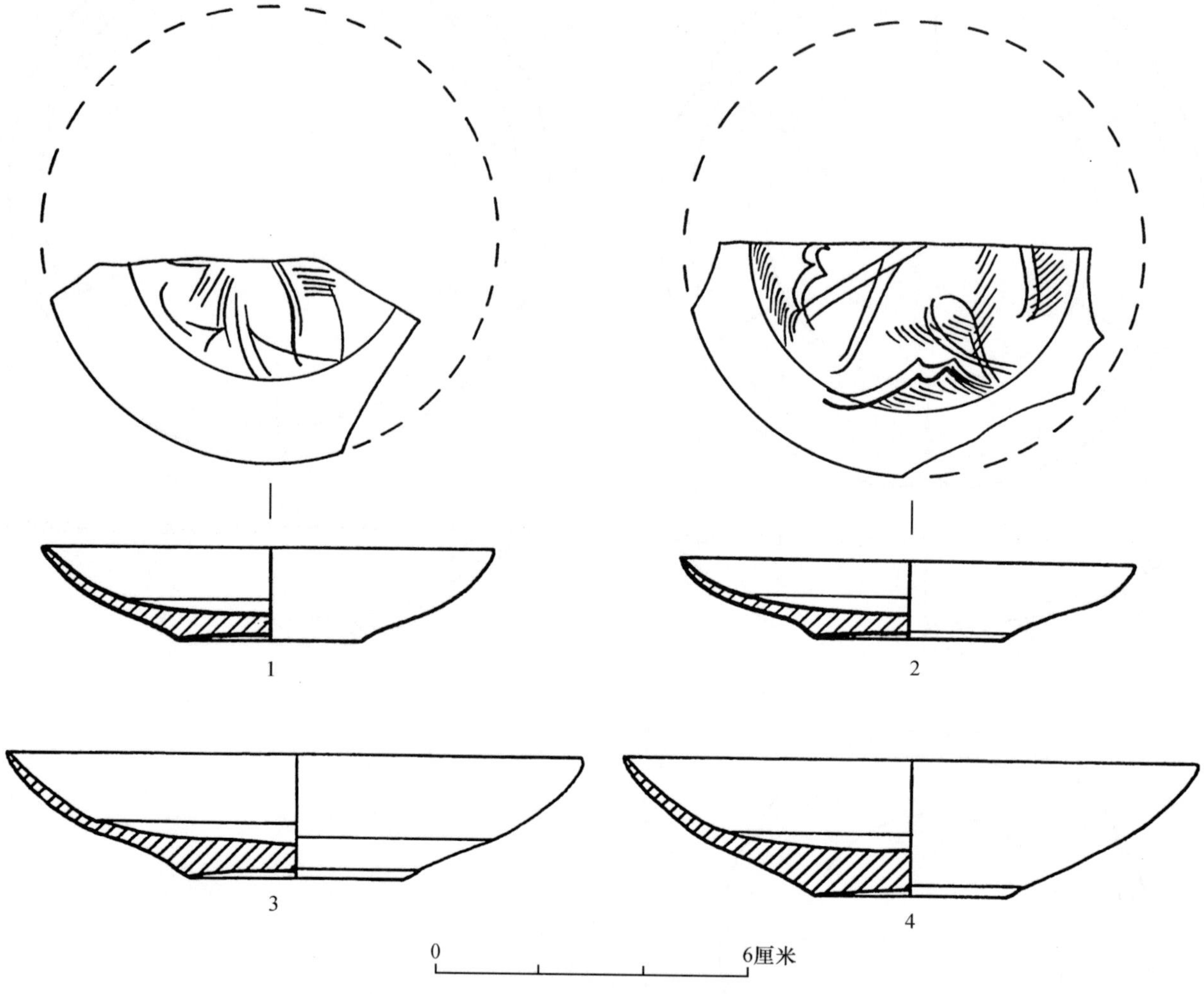

图四一六　巴东旧县坪遗址出土宋代Ⅰ型Ⅰ式瓷碟

1.（西）F57∶5　2.（西）F8Ⅰ∶28　3.（西Ⅰ）T2014⑤∶5　4.（西）F57∶2

标本（西Ⅰ）T2016⑤∶9，圆唇，内圜底，中心略突起。内底刻划水草纹。灰褐胎，青白釉，外底无釉。口径10.7、足径3.8、高2.5厘米（图四一七，1）。

标本（西Ⅰ）T1706⑦∶4，圆唇，内坦底，外底微内凹。内底刻划水草纹。白胎，青白釉，外底无釉。口径10.8、足径4、高2.1厘米（图四一七，2）。

标本（东Ⅰ）T3404④∶7，圆唇，内坦底，外底微内凹。内底刻划水草纹。灰白胎，青白釉，外底无釉。口径11、足径4.4、高2.4厘米（图四一七，3）。

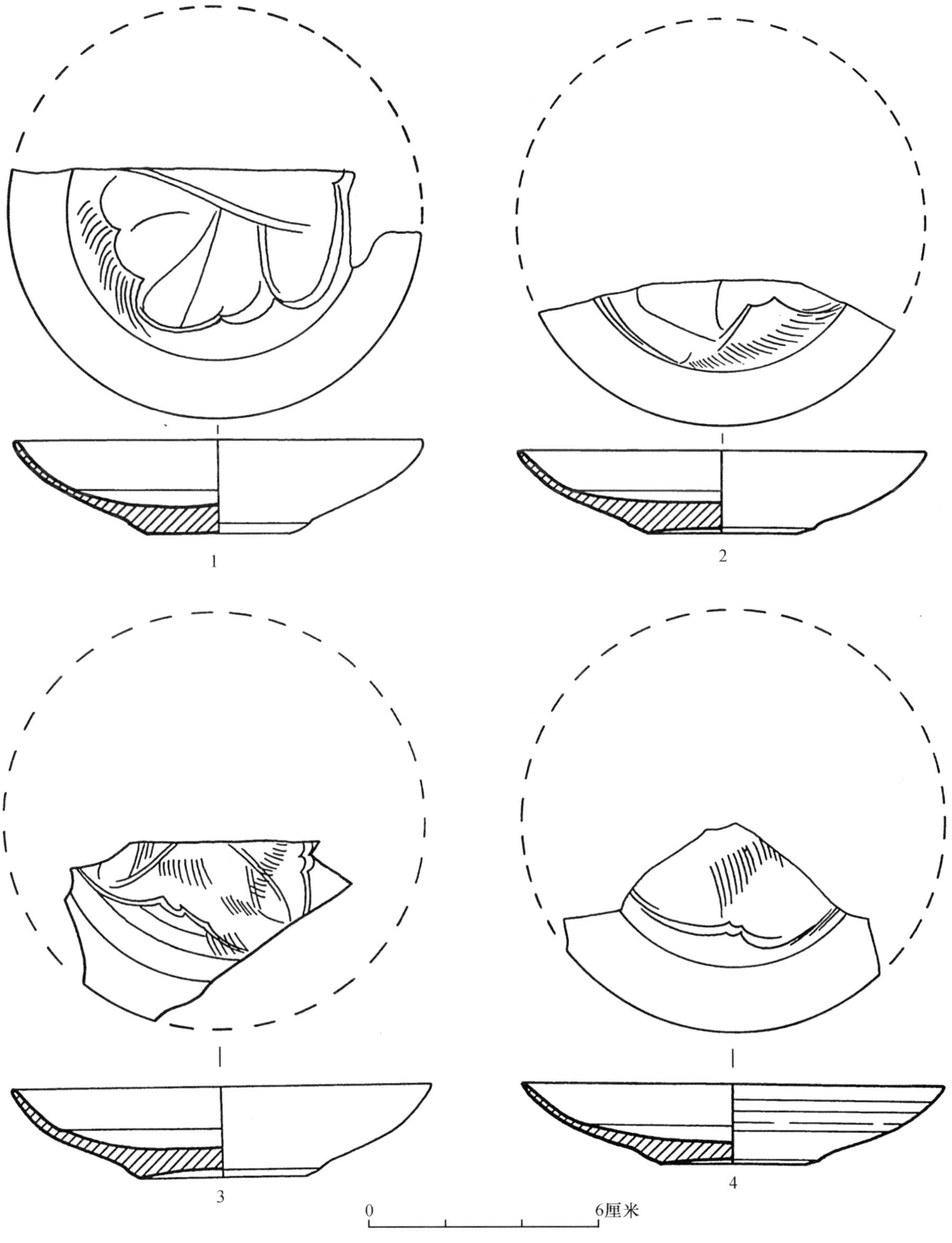

图四一七　巴东旧县坪遗址出土宋代Ⅰ型Ⅰ式瓷碟

1.（西Ⅰ）T2016⑤:9　2.（西Ⅰ）T1706⑦:4　3.（东Ⅰ）T3404④:7　4.（西）F57:4

标本（西）F57:4，圆唇，内坦底。内底刻划水草纹。灰白胎，青白釉，外底无釉。口径11.2、足径4、高2.1厘米（图四一七，4）。

标本（西Ⅰ）T2512⑤:3，圆唇，内坦底，外底微内凹。内底刻划水草纹。灰白胎，青白釉，开片，外底无釉。口径 11、足径 4.2、高 2.4 厘米（图四一八，1）。

标本（西）L6 Ⅰ:1，圆唇，内坦底，外底微内凹。内底刻划水草纹。灰白胎，青白釉，外底无釉。口径 11、足径 4.4、高 2.7 厘米（图四一八，2）。

标本（西）L2 Ⅰ:11，圆唇，内坦底，外底微内凹。内底刻划水草纹。灰白胎，青白釉，外底无釉。口径 11、足径 4.6、高 2.4 厘米（图四一八，3）。

标本（西）G6:32，圆唇，内底略下凹。内底刻划四叶花纹，间饰以篦划纹。灰白胎，青白釉，外底无釉。口径 11.2、足径 4.6、高 2.5 厘米（图四一八，4）。

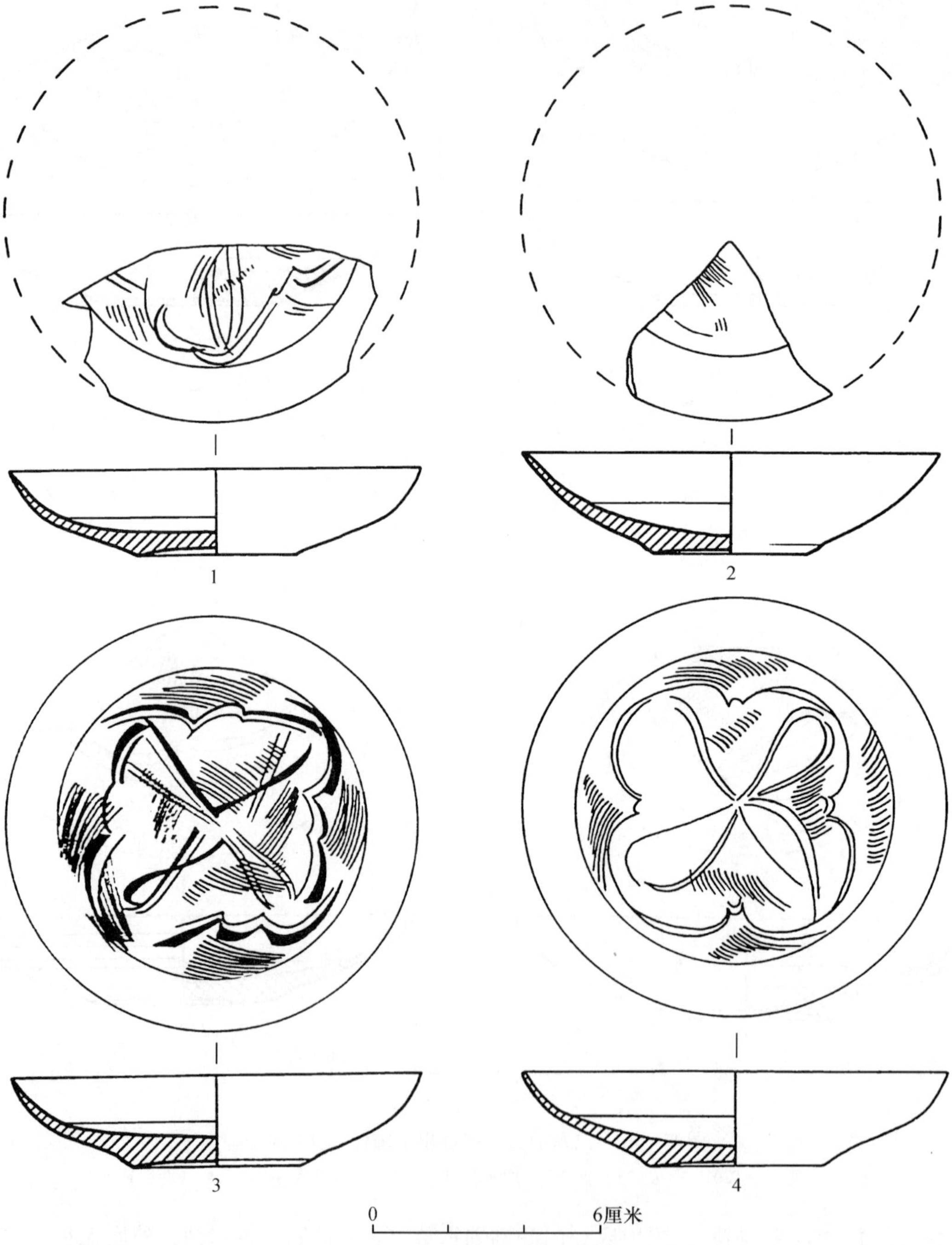

图四一八　巴东旧县坪遗址出土宋代Ⅰ型Ⅰ式瓷碟

1.（西Ⅰ）T2512⑤:3　2.（西）L6 Ⅰ:1　3.（西）L2 Ⅰ:11　4.（西）G6:32

Ⅱ式：9件。外底较大，饼足或平底。

标本（西）F8Ⅱ∶2，圆唇，内坦底。内底刻划水草纹。灰白胎，青白釉，开片，外底无釉。口径11、足径4.2、高2.4厘米（图四一九，1）。

标本（西Ⅰ）T3519⑤∶10，圆唇，内圜底。内底刻划水草纹。白胎，青白釉，外底无釉。口径11、足径4.6、高2.2厘米（图四一九，2）。

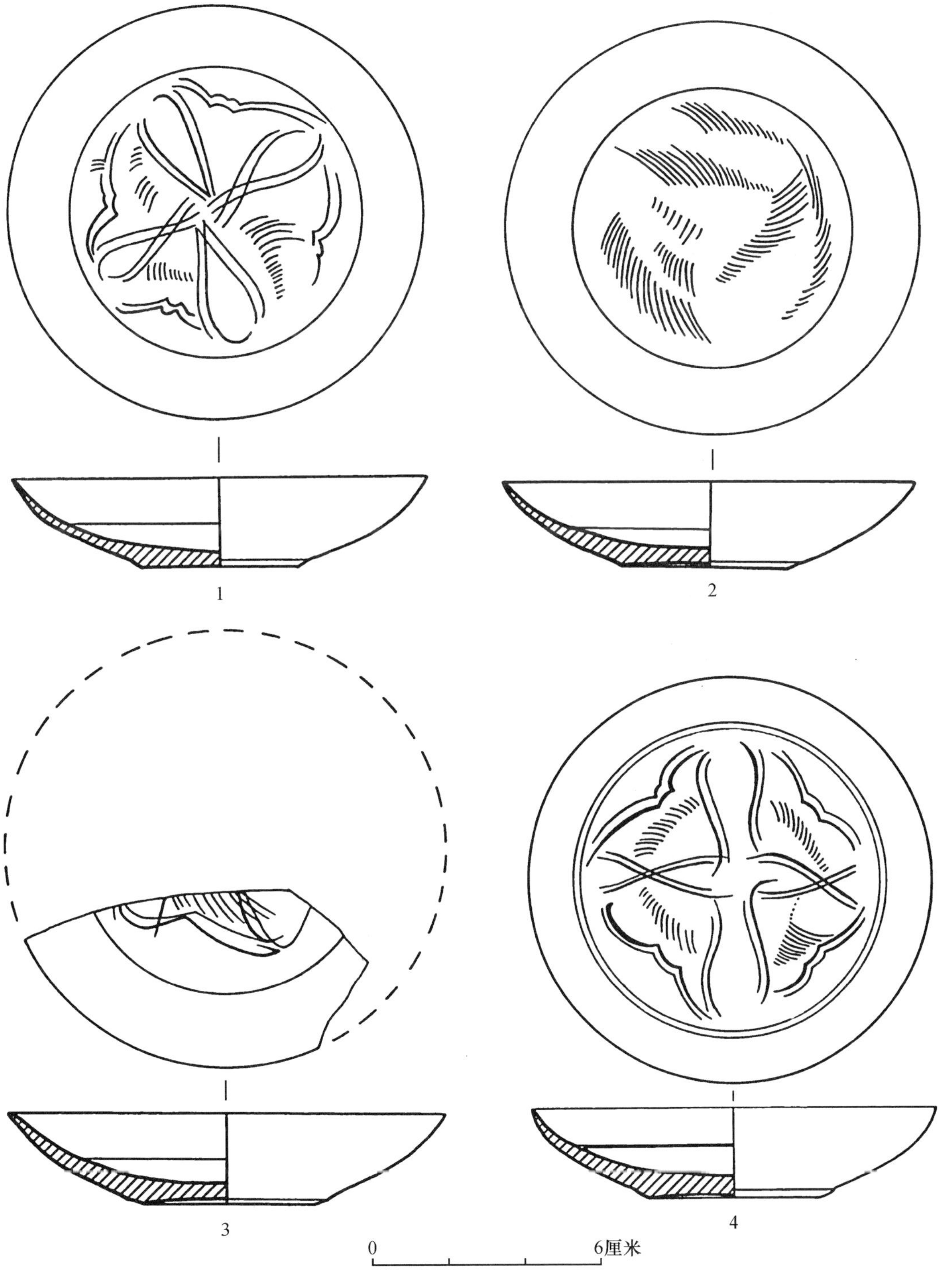

图四一九　巴东旧县坪遗址出土宋代Ⅰ型Ⅱ式瓷碟

1.（西）F8Ⅱ∶2　2.（西Ⅰ）T3519⑤∶10　3.（西）F22∶2　4.（西Ⅰ）T3615⑤∶1

标本（西）F22∶2，圆唇，内坦底，外底微内凹。内底刻划水草纹。白胎，青白釉，外底无釉。口径11.6、足径4.4、高2.4厘米（图四一九，3）。

标本（西Ⅰ）T3615⑤∶1，圆唇，内底弧平，外底微内凹。内底刻划水草纹。灰白胎，青白釉，外底无釉。口径10.8、足径4.6、高2.4厘米（图四一九，4；图版一○六，2）。

标本（西Ⅰ）T1916⑤∶14，圆唇，内坦底，外底微内凹。内底刻划水草纹。白胎，青白釉，外底无釉。口径11、足径4.6、高2.1厘米（图四二○，1）。

图四二○　巴东旧县坪遗址出土宋代Ⅰ型Ⅱ式瓷碟

1.（西Ⅰ）T1916⑤∶14　2.（西）F52∶3　3.（西）F96∶2　4.（西）F52∶1　5.（西Ⅰ）T2316⑤∶1

标本（西）F52∶3，方唇，内坦底。内底刻划水草纹。白胎，青白釉，外底无釉。口径10.8、足径4.8、高2.4厘米（图四二〇，2）。

标本（西）F96∶2，圆唇，内坦底，外底微内凹。内底刻划水草纹。白胎，青白釉，外底无釉。口径8.6、底径4、高1.6厘米（图四二〇，3）。

标本（西）F52∶1，圆唇，内圜底。内底刻划水草纹。白胎，青白釉，外底无釉。口径8.4、底径4、高1.8厘米（图四二〇，4）。

标本（西Ⅰ）T2316⑤∶1，圆唇，内坦底。灰白胎，青白釉，外底无釉。口径10、底径5.2、高2厘米（图四二〇，5）。

Ⅲ式：3件。外底较大，外腹壁下部有数道凸弦纹，呈瓦棱状。

标本（西ⅢA）T1504③∶3，圆唇，浅弧腹，内腹壁中部有一凸弦纹，内坦底，外平底略内凹。外腹壁下部有三道凸弦纹。灰黄胎，青釉，底无釉，釉下施白色化妆土。口径10.2、底径5.4、高1.9厘米（图四二一，1）。

标本（西）F66∶3，圆唇，内坦底，外底微内凹。外腹壁饰数道凸弦纹。白胎，白釉。口径10.2、底径5.6、高2厘米（图四二一，2）。

标本（西）H57∶13，圆唇，内坦底，外底微内凹。内腹壁中部有一凸弦纹。灰黄胎，青釉下有白色化妆土，外底无釉。口径10、底径4.8、高1.9厘米（图四二一，3）。

J型 1件。侈口，尖唇，折沿，弧腹，内平底，饼足内凹。

标本（西）F85∶1，侈口，浅弧腹，下腹较鼓，内底平坦，外底微内凹。白胎，青白釉。口径10.4、足径4.2、高2.1厘米（图四二一，4）。

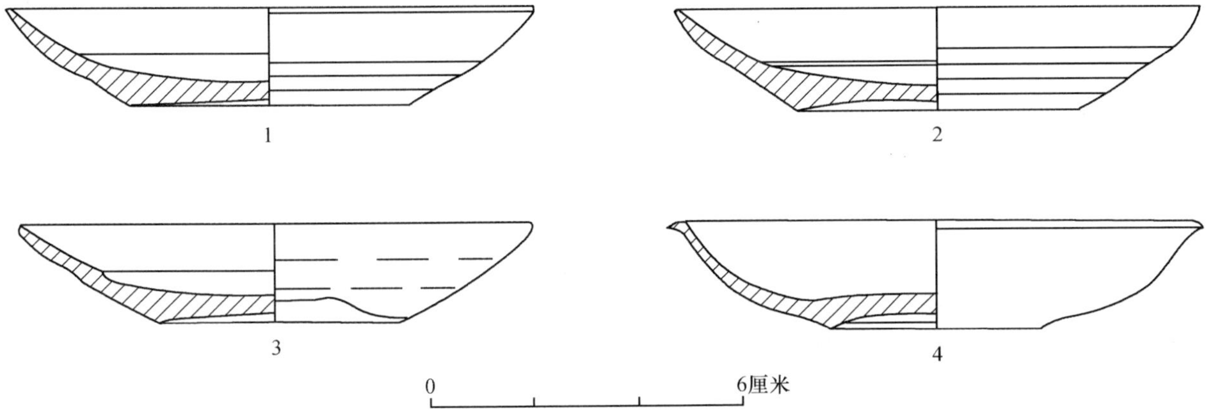

图四二一 巴东旧县坪遗址出土宋代瓷碟

1～3. I型Ⅲ式（（西ⅢA）T1504③∶3、（西）F66∶3、（西）H57∶13） 4. J型（（西）F85∶1）

K型 4件。敞口，折腹，腹壁中间内折，矮圈足，外底有鸡心突。

标本（西）L17Ⅰ∶6，圆唇，内底近平。灰胎，青白釉，外下腹及足无釉。内底中部有一圈垫痕。口径10、足径4.4、高2.6厘米（图四二二，1；图版一〇六，3）。

标本（西）L17Ⅰ∶1，圆唇，内底下凹。灰胎，青白釉，外下腹及足无釉。内底中部有一周覆烧痕迹。口径10、足径4.6、高2.4厘米（图四二二，2）。

标本（西Ⅰ）T3517⑤∶29，圆唇，内底下凹。灰胎，青白釉。口径10、足径4.4、高2.4厘米（图四二二，3）。

标本（西Ⅰ）T3517⑤∶37，圆唇，内底下凹。灰胎，青白釉，外下腹及足无釉。口径10、足径4.4、高2.4厘米（图四二二，4）。

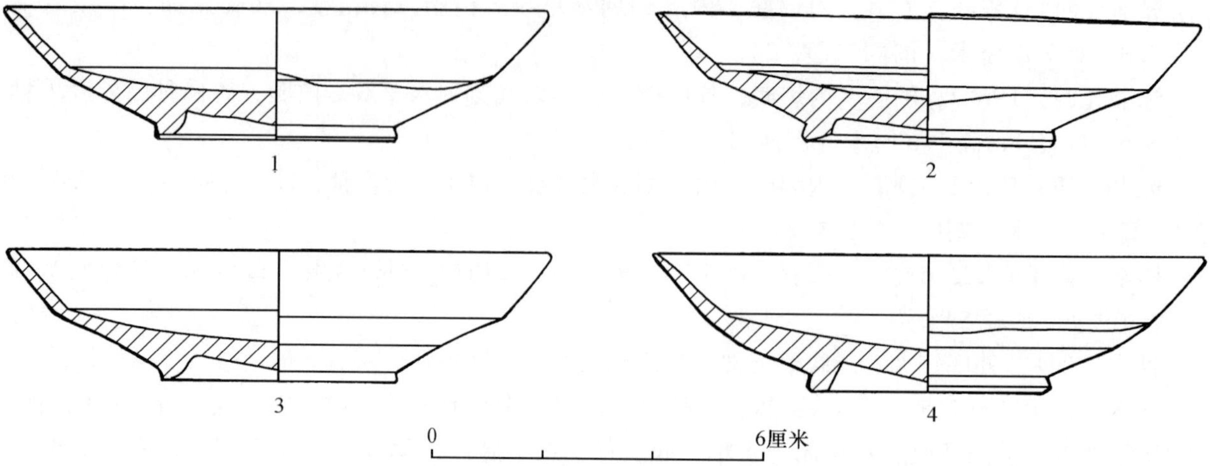

图四二二　巴东旧县坪遗址出土宋代 K 型瓷碟

1.（西）L17 Ⅰ:6　2.（西）L17 Ⅰ:1　3.（西Ⅰ）T3517⑤:29　4.（西Ⅰ）T3517⑤:37

L 型　10 件。方唇，浅腹，宽平底，圈足。可以分为二亚型。

La 型　9 件。侈口。可以分为三式。

Ⅰ式：4 件。弧壁，圈足较高。

标本（西）F3:12，外口下有数道弦纹，足墙外撇。内底刻划花叶纹。灰白胎，青白釉，芒口，开片。口径 12、足径 8、高 2.9 厘米（图四二三，1）。

标本（西）F3:19，外腹壁呈瓦棱状，足墙微外撇。内底刻花叶纹。灰白胎，青白釉，芒口，开片。口径 11.6、足径 7.6、高 2.9 厘米（图四二三，2）。

标本（西）F14 Ⅱ:4，外口下有一道凹弦纹，足墙较直，底足边缘有一道凹弦纹。灰白胎，青白釉，芒口。口径 10.2、足径 7.2、高 2.6 厘米（图四二三，3）。

标本（西）F53:1，灰白胎较薄，青白釉，芒口。口径 9.8、底径 7、高 3 厘米（图四二三，4；图版一〇六，4）。

Ⅱ式：2 件，内腹壁下部有一凸弦纹，圈足足墙外撇，外底中心下突。

标本（西Ⅰ）T3418⑤:10，弧壁。内底心刻划折枝草叶纹。灰白胎，白釉，芒口。口径 12.2、足径 8.3、高 3.7 厘米（图四二四，1；图版一〇六，5）。

标本（西）L1 Ⅳ:6，斜直腹。内底中心刻划莲花纹。白胎，白釉，芒口，开片。口径 12、足径 7.4、高 2.8 厘米（图四二四，2）。

Ⅲ式：3 件。足墙内收，圈足较矮。

标本（东）L1 Ⅳ:2，口沿下部有数道凹弦纹，外底边缘有一凹槽。灰白胎，青白釉，芒口。口径 11.8、足径 7.6、高 3 厘米（图四二三，5；图版一〇六，6）。

标本（西Ⅰ）T3519⑤:6，灰白胎，青白釉，芒口。口径 12.3、底径 7.6、高 3 厘米（图四二三，6；图版一〇七，1）。

标本（西）F3:55，侈口，方唇，浅盘，大平底，下接粗口圈足。内壁刻划回纹一周，下为一周莲荷纹，内底刻划莲荷纹。灰白胎较薄，青白釉，芒口。口径 11、足径 7.6、高 2.3 厘米（图四二四，3）。

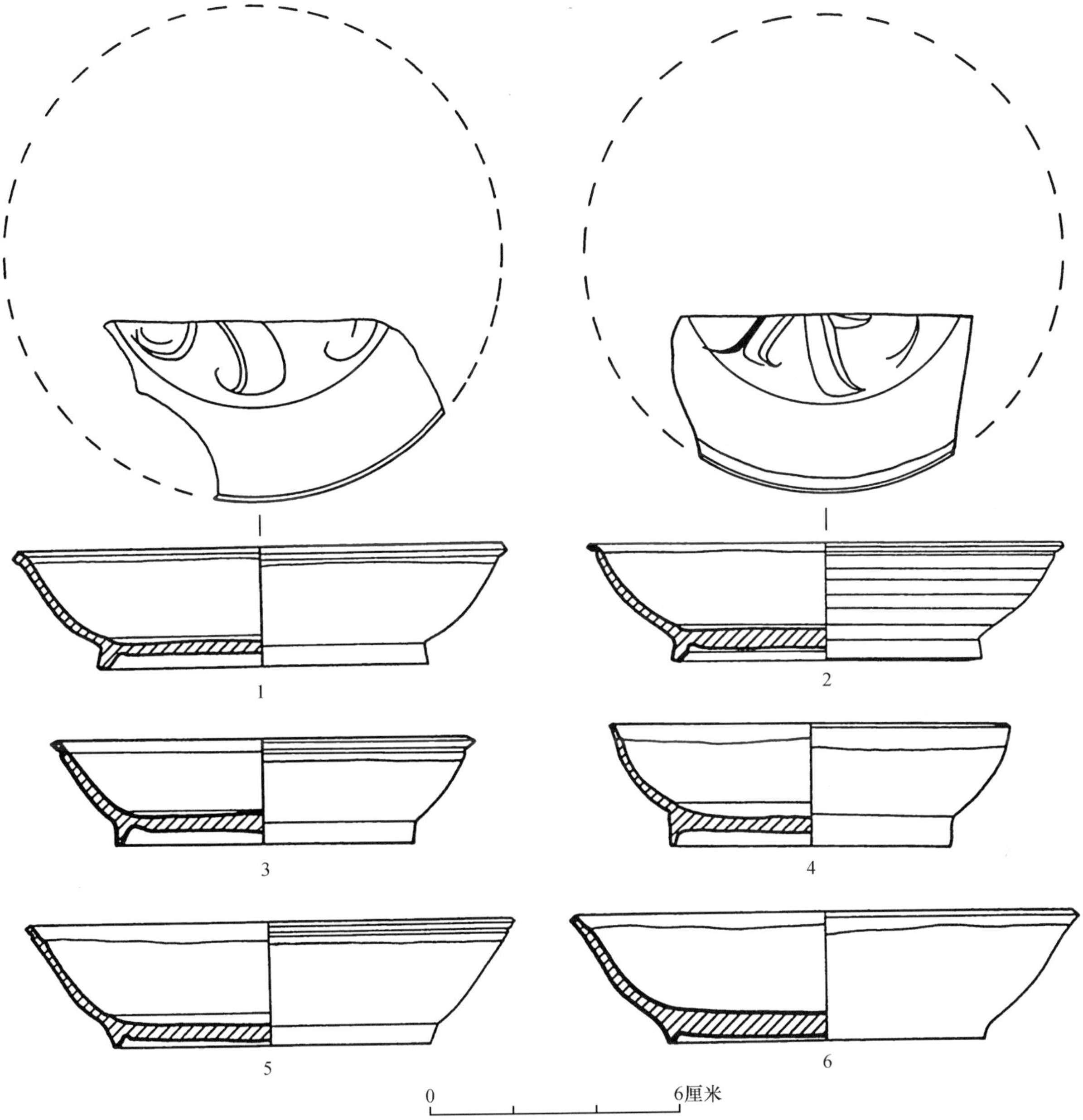

图四二三　巴东旧县坪遗址出土宋代La型瓷碟

1～4. Ⅰ式（（西）F3:12、（西）F3:19、（西）F14Ⅱ:4、（西）F53:1）　5、6. Ⅲ式（（东）L1Ⅳ:2、（西Ⅰ）T3519⑤:6）

Lb型　1件。撇口。

标本（西）F8Ⅲ:60，弧壁，内底略下凹，足墙内收，矮圈足。内底刻划水草纹，外下腹呈瓦棱状。灰白胎，白釉，芒口，开片。口径11.8、足径6.6、高3厘米（图四二四，4；图版一〇七，2）。

M型　3件。细高圈足。可以分为二亚型。

Ma型　2件。撇口，高圈足。可以分为二式。

Ⅰ式：1件。高圈足。

标本（西）F58:3，尖唇，花口，因残几瓣不清，浅腹，腹壁外坦，内底宽平，圈足足墙尖薄。灰白胎，青白釉，足内无釉。口径12.6、足径4.2、高4.6厘米（图四二五，1）。

图四二四　巴东旧县坪遗址出土宋代 L 型瓷碟

1、2. La 型Ⅱ式（（西Ⅰ）T3418⑤:10、（西）L1Ⅳ:6）　3. La 型Ⅲ式（（西）F3:55）　4. Lb 型（（西）F8Ⅲ:60）

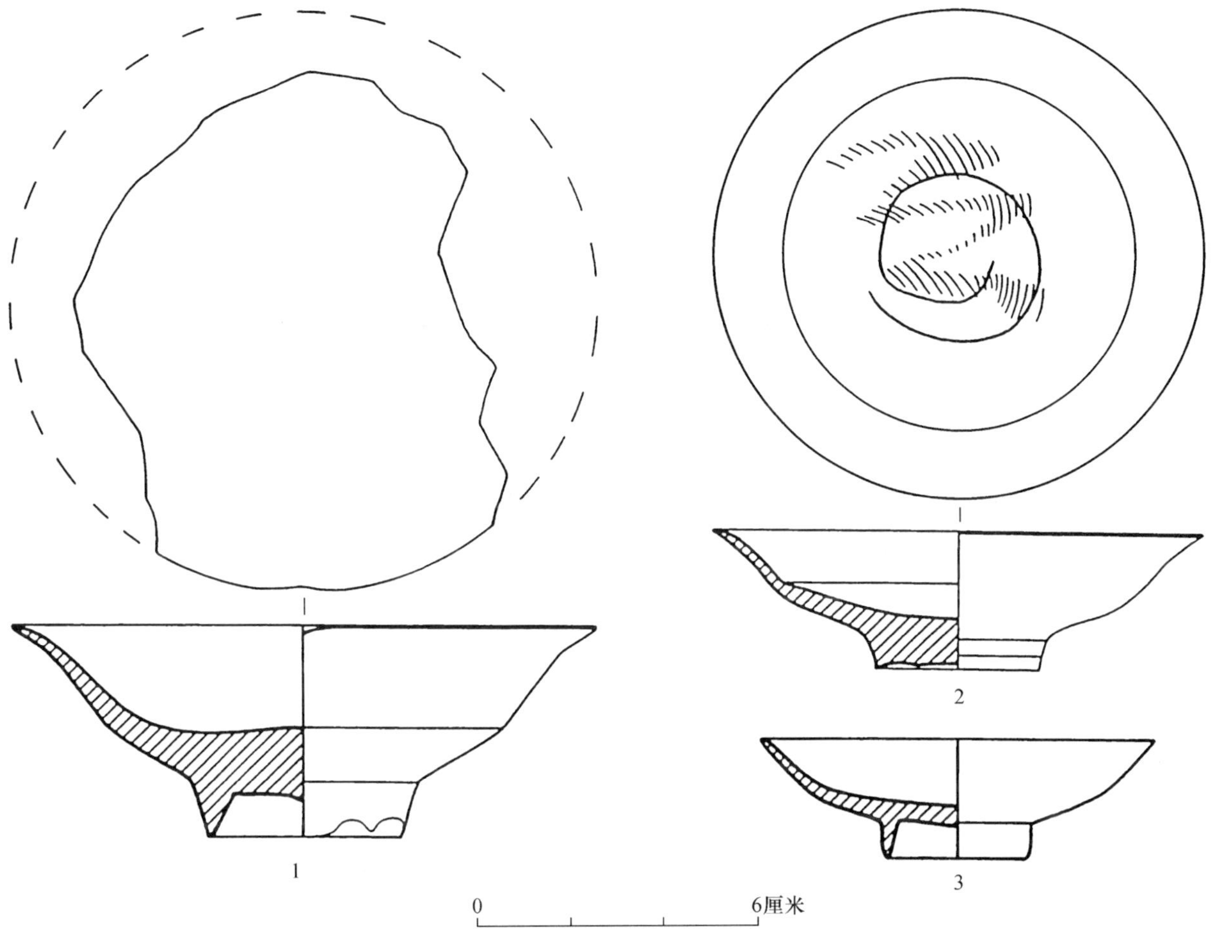

图四二五　巴东旧县坪遗址出土宋代M型瓷碟

1. Ma型Ⅰ式（（西）F58∶3）　2. Ma型Ⅱ式（（西Ⅰ）T3520⑤∶23）　3. Mb型（（西）L2Ⅱ∶1）

Ⅱ式：1件。圈足浅挖。

标本（西Ⅰ）T3520⑤∶23，方唇，大底心。内底刻划梳篦纹，胎有盘筑痕。白胎，青白釉，足内无釉。口径10.6、足径3.6、高3厘米（图四二五，2）。

Mb型　1件。侈口，弧腹，高圈足。

标本（西）L2Ⅱ∶1，圆唇。灰白胎，白釉。胎质纯净，经过淘洗，釉质细腻光亮。口径8.6、足径3、高2.6厘米（图四二五，3）。

4. 盏

154件。可以分为敞口盏、侈口盏、敛口盏、束颈盏、凸棱盏、直口盏等六类。

（1）敞口盏

10件。可以分为平底盏、圈足盏两小类。

平底盏　8件。依唇部特征，可以分为方唇盏、尖圆唇盏、折沿盏三型。

A型　2件。方唇盏。浅腹，小平底。

标本（东）F33∶1，外腹中部有二道凸弦纹，内底略下凹。灰白胎，口沿、内壁及底施青白釉，釉层较厚，质地细腻，釉下有护胎釉。口径9、底径3.6、高1.9厘米（图四二六，1；图版一〇七，3）。

标本（西）F95∶1，灰白胎，唇及内壁施青白釉，外部全露胎。口径9.2、底径3.4、高1.9厘米（图四二六，2；图版一〇七，4）。

B型　3件。尖圆唇盏。浅腹，小平底。

标本（西Ⅰ）T3520⑤∶4，灰白胎，内施青白釉，外无釉。口径9、底径2.4、高2.6厘米（图四二六，3）。

标本（西Ⅰ）T3519⑤∶16，灰白胎，内施青白釉，外无釉。口径9.2、底径3.2、高2厘米（图四二六，4）。

标本（西）F8Ⅲ∶75，底部略下凹。灰胎，青白釉。口径8.6、底径3.2、高2厘米（图四二六，5）。

C型　3件。折沿盏。可以分为二亚型。

Ca型　2件。折沿，尖唇。

标本（西）F94∶3，沿面下斜，口沿有一处缺口。内外腹壁有数道弦纹。内坦底，外平底。灰白胎，青白釉。口径9.6、底径3.9、高1.4厘米（图四二六，6）。

标本（东）F39∶2，沿略外倾，浅折腹，内腹壁下部有一凸弦纹，小平底，外底略内凹。外下腹有旋削痕，内腹壁刻折扇纹。灰胎，内部及沿施酱釉，外无釉。口径10.3、底径3.9、高2.5厘米（图四二六，7）。

Cb型　1件。折沿，方唇。

标本（西）F96∶1，内底略下凹。灰白胎，内壁施青釉，釉色泛蓝。口径9.6、底径3.4、高2.4厘米（图四二六，8）。

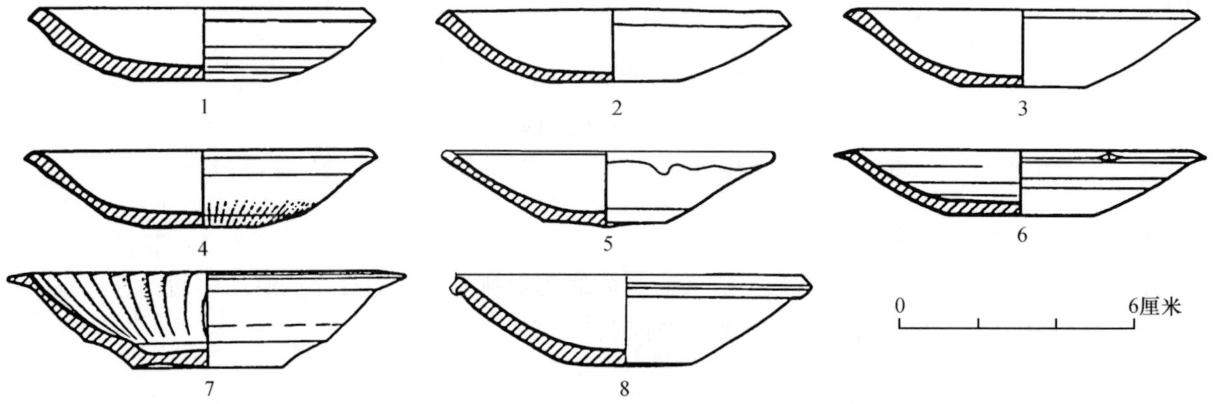

图四二六　巴东旧县坪遗址出土宋代敞口平底瓷盏

1、2. A型（（东）F33∶1、（西）F95∶1）　3～5. B型（（西Ⅰ）T3520⑤∶4、（西）T3519⑤∶16、（西）F8Ⅲ∶75）　6、7. Ca型（（西）F94∶3、（东）F39∶2）　8. Cb型（（西）F96∶1）

圈足盏　2件。斜直腹，内坦底，圈足浅挖，圈足外部斜削。

标本（西）L6Ⅰ∶2，尖唇。白胎，双层釉，底釉为酱色，外为黑釉，口部露釉，下腹下部及足无釉。口径12.1、足径3.8、高5.2厘米（图四二七，1；图版一〇七，5）。

标本（西Ⅰ）T2016⑤∶19，圆唇。灰胎，褐釉。口径12.5、足径3.6、高4.8厘米（图四二七，2）。

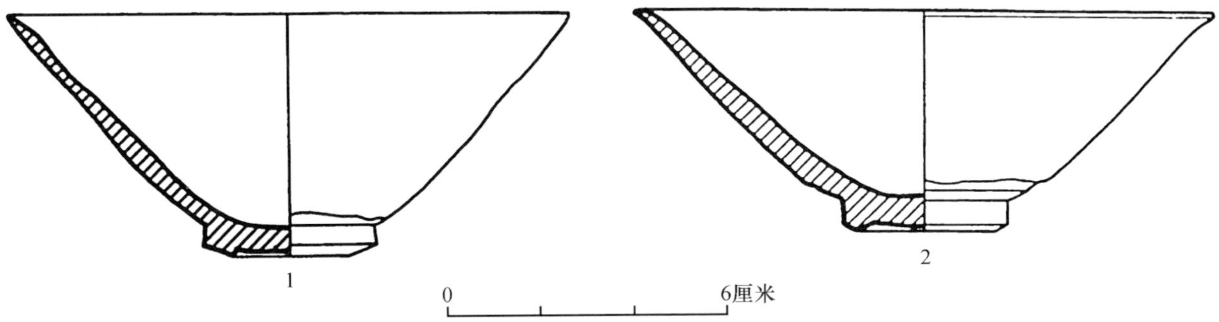

图四二七　巴东旧县坪遗址出土宋代敞口圈足瓷盏
1.（西）L6Ⅰ:2　2.（西Ⅰ）T2016⑤:19

（2）侈口盏

51件。可以分为平底盏、圈足盏、饼足盏三小类。

平底盏　29件。可以分为三型。

A型　3件。圆唇盏，内坦底。可以分为二式。

Ⅰ式：2件。深腹。

标本（西）F8Ⅱ:19，弧腹，大平底。灰胎，青釉，底无釉。口径9、底径4.2、高2.3厘米（图四二八，1）。

标本（西Ⅰ）T3021⑤:5，腹壁较直，内弧壁，外壁中部有一折棱，大平底。灰白胎，青白釉。口径9.4、底径4、高2.6厘米（图四二八，2）。

Ⅱ式：1件。浅腹。

标本（西Ⅰ）T3519⑤:13，浅弧腹，底部略下凸。灰白胎，内壁及唇施青白釉。口径9.2、底径3.4、高1.7厘米（图四二八，3）。

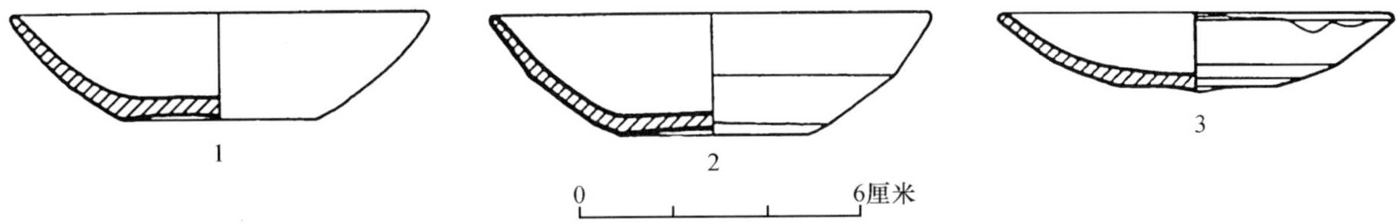

图四二八　巴东旧县坪遗址出土宋代A型侈口平底瓷盏
1、2. Ⅰ式（（西）F8Ⅱ:19、（西Ⅰ）T3021⑤:5）　3. Ⅱ式（（西Ⅰ）T3519⑤:13）

B型　19件。唇口，大平底。

标本（西Ⅰ）T2415⑤:3，内坦底。灰褐胎，青釉已脱落，上腹施有白色化妆土。口径9、底径4.4、高2.2厘米（图四二九，1；图版一〇七，6）。

标本（西Ⅰ）T0407④:1，内平底。灰白胎，青釉。口径9.2、底径4、高2.6厘米（图四二九，2）。

标本（东Ⅰ）T3304④:1，内坦底，外底略内凹。灰白胎，青釉。口径7.4、底径3、高2厘米（图四二九，3）。

标本（西）F8Ⅰ:3，内坦底。灰白胎，青釉。口径8.2、底径4.2、高2.1厘米（图四二九，4）。

标本（西）F8Ⅰ:20，内坦底。灰白胎，青釉，外底无釉。口径9.2、底径3.4、高2厘米（图四二九，5）。

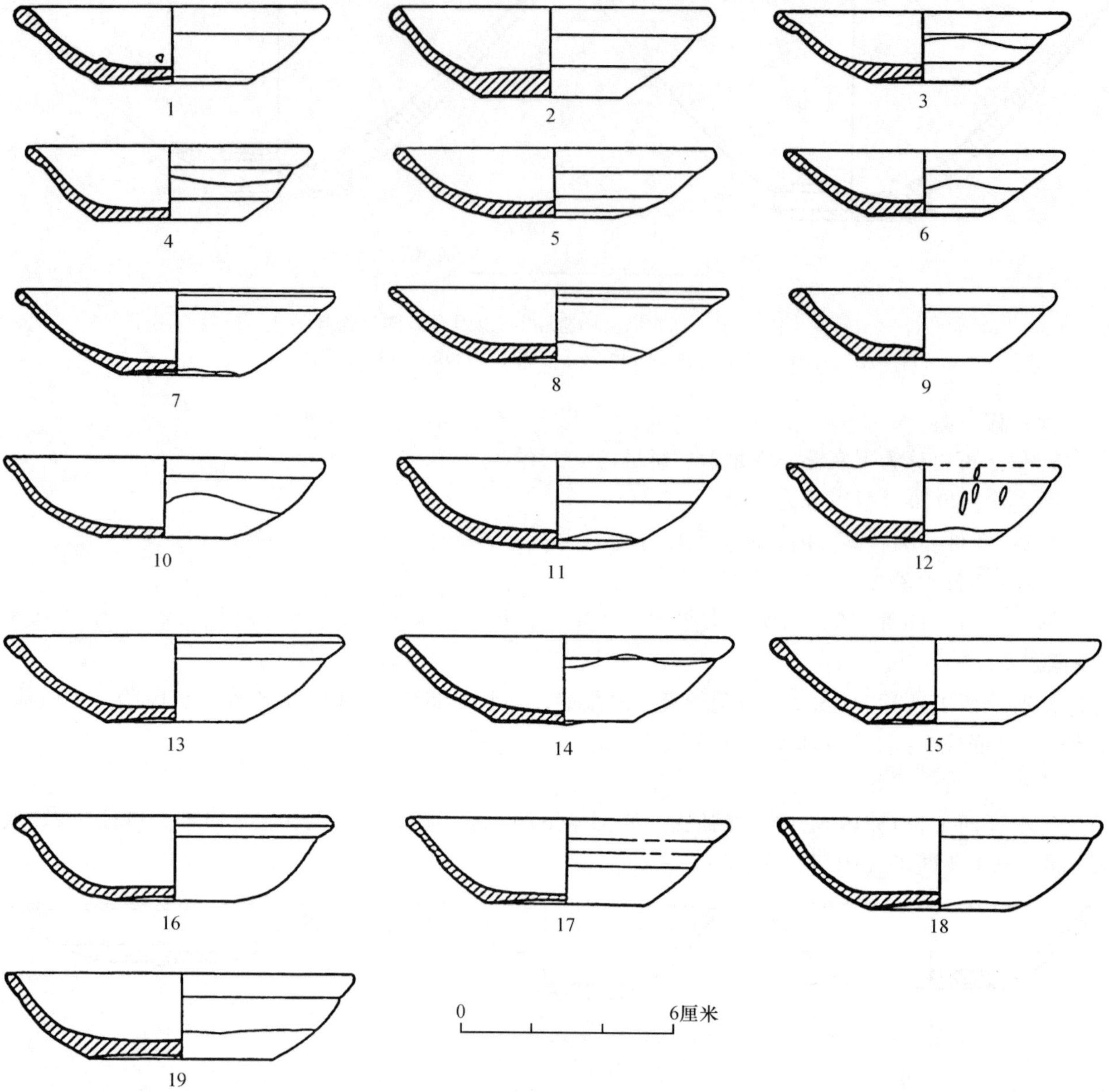

图四二九　巴东旧县坪遗址出土宋代B型侈口平底瓷盏

1.（西Ⅰ）T2415⑤:3　2.（西Ⅰ）T0407④:1　3.（东Ⅰ）T3304④:1　4.（西）F8Ⅰ:3　5.（西）F8Ⅰ:20　6.（西Ⅰ）T0208③:6　7.（东Ⅰ）T2310④:2　8.（西Ⅰ）T2013⑤:10　9.（西Ⅰ）T3520⑤:16　10.（西）F55:1　11.（西）L7Ⅰ:3　12.（西）F8Ⅰ:6　13.（西Ⅰ）T3215⑤:6　14.（西Ⅳ）T0704⑦:1　15.（西）L2Ⅰ:9　16.（西Ⅰ）T3420⑤:6　17.（东）F27:1　18.（西）F3:17　19.（西）L6Ⅰ:3

标本（西Ⅰ）T0208③:6，内坦底。灰胎，青釉，釉下施灰白护胎釉。口径8、底径3.2、高1.9厘米（图四二九，6）。

标本（东Ⅰ）T2310④:2，内坦底。灰白胎，白釉，釉多已脱落。口径9.2、底径3.4、高2.4厘米（图四二九，7；图版一〇八，1）。

标本（西Ⅰ）T2013⑤:10，内坦底。灰白胎，青釉。口径8.6、底径4、高2.1厘米（图四二九，8）。

标本（西Ⅰ）T3520⑤:16，内坦底略下凹。青灰胎，青釉，已脱落。口径7.6、底径3.8、高2

厘米（图四二九，9）。

标本（西）F55∶1，内坦底。灰胎，青釉下有一层护胎釉。口径9.2、底径3.6、高2.3厘米（图四二九，10）。

标本（西）L7Ⅰ∶3，外底微弧。灰白胎，青釉已脱落，外下腹及底无釉。口径9.2、底径4、高2.5厘米（图四二九，11；图版一〇八，2）。

标本（西）F8Ⅰ∶6，花口，外底略内凹。深灰胎，青釉。口径7.8、底径3.8、高2.2厘米（图四二九，12）。

标本（西Ⅰ）T3215⑤∶6，内坦底。深灰胎，青釉。口径9.8、底径4、高2.5厘米（图四二九，13）。

标本（西Ⅳ）T0704⑦∶1，内坦底。灰白胎，内壁及外部近口处施青釉，除外底外皆施护胎釉。口径9.6、底径4.4、高2.5厘米（图四二九，14；图版一〇八，3）。

标本（西）L2Ⅰ∶9，内腹壁微弧，内底心上凸。青灰胎，青釉，底及外下腹近底无釉。口径9.4、底径3.8、高2.4厘米（图四二九，15）。

标本（西Ⅰ）T3420⑤∶6，内坦底。青灰胎，胎质不纯，青釉，外底无釉。口径9.2、底径3.4、高2.4厘米（图四二九，16）。

标本（东）F27∶1，内坦底，内底心略下凹，外底心略内凹。白胎，青白釉。口径9.2、底径4.8、高2.4厘米（图四二九，17）。

标本（西）F3∶17，外底微凹。灰白胎，青白釉。口径9.1、底径4、高2.6厘米（图四二九，18）。

标本（西）L6Ⅰ∶3，内坦底。灰白胎，青白釉。口径10、底径5.2、高2.4厘米（图四二九，19）。

C型　7件。厚圆唇盏。

标本（西）L1Ⅰ∶4，内坦底。灰胎，青白釉。口径7.6、底径2.6、高1.9厘米（图四三〇，1）。

标本（西）F8Ⅰ∶2，内坦底，底心凸起。灰胎，青釉，下腹及底无釉。口径8.2、底径3.2、高1.9厘米（图四三〇，2；图版一〇八，4）。

标本（西）L2Ⅰ∶6，内平底。灰白胎，青白釉。口径8、底径2.6、高1.8厘米（图四三〇，3）。

标本（东）F27∶2，内平底。灰白胎，青白釉。口径9.2、底径4.6、高3.4厘米（图四三〇，4）。

标本（西Ⅰ）T3113⑤∶6，内坦底。灰白胎，青白釉。口径9.2、底径2.8、高2厘米（图四三〇，5）。

标本（西）L2Ⅰ∶5，内圜底。灰白胎，内壁及外上腹施青釉。口径7.8、底径3、高2厘米（图四三〇，6）。

标本（西ⅠA）T1612③∶3，内圜底，外底略下凸。灰胎，内壁及外上腹施青釉。口径7.6、底径2.8、高2.1厘米（图四三〇，7；图版一〇八，5）。

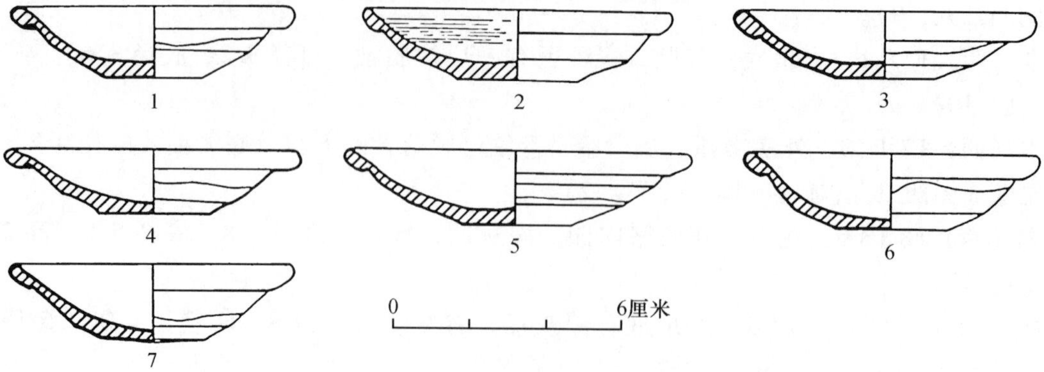

图四三〇　巴东旧县坪遗址出土宋代C型侈口平底瓷盏

1.（西）L1Ⅰ:4　2.（西）F8Ⅰ:2　3.（西）L2Ⅰ:6　4.（东）F27:2　5.（西Ⅰ）T3113⑤:6　6.（西）L2Ⅰ:5　7.（西IA）T1612③:3

圈足盏　21件。可以分为三型。

A型　3件。唇口深腹盏。内圜底，矮圈足浅挖，足墙外撇。

Ⅰ式：2件。器形较深。

标本（西）F8Ⅰ:51，灰白胎，黑釉。口径9.6、足径3.6、高4厘米（图四三一，1）。

标本（西）F8Ⅲ:46，灰胎，褐釉。口径11.6、足径4、高5.6厘米（图四三一，2）。

Ⅱ式：1件。器形较矮。

标本（西Ⅰ）T0407④:4，灰胎较厚，青白釉，开片。口径14.4、足径5.6、高4.6厘米（图四三一，3）。

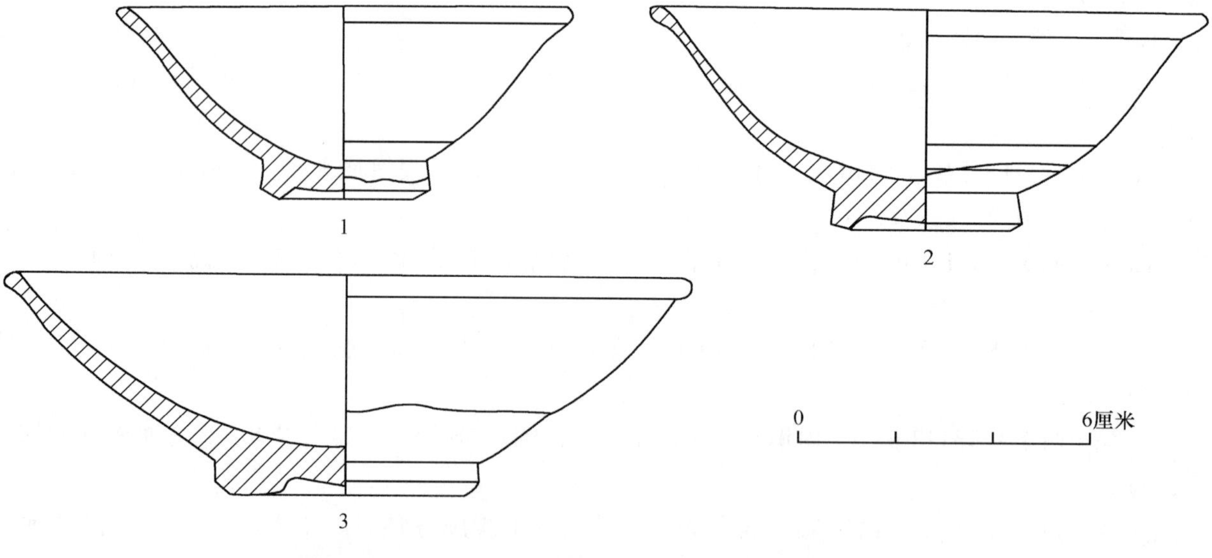

图四三一　巴东旧县坪遗址出土宋代A型侈口圈足瓷盏

1、2.Ⅰ式（（西）F8Ⅰ:51、（西）F8Ⅲ:46）　3.Ⅱ式（（西Ⅰ）T0407④:4）

B型　6件。唇口浅腹盏。矮圈足浅挖，圈足足墙较直。可以分为二式。

Ⅰ式：3件。深腹，弧腹壁。

标本（西）F8Ⅰ:10，内平底。灰白胎，青白釉，开片。口径8.2、足径3.6、高2.8厘米（图四三二，1）。

标本（西Ⅰ）T1916⑤:4，内坦底。灰白胎，青白釉，开片。口径8.8、足径3.8、高2.7厘米

(图四三二，2)。

标本（西Ⅰ）T0502③:2，内圜底，矮圈足浅挖。灰褐胎，青釉。口径7.9、足径3.6、高2.8厘米（图四三二，3；图版一〇八，6）。

Ⅱ式：3件。浅腹，斜腹壁。

标本（西）L2Ⅰ:17，内坦底，内底中心略凸起。灰白胎，青白釉，开片。口径8.8、足径4.2、高2.6厘米（图四三二，4）。

标本（西Ⅰ）T3916⑤:5，内平底。灰白胎，青白釉。口径9.2、足径4、高2.9厘米（图四三二，5）。

标本（西Ⅰ）T0307④:1，内圜底。灰胎，青白釉。口径9.2、足径4.4、高2.5厘米（图四三二，6）。

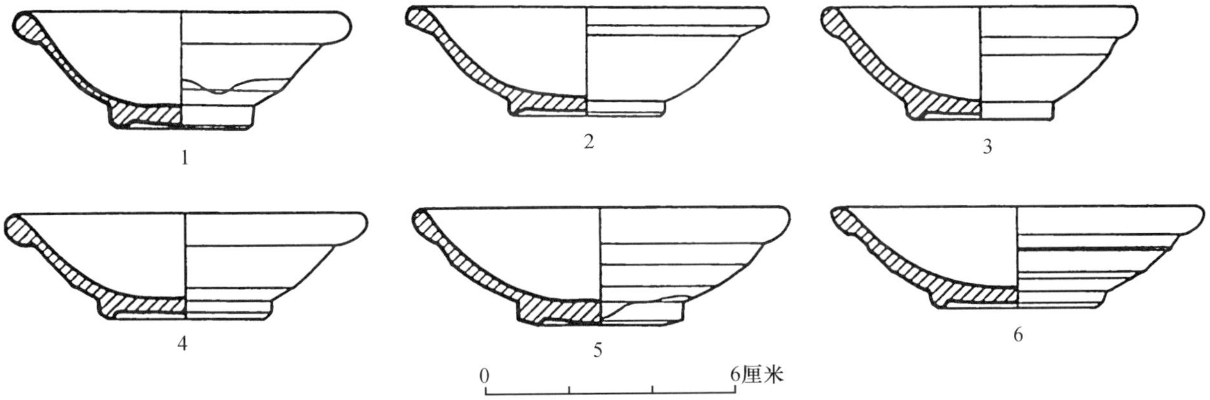

图四三二　巴东旧县坪遗址出土宋代B型侈口圈足瓷盏

1~3. Ⅰ式（（西）F8Ⅰ:10、（西Ⅰ）T1916⑤:4）、（西Ⅰ）T0502③:2）　4~6. Ⅱ式（（西）L2Ⅰ:17、（西Ⅰ）T3916⑤:5、（西Ⅰ）T0307④:1）

C型　12件。圆唇深腹盏。口微撇，内圜底，矮圈足。施釉不到底，外下腹及足无釉。可以分为二式。

Ⅰ式：4件。器形较高。

标本（西Ⅰ）T2617⑤:2，灰胎，褐釉。口径11.6、足径3.8、高5厘米（图四三三，1）。

标本（西）G6:28，灰胎，褐釉。口径10.8、足径4、高5厘米（图四三三，2）。

标本（西Ⅰ）T1711④:4，灰胎，褐釉。口径11.6、足径3.6、高4.4厘米（图四三三，3）。

标本（西）G6:22，灰褐胎，黑釉。口径11.6、足径3.4、高5厘米（图四三三，4；图版一〇九，1）。

Ⅱ式：8件。器形较矮。

标本（西）F57:6，灰胎，青白釉。口径12、足径4.2、高4.2厘米（图四三四，1）。

标本（西）H82:5，紫胎，通体施一层薄薄的褐色护胎釉，内部及外上部施黑釉，开片。口径11.8、足径4.2、高4.4厘米（图四三四，2；图版一〇九，2）。

标本（西）F3:36，灰胎，内部及外上部施青白釉，釉下施白色化妆土。口径12.6、足径4.2、高4.6厘米（图四三四，3）。

标本（西Ⅰ）T1006⑦:18，褐胎，内部及外上部施青釉，足及外下腹近足处无釉。口径11.6、足径3.8、高4.1厘米（图四三四，4）。

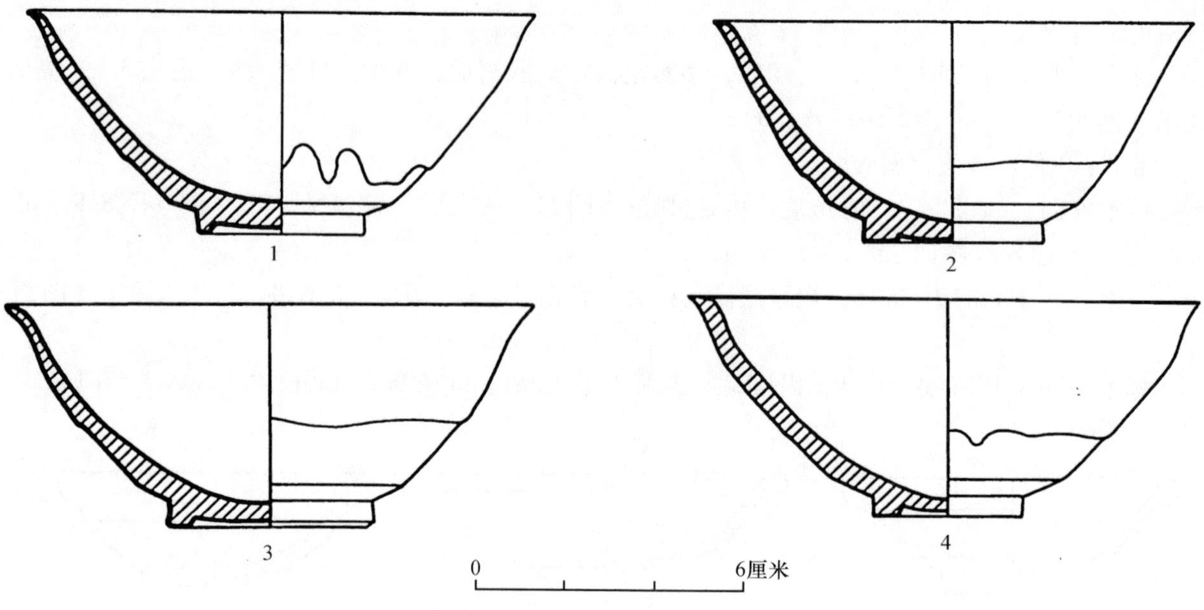

图四三三　巴东旧县坪遗址出土宋代C型Ⅰ式侈口圈足瓷盏
1.（西Ⅰ）T2617⑤:2　2.（西）G6:28　3.（西Ⅰ）T1711④:4　4.（西）G6:22

标本（西）G6:18，灰胎，黑釉。口径10.8、足径4、高4.3厘米（图四三四，5）。

标本（西）G6:17，平口，尖唇。灰胎，黑釉，下腹及足无釉。口径12.8、足径3.8、高4.2厘米（图四三四，6；图版一〇九，3）。

标本（西）L9Ⅰ:3，内底心有脐突。灰胎，青白釉。口径10.2、足径3.6、高4厘米（图四三四，7）。

标本（西Ⅰ）T3520⑤:20，外底心有鸡心突。褐胎，黑釉。口径12、足径4、高4.6厘米（图四三四，8；图版一〇九，4）。

饼足盏　1件。

标本（西）F3:6，侈口，圆唇，内圜底，内底心有脐突，饼足内凹。灰褐胎，黑釉，釉面遍布黄褐色斑块。口径9.4、足径3.8、高3.7厘米（图四三四，9；图版一〇九，5）。

（3）敛口盏

34件。敛口，深腹，饼足。可以分为二型。

A型　27件。深弧腹内收。内壁满釉，外壁施釉不到底，下腹及足无釉。可以分为三式。

Ⅰ式：10件。内底下凹。

标本（西）F8Ⅲ:24，圆唇。灰胎，酱釉。口径10.4、足径3.8、高4.8厘米（图四三五，1；图版一〇九，6）。

标本（西）H37:1，圆唇。褐胎，褐釉。口径9.8、足径3.6、高5.4厘米（图四三五，2；图版一一〇，1）。

标本（西Ⅰ）T0901⑤:8，圆唇。灰白胎，褐釉。口径10.4、足径3.6、高5.5厘米（图四三五，3；图版一一〇，2）。

标本（西）L17Ⅰ:2，圆唇。灰褐胎，黑釉。口径10.4、足径4、高5.2厘米（图四三五，4；图版一一〇，3）。

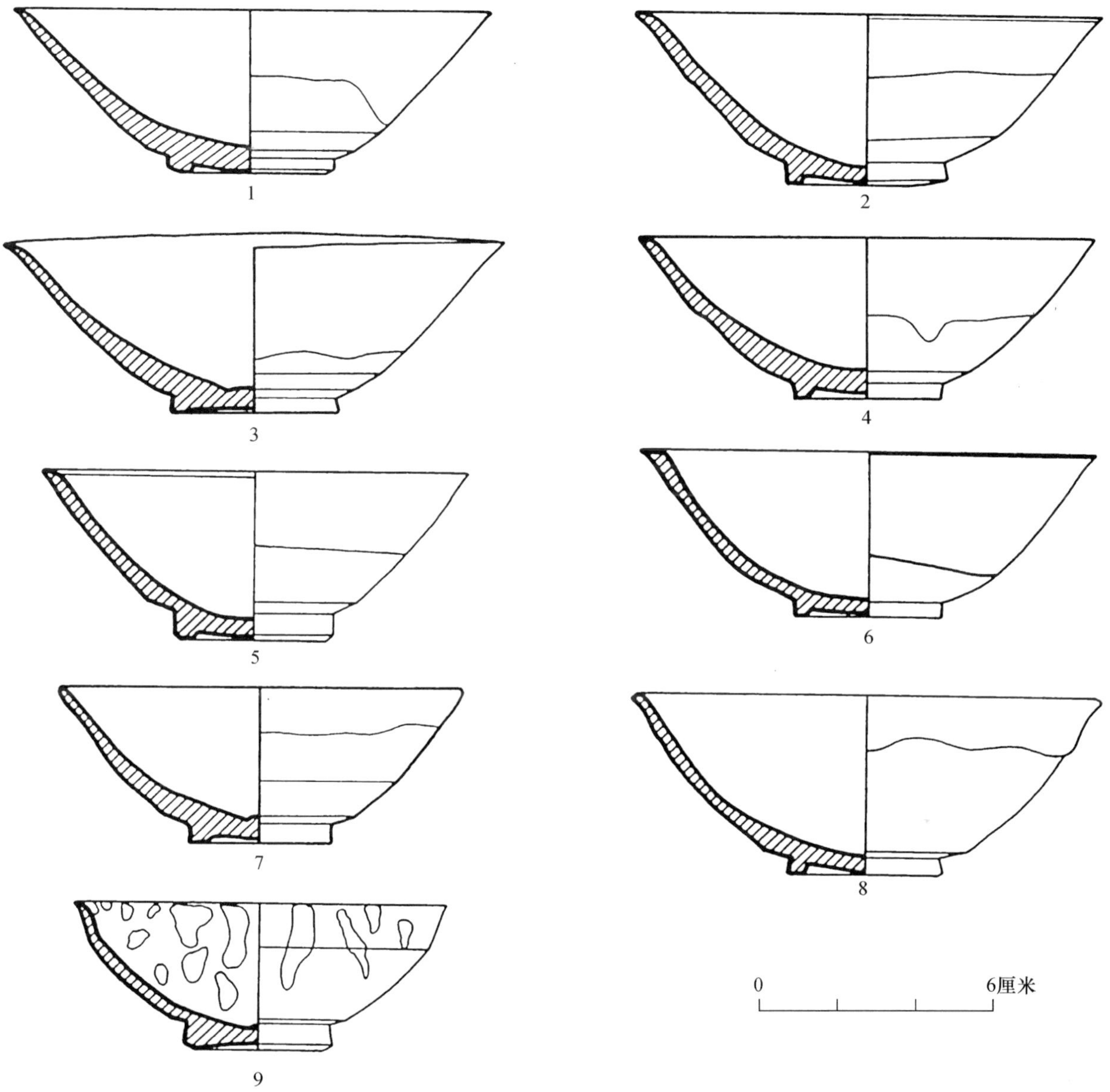

图四三四 巴东旧县坪遗址出土宋代侈口瓷盏

1～8. C型Ⅱ式圈足盏（（西）F57∶6、（西）H82∶5、（西）F3∶36、（西Ⅰ）T1006⑦∶18、（西）G6∶18、（西）G6∶17、（西）L9Ⅰ∶3、（西Ⅰ）T3520⑤∶20） 9. 饼足盏（（西）F3∶6）

标本（西）F3∶7，圆唇。褐胎，酱褐釉。口径10.8、足径4.4、高5.5厘米（图四三五，5）。

标本（西）F41∶1，圆唇。褐胎，通体施褐色护胎釉，内壁及外上壁施褐釉。口径10.6、足径3.8、高5.2厘米（图四三五，6；图版一一〇，4）。

标本（西）F3∶35，圆唇。褐胎，褐釉。口径10.6、足径3.6、高5.4厘米（图四三五，7）。

标本（西）L2Ⅲ∶2，圆唇。褐胎，褐釉。口径10.2、足径4.2、高5.1厘米（图四三五，8）。

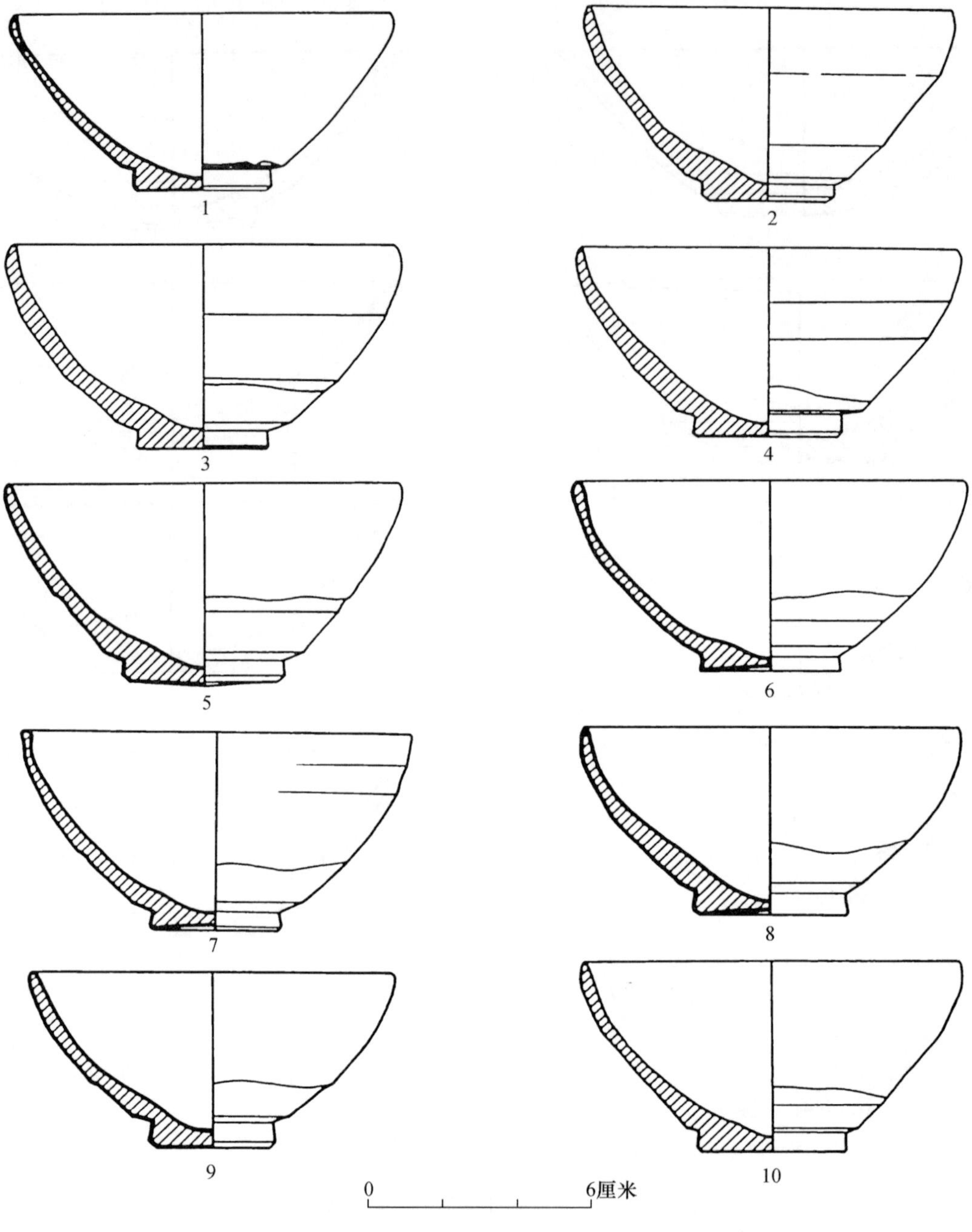

图四三五　巴东旧县坪遗址出土宋代A型Ⅰ式敛口瓷盏

1.（西）F8Ⅲ:24　2.（西）H37:1　3.（西Ⅰ）T0901⑤:8　4.（西）L17Ⅰ:2　5.（西）F3:7　6.（西）F41:1　7.（西）F3:35　8.（西）L2Ⅲ:2　9.（东）L1Ⅲ:3　10.（西）F8Ⅲ:1

标本（东）L1Ⅲ:3，圆唇。褐胎，酱褐釉。口径10、足径3.4、高4.8厘米（图四三五，9）。

标本（西）F8Ⅲ:1，圆唇。灰白胎，褐釉。口径10.2、足径4、高5.2厘米（图四三五，10；图版一一○，5）。

Ⅱ式：9件。内圜底。

标本（西）L4Ⅱ:5，圆唇。灰白胎，褐釉。口径10.1、足径3.8、高5.6厘米（图四三六，1）。

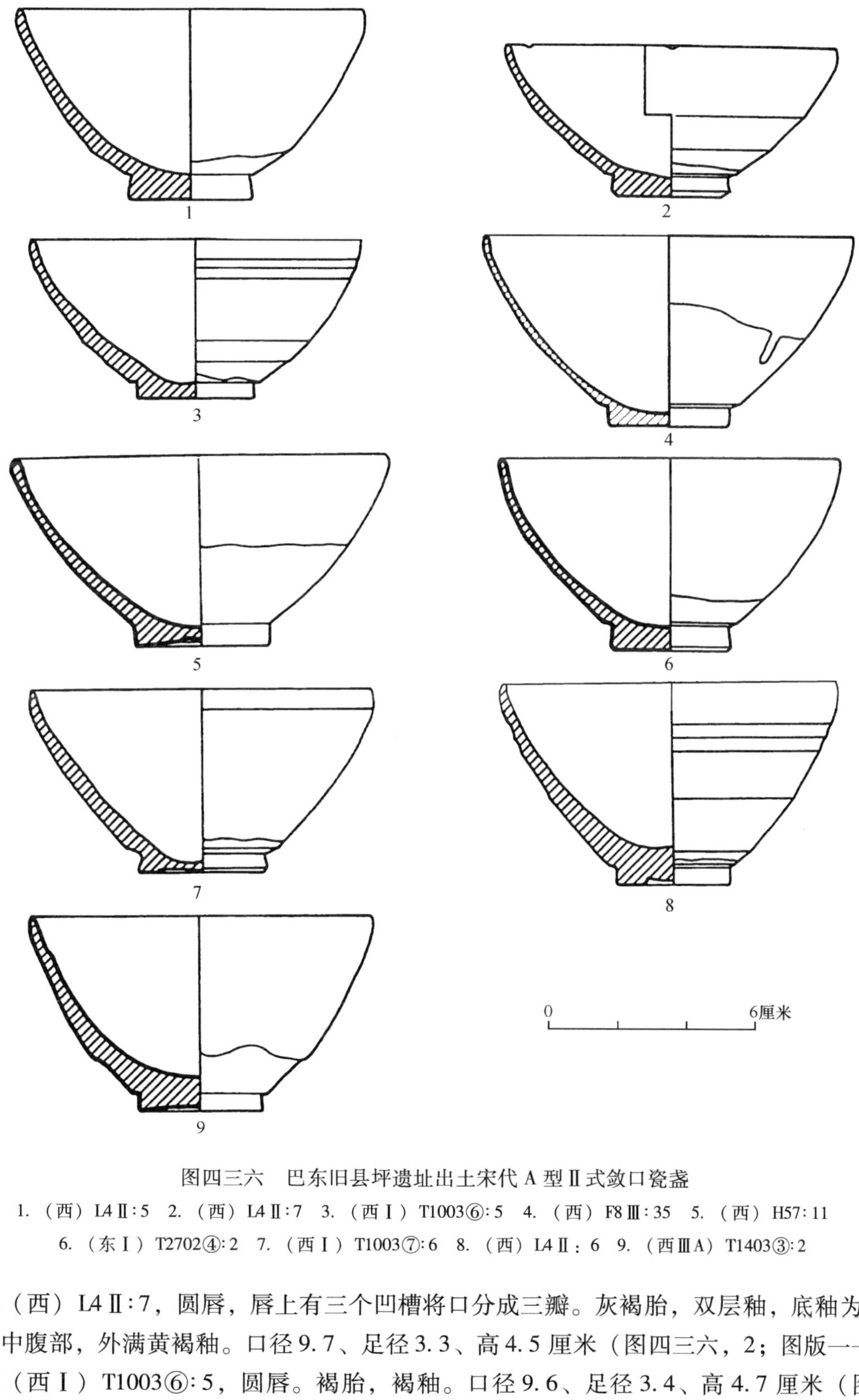

图四三六　巴东旧县坪遗址出土宋代A型Ⅱ式敛口瓷盏

1.（西）L4Ⅱ:5　2.（西）L4Ⅱ:7　3.（西Ⅰ）T1003⑥:5　4.（西）F8Ⅲ:35　5.（西）H57:11　6.（东Ⅰ）T2702④:2　7.（西Ⅰ）T1003⑦:6　8.（西）L4Ⅱ:6　9.（西ⅢA）T1403③:2

标本（西）L4Ⅱ:7，圆唇，唇上有三个凹槽将口分成三瓣。灰褐胎，双层釉，底釉为黑色，主要施于外中腹部，外满黄褐釉。口径9.7、足径3.3、高4.5厘米（图四三六，2；图版一一〇，6）。

标本（西Ⅰ）T1003⑥:5，圆唇。褐胎，褐釉。口径9.6、足径3.4、高4.7厘米（图四三六，3；图版一一一，1）。

标本（西）F8Ⅲ:35，圆唇。白胎，黑釉。口径10.8、足径3.6、高5.6厘米（图四三六，4；图版一一一，2）。

标本（西）H57:11，圆唇。灰白胎，褐釉。口径11、足径4、高5.6厘米（图四三六，5）。

标本（东Ⅰ）T2702④:2，圆唇。褐胎，双层釉，外釉黑色，足及下腹近足处仅施有深灰色护胎釉，两釉之间有一周间隙露灰白胎。口径10、足径3.6、高5.6厘米（图四三六，6；图版一一一，3）。

标本（西Ⅰ）T1003⑦:6，圆唇。褐胎，黑釉。口径10、足径3.8、高5.3厘米（图四三六,7；图版一一一，4）。

标本（西）L4Ⅱ:6，圆唇，圈足浅挖。外腹壁有三道凸弦纹。灰褐胎，双层釉，底釉为黑釉，上腹施黄褐釉，足部无釉。口径10、足径3.4、高5.9厘米（图四三六，8；图版一一一，5）。

标本（西ⅢA）T1403③:2，圆唇。灰褐胎，双层釉，底釉为黑色，近口处内外施一层褐釉，形成黑釉褐斑。口径10、足径3.6、高5.7厘米（图四三六，9）。

Ⅲ式：8件。器形较矮，底部较大。

标本（西Ⅰ）T3018⑤:7，圆唇，内圜底。灰胎，黑釉。口径10.2、足径3.4、高5.1厘米（图四三七，1）。

标本（西）L4Ⅲ:3，圆唇，内平底。褐胎，黑釉。口径10.4、足径4.2、高5.1厘米（图四三七，2；图版一一一，6）。

标本（西Ⅲ）T0304②:1，圆唇，内平底。灰白胎，褐釉。口径10、足径4.4、高5厘米（图四三七，3；图版一一二，1）。

标本（西Ⅰ）T3620③:2，圆唇，内圜底。灰白胎，双层釉，底釉为黑色，外层为酱黄色。口径10、足径3.6、高5.2厘米（图四三七，4；图版一一二，2）。

标本（西Ⅰ）T3519⑤:18，圆唇，内坦底。灰白胎，双层釉，底釉微黑色，外层微酱釉，外下腹及足无釉。口径11.2、足径4、高5.7厘米（图四三七，5）。

标本（西）L18Ⅱ:1，圆唇，内坦底。灰白胎，黑釉。口径10.6、足径4、高4.6厘米（图四三七，6）。

标本（西Ⅰ）T0302②:1，圆唇，内平底，圈足浅挖。灰白胎，双层釉，内壁及外上腹施黑釉，唇部黑釉上施褐釉，形成兔毫，外下腹及足施一层很薄的灰褐釉。口径11.6、足径4.4、高5.2厘米（图四三七，7）。

标本（西Ⅰ）T3519⑤:35，圆唇，内平底。灰白胎，黑釉，开片，下腹及足无釉。口径10.8、足径4.8、高6.2厘米（图四三七，8；图版一一二，3）。

B型　7件。敛口近直，斜直腹较深。内壁满釉，外壁施釉不到底，下腹及足无釉。可以分为二式。

Ⅰ式：1件。内坦底，饼足。

标本（西Ⅰ）T3517⑤:47，灰白胎，褐釉。内壁窑变成玳瑁釉。口径11、足径3、高5.6厘米（图四三八，1）。

Ⅱ式：6件。内底平，圈足浅挖

标本（西）F14Ⅱ:8，圆唇。灰白胎，褐釉。口径11.6、足径3.2、高4.6厘米（图四三八，2；图版一二二，4）。

标本（西Ⅰ）T1710⑤:3，圆唇。灰胎较厚，黑釉。口径12.2、足径3.4、高5厘米（图四三八，3）。

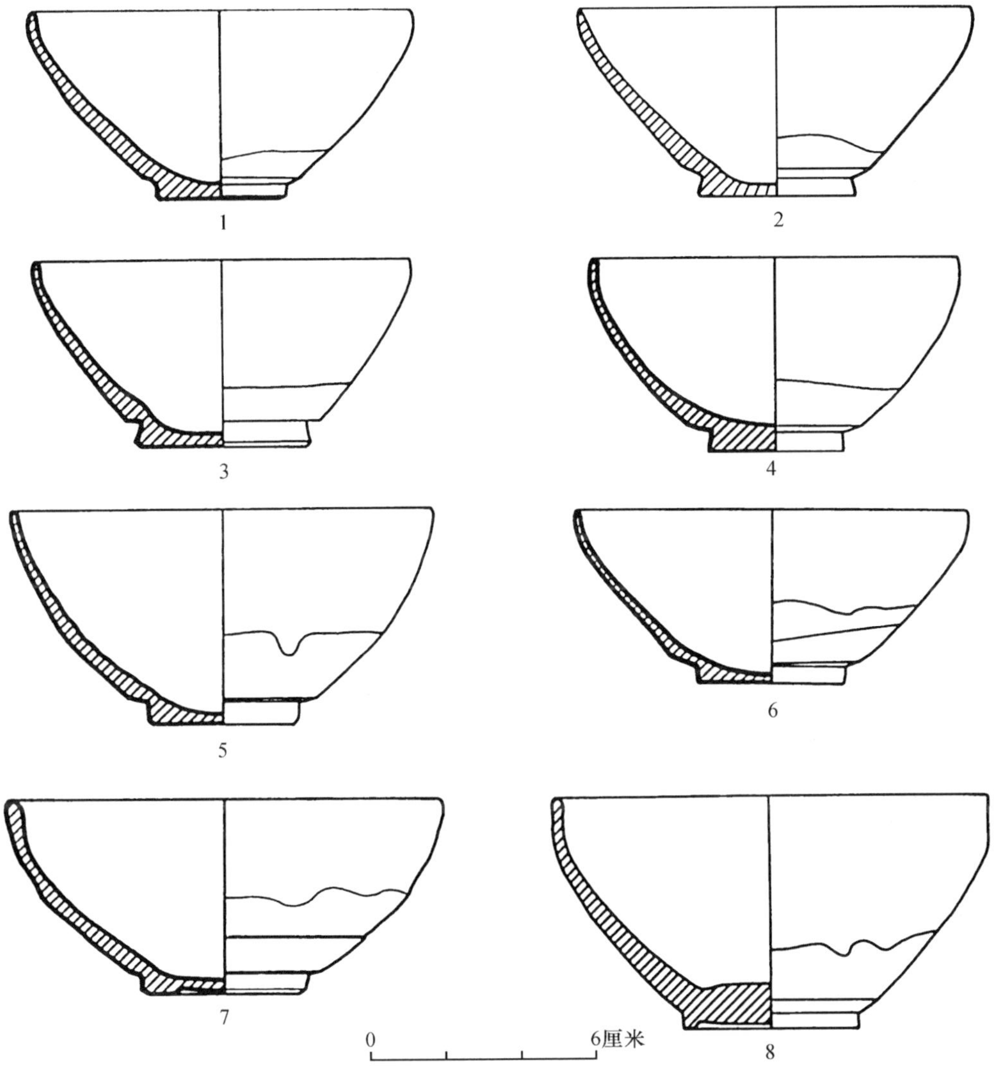

图四三七 巴东旧县坪遗址出土宋代A型Ⅲ式敛口瓷盏

1.（西Ⅰ）T3018⑤:7 2.（西）L4Ⅲ:3 3.（西Ⅲ）T0304②:1 4.（西Ⅰ）T3620③:2 5.（西Ⅰ）T3519⑤:18 6.（西）L18Ⅱ:1 7.（西Ⅰ）T0302②:1 8.（西Ⅰ）T3519⑤:35

标本（西Ⅰ）T3414⑤:19，尖唇。灰胎，黑釉。口径11.4、足径3.2、高5.4厘米（图四三八，4）。

标本（西）F8Ⅳ:18，圆唇。灰胎，黑釉。口径11.6、足径3.4、高5.4厘米（图四三八，5）。

标本（西）F3:62，圆唇。灰褐胎，黑釉。口径11.6、足径3.4、高5.4厘米（图四三八，6；图版一一二，5）。

标本（西）F14Ⅱ:7，圆唇。灰白胎，褐釉。口径11.6、足径3.2、高4.6厘米（图四三八，7；图版一一二，6）。

（4）束颈盏

16件。可以分为二型。

A型 9件。直口。可以分为二式。

Ⅰ式：3件。深腹，饼足。

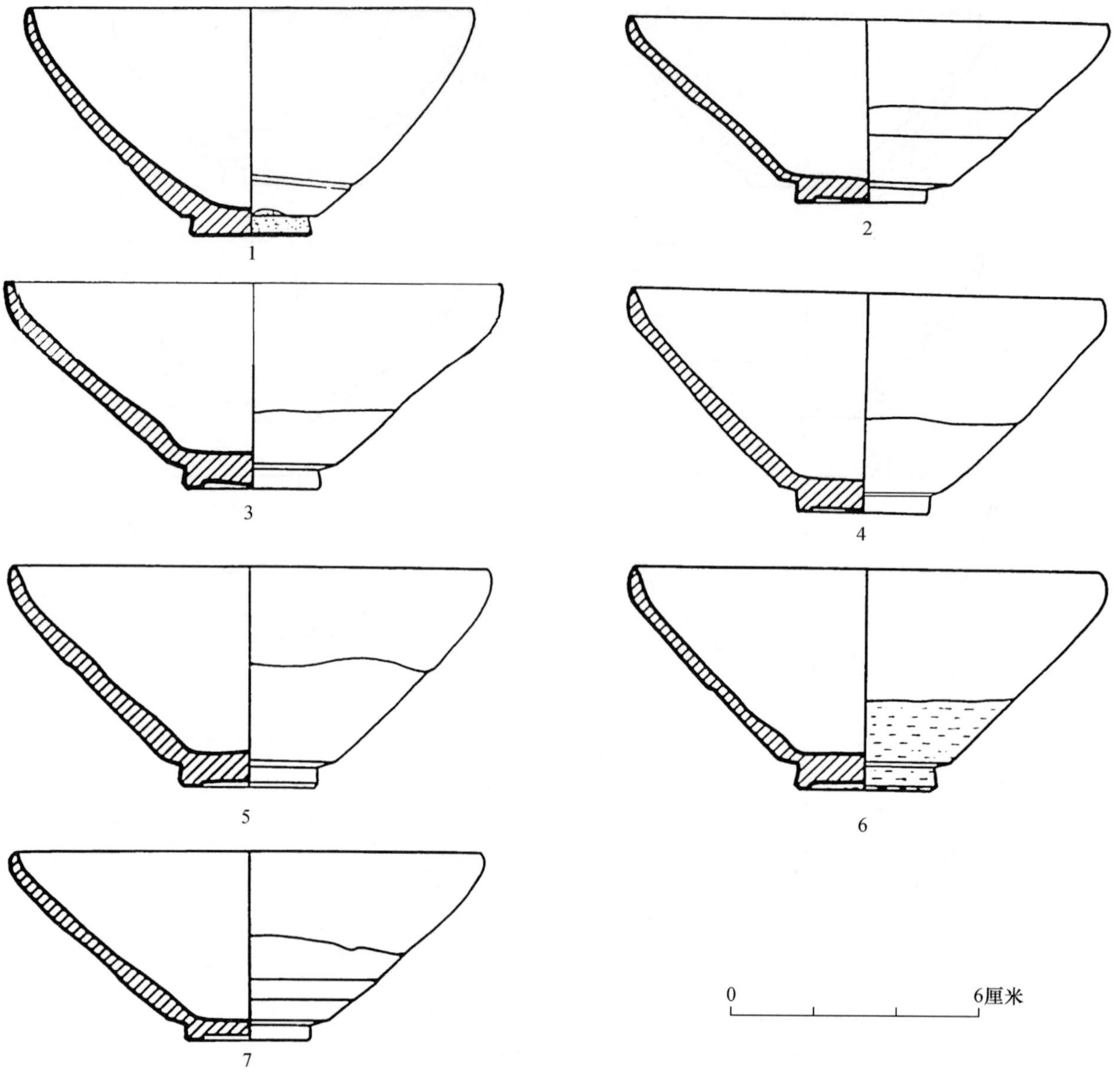

图四三八　巴东旧县坪遗址出土宋代B型敛口瓷盏

1. Ⅰ式（（西Ⅰ）T3517⑤:47）　2～7. Ⅱ式（（西）F14Ⅱ:8、（西Ⅰ）T1710⑤:3、（西Ⅰ）T3414⑤:19、（西）F8Ⅳ:18、（西）F3:62、（西）F14Ⅱ:7）

标本（东Ⅰ）T2702④:3，尖唇，内圜底。灰胎，黑釉。口径11.2、足径3.8、高5.1厘米（图四三九，1）。

标本（西Ⅰ）T0610④:1，圆唇，内圜底。灰胎，黑釉。口径11、足径3.6、高4.9厘米（图四三九，2）。

标本（西Ⅰ）T2813⑤:3，尖唇，内圜底。白胎，黑釉。口径11.6、足径3.8、高5.7厘米（图四三九，3；图版一一三，1）。

Ⅱ式：6件。腹变浅，撇口。

标本（西）F3:8，圆唇，内坦底，饼足。灰胎，黑釉。口径11.2、足径3.6、高4.8厘米（图四四〇，1）。

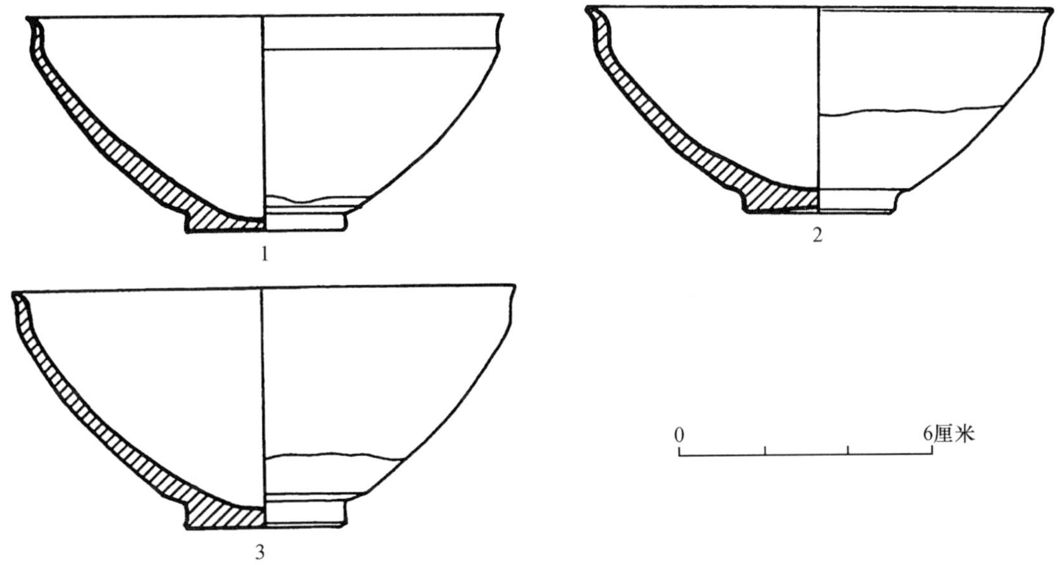

图四三九　巴东旧县坪遗址出土宋代A型Ⅰ式束颈瓷盏
1.（东Ⅰ）T2702④:3　2.（西Ⅰ）T0610④:1　3.（西Ⅰ）T2813⑤:3

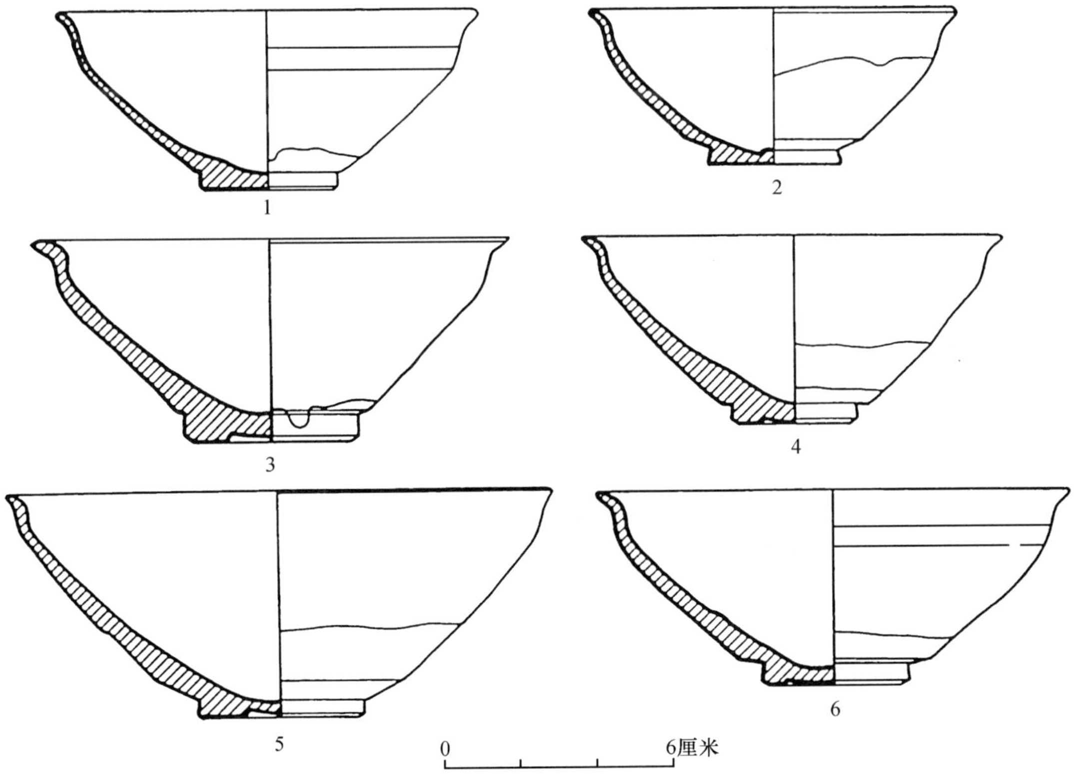

图四四〇　巴东旧县坪遗址出土宋代A型Ⅱ式束颈瓷盏
1.（西）F3:8　2.（西Ⅰ）T1916⑤:18　3.（西Ⅰ）T2316⑤:7　4.（东Ⅰ）T2818④:2　5.（西Ⅰ）T2315⑤:26
6.（东Ⅰ）T2818④:3

标本（西Ⅰ）T1916⑤∶18，圆唇，内底心凸起，饼足。灰胎，黑釉。口径9.8、足径3.6、高4.2厘米（图四四〇，2）。

标本（西Ⅰ）T2316⑤∶7，尖唇，内坦底，矮圈足。灰胎，黑釉。口径12.6、足径4.6、高5.4厘米（图四四〇，3）。

标本（东Ⅰ）T2818④∶2，圆唇，内底下凹，饼足。灰黄胎，双层釉，唇部施酱釉，下部施黑釉，下腹近足处及足无釉。口径11.2、足径3.4、高5厘米（图四四〇，4）。

标本（西Ⅰ）T2315⑤∶26，圆唇，内圜底，矮圈足。灰胎，黑釉。口径14.6、足径4、高6厘米（图四四〇，5）。

标本（东Ⅰ）T2818④∶3，圆唇，内平底，饼足。灰胎，黑釉。口径12.6、足径4、高5.2厘米（图四四〇，6）。

B型　7件。撇口，圈足，圈足底部经过斜削，足墙方正。可以分为二式。

Ⅰ式：4件。器形较高。

标本（西）F8Ⅲ∶40，圆唇，内底下凹。褐胎，黑釉，足部无釉。口径12.6、足径4、高6.2厘米（图四四一，1）。

标本（西）F8Ⅲ∶37，圆唇，内平底。褐胎，黑釉，足部无釉。口径13.6、足径4.2、高6.1厘米（图四四一，2）。

标本（西）F8Ⅲ∶88，圆唇，内底心凸起。褐胎，内外施黑釉，釉表呈现兔毫状结晶斑，下腹及足无釉。口径12.6、足径4、高6厘米（图四四一，3；图版一一三，2）。

标本（西）F32∶9，圆唇，内圜底。褐胎，黑釉，足部无釉。口径12.6、足径3.8、高6厘米（图四四一，4）。

Ⅱ式：3件。器形较矮，撇口加重，曲腹。

标本（西Ⅰ）T1209⑥∶3，圆唇，内圜底，外底中心下凸。灰白胎，黑釉，足部无釉。口径10、足径3.8、高4.1厘米（图四四一，5；图版一一三，3）。

标本（西）F8Ⅳ∶15，圆唇，内平底，外底边缘有一凹槽。红褐胎，内壁及外上部施黑釉。口径12.4、足径4.4、高4.7厘米（图四四一，6）。

标本（西）F8Ⅳ∶16，圆唇，内圜底，外底中心下凸。灰白胎，黑釉，圈足无釉。口径9、足径3.6、高3.8厘米（图四四一，7；图版一一三，4）。

（5）凸棱盏

41件。内口下有一周凸棱，深腹，饼足。可以分为二型。

A型　2件。凸棱位于中腹。可以分为二亚型。

Aa型　1件。广口，内底下凹。

标本（西Ⅰ）T0902⑤∶11，尖唇，内圜底，足墙外撇。灰胎较薄，酱黄釉。口径11.4、足径3.4、高6.2厘米（图四四二，1）。

Ab型　1件。侈口，内坦底。

标本（西）F8Ⅲ∶42，圆唇，内圜底，足墙较直。灰胎，黑釉。口径10.6、足径3.6、高5.8厘米（图四四二，2；图版一一三，5）。

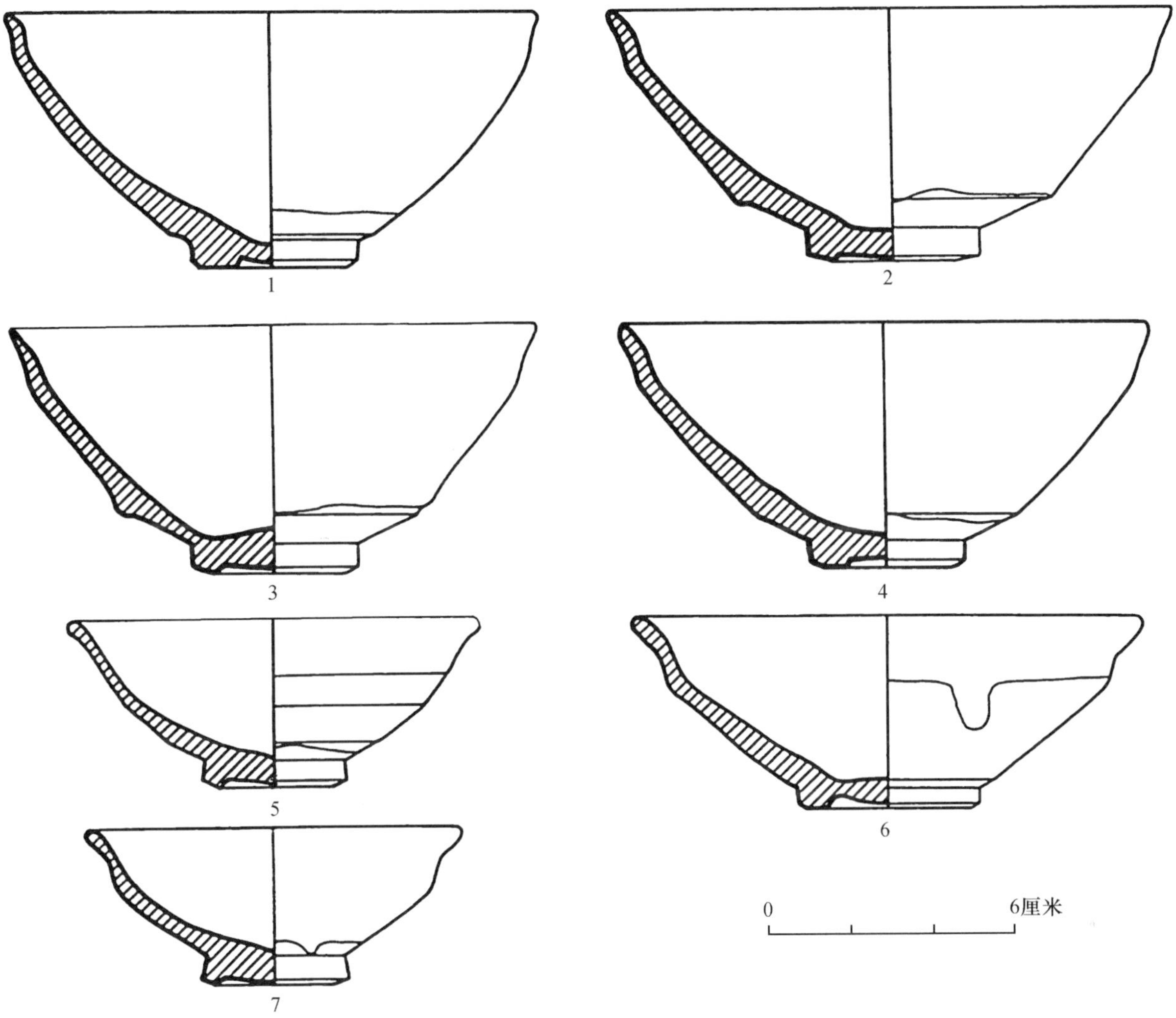

图四四一 巴东旧县坪遗址出土宋代B型束颈瓷盏

1～4. Ⅰ式（（西）F8Ⅲ:40、（西）F8Ⅲ:37、（西）F8Ⅲ:88、（西）F32:9） 5～7. Ⅱ式（（西Ⅰ）T1209⑥:3、（西）F8Ⅳ:15、（西）F8Ⅳ:16）

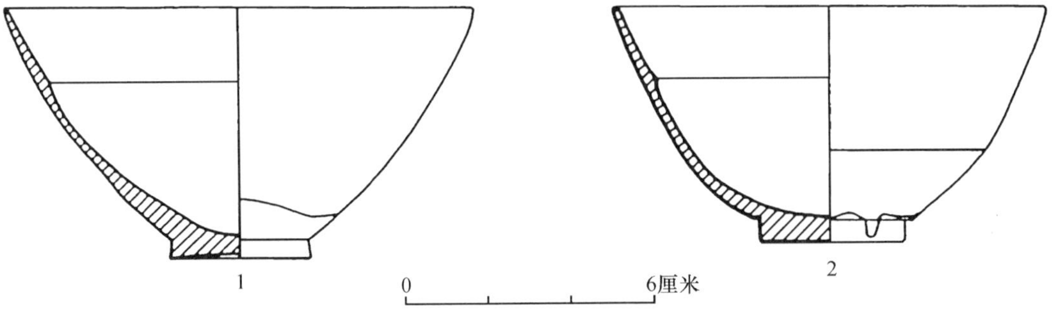

图四四二 巴东旧县坪遗址出土宋代A型凸棱瓷盏

1. Aa型（（西Ⅰ）T0902⑤:11） 2. Ab型（（西）F8Ⅲ:42）

B 型　39 件。凸棱位置靠口沿。可以分为三亚型。

Ba 型　11 件。内平底，外折接饼足，足墙外撇。可以分为二式。

Ⅰ式：6 件。侈口。

标本（西）F8Ⅲ：28，圆唇。灰褐胎，褐釉，釉面有黄色斑点。口径 10.2、足径 3.9、高 5.8 厘米（图四四三，1；图版一一三，6）。

标本（东Ⅰ）T2917④：14，圆唇。青灰胎，黑釉，外又施一层酱釉，唇部无黑釉，呈酱黄边。口径 10.4、足径 4、高 6.1 厘米（图四四三，2；图版一一四，1）。

标本（西）F1Ⅲ：1，圆唇。褐胎，双层釉，底釉为黑色，外层为酱黄色，芒口。口径 12.4、足径 4.4、高 6.2 厘米（图四四三，3；图版一一四，2）。

标本（西）F8Ⅲ：29，圆唇，饼足浅挖。灰胎，黑釉。口径 11.8、足径 4.2、高 6.6 厘米（图四四三，4）。

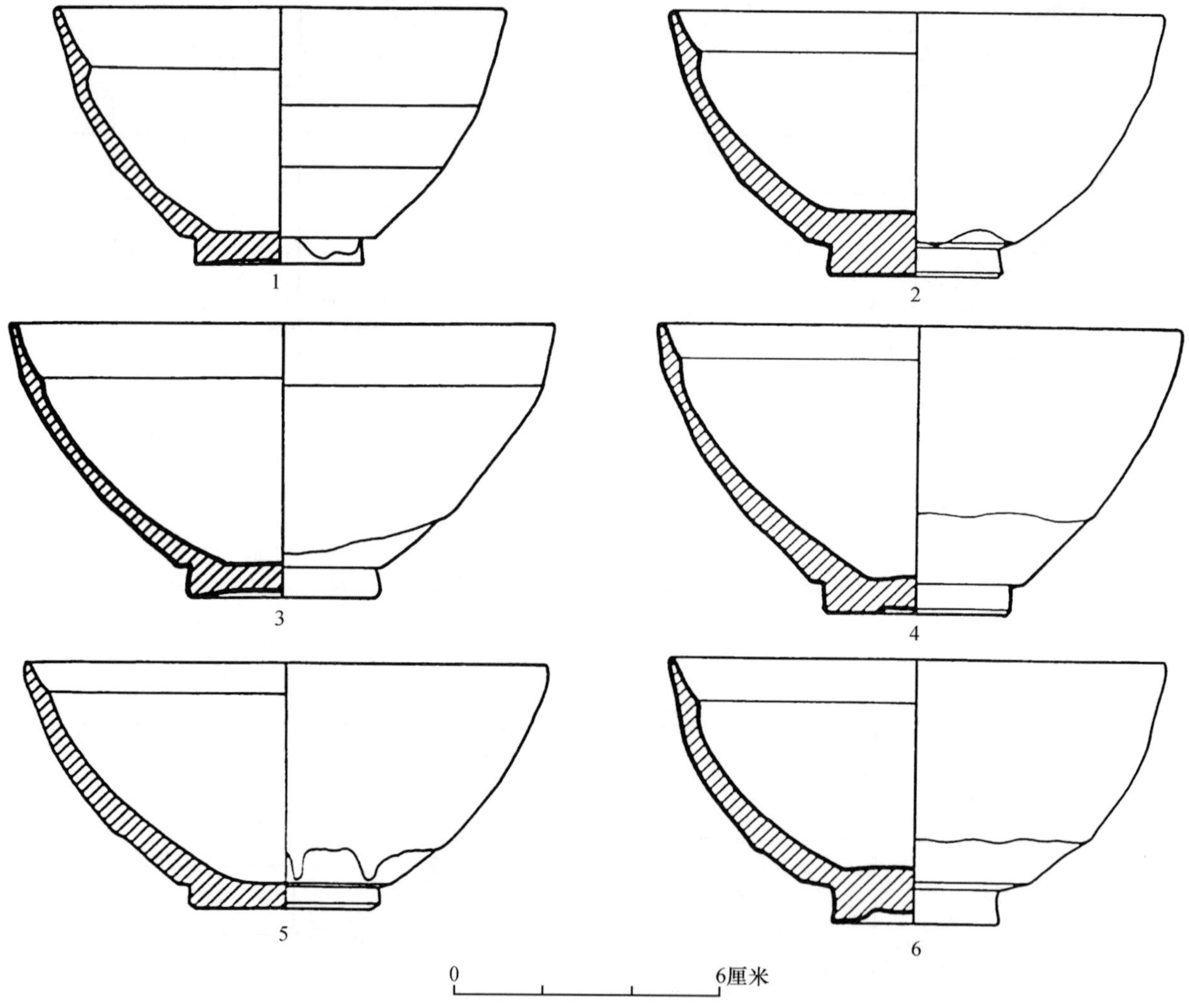

图四四三　巴东旧县坪遗址出土宋代 Ba 型Ⅰ式凸棱瓷盏

1.（西）F8Ⅲ：28　2.（东Ⅰ）T2917④：14　3.（西Ⅰ）F1Ⅲ：1　4.（西）F8Ⅲ：29　5.（西）L4Ⅱ：9　6.（西）F1Ⅲ：4

标本（西）L4Ⅱ:9，圆唇，饼足。白胎，黑釉，足部无釉。口径12、足径4.4、高5.6厘米（图四四三，5；图版一一四，3）。

标本（西）F1Ⅲ:4，圆唇，矮圈足，足墙外撇。灰胎，黑釉。口径11.2、足径3.8、高6厘米（图四四三，6）。

Ⅱ式：5件。直口微侈，口下内束，下腹弧收。

标本（西Ⅰ）T2917⑤:2，圆唇。内底心中部微上凸。灰胎，黑釉。口径11.4、足径4、高6.6厘米（图四四四，1）。

标本（东Ⅰ）T2917④:18，圆唇。灰胎，双层釉，底釉为酱红釉，除下腹及足又施一层黑釉。口径11.2、足径4、高6.8厘米（图四四四，2；图版一一四，5）。

标本（西Ⅰ）T3519⑤:5，圆唇。灰白胎，黑釉，足部无釉。口径11.7、足径4.4、高6.6厘米（图四四四，3；图版一一四，4）。

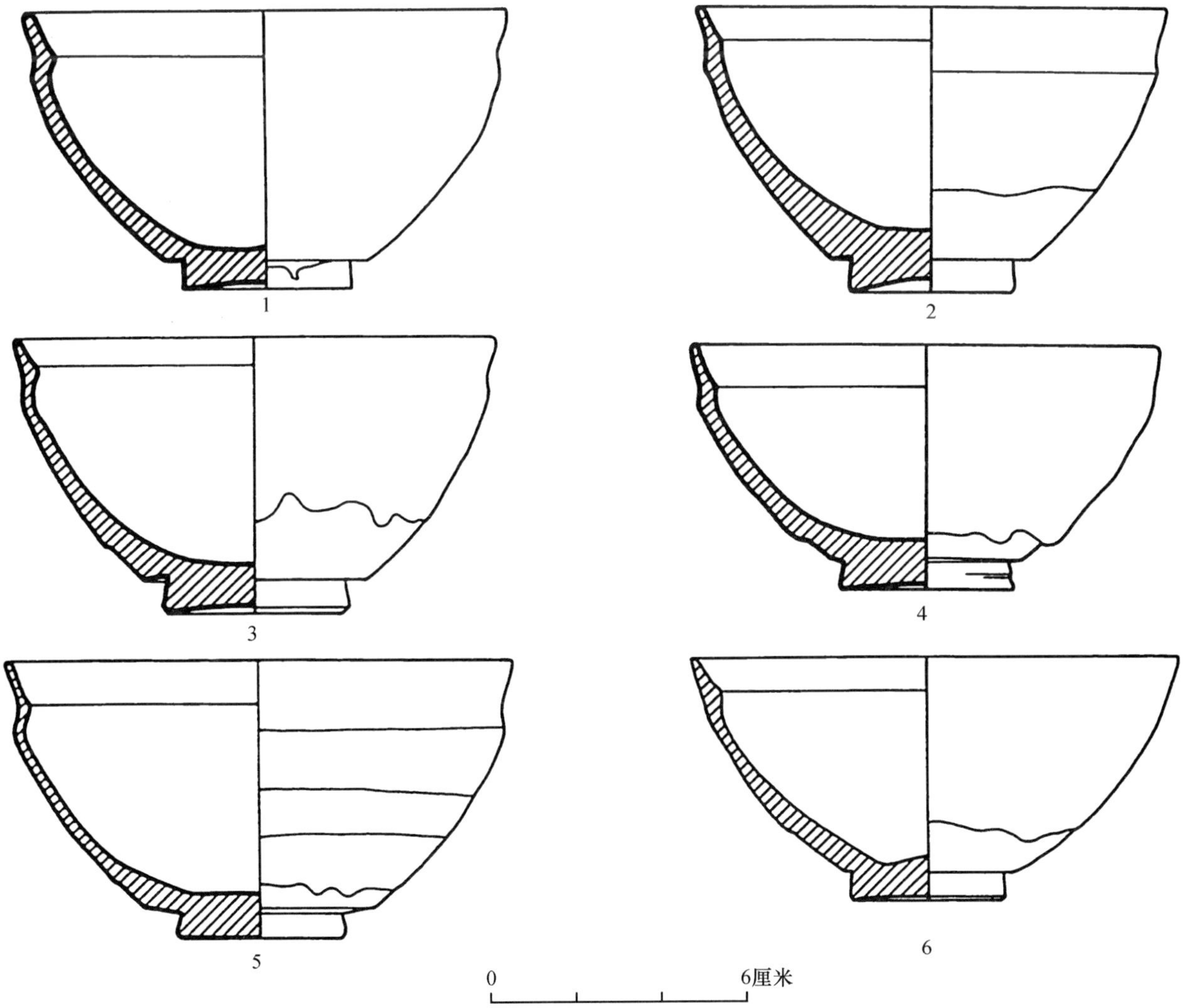

图四四四　巴东旧县坪遗址出土宋代B型凸棱瓷盏

1～5. Ba型Ⅱ式（（西Ⅰ）T2917⑤:2、（东Ⅰ）T2917④:18、（西Ⅰ）T3519⑤:5、（东Ⅰ）T2819④:4、（东Ⅰ）T2917④:16）

6. Bb型（（西）F2Ⅱ:5）

标本（东Ⅰ）T2819④:4，圆唇。灰褐胎，双层釉，唇部施酱釉，下部施黑釉，下腹近足处及足无釉，足底粘有瓷砂。口径11.2、足径4.4、高5.8厘米（图四四四，4）。

标本（东Ⅰ）T2917④:16，圆唇。灰褐胎，双层釉，唇部施酱釉，下部施黑釉，下腹近足处及足无釉，足底粘有瓷砂。口径12、足径4、高6.6厘米（图四四四，5；彩版一九，2）。

Bb型 1件。内底上凸，外接饼足。

标本（西）F2Ⅱ:5，圆唇。红褐胎较厚，似为酱色，外层为黑色，下部露底色釉，外下腹及足无釉露胎。口径11.6、底径3.8、高5.8厘米（图四四四，6；彩版一九，4）。

Bc型 27件。饼足。可以分为三式。

Ⅰ式：10件。侈口，内底下凹，深腹。

标本（西）F8Ⅲ:70，方唇。灰胎，黑釉。口径11.2、足径3.8、高5.9厘米（图四四五，1）。

标本（西）F1Ⅲ:3，圆唇，足墙外撇。褐胎，黑釉。口径10.4、足径4.2、高5.8厘米（图四四五，2；图版一一五，1）。

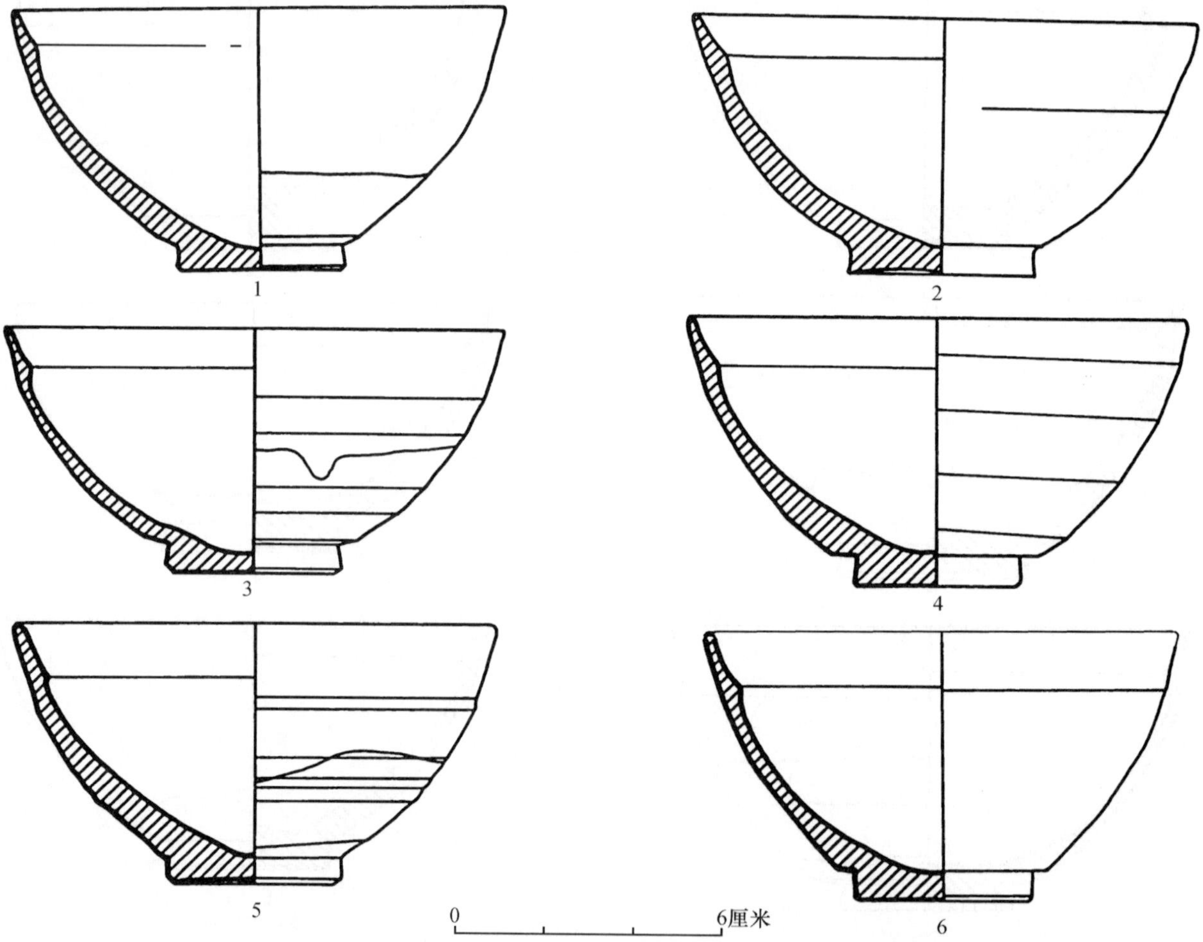

图四四五 巴东旧县坪遗址出土宋代Bc型Ⅰ式凸棱瓷盏

1.（西）F8Ⅲ:70 2.（西）F1Ⅲ:3 3.（西Ⅰ）T3517⑤:69 4.（东Ⅰ）T2414④:2 5.（西）F42:3 6.（西）F8Ⅲ:10

标本（西Ⅰ）T3517⑤:69，圆唇。外腹壁有数道凸弦纹。灰胎，内部及外上腹施黑釉夹黄斑，外下腹及足无釉。口径11.4、足径4、高5.6厘米（图四四五，3）。

标本（东Ⅰ）T2414④:2，圆唇。外腹壁有数道凸弦纹。褐胎，双层釉，底釉为黑色，外层为酱黄釉。唇部无底釉，外下腹及足施一层薄薄的褐釉。口径11.2、足径3.8、高6.1厘米（图四四五，4；图版一一五，2）。

标本（西）F42:3，圆唇。灰胎，黑釉。口径10.8、足径4、高5.9厘米（图四四五，5）。

标本（西）F8Ⅲ:10，圆唇。褐胎，除外底，皆施釉，双层釉，底釉为黑色，外层为酱黄色，唇部单层釉，呈酱黄色。口径10.6、足径4、高6.1厘米（图四四五，6；图版一一五，3）。

标本（西）F2Ⅱ:12，圆唇。灰胎，黑釉。口径11.6、足径3.6、高6.3厘米（图四四六，1；图版一一五，4）。

标本（西Ⅰ）T3517⑤:84，圆唇，足墙外撇。灰白胎，除外下腹近足处及足无釉，余皆施褐釉。口径11.2、足径4、高6.2厘米（图四四六，2；彩版一九，5）。

标本（西Ⅰ）T3517⑤:2，圆唇。灰白胎，双层釉，底釉为黑色，外层为一层褐釉。内部及外中上腹施釉，外下腹足无釉，唇部底釉呈褐边。口径12.8、足径4.4、高6.7厘米（图四四六，3；图版一一五，5）。

标本（西）F14Ⅰ:8，圆唇。灰黄胎，双层釉，底釉为黑色，外层微酱釉。口径12.2、足径4.6、高6.6厘米（图四四六，4；图版一一五，6）。

Ⅱ式：13件。侈口，内底弧平，深腹。

标本（西ⅢA）T3104③:3，圆唇。褐胎，黑釉。口径10.8、足径4、高6.2厘米（图四四七，1；图版一一六，1）。

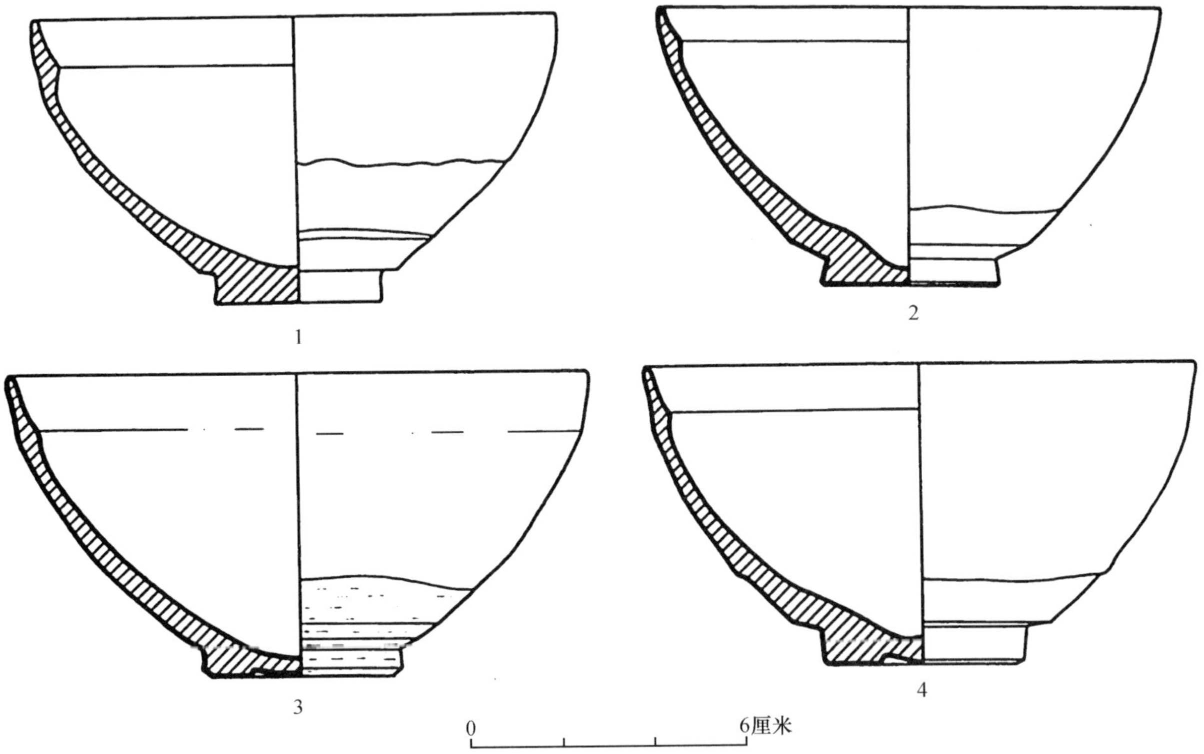

图四四六　巴东旧县坪遗址出土宋代Bc型Ⅰ式凸棱瓷盏

1.（西）F2Ⅱ:12　2.（西Ⅰ）T3517⑤:84　3.（西Ⅰ）T3517⑤:2　4.（西）F14Ⅰ:8

标本（西）F8Ⅲ:38，圆唇。灰胎，黑釉。口径10.2、足径3.9、高5.8厘米（图四四七，2）。

标本（西）F8Ⅲ:39，圆唇。灰胎，酱釉。口径10.6、足径3.8、高6.2厘米（图四四七，3；图版一一六，2）。

标本（东）L1Ⅲ:4，圆唇。灰白胎，玳瑁釉，足无釉。口径11、足径4、高6.3厘米（图四四七，4；彩版一九，6）。

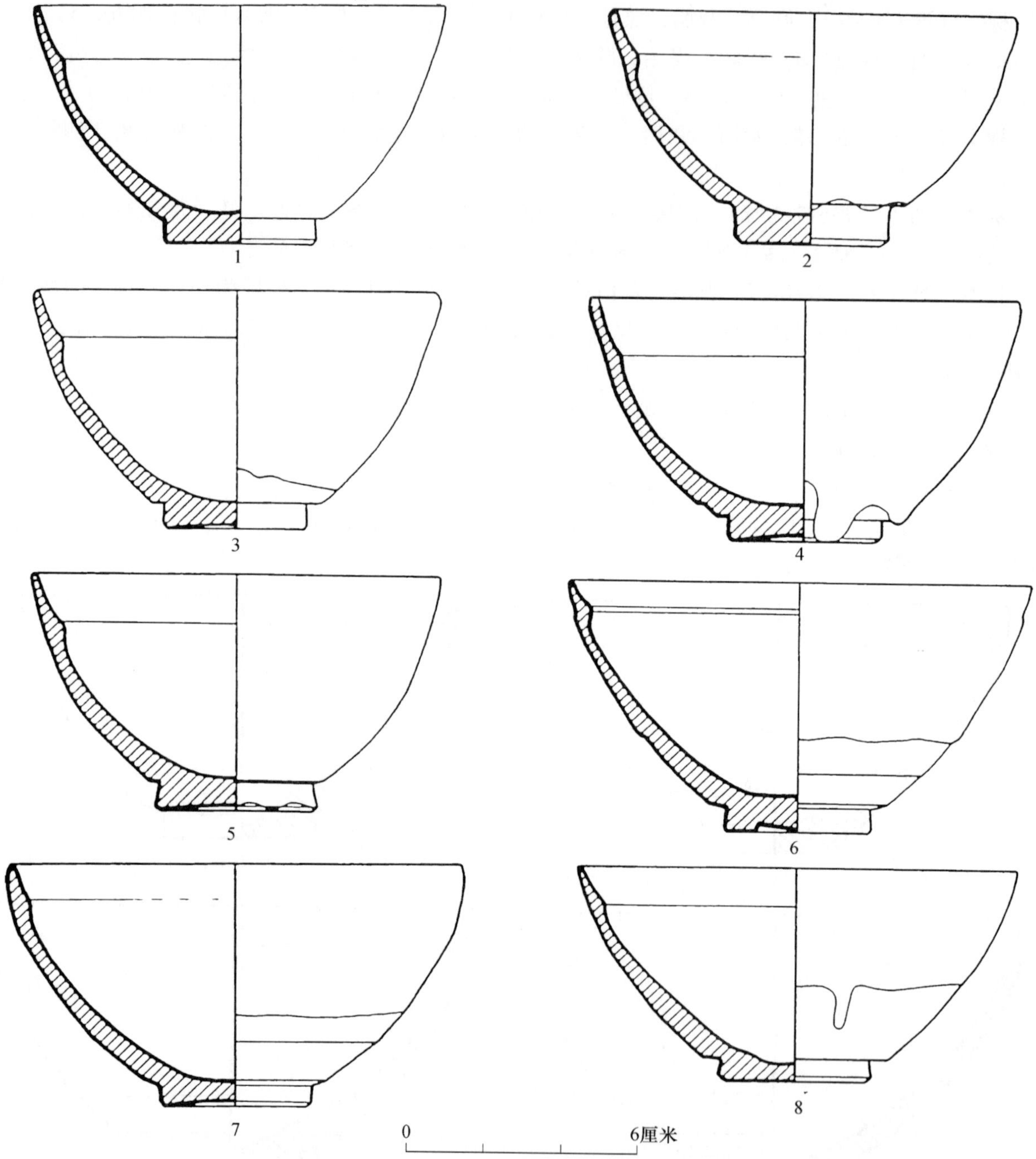

图四四七　巴东旧县坪遗址出土宋代Bc型Ⅱ式凸棱瓷盏

1.（西ⅢA）T3104③:3　2.（西）F8Ⅲ:38　3.（西）F8Ⅲ:39　4.（东）L1Ⅲ:4　5.（西）L18Ⅱ:8　6.（西）F3:57　7.（西）F24Ⅱ:1　8.（西）F3:59

标本（西）L18Ⅱ:8，圆唇。灰褐胎较厚，黑釉，足无釉。口径10.6、足径4.4、高6.2厘米（图四四七，5；图版一一六，3）。

标本（西）F3:57，圆唇。白胎，褐釉。口径12、足径3.8、高6.5厘米（图四四七，6；图版一一六，4）。

标本（西）F24Ⅱ:1，圆唇。灰白胎，双层釉，底釉微黑色，外层为酱黄釉，唇部无底釉，外下腹及足施褐色护胎釉。口径12、足径4、高6.3厘米（图四四七，7）。

标本（西）F3:59，圆唇。灰胎，内壁及外上腹施黑釉，外下腹及足无釉，内壁饰黄斑。口径11.4、足径4、高5.6厘米（图四四七，8）。

标本采集:8，圆唇。灰白胎，黑釉。口径10.2、足径4.2、高4.9厘米（图四四八，1；图版一一六，5）。

标本（西）L4Ⅲ:4，圆唇。白胎，黑釉。口径11.2、足径4、高4.8厘米（图四四八，2；图版一一六，6）。

标本（西）L1Ⅳ:8，圆唇。灰胎，黑釉。口径11.2、足径4、高5.6厘米（图四四八，3）。

标本（西IV）T0901④:5，圆唇。灰胎，黑釉。口径12.2、足径4.2、高6厘米（图四四八，4；图版一一七，1）。

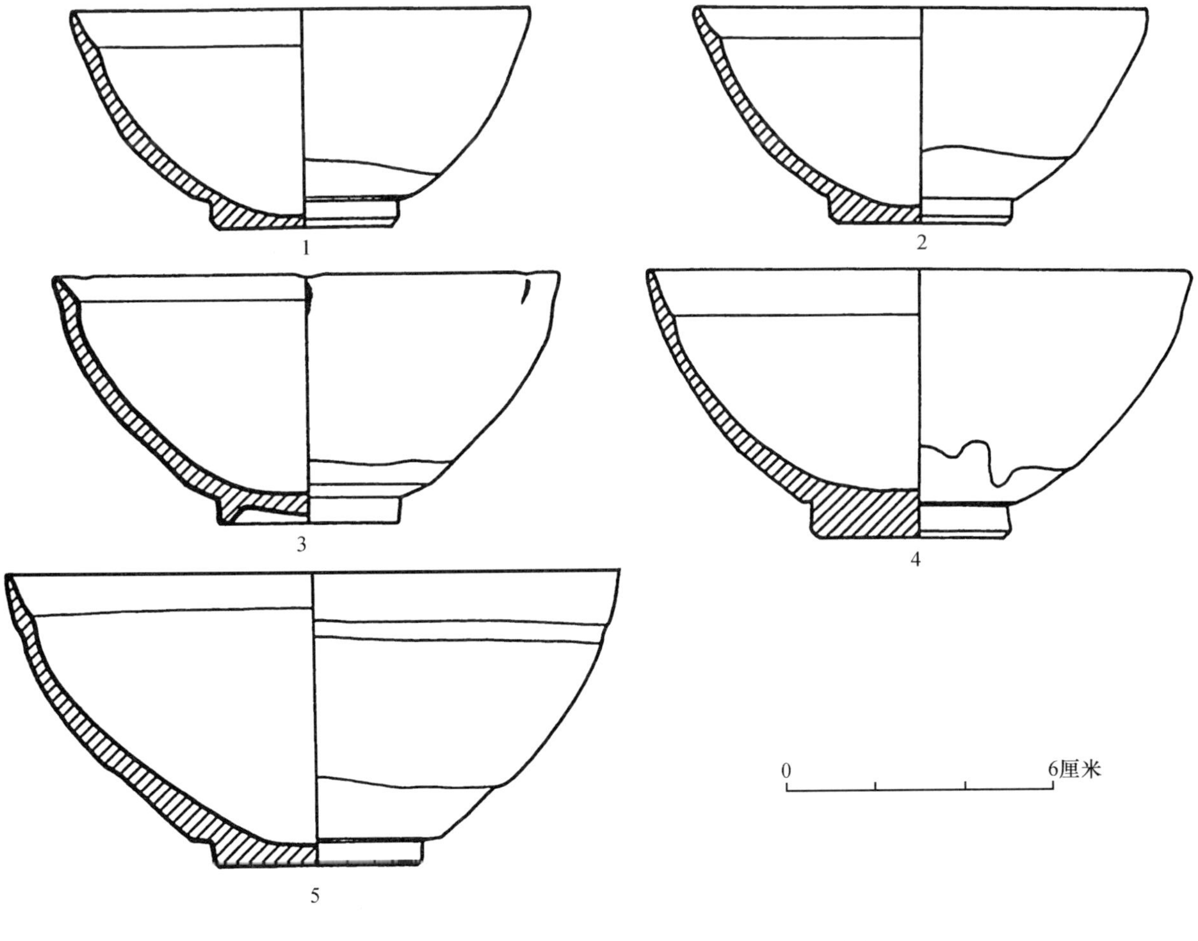

图四四八　巴东旧县坪遗址出土宋代Bc型Ⅱ式凸棱瓷盏

1. 采集:8　2.（西）L4Ⅲ:4　3.（西）L1Ⅳ:8　4.（西IV）T0901④:5　5.（西）F3:58

标本（西）F3∶58，圆唇。灰白胎，双层釉，底釉为黑色，外层为黄釉，唇部无底釉，外下腹及足无釉。口径13.6、足径4.6、高6.8厘米（图四四八，5；图版一一七，2）。

Ⅲ式：4件。器形较矮，撇口。

标本（西）L4Ⅲ∶1，圆唇，内坦底。灰白胎，褐釉，下腹及足无釉。口径11.8、足径3.4、高4.6厘米（图四四九，1；图版一一七，3）。

标本（西）F48∶3，圆唇，内底心凸起，足墙外撇。灰白胎，有护胎釉，褐釉，足无釉。口径9.6、足径3.6、高4.4厘米（图四四九，2）。

标本（西）F48∶4，圆唇，内坦底，矮圈足。灰白胎，褐釉，下腹及足无釉。口径12.4、足径4.4、高4.8厘米（图四四九，3）。

标本（西）L2Ⅳ∶3，圆唇，内平底，矮圈足。外下腹胎呈较浅瓦棱状。褐胎，褐釉，开片，外下腹及足无釉。口径12、足径4.4、高4.6厘米（图四四九，4）。

（6）直口盏

2件。直口，斜直腹。

标本（西Ⅰ）T3519⑤∶40，圆唇，内坦底，饼足。外腹壁上部有三道凸弦纹。灰胎，黑釉。口径10、足径3.6、高5.1厘米（图四五〇，1）。

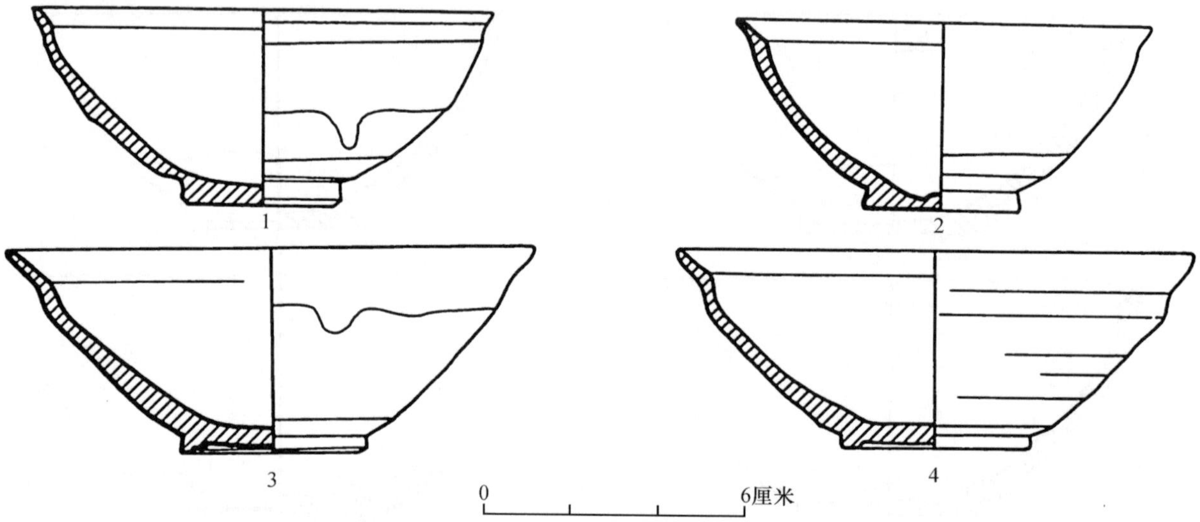

图四四九　巴东旧县坪遗址出土宋代Bc型Ⅲ式凸棱瓷盏

1.（西）L4Ⅲ∶1　2.（西）F48∶3　3.（西）F48∶4　4.（西）L2Ⅳ∶3

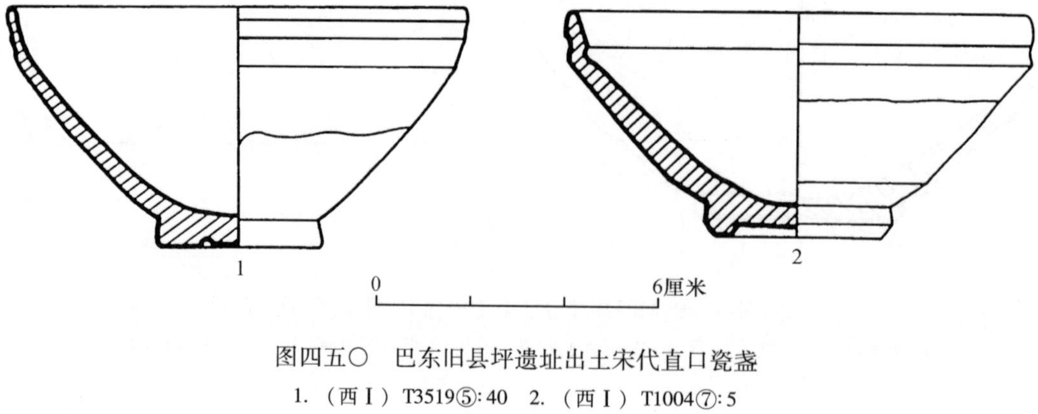

图四五〇　巴东旧县坪遗址出土宋代直口瓷盏

1.（西Ⅰ）T3519⑤∶40　2.（西Ⅰ）T1004⑦∶5

标本（西Ⅰ）T1004⑦:5，圆唇，内坦底，矮圈足。砖红胎，上腹施青釉。口径10、足径4、高4.8厘米（图四五〇，2）。

5. 钵

27件。可以分为五型。

A型　9件。直口，上腹较直，下腹圆弧收。可以分为五亚型。

Aa型　1件。圆唇，深腹，极矮圈足。

标本（西Ⅰ）T3516⑤:5，灰白胎，灰白釉，开碎片，足内无釉，内底及外足根处皆有垫石痕迹。口径11、足径4.6、高5.2厘米（图四五一，1）。

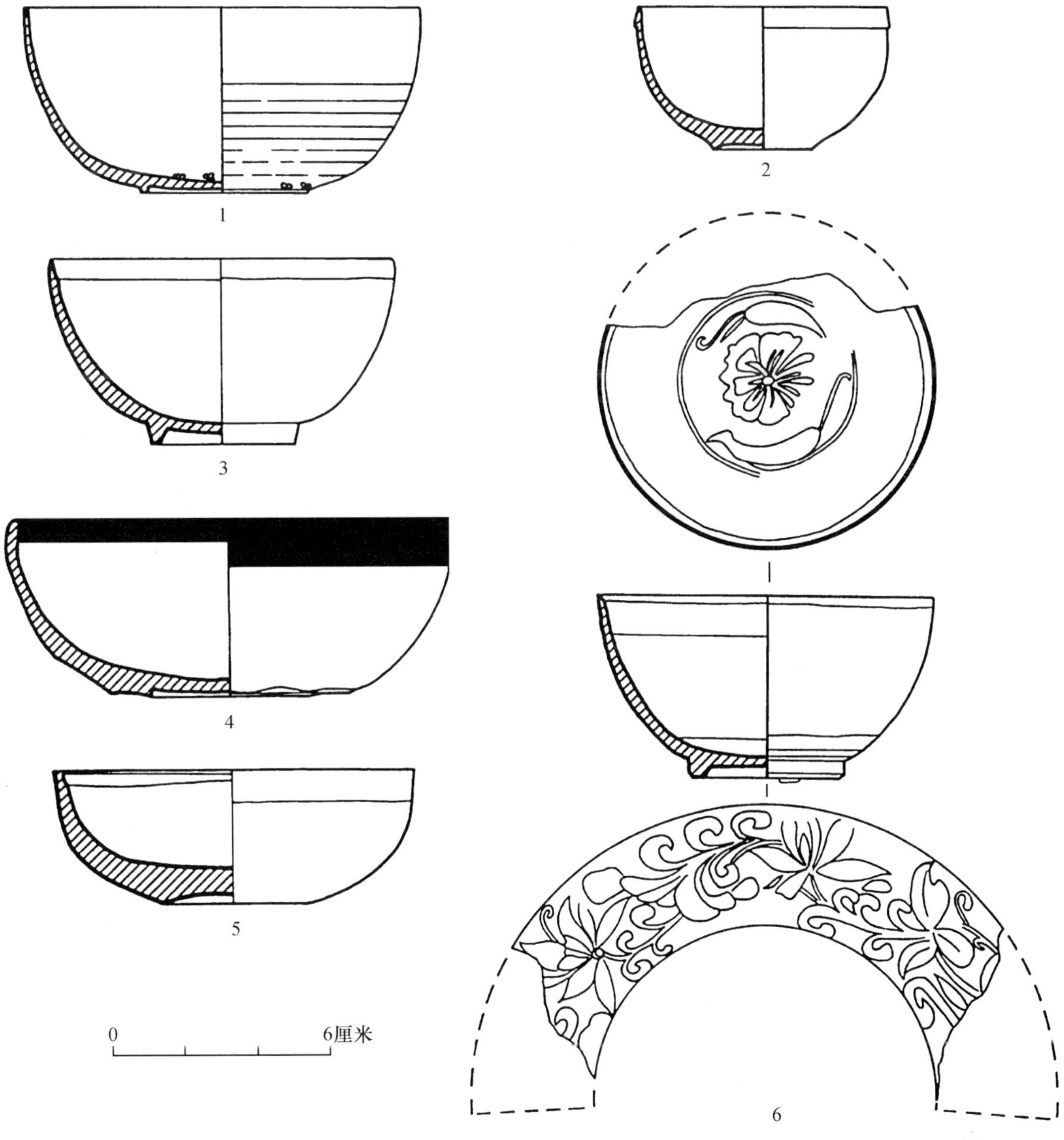

图四五一　巴东旧县坪遗址出土宋代A型瓷钵

1. Aa型（（西Ⅰ）T3516⑤:5）　2. Ab型（（西）F2Ⅰ:1）　3、6. Ac型（（西Ⅰ）T3419⑤:4、（西）F94:7）　4、5. Ad型（（西）F58:2、（东）F20:1）

Ab 型　1 件。尖圆唇，翻沿，深腹，矮圈足。

标本（西）F2Ⅰ:1，白胎，通体施釉，青白釉，外底有支垫痕迹。口径 6.8、足径 2.8、高 3.6 厘米（图四五一，2）。

Ac 型　2 件。尖唇，深腹，圈足较矮。

标本（西Ⅰ）T3419⑤:4，灰胎较厚，乳白色釉，开片，釉边缘泛紫色，窑变。唇部、下腹近足处及足无釉，釉脱落严重。口径 9.6、足径 4、高 5.2 厘米（图四五一，3）。

标本（西）F94:7，内底心模印牡丹纹，内壁印缠枝莲花纹。灰白胎，黑釉。口径 9.4、足径 4.4、高 5.2 厘米（图四五一，6；彩版二〇，1、3）。

Ad 型　2 件。直口微侈，浅弧腹，卧足。

标本（西）F58:2，圆唇，内圜底。灰胎，口部内外一周施白釉，白釉下方皆施褐釉，足部无釉。口径 12.4、足径 6.6、高 5 厘米（图四五一，4；图版一一七，4）。

标本（东）F20:1，方唇，内平底。上腹部有一道弦纹。灰胎，白釉，芒口。口径 10、足径 4、高 3.8 厘米（图四五一，5）。

Ae 型　3 件。上腹较直，下腹弧收，内坦底，矮圈足。可以分为二式。

Ⅰ式：2 件。直口，圆唇。

标本（西Ⅰ）T3515⑤:2，外腹壁有三道凹弦纹。灰白胎，黑釉，下腹及足无釉。口径 12.8、足径 6.2、高 7.8 厘米（图四五二，1；图版一一七，5）。

标本（西）F94:8，外腹壁上部有一凹槽，下部有一道凸弦纹。灰白胎，黑釉，下腹及足无釉。口径 12.6、足径 5.8、高 6.6 厘米（图四五二，2；图版一一七，6）。

Ⅱ式：1 件。口微敞，方唇。

标本（西Ⅰ）T3519⑤:34，外腹壁有三道凹弦纹，近足处有一周刮削痕迹。灰胎，褐釉，下腹及足无釉，釉多已脱落。口径 21、足径 10.4、高 11.2 厘米（图四五二，3；图版一一八，1）。

B 型　3 件，敛口，圆鼓腹较深。可以分为二亚型。

Ba 型　2 件。饼足。

标本（西）F24Ⅰ:1，圆唇，内底下凹。外腹部有三道凹弦纹。褐胎，内外壁上部施褐釉，足部无釉。口径 13.6、腹径 15.4、足径 8.4、高 9.4 厘米（图四五三，1；图版一一八，2）。

标本（西）H4:1，仅存口部、上腹。口下有三道凹弦纹。灰胎，青釉，开碎片。口径 12.4、腹径 17.7、残高 4.2 厘米（图四五三，3）。

Bb 型　1 件。圈足。

标本（西）F67:3，圈足残。内底弧平。灰白胎，白釉。口径 10.8、腹径 11.6、残高 7 厘米（图四五三，5；图版一一八，3）。

C 型　3 件，侈口，弧腹，矮圈足。可以分为二式。

Ⅰ式：2 件。深腹。

标本（西Ⅰ）T3620⑤:7，方唇，内底较平。灰白胎，青白釉，芒口，底无釉露胎，下腹近足处胎有削痕。口径 11.1、足径 4.6、高 4.5 厘米（图四五三，2；彩版二〇，2）。

标本（西Ⅰ）T3520⑤:9，方唇，内底心有一凹圈。上腹部有一周凸弦纹。灰白胎，青白釉，芒口，开片。口径 12、足径 4.4、高 4.6 厘米（图四五三，4；图版一一八，4）。

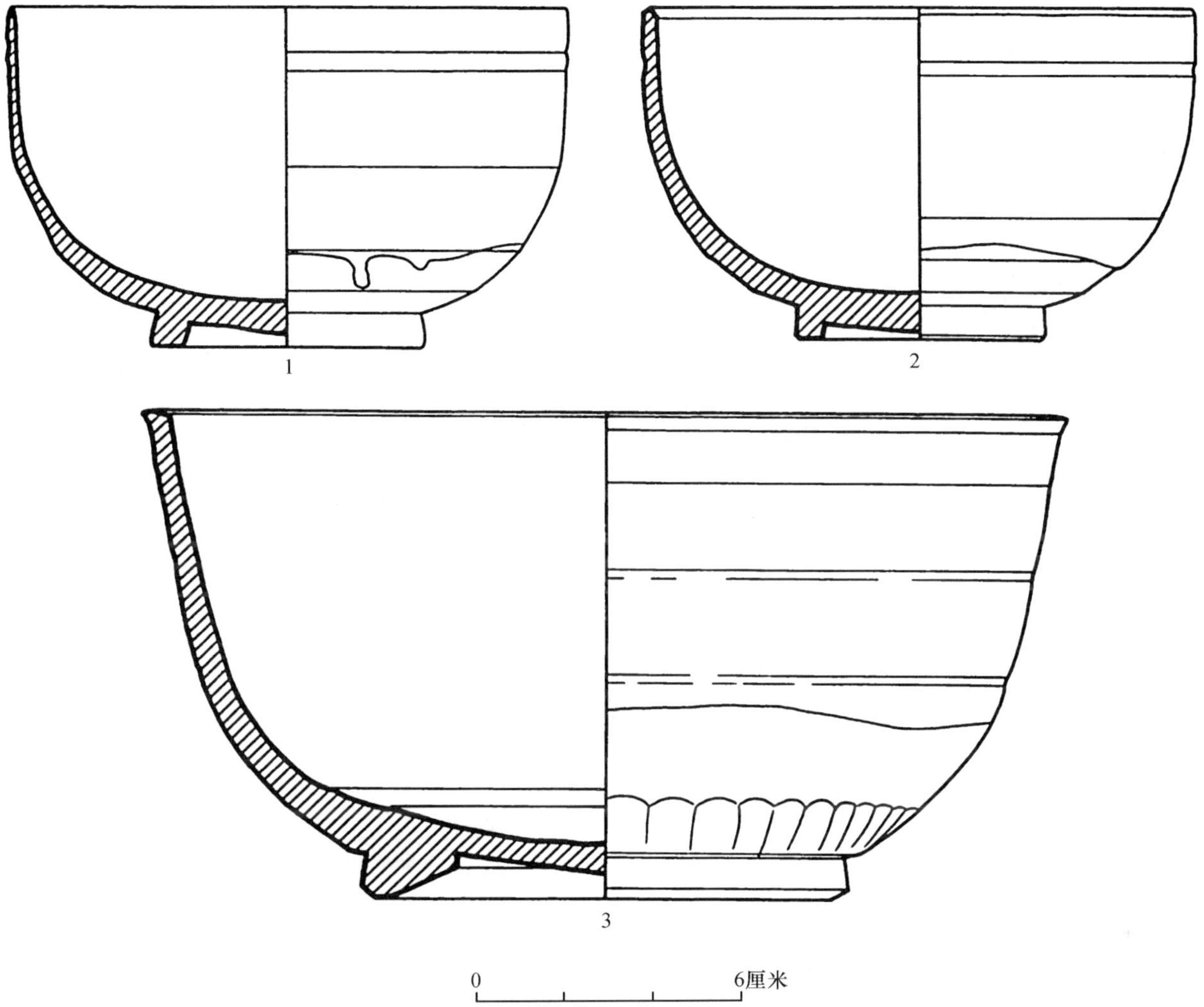

图四五二　巴东旧县坪遗址出土宋代 Ae 型瓷钵
1、2. Ⅰ式（（西Ⅰ）T3515⑤:2、（西）F94:8）　3. Ⅱ式（（西Ⅰ）T3519⑤:34）

Ⅱ式：1 件，浅腹。

标本（西）H27:1，折沿，方唇，沿面微凹，弧腹较深，内平底，内腹壁与底相接处有一凸弦纹，矮圈足较浅。灰白胎，青白釉，芒口，圈足内无釉。口径 17.8、足径 5.4、高 5.8 厘米（图四五三，6；彩版二〇，4）。

D 型　9 件，侈口，圆唇。可以分为四个亚型。

Da 型　3 件。侈口微撇，中腹略鼓，内圜底，外平底微内凹。

标本（西Ⅰ）T1711⑤:5，灰白胎，黑釉，近底处无釉。口径 11、底径 2.6、高 4.4 厘米（图四五四，1；图版一一八，5）。

标本（西Ⅰ）T1811⑤:30，灰胎，黑釉。口径 10.8、底径 2.8、高 4.6 厘米（图四五四，2）。

标本（西）L1Ⅲ:5，灰胎，黑釉。口径 11.2、底径 3.2、高 4.2 厘米（图四五四，3）。

Db 型　4 件。束颈，斜直腹，矮圈足。可以分为二式。

Ⅰ式：1 件。束颈较直，内圜底，器形较矮。

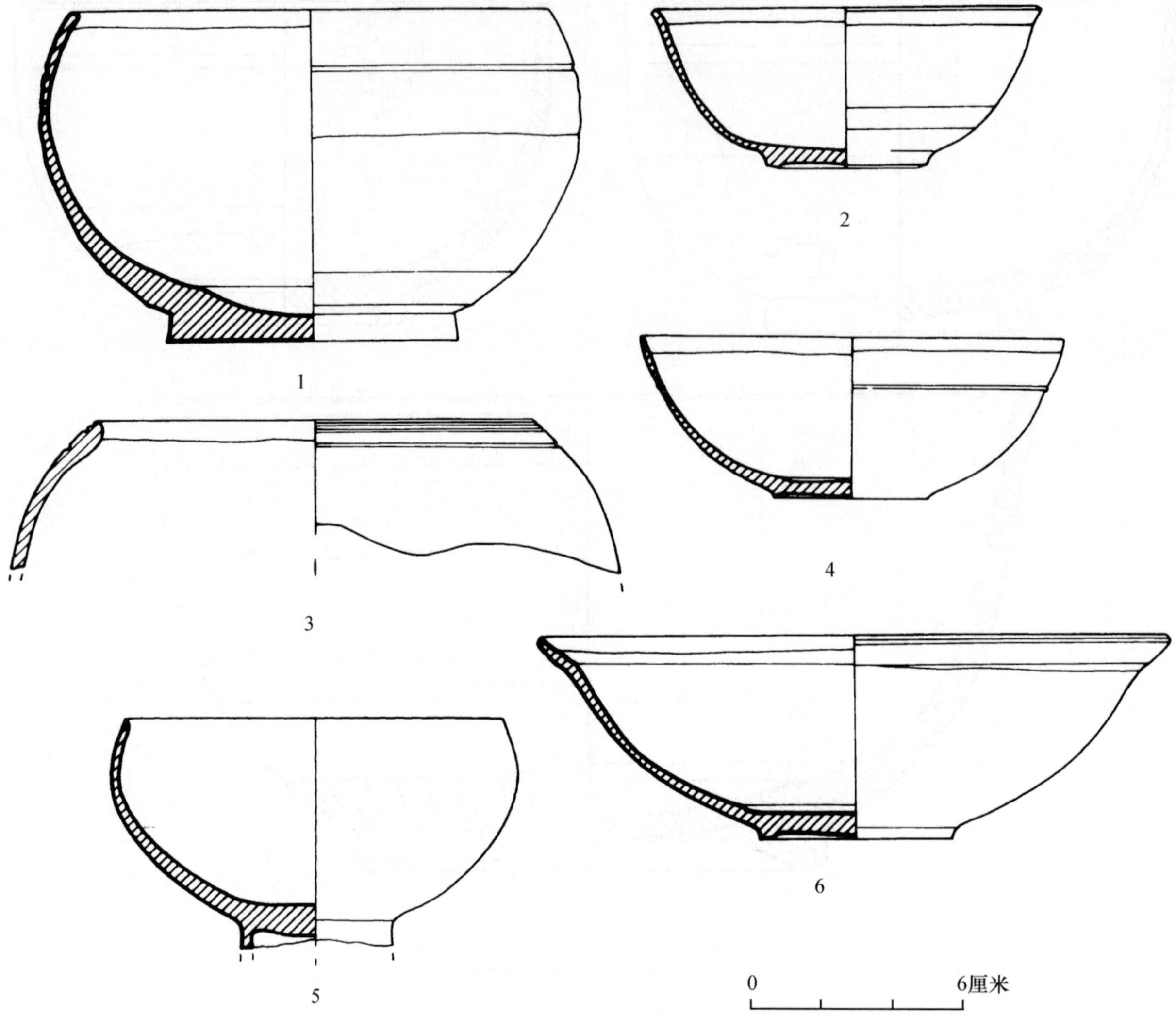

图四五三　巴东旧县坪遗址出土宋代瓷钵

1、3. Ba 型（（西）F24Ⅰ:1、（西）H4:1）　2、4. C 型Ⅰ式（（西Ⅰ）T3620⑤:7、（西Ⅰ）T3520⑤:9）　5. Bb 型（（西）F67:3）　6. C 型Ⅱ式（（西）H27:1）

标本（西Ⅰ）T3519⑤:2，内壁近底处有酱黄彩绘。灰胎，黑釉。口径 11.4、足径 3.4、高 5 厘米（图四五四，5）。

Ⅱ式：3 件。束颈微撇，内平底，器形较高。

标本（西Ⅰ）T3418⑤:1，灰白胎，黑釉，近底处无釉。口径 12、足径 3.4、高 5.8 厘米（图四五四，4；图版一一八，6）。

标本（西Ⅰ）T3519⑤:11，灰白胎，下腹及足无釉。口径 12.2、足径 4.2、高 6 厘米（图四五四，6；图版一一九，1）。

标本（西ⅠA）T1813③:7，灰白胎，除足外，余皆施双层釉，底釉为黑色，外层为黄褐色。束颈上下各一周无底釉，呈黄褐色。口径 10.4、足径 3.2、高 5.2 厘米（图四五四，7；图版一一九，2）。

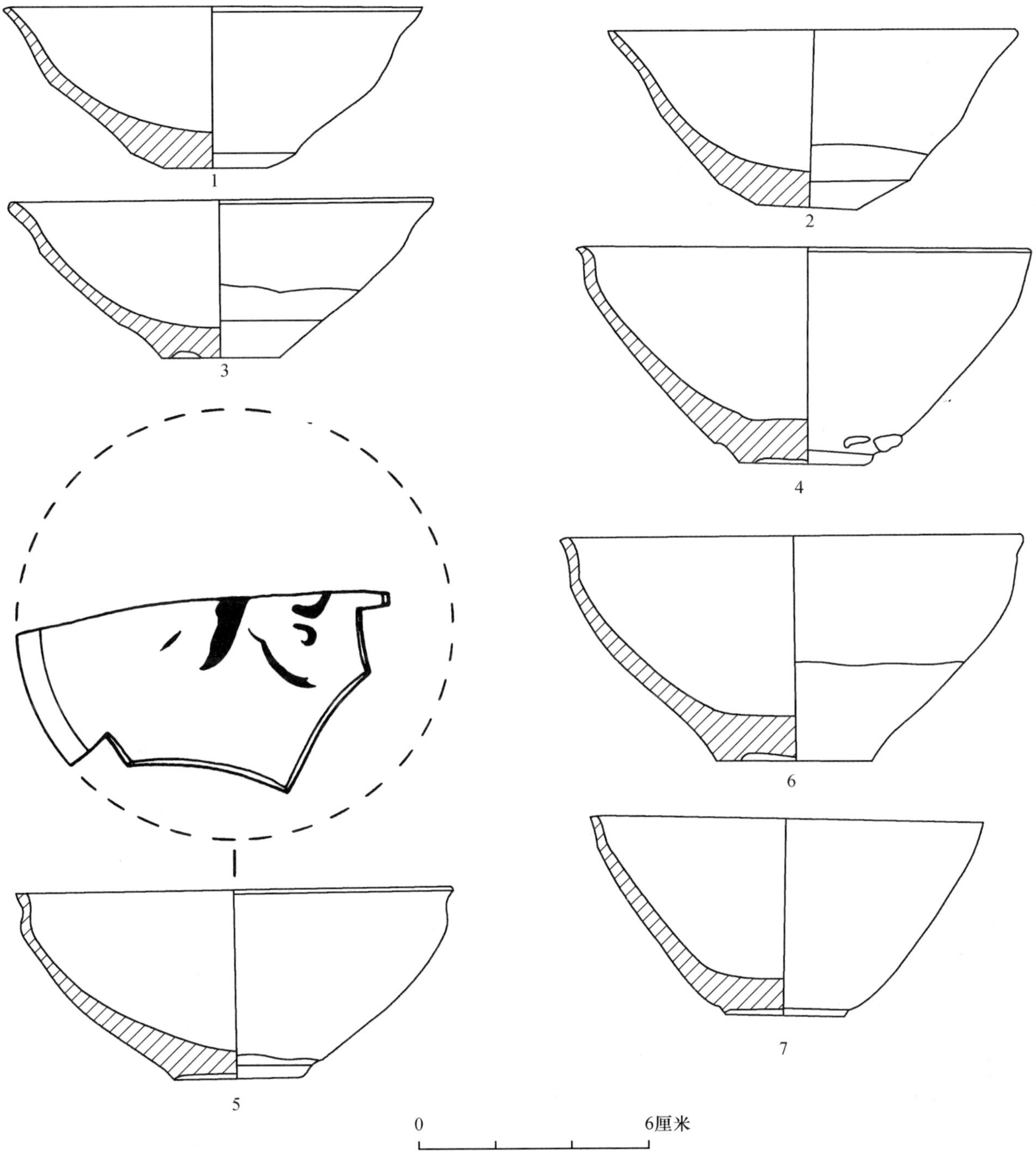

图四五四　巴东旧县坪遗址出土宋代D型瓷钵

1～3. Da型（（西Ⅰ）T1711⑤:5、（西Ⅰ）T1811⑤:30、（西）L1Ⅲ:5）　4、6、7. Db型Ⅱ式（（西Ⅰ）T3418⑤:1、（西Ⅰ）T3519⑤:11、（西ⅠA）T1813③:7）　5. Db型Ⅰ式（（西Ⅰ）T3519⑤:2）

Dc型　1件。敞口，深腹，斜直壁，平底，内壁上部有折棱。

标本（西）H51:6，方唇。灰白胎，施有护胎釉，上又施酱釉。烧时釉发生窑变，为玳瑁釉，外底部无釉，外下腹只有护胎釉。口径10.8、底径4、高5.8厘米（图四五五，1；图版一一九，3）。

Dd型　1件。腹壁较直，极矮圈足。

标本（西Ⅰ）T3520⑤:15，圆唇，内底较平。褐胎，黑釉，足底无釉。口径12.1、足径4.8、高6厘米（图四五五，2；图版一一九，4）。

E 型　刻槽钵。3 件。深腹，内满刻竖条形槽。弧腹，内圜底。可分三式。

Ⅰ式：1 件。直口，圆唇，束颈，外平底，外口下有一道凹弦纹。

标本（西）F8Ⅰ:11，灰褐胎，外上腹施黑釉，开片，余皆无釉露胎。口径 16.8、底径 4.8、高 7.4 厘米（图四五六，1；图版一一九，5）。

Ⅱ式　1 件。敛口，双唇，上腹微鼓，下腹弧内收，饼足。

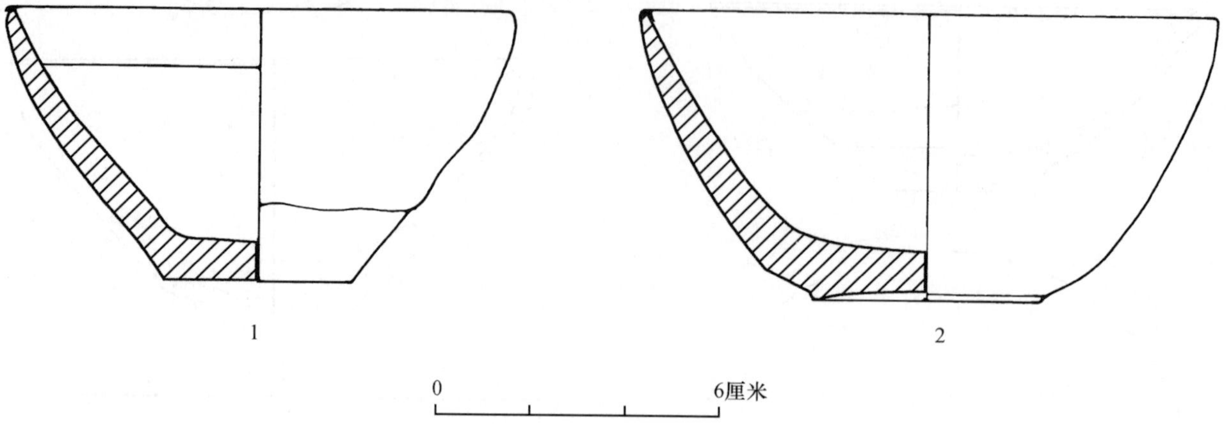

图四五五　巴东旧县坪遗址出土宋代 D 型瓷钵

1. Dc 型（（西）H51:6）　2. Dd 型（（西Ⅰ）T3520⑤:15）

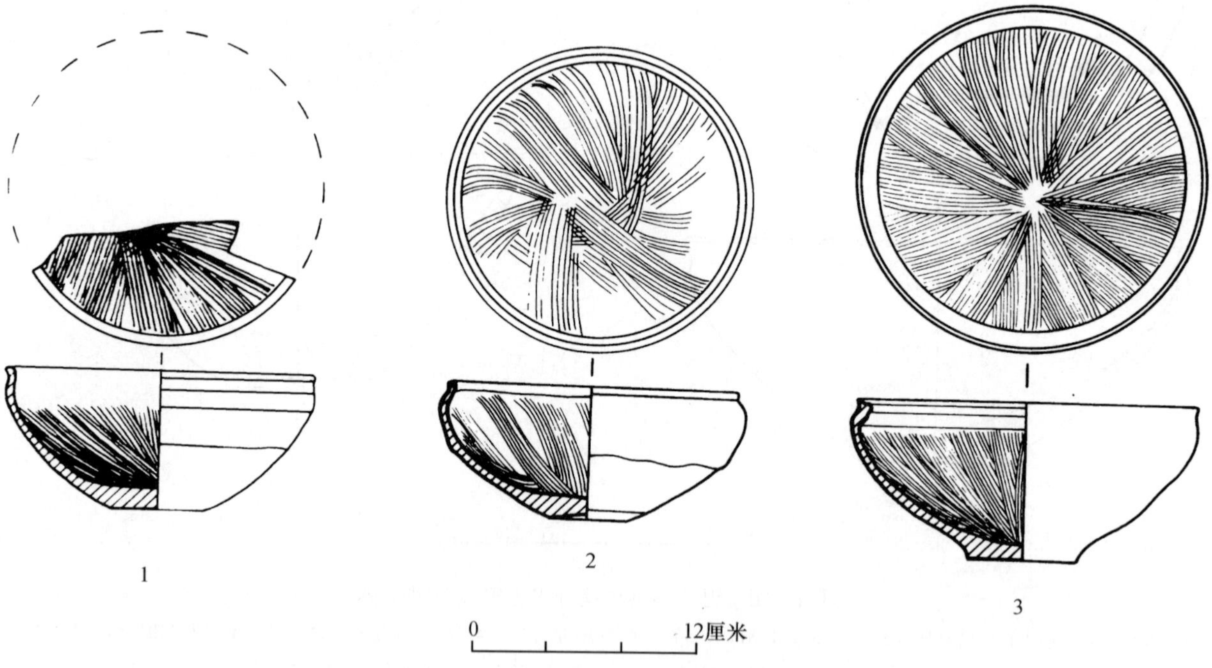

图四五六　巴东旧县坪遗址出土宋代 E 型瓷钵

1. Ⅰ式（（西）F8Ⅰ:11）　2. Ⅱ式（（西）F24Ⅰ:2）　3. Ⅲ式（（西Ⅰ）T3519⑤:19）

标本（西）F24Ⅰ:2，灰白胎，黑釉，开片，下腹及足无釉。口径15.8、足径4、高7.2厘米（图四五六，2；图版一一九，6）。

Ⅲ式 1件。圆唇，上腹较鼓，下腹弧收，小平底。

标本（西Ⅰ）T3519⑤:19，红褐胎，外上腹施褐釉，已脱落。口径18.3、底径5.7、高8.5厘米（图四五六，3；图版一二〇，1）。

6. 杯

7件。可以分为四型。

A型 2件。直口，筒形腹。可以分为二式。

Ⅰ式：1件。器形瘦高。

标本（西）L1Ⅳ:9，底残。方唇，内壁有数道突棱。灰胎，褐釉。口径5、残高6厘米（图四五七，1）。

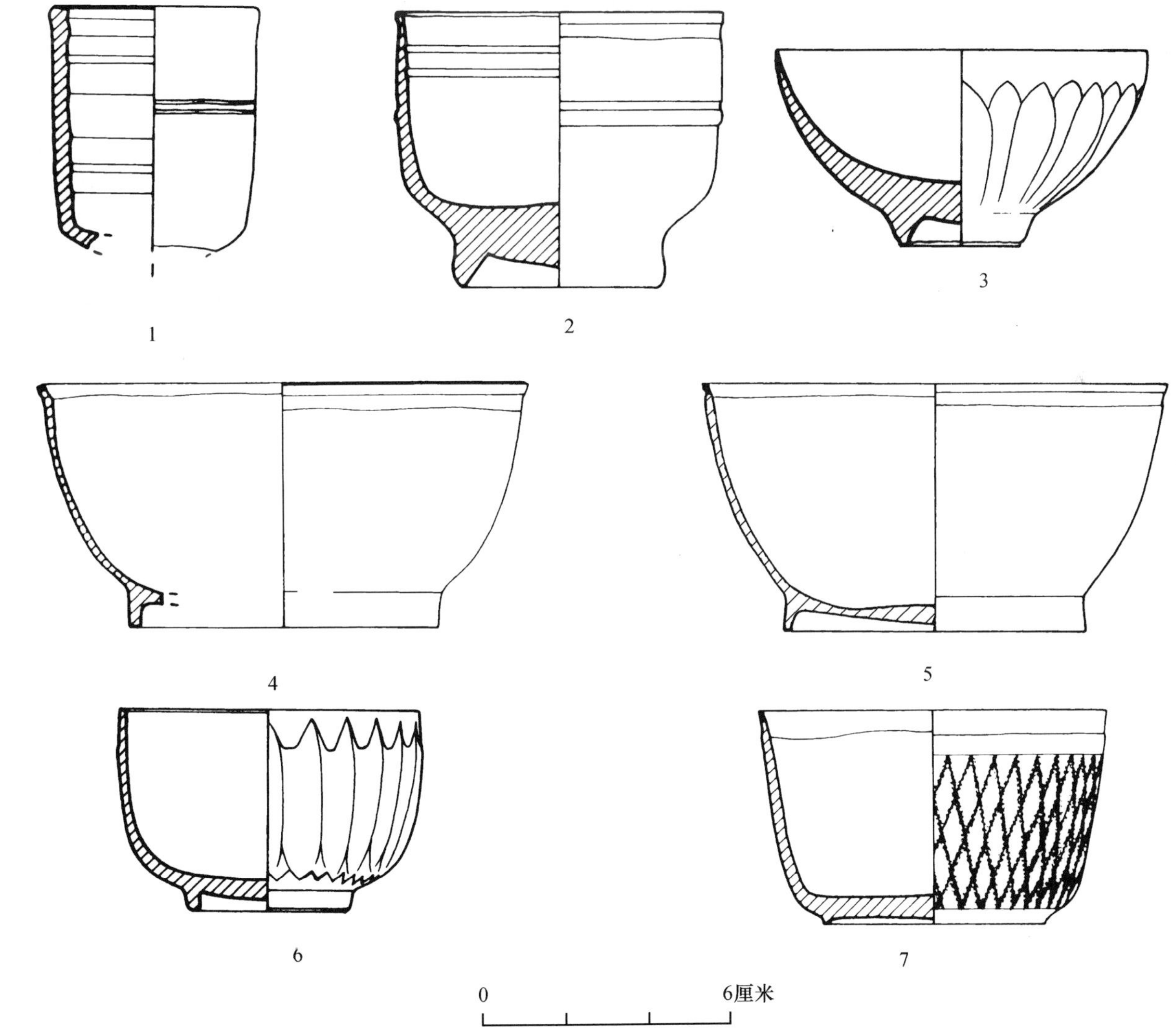

图四五七 巴东旧县坪遗址出土宋代瓷杯

1. A型Ⅰ式（（西）L1Ⅳ:9） 2. A型Ⅱ式（（西Ⅰ）T3519⑤:8） 3. C型（（西）F14Ⅱ:6） 4、5. B型（（西Ⅰ）T3417⑤：16、（西Ⅰ）T3416⑤:2） 6. Da型（（西）F94:18） 7. Db型（（西Ⅰ）T1916⑤:3）

Ⅱ式：1件。器形较矮。

标本（西Ⅰ）T3519⑤:8，方唇，圈足，外底有鸡心突。外壁有一道凸弦纹，内壁有数道弦纹。白胎，青白釉，芒口。口径8、足径4.8、高6.8厘米（图四五七，2；图版一二〇，2）。

B型　2件。侈口，深腹，矮圈足。

标本（西Ⅰ）T3417⑤:16，方唇，深直腹，下腹弧收，大圈足，底残。白胎，青白釉，芒口。口径12、足径7.6、高6厘米（图四五七，4；图版一二〇，3）。

标本（西Ⅰ）T3416⑤:2，方唇，平底中心略凸，外底有鸡心突，足墙外撇。白胎，青白釉，芒口。口径12、足径7.6、高6厘米（图四五七，5；图版一二〇，4）。

C型　1件。侈口，深弧腹，矮圈足。

标本（西）F14Ⅱ:6，尖唇。外腹壁刻仰莲纹。灰白胎，翠绿青釉，开片。口径9.2、足径3、高4.9厘米（图四五七，3；图版一二〇，5、6）。

D型　2件。深腹，腹壁较直，圈足。可以分为二亚型。

Da型　1件。直口，矮圈足。

标本（西）F94:18，圆唇。外壁饰半浮雕莲纹。白胎，白釉，足内无釉。口径7.4、足径4、高5厘米（图四五七，6；彩版二〇，5）。

Db型　1件。敞口，极矮圈足。

标本（西Ⅰ）T1916⑤:3，方唇。外腹壁饰刻划菱形网格纹。白胎，青白釉，芒口。口径8.6、足径5.7、高5.3厘米（图四五七，7；彩版二〇，6）。

7. 盆

2件。可以分为二式。

Ⅰ式：1件。唇口。

标本（西Ⅰ）T2415⑤:6，圆唇，侈口，弧腹，平底。外腹部有数周凹槽。褐胎，青釉。口径42、底径14、高12.8厘米（图四五八，1）。

Ⅱ式：1件。圆唇。

标本（西Ⅰ）T3215⑤:4，弧腹，平底，上腹部有数道凹弦纹。褐胎，青釉。口径46.8、底径22、高16厘米（图四五八，2）。

8. 罐

4件。可以分为四型。

A型　1件。筒形罐。

标本（西）F8Ⅲ:65，敛口，方唇，深腹微鼓，矮圈足，内足壁斜。灰白胎，白釉，褐彩，口及近足处各饰二周带纹，腹有二个对称开光，开光外饰缠枝花叶纹。口径11.4、腹径13、足径8.2、高14.8厘米（图四五九，1；彩版二一，1）。

B型　1件。柳斗纹罐。

标本（西）F8Ⅲ:64，侈口，卷沿，圆唇，粗颈微束，圆鼓腹，平底。颈部饰两组模印刻槽纹，中间夹一周乳钉纹，腹及底饰柳斗纹。灰褐胎较厚，内壁施青白釉，外部施褐釉。口径12.8、腹径13、底径5.6、高10.6厘米（图四五九，2；图版一二一，1）。

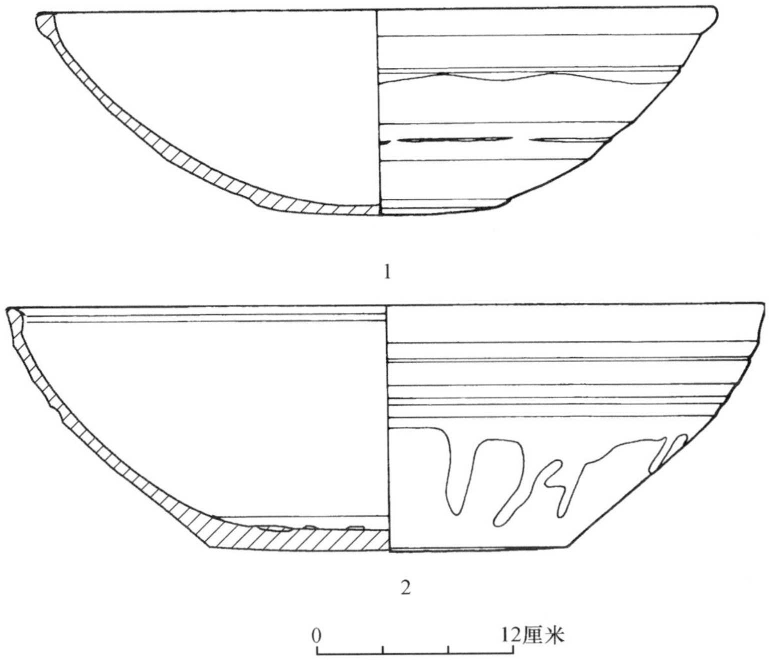

图四五八　巴东旧县坪遗址出土宋代瓷盆

1. Ⅰ式（（西Ⅰ）T2415⑤:6）　2. Ⅱ式（（西Ⅰ）T3215⑤:4）

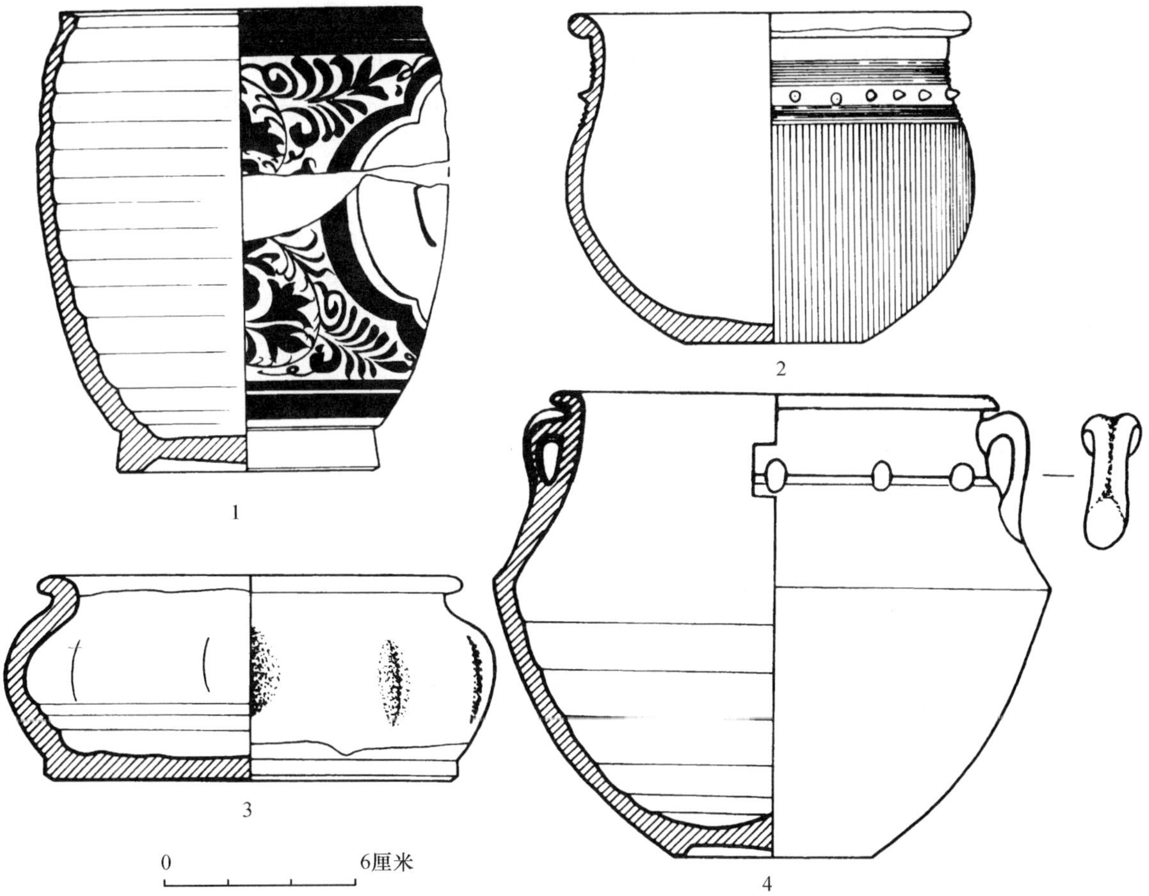

图四五九　巴东旧县坪遗址出土宋代瓷罐

1. A型（（西）F8Ⅲ:65）　2. B型（（西）F8Ⅲ:64）　3. C型（（东Ⅰ）T2918④:33）　4. D型（（西）F8Ⅲ:14）

C型　1件。瓜棱形罐。

标本（东Ⅰ）T2918④:33，直口，卷沿，圆唇，短束颈。溜肩。瓜棱形扁鼓腹。大假圈足。灰白胎，沿和外部施褐釉，足及近足外无釉。口径13.2、腹径15.2、足径12.8、高6.4厘米（图四五九，3；图版一二一，3）。

D型　1件。折肩罐。

标本（西）F8Ⅲ:14，卷沿，尖唇，高直领，折鼓腹，卧足。颈肩交界处饰一周乳钉纹，并置有一对对称竖耳，内壁下腹有凹凸不平的轮旋纹。白胎，内部及外上部施双层釉，底釉为黑色，外层釉为褐色，下腹及足无釉。口径14.4、腹径17.6、足径6.4、高14.4厘米（图四五九，4；图版一二一，2）。

9. 执壶

4件。可以分为三型。

A型　1件。长腹。

标本（西Ⅰ）T1916⑤:12，执柄及流残。撇口，高束颈近直，斜肩，鼓腹秀长，下腹内收，矮圈足外撇；肩部装曲管形流，对应处置条形柄，上有三条凸棱。灰胎，褐釉，足口无釉，有垫烧痕迹。口径8、腹径11.8、足径7.6、高20.6厘米（图四六〇，1；彩版二二，1）。

B型　2件。瓜棱形腹。

标本（东Ⅰ）T2510④:5，口沿及腹部残。束颈，十棱形鼓腹，平底。灰胎，白釉。腹径14.8、底径8、残高14.8厘米（图四六〇，2）。

标本（东Ⅰ）T2813④:3，执柄残。卷沿，尖唇，高束颈。十棱形圆鼓腹，圈足较浅，肩颈部有圆管形流，流下部较直，对应处置柄。灰白胎较薄，白釉。口径6.6、腹径11.6、足径8、高18.8厘米（图四六〇，4；彩版二二，2）。

C型　1件。圆鼓腹。

标本（东Ⅰ）T1002④:7，颈部残。卷沿，圆唇，高束颈，溜肩鼓腹，圈足，肩部有一圆管状曲弧流，对应处置宽带柄。白胎，白釉。口径6.4、腹径12.4、足径6.8、高18.4厘米（图四六〇，3；彩版二二，3）。

10. 瓶

2件。可以分为二型。

A型　1件。小口瓶。

标本（东）L6Ⅲ:1，梯形口，方唇，短束颈，折沿下斜，溜肩，鼓腹。灰白胎，绿釉，黑彩，绘草叶纹。口径3.8、腹径18.4、残高12厘米（图四六一，1；彩版二一，2）。

B型　1件。胆式瓶。

标本（西）L4Ⅲ:2，口沿及执柄残。细束颈，鼓腹下垂，高圈足略外撇，足底呈圈锥状凸起。灰白胎较厚，黑釉，釉不到足。腹径8.6、足径5.2、残高14厘米（图四六一，2；彩版二一，3）。

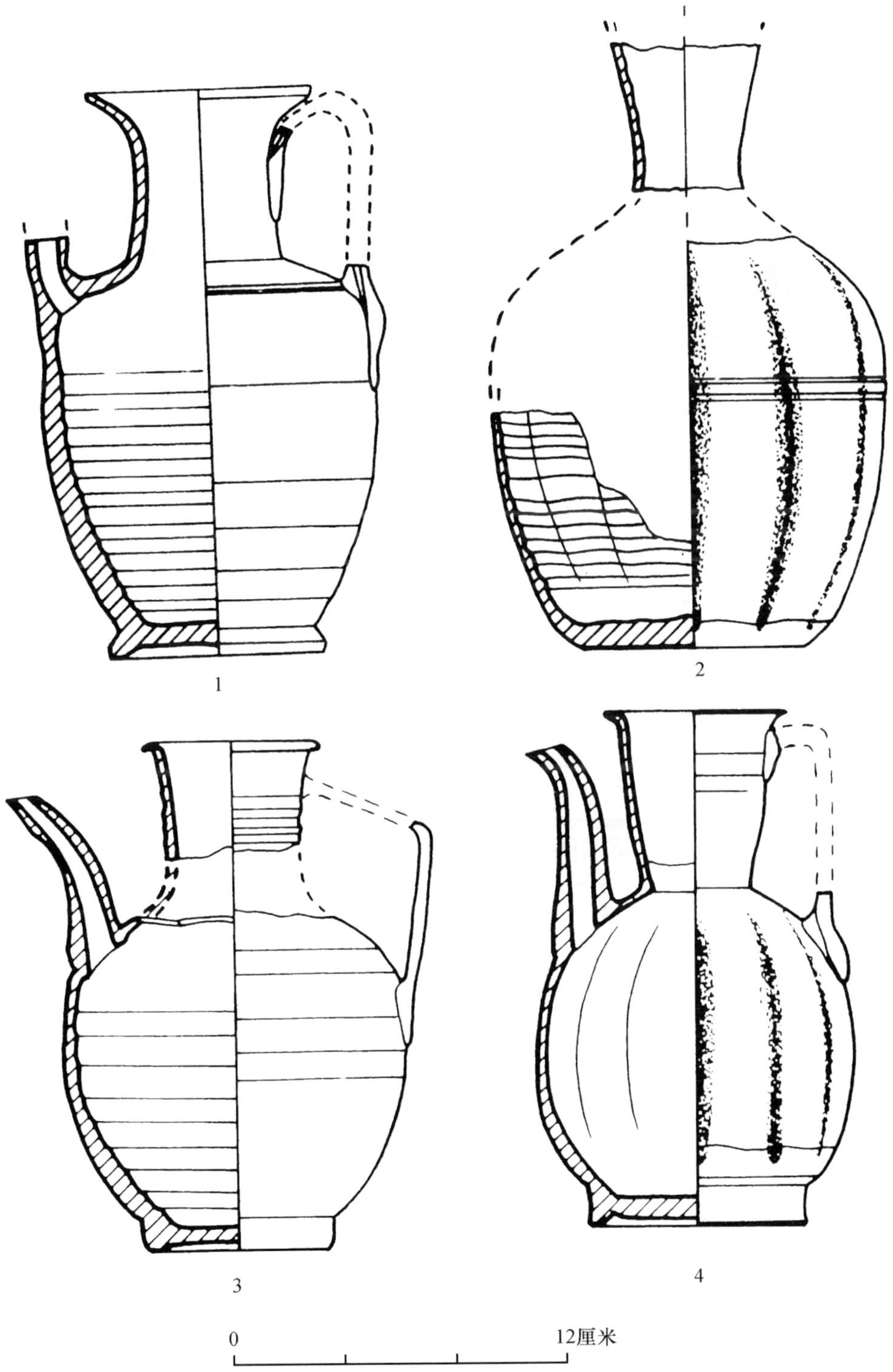

图四六〇　巴东旧县坪遗址出土宋代瓷执壶

1. A型（（西Ⅰ）T1916⑤:12）　2、4. B型（（东Ⅰ）T2510④:5、（东Ⅰ）T2813④：3）　3. C型（（东Ⅰ）T1002④:7）

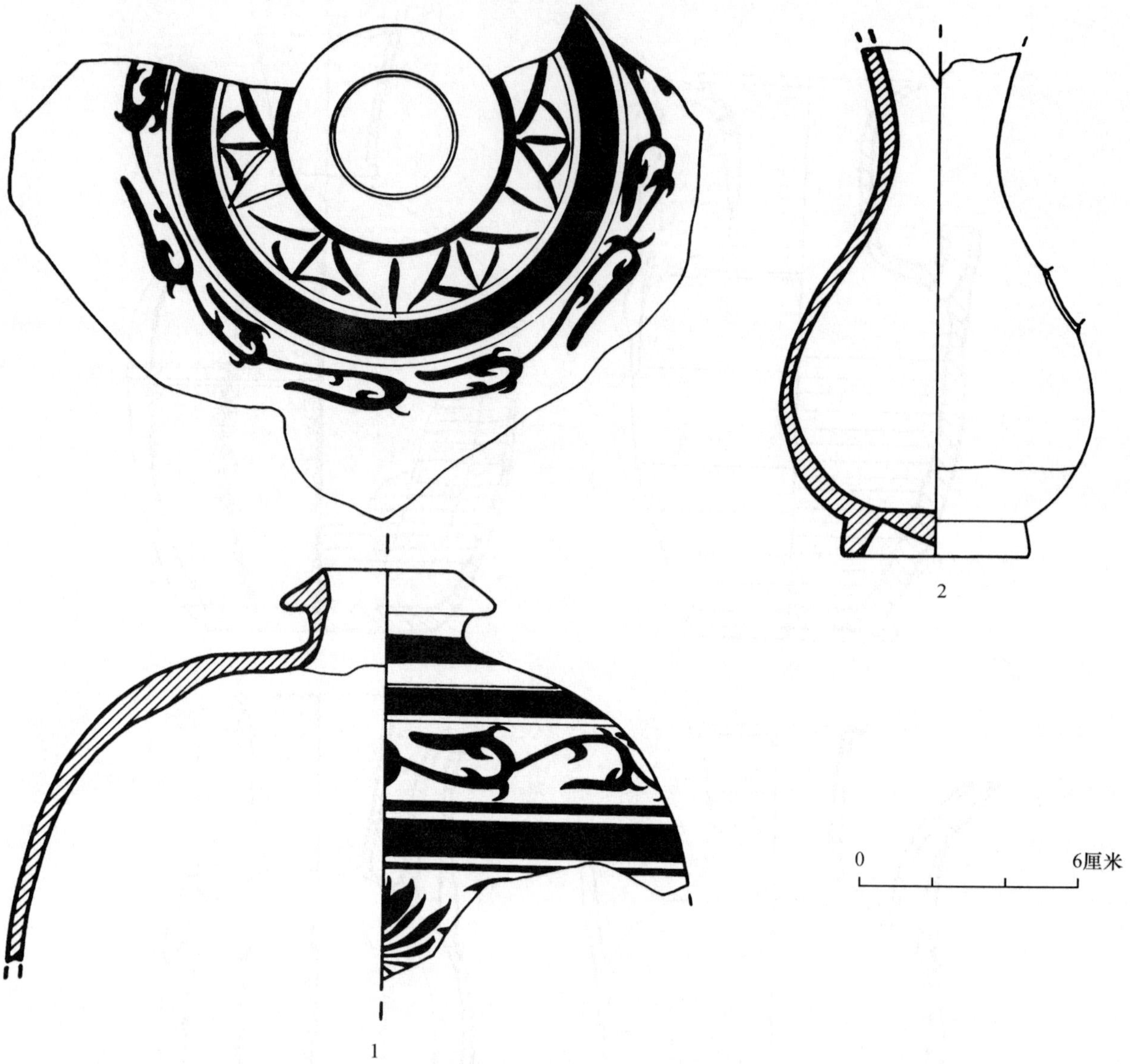

图四六一　巴东旧县坪遗址出土宋代瓷瓶

1. A型（（东）L6Ⅲ:1）　2. B型（（西）L4Ⅲ:2）

11. 盏托

1件。

标本（东Ⅰ）T2112④:2，托盘口沿残。托台腹壁斜弧，高圈足外斜，外腹压印凹直线，托盘呈花瓣状。灰白胎，青白釉。足径7.8、残高4.2厘米（图四六二，1）。

12. 尊

1件。

标本（西）F14Ⅱ:5，大敞沿，圆唇，扁圆腹，高圈足，足墙竖直。白胎，豆青釉较厚，开片。口径12.6、腹径12.6、足径8.9、高8.6厘米（图四六二，2；图版一二一，4）。

13. 器座

1件。

标本（西）H7:1，残存底足部分。座面较宽，足壁弧鼓，足沿外撇。外壁饰两层覆莲纹。白胎，青白釉。底径10、残高5厘米（图四六二，3）。

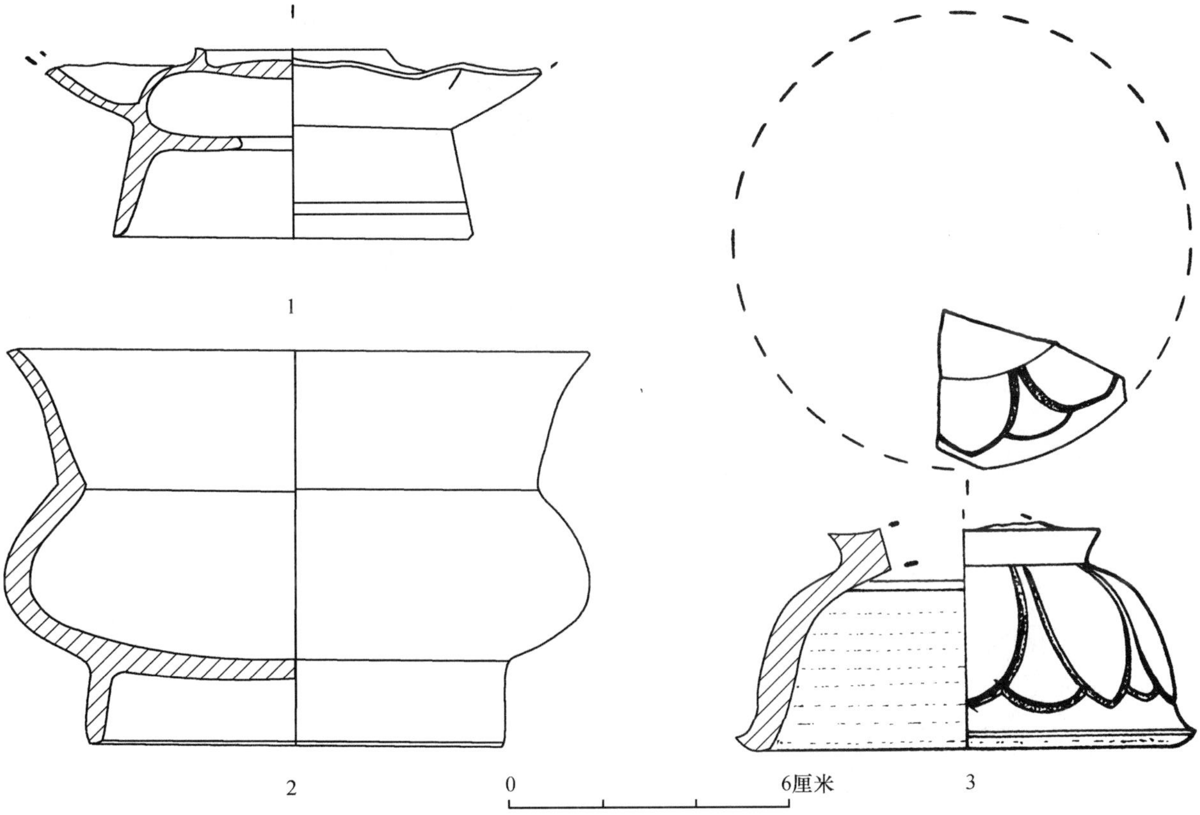

图四六二　巴东旧县坪遗址出土宋代瓷器

1. 盏托（（东Ⅰ）T2112④:2）　2. 尊（（西）F14Ⅱ:5）　3. 器座（（西）H7:1）

14. 器盖

20件。可以分为六型。

A型　11件。伞状，可以分为六亚型。

Aa型　1件。双唇口，盖顶弧拱。

标本（西）F8Ⅲ:7，中间置一个椭圆柱纽，外顶壁有旋削痕迹。灰白胎，外部施白釉。盖径7.7、通高2厘米（图四六三，1）。

Ab型　3件。盖顶隆起，顶面较平，盖沿微下折。

标本（西）L2Ⅱ:6，纽残。方唇。白胎，白釉，开片。盖径12.6、残高3.2厘米（图四六三，2）。

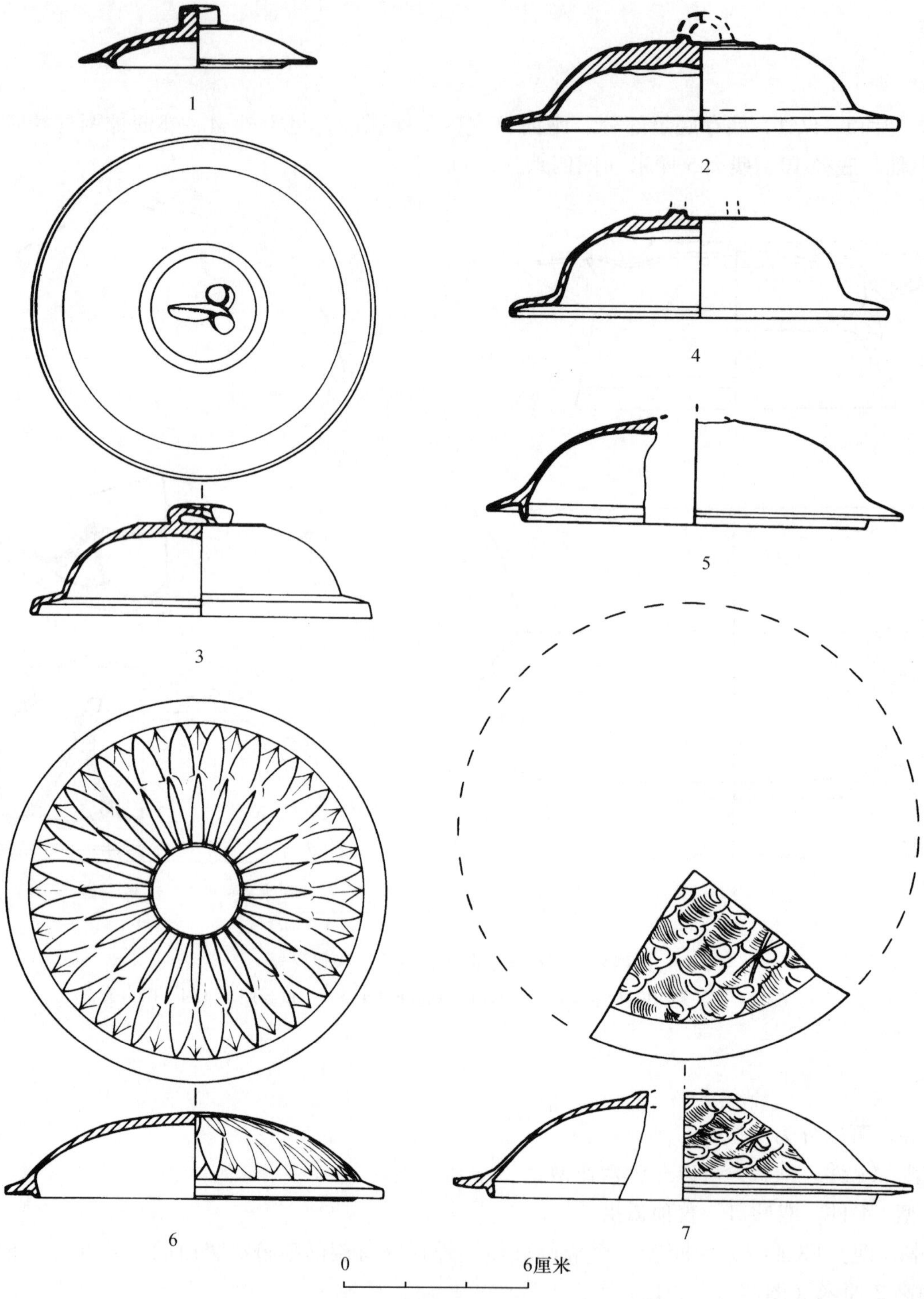

图四六三　巴东旧县坪遗址出土宋代A型瓷器盖

1. Aa型（（西）F8Ⅲ:7）　2～4. Ab型（（西）L2Ⅱ:6、（西）F2Ⅰ:4、（西）F8Ⅱ:28）　5～7. Ac型（（西）L2Ⅲ:5、（西ⅡB）T4118④:1、（西）L17Ⅰ:10）

标本（西）F2Ⅰ:4，顶中间置麻花状三叉茎梗纽。盖沿微下折，方唇。白胎，青白釉。盖径11.2、通高3.6厘米（图四六三，3；图版一二二，1）。

标本（西）F8Ⅱ:28，纽残。方唇。白胎，白釉。盖径12.2、残高3.5厘米（图四六三，4；图版一二二，2）。

Ac 型　3 件。盖面拱起，盖沿平折，下设子口，口内敛。

标本（西）L2Ⅲ:5，纽残。灰胎，褐釉。盖径 11、残高 3.5 厘米（图四六三，5）。

标本（西ⅡB）T4118④:1，纽残。盖面刻划三层莲瓣纹。白胎，青白釉。盖径 12.4、残高 2.8 厘米（图四六三，6；图版一二二，3）。

标本（西）L17Ⅰ:10，纽残。盖面刻划水波纹。白胎较薄，盖面施青白釉。盖径 14.8、残高 3.5 厘米（图四六三，7）。

Ad 型　1 件。盖面隆起，盖沿平折，下设子口，子口微敛。

标本（西）F8Ⅱ:24，盖顶残。灰胎，褐釉。盖径 13.6、残高 2.1 厘米（图四六四，1）。

Ae 型　1 件。盖面隆起，盖沿平折，下设子口，子口内敛。

标本（西）L1Ⅲ:2，纽残。盖面刻划三层莲瓣纹。灰胎，青白釉。盖径 6.6、高 1.1 厘米（图四六四，2；图版一二二，4）。

Af 型　2 件。盖面微弧。

标本（西）F73:1，盖顶下凹，无纽，下设子口。灰胎，褐釉。盖径 14.4、残高 2.5 厘米（图四六四，3）。

标本（西）F8Ⅲ:51，盖顶较平，中央置桥纽，下设子口。灰胎，青釉。盖径 14、通高 3 厘米（图四六四，4）。

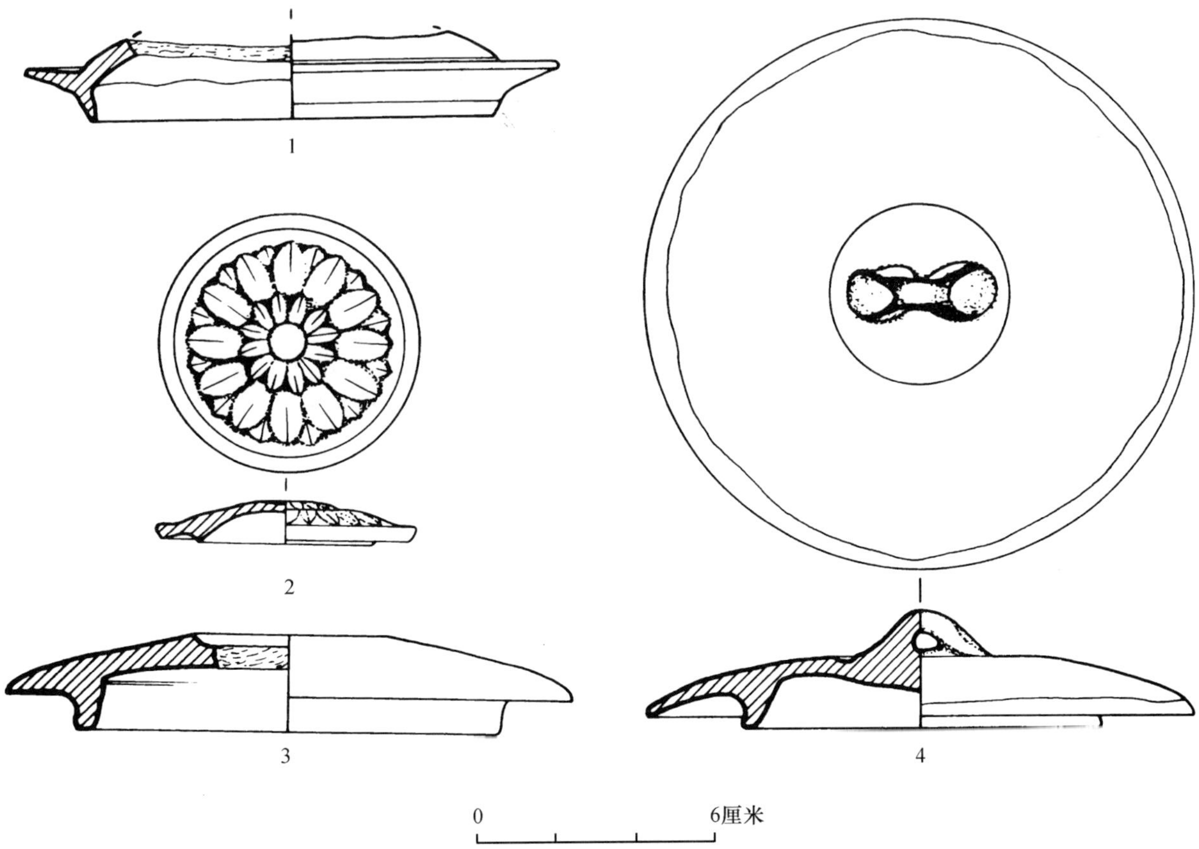

图四六四　巴东旧县坪遗址出土宋代 A 型瓷器盖

1. Ad 型（（西）F8Ⅱ:24）　2. Ae 型（（西）L1Ⅲ:2）　3、4. Af 型（（西）F73:1、（西）F8Ⅲ:51）

B 型　2 件。覆碗状。

标本（西）F2Ⅰ:5，侈口，圆唇，盖面隆起，盖顶中央下凹，内饰一桥形纽。砖红胎，盖面施褐釉。口径 18、通高 6.2 厘米（图四六五，1；图版一二二，5）。

标本（西Ⅰ）T1105⑦:6，纽残。盖面隆起，盖顶中央下凹，内饰一桥形纽。砖红胎，盖面饰酱釉。口径 17.6、残高 5.2 厘米（图四六五，2；图版一二二，6）。

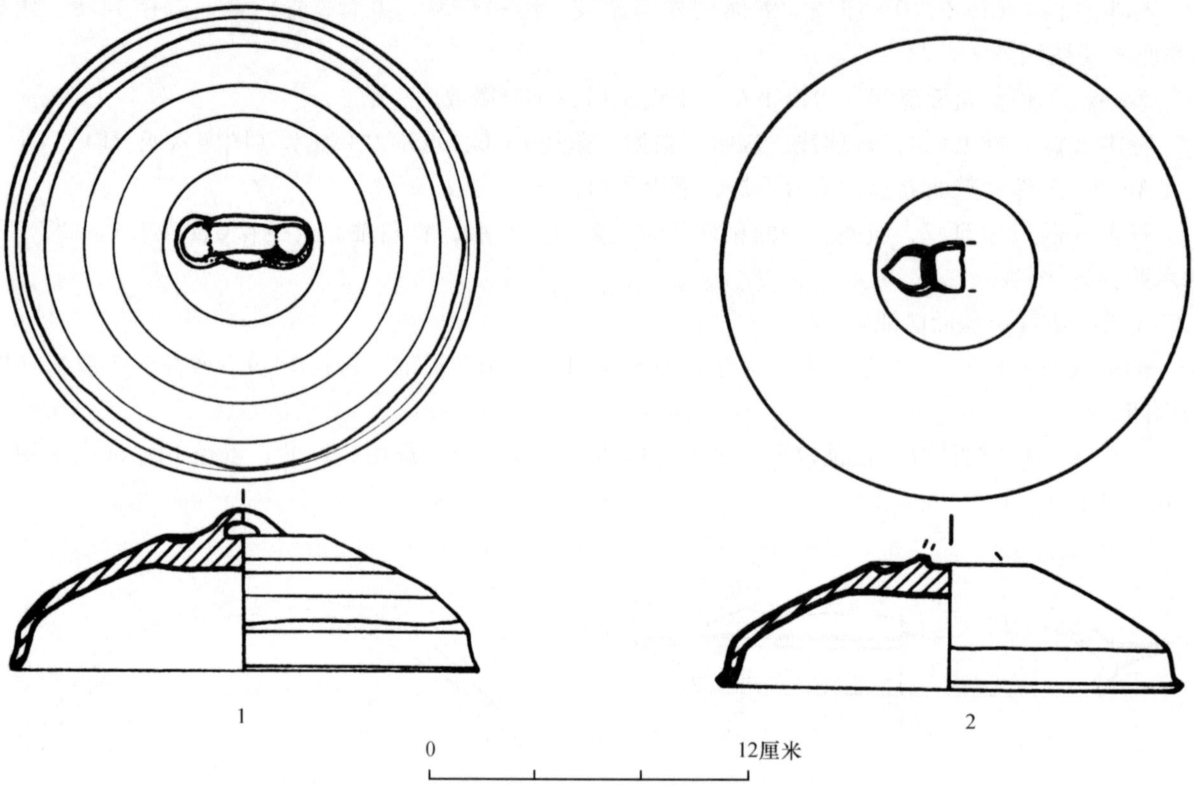

图四六五　巴东旧县坪遗址出土宋代 B 型瓷器盖

1.（西）F2Ⅰ:5　2.（西Ⅰ）T1105⑦:6

C 型　2 件。罐盖。顶面较平，中央置纽，下设子口，盖壁较直。

标本（西）F8Ⅲ:50，桥形纽残。灰胎，白釉。盖径 9、残高 1.6 厘米（图四六六，1）。

标本（西）F77:1，纽残。白胎，顶面施白釉。盖径 8.8、残高 1.8 厘米（图四六六，4）。

D 型　3 件。壶盖。盖顶面下凹，子口，盖沿一侧置圆管状系。

标本（西Ⅰ）T1006⑥:20，纽残。盖沿外卷，圆唇，凹面中间贴塑纽，三花瓣形纽座。灰白胎，内施青白釉，外无釉，外底有旋削痕。盖径 8、足径 2.1、高 2.7 厘米（图四六六，2）。

标本（西）F12Ⅱ:1，纽残。盖沿向上斜折，圆唇，凹面中间有一楔形纽。白胎，白釉。盖径 6.7、足径 2.3、高 2 厘米（图四六六，3）。

标本（西）F67:1，盖沿斜弧，尖唇，凹面中间置半球形纽，纽低于盖沿面。白胎，青白瓷。盖径 6.4、足径 2.5、高 1.5 厘米（图四六六，5）。

E 型　1 件。覆盘状。

标本采集:9，母口，圆唇，壁近直，盖面隆起，弧顶，似圈足鋬手。灰白胎，青白釉。盖径 16、纽径 12、高 5 厘米（图四六六，6）。

F 型　1 件。

标本（西Ⅰ）T0409②:1，六花瓣形纽。灰白胎，青白釉。高 3.3 厘米（图四六六，7）。

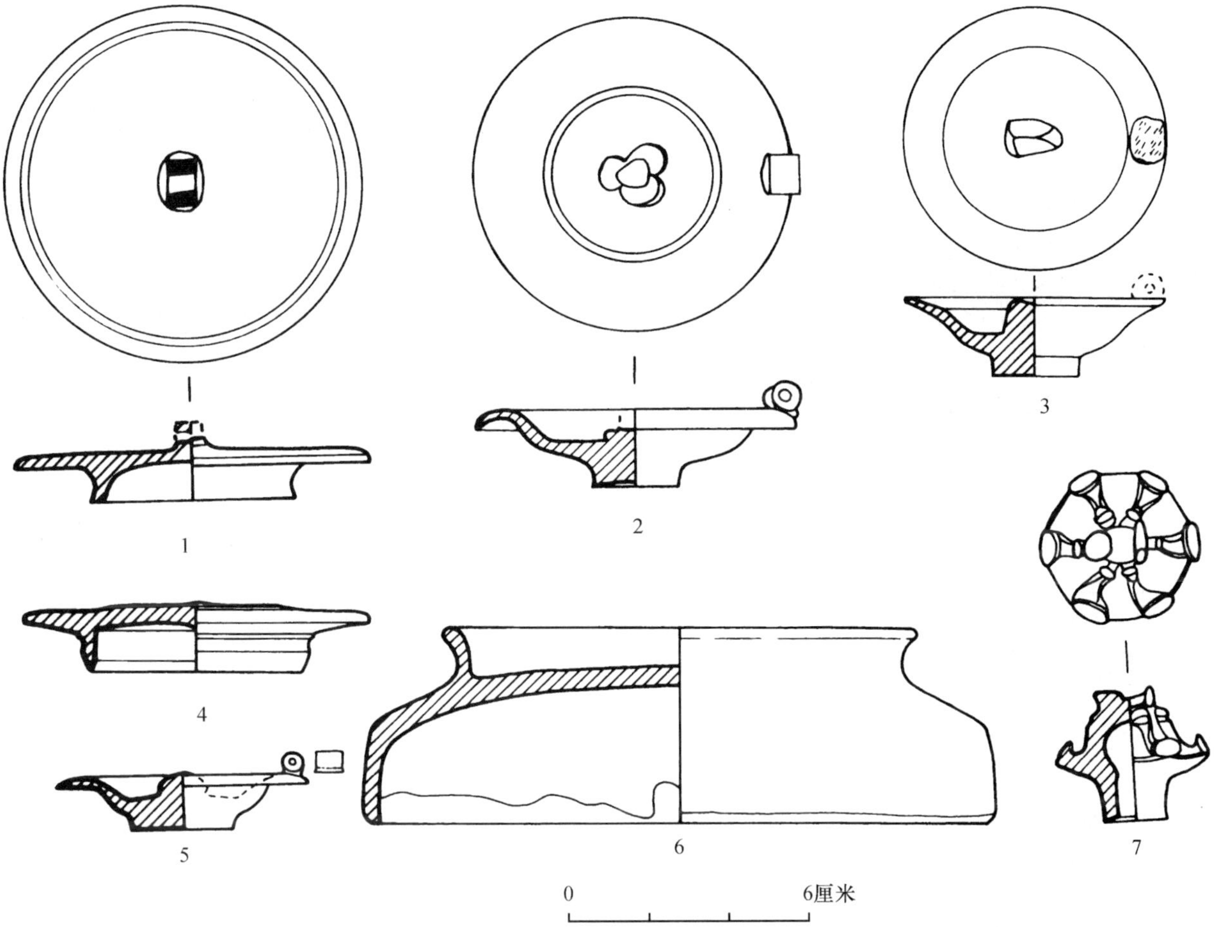

图四六六 巴东旧县坪遗址出土宋代瓷器盖

1、4. C型（（西）F8Ⅲ:50、（西）F77:1） 2、3、5. D型（（西Ⅰ）T1006⑥:20、（西）F12Ⅱ:1、（西）F67:1） 6. E型（采集:9） 7. F型（（西Ⅰ）T0409②:1）

15. 洗

3件。可以分为二式。

Ⅰ式：1件。侈口，宽折沿，弧腹，矮圈足。

标本（西）L2Ⅰ:1，圆唇，内圜底，圈足内足墙外撇。内壁模印缠枝忍冬纹，内底印缠枝菊纹。灰白胎，青釉。口径11.6、足径4.8、高3.4厘米（图四六七，1；图版一二三，1）。

Ⅱ式：2件。直口，宽沿，内底宽平，高圈足。

标本（西ⅢA）T1504③:1，圆唇，上腹较直，下腹弧收，内腹壁下部有一凹弦纹。内底刻划水草纹。白胎，青白釉。口径9.8、足径3.5、高3.5厘米（图四六七，2；图版一二三，2）。

标本（西Ⅰ）T1916⑤:8，方唇，折腹，圈足外足墙较直，内足墙外撇。白胎，青白釉。口径8.2、足径3.2、高3.4厘米（图四六七，3；图版一二三，3）。

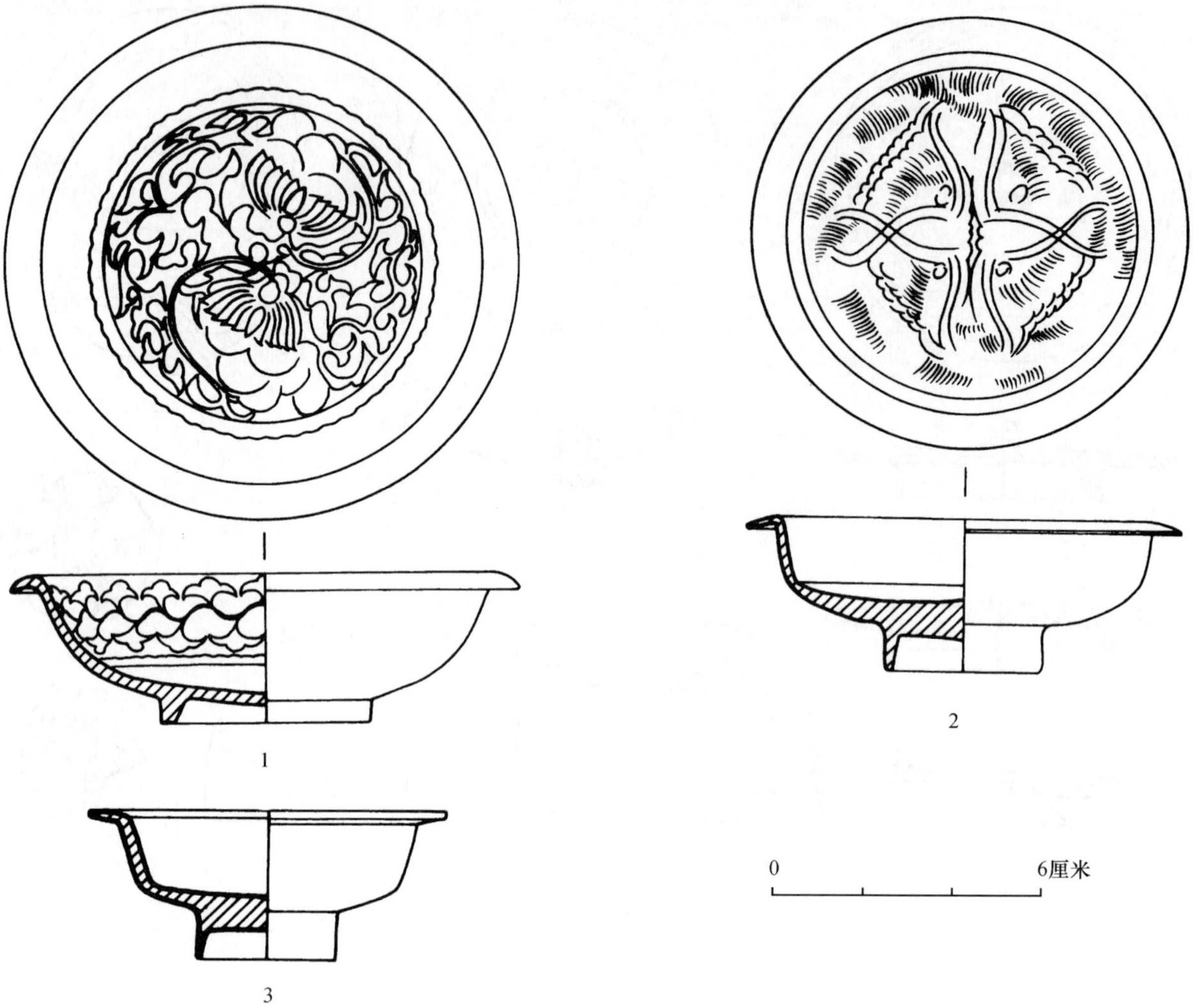

图四六七　巴东旧县坪遗址出土宋代瓷洗

1. Ⅰ式（（西）L2Ⅰ:1）　2、3. Ⅱ式（（西ⅢA）T1504③:1、（西Ⅰ）T1916⑤:8）

16. 炉

4 件。可以分为三足炉和有座炉两类。

（1）三足炉

3 件。可以分为三型。

A 型　1 件。鼎式炉。

标本（西）F8Ⅲ:67，直口，平折沿方唇，高直颈，溜肩，腹微鼓，平底，下饰三个对称的龙首蹄足，沿上饰二立耳。一边的颈及上腹贴塑一折枝梅花。白胎，青白釉，内腹下部及外底无釉。口径 8.3、腹径 8、通高 12.2 厘米（图四六八，1；彩版二一，4）。

B 型　1 件。鬲式炉。

标本（东Ⅰ）T2917④:21，尖圆唇，敞口，直颈，溜肩，弧鼓腹，平底，外底装三矮兽足。灰白胎，黑釉。口径 7.2、腹径 8、通高 7.9 厘米（图四六八，2；彩版二五，1）。

C 型　1 件。樽式炉。

标本（西）F42:1，直口，直壁微弧，平底，外底装三小足。白胎，酱褐釉。口径 7、通高 5.5

厘米（图四六八，3；彩版二五，2）。

（2）有座炉

1件。

标本（西）F8Ⅱ:8，口沿残。直腹壁弧收，下有屋檐状出檐，炉柄上饰多道凸棱，下承须弥式座，座面起棱，座足沿上翘。灰白胎，白釉。腹径10、底径7.8、残高8厘米（图四六八，4）。

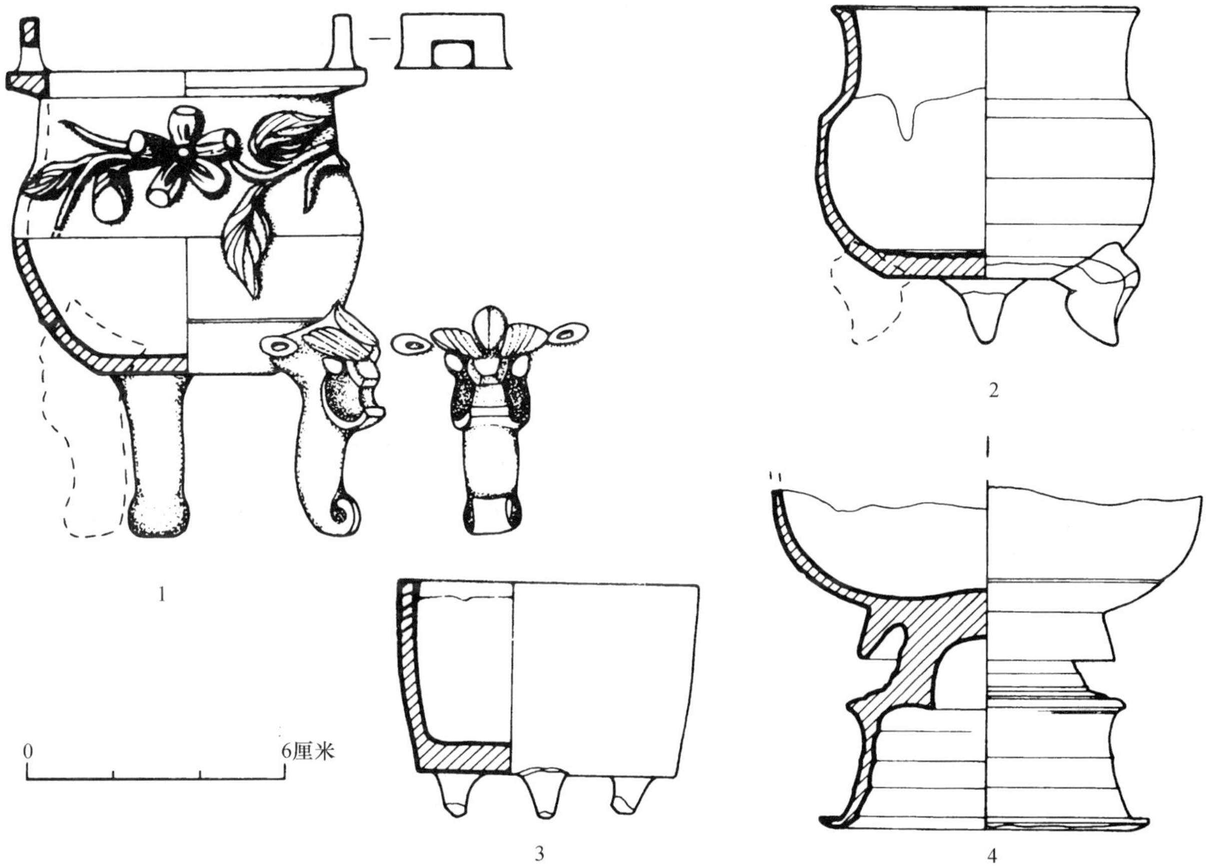

图四六八　巴东旧县坪遗址出土宋代瓷炉

1. A型三足炉（（西）F8Ⅲ:67）　2. B型三足炉（（东Ⅰ）T2917④:21）　3. C型三足炉（（西）F42:1）　4. 有座炉（（西）F8Ⅱ:8）

17. 灯盏

9件。可以分为四型。

A型　5件。敞口，口沿见刮削痕，斜壁，平底，厚胎。可以分为二式。

Ⅰ式：3件。器形较矮。

标本（西）L1Ⅲ:4，尖唇，浅弧腹，内圜底，外平底。唇部及外上腹部有叠烧痕迹。外腹壁中部有一道凸弦纹。白胎，内部及腰沿处施釉，釉为双层，底釉为黑色，外层为酱色，铁口。口径10、底径3.4、高2.2厘米（图四六九，1；图版一二四，1）。

标本（西）F8Ⅲ:2，圆唇，内坦底。青灰胎，内腹壁及沿施褐釉。唇部有叠烧痕迹。口径10、底径3.2、高2.5厘米（图四六九，2；图版一二四，2）。

标本（西Ⅲ）T0604②:1，尖唇，内弧腹圜底，外曲折壁，小平底。灰白胎，内壁及外沿施褐釉，铁口。口径9.8、底径3.6、高2.6厘米（图四六九，3）。

Ⅱ式：2件。器形较高。

标本（西Ⅰ）T1004⑥:2，圆唇，内浅弧腹，圜底，外腹略成曲腹形，平底。内口边及外上腹各有一周叠烧痕迹。灰白胎，内部及沿施釉，底釉为黑色，外层为酱黄色，铁口。口径10.6、底径4、高3.1厘米（图四六九，4；图版一二四，3）。

标本（西）L2Ⅲ:7，圆唇，内弧腹圜底，外斜直腹，平底。灰胎较厚，内壁及沿施褐釉，铁口。口径11、底径3.8、高3.8厘米（图四六九，5）。

B型　2件。敞口，尖唇，口沿见刮削痕，沿下折内收，斜壁，平底，厚胎。

标本（西）F8Ⅲ:77，内弧腹，坦底。灰胎，内部及沿施褐釉，外腹及底无釉，铁口。口径11.4、底径4.2、高3厘米（图四六九，6）。

标本（西）F2Ⅱ:9，内弧腹，圜底。灰白胎较厚，内部及沿施酱釉，铁口。口径10、底径5.2、高3厘米（图四六九，7；图版一二四，4）。

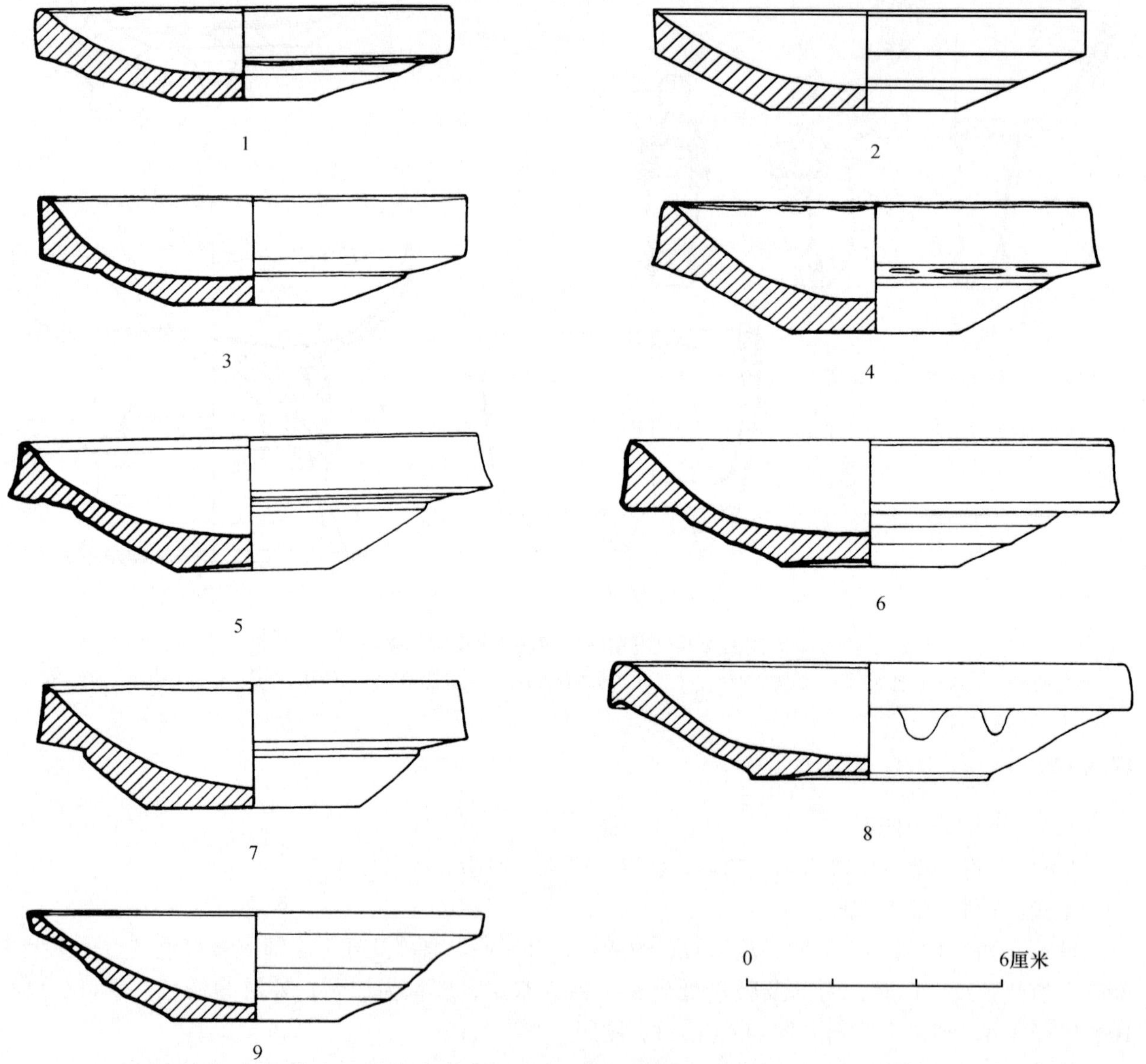

图四六九　巴东旧县坪遗址出土宋代瓷灯盏

1～3. A型Ⅰ式（（西）L1Ⅲ:4、（西）F8Ⅲ:2、（西Ⅲ）T0604②:1）　4、5. A型Ⅱ式（（西Ⅰ）T1004⑥:2、（西）L2Ⅲ:7）　6、7. B型（（西）F8Ⅲ:77、（西）F2Ⅱ:9）　8. C型（（西）F8Ⅲ:81）　9. D型（（西Ⅰ）T0208④:3）

C型　1件。薄胎，沿面较直，饼足。

标本（西）F8Ⅲ:81，圆唇，内弧腹，底下凹，外斜直腹。红褐胎，内壁及沿施青黄釉，釉下有白色化妆土。口径12.2、足径5.6、高2.8厘米（图四六九，8）。

D型　1件。薄胎。沿外撇，沿面较窄，平底。

标本（西Ⅰ）T0208④:3，外腹下部有三道凸弦纹，内底下凹。灰白胎，褐釉，下腹部分露胎。口径11、底径4、高2.6厘米（图四六九，9）。

18. 瓷片

标本（西Ⅰ）T3018⑤:4，器形不可辨识。天青釉，灰胎，胎釉结合不太牢固。钧窑产品（彩版二三，1）。

标本（西）F8Ⅰ:48，碗底。圈足，足墙方正。天青釉，灰胎。钧窑产品（彩版二三，2）。

标本（西ⅠA）T0810④:1，器形不可辨识。灰胎，白釉。印珍珠地划花卷草纹。磁州窑产品（彩版二三，3）。

标本（西Ⅰ）T3416⑤:4，罐片。短直颈，圆肩。白胎，内外施褐色釉，外挂琥珀纹。吉州窑产品（彩版二三，4）。

标本（西Ⅰ）T3218⑤:4，碗壁。灰白胎，黑釉，木叶纹。吉州窑产品（彩版二三，5）。

标本（西Ⅱ）T0401②:1，罐片。白胎较厚，青白釉。外壁模印珍珠、鳞片、花叶片纹（彩版二三，6）。

标本（西Ⅰ）T3316⑤:3，枕片。白胎，酱釉。刻划花卉纹（彩版二四，1）。

标本（西）G6:34，瓶片。白胎，黄黑釉。外壁刻瓜棱竖条纹，白色竖棱颈下有字。景德镇湖田窑产品（彩版二四，2）。

标本（东Ⅰ）T2918④:26，碗底。圈足，足墙方正。灰胎，内外施绿釉，圈足内无釉，近圈足处为酱绿色，胎内外均为绿白相间条纹。内底有蚌粒（彩版二四，3、4）。

标本（西Ⅰ）T3320⑤:4，碗片。灰白胎，内外施褐绿釉，光洁透明。内壁印花（彩版二四，5）。

标本（西）L1Ⅱ:7，碗片。灰白胎，酱釉，褐色碗边。内壁印花（彩版二四，6）。

标本（西）H20:2，器形不可辨识。灰白胎，外施白釉，饰篮彩。外壁印云雷纹地兽首衔环（图版一二五，1）。

标本（西Ⅰ）T3017⑤:4，盆片。白胎，外施淡黄釉，内饰绿色釉，内光外糙（图版一二五，2）。

（二）釉陶器

釉陶器类生活用具发现较多，器类有碗、钵、杯、盘、碟、盆、瓶、罐、执壶、瓮、灯、盏、灯盏、刻槽盏、器盖、砂锅、炉、碾槽。

1. 碗

3件。侈口，圆唇，饼足。上腹施釉，下腹及足无釉。可以分为二式。

Ⅰ式：2件。深腹。

标本（西Ⅰ）T2217⑤:3，内坦底。砖红胎，青黄釉，内壁糙面，为釉与瓷砂的混合物。口径

17.2、足径6.2、高5.1厘米（图四七〇，1）。

标本（西）F8Ⅰ:50，饼足内凹，内圜底。外腹有数道凸弦纹。砖红胎，青釉，内壁施青釉与瓷砂的混合物。口径18、足径7.4、高5厘米（图四七〇，2）。

Ⅱ式：1件。浅腹，内底平坦，较大，饼足内凹。

标本（西Ⅰ）T3519⑤:38，砖红胎，青釉，内壁施青釉与瓷砂的混合物。口径20、足径8.2、高4.2厘米（图四七〇，3）。

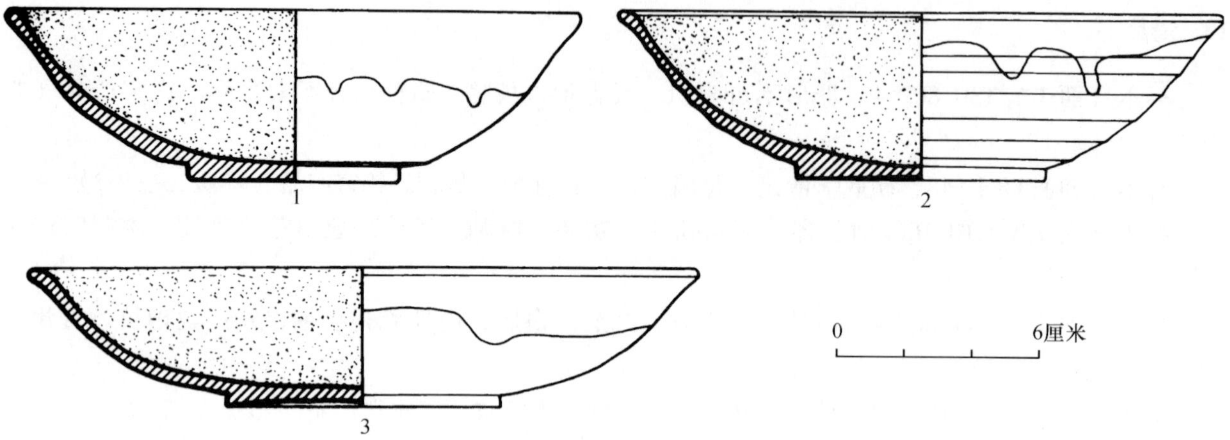

图四七〇　巴东旧县坪遗址出土宋代釉陶碗

1、2. Ⅰ式（（西Ⅰ）T2217⑤:3、（西）F8Ⅰ:50）　3. Ⅱ式（（西Ⅰ）T3519⑤:38）

2. 钵

13件。可以分为敛口钵、刻槽钵、侈口钵、带耳钵几类。

（1）敛口钵

9件。可以分为五型。

A型　2件。子口内敛，圆唇，上腹略鼓，下腹斜直收，内壁呈瓦棱状，外壁上腹部有数道弦纹。可以分为二式。

Ⅰ式：1件。器形较高，饼足。

标本（西Ⅰ）T1007⑦:25，红褐胎，青黄釉，外下腹及底无釉，内壁除近口部施釉一周外，其他施釉不规律。口径24.2、肩径25.6、足径14.6、高14.6厘米（图四七一，1；图版一二五，3）。

Ⅱ式：1件。器形较矮，平底。

标本（西）F8Ⅱ:7，褐胎，青黄釉，外下腹及底无釉。口径27.6、肩径30、底径16、高12厘米（图四七一，2；图版一二五，4）。

B型　3件。敛口，圆唇，深腹，饼足。内壁呈瓦棱状，外壁上腹部有数道弦纹。可以分为二式。

Ⅰ式：2件。器形较高，鼓腹，饼足微外撇。

标本（西Ⅰ）T1007⑤:16，褐胎，青黄釉，外下腹及足无釉。口径17.2、腹径18.4、足径8.8、高10.4厘米（图四七一，3；图版一二五，5）。

标本（西Ⅰ）T2615⑤:1，褐胎，青黄釉，外下腹及足无釉。口径24.4、腹径26、足径13.6、高15厘米（图四七一，4；图版一二五，6）。

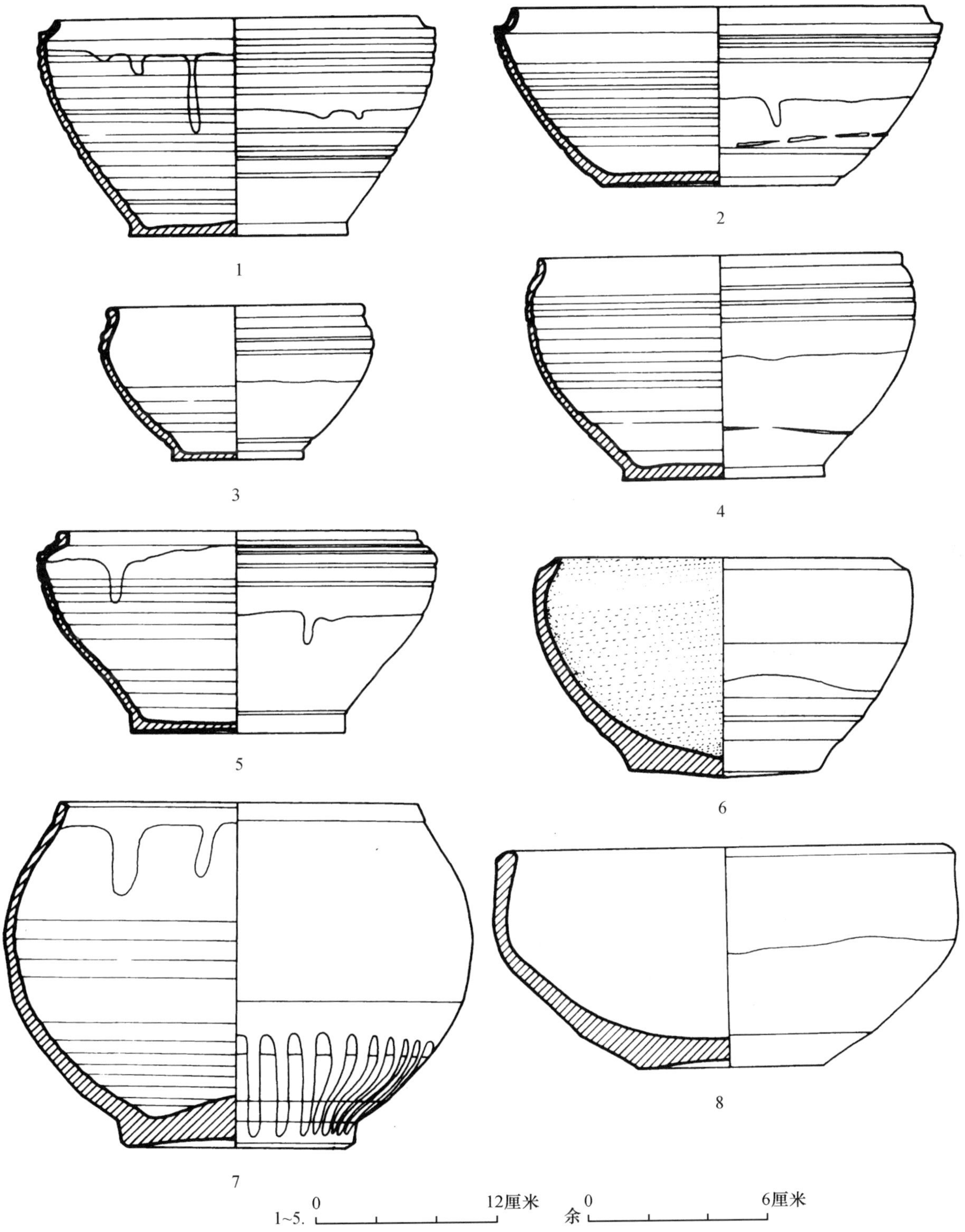

图四七一　巴东旧县坪遗址出土宋代釉陶敛口钵

1. A型Ⅰ式（（西Ⅰ）T1007⑦:25）　2. A型Ⅱ式（（西）F8Ⅱ:7）　3、4. B型Ⅰ式（（西Ⅰ）T1007⑤:16、（西Ⅰ）T2615⑤:1）　5. B型Ⅱ式（（西）F8Ⅰ:14）　6. C型Ⅰ式（（东Ⅰ）T2815④:4）　7. D型（（西）H82:3）　8. C型Ⅱ式（（西）F94:17）

Ⅱ式：1件。折腹，敛口近直。

标本（西）F8Ⅰ∶14，红褐胎，青黄釉，外下腹及足无釉。口径24、腹径26.8、足径14.4、高13.6厘米（图四七一，5；图版一二六，1）。

C型　2件。圆唇，平底。可以分为二式。

Ⅰ式：1件。深鼓腹，外壁下部呈瓦棱状，内圜底。

标本（东Ⅰ）T2815④∶4，砖红胎，内壁为糙面，施黄釉和瓷砂的混合物，外上部施青黄釉。口径11.2、腹径12.8、底径6.4、高7.4厘米（图四七一，6；图版一二六，2）。

Ⅱ式：1件。口微敛，上腹较直，下腹斜收，内圜底，外底微内凹。

标本（西）F94∶17，褐胎较厚，通体施护胎釉，外壁上部施褐釉，口径15.4、腹径15.6、底径6.2、高7.4厘米（图四七一，8；图版一二六，3）。

D型　1件。敛口，圆唇，圆鼓腹，内壁呈瓦棱状，饼足，内底向上凸起。

标本（西）H82∶3，紫褐胎，内壁口沿及外壁上部施青釉，流釉严重，外下部及足施青黄釉，釉下施灰色化妆土，内腹壁及外中部无釉露胎。口径12、腹径15.6、足径8、高11.6厘米（图四七一，7；图版一二六，4）。

E型　1件。敛口近直，尖圆唇，短颈微束，上腹较直，下腹弧收，内圜底，饼足。

标本（西）L2Ⅱ∶10，褐胎，外上腹施褐釉，内腹壁施一层灰白护胎釉。口径20、腹径17.6、足径11、高11.4厘米（图四七二；图版一二六，5）。

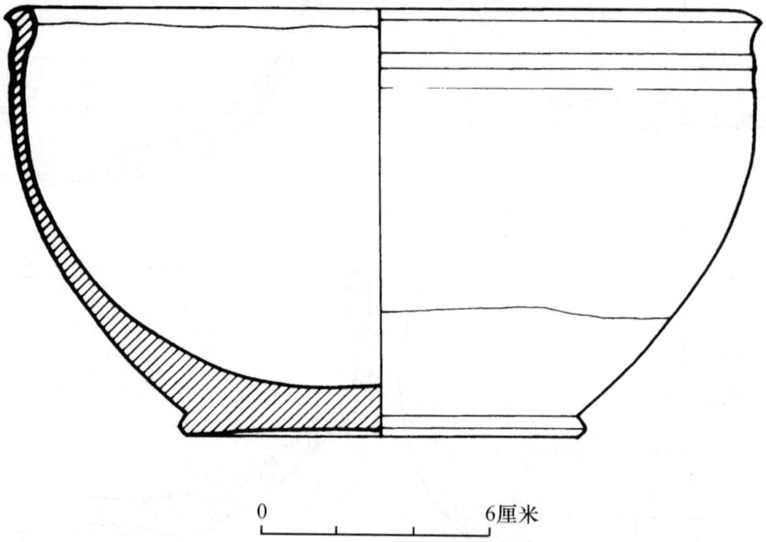

图四七二　巴东旧县坪遗址出土宋代E型釉陶敛口钵（(西）L2Ⅱ∶10)

（2）刻槽钵

2件。敛口，圆唇，斜直腹，平底。口沿部有一道凸弦纹，内壁及内底刻划五组条形槽。

标本（西Ⅰ）T2014⑤∶4，外底内凹。灰胎，釉已脱落。口径24、底径12、高10.4厘米（图四七三，1；图版一二六，6）。

标本（西）F93∶1，灰胎，釉已脱落。口径24、底径12、高9.6厘米（图四七三，2）。

（3）侈口钵

1件。侈口，翻沿，深弧腹，平底。

标本（西）F1Ⅱ∶1，圆唇，内圜底。唇部有叠烧痕迹。红胎，釉已脱落。口径10、底径4.2、高3.6厘米（图四七四，1；图版一二七，1）。

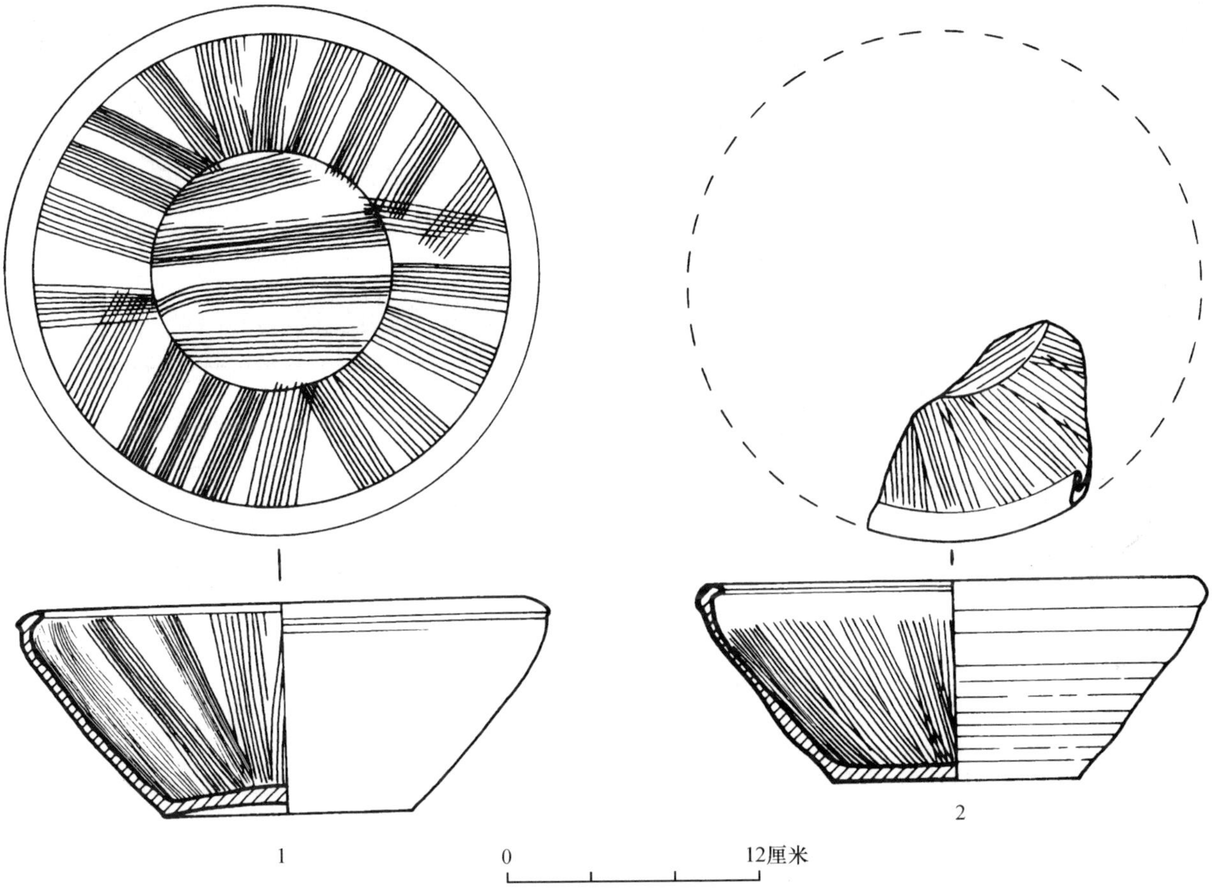

图四七三　巴东旧县坪遗址出土宋代釉陶刻槽钵
1.（西Ⅰ）T2014⑤:4　2.（西）F93:1

（4）带耳钵

1件。

标本（西Ⅰ）T4017⑤:1，耳残。口微敛，圆唇，垂腹略鼓，凹圜底，有竖耳（因残，耳的数量不详）。红褐胎，外壁施青黄釉，釉下施有白色化妆土。口径16、腹径17.6、底径15.6、高5.2厘米（图四七四，2；图版一二七，2）。

3. 杯

2件。可以分为二型。

A型　1件。

标本（西Ⅰ）T3221⑤:3，直口，方唇，深腹，上腹直筒形，下腹弧收接假矮圈足，外底内凹。红褐胎，外上腹及内壁唇部施褐釉。口径7.6、腹径7.6、足径4、高9.9厘米（图四七四，3；图版一二七，3）。

B型　1件。

标本（西）F8Ⅱ:17，平折沿，尖唇，深腹被两道凹弦纹分为两部分，上腹直筒形，下腹弧收，内圜底，厚底。内腹壁下部呈瓦棱状。红褐胎，青黄釉，下腹及底无釉。口径5.3、腹径5、底径2.2、高8.3厘米（图四七四，4；图版一二七，4）。

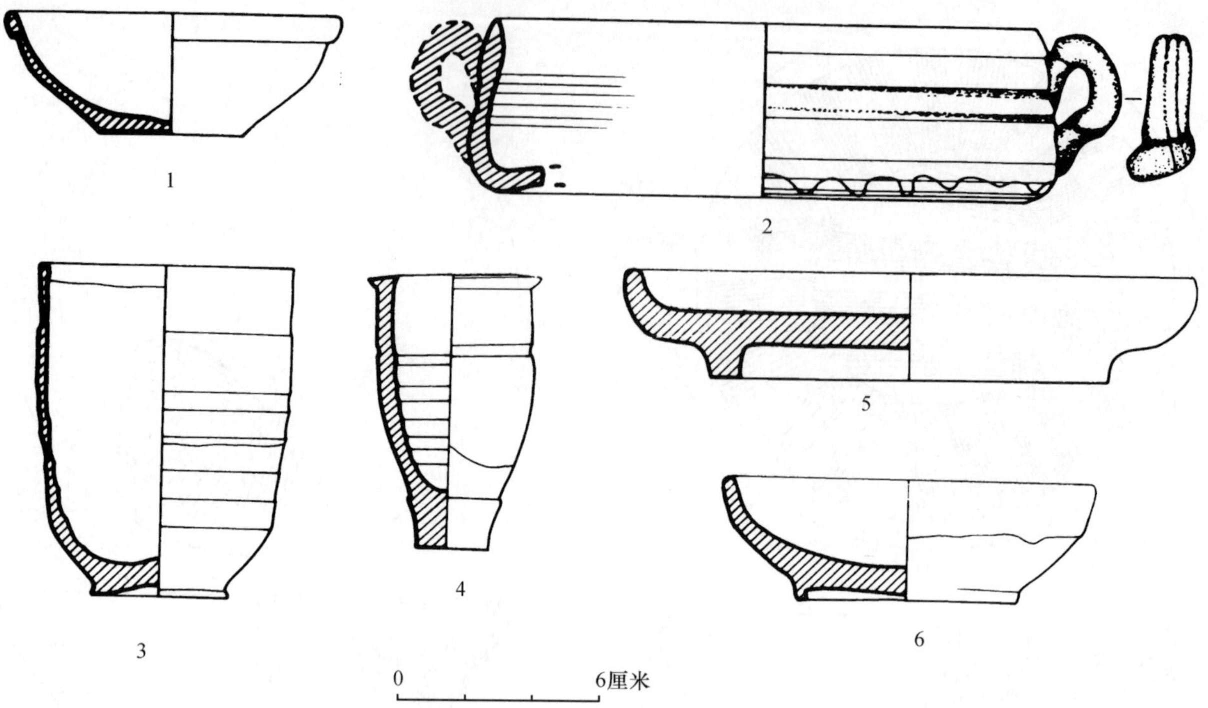

图四七四　巴东旧县坪遗址出土宋代釉陶器

1. 侈口钵（（西）F1Ⅱ:1）　2. 带耳钵（（西Ⅰ）T4017⑤:1）　3. A型杯（（西Ⅰ）T3221⑤:3）　4. B型杯（（西）F8Ⅱ:17）　5. 盘（（西）F1Ⅱ:12）　6. 碟（（西）H82:7）

4. 盘

1件。

标本（西）F1Ⅱ:12，直口，厚唇，浅平盘，大圈足。褐胎较厚，盘部施青釉，圈足部分无釉。口径17、足径11.8、高3.2厘米（图四七四，5；图版一二七，5）。

5. 碟

1件。侈口，圆唇，内圜底，粗矮圈足，足墙略内收。

标本（西）H82:7，褐胎较厚，褐釉。口径11、足径6.5、高3.7厘米（图四七四，6）。

6. 盆

16件。可以分为五型。

A型　7件。卷沿，浅弧腹，外腹有数道弦纹，平底。可以分为三式。

Ⅰ式：1件。圆唇，器形较矮。

标本（西Ⅰ）T3517⑤:23，褐胎较厚，内壁施灰白釉，釉上用褐彩绘五朵花卉，壁上对称四朵及内底中心一朵，外壁上腹施青釉。口径44.8、底径20.8、高10.2厘米（图四七五）。

Ⅱ式：4件。直口微敛，圆唇或方唇，短束颈，折肩。

标本（西）L1Ⅳ:7，圆唇，内底有支钉痕。红褐胎，内壁施一层白色化妆土，其上红彩绘草叶纹，然后施一层青釉，釉多已脱落，外壁施青釉，多脱落，近底处及底无釉。口径32、底径17.6、高7.8厘米（图四七六，1）。

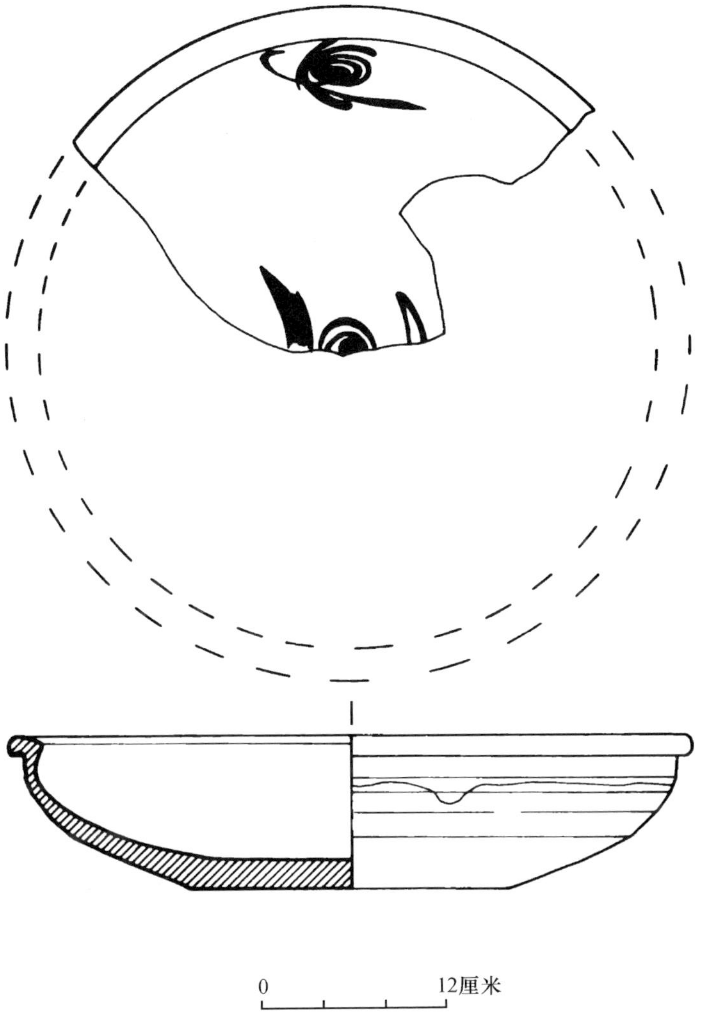

图四七五　巴东旧县坪遗址出土宋代A型Ⅰ式釉陶盆（（西Ⅰ）T3517⑤:23）

标本（西）F46Ⅱ:1，圆唇，平底。褐胎，青釉，釉多已脱落。口径40.8、底径20.8、高10.2厘米（图四七六，2；图版一二八，1）。

标本（西Ⅰ）T3619⑤:3，方唇，外底内凹。褐胎，青釉，外下腹及足无釉，内底有垫烧痕迹。口径35.2、底径16、高8.8厘米（图四七六，3；图版一二八，2）。

标本（西Ⅰ）T3417⑤:20，方唇，平底。外腹壁有数道弦纹。红褐胎，青釉。口径36、底径16.8、高9.2厘米（图四七六，4）。

Ⅲ式：2件，直口微敛，圆唇。器形较高，大底。

标本（西Ⅰ）T3517⑤:81，底部有支烧痕迹。红褐胎，青釉，深红彩绘四朵花卉纹，内底一朵，腹壁三朵。口径41、底径19.6、高12.2厘米（图四七七，1）。

标本（西）L7Ⅳ:1，外底下凸。红褐胎，青釉。口径40、底径23.6、高11.4厘米（图四七七，2）。

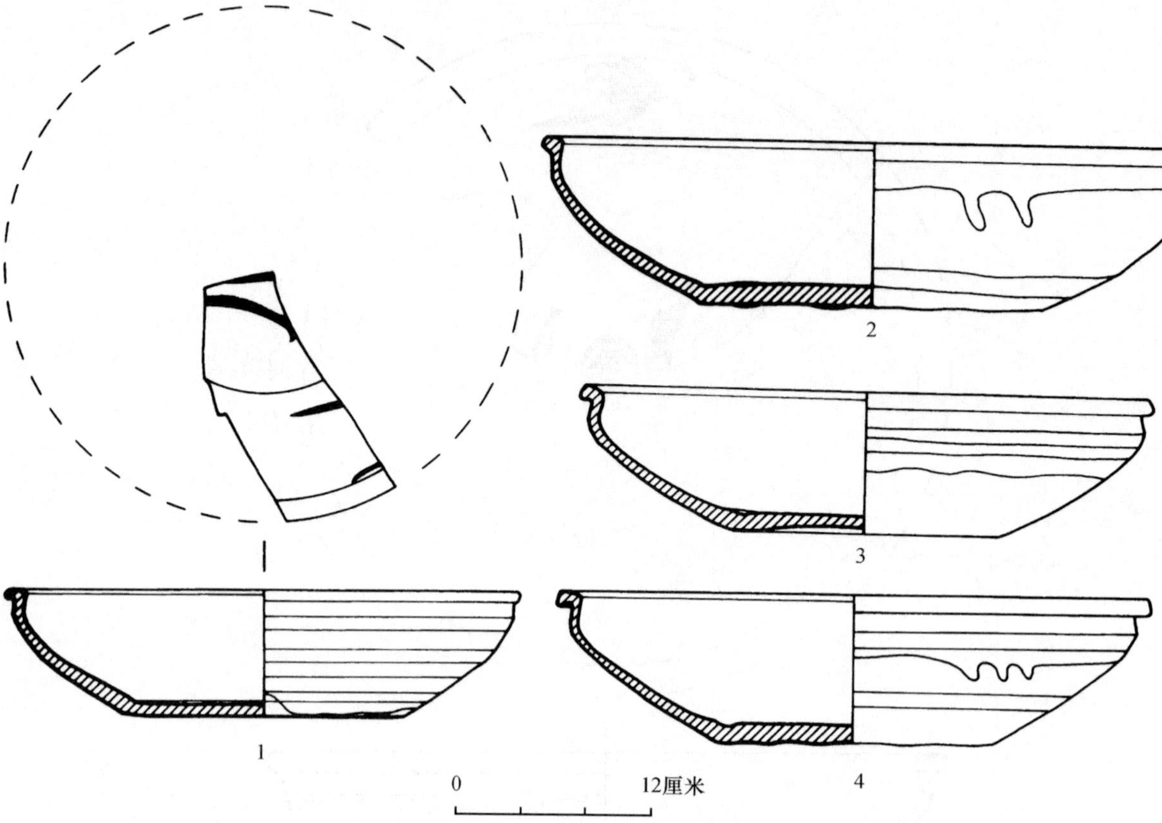

图四七六　巴东旧县坪遗址出土宋代A型Ⅱ式釉陶盆

1.（西）L1Ⅳ:7　2.（西）F46Ⅱ:1　3.（西Ⅰ）T3619⑤:3　4.（西Ⅰ）T3417⑤:20

B型　5件。敛口盆，圆唇，腹壁较直，平底。根据腹部特征可以分为三式。

Ⅰ式：1件。弧腹。

标本（西）L2Ⅰ:3，底残。直口微敛，圆唇。褐胎，米黄釉。内腹壁在釉上用绿褐黄三种釉绘十株植物一周。口径38.4、残高9.8厘米（图四七八；彩版二五，3）。

Ⅱ式：1件。腹壁微弧。口沿部有一道突棱。

标本（西）F12Ⅰ:2，褐胎，青釉，下腹及底无釉。口径40.8、底径24、高12厘米（图四七九，1；图版一二八，3）。

Ⅲ式：3件。斜直腹，内壁及底多装饰有图案。

标本（西Ⅰ）T2016⑤:16，红褐胎，青白釉，用红、黄、绿彩绘水波莲荷纹。口径40、底径25.6、高8.8厘米（图四七九，2）。

标本（东Ⅰ）T2509④:1，褐胎较厚，内部施青釉，内部及外口部釉下施一层较厚的白色化妆土。内底有垫石痕迹。口径25.2、底径14.4、高6.8厘米（图四七九，3；图版一二八，4）。

标本（西Ⅰ）T1106⑦:7，外底部有垫烧痕迹。褐胎，青釉，下腹及底无釉。内用绿彩、红彩、黄褐彩绘水波莲荷纹。口径46.2、底径31.4、高11.6厘米（图四八〇；彩版二五，4）。

C型　1件。敞口，方唇，斜直腹，平底。

标本（西Ⅰ）T1106⑦:6，口沿下有一道凸弦纹。褐胎，釉已脱落。口径28、底径20、高11.6厘米（图四八一，2；图版一二八，5）。

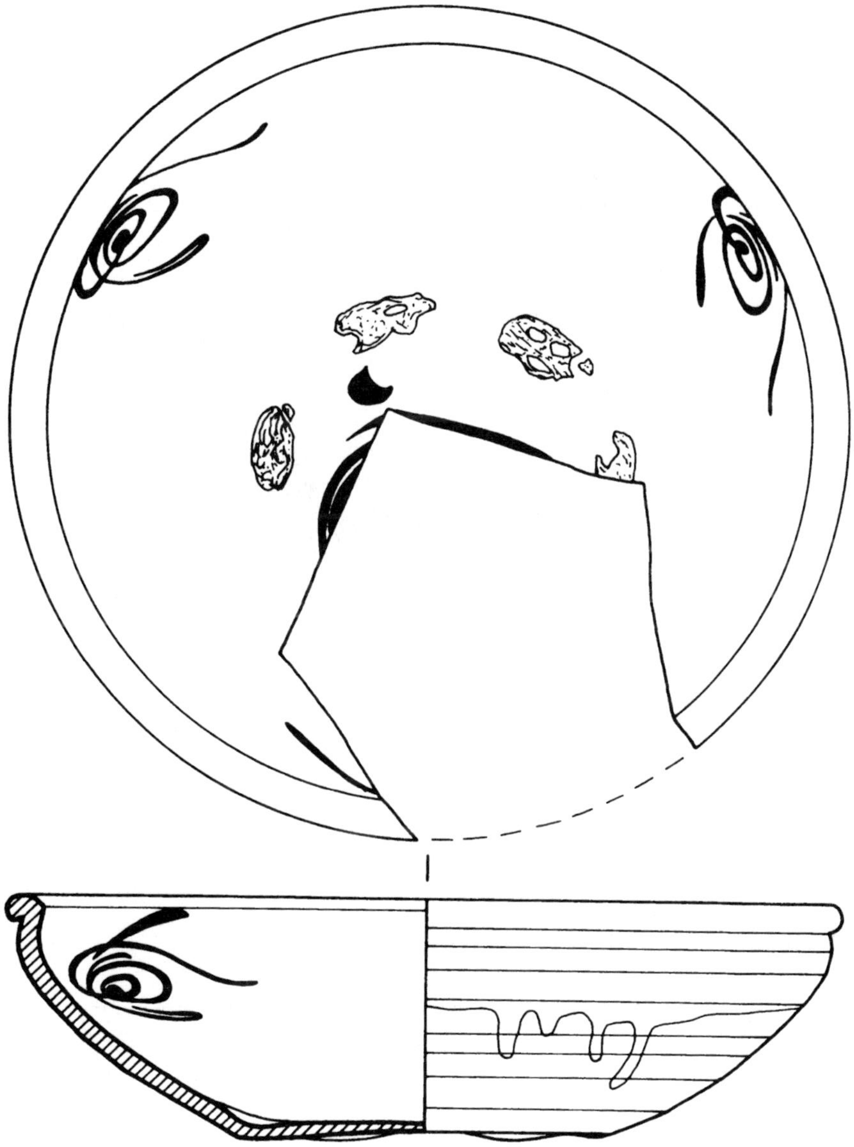

1

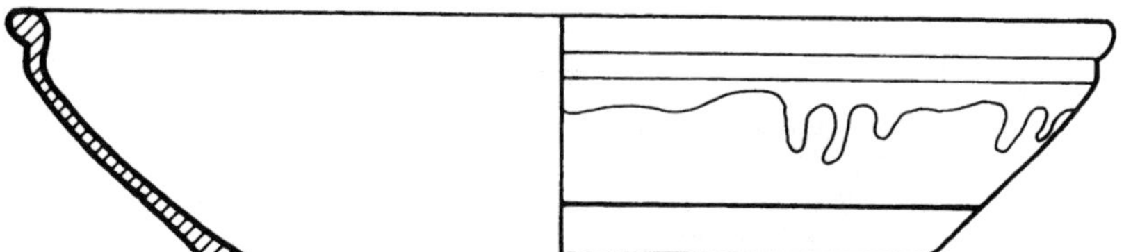

2

0　　12厘米

图四七七　巴东旧县坪遗址出土宋代A型Ⅲ式釉陶盆
1.（西Ⅰ）T3517⑤:81　2.（西）L7Ⅳ:1

图四七八　巴东旧县坪遗址出土宋代 B 型Ⅰ式釉陶盆（（西）L2Ⅰ:3）

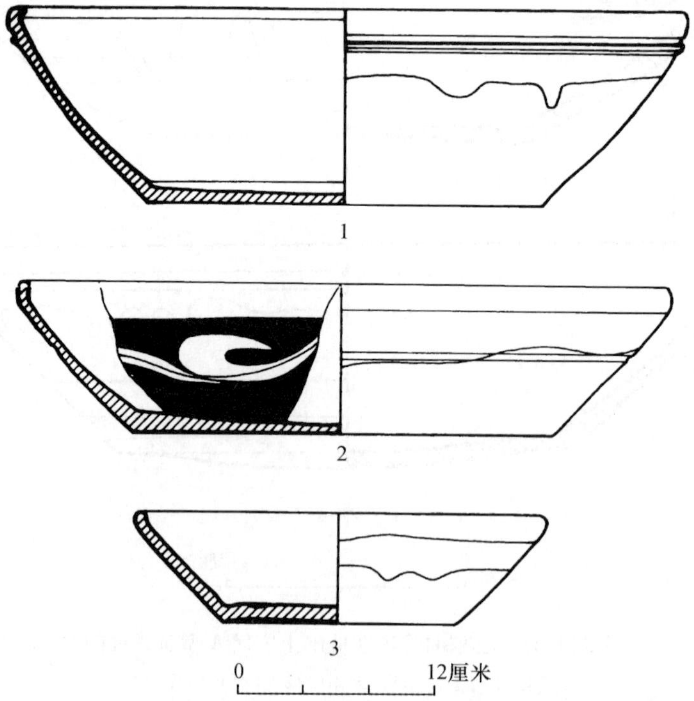

图四七九　巴东旧县坪遗址出土宋代 B 型釉陶盆

1. Ⅱ式（（西）F12Ⅰ:2）　2、3. Ⅲ式（（西Ⅰ）T2016⑤:16、（东Ⅰ）T2509④:1）

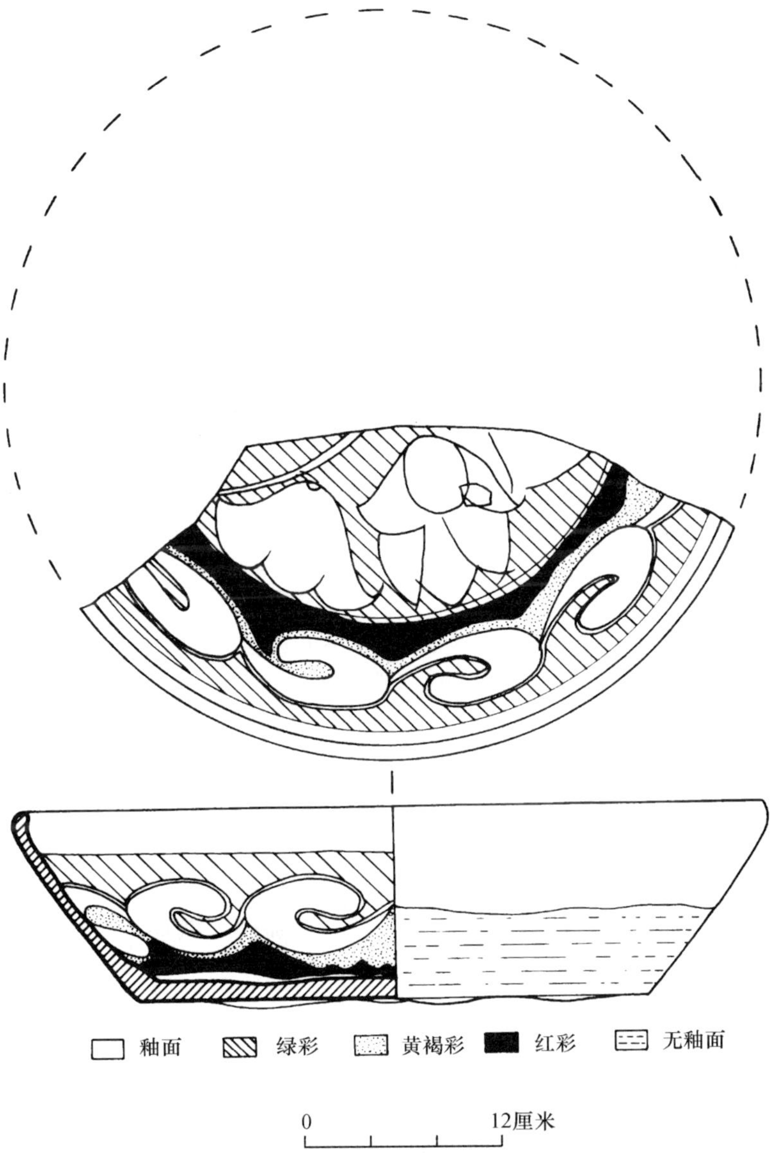

图四八〇　巴东旧县坪遗址出土宋代B型Ⅲ式釉陶盆（（西Ⅰ）T1106⑦:7）

D型　1件。侈口，圆唇，弧腹，平底。

标本（西）F21:1，素面。内壁有两道凹槽，外壁口沿下有数道弦纹。红褐胎，青白釉。口径30、底径26.2、高5.4厘米（图四八一，3）。

E型　1件。直口，方唇，短束颈，浅腹斜直收，凹圜底。

标本（西）L17Ⅰ:5，内壁口沿下有一周凸棱。素面。褐胎，内壁施乳白釉，外腹及底无釉。口径29.2、底径13.2、高9.4厘米（图四八一，4；图版一二八，6）。

F型　1件。侈口，圆唇，弧腹，饼足，外底内凹。

标本（西）F3:22，内圜底。外壁有数道凸弦纹。内壁为釉砂面，外壁口沿及上腹部施褐釉。口径38、足径16.4、高12.4厘米（图四八一，1）。

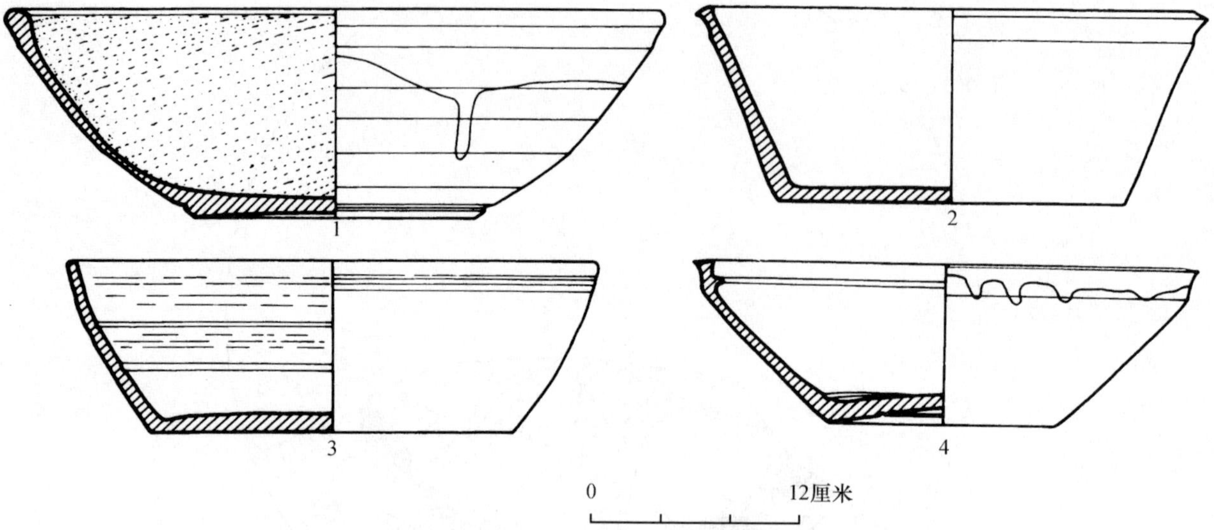

图四八一　巴东旧县坪遗址出土宋代釉陶盆

1. F型（（西）F3:22）　2. C型（（西Ⅰ）T1106⑦:6）　3. D型（（西）F21:1）　4. E型（（西）L17Ⅰ:5）

7. 瓶

4件。可以分为四型。

A型　1件。盘口。

标本（东Ⅰ）T2510④:8，下部残。方唇，溜肩，长弧腹。灰胎，褐釉。口径10、腹径21.5、残高29.2厘米（图四八二，1）。

B型　1件。直口，双唇。

标本（西）F8Ⅱ:10，短颈，领下微束，溜肩，肩上有一周凸棱，肩腹之间有一不明显的折痕，鼓腹，最大腹径在上部，下腹斜直收，平底。下腹近底处一边有几条竖凹槽。体瘦高。红褐胎，施一层薄薄的青釉，内壁肩下及外壁下腹、底无釉。口径10、腹径18.4、底径10、高30厘米（图四八二，2；图版一二九，1）。

C型　1件。细颈。

标本（西ⅡB）T5212④:1，细高束颈残。长卵形腹，矮饼形足。外壁有数周弦纹，内壁呈瓦棱状。褐胎，上部施褐彩。腹径12、足径6.4、残高22厘米（图四八二，3）。

D型　1件。器形较小。筒形腹。

标本（西Ⅰ）T3519⑤:30，直口，折沿外倾，圆唇，束颈折肩，深腹为直筒形，近肩部略鼓，饼足。制作粗糙，器身凸凹不平。褐胎很厚，内颈部及外上部青黄釉。口径6.2、底径5.8、高12.8厘米（图四八二，4；图版一二九，2）。

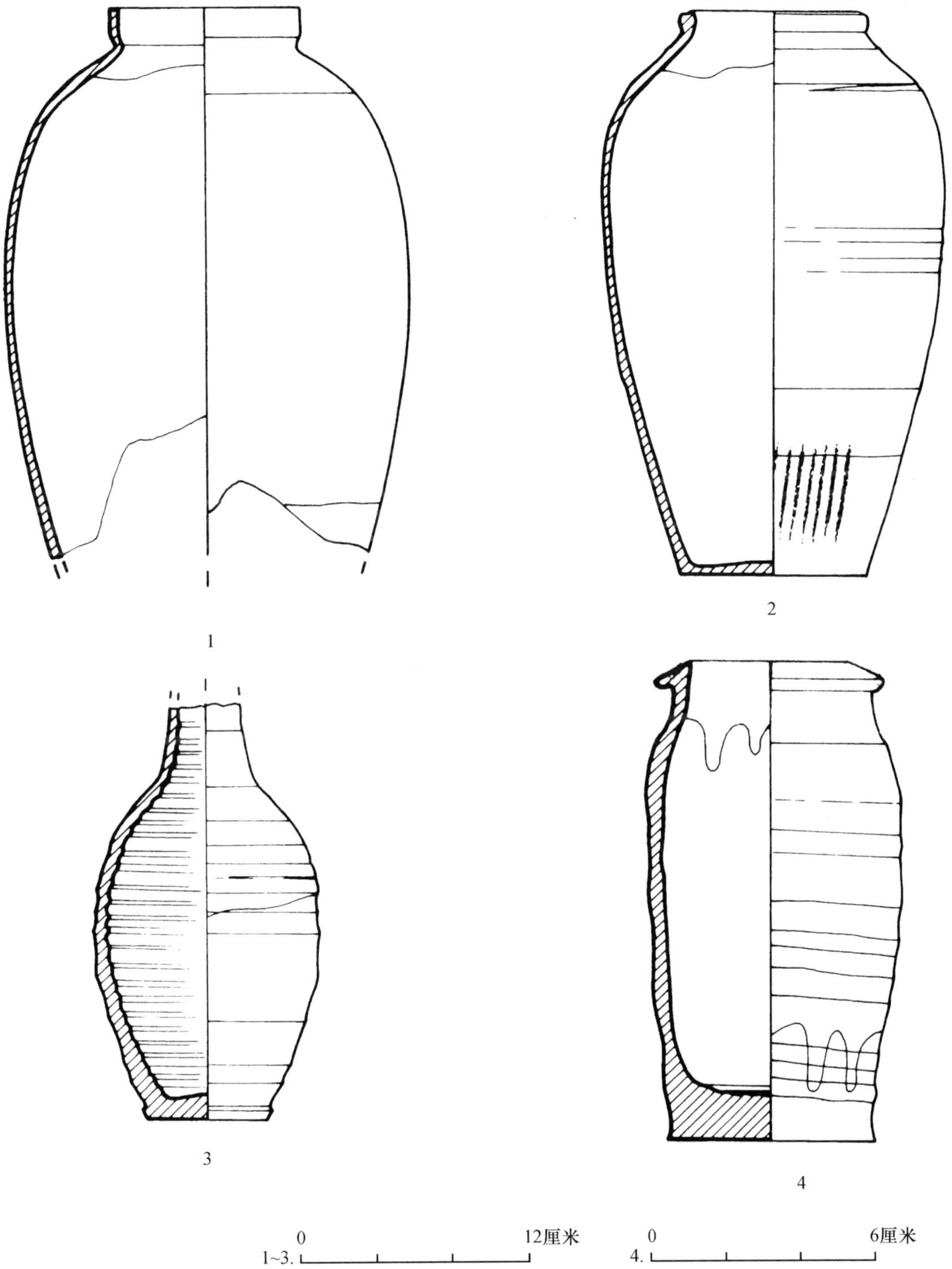

图四八二　巴东旧县坪遗址出土宋代釉陶瓶

1. A型（（东Ⅰ）T2510④:8）　2. B型（（西）F8Ⅱ:10）　3. C型（（西ⅡB）T5212④:1）　4. D型（（西Ⅰ）T3519⑤:30）

8. 罐

22 件。可以分为单把罐、双系罐、四系罐、罐四类。

（1）单把罐

2 件。直口，方唇，唇面有一凹槽，高领微束，溜肩，腹微鼓，平底，口部有流，对应处置扁平把。

标本（西ⅡB）T4118④:2，褐胎，内部施褐釉，外无釉。口径 10.8、腹径 12.6、高 15.2 厘米（图四八三，1）。

标本（西）L2Ⅳ:2，褐胎，内部施褐釉，外无釉。口径 10.4、腹径 12、高 14 厘米（图四八三，2）。

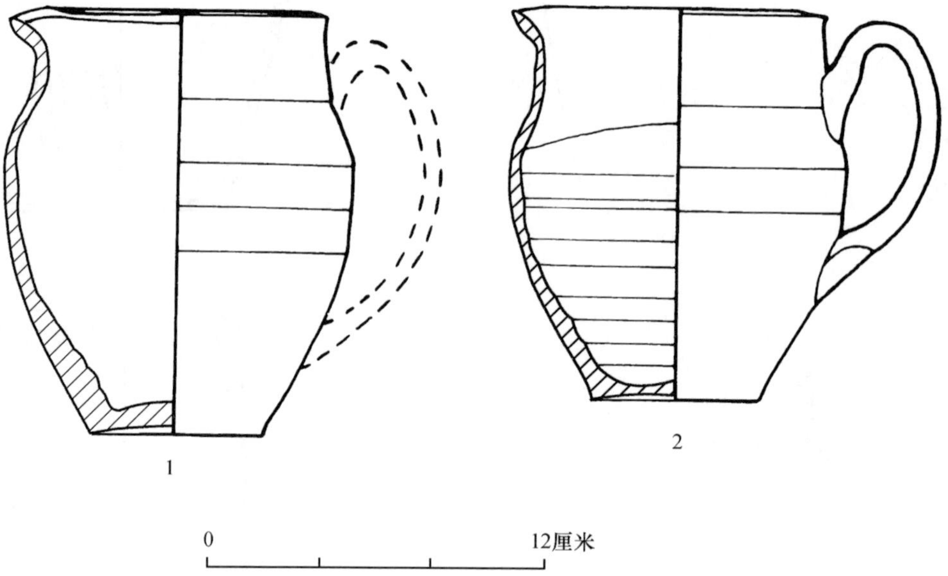

图四八三　巴东旧县坪遗址出土宋代釉陶单把罐

1.（西ⅡB）T4118④:2　2.（西）L2Ⅳ:2

（2）双系罐

10 件。可以分为四型。

A 型　3 件。折沿，方唇，束颈。可以分为三式。

Ⅰ式：1 件。圆鼓腹。

标本（西）F93:4，下腹残。肩部置桥形耳。褐胎，施青釉。口径 9.2、腹径 16、残高 12 厘米（图四八四，1）。

Ⅱ式：1 件。长鼓腹。平折沿，饼足。

标本（西）F8Ⅱ:39，方唇，沿面下凹，束颈外斜，溜肩。肩腹交界处饰一对竖桥形耳。内下腹呈瓦棱状。褐胎，外上腹及内颈以上施青黄釉，外下腹有一周叠烧痕迹。口径 16、腹径 20.8、足径 9.2、高 21.2 厘米（图四八四，2；图版一二九，3）。

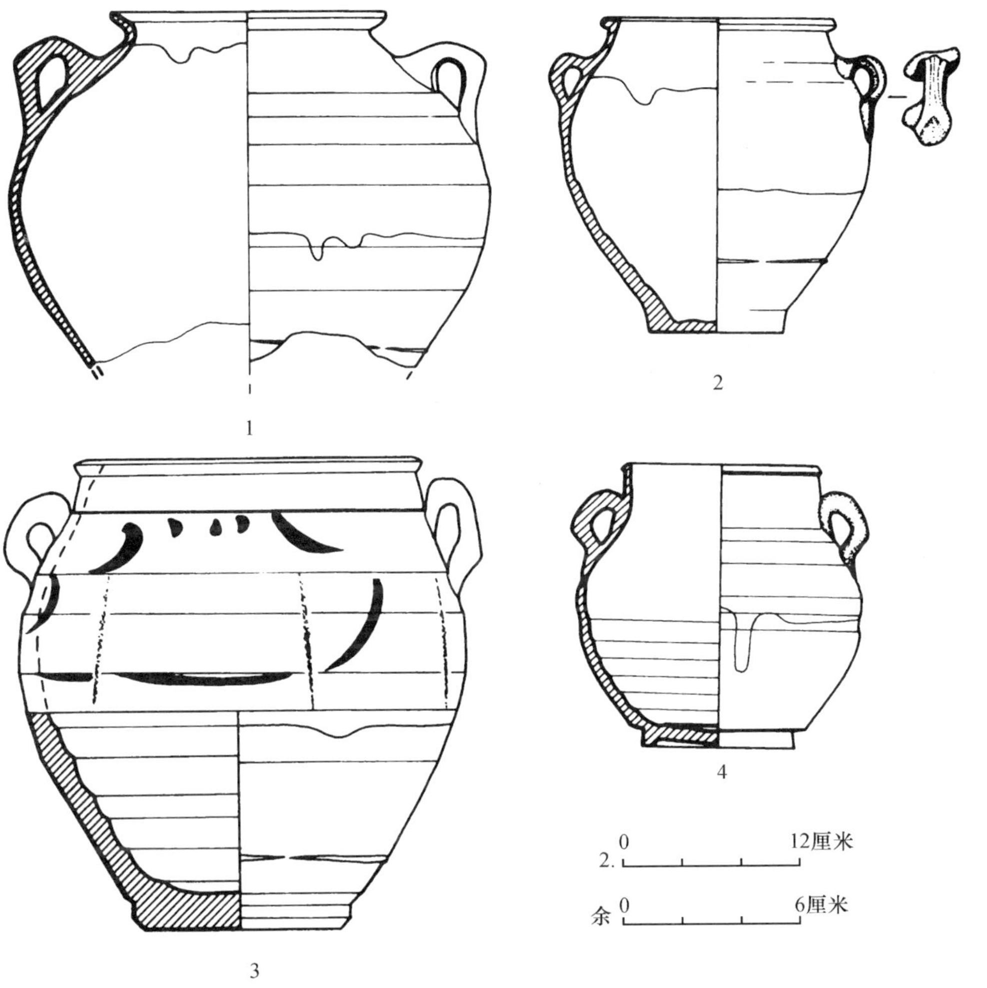

图四八四　巴东旧县坪遗址出土宋代釉陶双系罐

1. A型Ⅰ式（（西）F93:4）　2. A型Ⅱ式（（西）F8Ⅱ:39）　3. A型Ⅲ式（（西）F52:5）　4. Ba型（（西）F3:33）

Ⅲ式：1件。深腹。折沿，尖唇，饼足。

标本（西）F52:5，肩部饰一对竖桥形耳。腹中部有六道微斜的竖划痕，使腹微呈六瓜棱形，下腹内呈瓦棱状。外下腹有一周叠烧痕迹。两耳将器腹分成两部分。一半已残，另一半的上腹在釉上绘红彩“”图形。褐胎，外壁上部及内部颈以上施青釉，釉已脱落。口径11.2、腹径14.8、足径7.2、高15.6厘米（图四八四，3；图版一二九，4）。

B型　2件。短直颈，圆鼓腹。可以分为二亚型。

Ba型　1件。矮圈足。

标本（西）F3:33，尖唇，折沿，溜肩，肩部饰一对竖耳。内下壁呈瓦棱状。砖红胎，外上部及内壁施青黄釉，外下部及足无釉。口径6.8、腹径9.6、足径5.2、高9.6厘米（图四八四，4；图版一三〇，1）。

Bb型　1件。饼足内凹。

标本（东Ⅰ）T3716④:10，圆唇。器壁不光滑呈瓦棱状。外下腹有一周叠烧痕迹。红褐胎，内壁领部及外上腹施青釉，已脱落，留有一层白色化妆土。口径11.6、腹径14.8、足径8、高13.2厘米（图四八五，1；图版一三〇，2）。

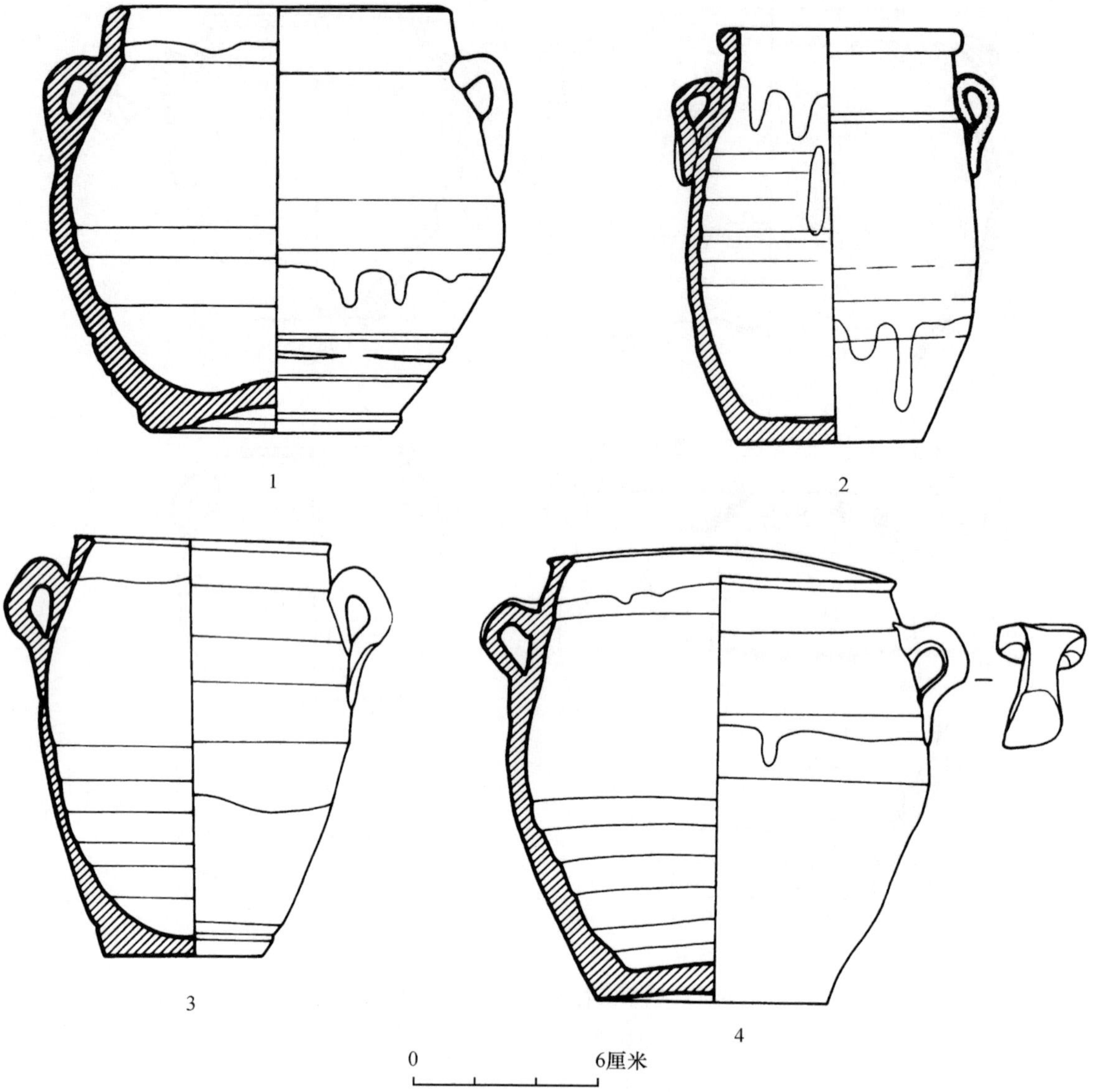

图四八五　巴东旧县坪遗址出土宋代釉陶双系罐

1. Bb型（（东Ⅰ）T3716④:10）　2. C型Ⅰ式（（西）F3:34）　3. C型Ⅱ式（（西）F46Ⅰ:4）　4. C型Ⅲ式（（西）F8Ⅲ:79）

C型　3件。深腹。短直颈。可以分为三式。

Ⅰ式：1件。折沿，方唇，平底。

标本（西）F3:34，深筒形腹略鼓，内坦底，肩部饰一对竖耳。紫胎，内颈部及外中上腹青釉。口径7.9、腹径9.4、底径6、高13.6厘米（图四八五，2；图版一三〇，3）。

Ⅱ式：1件。敛口，折沿，尖唇，平底。

标本（西）F46Ⅰ:4，鼓腹，肩部饰一对竖桥形耳，内圜底。内壁呈瓦棱状。红胎，内颈部及外上腹部施青釉。口径8.4、腹径7.4、底径5、高13.8厘米（图四八五，3；图版一三〇，4）。

Ⅲ式：1件。敛口，折沿，尖唇，大平底，底内凹。

标本（西）F8Ⅲ:79，上腹置桥形耳，下腹内部呈瓦棱状。红褐胎，青黄釉。口径11.2、腹径13.5、底径7.5、高14.8厘米（图四八五，4；图版一三一，1）。

D型　2件。长斜颈，长橄榄形腹，内腹壁呈瓦棱状，平底微内凹。可以分为二式。

Ⅰ式：1件。厚唇下垂。

标本（西Ⅰ）T3516⑤:4，溜肩，近底处略外曲，颈、肩交界处饰一对对称的竖耳，外底内凹。褐胎，内颈部及外上部施青黄釉。口径9.6、腹径18、底径10.4、高36.6厘米（图四八六，1；图版一三一，2）。

Ⅱ式：1件。折沿，沿面下斜。

标本（西Ⅰ）T3517⑤:1，圆唇，溜肩。肩部饰一对称牛鼻耳，颈部有一道凹弦纹。褐胎，内颈部及外腹施青釉，内腹及外下部近底处底无釉露胎。口径8.8、腹径16.8、底径9.6、高30.2厘米（图四八六，2；图版一三一，3）。

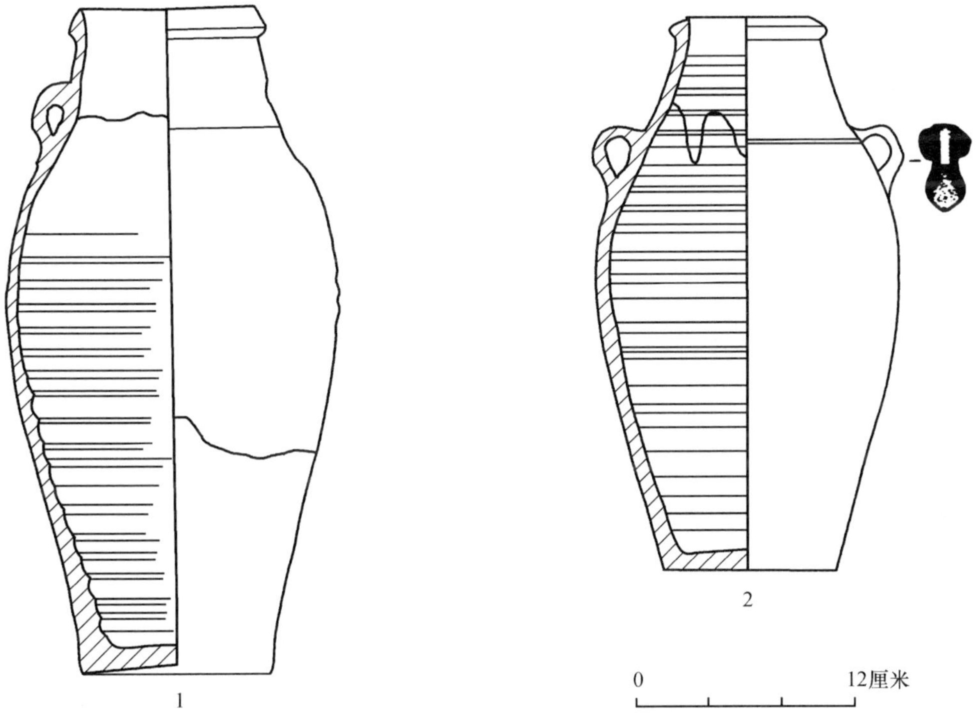

图四八六　巴东旧县坪遗址出土宋代D型釉陶双系罐
1. Ⅰ式（（西Ⅰ）T3516⑤:4）　2. Ⅱ式（（西Ⅰ）T3517⑤:1）

（3）四系罐

3件。杯形口，圆肩，束颈，深鼓腹，颈肩处置泥条耳，内腹壁呈瓦棱状。可以分为二式。

Ⅰ式：1件。最大径位于上腹，颈部较短。

标本（西）L2Ⅱ:9，中腹被六条微斜的竖划线分成瓜棱形，外饰有几道凹弦纹。红褐胎，外上腹施青釉。口径10、腹径24.8、底径13.6、高34厘米（图四八七，3；图版一三二，1）。

Ⅱ式：2件。最大径位于中腹。

标本（西）F8Ⅲ:17，口残。外上腹有一道凹槽，中腹有三道凹弦纹，平底微内凹。红褐胎，外上腹施青釉。腹径17.6、底径9.6、残高24.8厘米（图四八七，1；图版一三二，2）。

标本（西）F8Ⅲ:6，底残。瓜棱腹。口径6.8、腹径14.8、残高20厘米（图四八七，2）。

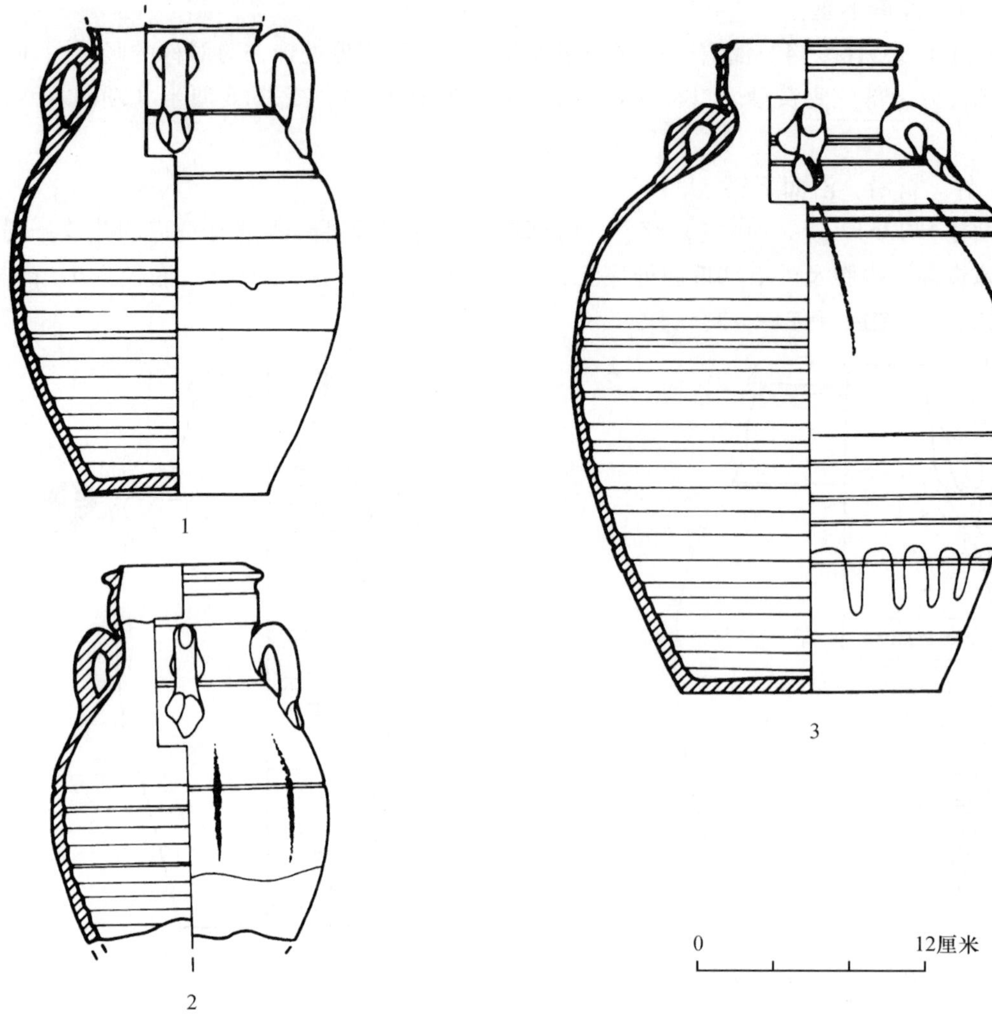

图四八七　巴东旧县坪遗址出土宋代釉陶四系罐

1、2. Ⅱ式（（西）F8Ⅲ:17、(西) F8Ⅲ:6）　3. Ⅰ式（（西）L2Ⅱ:9）

（4）罐

7件。器形较大。可以分为四型。

A型　1件。卷沿，方唇，短束颈，斜折肩，饼足内凹。

标本（西Ⅰ）T4019⑤:2，内壁呈瓦棱状，外下腹有一周粘连窑具的痕迹。灰白胎，内颈部及外中上腹施褐釉。内装两枚铜钱。口径8.2、腹径13.2、足径9.4、高13.2厘米（图四八八，1；图版一三二，3）。

B型　1件。深鼓腹，斜直颈，厚唇，平底内凹。

标本（西Ⅰ）T3516⑤:1，内外腹壁呈瓦棱状。红褐胎，青釉。口径9.8、腹径15.4、底径8.2、高17.9厘米（图四八八，2）。

C型　3件。卷沿，尖唇，短束颈，饼足。可以分为二式。

Ⅰ式：2件。圆鼓腹，大口外侈。

标本（西）F8Ⅰ:30，下腹壁内外皆呈瓦棱状。红褐胎，除外下腹近足外及足无釉，余皆施青黄釉，内底残存有四个垫石痕迹。口径14.2、腹径17.4、足径9.2、高12.9厘米（图四八八，3；图版一三二，4）。

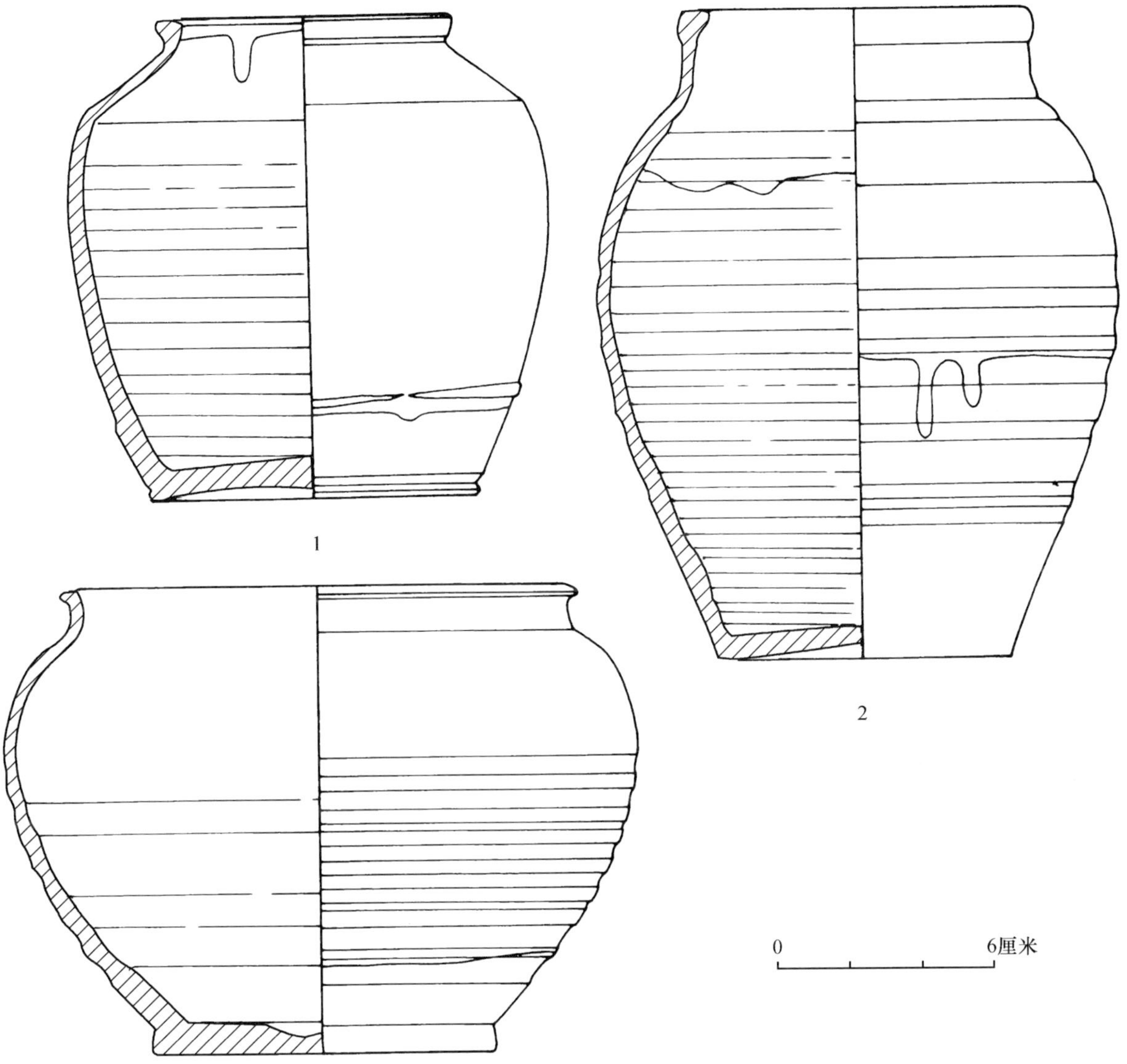

图四八八　巴东旧县坪遗址出土宋代釉陶罐

1. A型（（西Ⅰ）T4019⑤:2）　2. B型（（西Ⅰ）T3516⑤:1）　3. C型Ⅰ式（（西）F8Ⅰ:30）

标本（西）F1Ⅱ:2，内腹壁呈瓦棱状，内底边缘有一凹槽，中心凸起。褐胎，除外下腹近足外及足无釉，余皆施青黄釉。口径14、腹径18、足径8.8、高15厘米（图四八九，2；图版一三三，1）。

Ⅱ式：1件。长鼓腹。

标本（西）F94:2，圆唇，溜肩，最大径中部偏上。上腹有半道凹弦纹，内壁呈瓦棱状。红胎，外上腹及内颈以上施釉，釉已脱落。口径13.2、腹径16.8、足径8、高17.2厘米（图四八九，4；图版一三三，3）。

D型　2件。斜折沿，方唇，唇面下凹，矮直领，束颈，溜肩，鼓腹，平底。可以分为二式。

Ⅰ式：1件。鼓腹。

标本（西）F59:2，下腹斜弧收成平底，内下腹壁呈瓦棱状。红褐胎，内部及中上腹施一层褐色护胎釉，外下腹及底无釉。口径20、腹径21.6、底径9.6、高15.8厘米（图四八九，1；图版一三三，2）。

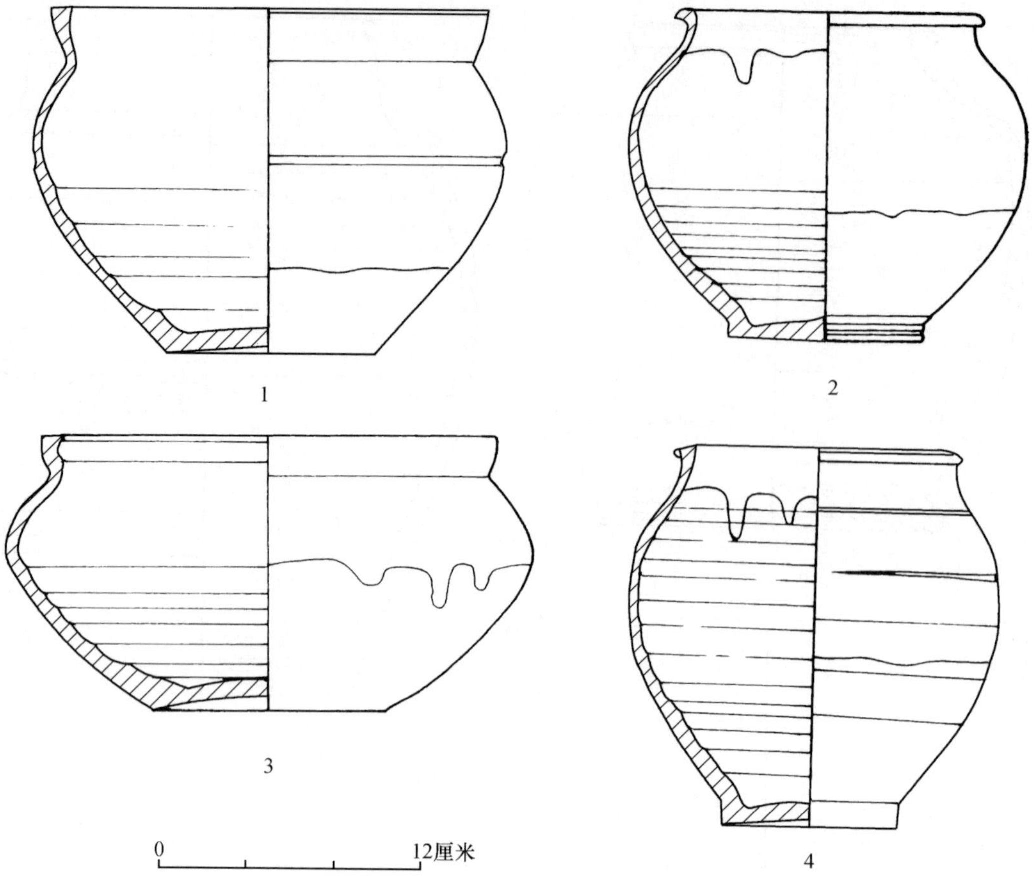

图四八九　巴东旧县坪遗址出土宋代釉陶罐

1. D 型Ⅰ式（（西）F59:2）　2. C 型Ⅰ式（（西）F1Ⅱ:2）　3. D 型Ⅱ式（（西）F94:14）　4. C 型Ⅱ式（（西）F94:2）

Ⅱ式：1 件。最大腹径位于中部。

标本（西）F94:14，内腹壁呈瓦棱状，外底内凹。褐胎，外上腹施酱黄釉。口径 20.8、腹径 24、底径 10.8、高 12.6 厘米（图四八九，3）。

9. 执壶

5 件。可以分为二型。

A 型　3 件。杯形口。可以分为三式。

Ⅰ式：1 件。瓜棱腹，饼足。

标本（西）F8Ⅰ:12，圆唇，直颈微束，溜肩圆鼓腹呈八瓜棱形。颈肩部有一把，已残，把上有一凹槽，把对面可能有流，因残缺不可知。红褐胎，青黄釉，外下腹及内壁无釉。口径 5.6、腹径 13.6、足径 7.2、高 17.2 厘米（图四九〇，1；图版一三四，1）。

Ⅱ式：1 件。圆鼓腹，平底。

标本（西）F3:4，圆唇，短束颈，溜肩，鼓腹。肩部有一道凹弦纹，中腹一周凸棱，内腹壁呈瓦棱状。肩有把，对面置一流，把呈宽带形，弧形曲圆管流中空。褐胎，青黄釉，外下腹及内壁无釉。口径 7.2、腹径 15.2、底径 8、高 21.2 厘米（图四九〇，2；彩版二二，4）。

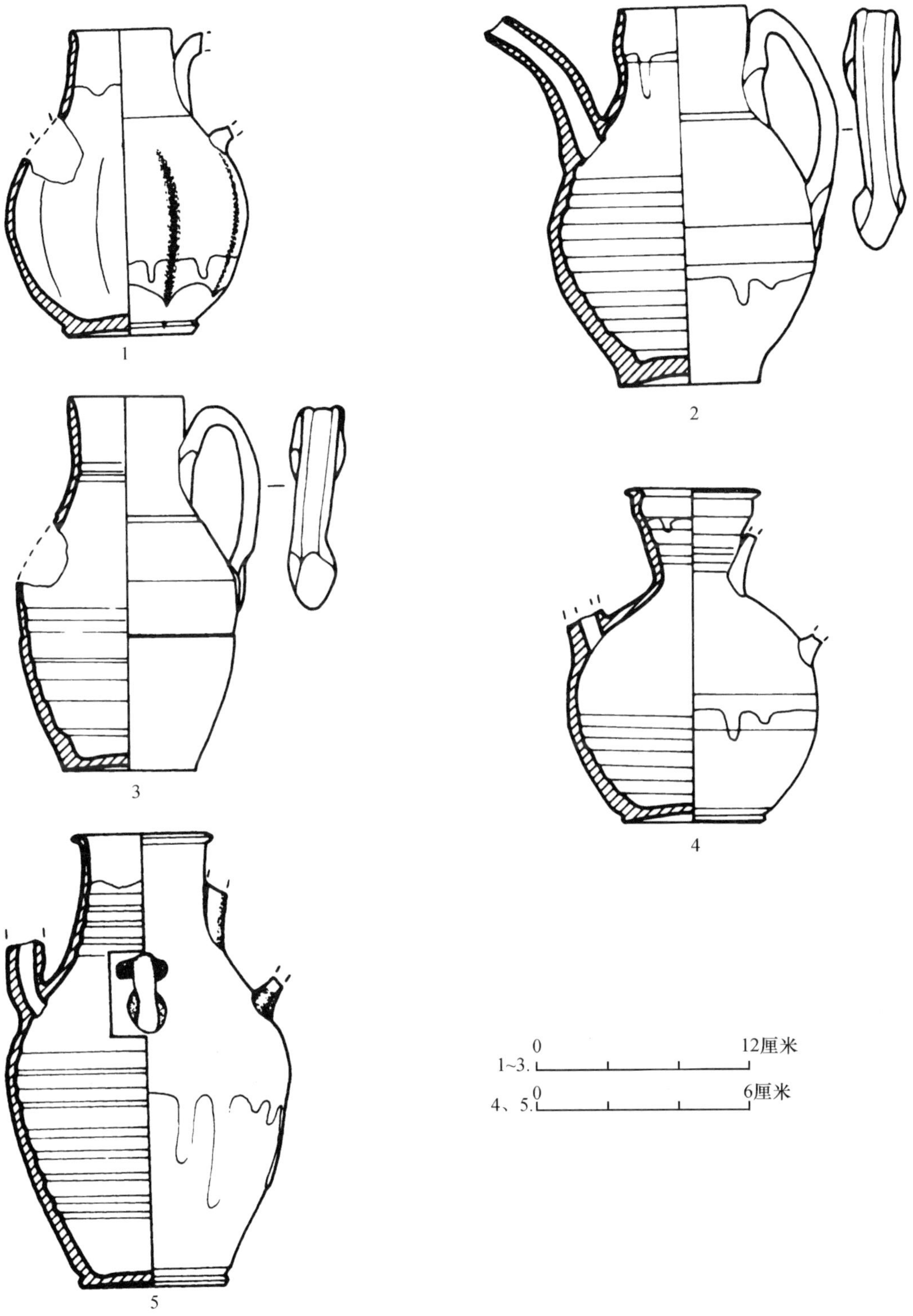

图四九〇 巴东旧县坪遗址出土宋代釉陶执壶

1. A型Ⅰ式（（西）F8Ⅰ:12） 2. A型Ⅱ式（（西）F3:4） 3. A型Ⅲ式（（西）F87:2） 4. B型Ⅰ式（（西Ⅰ）T3519⑤:4） 5. B型Ⅱ式（（西Ⅰ）T3517⑤:87）

Ⅲ式：1 件。橄榄形腹，平底。

标本（西）F87∶2，圆唇，束颈较粗，溜肩，长鼓腹，饼足。颈肩处及中腹各有一道凹弦纹，内壁呈瓦棱状。肩部有一把，对面残破，可能有流，把宽扁。红褐胎，釉已脱落，釉色不可知。口径6.8、腹径12.4、底径7.6、高21.1 厘米（图四九〇，3；图版一三四，3）。

B 型　2 件。折沿，饼足。可以分为二式。

Ⅰ式：1 件。球形腹。

标本（西Ⅰ）T3519⑤∶4，尖唇，束颈，饼足内凹。上腹置有把，对应处置流。中下腹内壁呈瓦棱状。褐胎，青釉。口径3.8、腹径7.1、足径4、高9.4 厘米（图四九〇，4；图版一三四，2）。

Ⅱ式：1 件。长鼓腹。

标本（西Ⅰ）T3517⑤∶87，圆唇，束颈，溜肩，长鼓腹。肩部有一把，对面置流。把、流之间对应处分别置牛鼻耳。内壁呈瓦棱状。褐胎，青釉。口径4、腹径16、足径4.2、高12.7 厘米（图四九〇，5；图版一三四，4）。

10. 瓮

4 件。可以分为三型。

A 型　1 件。直口，圆唇，短束颈，溜肩。圆鼓，下腹斜直收，饼足，肩颈交接处有一道凸弦纹。

标本（西）F2Ⅰ∶3，红褐胎，青釉，部分已脱落，外下腹及足无釉。口径20、腹径45.2、足径14.8、高43.4 厘米（图四九一，1；图版一三五，1）。

B 型　1 件。敛口，圆唇，唇沿外翻，斜直颈，鼓腹，外底内凹。

标本（西）G2∶2，外腹壁中下部饰方格纹。红褐胎，青釉。口径11.6、腹径32.8、底径16、高34.8 厘米（图四九一，2；图版一三五，2）。

C 型　2 件。敛口，圆唇，肩部饰系。可以分为二式。

Ⅰ式：1 件。四系，鼓腹。下腹残。

标本（西）F8Ⅰ∶36，褐胎，内部近口及外腹施青釉。口径26、腹径55.6、残高26 厘米（图四九一，3）。

Ⅱ式：1 件。两系，双唇，广肩上耸，深鼓腹，下腹斜弧收，小平底。

标本（西）F3∶61，腹部残。褐胎，内部近口及外施青釉。口径24.4、腹径51.6、底径15.6、复原高度60 厘米（图四九一，4）。

11. 灯

8 件。可以分为二型。

A 型　3 件。敞口，斜直腹，内圜底，外饼足。口沿有一舌状柄，与沿面相平。可以分为二亚型。

Aa 型　1 件。方唇。

标本（西ⅠB）T0413④∶2，底心有刮削痕迹。褐胎，青黄釉。口径10.2、足径3.2、高2.9 厘米（图四九二，1；图版一三六，1）。

Ab 型　2 件。圆唇。

标本（东Ⅰ）T3404④∶2，褐胎，青黄釉。口径10.6、足径4.2、高3 厘米（图四九二，2）。

标本（西）F8Ⅰ∶27，褐胎，青黄釉。口径10.6、足径4.4、高3.3 厘米（图四九二，3）。

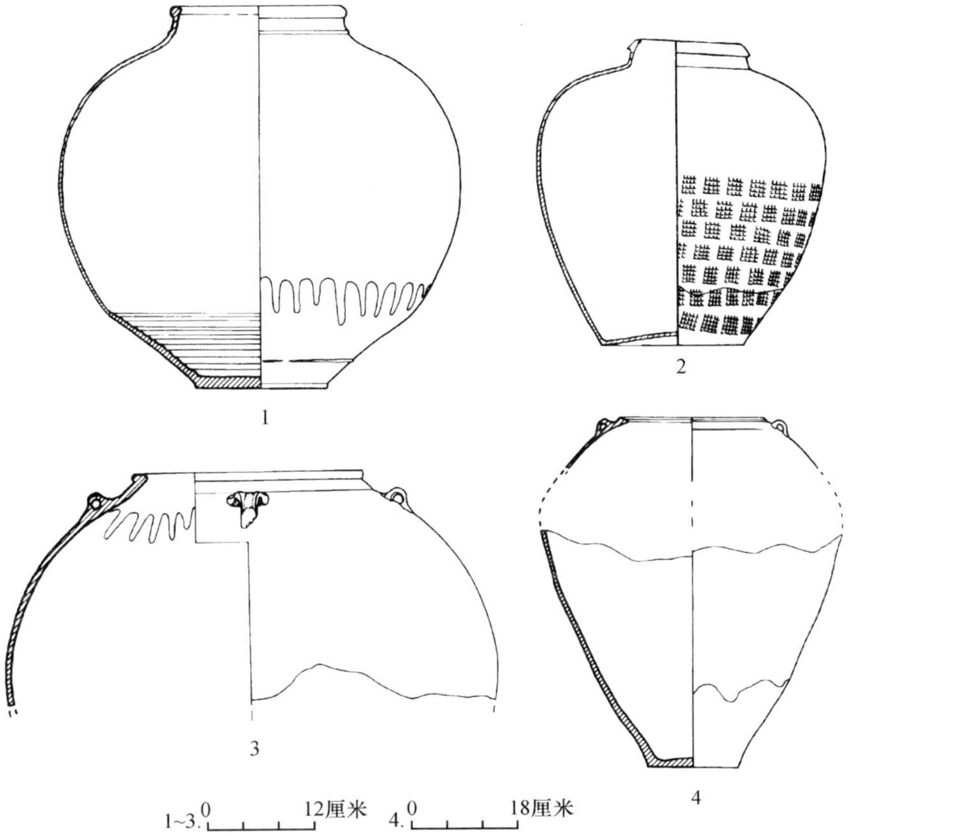

图四九一　巴东旧县坪遗址出土宋代釉陶瓮

1. A型（（西）F2Ⅰ:3）　2. B型（（西）G2:2）　3. C型Ⅰ式（（西）F8Ⅰ:36）　4. C型Ⅱ式（（西）F3:61）

B型　5件。侈口，弧腹，圆唇，平底。口沿有一长方形柄。

标本（西）G2:5，竖直柄，靠近柄的一半内底模印有莲瓣纹，柄上模印有变形万字纹。褐胎，褐釉。口径8.4、底径3.1、通高4.3厘米（图四九三，1；图版一三六，2）。

标本（西Ⅰ）T0406④:4，后仰柄，柄及靠近柄的一半内底模印折枝梅花纹。褐胎，褐釉。口径8.8、底径3、通高4.5厘米（图四九三，2）。

标本（西Ⅰ）T0406④:6，后仰柄，柄及靠近柄的一半内底模印折枝梅花纹。褐胎，褐釉。口径8.4、底径3.6、通高3.6厘米（图四九三，3）。

标本（西）F8Ⅰ:31，柄残。褐胎，内施青釉，外无釉。内部半边堆塑简单的花叶纹，唇上有叠烧痕迹，外壁制作较粗糙。口径8.4、底径3.4、高3厘米（图四九三，4；图版一三六，3）。

标本（西）H7:4，柄残。褐胎，褐釉。口径8.8、底径3.6、高2.3厘米（图四九三，5）。

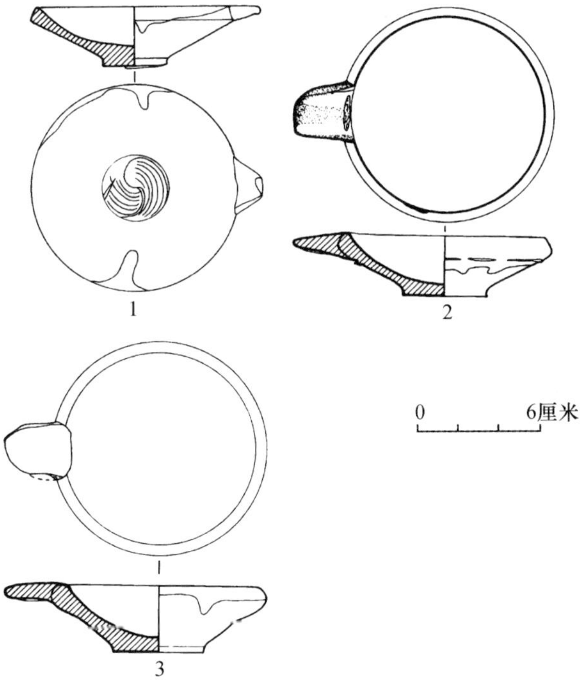

图四九二　巴东旧县坪遗址出土宋代A型釉陶灯

1. Aa型（（西IB）T0413④:2）　2、3. Ab型（（东Ⅰ）T3404④:2、（西）F8Ⅰ:27）

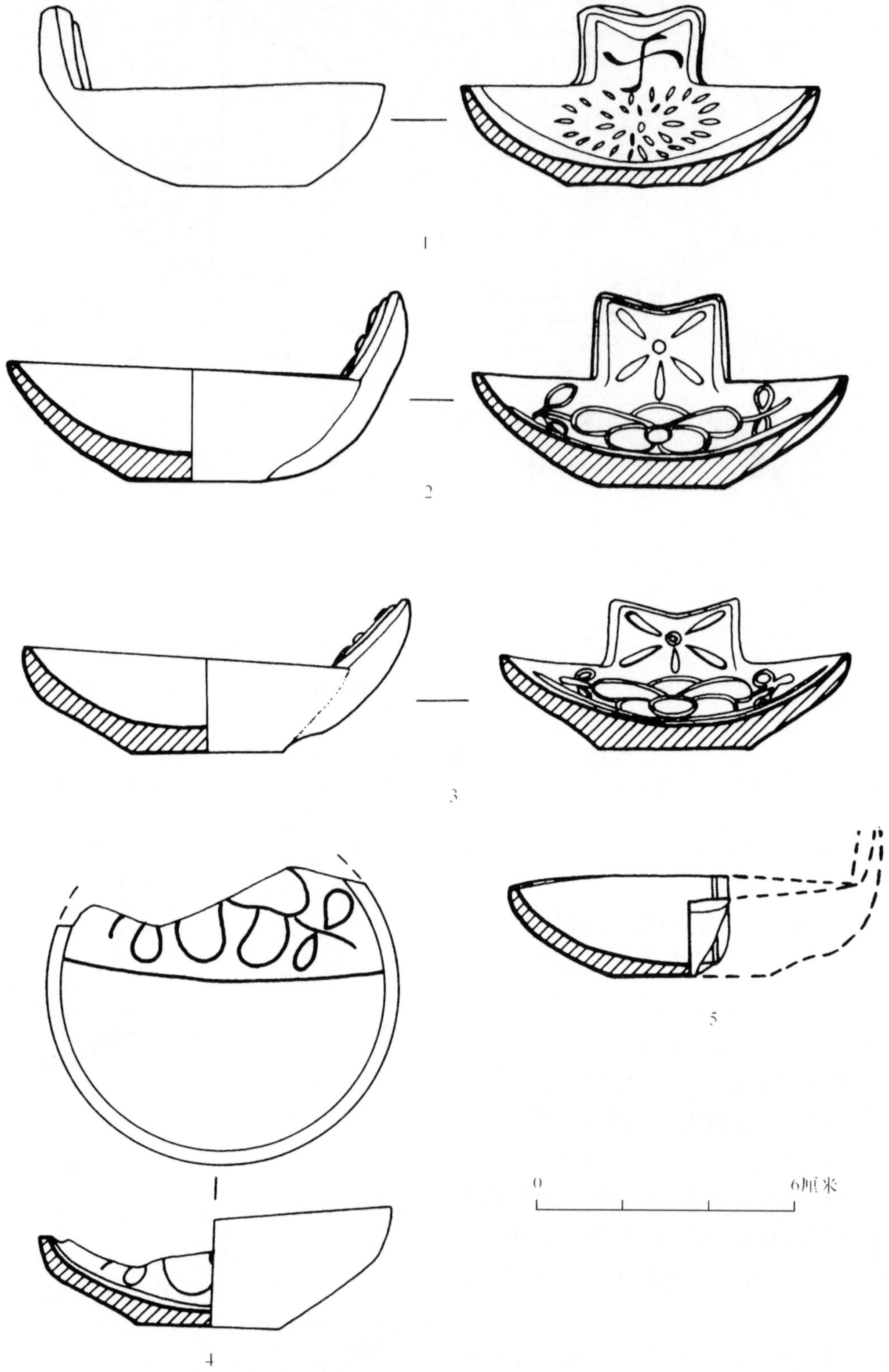

图四九三　巴东旧县坪遗址出土宋代 B 型釉陶灯

1.（西）G2∶5　2.（西Ⅰ）T0406④∶4　3.（西Ⅰ）T0406④∶6　4.（西）F8Ⅰ∶31　5.（西）H7∶4

12. 盏

6件。饼足，可以分为四型。

A型　1件。厚圆唇，曲腹。

标本（西Ⅰ）T0208④:4，侈口，内圜底，外腹壁不规整。红褐胎，内壁施青釉，已部分脱落，唇及外部无釉露胎。口径10、足径3.2、高2.7厘米（图四九四，1）。

B型　2件。厚圆唇，弧腹。可以分为二式。

Ⅰ式：1件。腹壁较直。

标本（西）F26Ⅰ:2，斜腹较浅，内圜底。黑胎，釉已脱落。口径10.8、足径3.1、高2.8厘米（图四九四，2；图版一三六，4）。

Ⅱ式：1件。垂腹。

标本（西Ⅰ）T1916⑤:5，浅曲腹，内底略下凹。灰白胎，白釉。口径10、足径2.8、高2.9厘米（图四九四，3）。

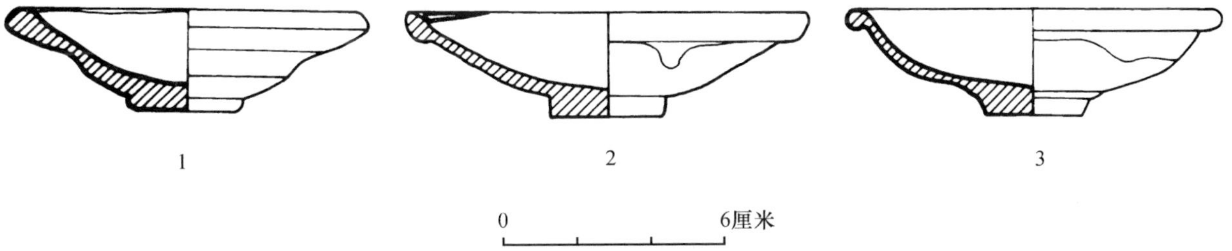

图四九四　巴东旧县坪遗址出土宋代釉陶盏

1. A型（（西Ⅰ）T0208④:4）　2. B型Ⅰ式（（西）F26Ⅰ:2）　3. B型Ⅱ式（（西Ⅰ）T1916⑤:5）

C型　2件。厚圆唇，内圜底，腹较深。

标本（西）F8Ⅰ:39，红褐胎，施青釉。口径10、足径3.2、高2.8厘米（图四九五，1）。

标本（西）L1Ⅰ:3，夹砂灰黑胎，内壁口下施青釉，唇内外及外壁无釉。口径8.8、足径3、高2.9厘米（图四九五，2；图版一三六，5）。

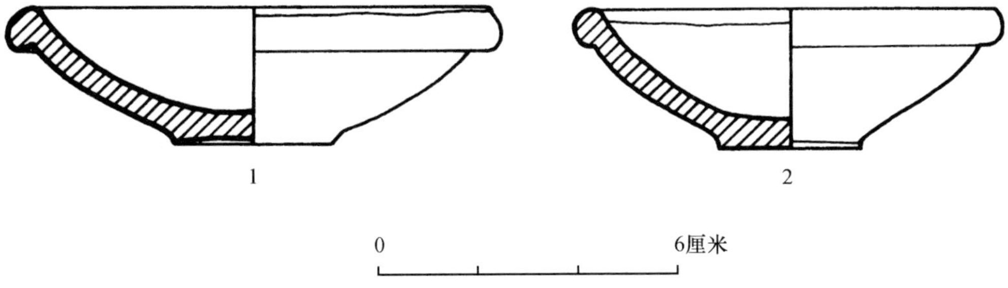

图四九五　巴东旧县坪遗址出土宋代C型釉陶盏

1.（西）F8Ⅰ:39　2.（西）L1Ⅰ:3

D型　1件。敞口，斜直腹较深，饼足内凹。

标本（西）F25:3，圆唇，内底凸凹不平。褐胎较厚，釉已脱落。口径10.4、足径3.8、高4厘米（图四九六；图版一三六，6）。

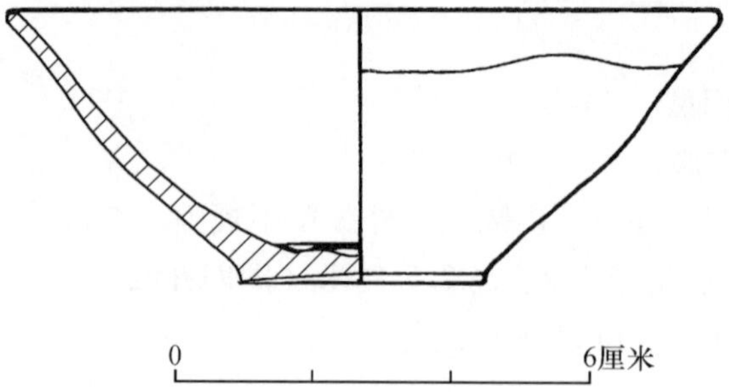

图四九六　巴东旧县坪遗址出土宋代 D 型釉陶盏（（西）F25∶3）

13. 灯盏

140 件。可以分为腰沿灯盏、方唇灯盏、圆唇灯盏、尖圆唇灯盏四类。

（1）腰沿灯盏

55 件。可以分为二型。

A 型　14 件。敞口，尖唇，口沿见刮削痕，外平底，厚胎。可以分为二亚型。

Aa 型　7 件。斜壁，可以分为二式。

Ⅰ式：3 件。口沿竖直，腹较浅。

标本（西）L1Ⅲ∶3，圆唇，内圜底。灰白胎，褐釉，口沿见刮削痕，露胎。口径 10、底径 4、高 2.4 厘米（图四九七，1）。

标本（西 IB）T0713④∶1，方唇，内坦底。灰白胎，褐釉。口径 10.2、底径 4.4、高 2.4 厘米（图四九七，2）。

标本（西）H57∶7，方唇，内圜底。灰白胎，褐釉，口沿见刮削痕，露胎。口径 11.7、底径 4.8、高 2.7 厘米（图四九七，3）。

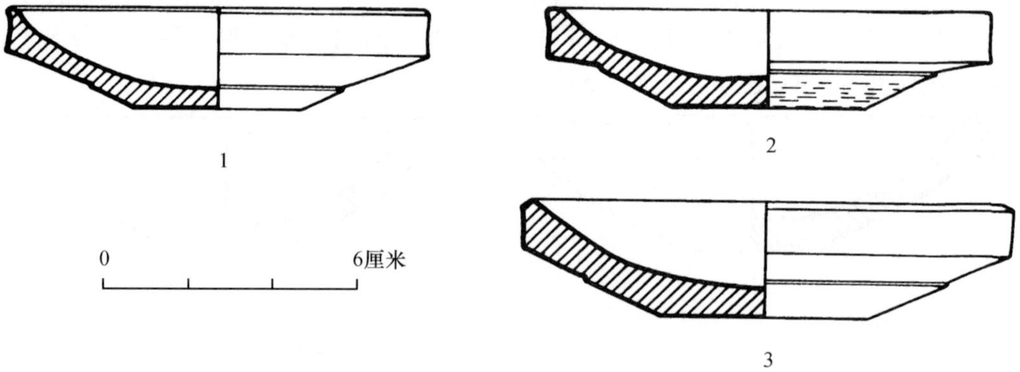

图四九七　巴东旧县坪遗址出土宋代 Aa 型Ⅰ式釉陶腰沿灯盏
1.（西）L1Ⅲ∶3　2.（西 IB）T0713④∶1　3.（西）H57∶7

Ⅱ式：4 件。口沿外撇，腹较深。

标本（西Ⅰ）T1003⑥∶2，尖唇，内圜底。灰白胎，褐釉。口径 9.6、底径 3.6、高 3.3 厘米（图四九八，1；图版一三七，1）。

标本（西Ⅰ）T3314⑤∶5，尖唇，内底下凹。灰胎较厚，内部及沿施褐釉，铁口，外腹及底无釉。口径 9.2、底径 3.4、高 3.2 厘米（图四九八，2；图版一三七，2）。

标本（西ⅠB）T0814④:1，尖唇，内坦底，略下凹，外底略内凹。外腹中部有一凸棱，下腹斜直收。灰白胎，褐釉，口沿见刮削痕，露胎。口径10、底径4.6、高2.8厘米（图四九八，3）。

标本（西）L18Ⅰ:6，圆唇，沿面有一凹槽，内坦底，外底微内凹。灰白胎，青釉。口径9、底径3.8、高2.4厘米（图四九八，4）。

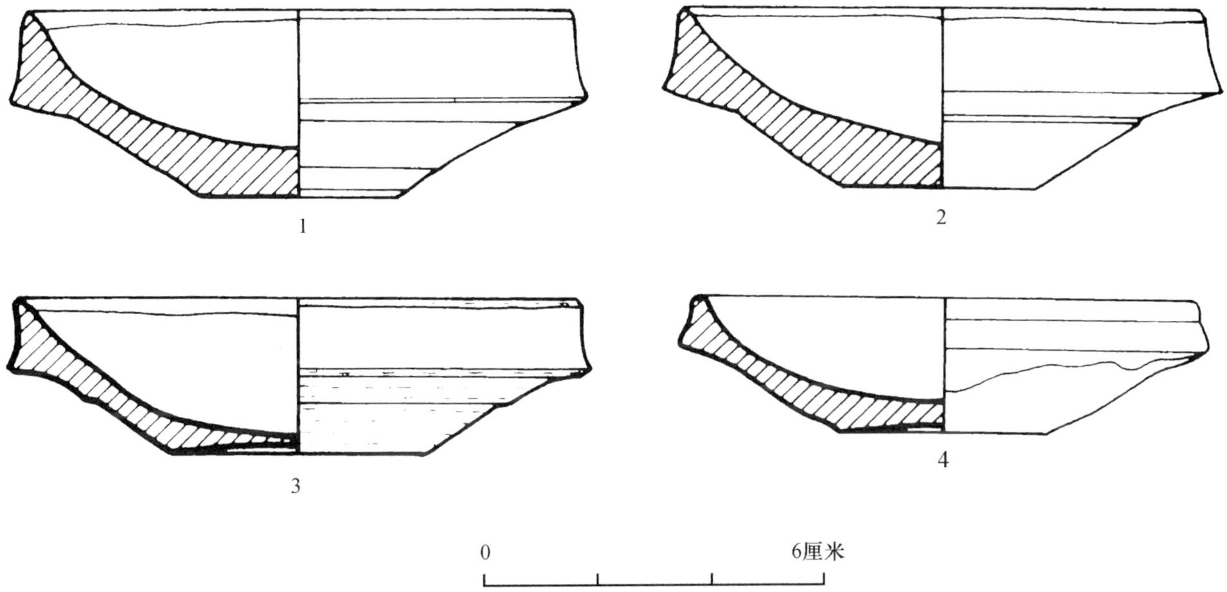

图四九八　巴东旧县坪遗址出土宋代Aa型Ⅱ式釉陶腰沿灯盏
1.（西Ⅰ）T1003⑥:2　2.（西Ⅰ）T3314⑤:5　3.（西ⅠB）T0814④:1　4.（西）L18Ⅰ:6

Ab型　7件。沿下折内收，斜壁。

标本（西Ⅰ）T3414⑤:7，尖唇。灰黄胎，内部及沿施褐釉，铁口，外腹及底无釉。口径10.4、底径4.4、高2.7厘米（图四九九，1）。

标本（西）F8Ⅲ:59，圆唇，内底下凹。灰白胎，褐釉，口沿见刮削痕，露胎。口径10、底径4、高2.7厘米（图四九九，2）。

标本（西）H57:6，圆唇，内坦底。灰白胎，褐釉，口沿见刮削痕，露胎。口径9.6、底径4.5、高2.4厘米（图四九九，3）。

标本（东Ⅰ）T2917④:13，圆唇，内圜底。灰白胎，褐釉，口沿见刮削痕，露胎。口径9.4、底径3、高2.8厘米（图四九九，4）。

标本（西）F46Ⅰ:2，圆唇，内圜底。灰白胎，褐釉，口沿见刮削痕，露胎。口径10、底径4.2、高3厘米（图四九九，5）。

标本（西）F8Ⅲ:58，圆唇，内圜底，外底略内凹。灰白胎，褐釉，口沿见刮削痕，露胎。口径10、底径4、高2.8厘米（图四九九，6）。

标本（西）F8Ⅲ:12，圆唇，内平底。灰白胎，褐釉，口沿见刮削痕，露胎。口径9、底径3.4、高3.1厘米（图四九九，7）。

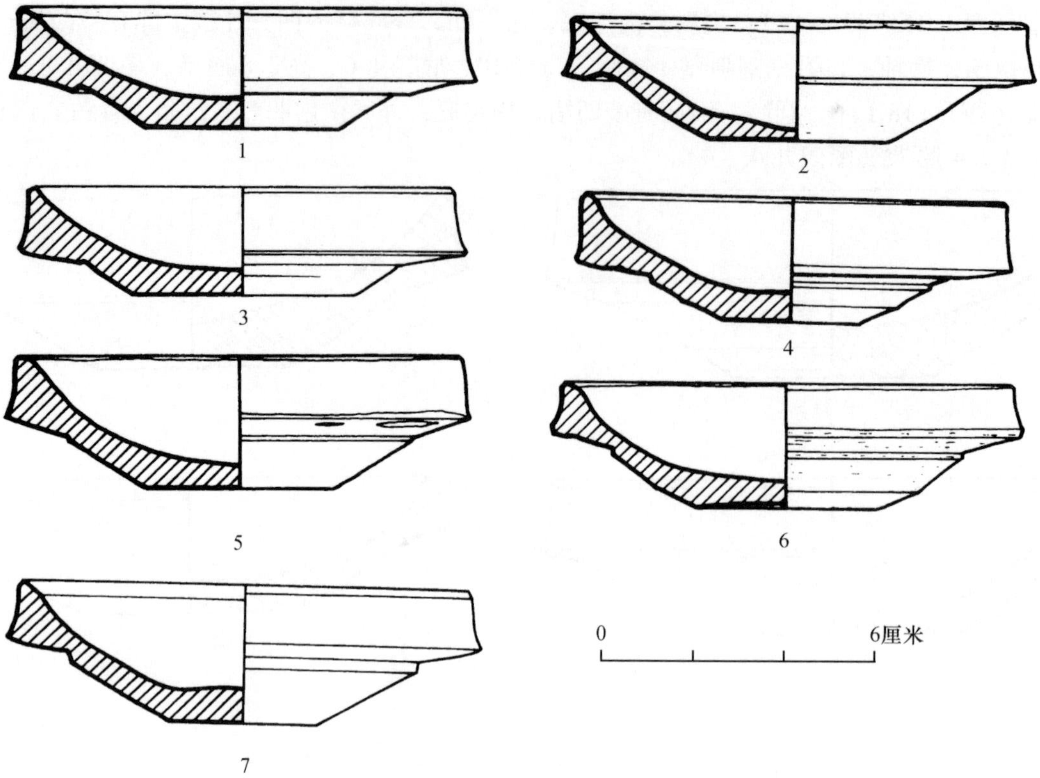

图四九九　巴东旧县坪遗址出土宋代 Ab 型釉陶腰沿灯盏

1.（西Ⅰ）T3414⑤:7　2.（西）F8Ⅲ:59　3.（西）H57:6　4.（东Ⅰ）T2917④:13　5.（西）F46Ⅰ:2　6.（西）F8Ⅲ:58　7.（西）F8Ⅲ:12

B 型　41 件。薄胎。可以分为四亚型。

Ba 型　18 件。窄沿，沿面外撇，弧腹，小底。可以分为二式。

Ⅰ式：17 件。侈口，尖唇，平底。

标本（东）L1Ⅲ:5，内圜底。外腹壁有三道弦纹。灰白胎，褐釉。口径 10、底径 3、高 2.9 厘米（图五〇〇，1）。

标本（西）H57:4，内圜底。外腹壁上部有两道弦纹。灰白胎，褐釉，口沿见刮削痕，露胎。口径 10、底径 2.6、高 2.8 厘米（图五〇〇，2）。

标本（西）F3:1，内坦底。红褐胎，口沿施青釉，釉已脱落。口径 10、底径 3、高 2.7 厘米（图五〇〇，3；图版一三七，3）。

标本（西Ⅰ）T2920⑤:4，内坦底。唇部有一道凹弦纹。灰白胎，褐釉，口沿见刮削痕，露胎。口径 10、底径 2.8、高 2.8 厘米（图五〇〇，4）。

标本（西）H57:1，内圜底。外腹壁下部有两道凸弦纹。红褐胎，釉已脱落。口径 9.6、底径 3.1、高 3 厘米（图五〇〇，5；图版一三七，4）。

标本（西Ⅰ）T1004⑥:17，内圜底。褐胎，口沿施黑釉。口径 9、底径 2.4、高 2.7 厘米（图五〇〇，6；图版一三七，5）。

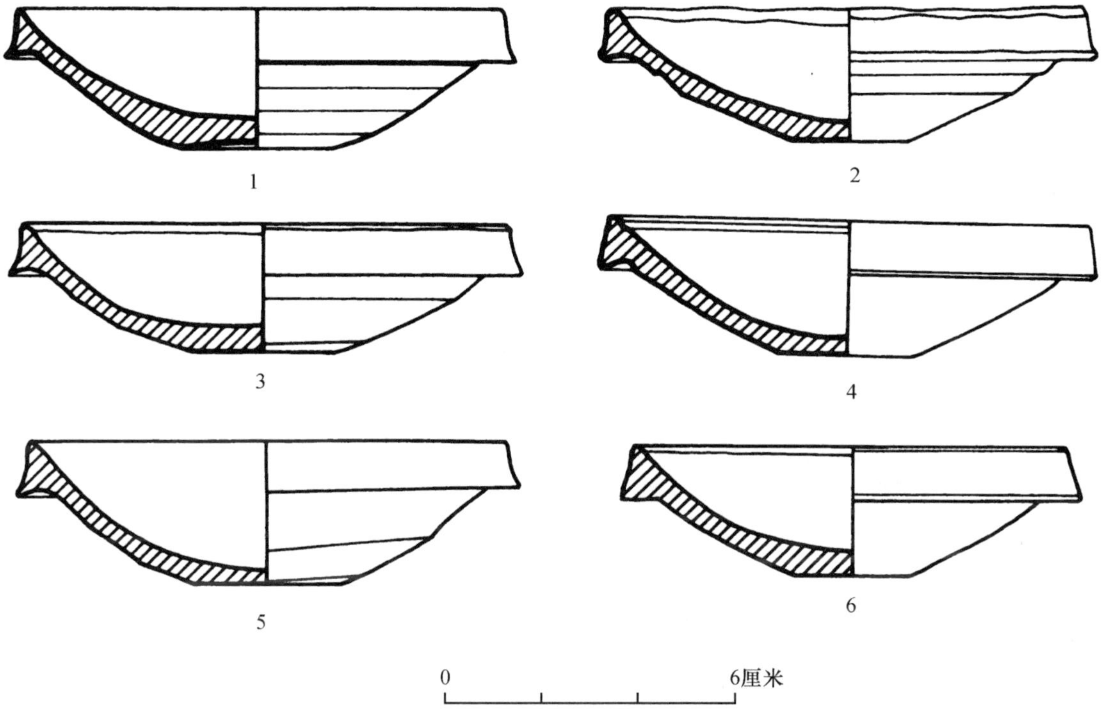

图五〇〇 巴东旧县坪遗址出土宋代Ba型Ⅰ式釉陶腰沿灯盏

1.（东）L1Ⅲ:5 2.（西）H57:4 3.（西）F3:1 4.（西Ⅰ）T2920⑤:4 5.（西）H57:1 6.（西Ⅰ）T1004⑥:17

标本（西）F3:2，内底下凹。红褐胎，口沿施青釉。口径9、底径3.4、高2.3厘米（图五〇一，1；图版一三七，6）。

标本（西Ⅰ）T3414⑤:18，内坦底。灰胎，内部及沿施黑釉，铁口，外腹及底无釉。口径10、底径3.6、高2.6厘米（图五〇一，2；图版一三八，1）。

标本（西Ⅰ）T0306④:1，方唇，口沿内侧有一凹弦纹，内底坦底，略下凹，外小平底。灰白胎，褐釉，口沿见刮削痕，露胎。口径9.2、底径2.8、高2.5厘米（图五〇一，3）。

标本（西Ⅰ）T3520⑤:8，内坦底。灰白胎，褐釉，口沿见刮削痕，露胎。口径8.8、底径2.8、高2.4厘米（图五〇一，4）。

标本（西）H57:2，圆唇，口沿内侧有一凹弦纹，内圜底，外平底。灰白胎，褐釉，口沿见刮削痕，露胎。口径9.4、底径2.8、高2.6厘米（图五〇一，5）。

标本（西）F8Ⅲ:9，内坦底。灰褐胎，口沿施褐釉。口径10.2、底径4、高2.7厘米（图五〇一，6；图版一三八，2）。

标本（西）F3:3，内圜底。褐胎，内部及沿施青釉，铁口。口径9.4、底径2.4、高2.8厘米（图五〇一，7；图版一三八，3）。

标本（西）L2Ⅲ:1，内圜底。灰白胎，褐釉，口沿见刮削痕，露胎。口径9.8、底径3、高2.6厘米（图五〇一，8）。

标本（西）F8Ⅲ:41，内圜底。胎外白内灰，内部及沿施青黄釉，铁口，外腹及底无釉。口径9.4、底径4、高2.8厘米（图五〇一，9；图版一三八，4）。

标本（西）F8Ⅲ:43，内坦底。灰白胎，内壁及沿施褐釉，唇部有叠烧痕迹，内壁唇下有一道凹弦纹。口径10、底径3.2、高2.5厘米（图五〇一，10）。

标本（西Ⅰ）T0208④:5，内平底。灰白胎，褐釉，口沿见刮削痕，露胎。口径9、底径2.6、高2.8厘米（图五〇一，11）。

Ⅱ式：1件。侈口，圆唇，饼足。

标本（西Ⅰ）T1603④:3，内坦底。灰白胎，褐釉，口沿见刮削痕，露胎。口径9.2、足径2.8、高3厘米（图五〇一，12）。

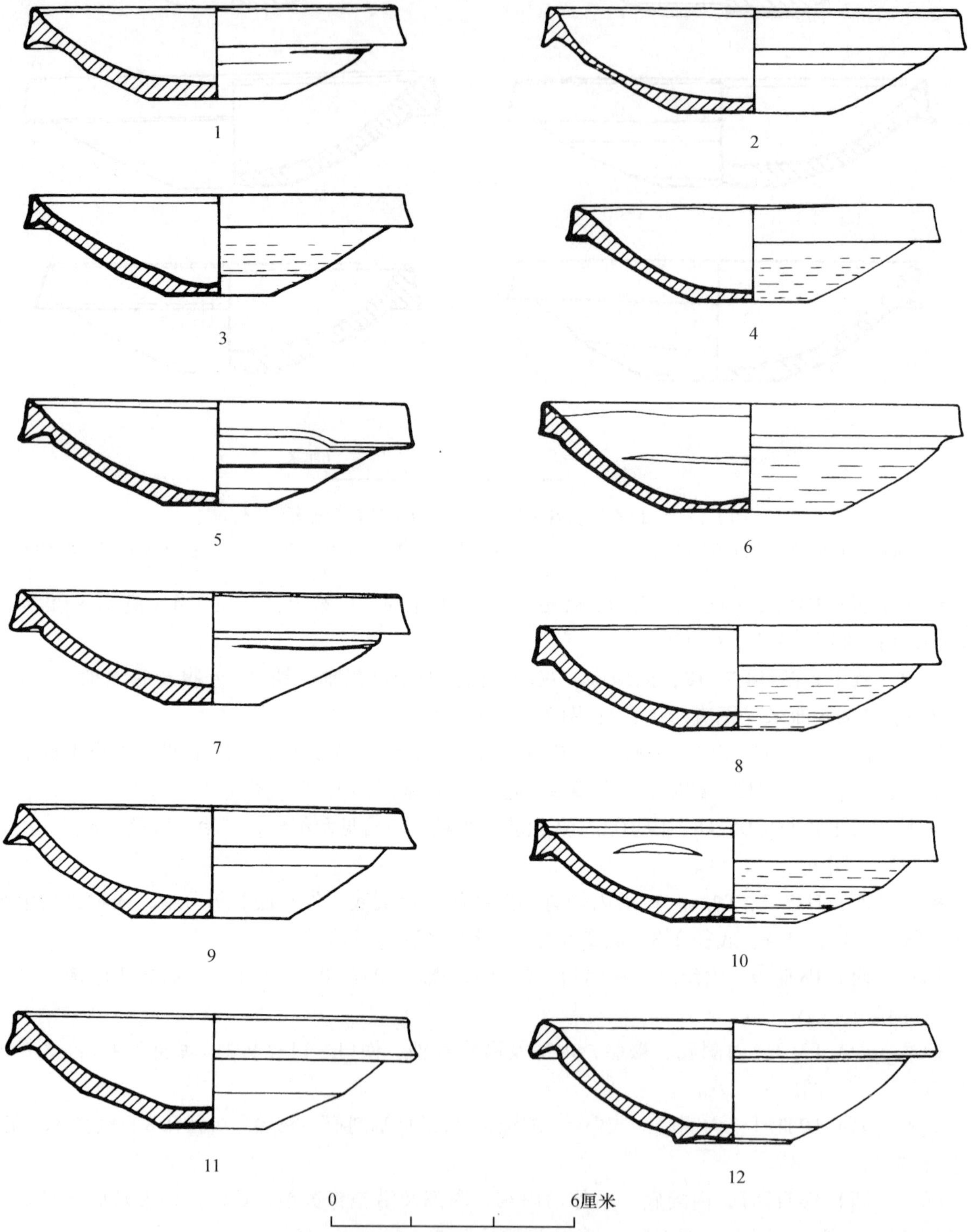

图五〇一　巴东旧县坪遗址出土宋代Ba型釉陶腰沿灯盏

1～11. Ⅰ式（（西）F3:2、（西Ⅰ）T3414⑤:18、（西Ⅰ）T0306④:1、（西Ⅰ）T3520⑤:8、（西）H57:2、（西）F8Ⅲ:9、（西）F3:3、（西）L2Ⅲ:1、（西）F8Ⅲ:41、（西）F8Ⅲ:43、（西Ⅰ）T0208④:5）　12. Ⅱ式（（西Ⅰ）T1603④:3）

Bb型　6件。侈口，沿面外撇，斜直腹，饼足。

标本（东Ⅰ）T3716④:4，尖唇，内圜底，外底微内凹。褐胎，青黄釉。口径9.2、足径4、高1.9厘米（图五〇二，1）。

标本（西）F14Ⅰ:4，圆唇，内坦底，外底微内凹。褐胎，青黄釉。口径9、足径3.4、高2.2厘米（图五〇二，2）。

标本（西Ⅰ）T3314⑤:4，圆唇，内底下凹。褐胎，釉已脱落。口径9.4、足径4.6、高2.1厘米（图五〇二，3；图版一三八，5）。

标本（东Ⅰ）T2409④:1，圆唇，内底下凹，外底微内凹。褐胎，青黄釉。口径9.4、足径4.1、高2.3厘米（图五〇二，4）。

标本（西Ⅳ）T0901⑥:17，圆唇，内圜底。褐胎，青黄釉。口径11.2、足径4.8、高2.9厘米（图五〇二，5）。

标本（西ⅢA）T3204③:4，方唇，内圜底，外底微内凹。褐胎，青黄釉。口径9.8、足径4、高2.4厘米（图五〇二，6）。

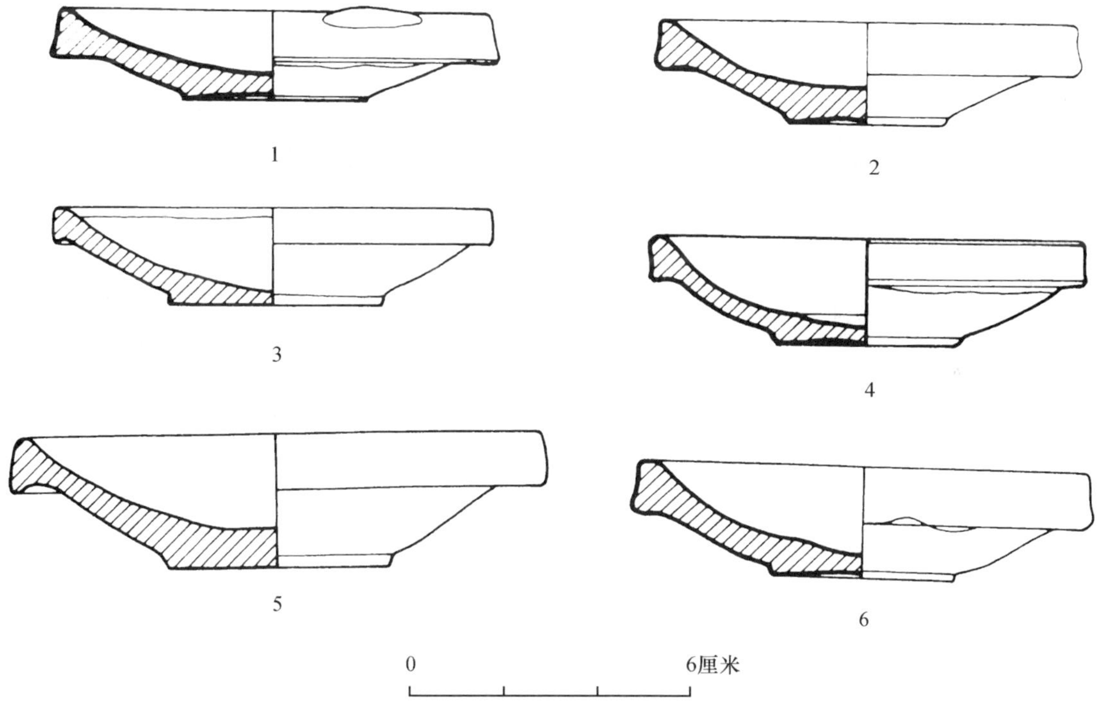

图五〇二　巴东旧县坪遗址出土宋代Bb型釉陶腰沿灯盏

1.（东Ⅰ）T3716④:4　2.（西）F14Ⅰ:4　3.（西Ⅰ）T3314⑤:4　4.（东Ⅰ）T2409④:1　5.（西Ⅳ）T0901⑥:17　6.（西ⅢA）T3204③:4

Bc型　11件。沿面较直，圆唇，斜直腹。可以分为二式。

Ⅰ式：10件。平底，器形较矮。

标本（西Ⅳ）T0901⑥:4，内底下凹。褐胎，青黄釉。口径12、底径3.8、高3厘米（图五〇三，1）。

标本（西Ⅳ）T0801⑥:1，内坦底。褐胎，青黄釉。釉已脱落。口径11.6、底径4、高3厘米（图五〇三，2；图版一三八，6）。

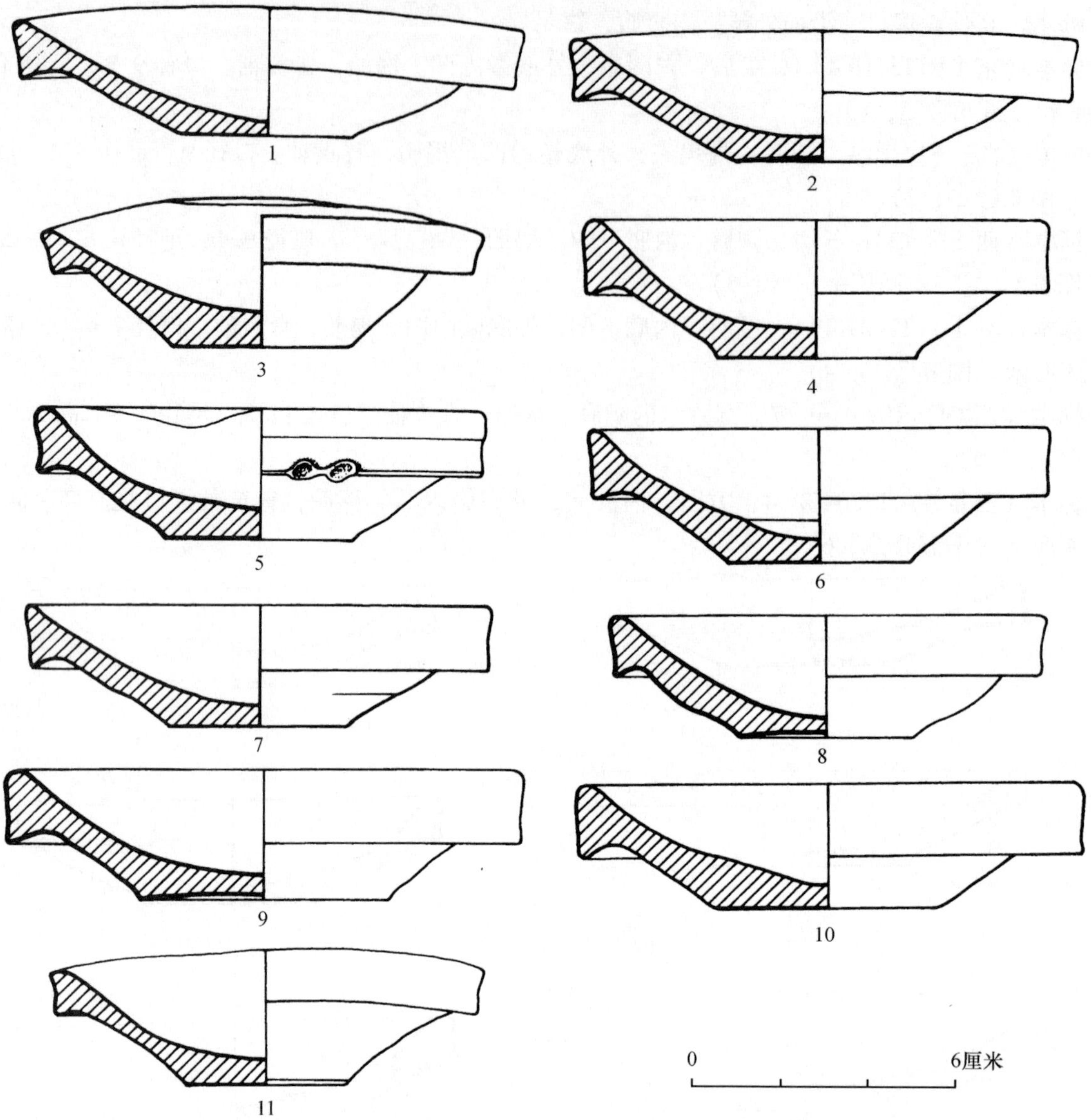

图五〇三　巴东旧县坪遗址出土宋代 Bc 型釉陶腰沿灯盏

1～10. Ⅰ式（（西Ⅳ）T0901⑥:4、（西Ⅳ）T0801⑥:1、（西Ⅳ）T0901⑥:3、（西Ⅰ）T3414⑤:5、（西）L18Ⅰ:5、（西）L4Ⅱ:10、（西Ⅳ）T0901⑥:1、（西ⅢA）T2507③:5、（西Ⅰ）T4018⑤:3、（西）F2Ⅱ:2）　11. Ⅱ式（（西ⅠB）T0313③:2）

标本（西Ⅳ）T0901⑥:3，内圜底。褐胎，釉已脱落。烧制变形。口径10.2、底径4.2、高3.4厘米（图五〇三，3；图版一三九，1）。

标本（西Ⅰ）T3414⑤:5，内坦底。褐胎，青黄釉。口径10.6、底径4.6、高3.2厘米（图五〇三，4；图版一三九，2）。

标本（西）L18Ⅰ:5，内圜底。褐胎，青釉。口径10.4、底径4.4、高3厘米（图五〇三，5）。

标本（西）L4Ⅱ:10，内底下凹。红褐胎，内部施酱釉，外部露胎。口径10.6、底径4.2、高3.1厘米（图五〇三，6；图版一三九，3）。

标本（西Ⅳ）T0901⑥:1，内圜底。褐胎，青黄釉。口径10.8、底径4、高3厘米（图五〇三，7；图版一三九，4）。

标本（西 IIIA）T2507③:5，内圜底。褐胎，青黄釉。口径 10、底径 4、高 2.8 厘米（图五〇三，8）。

标本（西Ⅰ）T4018⑤:3，内圜底。褐胎，青黄釉。口径 12、底径 5.8、高 3 厘米（图五〇三，9）。

标本（西）F2Ⅱ:2，内底下凹。灰褐胎，青釉，釉已脱落。口径 11.6、底径 5、高 2.9 厘米（图五〇三，10；图版一三九，5）。

Ⅱ式：1 件。饼足，器形较高。

标本（西ⅠB）T0313③:2，内坦底。灰褐胎，青釉，釉已脱落。口径 10、足径 3.8、高 3.1 厘米（图五〇三，11；图版一三九，6）。

Bd 型 6 件。沿面内收，圆唇，饼足。可以分为三式。

Ⅰ式：2 件。斜直腹，内圜底，外小底。

标本（西ⅢA）T1504③:2，褐胎，青黄釉。口径 10、足径 3.2、高 3.4 厘米（图五〇四，1）。

标本（西Ⅰ）T0108④:1，褐胎，青黄釉。口径 11.6、足径 4、高 3.1 厘米（图五〇四，2）。

Ⅱ式：2 件。腹微弧，大底。

标本（西）L2Ⅳ:7，内底略下凹。褐胎，青黄釉，釉已脱落。口径 11、足径 4、高 2.8 厘米（图五〇四，3；图版一四〇，1）。

标本（西）F51:4，内圜底。褐胎，青黄釉。口径 11、足径 4.8、高 3.3 厘米（图五〇四，4）。

Ⅲ式：2 件。弧腹，饼足内凹。

标本（西Ⅰ）T2315⑤:8，内坦底。褐胎，青黄釉。口径 10.6、足径 3.3、高 3.2 厘米（图五〇四，5）。

标本（西Ⅰ）T3117⑤:1，内底下凹。褐胎，青黄釉。口径 10.8、足径 4.6、高 2.9 厘米（图五〇四，6）。

（2）方唇灯盏

22 件。可以分为四式。

Ⅰ式：5 件。侈口，浅弧腹，大平底。

标本（西）F16:1，内底弧平，边缘有一凹槽，外底略内凹。褐胎，青釉。釉多已脱落。口径 9.2、底径 3.8、高 2.7 厘米（图五〇五，1）。

标本（西）F58:1，内坦底。灰胎，青釉，外下腹及底无釉。外上腹有叠烧的痕迹。口径 9、底径 4.2、高 2.8 厘米（图五〇五，2；图版一四〇，2）。

标本（西）F52:4，内坦底。褐胎，青釉。口径 8.2、底径 4.8、高 2.6 厘米（图五〇五，3）。

标本（西）F8Ⅱ:44，内坦底。红褐胎，内壁施青黄釉，口部近唇部无釉，釉多已脱落。唇上有黑垢。口径 10、底径 4.6、高 2.8 厘米（图五〇五，4；图版一四〇，3）。

标本（西）F2Ⅰ:6，口微敛，下腹部斜直内收。青灰胎，内外壁近唇部处有施釉的痕迹，釉已脱落。口径 8.4、底径 3.8、高 2.7 厘米（图五〇五，5）。

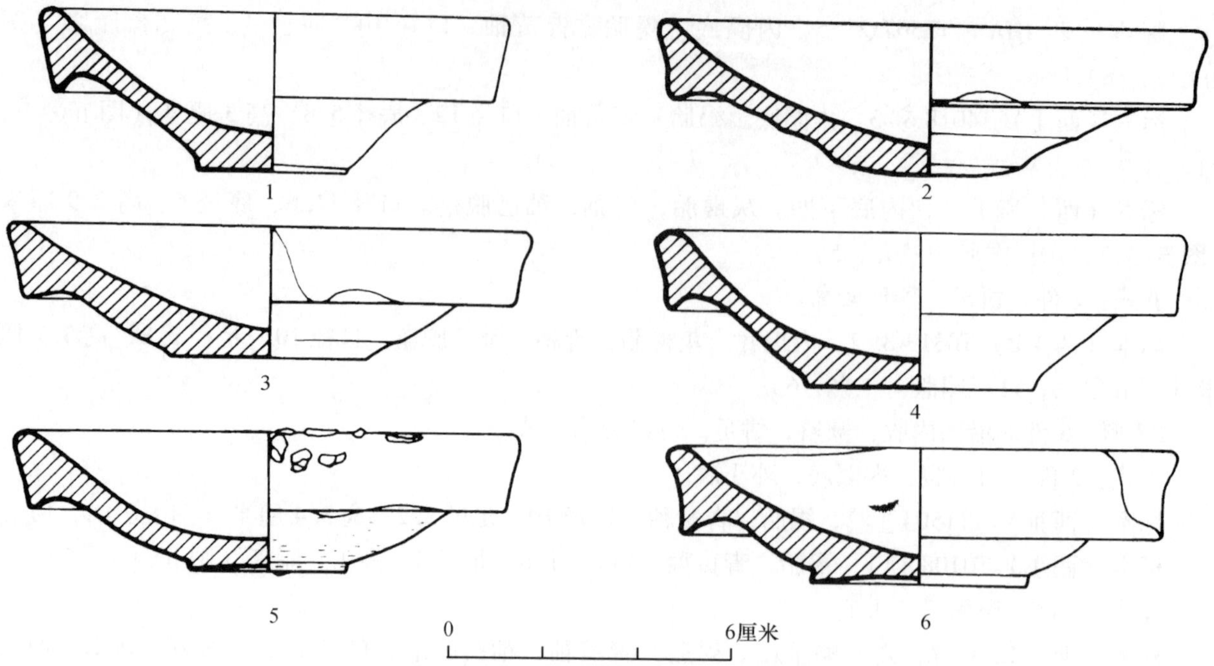

图五〇四　巴东旧县坪遗址出土宋代 Bd 型釉陶腰沿灯盏

1、2. Ⅰ式（（西ⅢA）T1504③:2、（西Ⅰ）T0108④:1）　3、4. Ⅱ式（（西）L2Ⅳ:7、（西）F51:4）　5、6. Ⅲ式（（西Ⅰ）T2315⑤:8、（西Ⅰ）T3117⑤:1）

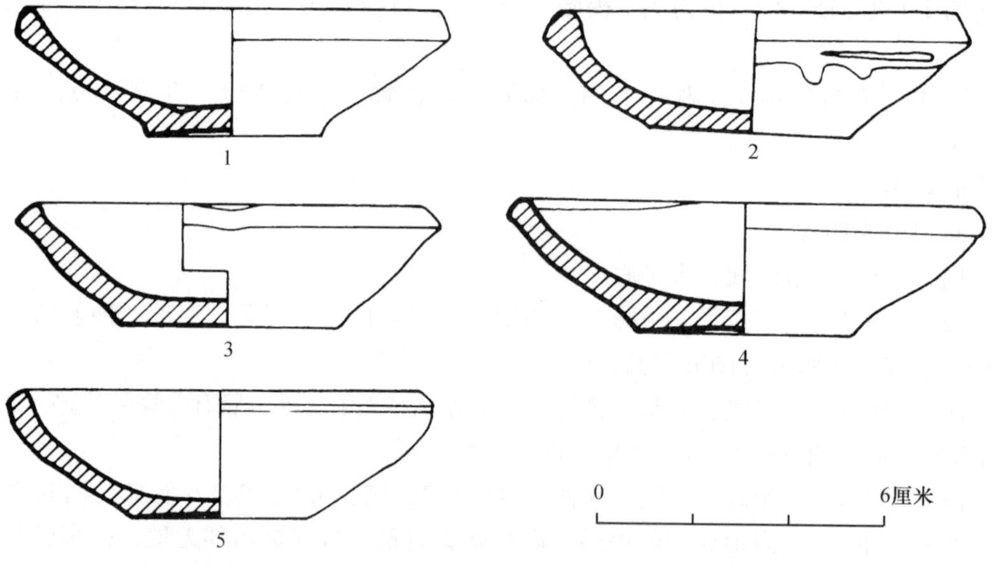

图五〇五　巴东旧县坪遗址出土宋代Ⅰ式釉陶方唇灯盏

1.（西）F16:1　2.（西）F58:1　3.（西）F52:4　4.（西）F8Ⅱ:44　5.（西）F2Ⅰ:6

Ⅱ式：6件。敞口，斜直腹，器形较矮，平底。

标本（西）F32:2，内坦底，内底心有脐突。褐胎，青黄釉，脱落严重，外下腹及足无釉。唇部有叠烧痕迹。口径10、底径3.2、高2.8厘米（图五〇六，1；图版一四〇，4）。

标本（西Ⅰ）T1409⑤:3，内底下凹。胎外灰内红，青釉，外下腹及足无釉，外部及口部的釉已脱落。口径8.9、底径3.8、高3.2厘米（图五〇六，2；图版一四〇，5）。

标本（西Ⅰ）T0901⑤:3，内平底。褐胎，青釉。口径8.6、底径3.2、高2.6厘米（图五〇六，3）。

标本（西）H57∶9，褐胎，内壁施黑釉。口径8.6、底径3.4、高2厘米（图五〇六，4）。

标本（西）F14Ⅰ∶6，内圜底。褐胎，青釉。口径7.6、底径3.2、高2.5厘米（图五〇六，5）。

标本（西IIA）T1306③∶5，内圜底。褐胎，青釉。口径8.8、底径4.4、高2.6厘米（图五〇六，6）。

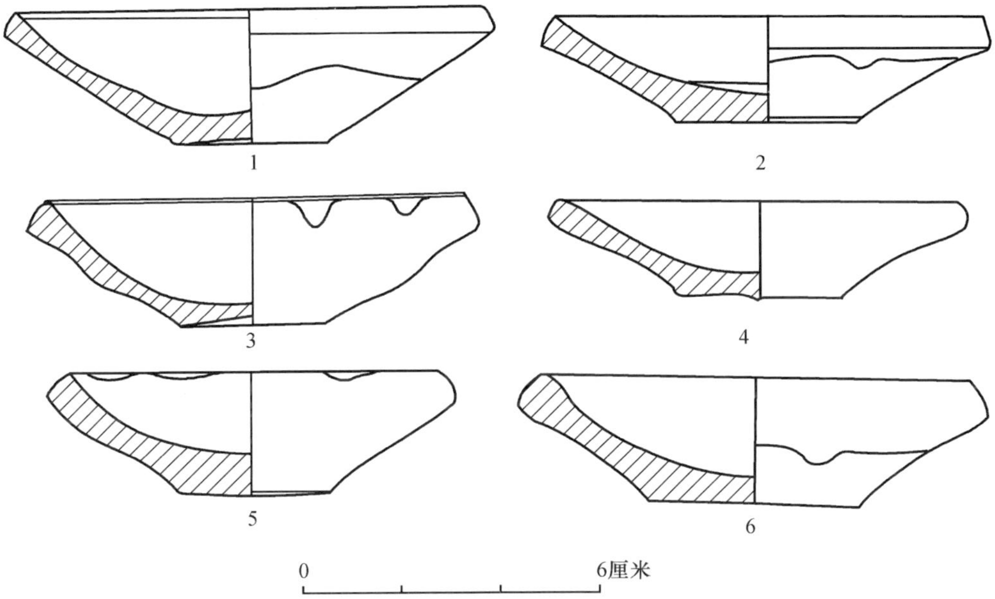

图五〇六　巴东旧县坪遗址出土宋代Ⅱ式釉陶方唇灯盏

1.（西）F32∶2　2.（西Ⅰ）T1409⑤∶3　3.（西Ⅰ）T0901⑤∶3　4.（西）H57∶9　5.（西）F14Ⅰ∶6　6.（西IIA）T1306③∶5

Ⅲ式：4件。斜直腹，器形较高，底部变厚。

标本（东Ⅰ）T2917④∶24，内圜底，外底略内凹。褐胎，青黄釉。口径9.2、底径3.4、高2.8厘米（图五〇七，1）。

标本（西ⅡA）T1306③∶4，内底下凹。深灰胎，青黄釉下有化妆土。口径9.2、底径3.8、高2.8厘米（图五〇七，2）。

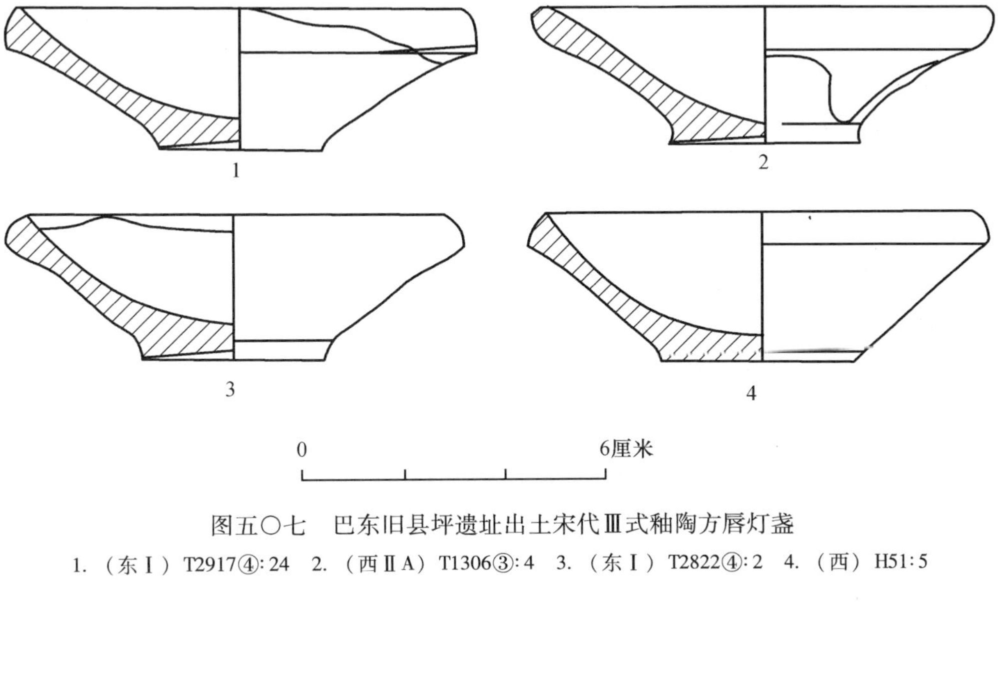

图五〇七　巴东旧县坪遗址出土宋代Ⅲ式釉陶方唇灯盏

1.（东Ⅰ）T2917④∶24　2.（西ⅡA）T1306③∶4　3.（东Ⅰ）T2822④∶2　4.（西）H51∶5

标本（东Ⅰ）T2822④:2，内圜底。褐胎，青黄釉。口径8.4、底径3.8、高2.9厘米（图五〇七，3）。

标本（西）H51:5，内圜底。灰胎，内部施釉，已脱落。口径9.4、底径3.8、高3厘米（图五〇七，4；图版一四〇，6）。

Ⅳ式：7件。斜直腹，饼足。

标本（西Ⅰ）T3520⑤:10，内平底。褐胎，青黄釉。口径8.6、足径3.4、高2.6厘米（图五〇八，1）。

标本（西）L17Ⅱ:3，内圜底。灰胎，内腹施青釉。外底有切割的螺旋纹。口径9、足径4、高2.8厘米（图五〇八，2；图版一四一，1）。

标本（西Ⅰ）T2315⑤:7，内圜底。褐胎，青黄釉。口径9.4、足径4、高3厘米（图五〇八，3）。

标本（西）F8Ⅳ:19，唇面有一周凹槽，内坦底。褐胎，内部施青釉。口径9、足径4、高2.4厘米（图五〇八，4；图版一四一，2）。

标本（西Ⅰ）T2416⑤:2，内坦底。黑褐胎，釉已脱落。口径9.8、足径3.8、高3.1厘米（图五〇八，5；图版一四一，3）。

标本（西Ⅰ）T3517⑤:85，内圜底。褐胎，青黄釉。口径9.2、足径3.8、高3.2厘米（图五〇八，6）。

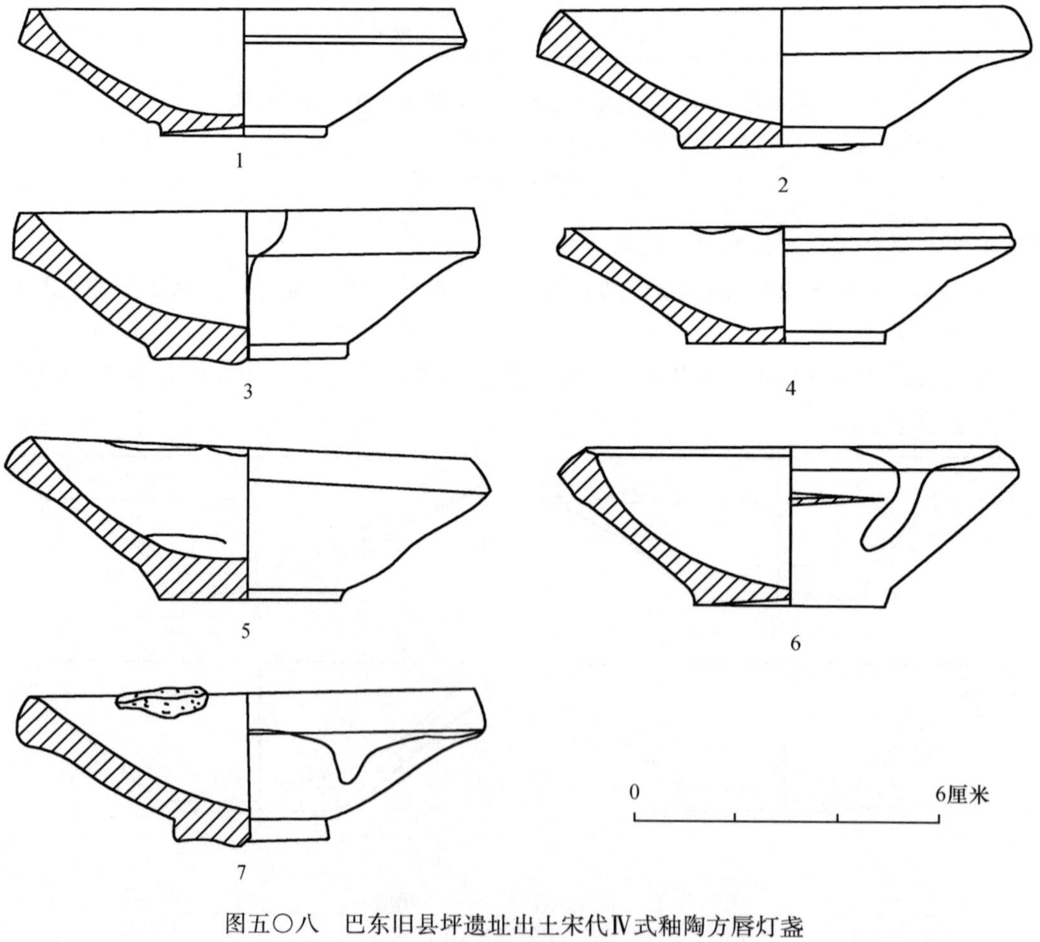

图五〇八　巴东旧县坪遗址出土宋代Ⅳ式釉陶方唇灯盏

1.（西Ⅰ）T3520⑤:10　2.（西）L17Ⅱ:3　3.（西Ⅰ）T2315⑤:7　4.（西）F8Ⅳ:19　5.（西Ⅰ）T2416⑤:2　6.（西Ⅰ）T3517⑤:85　7.（西Ⅰ）T2315⑤:10

标本（西Ⅰ）T2315⑤:10，内圜底，略下凹，饼足足墙外撇。褐胎，青黄釉。口径9.4、足径3.2、高2.9厘米（图五〇八，7）。

（3）圆唇灯盏

51件。可以分为五型。

A型　11件。侈口，腹壁微弧，腹下部外曲。可以分为二式。

Ⅰ式：10件。平底。

标本（西）F8Ⅲ:57，内圜底。夹砂灰陶，釉已脱落。口径8.6、底径5.2、高2.7厘米（图五〇九，1）。

标本（西Ⅰ）T0901⑤:10，内坦底。灰褐胎，青釉。口径6.2、底径3.8、高1.9厘米（图五〇九，2；图版一四一，4）。

标本（西）F8Ⅲ:31，内坦底。夹粗砂灰胎，釉已脱落。口径8.2、底径4.6、高2.8厘米（图五〇九，3；图版一四一，5）。

标本（东Ⅰ）T2917④:2，内坦底。灰褐胎，釉已脱落，釉色不可知。口径8.2、底径4.8、高2.9厘米（图五〇九，4）。

标本（西）F42:2，内坦底。夹细砂灰陶，可能施釉。口径8.8、底径4.8、高3厘米（图五〇九，5）。

标本（西）L17Ⅰ:4，内圜底，内底心凸起。褐胎，青釉。口径8、底径4.8、高2.7厘米（图五〇九，6；图版一四一，6）。

标本（西Ⅰ）T4018⑤:4，内底下凹。灰褐胎，釉已脱落，釉色不可知。口径8.6、底径4.8、高2.8厘米（图五〇九，7）。

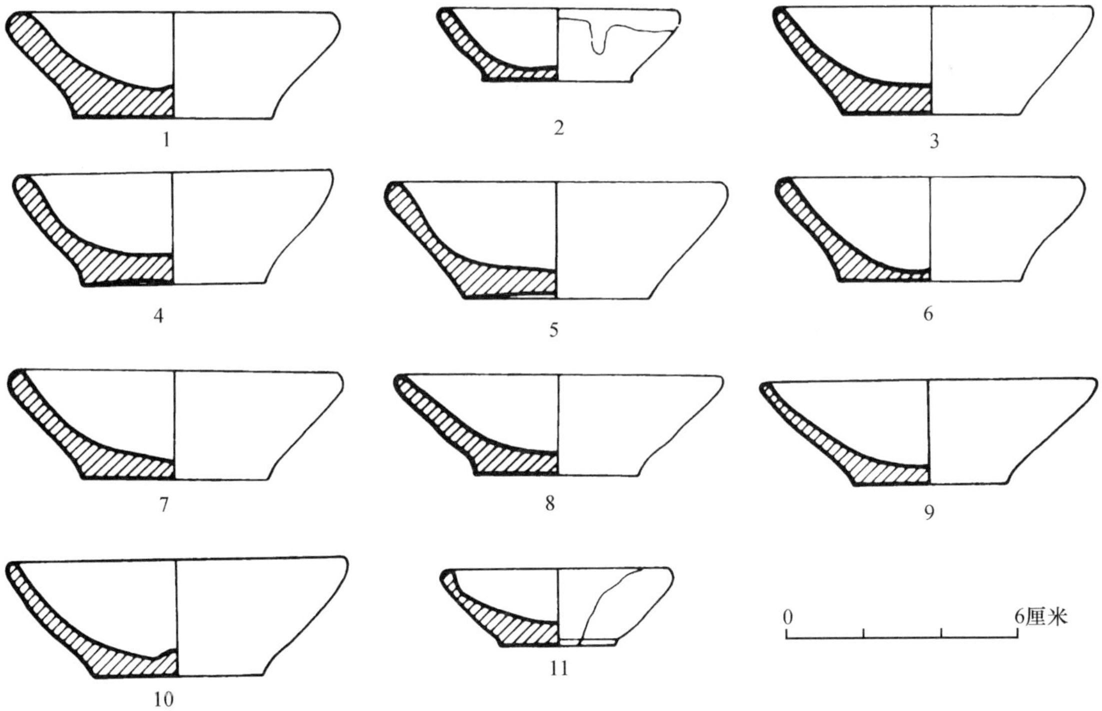

图五〇九　巴东旧县坪遗址出土宋代A型釉陶圆唇灯盏

1～10. Ⅰ式（（西）F8Ⅲ:57、（西Ⅰ）T0901⑤:10、（西）F8Ⅲ:31、（东Ⅰ）T2917④:2、（西）F42:2、（西）L17Ⅰ:4、（西Ⅰ）T4018⑤:4、（西Ⅰ）T2213⑤:10、（东Ⅰ）T3316④:12、（西）L18Ⅱ:2）　11. Ⅱ式（（西Ⅰ）T3517⑤:8）

标本（西Ⅰ）T2213⑤:10，内圜底。青灰陶，釉已脱落。口径8.4、底径4.2、高2.6厘米（图五〇九，8；图版一四二，1）。

标本（东Ⅰ）T3316④:12，内圜底。灰褐胎，釉已脱落，釉色不可知。口径8.8、底径4、高2.7厘米（图五〇九，9）。

标本（西）L18Ⅱ:2，内底心凸起。褐胎，釉已脱落。口径8.8、底径4.4、高3厘米（图五〇九，10；图版一四二，2）。

Ⅱ式：1件。矮饼足。

标本（西Ⅰ）T3517⑤:8，内底下凹。灰褐胎，釉已脱落，釉色不可知。口径6、足径3、高2厘米（图五〇九，11）。

B型　9件。侈口，中腹部胎较薄，饼足。可以分为二式。

Ⅰ式：5件。器形较矮。

标本（西）F8Ⅰ:29，内坦底。红褐胎，青黄釉，外下腹及足无釉，整器成椭圆形，口不平。口径9.5～10.2、足径4、高2.9厘米（图五一〇，1；图版一四二，3）。

标本（西Ⅰ）T0901④:15，内坦底，内底心凸起。红褐胎，酱黄釉。口径9.4、足径3.6、高3厘米（图五一〇，2；图版一四二，4）。

标本（西Ⅰ）T0108④:5，内圜底。红胎，内部施青釉已脱落。口径9.4、足径3.2、高2.8厘米（图五一〇，3；图版一四二，5）。

标本（西Ⅰ）T3613⑤:5，内圜底。红褐胎，青黄釉。口径10.8、足径4.8、高2.6厘米（图五一〇，4）。

标本（西）F93:2，内平底。红褐胎，青黄釉。口径9.7、足径4.2、高3厘米。烧制变形（图五一〇，5）。

Ⅱ式：4件。器形较高。

标本（西）F3:10，内坦底。褐胎，青黄釉。口径10.4、足径3.8、高2.8厘米（图五一〇，6）。

标本（东Ⅰ）T3716④:6，褐胎，青黄釉。口径9.2、足径4.8、高3.4厘米（图五一〇，7）。

标本（西Ⅰ）T1812④:5，内坦底。褐胎，青黄釉。口径10.6、足径4.8、高2.8厘米（图五一〇，8）。

标本（西Ⅰ）T1603⑦:2，褐胎，青黄釉。口径9.2、足径3.8、高2.8厘米（图五一〇，9）。

C型　5件。敞口，底胎较厚。腹壁较直。可以分为二式。

Ⅰ式：4件。平底。

标本采集:10，灰褐胎，釉已脱落，釉色不可知。口径9.4、底径3.6、高2.3厘米（图五一一，1）。

标本（西）L9Ⅰ:6，灰褐胎，施釉已全脱落。外底有一切割后留下的凸起，整器不规整，口略不平。口径6.5、底径2.8、高2厘米（图五一一，2；图版一四二，6）。

标本（西）F48:6，灰褐胎，釉已脱落。口径8、底径3.6、高2.9厘米（图五一一，4；图版一四三，1）。

标本（西Ⅰ）T2014⑤:1，灰褐胎，釉已脱落，釉色不可知。口径9.6、底径3.6、高3.4厘米（图五一一，5）。

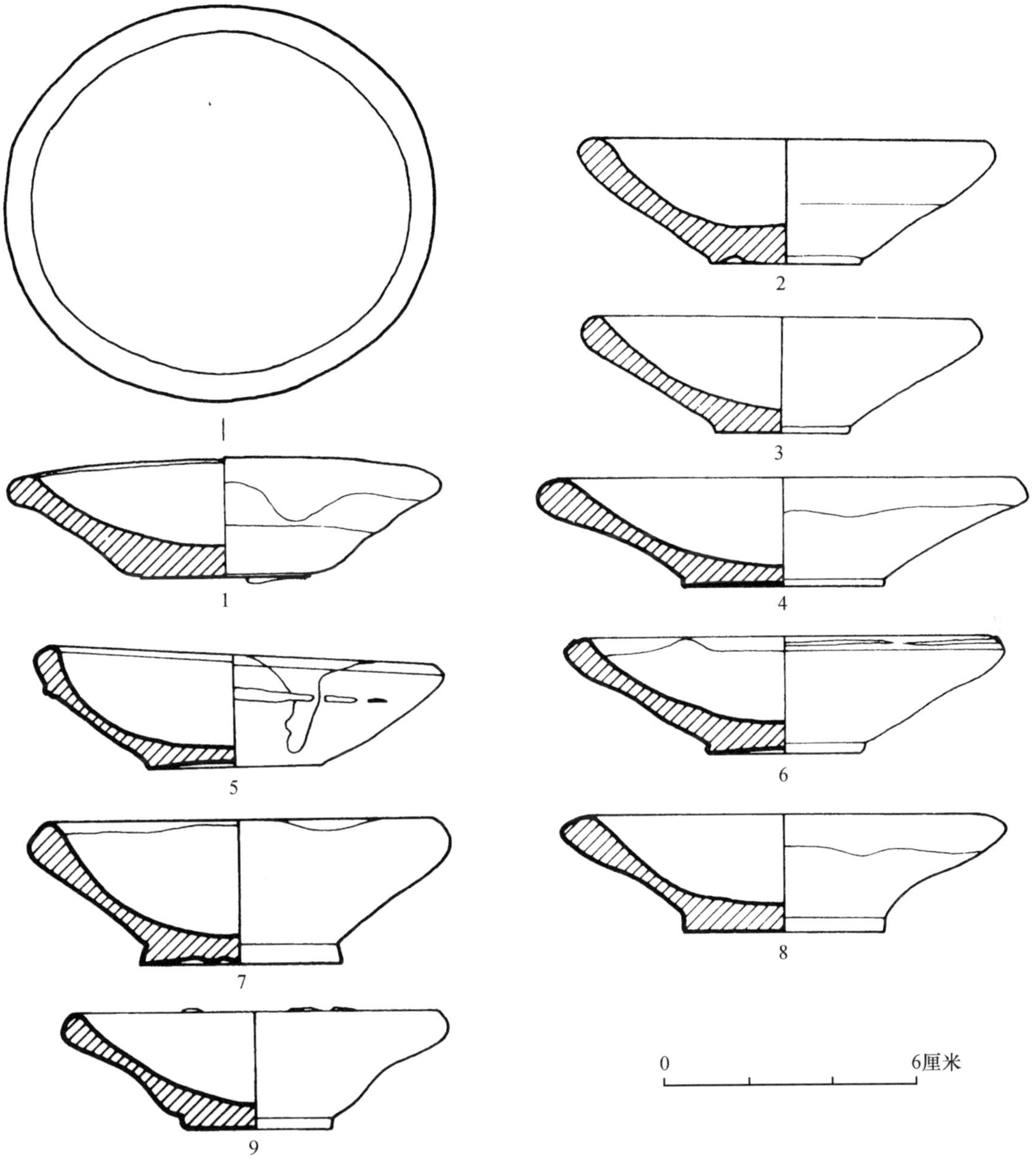

图五一〇　巴东旧县坪遗址出土宋代 B 型釉陶圆唇灯盏

1～5. Ⅰ式（（西）F8Ⅰ:29、（西Ⅰ）T0901④:15、（西Ⅰ）T0108④:5、（西Ⅰ）T3613⑤:5、（西）F93：2）　6～9. Ⅱ式（（西）F3:10、（东Ⅰ）T3716④:6、（西Ⅰ）T1812④:5、（西Ⅰ）T1603⑦:2）

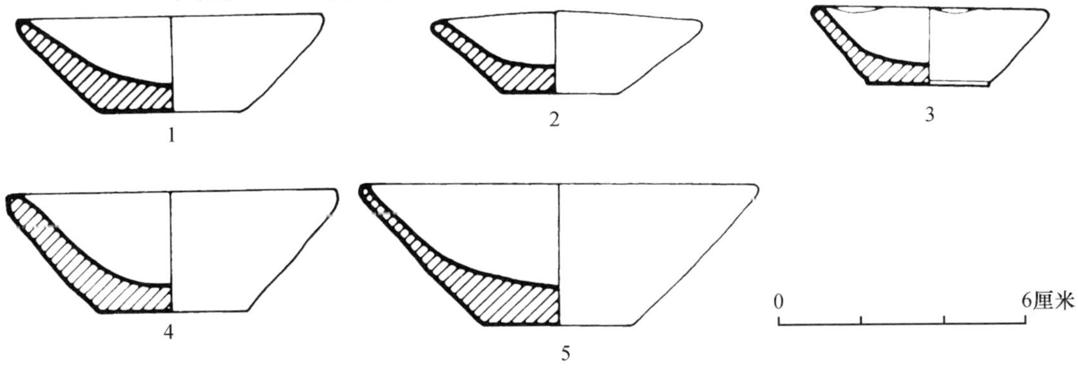

图五一一　巴东旧县坪遗址出土宋代 C 型釉陶圆唇灯盏

1、2、4、5. Ⅰ式（采集:10、（西）L9Ⅰ:6、（西）F48:6、（西Ⅰ）T2014⑤:1）　3. Ⅱ式（（东Ⅰ）T2916④:2）

Ⅱ式：1 件。饼足。

标本（东Ⅰ）T2916④:2，灰褐胎，釉已脱落，釉色不可知。口径 5.6、足径 3、高 1.9 厘米（图五一一，3）。

D 型　15 件。敞口，斜直腹，内坦底，外大平底。可以分为二式。

Ⅰ式：11 件。器形较矮。

标本（西）F1Ⅱ:4，褐胎，青黄釉。口径 9.4、底径 4.2、高 2.2 厘米（图五一二，1）。

标本（东）F12Ⅱ:1，灰白胎，青白釉。口径 9、底径 4.1、高 2 厘米（图五一二，2）。

标本（西）L2Ⅱ:7，褐胎，青黄釉。口径 8、底径 4、高 2 厘米（图五一二，3）。

标本（西）F24Ⅰ:3，红胎，青黄釉。口径 8、底径 4.4、高 2.1 厘米（图五一二，4）。

标本（西）L2Ⅱ:8，褐胎，青黄釉。口径 8.8、底径 4.8、高 2.4 厘米（图五一二，5）。

标本（西）F54:1，灰胎，施釉已脱落。外底有螺纹。口径 8.8、底径 5.2、高 2.4 厘米（图五一二，6；图版一四三，2）。

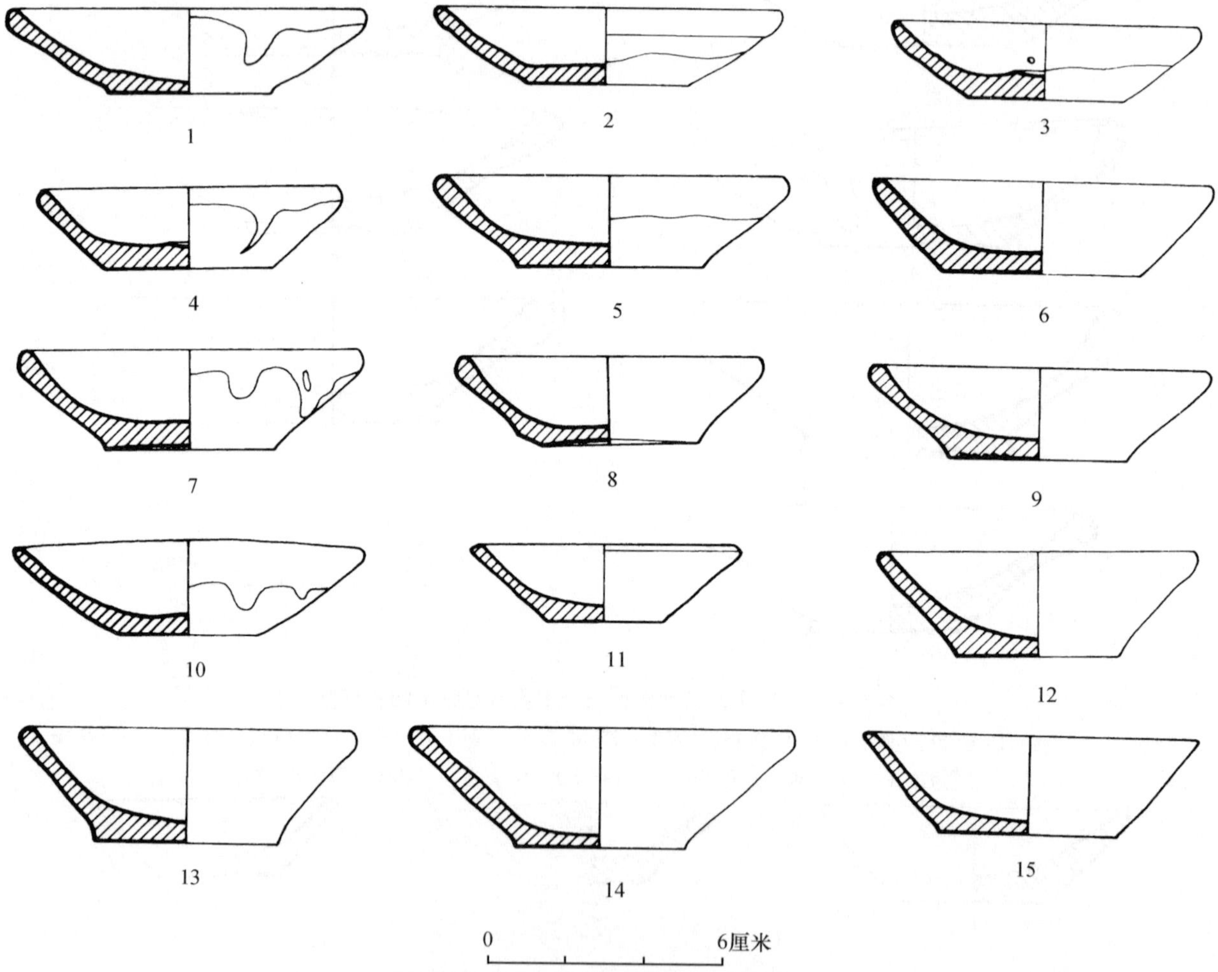

图五一二　巴东旧县坪遗址出土宋代 D 型釉陶圆唇灯盏

1～11. Ⅰ式（（西）F1Ⅱ:4、（东）F12Ⅱ:1、（西）L2Ⅱ:7、（西）F24Ⅰ:3、（西）L2Ⅱ:8、（西）F54:1、（西ⅢA）T1403②:1、（西ⅡB）T1020④:1、（西）F24Ⅰ:4、（西）F94:1、（东）F39:1）　12～15. Ⅱ式（（西）F21:4、（西）F21:3、（西）F8Ⅱ:13、（西）F22:5）

标本（西 IIIA）T1403②:1，褐胎，青黄釉。口径9、底径4.4、高2.6厘米（图五一二，7）。

标本（西ⅡB）T1020④:1，灰褐胎，釉已脱落，釉色不可知。口径8、底径4.6、高2.4厘米（图五一二，8）。

标本（西）F24Ⅰ:4，灰褐胎，釉已脱落，釉色不可知。口径8.8、底径4.6、高2.4厘米（图五一二，9）。

标本（西）F94:1，灰褐胎，酱黄釉，唇上有一周削痕露胎，外下腹及底无釉。外底有螺纹。口径9.2、底径3.6、高2.5厘米（图五一二，10；图版一四三，3）。

标本（东）F39:1，灰褐胎，釉已脱落，釉色不可知。口径7、底径3、高2厘米（图五一二，11）。

Ⅱ式：4件。器形较高。

标本（西）F21:4，内底略下凹。深灰胎，施釉，已脱落，釉色不可知。口径8.2、底径4.2、高2.7厘米（图五一二，12）。

标本（西）F21:3，内圜底。灰褐胎，釉已脱落，釉色不可知。口径8.8、底径4.8、高3厘米（图五一二，13）。

标本（西）F8Ⅱ:13，夹砂红陶，釉已脱落。口径10、底径4.4、高3.1厘米（图五一二，14）。

标本（西）F22:5，灰褐胎，釉已脱落，釉色不可知。口径8.6、底径4.6、高2.6厘米（图五一二，15）。

E型　11件。斜直腹，内坦底，外底较小。可以分为二式。

Ⅰ式：8件。平底。

标本（西Ⅰ）T3517⑤:80，外底内凹。红褐胎，青黄釉。口径11、底径3.6、高2.6厘米（图五一三，1）。

标本（西）L2Ⅲ:6，青灰胎，内壁施青黄釉。口径10、底径3.4、高2.4厘米（图五一三，2）。

标本（西）F8Ⅲ:73，红褐胎，青黄釉。口径9.9、底径3.4、高2.3厘米（图五一三，3）。

标本（西）F8Ⅲ:71，红褐胎，青黄釉。口径9.6、底径3.6、高2.8厘米（图五一三，4）。

标本（西Ⅰ）T3420⑤:4，青灰胎，青釉。内底有三个垫石痕迹。口径9.4、底径4、高2.4厘米（图五一三，5）。

标本（西Ⅰ）T1913⑤:4，内底心为一小窝。灰胎，唇及内部施青釉，器形不规整，口向一边倾斜。口径10.2、底径3.8、高2.8厘米（图五一三，6；图版一四三，4）。

标本（西）F8Ⅲ:76，内底略下凹。红褐胎，青黄釉。口径9.6、底径4、高2.4厘米（图五一三，7）。

标本（西）F8Ⅲ:72，红褐胎，青黄釉。口径8.8、底径3.6、高2.5厘米（图五一三，8）。

Ⅱ式：3件。器形较高，矮小饼足。

标本（西）L4Ⅱ:11，红褐胎，青黄釉。口径9.2、足径3、高2.8厘米（图五一三，9；图版一四三，5）。

标本（西）F14Ⅰ:9，红褐胎，青黄釉。口径10、足径3.9、高2.9厘米（图五一三，10）。

标本（西）F8Ⅲ:74，红褐胎，青黄釉。口径10、足径3、高2.8厘米（图五一三，11）。

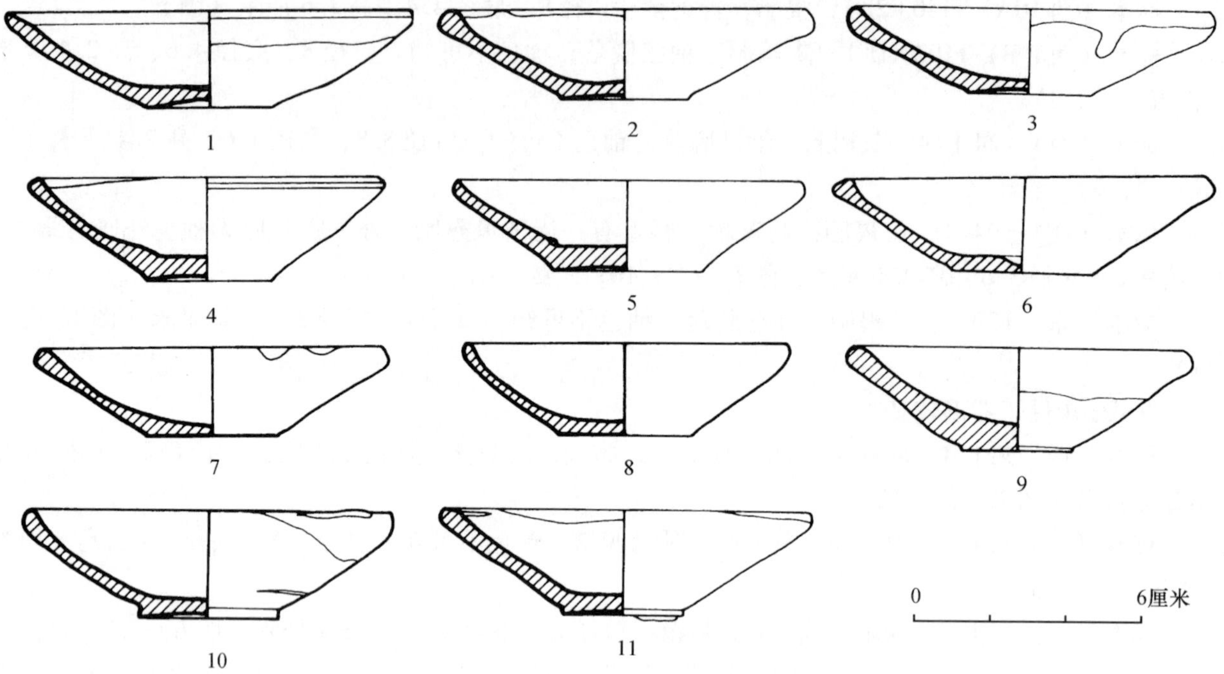

图五一三　巴东旧县坪遗址出土宋代 E 型釉陶圆唇灯盏

1～8. Ⅰ式（（西Ⅰ）T3517⑤:80、（西）L2Ⅲ:6、（西）F8Ⅲ:73、（西）F8Ⅲ:71、（西Ⅰ）T3420⑤:4、（西Ⅰ）T1913⑤:4、（西）F8Ⅲ:76、（西）F8Ⅲ:72）　9～11. Ⅱ式（（西）L4Ⅱ:11、（西）F14Ⅰ:9、（西）F8Ⅲ:74）

（4）尖圆唇灯盏

12 件。侈口。分二式。

Ⅰ式：6 件。唇部尖凸，内圜底，外平底，浅腹。

标本（西）F8Ⅱ:45，红褐胎，青黄釉。口径 11、底径 5、高 2 厘米（图五一四，1）。

标本（西）F8Ⅱ:46，红褐胎，青黄釉。口径 9.8、底径 5.2、高 2.2 厘米（图五一四，2）。

标本（西ⅠB）T0815④:2，红褐胎，青黄釉。口径 10.4、底径 5、高 2.2 厘米（图五一四，3）。

标本（西）F13Ⅰ:3，灰胎，外腹近口处及内部施青釉。口径 8.2、底径 4.6、高 2.4 厘米（图五一四，4；图版一四三，6）。

标本（西）F2Ⅰ:2，灰白胎，青釉，多已脱落，外下腹及底无釉。口径 10.6、底径 4.6、高 2.4 厘米（图五一四，5；图版一四四，1）。

标本（西）F8Ⅱ:18，内圜底。红褐胎，内腹及外上腹施乳白色护胎釉，内腹在护胎釉上施金黄色釉。口径 10.6、底径 4.4、高 2.3 厘米（图五一四，6）。

Ⅱ式：6 件。唇部圆突，内圜底或平底，外平底或饼足。

标本（西Ⅰ）T3519⑤:9，内坦底，饼足。红褐胎，青黄釉。口径 11.2、足径 4.6、高 2.4 厘米（图五一五，1）。

标本（西）G2:4，内圜底，外平底。褐胎，内部施酱釉，外部无釉。口径 10.6、底径 4.2、高 2.4 厘米（图五一五，2；图版一四四，2）。

标本（西）L15Ⅰ:1，内圜底，外平底。红褐胎，青黄釉。口径 10.4、底径 4、高 2.4 厘米（图五一五，3）。

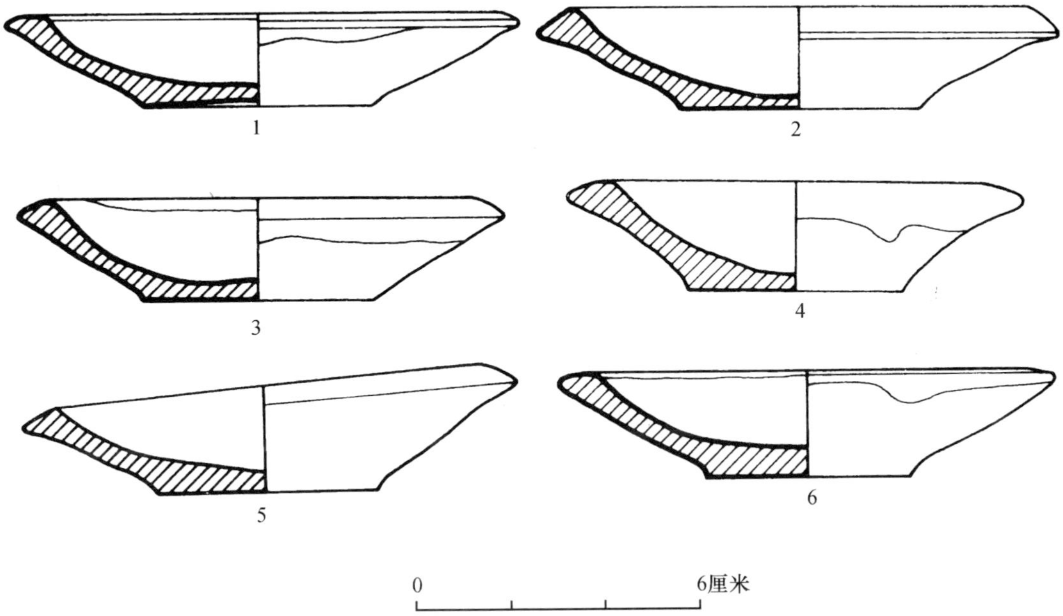

图五一四　巴东旧县坪遗址出土宋代Ⅰ式釉陶尖圆唇灯盏

1.（西）F8Ⅱ:45　2.（西）F8Ⅱ:46　3.（西ⅠB）T0815④:2　4.（西）F13Ⅰ:3　5.（西）F2Ⅰ:2　6.（西）F8Ⅱ:18

标本（西）F8Ⅱ:6，内圜底，略下凹，外平底。褐胎，釉多已脱落。口径9.2、底径3.6、高2.6厘米（图五一五，4）。

标本（西Ⅰ）T1208⑥:7，内圜底，外平底。黑褐胎，唇部及内壁施青釉，唇部釉已脱落。胎质差，内有些许气泡。故器壁有许多凸起。口径10.8、底径4、高2.8厘米（图五一五，5；图版一四四，3）。

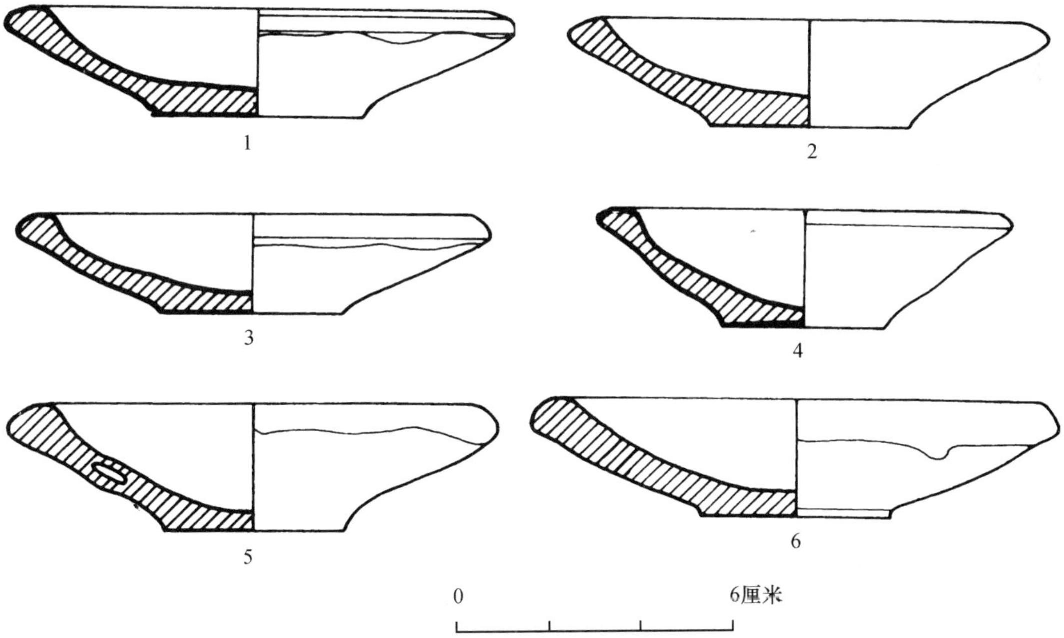

图五一五　巴东旧县坪遗址出土宋代Ⅱ式釉陶尖圆唇灯盏

1.（西Ⅰ）T3519⑤:9　2.（西）G2:4　3.（西）L15Ⅰ:1　4.（西）F8Ⅱ:6　5.（西Ⅰ）T1208⑥:7　6.（西）G2:15

标本（西）G2:15，内圜底，矮饼足。褐胎，青黄釉。口径11.2、足径4.2、高3.6厘米（图五一五，6；图版一四四，4）。

14. 刻槽盏

3件。盘口，折腹，饼足。内腹及底戳挑数组指甲状凸起。

标本（西）F8Ⅲ:19，方唇，内底斜直。褐胎，青釉。口径11、足径5.2、高2.5厘米（图五一六，1；图版一四四，5）。

标本（西）F2Ⅱ:4，尖圆唇，内圜底。褐胎，外上腹及内部施青釉。口径14、足径4.4、高3.1厘米（图五一六，2；图版一四四，6）。

标本（西）F32:10，方唇，内圜底。褐胎，青釉。口径13.2、足径6、高2.7厘米（图五一六，3）。

15. 器盖

5件。可以分为五型。

A型　1件。

标本（西）F8Ⅱ:48，盖面折起，盖顶近平，顶中心置纽，纽近荷叶状。褐胎，外施酱黄釉。残高4.4厘米（图五一七，1）。

B型　1件。覆碗状。

标本（西Ⅰ）T1006⑦:22，直口，圆唇，盖面隆起较高，盖顶较平，盖顶置半环形纽，纽宽扁，上饰菱形几何纹，唇部有与窑具粘连痕迹。褐胎，外部施青釉，内部无釉。盖径19.2、通高10.7厘米（图五一七，2；图版一四五，1）。

C型　1件。覆盆状。

标本（西Ⅰ）T3520⑤:3，侈口，圆唇，近筒形，盖面折起，盖顶微弧。外灰白内红褐胎，外部施青黄釉，开片。盖径6.6、顶径5.2、高3.5厘米（图五一七，3；图版一四五，2）。

D型　1件。

标本（西Ⅰ）T0808④:1，圆唇，盖壁斜外弧，盖顶下凹，顶中间置圆柱纽，纽低于盖沿。灰胎，釉已脱落，釉色不清。盖径11.2、高3.2厘米（图五一七，4）。

E型　1件。

标本（西）F12Ⅰ:4，尖唇，折沿，沿边下斜，斜壁，盖面下凹，平顶，底中心置蘑菇形纽，纽高于盖沿。红褐胎，酱釉，已脱落。盖径6.2、通高2.4厘米（图五一七，5）。

16. 砂锅

3件。可以分为二型。

A型　1件。鼓腹。

标本（西）L9Ⅰ:1，敛口，方唇，唇面有一凹槽，鼓腹，平底，管状斜柄，柄的一侧口部按捏一流。上腹有一道凹弦纹。红褐胎，内壁施青釉。口径12.8、腹径14.8、底径8.4、高9.2厘米（图五一八，1；图版一四五，3）。

B型　2件。折腹。敛口，尖唇，深腹，饼足，束腰管状柄，柄的一侧口部按捏一流。

标本（西）F32:3，褐胎，内壁口部及外壁上部施青釉，施釉不到底。外下腹有刮削痕迹。口径14.8、腹径15.2、足径8、高11.2厘米（图五一八，3；图版一四五，4）。

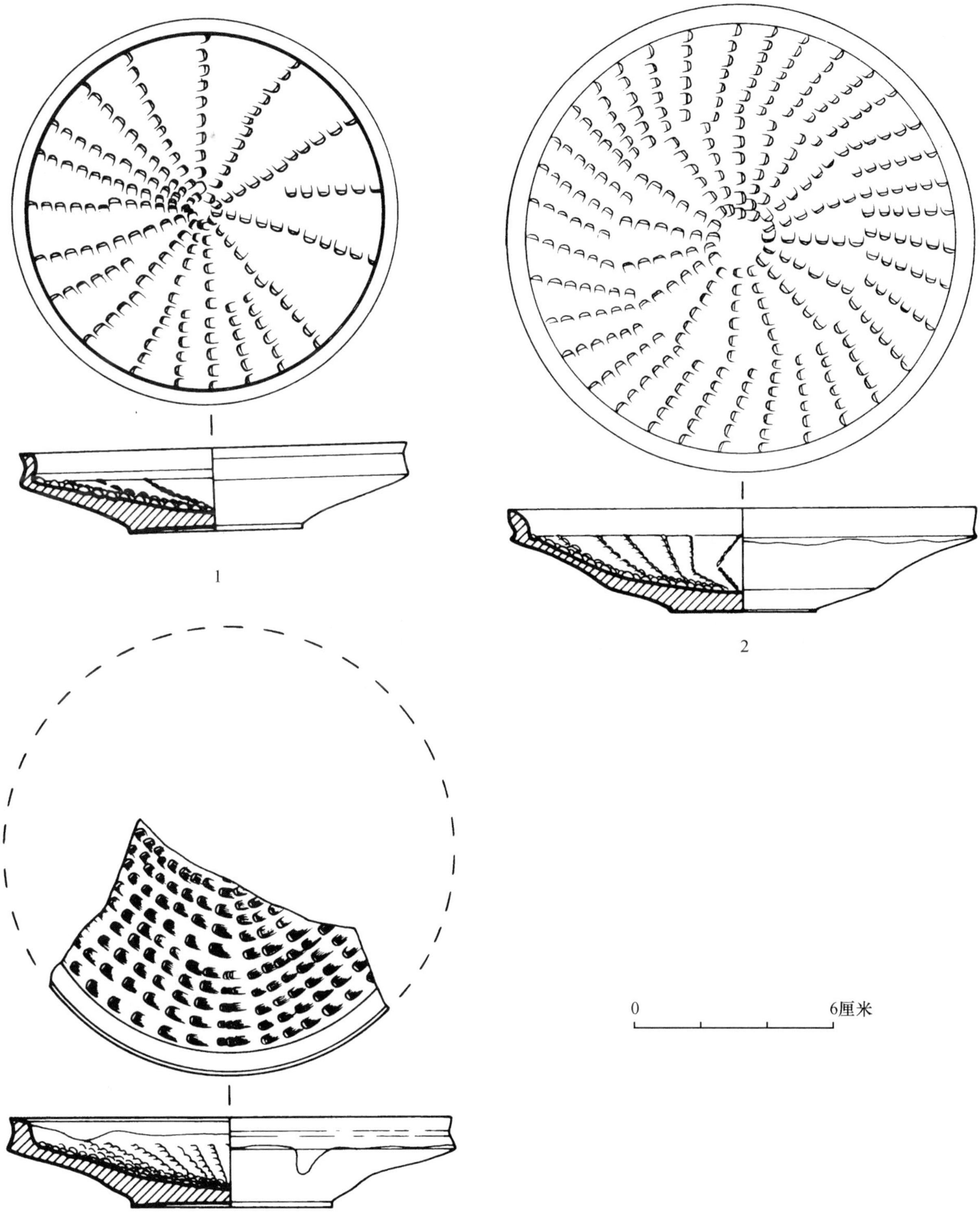

图五一六 巴东旧县坪遗址出土宋代釉陶刻槽盏

1.（西）F8Ⅲ:19 2.（西）F2Ⅱ:4 3.（西）F32:10

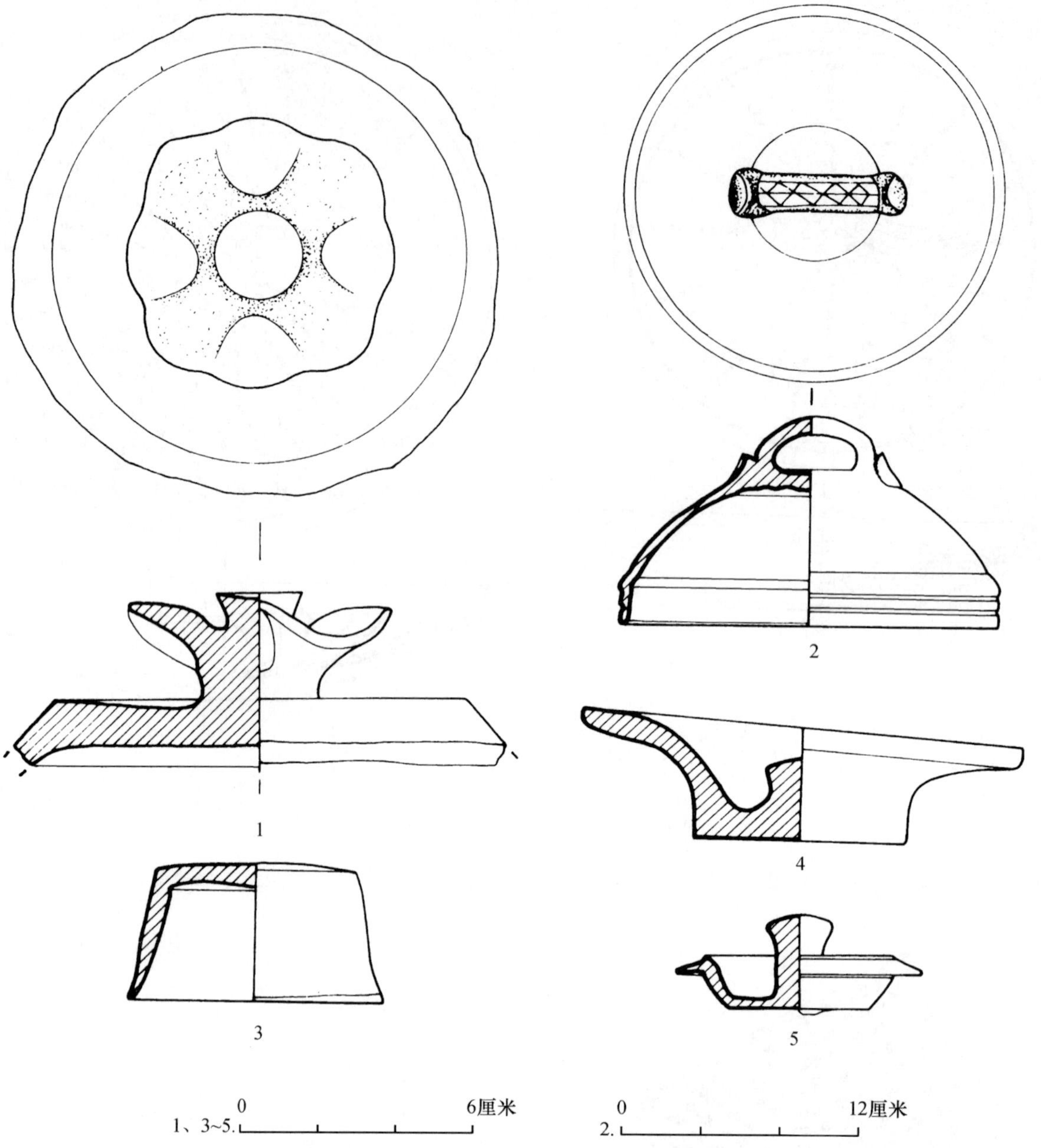

图五一七　巴东旧县坪遗址出土宋代釉陶器盖

1. A 型（（西）F8Ⅱ:48）　2. B 型（（西Ⅰ）T1006⑦:22）　3. C 型（（西Ⅰ）T3520⑤:3）　4. D 型（（西Ⅰ）T0808④:1）　5. E 型（（西）F12Ⅰ:4）

标本（西）F32:11，褐胎，内壁口部及外壁上部施青釉，施釉不到底。口径 14.8、腹径 15.6、足径 8、高 11.6 厘米（图五一八，2）。

17. 炉

1 件。圈足炉。

标本（东）F16:1，莲花口，敛口，弧腹，高圈足，足与下腹间有一层檐，上腹贴塑两层仰莲纹，圈足贴塑一条盘龙和波涛纹，炉座残。红胎，莲瓣、出檐施绿釉，第一层莲瓣间隔施以黄釉，圈足部分施褐釉，贴塑部分施黄、绿釉。残高 19.6、腹径 19.2 厘米（图五一九；彩版二六，1、2）。

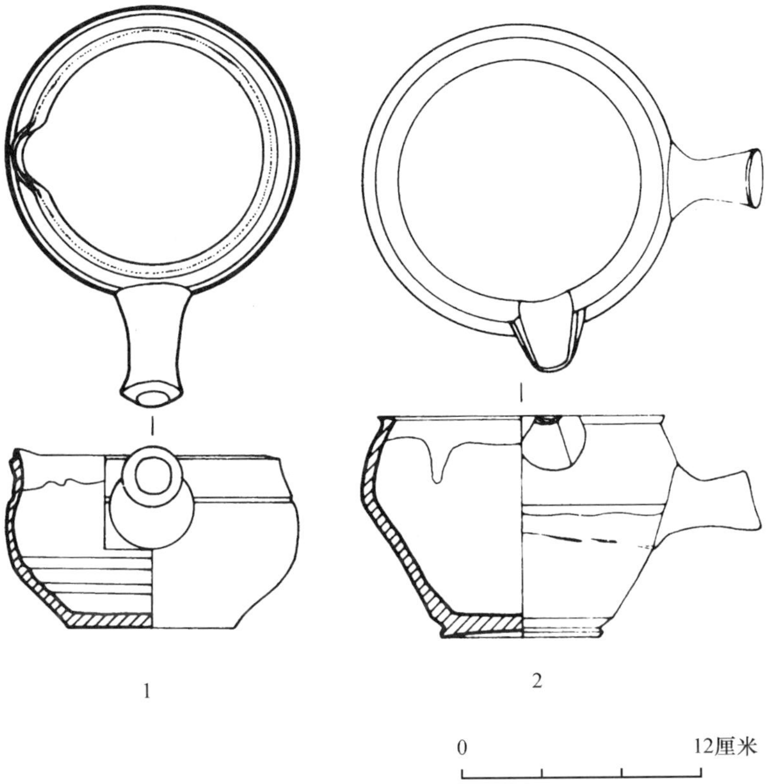

图五一八　巴东旧县坪遗址出土宋代釉陶砂锅

1. A型（（西）L9Ⅰ:1）　2、3. B型（（西）F32:11、（西）F32:3）

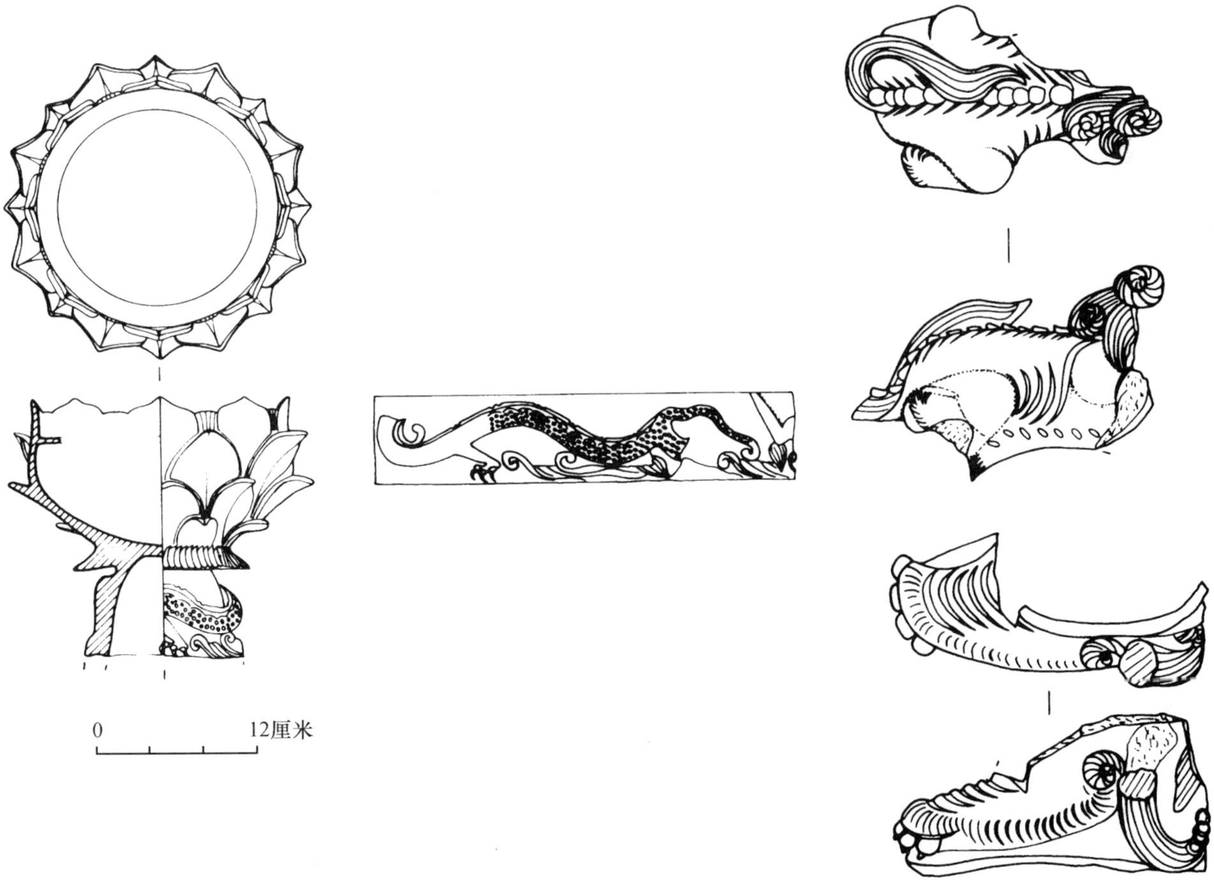

图五一九　巴东旧县坪遗址出土宋代釉陶炉（(东）F16:1）

18. 碾槽

1 件。

标本（西Ⅰ）T1007⑥: 37，平面呈长方形，正侧面呈倒梯形，"V"形槽，两侧面饰菱形网格纹。砖红胎，内部及口施青黄釉，多已脱落。残长 16、上宽 7.8、下宽 5.6、高 6.4 厘米（图五二〇；图版一四五，5）。

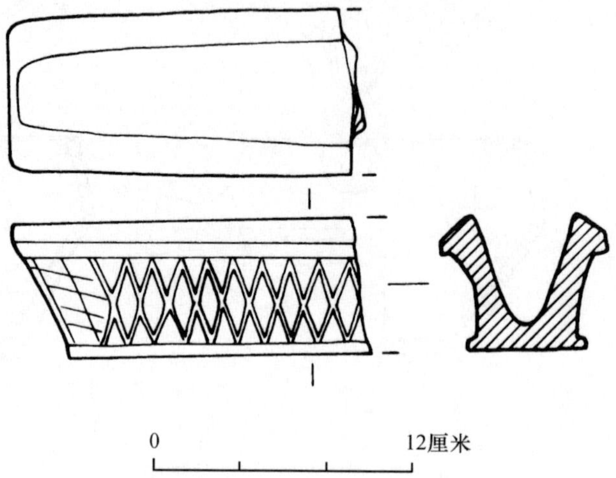

图五二〇　巴东旧县坪遗址出土宋代釉陶碾槽（(西Ⅰ）T1007⑥: 37）

（三）陶器

陶器类生活用具发现较少，有三足钵、盆、杯、器盖、缸、盘、三足炉、水浇、三足器、灯盘、灯盏。

1. 三足钵

3 件。圜底，带把手，两足立于圜底下，一足在把手下。把手与足截面均为圆形。可以分为二型。

A 型　1 件。束颈，圆唇。

标本（西）F12Ⅰ: 3，夹砂红陶。高 16、口径 13.6、把手长 14 厘米（图五二一，1；图版一三五，3）。

B 型　2 件。折沿，折腹，圆唇。可以分为二式。

Ⅰ式：1 件。折腹明显。

标本（西）L2Ⅰ: 2，夹砂红褐陶。高 16、口径 16、把手长 14 厘米（图五二一，2；图版一三五，4）。

Ⅱ式：1 件。腹部微弧。

标本（西Ⅰ）T1103⑦: 1，泥质灰褐陶。口径 12.4、残高 6.5 厘米（图五二一，3）。

2. 盆

4 件。可以分为三型。

A 型　1 件。卷沿盆。

标本（西）L2Ⅰ: 21，口略敛，卷沿圆唇，深腹，大平底。夹细砂黑皮陶。口径 32.8、底径 23.2、高 12.4 厘米（图五二二，1；图版一四六，1）。

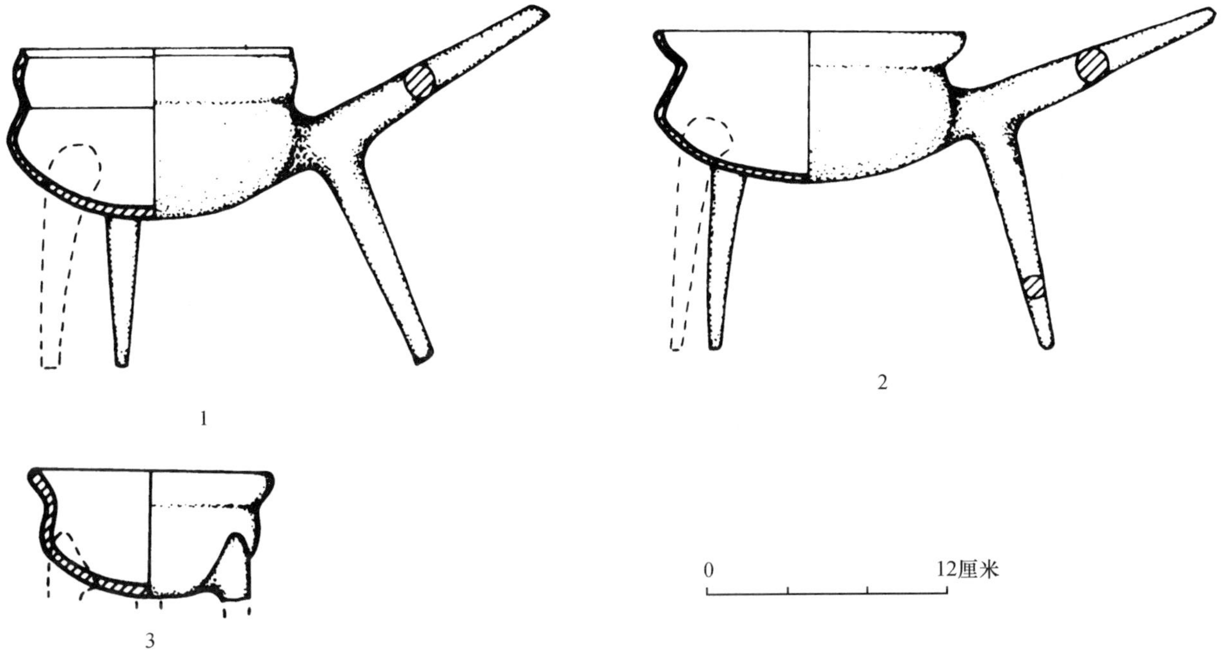

图五二一　巴东旧县坪遗址出土宋代陶三足钵

1. A型（(西) F12Ⅰ:3）　2. B型Ⅰ式（(西) L2Ⅰ:2）　3. B型Ⅱ式（(西Ⅰ) T1103⑦:1）

B型　1件。敞口盆。

标本（西）F94:6，侈口，翻沿圆唇，斜直腹，大平底。夹细砂灰陶。手制，器壁不平。口径38.8、底径29、高13厘米（图五二二，2；图版一四六，2）。

C型　2件。束颈盆。

标本（西Ⅰ）T2920⑤:7，敞口，卷沿，方唇，唇上有一周凹槽，短束颈，上腹略鼓，下腹斜收，大平底。夹砂黑褐陶。口径37.2、底径23.2、高12厘米（图五二二，3；图版一四六，3）。

标本（西）F8Ⅲ:21，敞口，卷沿，双唇，短束颈，上腹略鼓，下腹斜直收，大平底。夹细砂黑褐陶。口径36.4、底径22.8、高11.8厘米（图五二二，4；图版一四六，4）。

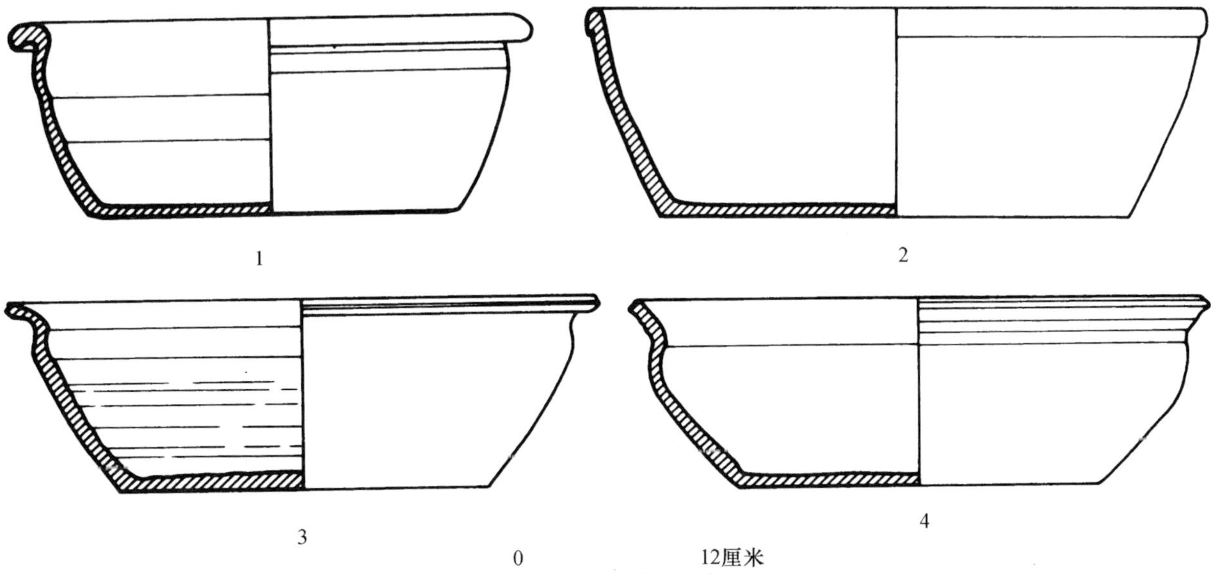

图五二二　巴东旧县坪遗址出土宋代陶盆

1. A型（(西) L2Ⅰ:21）　2. B型（(西) F94:6）　3、4. C型（(西Ⅰ) T2920⑤:7、(西) F8Ⅲ:21）

3. 杯

2件。分为二型。

A型　1件。弧腹，花边底座。

标本（西）F8Ⅰ:4，夹细砂灰黄陶。圆唇，深腹，内平底。底座饰按捺花边纹一周。口径10.8、底径6.8、高7厘米（图五二三，1；图版一四六，5）。

B型　1件。平折沿。

标本（西Ⅰ）T1916⑤:16，泥质灰陶。圆唇，曲腹，内底下凹，外平底。口径9.6、底径3.8、高3.5厘米（图五二三，2；图版一四六，6）。

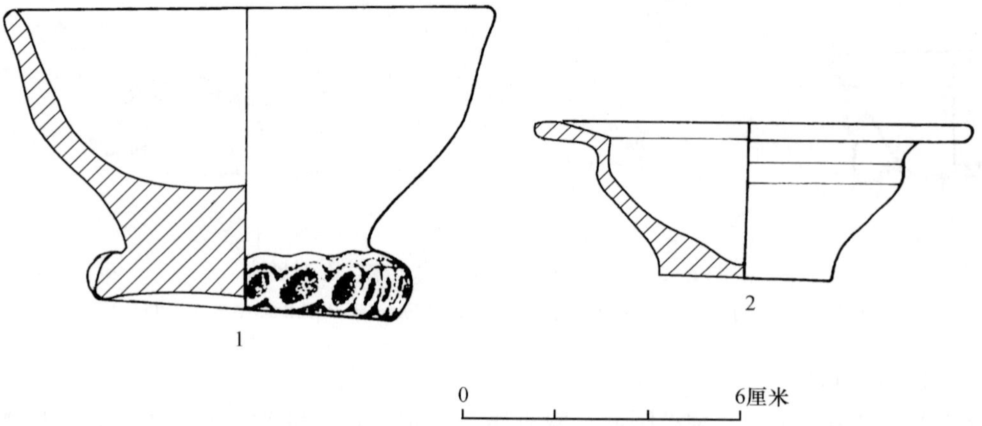

图五二三　巴东旧县坪遗址出土宋代陶杯

1. A型（(西）F8Ⅰ:4）　2. B型（(西Ⅰ）T1916⑤:16）

4. 器盖

5件。分为四型。

A型　1件。覆碗式。

标本（西）F8Ⅰ:9，侈口，厚圆唇，上腹斜直，下腹弧曲外撇接假圈足，切割不规整。褐陶。盖径10.6、纽径3、高3.1厘米（图五二四，1；图版一四七，1）。

B型　2件。覆盆式。侈口，斜直腹，平顶，近顶处有鋬手。

标本（西）F27:2，盖壁微撇。泥质灰陶。盖径30、顶径19.6、高8.8厘米（图五二四，3）。

标本（西）F2Ⅰ:18，平顶略凹，口下内外各有一道凹弦纹。夹细砂灰黑陶。盖径38.8、顶径32、高12厘米（图五二四，5）。

C型　1件。圆隆顶式。

标本（西）L1Ⅱ:1，泥质红陶。直口圆唇，中部偏下有一周宽平腰沿，圆顶中部凸起一圆饼纽。盖径6.9、通高4.8厘米（图五二四，4；图版一四七，2）。

D型　1件。残存盖纽。

标本（西）F57:7，侈口，圆唇。夹细砂褐陶。纽径8.6、残高3.6厘米（图五二四，2）。

5. 缸

1件。

标本（西Ⅰ）T0807④:2，泥质灰陶。直口，尖唇，筒形腹，底微内凹。外腹上部饰两周凹槽，内腹壁呈瓦棱状。口径32.8、腹径32.8、底径32.8、高31.2厘米（图五二五；图版一四七，6）。

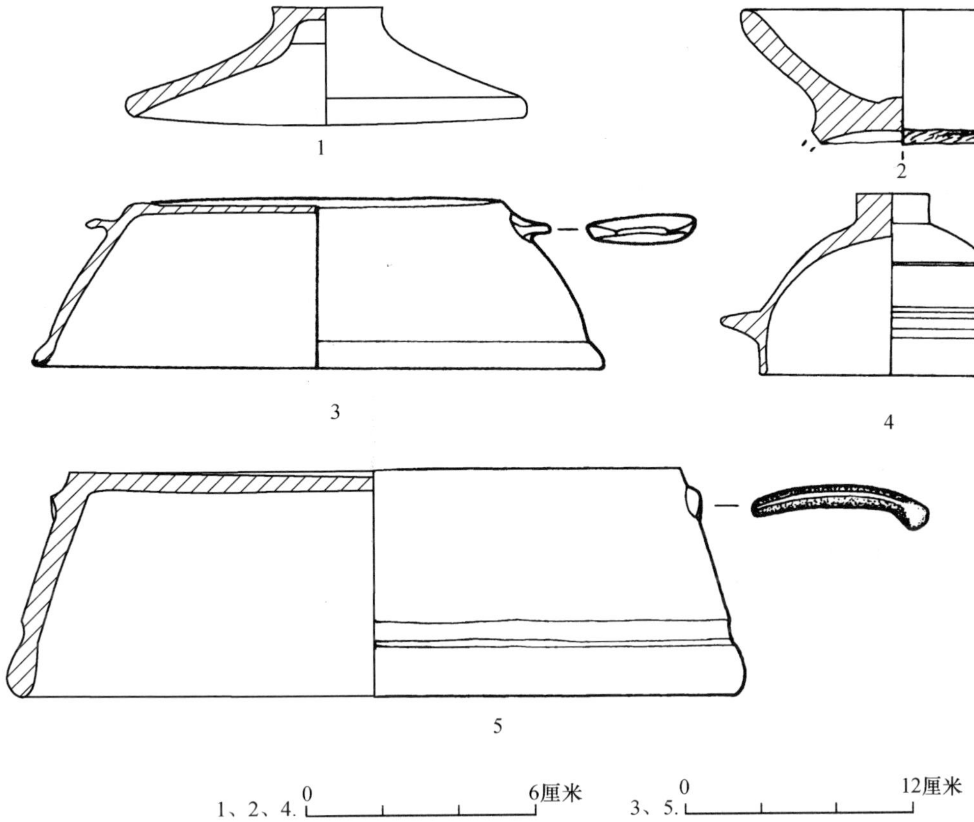

图五二四　巴东旧县坪遗址出土宋代陶器盖

1. A型（(西) F8Ⅰ:9）　2. D型（(西) F57:7）　3、5. B型（(西) F27:2、(西) F2Ⅰ:18）　4. C型（(西) L1Ⅱ:1）

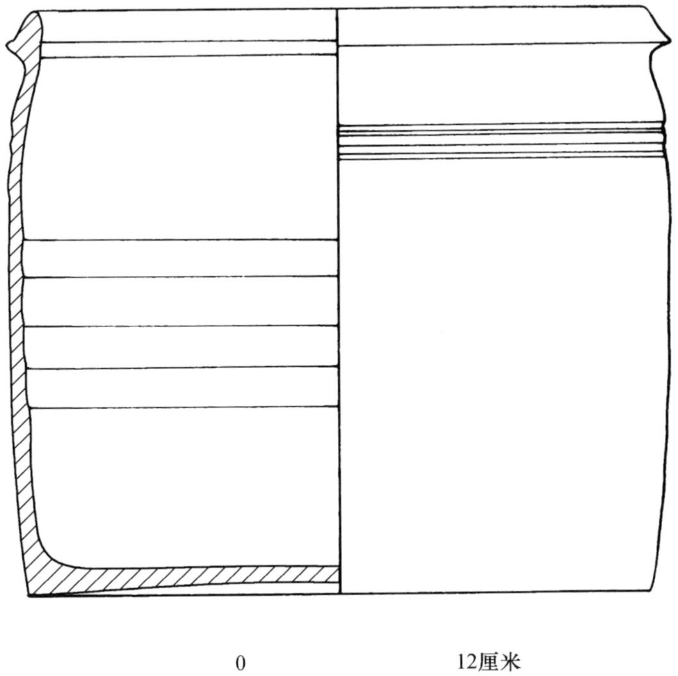

图五二五　巴东旧县坪遗址出土宋代陶缸（(西Ⅰ) T0807④:2）

6. 盘

1 件。深腹盘。

标本（东）H5∶1，泥质褐陶。折沿，直口，圆唇，直腹壁，内底平，圈足较深，与上部等宽。盘部为云气纹浮雕，圈足部装饰以如意头镂空与象纹浮雕间隔。口径 24、足径 20. 2、高 19. 6 厘米（图五二六，1；彩版二六，3、4）。

7. 三足炉

1 件。

标本（西Ⅰ）T2720⑤∶3，折沿已残，束颈，鼓腹平底，腹中部有一周腰沿，下腹及底交界处有三足残，两附耳亦残。泥质黑陶。腹径 19. 8、残高 9 厘米（图五二六，2）。

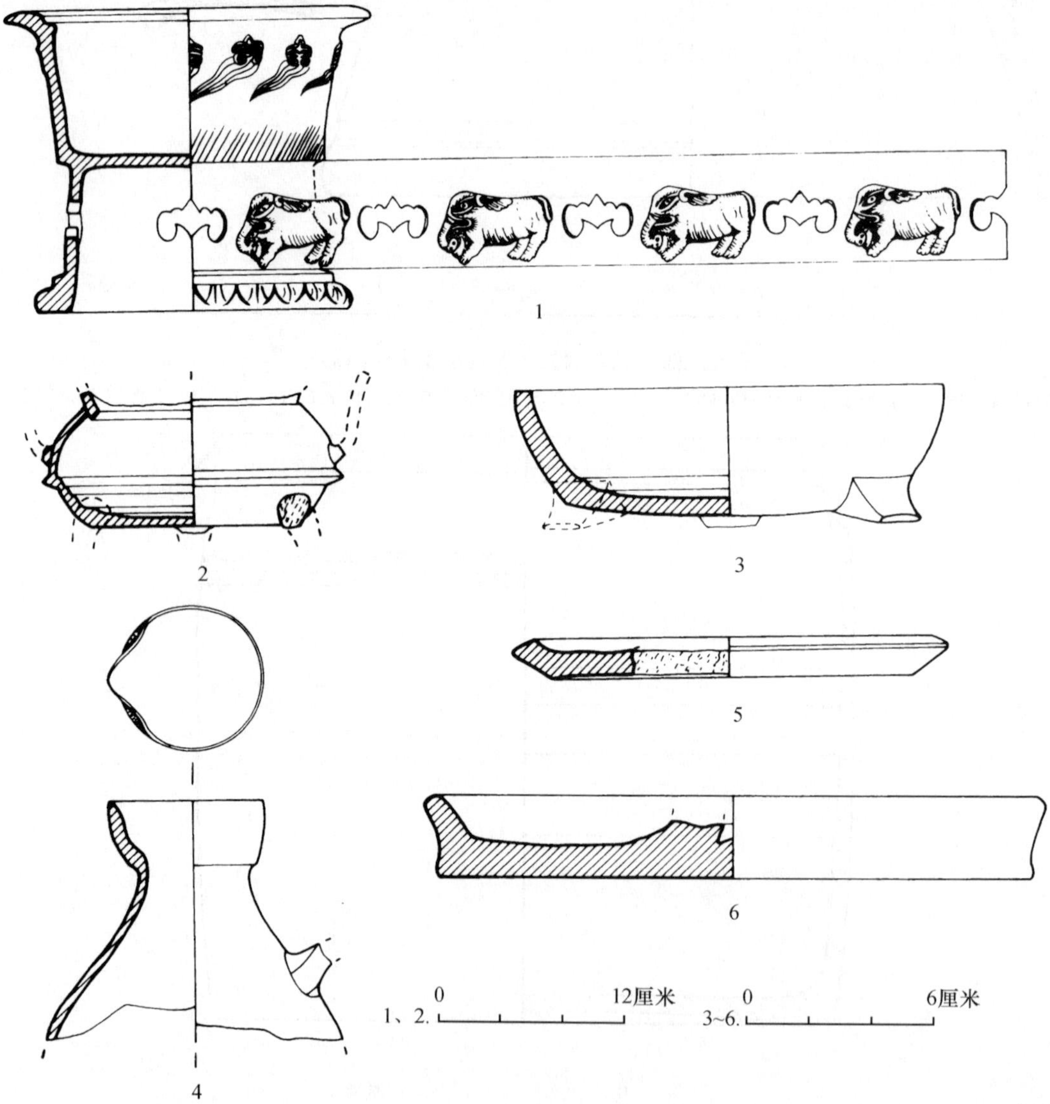

图五二六　巴东旧县坪遗址出土宋代陶器

1. 盘（（东）H5∶1）　2. 三足炉（（西Ⅰ）T2720⑤∶3）　3. 三足器（（西）F6Ⅰ∶4）　4. 水浇（（西Ⅰ）T0407④∶17）　5. A 型灯盘（（西）F8Ⅰ∶38）　6. B 型灯盘（（西）L2Ⅱ∶11）

8. 水浇

1件。

标本（西Ⅰ）T0407④:17，器底、把手残。杯形口圆唇，口一边捏扁成流，斜颈溜肩，鼓腹，与流对应的一侧有柄。泥质红陶。口径4.8、残高7.7厘米（图五二六，4）。

9. 三足器

1件。

标本（西）F6Ⅰ:4，直口方唇，弧腹内收，浅盘，圜底与腹交界处饰三个外撇的矮扁足。泥质灰陶。口径13.8、底径10.6、通高4.5厘米（图五二六，3；图版一四七，3）。

10. 灯盘

2件。

A型　1件。敞口。

标本（西）F8Ⅰ:38，方唇，盘极浅，平底内凹。泥质黑陶，外黑内红。口径14、底径11.6、高1.3厘米（图五二六，5；图版一四七，4）。

B型　1件。直口。

标本（西）L2Ⅱ:11，直口，圆唇，浅盘平底，内底中心有圆形立柱已残。夹细砂灰陶。口径20、底径19.2、残高2.7厘米（图五二六，6；图版一四七，5）。

11. 灯盏

7件。可以分为四型。

A型　3件。侈口，圆唇，弧腹，小平底。

标本（西）F66:1，泥质灰陶。内圜底。口径8.8、底径2.6、高2.8厘米（图五二七，1）。

标本（西）L6Ⅱ:1，夹砂深灰陶。内坦底。口径8、底径2.4、高2.6厘米（图五二七，2）。

标本（西）F8Ⅱ:43，泥质青灰陶。内底略凸，外下腹径刀修，不规整，口呈椭圆形，不平，内腹中部有一周叠烧痕迹。口径8.6～9、底径3～3.6、高2.6厘米（图五二七，3）。

B型　1件。侈口，曲腹，圆唇，大平底。

标本（西）F8Ⅲ:80，夹细砂灰陶。圆唇，浅腹。口径9、底径6.6、高2.6厘米（图五二七，4）。

C型　2件。侈口，弧腹，大平底。

标本（西）L6Ⅲ:1，夹砂灰陶。敞口，圆唇，浅腹，腹壁较直，平底。口径10、底径4.4、高2.3厘米（图五二七，5）。

标本（东Ⅰ）T3116④:1，泥质灰陶。敞口，圆唇，斜腹，平底。口径10、底径4、高2.6厘米（图五二七，6）。

D型　1件。撇口，斜直腹，大平底。

标本（西Ⅰ）T3218⑤:3，泥质深灰陶。侈口，卷沿，圆唇，浅曲弧腹，平底，内底中心略下凹。下腹近底有一周刀修的痕迹。口径9.2、底径4.6、高2.3厘米（图五二七，7）。

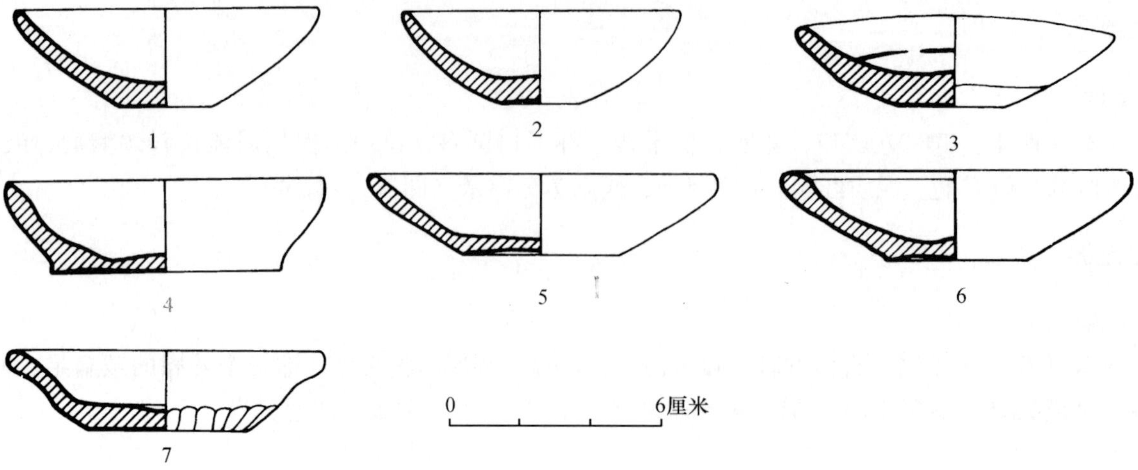

图五二七　巴东旧县坪遗址出土宋代陶灯盏

1～3. A 型（（西）F66:1、（西）L6Ⅱ:1、（西）F8Ⅱ:43）　4. B 型（（西）F8Ⅲ:80）　5、6. C 型（（西）L6Ⅲ:1、（东Ⅰ）T3116④:1）　7. D 型（（西Ⅰ）T3218⑤:3）

（四）石器

石器类生活用具有杵、臼、磨、碾槽、筹码。

1. 杵

4 件。分为二型。

A 型　3 件。扁圆柱形。

标本（西Ⅰ）T1711⑤:9，长 23、直径 6～8 厘米（图五二八，1）。

标本（西Ⅰ）T1307⑤:1，片砂岩。残长 20.8、直径 5.6 厘米（图五二八，2；图版一四八，1）。

标本（西Ⅰ）T2014⑤:6，通体磨光，两端圆弧。长 14.4、直径 4～5.2 厘米（图五二八，3；图版一四八，2）。

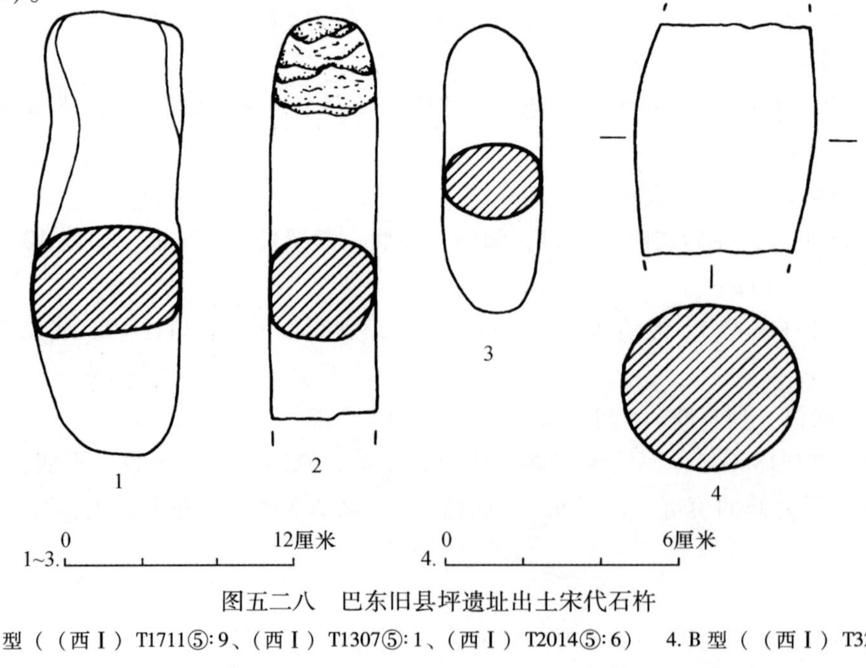

图五二八　巴东旧县坪遗址出土宋代石杵

1～3. A 型（（西Ⅰ）T1711⑤:9、（西Ⅰ）T1307⑤:1、（西Ⅰ）T2014⑤:6）　4. B 型（（西Ⅰ）T3215⑤:1）

B型　1件。圆柱形，中间粗，两端细。

标本（西Ⅰ）T3215⑤:1，残长6、最大径4.6厘米（图五二八，4）。

2. 臼

5件。

标本（西Ⅰ）T2317⑤:4，近似长方体，上大下小，石心有一臼窝。臼体表面凿满斜纹。臼窝口径13.6、深12厘米，臼体边长20、高20厘米（图五二九，1）。

标本（西Ⅰ）T3520⑤:5，在一椭圆形的石头上磨一凹槽成臼。长径13.6、短径12、高7.4厘米（图五二九，2）。

标本（西）F90:2，直口，方唇，深弧腹，饼状足，口沿呈波浪形。口径36.4、足径22、残高16.8厘米（图五二九，3；图版一四八，4）。

标本（西Ⅰ）T1711⑤:10，近似圆柱形，底部、中部各有凹弦纹。臼体表面凿满斜纹，以三角形分布。底径15.2、残高16.4厘米（图五二九，4；图版一四八，3）。

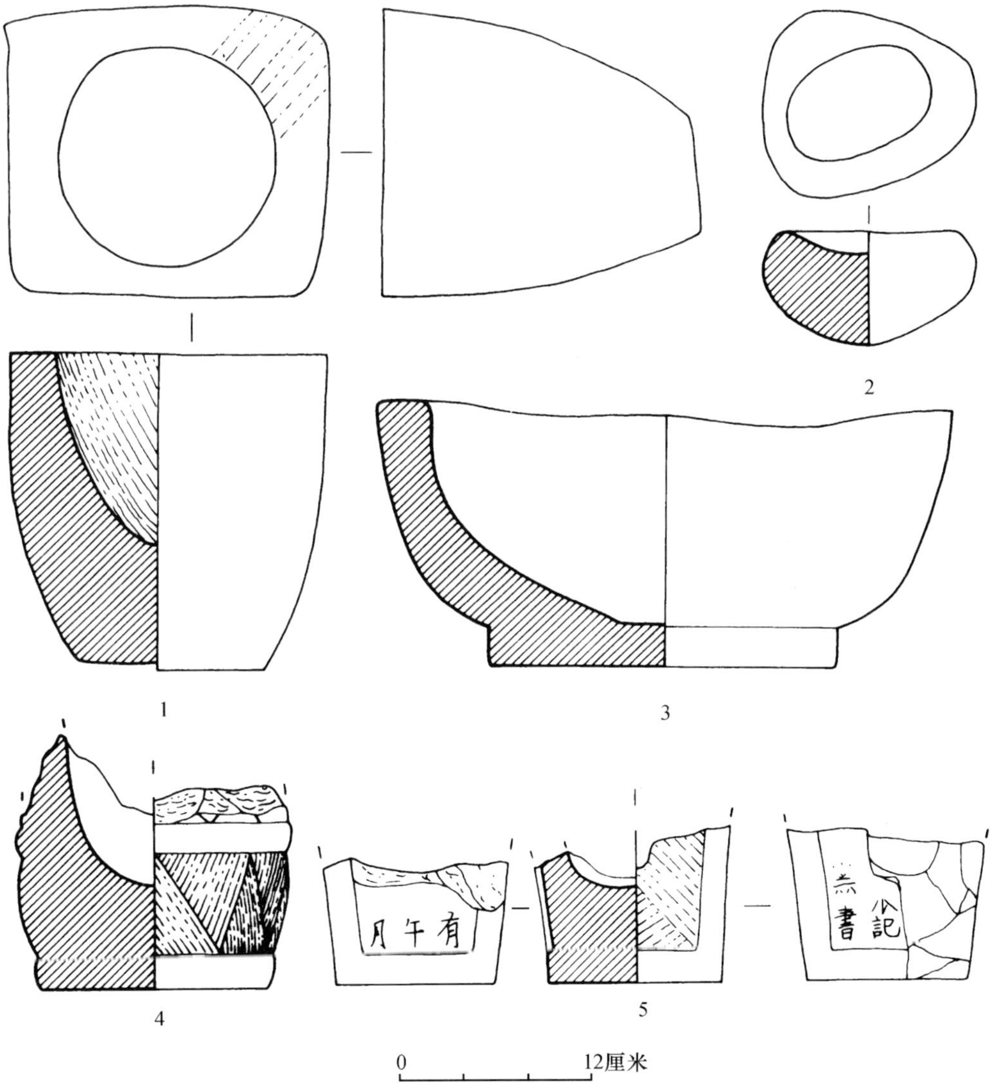

图五二九　巴东旧县坪遗址出土宋代石臼

1.（西Ⅰ）T2317⑤:4　2.（西Ⅰ）T3520⑤:5　3.（西）F90:2　4.（西Ⅰ）T1711⑤:10　5.（西）F2Ⅲ:2

标本（西）F2Ⅲ:2，近似长方体。平面呈方形，侧面呈倒梯形，上方凿一圆形深窝，上部已残，侧面四周凸起成边框，其中相对的两个侧面刻有字，楷书，多已残，可辨识的有“午、有、月、记、书”。底宽11、残高9.8厘米（图五二九，5）。

3. 磨

9件。圆柱形。分上下两部分介绍。

（1）上部分

5件。一侧有柄。

标本（西Ⅰ）T3013⑤:3，柄已残，柄上有圆形穿孔，顶部下凹，下部平面刻槽，中心为一圆形穿孔。直径22、残高16厘米（图五三〇，1）。

标本（东Ⅰ）T3504④:1，上端面下凹，下端平面刻槽，中心有一圆形穿孔，一边有一梯形柄，柄中部也有一圆形孔。直径20.8、高10.4厘米（图五三〇，2）。

标本（西Ⅰ）T1706⑦:3，柄上有一圆孔，上端已残，下端面平，上刻八组槽，中心为一圆孔。直径19.2、残高8厘米（图五三一，1）。

标本（西Ⅰ）T3012⑤:1，柄残。上端面下凹，下端平面刻槽，中心有一圆形穿孔。直径26、高5.2厘米（图五三一，2）。

标本（西Ⅰ）T3118⑤:1，中部微鼓，长方形柄，柄上有圆形穿孔，磨顶部口为菜花形，中部下凹，圜底，中心为一圆形孔，下部面平，上刻槽。直径22、高16.4厘米（图五三一，3；图版一四九，1）。

（2）下部分

4件。

标本（西Ⅰ）T2616⑤:1，上、下皆平面刻槽。直径35、厚8.2厘米（图五三二，1）。

标本（西Ⅰ）T2114⑤:1，仅有中间的磨心，四周的盘已残，磨心中间有一半穿的方孔，面平，槽已磨平。直径21.6、高6.8厘米（图五三二，2）。

标本（西）F80:1，残存磨心，盘已残，磨心上端面平，上有刻槽，中心有一半穿的方孔。残径17.6、高7.6厘米（图五三二，3；图版一四九，2）。

标本（西）F10:1，仅存磨心，盘已残，磨心面平，上刻八组槽，中心有一方形窝。残径18.4、高7.6厘米（图五三二，4；图版一四九，3）。

4. 碾槽

2件。

标本（西ⅠB）T0812④:1，平面呈方椭圆形，侧面呈倒梯形，上部凿“V”字形槽，残存一小半。残长18、宽16、高12厘米（图五三三，1；图版一四九，4）。

标本（西）F81:1，平面呈长方形，侧面呈梯形，上小下大，有梯形槽。残长18、宽16、高12.8厘米（图五三三，2）。

5. 筹码

1件。

标本（西）F25:2，长条形，上端为圆角弧顶，近顶处凿一圆形穿孔，下端平。长24.8、宽10.4、厚7.6厘米（图五三三，3；图版一四九，5）。

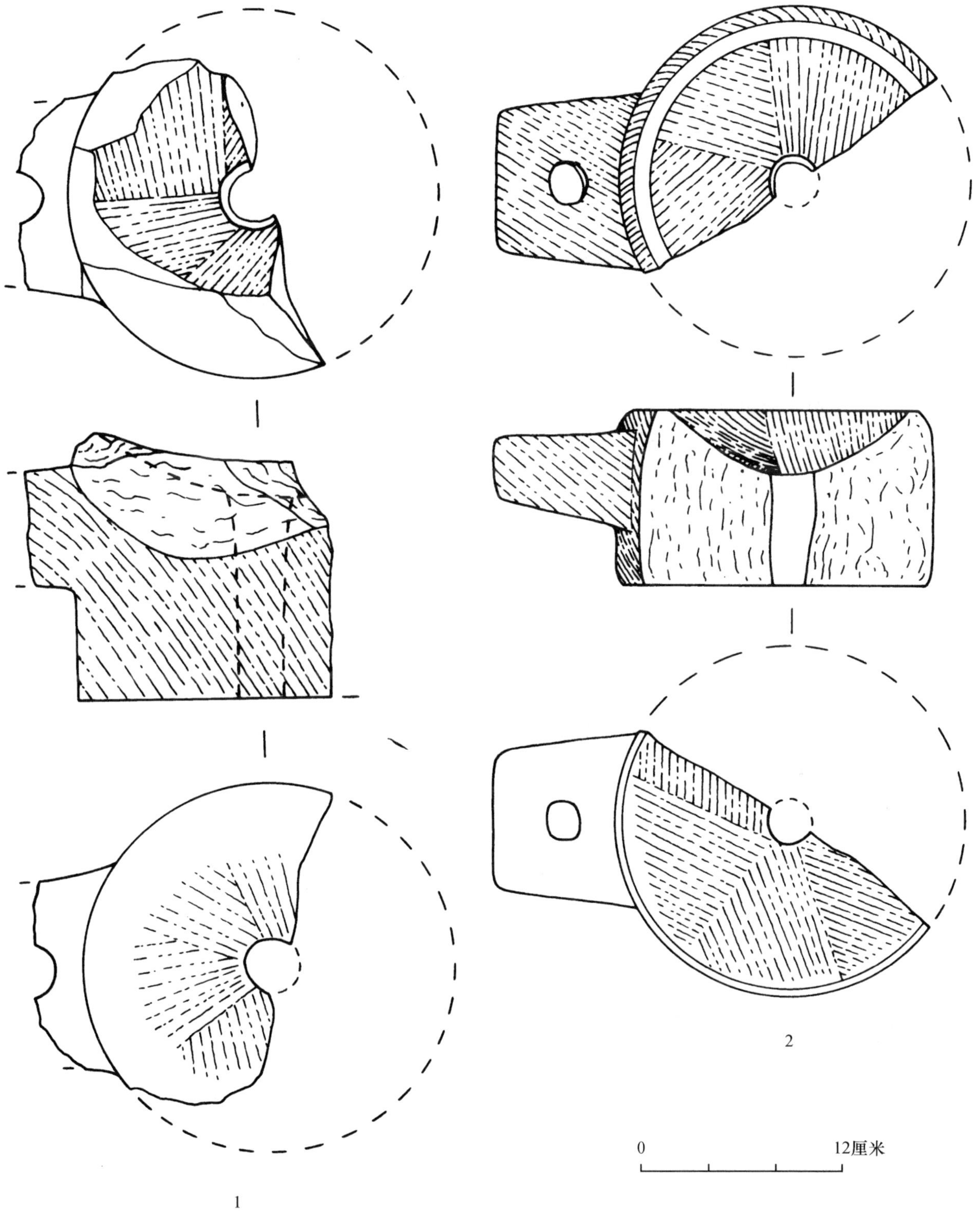

图五三〇　巴东旧县坪遗址出土宋代石磨上部分

1.（西Ⅰ）T3013⑤:3　2.（东Ⅰ）T3504④:1

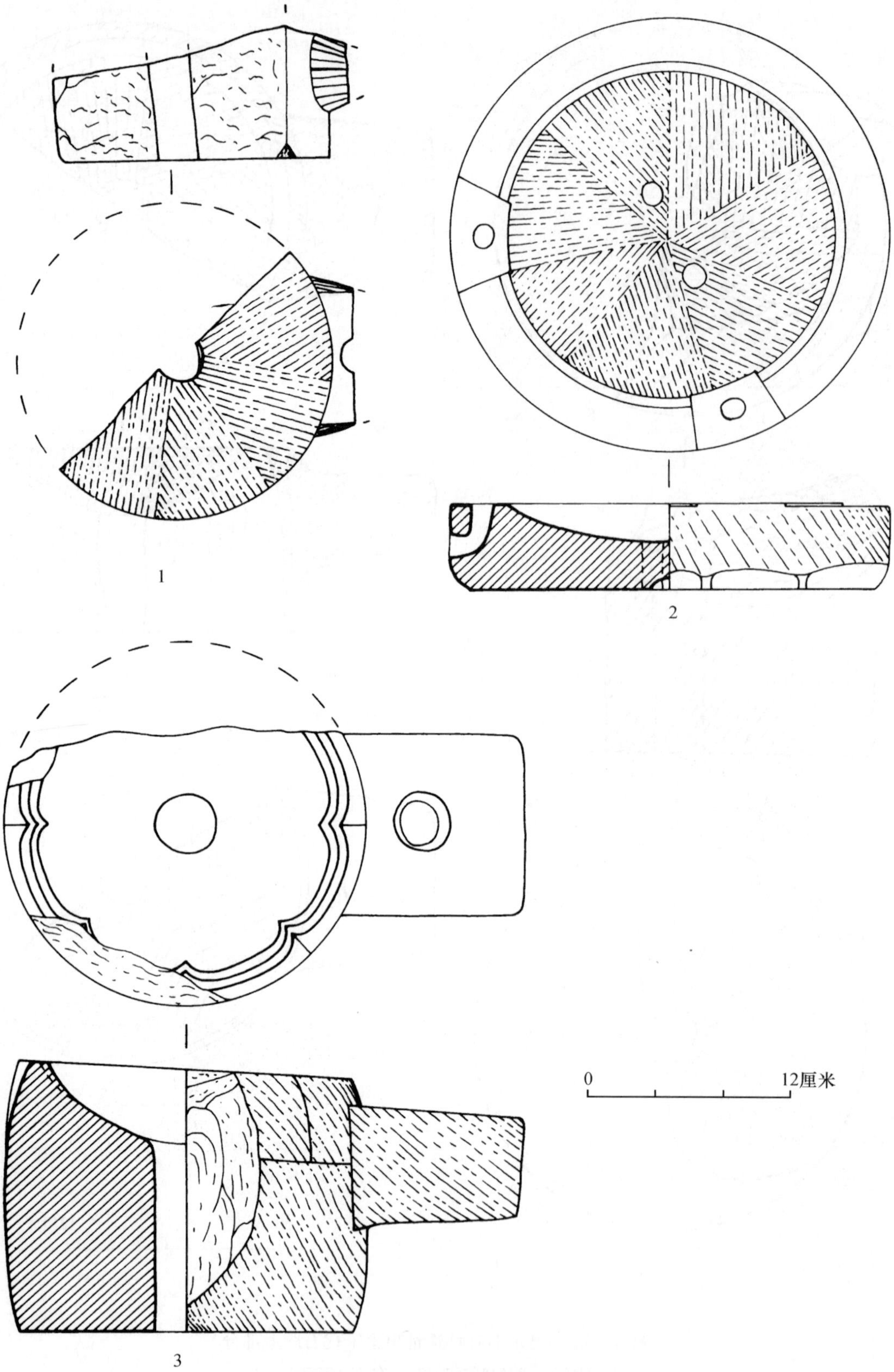

图五三一　巴东旧县坪遗址出土宋代石磨上部分

1.（西Ⅰ）T1706⑦:3　2.（西Ⅰ）T3012⑤:1　3.（西Ⅰ）T3118⑤:1

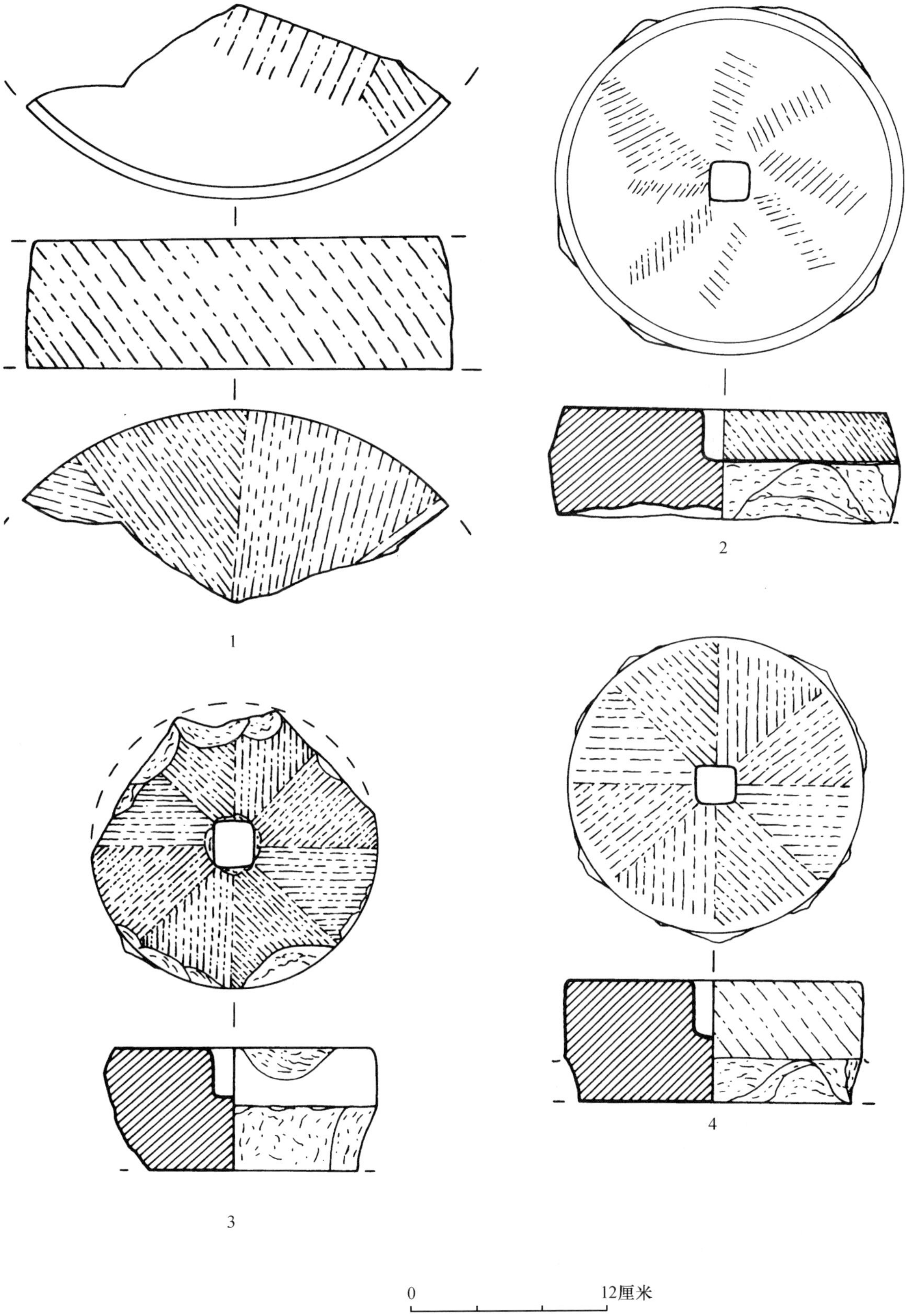

图五三二　巴东旧县坪遗址出土宋代石磨下部分

1.（西Ⅰ）T2616⑤:1　2.（西Ⅰ）T2114⑤:1　3.（西）F80:1　4.（西）F10:1

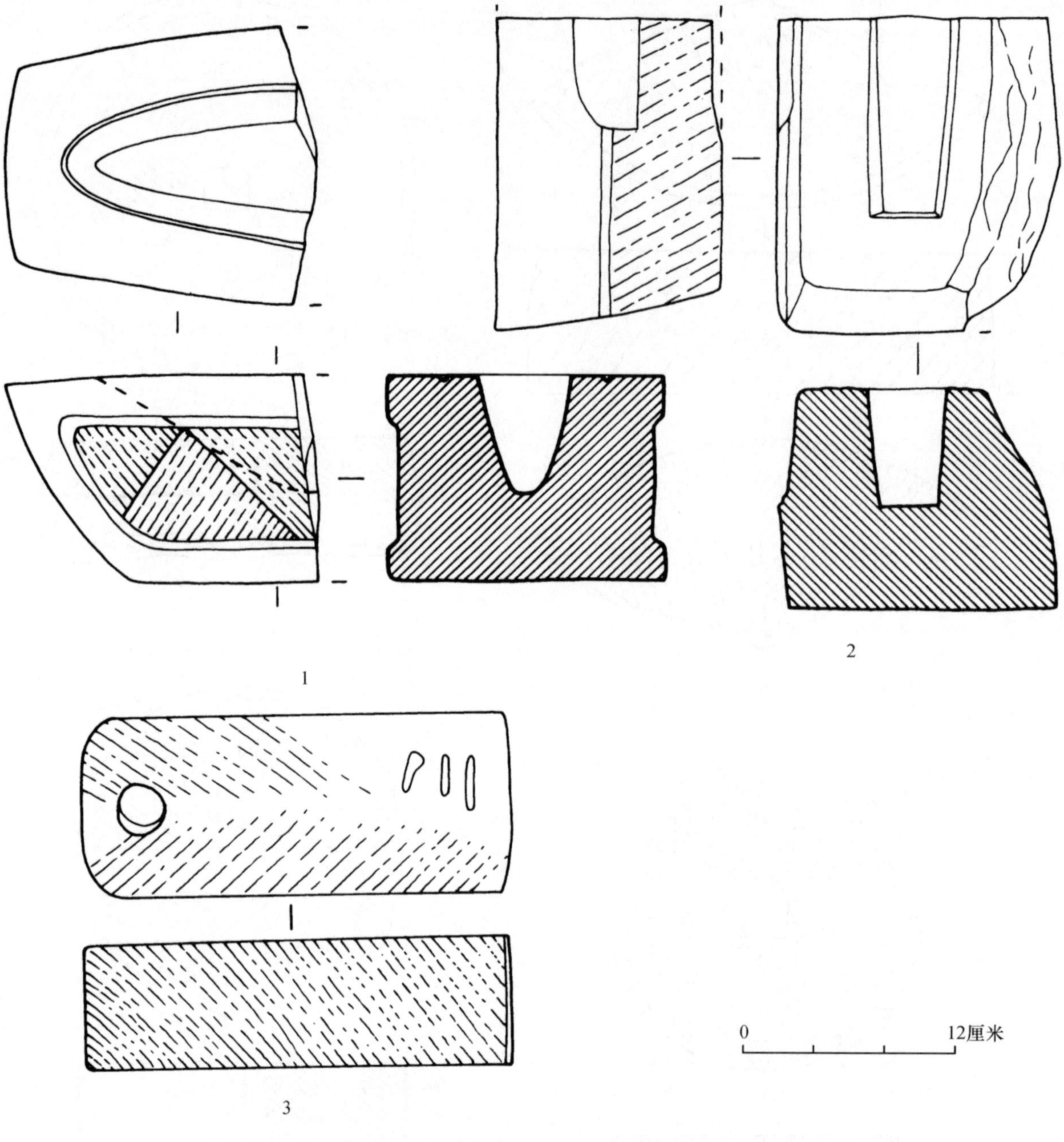

图五三三　巴东旧县坪遗址出土宋代石器

1、2. 碾槽（（西ⅠB）T0812④:1、（西）F81:1）　3. 筹码（（西）F25:2）

（五）铜器

铜器类生活用具有箸、勺、匕、鱼钩、杈、秤盘、钥匙、挖耳勺、镊子、复合型工具。

1. 箸

共5双，3双完整，余皆残。方头圆身，头为六棱形。

标本（西）G2:6-1，长22.4、头端径0.5、末端径0.3厘米（图五三四，1；图版一五〇，1左）。

标本（西ⅠB）T0913④:2-1，长24.1、头端径0.4、末端径0.3厘米（图五三四，2；图版一五〇，1中）。

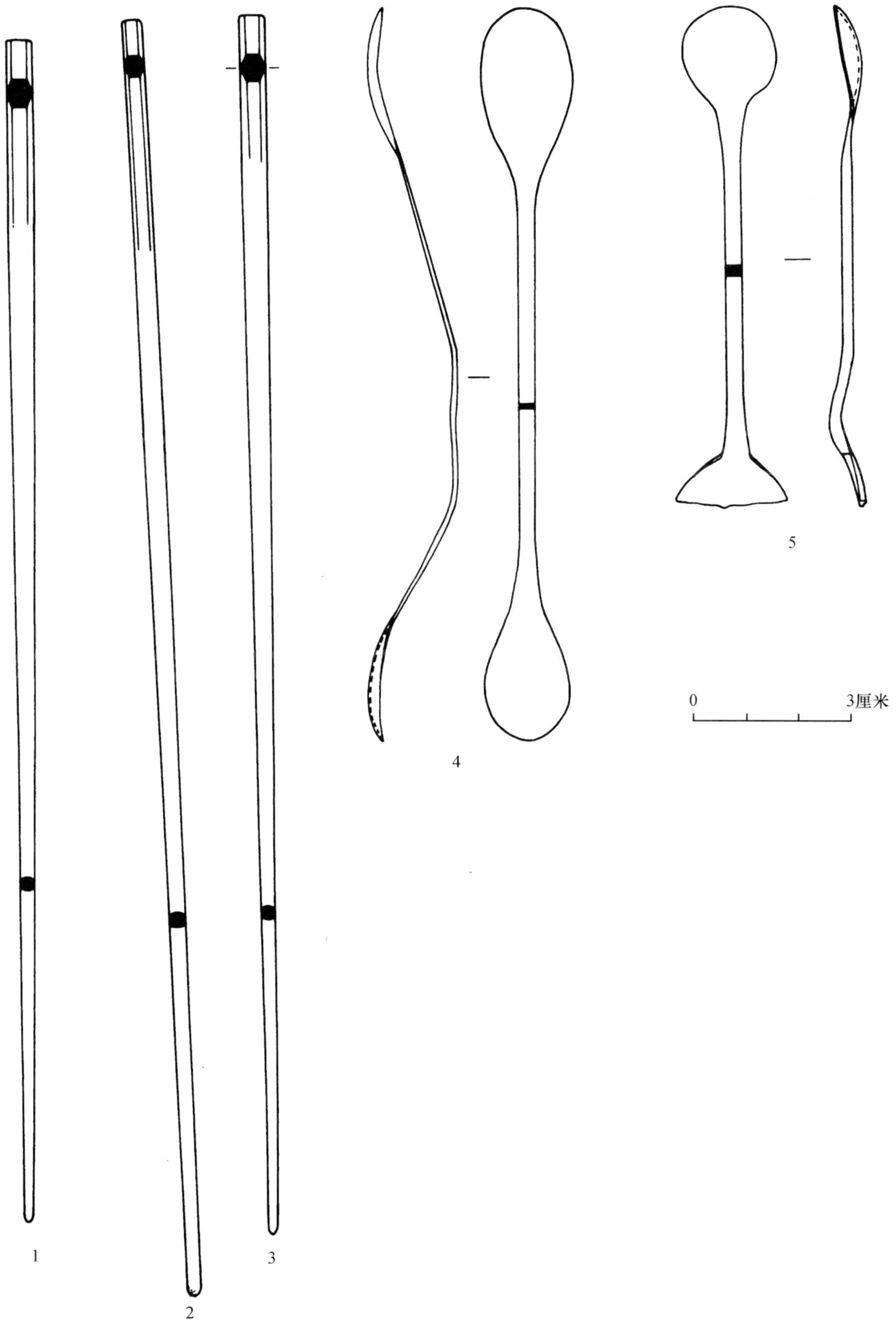

图五三四　巴东旧县坪遗址出土宋代铜箸、勺

1～3. 箸（（西）G2:6-1、（西ⅠB）T0913④:2-1、（西）G6:4-1）　4、5. 勺（（西）G6:7、（东）F37:1）

标本（西）G6∶4-1，长 23.1、头端径 0.5、末端径 0.2 厘米（图五三四，3；图版一五○，1 右）。

2. 勺

2 件。

标本（西）G6∶7，两端圆形凹勺，直身为长扁条形。长 13.9、勺宽 1.7、身宽 0.3、厚 0.2 厘米（图五三四，4；图版一五○，2 左）。

标本（东）F37∶1，两端圆形凹勺，一端残，直身为长扁条形。残长 9.5、勺宽 1.8、身宽 0.3、厚 0.2 厘米（图五三四，5；图版一五○，2 右）。

3. 匕

3 件。

标本（西）G6∶6，身上端下弧，呈“圭”形，截面为“扁三棱形”；下部直，截面为圆角三棱柱形；勺部呈长椭圆形，中心略凹。长 19.2、勺宽 2.6、身厚 0.3 厘米（图五三五；图版一五○，3 上）。

标本采集∶11，身上端为花头，扁平身，勺部扁平，近橄榄形，锻打而成。长 19.1、勺宽 3.8、身宽 0.5、厚 0.1 厘米（图五三六，1；图版一五○，3 中）。

标本（西）G6∶8，勺残。身上端下弧，呈“圭”形，截面为“扁三棱形”；下部直，截面为圆形；勺部呈长椭圆形，中心略凹。长 19.2、勺宽 2.6、身厚 0.4 厘米（图五三六，2；图版一五○，3 下）。

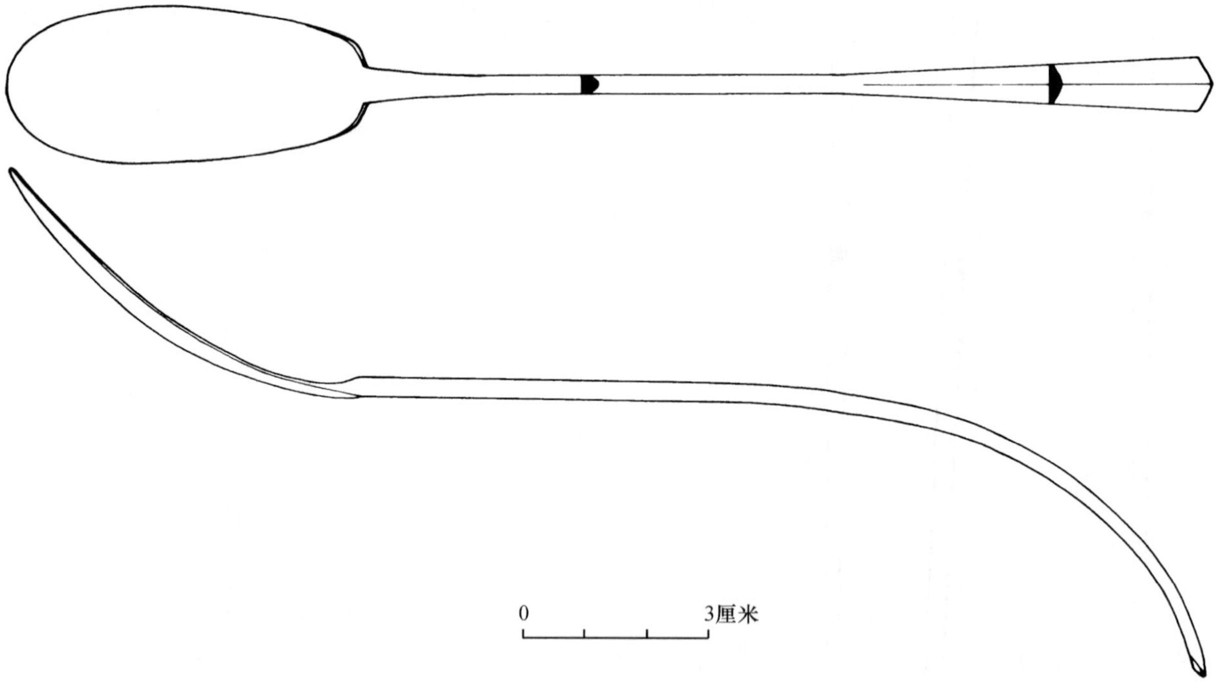

图五三五　巴东旧县坪遗址出土宋代铜匕（（西）G6∶6）

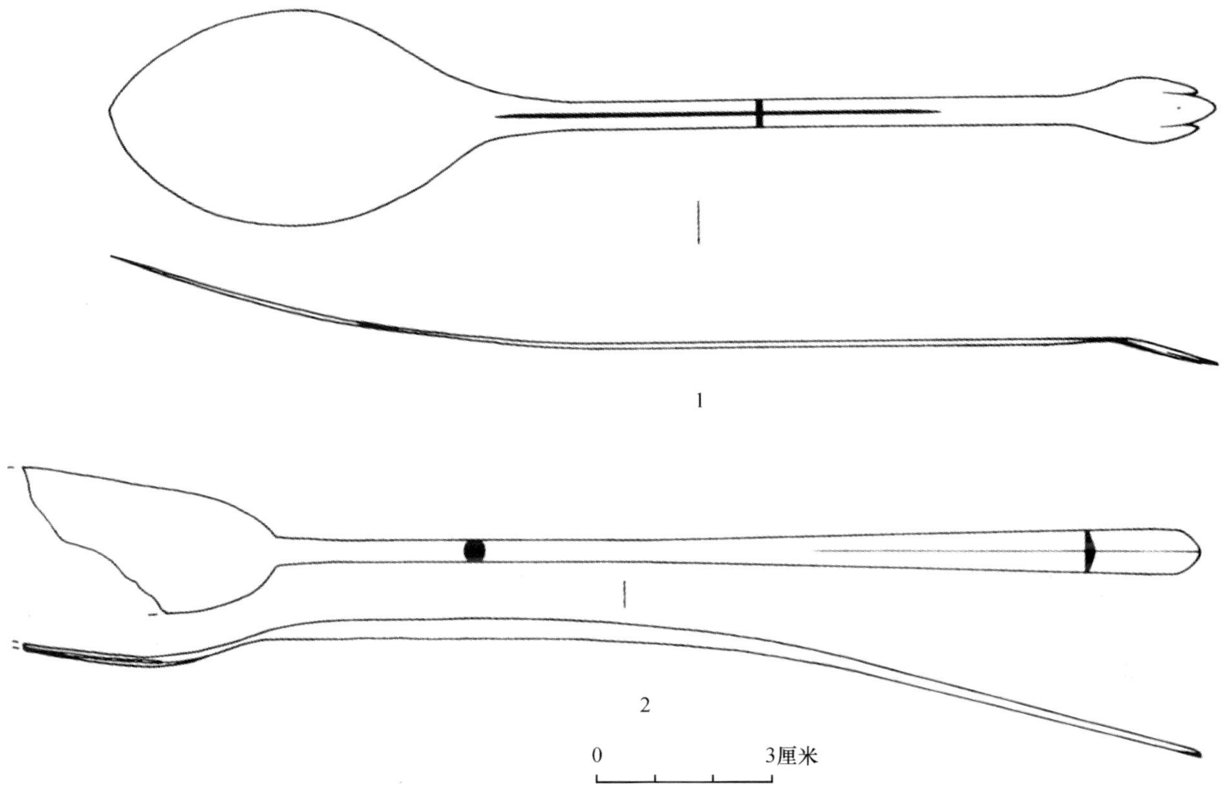

图五三六 巴东旧县坪遗址出土宋代铜匕
1. 采集:11 2.（西）G6:8

4. 鱼钩

1件。

标本（西Ⅰ）T2819⑤:1，用细圆铜丝制作，呈“U”形，柄端高，呈宽扁状，钩端尖。长0.95、宽0.6、径0.1厘米（图五三七，1；图版一五一，1）。

5. 权

1件。

标本（东Ⅰ）T2011④:1，圆环形。直径2.8、截径0.6厘米（图五三七，2；图版一五一，2）。

6. 秤盘

1件。

标本（西Ⅰ）T3518⑤:2，圆形，侈口，斜弧腹，圜底，口部分布三个对称小圆环。直径13、高2.8厘米（图五三七，3；图版一五〇，4）。

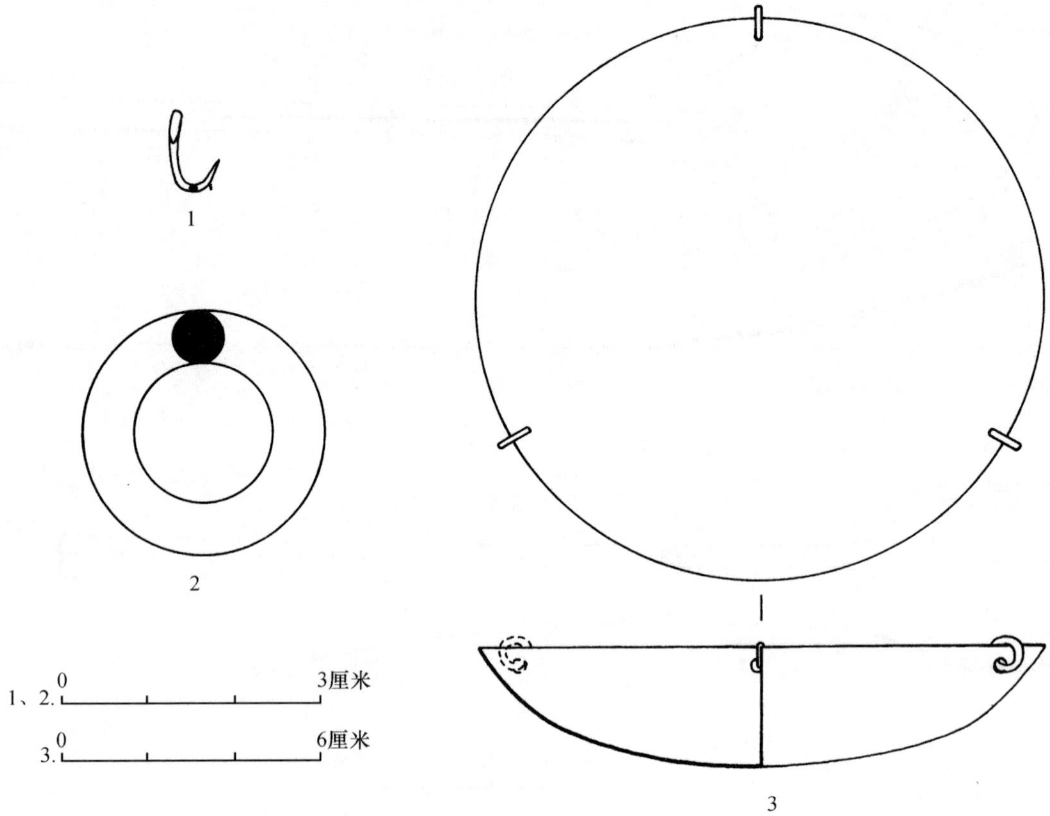

图五三七　巴东旧县坪遗址出土宋代铜器

1. 鱼钩（(西Ⅰ）T2819⑤:1）　2. 权（(东Ⅰ）T2011④:1）　3. 秤盘（(西Ⅰ）T3518⑤:2）

7. 钥匙

5 件。可以分为二型。

A 型　1 件。花柄。

标本（西ⅠB）T1616④:1，花柄，圆身出齿，残断，近柄处有二道凹弦纹。残长 3.4 厘米（图五三八，1；图版一五一，3）。

B 型　4 件。宽平柄。

标本（西）F43:1，宽平柄，圆身，尾端弯曲，一侧出齿，柄中心有 U 形孔。长 9.2、身宽 0.35、厚 0.3 厘米（图五三八，2；图版一五一，4）。

标本（西）F2Ⅱ:6，宽平柄，四角被削，中心有一双面钻的圆孔，身比柄窄，呈长条形，柄与身交接处两边各有一三角形凸起，身尾端出两个与身垂直的齿。长 5.3、厚 0.15 厘米（图五三八，3；图版一五一，5）。

标本（西Ⅰ）T1308⑥:6，柄为联珠塔式，最顶端圆珠有一穿孔，身为双股曲尺形。长 5.5 厘米（图五三八，4；图版一五一，6）。

标本（西ⅠB）T0915④:1，扁椭圆形柄，长方形身，身弯曲出二齿，柄中心有一圆孔。长 9.8、身宽 0.8、厚 0.1 厘米（图五三八，5；图版一五二，1）。

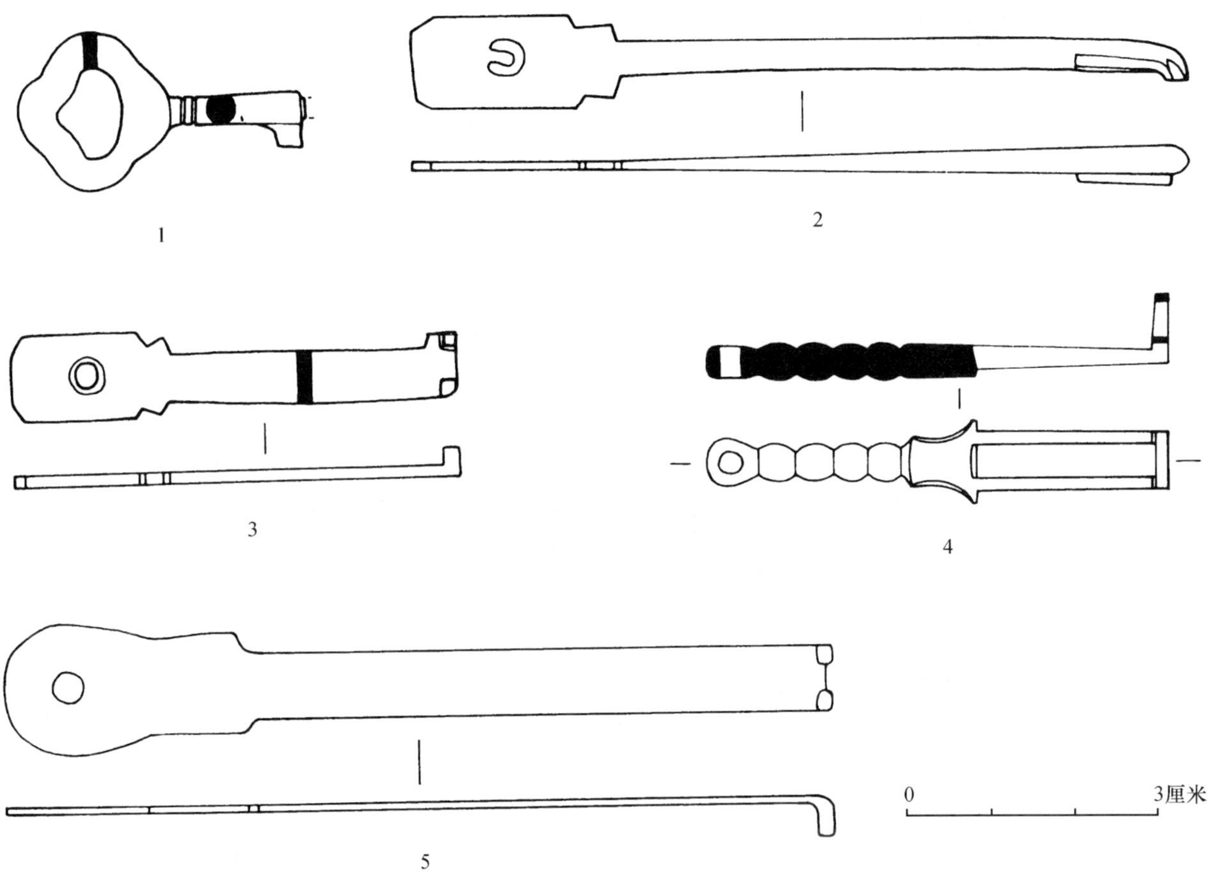

图五三八 巴东旧县坪遗址出土宋代铜钥匙

1. A型（（西ⅠB）T1616④:1） 2~5. B型（（西）F43:1、（西）F2Ⅱ:6、（西Ⅰ）T1308⑥:6、（西ⅠB）T0915④:1）

8. 挖耳勺

2件。

标本（西）G2:13，一端为挖耳勺，另一端尖平，身扁平。近耳勺处有两组缠枝花纹饰。长14.6、宽0.5、厚0.2厘米（图五三九，1；图版一五二，2）。

标本（东）F17:4，一端为挖耳勺，圆柱形身。近耳勺处有三组凹弦纹。长6、厚0.3厘米（图五三九，2；图版一五二，3）。

9. 镊子

1件。

标本（西）F2Ⅱ:8，双股身，末端双股合一并向上弯曲，用铆钉铆合，两柄为花柄，中心有一圆孔，两身外侧饰几何纹。侧面看好似一把弯刀。长9.4厘米（图五三九，3；图版一五二，4）。

10. 复合型工具

2件。

标本（西）F8Ⅰ:52，一端为挖耳勺，另一端为小镊子，可能为修眼睫毛用的。长9.1厘米（图五三九，4；图版一五二，5）。

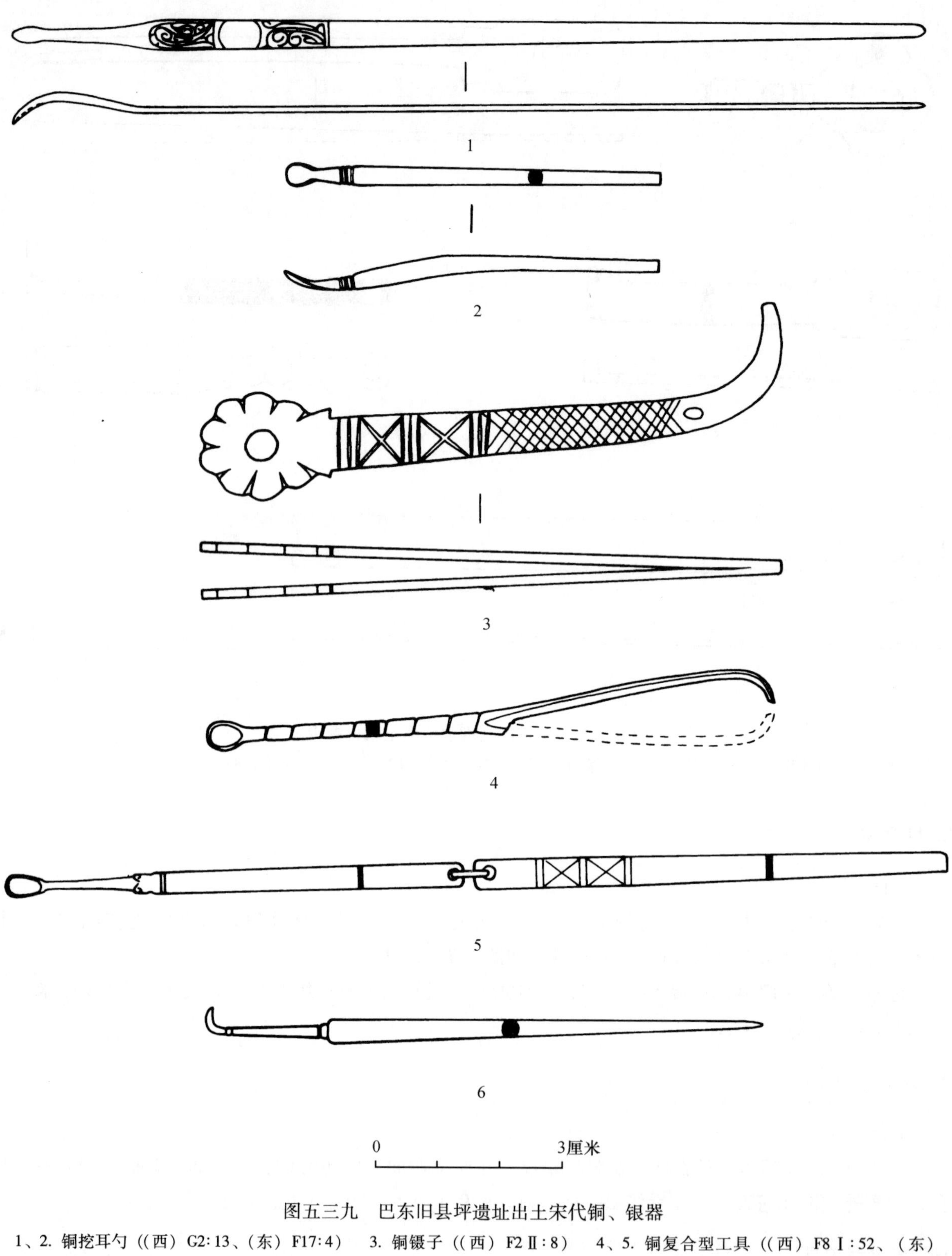

图五三九　巴东旧县坪遗址出土宋代铜、银器
1、2. 铜挖耳勺（(西) G2∶13、(东) F17∶4）　3. 铜镊子（(西) F2Ⅱ∶8）　4、5. 铜复合型工具（(西) F8Ⅰ∶52、(东) F20∶2）　6. 银挖耳勺（(西) F96∶6）

标本（东）F20∶2，一件挖耳勺，一件修指甲的锉，中间用一圆环连接在一起，扁平身上皆饰几何纹。耳勺长7.9、宽0.4厘米，锉长7.5、宽0.35～0.5厘米，环径0.6、截面长0.1厘米（图五三九，5；图版一五二，6）。

（六）银器

银器类生活用具有挖耳勺1件。

标本（西）F96:6，一端为挖耳勺，另一端尖平，圆锥形身。长9厘米（图五三九，6；图版一五三，1）。

（七）铁器

铁器类生活用具有剪刀1把。

标本（西ⅢA）T3104③:4，单面刀，长身交叉股，一股外卷，另一股外折。长11.5厘米（图五四〇，1）。

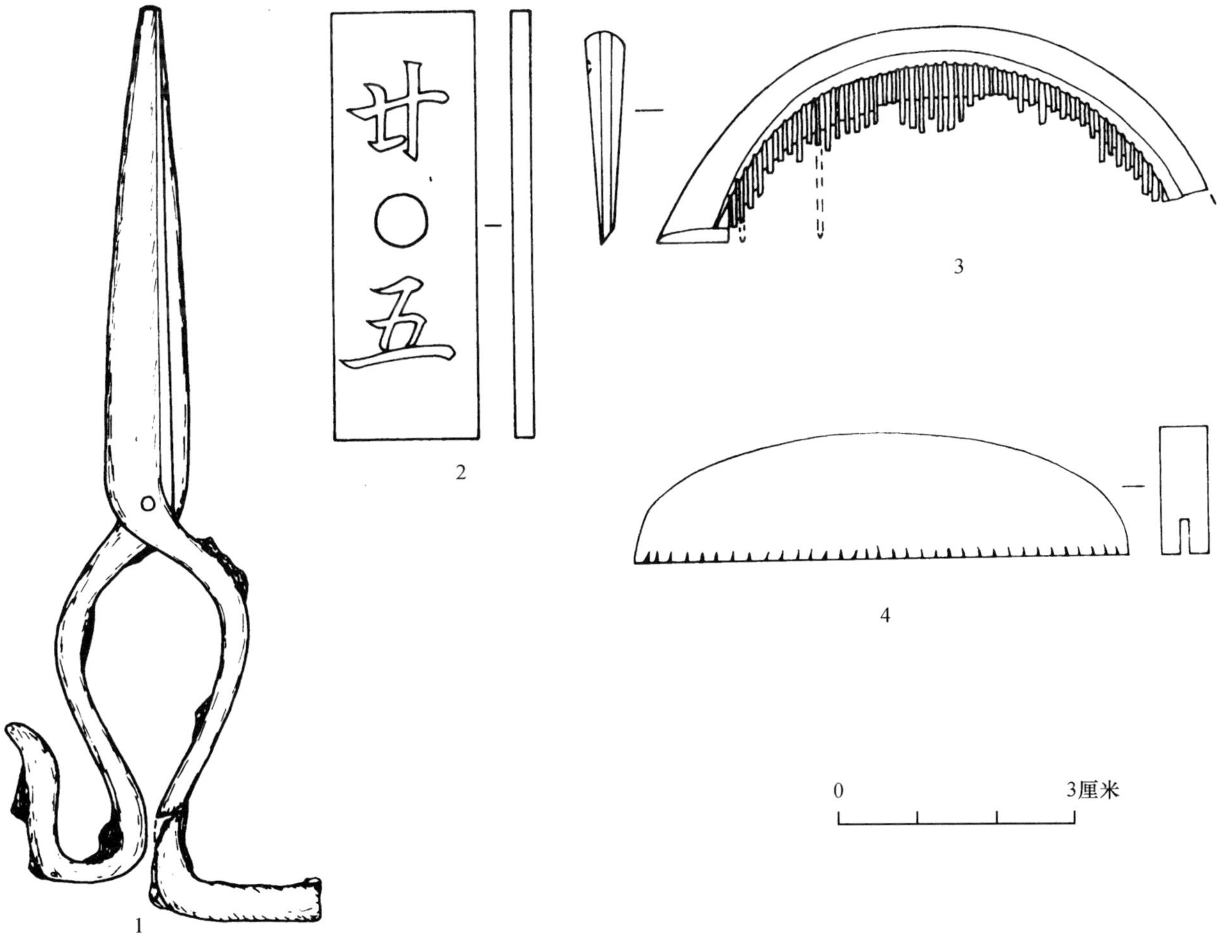

图五四〇　巴东旧县坪遗址出土宋代生活用具

1. 铁剪刀（(西ⅢA) T3104③:4）　2. 骨号牌（(西) L8Ⅲ:1）　3. A型骨梳（(西) F1Ⅱ:13）　4. B型骨梳（(西Ⅰ) T3517⑤:73）

（八）骨器

骨器类生活用具发现很少，仅3件，器类有号牌、骨梳。

1. 号牌

1 件。

标本（西）L8Ⅲ:1，长方形，中心一圆孔，上阴刻“廿五”两个字，分布于圆孔的上下。经修整，通体磨光。长 5.4、宽 1.8、厚 0.25 厘米（图五四〇，2；图版一五三，2）。

2. 骨梳

2 件。可以分为二型。

A 型　1 件。梳脊较窄，呈弧条形。

标本（西）F1Ⅱ:13，半月形，弧背，梳齿宽扁密集，呈倒锥状，计 45 齿。残长 6.9、宽 2.7 厘米（图五四〇，3；图版一五三，3）。

B 型　1 件。梳脊较宽，呈半月形。

标本（西Ⅰ）T3517⑤:73，平底，弧背，底中心有一条沟槽，两面近底处刻短竖条。长 6.2、宽 1.6、厚 0.6 厘米（图五四〇，4；图版一五三，4）。

二、文化娱乐用具

依器物质地，可以分为瓷器、釉陶器、陶器、石器、蚌器、铜器、骨器。

（一）瓷器

瓷器类文化娱乐用具有鸟食罐、盒身、盒盖、砚滴、腰鼓、棋具、弹珠、印章。

1. 鸟食罐

3 件。可以分为二型。

A 型　2 件。敛口。

标本（西）L8Ⅱ:1，尖圆唇，斜弧肩，鼓腹，平底，外腹部模印菊瓣纹。灰白胎，白釉。口径 2.8、腹径 4.8、底径 2.6、高 2.8 厘米（图五四一，1；图版一五三，5）。

标本（西）F8Ⅲ:63，底残。圆唇，短直颈，圆鼓腹，肩腹部一侧置一圆管状系，外腹壁刻划排状指甲纹。灰白胎，青白釉。口径 4.1、残高 3 厘米（图五四一，2）。

B 型　1 件。折沿。

标本（西）F8Ⅲ:5，敞口，尖唇，鼓腹，内底下凹，饼足。上腹部有一道凸棱。灰白胎，白釉。口径 3.4、腹径 3.8、足径 2、高 2.5 厘米（图五四一，3；图版一五三，6）。

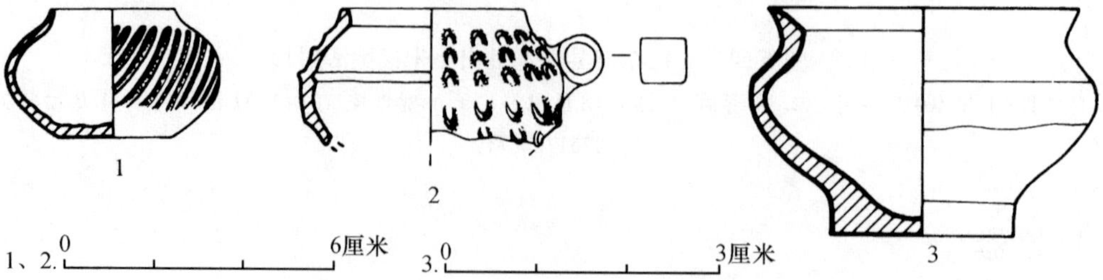

图五四一　巴东旧县坪遗址出土宋代瓷鸟食罐

1、2. A 型（(西) L8Ⅱ:1、(西) F8Ⅲ:63）　3. B 型（(西) F8Ⅲ:5）

2. 盒身

6件。出土较少，可以分为五型。

A型　1件。器表素面无纹。

标本（西Ⅰ）T0801②:3，圆唇，子口内敛，内底较平，腹壁斜收至底，矮圈足。白胎，青白釉。口径6.2、足径3.8、高2.3厘米（图五四二，1；图版一五四，1）。

B型　2件。圆唇，子口内敛，鼓腹，腹壁上部较直，下部斜收至底，平底。器表呈十三瓣瓜棱形。

标本（西Ⅰ）T3315⑤:4，白胎，青白釉。口径6、底径5.6、高3.4厘米（图五四二，2）。

标本（西）F6Ⅰ:1，白胎，除底和口外，皆施白釉。口径5.6、底径4.8、高3厘米（图五四二，3；图版一五四，2）。

C型　1件。直腹。

标本（西Ⅰ）T3021⑤:4，尖唇，子口较直，腹壁上部较直，下部斜直内收，平底，腹壁呈菊瓣状。白胎，青白釉。口径6.4、底径5.8、高2厘米（图五四二，4）。

D型　1件。垂腹。

标本（西）H87:1，尖唇，短子口内敛，腹壁较直，平底。腹壁呈菊瓣状。白胎，青白釉。口径5、底径4.6、高2.4厘米（图五四二，5）。

E型　1件。鼓腹，饼足。

标本（西）L17Ⅰ:11，尖唇，子口内敛，腹壁上部较直，下部内收，平底内凹，腹壁呈菊瓣状。白胎，青白釉。口径3.4、足径3、高1.5厘米（图五四二，6）。

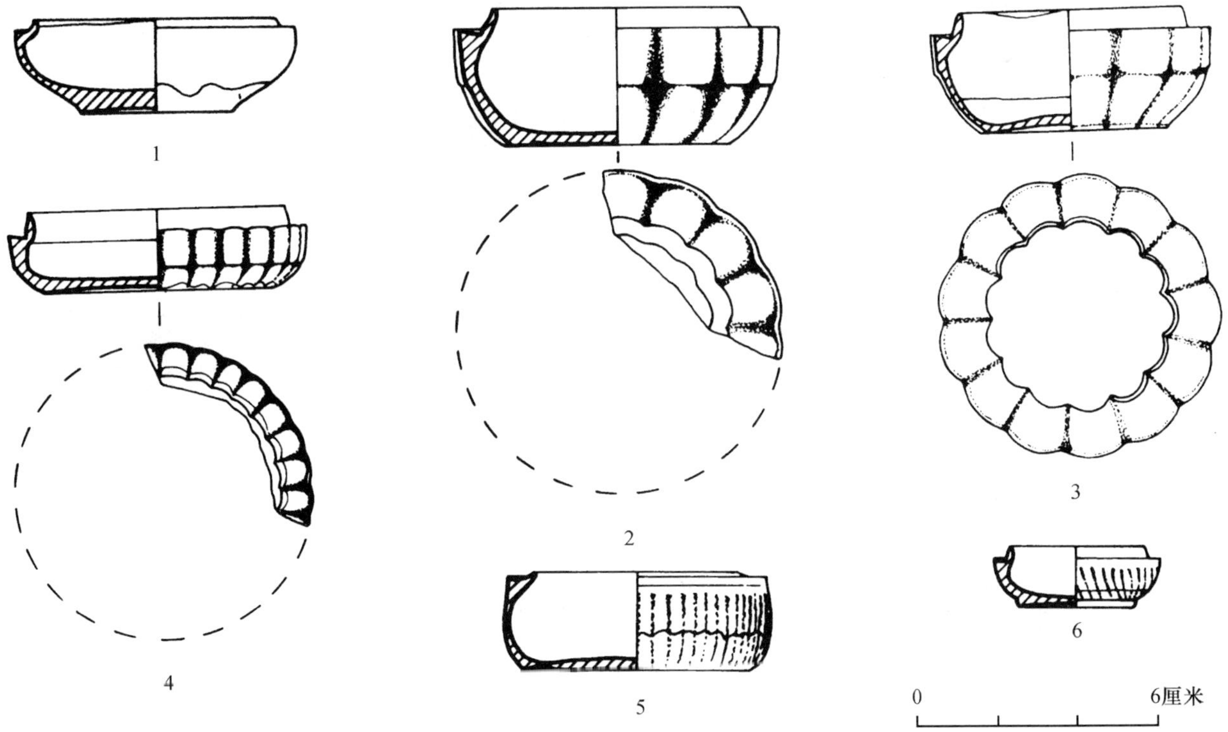

图五四二　巴东旧县坪遗址出土宋代瓷盒身

1. A型（(西Ⅰ) T0801②:3）　2、3. B型（(西Ⅰ) T3315⑤:4、(西) F6Ⅰ:1）　4. C型（(西Ⅰ) T3021⑤:4）　5. D型（(西) H87:1）　6. E型（(西) L17Ⅰ:11）

3. 盒盖

12 件。可以分为五型。

A 型　5 件，腹壁呈菊瓣状。可以分为三亚型。

Aa 型　2 件。盖壁较直，盖弧拱，顶较平。

标本（西）F3∶20，盖顶中央下凹饰菊瓣纹，下腹部有一道凸棱。白胎，青白釉。盖径 7.8、高 2.2 厘米（图五四三，1）。

标本（西）F3∶21，顶残。纹饰不详。白胎，青白釉。盖径 8.6、残高 2.2 厘米（图五四三，2）。

Ab 型　2 件。盖壁内收，盖弧拱，顶较平。

标本（西）F8Ⅲ∶61，白胎，青白釉。盖径 5.9、高 1.6 厘米（图五四三，4）。

标本（西）F18Ⅱ∶1，盖顶刻划网格纹。白胎，青白釉。盖径 6、高 1.7 厘米（图五四三，5）。

Ac 型　1 件。盖壁内收，盖弧拱，顶隆起。

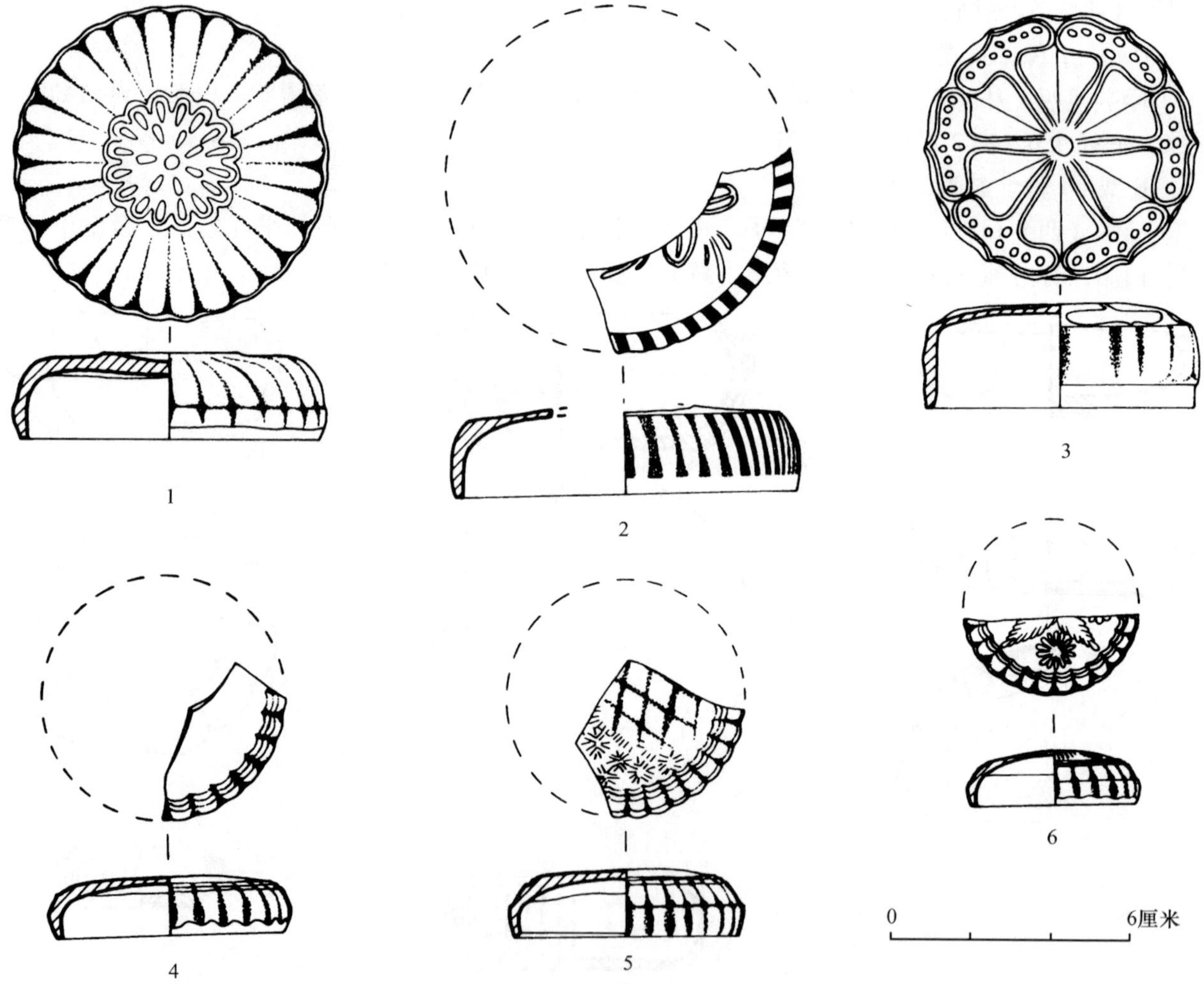

图五四三　巴东旧县坪遗址出土宋代瓷盒盖

1、2. Aa 型（（西）F3∶20、（西）F3∶21）　3. B 型（（西）F8Ⅲ∶78）　4、5. Ab 型（（西）F8Ⅲ∶61）、（西）F18Ⅱ∶1）　6. Ac 型（（西）F8Ⅲ∶62）

标本（西）F8Ⅲ:62，盖顶刻划纹饰，推测为四朵对称花朵，分别用树叶纹隔开。白胎，青白釉。盖径4.1、高1.4厘米（图五四三，6）。

B型　1件。直口，方唇，盖壁较直，盖顶较平。

标本（西）F8Ⅲ:78，顶面印荷叶莲子纹。灰白胎，青白釉，唇及内腹无釉。盖径6.8、高2.6厘米（图五四三，3；图版一五四，3）。

C型　3件。顶隆起，腹壁较直，宽侧壁。

标本（西Ⅰ）T0408④:14，顶残。圆唇，顶面中部高隆。灰白胎，青釉。盖径8、残高3.2厘米（图五四四，1）。

标本（东Ⅰ）T2409④:2，顶残。尖唇，顶心周围斜折。白胎，白釉。盖径9.3、高3厘米（图五四四，2）。

标本（西）F8Ⅰ:15，顶残。圆唇。盖顶刻划纹饰，因残不详。白胎，青白釉。盖径8、残高2.4厘米（图五四四，5）。

D型　2件。盖弧拱，侧壁较窄。可以分为二亚型。

Da型　1件。盖壁外撇。

标本（西）F8Ⅲ:56，灰白胎，外壁及内顶施白釉，唇部无釉，外无釉开片。盖径10、高2.6厘米（图五四四，3；图版一五四，4）。

Db型　1件。盖壁内收。

标本（西Ⅰ）T2920⑤:5，盖顶刻划花草纹。白胎，青白釉。盖径7.8、高2厘米（图五四四，4）。

E型　1件。盖类似石榴形，盖顶隆弧，顶中间置石榴瓣状纽。

标本（西Ⅰ）T1706⑦:2，白胎，白釉。盖径5.2、残高1.8厘米（图五四四，6）。

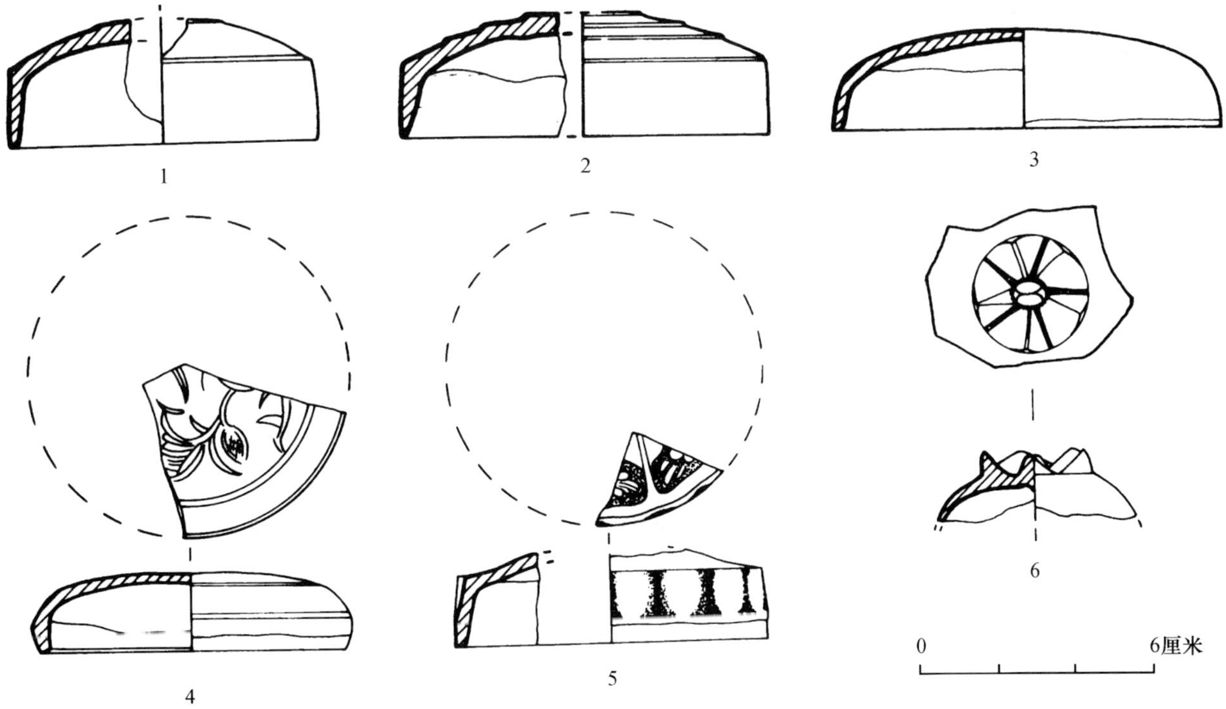

图五四四　巴东旧县坪遗址出土宋代瓷盒盖

1、2、5. C型（（西Ⅰ）T0408④:14、（东Ⅰ）T2409④:2、（西）F8Ⅰ:15）　3. Da型（（西）F8Ⅲ:56）　4. Db型（（西Ⅰ）T2920⑤:5）　6. E型（（西Ⅰ）T1706⑦:2）

4. 砚滴

3 件。可以分为二型。

A 型　2 件。袋形砚滴。

标本（西）F48:5，执柄残。前侧中上部置流，对应处有残柄痕迹，上部开圆形孔，两侧面模印珍珠纹。白胎，青白釉，底无釉。底长径 4.8、高 6.1 厘米（图五四五，1；图版一五四，5）。

标本（西Ⅰ）T2914⑤:4，残存下部。白胎，青白釉。残高 3.1 厘米（图五四五，3）。

B 型　1 件。圆鼓腹形砚滴。

标本（西）F8Ⅳ:6，底残。敛口，圆唇，折沿，溜肩，鼓腹，肩部有一短圆管流。可能有柄，因残不清。灰胎，外施酱黄釉。口径 5、腹径 7.6、残高 3.1 厘米（图五四五，2）。

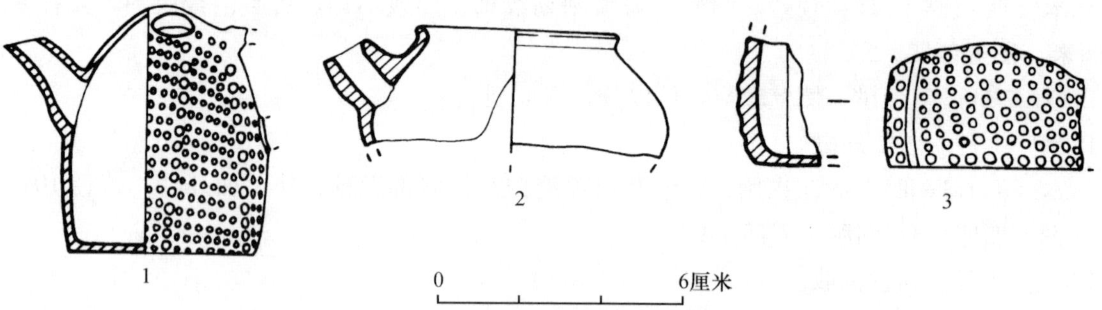

图五四五　巴东旧县坪遗址出土宋代瓷砚滴

1、3. A 型（（西）F48:5、（西Ⅰ）T2914⑤:4）　2. B 型（（西）F8Ⅳ:6）

5. 腰鼓

1 件。

标本（西）F8Ⅲ:66，残存细长腰、圆口球形腔。灰白胎，褐釉，釉上加黄彩，绘卷云纹。残高 17.6、鼓面径 10.8 厘米（图五四六；彩版二七，1）。

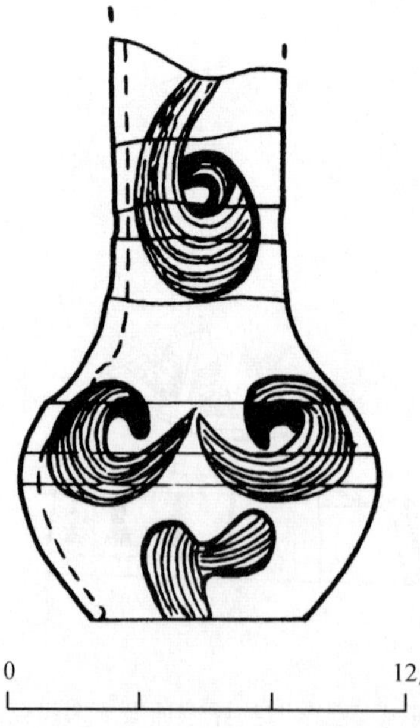

图五四六　巴东旧县坪遗址出土宋代瓷腰鼓（（西）F8Ⅲ:66）

6. 棋具

18 件。有棋子、骰子。

（1）棋子

17 件。可以分为象棋子和围棋子两类。

象棋子　2 件。

标本（西）F2Ⅰ:19，圆饼形，弧边，平面，双面圆圈内刻“车”字。灰白胎，无釉。直径 2.8、厚 0.8 厘米（图五四七，1）。

标本（西）F2Ⅰ:20，圆饼形，弧边，平面，双面圆圈内刻“卒”字。灰白胎，无釉。直径 2.7、厚 0.7 厘米（图五四七，2）。

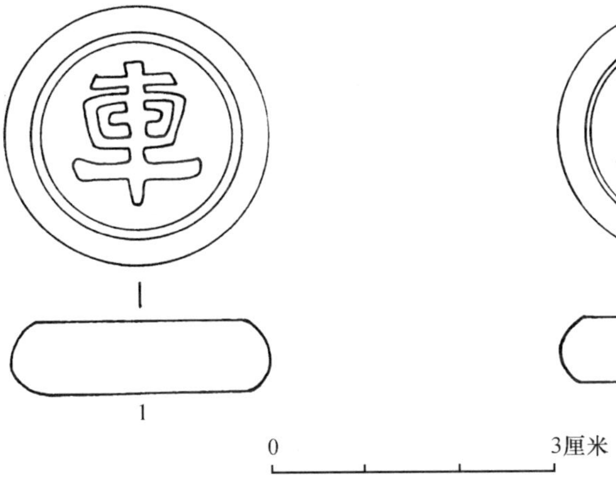

图五四七　巴东旧县坪遗址出土宋代瓷象棋子

1.（西）F2Ⅰ:19　2.（西）F2Ⅰ:20

围棋子　15 件。分为三型。

A 型　2 件。两面模印细密纹饰。

标本（东）F15:1，圆饼形，弧边，平面，两面皆模印花纹。白色，灰白瓷胎，无釉。直径 1.8、厚 0.4 厘米（图五四八，1）。

标本（西）F2Ⅰ:22，圆饼形，棱边，平面，两面圆圈内模印花纹。黑胎，无釉。直径 1.8、厚 0.4 厘米（图五四八，2）。

B 型　5 件。形状规整，未模印纹饰。其中 4 件为白瓷，1 件为黑瓷。

标本（西）F8Ⅰ:45，圆饼形，直边，平面。灰黑胎，无釉。直径 1.7、厚 0.6 厘米（图五四八，3）。

标本（西）F22:6，圆饼形，用黑釉瓷片打磨而成面微弧，边也略弧。灰胎，两面施有黑釉，边露胎。直径 1.8、厚 0.35 厘米（图五四八，4；彩版二七，2）。

标本（西Ⅰ）T2411⑤:1，圆饼形，弧边。白胎，白釉。直径 1.5、厚 0.3 厘米（彩版二八，5）。

C 型　8 件。未修整，形状不规整。其中 7 件为黑瓷，1 件为青白瓷。

标本（西）F2Ⅰ:21，近圆饼形，用黑瓷片打制而成，面微弧。灰胎，施黑釉，开碎片。直径 2.8、厚 0.5 厘米（图五四八，5；彩版二七，3）。

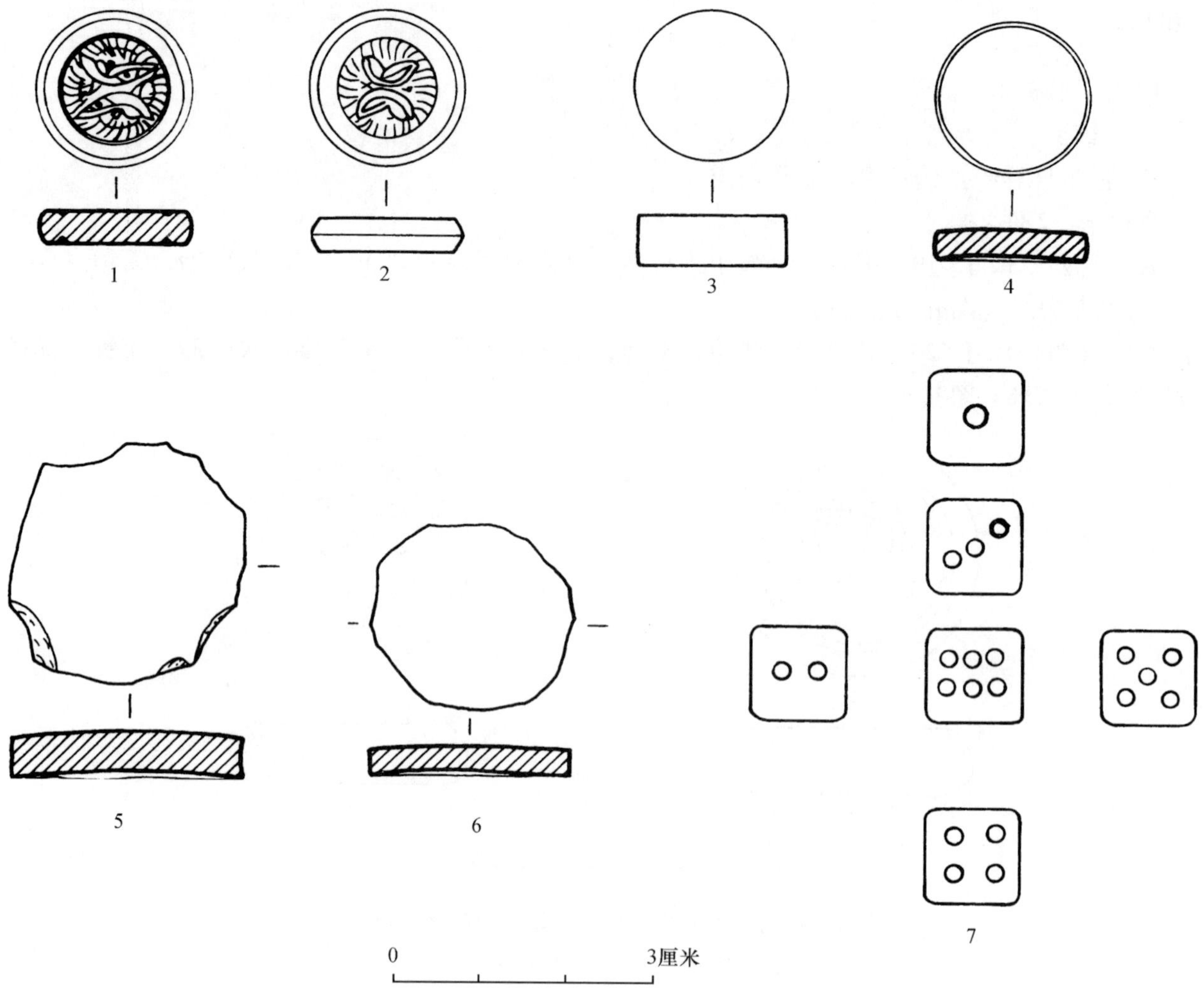

图五四八　巴东旧县坪遗址出土宋代瓷棋具

1、2. A 型围棋子（（东）F15:1、（西）F2Ⅰ:22）　3、4. B 型围棋子（（西）F8Ⅰ:45、（西）F22:6）　5、6. C 型围棋子（（西）F2Ⅰ:21、（西）F96:7）　7. 骰子（（西）G5:2）

标本（西）F96:7，近似圆饼形，用青白瓷片打制而成，面微弧。直径 2.2、厚 0.35 厘米（图五四八，6；彩版二七，4）。

（2）骰子

1 件。

标本（西）G5:2，圆角正方体，六个面分别模印“1～6”六种点。无釉。边长 1.1 厘米（图五四八，7；彩版二八，1）。

7. 弹珠

1 件。

标本采集:12，圆球形。灰白胎，半边施黑釉，半边无釉露胎。直径 2.2 厘米（图五四九，1；图版一五六，1）。

8. 印章

1 件。

标本（西）F3∶64，印面呈长方形，印背面中间置桥形纽，纽中间有一圆孔。印文为“高□”。灰白胎，印面无釉，余皆施青白釉。印面长2.4、宽1.4、通高1.6厘米（图五四九，2、3；彩版二八，12、13）。

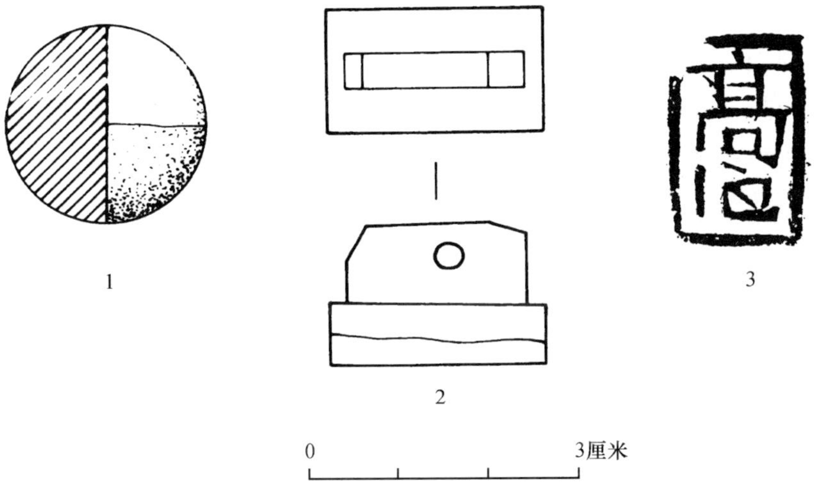

图五四九　巴东旧县坪遗址出土宋代瓷器

1. 弹珠（采集∶12）　2. 印章（（西）F3∶64）　3. 印章印文拓片（（西）F3∶64）

（二）釉陶器

釉陶器类文化娱乐用品有鸟食罐、弹珠、铃。

1. 鸟食罐

7件。根据器形可以分为五型。口径多在10厘米左右。

A型　1件。深鼓腹。直口微敛，方唇，短颈，饼足。

标本（西）F24Ⅰ∶6，溜肩。内腹下部呈瓦棱状。红褐胎，外上腹及内壁口部施青釉。口径7.8、腹径9.8、足径4.8、高8.8厘米（图五五〇，1；图版一五五，1）。

B型　1件。深腹，卷沿，高粗颈。

标本（西）F46Ⅰ∶1，广口，圆唇，折腹微鼓小平底。厚褐胎，内部及外上腹施青釉。口径10、腹径9.2、底径4.4、高6.7厘米（图五五〇，2；图版一五五，2）。

C型　2件。圆鼓腹。侈口，短颈。可以分为二式。

Ⅰ式：1件。饼足。

标本（西）F2Ⅱ∶3，尖唇，内腹壁下部呈瓦棱状，内坦底。红褐胎，外上腹及内壁口部施青釉。口径6.4、腹径7.2、足径4.2、高5.4厘米（图五五〇，3；图版一五五，3）。

Ⅱ式：1件。卧足。

标本（西）F8Ⅲ∶22，尖唇。灰胎，施黑褐釉，下腹及底无釉。口径5.6、腹径7.4、足径3.6、高5.5厘米（图五五〇，5；图版一五五，4）。

D型　2件。斜折沿，束颈，圆唇。可以分为二式。

Ⅰ式：1件。垂腹，平底。

标本（西Ⅰ）T3118⑤∶14，外腹壁有刮削痕迹。褐胎，褐釉。口径4.3、腹径5.4、底径2.8、高4.4厘米（图五五〇，4）。

Ⅱ式：1件。圆鼓腹，饼足。

标本（西）F66∶2，内腹壁下部有三道凸弦纹，内底心凸起。红褐胎，口沿及外上腹部施褐釉。口径5.2、腹径7.5、足径4.6、高6厘米（图五五〇，6；图版一五五，5）。

E型　1件。折沿，筒形腹，平底下附三足。

标本（西）F8Ⅱ∶16，尖圆唇，斜折沿，直腹壁，平底，外底装三小足，足外印竖凹槽。红胎，口沿施黄釉，釉层较薄。口径4.8、通高3.9厘米（图五五〇，7；图版一五五，6）。

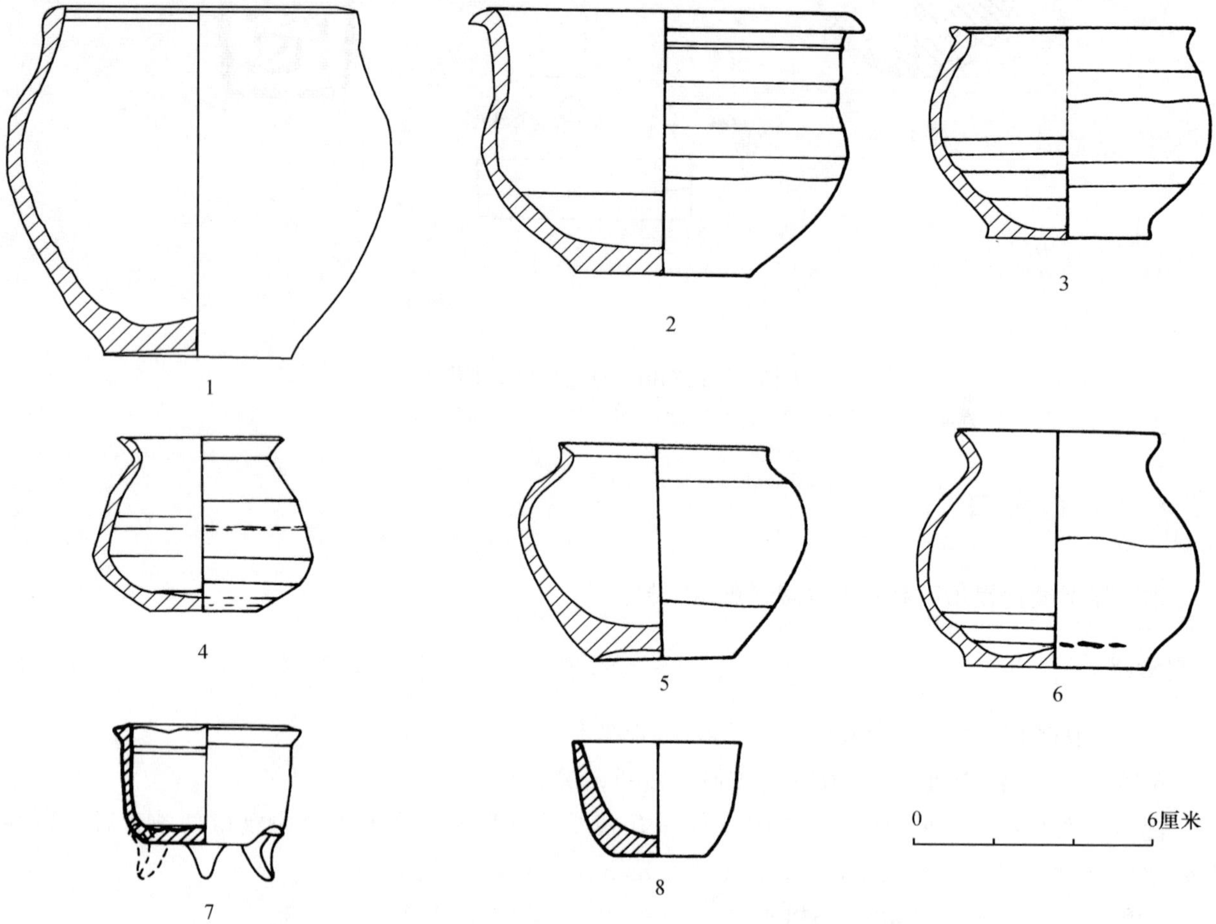

图五五〇　巴东旧县坪遗址出土宋代鸟食罐

1. A型釉陶鸟食罐（（西）F24Ⅰ∶6）　2. B型釉陶鸟食罐（（西）F46Ⅰ∶1）　3. C型Ⅰ式釉陶鸟食罐（（西）F2Ⅱ∶3）　4. D型Ⅰ式釉陶鸟食罐（（西Ⅰ）T3118⑤∶14）　5. C型Ⅱ式釉陶鸟食罐（（西）F8Ⅲ∶22）　6. D型Ⅱ式釉陶鸟食罐（（西）F66∶2）　7. E型釉陶鸟食罐（（西）F8Ⅱ∶16）　8. 陶鸟食罐（（西）F8Ⅲ∶83）

2. 弹珠

1件。

标本（东）F38∶1，圆球形，器身有一穿孔，深约为器身的2/3。夹细砂灰胎，通体施银灰白釉，开碎片，釉部分脱落。直径2.5、孔径0.2厘米（图五五一，1；图版一五六，2）。

3. 铃

1件。

标本（西）F1Ⅱ∶14，葫芦形，把部有一孔，腹内空并有一“V”形向下开口。红褐胎，底部口处有酱釉。高4.7、宽3.6厘米（图五五一，2）。

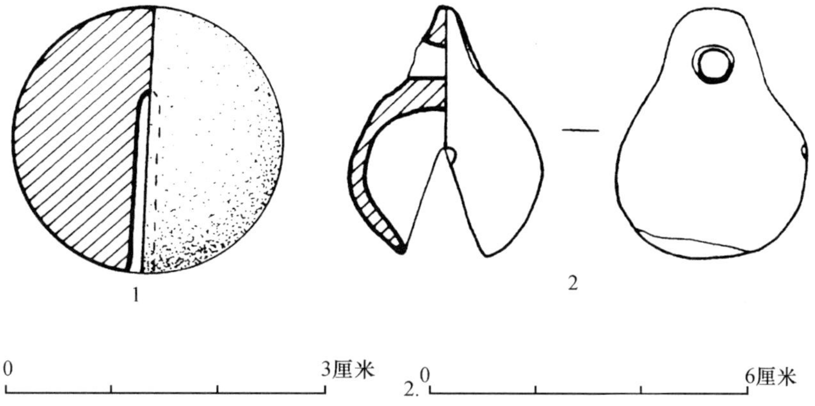

图五五一 巴东旧县坪遗址出土宋代釉陶器

1. 弹珠（（东）F38:1） 2. 铃（（西）F1Ⅱ:14）

（三）陶器

陶器类文化娱乐用具有鸟食罐、弹珠、棋子、动物塑像。

1. 鸟食罐

1件。

标本（西）F8Ⅲ:83，泥质灰黄陶。敞口，方唇，深腹，腹斜弧收，平底。口径4.2、底径2.4、高2.9厘米（图五五〇，8）。

2. 弹珠

3件。形制基本相同。圆球形。

标本（东Ⅰ）T3716④:2，夹细砂灰陶。通体磨光。直径1.7厘米（图五五二，1；图版一五六，3）。

标本（西Ⅰ）T2714⑤:1，泥质，半边黑，半边黄。圆球形。直径2厘米（图五五二，2）。

标本（西Ⅰ）T2614⑤:6，夹细砂褐陶。直径2.4厘米（图五五二，3；图版一五六，4）。

3. 棋子

9件。可以分为围棋子和象棋子两类。

（1）围棋子

8件。可以分为二型。

A型 6件。圆饼形，直边，两面平，用陶片打磨而成。直径1.8~2、厚0.7~0.8厘米。

标本（东Ⅰ）T3316④:1，泥质灰黄陶（图五五二，4；彩版二七，5）。

标本（西）G6:33，泥质灰陶（彩版二九，1）。

标本（西Ⅰ）T2216⑤:5，泥质红陶（彩版二九，2）。

B型 2件。圆饼形，弧边，平面，两面皆模印花草纹。

标本（西Ⅰ）T2818⑤:2，直径1.8、厚0.5厘米（彩版二八，4）。

标本（西Ⅰ）T2113⑤:1，直径1.5、厚0.3厘米（彩版二八，8）。

（2）象棋子

1件。

标本（西）F66:4，夹砂灰陶。圆饼形，直边，两面单，单面刻一“士”字。直径3、厚0.8厘米（图五五二，5；彩版二八，2）。

4. 动物塑像

1件。

标本（西Ⅰ）T3416⑤:3，夹细砂陶，背黑，腹黄。仅存狮身，尾上翘，头上分两层共饰十三个毛螺。残长11.7、残高7.2、残宽6厘米。应为玩具（图五五三；图版一五六，8）。

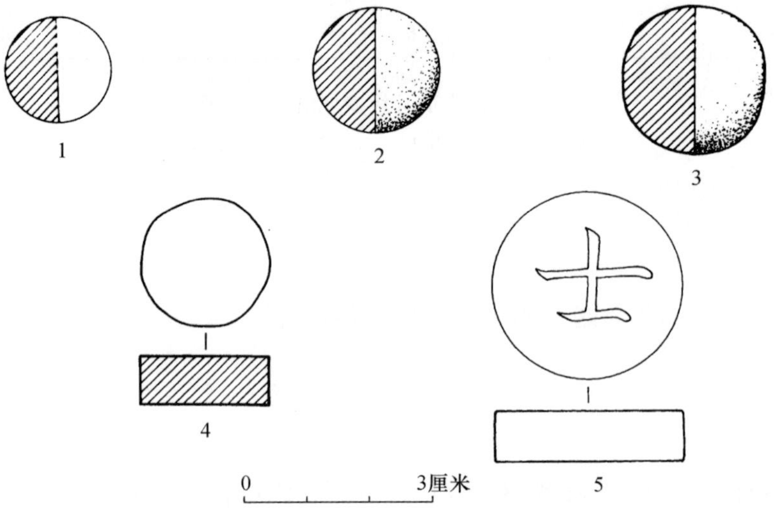

图五五二　巴东旧县坪遗址出土宋代陶器

1～3. 弹珠（（东Ⅰ）T3716④:2、（西Ⅰ）T2714⑤:1、（西Ⅰ）T2614⑤:6）
4. 围棋子（（东Ⅰ）T3316④:1）　5. 象棋子（（西）F66:4）

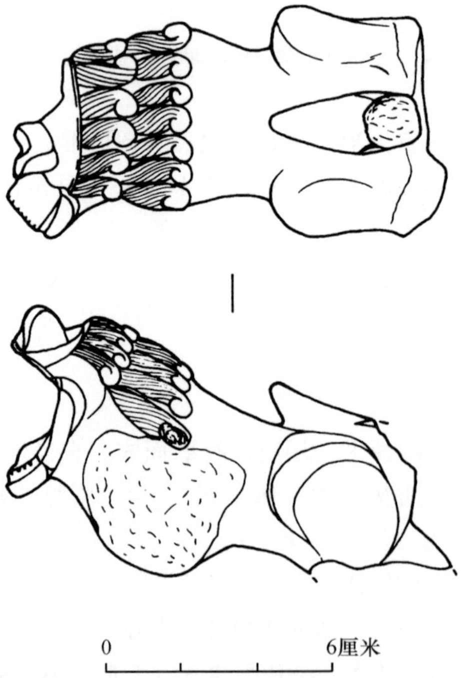

图五五三　巴东旧县坪遗址出土宋代陶动物塑像（（西Ⅰ）T3416⑤:3）

（四）石器

石器类文化娱乐用具有砚台、印章、弹珠、围棋子。

1. 砚台

15 件。平面呈长方形。可以分为三型。

A 型 11 件。平口，墨池下凹。可以分为三个亚型。

Aa 型 5 件。墨池侧面为 V 字形。单联砚。

标本（西）F8Ⅲ:13，上大下小。墨堂呈抹角长方形。面长 11、宽 7.6、高 2 厘米（图五五四，1；图版一五六，10）。

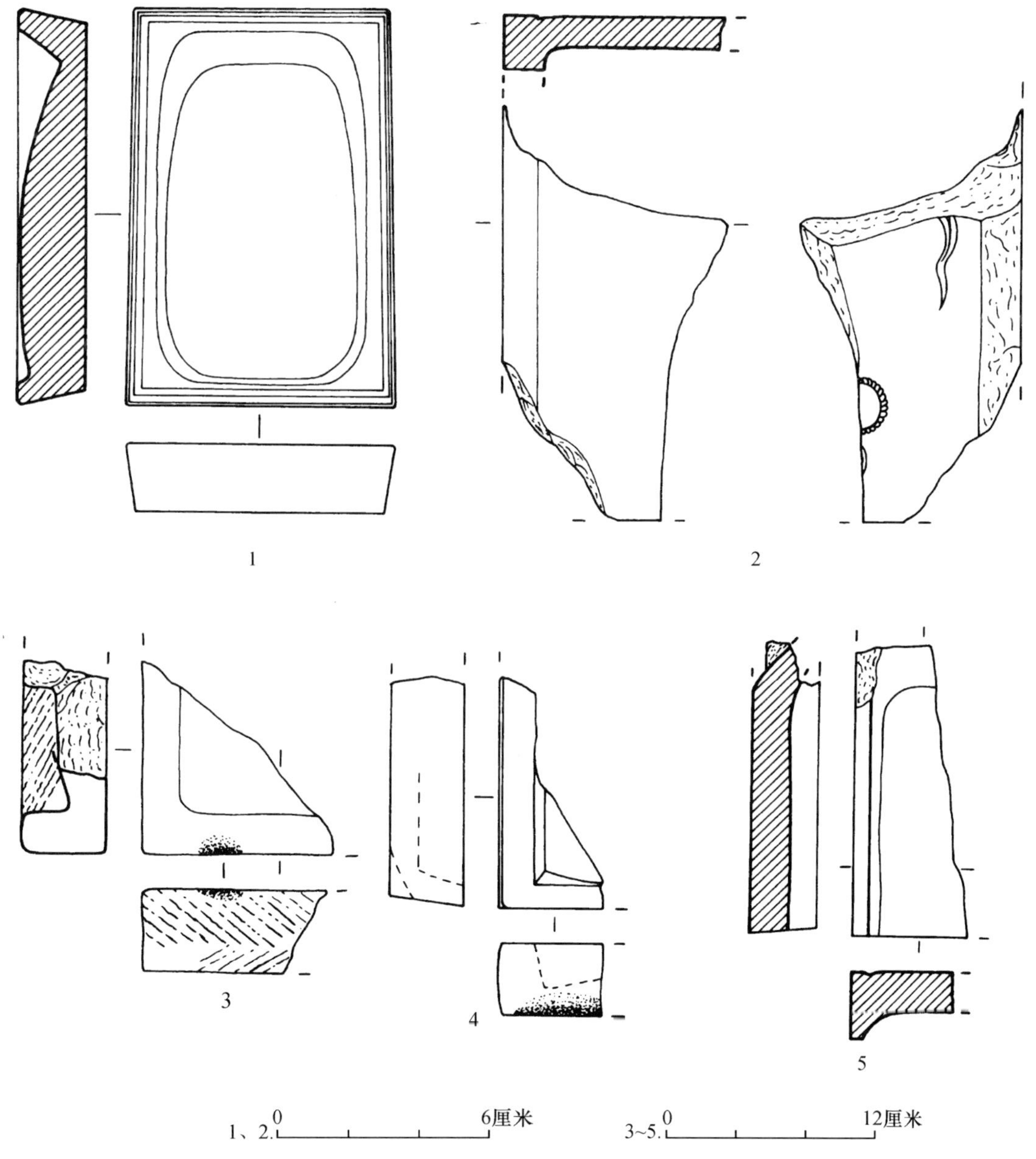

图五五四 巴东旧县坪遗址出土宋代 Aa 型石砚台

1.（西）F8Ⅲ:13 2.（西）F3:5 3.（西）F32:5 4.（西）F8Ⅲ:69 5.（西）F8Ⅲ:26

标本（西）F3∶5，长方体状。砚面有纹饰。残长12、残宽6.5、残高1.6厘米（图五五四，2）。

标本（西）F32∶5，长方体状。残长11.2、残宽10.8、高4.8厘米（图五五四，3）。

标本（西）F8Ⅲ∶69，长方体状。残长6、残宽13.2、高4.4厘米（图五五四，4）。

标本（西）F8Ⅲ∶26，上大下小。底面弧拱。残长18、残宽6、高4厘米（图五五四，5）。

Ab型　5件。墨池侧面为“V”字形。双联砚。

标本（西）F8Ⅲ∶85，残长14.8、残宽19.6、残高6厘米（图五五五，1）。

标本（西）F8Ⅱ∶42，长方体状。残长18、残宽22.6、高6.2厘米（图五五五，2；图版一五七，1）。

标本（西）L2Ⅲ∶8，墨堂为椭圆形。底面略小于砚面。残长17.4、残宽16、高5.6厘米（图五五五，3；图版一五七，2）。

标本（东）F4∶1，底面略小于砚面。残长17.6、残宽22.6、高6.4厘米（图五五五，4；图版一五七，3）。

标本（西）L2Ⅲ∶9，长方体状。残长20.6、残宽18、高4.8厘米（图五五五，5；图版一五七，4）。

Ac型　1件。墨池侧面为梯形。

标本（东）L1Ⅱ∶5，长方体状。长12、宽8.6、高2.1厘米（图五五五，6；图版一五七，5）。

B型　1件。残存底部，有足，底面弧拱。

标本（西Ⅰ）T3014⑤∶2，残长15.2、宽14.2、残高7厘米（图五五六，1）。

C型　3件。子口。

标本（西Ⅰ）T3018⑤∶1，底面略小于砚面。底面有方足。残长9.3、残宽8.3、高3.8厘米（图五五六，2）。

标本（西Ⅰ）T3117⑤∶13，残长6、残宽8.9、残高1.4厘米（图五五六，3）。

标本（西Ⅰ）T3816⑤∶2，长方体状。墨堂为椭圆形。残长6.4、宽6.2、高2厘米（图五五六，4；图版一五七，6）。

2. 印章

1件。

标本（西Ⅰ）T2816⑤∶1，长方体，两面分别阴刻文字“叶万祥”、“陈沛容”。长3.1、宽1.5、厚0.7厘米（图五五七，1；彩版二八，10、11）。

3. 弹珠

3件。

标本（西Ⅰ）T1007⑤∶15，通体磨光。直径2厘米（图五五七，2；图版一五六，5）。

标本（西Ⅰ）T3414⑤∶1，通体磨光。直径2.5厘米（图版一五六，6）。

标本（西Ⅰ）T2517⑤∶13，通体磨光。直径3.5厘米（图五五七，3；图版一五六，7）。

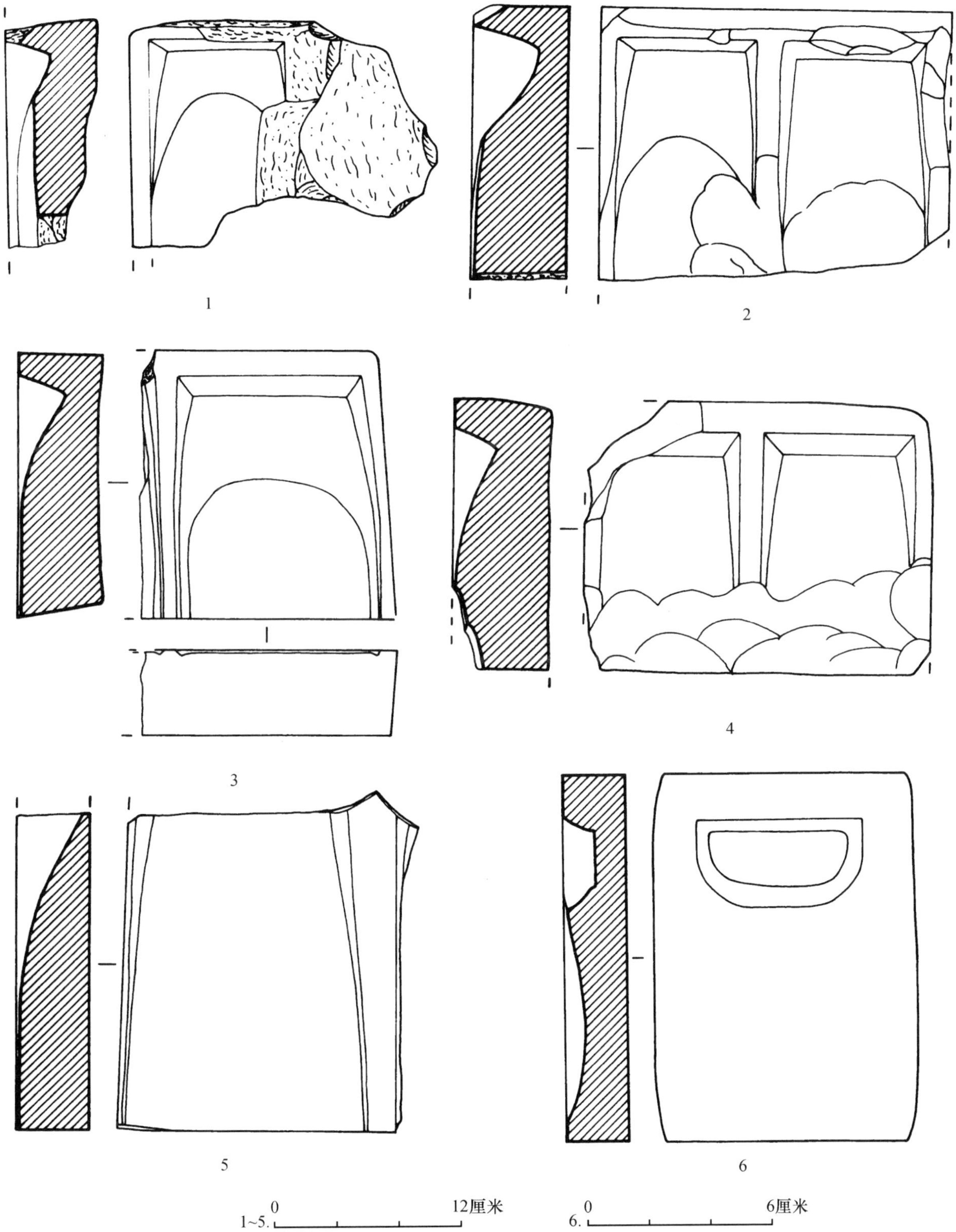

图五五五　巴东旧县坪遗址出土宋代石砚台

1～5. Ab型（（西）F8Ⅲ：85、（西）F8Ⅱ：42、（西）L2Ⅲ：8、（东）F4：1、（西）L2Ⅲ：9）　6. Ac型（（东）L1Ⅱ：5）

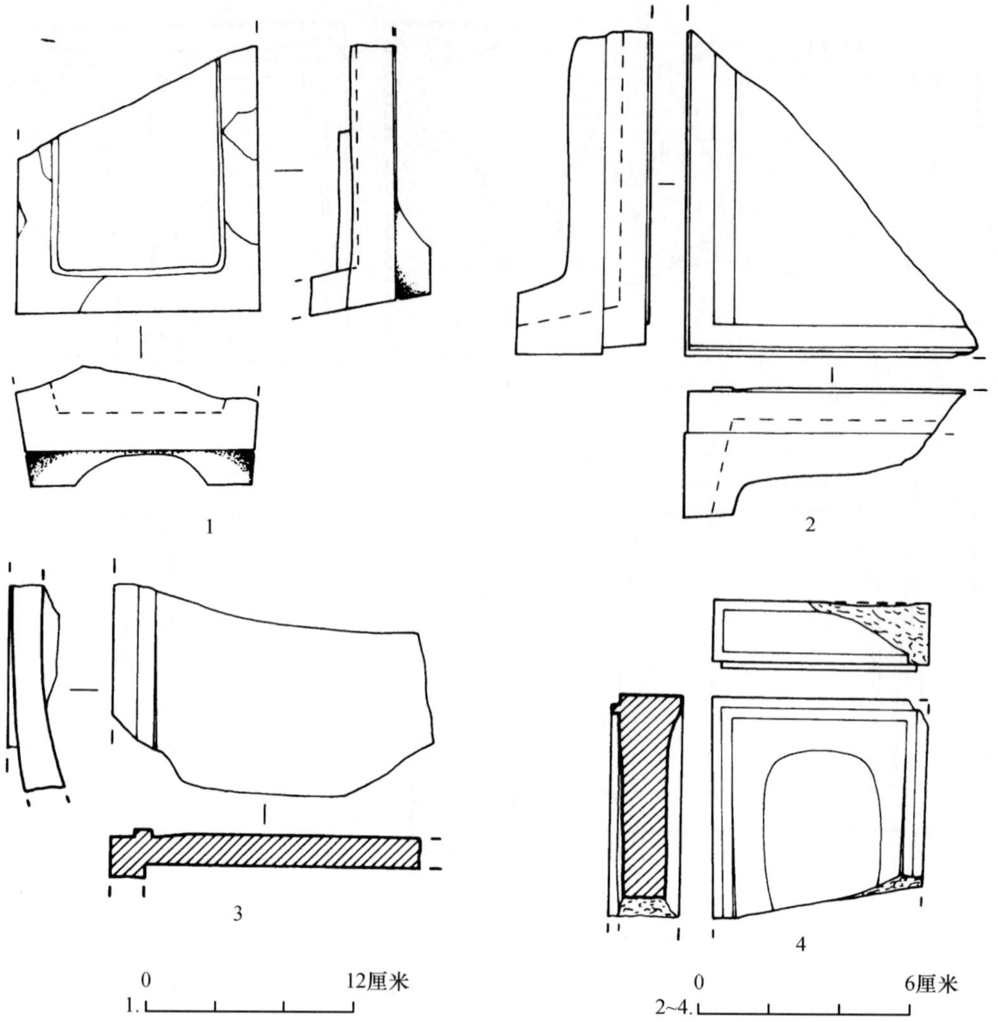

图五五六　巴东旧县坪遗址出土宋代石砚台

1. B型（（西Ⅰ）T3014⑤:2）　2～4. C型（（西Ⅰ）T3018⑤:1、（西Ⅰ）T3117⑤:13、（西Ⅰ）T3816⑤:2）

4. 围棋子

11件。可以分为二型。

A型　2件。圆形，直边，面平。

标本（东Ⅰ）T2312④:1，通体磨光。直径3.1、厚0.9厘米（图五五七，4）。

标本（西Ⅰ）T3418⑤:9，通体磨光，灰白相间石质磨成，如珍珠地纹一般（应作黑棋子用）。直径1.6、厚0.45厘米（图五五七，5）。

B型　9件。圆形，弧边。其中4件白棋子，5件黑棋子。直径1.3～2、厚0.4厘米。

标本（西）F2Ⅱ:10，白棋子（图五五七，6；彩版二九，3）。

标本（西）F2Ⅱ:11，黑棋子。通体磨光（图五五七，7；彩版二九，4）。

标本（西）F3:63，白棋子（彩版二八，6）。

标本（西Ⅰ）T3516⑤:6，黑棋子（彩版二八，9）。

标本（西Ⅰ）T3319⑤:1，白棋子（彩版二九，5）。

标本（西Ⅰ）T3314⑤:2，黑棋子（彩版二九，6）。

标本（西Ⅰ）T2411⑤:1，白棋子（彩版二九，7）。

标本（西Ⅰ）T2315⑤:1，黑棋子（彩版二九，8）。

（五）蚌器

蚌器类文化娱乐用具发现较少，仅有围棋子1件。

标本（西Ⅰ）T3520⑤:14，白色，圆饼形，平面，弧边，河蚌壳磨制而成。直径1.8、厚0.4厘米（图五五七，8；彩版二八，7）。

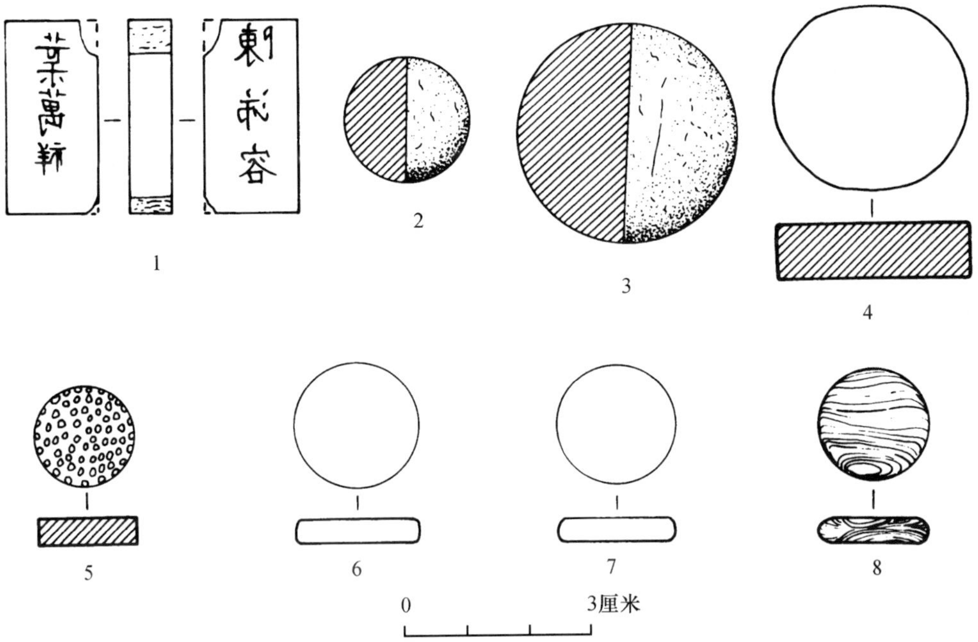

图五五七　巴东旧县坪遗址出土宋代遗物

1. 石印章（（西Ⅰ）T2816⑤:1）　2、3. 石弹珠（（西Ⅰ）T1007⑤:15、（西Ⅰ）T2517⑤:13）　4、5. A型石围棋子（（东Ⅰ）T2312④:1、（西Ⅰ）T3418⑤:9）　6、7. B型石围棋子（（西）F2Ⅱ:10、（西）F2Ⅱ:11）　8. 蚌围棋子（（西Ⅰ）T3520⑤:14）

（六）铜器

铜器类文化娱乐用具发现较少，仅有铜铃1件。

标本（东）G11:1，直口，方唇，唇外一周凸起，顶呈半球形，顶中心凸起，中心为一圆孔。直径5、高2.9厘米（图五五八；图版一五六，9）。

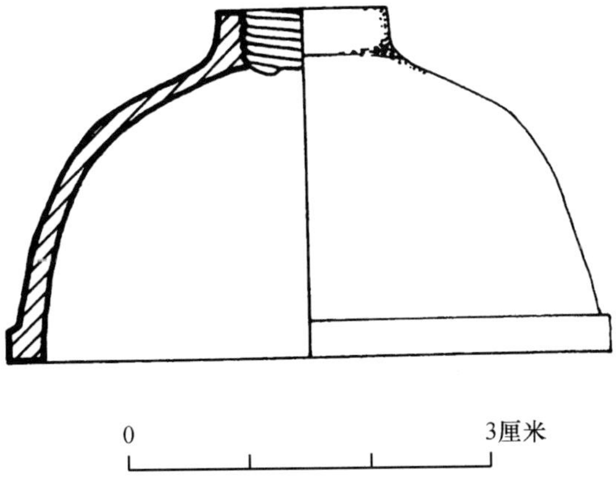

图五五八　巴东旧县坪遗址出土宋代铜铃（（东）G11:1）

（七）骨器

骨器类文化娱乐用具发现较少，仅有骰子 1 件。

标本（西）H63∶2，圆角正方体，六个面分别模印“1 ~ 6”六种点。边长 0.8 厘米（彩版二八，3）。

三、饰　　品

依器物质地，可以分为铜器、银器、玉器、料器、玻璃器。

（一）铜器

铜器类饰品有簪、带扣、戒指、坠饰。

1. 簪

8 件。可以分为五型。

A 型　1 件。多面体方头。

标本（西）L1 Ⅰ∶5，头上有一衔环，多面体的一面中心接双股身，身内平外弧，双股身并行，尾部尖头。长 10.3、方头边长 0.9 厘米（图五五九，1；图版一五八，1）。

B 型　2 件。三角头。

标本（西）L2 Ⅰ∶15，平底弧背，身整体微呈“弓”形。长 9.2 厘米（图五五九，2；图版一五八，2）。

标本（东Ⅰ）T3915④∶2，身扁平，截面为长方形，尾部残。残长 4.8、宽 0.4 ~ 0.8 厘米（图五五九，3；图版一五八，3）。

C 型　1 件。圆头。

标本（东Ⅰ）T3214④∶3，头上有圆孔，身微弧扁平，下部残截面呈长方形。残长 6 厘米（图五五九，4；图版一五八，4）。

D 型　3 件。双股身。

标本（西Ⅰ）T3519⑤∶20，身为圆柱体。长 15.6、宽 0.9、截径 0.2 ~ 0.3 厘米（图五五九，5；图版一五八，5）。

标本（西Ⅰ）T3314⑤∶1，身为圆柱体，一股已残掉。长 10.2、截径 0.15 ~ 0.3 厘米（图五五九，6；图版一五八，6）。

标本（西Ⅰ）T2315⑤∶6，长圆棒形，一端粗，一端细，细端残。残长 12、截径 0. ~ 0.3 厘米（图五五九，7；图版一五九，1）。

E 型　1 件。单股。

标本（西Ⅰ）T3018⑤∶3，身较直，为四棱柱体，中间粗两头细。长 14.8、厚 0.2 ~ 0.3 厘米（图五五九，8；图版一五九，2）。

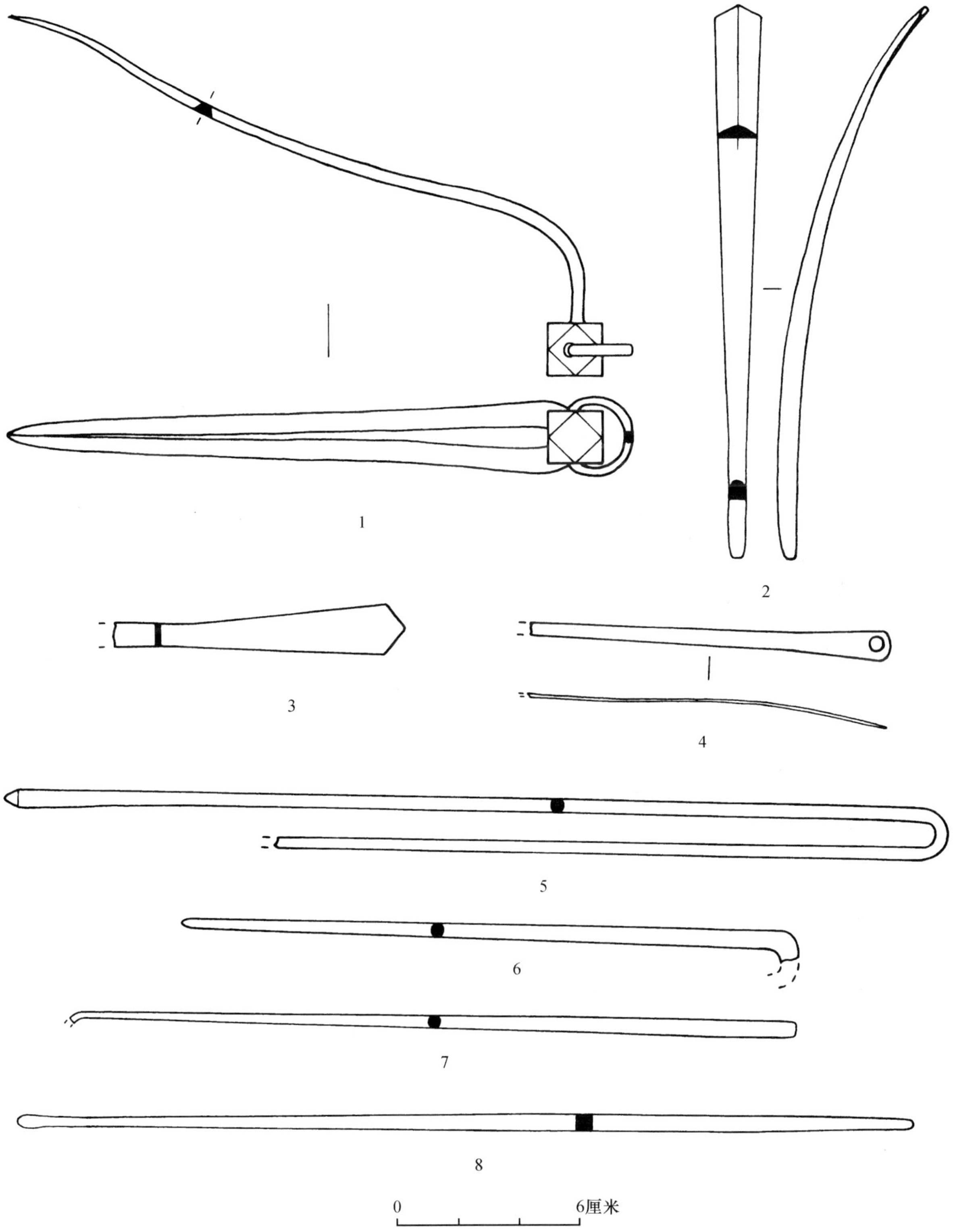

图五五九 巴东旧县坪遗址出土宋代铜簪

1. A型（（西）L1Ⅰ:5） 2、3. B型（（西）L2Ⅰ:15、（东Ⅰ）T3915④:2） 4. C型（（东Ⅰ）T3214④:3） 5～7. D型（（西Ⅰ）T3519⑤:20、（西Ⅰ）T3314⑤:1、（西Ⅰ）T2315⑤:6） 8. E型（（西Ⅰ）T3018⑤:3）

2. 带扣

4件。可以分为三型。

A型 1件。平面呈椭圆形。

标本（西Ⅰ）T1106④:12，长2.9、宽1.8、舌长1.5厘米（图五六〇，1；图版一五九，3）。

B型 1件。平面呈梯形。

标本（西Ⅰ）T0308④:1，内大外小，斜边，近下底处有一长方形孔，近四角处各有一小圆形铆孔，小孔是从里向外钻的。上底宽3.15、下底宽3.3、高3.2、厚0.1厘米（图五六〇，2；图版一五九，4）。

C型 2件。平面呈U型。

标本（西）F2Ⅱ:7，外平，内下有边凸，内有三个圆铆钉，应为两片合铆在一起，仅存半片。宽2.4、长2.6厘米（图五六〇，3；图版一五九，5）。

标本（西Ⅰ）T1008⑤:4，器表有数个圆形铆钉。宽2.4、长2.8厘米（图五六〇，4；图版一五九，6）。

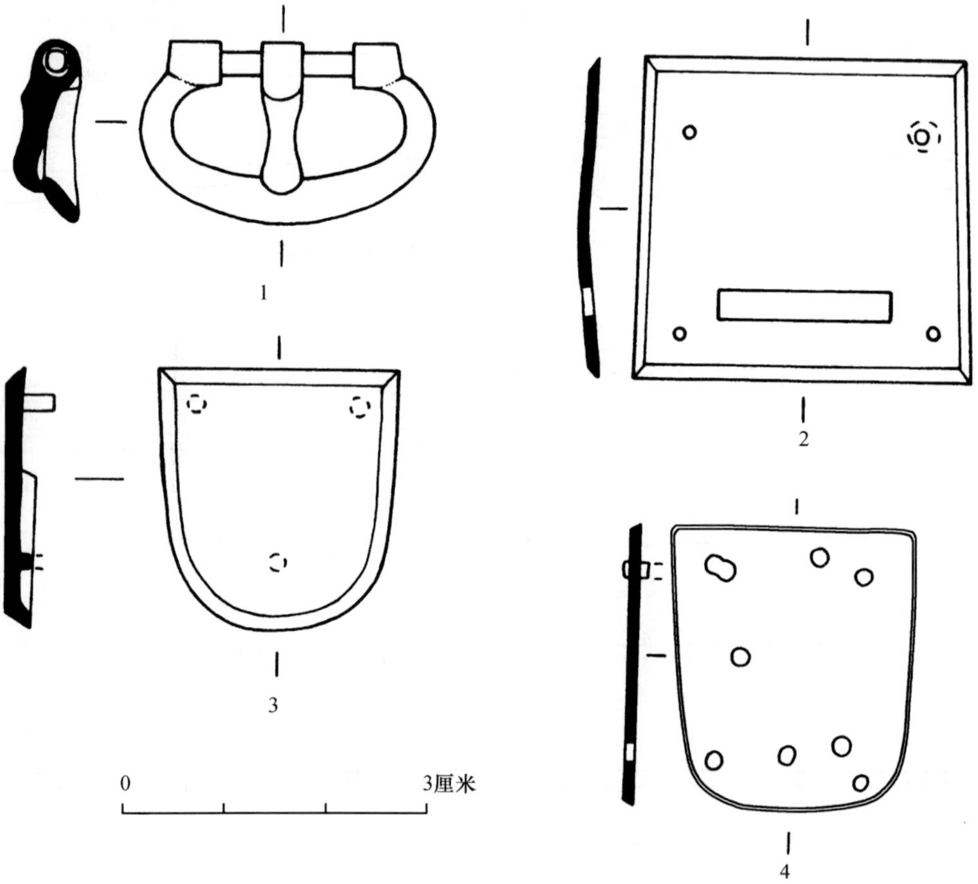

图五六〇 巴东旧县坪遗址出土宋代铜带扣

1. A型（（西Ⅰ）T1106④:12） 2. B型（（西Ⅰ）T0308④：1） 3、4. C型（（西）F2Ⅱ:7、（西Ⅰ）T1008⑤:4）

3. 戒指

2件。圆环形。

标本（西）G2:10，圆环形，戒面略宽。直径2.2厘米（图五六一，1；图版一六〇，1）。

标本（东Ⅰ）T3716④:3，残存戒面部分。直径2厘米（图五六一，2；图版一六〇，2）。

4. 坠饰

1件。

标本（西）F16:3，圆环下连3个"8"字形链圈。通长3.95、环径1.2厘米，每个链长0.7、宽0.3厘米（图五六一，3；图版一六〇，3）。

（二）银器

银器类饰品有戒指、簪。

1. 戒指

2件。可以分为二型。

A型　1件。薄片环形。

标本（东）L1Ⅰ:1，薄片圈成，戒面较宽，锤打有花纹。直径2、戒面宽0.9、厚0.5厘米（图五六一，4；图版一六〇，4）。

B型　1件。圆环形。

标本（西Ⅰ）T0408④:3，截面呈长方形，戒面一周锤打竖线纹。直径2厘米（图五六一，5；图版一六〇，5）。

2. 簪

1件。

标本（西）H57:12，长圆锥体，身饰螺旋纹。长7.8、径0.4厘米（图五六一，7；图版一六〇，6）。

（三）玉器

玉器类饰品发现较少，有簪、镯。

1. 簪

2件。

标本（西Ⅰ）T2014⑤:7，白色。尖锥体，头部刻划。残长7.8厘米。

标本（西Ⅰ）T2014⑤:8，白色。尖锥体，身刻螺旋纹。残长5厘米。

2. 镯

1件。

标本（西Ⅰ）T1002④:5，圆环形，截面圆形。白玉，玉质较好。残长3.2、截径1.3厘米（图五六一，6；图版一六一，1）。

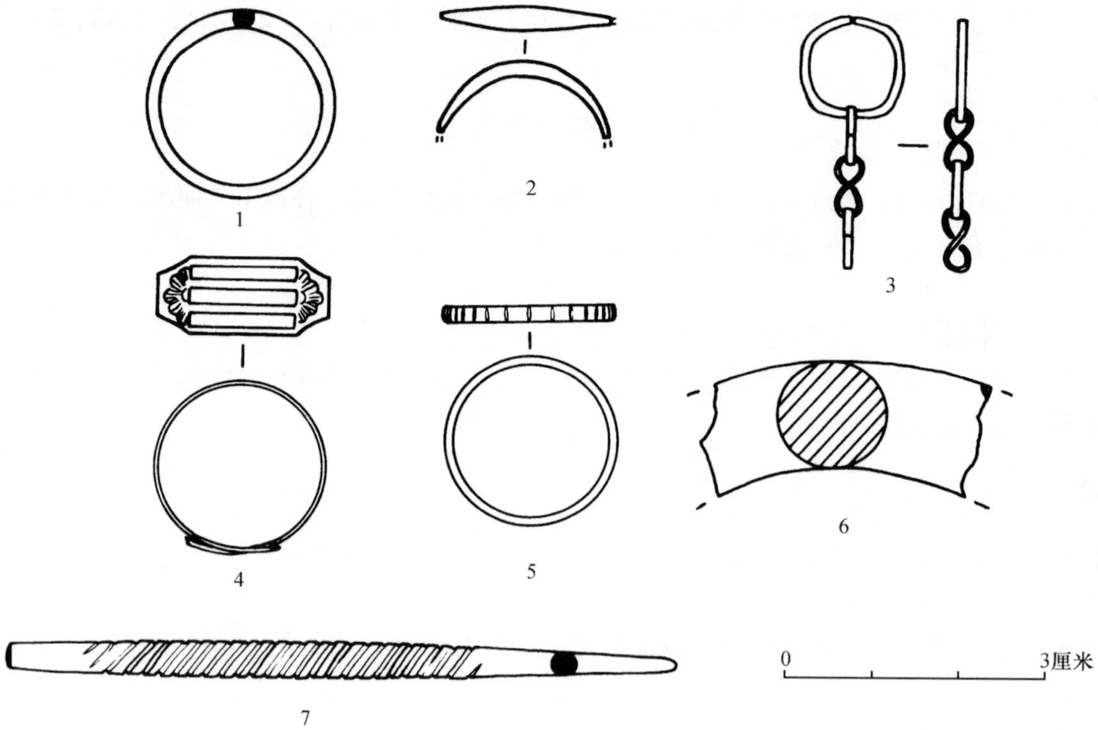

图五六一　巴东旧县坪遗址出土宋代饰品

1、2. 铜戒指（(西) G2:10、(东Ⅰ) T3716④:3）　3. 铜坠饰（(西) F16:3）　4. A 型银戒指（(东) L1Ⅰ:1）　5. B 型银戒指（（西Ⅰ）T0408④:3）　6. 玉镯（（西Ⅰ）T1002④:5）　7. 银簪（（西）H57:12）

(四) 料器

料器类饰品有簪 5 件。

标本（西Ⅰ）T3414⑤:11，湖蓝色。圆柱状。残长 4.5、直径 0.5 厘米（图版一六一，3）。

标本（西Ⅰ）T0407④:18，湖蓝色。圆锥状，器身圆弧。残长 5 厘米（图版一六一，4）。

标本（西Ⅰ）T3519⑤:41，湖蓝色。条状，头尖，身正反各刻两道刻槽。残长 8、宽 0.6 厘米（图版一六一，5）。

标本（西Ⅰ）T3516⑤:9，白色。椭圆条状，一头尖。残长 3.3、直径 0.6 厘米（图版一六一，6）。

标本（西Ⅰ）T3516⑤:8，白色。椭圆条状，头端有弧折，推测为双股身。残长 5、直径 0.5 厘米。

(五) 玻璃器

玻璃类饰品发现较少，有簪 1 件。

标本（西Ⅰ）T3520⑤:17，双层色，外湖蓝内浅蓝。长条状，头尖。残长 4、宽 0.4 厘米。

四、生产工具

依器物质地，可以分为陶器、石器。

(一)陶器

陶器类生产工具有纺轮、网坠。

1. 纺轮

3件。中心有一穿孔。可以分为三型。

A型 1件。算珠形。菱边。

标本(东Ⅰ)T3613④:3,泥质红陶。直径3.4、厚2.7、孔径0.4厘米(图五六二,1)。

B型 1件。算珠形。弧边。

标本(东Ⅰ)T2512③:4,夹细砂灰陶。直径4.5、厚3.4、孔径0.4厘米(图五六二,2)。

C型 1件。球形。

标本(西Ⅰ)T1913⑤:1,夹细砂灰陶。直径2.6、厚2.2、孔径0.6厘米(图五六二,3)。

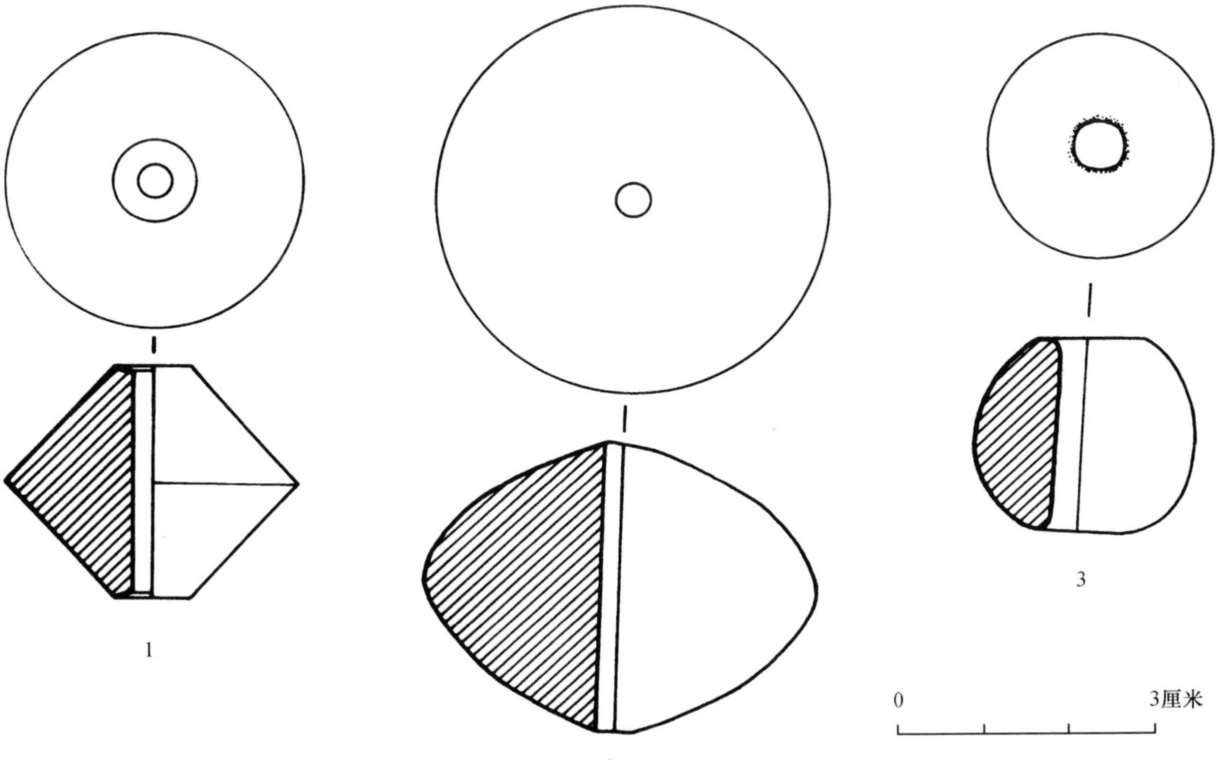

图五六二 巴东旧县坪遗址出土宋代陶纺轮

1. A型((东Ⅰ)T3613④:3) 2. B型((东Ⅰ)T2512③:4) 3. C型((西Ⅰ)T1913⑤:1)

2. 网坠

3件。梭形,中心有一圆穿孔。可以分为二式。

Ⅰ式:2件。鼓腹。

标本(东Ⅰ)T3717④:2,夹细砂青灰陶。长4.4、最大径2.3、孔径0.7厘米(图五六三,1)。

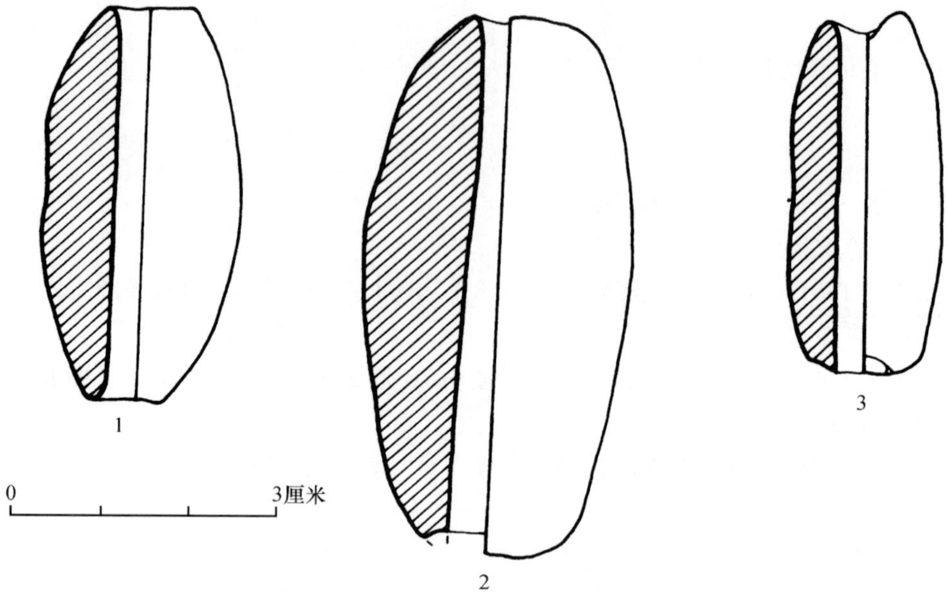

图五六三　巴东旧县坪遗址出土宋代陶网坠
1、2. Ⅰ式（（东Ⅰ）T3717④:2、（西Ⅰ）T1105⑦:7）　3. Ⅱ式（（西Ⅰ）T3915⑤:6）

标本（西Ⅰ）T1105⑦:7，夹细砂灰陶。长6.1、最大径3、孔径0.5厘米（图五六三，2）。

Ⅱ式：1件。直腹。

标本（西Ⅰ）T3915⑤:6，泥质灰陶。长4.1、最大径1.7、孔径0.6厘米（图五六三，3）。

（二）石器

石器类生产工具有石料、石范。

1. 石料

3件。可以分为二型。

A型　2件。长方形。

标本（西）F16:4，长方体，通体磨光。长20.8、宽12.8、厚4厘米（图五六四，1）。

标本（西）F16:6，长方体，通体磨光。长21.2、宽12.4、厚4.8厘米（图五六四，2）。

B型　1件。“风”字形。

标本（西）F16:5，平面呈“风”字形，通体磨光。长21.6、宽9～14、厚3.6厘米（图五六四，3；图版一六一，2）。

2. 石范

1件。

标本（西Ⅱ）T0109④:1，平面呈梯形，通体磨光，正面平，有两条沟槽，背面中间平，两边弧。残长7、残宽5.2～6、厚1.3厘米（图五六四，4）。

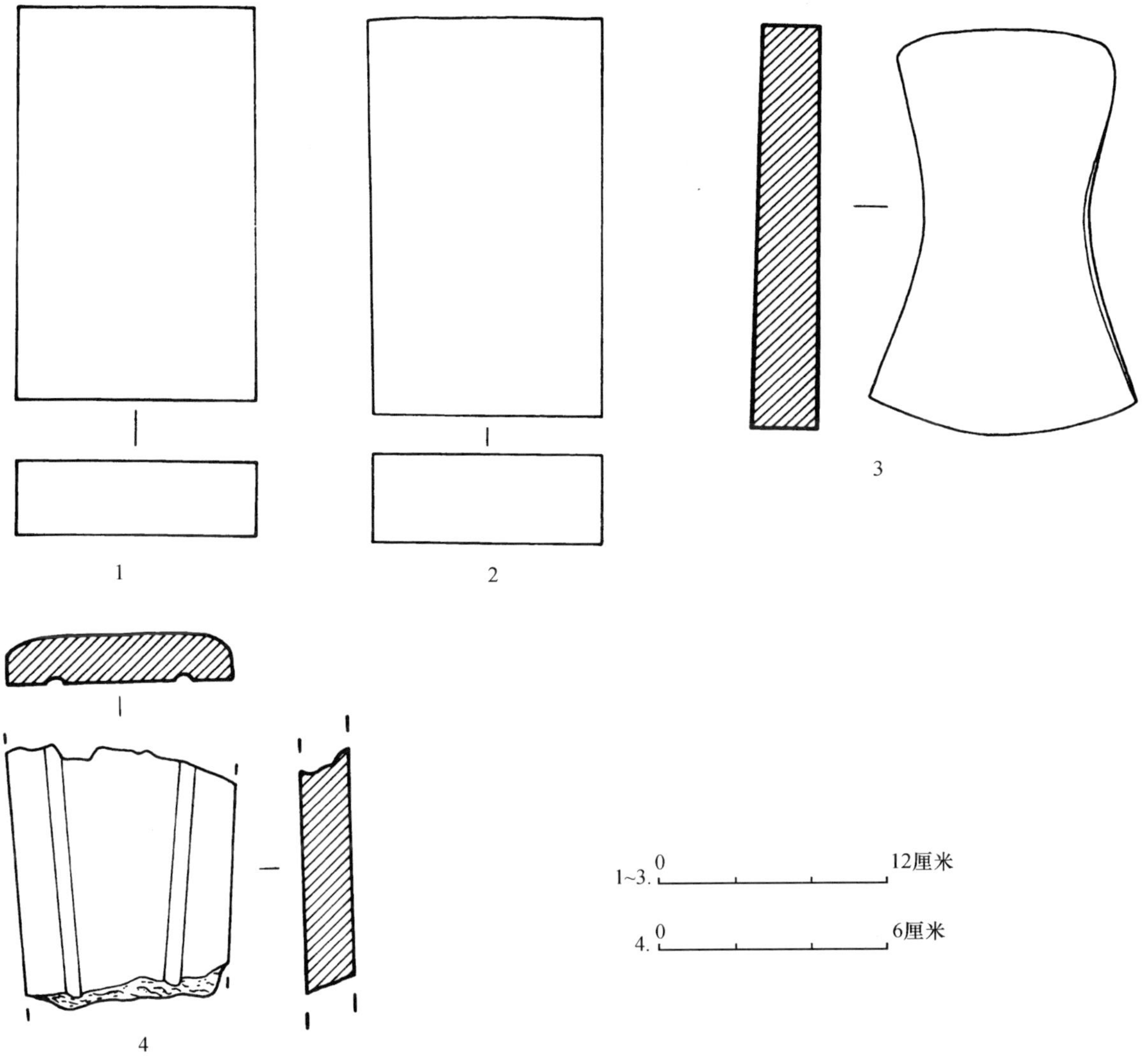

图五六四　巴东旧县坪遗址出土宋代石器

1、2. A 型石料（（西）F16:4、（西）F16:6）　3. B 型石料（（西）F16:5）　4. 石范（（西Ⅱ）T0109④:1）

五、建筑材料

依器物质地，可以分为陶器、琉璃器、石器。

（一）陶器

陶器类建筑材料发现较多，器类有瓦、饰件。

1. 瓦类

（1）板瓦

4 件。呈梯形，上窄下宽，横断面呈弧形，正面素面，背部饰麻布纹。可以分为二式。

Ⅰ式：1 件。器形较大，长度在 30 厘米以上。

标本（西）F8Ⅲ:33，瓦身上部残。泥质灰陶。长 33.6、上部残宽 11、下部宽 23.6、弧拱高 5、厚 1.6～1.8 厘米（图五六五，1）。

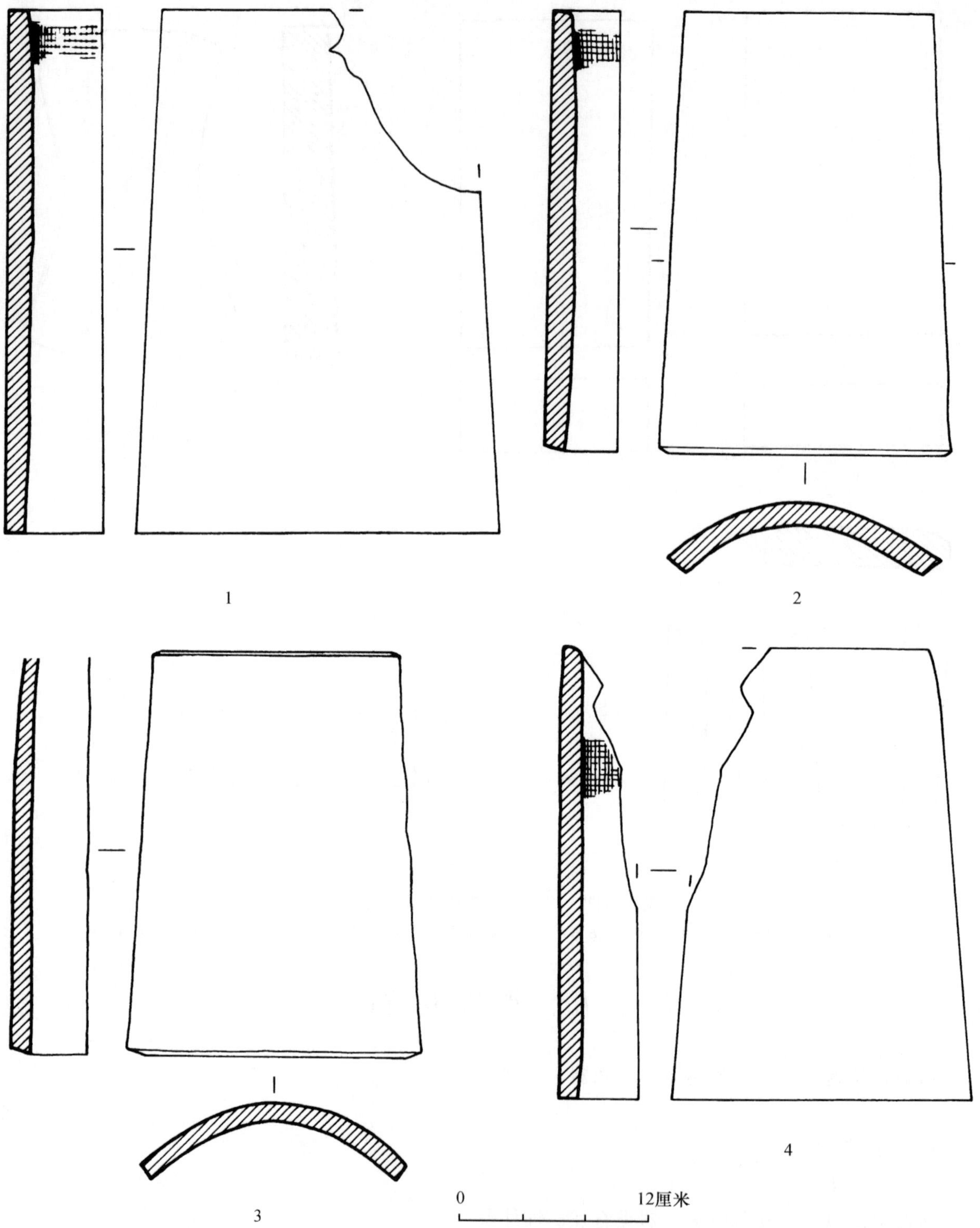

图五六五　巴东旧县坪遗址出土宋代陶板瓦

1. Ⅰ式（（西）F8Ⅲ:33）　2～4. Ⅱ式（（西）F51:3、（西）H51:7、（西Ⅰ）T3018⑤:13）

Ⅱ式：3件。器形较小，长度在30厘米以下。

标本（西）F51:3，泥质灰陶。长28.4、宽16～18.8、弧拱高3、厚1.4～1.8厘米（图五六五，2）。

标本（西）H51:7，泥质灰陶。长26、宽16～19、弧拱高3.8、厚1.2厘米（图五六五，3；图版一六二，1）。

标本（西Ⅰ）T3018⑤:13，瓦身上部残。泥质灰陶。长29.2、上部残宽10.4、下部宽19.2、弧拱高3.8、厚1.2~1.6厘米（图五六五，4；图版一六二，2）。

（2）筒瓦

21件。可以分为二型。

A型　2件。无瓦舌，平面呈梯形，器形较小。

标本（西）F1Ⅲ:6，两端一样，一侧宽一侧窄。内四边经刀修，外素面，内未修，部分饰有麻布纹。泥质深灰陶。长16、宽16、弧拱高6、厚2厘米（图五六六，1）。

B型　19件。有瓦舌，平面呈长方形。可以分为三亚型。

Ba型　3件。瓦舌外敞。正面素面，背部饰麻布纹。

标本（西）F8Ⅱ:27，瓦身下部残。舌方唇，内里舌身之间有一道突棱，分界明显。泥质灰陶。长30.6、宽13.6、舌长3、弧拱高7.2、厚1.4厘米（图五六六，2）。

标本（西）F23:2，瓦身下部残。舌方唇，舌身内里呈弧线连接。夹细砂灰陶。残长26.4、宽14.4、舌长3.4、弧拱高7.6、厚2厘米（图五六六，3）。

Bb型　14件。瓦舌内敛。

标本（西）F4:1，半长筒形，较宽短，中瓦舌，舌方唇有凹槽，舌呈束腰形，正面与身分界明显，反面则不明显，有舌的一端较宽，另一端略窄，正面素面，背面有麻布纹。泥质灰陶。长28.2、宽13.2~14、舌长3.6、弧拱高8、厚1.6厘米（图五六六，4；图版一六二，3）。

标本（西ⅠB）T0412④:2，瓦身下部残。半筒形，中长瓦舌，舌方唇，舌身分界明显，外素面，印有“寿宁寺修造瓦”字样，背面有麻布纹。泥质灰陶。残长15.4、宽13.6、舌长3.6、弧拱高6.4、厚1.6厘米（图五六七，1；图版一六二，5）。

标本（西）F8Ⅱ:14，瓦身下部残。半筒形，中长瓦舌，舌方唇，舌身分界明显，身近舌端内缩略窄，下端略宽，外素面，内有麻布纹。夹细砂灰陶。长28.8、宽11.6~12.8、舌长3.2、弧拱高6、厚1.2~1.4厘米（图五六七，2；图版一六二，4）。

Bc型　2件。瓦舌较直。

标本（西Ⅰ）T0708④:1，瓦身下部残。半长筒形，长瓦舌，舌方唇，舌身分界明显，正面素面修光，背面有麻布纹。夹细砂灰陶，厚胎。长29.2、宽16、舌长5、弧拱高8、厚1.6厘米（图五六七，3）。

标本（西）F1Ⅱ:9，瓦身下部残。半长筒形，中长舌，舌圆唇，舌身分界明显，身已残，外面素面，内有麻布纹，从内向外切，内平外糙。夹细砂灰陶。残长25.2、宽15.6、舌长3.2、弧拱高8、厚1.4~1.8厘米（图五六七，4）。

（3）瓦当

56件。可以分为二型。

A型　33件。当面呈圆形。可以分为七亚型。

Aa型　2件。吻部为半月形，双排齿，眉毛上竖，额际有垂直的平行鬃毛。

标本（西）F59:5，瓦身与当面分制后接上。直瓦舌，边切割平整并经过修边。当面中心饰半浮雕兽面纹，外围有一周空白。兽面双目圆睁，眼睛两侧有凸起圆点，额际有“王”字，等腰三角形鼻较小，阔口咧开，牙齿显露，鬃鬓须明显，呈短线状。夹砂灰陶。长35.2、当面直径13.4厘米（图五六八；图五八二，1；图版一六三，1）。

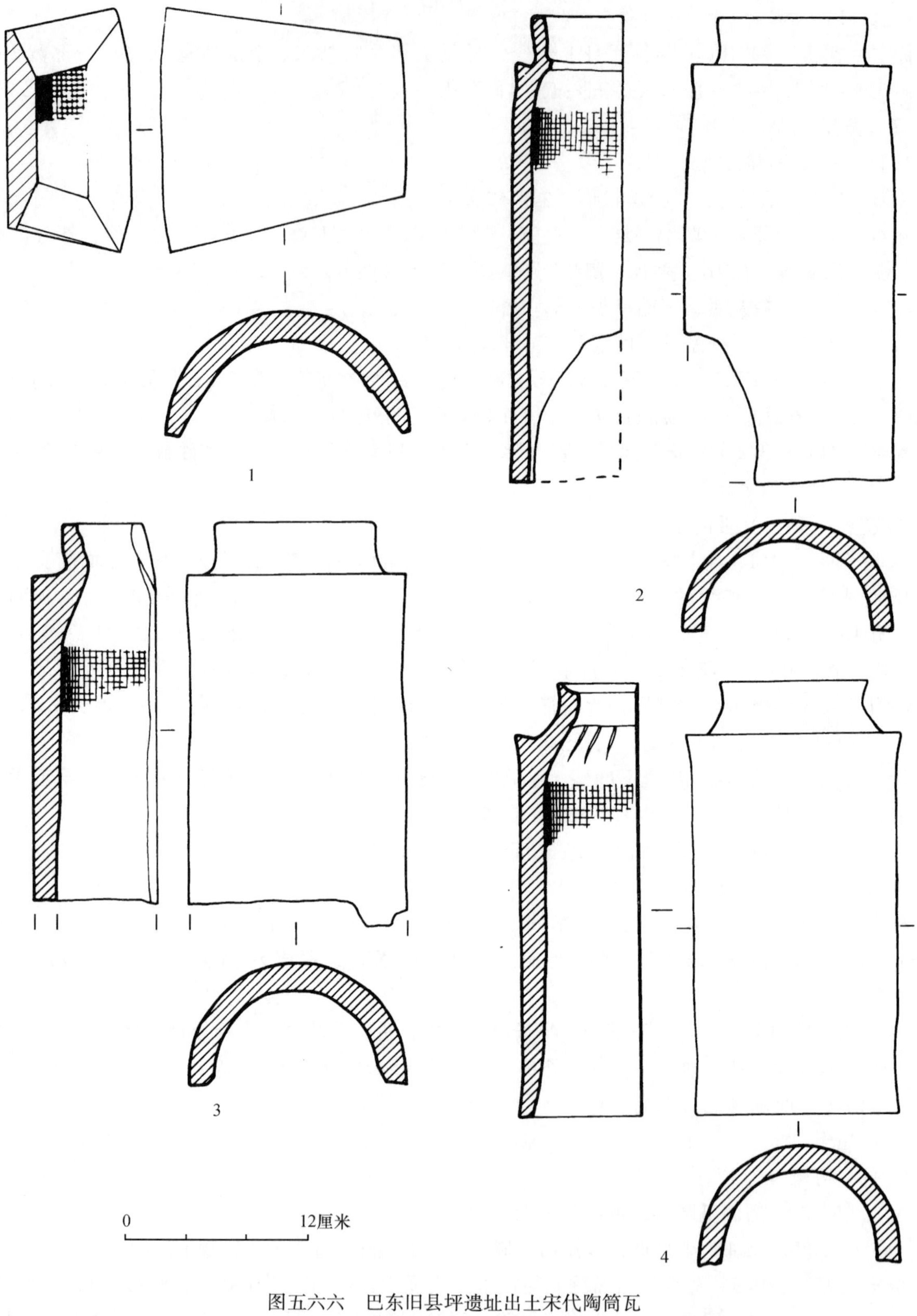

图五六六　巴东旧县坪遗址出土宋代陶筒瓦

1. A型（（西）F1Ⅲ:6）　2、3. Ba型（（西）F8Ⅱ:27、（西）F23:2）　4. Bb型（（西）F4:1）

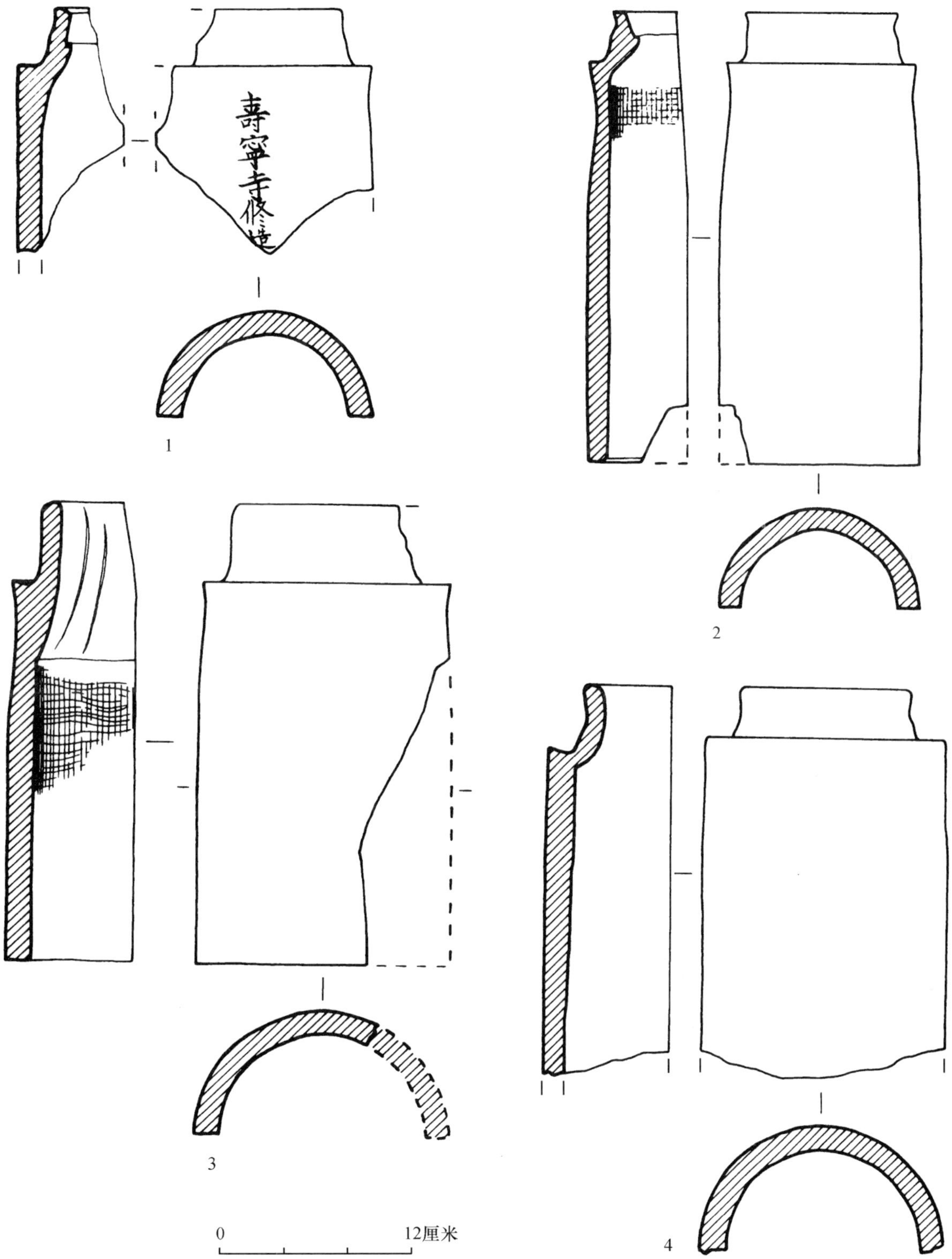

图五六七　巴东旧县坪遗址出土宋代陶筒瓦

1、2. Bb型（（西IB）T0412④:2、（西）F8Ⅱ:14）　3、4. Bc型（（西Ⅰ）T0708④:1、（西）F1Ⅱ:9）

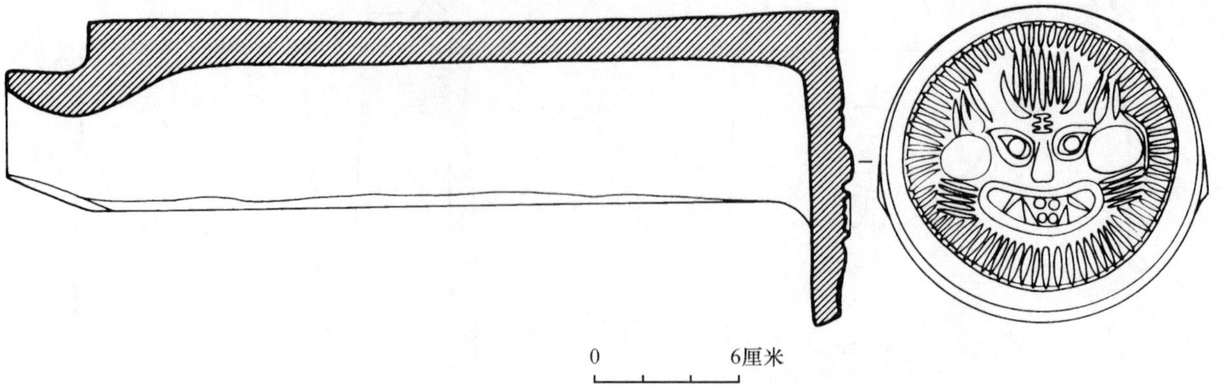

图五六八　巴东旧县坪遗址出土宋代 Aa 型陶瓦当（（西）F59∶5）

标本（西）F59∶6，当面中心饰半浮雕兽面纹，外围有一周空白。兽面双目圆睁，眼睛两侧有凸起圆点，额际有“王”字，等腰三角形鼻较小，阔口咧开，牙齿显露，双排齿，鬃鬓须明显，呈短线状。夹砂灰陶。直径 13.2 厘米（图五八二，2）。

Ab 型　2 件。吻部为半月形，双排齿。可以分为二式。

Ⅰ式：1 件。边轮空白无纹，犄角平缓。

标本（西）F80∶2，残存当面。当面中心饰半浮雕兽面纹。兽面椭圆形小耳，眉毛短平，双目圆睁，额头有抬头纹，鼻子做弧边等边三角形状，鼻眼较大，阔口咧开，牙齿突出。鬃毛明显。夹砂灰陶。直径 11.2 厘米（图五六九，1）。

Ⅱ式：1 件。边轮饰一周短线纹带，无犄角。

标本（西）F1Ⅲ∶7，残存当面。当面中心饰半浮雕兽面纹。兽面椭圆形小耳，眉毛短平，双目圆睁，额头有抬头纹，鼻子做弧边等边三角形状，鼻眼较大，阔口咧开，牙齿突出。泥质黄陶。直径 12 厘米（图五六九，2；图五八二，3；图版一六六，6）。

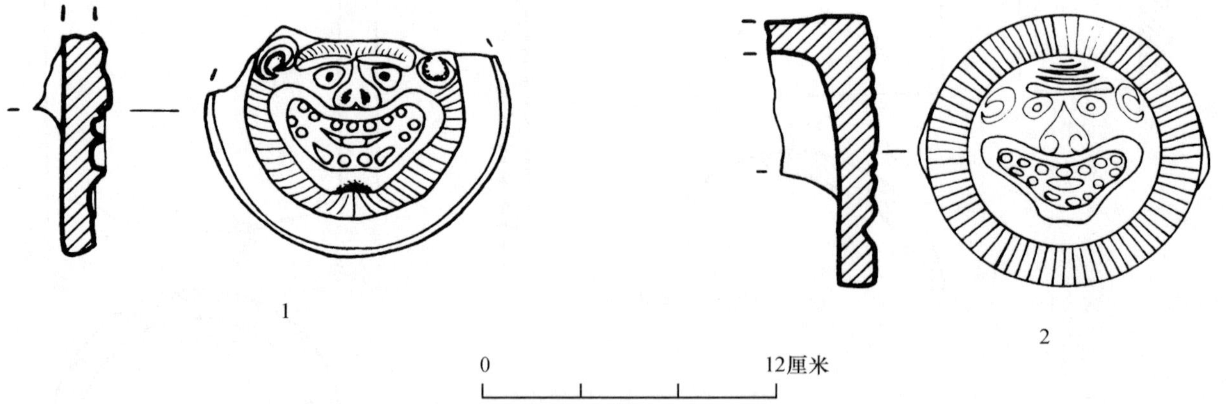

图五六九　巴东旧县坪遗址出土宋代 Ab 型陶瓦当

1. Ⅰ式（（西）F80∶2）　2. Ⅱ式（（西）F1Ⅲ∶7）

Ac型　13件。吻部为半月形，单排齿。当面满饰半浮雕兽面纹。兽面犄角弯曲向下，额上留卷发，两眉高突呈倒“八”字，椭圆形眼，蒜头鼻较大，嘴角饰两颗獠牙，鬃鬓须明显，较卷曲。

标本（西）F8Ⅰ:43，仅存当面。夹细砂深灰陶。直径13.2厘米（图五七〇；图五八二，4；图版一六三，2）。

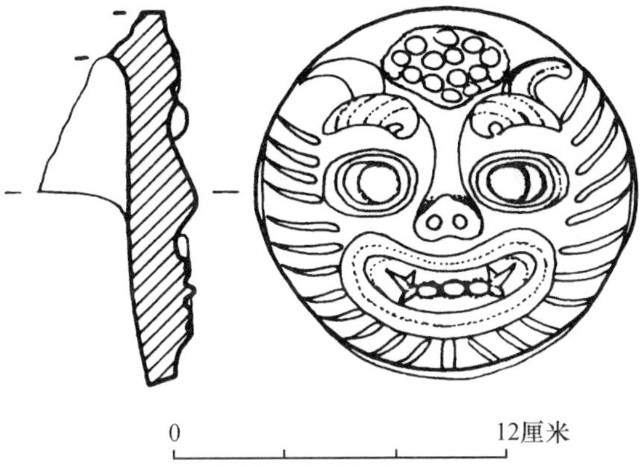

图五七〇　巴东旧县坪遗址出土宋代Ac型陶瓦当（（西）F8Ⅰ:43）

Ad型　4件。半边吻，下部被獠牙遮盖，单排齿。可以分为二式。

Ⅰ式：3件。犄角弯曲向下。兽面为龙纹。眉毛呈倒“八”字，双目圆睁，蒜头鼻，外露两颗獠牙，鬃鬓须明显，较卷曲。

标本（西Ⅳ）T0804④:1，残存当面。夹砂灰陶。直径12.6厘米（图五七一，1；图五八二，5；图版一六三，3）。

标本（西）F80:3，残存当面。夹细砂红陶。直径13厘米（图五七一，2）。

标本（西）F8Ⅰ:46，残存当面。夹细砂灰陶。直径13.6厘米（图五八二，6；图版一六三，4）。

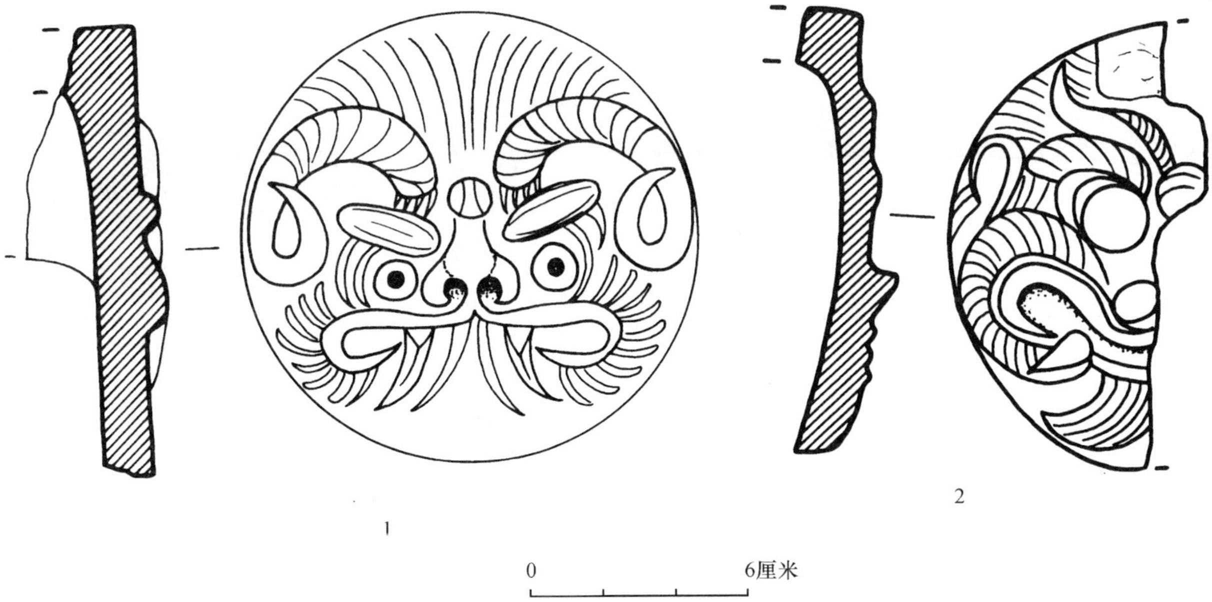

图五七一　巴东旧县坪遗址出土宋代Ad型Ⅰ式陶瓦当

1.（西Ⅳ）T0804④:1　2.（西）F80:3

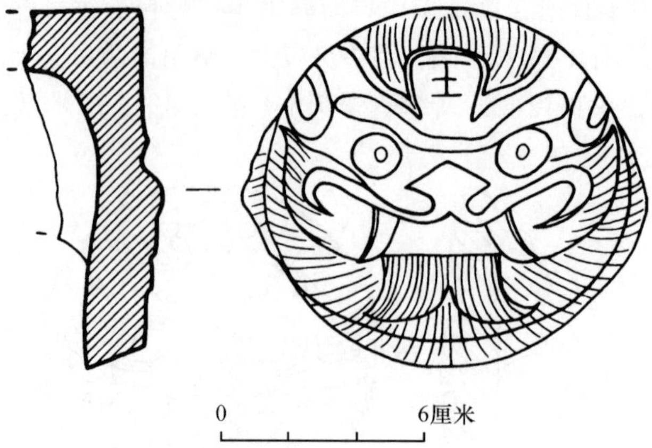

图五七二　巴东旧县坪遗址出土宋代 Ad 型Ⅱ式陶瓦当（（西）L2Ⅰ:23）

Ⅱ式：1 件。兽面犄角上挑，“C”形耳，额际有“王”字，连眉上挑，双目圆睁，菱形鼻，鬃鬣须明显，较卷曲。

标本（西）L2Ⅰ:23，残存当面。泥质灰陶。直径 10.8 厘米（图五七二；图五八二，7；图版一六三，5）。

Ae 型　4 件。吻部为长方形。可以分为二式。

Ⅰ式：3 件。兽面额际饰三角形鬃毛，锯齿状眉毛，双目圆睁，三角形长条鼻，鬃鬣须明显，吻上部的须较卷曲，下部的垂直向下。

标本（东Ⅰ）T2410④:4，瓦舌残。瓦身和当面为先分制后接上。瓦身正面素光，背面有麻布纹。当头兽面似狮纹。夹砂灰陶。残长 28.4、当面直径 11 厘米（图五七三；图五八二，8；图版一六三，6）。

标本（西Ⅰ）T2712⑤:1，直径 10.5 厘米（图五八二，9）。

标本（西Ⅰ）T2613②:4，直径 11 厘米（图五八三，1）。

Ⅱ式：1 件。额际、眉毛部位纹饰较简化。兽面额际饰椭圆形鬃毛，一字眉。

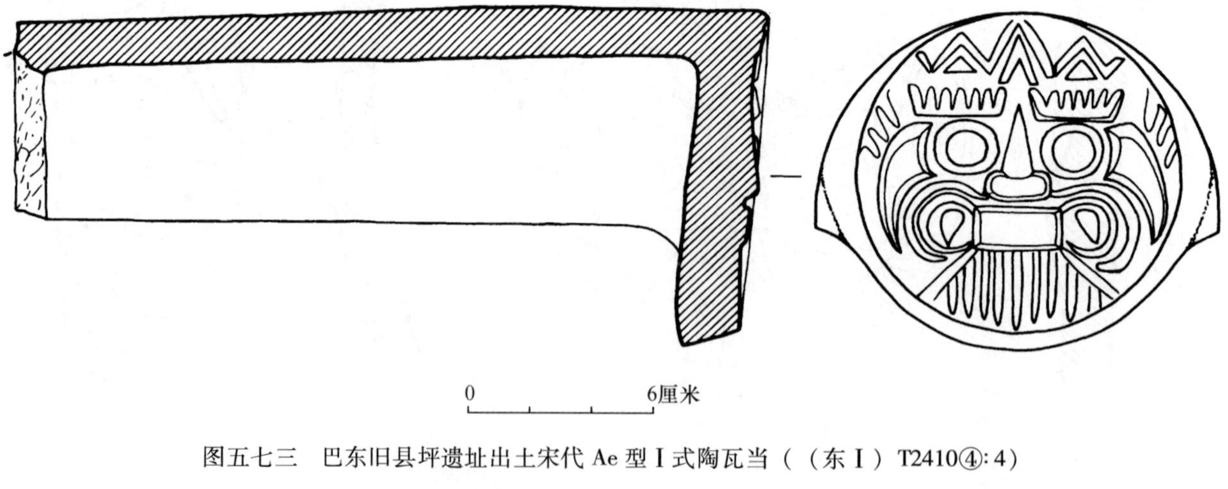

图五七三　巴东旧县坪遗址出土宋代 Ae 型Ⅰ式陶瓦当（（东Ⅰ）T2410④:4）

标本（西）F1Ⅲ:8，残存当面。当头兽面似狮纹。夹砂灰陶。直径10.8厘米（图五八三，2；图版一六四，1）。

Af型　3件。当面饰浮雕折枝花，有菊纹、荷花纹两种。

标本（西）L1Ⅱ:4，残存当面。纹饰应为模制，有一范线。泥质灰陶。直径10厘米（图五七四，1；图五八三，3；图版一六四，2）。

标本（东）L1Ⅱ:4，残存当面。瓦身与当面分制后接上，接痕明显，身已残。当面有宽缘，缘上有两道凹弦纹，中心饰一半浮雕的折枝花。夹砂灰陶。直径13.2厘米（图五七四，2；图五八三，4；图版一六四，3）。

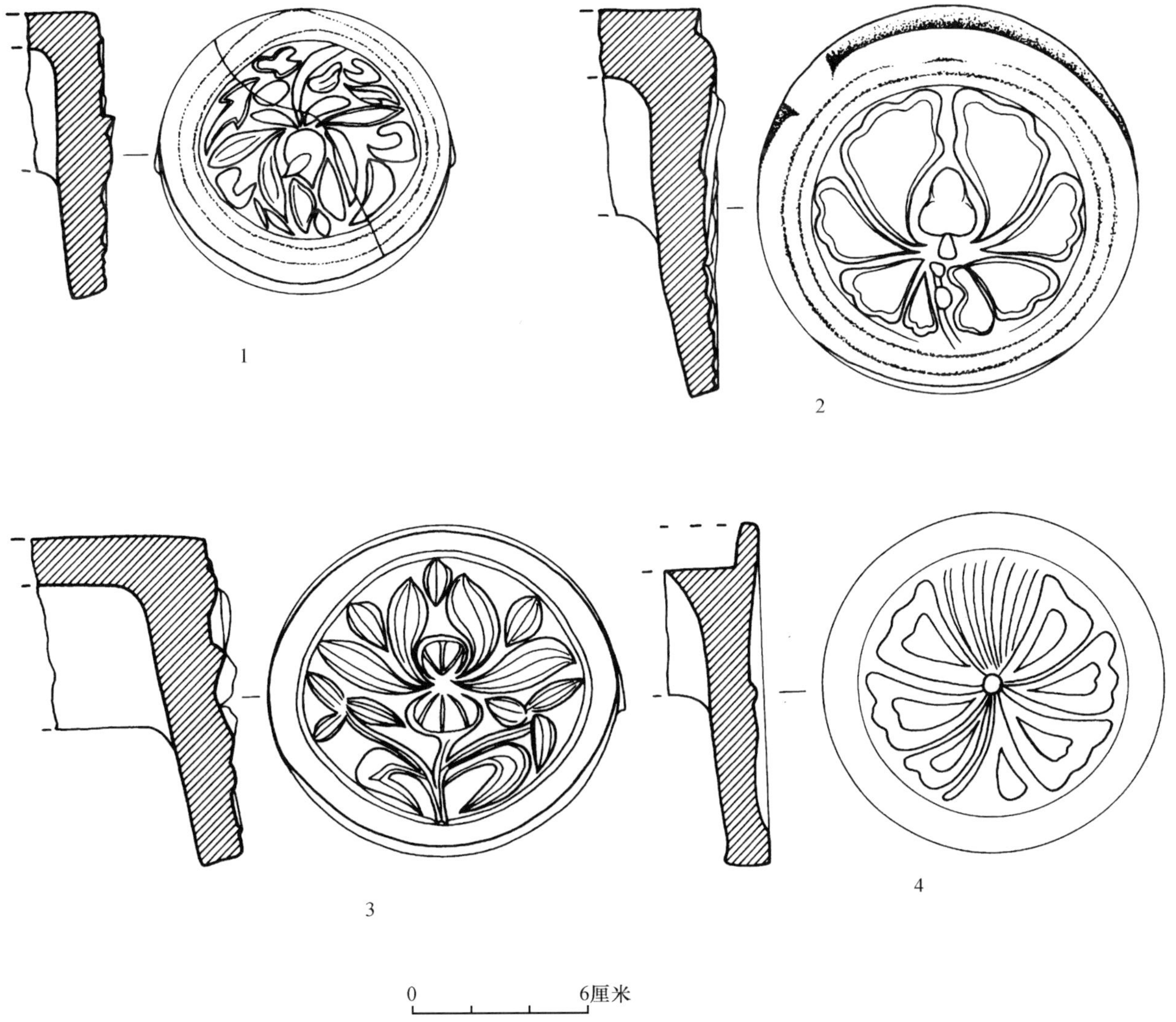

图五七四　巴东旧县坪遗址出土宋代瓦当

1～3. Af型陶瓦当（（西）L1Ⅱ:4、（东）L1Ⅱ:4、采集:13）　4. 琉璃瓦当（（西）F1Ⅱ:7）

标本采集:13，残存当面。泥质灰陶。直径12厘米（图五七四，3；图五八三，5；图版一六四，4）。

Ag型　5件。当面为素面，无纹饰。

标本（东）F17:2，残存当面。瓦身与当面分制，捏合而成。当面较平。夹细砂青灰陶。直径11.6厘米（图五七五）。

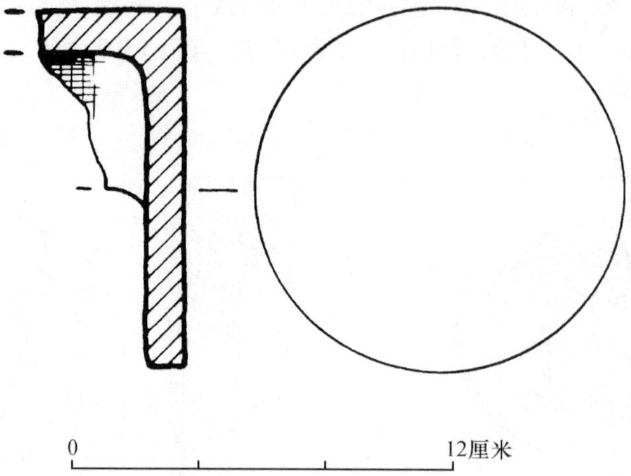

图五七五　巴东旧县坪遗址出土宋代Ag型陶瓦当（（东）F17:2）

B型　23件。当面呈椭圆形。可以分为三亚型。

Ba型　3件。当面上部圆弧，下部为花边；纹饰为人面纹。椭圆形眼睛，蒜头鼻，两颊有圆形凸起，双排齿。

标本（西）L1Ⅱ:6，残存当面。泥质灰陶。当面残长9.2、宽8厘米（图五七六，1；图版一六四，5）。

标本（东）L6Ⅰ:1，瓦身残。瓦身与当面分制。夹砂灰陶。当面长18、残宽7.2厘米（图五七六，2；图五八四，1；图版一六四，6）。

Bb型　1件。当面上下圆弧，纹饰为兽面纹。犄角向下弯曲，双目圆睁，三角形鼻，单排齿，鬃鬓须明显，呈弯曲状。

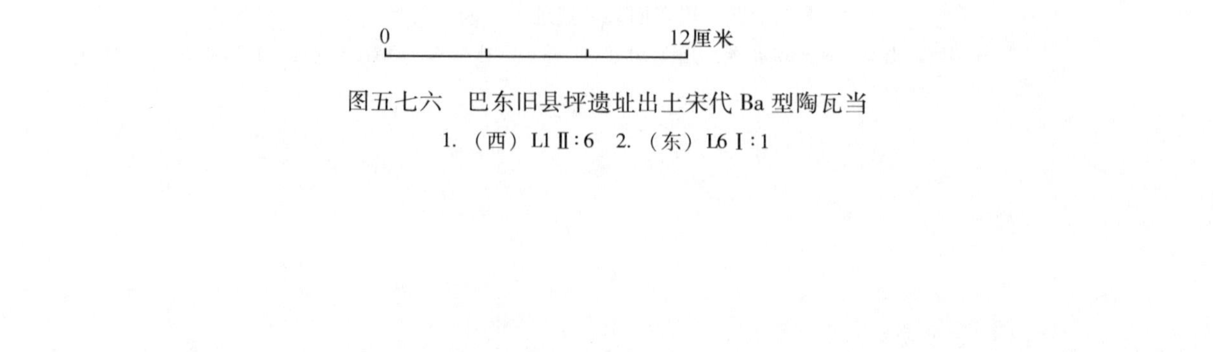

图五七六　巴东旧县坪遗址出土宋代Ba型陶瓦当

1.（西）L1Ⅱ:6　2.（东）L6Ⅰ:1

标本（西）F80:4，残存当面。兽面为龙纹。夹砂灰陶。当面长15.6、宽8.6厘米（图五七七；图五八四，2；图版一六五，1）。

Bc型 19件。当面上下圆弧，中心为花卉纹。可以分为三式。

Ⅰ式：3件。当面饰花卉纹，外有一周联珠纹。

标本（西）F8Ⅰ:54，残存当面。花卉为莲荷纹，中心有莲实。夹细砂灰陶。当面长17.6、宽9.8厘米（图五七八；图五八四，3；图版一六五，2）。

标本采集:14，下部残。宽平缘凸起，外层饰联珠纹，中心为牡丹花卉，联珠间距随牡丹纹布局而改变。泥质灰黄陶。当面残长13.4、残宽7.4厘米（图五七九）。

Ⅱ式：13件。边轮上沿有联珠纹，当面为莲荷纹，花纹中心为圆点果实。

标本采集:15，瓦身与当面分制。瓦身正面素面，背有细麻布纹。夹细砂灰陶。当面长17.7、宽8.8厘米（图五八〇，1；图五八四，4；图版一六五，3）。

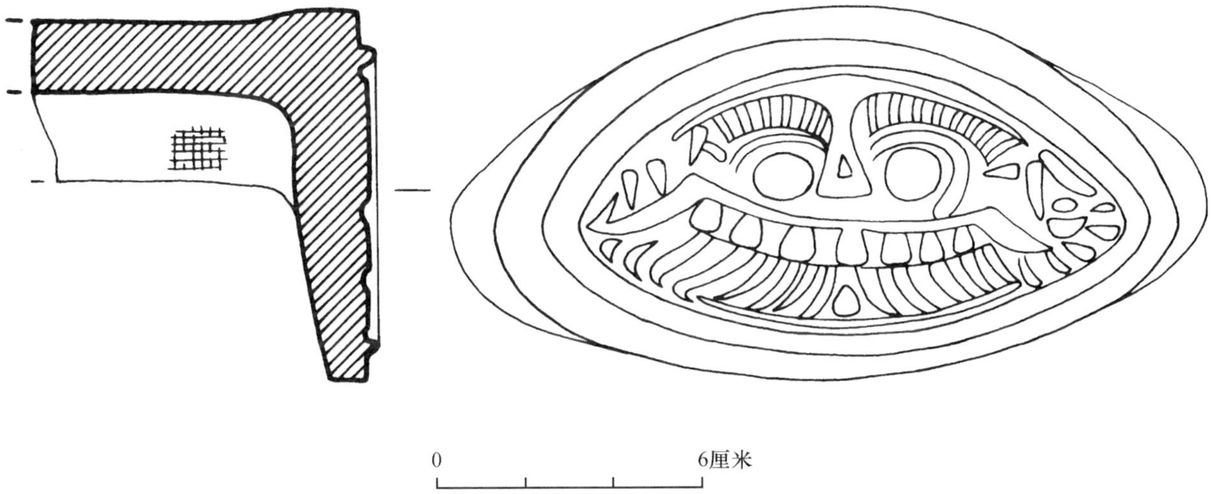

图五七七 巴东旧县坪遗址出土宋代Bb型陶瓦当（（西）F80:4）

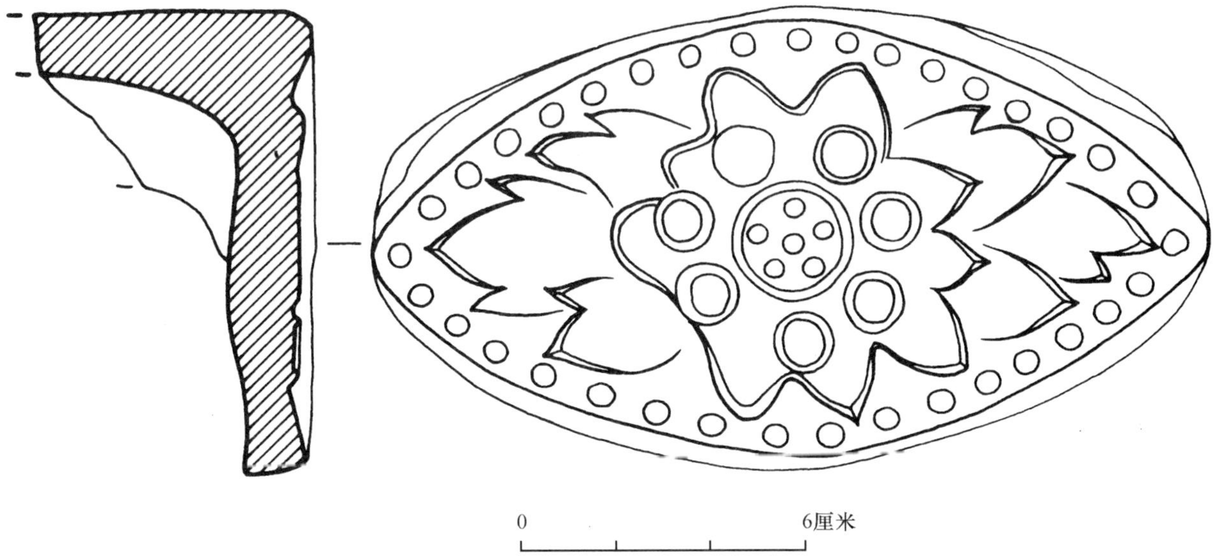

图五七八 巴东旧县坪遗址出土宋代Bc型Ⅰ式陶瓦当（（西）F8Ⅰ:54）

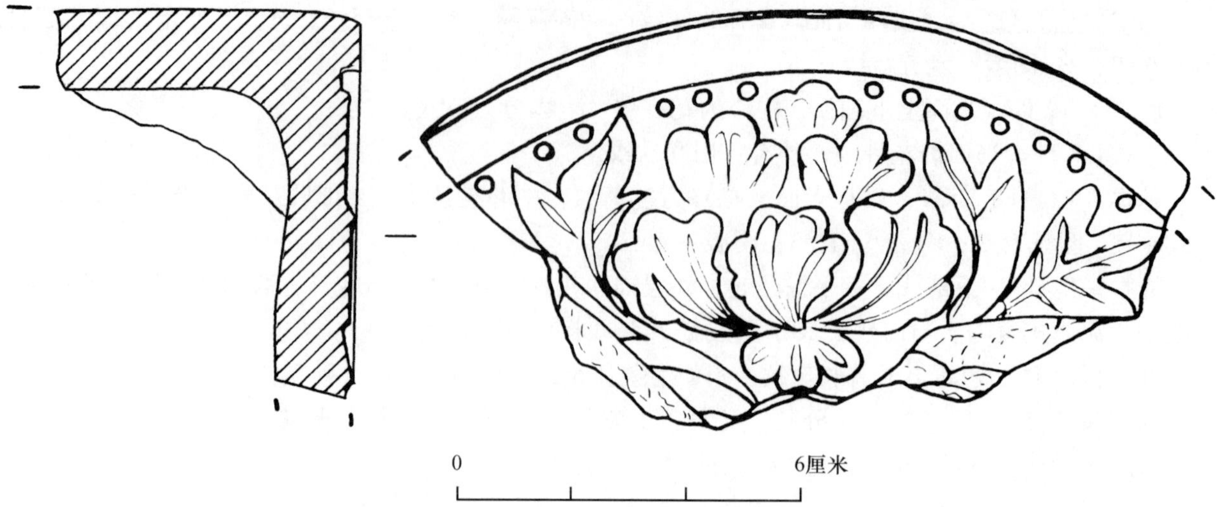

图五七九　巴东旧县坪遗址出土宋代 Bc 型Ⅰ式陶瓦当（采集: 14）

标本（西）F8Ⅱ:41，瓦身与当面分制。瓦身呈板瓦形，正面素面，背有麻布纹。夹细砂深灰陶，较硬。当面长 17.2、残宽 6.1 厘米（图五八○，2）。

Ⅲ式：3 件。边轮素面无纹，宽缘凸起，当面饰莲荷纹，花纹中心为菱形果实，平缘与花纹间有一道凸弦纹。瓦身外素面，内有细麻布纹。

标本（西Ⅰ）T0206④:2，瓦身与当面分制。夹细砂灰陶。当面残长 13.2、残宽 7.8 厘米（图五八一，1；图版一六五，4）。

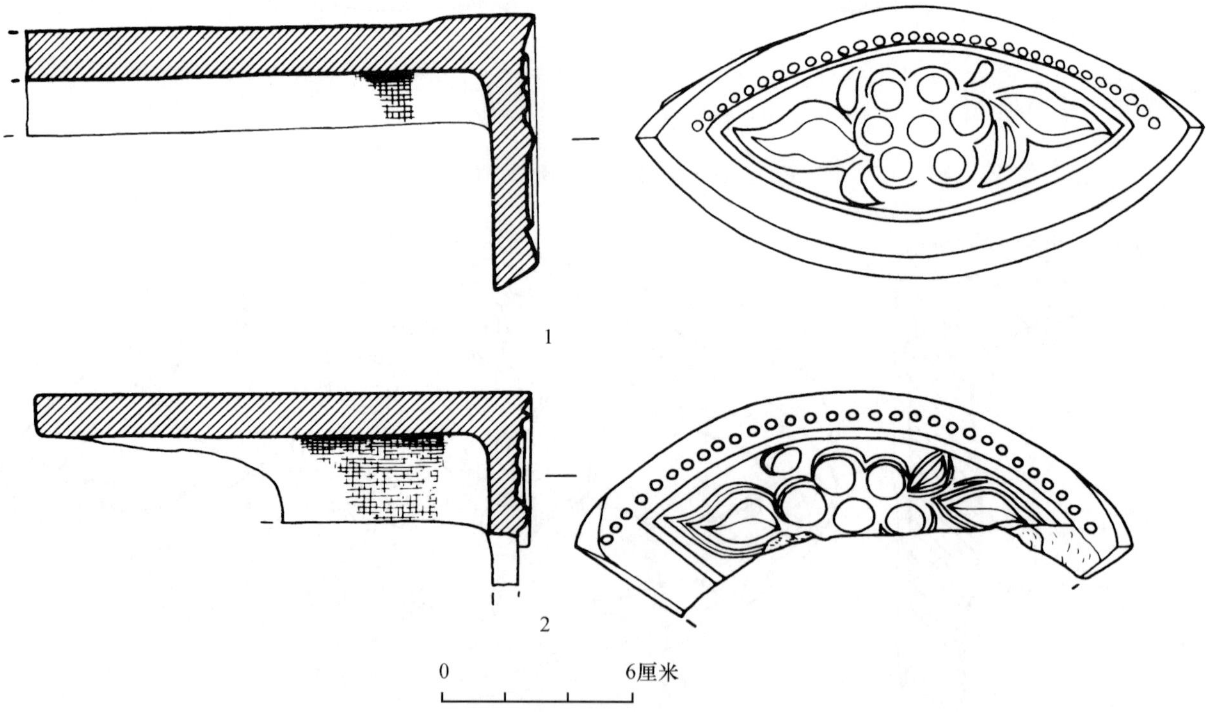

图五八○　巴东旧县坪遗址出土宋代 Bc 型Ⅱ式陶瓦当

1. 采集: 15　2. （西）F8Ⅱ:41

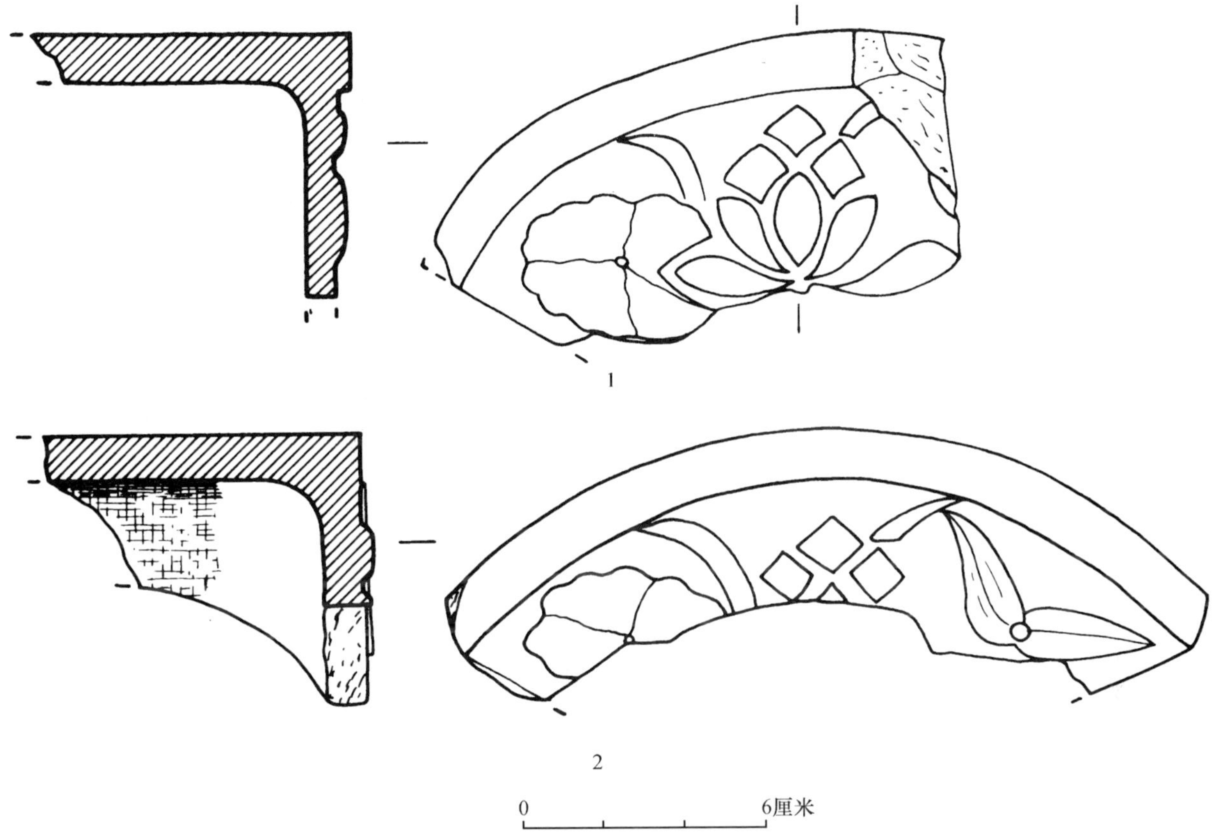

图五八一　巴东旧县坪遗址出土宋代Bc型Ⅲ式陶瓦当
1.（西Ⅰ）T0206④:2　2.（西Ⅰ）T0207④:5

标本（西Ⅰ）T0207④:5，瓦身与当面分制。瓦身呈板瓦形，正面素面，背有麻布纹。泥质深灰陶。当面长19、残宽6.8厘米（图五八一，2）。

（4）滴水

19件。可以分为三型。

A型　5件。当面较宽，呈桃形。瓦身与当面分制。当面中心饰浮雕折枝花。

标本（东Ⅰ）T2707④:1，残存当面。泥质灰陶。当面长14、宽12.6厘米（图五八五，1，图版一六五，5）。

标本（东）G10Ⅰ:1，残存当面。泥质灰陶（图版一六五，6）。

标本（东）G10Ⅰ:2，残存当面。泥质灰陶（图版一六六，1）。

标本（西Ⅰ）T2713⑤:1，残存当面。泥质灰陶。当面长18.2、宽10.2厘米（图五八七，1）。

B型　11件。当面较窄，半月形，上部圆弧，下部为花边；纹饰中心为浮雕花卉，两侧为枝叶。可以分为二式。

Ⅰ式：1件。边轮上部有一周联珠纹，下部残。

标本（西）F8Ⅱ:50，泥质灰黄陶（图版一六六，2）。

Ⅱ式：10件。

图五八二　巴东旧县坪遗址出土宋代陶瓦当拓片

1、2. Aa 型（（西）F59∶5、（西）F59∶6）　3. A b 型Ⅱ式（（西）F1Ⅲ∶7）　4. A c 型（（西）F8Ⅰ∶43）　5、6. A d 型Ⅰ式（（西Ⅳ）T0804④∶1、（西）F8Ⅰ∶46）　7. Ad 型Ⅱ式（（西）L2Ⅰ∶23）　8、9. Ae 型Ⅰ式（（东Ⅰ）T2410④∶4、（西Ⅰ）T2712⑤∶1）

图五八三 巴东旧县坪遗址出土宋代瓦当拓片

1. Ae型Ⅰ式陶瓦当（（西Ⅰ）T2613②:4） 2. Ae型Ⅱ式陶瓦当（（西）F1Ⅲ:8） 3～5. Af型陶瓦当（（西）L1Ⅱ：4、（东）L1Ⅱ:4、采集:13） 6. 琉璃瓦当（（西）F1Ⅱ:7）

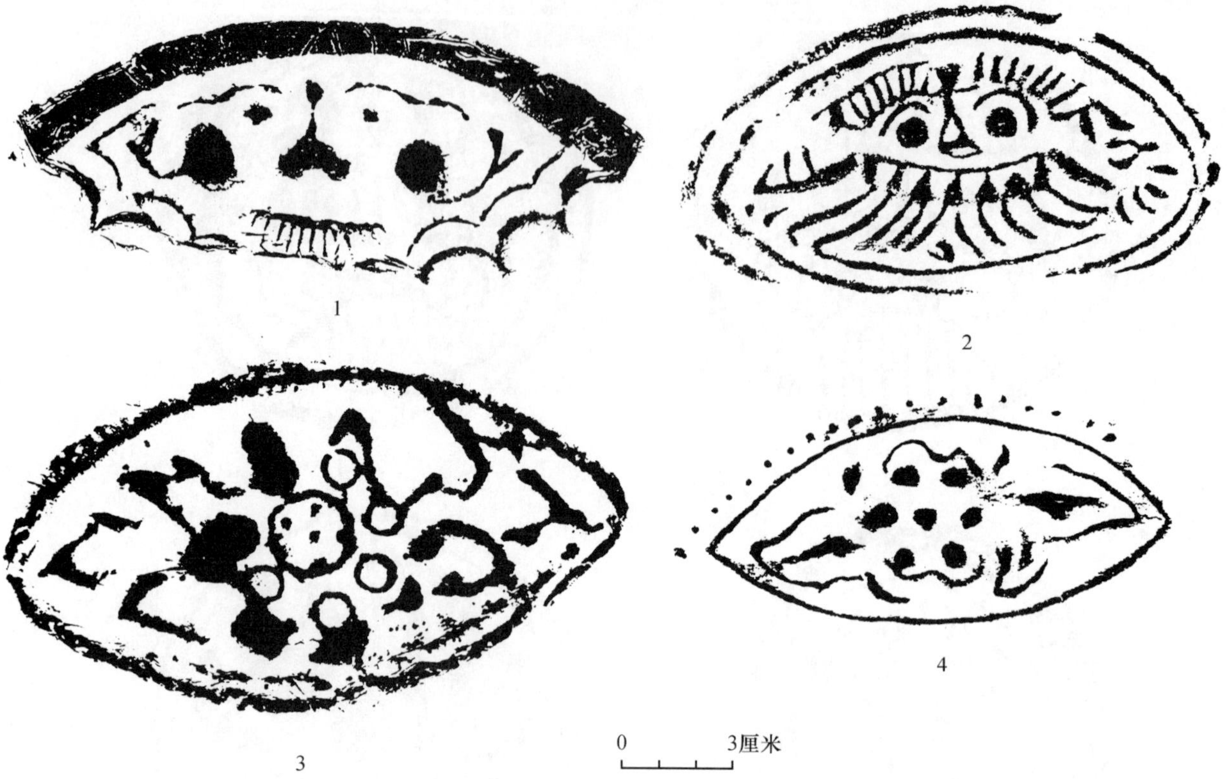

图五八四　巴东旧县坪遗址出土宋代陶瓦当拓片

1. Ba 型（（东）L6Ⅰ:1）　2. Bb 型（（西）F80:4）　3. Bc 型Ⅰ式（（西）F8Ⅰ:54）　4. Bc 型Ⅱ式（采集:15）

标本（西）F1Ⅱ:11，残存瓦当。泥质灰陶。当面长 19.2、宽 7.8 厘米（图五八五，2；图五八七，2；图版一六六，3）。

标本（西Ⅰ）T0207④:6，瓦身与当面分制。瓦身呈板瓦形，凹面有麻布纹。当面饰折枝花纹。夹细砂深灰陶较硬。当面长 21.6、宽 11 厘米（图五八五，3；图五八七，3）。

标本（西）F2Ⅰ:9，残存当面。泥质灰陶。当面长 14、宽 8.4 厘米（图五八六，1；图版一六六，4）。

标本（东）L1Ⅱ:2，身呈板瓦形，凹面有麻布纹。夹细砂灰陶。当面残长 13.2、宽 10.7 厘米（图五八六，2）。

标本（西Ⅰ）T3114⑤:1，夹细砂灰陶。当面残长 12.9、宽 10.7 厘米（图版一六六，5）。

C 型　3 件。当面为半月形，上部圆弧，下部为花边；纹饰为浮雕折枝花纹主纹，地纹为珍珠纹。

标本（西）F8Ⅰ:44，瓦身与当面分制。泥质青灰陶较硬。当面残长 12.6、残宽 10 厘米（图五八六，3）。

2. 建筑饰件

出土较多，包括脊兽、脊饰件等，皆不完整。现挑选 23 件标本进行介绍。

标本（东）F17:1，残存额及上颚部。大圆眼，两竖耳。夹砂灰黄陶。残宽 11、残高 6 厘米（图五八八，1；图版一六七，1）。

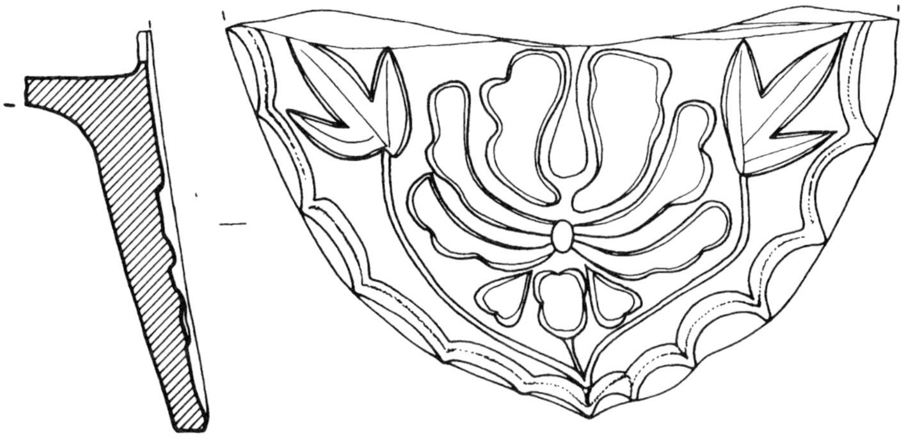

1

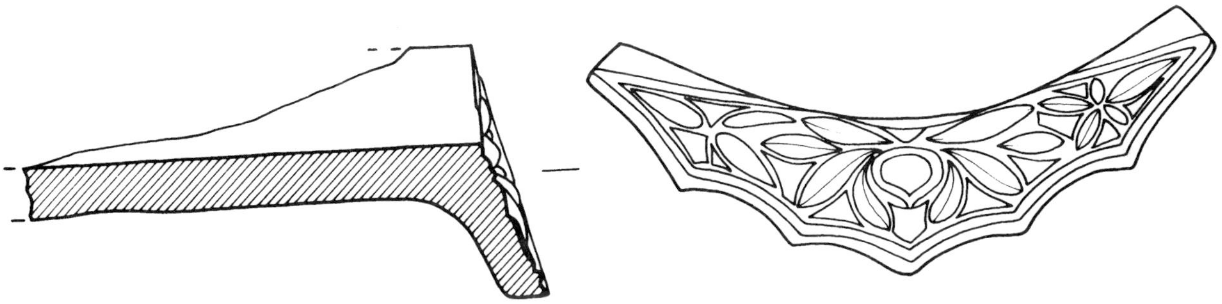

2

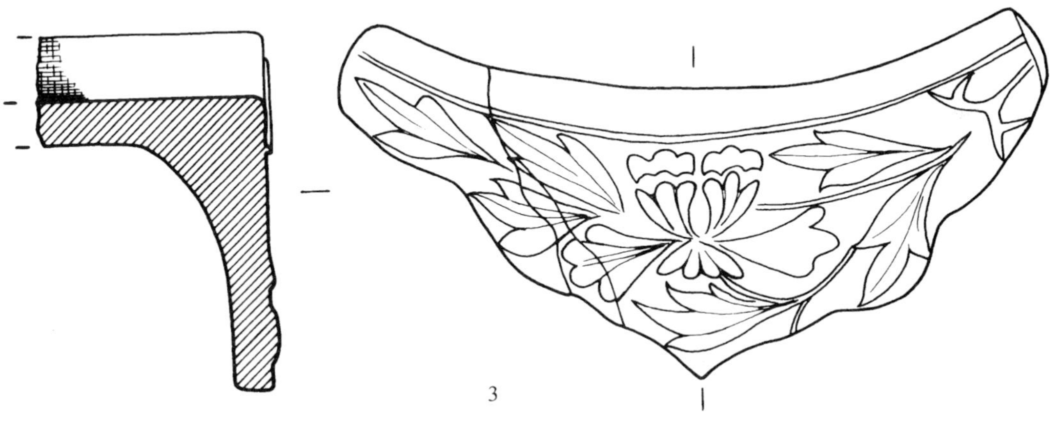

3

0　6厘米

图五八五　巴东旧县坪遗址出土宋代陶滴水

1. A型（（东Ⅰ）T2707④:1）　2、3. B型Ⅱ式（（西）F1Ⅱ:11、（西Ⅰ）T0207④:6）

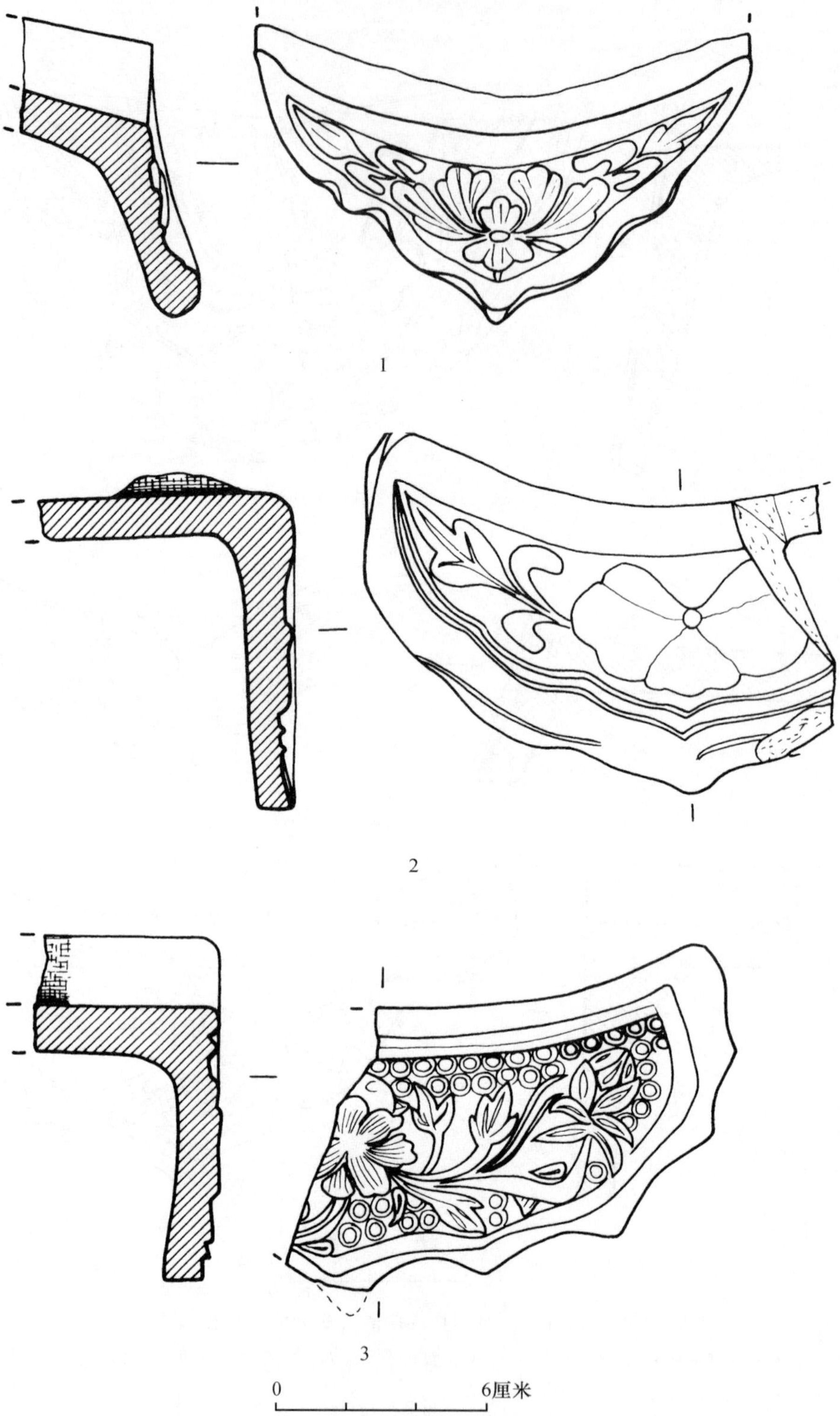

图五八六　巴东旧县坪遗址出土宋代陶滴水

1、2. B型Ⅱ式（（西）F2Ⅰ:9、（东）L1Ⅱ:2）　3. C型（（西）F8Ⅰ:44）

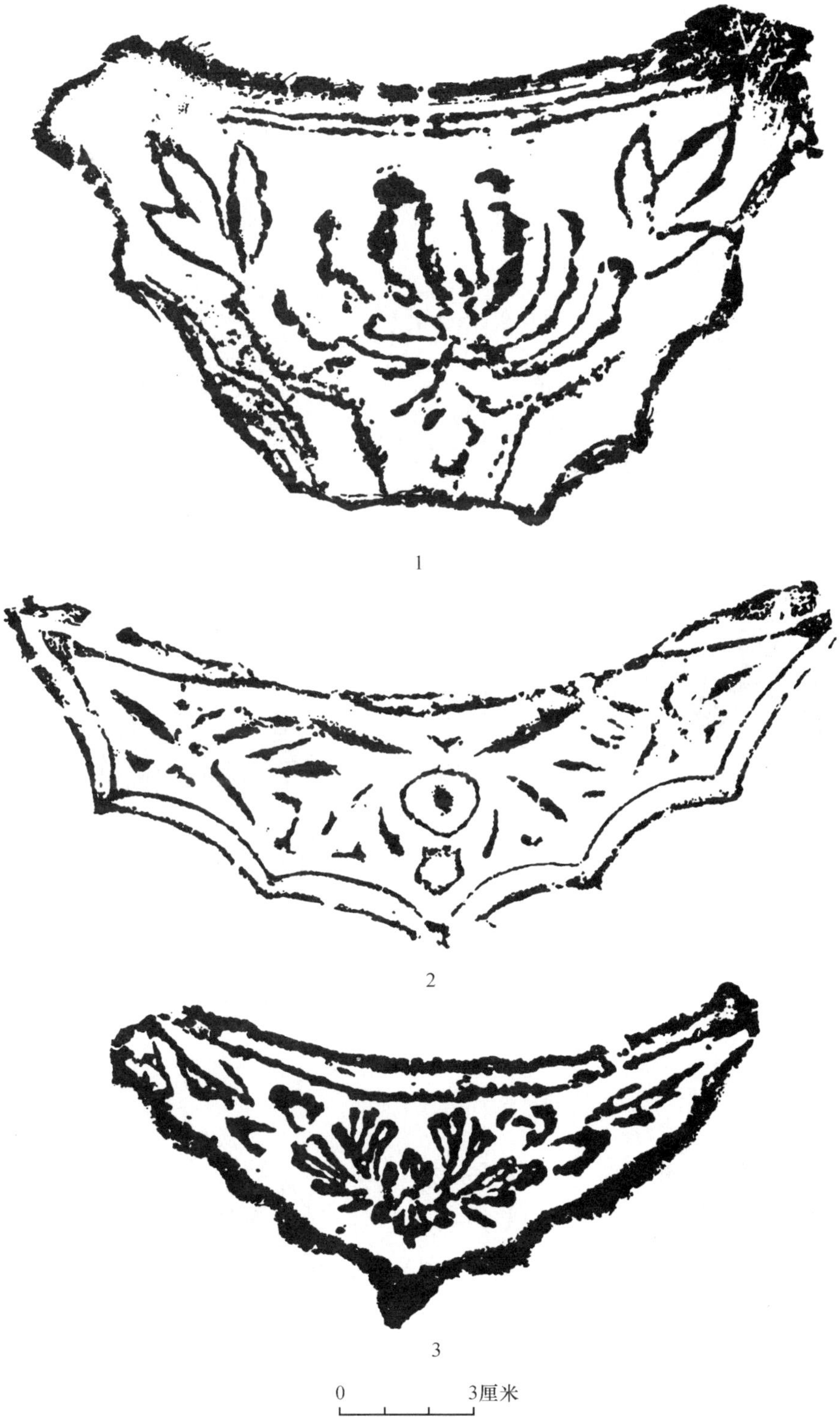

图五八七　巴东旧县坪遗址出土宋代陶滴水拓片

1. A型（（西Ⅰ）T2713⑤:1）　2、3. B型Ⅱ式（（西）F1Ⅱ:11、（西Ⅰ）T0207④:6）

标本（西Ⅰ）T2414⑤:4，残存动物头部。泥质灰陶。残长9.6、残宽8.8、残高6.4厘米（图五八八，2；图版一六七，2）。

标本（西ⅠB）T0413④:3，残存兽头部的右半边。大嘴大眼，小立耳。泥质灰陶。残长17.6、宽 14.8 厘米（图五八八，3；图版一六七，3）。

标本（西）F2Ⅲ∶1，残存动物眼睛部分。泥质灰陶。残长 14.6、残宽 8.4 厘米（图五八八，4）。

标本（西）F8Ⅱ∶49，残存龙头部的右半边上部分。圆眼较大，有角。夹细砂灰陶。残长 19、宽 11.4 厘米（图五八八，5）。

标本（西ⅠB）T0413④∶4，残存鱼头部的右半边的上部。夹细砂灰陶。残长 13.6、残宽 12.8 厘米（图五八八，6；图版一六七，4）。

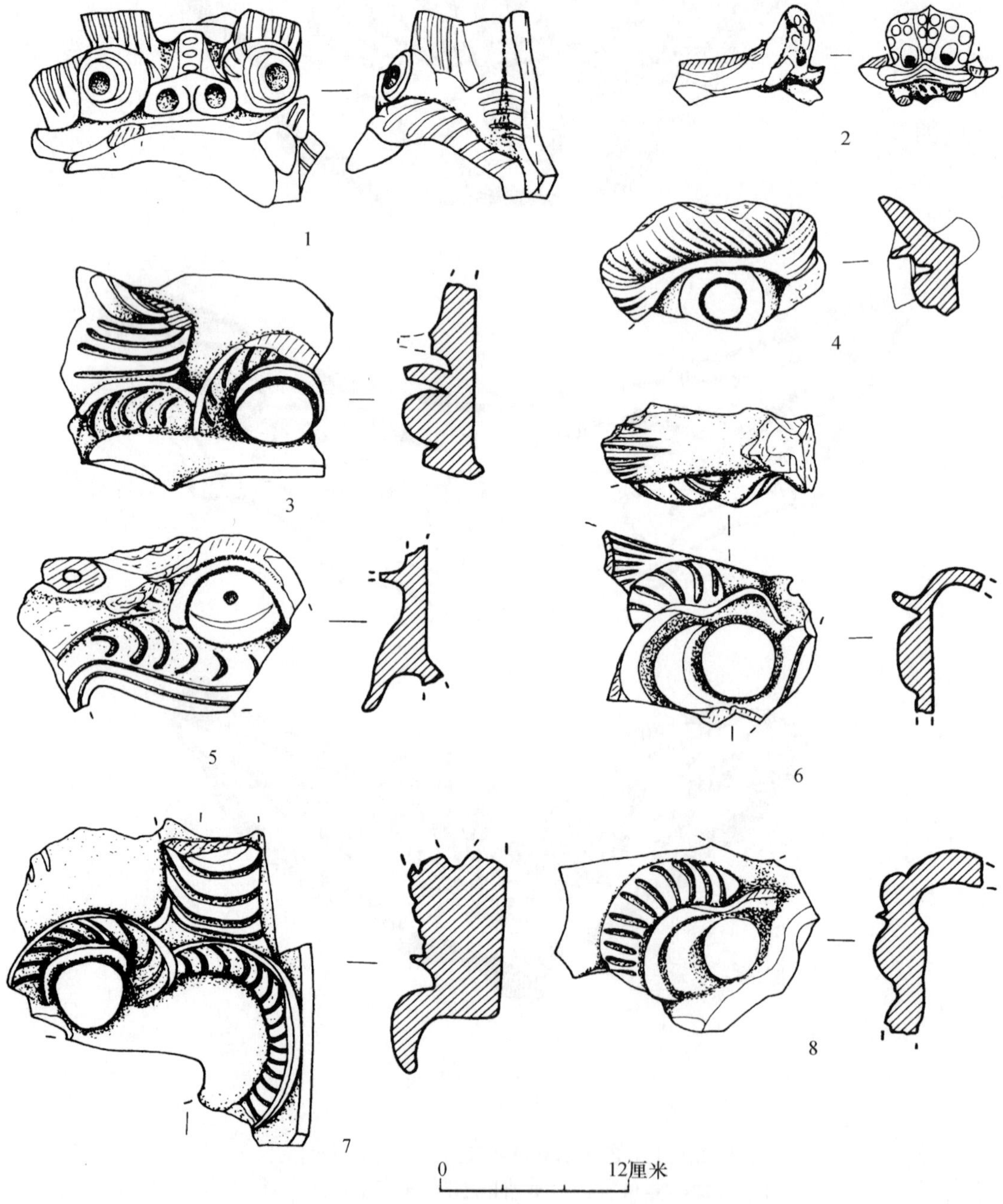

图五八八　巴东旧县坪遗址出土宋代陶建筑饰件

1.（东）F17∶1　2.（西Ⅰ）T2414⑤∶4　3.（西ⅠB）T0413④∶3　4.（西）F2Ⅲ∶1　5.（西）F8Ⅱ∶49　6.（西ⅠB）T0413④∶4　7.（西ⅠB）T0414④∶1　8.（西）F1Ⅱ∶10

标本（西ⅠB）T0414④:1，残存兽头部的左半边。大嘴大眼，小立耳。泥质灰陶。残长20、宽21厘米（图五八八，7）。

标本（西）F1Ⅱ:10，残存鱼头部右眼部位。大眼睛，双眼睑。夹细砂灰黄陶。残长17、宽12厘米（图五八八，8）。

标本（西Ⅰ）T2914⑤:8，残存龙上颚部分。大眼睛，小鼻子，大嘴，额向前倾。夹砂灰陶。残长21.2、残宽15.6、残高16厘米（图五八九，1；图版一六七，5、6）。

标本（西Ⅰ）T1410⑤:9，残存鸭鼻及上颚。泥质灰褐陶。残长11.2、宽6.6、高8.4厘米（图五八九，2；图版一六八，2）。

标本（西Ⅰ）T0307④:3，残存兽的吻部。泥质灰陶。残长8.8、宽9.6厘米（图五八九，3；图版一六八，1）。

标本（西Ⅱ）T0409④:2，背面平，正面为浮雕兽面纹，上部有一孔的残痕。泥质深灰陶较硬。残长14.4、残宽13.2、厚5.2厘米（图五八九，4；图版一六八，3）。

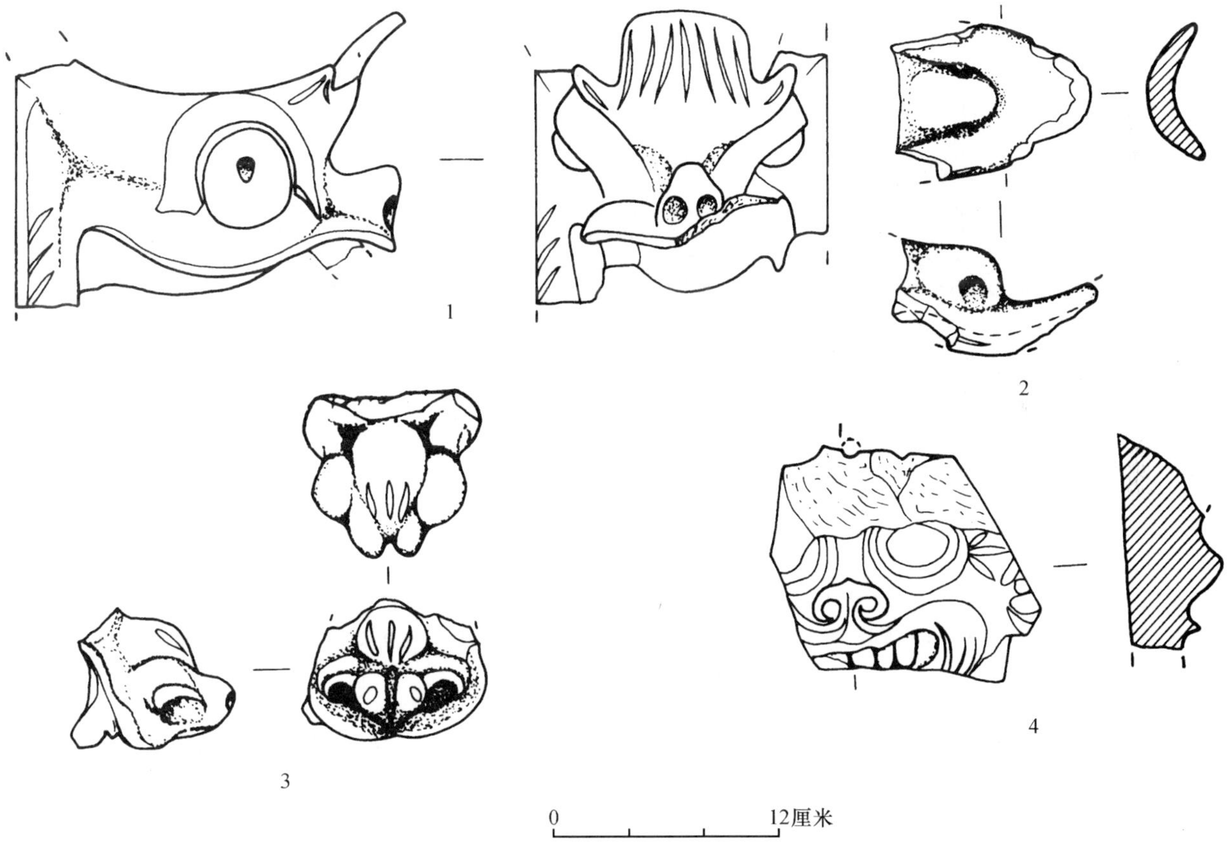

图五八九 巴东旧县坪遗址出土宋代陶建筑饰件

1.（西Ⅰ）T2914⑤:8 2.（西Ⅰ）T1410⑤:9 3.（西Ⅰ）T0307④:3 4.（西Ⅱ）T0409④:2

标本（西Ⅰ）T1916⑤:17，残存鸽子躯干部分，头尾已残，站立状，两足连在一起，双翼展开欲飞。夹砂灰陶。残长22.4、宽14、残高15.2厘米（图五九〇，1；图版一六八，5、6）。

标本（西Ⅰ）T1410⑥:8，器形不可辨识。仅存一小块残片。夹细砂深灰陶。残长9.2、残宽5厘米（图五九〇，2）。

标本（西ⅠB）T0413④:5，残存柄部。泥质灰陶。残长16、宽7.6、高9厘米（图五九〇，3）。

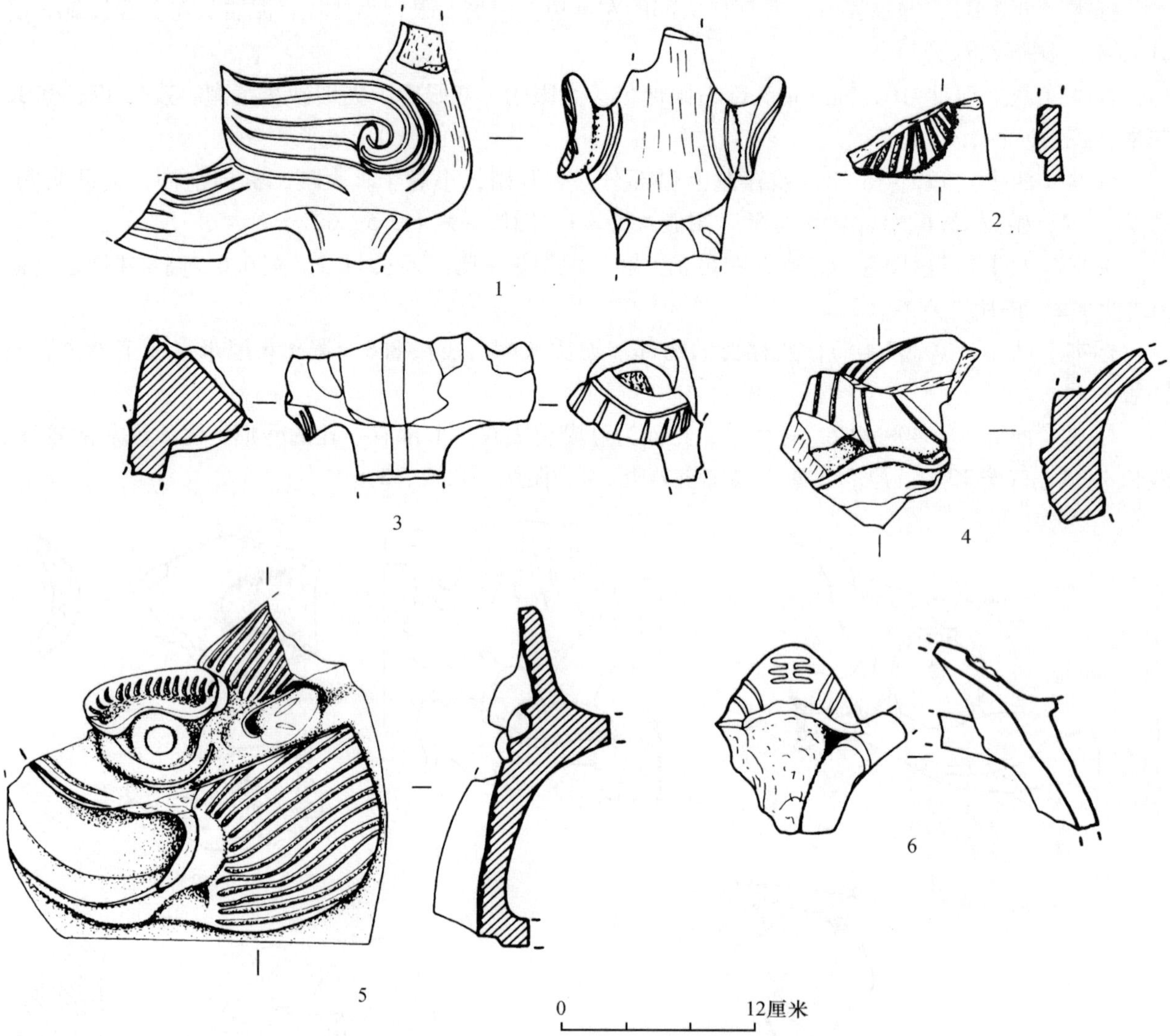

图五九〇　巴东旧县坪遗址出土宋代建筑饰件

1～3、5、6. 陶器（（西Ⅰ）T1916⑤:17、（西Ⅰ）T1410⑥:8、（西IB）T0413④:5、（西Ⅰ）T2914⑤:5、（西Ⅰ）T0307④:5）
4. 璃璃器（（西）F1Ⅲ:5）

标本（西Ⅰ）T2914⑤:5，残存龙头部的半边脸。大嘴大眼，小耳。夹细砂灰陶较硬。残长24、宽21.6厘米（图五九〇，5；图版一六八，4）。

标本（西Ⅰ）T0307④:5，残存头顶部分，上刻有一“王”字。泥质灰陶。残宽12、残高12厘米（图五九〇，6；图版一六九，1）。

标本（西）F9:2，残存兽角。圆锥形略弧。夹细砂黄陶。残长9.4厘米（图五九一，1；图版一六九，2）。

标本（东Ⅰ）T2309④:1，可能为动物的角，细长，上部圆，下部扁，弧形，下部扁平处一面刻一行书的“捌”字。泥质青灰陶。残长20.4、直径5厘米（图五九一，2）。

标本（西）H5:2，呈盝顶状。坡上刻条形槽，中心有方框凸起，框内可能置装饰物，已残不详。泥质灰陶。残长12、宽15、高5.2厘米（图五九一，3；图版一六九，3）。

标本（西Ⅰ）T2914⑤:1，残存兽爪，蹲在筒瓦之上。泥灰褐陶。残长13.4、残高13厘米（图五九一，4）。

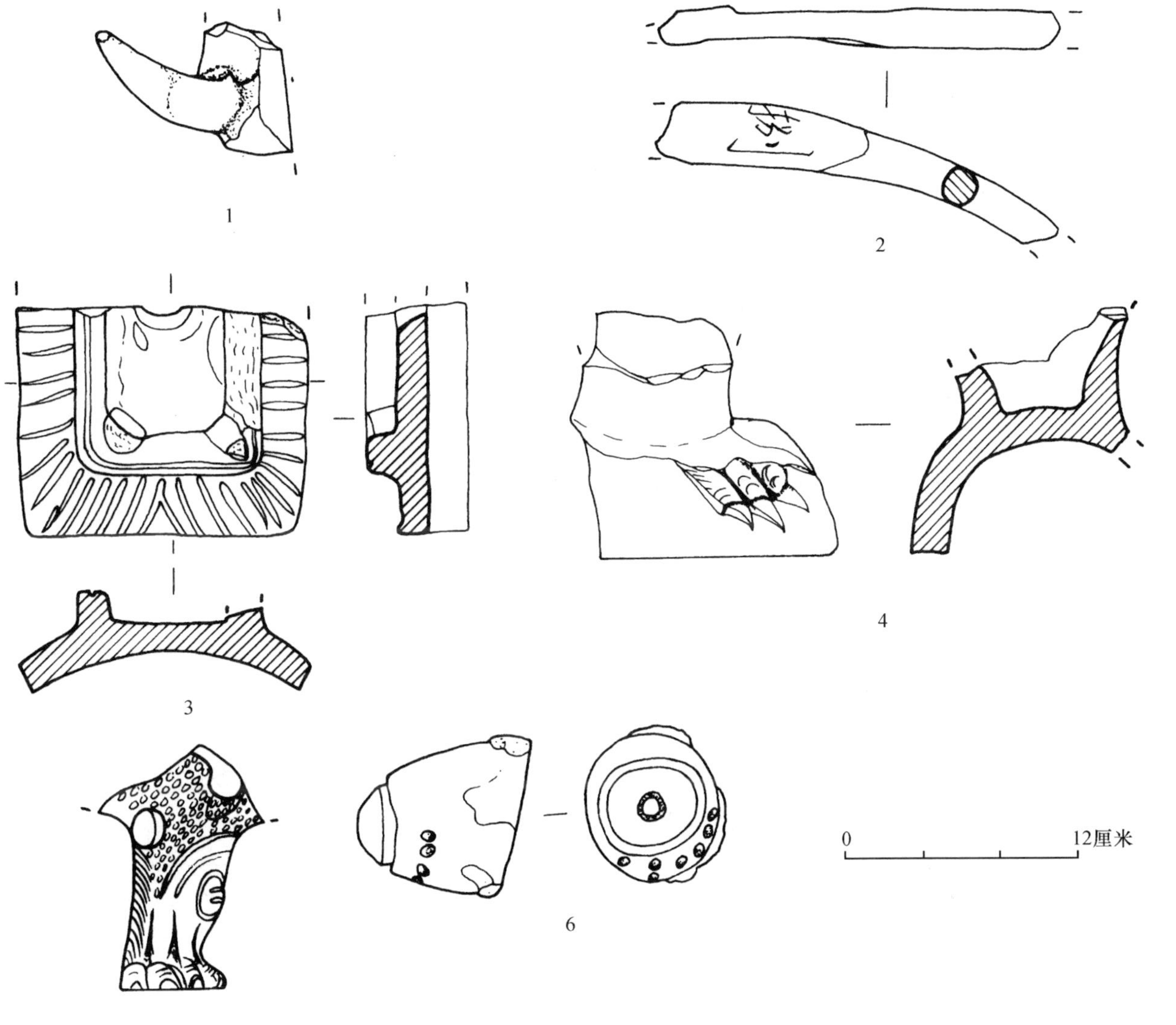

图五九一　巴东旧县坪遗址出土宋代陶建筑饰件

1.（西）F9:2　2.（东Ⅰ）T2309④:1　3.（西）H5:2　4.（西Ⅰ）T2914⑤:1　5.（西）F8Ⅲ:89　6.（西）F8Ⅲ:90

标本（西）F8Ⅲ:89，泥质灰陶。兽的一前足，四爪，膝及足根部有图形凸起，足根及身有戳挑的圆窝纹。残高12.8厘米（图五九一，5；图版一六九，4）。

标本（西）F8Ⅲ:90，夹砂灰陶。兽眼。直径7.6、残长9厘米（图五九一，6；图版一六九，5）。

（二）琉璃器

琉璃器类建筑材料发现较少，器类有瓦当、建筑饰件。

1. 瓦当

4件。

标本（西）F1Ⅱ:7，残存当面。当面饰浮雕折枝花。红褐胎，黄色琉璃釉。直径12厘米（图五七四，4；图五八三，6；图版一七〇，2）。

标本（西）F1Ⅲ:9，残存当面。当面饰浮雕折枝花。红褐胎，褐色琉璃釉（图版一七○，3）。

另有2件绿色琉璃釉瓦当，（（西）F1Ⅲ:10、（西）F1Ⅲ:12）及较多绿釉、黄釉筒瓦，残缺严重，均出自（西）F1Ⅲ（图版一七○，4）。

2. 建筑饰件

4件。

标本（西）F1Ⅲ:5，残存动物头部左边残片，有一眼和一角。红胎很厚，外施黄、绿色琉璃釉。残宽12.4、高12厘米（图五九○，4；图版一七○，1）。

（三）石器

石器类建筑材料发现较少，器类有门枢窝、柱础。

1. 门枢窝

1件。

标本（西ⅠA）T1813③:2，平面呈方形，侧面呈倒梯形，上面中心凿一圆窝，窝磨得很光。片砂岩。上宽11.8、下宽9.6、高8.6厘米（图五九二，1）。

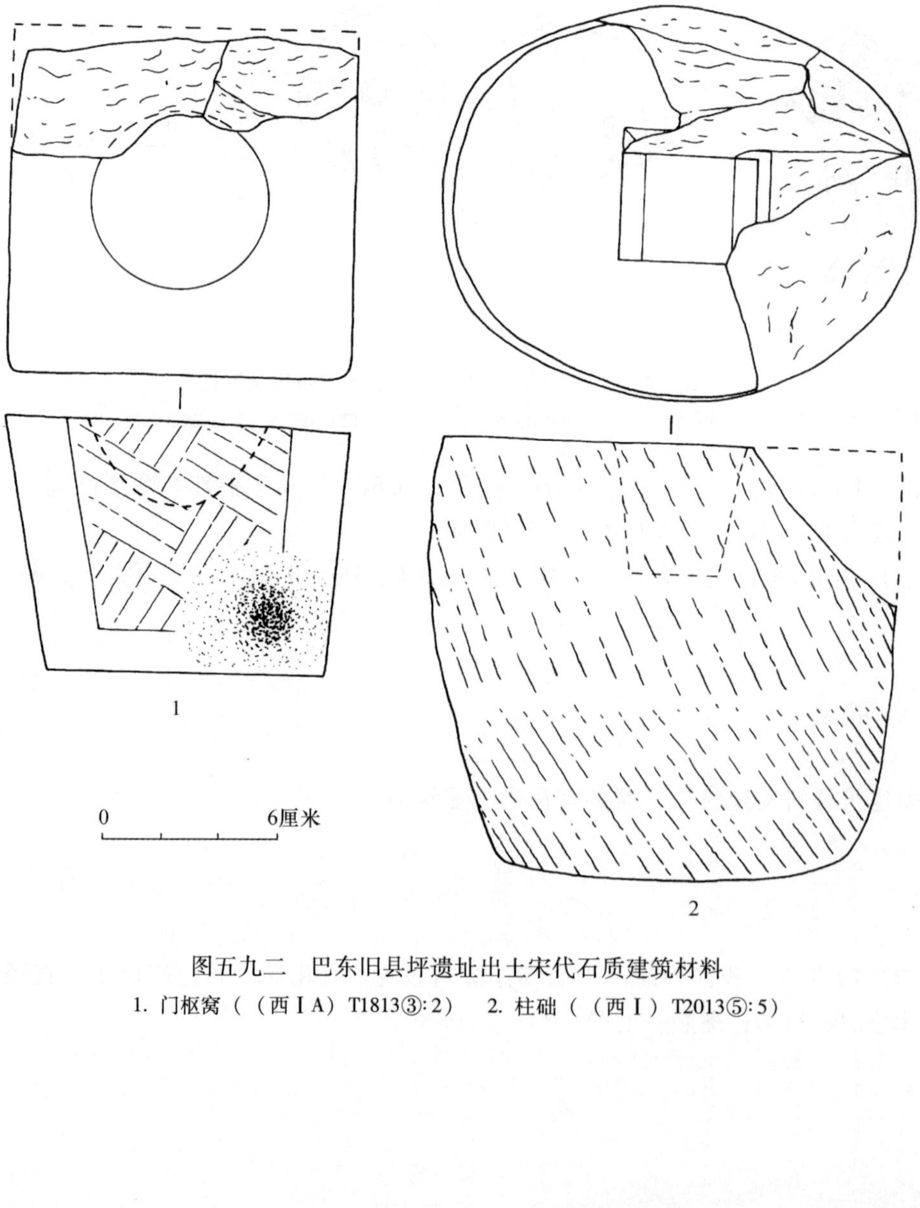

图五九二　巴东旧县坪遗址出土宋代石质建筑材料

1. 门枢窝（（西ⅠA）T1813③:2）　2. 柱础（（西Ⅰ）T2013⑤:5）

2. 柱础

1件。

标本（西Ⅰ）T2013⑤:5，呈圆柱形，弧底，平顶，顶中部凿一长方形窝，表面有凿痕，凸凹不平。片砂岩。直径13.4～15.8、高14.8厘米（图五九二，2）。

六、钱　币

210枚。均为圆形方孔，书体有楷书、行书、篆书三种，现按年号介绍如下：

太平通宝　5枚。直读。“太平”二字楷书，“通宝”二字隶书。直径2.4、穿边长0.6厘米。始铸于太宗太平兴国元年（公元976年）。

标本（西Ⅰ）T3520⑤:21（图五九三，1）。

标本（西）H57:5（图五九三，2）。

至道元宝　3枚。旋读。有真书、行书两体。应铸于太宗至道年间（公元995～997年）。

真书体　2枚。“道”字有楷书意，余三字更近隶书。

标本（西Ⅰ）T1002⑦:6，直径2.5、穿边长0.55厘米（图五九三，3）。

标本采集:16，直径2.5、穿边长0.6厘米（图五九三，4）。

行书体　1枚。

标本（西）F8Ⅰ:18，直径2.4、穿边长0.6厘米（图五九三，5）。

咸平元宝　6枚。楷书旋读。直径2.4、穿边长0.6厘米。应铸于真宗咸平年间（公元998～1003年）。

标本（西Ⅰ）T0207④:8（图五九三，6）。

标本（西）L1Ⅰ:13（图五九三，7）。

景德元宝　9枚。楷书旋读，“元”字略具行书意。应铸于真宗景德年间（公元1004～1007）。

标本（西）L1Ⅰ:12，直径2.4、穿边长0.6厘米（图五九三，8）。

标本（西）F57:1，直径2.4、穿边长0.6厘米（图五九四，1）。

标本（西）L1Ⅰ:11，直径2.4、穿边长0.65厘米（图五九四，2）。

祥符元宝　13枚。楷书旋读。直径2.4、穿边长0.6厘米。应铸于真宗大中祥符年间（公元1008～1016年）。

标本（西Ⅰ）T1007⑦:31，宽缘，“元”字行书笔法（图五九四，3）。

天禧通宝　7枚。楷书旋读。应铸于真宗天禧年间（公元1017～1022年）。

标本（西）G25Ⅰ:1，直径2.5、穿边长0.6厘米（图五九四，4）。

标本（西Ⅰ）T2116⑤:13，缘略宽，小字，“通”字“走”旁隶书笔法。直径2.4、穿边长0.6厘米（图五九四，5）。

天圣元宝　9枚。旋读，有楷书、篆书两体，窄郭。应铸于仁宗天圣年间（公元1023～1032年）。

楷书体　4枚。

标本（西）F8Ⅰ:21，直径2.4、穿边长0.7厘米（图五九四，6）。

篆书体　5枚。

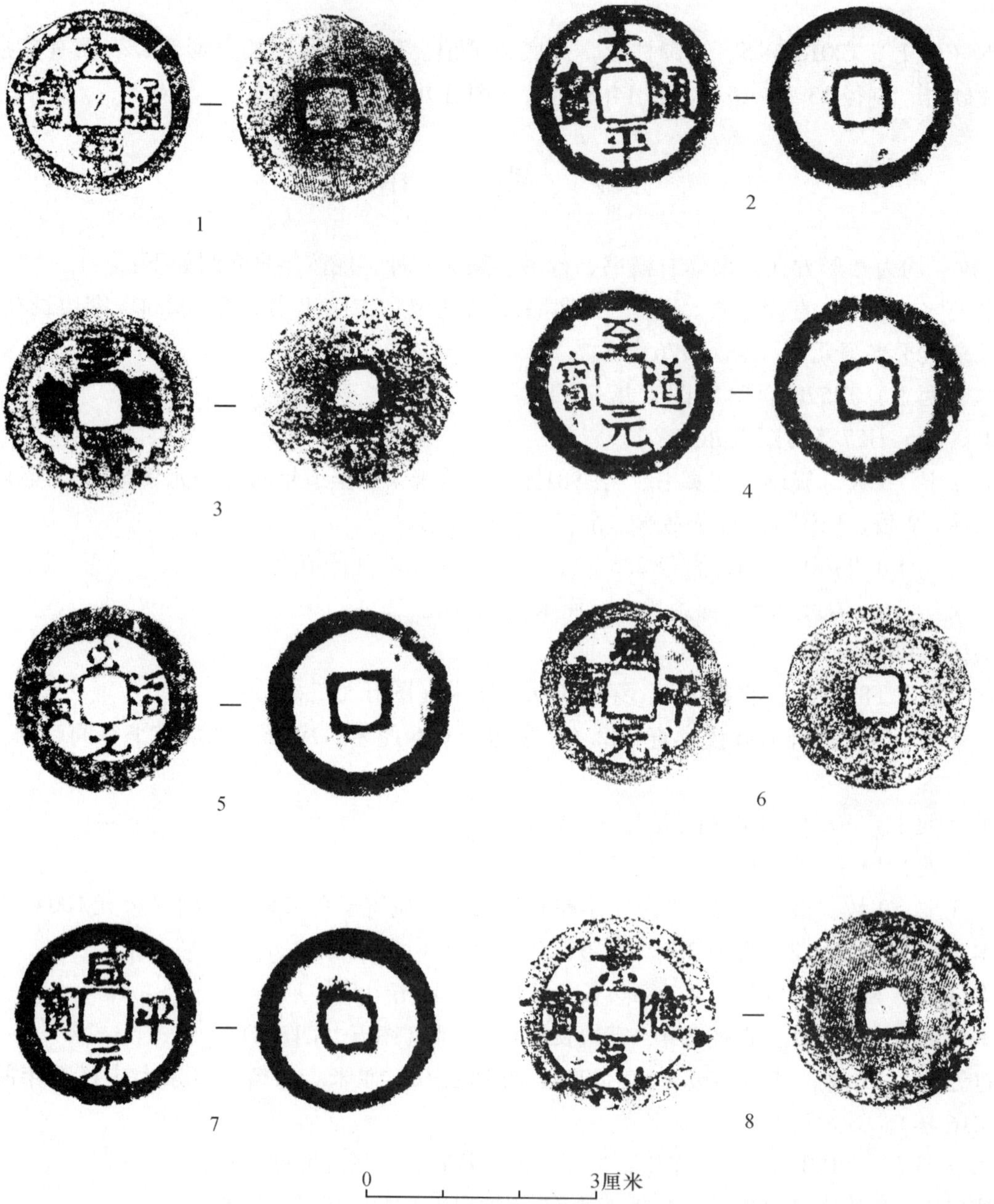

图五九三　巴东旧县坪遗址出土宋代钱币拓片

1、2. 太平通宝（（西Ⅰ）T3520⑤:21、（西）H57:5）　3～5. 至道元宝（（西Ⅰ）T1002⑦:6、采集:16、（西）F8Ⅰ:18）　6、7. 咸平元宝（（西Ⅰ）T0207④:8、（西）L1Ⅰ:13）　8. 景德元宝（（西）L1Ⅰ:12）

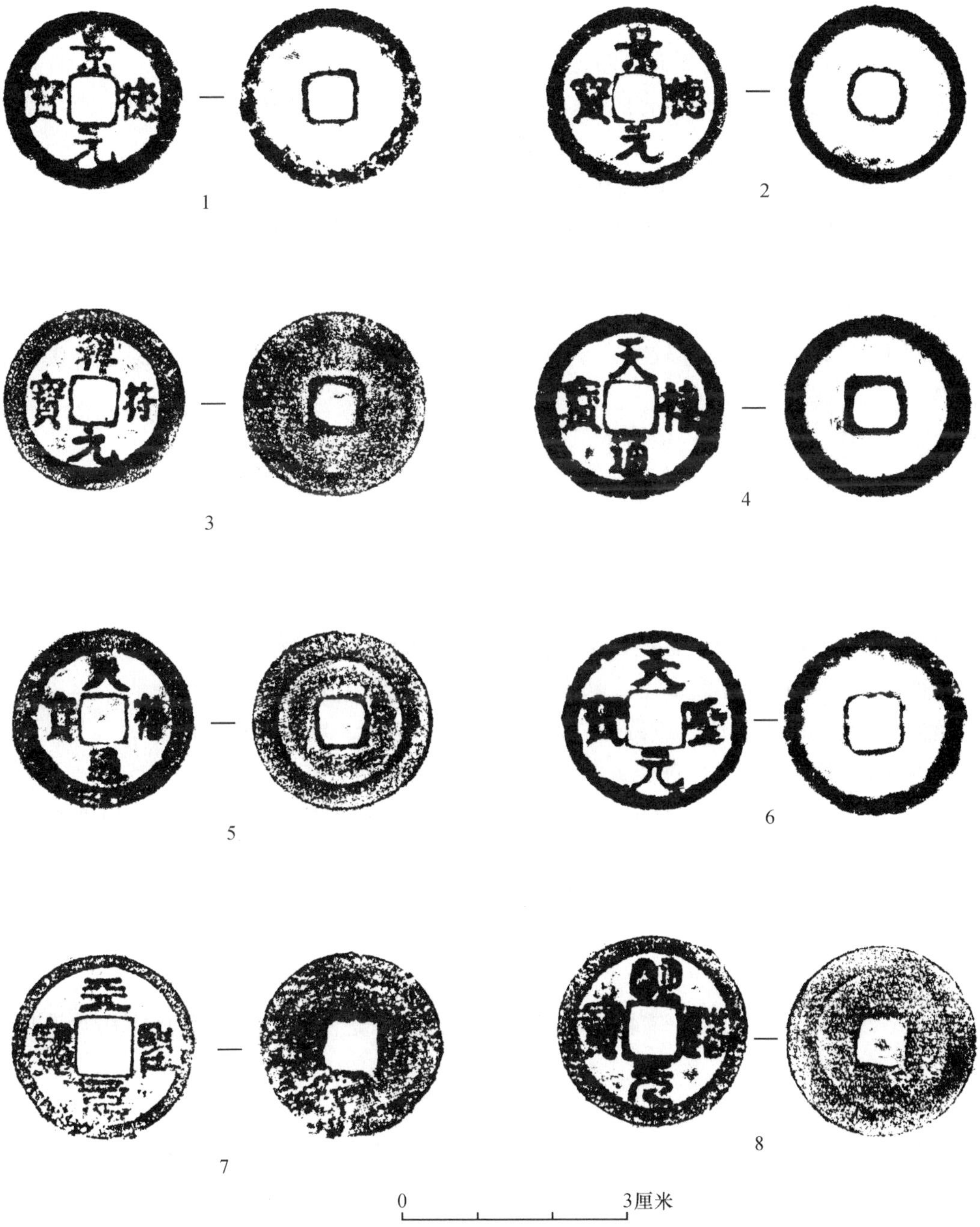

图五九四 巴东旧县坪遗址出土宋代钱币拓片

1、2. 景德元宝（（西）F57∶1、（西）L1Ⅰ∶11） 3. 祥符元宝（（西Ⅰ）T1007⑦∶31） 4、5. 天禧通宝（（西）G25Ⅰ∶1、（西Ⅰ）T2116⑤∶13） 6、7. 天圣元宝（（西）F8Ⅰ∶21、（西ⅢA）T3104③∶5） 8. 明道元宝（（西Ⅰ）T1308⑦∶9）

标本（西ⅢA）T3104③:5，直径2.4、穿边长0.75厘米（图五九四，7）。

明道元宝　1枚。篆书旋读。直径2.5、穿边长0.65厘米。应铸于仁宗明道年间（公元1032～1033年）。

标本（西Ⅰ）T1308⑦:9（图五九四，8）。

皇宋通宝　33枚。钱文直读，有楷书、篆书两体，字有大小之分，郭有宽窄不同。始铸于仁宗宝元二年（公元1039年）。

楷书体　20枚。直径2.4、穿边长0.7厘米。

标本（西）F67:12，郭较窄，小字，字与内外郭不相连（图五九五，1）。

标本（西Ⅰ）T0108④:3，郭较窄，小字，字与内外郭不相连（图五九五，2）。

篆书体　13枚。

标本（西Ⅰ）T0108④:6，郭较宽，小字，字与内外郭不相连。直径2.5、穿边长0.6厘米（图五九五，3）。

至和元宝　5枚。楷书旋读。应铸于仁宗至和年间（公元1054～1056年）。

标本（西Ⅰ）T1007⑦:32，“元”字有行书笔法。直径2.3、穿边长0.65厘米（图五九五，4）。

标本（西Ⅰ）T1007⑦:33，“元”字近穿。直径2.5、穿边长0.7厘米（图五九五，5）。

嘉祐通宝　2枚。楷书直读。应铸于仁宗嘉祐年间（公元1056～1063年）。

标本（西ⅠB）T0414④:2，直径2.4、穿边长0.7厘米（图五九五，6）。

标本（西Ⅰ）T0902⑦:17，直径2.4、穿边长0.75厘米（图五九五，7）。

嘉祐元宝　1枚。篆书旋读。应铸于仁宗嘉祐年间（公元1056～1063年）。

标本（西ⅠB）T0413④:6，直径2.4、穿边长0.8厘米（图五九五，8）。

治平元宝　4枚。钱文旋读，有楷书、篆书两体。应铸于英宗治平年间（公元1064～1067年）。

楷书体　2枚。

标本（西）F8Ⅰ:22，直径2.4、穿边长0.65厘米（图五九六，1）。

篆书体　2枚。

标本（西Ⅰ）T1702⑦:1，直径2.3、穿边长0.6厘米（图五九六，2）。

熙宁元宝　29枚。钱文旋读，有楷书、篆书两体，郭有宽窄不同。应铸于神宗熙宁年间（公元1068～1077年）。

楷书体　19枚。

标本（西Ⅰ）T0109④:3，郭较窄。直径2.4、穿边长0.75厘米（图五九六，3）。

篆书体　10枚。

标本（西）F8Ⅰ:23，郭较窄。直径2.3、穿边长0.75厘米（图五九六，4）。

标本（西Ⅰ）T1702⑦:2，郭较窄。直径2.4、穿边长0.75厘米（图五九六，5）。

熙宁重宝　3枚。楷书旋读。折二或折三型。应铸于神宗熙宁年间（公元1068～1077年）。

标本（西Ⅰ）T2612⑤:3，直径3、穿边长0.75厘米（图五九六，6）。

标本（西）F8Ⅰ:24，“熙”、“重”二字宽扁。直径3.1、穿边长0.8厘米（图五九六，7）。

元丰通宝　36枚。钱文旋读。有行书、篆书两体。小平或折二型。应铸于神宗元丰年间（公元1078～1085年）。

行书体　15枚。

标本（西）L2Ⅰ:25，折二型。直径2.7、穿边长0.8厘米（图五九六，8）。

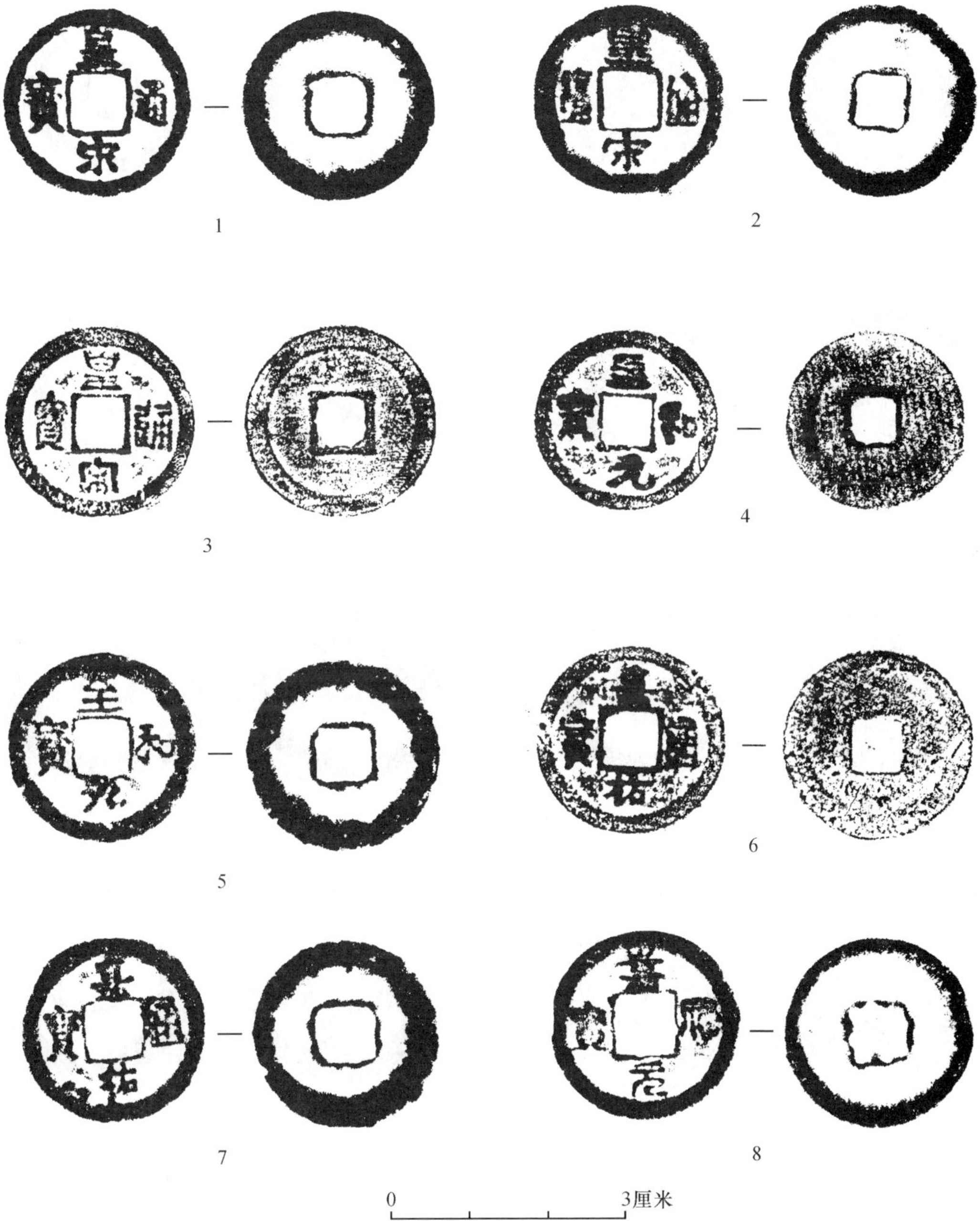

图五九五　巴东旧县坪遗址出土宋代钱币拓片

1～3. 皇宋通宝（（西）F67:12、（西Ⅰ）T0108④:3、（西Ⅰ）T0108④:6）　4、5. 至和元宝（（西Ⅰ）T1007⑦:32、（西Ⅰ）T1007⑦:33）　6、7. 嘉佑通宝（（西ⅠB）T0414④:2、（西Ⅰ）T0902⑦:17）　8. 嘉佑元宝（（西ⅠB）T0413④:6）

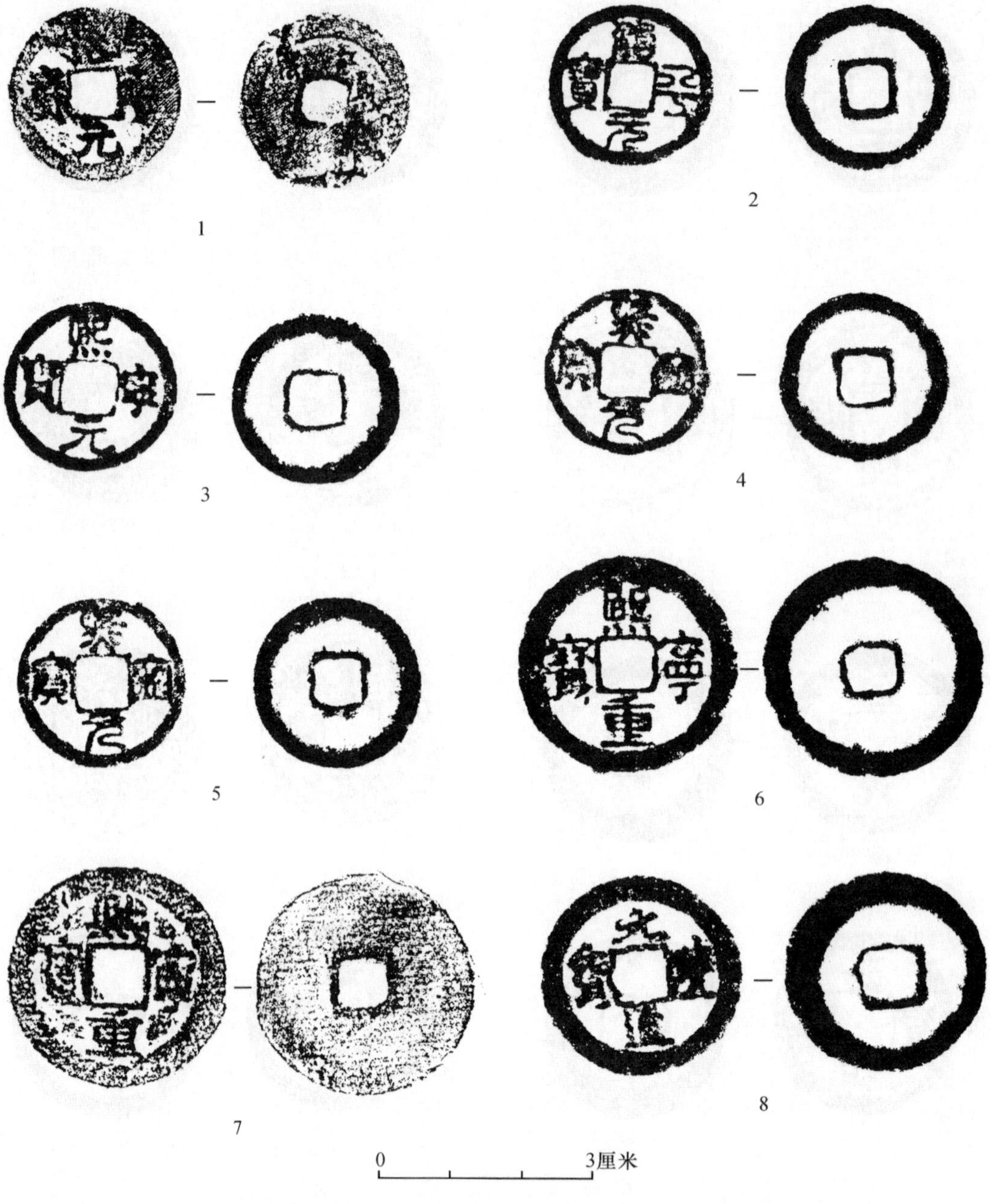

图五九六　巴东旧县坪遗址出土宋代钱币拓片

1、2. 治平元宝（（西）F8Ⅰ:22、（西Ⅰ）T1702⑦:1）　3～5. 熙宁元宝（（西Ⅰ）T0109④:3、（西）F8Ⅰ:23、（西Ⅰ）T1702⑦:2）　6、7. 熙宁重宝（（西Ⅰ）T2612⑤:3、（西）F8Ⅰ:24）　8. 元丰通宝（（西）L2Ⅰ:25）

篆书体　21 枚。

标本（西）F8Ⅰ:25，直径 2.5、穿边长 0.7 厘米（图五九七，1）。

标本（西）F8Ⅰ:26，直径 2.4、穿边长 0.7 厘米（图五九七，2）。

元祐通宝　11 枚。钱文旋读。有行书、篆书两体，分小平与折二型。应铸于哲宗元祐年间（公元 1086～1094 年）。

行书体　4 枚。

标本（东）L1Ⅱ:3，外郭窄。直径 2.4、穿边长 0.7 厘米（图五九七，3）。

篆书体　7 枚。

标本（东）L9:1，直径 2.4、穿边长 0.7 厘米（图五九七，4）。

标本（西）F8Ⅱ:38，折二型。直径 3、穿边长 0.8 厘米（图五九七，5）。

绍圣元宝　3 枚。钱文旋读。有行书、篆书两体。应铸于哲宗绍圣年间（公元 1094～1098 年）。

行书体　1 枚。

标本（西）F18Ⅱ:2，外郭较宽。直径 2.4、穿边长 0.7 厘米（图五九七，6）。

篆书体　2 枚。

标本（东Ⅰ）T2812④:2，直径 2.4、穿边长 0.75 厘米（图五九七，7）。

元符通宝　1 枚。行书旋读。直径 2.4、穿边长 0.7 厘米。应铸于哲宗元符年间（公元 1098～1100 年）。

标本（西Ⅰ）T3221⑤:4（图五九七，8）。

圣宋元宝　2 枚。行书旋读。折二型。直径 3、穿边长 0.7 厘米。始铸于徽宗建中靖国元年（公元 1101 年）。

标本（西）F8Ⅱ:36（图五九八，1）。

标本（西）F8Ⅱ:37（图五九八，2）。

崇宁重宝　5 枚。隶书直读。外郭较窄。折十型。直径 3.4、穿边长 0.8 厘米。应铸于徽宗崇宁年间（公元 1102～1106 年）。

标本（西）F8Ⅱ:30（图五九八，3）。

崇宁通宝　1 枚。楷书瘦金体旋读。外郭窄。折十型。直径 3.4、穿边长 0.9 厘米。应铸于徽宗崇宁年间（公元 1102～1106 年）。

标本（西）F8Ⅱ:31（图五九八，4）。

大观通宝　5 枚。楷书瘦金体直读。外郭窄。直径 2.4、穿边长 0.7 厘米。应铸于徽宗大观年间（公元 1107～1110 年）。

标本（西）F8Ⅱ:32（图五九八，5）。

标本（西）G25Ⅱ:5（图五九八，6）。

政和通宝　11 枚。隶书直读。直径 2.5、穿边长 0.7 厘米。始铸于徽宗政和元年（公元 1111 年）。

标本（西）F8Ⅱ:33，外郭较窄（图五九八，7）。

标本（西）F8Ⅱ:34，外郭窄（图五九八，8）。

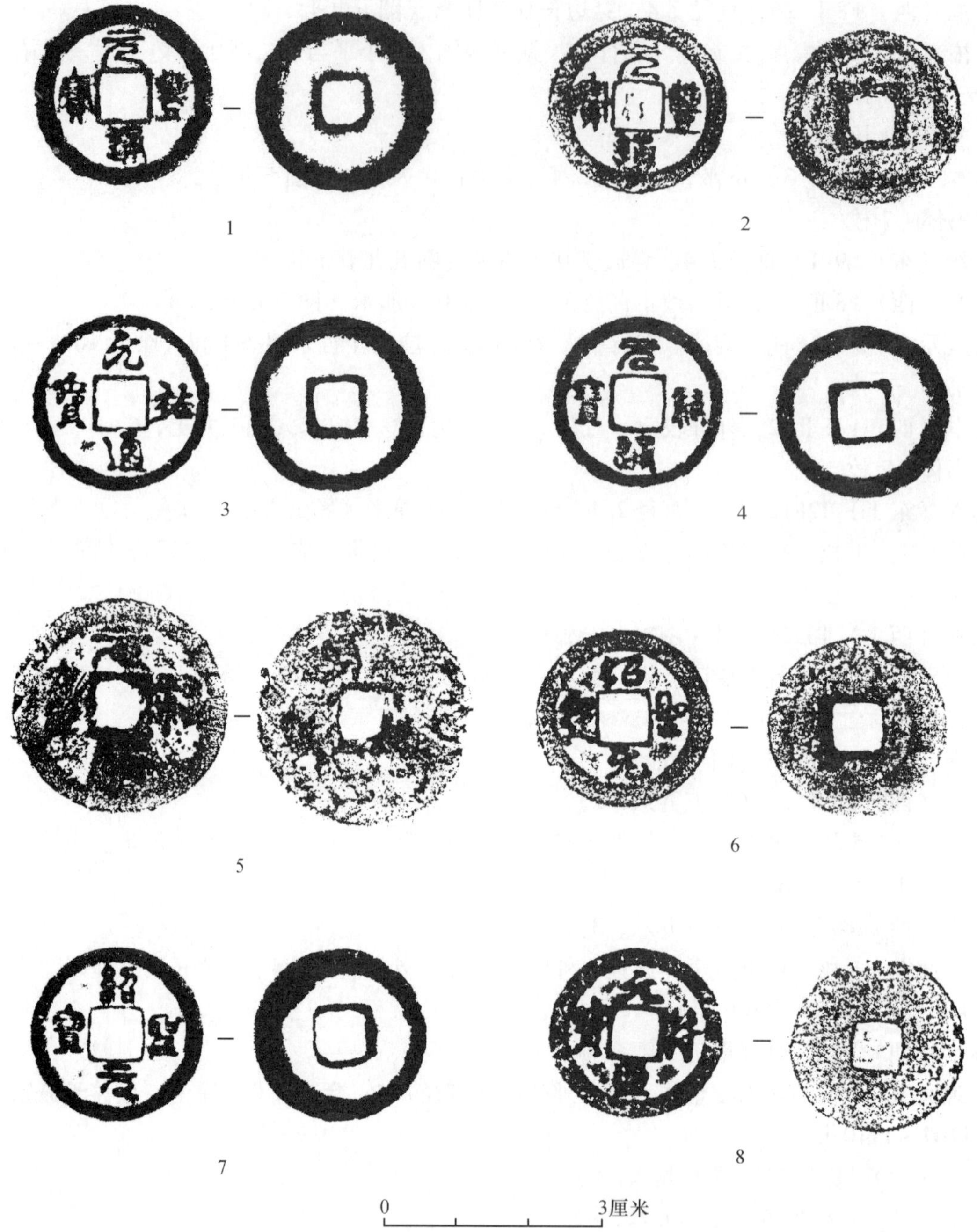

图五九七　巴东旧县坪遗址出土宋代钱币拓片

1、2. 元丰通宝（（西）F8Ⅰ:25、（西）F8Ⅰ:26）　3～5. 元祐通宝（（东）L1Ⅱ:3、（东）L9:1、（西）F8Ⅱ:38）　6、7. 绍圣元宝（（西）F18Ⅱ:2、（东Ⅰ）T2812④:2）　8. 元符通宝（（西Ⅰ）T3221⑤:4）

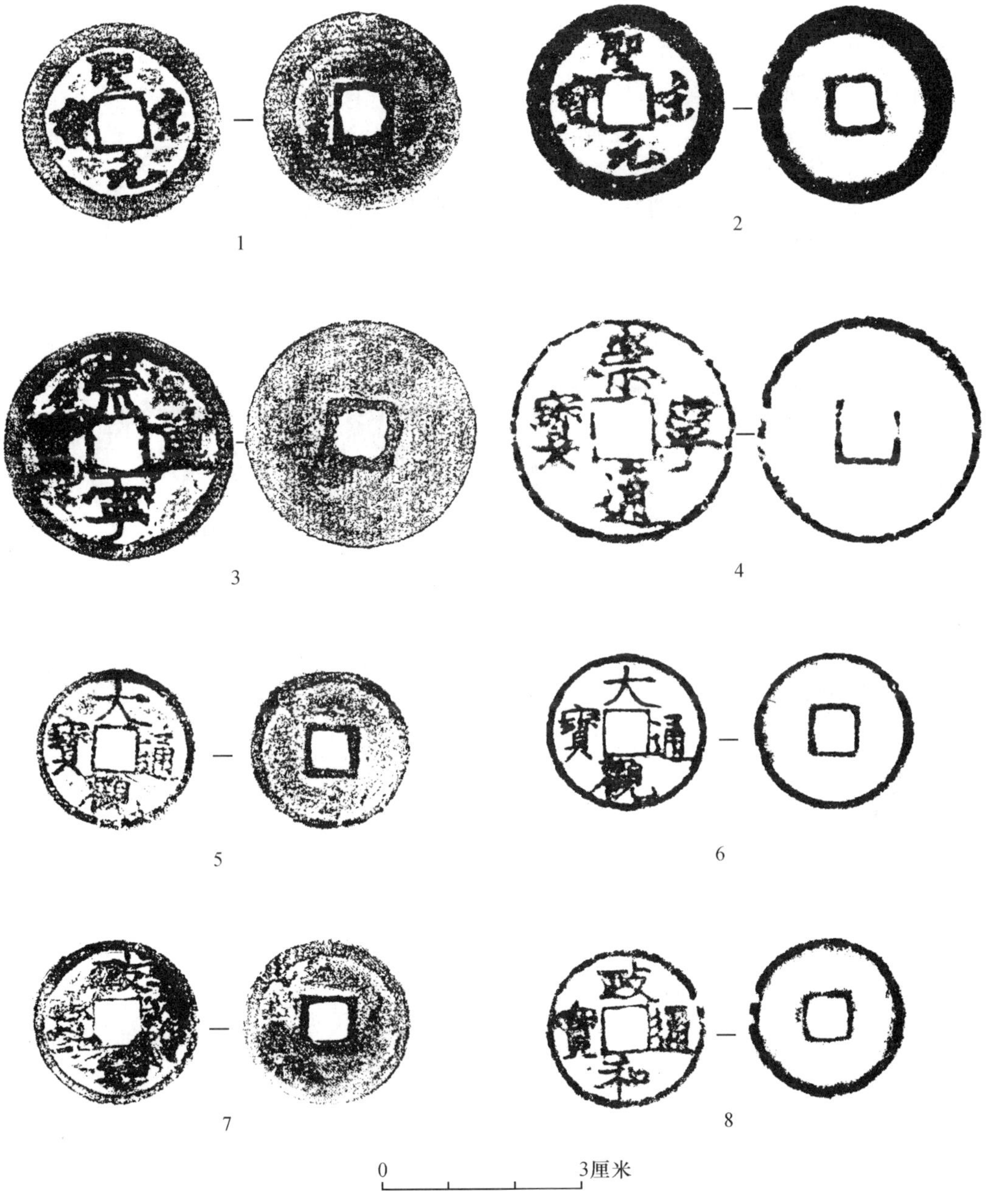

图五九八　巴东旧县坪遗址出土宋代钱币拓片

1、2. 圣宋元宝（（西）F8Ⅱ:36、（西）F8Ⅱ:37）　3. 崇宁重宝（（西）F8Ⅱ:30）　4. 崇宁通宝（（西）F8Ⅱ:31）　5、6. 大观通宝（（西）F8Ⅱ:32、（西）G25Ⅱ:5）　7、8. 政和通宝（（西）F8Ⅱ:33、（西）F8Ⅱ:34）

宣和通宝　2枚。钱文直读。有隶书、篆书两体。始铸于徽宗宣和元年（公元1119年）。

隶书体　1枚。

标本（西）F8Ⅱ:35，外郭较宽。折二型。直径3、穿边长0.8厘米（图五九九，1）。

篆书体　1枚。

标本（西）F89:1，外郭较窄。直径2.6、穿边长0.8厘米（图五九九，2）。

建炎通宝　2枚。楷书直读，外郭较窄。折二型。直径2.9、穿边长0.8厘米。应铸于高宗建炎年间（公元1127～1130年）。

标本（西）F8Ⅲ:36（图五九九，3）。

标本（西Ⅰ）T1008⑥:5，残破，字迹可辨。

绍兴元宝　1枚。篆书旋读，外郭窄。折二型。应铸于高宗绍兴年间（公元1131～1162年）。

标本（西Ⅰ）T4019⑤:3，直径2.7、穿边长0.8厘米（图五九九，4）。

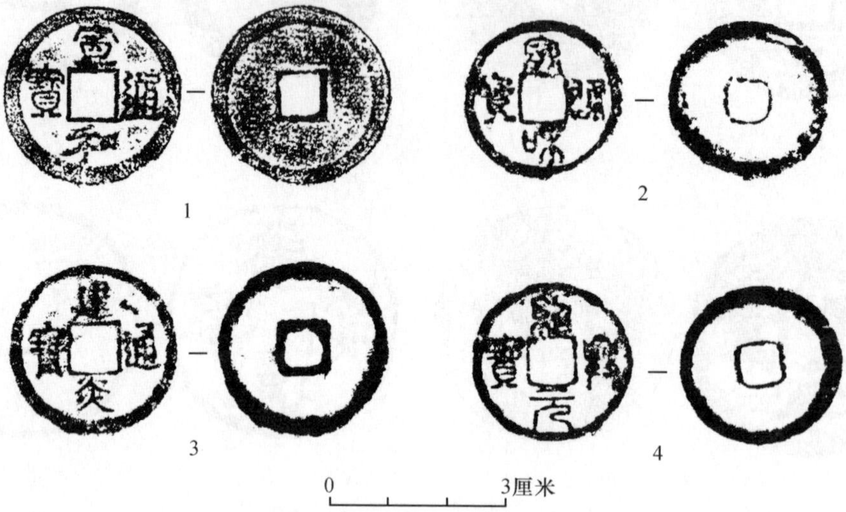

图五九九　巴东旧县坪遗址出土宋代钱币拓片

1、2. 宣和通宝（（西）F8Ⅱ:35、（西）F89:1）　3. 建炎通宝（（西）F8Ⅲ:36）　4. 绍兴元宝（（西Ⅰ）T4019⑤:3）

（K－1428.0101）

ISBN 978-7-03-028247-7